བྱང་ངོས་སྤྱལ་པ་སྟེ་ཡི་ལྷ་ཁང་དུ། །གནས་ལྔ་རིག་པའི་མཐར་སོན་འཛམ་པའི་དབྱངས། །
དེ་གས་ལྡན་གྲོལ་བ་འཛོམས་པའི་དཔའ་བོ་ཆེ། །ས་སྐྱ་པཎ་ཆེན་ཞབས་ལ་གསོལ་བ་འདེབས། །

ཚར་ཆེན་བློ་གསལ་རྒྱ་མཚོས།

༡

༄༅། །དཔལ་ས་སྐྱའི་སྡོམ་གསུམ་ཕྱོགས་བསྒྲིགས་བཞུགས་སོ། །

པོད་དང་པོ།

འཇམ་མགོན་ས་སྐྱ་པཎྜི་ཏ་སོགས་ཀྱིས་མཛད།

སི་ཁྲོན་བོད་ཡིག་དཔེ་རྙིང་བསྡུ་སྒྲིག་ཁང་གིས་བསྒྲིགས།

རྒྱལ་ཁབ་དཔེ་མཛོད་དཔེ་སྐྲུན་ཁང་།

图书在版编目(CIP)数据

萨迦派三律仪论集释(全十册)藏文/四川省藏文古籍搜集保护编务院编. -- 北京:国家图书馆出版社,2015.9

ISBN978 - 7 - 5013 - 5555 - 6

I. ①萨… II. ①四… III. ①萨迦派 - 佛经 - 注释 IV. ①B946.6

中国版本图书馆 CIP 数据核字(2015)第 043898 号

书　　名　萨迦派三律仪论集释(全十册)
著　　者　四川省藏文古籍搜集保护编务院　编
责任编辑　南江涛

出　　版　国家图书馆出版社(100034　北京市西城区文津街 7 号)
　　　　(原书目文献出版社　北京图书馆出版社)
发　　行　010 - 66114536　66126153　66121313　66175620
　　　　66171706(传真)　66126156(门市部)
E - mail　btsfxb@nlc.gov.cn(邮购)
Website　www.nlcpress.com→投稿中心
经　　销　新华书店
印　　装　河北三河弘翰印务有限公司
版　　次　2015 年 9 月第 1 版　2015 年 9 月第 1 次印刷

开　　本　787 × 1092(毫米)　1/16
印　　张　560

书　　号　ISBN978 - 7 - 5013 - 5555 - 6
定　　价　920.00 元

དཔལ་ས་སྐྱའི་སྡོམ་གསུམ་ཕྱོགས་བསྒྲིགས་བསྡུ་སྒྲིག་ལས་མིའི་མཚན་ཐོ།

བཀའ་འདྲི་ཞུ་ཡུལ། གཟན་དཀར་རིན་པོ་ཆེ་ཐུབ་བསྟན་ཉི་མ། པེ་ཝ་མཆོག་སྤྲུལ་རིན་པོ་ཆེ། འཇམ་རྒྱལ་མཆོག་སྤྲུལ་རིན་པོ་ཆེ།
མཁན་པོ་སྐལ་ལྡན་ཚེ་རིང་། མཁན་པོ་ཕུན་ཚོགས་རྣམ་རྒྱལ། ངག་དབང་སྦྱིན་པ། ཚེ་པོ།
གཙོ་སྒྲིག་པ། མཁན་པོ་འཇམ་བློ།
ཕྱི་ཤོག་འཆར་འགོད་པ། པད་རྡོར།
རྩོམ་སྒྲིག་གཞོན་པ། ཟླ་བ་ལྷ་མོ། ནོར་བུ་ཚེ་རིང་།
སྒྲིག་སྦྱོར་བ། ཟླ་བ་ལྷ་མོ། ནོར་བུ་ཚེ་རིང་།
ཡིག་གཏགས་པ། ཁྲོ་བཟའ་སྒྲོན་མེ། ཕུར་པ་ལྷ་མོ། ཟླ་བ་ལྷ་མོ། ཚེ་རིང་འཚོ། འོད་མཚོ། འབྲུག་རྒྱལ། དམ་ཆོས། ཤེས་རབ།
ཀུན་དགའ་བཟང་མོ། དཔལ་མོ། ཀུན་ལྷ། ནམ་མཁའ་ལྷ་མོ། གསང་འདུས་སྐྱིད། སྐྱིད་པ། འཆི་མེད་རིག་འཛིན།
ཞུ་དག་པ། ཚེ་བརྟན་རྡོ་རྗེ། བྱམས་པ་བསྟན་འཛིན། ནོར་བུ་ཚེ་རིང་། གསལ་རང་འབར། སྣ་གཡུང་ཁོ། པད་རྡོར།
རིག་འཛིན་འོད་ཟེར། རྡོ་རྗེ། ཤེས་རབ་དྲི་མེད། སྨིན་དབུས་པོ། ཧོར་གཙང་བསྟན་འཛིན།
ཨ་གདུགས་དཀར་སྐྱབས། བསྟན་པའི་རྒྱལ་མཚན།

《萨迦派三律仪论集释》编辑人员名单

顾　　问　土登尼玛仁波切 柏瓦活佛 建木嘉活佛 嘎旦才让堪布 彭措南木嘉堪布 昂旺金巴 泽布
主　　编　降洛堪布
封面设计　巴多
副　　编　达瓦拉姆 罗布次仁
排　　版　达瓦拉姆 罗布次仁
打 字 员　卓美 普巴拉姆 达瓦拉姆 泽让措 翁措 朱儿甲 当秋 西热
　　　　　根嘎桑姆 巴姆 根拉 郎卡拉姆 桑杜吉 吉呷 其麦仁增
校 订 者　才旦多杰 向巴丹增 罗布次仁 牙尔戈 勇柯 巴多 仁曾俄热 多吉降达 白玛顿珠 门-俄保
　　　　　旦增 阿-豆尕甲 丹巴加参

༄༅། །བསྡུ་སྒྲིག་གསལ་བཤད།

འདས་པའི་ལོ་རྒྱུས་ལ་ཕྱིར་འདྲང་རེ་བརྒྱབ་ཚེ་རང་ཅག་གི་མེས་པོ་ཚོའི་འགྲན་ཟླ་བྲལ་བའི་སྙིང་སྟོབས་དང་། གཡོ་ཟོལ་མེད་པའི་ལྷག་བསམ། ནམ་ཡང་གསུབ་ཐབས་བྲལ་བའི་མཛད་རྗེས་མང་པོ་ཞིག་མངོན་འོང་། ཁྱད་པར་མ་གྱུར་འགྲོ་བ་ཡོངས་ལ་རིས་སུ་མི་གཅོད་པའི་ཀུན་ཕན་སྙིང་རྗེ་ཆེན་པོའི་ལྟ་བ་དང་། ཕྱིན་དྲུག་བསྡུ་དངོས་བཞིའི་སྤྱོད་པ་ཟུང་དུ་འབྲེལ་བའི་འཚེ་མེད་ཞི་བའི་རིང་ལུགས་ནང་པའི་བསྟན་པ་རིན་པོ་ཆེ། ཐོག་མར་མཉམ་མེད་ཐུབ་པ་ཆེན་པོས་སྲོལ་བཏོད་པ་ནས་བཟུང་། འཛམ་གླིང་ཡངས་པའི་རྒྱལ་ཁམས་ཀུན་ཏུ་བསྒྱུར་སྤེལ་གྱི་ལམ་ནས་དར་རྒྱས་སུ་བཏང་བ་དང་། ལྷག་པར་སྟོན་མཆོག་ཤཱཀྱ་སེང་གེས་ལུང་གིས་བསྟན་པ་ལྟར། བྱང་ཕྱོགས་ཁ་བ་ཅན་གྱི་ལྗོངས་སུ་ཡང་། ཆོས་རྒྱལ་ལོ་པཎ་རྣམས་ཀྱི་བཀའ་དྲིན་གྱིས་སྟོན་པའི་བསྟན་པ་རིན་པོ་ཆེ་རིམ་བཞིན་དར་བའི་དགེ་མཚན་ལ་བརྟེན། སྨག་ལ་སྒྲོན་མེ་བཏེག་པ་ལྟར། བླང་དོར་གྱི་གནས་ལ་དཔྱོད་པའི་མཁྱེན་རབ་ཕུལ་ཏུ་སོན་པའི་བསྟན་འཛིན་གསེར་རིའི་ཕྲེང་བ་རིམ་པར་བྱོན་པ་དང་། བཤད་པའི་ཀ་ཆེན་བཅུ། སྒྲུབ་བརྒྱུད་ཤིང་རྟ་བརྒྱད། བཀའ་བབས་ཀྱི་ཀླུ་བོ་བཞི། ཆོས་བརྒྱུད་ཆེན་པོ་ཁག་ལྔ་སོགས་བྱུང་བ་ཀུན་ཀྱང་གནས་སྐབས་ཀྱི་བརྒྱུད་ཚུལ་དང་ཕྱག་བཞེས་ཕྲན་ཙམ་མི་འདྲ་བ་ལས། གཞི་ཡི་གནས་ལུགས། ལམ་གྱི་བགྲོད་ཚུལ། འབྲས་བུ་ཐོབ་ཚུལ་ལ་མི་འདྲ་བ་གང་ཡང་མེད་པར་དགོངས་པ་གཅིག་དང་གནད་གཅིག་ཏུ་འབབ་པའི་ཚུལ། ལུང་རིགས་མན་ངག་གང་གིས་བསྒྲུབས་ཀྱང་གྲུབ་པ་ཞིག་རེད།

འདིར་སྐབས་སུ་བབས་པ་གངས་ཅན་བསྟན་པའི་མངའ་བདག་དཔལ་ལྡན་ས་སྐྱ་པའི་ལུགས་ལ། མདོ་སྔགས་རིག་གཞུང་གི་ཆོས་ཚུལ་རྒྱ་མཚོ་ལྟ་བུའི་བཀའ་བབས་པ་ལས། ཀློག་པ་ཐོས་བསམ་པ་རྣམས་ཀྱིས་ཐོས་བསམ་སློབ་གཉེར་མཛད་པའི་ཡུལ་ལ། ཇི་སྐད་དུ། ཕར་ཚད་འདུལ་མངོན་དབུ་མ་སྡོམ་གསུམ་ལ། །པོད་ཆེན་དྲུག་ཏུ་ས་སྐྱ་པ་རྣམས་བཞེད། །ཅེས་དང་། དེ་ལ་དབྱེ་ན། སོ་ཐར་མདོ་དང་མདོ་རྩ་འདུལ་བའི་སྐོར། །ཚད་མ་རྣམ་འགྲེལ་རྣམ་ངེས་ཚད་མའི་སྐོར། །ཀུན་ལས་བཏུས་དང་མཛོད་གཉིས་མངོན་པའི་སྐོར། །བྱམས་ཆོས་ལྔ་དང་སྤྱོད་འཇུག་ཕར་ཕྱིན་སྐོར། །རྩ་འཇུག་བཞི་གསུམ་ཆེས་ཟབ་དབུ་མའི་སྐོར། །སྡེ་བདུན་མདོ་བཅས་དགོངས་འགྲེལ་རིགས་གཏེར་སྐོར། །སྡེ་སྡོམ་རྒྱུད་སྡེ་སྤྱི་འགྲེལ་སྡོམ་གསུམ་སྟེ། །དེ་རྣམས་གྲགས་ཆེན་བཅོ་

བརྒྱད་ཅེས་སུ་གྲགས། །ཞེས་པ་ལྟར་པོད་ཆེན་དྲུག་དང་གྲགས་ཆེན་བཅོ་བརྒྱད་ཀྱི་རྣམ་གཞག་ནི། ས་སྐྱ་པའི་རང་ལུགས་ཐུན་མོང་མ་ཡིན་པ་ལྟ་བུར་ངེས་ལ། དེ་དག་གི་བཤད་སྲོལ་ཕྱལ་དུ་བྱུང་བ་ས་སྐྱ་ཐུབ་བསྟན་ལྷ་ཁང་ཆེན་མོ། ངོར་ཨེ་ཝཾ་ཆོས་ལྡན། བསམ་ཡས་སྨྲུལ་པའི་གཙུག་ལག་ཁང་། དཔལ་རྒྱན་གྱི་དབང་པོའི་ཆོས་གྲྭ། རྟ་ནག་ཐུབ་བསྟན་རྣམ་རྒྱལ་གླིང་། འབྲས་ཡུལ་སྐྱེད་ཚལ་གོང་འོག །ཐུབ་བསྟན་ར་བ་སྨད། རྣམ་རབ་དྲུགས་པོ་གྲྭ་ཚང་། ཐུབ་བསྟན་གསེར་མདོག་ཅན། མཉན་ཡོད་བྱ་རྒོད་གཤོང་སོགས་དབུས་གཙང་གི་ཕྱོགས་སུ་རྒྱ་ཆེར་དར་ཞིང་། རྫོང་སར་ཁམས་བྱེའི་བཤད་གྲྭ་སོགས་ཁམས་དང་ཨ་མདོའི་ཕྱོགས་སུ་ཡང་དར་ཁྱབ་ཆེན་པོར་སོང་།

ཁྱད་པར་ཆོས་དང་ཆོས་མ་ཡིན་པ་རྣམ་པར་འབྱེད་པའི་བསྟན་བཅོས་ཆེན་པོ་སྡོམ་པ་གསུམ་རབ་ཏུ་དབྱེ་བ་ཞེས་གྲགས་པ་འདི་ཉིད་ནི། སྟོན་པའི་བསྟན་པ་རིན་པོ་རིན་པོ་ཆེ་ལ་བྱི་དོར་བྱེད་པའི་བཀའ་བསྟུ་བཞི་པ་ཉིད་དུ་གྲགས་ཤིང་གྲུབ་ལ། བསྟན་བཅོས་རིན་པོ་ཆེ་འདི་ཉིད་མཛད་དགོས་པའི་རྒྱུ་མཚན་ཡང་། གངས་རིའི་ཁྲོད་འདིར་སངས་རྒྱས་ཀྱི་བསྟན་པ་ལ་རང་བཟོའི་རྣམ་རྟོག་གིས་སྦྱར་བའི་ལྟ་སྤྱོད་ནོར་པ་དུ་མ་ཞིག་སྣང་བ་རྣམས་འཕེལ་བར་གྱུར་ན་མཐོ་རིས་དང་ཐར་པ་འདོད་པའི་སྐྱེ་བོ་དུ་མ་ལམ་ལོག་པར་ཞུགས་ཏེ། འབད་པ་དོན་མེད་དུ་གྱུར་ན་མི་རུང་ངོ་སྙམ་དུ་དགོངས་པའི་ཐུགས་རྗེ་ཆེན་པོ་དང་། རིགས་པ་དང་མི་རིགས་པའི་རྣམ་པར་དབྱེད་པའི་གཟིགས་པ་སྒྲིབ་པ་མི་མངའ་བས་ལེགས་པར་ཕྱེ་སྟེ་བསྟན་པས་བསྟན་པའི་ཉི་མ་ལོག་རྟོག་གི་སྤྲིན་དང་བྲལ་བས། གདུལ་བྱའི་གླིང་དུ་ཡང་དག་པའི་ལམ་གྱི་སྣང་བ་རྒྱས་པར་འགྱུར་རོ་ཞེས་མཁྱེན་པ་དང་བརྩེ་བ་ཟུང་དུ་འཇུག་པའི་ཐུགས་དགོངས་བླ་ན་མེད་པས་རྩོམ་པར་བཞེད་པ་ཐུགས་ལ་འཁྲུངས་ཤིང་། ཆོས་དང་ཆོས་མིན་འབྱེད་པའི་ཕྱིར་དུ་བསྟན་བཅོས་འདི་མཛད་ནས་ཕྱེད་ཙམ་ཚར་བ་ན། བོད་ཀྱི་ཆོས་པ་རྣམས་ཀྱིས་ས་སྐྱ་པས་གཟེ་མ་ར་མགོ་ལྟ་བུའི་བསྟན་བཅོས་ཆགས་སྡང་གི་དབང་གིས་བརྩམས་འདུག་ཟེར་ནས་ཆགས་སྡང་གི་གཏམ་མང་དུ་སྤེལ་བ་ཟངས་ཚ་བསོད་ནམས་རྒྱལ་མཚན་ལ་སོགས་པས་ཐོས་ཏེ། སྐྱེ་བོ་མང་པོ་སྡིག་པ་གསོག་ཅིང་སྐུར་པ་འདེབས་པའི་གཞིར་འགྱུར་བས་མི་རྩོམ་པར་ཞུ་ཞེས་གསོལ་བས། ཆོས་རྗེས་སྤྱན་ཆེར་གཟིགས་ནས། གཞན་དག་བསྟན་བཅོས་བཟང་པོ་རྩོམ་པར་བསྐུལ་བ་ཡིན་ན། ཁྱོད་དེ་ལས་ལོག་ཏེ་སྒྲ་བར་འདུག་ཨང་གསུངས་པ་དང་། ངེད་རང་གིས་བསྟན་པ་ལ་ཕན་པའི་ཕྱིར་བརྩམས་པ་ཡིན་མོད། ད་མང་པོ་མི་དགའ་བར་འདུག་པས་བཞག་པ་ལས་འོས་མེད་གསུངས་ནས་མི་རྩོམ་པར་དགོངས་ནས་ཞག་གཉིས་ཙམ་སོང་བ་ན། ཐོ་རངས་མནལ་ལམ་དུ་ཐུབ་པ་ཆེན་པོའི་སྐུ་མི་གཙང་བས་གོས་པ་འབྲུད་པར་བརྩོན་པ་ན་མི་མང

པོས་མི་དགའ་བའི་རྣམ་འགྱུར་སྟོན་པ་དང་། འཕགས་པ་འཇམ་དཔལ་དང་སྤྱན་རས་གཟིགས་དང་བྱམས་པ་ལ་སོགས་པའི་རྒྱལ་སྲས་མང་པོ་སྐུ་རྒྱབ་བསྟན་ནས་བཞུགས་པ་དང་།འཕགས་པ་ཀླུ་སྒྲུབ་ལ་སོགས་པ་མང་པོ་བྱང་ཆུབ་ཀྱི་ཤིང་སྐམ་པོ་ལ་སྐུ་བརྟེན་ཏེ་བསྙེལ་བ་ལྟར་བཞུགས་པ། སློབ་དཔོན་ཞི་བ་ལྷ་ཡིན་ཟེར་བ་ཞིག་སྐུའི་རོ་རྒྱབ་བསྟུང་གསུངས་ནས་རྒྱབ་བསྟན་ནས་བཞུགས་པ་ལ་སོགས་པ་གཟིགས་ནས་མནལ་སད་པའི་ཚེ། བསྟན་བཅོས་བརྩམས་ན་མི་མི་དགའ། མ་བརྩམས་ན་ལྷ་མི་མཉེས་པར་འདུག་དགོངས་ཏེ། སྔར་མི་རྩོམ་པར་ཞལ་གྱིས་བཞེས་པའི་ཉེས་པ་བླ་མ་དང་དཀོན་མཆོག་ལ་བཟོད་པར་གསོལ་ཏེ་ཡི་དམ་ལྷ་ལ་གསོལ་བ་བཏབ་ནས། ཆོས་འདི་ལོག་པར་བཤད་ན་སྡིག་པ་ལྕི། །ལེགས་པར་བཤད་ན་སྐྱེ་བོ་ཕལ་ཆེར་ཁྲོ། །སྙིགས་མའི་དུས་ཀྱི་ཆོས་འཆད་དཀའ་མོད་ཀྱི། །འོན་ཀྱང་འགྲོ་ལ་ཕན་སྙམ་འདི་བརྩམས་སོ། །ཞེས་གསུངས་ནས བསྟན་བཅོས་ཆེན་པོ་མཛུག་གྲུབ་པར་བརྩམས་སོ། །

དེ་ལ་འགྲེལ་བཤད་ཇི་ལྟར་བྱུང་བའི་ཚུལ་ལ་མཁས་པའི་དབང་པོ་གུང་རུ་ཤེས་རབ་བཟང་པོས། ཆོས་རྗེ་ཉིད་ཀྱི་རང་མཆན་མདོར་བསྡུས་ཡོད། །ཆག་ལོ་ཞང་ལོ་གློ་བོ་ལོ་ཙྪ་སོགས། །ཆོས་རྗེ་ཁུ་དཔོན་གཉིས་ཀྱི་དྲིས་ལན་རྣམས། །སྡོམ་གསུམ་རབ་དབྱེར་དགོས་པའི་ཡི་གེ་ཡིན། །ཆོས་རྗེའི་དངོས་སློབ་ཁང་སྟོན་ས་བཅད་དེ། །འཕགས་པའི་དངོས་སློབ་འདུལ་སེང་ཕྱོགས་སྔར་བཀོད། །འཕགས་པའི་དངོས་སློབ་སྒྲོ་ལུང་ཀུན་སློན་གྱིས། །མཆན་དང་ས་བཅད་དཀའ་འགྲེལ་རྣམ་གསུམ་མཛད། །སེང་གེ་དཔལ་གྱིས་ས་བཅད་དཀའ་འགྲེལ་བྱས། །དེ་རྣམས་སྔར་གྱི་རྩ་བའི་དཔེ་ཆ་སྟེ། །རྗེ་བཙུན་ཀུན་དགའ་བཟང་པོའི་དྲིན་གྱིས་མཐོང་། །དམར་དང་དཔལ་གྱི་མཆན་ཡང་ཡོད་ཅེས་གསུངས། །འདི་དག་ཆོས་རྗེ་ཡབ་སྲས་མ་གཏོགས་པ། །ཕྱིས་ཀྱི་ཊཱིཀྐ་བྱེད་པས་མཐོང་བ་མེད། །དཔལ་ལྡན་བླ་མའི་དངོས་སློབ་བསམ་ཡས་པས། །རྣམ་བཤད་བཟང་པོ་རབ་འབྱམས་བྲིས་མོད་ཀྱང་། །གོང་མའི་གསུང་རབ་རྒྱུད་གསུམ་མན་ངག་སོགས། །རྒྱུད་སྡེའི་དོན་ལ་མཁྱེན་པ་མ་རྒྱས་པས། །ནོར་བའི་རྣམ་གཞག་རགས་པ་དུ་མ་སྣང་། །འཇམ་དབྱངས་རིན་རྒྱལ་དེ་ཉིད་མང་སྣང་དུ། །བུ་སྟོན་སློབ་མ་དཀོན་གྲགས་ཊཱིཀྐ་ཡང་། །ས་ལུགས་མིན་པའི་གཞན་ལུགས་བྲིས་པ་མང་། །དེ་ཉིད་ཕལ་ཆེར་བྲིས་པ་ཆོས་ལུང་པ། །ཆོས་རྗེ་གཞོན་ནུ་སེང་གེའི་རྣམ་བཤད་ནི། །མདོ་སྔགས་ཀུན་མཁྱེན་ས་སྐྱ་པ་ཡི་ལུགས། །ཕྱིས་ཀྱི་བཤེས་གཉེན་མཁས་པ་ཁ་ཅིག་གིས། །རང་གི་ཡོངས་འཛིན་ཆོས་རྗེ་གཞོན་ནུ་སོགས། །རྩ་བའི་རྣམ་བཤད་བཟང་པོ་མ་བལྟས་པར། །ཊཱིཀྐ་བསམ་ཡས་མ་ཉིད་མཆོག་མཐོང་ནས། །གཞུང་དོན་ཕལ་ཆེར་དེ་ཉིད་བྲིས་བཤུས་བྱས། །གནས་གྱུར་ངོ་བོ་གཅིག་པའི་ལེགས་བཤད་པོར། །ངས་ཤེས་དྲིགས་པས་གཞན་དུ་བཀྲལ་བ

ལ། །འདི་ཉིད་ཁོ་ན་ཡིན་ཞེས་བྲིས་པ་མཐོང་། །གཞན་ཡང་བློ་གྲོས་སེང་གེའི་ཊཱི་ཀྲ་དང་། །བག་སྟོན་བླ་མའི་ཊཱི་ཀྲ་འང་ཡོད་ཅེས་ཟེར། །ཞེས་གསུངས་པ་དང་། དོན་ཡོད་དཔལ་གྱིས་ཚད་ཐུབ་ཀྱི་འགྲེལ་པ་བཅུ་བདུན་ཙམ་བྱུང་བར་གསུངས་པ་དང་། མང་ཐོས་པ་དང་ངག་དབང་ཆོས་གྲགས་རྣམ་གཉིས་ཀྱིས། རྣམ་པར་བཤད་པའི་དཀའ་སྟོན་བཅུ་ཕྲག་གཉིས། །བརྒྱ་རྩ་བརྒྱད་པའི་དྲིས་ལན་མིག་བཅས་ཕྱོགས། །ཞེས་གསུངས་པས་དྲིས་ལན་བཅུ་གཉིས་དང་། རྣམ་བཤད་ཉི་ཤུ་ཙམ་གཟིགས་པར་གསུངས་པ་དང་། པཎ་ཆེན་ཤཱཀྱ་མཆོག་ལྡན་གྱིས། ཚད་ཐུབ་འགྲེལ་ཆེན་བཞི་དང་གཞུང་ཉིད་དུ། །ཚིག་ཟུར་ཇི་བཞིན་མ་ཕྱིན་འདིར་དཔྱོད་ཀྱི། །ཚངས་པར་རློམ་པའི་ཅོལ་ཆུང་བགྲང་ཡས་དག །དཔྱད་ཡུལ་མིན་ཕྱིར་བདེ་བར་གཉིད་ཝྃས་ཤིག །ཅེས་གསུངས་པ་སྟེ།

དེ་ཡང་ཆོས་རྗེ་བླ་མ་དམ་པ་བསོད་ནམས་རྒྱལ་མཚན་གྱི་སློབ་མ་ལྷ་བཙུན་བསམ་ཡས་པ་བསོད་ནམས་དཔལ་ལྡན་གྱི་འགྲེལ་པ་སྡོམ་པ་གསུམ་རབ་ཏུ་དབྱེ་ བ་རྒྱ་ཆེར་བཤད་པ་གསུང་རབ་རྒྱ་མཚོའི་དེ་ཁོ་ན་ཉིད་སྣང་བ་ཞེས་བྱ་བ་དང་། སྤོས་ཁང་པ་འཇམ་དབྱངས་རིན་ཆེན་རྒྱལ་མཚན་གྱི་སྡོམ་པ་གསུམ་གྱི་རབ་ཏུ་དབྱེ་བའི་གཞུང་ལུགས་ལེགས་པར་བཤད་པ། སྤོས་ཁང་པའི་སློབ་མ་དགའ་གདོང་པ་ཆོས་རྒྱལ་དཔལ་བཟང་གི་སྡོམ་པ་གསུམ་གྱི་རབ་ཏུ་དབྱེ་བ་ཞེས་བྱ་བའི་ཊཱི་ཀ་སངས་རྒྱས་ཀྱི་བསྟན་པ་དར་ཞིང་རྒྱས་པར་བྱེད་པའི་ཐབས་རྙེན་འབྲེལ་བཟང་པོ། གདན་ས་ཆེན་པོའི་ལས་ཆེན་གཞོན་ནུ་སེང་གེས་རབ་དབྱེའི་གཞུང་རྟོར་སྦྱར་མ་ཉིད་ལ་འབྲུ་བསྣན་པ་སྡོམ་པ་གསུམ་གྱི་རབ་ཏུ་དབྱེ་བའི་ལེགས་པར་བཤད་པ་ཕྲིན་ལས་རྒྱས་བྱེད་དེ་འདི་དག་ལ་ཚད་ཐུབ་ཀྱི་འགྲེལ་པ་བཞི་ཞེས་གྲགས་ཤིང་། དེ་དག་གི་གཙོས་པའི་འགྲེལ་པ་དང་སྤྱི་དོན། མཐའ་དཔྱོད། བརྒལ་ལན་བཅས་ཤིན་ཏུ་མཚར་བ་མང་པོ་ཞིག་བྱོན་མྱོང་ཡོད་པར་ངེས་ལ། དེ་ལས་མང་ཆེ་བ་ཞིག་ཁོ་བོ་ཅག་གི་བསོད་ནམས་ཀྱི་སྐལ་བས་ཐོབ་པ་འདིར་ཕྱོགས་གཅིག་ཏུ་བསྒྲིགས་པ་སྟེ།

བོད་དང་པོར། ཆོས་རྗེ་འཇམ་པའི་དབྱངས་ཉིད་ཀྱི་ཞལ་སྔ་ནས་བསྐྱལ་བའི་ཆོས་དང་ཆོས་མ་ཡིན་པ་རྣམ་པར་འབྱེད་པའི་བསྟན་བཅོས་ཆེན་པོ་སྡོམ་པ་གསུམ་གྱི་རབ་ཏུ་དབྱེ་བ་ཞེས་བྱ་བའི་རྩ་བ་དང་། སྡོམ་གསུམ་རབ་དབྱེའི་རང་མཆན་འཁྲུལ་མེད། རྣལ་འབྱོར་པ་ཕྲ་མའི་དྲིས་ལན། རྟོགས་ལྡན་རྒྱན་པོའི་དྲིས་ལན། བཀའ་གདམས་དོ་ཀོར་བའི་ཞུ་བ། བཀའ་གདམས་དོ་ཀོར་བའི་ཞུས་ལན། ཆག་ལོའི་ཞུ་བ། ཆག་ལོ་ཙྪ་བའི་ཞུས་ལན། གློ་བོ་ལོ་ཙྪ་བའི་ཞུས་ལན། བཀའ་གདམས་པ་ནམ་མཁའ་འབུམ་གྱི་ཞུས་ལན། སྐྱི་མོ་སྒོམ་ཆེན་གྱི་དྲིས་ལན། སྟོན་པ་བློ་གྲོས་རབ་གསལ་གྱི་དྲི་ལན། ཕྱོགས་བཅུའི་སངས་རྒྱས་དང་བྱང་ཆུབ་སེམས་དཔའ་རྣམས་ལ་ཞུ་བའི་འཕྲིན་ཡིག །སྐྱེས་བུ་དམ་པ་རྣམས་ལ་སྤྲིང་བའི་ཡི་གེ། ལུང་རིགས་རྣམ་དག་དང་མཐུན་པར་

འཆད་དགོས་ཚུལ་བཅས་དང་། འགྲོ་བའི་མགོན་པོ་ཆོས་རྒྱལ་འཕགས་པས་མཛད་པའི་སེང྄ྒེ་མཐའི་དྲིས་ལན་དང་། གྲགས་པ་རིན་ཆེན་གྱི་དྲིས་ལན། དབང་ཕྱུག་འབུམ་གྱི་དྲིས་ལན་བཅས་དང་། བཅོམ་ལྡན་རིག་པའི་རལ་གྲིས་མཛད་པའི་སྡོམ་གསུམ་འོད་ཀྱི་ཕྲེང་བའི་རྒྱན་གྱི་མེ་ཏོག །སློབ་ཁང་པ་རིན་ཆེན་རྒྱལ་མཚན་གྱིས་མཛད་པའི་སྡོམ་པ་གསུམ་གྱི་རབ་ཏུ་དབྱེ་བའི་གཞུང་ལུགས་ལེགས་པར་བཤད་པ། བསམ་ཡས་པ་བསོད་ནམས་དཔལ་ལྡན་གྱིས་མཛད་པའི་འགྲེལ་པ་སྡོམ་པ་གསུམ་རབ་ཏུ་དབྱེ་བ་རྒྱ་ཆེར་བཤད་པ་གསུང་རབ་རྒྱ་མཚོའི་དེ་ཁོ་ན་ཉིད་སྣང་བ་བཅས་མཛད་པ་པོ་དྲུག་གི་གསུང་ཆོས་ཚན་ཉེར་གཅིག་བཞུགས།

པོད་གཉིས་པར། དཀའ་གདོང་པ་ཆོས་རྒྱལ་དཔལ་བཟང་གིས་མཛད་པའི་སྡོམ་པ་གསུམ་གྱི་རབ་ཏུ་དབྱེ་བ་ཞེས་བྱ་བའི་ཊཱི་ཀ་སངས་རྒྱས་ཀྱི་བསྟན་པ་དར་ཞིང་རྒྱས་པར་བྱེད་པའི་ཐབས་ཧྲེན་འབྲེལ་བཟང་པོ། ལས་ཆེན་པ་གཞོན་ནུ་སེང་གེས་མཛད་པའི་སྡོམ་པ་གསུམ་གྱི་རབ་ཏུ་དབྱེ་བའི་ལེགས་པར་བཤད་པ་ཕྲིན་ལས་རྒྱས་བྱེད་བཅས་མཛད་པ་པོ་གཉིས་ཀྱི་གསུང་ཆོས་ཚན་གཉིས་བཞུགས།

པོད་གསུམ་པར། ཀུན་མཁྱེན་བསོད་ནམས་སེང྄གེས་མཛད་པའི་སྡོམ་པ་གསུམ་གྱི་རབ་ཏུ་དབྱེ་བའི་རྣམ་བཤད་རྒྱལ་བའི་གསུང་རབ་ཀྱི་དགོངས་པ་གསལ་བ་དང་། སྡོམ་གསུམ་རབ་དབྱེའི་སྤྱི་དོན་ཡིད་བཞིན་ནོར་བུ། མདོ་རྒྱུད་ཀུན་གྱི་དོན་བསྡུས་པ་སྙིང་པོ་ཡིད་ཀྱི་མུན་པ་རྣམ་པར་སེལ་བ།སྡོམ་པ་གསུམ་གྱི་བསྟན་བཅོས་ལ་དྲིས་ཤིང་རྩོད་པའི་ལན་སྡོམ་གསུམ་འཁྲུལ་སྤོང་། གློ་བོ་མཁན་ཆེན་བསོད་ནམས་ལྷུན་གྲུབ་ཀྱིས་མཛད་པའི་སྡོམ་པ་གསུམ་གྱི་རབ་ཏུ་དབྱེ་བའི་དཀའ་བའི་གནས་རྣམ་པར་འབྱེད་པ་ཞིབ་མོ་རྣམ་འཐག་དང་། སྡོམ་གསུམ་སྐལ་ལྡན་སྙིང་གི་མུན་སེལ་ལྷ་དབང་རྡོ་རྗེ། སྡོམ་པ་གསུམ་གྱི་རབ་ཏུ་དབྱེ་བའི་དྲིས་ལན་ལུང་གི་ཚད་མ་འཁྲུལ་སྤོང་དགོངས་རྒྱན། སྡོམ་པ་གསུམ་གྱི་སྐབས་ཀྱི་ཉེར་མཁོ་བདེ་གཤེགས་སྙིང་པོའི་གསལ་བྱེད། སྙིང་པོའི་དོན་གསལ་བར་བྱེད་པ་ལུང་གི་ཕྲེང་བ། སྡོམ་པ་གསུམ་སྦྲག་ཟུང་གི་ཐད་ཀྱི་གསུང་རྒྱུན། བསྟན་བཅོས་སྡོམ་པ་གསུམ་གྱི་གནས་གསུམ་གསལ་བར་བྱེད་པ་ནོར་བུ་ཆུ་ཤེལ། ཡུལ་ཆེན་སོ་བདུན་གྱི་ངོས་འཛིན་འཁྲུལ་མེད་གསལ་བ།ཙ་རི་དང་དེ་བ་ཀོ་ཊའི་ཡུལ་གྱི་དཔག་བསྒྲུབ། རྨ་བྱ་ཆེན་མོ་ནས་གསུངས་པའི་རིའི་སྡོམ། སློབ་དཔོན་ཡོན་འབྱུང་གི་གནས་གསུམ་གསལ་བྱེད་ལས་འཕྲོས་པའི་དྲིས་ལན། དྲིས་ལན་དོན་གསུམ་གསལ་བྱེད། ཆོས་རྗེ་རྣམ་རྒྱལ་དཔལ་བཟང་པོའི་དྲིས་ལན་ཟབ་དོན་ནོར་བུའི་གཏེར། འབྲས་ཡུལ་སྐྱེད་ཚལ་བ་འཇམ་དབྱངས་ཀུན་དགའ་ཆོས་བཟང་གིས་མཛད་པའི་སྡོམ་པ་གསུམ་གྱི་རབ་ཏུ་དབྱེ་བའི་སྤྱི་དོན་སྡོམ་གསུམ་གནད་ཀྱི་གསལ་བྱེད་དང་། སྡོམ་པ་གསུམ་གྱི་རབ་ཏུ་དབྱེ་བ་ལས་གནས་གསུམ་གསལ་བྱེད་བཅས་མཛད་པ་པོ

གསུམ་གྱི་གསུང་ཆོས་ཚན་བཅུ་དགུ་བཞུགས།

པོད་བཞི་པར། པཎ་ཆེན་ཤཱཀྱ་མཆོག་ལྡན་གྱིས་མཛད་པའི་སྡོམ་པ་གསུམ་གྱི་རྣམ་པར་བཞག་པ་རྒྱ་ཆེར་བཤད་པ་དང་། ཐེག་པ་གསུམ་གྱི་འདུལ་བ་རྣམ་པར་བཞག་པ། སྡོམ་པ་གསུམ་གྱི་རྣམ་པར་བཞག་པ་བརྒལ་ལན་གྱི་སྒོ་ནས་གཏན་ལ་ཕབ་པ། སྡོམ་པ་གསུམ་གྱི་རབ་ཏུ་དབྱེ་བའི་བསྟན་བཅོས་ཀྱི་འབེལ་གཏམ་རྣམ་པར་ངེས་པ་ལེགས་བཤད་གསེར་གྱི་ཐུར་མ། གསེར་གྱི་ཐུར་མ་ལས་བརྩམས་པའི་དོགས་གཅོད་ཀྱི་འབེལ་གཏམ་རབ་གསལ་རྣམ་ངེས་སམ། ངེས་དོན་རབ་གསལ། སྡོམ་པ་གསུམ་གྱི་རབ་དབྱེའི་དྲི་བ་བརྒྱ་དང་བརྒྱད་པ་ལས་ཀུན་ལ་གྲགས་ཆེ་བའི་དྲི་བ་གསུམ་གྱི་ལན་གདབ་པ།ཕྱག་རྒྱ་ཆེན་པོ་གསལ་བར་བྱེད་པའི་བསྟན་བཅོས་ཚངས་པའི་འཁོར་ལོ་གཞན་བློའི་དྲེགས་པ་ཉམས་བྱེད། ཕྱག་རྒྱ་ཆེན་པོའི་ཤན་འབྱེད་ཅེས་བྱ་བའི་བསྟན་བཅོས། ཡང་ཕྱག་རྒྱ་ཆེན་པོའི་ཤན་འབྱེད། དྲི་བ་ལྷག་བསམ་རབ་དཀར་གྱི་དྲིས་ལན་མན་ངག་གི་དགོངས་རྒྱན། བཤེས་གཉེན་མུས་པ་རབ་འབྱམས་པའི་དྲིས་ལན་མཐོང་བ་དོན་ལྡན་གྱི་སྒོར། གཟི་བསམ་འགྲུབ་གླིང་པའི་དགེ་འདུན་སྤྱིའི་དྲིས་ལན་ཡ་མཚན་བཅུ་བདུན་པ། དུས་ཚིགས་ཀྱི་རྣམ་པར་བཞག་པ་བློ་གསལ་གྱི་མགུལ་རྒྱན། སྡོམ་གསུམ་རབ་དབྱེའི་གཞུང་པར་དུ་བསྒྲུབ་པའི་དཀར་ཆག་ཏུ་གནང་བ། ཡག་ཆོས་པ་ལྷ་དབང་བློས་མཛད་པའི་སྡོམ་པ་གསུམ་གྱི་རབ་ཏུ་དབྱེ་བའི་ཟིན་བྲིས་གསལ་བར་བྱེད་པ་ལེགས་བཤད་ཉི་མའི་འོད་ཟེར་བཅས་མཛད་པ་པོ་གཉིས་ཀྱི་གསུང་ཆོས་ཚན་བཅོ་ལྔ་བཞུགས།

པོད་ལྔ་པར། པཎ་ཆེན་ཤཱཀྱ་མཆོག་པའི་སློབ་མ་མངའ་རིས་པ་དོན་ཡོད་གྲུབ་པས་མཛད་པའི་སྡོམ་པ་གསུམ་གྱི་རབ་ཏུ་དབྱེ་བའི་ཊཱི་ཀ་བསྟན་པའི་སྒྲོན་མེ། དཔལ་ས་སྐྱ་པ་ཆེན་པོ་ཀུན་དགའ་བཀྲ་ཤིས་ཀྱིས་མཛད་པའི་ཆོས་དང་ཆོས་མིན་པ་རྣམ་པར་འབྱེད་པའི་བསྟན་བཅོས་སྡོམ་པ་གསུམ་གྱི་རབ་ཏུ་དབྱེ་བའི་རྣམ་པར་བཤད་པ་ཐུབ་བསྟན་གསལ་བའི་སྒྲོན་མེ། གུང་རུ་ཤེས་རབ་བཟང་པོས་མཛད་པའི་སྡོམ་གསུམ་ཉམས་ལེན་གསལ་བར་བྱེད་པའི་སྒྲོན་མེ་དང་། སྡོམ་གསུམ་རབ་དབྱེའི་ས་བཅད་དོན་གསལ་སྒྲོན་མེ། སྡོམ་གསུམ་གྱི་ཊཱི་ཀ་ཁོལ་བུ་བ་གཅིག །སྡོམ་གསུམ་རབ་དབྱེ་ལ་ཡིག་ཆ་དགོངས་རྩུལ་གྱི་སྡོམ་ཚིག །སྟག་ཚང་ལོ་ཙཱ་བས་མཛད་པའི་སྡོམ་གསུམ་རྣམ་བཤད། མཁན་པོ་སེང་གེ་བཟང་པོས་མཛད་པའི་སྡོམ་གསུམ་རབ་དབྱེ་ལ་དྲིས་ལན་བརྒྱ་རྩ་བརྒྱད་པའི་ལན་བཅས་མཛད་པ་པོ་ལྔའི་གསུང་ཆོས་ཚན་བརྒྱད་བཞུགས།

པོད་དྲུག་པར། སྒྲ་ཚད་པ་རིན་ཆེན་རྣམ་རྒྱལ་གྱིས་མཛད་པའི་དེ་བཞིན་གཤེགས་པའི་སྙིང་པོའི་མཛེས་རྒྱན་གྱི་རྒྱན་མཁས་པའི་ཡིད་འཕྲོག །རྗེ་ནག་མཁན་ཆེན་ཆོས་རྣམ་རྒྱལ་གྱིས་མཛད་པའི་སྡོམ་པ་གསུམ་རབ་

ཏུ་དབྱེ་བ་ལ་བརྒྱལ་ཞིང་བརྟག་པའི་ལན་གནམ་ལྕགས་འཁོར་ལོ་དང་། སྡོམ་གསུམ་རབ་དབྱེའི་སྐབས་གསུམ་པའི་དཀའ་གནད་ཀྱི་མཐའ་དཔྱད་པ་འཕྲུལ་འཇོམས་རྡོ་རྗེའི་ཕྲེང་བ། པཎ་ཆེན་འབུམ་ཕྲག་ལྔ་པ་བྱམས་པ་ལུང་རིགས་རྒྱ་མཚོས་མཛད་པའི་ཆོས་དང་ཆོས་མ་ཡིན་པ་རྣམ་པར་འབྱེད་པའི་བསྟན་བཅོས་སྡོམ་པ་གསུམ་གྱི་རབ་ཏུ་དབྱེ་བའི་རྣམ་པར་བཤད་པ་ལུང་རིགས་ཉི་མའི་འོད་ཟེར་ལས་སྤྱིགས་སྡོམ་ཉམས་སུ་ལེན་ཚུལ་དང་། སྐབས་གསུམ་པའི་སྤྱི་དོན། ལུ་ཕུ་བ་བྱམས་པ་ཆོས་ཀྱི་རིན་ཆེན་གྱིས་མཛད་པའི་སྡོམ་པ་གསུམ་གྱི་རྣམ་གཞག་གནས་འགྱུར་ངོ་བོ་གཅིག་ཚུལ་སྐུ་བཞིའི་དཔལ་འབྱོར་རྒྱས་བྱེད་གསལ་སྟོང་དབྱེར་མེད་ཀྱི་ཐ་སྙད་བས་གཡོ་བ། སྡོམ་གསུམ་འགལ་མེད་ཉམས་སུ་ལེན་ཚུལ་སྟོན་པ་གདམས་པ་སྙོ་དྲུག །མཛད་པ་པོ་མི་གསལ་བའི་སྡོམ་པ་གསུམ་རབ་ཏུ་དབྱེ་བའི་རྣམ་བཤད་བློ་གསལ་མགུལ་རྒྱན་དང་། སྡོམ་གསུམ་རྣམ་བཤད། སྡོམ་པ་གསུམ་གྱི་རབ་ཏུ་དབྱེ་བའི་སྤྱིར་ཏིཀ་བཅས་མཛད་པ་པོ་དྲུག་གི་གསུང་ཆོས་ཚན་བཅུ་གཅིག་བཞུགས།

པོད་བདུན་པར། ཐམས་ཅད་མཁྱེན་པ་མང་ཐོས་ཀླུ་སྒྲུབ་རྒྱ་མཚོས་མཛད་པའི་སྡོམ་གསུམ་བརྒྱུད་འདེབས་ལམ་རིམ་དང་བཅས་པ་དངོས་གྲུབ་ཀྱི་ཕོ་ཉ་དང་། སྡོམ་པ་གསུམ་གྱི་རབ་ཏུ་དབྱེ་བའི་དཀའ་འགྲེལ་གནད་ཀྱི་སྙིང་པོ་གསལ་བྱེད། ལེགས་བཤད་ཉི་མའི་འོད་ཟེར་ལས་སྡོམ་པ་གསུམ་གྱི་དཀའ་འགྲེལ་ས་ལམ་དང་ཡུལ་ཆེན་གྱི་རྣམ་པར་བཞག་པ། ལེགས་བཤད་ཉི་མའི་འོད་ཟེར་ལས་སྡོམ་གསུམ་སྐབས་གསུམ་པའི་དཀའ་གནད་ལ་རྣམ་པར་དཔྱད་པ་བདུད་རྩིའི་ཟེགས་མ། སྤྲས་དོན་སྙིང་པོ་གསལ་བྱེད་ལས་དྲོད་དང་སྦྱོད་པ་ཉེ་རྒྱུ་གསུམ་གྱི་རྣམ་དཔྱད་ལེགས་བཤད་ཉི་མའི་འོད་ཟེར། སྤྲས་དོན་སྙིང་པོ་གསལ་བྱེད་ལས་དྲོད་དང་སྦྱོད་པ་ཉེ་རྒྱུ་གསུམ་གྱི་རྣམ་དཔྱད་ལེགས་བཤད་ཉི་མའི་འོད་ཟེར་དཔེ་མི་འདྲ་བ། སྡོམ་གསུམ་རབ་དབྱེའི་དཀའ་འགྲེལ་སྤྲས་དོན་གནད་ཀྱི་སྙིང་པོ་གསལ་བྱེད་ལས། ཕྱག་ཆེན་རྩོད་སྤོང་སྐབས་ཀྱི་ལེགས་བཤད་ཉི་མའི་འོད་ཟེར། རྗེ་བཙུན་འབྲུག་པ་སྤྲུལ་སྐུའི་དྲིས་ལན་སྙིང་པོ་གསལ་བ། ཡང་ལན་མཁས་པའི་མིག་ཐུར་སྨན་དབྱེའི་ཆོ་ག །དྲིས་ལན་མཁས་པ་དགའ་བྱེད། དྲི་བ་དྲིས་ལན་ངོ་མཚར་ཅན། སྤྲུལ་སྐུའི་དྲིས་ལན་འོད་ཟེར་བརྒྱ་པ། གཡས་རུ་གཙང་གི་ལྷ་རིག་ལོ་ཙྪ་བ་འཛམ་པའི་རྡོ་རྗེས་ཕྱག་ཆེན་རྩོད་སྤོང་ལ་དོགས་སློང་གནང་བའི་ལན་དུ་ཕུལ་བ། དྲི་ལན་དག་བྱེད་གང་གཱ་ལྷ་མོ། སོ་སོ་ཐར་པའི་སྐབས་ཏེ་སྐབས་དང་པོའི་བསྡུས་དོན་བདུད་རྩིའི་ཐིགས་པ། བྱང་ཆུབ་སེམས་དཔའི་སྡོམ་པའི་སྐབས་ཏེ་སྐབས་གཉིས་པའི་བསྡུས་དོན་བདུད་རྩིའི་ཐིགས་པ། སྐབས་གསུམ་པའི་རིག་འཛིན་སྡོམ་པའི་སྐབས་ཀྱི་བསྡུས་དོན་བདུད་རྩིའི་ཐིགས་པ། སྐབས་གསུམ་སྤྱིའི་དོན་གྱི་བསྡུས་དོན་བདུད་རྩིའི་ཐིགས་པ་ཚིགས་སུ་བཅད་པ། སྡོམ་པ་གསུམ་གྱི་རབ་ཏུ་དབྱེ་བ་ལས་སྐབས་གསུམ་

སྤྱིའི་བསྡུས་དོན་བདུད་རྩིའི་ཐིགས་པ། སྡོམ་གསུམ་ཉི་མ་གསུམ་གྱི་སྣ་ལྷང་ཡོད། ཀླུ་སྒྲུབ་ཆོས་ཀྱི་རྒྱལ་མཚན་གྱིས་མཛད་པའི་ས་ལུགས་ཀྱི་བསྟན་བཅོས་རྣམ་གསུམ་རྗེས་འབྲང་དང་བཅས་པ་ལ་རྩོད་པ་སྤོང་བ་འཇམ་པའི་རྡོ་རྗེའི་གཟི་འོད་དང་། ཡང་ལན་ཆོས་ཀྱི་ཇ་ཆེན། འཇམ་དབྱངས་དགའ་བའི་བཤེས་གཉེན་གྱིས་མཛད་པའི་རྗེ་བཙུན་ལོ་ཙྪ་བ་ཆེན་པོ་འགྱུར་མེད་བདེ་ཆེན་གྱི་དྲིས་ལན་འཕྲིན་ལས་རྣམ་དཀར་དང་། མདོ་སྔགས་ཀྱི་ཁྱད་པར་ལ་ལོག་རྟོགས་བསལ་བ། ས་ལོ་འཇམ་པའི་རྡོ་རྗེས་མཛད་པའི་རབ་དབྱེའི་ཟུར་བཀོལ་ལེགས་བཤད་མཁས་པའི་མགུལ་རྒྱན། རྫོང་པ་ཚེ་དབང་ཀུན་མཁྱེན་གྱིས་མཛད་པའི་སྡོམ་པ་གསུམ་གྱི་རབ་ཏུ་དབྱེ་བ་ལ་བརྟག་པའི་དྲི་ལན་གསང་ཆེན་སྣང་བ། མི་ཉག་ཆོས་གྲགས་དཔལ་བཟང་གིས་མཛད་པའི་དྲིས་ལན་མཁས་པའི་མཛེས་རྒྱན་མུ་ཏིག་གི་ཕྲེང་བ། འཇམ་མགོན་ཨ་མེས་ཞབས་ངག་དབང་ཀུན་དགའ་བསོད་ནམས་གྱིས་མཛད་པའི་སྡོམ་པ་གསུམ་གྱི་རབ་ཏུ་དབྱེ་བའི་བསྡུས་དོན་ཁོག་ཕུབ་བློ་གསལ་འཇུག་པ་བདེ་བྱེད་དང་། རྒྱུད་ནས་བཤད་པའི་ཡུལ་ཆེན་རྣམས་ཀྱི་སྒྲིག་ཚུལ་ཐུན་མོང་བ་བླ་མའི་མན་ངག་གསལ་བར་བཤད་པ་དཔྱོད་ལྡན་དགྱེས་པའི་མེ་ཏོག་འཕྲེང་མཛེས། རྒྱུད་སྡེ་ནས་བཤད་པའི་ཡུལ་ཆེན་སྒྲིག་ཚུལ་ཐུན་མོང་མ་ཡིན་པ་ལེགས་པར་བཤད་པ་རྗེ་བཙུན་མཆོག་གི་དགོངས་རྒྱན་དཔྱོད་ལྡན་ཡོངས་ཀྱི་དགའ་སྟོན། ཤཱཀྱ་དཔལ་བཟང་གིས་མཛད་པའི་ཡུལ་ཆེན་སུམ་ཅུ་རྩ་བདུན་གྱི་རྣམ་པར་བཤད་པ་དག་པ་བདུད་རྩིའི་ཐུམ་བཟང་།ཤཱཀྱའི་དགེ་སློང་ན་ཐ་པི་ཛ་ཡས་མཛད་པའི་སྡོམ་གསུམ་གྱི་ལེགས་བཤད་བདུད་རྩིའི་སྙིང་པོ། ངོར་ཆེན་ཀུན་དགའ་བཟང་པོས་མཛད་པའི་སྡོམ་པ་གསུམ་གྱི་རབ་ཏུ་དབྱེ་བའི་འབྲས་བུའི་རྣམ་གཞག་བློ་གསལ་ཉེར་མཁོ་དང་། དམ་ཚིག་ཉི་ཤུའི་བཤད་པ་ལེགས་པ་གཅིག །པཎ་ཆེན་འབུམ་ཕྲག་གསུམ་པས་མཛད་པའི་སྡོམ་གསུམ་རབ་དབྱེའི་ས་བཅད། མཛད་པ་པོ་མི་གསལ་བའི་སྡོམ་གསུམ་གྱི་དགོངས་པ་བདེ་གཤེགས་སྙིང་པོའི་ལྟ་བ་རང་སྟོང་དང་གཞན་སྟོང་གི་དབྱེ་བ།རིན་སྤྱིང་པ་ནམ་མཁའ་རྒྱལ་མཚན་གྱིས་མཛད་པའི་མང་ཐོས་ཀླུ་སྒྲུབ་རྒྱ་མཚོའི་གསུང་ལས་བྱུང་བའི་རྣམ་བཤད་རྒྱུད་བཞི་མཛེས་རྒྱན་བཅས་མཛད་པ་པོ་བཅུ་གསུམ་གྱི་གསུང་ཆོས་ཚན་སུམ་ཅུ་སོ་བརྒྱད།

བོད་བརྒྱད་པར། པཎ་ཆེན་ངག་དབང་ཆོས་གྲགས་ཀྱིས་མཛད་པའི་སྡོམ་པ་གསུམ་གྱི་རབ་ཏུ་དབྱེ་བའི་རྣམ་བཤད་ལེགས་པར་བཤད་པ་ཟླ་འོད་ནོར་བུ་དང་། སྡོམ་པ་གསུམ་གྱི་རབ་ཏུ་དབྱེ་བའི་སྤྱི་དོན་ཀུན་གསལ་ནོར་བུའི་ཕྲེང་བ། བོད་ཀྱི་མཁས་པ་སྔ་ཕྱི་དག་གི་གྲུབ་མཐའི་ཤན་འབྱེད་མཐའ་དཔྱོད་དང་བཅས་པའི་འབེལ་བའི་གཏམ་སྐྱེས་དཔྱོད་ལྡན་མཁས་པའི་ལུས་རྒྱན་རིན་ཆེན་མཛེས་པའི་ཕྲ་ཚོམ་བཀོད་པ་ལས་སྡོམ་གསུམ་

སྐོར། གཞུང་ཆེན་དྲུག་ལས་བཏུམས་པའི་ཡང་ལན་གྱི་རིམ་པ་ངེས་དོན་གཏམ་གྱི་བདུད་རྩི་ཞེས་བྱ་བ་ལས་སྡོམ་གསུམ་སྐོར། བདུད་འཇོམས་དཔའ་བོས་མཛད་པའི་རྒྱལ་བའི་བཀའ་དང་དགོངས་འགྲེལ་གྱི་གཞུང་ལུགས་བརྒྱ་ཕྲག་དག་ལ་སྡོམ་པ་གསུམ་གྱི་རབ་ཏུ་དབྱེ་བའི་སྐབས་ལས་བཏུམས་པའི་ལེགས་བཤད་ཀྱི་གཏམ་དུ་བྱ་བ་རྒྱ་བོད་ཀྱི་གྲུབ་མཐའ་རྣམ་པར་འབྱེད་ལུང་རིགས་རྒྱ་མཚོའི་སྙིང་པོ་མཁས་པ་དགའ་བྱེད་རིན་པོ་ཆེའི་རྒྱན་དང་། རྒྱལ་བའི་བཀའ་དང་དགོངས་འགྲེལ་གྱི་གཞུང་ལུགས་བརྒྱ་ཕྲག་དག་ལས་བཏུམས་པའི་གཏམ་དུ་བྱ་བ་རྒྱ་བོད་ཀྱི་གྲུབ་མཐའ་རྣམ་པར་འབྱེད་པ་ལུང་རིགས་རྒྱ་མཚོའི་སྙིང་པོ་མཁས་པ་དགའ་བྱེད་རིན་པོ་ཆེའི་རྒྱན་ལས་འཕྲོས་པའི་ཡང་ལན་ལེགས་པར་བཤད་པ་ཐུབ་བསྟན་ཀུན་ཏུ་གསལ་བའི་ཉི་མ་ཞེས་བྱ་བ་ལས་སྡོམ་གསུམ་སྐོར། ལྷ་ཁང་མཁན་ཆེན་བྱམས་པ་སངས་རྒྱས་བསྟན་འཛིན་གྱིས་མཛད་པའི་སྡོམ་པ་གསུམ་རབ་ཏུ་དབྱེ་བའི་མཆན་འགྲེལ། དཔལ་ནཱ་ལེནྡྲའི་མཁན་ཆེན་ཚུལ་ཁྲིམས་རྒྱལ་མཚན་གྱིས་མཛད་པའི་སྡོམ་པ་གསུམ་གྱི་རབ་ཏུ་དབྱེ་བའི་བསྟན་བཅོས་ཀྱི་མཆན་འགྲེལ་སྡོམ་གསུམ་རབ་གསལ་བཅས་མཛད་པ་པོ་བཞིས་མཛད་པའི་གསུང་ཆོས་ཚན་བརྒྱད་བཞུགས།

པོད་དགུ་པར། ཀུན་མཁྱེན་མཁས་པའི་དབང་པོ་བསོད་ནམས་སེངྒེས་མཛད་པའི་སྡོམ་པ་གསུམ་གྱི་རབ་ཏུ་དབྱེ་བའི་ཁ་སྐོང་གཞི་ལམ་འབྲས་གསུམ་གསལ་བར་བྱེད་པའི་ལེགས་བཤད་འོད་ཀྱི་སྣང་བ་དང་། སྡོམ་གསུམ་ཁ་སྐོང་གི་བསྡུས་དོན།མང་ཐོས་ཀླུ་སྒྲུབ་རྒྱ་མཚོས་མཛད་པའི་ སྡོམ་གསུམ་ཁ་སྐོང་གི་རྣམ་བཤད་ལེགས་པར་བཤད་པ་ནོར་བུའི་ཕྲེང་བ། པཎ་ཆེན་ངག་དབང་ཆོས་གྲགས་ཀྱིས་མཛད་པའི་སྡོམ་གསུམ་ཁ་སྐོང་གི་རྣམ་བཤད་ལེགས་པར་བཤད་པ་རྒྱན་གྱི་མེ་ཏོག །ཤཱཀྱའི་དགེ་སློང་བྱམས་པ་རབ་བརྟན་གྱིས་མཛད་པའི་སྡོམ་པ་གསུམ་གྱི་རབ་ཏུ་དབྱེ་བའི་ཁ་སྐོང་གཞི་ལམ་འབྲས་གསུམ་གསལ་བར་བྱེད་པའི་ལེགས་བཤད་འོད་ཀྱི་སྣང་བའི་རྣམ་བཤད་འོད་ཀྱི་སྣང་བ་རྒྱས་པར་བྱེད་པ། འོད་ཕུག་བྲག་དམར་པ་ཀུན་དགའ་ཚེ་འཕེལ་གྱིས་མཛད་པའི་སྡོམ་པ་གསུམ་ལས་བཏུམས་པའི་ཕྱི་ནང་གསང་གསུམ་གྱི་ཉམས་ལེན་རིན་ཆེན་སྤུངས་པ། སྔེ་དགེ་ཡབ་ཆེན་བྱམས་པ་ཀུན་དགའ་སངས་རྒྱས་བསྟན་པའི་རྒྱལ་མཚན་གྱིས་མཛད་པའི་གྲུབ་མཐའ་བཞི་དང་རྒྱུད་སྡེ་བཞི་ཡི་རྣམ་གཞག་བསྟན་པའི་སྙིང་པོ་སྡོམ་པ་གསུམ་གྱི་དོན་གཞི་ལམ་འབྲས་གསུམ་གྱི་གནད་བསྡུས་ཞར་བྱུང་བོད་ཀྱི་གྲུབ་མཐའི་ལོ་རྒྱུས་བཅས་ལྡན་ཅིག་ཏུ་བཀོད་པ་མདོ་སྔགས་ཆོས་ཚུལ་སྙིང་པོའི་གསལ་བྱེད་མ་རིག་མུན་པ་སེལ་བའི་དཔལ་ལྡན་འོད་ཟེར་བརྒྱ་པ་སྐལ་བཟང་བློ་ཡི་པད་ཚལ་བཞད་པ་དོན་གཉིས་ལྷུན་གྱིས་གྲུབ་པའི་ལམ་བཟང་། འཇམ་དབྱངས་བློ་གཏེར་དབང་པོས་མཛད་པའི་སྡོམ་པ་གསུམ་གྱི་བསླབ་བྱའི་བཅའ་

ཡིག་ལེགས་ཉེས་རང་ཞལ་སྟོན་པའི་མེ་ལོང་། འཇམ་དབྱངས་ཀུན་དགའ་རྣམ་རྒྱལ་གྱིས་མཛད་པའི་སྡོམ་གསུམ་སྤྱི་དོན་ཡིད་བཞིན་ནོར་བུ་ལས་གནད་དོན་བསྡུས་པ་བློ་དམན་ཡིད་ཀྱི་མུན་སེལ་ཉི་འོད། ཨ་འཛིན་ནོར་བུ་དབང་རྒྱལ་གྱིས་མཛད་པའི་སྡོམ་གསུམ་རབ་དབྱེའི་དྲིས་ལན་གྱི་ཡི་གེ་མྱོང་གྲོལ་བདུད་རྩི་བཅས་མཛད་པ་པོ་བརྒྱད་ཀྱིས་མཛད་པའི་གསུང་ཆོས་ཚན་བཅུ་བཞུགས།

པོད་བཅུ་པར། ངོར་དཔོན་སློབ་ངག་དབང་ལེགས་གྲུབ་ཀྱིས་མཛད་པའི་ཡོངས་རྫོགས་བསྟན་པའི་ཉམས་ལེན་སྡོམ་པ་གསུམ་གཏན་ལ་འབེབས་པ་འཇམ་དབྱངས་བླ་མའི་དགོངས་རྒྱན་དང་། སྡོམ་པ་གསུམ་གཏན་ལ་འབེབས་པའི་བསྟན་བཅོས་ཀྱི་བསྡུས་དོན་ཡོན་ཏན་རིན་པོ་ཆེའི་སྒོ་འབྱེད། ངོར་ཨེ་ཝཾ་མཁན་ཆེན་ངག་དབང་བསོད་ནམས་རྒྱལ་མཚན་གྱིས་མཛད་པའི་སྡོམ་གསུམ་སྤྱི་དོན་ས་གཞུང་སྤྲག་མ་ཟིན་ཐུན་སྐྱོར་ཆོག་མ་ངག་གི་པདྨོ་བཞད་པ་དང་། སྡོམ་པ་གསུམ་གྱི་ཉམས་ལེན་གཏན་ལ་འབེབས་པ་འཇམ་དབྱངས་བླ་མའི་དགོངས་རྒྱན་གྱི་རྣམ་འགྲེལ་སྐལ་བཟང་མིག་འབྱེད་ཀྱི་གསེར་ཐུར། གནས་ལྔ་རིག་པ་ཨ་འཛིན་ནོར་བུ་དབང་རྒྱལ་གྱིས་མཛད་པའི་ཡོངས་རྫོགས་བསྟན་པའི་ཉམས་ལེན་སྡོམ་པ་གསུམ་གཏན་ལ་འབེབས་པ་འཇམ་དབྱངས་བླ་མའི་དགོངས་རྒྱན་གྱི་འགྲེལ་པ་དང་། སྡོམ་གསུམ་དགོངས་རྒྱན་གྱི་ལེའུ་ལྔ་པ་གནས་འགྱུར་གྱི་སྐབས་མངོན་པར་རྟོགས་པ་ལྔ་བཅུ་རྩ་བདུན་གྱི་རྣམ་གཞག །སྡོམ་གསུམ་དགོངས་རྒྱན་གྱི་ལེའུ་ལྔ་པའི་སྐབས་བགྲོད་བྱ་ས་བཅུ་གསུམ་པོ་བགྲོད་བྱེད་ཕྱི་ནང་གི་ཡུལ་ཆེན་སོ་བདུན་གྱི་རྣམ་གཞག་མདོར་བསྡུས་ཏེ་བསྟན་པའི་དོན་སོ་སོར་རྣམ་པར་ཕྱེ་སྟེ་བཤད་པ། འཇམ་དབྱངས་མཁྱེན་བརྩེ་དབང་པོས་མཛད་པའི་སོར་བྱང་སྡུགས་གསུམ་གྱི་ཟིན་བྲིས་སྣ་ཚོགས་དང་། རྡོ་རྗེའི་གནས་ཡུལ་རྣམས་ཀྱི་བཤད་པ་བཅས་མཛད་པ་པོ་བཞིའི་གསུང་ཆོས་ཚན་དགུ་བཞུགས་པ་སྟེ། དེ་དག་བསྡོམས་པས་མཛད་པ་པོ་བཞི་བཅུ་ཞེ་བཞིས་མཛད་པའི་གསུང་ཆོས་ཚན་བརྒྱ་དང་སུམ་ཅུ་སོ་གསུམ་བཞུགས་ཡོད་དོ། །

ཐེངས་འདིར་དཔེ་ལག་ཏུ་འགྱོར་ཡང་མ་དཔེ་མི་གསལ་བ་དང་མ་ཚང་བའི་སྐོར་ལ། བླ་མ་བསོད་ནམས་རྒྱལ་མཚན་དང་དགེ་བའི་བཤེས་གཉེན་བསོད་ནམས་དཔལ་གཉིས་ཀྱིས་མི་ཧྲག་དང་བཅས་གསོལ་བ་བཏབ་པའི་ངོར་ཞྭ་ལུའི་སྣེ་རུ་གྲུབ་པར་སྒྱུར་ཞེས་པ་ལས། མཛད་བྱང་མི་གསལ་བའི་འགལ་སྤོང་ཞེས་པ་ལྡེབ། ༢༠ ཡང་མཛད་བྱང་མི་གསལ་བའི་སྐོར་ལ་སྡོམ་པ་གསུམ་གྱི་རབ་ཏུ་དབྱེ་བ་ལས་ལེའུ་གསུམ་པའི་དོགས་དཔྱོད་བློ་གསལ་མགུ་བ་སྐྱེད་བྱེད་ཅེས་བྱ་བ། ལྡེབ། ༡༥ སྡོམ་པ་གསུམ་རབ་ཏུ་དབྱེ་བ་ཞེས་བྱ་བའི་སྤྱི་བཤད་བཞུགས་ཞེས་པ། ལྡེབ། ༨ སྡོམ་པ་གསུམ་རབ་ཏུ་དབྱེ་བ་ལས་ལེའུ་དང་པོའི་དོགས་གཅོད་བཞུགས་ཞེས་པ་

ལེའུ། ༧ སྡོམ་པ་གསུམ་རབ་ཏུ་དབྱེ་བའི་བསྟན་བཅོས་ལེའུ་གཉིས་པའི་དོགས་གཅོད་སྤེ་སྟོད་ཀྱི་དགོངས་རྒྱན་མཁས་པའི་གསུང་རྒྱན་བཞུགས་ཞེས་པ་ལེའུ། ༨ བྱང་ཆུབ་སེམས་དཔའི་སྡོམ་པའི་སྐབས་ཏེ་སྐབས་གཉིས་པའི་བསྡུས་དོན་བདུད་རྩིའི་ཐིགས་པ་ལེའུ། ༩ སྡོམ་པ་གསུམ་གྱི་རབ་ཏུ་དབྱེ་བའི་སྤྱི་ཊཱི་ཀ །ལེའུ་༧བཅས་དང་།

དཀར་ཆག་དང་རྣམ་ཐར་སོགས་ལས་ཡོད་པར་གསུངས་ཀྱང་འདིར་བསྡུ་མ་ཐུབ་པའི་སྐོར་ལ། ཆོས་རྗེའི་དངོས་སློབ་ཁང་སྟོན་གྱི་ས་བཅད། འཕགས་པའི་དངོས་སློབ་འདུལ་བ་སེང་གེའི་སྡོམ་གསུམ་རབ་དབྱེའི་ཕྱོགས་སྔ་མདོར་བསྡུས་པ། འཕགས་པའི་དངོས་སློབ་སྒྲོ་ལུང་པ་ཀུན་དགའ་སློན་ལམ་གྱི་ མཆན་དང་། ས་བཅད། དཀའ་འགྲེལ་དང་བཅས་གསུམ། སེང་གེ་དཔལ་གྱི་ས་བཅད་དང་དཀའ་འགྲེལ་ དང་བཅས་པ་སྟེ། འདི་དག་ལ་གྲུབ་རྩ་ཤེས་རབ་བཟང་པོས། དེ་རྣམས་སྔར་གྱི་རྩ་བའི་དཔེ་ཆ་སྟེ། །རྗེ་བཙུན་ཀུན་དགའ་བཟང་པོའི་དྲིན་གྱིས་མཐོང་། །ཞེས་དང་། དམར་དང་དཔལ་གྱི་མཆན་ཡང་ཡོད་ཅེས་གསུངས། །འདི་དག་ཆོས་རྗེ་ཡབ་སྲས་མ་གཏོགས་པ། །ཕྱིས་ཀྱི་ཊཱིཀྐ་བྱེད་པས་མཐོང་བ་མེད། །ཞེས་གསུངས་པར་གཞིགས་ན་ཆོས་རྗེ་ཁུ་དབོན་གྱི་སློབ་མས་མཛད་པའི་རབ་དབྱེའི་ཆོས་སྐོར་མང་པོ་བཞུགས་པར་ངེས་ལ། ལྷག་ཏུ་ཆོས་རྗེའི་ཞལ་སློབ་དམར་སྟོན་ཆོས་ཀྱི་རྒྱལ་པོ་དང་། ལྷོ་པ་ཀུན་མཁྱེན་རིན་ཆེན་དཔལ་གཉིས་ཀྱི་མཆན་ཡང་ཡོད་པར་ངེས་སོ། །

གཞན་ཡང་དེའི་རྗེས་སུ་མཛད་པའི་བླ་མ་དམ་པའི་རབ་དབྱེའི་ས་བཅད་རྒྱས་པ་དང་། སྟོས་ཁང་པའི་སློབ་མ་དགའ་གདོང་པ་ཆོས་རྒྱལ་དཔལ་བཟང་གིས་ཊཱིཀྐ་རྒྱས་འབྲིང་བསྡུས་གསུམ་དང་། དཀའ་འགྲེལ་རྒྱས་འབྲིང་བསྡུས་གསུམ་སྟེ་ཡིག་ཆ་ཆོ་དྲུག་མཛད་པར་གྲགས་པའི་འགྲེལ་པ་རྒྱས་པ་ལས་གཞན་པ་ལྔ། པཎ་ཆེན་འབུམ་ཕྲག་གསུམ་པའི་སྐབས་དང་པོ་གསུམ་ལ་སྤྱི་དོན། པཎ་ཆེན་འབུམ་ཕྲག་ལྔ་པ་བྱམས་པ་ལུང་རིགས་རྒྱ་མཚོས་སོ་ཐར་གྱི་སྐབས་དང་བྱང་སྡོམ་གྱི་སྐབས་ལ་སྤྱི་དོན་རེ་རེ། སྔགས་སྡོམ་གྱི་སྐབས་ལ་གཉིས་ཏེ་སྤྱི་དོན་ཚན་པ་བཞི་མཛད་པར་གྲགས་པའི་སྔ་མ་གཉིས། ཐུབ་བསྟན་གདན་ས་པ་ཆོས་རྗེ་ཆོས་གྲགས་རྒྱ་མཚོ་དང་། བུ་སྟོན་སློབ་མ་བཟང་ལྡན་པ་དཀོན་མཆོག་གྲགས། གཞུང་བརྒྱ་པ་དངོས་གྲུབ་དཔལ་འབར། ལྷུགས་ཐང་རབ་འབྱམས་པ་རྣམས་ཀྱིས་མཛད་པའི་ཊཱི་ཀ །ནམ་མཁའ་རྒྱལ་མཚན་གྱིས་མཛད་ཅེས་པའི་སྡོམ་པ་གསུམ་གྱི་ཊཱི་ཀ །ལེའུ་བརྒྱ་དང་དྲུག་ཅུ་རེ་བརྒྱད་ཡོད་པ། འདི་རབ་དབྱེའི་འགྲེལ་པ་ཡིན་མིན་དཔྱད་དགོས། ཡང་མཛད་པ་པོ་མ་ངེས་པའི་རིགས་ལ། སྡོམ་གསུམ་རབ་དབྱེ་སྙིང་བསྡུས་ཞེས་པ་ལེའུ། ༡ སྡོམ་འགྲེལ་

འཇམ་དབྱངས་དགྱེས་པའི་ཞལ་ལུང་། ལྡེབ་༢༡། སྡོམ་གསུམ་འཆད་ཐབས་མན་ངག་ཟུར་རྒྱན། ལྡེབ། ༦༥ སྡོམ་གསུམ་འཆད་དུས་ཀྱི་བཀའ་བསྡུའི་རྣམ་གཞག །ལྡེབ། ༡༢ སྐྱབས་ཤུལ་ཀུན་བཟང་དང་དགེ་འཕེལ་སྤྲུལ་སྐུ་གང་རུང་གིས་མཛད་པའི་སྡོམ་གསུམ་ཁ་སྐོང་གི་རྣམ་བཤད། ནམ་མཁའ་རྒྱལ་མཚན་གྱིས་མཛད་ཅེས་པའི་སྡོམ་གསུམ་ནས་འདི་ཡི་བར་ནུ་ལེཀྲུའི་དཔེ་མཛོད་ཁང་དུ་བཞུགས་ཡོད་ངེས་ཀྱང་ལག་ཏུ་མ་སོན་པ་སྟེ། འདི་དག་དང་ད་དུང་གཞན་པ་མང་དུ་ཡོད་ངེས་པས་སྤྱི་སྒེར་སུ་ལ་བཞུགས་ན་ང་ཚོ་ལ་མཁོ་སྤྲོད་གནང་རོགས་ཞེས་པའི་འབོད་སྐུལ་ཞུ་བ་དང་།

བསྟན་བཅོས་འདི་ཉིད་ནི་ནང་པ་སངས་རྒྱས་པའི་བསྟན་པའི་སྙིང་པོ་སྡོམ་པ་གསུམ་གྱི་རྣམ་གཞག་ཀུན་མ་ནོར་མ་འཁྲུལ་བར་གསལ་བར་སྟོན་པའི་གཞུང་བཟང་པོ་སྲིད་ན་དཀོན་པ་ཞིག་ཡིན་པ། ཕྱོགས་ཞེན་ཙམ་མིན་པར་གཟུར་གནས་སུས་བལྟས་ཀྱང་ངེས་ཤེས་འདྲོང་བར་འགྱུར་བ་སྟེ། དཔལ་གསེར་མདོག་པཎ་ཆེན་ཤཱཀྱ་མཆོག་ལྡན་པའི་ཞལ་ནས། དེ་ནས་འཇིགས་མེད་དཔལ་ལྡན་ས་སྐྱ་པ། །འཇམ་དཔལ་སྔོན་པོའི་རྣམ་འཕྲུལ་ལོ་ཙཱ་བས། །མདོ་སྔགས་ཆོས་ཀྱི་རྒྱ་མཚོ་འདིར་བླངས་ནས། །ཆོས་དང་ཆོས་མིན་འབྱེད་པའི་བསྟན་བཅོས་ཀྱི། །གྲུབ་ཆེན་མང་པོའི་འདུ་འཕོད་རབ་སྦྱར་ནས། །ལུང་དང་རིགས་པའི་སྤྲོད་ཚུལ་རིམ་གསུམ་གྱིས། །ཐུབ་བསྟན་ནོར་བུའི་དྲི་མ་ཀུན་སྦྱངས་ཏེ། །བཤད་སྒྲུབ་རྒྱལ་མཚན་རྩེ་མོར་བཀོད་དེའོ། །ཁྱད་པར་སྡོམ་གསུམ་ཟབ་མོའི་ཉམས་ལེན་འདི། །མདོ་སྔགས་བསྟན་པའི་རྩ་བར་གཟིགས་གྱུར་ནས། །དེ་ཐོབ་རྒྱུ་དང་དེ་སྲུང་ཐབས་ཚུལ་ལ། །འཁྲུལ་འཇོམས་ཡིད་འོང་བསྟན་བཅོས་ཆེ་འདི་མཛད། །སོ་ཐར་སྡོམ་པའི་ཐོབ་གཏོང་བསྲུང་མཚམས་དང་། །དགེ་སྡིག་སྤང་བླངས་ལས་འབྲས་རྣམ་གཞག་ཀུན། །འདུལ་བའི་ལུང་དང་རྒྱ་ཆེན་མཐུན་པ་བཞིན། །མ་ནོར་གསལ་བར་སྟོན་པ་འདི་ན་བཞུགས། །ཐེག་ཆེན་སོ་ཐར་འཇུག་སྡོམ་ཡན་ལག་ཏུ། །རིགས་པར་བསྒྲུབས་ནས་དབུ་སེམས་སོ་སོ་ཡི། །སེམས་བསྐྱེད་ཚུལ་ལུགས་མ་འདྲེས་ཇི་བཞིན་པར། །ཐེག་ཆེན་མདོ་སྡེའི་སྙིང་པོ་འདི་ན་བཞུགས། །དབང་བསྐུར་མེད་པར་ཟབ་ལམ་ལེན་པ་དང་། །བྱིན་རླབས་ཙམ་ཞིག་དབང་དུ་འདོད་པ་དང་། །དབང་བསྐུར་ལམ་གྱི་གཞུང་དུ་མི་ཤེས་པའི། །འཁྲུལ་གཏམ་འགོག་བྱེད་གཞུང་ཆེན་འདི་ན་བཞུགས། །གང་ལ་དབང་བསྐུར་སློབ་མའི་གྲངས་ངེས་དང་། །གང་གིས་དབང་བསྐུར་བླ་མའི་མཚན་ཉིད་དང་། །གང་དུ་དབང་བསྐུར་དཀྱིལ་འཁོར་རྣམ་གཞག་ལ། །འཁྲུལ་པའི་ལག་ལེན་འགོག་ཚུལ་འདི་ན་བཞུགས། །གང་དུ་སྒྲོང་དང་གང་གིས་སྒྲོང་བ་དང་། །གང་ཞིག་སྒྲོང་བའི་བསྐྱེད་རིམ་རྣམ་གཞག་དང་། །གང་དུ་གང་གིས་རྫོགས་དང་གང་རྫོགས་པའི། །རྣམ་གཞག་ཇི་ལྟར་དགོས་ཚུལ་འདི་ན་བཞུགས། །ཐེག་ཆེན་ཚུལ་

ལུགས་གཉིས་ཀྱི་ལྷ་བའི་ཡུལ། །ཁྱད་པར་མེད་ཀྱང་ལྷ་བྱེད་རིམ་པ་ལས། །ཕྱག་ཆེན་རྣམ་གཞག་གང་ལས་འབྱུང་བའི་ཚུལ། །གསལ་བར་ཕྱེ་ནས་སྟོན་པའང་འདི་ན་བཞུགས། །གཞུང་ཙམ་བཀླགས་པས་སྐབས་ཀྱི་དོན་གྲུབ་ཅིང་། །ཇི་བཞིན་གཏིང་དཔག་དཀའ་བའི་བསྟན་བཅོས་འདི། །མདོ་སྔགས་སྒོ་བརྒྱ་འབྱེད་པའི་ལྡེ་མིག་སྟེ༑ ༑འདི་ཡིས་མི་ཁྲོལ་ཆོས་ཀྱི་མདུད་པ་ཅི། །ཞེས་སོགས་རྒྱ་ཆེར་གསུངས་པ་ལྟར། ཆོས་རྗེ་འདིའི་རྗེས་འཇུག་ཏུ་ཁས་འཆེ་བའི་ས་སྐྱ་པ་རྣམས་ཀྱིས་ནོར་བུའི་ནོར་ཉམས་ཤེས་པའི་སྒོ་ནས། གསུང་རབ་རིན་པོ་ཆེ་འདི་ཉིད་དཔེ་སྒྲོམ་དང་མཆོད་སྟེགས་འགེང་བྱེད་ཙམ་མ་ཡིན་པར། ཐོས་བསམ་འཆད་ཉན་གྱི་ལམ་ནས་རྒྱུན་སྐྱོང་དང་ཐུགས་དམ་ཉམས་བཞེས་མཛད་ན། མདོ་སྔགས་རིག་གནས་ཀྱི་དཀའ་བའི་གནད་མང་པོ་ཞིག་ཁྲོལ་བར་འགྱུར་ངེས་ལ། ཆོས་རྗེ་འཇམ་དབྱངས་བླ་མ་ཐུགས་དགྱེས་པའི་རྒྱུར་སོན་ཏེ་སྐྱེ་བ་ཚེ་རབས་ཀུན་ཏུ་རྗེས་སུ་འཛིན་པ་ལ་སོམ་ཉི་མི་དགོས་སོ། །

དཔེ་ཚོགས་འདི་ནི་ང་ཚོའི་ལས་ཁུངས་ཀྱིས་བསྒྲིགས་པའི་དཔེ་ཚོགས་ཁག་ལས་བྱང་ཆུབ་ལམ་སྟོན་གྱི་གྲས་སུ་བཀོད་ཡོད་ལ། དེ་ཡང་སྤྱིའི་དེབ་གྲངས་དང་པོ་ནས་བཅུ་པའི་བར་ས་སྐྱ་པའི་ལུགས་དང་། བཅུ་གཅིག་ནས་བཅོ་ལྔའི་བར་རྙིང་མའི་ལུགས་ཏེ་པོད་བཅོ་ལྔ་ད་ལོ་འགྲེམ་སྤེལ་བྱས་ཡོད་ལ། སུ་མཐུད་བཀའ་བརྒྱུད་དང་། དགེ་ལུགས། ཇོ་ནང་བཅས་ཀྱི་སྡོམ་གསུམ་སྐོར་རྣམས་བསྔུ་འཆར་ལ་འཕྲོལ་ཡོད་ཡིག་ཆ་མགོ་སྒྲིག་གནང་རོགས་ཞུ་བ་དང་། ཐེངས་འདིར་མགོ་སྒྲིག་གནང་མཁན་གྱི་དཔལ་ནུ་ལེན྄ྟའི་མཁན་པོ་བཟང་པོ་ལགས་ཀྱི་དབུ་བྱས་པའི་འགན་འཛིན་ལས་སྣེ་རྣམ་པ་དང་། རྫོང་གསར་ཁམས་བྱེའི་བཤད་གྲྭའི་མཁན་པོ་བསམ་འགྲུབ་མཆོག་དང་། ས་སྐྱའི་དཔེ་རྙིང་བསྔུ་སྒྲིག་ཁང་གི་མཁན་པོ་ཧ་མགྲིན་དོ་རྗེ་དང་། ལྷག་ཏུ་ཤེས་འཛིན་ལྡན་ཞིང་རང་ལུགས་ཀྱི་ཡིག་ཆ་མྱུར་སྐྱོབ་ལ་ལྷག་བསམ་ཅན་རྒྱན་ཐུབ་བསྟན་སློན་ལམ་ལགས། མི་ཉག་སི་ཏུ་དགོན་པའི་མཁན་པོ་འདུལ་བ་རྒྱ་མཚོ་དང་། ས་པཎ་ལྷ་རིག་ཚོགས་པའི་མཁན་པོ་ངག་དབང་བཤད་སྒྲུབ་སོགས་ལ་ཐུགས་རྗེ་ཆེ་ཞུ་བ་དང་། དགོས་སུ་ཁ་བ་གངས་ཅན་པའི་ཆོས་རིག་དར་སྤེལ་ལ་མཛད་རྗེས་དྲན་མཐོ་ཞིང་། ཁོ་པོ་ཅག་ལ་བཀའ་དྲིན་བླ་ལྷག་ཏུ་ཆེ་བའི་སྐྱབས་རྗེ་གཟན་དཀར་རིན་པོ་ཆེ་དང་། ལྷག་བསམ་དང་སྙིང་སྟོབས་ལྡན་པའི་རྒན་ཆེ་པོ་ལགས་ཀྱིས་ཐུགས་ཁུར་གྱི་མཐུས། སི་ཁྲོན་ཞིང་ཆེན་དཔེ་མཛོད་ཁང་དང་། ཞིང་ཆེན་གནའ་རྫས་སྲུང་སྐྱོབ་ཁང་གིས་དཔེ་སྐྲུན་གྱི་འགྲོ་གྲོན་གནང་བ་བཅས་ལ་བརྟེན། རྒྱ་ཆེའི་གླེག་པ་པོ་ཡོངས་ཀྱི་སྨྱུན་སྔར་བསྔར་ཐུབ་པ་བྱུང་སོང་བས། འབྲེལ་ཡོད་མི་སྣ་ཡོངས་ལ་ཐུགས་རྗེ་ཆེ་ཞུ་བ་དང་འབྲེལ་ཁོང་རྣམ་པའི་བསམ་དོན་ཆོས་བཞིན་འགྲུབ་པའི་སྨོན་འདུན་ཡང་ཞུ། འདི་ཉིད་ཀྱི་ཐད་ང་ཚོས་ཐབས

ཤེས་ཡོད་དགུ་རྩལ་འདོན་གྱིས་འཚོལ་བསྡུ་དང་ཞུ་དག་ལ་འབད་ཀྱང་། མ་དཔེ་ཕལ་ཆེ་བ་གནའ་བོའི་ཡིག་རྙིང་དུ་སོང་བ་དང་། སྐྱུང་ཡིག་མང་བ། འབྲུ་མི་གསལ་བ་སོགས་ཀྱི་རྐྱེན་ལ་བརྟེན། ད་དུང་ཡང་ནོར་འཁྲུལ་མང་དུ་ཡོད་ངེས་པས་ཉེས་པ་ཅི་མཆིས་ཐུགས་བཅས་རྒྱལ་བ་ཡོངས་ཀྱི་སྤྱན་སྔར་འཆགས་པ་དང་། མཁྱེན་ལྡན་རྣམ་པས་ནོར་བཅོས་མཛུབ་སྟོན་གནང་བར་ཁ་མིན་དོན་གྱི་རེ་བསྐུལ་ཞུ་བ་ལགས་ན་དེ་བཞིན་དགོངས་དབྱིངས་སུ་ཚུད་པར་ཞུའོ། །

སི་ཁྲོན་བོད་ཡིག་དཔེ་རྙིང་བསྡུ་སྒྲིག་ཁང་ནས།

༢༠༡༩ ལོའི་ཟླ་ ༤ པའི་ཚེས་ ༡ དགེ་བར།

དཀར་ཆག

༄༅། །སྡོམ་པ་གསུམ་གྱི་རབ་ཏུ་དབྱེ་བའི་བསྟན་བཅོས་བཞུགས།

ཆོས་རྗེ་ས་སྐྱ་པཎྜི་ཏ།

སྡོམ་པ་གསུམ་གྱི་རབ་ཏུ་དབྱེ་བ་ཞེས་བྱ་བ། བླ་མ་དམ་པའི་ཞབས་ལ་གུས་པས་ཕྱག་འཚལ་ལོ། །བདེ་གཤེགས་བསྟན་པའི་གསུང་རབ་སེང་གེའི་སྒྲ། །ལྷ་དང་རི་དྭགས་མཐའ་དག་སྐྲག་པར་མཛད། །སངས་རྒྱས་དགོངས་པ་ཇི་བཞིན་ལེགས་སྒྲུབ་པ། །མཚུངས་མེད་བླ་མ་དེ་ལ་བདག་ཅག་དད། །སྐྱོན་མེད་ཡོན་ཏན་ཀུན་གྱི་མཛོད་མངའ་བ། །འགྲོ་བའི་བླ་མའི་ཞབས་ལ་ཕྱག་འཚལ་ནས། །དད་ལྡན་སངས་རྒྱས་གསུང་བཞིན་བསྒྲུབ་འདོད་པ། །དེ་ལ་སྡོམ་གསུམ་དབྱེ་བ་བདག་གིས་བཤད། །མཁས་རྣམས་དགའ་བའི་སྟེང་སྒྲོར་ནི། །བླུན་པོ་རྣམས་ཀྱིས་གོ་དཀའ་བས། །ཚིག་གི་སྦྱོར་བ་སྤྲངས་ནས་ཀྱང་། །ཀུན་གྱིས་གོ་བར་བྱ་ཕྱིར་བཤད། །

བདག་ནི་སངས་རྒྱས་བསྟན་པ་ལ། །མི་ཕྱེད་པ་ཡི་དད་པ་ཡོད། །འོན་ཀྱང་སངས་རྒྱས་བསྟན་པ་ལ། །འཁྲུལ་པར་སྤྱོད་ལ་བདག་མ་དད། །སོ་སོར་ཐར་པའི་སྡོམ་པ་དང་། །བྱང་ཆུབ་སེམས་དཔའི་སེམས་བསྐྱེད་དང་། །གསང་སྔགས་ཀྱི་ནི་དབང་བསྐུར་དང་། །དེ་དག་གི་ནི་ཆོ་ག་དང་། །སོ་སོའི་བསླབ་པར་བྱ་བ་དང་། །སེམས་བསྐྱེད་པ་ཡི་གནད་རྣམས་དང་། །སྟོང་ཉིད་སྙིང་རྗེའི་སྙིང་པོ་དང་། །རིམ་པ་གཉིས་ཀྱི་གསང་ཚིག་དང་། །ཡེ་ཤེས་ཕྱག་རྒྱ་ཆེན་པོ་དང་། །ཕྱི་དང་ནང་གི་རྟེན་འབྲེལ་དང་། །ས་དང་ལམ་གྱི་རྣམ་གཞག་གི །རྣམ་པར་དབྱེ་བ་བཤད་ཀྱིས་ཉོན། །

སོ་སོར་ཐར་པའི་སྡོམ་པ་ལ། །ཉན་ཐོས་ཐེག་ཆེན་ལུགས་གཉིས་ཡོད། །ཉན་ཐོས་རྣམས་ཀྱི་སྐྱབས་འགྲོ་ནས། །དགེ་སློང་གི་ནི་སྡོམ་པའི་བར། །ཇི་སྲིད་འཚོ་ཡི་བར་དུ་ཡིན། །ཤི་བའི་ཚེ་ན་སྡོམ་པ་གཏོང་། །སྡོམ་པ་རྣམས་ཀྱི་འབྲས་བུ་ནི། །ཚེ་འཕོས་ནས་ནི་འབྱུང་བར་འགྱུར། །བྱང་ཆུབ་སེམས་དཔའི་སྡོམ་པ་རྣམས། །ཤི་འཕོས་ནས་ཀྱང་རྗེས་སུ་འབྲང་། །དེ་དག་གི་ནི་རྒྱུ་མཚན་ཡང་། །ཉན་ཐོས་སྡོམ་པ་རྣམ་རིག་མིན། །ལུས་ངག་ལས་ནི་སྐྱེ་བར་འདོད། །སྡོམ་པ་གཟུགས་ཅན་ཡིན་པའི་ཕྱིར། །ཤི་བའི་ཚེ་ན་སྡོམ་པ་གཏོང་། །འདི་ནི་ཆོས་མངོན་མཛོད་ལས་ཀྱང་། །བསླབ་པ་ཕུལ་དང་ཤི་འཕོས་དང་། །མཚན་གཉིས་དག་ནི་བྱུང་བ་དང་། །རྩ་བ་ཆད་དང་མཚན་འདས་ལས། །སོ་སོར་ཐར་པའི་འདུལ་བ་གཏོང་། །ཞེས་གསུངས་འདི་ལ་ཚད་མ་ཡིན། །

བྱང་ཆུབ་སེམས་དཔའི་སྡོམ་པ་ནི། །སེམས་ལས་སྐྱེ་ཕྱིར་གཟུགས་ཅན་མིན། །དེས་ན་ཇི་སྲིད་སེམས་མ་ཉམས། །དེ་ཡི་བར་དུ་སྡོམ་པ་ཡོད། །མདོ་རྒྱུད་བསྟན་བཅོས་ཐམས་ཅད་ཀྱི། །དགོངས་པ་ཡང་ནི་དེ་ཉིད་ཡིན། །ཁ་ཅིག་ཇི་སྲིད་འཚོ་བའི་བར། །ལུས་དང་སེམས་ལ་དགོངས་ཞེས་ཟེར། །དེ་འདྲ་སངས་རྒྱས་དགོངས་པ་མིན། །མཁས་པའི་གཞུང་ལས་དེ་མ་བཤད། །དེ་ལྟ་ཡིན་ན་ཉན་ཐོས་དང་། །ཐེག་ཆེན་སྡོམ་པ་ཁྱད་མེད་འགྱུར། །ཐུན་མོང་ཐུན་མོང་མ་ཡིན་པའི། །སྐྱབས་འགྲོ་གཉིས་སུ་དབྱེ་མི་རུང་། །སྡོམ་པ་འབོགས་པའི་ཆོ་ག་དང་། །དེ་ཡི་བསླབ་བྱ་འང་གཅིག་ཏུ་འགྱུར། །ཤི་ཡང་དགེ་སློང་མི་འདོར་ན། །བསླབ་པ་ཕུལ་བ་ལ་སོགས་པ༑ །སྡོམ་པ་གཏོང་རྒྱུ་གཞན་གྱིས་ཀྱང་། །སྡོམ་པ་གཏོང་བ་མི་སྲིད་འགྱུར། །དེ་ལ་ཁ་ཅིག་འདི་སྐད་དུ། །སེམས་བསྐྱེད་ཀྱིས་ནི་མ་ཟིན་པའི། །སྡོམ་པ་གལ་ཏེ་གཏོང་ན་ཡང་། །བྱང་ཆུབ་སེམས་ཀྱིས་ཟིན་པ་ཡི། །སྡོམ་པ་གཏོང་བ་མི་སྲིད་ལོ། །འོ་ན་སེམས་བསྐྱེད་ཀྱིས་ཟིན་པའ། །དགེ་སློང་ལ་སོགས་སྡོམ་པ་རྣམས། །བསླབ་པ་ཕུལ་དང་ཤི་འཕོས་དང་། །རྩ་བ་ཆད་པ་ལ་སོགས་པ། །གཏོང་རྒྱུ་ཀུན་གྱིས་མི་གཏོང་འགྱུར། །དེ་ལྟ་ཡིན་ན་དགེ་སློང་གི ། སྡོམ་པ་ཕུལ་ཡང་བསྲུང་དགོས་འགྱུར། །མ་བསྲུངས་དགེ་སློང་ཉམས་པར་འགྱུར། །ཤི་འཕོས་ནས་ཀྱང་དགེ་སློང་འགྱུར། ། གལ་ཏེ་དེ་ནི་ལྷར་སྐྱེས་ན། །ལྷ་ཡི་དགེ་སློང་སྲིད་པར་འགྱུར། །མིར་སྐྱེས་ན་ཡང་བྱིས་པ་ལ། །བླང་མི་དགོས་པར་དགེ་སློང་འགྱུར། །དེ་ལ་ལྟུང་བ་བྱུང་གྱུར་ན། །དགེ་སློང་སྡོམ་པ་ཉམས་པར་འགྱུར། །ཉམས་ནས་འཆབ་སེམས་སྐྱེས་པ་ལ། །སླར་ཡང་བླང་དུ་མེད་པར་གསུངས། །ལྷ་དང་བྱིས་པའི་དགེ་སློང་ནི། །འདུལ་བའི་སྡེ་སྣོད་རྣམས་ལས་བཀག །སེམས་བསྐྱེད་ལྡན་པའི་བསྙེན་གནས་ཀྱང་། །ནངས་པར་ཕན་ཆད་ཡོད་པའི་ཕྱིར། །རྟག་ཏུ་བསྙེན་གནས་བསྲུང་དགོས་འགྱུར། །མིན་ན་བསྙེན་གནས་ཉམས་པར་འགྱུར། །ནངས་པར་བསྙེན་གནས་གཏོང་ན་ནི། །སྡོམ་པ་རྒྱུན་དུ་འབྱུང་བ་འགལ། །དེས་ན་སོ་སོར་ཐར་པ་ཡི༑ །སྡོམ་པ་ཤི་ཡང་ཡོད་དོ་ཞེས། །སྨྲ་བའི་སྐྱེས་བུ་དེ་ལ་ནི། །སྡེ་སྣོད་རྣམ་དབྱེ་མེད་པར་ཟད། །

བྱེ་བྲག་སྨྲ་བའི་བསྙེན་གནས་ཀྱང་། །དགེ་སློང་ལས་ལེན་གང་ཟག་ནི། །གླིང་གསུམ་སྐྱེས་པ་བུད་མེད་ལས། །འགྲོ་བ་གཞན་ལ་སྡོམ་པ་བཀག །མདོ་སྡེ་པ་རྣམས་དུད་འགྲོ་སོགས། །འགྲོ་བ་གཞན་ལའང་སྐྱེ་བར་བཤད། །བླང་བའི་ཡུལ་ཡང་དགེ་བསྙེན་སོགས། །གང་ཡང་རུང་ལས་བླང་བར་གསུངས། །ཉན་ཐོས་རྣམས་ཀྱི་ཆོ་ག་ཡང་། །སྐྱབས་སུ་འགྲོ་བའི་ཚུལ་གྱིས་འབོགས། །དོན་ཡོད་ཞགས་པའི་རྟོག་པ་ལས། །བསྙེན་གནས་རང་གིས་བླང་བ་ཡི། །ཆོ་ག་སེམས་བསྐྱེད་འདྲ་བར་གསུངས། །དེས་ན་ཆོ་ག་ཁྱད་པར་ཡོད། །ལ་ལ་བསྙེན་གནས་བསྲུངས་པ་ཡི། །ནངས་པར་བསྙེན་གནས་འབུལ་དགོས་ཟེར། །བསྙེན་གནས་མཚན་མོ་འདས་པ་

ན༑ ༑གཏོང་ཕྱིར་འདི་ལ་འབུལ་མི་དགོས། །མདོ་སྡེ་པ་ཡི་ལུགས་བཞིན་དུ། །ཇི་ལྟར་འདོད་ཚེ་ལེན་ན་ཡང་། །ནངས་པར་ཕན་ཆད་བསྲུང་བ་ཡི། །བསམ་པ་མེད་ཕྱིར་སྡོམ་པ་གཏོང་། །དེ་ཡི་ཕྱིར་ན་འབུལ་མི་དགོས། །ལ་ལ་བསྙེན་གནས་འཚོལ་བ་ཐོས། །འདི་འདྲ་གང་ནའང་བཤད་པ་མེད། །

ཁ་ཅིག་བསྙེན་གནས་འབོགས་པའི་ཚེ། །ཉ་དང་གནམ་སྟོང་ཚེས་བརྒྱད་ལ། །ལྷ་བསྒོམ་ཐ་དད་མ་བྱས་ན༑ ༑བསྙེན་གནས་བསྲུང་དུ་མི་འདོད་ཟེར། །འདི་ཡང་རེ་ཞིག་བརྟག་པར་བྱ། །བསྙེན་གནས་སོ་སོར་ཐར་པའི་ལུགས། །གཙོ་ཆེར་ཉན་ཐོས་གཞུང་ལུགས་ཡིན། །ཡི་དམ་ལྷ་ཡི་བསྒོམ་བཟླས་ནི། །གསང་སྔགས་པ་ཡི་གདམས་ངག་ཡིན། །ཉན་ཐོས་གཞུང་ལས་བཤད་པ་མེད། །དེས་ན་ལྷ་བསྒོམ་མ་བྱས་ཀྱང་། །བསྙེན་གནས་ཉམས་པར་འགྱུར་བ་མེད། །འོན་ཀྱང་གསང་སྔགས་ལུགས་བྱེད་ན། །ཡི་དམ་བསྒོམ་པ་བསོད་ནམས་ཆེ། །

ཐེག་པ་ཆེན་པོ་ལས་བྱུང་བའི། །སོ་སོར་ཐར་པ་བཤད་ཀྱིས་ཉོན། །བྱང་ཆུབ་སེམས་དཔའ་ཉིད་ལ་ཡང་། །སོ་སོར་ཐར་པ་འབོགས་པ་ཡི། །ཆོ་ག་འགའ་ཞིག་ཡོད་མོད་ཀྱི། །དེ་ཡི་ཆོ་ག་ཕལ་ཆེར་ནུབ། །གསོ་སྦྱོང་རང་གིས་བླང་བ་སོགས། །ཆོ་གའི་ལག་ལེན་འགའ་ཞིག་ཡོད། །རྒྱལ་སྲས་བྱམས་པ་འཇམ་དབྱངས་སོགས། །བདག་ཉིད་ཆེན་པོ་འགའ་ཞིག་གིས། །མཁན་པོ་མཛད་ནས་འགྲོ་མང་ལ། །བསྙེན་པར་རྫོགས་པར་མཛད་དོ་ཞེས། །ཚིག་འབྲུ་ཙམ་ཞིག་གསུངས་མོད་ཀྱི། །འོན་ཀྱང་དེ་ཡི་ཆོ་ག་ནི། །མདོ་ལས་གསུངས་པ་ངས་མ་མཐོང་། །འདི་འདྲ་སྔོན་གྱི་ཆོ་ག་སྟེ། །འཕགས་པ་རྣམས་ཀྱི་སྤྱོད་ཡུལ་ཡིན། །སོ་སོ་སྐྱེ་བོས་བྱར་མི་རུང་། །དེས་ན་ད་ལྟའི་ཆོ་ག་ནི། །བསམ་པ་སེམས་བསྐྱེད་ཀྱིས་ཟིན་པའི། །ཆོ་ག་ཉན་ཐོས་ལུགས་བཞིན་གྱིས། །སོ་སོར་ཐར་པ་རིགས་བརྒྱད་པོ། །བྱང་སེམས་སོ་སོར་ཐར་པར་འགྱུར། །

དེ་ནས་བྱང་ཆུབ་སེམས་དཔའ་ཡི། །སོ་སོར་ཐར་པའི་བསླབ་བྱ་ཡི། །ཁྱད་པར་ཅུང་ཟད་བཤད་ཀྱིས་ཉོན། །འདི་ལ་སྡིག་ཏོ་མི་དགེའི་ཕྱོགས། །ཕལ་ཆེར་ཉན་ཐོས་ལུགས་བཞིན་བསྲུང་། །འདོད་པས་དབེན་པའི་ལྟུང་བ་འགའ། །བྱང་ཆུབ་སེམས་དཔའི་ལུགས་བཞིན་བསྲུང་། །འཇིག་རྟེན་མ་དད་སྒྱུར་པའི་ཆ། །གཉིས་ཀ་མཐུན་རྣམས་འབད་པས་བསྲུང་། །འཇིག་རྟེན་འཇུག་པའི་རྒྱུར་འགྱུར་ན། །ཐེག་ཆེན་སོ་སོར་ཐར་ལ་གནང་། །དཔེར་ན་ཉན་ཐོས་དགེ་སློང་ན། །གསེར་དངུལ་ལེན་པ་ཐུབ་པས་བཀག །བྱང་ཆུབ་སེམས་དཔའི་དགེ་སློང་ལ། །གཞན་དོན་འགྱུར་ན་ལྟུང་བ་མེད། །ཉན་ཐོས་སེམས་ཅན་དོན་ཡིན་ཡང་། །འདོད་ཆེན་པོ་ལ་ལྟུང་བ་འབྱུང་། །ཐེག་ཆེན་གཞན་གྱི་དོན་ཡིན་ན། །འདོད་ཆེན་ལྟུང་བ་མེད་ཅེས་གསུངས། །སོ་སོར་ཐར་པ་ལུགས་གཉིས་པོ། །དེ་འདྲའི་རྣམ་དབྱེ་ཤེས་པར་བྱ། །ཐེག་ཆེན་སོ་སོར་ཐར་ཡིན་ཡང་། །དགེ་སློང་ལ་སོགས

སྡོམ་པ་ཡི། །ལྡོག་པ་ཤི་བའི་ཚེ་ན་གཏོང་། །བྱང་ཆུབ་སེམས་ཀྱི་ལྡོག་པ་དང་། །དེ་ཡི་འབྲས་བུ་ཤི་ཡང་འབྱུང་། །

དེ་ནས་ལས་དང་རྣམ་སྨིན་གྱི། །རྣམ་པར་དབྱེ་བ་བཤད་ཀྱིས་ཉོན། །ལས་ལ་དགེ་སྡིག་ལུང་མ་བསྟན། །ཡིན་ཞེས་རྒྱལ་བས་མདོ་ལས་གསུངས། །དགེ་བ་ལེགས་པར་སྤྱད་པ་སྟེ། །རྣམ་སྨིན་བདེ་བ་སྐྱེད་པ་ཡིན། །སྡིག་པ་ཉེས་པར་སྤྱོད་པ་སྟེ། །རྣམ་སྨིན་སྡུག་བསྔལ་སྐྱེད་པར་བྱེད། །བཏང་སྙོམས་གཉིས་ཀ་མ་ཡིན་པས། །རྣམ་པར་སྨིན་པའང་གཉིས་ཀ་མིན། །འདི་དག་བྱས་བའི་ལས་ཡིན་པས། །འདུས་བྱས་ཡིན་པར་ཤེས་པར་བྱ། །ཆོས་ཀྱི་དབྱིངས་ནི་འདུས་མ་བྱས། །ཡིན་པའི་ཕྱིར་ན་ལས་མ་ཡིན། །དེས་ན་དགེ་དང་སྡིག་པ་མིན། །ལས་ལ་ཐུབ་པས་རྣམ་གཉིས་གསུངས། །སེམས་པ་དང་ནི་བསམ་པའོ། །སེམས་པ་ཡིད་ཀྱི་ལས་ཡིན་ཏེ༑ ༑བསམ་པ་དེ་ནི་ལུས་ངག་གིའོ། །ཆོས་ཀྱི་དབྱིངས་ནི་གཉིས་ཀ་མིན། །དེ་ཕྱིར་དགེ་སྡིག་ལས་ལས་གྲོལ། །གཞན་ཡང་ལས་ལ་རྣམ་བཞི་གསུངས། །ལས་དཀར་རྣམ་སྨིན་དཀར་བ་དང་། །ལས་གནག་རྣམ་སྨིན་གནག་པ་དང་། །ལས་དཀར་རྣམ་སྨིན་གནག་པ་དང་། །ལས་གནག་རྣམ་སྨིན་དཀར་བའོ། །བསམ་པ་དག་པའི་སྦྱིན་པ་སོགས། །གཉིས་ཀ་དཀར་བས་མཁས་པས་བྱ། །བཟའ་བའི་དོན་དུ་གསོད་པ་སོགས། །གཉིས་ཀ་གནག་པས་མཁས་པས་སྤང་། །མང་པོ་བསྐྱབ་ཕྱིར་གཅིག་གསོད་སོགས། །ལས་གནག་རྣམ་སྨིན་དཀར་ན་བྱ། །གསད་ཕྱིར་སྦྱིན་པ་གཏོང་ལ་སོགས། །ལས་དཀར་རྣམ་སྨིན་གནག་པས་སྤང་། །

གཞན་ཡང་ལས་ལ་རྣམ་གཉིས་གསུངས། །འཕེན་བྱེད་ལས་དང་རྫོགས་བྱེད་ལས། །དེ་དག་དབྱེ་ན་མུ་བཞི་ཡོད། །འཕེན་བྱེད་དགེ་བས་འཕངས་པ་ལ། །རྫོགས་བྱེད་ཀྱང་ནི་དགེ་བ་དང་། །འཕེན་བྱེད་སྡིག་པས་འཕངས་པ་ལ། །རྫོགས་བྱེད་ཀྱང་ནི་སྡིག་པ་དང་། །འཕེན་བྱེད་དགེ་ལ་རྫོགས་བྱེད་སྡིག །འཕེན་བྱེད་སྡིག་ལ་རྫོགས་བྱེད་དགེ །དེ་དག་དཔེར་བརྗོད་མདོར་བསྡུས་པ། །བཤད་པར་བྱ་ཡིས་ཡིད་ལ་བཟུང་། །མཐོ་རིས་གསུམ་པོ་འགྲུབ་པ་ནི། །དགེ་བའི་ལས་ཀྱིས་འཕེན་པ་ཡིན། །དེ་དག་བདེ་བ་འབྱུང་བ་ནི། །རྫོགས་བྱེད་དགེ་བས་འཕངས་པ་ཡིན། །ངན་སོང་གསུམ་དུ་སྐྱེ་བ་ནི། །འཕེན་བྱེད་སྡིག་པ་ཡིན་པར་གསུངས། །དེ་ཡི་སྡུག་བསྔལ་བྱེ་བྲག་ཀུན། །རྫོགས་བྱེད་ལས་ནི་སྡིག་པ་ཡིན། །མཐོ་རིས་དགེ་བས་འཕངས་མོད་ཀྱི། །དེ་ཡི་ནད་དང་གནོད་པ་ཀུན། །རྫོགས་བྱེད་སྡིག་པ་ཡིན་པར་གསུངས། །ངན་འགྲོའི་འཕེན་བྱེད་སྡིག་ཡིན་ཡང་། །དེ་ཡི་ལུས་སེམས་བདེ་བ་ཡི། །གནས་སྐབས་དགེ་བས་འཕངས་པར་གསུངས། །གཞན་ཡང་གཅིག་ཏུ་དཀར་བ་དང་། །གཅིག་ཏུ་གནག་དང་འདྲེན་མའི་ལས། །རྣམ་པ་གསུམ་དུ་ཐུབ་པས་གསུངས། །གཅིག་ཏུ་དཀར་བས་བདེ་བ་བསྐྱེད། །གཅིག་ཏུ་གནག་པས་སྡུག་བསྔལ་བསྐྱེད། །འདྲེན་མའི་ལས་ཀྱིས་བདེ་བ་དང་། །སྡུག་བསྔལ་

འདྲེན་མ་བསྐྱེད་པར་གསུངས། །འདི་འདྲའི་ལས་དང་རྣམ་སྨིན་གྱི། །རྣམ་པར་དབྱེ་བ་ཤེས་གྱུར་ན། །ད་གཟོད་ལས་ཀྱི་རྒྱུ་འབྲས་ལ། །ཤིན་ཏུ་མཁས་པ་ཉིད་དུ་འགྱུར། །

མུ་སྟེགས་གྲངས་ཅན་པ་རྣམས་ནི། །གཤིས་ལ་དགེ་སྡིག་ཡོད་ཅེས་ཟེར། །རྒྱུ་ལ་འབྲས་བུ་གནས་པར་འདོད། །བོད་ཀྱང་ལ་ལ་དེ་རྗེས་འབྲང་། །རྡོ་རྗེ་རྒྱལ་མཚན་བསྔོ་བ་ལས། །འགྲོ་ཀུན་དགེ་བ་ཇི་སྙེད་ཡོད། །བྱས་དང་བྱེད་འགྱུར་བྱེད་པ་ཞེས། །གསུངས་པའི་དགོངས་པ་འཆད་པ་ལ། །ཁ་ཅིག་གྲངས་ཅན་ལུགས་བཞིན་དུ། །ཡོད་པའི་དགེ་བ་ཞེས་བྱ་བ། །རང་བྱུང་དུ་ནི་གྲུབ་པར་འདོད། །དེ་ལ་བདེ་གཤེགས་སྙིང་པོ་ཟེར། །གྲངས་ཅན་ལུགས་འདི་མི་འཐད་པས། །ལུང་དང་རིགས་པས་དགག་པར་བྱ། །བདེ་གཤེགས་སྙིང་པོ་ཞེས་བྱ་བ། །ཆོས་དབྱིངས་འགྱུར་མེད་ཉིད་ལ་གསུངས། །དེ་སྐད་དུ་ཡང་རྒྱུད་བླ་ལས། །སེམས་ནི་རང་བཞིན་འོད་གསལ་བ། །ནམ་མཁའ་བཞིན་དུ་འགྱུར་མེད་གསུང་། །མདོ་ལས་དེ་བཞིན་གཤེགས་པ་ཡི། །སྙིང་པོ་འགྱུར་མེད་ཡིན་ཞེས་བཤད། །ཀླུ་སྒྲུབ་ཀྱིས་ཀྱང་དབུ་མ་ལས། །དེ་བཞིན་གཤེགས་པའི་རང་བཞིན་གང་། །དེ་ནི་འགྲོ་བའི་རང་བཞིན་ཡིན། །དེ་བཞིན་གཤེགས་པའི་རང་བཞིན་མེད། །འགྲོ་བ་འདི་ཡི་རང་བཞིན་མེད། །ཅེས་གསུངས་པ་ཡང་དེ་ཉིད་ཡིན། །ཤེས་རབ་ཕ་རོལ་ཕྱིན་པ་ལས། །ཆོས་ཀྱི་དབྱིངས་ནི་དུས་གསུམ་དང་། །ཁམས་གསུམ་དང་ནི་དགེ་སྡིག་ལས། །རྣམ་པར་གྲོལ་བ་ཡིན་ཞེས་གསུངས། །དེས་ན་ཆོས་ཀྱི་དབྱིངས་ལ་ནི། །བསྔོ་བ་མེད་ཅེས་རྒྱལ་བས་བཤད། །ཡང་དག་སྦྱོར་བའི་རྒྱུད་ལས་ཀྱང་། །དེ་ཡི་སྡིག་དང་བསོད་ནམས་ཀྱི། །ཆ་གཉིས་རྣམ་པར་རྟོག་པ་སྟེ། །མཁས་པས་འདི་གཉིས་རྣམ་པར་སྤང་། །ཞེས་གསུངས་དེ་བཞིན་གསང་འདུས་ལ། །སོགས་པའི་རྒྱུད་སྡེ་ཀུན་ལས་གསུངས། །འཕགས་པ་ཀླུ་སྒྲུབ་ཉིད་ཀྱིས་ཀྱང་། །གཏམ་བྱ་རིན་ཆེན་ཕྲེང་བ་ལས། །སྡིག་དང་བསོད་ནམས་བྱ་བ་འདས། །ཟབ་མོ་བཀྲོལ་བའི་དོན་དང་ལྡན། །མུ་སྟེགས་གཞན་དང་རང་ཉིད་ཀྱིའང་། །གནས་མིན་སྐྲག་པས་མ་མྱངས་པ། །ཞེས་གསུངས་གཞན་ཡང་དེ་ཉིད་ལས། །ཤེས་པས་ཡོད་དང་མེད་ཞིའི་ཕྱིར། །སྡིག་དང་བསོད་ནམས་ལས་འདས་པ། །དེ་ཡིས་བདེ་འགྲོ་ངན་འགྲོ་ལས། །དེ་ནི་ཐར་པ་དམ་པར་བཞེད། ། ཅེས་གསུངས་འདི་ཡང་ཆོས་ཀྱི་དབྱིངས། །དགེ་སྡིག་མེད་པའི་ལུང་ཡིན་ནོ། །

ཁ་ཅིག་བདེ་གཤེགས་སྙིང་པོའི་སྒྲ། །སྟོང་ཉིད་སྙིང་རྗེའི་སྙིང་པོར་འདོད། །འདི་ནི་བདེ་གཤེགས་སྙིང་པོའི་ཁམས། །སྦྱོང་བྱེད་ཡིན་གྱི་ཁམས་དངོས་མིན། །དེ་སྐད་དུ་ཡང་རྣམ་འགྲེལ་ལས། །སྒྲུབ་བྱེད་ཐུགས་རྗེ་གོམས་པ་ལས། །ཞེས་གསུངས་བསླབ་བཏུས་ཉིད་ལས་ཀྱང་། །སྟོང་ཉིད་སྙིང་རྗེའི་སྙིང་པོ་ཅན། །བསྐྱེད་པས་བསོད་ནམས་དག་པར་འགྱུར། །ཞེས་གསུངས་དེ་བཞིན་མདོ་སྡེ་དང་། །རྒྱུད་ཀུན་ལས་ཀྱང་དེ་སྐད་གསུངས། །མངོན་

པའི་གཞུང་ལས་ཉན་ཐོས་རྣམས། །ངོ་བོ་ཉིད་ཀྱི་དགེ་བ་ཞེས། །བཤད་པ་དད་པ་ལ་སོགས་པ། །བཅུ་གཅིག་པོ་ན་ཡིན་ཞེས་གསུང་། །དོན་དམ་དགེ་བ་ཞེས་བཤད་པ། །དེ་བཞིན་ཉིད་ལ་གསུངས་པ་ཡིན། །དོན་དམ་སྡིག་པ་འཁོར་བ་ཀུན། །ནམ་མཁའ་སོ་སོར་བརྟགས་མིན་གཉིས། །དོན་དམ་ལུང་མ་བསྟན་ཞེས་བཤད། །དེ་བཞིན་ཉིད་ལ་དགེ་བ་ཞེས། །བཤད་པའི་དགོངས་པ་འདི་ལྟར་ཡིན། །དཔེར་ན་ནད་དང་བྲལ་བ་ནི། །ལུས་བདེ་མྱ་ངན་མེད་པ་ལ། །སེམས་བདེ་ཞེས་ནི་འཇིག་རྟེན་ཟེར། །འདི་དག་སྡུག་བསྔལ་མེད་པ་ལས། །གཞན་པའི་བདེ་བ་མེད་མོད་ཀྱི། །འོན་ཀྱང་སྡུག་བསྔལ་མེད་ཙམ་ལ། །བདེ་བ་ཡིན་ཞེས་ཀུན་ལ་གྲགས། །དེ་བཞིན་ཆོས་ཀྱི་དབྱིངས་ལ་ཡང་། །སྡིག་པ་མེད་པ་ཙམ་ཞིག་ལས། །ལྷག་པའི་དགེ་བ་མེད་མོད་ཀྱི། །དགེ་བ་ཡིན་ཞེས་བཏགས་པར་ཟད། །གཞན་ཡང་མངོན་པའི་གཞུང་རྣམས་ལས། །ཟས་ཀྱིས་འགྲངས་པ་ལ་སོགས་ལ། །འདོད་ཆགས་བྲལ་བར་གསུངས་མོད་ཀྱི། །འོན་ཀྱང་གཏན་ནས་བྲལ་བ་ཡི། །འདོད་ཆགས་བྲལ་བ་མ་ཡིན་ནོ། །དེ་བཞིན་ཆོས་ཀྱི་དབྱིངས་ལ་ཡང་། །དགེ་བ་ཡིན་ཞེས་གསུངས་གྱུར་ཀྱང་། །འབྲས་བུ་བདེ་བ་བསྐྱེད་པ་ཡི། །དགེ་བ་དངོས་ནི་མ་ཡིན་ནོ། །ཅི་ནས་ཆོས་དབྱིངས་དགེ་བ་ཉིད། །ཡིན་ན་ཧ་ཅང་ཐལ་འགྱུར་ཏེ། །ཆོས་ཀྱི་དབྱིངས་ལས་མ་གཏོགས་པའི། །ཆོས་གཞན་མེད་ཕྱིར་སྡིག་པ་དང་། །ལུང་མ་བསྟན་ཡང་དགེ་བར་འགྱུར། །དེ་ལྟ་ཡིན་ན་སེམས་ཅན་ཀུན། །ངན་འགྲོར་འགྲོ་བ་མི་སྲིད་དོ། །

ལ་ལ་བྱམས་དང་སྙིང་རྗེ་སོགས། །གཤིས་ཀྱི་དགེ་བ་ཡིན་ཞེས་ཟེར། །འདི་ཡང་དེ་ལྟར་ངེས་པ་མེད། །མི་མཁས་པ་ཡི་བྱམས་སྙིང་རྗེ། །ངན་སོང་རྒྱུ་རུ་ཐུབ་པས་གསུངས། །ཐབས་ལ་མཁས་པའི་སྙིང་རྗེ་ལ། །དགོངས་ནས་དགེ་བར་གསུངས་པ་ཡིན། །དེས་ན་འགྲོ་བ་ཐམས་ཅད་ཀྱིས། །བྱས་པའི་དགེ་བ་ལ་དགོངས་ནས། །འགྲོ་ཀུན་དགེ་བ་རྗེ་སྙེད་ཡོད། །ཅེས་བྱའི་ཚིག་གིས་གསུངས་པ་ཡིན། །གལ་ཏེ་ཆོས་ཀྱི་དབྱིངས་ཡིན་ན། །རྗེ་སྙེད་ཅེས་བྱའི་སྒྲ་མི་འཐད། །ཡོད་ཅེས་བྱ་བའི་སྒྲ་ཡང་འགལ། །དེ་ཡི་རྒྱུ་མཚན་འདི་ལྟར་ཡིན། །རྗེ་སྙེད་ཅེས་བྱ་མང་པོའི་སྒྲ། །ཆོས་ཀྱི་དབྱིངས་ལ་མང་ཉུང་མེད། །དེ་ནི་སྤྲོས་བྲལ་ཡིན་ཕྱིར་རོ། །ཆོས་དབྱིངས་ཡོད་པའང་མ་ཡིན་ཏེ། །ཡོད་ཙམ་མི་རྟག་གིས་ཁྱབ་པར། །ཆོས་ཀྱི་གྲགས་པས་ལེགས་པར་གསུངས། །ཀླུ་སྒྲུབ་ཀྱིས་ཀྱང་དབུ་མ་ལས། །གལ་ཏེ་མྱ་ངན་འདས་དངོས་ན། །མྱ་ངན་འདས་པ་འདུས་བྱས་འགྱུར། །དངོས་པོ་འདུས་བྱས་མ་ཡིན་པ། །འགའ་ཡང་གང་ནའང་ཡོད་མ་ཡིན། །ཞེས་གསུངས་གཞན་ཡང་དེ་ཉིད་ལས། །གང་དག་རང་བཞིན་གཞན་དངོས་དང་། །དངོས་དང་དངོས་མེད་ཉིད་ལྟ་བ། །དེ་དག་སངས་རྒྱས་བསྟན་པ་ལ། །དེ་ཉིད་མཐོང་བ་མ་ཡིན་ནོ། །ཞེས་གསུངས་གཞན་ཡང་དེ་ཉིད་ལས། །བཅོམ་ལྡན་དངོས་དང་དངོས་མེད་པ། །མཁྱེན་

པས་ཀ་ཏྱཱ་ཡ་ན་ཡི། །གདམས་ངག་ལས་ནི་ཡོད་པ་དང་། །མེད་པ་གཉིས་ཀ་དགག་པར་མཛད། །ཅེས་གསུངས་གཞན་ཡང་དེ་ཉིད་ལས། །ཡོད་ཅེས་བྱ་བ་རྟག་པར་འཛིན། །མེད་ཅེས་བྱ་བ་ཆད་པར་ལྟ། །དེ་ཕྱིར་ཡོད་དང་མེད་པ་ལ། །མཁས་པས་གནས་པར་མི་བྱའོ། །ཞེས་གསུངས་པ་ཡང་ཆོས་ཀྱི་དབྱིངས། །ཡོད་མེད་གཉིས་ཀ་མིན་པའི་ལུང་། །

དེས་ན་སངས་རྒྱས་བསྟན་པ་ལ། །གུས་པར་བྱེད་ན་ཆོས་ཀྱི་དབྱིངས། །ཡོད་མེད་གཉིས་ཀར་མ་བཟུང་ཤིག །རིགས་པས་ཀྱང་ནི་འདི་འགྲུབ་སྟེ། །ཡོད་ཙམ་དོན་བྱེད་ནུས་ཕྱིར་རོ། །ཆོས་ཀྱི་དབྱིངས་ལ་བྱ་བྱེད་མེད། །དེ་ནི་སྤྲོས་བྲལ་ཡིན་ཕྱིར་རོ། །གཞན་ཡང་ཡོད་པའི་དགེ་བ་ནི། །ཆོས་ཉིད་ཡིན་ན་འགྲོ་ཀུན་གྱི། །དགེ་བ་ཞེས་བྱ་སྨོས་ཅི་དགོས། །ཁམས་པོ་དང་ནི་དངོས་མེད་དང་། །འཕགས་པའི་ཆོས་ཉིད་ཅེས་མི་བསྔོ། །ཐམས་ཅད་བསྔོ་རྒྱུ་ཡིན་ཕྱིར་རོ། །དེས་ན་གཞུང་དེའི་དགོངས་པ་ནི། །ལེགས་པར་བཤད་ཀྱིས་འདི་ལྟར་བཟུང་། །འགྲོ་བ་ཀུན་གྱིས་བྱས་པ་ཡི། །དགེ་བ་ཇི་སྙེད་ཡོད་པ་ཞེས། །བྱ་བའི་སྒྲ་ནི་སྤྱིར་བསྟན་ཡིན། །བྱས་དང་བྱེད་འགྱུར་བྱེད་པ་ཞེས། །དུས་གསུམ་དབྱེ་བ་དམིགས་བསལ་ཡིན། །ཡང་ན་གཞན་གྱིས་བྱས་པ་ཡི། །དགེ་བ་ཇི་སྙེད་ཡོད་པ་དང་། །རྡོ་རྗེ་རྒྱལ་མཚན་རང་ཉིད་ཀྱིས། །བྱས་དང་བྱེད་འགྱུར་བྱེད་པ་ཞེས། །བཤད་ཀྱང་མདོ་དང་འགལ་བ་མེད། །ཡང་ན་མདོར་བསྟན་རྒྱས་བཤད་དོ། །དཔེར་ན་འགྲོ་བ་ཀུན་གྱི་སྡིག །ཇི་སྙེད་ཡོད་པ་བྱས་པ་དང་། །བྱེད་འགྱུར་དེ་བཞིན་བྱེད་པ་རྣམས། །རྒྱལ་བའི་མདུན་དུ་བཤགས་པར་བགྱི། །ཅེས་བྱའི་ཚིག་དང་མཚུངས་པ་ཡིན། །

འདི་ལ་འདང་དུས་གསུམ་ལས་གཞན་པའི། །ཡོད་པའི་སྡིག་པ་གང་ཡང་མེད། །དེ་བཞིན་དུས་གསུམ་ལས་གཞན་པའི། །ཡོད་པའི་དགེ་བ་སྲིད་མ་ཡིན། །རྡོ་རྗེ་རྒྱལ་མཚན་ཉིད་ལས་ཀྱང་། །ཡོད་པ་ཞེས་བྱ་བསྒྲུབ་པར་གསུངས། །ཆོས་དབྱིངས་དགེ་བར་བྱས་ནས་ནི། །དེ་ལ་བསྔོ་བའི་རྒྱུར་བྱེད་པ། །བསྔོ་བས་འགྱུར་ན་འདུས་བྱས་འགྱུར། །མི་འགྱུར་བསྔོ་བ་དོན་མེད་ཡིན། །མདོ་སྡེ་རྣམས་ལས་ཆོས་ཀྱི་དབྱིངས། །འགྱུར་བ་མེད་ཅེས་རྒྱལ་བས་གསུངས། །རྩ་བའི་ཤེས་རབ་ཉིད་ལས་ཀྱང་། །རང་བཞིན་རྒྱུ་དང་རྐྱེན་ལས་ནི། །འབྱུང་བར་རིགས་པ་མ་ཡིན་ནོ། །རྒྱུ་དང་རྐྱེན་ལས་བྱུང་བ་ཡི། །རང་བཞིན་བྱས་པ་ཅན་དུ་འགྱུར། །རང་བཞིན་བྱས་པ་ཅན་ཞེས་བྱར། །ཇི་ལྟ་བུར་ན་རུང་བར་འགྱུར། །རང་བཞིན་དག་ནི་བཅོས་མིན་དང་། །གཞན་ལ་ལྟོས་པ་མེད་པ་ཡིན། །ཞེས་གསུངས་གཞན་ཡང་དེ་ཉིད་ལས། །གལ་ཏེ་རང་བཞིན་གྱིས་ཡོད་ན། །དེ་ནི་མེད་ཉིད་མི་འགྱུར་རོ། །རང་བཞིན་གཞན་དུ་འགྱུར་བ་ནི། །ནམ་ཡང་འཐད་པ་མ་ཡིན་ནོ། །དེ་ལ་སོགས་པའི་ལུང་རིགས་རྣམས། །ཆོས་དབྱིངས་དགེ་བ་མིན་པར་གསུངས། །

གལ་ཏེ་ཆོས་ཉིད་དེ་བཞིན་ཉིད། །བསྔོ་བྱའི་དགེ་བ་མ་ཡིན་མོད། །བྱང་ཆུབ་སེམས་དཔའི་བློ་སྦྱོང་ལ། །བསྔོས་ཀྱང་ཉེས་པ་མེད་སྙམ་ན། །མ་ཡིན་འདི་ལ་ཉེས་པ་ཡོད། །དམིགས་པའི་འདུ་ཤེས་ཡོད་པའི་ཕྱིར། །བསྔོ་བ་དུག་དང་བཅས་པར་འགྱུར། །འདི་འདྲའི་བསྔོ་བ་བྱས་གྱུར་ན། །སྦྲུལ་པ་རྨ་ཅན་ཇི་བཞིན་དུ། །བསྔོ་བ་ཐམས་ཅད་འཇིག་པར་འགྱུར། །ཆོས་ཉིད་སྤྲོས་བྲལ་དང་ནས་ནི། །དགེ་བ་ཇི་སྙེད་བྱས་པ་རྣམས། །འགྲུབ་བམ་གལ་ཏེ་མི་འགྲུབ་ཀྱང་། །འགྲོ་བའི་དོན་དུ་སྔོ་བྱེད་ན། །བྱང་ཆུབ་སེམས་དཔའི་བློ་སྦྱོང་ཡིན། །ཆོས་ཉིད་བསྔོ་རྒྱུར་བྱེད་ན་ནི། །བློ་སྦྱོང་དུ་ཡང་མི་རུང་ངོ། །

དེ་ཡི་རྒྱུ་མཚན་འདི་ལྟར་ཡིན། །ཆོས་དབྱིངས་སྤྲོས་དང་བྲལ་བ་ལ། །དགེ་བར་བྱེད་ན་དམིགས་པར་འགྱུར། །དམིགས་དང་བཅས་པའི་འདུ་ཤེས་ཀྱིས། །བསྔོ་བ་དུག་དང་བཅས་པར་གསུངས། །དཔེར་ན་དུག་དང་བཅས་པ་ཡི། །ཁ་ཟས་བཟང་པོ་ཟ་བ་ལྟར། །དཀར་པོའི་ཆོས་ལ་དམིགས་པ་ཡང་། །དེ་དང་འདྲ་བར་རྒྱལ་བས་གསུངས། །མངོན་པར་རྟོགས་པའི་རྒྱན་ལས་ཀྱང་། །ཡོངས་སུ་བསྔོ་བ་ཁྱད་པར་ཅན། །དེ་ཡི་བྱེད་པ་མཆོག་ཡིན་ནོ། །དེ་ནི་དམིགས་མེད་རྣམ་པ་ཅན། །ཕྱིན་ཅི་མ་ལོག་མཚན་ཉིད་དོ། །ཞེས་གསུངས་མདོ་རྒྱུད་ཐམས་ཅད་མཐུན། །

གང་དག་དམིགས་པ་མེད་པ་ཡི། །ཆོས་ཀྱི་དབྱིངས་ལ་འང་ཡོད་པ་ཡི། །དགེ་བ་ཡིན་ཞེས་དམིགས་བྱེད་པ༔ །དེ་ཡི་ཆོས་ཅན་གཞན་དག་ལ། །དམིགས་པར་འགྱུར་བ་ལྟ་ཅི་སྨོས། །བྱི་བས་དབྱུག་པའང་ཟོས་གྱུར་ན། །སྣུམ་ཁུར་ཟོས་པ་སྨོས་ཅི་དགོས། །གཞན་ཡང་ཆོས་ཉིད་དེ་བཞིན་ཉིད། །བསྔོ་བའི་ཡུལ་དུ་བྱེད་པ་དང་། །ཆོས་ཉིད་མི་འགྱུར་བདེན་པ་ཞེས། །ཟེར་བ་གོང་འོག་འགལ་བ་ཡིན། །དེས་ན་ལེགས་པར་སེམས་ལ་སློས། །

ལ་ལ་བདེ་གཤེགས་སྙིང་པོའི་སྒྲ། །ཆོས་ཀྱི་དབྱིངས་ལ་མི་ཟེར་བར། །སེམས་ཅན་ཁོ་ནའི་ཁམས་ལ་འདོད། །སེམས་ཅན་ཁམས་དེ་བརྟག་པར་བྱ། །ཁམས་དེ་དངོས་པོའམ་དངོས་མེད་དམ། །གཉིས་ཀ་མིན་པར་སྤྲོས་བྲལ་ཡིན། །རྣམ་པ་གསུམ་ལས་གཞན་མི་སྲིད། །དངོས་པོ་ཡིན་ན་བེམས་པོ་དང་། །རིག་པ་གཉིས་སུ་ཁ་ཚོན་ཆོད། །བེམས་པོ་སེམས་ཅན་ཁམས་ཉིད་དུ། །འདོད་པ་མུ་སྟེགས་འགའ་ཡི་ལུགས། །ཡིན་གྱི་སངས་རྒྱས་པ་ལ་མེད། །རིག་པ་ཡིན་ན་རྣམ་ཤེས་ཀྱི། །ཚོགས་བརྒྱད་ཉིད་ལས་འདའ་བ་མེད། །ཚོགས་བརྒྱད་འདུས་བྱས་ཡིན་པའི་ཕྱིར། །བདེ་གཤེགས་སྙིང་པོར་མི་འཐད་དེ། །མདོ་ལས་བདེ་གཤེགས་སྙིང་པོ་ནི། །འདུས་མ་བྱས་སུ་གསུངས་ཕྱིར་རོ། །འགའ་ལས་ཟག་མེད་སེམས་རྒྱུད་ཅེས། །གསུངས་པ་ཀུན་གཞིའི་རྣམ་ཤེས་ཀྱི། །གསལ་ཆ་ཉིད་ལ་དགོངས་པ་ཡིན། །དེ་ནི་མ་བསྒྲིབས་ལུང་མ་བསྟན། །ཡིན་ཕྱིར་དགེ་བའི་ཐ་སྙད་མེད། །འོན་ཏེ་ཟག

མེད་སེམས་རྒྱུད་ཅེས། །ཚོགས་བརྒྱད་ལས་གཞན་ཡོད་ན་ནི། །དེ་ཚེ་རྣམ་ཤེས་ཚོགས་དགུར་འགྱུར། །དེས་ན་ཚོགས་བརྒྱད་ལས་གཞན་པའི། །ཟག་མེད་སེམས་རྒྱུད་མི་འཐད་དོ། །དངོས་མེད་ཡིན་ན་དོན་བྱེད་མེད། །དེ་ལ་དགེ་སྡིག་འཐད་མ་ཡིན། །གལ་ཏེ་སེམས་ཅན་ཁམས་དངོས་དང་། །དངོས་མེད་གཉིས་ཀ་མ་ཡིན་པར། །སྤྲོས་བྲལ་ཡིན་ན་སྔར་བཤད་པའི། །ཆོས་ཀྱི་དབྱིངས་ལས་འདའ་བ་མེད། །དེ་ལྟ་ཡིན་ན་ཆོས་ཀྱི་དབྱིངས། །དགེ་སྡིག་མེད་པར་བཤད་ཟིན་ཏོ། །

གལ་ཏེ་བེམས་པོའི་ཆོས་ཀྱི་དབྱིངས། །བདེ་གཤེགས་སྙིང་པོ་མ་ཡིན་ཡང་། །སེམས་ཅན་རྣམས་ཀྱི་ཆོས་ཀྱི་དབྱིངས། །བདེ་གཤེགས་སྙིང་པོ་ཡིན་སྙམ་ན། །མ་ཡིན་ཆོས་ཀྱི་དབྱིངས་ལ་ནི། །དབྱེ་བ་མེད་པར་རྒྱལ་བས་གསུངས། །རིགས་པས་ཀྱང་ནི་འདི་འགྲུབ་བོ། །དེས་ན་དེ་བཞིན་གཤེགས་པ་ཡི། །སྙིང་པོ་སྤྲོས་བྲལ་ཡིན་པའི་ཕྱིར། །སེམས་ཅན་རྣམས་ལ་སངས་རྒྱས་དང་། །འཁོར་བ་གཉིས་ཀ་འབྱུང་བ་འཐད། །འཕགས་པ་ཀླུ་སྒྲུབ་སྐྱོབ་ཉིད་ཀྱིས། །གང་ལ་སྟོང་པ་ཉིད་རུང་བ། །དེ་ལ་ཐམས་ཅད་རུང་བ་ཡིན། །གང་ལ་སྟོང་ཉིད་མི་རུང་བ། །དེ་ལ་ཐམས་ཅད་རུང་མ་ཡིན། །ཞེས་གསུངས་པ་ཡང་དོན་འདི་ཡིན། །ཐེག་པ་ཆེན་པོ་རྒྱུད་བླ་མར། །བདེ་གཤེགས་ཁམས་ཀྱི་སྒྲུབ་བྱེད་ནི། །གལ་ཏེ་བདེ་གཤེགས་ཁམས་མེད་ན། །སྡུག་ལ་སྐྱོ་བར་མི་འགྱུར་ཞིང་། །མྱ་ངན་འདས་ལ་འདོད་པ་དང་། །དོན་གཉེར་སྨོན་པའང་མེད་པར་འགྱུར། །ཞེས་གསུངས་པ་ཡང་འདི་ཉིད་དེ། །ཉེ་བར་ལེན་པའི་ཕུང་པོ་ལྔ། །སྡུག་བསྔལ་ཡིན་ཞིང་མྱ་ངན་ལས། །འདས་པ་བདེ་བ་ཡིན་པས་ན། །སེམས་ནི་རང་གནས་སྙེག་པའི་ཕྱིར། །མེ་ཡི་སྒྲུབ་བྱེད་ཚ་བ་ལྟར། །བདེ་གཤེགས་ཁམས་ཀྱི་སྒྲུབ་བྱེད་འཐད། །འདི་དོན་རྒྱས་པར་བརྒྱད་སྟོང་པའི། །ཆོས་འཕགས་ཀྱི་ནི་ལེའུར་ལྟོས། །

འོན་ཀྱང་མདོ་སྡེ་འགའ་ཞིག་དང་། ། ཐེག་པ་ཆེན་པོ་རྒྱུད་བླ་མར། །གོས་ངན་ནང་ན་རིན་ཆེན་ལྟར། ། སེམས་ཅན་རྣམས་ལ་སངས་རྒྱས་ཀྱི། །སྙིང་པོ་ཡོད་པར་གསུངས་པ་ནི། །དགོངས་པ་ཡིན་པར་ཤེས་པར་བྱ། །དེ་ཡི་དགོངས་གཞི་སྟོང་ཉིད་ཡིན། །དགོས་པ་སྐྱོན་ལྔ་སྤང་ཕྱིར་གསུངས། །དངོས་ལ་གནོད་བྱེད་ཚད་མ་ནི། །དེ་འདྲའི་སངས་རྒྱས་ཁམས་ཡོད་ན། །མུ་སྟེགས་བདག་དང་མཚུངས་པ་དང་། །བདེན་པའི་དངོས་པོར་འགྱུར་ཕྱིར་དང་། །ངེས་པའི་དོན་གྱི་མདོ་སྡེ་དང་། །རྣམ་པ་ཀུན་ཏུ་འགལ་ཕྱིར་རོ། །འདི་དོན་དེ་བཞིན་གཤེགས་པ་ཡི༔ །སྙིང་པོའི་ལེའུའི་མདོ་སྡེར་ལྟོས། །སློབ་དཔོན་ཟླ་བ་གྲགས་པས་ཀྱང་། །དབུ་མ་ལ་ནི་འཇུག་པ་ལས། །བདེ་གཤེགས་སྙིང་པོ་དྲང་དོན་དུ། །གསུངས་པ་དེ་ཡང་ཤེས་པར་གྱིས། །འགའ་ཞིག་བསྒོ་བའི་ཚེ་ན་རྒྱུ། །སྙིང་བའི་ལག་ལེན་བྱེད་ཅེས་གྲགས། །འདི་ནི་མུ་སྟེགས་རིག་བྱེད་པའི། །ལུགས་ཡིན་སངས་རྒྱས་པ་ལ་མེད། །དེས་ན

གང་དང་གང་བྱེད་པ། །སངས་རྒྱས་གསུང་བཞིན་གྲུབ་པས་སྐྱབས། །

བསྔོ་བ་དེ་ཡང་མདོར་བསྟུན། །གནས་དང་གནས་མ་ཡིན་པ་གཉིས། །གནས་ཀྱི་བསྔོ་བ་འགྲུབ་པར་གསུངས། །གནས་མིན་བསྔོས་ཀྱང་འགྲུབ་མི་འགྱུར། །འདི་དག་གཉིས་ཀ་མདོ་ལས་གསུངས། །འཇམ་དཔལ་སངས་རྒྱས་ཞིང་ལས་ནི། །ཆོས་རྣམས་ཐམས་ཅད་རྐྱེན་བཞིན་ཏེ། །འདུན་པའི་རྩ་ལ་རབ་ཏུ་གནས། །གང་གིས་སྨོན་ལམ་ཅི་བཏབ་པ། །དེ་འདྲའི་འབྲས་བུ་ཐོབ་པར་འགྱུར། །ཞེས་གསུངས་འདི་ནི་གནས་ལ་དགོངས། །དྲི་མེད་བྱིན་གྱིས་ཞུས་པའི་མདོར། །ཆོས་རྣམས་ཆོས་ཉིད་བསྔོ་བ་ཡིས། །མི་འགྱུར་གལ་ཏེ་འགྱུར་ན་ནི། །དང་པོའི་སངས་རྒྱས་གཅིག་ཉིད་ཀྱི། །བསྔོ་བ་དེང་སང་ཅིས་མི་འགྲུབ། །ཅེས་གསུངས་འདི་ནི་གནས་མིན་གྱི། །བསྔོ་བ་ཉིད་ལ་དགོངས་པ་ཡིན། །

དེས་ན་བསྔོ་རྒྱུའི་དགེ་བ་དང་། །བཤགས་པར་བྱ་བའི་སྡིག་པ་ཡང་། །བྱས་པའི་དགེ་སྡིག་ཡིན་མོད་ཀྱི༑ །མ་བྱས་པ་ལ་དགེ་སྡིག་མེད། །དེ་ཡི་རྣམ་གཞག་བཤད་ཀྱིས་ཉོན། །འདོད་ཆགས་ཞེ་སྡང་གཏི་མུག་གསུམ། །དེས་བསྐྱེད་ལས་ནི་མི་དགེ་བ། །མ་ཆགས་ཞེ་སྡང་གཏི་མུག་མེད། །དེས་བསྐྱེད་ལས་ནི་དགེ་བ་ཞེས། །གསུངས་པའི་དགོངས་པ་ཤེས་ནས་ནི། །མཁས་པ་རྣམས་ཀྱིས་དཔྱད་པར་བྱ། །ཉན་ཐོས་དགེ་བ་ཕལ་ཆེར་ཡང་། །བྱང་ཆུབ་སེམས་དཔའི་སྡིག་པར་འགྱུར། །བྱང་ཆུབ་སེམས་དཔའི་དགེ་བ་ཡང་། །ཉན་ཐོས་སྡིག་ཏུ་འགྱུར་བར་གསུངས། །བསྐལ་པ་དུ་མར་དགེ་སྤྱད་ཀྱང་། །ཉན་ཐོས་ས་རུ་སེམས་བསྐྱེད་ན། །བྱང་ཆུབ་སེམས་དཔའི་སྡིག་པ་ལྕི། །དེ་ནི་ཉན་ཐོས་དགེ་ཆེན་ཡིན། །འདོད་པའི་ཡོན་ཏན་ལྔར་སྤྱོད་ཀྱང་། །ཐབས་མཁས་བྱང་ཆུབ་སེམས་ལྡན་ན། །རྒྱལ་སྲས་རྣམས་ཀྱི་དགེ་ཆེན་ཡིན། །ཉན་ཐོས་རྣམས་ཀྱི་སྡིག་པར་གསུངས། །གཞན་གྱི་དོན་གྱི་སེམས་བརྟན་པའི། །ཕམ་པ་བཞི་པོ་སྤྱད་ན་ཡང་། །བྱང་ཆུབ་སེམས་དཔའི་དགེ་བ་སྟེ། །ཉན་ཐོས་རྣམས་ཀྱི་སྡིག་པར་གསུངས། །འཁོར་བའི་འགྲོ་ལ་ཆགས་པ་ནི། །གཞན་དོན་ཡིན་ཡང་ཉན་ཐོས་ཀྱི། །སྡིག་ཡིན་དེ་ཉིད་རྒྱལ་སྲས་ཀྱི། །དགེ་བ་ཡིན་པར་ཤེས་པར་བྱ། །

དཀར་ནག་ཟང་ཐལ་ཞེས་བྱ་བའི། །ཆོས་སྐད་ངོ་མཚར་ཆེ་བར་གྲགས། །དེ་དག་གིས་ནི་དྲང་དོན་ལ༑ །ངེས་པའི་དོན་དུ་འཁྲུལ་པར་ཟད། །དེད་དཔོན་སྙིང་རྗེ་ཆེན་པོ་ཡིས། །ཚོང་པ་གཡོན་ཅན་བསད་པ་ཡི། །ལས་ཀྱིས་རྫོགས་པའི་སངས་རྒྱས་ལ། །སེང་ལྡེང་ཚལ་པ་ཟུག་པ་དང་། །ཡོ་དྲུག་དཀའ་བ་སྤྱད་པ་དང་། །ཏྲ་ཆས་ཟུལ་བ་གསོལ་བ་དང་། །བྲམ་ཟེའི་བུ་མོས་སྐུར་བ་དང་། །དགེ་འདུན་དབྱེན་གྱི་རྒྱུ་ལ་སོགས། །ཐུབ་པའི་སྐུ་ཚེ་སྔ་མ་ཡི། །ལས་ངན་སྨིན་པར་གསུངས་པ་ནི། །དེས་འདུལ་བ་ཡི་སྐྱེ་བོ་ལ། །དགོངས་པའི་དབང་གིས

གསུངས་པ་སྟེ། །ཐབས་ལ་མཁས་པའི་མདོ་སྡེར་ལྟོས། །དེ་ནི་ངེས་དོན་མདོ་སྡེ་ཡིན། །དྲང་བའི་དོན་ལ་ཡིད་མ་རྟོན། །གལ་ཏེ་རྫོགས་པའི་སངས་རྒྱས་ལ། །ལས་ངན་སྨིན་པ་བདེན་ན་ནི། །ཚོགས་གཉིས་རྫོགས་པ་དོན་མེད་ཅིང་། །དགྲ་བཅོམ་དང་ཡང་འདྲ་བར་འགྱུར། །སྐུ་གསུམ་རྣམ་གཞག་བྱར་མི་རུང་། །

དེ་ཡི་འཐད་པ་བཤད་ཀྱིས་ཉོན། །ཚོགས་གཉིས་རྫོགས་པའི་སངས་རྒྱས་ནི། །སྟུག་པོ་བཀོད་པར་སངས་རྒྱས་པའི། །ལོངས་སྤྱོད་རྫོགས་པའི་སྐུ་ཉིད་ཡིན། །དེ་ཡི་སྤྲུལ་པའི་སྐུ་ཉིད་ནི། །ཟས་གཙང་སྲས་སུ་འཁྲུངས་པ་ཡི། །ཤཱཀྱ་སེང་གེ་འདི་ཡིན་ནོ། །འདི་ནི་གདུལ་བྱ་སྨིན་པའི་ཕྱིར། །གཤེགས་དང་བཞུགས་དང་མནལ་བ་དང་། །མུ་གེའི་གྲོང་དུ་གཤེགས་པ་དང་། །ལྷུང་བཟེད་སྟོང་པར་བྱོན་པ་དང་། །བསོད་སྙོམས་མང་དུ་རྙེད་པ་དང་། །དགྲ་དང་ཉེ་དུའི་འབྲེལ་བ་དང་། །རད་རོད་ཅན་དུ་གཟིམས་པ་དང་། །རེས་འགའ་བསྟུང་བར་གཤེགས་པ་དང་། །གཞན་གྱིས་སྐུར་བ་སྣ་ཚོགས་དང་། །རེས་འགའ་སྐྱན་པའི་བ་དན་དང་། །བདེ་དང་དགེས་པར་སྤྱོད་པ་སོགས། །རྣམ་པ་སྣ་ཚོགས་སྟོན་པ་ནི། །སྤྲུལ་པ་ཡིན་གྱི་རང་རྒྱུད་མིན། །གལ་ཏེ་སངས་རྒྱས་དངོས་ལ་ནི། །ལས་ངན་སྨིན་པར་འདོད་ན་ཡང་། །ལོངས་སྤྱོད་རྫོགས་པའི་སྐུ་ཉིད་ལ། །སྨིན་པར་རིགས་ཀྱི་སྤྲུལ་པའི་སྐུ། །ཤཱཀྱ་ཐུབ་པ་ལ་སོགས་ལ། །སྨིན་པར་འདོད་པ་མུན་སྤྲུལ་ཡིན། །དཔེར་ན་སྒྱུ་མའི་མཁན་པོ་ལ། །ལས་ངན་འབྱུང་གི་དེས་སྤྲུལ་པའི། །སྒྱུ་མ་ལ་ནི་མི་འབྱུང་བཞིན། །དེས་ན་དགོངས་པ་ཤེས་དགོས་སོ༑ ༑འདི་ཡི་ལུང་དང་རིགས་པ་རྣམས། །དབྱིག་གཉེན་དང་ནི་ལེགས་ལྡན་སོགས། །མཁས་པའི་གཞུང་བཞིན་ཤེས་པར་གྱིས། །ཡེ་བཀག་ཡེ་གནང་ཞེས་བྱ་བའང་། །སངས་རྒྱས་བསྟན་དང་མཐུན་མ་ཡིན། །

ཉན་ཐོས་དང་ནི་ཐེག་ཆེན་གྱི། །གནང་བཀག་ཐམས་ཅད་གཅིག་ཏུ་མེད། །དེས་ན་ལ་ལར་གནང་བ་ནི། །ལ་ལའི་བཀག་པ་ཉིད་དུ་འགྱུར། །དེ་ཡི་འཐད་པ་འདི་ལྟར་ཡིན། །རྣམ་དག་ལུང་བཞིན་བཤད་ཀྱིས་ཉོན། །ཉན་ཐོས་རྩ་བའི་སྡེ་བཞི་ལ། །འདུལ་བ་མི་འདྲ་རྣམ་བཞི་ཡོད། །སྐད་ཀྱང་ལེགས་སྦྱར་རང་བཞིན་དང་། །ཟུར་ཆག་པ་དང་ཤ་ཟའི་སྐད། །རྣམ་པ་བཞི་རུ་གནས་པ་ཡིན། །དེ་ལས་གྱེས་པ་བཅོ་བརྒྱད་ལ། །འདུལ་བའི་དབྱེ་བའང་བཅོ་བརྒྱད་ཡོད། །དང་པོར་སྡོམ་པ་ལེན་པ་དང་། །བར་དུ་བསྲུང་དང་ཕྱིར་བཅོས་དང་། །སོ་སོར་ཐར་པ་འདོན་པ་དང་། །ཐ་མར་སྡོམ་པ་གཏོང་བའི་ཚུལ། །སྡེ་པ་ཐམས་ཅད་མི་མཐུངས་པས། །གཅིག་གིས་བཀག་པ་གཅིག་ལ་གནང་། །གལ་ཏེ་སྡེ་པ་གཅིག་བདེན་གྱི། །དེ་ལས་གཞན་པ་བརྫུན་སྙམ་ན། །རྒྱལ་པོ་ཀྲི་ཀྲིའི་རྨི་ལམ་ལྟར། །སྡེ་པ་ཐམས་ཅད་བདེན་པར་གསུངས། །འདི་དོན་རྒྱས་པར་སྡེ་པ་ནི། །ཐ་དད་བཀྲག་པའི་འཁོར་ལོ་དང་། །འདུལ་བ་འོད་ལྡན་ལ་སོགས་ལྟོས། །

སྡེ་པ་ཀུན་གྱི་བསླབ་པ་ཡང་། །ཤེས་ན་གཅིག་ཏུ་འགྱུར་ཞེ་ན། །ཤེས་ཀྱང་ཕལ་ཆེར་ཐ་དད་ཡིན། །དཔེར་ན་ཐམས་ཅད་ཡོད་སྨྲ་བའི། །མདོ་སྡེ་ལེགས་སྦྱར་སྐད་དུ་ཡོད། །གནས་བརྟན་པ་དག་ལེགས་སྦྱར་གྱི། །མདོ་སྡེ་བཏོན་ན་ལྟུང་བར་བྱེད། །ཐམས་ཅད་ཡོད་སྨྲ་རང་ཉིད་ཀྱི། །གསོལ་བཞིའི་ཆོ་གས་སྡོམ་པ་སྐྱེ། །དེ་ཡི་ཆོ་ག་བཞིན་བྱས་ན། །སྡེ་པ་གཞན་གྱི་དགེ་སློང་འཇིག །ཐམས་ཅད་ཡོད་སྨྲ་སྨིན་མའི་སྲུ། །བཞར་ན་ལྟུང་ཡིན་སྡེ་པ་འགའ། །མ་བཞར་ན་ནི་ལྟུང་བར་འདོད། །ལ་ལ་བུ་རམ་ཕྱི་དྲོ་འགོག །ཁ་ཅིག་ལྟུང་བ་མེད་ཅེས་ཟེར། །ལ་ལ་བྱིན་ལེན་ལག་པ་བཀན། །ལ་ལ་དེ་ལས་གཞན་དུ་བྱེད། །འགའ་ཞིག་ལྟུང་བཟེད་བྱིན་ལེན་བྱེད། །ལ་ལ་ལྟུང་བཟེད་བྱིན་ལེན་འགོག །ཁ་ཅིག་མིར་ཆགས་བསད་པ་ལ། །ཕམ་པ་ལ་ལ་ཕམ་པ་མེད། །ལ་ལའི་སོ་སོར་ཐར་པ་ལ། །གླིང་གཞིའི་ཚིགས་བཅད་གཅིག་ལས་མེད། །ལ་ལའི་རིང་ཐུང་གཞན་དུ་ཡོད། །མདོར་ན་ཕམ་པ་བཞི་པོ་ནས། །བརྒྱམས་ཏེ་བསླབ་པར་བྱ་བ་ཀུན། །སྡེ་པ་ཐམས་ཅད་མི་མཐུན་པས། །གང་གི་བཀག་ལ་གང་གི་གནང་། །དཔེར་ན་བུ་རམ་ཕྱི་དྲོའི་ཟས། །ཡི་གནང་ཡིན་ན་སྡེ་པ་གཞན། །ལྟུང་བ་དག་དང་བཅས་པར་འགྱུར། །ཡི་བཀག་ཡིན་ན་ཡོད་སྨྲ་ཡི། །དགེ་སློང་ལྟུང་བ་ཅན་དུ་འགྱུར། །བྱིན་ལེན་མ་བྱས་ཟ་བ་ཡི། །ལྟུང་བ་མི་སྐྱ་ལ་འབྱུང་ན། །མི་སྐྱའང་དགེ་སློང་ཉིད་འགྱུར་བས། །མི་སྐྱས་བྱིན་ལེན་བྱས་ན་ཡང་། །དགེ་སློང་གིས་ནི་དགེ་སློང་ལ༑ ༑བྱིན་ལེན་བྱས་པ་ཇི་བཞིན་དུ། །བཟའ་བར་རུང་བར་མི་འགྱུར་རོ། །དེ་བཞིན་ཀུན་ལ་སྦྱར་བར་བྱིས། །

ཁ་ཅིག་རབ་ཏུ་བྱུང་བ་ལ། །ལྟུང་བ་ཇི་སྙེད་འབྱུང་བ་དེ། །ཁྱིམ་པ་ནས་ནི་དམྱལ་བའི་བར། །དུད་འགྲོ་ལ་སོགས་ཐམས་ཅད་ལ། །ལྟུང་བ་མཚུངས་པར་འབྱུང་ཞེས་ཟེར། །འདི་ནི་སངས་རྒྱས་དགོངས་པ་མིན། །ཅི་ཕྱིར་ཞེ་ན་ལྟུང་བ་དེ། །བཅས་པ་ཕན་ཆད་འབྱུང་མོད་ཀྱི། །མ་བཅས་པ་ལ་ལྟུང་མེད་ཕྱིར། །དེས་ན་ཐུབ་པས་ལས་དང་པོས། །ཉེས་པ་བྱས་ཀྱང་ལྟུང་མེད་གསུངས། །དེ་ལྟ་མིན་པར་ཐམས་ཅད་ལ། །གལ་ཏེ་ལྟུང་བ་ཀུན་འབྱུང་ན། །འགྲོ་ཀུན་ལྟུང་བ་དང་བཅས་པས། །ཐར་པ་ཐོབ་པ་ལྟ་ཅི་སྨོས། །མཐོ་རིས་ཀྱང་ནི་འབྱུང་རེ་སྐན། །

ཉན་ཐོས་རྣམ་གསུམ་དག་པའི་ཤ །བཟའ་རུང་གལ་ཏེ་མི་ཟ་ན། །ལྷས་བྱིན་གྱི་ནི་བརྟུལ་ཞུགས་འགྱུར། །ཐེག་པ་ཆེ་ལས་ཤ་རྣམས་བཀག །ཟོས་ན་ངན་འགྲོའི་རྒྱུ་རུ་གསུངས། །དེ་བཞིན་ཕ་རོལ་ཕྱིན་པ་དང་། །གསང་སྔགས་ཀྱི་ནི་ལྟུང་བ་ལ། །གནང་བཀག་འགའ་ཞིག་ཐ་དད་ཡོད། །དེ་འདྲའི་འགལ་བ་ལྟག་སྤྲོད་ལ༑ ༑ཡི་བཀག་ཡི་གནང་ཇི་ལྟར་རྟེ། །དེས་ན་ཡི་བཀག་ཡི་གནང་གི །རྣམ་གཞག་ཕྱོགས་གཅིག་བྱར་མི་རུང་། །དཔེར་ན་པདྨའི་སོནམ་ལ། །རྟག་ཏུ་འདམ་དང་ལྡན་ལྡིན་དགོས། །ཤུ་དག་སོགས་ཀྱིས་བསྐོར་ན་སྐྱེ། །མེ་ཏོག་གཞན་ལ་དེ་མི་དགོས། །ཆུ་ལས་སྐྱེ་ལ་སྐམ་ས་དགྲ། །སྐམ་སར་སྐྱེ་ལ་རློན་པ་དགྲ། །གྲང་སར་དྲོ་བའི་

རྫས་མི་སྨིན། །ཁྲོ་སར་བསིལ་བ་འཐད་མ་ཡིན། །དེས་ན་བྱ་བ་གང་ཅིའང་རུང་། །རང་རང་ལུགས་བཞིན་བྱས་ན་འགྲུབ། །དེ་ལས་བཟློག་པའི་ལུགས་བྱས་ན། །མི་འགྲུབ་གྲུབ་ཀྱང་བཟང་པོ་དཀའ། །དེ་བཞིན་གནང་བཀག་ཐམས་ཅད་ཀྱང་། །རང་རང་ལུགས་བཞིན་བྱས་ན་འགྲུབ། །

གལ་ཏེ་སྡོམ་པ་མ་བླངས་ན། །ལྟུང་བའི་ཐ་སྙད་མི་ཐོབ་ཀྱང་། །རབ་ཏུ་བྱུང་ལ་བཅས་པ་ཡི། །སྡིག་པ་ཁྲིམ་པ་ལ་ཡང་འབྱུང་། །དེ་ལྟ་མིན་པར་རབ་བྱུང་ལ། །ཆེད་དུ་བྱས་ནས་སྡིག་བསྒོ་ན། །ཐུབ་པས་རབ་ཏུ་བྱུང་བ་ལ། །སྙིང་ནད་བྱས་པར་འགྱུར་ཞེས་ཟེར། །འདི་འདྲའི་རིགས་པ་གཟུ་ལུམས་ཡིན། །འོ་ན་ཞིང་ཡོད་རྣམས་ལ་ཡང་། །སེར་བ་ལ་སོགས་འབྱུང་འགྱུར་གྱི། །ཞིང་མེད་རྣམས་ལ་མི་འབྱུང་བས། །ཞིང་བཟང་ཕྱིན་པའང་སྙིང་ནད་འགྱུར། །དེས་ན་ཞིང་ལ་དགྲ་ཡོད་ཀྱང་། །ལོ་ཐོག་འབྱུང་བའི་ཕན་ཡོན་ཡོད། །དེ་བཞིན་རབ་ཏུ་བྱུང་བ་ལ། །ལྟུང་བ་སྲིད་མོད་ཕན་ཡོན་ཆེ། །དཔེར་ན་སྤྲང་པོར་སེར་བ་སོགས། །མི་འཇིགས་མོད་ཀྱི་ལོ་ཐོག་མེད། །དེ་བཞིན་ཁྲིམ་པ་རྣམས་ལ་ཡང་། །ལྟུང་བ་མེད་མོད་དགེ་མི་འབྱུང་། །དེས་ན་མདོ་དང་བསྟན་བཅོས་ལས། །རང་བཞིན་ཁ་ན་མ་ཐོ་དང་། །བཅས་པའི་ཁ་ན་མ་ཐོ་བ། །རྣམ་པ་གཉིས་སུ་བསྡུས་ཏེ་གསུངས། །རང་བཞིན་ཁ་ན་མ་ཐོ་བ། །སེམས་ཅན་ཀུན་ལ་སྡིག་པར་འགྱུར། །བཅས་པའི་ཁ་ན་མ་ཐོ་བ། །བཅས་པ་ཕྱིན་ཆད་ལྟུང་བར་འགྱུར། །དེ་ལྟ་མིན་པར་མ་བཅས་ཀྱང་། །ཅི་ནས་སྡིག་པར་འགྱུར་ན་ནི། །རྒྱལ་བ་རིགས་ལྔ་ལ་སོགས་པ། །ལོངས་སྤྱོད་རྫོགས་པའི་སྐུ་རྣམས་དང་། །ཉེ་བའི་སྲས་བརྒྱད་ལ་སོགས་པ། །བྱང་ཆུབ་སེམས་དཔའ་ཕལ་ཆེར་ཡང་། །དབུ་སྐྲ་རིང་ཞིང་རྒྱན་དང་བཅས། །ཁ་དོག་སྣ་ཚོགས་ན་བཟའ་ཅན། །ཕྱག་མཚན་སྣ་ཚོགས་འཛིན་པ་རྣམས། །ཡེ་བཀག་པ་ལ་སྤྱོད་པའི་ཕྱིར། །གཤིས་ཀྱིས་མི་དགེ་ཅན་དུ་འགྱུར། །

རྣལ་འབྱོར་དབང་ཕྱུག་བིརྺ་པ། །ཏི་ལོ་ན་རོ་ལ་སོགས་པ། །དགེ་སློང་བརྟུལ་ཞུགས་བོར་བ་ཡི། །གྲུབ་ཐོབ་རྣམས་ཀྱང་སྡིག་ཅན་འགྱུར། །ཙནྡན་སྤོས་ཀྱི་དད་ལྡན་པའི། །དགེ་སློང་ཇི་སྙེད་ཐམས་ཅད་ཀྱང་། །རྒྱན་དང་བཅས་ཤིང་གོས་དཀར་བ། །དེ་དག་ཀྱང་ནི་སྡིག་ཅན་འགྱུར། །གཤིས་ཀྱིས་མི་དགེ་སྤྱོད་ཕྱིར་རོ། །དགེ་བསྙེན་དགེ་ཚུལ་སྡོམ་བརྩོན་ལའང་། །སྡིག་མེད་སྲིད་པར་མི་འགྱུར་ཏེ། །དེ་དག་ལ་ཡང་དགེ་སློང་གི། །ལྟུང་བ་ཐམས་ཅད་འབྱུང་ཕྱིར་རོ། །འདི་འདྲ་གང་དག་སྨྲ་ཟེར་བ། །དེ་ཡིས་རང་གི་རྒ་བ་དང་། །བརྒྱུད་པའི་བླ་མར་གང་གྱུར་པ། །ཁྲིམ་པའམ་ནི་དགེ་བསྙེན་ནམ། །རྣལ་འབྱོར་པ་རུ་གང་བཞུགས་པ། །དེ་དག་ཐམས་ཅད་སྨད་པ་སྟེ། །གཤིས་ཀྱིས་མི་དགེ་མཛད་ཕྱིར་དང་། །ལྟུང་བ་ཐམས་ཅད་སྤྱོད་ཕྱིར་རོ། །

དེས་ན་མདོ་ལས་བརྟུལ་ཞུགས་ལ། །དགེ་སྡིག་གཉིས་ཀ་མེད་པར་གསུངས། །ཞིང་གི་གྲབ་བཞིན་

ཚུལ་ཁྲིམས་ལ། །གྲུས་པའི་རྒྱུ་རུ་གསུངས་པར་ཟད། །དེས་ན་འདོད་པས་དབེན་པ་དང་། །སྡིག་ཏོ་མི་དགེའི་ཆོས་ཀྱིས་ནི། །དབེན་པ་ཞེས་བྱ་རྣམ་གཉིས་གསུངས། །ཐུབ་པའི་དགོངས་པ་ཇི་བཞིན་བཟུངས། །བུ་མོ་གསེར་མཆོག་འོད་དཔལ་གྱིས། །བློ་གྲོས་ཆེན་པོ་འཇམ་དཔལ་ལ། །རབ་ཏུ་འབྱུང་བར་ཞུས་པའི་ཚེ། །ལུས་ཀྱི་རབ་བྱུང་བཀག་ནས་ཀྱང་། །སེམས་ཀྱི་རབ་བྱུང་ཐོབ་པར་མཛད། །གལ་ཏེ་གཞིས་ལ་དགེ་ཡོད་ན། །ལུས་ལ་དུར་སྨིག་ཅིས་མི་བསྒོན། །

དཀོན་མཆོག་བརྩེགས་པའི་མདོ་སྡེ་ལས། །དད་རྫས་ཟ་བའི་ཉེས་མཐོང་ནས། །དགེ་སློང་ལྔ་བརྒྱས་སྡོམ་པ་ཕུལ། །དེ་ལ་ཐུབ་པས་ལེགས་ཞེས་གསུངས། །འཕགས་པ་བྱམས་པའི་བསྟན་པ་ལ། །འདུས་པ་དང་པོར་དེ་ལུང་བསྟན། །དེས་ན་སྡོམ་པ་དགེ་བ་ཡིན། །ཆ་ལུགས་ཙམ་ལ་དགེ་བ་མེད། །སྡོམ་པ་མེད་པའི་ཆ་ལུགས་ཀུན། །མདོ་དང་བསྟན་བཅོས་རྣམས་ལས་བཀག །གཞིས་ལ་དགེ་བ་ཡོད་ན་ནི། །སྡོམ་པ་མེད་ཀྱང་རབ་བྱུང་གི། །ཆ་ལུགས་ཙམ་རེ་ཅིས་མི་གཟུང་། །འདི་འདྲའི་ཆོས་ལུགས་བསྟན་པ་མིན། །

དེ་ལ་ཁ་ཅིག་འདི་སྐད་དུ། །གལ་ཏེ་གཞིས་ལ་དགེ་བ་དང་། །སྡིག་པ་གཉིས་ཀ་མེད་པ་ལ། །ཐུབ་པས་ལྟུང་བ་འཆའ་ན་ནི། །བདེ་སྡུག་ཀུན་གྱི་བྱེད་པ་པོ། །སངས་རྒྱས་ཡིན་པར་འགྱུར་ཅེ་ན། །འདི་ཡི་ལན་ལ་རྣམ་གཉིས་ལས། །མགོ་བསྒྲེའི་ལན་ནི་འདི་ལྟར་ཡིན། །གཞིས་ལ་དགེ་སྡིག་ཡོད་ན་ནི། །ཁྱེད་ཀྱང་མུ་སྟེགས་འགའ་ཞིག་ལྟར། །ངོ་བོ་ཉིད་རྒྱུར་སྨྲ་བར་འགྱུར། །

གཉིས་པ་དངོས་པོའི་ལན་ལ་ནི། །གཞིས་ལ་དགེ་དང་སྡིག་མེད་ཀྱང་། །བདེ་སྡུག་ལས་ཀྱིས་བྱས་པ་ཡིན། །ལས་ཀྱི་བྱེད་པོ་སེམས་ཉིད་ཡིན། །སེམས་ནི་དགེ་དང་མི་དགེ་བའི། །སྟོབས་ཀྱིས་ལས་ལ་བཟང་ངན་འབྱུང་། །བཟང་ངན་དེ་ལས་བདེ་སྡུག་འབྱུང་། །དེ་དག་བླང་དོར་བྱེད་པ་ཡི། །ཐབས་ནི་སྡོམ་པའི་ཚུལ་ཁྲིམས་ཡིན། །བརྟུལ་ཞུགས་ཚུལ་ཁྲིམས་བསྲུང་བའི་ཐབས། །དེ་ལ་གང་ལ་གང་དགོས་པའི། །བསླབ་པ་འཆའ་བའི་བྱེད་པ་པོ། །རྫོགས་པའི་སངས་རྒྱས་ཉག་གཅིག་ཡིན། །དེས་ན་བསམ་པའི་ཁྱད་པར་གྱིས། །གཉེན་པོའི་བྱེ་བྲག་དུ་མ་ཡོད། །དེ་ཡི་ཐབས་སུ་བརྟུལ་ཞུགས་དང་། །འདུལ་བའི་བཅས་པ་མི་འདྲ་བ། །མཛད་པའི་རྒྱུ་མཚན་དེ་ལྟར་ཡིན། །དེས་ན་བདེ་དང་སྡུག་བསྔལ་གྱི། །བྱེད་པོ་སངས་རྒྱས་མ་ཡིན་ཡང་། །བསླབ་པ་འཆའ་དང་ཐབས་སྟོན་པའི། །བྱེད་པོ་སངས་རྒྱས་ཡིན་པར་གསུངས། །

སྨྲ་གུ་ཅན་དང་གོང་བ་ཅན། །རྟ་ལ་ཞོན་པ་ལ་སོགས་དང་། །ལག་ཉ་དང་ནི་ནུབ་ཚངས་སོགས། །འདུལ་བའི་སྤྱོད་པ་མ་ཡིན་པ། །བྱས་པ་ཀུན་ལ་མནོང་པ་ཡི། །ཚུལ་གྱིས་བཞགས་པ་ལེགས་པར་བྱ། །དེ་དག་ལྟུང་

བ་མེད་དོ་ཞེས། །སླ་ན་བསྟན་ལ་གནོད་པ་ཡིན། །རབ་ཏུ་བྱུང་བ་འབབ་པ་དང་། །ཕན་ཚུན་རྩོད་པར་བྱེད་པ་དང་། །དམ་ཆོས་ཉོ་ཚོང་བྱེད་པ་དང་། །དགེ་སྦྱོང་ཕྱི་དྲོ་ཟ་བ་དང་། །ཆང་འཐུང་བ་ལ་སོགས་པ་དང་། །ཆོས་གོས་ལྷུང་བཟེད་མེད་པ་སོགས། །ཆོས་དང་འགལ་བའི་སྤྱོད་པ་ཀུན། །ལྟུང་བ་མེད་ཅེས་སྒྲོགས་པ་དང་། །བླ་མའི་ཞབས་ཏོག་ཡིན་པ་དང་། །སངས་རྒྱས་བསྟན་ལ་ཕན་པ་སོགས། །སླ་ན་བསྟན་པ་སྤྱི་ལ་གནོད། །རང་གིས་བསྒྲུབ་པར་མ་ནུས་པའམ། །ལས་ངན་ཡིན་ཞེས་སྨྲ་ན་ནི། །རང་ལ་གནོད་ཀྱི་བསྟན་ལ་མིན། །གལ་ཏེ་སྐྱེ་བ་སྟུ་མ་ཡི། །ལས་ངན་སྨིན་པའི་ཤུགས་ཉིད་ལས། །ཆོས་དང་འགལ་བའི་སྤྱོད་པ་ཀུན། །དབང་མེད་བྱ་དགོས་བྱུང་ན་ཡང་། །འདི་ནི་ཆོས་མིན་འདུལ་བ་མིན། །སངས་རྒྱས་བསྟན་པའང་མིན་ནོ་ཞེས། །མནོང་བའི་ཚུལ་གྱིས་ལེགས་པར་བཤགས། །འདི་དག་ཆོས་དང་མི་འགལ་ཞིང་། །སངས་རྒྱས་བསྟན་པ་ཡིན་ནོ་ཞེས། །སླ་ན་སངས་རྒྱས་བསྟན་ལ་གནོད། །དེས་ན་བསྟན་པའི་སྒོར་ཞུགས་པས། །སངས་རྒྱས་བསྟན་ལ་མ་ཕན་ཡང་། །རྣམ་པ་ཀུན་ཏུ་གནོད་མི་བྱ། །

མདོ་བསྐུལ་ལ་སོགས་བྱ་བ་ཀུན། །འདུལ་བའི་གཞུང་དང་མཐུན་པར་གྱིས། །མདོ་བསྐུལ་རིང་མོ་ཞེས་བྱ་བ། །དཀའ་ལ་ནོར་བ་བྱེད་པ་མཐོང་། །མདོ་རྒྱུད་ཀུན་ལས་འདི་མ་གསུངས། །འདི་འདྲའི་རིགས་ཀྱི་ཆོས་འཕེལ་ན། །བསྟན་པའི་རྩ་བ་ནུབ་པར་འགྱུར། །སངས་རྒྱས་གསུངས་པའི་ཚིག་ཀུན། །སླ་བར་གྱུར་ཀྱང་མི་བྱེད་ལ། །སངས་རྒྱས་ཀྱིས་ནི་མ་གསུངས་ན། །དཀའ་ཡང་འབད་ནས་བྱེད་པ་མཚར། །སངས་རྒྱས་གསུང་དང་མི་མཐུན་ཡང་། །འདི་འདྲ་བདེན་པར་འདོད་ན་ནི། །ལག་ལེན་ཕྱིན་ཅི་ལོག་གཞན་ཡང་། །འཁྲུལ་ཞེས་བརྗོད་པར་མི་ནུས་ཏེ། །ལུང་དང་འགལ་བའི་ཆོས་ཡིན་པར། །རང་བཟོར་ཐམས་ཅད་མཚུངས་པ་ལ། །འགའ་ཞིག་བདེན་ལ་འགའ་ཞིག་ནི། །བརྫུན་པ་ཡིན་ཞེས་དཔྱད་མི་རུང་། །མུ་སྟེགས་ལ་སོགས་ཆོས་ལོག་ཀྱང་། །སུན་དབྱུང་བར་ནི་མི་ནུས་ཏེ། །ལུང་རིགས་མེད་པར་མཚུངས་པ་ལ། །བདེན་རྫུན་དབྱེ་བ་ནུས་མ་ཡིན། །ལ་ལ་རྫོགས་པའི་སངས་རྒྱས་ཀྱི། །གསུང་རབ་ཚིག་དོན་ཟབ་མོ་དང་། །གྲུབ་ཐོབ་རྣམས་དང་མཁས་རྣམས་ཀྱི། །ཤིན་ཏུ་ལེགས་པར་བཤད་པའི་ཆོས། །ཚིག་གི་ན་ཡ་ཡིན་པས་ན། །དགོས་པ་མེད་པས་དོར་ཞེས་ཟེར། །ཚིག་ཀྱང་བསྒྲིགས་ལེགས་མི་ཤེས་ན། །དོན་བཟང་སློས་ཀྱང་ཅི་དགོས་པའི། །གླུན་པོ་རྣམས་ཀྱི་རང་དགའི་ཚིག །མཁས་རྣམས་བཞད་གད་བསྐྱེད་པ་ཡི། །འབྲེལ་མེད་སྣ་ཚོགས་བྲིས་པ་ལ། །བསྟན་བཅོས་ཡིན་ཞེས་ཉན་བཤད་བྱེད། །གླུན་པོ་དགའ་བ་བསྐྱེད་ནུས་ཀྱི། །མཁས་རྣམས་དགའ་བ་བསྐྱེད་མི་ནུས། །དུས་དང་བློ་གྲོས་གྲོན་དུ་འགྱུར། །ཀྱེ་མ་སངས་རྒྱས་བསྟན་པ་ནི། །འདི་ལྟར་གྱུར་པ་ད་གཟོད་གོ། །དེས་ན་སངས་རྒྱས་གསུང་

རབ་དང་། །མཁས་པ་རྣམས་ཀྱི་བསྟན་བཅོས་ཀྱི། །ཚིག་དོན་ལ་ནི་བྱིན་རླབས་ཡོད། །འདི་འདྲ་ཉན་བཤད་བྱེད་པ་ལ། །ཐོས་པ་ཞེས་ནི་བརྗོད་པ་ཡིན། །དེ་དོན་དཔྱོད་པ་བསམ་པ་ཡིན། །ནན་ཏན་གྱིས་ནི་དེ་བསྒྲུབ་པ༑ ༑བསྒོམ་པ་ཡིན་པར་ཤེས་པར་བྱ། །ཐོས་བསམ་བསྒོམ་གསུམ་དེ་ལྟར་གྱིས། །འདི་ནི་སངས་རྒྱས་བསྟན་པ་ཡིན། །སོ་སོར་ཐར་པའི་སྡོམ་པའི་སྐབས་ཏེ་དང་པོའོ།། ༎

སེམས་བསྐྱེད་ལ་ནི་ཉན་ཐོས་དང་། །ཐེག་པ་ཆེན་པོའི་ལུགས་གཉིས་ཡོད། །ཉན་ཐོས་རྣམས་ལ་སེམས་བསྐྱེད་གསུམ། །དགྲ་བཅོམ་རང་རྒྱལ་སངས་རྒྱས་སོ། །ཉན་ཐོས་བསྟན་པ་ནུབ་པས་ན། །དེ་ཡི་ཆོ་གར་སྤྱོད་པ་ཉུང་། །ཐེག་པ་ཆེན་པོའི་སེམས་བསྐྱེད་ལ། །དབུ་མ་སེམས་ཙམ་རྣམ་པ་གཉིས། །དེ་གཉིས་ལྟ་བ་ཐ་དད་པས། །ཆོ་ག་ཡང་ནི་ཐ་དད་ཡིན། །ལྟུང་བ་དང་ནི་ཕྱིར་བཅོས་དང་། །བསླབ་པར་བྱ་བའང་སོ་སོར་ཡོད། །སེམས་ཙམ་པ་ཡི་སེམས་བསྐྱེད་འདི། །བོད་ན་བྱེད་པ་མང་མོད་ཀྱི། །དེ་ནི་སུ་ཡང་རུང་བ་ཡི། །གང་ཟག་རྣམས་ལ་བྱར་མི་རུང་། །ལ་ལ་སྐྱེ་བོ་འགའ་ཞིག་གི། །སྨྲ་ལམ་གྱི་ནི་རྗེས་འབྲངས་ནས། །སེམས་ཅན་ཀུན་ལ་སེམས་སྐྱེད་བྱེད། །སྨྲ་ལམ་བདུད་ཀྱི་མིན་ན་རུང་། །བྱང་ཆུབ་སེམས་དཔའི་ས་དང་ནི། །མར་མེ་མཛད་ཀྱིས་བཀག་ཕྱིར་དང་། །ཚིག་ལས་ཀྱང་གསལ་བའི་ཕྱིར། །ལུགས་དེ་སངས་རྒྱས་བསྟན་པ་མིན། །

ཁ་ཅིག་བླུན་པོ་སྡིག་པ་ཅན། །ཡིན་ཡང་དེར་འཚོགས་ཐམས་ཅད་ནི། །སོ་སོར་ཐར་པའི་སྡོམ་པ་ཅན། །བྱང་ཆུབ་སེམས་དཔའི་སྡེ་སྣོད་ལ། །མཁས་པ་ཤ་སྟག་ཡིན་ནོ་ལོ། །འདི་འདྲའི་ཚིག་ལའང་བདེན་འཛིན་ཡོད། །སེམས་ཡོད་རྣམས་ཀྱིས་འདི་ལ་དཔྱོད། །གལ་ཏེ་འདི་འདྲའི་ཚིག་བདེན་ན། །དེ་ལས་མི་བདེན་གཞན་ཅི་ཡོད། །དེས་ན་ཆོས་ཀྱི་རྗེས་འབྲངས་པའི། །མཁས་པ་རྣམས་ཀྱིས་ལུགས་འདི་སྤོངས། །དབུ་མའི་ལུགས་ཀྱི་སེམས་བསྐྱེད་འདི། །སེམས་ཅན་ཀུན་གྱིས་ལེགས་ཐོབ་ན། །རྫོགས་སངས་རྒྱས་ཀྱི་རྒྱུར་འགྱུར་ཞེས། །མདོ་དང་བསྟན་བཅོས་རྣམས་ལས་གསུངས། །

དེ་ཡང་སྡོང་པོ་བཀོད་པ་དང་། །བསྐལ་བཟང་ནམ་མཁའི་སྙིང་པོ་དང་། །དཀོན་བརྩེགས་རྒྱལ་པོ་གདམས་པ་ཡི། །མདོ་སྡེ་ལ་སོགས་རྣམས་སུ་ལྟོས། །འཕགས་པ་ཀླུ་སྒྲུབ་ཀྱིས་མཛད་དང་། །རྒྱལ་སྲས་ཞི་བ་ལྷས་མཛད་པའི། །བསྟན་བཅོས་ལ་སོགས་རྣམས་ལས་གསུངས། །ཇི་ལྟར་འབྲས་ཀྱི་ས་བོན་ནི། །གྲང་བའི་ཡུལ་དུ་མི་སྐྱེ་བ། །དེ་བཞིན་སེམས་ཙམ་པ་ཡི་ཡང་། །སེམས་བསྐྱེད་སྡིག་ཅན་ལ་མི་སྐྱེ། །ཇི་ལྟར་ནས་ཀྱི་ས་བོན་ནི། །གྲང་དྲོ་གང་དུའང་སྐྱེ་བ་ལྟར། །དེ་བཞིན་དབུ་མའི་སེམས་བསྐྱེད་ཀྱང་། །སྡིག་པ་ཡོད་མེད་ཀུན་ལ་སྐྱེ༑ ༑གལ་ཏེ་མདོ་ལས་བཤད་པ་ཡི། །གཞུང་དེ་སེམས་ཙམ་པ་ཡི་ཡང་། །སེམས་བསྐྱེད་ལུང་དུ་ཅི་འགལ་

ཞེས། །སྐམ་ན་དེ་ནི་འཁྲུལ་པ་ཡིན། །

རྒྱལ་བ་ཕན་བཞེད་ཉིན་གཅིག་གི ། སྒྲོག་གཅོད་སྡོམ་པ་བླངས་པ་ལ། །བྱང་ཆུབ་སེམས་དཔའི་སེམས་བསྐྱེད་མཛད། །དེ་ནི་སོ་སོར་ཐར་པ་མིན། །དེ་ལ་སོགས་པའི་འཐད་པ་རྣམས། །དབུ་མའི་ལུགས་ལ་འཐད་མོད་ཀྱི། །སེམས་ཙམ་པ་ཡི་ལུགས་ལ་མིན། །དེས་ན་སེམས་ཙམ་པ་ཡི་ལུགས། །གལ་ཏེ་སེམས་བསྐྱེད་དེ་འདོད་ན། །ཐོག་མར་སོ་སོར་ཐར་པ་ཡོངས། །བྱང་ཆུབ་སེམས་དཔའི་སྡེ་སྣོད་སློབས། །དད་ཅིང་བསླབ་པར་ནུས་གྱུར་ན། །ཕྱི་ནས་སེམས་བསྐྱེད་སྡོམ་པ་ཡོངས། །ཅི་སྟེ་སེམས་ཅན་ཐམས་ཅད་ལ། །སངས་རྒྱས་ས་བོན་འཛུག་འདོད་ན། །ཚིག་འཁྲུལ་པ་མེད་པ་ཡི། །དབུ་མ་པ་ཡི་གཞུང་བཞིན་གྱིས། །དོན་དམ་སེམས་བསྐྱེད་ཅེས་བྱ་བ། །བསྒོམས་པའི་སྟོབས་ཀྱིས་སྐྱེ་མོད་ཀྱི། །ཆོ་གའི་སྒོ་ནས་འདི་མི་སྐྱེ། །གལ་ཏེ་ཆོ་གས་སྐྱེ་ན་ནི། །བརྡ་ལས་བྱུང་བའི་སེམས་བསྐྱེད་འགྱུར། །

འདི་ནི་དོན་དམ་ཆོས་ཉིད་ཀྱིས། །ཐོབ་པ་ཞེས་བྱའི་སེམས་བསྐྱེད་ཡིན། །འདི་ལ་སྦྱོར་དངོས་རྗེས་གསུམ་གྱི། །ཆོ་ག་རྒྱལ་བས་གསུངས་པ་མེད། །མཁས་པ་ཐམས་ཅད་འདི་མི་མཛད། །མཛད་ཀྱང་ཆོ་གར་མི་འགྱུར་རོ། །དེས་ན་འདི་འདྲའི་རིགས་ཅན་ཀུན། །སངས་རྒྱས་བསྟན་པའི་གཟུགས་བརྙན་ཡིན། །དཔེར་ན་ཆུ་ལུད་ས་བོན་སོགས། །སོ་ནམ་ཞིང་པས་བྱར་ནུས་ཀྱི། །མྱུ་གུ་སྡོང་བུ་སྙེ་མ་སོགས། །ཞིང་ལས་འབྱུང་གི་མི་ལས་མིན། །དེ་བཞིན་ཀུན་རྫོབ་བྱང་ཆུབ་སེམས། །ཆོ་གའི་སྒོ་ནས་བསྐྱེད་ནུས་ཀྱི། །དོན་དམ་བྱང་ཆུབ་སེམས་དང་ནི༑ ༑ཟག་པ་མེད་པའི་སྡོམ་པ་དང་། །བསམ་གཏན་གྱི་ནི་སྡོམ་པ་སོགས། །ངང་གིས་སྐྱེ་ཡིས་ཆོགས་མིན། །འདི་དག་འཐད་པ་དང་བཅས་པ། །མདོ་དང་བསྟན་བཅོས་ཀུན་ལས་འབྱུང་། །དོན་དམ་སེམས་བསྐྱེད་བྱའོ་ཞེས། །གལ་ཏེ་བརྒྱ་ལ་གསུངས་སྲིད་ཀྱང་། །དམ་བཅའ་ཡིན་གྱི་ཆོ་ག་མིན། །དཔེར་ན་སྦྱིན་པ་གཏང་བར་བྱ༑ ༑ཚུལ་ཁྲིམས་དག་པ་བསྲུང་བར་བྱ། །སངས་རྒྱས་ཡོན་ཏན་བསྒྲུབ་པར་བྱ། །དེ་ལ་སོགས་པ་གསུངས་པ་ཀུན། །དམ་བཅའི་ཚིག་ཙམ་ཉིད་ཡིན་གྱི། །ཆོ་གའི་སྒོ་ནས་བསྐྱེད་པ་མིན། །ཡིན་ན་ཧ་ཅང་ཐལ་འགྱུར་ཞིང་། །ཆོ་ག་ཡང་ནི་ཐུག་མེད་འགྱུར། །ཀྱེ་མ་འཇིག་རྟེན་བླུན་པོ་འདི། །རྒྱལ་བས་གསུངས་པ་ཀུན་བོར་ནས། །མ་གསུངས་ནན་གྱིས་འཚང་བ་ནི། །འདི་འདྲ་ཅིར་འགྱུར་བརྟག་དགོས་སོ། །

དེ་ལྟར་སེམས་ཙམ་དབུ་མ་གཉིས། །རྣམ་གཞག་ཐ་དད་ཡོད་མོད་ཀྱི། །འོན་ཀྱང་ཐེག་ཆེན་ཀུན་མཐུན་པར། །ལྟུང་བའི་རྣམ་གཞག་མུ་བཞི་གསུངས། །ལྟུང་མེད་ལྟུང་དང་ལྟུང་བ་ཡི། །གཟུགས་བརྙན་ལྟུང་བ་མེད་པ་ཡི། །གཟུགས་བརྙན་ཞེས་བྱ་རྣམ་པ་བཞི། །བསམ་པ་དག་པའི་སྦྱིན་པ་སོགས། །རྣམ་པ་ཀུན་ཏུ་ལྟུང་བ

མེད། །བསམ་པ་ངན་པའི་སྲོག་གཅོད་སོགས། །རྣམ་པ་ཀུན་ཏུ་ལྷུང་བར་འགྱུར། །དགེ་བའི་སེམས་ཀྱིས་བསད་པ་སོགས། །ལྷུང་བའི་གཟུགས་བརྙན་ཡིན་ཞེས་གསུངས། །གཞན་ལ་གནོད་ན་བརྫུན་མིན་ཡང་། །ལྷུང་བ་མེད་པའི་གཟུགས་བརྙན་ཡིན། །

མདོར་ན་སེམས་ཀྱི་འཕེན་པ་ལས། །གཞན་པའི་དགེ་སྡིག་ཡོད་མ་ཡིན། །འཕགས་པ་ལྷ་ཡིས་བཞི་བརྒྱ་པར། །བསམ་པས་བྱང་ཆུབ་སེམས་དཔའ་ཡི། །དགེ་བའམ་ཡང་ན་མི་དགེ་བ། །ཐམས་ཅད་དགེ་བ་ཉིད་འགྱུར་ཏེ། །གང་ཕྱིར་སེམས་དེ་གཙོ་བའི་ཕྱིར། །ཞེས་གསུངས་མདོ་རྒྱུད་གཞན་ལས་ཀྱང་། །དགེ་སྡིག་རྣམ་གཞག་དེ་ལྟར་གསུངས། །བྱང་ཆུབ་སེམས་ཀྱི་བསླབ་པ་ལ། །བདག་གཞན་མཉམ་བརྗེ་གཉིས་སུ་གསུངས། །ཁ་ཅིག་བརྗེ་བའི་བྱང་ཆུབ་སེམས། །བསྒོམ་དུ་མི་རུང་ཞེས་སུ་སྨྲ། །དེ་ཡི་རྒྱུ་མཚན་འདི་སྐད་ལོ། །བདག་བདེ་གཞན་ལ་བྱིན་ནས་ནི། །གཞན་སྡུག་བདག་གིས་བླངས་གྱུར་ན། །སྨོན་ལམ་མཐའ་ནི་བཙན་པའི་ཕྱིར། །བདག་ནི་རྟག་ཏུ་སྡུག་བསྔལ་འགྱུར། །དེས་ན་འདི་འདྲའི་བྱང་ཆུབ་སེམས། །བསྒོམ་པ་དེ་དག་ཐབས་མི་མཁས། །ཧོར་བ་ཆེན་པོའི་ཆོས་ཡིན་ལོ། །དེ་དོན་འདི་ལྟར་བསམ་པར་བྱ། །བདག་གཞན་བརྗེ་བའི་བྱང་ཆུབ་སེམས། །དགེ་བ་ཡིན་ནམ་སྡིག་ཡིན་བརྟག ། གལ་ཏེ་དགེ་བ་ཡིན་ན་ནི། །དེ་ལས་སྡུག་བསྔལ་འབྱུང་བ་འགལ། །སྡིག་པ་ཡིན་ན་དུག་གསུམ་གྱིས། །བསྐྱེད་པའི་ལས་སུ་ཐལ་བར་འགྱུར། །བརྗེ་བ་དུག་གསུམ་མ་ཡིན་པས། །དེ་ལས་སྡུག་བསྔལ་ག་ལ་འབྱུང་། །

བྱང་ཆུབ་སེམས་དཔའི་བློ་སྦྱོང་བའི། །སྨོན་ལམ་འགའ་ཞིག་མཐའ་མི་བཙན། །གལ་ཏེ་བཙན་ན་མཛའ་བོའི་བུ། །རྒྱུན་དུ་ཀླད་ནད་ཆེན་པོར་འགྱུར། །དུས་གསུམ་སངས་རྒྱས་ཐམས་ཅད་ཀྱང་། །བདག་གཞན་བརྗེ་བ་བསྒོམ་པའི་ཕྱིར། །རྒྱུན་དུ་སྡུག་བསྔལ་ཐོབ་པར་འགྱུར། །བརྗེས་པའི་སེམས་ཅན་དེ་དག་ཀུན། །སྡུག་བསྔལ་འབྱུང་བ་སྲིད་མི་འགྱུར། །དེས་ན་འདི་འདྲའི་གསང་ཚིག་ནི། །བདུད་ཀྱི་ཡིན་པ་མི་ཤེས་སོ། །ཐབས་ལ་བསླུ་བའི་བདུད་ཡོད་ཅེས། །རྒྱལ་བས་གསུངས་པའང་དྲན་པར་བྱ། །བདག་གཞན་བརྗེ་བ་སངས་རྒྱས་ཀྱི། །བསྟན་པའི་སྙིང་པོ་ཡིན་པར་གསུངས། །འཕགས་པ་ཀླུ་སྒྲུབ་སྐྱོབ་ཉིད་ཀྱིས། །རིན་ཆེན་ཕྲེང་བར་འདི་སྐད་གསུངས། །བདག་ལ་དེ་དག་སྡིག་སྨིན་ཅིང་། །བདག་དགེ་མ་ལུས་དེར་སྨིན་ཤོག །ཇི་སྲིད་སེམས་ཅན་འགའ་ཞིག་ཀྱང་། །གང་དུ་མ་གྲོལ་དེ་སྲིད་དུ། །དེ་ཕྱིར་བླ་ན་མེད་པ་ཡི། །བྱང་ཆུབ་ཐོབ་ཀྱང་གནས་གྱུར་ཅིག །དེ་སྐད་བརྗོད་པའི་བསོད་ནམས་འདི། །གལ་ཏེ་དེ་ནི་གཟུགས་ཅན་འགྱུར། །གངྒཱའི་བྱེ་མ་སྙེད་ཀྱི་ནི། །འཇིག་རྟེན་ཁམས་སུ་ཤོང་མི་འགྱུར། །འདི་ནི་བཅོམ་ལྡན་འདས་ཀྱིས་གསུངས། །གཏན་ཚིགས་ཀྱང་ནི་འདི་ལ་སྣང་། །དེ་

ལ་སོགས་པ་ལེགས་པར་གསུངས། །སྤྱོད་འཇུག་ལས་ཀྱང་འདི་སྐད་དུ། །བདག་བདེ་གཞན་གྱི་སྡུག་བསྔལ་དག །ཡང་དག་བརྗེ་བར་མ་བྱས་ན། །སངས་རྒྱས་ཉིད་དུ་མི་འགྲུབ་ཅིང་། །འཁོར་བ་ན་ཡང་བདེ་བ་མེད། །དེ་སྐད་གསུངས་པ་ལེགས་པར་བཟུང་། །

མདོ་དང་བསྟན་བཅོས་གཞན་ལས་ཀྱང་། །ཆོས་ཀྱི་སྙིང་པོར་འདི་གསུངས་སོ། །དེས་ན་བདག་གཞན་བརྗེ་བ་ཤེས། །དེ་ནི་མྱུར་དུ་རྫོགས་འཚང་རྒྱ། །དེ་ཡི་བར་དུའང་འཇིག་རྟེན་གྱི། །ཕུན་སུམ་ཚོགས་པ་འབྱུང་བར་གསུངས། །བྱང་ཆུབ་སེམས་ཀྱི་གནད་འཆུགས་ན། །ཆོས་གཞན་གྱིས་ནི་འཚང་མི་རྒྱ། །སྟོང་ཉིད་ཉན་ཐོས་རྣམས་ཀྱང་བསྒོམ། །དེ་ཡི་འབྲས་བུ་འགོག་པ་ཐོབ། །སོ་སོར་ཐར་པའི་མདོ་བཞིན་དུ། །བསྡོ་བ་ཉན་ཐོས་རྣམས་ཀྱང་བྱེད། །འདུལ་བ་ལུང་ལ་སོགས་པ་སྨྲ །སྟོང་པ་ཉིད་དང་སྙིང་རྗེ་མེད་དང་། །མཁའ་དང་ལག་མཐིལ་མཉམ་པ་སོགས། །ཆོས་ཀུན་མཉམ་ཉིད་རྟོགས་པའང་གསུངས། །བདག་གིས་བྲམ་ཟེ་འདོད་པ་ལ། །དགའ་བས་ཤིང་རྟ་འདི་བཏང་བས། །དངོས་པོ་ཐམས་ཅད་བཏང་ནས་ནི། །རྫོགས་པའི་སངས་རྒྱས་ཐོབ་པར་ཤོག །དེ་སོགས་བསྔོ་བ་མང་དུ་གསུངས། །

འོན་ཀྱང་ཐབས་ལ་མཁས་པ་ཡི། །ཁྱད་པར་འགའ་ཞིག་མ་གསུངས་པས། །རྫོགས་པའི་སངས་རྒྱས་བསྒྲུབ་མི་ནུས། །དེ་ཕྱིར་ཐབས་མཁས་ཤེས་རབ་ཉིད། །སངས་རྒྱས་རྒྱུ་ཡི་གཙོ་བོ་ཡིན། །སངས་རྒྱས་དགོངས་པ་མི་ཤེས་པར། །ཆོས་ལྟར་བཅོས་པས་བླུན་པོ་འགའ། །ངོ་མཚར་བསྐྱེད་ཀྱི་མཁས་པ་རྣམས། །ཁྲེལ་བར་འགྱུར་བ་འདི་འདྲ་ཡོད། །ཆང་དང་དུག་དང་མཚོན་ཆ་དང་། །གཞན་གྱི་ལོངས་སྤྱོད་སྟེར་བ་དང་། །གསོད་སར་ཕྱུགས་མ་སྟེར་བ་དང་། །མཆོག་གི་ནོར་ནི་མཆོག་མིན་ལ། །སྟེར་སོགས་མདོ་ལས་བཀག་པས་ན། །མ་དག་པ་ཡི་སྦྱིན་པ་ཡིན། །ཉན་ཐོས་ཀྱི་ནི་སྡོམ་པ་ལ། །ཐེག་པ་ཆེན་པོར་འཆོས་པ་དང་། །དེ་བཞིན་ཐེག་ཆེན་ཉན་ཐོས་སུ། །འཆོས་པ་ཚུལ་ཁྲིམས་མ་དག་པ། །རང་ཉིད་ཚུལ་ཁྲིམས་བསྲུངས་ན་ཡང་། །ཚུལ་ཁྲིམས་ལ་ནི་མཆོག་འཛིན་ཅིང་། །གཞན་ལ་ཁྱད་གསོད་བྱེད་པ་ནི། །མ་དག་པ་ཡི་ཚུལ་ཁྲིམས་ཡིན། །དཀོན་མཆོག་གསུམ་དང་བླ་མ་ལ། །གནོད་ཅིང་བསྟན་པ་འཇིག་པ་ལ། །ཁྲོས་ན་ལྡོག་པར་ནུས་བཞིན་དུ། །བཟོད་པ་བསྒོམས་ན་མ་དག་པའོ། །ལོག་པའི་ཆོས་ལ་དགའ་བ་དང་། །ཐོས་བསམ་བསྒོམ་གསུམ་ནོར་བ་ལ། །བརྩོན་འགྲུས་ཆེན་པོ་བྱེད་པ་སོགས། །མ་དག་པ་ཡི་བརྩོན་འགྲུས་ཡིན། །མི་མཁས་སྟོང་ཉིད་བསྒོམ་པ་དང་། །གནད་འཆུགས་པ་ཡི་ཐབས་ལམ་སོགས། །རྣམ་རྟོག་འགའ་ཞིག་འཛིན་པ་དང་། །ཏིང་འཛིན་ཕྲ་མོ་སྐྱེད་པའི་ཐབས། །དད་པ་ཆེན་པོས་བསྒོམས་ན་ཡང་། །ཡང་དག་ཡེ་ཤེས་མི་སྐྱེ་བས། །མ་དག་པ་ཡི་བསྒོམ་པ་ཡིན། །སངས་རྒྱས་གསུང་དང་

མི་མཐུན་པའི། །འཆད་རྩོད་རྩོམ་ལ་མཁས་གྱུར་ཅིང་། །བྱ་བ་ཐམས་ཅད་ཤེས་གྱུར་ཀྱང་། །མ་དག་པ་ཡི་ཤེས་རབ་ཡིན། །

བླ་མ་ངན་ལ་དད་པ་དང་། །ཆོས་ངན་པ་ལ་མོས་པ་དང་། །བསྒོམ་ངན་པ་ལ་དགའ་བ་ནི། །མ་དག་པ་ཡི་དད་པ་ཡིན། །ནད་པ་དགའ་བའི་ཁ་ཟས་སྟེར། །ངན་པར་སྤྱོད་པ་ཚར་མི་གཅོད། །དབང་བསྐུར་མེད་པར་གསང་སྔགས་སྟོན། །སྣོད་མིན་པ་ལ་ཆོས་འཆད་སོགས། །འཕྲལ་ལ་ཕན་པ་ལྟར་སྣང་ཡང་། །ཕྱི་ནས་གནོད་པ་ཆེར་འགྱུར་བས། །སྙིང་རྗེའི་དབང་གིས་བྱེད་ན་ཡང་། །མ་དག་པ་ཡི་སྙིང་རྗེ་ཡིན། །གདུག་པ་ཅན་ལ་བྱམས་པ་དང་། །བུ་དང་སློབ་མ་མི་འཆོས་དང་། །སྲུང་བའི་འཁོར་ལོ་མི་བསྒོམ་ཞིང་། །ཁྲོ་བོའི་བཟླས་པ་འགོག་པ་སོགས། །རྒྱུད་སྡེ་ཀུན་དང་འགལ་བས་ན། །མ་དག་པ་ཡི་བྱམས་པ་ཡིན། །མདོ་རྒྱུད་ཀུན་ལས་མ་གསུངས་ཤིང་། །རིགས་པས་བསྒྲུབ་པར་མི་ནུས་པ། །དྲོད་དང་བདེ་བ་སྐྱེ་བ་དང་། །མི་རྟོག་ལྟར་སྣང་སྐྱེ་བ་སོགས། །ནད་གདོན་ཅུང་ཟད་སེལ་བ་དག །བླུན་པོ་དགའ་བ་བསྐྱེད་ན་ཡང་། །

མུ་སྟེགས་བྱེད་ལའང་ཡོད་པའི་ཕྱིར། །མ་དག་པ་ཡི་ཐབས་ལམ་ཡིན། །བདག་ལྟའི་རྩ་བ་མ་ཆོད་ཅིང་། །འཁོར་འདས་གཉིས་ལ་སྨོན་པ་ཅན། །དགེ་བ་ལ་ནི་ངོ་མཚར་བལྟ། །ཆོས་ཀུན་སྤྲོས་བྲལ་མི་ཤེས་པས། །སངས་རྒྱས་ཉིད་དུ་བསྔོ་ན་ཡང་། །མ་དག་པ་ཡི་སྨོན་ལམ་ཡིན། །དེ་ལ་སོགས་པ་མཐའ་ཡས་པ། །སངས་རྒྱས་གསུང་གི་གནད་འཆུགས་པས། །དགེ་བར་བྱེད་པར་སྣང་ན་ཡང་། །མ་དག་པ་རུ་ཤེས་པར་གྱིས། །མདོར་ན་སངས་རྒྱས་གསུང་རབ་དང་། །མཐུན་པའི་ཐོས་བསམ་བསྒོམ་པ་གསུམ། །བསམ་པ་དག་པས་སྒྲུབ་བྱེད་ན། །སངས་རྒྱས་བསྟན་པར་ཤེས་པར་བྱ། །བྱང་ཆུབ་སེམས་དཔའི་སྡོམ་པའི་སྐབས་ཏེ་གཉིས་པའོ།། །།

རྡོ་རྗེ་ཐེག་པའི་ལམ་ཞུགས་ཏེ། །མྱུར་དུ་སངས་རྒྱས་ཐོབ་འདོད་ན། །སྨིན་གྲོལ་གཉིས་ལ་འབད་པར་བྱ༑ ༑སྨིན་པར་བྱེད་པའི་དབང་བསྐུར་ཡང་། །བླ་མ་བརྒྱུད་པ་མ་ཉམས་ཤིང་། །ཆོག་འཁྲུག་པར་མ་གྱུར་པ། །ཕྱི་ནང་རྟེན་འབྲེལ་བསྒྲིག་མཁྱེན་ཅིང་། །སྐུ་བཞིའི་ས་བོན་ཐེབས་ནུས་པ། །སངས་རྒྱས་གསུང་བཞིན་མཛད་པ་ཡི༑ ༑བླ་མ་བཙལ་ལ་དབང་བཞི་བླང་། །དེ་ཡིས་སྡོམ་པ་གསུམ་ལྡན་འགྱུར། །

དེང་སང་རྡོ་རྗེ་ཕག་མོ་ཡི། །བྱིན་རླབས་དབང་བསྐུར་ཡིན་ཞེས་ཟེར། །འདི་ཡིས་ཆོས་ཀྱི་སྒོ་ཕྱེ་ནས། །གཏུམ་མོ་ལ་སོགས་བསྒོམ་པ་མཐོང་། །འདི་འདྲ་རྒྱུད་སྡེ་ལས་མ་གསུངས། །བསྟན་བཅོས་རྣམས་ལས་བཤད་པ་མེད། །རྡོ་རྗེ་ཕག་མོ་ཉིད་ལས་ཀྱང་། །དབང་བསྐུར་ཐོབ་ཅིང་དམ་ཚིག་ལྡན། །དེ་ལ་བྱིན་རླབས་བྱ་ཞེས་གསུངས། །དབང་བསྐུར་མེད་ལ་བྱིན་རླབས་བཀག །དཔེར་ན་མུ་ཟིའི་བཅུད་ལེན་འདྲ། །དེ་ནས་དངུལ་ཆུ་བཟའ་བར་གསུངས། །མུ་

ཟེ་ཐོག་མར་མ་བཏེན་པར། །དབུལ་ཆུ་ཟློས་ན་འཆི་བ་ལྟར། །དེ་བཞིན་ཐོག་མར་དབང་བསྐུར་བླང་། །དེ་ནས་རྡོ་རྗེ་ཕག་མོ་སྒྲིན། །དབང་བསྐུར་མེད་པར་བྱིན་བརླབས་ན། །དམ་ཚིག་ཉམས་པར་ཐུབ་པས་གསུངས། །རྡོ་རྗེ་ཕག་མོའི་བྱིན་རླབས་ལ། །སྡོམ་པ་གསུམ་ལྡན་བྱར་མི་རུང་། །ཕྱི་ནང་རྟེན་འབྲེལ་འགྲིག་མི་འགྱུར། །སྐྱུ་བཞིའི་ས་བོན་ཐེབས་མི་ནུས། །དེ་ཕྱིར་འདི་ནི་བྱིན་རླབས་ཙམ། །ཡིན་གྱིས་སྨིན་པར་བྱེད་པ་མིན། །དེས་ན་ཐུབ་པས་རྒྱུད་སྡེ་ལས། །དཀྱིལ་འཁོར་ཆེན་པོ་མ་མཐོང་བའོ། །མདུན་དུ་འདི་ནི་མ་སྨྲ་ཞིག ། སྨྲས་ན་དམ་ཚིག་ཉམས་ཞེས་གསུངས། །

འགའ་ཞིག་འདི་ལའང་ཕག་མགོ་ལ། །སོགས་པའི་དབང་བསྐུར་ཡོད་ཅེས་ཟེར། །དེ་འདྲ་དབང་བསྐུར་ཉིད་མ་ཡིན། །རྒྱུད་སྡེ་ཀུན་ལས་འདི་མ་གསུངས། །གལ་ཏེ་བརྒྱ་ལ་གསུངས་སྲིད་ཀྱང་། །རྗེས་གནང་ཡིན་གྱི་དབང་བསྐུར་མིན། །ལ་ལ་རྡོ་རྗེ་ཕག་མོ་ལ། །སྡོམ་པ་འབོགས་པའི་ཆོ་ག་དང་། །དཀྱིལ་འཁོར་དང་ནི་དབང་བསྐུར་སོགས། །རང་བཟོའི་ཆོ་ག་བྱེད་པ་ཐོས། །རང་བཟོས་ཆོ་གར་འགྱུར་མི་སྲིད། །ཆོ་ག་སངས་རྒྱས་སྤྱོད་ཡུལ་ཡིན། །ཁྲིམ་པས་གསོལ་བཞིའི་ལས་བྱས་ཀྱང་། །དགེ་སློང་སྡོམ་པ་མི་འཆགས་ལྟར། །རྡོ་རྗེ་ཕག་མོའི་བྱིན་རླབས་ལ། །སྡོམ་པ་ཕོག་ཀྱང་ཆགས་མི་འགྱུར། །ཆོ་ག་ཙུང་ཟད་ཉམས་པ་ལའང་། །ཆོ་ག་འཆགས་པར་མ་གསུངས་ན། །ཆོ་ག་ཕལ་ཆེར་ཉམས་པ་ལ། །ཆོ་ག་འཆགས་པར་འགྱུར་རེ་སྐན། །དེས་ན་འཆད་པའི་གནས་སྐབས་སུ། །ཙུང་ཟད་ནོར་བར་གྱུར་ཀྱང་བླའི། །ཆོ་ག་ནོར་བར་གྱུར་པ་ལ། །གྲུབ་པ་ནམ་ཡང་མེད་པར་གསུངས། །གཞན་ཡང་ཕག་མོའི་བྱིན་རླབས་ལ། །གསང་སྔགས་ཆོས་སྒོར་བྱེད་པ་ནི། །རྒྱུད་སྡེ་གང་ནའང་བཤད་པ་མེད། །དེ་བས་དགེ་སློང་བྱེད་པ་ལ། །རང་བྱུང་གི་ནི་བསྙེན་རྫོགས་དང་། །ཡེ་ཤེས་ཁོང་དུ་ཆུད་པ་དང་། །འཕྲིན་གྱིས་བསྙེན་པར་རྫོགས་པ་དང་། །དེ་བཞིན་སྟོན་པར་ཁས་བླངས་དང་། །ཚུར་ཤོག་ལ་སོགས་བསྙེན་རྫོགས་བླང་། །འབྲུལ་པ་ཡིན་པ་མཉམ་པོ་ལ། །འདི་རྣམས་སྟོན་གྱི་ཆོ་གར་བཤད། །

དེས་ན་ཉན་ཐོས་ཐེག་པ་ནི། །ནུབ་ཀྱང་གཟུགས་བརྙན་ཙམ་ཞིག་སྣང་། །རྡོ་རྗེ་ཐེག་པའི་བསྟན་པ་ལ། ། གཟུགས་བརྙན་ཙམ་ཡང་མི་སྣང་ངོ་། །བླུན་པོ་སྙིང་ཕོད་ཅན་གྱིས་ཀྱང་། །འདུལ་བའི་ཆོ་ག་བཀྲལ་མ་ནུས། ། གསང་སྔགས་ཆོག་ཐམས་ཅད་ལ། །བླུན་པོ་རྣམས་ཀྱིས་རང་བཟོར་སྤྱོད། །དཔེར་ན་རབ་བྱུང་གང་ཟག་ནི། །གསུམ་ལས་མང་བ་འཇུག་མི་ནུས། །སྔགས་ཀྱི་དབང་བསྐུར་བྱེད་པ་ན། །གྲངས་ངེས་མེད་པར་དབང་བསྐུར་བྱེད། །འདི་ནི་རྡོ་རྗེ་འཆང་གིས་བཀག །སྤྱོད་པའི་རྒྱུད་ཀྱི་དབང་བསྐུར་ལ། །སློབ་མ་གྲངས་ངེས་མེད་པར་གསུངས། །ལྷག་མ་དམིགས་བསལ་མཛད་པ་ཡི། །སློབ་མ་ལ་ནི་གྲངས་ངེས་ཡོད། །

འདི་ནི་གསང་བ་སྤྱི་རྒྱུད་ལས། །ཁས་པས་སློབ་མ་གཅིག་གམ་གསུམ། །ལྔ་འམ་ཡང་ན་བདུན་དག་གམ། །ཉི་ཤུ་རྩ་ནི་ལྔ་ཡི་བར། །ཟུང་དུ་མ་གྱུར་སློབ་མ་གཟུང་། །དེ་བས་ལྷག་པའི་སློབ་མ་ནི། །ཡོངས་སུ་གཟུང་བར་མི་ཤེས་སོ། །ཞེས་གསུངས་འདི་ནི་ཀུན་ལ་འཇུག ། དེ་བས་ལྷག་པའི་སློབ་མ་ལ། །ཚོག་ཡོངས་སུ་རྫོགས་པ་ནི། །མཚན་མོ་གཅིག་ལ་ཚར་མི་ནུས། །དེ་ཡི་མཚན་མོར་མ་ཚར་ན། །ཆོག་ཉམས་པར་འགྱུར་བར་གསུངས། །དེ་ཡང་གསང་བ་སྤྱི་རྒྱུད་ལས། །ལྔ་ཡང་ཉི་མ་ནུབ་པ་ན། །ངེས་པར་བྱིན་གྱིས་རླབས་ཀྱིས་འདུ། །ཉི་མ་ཤར་བར་མ་གྱུར་བར། །མཆོད་ནས་གཤེགས་སུ་གསོལ་བ་ཤེས། །འདི་ནི་བྱ་བའི་རྒྱུད་ཡིན་པས། །གཞན་གྱི་ཆོག་མིན་སྙམ་ན། །གཞན་རྣམས་ཀུན་ལའང་འདི་འཇུག་པར། །སྤྱི་རྒྱུད་ཉིད་ལས་འདི་སྐད་གསུངས། །གང་དུ་ལས་ནི་ཡོད་གྱུར་ལ། །ལས་ཀྱི་ཆོག་རྣམས་མེད་པ། །དེར་ནི་སྤྱི་ཡི་རྒྱུད་དག་ལས། །གསུངས་པའི་ཆོག་མཁས་པས་བསྟེན། །དེ་སྐད་གསུངས་ཕྱིར་ཆོག་འདི། །རྒྱུད་རྣམས་ཀུན་ལ་འཇུག་པ་ཡིན། །

དེང་སང་བྱིན་རླབས་མི་བྱེད་ཅིང་། །དབང་བསྐུར་བྱེད་པ་ཁ་ཅིག་ཀྱང་། །རྫོགས་སངས་རྒྱས་ཀྱིས་གསུངས་པ་ཡི། །དཀྱིལ་འཁོར་ཆོག་མི་བྱེད་པར། །གཡུང་དྲུང་རིས་ཀྱི་དཀྱིལ་འཁོར་དང་། །ནས་འདྲ་ལ་སོགས་བྱེད་པ་ཐོས། །འདི་འདྲ་དག་ཏུ་དབང་བསྐུར་ཡང་། །སྡོམ་པ་ཐོབ་པར་མི་འགྱུར་རོ། །

དེ་ཡི་རྒྱུ་མཚན་བཤད་ཀྱིས་ཉོན། །ཕྱི་དང་ནང་གི་རྟེན་འབྲེལ་གྱི། །སྟོབས་ཀྱིས་དཀྱིལ་འཁོར་འབྱུང་བ་ཡིན། །འདི་ལ་རྟེན་འབྲེལ་བསྒྲིག་མི་ནུས། །དེས་ན་སངས་རྒྱས་རྣམས་ཀྱིས་བཀག །དབང་བསྐུར་བྱེད་པ་ཕལ་ཆེར་ཡང་། །སློབ་མ་བརྒྱ་སྟོང་གྲངས་མེད་ལ། །སྒྲོར་དངོས་རྫེས་ཀྱི་ཆོག་རྣམས། །སངས་རྒྱས་གསུངས་བཞིན་མི་ཤེས་པར། །མ་འབྲེལ་འགལ་ཞིང་ཉམས་པ་ཡི། །ཆོག་འི་གཟུགས་བརྙན་བྱེད་པ་ལ། །དབང་བསྐུར་ཡིན་ཞེས་བླུན་པོ་སྨྲ། །དེ་ཡི་ལུས་ངག་ཡིད་གསུམ་གྱི། །རྣམ་པ་གདོན་གྱིས་བསྒྱུར་བ་ལ། །བྱིན་རླབས་ཡིན་པར་འཁྲུལ་པ་མང་། །དཔལ་ལྡན་དམ་པ་དང་པོ་ལས། །ཆོག་ཉམས་པའི་བྱིན་རླབས་ཀུན། ། བགེགས་ཀྱིས་ཡིན་པར་རྒྱལ་བས་གསུངས། །ཆོག་དག་པར་གྱུར་པ་ལས། །བྱུང་བ་སངས་རྒྱས་བྱིན་རླབས་ཡིན། །དབང་བསྐུར་མེད་ཀྱང་ལམ་ཟབ་མོ། །བསྒོམས་ན་སངས་རྒྱས་འགྲུབ་སྙམ་ན། །དབང་བསྐུར་མེད་པར་ལམ་ཟབ་མོ༑ ༑བསྒོམ་པ་ངན་འགྲོའི་རྒྱུ་རུ་གསུངས། །

ཕྱག་རྒྱ་ཆེན་པོ་ཐིག་ལེ་ལས། །དབང་མེད་ན་ནི་དངོས་གྲུབ་མེད། །བྱེ་མ་བཙིར་ཡང་མར་མེད་བཞིན། །གང་ཞིག་རྒྱུད་ལུང་ང་རྒྱལ་གྱིས། །དབང་བསྐུར་མེད་པར་འཆད་བྱེད་པ། །སློབ་དཔོན་སློབ་མ་ཤི་མ་ཐག །དངོས་གྲུབ་ཐོབ་ཀྱང་དམྱལ་བར་སྐྱེ། །དེ་བས་འབད་པ་ཐམས་ཅད་ཀྱིས། །བླ་མ་ལས་ནི་དབང་ནོད་ཞུ། །ཞེས་

གསུངས་རྒྱུད་སྡེ་གཞན་ལས་ཀྱང་། །དེ་ལྟར་གསུངས་ཕྱིར་འབད་པར་བྱ། །ཁ་ཅིག་གང་ཟག་དབང་པོ་རབ། །སྨིན་བྱེད་ཕག་མོའི་བྱིན་རླབས་ཡིན། །འབྲིང་དང་ཐ་མ་དག་ལ་ནི། །དབང་བསྐུར་ཆོ་ག་དགོས་ཞེས་ཟེར། །གང་ཟག་རབ་འབྲིང་གསུམ་ཀ་ལ། །ཕག་མོའི་བྱིན་རླབས་སྨིན་བྱེད་དུ། །རྒྱུད་སྡེ་ཀུན་ལས་གསུངས་པ་མེད། །འཕགས་པ་རྣམས་ཀྱིས་གང་ཟག་རབ། །སྤྲུལ་པ་ཡི་ནི་དཀྱིལ་འཁོར་དུ། །དབང་བསྐུར་མཛད་ཅེས་གསུངས་པ་ནི། །སྔོན་གྱི་ཆོ་ག་འཕགས་པའི་ཡིན། །དེང་སང་གང་ཟག་རབ་འབྲིང་ཀུན། །རྡུལ་ཚོན་གྱི་ནི་དཀྱིལ་འཁོར་དུ། །དབང་བསྐུར་བྱ་བར་གསུངས་མོད་ཀྱི། །གཞན་གྱི་སྨིན་བྱེད་རྒྱུད་ལས་བཀག །

ལ་ལ་སེམས་བསྐྱེད་བྱས་པ་ལ། །གསང་སྔགས་བསྒོམ་དུ་འདོད་ཅེས་ཟེར། །འདི་ནི་སྔགས་ཀྱི་འཁྲུལ་ཡིན་ལོ། །འདི་ཡང་ཕྱེ་སྟེ་བཤད་ཀྱིས་ཉོན། །བྱ་བའི་རྒྱུད་ལ་རྣམ་གསུམ་ཡོད། །དོན་ཡོད་ཞགས་སོགས་འགའ་ཞིག་ལ། །དབང་བསྐུར་སེམས་བསྐྱེད་མ་ཐོབ་ཀྱང་། །སྨྱུང་གནས་ལ་སོགས་བྱེད་ནུས་ན། །གང་ཟག་ཀུན་གྱིས་བསྒྲུབ་པར་གསུངས། །དམ་ཚིག་གསུམ་བཀོད་ལ་སོགས་པ། །འཇུག་པ་སེམས་བསྐྱེད་ཐོབ་ནས་ནི། །ཕྲིན་ལས་འགའ་ཞིག་བསྒྲུབ་པའི་ཕྱིར། །ཚོགས་ཤེས་ན་བསྒྲུབ་པར་གནང་། །ལེགས་པར་གྲུབ་པ་ཡན་ཆད་དུ། །རང་གི་དབང་བསྐུར་མ་ཐོབ་ན། །སེམས་བསྐྱེད་ཐོབ་ཀྱང་གསང་སྔགས་བཀག །དེ་ཡང་ལེགས་པར་གྲུབ་པ་ལས། །དབང་བསྐུར་མ་བྱས་པ་དག་ལ། །ཚོགས་ཤེས་པས་སྔགས་མི་སྦྱིན། །ཞེས་སོགས་རྒྱས་པར་གསུངས་ལ་ལྟོས། །

ལྷག་མ་རྒྱུད་སྡེ་གསུམ་པོ་ལ། །དབང་བསྐུར་ཐོབ་པ་མ་གཏོགས་པ། །སེམས་བསྐྱེད་ཙམ་ལ་བརྟེན་པ་ཡི༑ ༑ཡི་དམ་བསྒོམ་པ་གསུངས་པ་མེད། །དབང་བསྐུར་ནང་གི་རྟེན་འབྲེལ་ཡིན། །སེམས་བསྐྱེད་ལ་ནི་རྟེན་འབྲེལ་མེད། །དེས་ན་སེམས་བསྐྱེད་བྱས་ན་ཡང་། །གསང་སྔགས་ཟབ་མོ་བསྒོམ་པ་ལ། །ལྟུང་བ་ཡོད་པར་རྒྱལ་བས་གསུངས། །དེ་ཕྱིར་རྣམ་དབྱེ་ཤེས་དགོས་སོ། །གཏོར་མའི་དབང་བསྐུར་ཞེས་བྱ་དང་། །ཏིང་ངེ་འཛིན་གྱི་དབང་བསྐུར་ཡང་། །སློབ་མ་སྨིན་བྱེད་ཆོ་ག་རུ། །རྒྱུད་སྡེ་ཀུན་ལས་གསུངས་པ་མེད། །འགའ་ཞིག་གསང་སྔགས་དཔལ་ལྷ་སྦྱོད། །དབང་བསྐུར་ཕྱི་ནས་ཁས་ལེན་བྱེད། །འདི་ཡང་སངས་རྒྱས་བསྟན་པ་མིན། །

དབང་མ་ཐོབ་ལ་ཆོས་བཤད་ན། །སློབ་དཔོན་ལྟུང་བ་ཅན་འགྱུར་ཞིང་། །སློབ་མའང་སྔོན་དུ་ཉམས་པར་འགྱུར། །ཉམས་པར་གྱུར་པ་དམ་ཆོས་ཀྱི། །སྣོད་མིན་ཞེས་ནི་རྒྱལ་བས་གསུངས། །མདོར་ན་ཆོས་ཀྱིས་ཅི་བྱེད་སེམས། །སངས་རྒྱས་བྱེད་ན་ཆོས་བཞིན་གྱིས། །ལ་ལ་སེམས་ཉིད་མ་རྟོགས་ན། །དབང་བསྐུར་ཐོབ་ཀྱང་མི་ཕན་ཟེར། །གལ་ཏེ་སེམས་ཉིད་རྟོགས་གྱུར་ན། །དབང་བསྐུར་བྱ་ཡང་མི་དགོས་ལོ། །འོ་ན་སེམས་ཉིད་མ

རྟོགས་ན། །སྟོམ་པ་བསྲུངས་ཀྱང་ཅི་ཞིག་ཕན། །གལ་ཏེ་སེམས་ཉིད་རྟོགས་གྱུར་ན། །སྟོམ་པ་བསྲུང་ཡང་ཅི་ཞིག་དགོས། །རྫོ་རྗེ་ཕག་མོའི་བྱིན་རླབས་ཀྱང་། །སེམས་ཉིད་རྟོགས་ན་བྱ་ཅི་དགོས། །གལ་ཏེ་སེམས་ཉིད་མ་རྟོགས་ན། །བྱིན་རླབས་བྱས་ཀྱང་ཅི་ཞིག་ཕན། །དེ་བཞིན་སེམས་བསྐྱེད་ལ་སོགས་པ། །ཚོག་ཀུན་ལ་ཚུལ་འདི་མཚུངས། །

དེས་ན་རབ་བྱུང་སྟོམ་པ་དང་། །རྫོ་རྗེ་ཕག་མོའི་བྱིན་རླབས་དང་། །སེམས་བསྐྱེད་འབད་ནས་བྱེད་བཞིན་དུ། །དབང་བསྐུར་མི་དགོས་ཞེས་སྨྲ་བ། །གསང་སྔགས་སྤྱོད་པའི་གསང་ཚིག་ཡིན། །ཁ་ཅིག་ཆོག་མེད་བཞིན་དུ། །བླ་མའི་ལུས་ཀྱི་དཀྱིལ་འཁོར་ལས། །དབང་བཞི་རྫོགས་པར་ལེན་ཞེས་ཟེར། །འོན་དགེ་ཚུལ་དགེ་སློང་ཡང་། །བླ་མའི་སྐུ་ལས་ཅིས་མི་ལེན། །སེམས་བསྐྱེད་ཀྱང་ནི་བླ་མ་ཡི། །སྐུ་ཉིད་ལས་ནི་ཐོབ་པའི་ཕྱིར། །སེམས་བསྐྱེད་ཆོག་ཅི་ཞིག་དགོས། །རྫོ་རྗེ་ཕག་མོའི་བྱིན་རླབས་ཀྱང་། །བླ་མའི་སྐུ་ལས་ཐོབ་པའི་ཕྱིར། །ཆོས་སྒོ་བ་ལས་བླང་ཅི་དགོས། །དེ་བཞིན་ཆོག་ཐམས་ཅད་ཀྱང་། །བླ་མའི་སྐུ་ལས་བླངས་པས་ཆོག །རྫོགས་སངས་རྒྱས་ཀྱིས་གསུངས་པ་ཡི། །ཆོག་ཟབ་མོ་ཐམས་ཅད་སྤོངས། །གལ་ཏེ་ཆོག་ཉམས་གྱུར་ན། །སོ་སོར་ཐར་དང་སེམས་བསྐྱེད་ཀྱི། །སྟོམ་པ་འཆགས་པར་མི་འགྱུར་ཞིང་། །རྫོ་རྗེ་ཕག་མོ་ལ་སོགས་པའི། །བྱིན་རླབས་འཇུག་པར་མི་འགྱུར་ན། །རིག་འཛིན་སྔགས་ཀྱི་སྟོམ་པ་ཡང་། །དབང་བསྐུར་མེད་ན་ཐོབ་མི་ནུས། །དེས་ན་ཆོག་གཞན་དག་ལ། །འབད་པ་ཆེན་པོ་བྱེད་བཞིན་དུ། །དབང་བསྐུར་ཆོག་འདོར་བྱེད་པ། །ཐབས་ལ་སླུ་བའི་བདུད་ཡོད་ཅེས། །གསུངས་པ་འདིར་ཡང་དྲན་པར་བྱ། །

དེ་ཕྱིར་དམ་པའི་དོན་དུ་ན། །ཆོས་རྣམས་ཐམས་ཅད་སྤྲོས་བྲལ་ཡིན། །དེ་ལ་ཆོག་གང་ཡང་མེད། །སངས་རྒྱས་ཉིད་ཀྱང་ཡོད་མིན་ན། །ཆོག་གཞན་ལྟ་སྨོས་ཅི་དགོས། །རྒྱུ་དང་ལམ་དང་འབྲས་བུ་ཡི། །དབྱེ་བ་ཐམས་ཅད་ཀུན་རྫོབ་ཡིན། །སོ་སོར་ཐར་དང་བྱང་ཆུབ་སེམས། །དབང་བསྐུར་ལ་སོགས་ཆོག་དང་། །བསྒོམ་པའི་དམིགས་པ་ཇི་སྙེད་དང་། །རྟེན་འབྲེལ་ཟབ་མོ་ཐམས་ཅད་དང་། །ས་དང་ལམ་གྱི་དབྱེ་བ་དང་། །རྫོགས་པའི་སངས་རྒྱས་ཐོབ་པ་ཡང་། །ཀུན་རྫོབ་ཡིན་གྱི་དོན་དམ་མིན། །

དེ་འདྲའི་དབྱེ་བ་ཤེས་ནས་ནི། །ཆོག་བྱེད་ན་ཐམས་ཅད་ཀྱིས། །མིན་ན་ཐམས་ཅད་དོར་བར་བྱོས། །ཆོ་ག་ལ་ལ་དགོས་བཞིན་དུ། །ལ་ལའི་ཆོག་མི་དགོས་ཞེས། །སྨྲ་བ་མཁས་པའི་བཞད་གད་གནས། །སངས་རྒྱས་བསྟན་པ་འདང་དཀྲུགས་པ་ཡིན། །བདུད་ཀྱི་བྱིན་རླབས་ཞེས་བྱ་བ་འང་། །འདི་འདྲའི་རིགས་ཅན་ཡིན་པར་གསུངས། །

ཁ་ཅིག་བྱ་བའི་རྒྱུད་སོགས་ལའང་། །དབང་བཞིའི་ཆོ་ག་བྱེད་པ་དང་། །དོན་ཡོད་ཞགས་པ་ལ་སོགས་ལའང་། །རིམ་གཉིས་སྒོམ་པར་བྱེད་པ་ཐོས། །འདི་ཡང་སངས་རྒྱས་དགོངས་པ་མིན། །དེ་ཡི་རྒྱུ་མཚན་འདི་ལྟར་ཡིན། །བྱ་སྤྱོད་རྣལ་འབྱོར་རྒྱུད་གསུམ་ཀར། །དབང་བཞི་དང་ནི་རིམ་གཉིས་མེད། །གལ་ཏེ་ཡོད་ན་དེ་དག་ཀྱང་། །རྣལ་འབྱོར་ཆེན་པོ་ཉིད་དུ་འགྱུར། །དབང་བཞི་དང་ནི་རིམ་པ་གཉིས། །རྣལ་འབྱོར་ཆེན་པོའི་ཁྱད་ཆོས་ཡིན། །གྲུབ་མཐའི་རྣམ་དབྱེ་མི་ཕྱེད་ཅིང་། །རྒྱུད་སྡེའི་རིམ་པ་མི་ཤེས་པར། །རྣམ་གཞག་ལེགས་ལེགས་འདྲ་ན་ཡང་། །ལྟམ་དཔེ་ཞྭ་ལ་བཀབ་པ་ཡིན། །

དེས་ན་རྒྱུད་སྡེ་བཞི་པོ་ཡི། །དབང་དང་ལམ་གྱི་དབྱེ་བ་ལ། །མི་འདྲའི་དབྱེ་བ་རྣམ་བཞི་ཡོད། །རང་རང་ཆོ་ག་བཞིན་བྱས་ན། །དེ་ནས་གསུངས་པའི་དངོས་གྲུབ་འབྱུང་། །ལ་ལ་དབང་བསྐུར་མ་བྱས་ཀྱང་། །གལ་ཏེ་སྔགས་ལ་མོས་ཐོབ་ན། །དེ་ཉིད་ཆོས་ཀྱི་སྒོ་ཡིན་པས། །གསང་སྔགས་བསྒོམ་དུ་རུང་ཞེས་ཟེར། །འོན་སྡོམ་པ་མ་ཐོབ་ཀྱང་། །རབ་ཏུ་འབྱུང་ལ་མོས་པ་ཉིད། །སྡོམ་པ་ལེན་པའི་སྒོ་ཡིན་པས། །སྡོམ་པ་བསྲུངས་པས་ཆོག་གམ་ཅི། །སེམས་བསྐྱེད་སྡོམ་པ་མ་ཐོབ་ཀྱང་། །སེམས་བསྐྱེད་པ་ལ་མོས་པ་ཉིད། །བྱང་ཆུབ་སྤྱོད་པའི་སྒོ་ཡིན་པས། །སེམས་བསྐྱེད་བླང་ཡང་ཅི་ཞིག་དགོས། །དེ་བཞིན་སོ་ནམ་མ་བྱས་ཀྱང་། །ལོ་ཐོག་ལ་ནི་མོས་པ་ཉིད། །བཟའ་རྒྱུ་ཟ་བའི་སྒོ་ཡིན་པས། །སོ་ནམ་ལ་ཡང་འབད་ཅི་དགོས། །འདི་འདྲའི་རིགས་ཀྱི་ཆོས་ལུགས་ཀུན། །དེ་འདྲའི་རིགས་ཀྱིས་སུན་དབྱུང་ངོ་། །དེས་ན་ཆོས་སྒོ་ཞེས་བྱ་བ། །འདི་ཡི་མིང་གིས་འབྲུལ་གཞི་བྱས། །དབང་བསྐུར་ཆོས་སྒོ་ཙམ་ཡིན་གྱི། །འཚང་རྒྱ་བ་ཡི་ཆོས་གཞན་ཞིག །བསྒོམ་རྒྱུ་ལོགས་ན་ཡོད་དོ་ཞེས། །གླེན་པོ་རྣམས་ཀྱིས་མུན་བསྒོམ་བྱས། །

འོན་དགེ་སློང་སྡོམ་པ་ཡང་། །དགེ་སློང་བྱེད་པའི་སྒོ་ཡིན་གྱི། །དགེ་སློང་སྡོམ་པའི་ངོ་བོ་ཞིག །གཞན་ནས་བཙལ་དུ་ཡོད་དམ་ཅི། །དེ་བཞིན་སོ་ནམ་བྱེད་པ་ཡང་། །སྟོན་ཐོག་འབྱུང་བའི་སྒོ་ཡིན་གྱི། །ཁ་ཟས་འབྱུང་བའི་ཐབས་གཞན་ཞིག །ལོགས་ནས་བཙལ་དུ་ཡོད་དམ་ཅི། །

དེས་ན་སྙིང་གཏམ་འདི་ལྟར་ཡིན། །དབང་བསྐུར་ཆོས་སྒོ་ཙམ་མ་ཡིན། །གསང་སྔགས་རྟེན་འབྲེལ་ལམ་བྱེད་པས། །རྟེན་འབྲེལ་བསྒྲིག་པའི་གདམས་ངག་ཡིན། །ཕུང་པོ་ཁམས་དང་སྐྱེ་མཆེད་ལ། །སངས་རྒྱས་ས་བོན་བཏབ་ནས་ནི། །ཚེ་འདིར་སངས་རྒྱས་བྱེད་པ་ཡི། །ཐབས་ལ་དབང་བསྐུར་ཞེས་སུ་བཏགས། །དེས་ན་གང་ཟག་དབང་པོ་རབ། །དབང་བསྐུར་ཉིད་ཀྱིས་གྲོལ་བར་གསུངས། །དབང་གིས་གྲོལ་བར་མ་ནུས་པའི། །གང་ཟག་གཞན་ལ་བསྒོམ་དགོས་སོ། །དེས་ན་དབང་བསྐུར་ཐོབ་པ་དེ། །བསྲུང་ཞིང་འཕེལ་བར་བྱེད་པ་ལ། །བསྒོམ་

པ་ཞེས་སུ་བཏགས་པ་ཡིན། །

དེ་ཕྱིར་ཕ་རོལ་ཕྱིན་པ་ལ། །སེམས་བསྐྱེད་མིན་པའི་ཆོས་གཞན་མེད། །རྡོ་རྗེ་ཐེག་པའི་སྐོར་ཞུགས་ནས། །དབང་བསྐུར་ལས་གཞན་ཆོས་མེད་དོ། །དེས་ན་ཐུབ་པས་རྒྱུད་སྡེ་ལས། །དབང་བསྐུར་ཁོ་ནར་བསྔགས་པ་དང་། །མཁས་རྣམས་ཅི་ནས་དབང་བསྐུར་ལ། །གུས་པའི་རྒྱུ་མཚན་དེ་ལྟར་ཡིན། །ལ་ལ་དབང་བསྐུར་མུ་བཞི་འདོད། །དབང་བསྐུར་བྱས་ཀྱང་མ་ཐོབ་དང་། །མ་བྱས་ཀྱང་ནི་ཐོབ་པ་དང་། །བྱས་ན་ཐོབ་ལ་མ་བྱས་ན། །མི་ཐོབ་པ་དང་རྣམ་བཞིར་འདོད། །འདི་འདྲ་གང་ནའང་བཤད་པ་མེད། །བསྟན་པ་དགྲུགས་པའི་སྐད་ཀར་ཟད། །འོན་ཀྱང་འདི་ཡང་བརྟག་པར་བྱ། །སོ་སོར་ཐར་པའི་སྡོམ་པ་དང་། །བྱང་ཆུབ་སེམས་དཔའི་སེམས་བསྐྱེད་ལའང་། །མུ་བཞི་ཅི་ཡི་ཕྱིར་མི་བརྩི། །དེ་བཞིན་བསྒོམ་ལའང་ཅིས་མི་མཚུངས། །བསྒོམས་ཀྱང་མི་སྐྱེ་མ་བསྒོམས་ཀྱང་། །སྐྱེ་བ་ལ་སོགས་མུ་བཞི་ཡོད། །མུ་བཞི་ཀུན་ལ་ཡོད་བཞིན་དུ། །གཞན་ལ་མུ་བཞི་མི་བརྩི་བར། །དབང་བསྐུར་ཉིད་ལ་བརྩི་བ་ནི། །བདུད་ཀྱི་གསང་ཚིག་ཡིན་པར་དོགས། །གལ་ཏེ་མུ་བཞི་ཡོད་ནའང་། །སོ་སོའི་མཚན་ཉིད་ཤེས་མི་ནུས། །ཅི་སྟེ་ཤེས་པར་ནུས་ན་ནི། །དེ་ཡི་མཚན་ཉིད་སྨྲ་དགོས་སོ། །སླས་ཀྱང་རང་བཟོ་མ་ཡིན་པ། །ལུང་དང་མཐུན་པ་ཁྱེད་ལ་མེད། །གལ་ཏེ་མུ་བཞི་བདེན་སྲིད་ན། །གཞན་ལ་དབང་བསྐུར་མི་བྱེད་ཀྱང་། །བྱས་ན་ཐོབ་པའི་གང་ཟག་ལ། །དབང་བསྐུར་ཅི་ཡི་ཕྱིར་མི་དགོས། །གཞན་ལ་དབང་བསྐུར་མི་དགོས་པས། །དེ་ལའང་དབང་བསྐུར་མི་དགོས་ན། །ནད་མེད་པ་ལ་སྨན་སྦྱོང་བས། །ནད་པ་ལ་ཡང་སྦྱོང་རམ་ཅི། །འདི་འདྲའི་ཆོས་ལོག་ཐམས་ཅད་ནི། །བདུད་ཀྱི་བྱིན་རླབས་ཡིན་ཞེས་བྱ། །

ཁ་ཅིག་གསང་སྔགས་གསང་བ་ལ། །ཡེ་གསང་ཐབས་ཀྱིས་ཆོད་པའི་ཕྱིར། །གསང་སྒྲོག་ལྟུང་བ་མེད་ཅེས་ཟེར། །འདི་ཡང་ཙུང་ཟད་བརྟག་པར་བྱ། །ཡེ་གསང་ཞེས་བྱའི་དོན་ཅི་ཞིག །གལ་ཏེ་གོ་བ་མེད་པ་ལ། །ཟེར་ན་གོ་བའི་གང་ཟག་ལ། །ཡེ་གསང་མིན་ཕྱིར་ལྟུང་བར་འགྱུར། །གལ་ཏེ་དམ་པའི་ཆོས་ཡིན་པས། །དམ་ཆོས་བདེན་པའི་བྱིན་རླབས་འདི། །སུ་ཡིས་ཐོས་ཀྱང་ཕན་ཡོན་ཆེ། །དེས་ན་གསང་སྒྲོགས་མི་འབྱུང་ན། །གལ་ཏེ་དམ་ཆོས་བདེན་པ་སྨྲ། །གོ་ན་ཆོས་ནས་འབྱུང་བཞིན་གྱིས། །ཆོས་ལ་གསང་དང་མི་གསང་བའི། །ལུགས་གཉིས་རྒྱལ་བ་རྣམས་ཀྱིས་གསུངས། །དེས་ན་ཡེ་གསང་ཞེས་བྱ་བ། །འདི་ཡང་བསྟན་ལ་གནོད་ཚིག་ཡིན། །

ཁ་ཅིག་འཁྲུལ་དང་མ་འཁྲུལ་མེད། །ཐབས་ལམ་གཅིག་ཏུ་ངེས་པ་མེད། །ལྟ་བ་རྫོགས་པས་ཀླུ་སྒྲུབ་གྲོལ། །པདྨ་འབྱུང་གནས་བསྐྱེད་རིམ་གྱིས། །དཀའ་ཐུབ་སྤྱད་པས་ལཱུ་ཧི་པ། །སྤྱོད་པའི་གྲོགས་ཀྱིས་ནག་པོ་པ༔ །རླུང་གི་སྟོབས་ཀྱིས་གོ་རཀྵ། །གཏུམ་མོའི་སྟོབས་ཀྱིས་ཤ་བ་རི། །ཕྱག་རྒྱ་ཆེན་པོས་ས་ར་ཧ། །བྱིན་རླབས

སྡོབས་ཀྱིས་ཏོག་ཙེ་བ། །ཟ་ཉལ་འཆག་གིས་ཞི་བ་ལྷ། །ཨིནྡྲ་བྷཱུ་ཏི་འདོད་ཡོན་གྱིས། །རྟེན་འབྲེལ་ཐམས་ཅད་ཚོགས་པ་ལས། །བིརྺ་པ་ལ་གྲུབ་ཐོབ་བྱུང་། །འདི་འདྲའི་ཐབས་ལམ་སྣ་ཚོགས་ལ། །སྐུར་བ་གདབ་ཏུ་མི་རུང་ཟེར། །འདི་ཡང་ལེགས་པར་བཤད་ཀྱིས་ཉོན། །

ཐབས་དང་ཤེས་རབ་གཉིས་མིན་པའི། །སངས་རྒྱས་སྒྲུབ་པའི་ཐབས་གཞན་མེད། །དེས་ན་གྲུབ་ཐོབ་ཐམས་ཅད་ཀྱང་། །ཕྱོགས་རེའི་ཐབས་ཀྱིས་གྲོལ་བ་མིན། །དབང་དང་རིམ་གཉིས་ལས་བྱུང་བའི། །ཡེ་ཤེས་སྐྱེས་པས་གྲོལ་བ་ཡིན། །ལྟ་བ་དང་ནི་བསྐྱེད་རིམ་དང་། །གཏུམ་མོ་དང་ནི་བྱིན་རླབས་སོགས། །དེ་དག་རྐྱང་པས་གྲོལ་བ་མིན། །དབང་བསྐུར་བ་ཡི་བྱིན་རླབས་དང་། །རིམ་གཉིས་བསྒོམས་པའི་རྟེན་འབྲེལ་གྱིས། །ཡེ་ཤེས་རྟོགས་ནས་གྲོལ་བ་ཡིན། །བསྐྱེད་རིམ་རླུང་དང་གཏུམ་མོ་སོགས། །རིམ་པ་གཉིས་ལས་ཐ་དད་མིན། །བྱིན་རླབས་དེ་ལས་བྱུང་བ་ཡིན། །ལྟ་བ་དེ་ཡི་ཡན་ལག་ཡིན། །ཕྱག་རྒྱ་ཆེན་པོ་དེའི་ཡེ་ཤེས། །དེ་ཡི་སྤྲོས་བཅས་སྤྱོད་པ་ནི། །ཨིནྡྲ་བྷཱུ་ཏིས་མཛད་པ་ཡིན། །དེ་ཡི་སྤྲོས་མེད་སྤྱོད་པ་ལ། །ཀྲྀ་ཥུ་ཀུ་ཞེས་སངས་རྒྱས་གསུངས། །དེ་ཡི་ཤིན་ཏུ་སྤྲོས་མེད་ནི། །རིམ་གཉིས་བརྟན་པར་བྱ་བའི་ཕྱིར། །གྲུབ་ཐོབ་རྣམས་ཀྱིས་མཛད་པ་ནི། །ཀུན་ཏུ་བཟང་པོའི་སྤྱོད་པར་བཤད། །

དེས་ན་རྒྱུ་རྐྱེན་མ་ཚོགས་པར། །སངས་རྒྱས་འབྲས་བུ་མི་འབྱུང་མོད། །སྔ་མའི་ལས་འཕྲོའི་བྱེ་བྲག་དང་། །ནང་གི་རྟེན་འབྲེལ་ཁྱད་པར་གྱིས། །ཡེ་ཤེས་སྐྱེ་བའི་སྣ་འདྲེན་ནི། །ཐབས་ཀྱི་དབྱེ་བས་བྱེད་པར་གསུངས། །དཔེར་ན་ནད་པའི་ལུས་བརྟས་པ། །བཟའ་དང་བཏུང་བས་བྱེད་མོད་ཀྱི། །དེ་ཡི་ཡིག་འབྱེད་པ་ནི། །ཟས་ཀྱི་ཁྱད་པར་ཡིན་པ་བཞིན། །དེ་ཕྱིར་ཐབས་ཀྱི་ཁྱད་པར་ལ། །སྐུར་བ་འདེབས་ན་བླུན་པོ་ཡིན། །འོན་ཀྱང་རེ་རེས་འཚང་རྒྱ་བར། །འདོད་ན་ཤིན་ཏུ་འཁྲུལ་པར་བཤད། །དེས་ན་སྨིན་བྱེད་དབང་དང་ནི། །རིམ་པ་གཉིས་ལ་འབད་པར་གྱིས། །སོ་ནམ་ཚུལ་བཞིན་བྱས་པ་ཡིས། །ལོ་ཏོག་རིམ་གྱིས་སྨིན་པ་ལྟར། །ཕ་རོལ་ཕྱིན་པའི་ལམ་ཞུགས་ན། །གྲངས་མེད་གསུམ་གྱིས་རྫོགས་འཚང་རྒྱ། །སྔགས་ཀྱིས་བཏབ་པའི་ས་བོན་ནི། །ཉི་མ་གཅིག་ལ་ལོ་ཏོག་སྨིན། །རྡོ་རྗེ་ཐེག་པའི་ཐབས་ཤེས་ན། །ཚེ་འདི་ཉིད་ལ་སངས་རྒྱས་འགྲུབ། །

སྟོང་ཉིད་སྙིང་རྗེ་སོགས་བསྒོམ་པ། །ཕ་རོལ་ཕྱིན་པའི་གཞུང་ལུགས་ཡིན། །དེ་ཡིས་ཇི་ལྟར་སྦྱར་ན་ཡང་། །གྲངས་མེད་གསུམ་གྱི་དཀའ་སྤྱད་དགོས། །རྫོགས་པའི་སངས་རྒྱས་ལམ་པོ་ཆེ། །རྩོད་པ་ཀུན་ལས་གྲོལ་བའི་ཆོས། །མཁས་པ་ཀུན་གྱིས་གུས་པས་བསྟེན། །གལ་ཏེ་འདི་བཞིན་བསྒྲུབ་འདོད་ན། །རྡོ་རྗེ་ཕག་མོའི་བྱིན་རླབས་མེད། །ལྷན་སྐྱེས་ལ་སོགས་འདིར་མི་བསྒོམ། །གཏུམ་མོ་ལ་སོགས་ཐབས་ལམ་བྲལ། །ཕྱག་

རྒྱ་ཆེན་པོའི་ཐ་སྙད་མེད། །ཚེ་འདི་དང་ནི་བར་དོ་དང་། །ཕྱི་མར་འཚང་རྒྱ་ཁོང་མི་བཞེད། །འོན་ཀྱང་ཐེག་པ་ཆེན་པོ་ཡི། །སྡེ་སྣོད་རྣམས་ལས་འབྱུང་བ་བཞིན། །བྱང་ཆུབ་མཆོག་ཏུ་སེམས་བསྐྱེད་ལ། །གྲངས་མེད་གསུམ་དུ་ཚོགས་གཉིས་སོགས། །སེམས་ཅན་ཡོངས་སུ་སྨིན་པ་དང་། །སངས་རྒྱས་ཞིང་རྣམས་ལེགས་པར་སྦྱངས། །ས་བཅུའི་ཐ་མར་བདུད་བཏུལ་ནས། །རྫོགས་པའི་སངས་རྒྱས་ཐོབ་པར་གསུངས། །ཕ་རོལ་ཕྱིན་གཞུང་མི་ནུས་པར། །གལ་ཏེ་གསང་སྔགས་བསྒོམ་འདོད་ན། །ཉོར་བ་མེད་པའི་དབང་བཞི་ལོང་། །འཁྲུལ་པ་མེད་པའི་རིམ་གཉིས་སྒོམས། །དེ་ལས་བྱུང་བའི་ཡེ་ཤེས་ནི། །ཕྱག་རྒྱ་ཆེན་པོ་གོམས་པར་བྱ། །

དེ་ནས་འཁོར་འདས་བསྲེ་བའི་ཕྱིར། །རྣམ་པར་དག་པའི་སྤྱོད་པ་སྤྱད། །ནང་གི་ས་ལམ་ཀུན་བགྲོད་ནས། །རྡོ་རྗེ་འཛིན་པའི་ས་དགེ་བ། །བཅུ་གསུམ་པ་ནི་ཐོབ་པར་འགྱུར། །འདི་ནི་དུས་གསུམ་སངས་རྒྱས་ཀྱི༑ །དམ་པའི་ཆོས་ཀྱི་སྙིང་པོ་ཡིན། །རྒྱུད་སྡེ་རྣམས་ཀྱི་གསང་ཚིག་མཆོག །འདི་ཉིད་ཡིན་པར་ཤེས་པར་བྱ། །གང་ཞིག་སངས་རྒྱས་བྱེད་འདོད་ན། །དེ་ཡིས་འདི་བཞིན་སྤྱད་པར་བྱ། །ཡང་ན་ཕ་རོལ་ཕྱིན་པ་ཡི། །མདོ་ལས་ཇི་ལྟར་འབྱུང་བཞིན་གྱིས། །ཡང་ན་རྡོ་རྗེ་ཐེག་པ་ཡི། །རྒྱུད་སྡེ་བཞིན་དུ་ཉམས་སུ་ལོང་། །འདི་གཉིས་མིན་པའི་ཐེག་ཆེན་ནི། །སངས་རྒྱས་རྣམས་ཀྱིས་གསུངས་པ་མེད། །

ད་ལྟའི་ཆོས་པ་ཕལ་ཆེ་བ། །བསླབ་པ་གསུམ་པོ་མི་སྲུང་བས། །ཕ་རོལ་ཕྱིན་པའི་ཆོས་ལུགས་མིན། །དབང་དང་རིམ་གཉིས་མི་ལྡན་པས། །རྡོ་རྗེ་ཐེག་པའི་བསྟན་པ་མིན། །འདུལ་བའི་སྡེ་སྣོད་མི་ཤེས་པས། །ཉན་ཐོས་ཀྱི་ཡང་ཆོས་ལུགས་མིན། །འོན་ཀྱང་ཆོས་པར་ཁས་འཆེ་བ། །ཀྱེ་མ་གང་གི་བསྟན་པ་འགྱུར། །ཕ་མེད་པ་ཡི་བུ་མང་ཡང་། །རིགས་ཀྱི་ནང་དུ་ཆུད་མི་ནུས། །དེ་བཞིན་ཁུངས་ནས་མ་བྱུང་བའི། །ཆོས་པ་བསྟན་པའི་ནང་དུ་མིན། །དག་དུག་བསྡུས་པའི་གོས་ལ་ནི། །ཆེན་པོ་རྣམས་ཀྱི་ཆས་མི་རུང་། །དེ་བཞིན་ཐུན་ཚགས་བསྡུས་པ་ཡི༑ །ཆོས་ཀྱིས་དད་ཅན་འཚང་མི་རྒྱ། །

སྨུ་སྟེགས་བྱེད་པ་ཁ་ཅིག་ཀྱང་། །སངས་རྒྱས་པ་ལ་འདི་སྐད་ཟེར། །སྡིག་པ་སྤོང་ཞིང་དགེ་བྱེད་ན། །སྨུ་སྟེགས་ཡིན་ཡང་ཅི་ཞིག་སྐྱོན། །དགེ་བ་མེད་ཅིང་སྡིག་བྱེད་ན། །ཆོས་པ་ཡིན་ཡང་ཅི་ཕན་ལོ། །དེ་བཞིན་འདི་ནའང་བླུན་པོ་འགའ། །དད་དང་ལྡན་ཞིང་སྙིང་རྗེ་ཆེ། །སྦྱིན་དང་ཚུལ་ཁྲིམས་བཟོད་པ་བསྒོམ། །བསམ་གཏན་བསྒོམ་ཞིང་སྟོང་པ་ཉིད། །རྟོགས་ན་སངས་རྒྱས་ཀྱིས་གསུངས་པའི། །མདོ་རྒྱུད་རྣམས་དང་མི་མཐུན་ཡང་། །དེ་ལ་སྐྱོན་མེད་དེ་མེད་ན། །མདོ་རྒྱུད་མཐུན་ཡང་ཅི་ཕན་ལོ། །

དེ་ཡང་བརྟག་པར་བྱ་བས་ཉོན། །སྨུ་སྟེགས་བྱེད་ལ་སྡོམ་པ་མེད། །དེ་ཕྱིར་དགེ་བ་བྱས་ན་ཡང་། །བར་

མ་ཡིན་གྱི་སྡོམ་པ་ལས། །བྱུང་བའི་དགེ་བ་སྲིད་མ་ཡིན། །དེ་བཞིན་དབང་བསྐུར་མ་ཐོབ་པ། །དེ་ལ་རིག་འཛིན་སྡོམ་པ་མེད། །སྡོམ་མེད་དེ་ཡིས་དགེ་སྤྱད་ཀྱང་། །བར་མ་ཡིན་གྱི་གསང་སྔགས་ཀྱི། །སྡོམ་པ་ལས་བྱུང་དགེ་བ་མིན། །སྡོམ་པའི་དགེ་བ་མ་ཡིན་ན། །གསང་སྔགས་ཐབས་ལམ་རབ་ཟབ་ཀྱང་། །འཚང་མི་རྒྱ་བར་ཐུབ་པས་གསུངས། །སྡོམ་པ་གསུམ་དང་ལྡན་པ་ཡི། །རིམ་གཉིས་ཟབ་མོའི་གནད་ཤེས་ན། །དེ་ནི་ཚེ་འདི་འམ་བར་དོ་འམ། །སྐྱེ་བ་བཅུ་དྲུག་ཚུན་ཆད་ན། །འགྲུབ་པར་རྫོགས་པའི་སངས་རྒྱས་གསུངས། །དེ་ཕྱིར་འདི་ལ་མཁས་རྣམས་གུས། །

གང་དག་རབ་ཏུ་འབྱུང་འདོད་ན། །སྡོམ་པ་བསྲུང་ཕྱིར་གུས་པས་ལོང་། །ལྟོ་གོས་ཙམ་ལ་དམིགས་པ་ཡི༑ ༑རབ་ཏུ་འབྱུང་བ་ཐུབ་པས་བཀག །སེམས་བསྐྱེད་བྱེད་པ་དེ་དག་ཀྱང་། །བསྟན་པའི་ལུགས་བཞིན་མི་བྱེད་ཀྱི། །ཐོས་ཆུང་རྣམས་ཀྱིས་མགོ་བསྐོར་ནས། །ལྷུན་པོ་དགའ་བར་བྱ་ཕྱིར་ཡིན། །གསང་སྔགས་བསྒོམ་པ་མང་མོད་ཀྱི། །རྒྱུད་སྡེ་བཞིན་དུ་བསྒྲུབ་པ་ཉུང་། །སྤྱོད་པ་བདེ་བའི་འདུ་ཤེས་ཀྱིས། །རང་བཟོར་གསང་སྔགས་སྤྱོད་པར་ཟད། །གལ་ཏེ་དབང་བསྐུར་བྱེད་ན་ཡང་། །བཟང་པོའི་གཞུང་ལུགས་ཀུན་དོར་ནས། །གང་དག་བརྫུན་གྱིས་བསླད་པ་ལ། །ངོ་མཚར་བཞིན་དུ་གུས་པས་ལེན། །བཀྱེ་ལ་བསྐྱེད་རིམ་བསྒོམ་ན་ཡང་། །སྤྱང་གཞི་སྦྱོང་བྱེད་ལེགས་འཕྲོད་པའི། །ཆོ་གའི་ཡན་ལག་ཀུན་བོར་ནས། །རང་བཟོའི་དཀྱིལ་བསྐྱེད་བསྒོམ་པར་ཟད། །གཏུམ་མོ་བསྒོམ་པ་ཕལ་ཆེར་ཡང་། །ནང་གི་རྟེན་འབྲེལ་མི་ཤེས་པར། །མུ་སྟེགས་བྱེད་ཀྱི་གཏུམ་མོ་ལྟར། །དྲོད་ཙམ་ལ་ནི་དམིགས་པར་གོ། །ཡེ་ཤེས་ཅུང་ཟད་སྐྱེས་ན་ཡང་། །དེ་དག་ཉོན་མོངས་རྣམ་རྟོག་དང་། །འབྱེད་པའི་ཐབས་ལ་མི་མཁས་པས། །རྫོགས་པའི་སངས་རྒྱས་ལམ་མི་འགྱུར། །བླ་མ་ལ་ནི་མོས་ན་ཡང་། །དེ་འདྲའི་བླ་མ་བླ་མ་མིན། །དཔོན་སློབ་གཉིས་ག་གསང་སྔགས་ཀྱི། །སྡོམ་པ་མེད་པ་ཡིན་ཕྱིར་རོ། །དཔེར་ན་རབ་བྱུང་མ་བྱས་ན། །མཁན་པོའི་ཐ་སྙད་མེད་པ་བཞིན། །དེ་བཞིན་དབང་བསྐུར་མ་ཐོབ་ན། །བླ་མའི་ཐ་སྙད་མི་འབྱུང་ངོ་། །གསང་སྔགས་མིན་པའི་བླ་མ་ལ། །མོས་པ་བྱས་ཀྱང་ཚེ་འདི་ཡི། །བདེ་སྐྱིད་ཕུན་ཚོགས་ཙམ་ཞིག་གམ། །རིམ་གྱིས་འགྲུབ་པའི་རྒྱུ་སྲིད་ཀྱི། །དེ་ནི་ཚེ་འདི་འམ་བར་དོ་ལ། །སངས་རྒྱས་ཉིད་སྦྱིན་མི་ནུས་སོ། །

ཕ་རོལ་ཕྱིན་པའི་གཞུང་ལུགས་ལས། །བླ་མ་སངས་རྒྱས་ལྟ་བུ་རུ །བལྟ་བར་བྱ་ཞེས་གསུངས་མོད་ཀྱི༑ ༑སངས་རྒྱས་དངོས་སུ་གསུངས་པ་མེད། །བླ་མ་སངས་རྒྱས་ཉིད་ཡིན་ཞེས། །བྱ་བ་དབང་བསྐུར་ཐོབ་ནས་ཡིན། །དབང་བསྐུར་སྡོམ་པས་མ་འབྲེལ་ན། །བཟང་ཡང་ཕ་རོལ་ཕྱིན་པ་ཡིན། །རབ་བྱུང་མིན་ལ་མཁན་པོ་མེད། །དབང་མ་བསྐུར་ལ་བླ་མ་མེད། །སྡོམ་པ་མེད་ལ་དགེ་རྒྱུན་མེད། །སྐྱབས་འགྲོ་མེད་ན་ཆོས་པ་མིན། །

དགེ་སྦྱོང་སྡོམ་པ་མེད་པ་དང་། །རྒྱལ་སྲས་སེམས་བསྐྱེད་མ་ཐོབ་པ། །སྔགས་པ་དབང་བསྐུར་མེད་པ་གསུམ། །སངས་རྒྱས་བསྟན་པའི་ཆོམ་རྐུན་ཡིན། །ཕྱག་རྒྱ་ཆེན་པོ་བསྒོམ་ན་ཡང་། །རྟོག་པ་ཁ་འཆོམ་ཉིད་བསྒོམ་གྱི། །རིམ་གཉིས་ལས་བྱུང་ཡེ་ཤེས་ལ། །ཕྱག་རྒྱ་ཆེན་པོར་མི་ཤེས་སོ། །

བླུན་པོ་ཕྱག་རྒྱ་ཆེ་བསྒོམ་པ། །ཕལ་ཆེར་དུད་འགྲོའི་རྒྱུ་རུ་གསུངས། །མིན་ན་གཟུགས་མེད་ཁམས་སུ་སྐྱེ༑ ༑ཡང་ན་ཉན་ཐོས་འགོག་པར་ལྟུང་། །གལ་ཏེ་དེ་ནི་བསྒོམ་ལེགས་ཀྱང་། །དབུ་མའི་བསྒོམ་ལས་ལྷག་པ་མེད། །དབུ་མའི་བསྒོམ་དེ་བཟང་མོད་ཀྱི། །འོན་ཀྱང་འགྲུབ་པ་ཤིན་ཏུ་དཀའ། །ཇི་སྲིད་ཚོགས་གཉིས་མ་རྫོགས་པ། །དེ་སྲིད་བསྒོམ་དེ་མཐར་མི་ཕྱིན། །འདི་ཡི་ཚོགས་གཉིས་རྫོགས་པ་ལ། །བསྐལ་པ་གྲངས་མེད་དགོས་པར་གསུངས། །དེད་ཀྱི་ཕྱག་རྒྱ་ཆེན་པོ་ནི། །དབང་ལས་བྱུང་བའི་ཡེ་ཤེས་དང་། །རིམ་པ་གཉིས་ཀྱི་ཏིང་འཛིན་ལས། །བྱུང་བའི་རང་བྱུང་ཡེ་ཤེས་ཡིན། །འདི་ཡི་རྟོགས་པ་གསང་སྔགས་ཀྱི། །ཐབས་ལ་མཁས་ན་ཚེ་འདིར་འགྲུབ། །དེ་ལས་གཞན་དུ་ཕྱག་རྒྱ་ཆེ། །རྟོགས་པ་སངས་རྒྱས་ཀྱིས་མ་གསུངས། །དེས་ན་ཕྱག་རྒྱ་ཆེན་པོ་ལ། །མོས་ན་གསང་སྔགས་གཞུང་བཞིན་སྒྲུབས། །

ད་ལྟའི་ཕྱག་རྒྱ་ཆེན་པོ་དང་། །རྒྱ་ནག་ལུགས་ཀྱི་རྫོགས་ཆེན་ལ། །ཡས་འབབ་དང་ནི་མས་འཛེགས་གཉིས། །རིམ་གྱིས་པ་དང་ཅིག་ཆར་བར། །མིང་འདོགས་བསྒྱུར་བ་མ་གཏོགས་པ། །དོན་ལ་ཁྱད་པར་དབྱེ་བ་མེད། །ཆོས་ལུགས་འདི་འདྲ་འབྱུང་བ་ཡང་། །བྱང་ཆུབ་སེམས་དཔའ་ཞི་བ་འཚོས། །རྒྱལ་པོ་ཁྲི་སྲོང་ལྡེ་བཙན་ལ༑ ༑ལུང་བསྟན་ཇི་བཞིན་ཐོག་ཏུ་བབ། །ལུང་བསྟན་དེ་ཡང་བཤད་ཀྱིས་ཉོན། །རྒྱལ་པོ་ཁྱོད་ཀྱི་བོད་ཡུལ་འདིར། །སློབ་དཔོན་པདྨ་འབྱུང་གནས་ཀྱིས། །བརྟན་མ་བཅུ་གཉིས་ལ་གཏད་པས། །མུ་སྟེགས་འབྱུང་བར་མི་འགྱུར་མོད། །འོན་ཀྱང་རྟེན་འབྲེལ་འགའ་ཡི་རྒྱུས། །ཆོས་ལུགས་གཉིས་སུ་འགྲོ་བར་འགྱུར། །དེ་ཡང་ཐོག་མར་ང་འདས་ནས། །རྒྱ་ནག་དགེ་སློང་བྱུང་ནས་ནི། །དཀར་པོ་ཆིག་ཐུབ་ཅེས་བྱ་བ། །ཅིག་ཆར་བ་ཡི་ལམ་སྟོན་འགྱུར། །དེ་ཚེ་ང་ཡི་སློབ་མ་ནི། །མཁས་པ་ཆེན་པོ་ཀ་མ་ལ། །ཤཱི་ལ་ཞེས་བྱ་རྒྱ་གར་ནས། །སྤྱན་དྲངས་དེ་ཡིས་དེ་སུན་འབྱིན། །དེ་ནས་དེ་ཡི་ཆོས་ལུགས་བཞིན། །དད་ལྡན་རྣམས་ཀྱིས་སྤྱོད་ཅིག་གསུང་། །དེ་ཡིས་ཇི་སྐད་གསུངས་པ་བཞིན། །ཕྱི་ནས་ཐམས་ཅད་བདེན་པར་གྱུར། །རྒྱ་ནག་ལུགས་དེ་ནུབ་མཛད་ནས། །རིམ་གྱིས་པ་ཡི་ཆོས་ལུགས་སྤེལ། །ཕྱི་ནས་རྒྱལ་ཁྲིམས་ནུབ་པ་དང་། །རྒྱ་ནག་མཁན་པོའི་གཞུང་ལུགས་ཀྱི། །ཡི་གེ་ཙམ་ལ་བརྟེན་ནས་ཀྱང་། །དེ་ཡི་མིང་འདོགས་གསང་ནས་ནི། །ཕྱག་རྒྱ་ཆེན་པོར་མིང་བསྒྱུར་ནས། །ད་ལྟའི་ཕྱག་རྒྱ་ཆེན་པོ་ནི། །ཕལ་ཆེར་རྒྱ་ནག་ཆོས་ལུགས་ཡིན། །

ནཱ་རོ་དང་ནི་མཻ་ཏྲི་པའི། །ཕྱག་རྒྱ་ཆེན་པོ་གང་ཡིན་པ། །དེ་ནི་ལས་དང་ཆོས་དང་ནི། །དམ་ཚིག་དང་ནི་ཕྱག་རྒྱ་ཆེ། །གསང་སྔགས་རྒྱུད་ནས་ཇི་སྐད་དུ། །གསུངས་པ་དེ་ཉིད་ཁོང་བཞེད་དོ། །འཕགས་པ་ཀླུ་སྒྲུབ་ཉིད་ཀྱིས་ཀྱང་། །ཕྱག་རྒྱ་བཞི་པར་འདི་སྐད་གསུངས། །ལས་ཀྱི་ཕྱག་རྒྱ་མི་ཤེས་པས། །ཆོས་ཀྱི་ཕྱག་རྒྱའང་མི་ཤེས་ན༎ ༎ཕྱག་རྒྱ་ཆེན་པོའི་མིང་ཙམ་ཡང་། །རྟོགས་པ་ཉིད་ནི་མི་སྲིད་གསུང་། །རྒྱུད་ཀྱི་རྒྱལ་པོ་གཞན་དང་ནི། །བསྟན་བཅོས་ཆེན་པོ་གཞན་ལས་ཀྱང་། །དབང་བསྐུར་དག་དང་མ་འབྲེལ་བ། །དེ་ལ་ཕྱག་རྒྱ་ཆེན་པོ་བཀག ། དབང་བསྐུར་བ་ལས་བྱུང་བ་ཡི། །ཡེ་ཤེས་ཕྱག་རྒྱ་ཆེ་རྟོགས་ན། །ད་གཟོད་མཚན་མ་དང་བཅས་པའི། །འབད་རྩོལ་ཀུན་ལ་མི་ལྟོས་སོ། །

དེང་སང་འགའ་ཞིག་བླ་མ་ཡི། །མོས་གུས་ཙམ་གྱིས་སེམས་བསྒྱུར་ནས། །རྟོག་པ་ཅུང་ཟད་འགགས་པ་ལ༎ ༎ཕྱག་རྒྱ་ཆེན་པོའི་ངོ་སྤྲོད་བྱེད། །དེ་འདྲ་བདུད་ཀྱི་ཡིན་པའང་སྲིད། །ཡང་ན་ཁམས་འདུས་འགའ་ལའང་འབྱུང་། །ཀ་རུ་འཛིན་ཞེས་བྱ་བ་ཡི། །བརྫུན་རླབས་ཅན་གྱི་གྲུབ་ཐོབ་བྱུང་། །དེ་ཡི་དགོན་པ་མཐོང་ཙམ་གྱིས། །འགའ་ལ་ཏིང་འཛིན་སྐྱེས་ཞེས་ཟེར། །ཕྱི་ནས་དེ་ཡི་གྲུབ་ཐོབ་ཞིག །དེ་ནས་ཏིང་འཛིན་དེ་རྒྱུན་ཆད། །དེ་འདྲའི་ཏིང་འཛིན་བདུད་རིགས་ཀྱི། །འབྱུང་པོ་རྣམས་ཀྱིས་བྱེད་པར་གསུངས། །སངས་རྒྱས་གསུང་བཞིན་བསྒྲུབ་པ་ཡི། །བྱིན་རླབས་སངས་རྒྱས་རྣམས་ཀྱི་ཡིན། །

ཁ་ཅིག་སྐྱེ་བ་སྔ་མ་ལ། །སེམས་བསྐྱེད་དབང་བསྐུར་མ་བྱས་ན། །ཆོས་ལ་དད་པ་མི་སྲིད་པས། །གང་དག་ཐེག་ཆེན་དད་ཐོབ་པ། །དེ་དག་སྔར་སྦྱངས་ཡིན་པས་ན། །ད་ལྟ་དབང་བསྐུར་མི་དགོས་ཟེར། །འོ་ན་སོ་སོར་ཐར་པ་ཡི། །སྡོམ་པ་དག་ལ་མོས་པ་ཡང་། །སྔ་མའི་སྡོམ་པ་ཡོད་པའི་ཕྱིར། །ད་ལྟ་རབ་ཏུ་བྱུང་ཅི་དགོས། །བྱང་ཆུབ་སེམས་དཔའི་སེམས་བསྐྱེད་ཀྱང་། །སྔ་མའི་སེམས་བསྐྱེད་ཡོད་པའི་ཕྱིར། །ད་ལྟ་སེམས་བསྐྱེད་བྱ་ཅི་དགོས། །དེ་དག་དགོས་ན་གསང་སྔགས་ཀྱི། །དབང་བསྐུར་ཡང་ནི་ཅིས་མི་དགོས། །སངས་རྒྱས་ཆོས་ལ་མི་དགའ་བའི། །མུ་སྟེགས་བྱེད་ཀྱི་ཆོས་སྦྱངས་པ། །དེ་ལ་མཚར་དུ་མི་བརྩི་ཡི། །སངས་རྒྱས་ཆོས་ལ་བརྟེན་བཞིན་དུ། །མདོ་རྒྱུད་ཉན་བཤད་འགོག་བྱེད་པ། །དེ་ལ་ཁོ་བོ་ངོ་མཚར་སྐྱེས། །

ལ་ལ་ཞི་གནས་ཅུང་ཟད་དང་། །སྣང་སྟོང་རྟོགས་པ་ཕྲ་མོ་ལ། །མཐོང་ལམ་ཡིན་ཞེས་ངོ་སྤྲོད་བྱེད། །ཁྱུང་གི་སྒོང་རྒྱ་ཇི་བཞིན་དུ། །ལུས་ཀྱི་རྒྱ་ཡིས་བཅིངས་པས་ན། །ད་ལྟ་ཡོན་ཏན་མི་འབྱུང་བས། །ལུས་རྒྱ་ཞིག་པའི་ཤི་མ་ཐག །ཡོན་ཏན་ཕྱི་ནས་འབྱུང་ཞེས་ཟེར། །ཐེག་པ་ཆེན་པོའི་མདོ་རྒྱུད་ལས། །འདི་འདྲའི་ཆོས་ལུགས་བཤད་པ་མེད། །ཉི་མ་དེ་རིང་ཤར་བ་ཡི། །འོད་ཟེར་ནངས་པར་འབྱུང་བ་མཚར། །

ཁ་ཅིག་ཕ་རོལ་ཕྱིན་པ་དང་། །གསང་སྔགས་གཉིས་ཀྱི་མཐོང་ལམ་ལ། །རྒྱུན་ཅན་རྒྱུན་མེད་ཡིན་ཞེས་ཟེར། །དེ་ལྟ་ཡིན་ན་སངས་རྒྱས་ཀྱང་། །རྒྱུན་ཅན་རྒྱུན་མེད་གཉིས་སུ་འགྱུར། །ཉན་ཐོས་རྣམས་ཀྱི་དགྲ་བཅོམ་ལ༑ །རྒྱུན་ཅན་རྒྱུན་མེད་གཉིས་འཐད་ཀྱི། །ཐེག་པ་ཆེན་པོའི་འཕགས་པ་ལ། །རྒྱུན་ཅན་རྒྱུན་མེད་གཉིས་མི་སྲིད། །ཉན་ཐོས་ལུགས་ཀྱི་ཚ་ཚའི་དཔེས། །ཚེ་འདིར་མྱ་ངན་མ་འདས་པ། །བར་དོར་མྱ་ངན་འདའ་བར་གསུངས། །དེ་བཞིན་གསང་སྔགས་བསྒོམ་པ་ལས། །ཚེ་འདིར་མཐོང་ལམ་མ་ཐོབ་པ། །བར་དོར་མཐོང་ལམ་ཐོབ་མོད་ཀྱི། །ཚེ་འདིར་མཐོང་ལམ་སྐྱེས་པ་ལ། །ཡོན་ཏན་ཤི་ནས་འབྱུང་བ་ནི། །བླུན་པོ་རྣམས་ཀྱི་བརྫུན་རིབ་ཡིན། །མདོ་རྒྱུད་ཀུན་དང་མི་མཐུན་པས། །འདི་འདྲའི་ཆོས་ལུགས་མཁས་པས་སྤངས། །

རྫོ་བོ་ནཱ་རོ་ཏ་པ་ནི། །དབང་བསྐུར་དུས་སུ་མཐོང་ལམ་སྐྱེ། །དེ་ནི་སྐད་ཅིག་དེ་ལ་འགག །ཆོས་མཆོག་རྗེས་ཀྱི་མཐོང་ལམ་ནི། །འགག་པ་མེད་ཅེས་གསུངས་པར་གྲག །འདི་ནི་དཔེ་ཡི་ཡེ་ཤེས་ལ། །མཐོང་བའི་ལམ་དུ་བཏགས་པར་ཟད། །འཕགས་པ་ལྷ་ཡིས་སྤྱོད་བསྡུས་སུ། །བདེན་པ་མཐོང་ཡང་ལས་མཐའ་ལ། །ཆགས་པར་གསུངས་པ་རྫོགས་རིམ་གྱི། །རང་བྱུང་ཡེ་ཤེས་རྟོགས་པ་ནི། །དཔེ་ཡི་ཡེ་ཤེས་ཉིད་ལ་དགོངས། །དེ་དང་ལམ་འབྲས་ལ་སོགས་པ། །གྲུབ་ཐོབ་རྣམས་ཀྱི་དགོངས་པ་མཐུན། །

དེས་ན་དེང་ཀྱི་མཐོང་ལམ་ནི། །འཕགས་པ་མིན་ལ་འབྱུང་མི་སྲིད། །ཐེག་པ་གསུམ་གྱི་ལག་ལེན་ཡང་། །རང་རང་གཞུང་ལུགས་བཞིན་བྱེད་ན། །སངས་རྒྱས་བསྟན་ཡིན་མི་བྱེད་ན། །བསྟན་པའི་གཟུགས་བརྙན་ཡིན་ཞེས་བྱ༑ །ཉན་ཐོས་རྣམས་ཀྱི་བླ་མ་དེ། །བཟང་ཡང་གང་ཟག་ཁོ་ནར་བས། །ཕ་རོལ་ཕྱིན་པའི་བླ་མ་ནི། །བཟང་ན་དགེ་འདུན་དཀོན་མཆོག་ཡིན། །གསང་སྔགས་པ་ཡི་བླ་མ་མཆོག །དཀོན་མཆོག་གསུམ་དང་དབྱེར་མེད་ཡིན། །དེས་ན་དེ་ལ་གསོལ་བཏབ་པས། །དཀོན་མཆོག་གསུམ་པོ་ཚེ་འདིར་འགྲུབ། །དེ་ལྟའི་ཐེག་པ་གསུམ་པོ་ཡི། །སོ་སོའི་གཞུང་ནས་འབྱུང་བ་བཞིན། །བླ་མའི་མཚན་ཉིད་མི་ལྡན་ན། །བླ་མ་ཡིན་གྱི་དམ་པ་མིན། །དེ་ལ་གསོལ་བ་བཏབ་ན་ཡང་། །བྱིན་རླབས་ཅུང་ཟད་འབྱུང་མོད་ཀྱི། །ཚེ་འདིའམ་བར་དོ་ལ་སོགས་སུ། །སངས་རྒྱས་ཉིད་སྦྱིན་མི་ནུས་སོ། །དེས་ན་དབང་བསྐུར་ཐོབ་པའི་མིས། །དཀོན་མཆོག་གསུམ་པོ་བླ་མ་རུ། །འདུས་པར་མཐོང་ནས་བླ་མ་ལ། །གསོལ་བ་བཏབ་ན་བྱིན་རླབས་འཇུག །གལ་ཏེ་དབང་བསྐུར་མ་ཐོབ་ན། །བླ་མ་དཀོན་མཆོག་གསུམ་ཉིད་དུ། །ཕར་ལ་བསྟུས་ལ་གསོལ་བ་ཐོབ། །རིམ་གྱིས་བྱིན་རླབས་ཅི་རིགས་འཇུག །བླ་མ་ཀྱང་པ་བཟང་སྲིད་ཀྱང་། །གསོལ་བ་བཏབ་པ་བྱིན་རླབས་ཆུང་། །དེ་བས་དཀོན་མཆོག་གསུམ་ཉིད་ལ༑ །གསོལ་བ་བཏབ་པ་ཤིན་ཏུ་བཟང་། །དབང་བསྐུར་དང་པོ་མ་ཐོབ་པར། །བསྐྱེད་པའི་རིམ་པ་བསྒོམ་པ་

དང་། །དབང་བསྐུར་གཉིས་པ་མ་ཐོབ་པར། །གཏུམ་མོ་ལ་སོགས་བསྒོམ་པ་དང་། །དབང་བསྐུར་གསུམ་པ་མ་ཐོབ་པར། །བདེ་སྟོང་ལ་སོགས་བསྒོམ་པ་དང་། །དབང་བསྐུར་བཞི་པ་མ་ཐོབ་པར། །ཕྱག་རྒྱ་ཆེན་པོ་སོགས་བསྒོམ་དང་། །དགེ་སློང་སྡོམ་པ་མ་ཐོབ་པར། །མཁན་སློབ་ལ་སོགས་བྱེད་པ་ནི། །གསང་སྔགས་མེད་པར་སྦྲུལ་གདུག་གི །མགོ་ལས་རིན་ཆེན་ལེན་པ་ལྟར། །རང་གཞན་བརླག་པའི་རྒྱུ་རུ་བས། །མཁས་པ་རྣམས་ཀྱིས་རྒྱང་རིང་སྤང་། །

གཞན་ཡང་གངས་རིའི་ཁྲོད་འདི་ན། །འཁྲུལ་པའི་ལག་ལེན་དུ་མ་ཡོད། །ཁ་འབར་མ་ཡི་གཏོར་མ་ལ། །དེ་བཞིན་གཤེགས་པ་བཞི་ཡི་མཚན། །སྔོན་ལ་བརྗོད་པའི་ལག་ལེན་མཐོང་། །འདི་ཡང་མདོ་དང་མཐུན་མ་ཡིན། །མདོ་ལས་སྔོན་ལ་སྔགས་བརྗོད་ནས། །སངས་རྒྱས་བཞི་པོ་ཕྱི་ནས་གསུངས། །འགའ་ཞིག་ཆུ་སྦྱིན་ནང་དུ་ཟན། །འཇུག་པའི་ལག་ལེན་བྱེད་པ་ཐོས། །འཇུར་གེགས་ཅན་གྱི་ཡི་དྭགས་ཀྱིས། །ཆུ་སྦྱིན་ནང་དུ་ཟན་མཐོང་ན། །འཇིགས་པ་ཆེན་པོ་འབྱུང་བར་གསུངས། །དེས་ན་ཆུ་སྦྱིན་ནང་དུ་ཟན། །འདེགས་པ་ཆོ་ག་ཉམས་པ་ཡིན། །ཟན་གྱི་ཕུད་ལ་ལྷ་བཤོས་དང་། །ཚང་བུ་བྱ་བར་སངས་རྒྱས་གསུངས། །རྡོ་རྗེ་རྩེ་མོའི་རྒྱུད་ལས་ནི། །ཟས་ཀྱི་ཕུད་ལ་ཚང་བུ་སྦྱིན། །ཞེས་གསུངས་འཕྲོག་མའི་མདོ་ལས་ཀྱང་། །སངས་རྒྱས་སྟོན་པར་ཁས་འཆེ་ན། །འཕྲོག་མ་ལ་ནི་ཚང་བུ་སྦྱིན། །ཞེས་གསུངས་དེ་ཡི་ཆོ་ག་ནི། །ལྟ་བ་ངན་སེལ་ལ་སོགས་ལྟོས། །འགའ་ཞིག་སངས་རྒྱས་གསུངས་པ་ཡི། །ལྷ་བཤོས་ཚང་བུ་མི་བྱེད་པར། །མ་གསུངས་པ་ཡི་འབྲང་རྒྱས་དང་། །གླུ་གསུམ་ལ་སོགས་བྱེད་པ་མཐོང་། །གསང་སྔགས་རྙིང་མ་འགའ་ཞིག་ལས། །གླུ་གསུམ་དབང་ཕྱུག་ཆེན་པོའི་སྙིང་། །དེ་ཡི་ཤ་དང་ཁྲག་གིས་བརྒྱན། །མཐེབ་ཀྱུ་མགོ་བོའི་ཐོད་པས་བསྐོར། །ཚང་སོགས་བདུད་རྩིས་དེ་བཀང་ནས། །ཧེ་རུ་ཀ་ལ་མཆོད་ཅེས་ཟེར། །གསང་སྔགས་གསར་མར་གླུ་གསུམ་གྱི། །གཏོར་མ་གཞུང་ནས་བཤད་པ་མེད། །ཟས་ཀྱི་ཕུད་ལ་ཁྱད་པར་དུ། །གླུ་གསུམ་འབུལ་བ་གསུངས་པ་མེད། །ལག་ལེན་ཐམས་ཅད་སངས་རྒྱས་ཀྱི། །གསུང་དང་མཐུན་ན་བསྟན་པ་ཡིན། །དེས་ན་མདོ་སྡེ་མ་དཀྲུག་པར། །སངས་རྒྱས་གསུང་བཞིན་ཉམས་སུ་ལོང་། །

སངས་རྒྱས་རབ་ཏུ་བྱུང་བ་ཡི། །ཕྱག་ཏུ་མཚོན་ཆ་བསྐུར་བ་མཐོང་། །ཁྱིམ་པའི་ཆ་ལུགས་ཅན་དག་ལ། །རྒྱན་དང་མཚོན་ཆ་སོགས་སྲིད་ཀྱི། །རབ་བྱུང་རྣམས་ལ་འདི་མི་སྲིད། །བྱང་ཆུབ་མཆོག་གི་ཕྱག་རྒྱ་སོགས། །མཛད་པའི་རིགས་ལྔ་སེར་འབྱམ་མཐོང་། །མདོ་ལུགས་ཡིན་ཞེས་ལ་ལ་སྨྲ། །མདོ་ནས་འདི་འདྲ་གསུངས་པ་མེད། །བྱ་སྤྱོད་གཉིས་ཀྱི་རྒྱུད་ལས་ཀྱང་། །སངས་རྒྱས་རིགས་ལྔར་བསྡུས་པ་མེད། །རྣལ་འབྱོར་རྒྱུད་ལས་གསུངས་པ་ཡི། །རིགས་ལྔ་ཁ་དོག་ཐ་དད་ཅིང་། །ཕྱག་རྒྱ་ཡང་ནི་ཐ་དད་གསུངས། །འདི་ཡི་སྐུ

མདོག་ཕྱག་རྒྱ་ནི། །རྟེན་ཅིང་འབྲེལ་འབྱུང་སྐྱ་ཡིན་པས། །ཡེ་ཤེས་ལྔ་ལ་འཐད་པ་ཡིན། །དུས་ཀྱི་འཁོར་ལོ་ལ་སོགས་ལས། །རིགས་ལྔའི་ཁ་དོག་གཞན་གསུངས་པ། །འབྱུང་བ་རྣམ་པ་ལྔ་སྦྱོང་བའི། །རྟེན་ཅིང་འབྲེལ་འབྱུང་སྐྱ་ཡིན་ནོ། །སངས་རྒྱས་གསེར་མདོག་ཅེས་གསུངས་པ། །དྲི་མ་མེད་ཅིང་དྭངས་པ་ཡང་། །སྤྲུལ་སྐྱ་ཕལ་ལ་དགོངས་ཏེ་གསུངས། །གཞན་དུ་སྨན་བླ་ནམ་མཁའི་མདོག །སྔོན་པོ་ཉིད་དུ་མདོ་ལས་གསུངས། །ཡི་དམ་ལྷ་ཡི་སྒྲུབ་ཐབས་དང་། །སྔགས་ཀྱི་བཟླས་པའི་ཚིག་དང་། །མཆོག་དང་ཐུན་མོང་དངོས་གྲུབ་དང་། །སྒྲུབ་པའི་ཚིག་ཇི་སྙེད་པ། །མདོ་སྡེ་ཀུན་ལས་གསུངས་པ་མེད། །དེང་སང་སྔགས་ལ་མི་མོས་པར། །ལྷ་བསྒོམ་ལ་སོགས་བྱེད་པ་ཡང་། །སངས་རྒྱས་བསྟན་དང་མཐུན་པ་མིན། །གཞན་ཡང་སྦྱིན་སྲེག་རོ་སྲེག་དང་། །བདུན་ཚིགས་སྔ་ཕྱིའི་ཚིག་སོགས། །དེང་སང་གསང་སྔགས་ལུགས་བོར་ནས། །མདོ་མཆོད་ཙམ་ལ་བརྟེན་པ་ཡི། །ཚོ་གའི་རྣམ་གཞག་བྱེད་པ་ཡོད། །ཕ་རོལ་ཕྱིན་པའི་མདོ་སྡེ་དང་། །བསྟན་བཅོས་ཀུན་ལས་གསུངས་པ་མེད། །འདི་དག་ངན་སོང་སྦྱོང་རྒྱུད་ལ། །སོགས་པའི་རྒྱུད་སྡེ་འགའ་ཞིག་ལས། །གསུངས་པའི་རྗེས་སུ་འབྲང་བ་ཡི། །གསང་སྔགས་པ་ལ་གྲགས་པ་ཡིན། །

དེ་བཞིན་རབ་གནས་མདོ་ལུགས་དང་། །ཕྱག་ན་རྡོ་རྗེ་མདོ་ལུགས་དང་། །ལྷུང་བཤགས་དང་ནི་ཤེར་སྙིང་སོགས། །སྔགས་ལུགས་ཡིན་ཞེས་འཆད་པ་ཐོས། །འདི་ཡང་བརྟག་པར་བྱ་བས་ཉོན། །མདོ་ནས་རབ་གནས་བཤད་པ་མེད། །འོན་ཀྱང་མཆོད་བསྟོད་བཀྲ་ཤིས་སོགས། །རྒྱལ་པོའི་མངའ་དབུལ་ལྷ་བུ་ལ། །རབ་གནས་ཡིན་ཞེས་སྨྲ་ན་སྨྲོས། །ལྷ་བསྒོམ་པ་དང་སྔགས་བཟླས་དང་། །བུམ་པ་ལྷ་ཡི་སྟ་གོན་དང་། །དངོས་གཞིའི་དམ་ཚིག་སེམས་དཔའ་དང་། །ཡེ་ཤེས་འཁོར་ལོ་དགུག་གཞུག་དང་། །སྤྱན་དབྱེ་བརྟན་པར་བཞུགས་པ་དང་། །སྔགས་ཀྱིས་བྱིན་གྱིས་བརླབས་པ་ཡི། །མེ་ཏོག་དོར་ནས་ལེགས་མཆོད་དེ། །བཀྲ་ཤིས་རྒྱས་པར་བྱེད་པ་ཡི། །ཚོ་ག་གསང་སྔགས་རྒྱུད་སྡེ་ལས། །གསུངས་ཀྱི་ཕ་རོལ་ཕྱིན་ལས་མིན། །ལ་ལ་གདམས་ངག་ཡིན་ཞེས་སྨྲ། །འོན་མདོ་སྡེ་གང་དག་ལ། །བརྟེན་པ་ཡིན་པ་སྨྲ་དགོས་སོ། །

དེང་སང་གསང་བ་འདུས་པའི་ལྷ། །བསྒོམས་ནས་མདོ་ལུགས་ཡིན་ཞེས་སྨྲ། །གསང་འདུས་ལ་སོགས་ཚིག་ལ། །མདོ་ལུགས་ཚིག་འབྱུང་བ་མཚར། །སེང་གེའི་ཕྲུ་གུ་གླང་ཆེན་ལས། །བྱུང་ན་སྟོན་མེད་སྒྲོག་ཆགས་ཡིན། །མཁས་པ་རྣམས་ཀྱིས་འདི་འདྲ་ཡི། །ཚིག་སླན་ཆད་མ་བྱེད་ཅིག །ལྷ་ལ་རབ་ཏུ་གནས་པ་དང་། །མི་ལ་དབང་བསྐུར་བྱ་བ་སོགས། །རྡོ་རྗེ་སློབ་མའི་དབང་བསྐུར་བ། །ཐོབ་ཀྱང་བྱ་བར་མ་གསུངས་ན། །དབང་བསྐུར་གཏན་ནས་མ་ཐོབ་པའི། །གང་ཟག་རྣམས་ཀྱིས་སློས་ཅི་དགོས། །རྡོ་རྗེ་སློབ་མའི་དབང་བསྐུར་ཙམ། །ཐོབ་

ནས་ལྷ་བསྒོམ་ཙམ་དང་ནི། །བཟླས་བརྗོད་དང་ནི་སྦྱིན་སྲེག་དང་། །ལས་ཚོགས་ལ་སོགས་བསྒྲུབ་པ་ཡི། །དངོས་གྲུབ་དང་ནི་ཕྱག་རྒྱ་ཡི། །ཡེ་ཤེས་སྒྲུབ་པའི་ཚོག་དང་། །གསང་སྔགས་འགའ་ཞིག་ཉན་པ་ལ། །དབང་བ་ཡིན་གྱི་རྒྱུད་འཆད་དང་། །དབང་བསྐུར་དང་ནི་རབ་གནས་སོགས། །སློབ་དཔོན་ཕྱིན་ལས་བྱར་མི་རུང་། །རྡོ་རྗེ་སློབ་དཔོན་དབང་ཐོབ་ནས། །འཁོར་ལོ་ལྷ་ཡི་དེ་ཉིད་སོགས། །རྣམ་དག་དཀྱིལ་འཁོར་བསྒོམ་པ་དང་། །དབང་བསྐུར་དང་ནི་རབ་གནས་སོགས། །སློབ་དཔོན་གྱི་ནི་ཕྲིན་ལས་དང་། །སངས་རྒྱས་ཀུན་གྱི་དམ་ཚིག་དང་། །བླ་ན་མེད་པའི་སྡོམ་པ་སོགས། །རྡོ་རྗེ་སློབ་དཔོན་ཁོ་ནའི་ལས། །ཉིད་ཡིན་གཞན་གྱིས་བྱར་མི་རུང་། །དེང་སང་རབ་གནས་མདོ་ལུགས་ཞེས། །འཆད་པ་སངས་རྒྱས་བསྟན་པ་མིན། །ཁྱིམ་པས་མཁན་སློབ་བྱེད་པ་དང་། །རྡོ་རྗེ་སློབ་དཔོན་མ་ཡིན་པས། །དབང་བསྐུར་རབ་གནས་བྱེད་པ་ནི། །གཉིས་ཀ་བསྟན་པ་མིན་པར་མཚུངས། །ཕྱག་ན་རྡོ་རྗེའི་བསྒོམ་བཟླས་ཀྱང་། །མདོ་སྡེ་རྣམས་ནས་བཤད་པ་མེད། །གཟུངས་ནས་བཤད་པ་དེ་དག་ནི། །བྱ་བའི་རྒྱུད་ཀྱི་ཚོག་ཡིན། །

ལྷུང་བཞགས་སངས་རྒྱས་ཕྱག་མཚན་ལ། །ཞུབ་དང་རལ་གྲི་སོགས་འཛིན་པའི། །སྒྲུབ་ཐབས་སངས་རྒྱས་ཀྱིས་མ་གསུངས། །མདོ་དང་རྒྱུད་ཀྱི་ཁྱད་པར་ནི། །ཚོགའི་བྱ་བ་ཡོད་མེད་ཡིན། །དེ་ལྟར་ཤེས་ནས་མདོ་སྡེ་དང་། །སྔགས་ཀྱི་ལུགས་རྣམས་དབྱེད་དེ་སློས། །

ལ་ལ་ཐེག་པ་རིམ་དགུ་ལ། །ལྟ་བ་ཐ་དད་ཡོད་ཅེས་ཟེར། །ཉན་ཐོས་དང་ནི་ཐེག་ཆེན་ལ། །ལྟ་བའི་རིམ་པ་ཡོད་མོད་ཀྱི། །ཕ་རོལ་ཕྱིན་དང་གསང་སྔགས་ལ། །ལྟ་བའི་དབྱེ་བ་བཤད་པ་མེད། །ཕ་རོལ་ཕྱིན་པའི་སྤྲོས་བྲལ་ལས། །ལྷག་པའི་ལྟ་བ་ཡོད་ན་ནི། །ལྟ་དེ་སྤྲོས་པ་ཅན་དུ་འགྱུར། །སྤྲོས་བྲལ་ཡིན་ན་ཁྱད་པར་མེད། །དེས་ན་བཤད་པས་གོ་བ་ཡི། །ཐོས་པའི་ལྟ་བ་གཅིག་ཉིད་ཡིན། །འོན་ཀྱང་སྤྲོས་བྲལ་རྟོགས་པ་ཡི། །ཐབས་ལ་གསང་སྔགས་ཁྱད་པར་འཕགས། །

ཁ་ཅིག་དབུ་མའི་ལྟ་བ་ནི། །ཀུན་རྫོབ་ཇི་ལྟར་སྣང་བཞིན་ཡིན། །དོན་དམ་མཐའ་བཞིའི་སྤྲོས་དང་བྲལ། །བྱ་བའི་རྒྱུད་ཀྱི་ཀུན་རྫོབ་ནི། །རིགས་གསུམ་རྒྱལ་བའི་དཀྱིལ་འཁོར་ཡིན། །དོན་དམ་དབུ་མ་དང་མཚུངས་ཟེར། །སྤྱོད་པའི་རྒྱུད་ཀྱི་ཀུན་རྫོབ་དང་། །རྣལ་འབྱོར་རྒྱུད་ཀྱི་ཀུན་རྫོབ་ནི། །རིགས་ལྔའི་རྒྱལ་བར་སྣང་བ་ཡིན། །རྣལ་འབྱོར་ཆེན་པོའི་ཀུན་རྫོབ་ནི། །དམ་པ་རིགས་བརྒྱ་ཡིན་ཞེས་ཟེར། །ལྟ་བསྒོམ་རྣམ་དབྱེ་མ་ཕྱེད་ཅིང་། །ཐབས་དང་ཤེས་རབ་མ་ཤེས་པས། །འདི་འདྲའི་དབྱེ་བ་འཁྲུལ་པ་ཡིན། །འདི་ཡི་འཐད་པ་བཤད་ཀྱིས་ཉོན། །རིགས་གསུམ་ལ་སོགས་སངས་རྒྱས་སུ། །བསྒོམ་པ་ཡིན་གྱི་ལྟ་བ་མིན། །བྱ་སྤྱོད་རྣལ་འབྱོར་རྒྱུད་

གསུམ་ལས། །སྣང་བ་ལྷ་རུ་གསུངས་པ་མེད། །འོན་ཀྱང་བྱ་བའི་རྒྱུད་དུ་ནི། །ཁྲིས་སྐུ་ལྷ་རུ་བསྒོམས་ནས་ཀྱང་། །དེ་ལས་དངོས་གྲུབ་ལེན་པ་ཡིན། །དེས་ན་དཀའ་ཐུབ་གཙང་སྦྲ་ཡིས། །སངས་རྒྱས་མཉེས་ནས་དངོས་གྲུབ་གནང་། །སྤྱོད་པའི་རྒྱུད་དུ་ཁྲིས་སྐུ་དང་། །རང་ཉིད་གཉིས་ཀ་ལྷར་བསྒོམས་ནས། །གྲོགས་པོ་ལྷ་བུའི་དངོས་གྲུབ་ལེན། །རྣལ་འབྱོར་རྒྱུད་དུ་ཕྱི་རོལ་ལ། །དམིགས་པའི་རྟེན་ཙམ་བྱས་ནས་ཀྱང་། །རང་ཉིད་དམ་ཚིག་སེམས་དཔའ་ལ། །ཡེ་ཤེས་འཁོར་ལོ་སྤྱན་དྲངས་ནས། །རྗེ་སྲིད་ཕྱག་རྒྱ་མ་བཀྲོལ་བ། །དེ་ཡི་བར་དུ་སངས་རྒྱས་བཞུགས། །ཕྱག་རྒྱ་བཀྲོལ་ནས་སངས་རྒྱས་གཤེགས། །དེ་ནས་རང་ཉིད་ཐ་མལ་འགྱུར། །འདི་དག་གི་ནི་ལུང་སྦྱོར་རྣམས། །ཡི་གེ་མངས་ཀྱིས་དོགས་པས་བཞག །

རྣལ་འབྱོར་ཆེན་པོའི་རྒྱུད་དུ་ནི། །དག་པ་གསུམ་གྱི་རང་བཞིན་བཤད། །འདི་ཡི་ལུང་རིགས་མན་ངག་རྣམས། །བླ་མའི་ཞལ་ལས་ལེགས་པར་དྲིས། །གལ་ཏེ་བྱ་བའི་རྒྱུད་ཀྱི་ཡང་། །ཀུན་རྫོབ་ལྷ་རུ་གནས་ན་ནི། །དཀའ་ཐུབ་གཙང་སྦྲ་ག་ལ་འཐད། །ལྷ་ལ་གཙང་དང་མི་གཙང་མེད། །ལྷ་རྣམས་དཀའ་ཐུབ་ཀྱིས་མི་གདུང་། །ཁ་ཅིག་སྤྱོད་པའི་རྒྱུད་ཀྱི་ཡང་། །ལྟ་བ་རྣལ་འབྱོར་རྒྱུད་དང་མཐུན། །སྤྱོད་པ་བྱ་བའི་རྒྱུད་བཞིན་བྱེད། །འདི་ཡང་དེ་ལྟར་ངེས་པ་མེད། །འདི་ནི་གཉིས་ཀའི་རྒྱུད་ཡིན་པས། །རེས་འགའ་གཙང་སྦྲ་སྤྱོད་མོད་ཀྱི། །ཕལ་ཆེར་ཅི་བདེར་སྤྱོད་པར་གསུངས། །སྤྱོད་པའི་རྒྱུད་ལ་རིགས་ལྔ་ཡི། །དོན་གྲུབ་ན་ཡང་ཐ་སྙད་མེད། །ཕྱག་རྒྱ་སྐུ་མདོག་རྣམ་དག་ཀྱང་། །རྣལ་འབྱོར་རྒྱུད་བཞིན་དེ་ར་མ་གསུངས། །དེས་ན་རྣལ་འབྱོར་རྒྱུད་མན་ཆད། །ཀུན་རྫོབ་ལྷ་རུ་གསུངས་པ་མེད། །འོན་ཀྱང་ཀུན་རྫོབ་ཐམས་ཅད་ནི། །རྗེ་ལྟར་སྣང་བ་བཞིན་དུ་བས། །ཁྲིས་སྐུ་ལ་སོགས་ལྷར་བསྒོམ་པ། །དེ་ནི་ཐབས་ཀྱི་ཁྱད་པར་ཡིན། །

རྣལ་འབྱོར་ཆེན་པོའི་རྒྱུད་སྡེ་ལས། །ཀུན་རྫོབ་རྗི་ལྟར་སྣང་བ་འདི། །ཐབས་ལ་མཁས་པའི་ཁྱད་པར་གྱིས། །སྣང་གཞི་སྦྱོང་བྱེད་ངོ་སྤྲོད་པ། །དེ་ཚོད་མ་པ་རིགས་བརྒྱ་ལ། །སོགས་པའི་དབྱེ་བ་རྒྱལ་བས་གསུངས། །དེས་ན་ཀུན་རྫོབ་ལོག་པ་དང་། །ལྷ་ཡི་ལོག་པ་མ་ཕྱེད་པས། །གསང་སྔགས་རྙིང་མའི་ཀུན་རྫོབ་ཀུན། །ལྷ་བ་དང་འབྲེལ་དེ་ལྟར་ཡིན། །

གསང་སྔགས་སྔ་འགྱུར་བ་རྣམས་ནི། །རྣལ་འབྱོར་རྣལ་འབྱོར་ཆེན་པོ་དང་། །རྗེས་སུ་རྣལ་འབྱོར་ཤིན་ཏུ་ནི། །རྣལ་འབྱོར་ཞེས་བྱ་རྣམ་པ་བཞི། །ཐེག་པའི་རིམ་པ་ཡིན་ཞེས་ཟེར། །ཤིན་ཏུ་རྣལ་འབྱོར་བཟང་བར་འདོད། །གསང་སྔགས་ཕྱི་འགྱུར་བ་རྣམས་ནི། །རྣལ་འབྱོར་རྗེས་སུ་རྣལ་འབྱོར་དང་། །ཤིན་ཏུ་རྣལ་འབྱོར་རྣལ་འབྱོར་ཆེ། །འདི་དག་ཏིང་འཛིན་རིམ་ཡིན་གྱི། །རྒྱུད་སྡེའི་རིམ་པར་མི་བཞེད་དོ། །དེས་ན་རྒྱུད་སྡེ་བཞི་པོ་ཡི། །རྣལ་

འབྱོར་རྣལ་འབྱོར་ཆེན་པོ་དང་། །རྣལ་འབྱོར་བཞི་ཡི་རྣལ་འབྱོར་དང་། །རྣལ་འབྱོར་ཆེན་པོ་མི་གཅིག་གོ། །དཔེར་ན་ཀླུ་ཆེན་པདྨ་དང་། །པདྨ་ཆེན་པོ་ཞེས་བྱ་དང་། །མི་ཏོག་པདྨ་པད་ཆེན་གཉིས། །མིང་མཐུན་ན་ཡང་དོན་མི་གཅིག །དེས་ན་གསང་སྔགས་གསར་མ་ལ། །རྣལ་འབྱོར་ཆེན་པོའི་ལྷག་ན་ནི། །དེ་བས་ལྷག་པའི་རྒྱུད་སྡེ་མེད། །བསྒོམ་པའི་དམིགས་པ་ཉིད་ཀྱང་ནི། །རྣལ་འབྱོར་ཆེན་པོའི་གོང་ན་མེད། །དེ་ལས་སྐྱེས་པའི་ཡེ་ཤེས་ནི༔ །སྤྲོས་པ་མེད་ཅིང་བརྗོད་བྲལ་བས། །ཐེག་པའི་རིམ་པར་མི་བཞེད་དོ། །ལུགས་འདི་ལེགས་པར་ཤེས་གྱུར་ན༔ །ཨ་ཏི་ཡོ་གའི་ལྟ་བ་ཡང་། །ཡེ་ཤེས་ཡིན་གྱི་ཐེག་པ་མིན། །བརྗོད་བྲལ་བརྗོད་བྱར་བྱས་པ་ནི། །མཁས་པའི་དགོངས་པ་མིན་ཞེས་བྱ། །

དེས་ན་ཐོས་པའི་ལྟ་བ་ནི། །དབུ་མ་ཡན་ཆད་ཐམས་ཅད་མཐུན། །དེ་ཕྱིར་ལྟ་བའི་ལུང་སྦྱོར་ཀུན། །ཕ་རོལ་ཕྱིན་བཞིན་ཐམས་ཅད་མཛད། །དེ་རྟོགས་པ་ཡི་ཐབས་ལ་ནི། །ཐེག་པའི་རིམ་པ་ཡོད་པ་ཡིན། །རྒྱུད་སྡེ་བཞི་ཡི་བསྒྲུབ་པ་ཡང་། །འཁྲུལ་པར་བྱས་ན་དངོས་གྲུབ་རིང་། །བྱ་བའི་རྒྱུད་ལ་བདག་བསྐྱེད་མེད། །བྲིས་སྐུ་མཆོད་ནས་གསོལ་བ་འདེབས། །བདག་བསྐྱེད་སྒྲུབ་ཐབས་ཡོད་པ་ནི། །རྣལ་འབྱོར་རྒྱུད་ཀྱི་རྗེས་འབྲངས་ནས། །དེ་ཡི་ལུགས་བཞིན་མཛད་པ་ཡིན། །དེ་ལྟར་བྱེད་ན་སྨྱུང་གནས་མེད། །བདག་ཉིད་ལྷ་རུ་བསྐྱེད་པ་ལ༔ །མཆོད་ན་བསོད་ནམས་བརྙས་ན་སྡིག །གལ་ཏེ་སྨྱུང་གནས་བྱེད་འདོད་ན། །རང་ཉིད་ཐ་མལ་ང་རྒྱལ་གྱིས། །བྲིས་སྐུ་ཆོག་བཞིན་བྲིས་ལ། །རྗེ་དཔོན་བཞིན་དུ་དངོས་གྲུབ་བླང་། །དེ་ལ་ཤ་ཆང་གཏོར་མ་མེད། །གླ་རྩི་ལ་སོགས་སྲོག་ཆགས་དང་། །འབྲེལ་བའི་མཆོད་པ་ཐམས་ཅད་སྤོངས། །གུ་ལང་མཆོད་པའི་ལྷག་མ་དང་། །གཏོར་མའི་ཁ་ཟས་འདི་ར་མི་ཟ། །ལྷ་ལ་ཕུལ་བའི་དམན་མ་སོགས། །ཟ་དང་འགོམ་པ་གཉིས་ཀ་བཀག །དཀར་གསུམ་ལ་སོགས་ཁ་ཟས་དང་། །གཙང་སྦྲ་ལ་སོགས་བརྟུལ་ཞུགས་ཀྱིས། །བྱ་བའི་རྒྱུད་ཀྱི་གསང་སྔགས་འགྲུབ། །སྤྱོད་དང་རྣལ་འབྱོར་རྒྱུད་གཉིས་སུ། །ལས་ཚོགས་བསྒྲུབ་པ་འགའ་ཞིག་ལ། །གཙང་སྦྲ་དཀའ་ཐུབ་བཤད་པ་ཡོད། །གཞན་དུ་དཀའ་ཐུབ་སྨྱུང་གནས་སོགས། །བརྟུལ་ཞུགས་ཁྱད་པར་གཙོར་མི་མཛད། །རང་ཉིད་ལྷ་ཡི་རྣལ་འབྱོར་བསྒོམ། །གླ་རྩིའི་རིལ་བུ་ལ་སོགས་པ། །སྲོག་ཆགས་ཡན་ལག་ལས་བྱུང་བའི། །མཆོད་པ་རྣམས་ཀྱང་འདི་ར་མི་འགོག །སངས་རྒྱས་མཆོད་པའི་ལྷག་མ་རྣམས། །སྡིག་པ་སྦྱོང་ཕྱིར་བཟའ་འོ་ཞེས། །རབ་ཏུ་གནས་པའི་རྒྱུད་ལས་གནང་། །འབྱུང་པོའི་གཏོར་མ་འདི་ར་མི་ཟ། །རྣལ་འབྱོར་ཆེན་པོའི་རྒྱུད་རྣམས་ལས། །ཨ་བ་དྷུ་ཏིའི་སྤྱོད་སོགས་ལ། །འབྱུང་པོའི་གཏོར་མ་ཟ་བའང་གནང་། །དཀའ་ཐུབ་ལ་སོགས་བརྟུལ་ཞུགས་འགོག །འཇུག་པ་བདེ་བའི་རྣལ་འབྱོར་གྱིས། །གསང་སྔགས་རྒྱལ་པོ་ཆེ་འདིར་འགྲུབ། །འདི་དག

རྒྱས་པར་བླ་མ་མཆོག །མཁས་པའི་གསུང་ལས་ཤེས་པར་གྱིས། །གྲུབ་མཐའི་རྣམ་དབྱེ་མི་ཤེས་ཤིང་། །རྒྱུད་སྡེའི་ཁྱད་པར་མ་ཕྱེད་པར། །ཚིག་ཐམས་ཅད་དགྲུགས་ནས་ནི། །རང་བཟོའི་རྣམ་ཐར་སྤྱོད་པ་མཚར། །དབང་བཞི་ཡོངས་སུ་རྫོགས་པ་དང་། །དང་པོར་རང་གི་ཁྱིམ་དུ་བསྒོམ། །བརྟན་པ་ཐོབ་ནས་དུར་ཁྲོད་སོགས། །བརྟན་པ་ཆེན་པོ་ཐོབ་ནས་ནི། །ལུས་དང་ངག་གི་བརྡ་རྣམས་ལ། །ལེགས་པར་སྦྱངས་ཤིང་དེ་ཉིད་རྟོགས། །ས་རྣམས་བགྲོད་པར་བྱ་བ་དང་། །ཡུལ་རྣམས་དབང་དུ་བསྡུ་བའི་ཕྱིར། །གནས་དང་ཉེ་བའི་གནས་ལ་སོགས། །ཡུལ་ཆེན་སུམ་ཅུ་སོ་བདུན་དུ། །རིག་པའི་བརྟུལ་ཞུགས་སྤྱོད་ཕྱིར་རྒྱུ། །ལུགས་འདི་རྣལ་འབྱོར་ཆེན་པོ་ཡི། །རྒྱུད་དང་བསྟན་བཅོས་རྣམས་ལས་གསུངས། །འདི་འདྲའི་སྤྱོད་པ་ཤེས་ནས་ནི། །ཚེ་འདི་ཉིད་ལ་རྫོགས་སངས་རྒྱ། །

དེང་སང་གསང་སྔགས་མི་ཤེས་པར། །སྔགས་ཀྱི་ལུགས་སུ་འཚོས་པ་མཐོང་། །རིམ་པ་གཉིས་པོ་མི་བསྒོམ་ན། །ཡུལ་ཆེན་སུམ་ཅུ་སོ་བདུན་དུ། །འགྲོ་བ་སངས་རྒྱས་ཀྱིས་མ་གསུངས། །རིམ་པ་གཉིས་པོ་མི་བསྒོམ་པའི། །སྒོམ་ཆེན་བཟང་ཡང་ཕ་རོལ་ཏུ། །ཕྱིན་པའི་སྒོམ་ཆེན་ལས་མ་འདས། །མདོ་ལས་ཡུལ་ཆེན་དེ་དག་ཏུ། །འགྲོ་བའི་ཚིག་བཤད་པ་མེད། །གལ་ཏེ་གསང་སྔགས་མི་བསྒོམ་ཞིང་། །རྟོགས་པ་ཡོད་པར་རློམ་པ་ཡིས། །ཡུལ་དེར་ཕྱིན་ན་བར་ཆད་འབྱུང་། །ཅི་ཡང་མེད་པའི་སྒོམ་ཆེན་གྱིས། །ཕྱིན་ཡང་ཕན་གནོད་གང་ཡང་མེད། །ཨུ་རྒྱན་ཛཱ་ལནྡྷ་ར་དང་། །གངས་ཅན་དེ་ཝཱི་ཀོ་ཊ་སོགས། །ཀླུ་གློ་བླུན་པོ་མུ་སྟེགས་བྱེད། །འབྲོག་པ་རྣམས་ཀྱིས་གང་མོད་ཀྱང་། །དེ་དག་གྲུབ་པ་ཐོབ་བམ་ཅི། །གསང་སྔགས་བསྒོམ་པའི་རྟོགས་པ་ཅན། །བརྡ་དོན་འཕྲོད་པའི་སྐལ་བར་ལྡན། །དེ་ལ་ཡུལ་དེར་གནས་པ་ཡི། །མཁའ་འགྲོ་རྣམས་ཀྱིས་བྱིན་གྱིས་རློབ། །འདི་དོན་རྣལ་འབྱོར་ཆེན་པོ་ཡི། །རྒྱུད་སྡེ་རྣམས་སུ་ལེགས་པར་ལྟོས། །

དེས་ན་གསང་སྔགས་མི་བསྒོམ་པར། །ཡུལ་ཆེན་བགྲོད་པ་དོན་མེད་ཡིན། །དཔལ་ལྡན་དུས་ཀྱི་འཁོར་ལོ་དང་། །མངོན་པའི་གཞུང་ལས་གསུངས་པ་ཡི། །གངས་རི་གསེར་གྱི་བྱ་སྐྱིབས་དང་། །འཛམ་བུའི་ཤིང་དང་ས་སྲུང་བུ། །གླང་ཆེན་ལྔ་བརྒྱས་བསྐོར་བ་དང་། །དགྲ་བཅོམ་ལྔ་བརྒྱ་བཞུགས་པའི་གནས། །གངས་ཅན་དེ་ནི་ཏི་སེ་མིན། །མ་དྲོས་རྒྱ་མཚོ་མ་ཕང་མིན། །གླང་པོ་རྣམས་ཀྱང་དེ་ན་མེད། །དེ་བཞིན་འཛམ་བུའི་ལྗོན་པ་དང་། །གསེར་གྱི་བྱ་སྐྱིབས་ག་ལ་ཡོད། །དེ་ཡི་གཏན་ཚིགས་འདི་ལྟར་ཡིན། །དཔལ་ལྡན་དུས་ཀྱི་འཁོར་ལོ་ལས། །ཆུ་བོ་སི་ཏཱའི་བྱང་ཕྱོགས་ན། །རི་བོ་གངས་ཅན་ཡོད་པར་གསུངས། །དེ་ཡི་འགྲམ་ན་ཤམྦྷ་ལ། །གྲོང་ཁྱེར་བྱེ་བ་དགུ་བཅུ་དྲུག །དེ་ན་རྒྱལ་པོའི་ཕོ་བྲང་མཆོག །ཀ་ལ་པ་ཞེས་བྱ་བ་ཡོད། །དེ་ན་སྤྲུལ་པའི་རྒྱལ་པོ་རྣམས། །ལོ་གྲངས་བརྒྱད་བརྒྱར་ཆོས་གསུང་ངོ་། །དེ་ན་ནགས་ཚལ་སྣ་ཚོགས་དང་། །བཟའ་ཤིང་ར་བ་དུ་མ

ཡོད། །སྐྱིགས་མའི་དུས་སུ་འཕགས་པའི་ཡུལ། །ཀླ་ཀློའི་ཆོས་ཀྱིས་གང་བར་འགྱུར། །དེ་ནས་ཀླ་ཀློའི་རྫུ་འཕྲུལ་གྱིས། །ཤམྦྷ་ལ་རུ་དམག་འདྲེན་འགྱུར། །དེ་ཚེ་ཕྱག་ན་རྡོ་རྗེ་ཡི། །སྤྲུལ་པ་དྲག་པོ་ཞེས་བྱ་བའི། །རྒྱལ་པོས་ཀླ་ཀློ་ཀུན་བཅོམ་ནས། །འཕགས་པའི་ཡུལ་གྱི་བར་དུ་ཡང་། །སངས་རྒྱས་བསྟན་པ་སྤེལ་བར་གསུངས། །དེས་ན་རི་བོ་གངས་ཅན་དུ། །རྫུ་འཕྲུལ་མེད་པས་འགྲོ་མི་ནུས། །མངོན་པ་ལས་ཀྱང་འདི་སྐད་དུ། །འདི་ནས་བྱང་དུ་རི་ནག་པོ། །དགུ་འདས་གངས་རིའོ་དེ་ནས་ནི། །སྤོས་ངད་ལྡན་པའི་ཚུར་རོལ་ན། །ཆུ་ཞེང་ལྔ་བཅུ་ཡོད་པའི་མཚོ། །ཞེས་སོགས་མཚན་ཉིད་རྒྱས་པར་གསུངས། །དེར་ནི་རྫུ་འཕྲུལ་མི་ལྡན་པས། །བགྲོད་པར་བྱ་བ་མིན་ཞེས་བཤད། །ད་ལྟའི་ཏི་སེ་འདི་ལ་ནི། །མཚན་ཉིད་འདི་དག་གང་ཡང་མེད། །མུ་སྟེགས་བྱེད་པའི་གཞུང་ལས་ཀྱང་། །ཤར་ནུབ་གཉིས་ཀྱི་རྒྱ་མཚོའི་བར། །གངས་ཅན་གྱིས་ནི་ཁྱབ་པར་བཤད། །ཧ་ནུ་མནྟས་འཕངས་པ་ཡི། །གངས་རིའི་དུམ་བུ་ཚར་བ་ཞིག །ཏི་སེ་ཡིན་ཞེས་གྲོག་མཁར་སྨྲ། །དེས་ན་དབང་ཕྱུག་ཆེན་པོའི་གནས། །ས་སྲུང་བུ་ཡིས་བསྟན་པའི་ས། །དགྲ་བཅོམ་ལྔ་བརྒྱ་བཞུགས་པའི་ཡུལ། །ད་ལྟའི་ཏི་སེ་འདི་མ་ཡིན། །རྨ་བྱ་ཆེན་མོའི་མདོ་ལས་ཀྱང་། །གངས་ཅན་ཏི་སེ་ཐ་དད་གསུངས། །ཕལ་པོ་ཆེ་ཡི་མདོ་ལས་ཀྱང་། །མ་དྲོས་པ་ཡི་ཆུ་ཞེང་དུ། །དཔག་ཚད་ལྔ་བཅུ་ལྔ་བཅུར་གསུངས། །ས་གཞིར་རིན་ཆེན་གསེག་མ་བདལ། །ངོས་ནི་རིན་ཆེན་ཕ་གུར་བརྩེགས། །

དེ་ལས་འབབ་པའི་ཆུ་བོ་བཞི། །གངྒ་གླང་ཆེན་ཁ་ནས་ནི། །དངུལ་གྱི་བྱེ་མ་འདྲེན་ཅིང་འབབ། །སི་ཏཱ་སེང་གེའི་ཁ་ནས་ནི། །རྡོ་རྗེའི་བྱེ་མ་འདྲེན་ཅིང་འབབ། །སིནྡྷུ་གླང་གི་ཁ་ནས་ནི། །གསེར་གྱི་བྱེ་མ་འདྲེན་ཅིང་འབབ། །པཀྵུ་རྟ་ཡི་ཁ་ནས་ནི། །བཻཌཱུརྱ་སྔོན་འདྲེན་ཅིང་འབབ། །ཐམས་ཅད་ཀྱི་ནི་ཁ་ཞེང་ལ། །དཔག་ཚད་རེ་རེ་ཡོད་པར་གསུངས། །ཆུ་བོ་དེ་བཞིས་མ་དྲོས་ལ། །ལན་གྲངས་བདུན་བདུན་གཡས་བསྐོར་ནས། །ཕྱོགས་བཞི་དག་ཏུ་འབབ་པར་བཤད། །དེ་ཡི་བར་མཚམས་ཐམས་ཅད་ནི། །ཨུཏྤལ་པདྨ་ལ་སོགས་ཀྱི། །མེ་ཏོག་རྣམ་པ་སྣ་ཚོགས་དང་། །རིན་ཆེན་ལྗོན་ཤིང་སྣ་ཚོགས་ཀྱིས། །རབ་ཏུ་གང་བར་གནས་པ་ཡིན། །དེ་སོགས་མཚན་ཉིད་རྒྱས་པར་ནི། །ཕལ་པོ་ཆེ་ཡི་མདོ་སྡེར་ལྟོས། །

ད་ལྟའི་མ་ཕང་འདི་ལ་ནི། །མཚན་ཉིད་དེ་དག་གང་ཡང་མེད། །དེ་ལ་ཁ་ཅིག་འདི་སྐད་དུ། །བྱ་རྒོད་ཕུང་པོའི་རི་ལ་ཡང་། །དཀོན་བརྩེགས་བཞིན་དུ་ད་ལྟ་མེད། །དུས་ཀྱི་སྟོབས་ཀྱིས་ཡུལ་ཀུན་ཡང་། །རྣམ་པ་འགྱུར་བར་སྣང་ཞེས་ཟེར། །འདི་ཡང་ཕྱི་སྟེ་བཤད་ཀྱི་ཉོན། །དངོས་པོའི་གནས་ལུགས་འཆད་པ་དང་། །སྐྱོན་ཡོན་བསྟུགས་པ་རྣམ་གཉིས་ཡོད། །སྐྱོན་དང་ཡོན་ཏན་སྒྲོགས་པ་ན། །སྙན་ངག་མཁན་གྱི་ལུགས་བཞིན་དུ། །བྱ་

ཀོང་ཕུང་པོའི་རི་ལ་ཡང་། །མཐོ་བ་ལྷུམ་པ་ལ་སོགས་བཤད། །བོད་ཀྱི་ཐང་ཆེན་ཇི་བཞིན་དུ། །འཕགས་པའི་ཡུལ་གྱི་རི་ཆེན་ཡིན། །དེ་ལྟར་འཆད་ལ་སྐད་ངག་མཁན། །སྐྱོན་དུ་བརྩི་བ་གང་ཡང་མེད། །དངོས་པོའི་གནས་ལུགས་འཆད་པ་ན། །ལྷག་ཆད་འཁྲུལ་པ་བྱུང་བ་ལ། །དེ་ལ་མཁས་རྣམས་སྐྱོན་དུ་བརྩི། །དཔེར་ན་བ་ལང་བཏགས་པའི་ཚེ། །གངས་རིའི་ཕུང་པོ་འགྲོ་ཤེས་པའམ། །སྤྲིན་ཆད་པ་ཡི་དུམ་བུ་དང་། །རྣ་རྩེ་རྡོ་རྗེ་འདྲ་བ་དང་། །མིག་པ་ཨིནྡྲ་ནཱི་ལ་དང་། །ཧ་མ་དཔག་བསམ་ལྗོན་པ་སོགས། །གཞན་ཡང་སྐྱེས་བུ་བཏགས་པ་ན། །བཞིན་ལ་ཉི་མ་ཟླ་བ་དང་། །སོ་ལ་གངས་རིའི་ཕྲེང་བ་སོགས། །རྒྱ་ཆེ་བ་ལ་ནམ་མཁའི་དཔེ། །ཆུང་ལ་རྡུལ་ཕྲན་དཔེ་སྦྱོར་དང་། །རགས་པའི་དཔེ་ལ་རི་རབ་དང་། །ཁྲི་བ་ལ་ནི་གླང་ཆེན་དཔེ། །ཕྱུག་པོ་ལ་ནི་རྣམ་ཐོས་བུ། །རྒྱལ་ཕྲན་ལ་ཡང་བརྒྱ་བྱིན་དཔེ། །དགེ་བའི་བཤེས་གཉེན་ཕལ་པ་ལའང་། །སངས་རྒྱས་ལྟ་བུར་བསྟགས་པ་ནི། །སྐད་ངག་མཁན་ལ་བཀག་པ་མེད། །དངོས་པོའི་གནས་ལུགས་འཆད་པའམ། །མཚན་ཉིད་གཏན་ལ་འབེབས་པ་ན། །གནས་ལུགས་ཇི་བཞིན་མ་ཡིན་པ། །བཤད་ན་མཁས་རྣམས་ག་ལ་དགའ། །

དེས་ན་བྱ་རྒོད་ཕུང་པོ་སོགས། །བསྟགས་པ་སྐད་ངག་ལུགས་བཞིན་ཡིན། །གངས་ཅན་མ་དྲོས་ལ་སོགས་པ། །དངོས་པོའི་གནས་ལུགས་འཆད་པ་ན། །དེ་ལ་འཁྲུལ་ན་ཀུན་མཁྱེན་མིན། །སྙིགས་མའི་དུས་ཀྱི་ཤུགས་བརྟས་པས། །ཀྱང་ནད་ངན་པར་འགྲོ་སྲིད་ཀྱི། །ཐམས་ཅད་འཁྲུལ་པར་ག་ལ་སྲིད། །ཙ་རི་ཏྲ་ཞེས་བྱ་བའི་ཡུལ། །ལྷོ་ཕྱོགས་རྒྱ་མཚོའི་འགྲམ་ན་ཡོད། །ཙ་རི་ཙ་གོང་དེ་མ་ཡིན། །དེ་བི་ཀོ་ཊའི་གནས་གཞན་ཞིག །ཙ་རི་ཡིན་ཞེས་ལ་ལ་སྨྲ། །རྡོ་རྗེ་མཁའ་འགྲོའི་རྒྱུད་ལས་ནི། །དེ་བི་ཀོ་ཊར་ཛ་ཏྲ་གནས། །ཞེས་གསུངས་གཞན་ཡང་དེ་ཉིད་ལས། །བོད་ཡུལ་ལྷན་ཅིག་སྐྱེས་མ་ནི། །རྗོ་བའི་ཕུག་ལ་བརྟེན་ཏེ་གནས། །ཡུལ་དེར་གནས་པའི་ལྷ་མོ་ནི། །ཛ་ཏྲའི་ཤིང་ལ་བརྟེན་ཞེས་གསུངས། །དེ་ཡི་ཕྱོགས་ན་ཛ་ཏྲའི་ཤིང་། །ཡོད་ན་ཡུལ་དེ་འགལ་བ་མེད། །ཏི་སེ་དང་ནི་ཙ་རི་སོགས། །གལ་ཏེ་གནས་ཆེན་ཡིན་ན་ཡང་། །ཡུལ་དེར་འགྲོ་བའི་གང་ཟག་ནི། །དབང་བསྐུར་ཐོབ་ཅིང་དམ་ཚིག་ལྡན། །བརྡ་དང་བརྡ་ཡི་ལན་ཤེས་ཤིང་། །རིམ་གཉིས་རྟོགས་པ་བརྟན་པ་ཡིས། །སྤྱོད་པའི་དོན་དུ་རྒྱུ་བར་གསུངས། །དེ་ལྟ་མིན་པའི་གང་ཟག་གིས། །ཡུལ་དེར་འགྲོ་བ་རྒྱུད་ལས་བཀག །

ཁ་ཅིག་དཀར་པོ་ཆིག་ཐུབ་ལས། །འབྲས་བུ་སྐུ་གསུམ་འབྱུང་ཞེས་ཟེར། །གཅིག་ལས་འབྲས་བུ་འབྱུང་མི་ནུས། །གལ་ཏེ་གཅིག་ལས་འབྲས་བུ་ཞིག །བྱུང་ཡང་ཉན་ཐོས་འགོག་པ་བཞིན། །འབྲས་བུ་དེ་ཡང་གཅིག་ཏུ་འགྱུར། །འགའ་ཞིག་ཆིག་ཐུབ་བསྒོམས་པ་ཡི། །རྗེས་ལ་བསྔོ་བ་བྱ་དགོས་ཟེར། །འོན་ཆིག་ཐུབ་གཉིས་སུ་འགྱུར། །དེ་ལའང་སྐྱབས་འགྲོ་སེམས་བསྐྱེད་དང་། །ཡི་དམ་ལྷ་བསྒོམ་ལ་སོགས་པ། །དགོས་ན་ཆིག་ཐུབ་དུ་

མར་འགྱུར། །དེས་ན་ཆིག་ཐུབ་འདི་འདྲའི་ལུགས། །རྫོགས་སངས་རྒྱས་ཀྱིས་གསུངས་པ་མེད། །ཐུབ་པས་སྟོང་ཉིད་བསྟགས་པ་ནི། །དངོས་པོར་འཛིན་པ་བཟློག་ཕྱིར་ཡིན། །སངས་རྒྱས་ཕྱག་འཚལ་བསྟོད་ཙམ་གྱིས། །འཁོར་བ་ལས་ནི་ཐར་ཅེས་གསུངས། །དེ་བཞིན་མཆོད་རྟེན་བསྐོར་བ་དང་། །རྟེན་འབྲེལ་ཙམ་ཞིག་ཐོས་སོགས་དང་། །སྔགས་འབྲུ་འགའ་ཞིག་དྲན་ཙམ་གྱིས། །སྡིག་པ་ཀུན་ལས་གྲོལ་འགྱུར་ཞེས། །གསུངས་པའི་དགོངས་པ་མི་ཤེས་པར། །ཚིགས་འབྲུ་ཙམ་ལ་བརྟེན་མི་བྱ། །མདའ་རྒྱང་ལ་ནི་བྱེད་པ་མེད། །གཞུ་བཟང་འཕེན་པ་མཁས་གྱུར་ན། །དེ་ཡིས་འདོད་པའི་བྱ་བ་འགྲུབ། །དེ་བཞིན་སྟོང་ཉིད་རྒྱང་པ་ལ། །བྱེད་པ་ཅི་ཡང་ཡོད་མ་ཡིན། །ཐབས་དང་ཤེས་རབ་ལེགས་འབྲེལ་ན། །འདོད་པའི་འབྲས་བུ་རིམ་བཞིན་ཐོབ། །རྡོ་རྗེ་གུར་ལས་འདི་སྐད་གསུངས། །གལ་ཏེ་སྟོང་པ་ཐབས་ཡིན་ན། །དེ་ཚེ་སངས་རྒྱས་ཉིད་མི་འགྱུར། །འབྲས་བུ་རྒྱུ་ལས་གཞན་མིན་ཕྱིར། །ཐབས་ནི་སྟོང་པ་ཉིད་མ་ཡིན། །ལྟ་བ་རྣམས་ལས་བཟློག་པ་དང་། །བདག་ཏུ་ལྟ་བ་ཆོལ་རྣམས་ཀྱི། །བདག་ཞེན་བསམ་པ་བཟློག་པའི་ཕྱིར། །སྟོང་པ་རྒྱལ་བ་རྣམས་ཀྱིས་གསུངས། །དེ་ཕྱིར་དཀྱིལ་འཁོར་འཁོར་ལོ་ཞེས། །ཐབས་ནི་བདེ་བའི་སྡོམ་པ་སྟེ། །སངས་རྒྱས་ང་རྒྱལ་རྣལ་འབྱོར་གྱིས། །སངས་རྒྱས་ཉིད་དུ་ངེས་པར་འགྲུབ། །དེ་སོགས་ཤིན་ཏུ་གསལ་བར་གསུངས། །རྣམ་སྣང་མངོན་བྱང་ལས་ཀྱང་ནི། །ཐབས་དང་མི་ལྡན་ཡེ་ཤེས་དང་། །བསྒྲུབ་པ་དག་ཀྱང་གསུངས་པ་ནི། །དཔའ་བོ་ཆེན་པོས་ཉན་ཐོས་རྣམས། །དེ་ལ་གཞུག་པའི་ཕྱིར་གསུངས་སོ། །

གང་དག་དུས་གསུམ་མགོན་པོ་རྣམས། །ཐབས་དང་ཤེས་རབ་ལྡན་པ་ལ། །བསླབས་ནས་བླ་མེད་ཐེག་པ་ནི། །འདུས་མ་བྱས་པ་དེས་ཐོབ་བོ། །ཞེས་གསུངས་པ་ཡང་ཤེས་པར་གྱིས། །ཆོས་ཀྱི་གྲགས་པས་རྣམ་འགྲེལ་ལས། །རྣམ་པ་དུ་མར་ཐབས་མང་པོ། །ཡུན་རིང་དུས་སུ་གོམས་པ་ལས། །དེ་ལ་སྐྱོན་དང་ཡོན་ཏན་དག །རབ་ཏུ་གསལ་བ་ཉིད་དུ་འགྱུར། །དེས་ན་ཐུགས་ཀྱང་གསལ་བའི་ཕྱིར། །རྒྱུ་ཡི་བག་ཆགས་སྤངས་པ་ཡིན། །ཐུབ་ཆེན་གཞན་དོན་འཇུག་ཅན་གྱི། །བསེ་རུ་སོགས་ལས་ཁྱད་འདི་ཡིན། །དེ་དོན་ཕྱིར་ན་ཐབས་གོམས་པ། །དེ་ཉིད་སྟོན་པ་ཡིན་པར་བཞེད། །ཅེས་གསུངས་པ་ཡང་དེ་ཉིད་ཡིན། །དེས་ན་ཐབས་ལ་མ་སྦྱངས་ན། །ཤེས་བྱ་ཐམས་ཅད་མཁྱེན་པ་དང་། །གཞན་དོན་མཛད་པ་མི་སྲིད་དོ། །ཐགས་ཀྱི་རྒྱུ་རྣམས་ཕལ་ཆེར་མཐུན། །སྤྲུན་གྱི་དབྱེ་བས་བཟང་ངན་འགྱུར། །དེ་བཞིན་སྟོང་ཉིད་ཕལ་ཆེར་མཐུན། །འབྲས་བུའི་བཟང་ངན་ཐབས་ཀྱིས་བྱེད། །སྟོང་ཉིད་ལྟ་བས་སྨྱུ་ངན་འདའ། །ཐབས་ལ་མཁས་ན་རྫོགས་འཚང་རྒྱ། །དེས་ན་སངས་རྒྱས་ཐོབ་འདོད་ན། །ཐབས་མཁས་པ་ལ་ནན་ཏན་གྱིས། །དགྲ་བཅོམ་པ་དང་རང་སངས་རྒྱས། །རྫོགས་པའི་སངས་རྒྱས་རྣམ་པ་གསུམ། །རྣམ་

པར་གྲོལ་བར་མཚུངས་ན་ཡང་། །བཟང་ངན་ཐབས་ཀྱིས་ཕྱེ་བ་ཡིན། །

དེ་ཡང་མདོ་སྡེ་རྒྱན་ལས་ནི། །ཇི་ལྟར་མདུད་པའི་བྱེ་བྲག་གིས། །གོས་ལ་ཚོན་བཀྲ་མི་བཀྲ་བ། །དེ་བཞིན་འཕེན་པའི་དབང་གིས་ནི། །གྲོལ་བའི་ཡེ་ཤེས་བཀྲ་མི་བཀྲ། །དེ་སྐད་གསུངས་པའང་དོན་འདི་ཡིན། །སློབ་དཔོན་མ་ཏི་ཙི་ཏྲས་ཀྱང་། །བསེ་རུའི་རྭ་དང་འདྲ་གང་དང་། །གང་ཡང་ཁྱོད་ཀྱི་རྗེས་འགྲོ་སློབས། །ཞི་བ་ཙམ་གྱིས་ཁྱོད་དང་མཚུངས། །བསམ་ཡས་ཡོན་ཏན་ཚོགས་ཀྱིས་མིན། །ཞེས་གསུངས་པ་ཡང་དོན་འདི་ཡིན། །དེས་ན་སངས་རྒྱས་ཐོབ་འདོད་ན། །སྟོང་པ་ཉིད་ལ་འདྲིས་པར་གྱིས། །ཐབས་མཁས་པ་ལ་འབད་པས་སྒོམས། །སྟོང་ཉིད་ལ་ནི་འདྲིས་བྱ་ཡི། །སྟོང་ཉིད་མངོན་དུ་མ་བྱེད་ཅེས། །ཤེས་རབ་ཕ་རོལ་ཕྱིན་ལས་གསུངས། །སྟོང་ཉིད་རྐྱང་པ་བསྒོམས་ན་ནི། །སྟོང་ཉིད་ཉིད་ཀྱང་རྟོགས་མི་ནུས། །གལ་ཏེ་སྟོང་ཉིད་རྟོགས་ན་ཡང་། །ཉན་ཐོས་ཀྱི་ནི་འགོག་པར་ལྟུང་། །འཕགས་པ་དཀོན་མཆོག་བརྩེགས་པ་ལས། །སེང་གེ་གང་ལའང་མི་འཇིགས་མོད། །མེ་ཆེན་མཐོང་ན་འཇིགས་པ་སྐྱེ། །དེ་བཞིན་བྱང་ཆུབ་སེམས་དཔའ་ཡང་། །ཆོས་གཞན་གང་ལའང་མི་འཇིགས་ཀྱང་། །སྟོང་པ་ཉིད་ལ་སྐྲག་ཅེས་གསུངས། །དེ་ཡི་དགོངས་པ་འདི་ལྟར་ཡིན། །ཐབས་དང་བྲལ་བའི་སྟོང་ཉིད་ཀྱིས། །མྱ་ངན་འདས་པར་འགྱུར་ཕྱིར་རོ། །ལ་ལ་སྟོང་ཉིད་བསྒོམས་པ་ལས། །འབྲས་བུ་སྐུ་གསུམ་འདོད་པ་དང་། །ལ་ལ་ཟུང་འཇུག་བསྒོམས་པ་ལས། །འབྲས་བུ་འོད་གསལ་འདོད་པ་ཡོད། །རྒྱུ་འབྲས་ཕྱིན་ཅི་ལོག་པའི་ཕྱིར། །གཉིས་ག་ཡང་ནི་སྐྱོན་ཅན་ཡིན།

ཁ་ཅིག་ས་ལམ་མི་བགྲོད་པར། །རྫོགས་འཚང་རྒྱ་བར་འདོད་པ་དང་། །ཏི་སེ་ལ་སོགས་བསྐོར་བ་དང་། །ཙ་མདུད་མེད་སོགས་འདོད་པ་ཡང་། །རྒྱུད་སྡེའི་དགོངས་པ་མ་ཤེས་པས། །དེ་དག་ཤིན་ཏུ་འགལ་བ་ཡིན། །ཕྱི་རུ་ཡུལ་རྣམས་བགྲོད་པ་དང་། །ནང་དུ་ཙ་མདུད་གྲོལ་བ་ནི། །ས་བཅུ་ལ་སོགས་བགྲོད་པ་ཡི། །རྟེན་འབྲེལ་ཉིད་ཀྱིས་འབྱུང་བ་ཡིན། །འདི་དོན་རྣལ་འབྱོར་ཆེན་པོ་ཡི། །རྒྱུད་ཀྱི་ས་ལམ་སྐབས་སུ་ལྟོས། །དེས་ན་ས་ལམ་མི་བགྲོད་པའི། །ཡུལ་སོགས་བགྲོད་པ་བཤད་གད་གནས། །ལ་ལ་དབང་བཞི་མི་འདོད་ཅིང་། །བསྐྱེད་རིམ་ལ་སོགས་ལམ་བཞི་པོའི། །རྣམ་པར་བཞག་པ་མི་འདོད་པར། །རྫོ་རྗེ་ཐེག་པའི་འབྲས་བུ་ནི། །སྤྲུལ་སྐུ་ལ་སོགས་སྐུ་བཞི་ཞེས། །འདོད་པ་དེ་ཡང་ལོག་ཤེས་ཡིན། །

ཁ་ཅིག་འབྲས་བུའི་མཐར་ཐུག་ནི། །འོད་གསལ་ཡིན་ཞེས་སྨྲ་བ་ཐོས། །འདི་ནི་འཕགས་པའི་དགོངས་པ་མིན། །རིམ་ལྔ་དང་ནི་སྤྱོད་བསྡུས་སུ། །འོད་གསལ་བ་ལས་ཟུང་འཇུག་སྐྱུར། །ལྟར་བ་མཐར་ཐུག་ཡིན་པར་གསུངས། །ལ་ལ་གྲུབ་ཐོབ་ངན་ཞེས་ཟེར། །རྟོགས་ལྡན་བཟང་བ་ཡིན་ནོ་ལོ། །གྲུབ་ཐོབ་བརྒྱད་ཅུའི་ནང་ན

ཡང་། །རྟོགས་ལྡན་མེད་ཅེས་ཟེར་བ་ཐོས། །འདི་འདྲ་འཕགས་པའི་གང་ཟག་དང་། །བླ་མ་རྣམས་ལ་སྐུར་འདེབས་ཡིན། །འདི་འདྲ་འཛིན་པ་ལྟ་ཅི་སྨོས། །ཐོས་པར་གྱུར་ཀྱང་རྣ་བ་དགབ། །དེ་ཡི་འཐད་པ་བཤད་ཀྱིས་ཉོན། །

གྲུབ་ཐོབ་ཆུང་ངུ་མཐོང་ལམ་ཡིན། །གྲུབ་ཐོབ་འབྲིང་པོ་ས་བརྒྱད་པ། །གྲུབ་ཐོབ་ཆེན་པོ་སངས་རྒྱས་ས༏ ༏འཕགས་པ་མིན་ལ་གྲུབ་ཐོབ་མེད། །མདོ་སྡེ་རྒྱན་ལས་འདི་སྐད་གསུངས། །གྲུབ་པ་དག་དང་མ་གྲུབ་དང་། །གྲུབ་པ་དག་ཏུ་ཤེས་པར་བྱ། །མ་གྲུབ་པ་ཡང་གྲུབ་པ་དང་། །གྲུབ་པ་དག་ཏུ་ཡང་དག་འདོད། །ཅེས་གསུངས་དགོངས་པ་དེ་ཉིད་ཡིན། །རྣལ་འབྱོར་དབང་ཕྱུག་ཆེན་པོ་ཡིས། །ལམ་འབྲས་ལས་ཀྱང་དེ་སྐད་གསུངས། །དེང་གི་གྲུབ་ཐོབ་དེ་འདྲ་ཡིན། །རྟོགས་ལྡན་མཚན་ཉིད་འདི་ཡིན་ཞེས། །མདོ་རྒྱུད་ཀུན་ལས་གསུངས་པ་མེད། །དེས་ན་རྟོགས་ལྡན་བླུན་པོ་ལ། །གྲགས་ཀྱི་མཁས་པ་རྣམས་ལ་མིན། །

ལ་ལ་ཉམས་དང་གོ་བ་དང་། །རྟོགས་པ་ཞེས་བྱ་རྣམ་པ་གསུམ། །ཉམས་ནི་ངན་ལ་གོ་བ་འབྲིང་། །རྟོགས་པ་བཟང་བ་ཡིན་ཞེས་ཟེར། །འདི་ཡང་རེ་ཞིག་བརྟག་པར་བྱ། །ཉམས་ཞེས་བྱ་བ་ཉམས་མྱོང་ལ། །ཟེར་ན་སེམས་ཡོད་ཐམས་ཅད་ལ། །མྱོང་བ་དེ་ཡང་ཡོད་པ་ཡིན། །གལ་ཏེ་བསྒོམས་པའི་ཉམས་མྱོང་ལ། །ཟེར་ན་ཚོགས་ལམ་ཆུང་ངུ་ནས། །མཐར་ཕྱིན་ལམ་གྱི་བར་དུ་ཡོད། །འོན་ཏེ་སོ་སོ་རང་རིག་པའི། །ཡེ་ཤེས་ཡིན་ན་འཕགས་པ་ཡི། །གང་ཟག་རྣམས་ལ་ཉམས་དེ་ཡོད། །གོ་བ་དང་ནི་རྟོགས་པ་གཉིས། །རྣམ་གྲངས་སྒྲ་ཡིན་ངོ་བོ་གཅིག །རྒྱ་སྐད་གཅིག་ལ་ལོ་ཙཱ་བའི། །འགྱུར་གྱི་དབྱེ་བ་ཁོ་ནར་ཟད། །རྟོགས་པ་གསལ་དང་མི་གསལ་ལ། །གོ་དང་རྟོགས་པར་འདོགས་ན་ཐོགས། །གཞུང་ལུགས་འགའ་ལས་བསྒོམས་པ་ཡི། །ཏིང་འཛིན་ཉམས་ཀྱི་སྣང་བ་སྟེ༏ ༏རྫོགས་སངས་རྒྱས་ཀྱི་ཡེ་ཤེས་ལ། །དག་པའི་སྣང་བར་བཤད་པ་ཡོད། །བསྒོམས་ཉམས་སྐྱོན་མེད་ཅེས་བྱ་བ། །སངས་རྒྱས་ས་ལ་བཤད་པའང་མཐོང་། །དེ་འདྲའི་ཉམས་དང་རྟོགས་པ་ལ། །བཟང་ངན་རྣམ་པར་དབྱེ་བ་མེད། །རྩེ་གཅིག་དང་ནི་སྤྲོས་བྲལ་དང་། །རོ་གཅིག་དང་ནི་བསྒོམ་མེད་བཞི། །རྩེ་གཅིག་མཐོང་ལམ་སྤྲོས་བྲལ་ནི། །ས་བདུན་བར་ཡིན་རོ་གཅིག་ནི། །དག་པའི་ས་གསུམ་བསྒོམ་མེད་ནི། །སངས་རྒྱས་ས་ཞེས་ལ་ལ་ཟེར། །འདི་ཡང་ཕྱེ་སྟེ་བཤད་ཀྱིས་ཉོན། །

སོ་སོའི་སྐྱེ་བོ་ཉིད་ཡིན་ཡང་། །གལ་ཏེ་ཆོས་མཐུན་ཙམ་བསྐྱེའམ། །འོན་ཏེ་འཕགས་པ་ཉིད་ཡིན་པའི། །བདེན་པའི་ས་ལམ་དངོས་སུ་བྱེད། །སོ་སོའི་སྐྱེ་བོའི་གང་ཟག་ལ། །ཆོས་མཐུན་ཙམ་ཞིག་སྐྱེ་ན་ནི། །ཆོས་ནས་གསུངས་ན་འགལ་བ་མེད། །དཔེར་ན་རྨི་ལམ་ངེས་བསྟན་ལས། །ཐུབ་པའི་མཆོད་རྟེན་འཛེམ་པ་ལས། །བྱུས

པ་མཐོང་ན་ས་དང་པོ། །རྟོ་ལས་བྱས་མཐོང་ས་གཉིས་པ། །རྟོ་ཐལ་གྱིས་བྱུགས་ས་གསུམ་པ། །སྡིགས་བྱུ་གདུགས་བྱས་ས་བཞི་པ། །རྟོ་སྐམས་བྱི་དོར་བྱས་ས་ལྔ། །གསེར་གྱིས་སྦྲེལ་མཐོང་ས་དྲུག་པ། །རིན་ཆེན་དྲ་བས་གཡོགས་པ་བདུན། །གཡེར་ཁའི་དྲ་བས་གཡོགས་པ་བརྒྱད། །ས་དགུ་དང་ནི་བཅུ་པ་ལ། ། རྨི་ལམ་ལོགས་པ་མཐོང་མེད་གསུང་། །དེ་སོགས་རྨི་ལམ་བྱེ་བྲག་ལ། །ས་བཅུའི་དབྱེ་བ་མཛད་པ་མཐོང་། །འདི་ནི་མོས་པས་སྤྱོད་པ་ཡི། །ས་བཅུ་ཡིན་གྱི་འཕགས་པའི་མིན། །དེ་བཞིན་རྒྱ་གཅིག་ལ་སོགས་ལའང་། །གལ་ཏེ་མདོ་དང་རྒྱུད་སྡེ་ལས། །མོས་པ་སྤྱོད་པའི་ས་ལམ་དུ། །གསུངས་པ་མཐོང་ན་མི་འགལ་མོད། །འོན་ཀྱང་འདི་འདྲ་བཤད་པ་མེད། །ཅི་སྟེ་འཕགས་པའི་སར་བྱེད་ན། །མདོ་རྒྱུད་ཀུན་དང་འགལ་བར་འགྱུར། །

ཁ་ཅིག་ཐེག་པ་རང་ས་ན། །བདེན་པ་ཡིན་ཞེས་ཀུན་ལ་སྒྲོགས། །འདི་ཡང་བརྟག་པར་བྱ་བས་ཉོན། །གལ་ཏེ་སྐྱས་ཚད་བདེན་ན་ནི། །བརྫུན་ཚིག་ཤེས་བྱ་ལ་མི་སྲིད། །འོན་ཏེ་གྲུབ་མཐའ་ཀུན་བདེན་ན། །འཚེ་བ་ཆོས་སུ་སྨྲ་བ་དང་། །འཇིག་རྟེན་ཕ་རོལ་མེད་པ་སོགས། །ལྟ་ལོག་ཐམས་ཅད་བདེན་པར་འགྱུར། །གལ་ཏེ་མུ་སྟེགས་མཆོག་རྣམས་ལ། །རྟག་པའི་དངོས་པོ་ལ་སོགས་པ། །བརྫུན་པའམ་དུ་མ་ཡོད་མོད་ཀྱང་། །སྦྱིན་དང་ཚུལ་ཁྲིམས་བཟོད་པ་སོགས། །བདེན་པའང་དུ་མ་ཡོད་པའི་ཕྱིར། །བདེན་པའི་ཆ་ནས་གྲུབ་མཐའ་ཀུན། །རང་ས་ན་ནི་བདེན་སྙམ་ན། །སྦྱིན་སོགས་ཕལ་ཆེར་བདེན་མོད་ཀྱང་། །སྐྱབས་གནས་དང་ནི་ལྟ་བ་དང་། །ཐབས་ཀྱི་གནད་རྣམས་འཁྲུལ་པས་ན། །ཆོས་གཞན་བཟང་ཡང་སྐྱོབ་མི་ནུས། །ཅི་སྟེ་སངས་རྒྱས་ཐེག་པ་ཀུན། །རང་ས་ན་ནི་བདེན་སྙམ་ན། །འདི་ཡང་ཅུང་ཟད་བརྟག་པར་བྱ། །སངས་རྒྱས་གསུང་ལ་དྲང་དོན་དང་། །ངེས་དོན་རྣམ་པ་གཉིས་སུ་ཡོད། །སྒྲ་ཡང་ཇི་བཞིན་པ་དང་ནི། །ཇི་བཞིན་མིན་པ་གཉིས་སུ་གསུངས། །ཐེག་པ་ཡང་ནི་འཇིག་རྟེན་དང་། །འཇིག་རྟེན་འདས་པ་གཉིས་སུ་གནས། །བཤད་པ་ཡང་ནི་དགོངས་པ་དང་། །ལྡེམ་པོར་དགོངས་དང་དྲང་པོ་སྟེ། །དགོངས་པ་ཞེས་བྱ་རྣམ་གསུམ་ཡོད། །དེ་ལ་འཇིག་རྟེན་མཐུན་འཇུག་ལ། །དགོངས་ནས་ཕྱི་རོལ་དོན་དུ་གསུངས། །ཐ་སྙད་དཔྱོད་པའི་རིགས་པ་ལ། །དགོངས་ནས་ཆོས་རྣམས་སེམས་སུ་གསུངས། །དམ་པའི་དོན་ལ་དགོངས་ནས་ནི། །ཆོས་ཀུན་སྤྲོས་པ་བྲལ་ཞེས་གསུངས། །དེས་ན་དྲང་བའི་དོན་དང་ནི། །ཇི་བཞིན་མིན་པའི་སྒྲ་དག་དང་། ། དགོངས་པ་དང་ནི་ལྡེམ་དགོངས་དང་། །འཇིག་རྟེན་པ་ཡི་ཐེག་པ་ལ༑ ༑དགོངས་ཏེ་གསུངས་པའི་མདོ་རྒྱུད་ཀུན། །དེ་ལྟར་བདེན་པར་མི་བཟུང་ངོ་། །ངེས་པའི་དོན་དང་ཇི་བཞིན་སྒྲ༑ ༑འཇིག་རྟེན་འདས་པའི་ཐེག་པ་དང་། །དྲང་པོར་དགོངས་པ་རྣམས་ལ་ནི། །ཇི་སྐད་གསུངས་བཞིན་བདེན་པར་གཟུང་། །

གལ་ཏེ་མུ་སྟེགས་བྱེད་ལ་ཡང་། །བྱམས་དང་སྙིང་རྗེ་སྦྱིན་ལ་སོགས། །བདེན་པའི་ཆོས་ཀྱང་མང་པོ་སྣང་། །སངས་རྒྱས་གསུང་ལའང་དྲང་དོན་དང་། །དགོངས་པ་དང་ནི་ལྡེམ་དགོངས་སོགས། །བདེན་པ་མིན་པའང་གསུངས་པས་ན། །བདེན་བརྫུན་གཉིས་ཀ་མཚུངས་པ་ལ། །སངས་རྒྱས་གསུང་ལེན་མུ་སྟེགས་བྱེད། །སྤོང་བའི་རྒྱུ་མཚན་ཅི་ཞེ་ན། །སངས་རྒྱས་དྲང་དོན་གྱིས་ཁྲིད་ནས། །བདེན་པ་ཉིད་ལ་སྦྱོར་བར་མཛད། །མུ་སྟེགས་བདེན་པས་ཁྲིད་ནས་ནི། །བརྫུན་པ་ཉིད་ལ་སྦྱོར་བར་བྱེད། །དེས་ན་བདག་ཅག་སངས་རྒྱས་ལ། །གུས་པའི་རྒྱུ་མཚན་དེ་ལྟར་ཡིན། །

དེ་བཞིན་གངས་ཅན་འདི་ན་ཡང་། །རྣམ་ཐར་བཟང་པོ་བསྟན་ནས་ནི། །ལོག་པའི་ཆོས་ལ་སྦྱོར་མཐོང་ནས། །མུ་སྟེགས་ཆོས་བཞིན་དེང་ཀྱིས་སྤྱངས། །ཐེག་པ་སྣ་ཚོགས་ཚུལ་བསྟན་ནས། །གནད་རྣམས་སངས་རྒྱས་གསུང་བཞིན་དུ། །ཡང་དག་སྟོན་མཛད་བླ་མ་དེ། །སངས་རྒྱས་ཉིད་དུ་བདག་གིས་བཟུང་། །ཆོས་གཞན་ལེགས་པར་སྟོན་ན་ཡང་། །ཆོས་ཀྱི་གནད་རྣམས་བཅོས་པ་ནི། །ཤིན་ཏུ་འཇིགས་པ་ཆེན་པོར་བལྟ། །དེ་འདྲ་ལས་སྐྱོན་བྱུང་མང་། །འདས་པའི་དུས་ན་སྔོན་བྱུང་བ། །ལཀྵ་མགྲིན་བཅུ་ཞེས་བྱ་བས། །འབད་པས་དབང་ཕྱུག་ཆེན་པོ་བསྒྲུབས། །ལོ་གྲངས་སྟོང་ཕྲག་བཅུ་གཉིས་དང་། །ཕྱེད་ཀྱིས་ལྷག་པའི་དངོས་གྲུབ་བྱིན། །ཁྱབ་འཇུག་ཁྲག་དོག་གིས་གཟིར་ནས། །མགྲིན་བཅུ་ལ་ནི་འདི་སྐད་སླུས། །ཁྱོད་ཀྱི་འབད་པ་ཆེན་མོད་ཀྱི། །དབང་ཕྱུག་གི་ནི་དངོས་གྲུབ་ཆུང་། །ང་དྲུང་སྔར་གྱི་མ་ཡིན་པ། །ས་ཡ་ཁྲག་ཕྱེད་ཐུབ་པ་སློངས། །མགྲིན་བཅུས་བདེན་པར་བསམས་ནས་ནི། །དབང་ཕྱུག་ལ་ནི་དོན་དེ་ཞུས། །དབང་ཕྱུག་ཆེན་པོས་དེ་བྱིན་པས། །གནད་བཅོས་པ་ཡི་ཚིག་དེ་ཡིས། །སྔར་གྱི་དངོས་གྲུབ་ཐམས་ཅད་ཡལ། །གསེར་ཅན་གྱི་ནི་དངོས་གྲུབ་ཀྱང་། །དེ་འདྲའི་ཚུལ་གྱིས་ཉམས་ཞེས་ཐོས། །

ཨོཾ་མེད་པ་ཡི་གསང་སྔགས་ལ། །གཡོན་ཅན་གྱིས་ནི་ཨོཾ་བཅུག་པས། །སྔགས་ཀྱི་ནུས་པ་ཉམས་པ་མཐོང་། །དེ་བཞིན་སྭཱ་ཧཱ་ཧཱུྃ་ཕཊ་སོགས། །ཡོད་པ་རྣམས་ལ་ཕྲི་བ་དང་། །མེད་པ་རྣམས་ལ་བསྣན་པ་དང་། །གཞན་ཡང་སྔགས་ཀྱི་གནད་རྣམས་ལ། །གཡོན་ཅན་རྣམས་ཀྱིས་བཅོས་པ་ཡིས། །གསང་སྔགས་དག་གི་ནུས་པ་རྣམས། །ཉམས་ཤིང་འགྲངས་པ་མང་པོ་མཐོང་། །དེ་བཞིན་ཆོས་ཀྱི་གནད་རྣམས་ཀྱང་། །ཅུང་ཟད་ཅུང་ཟད་བཅོས་པ་ལས། །དངོས་གྲུབ་ཉམས་པར་འགྱུར་བར་གསུངས། །དེ་ཕྱིར་ཆོས་གཞན་ལེགས་ན་ཡང་། །གནད་རྣམས་བཅོས་ན་ཐམས་ཅད་འཇིག །དེས་ན་ཉན་ཐོས་ཐེག་པ་ལ། །སྡོམ་པ་དང་ནི་བདེན་བཞིའི་གནད། །བཅོས་ན་ཉན་ཐོས་ཆོས་ཀུན་འཇིག །ཐེག་པ་ཆེ་ལ་སེམས་བསྐྱེད་དང་། །དེ་ཡི་བསླབ་བྱའི་གནད་བཅོས་ན། །ཐེག་པ

ཆེན་པོའི་ཆོས་ཀུན་འཇིག །གསང་སྔགས་ལ་ནི་དབང་བསྐུར་དང་། །རིམ་པ་གཉིས་ཀྱི་གནད་བཅོས་ན། །གསང་སྔགས་ཀྱི་ནི་ཆོས་ཀུན་འཇིག །དེས་ན་ད་ལྟའི་ཆོས་འགའ་ལ། །གནད་ཀྱི་གནས་རྣམས་བཅོས་པ་སྣ། །དོགས་པའི་ཆོས་ལུགས་འགའ་ཞིག་ཡོད། །དེ་ཡང་མདོ་ཙམ་བཤད་ཀྱིས་ཉོན། །

སོ་སོར་ཐར་པའི་སྡོམ་པ་ནི། །བྱང་ཆུབ་བར་དུ་བླངས་གྱུར་ན། །སོ་སོར་ཐར་པ་ཅི་ནས་འཇིག །འདི་ཡང་གནད་རྣམས་བཅོས་པར་དོགས། །བྱང་ཆུབ་སེམས་དཔའི་སྡོམ་པ་ལ། །དབུ་མའི་ལུགས་བཞིན་མི་བྱེད་པར། །སེམས་ཙམ་པ་ཡི་ཆོ་ག་ནི། །སྐྱེ་བོ་ཀུན་ལ་བྱེད་པ་མཐོང་། །འདི་ཡི་ཆོ་ག་ངེས་པར་འཇིག །འདི་ཡང་གནད་རྣམས་བཅོས་པར་མཐོང་། །སེམས་བསྐྱེད་ཀྱི་ནི་བསླབ་བྱའི་མཆོག ། བདག་གཞན་བརྗེ་བའི་བྱང་ཆུབ་སེམས། །བསྒོམ་དུ་མི་རུང་ཞེས་སྨྲ་བ། །འདི་ཡང་གནད་རྣམས་བཅོས་པར་མཐོང་། །གསང་སྔགས་ཀྱི་ནི་དབང་བསྐུར་བ། །མེད་ཀྱང་གསང་སྔགས་བསྒོམ་རུང་ཟེར། །རྡོ་རྗེ་འཆང་གིས་བཀག་པས་ན། །འདི་ཡང་གནད་རྣམས་བཅོས་པར་དོགས། །གསང་སྔགས་ལམ་གྱི་མཆོག་གྱུར་པ། །རིམ་གཉིས་ཚུལ་བཞིན་མི་བསྒོམ་པར། །རང་བཟོའི་གདམས་ངག་དུ་མ་ཡིས། །བླུན་པོ་ངེས་ཤེས་སྐྱེད་པ་ཐོས། །མདོ་རྒྱུད་ཀུན་ལས་འདི་བཀག་པས། །འདི་ཡང་གནད་རྣམས་བཅོས་པར་དོགས། །བསྐྱེད་པའི་རིམ་པའི་མཐར་ཐུག་པ། །དབུ་རྒྱན་ལ་ནི་རིགས་བདག་འབྱུང་། །རིགས་བདག་དེ་ནི་བླ་མ་ཡིན། །འདི་ནི་གལ་ཏེ་འཆོལ་གྱུར་ན། །དངོས་གྲུབ་མེད་པར་རྒྱུད་ལས་གསུངས། །འོན་ཀྱང་བླ་མ་སྤྱི་བོ་རུ། །བསྒོམ་བྱ་མིན་ཞེས་ལ་ལ་ཟེར། །འདི་ཡང་གནད་རྣམས་བཅོས་པར་དོགས། །

ཡོད་པའི་དགེ་བ་ཞེས་བྱ་བ། །ཆོས་ཀྱི་དབྱིངས་ལ་བསམས་ནས་ནི། །དེ་ནི་བསྔོ་བའི་རྒྱུར་བྱེད་པ། །དམིགས་པ་མེད་པའི་ཆོས་ཀྱི་དབྱིངས། །དམིགས་པའི་དགེ་བར་བསྒྱུར་བ་འདི། །བསྔོ་བ་དུག་དང་བཅས་པར་གསུངས། །འདི་ཡང་གནད་རྣམས་བཅོས་པར་དོགས། །དེ་བཞིན་གཏུམ་མོ་བསྒོམ་པ་དང་། །ཕྱག་རྒྱ་ཆེན་པོ་ལ་སོགས་དང་། ། དམ་ཚིག་དང་ནི་སྡོམ་པ་ཡི། །གནད་རྣམས་བཅོས་པ་མང་མོད་ཀྱི། །གསང་སྔགས་ཡིན་ཕྱིར་འདིར་མི་བཤད། །

ཆོས་རྣམས་ཀུན་གྱི་རྩ་བ་ནི། །སྟོང་ཉིད་སྙིང་རྗེའི་སྙིང་པོ་ཅན། །ཐབས་དང་ཤེས་རབ་ཟུང་འཇུག་ཏུ། །མདོ་རྒྱུད་ཀུན་ལས་རྒྱལ་བས་གསུངས། །ལ་ལ་སྨྲོས་བྲལ་རྐྱང་པ་ནི། །དཀར་པོ་ཆིག་ཐུབ་ཡིན་ཞེས་ཟེར། །འདི་ཡང་གནད་རྣམས་བཅོས་པར་དོགས། །གནད་རྣམས་མིན་པའི་ཆོས་གཞན་འགའ། །མ་ཚང་བ་དང་ལྷག་པ་དང་། །ཅུང་ཟད་འཁྲུལ་པར་གྱུར་ན་ཡང་། །ཉེས་པ་ཆེན་པོ་བསྐྱེད་མི་ནུས། །ཆོས་ཀྱི་གནད་རྣམས་བཅོས་གྱུར་ན༏ །ཆོས་གཞན་བཟང་ཡང་འཚང་མི་རྒྱ། །དཔེར་ན་འགྲོ་བའི་སྲོག་རྩ་དང་། །ལྗོན་ཤིང་རྣམས་ཀྱི་རྩ་བ་དང་། །ས

བོན་གྱི་ནི་སྐྱེ་ས་དང་། །ཐགས་རྣམས་ཀྱི་ནི་སྒྲོག་ཤིང་དང་། །བཙུད་ཀྱིས་ལེན་གྱི་རྩ་བ་དང་། །དབང་པོ་རྣམས་ཀྱི་གནད་རྣམས་ནི། །འཆུགས་ན་བསྒྲུབ་ཏུ་མི་རུང་བཞིན། །དེ་བཞིན་ཆོས་ཀྱི་གནད་འཆུགས་ན། །ལེགས་ལེགས་འདྲ་ཡང་འབྲས་བུ་མེད། །དེས་ན་ལ་ལ་འཁྲུལ་ཡང་བླ། །གནད་རྣམས་འཁྲུལ་མེད་དཔྱད་དགོས་སོ། །དེ་ལ་གནད་རྣམས་འཆོས་པའི་བདུད། །ལ་ལ་སངས་རྒྱས་དངོས་སུ་སྟོན། །

ཁ་ཅིག་མཁན་པོ་སློབ་དཔོན་དང་། །བླ་མའི་ཆ་ལུགས་འཛིན་པ་དང་། །ཕ་མའམ་ཉེ་དུའི་ཆ་ལུགས་ཀྱིས། །སེམས་ཅན་རྣམས་ལ་བསླུ་བར་བྱེད། །འགའ་ཞིག་རྩུབ་མོར་སྤྲུ་བྱེད་ཅིང་། །བསྡིགས་པའི་ཚུལ་གྱིས་བསྒྱུར་བར་བྱེད། །ལ་ལ་འཇམ་པོར་སྤྲུ་བྱེད་ཅིང་། །བྱམས་པའི་ཚུལ་གྱིས་སླུ་བར་བྱེད། །ལ་ལ་སངས་རྒྱས་གསུངས་པའི་ལུང་། །ཕྱིན་ཅི་ལོག་ཏུ་བཤད་ནས་སྒྱུར། །ལ་ལ་རིགས་པ་བཟང་པོ་ལ། །ངན་པ་ཡིན་ཞེས་བཤད་ནས་བསྒྱུར། །ལ་ལ་རིགས་པ་ངན་པ་ལ། །བཟང་པོ་ལྟ་བུར་བཅོས་ནས་བསྒྱུར། །ལ་ལ་ཟས་ནོར་ཅི་འདོད་པའི། །རྫས་པ་བྱིན་ནས་ཆོས་ལོག་སྟོན། །ལ་ལ་ལུས་དང་སེམས་ལ་ནི། །ཏིང་འཛིན་ཙུང་ཟད་བསྐྱེད་ནས་ཀྱང་། །དེ་ལ་ཡིད་ཆེས་སྐྱེས་པ་དང་། །ལོག་པའི་ཆོས་རྣམས་བསྟན་ནས་བསླུ། །ལ་ལ་མངོན་པར་ཤེས་པ་དང་། །རྫུ་འཕྲུལ་ཙུང་ཟད་བསྟན་ནས་ཀྱང་། །བླུན་པོ་ཡིད་ཆེས་བསྐྱེད་ནས་ནི། །ཕྱི་ནས་ཆོས་ལོག་སྟོན་པར་བྱེད། །ལ་ལ་ང་ཡིས་འདི་ལྟར་བསྒོམས། །དེ་ལ་རྟོགས་པ་འདི་སྐྱེས་པས། །ཁྱེད་ཀྱང་འདི་ལྟར་གྱིས་ཤིག་ཅེས། །རང་གི་ཉམས་མྱོང་ཡིན་པ་ཡི། །ཚུལ་དུ་བྱས་ནས་ལོག་པར་འཆོས། །མདོར་ན་སངས་རྒྱས་གསུང་རབ་དང་། །ཕལ་ཆེར་མཐུན་པར་སྟོན་བྱེད་ཅིང་། །གནད་རྣམས་ལོག་པར་སྟོན་པའི་ཆོས། །ལེགས་ལེགས་འདྲ་བར་སྟོན་ན་ཡང་། །བདུད་ཀྱི་བྱིན་རླབས་ཡིན་ནོ་ཞེས། །མདོ་རྒྱུད་ཀུན་ལས་གསལ་བར་གསུངས། །

འདི་དག་ཇི་ལྟར་བྱུང་བའི་ཚུལ། །མདོ་ཙམ་ང་ཡིས་བཤད་ཀྱིས་ཉོན། །རིན་ཆེན་བཟང་པོ་བཞུགས་པའི་ཚེ། །སངས་རྒྱས་སྐར་རྒྱལ་ཞེས་བྱ་བ། །དཔལ་བ་ནས་ནི་འོད་འཕྲིན་ཅིང་། །བར་སྣང་ལ་ནི་སྐྱིལ་ཀྲུང་འཆའ། །རེས་འགའ་འཇག་མའི་ཁྲི་ལ་སྡོད། །སྟོང་པ་ཉིད་ཀྱི་ཆོས་རྣམས་སྟོན། །བྱམས་དང་སྙིང་རྗེ་ཆེ་བར་སྣང་། །དེ་ཡི་ཆོས་ཀྱིས་གཞན་དག་ལ། །ཏིང་ངེ་འཛིན་ཡང་སྐྱེ་བར་བྱེད། །དེ་ལ་འཇིག་རྟེན་ཐམས་ཅད་མོས། །ཤཱཀྱའི་རྒྱལ་པོའི་བསྟན་པ་དང་། །འདྲ་མིན་ཙུང་ཟད་བཅོས་པར་འཆད། །དེ་ཡི་བསྟན་པ་ཤིན་ཏུ་འཕེལ། །དེ་ཚེ་རིན་ཆེན་བཟང་པོ་ཡིས། །སྒྲུབ་པ་ཟླ་བ་དྲུག་མཛད་ནས། །ཏིང་འཛིན་བརྟན་པས་དེ་དྲུང་བྱོན། །སངས་རྒྱས་སྐར་རྒྱལ་བར་སྣང་ལ། །སྐྱིལ་ཀྲུང་བཅས་ནས་ཆོས་འཆད་ཚེ། །རིན་ཆེན་བཟང་པོས་གཟིགས་ཙམ་གྱིས། །ས་ལ་ལྷུང་ནས་བརྒྱལ་ཞེས་གྲག །གལ་ཏེ་རིན་བཟང་ཞེས་བྱ་བའི། །སྐྱེས་མཆོག་དེ་ཚེ་མི་བཞུགས་ན། །སངས་རྒྱས་

སྐར་རྒྱལ་ཞེས་བྱ་བའི། །ཆོས་ལོག་བསྟན་པ་འབྱུང་ཞེས་གསུངས། །ནག་པོའི་ཕྱོགས་ལ་དགའ་བ་ཡི། །སྐར་རྒྱལ་ཞེས་བྱའི་ཀླུ་ཆེན་ཞིག །སྐྱེས་ངན་ཞིག་ལ་ཞུགས་ནས་ནི། །སངས་རྒྱས་གཟུགས་སུ་བརྫུས་ཞེས་གསུངས། །འདི་འདྲའི་རིགས་ཀྱི་བདུད་རིགས་འགའ། །མིའམ་འཕགས་པའི་གཟུགས་བཟུང་ནས། །ལོག་པའི་བསྟན་པ་སྤེལ་བའི་ཕྱིར། །ཆོས་དང་བསྲེས་ནས་གནད་རྣམས་སུ། །ལོག་ཆོས་བསྲེས་ནས་འཆད་པ་སྲིད། །

དཔེར་ན་ཁ་ཟས་བཟང་པོ་ལ། །སྦྱར་བའི་དུག་གིས་ཕལ་ཆེར་གསོད། །དུག་ཐུང་ཡིན་པར་ཤེས་ན་ནི༑ ༑འགའ་ཡང་གསད་པར་ནུས་མ་ཡིན། །དེ་བཞིན་ཆོས་བཟང་འགའ་ཞིག་ལ། །ཆོས་ལོག་བསླད་པས་ཕ་རོལ་སླུ། །ཆོས་ལོག་རྐྱང་པར་གོ་ན་ནི། །འགའ་ཡང་བདུད་ཀྱིས་བསླུ་མི་ནུས། །རི་དྭགས་རྔ་མ་མ་བསྟན་ན། །བོང་ཤ་བཙོང་བར་མི་ནུས་ལྟར། །དེ་བཞིན་བཟང་སྤྱོད་མ་བསྟན་ན། །ལོག་པའི་ཆོས་ཀྱིས་བསླུ་མི་ནུས། །བདུད་ཀྱི་བྱིན་རླབས་ཐམས་ཅད་ཀྱང་། །ངན་པ་ཁོ་ནར་ངེས་པ་མིན། །འོན་ཀྱང་བཟང་པོའི་ནང་ནས་ནི། །གནད་རྣམས་ཅུང་ཟད་བཅོས་པ་ཡིས། །ཕན་པ་ལྟ་བུས་ཕ་རོལ་སླུ། །འདི་འདྲ་ཤེས་པར་བྱས་ནས་ནི། །ཆོས་ཀྱི་གནད་རྣམས་མདོ་རྒྱུད་བཞིན། །མ་བསླད་པར་ནི་ལེགས་པར་ཟུང་། །ཤིང་རྟའི་སྲོག་ཤིང་ཆག་གྱུར་ན། །འཁོར་ལོ་བཟང་ཡང་འགྲོ་མི་ནུས། །སྲོག་གི་དབང་པོ་འགགས་གྱུར་ན། །དབང་པོ་གཞན་དག་བྱ་བྱེད་མེད། །དེ་བཞིན་ཆོས་ཀྱི་གནད་འཆུགས་ན། །ཆོས་གཞན་བཟང་ཡང་ནུས་མེད་འགྱུར། །

རྫོགས་སངས་རྒྱས་ལས་མཁས་པ་ཡི། །གང་ཟག་འཇིག་རྟེན་གསུམ་ན་མེད། །དེས་ན་དེ་ཡིས་གསུངས་པ་ཡི། །མདོ་རྒྱུད་རྣམ་པར་དགུག་མི་བྱ། །མདོ་རྒྱུད་དགུགས་ན་ཆོས་སྤོང་ཞིང་། །འཕགས་པ་རྣམས་ཀྱང་སྨད་འགྱུར་ཞེས། །མགོན་པོ་བྱམས་པས་རྒྱུད་བླར་གསུངས། །འཕྲུལ་པའི་གྲུབ་མཐའ་སྣ་ཚོགས་པའི། །རྣམ་གཞག་ཅུང་ཟད་བཤད་ཀྱིས་ཉོན། །མུ་སྟེགས་སྟོན་པ་དབང་ཕྱུག་སོགས། །མཐུན་པའི་སངས་རྒྱས་མཐོང་ནས་ནི༑ ༑དེ་བཟློག་པ་ཡི་བྲིས་སྐུ་ཞིག །མུ་སྟེགས་དབྱངས་ཅན་དགའ་བས་བྱས། །ལྭབས་པ་ཆེན་པོ་རྣ་ཤིས། །དེ་དང་རྩོད་པའི་རྩོད་གྲྭ་རུ། །རང་གཞན་གཉིས་ཀའི་སྨྲ་བ་དང་། །རྒྱལ་པོ་སོགས་ཀྱི་དབང་པོའི་གྲྭར། །སངས་རྒྱས་མཐུན་པ་རང་བཞིན་ཡིན། །དེས་ན་འཕྲུལ་པ་ཡིན་པར་བསྒྲགས། །དེས་ཀྱང་དབང་ཕྱུག་མཐུན་པ་ཡི། །སངས་རྒྱས་རང་བཞིན་ཡིན་ཞེས་བསྒྲེས། །དེ་ལ་མཁས་པས་འདི་སྐད་བརྗོད། །སངས་རྒྱས་མཐུན་པ་ཉིད་ཀྱི་གཞུང་། །ལུང་ས་མ་རྣམས་ནས་བཤད་པ་མེད། །མུ་སྟེགས་མཐུན་པ་དེད་ཀྱི་རྒྱུད། །གདོད་མ་ཉིད་ནས་ཡོད་པ་ཡིན། །དེས་ན་དེད་ཀྱི་རང་བཞིན་མིན། །དེ་ནས་སྤོབས་པ་མེད་གྱུར་ཏོ། །རྒྱལ་པོ་ཁྱོད་ཀྱི་ཡུལ་འདི་རུ། །འདི་འདྲའི་རང་བཞིན་འཕེལ་ན་ནི། །ད་དུང་རང་བཞིན་གཞན་འབྱུང་བས། །བསྟན་པ་སྤྱི་ལ་གནོད་པ་འདི། །ཁོ་རང་ལ་ཡང་ཅིས་མི་གནོད། །འདི་

འདྲའི་རང་བཞིན་འི་ཆོས་ལུགས་ནི། །སངས་རྒྱས་པ་ལ་བྱུང་ན་ཡང་། །རྒྱལ་པོ་ཁྱོད་ཀྱིས་དགག་དགོས་སོ། །དེ་སྐད་བསྒོ་ནས་གྲེང་རིས་བསྒུབས། །ཕྱི་ནས་གྲུབ་མཐའ་བརྩད་པ་ལའང་། །མུ་སྟེགས་གྲུབ་མཐའ་ཕམ་མཛད་ནས། །སངས་རྒྱས་བསྟན་པ་འཕེལ་ཞེས་ཐོས། །

གལ་ཏེ་མུ་སྟེགས་བྱེད་པའི་གཞུང་། །གདོད་ནས་གྲུབ་པའི་རིག་བྱེད་ལས། །ཆོས་ལོག་དེ་འདྲ་བཤད་ན་ཡང་། །རང་བཞིན་ཡིན་ཞེས་བྱར་མི་རུང་། །གྲུབ་མཐའི་རྣམ་གཞག་བཟུང་ནས་ནི། །རིགས་པ་གཞན་གྱིས་སུན་དབྱུང་དགོས། །བདག་དང་གཞན་གྱི་གྲུབ་མཐའ་ལའང་། །གལ་ཏེ་འགལ་བ་སྣང་ན་ནི། །རིགས་པ་དག་དང་འགལ་གྱུར་ན། །དེ་ནི་རིགས་པས་སུན་ཕྱུང་ཤིག །གལ་ཏེ་ལུང་དང་འགལ་གྱུར་ན། །དེ་ནི་ལེགས་པར་སུན་འབྱིན་པའི། །གདམས་ངག་ཅུང་ཟད་བཤད་ཀྱིས་ཉོན། །ཕ་རོལ་ལུང་དེ་ཁས་ལེན་ཅིང་། །དེ་དང་འགལ་བའི་ཆོས་སྨྲ་ན། །ལུང་དང་འགལ་བས་སུན་དབྱུང་བྱ། །གལ་ཏེ་ལུང་དེ་ཁས་མི་ལེན། །རང་གི་ལུང་གཞན་ཁས་ལེན་ན། །དེ་ཚེ་དེད་ཀྱི་ལུང་གིས་ནི། །དེ་ཡི་ཆོས་ལོག་དགག་མི་ནུས། །འོན་ཀྱང་དེ་ཡི་ལུང་ཉིད་ཀྱིས། །དེ་ཡི་ཆོས་ལོག་དགག་དགོས་སོ། །དཔེར་ན་ཕ་རོལ་ཕྱིན་པ་ལ། །གལ་ཏེ་ཆོས་ལོག་སྨྲ་ན་ནི། །གསང་སྔགས་གཞུང་དང་འགལ་ལོ་ཞེས། །དེ་ནི་སུན་དབྱུང་ནུས་མ་ཡིན། །དེ་བཞིན་གསང་སྔགས་པ་འགའ་ཞིག །ལག་ལེན་ལོག་པར་སྨྲ་གྱུར་ཀྱང་། །ཕ་རོལ་ཕྱིན་གཞུང་དང་འགལ་ཞེས། །སུན་དབྱུང་བར་ནི་ནུས་མ་ཡིན། །དེ་ལྟར་ཐེག་པ་ཆེ་ཆུང་ལའང་། །ཕན་ཚུན་གྱི་ནི་ལུང་འགལ་གྱིས། །སོ་སོའི་གཞུང་ལུགས་དགག་མི་ནུས། །ཉན་ཐོས་གཞུང་ལུགས་ཁས་ལེན་ཅིང་། །དེ་ཡི་ལུང་དང་འགལ་གྱུར་ན། །དེ་ཡི་ལུང་གིས་དགག་པར་ནུས། །དེ་བཞིན་བཀའ་གདམས་ལ་སོགས་ཀྱང་། །ཇོ་བོའི་གཞུང་ལུགས་ཁས་ལེན་ཅིང་། །དེ་ཡི་ལུང་དང་འགལ་གྱུར་ན༑ །བཀའ་གདམས་པ་ལ་གནོད་པ་ཡིན། །དེ་བཞིན་ཕྱག་རྒྱ་པ་ཡང་ནི། །ནཱ་རོ་པ་ལ་མོས་བྱེད་ཅིང་། །ནཱ་རོའི་གཞུང་དང་འགལ་གྱུར་ན། །ཕྱག་རྒྱ་པ་ལ་གནོད་པ་ཡིན། །དེ་བཞིན་གསང་སྔགས་སྨྲ་བཞིན་དུ། །གསང་སྔགས་རྒྱུད་སྡེ་དང་འགལ་ན། །གསང་སྔགས་པ་ལ་གནོད་པར་འགྱུར། །ཕ་རོལ་ཕྱིན་པའི་ལུགས་བྱེད་ཅིང་། །མདོ་སྡེ་རྣམས་དང་འགལ་གྱུར་ན། །ཕར་ཕྱིན་པ་ལ་ཅིས་མི་གནོད། །དེ་ཡི་དཔེ་བརྗོད་མདོ་ཙམ་ཞིག །ལེགས་པར་བཤད་ཀྱིས་མཉན་པར་གྱིས། །ཇོ་བོ་གསང་སྔགས་སྨྲ་བཞིན་དུ། །གསང་སྔགས་སྨྲ་བའི་དུས་མིན་ཞེས། །སླ་བ་ཇོ་བོའི་ལུགས་ཉིད་དང་། །འགལ་བ་ཡིན་པར་ཤེས་པར་བྱ། །

སེམས་བསྐྱེད་ཇོ་བོའི་ལུགས་བྱེད་ཅིང་། །ཇོ་བོ་གཏན་ནས་མི་བཞེད་པའི། །སེམས་བསྐྱེད་ཀུན་ལ་བྱེད་པ་དང་། །དོན་དམ་སེམས་བསྐྱེད་བྱེད་པ་ནི། །གཞན་དང་འགལ་བ་སློས་ཅི་དགོས། །རང་ལུགས་དང་ཡང་

འགལ་བ་ཡིན། །ནྟ་རོ་ཏ་པ་དབང་བསྐུར་དང་། །རིམ་གཉིས་ཆོས་ཀྱི་གཙོ་བོར་མཛད། །ནྟ་རོའི་བརྒྱུད་པ་འཛིན་བཞིན་དུ། །དབང་དང་རིམ་གཉིས་མི་བསྒོམ་པ། །རྒྱུད་དང་འགལ་བ་ལྟ་ཅི་སྨོས། །རང་ལུགས་དང་ཡང་འགལ་བ་ཡིན། །རྡོ་རྗེ་ཕག་མོའི་བྱིན་རླབས་ནི། ། མར་པ་ལྷོ་བྲག་པ་ལ་མེད། །མར་པའི་བརྒྱུད་པ་འཛིན་བཞིན་དུ། །ཕག་མོས་ཆོས་སྒོ་འབྱེད་པ་ནི། །རྒྱུད་དང་འགལ་བ་ལྟ་ཅི་སྨོས། །རང་ལུགས་དང་ཡང་འགལ་བ་ཡིན། །ནཱ་རོ་ཆོས་དྲུག་ཞེས་བྱའི་ཁྲིད། །མི་ལ་ཡན་ཆད་དེ་ལས་མེད། །ཆོས་དྲུག་བོར་ནས་ལམ་འབྲས་དང་། །ཕྱག་རྒྱ་ཆེན་པོ་ལ་སོགས་པ། །གཞན་གྱི་གདམས་ངག་བསྒོམ་བཞིན་དུ། །ནཱ་རོའི་བརྒྱུད་པ་འདོད་བྱེད་པ། །གཞན་དང་འགལ་བ་ལྟ་ཅི་སྨོས། །རང་ལུགས་དང་ཡང་འགལ་བ་ཡིན། །

གཏེར་ནས་བྱུང་བའི་གླེགས་བམ་དང་། །གཞན་ནས་བརྐུས་པའི་ཆོས་ལུགས་དང་། །བརྩམས་ཆོས་དང་ནི་རྨི་ལམ་ཆོས། །གློ་བཟུང་མ་ཡི་ཆོས་ལུགས་ལ། །རྡོ་རྗེ་འཆང་ལ་བརྒྱུད་པ་སྐེག །དེ་ལའང་གཞན་དག་ལུང་ལེན་པ། །ཆོས་དང་འགལ་བ་སྨོས་ཅི་དགོས། །རང་ཚིག་དང་ཡང་འགལ་བ་ཡིན། །གལ་ཏེ་འདི་འདྲའི་རིགས་ཅན་གྱི། །འགལ་བ་ཁས་ལེན་སྣང་གྱུར་ན། །དེ་ཡི་རིགས་སུ་ཤེས་པར་བྱ། །མདོར་ན་ཆོས་དང་འགལ་བ་ཡི། །ཆོས་ཞིག་གང་ན་འདུག་ན་ཡང་། །ལུང་དང་རིགས་པས་སུན་ཕྱུང་ཤིག །གལ་ཏེ་མུ་སྟེགས་ལ་སོགས་པ༑ །ལུང་དེ་ཁས་མི་ལེན་པ་དང་། །ལུང་དང་འགལ་ཡང་ངེད་ཅག་གི། །བླ་མའི་བཀའ་སྲོལ་ཡིན་ཟེར་བ། །དེ་དག་ལུང་དེ་མི་ལེན་ཡང་། །རྩ་བའི་བརྒྱུད་པ་གང་ཡིན་དྲི། །གདོད་ནས་ཆོས་དེ་ཡོད་ན་ནི། །འཕྲུལ་ཡང་མཁས་པས་བཀྲང་རྒྱུ་མེད། །སེམས་ཅན་ལས་ངན་སྤྱོད་པ་ལ། །སངས་རྒྱས་ཀྱིས་ཀྱང་ཅི་བྱར་ཡོད། །གལ་ཏེ་གདོད་ནས་མེད་པའི་ཆོས། །གློ་བུར་བྱས་པ་ཡིན་ན་ནི། །ཀུན་གྱིས་རང་བཟོར་གོ་བའི་ཕྱིར། །སངས་རྒྱས་པའམ་མུ་སྟེགས་བྱེད། །སུ་ལ་འདུག་ཀྱང་དོར་བྱ་ཡིན། །

ངེད་ལའང་དེ་འདྲ་འདུག་ན་ནི། །མཁས་པ་རྣམས་ཀྱིས་བཞད་གད་གྱིས། །གལ་ཏེ་རྒྱལ་པོའི་ཁྲིམས་ཡོད་ན། །ཆད་པས་བཅད་པའི་འོས་ཡིན་ནོ། །ནོར་ལ་ཟློག་ཚོང་བྱས་པ་ལ། །རྒྱལ་པོའི་ཁྲིམས་ལ་ཐུག་གྱུར་ན། །ཆོས་ལོག་བརྫུན་མས་སླུ་བ་ལའང་། །རྒྱལ་པོའི་ཁྲིམས་ལ་ཅིས་མི་ཐུག །བླུན་པོ་མཁས་པར་འཆོས་པ་འགའ། །ལུང་གི་གནས་སྐབས་མི་ཤེས་པར། །མདོ་རྒྱུད་ལུང་སྦྱོར་བྱེད་མོད་ཀྱི། །དེ་ནི་བླུན་པོའི་ཁ་ཤགས་ལྟར། །གང་དུ་འགྲོ་བ་མི་ཤེས་སོ། །

དཔེར་ན་ཕྱག་དང་མཆོད་པ་དང་། །སྦྱིན་དང་ཚུལ་ཁྲིམས་སོགས་མི་དགོས། །སེམས་བསྐྱེད་དབང་བསྐུར་བྱ་མི་དགོས། །བསམ་གཏན་སྒོམ་པ་འདིར་མི་དགོས། །དགེ་དང་སྡིག་པ་གཉིས་ཀ་མེད། །སངས་རྒྱས

སེམས་ཅན་ཡོད་མེད་སོགས། །འདི་འདྲ་གསུངས་པའི་ལུང་རྣམས་ཀུན། །ལྟ་བ་ཡིན་གྱི་བསྒོམ་པ་དང་། །སྤྱོད་པ་གཉིས་ཀྱི་ལུང་མ་ཡིན། །དབང་མེད་པ་ལ་དངོས་གྲུབ་མེད། །ཚིག་འཁྲུགས་ན་ལས་མི་འཆགས། །ལོག་པར་སྤྱད་ན་ལྟུང་བ་འབྱུང་། །ལྷ་བསྒོམ་འཁྲུལ་ན་བྱིན་མི་རློབ། །ཐེ་ཚོམ་ཟ་ན་ཉེས་པ་སྐྱེ། །དེས་ན་ཚིག་ཙམ་བྱེད་ཀྱང་། །ཤིན་ཏུ་དག་པར་བྱ་དགོས་ཞེས། །དེ་འདྲའི་ལུང་ཀུན་སྤྱོད་པ་དང་། །བསྒོམ་པ་ཡིན་གྱི་ལྟ་བ་མིན། །གཞན་ཡང་ལུང་སྦྱོར་བྱེད་པ་ལ། །འཇིག་རྟེན་པ་དང་འཇིག་རྟེན་ལས། །འདས་པའི་གནས་སྐབས་རྣམ་གཉིས་ཡོད། །དབང་དང་དམ་ཚིག་སྡོམ་པ་སོགས། །འབད་ནས་བསྲུབ་པར་གསུངས་པ་ནི། །འཁོར་བའི་རྒྱ་མཚོ་མ་བརྒལ་བའི། །འཇིག་རྟེན་པ་ལ་གསུངས་པ་ཡིན། །དབང་དང་དམ་ཚིག་སོགས་མི་དགོས། །ཕྱག་དང་མཆོད་པ་ཀུན་ལས་གྲོལ། །བསམ་གཏན་བསྒོམ་པ་ཀུན་སྤངས་ཏེ། །ལམ་ཀུན་གཟིངས་བཞིན་དོར་བྱ་ཞེས། །གསུངས་པ་འཁོར་བའི་རྒྱ་མཚོ་ལས། །བརྒལ་བའི་གང་ཟག་རྣམས་ལ་གསུངས། །དེ་འདྲའི་གནས་སྐབས་ཤེས་ནས་ནི། །དེ་དང་འཚམ་པའི་ལུང་སྦྱོར་བྱ། །དེ་འདྲའི་རྣམ་གཞག་མི་ཤེས་པའི། །ལུང་སྦྱོར་མཁས་པའི་བཞད་གད་གནས། །མིག་ལྡན་ཇི་ལྟར་ལམ་ནོར་ཡང་། །གཡང་སར་གོམ་པ་འཛོག་མི་སྲིད། །དེ་བཞིན་མཁས་པ་འཁྲུལ་ན་ཡང་། །སངས་རྒྱས་བསྟན་ལས་འདའ་མི་ནུས། །མིག་མེད་གལ་ཏེ་ལམ་ནོར་ན། །གཡང་སར་མཆོངས་ནས་ལྟུང་བར་འགྱུར། །དེ་བཞིན་བླུན་པོ་འཁྲུལ་གྱུར་ན། །སངས་རྒྱས་བསྟན་ལས་འདས་ཏེ་ལྟུང་། །

ཆག་ཚད་ཤེས་པའི་བཟོ་ལ་ནི། །རིང་ཐུང་བྱུང་ཡང་སོར་གང་ཡིན། །ཆག་ཚད་མེད་པའི་བཟོ་འགའ་ཞིག །ཉེས་ན་བཞད་གད་གནས་སུ་འགྱུར། །དེ་བཞིན་གཞུང་ལུགས་ཤེས་པའི་མི། །འཁྲུལ་ཡང་ཚིག་དོན་ཙུང་ཟད་ཡིན། །གཞུང་ལུགས་གང་ཡང་མི་ཤེས་པ། །འཁྲུལ་ན་བསྟན་པ་འཇིག་ལ་ཐུག །དེས་ན་སངས་རྒྱས་བསྟན་པ་བཞིན། །བསྒྲུབ་པར་འདོད་ན་གཞུང་བཞིན་བྱ། །མིག་མངས་རྒྱ་དང་མ་འབྲེལ་ན། །ཇི་ཙམ་ཡང་ཤེ་རོ་ཡིན། །དེ་བཞིན་ཁུངས་དང་མ་འབྲེལ་བའི། །ཆོས་ལུགས་མང་ཡང་རོ་དང་འདྲ། །སྣན་བརྒྱུད་དང་ནི་ཅིག་བརྒྱུད་དུ། །གྲགས་པའི་ཆོས་ལུགས་མང་པོ་ཡོད། །རྒྱུད་དང་མཐུན་ན་བླང་དུ་རུང་། །མིན་ན་བརྫུན་གྱི་བསྙེབ་ཕྱོགས་ཡིན། །རྨི་ལམ་གྱི་ནི་ཆོས་ལུགས་དང་། །ཞལ་མཐོང་གི་ནི་ལྷ་ལ་སོགས། །འདི་དག་མདོ་རྒྱུད་དང་མཐུན་ན། །བླངས་ཀྱང་སྐྱོན་དུ་འགྱུར་བ་མེད། །མདོ་རྒྱུད་ཀུན་དང་མི་མཐུན་ན། །བདུད་ཀྱི་བྱིན་རླབས་ཡིན་ཞེས་བྱ། །བླ་མའང་མདོ་རྒྱུད་དང་མཐུན་ན། །དེ་ནི་བླ་མ་ཡིན་པར་གཟུང་། །སངས་རྒྱས་བསྟན་བཞིན་མི་གསུངས་ན། །བླ་མ་ཡིན་ཡང་བཏང་སྙོམས་བཞག །

དེས་ན་རྨི་ལམ་ཆོས་ལུགས་དང་། །ཞལ་གཟིགས་པ་ཡི་ཡི་དམ་དང་། །ལུང་བསྟན་མཛད་པའི་སངས

རྒྱས་དང་། །བླ་མའི་གསུང་སྒྲོས་ལ་སོགས་པ། །མ་དཔྱད་པར་ནི་གདམ་ཀོལ་དུ། །ཚད་མ་ཡིན་ཞེས་གཟུང་མི་བྱ༑ །འདི་འདྲ་བདུད་ཀྱི་བྱིན་རླབས་ལས། །འབྱུང་བ་སྲིད་པར་རྒྱལ་བས་གསུངས། །དེས་ན་སངས་རྒྱས་བསྟན་པ་མཆོག ། ངེས་དོན་ཚད་མ་ཡིན་པར་གཟུང་། །ཡང་ན་དངོས་པོ་སྟོབས་ཞུགས་ཀྱི། །རིགས་པས་གྲུབ་པ་ཚད་མར་གཟུང་། །སྐྱེས་བུ་བརྟན་མས་སྤྱར་བ་ཡི། །མདོ་རྒྱུད་ཚད་མར་གཟུང་མི་བྱ། །

ཀོཊྴི་ཀའི་མདོ་དང་ནི། །དེ་བཞིན་འཕགས་པ་ཤིག་ཅན་དང་། །ཀློ་གྲོས་བཟང་མོ་ཆུང་དུ་སོགས། །བོད་ཀྱིས་སྦྱར་བའི་མདོ་སྡེ་ཡིན། །གཞན་ཡང་གསང་སྔགས་གསར་རྙིང་ལའང་། །བོད་ཀྱིས་སྦྱར་བའི་རྒྱུད་སྡེ་མང་། །དེ་འདྲའི་རང་བཟོའི་མདོ་རྒྱུད་ལ། །མཁས་པས་ཡིད་རྟོན་མི་བྱའོ། །གཙུག་ཏོར་ནག་མོ་ལ་སོགས་པ། ། བོད་ཀྱི་ལྷ་འདྲེས་སྦྱར་བ་ཡོད། །འཕྲུལ་གྱི་བྱིན་རླབས་ཅུང་ཟད་འབྱུང་། །འོན་ཀྱང་ཚད་མར་བྱར་མི་རུང་། །ལྷ་མོ་གནས་མཁར་ལ་སོགས་པ། །མུ་སྟེགས་བྱེད་ཀྱི་རྒྱུད་ཀྱང་ཡོད། །ཅུང་ཟད་བདེན་པ་ཡོད་མོད་ཀྱི། །དེ་ལའང་ལུང་དུ་བྱར་མི་རུང་། །དེ་ཡི་འཐད་པ་རྒྱུད་བླ་མར། །མགོན་པོ་བྱམས་པས་འདི་སྐད་གསུངས། །མ་རིག་ལྡོང་པའི་མུ་སྟེགས་ལའང་། །སྲིན་བུའི་ཡི་གེ་འདྲ་བ་ཡི། །ཅུང་ཟད་བདེན་པ་ཡོད་མོད་ཀྱི། །འོན་ཀྱང་ཡིད་རྟོན་མི་བྱ་གསུང་། །

རིང་བསྲེལ་དང་ནི་ཐུགས་དང་ལྗགས། །སྐུ་གཟུགས་ལ་སོགས་རྫུས་པ་ལས། །འབྱུང་བའི་རྒྱུ་མཚན་ཅུང་ཟད་དཔྱད། །འཕགས་པ་གསུམ་གྱི་རིང་བསྲེལ་ནི། །ཡོན་ཏན་སྟོབས་ཀྱིས་འབྱུང་བ་སྟེ། །ལུས་ཅན་རྣམས་ཀྱི་བསོད་ནམས་རྟེན། །འབྱུང་ཁུངས་ལས་བྱུང་རིན་ཆེན་འདྲ། །རིང་བསྲེལ་ལ་ལ་གདོན་གྱིས་བྱེད། །ལ་ལ་འབྱུང་བཞིའི་སྟོབས་ལས་འབྱུང་། །ཁ་ཅིག་བསྟན་ལ་དགའ་བའི་ལྷས། །དད་པར་བྱ་ཕྱིར་སྤྲུལ་པའང་སྲིད། །དེང་སང་རིང་བསྲེལ་ཕལ་ཆེ་བ། །བརྫུན་མས་བྱས་པའི་རིང་བསྲེལ་ཡིན། །དེས་ན་རྣམ་དབྱེ་མཁས་པས་དཔྱད། །ཐུགས་ལྗགས་སྐུ་གཟུགས་ལ་སོགས་པ། །འབྱུང་བ་ཆོས་ནས་གསུངས་པ་མེད། །འོན་ཀྱང་དེ་འདྲ་འབྱུང་བ་ཀུན། །ཕལ་ཆེར་བརྫུན་མས་བྱས་པ་ཡིན། །གལ་ཏེ་བདེན་པ་ཡིན་ན་ཡང་། །ལུང་རིགས་གཉིས་ཀ་མེད་པའི་ཕྱིར། །བཟང་ངན་གཉིས་ཀར་ལུང་བསྟན་དཀའ། །ཉི་མ་དུ་མ་ཤར་བ་དང་། །མཁའ་ལ་བྲུག་དོད་པ་དང་། །མཚན་མོ་གཞའ་ཚོན་འབྱུང་བ་དང་། །ལུས་ལ་འོད་ཟེར་འཕྲོ་བ་དང་། །གློ་བུར་ལྷ་འདྲེ་མཐོང་བ་དང་། །གསོན་པོའི་ལུས་ལ་བརྟུན་མེད་པར། །རིང་བསྲེལ་འཛག་པ་ལ་སོགས་པ། །ལྟུན་པོ་རྟགས་སུ་བྱེད་མོད་ཀྱི། །མཁས་པས་འདི་འདྲ་མཐོང་གྱུར་ན། །བར་ཆད་རྟགས་སུ་ཤེས་པར་གྱིས། །

སྐུ་གཟུགས་མཆི་མ་འཛག་པ་དང་། །དེ་བཞིན་གོམ་པས་འགྲོ་བ་དང་། །གར་བྱེད་པ་དང་སྐད་འབྱིན

དང་། །ཁྲག་གི་ཆར་པ་འབབ་པ་དང་། །ས་འོག་བོང་བུའི་སྒྲ་སྒྲོགས་དང་། །དུད་འགྲོ་མི་སྐད་སྨྲ་བ་སོགས། །ལྟུན་པོ་ཏོ་མཚར་སྐྱེད་མོད་ཀྱི། །མཁས་པས་འདི་འདྲ་མཐོང་གྱུར་ན། །ཡུལ་དེར་དགྲ་བོ་གཞན་དག་འཇུག །ཡང་ན་ལྟས་ངན་གཞན་དག་འབྱུང་། །འདི་འདྲའི་རིགས་ཅན་གཞན་མཐོང་ཡང་། །མཁས་པ་རྣམས་ལ་ལེགས་པར་དྲིས། །དེ་དག་དོན་ལ་འཁྲུལ་པ་ཡི། །རྣམ་པར་དབྱེ་བ་མདོ་ཙམ་ཡིན། །

དེ་ནས་ཚིག་ལ་འཁྲུལ་པ་ཡི། །རྣམ་དབྱེ་ཅུང་ཟད་བཤད་ཀྱིས་ཉོན། །བཅོམ་ལྡན་འདས་ཀྱི་བཤད་པ་ལ༑ ༑བཞི་བཅོམ་དྲུག་ལྡན་བཤད་པ་དང་། །གླིགས་བམ་གྱི་ནི་བཤད་པ་ལ། །གླིགས་ཤིང་གླིགས་ཐག་འཆད་པ་དང་། །ཕྱག་རྒྱ་ཆེན་པོའི་བཤད་པ་ལ། །ལག་པའི་སྒྲ་དོན་འཆད་པ་དང་། །ཡེ་ཤེས་ཀྱི་ནི་བཤད་པ་ལ། །གདོད་མའི་ཤེས་པར་འཆད་པ་དང་། །རྣལ་འབྱོར་འཆད་ལ་སེམས་རྣལ་མ། །རིག་པ་འབྱོར་ཅེས་འཆད་པ་དང་། །རྒྱལ་མཚན་རྩེ་མོའི་དཔུང་རྒྱན་ལ། །དམག་གི་དཔུང་དུ་འཆད་པ་དང་། །གཏུམ་མོའི་སྒྲ་བཤད་རྣམ་རྟོག་ནི། །ཆོས་ཉིད་གཏུམ་པར་འཆད་པ་དང་། །གླུ་ཡི་སྒྲ་བཤད་བྱེད་པ་ལ། །སེམས་ཅན་སླུ་བར་འཆད་པ་དང་། །ཕྱུར་མ་རི་རབ་མཉམ་པ་ལ། །དྲི་རབ་མནམ་པར་འཆད་པ་དང་། །ཤཱཀྱའི་བུ་མོ་གོ་པཱའི་སྒྲ། །གོ་ནི་ས་ཡིན་པཱ་ཡི་སྒྲ། །འཚོ་བའམ་སྐྱོང་བ་སོགས་ལ་འཇུག །དེས་ན་བོད་སྐད་ས་འཚོ་ཡིན། །དེ་ལ་གོ་པཱའི་སྒྲ་བཤད་ནི། །རྟོགས་པའི་དོན་དུ་བཤད་པ་དང་། །རྒྱ་སྐད་རཏྣ་ཀ་ཏུའི་ལ། །ཀ་ཏུའི་སྒྲ་ནི་དཔལ་དང་རྟོག །དུ་བ་མཇུག་རིངས་སོགས་ལ་འཇུག །སྐད་ཉིད་རྣམས་ལ་དཔལ་དུ་ཡོད། །གསར་བཅད་མན་ཆད་རྟོག་ཏུ་བསྒྱུར། །དེས་ན་འབུམ་ལས་རིན་ཆེན་དཔལ། །གསར་བཅད་ཀྱིས་ནི་ཞུས་པ་ཡི། །བརྒྱད་སྟོང་པ་ལས་རིན་ཆེན་རྟོག །ཅེས་བྱུར་བསྒྱུར་བ་མི་ཤེས་པར། །རིན་ཆེན་དཔལ་དུ་བཤད་པ་དང་། །པོ་ཏ་ལ་ཞེས་བྱ་བའི་སྒྲ། །བོད་སྐད་དུ་ནི་གྲུ་འཛིན་ཡིན། །རི་བོ་གྲུ་འཛིན་ཞེས་བྱུར་བར། །བསྒྱུར་ན་བོད་ལ་འཐད་མོད་ཀྱི། །ལ་ལས་རྒྱ་སྐད་སོར་བཞག་ནས། །པོ་ཏ་ལ་ཡི་རི་ཞེས་བསྒྱུར། །དེ་ལ་སྒྲ་བསྒྱུར་ལ་ལ་ཡིས། །རི་སྒྲ་གོང་དུ་ཕྱུང་ནས་ནི། །རི་པོ་ཏ་ལ་ཞེས་བྱུར་བསྒྱུར། །དེ་དོན་མ་རྟོགས་པ་རྣམས་ཀྱིས། །རི་བོ་ཏ་ལར་བཤད་པ་འཁྲུལ། །

འཁོར་གསུམ་ཡོངས་དག་ཅེས་བྱ་བ། །རྒྱ་སྐད་དུ་ནི་ཏྲི་མཎྜལ། །པ་རི་ཤུདྡྷ་ཞེས་བྱུར་ཡོད། །ཏྲི་ནི་གསུམ་ཡིན་མཎྜལ་ལ། །ཞེས་བྱ་བོད་སྐད་དཀྱིལ་འཁོར་ཡིན། །པ་རི་ཤུདྡྷ་ཡོངས་དག་པ། །དྲང་པོར་བསྒྱུར་ན་དཀྱིལ་འཁོར་གསུམ། །ཡོངས་སུ་དག་པ་ཞེས་བྱུར་འགྱུར། །མཁས་པ་རྣམས་ཀྱི་སྒྲ་བསྡུས་ནས། །འཁོར་གསུམ་ཡོངས་དག་ཞེས་བྱུར་བསྒྱུར། །དེ་ཡི་སྒྲ་དོན་མི་ཤེས་པར། །འཁོར་གསུམ་གཡོག་ཏུ་འཆད་པ་འཁྲུལ། །རྒྱ་སྐད་ལངྐཱ་པུ་རི་ལ། །པུ་རིའི་སྒྲ་ནི་གྲོང་ཁྱེར་ཡིན། །བོད་སྐད་ལངྐཱའི་གྲོང་ཁྱེར་ཏེ། །ལྷོ་ཕྱོགས་རྒྱ་མཚོའི་གླིང་ན་

ཡོད། །འོན་ཀྱང་རྒྱ་སྐད་མ་ཤེས་པར། །ཕུ་རངས་སུ་ནི་འཆད་པ་དང་། །རྒྱ་སྐད་པི་མ་ལ་མི་ཏྲ། །བོད་སྐད་དྲི་མེད་བཤེས་གཉེན་ཡིན། །དེ་ཡི་སྒྲ་དོན་མི་ཤེས་པར། །བྱེ་མ་ལ་དང་མུ་ཏྲའི་སྒྲ། །ཕྱུག་རྒྱུ་ཡིན་པར་བཤད་པ་དང་། །རྒྱ་སྐད་ནཱ་རོ་ཏ་ཡི་སྒྲ། །བྲམ་ཟེའི་རིགས་ཀྱི་བྱེ་བྲག་ཡིན། །དེ་ཡི་རྒྱུ་མཚན་མི་ཤེས་པར། །དཀའ་བ་སྤྱད་པས་ཨ་ན་ན། །རོ་རུ་སོང་ཞེས་འཆད་པ་དང་། །ཏི་ལོ་ཞེས་བྱ་ཏིལ་བརྡུང་ཡིན། །དེ་ལ་ཏྲི་ལོར་འཆད་པ་དང་། །རྒྱ་སྐད་ལུ་ཧི་ཞེས་བྱ་བ། །བོད་སྐད་ཉ་ཡི་རྒྱུ་ལྟོ་ཡིན། །དེ་ཡི་སྒྲ་དོན་མི་ཤེས་པར། །ལྷུ་ཡི་པ་རུ་འཆད་པ་དང་། །རྒྱ་སྐད་ཨིནྡྲ་བྷུ་ཏི་ནི། །བོད་སྐད་འབྱུང་པོའི་དབང་པོ་ཡིན། །དེ་ཡི་སྒྲ་འགྱུར་མི་ཤེས་པར། །བརྒྱ་བྱིན་བྱང་ཆུབ་ཏུ་འཆད་དང་། །རྒྱ་སྐད་ཨ་བ་དྷཱུ་ཏཱིའི་སྒྲ། །གཉིས་སྤངས་སམ་ནི་ཀུན་འདར་ཡིན། །དེ་ལ་འདོད་སྦྱོར་འཆད་པ་དང་། །རྒྱ་སྐད་དོ་ཧ་ཞེས་བྱ་བ། །བོད་སྐད་ལྷུག་པའམ་མ་བཅོས་པ། །ཞེས་བྱའི་དོན་ལ་འཇུག་མོད་ཀྱི༔ །དེ་ཡི་རྒྱུ་མཚན་མི་ཤེས་པར། །དོ་ནི་གཉིས་ཡིན་ཧ་དགོད་པ། །གཉིས་ལ་དགོད་པར་འཆད་པ་དང་། །རྒྱ་སྐད་ཛ་བ་ཞེས་བྱ་བ། །མེ་ཏོག་དམར་པོ་ཞིག་ལ་འཇུག །དེ་ཡི་བརྡ་དོན་མི་འཕྲོད་པར། །བྱམས་པའི་མཛའ་བར་འཆད་པ་སོགས། །བླུན་པོ་རྣམས་ལ་ལེགས་ལེགས་འདྲ། །མཁས་པས་མཐོང་ན་བཞད་གད་གནས། །རྒྱུ་མཚན་ཅི་ཡི་ཕྱིར་ཞེ་ན། །སཾ་སྐྲི་ཏ་ཡི་སྒྲ་དོན་ལ། །བཤད་དུ་མི་རུང་ཉིད་ཕྱིར་དང་། །རྒྱ་སྐད་ཡིན་པར་མི་ཤེས་པར། །བོད་སྐད་ཡིན་པར་བཤད་ཕྱིར་རོ། །དེས་ན་དེ་འདྲའི་བཤད་པ་ཀུན། །བོད་ཀྱི་བླུན་པོས་སྦྱར་བས་ན། །མཁས་པ་རྣམས་ཀྱིས་དོར་བར་བྱ། །དེ་བཞིན་གཤེགས་པའི་བཤད་པ་ནི། །དེ་ཉིད་རྟོགས་པར་འཆད་པ་དང་། །དགྲ་བཅོམ་སྒྲ་དོན་མཆོད་འོས་དང་། །རྒྱལ་པོའི་བཤད་པ་གསལ་བ་དང་། །བཟོད་པའི་བཤད་པ་མི་འབྱེད་དང་། །ཕུང་པོ་ཕྲག་པར་འཆད་པ་དང་། །ཁམས་ལ་དབྱིངས་སུ་འཆད་པ་དང་། །བཅོམ་པ་སྐལ་བར་འཆད་པ་དང་། །སྦྱང་དཀའ་ཐུབ་དཀར་འཆད་པ་དང་། །བག་ཆགས་གནས་སུ་འཆད་པ་དང་། །ཤཱཀྱ་ཡོད་པར་བཤད་པ་སོགས། །བོད་ལ་ཉུང་ཟད་མི་བདེ་ཡང་། །ལེགས་པར་སྦྱར་བའི་སྒྲ་དག་ལ། །ཤིན་ཏུ་འཐད་ཕྱིར་མཁས་པས་བླང་། །སངས་རྒྱས་གསུང་རབ་དྲི་མ་མེད། །བསྡུ་བ་དང་པོ་བྱས་པའི་རྗེས། །བསྟན་པ་དག་པར་གནས་པ་ན། །ཡངས་པ་ཅན་གྱི་དགེ་སློང་གིས། །སངས་རྒྱས་བསྟན་དང་འགལ་བ་ཡི། །མི་རུང་བ་ཡི་གཞི་བཅུ་བྱས། །དེ་ལ་འཕགས་པ་བདུན་བརྒྱ་ཡིས། །ཆོས་ལོག་ལེགས་པར་སུན་ཕྱུང་ཕྱིར། །བསྡུ་བ་གཉིས་པ་མཛད་ཅེས་གྲག །

དེ་ལྟར་དག་པར་བྱས་པའི་རྗེས། །ལྷ་ཆེན་ཞེས་བྱའི་དགེ་སློང་ཞིག །བསྟན་པ་འདི་ཡི་ཆོམ་རྐུན་བྱུང་། །དེ་ཡིས་རང་གི་ཕ་མ་བསད། །སློབ་དཔོན་ཡིན་པའི་དགྲ་བཅོམ་བཀྲོངས། །མཁན་སློབ་མེད་པའི་དགེ་སློང་བྱས། །ཕྱི་ནས་དགོན་པར་བསྡད་ནས་ནི། །སྦྱིན་བདག་རྣམས་ཀྱི་དད་རྫས་ཟོས། །བླུན་པོ་རྣམས་ཀྱི་མཁན་སློབ་བྱས། །བླུན་

པོ་ལོངས་སྤྱོད་ཅན་རྣམས་ཀྱིས། །ཕུལ་བའི་ཟས་ནོར་ཆར་བཞིན་བབ། །སྐལ་མེད་དད་ཅན་འདུས་པ་ཡི། །དགེ་འདུན་འབུམ་ཕྲག་དུ་མས་བསྐོར། །དེ་ནས་བརྟུན་རྣབས་ཆེན་པོ་དེ། །དགྲ་བཅོམ་ཡིན་པར་ཁས་བླངས་སོ། །འཁོར་གྱིས་རྫུ་འཕྲུལ་ཞུས་པ་ན། །རྫུ་འཕྲུལ་ཐོ་རངས་ཉམས་ཞེས་ཟེར། །རང་གི་སྡིག་པ་དྲན་པ་ཡིས། །སྨྲེ་སྔགས་ཆེན་པོ་བཏོན་པ་ལ། །སྡུག་བསྔལ་བདེན་པ་བོས་ཞེས་བསྒྲགས། །དེ་ལ་སོགས་པའི་བརྫུན་ཚིག་གིས། །ཚོགས་པ་རྣམས་ཀྱི་མགོ་བོ་བསྐོར། །འཕགས་པ་རྣམས་ལ་འབུལ་རྒྱུ་ཡི། །དད་རྫས་རྣམས་ཀྱང་དེ་ལ་འགྱུར། །རབ་བྱུང་བླུན་པོ་ཕལ་ཆེར་གྱིས། །དགྲ་བཅོམ་བོར་ནས་དེ་ལ་འདུས། །སངས་རྒྱས་མྱ་ངན་འདས་འོག་ཏུ། །སོ་སོའི་སྐྱེ་བོས་འཁོར་བསྡུས་པ། །དེ་ལས་མང་བ་མེད་ཅེས་གྲགས། །དེ་ཡི་ཆོས་ལོག་བཤད་པ་ཡི། །རྗེས་སུ་སློབ་མ་རྣམས་འབྲངས་ནས། །འབྲུལ་པའི་གྲུབ་མཐའ་དུ་མ་བྱུང་། །ལྷ་ཆེན་བླུན་པོ་དེ་ཤི་ནས། །སེམས་ཅན་དམྱལ་བར་གྱུར་ཅེས་གྲག །དེ་ཡི་ལོག་པའི་ཆོས་དེ་དག །དགྲ་བཅོམ་རྣམས་ཀྱིས་སུན་ཕྱུང་ནས། །བསྡུ་བ་གསུམ་པ་བྱས་ཞེས་ཐོས། །འོན་ཀྱང་དེ་ཡི་ལེ་ལན་གྱིས། །སྡེ་པ་བཅོ་བརྒྱད་རྣམས་ལ་ཡང་། །ཅུང་ཟད་བསླད་པ་ཡོད་ཅེས་ཟེར། །མཁས་པའི་གཙུག་རྒྱན་དབྱིག་གཉེན་གྱིས། །ཡང་དག་བསྡུས་པའི་གཞི་ཉམས་ཕྱིར། །མཐའ་དག་མིན་པར་རྟོགས་པ་ཡིན། །ཞེས་གསུངས་པ་ཡང་དེ་ལ་དགོངས། །དེ་ནི་ཉན་ཐོས་རྣམས་ཀྱི་ཡིན། །

ཐེག་པ་ཆེན་པོའི་བསྟན་པ་ནི། །ཤིན་ཏུ་དར་བར་གྱུར་པའི་ཚེ། །ཉི་མ་བསྒྲུབ་པའི་མུ་སྟེགས་བྱེད། །སྦྲང་པོ་ཉི་མའི་དངོས་གྲུབ་ཀྱིས། །གཙུག་ལག་ཁང་རྣམས་བསྲེགས་པའི་ཚེ། །དམ་ཆོས་མདོན་པ་ལ་སོགས་པ། །སྡེ་སྣོད་ཕལ་ཆེར་བསྲེགས་ཞེས་གྲག །དེ་ནས་འཕགས་པ་ཐོགས་མེད་ཀྱིས། །མི་ཕམ་མགོན་ལ་གསན་ནས་ནི། །དེ་ཡི་གཞུང་ལུགས་དར་བར་མཛད། །དེ་ཡི་རྗེས་ལ་མཁས་པ་དང་། །བླུན་པོ་རྣམས་ཀྱི་བྱེ་བྲག་གིས། །བསྟན་པའི་འཕེལ་འགྲིབ་དུ་མ་བྱུང་། །

ཕྱི་ནས་གངས་རིའི་ཁྲོད་འདི་རུ། །སངས་རྒྱས་བསྟན་པ་ལེགས་པར་བསྒྱུར། །དེ་ནས་བསྟན་པ་དར་བའི་ཚེ། །རྒྱལ་པོ་དར་མས་བསྟན་པ་བསྣུབས། །དེ་རྗེས་ཆོས་ལོག་དུ་མ་འཕེལ། །དེ་ཚེ་བླ་མ་ཡེ་ཤེས་འོད། །ཆོས་རྒྱལ་དེ་ཡིས་སྐྱེས་བུ་མཆོག །རིན་ཆེན་བཟང་པོ་ཁ་ཆེར་བཏང་ངས། །འཇམ་པའི་དབྱངས་ཀྱིས་བྱིན་བརླབས་པའི། །མཁས་པ་དེ་ཡིས་སྐྱོན་མེད་པའི། །ཆོས་རྣམས་ཕལ་ཆེར་བསྒྱུར་ཅིང་ཞུས། །ཆོས་དང་ཆོས་མིན་རྣམ་འབྱེད་པ། །ཞེས་བྱའི་བསྟན་བཅོས་མཛད་ནས་ནི། །ཆོས་ལོག་ཐམས་ཅད་ནུབ་པར་མཛད། །དེ་ཡི་སློབ་མ་ཞི་བ་འོད། །དེས་ཀྱང་སྔགས་ལོག་སུན་འབྱིན་པ། །ཞེས་བྱའི་བསྟན་བཅོས་མཛད་ཅེས་ཟེར། །དེ་དག་འདས་པའི་འོག་ཏུ་ཡང་། །ཆོས་ལོག་འགའ་ཞིག་འཕེལ་བའི་རྒྱུས། །ལྷས་བཙས་ཞེས་བྱའི་ལོ་ཙཱ་བ། །དེས་ཀྱང་ཆོས

ལོག་སྲུན་འབྱིན་པ། །ཞེས་བྱའི་བསྟན་བཅོས་མཛད་ནས་ནི། །ཆོས་དང་ཆོས་མིན་རྣམ་པར་ཕྱེ། །དེ་ནས་ཆོས་རྗེ་ས་སྐྱ་པ། །ཆེན་པོ་བཞུགས་པ་ཡན་ཆད་དུ། །ཆོས་ལོག་སྤྱོད་པ་ཉུང་ཞེས་ཐོས། །

ཕྱི་ནས་ཕག་མོའི་བྱིན་རླབས་དང་། །སེམས་བསྐྱེད་རྨི་ལམ་མ་ལ་སོགས། །ཡི་དམ་བསྒོམ་པ་དཀྱིངས་བསྐྱེད་དང་། །དཀར་པོ་ཆིག་ཐུབ་ལ་སོགས་པ། །སངས་རྒྱས་བསྟན་དང་འགལ་བ་ཡི། །ཆོས་ལོག་དུ་མ་དེང་སང་འཕེལ། །མཁས་རྣམས་འདི་ལ་མི་དགྱེས་ཀྱང་། །དུས་ཀྱིས་ཤུགས་ཀྱིས་བཟློག་མ་ནུས། །བླུན་པོ་སྤྲངས་པ་ཆུང་བ་རྣམས། །འདི་འདྲ་སྤྱོད་པ་བདེན་མོད་ཀྱི། །མཁས་པ་སྤྲངས་པར་རློམ་པ་ཡང་། །རི་བོང་ཅལ་བཞིན་འདི་ལ་སྤྱོད། །འདི་འདྲའི་རིགས་ཅན་འཕེལ་གྱུར་ན། །སངས་རྒྱས་བསྟན་ལ་གནོད་མི་གནོད། །མཁས་པ་རྣམས་ཀྱིས་དཔྱོད་ལ་སློས། །གལ་ཏེ་འདི་འདྲའི་ཆོས་ལོག་གིས། །སངས་རྒྱས་བསྟན་ལ་མི་གནོད་ན། །མུ་སྟེགས་སོགས་ཀྱི་ཆོས་ལོག་ཀྱང་། །སངས་རྒྱས་བསྟན་ལ་ཅི་སྟེ་གནོད། །ཆོས་ལོག་གཞན་གྱིས་གནོད་ན་ནི། །འདི་དག་གིས་ཀྱང་མི་གནོད་དམ། །གནོད་ཀྱང་སྲུན་འབྱིན་མི་འཐད་ན། །མུ་སྟེགས་བྱེད་དང་ཉན་ཐོས་སོགས། །འདི་ལའང་སྲུན་དབྱུང་ཅི་སྟེ་བྱ། །འདི་དག་བསྟན་ལ་གནོད་པའི་ཕྱིར། །མཁས་རྣམས་སྲུན་འབྱིན་མཛད་ན་ནི། །བསྟན་ལ་གནོད་པའི་ཆོས་ལོག་ཀྱང་། །མཁས་པ་རྣམས་ཀྱིས་སྲུན་ཕྱུང་ཤིག །ཅི་ཕྱིར་ཞེ་ན་རྒྱལ་བ་ཡིས། །རིན་ཆེན་ཆོས་ཀྱང་དཀོན་ལ་ནི། །རྟག་ཏུ་འཚེ་བ་མང་ཞེས་གསུངས། །འདི་ལ་བསམས་ལ་མཁས་རྣམས་ཀྱིས། །རྟག་ཏུ་བསྟན་པའི་བྱི་དོར་བྱ། །

ཉི་མ་གཅིག་གི་བཟའ་བཏུང་ལའང་། །བཟང་ངན་རྟོགས་དཔྱོད་སྣ་ཚོགས་གཏོང་། །གོས་དང་མཁར་ལྷན་ལ་སོགས་པའི། །བྱ་བ་གང་ལའང་ལེགས་ཉེས་དང་། །བཟང་ངན་མཁས་དང་མི་མཁས་ཞེས། །བླངས་དོར་རྟོག་དཔྱོད་སྣ་ཚོགས་བྱེད། །རྟ་དང་ནོར་བུ་ལ་སོགས་པ། །ཕྲན་ཟད་ཙམ་གྱི་ཉོ་ཚོང་ལའང་། །ཀུན་ལ་འདྲི་ཞིང་བརྟགས་ནས་དཔྱོད། །ཚེ་འདིའི་བྱ་བ་ཕྲན་ཟད་ལའང་། །དེ་འདྲའི་འབད་པ་བྱེད་པ་མཐོང་། །སྐྱེ་བ་གཏན་གྱི་ལེགས་ཉེས་ནི། །དམ་པའི་ཆོས་ལ་རག་ལས་ཀྱང་། །ཆོས་འདི་ཁྱི་ཡི་ཟས་བཞིན་དུ། །བཟང་ངན་གང་དུའང་མི་དཔྱོད་པར། །གང་ཕྲད་དེ་ལ་གུས་པར་འཛིན། །ཉིན་གཅིག་གི་ནི་སྐྱེལ་མའམ། །ཚེ་གཅིག་གི་ནི་གཉེན་འབྲེལ་ལའང་། །འབད་དེ་བརྟགས་ནས་ལེན་པ་མཐོང་། །དེང་ནས་བརྩམས་ཏེ་རྫོགས་པ་ཡི། །སངས་རྒྱས་མ་ཐོབ་བར་གྱི་དོན། །བླ་མ་མཆོག་ལ་རག་ལས་མོད། །འོན་ཀྱང་རྟོག་དཔྱོད་མི་བྱེད་པར། །ཚོང་དུས་ངན་པའི་ནོར་བཞིན་དུ། །སུ་ཕྲད་རྣམས་ལས་ལེན་པ་མཐོང་། །ཀྱེ་མ་སྙིགས་མའི་དུས་འདི་མཚར། །འབད་མི་དགོས་ལ་འབད་པ་བྱེད། །འབད་དགོས་ཆོས་དང་བླ་མ་ནི། །ཅི་ཡང་རུང་བས་ཆོག་པར་སྣང་། །བདག་ནི་

སེམས་ཅན་ཀུན་ལ་བྱམས། །གང་ཟག་ཀུན་ལ་བདག་མི་སྨོད། །བརྒྱ་ལ་མཉམ་པར་མ་བཞག་པས། །སྨད་པ་སྲིད་ནའང་སྙིག་དེ་བཤགས། །དམ་ཆོས་འཁྲུལ་དང་མ་འཁྲུལ་བ། །སྐྱེ་བ་གདན་གྱི་གྲོས་ཡིན་པས། །འདི་ཡི་ལེགས་ཉེས་དབྱོད་པ་ལ། །སྨྲང་ཞེས་སྨྲ་ན་རང་སྐྱོན་ཡིན། །

ཀླུ་སྒྲུབ་དང་ནི་དབྱིག་གཉེན་དང་། །ཕྱོགས་ཀྱི་གླང་པོ་ཆོས་གྲགས་སོགས། །མཁས་པ་ཀུན་གྱིས་རང་གཞན་གྱི། །ཆོས་ལོག་ཐམས་ཅད་སུན་ཕྱུང་བ། །དེ་ལའང་སྨྲང་ཞེས་ཟེར་རམ་ཅི། །རྫོགས་པའི་སངས་རྒྱས་ཀུན་གྱིས་ཀྱང་། །བདུད་དང་མུ་སྟེགས་སུན་ཕྱུང་བ། །དེ་ཡང་ཕྲག་དོག་ཉིད་འགྱུར་རམ། །མཁས་རྣམས་བླུན་པོའི་ལོང་ཁྲིད་ཡིན། །ནོར་བའི་ཆོས་དང་མ་ནོར་བའི། །ལོང་ཁྲིད་ལེགས་པར་བྱས་པ་ལ། །སྨྲང་ཞེས་སྨྲ་ན་དྲང་སྲོང་ཆད། །སངས་རྒྱས་བསྟན་པ་ཇི་ལྟར་བསྲུང་། །ལོང་ཁྲིད་ཀྱིས་ནི་ལོང་བ་ལ། །གཡང་ས་བཀག་ཅིང་ལམ་བཟང་པོར། །ཁྲིད་པའང་ཕྲག་དོག་ཡིན་ནམ་ཅི། །འོན་ལོང་བ་ཇི་ལྟར་བགྱི། །ནད་པ་ལ་ནི་གསོད་པ་ཡི། །ཁ་ཟས་སྤོང་ཞིག་ཕན་པ་བསྟེན། །དེ་སྐད་སྨན་པས་སྨྲ་ན་ཡང་། །སྨྲང་དང་ཕྲག་དོག་འགྱུར་ན་ནི། །འོན་ནད་པ་ཇི་ལྟར་གསོ། །ཆོས་ལོག་པ་དང་མ་ལོག་པའི། །རྣམ་པར་དབྱེ་བ་བྱས་པ་ལ། །སྨྲང་དང་ཕྲག་དོག་ཡིན་ཟེར་ན། །འོ་ན་འཁོར་བའི་རྒྱ་མཚོ་ལས། །སེམས་ཅན་རྣམས་ནི་ཇི་ལྟར་བསྒྲལ། །སངས་རྒྱས་འཇིག་རྟེན་བྱོན་པ་དང་། །མཁས་རྣམས་བཤད་པ་བྱེད་པ་ལ། །འབྲས་བུ་རྣམ་གསུམ་འབྱུང་བ་འདི། །སངས་རྒྱས་བསྟན་པའི་སྤྱི་ལུགས་ཡིན། །མ་ཁོལ་གྱིས་ཀྱང་འདི་སྐད་གསུངས། །དཔའ་བོ་ཁྱོད་ཀྱི་བསྟན་པ་ནི། །མུ་སྟེགས་ཐམས་ཅད་སྐྲག་མཛད་ཅིང་། །བདུད་ནི་སེམས་ཁོང་རྡུད་མཛད་ལ། །ལྷ་དང་མི་རྣམས་དབུགས་ཀྱང་འབྱིན། །ཞེས་གསུངས་དེང་སང་འདི་ན་ཡང་། །མཁས་པ་རྣམས་ཀྱིས་ཆོས་བཤད་ན། །ཆོས་ལོག་སྤྱོད་པ་ཕམ་བྱེད་ཅིང་། །བདུད་རིགས་ཐམས་ཅད་ཡི་མུག་འགྱུར། །མཁས་པ་ཐམས་ཅད་དགའ་བར་བྱེད། །འདི་འདྲས་བསྟན་པ་འཛིན་པར་ནུས། །འདི་ལས་བཟློག་པ་བྱུང་གྱུར་ན། །བསྟན་ལ་གནོད་པར་ཤེས་པར་གྱིས། །

བདག་ཀྱང་རྡོ་རྗེ་ཕག་མོ་ཡི། །བྱིན་རླབས་ཙམ་རེ་བྱས་པ་ལ། །དཀར་པོ་ཆིག་ཐུབ་བསྟན་ནས་ཀྱང་། །སྨྲོང་བ་ཅུང་ཟད་སྐྱེས་པ་ལ། །མཐོང་ལམ་དུ་ནི་ངོ་སྤྲོད་ནས། །རྩོལ་བསྒྲུབ་མེད་པའི་དོན་བསྟན་ན། །ཚོགས་པའང་འདི་བས་མང་བ་འདུ། །ལོངས་སྤྱོད་འབུལ་བའང་མང་བར་འགྱུར། །བླུན་པོ་རྣམས་ཀྱི་བསམ་པ་ལའང་། །སངས་རྒྱས་ལྟ་བུར་མོས་པ་སྐྱེ། །ཆོས་ཀྱི་གནད་རྣམས་མི་ཤེས་པའི། །སྟེ་སྣོད་འཛིན་པར་རློམ་པ་ཡང་། །དེ་ལ་ལྷག་པར་དད་འགྱུར་བར། །བདག་གིས་ལེགས་པར་གོ་མོད་ཀྱི། །འཁོར་དང་ཟང་ཟིང་བསྒྲུབ་པའི་ཕྱིར། །བདག་གིས་སེམས་ཅན་བསླུས་པ་མིན། །འོན་ཀྱང་སངས་རྒྱས་བསྟན་པ་ལ། །ཕན་པར་བསམས་ནས་བཤད་པ

ཡིན། །སངས་རྒྱས་བསྟན་པ་བཞིན་བསྒྲུབས་ན། །སངས་རྒྱས་བསྟན་ལ་ཕན་པར་བསམས། །མུ་སྟེགས་བྱེད་དང་ཉན་ཐོས་དང་། །ཐེག་པ་ཆེན་པོ་འགའ་ཞིག་ལའང་། །འཕྲུལ་པ་ཡོད་མོད་མཁས་རྣམས་ཀྱིས། །སྔུན་ཕྱུང་ཕྱིར་ན་འདིར་མ་བཤད། །

དེང་སང་གངས་རིའི་ཁྲོད་འདི་ན། །རིགས་པས་བསྒྲུབས་པར་མི་ནུས་ཤིང་། །སངས་རྒྱས་བསྟན་དང་འགལ་བ་ཡི། །འཕྲུལ་པ་གསར་པ་དུ་མ་བྱུང་། །རྡོ་རྗེ་ཐེག་པའི་གནད་འཆུགས་པས། །རྒྱུད་སྡེ་རྣམས་དང་གྲུབ་ཐོབ་ཀྱི། །དགོངས་པ་རྣམས་དང་འགལ་བའི་གནད། །དཔག་མེད་ཡོད་མོད་གསང་སྔགས་ཉིད། །ཡིན་ཕྱིར་ཁོ་བོས་གཞན་དུ་བཤད། །འདི་ནི་ཀུན་ལ་བཤད་རུང་བའི། །འཕྲུལ་པ་རགས་རིམ་ཙི་རིགས་པ། །འཕེལ་ན་བསྟན་ལ་གནོད་མཐོང་ནས། །ཆེ་ལོང་ཙམ་ཞིག་བཤད་པ་ཡིན། །

ད་དུང་འཕྲུལ་པའི་རྣམ་གཞག་ནི། །སྐྱོན་ཅན་དཔག་མེད་སྣང་ན་ཡང་། །གཞུང་མངས་དོགས་པས་རེ་ཞིག་བཞག །གལ་ཏེ་ལུང་དང་རིགས་པའི་གནད། །ཤེས་པའི་བློ་ཅན་རྣམས་ཀྱིས་དེ། །ལེགས་པར་དཔྱོད་ལ་དགག་བསྒྲུབ་གྱིས། །སངས་རྒྱས་བསྟན་དང་ཕྲད་དཀའ་ཞིང་། །དལ་བ་འབྱོར་པའང་རྙེད་དཀའ་བས། །མཁས་པ་རྣམས་ཀྱིས་ལེགས་རྟོགས་ལ། །གཟུ་བོར་གནས་པའི་བློ་ཡིས་དཔྱོད། །

བདག་གིས་སྒྲ་དང་ཚད་མ་བསླབས། །ཚིག་གི་སྡེབ་སྦྱོར་རྣམས་ཀྱང་ཤེས། །རྒྱན་དང་མངོན་བརྗོད་ཕལ་ཆེར་གོ། །འདུལ་བ་དང་ནི་མངོན་པ་དང་། །ཕ་རོལ་ཕྱིན་པའང་ཕལ་ཆེར་ཐོས། །གསང་སྔགས་རྒྱུད་སྡེ་བཞི་པོ་ཡང་། །ཉན་བཤད་ཡོད་པ་ཕལ་ཆེར་ཐོས། །ཐོས་པ་དེ་དག་ཐམས་ཅད་ཀྱང་། །མིང་ཙམ་དུ་མ་བཞག་གོ། བྱེ་བྲག་སྨྲ་དང་མདོ་སྡེ་པ། །སེམས་ཙམ་དང་ནི་དབུ་མ་ཡི། །གདམས་ངག་ཇི་སྙེད་ཕལ་ཆེར་ཐོས། །

དེང་སང་བོད་ལ་གྲགས་པ་ཡི། །ཞི་བྱེད་རྫོགས་ཆེན་གཅོད་ལ་སོགས། །སྐབས་བརྒྱད་ཅིག་ཅར་བསྒོམ་པ་དང་། །ཕ་རོལ་ཕྱིན་པའི་བློ་སྦྱོང་དང་། །བཀའ་གདམས་གདམས་ངག་ལུགས་གཉིས་དང་། །ས་ར་ཧ་དང་ཏི་ལོ་པ། །ནག་པོ་སྤྱོད་པའི་དོ་ཧ་དང་། །རྣལ་འབྱོར་དབང་ཕྱུག་བི་རྺ་པའི། །དོ་ཧ་སེང་གེ་ཞེས་བྱ་སོགས། །དོ་ཧའི་བྱེ་བྲག་དུ་མ་ཐོས། །རིམ་ལྔ་སྟན་ཐོག་གཅིག་པ་དང་། །ནཱ་རོ་ཆོས་དྲུག་ལུགས་གསུམ་དང་། །གསང་བ་འདུས་པ་ཡེ་ཤེས་ཞབས། །དེ་བཞིན་འཕགས་སྐོར་གདམས་ངག་དང་། །དགྱེས་པ་རྡོ་རྗེ་སྙིང་པོའི་སྐོར། །གཤིན་རྗེ་གཤེགས་དང་འཇིགས་བྱེད་སོགས། །དེ་ཡི་གདམས་ངག་གསར་རྙིང་དང་། །འཁོར་ལོ་སྡོམ་པའི་གདམས་ངག་དང་། །དུས་ཀྱི་འཁོར་ལོའི་སྦྱོར་དྲུག་སོགས། །མཚན་བརྗོད་བཤད་པ་ལུགས་དྲུག་དང་། །འཆི་མེད་གྲུབ་པའི་གདམས་ངག་དང་། །ལམ་འབྲས་ལ་སོགས་ལམ་སྐོར་དགུ། །དེ་ལས་འཕྲོས་པ་དུ་མ་དང་། །

གཞན་ཡང་བོད་དང་རྒྱ་གར་ལ། །དེང་སང་གྲགས་པ་ཕལ་མོ་ཆེ། །བདག་གིས་འབད་དེ་ལེགས་པར་མཉན། །བསླབས་པ་དེ་དག་མིང་ཙམ་མིན། །དེ་ཕྱིར་ཆོས་རྣམས་ཕལ་ཆེར་ཐོས། །དེས་ན་བདག་ལ་ཕྱོགས་ལྷུང་མེད། ། དེ་ཕྱིར་གཟུ་བོས་དཔྱད་པ་འདི། །བློ་ལྡན་རྣམས་ཀྱིས་འདི་ལྟར་ཟུང་། །

ཐུབ་པའི་བསྟན་པ་རིན་ཆེན་གཞལ་མེད་ཁང་། །ལོག་ལྟའི་མུན་ནག་ཚང་ཚིང་རྣམ་པར་གསལ། །བློ་གསལ་བློ་ཡི་པདྨ་ཁ་འབྱེད་པ། །བསྟན་བཅོས་ཉི་མའི་སྣང་བ་དེང་འདིར་ཤར། །རྒྱལ་བ་ཀུན་གྱི་དགོངས་པ་འདི་ཡིན་ཞེས། །འགྲོ་ལ་ཕན་པའི་བསམ་པས་བདག་གིས་བཤད། །མཁས་པ་ཀུན་གྱི་དགོངས་པ་འདི་ཡིན་མོད། །ད་དུང་བླུན་པོ་རྣམས་ཀྱིས་རྟོགས་པར་དཀའ། །ཀུན་དགའི་ཉི་མས་སངས་རྒྱས་བསྟན་པ་ཡི། །པདྨོ་རྣམ་པར་ཕྱེ་བ་ལས་བྱུང་བའི། །དམ་པའི་སྦྲང་རྩིས་འགྲོ་བའི་བུང་བ་ཀུན། །རྒྱུན་དུ་བདེ་བའི་དགའ་སྟོན་འགྱེད་པར་ཤོག །

གང་གི་ཐུགས་བརྩེས་ཉེར་བཟུང་ནས། །ལོག་པའི་ཆོས་རྣམས་སྤངས་ནས་ཀྱང་། །སངས་རྒྱས་བསྟན་དང་ལེགས་སྦྱོད་པའི། །འཇམ་མགོན་བླ་མ་དེ་ལ་འདུད། །

སྡོམ་པ་གསུམ་གྱི་རབ་ཏུ་དབྱེ་བ་ཞེས་བྱ་བ། ཆོས་དང་ཆོས་མ་ཡིན་པ་རྣམ་པར་འབྱེད་པའི་བསྟན་བཅོས། མང་དུ་ཐོས་པའི་ནོར་དང་ལྡན་པ། རིགས་པ་དང་མི་རིགས་པ་དཔྱོད་པར་ནུས་པའི་བློ་གྲོས་ཅན། སྡེ་སྣོད་འཛིན་པ་ཀུན་དགའ་རྒྱལ་མཚན་དཔལ་བཟང་པོས་སྦྱར་བ་རྫོགས་སོ།། །།

བྱེ་བྲག་ཏུ་གསང་སྔགས་ཀྱི་གནད་གཏན་ལ་དབབ་པ་གསང་ཆེན་ཡིན་པས་ཁོ་བོས་ལོགས་སུ་བཤད་པར་བལྟའོ། །

བདག་ཉིད་ཆེན་པོ་ཉིད་ཀྱིས་མཛད་པའི་མཆན་འདི་རང་འགྲེལ་ལྟར་གཅེས་པ་ཡིན།

༄༅། །སྡོམ་པ་གསུམ་གྱི་རབ་ཏུ་དབྱེ་བའི་རང་མཆན་འཁྲུལ་མེད་བཞུགས་སོ། །

ཆོས་རྗེ་ས་སྐྱ་པཎྜི་ཏ།

སྡོམ་པ་གསུམ་གྱི་རབ་ཏུ་དབྱེ་བ་ཞེས་བྱ་བ། བླ་མ་དམ་པའི་ཞབས་ལ་གུས་པས་ཕྱག་འཚལ་ལོ། །བདེ་གཤེགས་བསྟན་པའི་གསུང་རབ་སེང་གེའི་སྒྲ། །ལྷ་ངན་རི་དྭགས་མཐའ་དག་སྐྲག་པར་མཛད། །སངས་རྒྱས་དགོངས་པ་ཇི་བཞིན་ལེགས་སྒྲུབ་པ། །མཚུངས་མེད་བླ་མ་དེ་ལ་བདག་ཅག་དད། །སྐྱོན་མེད་ཡོན་ཏན་ཀུན་གྱི་མཛོད་མངའ་བ། །འགྲོ་བའི་བླ་མའི་ཞབས་ལ་ཕྱག་འཚལ་ནས། །དད་ལྡན་སངས་རྒྱས་གསུང་བཞིན་བསྒྲུབ་འདོད་པ། །དེ་ལ་སྡོམ་གསུམ་དབྱེ་བ་བདག་གིས་བཤད། །མཁས་རྣམས་དགའ་བའི་སྟེབ་སྦྱོར་ནི། །བླུན་པོ་རྣམས་ཀྱིས་གོ་དཀའ་བས། །ཚིག་གི་སྦྱོར་བ་སྤྲངས་ནས་ཀྱང་། །ཀུན་གྱིས་གོ་བར་བྱ་ཕྱིར་བཤད། །བདག་ནི་སངས་རྒྱས་བསྟན་པ་ལ། །མི་ཕྱེད་པ་ཡི་དད་པ་ཡོད། །འོན་ཀྱང་སངས་རྒྱས་བསྟན་པ་ལ། །འཁྲུལ་བར་སྤྱོད་ལ་བདག་མ་དད། །

སོ་སོར་ཐར་པའི་སྡོམ་པ་དང་། །བྱང་ཆུབ་སེམས་དཔའི་སེམས་བསྐྱེད་དང་། །གསང་སྔགས་ཀྱི་ནི་དབང་བསྐུར་དང་། །དེ་དག་གི་ནི་ཆོ་ག་དང་། །སོ་སོའི་བསླབ་པར་བྱ་བ་དང་། །སེམས་བསྐྱེད་པ་ཡི་གནད་རྣམས་དང་། །སྟོང་ཉིད་སྙིང་རྗེའི་སྙིང་པོ་དང་། །རིམ་པ་གཉིས་ཀྱི་གསང་ཚིག་གསང་སྔགས་དང་འབྲེལ་བ་འདི་དག་མདོ་ཙམ་ཞིག་བསྟན་ལ་རྒྱས་པར་གཞན་དུ་བསྟན་ཡོད། དང་། །ཡེ་ཤེས་ཕྱག་རྒྱ་ཆེན་པོ་དང་། །ཕྱི་དང་ནང་གི་རྟེན་འབྲེལ་དང་། །ས་དང་ལམ་གྱི་རྣམ་གཞག་གི། །རྣམ་པར་དབྱེ་བ་བཤད་ཀྱིས་ཉོན། །སོ་སོར་ཐར་པའི་སྡོམ་པ་ལ། །ཉན་ཐོས་ཐེག་ཆེན་ལུགས་གཉིས་ཡོད། །ཉན་ཐོས་རྣམས་ཀྱི་སྐྱབས་འགྲོ་ནས། །དགེ་སློང་གི་ནི་སྡོམ་པའི་བར། །ཇི་སྲིད་འཚོ་ཡི་བར་དུ་ཡིན། །ཤི་བའི་ཚེ་ན་སྡོམ་པ་གཏོང་། །སྡོམ་པ་རྣམས་ཀྱི་འབྲས་བུ་ནི། །ཚེ་འཕོས་ནས་ནི་འབྱུང་བར་འགྱུར། །བྱང་ཆུབ་སེམས་དཔའི་སྡོམ་པ་རྣམས། །ཤི་འཕོས་ནས་ཀྱང་རྗེས་སུ་འབྲང་། །དེ་དག་གི་ནི་རྒྱུ་མཚན་ཡང་། །ཉན་ཐོས་སྡོམ་པ་རྣམ་རིག་མིན། །ལུས་ངག་ལས་ནི་སྐྱེ་བར་འདོད། །སྡོམ་པ་གཟུགས་ཅན་ཡིན་པའི་ཕྱིར། །ཤི་བའི་ཚེ་ན་སྡོམ་པ་གཏོང་། །འདི་ནི་ཆོས་མངོན་མཛོད་ལས་ཀྱང་། །བསླབ་པ་ཕུལ་དང་ཤི་འཕོས་དང་། །ཕོ་མོའི་ མཚན་ལན། གཉིས་དག་ནི་བྱུང་བ་དང་། །ལོག་ལྟ་སྐྱེས་པ། རྩ་བ་ཆད་དང་བསྙེན་གནས་ནམ་ལངས་པ

དང་སྡོམ་པ་གཏོང་། མཆན་འདྲེས་ལས། །སོ་སོར་ཐར་པའི་སྡོམ་པ་གཏོང་། །ཞེས་གསུངས་ཉན་ཐོས་ཀྱི་སོ་སོར་ཐར་པ་འདི་ལ་ཚད་མ་ཡིན། །བྱང་ཆུབ་སེམས་དཔའི་སྡོམ་པ་ནི། །སེམས་ལས་སྐྱེ་ཕྱིར་གཟུགས་ཅན་མིན། །དེས་ན་ཇི་སྲིད་སེམས་མ་ཉམས། །དེ་ཡི་བར་དུ་སྡོམ་པ་ཡོད། །མདོ་རྒྱུད་བསྟན་བཅོས་ཐམས་ཅད་ཀྱི། །དགོངས་པ་ཡང་ནི་འདི་ཉིད་ཡིན། །ཁ་ཅིག་ཇི་སྲིད་འཚོ་བའི་སྒྲ། །ལུས་དང་སེམས་ལ་དགོངས་ཞེས་ཟེར། །དེ་འདྲ་སངས་རྒྱས་དགོངས་པ་མིན། །མཁས་པའི་གཞུང་ལས་དེ་མ་བཤད། །དེ་ལྟ་ཡིན་ན་ཉན་ཐོས་དང་། །ཐེག་ཆེན་སྡོམ་པ་ཁྱད་མེད་འགྱུར། །ཐུན་མོང་ཐུན་མོང་མ་ཡིན་པའི། །སྐྱབས་འགྲོ་གཉིས་སུ་དབྱེར་མི་རུང་། །སྔི་ཉན་ཐོས་དང་བྱང་ཆུབ་སེམས་དཔའི་སྡོམ་པ་གཉིས་ཀ་ཇི་སྲིད་སངས་མ་རྒྱས་པའི་བར་དུ་ལེན་པའི་ཕྱིར་རོ། །སྡོམ་པ་འབོགས་པའི་ཆོ་ག་དང་། །དེ་ཡི་བསླབ་བྱའང་གཅིག་ཏུ་འགྱུར། །ཤི་ཡང་དགེ་སློང་མི་འདོར་ན། །བསླབ་པ་ཕུལ་བ་ལ་སོགས་པ། །སྡོམ་པ་གཏོང་རྒྱུ་མཚན་གཉིས་སུ་གྱུར་པ་དང་ལོག་ལྟ་སྐྱེས་པ་ལ་སོགས་པ། གཞན་གྱིས་ཀྱང་། །སྡོམ་པ་གཏོང་བ་མི་སྲིད་འགྱུར། །

དེ་ལ་ཁ་ཅིག་འདི་སྐད་དུ། །སེམས་བསྐྱེད་ཀྱིས་ནི་མ་ཟིན་པའི། །སྡོམ་པ་གལ་ཏེ་གཏོང་ན་ཡང་། །བྱང་ཆུབ་སེམས་ཀྱིས་ཟིན་པ་ཡི། །སྡོམ་པ་གཏོང་བ་མི་སྲིད་ལོ། །འོན་སེམས་བསྐྱེད་ཀྱིས་ཟིན་པའི། །དགེ་སློང་ལ་སོགས་སྡོམ་པ་རྣམས། །བསླབ་པ་ཕུལ་དང་ཤི་འཕོས་དང་། །རྩ་བ་ཆད་པ་ལ་སོགས་པ། །གཏོང་རྒྱུ་ཀུན་གྱིས་མི་གཏོང་འགྱུར། །དེ་ལྟ་ཡིན་ན་དགེ་སློང་གི། །སྡོམ་པ་ཕུལ་ཡང་བསྲུང་དགོས་འགྱུར། །མ་བསྲུངས་དགེ་སློང་ཉམས་པར་འགྱུར། །ཤི་འཕོས་ནས་ཀྱང་དགེ་སློང་འགྱུར། །གལ་ཏེ་དེ་ནི་ལྷར་སྐྱེས་ན། །ལྷ་ཡི་དགེ་སློང་སྲིད་པར་འགྱུར། །མིར་སྐྱེས་ན་ཡང་བྱིས་པ་ལ། །བླང་མི་དགོས་པར་དགེ་སློང་འགྱུར། །དེ་ལ་ལྟུང་བ་བྱུང་གྱུར་ན། །དགེ་སློང་སྡོམ་པ་ཉམས་པར་འགྱུར། །ཉམས་ནས་འཆབ་སེམས་སྐྱེས་པ་ལ། །སླར་ཡང་བླང་དུ་མེད་པར་འདུལ་བ་ལུང་ལས་གསུངས། །

ལྷ་དང་བྱིས་པའི་དགེ་སློང་ནི། །འདུལ་བའི་སྡེ་སྣོད་རྣམས་ལས་བཀག །སེམས་བསྐྱེད་ལྡན་པའི་བསྙེན་གནས་ཀྱང་། །ནངས་པར་ཕན་ཆད་ཡོད་པའི་ཕྱིར། །རྟག་ཏུ་བསྙེན་གནས་བསྲུང་དགོས་འགྱུར། །དེ་ལྟ་མིན་ན་བསྙེན་གནས་སྡོམ་པ་ནི་ཡོད་སྲུང་ནི་མི་བསྲུངས་པས། ཉམས་པར་འགྱུར། །ནངས་པར་ནམ་ལངས་ནས། བསྙེན་གནས་ཀྱི་སྡོམ་པ། གཏོང་ན་ནི། །སྡོམ་པ་དགེ་སློང་དགེ་ཚུལ་ཡང་ཤི་ན་སྡོམ་པ་གཏོང་བར་རིགས་པ་མཚུངས་ལ་རྒྱུན་དུ་འབྱུང་བ་འགལ། །དེས་ན་སོ་སོར་ཐར་པ་ཡི། །སྡོམ་པ་ཤི་ཡང་ཡོད་དོ་ཞེས། །སྨྲ་བའི་སྐྱེས་བུ་དེ་ལ་ནི། །ཉན་ཐོས་དང་ཐེག་ཆེན་གཉིས་ཀྱི་སྡེ་སྣོད་ཀྱི་རྣམ་པས། དབྱེ་བ། མེད་པར་ཟད། །བྱེ་བྲག་སྨྲ་བའི་བསྙེན་གནས་ཀྱང་། །དགེ་སློང་ལས་ལེན་གང་ཟག་ནི། །གླིང་གསུམ་གྱི་སྐྱེས་པ་བུད་མེད་ལས། །འགྲོ་བ་རིགས་དྲུག་གཞན་ལ་སྡོམ་པ་བཀག །མདོ་སྡེ་པ་རྣམས་དུད་འགྲོ་རི་བོང་

ལ༑ སོགས་པ། །འགྲོ་བ་རིགས་དྲུག་གཞན་ལའང་སྐྱེ་བར་བཤད། །བླང་བའི་ཡུལ་ཡང་དགེ་བསྙེན་སོགས། །གང་ཡང་རུང་ལས་བླང་བར་གནས་འཇོག་གིས་ཞུས་པའི་མདོ་ལས། གསུངས། །ཉན་ཐོས་རྣམས་ཀྱི་ཆོ་ག་ཡང་། །སྐྱབས་སུ་འགྲོ་བའི་ཚུལ་གྱིས་འབོགས། །དོན་ཡོད་ཞགས་པའི་རྟོགས་པ་ལས། །བསྙེན་གནས་རང་གིས་བླང་བ་ཡི། །ཆོ་ག་སེམས་བསྐྱེད་འདྲ་བར་གསུངས། །དེས་ན་ཆོ་ག་ཁྱད་པར་ཡོད། །ལ་ལ་བསྙེན་གནས་བསྲུངས་པ་ཡི། །ནངས་པར་བསྙེན་གནས་འབུལ་དགོས་ཟེར། །བསྙེན་གནས་མཚན་མོ་འདས་པ་ན། །གཏོང་ཕྱིར་འདི་ལ་འབུལ་མི་དགོས། །མདོ་སྡེ་པ་ཡི་ལུགས་བཞིན་དུ། །མདོ་སྡེ་པ་ཡན་ཆད་ལན་གཅིག་སློབ་དཔོན་ལས་བླངས་ནས་ཕྱིས་ནམ་འདོད་དུས་ན་བསྲུང་བས་ཆོག་ཅེས་ཟེར་ཏེ། སྤྱོད་འཇུག་ལས། སྤོང་བའི་སེམས་ནི་ཐོབ་པ་ལས། །ཚུལ་ཁྲིམས་ཕ་རོལ་ཕྱིན་པར་བཤད། །ཅེས་པ་ལྟར་རོ། །ཇི་ལྟར་འདོད་ཚེ་ལེན་ན་ཡང་། །ནངས་པར་ཕན་ཆད་བསྲུང་བ་ཡི། །བསམ་པ་མེད་ཕྱིར་སྡོམ་པ་གཏོང་། །དེ་ཡི་ཕྱིར་ན་འབུལ་མི་དགོས། །ལ་ལ་བསྙེན་གནས་འཚོལ་བ་ཐོས། །འདི་འདྲ་གང་ནའང་བཤད་པ་མེད། །ཁ་ཅིག་བསྙེན་གནས་བསྲུངས་པའི་ཚེ། །ཉ་དང་གནམ་སྟོང་ཚེས་བརྒྱད་ལ། །ལྷ་བསྒོམ་ཐ་དད་མ་བྱས་ན། །བསྙེན་གནས་བསྲུང་དུ་མི་འདོད་ཟེར། །

འདི་ཡང་རེ་ཞིག་བརྟག་པར་བྱ། །བསྙེན་གནས་སོ་སོར་ཐར་པའི་ལུགས། །གཙོ་ཆེར་ཉན་ཐོས་གཞུང་ལུགས་ཡིན། །ཡི་དམ་ལྷ་ཡི་བསྒོམ་བཟླས་ནི། །གསང་སྔགས་པ་ཡི་གདམས་ངག་ཡིན། །ཉན་ཐོས་གཞུང་ལས་བཤད་པ་མེད། །དེས་ན་ལྷ་བསྒོམ་མ་བྱས་ཀྱང་། །བསྙེན་གནས་ཉམས་པར་འགྱུར་བ་མེད། །འོན་ཀྱང་གསང་སྔགས་ལུགས་བྱེད་ན། །ཡི་དམ་བསྒོམ་པ་བསོད་ནམས་ཆེ། །ཐེག་པ་ཆེན་པོ་ལས་བྱུང་བའི། །སོ་སོར་ཐར་པ་བཤད་ཀྱིས་ཉོན། །བྱང་ཆུབ་སེམས་དཔའ་ཉིད་ལ་ཡང་། །སོ་སོར་ཐར་པ་འབོགས་པ་ཡིན། །ཆོ་ག་འགའ་ཞིག་ཡོད་མོད་ཀྱི། །དེ་ཡི་ཆོ་ག་ཕལ་ཆེར་ནུབ། །གསོ་སྦྱོང་རང་གིས་བླང་བ་སོགས། །ཆོ་གའི་ལག་ལེན་འགའ་ཞིག་ཡོད། །རྒྱལ་སྲས་བྱམས་པ་འཇམ་དབྱངས་སོགས། །བདག་ཉིད་ཆེན་པོ་འགའ་ཞིག་གིས། །མཁན་པོ་མཛད་ནས་འགྲོ་མང་ལ། །བསྙེན་པར་རྫོགས་པར་མཛད་དོ་ཞེས། །ཆོས་འབྲུ་ཙམ་ཞིག་དཀོན་མཆོག་བརྩེགས་པའི་མདོ་ལས། གསུངས་མོད་ཀྱི། །འོན་ཀྱང་དེ་ཡི་ཆོ་ག་ནི། །སྦྱོར་དངོས་རྗེས་གསུམ་གྱིས་འབོགས་པ། །མདོ་ལས་གསུངས་པ་ངས་མ་མཐོང་། །འདི་འདྲ་སྟོན་གྱི་ཆོ་ག་སྟེ། །འཕགས་པ་རྣམས་ཀྱི་སྤྱོད་ཡུལ་ཡིན། བྱམས་པ་ལ་སོགས་པ་དབུ་སྐྲ་རིང་པོ་རྒྱན་དང་བཅས་པ་རྣམས་ཀྱིས་མཛད་པ་ནི་འཕགས་པ་རྣམས་ཀྱི་སྤྱོད་ཡུལ་ཡིན་གྱི། །སོ་སོ་སྐྱེ་བོས་བྱར་མི་རུང་། །དེས་ན་ད་ལྟའི་ཆོ་ག་ནི། །བསམ་པ་སེམས་བསྐྱེད་ཀྱིས་ཟིན་པའི། །ཆོ་ག་ཉན་ཐོས་ལུགས་བཞིན་གྱིས། །སོ་སོར་ཐར་པ་རིགས་བརྒྱད་པོ། །བྱང་སེམས་སོ་སོར་ཐར་པར་འགྱུར། །

དེ་ནས་བྱང་ཆུབ་སེམས་དཔའ་ཡི། །སོ་སོར་ཐར་པའི་བསླབ་བྱ་ཡི། །ཁྱད་པར་ཅུང་ཟད་བཤད་ཀྱིས་ཉོན། །འདི་ལ་སྡིག་ཏོ་མི་དགེའི་ཕྱོགས། །ཕལ་ཆེར་ཉན་ཐོས་ལུགས་བཞིན་བསྲུང་། །འདོད་པས་དབེན་པའི་ལྟུང་བ་འགའ། །བྱང་ཆུབ་སེམས་དཔའི་ལུགས་བཞིན་བསྲུང་། །འཇིག་རྟེན་མ་དད་གྱུར་པའི་ཆ། །གཉིས་ཀ་མཐུན་རྣམས་འབད་པས་བསྲུང་། །འཇིག་རྟེན་འཇུག་པའི་རྒྱུར་འགྱུར་ན། །ཐེག་ཆེན་སོ་སོར་ཐར་ལས་གནང་། །དཔེར་ན་ཉན་ཐོས་དགེ་སློང་ནི། །གསེར་དངུལ་ལེན་པ་ཐུབ་པས་བཀག །བྱང་ཆུབ་སེམས་དཔའི་དགེ་སློང་ལ། །གཞན་དོན་འགྱུར་ན་ལྟུང་བ་མེད། །ཉན་ཐོས་སེམས་ཅན་དོན་ཡིན་ཡང་། །འདོད་ཆེན་པོ་ལ་ལྟུང་བ་འབྱུང་། །ཐེག་ཆེན་གཞན་གྱི་དོན་ཡིན་ན། །འདོད་ཆེན་ལྟུང་བ་མེད་ཅེས་བྱང་ཆུབ་སེམས་དཔའི་ས་ལས། གསུངས། །སོ་སོར་ཐར་པ་ལུགས་གཉིས་པོ། །དེ་འདྲའི་རྣམ་དབྱེ་ཤེས་པར་བྱ། །ཐེག་ཆེན་སོ་སོར་ཐར་ཡིན་ཡང་། །དགེ་སློང་ལ་སོགས་སྡོམ་པ་ཡི། །ལྡོག་པ་ཤི་བའི་ཚེ་ན་གཏོང་། །བྱང་ཆུབ་སེམས་ཀྱི་ལྡོག་པ་དང་། །དེ་ཡི་འབྲས་བུ་ཤི་ཡང་འབྱུང་། །

དེ་ནས་ལས་དང་རྣམ་སྨིན་གྱི། །རྣམ་པར་དབྱེ་བ་བཤད་ཀྱིས་ཉོན། །ལས་ལ་དགེ་སྡིག་ལུང་མ་བསྟན། །ཡིན་ཞེས་རྒྱལ་བས་མདོ་ལས་གསུངས། །དགེ་བ་ལེགས་པར་སྤྱད་པ་སྟེ། །རྣམ་སྨིན་བདེ་བ་བསྐྱེད་པ་ཡིན། །སྡིག་པ་ཉེས་པར་སྤྱོད་པ་སྟེ། །རྣམ་སྨིན་སྡུག་བསྔལ་བསྐྱེད་པར་བྱེད། །བཏང་སྙོམས་གཉིས་ཀ་མ་ཡིན་པས། །རྣམ་པར་སྨིན་པའང་གཉིས་ཀ་མེད། །འདི་དག་བྱས་པའི་ལས་ཡིན་པས། །འདུས་བྱས་ཡིན་པར་ཤེས་པར་བྱ། །ཆོས་ཀྱི་དབྱིངས་ནི་འདུས་མ་བྱས། །ཡིན་པའི་ཕྱིར་ན་ལས་མ་ཡིན། པས། །དེས་ན་དགེ་བ་ དང་སྡིག་པའི་ནང་དུ་འདུ་བ། མིན། །ལས་ལ་ཐུབ་པས་རྣམ་གཉིས་གསུངས། །སེམས་པ་དང་ནི་བསམ་པའོ། །སེམས་པ་ཡིད་ཀྱི་ལས་ཡིན་ཏེ། །བསམ་པ་དེ་ནི་ལུས་ངག་གིའོ། །ཆོས་ཀྱི་དབྱིངས་ནི་གཉིས་ཀ་མིན། །དེ་ཕྱིར་དགེ་སྡིག་ལས་ལས་གྲོལ། །གཞན་ཡང་ལས་ལ་རྣམ་བཞི་གསུངས། །ལས་དཀར་རྣམ་སྨིན་དཀར་བ་དང་། །ལས་གནག་རྣམ་སྨིན་གནག་པ་དང་། །ལས་དཀར་རྣམ་སྨིན་གནག་པ་དང་། །ལས་གནག་རྣམ་སྨིན་དཀར་བའོ། །བསམ་པ་དག་པའི་སྦྱིན་པ་སོགས། ཕ་རོལ་ཏུ་ཕྱིན་པ་དྲུག །གཉིས་ཀ་དཀར་བས་མཁས་པས་བྱ། །བཟའ་བའི་དོན་དུ་གསོད་པ་སོགས་མི་དགེ་བ་བཅུ། །གཉིས་ཀ་གནག་པས་མཁས་པས་སྨྲ། །སེམས་ཅན་མང་པོ་བསྐྱབ་པའི། ཕྱིར་གཅིག་གསོད་སོགས། །ལས་གནག་རྣམ་སྨིན་དཀར་ན་བྱ། །དགྲ་གསོད་པའི། ཕྱིར་སྦྱིན་པ་གཏོང་བ་དང་ལྷ་མཆོད་པ། ལ་སོགས། །ལས་དཀར་རྣམ་སྨིན་གནག་པ་སྨྲ། །

གཞན་ཡང་ལས་ལ་རྣམ་གཉིས་གསུངས། །འཕེན་བྱེད་ལས་དང་རྫོགས་བྱེད་ལས། །དེ་དག་དབྱེ་ན་མུ་བཞི་ཡོད། །འཕེན་བྱེད་དགེ་བས་འཕངས་པ་ལ། །རྫོགས་བྱེད་ཀྱང་ནི་དགེ་བ་དང་། །འཕེན་བྱེད་སྡིག་པས

འཕངས་པ་ལ། །རྫོགས་བྱེད་ཀྱང་ནི་སྡིག་པ་དང་། །འཕེན་བྱེད་དགེ་ལ་རྫོགས་བྱེད་སྡིག །འཕེན་བྱེད་སྡིག་ལ་རྫོགས་བྱེད་དགེ། །དེ་དག་དཔེར་བརྗོད་མདོར་བསྡུས་པ། །བཤད་པར་བྱ་ཡིས་ཡིད་ལ་ཟུང་། །མཐོ་རིས་གསུམ་པོ་འགྲུབ་པ་ནི། །དགེ་བའི་ལས་ཀྱིས་འཕེན་པ་ཡིན། །དེ་དག་བདེ་བ་འབྱུང་བ་ནི། །རྫོགས་བྱེད་དགེ་བས་འཕངས་པ་ཡིན། །ངན་སོང་གསུམ་དུ་སྐྱེ་བ་ནི། །འཕེན་བྱེད་སྡིག་པ་ཡིན་པར་གསུང་། །དེ་ཡི་སྡུག་བསྔལ་བྱེ་བྲག་ཀུན། །རྫོགས་བྱེད་ལས་ནི་སྡིག་པ་ཡིན། །མཐོ་རིས་དགེ་བས་འཕངས་མོད་ཀྱི། །དེ་ཡི་ནད་དང་གནོད་པ་ཀུན། །རྫོགས་བྱེད་སྡིག་པ་ཡིན་པར་གསུངས། །ངན་འགྲོའི་འཕེན་བྱེད་སྡིག་ཡིན་ཡང་། །དེ་ཡི་ལུས་སེམས་བདེ་བ་ཡིས། །གནས་སྐབས་དགེ་བས་འཕངས་པར་མངོན་པ་དང་མདོ་སྡེ་དུམ་ལས། གསུངས། །

གཞན་ཡང་གཅིག་ཏུ་དཀར་བ་དང་། །གཅིག་ཏུ་གནག་དང་འདྲེན་མའི་ལས། །རྣམ་པ་གསུམ་དུ་ཕྱེ་བས་གསུངས། །གཅིག་ཏུ་དཀར་བས་བདེ་བ་བསྐྱེད། །གཅིག་ཏུ་གནག་པས་སྡུག་བསྔལ་བསྐྱེད། །འདྲེན་མའི་ལས་ཀྱིས་བདེ་བ་དང་། །སྡུག་བསྔལ་འདྲེན་མ་བསྐྱེད་པར་མངོན་པ་དང་མདོ་སྡེ་ལས། གསུངས། །འདི་འདྲའི་ལས་དང་རྣམ་སྨིན་གྱི། །རྣམ་པར་དབྱེ་བ་ཤེས་གྱུར་ན། །དཀར་ནག་ལས་ཀྱི་རྒྱུ་འབྲས་ལ། །ཤིན་ཏུ་མཁས་པ་ཉིད་དུ་འགྱུར། །མུ་སྟེགས་གྲངས་ཅན་པའི་གཞུང་ལས། །དགེ་དང་སྡིག་པ་ཇི་སྙེད་དང་། །འཁོར་བ་དང་ནི་གྲོལ་བ་ཡང་། །གཙོ་བོའི་ནང་ན་གནོད་ནས་ཡོད། །འོན་ཀྱང་ཐབས་ཀྱིས་གསལ་བར་འབྱིན། །ཞེས་བྱ་བ་དང་། འོ་མའི་དུས་ན་ཞོ་གང་དང་། །ཞོ་ཡི་དུས་ན་མར་གང་ཞེས། །དྲག་པོ་ལེན་གྱིས་བཤད་པ་སྟེ། །འབིགས་བྱེད་གནས་པའང་དེ་སྐད་སྨྲ། །ཞེས་བྱ་བ་ལ་སོགས་པ་མང་དུ་བཤད་དོ། །རྣམས་ནི། །གཞིས་ལ་དགེ་སྡིག་ཡོད་ཅེས་ཟེར། །རྒྱུ་ལ་འབྲས་བུ་གནས་པར་འདོད། །བོད་ཀྱང་ལ་ལ་དེ་ཞེས་འབྲང་བོད་ཁ་ཅིག རྒྱུ་ཡི་དུས་ན་འབྲས་བུ་ཡོད། །ལས་འབྲོ་ཅན་གྱིས་རྟོགས་པར་འགྱུར། །ཞེས་པའི་ལུང་འདྲེན་པ་དུ་མ་ཡོད་དེ་མདོ་རྒྱུད་སངས་རྒྱས་པའི་བསྟན་བཅོས་ལུང་སམ་ཐམས་ཅད་ལ་གང་ནས་ཀྱང་བཤད་པ་མེད། མུ་སྟེགས་ཀྱི་ལུགས་ལ་མོས་པའི་བོད་ཀྱིས་རང་བཟོར་སྦྱར་བ་ཡིན་ཡིད་བརྟན་མེད། ཐལ་པོ་ཆེའི་རྡོ་རྗེ་རྒྱལ་མཚན་གྱི། བསྔོ་བའི་ལེའུ ལས། །འགྲོ་ཀུན་དགེ་བ་ཇི་སྙེད་ཡོད། །བྱས་དང་བྱེད་འགྱུར་བྱེད་པ་ཞེས། །གསུངས་པའི་དགོངས་པ་འཆད་པ་ལ། །ཁ་ཅིག་གྲངས་ཅན་ལུགས་བཞིན་དུ། །ཡོད་པའི་དགེ་བ་ཞེས་བྱ་བ། །རང་བྱུང་དུ་ནི་གྲུབ་པར་འདོད། །དེ་ལ་བདེ་གཤེགས་སྙིང་པོ་ཟེར། །གྲངས་ཅན་ལུགས་འདི་མི་འཐད་པས། །ལུང་དང་རིགས་པས་དགག་པར་བྱ། །

བདེ་གཤེགས་སྙིང་པོ་ཞེས་བྱ་བ། །ཆོས་དབྱིངས་འགྱུར་མེད་ཉིད་ལ་གསུངས། །དེ་སྐད་དུ་ཡང་རྒྱུད་བླ་ལས། །སེམས་ནི་རང་བཞིན་འོད་གསལ་བ། །ནམ་མཁའ་བཞིན་དུ་འགྱུར་མེད་གསུངས། རྒྱུད་བླ་མ་ཉིད་ལས། ཉེས་པ་གློ་བུར་དང་ལྡན་པ། །ཡོན་ཏན་རང་བཞིན་དང་ལྡན་ཕྱིར། ། ཇི་ལྟར་སྔར་བཞིན་ཕྱིས་དེ་བཞིན། །འགྱུར་བ་མེད་པའི་ཆོས་ཉིད་དོ། །ཞེས་གསུངས་སོ། ། མདོ་ལས་དེ་བཞིན་གཤེགས་པ་ཡི། །སྙིང་པོ་འགྱུར་མེད་ཡིན་ཞེས་བཤད། །བཅོམ་ལྡན་འདས་དེ་བཞིན་གཤེགས་པའི་སྙིང་པོ་ནི། སྐྱེས་པའམ། འགག་པའམ། འཆི་བའམ། འཆི་འཕོ་བ་དང་། སྐྱེ་བ་མ་ལགས་སོ། །དེ་ཅིའི་སླད་དུ་ཞེ་ན། བཅོམ་ལྡན་འདས་དེ་བཞིན་གཤེགས་པའི་

སྙིང་པོ་ནི། འདུས་བྱས་ཀྱི་མཚན་ཉིད་ཀྱི་ཡུལ་ལས་འདས་པ་སྟེ། རྟག་པ། བརྟན་པ། ཞི་བ། གཡུང་དྲུང་ངོ་། །ཞེས་བྱ་བ་དང་། ཤཱ་རིའི་བུ་དོན་དམ་པ་ཞེས་བྱ་བ་ནི། སེམས་ཅན་གྱི་ཁམས་ཀྱི་ཚིག་བླ་དྭགས་སོ། །ཤཱ་རིའི་བུ་སེམས་ཅན་གྱི་ཁམས་ཞེས་བྱ་བ་ནི། དེ་བཞིན་གཤེགས་པའི་སྙིང་པོའི་ཚིག་བླ་དྭགས་སོ། །ཤཱ་རིའི་བུ་དེ་བཞིན་གཤེགས་པའི་སྙིང་པོ་ཞེས་བྱ་བ་འདི་ནི། ཆོས་ཀྱི་སྐུའི་ཚིག་བླ་དྭགས་སོ། །ཞེས་གསུངས་སོ། །ཀླུ་སྒྲུབ་ཀྱིས་ཀྱང་དབུ་མ་ལས། །དེ་བཞིན་གཤེགས་པའི་རང་བཞིན་གང་། །དེ་ནི་འགྲོ་བའི་རང་བཞིན་ཡིན། །དེ་བཞིན་གཤེགས་པའི་རང་བཞིན་མེད། །འགྲོ་བ་འདི་ཡི་རང་བཞིན་མེད། །ཅེས་གསུངས་པ་ཡང་དེ་ཉིད་ཡིན། །ཤེས་རབ་ཕ་རོལ་ཕྱིན་པ་ལས། །ཆོས་ཀྱི་དབྱིངས་ནི་དུས་གསུམ་དང་། །ཁམས་གསུམ་དང་ནི་དགེ་སྡིག་ལས། །རྣམ་པར་གྲོལ་བ་ཡིན་ཞེས་གསུངས། །བརྒྱད་སྟོང་པ་ལས། ཆོས་རྣམས་ཀྱི་ཆོས་ཉིད་གང་ཡིན་པ་དེ་ནི། འདས་པ་ཡང་མ་ཡིན། མ་འོངས་པ་ཡང་མ་ཡིན། ད་ལྟར་བྱུང་བ་ཡང་མ་ཡིན། གང་འདས་པ་དང་། མ་འོངས་པ་དང་། ད་ལྟར་བྱུང་བ་མ་ཡིན་པ་གང་ཡིན་པ་དེ་ནི་དུས་གསུམ་ལས་རྣམ་པར་གྲོལ་བའོ། །གང་དུས་གསུམ་ལས་རྣམ་པར་གྲོལ་བ་དེ་ནི་ཡོངས་སུ་བསྔོ་བར་བྱ་བར་མི་ནུས་ཤིང་། དེ་ནི་དམིགས་པ་དང་། མཐོང་བ་དང་། རྟོགས་པ་དང་། རྣམ་པར་ཤེས་པ་མ་ཡིན་ནོ། །ཞེས་གསུངས་སོ། །འབུམ་དང་། ཉི་ཁྲི་ལས་ཀྱང་རྒྱས་པར་གསུངས་སོ། །དེས་ན་ཆོས་ཀྱི་དབྱིངས་ལ་ནི། །བསྔོ་བ་མེད་ཅེས་འབུམ་ལས་ཆོས་ཀྱི་དབྱིངས་ལ་ཡོངས་སུ་བསྔོ་བ་མེད་དོ་ཞེས། རྒྱལ་བས་བཤད། །ཡང་དག་སྦྱོར་བའི་རྒྱུད་ལས་ཀྱང་། །དེ་ཡི་སྡིག་དང་བསོད་ནམས་ཀྱི། །ཆ་གཉིས་རྣམ་པར་རྟོག་པ་སྟེ། །མཁས་པས་འདི་གཉིས་རྣམ་པར་སྤང་། །ཞེས་གསུངས་དེ་བཞིན་གསང་འདུས་ལ༑ ༑སོགས་པའི་རྒྱུད་སྡེ་ཀུན་ལས་གསུངས། །

འཕགས་པ་ཀླུ་སྒྲུབ་ཉིད་ཀྱིས་ཀྱང་། །གཏམ་བྱ་རིན་ཆེན་ཕྲེང་བ་ལས། །གནས་མེད་ཆོས་ཀྱིས་སྨྲག་གྱུར་པ། །སྐྱེ་བོ་གནས་ལ་མངོན་དགའ་ཞིང་། །ཡོད་དང་མེད་ལས་མ་འདས་པ། །མི་མཁས་རྣམས་ནི་འཕུང་བར་འགྱུར། །འཇིགས་མིན་གནས་འཇིགས་དེ་དག་ནི། །འཕུང་ལ་གཞན་ཡང་འཕུང་བར་འགྱུར། །རྒྱལ་པོ་འཕུང་བ་དེ་དག་གིས། །ཅི་ནས་མི་འཕུང་དེ་ལྟར་གྱིས། །རྒྱལ་པོ་ཁྱོད་ནི་མི་འཕུང་བར། །བགྱི་སླད་འཇིག་རྟེན་འདས་པའི་ལུགས། །གཉིས་ལ་མི་གནས་ཡང་དག་པ། །རྣམ་དག་ལུང་གི་དབང་གིས་བཤད། །སྡིག་དང་བསོད་ནམས་བྱ་བ་འདས། །ཟབ་མོ་བཀྲོལ་བའི་དོན་དང་ལྡན། །མུ་སྟེགས་གཞན་དང་རང་ཉིད་ཀྱིའང་། །གནས་མིན་སྨྲག་པས་མ་མྱུངས་པ། །ཞེས་གསུངས་གཞན་ཡང་དེ་ཉིད་ལས། །ཤེས་པས་ཡོད་དང་མེད་ཞིའི་ཕྱིར། །སྡིག་དང་བསོད་ནམས་ལས་འདས་པ། །དེ་ཡིས་བདེ་འགྲོ་ངན་འགྲོ་ལས། །དེ་ནི་ཐར་པ་དམ་པར་བཞེད། །ཅེས་གསུངས་འདི་ཡང་ཆོས་ཀྱི་དབྱིངས། །དགེ་སྡིག་མེད་པའི་ལུང་ཡིན་ནོ། །

ཁ་ཅིག་བདེ་གཤེགས་སྙིང་པོའི་སྒྲ། །སྟོང་ཉིད་སྙིང་རྗེའི་སྙིང་པོར་འདོད། །འདི་ནི་བདེ་གཤེགས་སྙིང་པོའི་ཁམས། །སྤྲོང་བྱེད་ཡིན་གྱི་ཁམས་དངོས་མིན། །དེ་སྐད་དུ་ཡང་རྣམ་འགྲེལ་ལས། །སྒྲུབ་བྱེད་ཐུགས་རྗེ་གོམས་པ་ལས། །ཞེས་གསུངས་བསླབ་བཏུས་ཉིད་ལས་ཀྱང་། །སྟོང་ཉིད་སྙིང་རྗེའི་སྙིང་པོ་ཅན། །བསྐྱེད་པས

བསོད་ནམས་དག་པར་འགྱུར། །ཞེས་གསུངས་དེ་བཞིན་མདོ་སྡེ་དང་། །རྒྱུད་ཀུན་ལས་ཀྱང་དེ་སྐད་གསུངས། །མངོན་པའི་གཞུང་ལས་ཉན་ཐོས་རྣམས། །ངོ་བོ་ཉིད་ཀྱི་དགེ་བ་ཞེས། །བཤད་པ་དད་པ་ལ་སོགས་པ། །བཅུ་གཅིག་པོ་ན་ཡིན་ཞེས་གསུང་། །དོན་དམ་དགེ་བ་ཞེས་བཤད་པ། །དེ་བཞིན་ཉིད་ལ་གསུངས་པ་ཡིན། །དོན་དམ་སྡིག་པ་འཁོར་བ་ཀུན། །ནམ་མཁའ་དང་། སོ་སོར་བརྟགས་མིན་གྱི་འགོག་པ། གཉིས། །དོན་དམ་ལུང་མ་བསྟན་ཞེས་བཤད། །དེ་བཞིན་ཉིད་ལ་དགེ་བ་ཞེས། །བཤད་པའི་དགོངས་པ་འདི་ལྟར་ཡིན། །དཔེར་ན་ནད་དང་བྲལ་བ་ནི། །ལུས་བདེ་མྱ་ངན་མེད་པ་ལ། །སེམས་བདེ་ཞེས་ནི་འཇིག་རྟེན་ཟེར། །འདི་དག་སྡུག་བསྔལ་མེད་པ་ལས། །གཞན་པའི་བདེ་བ་མེད་མོད་ཀྱི། །འོན་ཀྱང་སྡུག་བསྔལ་མེད་ཙམ་ལ། །བདེ་བ་ཡིན་ཞེས་ཀུན་ལ་གྲགས། །དེ་བཞིན་ཆོས་ཀྱི་དབྱིངས་ལ་ཡང་། །སྡིག་པ་མེད་པ་ཙམ་ཞིག་ལས། །ལྷག་པའི་དགེ་བ་མེད་མོད་ཀྱི། །དགེ་བ་ཡིན་ཞེས་བཏགས་པར་ཟད། །

གཞན་ཡང་མངོན་པའི་གཞུང་རྣམས་ལས། །ཟས་ཀྱིས་འགྲངས་པ་དང་འབྲིག་པའི་རྗེས། ལ་སོགས་པ་ལ། །འདོད་ཆགས་དང་། བྲལ་བར་གསུངས་མོད་ཀྱི། །འོན་ཀྱང་གཏན་ནས་བྲལ་བ་ཡི། །འདོད་ཆགས་དང་། བྲལ་བ་མཚན་ཉིད་པ། མ་ཡིན་ནོ། །དེ་བཞིན་ཆོས་ཀྱི་དབྱིངས་ལ་ཡང་། །དགེ་བ་ཡིན་ཞེས་གསུངས་གྱུར་ཀྱང་། །འབྲས་བུ་བདེ་བ་བསྐྱེད་པ་ཡི། །དགེ་བ་བཅུ་ལ་སོགས་པ་དགེ་བ་དངོས་ནི་མ་ཡིན་ནོ། །ཅི་ནས་ཆོས་དབྱིངས་དགེ་བ་ཉིད། །ཡིན་ན་ཧ་ཅང་ཐལ་འགྱུར་ཏེ། །ཆོས་ཀྱི་དབྱིངས་ལས་མ་གཏོགས་པའི། །ཆོས་གཞན་མེད་ཕྱིར་མདོ་སྡེ་རྒྱན་ལས། ཆོས་ཀྱི་དབྱིངས་ལས་མ་གཏོགས་པའི། །གང་ཕྱིར་ཆོས་མེད་དེ་ཡི་ཕྱིར། །ཞེས་གསུངས་སོ། །སྡིག་པ་དང་། །ལུང་མ་བསྟན་ཡང་དགེ་བར་འགྱུར། །དེ་ལྟ་ཡིན་ན་སེམས་ཅན་ཀུན། །ངན་འགྲོར་འགྲོ་བ་མི་སྲིད་དོ། །དེའི་སྡིག་པའང་ཆོས་ཀྱི་དབྱིངས་ཡིན་ལ། ཆོས་ཀྱི་དབྱིངས་དགེ་བ་ཡིན་པའི་ཕྱིར་རོ། །ལ་ལ་བྱམས་དང་སྙིང་རྗེ་སོགས། །གཤིས་ཀྱི་དགེ་བ་ཡིན་ཞེས་ཟེར། །འདི་ཡང་དེ་ལྟར་ངེས་པ་མེད། །མི་མཁས་པ་ཡི་བྱམས་སྙིང་རྗེ། ཉེ་དུ་ལ་བྱམས་པས་དཀོན་མཆོག་གི་དཀོར་འཕྲོགས་ནས་གསོ་བ་དང་། གཞན་གྱི་ རྨུང་ནད་གསོ་བའི་ཕྱིར་སྲོག་ཆགས་བསད་ནས་ཤ་སྟེར་བ་ལ་སོགས་པ། །ངན་སོང་རྒྱུ་རུ་ཐུབ་པས་གསུངས། །ཐབས་ལ་མཁས་པའི་སྙིང་རྗེ་ལ། །དགོངས་ནས་དགེ་བར་གསུངས་པ་ཡིན། །དེས་ན་འགྲོ་ཀུན་དགེ་བ་རྗེ་སྙིང་ཡོད་པ་དང་ཞེས་བྱ་བའི་དོན་བཤད་ན། འགྲོ་བ་ཐམས་ཅད་ཀྱིས། །བྱས་པའི་དགེ་བ་ལ་དགོངས་ནས། །འགྲོ་ཀུན་དགེ་བ་རྗེ་སྙིང་ཡོད། པ་དང་། །ཅེས་བྱའི་ཚིག་གིས་གསུངས་པ་ཡིན། །

གལ་ཏེ་ཆོས་ཀྱི་དབྱིངས་ཡིན་ན། །རྗེ་སྙིང་ཅེས་བྱའི་སྒྲ་མི་འཐད། །ཡོད་ཅེས་བྱ་བའི་སྒྲ་ཡང་འགལ། །དེ་ཡི་རྒྱུ་མཚན་འདི་ལྟར་ཡིན། །རྗེ་སྙིང་ཅེས་བྱ་མང་པོའི་སྒྲ། །ཆོས་ཀྱི་དབྱིངས་ལ་མང་ཉུང་མེད། །དེ་ནི་སྤྲོས་བྲལ་

ཡིན་ཕྱིར་རོ། །ཆོས་དབྱིངས་ཡོད་པའང་མ་ཡིན་ཏེ། །ཡོད་ཙམ་མི་རྟག་གིས་ཁྱབ་པར། །ཆོས་ཀྱི་གྲགས་པས་ལེགས་པར་གསུངས། །རྣམ་འགྲེལ་ལས། འཇིག་པ་ཡོད་ཙམ་འབྲེལ་བ་ཅན། །ཉིད་ཕྱིར་སྒྲ་ནི་མི་རྟག་ཉིད། །ཅེས་བྱ་བ་ལ་སོགས་པ་རྒྱས་པར་གསུངས་སོ། །ཀླུ་སྒྲུབ་ཀྱིས་ཀྱང་དབུ་མ་ལས། །གལ་ཏེ་མྱ་ངན་འདས་དངོས་ན། །མྱ་ངན་འདས་པ་འདུས་བྱས་འགྱུར། །དངོས་པོ་འདུས་བྱས་མ་ཡིན་པ། །འགའ་ཡང་གང་ནའང་ཡོད་མ་ཡིན། །ཞེས་གསུངས་གཞན་ཡང་དེ་ཉིད་ལས། །གང་དག་རང་བཞིན་གཞན་དངོས་དང་། །དངོས་དང་དངོས་མེད་ཉིད་ལྟ་བ། །དེ་དག་སངས་རྒྱས་བསྟན་པ་ལ། །དེ་ཉིད་མཐོང་བ་མ་ཡིན་ནོ། །ཞེས་གསུངས་གཞན་ཡང་དེ་ཉིད་ལས། །བཅོམ་ལྡན་དངོས་དང་དངོས་མེད་པ། །མཁྱེན་པས་ཀཱ་ཏྱཱ་ཡ་ན་ཡི། །གདམས་ངག་ལས་ནི་ཡོད་པ་དང་། །མེད་པ་གཉིས་ཀ་དགག་པར་མཛད། །ཅེས་གསུངས་གཞན་ཡང་དེ་ཉིད་ལས། །ཡོད་ཅེས་བྱ་བ་རྟག་པར་འཛིན། །མེད་ཅེས་བྱ་བ་ཆད་པར་ལྟ། །དེ་ཕྱིར་ཡོད་དང་མེད་པ་ལ། །མཁས་པས་གནས་པར་མི་བྱའོ། །ཞེས་གསུངས་པ་ཡང་ཆོས་ཀྱི་དབྱིངས། །ཡོད་མེད་གཉིས་ཀ་མིན་པའི་ལུང་། །དེས་ན་སངས་རྒྱས་བསྟན་པ་ལ། །གུས་པར་བྱེད་ན་ཆོས་ཀྱི་དབྱིངས། །ཡོད་མེད་གཉིས་ཀར་མ་བཟུང་ཤིག །མདོ་ཏིང་ངེ་འཛིན་རྒྱལ་པོ་ལས། མྱ་ངན་འདས་པའི་ཆོས་ལ་ཆོས་མེད་དེ། །གང་ཕྱིར་དེ་ཉིད་ནམ་ཡང་ཡོད་མི་འགྱུར། །རྟོག་ཅན་དག་གིས་ཡོད་དང་མེད་ཅེས་བསྟན། །དེ་ལྟར་བརྟགས་པས་སྡུག་བསྔལ་ཞི་མི་འགྱུར། །ཞེས་བྱ་བ་དང་། ཡོད་དང་མེད་ཅེས་བྱ་བ་མཐའ་ཡིན་ཏེ། །གཙང་དང་མི་གཙང་འདི་ཡང་མཐའ་ཡིན་ནོ། །དེ་ལྟར་མཐའ་གཉིས་རྣམ་པར་སྤང་བྱ་སྟེ། །མཁས་པས་དབུས་ལའང་གནས་པར་ཡོང་མི་བྱ། །ཞེས་བྱ་བ་དང་། ཡོད་དང་མེད་ཅེས་བྱ་བ་རྩོད་པ་སྟེ། །གཙང་དང་མི་གཙང་འདི་ཡང་རྩོད་པ་ཡིན། །རྩོད་པར་གྱུར་པས་སྡུག་བསྔལ་ཞི་མི་འགྱུར། །རྩོད་པ་མེད་པར་གྱུར་ན་སྡུག་བསྔལ་འགག ། ཅེས་གསུངས་སོ། ། རིགས་པས་ཀྱང་ནི་འདི་འགྲུབ་སྟེ། །ཡོད་ཙམ་དོན་བྱེད་ནུས་ཕྱིར་རོ། །

ཆོས་ཀྱི་དབྱིངས་ལ་བྱ་བྱེད་མེད། །དེ་ནི་སྤྲོས་བྲལ་ཡིན་ཕྱིར་རོ། །གཞན་ཡང་ཡོད་པའི་དགེ་བ་ནི། །ཆོས་ཉིད་ཡིན་ན་འགྲོ་ཀུན་གྱི། །དགེ་བ་ཞེས་བྱ་སྨོས་ཅི་དགོས། །བེམས་པོ་དང་ནི་དངོས་མེད་དང་། །འཕགས་པའི་ཆོས་ཉིད་ཅེས་མི་བསྔོ། །སྐྱེ་དེ་དག་ཀྱང་ཆོས་ཀྱི་དབྱིངས་ཡིན་ལ། །ཆོས་ཀྱི་དབྱིངས་ཐམས་ཅད་བསྔོ་རྒྱུ་ཡིན་ཕྱིར་རོ། །དེས་ན་གཞུང་དེའི་དགོངས་པ་ནི། །ལེགས་པར་བཤད་ཀྱིས་འདི་ལྟར་ཟུངས། །འགྲོ་བ་ཀུན་གྱིས་བྱས་པ་ཡི། །དགེ་བ་ཇི་སྙེད་ཡོད་པ་ཞེས། །བྱ་བའི་སྒྲ་ནི་སྤྱིར་བསྟན་ཡིན། །བྱས་དང་བྱེད་འགྱུར་བྱེད་པ་ཞེས། །དུས་གསུམ་དབྱེ་བ་དམིགས་བསལ་ཡིན། །ཡང་ན་གཞན་གྱིས་བྱས་པ་ཡི། །དགེ་བ་ཇི་སྙེད་ཡོད་པ་དང་། །རྡོ་རྗེ་རྒྱལ་མཚན་རང་ཉིད་ཀྱིས། །བྱས་དང་བྱེད་འགྱུར་བྱེད་པ་ཞེས། །བཤད་ཀྱང་མདོ་དང་འགལ་བ་མེད། །ཡང་ན་མདོར་བསྟན་རྒྱས་བཤད་དོ། །

དཔེར་ན་འགྲོ་བ་ཀུན་གྱི་སྡིག །ཇི་སྙེད་ཡོད་པ་བྱས་པ་དང་། །བྱེད་འགྱུར་དེ་བཞིན་བྱེད་པ་རྣམས། །རྒྱལ་

བའི་མདུན་དུ་བཤགས་པར་བགྱི །ཅེས་བྱའི་ཚིག་དང་མཚུངས་པ་ཡིན། །འདི་ལའང་དུས་གསུམ་ལས་གཞན་པའི། །ཡོད་པའི་སྡིག་པ་གང་ཡང་མེད། །དེ་བཞིན་དུས་གསུམ་ལས་གཞན་པའི། །ཡོད་པའི་དགེ་བ་སྲིད་མ་ཡིན། །རྡོ་རྗེ་རྒྱལ་མཚན་ཉིད་ལས་ཀྱང་། །ཡོད་པ་ཞེས་བྱ་བསྔྲུབ་པར་གསུངས། །རྡོ་རྗེ་རྒྱལ་མཚན་གྱི་བསྔོ་བ་ཉིད་ལས། ཕྱོགས་བཅུའི་འཇིག་རྟེན་ཀུན་ན་གང་ཡོད་པའི། །དགེ་བ་དེ་དག་ཡང་དག་བསྒྲུབས་པས་ན། །འགྲོ་བ་ཀུན་ལ་ཕན་དང་བདེ་སེམས་ཀྱིས། །ཡེ་ཤེས་མཁས་པ་དེ་ཡིས་ཡོངས་སུ་བསྔོ། །ཞེས་གསུངས་སོ། །ཆོས་དབྱིངས་དགེ་བར་བྱས་ནས་ནི། །དེ་ལ་བསྔོ་བའི་རྒྱུར་བྱེད་པ། །བསྔོ་བས་འགྱུར་ན་འདུས་བྱས་འགྱུར། །མི་འགྱུར་བསྔོ་བ་དོན་མེད་ཡིན། །མདོ་སྡེ་རྣམས་ལས་ཆོས་ཀྱི་དབྱིངས། །འགྱུར་བ་མེད་ཅེས་རྒྱལ་བས་གསུངས། །

རྩ་བའི་ཤེས་རབ་ཉིད་ལས་ཀྱང་། །རང་བཞིན་རྒྱུ་དང་རྐྱེན་ལས་ནི། །འབྱུང་བར་རིགས་པ་མ་ཡིན་ནོ། །རྒྱུ་དང་རྐྱེན་ལས་བྱུང་བ་ཡི། །རང་བཞིན་བྱས་པ་ཅན་དུ་འགྱུར། །རང་བཞིན་བྱས་པ་ཅན་ཞེས་བྱར། །ཇི་ལྟ་བུར་ན་རུང་བར་འགྱུར། །རང་བཞིན་དག་ནི་བཅོས་མིན་དང་། །གཞན་ལ་ལྟོས་པ་མེད་པ་ཡིན། །ཞེས་གསུངས་གཞན་ཡང་དེ་ཉིད་ལས། །གལ་ཏེ་རང་བཞིན་གྱིས་ཡོད་ན། །དེ་ནི་མེད་ཉིད་མི་འགྱུར་རོ། །རང་བཞིན་གཞན་དུ་འགྱུར་བ་ནི། །ནམ་ཡང་འཐད་པ་མ་ཡིན་ནོ། །དེ་ལ་སོགས་པའི་ལུང་རིགས་རྣམས། །ཆོས་དབྱིངས་དགེ་བ་མིན་པར་གསུངས། །གལ་ཏེ་ཆོས་ཉིད་དེ་བཞིན་ཉིད། །བསྔོ་བྱའི་དགེ་བ་མ་ཡིན་མོད། །བྱང་ཆུབ་སེམས་དཔའི་བློ་སྦྱོང་ལ། །བསྔོས་ཀྱང་ཉེས་པ་མེད་སྙམ་ན། །མ་ཡིན་འདི་ལ་ཉེས་པ་ཡོད། །དམིགས་པའི་འདུ་ཤེས་ཡོད་པའི་ཕྱིར། །བསྔོ་བ་དུག་དང་བཅས་པར་འགྱུར། །འདི་འདྲའི་བསྔོ་བ་བྱས་གྱུར་ན། །སྦྲུལ་པ་སྦྲུ་ཅན་གཅིག་དོང་དུ་ཞུགས་ན་སྦྲུལ་པ་ཐམས་ཅད་འཆི་བ། ཇི་བཞིན་དུ། །བསྔོ་བ་ལ་དམིགས་པའི་དུག་གཅིག་ཞུགས་ན་དགེ་བ། ཐམས་ཅད་འཇིག་པར་འགྱུར། །བར་གསུངས། ཆོས་ཉིད་སྤྲོས་བྲལ་དང་ནས་ནི། །དགེ་བ་ཇི་སྙེད་བྱས་པ་རྣམས། །འགྲུབ་བམ་གལ་ཏེ་མི་འགྲུབ་ཀྱང་། །འགྲོ་བའི་དོན་དུ་བསྔོ་བྱེད་ན། །བྱང་ཆུབ་སེམས་དཔའི་བློ་སྦྱོང་ཡིན། །ཆོས་ཉིད་བསྔོ་རྒྱུར་བྱེད་ན་ནི། །བློ་སྦྱོང་དུ་ཡང་མི་རུང་ངོ་། །དེ་ཡི་རྒྱུ་མཚན་འདི་ལྟར་ཡིན། །ཆོས་དབྱིངས་སྤྲོས་དང་བྲལ་བ་ལ། །དགེ་བར་བྱེད་ན་དམིགས་པར་འགྱུར། ཏེ། དགེ་སྡིག་ལུང་མ་བསྟན་གསུམ་ག་ལས་ཡིན་ལ། ལས་བློ་ཡུལ་དུ་འགྱུར་ཞིང་། བློའི་ཡུལ་དུ་བྱས་ན་དམིགས་པར་འགྱུར་བའི་ཕྱིར་རོ། །དམིགས་དང་བཅས་པའི་འདུ་ཤེས་ཀྱིས། །བསྔོ་བ་དུག་དང་བཅས་པར་གསུངས། །དཔེར་ན་དུག་དང་བཅས་པ་ཡི། །ཁ་ཟས་བཟང་པོ་ཟ་བ་ལྟར། །དཀར་པོའི་ཆོས་ལ་དམིགས་པ་ཡང་། །དེ་དང་འདྲ་བར་རྒྱལ་བས་གསུངས། །སྡུད་པ་ལས། གལ་ཏེ་མཚན་མར་བྱེད་ན་དེ་ནི་བསྔོ་མ་ཡིན། །ཅི་སྟེ་མཚན་མ་མེད་ན་བྱང་ཆུབ་བསྔོ་བ་ཡིན། །ཇི་ལྟར་དུག་དང་འདྲེས་པའི་ཁ་ཟས་བཟང་ཟ་བ། དཀར་པོའི་ཆོས་ལ་དམིགས་པའང་དེ་འདྲར་རྒྱལ་བས་གསུངས། །ཞེས་གསུངས་སོ། །འབུམ་ལས་ཀྱང་། དམིགས་པ་དང་

བཅས་པའི་འདུ་ཤེས་ཅན་ལ་ཡོངས་སུ་བསྔོ་བ་མེད་དོ། །ཞེས་གསུངས་སོ། །མངོན་པར་རྟོགས་པའི་རྒྱན་ལས་ཀྱང་། །ཡོངས་སུ་བསྔོ་བ་ཁྱད་པར་ཅན། །དེ་ཡི་བྱེད་པ་མཆོག་ཡིན་ནོ། །དེ་ནི་དམིགས་མེད་རྣམ་པ་ཅན། །ཕྱིན་ཅི་མ་ལོག་མཚན་ཉིད་དོ། །ཞེས་གསུངས་མདོ་རྒྱུད་ཐམས་ཅད་མཐུན། །པར་དམིགས་པ་ཡོད་ན་བསྔོ་བ་ཐམས་ཅད་ཕྱིན་ཅི་ལོག་ཏུ་གསུངས་སོ། །གང་དག་དམིགས་པ་མེད་པ་ཡི། །ཆོས་ཀྱི་དབྱིངས་ལའང་ཡོད་པ་ཡི། །དགེ་བ་ཡིན་ཞེས་དམིགས་བྱེད་པ། །དེ་ཡིས་ཆོས་ཅན་གཞན་དག་ལ། །དམིགས་པར་འགྱུར་བ་ལྟ་ཅི་སྨོས། །བྱི་བས་དབྱུག་པའང་ཐོས་གྱུར་ན། །སྐྱུམ་ཁུར་ཐོས་པ་སྨོས་ཅི་དགོས། །གཞན་ཡང་ཆོས་ཉིད་དེ་བཞིན་ཉིད། །བསྔོ་བའི་ཡུལ་དུ་བྱེད་པ་དང་། །ཆོས་ཉིད་མི་འགྱུར་བདེན་པ་ཞེས། །ཟེར་བ་གོང་འོག་འགལ་བ་ཡིན། །དེས་ན་ལེགས་པར་སེམས་ལ་སློམས། །

ལ་ལ་བདེ་གཤེགས་སྙིང་པོའི་སྒྲ། །ཆོས་ཀྱི་དབྱིངས་ལ་མི་ཟེར་བར། །སེམས་ཅན་ཁོ་ནའི་ཁམས་ལ་འདོད། །སེམས་ཅན་ཁམས་དེ་བརྟག་པར་བྱ། །ཁམས་དེ་དངོས་པོའམ་དངོས་མེད་དམ། །གཉིས་ཀ་མིན་པར་སྤྲོས་བྲལ་ཡིན། །རྣམ་པ་གསུམ་ལས་གཞན་མི་སྲིད། །དངོས་པོ་ཡིན་ན་བེམས་པོ་དང་། །རིག་པ་གཉིས་སུ་ཁ་ཚོན་ཆོད། །བེམས་པོ་སེམས་ཅན་ཁམས་ཉིད་དུ། །འདོད་པ་མུ་སྟེགས་ཅེ་ཐག་པ་འགའ་ཡི་ལུགས། །ཡིན་ཀྱི་སངས་རྒྱས་པ་ལ་མེད། །རིག་པ་ཡིན་ན་རྣམ་ཤེས་ཀྱི། །ཚོགས་བརྒྱད་ཉིད་ལས་འདའ་བ་མེད། །ཚོགས་བརྒྱད་འདུས་བྱས་ཡིན་པའི་ཕྱིར། །བདེ་གཤེགས་སྙིང་པོར་མི་འཐད་དེ། །མདོ་ལས་བདེ་གཤེགས་སྙིང་པོ་ནི། །འདུས་མ་བྱས་སུ་གསུངས་ཕྱིར་རོ། །འགའ་ལས་ཟག་མེད་སེམས་རྒྱུད་ཅེས། །གསུངས་པ་ཀུན་གཞིའི་རྣམ་ཤེས་ཀྱི། །གསལ་ཆ་ཉིད་ལ་དགོངས་པ་ཡིན། །དེ་ནི་མ་བསྒྲིབས་ལུང་མ་བསྟན། །ཡིན་ཕྱིར་དགེ་བའི་ཐ་སྙད་མེད། །འོན་ཏེ་ཟག་མེད་སེམས་རྒྱུད་ཅེས། །ཚོགས་བརྒྱད་ལས་གཞན་ཡོད་ན་ནི། །དེ་ཚེ་རྣམ་ཤེས་ཚོགས་དགུར་འགྱུར། །དེས་ན་ཚོགས་བརྒྱད་ལས་གཞན་པའི། །ཟག་མེད་སེམས་རྒྱུད་མི་འཐད་དོ། །དངོས་མེད་ཡིན་ན་དོན་བྱེད་མེད། །དེ་ལ་དགེ་སྡིག་འཐད་མ་ཡིན། །གལ་ཏེ་སེམས་ཅན་ཁམས་དངོས་དང་། །དངོས་མེད་གཉིས་ཀ་མ་ཡིན་པར། །སྤྲོས་བྲལ་ཡིན་ན་སྔར་བཤད་པའི། །ཆོས་ཀྱི་དབྱིངས་ལས་འདའ་བ་མེད། །དེ་ལྟ་ཡིན་ན་ཆོས་ཀྱི་དབྱིངས། །དགེ་སྡིག་མེད་པར་བཤད་ཟིན་ཏོ། །

གལ་ཏེ་བེམས་པོའི་ཆོས་ཀྱི་དབྱིངས། །བདེ་གཤེགས་སྙིང་པོ་མ་ཡིན་ཡང་། །སེམས་ཅན་རྣམས་ཀྱི་ཆོས་ཀྱི་དབྱིངས་། །བདེ་གཤེགས་སྙིང་པོ་ཡིན་སྙམ་ན། །མ་ཡིན་ཆོས་ཀྱི་དབྱིངས་ལ་ནི། །དབྱེ་བ་མེད་པར་རྒྱལ་བས་འབུམ་ལས་མང་དུ། གསུངས། །རིགས་པས་ཀྱང་ནི་འདི་འགྲུབ་བོ། །དེས་ན་དེ་བཞིན་གཤེགས་པ་ཡི། །སྙིང་པོ་སྤྲོས་བྲལ་ཡིན་པའི་ཕྱིར། །སེམས་ཅན་རྣམས་ལ་སངས་རྒྱས་དང་། །འཁོར་བ་གཉིས་ཀ་འབྱུང་བ་འཐད། །འཕགས་པ་

ཀླུ་སྒྲུབ་སློབ་ཉིད་ཀྱིས། །གང་ལ་སྟོང་པ་ཉིད་རུང་བ། །དེ་ལ་ཐམས་ཅད་རུང་བ་ཡིན། །གང་ལ་སྟོང་ཉིད་མི་རུང་བ། །དེ་ལ་ཐམས་ཅད་རུང་མ་ཡིན། །ཞེས་གསུངས་པ་ཡང་དོན་འདི་ཡིན། །

ཐེག་པ་ཆེན་པོ་རྒྱུད་བླ་མར། །བདེ་གཤེགས་ཁམས་ཀྱི་སྒྲུབ་བྱེད་ནི། །གལ་ཏེ་བདེ་གཤེགས་ཁམས་མེད་ན། །སྡུག་ལ་སྐྱོ་བར་མི་འགྱུར་ཞིང་། །མྱ་ངན་འདས་ལ་འདོད་པ་དང་། །དོན་གཉེར་སྨོན་པའང་མེད་པར་འགྱུར། །ཞེས་གསུངས་པ་ཡང་འདི་ཉིད་དེ། །ཉེ་བར་ལེན་པའི་ཕུང་པོ་ལྔ། །སྡུག་བསྔལ་ཡིན་ཞིང་མྱ་ངན་ལས། །འདས་པ་བདེ་བ་ཡིན་པས་ན། །སེམས་ནི་རང་གནས་སྐྱིག་པའི་ཕྱིར། །མེ་ཡི་སྒྲུབ་བྱེད་ཚ་བ་ལྟར། །ཕྱ་ཚད་དུ་སྐྱེག །ཆུ་ཐུར་དུ་འབབ། སེམས་མཐར་སྟོང་པ་ཉིད་ལ་དགའ་བ་ཆོས་ཉིད་ཡིན་པས། བདེ་གཤེགས་ཁམས་ཀྱི་སྒྲུབ་བྱེད་འཐད། །འདི་དོན་རྒྱས་པར་བརྒྱད་སྟོང་པའི། །ཆོས་འཕགས་ཀྱི་ནི་ལེའུར་ལྟོས། །འོན་ཀྱང་དཔལ་ཕྲེང་སེང་གེའི་སྒྲ་དང་གཟུངས་ཀྱི་དབང་ཕྱུག་རྒྱལ་པོ་ལ་སོགས་པ། མདོ་སྡེ་འགའ་ཞིག་དང་། །ཐེག་པ་ཆེན་པོ་རྒྱུད་བླ་མར། །གོས་ངན་ནང་ན་རིན་ཆེན་ལྟར། །སེམས་ཅན་རྣམས་ལ་སངས་རྒྱས་ཀྱི། །སྙིང་པོ་ཡོད་པར་གསུངས་པ་ནི། །དགོངས་པ་ཡིན་པར་ཤེས་པར་བྱ། །དེ་ཡི་དགོངས་གཞི་སྟོང་ཉིད་ཡིན། །དགོས་པ་སྐྱོན་ལྔ་སྤང་ཕྱིར་གསུངས། །ཞྲིན་དང་ཉོན་མོངས། ཀྱི་ལམ་ལས་ཀྱི་ལམ། སྐྱུ་བཞིན་རྣམ་སྨིན་གྱི་ཕུང་པོ། དེ་དང་དེར། །ཤེས་བྱ་ཐམས་ཅད་རྣམ་ཀུན་སྟོང་པ་ཞེས། །གསུངས་ནས་རྒྱལ་རྣམས་ཡང་འདིར་སེམས་ཅན་ལ། །སངས་རྒྱས་སྙིང་པོ་ཡོད་ཅེས་ཅི་སྟེ་གསུངས། །སེམས་ཞུམ་སེམས་ཅན་དམན་ལ་བརྙས་པ་དང་། །ཡང་དག་མིན་འཛིན་ཡང་དག་ཆོས་ལ་སྐུར། །བདག་ཆགས་ལྷག་པའི་སྐྱོན་ལྔ་གང་དག་ལ། །ཡོད་པ་དེ་དག་དེ་སྤོང་དོན་དུ་གསུངས། །དངོས་ལ་གནོད་བྱེད་ཚད་མ་ནི། །དེ་འདྲའི་སངས་རྒྱས་ཁམས་ཡོད་ན། །མུ་སྟེགས་བདག་དང་མཚུངས་པ་དང་། །བདེན་པའི་དངོས་པོར་འགྱུར་ཕྱིར་དང་། །ངེས་པའི་དོན་གྱི་མདོ་སྡེ་དང་། །རྣམ་པ་ཀུན་ཏུ་འགལ་ཕྱིར་རོ། །འདི་དོན་དེ་བཞིན་གཤེགས་པ་ཡི། །སྙིང་པོའི་ལེའུའི་མདོ་སྡེར་ལྟོས། །བློ་གྲོས་ཆེན་པོ། དེ་བཞིན་གཤེགས་པ་དགྲ་བཅོམ་པ་ཡང་དག་པར་རྫོགས་པའི་སངས་རྒྱས་རྣམས་ནི་སྟོང་པ་ཉིད་དང་། ཡང་དག་པའི་མཐའ་དང་། མྱ་ངན་ལས་འདས་པ་དང་། མ་སྐྱེས་པ་དང་། མཚན་མ་མེད་པ་དང་། སྨོན་པ་མེད་པ་ལ་སོགས་པའི་ཚིག་གི་དོན་རྣམས་ལ། དེ་བཞིན་གཤེགས་པའི་སྙིང་པོར་བསྟན་པར་བྱས་ནས། བྱིས་པ་རྣམས་བདག་མེད་པས་འཇིགས་པར་འགྱུར་བའི་གནས་རྣམ་པར་སྤང་བའི་དོན་དུ་དེ་བཞིན་གཤེགས་པའི་སྙིང་པོའི་སྒོ་བསྟན་པས་རྣམ་པར་མི་རྟོག་པའི་གནས་སྣང་བ་མེད་པའི་སྤྱོད་ཡུལ་སྟོན་ཏེ་ཞེས་བྱ་བ་དང་། བློ་གྲོས་ཆེན་པོ་དེ་ལྟར་དེ་བཞིན་གཤེགས་པ་རྣམས་ཀྱིས་མུ་སྟེགས་བྱེད་བདག་ཏུ་ཞེན་པ་རྣམས་དྲང་བའི་ཕྱིར་དེ་བཞིན་གཤེགས་པའི་སྙིང་པོའི་སྒོ་བསྟན་པས་དེ་བཞིན་གཤེགས་པའི་སྙིང་པོ་སྟོན་ཏེ་ཞེས་བྱ་བ་ལ་སོགས་པ་རྒྱས་པར་གསུངས་སོ། །སློབ་དཔོན་ཟླ་བ་གྲགས་པས་ཀྱང་། །དབུམ་ལ་ནི་འཇུག་པ་ལས། །བདེ་གཤེགས་སྙིང་པོ་དྲང་དོན་དུ། །གསུངས་པ་དེ་ཡང་ཤེས་པར་གྱིས། །

འགའ་ཞིག་བསྒོ་བ་བྱེད་པའི་ཚོན་རིལ་བ་སྤྱི་བླུགས་ཀྱིས། རྒྱུ། །སྤྲིང་བའི་ལག་ལེན་བྱེད་པ་ཡོད། ཅེས་གྲགས། །འདི་ནི་མུ་སྟེགས་རིག་བྱེད་པའི། །ལུགས་ཡིན་སངས་རྒྱས་པ་ལ་མེད། །སྐྱེས་རབས་ལས་ཐམས་ཅད་སྒྲོལ་གྱིས་གླང་པོ་ཆེ་བྱིན་པ་ན་བྲམ་ཟེ་ལ་ཆུ་སྤྲིངས་པ་དེ་འང་མུ་སྟེགས་ཀྱི་བྲམ་ཟེ་ཡིན། དེས་ན་གང་དང་གང་བྱེད་པ། །སངས་རྒྱས་གསུང་བཞིན་གྲུས་པས་སྒྲུབས། །བསྔོ་བ

དེ་ཡང་མདོར་བསྟན། །གནས་དང་གནས་མ་ཡིན་པ་གཉིས། །གནས་ཀྱི་བསྔོ་བ་འགྲུབ་པར་གསུངས། །གནས་མིན་བསྔོས་ཀྱང་འགྲུབ་མི་འགྱུར། །འདི་དག་གཉིས་ཀ་མདོ་ལས་གསུངས། མདོ་གང་ལས་གསུངས་ན། །འཇམ་དཔལ་སངས་རྒྱས་ཀྱི། ཞིང་གི་བཀོད་པ། ལས་ནི། །ཆོས་རྣམས་ཐམས་ཅད་རྐྱེན་བཞིན་ཏེ། །འདུན་པའི་རྩ་ལ་རབ་ཏུ་གནས། །གང་གིས་སྨོན་ལམ་ཅི་བཏབ་པ། །དེ་འདྲའི་འབྲས་བུ་ཐོབ་པར་འགྱུར། །ཞེས་གསུངས་པ། འདི་ནི་གནས་ཀྱི་བསྔོ་བ། ལ་དགོངས། །དཀོན་མཆོག་བརྩེགས་པ་པར་བུ་མོ་དྲི་མེད་བྱིན་གྱིས་ཞུས་པའི་མདོར། །ཆོས་རྣམས་ཆོས་ཉིད་བསྔོ་བ་ཡིས། །མི་འགྱུར་གལ་ཏེ་འགྱུར་ན་ནི། །དང་པོའི་སངས་རྒྱས་གཅིག་ཉིད་ཀྱི། །བསྔོ་བ་དེང་སང་ཅིས་མི་འགྲུབ། །ཅེས་གསུངས་འདི་ནི་གནས་མིན་གྱི། །བསྔོ་བ་ཉིད་ལ་དགོངས་པ་ཡིན། །དྲི་མེད་བྱིན་གྱིས་ཞུས་པ་ལས། རིགས་ཀྱི་བུ། ཆོས་རྣམས་ཀྱི་ཆོས་ཉིད་ནི་སྨོན་ལམ་གྱི་དབང་གིས་བསྒྱུར་བར་མི་ནུས་སོ། །གལ་ཏེ་ནུས་པར་གྱུར་ན་སེམས་ཅན་ཐམས་ཅད་མྱ་ངན་ལས་བཟླའོ་ཞེས་དེ་བཞིན་གཤེགས་པ་རེ་རེའི་དགོངས་པ་དེ་སྨོན་ལམ་གྱི་དབང་གིས་ཇི་ལྟར་མི་འགྲུབ་སྟེ། རྣམ་གྲངས་དེས་ན་སྨོན་ལམ་གྱི་དབང་གིས་བསྒྱུར་བར་མི་ནུས་པར་རིག་པར་བྱའོ། །ཞེས་གསུངས་སོ། །དེས་ན་བསྔོ་རྒྱུའི་དགེ་བ་དང་། །བཤགས་པར་བྱ་བའི་སྡིག་པ་ཡང་། །བྱས་པའི་དགེ་སྡིག་ཡིན་མོད་ཀྱི། །མ་བྱས་པ་ལ་དགེ་སྡིག་མེད། །དེ་ཡི་རྣམ་གཞག་བཤད་ཀྱིས་ཉོན། །འདོད་ཆགས་ཞེ་སྡང་གཏི་མུག་གསུམ། །དེས་བསྐྱེད་ལས་ནི་མི་དགེ་བ། །མ་ཆགས་ཞེ་སྡང་གཏི་མུག་མེད། །དེས་བསྐྱེད་ལས་ནི་དགེ་བ་ཞེས། །གདམས་བྱ་རིན་ཆེན་ཕྲེང་བ་ལས་གསུངས་པའི་དགོངས་པ་ཤེས་ནས་ནི། །མཁས་པ་རྣམས་ཀྱིས་དཔྱད་པར་བྱ། །ཉན་ཐོས་དགེ་བ་ཕལ་ཆེར་ཡང་། །བྱང་ཆུབ་སེམས་དཔའི་སྡིག་པར་འགྱུར། །བྱང་ཆུབ་སེམས་དཔའི་དགེ་བ་ཡང་། །ཉན་ཐོས་སྡིག་ཏུ་འགྱུར་བར་གསུངས། །བསྐལ་པ་དུ་མར་དགེ་སྤྱད་ཀྱང་། །ཉན་ཐོས་ས་རུ་སེམས་བསྐྱེད་ན། །བྱང་ཆུབ་སེམས་དཔའི་སྡིག་པ་ལྕི། །དེ་ནི་ཉན་ཐོས་དགེ་ཆེན་ཡིན། །སྡུད་པ་ལས། གལ་ཏེ་བསྐལ་པ་བྱེ་བར་དགེ་བའི་ལས་ལམ་བཅུ། །སྤྱོད་ཀྱང་རང་རྒྱལ་དགྲ་བཅོམ་ཉིད་ལ་འདོད་སྐྱེད་ན། །དེ་ཚེ་ཚུལ་ཁྲིམས་སྐྱོན་བྱུང་ཚུལ་ཁྲིམས་ཉམས་པ་ཡིན། །སེམས་བསྐྱེད་དེ་ནི་ཕས་ཕམ་ལས་ཀྱང་ཤིན་ཏུ་ལྕི། །ཞེས་གསུངས་སོ། །འདོད་པའི་ཡོན་ཏན་ལྔར་སྤྱོད་ཀྱང་། །ཐབས་མཁས་བྱང་ཆུབ་སེམས་ལྡན་ན། །རྒྱལ་སྲས་རྣམས་ཀྱི་དགེ་ཆེན་ཡིན། །ཉན་ཐོས་རྣམས་ཀྱི་སྡིག་པར་གསུངས། །སྡུད་པ་ལས། གལ་ཏེ་བྱང་ཆུབ་སེམས་དཔའ་འདོད་ཡོན་ལྔ་སྤྱོད་ཀྱང་། །སངས་རྒྱས་ཆོས་དང་འཕགས་པའི་དགེ་འདུན་སྐྱབས་སོང་སྟེ། །སངས་རྒྱས་འགྲུབ་བྱ་སྙམ་དུ་ཀུན་མཁྱེན་ཡིད་བྱེད་ན། །མཁས་པ་ཚུལ་ཁྲིམས་ཕ་རོལ་ཕྱིན་གནས་རིག་པར་བྱ། །ཞེས་གསུངས་སོ། ། གཞན་གྱི་དོན་གྱི་སེམས་བརྟན་པའི། །ཕམ་པ་བཞི་པོ་སྤྱད་ན་ཡང་། །བྱང་ཆུབ་སེམས་དཔའི་དགེ་བ་སྟེ། །ཉན་ཐོས་རྣམས་ཀྱི་སྡིག་པར་གསུངས། །

འཁོར་བའི་འགྲོ་ལ་ཆགས་པ་ནི། །གཞན་དོན་ཡིན་ཡང་ཉན་ཐོས་ཀྱི། །སྡིག་ཡིན་དེ་ཉིད་རྒྱལ་སྲས་ཀྱི། །དགེ་བ་ཡིན་པར་ཤེས་པར་བྱ། །འདི་དག་གི་དོན་དཀོན་མཆོག་བརྩེགས་པ་པར་ལྟོས། དཀར་ནག་ཟང་ཐལ་ཞེས་བྱ་བའི། །ཆོས་སྐད་འདི

འདྲ་རྒྱ་གར་ན་མེད་བོད་དུ་ཐོས། ངོ་མཚར་ཆེ་བར་གྲག །དེ་དག་གིས་ནི་དྲང་དོན་ལ། །ངེས་པའི་དོན་དུ་འཁྲུལ་པར་ཟད། །དེད་དཔོན་སྙིང་རྗེ་ཆེན་པོ་ཡིས། །ཚོང་པ་གཡོན་ཅན་བསད་པ་ཡིན། །ལས་ཀྱིས་རྫོགས་པའི་སངས་རྒྱས་ལ། །སེང་ལྡེང་ཚལ་པ་ཟུག་པ་དང་། །བྲམ་ཟེའི་ཁྱེའུ་བླ་མས་དགེ་སློང་མགོ་རེག་ལ་བྱང་ཆུབ་ལྟ་ག་ལ་ཡོད་ཅེས་སྨྲས་པའི་རྣམ་སྨིན་གྱིས་ལོ་དྲུག་དཀའ་བ་སྤྱད་པ་དང་། །བྲམ་ཟེའི་སློབ་དཔོན་དུ་གྱུར་པ་ན། སངས་རྒྱས་རྣམ་པར་གཟིགས་ཀྱི་ཉན་ཐོས་ལ། འདི་ཚོ་ནྟ་ཆས་རྩུལ་བ་བསྟོད་རྒྱུ་ཞེས་སྨྲས་པའི་རྣམ་སྨིན་གྱིས་ནྟ་ཆས་རྩུལ་བ་གསོལ་བ་དང་། །བྲམ་ཟེའི་བུ་མོས་སྐུར་བ་དང་། །རིག་བྱེད་ཀྱི་ཞར་ཆོས་སུ་གྱུར་པ་ན་སློབ་དཔོན་གྱི་འཁོར་ཕྱི་སྟེ་བཤད་པས་དགེ་འདུན་དབྱེན་གྱི་རྒྱུ་ལ་སོགས། །ཐུབ་པའི་སྐུ་ཚེ་སྟོ་མ་ཡི། །ལས་ངན་སྨིན་པར་འདུལ་བ་ལུང་ལས། གསུངས་པ་ནི། །དེས་འདུལ་བ་ཡི་སྐྱེ་བོ་ལ། །དགོངས་པའི་དབང་གིས་གསུངས་པ་ནི་དྲང་དོན་ཡིན་གྱི་ངེས་དོན་མ་ཡིན། སྟེ། །དེའི་རྒྱུ་མཚན་གསང་ཆེན་ཐབས་ལ་མཁས་པའི་མདོ་སྡེར་ལྟོས། །དེ་ནི་ངེས་དོན་མདོ་སྡེ་ཡིན། །འདུལ་བ་ལུང་ཉན་ཐོས་ཀྱི་གཞུང་། དྲང་བའི་དོན་ཡིན་པ་དེ། ལ་ཡིད་མ་རྟོན། །

གལ་ཏེ་རྫོགས་པའི་སངས་རྒྱས་ལ། །ལས་ངན་སྨིན་པ་བདེན་ན་ནི། །ཚོགས་གཉིས་རྫོགས་པ་དོན་མེད་ཅིང་། །དགྲ་བཅོམ་དང་ཡང་འདྲ་བར་འགྱུར། །སྐུ་གསུམ་རྣམ་གཞག་བྱར་མི་རུང་། །དེ་ཡི་འཐད་པ་བཤད་ཀྱིས་ཉོན། །ཚོགས་གཉིས་རྫོགས་པའི་སངས་རྒྱས་ནི། །སྟུག་པོ་བཀོད་པར་སངས་རྒྱས་པའི། །ལོངས་སྤྱོད་རྫོགས་པའི་སྐུ་ཉིད་ཡིན། །དེ་ཡི་སྤྲུལ་པའི་སྐུ་ཉིད་ནི། །ཟས་གཙང་སྲས་སུ་འཁྲུངས་པ་ཡི། །ཤཱཀྱ་སེང་གེ་འདི་ཡིན་ནོ། །འདི་ནི་གདུལ་བྱ་སྨིན་པའི་ཕྱིར། །གཤེགས་དང་བཞུགས་དང་མནལ་བ་དང་། །མུ་གེའི་གྲོང་དུ་གཤེགས་པ་དང་། །ལྷུང་བཟེད་སྟོང་པར་བྱོན་པ་དང་། །བསོད་སྙོམས་མང་དུ་རྙེད་པ་དང་། །དགྲ་དང་ཉེ་དུའི་འབྲེལ་བ་དང་། །རད་རོད་ཅན་དུ་གཟིམས་པ་དང་། །རིམ་འགའ་བསྒྲུང་བར་གཤེགས་པ་དང་། །གཞན་གྱིས་སྐུར་བ་སྣ་ཚོགས་དང་། །རིམ་འགའ་སྙན་པའི་བ་དན་དང་། །བདེ་དང་དགེས་པར་སྤྱོད་པ་སོགས། །རྣམ་པ་སྣ་ཚོགས་སྟོན་པ་ནི། །སྤྲུལ་པ་ཡིན་གྱི་རང་རྒྱུད་མིན། །གལ་ཏེ་སངས་རྒྱས་དངོས་ལ་ནི། །ལས་ངན་སྨིན་པར་འདོད་ན་ཡང་། །ལོངས་སྤྱོད་རྫོགས་པའི་སྐུ་ཉིད་ལ། །སེང་ལྡེང་གི་ཚལ་པ་ཟུག་པ་ལ་སོགས་པ་སྨིན་པར་རིགས་ཀྱི་སྤྲུལ་པའི་སྐུ། །ཤཱཀྱ་ཐུབ་པ་ལ་སོགས་ལ། འཇོག་པར་མི་རིགས། །སྨིན་པར་འདོད་པ་མུན་སྤྲུལ་ཡིན། །དཔེར་ན་སྒྱུ་མའི་མཁན་པོ་ལ། །ལས་ངན་འབྱུང་གི་དེས་སྤྲུལ་པའི། །སྒྱུ་མ་ལ་ནི་མི་འབྱུང་བཞིན། །དེས་ན་དགོངས་པ་ཤེས་དགོས་སོ། །འདི་ཡི་ལུང་དང་རིགས་པ་རྣམས། །དབྱིག་གཉེན་གྱི་རྣམ་བཤད་རིག་པ། དང་ནི་ལེགས་ལྡན་འབྱེད་ཀྱི་རྟོག་གེ་འབར་བ། སོགས། །མཁས་པའི་གཞུང་རྒྱས་པའི་བསྟན་བཅོས། བཞིན་ཤེས་པར་གྱིས། །ཡེ་བཀག་ཡེ་གནང་ཞེས་བྱ་བའང་། །སངས་རྒྱས་བསྟན་དང་མཐུན་མ་ཡིན། །ཉན་ཐོས་དང་ནི་ཐེག་ཆེན་གྱི། །གནང་བཀག་ཐམས་ཅད་གཅིག་ཏུ

ངེས་པ། མེད། །དེས་ན་ལ་ལར་གནང་བ་ནི། །ལ་ལའི་བཀག་པ་ཉིད་དུ་འགྱུར། །དེ་ཡི་འཐད་པ་ཇི་ལྟར་ཡིན། །རྣམ་དག་ལུང་བཞིན་བཤད་ཀྱིས་ཉོན། །ཉན་ཐོས་རྩ་བའི་སྡེ་བཞི་ལ། །འདུལ་བ་མི་འདྲ་རྣམ་བཞི་ཡོད། །སྐད་ཀྱང་ལེགས་སྦྱར་ཐམས་ཅད་ཡོད་སྨྲའོ། །གནས་བརྟན་པའི་རང་བཞིན་གྱི་སྐད། དང་། །ཕལ་ཆེར་པའི་ཟུར་བཅག་པ་དང་མང་པོས་བཀུར་བའི་ཤ་ཟའི་སྐད། །རྣམ་པ་བཞི་རུ་གནས་པ་ཡིན། །

དེ་ལས་གྱེས་པ་བཅོ་བརྒྱད་ལ། །འདུལ་བའི་དབྱེ་བའང་བཅོ་བརྒྱད་ཡོད། །དང་པོར་སྡོམ་པ་ལེན་པ་དང་། །བར་དུ་བསྲུང་དང་ཕྱིར་བཅོས་དང་། །སོ་སོར་ཐར་པ་འདོན་པ་དང་། །ཐ་མར་སྡོམ་པ་གཏོང་བའི་ཚུལ། །སྡེ་པ་ཐམས་ཅད་མི་མཚུངས་པས། །གཅིག་གིས་བཀག་པ་གཅིག་ལ་གནང་། །གལ་ཏེ་སྡེ་པ་གཅིག་བདེན་གྱི། །དེ་ལས་གཞན་པ་བརྫུན་སྙམ་ན། །རྒྱལ་པོ་ཀྲི་ཀྲིའི་རྨི་ལམ་ན་རས་ཡུག་གཅིག་ལས་བཞི། དེ་ལས་བཅོ་བརྒྱད་དུ་ཤགས་པ། ལྟར། །སྡེ་པ་ཐམས་ཅད་བདེན་པར་གསུངས། །

འདི་དོན་རྒྱས་པར་སྨྲ་པ་ནི། །ཐ་དད་བཀླག་པའི་འཁོར་ལོ་དང་། །འདུལ་བ་འོད་ལྡན་ལ་སོགས་སྤྱོད་འཇུག་ལྟོས། །སྡེ་པ་ཀུན་གྱི་བསླབ་པ་ཡང་། །ཤེས་ན་གཅིག་ཏུ་འགྱུར་ཞེ་ན། །ཤེས་ཀྱང་ཕལ་ཆེར་ཐ་དད་ཡིན། །དཔེར་ན་ཐམས་ཅད་ཡོད་སྨྲ་བའི། །མདོ་སྡེ་ལེགས་སྦྱར་སྐད་དུ་ཡོད། །གནས་བརྟན་པ་དག་ལེགས་སྦྱར་གྱི། །མདོ་སྡེ་བཏོན་ན་རྐང་པ་རེ་ལ་ཉེས་བྱས་རེ་ཚིགས་བཅད་གཅིག་བཏོན་ན། ལྟུང་བ་ཛོགས་པ། ར་བྱེད། །ཐམས་ཅད་ཡོད་སྨྲ་རང་ཉིད་ཀྱི། །གསོལ་བཞིའི་ཚོགས་སྡོམ་པ་སྐྱེ། །དེ་ཡི་ཆོ་ག་བཞིན་བྱས་ན། །སྡེ་པ་གཞན་གྱི་དགེ་སློང་འཇིག ། ཐམས་ཅད་ཡོད་སྨྲ་སྨིན་མའི་སྲུ། །བཞར་ན་ལྟུང་ཡིན་སྡེ་པ་ཕལ་ཆེན་པ་ལ་སོགས་པ། འགའ། །མ་བཞར་ན་ནི་ལྟུང་བར་འདོད། །ཕལ་ཆེན་པ་ལ་སོགས་པ། ལ་ལ་བུ་རམ་ཕྱི་དྲོ་འགོག །ཁ་ཅིག་ཐམས་ཅད་ཡོད་སྨྲ། ལྟུང་བ་མེད་ཅེས་ཟེར། །ཐམས་ཅད་ཡོད་སྨྲ་སོགས། ལ་ལ་བྱིན་ལེན་ལག་པ་བཀན། །ལ་ལ་དེ་ལས་གཞན་དུ་ལག་པ་སྟེང་འོག་བྱེད། །ཕལ་ཆེན་པ་ལ་སོགས་པ། འགའ་ཞིག་ལྟུང་བཟེད་བྱིན་ལེན་བྱེད། །ཐམས་ཅད་ཡོད་སྨྲ། ལ་ལ་ལྟུང་བཟེད་བྱིན་ལེན་འགོག ཐམས་ཅད་ཡོད་སྨྲ་སོགས། ཁ་ཅིག་མིར་ཆགས་བཤད་པ་ལ། །ཕམ་པ་གནས་བརྟན་པ་ལ་སོགས་པ་ལ་ལ་ཕམ་པ་མེད། མང་པོས་བཀུར་བ། ལ་ལའི་སོ་སོར་ཐར་པ་ལ། །གླིང་གཞིའི་ཚིགས་བཅད་གཅིག་ལས་མེད། །ཐམས་ཅད་ཡོད་སྨྲའི། ལ་ལའི་རིང་ཐུང་གནས་བརྟན་པ་ལ་སོགས་པ་དེ་ལས། གཞན་དུ་ཡོད། །

མདོར་ན་ཕམ་པ་བཞི་པོ་ནས། །བརྟམས་ཏེ་བསླབ་པར་བྱ་བ་ཀུན། །སྡེ་པ་ཐམས་ཅད་མི་མཐུན་པས། །གང་གི་བཀག་ལ་གང་གི་གནང་། །དཔེར་ན་བུ་རམ་ཕྱི་དྲོའི་ཟས། །ཡེ་གནང་ཡིན་ན་སྡེ་པ་གཞན། །ལྟུང་བ་དག་དང་བཅས་པར་འགྱུར། །ཡེ་བཀག་ཡིན་ན་ཐམས་ཅད། ཡོད་སྨྲ་ཡི། །དགེ་སློང་ལྟུང་བ་ཅན་དུ་འགྱུར། །

བྱིན་ལེན་མ་བྱས་ཟ་བ་ཡི། །ལྟུང་བ་མི་སྐྱ་ལ་འབྱུང་ན། །མི་སྐྱའང་དགེ་སློང་ཉིད་འགྱུར་བས། །མི་སྐྱས་བྱིན་ལེན་བྱས་ན་ཡང་། །དགེ་སློང་གིས་ནི་དགེ་སློང་ལ། །བྱིན་ལེན་བྱས་པ་ཇི་བཞིན་དུ། །བཟའ་བར་རུང་བར་མི་འགྱུར་རོ། །དེ་བཞིན་ཀུན་ལ་སྦྱར་བར་གྱིས། །ཁ་ཅིག་རབ་ཏུ་བྱུང་བ་ལ། །ལྟུང་བ་ཇི་སྙེད་འབྱུང་བ་དེ། ཁྱིམ་པ་ནས་ནི་དམྱལ་བའི་བར། །དུད་འགྲོ་ལ་སོགས་ཐམས་ཅད་ལ། །ཆོས་གོས་མེད་པ་དང་། དབྱར་གནས། དགག་དབྱེ། རུང་ཆུ་ལ་སོགས་པ། ལྟུང་བ་མཚུངས་པར་འབྱུང་ཞེས་ཟེར། །འདི་ནི་སངས་རྒྱས་དགོངས་པ་མིན། །ཅི་ཕྱིར་ཞེ་ན་ལྟུང་བ་དེ། །བཅས་པ་ཕན་ཆད་འབྱུང་མོད་ཀྱི། །མ་བཅས་པ་ལ་ལྟུང་མེད་ཕྱིར། །དེས་ན་ཐུབ་པས་འདུལ་བ་ལུང་ལས། ལས་དང་པོ་པ་ལ་། །ཉེས་པ་བྱས་ཀྱང་ལྟུང་བ། མེད་དོ་ཞེས། གསུངས། །དེ་ལྟ་མིན་པར་ཐམས་ཅད་ལ། །གལ་ཏེ་ལྟུང་བ་ཀུན་འབྱུང་ན། །འགྲོ་ཀུན་ལྟུང་བ་དང་བཅས་པས། །ཐར་པ་ཐོབ་པ་ལྟ་ཅི་སྨོས། །མཐོ་རིས་ཀྱང་ནི་འབྱུང་རེ་སྐན། །གཞན་ཡང་ཉན་ཐོས་དང་ཐེག་ཆེན་གནང་བཀག་མི་གཅིག་སྟེ།

ཉན་ཐོས་རྣམ་གསུམ་དག་པའི་ཤ །བཟའ་རུང་གལ་ཏེ་མི་ཟ་ན། །ལྷས་བྱིན་གྱི་ནི་བརྟུལ་ཞུགས་སུ། འགྱུར། །ཏེ། འོ་མ་ཤ་དང་ལན་ཚྭ་དང་། །གོས་དང་དགོན་པར་གནས་པའོ། །ཞེས་ལྔའི་གཅིག་ཤ་མི་ཟ་བའོ། །ཐེག་པ་ཆེ་ལས་ཤ་རྣམས་བཀག །ལང་ཀར་གཤེགས་པ་ལས། གླང་པོའི་རྩལ་དང་སྤྲིན་ཆེན་དང་། །མྱ་ངན་འདས་དང་སོར་ཕྲེང་དང་། །ལངྐར་གཤེགས་པའི་མདོ་ལས་ཀྱང་། །ངས་ནི་ཤ་རྣམས་རྣམ་པར་སྤང་། །ཅེས་གསུངས་སོ། །ཟོས་ན་ངན་འགྲོའི་རྒྱུ་རུ་གསུངས། །ཉེ་བ་འཁོར་གྱིས་ཞུས་པའི་མདོ་ལས། བཅོམ་ལྡན་འདས་ཀྱིས་བཀའ་སྩལ་པ། ཉེ་བ་འཁོར་ཉན་ཐོས་ཀྱི་གཞིའང་གཞན། བསམ་པའང་གཞན། སྦྱོར་བའང་གཞན་ཡིན་ལ་བྱང་ཆུབ་སེམས་དཔའི་གཞིའང་གཞན། བསམ་པའང་གཞན། སྦྱོར་བ་ཡང་གཞན་ཡིན་ནོ། །ཞེས་གསུངས་སོ། །དེ་བཞིན་ཕ་རོལ་ཕྱིན་པ་བྱང་སེམས་ལ་ལངྐར་གཤེགས་པར་ཤ་བཀག་པ། ཉན་ཐོས་ལ་གནང་དང་། །གསང་སྔགས་ཀྱི་ནི་ལྟུང་བ་ལ། །གནང་བཀག་འགའ་ཞིག་ཐ་དད་ཡོད། །

དེ་འདྲའི་འགལ་བ་ལྟག་སྤྱོད་ལ། །ཡེ་བཀག་ཡེ་གནང་ཇི་ལྟར་བརྩི། །དེས་ན་ཡེ་བཀག་ཡེ་གནང་གི། །རྣམ་གཞག་ཕྱོགས་གཅིག་བྱར་མི་རུང་། །དཔེར་ན་པདྨའི་སོ་ནམ་ལ། །རྟག་ཏུ་འདམ་དང་ལྡན་ལྡིན་དགོས། །ཤུ་དག་སོགས་ཀྱིས་བསྐོར་ན་སྐྱེ། །མེ་ཏོག་གཞན་ལ་དེ་མི་དགོས། །ཆུ་ལས་སྐྱེ་ལ་སྐམ་ས་དགྲ། །སྐམ་སར་སྐྱེ་ལ་རློན་པ་དགྲ། །གྲང་སར་དྲོ་བའི་རྫས་མི་སྨིན། །དྲོ་སར་བསིལ་བ་འཐད་མ་ཡིན། །དེས་ན་བྱ་བ་གང་ཅིའང་རུང་། །རང་རང་ལུགས་བཞིན་བྱས་ན་འགྲུབ། །དེ་ལས་བཟློག་པའི་ལུགས་བྱས་ན། །མི་འགྲུབ་གྲུབ་ཀྱང་བཟང་པོ་དཀའ། །དེ་བཞིན་གནང་བཀག་ཐམས་ཅད་ཀྱང་། །རང་རང་ལུགས་བཞིན་བྱས་ན་འགྲུབ། །གལ་ཏེ་སྡོམ་པ་མ་བླངས་ན། །ལྟུང་བའི་ཐ་སྙད་མི་ཐོབ་ཀྱང་། །རབ་ཏུ་བྱུང་ལ་བཅས་པ་ཡི། །སྡིག་པ་ཁྱིམ་པ་ལ་ཡང་འབྱུང་། །དེ་ལྟ་མིན་པར་རབ་བྱུང་ལ། །ཆེད་དུ་བྱས་ནས་སྡིག་བསྒོན། །ཐུབ་པས་རབ་ཏུ་བྱུང་བ་ལ། །སྙིང་ནད

བྱས་པར་འགྱུར་ཞེས་ཟེར། །འདི་འདྲའི་རིགས་པ་གཟུ་ལུམས་ཡིན། །འོན་ཞིང་ཡོད་རྣམས་ལ་ཡང་། །སེར་བ་ལ་སོགས་འབྱུང་འགྱུར་གྱི། །ཞིང་མེད་རྣམས་ལ་མི་འབྱུང་བས། །ཞིང་བཟང་བྱིན་པའང་སྐྱོན་ནད་འགྱུར། །དེས་ན་ཞིང་ལ་དགྲ་ཡོད་ཀྱང་། །ལོ་ཏོག་འབྱུང་བའི་ཕན་ཡོན་ཡོད། །དེ་བཞིན་རབ་ཏུ་བྱུང་བ་ལ། །ལྟུང་བ་སྲིད་མོད་ཕན་ཡོན་ཆེ། །དཔེར་ན་སྤྲང་པོ་སེར་བ་སོགས། །མི་འཇིགས་མོད་ཀྱི་ལོ་ཏོག་མེད། །དེ་བཞིན་ཁྱིམ་པ་རྣམས་ལ་ཡང་། །ལྟུང་བ་མེད་མོད་དགེ་མི་འབྱུང་། །དེས་ན་མདོ་དང་བསྟན་བཅོས་ལས། །རང་བཞིན་ཁ་ན་མ་ཐོ་བ་སྲོག་གཅོད་པ་སོགས། དང་། །བཅས་པའི་ཁ་ན་མ་ཐོ་བ། །ཆོས་གོས་མེད་པ་ལ་སོགས། རྣམ་པ་གཉིས་སུ་སྟུས་ཏེ་གསུངས། །རང་བཞིན་ཁ་ན་མ་ཐོ་བ། །སེམས་ཅན་ཀུན་ལ་སྡིག་པར་འགྱུར། །བཅས་པའི་ཁ་ན་མ་ཐོ་བ། །བཅས་པ་ཕྱིན་ཆད་ལྟུང་བར་འགྱུར། །དེ་ལྟ་མིན་པར་མ་བཅས་ཀྱང་། །ཅི་ནས་སྡིག་པར་འགྱུར་ན་ནི། །རྒྱལ་བ་རིགས་ལྔ་ལ་སོགས་པ། །ལོངས་སྤྱོད་རྫོགས་པའི་སྐུ་རྣམས་དང་། །ཉེ་བའི་སྲས་བརྒྱད་འཇམ་དཔལ་དང་། སྤྱན་རས་གཟིགས། ལ་སོགས་པ། །བྱང་ཆུབ་སེམས་དཔའ་ཕལ་ཆེར་ཡང་། །དབུ་སྐྲ་རིང་ཞིང་རྒྱན་དང་བཅས། །ཁ་དོག་སྣ་ཚོགས་ན་བཟའ་ཅན། །ཕྱག་མཚན་སྣ་ཚོགས་འཛིན་པ་རྣམས། །ཡེ་བཀག་པ་ལ་སྤྱོད་པའི་ཕྱིར། །གཤིས་ཀྱི་མི་དགེ་ཅན་དུ་འགྱུར། །རྣལ་འབྱོར་དབང་ཕྱུག་བི་རྺ་པ། །ཏི་ལོ་ན་རོ་ལ་སོགས་པ། །དགེ་སློང་བརྟུལ་ཞུགས་བོར་བ་ཡི། །གྲུབ་ཐོབ་རྣམས་ཀྱང་སྡིག་ཅན་འགྱུར། །ཙནྡན་གཙུག་ན་རིན་པོ་ཆེས་ཞུས་པའི་མདོ་ལས། ལྟས་བལྟས་ཞེས་བྱའི་འཇིག་རྟེན་གྱི། སྨྲོས་ཀྱི་དད་ལྡན་པའི། །དགེ་སློང་ཇི་སྙེད་ཐམས་ཅད་ཀྱང་། །རྒྱན་དང་བཅས་ཤིང་གོས་དཀར་བ། །དེ་དག་ཀྱང་ནི་སྡིག་ཅན་འགྱུར། །གཤིས་ཀྱི་མི་དགེ་སྤྱོད་ཕྱིར་རོ། །

དགེ་བསྙེན་དགེ་ཚུལ་སྡོམ་བརྩོན་ལའང་། །སྡིག་མེད་སྲིད་པར་མི་འགྱུར་ཏེ། །དེ་དག་ལ་ཡང་དགེ་སློང་གི། །ལྟུང་བ་ཐམས་ཅད་འབྱུང་ཕྱིར་རོ། །འདི་འདྲ་གང་དག་སུ་ཟེར་བ། །དེ་ཡིས་རང་གི་རྩ་བ་དང་། །བརྒྱུད་པའི་བླ་མར་གང་གྱུར་པ། ཁྱིམ་པའམ་ནི་དགེ་བསྙེན་ནམ། །རྣལ་འབྱོར་པ་རུ་གང་བཞུགས་པ། །དེ་དག་ཐམས་ཅད་སྨད་པ་སྟེ། །གཤིས་ཀྱི་མི་དགེ་མཛད་ཕྱིར་དང་། །ལྟུང་བ་ཐམས་ཅད་སྤྱོད་ཕྱིར་རོ། །དེས་ན་མདོ་ལས་བརྟུལ་ཞུགས་ལ། །དགེ་སྡིག་གཉིས་ཀ་མེད་པར་གསུངས། །ཞིང་གི་གྲབ་བཞིན་ཚུལ་ཁྲིམས་ལ། །གྲུས་པའི་རྒྱུ་རུ་གསུངས་པར་ཟད། །འདུལ་བ་ལ་བསྟོད་པ་ལས། རབ་མཚམས་ཀྱི་འོབས་དང་འདྲ་བ་ཡི། །ཟག་པ་ཀུན་གྱི་རྒྱུ་ཡོན་འདུལ་བ་ཡིན། ། ཞེས་གསུངས་སོ། །དེས་ན་འདོད་པས་དབེན་པ་རབ་ཏུ་བྱུང་བ་ལ་བཅས་པ། དང་། །སྡིག་ཏོ་མི་དགེའི་ཆོས་ཀྱིས་ནི། །དབེན་པ་ཁྱིམ་པ་དང་རབ་ཏུ་བྱུང་བ་གཉིས་ཀ་ལ་བཀག་པ་ཞེས་བྱ་རྣམ་གཉིས་གསུངས། །ཐུབ་པའི་དགོངས་པ་ཇི་བཞིན་ཟུངས། །བུ་མོ་གསེར་མཆོག་འོད་དཔལ་གྱིས། །བློ་གྲོས་ཆེན་པོ་འཇམ་དཔལ་ལ། །རབ་ཏུ་འབྱུང་བར་ཞུས་པའི་ཚེ། །ལུས་ཀྱི་

རབ་བྱུང་བུ་མོ་ལུས་རབ་ཏུ་བྱུང་བ་རབ་ཏུ་བྱུང་བ་མ་ཡིན་གྱི་སེམས་རབ་ཏུ་བྱུང་བ་རབ་ཏུ་བྱུང་བ་ཡིན་ནོ། །ཞེས་བྱ་བ་ལ་སོགས་པ་རྒྱས་པར་གསུངས་སོ། །བཀག་ནས་ཀྱང་། །སེམས་ཀྱི་རབ་བྱུང་ཐོབ་པར་མཛད། །གལ་ཏེ་གཞིས་ལ་དགེ་ཡོད་ན། །ལུས་ལ་དུར་སྨྲིག་ཅིས་མི་བསྒོན། །ཏེ་སྡོམ་པ་མེད་ཀྱང་གཟུགས་བརྙན་རེ་ཅི་ཡི་ཕྱིར་མི་བྱེད། དཀོན་མཆོག་བརྩེགས་པའི་མདོ་སྡེ་ལས། །དད་རྫས་ཟ་བའི་ཉེས་མཐོང་ནས། །དགེ་སློང་ལྔ་བརྒྱས་ཆོས་གོས་ལྷུང་བཟེད་དང་བཅས་པ། སྡོམ་པ་ཕུལ། །དེ་ལ་ཐུབ་པས་སྡོམ་པ་བསྲུང་མི་ནུས་ན་ཕུལ་བ་ཉིད། ལེགས་སོ། །ཞེས་གསུངས། །ནས། འཕགས་པ་བྱམས་པའི་བསྟན་པ་ལ། །འདུས་པ་འཁོར་དང་པོར་དེ་ལ་དགྲ་བཅོམ་པ་ཐོབ་པར། ལུང་བསྟན། །དེས་ན་སྡོམ་པ་དགེ་བ་ཡིན། །ཆ་ལུགས་ཙམ་ལ་དགེ་བ་མེད། །སྡོམ་པ་མེད་པའི་ཆ་ལུགས་ཀུན། །མདོ་དང་བསྟན་བཅོས་རྣམས་ལས་བཀག །གཞིས་ལ་དགེ་བ་ཡོད་ན་ནི། །སྡོམ་པ་མེད་ཀྱང་རབ་བྱུང་གི། །ཆ་ལུགས་ཙམ་རེ་ཅིས་མི་གཟུང་། །འདི་འདྲའི་ཆོས་ལུགས་བསྟན་པ་མིན། །དེ་ལ་ཁ་ཅིག་འདི་སྐད་དུ། །གལ་ཏེ་གཞིས་ལ་དགེ་བ་དང་། །སྡིག་པ་གཉིས་ཀ་མེད་པ་ལ། །ཐུབ་པས་བཅས་པ་ལ་ལྟུང་བ་ཡོད། མ་བཅས་པ་ལ་ལྟུང་བ་མེད་ཅེས། ལྟུང་བ་འཆའ་ན་ནི། །མུ་སྟེགས་ཀྱི་དབང་ཕྱུག་ལྟར་བདེ་སྡུག་ཀུན་གྱི་བྱེད་པ་པོ། །སངས་རྒྱས་ཡིན་པར་འགྱུར་ཅེ་ན། །འདི་ཡི་ལན་ལ་རྣམ་གཉིས་ལས། །མགོ་བསྒྲེའི་ལན་ནི་འདི་ལྟར་ཡིན། །གཞིས་བཅས་པ་ལ་མི་ལྟོས་པར་ལ་ངོ་བོ་ཉིད་ཀྱིས། དགེ་སྡིག་ཡོད་ན་ནི། །ཁྱེད་ཀྱང་མུ་སྟེགས་ཅད་ལྟ་ན་རེ། འབྱུང་ལྔ་ཉི་མ་ཟླ་བ་དང་། ཁ་བ་དང་ནི་མངར་བ་སོགས། །དགེ་དང་སྡིག་པ་ཐམས་ཅད་ཀྱང་། །སུས་ཀྱང་མ་བྱས་ངོ་བོས་གྲུབ་ཅེས་སོ། །འགའ་ཞིག་ལྟར། །ངོ་བོ་ཉིད་རྒྱུར་སྨྲ་བར་འགྱུར། །གཉིས་པ་དངོས་པོའི་ལན་ལ་ནི། །གཞིས་ལ་དགེ་བ། དང་སྡིག་པ། མེད་ཀྱང་། །བདེ་སྡུག་རང་གི་ལས་ཀྱིས་བྱས་པ་ཡིན། །ཀྱི་གཞིས་ལ་ཡོད་པར་མི་འདོད། ལས་ལུས་ངག་གི་ཀྱི་བྱེད་པོ་རྩ་བ་སེམས་ཉིད་ཡིན། །སེམས་ནི་དགེ་དང་མི་དགེ་བའི། །སྟོབས་ཀྱིས་ལས་ལ་བཟང་ངན་འབྱུང་། །ལས་བཟང་ངན་དེ་ལས་བདེ་སྡུག་འབྱུང་། །རང་གིས་བསྒྲུབ་པར་མ་ནུས་པའི། །དེ་དག་ལས་བཟང་བ་བླང་ངན་པ་དོར་བར་བྱེད་པ་ཡི། །ཐབས་ནི་སྡོམ་པའི་ཚུལ་ཁྲིམས་ཡིན། །བརྟུལ་སྣ་ཁྲིགས་ཆོས་གོས་ལ་སོགས་པའི་ཞུགས་ཚུལ་ཁྲིམས་བསྲུང་བའི་ཐབས། །ཚུལ་ཁྲིམས་བསྲུང་བ་དེ་ལ་གང་ལ་གང་དགོས་པའི། །མཐའ་དག་གི་བསླབ་པ་འཆའ་བའི་བྱེད་པ་པོ། །རྫོགས་པའི་སངས་རྒྱས་ཉག་གཅིག་ཡིན། །འོན་ཀྱང་ཐེག་པ་ཆེན་པོའི་བསླབ་པ་ཕྲན་ཚེགས་འགའ་ཞིག་ས་ཆེན་པོ་ལ་གནས་པའི་བྱང་ཆུབ་སེམས་དཔས་ཀྱང་འཆའ་བ་མདོ་སྡེ་རྒྱན་ལས་གསུངས། །དེས་ན་གང་ཟག་གི་བསམ་པའི་ཁྱད་པར་གྱིས། །སྡེ་པ་ཐ་དད་ལ་གཉེན་པོའི་བྱེ་བྲག་གིས་བཅས་པ་མི་འདྲ་བ་དུ་མ་ཞིང་མི་འདྲ་བ་ལ་སྨན་མི་འདྲ་བ་བཞིན་ཡོད། །དེ་ཡི་ཐབས་སུ་བརྟུལ་ཞུགས་དང་། །འདུལ་བའི་བཅས་པ་མི་འདྲ་བ། །མཛད་པའི་རྒྱུ་མཚན་དེ་ལྟར་ཡིན། །དེས་ན་བདེ་དང་སྡུག་བསྔལ་གྱི། །བྱེད་པོ་སངས་རྒྱས་མ་ཡིན་ཡང་། །བསླབ་པ་འཆའ་དང་འདུལ་བ་ལུང་ལས། བཅོམ་ལྡན་འདས་བསླབ་པ་འཆའ་བར་བཞེད་ནས་ཞེས་བྱ་བ་དང་། ཉེས་པ་བྱུང་ཡང་མ་བཅས། བྱུང་ནས་བཅས། མ་

བྱུང་ཡང་བཅས་པ་དང་། བཅས་པའི་རྗེས་སུ་བཅས་པ་ལ་སོགས་པ་རྒྱས་པར་ལུང་དུ་ལྟོས། སྔགས་སྒྲོར་བའི། །བྱེད་པོ་སངས་རྒྱས་ཡིན་པར་གསུངས། །རྣམ་འགྲེལ་ལས། འགའ་ཡིས་བརྡ་བྱས་ཉིད་ཡིན་ན། །སྔགས་རྣམས་འབྲས་བུ་སྒྲུབ་བྱེད་ཡིན། །ཅི་སྟེ་དངོས་པོའི་ནུས་ཡིན་ན། །ཁྱད་པར་མེད་ཅེས་གཞན་ལའང་འགྱུར། །ཞེས་བྱ་བ་དང་། འབྲས་བུ་འདོད་པས་སྔགས་རྣམས་ནི། །བྱས་དང་སྐྱེས་བུས་བྱས་བརྗོད་བྱ། །སྐྱེས་བུ་ནུས་མེད་སྒྲུབ་བྱེད་ནི། །འདི་ཉིད་ཀྱིས་ནི་བསལ་བ་ཡིན། །ཞེས་གསུངས་པ་དང་། རིག་བྱེད་པ་ན་རེ། ཚིག་རྣམས་ལོག་པ་ཉིད་ཀྱི་རྒྱུ། །ཉེས་རྣམས་སྐྱེས་བུ་ལ་བརྟེན་ཕྱིར། །སྐྱེས་བུས་མ་བྱས་བདེན་དོན་ཅན། །ཞེས་ནི་ལ་ལ་བརྗོད་པར་བྱེད། །ཚིག་རྣམས་བདེན་པ་ཉིད་ཀྱི་རྒྱུ། །ཡོན་ཏན་སྐྱེས་བུ་ལ་བརྟེན་ཕྱིར། །སྐྱེས་བུས་མ་བྱས་ལོག་པའི་དོན། །ཅེས་མིན་ཞེས་ནི་ལ་ལ་བརྗོད། །ཅེས་རྣམ་འགྲེལ་ལས་གསུངས་སོ། །སྤྱི་གུ་ཅན་དང་གོང་བ་ཅན། །ཇ་ལ་ཞེན་པ་ལ་སོགས་དང་། །ལག་ཉ་སྔར་དགེ་སློང་གིས་བྱིན་ལེན་མ་བྱས་པའི་ཟས་ལ་རེག་ན་ཕྱིས་དགེ་སློང་གིས་བཟར་མི་རུང་བ། དང་ནི་བླ་གབ་ཉེ་འཁོར་དང་བཅས་པའི་ནང་དུ་བསྙེན་པར་མ་རྫོགས་པ་དང་ལྷན་ཅིག་ཏུ་ཉལ་དུ་མི་རུང་བ་ནུབ་ཚངས་སོགས། །འདུལ་བའི་སྤྱོད་པ་མ་ཡིན་པ། །བྱས་པ་ཀུན་ལ་གནོང་བ་ཡི། །ཚུལ་གྱིས་བཤགས་པ་ལེགས་པར་བྱ། །དེ་དག་ལྟུང་བ་མེད་དོ་ཞེས། །ཁྱད་དུ་བསད་ནས་སྨྲ་ན་སངས་རྒྱས་ཀྱི་བསྟན་པ་ལ་གནོད་པ་ཡིན། །རབ་ཏུ་བྱུང་བ་འབབ་པ་དང་། །ཕན་ཚུན་རྩོད་པར་བྱེད་པ་དང་། །དམ་ཆོས་ཉོ་ཚོང་བྱེད་པ་དང་། །དགེ་སློང་ཕྱི་དྲོ་ཟ་བ་དང་། །ཆང་འཐུང་བ་ལ་སོགས་པ་དང་། །ཆོས་གོས་ལྷུང་བཟེད་མེད་པ་སོགས། །ཆོས་དང་འགལ་བའི་སྤྱོད་པ་ཀུན། །ལྟུང་བ་མེད་ཅེས་སྒྲོགས་པ་དང་། །བླ་མའི་ཞབས་ཏོག་ཡིན་པ་དང་། །སངས་རྒྱས་བསྟན་ལ་ཕན་པ་སོགས། །སྨྲ་ན་བསྟན་པ་སྤྱི་ལ་གནོད། །འདི་དག་ལ་ཉེས་པ་ཆེན་པོ་དག་ཡོད་ཀྱང་རང་གིས་བསྒྲུབ་པར་མ་ནུས་ཞེས་པའམ། །སྐྱེ་བ་སྔ་མའི་ལས་ངན་ཡིན་པས་བྱ་དགོས་པ་བྱུང་ཞེས་སྨྲ་ན་ནི། །རང་ལ་གནོད་ཀྱི་བསྟན་ལ་མིན། །དེ་གནོད་ཚབས་ཆུང་། གལ་ཏེ་སྐྱེ་བ་སྔ་མ་ཡི། །ལས་ངན་སྨིན་པའི་ཤུགས་ཉིད་ལས། །ཆོས་དང་འགལ་བའི་སྤྱོད་པ་ཀུན། །དབང་མེད་བྱ་དགོས་བྱུང་ན་ཡང་། །འདི་ནི་ཆོས་མིན་འདུལ་བ་མིན། །སངས་རྒྱས་བསྟན་པ་འང་མིན་ནོ་ཞེས། །མཐོང་བའི་ཚུལ་གྱིས་ལེགས་པར་བཤགས། །པ་བྱེད་དགོས། ཆོས་དང་འགལ་བ་ལ་ཡང་། འདི་དག་ཆོས་དང་མི་འགལ་ཞིང་། །སངས་རྒྱས་བསྟན་པ་ཡིན་ནོ་ཞེས། །སྨྲ་ན་སངས་རྒྱས་བསྟན་ལ་གནོད། །དེས་ན་བསྟན་པའི་སྒོར་ཞུགས་པས། །སངས་རྒྱས་བསྟན་ལ་མ་ཕན་ཡང་། །རྣམ་པ་ཀུན་ཏུ་གནོད་མི་བྱ༑ ༑མདོ་བསྐུལ་ལ་སོགས་བྱ་བ་ཀུན། །འདུལ་བའི་གཞུང་དང་མཐུན་པར་གྱིས། །མདོ་བསྐུལ་རིང་མོ་ཞེས་བྱ་བ། །འདི་འདྲ་རྒྱ་གར་ན་མེད་བོད་ཀྱིའང་སྔ་སྟོན་འཛིན་པ་རྣམས་ལ་མེད། གཟུང་རྒྱ་མང་བས་དཀའ་ལ་ཆོས་ནས་མ་བཤད་པས་ན་ནོར་བ་བྱེད་པ་མཐོང་། །མདོ་རྒྱུད་ཀུན་ལས་འདི་མ་གསུངས། །འདི་འདྲའི་རིགས་ཀྱི་ཆོས་འཕེལ་ན། །བསྟན་པའི་རྩ་བ་ནུབ་ཟེར་བ་ཡིན། པར་འགྱུར། །སངས་རྒྱས་གསུངས་པའི་ཆོ་ག་ཀུན། །སླ་བར་གྱུར་ཀྱང་མི་བྱེད་ལ། །སངས་རྒྱས་ཀྱིས་ནི་མ་གསུངས་ན། །དཀའ་ཡང་འབད་ནས་བྱེད་པ་མཚར། །ཞེས་པ་བསྙིང་ཚིག་སྟེ་བསྟན་པ་དཀྲུགས་པའི་ཞེ་འདོད་ཡོད་པས་བྱས་པ་སྲིད་པ་ཡིན། སངས་རྒྱས་གསུང་དང་མི་མཐུན་ཡང་། །འདི་འདྲ་བ་བྱས་པ་ལ་སྐྱོན་ཅན་དུ་ཅང་འགྱུར་རམ་སྙམ་ནས་ནོར་བ་ལ།

བདེན་པར་འདོད་ན་ནི། །ལག་ལེན་ཕྱིན་ཅི་ལོག་ལས་ཆོག་སྒྲི་བོར་བཞག་པས་དགེ་སློང་དུ་སོང་ཟེར་བ་དང་། གཏོར་མ་སྒྲི་བོར་བཞག་པས་དབང་བསྐུར་ཐོབ་ཟེར་བ་དང་། དགེ་འདུན་གྱི་དོན་དུ་ཕྱུགས་བསད་ན་བསོད་ནམས་སུ་འགྲོ་ཟེར་བ་དང་། རང་རེ་གང་དྲན་པའི་ལག་ལེན་བྱས་ནས་སངས་རྒྱས་ཀྱི་བསྟན་པ་ཡིན་ཞེས་སྨྲ་བ། གཞན་ཡང་། །འཁྲུལ་ཞེས་བརྗོད་པར་མི་ནུས་ཏེ། །ལུང་དང་འགལ་བའི་ཆོས་ཡིན་པར། །མདོ་བསྐུལ་རིང་མོ་དང་ལས་ཆོག་སྒྲི་བོར་བཞག་པའི་དགེ་སློང་ལ་སོགས་ལུང་ནས་མ་བཤད་པའི་རང་བཟོར་ཡིན་པར། ཐམས་ཅད་མཚུངས་པ་ལ། །འགའ་ཞིག་བདེན་ལ་འགའ་ཞིག་ནི། །བརྫུན་པ་ཡིན་ཞེས་དབྱེད་མི་རུང་། །སྟེ་བདེན་ནའང་ཐམས་ཅད་བདེན། བརྫུན་ནའང་ཐམས་ཅད་བརྫུན་དུ་འགྲོ། མུ་སྟེགས་ལ་སོགས་ཆོས་ལོག་ཀྱང་། །སྲོག་བཅད་པས་མཐོ་རིས་ཐོབ་པ་དང་། བ་ལང་གི་ཆུ་དང་ལྕི་བ་ཟོས་པས་ལུས་དག་འདག་པ་དང་། དཀའ་ཐུབ་སྤྱད་པས་སྡིག་པ་འདག་པར་འདོད་པ་དག སུན་དབྱུང་བར་ནི་མི་ནུས་ཏེ། །ལུང་རིགས་མེད་པར་མཚུངས་པ་ལ། །བདེན་བརྫུན་དབྱེ་བ་ནུས་མ་ཡིན། །

ལ་ལ་རྫོགས་པའི་སངས་རྒྱས་ཀྱི། །གསུང་རབ་ཚིག་དོན་ཟབ་མོ་སྟོན་པའི་མདོ་རྒྱུད། དང་། །གྲུབ་ཐོབ་རྣམས་དང་མཁས་རྣམས་ཀྱི། །ཤིན་ཏུ་ལེགས་པར་བཤད་བསྟན། པའི་ཆོས། །རྣམས་ལ། ཚིག་གིན་ཡ་ཡིན་པས་ན། །དགོས་པ་མེད་པས་དོར་ཞེས་ཟེར། །

ཚིག་ཀྱང་བསྒྲིག་ལེགས་མི་ཤེས་ན། །དོན་བཟང་སློས་ཀྱང་ཅི་དགོས་པའི། །བླུན་པོ་རྣམས་ཀྱི་རང་དགའི་ཚིག །མཁས་རྣམས་བཞད་གད་བསྐྱེད་པ་ཡི། །འབྲེལ་མེད་སྣ་ཚོགས་བྲིས་པ་ལ། །བསྟན་བཅོས་ཡིན་ཞེས་ཉན་བཤད་བྱེད། །བླུན་པོ་དགའ་བ་བསྐྱེད་ནུས་ཀྱི། །མཁས་རྣམས་དགའ་བ་བསྐྱེད་མི་ནུས། །དུས་དང་བློ་གྲོས་གྲོན་དུ་འགྱུར། །ཀྱེ་མ་སངས་རྒྱས་བསྟན་པ་ན། །འདི་ལྟར་གྱུར་པ་ད་གཟོད་གོ། །དེས་ན་སངས་རྒྱས་གསུང་རབ་དྲི་མེད། དང་། །མཁས་པ་རྣམས་ཀྱི་བསྟན་བཅོས་ཀྱི། །ཚིག་དོན་ལ་ནི་བྱིན་རླབས་ཡོད། །འདི་འདྲ་ཉན་བཤད་བྱེད་པ་ལ། །ཐོས་པ་ཞེས་ནི་བརྗོད་པ་ཡིན། །དེ་དོན་དཔྱོད་པ་བསམ་པ་ཡིན། །ནན་ཏན་གྱིས་ནི་དེ་བསྒྲུབ་པ། །བསྒོམ་པ་ཡིན་པར་ཤེས་པར་བྱ། །ཐོས་བསམ་བསྒོམ་གསུམ་དེ་ལྟར་གྱིས། །འདི་ནི་སངས་རྒྱས་བསྟན་པ་ཡིན། །སོ་སོར་ཐར་པའི་སྡོམ་པའི་སྐབས་ཏེ་དང་པོའོ།། །།

སེམས་བསྐྱེད་ལ་ནི་ཉན་ཐོས་དང་། །ཐེག་པ་ཆེན་པོའི་ལུགས་གཉིས་ཡོད། །ཉན་ཐོས་རྣམས་ལ་སེམས་བསྐྱེད་གསུམ། །དགྲ་བཅོམ་དུ་སེམས་བསྐྱེད། རང་རྒྱལ་དུ་སེམས་བསྐྱེད། སངས་རྒྱས་སུ་སེམས་བསྐྱེད། སོ། །ཉན་ཐོས་ཀྱི། བསྟན་པ་རྣལ་མ་ལོ་སྟོང་ནས། ནུབ་པས་ན། །དེང་སང་དེ་ཡི་ཆོ་ག་སྤྱོད་པ་ཙམ། །ཐེག་པ་ཆེན་པོའི་སེམས་བསྐྱེད་ལ། །དབུ་མ་སེམས་ཙམ་རྣམ་པ་གཉིས། །དེ་གཉིས་ལྟ་བ་ཐ་དད་པས། །ཆོག་ཡང་ནི་ཐ་དད་ཡིན། །ལྟུང་བ་དང་ནི་ཕྱིར་བཅོས་དང་། །བསླབ་པར་བྱ་བའང་སོ་སོར་ཡོད། །འདི་གཉིས་ཀྱི་ཁྱད་པར་རྒྱས་པ་པོ་བོས་བྱས་པའི་སེམས་བསྐྱེད་ཀྱི

ཚིགས་ལྡོས། སེམས་ཙམ་པ་ཡི་སེམས་བསྐྱེད་འདི། །བོད་ན་བྱེད་པ་མང་མོད་ཀྱི། །དེ་ནི་སུ་ཡང་རུང་བ་ཡི། །གང་ཟག་སོ་སོར་ཐར་པའི་སྡོམ་པ་མེད་པའི་མི་སྐྱ་དང་། སྡོམ་པ་ཡོད་ཀྱང་བྱང་ཆུབ་སེམས་དཔའི་སྡེ་སྣོད་མི་ཤེས་པ་དང་། ཤེས་ཀྱང་བྱང་ཆུབ་སེམས་དཔའི་བསླབ་པ་ཉམས་འོག་ཏུ་མ་ཆུད་པ། རྣམས་ལ་བྱར་མི་རུང་། །ལ་ལ་སྐྱེ་བོ་འགའ་ཞིག་གི། །རྨི་ལམ་ན་ཁྲིམ་ལ་འཇུག་པ་སེམས་བསྐྱེད་བྱེད་པ་རྨི་བའི་རྨི་ལམ། གྱི་ནི་རྗེས་སུ་འབྲངས་ནས། །སེམས་ཅན་ཀུན་ལ་སེམས་ཙམ་པའི་འཇུག་པ། སེམས་བསྐྱེད་བྱེད། །དེ། རྨི་ལམ་ཆོས་དང་མཐུན་ན་སངས་རྒྱས་ཀྱི་བྱིན་རླབས་ཡིན་པ་ལ་འདི་ཆོས་དང་མི་མཐུན་པའི་རྨི་ལམ་ཡིན་པས། བདུད་ཀྱི་མིན་ན་རུང་། །མདོ་ལས་བདུད་སྡིག་ཅན་སངས་རྒྱས་ཀྱི་ཆ་བྱད་དུ་བྱས་ནས་ཆོས་ལོག་པ་སྟོན་པར་འགྱུར་རོ། །ཞེས་གསུངས་པས་སོ། །བྱང་ཆུབ་སེམས་དཔའི་ས་དང་ནི། །མར་མེ་མཛད་ཇོ་བོ་རྗེ། ཀྱིས་བཀག་ཕྱིར་དང་། །ཚིག་ལས་ཀྱང་རིགས་ཀྱི་བུ་ཁྱོད་བྱང་ཆུབ་སེམས་དཔའ་ཡིན་ནམ་ཞེས་བྱ་བ་ལ་སོགས་པས་བྱང་ཆུབ་སེམས་དཔའི་སྡེ་སྣོད་མི་ཤེས་པ་ལ་འཇུག་པའི་སེམས་བསྐྱེད་བཀག་པ། གསལ་བའི་ཕྱིར། །རོ། ལུགས་དེ་སངས་རྒྱས་བསྟན་པ་མིན། །

ཁ་ཅིག་བླུན་པོ་སྡིག་པ་ཅན། །ཡིན་ཡང་དེར་འཚོགས་ཐམས་ཅད་ནི། །སོ་སོར་ཐར་པའི་སྡོམ་པ་ཅན། །བྱང་ཆུབ་སེམས་དཔའི་སྡེ་སྣོད་ལ། །མཁས་པ་ཤ་སྟག་ཡིན་ནོ་ཞེས་ཟེར་ལོ། །མེད་པར་མཐོང་བཞིན་དུ་ཡོད་ཅེས་བརྫུན་ཟེར་འདི་འདྲའི་ཚིག་ལའང་བདེན་འཛིན་ཡོད། །སེམས་ཡོད་རྣམས་ཀྱིས་འདི་ལ་དཔྱོད། །གལ་ཏེ་འདི་འདྲའི་ཚིག་བདེན་ན། །དེ་ལས་མི་བདེན་གཞན་ཅི་ཡོད། །འོ་ན་མི་བསིལ་བ་ཡིན། ཆུ་སྲེག་པ་ཡིན། སེམས་ཅན་ཐམས་ཅད་སངས་རྒྱས་ཡིན་པས་སེམས་བསྐྱེད་བྱ་མི་དགོས་ཞེས་གང་ཕྱིན་ཅི་ལོག་ཐམས་ཅད་སྨྲས་ན་སུས་ཁེགས། དེས་ན་ཆོས་ཀྱི་རྗེས་འབྲངས་པའི། །མཁས་པ་རྣམས་ཀྱིས་ལུགས་འདི་སྤོངས། །དབུ་མའི་ལུགས་ཀྱི་སེམས་བསྐྱེད་འདི། །སེམས་ཅན་ཀུན་གྱིས་ལེགས་ཐོབ་ན། །རྫོགས་སངས་རྒྱས་ཀྱི་རྒྱུར་འགྱུར་ཞེས། །མདོ་དང་བསྟན་བཅོས་རྣམས་ལས་གསུངས། །དེ་ཡང་སྡོང་པོ་བཀོད་པ་དང་། །བསྐལ་བཟང་ནམ་མཁའི་སྙིང་པོ་དང་། །དཀོན་བརྩེགས་རྒྱལ་པོ་གདམས་པ་ཡི། །མདོ་སྡེ་ལ་སོགས་རྣམས་སུ་ལྟོས། །

འཕགས་པ་ཀླུ་སྒྲུབ་ཀྱིས་མཛད་དང་། །རྒྱལ་སྲས་ཞི་བ་ལྷས་མཛད་པའི། །བསྟན་བཅོས་ལ་སོགས་རྣམས་ལས་གསུངས། །འདི་དག་གི་ལུང་བསྟུས་པ་སེམས་བསྐྱེད་ཀྱི་ལུང་སྦྱོར་ན་ཡོད་པས་དེ་ལྟར་ལྟོས། ཇི་ལྟར་འབྲས་ཀྱིས་བོན་ནི། །གྲང་བའི་ཡུལ་དུ་མི་སྐྱེ་བ། །དེ་བཞིན་སེམས་ཙམ་པ་ཡི་ཡང་། །སེམས་བསྐྱེད་སྡིག་ཅན་ལ་མི་སྐྱེ། །ཇི་ལྟར་ནས་ཀྱིས་བོན་ནི། །གྲང་དྲོ་གང་དུའང་སྐྱེ་བ་ལྟར། །དེ་བཞིན་དབུ་མའི་སེམས་བསྐྱེད་ཀྱང་། །སྡིག་པ་ཡོད་མེད་ཀུན་ལ་སྐྱེ། །གལ་ཏེ་མདོ་ལས་སེམས་ཅན་ཐམས་ཅད་ལ་སེམས་བསྐྱེད་བྱ་བར། བཤད་པ་ཡི། །གཞུང་དེ་སེམས་ཙམ་པ་ཡི་ཡང་། །སེམས་བསྐྱེད་ཀྱི། ལུང་དུ་ཅི་འགལ་ཞེས། །སྨྲ་ན་དེ་ནི་འཁྲུལ་པ་ཡིན། །རྒྱལ་བ་ཕན་བཞེད་ཉིན་གཅིག་གི །སྲོག་གཅོད་སྡོམ་པ་བླངས་པ་ལ། །བྱང་ཆུབ་སེམས་དཔའི་སེམས་བསྐྱེད་མཛད། །བསྐལ་པ་བཟང་པོ་ལས། རྒྱལ་པོ་ཕན་བཞེད་

གོང་དཔོན་གྱུར་པའི་ཚེ། །དེ་བཞིན་གཤེགས་པ་བསོད་ནམས་འོད་དེ་ལ། །ཉིན་གཅིག་སྲོག་གཅོད་སྡོམ་པ་ཕུལ་ནས་ཀྱང་། །དང་པོར་བྱང་ཆུབ་མཆོག་ཏུ་སེམས་བསྐྱེད་དོ། །ཞེས་གསུངས་སོ། །དེ་ནི་སོ་སོར་ཐར་པ་མིན། །དེ་ལ་སོགས་པའི་འཐད་པ་རྣམས། །དབུ་མའི་ལུགས་ལ་འཐད་མོད་ཀྱི། །སེམས་ཙམ་པ་ཡི་ལུགས་ལ་མིན། །དེས་ན་སེམས་ཙམ་པ་ཡི་ལུགས། །གལ་ཏེ་སེམས་བསྐྱེད་དེ་འདོད་ན། །ཐོག་མར་སོ་སོར་ཐར་པ་ལོངས། །བྱང་ཆུབ་སེམས་དཔའི་སྡེ་སྣོད་སློབས། །དད་ཅིང་བསླབ་པར་ནུས་གྱུར་ན། །ཕྱི་ནས་སེམས་བསྐྱེད་སྡོམ་པ་ལོངས། །ཅི་སྟེ་སེམས་ཅན་ཐམས་ཅད་ལ། །སངས་རྒྱས་ས་བོན་འཛོག་འདོད་ན། །ཆོ་ག་འཁྲུལ་པ་མེད་པ་ཡི། །དབུ་མ་པ་ཡི་གཞུང་བཞིན་གྱིས། །

དོན་དམ་སེམས་བསྐྱེད་ཅེས་བྱ་བ། །བསྒོམས་པའི་སྟོབས་ཀྱིས་སྐྱེ་མོད་ཀྱི། །ཆོགའི་སྒོ་ནས་འདི་མི་སྐྱེ། །བྱང་ཆུབ་སེམས་འགྲེལ་ལས། དོན་དམ་པ་བྱང་ཆུབ་ཀྱི་སེམས་བསྒོམ་པའི་སྟོབས་ཀྱིས་བསྐྱེད་པར་བྱ་སྟེ་ཞེས་གསུངས་ལ། མདོ་སྡེ་རྒྱན་ལ་སོགས་པ་མཐའ་དག་ལས་ཀྱང་དོན་དེ་ཉིད་གསུངས་སོ། །གལ་ཏེ་ཆོགས་དོན་དམ་སེམས་བསྐྱེད། སྐྱེ་ན་སྐྱོན་ཅི་ཡོད་སྙམ་ན། ནི། །ཆོག་དགོས་ན་བརྡ་ལས་བྱུང་བའི་སེམས་བསྐྱེད་དུ། འགྱུར། །ལ། འདི་ནི་དོན་དམ་ཆོས་ཉིད་ཀྱིས། །ཐོབ་པ་ཞེས་བྱའི་སེམས་བསྐྱེད་ཡིན། །འདི་ལ་སྦྱོར་དངོས་རྗེས་གསུམ་གྱི། །ཆོ་ག་རྒྱལ་བས་གསུངས་པ་མེད། །མཁས་པ་ཐམས་ཅད་འདི་མི་མཛད། །མཛད་ཀྱང་ཆོག་ར་མི་འགྱུར་རོ། །

དེས་ན་འདི་འདྲའི་རིགས་ཅན་ཀུན། །སངས་རྒྱས་བསྟན་པའི་གཟུགས་བརྙན་ཡིན། །དཔེར་ན་ཆུ་ལུད་ས་བོན་སོགས། །སོ་ནམ་ཞིང་པས་བྱར་ནུས་ཀྱི། །མྱུ་གུ་སྡོང་བུ་སྐྱེ་མ་སོགས། །ཞིང་ལས་འབྱུང་གི་མི་ལས་མིན། །དེ་བཞིན་ཀུན་རྫོབ་བྱང་ཆུབ་སེམས། །ཆོགའི་སྒོ་ནས་བསྐྱེད་ནུས་ཀྱི། །དོན་དམ་བྱང་ཆུབ་སེམས་དང་ནི། །ཟག་པ་མེད་པའི་སྡོམ་པ་དང་། །བསམ་གཏན་གྱི་ནི་སྡོམ་པ་སོགས། །ངང་གིས་སྐྱེ་ཡི་ཆོགས་མིན། །འདི་དག་འཐད་པ་དང་བཅས་པ། །མདོ་དང་བསྟན་བཅོས་ཀུན་ལས་འབྱུང་། །དོན་དམ་སེམས་བསྐྱེད་བྱའོ་ཞེས། །གལ་ཏེ་བརྒྱ་ལ་གསུངས་སྲིད་ཀྱང་། །ཕྱང་སྐོང་ལས་དོན་དམ་པ་བྱང་ཆུབ་ཀྱི་སེམས་བསྐྱེད་བྱ་བར་གསུངས་སོ་ཟེར་ནའང་ཕྱང་སྐོང་བོད་མ་ཡིན་གྱི་རྒྱ་གར་བ་མ་ཡིན་པས་པཎྜི་ཏ་རྣམས་གཙིགས་སུ་མི་བྱེད། གལ་ཏེ་གཙིགས་སུ་བྱེད་དགོས་ན་ཡང་། དམ་བཅའ་ཡིན་གྱི་ཆོ་ག་མིན། །དཔེར་ན་སྦྱིན་པ་གཏོང་བར་བྱ། །ཚུལ་ཁྲིམས་དག་པ་བསྲུང་བར་བྱ། །སངས་རྒྱས་ཡོན་ཏན་བསྒྲུབ་པར་བྱ། །དེ་ལ་སོགས་པ་གསུངས་པ་སོ་སོ་ཐར་པ་ལས། བརྩམ་པར་བྱ་ཞིང་དབྱུང་བར་བྱ། །སངས་རྒྱས་བསྟན་ལ་འཇུག་པར་བྱ། །འདམ་བུའི་ཁྱིམ་ན་གླང་ཆེན་བཞིན། །འཆི་བདག་སྡེ་ནི་གཞོམ་པར་བྱ། །ཞེས་གསུངས་པ་ལའང་ཆོ་ག་མི་དགོས། ཀུན། །དམ་བཅའི་ཚིག་ཙམ་ཉིད་ཡིན་གྱི། །ཆོ་གའི་སྒོ་ནས་བསྐྱེད་པ་མིན། །ཕྱང་སྐོང་ཡང་དེ་དང་འདྲ། ཡིན་ན་ཧ་ཅང་ཐལ་འགྱུར་ཞིང་། །ཆོ་ག་ཡང་ནི་ཐུག་མེད་འགྱུར། །ཀྱེ་མ་འཇིག་རྟེན་བླུན་པོ་འདི། །རྒྱལ་བས་གསུངས་པའི་སོ་སོར་ཐར་པའི་ལག་ལེན་དང་། བྱང་ཆུབ་སེམས་དཔའི་བསླབ

བྱ་དང་གསང་སྔགས་ཀྱི་དབང་བསྐུར་དང་རིམ་གཉིས་ལ་སོགས་པ་ཚོག་དགོས་ངེས་པ། ཀུན་བོར་ནས། །མ་གསུངས་པ་མདོ་བསྐུལ་རིང་མོ་དང་། སེམས་ཙམ་པའི་སེམས་བསྐྱེད་ལ་སྡིག་བཤགས་བྱེད་པ་དང་། དོན་དམ་སེམས་བསྐྱེད་དང་། ཕག་མོའི་དབང་བསྐུར་ལ་སོགས་པ་གང་སངས་རྒྱས་ཀྱིས་མ་གསུངས་པ། ནན་གྱིས་འཚང་བ་ནི། །འདི་འདྲ་ཅིར་འགྱུར་བརྟག་དགོས་སོ། །

དེ་ལྟར་སེམས་ཙམ་དབུ་མ་གཉིས། །རྣམ་གཞག་ཐ་དད་ཡོད་མོད་ཀྱི། །འོན་ཀྱང་ཐེག་ཆེན་ཀུན་མཐུན་པར། །ལྟུང་བའི་རྣམ་གཞག་མུ་བཞི་གསུངས། །ལྟུང་མེད་ལྟུང་དང་ལྟུང་བ་ཡི། །གཟུགས་བརྙན་ལྟུང་བ་མེད་པ་ཡི། །གཟུགས་བརྙན་ཞེས་བྱ་རྣམ་པ་བཞི། །བསམ་པ་དག་པའི་སྦྱིན་པ་སོགས། །རྣམ་པ་ཀུན་ཏུ་ལྟུང་བ་མེད། །བསམ་པ་ངན་པའི་སྲོག་གཅོད་སོགས། །རྣམ་པ་ཀུན་ཏུ་ལྟུང་བར་འགྱུར། །དགེ་བའི་སེམས་ཀྱིས་བསད་པ་སོགས། །ལྟུང་བའི་གཟུགས་བརྙན་ཡིན་ཞེས་གསུངས། །གཞན་ལ་གནོད་ན་བརྟུན་མིན་ཡང་། །ལྟུང་བ་མེད་པའི་གཟུགས་བརྙན་ཡིན། །མདོར་ན་སེམས་ཀྱི་འཕེན་པ་ལས། །གཞན་པའི་དགེ་སྡིག་ཡོད་མ་ཡིན། །འཕགས་པ་ལྷ་ཡིས་བཞི་བརྒྱ་པར། །བསམ་པས་བྱང་ཆུབ་སེམས་དཔའ་ཡི། །དགེ་བའམ་ཡང་ན་མི་དགེ་བ། །ཐམས་ཅད་དགེ་བ་ཉིད་འགྱུར་ཏེ། །གང་ཕྱིར་སེམས་དེ་གཙོ་བའི་ཕྱིར། །ཞེས་གསུངས་མདོ་རྒྱུད་གཞན་ལས་ཀྱང་། །དགེ་སྡིག་རྣམ་གཞག་དེ་ལྟར་གསུངས། །

བྱང་ཆུབ་སེམས་ཀྱི་བསླབ་པ་ལ། །བདག་གཞན་མཉམ་བརྗེ་གཉིས་སུ་གསུངས། །ཁ་ཅིག་བརྗེ་བའི་བྱང་ཆུབ་སེམས། །བསྒོམ་དུ་མི་རུང་ཞེས་སུ་སྨྲ། །སེམས་ཅན་ཀུན་གྱི་སྡུག་བསྔལ་བདག་ལ་སྨིན། །བདག་གི་བདེ་བས་དེ་ཀུན་བདེར་གྱུར་ཅིག །ཅེས་བྱ་བ་ལ་སོགས་པའི་སྨོན་ལམ་གདབ་ཏུ་མི་རུང་ཟེར་བ་ཡོད། དེ་ཡི་རྒྱུ་མཚན་འདི་སྐད་ལོ། །བདག་བདེ་གཞན་ལ་བྱིན་ནས་ནི། །གཞན་སྡུག་བདག་གིས་བླངས་གྱུར་ན། །སྨོན་ལམ་མཐའ་ནི་བཙན་པའི་ཕྱིར། །བདག་ནི་རྟག་ཏུ་སྡུག་བསྔལ་འགྱུར། །དེས་ན་འདི་འདྲའི་བྱང་ཆུབ་སེམས། །བསྒོམ་པ་དེ་དག་ཐབས་མི་མཁས། །ཉོར་པ་ཆེན་པོའི་ཆོས་ཡིན་ལོ། །དེ་དོན་འདི་ལྟར་བསམ་པར་བྱ། །བདག་གཞན་བརྗེ་བའི་བྱང་ཆུབ་སེམས། །དགེ་བ་ཡིན་ནམ་སྡིག་ཡིན་བརྟག །གལ་ཏེ་དགེ་བ་ཡིན་ན་ནི། །དེ་ལས་སྡུག་བསྔལ་འབྱུང་བ་འགལ། །སྡིག་པ་ཡིན་ན་ཚགས་སྔར་རྫོགས་པ། དུག་གསུམ་གྱིས། །བསྐྱེད་པའི་ལས་སུ་ཐལ་བར་འགྱུར། །བརྗེ་བ་དུག་གསུམ་མ་ཡིན་པས། །དེ་ལས་སྡུག་བསྔལ་ག་ལ་འབྱུང་། །བྱང་ཆུབ་སེམས་དཔའི་བློ་སྦྱོང་བའི། །སྨོན་ལམ་འགའ་ཞིག་མཐའ་མི་བཙན། །གལ་ཏེ་བཙན་ན་མཛའ་བོའི་བུ། །ཡིས་སེམས་ཅན་ཐམས་ཅད་ཀྱི་གླད་ནད་ཐམས་ཅད་བདག་ལ་སྨིན་ལ། སེམས་ཅན་ཐམས་ཅད་གླད་ནད་མེད་པར་གྱུར་ཅིག་ཅེས་སྨོན་ལམ་བཏབ་པས་དེ་གླད་ནད་ལས་གྲོལ་ནས་ལྷར་སྐྱེས་མཐར་སངས་རྒྱས། གལ་ཏེ་སྨོན་ལམ་གྱི་མཐའ་བཙན་ན། རྒྱུན་དུ་གླད་ནད་ཆེན་པོར་འགྱུར། དགོས་པ་ལས་མ་གྱུར་པ་བཞིན་ནོ། །དུས་གསུམ་སངས་རྒྱས་ཐམས་ཅད་ཀྱང་། །བདག་གཞན་བརྗེ་བ་

བསྒོམ་པའི་ཕྱིར། །རྒྱུན་དུ་སྡུག་བསྔལ་ཐོབ་པར་འགྱུར། །བརྗེས་པའི་སེམས་ཅན་དེ་དག་ཀུན། །སྡུག་བསྔལ་འབྱུང་བ་སྲིད་མི་འགྱུར། །དེས་ན་འདི་འདྲའི་གསང་ཚིག་ནི། །བདུད་ཀྱི་ཡིན་པ་མི་ཤེས་སོ། །

ཐབས་ལ་བསླུ་བའི་བདུད་ཀྱིས་ཐབས་ཕྱིན་ཅི་ལོག་བསྟན་ནས་སེམས་ཅན་རྣམས་འཁོར་བ་ལས་མི་ཐར་བར་བྱེད་པ། ཡོད་ཅེས། །རྒྱལ་བས་གསུངས་པའང་དྲན་པར་བྱ། །བདག་གཞན་བརྗེ་བ་སངས་རྒྱས་ཀྱི། །བསྟན་པའི་སྙིང་པོ་ཡིན་པར་གསུངས། །འཕགས་པ་ཀླུ་སྒྲུབ་སློབ་ཉིད་ཀྱིས། །རིན་ཆེན་ཕྲེང་བར་འདི་སྐད་གསུངས། །བདག་ལ་དེ་དག་སྡིག་སྨིན་ཅིང་། །བདག་དགེ་མ་ལུས་དེར་སྨིན་ཤོག །ཇི་སྲིད་སེམས་ཅན་འགའ་ཞིག་ཀྱང་། །གང་དུ་མ་གྲོལ་དེ་སྲིད་དུ། །དེ་ཕྱིར་བླ་ན་མེད་པ་ཡི། །བྱང་ཆུབ་ཐོབ་ཀྱང་གནས་གྱུར་ཅིག །དེ་སྐད་བརྗོད་པའི་བསོད་ནམས་འདི། །གལ་ཏེ་དེ་ནི་གཟུགས་ཅན་འགྱུར། །གངྒཱའི་བྱེ་མ་སྙེད་ཀྱི་ནི། །འཇིག་རྟེན་ཁམས་སུ་ཤོང་མི་འགྱུར། །འདི་ཀླུ་སྒྲུབ་ཁྱོད་རང་གི་རང་བཟོ་མ་ཡིན་ནམ་ཞེ་ན་མ་ཡིན་ཏེ། འདི་ནི་བཅོམ་ལྡན་འདས་ཀྱིས་གསུངས། །གསུངས་ཀྱང་དྲང་དོན་ཡིན་ནོ་ཞེ་ན་གཏན་ཚིགས་ཀྱང་ནི་འདི་ལ་སྣང་། །བའི་ཕྱིར་ངེས་དོན་ཡིན་នོ། ། དེ་ལ་སོགས་པ་ལེགས་པར་གསུངས། །རྡོ་རྗེ་རྩེ་མོ་ལས། སེམས་ཅན་སངས་རྒྱས་མ་ཐོབ་བར། །བདག་འཚང་རྒྱ་བར་མ་གྱུར་ཅིག །ཅེས་གསུངས་པ་དང་ཡང་འགལ་བར་འགྱུར་རོ། །སྤྱོད་འཇུག་ལས་ཀྱང་འདི་སྐད་དུ། །བདག་བདེ་གཞན་གྱི་སྡུག་བསྔལ་དག །ཡང་དག་བརྗེ་བར་མ་བྱས་ན། །སངས་རྒྱས་ཉིད་དུ་མི་འགྲུབ་ཅིང་། །འཁོར་བ་ན་ཡང་བདེ་བ་མེད། །དེ་སྐད་གསུངས་པ་ལེགས་པར་ཟུངས། །གཞན་ཡང་། འགྲོ་བའི་སྡུག་བསྔལ་གང་ཅིའང་རུང་། །དེ་ཀུན་བདག་ལ་སྨིན་གྱུར་ཅིག །བྱང་ཆུབ་སེམས་དཔའི་དགེ་བ་ཡིས། །འགྲོ་བ་བདེ་ལ་སྤྱོད་པར་ཤོག །ཅེས་གསུངས་སོ། །

མདོ་དང་བསྟན་བཅོས་གཞན་ལས་ཀྱང་། །ཆོས་ཀྱི་སྙིང་པོར་འདི་གསུངས་སོ། །དེས་ན་བདག་གཞན་བརྗེ་བ་ཤེས། །དེ་ནི་མྱུར་དུ་རྫོགས་འཚང་རྒྱ། །དེ་ཡི་བར་དུའང་འཇིག་རྟེན་གྱི། །ཕུན་སུམ་ཚོགས་པ་འབྱུང་བར་གསུངས། །བྱང་ཆུབ་སེམས་ཀྱི་གནད་འཆུགས་ན། །ཆོས་གཞན་གྱིས་ནི་འཚང་མི་རྒྱ། །སྟོང་ཉིད་ཉན་ཐོས་རྣམས་ཀྱང་བསྒོམ། །དེ་ཡི་འབྲས་བུ་འགོག་པ་ཐོབ། །སོ་སོར་ཐར་པའི་མདོ་ལས། སོ་སོ་ཐར་པ་བརྟེན་པ་ལས། །བསོད་ནམས་གྲུབ་པ་གང་ཡོད་པ། །དེས་ནི་འཇིག་རྟེན་མ་ལུས་པ། །ཐུབ་དབང་གོ་འཕང་ཐོབ་པར་ཤོག །ཅེས་གསུངས་པ། བཞིན་དུ། །བསྒོ་བ་ཉན་ཐོས་རྣམས་ཀྱང་བྱེད། །འདུལ་བ་ལུང་གི་ཀུ་ཊུ་ནའི་གདམས་ངག་ལས་སྟོང་ཉིད་ལ་སོགས་པ་དབུ་མ་དང་ཁྱད་མེད་པར་གསུངས། ལ་སོགས་པ་ལས་བརྒྱ་པ་དང་གང་པོ་ལ་སོགས་པའི་རྟོགས་པ་བརྗོད་པ་བརྒྱ་པ། ། སྟོང་པ་ཉིད་དང་སྐྱེ་མེད་དང་། །མཁའ་དང་ལག་མཐིལ་མཉམ་པ་སོགས། །ཆོས་ཀུན་མཉམ་ཉིད་རྟོགས་པའང་གསུངས། །འདུལ་བ་ལུང་གི་ཐམས་ཅད་སྒྲོལ་གྱི་སྐྱེས་རབས་ལས་བདག་གིས་ཁྲམ་ཟེ་འདོད་པ་ལ། །དགའ་བས་ཤིང་རྟ་འདི་བཏང་བས། །དངོས་པོ་ཐམས་ཅད་བཏང་ནས་ནི། །རྫོགས་པའི་སངས་རྒྱས་ཐོབ་པར་ཤོག །ཅེས་པ། དེ་ལ། སོགས་པ་བསྔོ་བ་མང་དུ་གསུངས། །འོན་ཀྱང

ཐབས་ལ་མཁས་པ་ཡི། །ཁྱད་པར་འགའ་ཞིག་མ་གསུངས་པས། །ཕར་ཕྱིན་གྱི་ལུགས་ཀྱི་བསྐལ་པ་གྲངས་མེད་པ་གསུམ་ཕ་རོལ་ཏུ་ཕྱིན་པ་དྲུག་ལ་ཚོགས་གསོག་མི་ནུས། གསང་སྔགས་ཀྱི་ལུགས་ཀྱི་དབང་དང་རིམ་གཉིས་ལ་འཇུག་མི་ནུས་པས་སྟོང་ཉིད་རྟོགས་ཀྱང་། ཛོགས་པའི་སངས་རྒྱས་བསྒྲུབ་མི་ནུས། །དེ་ཕྱིར་ཐབས་མཁས་ཤེས་རབ་ཉིད། །སངས་རྒྱས་རྒྱུ་ཡི་གཙོ་བོ་ཡིན། །སངས་རྒྱས་དགོངས་པ་མི་ཤེས་པར། །ཆོས་ལྟར་བཅོས་པས་བླུན་པོ་འགའ། །ང་མཚར་བསྐྱེད་ཀྱི་མཁས་པ་རྣམས། །ཁྲེལ་བར་འགྱུར་བ་འདི་འདྲ་ཡོད། །

ཆང་དང་དུག་དང་མཚོན་ཆ་དང་། །གཞན་གྱི་ལོངས་སྤྱོད་སྟེར་བ་དང་། །གསོད་སར་ཕྱུགས་མ་སྟེར་བ་དང་། །མཆོག་གི་ནོར་ནི་མཆོག་མིན་ལ། །སྟེར་རབ་ཏུ་བྱུང་བའི་ནོར་ཁྲིམས་པ་ལ་སྟེར་བ་ལྟ་བུ། སོགས་མདོ་ལས་བཀག་པས་ན༔ །མ་དག་པ་ཡི་སྦྱིན་པ་ཡིན། །ཉན་ཐོས་ཀྱི་ནི་སྡོམ་པ་ལ། །ཐེག་པ་ཆེན་པོར་འཆོས་པ་སོ་སོ་ཐར་པའི་སྡོམ་པ་ཇི་སྲིད་འཚོའི་བར་དུ་ལེན་པ་ལ། ཇི་སྲིད་སངས་མ་རྒྱས་ཀྱི་བར་དུ་ལེན་དགོས་ཟེར་བ། དང་། །དེ་བཞིན་ཐེག་ཆེན་ཉན་ཐོས་སུ། །ཆོས་པ་ཐེག་ཆེན་གྱི་སྡོམ་པ་སེམས་ལ་སྐྱེ་བ་ལ་ཉན་ཐོས་ཀྱི་ལུགས་རྣམ་པར་རིག་བྱེད་མ་ཡིན་པའི་གཟུགས་ཡིན་ཟེར་བ། ཚུལ་ཁྲིམས་མ་དག་པ། །རང་ཉིད་ཚུལ་ཁྲིམས་བསྲུངས་ན་ཡང་། །ཚུལ་ཁྲིམས་ལ་ནི་མཆོག་འཛིན་ཅིང་། །གཞན་ལ་ཁྱད་གསོད་བྱེད་པ་ནི། །མ་དག་པ་ཡི་ཚུལ་ཁྲིམས་ཡིན། །དཀོན་མཆོག་གསུམ་དང་བླ་མ་ལ། །གནོད་ཅིང་བསྟན་པ་འཇིག་པ་ལ། །ཁྲོས་ན་ལྡོག་པར་ནུས་བཞིན་དུ། །བཟོད་པ་བསྒོམས་ན་མ་དག་པའོ། །ལོག་པའི་ཆོས་ལ་དགའ་བ་དང་། །ཐོས་བསམ་བསྒོམ་གསུམ་ནོར་བ་ལ། །བརྩོན་འགྲུས་ཆེན་པོ་བྱེད་པ་སོགས། །མ་དག་པ་ཡི་བརྩོན་འགྲུས་ཡིན། །མི་མཁས་སྟོང་ཉིད་བསྒོམ་པ་དང་། །གདན་འཆུགས་པ་ཡི་ཐབས་ལམ་སོགས། །རྣམ་རྟོག་འགའ་ཞིག་འཛིན་པ་དང་། །ཏིང་འཛིན་ཕྲ་མོ་སྐྱེད་པའི་ཐབས། །དད་པ་ཆེན་པོས་བསྒོམས་ན་ཡང་། །ཡང་དག་ཡེ་ཤེས་མི་སྐྱེ་བས། །མ་དག་པ་ཡི་བསྒོམ་པ་ཡིན། །སངས་རྒྱས་གསུང་དང་མི་མཐུན་པའི། །འཆད་རྩོམ་རྩོད་ལ་མཁས་གྱུར་ཅིང་། །བྱ་བ་ཐམས་ཅད་ཤེས་གྱུར་ཀྱང་། །མ་དག་པ་ཡི་ཤེས་རབ་ཡིན། །བླ་མ་ངན་ལ་དད་པ་དང་། །ཆོས་ངན་པ་ལ་མོས་པ་དང་། །བསྒོམ་ངན་པ་ལ་དགའ་བ་ནི། །མ་དག་པ་ཡི་དད་པ་ཡིན། །ནད་པ་དགའ་བའི་ཁ་ཟས་སྟེར། །ཚད་ནད་ཅན་སྨན་པ་ལ་སྙིང་རྗེ་ཟེར་ནས་ཆང་སྟེར་བ་ལྟ་བུའོ། ། ངན་པར་སྤྱོད་པ་ལ་སྙིང་རྗེ་ཟེར་ནས། ཆར་མི་གཅོད། །པ་ལྟ་བུའོ། །ཆོས་ཟབ་མོ་མ་ཐོབ་པར་སྙིང་རྗེ་ཟེར་ནས་དབང་བསྐུར་མེད་པར་གསང་སྔགས་སྟོན། །པ་ལྟ་བུ། ཟབ་དང་རྒྱ་ཆེའི་སྣོད་མིན་པ་ལ་ཆོས་འཆད་པ་ལ། སོགས། །པ་ལྟ་བུ། འཕྲལ་ལ་ཕན་པ་ལྟར་སྣང་ཡང་། །ཕྱི་ནས་གནོད་པ་ཆེར་འགྱུར་བས། །སྙིང་རྗེའི་དབང་གིས་བྱེད་ན་ཡང་། །མ་དག་པ་ཡི་སྙིང་རྗེ་ཡིན། །གདུག་པ་ཅན་ལ་བྱམས་པ་དང་། །བུ་དང་སློབ་མ་ཕྱིན་ཅི་ལོག་བྱེད་པ་ཐབས་ཀྱིས། མི་འཚོས་དང་། །སྲུང་བའི་འཁོར་ལོ་བསྒོམས་ན་བདུད་ལ་གནོད་ཟེར་ནས། མི་བསྒོམ་ཞིང་། །ཁྲོ་བོའི་

བརླས་པ་བགེགས་ལ་གཏོར་ཟེར་ནས། འགོག་པ་སོགས། །རྒྱུད་སྡེ་ཀུན་དང་འགལ། ཏེ་ལྷ་ཁྲི་བོར་བཞུགས་པ་དང་། སངས་རྒྱས་བདུད་འདུལ་བ་ཐམས་ཅད་བྱམས་པ་མེད་པར་ཐལ། བས་ན། །དེ་འདྲའི་རིགས་མ་དག་པ་ཡི་བྱམས་པ་ཡིན། །མདོ་རྒྱུད་ཀུན་ལས་མ་གསུངས་ཤིང་། །རིགས་པས་བསྒྲུབ་པར་མི་ནུས་པ། །སྔོ་བའི་ནང་དུ་མེ་མཐེ་བོང་གི་ཚད་ཙམ་བསྒོམས་པས་དྲོད་དང་བདེ་བ་སྐྱེ་བ་མུ་སྟེགས་བྱེད་ལའང་ཡོད་པ། དང་། །མི་རྟོག་ལྟར་སྣང་སྐྱེ་བ་རྟོག་པ་ཁ་བཀག་ནས་མི་རྟོག་པ་བསྒོམ་པ་མུ་སྟེགས་པ་ལའང་ཡོད། སོགས། །ནད་གདོན་ཙུང་ཟད་སེལ་བ་དག །མུ་སྟེགས་ཀྱི་ན་ར་སི་ཧ་དང་ཧ་ནུ་མནྟྲ་ལ་སོགས་པའི་དམིགས་པའང་འགའ་ཞིག་གིས། ཕྲན་པོ་དགའ་བ་བསྐྱེད་ན་ཡང་། །མུ་སྟེགས་བྱེད་ལའང་ཡོད་པའི་ཕྱིར། །མ་དག་པ་ཡི་ཐབས་ལམ་ཡིན། །བདག་ལྟའི་རྩ་བ་ངར་འཛིན། མ་ཆོད་ཅིང་། །འཁོར་བའི་ཕུན་སུམ་ཚོགས་པ་དང་མྱ་ངན་ལས། འདས་པའི་བདེ་བ། གཉིས་ལ་སྨོན་པ་ཅན། །དགེ་བ་ལ་ནི་ངོ་མཚར་དུ། བལྟ། །བ། ཆོས་ཀུན་སྤྲོས་བྲལ་མི་ཤེས་པས། ཆོས་ཀྱི་དབྱིངས་ཡོད་པའི་དགེ་བ་ཡིན་ཟེར་བ་ལྟ་བུ། །སངས་རྒྱས་ཉིད་དུ་བསྔོ་ན་ཡང་། །བསྔོ་བ་དེས་སངས་རྒྱས་ཐོབ་མི་སྲིད་པས་མ་དག་པ་ཡི་སྨོན་ལམ་ཡིན། །དེ་ལ་སོགས་པ་ནོར་བ་མང་པོ་ཡོད་ཀྱང་བཤད་ཀྱིས་མི་ལང་བས། མཐའ་ཡས་པ། །སངས་རྒྱས་གསུང་གི་གནད་འཆུགས་པ། །དགེ་བར་བྱེད་པར་སྣང་ན་ཡང་། །མ་དག་པ་རུ་ཤེས་པར་གྱིས། །

མདོར་ན་སངས་རྒྱ་གསུང་རབ་དང་། །མཐུན་པའི་ཐོས་བསམ་བསྒོམ་པ་གསུམ། །བསམ་པ་དག་པས་སྒྲུབ་བྱེད་ན། །སངས་རྒྱས་བསྟན་པར་ཤེས་པར་བྱ། །བྱང་ཆུབ་སེམས་དཔའི་སྡོམ་པའི་སྐབས་ཏེ་གཉིས་པའོ།། །།

རྡོ་རྗེ་ཐེག་པའི་ལམ་ཞུགས་ཏེ། །མྱུར་དུ་སངས་རྒྱས་ཐོབ་འདོད་ན། །སྨིན་བྱེད་དབང་དང་། གྲོལ་བྱེད་ལམ་རིམ་པ། གཉིས་ལ་འབད་པར་བྱ། །སྨིན་པར་བྱེད་པའི་དབང་བསྐུར་ཡང་། །བླ་མ་བརྒྱུད་པ་མ་ཉམས་ཤིང་། །ཚིག་འབྲུགས་པར་མ་གྱུར་པ། །ཕྱི་ནང་རྟེན་འབྲེལ་བསྒྲིག་མཁྱེན་ཞིང་། །སྐུ་བཞིའི་ས་བོན་ཐེབས་ནུས་པ། །སངས་རྒྱས་གསུང་བཞིན་མཛད་པ་ཡི། །བླ་མ་བཙལ་ལ་དབང་བཞི་བླང་། །དེ་ཡིས་སྡོམ་པ་གསུམ་ལྡན་འགྱུར། །

དེང་སང་རྡོ་རྗེ་ཕག་མོ་ཡི། །བྱིན་རླབས་དབང་བསྐུར་ཡིན་ཞེས་ཟེར། །འདི་ཡིས་ཆོས་ཀྱི་སྒོ་ཕྱེ་ནས། །གཏུམ་མོ་ལ་སོགས་བསྒོམ་པ་མཐོང་། །འདི་འདྲ་རྒྱུད་སྡེ་ལས་མ་གསུངས། །བསྟན་བཅོས་རྣམས་ལས་བཤད་པ་མེད། །རྡོ་རྗེ་ཕག་མོའི་གཞུང་ཁུངས་མ། ཉིད་ལས་ཀྱང་། །དབང་བསྐུར་བ་ཐོབ་ཅིང་དམ་ཚིག་དང་ལྡན་པའི་རྣལ་འབྱོར་པ་ལ་རྡོ་རྗེ་རྣལ་འབྱོར་མའི་བྱིན་རླབས་བྱའོ་ཞེས་གསུངས་ཀྱི། དབང་བསྐུར་མ་ཐོབ། དམ་ཚིག་དང་མི་ལྡན་པ་ལ་བྱིན་རླབས་བྱ་བར་མ་གསུངས། དབང་བསྐུར་ཐོབ་ཅིང་དམ་ཚིག་ལྡན། །དེ་ལ་བྱིན་རླབས་བྱ་ཞེས་གསུངས། །དབང་བསྐུར་མེད་ལ་བྱིན་རླབས་བཀག །དཔེར་ན་མུ་ཟིའི་བཅུད་ལེན་འདྲ། །དེ་ནས་དངུལ་ཆུ་བཟའ་བར་གསུངས། །མུ་ཟི་ཐོག་མར་མ་བསྟེན་པར། །དངུལ་ཆུ་ཟོས་ན་འཆི་བ་ལྟར། །དེ་བཞིན་ཐོག་མར་དབང་བསྐུར་བླང་། །དེ་ནས་རྡོ་རྗེ་ཕག་མོ་སྦྱིན། །དབང་བསྐུར་མེད་པར་བྱིན་

བརྟགས་ན། །དམ་ཚིག་ཉམས་པར་ཐུབ་པས་གསུངས། །

རྡོ་རྗེ་ཕག་མོའི་བྱིན་རླབས་ལ། །སྡོམ་པ་གསུམ་ལྡན་བྱ་མི་རུང་། །ཕྱི་ནང་རྟེན་འབྲེལ་འགྲིག་མི་འགྱུར། །སྒྲུ་བཞིའི་ས་བོན་ཐེབས་མི་ནུས། །དེ་ཕྱིར་འདི་ནི་བྱིན་རླབས་ཙམ། །ཡིན་གྱི་སྨིན་པར་བྱེད་པའི་དབང་བསྐུར། །པ་མིན། །དེས་ན་ཐུབ་པས་རྒྱུད་སྡེ་དེ་ཉིད་བསྟུད་པ་ལ་སོགས་པ། ལས། །དཀྱིལ་འཁོར་ཆེན་པོ་མ་མཐོང་བའི། །མདུན་དུ་འདི་ནི་མ་སྨྲ་ཞིག །སྨྲས་ན་དམ་ཚིག་ཉམས་ཞེས་གསུངས། །འགའ་ཞིག་འདི་ལའང་ཕག་མགོ་ལ། །སོགས་པ་གྲི་གུག་དང་། མདའ་གཞུ་དང་། ཆང་པ་སྟོང་པའི་དབང་བསྐུར་ཡོད་ཅེས་ཟེར། །དེ་འདྲ་དབང་བསྐུར་ཉིད་མ་ཡིན། །རྒྱུད་སྡེ་ཀུན་ལས་འདི་མ་གསུངས། །གལ་ཏེ་བརྒྱ་ལ་ སུས་ཀྱང་མ་མཐོང་བའི་རྒྱུད་སྡེ་འདྲ་ལས། གསུངས་སྲིད་ཀྱང་། །རྗེས་གནང་ཡིན་གྱི་དབང་བསྐུར་མིན། །ལ་ལ་རྡོ་རྗེ་ཕག་མོ་ལ། །སྡོམ་པ་འབོགས་པའི་ཆོ་ག་དང་། །དཀྱིལ་འཁོར་དང་ནི་དབང་བསྐུར་སོགས། །རང་བཟོས་ཆོ་ག་བྱེད་པ་ཐོས། །རང་བཟོས་ཆོ་གར་འགྱུར་མི་སྲིད། །ཆོ་ག་སངས་རྒྱས་སྤྱོད་ཡུལ་ཡིན། ཁྱིམ་པས་མཁན་སློབ་དང་པའི་དགེ་འདུན། གསོལ་བཞིའི་ལས་བྱས་པ་ལ་སོགས་པ་ཆོ་ག་གང་གི་ལད་མོ་བྱེད། ཀྱང་། །དགེ་སློང་གི་སྡོམ་པ་མི་འཆགས་པ། ལྟར། །རྡོ་རྗེ་ཕག་མོའི་བྱིན་རླབས་ལ། །སྡོམ་པ་ཐོབ་ཀྱང་རིག་པ་འཛིན་པའི་སྡོམ་པ། འཆགས་མི་འགྱུར། །ཆོ་ག་ཆུང་ཟད་ཉམས་པ་ཚིག་གི་བརྗོད་པ་བག་ཙམ་འཁྲུལ་བ། ལའང་། །ཆོ་ག་འཆགས་པར་མ་གསུངས་ན། །འདུལ་བའི་མདོ་ལས་ཀྱང་། ཆོ་ག་ལས་འདས་ན་ལས་མི་འཆགས་ཞེས་སོ། །ཆོ་ག་ཕལ་ཆེར་ཉམས་པ་དང་འཁྲུལ་པ༑ ལ། །ཆོ་ག་འཆགས་པར་འགྱུར་རེ་སྐན། །ཏེ་མི་འཆགས། གསང་བ་སྤྱི་རྒྱུད་ལས། ཁྱད་པར་ཅན་གྱི་ལས་རྣམས་ལ། །ལྷ་དུས་བྱ་བ་དུས་བཞིན་བསྟན། །གཞན་དུ་ཆོ་ག་ཉམས་པའི་ཕྱིར། །འགྲུབ་པ་ནམ་ཡང་ཡོད་མ་ཡིན། །ཞེས་གསུངས་སོ། །དེས་ན་འཆད་པའི་གནས་སྐབས་སུ། །ཅུང་ཟད་ནོར་བར་གྱུར་ཀྱང་བླའི། །སྐད་དཔྱད་ནོར་བས་ནད་པ་མི་སོས་པའམ། སོ་ནམ་ནོར་བས་སྟོན་ཐོག་མི་འབྱུང་བ་ལྟར་ཆོ་ག་ནོར་བར་གྱུར་པ་ལ། །གྲུབ་པ་ནམ་ཡང་མེད་པར་གསུངས། །

གཞན་ཡང་ཕག་མོའི་བྱིན་རླབས་ལ། །གསང་སྔགས་ཆོས་སྒོར་བྱེད་པ་ནི། །རྒྱུ་སྡེ་གང་ནའང་བཤད་པ་མེད། །དེ་བས་དགེ་སློང་བྱེད་པ་ལ། །མཁན་སློབ་དང་དགེ་མི་དགོས་པར་རང་བྱུང་གི་ནི་བསྙེན་རྫོགས་སངས་རྒྱས། དང་། །ལྔ་སྡེ་ཡེ་ཤེས་ཁོང་དུ་ཆུད་པའི་བསྙེན་རྫོགས། པ་དང་། །ཆོས་སྦྱིན་མ་འཕྲིན་གྱིས་བསྙེན་པར་རྫོགས་པ་དང་། །དེ་བཞིན་འོད་སྲུངས་ཆེན་པོ། སྟོན་པ་ཁས་བླངས་ཀྱི་བསྙེན་རྫོགས། དང་། །ཚུར་ཤོག་ལ་སོགས་སོ་ཏ་ཡ་ནའི་ཞུ་དྲིས་པའི་ལན་སྨྲན་པས། བསྙེན་རྫོགས་བླང་། །ད་ལྟ་བྱེད་ན་རྡོ་རྗེ་ཕག་མོའི་བྱིན་རླབས་དང་། །འདི་འདྲའི་ལུགས་ཀྱི་བསྙེན་རྫོགས་གཉིས། འཁྲུལ་པ་ཡིན་པ་མཉམ་པོ་ལ། །བསྙེན་རྫོགས་འདི་རྣམས་སྟོན་སངས་རྒྱས་བཞུགས་པའི་དུས། ཀྱི་ཚོགས་ཀར་འདུལ་བ་ལུང་ལས། བཤད། །རྡོ་རྗེ་ཕག་མོའི་བྱིན་རླབས་ལ་སྟོན་ཆོག་ཏུའང་བཤད་པ་མེད། རྡོ་རྗེ་འཆང་གིས་ཀྱང་སྟོན་གྱི་ཆོ་ག་ཐམས་ཅད་སྤྲུལ་པའི་དཀྱིལ་འཁོར་དུ་དབང་བསྐུར་བར་གསུངས་སོ། །དེས་ན་ཉན་ཐོས

ཐེག་པ་ནི། །ཐུབ་ཀྱང་གཟུགས་བརྙན་ཙམ་ཞིག་སྣང་། །རྡོ་རྗེ་ཐེག་པའི་བསྟན་པ་ལ། །གཟུགས་བརྙན་ཙམ་ཡང་མི་སྣང་ངོ་། །དེང་སང་བླུན་པོ་སྙིང་ཡོད་ཅན་རྣམས། གྱིས་ཀྱང་། །འདུལ་བའི་ལ་ཆོག་དང་འོལ་སྤྱི་མ་བསྟུན་པ། ཆོ་ག་ལ། བཀྲལ་མ་ནུས། །གསང་སྔགས་ཀྱི། ཆོ་ག་དབང་དང་རིམ་གཉིས། ཐམས་ཅད་ལ། །བླུན་པོ་རྣམས་ཀྱིས་རྒྱུད་སྡེ་ནས་མ་གསུངས་པའི་ཕག་མོའི་ཆོ་ག་ལ་སོགས་པ། རང་བཟོར་སྤྱོད། །པ་མང་། དཔེར་ན་རབ་བྱུང་གང་ཟག་ནི། །ལུང་ལས། ཚོགས་ཀྱིས་ཚོགས་ཀྱི་ལས་མི་བྱ། །ཞེས་བྱ་བ་ལ་བརྟེན་ནས་གསུམ་ལས་མང་བ་འཛུག་མི་ནུས། །སྔགས་ཀྱི་དབང་བསྐུར་བྱེད་པ་ན། །གྲངས་ངེས་མེད་པར་དབང་བསྐུར་བྱེད། །འདི་ནི་རྡོ་རྗེ་འཆང་གིས་བཀག །སྤྱོད་པའི་རྒྱུད་ཀྱི་དབང་བསྐུར་ལ། །སློབ་མ་གྲངས་ངེས་མེད་པར་གསུངས། །ལྷག་མ་དམིགས་བསལ་མཛད་པ་ཡི། །སློབ་མ་ལ་ནི་གྲངས་ངེས་ཡོད། །

འདི་ནི་གསང་བ་སྤྱི་རྒྱུད་ལས། །མཁས་པས་སློབ་མ་གཅིག་གམ་གསུམ། །ལྔའམ་ཡང་ན་བདུན་དག་གམ། །ཉི་ཤུ་རྩ་ནི་ལྔ་ཡི་བར། །ཟུང་དུ་མ་གྱུར་སློབ་མ་གཟུང་། །དེ་བས་ལྷག་པའི་སློབ་མ་ནི། །ཡོངས་སུ་གཟུང་བར་མི་ཤེས་སོ། །ཞེས་གསུངས་འདི་ནི་ཀུན་ལ་འཇུག །དེ་བས་ལྷག་པའི་སློབ་མ་ལ། །ཆོ་ག་ཡོངས་སུ་རྫོགས་པ་ནི། །མཚན་མོ་གཅིག་ལ་ཚར་མི་ནུས། །དེ་ཡི་མཚན་མོར་མ་ཚར་ན། །ཆོ་ག་ཉམས་པར་འགྱུར་བར་གསུངས། །དེ་ཡང་གསང་བ་སྤྱི་རྒྱུད་ལས། །ལྷ་ཡང་ཉི་མ་ནུབ་པ་ན། །ངེས་པར་བྱིན་གྱི་རླབས་ཀྱིས་འདུ། །ཉི་མ་ཤར་བར་མ་གྱུར་བར། །མཆོད་ནས་གཤེགས་སུ་གསོལ་བ་ཤེས། །འདི་ནི་བྱ་བའི་རྒྱུད་ཡིན་པས། །གཞན་གྱི་ཆོ་ག་མིན་སྙམ་ན། །གཞན་རྣམས་ཀུན་ལའང་འདི་འཇུག་པར། །སྤྱི་རྒྱུད་ཉིད་ལས་འདི་སྐད་གསུངས། །རྒྱུད་སྡེ་གང་དུ་དབང་དང་རབ་གནས་ལ་སོགས་པའི། ལས་ནི་ཡོད་གྱུར་ལ། །ལས་ཀྱི་ཆོ་ག་རྣམས་གསལ་པོ། མེད་པ། །དེ་ར་ནི་གསང་བ། སྤྱི་ཡི་རྒྱུད་དག་ལས། །གསུངས་པའི་ཆོག་མཁས་པས་བསྟེན། །ཞེས། དེ་སྐད་གསུངས་ཕྱིར་ཆོག་འདི། །དབང་བསྐུར་གསུངས་ལ་གྲངས་ངེས་མ་གསུངས་པའི་རྒྱུད་རྣམས་ཀུན་ལ་འཇུག་པ་ཡིན། །དེང་སང་བྱིན་རླབས་མི་བྱེད་ཅིང་། །དབང་བསྐུར་བྱེད་པ་ཁ་ཅིག་ཀྱང་། །རྫོགས་སངས་རྒྱས་ཀྱིས་གསུངས་པ་ཡི། །དཀྱིལ་འཁོར་ཆོ་ག་མི་བྱེད་པར། །གཡུང་དྲུང་རིས་ཀྱི་དཀྱིལ་འཁོར་དང་། །ནས་འབྲུ་པདྨ་འདབ་བརྒྱད། ལ་སོགས་བྱེད་པ་ཐོས། །འདི་འདྲ་དག་ཏུ་དབང་བསྐུར་ཡང་། །སྡོམ་པ་ཐོབ་པར་མི་འགྱུར་རོ། །དེ་ཡི་རྒྱུ་མཚན་བཤད་ཀྱིས་ཉོན། །ཕྱི་དང་ལུས་ངག་ཡིད་གསུམ་བྱང་ཆུབ་ཀྱི་ཕྱོགས་ཀྱི་ཆོས་སུམ་ཅུ་རྩ་བདུན། ནང་གི་རྟེན་འབྲེལ་གྱི། །སྟོབས་ཀྱིས་འཇིག་རྟེན་གྱི་ཁམས་སྦྱོང་བ། དཀྱིལ་འཁོར་འབྱུང་བ་ཡིན། །གཡུང་དྲུང་རིས་ལ་སོགས་པའི་དཀྱིལ་འཁོར་འདི་ལ་རྟེན་འབྲེལ་བསྒྲིག་མི་ནུས། །དེས་ན་སངས་རྒྱས་རྣམས་ཀྱིས་བཀག །

དབང་བསྐུར་བྱེད་པ་ཐལ་ཆེར་ཡང་། །སློབ་མ་བརྒྱ་སྟོང་གྲངས་མེད་ལ། །སྦྱོར་དངོས་རྗེས་ཀྱི་ཆོ་ག

རྣམས། །སངས་རྒྱས་གསུངས་བཞིན་མི་ཤེས་པར། །མ་འབྲེལ་འགལ་ཞིང་ཉམས་པ་ཡི། །ཆོ་གའི་གཟུགས་བརྙན་བྱེད་པ་ལ། །དབང་བསྐུར་ཡིན་ཞེས་བླུན་པོ་སྨྲ། །དེ་ཡི་ལུས་ངག་ཡིད་གསུམ་གྱི། །རྣམ་པ་གདོན་གྱིས་འཕག་རྒྱལ་དང་ཀུ་ཙོ་འདོན་པ། བསྒྱུར་བ་ལ། །བྱིན་རླབས་ཡིན་པར་འཁྲུལ་པ་མང་། །དཔལ་ལྡན་དམ་པ་དང་པོའི་རྒྱུད། ལས། །ཆོ་ག་ཉམས་པའི་བྱིན་རླབས་ཀུན། །བགེགས་ཀྱིས་ཡིན་པར་ཕྱག་དར་ཁྲོད་ཀྱི་ཤ་ཟ་ལ་སོགས་པ་འཇུག་པར། རྒྱལ་བས་གསུངས། །ཆོ་ག་དག་པར་གྱུར་པ་ལས། །ལུས་ངག་ཡིད་གསུམ་འགྱུར་བ་བྱུང་བ་སངས་རྒྱས་བྱིན་རླབས་ཡིན། །པར་གསུངས། ཁ་ཅིག །དབང་བསྐུར་མེད་ཀྱང་ལམ་ཟབ་མོ། །བསྒོམས་ན་སངས་རྒྱས་འགྲུབ་སྙམ་ན། །དབང་བསྐུར་མེད་པར་ལམ་ཟབ་མོ། །བསྒོམ་པ་ངན་འགྲོའི་རྒྱུ་རུ་གསུང་། །ཕྱག་རྒྱ་ཆེན་པོ་ཐིག་ལེའི་རྒྱུད། ལས། །དབང་མེད་ན་ནི་དངོས་གྲུབ་མེད། །བྱེ་མ་བཙིར་ཡང་མར་མེད་བཞིན། །གང་ཞིག་རྒྱུད་ལུང་ང་རྒྱལ་གྱིས། །དབང་བསྐུར་མེད་པར་འཆད་བྱེད་པ། །སློབ་དཔོན་སློབ་མ་ཤི་མ་ཐག །དངོས་གྲུབ་ཐོབ་ཀྱང་དམྱལ་བར་སྐྱེ། །དེ་བས་འབད་པ་ཐམས་ཅད་ཀྱིས། །བླ་མ་ལས་ནི་དབང་ནོད་ཞུ། །ཞེས་གསུངས་རྒྱུད་སྡེ་གཞན་ལས་ཀྱང་། །དེ་ལྟར་གསུངས་དམ་པ་དང་པོ་ལས། དབང་བསྐུར་མེད་པར་སྔགས་འཆད་དང་། །ཟབ་མོ་དོན་ཉིད་སྒོམ་བྱེད་པ། །དེ་དོན་ལེགས་པར་ཤེས་ན་ཡང་། །དམྱལ་བར་འགྱུར་གྱི་གྲོལ་བ་མེད། །ཅེས་བྱ་བ་དང་། རྒྱུད་རྡོ་རྗེ་ཕྲེང་བ་ལས། དབང་བསྐུར་མེད་པར་རྒྱུད་འཆད་པ། །སྒྲུབ་པོས་སྔགས་ཀྱི་དོན་ཤེས་ཀྱང་། །ཤི་ནས་ངུ་འབོད་ཆེན་པོར་ལྟུང་། །ཞེས་བྱ་བ་སོགས་པ་རྒྱས་པར་གསུངས་སོ། །ཕྱིར་འབད་པར་བྱ། །

ཁ་ཅིག་གང་ཟག་དབང་པོ་རབ། །སྨིན་བྱེད་ཕག་མོའི་བྱིན་རླབས་ཡིན། །འབྲིང་དང་ཐ་མ་དག་ལ་ནི། །དབང་བསྐུར་ཆོ་ག་དགོས་ཞེས་ཟེར། བ་འདི་རང་བཟོ་ཡིན་ཏེ། །གང་ཟག་རབ་འབྲིང་གསུམ་ཀ་ལ། །ཕག་མོའི་བྱིན་རླབས་སྨིན་བྱེད་དུ། །རྒྱུད་སྡེ་ཀུན་ལས་གསུངས་པ་མེད། །འཕགས་པ་རྣམས་ཀྱིས་གང་ཟག་རབ། །སྤྲུལ་པ་ཡི་ནི་དཀྱིལ་འཁོར་དུ། །དབང་བསྐུར་མཛད་ཅེས་དེ་ཉིད་བསྡུས་པ་ལ་སོགས་པའི་རྒྱུད་སྡེ་རྣམས་ལས། གསུངས་པ་ནི། །སྔོན་གྱི་ཆོ་ག་འཕགས་པའི་གང་ཟག་རྣམས་ཀྱི་ལུགས། ཡིན། །དེང་སང་གང་ཟག་རབ་འབྲིང་ཀུན། །རྡུལ་ཚོན་གྱི་ནི་དཀྱིལ་འཁོར་དུ། །དབང་བསྐུར་བྱ་བར་གསུངས་མོད་ཀྱི། །གཞན་གྱི་ཕག་མོ་ལ་སོགས་པ། སྨིན་བྱེད་རྒྱུད་ལས་བཀག །ལ་ལ་འཇུག་པ། སེམས་བསྐྱེད་བྱས་པ་ལ། །གསང་སྔགས་བསྒོམ་དུ་འདོད་ཅེས་ཟེར། །འདི་ནི་སྔགས་ཀྱི་འཁྲུལ་བྱ་བ། ཡིན་ནོ། །འདི་ཡང་ཕྱེ་སྟེ་བཤད་ཀྱིས་ཉོན། །བྱ་བའི་རྒྱུད་ལ་རྣམ་གསུམ་ཡོད། །རྟོག་པའི་རྒྱུད་དོན་ཡོད་ཞགས་པ་ལ། སོགས་འགའ་ཞིག་གཙུག་ཏོར་རྣམ་རྒྱལ་གདུགས་དཀར། ལ། །དབང་བསྐུར་སེམས་བསྐྱེད་མ་ཐོབ་ཀྱང་། །སྨྱུང་གནས་ལ་སོགས་བྱེད་ནུས་ན། །གང་ཟག་ཀུན་གྱིས་སེམས་ཅན་རྣམས་ལ་ནུས་སམ་མི་ནུས་དྲིས་ཏེ་སྦྱིན་ཞེས་བྱ་བ་དང་། དུད་འགྲོའི་རྣ་ལམ་དུ་འང་སྒྲོགས་ཤིག་ཅེས། བསྒྲུབ་པར་གསུངས། །དམ་ཚིག་གསུམ་བཀོད་མི་གཡོ་བའི་རྟོག་པ། ལ་སོགས་པ། །འཇུག་པ་སེམས

བསྐྱེད་ཐོབ་ནས་ནི། །ཕྲིན་ལས་ཞི་དྲག་ལ་སོགས་པ། འགའ་ཞིག་བསྒྲུབ་པའི་ཕྱིར། །ཚོགས་ཤེས་ན་བསྒྲུབ་པར་གནང་། །ལེགས་པར་གྲུབ་པ་དང་དཔྱང་པ་བཟང་པོ། ཡན་ཆད་དུ། །རང་གི་དབང་བསྐུར་མ་ཐོབ་ན། །སེམས་བསྐྱེད་ཐོབ་ཀྱང་གསང་སྔགས་བཀག །

དེ་ཡང་ལེགས དཔྱང་བཟང་ལས། གང་དག་རིགས་དང་དབང་བསྐུར་ཚོག་མེད། །གང་དག་དཀྱིལ་འཁོར་དུ་ནི་མ་ཞུགས་དང་། །གང་དག་བྱང་ཆུབ་སེམས་ནི་མ་བསྐྱེད་ལ། །ང་ཡི་གསང་སྔགས་བཟླས་ན་འཕྱུང་བར་འགྱུར། །ཞེས་བཀག་གོ །་པར་གྲུབ་པ་ལས། །དབང་བསྐུར་མ་བྱས་པ་དག་ལ། །ཚོགས་ཤེས་པས་སྔགས་མི་སྦྱིན། །ཞེས་སོགས་རྒྱས་པར་གསུངས་ལ་ལྟོས། །ལྷག་མ་རྒྱུད་སྡེ་གསུམ་པོ་ལ། །དབང་བསྐུར་ཐོབ་པ་མ་གནོགས་པ། །སེམས་བསྐྱེད་ཙམ་ལ་བརྟེན་པ་ཡི། །ཡི་དམ་བསྒོམ་པ་གསུངས་པ་མེད། །དབང་བསྐུར་ནང་གི་རྟེན་འབྲེལ་ཡིན། །སེམས་བསྐྱེད་ལ་ནི་རྟེན་འབྲེལ་མེད། །དེས་ན་སེམས་བསྐྱེད་བྱས་ན་ཡང་། །གསང་སྔགས་ཟབ་མོ་བསྒོམ་པ་ལ། །ལྟུང་བ་ཡོད་པར་རྒྱལ་བས་དེ་ཉིད་བསྡུས་པ་ལས། དཀྱིལ་འཁོར་ཆེན་པོ་མ་མཐོང་བ་རྣམས་ཀྱི་མདུན་དུ་མ་སྨྲ་ཞིག སྨྲས་ན་དམ་ཚིག་ཉམས་པར་འགྱུར་རོ། །ཞེས་བྱ་བ་ལ་སོགས་པ། གསུངས། །དེ་ཕྱིར་རྣམ་དབྱེ་ཤེས་དགོས་སོ། །གཏོར་མའི་དབང་བསྐུར་ཞེས་བྱ་དང་། །ཧིང་དེ་འཛིན་དང་ཨུ་ཀི་ཀཱ་ཡིའི་དབང་བསྐུར་ལ་སོགས་པ། ཀྱི་དབང་བསྐུར་ཡང་། །སློབ་མ་སྨིན་བྱེད་ཆོག་སྤྱ །རྒྱུད་སྡེ་ཀུན་ལས་གསུངས་པ་མེད། །འགའ་ཞིག་གསང་སྔགས་དཀྱི་སྤྱོད། །དབང་བསྐུར་ཕྱི་ནས་ཁས་ལེན་བྱེད། །འདི་ཡང་སངས་རྒྱས་བསྟན་པ་མིན། །དབང་མ་ཐོབ་ལ་ཆོས་བཤད་ན། །སློབ་དཔོན་ལྟུང་བ་ཅན་འགྱུར་ཞིང་། །སློབ་མའང་སྔོན་དུ་ཉམས་པར་འགྱུར། །ཉམས་པར་གྱུར་པ་དམ་ཆོས་ཀྱི། །སྣོད་མིན་ཞེས་ནི་རྒྱལ་བས་གསུངས། །མདོར་ན་ཆོས་ཀྱིས་ཅི་བྱེད་སེམས། །སངས་རྒྱས་བྱེད་ན་ཆོས་བཞིན་གྱིས། །ལ་ལ་སེམས་ཉིད་མ་རྟོགས་ན། །དབང་བསྐུར་ཐོབ་ཀྱང་མི་ཕན་ཟེར། །གལ་ཏེ་སེམས་ཉིད་རྟོགས་གྱུར་ན། །དབང་བསྐུར་བྱ་ཡང་མི་དགོས་ལོ། །འོ་ན་སེམས་ཉིད་མ་རྟོགས་ན། །སྡོམ་པ་བསྲུངས་ཀྱང་ཅི་ཞིག་ཕན། །གལ་ཏེ་སེམས་ཉིད་རྟོགས་གྱུར་ན། །སྡོམ་པ་བསྲུང་ཡང་ཅི་ཞིག་དགོས། །རྡོ་རྗེ་ཕག་མོའི་བྱིན་རླབས་ཀྱང་། །སེམས་ཉིད་རྟོགས་ན་བྱ་ཅི་དགོས། །གལ་ཏེ་སེམས་ཉིད་མ་རྟོགས་ན། །བྱིན་རླབས་བྱས་ཀྱང་ཅི་ཞིག་ཕན། །དེ་བཞིན་སེམས་བསྐྱེད་ལ་སོགས་པ། །ཚོགས་ཀུན་ལ་སེམས་ཉིད་གོ་ན་བླ་མ་ལ་གུས་ཀྱང་ཅི་དགོས་མ་གོ་ན་གུས་པ་བྱས་ཀྱང་ཅི་ཕན། ཚུལ་འདི་མཚུངས། །

དེས་ན་རབ་བྱུང་སྡོམ་པ་མཁན་སློབ་ལས་ལེན་པ། དང་། །རྡོ་རྗེ་ཕག་མོའི་བྱིན་རླབས་ཆོས་སློབ་ལས་ལེན་པ། དང་། །སེམས་བསྐྱེད་བྱ་དགོས་ཟེར་ནས། འབད་ནས་བྱེད་བཞིན་དུ། །སངས་རྒྱས་ཀྱིས་གསུངས་ངེས་པའི་དབང་བསྐུར་མི་དགོས་ཞེས་སྨྲ་བ། །གསང་སྔགས་སྤྱོང་བའི་གསང་ཚིག་ཡིན། །ཁ་ཅིག་ཆོག་མེད་བཞིན་དུ། །བླ་མའི་ལུས་ཀྱི་དཀྱིལ་འཁོར་ལས། །དབང་

བཞི་རྫོགས་པར་ལེན་ཞེས་ཟེར། །འོན་དེ་བཞིན་དུ། དགེ་ཚུལ་དགེ་སློང་ཡང་། །མཁན་སློབ་མི་དགོས། བླ་མའི་སྐུ་ལས་ཅིས་མི་ལེན། །སེམས་བསྐྱེད་ཀྱང་ནི་བླ་མ་ཡི། །སྐུ་ཉིད་ལས་ནི་ཐོབ་པའི་ཕྱིར། །སེམས་བསྐྱེད་ཆོ་ག་ཅི་ཞིག་དགོས། །རྡོ་རྗེ་ཕག་མོའི་བྱིན་རླབས་ཀྱང་། །བླ་མའི་སྐུ་ལས་ཐོབ་པའི་ཕྱིར། །ཆོས་སློབ་པ་ལས་བླང་ཅི་དགོས། །དེ་བཞིན་ཆོ་ག་ཐམས་ཅད་ཀྱང་། །བླ་མའི་སྐུ་ལས་བླངས་པས་ཆོག །ཀྱིས་ལ། རྫོགས་སངས་རྒྱས་ཀྱིས་མདོ་རྒྱུད་ལས། གསུངས་པ་ཡི། །ཆོ་ག་ཟབ་མོ་ཐམས་ཅད་སྤོངས། །གལ་ཏེ་ཆོ་ག་ཉམས་གྱུར་ན། །སོ་སོར་ཐར་དང་སེམས་བསྐྱེད་ཀྱི། །སྡོམ་པ་འཆགས་པར་མི་འགྱུར་ཞིང་། །རྡོ་རྗེ་ཕག་མོ་ལ་སོགས་པའི། །བྱིན་རླབས་འཇུག་པར་མི་འགྱུར་ན། །རིག་འཛིན་སྔགས་ཀྱི་སྡོམ་པ་ཡང་། །དབང་བསྐུར་མེད་ན་ཐོབ་མི་ནུས། །དེས་ན་ཆོ་ག་གཞན་དག་ལ། ། །འབད་པ་ཆེན་པོ་བྱེད་བཞིན་དུ། །དབང་བསྐུར་ཆོ་ག་བྱ་མི་དགོས་ཟེར་ནས། འདོར་བྱེད་པ། །ཐབས་ལ་བསླུ་བའི་བདུད་ཡོད་ཅེས། མདོ་དང་མདོ་སྡེ་རྒྱན་ལས། །གསུངས་པ་འདིར་ཡང་དྲན་པར་བྱ། །དེ་ཕྱིར་དམ་པའི་དོན་དུ་ན། །ཆོས་རྣམས་ཐམས་ཅད་སྤྲོས་བྲལ་ཡིན། །དེ་ལ་ཆོ་ག་གང་ཡང་མེད། །སངས་རྒྱས་ཉིད་ཀྱང་ཡོད་མིན་ན། །ཆོ་ག་གཞན་ལྟ་སྨོས་ཅི་དགོས། །

རྒྱུ་དང་ལམ་དང་འབྲས་བུ་ཡི། །དགེ་བ་ཐམས་ཅད་ཀུན་རྫོབ་ཡིན། །སོ་སོར་ཐར་དང་བྱང་ཆུབ་སེམས། །དབང་བསྐུར་ལ་སོགས་ཆོ་ག་དང་། །བསྒོམ་པའི་དམིགས་པ་ཇི་སྙེད་དང་། །རྟེན་འབྲེལ་ཟབ་མོ་ཐམས་ཅད་དང་། །ས་དང་ལམ་གྱི་དགེ་བ་དང་། །རྫོགས་པའི་སངས་རྒྱས་ཐོབ་པ་ཡང་། །ཀུན་རྫོབ་ཡིན་གྱི་དོན་དམ་མིན། །དེ་འདྲའི་དགེ་བ་ཤེས་ནས་ནི། །ཆོ་ག་བྱེད་ན་ཐམས་ཅད་ཀྱིས། །དོན་དམ་དུ་ཆོ་ག་བྱེད་པ་མིན་ན་སྒོམ་པ་ལ་སོགས་པ་བྱ་བ། ཐམས་ཅད་དོར་བར་བྱོས། །ཕག་མོའི་བྱིན་རླབས་ལ་སོགས་པ་ཆོས་ནས་མ་གསུངས་པའི། ཆོ་ག་ལ་ལ་བྱེད། དགོས་བཞིན་དུ་ཆོས་ནས་གསུངས་ངེས་པའི་དབང་བསྐུར་དང་། རིམ་གཉིས་པ་སོགས་པ། །

ལ་ལའི་ཆོ་ག་མི་དགོས་ཞེས། །སླ་བ་མཁས་པའི་བཞད་གད་གནས། །སངས་རྒྱས་བསྟན་པ་འཇང་དཀྲུགས་པ་ཡིན། །ཏེ་དགོས་པ་ལ་མི་དགོས། མི་དགོས་པ་ལ་དགོས་པ་ཞེས་ཟེར་བའི་ཕྱིར་རོ། །འབུམ་དང་ཕལ་པོ་ཆེ་ལས་བདུད་ཀྱི་བྱིན་རླབས་ཡིན། ཞེས་བྱ་བའང་། །འདི་འདྲའི་རིགས་ཅན་ཡིན་པར་གསུངས། །ཁ་ཅིག་བྱ་བའི་རྒྱུད་སོགས་སྤྱོད་པ་དང་། རྣལ་འབྱོར། ལའང་། །དབང་བཞིའི་ཆོ་ག་བྱེད་པ་དང་། །དོན་ཡོད་ཞགས་པ་ཐུགས་རྗེ་ཆེན་པོ་དང་སྒྲོལ་མ། ལ་སོགས་ལའང་། །རིམ་གཉིས་སྒོམ་པར་བྱེད་པ་ཐོས། །འདི་ཡང་སངས་རྒྱས་དགོངས་པ་མིན། །དེ་ཡི་རྒྱུ་མཚན་འདི་ལྟར་ཡིན། ། བྱ་སྤྱོད་རྣམ་འབྱོར་རྒྱུད་གསུམ་གར། །དབང་བཞི་དང་ནི་རིམ་གཉིས་མེད། །གལ་ཏེ་ཡོད་ན་དེ་དག་ཀྱང་། །རྣལ་འབྱོར་ཆེན་པོ་ཉིད་དུ་འགྱུར། །

དབང་བཞི་དང་ནི་རིམ་པ་གཉིས། །རྒྱལ་འབྱོར་ཆེན་པོའི་ཁྱད་ཆོས་ཡིན། །གྲུབ་མཐའི་རྣམ་དབྱེ་མི་ཕྱེད་ཅིང་། །རྒྱུད་སྡེའི་རིམ་པ་མི་ཤེས་པར། །རྣམ་གཞག་ལེགས་ལེགས་འདྲ་ན་ཡང་། །ལྟམ་དཔེ་ཞྭ་ལ་བཀབ་པ་ཡིན། །དེས་ན་རྒྱུད་སྡེ་བཞི་པོ་ཡི། །དབང་དང་ལམ་གྱི་དབྱེ་བ་ལ། །མི་འདྲའི་དབྱེ་བ་རྣམ་བཞི་ཡོད། །རང་རང་ཚོག་བཞིན་བྱས་ན། །དེ་ནས་གསུངས་པའི་དངོས་གྲུབ་འབྱུང་། །

ལ་ལ་དབང་བསྐུར་མ་བྱས་ཀྱང་། །གལ་ཏེ་སྔགས་ལ་མོས་ཐོབ་ན། །དེ་ཉིད་ཆོས་ཀྱི་སྒོ་ཡིན་པས། །གསང་སྔགས་བསྒོམ་དུ་རུང་ཞེས་ཟེར། །འོན་སྡོམ་པ་མ་ཐོབ་ཀྱང་། །རབ་ཏུ་བྱུང་ལ་མོས་པ་ཉིད། །སྡོམ་པ་ལེན་པའི་སྒོ་ཡིན་པས། །སྡོམ་པ་བསྲུངས་པས་ཆོག་གམ་ཅི། །སེམས་བསྐྱེད་སྡོམ་པ་མ་ཐོབ་ཀྱང་། །སེམས་བསྐྱེད་པ་ལ་མོས་པ་ཉིད། །བྱང་ཆུབ་སྤྱོད་པའི་སྒོ་ཡིན་པས། །སེམས་བསྐྱེད་བླང་ཡང་ཅི་ཞིག་དགོས། །དེ་བཞིན་སོ་ནམ་མ་བྱས་ཀྱང་། །ལོ་ཐོག་ལ་ནི་མོས་པ་ཉིད། །བཟའ་རྒྱུ་ཟ་བའི་སྒོ་ཡིན་པས། །སོ་ནམ་ལ་ཡང་འབད་ཅི་དགོས། །འདི་འདྲའི་རིགས་ཀྱི་ཆོས་ལུགས་ཀུན། །དེ་འདྲའི་རིགས་ཀྱིས་སུན་དབྱུང་ངོ་། །

དེས་ན་ཆོས་སྒོ་ཞེས་བྱ་བ། །རྒྱ་གར་ན་མེད། བོད་ཀྱིས་སྒྲུར་བ་ཡིན། འདི་ཡི་མིང་གིས་འཁྲུལ་གཞི་བྱས། །དབང་བསྐུར་ཆོས་སྒོ་ཙམ་ཡིན་གྱི། །འཚང་རྒྱ་བ་ཡི་ཆོས་གཞན་ཞིག །བསྒོམ་རྒྱུ་ལོགས་ན་ཡོད་དོ་ཞེས། །བླུན་པོ་རྣམས་ཀྱིས་མུན་བསྒོམ་བྱས། །འོན་དགེ་སློང་སྡོམ་པ་ཡང་། །དགེ་སློང་བྱེད་པའི་སྒོ་ཡིན་གྱི། །དགེ་སློང་སྡོམ་པའི་ངོ་བོ་ཞིག །གཞན་ནས་བཙལ་དུ་ཡོད་དམ་ཅི། །དེ་བཞིན་སོ་ནམ་བྱེད་པ་ཡང་། །སྟོན་ཐོག་འབྱུང་བའི་སྒོ་ཡིན་གྱི། །ཁ་ཟས་འབྱུང་བའི་ཐབས་གཞན་ཞིག །ལོགས་ནས་བཙལ་དུ་ཡོད་དམ་ཅི། །དེས་ན་སྙིང་གཏམ་འདི་ལྟར་ཡིན། །

དབང་བསྐུར་ཆོས་སྒོ་ཙམ་མ་ཡིན། །གསང་སྔགས་རྟེན་འབྲེལ་ལམ་དུ་ བྱེད་པ་ཡིན་པ ས། །རྟེན་འབྲེལ་བསྒྲིག་པའི་གདམས་ངག་ཡིན། །ཕུང་པོ་ཁམས་དང་སྐྱེ་མཆེད་ལ། །སངས་རྒྱས་ཀྱི། ས་བོན་ཆོག་གི་རྟེན་འབྲེལ་ཁྱད་པར་ཅན་གྱིས། བཏབ་ནས་ནི། །རབ་ཆེ་འདིར་འཕྲིན་འཆི་ཀ་འམ་བར་དོ་སུ་སངས་རྒྱས་ཐོབ་པར། བྱེད་པ་རྒྱུད་རྡོ་རྗེ་རྩེ་མོ་ལས། དཀྱིལ་འཁོར་ཆོག་ཇི་ལྟར་བྱ། ཆོག་ཆོས་དང་རྣལ་འབྱོར་ཏེ། །གསང་བའི་ཐར་པ་ཡང་དག་འབྱུང་། །སྐྱེ་བ་འདི་ཉིད་ཁོན་ལ། །རབ་དགའ་སྒྲུབ་པར་བྱེད་པ་ཡིན། །ཞེས་གསུངས་སོ། ། ཡི། །ཐབས་ལ་དབང་བསྐུར་ཞེས་སུ་བཏགས། ཏེ་དཔེར་ན་སྟོན་ཐོག་འབྱུང་བའི་ཐབས་ལ་སོ་ནམ་བྱེད་པ་བཞིན་ནོ། ། དེས་ན་གང་ཟག་དབང་པོ་རབ། །ཨིནྡྲ་བོ་དྷི་ལྟ་བུ། དབང་བསྐུར་ཉིད་ཀྱིས་གྲོལ་བར་གསུངས། །དབང་གིས་གྲོལ་བར་མ་ནུས་པའི། །གང་ཟག་གཞན་ལ་ལམ་རིམ་གཉིས། བསྒོམ་དགོས་ལ་དབང་མ་ཐོབ་ན་ལམ་བསྒོམས་ཀྱང་གསང་སྔགས་ཀྱི་ལུགས་ཀྱི་གྲུབ་ཐོབ་མི་ཡོང་བར་གསུངས། སོ། །

དེས་ན་དབང་བསྐུར་ཐོབ་པ་དེ། །བསྲུང་ཞིང་འཕེལ་བར་བྱེད་པ་ལ། །བསྒོམ་པ་ཞེས་སུ་བཏགས་པ་ཡིན། པས་དབང་གིས་ཡན་ལག་མ་ཡིན་པའི་སྒོམ་བྱ་བ་ལོགས་པ་མེད། །དེ་ཕྱིར་ཕ་རོལ་ཕྱིན་པ་ལ། །སྨོན་འཇུག་གི་སེམས་བསྐྱེད་བླངས་ནས་བསྲུང་བའི་ཐབས། མིན་པའི་ཆོས་གཞན་ལོགས་ན། མེད། །རྡོ་རྗེ་ཐེག་པའི་སྒོར་ཞུགས་ནས། །དབང་བསྐུར་ལས་གཞན་ཆོས་མེད་དོ། །དེས་ན་ཐུབ་པས་རྒྱུད་སྡེ་ཐམས་ཅད། ལས། །དབང་བསྐུར་བོན་ར་བསྟགས་པ་དང་། །མཁས་པ་རྣམས་ཅི་ནས་ཀྱང་བདོག་པ་ཐམས་ཅད་ཕུལ་ཏེ། དབང་བསྐུར་ཞུ། ལ། །གསུས་པའི་རྒྱུ་མཚན་དེ་ལྟར་ཡིན། །ལ་ལ་དབང་བསྐུར་མུ་བཞི་འདོད། །འདི་དབང་བསྐུར་རྒྱལ་པོ་ཞེས་བྱ་བའི་རྒྱུད་ལས་གསུངས་ཟེར་ཏེ་དེ་བོད་མ་ཡིན། དབང་བསྐུར་བྱས་ཀྱང་མ་ཐོབ་དང་། །མ་བྱས་ཀྱང་ནི་ཐོབ་པ་དང་། །བྱས་ན་ཐོབ་ལ་མ་བྱས་ན། །མི་ཐོབ་པ་དང་རྣམ་བཞིར་འདོད། །འདི་འདྲ་ལུང་མའི་རྒྱུད་སྡེ། གང་ནའང་བཤད་པ་མེད། །བསྟན་པ་དཀྲུགས་པའི་སྐད་ཀར་ཟད། །འོན་ཀྱང་འདི་ཡང་བརྟག་པར་བྱ། །

སོ་སོར་ཐར་པའི་སྡོམ་པ་དང་། །བྱང་ཆུབ་སེམས་དཔའི་སེམས་བསྐྱེད་ལའང་། །མུ་བཞི་ཅི་ཡི་ཕྱིར་མི་བརྩི། །དེ་བཞིན་བསྒོམ་ལའང་ཅིས་མི་མཚུངས། །བསྒོམས་ཀྱང་མི་སྐྱེ་མ་བསྒོམས་ཀྱང་། །སྐྱེ་བ་ལ་སོགས་མུ་བཞི་ཡོད་པས་མུ་བཞི་རྩིས་ལ་དབང་བསྐུར་མི་ལེན་པ་ལྟར། སོ་སོར་ཐར་པའི་སྡོམ་པ་དང་། སེམས་བསྐྱེད་ལའང་མུ་བཞི་རྩིས་ལ་མ་ལེན། སྒོམ་ལའང་མུ་བཞི་རྩིས་ལ་མ་སྒོམས། །མུ་བཞི་ཀུན་ལ་ཡོད་བཞིན་དུ། །གཞན་ལ་མུ་བཞི་མི་བརྩི་བར། །དབང་བསྐུར་ཉིད་ལ་བརྩི་བ་ནི། །བདུད་ཀྱི་གསང་ཚིག་ཡིན་པར་དོགས། །དཔེར་ན། སྨན་པ་གཡོན་ཅན་གྱིས་སྨན་བཟང་པོ་ཐམས་ཅད་བསྐགས་ཏེ། རྩ་བའི་སྨན་གཅིག་བོར་ནས་ནད་པ་གསོར་མི་རུང་བར་བྱེད་པ་ལྟར། གསང་སྔགས་ཀྱི་ཆོས་ཟབ་མོ་གཞན་ཡོད་ཀྱང་། རྩ་བའི་སྨན་དབང་བསྐུར་བོར་ནས་གསོར་མི་རུང་བར་གཏོང་སྟེ། གསང་སྔགས་ཀྱི་གནད་ཟབ་མོ་ཐམས་ཅད་དབང་བསྐུར་ལ་ཡོད་པས་དེ་འཐོར་བའི་ཕྱིར་རོ། །གལ་ཏེ་མུ་བཞི་ཡོད་དུ་ཆུག་ན་ཡང་། །སོ་སོའི་མཚན་ཉིད་ཤེས་མི་ནུས། །ཅི་སྟེ་ཤེས་པར་ནུས་ན་ནི། །ལུས་ངག་ཡིད་གསུམ་གྱི་རྣམ་པ་ཐ་དད་འདི་ལྟར་ཡོད་ཅེས། དེ་ཡི་མཚན་ཉིད་སྨྲ་དགོས་ཏེ་སྨྲ་མི་ནུས་སོ། །གལ་ཏེ་འོལ་ཚོད་སྨྲས་ཀྱང་རང་བཟོ་མ་ཡིན་པ། །ལུང་མའི་ལུང་དང་མཐུན་པ་ཁྱེད་ལ་མེད། །དེ་ལུང་མ་ནས་འདི་འདྲ་བཤད་པ་མེད་པའི་ཕྱིར་རོ། །གལ་ཏེ་མུ་བཞི་བདེན་སྲིད་ན། །གཞན་ལ་དབང་བསྐུར་མི་བྱེད་ཀྱང་། །བྱས་ན་ཐོབ་པའི་གང་ཟག་ལ། །དབང་བསྐུར་ཅི་ཡི་ཕྱིར་མི་དགོས། །

གཞན་ལ་དབང་བསྐུར་མི་དགོས་པས། །དེ་ལའང་དབང་བསྐུར་མི་དགོས་ན། །ནད་མེད་པ་ལ་སྨན་སྤྱོད་བས། །ནད་པ་ལ་ཡང་སྤྱོད་དམ་ཅི། །འདི་འདྲའི་ཆོས་ལོག་ཐམས་ཅད་ནི། །བདུད་ཀྱི་བྱིན་རླབས་ཡིན་ཞེས་བྱ། །ཁ་ཅིག་གསང་སྔགས་གསང་བ་ལ། །ཡེ་གསང་ཐབས་ཀྱིས་ཆོད་པའི་ཕྱིར། །དབང་བསྐུར་མ་ཐོབ་པ་ལ་གསང་སྔགས་བཤད་ཀྱང་། གསང་སྒྲོགས་ཀྱི་ ལྟུང་བ་མེད་ཅེས་ཟེར། །འདི་ཡང་ཅུང་ཟད་བརྟག་པར་བྱ། །ཡེ་གསང་ཞེས

བྱའི་དོན་ཅི་ཞིག །གལ་ཏེ་གོ་བ་མེད་པ་ལ། །ཟེར་ན་གོ་བའི་གང་ཟག་ལ། །ཡེ་གསང་མིན་ཕྱིར་ལྟུང་བར་འགྱུར། །གལ་ཏེ་དམ་པའི་ཆོས་ཡིན་པས། །དམ་ཆོས་བདེན་པའི་བྱིན་རླབས་འདི། །སུ་ཡིས་ཐོས་ཀྱང་ཕན་ཡོན་ཆེ། །དེས་ན་གསང་སྒྲོགས་མི་འགྱུར་ན། །གལ་ཏེ་ཁྱེད་ཀྱིས། དམ་ཆོས་བདེན་པ་རྒྱུ །གོ་ན་ཆོས་ནས་འབྱུང་བཞིན་གྱིས། །ཆོས་ལ་གསང་བ་གསང་སྔགས། དང་མི་གསང་བ་ཕར་ཕྱིན་པའི། །ལུགས་གཉིས་རྒྱལ་བ་རྣམས་ཀྱིས་གསུངས། །དེས་ན་ཡེ་གསང་ཞེས་བྱ་བ། །འདི་ཡང་ཆོས་ཁུངས་མ་ནས་བཤད་པ་མེད་པའི་ཕྱིར། བསྟན་ལ་གནོད་ཚིག་ཡིན། །

ཁ་ཅིག་འཕྲུལ་དང་མ་འཕྲུལ་མེད། །ཐབས་ལམ་གཅིག་ཏུ་ངེས་པ་མེད། །ལྟ་བ་རྟོགས་པས་གླུ་སྒྲུབ་གྲོལ། །པདྨ་འབྱུང་གནས་བསྐྱེད་རིམ་གྱིས། །དཀའ་ཐུབ་སྤྱད་པས་ལྷུ་ཧི་པ། །སྤྱོད་པའི་གྲོགས་ཀྱིས་ནག་པོ་པ༑ །ཀླུང་གི་སྟོབས་ཀྱིས་གོ་རཀྵ། །གཏུམ་མོའི་སྟོབས་ཀྱིས་ཤ་བ་རི། །ཕྱག་རྒྱ་ཆེན་པོས་ས་ར་ཧ། །བྱིན་རླབས་སྟོབས་ཀྱིས་ཏོག་ཙེ་བ། །ཟ་ཉལ་འཆག་གིས་ཞི་བ་ལྷ། །ཨིནྡྲ་བྷུ་ཏི་འདོད་ཡོན་གྱིས། །རྟེན་འབྲེལ་ཐམས་ཅད་ཚོགས་པ་ལས། །བིརྺ་པ་ལ་གྲུབ་ཐོབ་བྱུང་། །འདི་འདྲའི་ཐབས་ལམ་སྣ་ཚོགས་ལ། །སྐུར་བ་གདབ་ཏུ་མི་རུང་ཟེར། །འདི་ཡང་ལེགས་པར་བཤད་ཀྱིས་ཉོན། །

ཐབས་དང་ཤེས་རབ་གཉིས་མིན་པའི། །སངས་རྒྱས་སྒྲུབ་པའི་ཐབས་གཞན་མེད། །དེས་ན་གྲུབ་ཐོབ་ཐམས་ཅད་ཀྱང་། །ཕྱོགས་རེའི་ཐབས་ཀྱིས་གྲོལ་བ་མིན། །དབང་དང་རིམ་གཉིས་ལས་བྱུང་བའི། །ཡེ་ཤེས་སྐྱེས་པས་གྲོལ་བ་ཡིན། །ལྟ་བ་དང་ནི་བསྐྱེད་རིམ་དང་། །གཏུམ་མོ་དང་ནི་བྱིན་རླབས་སོགས། །དེ་དག་རྐྱང་པས་གྲོལ་བ་མིན། །དབང་བསྐུར་བ་ཡི་བྱིན་རླབས་དང་། །རིམ་གཉིས་བསྒོམས་པའི་རྟེན་འབྲེལ་གྱིས། །ཡེ་ཤེས་རྟོགས་ནས་གྲོལ་བ་ཡིན། །བསྐྱེད་རིམ་རླུང་དང་གཏུམ་མོ་སོགས། །རིམ་པ་གཉིས་ལས་ཐ་དད་མིན། །བྱིན་རླབས་དེ་ལས་བྱུང་བ་ཡིན། །ལྟ་བ་དེ་ཡི་ཡན་ལག་ཡིན། །ཕྱག་རྒྱ་ཆེན་པོ་ཞེས་བྱ་བ་དབང་དང་རིམ་པ་གཉིས་པོ། དེའི་ཡེ་ཤེས། ལ་ཟེར་བ་ཡིན་གྱི། བོད་ལུགས་ཀྱི་ཕྱག་རྒྱ་ཆེན་པོ་འདི་ལ་ཕྱག་རྒྱ་ཆེན་པོར་ཆོས་ནས་བཤད་པ་མེད། །དེ་ཡི་སྤྲོས་བཅས་སྤྱོད་པ་ནི། །ཨིནྡྲ་བྷཱུ་ཏིས་མཛད་པ་ཡིན། །དེ་ཡི་སྤྲོས་མེད་སྤྱོད་པ་ལ། །བྷུ་ཟ། སུ་ཉལ། ཀུ་འཆགཞེས་སངས་རྒྱས་གསུངས། །དེ་ཡི་ཤིན་ཏུ་སྤྲོས་མེད་ནི། །རིམ་གཉིས་བརྟན་པར་བྱ་བའི་ཕྱིར། །གྲུབ་ཐོབ་རྣམས་ཀྱིས་མཛད་པ་ནི། །རྒྱུད་སྡེ་རྣམས་ལས། ཀུན་ཏུ་བཟང་པོའི་སྤྱོད་པར་བཤད། །དེས་ན་ཐབས་དང་ཤེས་རབ་ཀྱི། རྒྱུ་རྐྱེན་མ་ཚོགས་པར། །སངས་རྒྱས་འབྲས་བུ་མི་འབྱུང་མོད། །སྟོན་མའི་ལས་འཕྲོའི་བྱེ་བྲག་དང་། །ནང་གི་རྟེན་འབྲེལ་ཁྱད་པར་གྱིས། །ཡེ་ཤེས་སྐྱེ་བའི་སྣ་འདྲེན་ནི། །ཐབས་ཀྱི་དབྱེ་བས་བྱེད་པར་གསུངས། །དཔེར་ན་ནད་པའི་ལུས་བརྟས་པ། །བཟའ་དང་བཏུང་བས་བྱེད་མོད་ཀྱི། །དེ་ཡི་ཡི་ག་འབྱེད་པ་ནི། །ཟས་ཀྱི་ཁྱད་པར་སེའུ་འབྲུའམ་ཞོ་ལ་སོགས་པ། ཡིན་པ་བཞིན། །དེ་

ཕྱིར་དབང་དང་རིམ་གཉིས་ལ་སོགས་པའི། ཐབས་ཀྱི་ཁྱད་པར་ལ། །མི་དགོས་ཞེས་སྨྲ་བ་འདི་བས་ན་བླུན་པོ་ཡིན། །འོན་ཀྱང་སེམས་ཙམ་འཁྲིད་པ་ལྟ་བུ། རེ་རེས་འཚང་རྒྱ་བར། །འདོད་ན་ཤིན་ཏུ་འཁྲུལ་པར་བཤད། །དེས་ན་གསང་སྔགས་ལ་འཚང་རྒྱ་བར་འདོད་ན། སྨིན་བྱེད་དབང་དང་ནི། །རིམ་པ་གཉིས་ལ་འབད་པར་གྱིས། །སོ་ནམ་རྩོལ་བཞིན་བྱས་པ་ཡི། །ལོ་ཏོག་རིམ་གྱིས་སྨིན་པ་ལྟར། །ཕ་རོལ་ཕྱིན་པའི་ལམ་ཞུགས་ན། །གྲངས་མེད་གསུམ་གྱིས་རྫོགས་འཚང་རྒྱ། །སྔགས་ཀྱིས་བཏབ་པའི་ས་བོན་ནི། །ཉི་མ་གཅིག་ལ་ལོ་ཏོག་སྨིན། །རྡོ་རྗེ་ཐེག་པའི་ཐབས་ཤེས་ན། །ཚེ་འདི་ཉིད་ལ་སངས་རྒྱས་འགྲུབ། །སྟོང་པ། ཉིད་དང་བྱམས་པ། སྙིང་རྗེ་ལ། སོགས་བསྒོམ་པ། །ཕ་རོལ་ཕྱིན་པའི་གཞུང་ལུགས་ཡིན། །དེ་ཡིས་ཇི་ལྟར་སྨྲར་ན་ཡང་། །བསྐལ་པ་གྲངས་མེད་གསུམ་གྱི་དཀའ་སྤྱད་དགོས། །རྫོགས་པའི་སངས་རྒྱས་ལམ་པོ་ཆེ། །རྩོད་པ་ཀུན་ལས་གྲོལ་བའི་ཆོས། །མཁས་པ་ཀུན་གྱིས་གྲུས་པས་བསྟེན། །གལ་ཏེ་འདི་བཞིན་བསྒྲུབ་འདོད་ན། །མདོ་ལས་རྡོ་རྗེ་ཕག་མོའི་བྱིན་རླབས་བཤད་པ། མེད། །ལྷན་སྐྱེས་ལ་སོགས་པའི་ལྷ། འདིར་མི་བསྒོམ། །གཏུམ་མོ་འཁྲུལ་འཁོར། ལ་སོགས་ཐབས་ལམ་བྲལ། །ཕྱག་རྒྱ་ཆེན་པོ་བསྒོམ་པའི་ཐ་སྙད་མེད། །ཚེ་འདི་དང་ནི་བར་དོ་དང་། །ཕྱི་མར་འཚང་རྒྱ་ཕར་ཕྱིན་པ། ཁོང་མི་བཞེད། །

འོན་ཀྱང་ཐེག་པ་ཆེན་པོ་ཡི། །སྡེ་སྣོད་རྣམས་ལས་འབྱུང་བ་བཞིན། །བྱང་ཆུབ་མཆོག་ཏུ་སེམས་བསྐྱེད་ལ༑ ༑གྲངས་མེད་གསུམ་དུ་ཚོགས་གཉིས་སོགས། །སེམས་ཅན་ཡོངས་སུ་སྨིན་པ་དང་། །སངས་རྒྱས་ཞིང་རྣམས་ལེགས་པར་སྦྱོངས། །ས་བཅུའི་ཐ་མར་བདུད་བཏུལ་ནས། །རྫོགས་པའི་སངས་རྒྱས་ཐོབ་པར་ཕར་ཕྱིན་ལས། གསུངས། །ཕ་རོལ་ཕྱིན་གཞུང་ལྟར་མགོ་དང་རྐང་ལག་གཏོང་ཞིང་ཞུམ་པའི་སེམས་མེད་པ་ལ་སོགས་པ་བསྐལ་པ་གྲངས་མེད་གསུམ་གྱི་དཀའ་བ་སྤྱད་མི་ནུས་པར། །གལ་ཏེ་འཇུག་པ་བདེ་བས་མྱུར་དུ་སངས་རྒྱས་ཐོབ་པར་འདོད་པས། གསང་སྔགས་བསྒོམ་པར་འདོད་ན༑ ༑ཆོག་ནོར་བ་མེད་པའི་དབང་བཞི་ལོངས། །གདམས་ངག་གི་གནད། འཁྲུལ་པ་མེད་པའི་རིམ་གཉིས་སྒོམས། །དབང་དང་རིམ་པ་གཉིས་པོ་དེ་ལས་བྱུང་བའི་ཡེ་ཤེས་ནི། །ཕྱག་རྒྱ་ཆེན་པོ་ཞེས་བྱ་བ་ཡིན་པས་དེ་ལ། གོམས་པར་བྱ། །བོད་ལུགས་ཀྱི་རྟོག་པ་ཁ་བཀག་པའི་ཕྱག་རྒྱ་ཆེན་པོ་མི་བསྒོམ། དེ་ནས་འཁོར་འདས་བསྲེ་བའི་ཕྱིར། །རྣམ་པར་དག་པའི་སྤྱོད་པ་རྒྱུད་ནས་གསུངས་པ་བཞིན། སྤྱད། །ནང་གི་རྟེན་འབྲེལ་གྱི། ས་བཅུ་གཉིས། ལམ་ལྔ། ཀུན་བགྲོད་ནས། །རྡོ་རྗེ་འཛིན་པའི་ས་དགེ་བ། །བཅུ་གསུམ་པ་ནི་ཐོབ་པར་འགྱུར། །འདི་ནི་དུས་གསུམ་སངས་རྒྱས་ཀྱི། །དམ་པའི་ཆོས་ཀྱི་སྙིང་པོ་ཡིན། །རྒྱུད་སྡེ་ཐ་མ་མེད་པ། རྣམས་ཀྱི་གསང་ཚིག་མཆོག །འདི་ཉིད་ཡིན་པར་ཤེས་པར་བྱ། །སྐྱེས་བུ་གང་ཞིག་སངས་རྒྱས་བྱེད་འདོད་ན། །དེ་ཡིས་འདི་བཞིན་སྤྱད་པར་བྱ། །ཡང་ན་ཕ་རོལ་ཕྱིན་པ་ཡི། །མདོ་ལས་ཇི་ལྟར་འབྱུང་བ། བཞིན་སེམས་བསྐྱེད་ནས་བསྐལ་པ་གྲངས་མེད་གསུམ་དུ་ཕ་རོལ་ཏུ་ཕྱིན་པ་དྲུག་ལ་སྤྱོད་པའི་ལུགས། གྱིས། །ཡང་ན་རྡོ་རྗེ་ཐེག་པ་ཡི། །རྒྱུད་སྡེ་

བཞིན་དུ་དབང་བསྐུར་མ་ནོར་བ་ཡོང་ལ་རིམ་གཉིས་འཁོར་དང་བཅས་པ་མ་འཁྲུལ་བར། ཉམས་སུ་ལོང་། །ལ་སྒོམས། ཕར་ཕྱིན་དང་གསང་སྔགས་འདི་གཉིས་མིན་པའི་ཐེག་ཆེན་ནི། །སངས་རྒྱས་རྣམས་ཀྱིས་མདོ་རྒྱུད་གང་ལས་ཀྱང་། གསུངས་པ་མེད། །ད་ལྟའི་ཆོས་པ་ཕལ་ཆེ་བ། །འདི་ལྟར་སྣང་སྟེ། བསླབ་པ་གསུམ་པོ་ལྷག་པ་ཚུལ་ཁྲིམས། ཤེས་རབ། ཏིང་ངེ་འཛིན། མི་སྦྱོང་བས། །ཕ་རོལ་ཕྱིན་པའི་ཆོས་ལུགས་མིན། །གསང་སྔགས་ཀྱི་དབང་དང་རིམ་གཉིས་མི་ལྡན་པས། །རྡོ་རྗེ་ཐེག་པའི་བསྟན་པ་མིན། །འདུལ་བའི་སྡེ་སྣོད་ལས་ཐན་ལྟུང་བ་སྡེ་ལྔའི་རྣམ་གཞག་ཙམ་ཡང་། མི་ཤེས་པས། །ཉན་ཐོས་ཀྱི་ཡང་ཆོས་ལུགས་མིན། །འོན་ཀྱང་ཁོ་བོ་ཅག་ཆོས་པ་ཇོ་མཚར་ཅན་ཡིན་ནོ་ཞེས། ཆོས་པར་ཁས་འཆེ་བ། །ཀྱེ་མ་སངས་རྒྱས་ཀྱི་བསྟན་པ། གང་གི་ནང་དུ་འང་མི་འདུ་བ་འདི་གང་གི་བསྟན་པར་འགྱུར། །ཧེ་གང་གི་བསྟན་པར་འགྱུར་ངོ་མ་ཤེས། ཕ་མེད་པ་ཡི་བུ་མང་ཡང་། །རུས་མེད་པའི་ཕྱིར། རིགས་ཀྱི་ནང་དུ་ཆུད་མི་ནུས། །དེ་བཞིན་དུ་མདོ་རྒྱུད་གང་གི་འང་། ལུང་ནས་མ་བྱུང་བའི། །ཆོས་པ་བསྟན་པའི་ནང་དུ་མིན། །དག་དུག་བསྲེས་པའི་གོས་ལ་ནི། སྔར་པོའི་གོས་འོང་གི ། ཆེན་པོ་རྣམས་ཀྱི་ཆས་མི་རུང་། །དེ་བཞིན་དུ་ཐུན་ཚོགས་བསྲེས་པ་ཡི། །ཆོས་ཀྱིས་བླུན་པོ་ཐལ་དགའ་བར་བྱེད་ནུས་ཀྱི། དད་ཅན་འཚང་མི་རྒྱ། །དཔེར་ན་བཟང་ངན་འབྲིང་གསུམ་གྱི་ཟས་བསྲེས་པའི་སྣིགས་མ་ལ་བགྲུ་བཤལ་ཟེར། དེ་བཞིན་དུ་ལུང་ནས་མ་བྱུང་བའི་བསྲེ་བསྲེ་མང་པོ་ཆོས་ཀྱི་བགྲུ་བཤལ་ཡིན། མུ་སྟེགས་བྱེད་པ་ཁ་ཅིག་ཀྱང་། །སངས་རྒྱས་པ་ལ་འདི་སྐད་ཟེར། །སྡིག་པ་སྤོང་ཞིང་དགེ་བྱེད་ན། །མུ་སྟེགས་ཡིན་ཡང་ཅི་ཞིག་སྐྱོན། །དགེ་བ་མེད་ཅིང་སྡིག་བྱེད་ན། །ཆོས་པ་ཡིན་ཡང་ཅི་ཕན་ལོ། །དེ་བཞིན་འདི་ནའང་བླུན་པོ་འགའ། །དད་དང་ལྡན་ཞིང་སྙིང་རྗེ་ཆེ། །སྦྱིན་དང་ཚུལ་ཁྲིམས་བཟོད་པ་བསྒོམ། །བསམ་གཏན་བསྒོམ་ཞིང་སྟོང་པ་ཉིད། །རྟོགས་ན་སངས་རྒྱས་ཀྱིས་གསུངས་པའི། །སོ་སོར་ཐར་པའི་སྡོམ་པ་དང་། སེམས་བསྐྱེད་དང་། དབང་བསྐུར་དང་རིམ་གཉིས་ལ་སོགས་པ་མདོ་རྒྱུད་རྣམས་དང་མི་མཐུན་ཡང་། །དེ་ལ་སྐྱོན་མེད་དད་པ་དང་སྙིང་རྗེ་ལ་སོགས་པ། དེ་དག་མེད་ན། །མདོ་རྒྱུད་དང་། མཐུན་བྱ་བའི་མིང་གིས། ཡང་ཅི་ཕན་ལོ། །དེ་ཡང་བརྟག་པར་བྱ་བའི་འཐད་པ་བཤད་ཀྱིས་ཉོན། །

མུ་སྟེགས་བྱེད་ལ་སྐྱབས་འགྲོ་མེད་པས། སྡོམ་པ་མེད། །དེའི། ཕྱིར་དགེ་བ་བྱས་ན་ཡང་། །བར་མའི་དགེ་བ་བྱ་བ། ཡིན་གྱི་སྡོམ་པ་ལས། །བྱུང་བའི་དགེ་བ་སྲིད་མ་ཡིན། །དེ་བཞིན་དབང་བསྐུར་མ་ཐོབ་པ། །དེ་ལ་རིག་འཛིན་སྡོམ་པ་མེད། །གསང་སྔགས་ཀྱི་སྡོམ་མེད་དེ་ཡིས་དགེ་སྤྱད་ཀྱང་། །བར་མའི་དགེ་བ་བྱ་བ། ཡིན་གྱི་གསང་སྔགས་ཀྱི། །སྡོམ་པ་ལས་བྱུང་དགེ་བ་མིན། །བྱ་དང་རི་དྭགས་ལ་སོགས་པ་སྡིག་པ་མི་བྱེད་ཀྱང་སྡོམ་པས་བསྡུས་པའི་དགེ་བར་མི་འགྱུར་བ་བཞིན་ནོ། །སྡོམ་པའི་དགེ་བ་མ་ཡིན་ན། །གསང་སྔགས་ཐབས་ལམ་རབ་ཟབ་ཀྱང་། །འཚང་མི་རྒྱ་བར་ཐུབ་པས་དབང་མེད་ན་ནི་དངོས་གྲུབ་མེད་ཅེས་བྱ་བ་ལ་སོགས་པ་རྒྱས་པར། གསུངས། །སྡོམ་པ་གསུམ་དང་ལྡན་པ་ཡི། །རིམ་གཉིས་ཟབ་མོའི་གནད་ཤེས་ན། །དེ་ནི་ཚེ་འདི་འམ་བར་དོ་འམ། །སྐྱེ་བ་བཅུ་དྲུག་ཚུན་ཆད་ན། །འགྲུབ་པར་རྡོ་རྗེ་རྩེ་མོ་ལ་སོགས་པར་གསུངས་ཏེ་རྒྱས

པར་ཡི་གེ་མང་གིས་དོགས་པས་མ་བྲིས། འགྲུབ་པར་རྫོགས་པའི་སངས་རྒྱས་གསུངས། །ཡང་དག་པར་སྦྱོར་བ་ལས། གཞན་དུ་བསྐལ་པ་བྱེ་བ་ནི། །གྲངས་མེད་པས་ནི་གང་ཐོབ་པ། །གང་གི་དམ་པའི་བདེ་བས་ཐོབ། །སྐྱེ་བ་འདི་ར་ནི་འགྲུབ་པར་འགྱུར། དེ་ཕྱིར་འདི་ལ་མཁས་རྣམས་ཀྱིས། །གང་དག་རབ་ཏུ་འབྱུང་འདོད་ན། །སྡོམ་པ་བསྲུང་ཕྱིར་འདུལ་བའི་ལུགས་བཞིན། ཀུས་པས་ལོངས། །ལྷོ་གོས་ཙམ་ལ་དམིགས་པ་ཡི། །རབ་ཏུ་འབྱུང་བ་ཐུབ་པས་བཀག །སེམས་བསྐྱེད་བྱེད་པ་དེ་དག་ཀྱང་། །དབུ་མའི་སེམས་བསྐྱེད་གང་ཟག་ཐམས་ཅད་ལ་བྱ་བར་གསུངས། སེམས་ཙམ་པའི་སེམས་བསྐྱེད་བློ་མ་སྦྱངས་པ་ལ་མི་བྱ་བར་གསུངས་པ་ལ། བསྟན་པའི་ལུགས་བཞིན་མི་བྱེད་ཀྱི། །ཐོས་ཆུང་རྣམས་ཀྱི་མགོ་བསྐོར་ནས། ། བླུན་པོ་དགའ་བར་བྱ་ཕྱིར་སེམས་ཙམ་པའི་སེམས་བསྐྱེད་ཁྲིམ་ལ་བྱེད་པ་མཐོང་། ཡིན། །གསང་སྔགས་བསྒོམ་པ་མང་མོད་ཀྱི། །དབང་དང་རིམ་གཉིས་ལ་སོགས་པ་རྒྱུད་སྡེ་བཞིན་དུ་བསྒྲུབ་པ་ཉུང་། །སྤྱོད་པ་བདེ་བའི་འདུ་ཤེས་ཀྱིས། །ཆོས་ནས་མ་བཤད་པའི་གང་བདེ་བདེ་ལ་བླ་མའི་གདམས་ངག་ཏུ་མིང་བཏགས་ནས། རང་བཟོར་གསང་སྔགས་སྤྱོད་པར་ཟད། །གལ་ཏེ་དབང་བསྐུར་བྱེད་ན་ཡང་། །སྔགས་དང་ཏིང་ངེ་འཛིན་ལ་སོགས་པའི་ཆོ་ག་བཟང་པོའི་གཞུང་ལུགས་ཀུན་དོར་ནས། །གང་དག་བརྩོན་གྱིས་བསླད་པ་ཕག་མོའི་དབང་བསྐུར་ལ་སོགས། ལ། །ངོ་མཚར་བཞིན་དུ་གུས་པས་ལེན། །བཀྱེ་ལ་བསྐྱེད་རིམ་བསྒོམ་ན་ཡང་། །སྦྱང་གཞི་སྦྱོང་བྱེད་ལེགས་འཕྲོད་པའི། །ཆོ་གའི་ཡན་ལག་བསྙེན་སྒྲུབ་བཞི་ལ་སོགས་པ། ཀུན་བོར་ནས། །རང་བཟོའི་དཀྱིལ་བསྐྱེད་བསྒོམ་པར་ཟད། །དེ་ཡི་དམ་གྱི་ལྷར་དཀྱིལ་གྱིས་སྒོམས་ཤིག་ཅེས་བྱ་བ་ཙམ་ལ་བསྐྱེད་རིམ་དུ་ཟེར། གཏུམ་མོ་བསྒོམ་པ་ཕལ་ཆེར་ཡང་། །རྒྱུད་ནས་གསུངས་པའི་ནང་གི་རྟེན་འབྲེལ་མི་ཤེས་པར། །གཅེར་བུ་པ་ལ་སོགས་པའི་མུ་སྟེགས་བྱེད་ཀྱི་གཏུམ་མོ་ལྟར། །དྲོད་ཙམ་ལ་ནི་དམིགས་པར་གོ་གཏུམ་མོ་རས་ཐུབ་ཅེས་ཟེར་བ་ཐོས། ཡེ་ཤེས་ཀུང་ཟད་སྐྱེས་ན་ཡང་། །ལོ་ཏོག་དང་སྨྱུར་མ་འདྲེས་ནས་སྐྱེ་བ་ལྟར་ཡེ་ཤེས་དང་རྣམ་རྟོག་འདྲེས་ནས་སྐྱེ་བ་ཡིན་ཏེ། དེ་འབྱེད་པ་ལ་ལམ་འབྲས་བུའི་གདམས་ངག་ལྟ་བུ་མེད་ན་སྒོམ་སྐྱེས་ཀྱང་། །

དེ་དག་ཉོན་མོངས་རྣམ་རྟོག་དང་། །འབྱེད་པའི་ཐབས་ལ་མི་མཁས་པས། །རྫོགས་པའི་སངས་རྒྱས་ཀྱི། ལམ་དུ། མི་འགྱུར། །བླ་མ་གསང་སྔགས་ཀྱི་སྡོམ་པ་མ་ཐོབ་པ། ལ་ནི་མོས་ན་ཡང་། །དེ་འདྲའི་བླ་མ་བླ་མ་མིན། །ཏེ་མུ་སྟེགས་བརྩུན་ཡང་སྡོམ་པ་མ་ཐོབ་པས་དགེ་སློང་དུ་མི་འགྱུར་ལ། དེས་མཁན་པོ་བྱས་ཀྱང་མཁན་པོར་མི་འགྱུར་བ་བཞིན་ནོ། །དཔེ་དེ་བཞིན་དུ། དཔོན་སློབ་གཉིས་ཀ་གསང་སྔགས་ཀྱི། །དབང་བསྐུར་མ་ཐོབ། སྡོམ་པ་མེད་པ་ཡིན་ལ་སྡོམ་མེད་ལ་བླ་མ་མཚན་ཉིད་དང་ལྡན་པ་མི་སྲིད་པའི། ཕྱིར་རོ། །དཔེར་ན་རབ་བྱུང་མ་བྱས་ན། །མཁན་པོའི་ཐ་སྙད་མེད་པ་བཞིན། །དེ་བཞིན་དབང་བསྐུར་མ་ཐོབ་ན༔ །བླ་མའི་ཐ་སྙད་མི་འབྱུང་ངོ་། ཐུན་མོང་མ་ཡིན་པའི་གསང་བ་ལས། གང་ལ་དབང་རབ་མཆོག་ཐོབ་པ། །དེ་ནི་བླ་མར་ཡོངས་སུ་གཟུང་། །ཞེས་གསུངས་ལ། རྒྱུད་རྡོ་རྗེ་གཙུག་ཏོར་ལ་སོགས་པ་ལས་ཀྱང་མང་དུ་གསུངས་སོ། །དེ་དག་གི་དོན་བླ་མ་ལྔ་བཅུ་པ་ལ་སོགས་པ་མང་པོ་ནས་གསུངས་སོ། །
གསང་སྔགས་མིན་པའི་བླ་མ་ལ། །མོས་པ་བྱས་ཀྱང་ཚེ་འདི་ཡི། །བདེ་སྐྱིད་ཕུན་ཚོགས་ཙམ་ཞིག་གམ། །རིམ་

གྱིས་འགྲུབ་པའི་རྒྱུ་ཞིག་ཀྱི། །དེ་ནི་ཚེ་འདི་འམ་བར་དོ་ལ། །སངས་རྒྱས་ཉིད་སྦྱིན་མི་ནུས་སོ། །

ཕ་རོལ་ཕྱིན་པའི་གཞུང་ལུགས་སངས་རྒྱས་ཕལ་པོ་ཆེ་ལ་སོགས་པ། ལས། །བླ་མ་སངས་རྒྱས་ལྷ་བུ་རུ། །བལྟ་བར་བྱ་ཞེས་གསུངས་མོད་ཀྱི། །སངས་རྒྱས་དངོས་སུ་གསུངས་པ་ཡེ་ཤེས་གྲུབ་པ་ལས། མེད། །གསང་སྔགས་ཀྱི་བླ་མ་སངས་རྒྱས་ཉིད་ཡིན་ཞེས། །བྱ་བ་དབང་བསྐུར་ཐོབ་ནས་ཡིན། །དབང་བསྐུར་སྡོམ་པས་མ་འབྲེལ་ན། །བླ་མ་བཟང་ཡང་ཕ་རོལ་ཕྱིན་པ་ཡིན། །རབ་བྱུང་མིན་ལ་འདུལ་བའི་ལུགས་ཀྱི། མཁན་པོ་མེད། །དབང་མ་བསྐུར་ལ་གསང་སྔགས་ཀྱི་ལུགས་ཀྱི། བླ་མ་མེད། །སྡོམ་པ་མེད་པ། ལ་སོ་སྡོད་ཀྱི་ལུགས་ཀྱི། དགེ་བའི། རྒྱུན་ཆགས་མེད། །སྐྱབས་འགྲོ་མེད་ན་སངས་རྒྱས་ཀྱི་བསྟན་པའི། ཆོས་པ་མིན། །དགེ་སྦྱོང་སྡོམ་པ་མེད་པ་དང་། །རྒྱལ་སྲས་སེམས་བསྐྱེད་མ་ཐོབ་པ། །སྔགས་པ་དབང་བསྐུར་མེད་པ་གསུམ། །སངས་རྒྱས་བསྟན་པའི་ཆོས་རྐུན་ཡིན། །ཕྱག་རྒྱ་ཆེན་པོ་བསྒོམ་ན་ཡང་། །རྟོག་པ་ཁ་འཚོམ་ཉིད་ལ་ཕྱག་རྒྱ་ཆེན་པོ་ཡིན་ཟེར་ནས། བསྒོམ་གྱི། །རིམ་པ། གཉིས་ལས་བྱུང་བའི། ཡེ་ཤེས་ལ། ཕྱག་རྒྱ་ཆེན་པོ་ཡིན་པ་ལ། ཕྱག་རྒྱ་ཆེན་པོར་མི་ཤེས་སོ། །བླུན་པོ་ཕྱག་རྒྱ་ཆེ་བསྒོམ་པ། །ཕལ་ཆེར་ཡེ་ཤེས་གྲུབ་པ་ལས་སྟོང་བའི་སྒོམ་པར་མིང་བཏགས་ནས། དུད་འགྲོའི་རྒྱུ་རུ་གསུངས། །མིན་ན་སེམས་སྟོང་པ་ལ་ངོ་སྤྲོད་ནས་དགེ་བ་ཅི་རིགས་བྱས་ནས། གཟུགས་མེད་ཁམས་སུ་སྐྱེ། །ཡང་ན་སྲིད་པ་གསུམ་ཚོགས་བསགས་ནས་སྟོང་ཉིད་རྟོགས་ན། ཉན་ཐོས་འགོག་པར་ལྟུང་། །གལ་ཏེ་དེ་ནི་བསྒོམ་ལེགས་ཏེ་ཐབས་ཤེས་རབ་ཟུང་འབྲེལ་དུ་བསྒོམས་ཤེས། ཀྱང་། །དབུ་མའི་བསྒོམ་ལས་ལྷག་པ་མེད། །དབུ་མའི་བསྒོམ་དེ་བཟང་མོད་ཀྱི། །འོན་ཀྱང་འགྲུབ་པ་ཤིན་ཏུ་དཀའ། །ཇི་སྲིད་བསོད་ནམས་དང་ཡེ་ཤེས་ཀྱི་ཚོགས་གཉིས་མ་རྫོགས་པ། །དེ་སྲིད་བསྒོམ་དེ་མཐར་མི་ཕྱིན། །སྟོང་པ་ལས། དེ་དག་དགེ་བའི་རྩ་བ་ཇི་སྲིད་མ་རྫོགས་པར། །དེ་སྲིད་སྟོང་ཉིད་དམ་པ་དེ་ནི་ཐོབ་མི་འགྱུར། །ཞེས་སོ། །འདི་ཡི་ཚོགས་གཉིས་རྫོགས་པ་ལ། །བསྐལ་པ་གྲངས་མེད་དང་པོས་ས་དང་པོ། གཉིས་པས་ས་བརྒྱད་པ། གསུམ་པས་ས་བཅུ་པ། དགོས་པར་གསུངས། །

ངེད་ཀྱི་སངས་རྒྱས་ཀྱིས་གསུངས་པའི། ཕྱག་རྒྱ་ཆེན་པོ་ནི། །དབང་ལས་བྱུང་བའི་ཡེ་ཤེས་དང་། །རིམ་པ་གཉིས་ཀྱི་ཏིང་འཛིན་ལས། །བྱུང་བའི་རང་བྱུང་ཡེ་ཤེས་ཡིན། །འདི་ཡི་རྟོགས་པ་གསང་སྔགས་ཀྱི། །ཐབས་ལ་མཁས་ན་ཚེ་འདིར་འགྲུབ། །དེ་ལས་གཞན་དུ་ཕྱག་རྒྱ་ཆེ། །རྟོགས་པ་སངས་རྒྱས་ཀྱིས་མ་གསུངས། །དེས་ན་ཕྱག་རྒྱ་ཆེན་པོ་ལ། །མོས་ན་གསང་སྔགས་གཞུང་བཞིན་སྒྲུབས། །ད་ལྟ་བོད་ཕལ་ཆེས་བསྒོམ་པའི་ཕྱག་རྒྱ་ཆེན་པོ་དང་། །རྒྱ་ནག་གི་མཁན་པོ་ཧྭ་ཤང་མ་ཧཱ་ཡཱན་གྱི། ལུགས་ཀྱི་རྫོགས་ཆེན་ལ། །ཡས་འབབ་དང་ནི་མས་འཛེགས་གཉིས། །རིམ་གྱིས་པ་དང་ཅིག་ཅར་བར། །མིང་འདོགས་བསྒྱུར་བ་མ་གཏོགས་པ། །དོན་ལ་དེ་གཉིས། ཁྱད་པར་དབྱེ་བ་མེད། །ཆོས་ལུགས་འདི་འདྲ་འབྱུང་བ་ཡང་། །བྱང་ཆུབ་སེམས་དཔའ་ཞི་བ་འཚོ་སློབ་དཔོན་བོ་དྷི་སཏྭས། །རྒྱལ་པོ་ཁྲི་སྲོང་ལྡེའུ

བཙན་ལ། །ལུང་བསྟན་ཇི་བཞིན་ཐོག་ཏུ་བབ། །ལུང་བསྟན་དེ་ཡང་བཤད་ཀྱིས་ཉོན། །རྒྱལ་པོ་ཁྲི་སྲོང་ལྡེའུ་བཙན་ཡུལ་འདིར། །སློབ་དཔོན་པདྨ་འབྱུང་གནས་ཀྱིས། །བརྟན་མ་བཅུ་གཉིས་ལ་གཏད་པས། །མུ་སྟེགས་འབྱུང་བར་མི་འགྱུར་མོད། །འོན་ཀྱང་རྟེན་འབྲེལ་འགའ་ཡི་རྒྱུས། །ཆོས་ལུགས་གཉིས་སུ་འགྲོ་བར་འགྱུར། །

དེ་ཡང་ཐོག་མར་ང་འདས་ནས། །རྒྱ་ནག་དགེ་སློང་བྱུང་ནས་ནི། །དཀར་པོ་ཆིག་ཐུབ་ཅེས་བྱ་བ། །ཅིག་ཆར་པ་ཡི་ལམ་སྟོན་འགྱུར། །དེ་ཚེ་ང་ཡི་སློབ་མ་ནི། །མཁས་པ་ཆེན་པོ་ཀ་མ་ལ། །ཤཱི་ལ་ཞེས་བྱ་རྒྱ་གར་ནས། །སྤྱན་དྲངས་དེ་ཡིས་དེ་སུན་འབྱིན། །དེ་ནས་དེ་ཡི་ཆོས་ལུགས་བཞིན། །དད་ལྡན་རྣམས་ཀྱིས་སྤྱོད་ཅིག་གསུང་། །དེ་ཡིས་ཇི་སྐད་གསུངས་པ་བཞིན། །ཕྱི་ནས་ཐམས་ཅད་བདེན་པར་གྱུར། །རྒྱ་ནག་ལུགས་དེ་ནུབ་མཛད་ནས། །རིམ་གྱིས་པ་ཡི་ཆོས་ལུགས་སྤེལ། །ཕྱི་ནས་རྒྱལ་ཁྲིམས་ནུབ་པ་དང་། །རྒྱ་ནག་མཁན་པོའི་གཞུང་ལུགས་ཀྱི། །ཡི་གེ་ཙམ་ལ་བརྟེན་ནས་ཀྱང་། །དེ་ཡི་མིང་འདོགས་གསང་ནས་ནི། །ཕྱག་རྒྱ་ཆེན་པོར་མིང་བསྒྱུར་ནས། །ད་ལྟའི་ཕྱག་རྒྱ་ཆེན་པོ་ནི། །ཕལ་ཆེར་རྒྱ་ནག་ཆོས་ལུགས་ཡིན། །ན་རོ་དང་ནི་མཻ་ཏྲི་བའི། །ལུགས་ཀྱི། ཕྱག་རྒྱ་ཆེན་པོ་གང་ཡིན་པ། །དེ་ནི་ལས་དང་ཆོས་དང་ནི། །དམ་ཚིག་དང་ནི་ཕྱག་རྒྱ་ཆེ། །གསང་སྔགས་རྒྱུད་ནས་ཇི་སྐད་དུ། །གསུངས་པ་དེ་ཉིད་ཁོང་བཞེད་ཀྱི་རྩེ་གཅིག་དང་། རོ་གཅིག་ལ་སོགས་པ་མི་བཞེད་དོ། །འཕགས་པ་ཀླུ་སྒྲུབ་ཉིད་ཀྱིས་ཀྱང་། །ཕྱག་རྒྱ་བཞི་པར་འདི་སྐད་གསུང་། ལས་ཀྱི་ཕྱག་རྒྱ་མི་ཤེས་པ་རྣམས་ཀྱིས་ནི་ཆོས་ཀྱི་ཕྱག་རྒྱ་མི་ཤེས་ན། ཕྱག་རྒྱ་ཆེན་པོའི་མིང་ཡང་རྟོགས་པར་ལྟ་ག་ལ་འགྱུར། ཞེས་གསུངས་སོ། །ལས་ཀྱི་ཕྱག་རྒྱ་མི་ཤེས་པས། །ཆོས་ཀྱི་ཕྱག་རྒྱ་འང་མི་ཤེས་ན། །ཕྱག་རྒྱ་ཆེན་པོའི་མིང་ཙམ་ཡང་། །རྟོགས་པ་ཉིད་ནི་མི་སྲིད་གསུང་། །རྒྱུད་ཀྱི་རྒྱལ་པོ་གཞན་དགེས་པ་རྡོ་རྗེ་དང་། དུས་ཀྱི་འཁོར་ལོ་ལ་སོགས་པ། དང་ནི། །གྲུབ་པ་སྡེ་བདུན་སོགས་བསྟན་བཅོས་ཆེན་པོ་གཞན་ལས་ཀྱང་། །དབང་བསྐུར་དག་དང་མ་འབྲེལ་བ། །དེ་ལ་ཕྱག་རྒྱ་ཆེན་པོ་བཀག །དབང་བསྐུར་བ་ལས་བྱུང་བ་ཡི། །ཡེ་ཤེས་ཕྱག་རྒྱ་ཆེ་རྟོགས་ན། །དཔེ་གཞོན་མཚན་མ་དང་བཅས་པའི། །འབད་རྩོལ་ཀུན་ལ་མི་ལྟོས་སོ། །

དེང་སང་བོད། འགའ་ཞིག་བླ་མ་ལ་གསོལ་བ་བཏབ་པ། ཡི། །མོས་གུས་བྱས་པས་རྟོགས་པ་ཅུང་ཟད་སྐྱེས་པ། ཙམ་གྱིས་སེམས་བསྒྱུར་ནས། །རྟོག་པ་ཅུང་ཟད་འགགས་པ་ལ། །ཕྱག་རྒྱ་ཆེན་པོའི་ངོ་སྤྲོད་བྱེད། །དེ་འདྲའི་བྱིན་རླབས། བདུད་ཀྱི་ཡིན་པའང་སྲིད། །ཡང་ན་ཁམས་འདུས་འགའ་ལའང་འབྱུང་། །ཀ་རུ་འཛིན་ཞེས་བྱ་བལ་པོའི་གྲུབ་ཐོབ་ཟེར་བ་ཡི། །བརྫུན་རླབས་ཅན་གྱི་གྲུབ་ཐོབ་བྱུང་། །དེ་ཡི་དགོན་པ་མཐོང་ཙམ་གྱིས། །འགའ་ལ་ཏིང་འཛིན་སྐྱེས་ཞེས་ཟེར། །ཕྱི་ནས་དེ་ཡི་གྲུབ་ཐོབ་ཞིག །དེ་ནས་ཏིང་འཛིན་དེ་རྒྱུན་ཆད། །དེ་འདྲའི་ཏིང་འཛིན་བདུད་རིགས་ཀྱི། །འབྱུང་པོ་རྣམས་ཀྱིས་བྱེད་པར་མདོ་རྒྱུད་ལས། གསུངས། །ནག་པོ་རོ་ཟན་བྱ་བ་ཞིག་གིས་ཀྱང་ལ་ལར་བསྒོམ་ཐེབས་པ་བྱུང་སྟེ། དེ་

ཡང་རྒྱལ་འགོང་ཞིག་གིས་བྱས་པར་འདུག་ཟེར། །སངས་རྒྱས་གསུང་བཞིན་བསྒྲུབ་པ་ཡི། །བྱིན་རླབས་སངས་རྒྱས་རྣམས་ཀྱི་ཡིན། །སྒོམ་ཆེན་ཁ་ཅིག་སྐྱེ་བ་སྔ་མ་ལ། །སེམས་བསྐྱེད་དབང་བསྐུར་མ་བྱས་ན། །ཆོས་ལ་དད་པ་མི་སྲིད་པས། །གང་དག་ཐེག་ཆེན་དད་ཐོབ་པ། །དེ་དག་སྔར་སྦྱངས་ཡིན་པས་ན། །ད་ལྟ་དབང་བསྐུར་བྱ། མི་དགོས་ཟེར། མོས་པ་ཙམ་སྔར་བྱས་པའི་རྟགས་ཡིན་པས་ད་ལྟ་བྱ་མི་དགོས་ན། །འོན་སོ་སོར་ཐར་པ་ཡི། །སྡོམ་པ་དག་ལ་མོས་པ་ཡང་། །སྔ་མའི་སྡོམ་པ་ཡོད་པའི་ཕྱིར། །ད་ལྟ་མཁན་སློབ་ཀྱིས། རབ་ཏུ་དབྱུང་བ་དང་སྡོམ་པ་ལེན་པ། ཅི་དགོས། །བྱང་ཆུབ་སེམས་དཔའི་སེམས་བསྐྱེད་དགོས། ཀྱང་། །སྔ་མའི་སེམས་བསྐྱེད་ཡོད་པའི་ཕྱིར། །ད་ལྟ་སེམས་བསྐྱེད་བྱ་ཅི་དགོས། རབ་བྱུང་དང་སེམས་བསྐྱེད་མ་བྱས་ན་བསྙན་པ་དང་འགལ་བས་བྱ་དགོས་སོ་ཞེ་ན། །དེ་དག་དགོས་ན་གསང་སྔགས་ཀྱི། །དབང་བསྐུར་ཡང་ནི་མ་བྱས་ན་བསྙན་པ་དང་འགལ་བས་ན་བྱ། ཅིས་མི་དགོས་ཏེ་དགོས། །སངས་རྒྱས་ཆོས་ལ་མི་དགའ་བའི། །མུ་སྟེགས་བྱེད་ཀྱིས་ཆོས་སྤྱངས་པ། །སངས་རྒྱས་པའི་དགྲ་ཡིན་པས་དགྲས་ཆོས་སྤྱངས་པ། །དེ་ལ་མཚར་དུ་མི་བརྩི་ཡི། །སངས་རྒྱས་ཆོས་ལ་བརྟེན་བཞིན་དུ། །མདོ་རྒྱུད་དྲིམ་མེད་པ་ལ་ཚིག་གིན་ཡ་ཡིན་ཟེར་ནས། ཉན་བཤད་འགོག་བྱེད་པ། །དེ་ལ་ཁོ་བོ་ངོ་མཚར་སྐྱེས། །ལ་ལ་ཞི་གནས་ཙམ་ཟད་དང་། །སྣང་སྟོང་རྟོགས་པ་ཕྲ་མོ་ལ། །མཐོང་ལམ་ཡིན་ཞེས་ངོ་སྤྲོད་བྱེད། ཕྲུང་གི་སྒོང་རྒྱ་མ་ཆག་པར་འཕུར་མི་ནུས་པ། ཇི་བཞིན་དུ། །རྣལ་འབྱོར་པ་ལུས་ཀྱི་རྒྱ་ཡིས་བཅིངས་པས་ན། །ད་ལྟ་ཡོན་ཏན་མི་འབྱུང་བས། །ལུས་རྒྱ་ཞིག་པའི་ཤི་མ་ཐག །ཡོན་ཏན་ཕྱི་ནས་འབྱུང་ཞེས་ཟེར། །ཐེག་པ་ཆེན་པོའི་མདོ་རྒྱུད་མཐའ་དག་ལས། །འདི་འདྲའི་ཆོས་ལུགས་བཤད་པ་མེད། །དཔེར་ན། །ཉི་མ་དེ་རིང་ཤར་བ་ཡི། །འོད་ཟེར་ནངས་པར་འབྱུང་ཟེར། བ་མི་སྲིད་པ་ཡིན་པས། མཚར། །

ཁ་ཅིག་ཕ་རོལ་ཕྱིན་པ་དང་། །གསང་སྔགས་གཉིས་ཀྱི་མཐོང་ལམ་ལ། །ཕར་ཕྱིན་གྱི་རྒྱུན་ཅན་གསང་སྔགས་ཀྱི་རྒྱུན་མེད་ཡིན་ཞེས་ཟེར། །དེ་ལྟར་ཡིན་ན་ས་བཅུའི་བར་གྱི་བསྒོམ་ལམ་ཡང་རྒྱུན་ཅན་དང་རྒྱུན་མེད་རིགས་པ་འདྲིས་མཐར། སངས་རྒྱས་ཀྱང་། །རྒྱུན་ཅན་རྒྱུན་མེད་གཉིས་སུ་འགྱུར། །དགོས་ཏེ་རྒྱུ་མཚན་མཚུངས་པས་སོ། །ཉན་ཐོས་རྣམས་ཀྱི་དགྲ་བཅོམ་ལ། ༈ ༈བསམ་གཏན་གྱི་དངོས་གཞི་ལ་བརྟེན་ནས་ཐོབ་པ་རྒྱུན་ཅན་དང་བསམ་གཏན་གྱི་ཉེར་བསྡོགས་ཙམ་ལ་བརྟེན་ནས་ཐོབ་པ་རྒྱུན་མེད་གཉིས་འཐད་ཀྱི། །ཐེག་པ་ཆེན་པོའི་འཕགས་པ་ལ། །རྒྱུན་ཅན་རྒྱུན་མེད་གཉིས་སུ་གཞུང་ནས་བཤད་པ་མེད་པས། མི་སྲིད། །མདོ་སྡེ་རྒྱན་ལས། རྒྱལ་སྲས་བྱང་ཆུབ་ཕྱོགས་མཐུན་པ། །རྣམ་པ་སྣ་ཚོགས་ཐམས་ཅད་ནི། །རྟག་ཏུ་མཐོང་བའི་ལམ་དེ་དང་། །ལྷན་ཅིག་ཏུ་ནི་ཐོབ་པར་འདོད། །ཅེས་གསུངས་སོ། །ཡང་ཉན་ཐོས་ལུགས་ཀྱི་ཚུ་ཚུ་འཕར་བ་དང་། བར་སྐང་དང་། ས་ལ་བབ་ནས་མནལ་བའི་དཔེས། །དགྲ་བཅོམ་པ་ལ་ཚེ་འདིར་མྱ་ངན་མ་འདས་པ། །བར་དོར་རམ་ཚེ་ཕྱི་མར་ལུས་བླངས་ནས། མྱ་ངན་ལས། འདའ་བར་གསུངས། །དེ་བཞིན་དུ། གསང་སྔགས་བསྒོམ་པ་ལས། །ཚེ་འདིར་མཐོང་ལམ་མ་ཐོབ་པ། །བར་དོར་མཐོང་ལམ་ཐོབ་པར་རྒྱུད་ནས་གསུངས་

པ་ཡོད། མོད་ཀྱི། །ཕྱིན་ཀྱི་ལུགས་ཀྱི། ཚེ་འདིར་མཐོང་ལམ་སྐྱེས་པ་ལ། །ཡོན་ཏན་ཚེ་འདི་ལ་མི་འབྱུང་བས། ཤི་ནས་འབྱུང་བ་
ནི། །བླུན་པོ་རྣམས་ཀྱི་སློབ་མ་ལ་མགོ་བསྐོར་བའི། བརྫུན་རིབ་ཡིན། །ཉན་ཐོས་དང་ཐེག་ཆེན་གཉིས་ཀའི་མདོ་རྒྱུད་ཀུན་དང་མི་
མཐུན་པས། །འདི་འདྲའི་ཆོས་ལུགས་མཁས་པས་སྤངས། །ཇོ་བོ་ནཱ་རོ་ཏ་པ་ནི། །དབང་བསྐུར་དུས་སུ་མཐོང་
ལམ་སྐྱེ། །ག། དེ་ནི་ཉི་ཤུ་དགུའི་ཟླ་བ་ལྟར། སྐད་ཅིག་དེ་ལ་འགག །ཆོས་མཆོག་རྗེས་ཀྱི་མཐོང་ལམ་སྐྱེས་པ་དེ། ནི། །ཚེས་
གཅིག་གི་ཟླ་བ་མཐོང་བ་ལྟར་འགག་པ་མེད་ཅེས་གསུངས་པར་གྲག །འདི་ནི་དཔེ་ཡི་ཡེ་ཤེས་ལ། །མཐོང་བའི་ལམ་དུ་
བཏགས་པར་ཟད། །པ་ཡིན་གྱི་མཚན་ཉིད་པ་མ་ཡིན། །འཕགས་པ་ལྷ་ཡིས་སྤྱོད་བསྡུས་སུ། །གང་ཟག་འགའ་ཞིག་བདེན་པ་
མཐོང་ཡང་ཞིང་ལས་ལ་སོགས་པའི། ལས་ཀྱི། མཐའ་ལ། །ཆགས་པ་སྲིད་མོད་འོན་ཀྱང་སྲིད་པ་གཞན་མི་ལེན། པར་གསུངས་པ་ནི།
རྗོགས་རིམ་གྱི། །རང་བྱུང་གི་ཡེ་ཤེས་ཉིད་ཡིན། རྟོགས་པ་ནི། །དཔེ་ཡི་ཡེ་ཤེས་ཉིད་ཡིན། ལ་དེ་རྟོགས་པ་ལ་བདེན་པ་མཐོང་
བས། དགོངས། །དེ་དང་ལམ་འབྲས་ལ་སོགས་པ། །གྲུབ་ཐོབ་རྣམས་ཀྱི་དགོངས་པ་མཐུན། །དེས་ན་དེད་ཀྱི་
མཐོང་ལམ་ནི། །འཕགས་པ་མིན་ལ་འབྱུང་མི་སྲིད། །ཐེག་པ་གསུམ་གྱི་ལག་ལེན་ཡང་། །རང་རང་གཞུང་
ལུགས་བཞིན་བྱེད་ མི་འགལ་བ་རྣམས་མཐུན་པར་ཉམས་སུ་བླངས། འགལ་བ་རྣམས་དགག་དགོས་གང་གཙོ་ཆེ་རུང་མཐུན་བསྒྲིགས་ལ་ཉམས་སུ་
བླངས། ན། །སངས་རྒྱས་བསྟན་ཡིན་མི་བྱེད་ན། །བསྟན་པའི་གཟུགས་བརྙན་ཡིན་ཞེས་བྱ། །དཔེར་ན་ཉན་ཐོས་
རྣམས་ཀྱི་བླ་མ་སོ་སོ་སྐྱེ་བོ། དེ། །བཟང་ཡང་བཞི་སྟེར་མ་ལོངས་པས་དགེ་འདུན་དུ་མི་འགྲོ་བས། གང་ཟག་ཁོ་ནར་བས། །ཕ་
རོལ་ཏུ། ཕྱིན་པའི་བླ་མ་ནི། །བཟང་ན་དགེ་འདུན་དཀོན་མཆོག་ཡིན། །སྐྱབས་གསུམ་བདུན་ཅུ་པ་ལས། སངས་རྒྱས་ཆོས་དང་
དགེ་འདུན་ནི། །བདུད་ནི་བྱེ་བ་བརྒྱ་ཡིས་ཀྱང་། །གང་ཕྱིར་དབྱེ་བར་མི་ནུས་པ། །དེ་ཕྱིར་དགེ་འདུན་ཞེས་སུ་བཤད། །ཅེས་གསུངས་སོ། །གསང་སྔགས་
པ་ཡི་བླ་མ་མཆོག །དཀོན་མཆོག་གསུམ་དང་དབྱེར་མེད་ཡིན། །ཧེ་རུ་ཀ་མངོན་འབྱུང་ལས། བླ་མ་སངས་རྒྱས་བླ་མ་ཆོས། །ཞེས་
བྱ་བ་ལ་སོགས་པ་དང་། ཡེ་ཤེས་གྲུབ་པ་ལས། བླ་མ་སངས་རྒྱས་ཆོས་འགྱུར་ཞིང་། །ཞེས་བྱ་བ་ལ་སོགས་པ་རྒྱས་པར་གསུངས་སོ། །དེས་ན་གསང་སྔགས
པའི་བླ་མ། དེ་ལ་གསོལ་བཏབ་པས། །དཀོན་མཆོག་གསུམ་པོ་ཚེ་འདིར་འགྲུབ། སྟེ་སངས་རྒྱས། །དེ་ལྟའི་ཐེག་པ་
གསུམ་པོ་ཡི། །སོ་སོའི་གཞུང་ནས་འབྱུང་བ་བཞིན། །བླ་མའི་མཚན་ཉིད་མི་ལྡན་ན། །བླ་མ་ཙམ། ཡིན་གྱི་དམ་
པ་མིན། །ནོ། །དམ་པ་མིན་པ་དེ་ལ་གསོལ་བ་བཏབ་ན་ཡང་། །འཁོར་དང་ལོངས་སྤྱོད་ལ་སོགས་པ། བྱིན་རླབས་ཆུང་ཟད་ཙམ།
འབྱུང་མོད་ཀྱི། །ཚེ་འདིའམ་བར་དོ་ལ་སོགས་སུ། །སངས་རྒྱས་ཉིད་སྦྱིན་པར། མི་ནུས་སོ། །དེས་ན་དབང་
བསྐུར་ཐོབ་པའི་མིས། །དཀོན་མཆོག་གསུམ་པོ་བླ་མའི་ངོ་བོ། རུ །འདུས་པར་མཐོང་ནས་བླ་མ་ལ། །གསོལ་
བ་བཏབ་ན་བྱིན་རླབས་འཇུག །གལ་ཏེ་དབང་བསྐུར་མ་ཐོབ་ན། །བླ་མ་དཀོན་མཆོག་གསུམ་ཉིད་དུ། །ཕར་
ལ་བསྡུས་ལ་དཀོན་མཆོག་གསུམ་གྱི་ནང་དུ་བླ་མ་ཡོད་པར་བློས་ལ་དཀོན་མཆོག་གསུམ་རང་ལ། གསོལ་བ་ཐོབ། །རིམ་གྱིས་བྱིན་

སྐབས་ཅི་རིགས་འཇུག །དབང་བསྐུར་མ་ཐོབ་པས་བླ་མ་རྒྱང་པ་བཟང་སྲིད་ཀྱང་། །གསོལ་བ་བཏབ་པ་བྱིན་རླབས་ཆུང་། །འདིའི་རྒྱུ་མཚན་དབང་བསྐུར་མ་ཐོབ་པ་ལ་བཤད་དུ་མི་བཏུབ། དེ་བས་དཀོན་མཆོག་གསུམ་ཉིད་ལ། །གསོལ་བ་བཏབ་པ་ཤིན་ཏུ་བཟང་། །དབང་བསྐུར་དང་པོ་མ་ཐོབ་པར། །བསྐྱེད་པའི་རིམ་པ་བསྒོམ་པ་དང་། །དབང་བསྐུར་གཉིས་པ་མ་ཐོབ་པར། །གཏུམ་མོ་རླུང་འཁྲུལ་འཁོར། ལ་སོགས་བསྒོམ་པ་དང་། །དབང་བསྐུར་གསུམ་པ་མ་ཐོབ་པར། །བདེ་སྟོང་ལ་སོགས་ཆོས་སྐུ་ཐོབ་པའི་གདམས་ངག་བསྒོམ་པ་དང་། །དབང་བསྐུར་བཞི་པ་མ་ཐོབ་པར། །ཕྱག་རྒྱ་ཆེན་པོ་སོགས་བསྒོམ་དང་། །དགེ་སློང་སྡོམ་པ་མ་ཐོབ་པར། །མཁན་སློབ་ལ་སོགས་བྱེད་པ་ནི། །གསང་སྔགས་མེད་པར་སྤྲུལ་གདུག་གི། །མགོ་ལས་རིན་ཆེན་ལེན་པ་ལྟར། །རང་གཞན་བརླག་པའི་རྒྱུ་རུ་བས། །མཁས་པ་རྣམས་ཀྱིས་རྒྱང་རིང་སྤང་། །

གཞན་ཡང་གངས་རིའི་ཁྲོད་བོད་ཡུལ། འདི་ན། །འཁྲུལ་པའི་ལག་ལེན་དུ་མ་ཡོད། །ཁ་འབར་མ་ཡི་གཏོར་མ་ལ། །དེ་བཞིན་གཤེགས་པ་བཞི་ཡི་མཚན། །སྔོན་ལ་བརྗོད་པའི་ལག་ལེན་མཐོང་། །འདི་ཡང་མདོ་དང་མཐུན་མ་ཡིན། །

མདོ་ལས་སྟོན་ལ་ཡི་དྭགས་ཁ་ནས་མེ་འབར་བ་ལ་སྐྱབས་མཛད་པའི་གཟུངས། སྔགས་བརྗོད་ནས། །སངས་རྒྱས་བཞི་པོ་རིན་ཆེན་མང་ལ་སོགས་པ། ཕྱིན་ནས་གསུངས། །འགའ་ཞིག་ཆུ་སྦྱིན་ནང་དུ་ཟན། །འཇུག་པའི་ལག་ལེན་བྱེད་པ་ཐོས། །འཇུར་གེགས་ཅན་གྱི་ཡི་དྭགས་ཀྱིས། །ཆུ་སྦྱིན་ནང་དུ་ཟན་མཐོང་ན། །འཇིགས་པ་ཆེན་པོ་འབྱུང་བར་གསུངས། །དེས་ན་ཆུ་སྦྱིན་ནང་དུ་ཟན། །འདེབས་པ་ཅོ་ག་ཉམས་པ་ཡིན། །ཟན་གྱི་ཕུད་ལ་ལྷ་བཤོས་དང་། །ཚང་བུ་བྱ་བར་སངས་རྒྱས་གསུངས། །རྡོ་རྗེ་རྩེ་མོའི་རྒྱུད་ལས་ནི། །ཟས་ཀྱི་ཕུད་ལ་ཚང་བུ་སྦྱིན། །ཞེས་གསུངས་འཕྲོག་མའི་མདོ་ལས་ཀྱང་། །སངས་རྒྱས་སྟོན་པར་ཁས་འཆེ་ན། །འཕྲོག་མ་ལ་ནི་ཚང་བུ་སྦྱིན། །ཞེས་གསུངས་དེ་ཡི་ཅོ་ག་ནི། །ལྟ་བ་ངན་སེལ་དང་རྡོ་རྗེ་རིའི་ཡི་དམ་བླངས་པ་དང་། ལས་དང་པོ་བའི་བྱ་བ། ལ་སོགས་ལྟོས། །འགའ་ཞིག་སངས་རྒྱས་གསུངས་པ་ཡི། །ལྷ་བཤོས་ཚང་བུ་མི་བྱེད་པར། །མ་གསུངས་པ་ཡི་འབྲང་རྒྱས་དང་། །གྲུ་གསུ འཁོར་བཅས་ཀྱི། མ་ལ་སོགས་བྱེད་པ་མཐོང་། །གསང་སྔགས་རྙིང་མ་འགའ་ཞིག་ལས། །གྲུ་གསུམ་དབང་ཕྱུག་ཆེན་པོའི་སྙིང་། །དབང་ཕྱུག་དེ་ཡི་འཁོར་བཅས་ཀྱི། ཤ་དང་ཁྲག་གིས་བརྒྱན། །མཐེབ་ཀྱུ་མགོ་བོའི་ཐོད་པས་བསྐོར། །ཆང་སོགས་བདུད་རྩིས་དེ་བཀང་ནས། །ཧེ་རུ་ཀ་ལ་མཆོད་ཅེས་ཟེར། །གསང་སྔགས་གསར་མར་གྲུ་གསུམ་གྱི། །གཏོར་མ་གཞུང་ནས་བཤད་པ་མེད། །ཟས་ཀྱི་ཕུད་ལ་ཁྱད་པར་དུ། །གྲུ་གསུམ་འབུལ་བ་གསུངས་པ་མེད། །ལག་ལེན་ཐམས་ཅད་སངས་རྒྱས་ཀྱི། །གསུང་དང་མཐུན་ན་བསྟན་པ་ཡིན། །དེས་ན་མདོ་སྡེ་མ་དཀྲུག་པར། །སངས་རྒྱས་གསུང་

བཞིན་ཉམས་སུ་ལོངས། །

ལྷུང་བཤགས་ཀྱི་སངས་རྒྱས་རབ་ཏུ་བྱུང་བ་ཡི། །ཕྱག་ཏུ་མཚོན་ཆ་རལ་གྲི་དང་མདའ་གཞུ་སོགས། བསྒྱུར་བའི་སྒྲུབ་ཐབས་བོད་ཀྱིས་བྱས་པ། མཐོང་། ཁྱིམ་པའི་ཆ་ལུགས་ཅན་ལོངས་སྐུའམ་ཁྲོ་བོ་རྣ་སྤྲུལ་པ། དག་ལ། །རྒྱན་དང་མཚོན་ཆ་སོགས་སྲིད་ཀྱི། །རབ་བྱུང་རྣམས་ལ་འདི་མི་སྲིད། །བྱང་ཆུབ་མཆོག་གི་ཕྱག་རྒྱ་ས་གནོན། མཆོག་སྦྱིན། ཏིང་ངེ་འཛིན། སྐྱབས་སྦྱིན། སོགས། །མཛད་པའི་རིགས་ལྔ་སེར་འབྲུམ་མཐོང་། །འདི་མདོ་ལུགས་ཡིན་ཞེས། བོད། ལ་ལ་སྨྲ། །མདོ་ནས་འདི་འདྲ་གསུངས་པ་མེད། །བྱ་སྤྱོད་གཉིས་ཀྱི་རྒྱུད་ལས་ཀྱང་། །སངས་རྒྱས་རིགས་ལྔར་བསྟུས་པ་མེད། །རྣལ་འབྱོར་གྱི། རྒྱུད་དེ་ཉིད་བསྡུས་པ། ལས་གསུངས་པ་ཡི། །རིགས་ལྔ་ཁ་དོག་རྣམ་སྣང་དཀར་པོ་ལ་སོགས་པ། ཐ་དད་ཅིང་། །ཕྱག་རྒྱ་ཡང་ནི་རྣམ་སྣང་བྱང་ཆུབ་མཆོག་ལ་སོགས་པ། ཐ་དད་གསུངས། །འདི་ཡི་སྐུ་མདོག་ཕྱག་རྒྱ་ནི། །རྟེན་ཅིང་འབྲེལ་འབྱུང་སྐུ་ཡིན་པས། །ཡེ་ཤེས་ལྔ་པོ་ཁ་དོག་ལྔ་ལ་རྟེན་འབྲེལ་བསྒྲིག་པ། ལ་འཐད་པ་ཡིན། །དུས་ཀྱི་འཁོར་ལོ་ལ་སོགས་ལས། །རིགས་ལྔའི་ཁ་དོག་གཞན་གསུངས་པ། །འབྱུང་བ་རྣམ་པ་ལྔ་སྦྱོང་བའི། །རྟེན་ཅིང་འབྲེལ་འབྱུང་སྐུ་ཡིན་ནོ། །འདི་འདིར་བཤད་དུ་མི་རུང་བླ་མའི་ཞལ་ལས་དྲིས། སངས་རྒྱས་གསེར་མདོག་ཅེས་མདོ་ལས། གསུངས་པ། །འཛམ་བུ་ཆུ་བོའི་གསེར་ལྟར་དྲི་མ་མེད་ཅིང་དྭངས་བའམ། །སྤྲུལ་སྐུ་ཕལ་ཆེ་བ། ལ་དགོངས་ཏེ་གསུངས། །གཞན་དུ་སྔོན་བླ་ནམ་མཁའི་མདོག །སྔོན་པོ་ཉིད་དུ་མདོ་ལས་གསུངས། །པ་དང་འགལ་བར་འགྱུར་རོ། ཡི་དམ་ལྷ་ཡི་སྒྲུབ་ཐབས་དང་། །སྔགས་ཀྱི་བཟླས་པའི་ཆོ་ག་དང་། །མཆོག་སངས་རྒྱས། དང་ཐུན་མོང་ཞི་སོགས། དངོས་གྲུབ་དང་། །སྒྲུབ་པའི་ཆོ་ག་ཇི་སྙེད་པ། །སྒྲུབ་ཐབས་ཀྱི་ཆོ་ག། མདོ་སྡེ་ཀུན་ལས་གསུངས་པ་མེད། །དེང་སང་གང་ཟག་ལ་ལ་གསང་སྔགས་ལ་མི་མོས་པར། །སྒྲོལ་མ་དང་མི་གཡོ་བ་ལ་སོགས་པ་ནས་བཟུང་ནས་དགེས་རྡོར་བདེ་མཆོག་གི་བར་གྱི་ལྷ་བསྒོམ། སྔགས་བཟླ་བ་རབ་གནས་སྦྱིན་སྲེག་ལ་སོགས་བྱེད་པ་ཡང་། །སངས་རྒྱས་ཀྱི། བསྟན་པ། དང་མཐུན་པ་མིན། །གཞན་ཡང་སྦྱིན་སྲེག་རོ་སྲེག་དང་། །བདུན་ཚིག་སྔ་ཕྱིའི་ཆོ་ག་སོགས། །དེང་སང་གསང་སྔགས་ལུགས་བོར་ནས། །མདོ་མཆོད་ཙམ་ལ་བརྟེན་པ་ཡི། །ཆོ་གའི་རྣམ་གཞག་བྱེད་པ་ཡོད། །

ཕ་རོལ་ཕྱིན་པའི་མདོ་སྡེ་དང་། །བསྟན་བཅོས་ཀུན་ལས་ཆོ་ག་དེ་དག་གསུངས་པ་མེད། །རྒྱུན་ཆགས་གསུམ་པ་ཙམ་མ་གཏོགས་པ་གཞན་ལ་དབྱུངས་བྱ་བར་མ་གསུངས། འདི་དག་ངན་སོང་སྦྱོང་རྒྱུད་ལ། །སོགས་པའི་རྒྱུད་སྡེ་འགའ་ཞིག་ལས། །གསུངས་པའི་རྗེས་སུ་འབྲངས་བ་ཡི། །གསང་སྔགས་པ་ལ་གྲགས་པ་ཡིན། །དེ་བཞིན་རབ་གནས་མདོ་ལུགས་དང་། །ཕྱག་ན་རྡོ་རྗེ་མདོ་ལུགས་དང་། །ལྷུང་བཤགས་དང་ནི་ཤེར་སྙིང་སོགས། །སྔགས་ལུགས་ཡིན་ཞེས་འཆད་པ་ཐོས། །འདི་ཡང་བརྟག་པར་བྱ་བས་ཉོན། །མདོ་ནས་རབ་གནས་བཤད་པ་མེད། །འོན་ཀྱང་མཆོད་བསྟོད་བཀྲ་ཤིས་སོགས། །ཕྱག་བྱས་མེ་ཏོག་གཏོར་ནས་དེང་གི་མཆོད་གནས་ཡིན་ཞེས། རྒྱལ་པོའི་མངའ་དབུལ་ལྷ་

བུ་ལ། །རབ་གནས་ཡིན་ཞེས་སྨྲ་ན་སྨྲོས། །རྒྱ་གར་ན་ཁྲིན་པ་དང་སྐྱིད་མོས་ཚལ་ལ་སོགས་པ་ལ་མཆོད་པ་བྱེད་པ་ལ་ཡང་རབ་གནས་སུ་མིང་འདོགས་པ་ཡོད། ལྷ་བསྒོམ་པ་དང་སྔགས་བཟླས་དང་། །བུམ་པ་ལྷ་ཡི་སྒོ་གོན་དང་། །དངོས་གཞིའི་དམ་ཚིག་སེམས་དཔའ་དང་། །ཡེ་ཤེས་འཁོར་ལོ་དགུག་གཞུག་དང་། །སྤྱན་དབྱེ་བརྟན་པར་གཞུགས་པ་དང་། །སྔགས་ཀྱིས་བྱིན་གྱིས་བརླབས་པ་ཡི། །མེ་ཏོག་དོར་ནས་ལེགས་མཆོད་དེ། །བཀྲ་ཤིས་རྒྱས་པར་བྱེད་པ་ཡི། །ཚིག་གསང་སྔགས་རྒྱུད་སྡེ་ལས། །གསུངས་ཀྱི་ཕ་རོལ་ཕྱིན་ལས་མིན། །བོད་ལ་ལ་ཧོ་བོ་རྗེའི། གདམས་ངག་ཡིན་ཞེས་སྨྲ། །འོན་མདོ་སྡེ་གང་དག་ལ། །བརྟེན་པ་ཡིན་པ་སྨྲ་དགོས་སོ། །འོན་ཀྱང་མདོ་གང་ནས་ཀྱང་བཤད་པ་མེད། ཇོ་བོ་ཡང་བཤད་མི་གསུངས། བཤད་པ་མེད་པ་ལ་གདམས་ངག་ཡིན་གསུངས་ན། ཇོ་བོས་ཀྱང་སངས་རྒྱས་ཀྱི་བསྟན་པ་མ་བཟུང་བ་ཡིན། དེང་སང་གསང་བ་འདུས་པའི་ལྷ། །བསྒོམས་ནས་དེ་དག་གི་སྔགས་བཟླས། མདོ་ལུགས་ཡིན་ཞེས་སྨྲ། །གསང་འདུས་ལ་སོགས་ཚིག་ལ། །མདོ་ལུགས་ཚིག་འབྱུང་བ་མཚར། །དཔེར་ན་སེང་གེའི་ཕྲུ་གུ་གླང་ཆེན་ལས། །བྱུང་ན་སྟོན་མེད་སྲོག་ཆགས་ཡིན། །མཁས་པ་རྣམས་ཀྱིས་འདི་འདྲ་ཡི། །ཚིག་སླན་ཆད་མ་བྱེད་ཅིག །ལྷ་ལ་རབ་ཏུ་གནས་པ་དང་། །མི་ལ་དབང་བསྐུར་བྱ་བ་སོགས། །རྡོ་རྗེ་སློབ་མའི་དབང་བསྐུར་བ། །ཐོབ་ཀྱང་རྡོ་རྗེ་སློབ་དཔོན་གྱི་དབང་མ་ཐོབ་པས། བྱ་བར་མ་གསུངས་ན། །དབང་བསྐུར་གཏན་ནས་མ་ཐོབ་པའི། །གང་ཟག་རྣམས་ཀྱིས་སྨོས་ཅི་དགོས། །རྡོ་རྗེ་སློབ་མའི་དབང་བསྐུར་ཙམ། །ཐོབ་ནས་ལྷ་བསྒོམ་ཙམ་དང་ནི། །བཟླས་བརྗོད་དང་ནི་སྦྱིན་སྲེག་དང་། །ལས་ཚོགས་ལ་སོགས་བསྒྲུབ་པ་ཡི། །ཐུན་མོང་གི་དངོས་གྲུབ་དང་ནི་མཆོག་སྒྲུབ་པའི། ཕྱག་རྒྱ་ཡི། །ཡེ་ཤེས་སྒྲུབ་པའི་ཚོག་དང་། །གསང་སྔགས་ཀྱི་རྒྱུད་དང་རྟོག་པ་ལ་སོགས། འགའ་ཞིག་ཉན་པ་ལ། །དབང་བ་ཡིན་གྱི་རྒྱུད་འཆད་དང་། །དབང་བསྐུར་དང་ནི་རབ་གནས་སོགས། །རྡོ་རྗེ་སློབ་དཔོན་གྱི་ཐུན་མོང་མ་ཡིན་པའི། ཕྲིན་ལས་བྱར་མི་རུང་། །རྡོ་རྗེ་སློབ་དཔོན་དབང་ཐོབ་ནས། །འཁོར་ལོ་ལྷ་ཡི་དེ་ཉིད་སོགས། །རྣམ་དག་དཀྱིལ་འཁོར་བསྒོམ་པ་དང་། །དབང་བསྐུར་དང་ནི་རབ་གནས་སོགས། །སློབ་དཔོན་གྱི་ནི་ཕྲིན་ལས་དང་། །སངས་རྒྱས་ཀུན་གྱི་དམ་ཚིག་དང་། །བླ་ན་མེད་པའི་སྡོམ་པ་སོགས། །འདི་ཚོའི་བཤད་པ་དབང་བསྐུར་མ་ཐོབ་པ་ལ་བཤད་དུ་མི་རུང་བས་བླ་མའི་ཞལ་ལས་དྲིས། རྡོ་རྗེ་སློབ་དཔོན་ཁོ་ནའི་ལས། །ཉིད་ཡིན་པས་རྡོ་རྗེ་སློབ་དཔོན་གྱི་དབང་མ་ཐོབ་པ། གཞན་གྱིས་བྱར་མི་རུང་། །དེང་སང་རབ་གནས་མདོ་ལུགས་ཞེས། །འཆད་པ་སངས་རྒྱས་བསྟན་པ་མིན། །ཁྱིམ་པས་མཁན་སློབ་བྱེད་པ་དང་། །རྡོ་རྗེ་སློབ་དཔོན་མ་ཡིན་པས། །དབང་བསྐུར་རབ་གནས་བྱེད་པ་ནི། །གཉིས་ཀ་སངས་རྒྱས་ཀྱི། བསྟན་པ་མིན་པར་མཚུངས། །དཔེར་ན་ད་ལྟ་བོད་ན་ཁྱིམ་པས་མཁན་སློབ་བྱས་ན་གད་མོ་བྱེད། དབང་བསྐུར་མ་ཐོབ་པར་རབ་གནས་བྱེད་པ་ལ་གད་མོ་མི་བྱེད་པར་སྣང་སྟེ་ཆོས་དང་བསྟུན་ན་འདི་གཉིས་འདྲ་བ་ཡིན། ཕྱག་ན་རྡོ་རྗེའི་བསྒོམ་བཟླས་ཀྱང་། །མདོ་སྡེ་རྣམས་ནས་བཤད་པ་མེད། །གཟུངས་འབུམ། ནས་བཤད་པ་

དེ་དག་ནི། །བྱ་བའི་རྒྱུད་ཀྱི་ཚོ་ག་ཡིན། །གཟུངས་འབུམ་ཐམས་ཅད་བྱ་བའི་རྒྱུད་ཡིན། བླུན་པོའི་བསམ་པ་ལ་བོ་དོ་ཆེན་པོ་ལ་བྲིས་པས་མདོ་ཡིན་སྙམ་སྟེ་ཆོས་ཀྱི་རྣམ་དབྱེ་མ་ཤེས་པས་འཁྲུལ་པ་ཡིན། བྱང་ཆུབ་ལྟུང་བཤགས་སངས་རྒྱས་ཕྱག་མཚན་ལ། །ཕྱུབ་དང་རལ་གྲི་མདའ་གཞུ། སོགས་འཛིན་པའི། །སྐྱབ་ཐབས་སངས་རྒྱས་ཀྱིས་མདོ་རྒྱུད་གང་ལས་ཀྱང་། མ་གསུངས། །མདོ་དང་རྒྱུད་ཀྱི་ཁྱད་པར་ནི། །དབང་དང་ལྷ་བསྒོམ་དང་བཟླས་བརྗོད་སོགས། ཚོ་གའི་བྱ་བ་ཡོད་མེད་ཡིན། །དེ་ལྟར་ཁྱད་ཡོད་མེད་དེའི་རྒྱུ་མཚན། ཤེས་ནས་མདོ་སྡེ་དང་། སྔགས་ཀྱི་ལུགས་ཀྱི་ཁྱད་པར། རྣམས་དབྱོད་དེ་ཤེས་པར་གྱིས་ལ་སློབས། གསང་སྔགས་སྡེ་འགྱུར་བ་ལ་ལ་ཐེག་པ་རིམ་དགུ་ལ། །ལྷ་བ་ཐ་དད་ཡོད་ཅེས་ཟེར། །ཉན་ཐོས་དང་ནི་ཐེག་ཆེན་ལ། །ལྟ་བའི་རིམ་པ་ཡོད་མོད་ཀྱི། །ཕ་རོལ་ཕྱིན་དང་གསང་སྔགས་ལ། །སེམས་ཙམ་དབུ་མ་གཉིས་ཕར་ཕྱིན་གསང་སྔགས་གཉིས་ཀ་ལ་ཡོད། དེ་ལས་ལྷག་པའི། ལྟ་བའི་དབྱེ་བ་བཤད་པ་མེད། །འགའ་ཞིག་ལས་དབུ་མ་ལས་ཀྱང་ཁྱད་པར་དུ་འཕགས་ཟེར་བ་ཡོད་དེ། མཐར་འཛིན་གྱི་དབུ་མ་འགའ་ཞིག་བཟློག་པའི་ཕྱིར་ཡིན། འཛིན་མེད་ཀྱི་དབུ་མ་དང་ཁྱད་མེད། དེའི་རྒྱུ་མཚན། ཕ་རོལ་ཕྱིན་པའི་སྤྲོས་བྲལ་ལས། །ལྷག་པའི་ལྟ་བ་ཡོད་ན་ནི། །ཐེག་པ་རིམ་དགུའི་ཡང་རྩེའི། ལྟ་དེ་སྤྲོས་པ་ཅན་དུ་འགྱུར། །སྤྲོས་བྲལ་ཡིན་ན་དབུམ་དང་ཁྱད་པར་མེད། །དེས་ན་བཤད་པས་གོ་བ་ཡི། །ཐོས་པ་ལས་བྱུང་བའི་ཤེས་རབ་ཀྱི། ལྟ་བ་གཅིག་ཉིད་ཡིན། །འོན་ཀྱང་སྤྲོས་བྲལ་མངོན་སུམ་དུ། རྟོགས་པ་ཡི། །ཐབས་ལ་གསང་སྔགས་ཁྱད་པར་དུ། འཕགས། །

ཁ་ཅིག་དབུ་མའི་ལྟ་བ་ནི། །ཀུན་རྫོབ་འདི། ཇི་ལྟར་སྣང་བ། བཞིན་དུ་གསལ་བ། ཡིན། །དོན་དམ་པ་ཡོད་མེད་ལ་སོགས་པ། མཐའ་བཞིའི་སྤྲོས་དང་བྲལ། །བ་ཡིན་ཟེར། བྱ་བའི་རྒྱུད་ཀྱི་ཀུན་རྫོབ་ནི། །སྐུ་གསུང་ཐུགས་ཀྱི་ལྷ་རིགས་གསུམ་རྒྱལ་བའི་དཀྱིལ་འཁོར་ཡིན། །དོན་དམ་དབུ་མ་དང་མཚུངས་ཟེར། །སྤྱོད་པའི་རྒྱུད་ཀྱི་ཀུན་རྫོབ་དང་། །རྣལ་འབྱོར་རྒྱུད་ཀྱི་ཀུན་རྫོབ་ནི། །རིགས་ལྔའི་རྒྱལ་བར་སྣང་བ་ཡིན། །རྣལ་འབྱོར་ཆེན་པོའི་ཀུན་རྫོབ་ནི། །དམ་པ་རིགས་བརྒྱ་ཡིན་ཞེས་ཟེར། །ལྟ་ཐོག་ནས་སྒོམ་དེའི་ངང་ནས་སྤྱོད་པ་བྱེད་ཅེས་ལྟ་བསྒོམ་རྣམ་དབྱེ་མ་ཕྱེད་ཅིང་། །ཐབས་སྒོམ་པ། དང་ལྟ་བ་ཤེས་རབ་སྤྱོད་པས་དེ་གཉིས་མཐར་འབྱིན་པ། མ་ཤེས་པས། །འདི་འདྲའི་དབྱེ་བ་འཁྲུལ་བ་ཡིན། །འདི་ཡི་འཐད་པ་བཤད་ཀྱིས་ཉོན། །རིགས་གསུམ་དང་རིགས་ལྔ། ལ་སོགས་པ། སངས་རྒྱས་སུ། །བསྒོམ་པའི་ཕྱོགས་པ། ཡིན་གྱི་ལྟ་བའི་ཕྱོགས་པ། མིན། །བྱ་སྤྱོད་རྣལ་འབྱོར་རྒྱུད་གསུམ་ལས། །སྣང་བ་ཀུན་རྫོབ་འདི། ལྷ་རུ་གསུངས་པ་མེད། །འོན་ཀྱང་བྱ་བའི་རྒྱུད་དུ་ནི། །རིགས་གསུམ་གྱི་བྲིས་སྐུ་ལ། ལྷ་རུ་བསྒོམས་ནས་ཀྱང་། །དེ་ལས་དངོས་གྲུབ་ལེན་པ་ཡིན་ནོ། དེས་ན་དཀའ་ཐུབ་དང་། གཙང་སྦྲ་ཡིས། །སངས་རྒྱས་མཉེས་ནས་དངོས་གྲུབ་གནང་། །སྤྱོད་པའི་རྒྱུད་དུ་བྲིས་སྐུ་དང་། །རང་ཉིད་གཉིས་ཀ་ལྷར་བསྒོམས་ནས། །བདག་གི་སངས་རྒྱས་དང་མདུན་གྱི་སངས་རྒྱས་གཉིས་གྲོགས་པོ་ལྟ་བུའི་ཚུལ་གྱིས། དངོས་གྲུབ་ལེན། །རྣལ་འབྱོར་རྒྱུད་དུ་ཕྱི་རོལ་གྱི་བྲིས་སྐུ་ལ་སོགས། ལ། །དམིགས་པའི་རྐྱེན་ཙམ་བྱས་ནས

ཀྱང་། །རང་ཉིད་གཙོ་བོར། དམ་ཚིག་སེམས་དཔའ་རུ་བསྒོམ་པ། ལ། །ཡེ་ཤེས་འཁོར་ལོ་སྔགས་ཏིང་ངེ་འཛིན་ཕྱག་རྒྱའི་སྒོ་ནས། སྤྱན་དྲངས་ནས། །ཇི་སྲིད་ཕྱག་རྒྱ་མ་བཀྲོལ་བ། །དེ་ཡི་བར་དུ་རང་གི་ལུས་ལ། སངས་རྒྱས་བཞུགས། །ཕྱག་རྒྱ་བཀྲོལ་ནས་རང་གི་ལུས་ལས། སངས་རྒྱས་བོན་ཏེ་རང་བཞིན་གྱི་གནས་སུ། གཤེགས། །དེ་ནས་རང་ཉིད་ལྷ་མ་ཡིན་པར། ཐ་མལ་དུ༑ འགྱུར། །ཧོ། ། འདི་དག་གི་ནི་ལུང་སྦྱོར་རྣམས། །ཡི་གེ་མངས་ཀྱིས་དོགས་པས་བཞག་སློབ་དཔོན་ཀུན་དགའ་སྙིང་པོས་ཕྱག་རྒྱ་གང་དང་གང་ནས་བྱུང་དེ་དང་དེ་ཉིད་དུ་བཀྲོལ་ཏེ་ཡེ་ཤེས་སེམས་དཔའ་གཤེགས་སུ་གསོལ་ལོ། །གཞན་དུ་ན་ལྷ་ལ་བརྟེན་པར་འགྱུར་རོ། །ཞེས་བྱ་བ་ལ་སོགས་པ་རྒྱས་པར་དེ་ཉིད་སྣང་བ་ལ་སོགས་པར་ལྟོས། རྣལ་འབྱོར་ཆེན་པོའི་རྒྱུད་དུ་ནི། །དག་པ་གསུམ་གྱི་རང་བཞིན་བཤད། །འདི་ཡི་ལུང་རིགས་མན་ངག་རྣམས། །དབང་བསྐུར་མ་ཐོབ་པ་ལ་བཤད་དུ་མི་རུང་བས་བླ་མའི་ཞལ་ལས་ལེགས་པར་དྲིས། །གལ་ཏེ་བྱ་བའི་རྒྱུད་ཀྱི་ཡང་། །རྫོགས་ཆེན་གྱི་ལུགས་ལྟར་ཀུན་རྫོབ་ལྷ་རུ་གནས་པར་འདོད། ན་ནི། །རང་རེའི་ལྷ་ཅིའང་མི་ཟ་བ་ལ་སོགས་པའི་དཀའ་ཐུབ་འཁོར་འབྱུང་ལ་སོགས་པའི། གཙང་སྦྲ་ག་ལ་འཐད། །ལྷ་ལ་ལ། གཙང་བ། དང་ལ་ལ། མི་གཙང་བའི་ལྷ་གཉིས། མེད། །ལྷ་རྣམས་དཀའ་ཐུབ་ཀྱིས་མི་གདུང་། །ཁ་ཅིག་སྤྱོད་པའི་རྒྱུད་ཀྱི་ཡང་། །ཀུན་རྫོབ་རིགས་ལྔ་ལ་སོགས་པ་ལྷ་བ་རྣལ་འབྱོར་གྱི། རྒྱུད་དང་མཐུན། །སྤྱོད་པ་བྱ་བའི་རྒྱུད་བཞིན་གཙང་སྦྲ་འབའ་ཞིག་བྱེད། །ཅེས་ཟེར་བ་ཡོད་དེ། འདི་ཡང་དེ་ལྟར་ངེས་པ་མེད། །སྤྱོད་པའི་རྒྱུད། འདི་ནི་གཉིས་ཀའི་རྒྱུད་ཡིན་པས། །ལྷ་མ་བསྒོམ་པའི་སྐབས་རེས་འགའ་གཙང་སྦྲ་སྤྱོད་མོད་ཀྱི། །ཕལ་ཆེར་ཅི་བདེར་སྤྱོད་པར་གསུངས། །ངན་སོང་སྦྱོང་རྒྱུད་ལས་རྡོ་རྗེ་སེམས་དཔའི་གནས་འདུག་སྟེ། །ཐམས་ཅད་ཟོས་ཏེ་ཀུན་བྱས་ཀྱང་། །འགྲུབ་འགྱུར་ཉེས་པས་མི་གོས་ན། །སྙིང་རྗེ་ལྡན་པས་སྨོས་ཅི་དགོས། །ཞེས་སོ། །སྤྱོད་པའི་རྒྱུད་ལ་རིགས་ལྔ་ཡི། །དོན་གྲུབ་ན་ཡང་ཐ་སྙད་མེད། །རྣམ་སྣང་ལ་ཀུན་རིག་མི་བསྐྱོད་པ་ལ་སྦྱོང་བའི་རྒྱལ་པོ། རིན་འབྱུང་ལ་རྒྱལ་མཆོག་རིན་ཆེན། འོད་དཔག་མེད་ལ་ཤཱཀྱ་ཐུབ་པ། དོན་གྲུབ་ལ་མི་ཏོག་ཆེར་རྒྱས་ལ་སོགས་པའི་ཐ་སྙད་ཀྱང་མི་འདྲ། ཕྱག་རྒྱ་ཡང་རྣམ་སྣང་ལ་ཏིང་ངེ་འཛིན་ལ་སོགས་པ་མི་འདྲ། ཕྱག་རྒྱ་སྐུ་མདོག་རྣམ་དག་ཀྱང་། །རྣལ་འབྱོར་རྒྱུད་བཞིན་དེ་ར་མ་གསུངས། །དེས་ན་རྣལ་འབྱོར་རྒྱུད་མན་ཆད། །བསྐྱེད་ཚོག་གི་ཐབས་ཀྱིས་ལྟར་བསྒོམ་པ་མ་གཏོགས་པ། ཀུན་རྫོབ་འདི། ལྷ་རུ་གསུངས་པ་མེད། །འོན་ཀྱང་ཀུན་རྫོབ་ཐམས་ཅད་ནི། །རྒྱུད་སྡེ་གསུམ་པོའི་ལུགས་ཀྱིས་ཇི་ལྟར་སྣང་བ་བཞིན་དུ་བས། །ཀྱི་ལྟར་སྣང་བ་མ་ཡིན་ནོ། བྲིས་སྐུ་ལ་སོགས་ལྟར་བསྒོམ་པ། །དེ་ནི་བསྐྱེད་ཚོག་གིཐབས་ཀྱི་ཁྱད་པར་གྱིས་ལྟར་འགྱུར་བ། ཡིན། །

རྣལ་འབྱོར་ཆེན་པོའི་རྒྱུད་སྡེ་ལས། །ཀུན་རྫོབ་ཇི་ལྟར་སྣང་བ་འདི། །ཐབས་ལ་མཁས་པའི་ཁྱད་པར་གྱིས། །སྣང་གཞི་སྦྱོང་བྱེད་ངོ་སྤྲོད་པ། །དེ་ཚེ་དམ་པ་རིགས་བརྒྱ་ལ། །སོགས་པའི་དབྱེ་བ་རྒྱལ་བས་གསུངས། །འདིའི་འཐད་པ་དབང་བསྐུར་མ་ཐོབ་པ་ལ་བཤད་དུ་མི་ཉན། དེས་ན་ཀུན་རྫོབ་ལོག་པ་དང་། །ལྷ་བའི་ལོག་པ་མ་ཕྱེད་པས། །གསང་སྔགས་རྙིང་མའི་ཀུན་རྫོབ་ཀུན། །ལྷ་བ་དང་འབྲུལ་བའི་རྒྱུ་མཚན། དེ་ལྟར་ཡིན། །གསང་

སྔགས་སྔ་འགྱུར་རྙིང་མ། བ་རྣམས་ནི། །ཡོ་ག་རྣལ་འབྱོར་མཧཱ་ཡོ་ག་རྣལ་འབྱོར་ཆེན་པོ་དང་། །ཨ་ནུ་ཡོ་ག་ནི་རྗེས་སུ་རྣལ་འབྱོར་ཨ་ཏི་ཡོ་ག་ཤིན་ཏུ་ནི། །རྣལ་འབྱོར་ཞེས་བྱ་རྣམ་པ་བཞི། །ཐེག་པའི་རིམ་པ་ཡིན་ཞེས་ཟེར། །ཤིན་ཏུ་རྣལ་འབྱོར་བཟང་བར་འདོད། །གསང་སྔགས་ཕྱི་འགྱུར་བ་རྣམས་ནི། །རྣལ་འབྱོར་རྗེས་སུ་རྣལ་འབྱོར་དང་། །ཤིན་ཏུ་རྣལ་འབྱོར་རྣལ་འབྱོར་ཆེ། །འདི་དག་ཏིང་འཛིན་བསྒོམ་པའི། རིམ་པ། ཡིན་གྱི། །རྒྱུད་སྡེའི་བཟང་ངན་གྱི། རིམ་པར་མི་བཞེད་དོ། །དེས་ན་རྒྱུ་སྡེ་བཞི་པོ་ཡི། །ནང་ན་ཡོད་པའི། རྣལ་འབྱོར་གྱི་རྒྱུད་དང་། རྣལ་འབྱོར་ཆེན་པོའི་རྒྱུད་གཉིས། དང་། །བྱེ་བྲག་ཏུ་རྣལ་འབྱོར་ཆེན་པོའི་རྒྱུད་ལ་གྲགས་པའི་རྣལ་འབྱོར་བཞི་ཡི་རྣལ་འབྱོར་གྱི་ཏིང་ངེ་འཛིན། དང་། །རྣལ་འབྱོར་ཆེན་པོའི་ཏིང་ངེ་འཛིན་གཉིས་པོ། མི་གཅིག་གོ། །དཔེར་ན་ཀླུ་ཆེན་པདྨ་དང་། །པདྨ་ཆེན་པོ་ཞེས་བྱ་དང་། །མེ་ཏོག་པདྨ་པད་ཆེན་གཉིས། །མིང་མཐུན་ན་ཡང་དོན་མི་གཅིག་སྔ་མ་གཉིས་ཀླུ་ཡིན། ཕྱི་མ་གཉིས་མེ་ཏོག་ཡིན། དཔེ་དེ་བཞིན་དུ་རྣལ་འབྱོར་སྔ་མ་གཉིས་རྒྱུད་སྡེ་ཡིན། ཕྱི་མ་གཉིས་ཏིང་ངེ་འཛིན་ཡིན། །

དེས་ན་གསང་སྔགས་གསར་མ་ལ། །རྣལ་འབྱོར་ཆེན་པོའི་ལྷག་ན་ནི། །དེ་བས་ལྷག་པའི་རྒྱུད་སྡེ་མེད། །བསྒོམ་པའི་དམིགས་པ་ཉིད་ཀྱང་ནི། །རྣལ་འབྱོར་ཆེན་པོའི་ཏིང་ངེ་འཛིན་ལས་ལྷག་པའི་རྣལ་འབྱོར་གཞན། གོང་ན་མེད། །དམིགས་པ་དེ་དག་ལས་སྐྱེས་པའི་ཡེ་ཤེས་ནི། །བློའི་ཡུལ་མ་ཡིན་པས་སྤྲོས་པ་མེད་ཅིང་ངག་གི་ཡུལ་མ་ཡིན་པས། བརྗོད་པ་དང་། བྲལ་བས། །དེས་ན་ཤེས་བརྗོད་ལས་འདས་པ་དེ། ཐེག་པའི་རིམ་པར་སངས་རྒྱས། མི་བཞེད་དོ། །ལུགས་འདི་ལེགས་པར་ཤེས་གྱུར་ན། །རྫོགས་ཆེན་པའི་ལུགས་ཀྱི་ཨ་ཏི་ཡོ་གའི་ལྟ་བ་ཡང་། །ཁོང་རང་གི་ལུགས་ལ་ཡང་ཡེ་ཤེས་ཡིན་གྱི་ཐེག་པ་མིན། །ནོ། བརྗོད་བྲལ་ལ། བརྗོད་བྱར་བྱས་ཐེག་པ་རིམ་དགུའི་ནང་དུ་བསྡུད། པ་ནི། །མཁས་པའི་དགོངས་པ་མིན་ཞེས་བྱ། །

དེས་ན་ཐོས་པའི་ལྟ་བ་ནི། །དབུ་མ་ཡན་ཆད་ནས་རྒྱུད་སྡེ། ཐམས་ཅད་མཐུན། །དེ་ཕྱིར་ལྟ་བའི་ལུང་སྦྱོར་ཀུན། །ཕ་རོལ་ཏུ། ཕྱིན་པ་རྒྱས་འབྲིང་བསྡུས་པར་གསུམ་གྱི་ལུགས། བཞིན་དུ་སྔགས་མཚན་ཉིད། ཐམས་ཅད་དུ་མཐུན་པར་ལུང་དུ། མཛད། །པ་ཡིན། དེ་རྟོགས་པ་ཡི་ཐབས་ལ་ནི། །མདོ་དང་རྒྱུད་སྡེ་ལས་ཐེག་པའི་རིམ་པ་ཡོད་པ་ཡིན། །རྒྱུད་སྡེ་བཞི་ཡི་བསྒྲུབ་པ་ཡང་། །ཕན་ཚུན་འཚོལ་ཅིང་། འཁྲུལ་པར་བྱས་ན་དངོས་གྲུབ་རིང་། །འོ་ན་མ་འཁྲུལ་བའི་སྒྲུབ་པ་ཇི་ལྟར་བྱེད་ཅེ་ན་བྱ་བའི་རྒྱུད་ལ་བདག་ལྟར། བསྐྱེད་པ། མེད། །ཁྲིས་སྐུ་མཆོད་ནས་གསོལ་བ་འདེབས། །དོན་ཞགས་དང་རྣམ་རྒྱལ་ལ་སོགས་པ་བདག་བསྐྱེད་ཀྱི། སྒྲུབ་ཐབས་སློབ་དཔོན་དག་གིས་མཛད་པ་ཡོད་པ་ནི། །རྣལ་འབྱོར་གྱི། རྒྱུད་ཀྱི་རྗེས་སུ། འབྲངས་ནས། །བླ་མའི་མན་ངག་གཞན་གྱིས། །དེ་ཡི་ལུགས་བཞིན་མཛད་པ་ཡིན། །དེས་ན་འདི་ལ་རྟོག་པའི་ལུགས་དང་སྒྲུབ་ཐབས་ཀྱི་ལུགས་གཉིས་ཆོ་ག་མི་འདྲ། སྒྲུབ་ཐབས་ཀྱི་ལུགས་དེ་ལྟར་བྱེད་ན་སྐྱུང་གནས་མེད། །བདག་ཉིད་ལྷ་རུ་བསྐྱེད་པ་ལ། །མཆོད་ན་བསོད་ནམས་བརྟས་ན་སྡིག །གལ་ཏེ་བྱ་བའི་རྒྱུད་ལ། སྐྱུང་གནས་བྱེད་འདོད་ན། །རང་ཉིད་ལྷར་མ་བསྒོམས་པར། ཐ་མལ་གྱི། ང་རྒྱལ

གྱིས། །བྲིས་སྐུ་གཞུང་ནས་འབྱུང་བའི། ཚོག་བཞིན་བྲིས་ལ། །རྗེ་དཔོན་ལ་འབངས་ཀྱིས་ཞུ་བ། བཞིན་དུ་དངོས་གྲུབ་བླང་། །དེ་ལ་ཤ་ཆང་གི་གཏོར་མ་མེད། །དོན་ཞགས་ལས། ཁྲག་མེད་པའི་གཏོར་མ་ཤ་དང་བཅས་པ་ཞེས་གསུངས་པས་དེ་འགྱུར་ཉེས་པ་ཡིན། རྒྱུད་དཔེ་དང་བསྟུན་ན་གཏོར་མ་ཤ་ཁྲག་མེད་པ་བྱ་བ་ཡོད། གླ་རྩི་ལ་སོགས་སྲོག་ཆགས་དང་། །འབྲེལ་བའི་མཆོད་པ་ཐམས་ཅད་སྤོངས། །གསང་བ་སྤྱི་རྒྱུད་ལས། སྲོག་ཆགས་ཡན་ལག་རྣམས་སྤངས་པ། །ཞེས་གསུངས་སོ། །གུ་ལང་མཆོད་པའི་ལྷག་མ་དང་། །གཏོར་མའི་ཁ་ཟས་འདིར་མི་ཟ། །ལྷ་ལ་ཕུལ་བའི་དམན་མ་སོགས། །ཟ་དང་འགོམ་པ་གཉིས་ཁ་བཀག །དཔུང་པ་བཟང་པོ་ལས། གུ་ལང་མཆོད་པའི་ལྷག་མ་མི་བཟའ་ཞིང་། ཞེས་བྱ་བ་ལ་སོགས་པ་གསུངས་ལ། ལེགས་པར་གྲུབ་པ་ལ་སོགས་པ་ཀྱི་ཡའི་རྒྱུད་ཐམས་ཅད་ལས་ཀྱང་བཀག །

དཀར་གསུམ་ལ་སོགས་ཁ་ཟས་དང་། །གཙང་སྦྲ་ལ་སོགས་བརྟུལ་ཞུགས་ཀྱིས། །བྱ་བའི་རྒྱུད་ཀྱི་གསང་སྔགས་གྲུབ། །སྤྱོད་པའི་རྒྱུད། དང་རྣལ་འབྱོར་གྱི། རྒྱུད་གཉིས་སུ། །ལས་ཚོགས་བསྒྲུབ་པ་འགའ་ཞིག་ལ། །གཙང་སྦྲ་དཀའ་ཐུབ་བཤད་པ་ཡོད། །གཞན་དུ་དཀའ་ཐུབ་སྐྱུང་གནས་སོགས། །བརྟུལ་ཞུགས་ཁྱད་པར་གཙོར་མི་མཛད། །རང་ཉིད་ལྷ་ཡི་རྣལ་འབྱོར་བསྒོམ། །གླ་རྩིའི་རིང་བུ་ལ་སོགས་པ། །སྲོག་ཆགས་ཡན་ལག་ལས་བྱུང་བའི། །མཆོད་པ་རྣམས་ཀྱང་འདིར་མི་འགོག །སངས་རྒྱས་མཆོད་པའི་ལྷག་མ་རྣམས། །སྡིག་པ་སྦྱང་ཕྱིར་བཟའ་འོ་ཞེས། །རབ་ཏུ་གནས་པའི་རྒྱུད་ལས་གནང་། །འབྱུང་པོའི་གཏོར་མ་རྣལ་འབྱོར་གྱི་རྒྱུད། འདིར་མི་ཟ། །རྣལ་འབྱོར་ཆེན་པོའི་རྒྱུད་རྣམས་ལས། །རྫོགས་པ་སྐྱེས་པའི་རྣལ་འབྱོར་པས། ཨ་བ་དྷཱུ་ཏིའི་སྤྱོད་སོགས་ལ། །འབྱུང་པོའི་གཏོར་མ་ཟ་བའང་གནང་། །དཀའ་ཐུབ་ལ་སོགས་བརྟུལ་ཞུགས་འགོག །འཇུག་པ་བདེ་བའི་རྣལ་འབྱོར་གྱིས། །གསང་སྔགས་རྒྱལ་པོ་ཚེ་འདིར་འགྲུབ། །འདི་དག་རྒྱས་པར་བླ་མ་མཆོག་དབང་ཐོབ། དམ་ཚིག་བསྲུང་། རྒྱུད་ཤེས། མན་ངག་དང་ལྡན་པའི། མཁས་པའི་གསུངས་ལས་ཤེས་པར་གྱིས། །འདིར་དབང་བསྐུར་མ་ཐོབ་པ་ལ་བཤད་དུ་མི་ཉན། མུ་སྟེགས་པ་དང་སངས་རྒྱས་པའི་གྲུབ་མཐའི་རྣམ་དབྱེ་མི་ཤེས་ཤིང་། །རྒྱུད་སྡེའི་བཞིའི་དབང་དང་ལམ་བཞིའི། ཁྱད་པར་མ་ཕྱེད་པར། །ཆོས་ཐམས་ཅད་དཀྲུགས་ནས་ནི། །ལུང་རིགས་མེད་པར་བླ་མའི་བཀའ་སྲོལ་ཡིན་ཟེར་ནས་རང་བཟོའི་རྣམ་ཐར་སྤྱོད་པ་མཚར། །གསང་སྔགས་ཀྱི་ལམ་དངོས་ཉམས་སུ་ལེན་པའི་རིམ་པ་རང་ཇི་ལྟར་ཡིན་ཞེ་ན་དབང་བཞི་ཡོངས་སུ་རྫོགས་པ་དང་། །དང་པོར་རང་གི་ཁྱིམ་དུ་བསྒོམ། །བརྟན་པ་ཐོབ་ནས་དུར་ཁྲོད་ཆུའི་འགྲམ། རི་ཁྲོད། སོགས། །བརྟན་པ་ཆེན་པོ་ཐོབ་ནས་ནི། །ལུས་དང་ངག་གི་བཟ་རྣམས་ལ། །ལེགས་པར་སྦྱངས་ཤིང་དེ་ཉིད་རྟོགས། །ས་བཅུ་གསུམ། རྣམས་བགྲོད་པར་བྱ་བ་དང་། །ཡུལ་སུམ་ཅུ་སོ་བདུན་དང་བྱང་ཆུབ་ཀྱི་ཕྱོགས་ཀྱི་ཆོས་སུམ་ཅུ་སོ་བདུན། རྣམས་དབང་དུ་བསྡུ་བའི་ཕྱིར། །གནས་དང་ཉེ་བའི་གནས་ལ་སོགས། །ཡུལ་ཆེན་སུམ་ཅུ་སོ་བདུན་དུ། །རིག་པའི་བརྟུལ་ཞུགས་སྤྱོད་ཕྱིར་རྒྱུ། །ལུགས་འདི་རྣལ་འབྱོར་ཆེན་པོ་ཡི། །དགྱེས་རྡོར་བདེ་མཆོག་སོགས་རྒྱུད་དང་བསྟན་བཅོས་རྣམས་ལས་གསུངས། །འདི་འདྲའི་སྤྱོད་པ་ཤེས་ནས་ནི། །ཚེ་

འདི་ཉིད་ལ་རྫོགས་སངས་རྒྱ། །འདི་དག་དབང་བསྐུར་མ་ཐོབ་པ་ལ་བཤད་དུ་མི་རུང་བས། བླ་མ་གསང་སྔགས་ལེགས་པར་མཁྱེན་པ་ལ་དྲིས། དེང་སང་བོད་འདི་ན། གསང་སྔགས་མི་ཤེས་པར། །སྔགས་ཀྱི་ལུགས་སུ་འཆོས་པ་ལག་ལེན་ཕྱིན་ཅི་ལོག མཐོང་། །དབང་མ་ཐོབ་ཅིང་རིམ་པ་གཉིས་པོ་མི་བསྒོམ་ན། །ཡུལ་ཆེན་སུམ་ཅུ་སོ་བདུན་དུ། །འགྲོ་བ་རྒྱུད་སྡེ་ལས། སངས་རྒྱས་ཀྱིས་མ་གསུངས། །ཕར་ཕྱིན་དང་ཉན་ཐོས་ལ་ཡུལ་ཆེན་དགོས་པ་མེད། རིམ་པ་གཉིས་པོ་མི་བསྒོམ་པའི། །གཏུམ་མོ་དང་ཕྱག་རྒྱ་ཆེན་པོ་ལྟ་བུའི་སྒོམ་ཆེན་བཟང་ཡང་ཕ་རོལ་ཏུ། །ཕྱིན་པའི་སྒོམ་ཆེན་ལས་མ་འདས། །མདོ་ལས་ཡུལ་ཆེན་དེ་དག་ཏུ། །འགྲོ་བའི་ཚོག་བཤད་པ་མེད། །གལ་ཏེ་གསང་སྔགས་ཀྱི་དབང་མ་ཐོབ། རིམ་པ་གཉིས། མི་བསྒོམ་ཞིང་། །རྟོགས་པ་ཡོད་པར་རློམ་པ་ཡིས། །ཡུལ་དེར་ཕྱིན་ན་སྒོམ་ཆེན་དེ་ལ། བར་ཆད་འབྱུང་། །ཅི་ཡང་མེད་པའི་སྒོམ་ཆེན་གྱིས། །ཕྱིན་ཡང་ཕན་པའི་དངོས་གྲུབ། གནོད་པའི་བར་ཆད། གང་ཡང་མེད། །ཨུ་རྒྱན་ཛཱ་ལནྡྷ་ར་དང་། །གངས་ཅན་དེ་ཝཱི་ཀོ་ཊ་སོགས། །ཀླ་ཀློ་བླུན་པོ་མུ་སྟེགས་བྱེད། །འཁྲུག་པ་རྣམས་ཀྱིས་ཡུལ་ཆེན་པོ་དེ་དག་གང་ནས་ཡོད་མེད་ཀྱང་། །དེ་དག་གྲུབ་པ་ཐོབ་བམ་ཅི། །འོན་གནས་ཆེན་དེ་དག་ཏུ་འགྲོ་བའི་གང་ཟག་གང་ཡིན་ཞེ་ན། དབང་ཐོབ་ནས་གསང་སྔགས་ཀྱི་རིམ་པ་གཉིས། བསྒོམ་པའི་རྟོགས་པ་ཅན། །དཔའ་བོ་དང་རྣལ་འབྱོར་མར་གོ་བར་བྱེད་པའི་བརྡ་དོན་འཕྲོད་པའི་སྐལ་བར་ལྡན། །དེ་ལ་ཡུལ་དེར་གནས་པ་ཡི། །མཁའ་འགྲོ་རྣམས་ཀྱིས་བྱིན་གྱིས་རློབ། །འདི་དོན་རྣལ་འབྱོར་ཆེན་པོ་ཡི། །རྩ་བ་དང་བཤད་པའི་རྒྱུད་སྡེ་རྣམས་སུ་ལེགས་པར་ལྟོས། །

དེས་ན་གསང་སྔགས་མི་བསྒོམ་པར། །ཡུལ་ཆེན་བགྲོད་པ་དོན་མེད་ཡིན། །ཆོས་རྗེ་ཤཱཀྱ་ཤྲཱི་ལ། སྒོམ་ཆེན་གཅིག་ན་རེ། ཏི་སེ་དང་ཙ་རི་ཡུལ་ཉི་ཤུ་རྩ་བཞིའི་ཕྱོགས་རེ་ལགས་སམ་མ་ལགས་ཞེར་བས། ཆོས་རྗེའི་ཞལ་ནས་ཁྱོད་གསང་སྔགས་བསྒོམ་མམ་མི་བསྒོམ་གསུངས། ཁོ་ན་རེ། གསང་སྔགས་མི་བསྒོམ་ཕྱག་རྒྱ་ཆེན་པོ་བསྒོམ་ཟེར་བས། གསང་སྔགས་མི་བསྒོམ་ན་ཡུལ་ཉི་ཤུ་རྩ་བཞིས་ཅི་བྱེད། ཕར་ཕྱིན་དང་ཉན་ཐོས་ཀྱི་གཞུང་ལས་ཡུལ་ཉི་ཤུ་རྩ་བཞི་བཤད་པ་མེད། ཁྱེད་བོད་ཀྱི་ཆོས་པ་འདི་འདྲ་འདིའི་རིགས་ཅན་ལ་ནོར་བ་གཞན་ཡང་མང་པོ་འོང་གསུངས་ནས་བོད་ལ་གཏིང་ཁྲེལ་ཏེ་ཆོས་རྗེ་མད་དོ། །

དཔལ་ལྡན་དུས་ཀྱི་འཁོར་ལོ་དང་། །མངོན་པའི་གཞུང་ལས་གསུངས་པ་ཡི། །གངས་རི་གསེར་གྱི་བྱ་སྐྱིབས་དང་། །འཛམ་བུའི་ཤིང་དང་གླང་པོ་ཆེ། ས་སྲུང་གི་བུ། །གླང་ཆེན་ལྔ་བརྒྱས་བསྐོར་བ་དང་། །དགྲ་བཅོམ་ལྔ་བརྒྱ་བཞུགས་པའི་གནས། །གངས་ཅན་དེ་ནི་ཏི་སེ་མིན། །མ་དྲོས་རྒྱ་མཚོ་མ་ཕང་མིན། །གླང་པོ་རྣམས་ཀྱང་དེ་ན་མེད། །དེ་བཞིན་འཛམ་བུའི་ལྗོན་པ་དང་། །གསེར་གྱི་བྱ་སྐྱིབས་ག་ལ་ཡོད། །དེ་ཡི་གཏན་ཚིགས་འདི་ལྟར་ཡིན། །དཔལ་ལྡན་དུས་ཀྱི་འཁོར་ལོ་ལས། །ཆུ་བོ་སི་ཏཱའི་བྱང་ཕྱོགས་ན། །རི་བོ་གངས་ཅན་ཡོད་པར་གསུངས། །དེ་ཡི་འགྲམ་ན་ཤམྦྷ་ལ། །གྲོང་ཁྱེར་བྱེ་བ་དགུ་བཅུ་དྲུག །དེ་ན་རྒྱལ་པོའི་ཕོ་བྲང་མཆོག །ཀཱ་ལ་པ་ཞེས་བྱ་བ་ཡོད། །དེ་ན་སྤྲུལ་པའི་རྒྱལ་པོ་རྣམས། །ལོ་གྲངས་བརྒྱ་བརྒྱར་ཆོས་གསུངས་ངོ་། །དེ་ན་ནགས་ཚལ་སྣ་

ཚོགས་དང་། །བཟའ་ཤིང་རབ་དུ་མ་ཡོད། །སྐྱིགས་མའི་དུས་སུ་འཕག་པའི་ཡུལ། །ཀླུ་ཀློའི་ཆོས་ཀྱིས་གང་བར་འགྱུར། །དེ་ན་ཀླུ་ཀློའི་རྫུ་འཕྲུལ་གྱིས། །ཤམྦྷ་ལ་རུ་དམག་འདྲེན་འགྱུར། །དེ་ཚེ་ཕྱག་ན་རྡོ་རྗེ་ཡི། །སྤྲུལ་པ་དྲག་པོ་ཞེས་བྱ་བའི། །རྒྱལ་པོས་ཀླུ་ཀློ་ཀུན་བཅོམ་ནས། །འཕགས་པའི་ཡུལ་གྱི་བར་དུ་བོད་དང་རྒྱ་གར་ཚུན་ཆད། ཡང་། །སངས་རྒྱས་བསྟན་པ་སྤེལ་བར་གསུངས། །དེའི་དོན་རྒྱས་པ་དུས་འཁོར་དུ་ལྟོས།

དེསན་རི་བོ་གངས་ཅན་དུ། །རྫུ་འཕྲུལ་མེད་པས་འགྲོ་མི་ནུས། །མངོན་པ་མཛོད། ལས་ཀྱང་འདི་སྐད་དུ། །མ་ག་དྷའི་ཡུལ་འདི་ནས་བྱང་དུ་རི་ནག་པོ། །རི་གངས་ཐར་ཐོར་ཆགས་པའི་རིའི་རྒྱུད་རིང་པོ་སྟེ། མཛོད་ཀྱི་འགྲེལ་པ་ལས། འདི་ན་ནི་རི་ནག་པོ་གསུམ་མོ། །ཞེས་གསུངས་པས་བོད་དང་རྒྱ་གར་གྱི་བར་ན་སྟོད་མངའ་རིས་ནས་རྒྱ་ནག་གི་བར་མ་ཆད་པའི་རི་རྒྱུད་གཉིས། བོད་དང་ཧོར་གྱི་བར་ན་ཆགས་པའི་གངས་རྒྱུད་དེ་ལྟར་གསུམ་དང་། ཆུ་བོ་སི་ཏའི་བྱང་ན་རི་རྒྱུད་དྲུག་སྟེ། དགུ་འདས་པ་ན་ནག་ནོག་མེད་པ། གངས་འབའ་ཞིག་ཏུ་སོང་བའི། རི་འོ་དེ་ནས་ནི། །རི་བོ་སྤོས་ངད་ལྡན་པའི་ཚུལ་རོལ་ན། །མདྲོས་པ་ཆུ་ཞེང་ལྔ་བཅུ་ཡོད་པའི་མཚོ། །ཞེས་སོགས་མཚན་ཉིད་རྒྱས་པར་གསུངས། །དེར་ནི་རྫུ་འཕྲུལ་དང་། མི་ལྡན་པས། །བགྲོད་པར་བྱ་བ་མིན་ཞེས་མཛོད་འགྲེལ་ལས། བཤད། །ད་ལྟའི་ཏི་སེ་འདི་ལ་ནི། །མཚན་ཉིད་འདི་དག་གང་ཡང་མེད། །མུ་སྟེགས་བྱེད་པའི་གཞུང་གཞོན་ནུ་འབྱུང་བའི་སྐྱེས་རབས་ལས་ཀྱང་། །ཤར་ནུབ་གཉིས་ཀྱི་རྒྱ་མཚོའི་བར། །གངས་ཅན་གྱིས་ནི་ཁྱབ་པར་བཤད། །སྤྲེའུ་ཧ་ནུ་མནྟས་ལང་ཀའི་ཡུལ་ནས། འཕངས་པ་ཡི། །གངས་རིའི་དུམ་བུ་ལམ་དུ། འཆར་བ་ཞིག །ཏི་སེ་ཡིན་ཞེས་དྲང་སྲོང་། གྲོག་མཁར་སྐྱ། །འདིའི་གཏམ་རྒྱུད་རྒྱས་པ་དགའ་བྱེད་ཀྱི་འཇུག་པ་ན་ཡོད། །དེས་ན་དབང་ཕྱུག་ཆེན་པོའི་གནས། །ས་སྲུང་བུ་ཡིས་བརྟེན་པའི་ས། །དགྲ་བཅོམ་ལྔ་བརྒྱ་བཞུགས་པའི་ཡུལ། །ད་ལྟའི་ཏི་སེ་འདི་མ་ཡིན། །རྨ་བྱ་ཆེན་མོའི་མདོ་ལས་ཀྱང་། །གངས་ཅན་ཏི་སེ་ཐ་དད་གསུངས། །གཟུངས་གྲྭ་ལྔའི་རྨ་བྱ་ཆེན་མོ་ལས་ཀྱང་། བཅོམ་ལྡན་འདས་ཀྱིས་བཀའ་སྩལ་པ། རིའི་རྒྱལ་པོ་རི་རབ་དང་། རིའི་རྒྱལ་པོ་གངས་ཅན་དང་། རིའི་རྒྱལ་པོ་སྤོས་ཀྱི་ངད་ལྡན་དང་། ཞེས་བྱ་བ་མང་པོའི་གཤམ་ན། རིའི་རྒྱལ་པོ་ཏི་སེ་དང་། ཞེས་དེ་གཉིས་ཐ་དད་དུ་གསུངས་སོ། །ཕལ་པོ་ཆེ་ཡི་མདོ་ལས་ཀྱང་། །མ་དྲོས་པ་ཡི་ཆུ་ཞེང་དུ། །དཔག་ཚད་ལྔ་བཅུ་ལྔ་བཅུར་གསུངས། །ས་གཞིར་རིན་ཆེན་གསེག་མ་བདལ། །ངོས་ནི་རིན་ཆེན་ཕ་གུར་བརྩེགས། །དེ་ལས་འབབ་པའི་ཆུ་བོ་བཞི། །གླང་གླང་ཆེན་གྱི། ཁ་ནས་ནི། །དངུལ་གྱི་བྱེ་མ་འདྲེན་ཅིང་འབབ། །དེ་བཞིན་དུ་སི་ཏ་སེང་གེའི་ཁ་ནས་ནི། །ལྷ་རྫས་ཀྱི་རྡོ་རྗེའི་བྱེ་མ་འདྲེན་ཅིང་འབབ། །སིནྡྷུ་གླང་གི་ཁ་ནས་ནི། །གསེར་གྱི་བྱེ་མ་འདྲེན་ཅིང་འབབ། །ལ་ལ་སིནྡྷུ་རྨ་བྱའི་ཁ་ནས་འབབ་ཟེར་བ་ཡོད་ནའང་དེ་ནི་ནོར་བ་ཡིན་གྱི་རྨ་བྱའི་ཁ་ནས་འབབ་པར་བཤད་པ་མེད། པཀྵུ་རྟ་ཡི་ཁ་ནས་ནི། །བཻཌཱུརྻ་སྔོན་པོའི་བྱེ་མ། འདྲེན་ཅིང་འབབ། །ཐམས་ཅད་ཀྱི་ནི་ཁ་ཞེང་ལ། །དཔག་ཚད་རེ་རེ་ཡོད་པར་གསུངས། །ཆུ་བོ་དེ་བཞིས་མ་དྲོས་ལ། །ལན་གྲངས་བདུན་བདུན་གཡས་ཕྱོགས་ནས། བསྐོར་ནས། །ཕྱོགས་བཞི་དག་ཏུ་རྒྱ་མཚོ་ཆེན་པོ་ལ།

འབབ་པར་བཤད། །དེ་ཡི་བར་མཚམས་ཐམས་ཅད་ནི། །ཨུཏྤལ་པདྨ་ཀུ་མུ་ཏ་དང་། པུཎྜ་རཱི་ཀ་ལ་སོགས་ཀྱི། །མེ་ཏོག་རྣམ་པ་སྣ་ཚོགས་དང་། །རིན་ཆེན་ལྗོན་ཤིང་སྣ་ཚོགས་ཀྱིས། །རབ་ཏུ་གང་བར་གནས་པ་ཡིན། །

དེ་སོགས་མཚན་ཉིད་རྒྱས་པར་ནི། །ཕལ་པོ་ཆེ་ཡི་མདོ་སྡེར་དྲུག་དྲུམ་པའི་ག་པར། ལྟོས། །ད་ལྟའི་མ་ཕང་འདི་ལ་ནི། །མཚན་ཉིད་དེ་དག་གང་ཡང་མེད། །དེ་ལ་ཁ་ཅིག་འདི་སྐད་དུ། །བྱ་རྒོད་ཕུང་པོའི་རི་ལ་ཡང་། །དཀོན་བརྩེགས་ནས་བཤད་པ། བཞིན་དུ་མཐོ་བ་ལྷུམ་པ་ལ་སོགས། ད་ལྟ་མེད། །དུས་ཀྱི་སྟོབས་ཀྱིས་ཡུལ་ཀུན་ཡང་། །རྣམ་པ་འགྱུར་བར་སྣང་ཞེས་ཟེར། །འདི་ཡང་ཕྱི་སྐྱེ་བཤད་ཀྱིས་ཉོན། །དངོས་པོའི་གནས་ལུགས་འཆད་པ་དང་། །སྐྱོན་ཡོན་བསྔགས་པ་རྣམ་གཉིས་ཡོད། །སྐྱོན་དང་ཡོན་ཏན་སྒྲོགས་པ་ན། །སྙན་ངག་མཁན་གྱི་ལུགས་བཞིན་དུ། །བྱ་རྒོད་ཕུང་པོའི་རི་ལ་ཡང་། །མཐོ་བ་ལྷུམ་པ་ལ་སོགས་བཤད། །བོད་ཀྱི་ཡུལ་དོག་པས་རྒྱང་གྲགས་རེ་ལའང་། ཐང་ཆེན་པོ་ཡིན་ཟེར་བ། ཇི་བཞིན་དུ། །མ་ག་དྷ་ན་རི་གཞན་མེད་པས་བྱ་རྒོད་ཕུང་པོའི་རི་ལ་འཕགས་པའི་ཡུལ་གྱི་རི་ཆེན་ཡིན། །རྒྱ་གར་རི་ཕུལ་ཆུང་། བོད་ཐང་ཕུལ་ཆུང་། དེ་ལྟར་འཆད་ལ་སྙན་ངག་མཁན། །སྐྱོན་དུ་བརྩི་བ་གང་ཡང་མེད། །དངོས་པོའི་གནས་ལུགས་འཆད་པ་སྟེ་མཚན་ཉིད་གཏན་ལ་འབེབ་པའི་ཚེ། ན། །ལྷག་ཆད་འགྱུར་བ་བྱུང་བ་ལ། །དེ་ལ་མཁས་རྣམས་སྐྱོན་དུ་བརྩི། །

དཔེར་ན་བ་ལང་བསྔགས་པའི་ཚེ། །གངས་རིའི་ཕུང་པོ་འགྲོ་ཤེས་པའམ། །སྤྲིན་ཆད་པ་ཡི་དུམ་བུ་དང་། །རྭ་རྩེ་རྡོ་རྗེ་འདྲ་བ་དང་། །རྨིག་པ་ཨིནྡྲ་ནཱི་ལ་དང་། །རྔ་མ་དཔག་བསམ་ལྗོན་པ་སོགས། །གཞན་ཡང་སྐྱེས་བུ་བསྔགས་པ་ན། །བཞིན་ལ་ཉི་མ་ཟླ་བ་དང་། །སོ་ལ་གངས་རིའི་ཕྲེང་བ་སོགས། །རྒྱ་ཆེ་བ་ལ་ནམ་མཁའི་དཔེ། །ཆུང་ལ་རྡུལ་ཕྲན་དཔེ་སྦྱོར་དང་། །རགས་པའི་དཔེ་ལ་རི་རབ་དང་། །ཁྲི་བ་ལ་ནི་གླང་ཆེན་དཔེ། །ཕྱུག་པོ་ལ་ནི་རྣམ་ཐོས་བུ། །རྒྱལ་ཕྲན་ལ་ཡང་བརྒྱ་བྱིན་དཔེ། །དགེ་བའི་བཤེས་གཉེན་ཕལ་པ་ལའང་། །སངས་རྒྱས་ལྟ་བུར་བསྔགས་པ་སྒྲོ་བཏགས་པ་འདི་ལྟ་བུའི་དཔེ་རྒྱན། ནི། །སྙན་ངག་མཁན་ལ་སྙན་ངག་གི་བསྟན་བཅོས་ལས། བཀག་པ་མེད། །དངོས་པོའི་གནས་ལུགས་འཆད་པའམ། །མཚན་ཉིད་གཏན་ལ་འབེབས་པ་ན། །གནས་ལུགས་ཇི་བཞིན་མ་ཡིན་པ། །རྟའི་མཚན་ཉིད་ནོག་ཀླིག་ཤལ་དང་། མེ་བསིལ་བ། ཆུ་ཚ་བ་ལྟ་བུ་ཕྱིན་ཅི་ལོག་ཏུ་བཤད་ན་མཁས་རྣམས་ག་ལ་དགའ། །

དེས་ན་བྱ་རྒོད་ཕུང་པོ་སོགས། །བསྔགས་པ་སྙན་ངག་ལུགས་བཞིན་ཡིན། །གངས་ཅན་མ་དྲོས་ལ་སོགས་པ། །དངོས་པའི་གནས་ལུགས་འཆད་པ་ན། །དེ་ལ་འཁྲུལ་ན་ཀུན་མཁྱེན་མིན། །སྙིགས་མའི་དུས་ཀྱི་ཤུགས་བཏགས་པས། །ཅུང་ཟད་ངན་པར་འགྲོ་སྲིད་ཀྱི། །ཆོས་མངོན་པ་ནས་བཤད་པའི་མ་དྲོས་པ་དང་། སྤོས་ངད་ལྡན་པ་དང་། ཤིང་འཛམ་བུ་དང་། མི་རྟོག་པདྨ་ལ་སོགས་ཐམས་ཅད་འཁྲུལ་པར་ག་ལ་སྲིད། །

ཙཱ་རི་ཏྲ་ཞེས་བྱ་བའི་ཡུལ། །ལྷོ་ཕྱོགས་རྒྱ་མཚོའི་འགྲམ་ན་ཡོད། །ལ་ལ་ཙཱ་རི་ཏྲ་ཙཱ་རི་ཙཱ་གོང་ཡིན་ཟེར་བ་ཡོད་དེ། དེ་མ་ཡིན། །དེ་དེ་བི་ཀོ་ཊ་གཉིས་ཡོད་པའི་ཆེ་ཤོས་རྒྱ་གར་ཤར་ཕྱོགས་ན་ཡོད་དེ། འི་གནས་གཞན་ཆུང་བ། ཞིག །ཙཱ་རི་ཡིན་ཞེས་ལ་ལ་སྨྲ། །རྡོ་རྗེ་མཁའ་འགྲོའི་རྒྱུད་ལས་ནི། །དེ་བི་ཀོ་ཊར་ཟླ་ཏྲ་གནས། །ཞེས་གསུངས་གཞན་ཡང་དེ་ཉིད་ལས། །བོད་ཡུལ་ལྡན་ཅིག་སྐྱེས་མ་ནི། །རྗེ་བའི་ཞུག་ལ་བརྟེན་ཏེ་གནས། །ཡུལ་དེར་གནས་པའི་ལྷ་མོ་ནི། །ཟླ་ཏྲའི་ཤིང་ལ་བརྟེན་ཞེས་གསུངས། །དེ་ཡི་ཕྱོགས་ན་ཟླ་ཏྲའི་ཤིང་། །ཡོད་ན་ཡུལ་དེ་འགལ་བ་མེད། །ཏི་སེ་དང་ནི་ཙཱ་རི་སོགས། །གལ་ཏེ་རྒྱུད་ནས་བཤད་པའི། གནས་ཆེན་ཡིན་ན་ཡང་། །ཡུལ་དེར་འགྲོ་བའི་གང་ཟག་ནི། །སྔར་བཤད་པར་ལྟར་དབང་བསྐུར་ཐོབ་ཅིང་དམ་ཚིག་དང་། ལྡན། །བརྟ་དང་བརྡ་ཡི་ལན་ཤེས་ཤིང་། །རིམ་གཉིས་རྟོགས་པ་བརྟན་པ་ཡིས། །གསང་སྔགས་ནས་བཤད་པའི། སྤྱོད་པའི་དོན་དུ་རྒྱུ་བར་གསུངས། །དེ་ལྟ་མིན་པའི་གང་ཟག་དབང་བསྐུར་མ་ཐོབ། དམ་ཚིག་མི་ལྡན། རིམ་གཉིས་མི་བསྒོམ། བརྡ་དང་བརྡའི་ལན་མི་ཤེས་པ་དག་གིས། །ཡུལ་དེར་འགྲོ་བ་རྒྱུད་ལས་བཀག་སྟེ་དཔེར་ན་གཏེར་གྱི་ཁ་བྱང་དང་གཏེར་བྱང་མེད་པར་གཏེར་འདོན་པ་ན་ནོར་མི་ཐོབ། ཐོབ་ཀྱང་བར་ཆད་འབྱུང་བ་ལྟར་ཡུལ་ཆེན་པོར་འགྲོ་བར་བཀག །

ཁ་ཅིག་དཀར་པོ་ཆིག་ཐུབ་ལས། །འབྲས་བུ་སྐུ་གསུམ་འབྱུང་ཞེས་ཟེར། །གཅིག་ལས་འབྲས་བུ་འབྱུང་མི་ནུས། །གལ་ཏེ་གཅིག་ལས་འབྲས་བུ་ཞིག །བྱུང་ཡང་ཉན་ཐོས་འགོག་པ་བཞིན། །འབྲས་བུ་དེ་ཡང་ཕན་གནོད་མེད་པའི་སྟོང་པ་ཉིད། གཅིག་ཏུ་འགྱུར། །འགའ་ཞིག་ཆིག་ཐུབ་བསྒོམས་པ་ཡི། །རྗེས་ལ་གཞན་དོན་འོང་བའི་ཐབས་སུ། བསྔོ་བ་བྱ་དགོས་ཟེར། །འོ་ན་ཆིག་ཐུབ་གཉིས་སུ་འགྱུར། །དེ་ལའང་སྟོང་ཉིད་རྐྱང་པ་ལ་ནམ་མཁའ་ལྟར་བསྔོ་རྒྱུའི་དགེ་བ་མེད་པས་བསྔོ་རྒྱུའི་དགེ་བར་འགྲོ་བ། སྐྱབས་འགྲོ་སེམས་བསྐྱེད་དང་། །ཡི་དམ་ལྷ་བསྒོམ་ལ་སོགས་པ། །དགོས་པས་དེ་རྣམས་བྱེད། ན་ཆིག་ཐུབ་དུ་མར་འགྱུར། །མི་བྱེད་ན་དགེ་བ་མ་བྱས་པ་ལ་བསྔོ་རྒྱུའང་མེད། ཕྱར་ཅིག་རྐྱང་པས་ཅི་ལའང་མི་ཕན་དེས་ན་ཆིག་ཐུབ་འདི་འདྲའི་ལུགས། །རྫོགས་སངས་རྒྱས་ཀྱིས་མདོ་རྒྱུད་ལས། གསུངས་པ་མེད། །ཐུབ་པས་སྟོང་ཉིད་ལ། བསྔགས་པ་མཛད་པ་ནི། །དངོས་པོར་འཛིན་པ་བཟློག་པ་དང་སྟོང་པ་ཉིད་ལ་སྐྲག་པ་ལ་དེའི་ཆེ་བ་དབྱུང་བའི། ཕྱིར་ཡིན། །སངས་རྒྱས་ཕྱག་འཚལ་བརྗོད་ཙམ་གྱིས། །འཁོར་བ་ལས་ནི་ཐར་ཞེས་འབུམ་ལ་སོགས་པའི་མདོ་ལས། གསུངས། །དེ་བཞིན་མཆོད་རྟེན་བསྐོར་བ་དང་། །རྟེན་འབྲེལ་ཙམ་ཞིག་ཐོས་སོགས་དང་། །ཨ་ལ་སོགས་པའི་སྔགས་འབྲུ་འགའ་ཞིག་དྲན་ཙམ་གྱིས། །སྡིག་པ་ཀུན་ལས་གྲོལ་འགྱུར་ཞེས། །མདོ་རྒྱུད་འགའ་ཞིག་ལས། གསུངས་པའི་དགོངས་པ་མི་ཤེས་པར། །ཚིག་འབྲུ་ཙམ་ལ་བརྟེན་ནས་ཟབ་ཅིང་རྒྱ་ཆེ་བའི་ཆོས་གཞན་སྤང་བར། མི་བྱ། །དཔེར་ན་མདའ་རྐྱང་ལ་ནི་བྱེད་པ་མེད། །གཞུ་བཟང་ཞིང་སྐྱེས་བུ། འཕེན་པ་མཁས་པར། གྱུར་ན། །དེ་ཡིས་འདོད་པའི་བྱ་བ་དགྲ་གསོད་པ་ལ་སོགས་པ། འགྲུབ། །

དེ་བཞིན་སྟོང་ཉིད་རྐྱང་པ་ལ། །བྱེད་པ་ཅི་ཡང་ཡོད་མ་ཡིན། །ཐབས་དང་ཤེས་རབ་ལེགས་འབྲེལ་ན། །འདོད་

པའི་འབྲས་བུ་རིམ་བཞིན་ཐོབ། །རྒྱུད་རྡོ་རྗེ་གུར་ལས་འདི་སྐད་གསུངས། །གལ་ཏེ་སྟོང་པ་ཐབས་ཡིན་ན། །དེ་ཚེ་སངས་རྒྱས་ཀྱང་སྟོང་པ། ཉིད་དུ་འགྱུར་གྱི་སྐུ་གསུམ། མི་འགྱུར། །དེའི་འཐད་པ་འབྲས་བུ་རྒྱུ་ལས་གཞན་མིན་ཏེ་རྒྱུ་འབྲས་མཚུངས་དགོས་པའི། ཕྱིར། །སངས་རྒྱས་འགྱུར་བའི་ཐབས་ནི་སྟོང་པ་ཉིད་མ་ཡིན། །འོན་སྟོང་པ་ཉིད་བསྒོམ་པར་གསུངས་པའི་འཐད་པ་གང་ཡིན་ཞེ་ན། མཐར་འཛིན་གྱི་ལྟ་བ་རྣམ་ལས་བཟློག་པ་དང་། །མུ་སྟེགས་བྱེད་བདག་ཏུ་ལྟ་བ་ཆོལ་རྣམས་ཀྱི། །བདག་ཏུ། ཞེན་པའི། བསམ་པ་བཟློག་པའི་ཕྱིར། །སྟོང་པ་རྒྱལ་བ་རྣམས་ཀྱིས་གསུངས། །སྟོང་པས་སངས་མི་རྒྱ། སངས་རྒྱ་བ་ལ་ཐབས་ལམ་ཟབ་དགོས། དཔེར་ན་བགྲུ་སྨན་གྱིས་ནད་འབྲིན་གྱི་ལུས་བརྟས་པ་ལ་བཟའ་བཅུད་དགོས་པ་བཞིན་ནོ། ། འོན་གསང་སྔགས་ཀྱི་ཐབས་གང་གིས་འཚང་རྒྱ་ཞེ་ན། དེ་ཕྱིར་དཀྱིལ་འཁོར་འཁོར་ལོ་སྒོམ་པ་བསྐྱེད་རིམ་བྱ། ཞེས། །ཐབས་བསྒོམས་པ་ལས། ནི་བདེ་བའི་སྒོམ་པ་སྟེ། །སངས་རྒྱས་ང་རྒྱལ་ཏེ་བསྐྱེད་རིམ་གཟུགས་སྐུའི་ང་རྒྱལ། རྫོགས་རིམ་ཆོས་སྐུའི་ང་རྒྱལ་གྱི། རྣལ་འབྱོར་གྱིས། །སངས་རྒྱས་ཉིད་དུ་ངེས་པར་འགྲུབ། །དེ་སོགས་ཤིན་ཏུ་གསལ་བར་གསུངས། །རྒྱུད་སྡེ་རྣམས་སུ་ཡོངས། རྣམ་སྣང་མངོན་བྱང་ལས་ཀྱང་ནི། །ཐབས་དང་མི་ལྡན་པའི། ཡེ་ཤེས་སྟོང་པ་ཉིད། དང་། །དེ་དང་འབྲེལ་བའི་བསླབ་པ་དག་ཀྱང་གསུངས་པ་ནི། །དཔའ་བོ་ཆེན་པོས་ཉན་ཐོས་ཐབས་ཟབ་མོ་ལ་སྐྲག་པ། རྣམས། །དེ་ལ་གཞུག་པའི་ཕྱིར་གསུངས་སོ། །གང་དག་དུས་གསུམ་གྱི། མགོན་པོ་སངས་རྒྱས་རྣམས། །ཐབས་དང་ཤེས་རབ་ལྡན་པ་ལ། །བསླབས་ནས་བླ་མེད་ཐེག་པ་ནི། །འདུས་མ་བྱས་པ་སངས་རྒྱས། དེས་ཐོབ་བོ། །ཞེས་གསུངས་པ་ཡང་ཤེས་པར་གྱིས། །ཆོས་ཀྱི་གྲགས་པས་རྣམ་འགྲེལ་ལས། །རྣམ་པ་དུ་མར་ཐབས་མང་པོ། །ཡུན་རིང་དུས་སུ་གོམས་པ་ལས། །དེ་ལ་ཐབས་བསྒོམ་པའི་སྟོབས་ཀྱིས། སྐྱོན་དང་ཡོན་ཏན་དག །བཟོ་ཡི་གནས་གོམས་པ་ལྟར་རབ་ཏུ་གསལ་བ་ཉིད་དུ་འགྱུར། །དེས་ན་ཐབས་གོམས་པའི་སྟོབས་ཀྱིས། ཐུགས་ཀྱང་ཤིན་ཏུ། གསལ་བའི་ཕྱིར། །སྒྲིབ་པ་གཉིས་ཀྱི་རྒྱུ་ཡི་བག་ཆགས་ལེགས་པར། སྤངས་པ་ཡིན། །ཐུབ་ཆེན་གཞན་དོན་འཇུག་ཅན་གྱི། །སངས་རྒྱས་ནི། བསེ་རུ་སོགས་རང་སངས་རྒྱས་དང་དགྲ་བཅོམ་པ་གཉིས། ལས་ཁྱད་པར་དུ་འཕགས་པའི་རྒྱུ་ཐབས་ལམ། དེ་ཡིན། །དེ་དོན་ཕྱིར་ན་ཐབས་གོམས་པ། །དེ་ཉིད་གཞན་ལ། སྟོན་པའི་སངས་རྒྱས། ཡིན་པར་བཞེད། །ཅེས་གསུངས་པ་ཡང་དེ་ཉིད་ཡིན། །དེས་ན་ཐབས་ལ་མ་སྦྱངས་ན། །ཤེས་བྱ་ཐམས་ཅད་མཁྱེན་པ་དང་། །གཞན་དོན་མཛད་པ་སེམས་ངོ་འཕྲོད་པའང་། མི་སྲིད་དོ། །ཟ་འོག་ལ་སོགས་པའི་ཐགས་ཀྱི་རྒྱུ་རྣམས་ཕལ་ཆེར་མཐུན། །སྤུན་གྱི་དབྱེ་བས་རི་མོ། བཟང་ངན་འབྱུང་། །དེ་བཞིན་དུ་འཁོར་བ་ལས་གྲོལ་བའི་རྒྱུ། སྟོང་ཉིད་ཕལ་ཆེར་མཐུན། །འབྲས་བུའི་བཟང་ངན་ཐབས་བཟང་ངན། གྱིས་བྱེད། །ཐབས་མི་མཁས་པའི་སྟོང་ཉིད་ལྟ་བས་མྱ་ངན་འདའ། །ཐབས་ལ་མཁས་པས་སྟོང་ཉིད་རྟོགས། ན་རྫོགས་འཚང་རྒྱ། །དེས་ན་སངས་རྒྱས་ཐོབ་འདོད་ན། །ཐབས་མཁས་པ་ལ་ནན་ཏན་གྱིས། །དགྲ་བཅོམ་པ་དང་རང་སངས་རྒྱས། །རྫོགས་པའི་སངས་རྒྱས་རྣམ་པ་གསུམ། །འཁོར་བ་ལས་རྣམ་པར་གྲོལ་བར་མཚུངས་ན་ཡང་། །བཟང་

ངན་ཐབས་བཟང་ངན། ཀྱིས་ཕྱེ་བ་ཡིན། །

དེ་ཡང་མདོ་སྡེ་རྒྱན་ལས་ནི། །ཇི་ལྟར་མདུད་པའི་བྱེ་བྲག་གིས། །གོས་བཙོས་པར་མཉམ་པ། ལ་ཚོན་བཀྲ་མི་བཀྲ་བ། །དེ་བཞིན་དུ་ཐབས་ཀྱི། འཕེན་པའི་བཟང་ངན་གྱི། དབང་གིས་ནི། །འཁོར་བ་ལས་གྲོལ་བ་མཉམ་ཡང་མཁྱེན་པའི་ཡེ་ཤེས་བཀྲ་མི་བཀྲ་འབྱུང་། །དེ་སྐད་གསུངས་པའང་དོན་འདི་ཡིན། །སློབ་དཔོན་མ་ཏི་ཙི་ཏྲས་བསྟོད་པ་བརྒྱ་ལྔ་བཅུ་པ་ལས། ཀྱང་། །བསེ་རུའི་རྭ་དང་འདྲ་གང་དང་། །གང་ཡང་ཁྱོད་ཀྱི་རྗེས་འགྲོ་སློབ། །མ་དག་བཅོམ་པ། སྟོང་ཉིད་རྟོགས་པའི་ཞི་བ་ཙམ་གྱིས་ཁྱོད་དང་མཚུངས། །སྟོབས་དང་མི་འཇིགས་པ་ལ་སོགས་པ་བསམ་ཡས་ཡོན་ཏན་ཚོགས་ཀྱིས་མཚུངས་པ། མིན། །ཞེས་གསུངས་པ་ཡང་དོན་འདི་ཡིན། །

དེས་ན་སངས་རྒྱས་ཐོབ་འདོད་ན། །སྟོང་པ་ཉིད་ལ་འདྲིས་པར་གྱིས། །ཐབས་མཁས་པ་ལ་འབད་པས་སྒོམས། །སྟོང་ཉིད་ལ་ནི་འདྲིས་བྱ་ཡི། །སྟོང་ཉིད་མངོན་དུ་མ་བྱེད་ཅེས། །ཤེས་རབ་ཕ་རོལ་ཕྱིན་ལས་གསུངས། །རྒྱས་འབྲིང་བསྡུས་གསུམ་ཀ་ལས། སྟོང་པ་ཉིད་ཀྱི་ཏིང་ངེ་འཛིན་ལ་འདྲིས་པར་བྱ་ཡི་སྟོང་པ་ཉིད་ཀྱི་ཏིང་ངེ་འཛིན་མངོན་སུམ་དུ་མི་བྱ་ཞེས་བྱ་བ་ལ་སོགས་པ་རྒྱས་པར་གསུངས་སོ། །སྟོང་ཉིད་རྐྱང་པ་བསྒོམས་ན་ནི། །སྟོང་ཉིད་ཉིད་ཀྱང་རྟོགས་མི་ནུས། །གལ་ཏེ་སྟོང་ཉིད་རྟོགས་ན་ཡང་། །ཉན་ཐོས་ཀྱི་ནི་འགོག་པར་ལྷུང་། །འཕགས་པ་དཀོན་མཆོག་བརྩེགས་པ་ལས། །སེང་གེ་གང་ལའང་མི་འཇིགས་མོད། །མེ་ཆེན་མཐོང་ན་འཇིགས་པ་སྐྱེ། །དེ་བཞིན་བྱང་ཆུབ་སེམས་དཔའ་ཡང་། །ཆོས་གཞན་གང་ལའང་མི་འཇིགས་ཀྱང་། །སྟོང་པ་ཉིད་ལ་སྐྲག་ཅེས་གསུངས། །དེ་ཡི་དགོངས་པ་འདི་ལྟར་ཡིན། །ཐབས་དང་བྲལ་བའི་སྟོང་ཉིད་ཀྱིས། །མྱ་ངན་འདས་པར་འགྱུར་ཕྱིར་རོ། །

ལ་ལ་སྟོང་ཉིད་བསྒོམས་པ་ལས། །འབྲས་བུ་སྐུ་གསུམ་འདོད་པ་དང་། །ལ་ལ་ཟུང་འཇུག་བསྒོམས་པ་ལས། །འབྲས་བུ་འོད་གསལ་དུ་སངས་རྒྱས་ཞེས། འདོད་པ་ཡོད། །རྒྱུ་འབྲས་ཕྱིན་ཅི་ལོག་པའི་ཕྱིར། །གཉིས་ག་ཡང་ནི་སྐྱོན་ཅན་ཡིན། །ཁ་ཅིག་ས་ལམ་མི་བགྲོད་པར། །རྫོགས་འཚང་རྒྱ་བར་འདོད་པ་ཕྱག་རྒྱ་ཆེན་པོ་ཆིག་ཆོད་ལ་ས་ལམ་མི་དགོས་ཞེས་ཟེར་བ། དང་། །ཧེ་སེ་ལ་སོགས་བསྐོར་བ་དང་། །རྩ་མདུད་མེད་སོགས་འདོད་པ་ཡང་། །རྒྱུད་སྡེའི་དགོངས་པ་མ་ཤེས་པས། །དེ་དག་ཤིན་ཏུ་འགལ་བ་ཡིན། །རྒྱ་མཚན་དབང་བསྐུར་མ་ཐོབ་པ་ལ་བཤད་དུ་མི་ཉན། ཕྱི་རུ་ཡུལ་རྣམས་བགྲོད་པ་དང་། །ནང་དུ་རྩ་མདུད་གྲོལ་བ་ནི། །ས་བཅུ་ལ་སོགས་བགྲོད་པ་ཡི། །རྟེན་འབྲེལ་ཉིད་ཀྱིས་འབྱུང་བ་ཡིན། །འདི་དོན་རྣལ་འབྱོར་ཆེན་པོ་ཡི། །རྒྱུད་ཀྱི་ས་ལམ་སྐབས་སུ་ལྟོས། །དབང་བསྐུར་མ་ཐོབ་པ་ལ་བཤད་དུ་མི་ཉན། །དེས་ན་ས་ལམ་མི་བགྲོད་པའི། །ཡུལ་སོགས་བགྲོད་པ་བཞད་གད་གནས། །ལ་ལ་གསང་སྔགས་ཀྱི། དབང་བཞི་མི་འདོད་ཅིང་། །བསྐྱེད་རིམ་རང་བྱིན་རླབས། དཀྱིལ་འཁོར་འཁོར་ལོ། ཕྱག་རྒྱ་ཆེན་པོ། ལ་སོགས་ལམ་བཞི་པོའི། །རྣམ་

པར་བཞག་པ་མི་འདོད་པར། །རྡོ་རྗེ་ཐེག་པའི་འབྲས་བུ་ནི། །སྤྲུལ་སྐུ་ལ་སོགས་ལོངས་སྐུ། ཆོས་སྐུ། ངོ་བོ་ཉིད་སྐུ། སྐུ་བཞི་ཞེས། །འདོད་པ་དེ་ཡང་ལོག་ཤེས་ཡིན། །ཏེ་དབང་བཞི་ཐོབ། ལམ་བཞི་བསྒོམས་པས། འབྲས་བུ་སྐུ་བཞི་འབྱུང་བའི་ཕྱིར་རོ། །

ཁ་ཅིག་འབྲས་བུའི་མཐར་ཐུག་ནི། །སེམས་འོད་གསལ་དུ་སངས་རྒྱ་བ། ཡིན་ཞེས་སྨྲ་བ་ཐོས། ། འདི་ནི་འཕགས་པ་ཀླུ་སྒྲུབ་ཡབ་སྲས་ཀྱི་དགོངས་པ་མིན། །རིམ་ལྔ་དང་ནི་སྤྱོད་བསྡུས་སུ། །འོད་གསལ་བ་ལས་ཟུང་འཇུག་སྐྱེར། །ལྔ་པ་མཐར་ཐུག་ཡིན་པར་གསུངས། །རིམ་ལྔ་ལས། འོད་གསལ་ཉིད་ལ་དམིགས་ནས་ནི། །ཟུང་དུ་འཇུག་པ་ཐོབ་པར་འགྱུར། །ཟུང་འཇུག་རིམ་པ་ལ་གནས་ནས། །སླར་ཞིང་གང་དུའང་མི་སློབ་བོ། །ཞེས་བྱ་བ་དང་། སྤྱོད་བསྡུས་སུ། འོད་གསལ་བ་ལས་ཟུང་འཇུག་ཏུ་ལྡང་བའི་ཚུལ་རྒྱས་པར་གསུངས་སོ། །ལ་ལ་གྲུབ་ཐོབ་ངན་ཞེས་ཟེར། །རྟོགས་ལྡན་བཟང་བ་ཡིན་ནོ་ལོ། །གྲུབ་ཐོབ་བརྒྱད་ཅུའི་ནང་ན་ཡང་། །རྟོགས་ལྡན་མེད་ཅེས་ཟེར་བ་ཐོས། །འདི་འདྲ་འཕགས་པའི་གང་ཟག་དང་། །བླ་མ་རྣམས་ལ་སྐུར་འདེབས་ཡིན། །འདི་འདྲ་འཛིན་པ་ལྷ་ཅི་སློས། །ཐོས་པར་གྱུར་ཀྱང་རྣ་བ་དགབ། །དེ་ཡི་འཐད་པ་བཤད་ཀྱིས་ཉོན། །

གྲུབ་ཐོབ་ཆུང་དུ་མཐོང་ལམ་ཡིན། །གྲུབ་ཐོབ་འབྲིང་པོ་ས་བརྒྱད་པ། །གྲུབ་ཐོབ་ཆེན་པོ་སངས་རྒྱས་ས༔ །འཕགས་པ་མིན་ལ་གྲུབ་ཐོབ་མེད། །མདོ་སྡེ་རྒྱན་ལས་འདི་སྐད་གསུངས། །གྲུབ་པ་དག་དང་མ་གྲུབ་དང་། །གྲུབ་པ་དག་ཏུ་ཤེས་པར་བྱ། །མ་གྲུབ་པ་ཡང་གྲུབ་པ་དང་། །གྲུབ་པ་དག་ཏུ་ཡང་དག་འདོད། །ཅེས་གསུངས་པའི་དགོངས་པ་ནི་དག་པའི་ས་ལ་ལྟོས་ནས་ས་དང་པོ་འང་མ་གྲུབ་པ། འཇིག་རྟེན་པའི་ས་ལ་ལྟོས་ནས། ས་དང་པོའང་གྲུབ་པའི་ས། སངས་རྒྱས་ཀྱི་ས་ལ་ལྟོས་ནས་ས་བརྒྱད་པའང་མ་གྲུབ་པ། མ་དག་པའི་ས་བདུན་པ་མན་ཆད་ལ་ལྟོས་ནས། ས་བརྒྱད་པའང་གྲུབ་པ། གྲུབ་པ་མཐར་ཐུག་པ་སངས་རྒྱས་ཀྱི་ས་ཡིན་ནོ། ། དགོངས་པ་དེ་ཉིད་ཡིན། །རྣལ་འབྱོར་གྱི། དབང་ཕྱུག་ཆེན་པོ་བིརྺ་པ། ཡིས། །ལམ་འབྲས་ལས་ཀྱང་དེ་སྐད་གསུངས། །ངེད་ཀྱི་གྲུབ་ཐོབ་དེ་འདྲ་ཡིན། །རྟོགས་ལྡན་གྱི། མཚན་ཉིད་འདི་ཡིན་ནོ། །ཞེས། །མདོ་རྒྱུད་ཀུན་ལས་གསུངས་པ་མེད། །དེས་ན་རྟོགས་ལྡན་ཞེས་བྱ་བའི་མིང་འདི་ཆོས་མ་ཐོས་པའི། བླུན་པོ་ལ། །གྲགས་ཀྱི་མཁས་པ་སྟེ་སྟོན་ཤེས་པ། རྣམས་ལ་མིན། །

ལ་ལ་ཉམས་དང་གོ་བ་དང་། །རྟོགས་པ་ཞེས་བྱ་རྣམ་པ་གསུམ། །ཉམས་ནི་ངན་ལ་གོ་བ་འབྲིང་། །རྟོགས་པ་བཟང་བ་ཡིན་ཞེས་ཟེར། །འདི་ཡང་རེ་ཞིག་བརྟག་པར་བྱ། །ཉམས་ཞེས་བྱ་བ་ཉམས་མྱོང་ལ། །ཟེར་ན་སེམས་ཡོད་ཐམས་ཅད་ལ། །མྱོང་བ་དེ་ཡང་ཡོད་པ་ཡིན། །གལ་ཏེ་བསྒོམས་པའི་ཉམས་མྱོང་ལ། །ཟེར་ན་ཚོགས་ལམ་ཆུང་ངུ་ནས། །མཐར་ཕྱིན་ལམ་གྱི་བར་དུ་ཡོད། །འོན་ཏེ་སོ་སོ་རང་རིག་པའི། །ཡེ་ཤེས་ཡིན་ན་འཕགས་པ་ཡི། །གང་ཟག་རྣམས་ལ་ཉམས་དེ་ཡོད། །བརྡ་གོ་བ་དང་ནི་ག་ཏེ་རྟོགས་པ་གཉིས། །རྣམ་གྲངས་སྒྲ

ཡིན་ངོ་བོ་གཅིག །རྒྱ་སྐད་གཅིག་ལ་ལོ་ཙྪ་བའི། །འགྱུར་གྱི་དབྱེ་བ་ཁོ་ནར་ཟད། །དེ། ལོ་ཙྪ་བ་ལ་ལས་དེ་གཉིས་ཀ་གོ་བར་བསྒྱུར། རེས་རྟོགས་པར་བསྒྱུར། རེས་སྐབས་ཇི་ལྟར་བདེ་བར་བསྒྱུར། རེས་འགའ་སོ་སོར་བསྒྱུར། རྟོགས་པ་གསལ་དང་མི་གསལ་ལ། །གོ་དང་རྟོགས་པར་འདོགས་ན་ཐོགས། །གཞུང་ལུགས་འགའ་ལས་བསྔོམས་པ་ཡིན། །ཧིང་འཛིན་ཉམས་ཀྱི་སྣང་བ་སྟེ། །རྫོགས་སངས་རྒྱས་ཀྱི་ཡེ་ཤེས་ལ། །དག་པའི་སྣང་བར་བཤད་པ་ཡོད། །བསྔོམས་ཉམས་སྐྱོན་མེད་ཅེས་བྱ་བ། །སངས་རྒྱས་ཀྱི། ས་ལ་གསང་སྔགས་ཀྱི་གཞུང་འགའ་ཞིག་ལས། བཤད་པའང་མཐོང་། །

དེ་འདྲའི་ཉམས་དང་རྟོགས་པ་ལ། །བཟང་ངན་རྣམ་པར་དབྱེ་བ་མེད། །གོང་ནི་རྩ་བའི་གདམས་ངག་ཁས་ལེན་པ་ཁ་ཅིག་རྩེ་གཅིག་དང་ནི་སྤྲོས་བྲལ་དང་། །རོ་གཅིག་དང་ནི་བསྒོམ་མེད་བཞི། །རྩེ་གཅིག་མཐོང་ལམ་སྤྲོས་བྲལ་ནི༑ །ས་བདུན་བར་ཡིན་རོ་གཅིག་ནི། །དག་པའི་ས་གསུམ་བསྒོམ་མེད་ནི། །སངས་རྒྱས་ས་ཞེས་ལ་ལ་ཟེར། །ཡང་ལམ་ལ་སྦྱར་ན། རྩེ་གཅིག་ཚོགས་སྦྱོར་གཉིས། སྤྲོས་བྲལ་མཐོང་ལམ། རོ་གཅིག་སྒོམ་ལམ། སྒོམ་མེད་མཐར་ཕྱིན་པའི་ལམ་ཟེར། འདི་ཡང་ཕྱེ་སྟེ་བཤད་ཀྱིས་ཉོན། །སོ་སོའི་སྐྱེ་བོ་ཉིད་ཡིན་ཡང་། །གལ་ཏེ་ཆོས་མཐུན་ཙམ་བསྐྱེའམ། །འོན་ཏེ་འཕགས་པ་ཉིད་ཡིན་པའི། །བདེན་པའི་ས་ལམ་དངོས་སུ་བྱེད། །སོ་སོའི་སྐྱེ་བོའི་གང་ཟག་ལ། །ཆོས་མཐུན་ཙམ་ཞིག་སྐྲིག་ན་ནི༑ །ཆོས་ནས་གསུངས་ན་འགལ་བ་མེད། །དཔེར་ན་དཀོན་མཆོག་བརྩེགས་པའི། རྨི་ལམ་ངེས་པར། བསྟན་པའི་མདོ། ལས། །ཐུབ་པའི་མཆོད་རྟེན་འཛིམ་པ་ལས། །བྱས་པ་མཐོང་ན་ས་དང་པོ། །ཇོ་ལས་བྱས་མཐོང་ས་གཉིས་པ། །ཇོ་ཐལ་གྱིས་བྱུགས་ས་གསུམ་པ། །སྟེགས་བུ་གདུགས་བྱས་ས་བཞི་པ། །ཇོ་སྐས་ཕྱི་དོར་བྱས་ས་ལྔ། །གསེར་གྱིས་སྦྲེལ་མཐོང་ས་དྲུག་པ། །རིན་ཆེན་དྭ་བས་གཡོགས་པ་བདུན། །གཡེར་ཁའི་དྭ་བས་གཡོགས་པ་མཐོང་ན་ས་བརྒྱད། །པར་བལྟའོ། །ས་དགུ་དང་ནི་བཅུ་པ་ལ། །རྨི་ལམ་ལོགས་པ་མཐོང་མེད་གསུང་། །དེ་ལ། སོགས། པ། རྨི་ལམ་གྱི། བྱེ་བྲག་མང་པོ། ལ། །ས་བཅུའི་དབྱེ་བ་མཛད་པ་མཐོང་། །འདི་ནི་མོས་པས་སྤྱོད་པ་སོ་སོ་སྐྱེ་བོ། ཡི། །ས་བཅུ་ཡིན་གྱི་འཕགས་པའི་ས་བཅུ། མིན། ། དེ་བཞིན་རྩེ་གཅིག་ལ་སོགས་སྤྲོས་བྲལ། ཡང་། །

གལ་ཏེ་མདོ་དང་རྒྱུད་སྡེ་ལས། །མོས་པ་སྤྱོད་པའི་ས་ལམ་དུ། །གསུངས་པ་མཐོང་ན་མི་འགལ་མོད། །འོན་ཀྱང་མདོ་རྒྱུད་ཁུངས་མ་གང་ནས་ཀྱང་། འདི་འདྲ་བཤད་པ་མེད། །ཅི་སྟེ་རྩེ་གཅིག་ལ་སོགས་པ། འཕགས་པའི་སར་བྱེད་ན། །མདོ་རྒྱུད་ཀུན་དང་འགལ་བར་འགྱུར། །

ཁ་ཅིག་ཐེག་པ་རང་ས་ན། །བདེན་པ་ཡིན་ཞེས་ཀུན་ལ་སྒྲོགས། །འདི་ཡང་བརྟག་པར་བྱ་བས་ཉོན། །གལ་ཏེ་སྐབས་ཚད་བདེན་ན་ནི། །བརྫུན་ཚིག་ཤེས་བྱ་ལ་མི་སྲིད། །འོན་ཏེ་གྲུབ་མཐའ་ཀུན་བདེན་ན། །འཚེ་བ་ཆོས་སུ་སྨྲ་བ་སྲོག་གཅོད་པས་མཐོ་རིས་སུ་སྐྱེ་བར་འདོད་པ། དང་། །འཇིག་རྒྱང་འཕེན་པ། རྟེན་འབྲེལ་མེད་པ་ལ། སོགས་པ། །ལྷ་ལོག་

ཐམས་ཅད་བདེན་པར་འགྱུར། །གལ་ཏེ་མུ་སྟེགས་མཆོག་རྣམས་ལ། །རྟག་པའི་དངོས་པོ་ལ་སོགས་པ། །བརྫུན་པའང་དུ་མ་ཡོད་མོད་ཀྱང་། །སྦྱིན་དང་ཚུལ་ཁྲིམས་བཟོད་པ་བྱམས་སྙིང་རྗེ། སོགས། །བདེན་པའང་དུ་མ་ཡོད་པའི་ཕྱིར། །བདེན་པའི་ཆ་ནས་གྲུབ་མཐའ་ཀུན། །རང་ས་ན་ནི་བདེན་སྙམ་ན། །སྦྱིན་སོགས་བདེན་པའི་དངོས་པོ། ཐལ་ཆེར་བདེན་མོད་ཀྱང་། །སྐྱབས་གནས་དང་ནི་ལྟ་བ་དང་། །ཐབས་ཀྱི་གནད་རྣམས་འཁྲུལ་པས་ན། །ཆོས་གཞན་བཟང་ཡང་ཟས་བཟང་ཡང་དུག་ཡོད་ན་འཆི་བ་བཞིན། སྐྱོབ་མི་ནུས། །ཅི་སྟེ་སངས་རྒྱས་ཀྱིས་གསུངས་པའི། ཐེག་པ་ཀུན། །རང་ས་ན་ནི་བདེན་སྙམ་ན། །འདི་ཡང་ཅུང་ཟད་བརྟག་པར་བྱ། །སངས་རྒྱས་གསུང་ལ་དྲང་དོན་དང་། །ངེས་དོན་རྣམ་པ་གཉིས་སུ་ཡོད། །སྒྲ་ཡང་ཇི་བཞིན་པ་དང་ནི། །ཇི་བཞིན་མིན་པ་གཉིས་སུ་གསུངས། །ཐེག་པ་ཡང་ནི་འཇིག་རྟེན་དང་། །འཇིག་རྟེན་འདས་པ་གཉིས་སུ་གནས། །བཤད་པ་ཡང་ནི་དགོངས་པ་བཞི། དང་། ལྡེམ་པོར་དགོངས་པ་བཞི། དང་དྲང་པོ་སྟེ། །དགོངས་པ་ཞེས་བྱ་རྣམ་གསུམ་ཡོད། །དེ་ལ་འཇིག་རྟེན་མཐུན་འཇུག་ལ། །དགོངས་ནས་ཕྱི་རོལ་གྱི་རྟོལ་ཕྲན། དོན་དུ་གསུངས། །ཏེ། རྣམ་འགྲེལ་ལས། དེས་དེ་ཉིད་དོན་བཏང་སྙོམས་ཅན། །གླང་ཆེན་གཟིགས་སྟངས་ཉིད་མཛད་ནས། འཇིག་རྟེན་ཕྱུགས་ནི་འབའ་ཞིག་གིས། །ཕྱི་རོལ་དཔྱོད་ལ་འཇུག་པར་མཛད། །ཅེས་གསུངས་སོ། །ཐ་སྙད་དཔྱོད་པའི་རིགས་པ་ལ། །དགོངས་ནས་ཆོས་རྣམས་སེམས་སུ་གསུངས། །དམ་པའི་དོན་ལ་དགོངས་ནས་ནི། །ཆོས་ཀུན་སྤྲོས་པ་བྲལ་ཞེས་གསུངས། །དེས་ན་དྲང་བའི་དོན་དང་ནི། །ཇི་བཞིན་མིན་པའི་སྒྲ་དག་དང་། །དགོངས་པ་དང་ནི་ལྡེམ་དགོངས་དང་། །འཇིག་རྟེན་པ་ཡི་ཐེག་པ་ལ། །དགོངས་ཏེ་གསུངས་པའི་མདོ་རྒྱུད་ཀུན། །དེ་ལྟར་བདེན་པར་མི་བཟུང་ངོ་། །མདོ་སྡེ་རྒྱན་ལས། དོན་སྒྲ་ཇི་བཞིན་ཡོངས་བཟུང་ན། །བདག་ཉིད་སྙེམས་ཤིང་བློ་ཉམས་འགྱུར། །ཞེས་གསུངས་སོ། །

ངེས་པའི་དོན་དང་ཇི་བཞིན་སྒྲ། །འཇིག་རྟེན་འདས་པའི་ཐེག་པ་དང་། །དྲང་པོར་དགོངས་པ་རྣམས་ལ་ནི། །ཇི་སྐད་གསུངས་བཞིན་དྲང་པོར། བདེན་པར་གཟུང་། །གལ་ཏེ་མུ་སྟེགས་བྱེད་ལ་ཡང་། །བྱམས་དང་སྙིང་རྗེ་སྦྱིན་ལ་སོགས། །བདེན་པའི་ཆོས་ཀྱང་མང་པོ་སྣང་། །སངས་རྒྱས་གསུང་ལའང་དྲང་དོན་དང་། །དགོངས་པ་དང་ནི་ལྡེམ་དགོངས་སོགས། །བདེན་པ་མིན་པའང་གསུངས་པས་ན། །བདེན་བརྫུན་གཉིས་ཀ་མཚུངས་པ་ལ། །སངས་རྒྱས་གསུང་ལེན་མུ་སྟེགས་བྱེད། །སྤོང་བའི་རྒྱུ་མཚན་ཅི་ཞེ་ན། །སངས་རྒྱས་དྲང་དོན་གྱིས་ཁྲིད་ནས། །བདེན་པ་ཉིད་ལ་སྦྱོར་བར་མཛད། །

མུ་སྟེགས་བདེན་པས་ཁྲིད་ནས་ནི། །བརྫུན་པ་ཉིད་ལ་སྦྱོར་བར་བྱེད། །དེས་ན་བདག་ཅག་སངས་རྒྱས་ལ། །གུས་པའི་རྒྱུ་མཚན་དེ་ལྟར་ཡིན། །དེ་བཞིན་དུ། གངས་ཅན་པོད། འདི་ན་ཡང་། །ལུས་ངག་ཆོས་དང་བསྟུན་པ་ལྟ་བུའི་ རྣམ་ཐར་བཟང་པོ་བསྟན་ནས་ནི། །སངས་རྒྱས་ཀྱི་དགོངས་པ་དང་གང་མི་མཐུན་ནམ་སྙམ་པ་ལོག་པའི་ཆོས་ལ་སྦྱོར་མཐོང་

ནས། །མུ་སྟེགས་བྱེད་ཀྱི། ཆོས་བཞིན་དུ་ནོར་བ་དེ་དག་ཀུང་། ངེད་ཀྱིས་སྤྲངས། །ཐེག་པ་སྣ་ཚོགས་ཚུལ་བསྟན་ནས། །གནད་རྣམས་སངས་རྒྱས་གསུང་བཞིན་དུ། །ཡང་དག་སྟོན་མཛད་བླ་མ་དེ། །སངས་རྒྱས་ཉིད་དུ་བདག་གིས་བཟུང་། །ཆོས་གཞན་སྦྱིན་པ་དང་ཚུལ་ཁྲིམས་ལ་སོགས་པ་མངོན་མཚན་ཅན་རགས་པ། ལེགས་པར་སྟོན་ན་ཡང་། །བསམ་གཏན་དང་ཤེས་རབ་ལ་སོགས་པ་ཟབ་པ་མངོན་མཚན་ཆུང་བ་ཕྲ་བའི་ཆོས་ཀྱི་གནད་རྣམས་བཅོས་པ་ནི། །ཁ་ཟས་བཟང་པོ་ལ་དུག་བཏབ་པ་བཞིན་ཤིན་ཏུ་འཇིགས་པ་ཆེན་པོར་བལྟ། །དེ་འདྲ་བ་ལས་སྐྱོན་བྱུང་བ། མང་། །དེའི་དཔེ་འདས་པའི་དུས་ན་སྔོན་བྱུང་བ། །སྔོན་པོའི་རྒྱལ་པོ་ལྡ་མགྲིན་བཅུ་ཞེས་བྱ་བས། །འབད་པས་དབང་ཕྱུག་ཆེན་པོ་བསྒྲུབས། །ལོ་གྲངས་ས་ཡ་བཅུ་གཉིས་དང་། །ཕྱེད་ཀྱིས་ལྷག་པའི་ཚེ། དངོས་གྲུབ་བྱིན། །ཁྱབ་འཇུག་ཕྲག་དོག་གིས་གཟིར་ནས། །མགྲིན་བཅུ་ལ་ནི་འདི་སྐད་སྨྲས། ཁྱོད་ཀྱི་འབད་པ་ཆེ་མོད་ཀྱི། །དབང་ཕྱུག་གི་ནི་དངོས་གྲུབ་ཆུང་། །ད་དུང་སྔར་གྱི་ཚེ་ཚད། མ་ཡིན་པ། །ས་ཡ་ཕྲག་ཕྱེད་ཐུབ་པ་སློང་ས། །ཞེས་སྨྲས་པས། མགྲིན་བཅུས་ཚིག་དེ་ལ། བདེན་པར་བསམས་ནས་ནི། །དབང་ཕྱུག་ལ་ནི་དོན་དེ་ཞུས། །དབང་ཕྱུག་ཆེན་པོས་དེ་བྱིན་པས། །གནད་སྔར་གྱིས་མ་ཡིན་པ་ཞེས་བཅོས་པ་ཡི་ཚིག་དེ་ཡིས། །སྔར་གྱི་དངོས་གྲུབ་ཐམས་ཅད་ཡལ། །ནས་ས་ཡ་ཕྲག་ཕྱེད་ལས་མ་ཐུབ། འདིའི་གཏམ་རྒྱུད་དགའ་བྱེད་ཀྱི་འཇུག་པ་ན་ཡོད། ལྷ་མ་ཡིན་གསེར་ཅན་གྱི་ནི་དངོས་གྲུབ་ཀྱང་། །དེ་འདྲའི་ཚུལ་གྱིས་ཉམས་ཞེས་ཐོས། །གསེར་ཅན་གྱིས་དབང་ཕྱུག་ཆེན་པོ་བསྒྲུབས་ནས་ས་དང་། ནམ་མཁའ། ཕྱི། ནང་། མི་དང་། མི་མ་ཡིན་པས་མི་གསོད་པའི་དངོས་གྲུབ་བྱིན། དེས་ཁྱབ་འཇུག་གིས་ལུས་མི། མགོ་སེང་གེ སྒོར་མོ་ལྟུགས་སུ་བྱས་ཏེ། ཐེམ་པའི་སྟེང་དུ་ཕང་པར་བསད། དངོས་གྲུབ་ཀྱི་གནས་བཅོས་པ་དེ་འདྲའི་རིགས་ཡིན།

ཨོཾ་མེད་པ་ཡི་གསང་སྔགས་ལ། །གཡོན་ཅན་གྱིས་ནི་ཨོཾ་བཅུག་པས། །སྔགས་ཀྱི་ནུས་པ་ཉམས་པ་མཐོང་། །དེ་བཞིན་སྭཱ་ཧཱ་ཧཱུྃ་ཕཊ་གུག་འགྲེང་། སོགས། །ཡོད་པ་རྣམས་ལ་ཕྲི་བ་དང་། །མེད་པ་རྣམས་ལ་བསྣན་པ་དང་། །གཞན་ཡང་སྔགས་ཀྱི་གནས་རྣམས་ལ། །གཡོན་ཅན་རྣམས་ཀྱིས་ཡི་གེ་ཀ་དགོས་པ་ལ་ཁ་གསར། བཅོས་པ་ཡིས། །གསང་སྔགས་དག་གི་ནུས་པ་རྣམས། །ཉམས་ཤིང་འགྱུངས་པ་སེར་བ་ཁུ་འཕངས་སུ་འགྲོ་བ་དང་། ཆར་པ་ཐན་པར་འགྲོ་བ་དང་། མཐུ་ཞག་བདུན་པ་ལོ་བདུན་པར་འགྲོ་བ་ལ་སོགས་པ། མང་པོ་མཐོང་། དེས་ན་གསང་སྔགས་ལ་ཡི་གེ་བཏུ་བ་དགོས་པའི་རྒྱུ་མཚན་ཡང་དེ་ཡིན། དེ་བཞིན་ཆོས་ཀྱིགནད་རྣམས་ཀྱང་། །ཅུང་ཟད་ཅུང་ཟད་བཅོས་པ་ལས། །དངོས་གྲུབ་ཉམས་པར་འགྱུར་བར་གསུངས། །དེ་ཕྱིར་རགས་པའི། ཆོས་བྱམས་སྙིང་རྗེ་སྦྱིན་པ་ཚུལ་ཁྲིམས་སོགས། གཞན་ལེགས་ན་ཡང་། །ཟབ་ཅིང་ཕྲ་བའི་གནད་རྣམས་བཅོས་ན་སྔར་གྱི་ཆོས་གཞན་ལེགས་པ། ཐམས་ཅད་འཇིག །དེས་ན་ཆོས་ཀྱི་གནད་ཇི་ལྟར་ཞེ་ན། ཉན་ཐོས་ཀྱི། ཐེག་པ་ལ། །ཚུལ་ཁྲིམས་ཀྱི་གནད་སྡོམ་པ་དང་ནི་ལྟ་བའི་སྐབས་སུ། བདེན་བཞིའི་གནད། །བཅོས་ན་ཉན་ཐོས་ཀྱི། ཆོས་གཞན། ཀུན་བཟང་ཡང་། འཇིག ། ཐེག་པ་ཆེ་ལ་སྡོམ་པའི་གནད། སེམས་བསྐྱེད་དང་། །དེ་ཡི་བསླབ་བྱའི་གནད་ལྟ་སྤྱོད། བཅོས་ན། །ཐེག་པ་ཆེན་པོའི་

ཆོས་གཞན། ཀུན་བཟང་ཡང་། འདེབ །གསང་སྔགས་ལ་ནི་སྡོམ་པའི་གནད། དབང་བསྐུར་དང་། །སྒོམ་པའི་གནད་རིམ་པ་གཉིས་ཀྱི་གནས་བཅོས་ན། །གསང་སྔགས་ཀྱི་ནི་ཆོས་གཞན། ཀུན་བཟང་ཡང་། འདེབ །དེས་ན་ད་ལྟའི་ཆོས་འགའ་ལ༑ ༑གནད་ཀྱི་གནས་རྣམས་བཅོས་པ་རྣ །དོགས་པའི་ཆོས་ལུགས་འགའ་ཞིག་ཡོད། །དེ་ཡང་མདོ་ཙམ་བཤད་ཀྱིས་ཉོན། །སོ་སོར་ཐར་པའི་སྡོམ་པ་རིགས་བརྒྱད། ནི། །བྱང་ཆུབ་མ་ཐོབ། བར་དུ་བླང་དགོས་ཟེར་བ་ཡོད་དེ་དེ་ལྟར། བླངས་པས། གྱུར་ན། །སོ་སོར་ཐར་པ་ཅི་ནས་ཀྱང་། འདེབ ། འདི་ཡང་གནད་རྣམས་བཅོས་པར་དོགས། །བྱང་ཆུབ་སེམས་དཔའི་སྡོམ་པ་ལ། །བྱ་བར་གསུངས་པའི་དབུ་མའི་ལུགས་བཞིན་མི་བྱེད་པར། །བྱ་བར་མ་གསུངས་པའི་སེམས་ཙམ་པ་ཡི་ཆོ་ག་ནི། །སྐྱེ་བོ་ཀུན་ལ་བྱེད་པ་མཐོང་། །འདི་ཡི་ཆོ་ག་ངེས་པར་འདེབ ། ཆོ་ག་ལས་འདས་ན་ལས་མི་འཆགས་པའི་ཕྱིར། འདི་ཡང་གནས་རྣམས་བཅོས་པར་མཐོང་། །སེམས་བསྐྱེད་ཀྱི་ནི་བསླབ་བྱའི་མཆོག །བདག་གཞན་བརྗེ་བའི་བདག་བདེ་གཞན་ལ་སྟེར། གཞན་སྡུག་བདག་གིས་ལེན་པ་བྱང་ཆུབ་སེམས། །བསྒོམ་དུ་མི་རུང་ཞེས་སྨྲ་བ། །འདི་ཡང་བདག་གཞན་མ་བརྗེས་ན་སངས་རྒྱས་མི་ཐོབ་གསུངས་པའི་ཕྱིར། གནད་རྣམས་བཅོས་པར་མཐོང་། །གསང་སྔགས་ཀྱི་ནི་དབང་བསྐུར་བ། །མེད་ཀྱང་གསང་སྔགས་བསྒོམ་རུང་ཟེར། ཇོ་ཇེ་འཆང་གིས་བཀག་པས་ན། །འདི་ཡང་གནད་རྣམས་བཅོས་པར་དོགས། །གསང་སྔགས་ལམ་གྱི་མཆོག་གྱུར་པ། །བསྐྱེད་རྫོགས་རིམ་གཉིས་ཚུལ་བཞིན་དུ། མི་བསྒོམ་པར། །རང་བཟོའི་གདམས་ངག་བསྐྱེད་རིམ་གྲོང་སྐྱེད་དང་། གཏུམ་མོ་རྫོང་སྐྱེད་དང་། ཕྱག་རྒྱ་ཆེན་པོ་རྟོག་པ་ཁ་བཀག་སོགས། དུ་མ་ཡིས། །བླུན་པོ་ངེས་ཤེས་སྐྱེད་པ་ཐོས། །མདོ་རྒྱུད་ཀུན་ལས་འདི་བཀག་པས། །འདི་ཡང་གནས་རྣམས་བཅོས་པར་དོགས། །

བསྐྱེད་པའི་རིམ་པའི་མཐར་ཐུག་པ། །དབུ་རྒྱན་ལ་ནི་རིགས་བདག་འཇུར། །རིགས་བདག་དེ་ནི་རྣམ་པ་སངས་རྒྱས་ལ་ངོ་བོ་རྗ་བའི། བླ་མ་ཡིན། །འདི་ནི་གལ་ཏེ་འཆོལ་གྱུར་ན། །དངོས་གྲུབ་མེད་པར་རྒྱུད་ལས་གསུངས། །བརྟག་གཉིས་ལས། རིགས་འཚོལ་བསྒོམས་པའི་སྦྱོར་བ་ཡིས། །དངོས་གྲུབ་མེད་ཅིང་སྒྲུབ་པོའང་མེད། །ཅེས་གསུངས་སོ། །འོན་ཀྱང་བླ་མ་སྤྱི་བོ་རུ །བསྒོམ་བྱ་མིན་ཏེ་བསྒོམས་ན་ཆེ་ལ་གནོད། ཞེས་ལ་ལ་ཟེར། །འདི་ཡང་སངས་རྒྱས་ཀྱི་གསུངས་འགོག་པའི་ཕྱིར། གནད་རྣམས་བཅོས་པར་དོགས། །ཡོད་པའི་དགེ་བ་ཞེས་བྱ་བ། །ཆོས་ཀྱི་དབྱིངས་བདེ་གཤེགས་སྙིང་པོ། ལ་བསམས་ནས་ནི། །དེ་ནི་བསྔོ་བའི་རྒྱུར་བྱེད་པ། །དམིགས་པ་མེད་པའི་ཆོས་ཀྱི་དབྱིངས། །སྤྲོ་བྲལ་ཅིའི་ངོ་བོར་ཡང་མ་གྲུབ་པ་ཡོད་པའི་དགེ་བར་བྱས་ནས། དམིགས་པའི་དགེ་བར་བསྔུར་བ་འདི། །ཡོད་མེད་དུ་འཛིན་པ་དམིགས་པ་ཡིན་པའི་ཕྱིར། བསྔོ་བ་དུག་དང་བཅས་པར་མདོ་རྒྱུད་ཀུན་ལས། གསུངས། །འདི་ཡང་བསྔོ་བ་ཐམས་ཅད་འཇིག་པའི་ཕྱིར། གནད་རྣམས་བཅོས་པར་དོགས། །དེ་བཞིན་གཏུམ་མོ་བསྒོམ་པ་དང་། །ཕྱག་རྒྱ་ཆེན་པོ་ལ་སོགས་དང་། །དམ་ཚིག་དང་ནི་སྡོམ་པ་ཡི། །གནད་རྣམས་

བཅོས་པ་མང་མོད་ཀྱི། །གསང་སྔགས་ཡིན་ཕྱིར་འདིར་མ་བཤད། །ཡོགས་སུ་བཤད་ཡོད། ཆོས་རྣམས་ཀུན་གྱི་རྩ་བ་ནི། །སྟོང་ཉིད་སྙིང་རྗེའི་སྙིང་པོ་ཅན། །ཐབས་དང་ཤེས་རབ་ཟུང་འཇུག་ཏུ། །མདོ་རྒྱུད་ཀུན་ལས་རྒྱལ་བས་གསུངས། །ལ་ལ་སེམས་རྫོགས་འཕྲོད་ན་གཞན་ཅི་ཡང་མི་དགོས་པར་སངས་རྒྱ་བས། སྨྲོས་བྲལ་རྐྱང་པ་ནི། །དཀར་པོ་ཆིག་ཐུབ་ཡིན་ཞེས་ཟེར། །འདི་ཡང་གནད་རྣམས་བཅོས་པར་དོགས། །གནད་རྣམས་མིན་པའི་ཆོས་གཞན་ཡན་ལག་འགའ། །ཞིག་མ་ཚང་བ་དང་ལྷག་པ་དང་། །ཚུང་ཟད་འཁྲུལ་པར་གྱུར་ན་ཡང་། །ཉེས་པ་ཆེན་པོ་བསྐྱེད་མི་ནུས། །ཆོས་ཀྱི་གནད་རྣམས་བཅོས་གྱུར་ན། །ཆོས་གཞན་བཟང་ཡང་འཚང་མི་རྒྱ། །

དཔེར་ན་འགྲོ་བའི་སྲོག་རྩ་སྙིང་། དང་། །ལྗོན་ཤིང་རྣམས་ཀྱི་སྐྱེ་སའི། རྩ་བ་དང་། །ས་བོན་གྱི་ནི་སྐྱེ་ས་དང་། །ཐགས་རྣམས་ཀྱི་ནི་སྲོག་ཤིང་དང་། །བཙུད་ཀྱིས་ལེན་གྱི་རྩ་བ་དཔུལ་རྩ་ལྟ་བུ། དང་། །མིག་ལ་སོགས་པ་དབང་པོ་རྣམས་ཀྱི་གནད་མཐོང་བྱེད་དང་ཐོས་བྱེད་ལ་སོགས་པ། རྣམས་ནི། །འཆུགས་ན་བསྒྲུབ་ཏུ་མི་རུང་བ། བཞིན། །དེ་བཞིན་ཆོས་ཀྱི་གནད་འཆུགས་ན། །གནད་མ་ཡིན་པའི་ཆོས་རྣམས་ལེགས་ལེགས་འདྲ་ཡང་འབྲས་བུ་མེད། །དེས་ན་གནད་མ་ཡིན་པའི་ཆོས། ལ་ལ་འཁྲུལ་ཡང་བླ། །ཆོས་ཀྱི་གནད་རྣམས་འཁྲུལ་མེད་དཔྱད་དགོས་སོ། །དེ་ལ་གནད་རྣམས་འཚོས་པའི་བདུད། །ཇི་ལྟ་བུའི་ཚུལ་དུ་འབྱུང་ཞེ་ན། ལ་ལ་སངས་རྒྱས་དངོས་སུ་སྟོན། ཁ་ཅིག་མཁན་པོ་སློབ་དཔོན་དང་། །བླ་མའི་ཆ་ལུགས་འཛིན་པ་དང་། །ཕ་མའང་ཉེ་དུའི་ཆ་ལུགས་ཀྱིས། །སེམས་ཅན་རྣམས་ལ་སླུ་བར་བྱེད། །འགའ་ཞིག་ངའི་ལུས་འདི་ལྟ་བུ་མི་བྱེད་ན་ཆད་པས་གཅོད་ཅེས་པ་ལྟ་བུ། རྩུབ་མོར་སྣ་བྱེད་ཅིང་། །བསྡིགས་པའི་ཚུལ་གྱིས་ཆོས་པོར་ནས་ཆོས་ལོག་ཏུ། སྒྱུར་བར་བྱེད། །ལ་ལ་ཁྱོད་ཀྱི་རིགས་ལ་ཆོས་འདི་ལྟ་བུས་ཕན་ཞེས། འཇམ་པོར་སྣ་བྱེད་ཅིང་། །བྲམས་པའི་ཚུལ་གྱིས་ཆོས་ལོག་བསྟན་པས། སླུ་བར་བྱེད། །ལ་ལ་སངས་རྒྱས་ཀྱིས། གསུངས་པའི་ལུང་། །ཕྱིན་ཅི་ལོག་ལྟ་བའི་ལུང་སྒྲོད་པ། སྒྲོད་པའི་ལུང་ལྟ་བའི་ལུང་། ཏུ་བཤད་ནས་སྒྱུར། །ལ་ལ་རིགས་པ་བཟང་པོ་ལ། །ངན་པ་ཡིན་ཞེས་བཤད་ནས་སྒྱུར། །ལ་ལ་རིགས་པ་ངན་པ་ལ། །བཟང་པོ་ལྟ་བུར་བཅོས་ནས་སྒྱུར། །ལ་ལ་ཟས་ནོར་ཅི་འདོད་པའི། །རྫུན་པ་བྱིན་ནས་ངའི་ཆོས་ལུགས་འདི་གྱིས་ཤེས། ཆོས་ལོག་སྟོན། །ལ་ལ་ཀ་རུ་འཛིན་ལྟ་བུ། ལུས་དང་སེམས་ལ་ནི། །ཏིང་འཛིན་ཚུང་ཟད་བསྐྱེད་ནས་ཀྱང་། །དེ་ལ་ཡིད་ཆེས་སྐྱེས་པ་དང་། །ལོག་པའི་ཆོས་རྣམས་བསྟན་ནས་སླུ། །ལ་ལ་སངས་རྒྱས་སྣར་རྒྱལ་ལྟ་བུ། མངོན་པར་ཤེས་པ་དང་། །རྫུ་འཕྲུལ་ཚུང་ཟད་བསྟན་ནས་ཀྱང་། །བླུན་པོ་ཡིད་ཆེས་བསྐྱེད་ནས་ནི། །ཕྱི་ནས་ཆོས་ལོག་སྟོན་པར་བྱེད། །ལ་ལ་ང་ཡིས་འདི་ལྟར་བསྒོམས། །དེ་ལ་རྟོགས་པ་འདི་སྐྱེས་པས། །ཁྱེད་ཀྱང་འདི་ལྟར་གྱིས་ཤིག་ཅེས། །རང་གི་ཉམས་མྱོང་ཡིན་པ་ཡི། །ཚུལ་དུ་བྱས་ནས་ཆོས། ལོག་པར་འཆོས། །མདོར་ན་སངས་རྒྱས་གསུང་རབ་དང་། །ཕལ་ཆེར་མཐུན་པར་སྟོན་བྱེད་ཅིང་། །གནད་རྣམས་ལོག་པར་སྟོན་པའི་ཆོས། །ལེགས་

ལེགས་འདྲ་བར་སྟོན་ན་ཡང་། །ཁ་ཟས་བཟང་པོ་ལ་དུག་བཏབ་པ་ལྟར། བདུད་ཀྱི་བྱིན་རླབས་ཡིན་ནོ་ཞེས། །རྒྱལ་བའི་ཡུམ་ལ་སོགས་པ་མདོ་རྒྱུད་ཀུན་ལས་གསལ་བར་གསུངས། །

འདི་དག་ཇི་ལྟར་བྱུང་བའི་ཚུལ། །མདོ་ཙམ་ང་ཡིས་བཤད་ཀྱིས་ཉོན། །རིན་ཆེན་བཟང་པོ་བཞུགས་པའི་ཚེ། །སྔོད་མཐའ་རིས་སུ། སངས་རྒྱས་སྐར་རྒྱལ་ཞེས་བྱ་བ། །དཔྲལ་བ་ནས་ནི་འོད་འབྱིན་ཅིང་། །བར་སྣང་ལ་ནི་སྐྱིལ་ཀྲུང་འཆའ། །རེས་འགའ་འཇིག་མའི་ཁྲི་ལ་སྡོད། །སྟོང་པ་ཉིད་ཀྱི་ཆོས་རྣམས་སྟོན། །བྱམས་དང་སྙིང་རྗེ་ཆེ་བར་སྣང་། །དེ་ཡི་ཆོས་ཀྱིས་གཞན་དག་ལ། །ཏིང་ངེ་འཛིན་ཡང་སྐྱེ་བར་བྱེད། །དེ་ལ་འཇིག་རྟེན་ཐམས་ཅད་མོས། །ཤཱཀྱའི་རྒྱལ་པོའི་བསྟན་པ་དང་། །འདྲ་མིན་ཅུང་ཟད་བཅོས་པར་འཆད། །དེ་ཡི་བསྟན་པ་ཤིན་ཏུ་འཕེལ། །དེ་ཚེ་རིན་ཆེན་བཟང་པོ་ཡིས། །སྒྲུབ་པ་ཟླ་བ་དྲུག་མཛད་ནས། །ཏིང་འཛིན་བརྟན་པས་དེ་དྲུང་བྱོན། །སངས་རྒྱས་སྐར་རྒྱལ་བར་སྣང་ལ། །སྐྱིལ་ཀྲུང་བཅས་ནས་ཆོས་འཆད་ཚེ། །རིན་ཆེན་བཟང་པོས་གཟིགས་ཙམ་གྱིས། །ས་ལ་ལྷུང་ནས་བརྒྱལ་ཞེས་གྲག །ཁ་ཅིག་རིན་བཟང་ཞེས་བྱ་བའི། །སྐྱེས་མཆོག་དེ་ཚེ་མི་བཞུགས་ན། །སངས་རྒྱས་སྐར་རྒྱལ་ཞེས་བྱ་བའི། །ཆོས་ལོག་བསྟན་པ་གསར་པ་ཞིག་འབྱུང་ཞེས་སྔ་རབས་ཀྱི་མཁས་པ་རྣམས། གསུངས། །ཁྲི་ནུ་ཞེས་བྱ་བའི་ཡུལ་གྱི་རྡིང་དུ་ནག་པོའི་ཕྱོགས་ལ་དགའ་བ་ཡི། །སྐར་རྒྱལ་ཞེས་བྱའི་ཀླུ་ཆེན་ཞིག །སྐྱེས་ངན་ཞིག་ལ་ཞུགས་ནས་ནི། །སངས་རྒྱས་གཟུགས་སུ་བརྫུས་ཞེས་གསུངས། །འདི་འདྲའི་རིགས་ཀྱི་བདུད་རིགས་འགའ། །མི་འམ་འཕགས་པའི་གཟུགས་བཟུང་ནས། །ལོག་པའི་བསྟན་པ་སྤེལ་བའི་ཕྱིར། །ཆོས་དང་བསྲེས་ནས་གནད་རྣམས་སུ། །ལོག་ཆོས་བསྲེས་ནས་འཆད་པ་སྲིད། །པས་དེ་ལྟ་བུའི་རིགས་དེ་ང་སང་ཡང་ཤེས་དགོས།

དཔེར་ན་ཁ་ཟས་བཟང་པོ་ལ། །སྦྱར་བའི་དུག་གིས་ཕལ་ཆེར་གསོད། །དུག་རྐྱང་ཡིན་པར་ཤེས་ན་ནི། །འགའ་ཡང་གསོད་པར་ནུས་མ་ཡིན། །དེ་བཞིན་ཆོས་བཟང་འགའ་ཞིག་ལ། །ཆོས་ལོག་བསླད་པས་ཕ་རོལ་བསླུ། །ཆོས་ལོག་རྐྱང་པར་གོ་ན་ནི། །འགའ་ཡང་བདུད་ཀྱིས་སླུ་མི་ནུས། །རི་དྭགས་རྫ་མ་མ་བསྟན་ན། །བོང་ཤ་བཙོང་བར་མི་ནུས་ལྟར། །དེ་བཞིན་བཟང་སྤྱོད་མ་བསྟན་ན། །ལོག་པའི་ཆོས་ཀྱིས་སླུ་མི་ནུས། །བདུད་ཀྱི་བྱིན་རླབས་ཐམས་ཅད་ཀྱང་། །ངན་པ་ཁོན་འབྱུང་། ངེས་པ་མེད། །ནམ་སྣམ་སྟེ་དེ་ལྟར་ངེས་པ་མེད། འོན་ཀྱང་བཟང་པོའི་ནང་ནས་ནི། །གནད་རྣམས་ཅུང་ཟད་བཅོས་པ་ཡིས། །ཕན་པ་ལྟ་བུས་ཕ་རོལ་བསླུ། །འདི་འདྲ་ཤེས་པར་བྱས་ནས་ནི། །ཆོས་ཀྱི་གནད་རྣམས་མདོ་རྒྱུད་བཞིན། །མ་བསླད་པར་ནི་ལེགས་པར་ཟུངས། །དཔེ་གཞན་ཡང་ཤིང་རྟའི་སྲོག་ཤིང་ཆག་གྱུར་ན། །འཁོར་ལོ་བཟང་ཡང་འགྲོ་མི་ནུས། །སྲོག་གི་དབང་པོ་འགགས་གྱུར་ན། །དབང་པོ་གཞན་དག་བྱ་བྱེད་མེད། །དེ་བཞིན་ཆོས་ཀྱི་གནད་འཆུགས་ན། །གནད་མ་ཡིན་པའི་ཆོས་གཞན་བཟང་ཡང་ནུས་མེད་འགྱུར། །རྫོགས་

སངས་རྒྱས་ལས་མཁས་པ་ཡི། །གང་ཟག་འཇིག་རྟེན་གསུམ་ན་མེད། །དེས་ན་དེ་ཡིས་གསུངས་པ་ཡི། །མདོ་རྒྱུད་རྣམ་པར་དཀྲུག་མི་བྱ། །མདོ་རྒྱུད་དཀྲུགས་ན་ཆོས་སྤོང་ཞིང་། །འཕགས་པ་རྣམས་ཀྱང་སྨད་འགྱུར་ཞེས། །མགོན་པོ་བྱམས་པས་རྒྱུད་བླར་གསུངས། །རྒྱུད་བླ་མ་ལས། གང་ཕྱིར་རྒྱལ་ལས་ཆེས་མཁས་འགའ་ཡང་འཇིག་རྟེན་འདི་ན་ཡོད་མིན་ཏེ། །མ་ལུས་དེ་ཉིད་མཆོག་རྣམས་ཀུན་མཁྱེན་གྱིས་མཁྱེན་གཞན་མིན་པ། །དེ་ཕྱིར་དྲང་སྲོང་རང་ཉིད་ཀྱིས་བཞག་མདོ་སྡེ་གང་ཡིན་དེ་མི་དཀྲུག །ཐུབ་ཚུལ་བཤིག་ཕྱིར་དེ་ཡང་དམ་ཆོས་ལ་ནི་གནོད་པ་བྱེད་པར་འགྱུར། །ཉོན་མོངས་རྨོངས་བདག་རྣམས་ཀྱིས་འཕགས་ལ་སྐུར་བ་དང་། །དེས་གསུངས་ཆོས་ལ་བརྙས་གང་དེ་ཀུན་ཞེན་ལྟས་བྱས། །དེས་ན་ཞེན་ལྟའི་དྲི་ཅན་དེ་ལ་བློ་མི་སྦྱར། །གོས་གཙང་ཚོན་གྱིས་རྣམ་འགྱུར་སྣུམ་གྱིས་གོས་པ་མིན། །ཞེས་གསུངས་སོ། །

འཕྲུལ་པའི་གྲུབ་མཐའ་སྣ་ཚོགས་སུ། སྤུན་འབྱིན་པའི། །རྣམ་གཞག་ཅུང་ཟད་བཤད་ཀྱིས་ཉོན། །ཁ་ཆེའི་ཡུལ་དུ་མུ་སྟེགས་སྟོན་པ་དབང་ཕྱུག་སོགས། །མནན་པའི་སངས་རྒྱས་དགེས་རྡོར། བདེ་མཆོག །དུས་འཁོར་ལ་སོགས། མཐོང་ནས་ནི། །དེ་བཟློག་པ་ཡི་ཐབས་སྐྱ་ཞིག །མུ་སྟེགས་དབྱངས་ཅན་དགའ་བས་སངས་རྒྱས་ལ་སྙིང་ནང་དུ་བསམས་ནས་རང་དགར། བྱས། །མཁས་པ་ཆེན་པོ་ཁ་ཆེ། ཟླ་ན་ཤྲཱིས། །དེ་དང་རྩོད་པའི་རྩོད་གྲྭ་རུ། །རང་ནང་པ་སངས་རྒྱས་པའི་པཎྜི་ཏ་རྣམས་དང་། གཞན་མུ་སྟེགས་བྱེད་ཀྱི་པཎྜི་ཏ་ཚོགས་པ། གཉིས་ཀའི་སྡེ་པ་དང་། །རྒྱལ་པོ་དང་བློན་པོ། སོགས་ཀྱི་རྒྱུས་ཡོད་པའི། དཔང་པོའི་གྲྭར། །ཁྱོད་ཀྱིས་བྱས་པའི་སངས་རྒྱས་མནན་པའི་དབང་ཕྱུག་ཁྱོད་རང་གི་རང་བཟོ་ཡིན། །ཕྱི་ཁྱོད་རང་གི་གཞུང་གང་ལས་ཀྱང་བཤད་པ་མེད་དོ། །དེས་ན་འཕྲུལ་པ་ཡིན་པར་ཟླ་ན་ཤྲཱིས། བསྒྲགས། །མུ་སྟེགས་དབྱངས་ཅན་དགའ་བ་དེ་ཡིས་ཀྱང་དབང་ཕྱུག་མནན་པ་ཡི། །སངས་རྒྱས་དགེས་རྡོར། བདེ་མཆོག་སོགས་ཁྱོད་རང་གིས་བྱས་པའི། རང་བཟོ་ཡིན་ཞེས་བསྒྲེས། །དེ་ལ་མཁས་པ་ཟླ་ན་ཤྲཱིས་འདི་སྐད་བརྗོད། །སངས་རྒྱས་མནན་པ་ཁྱེད་ཀྱི་གཞུང་། །ལུང་སམཱའི་རིག་བྱེད་ཆེན་པོ་བཞི་པོ། རྣམས་ནས་བཤད་པ་མེད། །མུ་སྟེགས་མནན་པ་ངེད་ཀྱི་ལུང་སམའི། རྒྱུད། །སྡེ་བཞི་པོ་ལས། གདོད་མ་ཉིད་ནས་བཤད་ནས། ཡོད་པ་ཡིན། །དེས་ན་ངེད་ཀྱི་འདི། རང་བཟོ་མིན། །པ་ཐམས་ཅད་ཀྱིས་ཤེས་པ་ཡིན། དེ་ནས་མུ་སྟེགས་དེ། སྤོབས་པ་མེད་པར། གྱུར་པའི། ཚེ། །ཟླ་ན་ཤྲཱིས་རྒྱལ་པོ་ཁྱོད་ཀྱི་ཡུལ་འདི་རུ། །འདི་འདྲའི་རང་བཟོ་འཕེལ་ན་ནི། །ད་དུང་རང་གཞན་གྱི་ཆོས་ཐམས་ཅད་ལ། རང་བཟོའི་བརྒྱུད་པ། གཞན་མང་པོ། འབྱུང་བས། །སངས་རྒྱས་ཀྱི་བསྟན་པ་སྤྱི་ལ་གནོད་པ་འདི། །མུ་སྟེགས་ཁོ་རང་ལ་ཡང་ཕྱིས་མི་གནོད། །དེ་ཁོ་རང་གི་ཆོས་ལུགས་ཀྱང་འཆོལ་བར་འགྱུར་རོ། །

འདི་འདྲའི་རང་བཟོའི་ཆོས་ལུགས་ནི། །སངས་རྒྱས་པ་ལ་བྱུང་ན་ཡང་། །སངས་རྒྱས་ཀྱི་བསྟན་པ་འཆོལ་བར་འགྱུར་བས། རྒྱལ་པོ་ཁྱོད་ཀྱིས་དགག་དགོས་སོ། །དེ་སྐད་བསྒོ་ནས་སངས་རྒྱས་མནན་པའི་དབང་ཕྱུག་གི་གྱེང་རིས་ཚོགས་པའི་གསེབ་ཏུ་ཆུས། བསུབས། །ཕྱི་ནས་དབྱངས་ཅན་དགའ་བ་དང་། གྲུབ་མཐའ་བརྩད་པ་ལ་འཛང་། །མུ་སྟེགས་གྲུབ་མཐའ་ཕམ་མཛད་ནས། །སངས་རྒྱས་བསྟན་པ་འཕེལ་ཞེས་ཐོས། །གལ་ཏེ་མུ་སྟེགས་བྱེད་པའི་གཞུང་། །གདོད་ནས་གྲུབ་པའི་རིག་བྱེད་བཞི་པོ། ལས། །སངས་རྒྱས་མནན་པའི་ཆོས་ལོག་དེ་འདྲ་གལ་ཏེ། བཤད་ན་ཡང་། །རང་བཟོ་ཡིན་ཞེས་

བྱར་མི་རུང་། །སྙི། ཁོ་རང་གི་གཞུང་ནས་གདོད་ནས་བཤད་པའི་ཕྱིར་རོ། ། འོན་དེ་དག་ཇི་ལྟར་སྤྱན་འདྲེན་ཅེ་ན། གྲུབ་མཐའི་རྣམ་གཞག་བཟུང་ནས་ནི། །འཁྲུལ་མ་འཁྲུལ་གྱི་རིགས་པ་གཞན་གྱིས་སྤྱན་དབྱུང་དགོས། ཀྱི། ལུང་འགལ་གྱིས་སྤྱན་དབྱུང་བར་མི་ནུས་སོ། །བདག་གི་གྲུབ་མཐའ་དང་གཞན་གྱི་གྲུབ་མཐའ་ཡང་། །གལ་ཏེ་འགལ་བ་སྣང་ན་ནི། །རིགས་པ་དག་དང་འགལ་གྱུར་ན། །དེ་ནི་རིགས་པས་སྤྱན་ཕྱུང་ཤིག །

གལ་ཏེ་ལུང་དང་འགལ་གྱུར་ན། །དེ་ནི་ལེགས་པར་སྤྱན་འདྲེན་པའི། །གདམས་ངག་ཅུང་ཟད་བཤད་ཀྱིས་ཉོན། །ཕ་རོལ་ལུང་དེ་ཁོ་རང་ཚད་མར། ཁས་ལེན་ཅིང་། །ཁས་བླངས་པ་དེ་དང་འགལ་བའི་ཆོས་སྤྱོད་ན། །ཁྱེད་རང་གི་ལུང་དང་འགལ་བས་ཞེས་པས། སྤྱན་དབྱུང་བར། བྱ། །གལ་ཏེ་ལུང་དེ་ཁས་མི་ལེན། །རང་གི་ལུང་གཞན་ཁས་ལེན་ན། །དེ་ཚེ་ངེད་ཀྱི་ལུང་གིས་ནི། །དེ་ཡི་ཆོས་ལོག་དགག་མི་ནུས། །ཏེ། དེ་ལ་ཁོ་ཚད་མར་མི་འདོད་པའི་ཕྱིར་རོ། །འོན་ཀྱང་ཁོ་རང་ཚད་མར་བྱེད་པ། དེ་ཡི་ལུང་ཉིད་ཀྱིས། །དེ་ཡི་ཆོས་ལོག་དགག་དགོས་སོ། །དཔེར་ན་ཕ་རོལ་ཕྱིན་པ་བ། །གལ་ཏེ་ཆོས་ལོག་སྤྱོད་ན་ནི། །གསང་སྔགས་གཞུང་དང་འགལ་ལོ་ཞེས། །དེ་ནི་སྤྱན་དབྱུང་ནུས་མ་ཡིན། །དེ་བཞིན་གསང་སྔགས་པ་འགའ་ཞིག །ལག་ལེན་ལོག་པར་སྤྱོད་གྱུར་ཀྱང་། །ཕ་རོལ་ཕྱིན་གཞུང་དང་འགལ་ཞེས། །སྤྱན་དབྱུང་བར་ནི་ནུས་མ་ཡིན། །དེ་ལྟར་ཐེག་པ་ཆེ་ཆུང་ཡང་། །ཕན་ཚུན་གྱི་ནི་ལུང་འགལ་གྱིས། །སོ་སོའི་གཞུང་ལུགས་དགག་མི་ནུས། །ཏེ་ཉན་ཐོས་ཀྱི་ལུང་དང་འགལ་བས་ཐེག་ཆེན་གྱི་ལུགས་དགག་མི་ནུས། ཐེག་ཆེན་གྱི་ལུང་དང་འགལ་བས། ཉན་ཐོས་ཀྱི་ལུགས་དགག་པར་མི་ནུས་ཏེ། དེ་ལ་ཚད་མར་མི་བྱེད་པའི་ཕྱིར་རོ། །

ཉན་ཐོས་གཞུང་ལུགས་ཁས་ལེན་ཅིང་། །དེ་ཡི་ལུང་དང་འགལ་གྱུར་ན། །དེ་ཡི་ལུང་གིས་དགག་པར་ནུས། །དེ་བཞིན་བཀའ་གདམས་ལ་སོགས་ཀྱང་། །ཇོ་བོའི་གཞུང་ལུགས་ཁས་ལེན་ཅིང་། །དེ་ཡི་ལུང་དང་འགལ་གྱུར་ན། །བཀའ་གདམས་པ་ལ་གནོད་པ་ཡིན། །དེ་བཞིན་ཕྱག་རྒྱ་པ་ཡང་ནི། །ནཱ་རོ་པ་ལ་མོས་བྱེད་ཅིང་། །ནཱ་རོའི་གཞུང་དང་འགལ་གྱུར་ན། །ཕྱག་རྒྱ་པ་ལ་གནོད་པ་ཡིན། །དེ་བཞིན་གསང་སྔགས་སྤྱོད་བཞིན་དུ༑ །གསང་སྔགས་རྒྱུད་སྡེ་དང་འགལ་ན། །གསང་སྔགས་པ་ལ་གནོད་པར་འགྱུར། །ཕ་རོལ་ཕྱིན་པའི་ལུགས་བྱེད་ཅིང་། །མདོ་སྡེ་རྣམས་དང་འགལ་གྱུར་ན། །ཕར་ཕྱིན་པ་ལ་ཅིས་མི་གནོད། དེ་ཡི་དཔེར་བརྗོད་མདོ་ཙམ་ཞིག །ལེགས་པར་བཤད་ཀྱིས་མཉན་པར་གྱིས། །ཇོ་བོས་མཛད་པའི་བདེ་མཆོག གསང་འདུས་ལ་སོགས་པའི་སྒྲུབ་ཐབས་མང་པོ་ཡོད་ ཇོ་བོ་གསང་སྔགས་སྤྱོད་བཞིན་དུ། །དེའི་རྗེས་སུ་འབྲངས་པ་རྣམས། གསང་སྔགས་སྤྱོད་པའི་དུས་མིན་ཞེས། །སླུ་བ་ཇོ་བོའི་ལུགས་ཉིད་དང་། །འགལ་བ་ཡིན་པར་ཤེས་པར་བྱ། །སེམས་བསྐྱེད་ཇོ་བོའི་ལུགས་བྱེད་ཅིང་། །ཇོ་བོ་གདན་ནས་མི་བཞེད་པའི། །འཇུག་པ་སེམས་བསྐྱེད་ཀུན་ལ་བྱེད་པ་དང་། །ཇོ་བོ་མི་བཞེད་པའི་དོན་དམ་སེམས་བསྐྱེད་

བྱེད་པ་ནི། །གཞན་དང་འགལ་བ་སྨྲོས་ཅི་དགོས། །ཇོ་བོའི་རང་ལུགས་དང་ཡང་འགལ་བ་ཡིན། །ནཱ་རོའི་ཆོས་ཀྱི་རྩ་བ་ལྔ་ནི། དབང་བསྐུར། དམ་ཚིག རིམ་གཉིས། སྤྱོད་པ། ཡན་ལག་སྟེ་ལྔའོ་ནཱ་རོ་ཏ་པ་དབང་བསྐུར་དང་། །རིམ་གཉིས་ཆོས་ཀྱི་གཙོ་བོར་མཛད། །ནཱ་རོའི་བརྒྱུད་པ་འཛིན་བཞིན་དུ། །དབང་དང་རིམ་གཉིས་མི་བསྒོམ་པ། །རྒྱུད་དང་འགལ་བ་ལྟ་ཅི་སྨོས། །རང་ལུགས་དང་ཡང་འགལ་བ་ཡིན། །རྡོ་རྗེ་ཕག་མོའི་བྱིན་རླབས་ནི། །བླ་མ་མར་པ་ལྷོ་བྲག་པ་ལ་མེད། །མར་པའི་བརྒྱུད་པ་འཛིན་བཞིན་དུ། །ཕག་མོས་ཆོས་སྐྱོ་འབྱེད་པ་ནི། །རྒྱུད་དང་འགལ་བ་ལྟ་ཅི་སྨོས། །རང་ལུགས་དང་ཡང་འགལ་བ་ཡིན། །ནཱ་རོ་ཆོས་དྲུག་ཞེས་བྱའི་ཁྲིད། །མི་ལ་ཡན་ཆད་དེ་ལས་མེད། །ཆོས་དྲུག་བོར་ནས་ལམ་འབྲས་དང་། །ཕྱག་རྒྱ་ཆེན་པོ་ལ་སོགས་པ། །ཞི་བྱེད། རྫོགས་ཆེན་དང་། བཀའ་གདམས་ལ་སོགས་པ་ཅལ་ཅོལ་མང་པོ་བསྲེས་ནས། གཞན་གྱི་གདམས་ངག་བསྒོམ་བཞིན་དུ། །ནཱ་རོའི་བརྒྱུད་པ་འདོད་བྱེད་པ། །གཞན་དང་འགལ་བ་ལྟ་ཅི་སྨོས། །ཆོས་གཞན་ནས་བྱུང་ནས་བརྒྱུད་པ་གཞན་དུ་འདོད་པ་ནི་རང་ལུགས་དང་ཡང་འགལ་བ་ཡིན། །

གཏེར་ནས་བྱུང་བའི་གླེགས་བམ་དང་། །གཞན་ནས་བརྐུས་པའི་ཆོས་ལུགས་དང་། །བརྩམས་ཆོས་དང་ནི་རྨི་ལམ་ཆོས། །བློ་བཟུང་མ་ཡི་ཆོས་ལུགས་ལ། །རྡོ་རྗེ་འཆང་ལ་བརྒྱུད་པ་སྣེལ། །དེ་ལའང་རང་རེ་ལ་སློབ་དཔོན་གྱི་ལུང་མེད་པར་ཆོས་ཀྱི་སློབ་མ། གཞན་དག་ལ། ལུང་སྟེར་ཞིང་། ལེན་དུ་འཇུག་པ། ཆོས་དང་འགལ་བ་སྨྲོས་ཅི་དགོས། །རང་ཚིག་དང་ཡང་འགལ་བ་ཡིན། །གལ་ཏེ་འདི་འདྲའི་རིགས་ཅན་གྱི། །འགལ་བ་ཁས་ལེན་པ་ལུང་དང་རིགས་པ་མན་ངག་ལ། སྣང་གྱུར་ན། །དེ་ཡི་རིགས་སུ་ཤེས་པར་བྱ། །

མདོར་ན་ཆོས་དང་འགལ་བ་ཡི། །ཆོས་ཞིག་གང་ན་འདུག་ན་ཡང་། །ལུང་དང་རིགས་པས་སུན་ཕྱུང་ཤིག །གལ་ཏེ་མུ་སྟེགས་ལ་སོགས་པ། །འམ་སངས་རྒྱས་པ་ནང་ཡིན་ཡང་རུང་སྟེ། ལུང་དེ་ཁས་མི་ལེན་པ་དང་། །ལུང་དང་འགལ་ཡང་ངེད་ཅག་གི། བླ་མའི་བཀའ་སྲོལ་ཡིན་ཟེར་བ། །དེ་དག་ལུང་དེ་ཁས་མི་ལེན་ཡང་། །རྩ་བའི་བརྒྱུད་པ་གང་ཡིན་དྲི། །མུ་སྟེགས་ཀྱི་རིག་བྱེད་ལ་སོགས་པ་ལྟར་གདོད་ནས་ཆོས་དེ་ཡོད་ན་ནི། །འཁྲུལ་ཡང་མཁས་པས་ཁྱོད་ཀྱི་རང་བཟོ་ཡིན་བྱས་ལ། བགྲང་རྒྱུ་མེད་དེ་ཤེས་ན་རིགས་པར་སུན་དབྱུང་། མི་ཤེས་ན་ཁྲིམས་པས་ཅི་ཞིག་ཕན། །སེམས་ཅན་ལས་ངན་སྤྱོད་པ་ལ། །སངས་རྒྱས་ཀྱིས་ཀྱང་ཅི་བྱར་ཡོད། །གལ་ཏེ་གདོད་ནས་མེད་པའི་ཆོས། །བློ་བུར་བྱས་པ་ཡིན་ན་ནི། །ཀུན་གྱིས་རང་བཟོར་གོ་བའི་ཕྱིར། །སངས་རྒྱས་པའམ་མུ་སྟེགས་བྱེད། །སུ་ལ་འདུག་ཀྱང་དོར་བྱ་ཡིན། །ངེད་ལའང་དེ་འདྲ་བ་མདོ་རྒྱུད་ནས་མ་གསུངས་པ། ལུང་རིགས་ཀྱིས་མི་འགྲུབ་པའི་རང་བཟོར་བྱས་པ། འདུག་ན་ནི། །མཁས་པ་རྣམས་ཀྱིས་བཞད་གད་གྱིས། །ལ་ལུགས་ན་འདུག་ན་དོར་མ་ཞོག །གལ་ཏེ་རྒྱལ་པོའི་ཁྲིམས་ཡོད་ན། །བསྟན་པ་དཀྲུགས་ནས་ཆོས་ལོག་བྱེད་པའི་མི་དེ་ཆད་པས་བཅད་པའི་འོས་ཡིན་ནོ། །དེའི་རྒྱུ་མཚན་ནོར་ལ་ཟོག་ཆོད་བྱས་པ་ལའང་། །རྒྱལ་པོའི་ཁྲིམས་མགོ་བཅད་པ། ལ་

ཐུག་པར། གྱུར་ན། །ཆོས་ལོག་བརྫུན་མས་བསྒྱུར་བ་ལ། །རྒྱལ་པོའི་ཁྲིམས་ལ་ཅིས་མི་ཐུག སྡེ་ཆོས་རྒྱལ་ཐམས་ཅད་ཆོས་ཀྱི་ཁྲིམས་ཆེན་པོ་མཛད་པ་དང་། དགྲ་བཅོམ་པ་རྣམས་བཀའ་བསྡུ་བ་མཛད་པ་ལ་སོགས་པའི་དགོས་པ་དེ་ཡིན་ནོ། །བླུན་པོ་མཁས་པར་འཆོས་པ་འགའ། །ལྟ་སྒོམ་སྤྱོད་པ་དང་། ལས་དང་པོ་བ་དང་བརྟན་པ་ཐོབ་པ་དང་། འཕགས་པའི་གང་ཟག་ལུང་གི་གནས་སྐབས་མི་ཤེས་པར། །ང་ལ་འང་ལུང་ཡོད་ཅེས་མདོ་རྒྱུད་ལུང་སྦྱོར་བྱེད་མོད་ཀྱི། །དེ་ནི་བླུན་པོའི་ཁ་ཤགས་འགའ་ཞིག་དགྲ་བོའི་གྲོགས་སུ་འགྲོ་བ་ལྟར། །གང་དུ་འགྲོ་བ་མི་ཤེས་སོ། །

དཔེར་ན་ཕྱག་དང་མཆོད་པ་དང་། །སྦྱིན་དང་ཚུལ་ཁྲིམས་སོགས་མི་དགོས། །སེམས་བསྐྱེད་དབང་བསྐུར་བྱ་མི་དགོས། །བསམ་གཏན་ཀློག་པ་འདིར་མི་དགོས། །དགེ་དང་སྡིག་པ་གཉིས་ཀ་མེད། །སངས་རྒྱས་སེམས་ཅན་ཡོད་མིན་སོགས། །འདི་འདྲ་གསུངས་པའི་ལུང་རྣམས་ཀུན། །ལྟ་བ་ཡིན་གྱི་བསྒོམ་པ་དང་། །སྤྱོད་པ་གཉིས་ཀྱི་ལུང་མ་ཡིན། །དབང་མེད་པ་ལ་དངོས་གྲུབ་མེད། །ཆོ་ག་འཁྲུགས་ན་ལས་མི་འཆགས། །ལོག་པར་སྤྱད་ན་ལྟུང་བ་འབྱུང་། །ལྟ་བསྒོམ་འཁྲུལ་ན་བྱིན་མི་རློབ། །ཐེ་ཚོམ་ཟ་ན་ཉེས་པ་སྐྱེ། །དེས་ན་ཆོ་ག་ཅི་བྱེད་ཀྱང་། །ཤིན་ཏུ་དག་པར་བྱ་དགོས་ཞེས། །དེ་འདྲའི་ལུང་ཀུན་སྤྱོད་པ་དང་། །བསྒོམ་པ་ཡིན་གྱི་ལྟ་བ་མིན། །གཞན་ཡང་ལུང་སྦྱོར་བྱེད་པ་ལ། །འཇིག་རྟེན་པ་དང་འཇིག་རྟེན་ལས། །འདས་པའི་གནས་སྐབས་རྣམ་གཉིས་ཡོད། །དབང་དང་དམ་ཚིག་སྡོམ་པ་སོགས། །འབད་ནས་བསྲུབ་པར་གསུངས་པ་ནི། །འཁོར་བའི་རྒྱ་མཚོ་མ་བརྒལ་བའི། །འཇིག་རྟེན་པ་ལ་གསུངས་པ་ཡིན། །དབང་དང་དམ་ཚིག་སོགས་མི་དགོས། །ཕྱག་དང་མཆོད་པ་ཀུན་ལས་གྲོལ། །བསམ་གཏན་བསྒོམ་པ་ཀུན་སྤངས་ཏེ། །ལམ་ཀུན་གཟིངས་བཞིན་དོར་བྱ་ཞེས། །གསུངས་པ་འཁོར་བའི་རྒྱ་མཚོ་ལས། །བརྒལ་བའི་གང་ཟག་རྣམས་ལ་གསུངས། །དེ་འདྲའི་གནས་སྐབས་ཤེས་ནས་ནི། །དེ་དང་འཚམ་པའི་ལུག་སྦྱོར་བྱ། །དེ་འདྲའི་རྣམ་བཞག་མི་ཤེས་པའི། །ལུག་སྦྱོར་མཁས་པའི་བཞད་གད་གནས། །རྒྱུས་འབྲིང་བསྡུས་གསུམ་ལ་སྐབས་བརྒྱད་ཀྱི་མཚམས་མི་ཤེས་པར་ལུང་སྦྱོར་བྱས་ན་ལུང་ཡོད་ཀྱང་གནས་སྐབས་འཁྲུགས་ནས་མཁས་པའི་བཞད་གད་དུ་འགྱུར་བ་བཞིན་ནོ། །

མིག་ལྡན་ཇི་ལྟར་ལམ་ནོར་ཡང་། །གཡང་སར་གོམ་པ་འཛུག་མི་སྲིད། །དེ་བཞིན་མཁས་པ་འཁྲུལ་ན་ཡང་། །ནོར་བ་ཆུང་བས། སངས་རྒྱས་བསྟན་ལས་འདའ་མི་ནུས། །མིག་མེད་གལ་ཏེ་ལམ་ནོར་ན། །གཡང་སར་མཆོངས་ནས་ལྟུང་བར་འགྱུར། །དེ་བཞིན་བླུན་པོ་འཁྲུལ་གྱུར་ན། །ནོར་པ་ཁམ་ཅན་འབྱུང་བས། སངས་རྒྱས་བསྟན་ལས་འདས་ཏེ་ལྟུང་། །ཆག་ཚད་ཤེས་པའི་བཟོ་ལ་ནི། །རིང་ཐུང་བྱུང་ཡང་སོར་གང་ཡིན། །ཆག་ཚད་མེད་པའི་བཟོ་འགའ་ཞིག །ཉེས་ན་བཞད་གད་གནས་སུ་འགྱུར། །དེ་བཞིན་གཞུང་ལུགས་ཤེས་པའི་མི། །འཁྲུལ་ཡང་ཚིག་དོན་ཅུང་ཟད་ཡིན། །གཞུང་ལུགས་གང་ཡང་མི་ཤེས་པ། །འཁྲུལ་ན་ནོར་བ་ཁམ་ཅན་འབྱུང་བས། བསྟན་པ་འཇིག

ལ་ཐུག །དེས་ན་སངས་རྒྱས་བསྟན་པ་བཞིན། །བསྒྲུབ་པར་འདོད་ན་ཆོས་ཀྱི་ལོང་ཁྲིད་དམ་ཆག་ཚད་ལྟ་བུ་ཡིན་པས། གཞུང་བཞིན་བྱ། །སྔུན་པོས་གོ་བའི་དཔེ་གཞན་ཡང་མིག་མངས་རྒྱ་དང་མ་འབྲེལ་ན། །རྡེའུ་མང་ཡང་ཤི་རོ་ཡིན། །དེ་བཞིན་དུ་ཉན་ཐོས་པ་འདུལ་བའམ། ཕར་ཕྱིན་པ་མདོ་སྡེའམ། གསང་སྔགས་པ་རྒྱུད་སྡེའི། ལུངས་དང་མ་འབྲེལ་བའི། །ཆོས་ལུགས་མང་ཡང་རོ་དང་འདྲ། །སྙེ་སྙིང་པོ་མེད།

སྐད་བརྒྱད་དང་ནི་ཚིག་བརྒྱད་དུ། །གྲགས་པའི་ཆོས་ལུགས་མང་པོ་ཡོད། །རྒྱུད་དང་མཐུན་ན་བླང་དུ་རུང་། །མིན་ན་སྐད་བརྒྱད་ཚིག་བརྒྱད་དུ་མིང་བཏགས་ནས་གཞན་མགོ་བསྐོར་བའི། བརྫུན་གྱི་བསྡེབ་ཕྱོགས་ཡིན། །ཕྱི་ལམ་གྱི་ནི་ཆོས་ལུགས་དང་། །ཞལ་མཐོང་གི་ནི་ལྷ་ལ་སོགས། །འདི་དག་མདོ་རྒྱུད་དང་མཐུན་ན། །བླངས་ཀྱང་སྐྱོན་དུ་འགྱུར་བ་མེད། །མདོ་རྒྱུད་ཀུན་དང་མི་མཐུན་ན། །ཕར་ཕྱིན་གྱི་བདུད་ཀྱི་ལེའུ་ལས་འདི་འདྲ་འབྱུང་བར་བཤད་པས། བདུད་ཀྱི་བྱིན་རླབས་ཡིན་ཞེས་བྱ། །བླ་མའང་མདོ་རྒྱུད་དང་མཐུན་ན། །དེ་ནི་བླ་མ་ཡིན་པར་གཟུང་། །སངས་རྒྱས་བསྟན་བཞིན་མི་གསུངས་ན། །བླ་མ་ཡིན་ཡང་བཏང་སྙོམས་སུ། བཞག་གི་དེའི་གསུང་ལ་བདེན་པར་མི་གཟུང་། །དེས་ན་ཕྱི་ལམ་དུ་ཕྱི་བའི། ཆོས་ལུགས་དང་། །འགའ་ཞིག་གིས་ཞལ་གཟིགས་པ་ཡི་ཡི་དམ་གྱི་ལྷ། དང་། །ལུང་བསྟན་མཛད་པའི་སངས་རྒྱས་དང་། །བླ་མའི་གསུང་སྒྲོས་ལ་སོགས་པ། །མ་དཔྱད་པར་ནི་གཏམ་ཆོལ་དུ། །ཚད་མ་ཡིན་ཞེས་གཟུང་མི་བྱ། །འདི་འདྲ་བདུད་ཀྱི་བྱིན་རླབས་ལས། །འབྱུང་བ་སྲིད་པར་རྒྱལ་བས་གསུངས། །དེས་ན་སངས་རྒྱས་བསྟན་པ་མཆོག་ལ་གཉིས་ཡོད་པའི་དྲང་དོན་པོར་ལ། །ངེས་དོན་ཚད་མ་ཡིན་པར་གཟུང་། །ཡང་ན་དངོས་པོ་སྟོབས་ཞུགས་ཀྱི། །རིགས་པས་གྲུབ་པ་མངོན་སུམ་དང་རྗེས་དཔག་ཚད་མར་གཟུང་། །སྐྱེས་བུ་བརྫུན་མས་སྦྱར་བ་ཡི། །མདོ་རྒྱུད་དུ་མིང་བཏགས་པ། ཚད་མར་གཟུང་མི་བྱ། །བརྫུན་མས་སྦྱར་བ་དཔེར་ན་ཀོའུ་ཤི་ཀའི་མདོ་དང་ནི། །དེ་བཞིན་འཕགས་པ་ཤིག་ཅན་དང་། །བློ་གྲོས་བཟང་མོ་ཆུང་དུ་སྟོང་པོ་རྒྱན། སོགས། །བོད་ཀྱིས་སྦྱར་བའི་མདོ་སྡེ་ཡིན། །སྣང་བརྒྱད་དང་། ལས་དགེ་སྡིག་བསྟན་པ་ལ་སོགས་རྒྱ་ནག་ནས་བསྒྱུར་བ་ཡིན། གཞན་ཡང་གསང་སྔགས་གསར་རྙིང་ལའང་། །ལམ་ལྷ་བཀོལ་བ་དང་། དབང་བསྐུར་རྒྱལ་པོའི་རྒྱུད་ལ་སོགས་པ། བོད་ཀྱིས་སྦྱར་བའི་རྒྱུད་སྡེ་མང་། །དེ་འདྲའི་རང་བཟོའི་མདོ་རྒྱུད་ལ། །སངས་རྒྱས་ཀྱི་གསུང་ཡིན་བྱས་ནས། མཁས་པས་ཡིད་རྟོན་མི་བྱའོ། །གཙུག་ཏོར་ནག་མོ་བྱ་ཁྱུང་བསམ་ཡས་མ། ལ་སོགས་པ། །བོད་ཀྱི་ལྷ་འདྲེས་སྦྱར་བ་ཡོད། །འཕྲུལ་གྱི་བྱིན་རླབས་ཅུང་ཟད་འབྱུང་། །འོན་ཀྱང་ཚད་མར་བྱར་མི་རུང་། །ལྷ་མོ་གནས་མཁར་ནམ་མཁའ་ལྡིང་གི་རྟོག་པ། ལ་སོགས་པ། །མུ་སྟེགས་བྱེད་ཀྱི་རྒྱུད་ཀྱང་ཡོད། །ཅུང་ཟད་བདེན་པ་ཡོད་མོད་ཀྱི། །དེ་ལའང་ལུང་དུ་བྱར་མི་རུང་། །དེ་ཡི་འཐད་པ་རྒྱུད་བླ་མར། །མགོན་པོ་བྱམས་པས་འདི་སྐད་གསུངས། །མ་རིག་ལྡོངས་པའི་མུ་སྟེགས་ལའང་། །ཕྲིན་བུའི་ཡི་གེ་འདྲ་བ་ཡི། །ཅུང་ཟད་བདེན་པ་ཡོད་མོད་

ཀྱི༔ །འོན་ཀྱང་ཡིད་རྟོན་མི་བྱ་གསུང་། །རིང་བསྲེལ་དང་ནི་ཕྱུགས་དང་ལྷགས། །སྐུ་གཟུག་ལ་སོགས་ཤི་བའི། རུས་པ་ལས། །འབྱུང་བའི་རྒྱུ་མཚན་ཅུང་ཟད་དཔྱད། །སངས་རྒྱས། རང་སངས་རྒྱས། དགྲ་བཅོམ་པ་འཕགས་པ་གསུམ་གྱི་རིང་བསྲེལ་ནི། །ཡོན་ཏན་སྟོབས་ཀྱིས་འབྱུང་བ་སྟེ། །ལུས་ཅན་རྣམས་ཀྱི་བསོད་ནམས་བསགས་པའི་རྟེན། །འབྱུང་ཁུངས་ཀྱི་རྒྱ་མཚོའམ་གསེར་ཁ། ལས་བྱུང་རིན་ཆེན་དང་། འདྲ། །སྐྱེ་ཁུངས་ནས་བྱུང་བ་ཡིན། རིང་བསྲེལ་ལ་ལ་གཞན་བསླུ་བའི་དོན་དུ༔ གདོན་གྱིས་བྱེད། །ལ་ལ་འབྱུང་བཞིའི་སྟོབས་ས་ཆུ་མེ་རླུང་འཕྲིམས་པའི་ནུས་པ་འགའ་ཞིག་ལས་འབྱུང་། །རིང་བསྲེལ་ཁ་ཅིག་བསྟན་ལ་དགའ་བའི་ལྷས། །འདས་པའི་གང་ཟག་དེ་ལ་མི་རྣམས་དད་པར་བྱ་ཕྱིར་སྤྲུལ་པའང་སྲིད། །དེང་སང་རིང་བསྲེལ་ཕལ་ཆེ་བ། །རྡོ་ཞུག་སྐྱིད་དང་། རམ་ཉེ་བའི་འབྲས་བུ་དང་། ཉའི་མིག་དང་། བལ་པོས་རུས་པ་ལ་བཟོ་བྱས་པ། །བརྫུན་མས་བྱས་པའི་རིང་བསྲེལ་ཡིན། །དེས་ན་རྣམ་དབྱེ་མཁས་པས་དཔྱད། །ཕྱུགས་ལྷགས་སྐུ་གཟུགས་ལ་སོགས་པ། །འབྱུང་བ་ཆོས་ནས་གསུངས་པ་མེད། །འོན་ཀྱང་དེ་འདྲ་འབྱུང་བ་ཀུན། །ཕལ་ཆེར་བརྫུན་མས་བྱས་པ་ཕྱུགས་ལྷགས་མ་ཆེག་པར་མི་ནང་ནས་བཏོན་པ་དང་། བཟོ་བོས་རུས་པ་ལ་བརྐོས་པའི་སྒྲ། ཡིན། །གལ་ཏེ་བཟོ་བོས་མ་བྱས་པར། བདེན་པར་བྱུང་བ། ཡིན་ན་ཡང་། །ལུང་ནས་འདི་ལྟ་བུ་བྱུང་ན་བཟང་ངན་འདི་ལྟ་བུ་ཡིན་ཞེས་བཤད་པ་དང་མངོན་སུམ་རྗེས་དཔག་གི་རིགས་པ། གཉིས་ཀ་མེད་པའི་ཕྱིར། །བཟང་ངན་གཉིས་ཀར་ལུང་བསྟན་དཀའ། །ཉི་མ་དུ་མ་ཤར་བ་དང་། །མཁའ་ལ་མཐོངས་ཁྱུང་ལྟ་བུ། བྱུ་གདོད་པ་དང་། །མཚན་མོ་གཞའ་འཚོན་དཀར་པོ། འབྱུང་བ་དང་། །ལུས་ལ་འོད་ཟེར་འཕྲོ་བ་དང་། །གློ་བུར་དུ་མ་བསྒྲུབས་པར། ལྷ་འདྲེ་མཐོང་བ་དང་། །གསོན་པོའི་ལུས་ལ་བརྫུན་མེད་པར། །རིང་བསྲེལ་འཛག་པ་དང་རྒྱུ་མཚན་མེད་པའི་མངོན་ཤེས་ཕྲ་མོ་དང་བྱིན་རླབས། ལ་སོགས་པ། །བླུན་པོ་རྟགས་སུ་བྱེད་མོད་ཀྱི། །མཁས་པས་འདི་འདྲ་མཐོང་གྱུར་ན༔ །བར་ཆད་རྟགས་སུ་ཤེས་པར་གྱིས། །སྐུ་གཟུགས་མཆི་མ་འཛག་པ་དང་། །དེ་བཞིན་གོམ་པས་འགྲོ་བ་དང་། །སྐུ་གཟུགས་གར་བྱེད་པ་དང་སྐུ་གཟུགས་སྐད་འབྱིན་དང་། །ཁྲག་གི་ཆར་པ་འབབ་པ་དང་། །ས་འོག་བོང་བུའི་སྒྲ་སྒྲོགས་དང་། །དུད་འགྲོ་མི་སྐད་སྨྲ་བ་དང་ས་འོག་དང་ནམ་མཁའ་ལ་རོལ་མོའི་སྒྲ་གྲགས་པ། གནམ་རྡོ་ལྷུང་བ། སོགས། །བླུན་པོ་ངོ་མཚར་སྐྱེད་མོད་ཀྱི། །མཁས་པས་འདི་འདྲ་མཐོང་གྱུར་ན། །ཡུལ་དེར་དགྲ་བོ་གཞན་དག་འཇུག །ཡང་ན་ནང་འཁྲུག་དང་། ཡམས་ལ་སོགས་པ། ལྟས་ངན་གཞན་དག་འབྱུང་། །འདི་འདྲའི་རིགས་ཅན་ས་གཡོ་བ་དང་། ལྕེ་འབབ་པ་ལ་སོགས་པ༔ གཞན་མཐོང་ཡང་། །མཁས་པ་རྣམས་ལ་ལེགས་པར་དྲིས། །དེ་དག་དོན་ལ་འཁྲུལ་པ་ཡི། །རྣམ་པར་དབྱེ་བ་མདོ་ཙམ་ཡིན། །རྒྱས་པར་བཤད་ན་དཔག་ཏུ་མེད་དོ། །

དེ་ནས་ཚིག་ལ་འཁྲུལ་པ་ཡི། །རྣམ་དབྱེ་ཅུང་ཟད་བཤད་ཀྱིས་ཉོན། །བཅོམ་ལྡན་འདས་ཀྱི་བཤད་པ་ལ༔ །བདུད་བཞི་བཅོམ་དབང་ཕྱུག་སོགས་དྲུག་ལྡན་འཁོར་བ་མྱ་ངན་ལས་འདས་ཞེས། བཤད་པ་དང་། །གླེགས་བམ་གྱི་ནི་

བཤད་པ་ལ། །གླིགས་ཤིང་གླིགས་ཐག་འཆད་པ་དང་། །ཕྱག་རྒྱ་ཆེན་པོའི་བཤད་པ་ལ། །ཕྱག་ལག་པ་རྒྱ་བསྡོལ་བ་ཞེས་ལག་པའི་བརྡ་དོན་འཆད་པ་དང་། །ཡེ་ཤེས་ཀྱི་ནི་བཤད་པ་ལ། །གདོད་མའི་ཤེས་པར་འཆད་པ་དང་། །རྣལ་འབྱོར་འཆད་ལ་སེམས་རྣལ་མ། །རིག་པ་འབྱོར་ཅེས་འཆད་པ་དང་། །རྒྱལ་མཚན་རྩེ་མོའི་དཔུང་རྒྱན་དཔུང་པའི་རྒྱན། ལ། །དམག་གི་དཔུང་དུ་འཆད་པ་དང་། །གཏུམ་མོའི་བརྡ་བཤད་བདག་འཛིན་གསོད་པའི་ཤན་པར་འཆད་དགོས་པ་ལ། རྣམ་རྟོག་ནི། །ཆོས་ཉིད་གཏུམ་པར་འཆད་པ་དང་། །གླུ་ཡི་བརྡ་བཤད་བྱེད་པ་ལ་གཱ་ས་རུ་བསྒྱུར་ནས། སེམས་ཅན་སླུ་བར་འཆད་པ་དང་། །ཕུར་མ་ཕྱེ་མ་རྒྱ་སྐད་དུ་མེ་ཏུ་རི་རབ་ཉིད་ཡིན་པས། རི་རབ་མཉམ་པ་ཡིན་པ། ལ། །དྲི་རབ་མནམ་པར་འཆད་པ་དང་། །ཤཱཀྱའི་བུ་མོ་གོ་པཱའི་བརྡ། །གོ་ནི་ས་ཡིན་པཱ་ཡི་བརྡ། །པཱ་ལ་ཞེས་པ་འཚོ་བ་འམ་སྐྱོང་བ་སོགས་ལ་འཇུག །དེས་ན་བོད་སྐད་ས་འཚོ་ཡིན། །དེ་ལ་གོ་པཱའི་བརྡ་བཤད་ནི། །རྟོགས་པའི་དོན་དུ་བཤད་པ་དང་། །འབུམ་ལས་བྱང་ཆུབ་སེམས་དཔའ་རིན་ཆེན་དཔལ་གྱི་བསླབ་པ་ལ་བསླབ་པར་བྱའོ་ཞེས་བྱ་བའི་དོན་ལ་རྒྱ་སྐད་རཏྣ་ཀ་ཏུ་ལ། །བོད་སྐད་ལ་རཏྣ་རིན་ཆེན། ཀ་ཏུའི་བརྡ་ནི་དཔལ་དང་ཏོག །དང་། གཟའ་དུ་བ་མཇུག་རིངས་དང་རྒྱལ་མཚན། སོགས་ལ་འཇུག །སྐད་རྙིང་རྣམས་ལ་དཔལ་དུ་ཡོད། །པས། གསར་བཅད་མན་ཆད་ཏོག་ཏུ་བསྒྱུར། །དེས་ན་འབུམ་ལས་རིན་ཆེན་དཔལ། །གསར་བཅད་ཀྱིས་ནི་ཞུས་པ་ཡི། །བརྒྱད་སྟོང་པ་ལས་རིན་ཆེན་ཏོག་གི་བསླབ་པ་ལ་བསླབ་པར་བྱའོ། །ཅེས་བྱར་བསྒྱུར་བ་མི་ཤེས་པར། །རིན་ཆེན་དཔལ་དུ་བཤད་པ་ལ་དེ་ཡིན་ན་རྒྱ་སྐད་རཏྣ་ཤྲཱི་འོང་དགོས་པ་ལས་དེ་མེད་པ། དང་། །

པོ་ཏ་ལ་ཞེས་བྱ་བའི་བརྡ། །བོད་སྐད་དུ་ནི་གྲུ་འཛིན་ཡིན། །རི་བོ་གྲུ་འཛིན་ཞེས་བྱ་བར། །བསྒྱུར་ན་བོད་ལ་འཐད་མོད་ཀྱི། །ལ་ལས་རྒྱ་སྐད་སོར་བཞག་ནས། །པོ་ཏ་ལ་ཡི་རི་ཞེས་བསྒྱུར། །དེ་ལ་བརྡ་བསྒྱུར་ལ་ལ་ཡིས། །རི་བརྡ་གོང་དུ་ཕྱུང་ནས་ནི། །རི་པོ་ཏ་ལ་ཞེས་བྱར་བསྒྱུར། །དེ་དོན་མ་རྟོགས་པ་རྣམས་ཀྱིས། །པོ་བོ་རུ་བསྒྱུར་ནས་རི་བོ་ཏ་ལར་བཤད་པ་འཁྲུལ། །འཁོར་གསུམ་ཡོངས་དག་ཅེས་བྱ་བ། །རྒྱ་སྐད་དུ་ནི་ཏྲི་མཎྜལ། །པ་རི་ཤུདྡྷ་ཞེས་བྱར་ཡོད། །ཏྲི་ནི་གསུམ་ཡིན་མཎྜལ་ལ། །ཞེས་བྱ་བོད་སྐད་དཀྱིལ་འཁོར་ཡིན། །པ་རི་ཤུདྡྷ་ཡོངས་དག་པ། །དྲང་པོར་བསྒྱུར་ན་དཀྱིལ་འཁོར་གསུམ། །ཡོངས་སུ་དག་པ་ཞེས་བྱར་འགྱུར། །མཁས་པ་རྣམས་ཀྱིས་བརྡ་བསྡུས་ནས། །འཁོར་གསུམ་ཡོངས་དག་ཅེས་བྱར་བསྒྱུར། །དེ་ཡི་བརྡ་དོན་མི་ཤེས་པར། །འཁོར་གསུམ་དཔོན་པོའི། གཡོག་ལྷ་ཐུར། ཏུ་འཆད་པ་འཁྲུལ། །རྒྱ་སྐད་ལཀྵ་པུ་རི་ལ། །པུ་རིའི་བརྡ་ན་གྲོང་ཁྱེར་ཡིན། །བོད་སྐད་ལཀྵའི་གྲོང་ཁྱེར་ཏེ། །ལྷོ་ཕྱོགས་རྒྱ་མཚོའི་གླིང་ན་ཡོད། །པར་ལཀྵར་གཤེགས་པར་གསུངས། འོན་ཀྱང་རྒྱ་སྐད་མ་ཤེས་པར་པུ་རིའི་བརྡ། པུ་རངས་སུ་ནི་འཆད་པ་འཁྲུལ་པ། དང་། །རྒྱ་སྐད་བི་མ་ལ་མི་ཏྲ། །བོད་སྐད་དྲི་མེད་བཤེས་གཉེན་ཡིན། །དེ་ཡི་བརྡ་དོན་མི་ཤེས་པར། །བི་བྱེ་རུ་བཅོས་ནས་ཆོས། བྱེ་མའི། ལ་ཙམ་བསྒྱུར་བས་བྱེ་མ་ལར་འཆད་པ། དང་མི་ཏྲ་མུ་ཏྲར་བཅོས་ནས། མུ་ཏྲའི་བརྡ།

ཕྲུག་རྒྱ་ཡིན་པར་བཤད་པ་འཁྲུལ་པ། དང་། །རྒྱ་སྐད་ནཱ་རོ་ཏ་ཡི་སྒྲ། །བྲམ་ཟེའི་རིགས་ཀྱི་བྱེ་བྲག་ཡིན། །དེ་ཡི་རྒྱུ་མཚན་མི་ཤེས་པར། །དཀའ་བ་སྤྱད་པས་ཨ་ན་ན། །རོ་རུ་སོང་ཞེས་རྒྱ་སྐད་ལ་བོད་སྐད་ཀྱི་བཤད་པ་བྱེད་ཅིང་། འཆད་པ་དང་། །ཏི་ལོ་ཞེས་བྱ་བ། ཏིལ་མར། བརྡུང་བའི་རིགས། ཡིན། །དེ་ལ་ཏིཏྟི་རུ་བསྒྱུར་ནས། ཏི་ལོར་འཆད་པ་འཁྲུལ་པ། དང་། །ཉའི་རྒྱུ་ལྟོ་གསོལ་ཞིང་སྒྲུབ་པ་མཛད་པས་རྒྱ་སྐད་ལཱུ་ཧི་པ། ཞེས་བྱ་བའི་མཚན་དེ་བྱུང་བ་ལས། བོད་སྐད་ཉ་ཡི་རྒྱུ་ལྟོ་ཡིན། །དེ་ཡི་སྒྲ་དོན་མི་ཤེས་པར། །ལུཨི་རུ་བཅོས་ནས། ལཱུ་ཡི་པ་རུ་འཆད་པ་འཁྲུལ་པ་དང་། །རྒྱ་སྐད་ཨིནྡྲ་བྷཱུ་ཏི་ནི། །བོད་སྐད་འབྱུང་པོའི་དབང་པོ་ཡིན། །དེ་ཡི་སྒྲ་འགྱུར་མི་ཤེས་པར། །ཨིནྡྲ་བྷཱུ་ཏི་བོ་དྷི་ར་བཅོས་ནས་བརྒྱ་བྱིན་བྱང་ཆུབ་ཏུ་འཆད་པ་འཁྲུལ་ཏེ། བརྒྱ་སྦྱིན་བྱང་ཆུབ་ཡིན་ན་ཤཀྲ་བོ་དྷི་ར་འོང་དགོས་པས་སོ། ། དང་། །རྒྱ་སྐད་ཨ་བ་དྷཱུ་ཏིའི་སྒྲ། ཨ་པ་དྷ་གཉིས་སྤྲངས་སམ་ནི་ཨཱ་ཥ་དྷཱུ་ཀུན་འདར་ཡིན། །དེ་ལ་ཅི་འདོད་འདོད་འོང་བས། འདོད་སྦྱོར་འཆད་པ་དང་། །རྒྱ་སྐད་དོ་ཧ་ཞེས་བྱ་བ། །བོད་སྐད་ལྷུག་པའམ་མ་བཅོས་པ། །ཞེས་བྱའི་དོན་ལ་འཇུག་མོད་ཀྱི། །དེ་ཡི་རྒྱུ་མཚན་མི་ཤེས་པར། །དོ་ནི་གཉིས་ཡིན་ཧ་དགོད་པ། །གཉིས་ལ་དགོད་པར་འཆད་པ་དང་། །ལ་ལ་གཉིས་ལ་བརྟེག་པར་འཆད་པ་ནོར། རྒྱ་སྐད་ཛ་བ་ཞེས་བྱ་བ། །བོད་སྐད་དུ་མེ་ཏོག་དམར་པོ་ཞིག་ལ་འཇུག །དེ་ཡི་བརྡ་དོན་མི་འཕྲོད་པར། །རྒྱ་སྐད་ལ་བོད་སྐད་ཀྱི་བཤད་པ་བྱས་ནས། བྱམས་པའི་མཛའ་བར་འཆད་པ་སོགས། །ཁིཎྜ་པ་ལ་ཁིཎྜུ་པ་དང་། མདོ་ལས། འདི་ན་གཉིས་ཅིག་བྱིན། ཞེས་བྱ་བ་དཔྱལ་གྱི་དོང་རྩེའི་བྱེ་བྲག་ཅིག་ཡིན་པ་ལ། དེ་ལ་གཉིས་གཅིག་བྱིན་པར་བཤད་པ་ལྟ་བུ་མང་པོ་ཡོད། བླུན་པོ་རྣམས་ལ་ལེགས་ལེགས་འདྲ། །མཁས་པས་མཐོང་ན་བཞད་གད་གནས། །རྒྱུ་མཚན་ཅི་ཡི་ཕྱིར་ཞེ་ན། །སཾསྐྲྀ་ཏ་ཡི་སྒྲ་དོན་ལ། །བཤད་དུ་མི་རུང་ཉིད་ཕྱིར་དང་། །རྒྱ་སྐད་ཡིན་པར་མི་ཤེས་པར། །འཁྲུལ་ནས་རྒྱ་སྐད་ལ། བོད་སྐད་ཡིན་པར་འཁྲུ་སྙོན། བཤད་ཕྱིར་རོ། །

དེས་ན་དེ་འདྲའི་བཤད་པ་ནོར་བ་མང་པོ་ཡོད་པ་དེ་དག་ཀུན། །བོད་ཀྱི་བླུན་པོས་སྦྱར་བས་ན། །མཁས་པ་རྣམས་ཀྱིས་དོར་བར་བྱ། །དེ་བཞིན་གཤེགས་པའི་བཤད་པ་ག་ཏར་ཡོད་པ་ལས་འགྲོ་བ་དང་རྟོགས་པ་གཉིས་ཀ་ལ་འཇུག་པ་དེ། ནི། །དེ་ཉིད་རྟོགས་པར་འཆད་པ་དང་། །དགྲ་བཅོམ་སྒྲ་དོན་ཨརྷ་ཏའི་སྒྲའི་ཁམས་མཆོད་འོས་ལའང་འཇུག་པས། མཆོད་འོས་དང་། །རྒྱལ་པོའི་བཤད་པ་རཱ་ཛའི་སྒྲའི་ཁམས་གསལ་བ་ལའང་འཇུག་པས། གསལ་བ་དང་། །བཟོད་པའི་བཤད་པ་ཀྵ་ནྟིའི་སྒྲའི་ཁམས་མི་འབྱེད་པ་ལ་འཇུག་པས། མི་འབྱེད་དང་། །སྐནྡྷའི་སྒྲ་ཕྲག་པ་ལ་འཇུག་པས་ཕུང་པོ་ཕྲག་པར་འཆད་པ་དང་། །དྷཱ་ཏུའི་སྒྲའི་ཁམས་དབྱིངས་ལ་འཇུག་པས་ཁམས་ལ་དབྱིངས་སུ་འཆད་པ་དང་། །ཤྲ་མ་ཎའི་སྒྲ་སྐྱལ་བ་ལ་འཇུག་པས་བཅོམ་པ་སྐྱལ་བར་འཆད་པ་དང་། །དུར་ཛཱའི་སྒྲ་ཐུབ་དཀའ་བ་ལའང་འཇུག་པས་སྦྱང་དཀའ་ཐུབ་དཀར་འཆད་པ་དང་། །ཨཱ་ཤ་ཡའི་སྒྲ་གནས་ལའང་འཇུག་པས་བག་ཆགས་གནས་སུ་འཆད་པ་དང་། །ཤཱཀྱའི་སྒྲ་ཡོད་པ་ལ་འཇུག་པས། ཡོད་པར་བཤད་པ་དང་། སོགས་ཕྲཱ་པ་ཏའི་སྒྲ་ཐོབ་པའམ་ཕྲད་པ་ལ་འཇུག བིའི་སྒྲ་བྲལ་བའམ་རྣམ་པར་ལ་འཇུག སུའི་སྒྲ་ལེགས་པའམ། བདེ་བའམ། བཟང་པོ་ལ་འཇུག་པས་སྐབས་ཐུང་ཟད་འཚོལ་བར

བཤད་ཀྱང་མཁས་པ་རྣམས་ལ་སྨྲོན་ཆུང་།

བོད་ལ་ཅུང་ཟད་མི་བདེ་ཡང་། །ལེགས་པར་སྦྱར་བའི་སྒྲ་དག་ལ། །ཤིན་ཏུ་འཐད་ཕྱིར་མཁས་པས་བླངས། །སངས་རྒྱས་གསུང་རབ་དྲི་མ་མེད། །པ་ལ་དགྲ་བཅོམ་པ་ལྔ་བརྒྱས། བསྡུ་བ་དང་པོ་བྱས་པའི་རྗེས། །ལ། བསྟན་པ་དག་པར་གནས་པ་ན། །ཡངས་པ་ཅན་གྱི་དགེ་སློང་གིས། །སངས་རྒྱས་བསྟན་དང་འགལ་བ་ཡི། །མི་རུང་བ་ཡི་གཞི་བཅུ་བྱས། །ཧུ་ལུ་ཧུ་ལུ་ཡི་རང་དང་། །ཀུན་སྤྱོད་སྟོད་དང་ལན་ཚྭ་དང་། །ལམ་དང་སོར་གཉིས་དཀྲུག་དང་གདིང་། །གསེར་གྱི་རུང་བ་བྱེད་པ་སྟེ། །འདི་དག་མི་རུང་གཞི་བཅུ་ཡིན། དེ་ལ་དགྲ་བཅོམ་པ་གྲགས་པ་དང་སེང་གེས་གཞི་མཛད་ནས། འཕགས་པ་བདུན་བརྒྱ་ཡིས། །ཆོས་ལོག་ལེགས་པར་སུན་དབྱུང་ཕྱིར། །ཅ་གག་གི་ཀུན་དགའ་ར་བར་ཆོས་རྒྱལ་མྱ་ངན་མེད་ཀྱིས་ཡོན་བདག་བྱས་ནས་བསྡུ་བ་གཉིས་པ་མཛད་ཅེས་ལུང་ལས། གྲག །

དེ་ལྟར་དག་པར་བྱས་པའི་རྗེས། །ལྷ་ཆེན་ཞེས་བྱའི་དགེ་སློང་ཞིག །བསྟན་པ་འདི་ཡི་ཆོམ་རྐུན་བྱུང་། །དེ་ཡིས་རང་གི་ཕ་མ་བསད། །སློབ་དཔོན་ཡིན་པའི་དགྲ་བཅོམ་བཀྲོངས། །རང་ཉིད་ཀྱི་དུར་སྒྲིག་གྱོན། སྒྲ་བཤར་ནས། མཁན་སློབ་མེད་པའི་དགེ་སློང་བྱས། །ཕྱི་ནས་དགོན་པར་བསྡད་ནས་ནི། །སྦྱིན་བདག་རྣམས་ཀྱི་དད་རྫས་ཟོས། །བླུན་པོ་རྣམས་ཀྱི་མཁན་སློབ་བྱས། །བླུན་པོ་ལོངས་སྤྱོད་ཅན་རྣམས་ཀྱིས། །ཕུལ་བའི་ཟས་ནོར་ཆར་བཞིན་བབ། །སྐལ་མེད་དད་ཅན་འདུས་པ་ཡི། །དགེ་འདུན་འབུམ་ཕྲག་དུ་མས་བསྐོར། །དེ་ནས་བརྫུན་རླབས་ཆེན་པོ་དེ། ཁོ་རང་དགྲ་བཅོམ་ཡིན་པར་ཁས་བླངས་སོ། །འཁོར་གྱིས་རྫུ་འཕྲུལ་ཞུས་པ་ན། །རྫུ་འཕྲུལ་མདང་། ཐོ་རངས་ཉམས་ཞེས་ཟེར། །བ་དང་། མཚམས་མེད་ལ་སོགས་པའི་རང་གི་སྡིག་པ་དྲན་པ་ཡིས། །ཀྱེ་མ་སྡུག་བསྔལ་ལོ་ཞེས་ཐོ་རངས་སྐྱེ་སྡུག་ཆེན་པོ་བཏོན་པ་ལ། །འཁོར་རྣམས་ཀྱིས་འཕགས་པ་སྡུག་བསྔལ་དང་བྲལ་བ་ལ། དེ་ཙམ་གྱི་སྡུག་སྐད་འདོན་ན་པ་ཅི་ལགས། ཞེས་དྲིས་པས། ངའི་སྡུག་སྐད་མ་ཡིན། སྡུག་བསྔལ་གྱི། བདེན་པ་བོས་པའོ། །ཞེས་བསྒྲགས། །སོ། དེ་ལ་ཆོས་དྲིས་པས་ཧུགས་པ་ལ། དགྲ་བཅོམ་པ་ཡིན་ཀྱི། ཐམས་ཅད་མཁྱེན་པར་ཁས་མ་བླངས་ཞེས་བྱ་བ། སོགས་པའི་བརྫུན་ཚིག་གིས། །ཚོགས་པ་རྣམས་ཀྱི་མགོ་བོ་བསྐོར། །འཕགས་པ་རྣམས་ལ་འབུལ་རྒྱུ་ཡི། །དད་རྫས་རྣམས་ཀྱང་བླུན་པོ་རྣམས་ཀྱིས་འཕགས་པ་རྣམས་བོར་ནས། དེ་ལ་འགྱུར། །རབ་བྱུང་བླུན་པོ་ཕལ་ཆེར་གྱིས། །དགྲ་བཅོམ་བོར་ནས་དེ་ལ་འདུས། །སངས་རྒྱས་མྱ་ངན་འདས་འོག་ཏུ། །སོ་སོ་སྐྱེ་བོས་འཁོར་བསྡུས་པ། །དེ་ལས་མང་བ་མེད་ཅེས་གྲགས། །དེ་ཡིས་ཆོས་ལོག་བཤད་པ་ཡི། །རྗེས་སུ་སློབ་མ་རྣམས་འབྲངས་ནས། །འཁྲུལ་པའི་གྲུབ་མཐའ་དུ་མ་བྱུང་། །ལྷ་ཆེན་བླུན་པོ་དེ་ཤི་ནས། །སེམས་ཅན་དམྱལ་བར་ཁྱུར་ཅེས་གྲག །དེ་ཡི་ལོག་པའི་ཆོས་དེ་དག །དགྲ་བཅོམ་པ་ལྔ་བརྒྱ། བྱང་ཆུབ་སེམས་དཔའ་ལྔ་བརྒྱ། པཎྜི་ཏ་ལྔ་བརྒྱ། རྣམས་ཀྱིས་སུན་ཕྱུང་ནས། །ཡུལ་ཛཱ་ལནྡྷ་རར་རྒྱལ་པོ་ཀ་ནི་ཀས་ཡོན་བདག་བྱས་ནས་བསྡུ་བ

གསུམ་པ་བྱས་ཞེས་གྲོས། །འོན་ཀྱང་དེ་ཡི་ལེ་ལན་གྱིས། །སྡེ་པ་བཅོ་བརྒྱད་རྣམས་ལ་ཡང་། །རྩོད་ཟད་བསྐྱེད་པ་ཡོད་ཅེས་ཟེར། །

མཁས་པའི་གཙུག་རྒྱན་དབྱིག་གཉེན་གྱིས། །ཡང་དག་བསྟུས་པའི་གཞི་ཉམས་ཕྱིར། །མཐའ་དག་མིན་པར་རྟོགས་པ་ཡིན། །ཞེས་གསུངས་པ་ཡང་དེ་ལ་དགོངས། །དེ་ནི་ཉན་ཐོས་རྣམས་ཀྱི་ཡིན། །ཐེག་པ་ཆེན་པོའི་བསྟན་པ་ནི། །ཤིན་ཏུ་དར་བར་གྱུར་པའི་ཚེ། །ཉི་མ་བསྒྲུབ་པའི་མུ་སྟེགས་བྱེད། །སྤྲང་པོ་ཉི་མའི་དངོས་གྲུབ་ཀྱིས། །གཙུག་ལག་ཁང་རྣམས་བསྲེགས་པའི་ཚེ། །དམ་ཆོས་མངོན་པ་ལ་སོགས་པ། །སྡེ་སྣོད་ཕལ་ཆེར་བསྲེགས་ཞེས་གྲག སྟེ། ཆོས་མངོན་པ་ཐེག་པ་ཆེན་པོ་གཏན་ནས་ནུབ། ཕལ་པོ་ཆེ། ལང྄ཀར་གཤེགས་པ། ཟླ་བ་སྒྲོན་མ། དྲན་པ་ཉེ་བར་བཞག་པ་ལ་སོགས་པ་གཞུང་འབུམ་ཕྲག་རེ་ཡོད་པ་རྣམས་ད་ལྟ་དུམ་བུ་རེ་ལས་མེད་པའི་རྒྱུ་མཚན་དེ་ལྟར་ཡིན། རྒྱུད་ཀྱང་ལ་ལ་གཏན་ནས་ནུབ། ལ་ལ་དུམ་བུར་སོང་བའི་རྒྱུ་མཚན་དེ་ལྟར་ཡིན་ནོ། །དེ་ནས་འཕགས་པ་ཐོགས་མེད་ཀྱིས། །ལོ་བཅུ་གཉིས་བསྒྲུབས་པའི་མཐར་མི་ཕམ་མགོན་པོ་བྱམས་པ། ལ་གསན་ནས་ནི། །ཐེག་པ་ཆེན་པོ་དེ་ཡི་གཞུང་ལུགས་དར་བར་མཛད། །དེ་ཡི་རྗེས་ལ་མཁས་པ་དང་། །བླུན་པོ་རྣམས་ཀྱི་བྱེ་བྲག་གིས། །བསྟན་པའི་འཕེལ་འགྲིབ་དུ་མ་བྱུང་། །ཕྱི་ནས་གངས་རིའི་ཁྲོད་ཀྱི་བོད། འདི་རུ། །སངས་རྒྱས་བསྟན་པ་ལེགས་པར་བསྒྱུར། །དེ་ནས་བསྟན་པ་དར་བའི་ཚེ། །རྒྱལ་པོ་དར་མས་བསྟན་པ་བསྣུབས། །དེ་རྗེས་ཆོས་ལོག་དུ་མ་འཕེལ། །

དེ་ཚེ་བླ་མ་ཡེ་ཤེས་འོད། །ཆོས་རྒྱལ་དེ་ཡིས་སྐྱེས་བུ་མཆོག །རིན་ཆེན་བཟང་པོ་ལ་སོགས་པ་བརྒྱད་གསུམ་ཉི་ཤུ་རྩ་བཞི། ཁ་ཆེར་བརྫངས། །པ་ལ། རྡོ་བོ་རིན་ཆེན་བཟང་པོ་དང་། ལོ་ཆུང་ལེགས་པའི་ཤེས་རབ་གཉིས་བོད་དུ་ཐོན་པ་ལས། འཛམ་པའི་དབྱངས་ཀྱིས་བྱིན་བརླབས་པའི། །མཁས་པ་རིན་ཆེན་བཟང་པོ། དེ་ཡིས་སྟོན་མེད་པའི། །ཆོས་རྣམས་ཕལ་ཆེར་བསྒྱུར་ཅིང་ཞུས། །ཆོས་དང་ཆོས་མིན་རྣམ་འབྱེད་པ། །ཞེས་བྱའི་བསྟན་བཅོས་མཛད་ནས་ནི། །ཆོས་ལོག་ཐམས་ཅད་ནུབ་པར་མཛད། །དེ་ཡི་སློབ་མ་ཞི་བ་འོད། །དེས་ཀྱང་སྔགས་ལོག་སུན་འབྱིན་པ། །ཞེས་བྱའི་བསྟན་བཅོས་མཛད་ཅེས་ཟེར། །དེ་དག་འདས་པའི་འོག་ཏུ་ཡང་། །ཆོས་ལོག་འགའ་ཞིག་འཕེལ་བའི་རྒྱུས། །ལྷས་བཙས་ཞེས་བྱའི་ལོ་ཙཱ་བ། །དེས་ཀྱང་ཆོས་ལོག་སུན་འབྱིན་པ། །ཞེས་བྱའི་བསྟན་བཅོས་མཛད་ནས་ནི། །ཆོས་དང་ཆོས་མིན་རྣམ་པར་ཕྱེ། ནས། ཆོས་ལོག་འགའ་ཞིག་ལ་འདི་ཆོས་ཡིན་རེ་ཞེས་མནའ་ཚུན་ཆད་བསྐྱལ་བའི་ཡི་གེར་བཏབ་ནས་བསྟན་འཚོས་བྱས་སོ། །

དེ་ནས་ཆོས་རྗེ་ས་སྐྱ་པ། །ཆེན་པོ་བཞུགས་པ་ཡན་ཆད་དུ། །ཆོས་ལོག་སྤྱོད་པ་ཉུང་ཞེས་གྲོས། །ཕྱི་ནས་དབང་བསྐུར་གྱི་དོན། ཕག་མོའི་བྱིན་རླབས་དང་། །སེམས་བསྐྱེད་རྨི་ལམ་མ་ལ་སོགས། །ཡི་དམ་བསྒོམ་པ་དགྲོངས་བསྐྱེད་དང་། །དཀར་པོ་ཆིག་ཐུབ་ལ་སོགས་པ། །སངས་རྒྱས་བསྟན་དང་འགལ་བ་ཡི། །ཆོས་ལོག་དུ་མ་དེང་

སང་འཕེལ། །མཁས་རྣམས་འདི་ལ་མི་དགྱེས་ཀྱང་། །དུས་ཀྱི་ཤུགས་ཀྱིས་བཟློག་མ་ནུས། །བླུན་པོ་སྤྲངས་པ་ཆུང་བ་རྣམས། །འདི་འདྲ་སྤྱོད་པ་བདེན་མོད་ཀྱི། །མཁས་པ་སྤྲངས་པར་རློམ་པ་ཡང་། །རི་བོང་ཆལ་བཞིན་འདི་ལ་སྤྱོད། །འདི་འདྲའི་རིགས་ཅན་འཕེལ་གྱུར་ན། །སངས་རྒྱས་བསྟན་ལ་གནོད་མི་གནོད། །མཁས་པ་རྣམས་ཀྱིས་དཔྱོད་ལ་སློས། །

གལ་ཏེ་འདི་འདྲའི་ཆོས་ལོག་གིས། །སངས་རྒྱས་བསྟན་ལ་མི་གནོད་ན། །མུ་སྟེགས་སོགས་ཀྱི་ཆོས་ལོག་ཀྱང་། །སངས་རྒྱས་བསྟན་ལ་ཅི་སྟེ་གནོད། །ཆོས་ལོག་གཞན་གྱིས་གནོད་ན་ནི། །འདི་དག་གིས་ཀྱང་མི་གནོད་དམ། །གནོད་ཀྱང་འདི་འདྲའི་རིགས་ལ། སུན་འབྱིན་མི་འཐད་ན། །མུ་སྟེགས་བྱེད་དང་ཉན་ཐོས་སོགས། །འདི་ཡང་སུན་དབྱུང་ཅི་སྟེ་བྱ། །འདི་དག་བསྟན་ལ་གནོད་པའི་ཕྱིར། །མཁས་རྣམས་སུན་འབྱིན་མཛད་ན་ནི། །བསྟན་ལ་གནོད་པ་པོད་ཀྱིས་བྱས། པའི་ཆོས་ལོག་ཀྱང་། །མཁས་པ་རྣམས་ཀྱིས་སུ་ཕྱུང་ཤིག །

ཅི་ཕྱིར་ཞེ་ན་རྒྱལ་བ་ཡིས། །རིན་ཆེན་ཆོས་ཀྱང་དཀོན་ལ་ནི། །རྟག་ཏུ་འཚེ་བ་མང་ཞེས་གསུངས། །སྡུད་པ་ལས། རིན་ཆེན་ཆོས་ཀྱང་དཀོན་ལ་རྟག་ཏུ་འཚེ་བ་མང་། །ཞེས་གསུངས་སོ། །འདི་ལ་བསམས་ལ་མཁས་རྣམས་ཀྱིས། །རྟག་ཏུ་བསྟན་པའི་བྱི་དོར་བྱ། །ཉི་མ་གཅིག་གི་བཟའ་བཏུང་ལའང་། །བཟང་ངན་རྟོག་དཔྱོད་སྣ་ཚོགས་གཏོང་། །གོས་དང་མཁར་ལྷན་ལ་སོགས་པའི། །བྱ་བ་གང་ལའང་ལེགས་ཉེས་དང་། །བཟང་ངན་མཁས་དང་མི་མཁས་ཞེས། །གླང་དོར་རྟོག་དཔྱོད་སྣ་ཚོགས་བྱེད། །རྟ་དང་ནོར་བུ་ལ་སོགས་པ། །ཕྲུང་ཟད་ཙམ་གྱི་ཉོ་ཚོང་ལའང་། །ཀུན་ལ་འདྲི་ཞིང་བརྟགས་ནས་དཔྱོད། །ཚེ་འདིའི་བྱ་བ་ཕྲན་ཟད་ལའང་། །དེ་འདྲའི་འབད་པ་བྱེད་པ་མཐོང་། །སྐྱེ་བ་གཏན་གྱི་ལེགས་ཉེས་ནི། །དམ་པའི་ཆོས་ལ་རག་ལས་ཀྱང་། །ཆོས་འདི་ཁྱི་ལ་གཙང་མི་གཙང་གང་བྱིན་ཡང་ཟ་བས་ཁྱི་ཡི་ཟས་བཞིན་དུ། །བཟང་ངན་གང་དུའང་མི་དཔྱོད་པར། །གང་ཐད་དེ་ལ་གུས་པར་འཛིན། །

ཉིན་གཅིག་གི་ནི་སྐྱེལ་མའམ། །ཚེ་གཅིག་གི་ནི་གཉེན་འབྲེལ་ལའང་། །འབད་དེ་བརྟགས་ནས་ལེན་པ་མཐོང་། །དེང་ནས་བརྩམས་ཏེ་རྫོགས་པ་ཡི། །སངས་རྒྱས་མ་ཐོབ་བར་གྱི་དོན། །བླ་མ་མཆོག་ལ་རག་ལས་མོད། །འོན་ཀྱང་རྟོག་དཔྱོད་མི་བྱེད་པར། །ཚོང་དུས་ངན་པའི་ཟོང་ལ་བརྟག་པ་མི་རྟེན་པས་གང་ཐད་པ་ཉོ་བ། བཞིན་དུ། །སུ་ཐད་རྣམས་ལས་ལེན་པ་མཐོང་། །ཀྱེ་མ་སྙིགས་མའི་དུས་འདི་མཚར། །འབད་མི་དགོས་ལ་འབད་པ་བྱེད། །འབད་དགོས་ཆོས་དང་བླ་མ་ནི། །ཅི་ཡང་རུང་བས་ཚིམ་པར་སྣང་། །བདག་ནི་སེམས་ཅན་ཀུན་ལ་བྱམས། །གང་ཟག་ཀུན་ལ་བདག་མི་སྨོད། །བརྒྱ་ལ་མཉམ་པར་མ་བཞག་པས། །སྨད་པ་སྲིད་ནའང་སྡིག་དེ་བཤགས། །དམ་ཆོས་འཁྲུལ་དང་མ་འཁྲུལ་བ། །སྐྱེ་བ་གཏན་གྱི་གྲོས་ཡིན་པས། །འདི་ཡི་ལེགས་ཉེས་དཔྱོད་པ་ལ། །སྡང་ཞེས་དེ་སྐད

ཏུ། སློན་འདང་། སློ་མཁན། རང་གི་སློན་ཡིན། །ཀླུ་སྒྲུབ་དང་ནི་དབྱིག་གཉེན་དང་། །ཕྱོགས་ཀྱི་གླང་པོ་ཆོས་གྲགས་དང་ཀླུ་གྲགས། སོགས། །མཁས་པ་ཀུན་གྱིས་སངས་རྒྱས་པ། རང་དང་། གཞན་མུ་སྟེགས་བྱེད། ཀྱི། །ཆོས་ལོག་ཐམས་ཅད་སུན་ཕྱུང་བ། །དེ་ལའང་སངས་རྒྱས་དང་མཁས་པ་རྣམས་གཞན་ལ། སྡང་ཞེས་ཟེར་རམ་ཅི། །རྫོགས་པའི་སངས་རྒྱས་ཀུན་གྱིས་ཀྱང་། །བདུད་དང་མུ་སྟེགས་སུན་ཕྱུང་བ། །དེ་ལ། ཡང་སངས་རྒྱས་བདུད་དང་མུ་སྟེགས་ལ། ཕྲག་དོག་བྱེད་པ། ཉིད་དུ། འགྱུར་རམ། །མཁས་རྣམས་བླུན་པོའི་ལོང་ཁྲིད་ཡིན། །ནོར་པའི་ཆོས་དང་མ་ནོར་པའི། །ལོང་ཁྲིད་ལེགས་པར་བྱས་པ་ལ། །འཁྲུལ་མ་འཁྲུལ་མ་ཕྱེ་ན་ནི་མི་གོ ཕྱེ་ན་ཕྲག་དོག་ཏུ་གོ་ནས་སྡང་ཞེས་སྨྲ་ན་ད་སླན་ཆད། །སངས་རྒྱས་བསྟན་པ་ཇི་ལྟར་བསྲུང་། །ལོང་ཁྲིད་ཀྱིས་ནི་ལོང་བ་ལ། །གཡང་ས་བཀག་ཅིང་ལམ་བཟང་པོར། །ཁྲིད་པའང་ཕྲག་དོག་ཡིན་ནམ་ཅི། །འོན་ལོང་བ་ཇི་ལྟར་བགྲོ། །ནད་པ་ལ་ནི་གནོད་པ་ཡི། །ཁ་ཟས་སྤོང་ཤིག་ཕན་པ་བསྟེན། །དེ་སྐད་སྨན་པས་སྨྲ་ན་ཡང་། །སྡང་དང་ཕྲག་དོག་འགྱུར་ན་ནི། །འོན་ནད་པ་ཇི་ལྟར་གསོ། །ཆོས་ལོག་པ་དང་མ་ལོག་པའི། །རྣམ་པར་དབྱེ་བ་བྱས་པ་ལ། །སྡང་དང་ཕྲག་དོག་ཡིན་ཟེར་ན། །འོན་འཁོར་བའི་རྒྱ་མཚོ་ལས། །སེམས་ཅན་རྣམས་ནི་ཇི་ལྟར་བསྒྲལ། །ཧི་ནོར་བ་བཤད་ན་སངས་མི་རྒྱ། མ་ནོར་བ་བཤད་ན་ཕྲག་དོག་ཏུ་འགྱུར་བའི་ཕྱིར་རོ། །སངས་རྒྱས་འཇིག་རྟེན་སྤྱོན་པ་དང་། །མཁས་རྣམས་བཤད་པ་བྱེད་པ་ལ། །ཆོས་ལོག་སུན་འབྱིན། བདུད་ཡི་མུག་སྐྱེས་བུ་དམ་པ་རྣམས་དགའ་བ་བསྐྱེད་པ་སྟེ། འབྲས་བུ་རྣམ་གསུམ་འབྱུང་བ་འདི། །སངས་རྒྱས་བསྟན་པའི་སྤྱི་ལུགས་ཡིན། །

མ་ཁོལ་གྱིས་ཀྱང་བསྟོད་པ་བརྒྱ་ལྔ་བཅུ་པ་ལས། འདི་སྐད་གསུངས། །དཔའ་བོ་ཁྱོད་ཀྱི་བསྟན་པ་ནི། །མུ་སྟེགས་ཐམས་ཅད་སྐྲག་མཛད་ཅིང་། །བདུད་ནི་སེམས་ཁོང་ཆུད་མཛད་ལ། །དང་མི་རྣམས་དབུགས་ཀྱང་འབྱིན། །ཞེས་གསུངས་དེང་སང་འདི་ན་ཡང་། །མཁས་པ་རྣམས་ཀྱིས་ཆོས་བཤད་ན། །ཆོས་ལོག་སྤྱོད་པ་ཕམ་བྱེད་ཅིང་། །བདུད་རིགས་ཐམས་ཅད་ཡི་མུག་འགྱུར། །མཁས་པ་ཐམས་ཅད་དགའ་བར་བྱེད། །འདི་འདྲས་བསྟན་པ་འཛིན་པར་ནུས། །འདི་ལས་བཟློག་པ་སྟེ། ཆོས་ལོག་ལ་བསྔགས་པར་བྱེད། བདུད་སྤྲོ་བ་བསྐྱེད། སྐྱེས་བུ་ཐ་ཤལ་རྣམས་དགའ་བར་བྱེད། བྱུང་གྱུར་ན། །སངས་རྒྱས་ཀྱི། བསྟན་པ། ལ་གནོད་པར་ཤེས་པར་གྱིས། །བདག་ཀྱང་རྡོ་རྗེ་ཐེག་མོ་ཡི། །བྱིན་རླབས་ཙམ་རེ་བྱས་པ་ལ། །

དཀར་པོ་ཆིག་ཐུབ་བསྟན་ནས་ཀྱང་། །སྒོང་བ་ཅུང་ཟད་སྐྱེས་པ་ལ། །མཐོང་ལམ་དུ་ནི་ངོ་སྤྲོད་ནས། །རྩོལ་བསྒྲུབ་མེད་པའི་དོན་བསྟན་ན། །ཚོགས་པའང་འདི་བས་མང་བ་འདུ། །ལོངས་སྤྱོད་འབུལ་བའང་མང་བར་འགྱུར། །བླུན་པོ་རྣམས་ཀྱི་བསམ་པ་ལའང་། །སངས་རྒྱས་ལྟ་བུར་མོས་པ་སྐྱེ། །ཆོས་ཀྱི་གནད་རྣམས་མི་ཤེས་པའི། །སྡེ་སྣོད་འཛིན་པར་རློམ་པ་ཡང་། །དེ་ལ་ལྷག་པར་དད་འགྱུར་བར། །བདག་གིས་ལེགས་པར་གོ་མོད་

ཀྱི༔ ༔འཁོར་དང་ཟང་ཟིང་བསྒྲུབ་པའི་ཕྱིར། །བདག་གིས་སེམས་ཅན་བསླུས་པ་མིན། །འོན་ཀྱང་སངས་རྒྱས་བསྟན་པ་ལ། །ཕན་པར་བསམས་ནས་བཤད་པ་ཡིན། །སྐྱེས་རབས་ལས། ཕན་པར་སྨྲ་ལ་མཆོད་པར་བྱེད་པ་ནི། །བསྒོ་བའི་ཚིག་བཞིན་གུས་པས་ཉན་པ་ཡིན། །ཞེས་གསུངས་པ་ལྟར་རོ། །སངས་རྒྱས་བསྟན་པ་བཞིན་བསྒྲུབས་ན། །སངས་རྒྱས་བསྟན་ལ་ཕན་པར་བསམས། །མུ་སྟེགས་བྱེད་དང་ཉན་ཐོས་དང་། །ཐེག་པ་ཆེན་པོ་འགའ་ཞིག་ལའང་། །འཁྲུལ་པ་ཡོད་མོད་སྔར་གྱི། མཁས་པ། རྣམས་ཀྱིས། །སུན་ཕྱུང་བའི། ཕྱིར་ན་འདིར་མ་བཤད། །

དེང་སང་གངས་རིའི་ཁྲོད་འདི་ན། །རིགས་པས་བསྒྲུབས་པར་མི་ནུས་ཤིང་། །སངས་རྒྱས་བསྟན་དང་འགལ་བ་ཡི། །འཁྲུལ་པ་གསར་པ་དུ་མ་བྱུང་། །བྱེ་བྲག་ཏུ་རྡོ་རྗེ་ཐེག་པའི་གནད་འཆུགས་པས། །རྒྱུད་སྡེ་རྣམས་དང་གྲུབ་ཐོབ་ཀྱི། །དགོངས་པ་རྣམས་དང་འགལ་བའི་གནད། །དཔག་ཏུ་མེད་པ་ཞིག་བོད་འདི་ན། ཡོད་མོད་ཀྱི་དེ་སུན་འབྱིན་པ་ལ། གསང་སྔགས་ཀྱི་ལུགས་ཟབ་མོ་རྣམས་བཤད་དགོས་པས་དེ་ནི། གསང་སྔགས་ཉིད། །ཡིན་ཕྱིར་ཁོ་བོས་འདིར་མ་བཤད་དེ། གཞན་དུ་བཤད། །པར་བྱའོ། །འདི་ནི་དབང་བསྐུར་ཐོབ་མ་ཐོབ། ཀུན་ལ་བཤད་དུ་རུང་བའི། །འཁྲུལ་པ་རགས་རིམ་ཅི་རིགས་པ། །འཕེལ་ན་བསྟན་ལ་གནོད་མཐོང་ནས། །ཆེ་ལོང་ཙམ་ཞིག་བཤད་པ་ཡིན། །ཀྱི་འཁྲུལ་པ་དཔག་ཏུ་མེད་པ་ཡོད་དེ། བཤད་ཀྱིས་མ་ལངས་པས། རང་རེས་ཅི་རིགས་པས་དཔྱོད།

ད་དུང་འཁྲུལ་པའི་རྣམ་གཞག་ནི། །སྐྱོན་ཅན་དཔག་མེད་སྣང་ན་ཡང་། །གཞུང་མང་དོགས་པས་རེ་ཞིག་བཞག །གལ་ཏེ་ལུང་དང་རིགས་པའི་གནད། །ཤེས་པའི་བློ་ཅན་རྣམས་ཀྱིས་དེ། །ལེགས་པར་དཔྱོད་ལ་དགག་བསྒྲུབ་ཀྱིས། །སངས་རྒྱས་བསྟན་དང་ཕྲད་དཀའ་ཞིང་། །དལ་བ་འབྱོར་པའང་རྙེད་དཀའ་བས། །མཁས་པ་རྣམས་ཀྱིས་ལེགས་རྟོགས་ལ། །ཆགས་སྡང་གི་རྗེས་སུ་མ་འབྲངས་པར་གཟུ་བོར་གནས་པའི་བློ་ཡིས་དཔྱོད། །

བདག་གིས་སྒྲ་ཀཱ་ལ་པ་དང་། ཙནྡྲ་པ། དང་ཚད་མ་ཀུན་ལས་བཏུས་དང་སྡེ་བདུན་དང་བཅས་པ། བསླབས། །ཚིག་གི་སྡེབ་སྦྱོར་རིན་ཆེན་འབྱུང་གནས་སོགས། རྣམས་ཀྱང་ཤེས། །རྒྱན་ཚིག་གི་བསྟན་འཆོས་དབྱངས་ཅན་གྱི་མགུལ་རྒྱན་དང་། དཎྜི་ལ་སོགས་པ། དང་མངོན་བརྗོད་ཨ་མ་ར་ཀོ་ཥ་དང་། སྣ་ཚོགས་གསལ་བ་སོགས། ཕལ་ཆེར་གོ། །འདུལ་བ་མདོ་ལ་སོགས་པ། དང་ནི་མངོན་པ་གོང་འོག གཉིས་ཀ་དང་། །ཕ་རོལ་ཕྱིན་པའང་འགྲེལ་ཆུང་མདོ་འགྲེལ་དང་བཅས་པ། ཕལ་ཆེར་ཐོས། །གསང་སྔགས་རྒྱུད་སྡེ་བཞི་པོ་ཡང་། །དེང་སང་རྒྱ་གར་དང་བོད་གཉིས་ཀར་ཉན་བཤད་ཡོད་པ་ཕལ་ཆེར་ཐོས། །ཐོས་པ་དེ་དག་ཐམས་ཅད་ཀྱང་། །མིང་ཙམ་དུ་མ་བཞག་པར་ཚིག་དང་དོན་དུ་བཅས་པ་ལེགས་པར་ཤེས། གོ། །བྱེ་བྲག་སྨྲ་བའི་བདེན་དང་ལོག་པ། དང་མདོ་སྡེ་པ། །སེམས་ཙམ་རྣམ་བཅས་རྣམ་མེད་གཉིས་ཀ་དང་ནི་དབུ་མ་རང་རྒྱུད་ཐལ་འགྱུར་གཉིས་ཀ་ཡི། །གདམས་ངག་ཇི་སྙེད་ཕལ་ཆེར་ཐོས། །དེང་སང་བོད་ལ་གྲགས་པ་ཡི། །ཞི་བྱེད་རྫོགས་ཆེན་གཅོད་ལ་སོགས། །ཇོ་བོའི་གདམས་ངག་སྐབས་བརྒྱད་ཅིག

ཅར་བསྒོམ་པ་དང་། །ཕ་རོལ་ཕྱིན་པའི་བློ་སྦྱོང་དང་། །བཀའ་གདམས་གདམས་ངག་ཕུ་ཆུང་བའི་སྐོར་དང་། སྣེ་ཐུར་བའི་ལུགས་གཉིས་དང་། །ས་ར་ཧ་དང་ཏི་ལོ་པ། །ནག་པོ་སྤྱོད་པའི་དོ་ཧ་དང་། །རྣལ་འབྱོར་དབང་ཕྱུག་བི་རྦ་པའི། །དོ་ཧ་སེང་གེ་ཞེས་བྱ་སློབ་དཔོན་ཐག་པ་དང་། རྣ་ལྷུ་རི་པའི་དོ་ཧ། སོགས། །དོ་ཧའི་བྱེ་བྲག་དྲུ་མ་ཐོས། །འཁོན་གདང་པ་ཀིརྟི་ནས་བརྒྱུད་པའི་རིམ་ལྔ་སྟན་ཐོག་གཅིག་པ་དང་། །མེས་སྟོན་ཚོན་པོ། དྭགས་པོའི་སློབ་མ་རྩ་བཞིར་དང་། རྨོག་ལྕོག་པ་ནས་བརྒྱུད་པ་སྐྱེ་ནཱ་རོ་ཆོས་དྲུག་ལུགས་གསུམ་དང་། །གསང་བ་འདུས་པ་ཡེ་ཤེས་ཞབས། །ཀྱི་ལུགས་ཀྱི་གཞུང་དང་གདམས་ངག་དང་། དེ་བཞིན་འཕགས་སྐོར་གྱི་ལུགས་གཉིས་ཀྱི་གཞུང་། གདམས་ངག་དང་། །དགེས་པ་རྡོ་རྗེ་སྙིང་པོའི་གཞུང་གདམས་ངག་གི་སྐོར། །གཤིན་རྗེ་གཤེད་དང་འཇིགས་བྱེད་ཀྱི་གཞུང་། སོགས། །དེ་ཡི་གདམས་ངག་གསར་རྙིང་དང་། །བཅས་པ། འཁོར་ལོ་སྡོམ་པའི་གཞུང་། གདམས་ངག་དང་བཅས་པ། དང་། །དུས་ཀྱི་འཁོར་ལོའི་གཞུང་། སྦྱོར་དྲུག་གདམས་ངག་ལུགས་གསུམ། སོགས། །མཚན་བརྗོད་བཤད་པ་འགྲེལ་བ་རྒྱས་བསྡུས་གསུམ། དབུ་མ་ལ་དགའ་བས་བྱས་པ། དུས་འཁོར་ལུགས་ཀྱི་གཞུང་། ཡམ་འབྲས་ཀྱི་ལུགས་ཏེ། ལུགས་དྲུག་དང་། །འཆི་མེད་གྲུབ་པའི་གདམས་ངག་དང་། །ལམ་འབྲས་ལ་སོགས་ལམ་བསྐོར་དགུ། །དེ་ལས་འཕྲོས་པ་གདམས་ངག །དུ་མ་དང་། །གཞན་ཡང་ཁ་རག་སྐོར་གསུམ་ལ་སོགས། བོད་དང་རྒྱ་གར་ལ། །དེང་སང་གྲགས་པ་ཕལ་མོ་ཆེ། །བདག་གིས་འབད་དེ་ལེགས་པར་མཉན། །བསླབས་པ་དེ་དག་མིང་ཙམ་མིན། །དོན་དང་བཅས་པ་ལེགས་པར་གོ། །དེ་ཕྱིར་བོད་དང་རྒྱ་གར་ལ་ཡོངས་སུ་གྲགས་པའི་ཆོས་རྣམས་ཕལ་ཆེར་ཐོས། །དེས་ན་བདག་ལ་ཕྱོགས་ལྷུང་མེད། །དེ་མི་ཤེས་པ་ལ་ཕྱོགས་ལྷུག་འོང་། ཤེས་ན་ཕྱོགས་ལྷུང་མི་འོང་བའི་ཕྱིར་རོ། །དེ་ཕྱིར་གཟུ་བོས་དཔྱད་པ་འདི། །བློ་ལྡན་རྣམས་ཀྱིས་ལུགས། འདི་ལྟར་ཟུངས། །

ཐུབ་པའི་བསྟན་པ་རིན་ཆེན་ཉི་མའི་གཞལ་མེད་ཁང་། །ཡོག་ལྟའི་མུན་ནག་ཚང་ཚིང་རྣམ་པར་བསལ། །བློ་གསལ་བློ་ཡི་པདྨོ་ཁ་འབྱེད་པ། །བསྟན་བཅོས་ཉི་མའི་སྣང་བ་དང་ཆོས་མཐུན་པ། དེང་འདིར་བཤད། །རྒྱལ་བ་ཀུན་གྱི་དགོངས་པ་འདི་ཡིན་ཞེས། །འགྲོ་ལ་ཕན་པའི་བསམ་པས་བདག་གིས་བཤད། །མཁས་པ་ཀུན་གྱི་དགོངས་པ་འདི་ཡིན་མོད། །ད་དུང་ཤེས་རབ་མེད་པ། བསོད་ནམས་ཆུང་ལ་ཞན་པ། བླུན་པོ་རྣམས་ཀྱིས་རྟོགས་པར་དཀའ། །ཤེས་རབ་དང་བསོད་ནམས་ཆེ་བའི་ཀུན་དགའི་ཉི་མས་སངས་རྒྱས་བསྟན་པ་ཡི། །པདྨོ་རྣམ་པར་ཕྱེ་བ་ལས་བྱུང་བའི། །དམ་པའི་སྦྲང་རྩིས་འགྲོ་བའི་བུང་བ་ཀུན། །རྒྱུན་དུ་བདེ་བའི་དགའ་སྟོན་འགྱེད་པར་ཤོག །གང་གི་ཐུགས་བརྩེས་ཉེར་བཟུང་ནས། །ལོག་པའི་ཆོས་རྣམས་སྤྲངས་ནས་ཀྱང་། །སངས་རྒྱས་བསྟན་དང་ལེགས་སྤྱོད་པའི། །འཇམ་མགོན་བླ་མ་དེ་ལ་འདུད། །

སྡོམ་པ་གསུམ་གྱི་རབ་ཏུ་དབྱེ་བ་ཞེས་བྱ་བ། ཆོས་དང་ཆོས་མ་ཡིན་པ་རྣམ་པར་དབྱེ་བའི་བསྟན་བཅོས།

མང་དུ་ཐོས་པའི་ནོར་དང་ལྡན་པ། རིགས་པ་དང་མི་རིགས་པ་དཔྱོད་པར་ནུས་པའི་བློ་གྲོས་ཅན། སྡེ་སྣོད་འཛིན་པ་ཀུན་དགའ་རྒྱལ་མཚན་དཔལ་བཟང་པོས་སྦྱར་བ་རྫོགས་སོ།། །།

བྱེ་བྲག་ཏུ་གསང་སྔགས་ཀྱི་གནད་གཏན་ལ་དབབ་པ། གསང་ཆེན་ཡིན་པས་ཁོ་བོས་ཡོགས་སུ་བཤད་པར་བལྟའོ།། །།

འདི་ཉིད་ཀྱི་མ་དཔེ་སྟ་ཕྱིར་དཔར་ཁྲིས་མི་འདྲ་བ་ལྔ་ལག་སོན་བྱུང་བ་དཔེ་གཞི་མི་འདྲ་བ་རྣམས་རྒྱ་ཆེག་འདྲ་མིན་སྣ་ཚོགས་འདུག་ཀྱང་དེ་དག་ལ་ཁྲིས་པའི་མཆན་རྣམས་ཕལ་ཆེར་གཅིག་མཚུངས་རེད། འདི་ནི་སྔོན་ཆད་རྒྱ་བའི་བླ་མ་དམ་བློ་རྡོ་རྗེ་འཆང་གིས་གནང་བའི་མཁན་ཆེན་ངག་དབང་ཆོས་གྲགས་ཀྱི་ཕྱག་དཔེ་དེ་ཉིད་གཙོ་བོར་བཟུང་། དེ་ལ་ཤོག་ལྷེབ་མ་ཚང་བའི་མཆན་ཆད་རྣམས་གསབ་འབྲི་དང་། མཆན་ཐག་འདོགས་ས་སོགས་ལེགས་བཅོས་ཕྲན་བུ་དགོས་རིགས་རྣམས་མ་དཔེ་དག་པ་དང་བསྡུར་བཅོས་ཀྱིས་ཞུ་དག་བགྱིས་སོ། །མཁྱེན་རབ་ཆོས་རྗེས་བཞེངས་པའི་རི་སྨུག་བླ་བྲང་གི་ས་སྐྱ་བཀའ་འབུམ་གྱི་ནང་གི་རང་མཆན་དབུ་མེད་ཁྲིས་མའི་མཇུག་ཏུ། མཆན་བུ་འདི་ཉིད་རང་མཆན་དུ་གྲགས་པ་དེ་ཡིན་ནོ། །མཆན་ཐག་འདོགས་ས་ནོར་བ་དང་འདྲ་མི་འདྲ་མང་དུ་སྣང་སྟེ། ཁོ་བོས་ཅུང་ཟད་དག་ཏུ་སོང་མོད། འོན་ཀྱང་ད་དུང་རང་མཆན་མ་དང་། རང་མཆན་གྱི་སྟེང་དུ་གསུང་སྒྲོས་ཀྱི་མཆན་བསྟན་པ་སོགས་ལ་བལྟས་ཏེ་ཞུ་དག་བྱེད་རིགས་སོ། །ཞེས་བཀོད་པ་དང་། ཡང་དབུ་ཅན་ཁྲིས་མ་ཞིག་གི་དབུ་ཤོག་སྟེང་དུ། བདག་ཉིད་ཆེན་པོ་ཉིད་ཀྱིས་མཛད་པའི་མཆན་འདི་རྣམས་རང་འགྲེལ་ལྟར་གཅེས་པ་ཡིན། ཞེས་ཁྲིས་འདུག་པས་གཟུར་གནས་དཔྱོད་ལྡན་རྣམས་ཡིད་ཆེས་པར་མཛོད་ཅིག། ཚུལ་རྒྱན་པས།

༄༅། །རྣལ་འབྱོར་པ་ཕྲུ་མའི་དྲིས་ལན་བཞུགས།

ཆོས་རྗེ་ས་སྐྱ་པཎ་ཆེན།

རྗེ་བཙུན་འཇམ་པའི་དབྱངས་ཀྱི་རྣམ་འཕྲུལ་ཆོས་རྗེ་ས་སྐྱ་པཎྜི་ཏ་ཧོར་ཡུལ་དུ་ཕྱག་ཕེབས་པའི་མདོ་སྨད་ཀྱི་ལམ་ཁར་ཆིབས་གོང་དུ་བྱོན་ནས་ལམ་ལ་གཤེགས་པའི་ཚེ། རྣལ་འབྱོར་པ་ཕྲུ་མ་པ་ཞེས་བྱ་བའི་སྒོམ་ཆེན་པ་བཟང་པོ་གཅིག་གིས་ཆོས་རྗེ་པ་ལ་གོས་ཕྱི་ནང་ཞིག་ཕུལ་ནས། ཆོས་རྗེ་པ་ཁྱེད་ཀྱི་ཆོས་དང་ཆོས་མ་ཡིན་པ་རྣམ་པར་འབྱེད་པའི་བསྟན་བཅོས་ལས། བླུན་པོས་ཕྱག་རྒྱ་ཆེ་བསྒོམ་པ། །ཕལ་ཆེར་དུད་འགྲོའི་རྒྱུ་རུ་གསུངས། །མིན་ན་གཟུགས་མེད་ཁམས་སུ་སྐྱེ། །ཡང་ན་ཉན་ཐོས་འགོག་པར་ལྟུང་། །གལ་ཏེ་དེ་ནི་བསྒོམས་ལེགས་ཀྱང་། །དབུ་མའི་བསྒོམ་ལས་འདའ་བ་མེད། །དབུ་མའི་བསྒོམ་དེ་བཟང་མོད་ཀྱི། །འོན་ཀྱང་འགྲུབ་པ་ཤིན་ཏུ་དཀའ། །ཞེས་གསུངས་པའི་དོན་ཅི་ལགས་ཞུ་ཡིན་འདུག་པ་ལ། ཆོས་རྗེ་པའི་ཞལ་ནས་འདི་སྐད་གསུང་པར་གདའ། རྣམ་རྟོག་བཙན་ཐབས་སུ་ཅི་ཡང་ཡིད་ལ་མི་སེམས་པར་སེམས་ལ་ལྷ་ཞིང་རྒྱུན་དུ་གནས་ཤིང་གཉིད་རྨུགས་འདྲེན་པའོ།། ཁ་ཚོམ་ཞི་གནས་དང་། །སྟོང་པ་ཐལ་བྱུང་ལྐྱག་མཐོང་རྒྱལ་པོ་ཨིནྡྲ་བྷཱུ་ཏིས། རྨོངས་པའི་བསྒོམ་པ་གང་ཡིན་པ། །རྨོངས་པས་རྨོངས་པ་ཐོབ་པར་འགྱུར། །ཞེས་གསུངས། འཕགས་པ་ཀླུ་སྒྲུབ་ཀྱིས། སྟོང་པ་ཉིད་པ་བལྟ་ཉེས་ན། །ཤེས་རབ་ཆུང་རྣམས་ཕུང་བར་འགྱུར། །སོ་སོར་རྟོག་པའི་ཤེས་རབ་ཀྱིས་མ་དཔྱད་པར་སྣང་ཞེན་གྱི་ཆོས་ཅི་ཡང་མེད་པར་འཛིན་པ་དང་། མཐོང་ཡུལ་འགག་པའི་སྟོང་ཉམས་ཤར་བའོ། །ཞེས་གསུངས་སོ། །གཉིས། །ངན་འགྲོར་ལྟུང་བའི་རྒྱུ་ཆེན་ཏེ། །ལེགས་འདོད་རྣམས་ཀྱིས་སྤངས་ན་ལེགས། །སེམས་རྒྱུ་མི་གསལ་སེམས་ཀྱི་རྒྱུ་བ་མི་གསལ་བར་ཞི་གནས་ཤས་ཆེ་བའི་སྟོབས་ཀྱིས་དང་གིས་དམིགས་པ་ལ་གནས་པའོ།།ཞི་གནས་དང་། །གཟུགས་སྣང་འདིའི་དོན་མཐོང་པ་ལ་སོགས་པར་གསལ། མ་དཔྱད་པར་བཙན་ཐབས་སུ་ཆོས་ཐམས་ཅད་ནམ་མཁའ་དང་སེམས་ཅི་ཡང་མེད་པ་དང་ཡོད་མིན་མེད་མིན་ངོ་འཕྲོད་ནས་ཉམས་ཤར་བའོ། །བཀག་པའི་ལྐྱག་མཐོང་གཉིས། །གཟུགས་མེད་སྐྱེ་བའི་རྒྱུ་ཆེན་ཏེ། །ཐར་འདོད་རྣམས་ཀྱིས་སྤངས་ན་ལེགས། །གཟུགས་མེད་དུ་སྐྱེ་བའི་རྒྱུ་མི་གཡོ་བའི་ལས་བསོགས་པའོ། །དྲན་ཚོར་ཧ་ང་ངེ་འཛིན་བསྒོམ་པའི་ཚེ་ཅི་ཡང་མི་དྲན་པར་ཡུན་རིང་དུ་གནས་པའོ།།མེད་པའི་ཞི་གནས་དང་། །ཚོགས་དྲུག་བཀག་པའི་མིག་ལ་སོགས་པའི་རྣམ་ཤེས་ཚོགས་དྲུག་རྒྱུ་བ་མི་གསལ་བའོ། །ལྐྱག་མཐོང་གཉིས། །ཉན་ཐོས་འགོག་པ་འགོག་པའི་སྙོམས་འཇུག་དང་འདྲ་བའི་ཉམས་སྐྱེས་པའོ། །ཆ་མཐུན་ཏེ། །མཆོག་འདོད་རྣམས་ཀྱིས་སྤྲངས་ན་ལེགས། །ཤིན་སྦྱངས་མདོ་སྡེ་རྒྱན་ལས། དེས་ན་དེ་ཡི་ལུས་དང་སེམས། །ཤིན་ཏུ་སྦྱངས་པ་ཆེས་གང་ནས། །ཡིད་

ལ་བྱེད་པ་ཅན་ཞེས་བྱ། །ཞེས་གསུངས་སོ། །བདེ་ལྡན་ཞི་གནས་དང་། །སྦྱོར་ཀུན་ཨཱརྱ་དེ་ཝའི་ཞལ་སྔ་ནས། ཡོད་མིན་མེད་མིན་ཡོད་མེད་མིན། །གཉིས་ཀའི་བདག་ཉིད་མིན་པའམ་མེད། །མཐའ་བཞི་ལས་གྲོལ་དོན་གྱི་མཆོག །དེ་ནི་དབུ་མ་པ་ཡི་ལུགས། །ཞེས་གསུངས་སོ། །ཉེར་ཞིའི་ལྷག་མཐོང་གཉིས། །ཕར་ཕྱིན་ཐེག་པའི་ལམ་ཆེན་ཏེ། །རྒྱལ་སྲས་རྣམས་ཀྱིས་བསྒྲུབས་ན་ལེགས། །མཚན་རྟོག་ཉེར་ཞིའི་ཞི་གནས་སངས་རྒྱས་ཡེ་ཤེས་ཞབས་ཀྱིས། ཐ་མལ་ཀུན་རྟོག་རྒྱུན་ནི་མ་གཏོགས་པ། །སྲིད་པའི་འཆིང་བ་གཞན་ཅིའང་ཡོད་མིན་ཏེ། །དེ་དང་རྣམ་པར་འགལ་བར་གྱུར་པའི་སེམས། །གང་ཡིན་དེ་ནི་ཀུན་ཏུ་རྟོག་མི་འགྱུར། །ཞེས་གསུངས་སོ། །དང་། །བདེ་སྟོང་ཟུང་འཇུག་ལྷག་མཐོང་སློབ་དཔོན་རས་གཟིགས་པད་དཀར་གྱིས། ཕྲ་རབ་རྡུལ་གྱི་ཆོས་ཉིད་འདས། །ཁྲ་ཕབ་པ་ཡི་རྣམ་པ་ཅན། །རྣམ་པར་ཀུན་གྱི་མཆོག་ལྡན་པ། །ཕྱག་རྒྱ་ཆེན་པོ་མི་འགྱུར་བདེ། །ཞེས་གསུངས་སོ། །གཉིས། །གསང་སྔགས་ཕྱག་ཆེན་ལམ་མཆོག་སྟེ། །ཚེ་འདིར་གྲོལ་འདོད་བསྒྲུབས་ན་ལེགས། ཚིགས་སུ་བཅད་པ་ལྔ་པོ་འདིའི་དོན་ཁོང་དུ་ཆུད་ན་ཕྱག་རྒྱ་ཆེན་པོ་དག་པ་ཤེས་པར་འགྱུར་བས་འདི་ལ་དཔྱོད་མཛོད་གསུང་གིན་འདུག །རྣལ་འབྱོར་པ་ཕྲུ་མ་པ་ལ་གདམས་པའི་ཚིགས་སུ་བཅད་པ་ལྔ་པ་བི་ཛེས་མདོ་ཁམས་སྨད་གླིང་ཁར་བྲིས་པའོ།། །།མཆན་འདི་འང་ཆོས་རྗེ་པའི་གསུང་བཞིན་དུ་བི་ཛེས་བྲིས་པའོ།།

༄༅། །རྟོགས་ལྡན་རྒྱན་པོའི་དྲིས་ལན་བཞུགས།

ཆོས་རྗེ་ས་སྐྱ་པཎ་ཆེན།

རྗེ་བཙུན་འཇམ་པའི་དབྱངས་ཀྱི་རྣམ་འཕྲུལ་ཆོས་རྗེ་ས་སྐྱ་པཎྜི་ཏ་ཆེན་པོ་རྒྱ་ནག་རི་བོ་རྩེ་ལྔར་ཕེབས་ནས་བཞུགས་པའི་ཚེ། དེ་ན་སློབ་བྱེད་ཀྱིན་གནས་པའི་རྟོགས་ལྡན་རྒྱན་པོ་ཞེས་བྱ་བ་ཞིག་གིས་ཆོས་རྗེ་པ་ལ་བསྐོར་བ་དང་ཕྱག་མང་པོ་བྱེད་ཅིང་འདུག་པ་ལ། ཆོས་རྗེ་པའི་ཞལ་ནས། རྟོགས་ལྡན་པ་བསྐོར་ཕྱག་ཀྱང་ངོ་མཚར་ཆེ་སྟེ། གནས་འདི་འདྲ་ན་འདུག་པ་ལ་གདམས་ངག་ཟབ་མོ་ལ་བརྟེན་པའི་སློམ་སྒྲུབ་ཅིག་དགོས་པ་ཡིན་ཏེ་ཨང་གསུང་གིན་འདུག་རྟོགས་ལྡན་པ་དེས་བསམ་མནོ་ཞིག་བཏང་སྟེ་རང་གི་གནས་ནས་དར་ཡུག་དཀར་པོ་ཞིག་བླངས་ཏེ་ཆོས་རྗེ་པ་ལ་ཕུལ་ནས། ཆོས་རྗེ་པ་ལྟ་བ་ཕྱག་རྒྱ་ཆེན་པོ་འདི་ཐེག་པ་ཐམས་ཅད་ཀྱི་བསྒོམ་དུ་བཞེད་དམ། ཕྱག་རྒྱ་ཆེན་པོའི་རང་བཞིན་ཇི་ལྟ་བུ་ལགས། ཅིའི་ཕྱིར་ཕྱག་རྒྱ་ཆེན་པོ་ཞེས་བྱ། འདིའི་སྐྱེ་ཚུལ་དང་། ས་ལམ་བགྲོད་ཚུལ་གྱི་རིམ་པ་ཇི་ལྟ་བུ་ལགས། བདག་ལ་ཕྱག་རྒྱ་ཆེན་པོའི་གདམས་ངག་ཟབ་མོ་ཞིག་གནང་བར་ཞུ་ཞེས་ཞུ་ཡིན་འདུག་པ་ལ། ཆོས་རྗེ་པ་ཐུགས་དགེས་ཏེ། ཧཱུྃ་བི་པའི་ཀྱཻ་རྡོ་རྗེའི་དབང་བསྐུར་མཛད་ནས། ཕྱག་རྒྱ་ཆེན་པོ་ལྷན་ཅིག་སྐྱེས་གྲུབ་དང་། ཏོག་ཙེ་པའི་བསམ་མི་ཁྱབ་ཀྱི་གདམས་ངག་ཚང་བ་གཅིག་གནང་ནས། ངེད་ཀྱི་ལུགས་ཀྱི་ཕྱག་རྒྱ་ཆེན་པོའི་ཁྲིད་ལུགས་འདི་ལྟར་ཡིན། གྲུབ་ཐོབ་མ་སྦ་བར་རྩེ་གཅིག་ཏུ་བསྒྲུབ་པ་མཛོད་དང་མི་བསླུ་བར་ཡོང་། ཁྱོད་ཀྱིས་དྲིས་པའི་དོན་མདོར་བསྡུས་པ་འདི་རྣམས་ཐུགས་ལ་ཞོག་གསུངས་ནས། སྤྱིར་ཕ་རོལ་ཏུ་ཕྱིན་པའི་ཐེག་པའི་ལུགས་ལ་ལྟ་བ་བཀའ་རྟགས་ཀྱི་ཕྱག་རྒྱ་བཞིས་རྒྱས་འདེབས། རྒྱུད་སྡེ་འོག་མ་གསུམ་གྱི་ལུགས་ལ་ཟབ་གསལ་གཉིས་མེད་ཀྱི་རྒྱས་འདེབས་པར་བཤད་ཀྱང་། ཕྱག་རྒྱ་ཆེན་པོའི་ཐ་སྙད་མ་གསུངས་ཤིང་དེ་དག་གི་ལུགས་ལ་མཆོག་གི་དངོས་གྲུབ་བཤད་ཀྱང་ཕྱག་རྒྱ་ཆེན་པོ་མཆོག་གི་དངོས་གྲུབ་མ་བཤད་པས། ལྟ་བ་ཕྱག་རྒྱ་ཆེན་པོ་མཚན་ཉིད་པ་བསྒོམ་པར་མི་འདོད་དོ༑ ༑དེ་དག་གི་ལུགས་ལ་རྟོགས་བྱ་སྟོང་པ་ཉིད་ཟབ་མོ་བཤད་ཀྱང་། རྟོགས་བྱེད་ཐབས་ལམ་ཟབ་མོ་མ་བཤད་པས་ཕྱག་རྒྱ་ཆེན་པོ་མཚན་ཉིད་པ་མི་འཐད་པ་ཡིན། དཔེར་ན་ཉན་ཐོས་ཀྱི་ལུགས་ལ་སྦྱིན་པ་དང་ཚུལ་ཁྲིམས་ལ་སོགས་པ་བཤད་ཀྱང་། གྲོགས་ཐབས་ཤེས་ཁྱད་པར་ཅན་མ་བཤད་པས་སྦྱིན་པའི་ཕ་རོལ་ཏུ་ཕྱིན་

པ་ལ་སོགས་པ་མི་འཐད་པ་བཞིན། མི་བླུན་པོ་ལ་བ་ལང་དུ་འདོགས་པ་ལྟར། དེ་དག་གི་ལྟ་བའི་བསྒོམ་ལ་ཕྱག་རྒྱ་ཆེན་པོར་འདོགས་པ་ནི་མིང་ཙམ་ལ་མི་བརྟད། ཕྱག་རྒྱ་ཆེན་པོའི་རང་བཞིན་ནི། ཕྱག་རྒྱ་ཆེན་པོ་མི་འགྱུར་བདེ། །གཟུང་དང་འཛིན་པ་དབྱིབས་དག་དང་། །རྟོག་དང་བརྗོད་པ་རྣམ་པར་སྤངས། །དྲི་ཟའི་གྲོང་ཁྱེར་ལྟ་བུ་དང་། །ཕྲ་ཕབ་པ་ཡི་རང་བཞིན་ཅན། །རྣལ་འབྱོར་ཐབས་དང་ཤེས་རབ་བདག །ཨེ་ཝཾ་ཡི་གེ་དེ་ལ་འདུད། །ཕྲ་རབ་རྟུལ་གྱི་ཆོས་ཉིད་འདས། །ཕྲ་ཕབ་པ་ཡི་རྣམ་པ་ཅན། །རྣམ་པ་ཀུན་གྱི་མཆོག་ལྡན་པ། །ཕྱག་རྒྱ་ཆེན་པོ་དེ་ལ་འདུད། །ཅེས་གསུངས་པ་ལྟར་རྟོགས་བྱ་ཆོས་ཉིད་གཉུག་མ་ཞེས་བྱ་བ་རྣམ་པ་ཀུན་གྱི་མཆོག་དང་ལྡན་པའི་སྟོང་པ་ཉིད་དེ། རྟོགས་ཚུལ་སྨྲ་བསམ་བརྗོད་མེད་ཀྱི་ཉམས་ཕྲ་ཕབ་པའི་རྣམ་པ་ཅན་གྱི་སྒོ་ནས་རྟོགས་བྱའི་ངོ་བོར་རྣལ་འབྱོར་ཟུང་འཇུག་གི་ཡེ་ཤེས་དེ་ཡང་སྣང་སྟོང་ཟུང་འཇུག །རིག་སྟོང་ཟུང་འཇུག །བདེ་སྟོང་ཟུང་འཇུག །བདེ་ཆེན་ཟུང་འཇུག །ལྷན་སྐྱེས་ཡེ་ཤེས། རང་བྱུང་ཡེ་ཤེས། རང་རིག་ཡེ་ཤེས། སོ་སོར་རྟོག་པའི་ཡེ་ཤེས། རྣམ་པར་མི་རྟོག་པའི་ཡེ་ཤེས་ཞེས་བྱ་བ་ལ་སོགས་པ་མཚན་གྱི་རྣམ་གྲངས་དུ་མ་དང་ལྡན་པ་དེ་རྟོགས་པའི་ཐབས། བཤད་རྒྱུད་རྡོ་རྗེ་ཕྲེང་བ་ལས། བླ་མ་ལེགས་པར་མཉེས་བྱས་ཏེ། །ཡང་དག་དབང་བསྐུར་རབ་མནོས་ནས། །དེ་ཉིད་དོན་ནི་རབ་ཏུ་དབྱེ། །ཞེས་པ་དང་། བརྟག་གཉིས་ལས། ཕྱི་ནས་དེ་ཉིད་རབ་ཏུ་དབྱེ། །ཞེས་གསུངས་པ་ལྟར་སྨིན་བྱེད་ཀྱི་དབང་བསྐུར་མཚན་ཉིད་པ་དང་། གྲོལ་བྱེད་ཀྱི་རིམ་གཉིས་ཡན་ལག་དང་བཅས་པ་ཚུལ་བཞིན་དུ་བསྒོམས་པ་ལས་འབྱུང་བ་ཡིན་ཏེ། འཕགས་པ་ཀླུ་སྒྲུབ་ཀྱིས། སངས་རྒྱས་རྣམས་ཀྱི་ཆོས་བསྟན་པ། །རིམ་པ་གཉིས་ལ་ཡང་དག་བརྟེན། །གཅིག་ནི་བསྐྱེད་པའི་རིམ་པ་སྟེ། །གཞན་ནི་རྫོགས་པའི་རིམ་པ་ཡིན། །ཞེས་གསང་སྔགས་བླ་མེད་ཀྱི་ཡེ་ཤེས་འདྲེན་པའི་ཐབས་ཐམས་ཅད་རིམ་པ་གཉིས་སུ་བསྡུས་ནས་བཤད་པའི་གནད་དེ་ཡིན་ནོ། །ཕྱག་རྒྱ་ཆེན་པོ་ཞེས་བྱ་བའི་སྒྲ་དོན་ནི། ལེགས་སྦྱར་གྱི་སྐད་ལ་མ་སྦྱངས་པ་དག །ཕྱག་ནི་སྟོང་པའི་ཡེ་ཤེས་ཏེ། །རྒྱ་ནི་འཁོར་བའི་རྒྱ་ལས་གྲོལ། །ཞེས་གསང་སྙིང་དང་། ཕྱག་རྒྱ་ཆེན་པོ་ཐིག་ལེ་སོགས་ལས་འབྱུང་ཞེས་སྨྲ་བ་ནི་འཁྲུལ་པ་སྟེ། ལེགས་སྦྱར་གྱི་སྐད་ལ་མ་ཧཱ་མུ་དྲ་ཞེས་པ་ནི། བོད་སྐད་དུ་མ་ཧཱ་ཆེན་པོ། འདིར་ཕྱག་གི་སྐད་དོད་མེད་པ་ལ་རྒྱལ་པོས་བཀས་བཅད་ཀྱི་དབང་གིས། སྔོན་གྱི་ལོ་ཙཱ་བ་རྣམས་ཀྱིས་ཕྱག་ཞེས་པའི་ཚིག་བོད་སྐད་ལ་བསྣན་པ་ཡིན། དཔེར་ན་ཛྙཱ་ན་ཀ་ཡ་ཏེ་ཞེས་པ་ལ་འདས་པའི་སྐད་དོད་མེད་པ་ལ་བོད་སྐད་ལ་འདས་ཞེས་པའི་ཚིག་བསྣན་པ་བཞིན་ནོ། །དེས་ན་འདིར་རྒྱུད་ལས་ཕྱག་གི་བཤད་པ་འོང་དོན་མེད་པ་ལ་ཕྱག་ནི་སྟོང་པའི་ཡེ་ཤེས་ཏེ། ཞེས་པ་བོད་ཀྱིས་བྱས་པའི་བརྫུས་མ་ཡིན། ཕྱག་རྒྱ་ཆེན་པོ་ཐིག་ལེ་སོགས་ལ་ཚིག་འདི་དག་མེད། སུ་དྲ་རྒྱ་དང་། རྟགས་དང་། མཚན་

མ་དང་། གུག་སྐྱེད་ལ་སོགས་པ་ལ་འཇུག་པ་ལས། འདིར་རྒྱ་རུ་བསྒྱུར་བ་ཡིན་ནོ། །དོན་ནི་ཨ་ཝ་དྷཱུ་ཏི་པས། རྒྱས་གདབ་ཕྱིར་ན་རྒྱ་ཞེས་ཏེ། །སྲིད་གསུམ་རོ་གཅིག་ཕྱག་ཆེན་པོ། །ཞེས་གསུངས་པ་ལྟར་འཁོར་འདས་ཀྱི་ཆོས་ཐམས་ཅད་བདེ་སྟོང་ཟུང་འཇུག་གི་ངང་དུ་རྒྱས་བཏབ་ནས་ཉམས་སུ་ལེན་པའི་དོན་གྱི་ལྟ་བ་ཕྱག་རྒྱ་ཆེན་པོ་ཞེས་བྱ་བ་ཡིན་ནོ། །སྐྱེ་ཚུལ་གྱི་རིམ་པ་ནི། གང་ཟག་སྐལ་བཟང་འགའ་ཞིག་ལ་དབང་གི་ཡེ་ཤེས་འབེབས་པའི་དུས་ནས་ཕྱག་རྒྱ་ཆེན་པོའི་ཡེ་ཤེས་མཚན་ཉིད་པ་སྐྱེ་བ་ཡང་ཡོད་མོད། ཕལ་ཆེ་བ་ནི་ཐབས་བསྒོམ་པ་སོགས་ལ་ལྟོས་ཤིང་། ཐོག་མར་ཕྱག་རྒྱ་ཆེན་པོ་ལྟར་སྣང་སྐྱེས་ནས། ཕྱིས་ཕྱག་རྒྱ་ཆེན་པོ་མཚན་ཉིད་པ་སྐྱེ་བར་འགྱུར་བ་ཡིན། ཕྱག་རྒྱ་ཆེན་པོ་ལྟར་སྣང་ཞེས་བྱ་བ་ཡང་ཆ་མཐུན་པ་དུག་ཅན་དང་། འབའ་ཞིག་པ་སྐྱོན་ཅན་གཉིས་འབྱུང་བ་ཡིན། དུག་ཅན་ནི་ཐོས་བསམ་གྱིས་བསྡུས་པའི་གོ་རྟོགས་དང་། བསྒོམས་བྱུང་གིས་བསྡུས་པ་རྣམ་རྟོག་གི་ཐ་སྙད་བས་མ་ཡལ་བཞིན་དུ་ཟུང་འཇུག་གི་ཉམས་བན་བུན་སྐྱེས་པ་ཡིན། འབའ་ཞིག་པ་ནི་གནས་པ་འབའ་ཞིག་པ་དང་། སོ་སོར་རྟོག་པ་འབའ་ཞིག་ཏུ་གྱུར་པ་དང་། སྣང་ཕྱོགས་འབའ་ཞིག་ཏུ་གྱུར་པ་དང་། སྟོང་ཕྱོགས་འབའ་ཞིག་ཏུ་གྱུར་པ་དང་། ལུས་ལ་བདེ་དྲོད་དང་། འཕར་གཡོ་དང་། ངག་ལ་ངེས་མེད་ཀྱི་སྨྲ་བརྗོད་དང་། སེམས་ལ་ངེས་པ་མེད་པའི་ཏིང་ངེ་འཛིན་གྱི་ཉམས་སྣང་སྣ་ཚོགས་པ་སྟེ་སྒོ་གསུམ་གྱི་ཉམས་འབའ་ཞིག་ཏུ་གྱུར་པ་དང་། བརྒྱལ་བ་དང་ཚོགས་དྲུག་འགགས་པ་ལ་སོགས་པའི་ཉི་ཚེ་བ་འབའ་ཞིག་ཏུ་གྱུར་པ་རྣམས་ཡིན། ས་ལམ་བགྲོད་ཚུལ་ནི། བྱང་ཆུབ་དོན་དུ་གཉེར་བས་སྨིན་བྱེད་དབང་བསྐུར་ནས་བརྩམས་ཏེ་ཉམས་སྐྱོན་ཅན་རྣམས་ཇོགས་པ་ཡན་ཆད་ཐེག་པ་ཐུན་མོང་བ་ལྟར་ན་ཚོགས་ལམ་ཞེས་བྱ་བ་ཡིན། བརྟག་གཉིས་ལས། ཀུན་མཁྱེན་ཡེ་ཤེས་དེ་ལྟ་བུ། །ཞེས་གསུངས་པ་ལྟར། བདེ་སྟོང་ཟུང་འཇུག་གི་ཡེ་ཤེས་མཚན་ཉིད་པ་རྒྱུད་ལ་སྐྱེས་ཤིང་། རྣམ་པར་མི་རྟོག་པའི་ཉམས་རྒྱུན་ཆགས་སུ་འབྱུང་ཡང་། རྣམ་པར་རྟོག་པའི་བག་ཆགས་ཕྲ་མོ་དང་བཅས་པ་ནམ་ལངས་ནས་ཉི་མ་ཤར་བ་ལྟ་བུའི་དཔེའི་ཡེ་ཤེས་རྒྱུད་ལ་སྐྱེས་པ་ནི་སྦྱོར་བའི་ལམ་ཞེས་བྱ་བ་ཡིན་ཏེ། མཚན་བརྗོད་ལས། རྣམ་པར་ཤེས་པའི་ཆོས་ཉིད་འདས། །ཡེ་ཤེས་གཉིས་མེད་ཚུལ་འཆང་བ། །རྣམ་པར་རྟོག་མེད་ལྷུན་གྱིས་གྲུབ། །ཅེས་གསུངས་པ་ལྟར། རྣམ་པ་ཀུན་གྱི་མཆོག་དང་ལྡན་པའི་སྟོང་ཉིད་མངོན་སུམ་དུ་རྟོགས་པ་རྣམ་པར་མི་རྟོག་པའི་ཡེ་ཤེས་མཚན་ཉིད་པ་ཕྱག་རྒྱ་ཆེན་པོ་དོན་གྱི་ཡེ་ཤེས་ཐོག་མར་སྐྱེས་པའི་ཚེ་ན་མཐོང་བའི་ལམ་ཐོབ་པ་ཞེས་བྱ་བ་ཡིན། དེ་རྒྱུན་ཆགས་སུ་གོམས་ཤིང་གོང་ནས་གོང་དུ་བགྲོད་དེ་ས་བཅུ་གཉིས་པའི་བར་དུ་ཕྱིན་པ་ནི་སྒོམ་པའི་ལམ་ཞེས་བྱ་བ་ཡིན། དེ་ནས་ས་བཅུ་གསུམ་པ་མངོན་དུ་བྱས་པ་ན་སྐུ་བཞི་ཡེ་ཤེས་ལྔ་ལ་སོགས་པ་ཡོན་ཏན་རྒྱ་མཚོ་ལྟ་བུ་ཐོབ་པ

ནི་མི་སློབ་ལམ་མངོན་སུམ་དུ་བྱས་པའོ། །དེ་ཡང་ཐུན་མོང་བ་ལྟར་ན་སྦྱོར་ལམ། ཐུན་མོང་མ་ཡིན་པ་ལྟར་ན་ཕྱག་རྒྱ་ཆེན་པོ་དཔེའི་ཡེ་ཤེས་མཚན་ཉིད་པ་རྒྱུད་ལ་སྐྱེས་ནས་དོན་གྱི་ཡེ་ཤེས་མངོན་དུ་བྱས་པ་དང་། ཟུང་འཇུག་རྡོ་རྗེ་འཆང་གི་གོ་འཕང་ཚེ་འདིར་མངོན་དུ་བྱེད་པར་འདོད་ན། རྒྱུད་སྡེ་ནས་བཤད་པའི་སྤྱོད་པ་དང་། ཉེ་རྒྱུ་སོགས་ཚུལ་བཞིན་དུ་ཉམས་ལེན་བྱས་ན། རྒྱ་གར་གྱི་གྲུབ་ཐོབ་རྣམས་ལྟར་ཚེ་འདིར་འགྲུབ་པ་ལས་འོས་ཅི་ཡོད། དཔེའི་ཡེ་ཤེས་མཚན་ཉིད་པ་རྒྱུད་ལ་སྐྱེས་ནས་སྤྱོད་པ་མ་གྲུབ་ན་འདའ་ཀ་མ་དང་། བར་དོའི་གདམས་ངག་གིས་འགྲུབ་པར་བཤད། འགའ་ཞིག་གིས། ཕྱག་རྒྱ་ཆེན་པོ་ཅིག་ཆོད་ལ། །ས་ལམ་རྩེ་བའི་རྫོངས་པ་འཁྲུལ། །ཞེས་བྱ་བ་ནི་འཁྲུལ་པ་སྟེ། མཚན་བརྗོད་ལས། མགོན་པོ་ས་བཅུའི་དབང་ཕྱུག་སྟེ། །ཞེས་བྱ་བ་དང་། ཨ་ཧྲི་ཧྣ་ན་ལས། རབ་ཏུ་དགའ་དང་དྲི་མ་མེད། །དེ་བཞིན་འོད་བྱེད་འོད་འཕྲོ་དང་། །ཤིན་ཏུ་སྦྱངས་དཀའ་མངོན་དུ་གྱུར། །རིང་དུ་སོང་དང་མི་གཡོ་བ། །ལེགས་པའི་བློ་གྲོས་ཆོས་ཀྱི་སྤྲིན། །དཔེ་མེད་པ་དང་ཡེ་ཤེས་ཆེ། །རྡོ་རྗེ་འཛིན་པ་བཅུ་གསུམ་པ། །ཞེས་སོགས་རྒྱུད་སྡེ་དང་གྲུབ་པའི་སློབ་དཔོན་རྣམས་ཀྱིས་ས་ལམ་གྱི་རྣམ་གཞག་རྒྱ་ཆེར་མཛད་པའི་ཕྱིར་རོ། །མཚན་བརྗོད་ལས། སྐད་ཅིག་གཅིག་གིས་རྫོགས་སངས་རྒྱས། །ཞེས་གསུངས་པ་ནི། ས་ལམ་བགྲོད་པའི་ཐ་མ་ལ་མངོན་པར་རྫོགས་པར་འཚང་རྒྱ་བའི་ཚུལ་ཡིན། འདའ་ཀ་ཡེ་ཤེས་ལས། སེམས་རྟོགས་ན་སངས་རྒྱས་ཡིན་པས་སངས་རྒྱས་གཞན་དུ་མི་འཚོལ་བའི་འདུ་ཤེས་བསྒོམ་པར་བྱའོ། །ཞེས་གསུངས་པ་ནི། ས་ར་ཧས། སེམས་ཉིད་གཅིག་ཏུ་ཀུན་གྱི་ས་བོན་ཏེ། །གང་ལ་སྲིད་དང་མྱ་ངན་འདས་འཕྲོ་བ། །འདོད་པའི་འབྲས་བུ་སྟེར་བར་བྱེད་པ་ཡི། །ཡིད་བཞིན་ནོར་འདྲའི་སེམས་ལ་ཕྱག་འཚལ་ལོ། །ཞེས་གསུངས་པ་ལྟར། སེམས་ཀུན་གཞིའི་རྣམ་པར་ཤེས་པའི་ཀུན་རྫོབ་དང་། དོན་དམ་པའི་གནས་ཚུལ་མངོན་དུ་གྱུར་པའི་སྒོ་ནས་ས་ལམ་བགྲོད་དེ་འཚང་རྒྱ་བ་ལ་དགོངས་པ་ཡིན། ཇི་སྐད་དུ། རིན་ཆེན་སེམས་ལས་ཕྱིར་གྱུར་པའི། །སངས་རྒྱས་མེད་ཅིང་སེམས་ཅན་མེད། །རྣམ་པར་ཤེས་པའི་གནས་དོན་ནམ། །ཕྱི་རོལ་གྱུར་པ་ཡོད་མ་ཡིན། །ཞེས་པ་དང་། རྣམ་དག་ཡེ་ཤེས་གཟུགས་ཅན་དང་། །འཁོར་བ་རྣམ་པར་རྟོག་པ་ལ། །ཁྱད་པར་ཅུང་ཟད་ཡོད་མ་ཡིན། །ཞེས་གསུངས་པ་ལྟར། འཁོར་འདས་ཀྱི་སྣང་བ་ཐམས་ཅད་སེམས་སུ་རི་གཅིག་པའི་གནད་ཀྱིས་ཡིན། རྟོགས་ལྡན་ཁྱེད་ཀྱིས་འདི་དག་ཐུགས་ལ་ཞོག་ལ་སྒྲུབ་པ་མཛོད་དང་། ཕན་ཐོགས་པ་ཆེན་པོ་གཅིག་འོང་གསུངས་ནས་ཆེད་གཉེར་མཛད་ཅིང་འདུག རྟོགས་ལྡན་རྒྱན་པོ་ལ་གདམས་པ་ཕྱག་རྒྱ་ཆེན་པོའི་མིག་ཐུར་ཞེས་བྱ་བ་ཆོས་རྗེ་པའི་གསུང་ལ་ཡང་ཡང་ནན་ཆགས་བྱས་ནས་བི་ཛེས་རི་པོ་རྩེ་ལྟར་བྲིས་པའོ།། །།

༄༅། །བཀའ་གདམས་དོ་ཀོར་བའི་ཞུ་བ་བཞུགས།

ཆོས་རྗེ་ས་སྐྱ་པཎ་ཆེན།

ཨོཾ་སྭསྟི་སིདྡྷཾ། སངས་རྒྱས་བསྟན་པའི་གསུང་རབ་ལ། །རང་དབང་ཐོབ་པའི་སྐྱེས་ཆེན་ཁྱོད། །སྙན་པའི་གྲགས་པས་འཛམ་གླིང་ཁྱབ། །མི་ཡི་སེང་གེ་རྒྱལ་གྱུར་ཅིག །བསྟན་པའི་རྒྱལ་མཚན་ཁྱོད་དྲུང་དུ། །དགེ་སློང་རྡོ་རྗེ་སེང་གེ་ཡིས། །དྲི་བ་ཅུང་ཟད་ཞུ་བ་ལ། །སྔགས་ཀྱི་དབང་བསྐུར་མ་ཐོབ་པར། །བྱང་ཆུབ་མཆོག་ཏུ་སེམས་བསྐྱེད་ནས། །བླ་མས་གནང་བ་བྱིན་པ་དེས། །གསང་སྔགས་ཉམས་སུ་བླང་རུང་ངམ། །གང་ཟག་སྡོམ་པ་གསུམ་ལྡན་ཅིག །སྤྱང་བླང་ཕན་ཚུན་ནང་འགལ་ཆེ། །སྡོམ་གསུམ་གང་གི་དབང་དུ་བགྱི། །སྐྱབས་འགྲོ་སྨོན་འཇུག་གཉིས་དང་ནི། །དམ་ཚིག་རྣམས་ཀྱི་ཐུན་ཚོད་གང་། །གསང་སྔགས་ཕ་རྒྱུད་མ་རྒྱུད་དང་། །ཕྱི་ནང་གཉིས་དང་རྒྱུད་སྡེ་བཞི། །ཁྱད་པར་མདོ་རྒྱུད་བསྡུས་པ་ཞུ། །རིག་འཛིན་སྡོམ་པའི་ངོ་བོ་གང་། །སྔགས་དང་ཕ་རོལ་ཕྱིན་པ་གཉིས། །དོན་ལ་འགལ་བ་ཅང་མཆིས་སམ། །དབུ་ཚད་གཉིས་ཀྱི་ཁྱད་པར་དང་། །བདེན་གཉིས་དབྱེ་བ་ཇི་ལྟར་བཞེད། །དོན་དམ་ཤེས་བྱ་ཡིན་នམ་མིན། །ཀུན་རྫོབ་ལེགས་པར་རྟོགས་ཙམ་ན༑ ༑དོན་དམ་ཡོགས་སུ་ཅང་ལུས་སམ། །ས་ལ་གནས་པའི་བྱང་སེམས་ལ། །མཉམ་རྗེས་གཉིས་ལ་ཁྱད་ཅི་ཡོད། །ཐུབ་པའི་ཡེ་ཤེས་ཇི་ལྟ་བུ། །རྟེན་ལ་རབ་གནས་བྱེད་པའི་ཚེ། །ཆོས་སྐུར་བྱིན་གྱིས་བརླབ་པ་དང་། །ཡེ་ཤེས་སེམས་དཔའ་དགུག་པ་གཉིས། །བྱིན་རླབས་ཁྱད་པར་ཡོད་ལགས་སམ། །སངས་རྒྱས་པ་ཡི་ཆོས་རྣམས་ཀུན། །བསྡུ་ན་ཉམས་ལེན་ཅི་ལྟར་བྱེད། །དེ་ཉིད་བཙུ་དེ་གང་ལ་བཞེད། །གང་ཟག་དབང་པོ་རབ་དེ་ལ༑ ༑ས་ལམ་ངེས་པར་ཡོད་དམ་ཅི། །ལྷ་སྐུའི་ངོ་བོ་གཅིག་ཤེས་པས། །གཅིག་འགྲུབ་ཐམས་ཅད་འགྲུབ་མི་འགྲུབ། །གཞན་ཡང་རིགས་ལྔ་སེར་འབྲུམ་དང་། །གསོན་པོའི་བུམ་པ་བྱེད་པ་ལ། །མི་མཉེས་ཟེར་བ་གཡར་གྱིས་ཁུམས། །འདི་ཡི་རྒྱུ་མཚན་ཐུགས་ལ་ཐོགས། །བསྟན་པ་རིན་ཆེན་སྙིང་ཞུགས་ཏེ། །ཐོས་བསམ་ཅུང་ཟད་གཞིར་བྱས་ནས། །ཉམས་ལེན་ཆོས་དང་བསྟུན་པ་ན། །བློ་ལ་ཐེ་ཚོམ་སྐྱེས་པ་རྣམས། །བཤེས་གཉེན་དམ་པས་བསལ་བར་ཞུ། །སྤྱན་སྔར་མཇལ་བར་སེམས་སྨྲ་ཡང་། །རྐྱེན་དང་མ་ལྡན་རྗེ་མ་ཐོགས། །ཚུལ་དང་མི་མཐུན་ཉེས་པ་ཡི། །སྐྱོན་དུ་གྱུར་པ་བཟོད་པར་གསོལ། །འགྲོ་དོན་ཤར་དུ་མཛད་ནས་ཀྱང་། །དབུས

གཙང་ཐུགས་ཀྱིས་མི་གཏང་བར། །སླར་ཡང་མི་ཡི་སེང་གེ་ཁྱོད། །བསྟན་པ་ཡུན་དུ་འཛིན་པར་ཞུ། །བཀའ་གདམས་དོ་ཀོར་བའི་ཞུ་བ་དགེའོ།། །།

༄༅། །བཀའ་གདམས་དོ་ཀོར་བའི་ཞུས་ལན་བཞུགས།

ཆོས་རྗེ་ས་སྐྱ་པཎ་ཆེན།

ཨོཾ་སྭསྟི་སིདྡྷཾ། བླ་མ་དང་མགོན་པོ་འཇམ་པའི་དབྱངས་ལ་ཕྱག་འཚལ་ལོ། །སོ་སོར་ཐར་པ་འདུལ་བ་བཞིན། །བྱང་ཆུབ་སེམས་དཔའ་མདོ་སྡེའི་ལུགས། །གསང་སྔགས་རྒྱུད་སྡེ་བཞིན་སྟོན་པའི། །འཇམ་དབྱངས་བླ་མ་རྒྱལ་གྱུར་ཅིག །རིང་འོངས་སྐྱེས་བུ་དམ་པའི་ཕོ་ཉ་ཡིས། །ཡང་ཡང་གསོལ་བ་འདེབས་པའི་ངོར་བྱས་ཏེ༑ ༑ཇི་ལྟར་ཞུ་བའི་དོན་རྣམས་རིམ་པ་བཞིན། །ལན་ཅིག་བརྗོད་པ་འདི་ལ་དགའ་བས་ཉོན། །དང་པོར་དབང་གིས་མ་སྨིན་པར། །སེམས་བསྐྱེད་ཡང་དག་ཐོབ་པ་དེས། །རྣལ་འབྱོར་ཆེན་པོ་མ་ཐོབ་པར། །བྱང་སེམས་རྣལ་མ་འབྱོངས་གྱུར་ན། །རྣམ་རྒྱལ་དོན་ཡོད་ཞགས་པ་སོགས། །བྱ་བའི་རྒྱུད་ནི་འགའ་ཞིག་བཏུབ། །བསླབ་གསུམ་ལྡན་པའི་གང་ཟག་གིས། །སྡོམ་གསུམ་སྤང་བླང་ནང་འགལ་ཆེ། །དགག་བྱ་དང་ནི་དགོས་པ་གཉིས། །གཙོ་བོ་གང་ཆེའི་ལུགས་སུ་བྱ། །སྐྱབས་འགྲོ་སྨོན་འཇུག་བྱང་སེམས་ཀྱང་། །ཐུན་མོང་དག་ལ་ལྟོས་པ་སྟེ། །ལུང་ཆོས་སྤྱི་ཡི་དགོངས་པ་ཡིན། །དེ་ཡང་གྲུབ་མཐའ་སོ་སོ་ཡི། །གཞུང་ནས་བཤད་པ་དག་དང་བསྟུན། །རྒྱུད་སྡེའི་དགོངས་པ་དམ་ཚིག་ནི། །ཐུན་མོང་དག་ལ་མི་ལྟོས་ཏེ། །བྱ་བ་ཟིན་པ་ཉིད་ཀྱིས་ཆོག །རྒྱུད་སྡེ་ཕ་མའི་ཁྱད་པར་ནི། །གཙོ་ཆེར་ཕྲིན་ལས་སྟོན་པ་དང་། །ཐབས་ལམ་གཙོ་བོར་སྟོན་ལ་དགོངས། །ཕྱི་ནང་གཉིས་ཏེ་སྙིང་མའི་ལུགས། །གསར་མའི་རྒྱུད་དུ་མ་གྲགས་ཏེ། །ཁྲིམས་སྐྱ་གཙོ་བོར་བྱེད་པ་དང་། །རང་གི་ལུས་ལ་གཙོར་བྱེད་པ། །ཕྱི་ནང་གཉིས་ཀྱི་ཁྱད་པར་ཏེ། །སྙིང་མའི་ནང་ན་དེ་སྐད་ལོ། །རྒྱུད་སྡེ་བཞི་ཡི་ཁྱད་པར་ནི། །མི་རིགས་བཞི་དང་དུས་ཚོད་བཞི། །ཉོན་མོངས་སྒོ་ནས་གསུངས་པ་སྟེ། །འདི་ནི་རྒྱུད་དང་མཐུན་པར་གདའ། །རིག་འཛིན་སྡོམ་པའི་ངོ་བོ་ནི། །རྡོ་རྗེ་ཐེག་པའི་སྒོར་ཞུགས་ཏེ། །གང་ཟག་གཅིག་གིས་ཕྲིན་ལས་རྣམས། །མ་ལུས་གྲུབ་པའི་དམ་ཚིག་དང་། །ལྡན་པ་གཅིག་ལ་ཟེར་ཏེ་མཆིས། །སྔགས་དང་ཕ་རོལ་ཕྱིན་པ་གཉིས། །སྐུ་དང་ཡེ་ཤེས་ཕྲིན་ལས་ཀྱིས། །རྫོགས་འཚང་རྒྱ་བར་དོན་གཅིག་ཀྱང་། །མ་རྨོངས་ཐབས་མང་དཀའ་མེད་དང་། །དབང་པོ་རྣོན་པོའི་དབང་བྱས་པས། །སྔགས་ཀྱི་ཐེག་པ་ཁྱད་པར་འཕགས། །དབུ་ཚད་གྲུབ་མཐའི་རྣམ་དབྱེ་འདི། །ཀུན་བས་ཁྱེད་ལ་ཞུའོ་སྐད། །འདི་དོན་སླ་བ་མང་ན་ཡང་། །འཇམ་པའི་དབྱངས་ཀྱིས་རྗེས་

བཟུང་བས། །དོན་ལྡན་རྟོགས་པ་ཁོ་བོ་ཙམ། །རྒྱས་པར་རིགས་གཏེར་ནང་ན་མཆིས། །ཐ་སྙད་དུ་ནི་མི་བསླུ་བར། །འདོད་པ་དེ་ནི་ཚད་མའི་ལུགས། །དབུ་མ་པ་ལ་རྣམ་གཉིས་ཏེ། །རང་རྒྱུད་དེ་དང་ཆ་མཐུན་ལ། །ཐལ་འགྱུར་པ་དག་ཐ་སྙད་དུའང་། །བདེན་པར་མི་འདོད་མདོར་བསྡུས་པའོ། །བདེན་པ་གཉིས་ཀྱི་དབྱེ་དོན་ནི། ། དོན་དམ་དུ་ནི་དབྱེར་མེད་པས། །གཅིག་དང་ཐ་དད་གང་ཡང་མེད། །ཐ་སྙད་ངོ་བོ་དབྱེར་མེད་ལ། །ལྡོག་པ་དག་ནི་ཐ་དད་འདོད། ཁྱོད་ཀྱི་དྲི་བ་བརྒྱད་པའི་ལན། །དོན་དམ་ཤེས་བྱ་མ་ཡིན་ཏེ། །གཞན་སེལ་ཤེས་བྱར་འགྲོ་བའང་སྲིད། །ཀུན་རྫོབ་ལེགས་པར་རྟོགས་ཙམ་ན། །དོན་དམ་ལོགས་སུ་ལུས་པ་མེད། །སར་གནས་བྱང་ཆུབ་སེམས་དཔའ་ལ། །མཉམ་རྗེས་ཁྱད་པར་ཤིན་ཏུ་ཆེ། །སྣང་བཅས་སྣང་བ་མེད་པ་སྟེ། །བདག་གིས་རྟོགས་ཀྱིས་གཞན་གྱིས་མིན། །རྫོགས་སངས་རྒྱས་ཀྱི་ཡེ་ཤེས་ནི། །ཡོད་མེད་མཐའ་ལས་འདས་པའོ། །སྐུ་གཟུགས་རྟེན་གྱི་རབ་གནས་ཀྱང་། །ལོ་བཙུ་ལོན་པའི་བསྙེན་རྫོགས་ཀྱིས། །མཁན་པོའི་ལས་ལ་འཇུག་པར་ལྟར། །འདི་ཡང་རྡོ་རྗེ་སློབ་དཔོན་གྱི། །དབང་བསྐུར་ཐོབ་པ་ཁོ་ནའི་ལས། །བཀའ་གདམས་འདུལ་བའི་སྐོར་ཞུགས་ནས། །རབ་གནས་རིམ་ལྔ་བདུན་ཚིགས་སོགས། །མཛད་ཀྱང་དལ་བ་དོན་མེད་ཡིན། །འོན་ཀྱང་ཁྱོད་ཀྱིས་དྲིས་པའི་ལན། །རབ་ཏུ་གནས་པ་བྱེད་དུས་སུ། །ཆོས་སྐུ་རང་བཞིན་གཞིར་བཞག་སྟེ། །གནས་ལུགས་སྤྲོས་པ་དང་བྲལ་བས། །དེ་ལ་རབ་གནས་བཤད་པ་མེད། །དམ་ཚིག་སེམས་དཔར་བསྐྱེད་པ་ལ། །ཡེ་ཤེས་སེམས་དཔའ་སྤྱན་དྲངས་ནས། །མཆོད་ཅིང་བསྟོད་ནས་བསྟིམ་པ་ལ། །རབ་གནས་དངོས་གཞིར་རྒྱུད་ལས་བཤད། །སངས་རྒྱས་བསྟན་པ་རིན་པོ་ཆེ། །མདོར་བསྡུས་ཉམས་སུ་ལེན་པའི་ཚེ། །འདུལ་བ་ཕར་ཕྱིན་གསང་སྔགས་གསུམ། །སོ་སོའི་གཞུང་དང་མི་འགལ་བར། །ཉམས་སུ་ལེན་པ་བཀའ་དང་མཐུན། །འོན་ཀྱང་སྟོང་ཉིད་སྙིང་རྗེ་ཡི། །སྙིང་པོ་ཅན་དུ་བསྒོམ་པར་ཞུ། །ད་ལྟའི་ཆོས་པ་ཕལ་ཆེ་རྣམས། །འདུལ་བའི་སྡེ་སྣོད་མི་ཤེས་པར། །ཉན་ཐོས་བསྟན་པའི་ནང་དུ་མིན། །སེམས་བསྐྱེད་ཆོ་ག་འབྲུགས་གྱུར་པས། །ཕ་རོལ་ཕྱིན་པའི་གཞུང་དང་བྲལ། །དབང་དང་རིམ་གཉིས་མི་བསྒོམ་པས། །རྡོ་རྗེ་ཐེག་ལ་རྒྱབ་ཀྱིས་ཕྱོགས། །དེ་བས་ལྷ་ཕྱིའི་ཆོས་པར་གོ། །དབང་པོ་རབ་ཀྱི་གང་ཟག་ཀྱང་། །ས་ལམ་བགྲོད་དགོས་མྱུར་དུ་འགྲུབ། །འབྲིང་དང་ཐ་མ་རིམ་པས་འགྲུབ། །ས་ལམ་ངེས་མེད་སངས་རྒྱས་ཏེ། །ཕྱག་རྒྱ་ཆེན་པོ་ཅིག་ཆོད་ལ། །ས་ལམ་བཅུ་བའི་རྨོངས་པ་འཁྲུལ། །དེ་སྐད་ཟེར་བ་བསྟན་པ་ཡི། །བདུད་ཚིག་ཡིན་པས་རྣ་བ་དགབ། །གང་ཞིག་རབ་གནས་བྱེད་འདོད་ན། །ཡེ་ཤེས་སེམས་དཔའ་བསྟིམ་པར་གཅེས། །བསྟན་པའི་ཆོས་རྣམས་མདོར་བསྡུས་ན། །བསྒོམ་ན་སྟོང་ཉིད་སྙིང་རྗེ་ཡི། །སྙིང་པོ་ཅན་དུ་ཡོངས་སུ་སྒོམས། །དབང་པོ་རབ་ཀྱི་གང་ཟག་ཀྱང་། །ས་ལམ་སྐྱབ་དགོས་མྱུར་དུ་འགྲུབ། །དབང་པོ་ངེས་མེད་སངས་རྒྱས་ཏེ། །མདོ་རྒྱུད་ཀུན་ནས་གསུངས་པ་མེད། །འབྲིང་དང་ཐ་མ་

རིམ་གྱིས་སོགས། །དེ་ཉིད་བཅུ་ལ་རྣམ་གྲངས་མང་། །ཚོ་གའི་དེ་ཉིད་བཅུ་དང་ནི། །གཞན་ཡང་རྡོ་རྗེ་སློབ་དཔོན་ལ༔ ༔ཉེ་བར་མཁོ་བའི་དེ་ཉིད་བཅུ། །དེ་བཞིན་དེ་ཉིད་ཁོ་ན་ཡི། །དེ་ཉིད་བཅུ་ཞེས་བྱ་བ་ཡོད། །ངེས་པར་དེ་ཉིད་བཅུར་བཤད་པ། །དགོས་པ་ཆུང་བས་འདིར་མ་བྲིས། །ཐུན་མོང་དུ་ནི་གལ་ཆེ་བའི། །དེ་ཉིད་བཅུ་ནི་དེ་རྣམས་ཡིན། །བསྲུང་དང་དབང་བསྐུར་གཏོར་མ་ལས་གར་དང་། །ཕྱིར་བཟློག་པ་དང་དཀྱིལ་འཁོར་བསྒྲུབ་པ་དང་། །ཕྱག་སྦྱོང་བ་དང་གཤེགས་སུ་གསོལ་བ་སྟེ། །དེ་ཉིད་བཅུ་ཞེས་རྒྱལ་བ་རྣམས་ཀྱིས་གསུངས། །ལྷ་སྐུའི་ངོ་བོ་གཅིག་ཤེས་པས། །མཆོག་སྒྲུབ་ཡེ་ཤེས་ལྷ་རྣམས་ནི། །ཐམས་ཅད་ཐུགས་དགོངས་གཅིག་པས་ན། །གཅིག་འགྲུབ་ཐམས་ཅད་འགྲུབ་པ་ཡིན། །ནོར་སྒྲུབ་ལ་སོགས་ཐུན་མོང་གི། །དངོས་གྲུབ་ལྷ་རྣམས་དེ་ལྷ་མིན། །བྱང་ཆུབ་མཆོག་གི་ཕྱག་རྒྱ་ཅན། ། རྣམ་སྣང་ལ་སོགས་རིགས་ལྔ་ལ། །ཐམས་ཅད་སྐུ་མདོག་སེར་འགྱུར་དུ། །བྲི་བ་བཀའ་གདམས་བསྟན་བཅོས་ལས། །བཤད་པ་ཡོད་ན་ཤིན་ཏུ་ལེགས། །རྒྱུད་ལས་བཤད་པ་ངས་མ་མཐོང་། །སྐུ་མདོག་ཡེ་ཤེས་རྣམ་ལྔ་དང་། །འབྱུང་བ་རྣམ་པ་ལྔ་ལ་དགོངས། །ཕྱག་རྒྱ་ནང་གི་རྟེན་འབྲེལ་ཡིན། །འདི་ཡི་རྒྱུ་མཚན་ཞིབ་པ་རྣ། །བཤད་ཀྱང་ཁྱོད་ཀྱི་སྤྱོད་ཡུལ་མིན། །གང་ཟག་གསོན་པོར་གྱུར་པ་ལ། །བུམ་པ་འཆའ་བའི་ཚོ་ག་དེ། །རྒྱུད་ལས་དབང་བསྐུར་རང་དུ་བཤད། །དབང་བསྐུར་བྱེད་ན་རྒྱུ་དུས་སུ། ཁྱོད་ཀྱིས་དབང་བསྐུར་ཐོབ་བམ་ཅི། །ཤི་དགུའི་བར་དུ་གཤིན་པོ་ལ༔ ༔བདུན་ཚིགས་ཚོག་བཤད་པ་དེ། །རྣམ་ཤེས་བཀུག་ནས་མཛད་པར་གདའ། །རྣམ་པར་ཤེས་པ་མ་བཀུག་པར། །གསོན་པོའི་སྒྲིབ་པ་སྦྱང་བའི་ཕྱིར། །འགལ་བ་མེད་དམ་སེམས་པ་ལ། །ཁྲུས་ཀྱི་ཚོ་ག་མ་གཏོགས་པ། །རྒྱུད་ལས་གསུངས་པ་མེད་དེ་མཆི། །མདོར་ན་བསྟན་པའི་གོ་རིམ་ནི། །རབ་བྱུང་འདུལ་བ་བཞིན་དུ་བྱ། །བྱང་ཆུབ་སེམས་དཔའ་མདོ་དང་བསྟུན། །གསང་སྔགས་རྒྱུད་དང་མཐུན་པར་བསྒོམ། །ཆོས་ལ་ཡིད་ཆེས་མ་སླ་བར། །ཉམས་ལེན་སངས་རྒྱས་བཀའ་བཞིན་སྒྲུབས། །དལ་ན་འདི་བས་རྒྱས་པ་ཅིག །བྱེད་པ་ཡིན་ཏེ་ལོང་མ་བྱུང་། །ངེད་ཀྱང་བྱ་བ་ཆེས་པ་དང་། ཁྱོད་ཀྱང་གནས་ཀྱིས་བསྐལ་བའི་ཕྱིར། །ད་རེས་མཇལ་བ་མ་འགྲིག་པས། །དྲིས་ལན་མདོ་ཙམ་བསྡུས་པ་ལགས། །སྡོམ་བརྩོན་ཁྱོད་རང་བྱོན་གྱུར་ན། །འདི་རྣམས་རྒྱས་པར་ཕྱེ་བ་ཅིག །ཅིས་ཀྱང་བྱེད་དགོས་ཡིན་མོད་ཀྱི། །འོན་ཀྱང་སྡོམ་གསུམ་རབ་དབྱེ་ལ། །ཚར་གཅིག་གཟིགས་པས་གསལ་བར་མཆི། །བདག་ཀྱང་སྟོན་གྱི་བྱེད་པ་འགའ་ཡི་རྒྱུས། །བསྟན་པའི་ཉི་མ་ཤར་གྱི་ཕྱོགས་སུ་འཆར། །ཐོས་བསམ་བསྒོམ་གསུམ་ཡིད་བཞིན་ནོར་བུ་དེས། །དད་ལྡན་དབུས་གཙང་རི་བ་རབ་རྗོགས་ཤོག །དཔལ་ལྡན་ས་སྐྱ་པཎྜི་ཏས་ལན་དུ་གསུངས་པའོ།། །།

༄༅། །ཆག་ལོའི་ཞུ་བ་བཞུགས།

ཆོས་རྗེ་ས་སྐྱ་པཎ་ཆེན།

ཨོཾ་སྭསྟི་སིདྡྷཾ། སྡོམ་པ་གསུམ་ལྡན་རིག་པའི་གནས་ལྔ་ཐུགས་སུ་ཆུད། །རྣམ་འཕྲེད་བློ་ལྡན་འདོད་པའི་ལྷ་ཡིས་རྗེས་སུ་གཟུང་། །མཁྱེན་བརྩེས་ཆོས་ལོག་ཚར་གཅོད་སྐལ་ལྡན་རྗེས་འཛིན་པ། །ས་སྐྱ་པ་ཞེས་ཡོངས་གྲགས་བླ་མ་རྒྱལ་གྱུར་ཅིག །དཔལ་ལྡན་མར་མེ་མཛད་དཔལ་ཡེ་ཤེས་སྲས། །སྒྲ་བསྒྱུར་ནག་ཚོ་ལ་སོགས་མཁས་བཙུན་གྱི། །གདན་ས་སྙེ་ཐང་འི་བདེ་གཞི་བསྟན་འཛིན་དག །འབྲུང་གནས་གཙུག་ལག་ཁང་ཆེན་ཡང་ཐོག་ནས། །ཐུབ་བསྟན་དམ་ཆོས་ཕྱིན་ཅི་མ་ལོག་པ། །གངས་རིའི་ཁྲོད་དུ་གཙོ་ཆེར་སྤེལ་བ་ཡི། །སྐྱེས་བུ་དམ་པས་བྱིན་རླབས་དགོན་གནས་མཆོག །ཡོངས་སུ་གྲགས་པའི་དཔལ་ལྡན་ས་སྐྱར་ནི། །ལུང་རིགས་རི་ཤུལ་བརྟེན་ནས་འཇིགས་མེད་པར། །དོན་ལྡན་སེང་གེའི་ང་རོས་ལོག་སྨྲ་བའི། །ཕ་ཆོགས་སྐྲག་མཛད་སྐལ་ལྡན་རང་རིགས་སྐྱོང་། །ཇོད་དུས་མི་ཡི་སེང་གེའི་སྤྱན་སྔ་རུ། །ཤཱཀྱའི་དགེ་སློང་ཁྲིད་སོགས་དམ་པ་ཡི། །སྤྱན་ཟུར་ཕོག་ཅིང་ཐུབ་པའི་བསྟན་ལ་དད། །བྱང་ཆུབ་ཆེ་སོགས་ཁྱད་འཕགས་རྟེན་ཡང་མཐོང་། །སྒྲ་བསྒྱུར་མིང་ཅན་ཆོས་རྗེས་ཞུ་འཕྲིན་འབུལ། །ཕྱག་འཚལ་སྐུ་ཁམས་བདེ་བའི་ཡི་གེ་ཡིས། །མཆོན་ཏེ་ཞུ་ལེགས་དེ་སླད་སྐབས་ཀྱི་དོན། །སངས་རྒྱས་བསྟན་པའི་ཕྱི་དོར་བསྟན་བཅོས་ཆེ། །སྡོམ་གསུམ་རབ་དབྱེ་མཛད་ཅེས་སྔོན་དུ་ཐོས། །ཉན་ཞིང་ལྟ་བར་འདོད་ཀྱང་ཡུལ་གྱིས་བསྐལ། །ཡུལ་འདིར་དྲིས་ཀྱང་དཔེ་ཐོགས་མེད་ཅེས་གྲགས། །སླད་ནས་དགེ་བཤེས་ཡེ་ཤེས་སེང་གེའི་དཔེ། །རྒྱལ་ཟླའི་མར་ངོའི་ཚེ་གཉིས་ཉིན་མོ་བླངས། །ཆོས་གསུམ་སྔ་དྲོ་བལྟས་པས་པོ་ཏི་ལ། །ཡིག་མཁན་སྐྱོན་ཆགས་རང་ཡང་གཡེང་བ་ཆེ། །བློ་ནུས་ཆུང་བས་མཐའ་དག་མ་རྟོགས་མོད། །གང་རྟོགས་ཕལ་ཆེར་དད་པའི་གནས་སུ་གོ། །འོན་ཀྱང་མ་རྟོགས་ཐེ་ཚོམ་གང་མཆིས་པ། །ཅུང་ཟད་ཅིག་ཞུ་དེ་དག་ལུང་བསྟན་གསོལ། །ཆོས་དབྱིངས་བསྔོ་རྒྱུ་མིན་པ་མེད་མོད་ཀྱི། །དོན་དམ་དགེ་དང་མི་དགེ་ལུང་མ་བསྟན། །རིམ་བཞིན་དེ་བཞིན་ཉིད་དང་འཁོར་བ་ཀུན། །ནམ་མཁའ་སོ་སོར་བརྟགས་མིན་ཞེས་གསུང་པ། །ཉན་ཐོས་ཉིད་བཞེད་ཐུན་མོང་མིན་པ་ཅི། །དོན་དམ་དགེ་བ་དེ་བཞིན་ཉིད་དོ་ཞེས། །དགོངས་པ་ཅན་དུ་འཆད་པའི་དགོས་པ་གང་། །ཆོས་དབྱིངས་དགེ་མེད་ཙམ་ལ་དགེ་བ་ཞེས། །འདོགས་རྒྱུ་དགེ་མེད་མི་

དགེར་མི་མཚུངས་སམ། །ཟས་ཀྱིས་འགྲངས་པ་འདོད་ཆགས་བྲལ་བའི་དཔེ། །ཉེར་བསྟན་འདོད་ཆགས་བྲལ་བ་མཚན་ཉིད་ལ། །གཏན་ནས་འདོད་ཆགས་བྲལ་བའང་བཤད་པ་མེད། །དེ་བཞིན་ཆོས་དབྱིངས་དོན་དམ་དགེ་བ་དངོས། །བདེ་བསྐྱེད་སྦྱོར་འབྱུང་སོགས་སུ་བཤད་པའང་མེད། །ཐར་པ་དམ་པའི་དོན་དུ་དགེ་བ་ཞེས། །རྣམ་དག་ཡེ་ཤེས་སྤྱོད་ཡུལ་མ་ལགས་སམ། །ཆོས་དབྱིངས་མ་རྟོགས་ཆོས་གཞན་མེད་གསུངས་པ། །དོན་དམ་ཆོས་དབྱིངས་དབང་བྱས་མ་ལགས་སམ། །བསྟན་བཅོས་དགོངས་པ་ཅན་དང་ཐད་ཀའི་སྒྲ། །མིན་པར་འཆད་ན་འཕགས་པས་གསུངས་པ་ཡི། །བསྟན་བཅོས་སྦྱོར་བའི་རྒྱུ་དྲུག་མ་ཚང་བས། །འཕགས་པའི་རང་ཚིག་གོང་འོག་མི་འགལ་ལམ། །བསྔོ་བ་བྱེད་ཚེ་ཆུ་ཐིགས་སྦྲེང་བྱེད་པ། །སྔོན་ཚེ་གཙུག་ལག་ཁང་ཆེན་རྣམས་ནའང་ཡོད། །ལུང་ནས་གསུངས་ཞེས་སྨྲ་ཞིང་བལ་ཡུལ་ནའང་། །དགེ་སྦྱོང་ཀུན་མཛད་རེ་ཞིག་དཔྱད་པར་རིགས། །མཁས་པ་འཇིགས་མེད་འབྱུང་གནས་སྦས་པ་ཡིས། །མཛད་པའི་ཆོ་གས་ཆོས་རྗེ་ཤཱཀྱ་དཔལ། །བཟང་པོས་སྐྱེ་བོ་ཀུན་ལ་སེམས་བསྐྱེད་མཛད། །དེ་ནི་བྱང་ས་དང་མཐུན་ཇི་ལྟར་ལགས། །དབུ་མའི་ལུགས་ཀྱི་སེམས་བསྐྱེད་འགྲོ་ཀུན་ལ། །ཆོ་གས་བསྐྱེད་ན་སྐྱེ་བ་མདོ་ལྟ་སོགས། །སློབ་དཔོན་གཉིས་ཀྱིས་བསྟན་བཅོས་ལས་གསུངས་ཀྱང་། །དེ་འདྲའི་ཆོ་ག་དེ་གང་བསླབ་བྱ་གང་། །སེམས་བསྐྱེད་ཐོབ་ནས་བསླབ་ལ་མ་བསླབས་ཀྱང་། །རྒྱལ་བར་འགྱུར་ན་ཆོ་ག་སུས་ཐོབ་ལེགས། །འོན་ཏེ་རྒྱལ་སྲས་ཞི་བ་ལྷས་མཛད་པའི། །བསླབ་བཏུས་སྤྱོད་འཇུག་བཞིན་དུ་བསྲུང་འཚལ་ན། །ཆོ་ག་བློས་ནུས་སྐྱེ་བོ་ཕལ་པོ་ཆེས། །བསླབ་པ་བསྲུང་བ་ལྟ་ཞོགས་བསྲུང་མཚམས་ཀྱང་། །ཤེས་པར་མི་ནུས་དེ་ལ་བཅའ་བ་ལས། །ཉམས་པའི་ཉེས་སོགས་འབྱུང་བར་མི་འགྱུར་རམ། །བརྒྱ་ལ་ཕག་མགོའི་དབང་བསྐུར་གསུང་སྲིད་ཀྱང་། །རྗེས་གནང་ཡིན་གྱིས་དབང་བསྐུར་མིན་ཞེས་གསུང་། །གལ་ཏེ་གསུངས་ན་དབང་དུ་བརྗོད་པ་ལ། །འགལ་བ་ཅི་མཆིས་རྡོ་རྗེ་དྲིལ་བུ་པས། །སྔགས་གཏད་པ་ལ་སྔགས་ཀྱི་དབང་དུ་བརྗོད། །དེས་ན་མ་གསུངས་བྱེད་ཉིད་མཚར་ཆེའམ། །གསང་སྔགས་གསར་རྙིང་གཉིས་ལ་བོད་ཀྱིས་ནི། །སྒྱུར་བའི་རྒྱུད་སྡེ་མང་སྡེ་གང་དག་ལགས། །ཚིག་གི་སྡེབ་སྦྱོར་གང་རྣམས་མཁྱེན་པ་དང་། །རྒྱན་དང་མངོན་བརྗོད་ཕལ་ཆེར་གོ་བ་དང་། །སྡེབ་སྦྱོར་དང་ནི་རྒྱན་གྱི་བསྟན་བཅོས་དག །གང་དང་གང་ཞིག་གང་དང་གང་ལ་གསན། །གཞན་ཡང་གསང་སྔགས་རྒྱུད་སྡེ་བཞི་པོ་ལ། །ཉན་བཤད་ཡོད་པ་ཕལ་ཆེར་གསན་ཞེས་འབྱུང་། །ཉན་བཤད་ཡོད་པའི་རྒྱུད་ཀྱང་དུ་ཞིག་མཆིས། །ཁྱད་པར་དཔལ་ལྡན་བརྟག་པ་གཉིས་པ་ལ། །མཁས་པའི་འགྲེལ་པ་རྣམ་བཤད་དུ་ཞིག་མཆིས། །མཚན་བརྗོད་བཤད་པ་ལུགས་དྲུག་གང་དག་ལགས། །དེ་རྣམས་རྣམ་དབྱེ་སྡོམ་གསུམ་རབ་དབྱེའི་དཔེ། །དག་པ་ཞིག་གི་བཀའ་དྲིན་ཅི་

གནང་ཞེས། །མཛེམ་དགོས་མེད་པར་སྤྱི་བརྗོལ་བསྐྱེད་པ་ལགས། །ཞུ་དོན་གཞན་ཡང་མཆིས་མོད་བཀྲ་ཤིས་གྲགས། །མར་ངོའི་ཆོས་ལྡུའི་ཉིན་མོ་འགྲོ་ཟེར་ནས། །མར་ངོའི་ཆོས་བཞི་ཉིན་པར་འདི་དག་བྲིས། ཁོ་བོས་གུས་པའི་བསམ་པས་ཞུས་པ་འདི། །ནོངས་ན་བཟོད་མཛོད་དགེ་བས་འགྲོ་བ་ཀུན། །དགེ་བཤེས་དམ་པ་བསྟེན་ནས་ཐབས་མཁས་བཅས། །ཤེས་རབ་གྲོལ་བའི་བླ་མས་བསྐྱོང་བར་ཤོག །ཆོས་རྗེ་ས་སྐྱ་པ་ལ། ཆག་ལོ་ཙྪ་བས་ཞུས་པའོ།། །།

༄༅། །ཆག་ལོ་ཙཱ་བའི་ཞུས་ལན་བཞུགས།

ཆོས་རྗེ་ས་སྐྱ་པཎ་ཆེན།

བླ་མ་དང་འཇམ་པའི་དབྱངས་ལ་གུས་པས་ཕྱག་འཚལ་ལོ། །བདེ་བྱེད་ཆུར་ཉལ་རང་བྱུང་མེ་ཏོག་མདའ། །མཚོ་བྱུང་བདག་པོ་ལམ་ནག་ཉི་མའི་བུས། །གང་གིས་གསུང་རབ་རྟོག་པར་མ་ནུས་པ། །བྱ་རམ་ཤིང་པའི་གསུང་ལ་བདག་ཅག་དད། །བློ་ཆེན་སྡོམ་བརྩོན་སྤྱི་སྟོད་མང་འཛིན་ལ། །སྐད་གཉིས་སྨྲ་བ་ཆོས་རྗེ་དཔལ་བཟང་པོས། །ཇི་ལྟར་དྲི་བར་མཛད་པ་དེ་ཡི་ལན། །ལུང་དང་རིགས་པའི་ངག་གིས་ཅུང་ཟད་བཤད། །དེ་ལ་དྲི་བ་དང་པོ་ཆོས་ཀྱི་དབྱིངས་བསྔོ་རྒྱུ་མིན་པ་བདེན་ཡང་། དོན་དམ་པའི་དགེ་བ་དེ་བཞིན་ཉིད། དོན་དམ་པའི་སྡིག་པ་འཁོར་བ་ཀུན། དོན་དམ་པའི་ལུང་མ་བསྟན་ནམ་མཁའ་དང་སོ་སོར་བརྟགས་མིན་གྱི་འགོག་པ་ཞེས་གསུངས་པ་ཉན་ཐོས་ཁོ་ནའི་ལུགས་ཡིན་གྱི་ཐེག་པ་ཆེན་པོ་དང་ཐུན་མོང་མ་ཡིན་པའི་རྒྱུ་མཚན་ཅི་ཞེས་པའི་ལན་ནི། ཉན་ཐོས་ཤེས་བྱ་ཐམས་ཅད་རྫས་སུ་གྲུབ་ཅིང་སྟོང་པར་མི་འདོད་རྫས་སུ་གྲུབ་པར་འདོད་པས་དེ་བཞིན་ཉིད་ལ་སོགས་པ་དགེ་བ་ལ་སོགས་པའི་རྫས་སུ་གྲུབ་པར་འདོད་ལ། ཐེག་པ་ཆེན་པོ་པས་ཆོས་ཐམས་ཅད་སྟོང་པ་ཡིན་པས་དེ་དག་རྫས་སུ་གྲུབ་པ་འགོག་ཅིང་དོན་དམ་པའི་དགེ་བ་ལ་སོགས་པ་བཏགས་པ་བར་བཞེད་དོ། །དེས་ན་དེ་དག་ཐུན་མོང་མ་ཡིན་ནོ། །དྲི་བ་གཉིས་པ་དེ་བཞིན་ཉིད་སྤྲོས་བྲལ་ལ་དགེ་བར་འདོག་པའི་དགོས་པ་ཅི་ཞིག་གསུངས་པའི་ལན་ནི། དེ་བཞིན་ཉིད་ལ་དགེ་བར་འདོགས་པའི་དགོངས་གཞི་ནི་སྡིག་པ་མེད་པ་ཙམ་ལ་དགོངས། དགོས་པ་ནི་ཞུམ་པ་གཟེངས་བསྟོད་པ། དངོས་ཀྱི་དོན་ལ་གནོད་བྱེད་ཀྱི་ཚད་མ་ནི། དེ་བཞིན་ཉིད་དགེ་བ་མཚན་ཉིད་པ་ཡིན་ན། འབྲས་བུ་བདེ་བ་འབྱིན་པར་ཐལ། འདོད་ན་ངན་འགྲོ་མི་སྲིད་པར་འགྱུར་ཏེ། ཆོས་ཀྱི་དབྱིངས་ལས་མ་གཏོགས་པའི། །གང་ཕྱིར་ཆོས་མེད་དེ་ཡི་ཕྱིར། །ཅེས་གསུངས་པ་ལྟར་རོ། །འབྲས་བུ་བདེ་བ་མི་སྐྱེད་ཀྱང་དགེ་བ་ཡིན་པ་ཇི་ལྟར་ཡིན་སྙམ་ན། དེ་ལྟར་ན་དགེ་བ་མཚན་ཉིད་པ་མ་ཡིན་པར་བཏགས་པ་བ་ཡིན་ཏེ། བཙོ་བསྲེག་གི་བྱ་བ་མི་བྱེད་པ་ལ་མེར་བཏགས་པ་བཞིན་ནོ།། འཁོར་བ་ལ་དོན་དམ་པའི་སྡིག་པར་འདོགས་པའི་དགོངས་པའི་གཞི་ནི། ཉེར་ལེན་གྱི་ཕུང་པོ་ལྔ་སྡུག་བསྔལ་གྱི་གཞི་ཡིན་པ་ལ་དགོངས། དགོས་པ་འཁོར་བ་ལ་སྐྱོ་བ་བསྐྱེད་པ་ཡིན། དངོས་ལ་གནོད་

བྱེད་ཀྱི་ཚད་མ་ནི། འཁོར་བ་ཐམས་ཅད་སྡིག་པ་ཡིན་ན་བདེ་འགྲོའི་ལས་ཀྱང་སྡིག་པར་འགྱུར་ལ་དེ་ལྟ་ན་མངོན་མཐོ་ངེས་ལེགས་མི་སྲིད་པར་འགྱུར་རོ། །དེ་དག་སྲིད་ཀྱང་སྡིག་པ་ཡིན་ན་དེ་ལས་མངོན་མཐོ་ངེས་ལེགས་འབྱུང་བས་འགལ་ལོ། །སྡིག་པ་གཙོ་ཆེ་བ་ལ་དགོངས་ནས་བཏགས་སོ་ཞེ་ན། དེ་ལྟ་ན་དགོངས་པ་ཅན་དང་བཏགས་པ་བར་གྲུབ་བོ། །ནམ་མཁའ་དང་སོ་སོར་བརྟགས་མིན་གྱི་འགོག་པ་ལ་ལུང་མ་བསྟན་དུ་འཆད་པའི་དགོངས་གཞི་ནི་བདེ་འགྲོ་དང་ངན་འགྲོ་གཉིས་ཀའི་རྒྱུ་མ་ཡིན་པ་ལ་དགོངས། དགོས་པ་ནི་འབྲས་བུ་མེད་པའི་བླང་དོར་ལ་མི་འཇུག་པའི་ཆེད་དངོས་ཀྱི་དོན་ལ་གནོད་བྱེད་ཀྱི་ཚད་མ་ནི། ལུང་དུ་མ་བསྟན་པ་མཚན་ཉིད་པ་ཡིན་ན། སྒོ་གསུམ་གྱིས་བསྐྱེད་པའི་ལས་སུ་ཐལ་ཏེ། མདོ་ལས་དགེ་སྡིག་ལུང་མ་བསྟན་གསུམ་ཀ་སྒོ་གསུམ་གྱིས་བསྐྱེད་པའི་ལས་སུ་གསུངས་པའི་ཕྱིར་རོ། །འདོད་ན་འདུས་བྱས་སུ་འགྱུར་རོ། །དེས་ན་ལས་མཚན་ཉིད་པ་མ་ཡིན་པ་ལ་མིང་དེར་བྱུང་བ་ནི་བཏགས་པ་བ་ཡིན་ནོ། །དེས་ན་དགེ་སྡིག་ཡིན་མིན་དང་བ་ལང་ཡིན་མ་ཡིན་ལ་སོགས་པ་མཚན་ཉིད་ལ་བརྟག་དགོས། མཚན་ཉིད་མེད་པའི་མིང་ཐམས་ཅད་མི་བླུན་པོ་ལ་བ་ལང་ལྟར་བཏགས་པ་ཡིན་པར་ཤེས་པར་བྱའོ། །གལ་ཏེ་དེ་དག་ལ་དགེ་བ་ལ་སོགས་པའི་དོན་མེད་ན་དགེ་བ་ལ་སོགས་པར་གདགས་སུ་མི་རུང་ངོ་སྙམ་ན་མི་འགལ་ཏེ། རྣམ་འགྲེལ་ལས། བརྗོད་པར་འདོད་པའི་གཞན་དབང་ཕྱིར། །སྒྲ་རྣམས་གང་ལའང་མེད་མ་ཡིན། །ཞེས་གསུངས་པ་ལྟར་རོ། །འཕགས་པས་ཀྱང་། འདོད་ཆགས་ཞེ་སྡང་གཏི་མུག་གསུམ། །དེས་བསྐྱེད་ལས་ནི་མི་དགེ་བ། །མ་ཆགས་ཞེ་སྡང་གཏི་མུག་མེད། ། དེས་བསྐྱེད་ལས་ནི་དགེ་བ་ཡིན། །ཞེས་གསུངས་པས་ཀུན་སློང་བཟང་ངན་གྱིས་ལུས་ངག་ཡིད་གསུམ་གྱི་བྱ་བ་བཟང་ངན་ལ་འཇུག་ན་དགེ་སྡིག་ཏུ་གསུངས་ཀྱི། དེ་ལས་བཟློག་པ་ལ་མ་གསུངས་སོ། །ལས་བསྒྲུབ་པའི་རབ་ཏུ་བྱེད་པར་ཡང་དེ་དག་གསུངས་ལ། མདོ་ལས་ཀྱང་སྒོ་གསུམ་གྱི་ལས་ལ་དགེ་སྡིག་གི་རྣམ་གཞག་མཛད་ཀྱི་ལས་མ་ཡིན་པ་ལ་དགེ་སྡིག་མ་གསུངས་ཤིང་། སེམས་པ་དང་བསམ་པའི་ལས་ཀྱི་རྣམ་གཞག་ཀྱང་དེ་ལྟར་གསུངས་སོ། །དེས་ན་ངེས་དོན་གྱི་མདོ་སྡེ་རྒྱུད་སྡེ་བསྟན་བཅོས་ཐམས་ཅད་ལས་དོན་དམ་པར་སྤྲོས་པ་དང་བྲལ་བའི་ཕྱིར་དགེ་སྡིག་ལས་གྲོལ་བར་གསུངས་སོ། །ཆོས་མངོན་པར་ནི་དྲང་དོན་ངེས་དོན་གཉིས་ཀ་གཏན་ལ་འབེབས་པས་རིགས་པས་མ་བརྟགས་པར་ངེས་དོན་དུ་གཟུང་མི་རུང་སྟེ། སློབ་དཔོན་དབྱིག་གཉེན་གྱིས། གཟུགས་སོགས་སྐྱེ་མཆེད་ཡོད་པ་ནི། །དེས་འདུལ་བ་ཡི་སྐྱེ་བོ་ལ། །དགོངས་པའི་དབང་གིས་གསུངས་པ་སྟེ། །བརྫུས་ཏེ་འབྱུང་བའི་སེམས་ཅན་བཞིན། །ཞེས་གསུངས་པས་སོ། །དྲི་བ་གསུམ་པ་དེ་བཞིན་ཉིད་ལ་དགེ་བ་མེད་པས་སྡིག་པར་ཡང་མི་མཚུངས་སམ་གསུངས་པའང་དགོས་པ་ཡོད་ན་གདགས་སུ་རུང་ཡང་

དགོས་པ་མེད་པའི་ཕྱིར། དངོས་སུ་མ་བཏགས་ལ། འོན་ཀྱང་མདོ་སྡེ་རྒྱན་ལས། ལ་ལ་གཅིག་ཏུ་ཉེས་པར་སྤྱོད་ཉིད་ཡོད། །ལ་ལ་དཀར་པོའི་ཆོས་རྣམས་ཡོངས་སུ་བཅོམ། །ལ་ལ་ཐར་པའི་ཆ་མཐུན་དགེ་བ་མེད། །དཀར་པོ་དམན་པ་ཡོད་པ་རྒྱུ་དང་བྲལ། །ཞེས་གསུངས་པ་དང་། མདོ་ལས་ཀྱང་སེམས་ཅན་རྣམས་ནི་སྡིག་པའི་རང་བཞིན་ཅན་ཡིན་ནོ་ཞེས་གསུངས་སོ། །གང་ཟག་འགའ་ཞིག་ལ་ཐར་པའི་ཆ་མཐུན་གྱི་དགེ་བ་ཙམ་ཡང་མེད་པ་དང་། སེམས་ཅན་ཐམས་ཅད་ཀྱང་སྡིག་པའི་རང་བཞིན་ཅན་ཡིན་ན། དེ་དག་གི་དེ་བཞིན་ཉིད་ཀྱང་མི་དགེ་བར་ཞལ་གྱིས་བཞེས་པ་ཡིན་ཏེ། དགེ་བ་གཏན་མེད་པར་བཞེད་པའི་ཕྱིར་རོ། །དྲི་བ་བཞི་པ་ཟས་ཀྱིས་འགྲངས་པ་ལ་འདོད་ཆགས་དང་བྲལ་བར་བཤད་ཀྱང་གཏན་ནས་འདོད་ཆགས་དང་བྲལ་བ་མཚན་ཉིད་པ་བཤད་པ་མེད་ཅེས་གསུངས་པ་ཡང་། དེ་བཞིན་ཉིད་ནི་དོན་དམ་པའི་དགེ་བར་བཤད་ཀྱང་འབྲས་བུ་བདེ་བ་སྐྱེད་པའི་དགེ་བར་བཤད་པ་མེད་ཅེས་གསུངས་པ་དེད་ཀྱང་དེ་ཉིད་འདོད་པ་ལུགས་མོད། དེས་ན་འདོད་ཆགས་དང་བྲལ་བར་བཤད་ཀྱང་འདོད་ཆགས་དང་བྲལ་བ་མཚན་ཉིད་པ་མ་ལགས། དེ་བཞིན་ཉིད་དུ་དོན་དམ་པའི་དགེ་བ་བཤད་ཀྱང་མཚན་ཉིད་པ་མ་ཡིན་པ་ལ་མིང་དེར་བཏགས་པ་ཉིད་ཀྱིས་བཏགས་པ་བར་འགྱུར་བ་ལུགས་མོད། དེའི་ཕྱིར་ཆོས་ཀྱི་དབྱིངས་བསྔོ་རྒྱུའི་དགེ་བར་བྱེད་ན་འཁྲུལ་པ་ཡིན་ཏེ། དཔེར་ན་མི་བླུན་པོ་ལ་བ་ལང་དང་བྲམ་ཟེའི་ཁྱེའུ་ལ་མེར་བཏགས་པ་ལ་བཞོ་བཀལ་དང་བཙོ་བསྲེག་རེ་བ་ལྟར་རྣམ་པར་འཁྲུལ་པ་ཡིན་ནོ། །དེས་ན་དགེ་བ་མཚན་ཉིད་པ་ཡིན་པ་འགོག་གིས་བཏགས་པ་འགོག་པ་མ་ལགས། དྲི་བ་ལྔ་པ་ཆོས་ཀྱི་དབྱིངས་ལས་གཞན་པའི་ཆོས་མེད་ཅེས་བྱ་བ་དོན་དམ་པའི་ཆོས་ཉིད་ཀྱི་དབང་དུ་བྱས་པ་མ་ལགས་སམ། ཞེས་གསུངས་པའང་དེ་ཉིད་ལགས་མོད། དེ་ལ་དགེ་བ་བྱེད་ན་ཧ་ཅང་ཐལ་ཟེར་བ་ལགས། དྲི་བ་དྲུག་པ་བསྟན་བཅོས་ཀྱི་《དགོངས་པ་ཅན་དང་ཐད་ཀའི་སྒྲ་མི་འཁྲུལ་ལམ་གསུངས་པ། འོ་སྐོལ་གྱིས་དྲང་དོན་ངེས་དོན་ཕྱེ་ནས་བཤད་པས་ག་ལ་འཁྲུལ། གཞན་མ་ཕྱེ་བར་པོམ་ཡོར་དུ་དྲང་དོན་ལ་ངེས་དོན་དུ་འཆད་པ་དེ་དག་འཁྲུལ་པ་ལགས་མོད། དྲི་བ་བདུན་པ་ཆུ་ཚོགས་སྦྲེང་བ་ལའང་ལུང་སྡེ་སྣོད་གསུམ་ནས་བཤད་པ་མ་མཐོང་། ཐམས་ཅད་སྒྲོལ་གྱིས་གླང་པོ་ཆེ་ལ་སོགས་པ་བྱིན་པའི་བྲམ་ཟེས་ཆུ་ཚོགས་སྦྲེངས་གདའ་སྟེ། བྲམ་ཟེ་དེ་རྣམས་མུ་སྟེགས་པ་ལགས་པས་ཁོ་རང་གི་རིག་བྱེད་ནས་འབྱུང་བ་བཞིན་བྱས་གདའ། དེའི་ལག་ལེན་མ་གོ་བར་སངས་རྒྱས་པ་ལའང་དགོས་སྙམ་ནས་བྱས་པར་གདའ་བས། བོད་ཀྱི་གཙུག་ལག་ཁང་ན་ཆོས་ཁྲུངས་མ་དར་བའི་དུས་ན་ཡོད་པ་མ་ཐོས། གལ་ཏེ་ཡོད་ཀྱང་མ་བཤད་པས་ནོར་པ་ལགས། བལ་པོ་ནའང་འདུལ་འཛིན་རྣལ་མ་མེད་པས་ཏ་པ་སི་ལ་ལག་ལེན་ནོར་བ་མང་པོ་ཡོད་པར་གདའ། ཆོས་གོས་ལ་ཆག་ཚད་

མེད། ཞྭ་དང་ཤ་འགག་དང་། ཐེར་ཕྲུགས་དཀར་པོ་གོན། དབྱུག་པ་བསྣུབས་པ་ལ་གཏྟི་བྱེད། ལ་ལ་ཟངས་གྱི་ལྟུང་བཟེད་བྱེད། དགོངས་ཀ་གྲོང་དུ་འགྲོ་བ་ལ་ལྟུང་བཟེད་ཁུར་དགོས་ཟེར། ལྟུང་བཟེད་ལག་པས་མནན་པར་བྱིན་ལེན་གྱི་གོ་ཆོད་པར་བྱེད། གྲིབ་ཆོད་སློབ་དཔོན་རང་གིས་བརྗོད། དེ་ལ་སོགས་པ་ནོར་བ་མང་པོ་ཡོད་པར་གདའ། དེས་ན་འོ་སྐོལ་སྡེ་སྣོད་འཛིན་པ་རྣམས་ལ་ལག་ལེན་མི་རྒན་ཚོ་བྱེད་པ་བས་སྡེ་སྣོད་ནས་བཤད་པ་ཅིག་དགོས་པར་གདའ། མི་རྒན་བྱེད་པ་དག་བོད་ནའང་མདོ་བསྐུལ་སྒོག་སྐྱ་མ་བྱ་བ་ལ་སོགས་པ་མང་པོ་གདའ་སྟེ། མ་བཤད་པར་གདའ། ཁྱེད་རང་སྡེ་སྣོད་འཛིན་པ་ལགས་མོད། དྲི་བ་བརྒྱད་པ་བླ་མ་ཨ་ཏཱ་ཡའི་ཆོ་གས་དེད་ཀྱི་མཁན་པོ་ཆོས་རྗེ་པ་སྐྱེ་བོ་ཀུན་ལ་སེམས་བསྐྱེད་པ་མཛད་པ་དེ་བྱང་ས་དང་ཇི་ལྟར་མཐུན་པ་གསུང་བའང་། དེད་ཀྱི་མཁན་པོ་བསོད་སྙོམས་པ་ཆེན་པོ་ལ་འགའ་ཞིག་སེམས་བསྐྱེད་ཞུ་ཡིན་གདའ་བས། ཇེ་ཏཱ་རིའི་ལུགས་ཀྱི་དབུ་མའི་དཔེ་རྒྱ་གར་དུ་ལུས་ནས་མེད་གསུང་། དེར་སྡོམ་པ་ཉི་ཤུ་པའི་ལུགས་ཞུ་བྱས་པས་བསྙེན་གནས་མི་ཐུབ་པ་ལ་སེམས་བསྐྱེད་གང་ན་འོང་གསུངས་ནས་མ་གནང་། དགེ་སློང་གི་མཁན་པོ་ཞུ་བ་ཀུན་ལའང་འདུལ་བ་ཉན་ཞིང་ངའི་དྲུང་དུ་ལོ་བཅུ་སྡོད་ནུས་ན་བྱ་གསུངས་ནས་མ་གནང་། དབང་ཞུ་བ་ལའང་རྩ་ལྟུང་སྲུང་། རིམ་གཉིས་སྒོམ། རྒྱུད་སྡེ་ཕྱོགས་རེ་སློབ་ནུས་ན་བྱེད་དེ་ཁྱེད་ཀྱིས་མི་ནུས་གསུངས་ནས་མི་གནང་བར་གདའ། ཕྱིས་དད་པ་ཅན་ཚོ་མཆི་མ་ཕྱུང་ནས་ཡང་ཡང་ཞུས་པས་བོད་དཔེ་ཁྱེར་ལ་ཤོག་གསུངས་ནས་བོད་ཀྱི་ལས་ཆོག་ལ་རྒྱ་ཡིག་གི་མཚན་བཏབ། བོད་ཀྱི་སེམས་ཙམ་པའི་ཡི་གེ་ལ་དབུ་མའི་ལུགས་ཀྱི་སྡིག་བཤགས་ལ་སོགས་པ་བསྣན་ནས་འཛད་ཀྱིན་གདའ། ཡུལ་ཆོས་ཀྱི་དགེ་སློང་ཡུལ་ཆོས་ཀྱི་སེམས་བསྐྱེད་ང་བོད་དུ་འོངས་པས་ཆུད་ཟོས་གསུང་ཞིང་ཞུ་མཁན་ཀུན་ལ་མི་མཉེས་བཞིན་མཛད་ཀྱིན་གདའ། ཨ་ཏཱ་ཡའི་སེམས་བསྐྱེད་ཀྱི་ཆོ་ག་ངས་མ་མཐོང་ལགས། སེམས་ཙམ་པའི་ཆོ་ག་ལ་སྡིག་པ་བཤགས་པ་ལ་སོགས་པ་དང་ཡུལ་ཡང་སྐྱེ་བོ་ཀུན་ལ་བྱེད་ན། བྱང་ས་དང་མི་མཐུན་པས་མ་དག་པར་མཆི། འོན་ཀྱང་མཁན་པོས་གཞན་གྱི་ངོ་བསྲུང་བས་བོད་རྣམས་ཀྱི་ངོར་མཛད་པ་འདྲ་བར་གདའ། རྒྱ་གར་དུའང་ཕལ་ཆེན་སྡེ་པ་ལ་སོགས་པ་སྡེ་པ་མི་འདྲ་བ་མང་པོ་ཡོད་པའི་ནང་དུ་བཞུགས་པས་དེ་རྣམས་ཀྱི་ངོར་ལྟུང་བཟེད་ཀྱི་བྱིན་ལེན་དང་། ཕྱི་དྲོའི་བུ་རམ་མི་ཟ་བ་ལ་སོགས་ཐམས་ཅད་ཡོད་སྨྲའི་འདུལ་བའི་ལག་ལེན་དང་མི་མཐུན་པ་འགའ་ཞིག་བྱེད་དགོས་སོང་གསུང་གིན་གདའ། དྲི་བ་དགུ་པ། དབུ་མའི་ལུགས་ཀྱི་སེམས་བསྐྱེད་ཀྱི་ཆོ་ག་དང་། དེའི་བསླབ་བྱ་གང་ཡིན། བསླབ་བྱ་ལ་མ་བསླབས་ན་ཉམས་པའི་ཉེས་པ་མི་འབྱུང་ངམ་གསུངས་པའང་། འདི་སློབ་དཔོན་ཀླུ་སྒྲུབ་ཀྱི་ཆོ་ག་ལ་བརྟེན་ནས་སྤྱོད་འཇུག་ཏུ་མཛད། དེའི་དོན་ཇེ་ཏཱ་རིས་བསྡུས་ནས། ཡི་དམ་བླང་བར

མཛད་པའི་ཆོ་གའི་ལུགས་དེ་ལགས། ཡུལ་ཡང་སེམས་ཅན་ཐམས་ཅད་ལ་བྱ་བར་གསུངས། ལྟུང་བའང་བྱང་ཆུབ་སེམས་དཔའ། རྒྱལ་པོ། བློན་པོ། སྐྱེ་བོ་ཕལ་པ་རྣམས་ཀྱི་ཚོའི་རྣམ་གཞག་མཛད། སྡོམ་པ་གཏོང་བའི་ཚུལ་ཡང་སོ་སོར་ཐར་པ་ལའང་ལྟུང་བ་བྱུང་བས་སྡོམ་པ་གཏོང་བ་དང་། མི་གཏོང་བའི་ལུགས་གཉིས་གདའ། དེ་བཞིན་དུ་ཐེག་པ་ཆེན་པོ་ལའང་ལུགས་གཉིས་ཡོད་པའི་སེམས་ཙམ་པ་ལྟུང་བས་སྡོམ་པ་གཏོང་བའི་ལུགས་སུ་གསལ། དབུ་མ་ལ་ལུགས་གཉིས་ཀ་གདའ། ངེད་ཅག་སྨོན་པའི་སེམས་མ་བཏང་ན་ལྟུང་བ་གཞན་བྱུང་ཡང་སྡོམ་པའི་རྩ་བ་མི་གཏོང་བའི་ལུགས་དེའི་རྗེས་སུ་འབྲང་བ་ལགས། དེའང་སངས་རྒྱས་ཕལ་པོ་ཆེ་ལས། རྡོ་རྗེ་རིན་པོ་ཆེ་ཆག་ཀྱང་གསེར་གྱི་རྒྱན་ཐམས་ཅད་ཟིལ་གྱིས་གནོན་ཅིང་རང་གི་རིགས་མི་འདོར། དེ་བཞིན་དུ་ཐམས་ཅད་མཁྱེན་པའི་ཡེ་ཤེས་ཀྱི་སེམས་བསྐྱེད་པའང་ནན་ཏན་དང་བྲལ་ཡང་ཉན་ཐོས་དང་། རང་སངས་རྒྱས་ཐམས་ཅད་ཟིལ་གྱིས་གནོན་ཅིང་རང་གི་རིགས་མི་འདོར། ཞེས་བྱ་བ་ལ་སོགས་པ་དང་། རྒྱལ་པོ་ལ་གདམས་པའི་མདོ་ལ་སོགས་པའི་རྗེས་སུ་འབྲང་བ་ལགས། འདིར་སྤྱོད་འཇུག་ལས། གལ་ཏེ་དེ་ལྟར་དམ་བཅས་ནས། །ཞེས་བྱ་བ་ལ་སོགས་པ་གསུངས་པའང་། སྨོན་པ་མ་ཉམས་པར་འཇུག་པ་འགའ་ཞིག་ལས་ཉམས་ན། ངན་སོང་དུ་ཙུང་ཟད་སྐྱེ་བར་གསུངས་ཀྱི་མཐར་འཚང་མི་རྒྱ་བའི་ལུང་མ་ལགས། ལྟུང་བས་རེ་ཞིག་ངན་སོང་དུ་སྐྱེས་ཀྱང་སྨོན་པ་མ་ཉམས་ན་མཐར་འཚང་རྒྱ་སྟེ། སྐྱེས་རབས་ལས། ལས་ཀྱི་རྣམ་པར་སྨིན་པ་བསམ་མི་ཁྱབ། །སྙིང་རྗེའི་བདག་ཉིད་ཅན་ཡང་དུད་འགྲོར་སྐྱེ། །དེ་ནའང་ཆོས་ཀྱི་འདུ་ཤེས་ཉམས་པ་མེད་ཅེས་བྱ་བ་ལ་སོགས་པ་དང་། མདོ་སྡེ་རྒྱན་ལས། རིང་མོ་ཞིག་ནས་ངན་སོང་དུ། །འགྲོ་ཞིང་མྱུར་དུ་ཐར་པ་དང་། །དེ་ནའང་སྡུག་བསྔལ་ཆུང་ངུ་མྱོང་། །སྐྱོ་བཅས་སེམས་ཅན་ཡོངས་སྨིན་བྱེད། །ཅེས་གསུངས་པ་ལྟར། སྤྱོད་འཇུག་ལས། དངོས་པོ་ཕལ་པ་ཙུང་ཟད་ལའང་ཞེས་བྱ་བ་ལ་སོགས་པ་ནི་སྨོན་པ་ཉམས་ན་འཚང་མི་རྒྱ་བ་ལ་དགོངས་སོ། །དེའི་ཕྱིར་སེམས་ཅན་ཐམས་ཅད་ཀྱི་དོན་དུ་སངས་རྒྱས་ཐོབ་པར་བྱ་སྙམ་པའི་སྨོན་པ་མ་ཉམས་ན་འཇུག་པ་ལ། རིམ་གྱིས་སློབ་པས་འཁོར་བ་མཐའ་ཅན་དུ་འགྱུར་ཏེ། དཔེར་ན་མི་རྒྱུན་མ་ཆད་ན་ཟས་ནོར་ཞར་ལས་འབྱུང་བ་བཞིན་ནོ། །དེས་ན་སེམས་བསྐྱེད་སུས་ཐོས་ཀྱང་། སྨོན་པ་འཆོར་དཀའ་བས། མཐར་སངས་རྒྱས་པའི་དགོངས་པ་དེར་གདའ། བསླབ་བཏུས་ཀྱི་དགོངས་པའང་དེ་བཞིན་དུ་ཤེས་པར་བྱའོ། ། དེས་ན་སེམས་བསྐྱེད་ཀྱི་བསླབ་བྱ་རྒྱས་བསྡུས་དང་། བརྩོན་པ་ཆེ་ཆུང་ལས་འཚང་རྒྱ་བ་སྔ་ཕྱི་འབྱུང་བས། དེས་ན་རིམ་གྱིས་འཚང་རྒྱ་བའི་སེམས་བསྐྱེད་ཀྱི་ལུགས་ལ་མྱུར་དུ་འཚང་རྒྱ་བ་ལ་དགོངས་པའི་བསླབ་བྱ་ཆོ་མ་སྨྲར་བས་སྐྱོན་དུ་མི་འགྲོ་སྟེ། དཔེར་ན་རིམ་གྱིས་གསོ་དགོས་པའི་ནད་ལ་ཅིག་ཅར་སོས་པའི་སྨན་མ་བཏང

ཡང་སྐྱོན་དུ་མི་འགྲོ་བ་བཞིན་ནོ། །དེས་ན་བསླབ་བྱ་བསླབ་པ་ལ་དགོངས་པ་ཡིན་གྱི། གཏན་ནས་བསླབ་བྱ་མི་དགོས་པ་མ་ལགས། དེའང་སྤྱོད་འཇུག་གི་སྡོམ་པ་ལེན་པའི་ཆོ་གའི་སྐབས་སུ་བྱང་ཆུབ་སེམས་ནི་བསྐྱེད་བགྱི་ཞིང་། །ཞེས་སྨོན་པ་བླངས་ནས། བྱང་ཆུབ་སེམས་དཔའི་བསླབ་པ་ལ། །རིམ་པ་བཞིན་དུ་བསླབ་པར་བགྱི། །ཞེས་འཇུག་པ་ལ་རིམ་གྱིས་སློབ་པར་ཁས་བླངས་ཀྱིས། བསླབ་བྱ་ཐམས་ཅད་ད་ལྟ་ཉིད་ནས་སློབ་པར་ཁས་བླངས་པ་མེད་པས་དམ་བཅས་ཉམས་པའི་མི་མཆི། སྨོན་པ་བཏང་ནས་དགེ་བ་ཕྲ་མོ་ཙམ་ཡང་མ་སྤྱད་ན་དམ་བཅའ་ཉམས་པའི་ཉེས་པ་མཆིས་མོད། འོན་ཀྱང་སྨོན་པ་གཏོང་བའི་རྒྱུ་ཤིན་ཏུ་དཀའ། འཇུག་པ་ལ་དགེ་བ་ཕྲ་མོ་ཙམ་རེ་མི་བྱེད་པའང་མི་སྲིད་པའི་ཚོད་ཙམ་དུ་མཐོང་བས་དབུ་མའི་ལུགས་ཀྱི་སེམས་བསྐྱེད་གཏོང་བ་དཀའ་བར་གདའ། སྤྱིར་ཚིག་ལ་ཕན་ཡོན་ཤས་ཆེ་བ་དང་གཅིག །ཉེས་དམིགས་ཤས་ཆེ་བ་དང་གཅིག །གཉིས་ཀ་ཆ་མཉམ་པ་གཅིག་ལས། སེམས་བསྐྱེད་འདི་ཕན་ཡོན་ཤས་ཆེ་བར་གདའ། འདི་དག་གི་བསླབ་བྱ་རྒྱས་བསྡུས་རྣམས་མདོ་དང་བསླབ་བཏུས་ལ་སོགས་པར་གསལ་ལོ། །དྲི་བ་བཅུ་པ་བརྒྱ་ལ་ཕག་མགོའི་དབང་ལ་སོགས་པ་གསུངས་ན་དབང་ཞེས་བརྗོད་པ་ལ་འགལ་བ་ཅི་མཆིས་གསུངས་པ་ལ་ཡང་། སྤྱིར་ཕག་མགོའི་དབང་ལ་སོགས་པ་རྒྱུད་སྡེ་གང་ནས་ཀྱང་བཤད་པ་མི་གདའ། གལ་ཏེ་གསུང་སྲིད་ན་བྱ་བ་བཏགས་པ་མཐའ་བཟུང་བ་ལགས། དཔེར་ན་མེ་ལ་བསིལ་བ་མེད། ཡོད་ན་མེ་མ་ཡིན་སྒྱུ་མ་ལ་སོགས་པ་གཞན་ཡིན་ཟེར་བ་དང་འདྲ། དེ་ལ་དབང་བསྐུར་ལ་སྦྱོར་དངོས་རྗེས་གསུམ་ཡོད་པའི་དངོས་གཞི་དབང་མཚན་ཉིད་པ་ལགས། སྔ་གོན་དང་རྗེས་གནང་ཡང་དབང་བཏགས་པ་བ་ཡིན་ཏེ། དཔེར་ན་དགེ་སློང་གི་སྡོམ་པའི་ཆོ་ག་ཟེར་ཡང་སྦྱོར་བ་བར་ཆད་དྲི་བ་ལ་སོགས་པ་དང་། རྗེས་བསླབ་བྱ་བཅུ་གཅིག་བརྗོད་པ་ཆོ་དགེ་སློང་གི་སྡོམ་པའི་ངོ་བོ་འཐོབ་པ་མ་ལགས། སྡོམ་པའི་ངོ་བོ་འཐོབ་པ་ལ་གསོལ་བའི་ལས་གཅིག་དང་། བརྗོད་པའི་ལས་གསུམ་ལས་མི་གདའ། སེམས་བསྐྱེད་པའང་སྦྱོར་བ་ཡན་ལག་བདུན་དང་། རྗེས་དགའ་བ་བསྒོམ་པ་ཀུན་སེམས་བསྐྱེད་དུ་མིང་བཏགས་ཀྱང་ཡན་ལག་ཡིན་གྱི་དངོས་གཞི་མ་ལགས། སྡོམ་པ་ཉི་ཤུ་པ་ཟེར་ཡང་སྡོམ་པ་ལེན་པའི་ཆོ་ག་ལ་ཚིག་གཅིག་ལས་མི་གདའ། གཞན་ཐམས་ཅད་སྦྱོར་བ་དང་། རྗེས་ཀྱི་བསླབ་བྱ་ལ་མིང་བཏགས་གདའ། དེ་བཞིན་དུ་རྗེས་གནང་ལ་དབང་བསྐུར་གྱི་མིང་བཏགས་ཀྱང་མཚན་ཉིད་པ་མ་ཡིན་བཏགས་པ་བ་ཡིན་ཏེ། སཾ་པུ་ཊ་ལས། དབང་དང་བཀས་གནང་ཐོབ་པ་ཡི། །བྱ་བ་བྱས་པས་རབ་འཇུམ་ཞིང་། །འགྲོ་ཀུན་དགའ་བར་བྱེད་པ་ཡི། །ཤིན་ཏུ་སྙན་པའི་ཚིག་འདི་བརྗོད། །ཅེས་དབང་དང་རྗེས་གནང་གཉིས་ཐ་དད་དུ་གསུངས་ལ། བུམ་དབང་བཅུ་གཅིག་ཅེས་བྱ་བར་མིང་འདོགས་པ་ནི་བུམ་དབང་གི་ཡན་ལག་ལ་

དེར་མིང་བཏགས་པ་ལགས། དཔེར་ན་རྒྱལ་པོའི་ཕོ་ཉ་བཅུ་གཅིག་ཟེར་ཡང་། གཅིག་དཔོན། གཞན་འཁོར་དུ་འགྲོ་བ་དང་འདྲ། ཡང་དབང་གི་མིང་བཏགས་ཚད་དབང་དུ་འགྲོ་ན། སུམ་བརྒྱ་པ་ལས། རྫོགས་པའི་བྱང་ཆུབ་སྐལ་ནོད་དབང་བསྐུར་ཡིན། །ཞེས་བྱ་བ་དང་། མདོ་ལས་དབང་ཐོབ་པའི་བྱང་ཆུབ་སེམས་དཔའ་ཞེས་གསུངས་པ་དང་། རྒྱལ་རིགས་སྤྱི་བོ་ནས་དབང་བསྐུར་བའང་སྔགས་ཀྱི་དབང་བསྐུར་དུ་ཐལ་བར་འགྱུར་རོ། །དེས་ན་མདའ་གཞུའང་ཆོས་བཤད་པའི་རྗེས་སུ་གནང་བ་ལ་སོགས་པ་རྗེས་གནང་ཡིན་གྱི་དབང་དངོས་མ་ལགས། ཕག་མགོའི་དབང་བསྐུར་ལ་སོགས་པ་གསུངས་པ་ཞིག་འདུག་ནའང་། འདི་འདྲའི་རིགས་སུ་བསྡུ་དགོས་ཏེ། འདི་གསུངས་པའང་མེད་པས་བརྟེན་འབབ་ཞིག་ལགས། དྲི་བ་བཅུ་གཅིག་པ་གསང་སྔགས་གསར་རྙིང་ལ་བོད་ཀྱིས་སྦྱར་བའི་རྒྱུད་སྡེ་གང་ལགས་གསུངས་པའང་སྔགས་རྙིང་མ་ལ་ལྷ་མོ་སྐྱི་རྒྱུད་དང་། ཐུམ་རིལ་ཐོད་མཁར་ལ་སོགས་པ་ཤིན་ཏུ་མང་བར་གདའ། གསར་མ་ལ་བོད་ཀྱིས་སྦྱར་བའི་རྒྱུད་དུས་འབྱུང་དང་། ཕྱག་ན་རྡོ་རྗེ་མཁའ་འགྲོ་དང་། ར་ལི་ཉི་ཤུ་རྩ་བཞི་ལ་སོགས་པ་ཤིན་ཏུ་མང་པོ་བརྗོད་ཀྱིས་མི་ལང་བ་ཞིག་གདའ་སྟེ༑ ཐམས་ཅད་གསལ་ཁ་སྟོན་ན་ཕོག་ཐུག་བག་ཙམ་ཡོང་བར་གདའ་བས་ཁྱེད་ཉིད་ཀྱིས་དཔྱོད་མཛོད། དྲི་བ་བཅུ་གཉིས་པ། སྲིབ་སྦྱོར་ལ་སོགས་པ་གང་ཐོས། གང་ལས་ཐོས་གསུངས་པའང་། སྲིབ་སྦྱོར་གྱི་བསྟན་བཅོས་རིན་ཆེན་འབྱུང་གནས་དང་། དྲང་སྲོང་དམར་སེར་གྱིས་སྦྱར་བའི་རྩ་བ་དང་དེའི་འགྲེལ་པ་རྒྱལ་བའི་ལྷས་སྦྱར་བ་དང་། བྲམ་ཟེའི་པཎྜི་ཏ་སུ་ག་ཏ་ཤྲཱི་ལས་ཐོས་ལགས། རྒྱན་གྱི་བསྟན་བཅོས་དཎྜི་དང་། དབྱངས་ཅན་གྱི་མགུལ་རྒྱན་གྱི་དགོངས་པ་ཚོ་སཾ་ཀྲ་ཤྲཱི་ལས་ཐོས། དེའི་འགྲེལ་བ་ཙི་རིགས་པ་ཞིག་དྷ་ན་ཤྲཱི་ལ་ལས་ཀྱང་ཐོས། སྐྱེས་རབས་མཁན་པོ་ཆོས་རྗེ་པ་དང་། ཆོས་རྗེ་ས་སྐྱ་པ་གཉིས་ལས་ཐོས་ལགས། དྲི་བ་བཅུ་གསུམ་པ་ཉན་བཤད་ཡོད་པའི་རྒྱུད་དུ་ཞིག་མཆིས་གསུངས་པའང་གསང་འདུས་ལ་འཕགས་སྐོར་ཡན་ལག་དང་བཅས་པ། ཡེ་ཤེས་ཞབས་ལ་རྒྱན། ལྦོན་ཤིང་སྙིམ་པའི་མེ་ཏོག་སྟེ། འགྲེལ་པ་གསུམ་ཡན་ལག་དང་བཅས་པ་ཆོས་རྗེ་ས་སྐྱ་པ་ཆེན་པོ་ཉིད་ལས་ཐོས། འཕགས་སྐོར་དང་། ཡེ་ཤེས་ཞབས་ཀྱི་ཡན་ལག་ཚོ་མཁན་པོ་ཆོས་རྗེ་པ་ཉིད་ལས་ཁྲུམས། གཤིན་རྗེ་གཤེད་ཀྱི་རྒྱུད་གསུམ། བདེ་མཆོག་རྩ་རྒྱུད། བཤད་པའི་རྒྱུད་རྡོ་རྗེ་མཁའ་འགྲོ། མཁའ་འགྲོ་རྒྱ་མཚོ། མངོན་བརྗོད་བླ་མ། ཧེ་རུ་ཀ་མངོན་འབྱུང་། ཀུན་ཏུ་སྤྱོད་པ། རྣལ་འབྱོར་མ་བཞི་ཁ་སྦྱོར། རྡོ་རྗེ་ཕག་མོ་མངོན་པར་འབྱུང་བ། ཀྱེའི་རྡོ་རྗེའི་རྒྱུད་གསུམ། ཕྱག་རྒྱ་ཆེན་པོ་ཐིག་ལེ་ལ་སོགས་པ་ཐིག་ལེའི་སྐོར་ཚོ། རྟོག་པ་མེད་པ་ལ་སོགས་པ་ཨ་ར་ལླིའི་རྒྱུད་གསུམ། མགོན་པོ་མངོན་པར་འབྱུང་བ། དུས་ཀྱི་འཁོར་ལོ་ཡན་ལག་དང་བཅས་པ་གཞན་རྣལ་འབྱོར་གྱི་རྒྱུད་ལ་དེ་ཉིད་བསྡུས་པ་རྩ་རྐྱང་

དང་འགྲེལ་པའི་ལུགས་གཉིས། དཔལ་མཆོག་དང་པོ། ནམ་མཁའ་དང་མཉམ་པའི་རྒྱུད། སློབ་དཔོན་ཤཱནྟི་པའི་འགྲེལ་པ་དང་བཅས་པ། ཐམས་ཅད་གསང་བ་སློབ་དཔོན་ཤཱནྟི་པའི་འགྲེལ་པ་དང་བཅས་པ་དང་། ངན་སོང་སྦྱོང་རྒྱུད་དེ་རྣམས་ཆོས་རྗེ་ས་སྐྱ་པ་ཉིད་ལས་ཐོས། དཔའ་བོ་གྲུབ་པ་ཆོས་རྗེ་ས་སྐྱ་པ་དང་། མཁན་པོ་ཆོས་རྗེ་པ་གཉིས་ལས་ཐོས། སྦྱོད་པའི་རྒྱུད། མིག་གཡོ་བའི་རྒྱུད་རྟོག་པ་ཆེན་པོ་དང་། གསང་བ་ཆེན་པོ་ལ་སོགས་པ་འགའ་ཆོས་རྗེ་ས་སྐྱ་པ་ཆེན་པོ་ལས་ཐོས། རྣམ་སྣང་མངོན་བྱང་མཁན་པོ་ཆོས་རྗེ་པ་ལས་ཐོས། བྱ་བའི་རྒྱུད་དཔུང་པ་བཟང་པོ། ལེགས་པར་གྲུབ་པ། གསང་བ་སྤྱི་རྒྱུད། དོན་ཡོད་ཞགས་པ་དང་། གཙུག་ཏོར་རྣམ་རྒྱལ་ལ་སོགས་པ་མང་དུ་ཆོས་རྗེ་ས་སྐྱ་པ་དང་། མཁན་པོ་ཆོས་རྗེ་པ་གཉིས་ཀ་ལས་ཐོས་ལགས། དྲི་བ་བཅུ་བཞི་པ་བྱེ་བྲག་ཏུ་བརྟག་པ་གཉིས་པའི་འགྲེལ་པ་གང་གསན་གསུངས་པའང་། འགྲེལ་པ་ཀུ་མུ་ཏི། རྣལ་འབྱོར་རིན་པོ་ཆེའི་ཕྲེང་བ། མུ་ཏིག་ཕྲེང་བ། པདྨ་ཅན། དེ་རྣམས་ཆོས་རྗེ་ས་སྐྱ་པ་ལས་ཐོས། རྡོ་རྗེ་སྙིང་པོའི་བསྟོད་འགྲེལ་དང་། བདེ་མཆོག་གི་ཕྱག་ན་རྡོ་རྗེའི་བསྟོད་འགྲེལ་གཉིས་མཁན་པོ་ཆོས་རྗེ་པ་ལས་མཉན། གཞན་དགྲེས་པ་རྡོ་རྗེའི་འགྲེལ་པ། སློབ་དཔོན་ནག་པོ་པ་དང་། ཀ་མ་ལ་ཀུ་ལི་ཤས་མཛད་པ་དང་། དེ་མིན་པ་ཡང་འགྲེལ་པ་ཆང་ཆུང་མང་པོ་མཐོང་ནི་མཐོང་། ཐོས་ནི་མ་ཐོས་ལགས། དྲི་བ་བཅོ་ལྔ་པ་མཚན་བརྗོད་ཀྱི་བཤད་པ་ལུགས་དྲུག་གང་ཡིན་གསུངས་པའང་། སློབ་དཔོན་འཇམ་དཔལ་བཤེས་གཉེན་གྱིས་མཛད་པའི་འགྲེལ་ཆེན་འགྲེལ་ཆུང་གཉིས། སྨྲིག་པ་རྡོ་རྗེའི་འགྲེལ་པ་བར་པ། ལམ་འབྲས་ཀྱི་བཤད་པའི་ལུགས་ཏེ་བཞི་པོ་དེ་ཆོས་རྗེ་ས་སྐྱ་པ་ལས་ཐོས་ལགས། གཞན་དུས་འཁོར་གྱི་བཤད་ལུགས་གཅིག་དང་། སློབ་དཔོན་དབྱུ་མ་ལ་དགའ་བས་མཛད་པའི་འགྲེལ་པ་གཉིས་ཏེ། མཁན་པོ་ཆོས་རྗེ་པ་ལས་ཐོས་ལགས། སླར་ཡང་དེ་དག་གི་དོན་བསྡུས་ཏེ་བསྟན་པ། ཉན་ཐོས་དང་ནི་ཐེག་ཆེན་གཉིས། །གཞི་དང་བསམ་པ་ཕལ་ཆེར་འགལ། །ཉན་ཐོས་ཐམས་ཅད་ཡོད་པར་སྨྲ། །དབུ་མར་དེ་དག་སྟོང་པར་གསུངས། །དེས་ན་ཉན་ཐོས་ཐེག་ཆེན་གཉིས། །དངོས་པོའི་དོན་ལ་མཐུན་མི་སྲིད། །དགེ་སྡིག་ལ་སོགས་ཐམས་ཅད་ཀྱང་། །བཏགས་པ་བ་དང་མཚན་ཉིད་པ༑ ༑རྣམ་པ་གཉིས་སུ་ཐུབ་པས་གསུངས། །ཤེས་བྱ་ཀུན་ལ་གདགས་རུང་ཕྱིར། །བཏགས་པ་འདིར་ནི་དགག་བྱ་མིན། །མེ་ཡི་མཚན་ཉིད་ཚ་བ་ལྟར། །དགེ་སྡིག་མཚན་ཉིད་ལེགས་ཤེས་ནས། །ཕྱི་ནས་ཡིན་མིན་དཔྱད་པར་བྱ། །དུག་གསུམ་གྱིས་བསྐྱེད་ལས་སྡིག་པ། །དེ་ལས་བཟློག་པ་དགེ་བ་ཉིད། །ཡིན་ཕྱིར་ཆོས་ཉིད་དགེ་བ་མིན། །དེ་ནི་འདུས་མ་བྱས་ཕྱིར་རོ། །མཛོད་ལས་དོན་དམ་དགེ་བ་སོགས། །བཤད་པ་མཚན་ཉིད་པར་འདོད་ཡོ། །ཀུན་ལས་བཏུས་ལས་དེ་འདྲ་བར། །གསུངས་པ་བཏགས་པ་བ་ལ་དགོངས། །དེ་ལྟ་མིན་ན་གནོད

བྱེད་ཡོད། །ཉེ་བ་འཁོར་གྱིས་ཞུས་པའི་མདོར། །ཉན་ཐོས་དང་ནི་ཐེག་ཆེན་གཉིས། །གཞི་དང་བསམ་སྦྱོར་འགལ་བར་གསུངས། །བྱམས་པ་ཀླུ་སྒྲུབ་དབྱིག་གཉེན་གྱིས། ། ཐེག་པ་ཆེན་པོ་བཀར་བསྒྲུབ་ཀྱུ། །དེ་དག་མཆོག་དམན་ཁྱད་པར་ཆེ། །འགལ་བའི་རྣམ་གཞག་ལེགས་པར་གསུངས། །བྱེ་བྲག་སྨྲ་བས་དོན་དམ་པའི། ། དགེ་བ་ལ་སོགས་བཤད་པ་དང་། །རྫུལ་དང་སྐད་ཅིག་བདེན་དངོས་དང་། །དུས་གསུམ་རྫས་སུ་གྲུབ་པ་སོགས། །དེ་དག་ཐམས་ཅད་ཐེག་ཆེན་འགོག །དེ་ལྟ་མིན་པར་དེ་བདེན་ན། །ཕ་རོལ་ཕྱིན་པའི་སྦྱོར་བྲལ་དང་། །རྡོ་རྗེ་ཐེག་པར་གསུངས་པ་ཡི། །ཐམས་ཅད་སྟོང་པ་ལ་སོགས་དང་། །ཕྱག་རྒྱ་ཆེན་པོའང་འགྲུལ་པར་འགྱུར། །གལ་ཏེ་དོན་དམ་དགེ་ཡིན་ན། །དགེ་སྡིག་ཤེས་བྱ་ཡིན་པའི་ཕྱིར། །དོན་དམ་བློ་ཡི་སྤྱོད་ཡུལ་མིན། ། ཞེས་སོགས་བཤད་པའང་འགྲུལ་པར་འགྱུར། །མྱང་འདས་པ་སངས་རྒྱས་ཀྱིའང་། །སྤྱོད་ཡུལ་མིན་ཞེས་གསུངས་པའང་འགལ། །ཕ་རོལ་ཕྱིན་པའི་མདོ་སྡེ་སོགས། །སྟོང་པར་གསུངས་པ་ཐམས་ཅད་འཁྲུལ། །དེས་ན་ངེས་དོན་མདོ་སྡེ་དང་། །གསང་སྔགས་བླ་ན་མེད་པ་ལ། །གྲུབ་པ་རྣམས་ཀྱིས་དོན་དམ་དང་། །ཆོས་ཉིད་སྤྲོས་དང་བྲལ་བ་དང་། །དགེ་སྡིག་ཀུན་ལས་གྲོལ་བའི་ཕྱིར། །དེ་དག་བརྗོད་བྲལ་ཡིན་པར་གསུང་། །ཉན་ཐོས་རྣམས་ལ་དམིགས་པའི་དུག །སྨྱོན་མིན་ཐེག་ཆེན་སྨྱོན་དུ་བཞེད། །དེས་ན་ཉན་ཐོས་ཐེག་ཆེན་གཉིས། །ཐུན་མོང་མིན་པ་དེ་ལྟར་ལགས། །དོན་དམ་དགེ་བ་དགོངས་པའི་གཞི། །སྡིག་བྲལ་ཙམ་ཡིན་དགོངས་པ་ནི། ། ཞུམ་པ་གཟེངས་བསྟོད་དེ་དག་གི། །འཐད་པ་རྒྱུད་བླར་གསུངས་པ་བཞིན། །དགོངས་པ་མིན་ན་ལས་སུ་འགྱུར། །ལས་མིན་དགེ་བས་འབྲས་འབྱིན་ན། །ངན་འགྲོ་མི་སྲིད་མི་འབྱིན་ན། །དགེ་བ་བཏགས་པ་མིང་ཙམ་ཡིན། །ངེས་དོན་རྣམས་ཀྱི་མདོ་སྡེ་དང་། །འགལ་བ་ཀླུ་སྒྲུབ་གསུང་བཞིན་བལྟ། །དེ་བཞིན་དོན་དམ་སྡིག་ལ་སོགས། །དགོངས་པ་ཡིན་པར་ཤེས་པར་བྱ། །དེ་ལྟར་མིན་ན་འཁོར་བ་ལ། །མངོན་མཐོ་ངེས་ལེགས་མི་སྲིད་ཅིང་། །འགོག་པ་གཉིས་ཀྱང་ལས་འགྱུར་ཏེ། །གསུམ་ཀ་ལས་སུ་གསུངས་ཕྱིར་རོ། །ལས་མིན་ན་ཡང་དེར་བཏགས་ན། །བཏགས་པ་ཡིན་ཕྱིར་དེ་མི་འགོག །ཆོས་ཀྱི་དབྱིངས་ལ་མི་དགེ་བར། །དགོས་པ་ཡོད་ན་གདགས་རུང་མོད། །དགོས་པ་མེད་ཕྱིར་དེ་མ་གསུངས། །ལ་ལར་རིགས་ཆད་ཅེས་གསུངས་པ། །དེ་འདྲའི་རིགས་སུ་བཤད་དུ་རུང་། །དགོངས་པ་ཐམས་ཅད་དེ་འདྲར་བཤད། །ཟས་དང་འཁྲིག་པའི་ཆགས་བྲལ་སོགས། །ཆགས་བྲལ་མིན་ཡང་དེར་བཤད་པ། །ཆོས་ཉིད་དགེ་བ་མིན་པ་ལ། །དགེ་བར་བཏགས་པའི་དཔེ་ཡིན་གྱི། །དེ་དག་ཆགས་བྲལ་མཚན་ཉིད་པར། །བཤད་པར་ཁོ་བོ་མི་འདོད་དོ། །ཆོས་ཉིད་སྦྱོར་བྱུང་དགེ་བ་རུ། །གལ་ཏེ་ཁྱེད་ཀྱང་མི་བཞེད་ན། །ངེད་ཀྱང་དེ་ལྟར་འདོད་པའི་ཕྱིར། །དེ་ལ་དྲི་བ་ཅི་ཞིག་མཆིས། །སྦྱོར་

བྱུང་མིན་པ་ཉིད་ཀྱིས་ན། །དེ་ཉིད་མིན་ཕྱིར་མིང་མི་འགོག །རྣམ་དག་ཡེ་ཤེས་སྤྱོད་ཡུལ་ལ། །དགེ་དང་སྡིག་པ་གཟིགས་པ་མེད། །འགའ་ཡང་མཐོང་བ་མེད་པ་ཡི། །ཚུལ་གྱིས་ཆོས་ཉིད་མཐོང་ཞེས་གསུངས། །དགེ་དང་སྡིག་པ་ལ་སོགས་པ། །ཆོས་ཅན་གཟིགས་པའི་ཡེ་ཤེས་ལགས། །དེ་དག་རང་ལྡོག་ཆོས་ཉིད་ཀྱི། །མིང་གིས་འདོགས་ན་མདོ་དང་འགལ། །ཆོས་ཀྱི་དབྱིངས་ལས་མ་གཏོགས་པའི། །ཆོས་མེད་ཅེས་གསུངས་དོན་དམ་ཡིན། །ཀུན་རྫོབ་དེ་བཞིན་ཉིད་གང་ཡིན། །དེ་ཉིད་དམ་པའི་དོན་གྱི་ཕྱིར། །ཞེས་སོགས་རྒྱས་པར་གསུངས་པས་ན། །ཀུན་རྫོབ་དང་ནི་དོན་དམ་གྱི། །ཆོས་ཀྱི་དབྱིངས་ལ་དབྱེ་བ་མེད། །དེ་ལ་བསྔོ་རྒྱུའི་དགེ་བ་ཞེས། །འདོད་པ་འཁྲུལ་བར་འཆད་པ་ལགས། །བསྔོ་རྒྱུ་དགེ་བ་མ་ཡིན་ན། །དགེ་བར་བཏགས་པ་དེད་མི་འགོག ། བླུན་པོ་ལ་ནི་བ་ལང་བཞིན། །དགོངས་པ་ཅན་དང་དྲང་བའི་སྒྲ། །བདག་གིས་ལེགས་པར་ཕྱེ་སྟེ་བཤད། །གཞན་དག་རྣམ་པར་མ་ཕྱེ་བར། །པོམ་ཡོར་སྨྲ་བ་དེ་གསུངས་རིགས། །འཕགས་པའི་གསུང་ལ་འགལ་བ་མེད། །འགལ་བར་སྣང་ན་གཅིག་དྲང་དོན། །བསྔོ་བའི་ཚོན་ཆུ་སྦྲིང་བ། །སངས་རྒྱས་པ་ལ་འདི་མ་གྲགས། །ཐམས་ཅད་སྒྲོལ་གྱིས་བྲམ་ཟེ་ལ། །མཛད་པ་མུ་སྟེགས་མགུ་ཕྱིར་ཡིན། །བལ་པོའི་སྡོམ་བརྩོན་ཕལ་ཆེ་ལ། །འདུལ་བ་འཛིན་པ་ཤས་ཆུང་བས། །ལག་ལེན་ལོག་པ་མང་དུ་གྲགས། །དེས་ན་སྔ་སྣོད་གཙོར་བྱ་ཡི། །བླུན་པོ་རྣམས་ཀྱི་རྗེས་མི་འབྲངས། །ངེད་ཀྱི་མཁན་པོ་ཆོས་ཀྱི་རྗེས། །དང་པོར་ཆོ་ག་དེ་མ་མཛད། ། དད་ལྡན་རྣམས་ཀྱིས་ཡང་ཡང་ཞུས། །དབུ་མའི་སེམས་བསྐྱེད་མཛད་འདོད་མོད། །འོན་ཀྱང་དེ་ཡི་དཔེ་མ་རྙེད། །རྣལ་འབྱོར་སྤྱོད་པའི་སེམས་བསྐྱེད་འདི། །སོ་སོར་ཐར་པ་རིགས་བདུན་གྱི། །སྡོམ་པ་མེད་ལ་སྐྱེར་མི་རུང་། །དེ་ལྟར་ཡིན་ཡང་ནན་གྱིས་ཞུས། །དེ་ཚེ་བོད་ལ་མ་མཉེས་མོད། །འོན་ཀྱང་བོད་ཀྱི་དགེ་སློང་དང་། ། གཞི་མེད་སེམས་བསྐྱེད་ངོ་མཚར་ཆེ། །ཞེས་གསུངས་བསྙེངས་ཤིང་མཛད་པ་མཐོང་། །རྒྱ་གར་དུ་ཡང་མང་པོའི་ངོར། །ལྷུང་བཟེད་ཕྱིན་ལེན་བྱས་ཞེས་གསུངས། །དེས་ན་དེ་འདྲའི་ལག་ལེན་ཀུན། །ཆོས་དང་མཐུན་ཞེས་སྨྲར་མི་རུང་། །འཇིགས་མེད་འབྱུང་གནས་ཀྱིས་མཛད་པའི། །སེམས་བསྐྱེད་ཆོ་ག་མ་མཐོང་མོད། །རྟེན་མེད་རྣམས་ལ་སེམས་ཙམ་གྱི། །ཆོ་ག་མཛད་ན་འཁྲུལ་པ་སྟེ། །བྱང་སའི་གཞུང་དང་འགལ་ཕྱིར་རོ། །དབུ་མའི་ལུགས་ཀྱི་སེམས་བསྐྱེད་ཀྱི། །ཆོ་ག་སློབ་དཔོན་གསུམ་གྱིས་གསུངས། །དེ་ཡི་བསླབ་བྱ་རྒྱས་བསྡུས་མང་། ། རྒྱས་པ་ནམ་མཁའི་སྙིང་པོར་གསུངས། །འབྲིང་པོ་དཀོན་བརྩེགས་ལ་སོགས་ལས། །རྒྱལ་པོར་གདམས་པར་བསྡུས་ཏེ་བསྟན། །ཕལ་པོ་ཆེ་ལས་འཐད་བཅས་གསུངས། །སེམས་བསྐྱེད་ཐོབ་ནས་བསླབ་པ་ལ། །མ་བསླབས་པར་ཡང་འཚང་མི་རྒྱ། །འོན་ཀྱང་བསླབ་བྱ་བསླབ་པ་ལ། །དགོངས་ནས་དབུ་མའི་སེམས་བསྐྱེད་མཛད། །

སྤྱོད་འཇུག་ལས་ནི་སྦྲང་བུ་སོགས། །རྗོགས་པའི་བྱང་ཆུབ་འཐོབ་པ་དང་། །མདོ་སྡེ་རྒྱན་ལས་ཞུམ་པ་བཀག །ཟླ་བ་སྒྲོན་མར་དཔའ་བྱིན་དང་། །ཤན་པ་དགའ་བྱེད་སངས་རྒྱས་ཐོབ། །དེ་ཀུན་རིམ་གྱིས་སྦྱངས་པ་ལས། །བྱང་གི་ཅིག་ཅར་སངས་མ་རྒྱས། །དེ་བཞིན་རིམ་གྱིས་བསླབ་པ་ལས། །བྱང་ཆུབ་དམ་པ་ཐོབ་པར་གསུངས། །ཐབས་ལ་མཁས་པའི་མདོ་སྡེ་ལས། །ཆུ་ཙམ་སྦྱིན་དང་སྤྱོད་འཇུག་ལས། །ཚོད་མ་ལ་སོགས་སྦྱིན་པར་གསུངས། །ཕྱི་ནས་ལུས་ཀྱི་སྦྱིན་པ་སོགས། །གོམས་ན་དཀའ་བ་མེད་པར་བཤད། །དེ་འདྲའི་གསུང་གི་རྗེས་འབྲངས་ནས། །དབུ་མའི་སེམས་བསྐྱེད་ཀུན་ལ་མཛད། །སྤྱོད་འཇུག་དང་ནི་བསླབ་བཏུས་ལས། །གསུངས་པ་གང་ཟག་མཆོག་དམན་གྱི། །བསླབ་བྱའི་དབྱེ་བ་གཉིས་ལ་དགོངས། །དང་པོའི་ལས་ཅན་ཁོ་ན་ལ། །དགོངས་ནས་དེ་དག་གསུངས་པ་མིན། །དཔེར་ན་ཡན་ལག་བརྒྱད་པའི་སྨན། །གསུངས་ཚད་ནད་པ་གཅིག་ཁོ་ནས། །དུས་གཅིག་ཏུ་ནི་བཟའ་བྱ་མིན། །དེ་བཞིན་བསླབ་བྱ་ཐམས་ཅད་ཀྱང་། །གང་ཟག་གཅིག་གིས་དུས་ཅིག་ཅར། །ཐམས་ཅད་བསྒྲུབ་པར་གསུངས་པ་མིན། །སེམས་བསྐྱེད་གཏོང་བའི་རྒྱུ་གསུངས་པ། །ཕལ་ཆེར་གཏན་ནས་གཏོང་རྒྱུ་མིན། །བྱང་ཆུབ་རིང་བའི་རྒྱུ་ལ་དགོངས། །དཔེར་ན་འཆི་བ་བཟློག་པའི་རྒྱུ། །མང་པོར་བཤད་ཀྱང་དེ་དག་གིས། །ཚེ་བསྲིང་ནུས་ཀྱི་གཏན་ནས་ནི། །ཟློག་པ་མིན་པས་བཟློག་མི་ནུས། །དེ་བཞིན་སེམས་བསྐྱེད་གཏོང་བའི་རྒྱུ། །མང་པོ་གསུངས་ཀྱང་སྨོན་པ་ཉིད། །བཏང་ནས་སངས་རྒྱས་འགོག་ནུས་ཀྱི། །གཞན་གྱིས་གཏིང་གི་འགོག་མི་ནུས། །དེས་ན་སེམས་བསྐྱེད་ཐོབ་པ་ཡི། །རྩ་བ་སྨོན་པའི་བྱང་ཆུབ་སེམས། །ལག་ན་རྡོ་རྗེ་ལ་སོགས་པས། །བསྲུང་བར་མདོ་རྒྱུད་ཀུན་ནས་གསུངས། །བུ་གཞོན་པའམ་རིན་པོ་ཆེ། །བདག་པོ་རྣམས་ཀྱིས་བསྲུངས་པ་བཞིན། །སེམས་ཙམ་པ་ཡི་ཚིག་ལའང་། །ཕན་ཡོན་འདི་ཉིད་འབྱུང་སྙམ་ན། །ཚིག་ཉམས་ཕྱིར་དེ་མི་འབྱུང་། །དེ་ཡི་འཐད་པ་གཞན་དུ་བལྟ། །ཕག་མགོའི་དབང་བསྐུར་གསུངས་པ་མེད། །སྲིད་ཀྱང་ཤེས་བྱ་མཐའ་འགོག་ཡིན། །དཔེར་ན་མེ་ལ་བསིལ་བ་མེད། །ཡོད་ན་དེ་ནི་མེ་མ་ཡིན། །ཞེས་སོགས་ཚིག་དང་མཚུངས་པ་ལགས། །དབང་བསྐུར་དང་ནི་རྗེས་གནང་གི །ཁྱད་པར་རྒྱུད་སྡེའི་དགོངས་པ་ནི། །ཕྱི་ནང་རྟེན་འབྲེལ་ལེགས་འགྲིགས་པའི། །ཆོ་གའི་ཁྱད་པར་དབང་དུ་གསུངས། །དེ་ཡི་ཕྱི་ནས་ལས་བྱ་བའི། །ཕྲིན་ལས་བསྒྲུབ་པ་རྗེས་གནང་སྟེ། །ལྷ་མཆོད་པ་དང་ཆོས་བཤད་བཞིན། །དེ་ཉིད་ཡང་དག་སྦྱོར་བ་སུ །དབང་དང་བཀའ་གནང་ཐོབ་པ་ཡི། །བྱ་བ་བྱས་པས་རབ་འཇུམ་ཞིང་། །འགྲོ་ཀུན་དགའ་བར་བྱེད་པ་ཡི། །ཤིན་ཏུ་སྙན་པའི་ཚིག་འདི་བརྗོད། །ཅེས་གསུངས་འདི་ཡི་རིམ་པ་ནི། །དཀྱིལ་འཁོར་ཆོ་ག་རྣམས་སུ་བལྟ། །དེས་ན་མིང་ལ་རྣམ་པ་གཉིས། །མཚན་ཉིད་པ་དང་བཏགས་པ་བ། །རྗེས་གནང་ལ་ནི་དབང་བསྐུར་དུ། །

གསུངས་ཀྱང་བཏགས་པ་ཉིད་ཡིན་ཏེ། །དཔེར་ན་རྒྱལ་པོའི་སྐྱེས་བུ་བཞིན། །སློབ་དཔོན་དག་གི་དབང་བཅུ་བཞི། །གསུངས་ཀྱང་འགའ་ཞིག་ཡན་ལག་ལ། །དེ་ཡི་མིང་གིས་བཏགས་པ་ཡིན། །དགེ་སློང་བཅུ་དང་དགེ་ཚུལ་བཞི། །དེ་ལ་དགེ་འདུན་བཅུ་བཞི་ཞེས། །འཇིག་རྟེན་པ་དག་སྒྲོགས་པ་བཞིན། །གལ་སྲིད་དབང་ཞེས་བཤད་ཙམ་གྱིས། ། དབང་དུ་གྱུར་ན་ཧ་ཅང་ཐལ། །རྒྱུད་ནས་གསུངས་པའི་དབང་བསྐུར་བ། །ཡིན་པ་འདིར་ནི་འགོག་མོད་ཀྱི། །མིང་དུ་བཏགས་པ་དགག་བྱ་མིན། །དཔེར་ན་རྒྱལ་པོར་དབང་བསྐུར་བཞིན། །དེས་ན་ཆོས་ནས་མ་གསུངས་པའི། །ཕག་མགོའི་དབང་བསྐུར་ལ་སོགས་པ། །བྱེད་པ་མཚར་ཞེས་བསྟིངས་པ་གང་། ། དེ་ནི་ཤིན་ཏུ་བདེན་པ་ལགས། །ཆོས་སྤྱོད་མངོན་པར་རྟོགས་པ་དང་། །ལམ་ལྷ་བཀོལ་བ་ལ་སོགས་པ། ། གསར་རྙིང་ཀུན་ལ་མང་པོ་ཞིག །བོད་ཀན་རྣམས་ཀྱིས་སྦྱར་བ་མཐོང་། །སྡེབ་སྦྱོར་རིན་ཆེན་འབྱུང་གནས་དང་། །དམར་སེར་དང་ནི་རྒྱལ་བའི་ལྷ། །མདོ་དང་དེ་ཡི་དཔེར་བརྗོད་གཉིས། །བདེ་བར་གཤེགས་པའི་དཔལ་ལས་ཐོས། །རྒྱན་གྱི་བསྟན་བཅོས་དཎྜི་དང་། །དབྱངས་ཅན་མགུལ་རྒྱན་གང་དགོངས་པ། །དགེ་འདུན་དཔལ་ལས་ལེགས་པར་བསླབ། །མངོན་བརྗོད་བསྟན་བཅོས་འཆི་མེད་མཛོད། །དེ་ཡི་རྒྱ་ཆེར་འགྲེལ་བཅས་པ། ། མཁས་པ་གསུམ་ལ་ལེགས་པར་གཏུགས། །ནག་མོའི་ཁོལ་གྱི་སྐད་ངག་གསུམ། །བདེ་བར་གཤེགས་པའི་དཔལ་གྱིས་བཤད། །བྱང་ཆུབ་སེམས་དཔའི་སྐྱེས་པའི་རབས། །བདག་ཉིད་ཆེན་པོ་གཉིས་ལས་ཐོས། ། གསང་བ་འདུས་པ་འཕགས་པའི་སྐོར། །ཡེ་ཤེས་ཞབས་ཀྱི་ཡན་ལག་རྣམས། །བདག་ཉིད་ཆེན་པོ་གཉིས་ལས་ཐོས། །དེ་ཉིད་ཀྱི་ནི་རྒྱུད་འགྲེལ་གསུམ། །གཤིན་རྗེ་གཤེད་ཀྱི་རྒྱུད་རྒྱལ་གསུམ། །བདེ་མཆོག་ཉུང་ངུ་བཤད་པའི་རྒྱུད། །མཁའ་འགྲོ་རྒྱ་མཚོ་ལ་སོགས་བདུན། །ཀྱེ་ཡི་རྡོ་རྗེ་རྒྱུད་གསུམ་དང་། །དེ་ཡི་རྗེས་འབྲང་ཐིག་ལེའི་སྐོར། །རྟོག་མེད་ཨ་ར་ལླི་སོགས་གསུམ། །མགོན་པོ་མངོན་པར་འབྱུང་བའི་རྒྱུད། །དེ་ཉིད་བསྡུས་པ་འགྲེལ་བཅས་པ། །རྡོ་རྗེ་རྩེ་མོ་དཔལ་མཆོག་དང་། །མཁའ་མཉམ་ཐམས་ཅད་གསང་བ་དང་། །དེ་དག་གཉིས་ཀའི་འགྲེལ་པ་དང་། །ངན་སོང་སྦྱོང་བ་ཡན་ལག་བཅས། ཁྲོ་བོའི་རྒྱལ་པོའི་རྟོག་པ་ཆེ། །དེ་བཞིན་གསང་བ་ཆེན་པོ་སོགས། །དཔུང་པ་བཟང་པོ་ལེགས་གྲུབ་དང་། །གསང་བའི་སྤྱི་རྒྱུད་ལ་སོགས་པ། །མཚན་བརྗོད་བཤད་པ་ལུགས་དྲུག་དང་། །བརྟག་གཉིས་འགྲེལ་པ་ཀུ་མུ་ཏི། །མུ་ཏིག་ཕྲེང་བ་པདྨ་ཅན། །རིན་ཆེན་ཕྲེང་བའི་བཤད་པ་རྣམས། །ས་སྐྱའི་འཇམ་མགོན་ཉིད་ལས་ཐོས། །དུས་ཀྱི་འཁོར་ལོ་ཡན་ལག་བཅས། ། བརྟག་གཉིས་བདེ་མཆོག་ཉུང་ངུ་ཡི། །འཕགས་པ་གཉིས་ཀྱི་བསྟོད་འགྲེལ་བཅས། །རྣམ་སྣང་མངོན་པར་བྱང་ཆུབ་པ། །མཚན་བརྗོད་བཤད་ལུགས་རྣམ་པ་གཉིས། །དེ་ལ་སོགས་པ་མང་པོ་ཞིག །མཁན་པོ་ཆོས་ཀྱི་རྗེ་

ལས་ཐོས། །འཇམ་དཔལ་དཔའ་བོ་གྲུབ་པ་དང་། །དོན་ཞགས་གཙུག་ཏོར་རྣམ་རྒྱལ་དང་། །རྡོ་རྗེ་རྣམ་པར་འཇོམས་ལ་སོགས། །སྒྲུབ་ཐབས་བསྡུས་དང་དེ་བཞིན་གཞན། །ཕྲ་རགས་ཤིན་ཏུ་མང་པོ་ཞིག །བདག་ཉིད་ཆེན་པོ་གཉིས་ཀ་ལས། །ཡང་དང་ཡང་དུ་ལན་མང་ཐོས། །གསང་བ་ནོར་བུའི་ཐིག་ལེ་དང་། །རྡོ་རྗེ་ས་འོག་གསང་བ་རྒྱན། །རྡོ་རྗེ་སྙིང་པོ་རྒྱན་གྱི་རྒྱུད། །འདི་རྣམས་བོད་དུ་སྔོན་མ་འགྱུར། །བདག་གིས་སུ་ག་ཏ་ཤྲཱི་ལས། །ཐོས་ནས་བསྒྱུར་ཞིང་གཏན་ལ་ཕབ། །བདེ་བར་གཤེགས་པའི་གསུང་རབ་ཉི་མའི་འོད། །མིག་ལྡན་སྐྱེ་བོ་དམ་པ་དགའ་མོད་ཀྱི། །ཡང་དག་སྣང་བས་མིག་ལ་གྲིབ་བྱེད་པ། །སྐལ་ངན་འུག་པའི་ཚོགས་ཀྱིས་རྣམ་པར་སྤང་། །དེང་སང་ཐུབ་པ་དག་གི་བསྟན་པ་ཡང་། །འབབ་ཆུ་སྐམས་པའི་མཚོ་བཞིན་རྣམ་པར་བྲི། །ཆོས་སྤྱོད་ཕལ་ཆེར་དེ་ཡི་སྲོག་ཆགས་བཞིན། །བཤེས་གཉེན་ངན་རྣམས་ཆུ་སྐྱར་བཞིན་དུ་རྒྱུ། །འཕགས་པའི་ཡུལ་རྣམས་ཀླ་ཀློས་རྣམ་པར་བཅོམ། །སྡིག་སྤྱོད་རྣམས་ཀྱིས་ཆོས་རྒྱལ་ཕམ་པར་བྱས། །ཆོས་སྨྲ་རྣམས་ལ་ཆོས་མིན་སྨྲ་རྣམས་གཤེ །སྙིགས་མའི་དུས་ཀྱི་རྣམ་ཐར་འདི་འདྲ་ལྟོས། །དམ་ཆོས་འཇིག་པའི་ཚེ་ན་དམ་པའི་ཆོས། །འཛིན་པའི་སྐྱེ་བོ་ཆོས་རབ་བཟང་བར་གསུངས། །དེས་ན་ཁྱེད་ཀྱང་སྡེ་སྣོད་འཛིན་བཞིན་དུ། །ལེགས་པར་བསྒྱངས་ནས་གཞན་ལ་སྤེལ་བར་མཛོད། །སྔོན་གྱི་དུས་ཀྱི་གྲུབ་པ་ཐོབ་པ་དང་། །མཁས་པ་རྣམས་ལ་སློབ་མ་མང་པོ་མེད། །ཉུང་ཟད་དེ་དག་ཆོས་བཞིན་སྤྱོད་པར་འགྱུར། །དེ་དག་སངས་རྒྱས་བསྟན་པ་ཡུན་རིང་བསྐྱངས། །སྙིགས་མའི་དུས་འདིར་ཆོས་བྱེད་མང་ན་ཡང་། །ཐུབ་པའི་གསུང་བཞིན་བསྒྲུབ་པ་ཤིན་ཏུ་ཉུང་། །དེས་ན་སངས་རྒྱས་བསྟན་པ་འཛིན་པ་ཡི། །གང་ཟག་གཅིག་ཙམ་ཡིན་ཡང་ཁྱོད་ཀྱིས་གཟིགས། །ཐུབ་པའི་བསྟན་ལ་རྒྱབ་ཀྱིས་ཕྱོགས་པ་ཡི། །ཚོགས་པ་མང་ཡང་ཆར་མེད་སྤྲིན་དང་འདྲ། །ཆོས་བཞིན་སྤྱོད་པའི་སྐྱེ་བོ་ཉུང་གྱུར་ཀྱང་། །ཉི་ཟླ་ཇི་བཞིན་འཇིག་རྟེན་རྣམ་པར་གསལ། །ཕག་རྣམས་མི་གཙང་ཁྱུང་དུ་མི་གཙང་ཟ། །མི་གཙང་མ་རྙེད་པ་ལ་རྣམ་པར་བརྙས། །དེ་བཞིན་དགེ་སློང་ལོག་འཚོའི་ཁྱུར་འཛིན་རྣམས། །དམ་པ་རྣམས་ལ་བརྙས་ཞེས་མདོ་ལས་གསུངས། །འདི་འདྲའི་ཚུལ་ལུགས་ལེགས་པར་གཟིགས་ནས་ནི། །སྡེ་སྣོད་འཛིན་པའི་རྣམ་པར་ཐར་པ་སྐྱོངས། །དེ་ལྟར་བྱས་ན་སངས་རྒྱས་བསྟན་པ་ལ། །ད་དུང་ཉུང་ཟད་ཕན་པའི་གོ་སྐབས་མཆིས། །སྐད་གཉིས་སྨྲ་བ་ཀུན་དགའ་རྒྱལ་མཚན་དཔལ། །བཟང་པོས་སྐད་གཉིས་སྨྲ་བ་ཆོས་རྗེ་དཔལ། །བཟང་པོའི་གསུང་ལ་དེ་སྐད་ལན་བཏབ་པའོ། །དགེ་བས་བསྟན་པ་ཡུན་རིང་གནས་གྱུར་ཅིག །རྫོགས་སོ།། །།

༄༅། །གློ་བོ་ལོ་ཙྪ་བའི་ཞུས་ལན་བཞུགས།

ཆོས་རྗེ་ས་སྐྱ་པཎ་ཆེན།

ཨོཾ་སྭསྟི་སིདྡྷཾ། དཔལ་ས་སྐྱའི་དགོན་པ་ནས། དགེ་བའི་བཤེས་གཉེན་སྡེ་སྣོད་འཛིན་པ་གློ་བོ་ལོ་ཙྪ་བ་ཤེས་རབ་རིན་ཆེན་གྱི་ཕྱག་ཏུ་སྤྲིང་བ། ཁྱེད་བདེ་བར་གཤེགས་པའི་བསྟན་པ་ལ་ཤིན་ཏུ་གུས། སྡེ་སྣོད་ལས་ཇི་ལྟར་འབྱུང་བའི་ཆོས་ལ་དགྱེས་ཟེར་བ་ཐོས་མས། དེ་ལ་དགའ་བ་ཁྱད་པར་ཅན་སྐྱེས། ཤིན་ཏུ་རྗེས་སུ་ཡི་རངས། སྤྱིར་སངས་རྒྱས་ཀྱི་བསྟན་པ་འདི་ནུབ། བྱེ་བྲག་ཏུ་གསང་སྔགས་ཀྱི་བསྟན་པ་འདི་གཟུགས་བརྙན་ཙམ་ཡང་མེད་པར་སོང་ནས་གདའ། ལེགས་པར་བརྟགས་ན་འཛམ་བུའི་གླིང་འདིར་ཡང་ཆོས་དང་མཐུན་པའི་རྒྱལ་པོ་ཐམས་ཅད་ཉམས། ཆོས་དང་མི་མཐུན་པའི་རྒྱལ་པོ་ཐམས་ཅད་འཕེལ། སྡེ་སྣོད་དང་མཐུན་པར་བྱེད་པའི་ཆོས་པ་རྣམས་ཉམས་དམས། སྡེ་སྣོད་དང་མི་མཐུན་པའི་ཆོས་པ་རྣམས་འཕེལ། དེའི་སྟོབས་ཀྱིས་ཆོས་ནས་འབྱུང་བ་བཞིན་མ་བཤད་ན་བསྟན་པ་ནུབ་འགྲོ་བར་གདའ། ཆོས་ནས་འབྱུང་བ་བཞིན་བཤད་ན་ཆོས་དང་མི་མཐུན་པར་བྱེད་པ་རྣམས་མི་མགུ་བར་གདའ། དེས་ན་བཤད་པ་རང་ཡང་ཤིན་ཏུ་དཀའ། འོན་ཀྱང་ཆོས་ནས་འབྱུང་བ་བཞིན་བྱེད་ན་སྡོམ་པ་མེད་པར་དགེ་བ་བྱས་ཀྱང་བར་མའི་དགེ་བ་ཙམ་ལས་དགེ་བ་རྒྱུན་ཆགས་མི་འབྱུང་། དགེ་བ་རྒྱུན་མི་འཆད་པ་ལ་སྡོམ་པ་ལེན་དགོས་པར་གདའ། དེ་ལ་ཉན་ཐོས་ཀྱི་སྡོམ་པ་འདུལ་བ་དང་མཐུན་དགོས། བྱང་ཆུབ་སེམས་དཔའི་སྡོམ་པ་མདོ་སྡེ་དང་མཐུན་དགོས། གསང་སྔགས་ཀྱི་སྡོམ་པ་རྒྱུད་སྡེ་དང་མཐུན་དགོས། དེང་སང་སོ་སོར་ཐར་པའི་སྡོམ་པ་ལ་སྦྱོར་དངོས་རྗེས་གསུམ་བསླབ་བྱ་དང་བཅས་པ་འདུལ་བ་དང་མི་མཐུན་པར་བྱེད་པ་མང་། བྱང་ཆུབ་སེམས་དཔའི་སྡོམ་པ་ལ་སེམས་ཙམ་དབུ་མ་གཉིས་ཀྱི་དབྱེ་བ་མི་ཤེས་པར་སེམས་ཙམ་པའི་ཆོ་ག་ལ་དབུ་མའི་སྡིག་བཤགས་ལ་སོགས་པ་བསྣན་ནས་ཆོ་ག་ཐམས་ཅད་དཀྲུགས་ནས་བྱེད། དོན་དམ་པ་ཆོས་ཉིད་ཀྱིས་ཐོབ་པའི་སྡོམ་པ་བསྒོམ་པས་སྐྱེ། ཆོ་ག་ལས་མི་སྐྱེ་བ་ཡིན་པ་ལ། ད་ལྟ་དོན་དམ་སེམས་བསྐྱེད་ཀྱི་ཆོ་ག་ལ་སོགས་པ་ཕྱིན་ཅི་ལོག་བྱེད། བདག་གཞན་བརྗེ་བའི་བྱང་ཆུབ་ཀྱི་སེམས་བཅོམ་ལྡན་འདས་ཀྱིས་ཆོས་ཀྱི་སྙིང་པོར་གསུངས་པ་ལ། ད་ལྟ་བདག་གཞན་བརྗེ་བ་བསྒོམ་དུ་མི་བཏུབ་པ་ལ་སོགས་པ་ཆོས་ཀྱི་རྒྱ་བ་བཤིགས་པ་མང་། གསང་སྔགས་ཀྱི་སྡོམ་པ་ལ་རྒྱུད་

ལས་དབང་བསྐུར་གཙོ་བོར་གསུངས་པ་ལ། རྒྱུད་ནས་འབྱུང་བའི་དབང་བསྐུར་མི་བྱེད་པར་ཆོས་གང་ནས་ཀྱང་བཤད་པ་མེད་པའི་ཕག་མགོའི་དབང་བསྐུར་ལ་སོགས་པས་ཆོ་སྒོ་འབྱེད་པ་མང་། བཅོམ་ལྡན་འདས་ཀྱིས་རྒྱུད་ལས་སྒོམ་བྱེད་ན་སྨིན་གྲོལ་གཉིས་ལས་ཡེ་ཤེས་སྐྱེས་ན། ཕྱག་རྒྱ་ཆེན་པོ་ཡིན་པར་གསུངས་པ་ལ། རིམ་པ་གཉིས་ཀྱི་རྣམ་གཞག་མི་ཤེས་པར་ཕྱག་རྒྱ་ཆེན་པོ་བསྒོམ་པ་མང་། ཕྱག་རྒྱ་ཆེན་པོ་རང་ཡང་རྒྱ་ནག་ཧ་ཤང་གི་ལུགས་རྟོག་པ་ཁ་ཚོམ་ལ་བྱེད་པ་མང་བར་གདའ། དེ་སློབ་དཔོན་ཀ་མ་ལ་ཤཱི་ལ་སོགས་བདག་ཉིད་ཆེན་པོ་ཐམས་ཅད་ཀྱིས་བཀག་པ་ལགས་སོ། བསྔོ་བ་ཡང་བཅོམ་ལྡན་འདས་ཀྱིས་འཁོར་གསུམ་ཡོངས་དག་ཏུ་བྱས་ནས་དམིགས་པ་མེད་པར་མཚན་མ་ལས་གྲོལ་བར་སྟོད་པ་ལས། གལ་ཏེ་མཚན་མར་བྱེད་ན་ཡོངས་སུ་བསྔོ་མ་ཡིན། །ཅི་སྟེ་མཚན་མ་མེད་ན་བྱང་ཆུབ་བསྔོ་བ་ཡིན། །ཞེས་གསུངས་པས། མཚན་མ་མེད་པའི་བསྔོ་བས་འཚང་རྒྱ་བར་གསུངས་པ་ལ། དེང་སང་ཆོས་ཉིད་དམ། དེ་བཞིན་གཤེགས་པའི་སྙིང་པོ་ཡོད་པར་བཟུང་ནས་ཡོད་པའི་དགེ་བ་ཞེས་ཟེར་ནས་བསྔོ་བ་དུག་ཅན་དུ་གཏོང་བ་མང་བར་གདའ། སྔོས་སུ་ཕྱེད་གསུངས་པའི་བདེ་མཆོག་གི་དཀྱིལ་འཁོར་ལ་གཙོ་བོ་བདེ་མཆོག་བཏོན་ནས་རབ་ཏུ་བྱུང་བའི་སྐུ་འབག་གཅིག་བཙུག་ནས་འདུག་པ་འདི་ཇི་ལྟར་ཡིན་གསུངས་པ་ལ། སྤྱིར་བཅོམ་ལྡན་འདས་ཀྱིས་རྒྱུད་ནས་བླ་མ་དང་རྡོ་རྗེ་འཆང་གཉིས་དབྱེར་མེད་དུ་བལྟ་ཞེས་གསུངས་པ་ལ་འཁྲུལ་པ་ཡིན་ཏེ་མཆི། དེ་ལ་བླ་མ་སངས་རྒྱས་ཡིན་ཅེས་བྱ་བ་དེ་གསང་སྔགས་ཀྱི་རྒྱུད་ལས་གསུངས་ཀྱི་གཞན་ལས་མ་བཤད། གསང་སྔགས་སྒོ་ལ་རང་གིས་དབང་བཞི་ཐོབ་པས་སྐུ་བཞིའི་རྟེན་འབྲེལ་བསྒྲིགས། རིམ་པ་གཉིས་བསྒོམས་པས། བསྐྱེད་པའི་རིམ་པས་གཟུགས་ཀྱི་སྐུ་དང་། རྫོགས་པའི་རིམ་པས་ཆོས་ཀྱི་སྐུ་བསྒྲུབ་པའི་བླ་མ་ཞིག་རྡོ་རྗེ་འཆང་ཡིན་པར་གསུངས་ཀྱི། ད་ལྟ་རང་གིས་ཀྱང་། དབང་བཞི་མ་ཐོབ་ན་རིམ་པ་གཉིས་ཤེས་པ་ལྟ་ཅི་སྨོས། མངོན་པར་བྱང་ཆུབ་པ་ལྟ་ཙམ་ཡང་མི་ཤེས། ཐ་ན་མངོན་པར་བྱང་ཆུབ་པའི་རྒྱུ་ཨཱ་ལི་ཀཱ་ལི་ཙམ་ཡང་མི་ཤེས་པ་ལ་བླ་མ་རྡོ་རྗེ་འཆང་ཡིན་པ་ག་ལ་མཆི། དེས་ན་འོ་སྐོལ་གསང་སྔགས་ཀྱི་དེ་ཁོ་ན་ཉིད་ཤེས་པས་བལྟས་ན་རབ་ཏུ་བྱུང་བའི་གཟུགས་དཀྱིལ་འཁོར་གྱི་དབུས་སུ་གཞུག་ན། དགེ་སློང་ཡིན་ན་ཡབ་ཡུམ་གྱི་དབུས་སུ་བསྟད་པ་ལ་ལྟུང་བ་འོང་བ་ལགས་སོ། བླ་མ་རྡོ་རྗེ་འཆང་དུ་བྱེད་ན་ཞལ་དང་ཕྱག་གི་རྣམ་པ་དང་། མཚན་དཔེ་ལ་སོགས་པ་རྡོ་རྗེ་འཆང་གི་ཆ་ལུགས་མ་ཚང་བས་རྟེན་འབྲེལ་གྱི་སྐུ་མི་འགྲུབ་པ་ལགས་སོ། དེས་ན་འོ་སྐོལ་གསང་སྔགས་པའི་ལུགས་ཀྱིས་བླ་མ་རྡོ་རྗེ་འཆང་དུ་བྱེད་པ་ལ་བླ་མ་དེ་འདྲའི་ཆ་ལུགས་ཀྱིས་དཀྱིལ་འཁོར་གྱི་དབུས་སུ་གཞུག་ཏུ་མི་བཏུབ། གསང་སྔགས་རྟེན་འབྲེལ་གྱི་སྐུ་བསྒྲུབ་པ་ལགས་པས། དགྱེས་པ་རྡོ་རྗེ་

དང་། གསང་བ་འདུས་པ་དང་། བདེ་མཆོག་འཁོར་ལོ་ལ་སོགས་པ་ཉིད་ཀྱི་སྐུར་བྲི་དགོས་པ་ལགས། དེ་ལྟ་མ་ཡིན་ན་བཅོམ་ལྡན་འདས་ཤཱཀྱའི་རྒྱལ་པོ་ལས་བཟང་བ་མེད་ཀྱང་རབ་ཏུ་བྱུང་བའི་རྣམ་པས་དཀྱིལ་འཁོར་གྱི་དབུས་སུ་བཞུགས་སུ་མི་བཏུབ། ཤཱཀྱའི་རྒྱལ་པོ་ཡང་སྤྲུལ་པའི་དཀྱིལ་འཁོར་མཛད་པ་ན་ལོངས་སྐུའི་ཆ་ལུགས་སུ་བསྒྱུར་བའི་རྒྱུ་མཚན་ཡང་དེ་ལགས། སྤྱིར་དགེས་རྡོར། བདེ་མཆོག་གི་དབང་བསྐུར་ཡང་མ་ཐོབ་པ་; བསྒོམ་ཡང་མི་ཤེས་པ་བདེ་མཆོག་གི་དཀྱིལ་འཁོར་གྱི་དབུས་སུ་བཞག་རང་ཅི་དགོས། བདེ་མཆོག་དང་དེ་དག་ལ་འབྲེལ་བ་གང་ཡང་མི་གདའ་བ། སྤྱིར་རྒྱ་གར་དུ་དགེས་རྡོར་བདེ་མཆོག་མནན་པའི་ཚངས་པ་དང་། དབང་ཕྱུག་འབྲི་བའི་མུ་སྟེགས་ཕ་རེ་བ་ཞིག་ཕྱིས་བྱུང་སྐབས་དེ་ཤེད་ཁོ་ན་ནི་རྒྱ་གར་དུ་ཏུ་རུཥྐ་ཞུགས་པ་ཡིན་ནམ་ཞེས་ཟེར། དེ་བཞིན་དུ་བདེ་མཆོག་ཡུལ་བཏོན་ནས་གཞན་བཅུག་པ་དེ་བོད་དུ་ཧོར་ལ་སོགས་པ་འོང་བའི་རྟེན་འབྲེལ་དུ་སོང་གིས་དོགས། སྤྱིར་འདི་འདྲའི་རིགས་ཅན་མ་བརྗོད་ན་མི་གོ །བརྗོད་ན་མི་མགུ་བར་གདའ་བས་གཞན་ལ་མ་གསུང་མཛོད། ལར་ཁྱེད་རང་སྡེ་སྣོད་འཛིན་པ་རྒྱུད་སྡེའི་བདག་པོར་གདའ་བས། འདི་འཐད་དམ་མི་འཐད་ཀྱི་རྒྱུས་ཁྱེད་རང་ལ་མངའ་བ་ལགས། སྤྱིར་དེད་ཀྱིས་བྱས་པའི་སྡོམ་པ་གསུམ་གྱི་རབ་དབྱེ་དེ་གཅིག་ཕྲིས་ལ་གཟིགས་པར་ཞུ། དེང་སང་བདེ་བར་གཤེགས་པའི་བསྟན་པ་ནི། །སྟོན་ཀའི་ཤིང་བཞིན་འབྲས་བུ་ཕལ་ཆེར་ལྷགས། །སྡེ་སྣོད་འཛིན་པ་བྱ་ཡི་ཚོགས་ཀུན་ཡང་། །ཕྱོགས་དང་ཕྱོགས་སུ་ཕལ་ཆེར་གཤེགས་པ་འདྲ། །སྙིགས་མའི་དུས་འདིར་སངས་རྒྱས་བསྟན་པ་ལ། །གུས་པར་འདོད་ན་སངས་རྒྱས་བསྟན་བཞིན་བྱ། །སངས་རྒྱས་བསྟན་པ་དོར་ན་སངས་རྒྱས་ལ། །གུས་པ་ས་བོན་བསྲེགས་པའི་ལོ་ཏོག་བཞིན། །ཁྱེད་ཀྱང་སངས་རྒྱས་བསྟན་པའི་སྲོལ་བཟུང་ནས། །སྡེ་སྣོད་རྒྱ་མཚོའི་དོན་དང་མི་འགལ་བར། །བརྩོན་པས་བསྒྲུབ་དང་གཞན་ལ་འཆད་པ་ཡིས། །ཐུབ་པའི་བསྟན་པ་ཡུན་རིང་བསྐྱང་བར་ཞུ།། ||

༄༅། །བཀའ་གདམས་པ་ནམ་མཁའ་འབུམ་གྱི་ཞུས་ལན་བཞུགས།

ཆོས་རྗེ་ས་སྐྱ་པཎ་ཆེན།

ༀ་སྭསྟི་སིདྡྷཾ། དཔལ་ལྡན་ས་སྐྱ་པཎྜི་ཏས། དགེ་བའི་བཤེས་གཉེན་སྒྲུབ་པ་རྩེ་གཅིག་ཏུ་མཛད་ཅིང་ཐུགས་དགོངས་རྣམ་པར་དག་པ་དེའི་ཕྱག་ཏུ་སྤྲིང་བ། ཁྱེད་ཀྱིས་སྤྲིང་བའི་ཡི་གེ་དེ། ཡིག་རྟེན་གཡུ་དང་བཅས་པར་ཕོ་བོའི་སྙུག་པར་ལེགས་པར་ཕྱིན། དེ་ཐུགས་ལ་བཏགས།དྲི་བ་དང་པོ། ཁྱོད་ལ་མངོན་པར་རྟོགས་པའི་ཡོན་ཏན་ཅི་ཡོད་ཟེར་བ་ལ།བདག་སངས་རྒྱས་ཀྱི་བསྟན་པ་ལ་མོས་གུས་ཕྱིན་ཅི་མ་ལོག་པ་ཡོད། གསུང་རབ་ཀྱི་དོན་ལ་གོ་བ་ཅུང་ཟད་ཙམ་མཆིས། མངོན་པར་རྟོགས་པ་རྒྱུད་ལ་སྐྱེས་པ་ཙམ་ནི་ཆེན་པོ་མི་བདོག །དྲི་བ་གཉིས་པ། ཕོར་འདི་ལ་ཁྱེད་ཀྱིས་བྱིན་པས་ཕན་པའི་རྒྱུ་མཚན་བདོག་གམ་ཟེར་བ་ལ།ཕོར་འདི་ངེད་ལ་ཅིས་ཀྱང་མཆོད་གནས་ལ་ཤོག །མི་འོང་ན་དམག་འོང་ངོ་ཟེར་བ། དམག་བྱུང་ན་བོད་ལ་གནོད་ཀྱིས་དོགས་ནས་འགྲོ་བ་ལགས། སེམས་ཅན་ལ་ཕན་དུ་རེ་ནས་འགྲོ་བ་མ་གཏོགས་པ་ཕན་ངེས་པའི་རྒྱུ་མཚན་མ་མཆིས། ལར་སེམས་ཅན་ལ་ཕན་ན་རང་གི་ལུས་སྲོག་གཏོང་བ་ལ་མི་ཕོད་རྒྱུ་མི་བདོག་པ་ཙམ་ཤེས་པར་གདའ། དྲི་བ་གསུམ་པ། ཕོར་བྱུང་བའི་ཚེ། མཚམས་ལས་མ་འཐོན་ན་བག་མེད་ཀྱི་སྤྱོད་པར་འགྱུར་རམ་ཟེར་བ་ལ། ཁྱེད་སྒྲུབ་པ་མཛད་པ་རྗེས་སུ་ཡི་རངས། བོད་སྤྱིའི་ངོ་བལྟ་བཙན་ས་གཅིག་བྱུང་ན་དབེན་པར་བཞུགས་པ་འཐད། དེ་མ་བྱུང་ན་བཙན་ས་གཞན་ཞིག་ཏུ་བྱོན་ནས་སྒྲུབ་པ་བགྱིས་པ་འཐད་དམ་སེམས།དྲི་བ་བཞི་པ། ངེས་འབྱེད་ལ་སོགས་པའི་ཡོན་ཏན་མ་སྐྱེས་པར་ལུས་ལ་ཤིག་མི་འོང་བ་ལ་སྐྱོན་ཡོན་ཅི་བདོག་ཟེར་བ་ལ། ལུས་ལ་ཤིག་མི་འོང་བ་ཁྱེད་སྒྲུབ་པ་ལ་བརྩོན་པ་དང་། བླ་མ་བཟང་བས་ངེས་འབྱེད་ཀྱི་རྟགས་ཡིན་པ་ཡང་མ་བཀག །དེ་རང་གིས་མི་ཤེས་པ་ཡིན། གང་ལྟར་ན་ཡང་སྡིག་པ་དག་པའི་རྟགས་ཡིན་པ་ལ་ཐེ་ཚོམ་མེད། འོན་ཀྱང་དགའ་མི་དགའི་འདུ་ཤེས་གང་ཡང་མི་བྱ། ཐམས་ཅད་འཁྲུལ་པར་ཤེས་པར་བྱ། བསྒོམ་སྐྱོན་ཐམས་ཅད་ངེས་སེལ་བ་ཡིན།དྲི་བ་ལྔ་པ། དབང་མ་ཐོབ་པར་རབ་གནས་བྱར་རུང་ངམ་ཟེར་བ་ལ།བུམ་པ་འཆའ་བ་དང་དཀྱིལ་འཁོར་བཞེངས་པའི་རབ་གནས་ལ་དབང་བསྐུར་ཡང་།གསང་བ་སློབ་དཔོན་གྱི་དབང་ཅིས་ཀྱང་ཐོབ་འཚལ། བུམ་པ་མི་འཆའ་ན་གསོལ་བ་འདེབས་པའམ། རྒྱལ་པོའི་མངའ་དབུལ་ལྟ་བུ་ཙམ་ལ་རབ་གནས་སུ་

མིང་བཏགས་པ་རྒྱ་གར་ན་ཡང་བདོག་པས་བགྱིས་པས་མཆི། སྦྱོར་ཏིང་ངེ་འཛིན་དགོས།དྲི་བ་དྲུག་པ། གསོན་པོའི་ཐུམ་པ་འཆའ་བ་གང་ནས་བཤད་ཟེར་བ་ལ།གསོན་པོའི་ཐུམ་པ་རྒྱུད་དང་མི་མཐུན། སྒྲིབ་པ་སྦྱོང་བ་ཙམ་ཡིན་ན་མི་འགལ། གཞན་དུ་ན་གསོན་པོའི་རྣམ་ཤེས་ལ་དགུག་ཐབས་མེད།དྲི་བ་བདུན་པ། སློབ་དཔོན་ཟླ་གྲགས་སློབ་དཔོན་ཀླུ་སྒྲུབ་ལ་སླེབས་སམ་ཟེར་བ་ལ། སློབ་དཔོན་ཟླ་བ་གྲགས་པ། འཕགས་པ་ཀླུ་སྒྲུབ་ཉིད་ཀྱི་བརྒྱུད་པ་འཛིན་པ་ལགས། དགོངས་པ་བསྙང་བའི་སློབ་མ་ཡིན་པས་ཀླུ་སྒྲུབ་སློབ་མ་ཟླ་གྲགས་ཞེས་གསུངས་པ་ཡིན། དྲི་བ་བརྒྱད་པ། ད་བསྟན་པ་ཅི་ཙམ་ཞིག་གནས་ཟེར་བ་ལ།བསྟན་པའི་བབས་ལ་ལྷག་པ་ཤེས་རབ་སོང་ནས། ལྷག་པ་ཏིང་ངེ་འཛིན་གྱི་མཇུག་ཚུལ་ཁྲིམས་ཀྱི་མགོ་ཟིན་ཙམ་དུ་མངོན་པར་གདའ། མདོ་ལ་ལའི་ལུགས་ཀྱིས་རྟགས་ཙམ་འཛིན་པ་ལ་ཐུག་པར་མངོན། ལར་ད་ཡུན་རིང་པོ་མི་བདོག།དེའི་མཇུག་ཅི་ཙམ་གནས་པའི་ལན་ཉེ་གནས་འདི་ལ་བསྒྱུར་ནས་བདོག།དྲི་བ་དགུ་པ། རྒྱུད་སྡེ་བཞིའི་སྙིང་ཚིག་གི་ཁྱད་ཅི་ལྟར་ཡིན་ཟེར་བ་ལ༑ གསང་སྔགས་སྤྱིའི་སྒྲུབ་ལུགས་ལ། བྱ་བའི་རྒྱུད་དོན་ཞགས་ལ་སོགས་པའི་ལུགས་ཀྱིས་བྲིས་སྐུ་ལྟར་བསྐྱེད་ནས། རང་ཐམལ་གྱི་གཙང་སྦྲ་དང་། དཀའ་ཐུབ་ཀྱིས་བྲིས་སྐུ་དེ་རྗེ་དཔོན་ལྟ་བུ་ལས་བདག་བྲན་ལྟ་བུས་དངོས་གྲུབ་ལེན་པ་ལགས། རྣམ་པར་སྣང་མཛད་མངོན་པར་བྱང་ཆུབ་པ་ལ་སོགས་པ་སྤྱོད་པའི་རྒྱུད་ཀྱི་ལུགས་ཀྱིས་བདག་ཀྱང་ལྟར་བསྐྱེད། བྲིས་སྐུ་ཡང་ལྟར་བསྐྱེད་ནས་གྲོགས་པོ་ལྟ་བུ་ལས་དངོས་གྲུབ་ལེན་པ་ལགས། དེ་ཉིད་བསྡུས་པ་ལ་སོགས་པ་རྣལ་འབྱོར་གྱི་རྒྱུད་ཀྱི་ལུགས་ཀྱིས། གཙོར་རང་དེ་བཞིན་གཤེགས་པའི་དཀྱིལ་འཁོར་དུ་བསྒོམས་ནས། ཡེ་ཤེས་སེམས་དཔའ་སྤྱན་དྲངས། དངོས་གྲུབ་བླངས་ནས་ཡེ་ཤེས་སེམས་དཔའ་གཤེགས་སུ་གསོལ་ཏེ། བྲིས་སྐུ་ལ་ཕྱིའི་དམིགས་པའི་རྟེན་ཙམ་དུ་བྱེད་པ་ལགས། དགེས་རྡོར་རམ། བདེ་མཆོག་གམ། གསང་འདུས་ལ་སོགས་པ་རྣལ་འབྱོར་ཆེན་པོའི་རྒྱུད་ཀྱི་ལུགས་ཀྱིས་རང་ལྟར་བསྐྱེད་ནས། ཡེ་ཤེས་སེམས་དཔའ་གཤེགས་སུ་མི་གསོལ་བར། སྣང་བ་ཐམས་ཅད་ལྟར་ཤེས་པར་བྱས་ནས་བསྒྲུབ་པ་ལགས། དོན་ཞགས་ལ་སོགས་པའི་རྒྱུད་ལ་བརྟེན་ནས་བདག་ལྟར་བསྐྱེད་པ་བཤད་པ་དེ་རྣལ་འབྱོར་གྱི་རྒྱུད་ཀྱི་ལུགས་སུ་བགྱིས་པར་གདའ། དེའི་ལུགས་ལ་སྲུང་གནས་མི་བྱེད་པར་སྔ་དྲོ་ཡན་ཆད་དཀར་གསུམ་ལ་སོགས་པ་ཟ་ཞིང་བྱེད་པ་ལགས།དྲི་བ་བཅུ་པ། བསྒོམ་པ་ལ་སེམས་ལ་གོལ་ས་དུ་ཡོད་ཟེར་བ་ལ།བསྒོམ་པ་ལ་སྤྱིར་ཐོས་པ་ཆེ་ན་གོལ་ས་ཆུང་། ཐོས་པ་ཆུང་ན་གོལ་ས་ཆེ། བྱེ་བྲག་སེམས་བག་ཆགས་ཀྱི་རྗེས་སུ་འབྲང་ན་བྱིས་པ་མ་རབས་སུ་གོལ། སེམས་ལོག་པར་བལྟས་ན་མུ་སྟེགས་སུ་གོལ། སེམས་འགོག་པ་ཉན་ཐོས་སུ་གོལ། སེམས་གསལ་བ་སེམས་ཙམ་དུ་གོལ༑ སེམས་ཡན་པར་བཏང་ན་ཕྱལ་བར་གོལ། སེམས་སྟོང་པར་བལྟས

ན་ཆད་པར་གོལ། སེམས་ཐེར་ཟུག་ཏུ་བལྟས་ན་ཧྲག་པར་གོལ། དེ་བས་ན་གང་ལ་ཡང་མི་གནས་པར་བྱ། མི་གནས་པ་ལ་མཚན་མ་མི་སྐྱེ། མཚན་མ་མ་སྐྱེས་ན་ལས་ལེགས་ཉེས་ཀྱི་འབྲས་བུ་མི་འབྱིན། ལས་ལེགས་ཉེས་ཀྱི་འབྲས་བུ་མ་ཕྱུང་ན་ཁམས་གསུམ་དུ་སྐྱེ་བ་མི་ལེན། ཁམས་གསུམ་དུ་སྐྱེ་བ་མ་བླངས་ན་འཁོར་བའི་སྡུག་བསྔལ་མི་མྱོང་། དེ་ལ་བྱང་ཆུབ་ཅེས་མིང་བཏགས་པ་ཡིན། དྲི་བ་བཅུ་གཅིག་པ། སེམས་ཀྱི་ངོ་ཇི་ལྟར་སྤྲོད་ཟེར་བ་ལ། ཁོ་བོའི་ལུགས་ཀྱིས་སེམས་ལ་ངོ་བོ་མེད་པས་སྤྲད་རྒྱུ་མི་བདོག །དྲན་པ་མེད་ཅིང་ཡིད་ལ་བྱ་བ་མེད་པ་ནི་སངས་རྒྱས་རྗེས་སུ་དྲན་པ་ཞེས་མིང་དུ་བཏགས་པ་ཡིན། དྲི་བ་བཅུ་གཉིས་པ། སེམས་ཀྱི་སྐྱེ་འཆིའི་ལུགས་ཇི་ལྟར་ཡིན་ཟེར་བ་ལ། དོན་དམ་པར་སེམས་ལ་སྐྱེ་འཆི་མེད། ཐ་སྙད་ཀུན་རྫོབ་དུ་སྐྱེ་འགག་ཏུ་སྣང་བ་འདི་ཐམས་ཅད་འཁྲུལ་པར་འོང་བ་ལགས། དྲི་བ་བཅུ་གསུམ་པ། འབྲི་སྟག་ལ་སོགས་པ་ཕྱག་རྒྱ་པའི་ཆོས་འདི་ནོར་རམ་མ་ནོར་ཟེར་བ་ལ། འབྲི་སྟག་དང་ཕྱག་རྒྱ་པའི་ཆོས་ལུགས་འདི་རྒྱུད་སྡེ་དང་སྡེ་སྣོད་དང་མཐུན་མི་མཐུན་ཅི་རིགས་པར་གདའ། འདི་ཡང་དག་པའི་ལམ་དུ་འགྱུར་མི་འགྱུར་ཁྱེད་རང་གིས་ལེགས་པར་དཔྱོད། ཚིག་འདི་ཉིད་གཞན་དུ་མ་འཕེལ་བ་ཞིག་མཛོད། དྲི་བ་བཅུ་བཞི་པ། བསླབ་བྱའི་གདམས་ངག་ཅིག་གནང་བར་ཞུ་ཟེར་བ་ལ།སྤྱིར་འདུལ་བ་སྤྱིའི་དམ་ཚིག་ཕ་རོལ་ཏུ་ཕྱིན་པ་བྱེ་བྲག་གི་དམ་ཚིག །གསང་སྔགས་ཁྱད་པར་གྱི་དམ་ཚིག་བགྱི་བ་ཡིན་པས། འོ་སྐོལ་ཆོས་པ་རྣམས་ཀྱི་སྤྱོད་པ་འདུལ་བ་དང་མཐུན། བསྒོམ་པ་མདོ་སྡེ་དང་མཐུན། བཤད་པ་མངོན་པ་དང་མཐུན། གསང་སྔགས་བྱེད་ན་རྒྱུད་སྡེ་དང་མཐུན་པ་ཞིག་དགོས། དེ་ཚོ་དང་མི་མཐུན་པའི་ཆོས་པ་བཟང་ཟེར་བ་བྱུང་ཡང་ཅིར་འགྲོར་མི་ཤེས་པར་གདའ། དེ་ཚོ་དང་མཐུན་ན་སངས་རྒྱས་ཀྱི་བསྟན་པ་ཕྱིན་ཅི་མ་ལོག་པ་ཡིན་ནམ་སེམས། འདི་རྣམས་ཀྱི་རྣམ་གཞག་ཁོ་བོས་བགྱིས་པའི་བསྟན་བཅོས་སྡོམ་པ་གསུམ་གྱི་རབ་ཏུ་དབྱེ་བ་ལ་སོགས་པ་རྣམས་ན་ཅུང་ཟད་གསལ་བར་བདོག་པས་དེ་དག་ཏུ་གཟིགས་པར་ཞུ། བླ་མ་འོད་འཇོ་བ་ཆེན་པོ་དེའི་བརྒྱུད་པ། རྣམ་ཐར་མཛད་སྤྱོད་ལ་སོགས་པ་ཁོ་བོས་ཀྱང་ལེགས་པར་ཁྲུམས། སྐྱོན་དང་བྲལ་བའི་དགེ་བའི་བཤེས་གཉེན་དུ་སྣང་། ངེད་ཀྱང་དབུས་ཀྱི་དགེ་བའི་བཤེས་གཉེན་ནམ་ཞིག་ལ་ཁྱེད་ཀྱི་བླ་མའམ། བརྒྱུད་པ་འདི་ལ་དད། གཞན་ཐམས་ཅད་ཆོས་ཕལ་ཆེར་བསྲ་བསྲེར་སྣང་། ཁྱེད་ཀྱང་དེ་ལྟ་བུ་ལ་སློབ་ཅིང་བསྒྲུབ་པ་མཛད་པ་ལ་ཤིན་ཏུ་སྨོན། ངེད་ཀྱང་ཁྱེད་ལྟ་བུ་དང་མཇལ་བར་མོས་པ་ལགས་ཏེ་གསེར་ཡིག་པ་འདི་རྣམས་ཀྱིས་བདས་ནས་གཞན་དབང་དུ་ཐལ་བས་མ་ཐོན་པ་ལགས་པས། ཐུགས་ཀྱིས་མི་བས་པར་གཟུང་བར་ཞུ། ཁྱེད་ལ་ན་བཟའ་བཟང་བ་གཅིག་འབུལ་བའི་ཤ་ཚགས་པ་ལ། ང་ཅག་གི་གཞིས་མ་ཐམས་ཅད་ཕར་ཁར་ཐལ་མགྲོན་ལམ་ལྟ་བུ་ལགས་པས་རྗེ་མ་ཐོགས། ཡི་གེ་མི་འཁྲུར་པའི་རྟེན་

ཏུ་དར་འདི་འབུལ་བས་ཕྱག་ཏུ་བཞེས་པར་ཞུ། ཆོས་ཀྱི་སྐུ་གཅིག་ཏུ་མ་གྱུར་གྱི་བར་དུ་ཐུགས་རྒྱུད་གང་མཐོ་མཐོས་འཛིན་པ་ལགས། ཁྱེད་ཀྱི་ཡི་གེ་འདི་མཐོང་བས་ནན་ཏར་ཤེས་པ་དགའ་བར་བྱུང་། རྗེས་སུ་ཡི་རངས། ཤིན་ཏུ་བཀྲ་ཤིས་པར་སྨོན།དྲིས་ལན་རྗེས་འབྲེལ་བདེ་ལྷག་རྟོགས་བགྱིའི་ཕྱིར། །མཚམས་སྦྱོར་འགའ་ཞིག་འཕགས་པས་བྲིས་ལགས་པའི། །ཉོངས་པ་མཆིས་གང་ཐུགས་རྗེ་ཆེ་བཟོད་མཛོད། །དགེ་བས་ཆོས་དོན་འགྲོ་བས་རྟོགས་གྱུར་ཅིག །དགེ་ལེགས་རླབས་པོ་ཆེ་ལས་བྱུང་གྱུར་ཏེ། །གླིང་དུ་གྱུར་པའི་རབ་ཏུ་ཕུལ་བྱུང་བས། །ནམ་མཁའི་ཐུགས་ལ་ཤེས་བྱའི་སྣར་ཚོགས་ནི། །འབུམ་གྱིས་མཛེས་པ་ཙུང་ཟད་ཞུས་པ་འདི། །མཁས་རྣམས་ཀུན་ནས་དགའ་བྱེད་བསྟན་པ་ཡི། །རྒྱལ་མཚན་ཕྱོགས་བཅུར་བརྗོད་ལྡན་འགྲོ་ཀུན་གྱི། །དཔལ་དུ་གྱུར་པའི་མཚུངས་མེད་ལོ་ཏྟ་བ། །བཟང་པོའི་མཚན་གྱིས་ལན་འདི་ལེགས་པར་བཏབ། །བློ་གྲོས་དང་དུ་གྱུར་ཞུས་ལན་འདི་བྲིས་པས། །སེང་གེ་བཞིན་དུ་ཀུན་ལ་འཇིགས་མེད་སོག། ༎

༄༅། །སྙི་མོ་སྒོམ་ཆེན་གྱི་དྲིས་ལན་བཞུགས།

ཆོས་རྗེ་ས་སྐྱ་པཎ་ཆེན།

བླ་མ་དམ་པའི་ཞབས་ལ་སྤྱི་བོས་ཕྱག་འཚལ་ལོ། །དཔལ་ལྡན་ས་སྐྱ་པཎྜི་ཏས། དད་པ་དང་འདུན་པ་དང་ལྡན་ཞིང་སྒྲུབ་པ་སྙིང་པོར་བྱེད་པ་སྙི་མོ་སྒོམ་ཆེན་ལ་སྤྲིང་བ། ཁྱེད་ཀྱི་དྲི་བ་དང་པོ་ཚེ་འདི་བློས་གཏང་བའི་རྒྱུ་གང་ཡིན་ཟེར་བ་ལ། འཁོར་བ་སྙིང་པོ་མེད་པར་ཤེས་པ་ཡིན། གཉིས་པ་རྐྱེན་ནི་འཁོར་བའི་ཉེས་དམིགས་མཐོང་བ་ཡིན། གསུམ་པ་བློས་ཐོང་བའི་ཚད་ནི། འཇིག་རྟེན་ཆོས་བརྒྱད་ལ་བློ་ལོག་པ་ཡིན། བཞི་པ་རྟགས་ནི་འཇིག་རྟེན་ཆོས་བརྒྱད་བསྒོམས་ཀྱང་མི་འགོས་པ་ཡིན། ལྔ་པ་ཚེ་གཅིག་གིས་འཚང་རྒྱ་བའི་ཚད་ནི། ལུས་འདི་ཉིད་ཐ་ཤི་ལས་གྲོལ་ནས། སྐུ་བཞིའི་ངོ་བོ་གྲུབ་པ་ཡིན་གསུངས། དྲུག་པ་ལུང་དུ་མ་བསྟན་པའི་ལས་ནི༑ འབྲས་བུ་བཟང་ངན་གང་ཡང་འབྱིན་མི་ནུས་པའི་ལས་ཡིན། བདུན་པ་བསྔོ་བ་ནི། རྒྱུ་དགེ་བའི་རྩ་བ་འབྲས་བུ་གང་དུ་འདོད་པ་སྒྱུར་བར་བྱེད་པ་ཡིན། བརྒྱད་པ་སྨོན་ལམ་ནི། འབྲས་བུ་གྱ་ནོམ་པ་ལ་སྨོན་པ་ཡིན། དགུ་པ་བཀྲ་ཤིས་ཀྱི་ཚིགས་སུ་བཅད་པའི་དོན་ནི། བདེན་པའི་བྱིན་རླབས་ཀྱིས། འབྲས་བུ་བཟང་པོ་བསྐྱེད་པའི་ཚིག་ཁྱད་པར་ཅན་ཡིན། བཅུ་པ་སེམས་རྟོགས་པ་ལ། སྡེ་སྣོད་གསུམ་དང་རྒྱུད་སྡེ་བཞི། བསྒྱེར་བཏུབ་བམ་མི་བཏུབ་ཟེར་བ་ལ། སེམས་སྟོང་པར་རྟོགས་པ་དང་། སྣང་སྟོང་ཟུང་འཇུག་ཏུ་རྟོགས་པ་གཉིས་ཡོད། སྟོང་པར་རྟོགས་པ་ལ། སྡེ་སྣོད་གསུམ་དང་རྒྱུད་སྡེ་བཞིའི་དོན་བསྒྱེར་མི་བཏུབ། གལ་ཏེ་བཏུབ་ན། ཉན་ཐོས་ཀྱི་འགོག་པ་ལའང་བསྒྱེར་བཏུབ་པར་འགྱུར་བ་ལས། འགོག་པ་སྡེ་སྟོང་པ་རྐྱང་པའི་མཐར་ལྷུང་བས་ཐེག་པ་ཆེན་པོའི་བརྗོད་བྱའི་དོན་བསྒྱེར་མི་བཏུབ་པར། ཐེག་པ་ཆེན་པོའི་མདོ་རྒྱུད་ཐམས་ཅད་ལས་འབྱུང་བ་ཡིན། ཟུང་འཇུག་ཏུ་རྟོགས་པ་ལ་བསྒྱེར་ན་ཉེས་བྱས་ཕྲ་བའི་ཕྲ་བས་མ་གོས་པ། ཚུལ་ཁྲིམས་ཀྱི་གཞི་འདུལ་བའི་སྡེ་སྣོད། དཔའ་བར་འགྲོ་བ་ལ་སོགས་པའི་ཏིང་ངེ་འཛིན་ཐམས་ཅད་དེ་ལས་འབྱུང་བས་མདོ་སྡེའི་སྡེ་སྣོད། གཟུགས་ནས་རྣམ་མཁྱེན་གྱི་བར་གྱི་ཤེས་བྱ་ཐམས་ཅད་ཤེས་པས་མངོན་པའི་སྡེ་སྣོད། ཕྱི་ནང་གི་རྟེན་འབྲེལ་ཁྱད་པར་ཅན་རྣམས་རྟོགས་པའི་སྒོ་ནས་རྒྱུད་སྡེ་བཞི་ཚང་བ་ཡིན། བཅུ་གཅིག་པ། རང་སེམས་ཀྱི་སྟེང་དུ་དཀོན་མཆོག་གསུམ་ཚང་ངམ་ཟེར་བ་ལ། སེམས་སྟོང་པའི་ཆ་རྐྱང་པ་དང་། སྟོང་པ་ངོ་འཕྲོད་པའི་ཆ་ལ། དཀོན་མཆོག་གསུམ་

ཚང་དུ་མི་བཏུབ། སེམས་རིག་སྟོང་ཟུང་འཇུག་ལ། དཀོན་མཆོག་གསུམ་གྱི་ས་བོན་ཚང་ཞིང་། ཟུང་འཇུག་གི་དོན་ལེགས་པར་རྟོགས་ན་མངོན་འགྱུར་དུ་ཚང་བ་ཡིན། བཅུ་གཉིས་པ། མཆོག་གི་དངོས་གྲུབ་བླ་མ་དང་། ཡི་དམ་གང་ལས་ཐོབ་ཟེར་བ་ལ། དེ་གཉིས་སོ་སོར་ཕྱེ་བ་ལས་མི་འབྱུང་། བླ་མ་དང་ཡི་དམ་དང་དུས་གསུམ་གྱི་སངས་རྒྱས་དང་། རང་གི་སེམས་དང་། འཁོར་འདས་ཐམས་ཅད་དབྱེར་མེད་དུ་རྟོགས་པ་ལས་འབྱུང་བ་ཡིན། བཅུ་གསུམ་པ། བླ་མ་མཚན་ཉིད་པར་གང་གིས་འགྲོ་ཟེར་བ་ལ། གསང་སྔགས་ཀྱི་རྒྱུད་སྡེ་དང་མཐུན་པའི་དབང་བཞི་ཕྱིན་ཅི་མ་ལོག་པ་ཐོབ་པའི་ཡུལ་ཞིག་བླ་མ་མཚན་ཉིད་པར་འགྱུར། དབང་བསྐུར་མ་ཐོབ་པའི་བླ་མ་ཇི་ལྟར་གང་ཟག་བཟང་ཡང་བླ་མ་བཏགས་པ་བ་ཡིན། དཔེར་ན་རབ་ཏུ་བྱུང་ནས་མཁན་པོ་མཚན་ཉིད་པ་ཡོད་པ་ལ་རབ་ཏུམ་བྱུང་བ་ལ་མཁན་པོ་མཚན་ཉིད་པ་མེད་ཅིང་། མཁན་པོ་ཞེས་བརྗོད་ཀྱང་བཏགས་པ་བ་ཡིན། དེས་ན། དབང་མ་བསྐུར་ལ་བླ་མ་མེད། །རབ་བྱུང་མིན་ལ་མཁན་པོ་མེད། །སྡོམ་པ་མེད་ལ་དགེ་རྒྱུན་མེད། །སྐྱབས་འགྲོ་མེད་ན་ཆོས་པ་མིན། །ཞེས་བརྗོད་པའི་དོན་ཡང་དེ་ལགས། བཅུ་བཞི་པ།སངས་རྒྱས་ཀྱི་གསུང་གཅིག་ལ་ཐོས་བསམ་བསྒོམ་གསུམ་ཚང་བ་སྲིད་དམ་ཟེར་བ་ལ། སངས་རྒྱས་ཀྱི་གསུང་གཅིག་ལ་བརྟེན་ནས། ཐོས་བསམ་བསྒོམ་གསུམ་ཚང་བར་བྱར་བཏུབ། གསུང་གི་ངོ་བོ་དེ། དེ་བཞིན་གཤེགས་པའི་གསུང་གི་ཕྲིན་ལས་བྱ་བ་ཡིན། བཅོ་ལྔ་པ། སངས་རྒྱས་ཀྱིས་གསུངས་པའི་ཆོས་ཐམས་ཅད་གང་ཟབ་ཟེར་བ་ལ༑ གདུལ་བྱ་སོ་སོ་སོ་སོའི་བསམ་པའི་ངོ་བོ་ལ་ལྟོས་ནས་ཐམས་ཅད་ཀྱང་ཟབ་པ་ཡིན། ཐུན་མོང་དུ་གཞན་གསང་སྔགས་ཁོ་ན་ཟབ་པ་ཡིན། བཅུ་དྲུག་པ་སེམས་སྟོང་པར་རྟོགས་པ་ལ་སངས་རྒྱས་འབྱུང་ངམ་མི་འབྱུང་ཟེར་བ་ལ། སྟོང་པ་རྐྱང་པ་རྟོགས་པ་ལས་སངས་རྒྱས་མི་འབྱུང་། ཤེས་བྱ་ཐམས་ཅད་རྟོགས་ན་འཚང་རྒྱ་བ་ཡིན། དེ་ལའང་རྟོགས་ལུགས་གཉིས་ཡོད། དོན་དམ་པ་རྟོགས་རྒྱུ་མེད་པར་རྟོགས་པ་དང་། ཀུན་རྫོབ་ཏུ་ཅི་སྣང་ཡོད་པ་དེ་སྣང་སོ་སོར་རྟོགས་པ་ཡིན། བཅུ་བདུན་པ། ཁྱེད་རྟོགས་ལྡན་དུ་ཞལ་གྱིས་བཞེས་སམ་མི་བཞེས་ཟེར་བ་ལ། ངས་དོན་དམ་པར་ཆོས་གང་ཡང་རྟོགས་རྒྱུ་མ་རྙེད་པས། རྟོགས་ལྡན་དུ་ཁས་མི་ལེན། ཐ་སྙད་ཀུན་རྫོབ་ཏུ་ཤེས་བྱ་རིག་པའི་གནས་ལྔ་ཤེས་པས་མཁས་པར་ཁས་འཆེ་བ་ཡིན།བཅོ་བརྒྱད་པ།ཁྱེད་ཀྱི་གྲྭ་ས་ན་སེམས་ངོ་འཕྲོད་པ་ཡོད་དམ་ཟེར་བ་ལ། ངེད་ཀྱི་གྲྭ་ས་འདི་ནའང་དོན་དམ་པར་སེམས་རྟོགས་རྒྱུ་མེད་པར་གོ་ལ། ཐ་སྙད་ཀུན་རྫོབ་ཏུ་ཤེས་བྱ་ལ་མཁས་པ་མང་པོ་གདའ། སེམས་ལ་ངོ་བོ་མེད་པར་སེམས་ངོ་ཤེས་པ་ཅང་མཆིའམ།བཅུ་དགུ་པ་སེམས་ངོ་མ་འཕྲོད་ན།བསོད་ནམས་ཀྱི་ཚོགས་བསགས་ཀྱང་གནས་སྐབས་ཀྱི་བདེ་བར་མི་འགྱུར་རམ་ཟེར་བ་ལ། སེམས་ཀྱི་གནས་ལུགས་སྟོང་པ་ཉིད་ཀྱི་དོན་མ་རྟོགས་ན་བསོད་ནམས་

ཀྱི་ཚོགས་ཀྱིས་རྣམ་གྲོལ་གྱི་བདེ་བ་ཐོབ་མི་ནུས་པར། སྲིད་པའི་རྩེ་མོ་མན་ཆད་ཀྱི་བདེ་བའི་རྒྱུར་འགྱུར་བ་ལགས་སོ། བསོད་ནམས་ཀྱི་ཚོགས་མ་རྫོགས་ཤིང་། ཤེས་བྱ་མི་ཤེས་ན་སེམས་སྟོང་པར་རྟོགས་པ་རྐྱང་པ་ལའང་སངས་རྒྱས་ཅང་མཆིའམ། སྟོང་པར་རྟོགས་པ་རྐྱང་པ་ཉན་ཐོས་ཀྱི་འགོག་པ་ལའང་ཡོད། ནམ་མཁའ་སྟོང་པར་ཡང་ཡོད་དེ། དེ་དག་ལ་སངས་རྒྱས་ཇི་ལྟར་མཆི། དེས་ན་ཤེས་བྱ་ཐམས་ཅད་ལ་མཁས་ཤིང་། རང་གིས་ངོ་བོ་རྟོགས་རྒྱུ་མེད་པར་རྟོགས། མཁས་རྒྱུ་མེད་པར་མཁས་པ་ལ་སངས་རྒྱས་འབྱུང་བ་མདོ་རྒྱུད་ཐམས་ཅད་ཀྱི་དགོངས་པ་ཡིན། ཉི་ཤུ་པ། ཟླ་མ་དུས་ཇི་ཙམ་ན་སངས་རྒྱས་པའི་ངེས་པ་མཆིས་སམ་ཟེར་བ་ལ། གང་ཟག་ལ་ལས་སེམས་རྐྱང་པ་སྟོང་པར་རྟོགས་ཀྱང་། ཐབས་ཀྱི་ཡོན་ཏན་མ་རྫོགས། ལ་ལ་ཡོན་ཏན་ཡོད་ཀྱང་སེམས་སྟོང་པར་མ་རྟོགས། ལ་ལ་གཉིས་ཀ་ཡོད་ཀྱང་། ཐབས་མཁས་པས་འཕེན་མི་ནུས། ཁ་ཅིག་ལ་གཞན་ཡོད་ཀྱང་། བྱིན་རླབས་ཀྱི་བརྒྱུད་པ་མེད་པས་གསལ་སྣང་བསྐྱེད་མ་ནུས། དེས་ན་དེ་དག་ལ་སངས་རྒྱས་འགྱང་གིས་དོགས། ངེད་ལ་འདི་རྣམས་ཅི་རིགས་པ་ཚང་བས། མྱུར་དུ་འཚང་རྒྱ་རྒྱུ་མེད་པའི་ཚུལ་གྱིས་འཚང་རྒྱ་བ་རེ་བ་ལགས། ཉི་ཤུ་རྩ་གཅིག་པ། ཁྱེད་ཀྱི་རྩ་བའི་ཟླ་མ་གང་ཡིན་ཟེར་བ་ལ། ངེད་ཀྱི་རྩ་བའི་ཟླ་མ་དུས་གསུམ་གྱི་དེ་བཞིན་གཤེགས་པ་ཐམས་ཅད་ཀྱི་སྐུ་གསུང་ཐུགས་ཀྱི་ངོ་བོར་གྱུར་པ་དྲུག་པ་རྡོ་རྗེ་འཆང་དཔལ་ས་སྐྱ་པ་ཆེན་པོ་དེ་ལགས། ཉི་ཤུ་རྩ་གཉིས་པ། རྩ་བའི་ཟླ་མར་བགྱིད་པའི་རྒྱུ་མཚན་གང་ལགས་ཟེར་བ་ལ། བུམ་དབང་ལ་སོགས་པའི་དབང་བཞི་བསྐུར། བསྐྱེད་རིམ་ལ་སོགས་པའི་ལམ་བཞི་བསྟན། སྤྲུལ་སྐུ་ལ་སོགས་པའི་སྐུ་བཞིའི་རྟེན་འབྲེལ་འགྲིག །མདོར་ན་སངས་རྒྱས་ཀྱི་མདོ་རྒྱུད་ནས་ཇི་ལྟར་གསུངས་པ་ལྟར་མཛད་པར་གདའ་བས་རྫོགས་པའི་སངས་རྒྱས་མཛད་པ་པོ་ལགས་པས་རྩ་བའི་ཟླ་མར་འཛིན་པ་ལགས། གཞན་ཡང་སངས་རྒྱས་ཀྱིས་གསུངས་པ་བཞིན་དབང་མ་བསྐུར། ལམ་མ་བསྟན། རྟེན་འབྲེལ་མ་བསྒྲིགས་པར་སེམས་ངོ་སྤྲོད་པ་དེས་བསོད་ནམས་ཅི་རིགས་པ་བསགས་ཀྱང་ཉན་ཐོས་ཀྱི་འགོག་པའི་ག །དམས་ངག་ཏུ་འདུག་པས། དེ་འདྲའི་རིགས་ཅན་ཐེག་པ་ཆེན་པོའི་གང་ཟག་གི་རྩ་བའི་ཟླ་མར་གཟུང་དུ་མི་རུང་བ་ཡིན་ཏེ། ལམ་དེ་ཐེག་པ་ཆེན་པོའི་ལམ་མ་ཡིན་པའི་ཕྱིར་རོ། །

དེ་ཡང་སྣྱིང་པ་ལས་ཐབས་མེད་ཤེས་རབ་བྲལ་བས་ཉན་ཐོས་ཉིད་དུ་ལྷུང་། །ཞེས་བྱ་བ་དང་། རྣམ་སྣང་མངོན་བྱང་ལས། ཐབས་དང་མི་ལྡན་ཡེ་ཤེས་དང་། །བསླབ་པ་དག་ཀྱང་གསུངས་པ་ནི། །དཔའ་བོ་ཆེན་པོས་ཉན་ཐོས་རྣམས། །དེ་ལ་གཞུག་པའི་ཕྱིར་གསུངས་སོ། །དེས་ན་ཐབས་གཙོ་ཆུང་། ཤེས་རབ་གཙོ་ཆེ་བ་རྣམས་ཉན་ཐོས་ཀྱི་འགོག་པར་ལྷུང་བ་ཡིན། ཉི་ཤུ་རྩ་གསུམ་པ། མཁས་པ་པཎྜི་ཏ་དང་། ཀུ་སུ་ལུ་གཉིས་སངས

རྒྱུས་ལ་ལམ་ཐག་གང་ཉེ་ཟེར་བ་ལ། སྤྱིར་ཀུ་སུ་ལུ་བྱ་བ་དེ་མ་དག་པ་ཡིན། ཀུ་ས་ལི་ཞེས་པ་དགེ་བ་ཅན་ཞེས་བྱ་བ་ཡིན། དེ་ལ་སངས་རྒྱས་ཀྱི་ལམ་ལ་མ་བརྟེན་པའི་ཀུ་ས་ལི་ཡང་ཡོད། སངས་རྒྱས་ཀྱི་ལམ་ལ་མ་བརྟེན་པའི་པཎྜི་ཏ་ཡང་ཡོད། དེ་གཉིས་ཀ་ལ་སངས་རྒྱས་མ་མཆིས། སངས་རྒྱས་པའི་པཎྜི་ཏ་དང་། སངས་རྒྱས་པའི་ཀུ་ས་ལི་གཉིས་གཉིས་ཡོད་དེ། དེ་ལ་ཕ་རོལ་ཏུ་ཕྱིན་པའི་པཎྜི་ཏ་དང་། ཀུ་ས་ལི་གཉིས་ཀ་ལ་སངས་རྒྱས་འོང་སྟེ། བསྐལ་པ་གྲངས་མེད་གསུམ་ལ་སོགས་པ་ཡུན་རིང་དུ་འགོར། གསང་སྔགས་པའི་པཎྜི་ཏ་དང་། ཀུ་ས་ལི་གཉིས་པོ་དེ། རྟེན་འབྲེལ་ནང་དུ་བསྒྲིགས་པས་མྱུར་དུ་འཚང་རྒྱ་བ་ཡིན། དེའང་པཎྜི་ཏ་བྱ་བ་ཕྱི་ནང་གི་ཤེས་བྱའི་གནས་ལ་མཁས་པ་ལ་ཟེར། ཀུ་ས་ལི་ཞེས་བྱ་བ་ཕྱིའི་སྤྲོས་པ་ཐམས་ཅད་བཅད་ནས། ནང་ལ་མཆོག་ཏུ་གཞོལ་བ་ལ་ཟེར། མངོན་པར་རྫོགས་པར་འཚང་རྒྱ་བ་ལ་དང་པོ་ཤེས་བྱ་ཐམས་ཅད་ལ་མཁས་པར་བྱས་ནས་ཐོས་བསམ་གྱི་སྒོ་ནས་སྒྲོ་འདོགས་བཅད། དེ་ནས་ཏིང་ངེ་འཛིན་སྙིང་པོར་བྱེད་པས། བསྒོམ་པའི་སྒོ་ནས་སྒྲོ་འདོགས་བཅད་པས་རྫོགས་པའི་ཆོས་མངོན་དུ་འགྱུར་ནས་རིམ་གྱིས་འཚང་རྒྱ་བ་ཡིན་པས་པཎྜི་ཏ་དང་། ཀུ་ས་ལིའི་གཞི་མཐུན་ཅིག་དགོས་པ་ཡིན། ཡ་གྱལ་གྱི་དབང་དུ་བྱས་ན། མཁས་པས་སངས་རྒྱས་ལ་ཉེ་བ་ཡིན། འོ་ན་དཀོན་མཆོག་བརྩེགས་པ་ལས། གང་གིས་བསྐལ་པ་བརྒྱ་བར་དུ།། མཉན་ཏེ་གཞན་ལ་བཤད་པ་བས། །གང་ཞིག་སྐད་ཅིག་གཅིག་བསྒོམས་ན། །དེ་ཡི་བསོད་ནམས་དེ་བས་ལྷག །ཅེས་གསུངས་པ་དང་མི་འགལ་ལམ་སྙམ་ན། དེའི་དགོངས་པ་ནི། ཐོག་མར་བསྒོམ་བྱའི་དོན་མཁས་པ་ཤེས་ན་བསྒོམ་པ་ལ་དགོངས་པ་ཡིན་གྱིས་མི་ཤེས་པར་བསྒོམ་པ་ལ་ཕན་ཡོན་དེ་ལྟ་བུ་ག་ལ་འབྱུང་། འདུལ་བ་ལས་ཀྱང་། སྡེ་སྣོད་འཛིན་པ་མ་ཡིན་པ་རི་ཁྲོད་དུ་མི་བསྒོམ་པར་བཤད། མངོན་པ་མཛོད་ལས་ཀྱང་། ཚུལ་གནས་ཐོས་དང་བསམ་ལྡན་པ། །བསྒོམ་པ་ལ་ནི་རབ་ཏུ་སྦྱོར། །ཞེས་གསུངས་པ་དང་། སློབ་དཔོན་འཕགས་པས་ཀྱང་། ཐ་སྙད་ལ་ནི་མ་བརྟེན་པར། །དམ་པའི་དོན་ནི་རྟོགས་མི་འགྱུར། །དམ་པའི་དོན་ནི་མ་རྟོགས་པར། །མྱ་ངན་འདས་པ་ཐོབ་མི་འགྱུར། །ཞེས་གསུངས་པ་ལྟར་རོ། །དེས་ན་མདོ་ཐམས་ཅད་ནས་རྣམ་གྲངས་འདི་ཐོས་པས། འདི་སྐད་གྲོལ་ཞེས་མང་དུ་གསུངས་པས། ཐོས་པས་མ་གྲོལ་ན་ཕྱིས་བསྒོམ་པར་གསུངས་པའོ། །ཁྱོད་ཀྱང་རྟོགས་ལྡན་དུ་བཞུགས་པ་ངོ་མཚར་ཆེ། ད་དུང་གསང་སྔགས་ཀྱི་ཐབས་ལམ་ལ་འབད་ན་ལེགས་སྙམ། རྟོགས་ལྡན་ཁྱོད་ཀྱིས་དྲིས་པའི་ལན། །རྟོགས་རྒྱུ་མེད་པར་བདག་གིས་རྟོགས། །གོ་རྒྱུ་མེད་པར་བདག་གིས་གོ། །ཤེས་བྱ་མེད་པར་བདག་གིས་ཤེས། །དྲི་བ་ཉེར་ལྔ་རྩ་བཞི་ལ། །ལན་ནི་བཞི་བཅུ་ཞེ་བརྒྱད་དེ། །ཞར་བྱུང་གཅིག་དང་བཞི་བཅུ་དགུ། །གནས་ལུགས་གཅིག་དང་ལྔ་བཅུ་བཞུགས། །སྐྱི་མོ་སྒོམ་ཆེན་གྱིས་དྲིས་པའི་ལན་དུ་བཏབ་པ། རེ་ཞིག་རྫོགས་སོ།། །།

འདིའི་ཕྱི་མོ་དག་པ་མ་རྙེད་ཅིང་། །དྲིས་ལན་གཞུང་དང་དེ་བཞིན་གཞན་དག་གིས། །མཆན་དུ་བཏབ་པའང་རྣམ་པར་འདྲེས་གྱུར་པ། །དག་པར་བགྱི་དང་རྣམ་པར་ཕྱེད་བགྱིའི་ཕྱིར། །གསུང་བ་པོ་དེའི་ཞབས་རྡུལ་གུས་ལེན་པ། །འཕགས་པ་ཞེས་བྱས་བྱི་དོར་ཙུང་ཟད་བགྱིས། །འདི་ལ་ནོངས་གང་དེ་ལ་བཟོད་པར་རིགས། །དགེ་བས་འགྲོ་བློ་རྣམ་པར་དག་གྱུར་ཅིག། །།

༄༅། །སྟོན་པ་བློ་གྲོས་རབ་གསལ་གྱི་དྲི་ལན་བཞུགས།

ཆོས་རྗེ་ས་སྐྱ་པཎྜི་ཏ།

རྗེ་བཙུན་འཇམ་པའི་དབྱངས་ཀྱི་རྣམ་འཕྲུལ་ཆོས་རྗེ་ས་སྐྱ་པཎྜི་ཏ་དྲུག་ཅུ་རེ་གསུམ་པ་ལ་མི་ཉག་གི་ཡུལ་བྱང་ངོས་སུ་ཕེབས། དེའི་ཚེ་མདོ་ཁམས་ཀྱི་སྟོན་པ་བློ་གྲོས་རབ་གསལ་ཞེས་བྱ་བ་ཆོས་ཀྱི་དྲི་བ་ཞུས་པ་ལ༑ ལན་འདི་ལྟར་གནང་ནས་གཞུག་ལུགས་ཀྱི་དོན་གསལ་བར་མཛད་དོ། །

དྲིས་ལན་དངོས་ནི། སྟོན་པ་བློ་གྲོས་རབ་གསལ་གྱིས། །དྲི་བ་འབྲིང་དར་རྟེན་བཅས་པ། །བདག་གི་སྨུག་པར་འཕྲོད་གྱུར་པས། །དེ་ལ་སྨྲོ་བ་རབ་ཏུ་འཕེལ། །ཁྱེད་ཀྱི་དྲི་བ་དང་པོ་རིགས་གཏེར་ལས། གང་ཡོད་དེ་འཇིག་བུམ་པ་བཞིན། །སྒྲ་ཡང་ཡོད་ཅེས་རང་བཞིན་རྟགས། །ཞེས་གསུངས་པ་དང་། སྡོམ་གསུམ་རབ་དབྱེ་ལས། ཆོས་དབྱིངས་ཡོད་པའང་མ་ཡིན་ཏེ། །ཡོད་ཙམ་མི་རྟག་གིས་ཁྱབ་པར། །ཆོས་ཀྱི་གྲགས་པས་གསལ་བར་གསུངས། །ཞེས་གསུངས་པའི་དོན་སྒྲ་ཇི་བཞིན་པ་ལགས་སམ་ཞེས་པ་ནི། དཔལ་ཆོས་ཀྱི་གྲགས་པས་རྟོག་གེའི་སྐབས་སུ། དོན་དམ་དོན་བྱེད་ནུས་པ་གང་། །དེ་འདིར་དོན་དམ་ཡོད་པ་སྟེ། །གཞན་ནི་ཀུན་རྫོབ་ཡོད་པ་ཡིན། །དེ་དག་རང་སྤྱིའི་མཚན་ཉིད་བཤད། །ཅེས་དོན་བྱེད་ནུས་པ་ལ་དོན་དམ་དུ་ཡོད་པར་དང་། དོན་བྱེད་མི་ནུས་པ་ལ་ཀུན་རྫོབ་ཏུ་ཡོད་པའི་རྣམ་གཞག་མཛད། ཡང་། འཇིག་ལ་འབྲས་དང་ཡོད་ཉིད་བཞིན། །ཞེས་སྒྲ་འཇིག་པར་སྒྲུབ་པ་ལ་འབྲས་བུ་རྟགས་སུ་བཀོད་པ་དང་། དོན་གྱི་ཡོད་པ་ཉིད་རྟགས་སུ་འགོད་པ་མཛད། དེ་ཕྱིར་དངོས་དངོས་མེད་རྟེན་ཅན། །ཕྱི་རོལ་རྟེན་མིན་སྒྲ་དོན་ལ། །བརྟེན་ནས་འདིར་ནི་སྒྲུབ་པ་དང་། །དགག་པ་ཐམས་ཅད་འདོད་པ་ཡིན། །དེ་ཡང་སྒྲ་འཇུག་པ་ཉིད་ལས། །ཡོད་ཅེས་ཐ་སྙད་བརྗེན་པར་འདོད། །ཅེས་དང་། དེ་ཉིད་ནི། མེད་པ་མ་ཡིན་སྒྲ་སྦྱོར་ཕྱིར། །ཞེས་སྒྲ་དོན་ལ་ཡོད་པའི་ཐ་སྙད་མཛད་པ་དང་། ཡང་། དེ་ལ་དམིགས་རུང་རྣམས་ཀྱིས་ནི། །ཡོད་པ་དམིགས་པ་ལས་གཞན་མིན། །ཞེས་ཚད་མས་དམིགས་པ་ཡོད་པའི་མཚན་ཉིད་དུ་གསུངས། དེ་དག་གི་དོན་ཡང་འདི་ཡིན་ཏེ། འདིར་ནི་ཡོད་པ་རྣམ་གཉིས་ཏེ། །དོན་དང་ཐ་སྙད་དག་གིས་སོ། །དོན་གྱི་ཡོད་པས་བྱ་བ་བྱེད། །ཐ་སྙད་ཡོད་པས་དགག་སྒྲུབ་བརྗེན། །ཞེས་པའོ། །

དྲི་བ་གཉིས་པ། ཆོས་ཀྱི་དབྱིངས་ཤེས་བྱ་མ་ཡིན་ལུགས་སམ་ཞེས་པའི་ལན་ནི། རྡོ་རྗེ་གཅོད་པ་ལས། སངས་རྒྱས་རྣམས་ནི་ཆོས་ཀྱི་སྐུ། །འདྲེན་པ་རྣམས་ནི་ཆོས་ཉིད་བལྟ། །ཆོས་ཉིད་ཤེས་བྱ་མ་ཡིན་ཏེ། །དེ་ནི་ཤེས་པར་ནུས་མ་ཡིན། །ཞེས་གསུངས་པ་དང་། སྤྱོད་འཇུག་ལས། དོན་དམ་བློ་ཡི་སྤྱོད་ཡུལ་མིན། །བློ་ནི་ཀུན་རྫོབ་ཡིན་པར་འདོད། །ཅེས་གསུངས་པའི་དོན་ཆོས་དབྱིངས་རང་ངོས་ནས་ཤེས་བརྗོད་ཀྱི་ཡུལ་ལས་འདས་མོད། གཞན་སེལ་གྱི་སྒོ་ནས་ཤེས་བྱར་ཐ་སྙད་མཛད་དེ། རྒྱུད་བླ་མ་ལས། གལ་ཏེ་སངས་རྒྱས་ཁམས་མེད་ན། །སྡུག་ལ་སྐྱོ་བར་མི་འགྱུར་ཞིང་། །མྱ་ངན་འདས་ལ་འདོད་པ་དང་། །དོན་གཉེར་སྨོན་པའང་མེད་པར་འགྱུར། །ཞེས་དང་། དབུས་མཐའ་ལས། དེ་བཞིན་ཉིད་དང་ཡང་དག་མཐའ། །མཚན་མ་མེད་དང་དོན་དམ་དང་། །ཆོས་ཀྱི་དབྱིངས་ནི་རྣམ་གྲངས་སོ། །གཞན་མིན་ཕྱིན་ཅི་ལོག་མ་ཡིན། །དེ་འགགས་འཕགས་པའི་སྤྱོད་ཡུལ་དང་། །འཕགས་པའི་ཆོས་ཀྱི་རྒྱུ་ཡི་ཕྱིར། །རྣམ་གྲངས་དོན་དེ་གོ་རིམ་བཞིན། །ཞེས་གསུངས་པ་དང་། ཆོས་མངོན་པའི་མདོ་ལས། ཐོག་མ་མེད་པའི་དུས་ཀྱི་དབྱིངས། །ཆོས་རྣམས་ཀུན་གྱི་གནས་ཡིན་ཏེ། །དེ་ཡོད་པས་ན་འགྲོ་ཀུན་དང་། །མྱ་ངན་འདས་པ་ཐོབ་པར་འགྱུར། །ཞེས་གསུངས་ཏེ། དེ་དག་གི་དོན་ནི་འདི་ཡིན་ཏེ། དོན་དམ་མཐའ་བཞིའི་སྤྲོས་པ་བྲལ། །ཀུན་རྫོབ་ཡོད་མེད་ལ་སོགས་པའི། །གཞན་སེལ་ཕན་ཚུན་དངོས་འགལ་གཅོད། །ཡོད་པ་མིན་ལ་མེད་པར་གསུངས། །ཞེས་པའོ། །དེའང་རྣམ་འགྲེལ་ལས། སྒྲུབ་དང་དགག་པ་མ་གཏོགས་པ། །སྒྲ་ལས་བྱུང་བའི་ཐ་སྙད་གཞན། །ཡོད་མིན་དེ་ཕྱིར་མེད་པ་ལ། །མེད་ཕྱིར་དེ་ནི་མི་སླུ་ཐོབ། །ཅེས་གསུངས་སོ། །

དྲི་བ་གསུམ་པ། འགོག་བདེན་མ་བྱས་པའི་དགེ་བ་ལུགས་སམ་ཞེས་པ་ནི། འགོག་བདེན་མ་བྱས་པ་ཡིན་མོད། དགེ་བ་མཚན་ཉིད་པར་མི་བཞེད་དེ། འཕགས་པ་ཀླུ་སྒྲུབ་ཀྱིས་རྩ་ཤེར་ལས། ཅི་སྟེ་ལས་རྣམས་མ་བྱས་ན། །མ་བྱས་པ་དང་འཕྲད་འཇིག་འགྱུར། །ཚངས་སྤྱོད་གནས་པ་མ་ཡིན་པ། །དེ་ལ་སྐྱོན་དུ་གནས་པར་འགྱུར། །ཐ་སྙད་ཐམས་ཅད་ཉིད་དང་ཡང་། །འགལ་བར་འགྱུར་བ་ཐེ་ཚོམ་མེད། །བསོད་ནམས་དང་ནི་སྡིག་བྱེད་པའི། །རྣམ་པར་དབྱེ་བའང་འཐད་མི་འགྱུར། །གལ་ཏེ་ དེ་ནི་རྣམ་སྨིན་ན། །ཡང་དང་ཡང་དུ་རྣམ་སྨིན་འགྱུར། །ཞེས་མ་བྱས་པའི་དགེ་སྡིག་མཚན་ཉིད་པ་ཡོད་པ་བཀག་པར་ཤེས་པར་བྱའོ། །བློ་གྲོས་ལྡན་པའི་བློ་གྲོས་ཀྱིས། །ཚུལ་བཞིན་དྲིས་པའི་དྲི་བ་ཀུན། །ཀུན་དགའི་མིང་གིས་ཀུན་མཁྱེན་ལྟར། །ལེགས་པར་ཕྱེ་ལ་ལེགས་པར་གཟིགས། །མདོ་སྔགས་ཀྱི་སྟོན་པ་བློ་གྲོས་རབ་གསལ་གྱི་དྲིས་ལན་པི་ཧི་རིན་ཆེན་གྲགས་ཀྱིས་གླིང་ཁར་བྲིས་པའོ་ཞེས་སོ།། །།

༄ ཡང་མདོ་སྨད་དུ་ཕེབས་པའི་ཚེ། མི་གཅིག་གིས་དར་ནག་པོ་གཅིག་ལ་གསེར་གྱི་ཐིག་ལེ་མང་དུ་བྲིས་པ་གཅིག་ཕྱག་རྟེན་ལ་བྱུང་། དེ་ལྷ་རྗེ་བི་ཧི་ལ་གནང་ནས་ཁྱོད་རང་ཚགས་ཀྱིས་གསུངས། ནམ་མཁའ་དྭངས་པ་ལ་སྐར་མ་བཀྲ་བ་ལྟ་བུའི་བསྟན་པ་ཞིག་འོ་ཅག་ལ་འོང་བ་ཡིན་གསུང་། ས་སྐྱ་པས་རིང་བསྲེལ་བཀག་ཟེར་བ་ཡོད་པ་ལ། དེ་ཡང་། རིང་བསྲེལ་ཕལ་ཆེར་གདོན་ལས་བྱུང་། །དཀར་པོའི་ཕྱོགས་ཀྱིས་བྱས་པའང་སྲིད། །འབྱུང་བཞི་དག་གིས་བསྐྱེད་པའང་ཡོད། །འཕགས་པ་གསུམ་གྱི་རིང་བསྲེལ་ནི། །ཡོན་ཏན་སྟོབས་ཀྱིས་འབྱུང་བ་སྟེ། །འབྱུང་ཁུངས་ལས་བྱུང་རིན་ཆེན་ཡིན། །དེ་ལ་གྲངས་ནི་རྒྱ་རྡུ་མེད། །མི་འགྲིབ་འཕེལ་བའི་རིག་བསྲེལ་ཡིན། །ཞེས་བྱ་བ་ཡིན་པས། ང་ལ་རྟེན་བྱོན་ན་གྲངས་རྒྱ་རྡུ་མེད་པ་ཞིག་བྱོན་པ་ཡིན་ཏེ། ཁྱོད་རང་ཚགས་ཀྱིས་ལ་དར་འདིས་དེའི་ན་བཟར་གྱིས་གསུངས། ངས་ཀུ་རེ་བྱས་པ་ཡིན་མི་ལ་མ་བློ་སྡིག་པ་སོག་པའི་རྒྱུ་ཡིན་ཞེས་བྱུར་གསུངས་སོ། །དགེའོ།། །།

༄༅། །ཕྱོགས་བཅུའི་སངས་རྒྱས་དང་བྱང་ཆུབ་སེམས་དཔའ་རྣམས་ལ་ཞུ་བའི་འཕྲིན་ཡིག་བཞུགས་སོ། །

ཆོས་རྗེ་ས་སྐྱ་པཎྜི་ཏ།

ཕྱོགས་བཅུའི་སངས་རྒྱས་དང་བྱང་ཆུབ་སེམས་དཔའ་རྣམས་ལ་ཞུ་བའི་འཕྲིན་ཡིག །བླ་མ་དང་འཇམ་པའི་དབྱངས་ལ་ཕྱག་འཚལ་ལོ། །བརྩེ་བ་དང་ལྡན་གཞན་ལ་ཕན་དགོངས་ཤེས་བྱ་ཀུན་ལ་སྒྲིབ་པ་དང་བྲལ་ཡེ་ཤེས་མངའ། །མཁའ་ལྟར་རྣམ་དག་ཉེ་བར་ཞི་ལ་ལྷུན་གྱིས་གྲུབ་པས་དགོས་འདོད་འབྱུང་བའི་ཕྲིན་ལས་ཅན། །གང་ཞིག་རྟག་ཏུ་ཡོངས་པ་ཀུན་སྐྱོབ་འཇིག་རྟེན་སྐྱོད་པ་དག་ལས་རྣམ་གྲོལ་བ། །གསོལ་བ་བཏབ་ན་བསླུ་བ་མེད་ལྡན་རྒྱལ་དང་དེ་སྲས་རྣམས་ལ་འཕྲིན་འདི་ཞུ། །བདེ་བྱེད་ཚངས་དབང་ལྷ་བཅས་འཇིག་རྟེན་གྱིས། །གང་གི་སྐྱན་པ་ས་གསུམ་རབ་བསྒྲགས་པ། །འགྲོ་བའི་བླ་མ་ཐམས་ཅད་མཁྱེན་པ་ཡི། །ཞབས་པད་དྲི་མ་མེད་ལ་ཕྱག་འཚལ་ལོ། །

སྭ་སྟི་ཐུགས་རྗེའི་སྤྱན་ལྡན་པ། །ཐམས་ཅད་གཟིགས་པའི་ཡེ་ཤེས་ཅན། །འཇིག་རྟེན་མངོན་སུམ་གཟིགས་པ་ལ། །མགོན་པོ་བདག་ནི་ཞུ་བར་འཚལ། ཁྱེད་ཀྱིས་དང་པོར་བྱང་ཆུབ་ཐུགས། །གཞན་གྱི་དོན་སླད་ཀོ་ནར་བསྐྱེད། །དེ་རྗེས་བརྩོན་པས་གྲངས་མེད་གསུམ། །ལུས་དང་སྲོག་ལ་ལྟོས་མེད་བསྒྲུབས། །དེ་ནས་བྱང་ཆུབ་སྙིང་པོར་ཕྱིན། །བྱང་ཆུབ་དམ་པ་བརྙེས་མཛད་དེ། །རྣམ་གྲོལ་ཆོས་ཀྱི་འཁོར་ལོ་ནི། ། རྨད་བྱུང་དམ་པ་རབ་བསྐོར་ནས། །དེ་ནས་ཁྱེད་ཀྱིས་དམ་པའི་ཆོས། །འཕགས་པའི་དགེ་འདུན་ཀུན་བསྡུས་ཏེ། །ང་ནི་མྱ་ངན་འདས་གྱུར་ནས། །ཆོས་འདི་ཁྱེད་ཀྱིས་སྟོན་པ་ཡིན། །དེས་ན་ཚིག་དོན་མ་ཉམས་པར། །ང་ཡི་བསྟན་པ་ཟུང་ཤིག་ཅེས། །སྲས་ཀྱི་མཆོག་ལ་གཏད་མཛད་དེ། །ལྔ་བརྒྱ་ཐ་མའི་བསྟན་པ་ཡང་། །སོ་སྐྱོང་འཛིན་པ་རྣམས་ལ་གཏད། །དེ་ཡི་བསྒྲུབ་པའི་བྱ་བ་ཀུན། །ལྷར་བཅས་འཇིག་རྟེན་གཙོ་བོ་དང་། །སྦྱིན་བདག་སྟོབས་ཅན་ཐམས་ཅད་ལ། །ནན་ཏན་གྱིས་ནི་ལེགས་གཏད་ནས། །མགོན་པོ་མྱ་ངན་འདའ་ཚུལ་བསྟན། །

དེ་རྗེས་འཕགས་པའི་གང་ཟག་དང་། །སོ་སོ་སྐྱེ་བོ་མཁས་པ་དང་། །ཆོས་རྒྱལ་རྣམས་དང་སྦྱིན་བདག་ནི༑ ༑སྟོབས་ལྡན་དད་པ་ཅན་རྣམས་ཀྱིས། །བསྟན་པ་ཡུན་རིང་གྲུས་པས་བསྐྱངས། །དེང་སང་སྙིགས་མའི་

དུས་འདི་ན། །ཐུབ་པའི་བསྟན་པ་ཕལ་ཆེར་ནུབ། །ཆོས་མངོན་མཛོད་ལས་གསུངས་པ་ལྟར། །ངན་རྟོག་རྣམས་ཀྱིས་བསྟན་པ་དཀྲུགས། །ཁྱད་པར་དུ་ཡང་བྱང་ཕྱོགས་ཀྱི། །ཁ་བ་ཅན་གྱི་བསྟན་པ་འདི། །ངན་རྟོག་མུན་པས་རྣམ་པར་ཁྱབ། །དགེ་སློང་ཕལ་ཆེར་ཐོས་པ་ཉུང་། །ཐོས་པ་དེ་དག་བརྩོན་པ་ཉུང་། །སྡོམ་བརྩོན་ཕལ་ཆེར་བཀུར་བ་ཉུང་། །བཀུར་བ་དེ་དག་སྡོམ་བརྩོན་ཉུང་། །སྦྱིན་བདག་ཆོས་ལ་དད་པ་ཉུང་། །དད་པ་ཅན་གྱི་མཆོད་བྱ་དམན། །མཆོད་པ་དེ་དག་ལོག་འཚོའི་རྒྱུ། །གལ་ཏེ་ལོག་འཚོ་མི་ཟ་བའི། །ཆོས་བྱེད་དེ་དག་དམན་དམན་འདྲ། །

སངས་རྒྱས་བསྟན་ལ་དད་ན་ཡང་། །སྡེ་སྣོད་གསུམ་དང་རྒྱུད་སྡེ་བཞི། །སངས་རྒྱས་གསུང་རབ་ངོ་མཚར་ཅན། །དེ་དག་བཞི་མདོའི་རྩྭ་བཞིན་དོར། །བླུན་པོ་རྣམས་ཀྱི་བརྫུན་ཚིག་ལ། །ཐུབ་པའི་བཀའ་བས་གུས་པར་འཛིན། །བདག་ཉིད་ཆེན་པོ་ཀླུ་སྒྲུབ་དང་། །ཐོགས་མེད་དང་ནི་དབྱིག་གི་གཉེན། །ཕྱོགས་ཀྱི་གླང་པོ་ཆོས་གྲགས་སོགས། །མཁས་པ་རྣམས་ཀྱི་གསུང་རབ་དང་ །རྣལ་འབྱོར་དབང་ཕྱུག་བིརྺ་པ། །འཕགས་པ་ལྷ་སོགས་གྲུབ་ཐོབ་ཀྱི། །གསུང་རབ་ཡིན་པར་ངེས་པ་རྣམས། །དུག་བཞིན་འབད་པས་སྤངས་ནས་ནི། །སྐྱེས་བུ་རྫུན་མས་སྦྱར་བ་ཡི། །ལོག་རྟོག་རྣམས་ལ་ཆེར་འབད་ནས། །གྲུབ་ཐོབ་རྣམས་ཀྱི་གསུང་ཡིན་ཞེས། །བླུན་པོ་རྣམས་ལ་རྒྱས་པར་བྱེད། །

འཇིག་རྟེན་ཤེས་རབ་ལྡན་པ་དཀོན། །བསོད་ནམས་ལྡན་པ་ཤིན་ཏུ་ཉུང་། །དེས་ན་དམ་ཆོས་རིན་པོ་ཆེ༑ ༑ཁྱེད་ཀྱི་གསུང་རབ་འཛིན་པ་དཀོན། །དེ་ལྟར་ཤེས་ནས་ཤཱཀྱ་ཡི། །བསྟན་པ་ནུབ་པར་དོགས་པ་དང་། །བདག་ཉིད་ལེགས་པར་སྦྱང་ཕྱིར་དང་། །གཞན་ལ་ཕན་པར་བསམས་ནས་ནི། །ལུང་དང་རིགས་པ་ཕལ་ཆེར་སྦྱངས། །དེ་ཡི་སྟོབས་ཀྱིས་ཆོས་ཀྱི་གནད། །འཁྲུལ་པ་དང་ནི་མ་འཁྲུལ་བའི། །རྣམ་གཞག་ཕྲན་ཟད་བདག་གིས་གོ། །འདི་ལ་རྒྱལ་དང་རྒྱལ་བའི་སྲས། །མཁས་པ་སྡེ་སྣོད་འཛིན་པ་དང་། །གྲུབ་པ་བརྙེས་པའི་སྐྱེས་བུ་མཆོག །མངོན་ཤེས་གཟིགས་པའི་སྤྱན་ལྡན་པ། །དེ་དག་ཀུན་ནི་དཔང་པོ་ལགས། །དེས་ན་བདག་གི་འཐད་མི་འཐད། །རེ་ཞིག་གསན་པར་མཛད་དུ་གསོལ། ཁྱེད་ཀྱི་གསུང་ལས་འདི་སྐད་འབྱུང་། །དགེ་སློང་དག་གམ་མཁས་རྣམས་ཀྱིས། །བསྲེགས་བཅད་བདར་བའི་གསེར་བཞིན་དུ ། །ཡོངས་སུ་བརྟགས་ལ་ང་ཡི་བཀའ། །བླང་བར་བྱ་ཡི་གུས་ཕྱིར་མིན། །ཞེས་གསུངས་གཞན་ཡང་མདོ་སྡེ་ལས། །བསྟོད་འོས་སྨད་པར་མི་བྱ་ཞིང་། །སྨད་འོས་བསྟོད་པར་མི་བྱ་ཞེས། །གསུངས་པ་དེ་ཡང་ཡིད་ལ་བཞག །

སློབ་དཔོན་རིན་ཆེན་འབྱུང་གནས་ཀྱིས། །དད་པ་མེད་པ་གཙོ་བོའི་སྒྲ། །ལྷག་དང་ཤིན་ཏུ་གོལ་བའི་

གནས། །གང་ཕྱིར་ཀུན་མཁྱེན་ཚད་མས་གྲུབ། །གྲུབ་པས་ཀུན་མཁྱེན་འགྱུར་བ་མིན། །ཞེས་གསུངས་དེ་ཡང་བདེན་པར་རྟོགས། །དེ་བཞིན་སྡེ་སྣོད་ཐམས་ཅད་དང་། །བསྟན་བཅོས་ཆེན་པོ་ཐམས་ཅད་ལས། །འཁྲུལ་པ་ཐམས་ཅད་འབད་པས་བཀག །མ་འཁྲུལ་བ་རྣམས་སྒྲུབ་པར་མཐོང་། །དམ་པའི་རྣམ་ཐར་བསྐྱང་འདོད་ནས། །བདག་ཀྱང་དེ་ཡི་རྗེས་འབྲངས་ཏེ། །ཆོས་ཀྱི་རྣམ་དབྱེ་ཅུང་ཟད་བྱས། །དེ་ལ་བློ་གྲོས་ལྡན་པ་ཡི༑ །སྡེ་སྣོད་འཛིན་པ་ཕལ་ཆེར་དགའ། །ཐོས་མེད་བློ་གྲོས་བྲལ་བ་ཡི། །ཆགས་སྡང་ཅན་རྣམས་ཕལ་ཆེར་སྨོད། །བདག་གི་ལྷག་པའི་བསམ་པ་ལ། །སངས་རྒྱས་ཐམས་ཅད་གཟིགས་སུ་གསོལ། །གལ་ཏེ་ལོག་པར་སྨྲ་ན་ནི། །ཁྱེད་རྣམས་ཀྱིས་ཀྱང་བདག་ལ་ཁྲེལ། །འོན་ཏེ་བདེན་པར་སྨྲ་ན་ནི། །ཁྱེད་ཀྱི་བདག་ལ་དགྱེས་པར་མཛོད། །སྒྲ་ཚད་སྡེབ་སྦྱོར་སྙན་ངག་དང་། །ཚིག་རྒྱན་མིང་གི་ངེས་བརྗོད་སོགས། །ཤིན་ཏུ་མཁས་པ་རྣམས་ལ་གྲགས། །སྡེ་སྣོད་གསུམ་པོ་དེ་སྦྱངས་པའི། །སྡེ་སྣོད་འཛིན་པ་རྣམས་ཀྱིས་མཁྱེན། །རྒྱུད་སྡེ་བཞི་པོ་དེ་ཤེསཔའི། །རྒྱུད་སྡེ་འཛིན་རྣམས་མཁྱེན་པར་གསལ། །དེ་དག་མིན་པའི་ཆོས་གཞན་ནི། །ཤཱཀྱའི་རྒྱལ་པོས་གསུངས་པ་མེད། །དེ་དག་རྣམས་ཀྱི་མན་ངག་ནི། །རང་རང་གཞུང་དང་མཐུན་ན་ཡིན། །མི་མཐུན་པ་དེ་ཟབ་ན་ཡང་། །སངས་རྒྱས་གསུང་དང་མ་འབྲེལ་ཕྱིར། །མུ་སྟེགས་བྱེད་ཀྱི་ཟབ་པར་འགྱུར། །རྣམ་དབྱེ་འདི་ལྟར་འཐད་མི་འཐད། །སངས་རྒྱས་རྣམས་ཀྱིས་ལེགས་པར་དགོངས། །སྒྲ་ལ་ཡི་གེ་མིང་དང་ཚིག །ངག་དང་རབ་ཏུ་བྱེད་པ་སོགས། །ཆོས་ཀྱི་ཕུང་པོའི་བར་དུ་ཡང་། །ཚིག་བཟང་བ་དང་དོན་བཀྲོངས་པ། །བདེན་པ་དང་ནི་སྙན་པ་སོགས། །ཡོན་ཏན་ཀུན་ལྡན་ཐུབ་པའི་གསུང་། །ཡི་གེ་ལ་ནི་རིང་ཐུང་དང་། །ཤིན་ཏུ་རིང་དང་མཐུག་རྐྱང་དང་། །དྲག་ཞན་དང་ནི་ལྷི་ཡང་དང་། །ཨུ་ཏད་ཨ་ནུཏྟ་ར་སོགས། །བོད་ལ་གྲགས་པ་མེད་སྟོབས་ཀྱིས། །ཕལ་ཆེར་དག་པ་ཤིན་ཏུ་ཉུང་། །

དེ་ལ་བདག་གིས་རིང་ཐུང་སོགས། །རྣམ་དབྱེ་སྒྲ་དང་མཐུན་པར་བགྱིས། །དེ་ལ་སྒྲ་སྦྱོར་མི་ཤེས་པས། །ཕལ་ཆེར་བདག་ལ་འགལ་བར་འཛིན། །སྡེབ་སྦྱོར་ལ་ནི་ལྗི་ཡང་དང་། །ངལ་སོའི་གནས་སོགས་གཞུང་ལུགས་དང་། །ལེགས་པར་བསྟུན་ནས་བཀོད་པ་ལ། ། སྡེབ་སྦྱོར་མེད་རྣམས་ཐེ་ཚོམ་ཟ། །ཚིག་གི་རྒྱན་དང་མངོན་བརྗོད་སོགས། །མཁས་པའི་གཞུང་དང་མཐུན་པར་བྱས། །དེ་ལ་བླུན་པོ་རྒྱབ་ཀྱིས་ཕྱོགས། །ཚད་མའི་མཚན་ཉིད་དབྱེ་བསྡུ་དང་། །མངོན་སུམ་རྗེས་སུ་དཔག་པ་ལ། །སྣང་བ་དང་ནི་སེལ་བ་དང་། །འབྲེལ་བ་དང་ནི་འབྲེལ་མེད་སོགས། །སྒྲ་དང་རྟོག་པ་འཇུག་ཚུལ་ལ། །ལུང་དང་རིགས་པ་མི་འགལ་ཞིང་། །ཆོས་ཀྱི་གྲགས་པའི་སྡེ་བདུན་ལྟར། །བདག་གིས་ལེགས་པར་བརྗོད་པ་ལ། །ཚད་མ་ལྟར་སྣང་སྨྲ་རྣམས་རྒོལ། །

ཁྱོད་ཀྱི་འདུལ་བའི་སྡེ་སྣོད་ལ། །སྟོད་མདོད་ཕྱི་མས་སྡེ་པ་བཞི། །སྐད་རིགས་རྣམ་པ་བཞི་དག་གིས། །འདུལ་བ་ལུང་རྣམས་སྡེ་བཞིར་བསྡུས། །དེ་ལ་སྡེ་པ་བཅོ་བརྒྱད་ཀྱིས། །གནང་བཀག་མི་འདྲ་སྣ་ཚོགས་གསུངས། ། དང་པོར་ལེན་པའི་ཆོ་ག་དང་། །བར་དུ་བསྲུང་བའི་གནང་བཀག་དང་། །ཐ་མར་སྡོམ་པ་གཏོང་ཚུལ་དང་། ། བྱིན་རླབས་དང་ནི་ཕྱིར་བཅོས་པའི། །ཆོ་གའི་བྱེ་བྲག་ཐམས་ཅད་ལ། །སྡེ་པ་བཞི་པོ་མི་འདྲ་བའི། །རྣམ་པར་དབྱེ་བ་དུ་མ་མཐོང་། །ཕ་རོལ་ཕྱིན་དང་གསང་སྔགས་ཀྱི། །ཐེག་པའི་རིམ་པའི་དབྱེ་བ་ཡིས། །སེམས་ཅན་རྗེས་སུ་གཟུང་བའི་ཕྱིར། །གནང་བཀག་དབྱེ་བ་དུ་མ་སྣང་། །དེ་དག་བདག་གིས་ལུང་བཞིན་བཤད། །དེ་ལ་ལུང་དང་འགལ་བ་ཡི། །ཡི་བཀག་ཡེ་གནང་ཞེས་བྱ་བ། །འདོད་པ་དེ་དག་བདག་ལ་གཤེ། །དོན་དམ་ཞེས་བྱའི་བྱང་ཆུབ་སེམས། །ཆོས་ཉིད་ཀྱིས་ནི་ཐོབ་ཅེས་གསུངས། །ཆོ་ག་གཞུང་ལས་བཤད་པ་མེད། །དེ་སྐད་བདག་གིས་བཤད་པ་ལ། །ཆགས་སྡང་ཡིན་ཞེས་འགའ་ཞིག་སྨྲ། །ཀུན་རྫོབ་སེམས་བསྐྱེད་ཆོ་ག་ལས། །སྐྱེ་ཕྱིར་བརྡ་ལས་འབྱུང་བར་གསུངས། །དེ་ལ་ཉན་ཐོས་ཐེག་ཆེན་གཉིས། །ཉན་ཐོས་རྩ་བའི་སྡེ་བཞི་ལ། ། སེམས་བསྐྱེད་ཆོ་ག་ཐ་དད་ཡོད། །ཐེག་ཆེན་པ་ལའང་སེམས་ཙམ་དང་། །དབུ་མའི་སེམས་བསྐྱེད་རྣམ་གཉིས་སྣང་། །བདག་གིས་དེ་དག་ཕྱེ་སྟེ་བཤད། །དེ་ལ་སྡེ་སྣོད་མི་ཤེས་པའི། །སྐྱེ་བོ་ཕལ་ཆེར་བདག་ལ་རྒོལ། །དེ་ཡི་བསླབ་པར་བྱ་བའི་ཆོས། །བདག་གཞན་བརྗེ་བའི་བྱང་ཆུབ་སེམས། །ལུང་དང་རིགས་པས་བསྒྲུབས་པ་ལ༑ ༑འཇིག་རྟེན་པ་དག་བཞད་གད་བྱེད། །དེ་ཡི་བསླབ་བྱའི་ཆོས་གཞན་ཡང་། །སངས་རྒྱས་གསུང་བཞིན་བདག་གིས་བསྒྲུབས། །འདི་ལའང་བདེན་པར་འཛིན་པ་དཀའ། །

དེང་སང་སྔགས་ལ་མོས་པ་མང་། །གསང་སྔགས་སློབ་པ་ཤིན་ཏུ་ཉུང་། །བློ་གསལ་རྣམས་ཀྱིས་འབད་ན་ཡང་། །རྒྱུད་སྡེའི་དགོངས་པ་ཤེས་དཀའ་ན། །བླུན་པོ་མ་བསླབས་པ་རྣམས་ཀྱིས། །རྒྱུད་སྡེའི་དགོངས་པ་ག་ལ་ཤེས། །དང་པོ་མཁས་པ་མི་བསྟེན་པར། །ཕྱི་ནས་སློབ་མ་སྡུད་པ་མཐོང་། །དེ་ཡི་སྟོབས་ཀྱིས་གསང་སྔགས་ལ། །ནོར་བའི་རྣམ་གཞག་དུ་མ་མཐོང་། །བདག་གིས་བཤད་པ་བདེན་མི་བདེན། །རྒྱལ་བ་སྲས་བཅས་གསན་དུ་གསོལ། །གལ་ཏེ་གསང་སྔགས་མི་བསྒོམ་ན། །དབང་བསྐུར་མེད་ཀྱང་འགལ་བ་མེད། །གསང་སྔགས་བསྒོམ་ལ་མོས་གྱུར་ན། །ཅི་ནས་དབང་བསྐུར་དགོས་པར་གསུངས། །

ཕྱག་རྒྱ་ཆེན་པོ་ཐིག་ལེ་ལས། །དབང་མེད་ན་ནི་དངོས་གྲུབ་མེད། །བྱེ་མ་བཙིར་ཡང་མར་མེད་བཞིན། ། གང་ཞིག་རྒྱུད་ལུང་ང་རྒྱལ་གྱིས། །དབང་བསྐུར་མེད་པར་འཆད་བྱེད་པ། །སློབ་དཔོན་སློབ་མ་ཤི་མ་ཐག ། དངོས་གྲུབ་ཐོབ་ཀྱང་དམྱལ་བར་སྐྱེ། །དེ་བས་འབད་པ་ཐམས་ཅད་ཀྱིས། །བླ་མ་ལས་ནི་དབང་ནོད་ཞུ། །

ཞེས་གསུངས་རྡོ་རྗེ་ཕྲེང་བ་ལས། །དབང་བསྐུར་མེད་པར་རྒྱུད་འཆད་པ། །དེ་དོན་ལེགས་པར་ཤེས་ན་ཡང་། །སློབ་དཔོན་སློབ་མ་མཚུངས་པར་ནི། །ཤི་ནས་དུ་འབོད་ཆེན་པོར་ལྟུང་། །ཞེས་གསུངས་དམ་པ་དང་པོ་ལས། །དབང་བསྐུར་མེད་པར་རྒྱུད་འཆད་དང་། །སྔགས་ཀྱི་དེ་ཉིད་སྒོམ་བྱེད་པ། །དེ་དོན་ལེགས་པར་ཤེས་ན་ཡང་། །དམྱལ་བར་འགྱུར་གྱིས་གྲོལ་བ་མིན། །ཞེས་གསུངས་དེ་བཞིན་རྒྱུད་གཞན་དང་།། བསྟན་བཅོས་ཆེན་པོ་ཐམས་ཅད་ལས། །དབང་བསྐུར་ཐོབ་ཅིང་དམ་ཚིག་ལྡན། །དེ་ཡིས་གསང་སྔགས་བསྒོམ་པར་གསུངས། །དེ་སྐད་ཁྱེད་ཀྱིས་གསུངས་པ་ཡི། །དགོངས་པ་བདག་གིས་བཤད་པ་ལ། །རྒྱུད་སྡེ་མི་ཤེས་པ་རྣམས་ཀྲོལ། །ཅུང་ཟད་ཤེས་ཀྱང་མ་གོ་བའི། །བླུན་པོ་རྣམས་ཀྱང་བདག་ལ་གཤེ། །དེ་ཡང་བློ་ལྡན་ལེགས་བསླབས་པ། །མཚན་ཉིད་ལྡན་པའི་སློབ་དཔོན་ནི། །དབང་བསྐུར་མཛད་པ་ཉུང་བར་སྣང་། །བླུན་པོ་ཚིག་མི་ཤེས་པ། །དེ་དག་རློངས་པའི་ཚོགས་བསྡུས་ནས། །སློབ་མ་བརྒྱ་སྟོང་དུ་མ་ལ། །སྤྱིར་དངོས་རྗེས་ཀྱི་ཚིག་ཀུན། །ཉམས་པའི་དབང་བསྐུར་བྱེད་པ་ཐོས། །དེ་ཡི་སྔགས་དང་ཏིང་འཛིན་དང་། །ཚིག་གི་ཁྱད་པར་ཐམས་ཅད་ལ། །ཁྱོད་ཀྱི་གསུང་དང་མཐུན་པ་མེད། །དེ་ལ་དངོས་གྲུབ་ཇི་ལྟར་མཆི། །ཁྱེད་ཀྱིས་གསང་བ་སྤྱི་རྒྱུད་ལས། །ཁྱད་པར་ཅན་གྱི་ལས་རྣམས་ལ། །ལྟ་དུས་བྱ་བ་དུས་བཞིན་སྤྱད། །གཞན་དུ་ཚིག་ཉམས་པའི་ཕྱིར། །གྲུབ་པ་ནམ་ཡང་ཡོད་མ་ཡིན། །དེ་ལ་སོགས་པའི་གསུང་གིས་ནི། །ཚིག་ཙུང་ཟད་འཁྲུལ་པ་ལའང་། །དངོས་གྲུབ་འབྱུང་བར་མ་གསུངས་ན། །དེང་སང་ཐམས་ཅད་འཁྲུལ་པ་ལ། །དངོས་གྲུབ་འདོད་པ་བདུད་ཀྱིས་བསླུས། །དེ་སྐད་བདག་གིས་ཚིག་ཀུན། །དག་པར་བཤད་ལ་ཁྲོ་བ་མང་། །ཁ་ཅིག་ཕག་མོའི་བྱིན་རླབས་དང་། །ཏིང་ངེ་འཛིན་གྱི་དབང་བསྐུར་དང་། །གཏོར་མའི་དབང་བསྐུར་ལ་སོགས་པ། །བརྫུན་མས་སྤྲུར་བའི་ཚིག་ལ། །བླུན་པོ་འཇུག་པ་སྨོས་ཅི་དགོས། །སྡེ་སྣོད་འཛིན་པར་རློམ་པ་ཡི། །སྙིང་མེད་རྣམས་ཀྱང་འདི་ལ་དད། །འདི་འདྲ་གལ་ཏེ་ཆོས་ཡིན་ན། །དེ་ལས་ཆོས་མིན་གང་ཞིག་ལགས། །མདོ་རྒྱུད་ཀུན་ལས་འདི་མ་གསུངས། །

ཁ་ཅིག་གང་ཟག་དབང་པོ་རབ། །ཕག་མོའི་དབང་གིས་སྨིན་ཞེས་ཟེར། །གང་ཟག་རབ་འབྲིང་ཐམས་ཅད་ལ། །ཕག་མོའི་སྨིན་བྱེད་བཤད་པ་མེད། །གལ་ཏེ་ཡོད་ན་ཁྱོད་ཉིད་དཔང་། །ལས་ཚོག་མགོ་ལ་བཞག་པ་ཡིས། །དགེ་སློང་འགྱུར་ཞེས་ཟེར་བ་དང་། །ཁྲིམ་པས་མཁན་སློབ་བྱས་པ་ལ། །བསྙེན་རྫོགས་འབྱུང་ཞེས་ཟེར་བ་ཐོས། །འདི་ལ་མཁས་རྣམས་བཞད་གད་བྱེད། །ཕག་མོའི་དབང་བསྐུར་ལ་སོགས་ལ། །དེང་སང་བཞད་གད་བྱེད་པ་མེད། །གསུང་རབ་ཚད་མར་བྱེད་ན་ནི། །དེ་འདྲའི་རབ་བྱུང་ཚོག་དང་། །འདི་འདྲའི་དབང་བསྐུར་བཤད་པ་མེད། །དེ་དག་གཉིས་ཀ་འཁྲུལ་པས་ན། །དམ་པ་རྣམས་ཀྱིས་འདི་མ་བྱེད། །འདི་འདྲའི

ལོག་རྟོག་བཀག་པ་ལ། །ཆགས་སྡང་ཅན་རྣམས་བདག་ལ་ཁྲོལ། །བདག་གིས་སྨྲས་པ་བདེན་མི་བདེན། །སངས་རྒྱས་སྲས་བཅས་གཟིགས་སུ་གསོལ། །

གཞན་ཡང་གངས་རིའི་ཁྲོད་འདི་ན། །རབ་གནས་སྦྱིན་སྲེག་གཏོར་མ་དང་། །རོ་སྲེག་དང་ནི་བདུན་ཚིགས་དང་། །བར་དོ་དང་ནི་འཕོ་བ་དང་། །དམིགས་པའི་བྱེ་བྲག་མང་པོ་ལ། །ད་ལྟའི་ཚོགས་བྱེད་པ་རྣམས། །ཕལ་ཆེར་ཕྱིད་ཀྱི་གསུང་དང་འགལ། །ལྷག་ཆད་ནོར་བ་མང་པོ་མཐོང་། །དེ་དག་སངས་རྒྱས་བསྟན་པ་ལ། །གནོད་པར་བསམས་ནས་བདག་གིས་བཀག །དེ་ལའང་མདོ་རྒྱུད་ལ་སྟོང་ཞིང་། །བླ་མ་ངན་ལ་གུས་པ་ཡི། །གླེན་པོ་ཕལ་ཆེར་བདག་ལ་སྨོད། །འདི་ལའང་བདག་ཚིག་བདེན་མི་བདེན། །མགོན་པོ་སྲས་དང་བཅས་རྣམས་དགོངས། །རྒྱུད་སྡེ་བཞི་པོའི་ལག་ལེན་ཡང་། །དེང་སང་འཆོལ་བར་སྤྱོད་པ་མང་། །དོན་ཡོད་ཞགས་པ་ལ་སོགས་པའི། །ཚོག་བྱ་བའི་རྒྱུད་ཀྱི་ཡིན། །དེ་ལ་རྣལ་འབྱོར་ཆེན་པོ་ཡི། །རིམ་གཉིས་ལ་སོགས་སྒྱུར་བ་མཐོང་། །དེ་བཞིན་རྒྱུད་སྡེ་གཞན་ལ་ཡང་། །ཚོག་འཆོལ་བར་བྱེད་པ་མང་། །དཀྱིལ་རྫོང་བདེ་མཆོག་ལ་སོགས་པ། །དབུས་ཀྱི་གཙོ་བོ་ཡུལ་ཕྱུང་ནས། །མི་ཡི་གཟུགས་བརྙན་འཛུག་པ་མཐོང་། །སངས་རྒྱས་སྐུ་ལ་སྦྱང་གཞི་དང་། །སྦྱོང་བྱེད་འཕྲོད་པའི་རྟེན་འབྲེལ་ཡོད། །མི་ཡི་ལུས་ལ་རྟེན་འབྲེལ་མེད། །གལ་ཏེ་བླ་མ་སངས་རྒྱས་ཉིད། །ཡིན་ན་སངས་རྒྱས་སྐུ་ཡིས་ཆོག །མིན་ན་སངས་རྒྱས་རྣམས་ཀྱི་ཡུལ། །ཕྱུང་ནས་མི་ཡི་གཟུགས་འཛུག་པ། །སྡིག་པའི་ས་བོན་མི་ལྡུའམ། །འདི་འདྲའི་ལག་ལེན་ཕྱིན་ཅི་ལོག །མ་བཀག་ན་ནི་བསྟན་ལ་གནོད། །བཀག་ན་གཞན་གྱི་སེམས་ལ་གཟན། །གསུང་རབ་ཚད་མར་མི་བྱེད་ན། །དགེ་སློང་དང་ནི་དབང་བསྐུར་ལ། །སོགས་པའི་ཆོ་ག་ཅི་ཞིག་དགོས། །གསུང་རབ་ཚད་མར་བྱེད་ན་ནི། །དབང་བསྐུར་ལ་སོགས་ཆོ་ག་རྣམས། །མདོ་རྒྱུད་བཞིན་དུ་ཅིས་མི་བྱེད། །འགའ་ཞིག་འཁྲུལ་པར་ཤེས་བཞིན་དུ། །བསྐྱེན་བཀུར་འདོད་པའི་བསམ་པ་ཡིས། །ཚོག་ཐམས་ཅད་འཁྲུལ་པ་ཉིད། །བྱེད་པ་བདུད་ཀྱིས་བསླུས་པ་ཡིན། །དམ་ཚིག་དང་ནི་སྡོམ་པ་ལ། །ནོར་བའི་རྣམ་གཞག་མང་པོ་མཐོང་། །དེ་དག་བཀག་ལའང་ཁྲོ་བ་མང་། །འོན་ཀྱང་ཕྱིད་ཉིད་དཔང་པོ་ལགས། །

བཅོམ་ལྡན་ཁྱོད་ཀྱིས་གསང་སྔགས་ལམ། །རིམ་པ་གཉིས་སུ་བསྡུས་ཏེ་གསུངས། །དེ་ལ་རིམ་གཉིས་མི་དགོས་ཞེས། །གསང་སྔགས་བསྒོམ་པ་ཕལ་ཆེར་སྒྲོགས། །དེ་དག་ཕྱིད་ཀྱི་གསུང་གིས་བཀག །དེ་ལའང་དེ་ཡི་རིགས་ཅན་ཁྲོ། །བསྐྱེད་རིམ་བསྒོམ་པ་ཕལ་ཆེར་ཡང་། །སྦྱང་གཞི་སྦྱོང་བྱེད་ལེགས་འཕྲོད་པའི། །ཆོ་གའི་རྣམ་གཞག་མི་ཤེས་པར། །རང་བཟོའི་དཀྱིལ་འཁོར་བསྐྱེད་བསྒོམ་པ་མཐོང་། །བསྐྱེད་རིམ་གསལ་བ་རབ་

ཀྱི་མཐར། །སོན་པའི་གང་ཟག་ཡང་རབ་ཀྱིས། །རྫོགས་རིམ་གཙོ་བོར་སྒྲུབ་པའི་ཚེ། །དཀྲོངས་བསྐྱེད་གསུངས་ཀྱི་ད་ལྟ་མིན། །དཔེར་ན་ཁ་ཟས་དཀྲོངས་བསྐྱེད་ལ། །སྟོན་དུ་འཚོག་ཆས་མི་དགོས་སམ། །སྟོན་དུ་ཚོགས་སྦྱོར་མ་བསྒོམས་པའི། །བར་ཆད་མེད་ལམ་དཀྲོངས་བསྐྱེད་དང་། །ས་བཅུ་རིམ་གྱིས་མ་བགྲོད་པར། །རྡོ་རྗེ་ལྟ་བུའི་ཏིང་འཛིན་ལ། །སྙོམས་པར་འཇུག་པ་མི་སྲིད་བཞིན། །བསྐྱེད་པའི་རིམ་པས་མ་སྦྱངས་པའི། །ལྷ་སྒོམ་དཀྲོངས་བསྐྱེད་དེ་དང་འདྲ། །ཚིག་བཞིན་དུ་སྔགས་བཟླས་ན། །གསང་སྔགས་རྒྱལ་པོ་ཚེ་འདིར་འགྲུབ། །ཚིག་མེད་ན་སྔགས་བཟང་ཡང་། །བཟློས་པར་དགོས་པ་ཆུང་བར་གསུངས། །རྣམ་དག་ཚུལ་བཞིན་ཤེས་པ་ཡིས། །གཏུམ་མོ་ཡེ་ཤེས་སྐྱེ་བའི་ཐབས། །རྣམ་དག་མེད་པའི་གཏུམ་མོ་ནི། །དྲོད་ཙམ་སྐྱེ་ཡི་ཡེ་ཤེས་མིན། །དྲོད་སྐྱེ་བ་ཡི་གཏུམ་མོ་ནི། །མུ་སྟེགས་ལུགས་ཡིན་དེད་ཀྱི་མིན། །དེ་བཞིན་རླུང་དང་འཁྲུལ་འཁོར་སོགས། །མུ་སྟེགས་བྱེད་དང་སངས་རྒྱས་པའི། །རྣམ་གཞག་མཚུངས་པ་འདྲ་བ་ཡོད། །གསེར་དང་ར་གན་འབྱེད་པ་ལ། །འདྲིས་པ་མེད་ན་ཕྱེད་པ་དཀའ། །

ཕྱག་རྒྱ་ཆེན་པོ་བསྒོམ་པ་ཡང་། །དབང་ལས་བྱུང་བའི་ཡེ་ཤེས་དང་། །རིམ་གཉིས་ཏིང་འཛིན་ཁྱད་པར་ཅན། །ཡིན་ཞེས་ཁྱེད་ཀྱི་གསུང་ལས་འབྱུང་། །ཁ་ཅིག་དཀར་པོ་ཆིག་ཐུབ་ལ། །ཕྱག་རྒྱ་ཆེན་པོར་ངོ་སྤྲོད་བྱེད། །ཤོར་ས་བཞི་དང་གོལ་ས་གསུམ། །སྤངས་ལ་གཞུག་མ་བསྒོམ་པར་བྱ། །བྲམ་ཟེ་སྐུད་པ་འཁལ་བ་ལྟར། །སོ་མ་མ་བཅོས་ལྷུག་པར་བཞག །འདི་ལ་ཕྱག་རྒྱ་ཆེན་པོ་ཟེར། །འདི་དོན་བརྟགས་ན་འདི་ལྟར་མཐོང་། །སོ་མར་བཞག་ན་བལ་ཉིད་ཡིན། །སྐྱུད་པར་བྱས་ན་བཅོས་པར་འགྱུར། །དེ་ཕྱིར་འདི་ལ་དཔེ་སྐྱོན་ཡོད། །དོན་གྱི་སྐྱོན་ཡང་འདི་ལྟར་མཐོང་། །གོལ་ས་གསུམ་པོ་བཅད་ཙམ་གྱིས། །ཕྱག་རྒྱ་ཆེན་པོར་འགྱུར་ན་ནི༏ ༏ཉན་ཐོས་འགོག་པའང་དེར་འགྱུར་རོ། །

ཤོར་ས་བཞི་པོ་སྤང་སྙམ་པའི། །རྣམ་རྟོག་ཕྱག་རྒྱ་ཆེན་པོ་མིན། །རྟོག་པ་མེད་ན་སྤོང་མི་ནུས། །རྟོག་པ་མེད་ཀྱང་སྤོང་ནུས་ན། །སེམས་ཅན་ཀུན་ལ་འབད་མེད་པར། །ཕྱག་རྒྱ་ཆེན་པོ་ཅིས་མི་སྐྱེ། །དེས་ན་ཕྱག་རྒྱ་ཆེན་པོ་ཉིད། །ཡིན་ན་ཤོར་ས་གོལ་ས་མེད། །ཡོད་ན་ཕྱག་རྒྱ་ཆེན་པོ་མིན། །དེ་ཕྱིར་འདི་འདྲའི་ཆོས་ལུགས་ཀྱི། །ཕྱག་རྒྱ་ཆེན་པོ་གསུངས་པ་མེད། །དེས་ན་རྒྱུད་ནས་མ་གསུངས་པའི། །ཕྱག་རྒྱ་ཆེན་པོ་དེ་མི་འདོད། །དེ་སྐད་བདག་གིས་བསྒྲགས་པ་ལ། །རྒྱུད་སྡེ་མི་ཤེས་པ་རྣམས་ཁྲོ། །ཁྲོ་བ་དེ་དང་བདག་གང་བདེན། །རྒྱལ་བ་སྲས་བཅས་དགོངས་སུ་གསོལ། །ཐེག་པ་རིམ་དགུའི་རྣམ་གཞག་གི །འཁྲུལ་དང་མ་འཁྲུལ་དཔྱད་པ་ལ༏ ༏རྒྱུད་སྡེའི་རྣམ་དབྱེ་མི་ཤེས་པའི། །སྐྱེ་བོ་ཕལ་ཆེར་བདག་སུན་འབྱིན། །འདི་ཡང་གང་བདེན་གང

བཞུན་པ། །འཕགས་པ་རྣམས་ཀྱིས་དགོངས་སུ་གསོལ། །ཁ་ཅིག་སངས་རྒྱས་གསུང་རབ་ནི། །ངེས་དོན་གཅིག་པུ་ཁོ་ན་ཡིན། །དགོངས་པ་དང་ནི་ལྡེམ་དགོངས་མེད། །ཇི་བཞིན་ཇི་བཞིན་མ་ཡིན་པའི། །སྒྲ་ཡང་གཉིས་སུ་གསུངས་པ་མེད། །གལ་ཏེ་གསུངས་ན་སངས་རྒྱས་ཀྱང་། །བཞུན་གསུང་བར་ནི་ཐལ་འགྱུར་ཟེར། །བདག་གིས་དྲང་དོན་ངེས་དོན་ལ། །སོགས་པའི་རྣམ་གཞག་ལེགས་པར་བཤད། །དེ་ལའང་སྔེ་སྣོད་མི་ཤེས་པའི། །སྐྱེ་བོ་འགའ་ཞིག་བདག་ལ་རྒོལ། །གང་བདེན་ཁྱེད་ཀྱིས་གཟིགས་སུ་གསོལ། །ཁྱེད་ཀྱིས་བདེ་གཤེགས་སྙིང་པོའི་སྒྲ། །ཁ་ཅིག་ངེས་པའི་དོན་དུ་བཤད། །བདག་གིས་དྲང་བའི་དོན་དུ་ནི། །ལུང་དང་རིགས་པས་བསྒྲུབས་ཏེ་བཤད། །

ཁྱེད་ཀྱིས་ཆོས་རྣམས་དབུ་མར་གསུངས། །ཡོད་དང་མེད་སོགས་མཐར་འཛིན་བཀག །ཁྱེད་ཀྱིས་གསུང་བཞིན་བདག་གིས་ཀྱང་། །འཆད་པའི་ཚེ་ཡང་ཡོད་མེད་བཀག །གནས་ལུགས་བསྒོམ་ནའང་ཡོད་མེད་གྲོལ། །བསྒོ་བའི་ཚེ་ནའང་ཡོད་མེད་འདས། །ཡོད་འཛིན་ལ་ནི་མཚན་མ་ཡི། །དུག་ཅན་ཡིན་ཞེས་ཁྱེད་ཀྱིས་གསུངས། །དེས་ན་བདག་གིས་བཤད་པ་དང་། །བསྒོམ་པ་དང་ནི་བསྒོ་བ་ཡང་། །ཡོད་མེད་ལ་སོགས་དམིགས་པའི་དུག །སྤྲངས་པའི་ཆོ་ག་དུག་མེད་བགྱིས། །དེ་ལ་མུ་སྟེགས་གྲངས་ཅན་དང་། །ཉན་ཐོས་ཐམས་ཅད་ཡོད་སྨྲའི་ལུགས། །འདོད་པ་དེ་དག་བདག་ལ་རྒོལ།། འདི་དག་ཀྱང་ནི་བདེན་མི་བདེན། །ཁྱོད་ཀྱིས་རྣམ་པར་ཕྱེ་སྟེ་གསུངས། །ས་དང་ལམ་གྱི་རྣམ་གཞག་ལ། །འགའ་ཞིག་ས་ལམ་མི་དགོས་ཟེར། །ཕ་ལ་གསང་སྔགས་ཕར་ཕྱིན་གཉིས། །མཐུན་པ་དང་ནི་མི་མཐུན་པའི། །རྣམ་དབྱེ་ཕལ་ཆེར་འཁྲུལ་པ་མཐོང་། །མ་འཁྲུལ་པ་ཡི་རྣམ་གཞག་ལ། །མདོ་རྒྱུད་རྣམས་ལས་འབྱུང་བ་བཞིན། །ཆ་མཐུན་ཁྱད་པར་འཕགས་པ་ཡི། །ཕྱི་ནང་ས་ལམ་བདག་གིས་བཤད། །

ཨུ་རྒྱན་ཛཱ་ལན་དྷ་ར་དང་། །གངས་ཅན་ཙ་རི་ཏྲ་ལ་སོགས། །ཕྱི་དང་ནང་གི་གནས་ཆེན་རྣམས། །ས་བཅུ་ལ་སོགས་ཡིན་པ་ལ། །རྒྱུད་སྡེ་ལེགས་པར་མ་བསླབས་པའི། །བླུན་པོ་རྣམས་ཀྱིས་དེ་ར་མ་གོ། །དེས་ན་ས་ལམ་མི་བགྲོད་པར། །ཡུལ་ཆེན་རྐོལ་བའི་གང་ཟག་མང་། །དེ་དག་ཁྱེད་ཀྱི་གསུང་རབ་དང་། །འགལ་བར་མཐོང་ནས་བདག་གིས་བཀག །དེ་ལའང་དེ་འདྲའི་ལུགས་ཅན་རྣམས། །བདག་ལ་རྒྱབ་ཀྱིས་ཕྱོགས་པར་སྣང་། །དེ་བཞིན་སངས་རྒྱས་ས་ལམ་ཡང་། །ཉན་ཐོས་ཕར་ཕྱིར་གསང་སྔགས་ལ། །འགའ་ཞིག་མཐུན་ཞིང་འགའ་ཞིག་ལ། །མི་འདྲའི་རྣམ་གཞག་ཟབ་མོ་ཡོད། །བླུན་པོ་རྣམས་ཀྱིས་འདི་མི་ཤེས། །བདག་གིས་ཁྱེད་ཀྱི་གསུང་བཞིན་བཤད། །དེ་ལའང་ཆགས་སྡང་ཅན་རྣམས་ཁྲོ། །འདི་དག་སུ་དང་སུ་བདེན་པ། །སངས

རྒྱས་སྤྱན་གྱིས་གཟིགས་སུ་གསོལ། །

ཚིག་གི་སྦྱོར་བ་འཆད་པ་ལ། །འབྲུ་མང་པོ་དང་དེའི་སྐྱེས་བུ། །བ་གཉིས་པ་དང་ཟླས་དབྱེ་བ། །གཞི་མཐུན་ལ་སོགས་ཚིག་སྦྱོར་ནི། །བདག་གིས་སྒྲ་དང་མཐུན་པར་བཤད། །ལེགས་པར་སྦྱར་ལ་བོད་སྐད་དུ། །མཁས་པས་སྦྱར་བ་ཐམས་ཅད་དག །སྒྲ་མི་ཤེས་པས་བསྒྱུར་བ་ལ། །ཚིག་དོན་ནོར་བ་ཅི་རིགས་མཐོང་། །དེ་འདྲ་བདག་གིས་བཅོས་ནས་བཤད། །སྐད་ཅིག་སོགས་ཀྱི་བསྒྱུར་བ་ལ། །འགའ་ཞིག་སྒྲ་དང་ཅུང་མི་མཐུན། །འགའ་ཞིག་དོན་འགྱུར་དག་ཏུ་བྱས། །འགའ་ཞིག་བརྡ་རྙིང་གོ་བ་དཀའ། །འགའ་ཞིག་ལྷུ་མ་བཅན་པར་བྱས། །ལ་ལ་གསར་བཅད་དག་གིས་བཅོས། །ལ་ལ་རྒྱ་སྐད་སོར་བཞག་སྣང་། །ལ་ལ་ཁམས་ཀྱི་བྱེ་བྲག་གིས། །རྒྱ་སྐད་གཅིག་ལའང་བཤད་ཚུལ་གྱིས། །བོད་ཀྱི་སྒྲ་འགྱུར་ཐ་དད་སྣང་། །འདི་འདྲའི་ཚིག་དོན་འདྲ་མི་འདྲ། །དེ་དག་ལེགས་པར་དཔྱིས་ཕྱིན་པ། །བློན་པོ་རྣམས་ཀྱིས་ལྟ་ཅི་སྨོས། །མཁས་པ་ཡིས་ཀྱང་ཤེས་པར་དཀའ། །དེ་དག་བདག་གི་ཐ་སྙད་ལ། །སྦྱངས་པའི་སྟོབས་ཀྱིས་ལེགས་པར་ཤེས། །འོན་ཀྱང་སྐྱེ་བོ་ཆགས་སྡང་དང་། །བློན་ཕྱིར་བདག་ནི་ཁྲེད་དུ་གསོད། །འདི་འདྲ་བདག་གིས་ཤེས་མ་ཤེས། །མགོན་པོ་ཐྲས་དང་བཅས་པས་མཁྱེན། །འགྲོ་བ་དམ་ཆོས་སྲུན་འཁྲིན་པ། །དེ་ལ་འཇིག་རྟེན་ཕལ་ཆེར་བསྟོད། །བདག་གིས་ཆོས་མིན་སྲུན་ཕྱུང་བས། །འཇིག་རྟེན་ཕལ་ཆེར་བདག་ལ་སྨོད། །སངས་རྒྱས་འཇིག་རྟེན་ཐུགས་བརྩེ་ལ། །འཇིག་རྟེན་ཕལ་ཆེར་རྗེས་མི་འཇུག །སྐྱུ་བྱེད་མེ་ཏོག་མདའ་ཅན་གྱི། །རྗེས་སུ་འཇིག་རྟེན་འདི་དག་འབྲང་། །ཀྱེ་མ་བསོད་ནམས་དམན་པའི་མི། །ལྷ་སྐལ་ཆད་པས་འབྱུང་པོ་སྒྲུབ། །

དེ་ལྟར་དོན་དང་ཚིག་དག་གིས། །འབྲེལ་དང་མ་འབྲེལ་དཔྱད་པ་ལ། །ལུང་དང་རིགས་པ་མི་འགལ་བར། །བདག་གིས་དགག་སྒྲུབ་བགྱིས་པ་ལ། །འཇིག་རྟེན་ཕལ་ཆེར་ཆགས་སྡང་གི། །བསམས་པས་བདག་ལ་སྨོད་མོད་ཀྱི། །ཐམས་ཅད་གཟིགས་པའི་སྤྱན་མངའ་བ། །ཁྱེད་ནི་བདག་ལ་དགྱེས་པར་བསམས། །འཕགས་པ་ཀླུ་སྒྲུབ་འདི་སྐད་དུ། །ཆོས་འདི་དེ་བཞིན་གཤེགས་རྣམས་ཀྱིས། །རྩོད་པའི་དོན་དུ་མ་གསུངས་མོད། །འོན་ཀྱང་འདིས་ནི་གཞན་ལྟ་རྣམས། །མེ་ཡིས་བུད་ཤིང་བཞིན་དུ་བསྲེགས། །ཞེས་གསུངས་པ་དེ་ཐོག་ཏུ་བབ། །བདག་ཀྱང་གཞན་ལ་ཁྲེད་གསོད་པའི། །བསམས་པས་བཤད་པ་མ་ལགས་མོད། །འོན་ཀྱང་ཁྱེད་ཀྱི་སྡེ་སྣོད་བཞིན། །བཤད་པས་གཞན་གྱི་ཆོས་ལུགས་བསྲེགས། །ཐིག་སྐྱུད་དྲང་པོར་བཞག་པ་ན། །ཡ་ཡོ་ཅན་རྣམས་སེམས་ལ་གཟན། །དེ་བཞིན་ཁྱེད་ཀྱི་གསུང་བསླབས་པས། །ཆོས་ལྟར་བཅོས་རྣམས་མཉེས་མ་གྱུར། །བདག་ལ་ཆགས་སྡང་མ་མཆིས་མོད། །འོན་ཀྱང་བསྟན་པ་བསྲུང་འདོད་པས། །བདེན་པར་སྨྲས་ན་ཕ་རོལ་

ཁྲོ༑ ༑བརྗུན་པར་སྨྲས་ན་སྡིག་པ་ལྟེ། །ད་ནི་ཕྱོགས་བཅུའི་སངས་རྒྱས་ལ། །ཐལ་སྦྱར་ནས་ནི་དོན་འདི་ཞུ། ། བདག་གིས་བདེན་པར་སྨྲས་ལགས་སམ། །འོན་ཏེ་བརྫུན་པར་སྨྲ་བར་བགྱི། །གལ་ཏེ་བདེན་པར་སྨྲས་ན་ནི། ། བརྫུན་པར་སྨྲ་བ་ཐམས་ཅད་ཁྲོ། །དེ་སྟེ་བརྫུན་པར་སྨྲས་ན་ནི། །ཁྱེད་ཀྱི་གསུང་དང་འགལ་དུ་དོགས། ། གཞན་ཡང་བསྟན་པ་བསྲུང་ན་ནི། །ཆོས་ལོག་ཐམས་ཅད་སུན་དབྱུང་འཚལ། །འོན་ཏེ་འཇིག་རྟེན་སེམས་བསྲུང་ན། །ཆོས་ལོག་ལ་ཡང་བསྟོད་འཚལ་ལོ། །བདེན་པར་སྨྲས་ན་གཞན་སེམས་བསྒྲིགས། །བརྫུན་པར་སྨྲས་ན་བསྟན་པ་འཇིག །སྨྲ་བ་སྤངས་ན་དོན་མི་རྟོགས། །དེས་ན་དམ་པའི་སྤྱོད་པ་དཀའ། །ཨེ་ཊ་ཞེས་བྱའི་དྲང་སྲོང་མཆོག །དེ་ཡིས་གསོད་པའི་མཆོད་སྦྱིན་བཀག །དེ་ཚེ་ཤ་ལ་དགའ་བ་ཡི། །གདོད་སྦྱིན་རྣམས་ཀྱིས་བསད་ཅེས་གྲགས། །དེང་སང་ན་ཡང་ཡུལ་དེ་ལ། །ཨེ་ཊ་གཙུགས་པའི་ས་ཞེས་ཟེར། །

ཧིང་རི་འཛིན་གྱི་རྒྱལ་པོ་ལས། །དམ་ཆོས་སྨྲ་བའི་དགེ་སློང་མཆོག །མེ་ཏོག་ཟླ་མཛེས་ཐུགས་རྗེ་ཅན། ། དམ་ཆོས་བཤད་པའི་ལེ་ལན་གྱིས། །རྒྱལ་པོས་ཆད་པས་བཅད་ཅེས་ཐོས། །གཞན་ཡང་བདེན་པར་སྨྲས་པའི་རྒྱུས། །སྨྲ་བ་པོ་ལ་འཇིག་རྟེན་ཀུན། །ལོག་པར་འཇུག་པ་མང་ལགས་པས། །ཐུགས་རྗེ་མངའ་བས་བསྐྱང་དུ་གསོལ། །ད་ནི་ཕྱོགས་བཅུའི་སངས་རྒྱས་དང་། །སངས་རྒྱས་སྲས་བཅས་དགོངས་པར་ཞུ། །ཐལ་མོ་སྦྱར་ནས་གསོལ་བ་འདེབས། །སེམས་ཅན་རྒྱུད་པ་རྣམས་ལ་གཟིགས། །བདུད་ཀྱི་ལས་རྣམས་བཟློག་ཏུ་གསོལ། །རྣམ་པ་ཀུན་ཏུ་བྱིན་གྱིས་རློབས། །ཐུན་མོང་བ་དང་ཕུལ་བྱུང་ཆོས། །རང་གཞན་དོན་ཀུན་བརྟེས་ནས་ནི། །སེམས་ཅན་ཐམས་ཅད་སྐྱོབ་མཛད་པ། །སྟོན་མཆོག་ཁྱོད་ལ་སྐྱབས་སུ་མཆི། །

སངས་རྒྱས་ཀུན་གྱི་ཡེ་ཤེས་སྐུ། །གཅིག་ཏུ་བསྡུས་པ་འཇམ་པའི་དཔལ། །དགེ་བསྙེན་མཆོག་གི་སྐུར་བསྟན་ནས། །བདག་གི་འཕྲུལ་པའི་དྲ་བ་བཅད། །ཡུན་རིང་དུས་ནས་འདི་ཉིད་ནི། ཁྱོད་ཀྱི་དགེ་བའི་བཤེས་གཉེན་ཞེས། །མཁའ་ལས་དེ་ལྟའི་གསུངས་བསྒྲགས་པ། །ལེགས་འདོམས་ཁྱོད་ལ་ཕྱག་འཚལ་ལོ། །ལ་ལ་སངས་རྒྱས་གསུང་རབ་བོར། །ལོག་ལྟའི་མུན་པས་ཁེབས་པ་ཡང་། །ཡང་དག་དགེ་བའི་བཤེས་གཉེན་ཞེས། ། རྨོངས་པ་ཐལ་ཆེར་གུས་པས་བསྟེན། །སྐྱོན་མེད་ཡོན་ཏན་དང་ལྡན་པ། །སངས་རྒྱས་གསུང་བཞིན་བསྒྲུབ་པ་ཡི༑ ༑བླ་མ་དམ་པ་རྙེད་ན་ཡང་། །འཇིག་རྟེན་འདི་དག་དད་པ་ཉུང་། །སངས་རྒྱས་ཀུན་གྱི་སྤྲུལ་པའི་སྐུ། ། འཇམ་པའི་དབྱངས་ཀྱི་ངོ་བོ་ཉིད། །སོ་སོའི་སྐྱེ་བོའི་སྐུར་བསྟན་པ། །བདག་གིས་ལེགས་པར་ཤེས་བཞིན་དུ། ། དེ་ལྟ་ན་ཡང་བདག་རྨོངས་པས། །མཐོང་ཡང་རྣམ་པ་ཐམས་ཅད་དུ། །མ་མཐོང་བ་དང་འདྲ་བར་གྱུར། །ལས་ཀྱི་བག་ཆགས་ཤིན་ཏུ་སྲ། །ཁྱོད་ཀྱིས་བདག་ལ་དབང་བསྐུར་བ། །དེ་དོན་ལེགས་པར་བཟོ་འཕྲོད་པ། །དེ་ཚེ

སོམ་ཉི་མེད་པར་གྱུར། །གསུང་མཆོག་ཁྱོད་ལ་སྤྱིས་ཕྱག་འཚལ། །

སྐུ་ཚེའི་འདུ་བྱེད་གཏོང་བ་ན། །མགོན་པོ་ཁྱོད་ཀྱི་གསུང་རབ་མཆོག །ཉན་ཐན་གྱིས་ནི་བཀའ་སྩལ་པ༑ ༑འབད་པས་ཅི་ནུས་བསྒྲུབ་པའི་ཚེ། །བར་དུ་གཅོད་པའི་ཚོས་དེ་གྲོལ། །དེས་ན་ཇི་སྐད་གསུངས་པ་ཡི། །བཀའ་སྩལ་དེ་དག་ཅི་གསུངས་བཞིན། །རྣམ་པ་ཀུན་ཏུ་ཐོག་ཏུ་བབ། །བདེན་གསུང་ཁྱོད་ལ་བདག་སྐྱབས་མཆི། །ལས་ཀྱི་ཆུ་བོས་བདས་པ་ན། །སེམས་ལ་རང་དབང་ཐོབ་པ་དཀའ། །དེས་ན་སྡིག་པའི་དབང་གྱུར་པའི། །ཉེས་པ་བགྱི་བའི་འཇུག་ངོགས་མཆོག །འཇིག་རྟེན་མགོན་པོས་གཟིགས་སུ་གསོལ། ཁྱོད་ལ་ཐལ་སྦྱར་གུས་བཏུད་དེ། །རྐང་གི་ཁོང་ནས་འཇིགས་སེམས་ཀྱིས། །སྡིག་པ་དེ་དག་ཐམས་ཅད་ནི། །ཡང་ནས་ཡང་དུ་བཤགས་པར་འཚལ། །མགོན་པོ་སྲས་དང་བཅས་རྣམས་ཀྱིས། །འགྲོ་བ་ཀུན་གྱི་སྡིག་པ་ཡི། །ས་བོན་དྲུང་ནས་དབྱུང་དུ་གསོལ། །ཐུགས་རྗེ་མངའ་བའི་ཐུགས་ལྡན་པའི། །མགོན་པོ་ཡུད་ཙམ་དགོངས་སུ་གསོལ། །

འགྲོ་བ་ཤེས་རབ་མིག་དང་བྲལ། །ཡིད་བརྟན་བྲལ་བའི་གྲོགས་ཀྱིས་བསླུས། །ཉམ་ངའི་ལམ་དུ་རྣམ་པར་འཁྱམ། །སྡུག་བསྔལ་ཁུར་གྱིས་ཤིན་ཏུ་ནོན། །ཕྱོགས་ཀུན་དགྲ་བོས་ཁེབས་པས་ན། །ཁ་སྐམ་མིག་རྩ་ཞན་གྱུར་པ། །སྡུག་པའི་སྐྱེ་སྡུགས་སྣ་ཚོགས་འདོན། །མགོན་མེད་སྐྱབས་ཀྱང་མ་མཆིས་པ། །འཇིག་རྟེན་འདི་ལ་གཟིགས་སུ་གསོལ། ཁྱོད་ཀྱིས་དང་པོ་འདི་སྐད་དུ། །ང་ནི་མགོན་མེད་ཁྱེད་ཅག་གི། །མགོན་དུ་གྱུར་ཞེས་གསུངས་པ་གང་། །ཐུགས་དམ་བརྟན་པའི་ཐུགས་རྗེ་ཅན། །དེ་ལ་མགོན་མེད་བདག་ཅག་སྐྱབས། །ལས་ཀྱི་ཞགས་ཀྱིས་བཟློག་དཀའ་བའི། །སྡུག་བསྔལ་ཆུ་བོ་ཤིན་ཏུ་འཇིགས། །མགོན་པོ་བདག་ཅག་བསྒྲལ་བར་ཞུ། །ད་དུང་བདག་ལ་ཞུ་བ་མཆིས། །བརྩོན་འགྲུས་བརྟན་པས་གཟིགས་སུ་གསོལ། །

མ་ག་དྷ་དང་ཀོ་ས་ལ། །བདླ་ལ་དང་ཡངས་པ་ཅན། །འཕགས་རྒྱལ་དང་ནི་འཁོར་མོ་འཇིག །སེར་སྐྱའི་གྲོང་ཁྱེར་ལ་སོགས་པ། །ཡུལ་འདིའི་གཙུག་ལག་ཁང་དང་ནི། །སྡོམ་བརྩོན་སྡེ་སྣོད་འཛིན་རྣམས་དང་། ཁྱོད་ཀྱི་སངས་རྒྱས་བསྟན་པ་དང་། །སེམས་ཅན་རྣམས་ཀྱི་བདེ་སྡུག་ལ། །རེ་ཞིག་གཟིགས་པར་མཛད་དུ་གསོལ། །ཨུ་རྒྱན་ཛ་ལན་དྷ་ར་དང་། །ཀོཏྐ་ན་དང་སིན་དྷུའི་ཡུལ། ཁ་ཆེ་དང་ནི་ཁ་ཤ་སོགས། །མ་ཁ་དང་ནི་ལི་ཡི་ཡུལ། །དེ་བཞིན་ཧོར་དང་ཧོར་ཆེན་པོ། །ཧ་ལ་ཤན་དང་ཉེ་བའི་ལྗོངས། །རྒྱ་ནག་རྒྱ་ནག་ཆེན་པོ་དང་། །གཏྶ་ར་དང་འདོད་པའི་གཟུགས། །ཟངས་གླིང་དང་ནི་གསེར་གྱི་གླིང་། །ཟླ་བའི་གླིང་དང་སེང་གེའི་གླིང་། །ཧྲཱད་བ་རཏྣ་ལ་སོགས། །ལྷོ་དང་ནུབ་ན་གནས་པའི་ལྗོངས། །སྔོན་ནི་ཁྱོད་ཀྱི་བསྟན་པའི་གཞི། ཁ་བ་ཅན་གྱི་བྱང་ཕྱོགས་ཡུལ། །ཐུབ་པས་བོད་དང་བོད་ཆེན་ཞེས། །ཡོངས་སུ་བསྒྲགས་པའི་ས་ཕྱོགས་འདིར། །

ང་ནི་མྱ་ངན་འདས་གྱུར་ནས། །ལོ་ནི་ཉིས་སྟོང་ལྔ་བརྒྱ་ན། །དམ་ཆོས་རྒྱས་པར་འགྱུར་ཅེས་གསུང་།། དེར་ནི་དམ་ཆོས་འཛིན་པ་དང་། །གླིག་དང་ཁ་ཏོན་བྱེད་པ་དང་། །ཉན་དང་འཆད་དང་སྒྲུབ་པ་ལ། །ང་ཡིས་སྤྱན་གྱིས་གཟིགས་སོ་ཞེས། །འགྲོ་མགོན་ཁྱོད་ཀྱིས་ལུང་བསྟན་མཛད། །དེ་ལྟ་མོད་ཀྱི་ད་ལྟ་ཡི། །སྐྱེ་བོ་འདི་དག་བསོད་ནམས་ཞན། །དུས་ཀྱང་ཤིན་ཏུ་སྙིགས་མར་གྱུར། །སངས་རྒྱས་བསྟན་པའི་གཟུགས་བརྙན་གྱིས། ། ཁྱོད་ཀྱི་བསྟན་པ་ཆུད་ཀྱང་གསན། །དེ་ཡི་སྐོབས་ཀྱིས་སེམས་ཅན་རྣམས། །ཤིན་ཏུ་བརྣག་དཀའི་སྡུག་བསྔལ་མྱོང་། །རྫོན་པས་བདས་པའི་རི་དྭགས་ལྟར། །སྐྲག་པས་མིག་རྩ་རིག་རིག་པོ། །འཇིགས་པའི་དབང་གིས་གོམ་པ་འཕྲོར། །བཀྲེས་པས་ལྟོ་བ་རབ་ཏུ་སྟོང་། །ཁྲུང་དང་གྲང་བས་གདུངས་པའི་ལུས། །འགའ་ཞིག་ནད་ཀྱིས་རྣམ་པར་བཅོམ། །ལ་ལའི་ཉེ་དུ་འབྲེལ་བས་བསྐྲག །འགའ་ཡི་ལམ་ཡང་རྣམ་པར་བཀག །འགའ་ཞིག་ཤེས་པ་འཐོམས་ནས་སྣང་། །བསོད་ཟད་རྣམས་ལ་གདོན་ཡང་སྟང་། །སྡོན་ཆད་ཉེས་པར་སྤྱད་པ་ཡི། །ལས་ངན་སྨིན་པ་བདག་ཅག་ལ། །སངས་རྒྱས་སྲས་བཅས་གཟིགས་སུ་གསོལ། །

མི་ཡི་འཇིག་རྟེན་མཐོ་རིས་ཞེས། །ཁྱོད་ཀྱིས་བདེ་འགྲོའི་བསྔགས་པ་མཛད། །འོན་ཀྱང་མཐོ་རིས་སྡུག་བསྔལ་འདི། །མགོན་པོ་མྱུར་དུ་སྐྱབས་འཚལ་ལོ། །གང་ལ་སྐྱབས་སུ་མཆིས་ཀྱང་ནི། །སྐྱབས་དེ་དག་གིས་བསླུ་བར་མཐོང་། །བསླུ་བ་མེད་པ་སྐྱབས་ཀྱི་མཆོག །སྐྱབས་མཆོག་ཁྱོད་ལ་སྐྱབས་སུ་མཆི། །སེམས་ཅན་དམྱལ་བའི་གནས་ལ་ཡང་། །ཐུགས་རྗེ་ལྡན་པས་ཡུད་ཙམ་གཟིགས། །ཡང་སོས་དང་ནི་ཐིག་ནག་དང་། ། བསྡུས་འཇོམས་དང་ནི་ངུ་འབོད་སོགས། །མནར་མེད་སྲིད་པ་བཟོད་དཀའི་བར། །མེས་བསྲེགས་མཚོན་ཆའི་ཆར་ཕབ་པས། །ཉམ་ཆུང་མཐུན་སྣྲ་འབྱིན་པ་ཙམ། །སྡུག་སྐད་འབྱིན་པར་མི་ནུས་པ། །ཚ་བའི་སེམས་དམྱལ་རྣམས་ལ་གཟིགས། །ཆུ་བུར་ཅན་སོགས་འཁྱགས་པ་ཡིས། །ལུས་གས་འགྱུལ་ཉམས་མ་མཆིས་པ། །འདི་འདྲའི་སེམས་དམྱལ་ཇི་ལྟར་གསོ། །མགོན་པོ་ཡི་དྭགས་བཀྲེས་སྐོམ་གྱིས། །གདུངས་པས་ཡུན་རིང་ཉམ་ཐག་པ། །བཟའ་བཏུང་འདོད་པའི་ཚེ་དེ་ཙན། །འདི་ལ་ཇི་ལྟར་བགྱི་བ་གསུངས། །བརྩེ་ལྡན་ཐུགས་རྗེའི་བདག་ཉིད་ཅན། །དུད་འགྲོའི་གནས་ཀྱང་གཟིགས་སུ་གསོལ། །ཕན་ཚུན་ཟ་བས་རྣམ་པར་འཇིགས། ། འགའ་ཞིག་བསྲེགས་ཏེ་གསོད་པ་མཐོང་། །འགའ་ཞིག་བཟུང་ནས་རྒྱུ་ལྟོ་འབྱིན། །འདི་ལ་མགོན་པོས་ཐུགས་རྗེ་མཛོད། །

ལྷ་མིན་ལྷ་ཡི་གནས་ན་ཡང་། །མཐོ་རིས་སྡུག་བསྔལ་བསམ་ལས་འདས། །ཐོག་མར་སྐྱིད་པ་བསྐྱེད་བསྐྱེད་ནས། །ཐ་མར་སྡུག་བསྔལ་གྱིས་བཅོམ་སྟེ། །སླེ་ སྟགས་འདོན་ཞིང་ངན་འགྲོར་མཆི། །བརྩེ་ལྡན་ཀུན་

ནས་གཟིགས་སུ་གསོལ། །སེམས་ཅན་ལས་ལ་སྤྱོད་པ་ལ། ཁྱོད་ཀྱི་ཐུགས་རྗེ་མི་འཇུག་ན། །འགྲོ་བ་བདེ་བར་གནས་པ་ལ། ཁྱེད་ཀྱི་ཐུགས་རྗེ་འཇུག་ལགས་སམ། །སྨན་པས་ནད་པ་གསོ་བ་དང་། །མགྲོན་པོ་དག་ལ་སྐྱེལ་མ་དང་། །ལོང་བ་དག་ལ་དམིགས་བུ་དང་། །ཕོངས་པ་དག་ལ་སྦྱིན་བདག་དང་། །གསོད་པར་ངེས་ལའང་སྐྱོབ་པ་མཐོང་། ། བློན་ཞིང་སྙིང་རྗེ་ཤས་ཆུང་བ། །ནུས་པ་མེད་པའི་སྐྱེ་བོ་ཡང་། །འགྲོ་ལ་ཕན་ཕྱིར་འདི་འདྲ་ཡི། །ཕན་པར་བརྩོན་པར་བགྱིད་ལགས་ན། ཁྱོད་ནི་ཞི་བ་ཐམས་ཅད་མཁྱེན། །བརྩེ་བས་སེམས་ཅན་ཀུན་ཕན་བཞེད། །ནུས་པ་དཔག་ཏུ་མེད་མཆིས་པ། །དེས་ན་ཕན་འདོགས་མཛད་པར་རིགས། །

འགྲོ་བ་ལས་ཀྱི་རྣམ་སྨིན་ལ། །སྤྱོད་ཕྱིར་ཕན་པར་མི་ནུས་ན། །དང་པོ་ལས་ལ་འཇུག་པ་ཉིད། །མགོན་པོ་ཁྱོད་ཀྱིས་ཅིས་མི་འགེགས། །དེ་ཡང་དགག་པར་མི་སྤྱོད་ན། །ང་ནི་ཐམས་ཅད་མཁྱེན་པ་ཞེས། །འཁོར་གྱི་ནང་དུ་སེང་གེའི་སྒྲ། །བསྒྲགས་པའི་དགོས་པ་ཇི་ལྟར་ལགས། །འདི་འདྲའི་སྐབས་སུ་མུ་སྟེགས་དང་། །བདུད་ཀྱི་ཕྱོགས་རྣམས་རྒོལ་ན་ནི། །དེ་ལ་ཆོས་དང་མཐུན་པའི་ལན། །བདག་གིས་ཇི་ལྟར་གདབ་པར་བགྱི། །ཁྱོད་ནི་བྱམས་དང་སྙིང་རྗེ་སོགས། །ཚད་མེད་བཞི་ཡི་ཐུགས་དང་ལྡན། །ལྷ་ཡི་མིག་དང་རྫུ་འཕྲུལ་སོགས། །མངོན་ཤེས་དྲུག་པོ་ཐོགས་མི་མངའ། །དེ་སྐད་བྱམས་སོགས་ཀྱིས་བསྔངས་ཏེ། །རྫུ་འཕྲུལ་གྱིས་ནི་ཅིས་མི་འདུལ། །གདུག་པ་ཅན་ལ་རྒྱལ་སྲས་ཀྱིས། །རྫུ་འཕྲུལ་གྱིས་ནི་མ་བསྟེགས་ན། །ཉེས་པ་ཡིན་ཞེས་ཁྱེད་ཉིད་གསུངས། །ཆོ་འཕྲུལ་གསུམ་ལ་མངའ་འབྱོར་བ། །ཁྱོད་ལ་ཉེས་པ་འདི་མངའ་ན། །རྒྱལ་སྲས་རྣམས་ལའང་མི་མཚུངས་སམ། །གལ་ཏེ་འགའ་ཞིག་དེ་སྐད་འདྲི། །དེ་ལ་བདག་གིས་ཇི་སྐད་གླེང་། །སྟོབས་བཅུའི་སྟོབས་དང་ལྡན་པ་ཁྱོད། །བདུད་ཀྱི་སྟོབས་ཀྱང་འཇོམས་མཛད་ན། །སྟོབས་ཆུང་རྣམས་ཀྱིས་གཞན་འཚེ་བའི། །སྟོབས་འདི་ཁྱོད་ཀྱིས་ཅིས་མི་འཇོམས། །དབང་བཅུ་དག་ལ་དབང་མཛད་པའི། །མགོན་པོས་འགྲོ་ཀུན་སྐྱོབ་མཛད་ན། །འགྲོ་བ་དབང་མེད་འདི་དག་ལ། །ཁྱོད་ཀྱི་དབང་འབྱོར་ཇི་ལྟར་ལགས། །

མེད་པ་ཡོངས་སུ་སྤྲུལ་པ་དང་། །ཡོད་པ་གཞན་དུ་སྒྱུར་བ་སོགས། །ཡོངས་སུ་དག་པ་བཞི་ལྡན་པ། ཁྱེད་ཀྱི་ཕྲིན་ལས་དུས་ལ་བབ། །ནམ་མཁའ་མཛོད་ཀྱི་ཏིང་འཛིན་གྱིས། །འགྲོ་བའི་ཕོངས་པ་སེལ་མཛད་པ། །འདི་ལྟར་ཕོངས་པ་གཟིགས་ནས་ནི། །ཏིང་འཛིན་དེ་ལ་འཇུག་ཏུ་གསོལ། །ཁྱོད་ཀྱི་ཐུགས་རྗེ་ཆེན་པོ་ནི། །འཇིག་རྟེན་ཀུན་ལ་ལན་དྲུག་གཟིགས། །བསྐལ་བ་མི་མངའ་ཆོས་ཉིད་ཀྱང་། །འགྲོ་བའི་དོན་ལ་རྟག་ཏུ་དགོངས། །ཁྱོད་ནི་ཉོན་མོངས་མི་མངའ་བ། །རང་དང་གཞན་གྱི་ཉོན་མོངས་འཇོམས། །ད་ལྟའི་འགྲོ་བ་ཉོན་མོངས་པ། །འཇོམས་ཕྱིར་ཁྱོད་ལ་གསོལ་བ་འདེབས། །དཔའ་བར་འགྲོ་བའི་ཏིང་འཛིན་སོགས། །རྣམ་པ

ཀུན་ཏུ་བརྟེན་ཁྱོད་ཀྱི། །ཕྲིན་ལས་འབད་པ་ཅི་ཞིག་འཚལ། །

དེ་སྐད་བདག་ཅག་རྗེས་སུ་བཟུང་། །འཇིགས་པ་མེད་པའི་ཆོས་བཞི་བརྟེན། །མུ་སྟེགས་གཞན་གྱིས་མི་རྫི་བའི། །འཁོར་དུ་སེང་གེའི་སྒྲ་སྒྲོགས་པ། །འཇིག་རྟེན་ཀུན་ལ་གསལ་བར་མཛད། །སངས་རྒྱས་ཁོ་ནའི་མ་འདྲེས་ཆོས། །དྲུག་ཕྲག་གཉིས་དང་གསུམ་གཉིས་ལྡན། །འཇིག་རྟེན་འཇིག་རྟེན་འདས་པ་ཡི། །བླ་མ་ཁྱོད་ལ་བདག་གསོལ་འདེབས། །ཐབས་མཆོག་དག་གིས་ལེགས་བསྒྲུབས་པ། ། ཆོས་ཉིད་གཟིགས་པའི་ཡེ་ཤེས་ཅན། །ཁྱོད་ཀྱི་ཕྲིན་ལས་མངོན་བསམས་ན། །བསམ་མི་ཁྱབ་པ་འདི་ལྟར་སྣང་། །ཆོས་ཀྱི་དབྱིངས་ཀྱི་ཕོ་བྲང་དུ། །སངས་རྒྱས་རྣམས་ལ་ཆོས་སྐུར་སྣང་། །སྟུག་པོ་བཀོད་པའི་ཞིང་ཁམས་སུ། །རྒྱལ་སྲས་མཆོག་ལ་ལོངས་སྐུར་སྟོན། །འཇིག་རྟེན་ཁམས་ནི་མཐའ་ཡས་པར། །འགྲོ་ལ་སྤྲུལ་པ་སྣ་ཚོགས་འགྱེད། །སྐྱེ་བའི་སྤྲུལ་པ་དཀའ་ལྡན་དུ། །ལྷ་རྣམས་གདུལ་བར་བྱ་ཕྱིར་བཞུགས། །བཟོ་ཡི་སྤྲུལ་པས་དྲི་ཟ་ཡི། །རྒྱལ་པོ་རབ་དགའ་རྣམ་པར་བཏུལ། །མཆོག་གི་སྤྲུལ་པ་སྣ་ཚོགས་པས། །གདུལ་དཀའ་འགའ་ཞིག་གདུལ་བའི་ཕྱིར། ། རྣམ་པ་སྣ་ཚོགས་ངོ་མཚར་རྨད། །

འཇིག་རྟེན་སྐྱོང་རྣམས་འདུལ་བའི་ཕྱིར། །རི་རབ་རི་ཡི་རྩེ་མོ་རུ། །སྤྲུལ་པའི་དཀྱིལ་འཁོར་ཆེན་པོ་དེར། །དབང་བསྐུར་མཛད་ནས་རྣམ་པར་བཏུལ། །བདུད་ཀྱི་དཀྱིལ་འཁོར་འདུལ་བའི་ཕྱིར། །རྡོ་རྗེ་ལྷ་མོའི་ཚོགས་ཀྱིས་བསྐོར། །མི་ཡི་འགྲོ་བ་འདུལ་བའི་ཕྱིར། །གཞོན་ནུའི་རོལ་རྩེད་སྣ་ཚོགས་མཛད། །དཀའ་ཐུབ་དཀའ་བ་སྲུན་དབྱུང་ཕྱིར། ཁྱེད་ཀྱིས་ལོ་དྲུག་དཀའ་བ་སྤྱད། །རྒྱལ་པོ་ཟས་གཙང་སྟོན་རབས་ཀྱིས། །མགུ་མཛད་ཁམས་དྲུག་བཞིགས་ནས་བཏུལ། །རྒྱལ་པོ་ཆེན་པོ་པི་ལིནྡྲ། །འཁོར་ལོས་སྒྱུར་བའི་གཟུགས་ཀྱིས་བཏུལ། །རྒྱལ་པོ་ཨུ་ཏྲ་ཡ་ན་ནི། ཁྱོད་སྐུ་རི་མོར་བྲིས་པས་བཏུལ། །འཛམ་པའི་དབྱངས་ཀྱི་ཆོ་འཕྲུལ་གྱིས། ། ལྷ་དང་བཅས་པའི་བདུད་ཀྱི་སྡེ། །བཏུལ་ནས་ཆོས་ཀྱིས་གྲོལ་བར་མཛད། །

རྒྱལ་པོ་མ་སྐྱེས་དགྲ་ཡི་སྡིག །རས་ཡུག་ཆེན་པོའི་གདམས་པས་སྦྱངས། །དགེ་སློང་དགྲ་བཅོམ་འགྲོ་བ་དང་། །དམྱལ་བར་བསྐྱུར་ནས་ཕྱི་ནས་གསོ། །ཕྱག་ན་རྡོ་རྗེ་སྟོབས་ཆེན་གྱིས། །དབང་ཕྱུག་ཆེན་པོ་བསད་ནས་བཏུལ། །བདུད་ཀྱི་དཔུང་རྣམས་བསྡིགས་ནས་བཏུལ། །ལྷ་མོ་ནམ་གྲུ་བསྟོད་པས་བཏུལ། །སྤྱན་རས་གཟིགས་ཀྱི་ཐུགས་རྗེ་དང་། །རིག་སྔགས་སྦྱོར་བའི་ཆོ་ག་དང་། །རི་ལུ་སླན་གྱི་སྦྱོར་བ་ཡིས། །སྡིག་བསྡལ་ཅན་རྣམས་ལེགས་པར་གསོས། །དེ་བཞིན་རྒྱལ་སྲས་ཐུགས་རྗེ་ཅན། །ཆོ་འཕྲུལ་གསུམ་གྱིས་འདུལ་མཛད་པ༑ ༑དེ་དག་ཀུན་གྱིས་འཇིག་རྟེན་འདི། །ཞུ་གཅིག་བཞིན་དུ་བསྐྱངས་ཞེས་གྲགས། །

མཉན་ཡོད་ལ་སོགས་གདུལ་དཀའ་བ། །གདུལ་ཕྱིར་ཤཱ་རིའི་བུ་ལ་སོགས། །ཉན་ཐོས་ཆེན་པོ་མངགས་པ་མཛད། །རིགས་དང་བྲ་ཕྱིར་འཆར་ཀ་དང་། །ཡུལ་ཅན་རྒྱལ་པོ་གདུལ་བའི་ཕྱིར། །འཕགས་པ་ཀཱ་ཏྱཱ་ཡ་ན་སོགས། །གང་ལ་གང་གིས་འདུལ་གྱུར་པ། །དེ་འདྲའི་ཚུལ་གྱིས་ཐམས་ཅད་བཏུལ། །དེ་ལྟའི་ཕྲིན་ལས་བསམ་ཡས་པ། །མཐོང་དམ་ཐོས་པར་གྱུར་ན་ཡང་། །སུ་ཞིག་ངོ་མཚར་སྐྱེ་མི་འགྱུར། །སྔོན་གྱི་ཕྲིན་ལས་དེ་འདྲའི་ཚ། །ད་ལྟའི་འགྲོ་བ་ཉམ་ཐག་ཅིང་། །མགོན་མེད་འདྲེན་པ་མ་མཆིས་པ། །གླེན་ཞིང་ཕྱོགས་ཀྱང་མི་འཚལ་བ། །རི་དྭགས་རྒྱ་རུ་ཆུད་འདྲ་བའི། །སེམས་ཅན་རྣམས་ལ་མི་གཟིགས་ན། །ཐུགས་རྗེ་མངའ་བའི་ཐུགས་རྗེ་དེ། །ཇི་ལྟར་ལགས་པས་གསུང་དུ་གསོལ། །

ཁྱབ་འཇུག་འཇིག་རྟེན་ཕན་འདོད་པས། །དགའ་བྱེད་དགའ་བྱེད་དགྲ་སྟ་ཅན། །མི་ཡི་སེང་གེ་མི་ཐུང་སོགས། །རྣམ་པར་འཕྲུལ་པ་དུ་མ་ཡིས། །ཆོས་མིན་བྱེད་པའི་གདུག་པ་ཅན། །འབད་པ་ཆེན་པོས་བཏུལ་ཞེས་གྲགས། །དེས་ནི་འཕགས་པའི་ཆོས་མ་ཐོབ། །བྱང་ཆུབ་སེམས་ཀྱང་མ་བསྐྱེད་མོད། །འོན་ཀྱང་ཕན་པའི་སྤྱོད་པ་འདི། །མགོན་པོ་ཆེན་པོ་གཟིགས་སུ་གསོལ། །བརྒྱ་བྱིན་གཙུག་ན་ཟླ་བ་དང་། །དབྱིག་གི་སྙིང་པོ་བྱིན་ཟའི་བདག །ནོར་ལྷ་ཀླུ་རྒྱལ་མ་དྲོས་པ། །ནོར་རྒྱས་རྒྱ་མཚོའི་རྒྱལ་པོ་སོགས། །དེ་དག་འཕགས་པའི་ཆོས་མ་ཐོབ། །དམིགས་པ་མེད་པའི་སྙིང་རྗེ་མེད། །དེ་ལྟ་མོད་ཀྱི་རང་རང་གི། །ནུས་པ་བཞིན་དུ་གཞན་ལ་ཕན། །ཉི་ཟླ་གཟའ་སྐར་མ་བཅོལ་ཡང་། །མཁའ་ལ་རྒྱུ་ཞིང་ས་སྟེང་སྐྱོང་། །ཡིད་བཞིན་ནོར་བུ་དཔག་བསམ་ཤིང་། །སེམས་མེད་ཀྱང་ནི་རེ་བ་སྐོང་། །མགོན་ཁྱོད་བྱང་ཆུབ་སྤྱོད་པའི་ཚེ། །ལྷ་ཡི་དབང་པོར་འགྱུར་པ་ན། །འཇིག་རྟེན་ཚང་ལ་དགའ་བ་དག །འབད་པ་ཆེན་པོས་ཟློག་པར་མཛད། །ཚངས་པའི་རྒྱལ་པོར་ཁྱོད་འགྱུར་ཚེ། །ལོག་ལྟས་ཟིན་པའི་རྒྱལ་པོ་ལ། །ངོ་མཚར་ཅན་གྱི་སྐུར་བསྟན་ནས། །དེ་ཡི་ལོག་ལྟ་བཟློག་ཅེས་གསུངས། །བྱང་ཆུབ་ཆེན་པོར་གྱུར་པ་ན། །འབད་པས་རྫུ་འཕྲུལ་བསྒྲུབས་ནས་ཀྱང་། །མི་དགེའི་བཤེས་གཉེན་གྱིས་ཟིན་པའི། །རྒྱལ་པོ་འཁོར་བཅས་ཆོས་ཀྱིས་བཏུལ། །དེ་ལ་སོགས་པ་སྐྱེས་པའི་རབས། །རྣམ་པ་སྣ་ཚོགས་རྨད་བྱུང་མཛད། །འགྲོ་བ་གཞན་གྱི་སྲོག་སྐྱོབ་ཕྱིར། །ཉིད་ཀྱི་སྐུ་ཡང་བཏང་བ་མཚར། །མགོན་པོ་ཁྱོད་ཀྱིས་རྒྱུ་ཡི་དུས། །འཇིག་རྟེན་ཆོས་ལས་མ་བཏགས་ཡང་། །བྱང་ཆུབ་སྤྱོད་པའི་གནས་སྐབས་ནི། །བདག་ཅག་ཕན་པ་དུ་མས་བསྐྱངས། །

ད་ནི་འབྲས་བུ་མཆོག་བརྙེས་ནས། །འགྲོ་བའི་སྡུག་བསྔལ་གཟིགས་བཞིན་དུ། །སྡུག་བསྔལ་ཅན་ལ་མི་གཟིགས་པ། །ཁྱོད་ཀྱི་ཐུགས་རྗེ་ཆེན་པོ་གང་། །ཉམ་ཐག་འཇིགས་པས་བདས་པས་ན། །ཁྱེད་ལ་སྐྱབས

སུ་མཆི་ཞིང་འབྲོས། །འབྲོས་པ་དེ་བར་ཐུགས་རྗེ་ཡི། །སྤྱན་རས་གཟིགས་ཀྱང་ཅི་ཞིག་སྐྱོན། །སེམས་ཅན་ལས་ལ་སྨྲོད་པ་ལ། ཁྱོད་ཀྱིས་ཕན་པར་མི་སྤྱོར་ཀྱང་། །འོན་ཀྱང་སྡུག་བསྔལ་ཅན་དེ་ལ། །བཀའ་ཙམ་སྩལ་ན་ཅིར་འགྱུར་ལགས། །འཇིག་རྟེན་པ་དག་མ་ཕན་ཡང་། །སྡུག་བསྔལ་ལྡན་པའི་སྡུག་གྲོགས་བགྱིད། །ཁྱོད་ཀྱིས་དེ་ཡི་ཆ་ཙམ་ཞིག །མཛད་ནའང་དབུགས་འབྱིན་བགྱིད་པ་གསུང་། །དེ་ལྟ་ན་ཡང་ཀུན་མཁྱེན་ཁྱེད། །བདག་ཅག་འགྲོ་ལ་མི་གཟིགས་ན། །ད་ནི་སྐྱོབ་པར་བྱེད་པ་ཡི། །ཀྱེ་མ་སྐྱབས་གཞན་གང་ལ་བགྱི། །

ཇི་ལྟར་སྨྲེལ་པའི་རྒྱལ་པོ་འགའ། །ཐར་བར་བྱ་ཕྱིར་སྨྲེལ་པ་བརྩོན། །སྒྱུ་མའི་མཁན་པོ་སྒྱུ་མ་ཡི། །དཔུང་གིས་འཇིགས་པ་ཀུན་ལས་སྒྲོལ། །མགོན་པོ་ཁྱོད་ཀྱི་རྫུ་འཕྲུལ་གྱིས། །འཇིགས་པ་ཀུན་ལས་བསྒྲལ་དུ་གསོལ། །མགོན་ཁྱོད་ཀུན་ལ་ཕན་མཛད་ཀྱང་། །བདུད་དང་མུ་སྟེགས་དགྲ་བཞིན་ལྟ། །ལྟས་བྱིན་ལེགས་པའི་སྐར་མ་སོགས། །སློབ་མར་གྱུར་ཀྱང་རྒྱབ་ཀྱིས་ཕྱོགས། །སེམས་ཅན་མོས་པ་སྣ་ཚོགས་པ། །ཀུན་མཁྱེན་གྱིས་ཀྱང་མི་མགུ་ན། །བདག་འདྲ་ངན་པས་སེམས་ཅན་དོན། །བསྒྲུབ་པར་འདོད་པ་བཞད་གད་གནས། །ན་བའི་བུ་ལ་ཁྱད་པར་དུ། །མ་ནི་གདུང་བ་སྐྱེ་བ་ལྟར། །དེ་བཞིན་རྒྱལ་བ་སྲས་བཅས་ཀྱང་། །དམ་པ་མིན་ལ་ཁྱད་པར་བརྩེ། ། དེ་སྐད་གསུངས་པའི་ཚིག་ཁྲུམས་པས། །བླུན་པོ་བདག་ནི་སྤོབས་པ་སྐྱེས། །

བཞད་གད་མཁན་གྱིས་རྒྱལ་པོ་ལ། །ཇི་ལྟར་གླེངས་ཀྱང་མི་ཁྲོ་བའི། །ཁྲིམས་འདི་ཆོས་རྒྱལ་སྟ་མ་ཡིས། །འཇིག་རྟེན་བདེ་བའི་དོན་དུ་བཅས། །སངས་རྒྱས་རྣམས་ཀྱི་ཐློས་གར་ལ། ཁྲོ་རྒྱལ་ཐུགས་རྗེ་ལྡན་པ་ཡིས། །གནད་དུ་བསྐུལ་ནས་སངས་རྒྱས་ཀུན། །ཉེ་བར་བྱིན་གྱིས་རློབ་ཅེས་གསུང་། །དེ་ལྟར་ཁྲུམས་ནས་ཐུགས་རྗེ་ཅན། །མགོན་པོ་ཁྱོད་ལ་ཡང་དང་ཡང་། །མི་ཤེས་བཞིན་དུ་ཞུ་བའི་འཕྲིན། །བདག་ནི་སྤྱི་བརྟོལ་སྐྱེས་པར་གྱུར། །དེ་ལྟར་ཞུ་བའི་འཕྲིན་ཡིག་འདི། །གསན་ནས་འདི་ཡི་འཕྲིན་ལན་ཞིག །འགྲོ་ལ་དངོས་སུ་མི་གསུང་ཡང་། །འཕྲིན་གྱིས་གདམས་པར་མཛད་དུ་གསོལ། །མགོན་པོ་ཁྱོད་ཀྱི་ཡོན་ཏན་འཚལ། །བཀའ་དྲིན་ཡང་ནི་དྲན་ཞིང་མཆིས། །དེ་སླད་ཞིང་གི་རྟུལ་སྙེད་ཀྱི། །ལུས་བཏུད་པས་ནི་སྤྱིས་ཕྱག་འཚལ། །ཕྱི་ནང་གསང་བ་ཉིད་དོན་ཅན། །ལུས་དང་བླ་ན་མེད་པ་ཡི། །མཆོད་པའི་སྤྲིན་ནི་མཐའ་ཡས་པས། །ཡོན་ཏན་རྒྱ་མཚོར་མཆོད་པར་བགྱི། །ལས་ཀྱི་རླུང་གིས་འདས་པས་ན། །སྡིག་པའི་རྒྱ་མཚོར་བདག་ཅག་ལྟུང་། །དེ་སླད་ཉེས་པར་སྤྱད་པ་རྣམས། །རྣམ་པ་ཀུན་ཏུ་བཤགས་པར་འཚལ། །

འཇིག་རྟེན་རྒྱལ་བའི་སློབ་མ་དང་། །རང་རྒྱལ་དང་ནི་རྒྱལ་བའི་སྲས། །རྒྱལ་བ་རྣམས་ཀྱིས་མཛད་པ་ཡི༑ ༑བསོད་ནམས་ཀུན་ལ་ཡི་རང་ངོ་། །འཇིག་རྟེན་བླུན་པོར་གཟིགས་ནས་ནི། །ཆོས་ཀྱི་འཁོར་ལོ་བསྐོར་

མི་མཛད། །བདག་ཅག་ལྷག་བཅས་འཇིག་རྟེན་རྣམས། །ཆོས་གསུང་ཕྱིར་ན་བསྐུལ་བར་གསོལ། །སངས་རྒྱས་འབྱུང་བ་རྙེད་དཀའ་བར། །བསྟན་ཕྱིར་མྱ་ངན་འདའ་བཞེད་པ། །དེ་ལ་འཇིག་རྟེན་གནས་ཀྱི་བར། །འགྲོ་བའི་དོན་དུ་གཞུགས་སུ་གསོལ། །བསླུ་བ་མི་མངའ་སྐྱབས་ཀྱི་མཆོག །སྲིད་པའི་འཇིགས་པ་སྐྱོབ་པ་གསུམ། །དེ་ལ་བྱང་ཆུབ་སྙིང་པོའི་བར། །རྣམ་པ་ཀུན་ཏུ་བདག་སྐྱབས་མཆི། །འགྲོ་ཀུན་བདེ་ལ་འགོད་སླད་དུ༔ །སངས་རྒྱས་སྤྱན་སྔར་བདག་མཆིས་ཏེ། །བྱང་ཆུབ་མཆོག་ཏུ་སེམས་བསྐྱེད་ནས། །སྤྱོད་པ་རྒྱ་མཚོར་སྤྱད་པར་བགྱི། །དགེ་བ་འདི་དང་དགེ་བ་གཞན། །ཡོད་མེད་འཛིན་པའི་དུག་སྤངས་ཏེ། །འཇམ་དཔལ་ཇི་ལྟར་དགྱེས་པ་ཡིས། །བསྔོ་བ་དེ་བཞིན་བདག་བསྔོའོ། །ད་དུང་བདག་ལ་བསྔོ་བའི་ཚུལ། །སྔོན་ཚད་གཞན་གྱིས་མ་བསམས་པའི། །འགྲོ་བའི་ཡོངས་པ་བསྐྱབ་པའི་ཕྱིར། །སྐྱོབ་པ་མཆོག་ལ་བདག་འདི་ཞུ། །གདུལ་བར་བྱ་བའི་སྲས་རྣམས་ལ། །སངས་རྒྱས་དུས་ལས་མི་འདའ་ཞེས། །ཁྱོད་ཀྱི་ཞལ་གྱིས་བཞེས་པ་མཚར། །དེ་ལ་རྗེས་སུ་ཡི་རང་ངོ་། །

གང་དག་ཁྱེད་ཀྱི་གདུལ་བྱ་མིན། །དེ་ཡི་དྲུང་དུ་བདག་སོང་སྟེ། །རྣམ་འཕྲུལ་བྱེ་བས་ཡིད་བསྒྱུར་ནས། །ཁྱོད་ཀྱི་བསྟན་ལ་འཛུག་པར་ཤོག །གང་ཞིག་སོ་སོར་མ་བརྟགས་པའི། །བཏང་སྙོམས་ཁྱོད་ལ་མི་མངའ་མོད། །སོ་སོར་བརྟགས་ནས་བཏང་སྙོམས་སུ། །འཇོག་པ་ཁྱོད་ཀྱི་གསུང་ལས་བྱུང་། ཁྱོད་ཀྱིས་བཏང་སྙོམས་བཞག་པ་ཡི། །འགྲོ་བ་དེ་དང་དེ་དག་ལ། །བདག་གིས་འབད་པ་ཆེན་པོ་ཡིས། ཁྱོད་ཀྱི་གདུལ་བྱར་འགྱུར་བར་བགྱི། །གནས་དང་གནས་མིན་མཁྱེན་ཁྱོད་ཀྱི། །གནས་མ་ཡིན་ལ་ཕྲིན་ལས་ལྡོག །དེ་དག་མདུན་དུ་བདག་སོང་སྟེ། །ཆོས་ཀྱི་སྣོད་དུ་འགྱུར་བར་བགྱི། །ལས་ནི་བདག་གིར་བྱའོ་ཞེས། །སྡུག་བསྔལ་ཚོར་བ་མི་བཟད་པ། །དེ་ལ་ཐབས་མཁས་ཐུགས་རྗེ་དང་། །ལྡན་ཡང་གསོ་བྱ་མིན་ཞེས་གསུངས། ཁྱོད་ཀྱིས་གསོ་བྱ་མ་ཡིན་པ། །དེ་དག་དྲུང་དུ་བདག་སོང་སྟེ། །སྡུག་བསྔལ་བསྐྱབ་པར་མ་ནུས་ཀྱང་། །དེ་ཡི་སྡུག་གྲོགས་བྱེད་པར་ཤོག །སེམས་ཅན་རྣམས་ལ་ཕན་དཀའ་ཞིང་། །ཕན་པར་བྱས་ཀྱང་མགུ་དཀའ་མོད། །གལ་ཏེ་ཕན་པར་མ་གྱུར་ཀྱང་། །དེ་ལ་བརྩེ་བས་སྐྱོན་པར་ཤོག །

ཉི་མ་ཤིན་ཏུ་འོད་གསལ་ཡང་། །མིག་དང་བྲལ་ལ་གསལ་མི་ནུས། །རིན་ཆེན་འབྱུང་ཁུངས་བཟང་པོ་ཡང་། །འབད་རྩོལ་མེད་པར་ཐོབ་པར་དཀའ། །ཕན་པར་བྱེད་པའི་སྨན་པ་ལ། །འབྱུང་པོས་ཟིན་པ་ཤིན་ཏུ་ཁྲོ༔ །ཐུགས་རྗེ་མངའ་བ་ཁྱོད་བཞུགས་ཀྱང་། །སྡིག་ཅན་རྣམས་ཀྱིས་མཐོང་བར་དཀའ། །རང་ཉིད་མུན་ཁུངས་ཞུགས་ནས་ནི། །ཉི་མའི་འོད་ལ་འཁང་བ་ལྟར། །དེ་བཞིན་སྡིག་པའི་ཁུངས་ཞུགས་ནས། །ཕན་མཛད་

ཁྱོད་ལ་འཁང་བར་ཟད། །དེ་འདྲའི་ གླུན་པོ་གཟིགས་ནས་ནི། །མགོན་པོ་རྣམ་འཕྲུལ་བྱེ་བ་བརྒྱུས། །རེ་རེའི་མདུན་དུ་བསྐོར་ནས་ནི། །དེ་དགའ་བ་ཡི་ཆོས་བསྟན་ནས། །སྡུག་བསྔལ་ཐམས་ཅད་བསལ་དུ་གསོལ། ། བདག་ཀྱང་ཁྱེད་ཀྱིས་མ་བསྒྲལ་བའི། །འགྲོ་བ་གང་དག་མཆིས་པ་དེར། །སངས་རྒྱས་ཀུན་གྱི་ཕྲིན་ལས་པས། ། ལྷག་པར་གྱུར་ནས་དོན་བྱེད་ཤོག །བདག་གི་ཞུ་བའི་འཕྲིན་ཡིག་འདི། །མ་བརྗོད་ཀྱང་ནི་ཐུགས་ལ་གསལ། ། འོན་ཀྱང་སེམས་ཀྱི་ནུག་རྡུའི་ཚོགས། །བསལ་ཕྱིར་ཁྱེད་ལ་འཕྲིན་འདི་ཞུ། །བདག་དང་འདྲ་བའི་ཆོས་སླ་བ། ། བདེན་པར་སླུས་ན་ཕ་རོལ་ཁྲོ། །བརྟུན་པས་སྡིག་ཏུ་འགྱུར་དོགས་པ། །དེ་དག་གིས་ཀྱང་འཕྲིན་ཡིག་ལགས། །

བདག་ཀྱང་སྟོན་སྦྱངས་ལས་ཀྱི་འཕེན་པ་ཡིས། །སྙིགས་མའི་དུས་སུ་གངས་རིའི་ཁྲོད་འདིར་སྐྱེས། ། འོན་ཀྱང་ཁྱེད་ཀྱི་ཐུགས་ཀྱིས་རྗེས་བཟུང་བས། །སངས་རྒྱས་བསྟན་ལ་དད་པའི་བློ་གྲོས་སྐྱེས། །དེ་ལྟ་མོད་ཀྱི་ཁྱོད་ཀྱི་གསུང་བསྒྲུབས་པས། །སྐྱེ་བོ་ཕལ་ཆེར་བདག་ལ་མཉེས་མ་གྱུར། །འདི་ལ་དགོངས་ལ་ཁྱེད་ཀྱིས་གང་བདེན་པ། །རྣམ་པར་ཕྱེ་སྟེ་འགྲོ་ལ་གསལ་བར་མཛོད། །བདག་ཀྱང་སྐྱེ་ཞིང་སྐྱེ་བ་ཐམས་ཅད་དུ། །བདེ་བར་གཤེགས་པའི་བསྟན་པ་འཛིན་པ་དང་། །ཡང་དག་བླ་མ་དམ་པ་མཉེས་བྱེད་ཅིང་། །འགྲོ་བ་ཀུན་གྱི་སྐྱབས་སུ་འགྱུར་བར་མཛོད། །དགེ་བ་འདི་དང་དགེ་བའི་རྩ་བ་གཞན། །བདག་དང་གཞན་གྱིས་ལེགས་པར་གང་བསྒྲུབས་པ། ། །ཡོད་མེད་ལ་སོགས་དམིགས་པའི་དྲུག་སྤྲངས་ཏེ། །ཀུན་མཁྱེན་འགྲོ་བའི་རྒྱ་ལག་ཐོབ་པར་ཤོག །

ཕྱོགས་བཅུའི་སངས་རྒྱས་དང་བྱང་ཆུབ་སེམས་དཔའ་རྣམས་ལ་འཕྲིན་དུ་ཞུ་བ། སྡེ་སྣོད་འཛིན་པ་ས་སྐྱ་པཎྜི་ཏས་སྦྱར་བ་རྫོགས་སོ།། །།

༄༅། །སྐྱེས་བུ་དམ་པ་རྣམས་ལ་སྤྲིང་བའི་ཡི་གེ་བཞུགས་སོ། །

ཆོས་རྗེ་ས་སྐྱ་པཎྜི་ཏ།

བླ་མ་དང་འཇམ་པའི་དབྱངས་ལ་ཕྱག་འཚལ་ལོ། །བརྩེ་བས་ལེགས་པའི་ལམ་ལ་སྦྱོར། །མཁས་པའི་ཕྱིར་ན་བདེན་པ་སྟོན། །མུ་སྟེགས་གཞན་གྱིས་མི་བསྐྱོད་པའི། །སྟོན་མཆོག་ཁྱོད་ལ་ཕྱག་འཚལ་ལོ། །ཕྱོགས་བཅུ་ན་བཞུགས་པའི་བླ་མ་དམ་པ་ཡང་དག་པའི་དགེ་བའི་བཤེས་གཉེན་རྣམས་དང་། སངས་རྒྱས་དང་བྱང་ཆུབ་སེམས་དཔའ་མངོན་སུམ་གྱི་སྤྱན་དང་ལྡན་པ་རྣམས་བདག་གི་དཔང་དུ་གྱུར་པ་ལགས། གཞན་ཡང་དེང་སང་གི་དགེ་བའི་བཤེས་གཉེན་ཆོས་སྨྲ་བ་རྣམས་དང་། སངས་རྒྱས་ཀྱི་བསྟན་པ་ལ་ལྷག་པའི་བསམ་པ་དག་པས་མོས་པའི་སྐྱེས་བུ་དམ་པ་རྣམས་ལ་དོན་འདི་ཞུ་བ། བདག་གིས་རྒྱ་གར་དང་བོད་ལ་ཡོངས་སུ་གྲགས་པའི་སྡེ་སྣོད་གསུམ་དང་། རྒྱུད་སྡེ་བཞི་ལུང་དང་རིགས་པ་དང་། གདམས་ངག་དང་། རྗེས་སུ་གདམས་པ་ཕལ་མོ་ཆེ་ཐོས་ཤིང་འདྲིས་པར་བགྱིས། དེ་ལ་བདག་གིས་བསྟན་པ་ལ་འཇུག་པའི་རིམ་པ་འདི་ལྟར་གོ་བས། འཐད་མི་འཐད་ལེགས་པར་དཔྱད་པར་ཞུ།

ཐོག་མར་སྐྱབས་འགྲོ་མ་བྱས་ན། སངས་རྒྱས་པའི་ཁོངས་སུ་མི་ཆུད། སེམས་བསྐྱེད་མ་བྱས་ན། ཐེག་པ་ཆེན་པོའི་ཁོངས་སུ་མི་ཆུད། དབང་བསྐུར་མ་བྱས་ན་གསང་སྔགས་པའི་ཁོངས་སུ་མི་ཆུད་པར་གོ། །འཇམ་དཔལ་རྩ་བའི་རྒྱུད་ལས། གང་དག་དགེ་སློང་གི་སྡོམ་པ་མ་ཐོབ་པ་དེ་དག་ལ་དགེ་སློང་གི་མིང་མི་གནས།བྱང་ཆུབ་མཆོག་ཏུ་སེམས་མ་བསྐྱེད་པ་དེ་དག་ལ་བྱང་ཆུབ་སེམས་དཔའི་མིང་མི་གནས། གང་དག་དཀྱིལ་འཁོར་ཆེན་པོར་དབང་བསྐུར་བ་མ་བྱས་པ་དེ་དག་ལ་གསང་སྔགས་པའི་མིང་མི་གནས། ཞེས་བྱ་བ་ལ་སོགས་པ་རྒྱས་པར་གསུངས་སོ། །

དེས་ན་ཆོས་ཀྱི་གཞི་སྐྱབས་འགྲོ་ཡིན། དེ་ཡང་ཐུན་མོང་གི་སྐྱབས་འགྲོ་ལ་བརྟེན་ནས་སོ་སོར་ཐར་པའི་སྡོམ་པ་སྐྱེ། དེ་ལམ་གྱི་བདེན་པས་སྤྲངས་ན་སྲིད་པ་གསུམ་ན་དགྲ་བཅོམ་པར་འགྱུར། རང་སངས་རྒྱས་ཀྱང་གཞི་དེ་ལ་བརྟེན་ནས་སྐྱབས་འགྲོ་དང་ཐབས་ཀྱི་ཆ་ཅུང་ཟད་ཡོད་དོ། །

ཐུན་མོང་མ་ཡིན་པའི་སྐྱབས་འགྲོ་ལ་བརྟེན་ནས་བྱང་ཆུབ་སེམས་དཔའི་སྡོམ་པ་སྐྱེ། སྡོམ་པ་འདི་སེམས

བསྐྱེད་ཀྱི་སྐབས་སུ་ཐོབ། དེ་ལམ་ཕ་རོལ་ཕྱིན་པ་དྲུག་གིས་སྦྱངས་ནས་བསྐལ་པ་གྲངས་མེད་གསུམ་ན་འཚང་རྒྱ། འདི་ཡང་བྱང་ཆུབ་སེམས་དཔའ་དབང་པོ་རྣོ་རྟུལ་གྱི་བྱེ་བྲག་མང་དུ་མཐོང་། བླ་ན་མེད་པའི་སྐབས་འགྲོ་དང་སེམས་བསྐྱེད་ལ་བརྟེན་ནས། རིག་པ་འཛིན་པ་གསང་སྔགས་ཀྱི་སྡོམ་པ་སྐྱེ། དེ་དབང་བསྐུར་གྱི་དུས་སུ་ཐོབ་ཀྱི; གཞན་དུ་ཐོབ་པར་གསུངས་པ་མ་མཐོང་། དབང་བསྐུར་གྱི་སྡོམ་པ་ལམ་རིམ་པ་གཉིས་ཀྱིས་སྦྱངས་ན་ཡེ་ཤེས་ཕྱག་རྒྱ་ཆེན་པོ་རྫོགས་ཏེ། རབ་ཚེ་འདི་ལ་འཚང་རྒྱ། འབྲིང་འཆི་ཀའམ་བར་དོར། ཐ་མ་སྐྱེ་བ་བདུན་ནམ་བཅུ་དྲུག་ཚུན་ཆད་ན་འཚང་རྒྱ་བར་གསུངས། དེས་ན། དབང་བསྐུར་མཆོག་ཐོབ་རྡོ་རྗེ་ཡི། །སློབ་དཔོན་ལ་ནི་དེ་བཞིན་གཤེགས། །ཕྱོགས་བཅུའི་འཇིག་རྟེན་ཁམས་བཞུགས་པས། །དུས་གསུམ་དུ་ནི་མདོན་ཕྱག་འཚལ། །ཞེས་བྱ་བ་དང་། དཔལ་གསང་བ་འདུས་པ་ལས། དབང་བསྐུར་ཐོབ་པའི་སློབ་དཔོན་ལ་ཇི་ལྟར་ལྟ་བར་བྱ། ཞེས་བྱ་བའི་ལན་དུ་དུས་གསུམ་གྱི་སངས་རྒྱས་ཐམས་ཅད་མཆོད་པ་དང་།སློབ་དཔོན་གྱི་བ་སྤུའི་བུ་ག་གཅིག་ལ་མཆོད་པ་བསོད་ནམས་མཉམ་པར་གསུངས།

ཐུན་མོང་མ་ཡིན་པའི་གསང་བ་ལས་ཀྱང་། གང་ལ་དབང་རབ་མཆོག་ཐོབ་པ། །དེ་ནི་བླ་མར་ཡོངས་སུ་གཟུང་། །ཞེས་བྱ་བ་དང་། ཕྱག་རྒྱ་ཆེན་པོ་ཐིག་ལེ་ལས་ཀྱང་། དབང་མེད་ན་ནི་དངོས་གྲུབ་མེད། །བྱེ་མ་བཙིར་ཡང་མར་མེད་བཞིན། །ཞེས་བྱ་བ་ལ་སོགས་པ་གསུངས་སོ། །འདིའི་ལུང་དང་རིགས་པ་རྣམས་ཡི་གེ་མངས་ཀྱིས་འཇིགས་ནས་འདིར་མ་བྲིས་སོ། །དེས་ན་སྡོམ་པ་གསུམ་གྱི་བབས་འདི་ལྟར་འཐད་མི་འཐད་ངས་བཤད་པ་དང་། མདོ་རྒྱུད་ནས་གསུངས་པ་མཐུན་མི་མཐུན་ལེགས་པར་དཔྱད་པར་ཞུ།

བྱེ་བྲག་ཏུ་སོ་སོར་ཐར་པ་ལ་ཡང་ཉན་ཐོས་དང་ཐེག་ཆེན་གཉིས། ཉན་ཐོས་ལ་རྩ་བའི་སྡེ་བཞི། སརྦཱ་སྟི་ཝཱ་ད་དང་། མ་ཧཱ་སཾ་གྷི་ཀ་དང་། ཨཱ་རྱ་སམྨི་ཏཱི་ཡ་དང་། སྠ་བི་ར་ཞེས་བྱ་བ་སྐད་རིགས་བཞི་གསུངས། དེ་ལས་ཕྱེས་པའི་སྡེ་པ་བཅོ་བརྒྱད་སྣང་། དེ་དག་ལ་གནང་བཀག་མི་འདྲ་བ་དུ་མ་མཐོང་།

དེ་དག་གི་དང་པོར་ལེན་ཚུལ་དང་། བར་དུ་བསྲུང་ཚུལ་དང་། གནང་བཀག་གི་དབྱེ་བ་དང་། ཐ་མར་གཏོང་ཚུལ་དང་། ཕྱིར་བཅོས་པའི་ཐབས་རྣམས་སོ་སོའི་གཞུང་དང་མཐུན་པར་བྱ་དགོས་ཀྱི། ཕན་ཚུན་བསྲེར་མི་རུང་ཞེས་བདག་གིས་བཤད།བོད་དུ་ཐམས་ཅད་ཡོད་པར་སྨྲ་བའི་འདུལ་བ་མིན་པ་མ་བསྒྱུར། ལུགས་འདི་འཐད་མི་འཐད། སྡེ་པ་ཐ་དད་བཀླག་པའི་འཁོར་ལོ་དང་། འདུལ་བ་འོད་ལྡན་དང་། སྤྱོད་འཇུག་གི་ཤེས་རབ་ལེའུ་དང་། རྣམ་བཤད་རིགས་པ་དང་། རྟོག་གེ་འབར་བ་ལ་སོགས་པ་ནས་གསུངས་པ་དང་། ངས་བཤད་པ་མཐུན་མི་མཐུན་དཔྱད་པར་ཞུ། ཐེག་པ་ཆེན་པོའི་སེམས་བསྐྱེད་ལ། དོན་དམ་སེམས་བསྐྱེད་བསྒོམས་པ་

ལས་སྐྱེ་བར་གསུངས་ཀྱི། ཚིག་ལས་སྐྱེ་བར་གསུངས་པ་བདག་གིས་མ་མཐོང་། ཀུན་རྫོབ་སེམས་བསྐྱེད་ཚིག་ལས་སྐྱེ་བར་གསུངས། དེ་ལའང་ཉན་ཐོས་ཀྱི་ལུགས་ཏེ། ཐེག་པ་ཆེན་པོ་པ་མི་འདོད། ཐེག་པ་ཆེན་པོ་པ་ལའང་སེམས་ཙམ་པ་དང་། དབུ་མ་པའི་ལུགས་གཉིས་སྣང་། སེམས་ཙམ་པའི་ལུགས་དེ། སློབ་དཔོན་འཕགས་པ་ཐོགས་མེད་ཀྱི་བཞེད་པ། སྡོམ་པ་ཉི་ཤུ་པའི་ལུགས། ད་ལྟ་བཀའ་གདམས་པས་མཛད་པ་དེ་ཡིན། དེ་ལ་སོ་སོར་ཐར་པ་རིགས་བདུན་གང་རུང་རྟེན་དུ་དགོས་ལ་སྡེ་སྣོད་ཀྱི་མ་མོ་རྣམས་ཤེས་དགོས། དེ་དང་མི་ལྡན་པ་ལ་སེམས་བསྐྱེད་བྱ་བར་མ་གསུངས།

དབུ་མ་པའི་སེམས་བསྐྱེད་འདི། འཕགས་པ་ཀླུ་སྒྲུབ་ཀྱི་ལུགས། སྤྱོད་འཇུག་ནས་འབྱུང་བ་ཆོས་རྗེ་ས་སྐྱ་པ་ཡབ་སྲས་ཀྱིས་མཛད་པའི་ལུགས་དེ་ལགས། དབུ་མ་པའི་ལུགས་ལ་སོ་སོར་ཐར་པ་རིགས་བདུན་རྟེན་དུ་མི་དགོས། བྱང་ཆུབ་སེམས་དཔའི་སྡེ་སྣོད་ཀྱི་མ་མོ་མི་ཤེས་ཀྱང་སེམས་བསྐྱེད་སྐྱེ། འདི་དག་གི་ཚིག་དང་། བསླབ་བྱའི་ཁྱད་པར་རྣམས་བྱང་ཆུབ་སེམས་དཔའི་ས་དང་། སྡོམ་པ་ཉི་ཤུ་པ་དང་། བསླབ་བཏུས་དང་། སྤྱོད་འཇུག་ཏུ་གསལ། དེང་སང་བ་དང་གཞུང་དུ་མ་ནས་བཤད་པ་མཐུན་མི་མཐུན་དཔྱད་པར་ཞུ།

གསང་སྔགས་ཀྱི་དབང་བསྐུར་ལ། རྒྱུད་སྡེ་བཞི་ལ་དབང་བསྐུར་གྱི་བབས་མི་འདྲ་བ་བཞི་སྣང་། ནང་གསེས་ཀྱི་དབྱེ་བ། དཀྱིལ་རྫོང་བདེ་མཆོག་ལ་སོགས་ཐ་དད་པ་ཙུང་ཟད་མཐོང་། སྤྱིར་སློབ་མའི་ལུས་ངག་ཡིད་གསུམ་དང་། སངས་རྒྱས་ཀྱི་སྐུ་གསུང་ཐུགས་གཅིག་ཏུ་བསྲེས་ནས་སངས་རྒྱས་མ་ཐོབ་ཀྱི་བར་དུ་མི་འབྲལ་བའི་རྟེན་འབྲེལ་བསྒྲིག་ཤེས་ན། དབང་བསྐུར་ཕྱིན་ཅི་མ་ལོག་པ་ཐོབ་པར་འགྱུར། དེ་ལྟ་བུའི་ཚིག་མི་ཤེས་པའི་བྱིན་རླབས་དང་། ཆོས་སྒོ་དང་། གཏོར་དབང་ལ་སོགས་པ་སྨིན་བྱེད་ཀྱི་དབང་བསྐུར་དུ་བཤད་པ་རྒྱུད་སྡེ་གང་དུ་ཡང་མ་མཐོང་། བོད་ཀྱིས་བྱས་པའི་རྒྱུད་ལ་ཡིད་རྟོན་མེད། དེང་ཟེར་བ་དང་སངས་རྒྱས་ཀྱིས་གསུངས་པའི་རྒྱུད་གཉིས་མཐུན་མི་མཐུན་དཔྱད་པར་ཞུ།

རྒྱ་ནག་མཁན་པོ་ན་རེ། འཁོར་བར་སྐྱེ་བའི་རྒྱུ་རང་ངོ་རང་གིས་མ་ཤེས་པས་ལན། རང་ངོ་རང་གིས་ཤེས་ན་འཚང་རྒྱ། དེའི་ཕྱིར་སེམས་ངོ་འཕྲོད་ན་དཀར་པོ་ཆིག་ཐུབ་ཡིན། འདི་ཡི་གཞུང་འཛུགས་པ་ལ་སེམས་ངོ་འཕྲོད་པ་ན་ཉལ་བས་ཆོག་ཟེར་ནས། བསམ་གཏན་ཉལ་བའི་འཁོར་ལོ། དེའི་གནད་སྟོན་པ་བསམ་གཏན་གྱི་ལོན། དེའི་གེགས་སེལ་བ་ལ་བསམ་གཏན་གྱི་ཡང་ལོན། དེའི་གདམས་ངག་རིགས་པས་སྒྲུབ་པ་ལ་ལྟ་བའི་རྒྱབ་ཤ །དེ་ལུང་གིས་སྒྲུབ་པ་ལ་མདོ་སྡེ་བརྒྱད་ཅུ་ཁུངས་ཞེས་བྱ་བ་བསྟན་བཅོས་ལྔ་བྱས། དེའི་ལུགས་ཀྱིས་ཆོས་ལ་ཡང་ཡས་འབབ་དང་མས་འཛེག་ཅེས་བྱ་བ། ཅིག་ཅར་བ་དང་། རིམ་གྱིས་པའི་ལུགས

གཉིས་ཡོད་པ་ལས། ངེད་ཀྱི་འདི་ཁྱུང་ནམ་མཁའ་ལས་བབ་པ་དང་འདྲ། ཅིག་ཅར་བ་ཡིན་ཟེར་རོ། །དེ་དག་ནི་སློབ་དཔོན་ཀ་མ་ལ་ཤཱི་ལས་སུན་ཕྱུང་ནས། དབུ་མ་བསྒོམ་རིམ་གསུམ་དང་། དབུ་མ་སྣང་བ་ལ་སོགས་པའི་བསྟན་བཅོས་ཆེན་པོ་མཛད་དོ། །

དེ་ནས་རྒྱལ་པོ་ཁྲི་སྲོང་ལྡེ་བཙན་གྱིས། ཁོའི་ཆོས་ལུགས་རྣམས་གཏེར་དུ་སྦས་ནས། ད་སླན་ཆད་བོད་ཀྱི་རྒྱལ་ཁམས་སུ་དཀར་པོ་ཆིག་ཐུབ་སུ་བྱེད་ལ་ཆད་པ་ཡོད་དོ་ཞེས་ཁྲིམས་བཅས། འདི་དག་གི་ལོ་རྒྱུས་རྣམས། རྒྱལ་བཞེད། དབའ་བཞེད། འབངས་བཞེད་རྣམས་མཐུན་པར་སྣང་། བདག་གིས་ཀྱང་། སློབ་དཔོན་ཀ་མ་ལ་ཤཱི་ལའི་རྗེས་སུ་འབྲངས་ནས་བཤད། མདོ་རྒྱུད་བསྟན་བཅོས་ཀྱི་དགོངས་པའང་འདི་ཡིན་པར་མཐོང་། དཀར་པོ་ཆིག་ཐུབ་ལ་ཤེས་བྱ་ཐམས་ཅད་མཁྱེན་པ་མི་སྲིད། གསང་སྔགས་སམ་ཕ་རོལ་ཏུ་ཕྱིན་པའི་ལུགས་ཀྱིས་ཐབས་སྣ་ཚོགས་ལ་མཁས་པའི་སྟོང་པ་ཉིད་གོ་བས་ཐམས་ཅད་མཁྱེན་པ་ཉིད་ཐོབ་པར་གོ། །དེའང་སྒྱུད་འཇུག་ལས། སྣ་ཚོགས་རྐྱེན་ལས་བྱུང་བ་ཡི། །སྒྱུ་མ་དེ་ཡང་སྣ་ཚོགས་ཉིད། །རྐྱེན་གཅིག་གིས་ནི་ཀུན་នུས་པ༔ ༔གང་ན་ཡང་ནི་ཡོད་མ་ཡིན། །ཞེས་བྱ་བ་དང་། རྣམ་འགྲེལ་ལས། རྣམ་པ་དུ་མར་ཐབས་མང་པོ། །ཡུན་རིང་དུས་སུ་གོམས་པ་ལས། །དེ་ལས་སྐྱོན་དང་ཡོན་ཏན་དག །རབ་ཏུ་གསལ་བ་ཉིད་དུ་འགྱུར། །ཞེས་བྱ་བ་ལ་སོགས་པ་དུ་མ་དང་། །བརྩེ་ལྡན་སྡུག་བསྔལ་གཞོམ་འདོད་པས། །ཐབས་རྣམས་ལ་ནི་མངོན་སྦྱོར་མཛད། །ཐབས་བྱུང་དེ་ནི་ལྐོག་གྱུར་པ། །དེ་འཆད་པ་ནི་དཀའ་བ་ཡིན། །ཞེས་གསུངས་པ་དང་།མདོ་སྡེ་རྒྱན་ལས།ཇི་ལྟར་མདུད་པའི་བྱེ་བྲག་གིས། །གོས་ལ་ཚོན་བཀྲ་མི་བཀྲ་བ། །དེ་བཞིན་འཕེན་པའི་དབང་གིས་ན། །གྲོལ་བའི་ཡེ་ཤེས་བཀྲ་མི་བཀྲ། །ཞེས་བྱ་བ་དང་། རྣམ་སྣང་མངོན་བྱང་ལས། ཐབས་དང་མི་ལྡན་ཡེ་ཤེས་དང་། །བསླབ་པ་དག་ཀྱང་གསུངས་པ་ནི། །དཔའ་བོ་ཆེན་པོས་ཉན་ཐོས་རྣམས། །དེ་ལ་གཞུག་པའི་ཕྱིར་བཤད་དོ། །གང་དག་དུས་གསུམ་སངས་རྒྱས་རྣམས། །ཐབས་དང་ཤེས་རབ་ལྡན་པ་ལ། །བསླབས་ནས་བླ་མེད་ཐེག་པ་ནི༔ ༔འདུས་མ་བྱས་པ་དེ་འཐོབ་པོ། །ཞེས་གསུངས་ལ།

དེ་བཞིན་དུ་མདོ་སྡེ་དང་རྒྱུད་སྡེ། བསྟན་བཅོས་ཆེན་པོ་ཐམས་ཅད་ལས་ཀྱང་། ཐབས་དང་ཤེས་རབ་ཕྱིན་སུམ་ཚོགས་པ་མ་གཏོགས་པ། དཀར་པོ་ཆིག་ཐུབ་ཀྱིས་འཚང་རྒྱ་བར་མ་གསུངས། མདོ་རྒྱུད་ལས་ཕྱག་གམ་བསྐོར་བ་ཙམ་དང་། མེ་ཏོག་རེ་ཕུལ་བའམ། གཟུངས་རེ་བཏོན་པའམ། སངས་རྒྱས་ཀྱི་མཚན་ཙམ་བརྗོད་པའམ། མོས་གུས་རེ་བྱས་པའམ། སྙིང་རྗེ་རེ་སྐྱེས་པའམ། སྟོང་ཉིད་གོ་བ་ཙམ་གྱིས་འཚང་རྒྱ་བར་གསུངས་པ་ཡོད་མོད་ཀྱི། དེ་དག་ནི་དགོངས་པ་དང་། ལྡེམ་དགོངས་སུ་ཤེས་པར་བྱའི། སྒྲ་དྲང་པོ་མ་ཡིན་ཏེ།

མགོན་པོ་བྱམས་པས། དོན་སྣ་ཇི་བཞིན་ཡོངས་རྟོགས་ན། །བདག་ཉིད་བསྒོམས་ཤིང་བློ་ཉམས་འགྱུར། །ཞེས་གསུངས་པ་ལྟར་རོ། །

དཔེར་ན་རྒྱུ་སྐྱེན་མ་འཚོགས་ན་ཟ་འོག་གི་རི་མོ་མི་འབྱུང་ལ། ས་བོན་དང་ཆུ་ལུད་མ་འཚོགས་ན། ཞིང་གི་སྟོན་ཐོག་མི་འབྱུང་། རྟེན་འབྲེལ་ཐམས་ཅད་མ་འཚོགས་ན། རྫོགས་པའི་སངས་རྒྱས་མི་འབྱུང་བར་གོ །སྤྱིར་སེམས་ངོ་འཕྲོད་པ་དགོས་མོད། འོན་ཀྱང་བཟང་ངན་གཉིས་སུ་སྣང་། ཐབས་ཀྱིས་ཡོན་ཏན་རྫོགས་ནས་སེམས་ངོ་འཕྲོད་ན་འཚང་རྒྱ་བར་འགྱུར་ལ། ཐབས་ཀྱིས་ཡོན་ཏན་མ་རྫོགས་པར་སེམས་ངོ་འཕྲོད་པ་ལ་ཇི་ལྟར་བཟང་ཡང་། ཉན་ཐོས་ཀྱི་དགྲ་བཅོམ། འབྲིང་གཟུགས་མེད་ཀྱི་ཁམས། ཐ་མ་ངན་སོང་དུ་སྐྱེ་བར་གསུངས། སློབ་དཔོན་ཀླུ་སྒྲུབ་ཀྱིས། སྟོང་པ་ཉིད་ལ་བལྟ་ཉེས་ན། །ཤེས་རབ་ཆུང་རྣམས་ཕུང་བར་འགྱུར། །ཞེས་གསུངས་པ་ཡང་དེ་ལ་དགོངས། དེ་བཞིན་དུ་ཞིང་ལ་སྐྱེ་མ་འོང་དགོས་ཀྱང་། འོང་ལུགས་བཟང་ངན་གཉིས་ཡོད། སྟོང་བུ་རྫོགས་ནས་སྐྱེ་མ་བྱུང་ན་ལོ་ལེགས་འབྱུང་། མ་རྫོགས་པར་སྐྱེ་མ་བྱུང་ན་ལོ་ཉེས་འགྲོ། དེ་བཞིན་དུ་སེམས་ངོ་འཕྲོད་པའང་། དུས་ཚོད་ལ་འཕྲོད་པས་ཆོག །དུས་མ་ཡིན་པར་འཕྲོད་པ་ལ་གྲོགས་མེད། འདི་དག་ལ་དགོངས་ནས། ནམ་མཁའི་སྙིང་པོའི་མདོ་ལས།བློ་སྦྱང་མ་བྱས་སེམས་ཅན་ལ། །སྟོང་པ་ཉིད་ནི་སྒྲོགས་པ་དང་། །ཞེས་བློ་མ་སྦྱངས་པ་ལ་སྟོང་པ་ཉིད་བཤད་པ་ལ་རྩ་ལྟུང་འབྱུང་ན། སྟོང་ཉིད་གོ་ན་སློས་ཅི་དགོས། དཀོན་མཆོག་བརྩེགས་པ་ལས། ཤཱ་རིའི་བུས་ཆོས་བཤད་ན་དགྲ་བཅོམ་ལྔ་བརྒྱར་འགྲོ་བ་ཞིག འཇམ་དཔལ་གྱིས་ཆོས་གསུངས་པས། དམྱལ་བ་པ་ལྔ་བརྒྱར་སྐྱེས་པའང་། ཡོན་ཏན་མ་རྫོགས་པར་སེམས་ངོ་འཕྲོད་པ་དགག་པའི་ཕྱིར་གསུངས་པ་ཡིན། དེས་ན་རྒྱུད་ལས་རིམ་གྱིས་པ་དང་། ཅིག་ཅར་བ་གཉིས་གསུངས་པ་ནི། བསྙེན་གནས་ལ་སོགས་པའི་སྡོམ་པ་དང་། ཉན་ཐོས། སེམས་ཙམ། དབུ་མའི་ལྟ་བ་ལ་རིམ་གྱིས་སྦྱངས་ནས། ཕྱིས་དབང་བསྐུར་བྱ་སྟེ། ལམ་རིམ་གཉིས་ལ་སློབ་ན། རིམ་གྱིས་པ་ཞེས་བྱ་ལ། དང་པོ་ཉིད་དུ་གསང་སྔགས་ཀྱི་དབང་བསྐུར་ཏེ། རིམ་པ་གཉིས་ལ་སློབ་ཏུ་རུང་བ་ལ་ཅིག་ཅར་བ་ཞེས་ཟེར་ཏེ། དེང་སང་གྲགས་པའི་རིམ་གྱིས་པ་དང་། ཅིག་ཅར་བ་དེ་ལྟ་བུ་མདོ་རྒྱུད་ནས་གསུངས་པ་མ་མཐོང་། ཡང་དང་པོ་ལྟ་བ་བསྟན་ནས། ཕྱིས་སྤྱོད་པ་ལ་རིམ་གྱིས་སྦྱོར་བ་དང་། དང་པོ་སྤྱོད་པ་ལ་རིམ་གྱིས་སྦྱངས་ནས། ཕྱིས་ལྟ་བ་སྟོན་པའི་བཀྲི་ལུགས་གཉིས་སྣང་སྟེ། འདི་གཉིས་བློའི་བྱེ་བྲག་གིས་ལམ་རིམ་མི་འདྲ་བ་ཡིན་གྱིས། འདི་དག་ལ་རིམ་གྱིས་པ་དང་། ཅིག་ཅར་བ་བཤད་པ་མ་མཐོང་།

སྤྱིར་དེང་ཀྱི་བླ་མ་ཆོས་རྗེ་ས་སྐྱ་པ་ཆེན་པོའི་ཞལ་ནས། བཤད་པ་དང་ལག་ལེན་གང་བྱེད་ཀྱང་། སངས་

རྒྱས་ཀྱི་གསུང་དང་མཐུན་ན་སངས་རྒྱས་བསྟན་པ་ཡིན། མི་མཐུན་ན་བསྟན་པར་མི་འགྱུར་ཞེས་གསུངས། དེད་ཀྱིས་ཀྱང་དེའི་གསུང་བཞིན་འབད་ནས་བསྒྲུབ་པའི་དོན་ལགས། ལུགས་འདི་འཐད་མི་འཐད་རྣམ་པར་དཔྱད་པར་ཞུ། ཡང་བཅོམ་ལྡན་འདས་ཀྱིས་མདོ་རྒྱུད་ཐམས་ཅད་ལས། ཆོས་ཐམས་ཅད་སྟོང་པ་ཉིད་ཡོད་མེད་ཀྱི་སྤྲོས་པ་དང་བྲལ་བར་གསུངས།

དེའང་མདོ་ཏིང་ངེ་འཛིན་རྒྱལ་པོ་ལས། མྱ་ངན་འདས་པའི་ཆོས་ལ་ཆོས་མེད་དེ། །གང་ཕྱིར་དེ་ཡོད་ནམ་ཡང་ཡོད་མ་ཡིན། །རྟོག་བཅས་དག་གིས་ཡོད་དང་མེད་ཅེས་བསྟན། །དེ་ལྟར་བརྟགས་པས་སྡུག་བསྔལ་ཞི་མི་འགྱུར། །ཞེས་པ་དང་། ཡོད་དང་མེད་ཅེས་བྱ་བ་མཐའ་ཡིན་ཏེ། །གཙང་དང་མི་གཙང་འདི་ཡང་མཐའ་ཡིན་ནོ། །དེ་ལྟར་མཐའ་གཉིས་རྣམ་པར་སྤང་བྱ་སྟེ། །མཁས་པས་དབུས་ལའང་གནས་པར་མི་བྱའོ། །ཞེས་བྱ་བ་དང་། ཡོད་དང་མེད་ཅེས་བྱ་བ་རྩོད་པ་སྟེ། །གཙང་དང་མི་གཙང་འདི་ཡང་རྩོད་པ་ཡིན། །རྩོད་པར་འགྱུར་བས་སྡུག་བསྔལ་ཞི་མི་འགྱུར། །རྩོད་པ་མེད་པར་གྱུར་ན་སྡུག་བསྔལ་ཞི། །ཞེས་བྱ་བ་ལ་སོགས་པ་གསུངས་སོ། །སློབ་དཔོན་ཀླུ་སྒྲུབ་ཀྱིས། ཡོད་ཅེས་བྱ་བ་རྟག་པར་འཛིན། །མེད་ཅེས་བྱ་བ་ཆད་པར་ལྟ། །དེས་ན་ཡོད་དང་མེད་པ་ལ། །མཁས་པས་གནས་པར་མི་བྱའོ། །ཞེས་བྱ་བ་དང་། གནས་མེད་ཆོས་འདིས་སྒྲག་གྱུར་པས། །སྐྱེ་བོ་གནས་ལ་མངོན་དགའ་ཞིང་། །ཡོད་དང་མེད་ལས་མ་འདས་པས། །མི་མཁས་རྣམས་ནི་ཕུང་བར་འགྱུར། །ཞེས་བྱ་བ་ལ་སོགས་པ་རྒྱས་པར་གསུངས་སོ། །གཞན་ཡང་། ཡོད་མེད་འཛིན་པ་ལས་གྲོལ་ན། །སྡུག་བསྔལ་ཐམས་ཅད་ཞི་བར་འགྱུར། །ཞེས་གསུངས་སོ། །དེ་བཞིན་དུ་ཤེས་རབ་ཀྱི་ཕ་རོལ་ཏུ་ཕྱིན་པ་ལ་སོགས་པའི་མདོ་རྒྱུད་ཐམས་ཅད་དང་། བསྟན་བཅོས་ཆེན་པོ་ཐམས་ཅད་ལས། ཡོད་མེད་དུ་འཛིན་པ་ཐམས་ཅད་དགག་པར་མཐོང་། དེས་ན་དེད་ཀྱིས་ཀྱང་འཆད་པའི་ཚེ་ན་ཡང་། ཡོད་མེད་ལས་འདས་པར་བཤད། བསྒོམ་པའི་ཚེ་ཡང་ཡོད་མེད་ལས་འདས་པར་བསྒོམ། བསྔོ་བའི་ཚེ་ན་ཡང་ཡོད་མེད་ལས་འདས་པར་བསྔོ་བ་བགྱིས། ལུགས་འདི་སྡེ་སྣོད་དང་མཐུན་མི་མཐུན་དཔྱད་པར་ཞུ།

ཆོས་ཀྱི་དབྱིངས་ཀྱང་དགེ་སྡིག་ལས་གྲོལ་བར་གསུངས། དེའང་སློབ་དཔོན་ཀླུ་སྒྲུབ་ཀྱིས། ཤེས་པས་ཡོད་དང་མེད་ཞིའི་ཕྱིར། །སྡིག་དང་བསོད་ནམས་ལས་འདས་པ། །དེ་ཡིས་བདེ་འགྲོ་ངན་འགྲོ་ལས། །དེ་ནི་ཐར་པ་དམ་པར་བཤད། །ཅེས་བྱ་བ་ལ་སོགས་པ་རྒྱས་པར་གསུངས་སོ། །འབུམ་ལས་ཀྱང་། ཆོས་ཀྱི་དབྱིངས་ལ་ཡོངས་སུ་བསྔོ་བ་མེད་དོ། །ཞེས་བྱ་བ་ལ་སོགས་པ་གསུངས་སོ། །དེ་བཞིན་གཤེགས་པའི་སྙིང་པོའང་། ལང་ཀར་གཤེགས་པ་དང་། ཐེག་པ་ཆེན་པོ་རྒྱུད་བླ་མ་དང་། དབུ་མ་འཇུག་པ་ལ་སོགས་པ་མདོ་

བསྟན་བཅོས་ལས་དྲང་དོན་ལ་གསུངས་པར་མཐོང་། ང་ཟེར་བ་དང་མདོ་བསྟན་བཅོས་ཐམས་ཅད་ལས་གསུངས་པ་གཉིས་མཐུན་མི་མཐུན་དཔྱད་པར་ཞུ། གཞན་ཡང་དེད་ཀྱིས་བཤད་པའི་ལུང་དང་རིགས་པ་རྣམས་དང་། བོད་གཞན་ཟེར་བའི་ལུང་རིགས་མི་འདྲ་བ་མང་དུ་སྣང་བ་འདིའང་གང་བདེན་དཔྱད་པར་ཞུ།

མན་ངག་ལའང་། དབང་བཞི་མན་ངག་གི་གནད་དང་། ལམ་རིམ་པ་གཉིས་ཀྱི་གནད་དང་། ཡེ་ཤེས་ཕྱག་རྒྱ་ཆེན་པོའི་གནད་ལའང་། ང་ཟེར་བ་དང་གཞན་འདོད་པ་གཉིས་མི་འདྲ་བ་དུ་མ་སྣང་། ས་དང་ལམ་གྱི་རྣམ་གཞག་ལ་ཡང་། གསང་སྔགས་དང་། ཕ་རོལ་ཏུ་ཕྱིན་པ་གཉིས་ཀྱི་ལམ་ལྷ་དང་། ས་བཅུའི་བགྲོད་ལུགས་མི་འདྲ་བ་དང་། ཕྱི་དང་ནང་གི་རྟེན་འབྲེལ་གྱི་རྣམ་གཞག་མི་འདྲ་བ་དང་། སངས་རྒྱས་ཀྱི་ས་ལ་ཡང་། ཕ་རོལ་ཏུ་ཕྱིན་པ་དང་། གསང་སྔགས་ཀྱི་མི་འདྲ་བའི་ཁྱད་པར་ལའང་། དེད་འདོད་པ་དང་གཞན་ཟེར་བ་གཉིས་མི་འདྲ་བའི་ཁྱད་པར་དུ་མ་གདའ་བས། འདི་དག་ཚིག་དང་དོན་གྱི་རྣམ་དབྱེ་ཤེས་པ། ལུང་དང་རིགས་པའི་གནད་ལ་མཁས་པ། ཕ་རོལ་ཏུ་ཕྱིན་པ་དང་། གསང་སྔགས་ཀྱི་དོན་ལ་མཉྫོངས་པ། གཞུང་དང་གདམས་ངག་གི་གནད་མི་འགལ་བར་ཉམས་སུ་ལེན་པ་ཤེས་པ། དྲང་དོན་དང་ངེས་དོན་གྱིས་མདོའི་ཆ་ཕྱེད་པ། དགོངས་པ་དང་ལྡེམ་དགོངས་ཀྱི་གནད་མ་འཁྲུལ་བར་ཐུགས་སུ་ཆུད་པ། སྒྲ་ཇི་བཞིན་པ་དང་ཇི་བཞིན་མ་ཡིན་པའི་ཚིག་འཆད་ཤེས་པའི་མཁས་པ། དོན་རྣམ་པར་འབྱེད་པར་ནུས་པའི་ཤེས་རབ་ཅན།ཆགས་སྡང་མེད་ཅིང་གཟུ་བོར་གནས་པ། གྲུབ་མཐའ་ངན་པའི་གདོན་གྱིས་བློ་མ་བསླད་པའི་སྐྱེས་བུ་དམ་པ་རྣམས་ཀྱིས་ལེགས་པར་གཟིགས་ལ། དེད་ཟེར་བ་དང་གཞན་འདོད་པ་གཉིས་གང་བདེན་དཔྱད་པར་ཞུ། ངེས་དོན་གྱི་ལུང་དང་མི་འགལ་ན། དྲང་དོན་གྱི་ལུང་དང་འགལ་ཡང་མི་སྐྱོན། དངོས་པོ་སྟོབས་ཞུགས་ཀྱི་རིགས་པ་དང་མི་འགལ་ན། རིགས་པ་ལྟར་སྣང་དང་འགལ་ཡང་མི་སྐྱོན། རང་གིས་ཁས་བླངས་པའི་གྲུབ་མཐའ་དང་མི་འགལ་ན། གཞན་གྱིས་ཁས་བླངས་པའི་གྲུབ་མཐའ་དང་འགལ་ཡང་མི་སྐྱོན། དེའི་རིགས་ཅན་ཐམས་ཅད་མཁྱེན་པར་བྱས་ལ་ཐུགས་ཀྱིས་དཔྱད་དེ་དགོངས་པར་ཞུ།

མ་དཔྱད་པར་རི་བོང་གི་ཅལ་བཞིན་གཡམ་རྒྱུགས་སུ། བདེན་མི་བདེན་གྱི་དབྱེ་བ་མ་བྱས་ན། སངས་རྒྱས་ཀྱི་བསྟན་པའི་བབས་ལ་གནོད་པ་དང་། རང་ལ་སྡིག་པའི་ཁུར་ལྕི་ཞིང་མཁས་པ་རྣམས་ཀྱིས་བཞད་གད་དུ་འགྱུར་བར་གོ། །དཔེར་ན་རྒྱལ་པོའི་བཀའ་བཞིན་མ་བསྒྲུབས་ན། ཡུལ་བནྣག་པར་འགྱུར་ན། སངས་རྒྱས་ཀྱི་བཀའ་བཞིན་མ་བསྒྲུབས་ན། འཇིག་རྟེན་བནྣག་པར་འགྱུར་བ་སྨོས་ཅི་དགོས། དེའི་ཕྱིར་སངས་རྒྱས་ཀྱི་བསྟན་པ་བསྲུང་བ་ལ་འབད་དགོས། སངས་རྒྱས་ཀྱི་བཀའ་བཞིན་གསུངས་ན་བླ་མ། དེའི་གསུང་

བཞིན་བསྒྲུབས་ན་སློབ་མ། དེ་དག་གི་མཐུན་པའི་ཡོ་བྱད་བསྒྲུབས་ན་ཡོན་བདག དེ་ལྟ་བུ་གང་ན་ཡོད་པ་དེ་ན་སངས་རྒྱས་ཀྱི་བསྟན་པ་ཡོད་པར་ཤེས་པར་བྱའོ། །

འཕྲིན་འདི་སངས་རྒྱས་བསྟན་པ་ལ། །མོས་པའི་སྡེ་སྣོད་འཛིན་པ་དང་། །བློ་གྲོས་ལྡན་པའི་མཁས་རྣམས་དང་། །སྐྱེ་བོ་དམ་པ་རྣམས་ལ་སྤྲིང་། །གལ་ཏེ་བདག་གི་ཚིག་བདེན་ན། །དམ་པ་རྣམས་ཀྱིས་ལེགས་ཞེས་གསུངས། །འོན་ཏེ་འདི་ལ་སྐྱོན་ཆགས་ན། །ལུང་དང་རིགས་པས་སུན་ཕྱུང་ཤིག །གལ་ཏེ་བདག་གི་བདེན་བཞིན་དུ། །བླུན་པོ་ཐམས་ཅད་ཁ་འདུས་ནས། །བདག་ལ་སྐུར་པ་འདེབས་པ་ན། །དམ་པ་རྣམས་ཀྱིས་དགོངས་སུ་གསོལ། །བླུན་པོ་རྣམས་ཀྱིས་དུག་ཐོས་ནས། །སྨན་པ་མཁས་ལ་ཁྲོ་བ་ལྟར། །བླུན་པོ་ཆོས་ལོག་སྤྱོད་པ་ཡིས། །མཁས་ལ་ཁྲོ་བ་འདི་རེ་མཚར། །དེས་ན་རྫོགས་པའི་སངས་རྒྱས་ཀྱི། །བསྟན་པ་ཕྱི་དྲོའི་ཉི་མ་འདྲ། །སྐྱེ་བོ་ངན་པའི་ལུག་པ་དག ། མགོ་བོ་བཏེག་ནས་ཕུང་སྒྲ་འབྱིན། །

མཁས་དང་མཁས་པ་བསྟེན་པའི་སྐལ་པ་པོ། །སངས་རྒྱས་བསྟན་ལ་གཅེས་པར་གང་འཛིན་པ། །དེ་དག་ཀུན་ལ་བདག་གིས་འཕྲིན་འདི་སྤྲིང་། །གཟུ་བོར་གནས་པའི་ཡིད་ཀྱིས་ལེགས་པར་དཔྱོད། །སྡེ་སྣོད་འཛིན་པ་ས་སྐྱ་པཎྜི་ཏས་སྐྱེས་བུ་དམ་པ་རྣམས་ལ་འཕྲིན་དུ་ཕུལ་བ་འདི་རེ་ཞིག་རྫོགས་སོ།། །།

༄༅། །ལུང་རིགས་རྣམ་དག་དང་མཐུན་པར་འཆད་དགོས་ཚུལ་བཞུགས།

ཆོས་རྗེ་ས་སྐྱ་པཎྜི་ཏ།

བླ་མ་དང་འཇམ་པའི་དབྱངས་ལ་སྤྱི་བོས་ཕྱག་འཚལ་ལོ། །མཁས་པ་རྣམས་ལས་སྔོན་མང་ཐོས་ཤིང་། །བླང་དོར་ལེགས་པར་འབྱེད་པའི་བློ་གྲོས་ཅན། །ཚུལ་ཁྲིམས་ལེགས་སྲུང་ལྟ་བ་དག་པ་ཅན། །ཀུན་དགའི་མིང་ཅན་དགེ་སློང་འདི་སྐད་སྨྲ། །ཤཱཀྱ་སེང་གེའི་བསྟན་པ་ནི། །འཕགས་པའི་ཡུལ་ན་རབ་ཏུ་གསལ། །དེ་ནས་གངས་རིའི་ཁྲོད་འདི་རུ། །སྐད་གཉིས་སྨྲ་བ་རྣམས་ཀྱིས་བསྒྱུར། །དང་པོ་དག་ཅིང་དར་བ་ལས། །དེང་སང་ཕལ་ཆེར་ནུབ་པར་གྱུར། །དེ་དག་གསལ་བར་བྱེད་འདོད་པས། །བདག་གིས་སྒྲ་དང་ཚད་མ་དང་། །སྙན་ངག་སྡེབ་སྦྱོར་ཚིག་གི་རྒྱན། །སྡེ་སྣོད་གསུམ་དང་རྒྱུད་སྡེ་བཞི། །ཕྱི་དང་ནང་གི་གྲུབ་པའི་མཐའ། །ཡོངས་སུ་གྲགས་པ་ཕལ་ཆེར་ཐོས། །ཐོས་པ་དེ་དག་ལེགས་པར་སྦྱངས། །གྲུབ་མཐའ་འཁྲུལ་དང་མ་འཁྲུལ་པའི། །རྣམ་པར་དབྱེ་བ་མཁས་པས་མཛད། །དེ་ཡི་རྗེས་སུ་བདག་གིས་ཀྱང་། །ལུང་དང་རིགས་པས་ཅུང་ཟད་དཔྱད། །

མུ་སྟེགས་བྱེད་ཀྱི་རྟོག་གེ་ལ། །རྫས་དང་བྱེ་བྲག་ཡོན་ཏན་སྤྱི། །འབྲེལ་བ་ལ་སོགས་དོན་ལ་འདོད། །བོད་ཀྱི་རྟོག་གེ་བ་རྣམས་ཀྱང་། །ཕལ་ཆེར་དེ་ལྟར་འདོད་པ་ཡོད། །དེ་དག་བདག་གིས་ལེགས་པར་བཀག །དེ་བཞིན་འདུལ་བའི་སྡེ་སྣོད་དང་། །ཕ་རོལ་ཕྱིན་དང་མངོན་པ་དང་། །རྣམ་རིག་དབུ་མའི་གཞུང་ལུགས་དང་། །གསང་སྔགས་རྒྱུད་སྡེ་བཞི་པོ་ལ། །འཁྲུལ་པར་འཆད་པ་མང་དུ་ཐོས། །ཐོག་མར་སྐྱབས་འགྲོ་ནས་བརྩམས་ཏེ༑ ༑སོ་སོར་ཐར་པའི་སྡོམ་པ་དང་། །སེམས་བསྐྱེད་དང་ནི་དབང་བསྐུར་ལའང་། །མདོ་རྒྱུད་དང་ནི་མི་མཐུན་པའི། །ཆོ་ག་མཛད་པ་ཅུང་ཟད་མཐོང་། །རིམ་པ་གཉིས་ཀྱི་ཏིང་འཛིན་དང་། །ཡེ་ཤེས་ཕྱག་རྒྱ་ཆེན་པོ་དང་། །རྡོ་རྗེ་ལུས་ཀྱི་གནས་ལུགས་ཀྱི། །ཕྱི་དང་ནང་གི་རྟེན་འབྲེལ་དང་། །ས་དང་ལམ་གྱི་བགྲོད་ཚུལ་ལ། །ཐུབ་པའི་གསུང་དང་མི་མཐུན་པའི། །རྣམ་པར་བཤད་པ་འགའ་ཞིག་མཐོང་། །ལ་ལ་བདག་གི་སེམས་བསྐྱེད་དང་། །བསྔོ་བ་སོགས་ལ་གཞན་དག་གིས། །མཛད་པ་འགའ་ཞིག་མ་ཚང་སྣང་། །གཞུང་བཞིན་བྱས་ན་ཆད་པ་མེད། །

དེ་འདྲའི་ལུགས་ཀྱི་གྲུབ་མཐའ་ལ། །དེ་དག་འཐད་དང་མི་འཐད་ཅེས། །ལུང་དང་རིགས་པས་རྣམ་པར་དཔྱད། །དེ་ལ་འགའ་ཞིག་ལེགས་ཞེས་ཟེར། །འགའ་ཞིག་མི་འཐད་ཅེས་སུ་སྨྲ། །འོན་ཀྱང་འཐད་དམ་མི་འཐད་པ། །ཤེས་རབ་ལྡན་པས་ལེགས་པར་དཔྱོད། །གལ་ཏེ་རིགས་པས་འཐད་ན་བླང་། །དེ་ལྟ་མིན་ན་དོར་བར་བྱ། །ལེན་ཡང་ལུང་དང་རིགས་པས་བླང་། །ལུང་ཡང་ངེས་དོན་ཚད་མར་གཟུང་། །དྲང་བའི་དོན་ལ་ཡིད་མ་རྟོན། །རིགས་པའང་དངོས་པོ་སྟོབས་ཞུགས་གཟུང་། །རིགས་པ་ལྟར་སྣང་སྙིང་པོ་མེད། །དེ་ལྟར་དགོངས་པ་བརྟགས་ནས་ནི། །བླང་དོར་བྱེད་པ་མཁས་པའི་ལུགས། །མུ་སྟེགས་གཞུང་དང་རྒན་པོའི་ལུགས། །གཅོར་བྱེད་བླུན་པོའི་རྣམ་ཐར་ཡིན། །སྐྱེ་བོ་དམ་པས་དམ་པའི་ཆོས། །ཆོས་ལུགས་དམ་པ་གཟུང་བར་བྱ། །དེ་ལྟར་བྱས་ན་དམ་པའི་ཆོས། །དགོངས་པ་དམ་པ་འགྲུབ་པར་འགྱུར།། །།

དེས་ན་བདག་གིས་སངས་རྒྱས་བཅོམ་ལྡན་འདས་ཀྱི་མདོ་རྒྱུད་དྲི་མ་མེད་པ་ལུང་དང་རིགས་པས་གྲུབ་པ། མཁས་པ་རྣམས་ཀྱིས་བཤད་པ། གྲུབ་ཐོབ་རྣམས་ཀྱིས་བསྒོམ་པ། འཕགས་པ་རྣམས་ཀྱིས་བགྲོད་པར་བྱ་བ་འདི་བླ་མ་དམ་པ་རྣམས་ཀྱི་གསུང་དང་མཐུན་ཞིང་ལུང་དང་། རིགས་པས་འདི་ལྟར་འཐད་ཅེས་བཤད་ཀྱི་ཕྱོགས་སུ་ལྷུང་བའི་ཡིད་ཀྱིས་བཤད་པ་མ་ཡིན་ནོ། །དེས་ན་ཐམས་ཅད་ཀྱིས་བདག་གིས་བཤད་པ་འདི། ལུང་དང་རིགས་པ་དང་མཐུན་མི་མཐུན་གཞུ་བོའི་བློས་དཔྱད་པར་ཞུ། དཔལ་ལྡན་ས་སྐྱ་པཎྜི་ཏས་སྨྲས་པ་འདི་རེ་ཞིག་རྫོགས་སོ།། །།

༄༅། །སེངྒེའི་མཐའི་དྲིས་ལན་བཞུགས་སོ། །

འགྲོ་མགོན་ཆོས་རྒྱལ་འཕགས་པ།

ཨོཾ་སྭསྟི་སིདྡྷི། བླ་མ་དང་འཇམ་པའི་དབྱངས་ལ་ཕྱག་འཚལ་ལོ། །གང་གིས་ཀུན་མཁྱེན་ཡོན་ཏན་རྒྱ་མཚོ་ཡི། །དཔལ་ཡང་བདེ་བླག་ཉིད་དུ་སྩོལ་མཛད་ན། །འདོད་རྒུའི་དཔལ་གཞན་སློས་ཀྱང་ཅི་ཞིག་འཚལ། །དེ་སྐད་མཚུངས་མེད་བླ་མའི་ཞབས་ལ་འདུད། །ཡང་དག་བླ་མའི་ཚོགས་རྣམས་ཀུན་བསྟེན་ཅིང་། །ཐོས་པ་རྒྱ་མཚོའི་ནོར་གྱིས་ཕྱུག་གྱུར་པ། །སེང་གེའི་མཐའ་ཡིས་ཇི་ལྟར་དྲིས་པའི་ལན། །དགེ་སློང་འཕགས་པས་མདོ་ཙམ་འདིར་བརྗོད་བྱ། །གང་ཞིག་ཐེག་པ་གསུམ་གྱི་ངེས་འབྱུང་ལ། །ཐེག་པ་གཅིག་གི་འབྲས་བུ་གནས་པའི་ཚུལ། །ཁོ་བོའི་བློ་གྲོས་ཅུང་ཟད་འཇུག་མོད་ཀྱི། །རྒྱས་པར་བརྗོད་པའི་གོ་སྐབས་དེང་སང་མེད། །གལ་ཏེ་སྐད་ནས་གོ་སྐབས་རྙེད་གྱུར་ན། །ཡི་གེར་དགོད་པའི་རྣམ་པར་བཤད་པའམ། །འབེལ་པའི་གཏམ་གྱིས་ཁྱེད་སོགས་དོན་གཉེར་བའི། །བློ་གསལ་རྣམས་ལ་ངེས་པར་བགྱིད་པར་སྤྲོ། །དེ་ལ་རེ་ཞིག་འདིར་དྲིས་པའི་ལན་བརྗོད་པར་བྱ་སྟེ། རྣལ་འབྱོར་བླ་ན་མེད་པའི་དཀྱིལ་འཁོར་ཆེན་པོར། དབང་བཞི་ཡོངས་སུ་རྫོགས་པའི་གང་ཟག་གཅིག་ལ། ཡན་ལག་ཚང་བའི་ལྟུང་བ་ཞིག་བྱུང་ན། བཤགས་པ་ལེགས་པར་བྱས་ལ། མཚན་ཉིད་ལྡན་པའི་བླ་མ་ཞིག་ལ་དབང་ཡོངས་སུ་རྫོགས་པར་བླངས་ན་སོར་ཆུད་ཅིང་རྣམ་པར་དག་པར་འགྱུར་བ་ལུང་རྣམས་ལས་འབྱུང་ཞིང་། མཁས་པ་རྣམས་ཀྱིས་ཞལ་མཐུན་པར་གསུངས་པ་དེ་ལགས། བདག་འཇུག་བྱས་པས་འདག་པར་བཤད་པ་དང་། བླ་མ་རྣམས་ཀྱིས་ཀྱང་འདག་པར་བཤད་པའི་དགོངས་པ་ཡན་ལག་མ་ཚང་བའི་རྩ་ལྟུང་དང་། དམ་ཚིག་གི་ཉེས་པ་ཕྲ་མོ་འདུག་པ་ལ་དགོངས། ཡན་ལག་ཚང་བའི་རྩ་བའི་ལྟུང་བ་བྱུང་བ་དེ་དམ་ཚིག་ཉམས་པ་ཡིན་ལ། ཉམས་པ་དང་མ་ཐོབ་པ་གཉིས་ཀ་དམ་ཚིག་མེད་པར་མཚུངས་ཤིང་། དམ་ཚིག་མེད་པར་གསང་སྔགས་ཉན་པ་ཙམ་ཡང་མི་དབང་ན། བདག་ཉིད་བསྐྱེད་པ་དང་། དཀྱིལ་འཁོར་བསྒྲུབ་པ་ལ་དབང་བ་ལྟ་སློས་ཀྱང་ཅི་མཆིས། བདག་བསྐྱེད་དང་། དཀྱིལ་འཁོར་བསྒྲུབ་པ་སྔོན་དུ་མ་སོང་བའི་བདག་ཉིད་འཇུག་པ་ག་ལ་མཆི། འོན་རྩ་བའི་ལྟུང་བ་བྱུང་བའི་གང་ཟག་དེས། ཡུལ་དུས་མཚུངས་པར་བླ་མ་མཚན་ཉིད་དང་ལྡན་པ་མ་རྙེད་ན། ཇི་ལྟར་བྱེད་པའི་ཚུལ་ནི། ཐོག་མར་སྐྱབས་སུ་འགྲོ་བ་ཡང་ཡང་བྱ་

ཞིང་། སྟོབས་བཞིས་སྡིག་པ་བཤགས་པ་ཡང་ཡང་བྱས་པས། སྡིག་པ་དག་པའི་མཚན་མ་མཐོང་བ་དང་། རྟེན་ཁྱད་པར་ཅན་ལ་དམིགས་རྟེན་བྱས་ནས། ཕྱོགས་བཅུའི་དེ་བཞིན་གཤེགས་པ་ཐམས་ཅད་སྤྱན་དྲངས་པའི་སྤྱན་སྔར། ཡི་དམ་རང་གིས་བླང་བའི་ཚིག་ལྟར། སྨོན་དང་འཇུག་པའི་སེམས་བསྐྱེད་ཡང་ཡང་བླངས་པས། བྱང་ཆུབ་སེམས་དཔའི་སྡོམ་པ་སོར་ཆུད་པར་འགྱུར། སྡིག་པ་མེད་ན་རྟེན་མཚུངས་པ་མེད་ཀྱང་ཕྱོགས་བཅུའི་སངས་རྒྱས་ལ་སྡོམ་པ་བླང་དུ་རུང་བ་འཇམ་དཔལ་གྱིས་སངས་རྒྱས་ཀྱི་ཞིང་བཀོད་པ་ལས་བཤད། ཐེག་པ་ཆེན་པོའི་སྡོམ་པ་ཐོབ་པ་དེས། བྱང་ཆུབ་ལྟུང་བཤགས་ལ་སོགས་པ་ལྟར་ཐེག་པ་ཆེན་པོའི་བཤགས་པ་ཡང་ཡང་བྱས་པས། སྡིག་པ་དག་པའི་མཚན་མ་མཐོང་བ་དང་། དོན་ཞགས་ལས་འབྱུང་བ་ལྟར། གསོ་སྦྱོང་རང་གིས་བླངས་པའི་ཚིག་བླངས་ནས། གསོ་སྦྱོང་དང་སྨྱུང་གནས་བྱ་ཞིང་། དེ་བཞིན་གཤེགས་པའི་ཡི་གེ་བརྒྱ་པ་ལ་སོགས་པས་སྡིག་པ་དང་། དམ་ཚིག་ཉམས་པ་སྦྱངས་ཤིང་། ཏིང་ངེ་འཛིན་གྱི་དཀྱིལ་འཁོར་ལས་དབང་ལེན་པའི་སྐལ་བ་དང་ལྡན་པར་མཛད་དུ་གསོལ་ཞེས་ཡང་ཡང་གསོལ་བ་བཏབ་པས། ཡི་དམ་གྱིས་རྗེས་སུ་འཛིན་པའི་མཚན་མ་ཅུང་ཟད་མཐོང་བར་འགྱུར། འཇུག་པ་སེམས་བསྐྱེད་པ་ཐོབ་ནས། བྱ་སྤྱོད་ཀྱི་རྒྱུད་ཀྱི་ཚིག་ཐུན་མོང་བ་རྣམས་ཉམས་སུ་བླང་དུ་རུང་བའི་དོན། དམ་ཚིག་གསུམ་བཀོད་པའི་རྒྱལ་པོ་ལས་འབྱུང་ཞིང་། བླ་མ་གོང་མ་རྣམས་ཀྱིས་ཀྱང་བཞེད་ལ། སྡོམ་པ་གསུམ་གྱི་རབ་ཏུ་དབྱེ་བ་ལས་འབྱུང་བ་དེ་ལགས།

དེ་ལྟར་ཡི་དམ་གྱིས་རྗེས་སུ་འཛིན་པའི་མཚན་མ་སྙེད་པ་དེས། མཆོད་པ་རྒྱ་ཆེར་བཤམས་ནས། མདུན་གྱི་ཡི་དམ་གསལ་བར་དམིགས་ལ་སྤྱིའི་བཤགས་པ་དང་། ལྟུང་བའི་མིང་དང་། རིགས་ནས་སྨོས་པའི་བྱེ་བྲག་གི་བཤགས་པ་སྟེ། བཤགས་པ་གཙོ་ཆེ་བའི་བཤགས་པ་ཡང་ཡང་བྱས་ནས། རིགས་ལྔའི་སྡོམ་པ་གཟུང་བ་ཡང་ཡང་བྱས་པས་དམ་ཚིག་དང་སྡོམ་པ་ཡང་ཡང་བླང་བར་བྱའོ། །འདིས་དམ་ཚིག་དང་ལྡན་པར་འགྱུར་ཏེ༑ ཡུལ་གྱིས་རྗེས་སུ་འཛིན་པའི་མཚན་མ་སྙེད་པའི་ཡུལ་དང་ལྡན་ལ། སྡིག་པ་དག་པའི་མཚན་མ་སྙེད་པའི་ཕྱིར། ལས་ཀྱི་སྒྲིབ་པས་ཀྱང་སྒྲིབ་པར་མི་འགྱུར་ཞིང་། འདུན་པ་ཡོད་ལ་བཟོད་ཤེས་པའི་ཕྱིར། ཆོ་གའང་ཚང་བས་ཅི་ནས་ཀྱང་དམ་ཚིག་དང་ལྡན་པར་འགྱུར་བ་ཡིན། དབང་དང་མ་འབྲེལ་བར་དམ་ཚིག་ཐོབ་པའི་སྐབས་སྲིད་དམ་སྙམ་ན། དབང་ཉིད་ཀྱི་ཆོའང་ཕྱི་འཇུག་གི་དུས་སུ་དམ་ཚིག་ཐོབ་ལ། ནང་འཇུག་གི་དཀྱིལ་འཁོར་དུ་ཞུགས་ཤིང་དཀྱིལ་འཁོར་མཐོང་ནས། གཟོད་དབང་ལེན་པ་ནས། དབང་མ་ཐོབ་པའི་གོང་དུ་དམ་ཚིག་དང་ལྡན་པར་འགྱུར་བ་ཡིན། འཇུག་པ་དང་དབང་གཉིས། ནུབ་སོ་སོར་བྱེད་པ་དང་དབང་ཡང་སློབ་མ་དང་།

སློབ་དཔོན་གྱི་དབང་སོ་སོར་བསྐུར་བ་སྟོན་གྱི་ཆེན་པོ་འགའ་ཞིག་གི་ཕྱག་ལེན་ལའང་ཡོད་པར་གདའ། དེས་ན་དབང་བསྐུར་བའི་ནུབ་མོ་མ་ཡིན་པར་ཡང་དམ་ཚིག་ཐོབ་པའི་སྐབས་སྲིད་པ་ལགས།

དེ་ལྟར་གོང་དུ་བཤད་པའི་ཚུལ་གྱིས་དམ་ཚིག་ཐོབ་པ་དེས། སླར་ཡང་ཏིང་ངེ་འཛིན་གྱི་དཀྱིལ་འཁོར་ལས་ཏིང་ངེ་འཛིན་གྱི་དབང་བླངས་པས། བསྐྱེད་རིམ་སྒོམ་པའི་སྐལ་བ་དང་ལྡན་པར་འགྱུར་བས། བསྐྱེད་རིམ་བསྒོམ་ཞིང་བསྙེན་པ་བསྒྲུབ་ནས། གཟོད་ཕྱིའི་དཀྱིལ་འཁོར་ལེགས་པར་བསྒྲུབས་ནས། བདག་ཉིད་འཇུག་པ་དང་དབང་བླང་བ་བྱས་ནས་རྣམ་པར་དག་པར་འགྱུར་བར་རྟོགས་ལགས། རྡུལ་ཚོན་གྱི་དཀྱིལ་འཁོར་མ་བསྒྲུབས་པའི་གོང་དུ། མདུན་གྱི་ནམ་མཁར་ཏིང་ངེ་འཛིན་གྱི་དཀྱིལ་འཁོར་དམིགས་པ་ལས། དབང་ལེན་པའི་ཚུལ་འདི། སློབ་དཔོན་ཀུན་དགའ་སྙིང་པོས་རྡོ་རྗེ་འབྱུང་བ་ལས་བཤད། འདིའི་ལག་ལེན་གནུར་པས་བྱེད་པ་ལ། བླ་མ་གོང་མ་རྣམས་ཀྱིས་དགག་པ་མཛད་དེ། ཀུན་དགའ་སྙིང་པོའི་དགོངས་པ་དེ་རང་དུ་གདའ། དེའི་རྒྱུ་མཚན་ཡང་། ཏིང་ངེ་འཛིན་གྱི་དཀྱིལ་འཁོར་ལ་དབང་བླངས་པས། ཉེས་པ་ཕྲ་མོའང་རྣམ་པར་དག་ནས། གཟོད་དཀྱིལ་འཁོར་སྒྲུབ་པ་ལ་དབང་བར་འགྱུར་བས། སྟོན་ལ་དབང་ལེན་པའི་རྒྱུ་མཚན་དེར་གདའ། དེས་ན་ཕྱིའི་དཀྱིལ་འཁོར་གྱི་གོང་དུ། ཏིང་ངེ་འཛིན་གྱི་དཀྱིལ་འཁོར་ལས་དབང་ལེན་པ་འདི། ཀུན་དགའ་སྙིང་པོའི་རྗེས་སུ་འབྲངས་ཤིང་། རིགས་པས་ཀྱང་འཐད་པར་མཐོང་བ་ལགས། རིམ་པ་འདི་རྣམས། གསུམ་ལ་སྐྱབས་འགྲོ་ནས་བརྩམས་ཏེ། །བྱང་ཆུབ་སེམས་སོགས་སྒོམ་པ་ནི། །གལ་ཏེ་བདག་ལ་ཕན་འདོད་ན། །སྔགས་པས་འབད་དེ་བླང་བར་བྱ། །ཞེས་གསུངས་པས། བླང་བ་ལ། བླ་མ་ལ་བླང་བ་དང་། ཏིང་ངེ་འཛིན་གྱི་དཀྱིལ་འཁོར་ལ་བླང་བ་གཉིས་ལས། ཕྱི་མའི་ལག་ལེན་ནི་དེ་ཡིན་པར་གོ་བ་ལགས། དེ་ལྟར་སོར་ཆུད་པའི་གང་ཟག་དེ་ལ། སྟོན་དབང་བཀའ་མང་པོ་ཡོད་ན་དཀྱིལ་འཁོར་གཅིག་ཏུ་སོར་ཆུད་པར་བྱས་ནས། གཟོད་དབང་བཀའ། གང་དང་གང་ཡོད་པའི་དཀྱིལ་འཁོར་རྣམས་བསྒྲུབས་ཤིང་བདག་ཉིད་ཞུགས་ཏེ་དབང་བླངས་ན། སྟོན་ཐོབ་པའི་བག་ཆགས་རྒྱུད་ལ་ཡོད་པ་དང་། ཕྱིས་བདག་ཉིད་ཀྱིས་ལེགས་པར་བླངས་པའི་ཕྱིར། སྔར་གྱི་དབང་བཀའ་རྣམས་སོར་ཆུད་པར་འགྱུར་བ་ལགས། དགྱེས་པའི་རྡོ་རྗེའི་གཡོན་གྱི་ཕྱག་མཚན་གྱི་རིམ་པ་ས་དང་ཆུ་དང་རླུང་དང་ནི། མེ་ཞེས་གསུངས་པའི་ཕྱི་མ་གཉིས་པོ་ལུགས་འབྱུང་གི་རིམ་པར་མ་གསུངས་པའི་རྒྱུ་མཚན། གཡོན་གྱི་ཕྱག་མཚན་བརྒྱད་ཀྱིས་དབང་ཕྱུག་བརྒྱད་སྟེར་ཞིང་དག་ལ། དབང་ཕྱུག་བརྒྱད་ནི། སྒྲོན་གསལ་དུ་རྒྱུད་ཀྱི་ལུང་དྲངས་པ་ལས། སྐུ་ཡི་དབང་ཕྱུག་གསུང་གི་དབང་ཕྱུག་དང་། །དེ་བཞིན་དུ་ནི་ཐུགས་ཀྱི་དབང་ཕྱུག་དང་། །རྫུ་འཕྲུལ་ཀུན་ཏུ་འགྲོ་བའི་དབང་ཕྱུག་དང་། །ཅི་འདོད་ཕྲིན་ལས་ཡོན་ཏན་བརྒྱད་

པའོ། །ཞེས་གསུངས་པ་ལས། སྐྱུ་དང་ས་གཞན་གྱི་རྟེན་བྱེད་པར་མཚོན། གསུང་དང་ཆུ་གཞན་འཛིན་པར་མཚུངས། ཐུགས་དང་མེ་གསལ་བར་མཚུངས། རྫུ་འཕྲུལ་དང་རླུང་གཡོ་བར་མཚུངས། ཀུན་འགྲོ་དང་ནྭ་བའི་འོད་ཟེར་ཐམས་ཅད་ལ་འཇུག་པར་མཚུངས། ཅི་འདོད་དང་ཉི་མའི་འོད་ཟེར་གཞན་སྨིན་པར་བྱེད་པར་མཚུངས། ཕྲིན་ལས་དང་གཤིན་རྗེ་མཐུ་དང་ལྡན་པར་མཚུངས། ཡོན་ཏན་དང་ནོར་སྦྱིན་གཞན་གྱི་དབུལ་བ་སེལ་བར་མཚུངས་པས་རྒྱུད་ནས་བཤད་པ་དབང་ཕྱུག་གི་རིམ་པ་དང་མཐུན་པར་གོ། བླ་མ་ཀུན་གྱིས་ས་དང་། ཆུ་དང་། མེ་དང་། རླུང་གི་རིམ་པར་མཛད་པ་དེ། འབྱུང་བ་ལུགས་འབྱུང་གི་རིམ་པའི་ཆ་ལ་དགོངས་པར་གོ ཕྱག་ལེན་ལ་རྒྱུད་བཞིན་དུ་མཛད་པ་ལགས། དེ་ལྟར་ཕྱེད་ཀྱིས་དྲིས་ལ་ལན་བཏབ་པ། །འདི་ལ་ནོངས་གང་བདག་བློའི་ཉེས་པར་ཟད། །འདི་ཡི་ལེགས་ཚས་འགྲོ་བ་བདེ་བར་ཤོག།མེ་ཕོ་སྟག་གི་ལོ་རྒྱལ་གྱི་ཟླ་བའི་ཚེས་གསུམ་གྱི་ཉིན་མོ་བྲིས་པའོ། །དགེའོ།། །།

༄༅། །གྲགས་པ་རིན་ཆེན་གྱི་དྲིས་ལན་ནོ། །

འགྲོ་མགོན་ཆོས་རྒྱལ་འཕགས་པ།

ཨོཾ་སྭསྟི་སིདྡྷཾ། དཔལ་མགོན་བླ་མའི་ཞབས་ལ་ཕྱག་འཚལ་ལོ། །སྡེ་སྣོད་འཛིན་པ་གྲགས་པ་རིན་ཆེན་གྱིས། །ཇི་ལྟར་དྲི་བ་བྱས་པ་དེ་ཡི་ལན། །མདོ་ཙམ་བཤད་པ་འདི་ལ་གུས་པས་ཉོན། །དེ་ལ་ཐོག་མར་སྡོམ་པ་གསུམ་གྱི་ངོ་བོའམ་མཚན་ཉིད་ནི། ཇི་སྲིད་འཚོའི་བར་དུ་གཞན་ལ་གནོད་པ་གཞི་དང་བཅས་པ་ལས་ལྡོག་པ་སོ་སོ་ཐར་པའི་སྡོམ་པ། བྱང་ཆུབ་གྱི་སྙིང་པོའི་བར་དུ་གཞན་ལ་གནོད་པ་ལས་ལྡོག་པའི་སྟེང་དུ་སེམས་ཅན་ཐམས་ཅད་ལ་ཕན་པ་བསྒྲུབ་པ་ལ་ཞུགས་པའི་སེམས་པ་རྒྱུན་ཆགས་པ་ཅན་བྱང་ཆུབ་སེམས་དཔའི་སྡོམ་པའོ། །

བཅུ་གསུམ་རྡོ་རྗེ་འཛིན་པའི་གོ་འཕང་མ་ཐོབ་ཀྱི་བར་འབྲས་བུ་སྐུ་གསུང་ཐུགས་རྡོ་རྗེའི་བརྟུལ་ཞུགས་ལ་ཉེ་བར་ཞུགས་པའི་སེམས་པ་རྒྱུན་ཆགས་པ་ཅན་རིག་པ་འཛིན་པའི་སྡོམ་པ་ཡིན། ལུང་ཆོས་པའི་ལུགས་ཀྱིས། ངོ་བོ་དང་མཚན་ཉིད་གཅིག་ཏུ་འདོད་པ་ལགས། གཅིག་དང་ཐ་དད་པའི་ཚུལ་ནི། ཉན་ཐོས་ཀྱི་སོ་སོ་ཐར་པའི་སྡོམ་པ། ལུས་ངག་ལ་རྣམ་པར་རིག་བྱེད་མ་ཡིན་པའི་ཚུལ་གྱིས་གནས་པར་འདོད། ཐེག་པ་ཆེན་པོའི་ལུགས་ཀྱིས་སེམས་ལ་བག་ཆགས་དགེ་བའི་ཚུལ་གྱིས་བགོ་བར་འདོད་པ་ཡིན་པས། གྲུབ་མཐའ་སོ་སོའི་རྗེས་སུ་འབྲངས་ནས་བརྩི་ན་ཐ་དད་དུ་འོང་བ་ཡིན། ཐེག་པ་ཆེན་པོའི་ལུགས་ཀྱིས་གཞལ་ན་ཉན་ཐོས་ཀྱི་སྡོམ་པ་ཉིད་ཀྱང་། སེམས་ཀྱི་ཁྱད་པར་གྱི་ཆོས་ཡིན་པས། གནས་པའི་ཚེ་སེམས་ངོ་བོ་གཅིག་ལ་བག་ཆགས་ཀྱིས་ཐ་དད་དུ་ཕྱེད་པར་འདོད། དེ་ཉིད་དངོས་པོའི་གནས་ལུགས་སུའང་གོ ཉན་ཐོས་དང་ཐེག་ཆེན་གྱི་སྡོམ་པ་གཉིས་པོ། ལེན་པའི་ཚེ་ཅི་ནས་ཀྱང་ཐ་དད། བྱང་ཆུབ་སེམས་དཔའ་དང་། སྔགས་ཀྱི་སྡོམ་པ་རིམ་གྱིས་པའི་ལུགས་ལ། སོ་སོར་ལེན། སོ་སོར་ཐོབ། ཅིག་ཅར་དུ་འཇུག་པ་ལ་ཅིག་ཅར་དུ་ཐོབ་པའང་ཡོད། གཏོང་བའི་ཚེ། ཉན་ཐོས་ཀྱི་སྡོམ་པ་གཏོང་བའི་རྒྱུ་ཕལ་ཆེར་གྱིས་བྱང་ཆུབ་སེམས་དཔའ་དང་། རིག་པ་འཛིན་པའི་སྡོམ་པ་མི་གཏོང་། སྡོམ་པ་གོང་མ་གཉིས་གཏོང་བས། ཉན་ཐོས་ཀྱི་སྡོམ་པ་མི་གཏོང་བའི་སྐབས་ཀྱང་སྲིད། གསང་སྔགས་ཀྱི་སྡོམ་པ་བཏང་བས། བྱང་ཆུབ་སེམས་དཔའི་སྡོམ་པ་མི་གཏོང་བའི་སྐབས་ཀྱང་སྲིད་པ་ཡིན།

བྱང་ཆུབ་སེམས་དཔའི་སྡོམ་པའི་དངོས་གཞི་བཏང་བས། གསང་སྔགས་ཀྱི་སྡོམ་པ་མི་གཏོང་མི་སྲིད། བྱང་ཆུབ་ཀྱི་སེམས་ལས་འདས་ནས་སྦྱོར་དངོས་རྗེས་གསུམ་ཚང་བས་རྡོ་རྗེའི་སྤྱུན་གསད་པ་ལྟ་བུ་ལ་མཐར་ཐུག་གྲུབ་པས་གསུམ་ཀ་དུས་གཅིག་ལ་གཏོང་བ་ཡིན། མང་པོའི་དོན་དུ་མི་གཅིག་གསད་པ་ལྟ་བུས། ཉན་ཐོས་ཀྱི་སྡོམ་པ་གཏོང་ཡང་། སྡོམ་པ་གོང་མ་གཉིས་པོ་མི་གཏོང་བའི་སྟེང་དུ། དགེ་བ་ཡར་ལྡན་དུ་འོང་བ་ཡིན། རྩ་སུམ་ཅུ་རྩ་གཉིས་ཀྱི་ནང་དུ་སྡུས་པའི་རྩ་ལྟ་མི་འདུ་བ་ལགས། ཡན་ལག་གི་རླུང་ལྔ་འབྱུང་བ་ལྔའི་ངོ་བོ་ལས་མི་འདའ་བའི་ཕྱིར་ངོ་བོའི་ཆ་ནས་རྩ་བའི་རླུང་ལས་གཞན་མ་ཡིན། གནས་དང་ལས་ཀྱི་ཆ་ནས་སོ་སོར་བཞག་པ་ཡིན། དབང་བསྐུར་མ་ཐོབ་པ་ལ་དྲིལ་བུ་པ་བྱེད་དུས། སྔོན་དུ་སློབ་མ་སྦྱོང་བའི་ཆོག་དེ། དབང་བསྐུར་རྒྱས་པའི་སྔ་གོན་གྱི་སྐབས་ཀྱི་ནང་གི་དབང་བསྐུར་བའི་ཆོག་དེ་ལྟ་བུ་བྱེད་པ་ལགས། ཐུན་མོང་མ་ཡིན་པའི་གསང་བ་ལ་བསྒྲེ་ལྟད་བྱ་བའི་གཞི་རྒྱུད་མཚན་ཉིད་པ་གཅིག་ཡོད་པའང་སྲིད། སྤྱི་རྒྱུད་ཁ་འཐོར་བའི་ལུང་མང་པོ་དང་། མདོ་སྡེའི་ལུང་མང་པོ་བྲིས་འདུག་པས་ཐམས་ཅད་བོད་ཀྱིས་བྱས་པའང་མ་ཡིན། མཚམས་སྦྱོར་ལྡན་དང་གཅིག་ཏུ་མང་པོ་བཞུགས་འདུག །དེའི་རྒྱུ་མཚན་གྱི་གཙོ་བོ། བཛྲ་ཧྲི་ཀ་ལ་སོགས་པའི་སྔགས་ཀྱི་བཏུ་བ་རྣམས་རྒྱ་གར་སྦྱོར་ཚུལ་རྒྱུས་མེད་པར། བོད་ཀྱི་ལུགས་སུ་བྱས་འདུག གཞན་ཡང་ཚིག་གི་སྦྱོར་བ་བཏགས་པ་མང་པོ་གདའ། སྤྱིར་རྒྱུད་ཡང་དག་པ་ལྟད་མེད་ཀྱི་བཀའ་བསྟན་བཅོས་རྣམས་ལ། འདྲིས་པ་བྱས་ཙ་ན་ལྟད་ཅན་རྣམས་མངོན་མཚན་དུ་རྗེན་གཅེར་འོང་རྒྱུ་ཞིག་མཆི། དེ་ལྟར་ཁྱེད་ཀྱིས་དྲིས་པའི་ལན་བརྗོད་པའི། །དགེ་བས་མ་ལུས་འགྲོ་བའི་མ་རྟོགས་དང་། །ལོག་རྟོག་ཐེ་ཚོམ་དྲྭ་བ་རྣམས་བསལ་ནས། །ཤེས་བྱའི་གནས་ལ་བློ་གྲོས་རྒྱས་གྱུར་ཅིག །མེ་མོ་ཡོས་བུའི་ལོ། སྨིན་དྲུག་ཟླ་བའི་ཉི་ཤུ་བདུན་གྱི་ཉིན་པར་འདམ་གྱི་སའི་ཆ་གད་སྐྱ་ཞེས་བྱ་བར་འཕགས་པས་སྦྱར་བའོ།། །།དགེའོ།། །།

༄༅། །དབང་ཕྱུག་འབུམ་གྱི་དྲིས་ལན་བཞུགས་སོ། །

འགྲོ་མགོན་ཆོས་རྒྱལ་འཕགས་པ།

དྲིས་པའི་ལན་རྣམ་པར་ངེས་པ་ཞེས་བྱ་བ། བླ་མ་དང་འཇམ་པའི་དབྱངས་ལ་ཕྱག་འཚལ་ལོ། །གང་གི་མཁྱེན་བརྩེ་ཕུལ་བྱུང་ཞིང་། །མཐུ་དང་ཕྲིན་ལས་མཐའ་ཡས་པས། །རྟག་པར་གཞན་གྱི་དོན་མཛད་པའི། །འགྲོ་བའི་བླ་མ་ལ་ཕྱག་འཚལ། །བློ་གསལ་བླ་མ་ལ་གུས་པའི། །དབང་ཕྱུག་འབུམ་ཞེས་བྱ་བ་ཡིས། །བསམ་པ་དགེ་བས་དྲིས་པའི་ལན། །དྲི་མེད་ལུང་བཞིན་འདིར་བཤད་བྱ། །ཐུབ་པ་བྱང་ཆུབ་སེམས་དཔའ་སངས་རྒྱས་པའི། །ས་ཡི་མཚམས་ནི་གང་ལ་བཞེད། །ཤཱཀྱ་ཐུབ་པ་སངས་རྒྱས་པའི། །དུས་ནི་བསྐལ་པ་གྲངས་མེད་སྔོན། །འདིར་ནི་ཚེ་ལོ་བརྒྱ་པ་ལ། །བྱང་ཆུབ་བརྙེས་པ་སྤྲུལ་པ་ཡིན། །ཆོས་ཀྱི་ཕུང་པོ་བརྒྱད་ཁྲི་དང་། །བཞི་སྟོང་ཕུང་པོའི་ཚད་གང་ཡིན། །རྗོད་བྱེད་རབ་བྱེད་འདུས་པ་ཡི། །བརྗོད་བྱའི་རྣམ་གྲངས་མང་སྟོན་པའི། །ངག་རྒྱུན་གཅིག་གིས་བསྡུས་པའི་གཞུང་། །ཕུང་པོ་ཉིད་ཡིན་དེ་ཡི་ཚད། །གཅིག་ཏུ་ངེས་པ་ཡོད་མ་ཡིན། །སྤང་བྱ་ཉོན་མོངས་གསུམ་སྤོང་ཞིང་། །བརྗོད་བྱ་བསླབ་པ་གསུམ་སྟོན་པའི། །རྗོད་བྱེད་སྡེ་སྣོད་རྣམ་པ་གསུམ། །སོ་སོ་བ་དང་སྦྱོར་སྟོན་པ། །བརྒྱད་ཁྲི་བཞི་སྟོང་ཡོད་ཅེས་གྲགས། །སྔགས་དང་ཕ་རོལ་ཕྱིན་པ་ཡི། །ལམ་དང་འབྲས་བུའི་ཁྱད་པར་གང་། །བྱང་ཆུབ་སེམས་ཀྱི་གཞི་བརྟན་ནས། །སྟོང་ཉིད་སྙིང་རྗེའི་ལམ་གྱིས་ནི། །སྤྱངས་རྟོག་ཕུན་ཚོགས་བཅུ་གཅིག་པ། །སྒྲུབ་པ་ཕ་རོལ་ཕྱིན་པའི་ལུགས། །སྨིན་བྱེད་དབང་གིས་གཞི་བཟུང་ནས། །རིམ་གཉིས་ཡན་ལག་བཅས་པ་ཡིས། །སྤྱངས་རྟོགས་བདེ་ཆེན་བཅུ་གསུམ་པ། །སྒྲུབ་པ་སྔགས་ཀྱི་རྣམ་གཞག་ཡིན། །བསྐལ་པ་བཟང་སངས་རྒྱས་ཐམས་ཅད་ཀྱིས། །སྔགས་ཀྱི་ཐེག་པ་གསུངས་ལགས་སམ། །བསྐལ་བཟང་སངས་རྒྱས་ཐམས་ཅད་ཀྱིས། །གདུལ་བྱ་མཆོག་ལ་གསང་སྔགས་གསུངས། །མཚན་བརྗོད་དགོངས་པ་དེ་ཉིད་ཡིན། །ཐུན་མོང་བ་ཡི་འཁོར་རྣམས་ལ། །ཤཱཀྱ་ཐུབ་པ་ཁོ་ནས་གསུངས། །གསང་འདུས་དགོངས་པ་འདི་ཡིན་ནོ། །

རྒྱུད་སྡེ་མི་ཡི་ཡུལ་འདིར་ནི། །དར་ལུགས་མདོར་བསྟན་ཇི་ལྟར་ལགས། །གདུལ་བྱའི་སྐལ་བའི་དབང་བཞིན་དུ། །སྟོན་ཆེ་ཐུབ་པས་སྤྲུལ་པ་ཡི། །དཀྱིལ་འཁོར་མངོན་པར་སྤྲུལ་མཛད་ནས། །ལྷ་དང་གྲུབ་པ་རིག་འཛིན་དང་། །མཁའ་འགྲོ་སོགས་ལ་གསང་བར་བཤད། །དེ་དག་རྣམས་ཀྱིས་སྐལ་ལྡན་གྱི། །མི་རྣམས་ལ་ནི་སོ་སོ་ཡི། །

སྐལ་བ་ཇི་བཞིན་སྨིན་བྱས་ནས། །རྒྱུད་དང་མན་ངག་སོ་སོར་གསུངས། །དེ་དག་རྣམས་ལས་རབ་བརྒྱུད་ནས། །མི་ཡི་ཡུལ་དུ་གསལ་བར་གྱུར། །འདི་ཡི་དབྱེ་བ་དཔག་མེད་ཕྱིར། །འདི་ཉིད་དོ་ཞེས་སུས་བརྗོད་སྤྱོབས། །དེ་ལྟ་མོད་ཀྱི་བླ་མེད་ཚུལ། །ཕལ་ཆེར་ནུབ་ཕྱོགས་ཨུ་རྒྱན་དུ། །ཨིནྡྲ་བྷཱུ་ཏིས་གསལ་བར་བྱས། །རྒྱུད་སྡེ་འོག་མ་ཕལ་ཆེ་བ། །འཕགས་པའི་ཡུལ་གྱི་ཤར་ཕྱོ་རུ། །རབ་གསལ་ཟླ་བ་ཞེས་བྱ་བ། །རྒྱལ་པོ་མཆོག་གིས་གསལ་བར་བྱས། །ཙོ་ལུ་པ་ལ་སོགས་པ་ཡིས། །ཤཱཀྱ་ལ་ལ་སོགས་པ་རུ། །འཕགས་པ་རྣམས་ལས་ཐོས་པའི་ཚུལ། །ཀུན་ཏུ་གསལ་བར་བྱས་པའང་ཡོད། །སེམས་ཅན་དཔག་མེད་གྲོལ་གྱུར་ཀྱང་། །འཁོར་བ་འཕེལ་འགྲིབ་མེད་པ་ཅི། །ཕྲི་དང་བསྣན་པ་འཕེལ་འགྲིབ་བཅས། །ཚད་ལྡན་པ་ལ་འཐད་པ་སྟེ། །སེམས་ཅན་གྲངས་ལ་ཚད་མེད་ཕྱིར། །གྲོལ་བས་ཉུང་བར་ག་ལ་འགྱུར། །སྲིད་པ་བར་དོ་བརྫུས་ཏེ་སྐྱེ། །སྐྱེ་འགྱུར་ལས་ཀྱི་གཞན་དབང་སྟེ༑ ༑དེ་ཡི་བག་ཆགས་སྟུར་སད་ཕྱིར། །གང་དུ་སྐྱེ་འགྱུར་བྱད་གཟུགས་ཅན། །གལ་ཏེ་གང་ཟག་གཞན་གྱི་མཐུས། །སྐྱེ་བ་ཡོངས་སུ་བསྒྱུར་བྱེད་ན། །གང་དུ་བསྒྱུར་བ་དེ་གཟུགས་སུ། །དེ་ཡང་ཡོངས་སུ་འགྱུར་བ་ཅན། །དུས་ནི་ཕལ་ཆེར་ཞག་བདུན་ནོ། །བདུན་ཕྲག་བདུན་པའང་ཡོད་ཅེས་གྲགས། །ལས་ཀྱི་འཕེན་པ་དྲག་ཞན་གྱིས། །མཚམས་མེད་པའང་འབྱུང་འགྱུར་ཞིང་། །ཡོ་དང་བསྐལ་པར་གནས་པར་བཤད། །དེ་ཕྱིར་གཅིག་ཏུ་ངེས་པ་མེད། །ཚེ་འདིའི་འཕྲི་བ་གཅོད་པའི་ཐབས། །ཉམས་མྱོང་ལག་ལེན་ཇི་ལྟར་བདེ། །སྡུག་བསྔལ་བ་ལ་སྡུག་བསྔལ་དང་། །སྟོང་པ་ཉིད་ལ་སྟོང་ཉིད་དང་། །བདེ་བ་ལ་ནི་བདེ་བའི་རྒྱུར། །ཤེས་ན་ཚེ་འདིའི་འཕྲི་བ་ཅི། །བཀའ་རྒྱུད་བླ་མའི་ཞབས་ཏོག་ཏུ། །ཚུལ་ལུགས་ཇི་ལྟར་སྤྱད་ན་འགྱུར། །ནུས་པ་ཡོད་ན་ཆོས་བཞིན་དུ། །གཞན་དོན་བརྩོན་པས་བསྟན་པའི་རྒྱུན། །གནས་པར་བྱེད་པ་བླ་མ་དང་། །རྒྱལ་བ་མཉེས་བྱེད་དང་པོ་ཡིན། །གཞན་དོན་སྒྲུབ་པའི་མཐུ་དམན་ན། །སྒྲུབ་ལ་བརྩོན་པས་རང་དོན་ལ། །གཞོལ་བ་མཉེས་བྱེད་གཉིས་པ་སྟེ། །ཟང་ཟིང་མཆོད་པ་གསུམ་པ་ཡིན། །དབེན་པར་ཉམས་ལེན་བྱེད་པ་དང་། །འཆད་ཉན་བྱེད་པ་གང་ཁྱད་འཕགས། །དང་པོ་སྒྲོ་འདོགས་གཅོད་པ་དང་། །གཞན་དོན་བསྒྲུབ་ན་ཉན་བཤད་བྱ། །ཕྱིས་ནས་རྟོགས་པ་བསྐྱེད་པ་དང་། །རང་གི་དོན་ལ་སྒྲུབ་པ་མཆོག །ཁྱོད་དང་ཁྱོད་འདྲ་གང་ཡིན་པས། །སྒྲུབ་ལ་ནན་ཏན་བྱ་བར་རིགས། །བསམ་གཏན་བཟླས་སྒོམ་བྱ་བ་དང་། །གཞུང་ལུགས་བལྟས་པ་སོགས་གང་ཆེ། །དངོས་གཞི་བསམ་གཏན་བཟླས་བརྗོད་བརྩོན། །སྐྱོ་དང་ཐེ་ཚོམ་བསལ་བ་དང་། །ངད་དང་ངེས་ཤེས་བསྐྱེད་པའི་ཕྱིར། །བར་སྐབས་དག་ཏུ་གཞུང་ལུགས་བལྟ། །མདོ་སོགས་ཁ་ཏོན་བྱེད་པ་དང་། །སྔགས་ཀྱི་བཟླས་པའི་ཁྱད་པར་གང་། །ཀློག་པ་དང་ནི་ཁ་ཏོན་བས། །བཟླས་བརྗོད་ཕན་ཡོན་ཆེ་བར་གསུངས། །རྩེ་གཅིག་སྒྲུབ་པ་བྱེད་པ་ལ། །ལམ་མཆོག་བགྲོད་ཚུལ་གང་གིས་བདེ། །དམ་ཚིག་སྡོམ་པའི་གཞི་བརྟན་ཞིང་། །བསྐྱེད་པའི་

རིམ་པ་མཉམ་གཞག་ནས། །རྗེས་ཐོབ་བདག་གཞན་ལྷ་ར་རིག་པས། །ཡོངས་སྤྱོད་པ་ཡི་མཆོད་པས་མཆོད། ། ཐུགས་ཀྱིས་རྒྱལ་བའི་ཐུགས་བསྐུལ་ཞིང་། །དགེ་ཀུན་གཞན་གྱི་དོན་དམིགས་ནས། །སྨོན་ལམ་བཟང་པོས་ཡོངས་བསྔུར་ན། །རྒྱ་ཆེན་སྒྲུབ་པའི་རིམ་པ་སྟེ། །རང་སེམས་གདོད་ནས་རྣམ་དག་པ། །བླ་མའི་ཐུགས་དང་གཉིས་མེད་པར། །ཤེས་ན་རྟག་ཏུ་མཉམ་འཇོག་པ། །ཟབ་མོ་བསྒྲུབ་པའི་རིམ་པ་ཡིན། །ལུས་ལ་གནད་དུ་བསྣུན་པའི་ཐབས། །ཤིན་ཏུ་ཟབ་མོ་ཡོད་མོད་ཀྱི། །སྒྲུབ་པར་དཀའ་ཞིང་གེགས་མང་ཕྱིར། །རེ་ཞིག་མོས་པ་ཙམ་དུ་བྱ། །ལམ་ལ་འབད་པར་བྱེད་པའི་ཚེ། །དགེ་སྦྱོར་ཁྲིགས་ཆགས་ཇི་ལྟར་བགྱི། །ཐོ་རངས་རླུང་སེམས་དྭངས་པའི་ཕྱིར། །ཟབ་མོ་ཏིང་འཛིན་བསྒོམ་པར་བྱ། །ལངས་ནས་ཁྲུས་སོགས་སྔོན་འགྲོ་བས། །ཡན་ལག་བདུན་པས་རྒྱུད་སྦྱངས་ནས། །ཆོས་བཞིན་ཁ་ཟས་ལེགས་སྤྱད་དེ། །ཉིན་པར་ཁ་ཏོན་བཟླས་བརྗོད་དང་། །གཏོར་མ་ཆུ་སྦྱིན་ལ་སོགས་པ། །གཙོ་བོར་ལུས་ངག་དགེ་སྦྱོར་བྱ། །སྲོད་ལ་ཐུབ་པས་བདུད་བཏུལ་ཕྱིར། །སྲུང་བའི་འཁོར་ལོ་བརྟན་བསྒོམས་ནས། །རིམ་གཉིས་བཟླས་བཅས་སྔོན་འགྲོ་བས། །མདུན་གྱི་ཏིང་འཛིན་དཀྱིལ་འཁོར་ལས། །དབང་བསྐུར་རིན་ཆེན་བླང་བར་བྱ། །ཉལ་བའི་རྣལ་འབྱོར་དང་འབྲེལ་བའི། །འཆི་ཁ་མ་ཡི་གདམས་ངག་ནི། །གཉིད་ལོག་ཚེ་ན་བསྒོམ་བྱ་ཞིང་། །འདུན་པ་སྔོན་དུ་འགྲོ་བ་ཡིས། །རྨི་ལམ་ནའང་ཆོས་རྣམས་ཀུན། །རྨི་ལམ་ཉིད་དུ་ཤེས་བྱ་ཞིང་། །དེ་ཡང་ལྷ་དང་བླ་མ་དང་། །བདག་ཉིད་རྗེས་སུ་དྲན་པར་བྱ། ། སད་པའི་ཚེ་ན་འོད་གསལ་ལས། །ཟུང་འཇུག་ཆེན་པོར་ལྡང་བར་བྱ། །དུས་རྣམས་ཀུན་ཏུ་བླ་མ་དང་། །འབྲལ་མེད་ལམ་གྱི་སྙིང་པོ་ཡིན། །ཉམས་སུ་བླང་བའི་རིམ་པ་འདིས། །རྣལ་འབྱོར་དུས་ཀུན་འདའ་བར་བྱ། །བསྐྱེད་རིམ་རྣམ་རྟོག་ཡིན་པས་ན། །འཆིང་འགྱུར་བྱ་བ་ཇི་ལྟར་ལགས། །བསྐྱེད་རིམ་རྟོག་པ་ཡིན་མོད་ཀྱི། །ཁྲེའུས་ཁྲེའུ་འབྱིན་པ་བཞིན། །རྟོག་པས་རྟོག་པ་སེལ་བའི་ཕྱིར། །གྲོལ་བའི་ཐབས་ཀྱི་མཆོག་ཡིན་ནོ། །

རིག་པའི་དབང་ལྔ་དབང་རྫས་ལ། །མཚོན་བྱ་སོ་སོ་ཇི་ལྟར་སྦྱོར། །རིག་པའི་དབང་ལྔ་བསྐུར་བའི་རྗེས། །ཡེ་ཤེས་ལྔ་ཡི་མཚོན་བྱེད་ཡིན། །འདི་ཡི་རྒྱུ་མཚན་མང་ཡོད་ཀྱི། །མདོར་བསྡུས་དེ་ཙམ་ཤེས་པར་གྱིས། །རྒྱལ་བ་རིགས་ལྔར་གསུངས་པ་ནི། །ཡོངས་སྐུའམ་སྤྲུལ་སྐུ་གང་དུ་བཞེད། །ཡེ་ཤེས་ལྔ་ནི་མཚོན་པའི་ཕྱིར། །རིགས་ལྔ་མཆོག་ནི་སྤྲུལ་པ་སྟེ། །གདུལ་བྱ་མཆོག་གི་ངོ་བོར་སྣང་། །ཡོངས་སྐུར་བཤད་པ་མཆོག་ལ་དགོངས། །རིགས་ལྔ་ཆོས་གོས་གཙུག་ཏོར་ཅན། །འདི་འདྲ་གསུངས་པ་བདོག་ལགས་སམ། །རིགས་ལྔ་དགེ་སྦྱོང་ཆ་ལུགས་ སུ། །དམ་པའི་གསུང་ལས་འབྱུང་བ་མཐོང་། །ལུང་ལས་བཤད་པ་ངས་མ་མཐོང་། །འོན་ཀྱང་དེ་ཉིད་བསྡུས་པ་ལས། །སངས་རྒྱས་བྱང་ཆུབ་སེམས་དཔའ་རྣམས། །ཇི་ལྟར་དགའ་བའི་སྐུ་དང་ནི། །ཆ་ལུགས་ཅན་ཞེས་གསུངས་པའི་ཕྱིར། །དགེ་སྦྱོང་

ཚུལ་ལའང་འགལ་བ་མེད། །དམ་པ་རིགས་བརྒྱའི་རྣམ་དབྱེ་ནི། །མདོར་སྡུས་དབྱེ་ལུགས་གང་གིས་ཕྱེད། །སངས་རྒྱས་རིགས་ལྔ་རེ་རེ་ཡང་། །ཡེ་ཤེས་ལྔ་ལྡའི་བདག་ཉིད་ཅན། །ཡེ་ཤེས་རེ་རེ་གཞན་དོན་གྱིས། །དབྱེ་ན་ཚད་མེད་བཞི་བཞི་པོ། །དེ་ཕྱིར་དེ་དག་རིགས་རྣམས་བརྒྱ། །འདི་ནི་འབྲས་བུའི་དབྱེ་བ་སྟེ། །རྒྱུ་དང་ལམ་ཡང་འདིས་དཔྱད་བྱ། །ཞི་བའི་ལྷ་ནི་བཞི་བཅུ་གཉིས། །ཁྲོ་བོ་ལྔ་བཅུ་རྩ་བརྒྱད་ལ། །དམ་པ་རིགས་བརྒྱ་ཡིན་ནོ་ཞེས། །སྙིང་མ་པ་རྣམས་སྨྲས་མོད་ཀྱི། །འཕགས་པའི་ཡུལ་ནས་བྱུང་བ་ཡི། །རྒྱུད་སྡེ་རྣམས་ལ་དེ་མ་གྲགས། །རྒྱལ་བའི་རྣམ་འཕྲུལ་གཅིག་ཉིད་ལ། །ལྷ་རྣམས་དངོས་གྲུབ་ཉེ་རིང་ཅི། །རྒྱལ་བའི་རྣམ་འཕྲུལ་གཅིག་ཉིད་ལ། །རྣམ་པའི་རྟེན་ཅིང་འབྲེལ་འབྱུང་དང་། །སྒྲུབ་པོའི་ལས་ཀྱི་དངོས་གྲུབ་ལ། །ཉེ་རིང་འབྱུང་ཞིང་དེ་ཡང་ནི། །ཐུན་མོང་ལྷ་ལ་སྒྲོལ་མ་དང་། །ཐུན་མོང་མིན་ལ་བདེ་བའི་མཆོག །ཤིན་ཏུ་བསྒྲུབ་ཐག་ཉེའོ་ཞེས། །བླ་མ་མཆོག་གི་གསུང་ལས་བྱུང་། །སྒྲོལ་མ་ལྷ་བུའི་སྒོམ་བཟླས་དང་། །བདེ་དགྱེས་དངོས་གྲུབ་ཁྱད་པར་ཅི། །སྒྲོལ་མ་ལ་སོགས་ཐུན་མོང་གི། །དངོས་གྲུབ་སྒྲུབ་པའི་ལྷ་རུ་གསུངས། །དགེས་རྡོར་བདེ་མཆོག་ལ་སོགས་པ། །མཆོག་གི་གོ་འཕང་ཐོབ་བྱེད་ཡིན། །ཕྱག་མཚན་བརྒྱད་ནི་དབང་ཕྱུག་བརྒྱད། །དེ་བརྒྱད་ངོས་འཛིན་ཇི་ལྟར་ལགས། །དབང་ཕྱུག་བརྒྱད་ནི་ཟླ་གྲགས་ཀྱིས། །རྣམ་གཞག་གཞན་དུ་བཤད་མོད་ཀྱི། །ཕྱག་མཚན་བརྒྱད་ཀྱི་དག་པ་ནི། །མི་ཐུབ་ཟླ་བའི་ཞལ་སྔ་ནས། །ས་ནི་དང་པོ་ནོར་སྦྱིན་མཐའ། །ཞེས་གསུངས་དོན་ནི་འབྱུང་བཞི་དང་། །ཉི་ཟླ་ཚེ་དང་ནོར་རྣམས་ལ། །དབང་བསྒྱུར་བརྒྱད་ནི་དབང་ཕྱུག་གོ། །

བདག་གནས་རྣལ་འབྱོར་གསུམ་གསུངས་པའི། །བདག་དང་རྣལ་འབྱོར་ཁྱད་པར་གང་། །བདག་གནས་རྣལ་འབྱོར་གསུམ་གསུངས་པ། །བདག་ནི་སྒྲུབ་པོ་ཉིད་ཡིན་ཏེ། །རྣལ་འབྱོར་ཏིང་འཛིན་ཉིད་དུ་འདོད། །ཏིང་འཛིན་བསྐྱེད་པའི་གེགས་བསལ་ཕྱིར། །རྣལ་འབྱོར་བསྲུང་བར་གསུངས་པ་ཡིན། །གནས་ནི་གང་དུ་བསྒྲུབ་པའི་ཡུལ། །ལྷ་ཡི་དམིགས་པ་མི་གསལ་ན། །ཐབས་ཚུལ་གང་གིས་གསལ་བ་ཡིན། །ལྷ་ཡི་དམིགས་པ་གསལ་བའི་ཐབས། །སྤྱན་སོགས་སྐུ་ཡི་ཆ་ཤས་ལ། །གོམས་པར་བྱས་ནས་སློབ་པ་དང་། །བྲིས་པ་ལ་སོགས་མེ་ལོང་ལ། །ཤར་བའི་གཟུགས་བརྙན་ལ་དམིགས་ཏེ། །དེ་དང་འདྲ་བར་སྒོམ་པ་ཡིན། །རིམ་གྱིས་དམིགས་པ་གསལ་བར་འགྱུར། །རྒྱས་པར་གཞན་ལས་ཤེས་པར་གྱིས། །དབེན་པར་སྤྲོ་བ་སྐྱེ་བ་ན། །ཚུལ་ལུགས་ཇི་ལྟར་སྤྱད་པར་བགྱི། །སྙིང་རྗེ་བདེ་བ་སྒོམ་པ་དང་། །ཁ་ན་མ་ཐོ་མེད་པ་ཡི། །འདོད་པའི་ཡོན་ཏན་སྤྱོད་པ་དང་། །ཆོས་ཀྱི་གཏམ་དང་མདོ་སོགས་ལ། །བཟླ་བས་སྐྱོ་བ་བསལ་བར་བྱ། །ཇི་ལྟར་འོས་པའང་རང་གིས་དཔྱད། །ནད་དང་ཟུག་རྔུས་ཉེན་པ་ལ། །གཉེན་པོ་ཉམས་ལེན་ཇི་ལྟར་ཡིན། །ནད་དང་ཟུག་རྔུ་གློ་བུར་གྱི། །ཉོན་མོངས་རྣམས་ཀྱི་གཉེན་པོར་ནི། །སྟོང་ཉིད་

ཏིང་འཛིན་མཆོག་ཡིན་ཞེས། །ལྷག་བསམ་བསྟན་པའི་མདོ་ལས་གསུངས། །འཆི་བས་འཇིགས་པའི་རྟགས་བྱུང་ན། །ཉམས་ལེན་ཚུལ་ལུགས་གང་གིས་བདེ། །རང་ལུས་ལྷ་ཡི་གྲོང་ཁྱེར་ནས། །བླ་མ་རིགས་ཀྱི་བདག་པོ་ཡི། །སྐུ་ཡི་གཞལ་ཡས་ཡིད་འོང་བར། །སྙིང་པོ་ཕྱི་སྒྲིལ་གདན་སྟེང་དུ། །གློག་གི་ཚུལ་གྱིས་རབ་འཇུག་ཅིང་། །དབྱིངས་ལས་ཡེ་ཤེས་ཇི་བཞིན་དུ། །སྐར་མདའི་ཚུལ་གྱིས་འདྲེས་གྱུར་ནས། །མི་རྟོག་ངང་ལ་མཉམ་འཛོག་པ། །དུས་རྣམས་ཀུན་ཏུ་བསྒོམ་པར་བྱ། །གོམས་ནས་ཉིང་མཚམས་སྦྱོར་ཚེ་ཙ༹མ། །འདི་ཡི༹་ཤེས་པ་འཆི་བ་དང་། །གཤིན་རྗེའི་འཇིགས་པ་གྱི་ན་ཡིན། །ཐེག་པ་དམན་ལ་ཞུགས་པ་ཡིས། །སངས་རྒྱས་གོགས་སུ་རྟག་འགྱུར་རམ། །ཐེག་པ་ཆེ་ལས་བློ་ལོག་ནས། །ཐེག་དམན་ཁོ་ནར་ཞུགས་གྱུར་ན། །ཇི་སྲིད་དེ་ལས་མ་ལོག་པ། །དེ་སྲིད་དེ་ཡི་གོགས་སུ་འགྱུར། །མཐར་ཐུག་འཕགས་པ་གཉིས་ཀ་ཡང་། །སངས་རྒྱས་ཉིད་དུ་འགྱུར་རོ་ཞེས། །དམ་ཆོས་པདྨ་དཀར་ལ་སོགས། །ངེས་པའི་དོན་གྱི་མདོ་ལས་འབྱུང་། །སོ་སོ་ཐར་པའི་སྡོམ་པ་སོགས། །ཐེག་ཆེན་ལམ་གྱི་ཡན་ལག་ཏུ། །ཁྱེད་ན་དེ་ཡི་གྲོགས་སུ་འགྱུར། །ཕལ་ཆེར་ཀུན་སློང་དབང་ཡིན་ནོ། །

དམིགས་མེད་སྙིང་རྗེ་ཆེན་པོ་དེ། །དུས་ཚོད་གང་ལ་སྐྱེ་བར་འགྱུར། །དམིགས་མེད་སྙིང་རྗེ་མཚན་ཉིད་པ། །རབ་དགའི་ས་ལ་སྐྱེ་བར་བཤད། །ཆ་མཐུན་ད་ལྟ་འབྱུང་བའང་སྲིད། །མཐར་ཕྱིན་སངས་རྒྱས་འབའ་ཞིག་ལགས། །རྒྱལ་བའི་སྐུ་གསུམ་རྣམ་གཞག་ཇི་ལྟར་བསྟུ། །དམིགས་མེད་སྙིང་རྗེ་ཇི་ལྟར་བཞེད་པ་ལགས། །ཆོས་སྐུ་རྒྱལ་བའི་རང་བཞིན་ཏེ། ། །ལོངས་སྐུ་ཚོགས་གཉིས་རྫོགས་པའི་འབྲས། །སྤྲུལ་སྐུ་དེ་ཡི་རྣམ་འཕྲུལ་ཡིན། །མི་འདྲའི་རྣམ་གཞག་བཤད་པ་མང་། །ཚུལ་ཁྲིམས་བྱང་སེམས་དམ་ཚིག་གསུམ། །གཞི་ཡིན་ཕྱིར་ན་བརྟན་པར་བྱ། །དད་དང་སྙིང་རྗེ་སྨོན་པ་གསུམ། །སྔོན་འགྲོ་ཡིན་ཕྱིར་སྔོན་དུ་བསྒོམ། །ལྷ་དང་བླ་མ་རང་རིགས་གསུམ། །དངོས་གཞི་ཡིན་ཕྱིར་མཉམ་པར་བཞག །བསྔོ་བ་སྨོན་ལམ་རྗེས་དྲན་གསུམ། །མཇུག་སྡུད་ཡིན་ཕྱིར་མཇུག་ཏུ་བྱ། །སྐྱུ་མ་སྟོང་ཉིད་ཟུང་འཇུག་གསུམ། །ཁྱབ་བྱེད་ཡིན་ཕྱིར་ཀུན་རྒྱས་གདབ། །གསུམ་ཚན་ལྔ་རུ་སྡེབ་པ་ཡི། །ཆོས་ཚུལ་བཅུ་དང་ལྔ་ཕྲག་གཅིག །རྗེས་སུ་སློབ་པའི་གང་ཟག་ལ། །ནོར་གྱི་སྙིང་པོ་བྱིན་པ་ཡིན། །དེ་ལྟར་ཁྱེད་ཀྱིས་གང་ལ་དྲིས་པའི་ལན། །དྲི་མེད་ལུང་གི་ཚུལ་བཞིན་བཤད་པ་ཡི། །དགེ་བ་གང་དེས་འགྲོ་བ་མ་ལུས་པ། །ཆོས་ཀྱི་རྒྱལ་པོའི་གོ་འཕང་ཐོབ་པར་ཤོག །

འདན་ཀྱི་ཡུལ་དུ་སྐྱེས་པའི་བློ་གསལ་བའི་དགེ་སྦྱོང་དབང་ཕྱུག་འབུམ་ཞེས་བྱ་བས་དྲིས་པ་ལ། འཕགས་པས་ལན་དུ་བཏབ་པའི་རབ་ཏུ་བྱེད་པ་ཤིང་ཕོ་བྱི་བའི་ལོ། སྟོན་ཟླ་ར་བའི་ཚེས་ཉི་ཤུ་གཅིག་ལ་མཚལ་མདོར་སྦྱར་བའི་ཡི་གེ་པ་ནི་ཨ་ཙ་རའོ། །འདིར་གསང་སྔགས་ཀྱི་ཚུལ་གཙོ་ཆེར་འབྱུང་བས། དབང་མ་ཐོབ་

པ་ལ་བསྟན་པར་མི་བྱའོ། །ཏིག་ཆད་འཁྲུག་པོའི་ལམ་ལ་མི་གཟིགས་ཤིང་། །འཆད་རྩོད་རྩོམ་པའི་ལུང་གྱིས་ངལ་བ་སྤྲངས། །མི་ཤེས་འདམ་བུའི་ཚལ་རྣམས་རླག་བྱེད་པའི། །རྣམ་དཔྱོད་གཉིས་འཐུང་དབང་པོའི་བཞོན་པ་དེ། །འདི་བྲིས་དགེ་ལས་འགྲོ་ལ་མྱུར་ཐོབ་ཤོག །དགེའོ།། །།

༄༅། །སྡོམ་གསུམ་འོད་ཀྱི་ཕྲེང་བའི་རྒྱན་གྱི་མེ་ཏོག་བཞུགས་སོ། །

བཅོམ་ལྡན་རིག་པའི་རལ་གྲི།

སྡོམ་པའི་མཐར་ཕྱིན་རྒྱལ་སྲས་དང་། །བླ་མ་རྣམས་ལ་ཕྱག་འཚལ་ནས། །མདོ་རྒྱུད་ཀུན་གྱི་སྙིང་པོའི་དོན། །སྡོམ་གསུམ་འོད་ཀྱི་ཕྲེང་བ་བཤད། །

རིག་པའི་འབྱུང་གནས་ཤར་ཕྱོགས་བྷ་རེནྡྲའི་ཛ་ག་ཏ་མའི་པཎྜི་ཏ་ཆེན་པོ་བི་བྷཱུ་ཏི་ཙནྡྲས་མཛད་པའི་གཞུང་ཉུང་ལ་དོན་མང་བ་འདི་ཀུན་གྱིས་མི་ཤེས་པར་སྣང་བས་ཁོ་བོས་བཤད་པར་བྱའོ། །འདི་ལ་མདོན་སུམ་གྱི་དང་པོ་ཀླད་ཀྱི་དོན་ལ་ཧྲི་གསུམ་དང་སཾ་བྷ་ར་སྡོམ་པ་དང་པྲ་བྷཱ་འོད་དང་མཱ་ལ་ཕྲེང་བ་དང་ནཱ་མ་མིང་སྟེ་ཞེས་བྱ་བར་བསྒྱུར་རོ། །བླ་མ་དང་འཇམ་དབྱངས་ལ་ཕྱག་འཚལ་ནས། བརྗོད་བྱ་ངོས་འཛིན་པ་ན་རྣམ་དག་ཅེས་པས་མ་དག་པ་མུ་སྟེགས་རྟག་ཆད་ཀྱི་ཤེས་བྱ་འདི་མི་བཤད་ཀྱི་ཟབ་ཅིང་རྒྱ་ཆེ་བ་སངས་རྒྱས་ཀྱི་ལུགས་བཤད་པའོ། །བསྟན་པ་ནི་མདོ་རྒྱུད་གཉིས་སོ། །དེ་འདྲ་བའི་སྡོམ་གསུམ་བརྗོད་བྱ་དང་དེ་ཤེས་པ་དགོས་པ་དང་དེ་ལས་སངས་རྒྱས་ཐོབ་པ་ཉིང་དགོས་དང་དགོས་པ་གཉིས་གཞུང་འདི་དང་འབྲེལ་པ་ནི་འབྲེལ་པའོ། །དེ་ཡང་ཞེས་པ་ནི་འདི་རྫོམ་པའི་རྒྱུ་སྟེ་ཆ་ཙམ་ཤེས་མོད་རྫོགས་པར་མི་ཤེས་པའི་དོན་རྩོམ་པའོ། །

གཉིས་པ་གཞུང་གི་དོན་མདོར་བསྟན་པ་ནི་སོ་སོར་ཐར་དང་ཞེས་པ་སྟེ་གསུམ་པོ་དེ་དོན་དྲུག་གི་སྒོ་ནས་གཞན་ཕྱོགས་ལས་རྒྱལ་བར་བྱས་པ་དེ་བཀག་སྟེ་རང་ལུགས་འགོད་པའོ། །དེ་ལ་དང་པོ་སོ་སོ་ཐར་པའི་འཐོབ་ཚུལ་ལ་དེའི་རྟེན་ནི་གླིང་གསུམ་ཞེས་པ་སྟེ་སྒྲ་མི་སྙན་པ་དང་ཟ་མ་མ་ནིང་ལ་སོགས་པ་ནི་རྣམ་སྨིན་གྱི་སྒྲིབ་པ་ཅན་ཡིན་པའི་ཕྱིར་རོ། །རང་ཉིད་ནི་བསམ་པ་དང་། མཁན་སློབ་ནི་ལེན་ཚུལ་དང་། ཚད་ལྡན་ནི་ཀརྨ་ཤ་ཏཾ་བཞིན་ནོ། །ཇི་སྲིད་འཚོ་ནི་དུས་སོ། །གཞན་ལ་ལུས་ངག་གིས་གནོད་པ་དེའི་གཞི་རྒྱུ་དང་བཅས་པ་ལས་ལུས་ངག་སྡོམ་པ་དེ་ཉན་ཐོས་པའི་སྡོམ་པ་ཡིན་ལ། གཉིས་པ་གནས་ཚུལ་ནི་གང་ཟག་ཅེས་པ་སྟེ་ཐོབ་པ་ནི་མི་ལྡན་པའི་འདུ་བྱེད་དེ། བྱེ་བྲག་ཏུ་སྨྲ་བ་རིག་བྱེད་མ་ཡིན་པའི་གཟུགས་དང་གཞན་ནི་རིག་པར་འདོད་དོ། །

གསུམ་པ་གཏོང་ཚུལ་ནི་བསླབ་པ་ཞེས་པ་སྟེ་མཚན་འདས་ནི་བསྙེན་གནས་གཏོང་རྒྱུའོ། །ཀུང་གིས་

སྔར་གྱི་གཏོང་བ་དང༌། གཞན་དག་དམ་ཆོས་ནུབ་པ་ན། །ཁ་ཆེ་རྣམས་ནི་བྱུང་བ་ལ། །བུ་ལོན་ནོར་གཞིན་གཉིས་སུ་འདོད། །ཅེས་པ་དེ་སྐད་དོ། །འདི་དག་རྒྱས་པར་འདུལ་བ་རྒྱན་གྱི་མེ་ཏོག་ཏུ་བལྟའོ། །

གཉིས་པ་བྱང་ཆུབ་སེམས་པའི་སྡོམ་པའི་འཐོབ་ཚུལ་གྱི་རྟེན་ནི་ལྷ་མི་ཞེས་པ་སྐྱེ་སོགས་པས་ཀླུ་བསྡུའོ། །བསམ་པ་ལ་སོགས་པ་ནི་འགྲོ་བ་མ་ལུས་ལ་སོགས་པའོ། །འདི་ནི་རང་གཞན་གཉིས་ཀའི་དོན་དུ་མི་འགྱུར་བའི་སྒོ་གསུམ་ཀ་སྡོམ་པའོ། །ཀུན་རྫོབ་ཀྱི་སེམས་དེ་ཉིད་ཅེས་པས་དོན་དམ་བྱང་ཆུབ་སེམས་ཀྱི་སྡོམ་པ་བཤད་དེ། སེམས་གཟུང་འཛིན་གཉིས་གྲོལ་གྱི་ཡེ་ཤེས་སོ། །གཉིས་པ་སེམས་དེ་དང་དེ་ལས་བྱུང་བའི་སེམས་བསྐྱེད་གཉིས་མི་འབྲལ་བར་གནས་པ་གནས་ཚུལ་ལོ། །

གསུམ་པ་གཏོང་ཚལ་ནི་གཞན་དོན་བོར་ནས། སྒྲུབ་པ་དང་སྒྲོན་པའི་བསླབ་བྱ་རང་དོན་སྒྲུབ་པ་དང་སྨོན་པའི་བསླབ་བྱ་ནག་པོའི་ཆོས་བཞི་དང་སོགས་པ་ཆོས་བདུན་ཉམས་པ་དང་སྡོམ་པའི་རྩ་ལྟུང་བཞི་ལ་སོགས་པ་བྱུང་བ་དང་སྨོན་འཇུག་ནི་སངས་རྒྱས་ཀྱི་རྒྱུ་ཡིན་པས་འབྲས་བུ་སངས་རྒྱས་ཐོབ་པ་ན་གཏོང་སྟེ་དེ་ན་སེམས་བསྐྱེད་མེད་པའི་ལུགས་སོ། །ཡང་ན་འབྲས་བུ་ཕྱི་མ་ཐོབ་པ་ན་ལྟ་མ་གཏོང་སྟེ་ཚ་གྲང་ནི་འགལ་བའི་ལྷ་ཀླུ་མང་པོ་གྲོལ་བར་བཤད་པ་བཞིན་ནོ། །དཔེའོ། །

གསུམ་པ་སྔགས་ཀྱི་སྡོམ་པའི་འཐོབ་ཚུལ་གྱི་རྟེན་ནི་མི་རིགས་བཞི་འམ་ཡང་ན་འཁོར་བཞི་དང་ལ་སོགས་ལྷ་ཀླུ་སྟེ་དཔལ་ལྡན་འབྲས་སྤུང་དང་ཨུ་རྒྱན་དུ་དབང་བསྐུར་བས། དབང་ལ་དགོས་པའི་དོན་ཚོགས་པ་ལ་བླ་མས་ལྷན་ཅིག་སྐྱེས་པའི་ཡེ་ཤེས་ངོ་སྤྲོད་པས་ནམ་མཁའ་གནས་ཀྱི་བར་དྲི་མ་རྣམས་སྡོམ་པའོ། །

གཉིས་པ་གནས་ཚུལ་ནི་སྐུ་གསུང་སྟེ་སྒོ་གསུམ་གྱི་རིམ་གཉིས་བསྒོམས་པས་འདོད་ཡོན་མ་སྤངས་པར་མཆོག་ཐུན་མོང་གི་དགོས་འདོད་ཀུན་འབྱུང་བར་གནས་པའོ། །

གསུམ་པ་གཏོང་ཚུལ་ནི་ལམ་སྒོམ་པ་ལ་དགོས་པའི་དོན་རྣམས་མེད་པ་དང་རྩ་ལྟུང་བྱུང་ན་དཔག་བསམ་གྱི་ཤིང་འགྱེལ་བབ་བཞིན་གཏོང་ངོ༌། །དེ་ལྟར་སྡོམ་པ་གསུམ་དོན་དགུའི་སྒོ་ནས་བཤད་ནས་ད་ནི་བཞི་པ་གཉིས་ལྡན་གསུམ་ལྡན་གྱི་དོན་བཤད་དེ་དེ་ལ་དང་པོ་ལུང་འགོད་པ་ནི་རྒྱུད་ནི་བཞི་བརྒྱ་པ་ཞེས་པ་སྟེ་འདི་མར་མེ་མཛད་བཟང་པོའི་དཀྱིལ་ཆོག་ཏུ་གསང་བ་སྤྱི་རྒྱུད་ཁྲིས་པ་དེ་ཡིན་ཏེ་འདི་དང་དུས་འཁོར་ནི་གཉིས་ལྡན་གྱི་གཞུང་ངོ༌། །རྒྱུད་རྡོ་རྗེ་རྩེ་མོ་དང་བདེ་མཆོག་འབྱུམ་པ་མངོན་པར་བརྗོད་པ་ནི་གསུམ་ལྡན་གྱི་གཞུང་སྟེ་རིགས་ཅན་གསུམ་ནི་ཐེག་པ་གསུམ་མམ་སྔར་བཤད་པའི་སྡོམ་པ་གསུམ་མོ། །

གཉིས་པ་ལུང་གི་དོན་ལ་གཞན་ཕྱོགས་འགོག་པ་ནི་ཞེས་གསུངས་པའི་དོན་ལ་རྒྱ་བོད་འགའ་ཞིག་ཅེས་

པའོ། །དེ་རྣམས་རིམ་པ་བཞིན་འགོག་པ་ནི་གསུམ་པོ་དེ་འོག་མ་གོང་མར་གནས་གྱུར་པ་ནི་སྟ་ཕྱི་གཉིས་གཅིག་ཏུ་གྱུར་པ་ཡིན་པས་དེ་དང་སྡོམ་གསུམ་ངོ་བོ་གཅིག་པ་གཉིས་ཀ་ལ་གསུམ་ལྡན་མེད་པ་གསུམ་ལྡན་གཅིག་ལྡན་གྱིས་བཤད་པ་འགལ་བ་ནི་གསུམ་ལྡན་གསུངས་པའི་ཞེས་པའོ། །གོང་མའི་རྒྱ་ལྷུང་བྱུང་བས་འོག་མ་གཏོང་བ་འགོག་པ་ནི་རིགས་པས་ཞེས་པ་སྟེ་སྔགས་ཀྱི་སྡོམ་པ་ལ་བུད་མེད་ལ་སྨྲོད་པའི་རྒྱ་ལྷུང་བྱུང་བའི་དགེ་སློང་དེའི་རེག་སྤྱང་གི་སྡོམ་པ་གཏོང་བ་ནི་ནམ་མཁའ་ལ་ཆར་སྤྲིན་འཁྲིགས་པས་པའི་སའི་ལོ་ཏོག་རླམ་པ་དང་འདྲ་སྟེ་བླ་མ་དྷ་ན་ཤཱི་ལ་ལ་སོགས་པ་བོད་དུ་བྱོན་པ་རྣམས་ནི་མགོ་བསྒྲེའི་རྩོད་པ་བྱེད་དོ། །དེ་འདྲའི་སྡོམ་པ་གཏོང་རྒྱུ་སངས་རྒྱས་ཀྱིས་མ་གསུངས་པས་ཕྱིས་ཀྱི་ཚོ་ག་མཁན་གྱིས་བྱེད་པ་མི་རིགས་པའོ། །གནས་གྱུར་འགོག་པ་ནི་གསུམ་པོ་དེ་འགལ་བར་རྒྱུད་གཅིག་ལ་གནས་པ་ལ་དེ་རྩི་བ་མི་རིགས་ཏེ། རིགས་ན་བྱ་དང་། རིགས་པས་བརྟགས་ལ་གནས་ཚུལ་བླང་། དེ་རྟོགས་པ་ནི་སྡོམ་གསུམ་བསྟན་ཞེས་དང་། སྟ་ཕྱི་ལ་བརྩི་ན་གཅིག་ཡོད་ཅན་གཅིག་མེད་པས་གསུམ་ལྡན་དུ་མི་རུང་བ་དང་གསུམ་གཅིག་ཏུ་ར་ཅང་ཐལ་བར་འགྱུར་རོ། །

གསུམ་པ་ནི་དེས་ན་ཞེས་པས་ཐ་དད་དུ་གནས་པའི་རང་ལུགས་བཤད་དེ་བག་ལ་ཉལ་ནི་འོག་མ་གཉིས་ཀུན་གཞི་ལ་མི་གསལ་བར་གནས་པའོ། །དཔེ་དོན་འདི་གཉིས་ནི་གོང་མས་འོག་མ་ལ་གནོད་པ་ཡིན་པས་རྟག་ཏུ་ཏྭ་དང་ཆོས་འཕགས་ལ་སོགས་པ་དང་གྲུབ་ཐོབ་སྤྱོད་པ་སྣ་ཚོགས་བྱེད་པ་རྣམས་ལ་དེ་ལྟར་འཐད་ཀྱི་དགེ་སློང་རྡོ་རྗེ་འཛིན་པ་ལ་སོགས་པ་འོག་མ་དང་མི་འགལ་བར་གསང་སྔགས་སྤྱོད་པ་རྣམས་ལ་སྡོམ་པ་གསུམ་ཀ་མངོན་གྱུར་དུ་ལྡན་པར་ཚད་མས་འགྲུབ་བོ། །དེ་ལྟར་མས་རིམས་ཀྱིས་བླངས་པའི་ཚུལ་བཤད་ནས་ཡས་རིམས་ཀྱིས་བླངས་པའི་ཚུལ་བཤད་པ་ནི་གལ་ཏེ་ཞེས་པ་སྟེ་རིག་འཛིན་སྔགས་ཀྱི་སྡོམ་པ་ཅན་དེ་གདུལ་བྱས་མཁན་སློབ་དང་སེམས་བསྐྱེད་ཀྱི་སློབ་དཔོན་དུ་འདོད་པས་འོག་མ་གཉིས་བླངས་པ་ན་ཞེས་པ་དཔེ་དང་བཅས་པའོ། །དེས་ན་ཐོབ་གཏོང་ལ་སོགས་པ་ཐམས་ཅད་གསུམ་པོ་རང་རང་གི་ཚོ་ག་ན་གནས་ཏེ་ངོ་བོ་རྗེ་ལ་སོགས་པ་རིགས་ལྔའི་སྡོམ་པ་ལ་ཐེག་པ་གསུམ་ཀའི་སྡོམ་པ་བླངས་ཡོད་པས་དེ་ཐོབ་པའི་སྔགས་པས་ཐེག་པ་གསུམ་ཀའི་སྡོམ་པ་མ་སྲུང་ན་དམ་ཚིག་ཉམས་འགྲོའོ་ཞེས་ཁོང་གི་དམ་ཚིག་གི་གཞུང་ནས་བཤད་པ་ནི་ནོར་བ་ཡིན་ཏེ་གཏོང་ཐོབ་ཚོ་ག་གཅིག་ཏུ་འགྱུར་གྱི་སྐྱོན་འོང་བའི་ཕྱིར་དང་། རིགས་ལྔའི་ནང་གི་བསླབ་པ་དང་སེམས་བསྐྱེད་ནི་འདིའི་རྒྱ་བ་དང་སྡོམ་པོའི་ནང་ན་ཡོད་པའི་བསླབ་པ་དང་སེམས་བསྐྱེད་ཡིན་གྱིས་འོག་མ་གཉིས་ཀྱིས་ནི་མ་ཡིན་ཏེ་དེ་གཉིས་ཀྱི་བསླབ་པ་འདིར་མ་བྱུང་བའི་ཕྱིར་རོ། །

སྡོམ་པ་གསུམ་གྱི་ལྷུང་བས་ཕན་ཚུན་གནོད་པ་ཆེ་ཆུང་དཔེ་དང་བཅས་ནས་བཤད་པ་ནི་ཀུན་གཞི་ཞེས་

པ་སྟེ་དེའི་ཤེས་རྒྱུད་གཅིག་ཡིན་ན་འོག་མ་གཉིས་ཀྱི་ལྡང་བས་གོང་མ་ལ་མི་གནོད་དེ། གནོད་ན་ཆོས་འཕགས་དང་གྲུབ་ཐོབ་སྤྱོད་པ་བྱེད་པ་ལ་སོགས་པ་རྣམས་དེས་དན་སོང་དུ་འགྲོ་བར་འགྱུར་བའི་ཕྱིར་རོ། །བདེ་མཆོག་འབྱུམ་པ་དང་འགལ་བ་སྤྱོང་བ་ནི་དེ་ར་གསེར་འགྱུར་རྩི་ཞེས་གསུངས་པའི་དོན་ནི་དེས་རིག་པས་སྡོམ་པ་འོག་མ་གཉིས་སྔགས་ཀྱི་སྡོམ་པར་འགྱུར་བ་མ་ཡིན་གྱིས་དེས་འོག་མ་གཉིས་ཟིལ་གྱི་གནོན་པ་དང་མཆོག་ཐུན་མོང་གི་ཡོན་ཏན་མཆོག་དང་ལྡན་པ་ལ་དགོངས་ནས་དཔེ་དེས་བསྟན་པ་ཡིན་སྟེ་ཟླ་སྐར་ནི་དཔེའོ། །

བཞི་པ་གསུམ་པོ་དེ་རྟེན་དང་བརྟེན་པར་འདོད་པ་འགོག་པ་ནི་གཞན་ཡང་རྗོ་བོ་རྗེ་ལ་སོགས་པ་ཁ་ཅིག་ཅེས་པ་སྟེ་འདི་ནི་སྔ་མ་མེད་པའི་ཆོས་འཕགས་དང་གྲུབ་ཐོབ་ལ་སོགས་པ་ལ་ཕྱི་མ་གཉིས་མེད་པར་འགྱུར་ཏེ་རྟེན་མེད་པར་བརྟེན་པར་མི་འབྱུང་བའི་ཕྱིར་རོ་ཞེས་པས་དགག་གོ། །འདི་ལ་བླ་མ་ལྔ་བཅུ་པ་དང་རྩ་ལྟུང་བཅུ་བཞི་པ་དང་སྡོམ་པོ་བརྒྱད་ཀྱི་གཞུང་རྣམས་པཎྜི་ཏ་སུ་བྷུ་ཏི་ཤྲཱི་ཤཱནྟི་ལ་སོགས་པ་མང་པོ་སློབ་དཔོན་ཏ་དབྱངས་ཀྱི་བྱས་པར་འདོད་ལ། སློབ་དཔོན་སྨན་པའི་ཞབས་ལ་སོགས་པ་མང་པོ་གསུམ་པོ་དེ་གསུམ་པོ་དེ་སློབ་དཔོན་ནག་པའི་རྡོ་རྗེས་བྱས་པར་འདོད་ཅིང་ལ་ལ་བླ་མ་ལྔ་བཅུ་པ་སློབ་དཔོན་སྒོམ་པའི་ལྷ་དང་ཕྱི་མ་གཉིས་སློབ་དཔོན་ཀླུ་སྒྲུབ་ཀྱི་བཤད་པར་འདོད་དོ། །རྟ་དབྱངས་ཀྱིས་བྱས་པའི་རྩ་ལྟུང་བཅུ་བཞི་དང་ཡན་ལག་བཞི་པ་གཞན་གཅིག་ཀྱང་སྣང་སྟེ་དེ་རྣམས་སུ་སྡོམ་གསུམ་ཁྱབ་བྱ་ཁྱབ་བྱེད་དུ་བཤད་དེ། སྡོམ་པ་གཅིག་ལ་ཕན་པ་བྱེད་ལྡོག་བྱང་སེམས་སྡོམ་པ་དང་གནོད་ཡོང་ལྡོག་པ་སོ་ཐར་ཏེ་དེ་བཞིན་དུ་སྔགས་ཀྱི་སྡོམ་པ་ལའང་བརྩིས་ཏེ་གསུམ་པོ་རྫས་གཅིག་པས་རྟེན་དང་བརྟེན་པར་མི་རུང་ཞེས་འགོག་སྟེ་འདིས་རང་ལུགས་ཀྱི་སྡོམ་གསུམ་ཐ་དད་འཇིག་གོ། །

ཡང་དེའི་འདོད་པ་གཉིས་པ་འགོག་པ་ནི་དེས་ན་ཞེས་པ་སྟེ་རང་བཟོ་ནི་མདོ་རྒྱུད་ཕྱོགས་བསྒྱུར་བྱེད་པ་མན་ངག་ལུགས་ལ་དེས་མི་གནོད་ཟེར་བ་དང་སྒྲ་ཚད་སྒྱུར་བ་དེ་གཉིས་ཆོས་མིན་ཟེར་བ་ནི་རྨོངས་པ་བརྟེན་པའམ་བསྙད་པ་མ་ཡིན་པའི་ལྟ་བ་ཡིན་པས་དེ་ལ་བསྟན་པའི་བྱི་དོར་བྱར་མི་བཏུབ་པོ། རིག་འཛིན་གཅིག་པུ་ལ་གསུམ་མི་ལྡན་ན་དེ་འབྱུམ་པར་བསྟགས་པའི་དགོངས་པ་ཅི་ཡིན་ཞེས་ན། དེ་འབྲས་སུ་སངས་རྒྱས་བཟང་ངན་གྱིས་མ་ཡིན་ཏེ། ཞལ་ལུང་ལ་སོགས་པ་ལས་སྔགས་ཀྱི་སངས་རྒྱས་བཟང་བར་བཤད་ཀྱང་དེ་ལུང་རིགས་ཀྱིས་མི་འཐད་དོ། །དེས་ན་ལམ་དུས་སུ་སྡོམ་པ་གཉིས་ལ་གདུལ་བྱའི་དོན་གཅིག་དང་གསུམ་སྟེ་མང་ཉུང་གི་ཁྱད་པར་ཡོད་དེ། ཐབས་མང་དཀའ་བ་མེད་པ་དང་ཞེས་བཤད་པ་བཞིན་ནོ། །དེ་ལ་སྡོམ་པ་འོག་མ་གཉིས་ཉམས་ཀྱང་དེ་ཡོད་པས་དེས་ལྟ་མི་འཐོབ་ལ་གཅིག་ཀྱང་མེད་ན་མི་འཐོབ་སོ། །

ལྔ་པ་ཉམས་པའི་ཉེས་པ་ནི་ཉམས་ན་ཞེས་པ་སྨོས་མཐོང་ཆོས་རང་གིས་བྱ་དང་། རྣམ་སྨིན་ཕམ་པའི་ཞེས་པ་སྨོས་འདིའི་ལོ་གྲངས་ནི་མདོ་ནས་དྲང་དོན་དུ་བཤད་དོ། །བྱང་སེམས་ཉམས་པའི་ཉེས་པ་ནི་སེམས་བསྐྱེད་དེ་ནི་ཕས་ཕམ་པས་ཀྱང་ཤིན་ཏུ་ལྕི་ཞེས་སོ། །རིག་འཛིན་ཉམས་པ་ནི་ཕྱག་ན་རྡོ་རྗེའི་བཤད་རྒྱུད་ནས་རྡོ་རྗེ་གདན་དང་ཆོ་ཚད་མཉམ་པར་བཤད་དེ་དེ་ནི་གཏན་མི་འཛིག་པར་མདོ་ནས་བཤད་དོ། །

དྲུག་པ་གསུམ་པོ་དེའི་ཕན་ཡོན་ནི་སོ་སོ་ཐར་པའི་ཞེས་པ་སྨོས་ཀུན་མཁྱེན་བདེ་ནི་ལོངས་སྐུ་དང་མཉམ་པའི་འདོད་ཡོན་ནོ། །རྒྱས་པ་ནི་མདོ་རྒྱུད་རྣམས་སུ་བལྟའོ། །དྲུག་པོ་དེ་རྒྱས་པར་ཕྱེ་ན་དོན་བཅུ་གསུམ་མམ་བཅུ་བདུན་དུ་འགྱུར་ཏེ་སྔར་བཤད་ཟིན་ཏོ། །

གསུམ་པ་མཇུག་གི་དོན་ནི་མཁྱེན་བརྩེ་ཞེས་པ་སྨོས་རང་གི་བླ་མ་ཁ་ཆེ་པཎ་ཆེན་ཤཱཀྱ་ཤྲཱིའི་རྒྱ་མཚོ་ལས་ཞེས་སྨྲར་རོ། །སངས་རྒྱས་གསུང་རབ་སྙིང་པོ་སྡོམ་གསུམ་དོན། །ལེགས་པར་བཤད་ལས་བསོད་ནམས་གང་སྐྱེས་པ། །དེས་ནི་འགྲོ་ཀུན་སྡོམ་གསུམ་ལྡན་གྱུར་ཏེ། །སྡོམ་གསུམ་འབྲས་སུ་མྱུར་དུ་ཐོབ་པར་ཤོག །པཎ་ཆེན་པི་ཏྲ་ཧའི་སྡོམ་གསུམ་འོད་ཀྱི་ཕྲེང་བའི་རྒྱན་གྱི་མེ་ཏོག་མང་དུ་ཐོས་པའི་དགེ་སློང་བཙོམ་ལྡན་རལ་གྲིས་བཀོད་པ་རྫོགས་སོ། །དགེའོ། །

༄༅། །སྡོམ་པ་གསུམ་གྱི་རབ་ཏུ་དབྱེ་བའི་གཞུང་ལུགས་ལེགས་པར་བཤད་པ་བཞུགས་སོ། །

སྡོམ་ཁང་པ་འཇམ་དབྱངས་རིན་ཆེན་རྒྱལ་མཚན།

རྒྱ་གར་སྐད་དུ། སཾ་བྷ་ར་ཏྲི་པྲ་བྷ་ཛྙཾ་ས་མ་ཡ་སུ་བྷ་ཥ་ཏཾ། བོད་སྐད་དུ། སྡོམ་པ་གསུམ་གྱི་རབ་ཏུ་དབྱེ་བའི་གཞུང་ལུགས་ལེགས་པར་བཤད་པ། དཔལ་ལྡན་བླ་མ་ལྷག་པའི་ལྷར་བཅས་སྐྱབས་གནས་མཆོག་ཏུ་གྱུར་པ་རྣམས་ལ་གུས་པས་ཕྱག་འཚལ་ལོ། །དགེ་ལེགས་ཀུན་འབྱུང་ཐུགས་བསྐྱེད་ཐུགས་རྗེའི་ས་ཆེན་འདི་ཉིད་ལུས་ཅན་ཀུན་གྱི་ཉེར་འཚོའི་གཞི། །ཆོས་ཚུལ་མཐའ་ཡས་ཇི་སྙེད་ཇི་བཞིན་གཟིགས་པ་འདི་ནི་ནམ་མཁའི་ཁྱོན་གྱི་ཕ་མཐར་སོན། །སེམས་ཅན་ཁམས་བཞིན་གང་ལ་གང་འདུལ་མཛད་པ་འདི་ནི་ཀུན་ལ་སྙོམས་པའི་དགའ་སྟོན་ལགས། །བསྟུགས་འོས་དམ་པ་ལྷ་ཡི་ལྷར་གྱུར་སྐྱབས་གནས་ཀུན་འདུས་བླ་མ་མཆོག་ལ་གུས་པས་འདུད། །རབ་གསལ་མཁྱེན་པའི་འོད་ཟེར་དྭ་བ་ཆོས་དབྱིངས་དབུས་གསལ་མཐའ་དང་མཉམ། །རབ་མཆོག་ཐུགས་རྗེའི་ཆུ་འཛིན་དྭ་བ་མཐའ་ཡས་གདུལ་བྱའི་ཕྱོགས་ཀུན་ཁྱབ། །རབ་དཀར་ཕྲིན་ལས་ཆར་རྒྱུན་དྭ་བ་ཕན་བདེའི་མྱུ་གུ་སྐྲུན་མཛད་པ། །རབ་ཏུ་ཞི་བའི་ལམ་བཟང་སྟོན་པའི་ཐུབ་དབང་སྲས་བཅས་རྒྱལ་གྱུར་ཅིག །འགྲོ་བ་ཀུན་གྱི་འདོད་དགུའི་དཔལ་འབྱོར་མི་ཟད་འབྱུང་བའི་ཡིད་བཞིན་གཏེར། །སྲིད་པའི་ཟུག་རྔུ་ཀུན་སྦྱོར་འཆིང་བ་དྲུངས་ནས་འབྱིན་བྱེད་སྨན་གྱི་མཆོག །སངས་རྒྱས་བསྟན་པ་ལུང་དང་རྟོགས་པ་ཐོག་མཐའ་རབ་ཏུ་དགེ་བའི་ཆོས། །སྤྲིན་བྲལ་མཁའ་ལ་ཉི་ཤར་ཇི་བཞིན་ཕྱོགས་དུས་ཀུན་ནས་གསལ་གྱུར་ཅིག །གང་གི་ཐུགས་བརྩེས་ཉེར་བཟུང་ལེགས་བཤད་རྣ་བའི་དགའ་སྟོན་གྱིས། །ཡིད་ཀྱི་མུན་བཅོམ་ཟབ་ཅིང་རྟོགས་དཀའི་སྤྲས་དོན་སྣང་མཛད་པ། །ཡོན་ཏན་འབྱུང་གནས་བཤེས་གཉེན་ལྷག་པའི་ལྷར་བཅས་རྣམས་ལ་དུས་ཀུན་ཏུ། །བཀའ་དྲིན་དྲན་པས་འདུད་དོ་མཁྱེན་བརྩེ་ནུས་པའི་དཔལ་གྱིས་བསྐྱང་དུ་གསོལ། །བདེ་གཤེགས་བསྟན་པ་དམ་ཆོས་པདྨའི་ཚལ། །འཛིན་སྐྱོང་སྤེལ་བའི་འོད་སྟོང་རབ་འགྱེ་བའི། །བསྟན་འཛིན་སྐྱེས་མཆོག་སྨྲ་བའི་ཉི་མ་རྣམས། །ཕྱོགས་བཅུ་དུས་གསུམ་བཞུགས་ལ་གུས་ཕྱག་འཚལ། །རྟེན་ཅིང་འབྲེལ་འབྱུང་ཟབ་ཅིང་རྒྱ་ཆེའི་དོན། །སྒྲོ་སྐུར་དྲི་མ་སྤངས་ནས་ཚུལ་བཞིན་དུ། །བདག་གཞན་སྨིན་གྲོལ་ལམ་དུ་སྒྲོད་པ་དེ། །སངས

རྒྱས་བསྟན་པ་འཛིན་པའི་རྣམ་ཐར་ཡིན། །ཐོག་མེད་དུས་ནས་གོམས་པའི་འཁྲུལ་རྟོག་རྣམས། །ཤས་ཆེར་འཕེལ་བའི་ཕྱོགས་འཛིན་ཀུན་སློང་གིས། །རྒྱལ་བའི་བཀའ་དང་དགོངས་འགྲེལ་ཚིག་དོན་ལ། །སྐྱོབ་དང་སྨྲུན་འཁྲིན་མང་པོ་གང་དུ་དགོས། །འགྲོ་བའི་ཁམས་དང་དབང་པོ་མཐའ་ཡས་ཕྱིར། །དེ་དང་དེ་ལ་ཆོས་སྒོ་མཐའ་ཡས་པ། །ལེགས་གསུངས་རང་རང་སྣལ་བ་ཇི་བཞིན་དུ། །སྨིན་གྲོལ་མཛད་པ་ཀུན་མཁྱེན་ཁྱད་ཆོས་ཡིན། །དྲང་དོན་ངེས་དོན་དགོངས་དང་ལྡེམ་དགོངས་དང་། །ཇི་བཞིན་སྒྲ་དང་ཇི་བཞིན་མ་ཡིན་པ། །སྣ་ཚོགས་ནད་ལ་སྨན་དཔྱད་སྣ་ཚོགས་བཞིན། །གནང་བཀག་སྣ་ཚོགས་མཁྱེན་པ་ཐུབ་དབང་ལུགས། །

འདིར་བཤད་པར་བྱ་བ་བསྟན་བཅོས་སྡོམ་པ་གསུམ་གྱི་རབ་ཏུ་དབྱེ་བ་འདི་ནི། ཐེག་པ་གསུམ་དང་། རྒྱུད་སྡེ་བཞི་དང་། ཕྱི་ནང་གི་རིག་པའི་གནས་དང་། གྲུབ་པའི་མཐའ་དང་། འཇིག་རྟེན་ལུགས་ཀྱི་རྣམ་གཞག་ལ་སོགས་པ་བརྗོད་པར་བྱ་བ་ཤིན་ཏུ་ཟབ་ཅིང་རྒྱ་ཆེ་བར་གྱུར་པས། བློ་གྲོས་ཉི་ཚེ་བར་གྱུར་པའི་གང་ཟག་ཁོ་བོ་ལྟ་བུའི་སྤྱོད་ཡུལ་མ་ཡིན་མོད་ཀྱི། འོན་ཀྱང་སྐྱེ་དགུའི་ཕན་བདེ་མཐའ་ཡས་པའི་གཞིར་གྱུར་པ། རྒྱལ་བའི་བསྟན་པ་དམ་པའི་ཆོས་ལུགས་རིང་དུ་སྒྲོ་སྐུར་གྱི་རྙོག་པས་མ་བསླད་པར་རྒྱས་པར་གྱུར་ཅིག་སྙམ་དུ་བསམས་ནས། རྩོམ་པའི་བློ་སྐྱོན་ཆོས་དང་གང་ཟག་ལ་རང་དང་གཞན་གྱི་ཕྱོགས་སུ་ཞེན་ཅིང་སྡང་བས་ཀུན་ནས་བླངས་ཏེ་བསྟན་བཅོས་ཀྱི་ཚིག་དོན་རྣམས་ཕྱིར་ལ་བཅུས་ཤིང་འཕྱལ་བ་དང་། ནང་དུ་བཅུས་ཤིང་འཐེན་པའི་སྒོ་ནས་བླང་དོར་བྱེད་པའི་ངན་རྟོག་རྒྱང་རིང་དུ་དོར་ཅིང་། རང་གི་བློ་གྲོས་ལ་ནུས་པ་ཅི་ཡོད་ཀྱིས་གཤིས་ལ་ཇི་ལྟར་གནས་པ་བཞིན་དུ་བཤད་པར་བྱའོ། །

དེ་ལ་ཐོག་མར་བསྟན་བཅོས་མཛད་པོ་ཆོས་རྗེ་ས་སྐྱ་པཎྜི་ཏ་ཀུན་དགའ་རྒྱལ་མཚན་དཔལ་བཟང་པོ་ཞེས་མཚན་ཡོངས་སུ་གྲགས་པ་དེ་ཉིད་ཇི་ལྟར་བྱོན་པའི་ཚུལ་ནི། འཛམ་བུའི་གླིང་གི་ལྟེ་བར་གྱུར་པ་རྡོ་རྗེའི་གདན་ནས་བྱང་ཕྱོགས་སུ་དཔག་ཚད་བརྒྱ་བསྐྱོད་པའི་ས་ཕྱོགས་གཙང་ལ་སྟོད་གྲོམ་པའི་ཡུལ་གྱི་སྙིང་པོ། དཔལ་ལྡན་ས་སྐྱའི་ཆོས་སྡེ་ཆེན་པོའི་བྱང་། ག་ར་ཞེས་བྱ་བའི་ལུང་པར། ཡབ་མཐུ་སྟོབས་ཀྱི་དབང་ཕྱུག་པེཎྜི་བའི་སྤྲུལ་པ་ས་ཆེན་ཀུན་དགའ་སྙིང་པོའི་སྲས་བཞིའི་ཆུང་ཤོས་དཔལ་ཆེན་འོད་པོ་དང་། ཡུམ་མང་གར་བ་ཉི་ཁྲི་ལྕམ་གྱི་ལྷུམས་སུ་ཞུགས་པའི་ཚེ། ཡུམ་གྱི་རྨི་ལམ་དུ་ཀླུའི་རྒྱལ་པོ་སྤྱི་གཙུག་རིན་པོ་ཆེ་འོད་འབར་བས་སྲུས་པ་གཅིག་གནས་གཡོར་དུ་བྱུང་བར་རྨིས་ཏེ། ལུས་སེམས་དགའ་བདེས་ཁྱབ་པར་གྱུར་ཏོ། །

དེ་ནས་ཆུ་ཕོ་སྟག་གི་ལོ་ཁྲུམས་ཟླ་བའི་ཉི་ཤུ་དྲུག་ལ་ས་གཡོ་བ་དང་ལྗང་པ་འོད་ཀྱིས་གང་བ་དང་། མཁའ་འགྲོ་མང་པོ་འདུ་བ་དང་། མེ་ཏོག་གི་ཆར་འབབ་པ་ལ་སོགས་ལྟས་ཁྱད་པར་ཅན་དང་བཅས་ནས་བདེ་

བར་བཅས་སོ། །དབུའི་གཙུག་ཏོར་འབུར་བ་དང་། སྨིན་མཚམས་མཛོད་སྤུས་བརྒྱན་པ་དང་། ཕྱག་ཞབས་འཁོར་ལོ་བྲིས་པ་དང་། གསང་བའི་གནས་སྦུབས་སུ་ནུབ་པ་ལ་སོགས་མཚན་བཟང་པོས་མཛེས་ཤིང་སྐྱེ་བོ་དུ་མ་ངོ་མཚར་དུ་འཛིན་པར་གྱུར་ཏོ། །གོག་པོ་འགོག་པའི་སྐབས་སུ་ས་ལ་རྒྱ་གར་གྱི་ཡི་གེ་འདྲི་བ་དང་། སཾ་སྐྲི་ཏའི་སྐད་དུ་གློག་པ་བྱུང་སྟེ། རྒྱ་བོད་ཀྱི་གློག་དང་ཡི་གེ་ཐམས་ཅད་མ་བསླབས་པར་མཁྱེན་པ་ཡིན་ནོ། །བྱིས་པའི་ཁྲོ་ཅོ་མི་མཛད་ཅིང་ཚངས་སྤྱོད་ཀྱི་དགེ་བསྙེན་བླངས་ནས་ཀུན་སྤྱོད་རྣམ་པར་དག་པས་བཟོ་དང་། རྩིས་དང་འཇིག་རྟེན་ལུགས་ཀྱི་བསྟན་བཅོས་རྣམས་གསན་པ་དང་གཟིགས་པ་ཙམ་གྱིས་མཁྱེན་པར་གྱུར་ཏོ། །རྗེ་བཙུན་གྲགས་པ་རྒྱལ་མཚན་ལ་དཔལ་ཀྱི་རྡོ་རྗེའི་དབང་རྒྱུད་འགྲེལ་པ་འགྲེལ་བཤད་མན་ངག་དང་བཅས་པ་གསན་ཅིང་ཐུགས་སུ་ཆུད་དོ། །

གཞན་ཡང་བདེ་མཆོག་དང་གསང་འདུས་འཕགས་སྐོར། ཡེ་ཤེས་ཞབས་ཀྱི་སྐོར། རྣལ་འབྱོར་རྒྱུད་དང་། བྱ་བ་དང་སྤྱོད་པའི་རྒྱུད་སྐོར་མང་པོ་བདེན་རྫུན་ཆེན་པོ་དང་། མཁན་པོ་ཆོས་རྗེ་པཎ་ཆེན་ལ་གསན། དུས་ཀྱི་འཁོར་ལོ་དབང་རྒྱུད་མན་ངག་དང་བཅས་པ་དང་། ཚད་མ་རྣམ་འགྲེལ་མདོ་དང་སྦྱར་བའི་བཤད་པ་གསན་ཅིང་སྦྱར་བཅོས་མཛད། པཎྜི་ཏ་ཤུ་ག་ཏ་ཤྲཱི་དང་། སཾ་ག་ཤྲཱི་དང་། དཱ་ན་ཤཱི་ལས་སྒྲ་སྙན་ངག་སྡེབ་སྦྱོར་མངོན་བརྗོད་ཟློས་གར་ལ་སོགས་མཐའ་དག་གསན་ཅིང་ཐུགས་སུ་ཆུད་དོ། །

གཞན་ཡང་རྒྱལ་བ་བྱམས་པ་དང་འཕགས་པ་ཀླུ་སྒྲུབ་ཡབ་སྲས་དང་དཔལ་ལྡན་ཐོགས་མེད་སྐུ་མཆེད་ཀྱི་བསྟན་བཅོས་འགྲེལ་པ་བཤད་སྲོལ་མན་ངག་རྣམས་དང་། ཕྱག་རྒྱ་ཆེན་པོའི་སྐོར་དང་། ཇོ་བོ་རྗེའི་ཆོས་སྐོར་བཀའ་གདམས་ལུགས་སུ་གྲགས་པ་སོགས་གཞུང་དང་གདམས་པ་ཕལ་ཆེར་གསན་ཅིང་མཁྱེན་པར་མཛད་དོ། །མནལ་ལམ་དུ་འང་ས་སྐྱའི་ཨ་ཕྱི་འབུམ་པའི་རྩར་ཀུན་མཁྱེན་གཉིས་པ་དབྱིག་གཉེན་ཡིན་ཟེར་བའི་པཎྜི་ཏ་སྐྱ་ཤ་སོ་སེར་བ་གཅིག་ལ་མངོན་པ་མཛོད་ཟླ་བ་གཅིག་གསན་ཅིང་མནལ་སད་པའི་ཚེ་མ་བསླེལ་བར་མཁྱེན་ཏེ། ཕྱིས་མཁན་པོ་པཎ་ཆེན་ལ་གསན་པ་དང་ཁྱད་པར་མ་བྱུང་བ་དང་། སློབ་དཔོན་ཕྱོགས་གླང་ལ་ཚད་མ་གསན་པ་དང་། ཡང་སློབ་དཔོན་ཕྱོགས་གླང་གི་གདན་སར་བཀོད་པ་ཡིན་ཟེར་ནས། ཁོང་གི་བཞུགས་གནས་བྲག་ཕུག་པོ་ཏི་མང་པོ་བཅེར་བ་གཅིག་གི་ལྡེ་མིག་གཏད་པར་རྨིས་པས་ཚད་མའི་ཚིག་དོན་མཐའ་དག་མཁས་པར་མཁྱེན་པ་དང་། ཚད་མ་རྣམ་འགྲེལ་གྱི་མཆོད་བརྗོད་ཤློ་ཀ་གཅིག་སཾ་སྐྲི་ཏའི་སྐད་དུ་བཤད་པས། ཕྲག་གོང་གཉིས་ནས་ཉི་ཟླ་ཤར་བ་ལ་སོགས་ངོ་མཚར་བའི་ལྟས་མང་པོ་དང་། ཡང་ཁྱོད་ནི་སྐྱེ་བ་མང་པོར་འཇམ་པའི་དབྱངས་ཀྱིས་རྗེས་སུ་བཟུང་ཞིང་རྗེ་བཙུན་ཆེན་པོ་ཁྱོད་ཀྱི་བླ་མར་གྱུར་པ་ཡིན་ཏེ། གཞན་སུས་ཀྱང

འདུལ་བར་མི་འགྱུར་རོ་ཞེས་པའི་སྒྲ་ནམ་མཁའ་ལས་གྲགས་པ་གསན་པ་དང་། ཡང་གོ་རང་རྗེ་བཙུན་ཆེན་པོའི་གཡས་ན་དཔལ་ལྡན་བིརྺ་པ་དང་། གཡོན་ན་ཤར་ཕྱོགས་ནག་པོ་པ་བཞུགས་ནས། ཁྱོད་སྐྱེ་བ་འདིའི་འོག་ཏུ་ཤར་ཕྱོགས་སུ་སུ་ནིའི་རྒྱལ་པོ་ཉི་མའི་སྟོབས་འཕེལ་གྱི་བུར་གྱུར་ནས་བྱང་ཆུབ་སེམས་དཔའི་སྤྱོད་པ་སྤྱོད། དེའི་རྗེས་སུ་དེ་བཞིན་གཤེགས་པ་དྲི་མ་མེད་པའི་དཔལ་ཞེས་བྱ་བར་འགྱུར་རོ། །ཞེས་ལུང་བསྟན་ཅིང་། གྲུབ་ཐོབ་གཉིས་ཀྱིས་ཀྱང་དེ་དེ་བཞིན་ནོ་ཞེས་མཐུན་འགྱུར་དང་འཛུམ་པ་མཛད་པར་གྱུར་པ་དང་། རྗེ་བཙུན་ཆེན་པོ་སྐུ་བསྐྱེལ་བའི་ཚུལ་བསྟན་པའི་ཚེ། བསྟུན་གཡོག་ངལ་དུབ་མཐའ་དག་ཁྱད་དུ་བསད་པ་མཛད་དེ། བླ་མའི་རྣམ་སྣང་དང་མི་བསྐྱོད་པ་སྤྱངས་ཤིང་ཞལ་དུ་གསོལ་བས་རོ་མཆོག་ཏུ་གྱུར་པ་མྱོང་ཞིང་བླ་མ་འཇམ་དབྱངས་དངོས་སུ་གཟིགས་ཏེ། ཤེས་བྱའི་གནས་མཐའ་དག་མཁྱེན་པ་དང་། མི་དང་མི་མ་ཡིན་པ་སྟོབས་པོ་ཆེ་ཐམས་ཅད་དབང་དུ་འདུས་ནས་བཀའ་བསྒོ་བ་ལས་མི་འདའ་བ་བྱུང་ངོ་། །

ཁ་ཆེ་པཎ་ཆེན་ཤཱཀྱ་ཤྲཱི་བོད་དུ་ཕེབས་པའི་དུས་སུ་ཞལ་དུ་རྒྱན་གོང་གི་གཙུག་ལག་ཁང་ཆེན་མོར་མཁན་པོ་ཁ་ཆེ་བསོད་སྙོམས་པ་ཆེན་པོ་དང་། སློབ་དཔོན་སྤྱི་བོ་ལྷས་པ་བྱང་ཆུབ་འོད་དང་། ཞུ་སྟོན་དོན་མོ་རི་པ་ལ་སོགས་པ་རྒྱ་བོད་ཀྱི་དགེ་སློང་མང་པོའི་དབུས་སུ་རབ་བྱུང་དང་བསྙེན་རྫོགས་མཛད། གཞི་ངེས་འབྱུང་གི་ཚུལ་ཁྲིམས་རྣམ་པར་དག་པ་ལ་ལེགས་པར་གནས་ཤིང་། འཆད་རྩོད་རྩོམ་པ་དང་། བསྟན་པའི་སྙིང་པོ་སྒྲུབ་པ་ལྷུར་ལེན་པའི་སྒོ་ནས་ཐུབ་པའི་བསྟན་པ་རིན་པོ་ཆེ་སྤྱན་གྱི་འབྲས་བུ་ལྟར་གཅེས་པར་བཟུང་སྟེ་ལེགས་པར་བསྐྱངས་སོ། །

ཁྱད་པར་དུ་བསྟན་བཅོས་འདི་ཉིད་བརྩམས་པའི་ཚུལ་ནི། གངས་རིའི་ཁྲོད་འདིར་སངས་རྒྱས་ཀྱི་བསྟན་པ་ལ་རང་བཟོའི་རྣམ་རྟོག་གིས་སྦྱར་བའི་ལྟ་སྤྱོད་ནོར་པ་དུ་མ་ཞིག་སྣང་བ་རྣམས་འཕེལ་བར་གྱུར་ན་མཐོ་རིས་དང་ཐར་པ་འདོད་པའི་སྐྱེ་བོ་དུ་མ་ལམ་ལོག་པར་ཞུགས་ཏེ། འབད་པ་དོན་མེད་དུ་གྱུར་ན་མི་རུང་ངོ་སྙམ་དུ་དགོངས་པའི་ཐུགས་རྗེ་ཆེན་པོ་དང་། རིགས་པ་དང་མི་རིགས་པའི་རྣམ་པར་དབྱེད་པའི་གཟིགས་པ་སྒྲིབ་པ་མི་མངའ་བས་ལེགས་པར་ཕྱེ་སྟེ་བསྟན་པས་བསྟན་པའི་ཉི་མ་ལོག་རྟོག་གི་སྤྲིན་དང་བྲལ་བས། གདུལ་བྱའི་གླིང་དུ་ཡང་དག་པའི་ལམ་གྱི་སྣང་བ་རྒྱས་པར་འགྱུར་རོ་ཞེས་མཁྱེན་པ་དང་བརྩེ་བ་ཟུང་དུ་འཇུག་པའི་ཐུགས་དགོངས་བླ་ན་མེད་པས་རྩོམ་པར་བཞེད་པ་ཐུགས་ལ་འཁྲུངས་པའི་ཚེ། སློབ་དཔོན་ཟངས་ཚ་བསོད་ནམས་རྒྱལ་མཚན་གྱིས། སྐྱེ་བོ་མང་པོ་སྡིག་པ་གསོག་ཅིང་སྐུར་པ་འདེབས་པའི་གཞིར་འགྱུར་བས་མི་རྩོམ་པར་ཞུ་ཞེས་གསོལ་བས། ཆོས་རྗེ་སྤྱན་ཆེར་རེ་རལྕུན་རིང་དུ་གཟིགས་ནས། གཞན་དག་བསྟན་བཅོས་བཟང་

པོ་རྫོམ་པར་བསྐུལ་བ་ཡིན་ན། ཁྱོད་དེ་ལས་ལོག་ཏེ་སླ་བར་འདུག་ཨང་གསུངས་ནས་མི་རྫོམ་པར་དགོངས་པའི་ཚེ། ཕ་རངས་མནལ་ལམ་དུ་ཐུབ་པ་ཆེན་པོའི་སྐུ་མི་གཙང་བས་གོས་པ་འབྲུད་པར་བརྩོན་པ་མེད་པ་དང་། འཕགས་པ་འཇམ་དཔལ་དང་སྤྱན་རས་གཟིགས་དང་བྱམས་པ་ལ་སོགས་པའི་རྒྱལ་སྲས་མང་པོ་སྐུ་རྒྱབ་བསྟན་ནས་བཞུགས་པ་དང་། འཕགས་པ་ཀླུ་སྒྲུབ་ལ་སོགས་པ་མང་པོ་བྱང་ཆུབ་ཀྱི་ཤིང་སྐམ་པོ་ལ་སྐུ་བརྟེན་ཏེ་བསྙེལ་བ་ལྟར་བཞུགས་པ་ལ་སོགས་པ་གཟིགས་ནས་མནལ་སད་པའི་ཚེ། བསྟན་བཅོས་བརྩམས་ན་མི་མི་དགའ། མ་བརྩམས་ན་ལྷ་མི་མཉེས་པར་འདུག་དགོངས་ཏེ། ཡི་དམ་ལྷ་ལ་གསོལ་བ་བཏབ་ནས་བརྩམས་སོ། །

སྐྱེ་བོ་བླུན་པོ་རང་ཉིད་ཀྱི་ལྟ་བ་ངན་པ་མཆོག་ཏུ་འཛིན་པ་འགའ་ཞིག་བསྟན་བཅོས་འདི་ཉིད་རང་གི་འདོད་པ་གཙོ་བོར་བཟུང་ནས་ཕ་རོལ་ལ་སྨང་བའི་དབང་གིས་བརྩམས་པ་ཡིན་ནོ་ཞེས་མཚན་མར་འཛིན་ཅིང་སྨྲ་བ་དག་ཀྱང་སྣང་མོད་ཀྱི། དེ་དག་ནི་རང་ཉིད་ཕུང་བའི་ཕྱིར་འབད་པ་བྱེད་པ་ཡིན་ཏེ། གང་ཞིག་དེ་འདྲའི་རྒྱལ་སྲས་སྦྱིན་བདག་ལ། །གལ་ཏེ་ངན་སེམས་སྐྱེད་པར་བྱེད་ན་དེ། །ངན་སེམས་སྐྱེས་པའི་གྲངས་བཞིན་བསྐལ་པར་ཡང་། །དམྱལ་བར་གནས་པར་འགྱུར་ཞེས་ཐུབ་པས་གསུངས། །ཞེས་པ་ལྟར་རོ། །དེ་བས་ན་ཆོས་དང་ཆོས་མ་ཡིན་པ་ལེགས་པར་མཁྱེན་ཅིང་། སངས་རྒྱས་ཀྱི་བསྟན་པ་ལ་གཅེས་པར་འཛིན་པའི་སྐྱེས་བུ་དམ་པ་འདི་ལྟ་བུ་སྤྲོག་གི་ཕྱིར་ཡང་ཉེས་པར་སྨྲོད་པ་མི་མངའ་འོ། །

ཆོས་རྗེ་འདིའི་སྐབས་པའི་གྲགས་པས་འཕགས་པའི་ཡུལ་དུ་ཁྱབ་པར་གྱུར་ཏེ། ལྷོ་ཕྱོགས་བྲམ་ཟེའི་རིགས་ཚངས་པ་དང་དབང་ཕྱུག་དང་ཁྱབ་འཇུག་དང་ནོར་ལྷའི་བུ་ལ་སོགས་པ་སྐྱབས་སུ་འཛིན་པར་རིག་བྱེད་བཞི་དང་། གྲངས་ཅན་དང་རིག་པ་ཅན་གྱི་གྲུབ་པའི་མཐའ་ལ་མཁས་པར་སྒྲུངས་ཤིང་། ལྟ་བ་ལོག་པར་འཛིན་པས་སེམས་ཁེངས་པ། འཕྲོག་བྱེད་དགའ་བོ་ལ་སོགས་པའི་ཕྱི་རོལ་པའི་སྟོན་པ་དྲུག་གིས། འདི་སྐད་ཅེས་ཁོ་བོ་ཅག་རྣམས་བྱང་ཕྱོགས་ཁ་བ་ཅན་གྱི་ལྗོངས་སུ་སོང་ལ། དེ་ན་ཡོད་པའི་སྐྱེ་བོ་དགེ་སྦྱོང་གོའུ་ཏ་མའི་སློབ་མར་ཁས་འཆེ་ཞིང་། ཆང་དང་བུད་མེད་ཀྱི་བརྟུལ་ཞུགས་ཅན་དེ་དག་སུན་དབྱུང་བར་བྱའོ་ཞེས་གླེངས་ནས། མཐར་གྱིས་འོངས་ཏེ་མང་ཡུལ་སྐྱིད་གྲོང་དུ་འོངས་པའི་ཚེ། བོད་ཡུལ་གྱི་སྡེ་སྣོད་འཛིན་པ་གཞན་སུ་ཡང་སྒྲོ་བར་མ་གྱུར་ཏེ། དེའི་ཚེ་ཆོས་རྗེ་ཉིད་ཀྱིས་རྩོད་པའི་སྐབས་ཕྱེ་ནས་ཕན་ཚུན་བདེ་བར་བྱོན་རྣམས་འོངས་པ་ལེགས་སོ་ཞེས་གསོང་པོར་སྨྲ་ཞིང་བཞིན་འཛུམ་པས་འཁོད་པ་དང་། རལ་པ་ཅན་དག་ན་རེ་ངེད་ཅག་གི་རིགས་རྣམ་པར་དག་པ་འདི་ནི་བླ་མ་ཚངས་པ་ཉིད་ནས་དེང་སང་གི་བར་དུ་གོའུ་ཏ་མའི་ལུགས་དང་མ་འདྲེས་ཤིང་དེ་ལ་སྐྱབས་སུ་འགྲོ་མ་མྱོང་བའི་གཙང་མ་ཁྱད་པར་ཅན་ཡིན་ནོ་ཞེས་ཟེར་རོ། །དེ་ལ་ཆོས་རྗེ་ཉིད་ཀྱིས་ཚངས་པ་དེ་ནི་ཁོ་

བོའི་སྟོན་པ་ལ་ཤིན་ཏུ་གུས་ཤིང་སྐྱབས་སུ་སོང་བ་ཡིན་མོད་ཀྱི། འོན་ཀྱང་གཏི་མུག་ཆེ་བས་དད་དུང་གཉིད་ཀྱིས་ནོན་པ་མ་ཡིན་ནམ། འདི་སྐད་དུ། རབ་མཆོག་ལག་པ་བཞི་པ་བཅུ་དྲུག་ཕྱེད་ཕྱེད་གདེང་བས་རིག་བྱེད་འདོན་མཁས་ངེས་བརྗོད་སླ་བ་པོ། །གསེར་གྱི་མངལ་དང་དྲི་མེད་པདྨའི་སྐྱེས་གནས་ཚངས་པ་དེ་ཡང་དད་དུང་གཉིད་ལོག་གྱུར་པ་ཡིན། །ཞེས་པ་དང་། ཀཻ་བོའི་སྟོན་པ་སྟོབས་བཅུ་མངའ་བ་དེ་ནི་རྟག་པར་རབ་ཏུ་སད་པར་ནམ་ལངས་གྱུར་པའོ། །ཞེས་སླས་པ་དང་། ཤིན་ཏུ་མ་བཟོད་པར་གྲུབ་པའི་མཐའ་གཞུང་འཛུགས་པ་ལ་ཞུགས་ཏེ་རང་རང་གི་བློ་ལ་ནུས་པ་ཅི་ཡོད་པའི་གཏན་ཚིགས་ཀྱིས་གཏན་ལ་ཕབ་པའི་མཇུག་ཏུ་ལྟ་བ་ལོག་པས་དྲེགས་པའི་བྲམ་ཟེ་དེ་དག་ཡང་དག་པའི་རིགས་པས་ཚར་བཅད་ཅིང་མི་སླ་བའི་བརྩལ་ཞུགས་ལ་བཀོད་ནས་རལ་པའི་ཁྱུར་རྣམས་བྲེགས་ཤིང་རབ་ཏུ་བྱུང་བར་མཛད་དོ། །རལ་པ་དག་འཇམ་པའི་དབྱངས་ཀྱི་ལྷ་ཁང་དུ་ཕུལ་ནས་ད་ལྟ་ཡང་ཡོད་དོ། །བོད་ཡུལ་དུ་འབྱུངས་པའི་སྐྱེས་བུ་དམ་པ་ཇི་སྙེད་ཀྱི་ནང་ནས་སྐུ་ཚེ་འདིར་སྦྱངས་པའི་སྒྱུར་བྱུང་གི་མཁས་པ་མང་དུ་བྱུང་མོད་ཀྱི། རྗེས་ཐོབ་ཀྱི་བློ་གྲོས་ཆོས་རྗེ་འདི་ལ་འགྲན་པར་ནུས་པ་སུ་ཡང་མ་བྱུང་ངོ་། །

བླ་མ་རྗེ་བཙུན་ཆེན་པོ་སྐུ་གཤེགས་ཁར། ཁྱོད་ཀྱི་ཚེ་གཞུག་ཏུ་ཤར་ཕྱོགས་ནས་ཞྭ་དང་ལྷམ་དང་ཆ་ལུགས་འདི་ལྟ་བུ་ཡོད་པས་ཁྱོད་འབོད་དུ་འོང་གིས་དེ་དུས་ངེས་པར་སོང་ཞིག །སངས་རྒྱས་ཀྱི་བསྟན་པ་དང་སེམས་ཅན་ལ་ཕན་པ་རྒྱ་ཆེན་པོ་འབྱུང་ངོ་ཞེས་གསུངས་ཤིང་། ཁ་ཆེ་པཎ་ཆེན་རྒྱ་གར་ཤར་ཕྱོགས་གསེར་འོད་མཚན་ཞེས་བྱ་བའི་གཙུག་ལག་ཁང་ན་བཞུགས་པའི་ཚེ། རྒྱ་ནག་གི་རྒྱལ་པོས་སྤྱན་འདྲེན་པའི་ཕོ་ཉ་བྱུང་བའི་གྲོ་རངས་ཀྱི་དུས་སུ། འཕགས་པ་སྤྱན་རས་གཟིགས་ཀྱི་སྤྲུལ་པའི་དགེ་སློང་ཤིན་ཏུ་དཀར་ཞིང་མཛེས་པ་ཞིག་གིས། ད་ལྟ་ཁྱོད་ཀྱིས་འདུལ་བའི་དུས་ལ་མ་བབ། བོད་ཡུལ་དུ་ཁྱོད་ཀྱི་སློབ་མ་འཇམ་པའི་དབྱངས་ཀྱིས་བྱིན་གྱིས་བརླབས་པ་ཞིག་འབྱུང་བ་དེའི་གདུལ་བྱ་ཡིན་ནོ། །ཞེས་ལུང་བསྟན་ནོ། །

དེ་དག་དང་མཐུན་པར་ཧོར་གྱི་རྒྱལ་པོ་ཧི་གི་རགན་གྱི་སྲས་ཐེ་ལོ་ནོ་ཡོན་གྱི་སྲས་ཨེ་ཆེན་གོ་དན་གྱིས་འཇང་ཡུལ་དང་། ཟངས་གླིང་དང་། སླན་ཚེ་དང་། སོག་པོའི་ཡུལ་མང་པོ་བཅོམ་ཞིང་འོག་ཏུ་བཙུག་ནས། བོད་འཛོམས་པའི་དམག་ཧོར་སྟོད་སྨད་གཉིས་ཀྱིས་བཤམས་པའི་ཚེ་ས་གཞི་འདར་བའི་འཇིགས་པ་ཆེན་པོ་བྱུང་སྟེ། ངོ་ལྟ་བ་ལ་འགྲོ་བའི་ནུས་པ་སུ་ཡང་མ་བྱུང་ངོ་། །དེའི་ཚེ་ཆོས་རྗེ་ཉིད་ཀྱི་སྐུ་ཆེ་བའི་ཡོན་ཏན་ཧོར་རྒྱལ་པོའི་སྙན་དུ་གྲགས་པར་གྱུར་ཏེ། སསྐྱ་པཎྜིཏ་ཟེར་བའི་བན་དྷེ་ངེད་ཀྱི་བླ་མཆོད་དུ་འོང་ན་བོད་ལ་གནོད་པ་མི་བྱེད་ཟེར་བའི་ལུང་དང་། གདན་འདྲེན་གྱི་གསེར་ཡིག་པ་བྱུང་ནས། འབྱོན་པར་ཞལ་གྱིས་བཞེས་ཤིང་དགུང་ལོ་དྲུག་ཅུ

རྒྱ་གཅིག་པར་སྟོན་འགྲོའི་དགེ་བ་རྒྱ་ཆེན་པོ་མཛད་དེ། དྲུག་ཅུ་རྩ་གཉིས་ལ་བདེག་ནས་དྲུག་ཅུ་རྩ་གསུམ་པ་ལ་བྱང་ངོས་ཀྱི་ཡུལ་དུ་ཕེབས་པའི་ཚེ། རི་བོ་རྩེ་ལྔར་འགྲོ་བའི་མི་མང་པོའི་རྐྱེ་ལམ་དུ་ད་ལྟ་འཛམ་དབྱངས་འདི་ན་མི་བཞུགས་བྱང་ཕྱོགས་ཀྱི་ཡུལ་ན་ཆོས་གསུང་གི་ཡོད་ཟེར་བ་བྱུང་སྟེ། མདོར་ན་ཆོས་རྗེ་འདི་ཉིད་རྗེ་བཙུན་འཛམ་དབྱངས་དང་མཇེན་རབ་དབྱེར་མེད་ཅིང་། ཉིད་ཀྱི་སྐུ་སྒྲོག་ལ་ཡང་མི་གཟིགས་པའི་ཐུགས་རྗེ་ཕྱལ་དུ་ཕྱིན་པ་དང་ལྡན་པའི་སྐྱེས་བུ་ཆེན་པོ་སྐུ་གསུང་ཐུགས་ཀྱི་ཀུན་ཏུ་སྤྱོད་པ་ཚད་བཟུང་བར་མི་ནུས་པ་ཡིན་ནོ་ཞེས་ཡིད་ཆེས་པའི་གནས་སུ་གྱུར་པ་ཡིན་ནོ། །

རྣམ་པར་ཐར་པ་རྒྱས་པ་སྟེ་སྟོད་འཛིན་པ་ཆེན་པོ་རྣམས་ཀྱིས་གསལ་བར་བཀོད་པ་ལས་ཤེས་པར་བྱའོ། །དེ་ལྟར་འགྲེལ་བཀོད་ནས་བསྟན་བཅོས་ཀྱི་བཤད་པ་ལ་འཇུག་པ་ནི། བཏགས་པའི་མཚན་དང་། གདགས་པའི་གཞི་གཉིས་ལས། དང་པོ་སྡོམ་པ་གསུམ་གྱི་རབ་ཏུ་དབྱེ་བ་ཞེས་བྱ་བ་ནི། བརྗོད་བྱ་དང་བྱེད་ལས་ཀྱི་སྒོ་ནས་བཏགས་པ་ཡིན་ཏེ། སོ་སོར་ཐར་པ་དང་། བྱང་ཆུབ་སེམས་དཔའ་དང་། གསང་སྔགས་ཀྱི་སྡོམ་པ་གསུམ་ཆ་ཤས་དང་བཅས་པར་སངས་རྒྱས་ཀྱི་བསྟན་པ་མཐའ་དག་འདུས་ཤིང་དེ་ཉིད་རྗོད་པར་བྱེད་པའི་ཕྱིར་རོ། །

སྡོམ་པ་ལ་ལེགས་སྦྱར་གྱི་སྐད་དུ་སཾ་བྷ་ར་ཞེས་བྱ་བ་དང་། སཾ་ནི་ཉེར་བསྒྱུར་གྱི་ཡི་གེ་ཞེས་བྱ་བ་མིང་ཚིག་མང་པོའི་སྔོན་དུ་འཇུག་ཅིང་། ཁ་ལོ་བསྒྱུར་བ། ཁམས་དང་། རྟགས་དང་། ཚིག་གིས་མ་བསྡུས་པ་ཉི་ཤུ་ཐམ་པ་ཡོད་པའི་བདུན་པ་ཡིན་ལ། འདི་དོན་ཤིན་ཏུ་མང་པོ་ལ་འཇུག་ནའང་། འདིར་སླར་བྱ་བའམ། དག་པའམ་གཞུང་ལུགས་སམ། ཡང་དག་པའམ། ཚོགས་སམ། ཤིན་ཏུ་བའི་དོན་དུ་འགྱུར་ཅིང་། བྷ་ར་མཆོག་གྱུར་བ་ཞེས་པར་ཡང་འགྱུར་བས། བྱ་བ་མ་ཡིན་པའི་ཁ་ན་མ་ཐོ་བ་རྣམས་བསྡམས་ཤིང་། དེའི་གཉེན་པོ་མཆོག་ཏུ་གྱུར་པ་ཡང་དག་པར་སྒྲུབ་པ་ནི་སྡོམ་པ་ཡིན་ནོ། །ཉིས་ལྡང་དང་བྲལ་བ་དང་། འབྲས་བུ་མཆོག་ལ་མངོན་པར་ཕྱོགས་པའི་དོན་དུ་ཡང་འགྱུར་རོ། །

སྡོམ་པ་གསུམ་ལ་ལོག་པར་རྟོག་པའི་དྲི་མ་རྣམས་བཀག་ནས་དོན་མ་ནོར་བར་གསལ་བར་འབྱེད་པས་རབ་ཏུ་དབྱེ་བ་ཞེས་བྱའོ། །གདགས་པའི་གཞི་བསྟན་བཅོས་དངོས་ལ་གསུམ་སྟེ། ཐོག་མར་དགེ་བ་སྐྱེས་བུ་དམ་པའི་མཛད་སྤྱོལ་དགོད་པ། བར་དུ་དགེ་བ་བསླབ་པ་གསུམ་བསྟན་པའི་མཛེས་རྒྱན་བཤད་པ། མཐའ་མར་དགེ་བ་བརྩམས་པ་ལེགས་པར་གྲུབ་པའི་ཚུལ་ལོ། །དང་པོ་ལ་གསུམ་ལས། དང་པོ་ཡུལ་མཆོག་ལ་འདུད་པ་ནི། བླ་མ་དམ་པའི་ཞབས་ལ་གུས་པས་ཕྱག་འཚལ་ལོ། །ཞེས་པའི་བླ་མ་དམ་པའི་དོན་འོག་ཏུ་རྒྱས་པར་

སྟོན་པས་དེའི་ཞབས་ལ་གུས་པས་འདུད་པར་བྱེད་པའོ། །

བདེ་གཤེགས་བསྟན་པའི་གསུང་རབ་སེང་གེའི་སྒྲ། །ལྷ་དང་རི་དྭགས་མཐའ་དག་སྐྲག་པར་མཛད། །སངས་རྒྱས་དགོངས་པ་ཇི་བཞིན་ལེགས་སྒྲུབ་པ། །མཚུངས་མེད་བླ་མ་དེ་ལ་བདག་ཅག་དད། །སྐྱོན་མེད་ཡོན་ཏན་ཀུན་གྱི་མཛོད་མངའ་བ། །འགྲོ་བའི་བླ་མའི་ཞབས་ལ་ཕྱག་འཚལ་ནས། །ཞེས་པའི་དོན་སྡུག་བསྔལ་གྱི་རྒྱ་མཐའ་དག་སྤངས་པས་ལེགས་པར་གཤེགས་པ་དང་། བདག་འཛིན་གྱི་ས་བོན་སྤངས་པས་མི་ལྡོག་པར་གཤེགས་པ་དང་། གཞན་དོན་གྱི་ཐབས་གོམས་པས་མ་ལུས་པར་སྤངས་པ་མཐར་ཕྱིན་པ་དང་། ཆོས་ཐམས་ཅད་ཀྱི་དེ་ཁོ་ན་ཉིད་ཐུགས་སུ་ཆུད་པ་དང་། རྟོགས་པ་བརྟན་པ་དང་། ཤེས་བྱ་ཇི་སྙེད་པ་མཁྱེན་པ་མཐར་ཕྱིན་པས་མུ་སྟེགས་དང་ཉན་ཐོས་དང་རང་སངས་རྒྱས་ཐམས་ཅད་ལས་ལྷག་པར་གྱུར་པའི་བདེ་བར་གཤེགས་པ་རྫོགས་པའི་སངས་རྒྱས་ཀྱི་གསུང་རབ་ཀྱི་ཆོས་སྟོན་པ་ལ་མི་འཇིགས་པ་བཞི་དང་ལྡན་པའི་སེང་གེའི་སྒྲ་སྡོད་གསུམ་ལེགས་པར་བཤད་པས། བདག་ཏུ་འཛིན་པའི་ཚང་ཚིང་རབ་ཏུ་རྒྱས་པའི་རི་ཁྲོལ་དུ་གནས་ཤིང་འཁོར་བའི་བདེ་འབྲས་སྨིག་རྒྱུའི་ཆུ་ལྟ་བུ་ལ་བདེན་པར་འཛིན་པའི་སྐྱེ་བོ་རི་དྭགས་ཀྱི་ཆོས་ལུགས་འཛིན་པ་རྣམས་སྐྲག་པར་མཛད་པ་དང་། སངས་རྒྱས་ཀྱི་དགོངས་པ་ཇི་ལྟ་བ་བཞིན་མ་ནོར་བར་བསྒྲུབས་པས་ཐུབ་པའི་བསྟན་པ་དང་གདུལ་བྱ་རྗེས་སུ་འཛིན་པའི་བླ་མ་དེ་ལ་ཡིད་ཆེས་པ་དང་བཀའ་བཞིན་སྒྲུབ་པར་འདོད་པའི་དད་པ་སྐྱེས་སོ་ཞེས་སྨོས་པས་ལྷ་སྤྱོད་ལོག་པར་སྟོན་ཅིང་བླ་མའི་གསུང་བཞིན་མི་སྒྲུབ་པ་དེ་དག་བླ་མའི་གཟུགས་བརྙན་ཡིན་པར་ཤུགས་ལས་བསྟན་ཏོ། །སྒྲིབ་གཉིས་བག་ཆགས་དང་བཅས་པའི་སྐྱོན་མེད་ཅིང་། སྤངས་རྟོགས་ཡོན་ཏན་མི་ཟད་པའི་མཛོད་མངའ་བ་རྫོགས་པའི་སངས་རྒྱས་དང་དམ་པའི་ཆོས་དང་འཕགས་པའི་དགེ་འདུན་འགྲོ་བ་ཀུན་གྱི་བླ་མ་ལ་ཡང་ཕྱག་འཚལ་ལོ། །ནས་ཞེས་པ་ཕྱི་མ་འདྲེན་པའི་ཚིག་སྡུད་ཡིན་པས་ཕྱག་འཚལ་ནས་གཞུང་རྩོམ་ཞེས་པའོ། །

གཉིས་པ་རྩོམ་པར་དམ་བཅའ་བ་ལ་གཉིས་ལས། གཞན་གྱི་དོན་དུ་འགོད་པར་བསྟན་པ་ནི། དད་ལྡན་སངས་རྒྱས་གསུང་བཞིན་སྒྲུབ་འདོད་པ། །དེ་ལ་སྡོམ་གསུམ་དབྱེ་བ་བདག་གིས་བཤད། །ཅེས་པས། ལས་རྒྱུ་འབྲས་ལ་མི་བསླུ་བར་ཡིད་ཆེས་པའི་དད་པ་དང་། དཀོན་མཆོག་གསུམ་ལ་སེམས་དང་བའི་དད་པ་དང་། རྫོགས་པའི་སངས་རྒྱས་ལ་གཞན་དོན་དུ་སྒྲུབ་པར་འདོད་པའི་དད་པ་གསུམ་དང་ལྡན་པའི་གང་ཟག་ལས་དང་པོ་པ་དེ་ལ་ལམ་ལོག་པ་དང་ལམ་མ་ཚང་བ་དང་ལམ་ལ་ཐེ་ཚོམ་ཟ་བ་སྤངས་ནས། ལམ་ཡང་དག་པ་རྒྱལ་བའི་གསུང་དང་མཐུན་པ་ལ་འཇུག་པའི་ཚུལ་བཤད་པར་བྱའོ་ཞེས་པའོ། །

གཉིས་པ་ཀུན་གྱིས་གོ་བར་སྨྲ་བ་ནི། མཁས་རྣམས་དགའ་བའི་སྡེབ་སྦྱོར་ནི། །བློན་པོ་རྣམས་ཀྱིས་གོ་དཀའ་བས། །ཚིག་གི་སྦྱོར་བ་སྤངས་ནས་ཀྱང་། །ཀུན་གྱིས་གོ་བར་བྱ་ཕྱིར་བཤད། །ཅེས་པ། སྙན་ངག་དང་སྡེབ་སྦྱོར་དང་མངོན་བརྗོད་མང་པོ་བཀོད་ནས་མཁས་པའི་ཚུལ་གཙོ་བོར་བྱས་པའི་རྩོམ་པ་དང་། གདུལ་བྱ་ལ་ཕན་པའི་ཐབས་གཙོ་བོར་བྱས་པའི་ལུགས་གཉིས་ལས། འདིར་གཞན་ལ་ཕན་པ་གཙོ་བོར་བྱས་ནས་རྩོམ་ཞེས་པའོ། །

གསུམ་པ་རྩོམ་པའི་རྒྱུ་མཚན་བསྟན་པ་ནི། བདག་ནི་སངས་རྒྱས་བསྟན་པ་ལ། །མི་ཕྱེད་པ་ཡི་དད་པ་ཡོད། །འོན་ཀྱང་སངས་རྒྱས་བསྟན་པ་ལ། །འཁྲུལ་པར་སྤྱོད་ལ་བདག་མ་དད། །ཅེས་པས། སྤྱིར་སངས་རྒྱས་བསྟན་པ་ནི། སྡིག་པ་ཅི་ཡང་མི་བྱ་སྟེ། །དགེ་བ་ཕུན་སུམ་ཚོགས་པར་སྤྱད། །རང་གི་སེམས་ནི་ཡོངས་སུ་འདུལ། །འདི་ནི་སངས་རྒྱས་བསྟན་པ་ཡིན། །ཞེས་གསུངས་པས། བསླབ་པ་སྲུང་བའི་ཚུལ་ལ་མཁས་པའི་སྒོ་ནས་སྒོ་གསུམ་གྱི་ཁ་ན་མ་ཐོ་བ་རྣམས་ཆུ་ལོན་གྱི་ཚུལ་དུ་བསྡམས་ཤིང་སྡིག་པ་མི་བྱེད་པ་ཚུལ་ཁྲིམས་ཀྱི་བསླབ་པ་དང་། བདག་མེད་པའི་དོན་ལ་ཤེས་རབ་གསུམ་གྱིས་སྦྱངས་ཏེ་བདག་མེད་རྟོགས་པའི་ཤེས་རབ་ཟག་མེད་ཀྱི་དགེ་བ་རྒྱུད་ལ་སྐྱེད་པར་བྱེད་པ་ཤེས་རབ་ཀྱི་བསླབ་པ་དང་། སེམས་ཁ་ཕྱིར་བལྟས་ཆགས་སྡང་ཆོས་བརྒྱད་ཀྱི་རྟོག་པ་སྣ་ཚོགས་སུ་འཕྲོ་བ་དེའི་གཉེན་པོར་ཞི་གནས་ཀྱི་དམིགས་པ་ལ་རྩེ་གཅིག་ཏུ་འཛོག་པའི་ཏིང་ངེ་འཛིན་གྱི་བསླབ་པ་དང་གསུམ་པོ་དེ་རྟོགས་པའི་ཆོས་དང་། དེ་གསུམ་སྟོན་པའི་བཀའ་དང་བསྟན་བཅོས་རྣམ་པར་དག་པ་ལུང་གི་ཆོས་དང་། གཉིས་པོ་དེ་སངས་རྒྱས་ཀྱི་བསྟན་པའི་དམ་ཆོས་ཡིན་ནོ། །

བསླབ་པ་གསུམ་པོ་སངས་རྒྱས་ཀྱི་དགོངས་པ་དང་མཐུན་པར་ཉམས་སུ་ལེན་པ་ནི་སྒྲུབ་པའི་ཆོས་ཀྱི་བསྟན་པ་འཛིན་པ་ཡིན་ལ། སྡེ་སྣོད་གསུམ་དུ་རྟོགས་པའི་བཀའ་དང་བསྟན་བཅོས་རྣམ་པར་དག་པ་ལ་ཀུན་སློང་བཟང་པོས་འཆད་ཉན་བྱེད་པ་ནི་ལུང་ཆོས་ཀྱི་བསྟན་པ་འཛིན་པ་ཡིན་ནོ། །མཁས་མཆོག་དབྱིག་གཉེན་གྱིས། སྟོན་པའི་དམ་ཆོས་རྣམ་གཉིས་ཏེ། །ལུང་དང་རྟོགས་པའི་བདག་ཉིད་དོ། །དེ་འཛིན་བྱེད་པ་སྨྲ་བྱེད་དང་། །སྒྲུབ་པར་བྱེད་པ་ཁོ་ན་ཡིན། །ཞེས་སོ། །ཐེག་པ་ཆེན་པོའི་བསྟན་པ་ནི། སྟོང་ཉིད་སྙིང་རྗེ་ཟུང་འཇུག་ཡིན་ཏེ། འོག་ཏུ་རྒྱས་པར་འཆད་དོ། །

དེ་ལྟ་བུའི་སངས་རྒྱས་ཀྱི་བསྟན་པ་དང་། བསྟན་འཛིན་གྱི་སྐྱེས་བུ་དམ་པ་ལ་མི་ཕྱེད་པའི་དད་པ་ཡོད་ཀྱང་། སངས་རྒྱས་ཀྱི་བསྟན་པར་མིང་བཏགས་ནས་རང་བཟོ་འཁྲུལ་པར་སྤྱོད་པས་དད་ལྡན་མང་པོ་ལམ་ལོག་ཏུ་འཁྲིད་ཅིང་བསྟན་པ་འཇིགས་པར་བྱེད་པ་དེ་དག་སུན་མ་ཕྱུང་ན་ཐུབ་པའི་བསྟན་པ་ལ་གནོད་པ་ཆེན་

པོར་འགྱུར་བ་མཐོང་སྟེ། བསྟན་པ་བསྲུང་བ་དང་། དད་ལྡན་གྱི་འགྲོ་བ་རྣམས་ཡང་དག་པའི་ལམ་དུ་དྲང་བའི་ཕྱིར་བསྟན་བཅོས་རྩོམ་ཞེས་པའོ། །

གཉིས་པ་བར་དུ་དགེ་བ་བསླབ་པ་གསུམ་བསྟན་པའི་མཛེས་རྒྱན་བཤད་པ་ལ་གསུམ། བསྟན་བཅོས་ཀྱི་ལུས་རྣམ་པར་བཞག་པ། ཚིག་དོན་གྱི་ཡན་ལག་རྒྱས་པར་བཤད་པ། གླང་དོར་ལེགས་པར་ཤེས་ནས་བཀོད་པའི་ཚུལ་ལོ། །དང་པོ་ནི། སོ་སོར་ཐར་པའི་སྡོམ་པ་དང་། །བྱང་ཆུབ་སེམས་དཔའི་སེམས་བསྐྱེད་དང་། །གསང་སྔགས་ཀྱི་ནི་དབང་བསྐུར་དང་། །དེ་དག་གི་ནི་ཚིག་དང་། །སོ་སོའི་བསླབ་པར་བྱ་བ་དང་། །སེམས་བསྐྱེད་པ་ཡི་གནད་རྣམས་དང་། །སྟོང་ཉིད་སྙིང་རྗེའི་སྙིང་པོ་དང་། །རིམ་པ་གཉིས་ཀྱི་གསང་ཚིག་དང་། །ཡེ་ཤེས་ཕྱག་རྒྱ་ཆེན་པོ་དང་། །ཕྱི་དང་ནང་གི་རྟེན་འབྲེལ་དང་། །ས་དང་ལམ་གྱི་རྣམ་གཞག་གི །རྣམ་པར་དབྱེ་བ་བཤད་ཀྱིས་ཉོན། །ཞེས་པས། ཐེག་པ་ཆེ་ཆུང་གི་སོ་སོར་ཐར་པ་གཉིས་དང་། བྱང་ཆུབ་སེམས་དཔའི་སེམས་བསྐྱེད་ལུགས་གཉིས་དང་། གསང་སྔགས་ཀྱི་དབང་དམ་ཚིག་འཁྲིས་དང་བཅས་པ་འདི་གསུམ་བརྗོད་བྱའི་དོན་གྱི་གཙོ་བོ་ཡིན་ལ། གསུམ་པོ་དེ་ཇི་ལྟར་ལེན་པ་དང་། འབོགས་པའི་ཆོ་ག་བྱེད་ཚུལ་དང་། སྡོམ་པ་གསུམ་པོ་སོ་སོའི་དགག་སྒྲུབ་གནང་བའི་བསླབ་བྱ་ལ་སློབ་ཚུལ་དང་གཉིས་ནི་ཐུན་མོང་བ་སྟེ། ཡན་ལག་ཕྲོགས་གཅིག་ཏུ་བསྟན་པ་ནི་མེད་ཅིང་། ཐད་ཀ་ཐད་ཀར་སིལ་བུར་ཡོད་དེ། ཐེག་ཆེན་སེམས་བསྐྱེད་ཀྱི་ཉམས་སུ་ལེན་ཚུལ་གྱི་གནད་དང་། ཐེག་ཆེན་གྱི་མཐར་ཐུག་སྟོང་ཉིད་སྙིང་རྗེ་དང་ཟུང་གི་དོན་དང་། ཁྱད་པར་གསང་སྔགས་རིམ་པ་གཉིས་ཀྱི་དོན་ཕྱིའི་ཐེག་པ་གསུམ་གྱི་གདུལ་བྱ་ལ་གསང་སྟེ་གསུངས་པ་དང་། བླ་ན་མེད་པའི་རྒྱུད་ཀྱི་སྦས་དོན་ཟབ་མོ་ཡེ་ཤེས་ཕྱག་རྒྱ་ཆེན་པོ་དང་། དེའི་ཐབས་ཕྱི་ནང་གསང་བ་དེ་ཁོ་ན་ཉིད་ཀྱི་རྟེན་འབྲེལ་དང་། དེ་ལ་བརྟེན་ནས་སྔགས་དང་། ཕ་རོལ་ཏུ་ཕྱིན་པའི་ས་ལམ་བགྲོད་ཚུལ་དང་། དྲུག་པོ་འདི་རྣམས་ཐེག་ཆེན་གྱི་ཆོས་གཏན་ལ་འབེབས་པའི་རྣམ་པར་དབྱེ་བ་འཁྲིས་དང་བཅས་པ་སྟེ། ཕལ་ཆེར་སིལ་བུར་བཤད་ཡོད་ཀྱང་སྐབས་འདིར་དོན་ཚན་བཅུ་གཅིག་ཏུ་བསྡུས་ནས་མདོར་བསྟན་པ་ཡིན་ནོ། །དོན་རེ་རེ་ལ་རྣམ་པར་བཞག་པའི་རྣམ་པར་དབྱེ་བ་བཤད་ཀྱིས་ཉོན་ཅིག་ཅེས་སྦྱར་ལ་བཤད་པར་བྱའོ། །

བསྟན་བཅོས་འདིའི་བརྗོད་བྱ་དང་དགོས་པ་ཉིང་དགོས་རྣམས་འབྲེལ་པ་དང་བཅས་པ་ཡང་གསལ་བར་བསྟན་པ་ཡིན་ནོ། །དམ་པའི་ཆོས་འདིའི་གདུལ་བྱའི་རིགས་བཞིར་གནས་ཏེ། ངན་སོང་གསུམ་གྱི་སྡུག་བསྔལ་གྱིས་སྐྲག་ཅིང་ལྷ་དང་མིའི་བདེ་སྐྱིད་འདོད་པས་མངོན་པར་མཐོ་བའི་ལམ་ལ་སློབ་པ་དང་། འཁོར་བ་མཐའ་དག་གི་གནས་ལུགས་སྡུག་བསྔལ་བར་ཤེས་ནས་མྱ་ངན་ལས་འདས་པ་དོན་དུ་གཉེར་བ་ངེས་པར

ལེགས་པའི་ལམ་ལ་སློབ་པ་དང་། ལུས་ཅན་མཐའ་དག་སྡུག་བསྔལ་མི་བཟད་པས་གདུངས་ཤིང་ཉམ་ཐག་པར་གྱུར་པ་ལ་དམིགས་པའི་སྙིང་རྗེ་ཆེན་པོ་ནས་དྲངས་པའི་ཡིད་ཀྱིས་རྫོགས་པའི་སངས་རྒྱས་ཐོབ་པར་འདོད་པ་མི་གནས་པའི་མྱ་ངན་ལས་འདས་པའི་ལམ་ཕ་རོལ་ཏུ་ཕྱིན་པ་དྲུག་ལ་སློབ་པ་དང་། བསམ་པ་དང་སྦྱོར་བ་དེ་ཉིད། སྔང་བྱའི་གཉེན་པོར་བསྒྱུར་བའི་ཐབས་ཀྱི་ཁྱད་པར་མྱུར་ཞིང་སླ་བ་དུ་མས་ཟིན་པར་གྱུར་པ་རིག་པ་འཛིན་པའི་ལམ་ལ་སློབ་པར་འདོད་པའོ། །

གང་ཟག་དང་པོ་གཉིས་ཀྱི་ལམ་ནི་སོ་སོར་ཐར་པའི་རྣམ་པར་བཞག་པས་སྟོན་པ་ཡིན་ལ། འོན་ཀྱང་ཐར་པ་དོན་དུ་མི་གཉེར་བའི་སྡོམ་པས་སོ་སོར་ཐར་པའི་གོ་མི་ཆོད་པས་ལེགས་སྨོན་གྱི་ཚུལ་ཁྲིམས་ལ་བརྟེན་ནས་ལས་དགེ་སྡིག་ལ་འདོར་ལེན་མ་ནོར་བར་བྱེད་པས་འབྲས་བུ་ཐོབ་པར་འགྱུར་རོ། །གང་ཟག་གསུམ་པ་དང་བཞི་པའི་ལམ་ནི་གཞུང་ཉིད་ནས་ཇི་ལྟར་གཏན་ལ་ཕབ་པ་བཞིན་ཤེས་པར་བྱའོ། །སོ་སོར་ཐར་པའི་སྡོམ་པ་དང་བྱང་ཆུབ་སེམས་དཔའི་བསླབ་པ་དང་གསང་སྔགས་ཀྱི་དམ་ཚིག་སྟ་མ་ཕྱི་མའི་གཞིར་བཟུང་ནས་ཉམས་སུ་ལེན་པ་ནི་གཞུང་འདིར་བསྟན་པའི་གོ་རིམ་ཡིན་ལ། དམན་པ་དང་མཆོག་གི་རིམ་པར་ཡང་དགོངས་སོ། །ལམ་བཞི་པོ་གང་ལ་སློབ་ཀྱང་རང་རང་གི་ལམ་དེ་མ་ནོར་བར་སྟོན་པའི་བླ་མ་དང་། སློབ་པ་པོའི་གང་ཟག་དང་། ཉམས་སུ་བླང་བྱའི་ལམ་ཚང་ཞིང་མ་ནོར་བ་དང་། ཇི་ལྟར་ཉམས་སུ་ལེན་པའི་ཚུལ་དང་། དེ་ལྟར་ཉམས་སུ་བླངས་པས་ཐོབ་པའི་འབྲས་བུ་རྣམས་སངས་རྒྱས་ཀྱི་གསུང་མི་འགལ་བར་གཏན་ལ་ཕབ་ནས་ལམ་ལ་འཇུག་དགོས་པས་འདིར་ཇི་ལྟར་བསྟན་པའི་དོན་རྣམས་ཕྱིན་ཅི་མ་ལོག་པར་ཁོང་དུ་ཆུད་པར་བྱའོ། །

གཉིས་པ་ཚིག་དོན་གྱི་ཡན་ལག་རྒྱས་པར་བཤད་པ་ལ་གཉིས། དངོས་དོན་སྡོམ་གསུམ་གཏན་ལ་དབབ་པ། ཞར་བྱུང་འབྲུལ་པ་སྤོང་ཚུལ་གདམས་པའོ། །དང་པོ་ལ་གསུམ། སོ་སོར་ཐར་པ་དང་། བྱང་ཆུབ་སེམས་དཔའ་དང་། གསང་སྔགས་ཀྱི་ལུགས་གཏན་ལ་དབབ་པའོ། །དང་པོ་ལ་གསུམ། བཅས་པའི་རྣམ་གཞག་བསྟན་པ། འཛོག་གཞིའི་རྩ་བ་རྒྱུ་འབྲས་བསྟན་པ། ཁྱད་པར་གྱི་ཆོས་ཞིབ་ཏུ་གཏན་ལ་དབབ་པའོ། །དང་པོ་ལ་གཉིས་ལས། མདོར་བསྟན་པ་ནི། སོ་སོར་ཐར་པའི་སྡོམ་པ་ལ། །ཉན་ཐོས་ཐེག་ཆེན་ལུགས་གཉིས་ཡོད། །ཅེས་པས། སོ་སོར་ཐར་པ་ལ་ཐེག་ཆེན་གྱི་ལུགས་ཡོད་པ་ཕལ་ཆེར་ལ་མ་གྲགས་པས་ཡོངས་སུ་ཤེས་པར་བྱ་བའི་ཕྱིར་ཐེག་པ་ཆེན་པོའི་སོ་སོར་ཐར་པ་ཡང་སངས་རྒྱས་ཀྱིས་གསུངས་སོ་ཞེས་གསལ་བར་སྨོས་སོ། །

གཉིས་པ་རྒྱས་བཤད་ལ་གསུམ། ཉན་ཐོས་ཀྱི་ལུགས། བྱང་སེམས་ཀྱི་ལུགས། དེ་གཉིས་ཀྱི་མཇུག་བསྡུ་བའོ། །དང་པོ་ལ། སྤྱིར་བསྟན་པ་དང་། གཞུང་ལ་སྦྱར་བ་གཉིས་ལས། དང་པོ་ལ། སོ་སོར་ཐར་པའི་

སྡོམ་པའི་ངོ་བོ་ངོས་བཟུང་བ། གྲངས་ཀྱི་དབྱེ་བ། སྐྱེ་བའི་རྒྱུ་ཚོགས་ཇི་ལྟར་སྲུང་ཚུལ་དང་བཞིའོ། །དང་པོ་ནི། པྲ་ཏི་མོཀྵ་ཞེས་པ་པྲ་ཏི་སོ་སོར་འམ་ཐ་དད་པ་སྟེ་སྡོམ་པ་ཐོབ་པའི་ཚེ། སྡིག་པའི་ཆོས་ཀྱི་གཉེན་པོ་སྐྱེས་པས་སྤང་བྱ་ལས་རྒྱུད་སོ་སོར་གྲུབ་པའམ་འགགས་པའོ། །མོཀྵ་ནི་ཐར་པའམ་གྲོལ་བར་གྱུར་པ་སྟེ་དངོས་སུ་སྡིག་པ་ལས་ཐར་ཅིང་། བརྒྱུད་ནས་ངན་སོང་དང་འཁོར་བ་ལས་གྲོལ་བའོ། །ཡང་སྡོམ་པ་ཐོབ་པའི་གང་ཟག་དེ། དང་པོར་སྤང་བྱ་ལས་གྲོལ་བའོ། །ཡང་ན་གང་ཟག་རྒྱུད་སོ་སོ་བ་ཐར་པའི་འདུག་རོགས་སུ་མངོན་པར་ཕྱོགས་པའོ། །ལུས་ངག་གི་དགེ་བ་གཟུགས་ཀྱི་ཕུང་པོར་གྱུར་པ་རང་རང་གི་མི་མཐུན་ཕྱོགས་འགོག་པའི་ནུས་པ་ཅན་གཏོང་བའི་རྐྱེན་སྟོབས་ལྡན་གྱིས་མ་བཅོམ་པ་འདོད་པའི་ཁམས་སུ་རྟོགས་པའི་ཚུལ་ཁྲིམས་ཡིན་ནོ། །ཞེས་ཉན་ཐོས་བྱེ་བྲག་ཏུ་སྨྲ་བ་འདོད་དོ། །སྡོམ་པ་སྐད་ཅིག་དང་པོ་རྣམ་པར་རིག་བྱེད་ཀྱི་གཟུགས་སུ་སྐྱེ་ལ་ཕྱིན་ཆད་སྡོམ་པའི་བྱ་བ་དངོས་སུ་བྱེད་པའི་ཚེ་རྣམ་པར་རིག་བྱེད་དང་། སྐབས་གཞན་དུ་རིག་བྱེད་མ་ཡིན་པའི་གཟུགས་སུ་གནས་པར་སྨྲའོ། །

གཉིས་པ་གྲངས་བརྒྱད་དམ་བདུན་དུ་ཡོད་ལ། རྟས་བཞིར་འདུས་ཏེ་ཕན་ཚུན་མཚན་གྱུར་པས་སྡོམ་པ་ལ་འཕེལ་འགྲིབ་མེད་པའི་ཕྱིར་རོ། །དགེ་སློང་དང་དགེ་ཚུལ་དང་། དགེ་བསྙེན་ཕོ་མོས་ཕྱེ་བ་དྲུག་དང་། དགེ་སློབ་མ་དང་བསྙེན་གནས་དང་བརྒྱད་དོ། །དགེ་སློང་ནི་ལུས་ངག་གི་མི་དགེ་བ་བདུན་སྡོམ་པའི་སྡོང་བདུན་འཁོར་བཅས་སོ། །དགེ་ཚུལ་ནི་ལུས་ཀྱི་གསུམ་དང་བརྫུན་སྤོང་བ་འཁོར་བཅས་སོ། །དགེ་བསྙེན་ནི་རིགས་མང་དུ་གསུངས་ཏེ། སྲོག་གཅོད་པ་ལྟ་བུ་གཅིག་སྤོང་བ་དང་། མ་བྱིན་ལེན་དང་གཉིས་སྤོང་བ་ཕྱོགས་གཅིག་སྤོང་བ་ཞེས་བྱ་བ་དང་། ལུས་ཀྱི་གསུམ་དང་བརྫུན་སྤོང་བ་ཕལ་ཆེར་སྤོང་བ་ཞེས་བྱ་བ་དང་། ཆང་དང་ལྔ་སྤོངས་སུ་རྫོགས་པ་ཞེས་བྱ་བ་དང་། མི་ཚངས་སྤྱོད་སྤོང་བ་ཚངས་སྤྱོད་ཀྱི་དགེ་བསྙེན་ནོ། །བར་སློབ་མ་དགེ་ཚུལ་མའི་སྟེང་དུ་ཆོས་དྲུག་དང་རྗེས་སུ་མཐུན་པའི་ཆོས་དྲུག་སྤོང་བའོ། །བསྙེན་གནས་ནི་རིན་པོ་ཆེ་ལེན་པ་མ་གཏོགས་དགེ་ཚུལ་དང་ཆ་མཐུན་པའོ། །བར་སློབ་མ་དགེ་ཚུལ་མར་འདུས་ཏེ། མཚན་གྱུར་ན་དགེ་ཚུལ་ཡིན་པས་ཟུར་དུ་མི་བགྲང་བར་བདུན་དུ་བྱེད་པ་དང་། འཕགས་པ་ཐོགས་མེད་དང་ཇོ་བོ་རྗེས་བསྙེན་གནས་ཡུན་ཐུང་བས་མི་བགྲང་བར་སོ་སོར་ཐར་པ་སྟེ་ཚན་བདུན་དུ་མཛད་དོ། །

གསུམ་པ་སྡོམ་པ་སྐྱེ་བའི་རྒྱུ་ཚོགས་ལ། ལེན་པའི་གང་ཟག་དང་། ལེན་པའི་ཡུལ་དང་། འབོགས་པའི་ཆོ་ག་དང་གསུམ་མོ། །དང་པོ་ལ་ལུས་སེམས་གཉིས་ལས། ལུས་རྟེན་ནི། བྱང་གི་སྒྲ་མི་སྙན་མ་གཏོགས་པའི་མིའི་གླིང་དུ་སྐྱེས་པའི་དལ་འབྱོར་ཚང་བའི་མི་ལུས་ལ་སྡོམ་པ་དང་པོར་སྐྱེ་བ་དང་། བར་དུ་གནས་པ་དང་།

གཞན་གྱི་སེམས་བསྲུང་བའི་ཕྱིར་མཛེས་པ་དང་། ཡོན་ཏན་གྱི་ཁྱད་པར་འཕེལ་བའི་གེགས་དང་བྲལ་བ། ལོ་བདུན་དང་ཉི་ཤུ་ལོན་པ་ལ་སོགས་པ་དགོས་སོ། །

ཟ་མ་དང་མ་ནིང་དང་མཚན་གཉིས་པར་གྱུར་ན་སྡོམ་པ་ཐོབ་ཀྱང་སྡོམ་པའི་རྟེན་དུ་མི་རུང་ངོ་། །དེ་ཡང་ཕོར་མི་རུང་བ་ཟ་མ་དང་། མོར་མི་རུང་བས་མ་ནིང་ཞེས་སྤྱིར་བཏང་དུ་གསུངས་ཤིང་། ཟ་མ་ནི་གཞི་འགྲེལ་ལས་འབྲས་བུ་ཕྱུང་བ་དང་། ཕྲན་ཚེགས་འབྲེལ་པ་དང་། ས་གའི་ལྷས་ཕོ་དབང་ནུས་པ་མེད་པ་དང་། མཛོད་འགྲེལ་དུ། རང་བཞིན་གྱིས་ཕོ་དབང་མེད་པས་ཟ་མའོ་ཞེས་པ་དང་། རྐྱེན་གྱི་ཉམས་པས་མ་ནིང་ཡིན་ཞེས་ཟེར་རོ། །མདོན་པ་དང་འདུལ་བར་རྣམ་གྲངས་གཞན་ཡང་མང་དུ་གསུངས་སོ། །ཟ་མ་དང་མ་ནིང་ལ་སྐྱབས་འགྲོའི་དགེ་བསྙེན་བྱར་རུང་ཞིང་། སྡོམ་ལྡན་གཞན་དུ་བླང་དོར་ཚུལ་བཞིན་བྱས་ན་ཕན་ཡོན་གྱི་འབྲས་བུ་མཚུངས་པར་འབྱུང་ངོ་། །

གཉིས་པ་སྡོམ་པ་ལེན་པའི་བསམ་པ་ནི། འཁོར་བའི་སྐྱོན་ཤེས་ནས་སྐྱོ་བ་དང་། ཐར་པའི་ཡོན་ཏན་ཤེས་ནས་སྤྲོ་བ་དང་། དེའི་ཕྱིར་སྡོམ་པ་ལེན་པ་དང་། སྲུང་བར་འདོད་པའི་མདུན་པ་བཟང་མ་ཆད་པས་ཐོབ་ན་སོ་སོར་ཐར་པའི་སྡོམ་པར་འགྱུར་ལ། རྒྱལ་པོའི་ཆད་པ་དང་། འཚོ་བས་ཕོངས་པ་དང་། གདོན་གྱིས་ཉེན་པ་དང་འཕྲལ་གྱི་སྐྱིད་སྡུག་ཙུང་ཟད་ལ་བརྟེན་པ་དང་། ལྷ་མིའི་གོ་འཕང་ལ་དམིགས་པའི་ཀུན་སློང་གིས་བླངས་པ་ནི་འཇིགས་སྐྱོབས་ལེགས་སྨོན་ཞེས་བྱ་བ་མ་དག་པའི་ཚུལ་ཁྲིམས་ཡིན་ནོ། །འོན་ཀྱང་དེ་བླངས་ནས་བསམ་པ་བཟང་པོར་གྱུར་ཏེ་མྱ་ངན་ལས་འདས་པའི་རྒྱུར་གྱུས་པས་བླངས་ན་ངེས་འབྱུང་གི་ཚུལ་ཁྲིམས་སུ་འགྱུར་ཏེ། ཚུལ་འདི་དགེ་བ་གཞན་ལའང་སྦྱར་བར་བྱའོ། །གཉིས་པ་ལེན་པའི་ཡུལ་སངས་རྒྱས་ཤཱཀྱ་ཐུབ་པའི་སྐུ་དང་། མཁན་པོ་དང་སློབ་དཔོན་དང་དགེ་འདུན་ལ་སོགས་རང་རང་ལ་གང་དགོས་པ་དེ་ཚང་བ། མཚན་ཉིད་དང་ལྡན་པ་ངེས་པར་དགོས་སོ། །བསྙེན་གནས་དང་དགེ་བསྙེན་ཆོག་མ་ནོར་བར་ཤེས་པའི་གང་ཟག་ཇི་ལྟར་འོས་པས་ཀྱང་རུང་ཞིང་། འཕགས་པ་ཐོགས་མེད་ཀྱིས་དགེ་ཚུལ་དཀོན་མཆོག་གི་རྟེན་ལས་ལེན་པའང་གསུངས་སོ། །

གསུམ་པ་སྡོམ་པ་འབོགས་པའི་ཆོ་ག་ནི། བསྙེན་གནས་དང་དགེ་བསྙེན་ནི་དཀོན་མཆོག་གསུམ་ལ་སྐྱབས་འགྲོའི་ཚིག་གི་འགོ་དྲངས་ནས་ལན་གསུམ་བརྗོད་པས་ཐོབ་ཅིང་། རང་རང་གི་བསླབ་པའི་གྲངས་ལན་གཅིག་བརྗོད་ནས་སློབ་པར་ཁས་ལེན་པ་ཡིན་ནོ། །དགེ་ཚུལ་ནི་མཁན་པོས་ཡོངས་སུ་རྫོགས་པའི་དགེ་བསྙེན་དུ་བསྒྲུབས་ནས། ཁྱིམ་པའི་རྟགས་སྤོང་བ་དང་། རབ་ཏུ་བྱུང་བའི་རྟགས་ལེན་པའི་ཆོ་གས་བར་མ་རབ་བྱུང་བྱས་ལ། སློབ་དཔོན་དུ་འོས་པའི་དགེ་སློང་གིས་སྐྱབས་འགྲོའི་ཐོག་དྲངས་པའི་ཆོ་གའི་ཚིག་ལན་གསུམ་བརྗོད་

པའི་རྗེས་སུ་བཟླས་པས་ཐོབ་ཅིང༌། བསླབ་བྱ་བཅུ་ལ་བསླབ་པའི་རྗེས་བཟློས་ལན་གཅིག་བྱས་པས་དགེ་ཚུལ་དུ་འགྱུར་བ་ཡིན་ནོ། །དགེ་སློང་གི་ཆོ་ག་ལ། སྔོན་གྱི་བསྙེན་རྫོགས་ཞེས་བྱ་བ་སྟོན་པ་བཅོམ་ལྡན་འདས་སངས་རྒྱས་པའི་ཚེ་དགེ་བསྙེན་དང་དགེ་ཚུལ་དང་དགེ་སློང་གི་སྡོམ་པ་དུས་མཉམ་དུ་ཐུགས་ལ་འཁྲུངས་པར་རང་བྱུང་གི་བསྙེན་པར་རྫོགས་པ་ལ་སོགས་སྡོམ་པ་ཐོབ་ཚུལ་བཅུ་ལུང་དང་མདོན་པ་ལས་འབྱུང་ངོ༌། །ད་ལྟའི་ཆོ་ག་ལ་ལུང་ཕྲན་ཚེགས་ཀྱི་གཅིག་ལས་འཕྲོས་པའི་བཅུ་ཚན་དུ། སངས་རྒྱས་དང་ཆོས་དང་སྟོན་པ་དང་མཁན་པོ་དང་སློབ་དཔོན་དང་བསྙེན་པར་རྫོགས་པར་འདོད་པ་དང་ཡོ་བྱད་ཡོངས་སུ་དག་པ་དང་གསོལ་བ་དང་མཐོན་སུམ་དུ་གྱུར་པ་དང་ཆོས་བཅུ་ཚང་བ་ལ་བརྟེན་ནས་སྡོམ་པ་ཐོབ་པར་གསུངས་སོ། །

བཞི་པ་སྡོམ་པ་བསྲུང་བའི་ཚུལ་ལ། ལྟུང་བ་མི་འབྱུང་བར་བྱ་བ་དང༌། བྱུང་ན་ཕྱིར་བཅོས་པའི་ཐབས་གཉིས་སོ། །དང་པོ་ནི། སྤྱོད་འཇུག་ཏུ། སེམས་འདི་བསྲུང་བར་མ་བྱས་ན། །བསླབ་པ་བསྲུང་བར་ཡོང་མི་ནུས། །ཞེས་པ་དང༌། སེམས་སྲུང་བརྟུལ་ཞུགས་མ་གཏོགས་པ། །བརྟུལ་ཞུགས་མང་པོས་ཅི་ཞིག་བྱ། །ཞེས་པ་དང༌། དྲན་པ་དང་ནི་ཤེས་བཞིན་དང༌། །སྲོག་ལ་བབ་ཀྱང་སྲུངས་ཤིག་ཅེས། །བདག་ནི་དེ་སྐད་འདོམས་པར་བྱེད། །ཅེས་པ་བཞིན་དུ་ཁ་ནང་དུ་བལྟས་ནས་རང་གི་སེམས་ཀྱི་འགྱུ་བ་ལ་བརྟགས་ཤིང་དྲན་ཤེས་བཞིན་གྱིས་ཟིན་པར་བྱེད་པ་ནི་བསླབ་པ་སྲུང་བའི་ཐབས་ཀྱི་གཙོ་བོ་ཡིན་ནོ། །དེ་ཡང་བྱ་བ་ཐམས་ཅད་ཀྱི་སྔོན་དུ་འགྲོ་བ་རྒྱུའི་ཀུན་སློང་དྲན་པ་སོ་པ་ལྟ་བུ་དང༌། བྱ་བ་དང་ལྷན་ཅིག་ཏུ་འཇུག་པ་དུས་ཀྱི་ཀུན་སློང་དྲན་པ་སྒོ་བ་ལྟ་བུ་དང༌། བྱ་བའི་རྗེས་སུ་འཇུག་པ་རང་གི་འདས་པའི་སྤྱོད་པ་བྱས་ཟིན་པ་དེ། ལེགས་པར་བྱས་མ་བྱས་ཞེས་དཔྱོད་པའི་དྲན་ཤེས་སྐྱེལ་མ་བཟང་པོ་ལྟ་བུ་བྲེང་བྲེང་རྒྱུན་མ་ཆད་པར་འཇུག་དགོས་པ་ཡིན་ནོ། །

མི་ཤེས་པ་དང༌། བག་མེད་པ་དང༌། ཉོན་མོངས་མང་བ་དང༌། མ་གུས་པ་ནི་ལྟུང་བ་འབྱུང་བའི་རྒྱུ་ཡིན་པས། དེ་རྣམས་ཀྱི་གཉེན་པོར་སྡེ་སྣོད་གསུམ་འཛིན་པའི་མཁས་པ་ལ་ལྟུང་བ་དང་ལྟུང་མེད་དང༌། ལྟུང་བ་ལས་བསླང་བའི་དོན་ལེགས་པར་དྲིས་པས་མི་ཤེས་པའི་རྒྱུས་ལྟུང་བ་མི་འབྱུང་ངོ༌། །བདག་ཉིད་ཀྱི་ཚུལ་ཁྲིམས་ལ་དུས་གསུམ་དུ་སོ་སོར་རྟོག་ཅིང༌། གལ་ཏེ་ཉེས་པར་གྱུར་ནའང་ཆོས་བཞིན་དུ་ཕྱིར་འཆོས་པས་བག་མེད་པའི་རྒྱུས་ལྟུང་བ་མི་འབྱུང་ངོ༌། །ནམ་གྱི་ཆ་སྟོད་སྨད་དང་ཉིན་པར་དུས་གསུམ་དུ་འདོད་ཆགས་ལ་སོགས་པའི་གཉེན་པོ་མི་སྡུག་པ་ལ་སོགས་པའི་ཡིད་ལ་བྱེད་ཅིང་སྒྲ་ཙམ་གྱིས་ཆོག་པར་མི་འཛིན་པས་ཉོན་མོངས་མང་བའི་རྒྱུས་ལྟུང་བ་མི་འབྱུང་ངོ༌། །ཉེས་ལྟུང་གི་འབྲས་བུ་ཆེ་ཕྱི་མར་སྡུག་བསྔལ་མྱོང་བར་མི་འདོད་པས་རྒྱུ་འབྲས་ལ་ཡིད་ཆེས་པས་དད་པས་མ་གུས་པའི་རྒྱུས་ལྟུང་བ་མི་འབྱུང་ངོ༌། །ཞེས་འཕགས་པ་ཐོགས་མེད་ཀྱིས་འདུལ་བ་

བསྡུ་བ་ལས་གསུངས་པ་ལྟར་བསླབ་པར་བྱའོ། །གཉིས་པ་ཕྱིར་འཆོས་ཚུལ་ནི། བསླབ་པ་ཕུལ་བ་ཡིན་ན་ལེན་པ་དང༌། ཕམ་པ་འཆབ་མེད་བྱུང་ན་ཆད་ལས་ཀྱི་བསླབ་པ་སྤྱོད་པ་ལ་སོགས་ཉེས་པ་སྡེ་ལྔའི་སྦྱོང་ཚུལ་འདུལ་འཛིན་མཁས་པའི་གདམས་པ་ལས་ཤེས་པར་བྱའོ། །

གཉིས་པ་གཞུང་དང་སྦྱར་བ་ལ་གཉིས། སོ་སོར་ཐར་པ་སྤྱིར་བསྟན་པ། བསྙེན་གནས་བྱེ་བྲག་ཏུ་བཤད་པའོ། །དང་པོ་ལ་གསུམ། ངོ་བོ་ངོས་བཟུང་བ། དེའི་སྒྲུབ་བྱེད་དགོད་པ། གཞན་གྱི་ལོག་རྟོག་དགག་པའོ། །དང་པོ་ནི། ཉན་ཐོས་རྣམས་ཀྱི་སྐྱབས་འགྲོ་ནས། །དགེ་སློང་གི་ནི་སྡོམ་པའི་བར། །ཇི་སྲིད་འཚོ་བའི་བར་དུ་ཡིན། །ཤི་བའི་ཚེ་ན་སྡོམ་པ་གཏོང༌། །ཉན་ཐོས་སྡེ་གཉིས་ཀྱི་ལུགས་ལ། དཀོན་མཆོག་གསུམ་ལ་སྐྱབས་སུ་འགྲོ་བའི་དུས་ཀྱི་ཁྱད་པར་ཇི་སྲིད་འཚོའི་བར་དུ་བྱེད་པ་ཡིན་ལ། ཡུལ་གྱི་ཁྱད་པར་སངས་རྒྱས་ཀྱི་ཟག་པ་མེད་པའི་ཡེ་ཤེས་དང་འགོག་པའི་བདེན་པ་ནི་སངས་རྒྱས་དཀོན་མཆོག །འཕགས་པ་བཟུང་བཞིའི་ཟག་པ་མེད་པའི་བདེན་པ་ཆོས་དཀོན་མཆོག །འཕགས་པ་དགེ་སློང་བཞི་ཡན་ཆད་དུ་འདུས་པ་དགེ་འདུན་དཀོན་མཆོག་ཡིན་ནོ། །མདོ་སྡེ་པ་ཁ་ཅིག་ཐེག་ཆེན་དང་མཐུན་པར་འདོད་དོ། །

སྐྱབས་འགྲོའི་ངོ་བོ་ནི་བྱེ་བྲག་ཏུ་སྨྲ་བ་ནི་ངག་གི་རིག་བྱེད་དང༌། མདོ་སྡེ་པ་ནི་སེམས་པའི་ཁྱད་པར་དུ་འདོད་ཅིང༌། སྐྱབས་འགྲོ་ཉམས་ན་སྡོམ་པའི་རྟེན་ཉམས་པའི་ཕྱིར། དེ་ལ་བརྟེན་པའི་སྡོམ་པ་རྣམས་ལ་ནུས་པ་མི་འབྱུང་སྟེ། ལྡོན་ཤིང་རྩ་བ་མ་བརྟེན་པའི་ཡལ་ག་བཞིན་ནོ། །འདུལ་བ་འོད་ལྡན་དུ། གང་ཞིག་སངས་རྒྱས་སྐྱབས་འོས་དག་ལ་སྐྱབས། །སོང་ནས་གཞན་ལ་གུས་པས་ཕྱག་བྱེད་པ། །དེ་ནི་ཤཱཀྱའི་རིགས་ཀྱི་རྟགས་དག་ལ༔ །ཅོ་འདྲིའི་ཡུལ་འཁོར་ཟས་ནི་འབབ་མ་ཟ། །གང་ཞིག་སངས་རྒྱས་ལ་སྐྱབས་སུ་སོང་ནས་ལྷ་གཞན་དག་ལ་སྙིང་ནས་ཕྱག་འཚལ་བའི་བརྟུལ་ཞུགས་ཅན་དེ་ལྟ་བུ་དེ་ནི། ཤཱཀྱའི་རིགས་འཕགས་པ་རྣམས་ཀྱི་ཆ་བྱད་ལ་ཅོ་འདྲི་ཞིང་ཡུལ་འཁོར་གྱི་ཟས་མི་མདག་གི་ཆར་འབབ་བ་དང་འདྲ་བ་ཟ་བ་ཡིན་ཏེ། སྤྱོད་པ་ནི་གཞན་དུ་ཡིན་ལ༔ བསམ་པ་ནི་གཞན་དུ་སེམས་པའི་ཕྱིར་རོ། །ཞེས་འབྱུང་བ་བཞིན་དཀོན་མཆོག་ལས་གཞན་ལ་གུས་པས་ཕྱག་འཚལ་བ་དང༌། བློ་གཏོད་པ་དེ་ལ་དམ་པའི་ཆོས་ཀྱི་བཅུད་ཤོར་བས་སྐྱེ་བ་ཐམས་ཅད་དུ་དཀོན་མཆོག་གསུམ་གྱི་བྱིན་རླབས་མི་འཇུག་གོ །དེ་བས་ན་སངས་རྒྱས་ཀྱི་བསྟན་པའི་ཁོངས་སུ་ཞུགས་པ་ཐམས་ཅད་ཀྱིས་སྐྱབས་འགྲོའི་བསླབ་བྱ་ལ་གུས་པས་ནན་ཏན་ཆེར་བྱའོ། །སྡོམ་པ་ཀུན་ལ་ཡོད་མོད་ཀྱི། །སྐྱབས་སུ་མ་སོང་བ་ལ་མེད། །ཅེས་འབྱུང་བ་ལྟར་དགེ་སློང་གི་སྡོམ་པའི་བར་སྐྱབས་འགྲོ་ལ་བརྟེན་པ་ཡིན་པས་དེ་ཐོག་མར་སློབས་པ་ཡིན་ནོ། །བསྙེན་གནས་མ་གཏོགས་པའི་སོ་སོར་ཐར་པའི་སྡོམ་པ་ཐམས་ཅད་དུས་ཇི་སྲིད་འཚོའི་བར་དུ

ལེན་ཅིང་བསྲུང་བ་ཡིན་ལ། ཤི་བའི་ཚེ་རྟེན་བོར་ཞིང་འཕེན་པ་རྫོགས་པས་སྡོམ་པ་གཏོང་བ་ཡིན་ནོ། །འོན་ཀྱང་འགགས་པས་འབྲས་བུ་མི་འབྱུང་ངམ་སྙམ་ན།

སྡོམ་པ་རྣམས་ཀྱི་འབྲས་བུ་ནི། །ཚེ་འཕོས་ནས་ནི་འབྱུང་བར་གྱུར། །ཞེས་པས། འབྲས་བུའི་གཙོ་བོ་རྣམ་སྨིན་གྱི་འབྲས་བུ་ཤས་ཆེར་འདོད་པ་ཁམས་ཀྱི་ལྷ་རིས་དྲུག་གང་རུང་དུ་སྐྱེ་བར་འགྱུར་ཏེ། བཤེས་སྤྲིང་དུ། གསོ་སྦྱོང་འདོད་སྤྱོད་ལྷ་ལུས་ཡིན་འོང་བ། །སྐྱེས་པ་བུད་མེད་དག་ལ་སྩལ་བར་བགྱིད། །ཅེས་པ་དང་། ལུང་དུ་བསྙེན་གནས་བསྲུངས་པ་རྣམས་ལྷར་སྐྱེ་བའི་གླིང་གཞི་མང་དུ་གསུངས་པའི་ཕྱིར་རོ། །མིར་སྐྱེས་ནའང་མཐོ་རིས་ཀྱི་ཡོན་ཏན་ཚང་བར་འགྱུར་རོ། །འོན་ཀྱང་འཕེན་བྱེད་དང་རྫོགས་བྱེད་ཀྱི་ལས་ཀྱི་འབྲས་བུ་ཞིབ་ཏུ་ཤེས་པར་བྱའོ། །

བྱང་ཆུབ་སེམས་དཔའི་སྡོམ་པ་རྣམས། །ཤི་འཕོས་ནས་ཀྱང་རྗེས་སུ་འབྲང་། །ཞེས་པས་བྱང་ཆུབ་སེམས་དཔའི་རྒྱུད་ལ་ཡོད་པའི་སོ་སོར་ཐར་པ་ལས་གཞན་པའི་སྡོམ་པ་གཏོང་རྒྱུ་མ་བཅོམ་ན། ཚེ་འཕོས་ནས་མི་གཏོང་བར་སེམས་ཀྱི་རྗེས་སུ་འབྲང་བར་འགྱུར་རོ། །

གཉིས་པ་སྒྲུབ་བྱེད་དགོད་པ་ལ་གཉིས། དངོས་དང་ཞར་བྱུང་ངོ་། །དང་པོ་ནི། དེ་དག་གི་ནི་རྒྱུ་མཚན་ཡང་། །ཉན་ཐོས་སྡོམ་པ་རྣམ་རིག་མིན། །ལུས་ངག་ལས་ནི་བསྐྱེད་པར་འདོད། །སྡོམ་པ་གཟུགས་ཅན་ཡིན་པའི་ཕྱིར། །ཤི་བའི་ཚེ་ན་སྡོམ་པ་གཏོང་། །ཞེས་པ་ཉན་ཐོས་ཀྱི་སྡོམ་པ་ལུས་ངག་གི་རྣམ་པར་རིག་བྱེད་གཟུགས་ཅན་ལས་སྐྱེ་བའི་ཚུལ་ལུས་ཀྱི་འབྱུང་བ་རྙིང་པ་ལས་སྡོམ་པའི་དངོས་རྒྱུར་གྱུར་པའི་འབྱུང་བ་གསར་དུ་འབྱུང་ཞིང་། སྡོམ་པའི་རྫས་གཅིག་དང་གཉིས་དང་བཞི་དང་བདུན་ལ་སོགས་པ་ཇི་ཙམ་དངོས་སུ་སྐྱེ་བ་དེ་སྙེད་ཀྱི་གྲངས་དང་མཉམ་པའི་འབྱུང་བ་བཞིན་ཚན་དེ་སྙེད་ཅིག་གསར་དུ་བྱུང་བས་ཉེར་ལེན་གྱི་རྒྱུ་བྱས་ནས། མཁན་སློབ་ལ་སོགས་པ་མཐུན་པའི་རྐྱེན་གཞན་གྱིས་བྱེད་རྒྱུ་དང་། སྐལ་མཉམ་དང་ལྷན་གཅིག་གི་འབྱུང་རྒྱུའི་ཚུལ་གྱིས་ཕན་བཏགས་ཏེ་རྣམ་པར་རིག་བྱེད་ཀྱི་གཟུགས་ཅན་དུ་སྐྱེ་བ་ཡིན་པའི་ཕྱིར་འཆི་བའི་ཚེ་ལུས་ལ་གནས་པའི་དབང་པོ་གཟུགས་ཅན་རྣམས་འགག་པ་དང་མཉམ་དུ་སྡོམ་པའི་གཟུགས་འགགས་ནས། དགེ་བ་དང་མི་དགེ་བའི་སེམས་ཀྱང་ནུབ་པར་གྱུར་ཏེ་ལུང་དུ་མ་བསྟན་པའི་རྣམ་པར་ཤེས་པ་དེ་ལུས་བོར་ནས་བར་དོའི་སྣང་བའི་ངང་ནས་སྐྱེ་བ་ཕྱི་མ་ལེན་པ་ཡིན་ནོ། །

འདི་ནི་ཆོས་མངོན་མཛོད་ལས་ཀྱང་། བསླབ་པ་ཕུལ་དང་ཤི་འཕོས་དང་། །མཚན་གཉིས་དག་ནི་བྱུང་བ་དང་། །རྩ་བ་ཆད་དང་མཚན་འདས་ལ། །སོ་སོར་ཐར་པའི་འདུལ་བ་གཏོང་། །ཞེས་གསུངས་འདི་ལ་ཚད་མ

ཡིན། །ཞེས་པས། སྡོམ་པ་བསྲུང་བར་མི་འདོད་པའི་བློས་ཕུལ་བ་དང་ཉམས་པར་བྱས་པ་དང་ཤི་བ་དང་། ཕོ་མོའི་དབང་པོ་གཉིས་མཉམ་དུ་བྱུང་བ་དང་། ལས་རྒྱུ་འབྲས་མི་བདེན་པར་ངེས་ཤེས་སྐྱེས་པས་དགེ་རྩ་ཆད་པ་དང་། མཚན་ལན་གསུམ་དུ་འགྱུར་བ་དང་། མ་ནིང་དུ་གྱུར་པ་དང་། བར་སློབ་མས་སྐྱེས་པ་ལ་མི་ཚངས་སྤྱོད་བྱེད་པར་ཁས་བླངས་པར་སྡོམ་པ་གཏོང་ངོ་། །བསྙེན་གནས་ཞག་གཅིག་ཡིན་པས་མཚན་མོ་འདས་པས་གཏོང་བར་གསུངས་པ་ནི། ཉན་ཐོས་ཀྱི་སོ་སོར་ཐར་པ་གཏན་ལ་འབེབས་པའི་སྐབས་འདི་ལ་ཡུང་ཚད་མར་གྱུར་པ་ཡིན་ནོ། །

འདིར་འཕྲོས་པའི་བཤད་པ་ལ། མདོ་སྡེ་པ་ཕམ་པའི་ལྟུང་བ་བྱུང་ན་སྡོམ་པ་གཏོང་བར་འདོད་ཀྱང་འཆབ་པའི་སེམས་མེད་ན་ཕམ་པ་མ་བྱུང་བར་འཆད་དོ། །གོས་དམར་སྡེ་པ་དམ་པའི་ཆོས་ནུབ་ནས་སྡོམ་པ་གཏོང་བར་འདོད་དོ། །སྔ་རབས་པ་ནི་འཆབ་སེམས་མེད་པའི་རྩ་ལྟུང་གིས་སྡོམ་པ་གཏོང་བར་འདོད་དོ། །འདིར། ཁ་ཆེ་རྣམས་ནི་བྱུང་བ་ལ། །བུ་ལོན་ནོར་བཞིན་གཉིས་སུ་འདོད། །ཅེས་པའི་དོན་ལ་བོད་ཀྱི་འདུལ་བ་སྨྲ་བ། འདུལ་བ་དང་མངོན་པའི་སྡེ་སྣོད་ལ་ལེགས་པར་མ་འདྲིས་ཤིང་སློབ་དཔོན་སྔ་མ་འགའ་ཞིག་གི་ངག་ཙམ་ལ་བརྟེན་ནས་དད་པའི་རྗེས་སུ་འབྲང་བ་མང་པོ་ཞིག །རྩ་བའི་ལྟུང་བ་བཞི་པོ་གང་ཡང་རུང་བ་གཅིག་བྱུང་ན། རྩ་བ་བཞི་ཀ་བཏང་བ་ཡིན་པས་སྲུང་བའི་སྡོམ་པ་གང་ཡང་མེད་ཅིང་། ཕྱིས་ལྟུང་བ་གང་ལ་སྤྱར་ཀྱང་ཉེས་བྱས་ཙམ་འབྱུང་བ་ནི་ཤ་ཚུགས་ལ་བརྟེན་པ་ཡིན་ནོ། །དེ་འཆབ་སེམས་མ་སྐྱེས་ན་སྡོམ་པ་སྐྱར་མ་བྱིན་ནས་ཆད་ལས་ཀྱི་བསླབ་པ་སྦྱིར་བ་ཡིན་ནོ་ཞེས་ཟེར་རོ། །འདོད་ཚུལ་འདི་སྔ་རབས་པའི་ལུགས་ཡིན་པར་འོད་ལྡན་དུ་བཤད་ཅིང་དགག་པ་དང་བཅས་པ་འབྱུང་ངོ་། །གཞི་ཐམས་ཅད་ཡོད་པར་སྨྲ་བའི་ཁ་ཆེ་བྱེ་བྲག་སྨྲ་བའི་ལུགས་སོ་སོར་ཐར་པའི་སྡོམ་པ་དང་། དང་པོར་སྐྱེ་བ་དང་བར་དུ་གནས་པ་དང་མཐར་གཏོང་བའི་གཞུང་ལུགས་རྣམ་པ་ཐམས་ཅད་དུ་མ་གོ་བར་ཟད་དོ། །

འདི་ལ་གནོད་བྱེད་མགོ་མཚུངས་པར་བརྗོད་ན། སྲོག་གཅོད་པ་སྤངས་པས་ཉེས་པ་ཐམས་ཅད་སྤང་བར་འགྱུར་ཏེ། སྲོག་གཅོད་པའི་ལྟུང་བ་བྱུང་བས་ཉེས་པ་ཐམས་ཅད་བྱུང་བའི་ཕྱིར་རོ། །ཉེས་པ་གཞན་ནི་མ་བྱུང་ངོ་ཞེ་ན། མ་བརྐུས་པར་མ་བྱིན་ལེན་སྤོང་བའི་སྡོམ་པ་གཏོང་བའི་རྒྱུན་གཞན་ཅི་བྱུང་སློས་ཤིག །ལྟུང་བ་ཐམས་ཅད་ཀྱི་གཞི་དང་བསམ་པ་ལ་སོགས་རྒྱུ་ཚོགས་ཐ་དད་པར་གསུངས་པ་རྣམས་དྲན་པར་གྱིས་ཤིག །སྤྱན་འབྱིན་རྣལ་མར་བརྗོད་པ་ནི། དང་པོར་སྡོམ་པ་སྐྱེ་བའི་ཚེ་ཉན་ཐོས་ཀྱི་རྒྱུ་ལུས་ཀྱི་འབྱུང་བ་སྙིང་པ་ལ་བརྟེན་ནས་གསར་པ་བཞི་ཚན་བདུན་འབྱུང་ཞིང་། དེ་ལ་དངོས་འབྲས་སྤོང་བ་བདུན་གྱི་སྡོམ་པ་ཐ་དད་པ་བདུན་ཀླུ་

སྤྲུལ་མགོ་བདུན་ཡོད་པ་ལྟར་སྐྱེས་ནས་གནས་པ་ཡིན་ལ། དེའི་སྤྱང་བྱ་མི་དགེ་བ་བདུན་ཡང་ངོ་བོ་ཐ་དད་པར་སྐྱེ་བས། སྲོག་གཅོད་པའི་ཕམ་པས་དེ་སྤོང་བའི་སྡོམ་པ་དེ་ཉམས་པར་བྱས་པ་ཡིན་ཏེ། སྤྲུལ་གྱི་མགོ་གཅིག་བཅད་པ་བཞིན་ནོ། །དེ་ལྟར་ན་སྡོམ་པའི་རྩ་བ་རྣམས་དང་པོར་རྫས་ཐ་དད་དུ་སྐྱེ་ཞིང་བར་དུ་ཐ་དད་པར་གནས་ལ། མཐར་ཉམས་པའི་རྐྱེན་ཡང་ཐ་དད་པར་གྲུབ་པོ། །སྟེ་སྣོད་ཐམས་ཅད་ནས་ཀྱང་དགེ་བ་བཅུ་དང་མི་དགེ་བ་བཅུའི་སྤང་བྱ་དང་སྤོང་བྱེད་སོ་སོར་གསུངས་པ་དང་ཚུལ་མཐུན་པ་ཡིན་ནོ། །དེས་ན་དགེ་སློང་སྲོག་གཅོད་ཕམ་པས་ཉམས་པ་དེས་སྲོག་གཅོད་ན་ཉེས་བྱས་དང་ཕམ་པ་གཞན་བྱས་ན་དངོས་གཞིར་འགྱུར་བར་ཤེས་སོ། །འོད་ལྡན་ལས་ཀྱང་དགེ་སློང་དཀའ་བྱེད་འཆབ་སེམས་མ་སྐྱེས་པ་ལ་བསླབ་པ་བྱིན་ཅིག །ཟག་པ་ཟད་པར་གྱུར་ན་སྔར་གྱི་གྲལ་རིམ་ཇི་ལྟ་བར་འཇུག་པར་བྱ་ཞེས་གསུངས་ཏེ་དགེ་སློང་གི་དངོས་པོ་མེད་ན་དེ་ལ་སྔར་གྱི་གྲལ་ག་ལ་ཡོད། བསླབ་པ་ནི་ཆད་པའི་ལས་ཡིན་གྱི། སྡོམ་པའི་བསླབ་པ་ནི་མ་ཡིན་ནོ། །གྲལ་འོག་ཏུ་འཇོག་པ་དང་། ཟས་འབྲིམ་དུ་འཇུག་པ་ལ་སོགས་པ་ནི་ཆད་པའི་ལས་ཡིན་ནོ། །ཞེས་པ་དང་། བྱེ་བྲག་སྨྲ་བ་རྣམས་ནི་ཕྱོགས་གཅིག་འཁྲུགས་པས་སྡོམ་པ་མཐའ་དག་གཏོང་བར་མི་རིགས་ཏེ། མཐར་གྱུར་པས་སྡོམ་པ་ཞིག་པ་མེད་དོ་ཞེས་འཆད་དོ། །

དགེ་སློང་མ་ཡིན་ཞེས་པ་ནི་སྨད་པའི་ཚིག་ཡིན་ལ། དོན་དམ་པའི་དགེ་སློང་གི་དངོས་པོ་ཉམས་པ་ཡིན་ཏེ༑ མ་ཐོབ་པ་ལས་ཡོངས་སུ་ཉམས་པའི་ཐ་ཚིག་གོ། །ཞེས་པ་དང་། ལུང་ལས་དགེ་སློང་མི་ཚངས་སྤྱོད་བྱས་པ་ལ་གཞི་གཞན་གསུམ་གྱིས་སྐུར་བ་འདེབས་ན་དགེ་འདུན་ལྷག་མའོ། །ཞེས་སོགས་མང་དུ་བཤད་ཅིང་། སོ་སོར་ཐར་པའི་འགྲེལ་པར་ཡང་། །ཇི་ལྟར་ཕྱོགས་གཅིག་བླངས་པ་ཡིས། །ཐམས་ཅད་བླངས་པར་མི་འགྱུར་ཞིང་། །དེ་བཞིན་ཕྱོགས་གཅིག་བཏང་བས་ཀྱང་། །ཐམས་ཅད་བཏང་བར་མི་འགྱུར་རོ། །ཞེས་པ་དང་། ཆོས་མངོན་པར་ཡང་། མཁར་གྱི་ཟུར་གཅིག་རལ་པ་ལ་མཁར་འགྲེལ་ལོ་ཞེས་པ་དང་། རས་ཡུག་ཕྱོགས་གཅིག་ཚིག་པ་ལ་རས་ཡུག་ཚིག་གོ་ཞེས་པའི་དཔེ་དང་བཅས་ནས་ཞིབ་པར་གཏན་ལ་ཕབ་པ་ལྟར་ཤེས་པར་བྱའོ། །

གཉིས་པ་ཤར་བྱུང་བའི་ཐེག་ཆེན་ལུགས་ནི། བྱང་ཆུབ་སེམས་དཔའི་སྡོམ་པ་ནི། །སེམས་ལ་སྐྱེ་ཕྱིར་གཟུགས་ཅན་མིན། །དེས་ན་ཇི་སྲིད་སེམས་མ་ཉམས། །དེ་ཡི་བར་དུ་སྡོམ་པ་ཡོད། །མདོ་རྒྱུད་བསྟན་བཅོས་ཐམས་ཅད་ཀྱི། །དགོངས་པ་ཡང་ནི་དེ་ཉིད་ཡིན། །ཞེས་པས། བྱང་ཆུབ་སེམས་དཔའི་སྐྱབས་འགྲོ་དང་སེམས་བསྐྱེད་དང་། དེ་དག་ལ་བརྟེན་པའི་སྡོམ་པ་རྣམས་དགེ་བའི་སེམས་མཚུངས་ལྡན་དད་པ་དང་སྙིང་རྗེ་དང་འདུ་བྱེད་སེམས་པ་དང་བཅས་པར་སྐྱེ་བའི་ཕྱིར། གཟུགས་ཅན་གྱི་དངོས་པོ་རྣམ་པར་རིག་བྱེད་ཡིན་མ་ཡིན་གྱིས

བསྔོས་པའི་རྗེས་སུ་ནམ་ཡང་མི་སྐྱེ་བས། ཇི་སྲིད་སེམས་ཅན་གྱི་དོན་དུ་སངས་རྒྱས་འདོད་པའི་བསམ་པ་དང་། སྦྱོར་བ་མ་ཉམས་ཀྱི་བར་དུ་བྱང་ཆུབ་སེམས་དཔའི་ཚུལ་ཁྲིམས་ཀྱི་རྩ་བ་མ་བཏང་བར་ཡོད་པ་ཡིན་ལ། ཐེག་པ་ཆེན་པོའི་མདོ་རྒྱུད་བསྟན་བཅོས་རྣམས་ཀྱི་དགོངས་པ་ཡང་དག་པ་ཡིན་ཏེ། ཞིང་གི་ཡོན་ཏན་བཀོད་པར། བདག་ནི་བྱང་ཆུབ་རིང་ཚུལ་དུ། །འཚང་རྒྱར་མོས་ཤིང་སྤྲོ་བ་མེད། །ཕྱི་མཐར་ཐུག་གི་བར་དུ་ཡང་། །སེམས་ཅན་གཅིག་ཕྱིར་སྤྱད་པར་བགྱིའོ། །ཞེས་པ་དང་། ནོར་བུ་ཐིག་ལེའི་རྒྱུད་དུ། བདག་ཆེ་གེ་མོ་ཞེས་བགྱི་བ་དུས་འདི་ནས་ཇི་སྲིད་བྱང་ཆུབ་སྙིང་པོ་ལ་ཐུག་གི་བར་དུ་ཞེས་པ་དང་། ཟླ་རི་པས། བདག་ཀྱང་དེང་ནས་བྱང་ཆུབ་བར། །ལུས་དང་སྲོག་ལ་ལྟོས་མེད་པར། །བསླབ་རྣམས་མགོན་བཞིན་སྲུང་ལ་གནས། །ཡེ་ཤེས་ཐུགས་ཀྱིས་དགོངས་སུ་གསོལ། །ཞེས་པ་དང་། ཨཱཪྻ་དེ་བས། དེ་ཕྱིར་བསམ་པའི་རྩ་བ་ལ། །བསོད་ནམས་སྡིག་པ་རབ་ཏུ་གནས། །ཞེས་པ་ལ་སོགས་མང་པོ་གསུངས་སོ། །

གསུམ་པ་གཞན་གྱི་ལོག་རྟོག་དགག་པ་ལ། འདོད་པ་བརྗོད་པ་དང་། དེ་སུན་དབྱུང་བ་གཉིས་ལས། དང་པོ་ནི། ཁ་ཅིག་ཇི་སྲིད་འཚོ་བའི་སྒྲ། །ལུས་དང་སེམས་ལ་དགོངས་ཞེས་ཟེར། །ཞེས་པ། ཇི་སྲིད་འཚོ་བའི་སྒྲ་ལ་དགོངས་པ་གཉིས་ཡོད་དེ། ལུས་ཇི་སྲིད་འཚོ་བ་མ་ཤིའི་བར་དང་། སེམས་ཇི་སྲིད་འཚོ་བ་རིག་པ་རྒྱུན་མ་ཆད་དུ་ཡོད་པ་ལ་དགོངས་པས། སོ་སོར་ཐར་པའི་སྡོམ་པ་ཡང་སངས་རྒྱས་མ་ཐོབ་ཀྱི་བར་དུ་ལེན་པ་འདི་ལ་སེམས་བསྐྱེད་དང་སྡོམ་པ་རྐྱང་ཐབས་སུ་ལེན་པ་བྱ་བ་ཐབས་མཁས་པ་ལ་གཡོ་ཆེ་ཞེས་ང་མི་སྨྲའོ་ཞེས་གསུངས་པ་དང་མཐུན་ཞེས་ཆོས་རྒྱུས་ཆུང་ཞིང་ལོག་པར་རྟོག་པའི་བློ་ཤེད་ཆེ་བ་ཁ་ཅིག་ཟེར་རོ། །

གཉིས་པ་སུན་དབྱུང་བ་ལ། དགག་པ་དངོས་དང་། དེའི་ཆེར་མ་སེལ་ཚུལ་དགག་པའོ། །དང་པོ་ནི། དེ་འདྲ་སངས་རྒྱས་དགོངས་པ་མིན། །མཁས་པའི་གཞུང་ལས་དེ་མ་བཤད། །དེ་ལྟ་ཡིན་ན་ཉན་ཐོས་དང་། །ཐེག་ཆེན་སྡོམ་པ་ཁྱད་མེད་འགྱུར། །ཞེས་པས། དེ་འདྲ་སངས་རྒྱས་ཀྱི་དགོངས་པ་མ་ཡིན་ཏེ། མདོ་རྒྱུད་རྣམ་དག་གང་ནས་ཀྱང་མ་གསུངས་པའི་ཕྱིར་རོ། །འཕགས་པ་ཀླུ་སྒྲུབ་ཡབ་སྲས་དང་། དཔལ་ལྡན་ཐོགས་མེད་སྐུ་མཆེད་ལ་སོགས་གསུང་རབ་ལ་ཚད་མར་གྱུར་པའི་མཁས་པ་རྣམས་ཀྱི་བསྟན་བཅོས་གང་ནས་ཀྱང་མ་བཤད་པའི་ཕྱིར་ལུང་གིས་མ་གྲུབ་ལ། རིགས་པས་གནོད་དེ། དེ་ལྟར་ཡིན་ན་ཐེག་པ་ཆེ་ཆུང་གི་སྡོམ་པ་ལེན་པའི་དུས་དང་། བསམ་པའི་ཁྱད་པར་གཙོ་ཆེ་བ་རྣམས་ཁྱད་མེད་པས། རྣམ་དབྱེ་བྱར་མེད་པར་རྒྱུ་མཚན་མཚུངས་པའི་ཕྱིར་རོ། །

ཐུན་མོང་ཐུན་མོང་མ་ཡིན་པའི། །སྐྱབས་འགྲོ་གཉིས་སུ་དབྱེར་མི་རུང་། །སྡོམ་པ་འབོགས་པའི་ཆོ་ག

དང་། །དེ་ཡི་བསླབ་བྱ་འང་གཅིག་ཏུ་འགྱུར། །ཞེས་པས། ཡུལ་དང་དུས་དང་བསམ་པའི་སྒོ་ནས་སྐྱབས་འགྲོ་གཉིས་སུ་དབྱེ་བ་འང་མི་རུང་བར་འགྱུར། སྡོམ་པ་གཉིས་ལ་ཁྱད་པར་མེད་པས་འབོགས་པའི་ཆོ་ག་དང་བསླབ་བྱ་ལ་སློབ་པའི་ཚུལ་ཡང་གཅིག་ཏུ་འགྱུར་རོ། །དེ་ལྟར་ཡིན་ན་ཐེག་པ་སོ་སོའི་བཀའ་བསྟན་བཅོས་ཐམས་ཅད་འཁྲུགས་པར་འགྱུར་ཞིང་། ཉམས་ལེན་ཐམས་ཅད་རང་བཟོ་ཁོ་ནས་གྲུབ་པས་སངས་རྒྱས་ཀྱི་ཆོས་བསྟན་ཡང་མི་དགོས་པར་འགྱུར་རོ། །ཤི་ཡང་དགེ་སློང་མི་འདོར་ན། །བསླབ་པ་ཕུལ་བ་ལ་སོགས་པ། །སྡོམ་པ་གཏོང་རྒྱུ་གཞན་གྱིས་ཀྱང་། །སྡོམ་པ་གཏོང་བ་མི་སྲིད་འགྱུར། །ཞེས་པས། སོ་སོར་ཐར་པའི་སྡོམ་པ་སེམས་ཇི་སྲིད་འཚོའི་བར་དུ་གནས་ན་ཤི་ཡང་མི་གཏོང་བར་འགྱུར་བས། གཏོང་རྒྱུ་གཞན་གྱིས་ཀྱང་མི་གཏོང་བར་རྒྱུ་མཚན་མཚུངས་པའི་ཕྱིར། སྡོམ་པ་གཏོང་བ་ཡེ་མི་སྲིད་པར་འགྱུར་རོ། །

གཉིས་པ་ཚེར་མ་འདོན་ཚུལ་ལ། ཟེར་ལུགས་བརྗོད་པ་དང་། དེ་དགག་པའོ། །དང་པོ་ནི། དེ་ལ་ཁ་ཅིག་འདི་སྐད་དུ། །སེམས་བསྐྱེད་ཀྱིས་ནི་མ་ཟིན་པའི། །སྡོམ་པ་གལ་ཏེ་གཏོང་ན་ཡང་། །བྱང་ཆུབ་སེམས་ཀྱིས་ཟིན་པ་ཡི། །སྡོམ་པ་གཏོང་བ་མི་སྲིད་དོ། །སེམས་བསྐྱེད་ཀྱིས་མ་ཟིན་པའི་སྡོམ་པ་གཏོང་ཞིང་། སེམས་བསྐྱེད་ཀྱིས་ཟིན་པའི་སྡོམ་པ་མི་གཏོང་བས་ཁྱེད་ཀྱིས་སྨྲས་པའི་ཚེར་མ་དེ་ངེད་ལ་མི་འཇུག་གོ་ཞེས་ཟེར་རོ། །

དེ་དགག་པ་ལ་གཉིས། སུན་འབྱིན་རྒྱས་པར་བསྟན་པ། དེ་ཐོས་པ་མེད་པའི་བླུན་པོར་བསྟན་པའོ། །དང་པོ་ནི། འོན་སེམས་བསྐྱེད་ཀྱིས་ཟིན་པའི། །དགེ་སློང་ལ་སོགས་སྡོམ་པ་རྣམས། །བསླབ་པ་ཕུལ་དང་ཤི་འཕོས་དང་། །རྩ་བ་ཆད་པ་ལ་སོགས་པ། །གཏོང་རྒྱུ་གཞན་ནི་མི་གཏོང་འགྱུར། །སྔར་བརྗོད་པའི་སུན་འབྱིན་སྤོང་མ་ནུས་པར་རང་སོན་འདུག་སྟེ། སེམས་བསྐྱེད་ཀྱིས་ཟིན་པའི་སོ་སོར་ཐར་པའི་སྡོམ་པ་དེ་ཤི་བ་ལ་སོགས་གཏོང་རྒྱུ་རྣམས་ཀྱིས་མི་གཏོང་བར་འགྱུར་རོ། །

དེ་ལྟ་ཡིན་ན་དགེ་སློང་གི །སྡོམ་པ་ཕུལ་ཀྱང་བསྲུང་དགོས་འགྱུར། །མ་བསྲུངས་དགེ་སློང་ཉམས་པར་འགྱུར། །ཞེས་པས། དགེ་སློང་སྡོམ་པ་ཕུལ་ཡང་ད་དུང་བསྲུང་དགོས་པར་འགྱུར་ཞིང་། མ་བསྲུངས་ན་ཉམས་པའི་ལྟུང་བ་འབྱུང་བར་འགྱུར་ལ། འབུལ་བའི་ཆོ་ག་དོན་མེད་པར་ཡང་ཐལ་ལོ། །

ཤི་འཕོས་ནས་ཀྱང་དགེ་སློང་འགྱུར། །གལ་ཏེ་དེ་ནི་ལྷར་སྐྱེས་ན། །ལྷ་ཡི་དགེ་སློང་སྲིད་པར་འགྱུར། །དགེ་སློང་ཤི་ནས་ལྷར་སྐྱེས་པ་དེ་ནི་ལྷའི་དགེ་སློང་དུ་འགྱུར་ཏེ། དགེ་སློང་གི་སྡོམ་པ་དང་ལྡན་པའི་ལྷ་ཡིན་པའི་ཕྱིར།

མིར་སྐྱེས་ན་ཡང་བྱིས་པ་ལ། །བླང་མི་དགོས་པར་དགེ་སློང་འགྱུར། །དེ་ལ་ལྟུང་བ་བྱུང་གྱུར་ན། །དགེ་སློང་སྡོམ་པ་ཉམས་པར་འགྱུར། །ཉམས་ནས་འཆབ་སེམས་སྐྱེས་པ་ལ། །སླར་ཡང་བླང་དུ་མེད་པར་འགྱུར། །དགེ་

སློང་ཤི་ནས་མིར་སྐྱེས་པ་དེ་ཁྱིམ་པ་སྐྱེས་མ་ཐག་ཏུ་དགེ་སློང་ཡིན་པར་འགྱུར་ཏེ། དགེ་སློང་གི་སྡོམ་པ་རྣམ་པར་དག་པ་དང་ལྡན་པའི་མི་ཡིན་པའི་ཕྱིར་རོ། །ཁྱིམ་པ་དེ་ལ་སྲོག་གཅོད་པ་ལ་སོགས་པམ་པ་བྱུང་ཞིང་། གསང་བའི་སེམས་སྐྱེས་ན་སླར་སྡོམ་པ་བླང་དུ་མེད་པར་འགྱུར་རོ། །

ལྷ་དང་ཁྱིམ་པའི་དགེ་སློང་ནི། །འདུལ་བའི་སྡེ་སྣོད་རྣམས་ལས་བཀག །ལྷའི་འགྲོ་བ་ནི་སོ་སོར་ཐར་པའི་སྡོམ་པ་སྐྱེ་བའི་ཞིང་མ་ཡིན་ལ། ཁྱིམ་པ་ལོ་བདུན་མ་ལོན་པ་དང་། ལོ་ཉི་ཤུ་མ་ལོན་པ་ལ་དགེ་ཚུལ་དང་དགེ་སློང་འདུལ་བའི་བཀའ་དང་བསྟན་བཅོས་རྣམ་དག་ནས་བཀག་པའི་ཕྱིར་ལུང་དང་འགལ་བ་ཡིན་ནོ། །

སེམས་བསྐྱེད་ལྡན་པའི་བསྙེན་གནས་ཀྱང་། །ནངས་པར་ཕན་ཆད་ཡོད་པའི་ཕྱིར། །རྟག་ཏུ་བསྙེན་གནས་བསྲུང་དགོས་འགྱུར། །མིན་ན་བསྙེན་གནས་ཉམས་པར་འགྱུར། །ནངས་པར་བསྙེན་གནས་གཏོང་ན་ནི༑ །སྡོམ་པ་རྒྱུན་དུ་འབྱུང་བར་འགལ། །སེམས་བསྐྱེད་ཀྱིས་ཟིན་པའི་བསྙེན་གནས་ཀྱི་སྡོམ་པ་ཡང་ནངས་པར་ལངས་ནས་ཀྱང་སྲུང་དགོས་པར་འགྱུར་ཞིང་། མ་བསྲུངས་ན་སྡོམ་པ་ཉམས་པའི་ཉེས་པ་བྱུང་བར་འགྱུར་ཏེ༑ སྡོམ་པ་རྒྱུད་ལ་ལྡན་ཞིང་མ་སྲུངས་པའི་ཕྱིར་རོ། །ནམ་ལངས་པའི་ཚེ་བཏང་ན་སེམས་བསྐྱེད་ཀྱིས་ཟིན་པའི་སྡོམ་པ་རྒྱུན་ལྡན་དུ་འབྱུང་བར་འགལ་ལོ། །

གཉིས་པ་དེ་བླུན་པོ་ཡིན་པར་བསྟན་པ་ནི། དེས་ན་སོ་སོར་ཐར་པ་ཡི། །སྡོམ་པ་ཤི་ཡང་ཡོད་དོ་ཞེས། །སྨྲ་བའི་སྐྱེས་བུ་དེ་ལ་ནི། །སྡེ་སྣོད་རྣམ་དཔྱེ་མེད་པར་ཟད། །ཤི་ནས་སེམས་རྒྱུད་དེ་ལ་སོ་སོར་ཐར་པའི་སྡོམ་པ་རྒྱུན་མི་ཆད་ཡོད་དོ་ཞེས་ཁས་ལེན་པའི་སྐྱེ་བོ་དེ་ནི་བཀའ་དང་བསྟན་བཅོས་མང་པོ་ལ་ཐོས་བསམ་མ་བྱས་པ་སྨོས་ཅི་དགོས། འདུལ་བའི་སྡེ་སྣོད་ལས་གསུངས་པའི་ཚུལ་ཁྲིམས་སྲུང་ཚུལ་ཙམ་གྱི་རྣམ་གཞག་ཡང་རྣ་བས་མ་ཐོས་པའི་བླུན་པོ་ཡིན་ཏེ། ཕན་དང་མི་ཕན་མི་ཤེས་ཤིང་། །བློ་དང་ཐོས་པ་མི་སྨྲ་བ་པར། །ལྟོ་འགྲངས་འབའ་ཞིག་དོན་གཉེར་བ། ། སྐྱུ་མེད་པ་ཡི་ཕག་པ་ཡིན། །ཞེས་པ་དང་། གཏམ་དང་བཤད་གདེངས་ན་ཡང་། །མཇུག་མ་མེད་པའི་ཁྱི་རྒན་ཡིན། །ཞེས་གསུངས་པ་བཞིན་ནོ། །

གཉིས་པ་བསྙེན་གནས་ཁྱེ་བྲག་ཏུ་བཤད་པ་ལ། ལེན་ཚུལ་དང་། བསྲུང་ཚུལ། དང་པོ་ནི། ཁྱེ་བྲག་སྨྲ་བའི་བསྙེན་གནས་ཀྱང་། །དགེ་སློང་ལས་ལེན་གང་ཟག་ནི། །གླིང་གསུམ་སྐྱེས་པ་བུད་མེད་ལས། །འགྲོ་བ་གཞན་ལ་སྡོམ་པ་བཀག །འདུལ་བ་ལས། བསྙེན་པར་མ་རྫོགས་པ་དག་ནི་བསྙེན་པར་རྫོགས་པའི་དགེ་འདུན་དག་གིས་ཡོངས་སུ་བཟུང་བ་ཙམ་ཡིན་ཞེས་གསུངས་པ་བཞིན། སྡོམ་པ་དགེ་སློང་ལ་ལེན་ཏེ། དགེ་ཚུལ་ཡང་བསྟན་པ་ལ་ཞུགས་ལ་མ་རྫོགས་པའི་ཕྱིར་རང་གི་བུ་བ་ཡང་གཞན་ལ་ཞུས་ཤིང་བྱེད་པས་སོ། །གང་ཟག

གླིང་གསུམ་གྱི་སྐྱེས་པ་བུད་མེད་ལས་གཞན་པའི་འགྲོ་བ་ལ་སྡོམ་པ་སྐྱེ་བ་བཀག་སྟེ། ཟ་མ་མ་ནིང་སྒྲ་མི་སྙན། །མཚན་གཉིས་མ་གདོགས་མི་རྣམས་ལ། །སྡོམ་མིན་སྡོམ་པའང་དེ་བཞིན་ལ། །ཞེས་པས་ཉོན་མོངས་ཤས་ཆེ་ཞིང་རྒྱུན་ཆད་པར་དཀའ་བ་དང་། ངོ་ཚ་ཁྲེལ་ཡོད་ཆུང་བ་དང་ཐོག་མར་ཐར་པ་ཆ་མཐུན་གྱི་དགེ་བ་རྒྱུད་ལ་མི་སྐྱེ་བ་ལ་སོགས་པས་སྡོམ་པའི་ཞིང་མ་ཡིན་པར་འདོད།

མདོ་སྡེ་པ་རྣམས་དུད་འགྲོ་སོགས། །འགྲོ་བ་གཞན་ལའང་སྐྱེ་བར་བཤད། །བླང་བའི་ཡུལ་ཡང་དགེ་བསྙེན་སོགས། །གང་ཡང་རུང་ལས་བླང་བར་གསུངས། །ཀླུ་གཞོན་ནུ་ཙམ་ཞེས་བྱ་བས། དུས་བཟང་ལ་ཡན་ལག་བརྒྱད་པའི་བསྙེན་གནས་སྲུངས་པ་དང་། རྒྱ་མཚོ་ཆེན་པོའི་ཀླུ་ཆེན་པོ་རྣམས་དུས་བཟང་ལ་རྒྱ་མཚོ་ནས་བྱུང་སྟེ། གསོ་སྦྱོང་ལེན་པ་ལ་སོགས་གསུངས་པས་བསྙེན་གནས་ཀྱི་སྡོམ་པ་དུད་འགྲོ་དང་ཡི་དྭགས་ཀྱི་འགྲོ་བ་ལ་སོགས་དང་། ཟ་མ་དང་མ་ནིང་ལའང་སྐྱེ་བར་འདོད་ཅིང་། དྲང་སྲོང་གནས་འཇོག་གི་ལུས་པར། ཁྱིམ་པ་དང་རབ་ཏུ་བྱུང་བ་གང་ཡང་རུང་བ་ཆོ་ག་ཤེས་པ་གཅིག་ལ་ལེན་པར་གསུངས་ཏེ། ལུང་ལས། ཁྱིམ་བདག་མགོན་མེད་ཟས་སྦྱིན་གྱིས་མང་པོ་ལ་བསྙེན་གནས་ཐོབ་པར་གསུངས་པས་དགེ་སློང་ཁོ་ན་ལ་ལེན་པར་མ་ངེས་སོ༔ །འབོགས་པའི་ཆོག་ལ། དམའ་བར་འདུག་སྨྲས་བཟླས་པ་ཡིས། །མི་བརྒྱན་ནམ་ནི་ལངས་བར་དུ། །བསྙེན་གནས་ཡན་ལག་ཚང་བར་ནི། །ནངས་པར་གཞན་ལ་ནོད་པར་བྱ། །ཞེས་པའི་དོན་ལན་རེ་ཞིང་ཟས་མ་ཟོས་པའི་གོང་དུ་སློབ་དཔོན་ལ་ལེན་པ་ཡིན་ནོ། །རང་འགྲེལ་དུ། གང་གི་ཚེས་བརྒྱད་ལ་རྟག་ཏུ་བསྙེན་གནས་ལ་གནས་པར་བྱའོ། །ཞེས་སྔོན་སྡོམ་པ་ཡང་དག་པར་བླངས་པ་དེ་ནི་ཟན་ཟོས་ནས་ནོད་པར་བྱའོ། །ཞེས་པའི་འགྲེལ་བཤད་རྒྱལ་སྲས་སུ། སྡོམ་པ་ནི་སློང་བར་བྱེད་པ་ཡང་དག་པར་ལེན་པར་ངེས་པའི་སེམས་དཔའ་ཡིན་པའི་ཕྱིར་ཉི་མ་ཤར་བའི་ཚེ་ཁོ་ནར་སྐྱེའོ། །ཟན་ཟོས་ནས་ནོད་པ་ནི་གསལ་བར་བྱ་བའི་ཕྱིར་རོ། །ཞེས་བཤད་པས་ད་ལྟ་བོད་ན་ལག་ལེན་བྱེད་པ་འདི་ཉིད་ཡིན་ཞིང་། དགེ་བསྙེན་སྡོམ་བརྒྱད་དང་ཡང་མཐུན་པ་ཡིན་ནོ། །རྗེ་བོ་རྗེས་ཀྱང་བོད་དུ་ཕྱག་ལེན་འདི་བཞིན་མཛད་པ་ཡིན་པས། བསྙེན་གནས་ལེན་པའི་གང་ཟག་རང་ཉིད་རྗེ་ཙམ་དུ་སྲུང་འདོད་པ་དེ་སློབ་དཔོན་ལ་དུས་གཅིག་ཙར་དུ་བླངས་ནས་བསྲུངས་པས་ཆོག་མ་དག་པའི་སྐྱོན་མེད་དོ། །

ཉན་ཐོས་རྣམས་ཀྱི་ཆོ་ག་ཡང་། །སྐྱབས་སུ་འགྲོ་བའི་ཚུལ་གྱིས་འབོགས། །ཉན་ཐོས་སྡེ་གཉིས་ཀྱི་སོ་སོར་ཐར་པའི་སྡོམ་པ་སྐྱབས་སུ་འགྲོ་བ་སྔོན་དུ་བཏང་བའི་ཚུལ་གྱིས་འབོགས་པས། བསྙེན་གནས་འབོགས་པའི་ཚེ་ཡང་སྐྱབས་འགྲོ་དང་ལྡན་པར་བྱའོ། །

དོན་ཡོད་ཞགས་པའི་རྟོགས་པ་ལས། །བསྙེན་གནས་རང་གིས་ལེན་པ་ཡི། །ཆོ་ག་སེམས་བསྐྱེད་འདྲ

པ་གསུངས། །དེས་ན་ཆོ་ག་ཁྱད་པར་ཡོད། །ཞེས་པས་དོན་ཡོད་ཞགས་པའི་ཆོ་ག་ཞིབ་མོར་འཕགས་པ་སྤྱན་རས་གཟིགས་ཀྱི་གསོ་སྦྱོང་རང་གིས་བླང་བའི་ཆོ་ག་བྱང་ཆུབ་སེམས་དཔའི་སེམས་བསྐྱེད་ལེན་པ་དང་འདྲ་བར་སློབ་དཔོན་ནམ་དཀོན་མཆོག་གི་དྲུང་དུ་བླངས་ན་སྐྱུང་བར་གསུངས་པ་འདི་བྱ་བའི་རྒྱུད་ཀྱི་བསྙེན་གནས་ཡིན་པས་ཉན་ཐོས་ཀྱི་ལུགས་དང་ཆོ་ག་མི་གཅིག་གོ། །

གཉིས་པ་སྲུང་ཚུལ་ལ་གསུམ་ལས། སྡོམ་པ་འབུལ་བར་འདོད་པ་དགག་པ་ནི། ལ་ལ་བསྙེན་གནས་བསྲུང་པ་ཡི། །ནངས་པར་བསྙེན་གནས་འབུལ་དགོས་ཟེར། །བསྙེན་གནས་མཚན་མོ་འདས་པ་ན། །གཏོང་ཕྱིར་འདི་ལ་འབུལ་མི་དགོས། །མདོ་སྡེ་པ་ཡི་ལུགས་བཞིན་དུ། །ཇི་ལྟར་འདོད་ཚེ་ལེན་ན་ཡང་། ནངས་པར་ཕན་ཆད་སྲུང་པ་ཡི། །བསམ་པ་མེད་ཕྱིར་སྡོམ་པ་གཏོང་། །དེ་ཡི་ཕྱིར་ན་འབུལ་མི་དགོས། །སྡོམ་པ་ལ་གྲུས་ཀྱང་ཆོས་རྒྱུས་ཆུང་བ་ལ་ལ། དེ་རིང་བསྙེན་གནས་གསུངས་པའི་ནངས་པར་སྡོམ་པ་འབུལ་དགོས་ཏེ། མ་ཕུལ་ན་མ་བསྲུངས་པའི་ཉེས་པ་འབྱུང་ངོ་ཞེས་ཟེར་ཏེ། སྡོམ་པ་ནངས་པར་སྐྱ་རེངས་ཤར་བའི་ཚེ་གཏོང་བ་ཡིན་པས་འབུལ་མི་དགོས་སོ། །མདོ་སྡེ་པའི་ལུགས་ལྟར་ནའང་སྡོམ་པ་ལེན་དུས་དང་སྲུང་དུས་ཀྱི་བསམ་པའི་འཕེན་པ་དང་འདྲ་བར་གཏོང་ཐོབ་བྱེད་པས་ནམ་ལངས་པ་ན་སྡོམ་པ་བཏང་བས་འབུལ་མི་དགོས།

ལ་ལ་བསྙེན་གནས་འཚོལ་བ་ཐོས། །འདི་འདྲ་གང་ནའང་བཤད་པ་མེད། །འདུ་ཤེས་ཞན་ཞིང་ཆོས་ལ་དབང་ཟ་བ་འགའ་ཞིག །རང་བསྙེན་གནས་བསྲུང་བར་མི་ཕོམ་ན་ཚབ་མ་གང་ཟག་གཞན་ལ་འཚོལ་བའི་ལུགས་བྱེད་དེ། དེ་འདྲ་བཀའ་བསྟན་བཅོས་གང་ནས་ཀྱང་མ་གསུངས་པས་མི་བྱའོ། །

གཉིས་པ་ལྷ་བསྒོམ་པར་འདོད་པ་དགག་པ་ནི། ཁ་ཅིག་བསྙེན་གནས་འབོགས་པའི་ཚེ། །ཉ་དང་གནམ་སྟོང་ཚེས་བརྒྱད་ལ། །ལྷ་སྒོམ་ཐ་དད་མ་བྱས་ན། །བསྙེན་གནས་སྲུང་དུ་མི་འདོད་ཟེར། །ཐོས་པ་ཆུང་ཞིང་མཁས་པར་རློམ་པ་ཁ་ཅིག་དུས་བཟང་གསུམ་ལ་སངས་རྒྱས་ཤཱཀྱ་ཐུབ་པ་དང་སྨན་བླ་དང་ཐུགས་རྗེ་ཆེན་པོ་ལ་སོགས་སྒོམ་བཟླས་ཐ་དད་ཀྱི་ལུང་ལ་བརྟེན་ནས་བསྙེན་གནས་སྲུང་དགོས་པར་འདོད་པ་ཡོད་དོ། །འདི་འདྲའི་རྣམ་གཞག་ཀྱང་མཁས་པའི་སྐྱེ་བོ་སུའི་ཡང་ལུགས་མ་ཡིན་ནོ། །

གསུམ་པ་ལེགས་པར་བརྟགས་ནས་ཉམས་སུ་ལེ་ཚུལ་ནི། འདི་ཡང་རེ་ཞིག་བརྟག་པར་བྱ། །བསྙེན་གནས་སོ་སོར་ཐར་པའི་ལུགས། །གཙོ་ཆེར་ཉན་ཐོས་གཞུང་ལུགས་ཡིན། །ཡི་དམ་ལྷ་ཡི་སྒོམ་བཟླས་ནི། །གསང་སྔགས་པ་ཡི་གདམས་ངག་ཡིན། །ཉན་ཐོས་གཞུང་ལ་བཤད་པ་མེད། །དེས་ན་ལྷ་བསྒོམ་མ་བྱས་ཀྱང་། །བསྙེན་གནས་ཉམས་པར་འགྱུར་བ་མེད། །འོན་ཀྱང་གསང་སྔགས་ལུགས་བྱེད་ན། །ཡི་དམ་བསྒོམ་པ་བསོད་ནམས

ཆེ༑ ༑འདི་ལ་གང་གི་ལུགས་ལེགས་པར་བརྟག་པ་བྱ་དགོས་ཏེ། འདུལ་བའི་སྡེ་སྣོད་ལས་སོ་སོར་ཐར་པའི་སྡོམ་པ་རིས་བརྒྱད་གསུངས་པའི་བསྙེན་གནས་དེ་སྲུང་བ་ཡིན་ན་ཉན་ཐོས་ནི་གཞུང་ལུགས་དང་མཐུན་པར་བྱ་དགོས་པས་ལྷ་སྒོམ་པར་གསུངས་པ་མེད་དོ། །དེས་ན་ལྷ་སྒོམ་པ་ལ་མ་བྱས་ཀྱང་ཚོག་ཉམས་པའི་སྐྱོན་མེད་ཅིང་། གསང་སྔགས་ཀྱི་ལུགས་སུ་བྱེད་ན་སློབ་དཔོན་ནམ་དཀོན་མཆོག་གི་རྟེན་གྱི་སྤྱན་སྔར་གསོ་སྦྱོང་གི་སྡོམ་པ་བླངས་ན་མདུན་དུ་ལྷ་བསྒོམས་ཏེ་སྔགས་བཟླས་པ་ཡིན་ནོ། །གང་གི་ལུགས་ཡིན་ཀྱང་ཡི་དམ་ལྷའི་སྒོམ་བཟླས་བྱས་པས་བསོད་ནམས་ཆེན་པོ་ཐོབ་པར་འགྱུར་རོ། །

གཉིས་པ་ལ་ཐེག་ཆེན་ལུགས་ཀྱི་སོ་སོར་ཐར་པ་ལ་གཉིས་ཏེ། སྟོན་གྱི་ཚིག་དང་། དཔྱར་གྱི་ཚིག་གོ། །དང་པོ་ནི། །ཐེག་པ་ཆེན་པོ་ལས་བྱུང་བའི། །སོ་སོར་ཐར་པ་བཤད་ཀྱིས་ཉོན། །བྱང་ཆུབ་སེམས་དཔའ་ཉིད་ལ་ཡང་། །སོ་སོར་ཐར་པ་འབོགས་པ་ཡི། །ཆོ་ག་འགའ་ཞིག་ཡོད་མོད་ཀྱི། །དེ་ཡི་ཚོ་ག་ཕལ་ཆེར་ནུབ། །ཅེས་པས། བྱང་ཆུབ་སེམས་དཔའི་སོ་སོར་ཐར་པའི་སྡོམ་པ་ནི། ཉེ་བར་འཁོར་གྱིས་ཞུས་པའི་མདོ་ལ་སོགས་པའི་ཐེག་པ་ཆེན་པོའི་མདོ་དུ་མར་བྱང་ཆུབ་སེམས་དཔའ་ལས་དང་པོ་པའི་བསླབ་བྱ་མང་པོ་རབ་ཏུ་བྱུང་བའི་སྡོམ་པ་སྲུང་བ་དང་མཚུངས་པར་གསུངས་ཤིང་། ཆོ་འཕྲུལ་བསྟན་པའི་མདོར། སྟོན་བསྐལ་པ་མངོན་པར་དགའ་བ་ལ་འཇིག་རྟེན་བདེ་བ་ཞེས་བྱ་བར་རྒྱལ་པོ་རི་རབ་ལྷ་བུ་ལ་འཁོར་ལོ་བསྒྱུར་རྒྱལ་དགེ་བ་བཀོད་པས་རྗེས་སུ་མཐུན་པའི་བཟོད་པ་ཐོབ་ནས་རབ་ཏུ་བྱུང་ཞིང་། སྲས་སྙིང་རྗེ་ཆེར་སེམས་རྒྱལ་སར་བསྐོས་པས། དེ་ཉིད་ཀྱང་། རབ་བྱུང་ཡོན་ཏན་དུ་མ་བསགས་པ་ཞེས། །དེ་བཞིན་གཤེགས་པ་རྣམས་ཀྱིས་གསུངས་མོད་ཀྱི། །དེ་ལྟར་ལགས་ཀྱང་སྙིང་རྗེར་གྱུར་པ་ན། །འགྲོ་ལ་ཕན་ཕྱིར་རྒྱལ་སྲིད་བདག་གིས་བླུབ། །ཇི་སྲིད་འཚོ་བར་བདག་ནི་ཚངས་སྤྱོད་ཅིང་། །གསོ་སྦྱོང་ཡན་ལག་བརྒྱད་པ་བླང་བར་བྱ། །ཞེས་ཟེར་ནས། བསྙེན་གནས་ཇི་སྲིད་འཚོའི་བར་བླངས་ཤིང་རྒྱལ་སྲིད་བསྐྱངས་སོ། །དེས་ན་བྱང་སེམས་ཀྱི་སོ་སོར་ཐར་པ་འབོགས་པའི་ཆོ་ག་ཡོད་པར་ཤེས་མོད་ཀྱི་ལག་ལེན་ནུབ་པ་ཡིན་ནོ། །

དེང་སང་ནི། གསོ་སྦྱོང་རང་གིས་བླང་བ་སོགས། །ཚོ་གའི་ལག་ལེན་འགའ་ཞིག་ཡོད། །ཚོ་ག་འདིར་ཐོབ་པའི་སྡོམ་པ་དེ་བྱང་ཆུབ་སེམས་དཔའི་སོ་སོར་ཐར་པའི་སྡོམ་པ་ཡིན་ནོ། །

རྒྱལ་སྲས་བྱམས་པ་འཇམ་དབྱངས་སོགས། །བདག་ཉིད་ཆེན་པོ་འགའ་ཞིག་གིས། །མཁན་པོ་མཛད་ནས་འགྲོ་མང་ལ། །བསྙེན་པར་རྫོགས་པ་མཛད་དོ་ཞེས། །ཚིག་འབྲུ་ཙམ་ཞིག་གསུངས་མོད་ཀྱི། །འོན་ཀྱང་དེ་ཡི་ཚོ་ག་ནི། །མདོ་ལས་གསུངས་པ་ངས་མ་མཐོང་། །འདི་འདྲ་སྟོན་གྱི་ཚོ་ག་སྟེ། །འཕགས་པ་རྣམས་ཀྱི་སྤྱོད་

ཡུལ་ཡིན། །སོ་སོ་སྐྱེ་བོས་བྱར་མི་རུང་། །ཞེས་པས། ཁྱིམ་བདག་དྲག་ཤུལ་ཅན་གྱིས་ཞུས་པར། རྒྱལ་སྲས་བྱམས་པས་ཁྱིམ་བདག་དགུ་སྟོང་དང་། རྒྱལ་སྲས་སྤྱོད་པ་རྣམ་དག་འཇམ་པའི་དབྱངས་ཀྱིས་ཁྱིམ་བདག་བདུན་སྟོང་རབ་ཏུ་བྱུང་ཞིང་བསྙེན་པར་རྫོགས་པ་མཛད་ཞེས་གསུངས་ཀྱང་ཚིག་འདི་ལྟ་བུས་མཛད་པ་ཡིན་ཞེས་གསལ་ཁ་མེད་ཅིང་། བུ་མོ་གསེར་མཆོག་འོད་དཔལ་རབ་ཏུ་བྱུང་བ་ལ་སོགས་པ་མང་པོ་ཁྱིམ་པའི་རྟགས་སྤྱངས་པའི་རབ་བྱུང་ནི་མ་ཡིན་ཏེ། ས་མཐོན་པོར་ཆུད་པའི་འཕགས་པ་རྣམས་ཀྱིས་རྣམ་འཕྲུལ་ཡིན་པས། ལུང་དེ་ཙམ་ལ་བརྟེན་ནས་སོ་སོ་སྐྱེ་བོ་སྔང་སེམས་ལ་དབང་མ་ཐོབ་པ་རྣམས་ཀྱིས་བྱར་མི་རུང་ངོ་། །

ཐེག་ཆེན་གྱི་རབ་ཏུ་བྱུང་བ་ནི། གཙོ་བོར་སེམས་ལ་སྦྱོང་སེམས་ཁྱད་པར་ཅན་སྐྱེས་པ་ལ་ངོས་འཛིན་པ་ཡིན་ཏེ། འཇམ་དཔལ་རྣམ་རོལ་གྱི་མདོར། བུ་མོ་རབ་ཏུ་བྱུང་བ་ཞེས་བྱ་བ་ནི་སེམས་ཅན་གཞན་དག་ལ་སྙིང་རྗེ་ཆེ་བ་ཞེས་བྱ་བའི་ཚིག་བླ་དྭགས་སོ། །བུ་མོ་རབ་ཏུ་བྱུང་བ་ཞེས་བྱ་བ་ནི་གཞན་གྱི་འཁྲུལ་པ་ལ་སྐྱོན་དུ་མི་ལྟ་བ་ཞེས་བྱ་བའི་ཚིག་བླ་དྭགས་སོ། །བུ་མོ་རབ་ཏུ་བྱུང་བ་ཞེས་བྱ་བ་ནི་གཞན་གྱི་རྙེད་པ་ལ་ཕྲག་དོག་མེད་པ་ཞེས་བྱ་བའི་ཚིག་བླ་དྭགས་སོ། །ཞེས་གསུངས་པ་འདི་ངེས་པའི་དོན་དུ་ཤེས་པར་བྱའོ། །

གཉིས་པ་ད་ལྟར་གྱི་ཚིག་ལ་གཉིས། ལེན་ཚུལ་ནི། དེས་ན་ད་ལྟའི་ཚིག་ནི། བསམ་པ་སེམས་བསྐྱེད་གྱིས་བཟུང་བའི། །ཚིག་ཉན་ཐོས་ལུགས་བཞིན་གྱིས། །སོ་སོར་ཐར་པ་རིགས་བརྒྱད་པོ། །བྱང་སེམས་སོ་སོར་ཐར་པར་འགྱུར། །ཞེས་པས། བྱང་ཆུབ་སེམས་དཔའི་ཐར་པའི་ཚིག་མདོ་ལས་གསུངས་པ་ད་ལྟར་བྱ་བར་འོས་པར་གསལ་བར་མེད་པའི་རྒྱུ་མཚན་དེས་ན། སྡོམ་པ་ལེན་པའི་ངེས་འབྱུང་གི་བསམ་པ་གསལ་འདེབས་པའི་ཚེ་སེམས་ཅན་སྡུག་བསྔལ་དུ་མས་གཟིར་བ་རྣམས་སྐྱེ་བར་འདོད་པའི་བསམ་པ་ཁྱད་པར་ཅན་གྱིས་རྫོགས་པའི་སངས་རྒྱས་དོན་དུ་གཉེར་བའི་ཀུན་སློང་གསལ་བཏབ་ནས། སོ་སོར་ཐར་པ་རིས་བརྒྱད་པོ་གང་འདོད་པ་དེ་ལེན་པའི་ཚིག་ཉན་ཐོས་ཀྱི་ལུང་ལས་ཇི་ལྟར་འབྱུང་བ་བཞིན་བླངས་ཏེ་བསྲུངས་པས་བྱང་ཆུབ་སེམས་དཔའི་སོ་སོར་ཐར་པའི་དོན་འགྲུབ་པར་འགྱུར་རོ། །

གཉིས་པ་སྲུང་ཚུལ་ནི། དེས་ན་བྱང་ཆུབ་སེམས་དཔའ་ཡི། །སོ་སོར་ཐར་པའི་བསླབ་བྱ་ནི། །ཁྱད་པར་ཟུང་ཟད་བཤད་ཀྱིས་ཉོན། །བྱང་ཆུབ་སེམས་དཔའི་སོ་སོར་ཐར་པའི་སྡོམ་པ་ཉན་ཐོས་ཀྱི་ཚོགས་ལེན་ན་སྲུང་ཚུལ་ལའང་ཁྱད་པར་མེད་དམ་ཞེ་ན། མི་འདྲ་བའམ་ཁྱད་པར་ཟུང་ཟད་ཡོད་པས་དེ་བཤད་ཀྱིས་ཉོན་ཅིག །

འདི་ལ་སྡིག་ཏོ་མི་དགེའི་ཕྱོགས། །ཕལ་ཆེར་ཉན་ཐོས་ལུགས་བཞིན་བསྲུངས། །འདོད་པས་དབེན་པའི་ལྟུང་བ་འགའ། །བྱང་ཆུབ་སེམས་དཔའི་ལུགས་བཞིན་སྲུང་། །ཞེས་གསུངས་པས། བསླབ་བྱ་རིགས་

གཉིས་སངས་རྒྱས་ཀྱིས་གསུངས་པའི་སྡིག་ཏོ་མི་དགེ་བའི་ཆོས་ཀྱི་དཔེན་པ་ནི། ཕལ་ཆེ་བ་ཉན་ཐོས་ཀྱི་གཞུང་ལུགས་བཞིན་སྲུང་བར་བྱ་སྟེ། གནོད་པས་ཀུན་ནས་བསླངས་པ་སྲོག་གཅོད་དང་བརྡེག་པ་དང་སྐྱོན་ནས་བརྗོད་པ་ལ་སོགས་པ་སྤང་བར་བྱ་བ་ཡིན་ནོ། །འདོད་པས་དབེན་པ་ཞེས་གསུངས་པའི་བསླབ་བྱ་འདོད་པས་ཀུན་ནས་བླང་བ་གོས་བཟང་པོ་ཆོན་ཆེན་པོས་ཁ་བསྒྱུར་བ་དང་། གསེར་དངུལ་ལེན་པ་ལ་སོགས་ནི་གཞན་ལ་ཕན་པའི་ཕྱིར་ལེན་པར་བྱེད་པ་ཡིན་ནོ། །

འཇིག་རྟེན་མ་དད་གྱུར་པ་ཀུན། །གཉིས་ཀ་མཐུན་རྣམས་འབད་པས་སྲུངས། །ཞེས་པ་འཇིག་རྟེན་པ་རྣམས་མ་དད་པར་འགྱུར་བའི་སྤྱོད་པ་འགྲོད་པ་དང་། རྒྱུག་པ་དང་། རྟ་བརྒྱད་དང་། འོ་འདོད་འབོད་པ་དང་། སློ་བརྟུང་པ་དང་། ཁྱི་སྐྱོག་པ་ལ་སོགས་པ་ནི་ཐེག་པ་ཆེ་ཆུང་གཉིས་ཀའི་སྤང་བྱ་ཡིན་པར་མཐུན་པའི་ཕྱིར་གཉེན་པོ་འབད་རྩོལ་ཆེན་པོས་དབང་པོའི་སློ་བསྡམ་པར་བྱ་སྟེ། འདུལ་བར་ཁྲིམ་སྲུན་འབྱིན་པའི་ལྟུང་བ་ལྔི་བ་བཅོསཤིང་། བསླབ་བྱ་བརྒྱ་རྩ་བཅུ་གཉིས་བཅས་པ་ནི་མ་དད་པ་དགག་པའི་ཕྱིར་ཡིན་ལ། སྤྱོད་འཇུག་ཏུ། འཇིག་རྟེན་མ་དད་གྱུར་པ་ཀུན། །མཐོང་དང་དྲིས་ཏེ་སྤང་བར་བྱ། །ཞེས་པ་དང་། བསླབ་བཏུས་སུའང་། དེ་ནི་བཟུང་འོས་མ་ཡིན་ན། །འཇིག་རྟེན་རྒྱལ་བའི་མྱུ་གུར་གཉིས། །ཐལ་བས་གཡོགས་པའི་མེ་བཞིན་དུ། །སེམས་ཅན་དམྱལ་ལ་སོགས་པར་ སྲེག །ཅེས་པ་དང་། མདོ་སྡེ་དག་ལས་ཀྱང་། འོངས་པ་ལ་འོངས་པ་ལེགས་སོ་ཞེས་སྨྲ་སྔན་པར་བརྗོད་པར་བྱའོ། །བཞིན་གྱི་མདངས་གསལ་བར་བྱའོ། །འཛུམ་པ་སྔར་བྱའོ། །ཁྲོ་གཉེར་མེད་པར་བྱའོ། །ཞེས་མང་དུ་གསུངས་སོ། །འཇིག་རྟེན་མཐུན་འཇུག་གི་མདོ་ཡང་དོན་འདི་ཡིན་ནོ། །གསང་སྔགས་ལས་ཀྱང་། རབ་ཏུ་བྱུང་བས་བླ་མ་ཁྱིམ་པ་ལ་སྐྱེ་བོ་མང་པོའི་ནང་དུ་དེ་རྣམས་ཀྱིས་མཐོང་བར་ལུས་ཀྱིས་ཕྱག་མི་བྱ། ཡང་ན་མཆོད་རྟེན་ལ་ཕྱག་འཚལ་བའི་ཐབ་ཀྱིས་བྱ་བར་གསུངས་སོ། །མདོར་ན་དམ་པའི་ཆོས་དང་འཇིག་རྟེན་གཉིས་ཀའི་ཁྲིམས་ལུགས་ལ་སྒོ་གསུམ་གྱི་སྤྱོད་པ་མི་མཛེས་པ་མཐའ་དག་སྤང་དགོས་པ་ཡིན་ནོ། །

དེང་སང་འགའ་ཞིག་ནི། གང་ངོ་ཚ་བའི་གནས་ལ་དྲེགས་པའི་ང་རྒྱལ་སྐྱེད་པར་བྱེད་པ་ཡང་སྣང་ངོ་། །ཐེག་པ་གོང་འོག་གཉིས་ཀ་དགག་བྱ་དང་དགོས་པ་མཐུན་པ་རྣམས་ནི་བཅས་པ་ཕྲ་མོ་མང་པོའང་ཁྱད་དུ་མི་སད་པར་གུས་པས་བསྲུབ་པར་བྱའོ། །བྱང་ཆུབ་སེམས་དཔའི་སོ་སོར་ཐར་པར་ཆོས་བཞི་སྲུབ་པར་ཡང་། བྱང་ཆུབ་སེམས་དཔའ་མང་དུ་ཐོས་པས་རང་གི་འདོད་པ་བཏང་སྟེ། མཁན་པོ་དང་སློབ་དཔོན་གྱི་གཞུང་ལ་རབ་ཏུ་གནས་པར་བྱའོ། །ཞེས་གསུངས་སོ། །

འཇིག་རྟེན་འཇུག་པའི་རྒྱུར་གྱུར་ན། །ཐེག་ཆེན་སོ་སོར་ཐར་ལ་གནང་། །འདོད་པ་ཀུན་ནས་བསླང་བ

གནང་བ་དེ་རང་དོན་དུ་ཞེན་པས་བླང་དུ་རུང་བ་ནི་མ་ཡིན་ཏེ། གདུལ་བྱ་གཞན་སྨིན་པ་གཏོང་བའི་དགེ་བ་ལ་འཇུག་པ་ལ་སོགས་གཞན་གྱི་དོན་དུ་འགྱུར་བར་མཐོང་ན་རྒྱུ་མཚན་དེས་ལེན་པར་གནང་བ་ཡིན་ཏེ། སྤྱོད་འཇུག་ཏུ། ཐུགས་རྗེ་མངའ་བ་རིང་གཟིགས་པས། །བཀག་པ་རྣམས་ཀྱང་དེ་ལ་གནང་། །ཞེས་པས།

དཔེར་ན་ཉན་ཐོས་དགེ་སློང་ནི། །གསེར་དུ་ལེན་པ་ཐུབ་པས་བཀག །བྱང་ཆུབ་སེམས་དཔའི་དགེ་སློང་ལ། །གཞན་དོན་འགྱུར་ན་ལྟུང་བ་མེད། །ཅེས་པ་ཉན་ཐོས་རང་ལ་སྣམ་སྦྱར་ལ་སོགས་པའི་ཆུར་དགོས་ན་དགེ་བསྙེན་ལ་སོགས་པས་ལེན་དུ་བཅུག་ནས་བདག་གིར་བྱེད་པ་དང་གཞན་གྱི་རིན་པོ་ཆེ་ཆུད་ཟ་བ་སྲུང་བའི་ཕྱིར་རེག་པར་གནང་བ་ཙམ་གསུངས་ཀྱི་གཞན་དོན་དུ་འགྱུར་བའི་ཕྱིར་གནང་བ་མེད་ཅིང་། ལེན་པར་བྱེད་ན་ཡང་སྤང་བའི་ལྟུང་བྱེད་དུ་འགྱུར་རོ། །ཞེས་ཐུབ་པ་ཆེན་པོས་བཀག་གོ། །བྱང་ཆུབ་སེམས་དཔའི་དགེ་སློང་ལ་གཞན་གྱི་དོན་དུ་འགྱུར་ན་ལེན་པ་ལ་ལྟུང་བ་མེད་ཅིང་། མ་བླངས་ན་ཉེས་པར་འགྱུར་རོ། །

ཉན་ཐོས་སེམས་ཙན་དོན་མིན་ཀྱང་། །འདོད་ཆེན་པ་ལ་ལྟུང་བ་འབྱུང་། །ཐེག་ཆེན་གཞན་གྱི་དོན་ཡིན་ན༑ ༑འདོད་ཆེན་ལྟུང་བ་མེད་ཅེས་གསུངས། །ཞེས་པ་ལུང་ལས། རབ་ཏུ་བྱུང་བ་ནི་དོན་ཉུང་ཞིང་བྱ་བ་ཉུང་བ་ཡིན་པས་ཞིང་སྨོ་བརྐོ་དང་། ཚོང་ཁེ་སྤྲུལ་དང་། ཁང་གཉིས་འཛིན་པ་རྣམ་པ་ཐམས་ཅད་དུ་བཀག་སྟེ། འདོད་པ་ཆུང་ཞིང་ཆོག་ཤེས་པས། གཞན་དང་འདྲིས་པ་དང་། རྣམ་པར་གཡེང་བ་དོར་ནས་རང་དོན་དུ་མྱ་ངན་ལས་འདས་པ་དོན་དུ་གཉེར་བ་ཡིན་པའི་ཕྱིར། ཐེག་པ་ཆེན་པོའི་དགེ་སློང་ནི་གཞན་དོན་གཙོ་བོར་སྒྲུབ་པ་ཡིན་པ་གཞན་གྱི་དོན་དུ་འགྱུར་ན། གོས་བརྒྱ་སྟོང་སྙེད་ཀྱང་ཉེ་དུར་མི་འོང་བའི་བྲམ་ཟེ་དང་ཁྱིམ་བདག་ལ་བཙལ་བར་བྱ༑ སྐབས་འབྱེད་པ་ཡོད་ན་ཚོག་གམ་མི་ཚོག་བརྟགས་ནས་ཅི་ཙམ་དགོས་པ་བླང་བར་བྱ། ལྷུང་བཟེད་བཙལ་བ་དང་། ཐགས་ཀྱི་རྒྱུ་སྐུད་པ་བླང་བ་དང་། འཐག་ཏུ་གཞུག་པ་དང་། གཞན་དོན་དུ་མོན་དར་གྱི་གདིང་བ་དང་། མལ་སྟན་བརྒྱ་སྙེད་ཀྱང་བསྟབ་པར་བྱ། གསེར་དངུལ་སྲང་བྱེ་བ་འབུམ་ཕྲག་ལས་ལྷག་པ་ཡང་བདག་གིར་བྱའོ། །ཞེས་པ་ལ་སོགས་བྱང་ཆུབ་སེམས་དཔའི་ཚུལ་ཁྲིམས་ཀྱི་ལེའུར་གསུངས་སོ། །

གསུམ་པ་བཀའི་མཇུག་སྡུད་པ་ནི། སོ་སོར་ཐར་པ་ལུགས་གཉིས་པོ། །དེ་འདྲའི་རྣམ་དབྱེ་ཤེས་པར་བྱ༑ ༑ཐེག་ཆེན་སོ་སོར་ཐར་ཡིན་ཀྱང་། །དགེ་སློང་ལ་སོགས་སྡོམ་པ་ཡི། །ལྡོག་པ་ཤི་བའི་ཚེ་ན་གཏོང་། །བྱང་ཆུབ་སེམས་དཔའི་སྡོམ་པ་དང་། །དེ་ཡི་འབྲས་བུ་ཤི་ཡང་འབྱུང་། །ཞེས་པས། ཉན་ཐོས་དང་བྱང་སེམས་ཀྱི་སོ་སོར་ཐར་པའི་ལུགས་གཉིས་པོའི་ཐོབ་ཚུལ་དང་། གསུང་ཚུལ་གྱི་ཁྱད་པར་དེ་འདྲ་བར་ཤེས་པར་བྱས་ལ། གཉིས་ཀ་སངས་རྒྱས་ཀྱི་གསུང་བཞིན་དུ་བསྲུབ་པར་བྱའོ། །འོ་ན་བྱང་ཆུབ་སེམས་དཔའི་སོ་སོར་ཐར་པའི་

སྡོམ་པ་ཆེ་འཕོས་ནས་གཏོང་བར་འགྱུར་རམ་མི་འགྱུར། གཉིས་ཀ་ཁྱོད་རང་གི་ཁས་བླངས་པ་དང་འགལ་བར་འགྱུར་རོ། །ཞེས་གྲོལ་ན། དེ་ལ་སོ་སོར་ཐར་པའི་སྡོམ་པའི་ཆར་གཏོགས་པ་ནི་གཏོང་ལ། བྱང་ཆུབ་སེམས་དཔའི་སྡོམ་པའི་ཆར་གྱུར་པ་ནི་མི་གཏོང་སྟེ། དུས་ཇི་སྲིད་འཚོའི་བར་དུ་བླངས་ཤིང་སེམས་བསྐྱེད་བྱང་ཆུབ་མ་ཐོབ་བར་གྱིས་འཕངས་པའི་ཕྱིར། སྐྱེས་བུའི་ལས་ཀྱི་འདུ་བྱེད་ཐམས་ཅད་འཕེན་པའི་དབང་གིས་འཇུག་པར་གསུངས་པའི་ཕྱིར་ཏེ། དཔེར་ན་སྐྱེས་བུ་གཅིག་གིས་བྱ་བ་ཞག་དང་ཟླ་བ་དང་ལོའི་དུས་ཀྱིས་རྫོགས་པར་བྱེད་པ་ཀུན་སློང་གི་དབང་གིས་འཇུག་པ་བཞིན་ནོ། །སྐྱེས་བུ་བྱེད་པའི་འབྲས་བུ་དང་། རྒྱུ་མཐུན་དང་བདག་པོའི་འབྲས་བུ་ལ་ལ་ནི་ཚེ་འདིར་ཡང་འབྱུང་ཞིང་རྣམ་པར་སྨིན་པའི་འབྲས་བུ་ནི་སྐྱེ་བ་ཕྱི་མར་རིམ་གྱིས་འབྱུང་ངོ་།།

གཉིས་པ་བསླབ་པ་བཅས་པའི་རྩ་བ་འཇོག་གཞི་རྒྱུ་འབྲས་གཏན་ལ་དབབ་པ་ལ་གཉིས། མཉན་པར་གདམས་པའི་ཚུལ་གྱིས་མདོར་བསྟན། མདོ་ལས་གསུངས་པའི་དབྱེ་བ་རྒྱས་པར་བཤད་པའོ། །

དང་པོ་ནི། །དེ་ནས་ལས་དང་རྣམ་སྨིན་གྱི། །རྣམ་པར་དབྱེ་བ་བཤད་ཀྱིས་ཉོན། །ལས་ལ་དགེ་སྡིག་ལུང་མ་བསྟན། །ཡིན་ཞེས་རྒྱལ་བའི་མདོ་ལས་གསུངས། །ཞེས་པས། སོ་སོར་ཐར་པའི་སྡོམ་པ་ནི་ལས་དགེ་སྡིག་ལ་བླང་དོར་བྱེད་པའི་ལམ་ཡིན་པས། བསླབ་པ་འཆའ་བའི་རྩ་བར་གྱུར་པའི་ལས་རྣམ་པར་དབྱེ་བ་ཤེས་པ་ནི་བསྟན་པའི་སྒོར་ཞུགས་པ་ཐམས་ཅད་ཀྱི་ཐོག་མར་སྔོན་དུ་འགྲོ་དགོས་པའི་ཕྱིར་བཤད་པའོ། །དེ་ལ་སྤྱིར་ཆོས་གང་རང་གི་མཚན་ཉིད་ཀྱིས་གཏན་ལ་འབེབས་པའི་གཞི་ལ་ལས་སུ་བྱས་པ་དང་། བྱ་བའི་འབྲས་བུ་ལ་ལས་སུ་བསྟན་པ་དང་། ལས་ཀྱི་ས་བོན་ལ་ལས་སུ་བཤད་པ་ལ་སོགས་པ་ལས་ཀྱི་ཐ་སྙད་བཏགས་པ་སྣ་ཚོགས་པ་ཡོད་པ་ནའང་། འདིར་དམ་པའི་ཆོས་བྱེད་པའི་སྔོན་དུ་ངེས་པར་ཤེས་དགོས་པའི་ལས་ལ་བསླབ་བྱ་དགེ་བའི་ལས་དང་། སྤང་བྱ་སྡིག་པའི་ལས་དང་། རེ་ཞིག་བཏང་སྙོམས་སུ་བྱ་བ་ལུང་མ་བསྟན་གྱི་ལས་དང་གསུམ་གསུངས་པ་དེ་གཏན་ལ་འབེབས་པའོ། །

གཉིས་པ་དབྱེ་བ་རྒྱས་པར་བཤད་པ་ལ་གཉིས། འབྱེད་ཚུལ་ལུའི་སྒོ་ནས་ལེགས་པར་བཤད་པ། དེ་ལ་འཁྲུལ་པའི་ལོག་རྟོག་དགག་པའོ། །དང་པོ་ལ་ལུའི་ལས་གསུམ་བཤད་པ་ནི། དངོས་དང་། འདུས་མ་བྱས་གཉིས་ཀ་མ་ཡིན་པར་བསྟན་པ་གཉིས་ལས་དང་པོ། དགེ་བ་ལེགས་པར་སྤྱོད་པ་སྟེ། །རྣམ་སྨིན་བདེ་བ་བསྐྱེད་པ་ཡིན། །སྡིག་པ་ཉེས་པར་སྤྱོད་པ་སྟེ། །རྣམ་སྨིན་སྡུག་བསྔལ་སྐྱེད་པར་བྱེད། །བཏང་སྙོམས་གཉིས་ཀ་མ་ཡིན་པས། །རྣམ་པར་སྨིན་པའང་གཉིས་ཀ་མིན། །འདི་དག་བྱས་པའི་ལས་ཡིན་པས། །འདུས་བྱས་ཡིན་པར་ཤེས་པར་བྱ། །ཞེས་པས། ལས་དགེ་བ་ནི་ཉོན་མོངས་དུག་གསུམ་དང་བྲལ་བའི་དད་པས་ཀུན་ནས་བསླང་

བའི་སྒོ་གསུམ་གྱི་འདུ་བྱེད་རྣམ་སྨིན་བདེ་བ་སྐྱེར་བ་ཡིན་ཏེ། རྫོགས་པའི་སངས་རྒྱས་ཀྱིས་སྒྲུབ་པར་གནང་བའི་ལེགས་པར་སྤྱོད་པ་ཡིན་པའི་ཕྱིར་རོ། །མི་དགེ་བའི་ཉོན་མོངས་དུག་གསུམ་གང་རུང་དང་ལྡན་པའི་ངོ་ཚ་མེད་པ་དང་ཁྲེལ་མེད་པའི་བློས་ཀུན་ནས་བསླང་བའི་སྒོ་གསུམ་གྱི་འདུ་བྱེད་རྣམ་སྨིན་སྡུག་བསྔལ་སྐྱེར་བ་ཡིན་ཏེ༑ རྫོགས་པའི་སངས་རྒྱས་ཀྱིས་བྱར་མི་རུང་དུ་བཀག་པའི་ཉེས་པའི་སྤྱོད་པ་ཡིན་པའི་ཕྱིར་རོ། །འཕགས་པ་ཀླུ་སྒྲུབ་ཀྱིས། འདོད་ཆགས་ཞེ་སྡང་གཏི་མུག་སྐྱེ། །དེས་བསྐྱེད་ལས་ནི་མི་དགེ་བ། །འདོད་ཆགས་ཞེ་སྡང་གཏི་མུག་མེད། །དེས་བསྐྱེད་ལས་ནི་དགེ་བ་ཡིན། །ཞེས་གསུངས་སོ། །ལུས་ཀྱི་ལས་སྲོག་གཅོད། མ་བྱིན་ལེན། འདོད་ལོག་གསུམ། ངག་གི་བརྫུན་ཕྲ་མ་ཚིག་རྩུབ་ངག་འཁྱལ་བཞི། ཡིད་ཀྱི་བརྣབ་སེམས་གནོད་སེམས་ལོག་པར་ལྟ་བ་དང་མི་དགེ་བ་བཅུ་དང་། དེ་ལས་ལོག་པ་སྲོག་གཅོད་སྤོང་བ་ལ་སོགས་དགེ་བ་བཅུ་དང་། ཀུན་སློང་བཏང་སྙོམས་པས་ལྷོགས་ན་ཟས་ཟ་སྙམ་ན་ཆུ་འཐུང་འཁྱགས་ན་གོས་གོན་པ་དང་། རི་བོ་འདི་ནི་མཐོ་འོ། །ཆུ་བོ་འདི་ནི་ཆེའོ། །ས་གཞི་འདི་ནི་ཡངས་སོ། །ཁྱི་འདི་ནི་ཟའོ་ཞེས་སྨྲ་བ་ལས་སོ་རྣམ་པར་སྨིན་པའི་འབྲས་བུ་འབྱིན་པར་མི་ནུས་པའི་བྱ་བ་རྣམས་ལུང་དུ་མ་བསྟན་པའི་ལས་ཞེས་བྱའོ། །མཛོད་དུ། དེ་ལས་ཆེ་ལོངས་བསྡུས་ནས་ནི། །དགེ་དང་མི་དགེ་ཅི་རིགས་པར། །ལས་ཀྱི་ལམ་ནི་བཅུར་གསུངས་སོ། །ཞེས་པ་གྲངས་བཅུར་ཐམས་ཅད་འདུས་པ་ནི་མ་ཡིན་ནོ། །ཁ་ཆེ་བྱེ་བྲག་ཏུ་སྨྲ་བ་ནི་ཡིད་ཀྱི་གསུམ་པོ་ལས་ཀྱི་ལམ་ཡིན་གྱི་ལས་དང་དངོས་མ་ཡིན་ཅིང་། ལས་ཀྱི་ཀུན་སློང་དུ་འདུས་པར་སྨྲའོ། །

གཉིས་པ་འདུས་མ་བྱས་གཉིས་མིན་དུ་བསྟན་པ་ནི། ཆོས་ཀྱི་དབྱིངས་ནི་འདུས་མ་བྱས། །དེས་ན་དགེ་བ་སྡིག་པ་མིན། །ཆོས་དབྱིངས་དེ་བཞིན་ཉིད་ནི་དགེ་སྡིག་གང་ཡང་མ་ཡིན་ཏེ། འདུས་མ་བྱས་ཡིན་པའི་ཕྱིར་རོ༑ ༑འདི་ནི་བཤད་པའི་གཞི་ཆེ་བས་འོག་ཏུ་དགག་སྒྲུབ་འཕྲོས་དང་བཅས་པར་རྒྱས་པར་འཆད་དོ། །

གཉིས་པ་ལས་གཉིས་སུ་དབྱེ་བ་ནི། ལས་ལ་ཐུབ་པས་རྣམ་གཉིས་གསུངས། །སེམས་པ་དང་ནི་བསམ་པའོ། །སེམས་པ་ཡིད་ཀྱི་ལས་ཡིན་ཏེ། །བསམ་པ་དེ་ནི་ལུས་ངག་གིའོ། །ཆོས་ཀྱི་དབྱིངས་ནི་གཉིས་ཀ་མིན། །དེ་ཕྱིར་དགེ་སྡིག་ལས་ལས་གྲོལ། །ཞེས་པ་ནི། ཆོས་མངོན་པའི་བཀའ་དང་བསྟན་བཅོས་རྣམས་སུ་ལས་ཀྱི་དབྱེ་བ་མང་པོ་གསུངས་ཏེ། མིག་གིས་གཟུགས་ལ་ལྟ་བར་བྱེད་པ་ལྟ་བུ་དམིགས་པའི་ལས་དང་། ས་གཞིས་གྲོང་དང་སེམས་ཅན་བརྟེན་པ་ལྟ་བུ་བསྟེན་པའི་བྱ་བ་བྱེད་པའི་ལས་དང་། ཀུན་སློང་སྔོན་དུ་བཏང་བའི་བྱ་བ་རྩོལ་བའི་ལས་དང་། བཟོ་བོས་གསེར་དངུལ་ལ་སོགས་རྒྱན་དང་སྣོད་སྤྱད་དུ་བསྒྱུར་བར་བྱེད་པ་ལྟ་བུ་བསྒྱུར་བའི་ལས་དང་། ཐར་པའི་ལམ་བསྒོམས་པས་མྱ་ངན་ལས་འདས་པ་ཐོབ་པ་ལ་སོགས་འཐོབ་པའི་ལས་ཞེས་པའི་

ནང་ནས་རྩོལ་བའི་ལས་ལ་གཉིས་སུ་བྱས་ནས། ལས་ཀུན་ནས་སློང་བར་བྱེད་པའི་སེམས་བྱུང་སེམས་པ་ཡིད་ཀྱི་ལས་དང་། དེས་བསམས་ཤིང་ཀུན་ནས་བསླང་བའི་སྒོ་གསུམ་གྱི་ལས་སོ། །མཛོད་དུ། ལས་ལས་འཇིག་རྟེན་སྣ་ཚོགས་སྐྱེས། །ལས་ནི་སེམས་པ་དང་དེ་བྱས། །སེམས་པ་ཡིད་ཀྱི་ལས་ཡིན་ཏེ། །དེས་བསྐྱེད་ལུས་དང་ངག་གི་ལས། །ཞེས་འབྱུང་ཞིང་།

མངོན་པ་གོང་མར། དམིགས་པའི་ཡུལ་ཐོག་མར་འགྲོ་བ་དང་། བྱའམ་མི་བྱ་ཞེས་སྤྱོད་པ་དང་། ངེས་པ་ཐོབ་ནས་བྱ་བའི་སེམས་པ་གཡོ་བར་བྱེད་པ་དང་གསུམ་ལས། དང་པོ་གཉིས་སེམས་པའི་ཞེས་བྱ་སྟེ། དེ་ལ་འདོད་པ་ཁམས་ཀྱི་དགེ་བ་བསོད་ནམས་དང་། མི་དགེ་བ་བསོད་ནམས་མ་ཡིན་པ་དང་། ཁམས་གོང་མར་གཏོགས་པ་མི་གཡོ་བ་དང་གསུམ་ཡོད་དོ། །གཡོ་བའི་སེམས་པས་ཀུན་ནས་བསླང་བའི་བསམ་ལས་ལ། ལུས་ངག་ཡིད་གསུམ་གྱི་ལས་དགེ་མི་དགེ་ལུང་མ་བསྟན་གསུམ་དུ་དབྱེ་བར་བྱའོ། །ཆོས་ཀྱི་དབྱིངས་ནི་དེ་དག་ལས་གྲོལ་བའི་འདུས་མ་བྱས་ཡིན་ནོ། །

གསུམ་པ་ལས་བཞིར་བསྟན་པ་ནི། གཞན་ཡང་ལས་ལ་རྣམ་བཞི་གསུངས། །ལས་དཀར་རྣམ་སྨིན་དཀར་བ་དང་། །ལས་གནག་རྣམ་སྨིན་གནག་པ་དང་། །ལས་དཀར་རྣམ་སྨིན་གནག་པ་དང་། །ལས་གནག་རྣམ་སྨིན་དཀར་པོ་འོ། །ཞེས་པ་ནི་ཀུན་སློང་དང་སྦྱོར་བ་གཉིས་ཀ་དགེ་བ་དང་། གཉིས་ཀ་མི་དགེ་བ་དང་། བསམ་པ་ངན་པའི་སྦྱོར་བ་དཀར་བ་དང་། བསམ་པ་བཟང་པོའི་སྦྱོར་བ་གནག་པ་བཞི་རིམ་པ་བཞིན་ནོ། །དེའི་དོན་གསལ་བར་བསྟན་པ།

བསམ་པ་དགེ་བའི་སྦྱིན་པ་སོགས། །གཉིས་ཀ་དཀར་བས་མཁས་པས་བྱ། །བཟའ་བའི་དོན་དུ་གསོད་པ་སོགས། །གཉིས་ཀ་གནག་པས་མཁས་པས་སྤང་། །མང་པོ་སྐྱོབ་ཕྱིར་གསོད་པ་སོགས། །ལས་གནག་རྣམ་སྨིན་དཀར་ན་བྱ། །གསོད་ཕྱིར་སྦྱིན་པ་གཏོང་ལ་སོགས། །ལས་དཀར་རྣམ་སྨིན་གནག་པ་སྤང་། །བསམ་པ་གཞན་དོན་དུ་སངས་རྒྱས་ཐོབ་པར་འདོད་པས་སྦྱིན་པ་རྣམ་པར་དག་པ་བཏང་ན་འཁོར་ལོས་བསྒྱུར་བའི་འབྱོར་པ་ཟད་མི་ཤེས་པ་འབྱུང་བ་སོགས་རྣམ་པར་སྨིན་པ་བདེ་སྐྱིད་འབྱུང་བས་དཀར་བའོ། །ལུག་ཆེན་པོ་བསད་ནས་སྨྲ་ལུས་མི་གཙང་བའི་ཕུང་པོ་གསོ་བའི་ཕྱིར་ཟ་བ་དང་། རང་བཟང་པོར་སྒྲུབ་པའི་ཕྱིར་དུ་གཞན་གྱི་སྐྱོན་བརྗོད་པ་ལྟ་བུ། ངན་སོང་སུ་སྡུག་བསྔལ་སྐྱེད་པར་བྱེད་པས་རྣམ་པར་སྨིན་པ་གནག་པ་དང་། སེམས་ཅན་མང་པོ་གསོད་ཅིང་འཚེ་བའི་སྡུག་བསྔལ་ལས་སྐྱོབ་པའི་ཕྱིར་སྐྱེ་བོ་མ་རུངས་པ་གཅིག་ཕན་སེམས་ཀྱིས་གསོད་པ་ལྟ་བུ་ལས་གནག་ཀྱང་འབྲས་བུ་ཕན་བདེ་འབྱུང་བས་རྣམ་སྨིན་དཀར་བ་དང་། དགྲ་བོ་གསོད་

པའི་དོན་དུ་ཟས་གོས་བཟང་པོ་གཏོང་བ་དང་། མཐུ་གཏད་ཀྱི་རྒྱབ་གནོན་དུ་གསུང་རབ་ཀློག་པ་ལ་སོགས་རྣམ་སྨིན་སྡུག་བསྔལ་འབྱུང་བས་གནག་པའོ། །འདོད་ཁམས་ཀྱི་ལས་ཟག་པ་དང་བཅས་པ་ལ་བཞིར་དབྱེ་བ་ཡིན་པས། ལས་དཀར་གནག་གི་དབྱེ་བ་ལ་མཁས་པའི་བློ་གྲོས་ཞིབ་མོས་ལེགས་པར་ཕྱེ་ནས་བླང་དོར་མ་ནོར་བར་བྱེད་པ་ནི་རང་ལ་ཕན་ཅིང་སངས་རྒྱས་ཀྱི་བསྟན་པ་ལའང་བྱ་བ་ལེགས་པར་བྱས་པ་ཡིན་ནོ། །ཨཱརྱ་དེ་བའི་ཞལ་སྔ་ནས། བསམ་པ་བྱང་ཆུབ་སེམས་དཔའ་ལ། །དགེ་བའམ་གལ་ཏེ་སྡིག་ཀྱང་རུང་། །ཐམས་ཅད་དགེ་ལེགས་ཉིད་འགྱུར་ཏེ། །གང་ཕྱིར་སེམས་དེའི་དབང་གྱུར་ཕྱིར། །ཞེས་གསུངས་པ་ལྟར་ལས་དཀར་གནག་གི་འབྲས་བུ་ཀུན་སློང་གིས་འཇོག་པ་གཙོ་བོར་གསུངས་པ་ཡིན་ནོ། །ཞར་ལ་འཕགས་པའི་ཐུགས་རྒྱུད་ཀྱི་ཟག་མེད་ཀྱི་ལམ་སྒྲོར་བ་བར་ཆད་མེད་པ་ནི་སྤང་བྱ་ཀུན་བཏགས་དང་ལྷན་སྐྱེས་ཀྱི་ས་བོན་དྲུངས་ནས་འབྱིན་པའི་ལས་གཅིག་ཏུ་དཀར་ཅིང་ཟག་བཅས་ལས་ཀྱི་རྣམ་པར་སྨིན་པ་ཟད་པར་བྱེད་པའི་ལས་སུ་གསུངས་སོ། །བཅོམ་ལྡན་འདས་ཀྱི་མདོ་རྣམས་ལས། གཅིག་ཏུ་དཀར་བའི་ལས་ནི་གཅིག་ཏུ་དཀར་བར་འགྱུར་རོ། །གཅིག་ཏུ་གནག་པའི་ལས་ནི་གཅིག་ཏུ་གནག་པར་འགྱུར་རོ། །འདྲེས་མ་རྣམས་ཀྱང་འདྲེས་མར་འགྱུར། ཞེས་གསུངས་པ་ལྟར། ཐེག་པ་ཐུན་མོང་གི་བཞེད་ཚུལ་ལ། དཀར་གནག་འདྲེས་མའི་ལས་ཀྱི་རྣམ་སྨིན་ཡང་འདྲེས་མར་མྱོང་དགོས་པར་གསུངས་པ་འདི་ལའང་རྣམ་པ་ཐམས་ཅད་དུ་སུན་དབྱུང་བར་མི་བྱ་སྟེ་ཞིབ་ཏུ་ཤེས་པར་བྱའོ། །

བཞི་པ་ལས་གཉིས་སུ་བསྡུ་བ་ནི། གཞན་ཡང་ལས་ལ་རྣམ་གཉིས་གསུངས། །འཕེན་བྱེད་ལས་དང་རྫོགས་བྱེད་ལས། །དེ་དག་དབྱེ་ན་མུ་བཞི་ཡོད། །འདོད་པ་ཁམས་ཀྱི་སོ་སོ་སྐྱེ་བོས་བྱས་པའི་ལས་ལ་རྣམ་པར་སྨིན་པའི་འབྲས་བུ་གཙོ་བོར་གྱུར་པ་འཕེན་བྱེད་ཀྱི་ལས་དང་། རྒྱུ་མཐུན་དང་བདག་པོ་དང་སྐྱེས་བུ་བྱེད་པའི་འབྲས་བུ་ཤས་ཆེ་བའི་རྫོགས་བྱེད་ཀྱི་ལས་དང་རིགས་གཉིས་སུ་ཡོད་དོ། །དེ་གཉིས་ཕན་ཚུན་དུ་སྦྱར་ན་མུ་བཞིར་འགྱུར་རོ། །དེ་ཉིད་བསྟན་པ་ནི།

འཕེན་བྱེད་དགེ་བས་འཕངས་པ་ལ། །རྫོགས་བྱེད་ཀྱང་ནི་དགེ་བ་དང་། །འཕེན་བྱེད་སྡིག་པས་འཕངས་པ་ལ། །རྫོགས་བྱེད་ཀྱང་ནི་སྡིག་པ་དང་། །འཕེན་བྱེད་དགེ་ལ་རྫོགས་བྱེད་སྡིག །འཕེན་བྱེད་སྡིག་ལ་རྫོགས་བྱེད་དགེ །གང་ཞེ་ན། བདེ་འགྲོར་བདེ་བ་མྱོང་བ་གཉིས་ཀ་དགེ་བ་དང་། ངན་འགྲོར་སྡུག་བསྔལ་མྱོང་བ་གཉིས་ཀ་སྡིག་པ་དང་། བདེ་འགྲོར་སྡུག་བསྔལ་མྱོང་བ་འཕེན་བྱེད་དགེ་ལ་རྫོགས་བྱེད་སྡིག་པ་དང་། ངན་འགྲོར་བདེ་བ་མྱོང་བ་འཕེན་བྱེད་སྡིག་པ་རྫོགས་བྱེད་དགེ་བའོ། །ལས་ཀྱི་འབྲས་བུ་མྱོང་ཚུལ་འདི་ཤིན་ཏུ་གལ་

ཆེ་བས་ཞིབ་མོར་བཤད་པ་ནི།

དེ་དག་དཔེར་བརྗོད་མདོར་བསྡུས་པ། །བཤད་པར་བྱ་ཡིས་ཡིད་ལ་ཟུང་། །མཐོ་རིས་གསུངས་པ་འགྲུབ་པ་ནི། །དགེ་བའི་ལུས་ཀྱི་འཕེན་པ་ཡིན། །དེ་དག་བདེ་བ་འབྱུང་བ་ནི། །རྫོགས་བྱེད་དགེ་བས་རྫོགས་པ་ཡིན། །ཞེས་པས། མུ་བཞི་པོ་དེ་ལེགས་པར་གོ་བར་བྱ་བའི་ཕྱིར་དཔེར་བརྗོད་བཀོད་པ་ནི། འདོད་པ་ཁམས་ཀྱི་ལྷ་དང་མི་དང་ལྷ་མ་ཡིན་དང་མཐོ་རིས་གསུམ་འགྲུབ་པའི་རྣམ་སྨིན་གྱི་རྒྱུ་སོ་སོར་ཐར་པའི་ཚུལ་ཁྲིམས་རྣམ་པར་དག་པ་བསྲུངས་པ་ཡིན་ནོ། །དཀོན་མཆོག་བརྩེགས་པར། ལྷ་མ་ཡིན་དང་དུད་འགྲོ་བཞི་པར་གསུངས་པ་ཡོད་ནའང་བསམ་སྦྱོར་ངན་པས་སླད་པ་ཡིན་ནོ། །སྲོག་བསྐྱབས་པ་དང་སྦྱིན་པ་བཏང་བ་དང་། བཟོད་པ་བསྒོམ་པ་ལ་སོགས་པའི་འབྲས་བུ་ཚེ་རིང་། ལོངས་སྤྱོད་ཆེ་ཞིང་གཟུགས་མཛེས་པ་ལ་སོགས་པ་བདེ་སྐྱིད་མྱོང་བ་དེ་རྫོགས་བྱེད་ཀྱི་ལས་ཀྱིས་བྱུང་བ་ཡིན་ཏེ། མཁས་མཆོག་དབྱིག་གཉེན་གྱིས། སྣ་ཚོགས་ཡོན་ཏན་འདོད་པ་ཡིས། །འབད་བྱས་ས་བོན་མེད་པར་ནི། །མྱུ་གུ་སྐྱེ་བ་ཡོད་མ་ཡིན། །ཉེས་པ་དག་ནི་གཅིག་པུ་ཡིས། །ཡོན་ཏན་མང་པོ་འཇོམས་པར་བྱེད། །ཚེ་རིང་དེ་བཞིན་ནད་མེད་དང་། །གཟུགས་དང་སྐལ་བ་བཟང་རིགས་དང་། །ནོར་དང་ཤེས་རབ་དག་དང་བདུན། །ཡོན་ཏན་མདོ་སྡེ་དག་ལས་གསུངས། །ཡོན་ཏན་གཞན་རྣམས་ཡོད་ཀྱང་ཚེ་རིང་བ་མེད་ན་བསད་པར་ཁྲིད་པའི་རྒྱན་བཟང་པོ་བཏགས་པ་དང་འདྲའོ། །དེ་བཞིན་དུ་ནད་མེད་པ་དང་མི་ལྡན་ན་མ་ནིང་ལ་ཆུང་མ་བུད་མེད་བཟང་མོ་ཡོད་པ་བཞིན་ནོ། །གཟུགས་ངན་ན་སྐྱེ་བོ་མཐོང་བ་ཀུན་གྱིས་སྐྱོ་བ་སྐྱེ་བར་བྱེད་ཅིང་མི་འདོད་དོ། །སྐལ་བ་ངན་པ་ནི་དུང་སྒྲོང་བྲན་གཡོག་ཏུ་གྱུར་བ་བཞིན་རང་དབང་མེད་པར་འགྱུར་རོ། །རིགས་ངན་པ་ནི་བྲམ་ཟེའི་བུ་མོ་ཡོན་ཏན་ཅན་རིགས་ངན་གྱི་ཆུང་མར་གྱུར་པ་བཞིན་ནོ། །ནོར་དང་མི་ལྡན་ན་དུར་ཁྲོད་དུ་གནས་པའི་མི་བཞིན་དུ་སྐྱེ་བོ་ཀུན་གྱིས་བཀུར་བའི་འོས་སུ་མི་འགྱུར་རོ། །ཤེས་རབ་མེད་ན་ཡོན་ཏན་དྲུག་པོ་ཡོད་ཀྱང་བླུན་པོ་སྐྱེ་བོས་བཀུར་བའི་འོས་མ་ཡིན་ཏེ། ཆུ་ཤིང་དང་འོ་མ་འབྲས་བུ་ཆགས་པ་བཞིན་ནོ། །ཡན་ལག་རེ་རེ་མ་ཚང་ནའང་ཡི་གེ་མ་ཚང་བའི་རིག་པ་འབྲས་བུ་མེད་པ་དང་མཚུངས་ཤིང་། ཡོན་ཏན་བདུན་ཚང་བའི་མཐོ་རིས་ཀྱི་སྐྱེས་བུ་ནི་འཕེན་བྱེད་དང་རྫོགས་བྱེད་གཉིས་ཀ་དགེ་བས་གྲུབ་པ་ཡིན་པ་དགེ་བ་སྣ་ཚོགས་བྱ་དགོས་ཏེ། སྲོག་ལ་ཕན་བཏགས་པ་དང་། སྐྱེ་བོ་དམན་པ་ལ་བསྙེན་བཀུར་དང་། སྨན་སྦྱིན་པ་དང་། འཚེ་བ་སྤངས་པ་དང་། བཞིན་ཁྲོ་བོར་མེད་པ་དང་། རྒྱན་བྱིན་པ་དང་། ཕྲག་དོག་སྤངས་པ་དང་། ཁྱད་གསོད་མི་བྱེད་པ་དང་། ང་རྒྱལ་མི་བསྐྱེད་པ་དང་། རྐུ་བ་སྤངས་ཤིང་སྦྱིན་པར་བྱེད་པ་དང་། དགེ་སྡིག་བླང་དོར་བྱ་བ་གང་ཡིན་ཞེས་འདྲི་ཞིང་། ཆོས་བྱིན་པས་ཡོན་ཏན་ཐམས་ཅད་དང་

ལྡན་པར་འགྱུར་རོ་ཞེས་ཡོན་ཏན་བདུན་གྱི་གཏམ་ལས་ལེགས་པར་གསུངས་སོ། །

ངན་སོང་གསུམ་དུ་སྐྱེ་བ་ནི། །འཕེན་བྱེད་སྡིག་པ་ཡིན་པར་གསུངས། །དེ་ཡི་སྡུག་བསྔལ་བྱེ་བྲག་ཀུན། །རྫོགས་བྱེད་ལས་ནི་སྡིག་པ་ཡིན། །ཞེས་པས་དམྱལ་བ་དང་ཡི་དྭགས་དང་དུད་འགྲོར་སྐྱེ་བ་ནི་ཚུལ་ཁྲིམས་འཆལ་ཞིང་མི་དགེ་བ་ཆེ་འབྲིང་ཆུང་བ་སྤྱོད་པས་འབྱུང་སྟེ། མི་དགེ་བ་ཆེན་པོ་ནས་དམྱལ་བ་དང་། འབྲིང་གིས་ཡི་དྭགས་དང་། ཆུང་ངུས་དུད་འགྲོར་འཕེན་པར་བྱེད་ལ། ལས་བརྒྱ་པ་དང་། ས་བཅུ་པའི་མདོར། མི་དགེ་བ་འབྲིང་གིས་དུད་འགྲོ་དང་། ཆུང་ངུས་གཤིན་རྗེའི་འཇིག་རྟེན་དུ་སྐྱེ་བར་གསུངས་སོ། །དེར་རྫོགས་བྱེད་སྡིག་པས་རྫོགས་པས་སྡུག་བསྔལ་གྱི་བྱེ་བྲག་ངན་སོང་ཕལ་པ་གཞན་ལ་མེད་པ་མང་པོ་མྱོང་བར་འགྱུར་བ་ཡིན་ནོ། །

མཐོ་རིས་དགེ་བས་འཕངས་མོད་ཀྱི། །དེ་ཡི་ནད་དང་གནོད་པ་ཀུན། །རྫོགས་བྱེད་སྡིག་པ་ཡིན་པར་གསུངས། །ངན་འགྲོའི་འཕེན་བྱེད་སྡིག་ཡིན་ཀྱང་། །དེ་ཡི་ལུས་སེམས་བདེ་བ་ཡི། །གནས་སྐབས་དགེ་བས་རྫོགས་པར་འགྱུར། །མཐོ་རིས་ལྷ་མིའི་གོ་འཕང་དུ་ཚུལ་ཁྲིམས་སྲུང་བ་ལ་སོགས་དགེ་བས་འཕངས་ཀྱང་། སེམས་ཅན་ལ་བརྡེག་པ་དང་སྐྱོན་བརྗོད་པ་དང་སེམས་གནག་ལ་སོགས་མི་དགེ་བའི་ལས་མང་པོས་རྫོགས་པར་བྱས་པས་ནད་མང་བ་དང་གཏམ་ངན་པ་དང་དབུལ་ཕོངས་ཀྱི་སྡུག་བསྔལ་མྱོང་བ་ཡིན་ནོ། །ངན་འགྲོར་ཚུལ་ཁྲིམས་འཆལ་བ་དང་གཞན་ལ་འཚེ་བ་ལ་སོགས་མི་དགེ་བས་འཕངས་ཀྱང་། མགོན་མེད་ཀྱི་སྐྱབས་བྱེད་པ་དང་། བཀྲེས་པས་ཉེན་པ་ལ་ཟས་སྦྱིན་པ་ལ་སོགས་དགེ་བའི་ལས་ཀྱིས་རྫོགས་པས། དུད་འགྲོ་དབང་ཆེ་བ་དང་བཟའ་བཏུང་མེད་པ་ལ་སོགས་བདེ་བ་མྱོང་བ་ཡིན་ནོ། །འཕེན་བྱེད་ཀྱི་ལས་ནི་རི་མོའི་སྐྱ་རིས་འདེབས་པ་དང་འདྲ་ཞིང་། རྫོགས་བྱེད་ཀྱི་ལས་ནི་ཚོན་རྫོགས་པ་དང་འདྲ་བ་ཡིན་ནོ། །

བྱེ་བྲག་ཏུ་སྨྲ་བས། གཅིག་གིས་སྐྱེ་བ་གཅིག་འཕེན་ནོ། །ཡོངས་རྫོགས་བྱེད་པ་དུ་མ་ཡིན། །ཞེས་འཕེན་བྱེད་ཀྱི་ལས་གཅིག་གིས་རྣམ་སྨིན་གྱི་ལས་གཅིག་འགྲུབ་ཀྱི་མང་པོ་མི་འཕེན་ལ། རྫོགས་བྱེད་ངེས་པ་མེད་པའོ་ཞེས་འདོད་ཅིང་། མདོ་སྡེ་པ་ཡན་ཆད་ཀྱིས་ནི་མུ་བཞིར་བཞེད་དེ། བུད་མེད་རང་གི་བུ་ལ་སྙིང་རྗེ་སྐྱེས་པའི་ལས་གཅིག་གིས་ཚངས་པར་སྐྱེས་པ་ལྟ་བུ་ལས་གཅིག་གིས་ལུས་གཅིག་འཕངས་པ་དང་། འཕགས་པ་མ་འགགས་པས། བདག་ནི་བསོད་ནམས་གཅིག་པུ་དེའི་རྣམ་པར་སྨིན་པའི་སུམ་ཅུ་རྩ་གསུམ་གྱི་ལྷར་ལན་བདུན་སྐྱེས་ཤིང་ད་ལྟར་ཡང་ཤཱཀྱ་ཕྱུག་པོར་སྐྱེས་སོ་ཞེས་པ་དང་། འཕགས་པ་འོད་སྲུངས་ཀྱིས་རང་སངས་རྒྱས་ལ་མུ་གེའི་ཚེ་ཁྲེ་རྒོད་བྲེ་ཆུང་གང་ཕུལ་བས་བྱང་སྒྲ་མི་སྙན་དང་སུམ་ཅུ་རྩ་གསུམ་དུ་ལན་སྟོང་ཕྲག་རེ་རེ་སྐྱེས་སོ། དེ་ནས་བྲམ་ཟེ་ཕྱུག་པོར་སྐྱེས་པ་ལྟ་བུ་ལས་གཅིག་གིས་ལུས་དུ་མ་འཕེན་པ་དང་། ལྷ་སྦྱིན་ལྟ་བུ་ཚེ་རབས་དུ

མར་བསགས་པའི་ལས་ཀྱིས་ལུས་གཅིག་གྲུབ་པ་དང་། འཕགས་པ་ཉེ་སྡེ་ལྷ་བུ་ལས་དུ་མའི་ས་བོན་རྐྱེན་གྱིས་གསོས་ནས་ལུས་དུ་མ་འགྲུབ་པའང་ཡོད་དོ། །འོན་ལས་མང་པོ་རྒྱུད་ལ་ལྡན་པའི་སེམས་ཅན་དེའི་གང་ཐོག་མར་སྨིན་པར་འགྱུར་ཞེ་ན། ལས་གང་སྟོབས་ཆེ་བ་དེ་ཐོག་མར་སྨིན་ལ། མཉམ་ན་འཆི་བའི་ཚེ་གང་གསལ་ཐེབས་པ་དེ་སྨིན་པར་འགྱུར་རོ། །དེའང་མཉམ་ན་གང་གོམས་པ་ཤས་ཆེ་བ་དེ་ཐོག་མར་སྨིན་ནོ། །དེའང་མཉམ་ན་གང་སྔོན་ལ་བྱས་པ་དེ་ན་རིམ་གྱིས་འགྲུབ་པར་འགྱུར་ཏེ། མཛོད་འགྲེལ་དུ། ལས་ཀྱིས་འཁོར་བར་ལྕི་གང་དང་། །ཉེ་བ་གང་དང་གོམས་པ་གང་། །སྔོན་བྱས་གང་ཡིན་དེ་ལས་ནི། །སྔ་མ་སྔ་མ་རྣམ་སྨིན་འགྱུར། །ཞེས་པ་དང་མཐུན་ནོ། །

ལྔ་པ་ལས་གསུམ་ངོས་བཟུང་བ་ནི། གཞན་ཡང་གཅིག་ཏུ་དཀར་བ་དང་། །གཅིག་ཏུ་གནག་དང་འདྲེས་མའི་ལས། །རྣམ་པ་གསུམ་དུ་ཐུབ་པས་གསུངས། །ཞེས་པ་སྟར་ལས་དང་རྣམ་སྨིན་དཀར་གནག་མུ་བཞིར་བཤད་པའི་ཚུལ་དང་ཕལ་ཆེར་མཐུན་ཀྱང་། ཐུབ་པའི་དབང་པོས་གསུམ་དུ་གསུངས་པ་བྱེ་བྲག་ཏུ་རྟོགས་པར་བྱ་བའི་ཕྱིར། འཕེན་བྱེད་དང་རྫོགས་བྱེད་ཀྱི་མུ་བཞིར་དགེ་སྡིག་གཉིས་ཀས་བསྐྱེད་པ་ཡང་། ལས་འདྲེས་མའི་བཤད་པ་ཡིན་པས་སྟར་བཤད་པ་དེ་དག་ཐམས་ཅད་ལས་གསུམ་དུ་འདུས་པ་ཡིན་ཏེ། དུས་ཀྱི་ཀུན་སློང་དགེ་སེམས་ཀྱིས་བྱས་ཤིང་། རྒྱུའི་ཀུན་སློང་ཡང་དགེ་སེམས་དང་ལྡན་པས་སྦྱོར་བ་དགེ་བ་འབའ་ཞིག་གིས་གྲུབ་པའི་ལས་དེ་དཀར་བ་ཁོ་ན་ཡིན་ནོ། །ཀུན་སློང་གཉིས་མི་དགེ་བས་སྦྱོར་བ་མི་དགེ་བ་འབའ་ཞིག་གིས་གྲུབ་པའི་ལས་ནི་ནག་པོ་ཁོ་ན་ཡིན་ནོ། །ཀུན་སློང་དང་པོ་དཀར་ཀྱང་གཉིས་པ་ནག་པོར་གྱུར་པ། སློབ་མ་ལ་ཕན་སེམས་ཀྱིས་བྱས་པའི་སྦྱོར་བ་དེ་མ་ཉན་པར་ཞེ་སྡང་གིས་བརྡེག་པ་དང་། རྟ་བ་མོ་སླུ་བ་ལྷ་བུ་དང་། ཁྱི་བགྲེས་པ་ལ་སྙིང་རྗེས་ཟས་བྱིན་པས་སྨུག་ན་ཞེ་སྡང་གིས་བརྡུང་བ་དང་། ཉམ་ཐག་ལ་ཕན་བཏགས་ནས་ཕྱིས་བསྒོ་བའི་ངག་ལ་མ་ཉན་ན་སྙིང་རྗེས་མི་ཤོང་ཞེས་བསྒྲོད་པ་དང་། ལས་རྒྱུན་དང་ལྡན་པ་ལ་ཀུན་སློང་དང་སྦྱོར་བ་དཀར་གནག་སྤེལ་མར་འབྱུང་བ་ཡོད་པས། དེ་དག་ལས་དེ་ལས་བྱུང་བའི་འབྲས་བུ་རེས་བདེ་ཞིང་རེས་སྡུག་བསྔལ་མྱོང་བ་དང་། ཐོག་མར་སྦྱིན་པ་བཏང་ནས་ཕྱིས་སེར་སྣ་སྐྱེས་ཤིང་འགྱོད་པར་གྱུར་པས། འབྲས་བུ་ཚེ་སྟོད་ཕྱུག་པོ་ཡོད་པ་ཚེ་སྨད་དབུལ་བར་གྱུར་པ་ལས་འདྲེས་མ་ལ་ཡང་དུ་མ་གསུངས་པས་ལས་གསུམ་གྱི་ངོས་འཛིན་མཛད་པ་ཡིན་ནོ། །བཅོམ་ལྡན་འདས་ཀྱིས་ཀྱང་། གཅིག་ཏུ་གནག་པ་དང་འདྲེས་མའི་ལས་སྤངས་ནས་གཅིག་ཏུ་དཀར་བ་ལ་བརྩོན་པར་བྱའོ། །ཞེས་གསུངས་པས་དགེ་བ་གང་བྱེད་པ་དེ་སྡིག་པ་དང་མ་འདྲེས་པར་བྱེད་པ་གལ་ཆེའོ། །ལས་རྒྱུ་འབྲས་ཕྲ་མོ་ལའང་དཀར་ནག་སེམས་འབྱེད་ཞིབ་མོ་བྱ་དགོས་ཏེ། བ་ལང་གི་རྫི་

པོས་པ་བདག་ལ་མ་ཞུས་པར་ནགས་ཁྲོད་ཀྱི་དྲང་སྲོང་ལ་དད་པས་འོ་མ་དྲངས་པའི་འབྲས་བུ་དྲང་སྲོང་དང་རྩི་བོ་གཉིས་ཀས་སྨྱོང་བ་དང་། རྒྱལ་པོ་གསལ་རྒྱལ་གྱི་བུ་མོ་བཞིན་མི་མཛེས་པ་མུན་ཁུང་དུ་སྦེད་དགོས་པ་ཞིག་ཕྱིས་ཤིན་ཏུ་མཛེས་པར་གྱུར་པ་དང་། འཕགས་པ་མོའུ་གལ་གྱི་བུ་མུ་སྟེགས་ཀྱིས་བརྡུངས་ནས་བཀྲོངས་པ་དང་། འཕགས་པ་འཆར་ཁ་ཆོས་ཧྲུན་གྱིས་དབུ་བཅད་པ་ལ་སོགས་པ་གསུང་རབ་ཟབ་མོ་རྣམས་ནས་འབྱུང་བ་ལ་ཡིད་ཆེས་པར་བྱའོ། །ལས་ཀྱི་འབྲས་བུ་རིགས་གསུམ་དུ་གསུངས་ཏེ། མཛོད་དུ། ཐམས་ཅད་བདག་པོ་རྒྱུ་མཐུན་དང་། །རྣམ་སྨིན་འབྲས་བུ་འབྱིན་པར་འདོད། །སྡུག་བསྔལ་ཕྱིར་དང་བསོད་ཕྱིར་དང་། །གཞི་བྱིན་མེད་ཕྱིར་འབྲས་རྣམ་གསུམ། །ཞེས་པ་ལྟར་སྲོག་གཅོད་སྡུག་བསྔལ་བར་བྱས་པའི་རྣམ་སྨིན་གྱི་འབྲས་བུ་སྡུག་བསྔལ་ཆེན་པོ་མྱོང་བ་དང་། ཚེ་ཐུང་བར་བྱས་པའི་རྒྱུ་མཐུན་གྱི་འབྲས་བུ་མཐོ་རིས་སུ་ཚེ་ཐུང་བ་དང་། གཞི་བརྗིད་ཉམས་པར་བྱས་པའི་དབང་གི་འབྲས་བུ་ཡུལ་ངན་ཅིང་ཉམས་མི་དགའ་བར་སྐྱེ་བའོ། །དེ་བཞིན་དུ་དགེ་མི་དགེ་ཐམས་ཅད་ལ་སྦྱར་བར་བྱ་སྟེ། སྲོག་གཅོད་པ་སྤྱངས་ན་སེམས་ཅན་བདེ་བར་བྱས་པས་རྣམ་སྨིན་གྱི་འབྲས་བུ་བདེ་བ་མྱོང་བ་དང་། སྲོག་ལ་ཕན་བཏགས་པའི་རྒྱུ་མཐུན་གྱི་འབྲས་བུ་མཐོ་རིས་སུ་ཚེ་རིང་བ་དང་། གཞི་བརྗིད་བསྐྱེད་པས་ཡུལ་བཟང་ཞིང་ཉམས་དགའ་བར་སྐྱེ་བ་ལ་སོགས་ཤེས་པར་བྱའོ། །ཡང་ཡུལ་བཟང་པོ་ལ་བསམ་པ་དྲག་པོས་བྱས་པའི་ལས་སྟོབས་ཆེ་བ་དང་། འབྲིང་གིས་འབྲིང་དང་། ཆུང་ངུས་ཆུང་ངུ་དང་། འབྲས་བུ་མྱོང་བར་ངེས་པ་དང་མ་ངེས་པ་དང་། ཚེ་འདི་ལ་མྱོང་བའི་ལས་ཞིང་སའི་ལོ་ཐོག་གསེར་དུ་སྨིན་པ་དང་། དགེ་ཚུལ་ཀླུ་ལ་ངན་སེམས་དྲག་པོ་སྐྱེས་པས་དེ་མ་ཐག་དུག་སྦྲུལ་དུ་གྱུར་པ་དང་། ཡང་ཚེ་འདིར་བྱེད་པར་ངེས་པའི་ལས་སངས་རྒྱས་ཀྱིས་ཀྱང་མི་བཟློག་པ། འཕགས་སྐྱེས་པོས་ཤཱཀྱ་མང་པོ་བསད་པ་དང་། ལྷ་སྦྱིན་གྱི་དགེ་འདུན་གྱི་དབྱེན་བྱས་པ་དང་། ཤི་མ་ཐག་སྐྱེ་བ་གཞན་གྱིས་བར་མ་ཆོད་པར་སྐྱེས་ནས་མྱོང་བའི་ལས་མཚམས་མེད་ལྔ་དང་ཉེ་བ་ལྔ་ལ་སོགས་པ་དང་། སྐྱེ་བ་མང་པོ་བརྒྱུད་ནས་མྱོང་བའི་ལས་སངས་རྒྱས་འོད་སྲུངས་ཀྱི་བསྟན་པ་ལ་བྱས་པའི་ལས་ཀྱི་སྐྱེ་བ་ལྔ་བརྒྱ་བརྒྱུད་ནས་སངས་རྒྱས་ཤཱཀྱ་ཐུབ་པའི་བསྟན་པ་ལ་སྨིན། བུ་མོ་གསེར་འཕྲེང་ཅན་དང་། རི་དྭགས་འཛིན་གྱི་མ་ས་ག་མ་ལྷ་བུ་སྟེ། ལུས་ཅན་རྣམས་ཀྱི་ལས་རྣམས་ནི། །བསྐལ་པ་བརྒྱར་ཡང་ཆུད་མི་ཟ། །འཚོགས་ཤིང་དུས་ལ་བབ་པ་ན། །འབྲས་བུ་ཉིད་དུ་སྨིན་པར་འགྱུར། །ཞེས་གསུངས་པ་ཡིན་ནོ། །སྐྱེ་བོ་ལས་ཀྱི་ནུས་པ་དང་རྣམ་སྨིན་ལ་ཡིད་མི་ཆེས་པའི་སྙིང་རྗེ་བ་ལྟར་མཁྲིགས་པ་འགའ་ཞིག་ལས་བསགས་ནས་ཡུན་རིང་དུ་སོང་བའི་ཚེ་བརྗེད་པ་ལྟ་བུར་རྣམ་སྨིན་མྱོང་མི་དགོས་པར་རང་ཟད་དུ་འགྲོ་བར་སེམས་པའང་མང་དུ་སྣང་ངོ། །

སྲིད་རྟེན་ཅིང་འབྲེལ་པར་འབྱུང་བའི་ཆོས་ཉིད་ཀྱིས་སྡིག་པའི་ལས་རྣམས་ལས་ནི་དགེ་བའི་ལས་སྟོབས་ཆེ་ཞིང་བཟང་བ་ཡིན་ཏེ། བསམ་སྦྱོར་འབད་པ་ཆེ་ཆུང་དང་། ཀུན་སློང་འཁྲུལ་མ་འཁྲུལ་དང་། རྒྱ་བར་གྱུར་པ་མཚུངས་ལྡན་གཉིས་དང་གསུམ་དང་། ས་ཐམས་ཅད་གཅིག་དང་། འབྲས་བུ་ལྔ་དང་བཞི་དང་། འབྲས་བུ་མཐར་ཐུག་པ་བཟང་ངན་དང་། བསྐལ་ཆེན་བརྒྱད་ཁྲི་དང་། བར་བསྐལ་དང་། གཏན་ནས་གཙོད་ནུས་མི་ནུས་དང་། འཇོམས་བྱེད་ཆུང་ངུས་འཇོམས་ནུས་མི་ནུས་དང་། གཉེན་པོས་སྤོང་མི་སྤོང་དང་། སངས་རྒྱས་དང་བདུད་ཀྱི་ཕྱོགས་ཏེ་ཁྱད་པར་བཅུ་གཅིག་ཡོད་པའི་ཕྱིར། འདུ་བྱེད་རྣམ་པ་མཚུངས་ལྡན་པར། །ས་ཉིད་འབྲས་བུ་རྣམ་གཉིས་ཉིད། །འཆད་དང་ཆུང་ངུས་ཡང་དག་འཇོམས། །སྤོང་དང་ཕྱོགས་ཀྱི་ཁྱད་པར་ཉིད། །ཅེས་གསུངས་སོ། །

གཅིག་ཏུ་དཀར་བས་བདེ་བ་བསྐྱེད། །གཅིག་ཏུ་གནག་པས་སྡུག་བསྔལ་བསྐྱེད། །འདྲེས་མའི་ལས་ཀྱིས་བདེ་བ་དང་། །སྡུག་བསྔལ་འདྲེས་མ་བསྐྱེད་པར་གསུངས། །ཞེས་པ་ནག་པོ་མ་འདྲེས་པའི་དཀར་པོ་ལ་འབྲས་བུ་ཡང་ཕན་བདེ་འབའ་ཞིག་འབྱུང་ལ། དཀར་པོ་མ་འདྲེས་པའི་ནག་པོ་འབའ་ཞིག་ལ་འབྲས་བུ་ཡང་སྡུག་བསྔལ་འབའ་ཞིག་འབྱུང་ངོ་། །བསམ་སྦྱོར་དཀར་ནག་འདྲེས་མར་བྱས་པའི་ལས་ལ་འབྲས་བུ་བདེ་བ་དང་སྡུག་བསྔལ་ཡང་འདྲེས་མར་སྨྱོང་བ་ཡིན་ཏེ། གོང་དུ་བཤད་པ་ལྟར་ཐོས་པ་དང་བསམ་པའི་ཤེས་རབ་ཀྱིས་གཏན་ལ་ཕབ་ནས་ཡིད་ཆེས་པའི་བཀའ་དང་བསྟན་བཅོས་རྣམ་པར་དག་པ་རྣམས་བལྟས་ཏེ་ཐེ་ཚོམ་དང་སོམ་ཉི་ལས་ཡང་དག་པར་བརྒལ་ཅིང་གཞན་གྱི་དྲིང་ལས་མི་འཇོག་པའི་མཁས་པས། གདུལ་བྱ་དུ་མ་ཡང་དག་པའི་ལམ་དུ་འཁྲིད་ནུས་པར་བྱའོ། །དེ་ནི་ཐར་པ་ཆ་མཐུན་གྱི་ལམ་སྣ་ཟིན་པ་ཡིན་པས། འཇིག་རྟེན་པ་ཡི་ཡང་དག་ལྟ། །ཆེན་པོ་གང་ལ་ཡོད་གྱུར་པ། །དེ་ནི་བསྐལ་པ་སྟོང་དུ་ཡང་། །ངན་འགྲོར་འགྲོ་བར་མི་འགྱུར་རོ། །ཞེས་བཅོམ་ལྡན་འདས་ཀྱིས་གསུངས་སོ། །མདོ་སྡེ་དུ་མར། སྲོག་གཅོད་པས་ནི་སེམས་ཅན་དམྱལ་བ་དང་ཡི་དྭགས་དང་དུད་འགྲོ་རྣམས་སུ་སྐྱེ་བར་འགྱུར་རོ། །དེ་བཀྲ་ལམ་ན་མིར་སྐྱེས་ནའང་ཚེ་ཐུང་བར་འགྱུར་རོ། །ཞེས་སོགས་མི་དགེ་བ་བཅུ་ལ་འབྲས་བུ་གཉིས་གསལ་པོར་གསུངས་པའི་ངན་སོང་གསུམ་དུ་སྐྱེ་བ་ནི་རྣམ་སྨིན་གྱི་འབྲས་བུ་ཡིན་ལ། ཚེ་ཐུང་བ་རྒྱུ་མཐུན་གྱི་འབྲས་བུ་ཡིན་ཏེ། འབྲས་བུ་གཉིས་གཙོ་བོ་ཡིན་པས་དངོས་སུ་བསྟན་ནས་བདག་པོ་དང་སྐྱེས་བུ་བྱེད་འབྲས་ཤུགས་བསྟན་ཡིན་པར་ཤེས་སོ། །

རིན་ཆེན་ཕྲེང་བར། སྲོག་གཅོད་པས་ནི་ཚེ་ཐུང་འགྱུར། །མ་བྱིན་ལེན་པས་ལོངས་སྤྱོད་འཕོངས། །བྱི་བོ་བྱེད་པ་དགྲ་དང་བཅས། །ཞེས་པ་སོགས་ཀྱང་རྒྱུ་མཐུན་གྱི་འབྲས་བུ་གསུངས་པ་ཡིན་པས་ལས་རེ་རེ་ལའང་

འབྲས་བུ་དུ་མ་འབྱུང་བ་ཡིན་ནོ། །

འདི་འདྲའི་ལས་དང་རྣམ་སྨིན་གྱི། །རྣམ་པར་དབྱེ་བ་ཤེས་གྱུར་ན། །དཔའ་བཟོད་ལས་ཀྱི་རྒྱུ་འབྲས་ལ། །ཤིན་ཏུ་མཁས་པ་ཉིད་དུ་འགྱུར། །ཞེས་པ། དེ་ལྟར་ལས་དཀར་ནག་འདྲེས་པ་གསུམ་ལ་འབྲས་བུ་བདེ་སྡུག་འདྲེས་མ་གསུམ་འབྱུང་བ་ལ་སོགས་པ་ལེགས་པར་ཐོས་བསམ་གྱི་ཤེས་རབ་ཀྱི་གཏན་ལ་ཕབ་ནས་ཡིད་ཆེས་པའི་བཀའ་དང་བསྟན་བཅོས་ཀྱི་ཁུངས་དང་སྦྱར་ཏེ་གདུལ་བྱ་ལ་སྟོན་ཤེས་པའི་སྐྱེས་བུ་དམ་པ་དེ་ནི་མཁས་པ་ཞེས་བྱ་བའི་གྲངས་སུ་འགྱུར་རོ། །ཐེག་པ་ཆེན་པོ་བར་ཁས་འཆེ་བ་རྣམས་ཀྱིས་ཀྱང་ངེས་པར་བྱ་དགོས་པ་ཡིན་ཏེ། བློ་གྲོས་རྒྱ་མཚོས་ཞུས་པའི་མདོར། ཐེག་པ་ཆེན་པོ་བསྡུད་པར་འགྱུར་བའི་ཆོས་གཅིག་སྟེ། བྱ་བར་འོས་པའི་འཇུག་པ་ལ་ཞུགས་ཤིང་། ལས་ཀྱི་རྣམ་པར་སྨིན་པ་ལ་ཡིད་ཆེས་པའོ། །ཞེས་གསུངས་སོ། །

གཉིས་པ་འཁྲུལ་པ་དགག་པ་ལ་གཉིས། འདོད་ཚུལ་བརྗོད་པ་དང་། དེ་དགག་པའོ། །དང་པོ་ནི་མུ་སྟེགས་གྲངས་ཅན་པ་རྣམས་ནི། །གཞིས་ལ་དགེ་སྡིག་ཡོད་ཅེས་ཟེར། །རྒྱུ་ལ་འབྲས་བུ་གནས་པར་འདོད། །བོད་ཀྱང་ལ་ལ་དེ་རྗེས་འབྲང་། །ཞེས་པ། རྫོགས་པའི་དུས་ཀྱི་ཐོག་མའི་ཚེ་ལོ་ཉི་ཁྲིའི་དུས་སུ། དྲང་སྲོང་སེར་སྐྱ་ཞེས་བྱ་བ་དཀའ་ཐུབ་དྲག་པོས་མུ་སྟེགས་ཀྱི་གྲུབ་ཐོབ་ཏུ་གྱུར་ནས་གཞུང་ལུགས་དུ་མ་བརྩམས་སོ། །དེ་ལ་སློབ་མའི་གཙོ་བོ་གཉིས་བྱུང་བའི་དྲང་སྲོང་ཕྱ་ར་ཕྱ་ཛས་ཤེས་བྱའི་གྲངས་ཉི་ཤུ་རྩ་ལྔར་འདོད་པའི་གྲངས་ཅན་པའི་སྡེ་དང་། དྲང་སྲོང་ཆུ་ལྡིང་གིས་ཉི་ཤུ་རྩ་ལྔ་པོ་ཡང་གནས་ལུགས་སྟོང་པར་འདོད་པའི་སེར་སྐྱ་པ་ཞེས་བྱ་བའི་ལུགས་བྱུང་སྟེ། ཡེ་ཤེས་སྙིང་པོ་ཀུན་ལས་བཏུས་སུ། གྲངས་ཅན་པ་རྣམས་ཡོན་ཏན་སྨྲ། །སེར་སྐྱ་པ་ནི་སྟོང་པར་འདོད། །ཅེས་གསུངས་སོ། །དབང་ཕྱུག་གི་གྲུབ་པ་ཐོབ་པའི་དྲང་སྲོང་གཉིས་བྱུང་བའི་རྐང་མིག་གིས་རིག་པའི་ལྟ་བ་བརྩམས་པའི་རྗེས་སུ་འབྲང་བ་རིག་པ་ཅན་དང་། གཟེགས་ཟན་གྱིས་བྱེ་བྲག་གསལ་བའི་གཞུང་བརྩམས་པའི་རྗེས་སུ་འབྲང་བའི་བྱེ་བྲག་པའོ། །ཁྱབ་འཇུག་གིས་རིག་བྱེད་ཀྱི་བསྟན་བཅོས་འབུམ་སྡེ་བརྩམས་ནས། ལྷེ་བ་པདྨའི་སྐྱེ་གནས་ལས་ཚངས་པ་གདོང་བཞི་པ་བྱུང་སྟེ། དེས་སྟོད་དང་བཅུད་ཀྱི་འཇིག་རྟེན་ཐམས་ཅད་སྤྲུལ་ཞིང་། གདོང་བཞིས། སྔན་ངག་དང་། ངེས་བརྗོད་དང་། སྲིད་སྲུང་དང་། མཆོད་སྦྱིན་གྱི་རིག་བྱེད་བཞི་བསྟན་པའི་རྗེས་སུ་འབྲང་བའི་དྲང་སྲོང་རྣམས་ཀྱིས་བསྡུས་པའི་བརྡ་སྤྲོད་ངག་གི་འོད་ཟེར་གྱི་རྗེས་སུ་འབྲང་བ་བརྡ་སྤྲོད་པ་དང་། སྐྱ་བའི་མཚོན་ཆའི་རྗེས་སུ་འབྲང་བ་རྣ་བ་མ་ཕུག་པ་དང་། སྒོམ་རིམ་དགུ་སྐོར་ལ་བརྟེན་པའི་སྒོམ་སྒྲུབ་གསང་བ་པ་དང་། རྣམ་དཔྱོད་གསལ་བའི་རྗེས་འབྲང་དཔྱོད་པ་དང་། རྒྱུན་ཤེས་ཀྱི་བུས་བྱས་པའི་ཙ་ར་ཀ་འབུམ་སྡེ་རྗེས་སུ་འབྲང་བ་ཙ་ར་ཀ་གསོ་དཔྱད་པ་དང་ལྔ་པོ། །ཁྱབ་འཇུག་དང་ཚངས

པ་ལྟར་འཛིན་ནོ། །ལྟ་རྒྱལ་བ་དམ་པའི་རྗེས་སུ་འབྲང་བ་གཅེར་བུ་པ་སྟེ། དེ་ཐམས་ཅད་རྟག་པར་སྨྲ་བའི་སྡེ་པ་ཡིན་ནོ། །སུམ་ཅུ་རྩ་གསུམ་དུ་ཕྱེར་བུས། ལྟ་རྣམས་ལྟ་མ་ཡིན་དང་འཐབ་པ་སྤྱོ་བར་བྱ་བའི་ལས་ཀྱི་འབྲས་བུ་ལ་སྐྱུར་པ་འདེབས་པའི་གཞུང་ལྟ་བའི་སྙིང་པོ་ཞེས་བྱ་བ་བརྩམས་སོ། །དེ་འཛམ་བུའི་གླིང་དུ་བྱུང་བའི་རྗེས་སུ་འབྲང་ཞིང་གྲོགས་མཁར་ན་གནས་པའི་རྒྱང་འཕེན་པ་ནི་ཆད་པར་ལྟ་བའི་སྡེ་པ་ཡིན་ནོ། །

གངས་རིའི་ཁྲོད་འདི་ན་མུ་སྟེགས་གྲངས་ཅན་པ་ཞེས་ཚིག་ཏུ་བརྗོད་ཀྱང་གྲུབ་པའི་མཐའ་ཇི་ལྟར་འདོད་པའི་ཚུལ་མི་ཤེས་པ་མང་དུ་སྣང་བའི་ཕྱིར་གསལ་བར་བཤད་པར་བྱ་སྟེ། ཤེས་བྱ་ཉི་ཤུ་རྩ་ལྔའི་གྲངས་ཀྱི་གནས་ལུགས་ཤེས་ན་བདག་གྲོལ་བར་འདོད་པས་གྲངས་ཅན་དང་། ཀུན་རྫོབ་ཐམས་ཅད་ཀྱི་བྱེད་པ་པོ་གཙོ་བོར་འདོད་པ་གཙོ་བོ་པ་དང་། བདག་ཡུལ་དང་འབྲེལ་པའི་བདེ་བ་དང་སྡུག་བསྔལ་ལ་ལོངས་སྤྱོད་པར་བྱེད་པའི་རྟག་པ་བརྟན་པ་བྱ་བྱེད་དང་བྲལ་བའི་ཤེས་རིག་གི་སྐྱེས་བུར་འདོད་པས་ཤེས་རིག་པ་དང་། ཡོན་ཏན་གསུམ་ཆ་མཉམ་དབྱེར་མེད་པའི་རང་བཞིན་ཆོས་རྣམས་ཀྱི་བྱེད་པ་པོར་འདོད་པས་ཡོན་ཏན་གསུམ་པ་དང་། ཤེས་བྱ་ཐམས་ཅད་ཀུང་སྟོང་པ་ཆེན་པོ་གཅིག་གི་ངང་དུ་ཐིམ་ནས་གྲོལ་བར་འདོད་པས་སེར་སྐྱ་པ་ཞེས་ཀྱང་ལ་ལ་སླེའོ། །

རྒྱུའི་གཙོ་བོ་རང་བཞིན་གྱི་ཡོན་ཏན་ཞེས་བྱ་བ། ཚོར་བ་བདེ་བ་དང་སྡུག་བསྔལ་བ་དང་བཏང་སྙོམས་གསུམ་མམ། འདོད་ཆགས་ཞེ་སྡང་གཏི་མུག་གསུམ་མམ། སྟགས་ཀྱི་གཞུང་ལུགས་ལ་ཚངས་པ་ཁྱབ་འཇུག་དབང་ཕྱུག་གསུམ་མམ། ཁོ་རང་གིས་བཏགས་པའི་མིང་སྙིང་སྟོབས་དང་རྡུལ་དང་མུན་པ་གསུམ་ཆ་བ་མཉམ་པའི་རྫས་ཐེམ་པོ་རྟག་པ་གཅིག་པུ་སུས་ཀྱང་མ་བྱས་པར་གདོད་མ་ནས་གྲུབ་པ་ཤིན་ཏུ་དྭངས་ཤིང་ཐོགས་པ་མེད་པ་སྟོང་པ་སེར་སྐྱས་ཀྱང་མི་མཐོང་སྟེ། རྣམ་འགྱུར་ཉི་ཤུ་རྩ་གསུམ་པོ་ཐམས་ཅད་འབྱུང་བའི་རྒྱུར་བྱེད་པར་འདོད་དོ། །དེ་ལས་རྣམ་འགྱུར་ཉི་ཤུ་རྩ་གསུམ་འབྱུང་ཚུལ་ནི། ཡོན་ཏན་གསུམ་ཆ་མི་མཉམ་པའི་གནས་སྐབས་མི་རྟག་པ་དུ་མར་གསལ་བའི་ཐེམ་པོ་མེ་ལོང་ངོ། །གཉིས་པ་ལྟ་བུ། ནང་གི་བྱེད་པ་པོ་དང་། ཆེན་པོ་དང་། བློ་ཞེས་བྱ་བ། ཕྱོགས་གཅིག་ནས་གཟུགས་སྒྲ་ལ་སོགས་པའི་གཟུགས་བརྙན་འཆར་དུ་རུང་བ། ཕྱོགས་གཅིག་ནས་ཤེས་རིག་གི་སྐྱེས་བུ་ཡུལ་ལ་ཞེན་པའི་སྣང་བ་འཆར་དུ་རུང་བའོ། །དེ་ལས་བདག་ནི་བདེ་བ་དང་སྡུག་བསྔལ་ལ་སོགས་པའི་སྐལ་བ་དང་ལྡན་ནོ་ཞེས་བདག་དང་གཅིག་ཏུ་རློམ་པའི་ང་རྒྱལ་འབྱུང་ངོ་། །དེ་ལས་ཕྱི་ན་རྡུལ་མུན་སྙིང་སྟོབས་ཤས་ཆེ་བའི་ང་རྒྱལ་རིགས་གསུམ་ལས། རྡུལ་ཤས་ཆེ་བའི་མིག་དང་རྣ་བ་དང་སྣ་དང་ལྕེ་དང་ལུས་ཏེ་བློའི་དབང་པོ་ལྔ་དང་། ཁ་དང་ལག་པ་དང་རྐང་པ་དང་མཆོག་གི་དབང་པོ་དང་བཤང་ལམ་སྟེ་ལས་ཀྱི་དབང་པོ་ལྔ་དང་། བློ་དང་ལས་ཐུན་མོང་བའི་ཡིད་དབང་བཅུ་གཅིག་འབྱུང་ངོ་། །སྙིང་སྟོབས་ཤས་ཆེ་

བ་ལས་ཁ་དོག་དང་སྒྲ་དང་དྲི་དང་རོ་དང་རེག་བྱ་འབྱུང་ཞིང་། དེ་ལྟ་ལས་རིམ་པ་བཞིན་དུ་མེ་ནམ་མཁའ་ས་ཆུ་རླུང་སྟེ་འབྱུང་བ་ལྔ་སྐྱེའོ། །མུན་པ་ཤས་ཆེ་བས་དེ་ལྟ་བསྐྱེད་པའི་གྲོགས་བྱེད་ཀྱི་འབྲས་བུ་གུད་ན་མེད་དོ། །དབང་ཕྱུག་ནག་པོའི་རྒྱུད་དུ། རང་བཞིན་ལས་ཆེ་དེ་ལས་ང་རྒྱལ་ཡིན། །དེ་ལས་བཅུ་དྲུག་གི་ནི་ཚོགས་རྣམས་འབྱུང་། །བཅུ་དྲུག་འབྱུང་བ་དེ་དག་རྣམས་ལས་ཀྱང་། །དེ་ཙམ་ལས་ནི་འབྱུང་བ་ཆེན་པོ་ལྔའོ། །ཞེས་སོ། །རང་བཞིན་ནི་དོན་དམ་པ་ཡིན་ལ། རྣམ་འགྱུར་ཉི་ཤུ་རྩ་གསུམ་པོ་ཀུན་རྫོབ་སྒྱུ་མ་ལྟ་བུ་སྟོན་པ་སེར་སྐྱས་ཀྱང་མི་མཐོང་བ་ཡིན་ཏེ། ཡོན་ཏན་གསུམ་གྱི་ཡོན་ཏན་མཆོག །མཐོང་བའི་ལམ་དུ་འགྱུར་བ་ཡིན། །མཐོང་བའི་ལམ་དུ་གང་གྱུར་པ། །སྒྱུ་མ་བཞིན་དུ་ཤིན་ཏུ་བསོག །ཞེས་སོ། །དེ་ལ་རང་བཞིན་གྱི་རྒྱུ་ཁོ་ན་ཡིན་ལ། ཆེན་པོ་དང་ང་རྒྱལ་དང་སྒྲ་ལ་སོགས་པ་དེ་ཙམ་ལྔ་ནི་རྒྱུ་འབྲས་གཉིས་ཀ་ཡིན་ཞིང་། དབང་པོ་བཅུ་གཅིག་དང་འབྱུང་བ་ལྔ་ནི་འབྲས་བུ་ཁོ་ན་ཡིན་ནོ། །བདག་ཤེས་རིག་གི་སྐྱེས་བུ་ནི་རྒྱུ་འབྲས་གཉིས་གང་ཡང་མ་ཡིན་ཞིང་། བཅིང་གྲོལ་གྱི་གཞིར་གྱུར་པ་ཡིན་ལ། །ཤེས་བྱ་ཉི་ཤུ་རྩ་བཞི་ནི་ཐེམ་པོར་འདོད་དོ། །རྩ་བ་བྱེད་ཡིན་བྱ་བ་མིན། །ཆེན་པོ་སོགས་བདུན་བྱ་དང་བྱེད། །བཅུ་དྲུག་པོ་ནི་བྱ་བ་ཡིན། །སྐྱེས་བུ་བྱ་མིན་བྱེད་པའང་མིན། །ཞེས་སོ། །སྐྱེ་ཚུལ་རང་ལ་རང་སྐྱེ་བ་ཡིན་པས་རྒྱུ་འབྲས་བདག་ཉིད་གཅིག་པ་ཡིན་ཞིང་། རྒྱུ་ལ་འབྲས་བུ་སྔར་ནས་ཡོད་པ་མི་གསལ་བ་གསལ་བར་བྱས་པ་ཡིན་གྱི་སྔར་མེད་གསར་དུ་སྐྱེ་བ་ནི་མ་ཡིན་ནོ། །འཇིག་ཚུལ་ཡང་གསལ་བ་མི་གསལ་བར་འགྱུར་ཏེ། གཙོ་བོའི་ཁུག་མ་ཆེན་པོར་བག་ལ་ཞ་བ་ལྟར་གྱུར་པ་ཡིན་ནོ། །ཞེས་ཟེར་རོ། །

བདག་འཕྲུལ་ནས་འཁོར་བར་འཁྱམས་ཚུལ་ནི། སྒྲ་ལ་སོགས་པ་ཡུལ་ཅན་དུ་སྣང་བའི་རྣམ་འགྱུར་ནི་ངོ་བོ་ཉིད་ཀྱི་བདེ་བ་ལ་སོགས་པ་ཡིན་ལ། དེའི་བློ་ངེས་གཅིག་ལ་ཤར་བ་དེ་གཟུགས་བརྙན་གྱི་བདེ་བ་ལ་སོགས་པར་སྣང་བ་ཡིན་ཞིང་། བློའི་ངོས་གཅིག་ལ་དེ་སྤྱོད་བྱེད་ཀྱི་ཤེས་རིག་གསལ་བར་ཤར་ནས་སྤྱོད་ཚུལ་ནི། དེ་གཉིས་གཅིག་ཏུ་འདྲེས་པ་ལྟ་བུར་གྱུར་ནས་གཅིག་ཏུ་སྤྱོད་ཅིང་ཞེན་ཏེ་བདག་གིས་བྱས་སོ་བྱེད་དོ་ཞེས་ཕྱིན་ཅི་ལོག་ཏུ་བཟུང་བས་བདག་འཁོར་བར་འཁྱམས་པ་ཡིན་ནོ། །དེ་ལྟར་ཡང་། ཇི་ལྟར་འོ་མ་སེམས་པ་མེད་ན་ཡང་། །བེ་འུ་འཕེལ་པའི་རྒྱུ་མཚན་ཡིན་པ་ལྟར། །དེ་བཞིན་གཙོ་བོ་སྐྱེས་བུ་རྣམས་འཕེལ་བའི། །རྒྱུ་མཚན་ཉིད་དུ་འཇུག་པར་འགྱུར་བ་ཡིན། །ཞེས་པ་དང་། སྐྱེས་བུ་ཉེ་བར་སྤྱོད་པ་དག །སྒྲུབ་ཕྱིར་གཙོ་བོ་རབ་འཇུག་སྟེ། །ལྟད་མོ་བ་དག་རབ་གྲུབ་ཕྱིར། །གར་གྱི་རྟེད་མོ་བྱེད་པ་བཞིན། །ཞེས་སོ། །བདག་འཁོར་བ་ལས་གྲོལ་ཚུལ་ནི། གཙོ་བོས་བདག་འཕྲུལ་དུ་གཞུག་པའི་ཕྱིར་རྣམ་འགྱུར་རྣམས་བསྟན་པ་ཡིན་པས། བྱེད་མཁན་གཙོ་བོ་ཡིན་ལ། རྣམ་འགྱུར་རྣམས་བློ་གྲོས་མེ་ལོང་ལྟ་བུ་ལ་སོགས་པ་སྦྱལ་ནས་དེས་བྱས་པ་ཡིན་པར་ཤེས་པའི་ཚེ། འཕྲུལ་པ་

རྒྱུད་ཆོད་ནས་བདག་བྱ་བྱེད་དང་བྲལ་བའི་རང་ངོ་ཤེས་པའི་ཚེ་གཙོ་བོ་ངོ་ཚ་བར་འགྱུར་ཏེ་མི་གསལ་བར་བསྟུས་པས། བདག་ཤེས་རིག་གི་སྐྱེས་བུ་འཁྲུལ་པ་སངས་ནས་རང་གསལ་འཛིན་མེད་ཀྱི་ངང་ལ་རྟག་ཅིང་བརྟན་པར་གནས་སོ། །དེ་ལྟར་ན་རྣམ་འགྱུར་ཉི་ཤུ་རྩ་གསུམ་གྱིས་བདག་གི་རང་བཞིན་ཤེས་པ་ལ་བསྒྲིབས་པས་ཀུན་རྫོབ་ཀྱི་ཤེས་བྱ་རྣམས་སྣང་བ་ཡིན་པར་འདོད་དོ། །

རང་བཞིན་འཇུག་པ་ལས་ནི་ཡོན་ཏན་རྣམས། །མུན་པས་བསྒྲིབས་ཕྱིར་ཕྱིན་ཅི་ལོག་རྣམས་ཀྱིས། །བདག་གིས་བྱས་ཤེས་མི་མཁས་སེམས་པ་ཡིན། །རྒྱ་འགྲུགས་བྱེད་པའི་ནུས་པའང་ཡོད་མ་ཡིན། །ཞེས་པ་དང་། སྐྱེས་བུ་འདི་ནི་དོན་དམ་དུ། །རྟོག་པ་དག་པའི་རང་བཞིན་ཏེ། །རང་བཞིན་དེ་ལྟར་མ་ཤེས་པའི། །རྨོངས་པ་རྟག་ཏུ་འཁོར་བར་འཁྱམས། །ཞེས་པ་དང་། དེ་ཙམ་ཉི་ཤུ་ལྔ་ཤེས་ན། །རལ་པའམ་བྱི་པོའི་གཙུག་ཕུད་དམ། །ཚ་ལུགས་གང་གིས་གནས་ཀྱང་རུང་། །བསྡི་གནས་གང་དུ་དགའ་བ་དེར། །གྲོལ་འགྱུར་འདི་ལ་ཐེ་ཚོམ་མེད། །ཅེས་སོ། །གྲངས་ཅན་གྱི་གཞུང་དུ། དགེ་དང་སྡིག་པ་ཇི་སྙེད་དང་། །འཁོར་བ་དང་ནི་གྲོལ་བ་དག །གཙོ་བོའི་ནང་ན་གདོད་ནས་ཡོད། །འོན་ཀྱང་ཐབས་ཀྱིས་གསལ་བར་འབྱིན། །འོ་མའི་དུས་ན་ཞོ་གང་དང་། །ཞོ་ཡི་དུས་ན་མར་ཉིད་གང་། །དྲག་པོ་ལེན་གྱིས་བཤད་པ་དེ། །འབིགས་བྱེད་གནས་པའང་དེ་སྐད་སྨྲ། །ཞེས་ཟེར་བས། དགེ་བ་དང་སྡིག་པ་དང་སྡུག་བསྔལ་བ་ཐམས་ཅད་གཙོ་བོ་རྟག་པའི་ཁྱུག་མ་ཆེན་པོའི་ནང་ན་གདོད་མ་ནས་ཡོད་ཅིང་། རྒྱུ་འོ་མ་ལ་སོགས་པ་རྣམས་ལ་འབྲས་བུ་མར་ལ་སོགས་པའང་གདོད་མ་ནས་གྲུབ་པར་སློའོ། །བོད་ཀྱི་བཤད་པ་མཁན་པོ་ལའང་། རྒྱུ་ཡི་དུས་ན་འབྲས་བུ་ཡོད། །ལས་འགྲོ་ཅན་གྱིས་རྟོགས་པ་ཡིན། །ཞེས་རང་ཡང་འཛིན་ཞིང་གཞན་ལའང་སྟོན་པར་བྱེད། དཔལ་ལྡན་ཆོས་ཀྱི་གྲགས་པས། རྩ་སོགས་རྩེ་ན་གླང་ཆེན་བརྒྱ། །སྟོན་ཆད་མ་མཐོང་ཡོད་དོ་ཞེས། །དེ་སྐད་གྲངས་ཅན་ཕྱུགས་ལས་གཞན། །ངོ་མཚར་ལྡན་པ་སུ་བརྗོད་རྩོལ། །ཞེས་ཤིན་ཏུ་བླུན་པས་ཕྱུགས་ཀྱི་ཁྱུར་བརྒྱབ་བོ། །

རྡོ་རྗེ་རྒྱལ་མཚན་བསྔོ་བ་ལས། འགྲོ་ཀུན་དགེ་བ་ཇི་སྙེད་ཡོད། །བྱས་དང་བྱེད་འགྱུར་བྱེད་པ་ཞེས། །གསུངས་པའི་དགོངས་པ་འཆད་པ་ལ། །ཞེས་པ། སངས་རྒྱས་ཕལ་པོ་ཆེར་རྡོ་རྗེ་རྒྱལ་མཚན་གྱི་བསྔོ་བའི་ལེའུར་གསུངས་པའི་དོན་དོན་གཞན་ལ་འཆད་པ་ལ། དངོས་པོར་མངོན་པར་ཞེན་པ་ཅན་གྱི་གང་ཟག །

ཁ་གཅིག་གྲངས་ཅན་ལུགས་བཞིན་དུ། །ཡོད་པའི་དགེ་བ་ཞེས་བྱ་བ། །རང་བྱུང་དུ་ནི་འགྲུབ་པར་འདོད། །དེ་ལ་བདེ་གཤེགས་སྙིང་པོ་ཟེར། །ཞེས་པ་གཙོ་བོ་དོན་དམ་པ་རྟག་པ་བརྟན་པ་དང་རང་བཞིན་གཅིག་པའི་དགེ་བ་ཡོད་པར་འདོད་པ་བཞིན་དུ། ཇི་སྙེད་ཡོད་པ་དང་ཞེས་པའི་དོན་རང་བྱུང་ལྷུན་གྲུབ་ཀྱི་དགེ

བ་བསྔོ་རྒྱུ་ཡོད་པར་འདོད་ཅིང་དེ་བཀའ་ཐ་མར་གསུངས་པའི་བདེ་གཤེགས་སྙིང་པོ་ཡིན་ནོ་ཞེས་ཟེར་རོ། །

གཉིས་པ་ནོར་བ་དེ་སུན་དབྱུང་བ་ལ་གཉིས། འགོག་པར་དམ་བཅའ་བ་ནི། གྲངས་ཅན་ལུགས་འདི་མི་འཐད་པས། །ལུང་དང་རིགས་པས་དགག་པར་བྱ། །ཞེས་པ།གྲངས་ཅན་གཙོ་བོས་བྱས་པའི་དགེ་བ་དོན་དམ་པར་ཡོད་དོ་ཞེས་འདོད་པ་དང་། ཉན་ཐོས་གཞི་ཐམས་ཅད་ཡོད་པར་སྨྲ་བའི་སྡེ་ཀྱང་། དུས་གསུམ་རྫས་གྲུབ་ཏུ་ཡོད་པར་འདོད་པའི་ལུགས་བཞི་ལས། བཙུན་པ་དབྱིག་གཉེན་གྱིས་ཆོས་གང་རང་གི་བྱ་བ་མི་བྱེད་པའི་གནས་སྐབས་མ་འོངས་པ་དང་། བྱ་བ་བྱེད་པའི་གནས་སྐབས་ད་ལྟར་བ་དང་། བྱ་བ་བྱས་ཟིན་པའི་གནས་སྐབས་འདས་པར་འཇོག་པའི་ལུགས་འདི་རྫས་ངོ་བོ་མི་འགྱུར་ཞིང་གནས་སྐབས་འགྱུར་བར་ཁས་ལེན་པ་དང་། སོ་སོར་བརྟགས་པའི་འགོག་བདེན་སྤང་བྱའི་རྫས་ཇི་སྙེད་ཡོད་པ་དེ་སྙེད་ཀྱི་བྲལ་འབྲས་འདུས་མ་བྱས་ཀྱི་དགེ་བ་འང་། རྫས་དེ་སྙེད་ཅིག་དོན་དམ་པའི་དགེ་བར་ཡོད་དོ་ཞེས་འདོད་དོ། །ཐར་པ་དམ་པའི་དོན་དུ་དགེ །ཞེས་པ་དང་། ལྡན་པའི་རྫས་རྣམས་ཇི་སྙེད་པ། །བྲལ་བའི་རྫས་ཀྱང་དེ་སྙེད་དོ། །ཞེས་འབྱུང་བ་ཡིན་ནོ༔ ༔དེ་ལ་ཕྱོགས་བཅུའི་སངས་རྒྱས་སྲས་བཅས་ལ་ཞུ་བའི་ཕྲིན་ཡིག་ཏུ། དེས་ན་བདག་གིས་བཤད་པ་དང་། །སྒོམ་པ་དང་ནི་བསྔོ་བ་ཡང་། །ཡོད་མེད་ལ་སོགས་དམིགས་པའི་དུག །སྤང་བའི་ཆོ་ག་དུག་མེད་བགྱིས། །དེ་ལ་མུ་སྟེགས་གྲངས་ཅན་དང་། །ཉན་ཐོས་ཐམས་ཅད་ཡོད་པའི་ལུགས། །འདོད་པ་དེ་དག་བདག་ལ་གྲོལ། །འདི་དག་ཀྱང་ནི་བདེན་མི་བདེན། །ཁྱོད་ཀྱི་རྣམ་པར་ཕྱེ་སྟེ་གསུངས། །ཞེས་སོ། །

གཉིས་པ་འགོག་ཚུལ་རྒྱས་པར་བཤད་པ་ལ་ལྔ། བདེ་གཤེགས་སྙིང་པོ་བསྔོ་རྒྱུར་འདོད་པ་དགག །འདུས་མ་བྱས་ལ་དགེ་བར་གསུངས་པའི་དགོངས་པ་བཤད། ཆོས་དབྱིངས་དངོས་དོན་དགེ་བར་འདོད་པ་དགག །བྱམས་སོགས་གཤིས་ཀྱི་དགེ་བར་འདོད་པ་དགག །བསྔོ་བའི་ལུང་དོན་ལོག་པར་འགྲེལ་པ་དགག་པའོ། །དང་པོ་ལ་གསུམ་སྟེ། སྙིང་པོ་ཆོས་དབྱིངས་ཡིན་པར་སྒྲུབ། དེ་བསྔོ་བྱ་མ་ཡིན་པར་བསྟན། སྙིང་པོ་སྟོང་ཉིད་སྙིང་རྗེར་འདོད་པ་དགག་པའོ། །

དང་པོ་ནི། བདེ་གཤེགས་སྙིང་པོ་ཞེས་བྱ་བ། ཆོས་དབྱིངས་འགྱུར་མེད་ཉིད་ལ་གསུངས། །དེ་སྐད་དུ་ཡང་རྒྱུད་བླ་ལས། །སེམས་ནི་རང་བཞིན་འོད་གསལ་བ། །ནམ་མཁའ་བཞིན་དུ་འགྱུར་མེད་གསུངས། །ཞེས་སོ༔ ༔ཆོས་ཀྱི་དབྱིངས་འགྱུར་བ་མེད་པ་ཉིད་ལ་དེ་བཞིན་གཤེགས་པའི་སྙིང་པོ་ཞེས་གསུངས་ཏེ། ལྷ་མོ་དཔལ་འཕྲེང་གི་མདོར། བཅོམ་ལྡན་འདས་དེ་བཞིན་གཤེགས་པའི་སྙིང་པོ་ལ་ནི་སྐྱེ་བའམ་འགུམ་པའམ་འཕོ་བའམ་འབྱུང་བ་ཡང་མ་མཆིས་སོ། །བཅོམ་ལྡན་འདས། དེ་བཞིན་གཤེགས་པའི་སྙིང་པོ་ནི་འདུས་བྱས་ཀྱི་མཚན་ཉིད་

གྱི་ཡུལ་ལ་འདས་པ་ལགས་སོ། །བཅོམ་ལྡན་འདས། དེ་བཞིན་གཤེགས་པའི་སྙིང་པོ་ནི་རྟག་པ་དང་བརྟན་པ་དང་ཞི་ར་ཟུག་པ་ལགས་སོ། །ཞེས་གསུངས་སོ། །རྒྱུད་བླ་མར་ཡང་། སེམས་ཀྱི་རང་བཞིན་འོད་གསལ་གང་ཡིན་པ། །དེ་བཞིན་ནམ་མཁའ་བཞིན་དུ་འགྱུར་མེད་དེ། །ཡང་དག་མིན་ཀུན་རྟོག་ལས་བྱུང་འདོད་ཆགས་སོགས། །གློ་བུར་དྲི་མས་དེ་ཉོན་མོངས་མི་འགྱུར། །ཞེས་གསུངས་སོ། །

མདོ་ལས་དེ་བཞིན་གཤེགས་པ་ཡི། །སྙིང་པོ་འགྱུར་མེད་ཡིན་ཞེས་བཤད། །ཀླུ་སྒྲུབ་ཀྱིས་ཀྱང་དབུ་མ་ལས། །དེ་བཞིན་གཤེགས་པའི་རང་བཞིན་གང་། །དེ་ནི་འགྲོ་བའི་རང་བཞིན་ཡིན། །དེ་བཞིན་གཤེགས་པའི་རང་བཞིན་མེད། །ཞེས་གསུངས་པ་ཡང་འདི་ཉིད་ཡིན། །ཞེས་པ། མྱ་ངན་ལས་འདས་པའི་མདོ་ལས། དེ་བཞིན་གཤེགས་པའི་སྙིང་པོ་འགྱུར་བ་མེད་པའི་རྟག་པ་ཡིན་པར་གསུངས་ཤིང་། རྩ་བའི་ཤེས་རབ་ཏུ་དེ་བཞིན་གཤེགས་པའི་རང་བཞིན་གང་ཡིན་པ་དེ་དང་འགྲོ་བ་སེམས་ཅན་ཀུན་གྱི་རང་བཞིན་གང་ཡིན་པ་དེ་ཕར་ཡིན་ཚུར་ཡིན་དུ་བསྟན་པ་དང་། ཤེར་ཕྱིན་གྱི་མདོར་ཡང་། དེ་བཞིན་གཤེགས་པའི་དེ་བཞིན་ཉིད་གང་ཡིན་པ་དེ་ནི་གནས་བརྟན་རབ་འབྱོར་གྱི་དེ་བཞིན་ཉིད་དོ། །གནས་བརྟན་རབ་འབྱོར་གྱི་དེ་བཞིན་ཉིད་གང་ཡིན་པ་དེ་ཡང་དེ་བཞིན་གཤེགས་པའི་དེ་བཞིན་ཉིད་དོ། །ཞེས་མ་དག་པའི་སེམས་ཅན་གྱི་ཆོས་ཉིད་དེ། དག་པ་སངས་རྒྱས་ཀྱི་ཆོས་ཉིད་དུ་བསྒོས་པའི་རྐྱེན་གྱིས་འགྱུར་བ་མེད་པར་རིགས་སོ། །

གཉིས་པ་དེ་བསྒོ་རྒྱུ་མ་ཡིན་པར་བསྟན་པ་ནི། ཤེས་རབ་ཕ་རོལ་ཕྱིན་པ་ལས། །ཆོས་ཀྱི་དབྱིངས་ནི་དུས་གསུམ་དང་། །ཁམས་གསུམ་དང་ནི་དགེ་སྡིག་ལས། །རྣམ་པར་གྲོལ་བ་ཡིན་ཞེས་གསུངས། །དེས་ན་ཆོས་ཀྱི་དབྱིངས་ལ་ནི། །བསྒོ་བ་མེད་ཅེས་རྒྱལ་བས་བཤད། །ཅེས་པ་ཆོས་ཉིད་སྟོང་པ་ཉིད་དེ་འདས་པ་དང་མ་འོངས་པ་དང་ད་ལྟར་བྱུང་བ་མ་ཡིན། དགེ་བ་དང་མི་དགེ་བ་དང་ལུང་དུ་མ་བསྟན་པའི་ལས་མ་ཡིན་པར་གསུངས་ཏེ། ཆོས་ཉིད་སྟོང་པ་ཉིད་དང་མཐར་བ་དེ་བཞིན་ཉིད་ལ་སོགས་པ་དོན་དམ་གཅིག་ཏུ་གསུངས་པའི་ཕྱིར་རོ། །ད་ལྟ་མཆན་བུར་བཏབ་ཡོད་པའི་མདོ་ཚིག་ཇི་བཞིན་མ་རྙེད་དོ། །

ཡང་དག་སྦྱོར་བའི་རྒྱུད་ལས་ཀྱང་། །དེ་ཡི་སྡིག་དང་བསོད་ནམས་ཀྱི། །ཆ་གཉིས་རྣམ་པར་བརྟགས་པ་སྟེ༔ ༔མཁས་པས་འདི་ཉིད་རྣམ་པར་སྤང་། །ཞེས་གསུངས་དེ་བཞིན་གསང་འདུས་ལས། །སོགས་པའི་རྒྱུད་སྡེ་ཀུན་བཏུས་ལས་གསུངས། །ཞེས་པ། སམྦུ་ཊར་གསུངས་པའི་དོན། སྟོང་དང་སྟོང་མིན་གཟུང་བ་ལས། །རྟོག་པ་ཉུང་མིན་སྐྱེ་བར་འགྱུར། །ཡོངས་སུ་སྤངས་པ་ཀུན་རྟོགས་ཏེ། །དེ་ཕྱིར་གཉིས་པོ་འདི་དག་སྤང་། །ཞེས་པ་དང་། གསང་འདུས་རྩ་རྒྱུད་དུ། ཆོས་ཐམས་ཅད་ནམ་མཁའི་རྡོ་རྗེའི་མཚན་ཉིད་དུ་མཚུངས་པའི་ཕྱིར་གཟུགས

ཀྱི་ཕུང་པོ་མ་ཡིན་ཞེས་པ་ནས། འདོད་ཆགས་ཞེ་སྡང་གཏི་མུག་མ་ཡིན་ཆོས་མ་ཡིན། ཆོས་མ་ཡིན་པ་ཡང་མ་ཡིན། ཞེས་དང་། ཀྱཻ་རྡོ་རྗེར། སྒོམ་མེད་སྒོམ་པ་པོའང་མེད། །ལྷ་མེད་སྔགས་ཀྱང་ཡོད་མ་ཡིན། །ཞེས་པ་ལ་སོགས་པ་དང་། ཕྱག་ན་རྡོ་རྗེ་དབང་བསྐུར་བའི་རྒྱུད་དུ། ཆོས་ཉིད་གང་ཡིན་པ་དེ་ལ་ནི་གདགས་པའམ་རྣམ་པར་རིག་པ་མེད་ཅིང་མི་དམིགས་ཏེ། ཞེས་པ་དང་། ཡོད་ཅེས་བྱའམ་མེད་ཅེས་བྱའམ་བསོད་ནམས་ཞེས་བྱའམ་བསོད་ནམས་མ་ཡིན་ཞེས་བྱའམ་འཁོར་བ་ཞེས་བྱའམ་མྱ་ངན་ལས་འདས་པ་ཞེས་བྱའམ་ཐར་པ་ཞེས་བྱ་བ་མེད་དོ། །ཞེས་གསུངས་སོ། །

འཕགས་པ་ཀླུ་སྒྲུབ་ཉིད་ཀྱིས་ཀྱང་། །གཏམ་བྱ་རིན་ཆེན་ཕྲེང་བ་ལས། །སྡིག་དང་བསོད་ནམས་བྱ་བ་འདས། །ཟབ་མོ་བཀོལ་བའི་དོན་དང་ལྡན། །ཞེས་པ། དོན་དམ་པར་སྤང་བྱ་སྡིག་པ་དང་བླང་བྱ་བསོད་ནམས་ལ་སོགས་སྤྲོས་པ་ཐམས་ཅད་ལས་གྲོལ་བ་སོ་སོའི་སྐྱེ་བོའི་ཤེས་མཐོང་གི་ཡུལ་ལས་འདས་པའི་ཟབ་མོ། །ཉན་ཐོས་དང་རང་སངས་རྒྱས་འཕགས་པ་རྣམས་ལའང་མ་གསུངས་པས་བཀོལ་བའི་དོན་དང་ལྡན་པའོ། །

མུ་སྟེགས་ཅན་དང་རང་ཉིད་ཀྱིས། །གནས་མིན་སྐྲག་པས་མ་མྱངས་པ། །ཞེས་གསུངས་གཞན་ཡང་དེ་ཉིད་ལས། །ཤེས་པ་ཡོད་དང་མེད་ཞིའི་ཕྱིར། །སྡིག་དང་བསོད་ནམས་ལས་འདས་པ། །དེ་ཡིས་བདེ་འགྲོ་ངན་འགྲོ་ལས། །དེ་ནི་ཐར་པ་དམ་པར་བཞེད། །ཞེས་གསུངས་འདི་ཡང་ཆོས་ཀྱི་དབྱིངས། །དགེ་སྡིག་མེད་པའི་ལུང་ཡིན་ནོ། །ཞེས་པ་ཆོས་དབྱིངས་དེ་རྟག་ཆད་ཀྱི་མཐའ་དང་བྲལ་བས་མུ་སྟེགས་ཀྱི་ཤེས་བྱའི་གནས་མ་ཡིན་ལ༑ རང་ཉིད་ཀྱི་སྡེ་པ་འཁོར་བ་སྤང་བྱ་དང་མྱ་ངན་ལས་འདས་པ་ཐོབ་བྱར་འཛིན་པའི་ཐེག་པ་དམན་པའི་བློས་གཞལ་བྱའི་གནས་མ་ཡིན་ཞིང་། ཟབ་མོའི་དོན་ལ་སྐྲག་པ་དེ་རྣམས་ཀྱི་བློའི་དབང་པོས་མ་མྱངས་པའི་དེ་བཞིན་ཉིད་འཁོར་བ་རང་གཞན་གྱིས་སྤྲོས་པ་ཉེ་བར་ཞི་བའི་དོན་ཐུགས་སུ་ཆུད་པ་དེ་མི་གནས་པའི་མྱ་ངན་ལས་འདས་པའི་མཆོག་ཡིན་པར་ཀུན་མཁྱེན་ཐུབ་པ་ཆེན་པོ་ཁྱེད་བཞེད་དོ། །ཞེས་པ་འདི་ཡང་ཆོས་དབྱིངས་དགེ་སྡིག་ལས་གྲོལ་བའི་ལུང་ཚད་མ་ཡིན་ནོ། །དེའི་གོ་དོན་ནི་འདི་ཡིན་ཏེ། ཆོས་ཉིད་སྤྲོས་པ་དང་བྲལ་བའི་དོན་ལ་དགེ་སྡིག་བླང་དོར་བཟུང་ནས་དུག་མེད་དུག་ཅན་དུ་འགྱུར་ཏེ། སྤྲོས་མེད་སྤྲོས་བཅས་སུ་འཛིན་པའི་ལོག་ཤེས་ཡིན་པས་རང་གཞན་གཉིས་ཀ་ཕུང་བར་འགྱུར་རོ་ཞེས་དེ་ཉིད་ལས། གནས་མེད་ཆོས་འདིས་སྐྲག་པ་ཡིས། །སྐྱེ་བོ་གསུམ་ལས་མངོན་དགའ་ཞིང་། །ཡོད་དང་མེད་ལས་མ་འདས་པ། །མི་མཁས་རྣམས་ནི་ཕུང་བར་འགྱུར། །འཇིགས་མིན་གནས་འཇིགས་དེ་དག་ནི། །ཕུང་ལ་གཞན་ཡང་ཕུང་བར་བྱེད། །རྒྱལ་པོ་ཕུང་བ་དེ་དག་གིས། །ཅི་ནས་མི་ཕུང་དེ་ལྟར་གྱིས། །རྒྱལ་པོ་ཁྱོད་ནི་མི་ཕུང་བར། །བཀྲི་སླད་འཇིག་རྟེན་འདས་པའི་

ཚུལ། །གཉིས་ལ་མི་བརྟེན་ཡང་དག་པ། །ཇི་བཞིན་ལུང་གི་དབང་གིས་བཤད། །ཅེས་གསུངས་པ་ཡིན་ནོ། །ཀུན་རྫོབ་དགེ་སྡིག་གི་རྣམ་སྨིན་ལ་སྐུར་པ་འདེབས་ནའང་ཆུང་བར་འགྱུར་པས་མཐའ་གཉིས་སུ་མ་ལྷུང་བར་བྱའོ། །

གསུམ་པ་སྙིང་པོ་སྟོང་ཉིད་སྙིང་རྗེ་འདོད་པ་དགག་པ་ནི། ཁ་ཅིག་བདེ་གཤེགས་སྙིང་པོའི་སྒྲ། །སྟོང་ཉིད་སྙིང་རྗེའི་སྙིང་པོར་འདོད། །འདི་ནི་བདེ་གཤེགས་ཆེན་པོའི་ཁམས། །སྒྲུབ་བྱེད་ཡིན་གྱིས་ཁམས་དངོས་མིན། །ཞེས་པ་གསུང་རབ་ཀྱི་དོན་ལ་མ་སྦྱངས་ཤིང་བདེ་བར་གཤེགས་པའི་སྙིང་པོ་ལ་ཞེས་མཐོང་ཆེན་པོ་བྱེད་པར་འདོད་པ་ཁ་ཅིག །གནས་ལུགས་སྟོང་པ་ཉིད་ཐབས་སྙིང་རྗེ་ཆེན་པོ་ནས་ཟིན་པ་དེ་སངས་རྒྱས་ཀྱི་རྒྱུ་ཁྱད་འཕགས་ཡིན་པས་ཁམས་བདེ་གཤེགས་སྙིང་པོ་ཡིན་པར་སེམས་སོ། །

དེ་སྐད་དུ་ཡང་རྣམ་འགྲེལ་ལས། །སྒྲུབ་བྱེད་ཐུགས་རྗེ་གོམས་པ་ལས། །ཞེས་གསུངས་བསླབ་བསྡུས་ཉིད་ལས་ཀྱང་། །སྟོང་ཉིད་སྙིང་རྗེའི་སྙིང་པོ་ཅན། །བསྐྱེད་པ་བསོད་ནམས་དག་པར་འགྱུར། །ཞེས་གསུངས་དེ་བཞིན་མདོ་སྡེ་དང་། །རྒྱུད་ཀུན་ལས་ཀྱང་དེ་སྐད་གསུངས། །ཞེས་པ་དེ་ནི་ཁམས་སྒྲུབ་བྱེད་ཀྱི་ལམ་མ་ནོར་བ་ཡིན་ཏེ། དཔལ་ལྡན་ཆོས་ཀྱི་གྲགས་པས། སྒྲུབ་བྱེད་ཐུགས་རྗེ་གོམས་ལས་དེ། །ཞེས་སེམས་ཅན་སྡུག་བསྔལ་བ་ལ་དམིགས་པའི་ཐུགས་རྗེ་ཆེན་པོས་ཀུན་ནས་བླངས་པའི་བརྩོན་འགྲུས་ཀྱིས་བསྐལ་པ་གྲངས་མེད་པར་ཤེས་བྱ་ཚད་མེད་པ་ལ་ལེགས་པར་བསླབས་པས་ཤེས་བྱའི་སྒྲིབ་པ་བག་ཆགས་དང་བཅས་པ་སྤྱངས་ཤིང་། མཁྱེན་རབ་དག་པས་བདག་འཛིན་ཡུལ་མེད་པའི་དོན་གཟིགས་པ་མཐར་ཕྱིན་ནས་གློ་བུར་གྱི་དྲི་མ་མཐའ་དག་དང་བྲལ་བའི་ཆོས་སྐུ་མངོན་དུ་གྱུར་བ་ཡིན་ནོ། །སློབ་དཔོན་ཞི་བ་ལྷས་ཀྱང་། སྟོང་ཉིད་ལེགས་པར་རྟོགས་པའི་ཤེས་རབ་དང་། དེ་ལྟར་མ་རྟོགས་པ་ལ་དམིགས་པའི་སྙིང་རྗེ་ཟུང་འཇུག་ཏུ་སེམས་བསྐྱེད་ནས་ཉམས་སུ་བླངས་པས། དངོས་འཛིན་དང་རང་དོན་ལ་ཞེན་པའི་དྲི་མ་དག་ནས་མི་གནས་པའི་མྱ་ངན་ལས་འདས་པ་ཐོབ་པར་འགྱུར་རོ། །ཞེས་བསླབ་བཏུས་སུ་རྒྱལ་སྲས་ཀྱི་བསླབ་བྱ་དོན་བཞིས་བསྡུས་ཏེ་བསྟན་པའི་སེམས་བསྐྱེད་དག་པར་བྱེད་པའི་དོན་དུ་གསུངས་སོ། །རྒྱུད་སོགས་འོག་ཏུ་རྒྱས་པར་འཆད་དོ། །

མདོར་ན་བདེ་གཤེགས་སྙིང་པོ་གློ་བུར་གྱི་དྲི་མ་དང་བཅས་པ་དེ་སྦྱང་གཞི་ཡིན་ཞིང་། སྟོང་ཉིད་སྙིང་རྗེའི་སྙིང་པོ་ཅན་གྱི་ལམ་ནི་སྦྱོང་བྱེད་ཡིན་ལ། དག་པ་གཉིས་ལྡན་གྱི་སངས་རྒྱས་ནི་སྦྱང་འབྲས་ཡིན་ནོ། །གཉིས་པ་འདུས་མ་བྱས་དགེ་བར་གསུངས་པའི་དགོངས་པ་ལ་གསུམ། ཆོས་མངོན་པའི་སྡེ་སྣོད་ལ་བཤད་ཚུལ་དེ་བཞིན་ཉིད་དགེ་བར་གསུངས་པའི་དགོངས་པ་དེ་ལ་མཚུངས་པའི་དཔེ་དང་སྦྱར་བའོ། །

དང་པོ་ནི། མངོན་པའི་གཞུང་ལས་ཉན་ཐོས་རྣམས། །ངོ་བོ་ཉིད་ཀྱིས་དགེ་བ་ཞེས། །བཤད་པ་དང་པ

ལ་སོགས་པ། །བཅུ་གཅིག་པོ་ན་ཡིན་ཞེས་གསུངས། །ཞེས་པ་ཀུན་ལས་བཏུས་སུ། དད་པ་དང་ངོ་ཚ་ཤེས་པ་དང་ཁྲེལ་ཡོད་པ་དང་། མ་ཆགས་པ་དང་ཞེ་སྡང་མེད་པ་དང་གཏི་མུག་མེད་པ་དང་བརྩོན་འགྲུས་དང་ཤིན་ཏུ་སྦྱངས་པ་དང་བག་ཡོད་པ་དང་བཏང་སྙོམས་དང་རྣམ་པར་མི་འཚེ་བ་དང་བཅུ་གཅིག་པོ་དེ་མཚུངས་ལྡན་དང་གྲོགས་ལ་སོགས་པ་ལ་ལྟོས་མི་དགོས་པར་སྐྱེས་ཙམ་ཉིད་ནས་དགེ་བར་སྐྱེས་པས་མཚུངས་ལྡན་གྱི་སེམས་ཀྱང་དགེ་བར་གྱུར་ཅིང་། དེས་ཀུན་ནས་བསླངས་པའི་བྱ་བ་ཡང་དགེ་བར་འགྱུར་ལ། འབྲས་བུ་ཡང་བདེ་སྐྱིད་སྟེར་བར་བྱེད་པ་ངོ་བོ་ཉིད་ཀྱི་དགེ་བར་གསུངས་སོ། །གཏན་ལ་དབབ་པ་བསྡུ་བར། དད་པ་ནས་རྣམ་པར་མི་འཚེ་བའི་བར་དེ་དག་ནི་དགེ་བའི་ཆོས་རྣམས་ཀྱི་ངོ་བོ་ཉིད་དོ། །ཞེས་སོ། །

དེ་ཡང་ལས་རྒྱུ་འབྲས་ལ་ངེས་ཤེས་སྐྱེས་པའི་དུས་སུ་དད་པ་གཙོ་བོར་གྱུར་པ་ཡིན་ལ། དེ་བཞིན་དུ་སྡིག་པ་ལས་ལྡོག་པའི་ཚེ་ངོ་ཚ་ཤེས་པ་དང་ཁྲེལ་ཡོད་པ། དགེ་བའི་ལས་ལ་འཇུག་པའི་དུས་སུ་དུག་གསུམ་མེད་པ་དང་བརྩོན་འགྲུས། འཇིག་རྟེན་པའི་ཆགས་བྲལ་གྱི་ཚེ་ཤིན་ཏུ་སྦྱངས་པ། འཇིག་རྟེན་ལས་འདས་པའི་ཆགས་བྲལ་གྱི་ཚེ་བག་ཡོད་པ་དང་བཏང་སྙོམས། སེམས་ཅན་ལ་ཕན་འདོགས་པའི་དུས་སུ་རྣམ་པར་མི་འཚེ་བ་གཙོ་བོར་གྱུར་པ་ཡིན་ནོ། །མཛོད་དུའང་དགེ་སེམས་ཐམས་ཅད་ལ་དེ་རྣམས་ཚང་བར་བཤད་དེ་གཏི་མུག་མེད་པ་ཤེས་རབ་ཀྱི་ཆར་གཏོགས་པ་ཡིན་ནོ། །

དོན་དམ་དགེ་བ་ཞེས་བཤད་པ། །དེ་བཞིན་ཉིད་ལས་གསུངས་པ་ཡིན། །དོན་དམ་སྡིག་པ་འཁོར་བ་ཀུན། །ནམ་མཁའ་སོ་སོར་བརྟགས་མིན་གཉིས། །དོན་དམ་ལུང་མ་བསྟན་ཞེས་བཤད། །ཅེས་པ་ཀུན་ལས་བཏུས་སུ། དོན་དམ་པའི་དགེ་བ་གང་ཞེ་ན་དེ་བཞིན་ཉིད་དོ། །ཞེས་གསུངས་པའི་དོན་ནི་རྣམ་པར་དག་པའི་དགེ་བ་ཟག་མེད་ཡེ་ཤེས་ཀྱི་ཡུལ་ཡིན་པས་དགེ་བར་བཞག་པ་ཡིན་ལ། དོན་དམ་པར་མི་དགེ་བ་གང་ཞེ་ན་འཁོར་བ་ཐམས་ཅད་དོ། །ཞེས་པའི་དོན་མི་བདེ་བའི་འབྱུང་གནས་ཡིན་པས་མི་དགེ་བར་ཡང་བསྟན་ལ། ཟག་བཅས་ཀྱི་ལས་ཀྱི་རྣམ་སྨིན་ཡིན་པས་ལུང་མ་བསྟན་དུའང་འཇོག་པར་མཁས་མཆོག་དབྱིག་གཉེན་བཞེད་ཅིང་། བོད་ཀྱི་མཁས་པ་འགའ་ཞིག་གི་ཟག་པ་དང་བཅས་པའི་དགེ་བ་ལ་སྐྱོ་བར་བྱ་བའི་ཕྱིར་གསུངས་ཞེས་སོ། །དོན་དམ་པར་ལུང་དུ་མ་བསྟན་པ་གང་ཞེ་ན། ནམ་མཁའ་དང་སོ་སོར་བརྟགས་པ་མ་ཡིན་པས་འགོག་པའོ། །ཞེས་པ་ནི་རྣམ་གྲངས་གཞན་མེད་པར་རྣམ་པ་ཐམས་ཅད་དུ་ལུང་མ་བསྟན་པར་ངེས་པའོ། །དེས་ན་ལེགས་པར་མ་བྱེད་པས་དོན་དམ་པ་དང་ལུང་དུ་མ་བསྟན་པ་དང་དགེ་བར་གསུངས་པ་རྣམས་འདྲེས་ཤིང་ཁྲིད་མ་ཕྱེ་བའི་སྐྱོན་ཡོད་དོ། །

གཉིས་པ་དེ་བཞིན་ཉིད་ལ་དགེ་བར་གསུངས་པའི་དགོངས་པ་ནི། དེ་བཞིན་ཉིད་ལ་དགེ་བ་ཞེས། །བཤད་པའི་དགོངས་པ་འདི་ལྟར་ཡིན། །དཔེར་ན་ནད་དང་བྲལ་བ་ནི། །ལུས་བདེ་མྱ་ངན་མེད་པ་ལ། །སེམས་བདེ་ཞེས་ནི་འཇིག་རྟེན་ཟེར། །འདི་དག་དུཿཁ་མེད་པ་ལས། །གཞན་པའི་བདེ་བ་མེད་མོད་ཀྱི། །འོན་ཀྱང་སྡུག་བསྔལ་མེད་ཙམ་ལ། །བདེ་བ་ཡིན་ཞེས་ཀུན་ལ་གྲགས། །ཞེས་པ། ཆོས་དབྱིངས་དེ་བཞིན་ཉིད་ལ་དགེ་བར་གསུངས་པའི་རྒྱུ་མཚན་ཏེ། རང་བཞིན་གྱིས་རྣམ་པར་དག་ཅིང་འོད་གསལ་བ་ཡིན་པས་སྡིག་པ་མི་དགེ་བ་མེད་པ་ཙམ་ལ་བཏགས་པ་ཡིན་ཏེ། དཔེར་ན་ནད་དྲག་པོས་མནར་བའི་སྡུག་བསྔལ་མངོན་གྱུར་མེད་པའི་ཚོར་བ་བཏང་སྙོམས་པར་གནས་པ་ལ་བདེ་བར་འདོད་པ་བཞིན་ནོ། །གོང་དུ་སྨོས་པ་བཞིན་ཡུལ་ཅན་ཟག་མེད་ཀྱི་དགེ་བ་ཡིན་པས་ཡུལ་ལའང་བཏགས་པ་ཡིན་ཏེ། རྣམ་པར་ཐར་པའི་སྒོ་བཞིན་ནོ། །

གསུམ་པ་མཚུངས་པའི་དཔེ་དང་སྦྱར་བ་ནི། དེ་བཞིན་ཆོས་ཀྱི་དབྱིངས་ལ་ཡང་། །སྡིག་པ་མེད་པ་ཙམ་ཞིག་ལས། །ལྷག་པའི་དགེ་བ་མེད་མོད་ཀྱི། །དགེ་བ་ཡིན་ཞེས་བཏགས་པར་ཟད། །གཞན་ཡང་མདོན་པའི་གཞུང་རྣམས་ལས། །ཟས་ཀྱིས་འགྲངས་པ་ལ་སོགས་ལ། །འདོད་ཆགས་བྲལ་བར་གསུངས་མོད་ཀྱི། །འོན་ཀྱང་གཏན་ནས་བྲལ་བ་ཡི། །འདོད་ཆགས་བྲལ་བ་མ་ཡིན་ནོ། །ཞེས་པ་ཀུན་ལས་བཏུས་སུ། གནོད་པས་འདོད་ཆགས་དང་བྲལ་བ་ནི་འཁྲིག་པ་སྤྱད་ནས་རེ་ཞིག་དེ་ལ་མི་དགའ་ཞིང་མི་འཕྲོད་པའི་འདུ་ཤེས་འབྱུང་བ་དང་། ཉེ་བར་བརྟན་པས་འདོད་ཆགས་བྲལ་བ། ཟས་ཤིན་ཏུ་འགྲངས་པར་ཟོས་པས་ཚིམ་ནས། རོ་ཤིག་ཟས་ཞིམ་པའང་མི་འདོད་ཅིང་སྐྱུག་ལོག་ནས། མི་འཕྲོད་པར་འདུ་ཤེས་པ་དང་། རྨོངས་པ་འདོད་ཆགས་དང་བྲལ་བ༑ བྱིས་པ་སོ་སོ་སྐྱེ་བོས་ཐར་པའི་ཡོན་ཏན་མི་ཤེས་པས་མྱ་ངན་ལས་འདས་པའི་གོ་འཕང་མི་འདོད་ཅིང་། མི་འཕྲོད་པའི་འདུ་ཤེས་འབྱུང་བ་ལ་སོགས་འདོད་ཆགས་དང་བྲལ་བ་ཆ་མཐུན་ཙམ་ལ། ཆགས་བྲལ་དུ་གསུངས་པ་རྣམས་གཏན་ནས་ཆགས་བྲལ་མ་ཡིན་ལ། གོང་ན་མེད་པའི་འདོད་ཆགས་དང་བྲལ་བ་ནི་སངས་རྒྱས་དང་བྱང་ཆུབ་སེམས་དཔའ་འཕགས་པ་རྣམས་ཀྱི་བདག་མེད་མཐའ་དག་རྟོགས་པའི་ཡེ་ཤེས་ཀྱིས་སྒྲིབ་གཉིས་ས་བོན་བཅོམ་པས་གཏན་ནས་ཆགས་བྲལ་དུ་གསུངས་པ་ལྟར་རོ། །

དེ་བཞིན་ཆོས་ཀྱི་དབྱིངས་ལ་ཡང་། །དགེ་བ་ཡིན་ཞེས་གསུངས་གྱུར་ཀྱང་། །འབྲས་བུ་བདེ་བ་བསྐྱེད་པ་ཡི། །དགེ་བ་དངོས་ནི་མ་ཡིན་ནོ། །ཞེས་པ། ཆོས་ཀྱི་དབྱིངས་རང་བཞིན་གྱིས་རྣམ་པར་དག་པ་ལ་དགེ་བར་བཏགས་པའང་ཆ་མཐུན་ཙམ་ཡིན་གྱི། འབྲས་བུ་རྣམ་སྨིན་བདེ་སྐྱིད་འབྱུང་བའི་དགེ་བ་དངོས་དེ་མ་ཡིན་ནོ། །

གསུམ་པ་ཆོས་དབྱིངས་དགེ་བ་དངོས་སུ་ནན་གྱིས་འདོད་པ་དགག་པ་ནི། ཅི་ནས་ཆོས་དབྱིངས་དགེ་བ

ཉིད། །ཡིན་ན་ཏ་ཙང་ཐལ་འགྱུར་ཏེ། །ཆོས་ཀྱི་དབྱིངས་ལས་མ་གཏོགས་པའི། །ཆོས་གཞན་མེད་ཕྱིར་སྡིག་པ་དང་། །ལུང་མ་བསྟན་ཡང་དགེ་བར་འགྱུར། །ཞེས་པ། ལུང་དང་རིགས་པས་མདོ་དང་བསྟན་བཅོས་ཀྱི་དགོངས་པ་བཤད་ཀྱང་བདེན་ཞེན་མི་བཟློག་པར་ཆོས་ཀྱི་དབྱིངས་དེ་འབྲས་བུ་བདེ་བ་སྐྱིན་བྱེད་ཀྱི་དགེ་བ་ཡིན་འདོད་ན། མདོ་སྡེ་རྒྱན་དང་དབུས་མཐར། ཆོས་ཀྱི་དབྱིངས་ནི་མ་གཏོགས་པར། །གང་ཕྱིར་ཆོས་མེད་དེ་ཡི་ཕྱིར། །ཞེས་པ་དང་། འདི་ལྟར་ཆོས་ཡོད་མ་ཡིན་ཏེ། །ཞེས་གསུངས་པས་སྡིག་པ་མི་དགེ་བ་དང་ལུང་མ་བསྟན་ཐམས་ཅད་ཀྱང་དགེ་བ་ཡིན་པར་འགྱུར་ལ། དེ་ལྟ་ཡིན་ན་སེམས་ཅན་ཀུན། །ངན་འགྲོར་འགྲོ་བ་མི་སྲིད་དོ། །ཞེས་པ། དེ་ལྟར་ཁས་ལེན་ན་སེམས་ཅན་སུ་ཡང་། ངན་འགྲོར་འགྲོ་བར་མི་འགྱུར་ཏེ། ཐམས་ཅད་དགེ་བ་འབའ་ཞིག་སྒྲུབ་པའི་ཕྱིར་རོ། །

བཞི་པ་བྱམས་སོགས་གཞིས་ཀྱི་དགེ་བར་འདོད་པ་དགག་པ་ནི། ལ་ལ་བྱམས་དང་སྙིང་རྗེ་སོགས། །གཞིས་ཀྱི་དགེ་བ་ཡིན་ཞེས་ཟེར། །འདི་ཡང་དེ་ལྟར་ངེས་པ་མེད། །མི་མཁས་པ་ཡི་བྱམས་སྙིང་རྗེ། །ངན་སོང་རྒྱུ་རུ་ཐུབ་པས་གསུངས། །ཐབས་ལ་མཁས་པའི་སྙིང་རྗེ་ལ། །དགོངས་ནས་དགེ་བ་གསུངས་པ་ཡིན། །ཞེས་པ་ནི། དམིགས་ཡུལ་སེམས་ཅན་ལ་ཕན་པ་དང་བདེ་བར་འདོད་པ་ནི་བྱམས་པ་ཡིན་ལ། སྡུག་བསྔལ་དང་བྲལ་བར་འདོད་པ་ནི་སྙིང་རྗེ་ཡིན་པས། དེ་ནི་སུའི་རྒྱུད་ལ་སྐྱེས་ཀྱང་གཞིས་ལ་གནས་པའི་དགེ་བ་ཡིན་པར་སྨྲའོ། །དེ་ལ་མཐའ་གཅིག་ཏུ་ངེས་པར་གཟུང་དུ་མི་རུང་སྟེ། ཐབས་ལ་མི་མཁས་པའི་བྱམས་སྙིང་རྗེ་འགའ་ཞིག་ངན་འགྲོའི་རྒྱུར་གསུངས་པ་དུ་མ་ཡོད་པ་འདི་ལྟ་སྟེ། མཛངས་བླུན་ལས། ཞལ་ཏ་བས་དགེ་འདུན་དབྱར་གནས་པའི་མཐུན་རྐྱེན་གྱི་རིན་པོ་ཆེ་མང་པོ་སྦྱིན་བདག་གིས་ཕུལ་བ་རྣམས་རང་གི་ཉེ་དུ་དང་ཡིད་མཐུན་པ་རྣམས་ལ་ཕན་འདོགས་པའི་བློས་བྱིན་པས། ཞལ་ཏ་པ་ནི་ལྦོན་ཤིང་ལྟ་བུའི་སེམས་ཅན་དམྱལ་བ་པར་གྱུར་ཏེ། གཞན་རྣམས་ནི་ཤིང་གི་སྲིན་བུར་གྱུར་ནས་ཟ་ཞིང་། ཐམས་ཅད་དམྱལ་བའི་མེས་བསྲེགས་པར་གྱུར་པ་དང་། དད་པས་བྱིན་པའི་རྫས་ཁྱིམ་པ་ལ་བྱིན་ན་གཉིས་ཀ་ལ་ཉེས་པར་གསུངས་པ་དང་། ཚེ་ཕྱི་མར་གནོད་པའི་རྒྱུས་ཚེ་འདིར་ཕན་བཏགས་པ་ནི་བྱང་ཆུབ་སེམས་དཔའ་ལ་ལྟུང་བར་གསུངས་པ་དང་། ཤ་དང་ཆང་བྱིན་པ་མ་དག་པའི་སྦྱིན་པར་གསུངས་ཤིང་། སྡིག་པའི་རྫས་ཀྱིས་རང་གི་བུ་སྨད་གསོ་བའི་གཅན་གཟན་དང་། བྱི་ལ་སོགས་པ་དུ་མ་ཞིག་མངོན་དུ་སྣང་བའི་ཕྱིར་རོ། །དེས་ན་བྱམས་སྙིང་རྗེ་དང་ཕན་སེམས་ལ་ཡོན་ཏན་ཆེན་པོ་ཡོད་པར་བསྔགས་པ་མཛད་པ་ནི། ཡུལ་དང་དུས་དང་འཕྲལ་དང་ཡུལ་གྱི་སྤང་བླང་མ་ནོར་བར་ཁོང་དུ་ཆུད་པའི་ཐབས་མཁས་པ་དང་ལྡན་པས་བྱེད་པ་ལ་དགོངས་པ་ཡིན་པས་བློ་གྲོས་ཞིབ་མོས་བྱ་དགོས་སོ། །

གཉིས་པ་བསྔོ་བའི་ལུང་དོན་ལོག་པར་འགྲེལ་བ་དགག་པ་ལ་གཉིས། ནོར་བ་སུན་དབྱུང་། དགོངས་པ་ལེགས་པར་བཤད་པའོ། །དང་པོ་ལ་གསུམ། ཡོད་ཚུལ་ལ་འཁྲུལ་ལུགས། ལུང་དང་འགལ་ཚུལ། རིགས་པས་གནོད་ཚུལ་ལོ། །

དེས་ན་འགྲོ་བ་ཐམས་ཅད་ཀྱིས། །བྱས་པའི་དགེ་བ་ལ་དགོངས་ནས། །འགྲོ་ཀུན་དགེ་བ་ཇི་སྙེད་ཡོད། །ཅེས་བྱའི་ཚིག་གི་གསུངས་པ་ཡིན། །ཞེས་པ་འགྲོ་ཀུན་དགེ་བ་ཇི་སྙེད་ཡོད་པ་དང་། ཞེས་པའི་མདོའི་ཚིག་དེ་སེམས་ཅན་ཐམས་ཅད་ཀྱི་ཚེ་ཐོག་མ་མེད་པ་ནས་ལུས་ངག་ཡིད་གསུམ་གྱིས་བྱས་པའི་དགེ་བ་ལ་དགོངས་ནས་གསུངས་པ་ཡིན་ནོ། །

གལ་ཏེ་ཆོས་ཀྱི་དབྱིངས་ཡིན་ན། །ཇི་སྙེད་ཅེས་པའི་སྒྲ་མི་འཐད། །ཡོད་ཅེས་བྱ་བའི་སྒྲ་ཡང་འགལ། །དེ་ཡི་རྒྱུ་མཚན་འདི་ལྟར་ཡིན། །ཇི་སྙེད་ཅེས་བྱ་མང་པོའི་སྒྲ། །ཆོས་ཀྱི་དབྱིངས་ལ་མང་ཉུང་མེད། །དེ་ནི་སྤྲོས་བྲལ་ཡིན་ཕྱིར་རོ། །ཞེས་པ། ཡོད་ཅེས་པའི་མདོ་ཚིག་དེ་ཆོས་དབྱིངས་ལ་ཟེར་བ་ཡིན་ན། ཐོག་མར་ཇི་སྙེད་ཅེས་པའི་ཚིག་འབྱུང་བ་མི་འཐད་དེ། ཇི་སྙེད་པ་དེ་སྙེད་ཅེས་པ་མང་པོ་ཕྱོགས་གཅིག་ཏུ་བསྡུས་པས་བརྗོད་པ་ཡིན་པས། ཆོས་དབྱིངས་འདུས་མ་བྱས་ལ་མང་ཉུང་གི་ཐ་སྙད་མེད་དེ་ནམ་མཁའ་བཞིན་ནོ། །ཡོད་ཅེས་པའི་སྒྲ་མི་འཐད་དེ། ཆོས་དབྱིངས་ཡོད་མེད་ཀྱི་མཐའ་ལས་འདས་པའི་སྤྲོས་བྲལ་ཡིན་པའི་ཕྱིར་རོ། །

གཉིས་པ་ལུང་དང་འགལ་བ་ནི། །ཆོས་དབྱིངས་ཡོད་པ་མ་ཡིན་ཏེ། །ཡོད་ཙམ་མི་རྟག་གིས་ཁྱབ་པར། །ཆོས་ཀྱི་གྲགས་པས་ལེགས་པར་གསུངས། །ཞེས་པ། ཆོས་དབྱིངས་ཆོས་ཅན་མི་རྟག་པར་ཐལ། ཡོད་པའི་ཕྱིར་རྫས་བུམ་བཞིན་ནོ། །དཔལ་ལྡན་ཆོས་ཀྱི་གྲགས་པས། འཇིག་པ་པ་ཡོད་ཙམ་འབྲེལ་པ་ཅན། །ཉིད་ཕྱིར་སྒྲ་ནི་མི་རྟག་ཉིད། །ཅེས་པ་དང་། འཇིག་ལ་བྱས་དང་ཡོད་ཉིད་བཞིན། །ཞེས་སོ། །

ཀླུ་སྒྲུབ་ཀྱིས་ཀྱང་དབུ་མ་ལས། གལ་ཏེ་མྱ་ངན་འདས་དངོས་ན། །མྱ་ངན་འདས་པ་འདུས་བྱས་འགྱུར། །དངོས་པོ་འདུས་བྱས་མ་ཡིན་པ། །འགའ་ཡང་གང་ན་ཡོད་མ་ཡིན། །ཞེས་པ་མྱ་ངན་ལས་འདས་པ་ཆོས་ཅན། འདུས་བྱས་སུ་ཐལ། དངོས་པོ་ཡིན་པའི་ཕྱིར། ལོ་ཏོག་བཞིན་ནོ། །དངོས་སུ་འདུས་མ་བྱས་ཡིན་པ་མེད་དོ་ཞེས་ཁྱབ་པ་དེ་སྐད།

ཅེས་གསུངས་གཞན་ཡང་དེ་ཉིད་ལས། །གང་དག་རང་བཞིན་གཞན་དངོས་དང་། །དངོས་དང་དངོས་མེད་ཉིད་ལྟ་བ། །དེ་དག་སངས་རྒྱས་བསྟན་པ་ལ། །དེ་ཉིད་མཐོང་བ་མ་ཡིན་ནོ། །ཞེས་པ་གསུང་རབ་ཀྱི་དགོངས་པ་འཆད་པར་འདོད་པ་གང་ཟག་གཟུགས་ལ་སོགས་པའི་ཀུན་རྫོབ་ཀྱི་དངོས་དང་། དེའི་རང་བཞིན

སྟོང་པ་ཉིད་དེ་གཞན་དང་གཞན་མ་ཡིན་པ་དང་། དུས་གསུམ་གྱི་ཆོས་རྣམས་དངོས་པོ་དང་དངོས་པོ་མེད་པར་འཛིན་པའི་ལྟ་བ་ཅན་དེ་དག་གིས་སངས་རྒྱས་ཀྱི་བསྟན་པ་དམ་པའི་ཆོས་ལ་སྤྲོས་པ་དང་བྲལ་བའི་དེ་ཁོ་ན་ཉིད་ལེགས་པར་མཐོང་བ་མ་ཡིན་ནོ། །

ཞེས་གསུངས་གཞན་ཡང་དེ་ཉིད་ལས། །བཅོམ་ལྡན་དངོས་དང་དངོས་མེད་པ། །མཁྱེན་པས་ཀཱ་ཏྱཱ་ན་ཡི། །གདམས་ངག་ལས་ནི་ཡོད་པ་དང་། །མེད་པ་གཉིས་ཀ་བཀག་པ་མཛད། །ཅེས་པ་ཐེག་ཆེན་གྱི་གསུང་རབ་སངས་རྒྱས་ཀྱི་བཀའ་མ་ཡིན་པར་འདོད་པའི་ཉན་ཐོས་སྡེ་པ་ཁ་ཅིག་ལ་ཁོ་རང་གིས་ཁས་ལེན་པའི་ལུང་འདྲེན་པ་ཡིན་ཞིང་། བཅོམ་ལྡན་འདས་ཐམས་ཅད་མཁྱེན་པར་ཡིད་ཆེས་བྱེད་པས། འཕགས་པ་ཀཱ་ཏྱཱ་ན་ནི། གངས་ཀྱི་རི་ལ་དགེ་སློང་རྒྱལ་བུ་དོན་གྲུབ་ཀྱི་མཚན་ལུང་སྟོན་པ་དེའི་ཚ་བོ་ཡིན་ལ། དེ་སྟར་གྱི་དྲང་སྲོང་གི་ལྟ་བ་ངན་པ་ལ་ཞེན་པ་དེ་སྤང་བའི་ཕྱིར་ཡོད་མེད་གཉིས་ཀའི་མཐའ་དང་བྲལ་བར་གདམས་པ་མཛད་ཅེས་པ་ནི་འདི་ལྟར། ཀཱ་ཏྱཱ་ན་གང་གི་ཕྱིར་འཇིག་རྟེན་འདི་ན་ཕལ་ཆེར་ཡོད་པ་ཉིད་དང་མེད་པ་ཉིད་ལ་མངོན་པར་ཞེན་ཏེ༑ དེས་ན་སྐྱེ་བ་དང་རྒ་བ་དང་འཆི་བ་དང་མྱ་ངན་དང་སྨྲེ་སྔགས་འདོན་པ་དང་སྡུག་བསྔལ་བ་དང་ཡིད་མི་བདེ་བ་དང་འཁྲུག་པ་དག་ལས་ཡོངས་སུ་གྲོལ་བར་མི་འགྱུར། འགྲོ་བ་ལྔའི་འཁོར་བ་ལས་ཡོངས་སུ་གྲོལ་བར་མི་འགྱུར། མཐར་འཆི་བའི་གདུང་བའི་སྡུག་བསྔལ་ལས་གྲོལ་བར་མི་འགྱུར་རོ། །ཞེས་གསུངས།

གཞན་ཡང་དེ་ཉིད་ལས། །ཡོད་ཅེས་བྱ་བ་རྟག་པར་འཛིན། །མེད་ཅེས་བྱ་བ་མཚན་མར་ལྟ། །དེ་ཕྱིར་ཡོད་དང་མེད་པ་ལ། །མཁས་པས་གནས་པར་མི་བྱའོ། །ཞེས་པ། ཆོས་ཐམས་ཅད་གདོད་མ་ནས་རང་བཞིན་གྱིས་ཡོད་ཅེས་བྱ་བ་ནི་རྟག་པར་ལྟ་བར་འགྱུར་ལ། མེད་ཅེས་བྱ་བ་ནི་ཆད་པར་ལྟ་བར་འགྱུར་བས་ཆོས་ཉིད་སྤྲོས་པ་དང་བྲལ་བའི་དོན་ལ་མཁས་པ་རྣམས་ཀྱིས་གང་དུའང་ཞེན་ཞིང་གནས་པར་མི་བྱའོ། །

ཞེས་གསུངས་པ་ཡང་ཆོས་ཀྱི་དབྱིངས། །ཡོད་མེད་གཉིས་ཀ་མིན་པའི་ལུང་། །དེས་ན་སངས་རྒྱས་བསྟན་པ་ལ། །གུས་པ་བྱེད་ན་ཆོས་ཀྱི་དབྱིངས། །ཡོད་མེད་གཉིས་ཀར་མ་བཟུང་ཞིག །ཞེས་པ། ལུང་དེ་དག་ནི་ཆོས་དབྱིངས་ཡོད་མེད་གཉིས་ཀའི་མཐའ་དང་བྲལ་བར་གཏན་ལ་འབེབས་པའི་ཚད་མར་གྱུར་པ་ཡིན་པས། སངས་རྒྱས་ཀྱི་བསྟན་པ་ལུང་དང་རྟོགས་པའི་ཆོས་ལ་གུས་པས་ཉམས་ལེན་བྱེད་ན་ཆོས་དབྱིངས་སྤྲོས་པ་དང་བྲལ་བའི་དོན་ལ་ཡོད་མེད་ཀྱི་མཐར་མ་འཛིན་པར་དོན་དམ་སྤྲོས་པ་ལས་གྲོལ་བའི་དོན་ལ་འདྲིས་པར་གྱིས་ཤིག །

གསུམ་པ་རིགས་པས་གནོད་ཚུལ་ནི། རིགས་པས་ཀྱང་ནི་འདི་གྲུབ་སྟེ། །ཡོད་ཙམ་དོན་བྱེད་នུས་ཡིན་

ཕྱིར། །ཆོས་ཀྱི་དབྱིངས་ལ་མང་ཉུང་མེད། །དེ་ནི་སྤྲོས་བྲལ་ཡིན་ཕྱིར་རོ། །ཞེས་པ་ཆོས་དབྱིངས་ཡོད་པ་མ་ཡིན་ཏེ༑ དོན་བྱེད་མི་ནུས་པའི་ཕྱིར། ཁྱབ་པ་ཡོད་དེ་ཡོད་ན་དོན་བྱེད་ནུས་དགོས་པའི་ཕྱིར། ནུས་པ་གང་ཡང་དངོས་སུ་དང་རྗེས་སུ་དཔག་པས་མ་དམིགས་པའི་ཡོད་པ་དེ་ཇི་ལྟ་བུ་ཞིག་ཡིན། གསལ་བར་བསྟན་དགོས་སོ། །འདིར་ཚིག་རྐང་པ་གཉིས་སྔར་གཞུང་ཇི་ལྟར་ལྟ་བར་འབྱུང་བ་ལ་ བློས་པའི་སྐྱོན་མེད་དེ། སྔར་ལུང་གི་ཚིག་འགྲེལ་བ་ཡིན་ལ། འདིར་རིགས་པས་ཆོས་དབྱིངས་དོན་བྱེད་ནུས་མ་ཡིན་པར་སྒྲུབ་པ་ཡིན་ཏེ། དོན་ནི་འབྲས་བུ་ལ་ཟེར་ཞིང་བྱེད་པ་ནི་བསྐྱེད་པའི་དོན་ཡིན་པའི་འབྲས་བུ་བསྐྱེད་ན་རྒྱུ་རྐྱེན་དུ་མ་འདུས་ནས་བསྐྱེད་དགོས་ཏེ། ས་བོན་ལས་མྱུ་གུ་འབྱུང་བ་བཞིན་ནོ། །དེས་ན་ཆོས་དབྱིངས་འབྲས་བུ་སྐྱེད་བྱེད་མ་ཡིན་ཏེ། མང་ཉུང་མེད་པའི་ཕྱིར་ཞེས་སྟོན་པ་ཡིན་ནོ། །

གཞན་ཡང་ཡོད་པའི་དགེ་བ་ནི། །ཆོས་ཉིད་ཡིན་ན་འགྲོ་ཀུན་གྱི། །དགེ་བ་ཞེས་བྱ་སྨོས་ཅི་དགོས། །ཐེམ་པོ་དང་ནི་དངོས་མེད་དང་། །འཕགས་པའི་ཆོས་ཉིད་ཅེས་མི་བསྔོ། །ཐམས་ཅད་བསྔོ་རྒྱུ་ཡིན་ཕྱིར་རོ། །ཞེས་པ་ཡོད་ཅེས་པའི་མདོ་ཚིག་ཆོས་ཉིད་ལ་ཟེར་ན། འགྲོ་ཀུན་ཞེས་སེམས་ཅན་བྱེ་བྲག་ཏུ་སྨོས་ཅི་དགོས། དེ་བས་རྒྱ་ཆེ་བ་ཆོས་ཀུན་དགེ་བ་ཞེས་ཅིའི་ཕྱིར་མི་བསྔོ། ཐེམ་པོ་དང་དངོས་མེད་འཕགས་པ་ཐམས་ཅད་དབྱེར་མེད་དུ་གནས་པའི་ཕྱིར་རོ། །

གཉིས་པ་རང་ལུགས་ཀྱི་དོན་ལེགས་པར་བཤད་པ་ལ་གཉིས། བཀའི་གཞུང་ཚིག་འབྲུ་བསྟན་པ་དང་། ཡོད་དགེའི་དགག་སྒྲུབ་ལས་འཕྲོས་པའི་ཚུལ་ལོ། །དང་པོ་ལ་གཉིས། དོན་བཤད་པ་དང་། དཔེ་དགོད་པའོ། དང་པོ་ནི། དེས་ན་གཞུང་དེའི་དགོངས་པ་ནི། །ལེགས་པར་བཤད་ཀྱིས་འདི་ལྟར་ཟུང་། །འགྲོ་བ་ཀུན་གྱིས་བྱས་པ་ཡི། དགེ་བ་ཇི་སྙེད་ཡོད་པ་ཞེས། །བྱ་བའི་སྒྲ་ནི་སྤྱིར་བསྟན་ཡིན། །བྱས་དང་བྱེད་འགྱུར་བྱེད་པ་ཞེས། །དུས་གསུམ་དབྱེ་བ་དམིགས་བསལ་ཡིན། །ཞེས་པ། སེམས་ཅན་ཐམས་ཅད་ཀྱིས་བྱས་པའི་དགེ་བ་ཕྱོགས་བཅུ་ནམ་མཁའི་མཐས་ཀླས་པ་རྣམས་ན་ཡོད་པ་ཇི་སྙེད་པ་ཞེས་སྤྱིར་བཏང་དང་། འདས་པའི་དུས་སུ་བྱས་པ་དང་། མ་འོངས་པ་ན་བྱེད་པར་འགྱུར་བ་དང་། ད་ལྟར་བྱེད་བཞིན་པ་དག་ཅེས་དམིགས་ཀྱིས་བསལ་བ་ཡིན་ལ། ཡང་ན་སེམས་ཅན་གཞན་གྱི་རྒྱུད་ཀྱིས་བསྡུས་པའི་དུས་གསུམ་གྱི་དགེ་བ་དང་། བསྔོ་བ་པོ་བདག་ཉིད་ཀྱི་དུས་གསུམ་གྱི་དགེ་བ་རྣམས་བསྔོ་རྒྱུར་སྟོན་པའམ། ཡང་ན་ཇི་སྙེད་ཡོད་པ་དང་ཞེས་བྱ་བས་དབྱེ་བཞི་སྤྱིར་བསྟན་ནས། བྱས་དང་བྱེད་འགྱུར་དེ་བཞིན་བྱེད་པ་ཞེས་དུས་གསུམ་དང་སྦྱར་ནས་བྱེ་བྲག་ཏུ་བཤད་པ་ཡིན་ནོ། །

བཤད་ཚུལ་གསུམ་པོ་འདི་གང་བྱས་ཀྱང་མདོའི་དོན་དང་མི་འགལ་ལོ། །ཞེས་འཆད་ཚུལ་གྱི་རྣམ་གྲངས་སྟོན་པ་ནི། ཡང་ན་གཞན་གྱིས་བྱས་པ་ཡིས། །དགེ་བ་ཇི་སྙེད་ཡོད་པ་དང་། །རྡོ་རྗེ་རྒྱལ་མཚན་རང་ཉིད་ཀྱིས། །བྱས་དང་བྱེད་འགྱུར་བྱེད་པ་ཞེས། །བཤད་ཀྱང་མདོ་དང་འགལ་བ་མེད། །ཡང་ན་མདོར་བསྟན་རྒྱས་བཤད་དོ། །ཞེས་སྨོས་པ་འདིས་ནི་ཤུགས་ལ་ཀླུན་ཀ་སྤྱངས་པ་བསྟན་ཏེ། ཁྱེད་རང་གི་ལུགས་ལ་འང་མདོ་ཚིག་དེས་འདུས་བྱས་ཀྱི་དགེ་བ་བསྔོ་རྒྱུར་སྟོན་པ་ཡིན་ན། བརླས་པའི་སྐྱོན་སྤྱོད་དེ་ཞེས་རྒོལ་ན་ཉེས་པ་མེད་པར་བཤད་དོ། །

གཉིས་པ་དཔེ་དགོད་པ་ནི། དཔེར་ན་འགྲོ་བ་ཀུན་གྱི་སྡིག །ཇི་སྙེད་ཡོད་པ་བྱས་པ་དང་། །བྱེད་འགྱུར་དེ་བཞིན་བྱེད་པ་རྣམས། །རྒྱལ་བའི་མདུན་དུ་བཤགས་པར་ཤོག །ཅེས་པའི་ཚིག་དང་མཚུངས་པ་ཡིན། །ཞེས་པ་སྡིག་པ་བཤགས་པའི་ཚེ་རང་གཞན་ཐམས་ཅད་ཀྱི་སྡིག་པ་རང་ཉིད་ཀྱི་རྒྱུད་ལ་བླངས་ནས་བྱས་དང་བྱེད་འགྱུར་བྱེད་བཞིན་པ་ཇི་སྙེད་ཡོད་པ་བཤགས་པའམ། སེམས་ཅན་ཐམས་ཅད་སྡིག་པ་སྔར་བྱས་པ་ལ་འགྱོད་ཅིང་ཕྱིས་མི་བྱེད་པའི་སྡོང་སེམས་བརྟན་པས་བདག་ཉིད་ཀྱིས་བྱང་འདྲེན་པའི་ཚུལ་དུ་བཤགས་པ་བྱེད་པ་རྒྱལ་སྲས་ཀྱི་སྤྱོད་པ་དང་མཚུངས་པ་བཞིན་ནོ། །

འདི་ལའང་དུས་གསུམ་ལས་གཞན་པའི། །ཡོད་པའི་སྡིག་པ་གང་ཡང་མེད། །དེ་བཞིན་དུས་གསུམ་ལས་གཞན་པའི། །ཡོད་པའི་དགེ་བ་སྲིད་མ་ཡིན། །རྡོ་རྗེ་རྒྱལ་མཚན་ཉིད་ལས་ཀྱང་། །ཡོད་པ་ཞེས་བྱ་སྒྲུབ་པར་གསུངས། །ཞེས་པ། མ་བྱས་པའི་སྡིག་པ་གདོད་མ་ནས་ཡོད་པའི་བཤགས་བྱ་ཅི་ཡང་མེད་དེ། མི་དགེ་བ་ནི་གློ་བུར་གྱི་སྒྲིབ་པ་ནམ་མཁའ་ལ་སྤྲིན་བྱུང་བ་ལྟ་བུ་ཡིན་པས་གཉེན་པོས་གཞོམ་པར་ནུས་པ་ཡིན་ནོ། །འོན་མ་འོངས་པའི་དགེ་སྡིག་བྱས་པ་མེད་པའི་ཕྱིར། བསྔོ་བྱ་དང་བཤགས་བྱར་མི་རིགས་སོ་སྙམ་ན་འདུན་པའི་བློས་བླངས་ནས་བྱེད་པ་ཤིན་ཏུ་འང་རིགས་པ་ཡིན་ཏེ། སངས་རྒྱས་ལ་ཐོབ་པར་འདོད་པའི་དད་པ་དང་སེམས་བསྐྱེད་བཞིན་ནོ། །རྒྱལ་སྲས་རྡོ་རྗེ་རྒྱལ་མཚན་གྱི་བསྔོ་བའི་མདོ་ཉིད་ལས་ཀྱང་བསྒྲུབས་པའི་དགེ་བ་ཡིན་པར་གསུངས་ཏེ། འདི་སྐད་དུ། ཕྱོགས་བཅུའི་འཇིག་རྟེན་ཁམས་ན་གང་ཡོད་པའི། །དགེ་བ་དེ་དག་ཡང་དག་བསྒྲུབས་པས་ན། །འགྲོ་བ་ཀུན་ལ་ཕན་དང་བདེ་སེམས་ཀྱིས། །ཡེ་ཤེས་མཁས་པས་དེ་དག་ཡོངས་སུ་བསྔོ། །ཞེས་སོ། །

གཉིས་པ་ཡོད་དགེ་ལས་འཕྲོས་པའི་ཚུལ་ལ་བདུན། ཆོས་དབྱིངས་བསྔོ་རྒྱུའི་དགེ་བར་འདོད་པ་སུན་དབྱུང་བ། བསྔོ་བའི་རྣམ་པར་གཞག་པ་འཕྲོས་དང་བཅས་པ། ཡོད་དགེ་བསྔོ་རྒྱུ་མ་ཡིན་པ་ལ་འཕྲོས་པའི་དོན

གཞན། ཐ་ཐལ་གྱི་ཆོས་སྐད་ལ་ཁྲེལ་བའི་ཚུལ། ཡེ་བཀག་ཡེ་གནང་གི་མུན་སྤྲུལ་དགག་པ། རབ་བྱུང་དང་ཁྲིམ་པ་ལྟུང་བ་བྱུང་བ་ཁྱད་མེད་དུ་འདོད་པ་དགག །རབ་བྱུང་ལ་བཅས་པའི་ལྟུང་བ་ཁྲིམ་པ་ལ་འབྱུང་བ་དགག་པའོ། །དང་པོ་ལ་དྲུག །འགྱུར་མེད་ཡིན་པས་བསྔོ་རྒྱུ་མ་ཡིན་པ། བསྔོ་རྒྱུ་མ་ཡིན་ཡང་བསྔོས་པ་དོན་ཡོད་པར་འདོད་པ་དགག །བསྔོས་པ་ཉེས་མེད་ཀྱི་རྣམ་གཞག་འཐད་ཕྱོགས་བསྟན། དེ་དང་མི་མཐུན་པའི་བསྔོ་བ་དུག་ཅན་དུ་བསྟན། ཆོས་དབྱིངས་ཡོད་དགེ་བར་འདོད་པ་ཧ་ཅང་ཐལ་བར་བཤད། སེམས་ཅན་གྱི་ཁམས་ཁོ་ན་བདེ་གཤེགས་སྙིང་པོར་འདོད་པ་དགག་པའོ། །

དང་པོ་ནི། ཆོས་དབྱིངས་དགེ་བར་བྱས་ནས་ནི། །དེ་ལ་བསྔོ་བའི་རྒྱུར་བྱེད་ན། །བསྔོ་བས་འགྱུར་ན་འདུས་བྱས་འགྱུར། །མི་འགྱུར་བསྔོ་བ་དོན་མེད་ཡིན། །ཞེས་པ། ཆོས་དབྱིངས་བསྔོ་བའི་ཚེ་ག་བྱས་པས་འགྱུར་ན། འདུས་བྱས་ཡིན་པར་འགྱུར་ཏེ་རྐྱེན་གྱི་འགྱུར་བ་ཡིན་པའི་ཕྱིར། མི་འགྱུར་ན་བསྔོས་པ་དོན་མེད་པར་འགྱུར་ཏེ། ངན་པ་བཟང་པོའམ། ཆུང་དུ་ཆེན་པོའམ་ཉུང་དུ་མང་པོ་ལྟ་བུར་འགྱུར་ན་བསྔོས་པ་དོན་ཅན་ཡིན་མོད་ཀྱི། ཆོས་དབྱིངས་དེ་ལྟར་འཕེལ་འགྲིབ་མི་བྱེད་པའི་ཕྱིར་རོ། །བོད་ཀྱི་བླ་མ་ཁ་ཅིག་དྲི་བཅས་དྲི་མེད་དུ་འགྱུར་བས་ན་དོན་ཡོད་དོ་ཞེས་ཟེར་བ་ནི། ཆོས་དབྱིངས་བསྔོས་པས་དྲི་བཅས་དྲི་མེད་དུ་འགྱུར་བ་ནི་མ་ཡིན་ཏེ། ཚོགས་གཉིས་བསྒྲུབ་པས་དྲི་མ་དག་པར་མི་འདོད་དམ། གཞན་ཡང་དེ་ཙམ་གྱིས་འགྱུར་བར་འདོད་ན༑ ནམ་མཁའ་ཡང་སྒྲིབ་ཡོད་པ་དེ་མེད་པར་འགྲོ་བས་འགྱུར་བར་ཐལ་ལོ། །

མདོ་སྡེ་རྣམས་ལས་ཆོས་ཀྱི་དབྱིངས། །འགྱུར་བ་མེད་ཅེས་རྒྱལ་བས་གསུངས། །རྩ་བའི་ཤེས་རབ་ཉིད་ལས་ཀྱང་། །རང་བཞིན་རྒྱུ་དང་རྐྱེན་ལས་ནི། །འབྱུང་བར་རིགས་པ་མ་ཡིན་ནོ། །ཞེས་པ་དེ་ནི་མདོ་ལས། དེ་བཞིན་གཤེགས་པ་རྣམས་འཇིག་རྟེན་དུ་བྱོན་ཡང་རུང་། མ་བྱོན་ཡང་རུང་ཆོས་རྣམས་ཀྱི་ཆོས་ཉིད་འདི་ནི་གནས་པ་ཡིན་ནོ། །ཞེས་པ་དང་། ཤེས་རབ་ཀྱི་ཕ་རོལ་ཏུ་ཕྱིན་པ་བསྟན་ཀྱང་མི་འཕེལ་མི་འགྲིབ་མ་བསྟན་ཀྱང་མི་འཕེལ་མི་འགྲིབ་བོ། །ཞེས་པ་དང་། ཆོས་ཉིད་དེ་བཞིན་ཉིད་ནི་མི་རྟོག་རྟག་ཏུ་འདུག །ཅེས་གསུངས་ཤིང་། བུ་རམ་གྱི་མངར་བ་དང་མེའི་ཚ་བ་ལྟ་བུའང་དབང་ཕྱུག་ལ་སོགས་པའི་རྐྱེན་གྱིས་གློ་བུར་དུ་བྱས་པ་མ་ཡིན་ཏེ། རྟེན་འབྲེལ་གྱི་ཆོས་ཉིད་ཡིན་པའི་ཕྱིར། དེ་བཞིན་དུ་རྟེན་འབྲེལ་གྱི་ཆོས་ཐམས་ཅད་ཀྱང་རང་བཞིན་གྱི་སྐྱེ་འགག་དང་རྟག་ཆད་ལ་སོགས་པའི་སྤྲོས་པ་དང་བྲལ་བའི་རང་བཞིན་ཡིན་གྱིས། སྐྱེ་བོ་བླུན་པོའི་ངོར་སྐྱེ་འགག་དང་ཡོད་མེད་ལ་སོགས་སུ་གྲུབ་པ་དེ་སྐྱེ་བོ་བདག་མེད་རྟོགས་པའི་ཤེས་རབ་ཅན་གྱི་ངོར་སྤྲོས་བྲལ་དུ་གྱུར་པ་ནི་མ་ཡིན་ཏེ། དེ་ལྟར་ཡིན་ན་བློས་བཅོས་པ་ཡིན་པས། རྟེན་འབྲེལ་ཆོས་ཉིད་མ་བཅོས་པའི་རང་

བཞིན་མ་ཡིན་པར་འགྱུར་རོ། །ཞེས་བྱ་བ་འདི་འཕགས་པའི་དགོངས་པ་མ་ནོར་བའོ། །འཕགས་པ་རྣམས་ཀྱིས་ཤེས་མཐོང་གིས་མ་བྱས་པས་འདུས་མ་བྱས་ཡིན་ཞེས་བསྟན་ནས་རྣམ་དག་ལས་འབྱུང་ངོ། །

དོན་འདི་ཞིབ་པར་གཏན་ལ་འབེབས་པའི་གཞུང་། རྒྱུ་དང་རྐྱེན་ལས་བྱུང་བ་ཡི། །རང་ང་ཞིན་བྱས་པ་ཅན་དུ་འགྱུར། །རང་བཞིན་བྱས་པ་ཅན་ཞེས་བྱར། །ཇི་ལྟར་དུ་ན་རུང་བར་འགྱུར། །ཞེས་པ། རང་བཞིན་ནི་གློ་བུར་དུ་བྱས་པར་འགྱུར་ཏེ། རྒྱུ་རྐྱེན་ལས་བྱུང་བའི་ཕྱིར། འདོད་ན་རང་བཞིན་དུ་མི་རུང་བར་འགྱུར་ཏེ། བྱས་པ་ཡིན་པའི་ཕྱིར། དེ་བས་ན་ཀུན་རྫོབ་ཏུ་རྟེན་འབྲེལ་མི་བསླུ་བར་རྒྱུ་སྡིག་པ་ལས་འབྲས་བུ་སྡུག་བསྔལ་འབྱུང་བ་དེ་གཙོ་བོ་དང་བདག་དང་དབང་ཕྱུག་ལ་སོགས་སུས་ཀྱང་བྱས་པ་མ་ཡིན་ཏེ། རྒྱུ་འབྲས་ཀྱི་རང་བཞིན་མ་བཅོས་པ་ཡིན་པའི་ཕྱིར། དོན་དམ་པར་རྒྱུ་ལས་འབྲས་བུ་སྐྱེ་བ་མི་བདེན་ཏེ། རྒྱུ་ཞིག་མ་ཞིག་དང་འབྲས་བུ་ཡོད་མེད་སྐྱེ་བས་སྟོང་པའི་ཕྱིར། དེས་ན་ཆོས་དབྱིངས་སྤྲོས་བྲལ་དུ་གཤིས་ལ་གནས་པར་གསལ་ལོ། །

རང་བཞིན་དག་ནི་བཅོས་མིན་དང་། །གཞན་ལ་ལྟོས་པ་མེད་པ་ཡིན། །ཞེས་པ་དོན་བསྡུས་ཏེ་བདེན་པ་གཉིས་ཀའི་རང་བཞིན་མ་བཅོས་པར་ཕོང་དུ་ཆུད་པར་བྱའོ། །ཞེས་གསུངས་གཞན་ཡང་དེ་ཉིད་ལས། །གལ་ཏེ་རང་བཞིན་གྱིས་ཡོད་ན། །དེ་ནི་མེད་ཉིད་མི་འགྱུར་རོ། །རང་བཞིན་གཞན་དུ་འགྱུར་བ་ནི། །ནམ་ཡང་འཐད་པར་མི་འགྱུར་རོ། །དེ་ལ་སོགས་པའི་ལུང་རིགས་རྣམས། །ཆོས་དབྱིངས་དགེ་བ་མིན་པར་གསུངས། །ཞེས་པ༑ རང་བཞིན་གྱིས་ཡོད་པ་དེ་ནམ་ཡང་མེད་པར་མི་འགྱུར་ཏེ། མེའི་ཚ་བ་དང་དགེ་སྡིག་གི་འབྲས་བུ་བདེ་སྡུག་མྱོང་བ་ལྟ་བུ་ཀུན་རྫོབ་བདེན་པའི་རང་བཞིན་དང་། རྟེན་འབྲེལ་གྱི་གནས་ལུགས་སྤྲོས་པའི་མཐའ་བརྒྱད་རང་བཞིན་གྱིས་ཞི་བ་དོན་དམ་པའི་བདེན་པ་ཡིན་པས། ཆོས་དབྱིངས་ཡོད་མེད་ཀྱི་སྤྲོས་པ་དང་བསྔོས་པས་འབྲས་བུ་སྐྱེས་པའི་ནུས་པ་ཅན་དུ་འཚོས་པར་མི་ནུས་ཞེས་དགོངས་པའོ། །

གཉིས་པ་བསྔོ་རྒྱུ་མ་ཡིན་པ་ཡང་བསྔོ་བར་འདོད་པ་ལ་གཉིས། འདོད་ཚུལ་འགོད་པ་ནི། གལ་ཏེ་ཆོས་དབྱིངས་དེ་བཞིན་ཉིད། །བསྔོས་པའི་དགེ་བ་མ་ཡིན་མོད། །བྱང་ཆུབ་སེམས་དཔའི་བློ་སྦྱོང་ལས། །བསྔོས་ཀྱང་ཉེས་པ་མེད་སྙམ་ན། །ཞེས་པ། ཆོས་དབྱིངས་བསྔོ་རྒྱུ་མ་ཡིན་ཀྱང་། སེམས་ཅན་གྱི་ཆོས་ཉིད་ཐམས་ཅད་ཀྱང་སངས་རྒྱས་ཐོབ་པའི་རྒྱུར་གྱུར་ཅིག་སྙམ་པའི་སེམས་བསྐྱེད་བཟང་པོས་བསྔོས་པས་ཐེག་པ་ཆེན་པོའི་བློ་སྦྱོང་དུ་འགྱུར་བས་ལེགས་སོ་སྙམ་ན།

གཉིས་པ་དེ་དགག་པ་ནི། མ་ཡིན་འདི་ལ་ཉེས་པ་ཡོད། །དམིགས་པའི་འདུ་ཤེས་ཡོད་པའི་ཕྱིར། །བསྔོ་བ་དུག་དང་བཅས་པར་འགྱུར། །འདི་འདྲའི་བསྔོ་བ་བྱས་གྱུར་ན། །སྦྲུལ་པ་རྨ་ཅན་ཇི་བཞིན་དུ། །བསྔོ་བ

ཐམས་ཅད་འཛིག་པར་འགྱུར། །ཞེས་པ་དེ་སྐྱོན་མེད་མ་ཡིན་ཏེ། དེ་ལ་ཡོད་པར་ཞེན་པས་དམིགས་པའི་འདུ་ཤེས་དང་བཅས་པའི་བསྔོ་བ་ཡིན་པའི་ཕྱིར། དུག་དང་བཅས་པའི་བསྔོ་བར་འགྱུར་བས་ན་བསྔོ་རྒྱུའི་དགེ་བ་ཐམས་ཅད་ཀྱང་ཆུད་ཟོས་ཤིང་བསྔོ་བའི་ཚིག་ཐམས་ཅད་ཀྱང་ཆུད་ཟོས་པས། དཔེར་ན་སྦལ་པ་རྨ་ཅན་གཅིག་སྦལ་པ་ས་འོག་གི་རུམ་དུ་ཞུགས་པ་མང་པོའི་ནང་དུ་ཡོད་ན་དེའི་རྨ་རུལ་པ་དེས་ཐམས་ཅད་ལ་རིམ་གྱིས་མཆེད་དེ་སྦལ་པ་ཐམས་ཅད་རུལ་བར་འགྱུར་བ་བཞིན་ནོ། །དེ་འདྲའི་བསྔོ་བ་ཡེ་མ་བྱེད་ཅིག་ཅེས་གདམས་པའོ། །

གསུམ་པ་བསྔོ་བ་ཉེས་མེད་ཀྱི་རྣམ་གཞག་འཐད་ཕྱོགས་བསྟན་པ་ནི་ཆོས་ཉིད་སྤྲོས་བྲལ་ངང་ནས་ནི། དགེ་བ་ཇི་སྙེད་བྱས་པ་རྣམས། །འགྲུབ་བམ་གལ་ཏེ་མི་གྲུབ་ཀྱང་། །འགྲོ་བའི་དོན་དུ་བསྔོ་བྱེད་ན། །བྱང་ཆུབ་སེམས་དཔའི་བློ་སྦྱོང་ཡིན། །ཞེས་པ། དགེ་བ་ཐམས་ཅད་ཆོས་ཉིད་སྤྲོས་པ་དང་བྲལ་བའི་རང་བཞིན་དུ་ཤེས་པའི་ངང་ནས། སྔར་ཙམ་དུ་རྒྱུ་འབྲས་ལ་ཡིད་ཆེས་དང་འགྲོ་བ་ལ་ཕན་སེམས་ཀྱིས་བསྔོས་ནས་བསྔོས་པས་འགྲུབ་རུང་བྱང་ཆུབ་སེམས་དཔའི་བློ་སྦྱོང་དང་མཐུན་པས་དེ་ལྟར་གྱིས་ཤིག །ཆོས་རྗེ་ཉིད་ཀྱི་བསྔོ་བའི་གཞུང་དུ་སྦྱོར་བའི་སྡིག་པ་བཤགས་པ་སྔོན་དུ་འགྲོ་དགོས་ཏེ་བསྔོ་བ་ནི་སྒྱུར་བར་བྱེད་པ་ཡིན་པས། དགེ་བ་སངས་རྒྱས་ས་རུ་སྒྱུར་བའི་གེགས་སྡིག་པ་མ་བཤགས་ན། བསྔོ་བ་འགྲུབ་པའི་གེགས་བྱེད་དེ་གོས་ཚོན་གྱིས་བསྒྱུར་བའི་སྔོན་དུ་དྲི་མ་སྦྱང་དགོས་པ་བཞིན་ནོ། །དགེ་བ་ལ་རྗེས་སུ་ཡི་རང་བ་བྱ་དགོས་ཏེ། རང་གཅིག་པུས་བྱས་པའི་དགེ་བ་འཕེལ་ཆུང་ཞིང་ནུས་པ་ཆུང་བས་ལུད་མེད་པའི་ཞིང་དང་འདྲ་བས། དགེ་བ་ཐམས་ཅད་ལ་དགའ་བའི་བློས་རྗེས་སུ་ཡི་རང་བས་འཕེལ་བར་བྱེད་པ་ཡིན། དངོས་གཞིའི་དུས་སུ་གདམས་ངག་གིས་བློ་བཙོས་དགོས་པས། དཔའ་བོས་སངས་རྒྱས་ལ་བསྟོད་པར། བསོད་ནམས་བྱས་པའི་ཚོགས་དག་ནི། །སེམས་ཅན་རྣམས་ལ་ཡོངས་བསྔོ་བར། །བཅོམ་ལྡན་ཁྱོད་ཀྱིས་གང་གསུངས་པ། །དེ་བཞིན་བསྟན་བཅོས་ལས་མ་བཤད། །ཅེས་པས་དགེ་བ་སེམས་ཅན་གྱི་དོན་དུ་བསྔོ་བའི་ཐབས་ཁྱད་པར་ཅན་འདི་མུ་སྟེགས་དང་ཐེག་དམན་ལ་མ་གྲགས་པ་ཡིན་ནོ། །དེ་ལྟ་བུའི་ཐབས་ཀྱིས་མ་ཟིན་ན་དགེ་བ་བྱས་པ་དོན་མ་གྲུབ་པར་རྐྱེན་གྱིས་ཟད་པར་འགྱུར་ཏེ། མདོ་སྡེ་རྒྱན་དུ། ཕལ་ཆེར་དོན་མེད་དོན་མེད་དང་། །རྣམ་ཀུན་དོན་ཡོད། ཅེས་སོ་སོའི་སྐྱེ་བོའི་དགེ་བ་ཕལ་ཆེར་དོན་མེད་དུ་འགྲོ་བར་གསུངས། དགེ་བའི་རྩ་བ་ལ་ཀུ་ས་ལ་མུ་ལ་ཞེས་བྱ་བ་རྣམ་སྨིན་བདེ་བ་བསྐྱེད་པས་དགེ་བ། དེའི་རྒྱུར་གྱུར་པས་རྩ་བ་ཞེས་བྱ་བ་ལོ་ཐོག་གི་ས་བོན་ལྟ་བུ་ཡིན། དེ་བས་ན་གང་ཟག་རང་གཞན་སུས་བྱས་ཀྱང་རུང་། དུས་འདས་མ་འོངས་ད་ལྟར་ནམ་བྱས་ཀྱང་རུང་། ངོ་བོ་སྦྱིན་པ་ཚུལ་ཁྲིམས་བསྒོམ་པ

གང་གིས་བསྔོས་ཀྱང་རུང་། སྦྱོར་བ་ལུས་ངག་ཡིད་གསུམ་གང་གིས་བསྒྲུབས་ཀྱང་རུང་། འབྲས་བུ་མཐོ་རིས་དང་ཐར་པ་དང་ཐམས་ཅད་མཁྱེན་པ་གང་དང་མཐུན་ཀྱང་རུང་། དེ་ཐམས་ཅད་ཕ་རོལ་ཏུ་ཕྱིན་པ་དྲུག་ལྡན་དུ་བསྔོས་པས་དོན་ཆེན་པོར་འགྱུར་ཏེ། བསྔོ་རྒྱུའི་སྦྱིན་པ་དེ་རང་ཞི་བདེ་དང་མ་འདྲེས་པར་གཞན་དོན་དུ་བསྔོས་པས། སྦྱིན་པ་དང་། ཚུལ་ཁྲིམས་དང་། དཀའ་སྤྱད་དང་། མི་སྙན་པར་སྨྲ་བ་བཟོད་པ་དང་། སྒྲོ་བའི་བརྩོན་འགྲུས་དང་། སེམས་རྩེ་གཅིག་པའི་བསམ་གཏན་དང་། དམིགས་མེད་ཀྱི་ཤེས་རབ་ཚང་བར་བྱ་དགོས་སོ། །དེ་ཡང་ཆོས་ཐམས་ཅད་རྨི་ལམ་གྱི་སྣང་བ་ལྟར་རང་བཞིན་མེད་པར་ཤེས་ནས་བསྔོ་དགོས་ཏེ། མདོ་ལས། གང་དུ་ཡོངས་སུ་བསྔོ་བ་དེ་ཡང་ཟད་པ་དང་། །གང་གིས་ཡོངས་སུ་བསྔོ་བ་དེ་ཡང་ཟད་པ་དང་། །ཆོས་ཀྱི་ཆོས་ལ་ནམ་ཡང་མི་བསྔོ་ཤེས་གྱུར་ན། །དེ་ལྟར་ཡོངས་སུ་ཤེས་པས་བྱང་ཆུབ་བསྔོས་པ་ཡིན། །ཞེས་པ་དང་། རབ་འབྱོར་དམིགས་པ་དང་བཅས་པའི་འདུ་ཤེས་ཅན་ལ་རྗེས་སུ་མཐུན་པའི་བཟོད་པ་ཡང་དཀའ་ན། བླ་ན་མེད་པ་ཡང་དག་པར་རྫོགས་པའི་བྱང་ཆུབ་ལྟ་སྨོས་ཀྱང་ཅི་དགོས། ཞེས་གསུངས་སོ། །ཉན་ཐོས་དང་རང་སངས་རྒྱས་ཀྱི་བྱང་ཆུབ་ཏུ་མི་བསྔོ་སྟེ། མདོ་ལས། དགེ་བའི་རྩ་བ་དེ་ཡང་རྣམ་པ་ཐམས་ཅད་མཁྱེན་པ་ཉིད་མ་གཏོགས་པར་ཉན་ཐོས་དང་རང་སངས་རྒྱས་ཀྱི་སར་བསྔོར་མི་འཇུག་པ་ཡིན་ནོ། །ཞེས་གསུངས་པས་ཕ་དང་མ་སྔོན་དུ་འགྲོ་བ་ཅན་སེམས་ཅན་ཀུན་གྱི་དོན་དུ་རྫོགས་པའི་སངས་རྒྱས་སུ་བསྔོས་པས་འབྲས་བུ་མི་ཟད་ཅིང་འཕེལ་བར་འགྱུར་ཏེ། འཕགས་པ་ཞི་བ་ལྷས། དགེ་བ་གཞན་ཀུན་ཆུ་ཤིང་བཞིན་དུ་ནི། །འབྲས་བུ་བསྐྱེད་ནས་ཟད་པར་འགྱུར་བ་ཉིད། །བྱང་ཆུབ་སེམས་ཀྱི་ལྗོན་ཤིང་རྟག་པར་ཡང་། །འབྲས་བུ་འབྱིན་པས་མི་ཟད་འཕེལ་བར་འགྱུར། །ཞེས་གསུངས་པ་ལྟར་རོ། །ཤེས་རབ་སྒྲོན་མར། དམ་པ་གསུམ་གྱིས་བསོད་ནམས་བསགས། །རྒྱ་ཆེན་ཐབས་ཀྱིས་ཡང་དག་སྤེལ། །ཤེས་རབ་ཟབ་མོས་རྣམ་དག་བྱ། །ཟུང་འཇུག་བསྔོ་བས་རྒྱས་གདབ་པོ། །ཞེས་པས། བསོད་ནམས་གསོག་པའི་ཞིང་དམ་པ། བསམ་པ་དམ་པ། དངོས་པོ་དམ་པས་བསྒྲུབས་པའི་དགེ་བ་ཐབས་དང་ཤེས་རབ་ཟུང་འཇུག་གིས་བསྔོས་པས་ཇི་ལྟར་འདོད་པའི་འབྲས་བུ་འགྲུབ་སྟེ། མགོན་པོ་བྱམས་པས། དམིགས་པ་བཟང་དང་སྟོན་པ་བཟང་། །ཐབས་བཟང་བ་དང་ངེས་འབྱུང་བ། །སྦྱོར་བ་བཟང་པོའི་བདག་ཉིད་ཀྱིས། །ཡང་དག་སྨོན་ལམ་ཡིན་པར་བཤད། །ཅེས་གསུངས་སོ། །རྩེ་ཤུལ་གྲུ་སོ་སྣང་དུ། ཆོས་གསུང་བའི་ཚེ་བསྔོ་བ་དུག་མེད་ཀྱི་ཆོ་གའི་ཚིག་ཇི་ལྟར་བྱེད་ཞུས་པས། ཕྱག་འཚལ་བ་དང་མཆོད་ཅིང་བཤགས་པ་དང་། །རྗེས་སུ་ཡི་རང་བསྐུལ་ཞིང་གསོལ་བ་འདེབས། །སྐྱབས་སུ་འགྲོ་ཞིང་བྱང་ཆུབ་སེམས་བསྐྱེད་ཀྱི། །བདག་དང་གཞན་གྱི་དགེ་བ་ཅི་མཆིས་པ། །འཁོར་གསུམ་ཡོངས་སུ་དག་པའི་ཤེས་རབ་ཀྱིས། །ཡོད་མེད་ལ་སོགས་

དམིགས་པའི་དུག་སྤངས་ནས། །འཁོར་འདས་མྱ་ངན་འདས་ལ་མི་སློན་པར། །འགྲོ་བའི་དོན་དུ་སངས་རྒྱས་མྱུར་ཐོབ་ཤོག །ཅེས་པ་འདི་མཇུག་དོ། །

བཞི་པ་དེ་དང་མི་མཐུན་པའི་བསྔོ་བ་དུག་ཅན་དུ་བསྟན་པ་ནི། ཆོས་ཉིད་བསྔོ་རྒྱུར་བྱེད་ན་ནི། །བློ་སྦྱོང་དུ་ཡང་མི་རུང་ངོ་། །དེ་ཡི་རྒྱུ་མཚན་འདི་ལྟར་ཡིན། །ཆོས་དབྱིངས་སྒྲིབ་དང་བྲལ་བ་ལ། །དགེ་བར་བྱེད་ན་དམིགས་པར་འགྱུར། །དམིགས་དང་བཅས་པའི་འདུ་ཤེས་ཀྱིས། །བསྔོ་བ་དུག་དང་བཅས་པར་གསུངས། །ཞེས་པའི་དོན་ཕལ་ཆེར་སྔར་གཏན་ལ་ཕབ་པར་འདུས་ནའང་། མཁས་མཆོག་དབྱིག་གཉེན་གྱིས། ངོ་མཚར་བ་དང་ངེས་བཟུང་དང་། །ངད་དང་དགའ་བ་ཉིད་དང་ནི། །ཁྲོ་དང་ཞུམ་དང་སྨད་པ་ལ། །ཚིག་གཅིག་ལན་གཉིས་བཟླས་པ་ཡིན། །ཞེས་པ་ལྟར་གལ་ཆེ་བས་ངེས་བཟུང་གི་དོན་དང་། ཁྲེལ་བས་ན་སྨད་པའི་དོན་ཡང་ཡིན་ཏེ། རྒྱུར་མི་རུང་བ་རྒྱུར་ཞེན་ནས་འབྲས་བུ་རེ་བ་ནི་བ་ལང་གི་རྭ་ལས་འོ་མ་འཇོ་བ་དང་མཚུངས་ཤིང་། བསམ་སྦྱོར་ནོར་བས་བྱས་པ། བྱང་སེམས་ཀྱི་བློ་སྦྱོང་དུ་འདོད་པ་ནི། བདུད་རྩི་ལ་དུག་བཏབ་ནས་འཐུངས་པ་འཛངས་པའི་རྣམ་འཕྲུལ་དུ་རློམ་པ་བཞིན་ནོ། །

དེས་ན་དགེ་སྡིག་གི་སྒྲིབ་པ་དང་བྲལ་བ་ལ་དགེ་བར་བྱས་པས་བསྔོ་བྱེད་ཀྱི་བློ་དུག་དང་བཅས་པར་འགྱུར་ཅིང་། བསྔོ་བྱའི་ཆོས་དབྱིངས་དཀྲུགས་ནས་ཆུད་བསན་པར་འགྱུར་ཏེ། མདོ་ལས་ལྷའི་བུ་ཆོས་ཀྱི་དབྱིངས་དཀྲུག་པར་མི་བྱའོ། །ཞེས་གསུངས་སོ། །དཔེར་ན་དུག་དང་བཅས་པ་ཡི། །ཁ་ཟས་བཟང་པོ་ཟ་བ་ལྟར། །དཀར་པོའི་ཆོས་ལ་དམིགས་པ་ཡི། །དེ་དང་འདྲ་བར་རྒྱལ་བས་གསུངས། །ཞེས་པ། མདོ་སྡུད་པར། ཇི་ལྟར་དུག་དང་འདྲེས་པའི་ཁ་ཟས་བཟང་ཟ་བ། །དཀར་པོའི་ཆོས་ལ་དམིགས་པའང་དེ་འདྲར་རྒྱལ་བས་གསུངས། །ཞེས་པ་དགེ་བ་བྱས་པ་རྣམས་ཁ་ཟས་བཟང་པོ་དང་འདྲ་ཡང་། སྒྲིབ་བྲལ་སྒྲིབ་བཅས་སུ་བཟུང་བས་དུག་འདྲེས་པ་དང་འདྲའོ། །

མངོན་པར་རྟོགས་པའི་རྒྱན་ལས་ཀྱང་། །ཡོངས་སུ་བསྔོ་བར་བྱེད་པར་ཅན། །དེ་ཡི་བྱེད་པ་མཆོག་ཡིན་ནོ༑ ༑དེ་ནི་དམིགས་མེད་རྣམ་པ་ཅན། །ཕྱིན་ཅི་མ་ལོག་མཚན་ཉིད་དོ། །ཞེས་གསུངས་མདོ་རྒྱུད་ཐམས་ཅད་མཐུན། །དམིགས་པའི་འདུ་ཤེས་ཅན་རྣམས་ནི། །དུག་དང་བཅས་པའི་བསྔོ་བར་གསུངས། །ཞེས་པ། འཁོར་གསུམ་རྣམ་པར་དག་པའི་བསྔོ་བ་དེ་ཁམས་གསུམ་ལས་འདས་ཤིང་ཉན་ཐོས་དང་རང་སངས་རྒྱས་ཀྱི་དགེ་བ་ཐམས་ཅད་ལས་མཆོག་ཏུ་གྱུར་པར་འཕགས་པ་ཅན་རང་གཞན་གཉིས་ཀའི་དོན་སྒྲུབ་པར་བྱེད་པ་ཡིན་ནོ། །བསྔོ་བ་དེ་ཇི་ལྟ་བུ་སྙམ་ན། བསྔོ་བ་སྔོ་བྱེད་བསྔོ་བ་གསུམ་དམིགས་སུ་མེད་པར་རྟོགས་པའི་བློས། ཐེག་པ་དམན་

པའི་འབྲས་བུ་དོན་དུ་མི་གཉེར་བ་དང་། མཐར་འཛིན་པའི་ཕྱིན་ཅི་ལོག་མེད་པའི་མཚན་ཉིད་ཅན་ཡིན་ནོ། །ཞེས་པ་དང་། བརྒྱད་སྟོང་པར། དམིགས་པའི་འདུ་ཤེས་ལ་ཡོངས་སུ་བསྔོ་བ་མེད་དོ། །དེ་ཅིའི་ཕྱིར་ཞེ་ན། དམིགས་པ་ནི་དུག་དང་བཅས་པའོ། །ཞེས་པ་དང་། རྒྱུད་ལས། རྣམ་རྟོག་མ་རིག་ཆེན་པོ་སྟེ། །འཁོར་བའི་རྒྱ་མཚོར་ལྟུང་བར་བྱེད། །མི་རྟོག་ཏིང་འཛིན་ལ་གནས་ན། །མཁའ་བཞིན་དྲི་མ་མེད་པར་འགྱུར། །ཞེས་པ་ལ་སོགས་དམིགས་པའི་བློས་འདི་འོ་ཞེས་མཐའ་གཅིག་ཏུ་ཞེན་པ་ཐམས་ཅད་དུག་དང་འདྲ་བས་སྤང་བར་བྱའོ། །ཞེས་དགོངས་ཏེ། དབུ་མ་ལས། ཕྱོགས་སུ་ལྟུང་བས་སེམས་གདུངས་པས། །ཞི་བ་ནམ་ཡང་རྟོགས་པ་མེད། །ཅེས་སོ༔ ༔

ལྔ་པ་ཆོས་དབྱིངས་ཡོད་དགེ་བར་འདོད་ན་ཧ་ཅང་ཐལ་བ་ལ་གཉིས། ཆོས་ཐམས་ཅད་དམིགས་བཅས་སུ་འགྱུར་བ། རང་ཚིག་དང་འགལ་བར་འགྱུར་བའོ། །དང་པོ་ནི། གང་དག་དམིགས་པ་མེད་པ་ཡི། །ཆོས་ཀྱི་དབྱིངས་ལའང་ཡོད་པ་ཡི། །དགེ་བ་ཡིན་ཞེས་དམིགས་བྱེད་པ། །དེ་ཡིས་ཆོས་ཅན་གཞན་དག་ལ། །དམིགས་པར་འགྱུར་བ་སྨོས་ཅི་དགོས། །བྱི་བས་དབྱིག་པ་ཟོས་གྱུར་ན། །སྣུམ་འཁུར་ཟོས་པ་སྨོས་ཅི་དགོས། །ཞེས་པ། དམིགས་མེད་ཆོས་ཀྱི་དབྱིངས་ལའང་ཡོད་པར་དམིགས་ནས་བསྔོ་རྒྱུ་བྱེད་ན་ཆོས་ཅན་ཕན་གནོད་བཟང་ངན་སྣ་ཚོགས་སུ་སྣང་བ་རྣམས་ལ་དེ་དང་དེར་དམིགས་ཤིང་འཛིན་པར་བྱེད་པ་ལྟ་ཅི་སྨོས། དཔེར་ན་བྱི་བའམ་བྱི་ཏྲུན་གྱིས་སྣུམ་འཁུར་བརྒྱུས་པའི་དབྱིག་པ་ཡང་ཟོས་འདུག་ན། སྣུམ་འཁུར་ཟས་ཡིན་པ་དེ་ཟོས་ཚར་བ་སྨོས་ཅི་དགོས།

གཉིས་པ་རང་ཚིག་འགལ་བ་ནི། གཞན་ཡང་ཆོས་དབྱིངས་དེ་བཞིན་ཉིད། །བསྔོ་བའི་ཡུལ་དུ་བྱེད་པ་དང་། །ཆོས་ཉིད་མི་འགྱུར་བདེན་པ་ཞེས། །ཟེར་བ་གོང་འོག་འགལ་བ་ཡིན། །དེས་ན་ལེགས་པར་སོམས་ལ་སྨྲོས། །ཞེས་པ། ཆོས་དབྱིངས་བསྔོ་རྒྱུར་བཟུང་ནས་བསྔོ་བས་བསྒྱུར་བ་དང་། བསྔོས་པའི་བདེན་སྟོབས་བརྗོད་པའི་ཚེ། ཆོས་ཉིད་མི་འགྱུར་བདེན་པའི་བྱིན་བརླབས་དང་ཞེས་སོགས་ཆོས་དབྱིངས་མི་འགྱུར་ཟེར་བའང་། བདག་ནི་བྲམ་ཟེ་སྔོ་སངས་མའི་མངལ་ནས་བྱུང་སྟེ་བརྫུས་སྐྱེས་ཡིན་ནོ་ཞེས་ཟེར་བ་ལྟར་རང་ཚིག་འགལ་བ་ཡིན་ཏེ། བཀའ་བསྟན་བཅོས་མང་པོ་ལེགས་པར་སྦྱང་བ་མི་རེ་ཡིས། ཉི་ཆོས་སྨྲས་པ་དེ་ཚིག་དོན་མི་འགལ་ཙམ་ཞིག་ལེགས་པར་སེམས་ལ་སྨྲོས་དང་། ཕོ་བོས་ཧྲན་པ་ཙུང་ཟད་དགོས་ནའང་སྤྱིན་ནོ་ཞེས་པར་དགོངས་སོ། །

དྲུག་པ་སེམས་ཅན་གྱི་ཁམས་ཁོ་ན་བདེ་གཤེགས་སྙིང་པོར་འདོད་པ་དགག་པ་ལ་གཉིས། ཁས་བླངས

བརྗོད་པ་ནི། ལ་ལ་བདེ་གཤེགས་སྙིང་པོའི་སྒྲ། །ཆོས་ཀྱི་དབྱིངས་ལ་མི་ཟེར་བ། །སེམས་ཅན་ཁོ་ནའི་ཁམས་ལ་འདོད། །ཞེས་པ་ལང་ཀར་གཤེགས་པ་ལ་སོགས་པའི་མདོ་དུ་མར་བདེ་གཤེགས་སྙིང་པོ་བསྟན་པའི་ངེས་འཛིན་ཆོས་དབྱིངས་སྤྲོས་བྲལ་ལ་མི་ཟེར་བར་སེམས་ཅན་གྱིས་ཤེས་རྒྱུད་ཀྱིས་བསྡུས་པའི་ཁམས་ལ་འདོད་དེ།

གཉིས་པ་དེ་དགག་པ་ལ་གཉིས། དང་པོ་ཞེ་འདོད་ལ་བརྟག་པ་ནི། སེམས་ཅན་ཁམས་དེ་བརྟག་པར་བྱ༔ །ཁམས་དེ་དངོས་པོའམ་དངོས་མེད་དམ། །གཉིས་ཀ་མིན་པས་སྤྲོས་བྲལ་ཡིན། །རྣམ་པ་གསུམ་ལས་གཞན་མི་སྲིད། །ཅེས་པ། ཁམས་དེ་དངོས་པོ་དང་དངོས་མེད་དང་གཉིས་ཀ་མ་ཡིན་པའི་སྤྲོས་བྲལ་དང་གསུམ་པོ་དེ་རམ་འདུས་པའི་ཆོས་མེད་པས་གང་ལ་ཟེར་ཞེས་པའམ། གསུམ་པོ་གང་དུ་འདུས་ཞེས་འདྲི་བའོ། །

གཉིས་པ་དེ་ལ་གནོད་པ་བརྗོད་པ་ལ་གསུམ། དངོས་པོར་འདོད་པ་ལ་གནོད་བྱེད། དངོས་མེད་དུ་འདོད་པ་ལ། གཉིས་མ་ཡིན་སྤྲོས་བྲལ་དུ་འདོད་པ་ལ་གནོད་བྱེད་བརྗོད་པའོ། །དང་པོ་ལ་གཉིས། དངོས་པོ་ཐེམ་པོར་འདོད་པ་ལ། དངོས་པོ་ཡིན་ན་ཐེམ་པོ་དང་། །རིག་པ་གཉིས་སུ་ཁ་ཆོན་ཆོད། །ཅེས་པས། དངོས་པོར་ཁས་ལེན་ན་ཐེམ་པོ་དང་རིག་པ་གཉིས་སུ་མི་འདུ་བ་མེད་པར་གྲུབ་པའི་མཐའ་སྨྲ་བ་ཐམས་ཅད་ཁ་འཆམ་ཡོད་དོ་ཞེས་འགག་བསྡུས་ནས་ཁམས་དེ་ཐེམ་པོ་ཡིན་ཟེར་ན།

ཐེམ་པོ་སེམས་ཅན་ཁམས་ཉིད་དུ། །འདོད་པ་མུ་སྟེགས་འགའ་ཡི་ལུགས། །ཞེས་པ་ལ་བོད་འགའ་ཞིག་ལྷ་བ་ངན་པའི་མུ་ལ་བརྟེན་ནས་སྤྱོད་པ་ངན་པ་ལ་སྟེགས་བྱེད་ཟེར་བ་ནི་རང་བཟོ་ཡིན་ནོ། །ཀྲྀ་ཀ་ཞེས་པའི་སྒྲས་འཇུག་ངོས་སུ་འཇུག་བྱེད་ཅེས་བྱ་སྟེ། སློབ་དཔོན་སྤྱན་རས་གཟིགས་ཀྱིས། གང་དག་ཆོས་ཀྱི་ཕྱིར་འཇུག་ངོགས་སུ་འཇུག་པར་བྱེད་པ་དག་སྟེ། ནོར་ལྷ་དང་ལྷ་ཆེན་དང་ཚངས་པ་དང་སེར་སྐྱ་དང་གཟེགས་ཟན་དང་རྐང་མིག་དང་འཕེལ་བ་རྒྱལ་དཔོག་གི་བུ་ལ་སོགས་པའོ། །ཞེས་པ་ལྟར་ཐར་པ་འདོད་པས་དེའི་ལམ་འཚོལ་བ་ལ་ཞུགས་པ་ཡིན་ཏེ། རྒྱ་མཚོ་ཆེན་པོར་ནོར་བུ་ཚོལ་བའི་གྲུར་འཇུག་པ་ལ་སྟེགས་འཆའ་བའི་ཚུལ་དུ་བཀའ་བཅད་ལས་བཤད་དོ། །

དེ་ལ་གྲུབ་མཐའ་སྨྲ་བའི་རྟོག་གེ་སྟེ་ལྔ་ལས་དབང་ཕྱུག་པའི་དྲང་སྲོང་རྐང་མིག་པའི་རྗེས་འབྲང་རིག་པ་ཅན་དང་། གཟེགས་ཟན་གྱི་རྗེས་འབྲང་བྱེ་བྲག་པ་ཤེས་བྱའི་ཚིག་གིས་དོན་དྲུག་འདོད་པར་མཁན་ཆེན་ཞི་བ་འཚོ་དང་ཀ་མ་ལ་ཤཱི་ལས་གསུངས་ཤིང་། རྟོག་གེ་འབར་བ་དང་སྤྱན་རས་གཟིགས་བརྟུལ་ཞུགས་ཀྱིས་བྱེ་བྲག་པ་ཉིད་ཀྱིས་འདོད་པར་བཤད་དེ། རྫས་དང་ཡོན་ཏན་ལས་དང་སྤྱི། །བྱེ་བྲག་འདུ་བ་རྣམ་པ་དྲུག །དེ་ལ་རྫས་དགུ་སྟེ། བདག་དང་དུས་དང་ཕྱོགས་དང་ཡིད་དང་ནམ་མཁའ་སྟེ་རྟག་པའི་རྫས་ལྔ། ས་དང་ཆུ་དང་མེ་དང་རླུང་

སྐྱེ་མི་རྟག་པའི་རྫས་བཞིའོ། །རྫས་ཀྱི་ཡོན་ཏན་ཉི་ཤུ་རྩ་ལྔ་སྟེ། བདག་གི་ཡོན་ཏན་བདེ་བ་དང་སྡུག་བསྔལ། འདོད་ཆགས་དང་ཞེ་སྡང་། ཆོས་དང་ཆོས་མ་ཡིན། འདུས་བྱས་དང་འབད་པའི་ཤུགས། རྣམ་པར་ཤེས་པ་ལྔ་སྟེ་བཅུ་གསུམ་མོ། །ཕྱོགས་དང་དུས་ལས་གྲངས་དང་བོངས་ཚོད། ཕྲད་པ་དང་བྱེད་པ། གཞན་དང་གཞན་མ་ཡིན་པ།སོ་སོ་བ་སྟེ་བདུན་ནོ། །སྒྲ་དང་དྲི་དང་རོ་དང་རེག་བྱ་དང་ཁ་དོག་གོ་རིམ་བཞིན། ནམ་མཁའ་དང་ས་དང་ཆུ་དང་རླུང་དང་མེའི་ཡོན་ཏན་ནོ། །ལས་ལ་འདེགས་པ་དང་འཇོག་པ་དང་། བརྐྱང་པ་དང་བསྐུམ་པ་དང་འགྲོ་བ་དང་ལྔའོ། །སྤྱི་ལ་ཆེན་པོ་དང་ཉེ་ཚེ་བ་གཉིས་སོ། །བྱེ་བྲག་ནི་ཕན་ཚུན་འདྲེས་པར་མི་བྱེད་པའི་ཆོས་སོ། །འདུ་བ་ནི་རྟེན་དུ་གྱུར་པའི་རྫས་དང་དེ་ལ་བརྟེན་པའི་ཡོན་ཏན་འབྲེལ་བར་བྱེད་པའོ། །དེ་ལ་བདག་ནི་རྟག་པ་གཅིག་པུ་ཐམས་ཅད་ལ་ཁྱབ་པ་སེམས་ཅན་གྱི་རྒྱུད་དུ་གཏོགས་པའི་ཟ་བ་པོ་བེམ་པོ་ཡིན་པར་འདོད་དེ། གཞན་དག་ཀྱང་ནི་འདིར་བདག་ཉིད། །འདོད་དང་སྡང་སོགས་ཡོན་ཏན་ཅན། །རྟེན་དང་ཀུན་འཇུག་ཟ་བ་པོ། །རང་ཉིད་བེམ་པོའི་ངོ་བོར་འདོད། །ཅེས་པས། བདག་དེ་བེམ་པོ་ཡིན་ཀྱང་། རྣམ་ཤེས་ལྔའི་ཡོན་ཏན་ཡོད་པས་ཡུལ་འཛིན་པར་བྱེད། རྟག་པ་ཡིན་ཀྱང་འབད་པའི་ཤུགས་ཀྱིས་ཡོན་ཏན་ཡོད་པས་ལུས་འདོར་ལེན་ལ་སོགས་པ་བྱེད་པ་ཡིན་ཏེ། བདག་ཉིད་བརྟག་ཀྱང་བྱེད་པོར་འགྱུར། །རྫ་ཆག་བྱེ་འཕུར་ཇི་བཞིན་དུ། །འཇིག་རྟེན་འདི་ནས་ཕ་རོལ་ཏུ། །འཕོ་ཞིང་ཉིང་མཚམས་སྦྱོར་བ་ན། །བདག་ཅེས་བྱ་བ་དེས་ལེན་ཏོ། །ཞེས་བདག་བེམ་པོ་ལུས་འདོར་ལེན་དང་ཆོས་དང་ཆོས་མ་ཡིན་པ་ལ་སོགས་བྱེད་ཅིང་ཐམས་ཅད་ལ་ཁྱབ་པར་འདོད་པ་ཡིན་ནོ། །

ཁ་ཅིག་བྱེ་བྲག་པ་བེམ་པོ་སེམས་ཅན་གྱི་ཁམས་སུ་འདོད་པ་མ་མཐོང་ཞེས་སྨྲ་བ་ནི་གཞུང་ལུགས་མང་པོ་ལ་བློ་གྲོས་མ་སྦྱངས་པར་ཁས་ལེན་པའོ། །ཡང་དཔལ་ལྡན་ཆོས་ཀྱི་གྲགས་པས། བློ་ནི་ལུས་ལ་བརྟེན་པའི་ཕྱིར། །གོམས་པས་གྲུབ་པ་མེད་ཅེ་ན། །ཞེས་པའི་རྒྱན་འགྲེལ་ལས། བློ་ནི་ལུས་ཀྱི་རང་བཞིན་དང་། །ལུས་འབྲས་ལུས་ཀྱི་ཡོན་ཏན་ཕྱིར། །འདི་ར་ནི་ལུས་གསུམ་ལ་བརྟེན་པས། །གོམས་པ་སྲིད་པ་ཡོད་མ་ཡིན། །ཞེས་པ་ལྟར་རྒྱང་འཕེན་པས་ཕྱི་རོལ་གྱི་འབྱུང་བ་དང་ཕ་མ་འདུས་པའི་ཁུ་ཁྲག་གི་འབྱུང་བས་ལུས་འགྲུབ་ཅིང་དེ་ལ་སེམས་པ་ཅན་བྱུང་ངོ་། །ཞེས་པ་དང་། ལུས་སེམས་དུས་མཉམ་དུ་འགྲུབ་ནས་མངལ་ནས་འབྱུང་བའི་ཚེ་སེམས་པ་གསལ་བར་བྱུང་ངོ་། །ཞེས་ཀྱང་ཟེར་ཏེ། སེམས་ཚེ་སྔ་མ་ནས་འདིར་འོང་བ་མེད་ཅིང་འདི་ནས་ཕྱི་མར་འཕོ་བ་ཡང་མེད་དོ་ཞེས་འཇིག་རྟེན་མིག་གི་བསྟན་པའི་རྗེས་འབྲང་གི་སྟོན་པ་ལ་བ་ཅན་དང་རྟ་མཆོག་ལ་སོགས་པ་འདོད་ཅིང་། ད་ལྟའི་དབང་པོའི་སྤྱོད་ཡུལ་དུ་མ་གྱུར་པའི་དམྱལ་བ་དང་ལྷའི་འགྲོ་བ་ཡང་མེད་དོ། །རིམ་གྱིས་གོམས་པས་ཇི་བཟང་དུ་གྱུར་པའི་ཐམས་ཅད་མཁྱེན་པ་དང་སེམས་འདོད་ཆགས་དང་བྲལ་བ་ཞེས་བྱ་བ་

ཡང་མེད་དོ། །ཤི་བའི་ཚེ་རྒྱུ་མེད་ཅིང་གཅིག་ལ་གཅིག་མ་གྲུབ་པ་ཞེས་བྱ་བའི་སྟོང་པ་ཆེན་པོའི་དང་དུ་ཐིམ་པ་ཡིན་ནོ་ཞེས་ཟེར་རོ། །འཇིག་རྟེན་པའི་ཡང་དག་པའི་ལྟ་བ་ལས་གྱུད་དུ་སོང་བའི་མ་རུང་བ་ཆེན་པོ་ཡིན་པས་རྒྱང་འཕེན་པ་ཞེས་བྱ་བ་ཡིན་ཏེ། གནས་བརྟན་བྱང་ཆུབ་བཟང་པོས། ཨ་ཡོ་ཏི་ནི་ཞེས་བྱ་བ་སོང་བ་དང་བྲལ་བ་དང་འགྲོ་བའི་དོན་ཏོ། །ཞེས་བཤད་དོ། །

བོད་ཁ་ཅིག་ཚེ་འདི་གཅིག་པུ་ལ་ཕན་པར་འདོད་པས་རྒྱང་ཕན་པ་དང་། ཚེ་ཕྱི་མ་རྒྱང་རིང་པོར་འཕེན་པས་རྒྱང་འཕེན་ཞེས་ཟེར་བ་ནི་བླུན་ཚིག་གོ །དེ་ལྟར་ན་མུ་སྟེགས་རིག་པ་ཅན་པ་དང་རྒྱང་འཕེན་པ་རྣམས་ཐམ་པོ་སེམས་ཅན་གྱི་ཁམས་སུ་འདོད་པ་ཡིན་གྱིས་སངས་རྒྱས་པ་ལ་མེད། །ཅེས་པ་ནང་མའི་གྲུབ་མཐའ་བཞི་པོ་གང་གི་ལུགས་ལའང་དེ་འདྲ་མེད་པས། ཁྱོད་ནི་ཕྱི་རོལ་མུ་སྟེགས་ཀྱི་ཡུལ་དུ་སོང་ཞིག་ཅེས་པའི་དོན་ཡིན་ནོ། །འོན་ཀྱང་ཉན་ཐོས་སྡེ་པ་ཁ་ཅིག །འདུ་ཤེས་མེད་པའི་ལྷ་ཤི་ནས་འདོད་ཁམས་སུ་སྐྱེ་བའི་ཚེ། སེམས་མེད་ཀྱི་ལུས་དེས་འདོད་ཁམས་ཀྱི་སེམས་སྐད་ཅིག་དང་པོའི་ཉེར་ལེན་གྱི་རྒྱུ་བྱེད་པར་འདོད་པའང་ཡོད་ཅེས་བླ་མ་དག་གསུངས་སོ། །

གཉིས་པ་རིག་པ་བདེ་གཤེགས་སྙིང་པོར་འདོད་པ་དགག་པ་ལ་གཉིས། ཚོགས་བརྒྱད་བདེ་གཤེགས་སྙིང་པོར་མི་འཐད་པ་ནི། རིག་པ་ཡིན་ན་སེམས་རྣམས་ཀྱི། །ཚོགས་བརྒྱད་ཉིད་ལ་འདའ་བ་མེད། །ཚོགས་བརྒྱད་འདུས་བྱས་ཡིན་པའི་ཕྱིར། །བདེ་གཤེགས་སྙིང་པོར་མི་འཐད་དོ། །མདོ་ལས་བདེ་གཤེགས་སྙིང་པོ་ནི། །འདུས་མ་བྱས་སུ་གསུངས་ཕྱིར་རོ། །ཞེས་པ་རྣམ་ཤེས་ཚོགས་དྲུག་དང་བརྒྱད་དུ་འདོད་པ་ཅི་རིགས་སུ་ཡོད་ནའང་བརྒྱད་ལས་མང་བ་མི་བཞེད་པས། འཇུག་ཤེས་དྲུག་ནི་ཡུད་ཙམ་གྱིས་སྐྱེ་འགག་སྣ་ཚོགས་བྱེད་ཅིང་རྒྱུན་མི་བརྟན་པ་ཡིན་ལ། དམིགས་པ་དང་ཀུན་སློང་དང་མཚུངས་ལྡན་གྱི་དབང་གིས་དགེ་བ་དང་མི་དགེ་བ་དང་ལུང་མ་བསྟན་གྱི་ཤེས་པ་མི་འདྲ་བར་འགྱུར་བའི་ཕྱིར། བདེ་གཤེགས་སྙིང་པོ་མི་རུང་ལ། ཉོན་མོངས་པ་ཅན་གྱི་ཡིད་ནི་རྟག་པར་ཉོན་མོངས་པ་དང་འགྲོགས་ཤིང་བདག་ཏུ་ལྟ་བ་དང་བདག་ལ་ཆགས་པ་དང་བདག་ཏུ་ང་རྒྱལ་བ་ཅན་དང་བདག་མེད་པའི་དོན་ལ་རྨོངས་པའི་རྣམ་པ་ཅན་ཡིན་ལ། ཟག་པ་མེད་པའི་ཡེ་ཤེས་དང་ལྷན་ཅིག་ཏུ་མི་གནས་པའི་འགལ་བ་ཅན་ཡིན་པས་མི་རུང་ངོ་། །ཀུན་གཞི་རྣམ་ཤེས་ཀྱང་བློ་བུར་གྱི་དྲི་མས་བསྡུས་པའི་ཕྱིར་བདེ་གཤེགས་སྙིང་པོར་མི་འཐད་དོ། །ཚོགས་བརྒྱད་ཐམས་ཅད་འདུས་བྱས་ཡིན་པའི་ཕྱིར་ཡང་མི་འཐད་དེ༑ སྙིང་པོ་ནི་མདོ་ལས། འདུས་མ་བྱས་སུ་ཡང་དང་ཡང་དུ་གསུངས་པའི་ཕྱིར་རོ། །

གཉིས་པ་ཟག་མེད་སེམས་རྒྱུད་གསུངས་པའི་དགོངས་པ་བཤད་པ་ནི། འགའ་ལས་ཟག་མེད་སེམས

རྒྱུད་ཅེས། །གསུངས་པ་ཀུན་གཞི་རྣམ་ཤེས་ཀྱི། །གསལ་ཆ་ཉིད་ལ་དགོངས་པ་ཡིན། །དེ་ནི་མ་བསྒྲིབས་ལུང་མ་བསྟན། །ཡིན་ཕྱིར་དགེ་བའི་ཐ་སྙད་མེད། །འོན་ཀྱང་ཟག་མེད་སེམས་རྒྱུད་ཅེས། །ཚོགས་བརྒྱད་ལས་གཞན་ཡོད་ན་ནི། །དེ་ཚེ་རྣམ་ཤེས་ཚོགས་དགུར་འགྱུར། །ཞེས་པ་མདོན་པའི་མདོར། ཐོག་མ་མེད་པའི་དུས་ཅན་ཁམས། །ཆོས་རྣམས་ཀུན་གྱི་གནས་ཡིན་ཏེ། །དེ་ཡོད་པས་ན་འགྲོ་ཀུན་དང་། །མྱ་ངན་འདས་པའང་འཐོབ་པར་འགྱུར། །ཞེས་གསུངས་པས། ཐོག་མ་མེད་པའི་སེམས་རྒྱུད་དྲི་མ་མེད་པའི་རྣམ་པར་ཤེས་པ་བདེ་གཤེགས་སྙིང་པོ་ཆོས་སྐུའི་རང་བཞིན་དུ་ཡོད་དེ། ཏིང་ངེ་འཛིན་རྒྱལ་པོར། བདེ་གཤེགས་སྙིང་པོ་འགྲོ་ཀུན་ཡོངས་ལ་ཁྱབ། །ཅེས་གསུངས་ཤིང་སངས་རྒྱས་ཀྱི་ས་བོན་ཡོད་པའི་ཕྱིར་རྣམ་པར་ཤེས་པ་ཚོགས་དགུ་ཡོད་ཅེས་སློབ་དཔོན་ཨ་ཀིརྟིས་བཤད་དེ། ཀུན་གཞི་རྣམ་ཤེས་ལ་རྣམ་སྨིན་དང་ས་བོན་དང་རྣམ་ཤེས་ཀྱི་ཆ་གསུམ་དུ་གནས་པ་ལས། རྣམ་ཤེས་གསལ་རིག་གི་ཆ་ལ་དགོངས་ནས་གསུངས་པ་ཡིན་ལ། དེ་ནི་མ་བསྒྲིབས་ལུང་མ་བསྟན་ཡིན་པའི་ཕྱིར་བདེ་གཤེགས་སྙིང་པོ་དགེ་བ་ཞེས་བྱ་བའི་ཐ་སྙད་མི་འདོད་དོ། །ཚོགས་བརྒྱད་ལ་མ་ཐེ་བའི་ཟག་མེད་སེམས་རྒྱུད་ཡོད་ན་ཚོགས་དགུར་འགྱུར་ཏེ། བཀའ་དང་བསྟན་བཅོས་ཡིད་གཏད་དུ་རུང་བ་རྣམས་ལས་གསུངས་པ་མེད་དོ། །དེས་ནི་ཚོགས་བརྒྱད་ལས་གཞན་པའི། །ཟག་མེད་སེམས་རྒྱུད་མི་སྲིད་དོ༔ །ཞེས་པ་ནི། དེས་ན་ཀུན་གཞི་ལ་མི་ཐེ་བའི་ཟག་མེད་སེམས་རྒྱུད་རང་མཚན་པ་སེམས་ཅན་ལ་མེད་དོ། །

གཉིས་པ་དངོས་མེད་ཡིན་པ་མི་འཐད་པ་ནི། དངོས་མེད་ཡིན་ན་དོན་བྱེད་མེད། །དེ་ལ་དགེ་སྡིག་འཐད་མ་ཡིན། །ཞེས་པ་ཁམས་དེ་དངོས་མེད་ཡིན་ན་དོན་བྱེད་པའི་ནུས་པ་མེད་པས། སྙིང་པོ་དགེ་བ་ཞེས་པའི་ཐ་སྙད་གདགས་པའི་གཞི་མེད་དོ། །

གསུམ་པ་སྤྲོས་བྲལ་ཡིན་ན་དགེ་སྡིག་ལས་འདས་པ་ལ་གཉིས། ཆོས་དབྱིངས་དང་དོན་ཐུན་པར་བསྟན་པ་ནི། གལ་ཏེ་སེམས་ཅན་ཁམས་དངོས་དང་། །དངོས་མེད་གཉིས་ཀ་མ་ཡིན་པར། །སྤྲོས་བྲལ་ཡིན་ན་སྔར་བཤད་པའི། །ཆོས་ཀྱི་དབྱིངས་ལས་འདའ་བ་མེད། །དེ་ལྟ་ཡིན་ན་ཆོས་ཀྱི་དབྱིངས། །དགེ་སྡིག་མེད་པར་བཤད་ཟིན་ཏོ། །ཞེས་པ། སེམས་ཅན་གྱི་ཁམས་དེ་དངོས་པོ་མ་ཡིན་གྱི་སྤྲོས་པ་དང་བྲལ་བའི་སྟོང་པ་ཉིད་ལ་ཟེར་བ་ཡིན་ན། སྔར་གཏན་ལ་ཕབ་པའི་ཆོས་ཀྱི་དབྱིངས་ལས་མ་འདས་པས་དོན་ལ་མ་འཁྲུལ་ན་མིང་ཙམ་ལ་མི་རྩོད་དོ་ཞེས་པའོ། །

གཉིས་པ་བདེ་གཤེགས་སྙིང་པོའི་ངོ་བོ་ངོས་བཟུང་བ་ལ་གཉིས། དང་པོ་གཞན་ལུགས་མི་འཐད་པར་བསྟན་པ་ལ་ཞེ་འདོད་བརྗོད་པ་ནི། གལ་ཏེ་ཐེམ་པོའི་ཆོས་ཀྱི་དབྱིངས། །བདེ་གཤེགས་སྙིང་པོ་མ་ཡིན་ཀྱང་། །སེམས

ཅན་རྣམས་ཀྱི་ཆོས་ཀྱི་དབྱིངས། །བདེ་གཤེགས་སྙིང་པོ་ཡིན་སྙམ་ན། །ཞེས་པ། བེམ་པོའི་ཆོས་ཉིད་སྙིང་པོ་དགེ་བ་མ་ཡིན་པ་བདེན་མོད་ཀྱི། སེམས་ཀྱི་ཆོས་ཉིད་རང་བཞིན་གྱིས་འོད་གསལ་བ་ནི་སྙིང་པོ་དགེ་བ་མཚན་ཉིད་པ་ཡིན་ནོ་སྙམ་ན།

གཉིས་པ་དོན་ལ་མི་གནས་པར་བསྟན་པ་ནི། མ་ཡིན་ཆོས་ཀྱི་དབྱིངས་ལ་ནི། །དབྱེ་བ་མེད་པར་རྒྱལ་བས་གསུངས། །རིགས་པས་ཀྱང་ནི་འདི་འགྲུབ་བོ། །ཞེས་པ་དེ་ལྟར་མ་ཡིན་ཏེ་ཆོས་ཀྱི་དབྱིངས་སྤྲོས་བྲལ་གྱི་དོན་ལ་དགེ་བ་མ་ཡིན་པ་བེམ་པོའི་དེ་བཞིན་ཉིད་དང་། དགེ་བ་ཡིན་པ་སེམས་ཀྱི་དེ་བཞིན་ཉིད་ཅེས་བྱ་བའི་དབྱེ་བ་བྱར་མེད་དེ། བརྒྱད་སྟོང་པར། སྐྱེ་བ་མེད་པས་ནམ་མཁའི་དེ་བཞིན་དང་། ཆོས་ཐམས་ཅད་ཀྱི་དེ་བཞིན་ཉིད་གང་ཡིན་པ་དང་། དེ་བཞིན་གཤེགས་པའི་དེ་བཞིན་ཉིད་གང་ཡིན་པ་དེ་ནི་དེ་བཞིན་ཉིད་གཅིག་སྟེ་ཞེས་གསུངས་ཤིང་། རིགས་པས་ཀྱང་འགྲུབ་སྟེ། སྤྲོས་བྲལ་ལ་བློས་བསམས་པ་དང་སྨྲས་བརྗོད་པ་དང་། དཔེས་མཚོན་པའི་ཡུལ་ལས་འདས་པའི་ཕྱིར་རོ། །མདོ་ལས། ཡི་གེ་མེད་པའི་ཆོས་རྣམས་ལ། །ཉན་པ་གང་དང་སྟོན་པ་གང་། །འགྱུར་བ་མེད་ལ་སྒྲོ་བཏགས་ནས། །ཉན་ཅིང་སྟོན་པར་བྱེད་པའང་ཡིན། །ཞེས་སོ། །

གཉིས་པ་རང་ལུགས་འཐད་ལྡན་བཤད་པ་ལ་གསུམ། སེམས་ཅན་ལ་འཁོར་འདས་གཉིས་འབྱུང་བ་འཐད་པར་བསྟན། དེ་ཉིད་ལུང་རྣམ་དག་གིས་སྒྲུབ། བཀའ་བསྟན་བཅོས་ཀྱི་དགོངས་པ་གཏན་ལ་དབབ་པའོ། །དང་པོ་ནི། དེས་ན་དེ་བཞིན་གཤེགས་པ་ཡི། །སྙིང་པོ་སྤྲོས་བྲལ་ཡིན་པའི་ཕྱིར། །སེམས་ཅན་རྣམས་ལ་སངས་རྒྱས་དང་། །འཁོར་བ་གཉིས་ཀ་འབྱུང་བར་འཐད། །ཅེས་པས། དེ་བཞིན་གཤེགས་པའི་སྙིང་པོ་བདེན་པའི་དངོས་པོས་སྟོང་པའི་སྤྲོས་བྲལ་ཡིན་པའི་ཕྱིར་སེམས་ཅན་གྱི་སེམས་ལ་འཁོར་བ་དང་སངས་རྒྱས་གཉིས་ཀ་འབྱུང་བ་འཐད་པ་ཡིན་ནོ། །དེ་ཡང་སྟོང་པ་ཉིད་ཀྱི་དོན་ཇི་ལྟར་ཡིན་པ་བཞིན་བློ་ལ་རུང་ཞིང་ལེགས་པར་ཁོང་དུ་ཆུད་པ་དེ་ལ་ལས་དགེ་སྡིག་དང་བདེན་པ་བཞི་དང་འཁོར་བ་དང་ཐར་པ་དང་ཀུན་རྫོབ་བདེན་པའི་ཆོས་ཐམས་ཅད་རུང་ཞིང་འཐད་པ་ཡིན་ལ། སྟོང་པ་ཉིད་ཀྱི་དོན་ཡོད་པའམ་མེད་པ་དང་རྟག་པ་དང་མི་རྟག་པ་ལ་སོགས་པར་བཟུང་ཞིང་། མཐར་འཛིན་པའི་ལྟ་བར་ལྷུང་བ་དེ་ལ་ནི་འཇིག་རྟེན་པའི་ཡང་དག་པའི་ལྟ་བ་སྐྱང་མི་རུང་ཞིང་བདག་མེད་རྟོགས་པའི་ཐར་ལམ་ཡང་མི་རུང་བར་འགྱུར་ཏེ། སྤྱོད་འཇུག་ཏུ། བསྟན་རྩ་དགེ་སློང་ཉིད་ཡིན་ན། །དགེ་སློང་ཉིད་ཀྱང་དཀའ་བ་གནས། །ཞེས་པ་ལྟར་རོ། །

གཉིས་པ་དེ་ཉིད་ལུང་རྣམ་དག་གིས་སྒྲུབ་པ་ནི། འཕགས་པ་ཀླུ་སྒྲུབ་སྐྱོབ་ཉིད་ཀྱིས། །གང་ལ་སྟོང་པ་ཉིད་རུང་བ། །དེ་ལ་ཐམས་ཅད་རུང་བ་ཡིན། །གང་ལ་སྟོང་ཉིད་མི་རུང་བ། །དེ་ལ་ཐམས་ཅད་རུང་མ་ཡིན། །ཞེས

གསུངས་པ་ཡི་དོན་འདི་ཡིན། །ཞེས་ཁོང་དུ་ཆུད་པར་བྱའོ། །གསེར་འོད་དམ་པར། འཁོར་བའི་ཉེས་དམིགས་དང་མྱ་ངན་ལས་འདས་པའི་ཕན་ཡོན་ཡང་དག་པར་རིགས་ཅིང་། ཡང་དག་པར་སོ་སོར་རྟོག་པ་འདི་ནི་ཕ་རོལ་ཏུ་ཕྱིན་པའི་དོན་ཏོ། །མི་སྐྱེ་བའི་ཆོས་ལ་བཟོད་པ་ཡོངས་སུ་རྫོགས་པར་བྱེད་པ་འདི་ནི་ཕ་རོལ་ཏུ་ཕྱིན་པའི་དོན་ཏོ༑ ༑ཞེས་པ་ལ་སོགས་པ་དུ་མ་གསུངས་ཤིང་། དཀོན་མཆོག་སྤྲིན་ལས། རིགས་ཀྱི་བུ། གལ་ཏེ་དོན་དམ་པ་མེད་དུ་ཟིན་ན་ཚངས་པར་སྤྱོད་པ་ཡང་དོན་མེད་པར་འགྱུར་རོ། །དེ་བཞིན་གཤེགས་པ་འབྱུང་བ་ཡང་དོན་མེད་པར་འགྱུར་རོ། །གང་གི་ཕྱིར་དོན་དམ་པ་ཡོད་པས་དེའི་ཕྱིར་བྱང་ཆུབ་སེམས་དཔའ་རྣམས་དོན་དམ་པ་ལ་མཁས་པ་ཞེས་བྱའོ། །ཞེས་པ་ནི་མེད་པའི་ཕྱོགས་སུ་མ་ལྟུང་ཞིང་ཡོད་པར་གསུངས་སོ། །འཇིག་རྟེན་ལ་འདས་པར་བསྟོད་པར། ཁྱོད་ཀྱི་ཡེ་ཤེས་སྤྱན་ཉིད་ཀྱིས། །འགྲོ་བ་འདི་དག་ཞི་བར་མཐོང་། །ཞེས་སོ། །འཕགས་པའི་དགོངས་པ་ནི་སྒྲུབ་བྱེད་དུ་མདོ་དྲངས་པ་བཞིན་ཤེས་པར་བྱའོ། །

ཐེག་པ་ཆེན་པོ་རྒྱུད་བླ་མར། བདེ་གཤེགས་ཁམས་ཀྱི་སྒྲུབ་བྱེད་ནི། །གལ་ཏེ་སེམས་ཅན་ཁམས་མེད་ན༑ ༑སྡུག་ལ་སྐྱོ་བར་མི་འགྱུར་ཞིང་། །མྱ་ངན་འདས་ལ་འདོད་པ་དང་། །དོན་གཉེར་སྨོན་པའང་མེད་པར་འགྱུར། །ཞེས་གསུངས་པ་ཡང་འདི་ཉིད་དོ། །ཞེས་པའི་དོན། ལྷ་མོ་དཔལ་ཕྲེང་གི་མདོར། བཅོམ་ལྡན་འདས་གལ་ཏེ་དེ་བཞིན་གཤེགས་པའི་སྙིང་པོ་མ་མཆིས་ན་ནི། སྡུག་བསྔལ་ལས་སྐྱོ་བར་མི་འགྱུར་བ་དང་། མྱ་ངན་ལས་འདས་པའང་འདོད་པ་དང་འདུན་པ་དང་དོན་དུ་གཉེར་བ་དང་། སྨོན་པ་མེད་པར་འགྱུར་རོ། །ཞེས་གསུངས་པ་ཁམས་ཀྱི་རྣམ་པར་གཞག་པ་བཅུའི་ནང་ནས་བཞི་པ་ལས་ཀྱི་དོན་གཏན་ལ་འབེབས་པ་ཡིན་ཏེ། སངས་རྒྱས་ཀྱི་ཁམས་རྣམ་པར་དག་པའི་རིགས་ནི། ལོག་པ་ཉིད་དུ་ངེས་པའི་སེམས་ཅན་རྣམས་ལ་ཡང་ལས་གཉིས་ཉེ་བར་གནས་ཏེ། འཁོར་བ་སྡུག་བསྔལ་མཐོང་ནས་སྐྱོ་བ་བསྐྱེད་པ་དང་། མྱ་ངན་ལས་འདས་པ་བདེ་བའི་ཡོན་ཏན་མཐོང་ནས་འདོད་པ་དོན་དུ་གཉེར་བ་དང་སྨོན་པ་བསྐྱེད་པའོ། །འདུན་པའི་མངོན་པར་འདོད་པའོ། །འདོད་པ་ནི་དོན་དེ་ལས་ཕྱོགས་པའོ། །དོན་དུ་གཉེར་བ་ནི་ཐོབ་པའི་ཐབས་འཚོལ་བའོ། །སྨོན་པ་ནི་དེ་ལ་སེམས་མངོན་པར་འདུ་བྱེད་པའོ། །ལོག་སྲིད་ཅན་ལ་རིགས་སད་པར་བྱེད་པའི་རྐྱེན་མེད་པ་དེ་སྲིད་དུ་ལས་གཉིས་མངོན་དུ་གྱུར་པ་མེད་ཀྱང་། རིགས་སད་པར་བྱེད་པའི་སྐྱེས་བུ་དམ་པ་ལ་བརྟེན་པ་དང་། ཚོགས་བསགས་པ་དང་། སྨོན་ལམ་བཏབ་པ་དང་། མཐུན་པའི་ཡུལ་ན་གནས་པ་དང་། འཁོར་ལོ་བཞི་པོ་འཁོར་བའི་ཚེ་རིགས་སད་པས་བྱང་ཆུབ་གསུམ་པོ་ལ་འདོད་པ་དང་དོན་གཉེར་འབྱུང་བ་སྟེ། ཡེ་ཤེས་སྣང་བ་རྒྱན་གྱི་མདོར། ལོག་པ་ཉིད་དུ་ངེས་པའི་རྒྱུད་དུ་གྱུར་པའི་སེམས་ཅན་རྣམས་ཀྱི་ལུས་ལ་ཡང་དེ་བཞིན་གཤེགས་པའི་

ཉི་མའི་དཀྱིལ་འཁོར་གྱི་ཡེ་ཤེས་ཀྱི་འོད་ཟེར་ཕོག་པས་དེ་དག་ལ་ཕན་ཐོགས་པར་འགྱུར་ཅིང༌། མ་འོངས་པའི་རྒྱུ་ཡང་དག་པར་སྐྱེས་པ་ན། དགེ་བའི་ཆོས་རྣམས་ཀྱིས་རྣམ་པར་འཕེལ་བ་ཡང་འགྱུར་རོ། །ཞེས་གསུངས་སོ། །འོ་ན་མྱ་ངན་ལས་འདས་པ་ཆེན་པོ་ལ་སོགས་པའི་མདོར། ལོག་སྲེད་ཅན་གཏན་མྱ་ངན་ལས་མི་འདའ་བར་བསྟན་པ་དང་འགལ་ལོ་ཞེ་ན། དེ་ནི་ཐེག་ཆེན་ལ་ཞེ་སྡང་བ་ནི་ལོག་སྲེད་ཀྱི་རྒྱུ་ཡིན་པས་དུས་ཡུན་རིང་པོར་ཐར་པ་མི་འཐོབ་པའི་ཕྱིར། ཞེ་སྡང་བ་དེ་རྣམ་པར་བཟློག་པའི་དོན་དུ་དུས་གཞན་ལ་དགོངས་ནས་གསུངས་སོ་ཞེས་འཕགས་པ་ཐོགས་མེད་བཞེད་དོ། །

ཉེ་བར་ལེན་པའི་ཕུང་པོ་ལྔ། །སྡུག་བསྔལ་ཡིན་ཅིང་མྱ་ངན་ལས། །འདས་པ་བདེ་བ་ཡིན་པས་ན། །སེམས་ནི་རང་གནས་བསྙེགས་པའི་ཕྱིར། །མེ་ཡི་སྐྱུབ་བྱེད་ཚ་བ་ལྟར། །བདེ་གཤེགས་ཁམས་ཀྱི་སྐྱུབ་བྱེད་འཐད། །ཅེས་པ། རྒྱུ་ཉོན་མོངས་པས་བྱས་པའི་ལས་ནི་ཉེ་བར་ལེན་པ་ཡིན་ལ། དེའི་འབྲས་བུ་ཟག་བཅས་ཀྱི་ཕུང་པོ་ལྔ་སྡུག་བསྔལ་ཡིན་ཅིང་གློ་བུར་གྱི་དྲི་མ་ཡིན་ལ། སེམས་ཀྱི་རང་བཞིན་འོད་གསལ་བ་ནི་མྱ་ངན་ལས་འདས་པ་དང་བདེ་བ་ཡིན་པས། སེམས་རང་གནས་སུ་བསྙེགས་པའི་ཕྱིར། མཐར་ཐུག་མྱ་ངན་ལས་འདས་པ་ཐོབ་པ་འཐད་དེ། ཆུ་རང་གནས་བསྙེགས་པས་དྭངས་མར་འགྱུར་བ་དང༌། ནམ་མཁའ་རང་གནས་བསྙེགས་པས་སྤྲིན་དང་རྡུལ་དང༌། བྲལ་བའི་རྣམ་དག་ཏུ་འགྱུར་བ་ལྟར་རོ། །དེས་ན་སེམས་ཅན་རང་བཞིན་གྱིས་རྣམ་པར་དག་པའི་གནས་སུ་བསྙེགས་པས་གློ་བུར་གྱི་དྲི་མ་དང་བྲལ་ནས་ཆོས་ཀྱི་སྐུ་ཐོབ་པའི་ཐ་སྙད་དོན་མཐུན་སྒྱུར་དུ་རུང་ཞིང༌། སེམས་ཅན་ཐམས་ཅད་ལ་བདེ་བར་གཤེགས་པའི་སྙིང་པོ་ཡོད་པའི་སྐྱུབ་བྱེད་མདོ་དང་བསྟན་བཅོས་སུ་གསུངས་པ་རྣམས་ཀྱང་འཐད་དེ། དཔེར་ན་མེའི་རང་བཞིན་ཚ་ཞིང་བསྲེག་པ་ཡིན་པས་ཐལ་བས་གཡོགས་པའི་འོག་ན་མེ་ཡོད་པའི་སྐྱུབ་བྱེད་ལ་སྙེང་ན་དྲོད་ཚ་བ་འདུག་པ་བཞིན་ནོ། །འགའ་ཞིག་མེའི་རང་བཞིན་ཞེས་འདོན་པ་རིགས་ཟེར་བ་ལྟར་ན་འང་དོན་གཅིག་ཡོད་པར་སེམས་སོ། །

འདི་དོན་རྒྱས་པར་བརྒྱད་སྟོང་པའི། །ཆོས་འཕགས་ཀྱི་ནི་ལེའུར་ལྟོས། །ཞེས་པ། འཕགས་པ་ཆོས་འཕགས་ལ་རྒྱལ་སྲས་རྟག་ཏུ་ངུས་དེ་བཞིན་གཤེགས་པ་དེ་དག་གང་ནས་བྱོན་གང་དུ་བཞུད་ཅེས་དྲིས་པས། ལན་དུ། དེ་བཞིན་གཤེགས་པ་དེ་དག་གང་ནས་ཀྱང་མ་བྱོན་གང་དུ་ཡང་མ་བཞུད་དོ། །དེ་བཞིན་ཉིད་ལས་མ་གཡོས་སོ། །དེ་བཞིན་ཉིད་གང་ཡིན་པ་དེ་ནི་དེ་བཞིན་གཤེགས་པའོ། །ཞེས་པ་དང༌། སྨིག་སྒྱུ་གཡོ་བ་མཐོང་ན་སྨིག་སྒྱུའི་ཆུ་དེ་གང་ནས་འོངས། གང་དུ་སོང༌། ཆུ་མེད་པ་ལ་ཆུར་ཤེས་པ་དེ་བཞིན་དུ། དེ་བཞིན་གཤེགས་པ་ལ་གཟུགས་དང་སྒྲར་མངོན་པར་ཞེན་ནས་བཞུད་པ་དང་རྟོག་པ་དེ་ནི་བྱིས་པ་ཤེས་རབ་འཆལ་པའོ། །ཞེས་པ

དང་། ཆོས་ཐམས་ཅད་རྨི་ལམ་ལྟ་བུར་ཤེས་པ་དེས། ཆོས་གང་ལའང་འགྲོ་བ་དང་འོང་བ་དང་། སྐྱེ་བ་དང་འགག་པར་མི་རྟག་གོ། །དེ་བཞིན་གཤེགས་པ་ཆོས་ཉིད་དུ་རབ་ཏུ་ཤེས་པ་དེ་ནི་བླ་ན་མེད་པ་ཡང་དག་པར་རྫོགས་པའི་སངས་རྒྱས་བྱང་ཆུབ་ལ་ཉེ་བ་དང་། ཤེས་རབ་ཀྱི་ཕ་རོལ་ཏུ་ཕྱིན་པ་ལ་སྤྱོད་པའོ། །ཡུལ་འཁོར་གྱི་བསོད་སྙོམས་དོན་ཡོད་པར་ཟ་བའོ། །འཇིག་རྟེན་གྱི་སྦྱིན་གནས་སོ། །ཞེས་པ་དང་། དཔེར་ན་རྒྱ་མཚོའི་རིན་པོ་ཆེ་ཕྱོགས་བཅུ་གང་ནས་ཀྱང་མ་འོངས་ཏེ། འོན་ཀྱང་སེམས་ཅན་རྣམས་ཀྱི་དགེ་བའི་རྩ་བ་ལས་བྱུང་ངོ་། །རྒྱུ་མེད་པར་མི་འབྱུང་སྟེ། རྒྱུ་དང་རྐྱེན་དང་གཞི་ལ་རག་ལས་པ་ལ་བརྟེན་ནས་འབྱུང་ངོ་། །རིན་པོ་ཆེ་རྣམས་འགག་པའི་ཚེ་གང་དུ་ཡང་མི་འཕོ་སྟེ། རྐྱེན་མེད་པས་ན་འགག་གོ། །སངས་རྒྱས་བཅོམ་ལྡན་འདས་ཀྱི་སྐུ་དེ་དག་ཀྱང་རྒྱུ་མེད་པ་མ་ཡིན་ཏེ། སྔོན་གྱི་སྤྱད་པ་ལས་ཡོངས་སུ་གྲུབ་པ། རྒྱུ་དང་རྐྱེན་ལ་རག་ལས་པ། སྔོན་གྱི་འཕྲིན་ལས་རྣམ་པར་སྨིན་པ་ལས་བྱུང་བ་ཡིན་ནོ། །རྐྱེན་རྣམས་ཡོད་ན་སྐུ་མངོན་པར་གྲུབ་པར་འགྱུར་ཏེ་རྐྱེན་མེད་ན་མི་འགྲུབ་བོ། །པི་ཝང་གི་སྒྲ་ནི་ཁོག་པ་དང་པགས་པ་དང་རྒྱུད་དང་རྡོལ་བ་ལ་བརྟེན་པ་བཞིན་នོ། །དེ་བཞིན་དུ་སངས་རྒྱས་བཅོམ་ལྡན་འདས་ཀྱི་སྐུ་ཡོངས་སུ་འགྲུབ་པ་ཡང་རྒྱུ་དང་རྐྱེན་ལ་རག་ལས་པ། དགེ་བའི་རྩ་བ་དུ་མས་ཡོངས་སུ་གྲུབ་པ་ཡིན་ནོ། །རྒྱུ་གཅིག་ལས་མ་ཡིན། རྐྱེན་གཅིག་ལས་མ་ཡིན། དགེ་བའི་རྩ་བ་གཅིག་གིས་སངས་རྒྱས་ཀྱི་སྐུ་རབ་ཏུ་ཕྱེ་བ་མ་ཡིན། རྒྱུ་དང་རྐྱེན་མང་པོ་ཚོགས་པ་ལས་བྱུང་བ་ཡིན་ཏེ། དེ་ནི་གང་ནས་ཀྱང་མ་བྱོན་རྒྱུ་དང་རྐྱེན་ཚོགས་པ་མེད་ན་གང་དུའང་མ་བཞུད་དོ། །དེ་བཞིན་གཤེགས་པ་བྱོན་པ་དང་བཞུད་པའང་དེ་ལྟར་དུ་བལྟ་བར་བྱའོ། །ཁྱོད་ཀྱིས་ཆོས་ཐམས་ཅད་ཀྱི་ཆོས་ཉིད་ཀྱང་འདི་བཞིན་དུ་ཁོང་དུ་ཆུད་པར་གྱིས་ཤིག །ཅེས་གསུངས་པས། སེམས་ཅན་གྱི་ཁམས་རང་བཞིན་གྱིས་རྣམ་པར་དག་པ་ཡོད་པ་དང་མེད་པ་ལ་སོགས་ཀྱི་སྦྱོར་པ་དང་བྲལ་བ་རྒྱ་མཚོ་ཆེན་པོ་དང་འདྲ་བ་ལས་རྫོགས་པའི་སངས་རྒྱས་རིན་པོ་ཆེ་འགྲུབ་པའི་མཐུན་རྐྱེན་ཐམས་ཅད་ཚང་ན་འབྱུང་ལ། མ་ཚང་ན་མི་འབྱུང་བ་ནི་སྒྲ་བཞིན་ནོ། །ཁམས་རང་བཞིན་གྱིས་རྣམ་པར་དག་པ་དེ་ལས་དོན་གཞན་དུ་གྱུར་པའི་སངས་རྒྱས་བྱོན་པ་དང་བཞུད་པའང་མེད། །གདུལ་བྱའི་དོན་དུ་གཟུགས་ཀྱི་སྐུའི་སྣང་བ་ཇི་ལྟར་འཆར་པ་འབྱུང་བ་ནི་སྨིག་རྒྱུ་དང་རྨི་ལམ་དང་ཡིད་བཞིན་གྱི་ནོར་བུའི་དཔེས་གསལ་བར་གསུངས་པ་ཡིན་ནོ། །ཞེས་ཆོས་རྗེའི་དགོངས་པ་མ་ནོར་བར་ཟུངས་ཤིག །དེ་ལྟར་མ་གོ་བས་ཁ་ཅིག་ན་རེ། ཆོས་འཕགས་ཀྱི་ལེའུར་བདེ་གཤེགས་སྙིང་པོའི་བཤད་པ་གཏན་ནས་མི་འདུག་ཅེས་ཟེར་བའང་སྣང་ངོ་། །

གསུམ་པ་བཀའ་དང་བསྟན་བཅོས་ཀྱི་དོན་ངེས་པར་གཏན་ལ་དབབ་པ་ལ། གཞུང་ཚིག་གི་འབྲུ་བསྣན་

པ་དང་། སྤྱི་དོན་གྱིས་ཞིབ་པར་བཤད་པའོ། །དང་པོ་ནི། འོན་ཀྱང་མདོ་སྡེ་འགའ་ཞིག་དང་། །ཐེག་པ་ཆེན་པོ་རྒྱུད་བླ་མར། །གོས་ངན་ནང་ནས་རིན་ཆེན་ལྟར། །སེམས་ཅན་རྣམས་ལ་སངས་རྒྱས་ཀྱི། །སྙིང་པོ་ཡོད་པར་གསུངས་པ་ནི། །དགོངས་པ་ཡིན་པས་ཤེས་པར་བྱ། །ཞེས་པ། དེ་བཞིན་གཤེགས་པའི་སྙིང་པོའི་མདོ་དང་། དེའི་དགོངས་པ་འགྲེལ་བའི་བསྟན་བཅོས་རྒྱུད་བླ་མར། གོས་རུལ་དྲི་མི་ཞིམ་པས་དཀྲིས་པའི་ནང་ན་དེ་བཞིན་གཤེགས་པའི་སྐུ་རིན་པོ་ཆེ་རང་བཞིན་ཡོད་པ་བཞིན་དུ། འདོད་ཆགས་ལ་སོགས་ཉོན་མོངས་པ་དང་མཐོང་བ་དང་སྒོམ་པའི་ལམ་གྱིས་གཞོམ་པར་བྱ་བའི་ཕྱིར་སྡིག་པ་ཤིན་ཏུ་སྟུག་པོས་དཀྲིས་པའི་སེམས་ཅན་རྣམས་ལ་དེ་བཞིན་གཤེགས་པའི་སྙིང་པོ་མཚན་དང་དཔེ་བྱད་ཀྱིས་སྤྲས་པ་འདུས་མ་བྱས་པ་བརྟག་པ་བརྟན་པ་གདོད་མ་ནས་ཡོད་པར་གསུངས་པ་ནི་དྲང་དོན་དགོངས་པ་ཅན་དུ་ཤེས་པར་བྱ་སྟེ།

དེ་ཡི་དགོངས་གཞི་སྟོང་ཉིད་ཡིན། །དགོས་པ་སྐྱོན་ལྔ་སྤངས་ཕྱིར་གསུངས། །དངོས་ལ་གནོད་བྱེད་ཚད་མ་ནི། །དེ་འདྲའི་སངས་རྒྱས་ཁམས་ཡོད་ན། །མུ་སྟེགས་བདག་དང་མཚུངས་པ་དང་། །བདེན་པའི་དངོས་པོར་འགྱུར་ཕྱིར་དང་། །ངེས་པའི་དོན་གྱི་མདོ་སྡེ་དང་། །རྣམ་པ་ཀུན་ཏུ་འགལ་ཕྱིར་རོ། །ཞེས་པ། དགོངས་གཞི་སེམས་ཀྱི་ཆོས་ཉིད་སྤྲོས་བྲལ་སྟོང་པ་ཉིད་སྐྱེ་འགག་དང་བྲལ་བ་རང་བཞིན་གྱིས་རྣམ་པར་དག་པ་ལ་དགོངས་ནས། དགོས་པ་སེམས་ཞུམ་པ་དང་སེམས་ཅན་དམན་པ་ལ་བརྙས་པ་ལ་སོགས་ཉེས་པ་ལྔ་སྤང་བར་བྱ་བའི་ཕྱིར་གསུངས་ཤིང་། དངོས་ཡིན་པ་ལ་གནོད་བྱེད་ཀྱི་ཚད་མ་ནི། ཕྱི་རོལ་མུ་སྟེགས་བྱེད་ཀྱིས་འདོད་པའི་བདག །གྲངས་ཅན་གྱི་ཤེས་རིག་ཀུན་ལ་ཁྱབ་པའི་རྟག་པ་གཅིག་པུ་དང་། དབང་ཕྱུག་པས་གསལ་དྭངས་རྟག་པ་གཅིག་པུ་དང་། ཁྱབ་འཇུག་པས་ཀུན་ཁྱབ་ཀྱི་བློ་གཅིག་པུར་བདེན་པ་དང་། གཅེར་བུ་པས་བདག་རང་བཞིན་རྟག་ལ་གནས་སྐབས་མི་རྟག་པ། རང་རང་གི་ལུས་ཚད་ཙམ་དང་། རིག་པ་ཅན་པ་བདག་དཀར་ལ་འཚེར་བ་སྟུམ་ལ་འདྲིལ་བ་ཙ་ན་ཀའི་འབྲུ་དང་ཞུན་དཀར་དང་རྡུལ་ཕྲ་མོ་ཙམ་གྱི་ཚད་བདག་གི་སྙིང་གི་ནང་ན་འོད་འབར་བར་གནས་པ་ལ་སོགས་བདག་རྟག་པའི་རང་བཞིན་དུ་འདོད་ཚུལ་དུ་ཡོད་དེ། ཨཱཙྪ་དེ་བའི་ཞལ་སྔ་ནས། ལ་ལར་ཀུན་ཏུ་སོང་བར་མཐོང་། །ལ་ལས་སྐྱེས་བུའི་ལུས་ཚད་ཞིག །ལ་ལས་རྡུལ་ཕྲན་ཙམ་ཞིག་སྟེ། །ཤེས་རབ་ཅན་གྱིས་མེད་ཅེས་མཐོང་། །ཞེས་གསུངས་ཏེ། མུ་སྟེགས་ཀྱིས་བདག་དང་། ཁྱད་པར་མེད་པར་བདེན་པའི་དངོས་པོ་ཁས་བླངས་པར་འགྱུར་བའི་ཕྱིར་དང་། ཆོས་ཐམས་ཅད་བདེན་མེད་སྤྲོས་བྲལ་དུ་སྟོན་པའི་མདོ་རྣམས་དང་འགལ་བའི་ཕྱིར་རོ། །

འདི་དོན་དེ་བཞིན་གཤེགས་པ་ཡི། །སྙིང་པོའི་ལེའུའི་མདོ་སྡེ་ལྟོས། །ཞེས་པའི་དོན་ནི་སྟོང་ཉིད་བཟོད་

མ་ནས་ཞི་བའི་དོན་ལ་བདེ་གཤེགས་སྙིང་པོར་གསུངས་པ་ཡིན་གྱིས། བདེན་པའི་དངོས་པོར་མ་གསུངས་ཏེ་ད་དུང་མདོ་ལ་ཐོས་བསམ་གྱིས་ཞིབ་ཏུ་དཔྱོད་ཅིག་ཅེས་པའོ། །

སློབ་དཔོན་ཟླ་བ་གྲགས་པས་ཀྱང་། །དབུ་མ་ལ་ནི་འཇུག་པ་ལས། །བདེ་གཤེགས་སྙིང་པོ་དྲང་དོན་དུ། །གསུངས་པ་དེ་ཡང་ཤེས་པར་གྱིས། །ཞེས་པ་དབུ་མ་ལ་འཇུག་པར། །རྣམ་པ་དེ་ལྟའི་མདོ་སྡེ་གཞན་ཡང་ནི། །དྲང་དོན་ཉིད་དུ་ལུང་འདིས་གསལ་བར་བྱེད། །ཅེས་པའི་འགྲེལ་པར་མདོ་དགོངས་འགྲེལ་དུ་རང་བཞིན་གསུམ་གསུངས་པའི་ཀུན་བཏགས་མེད་པ་དང་། གཞན་དབང་ཡོད་པ་དང་། ལེན་པའི་རྣམ་པར་ཤེས་པ་ཟབ་ཅིང་ཕྲ། །ཞེས་པ་ལ་སོགས་པ་དང་། བཅོམ་ལྡན་འདས་ཀྱིས་དེ་བཞིན་གཤེགས་པའི་སྙིང་པོ་གསུངས་པ་དེ་རང་བཞིན་གྱིས་འོད་གསལ་བ་ཐོག་མ་ནས་རྣམ་པར་དག་པ། མཚན་སུམ་ཅུ་རྩ་གཉིས་དང་ལྡན་པ། སེམས་ཅན་ཐམས་ཅད་ཀྱི་ལུས་ཀྱི་ནང་ན་མཆིས་པར་བརྗོད་དེ། རིན་པོ་ཆེ་རིན་ཐང་ཆེན་པོ་གོས་དྲི་མ་ཅན་གྱིས་ཡོངས་སུ་དཀྲིས་པ་ལྟར། ཕུང་པོ་དང་ཁམས་དང་སྐྱེ་མཆེད་ཀྱིས་གོས་ཀྱིས་ཡོངས་སུ་དཀྲིས་པ། འདོད་ཆགས་ཞེ་སྡང་གཏི་མུག་ཟིལ་གྱིས་ནོན་པ། ཡོངས་སུ་རྟོག་པའི་དྲི་མ་ཅན་དུ་གྱུར་པ། བརྟག་པ་བརྟན་པ་ཐེར་ཟུག་པར་མི་བརྗོད་ན། དེ་བཞིན་གཤེགས་པའི་སྙིང་པོ་སྨྲ་བ་འདི་མུ་སྟེགས་བྱེད་ཀྱི་བདག་ཏུ་སྨྲ་བ་དང་ཇི་ལྟར་འདྲ་བ་མ་ལགས། མུ་སྟེགས་བྱེད་རྣམས་ཀྱང་རྟག་པ་བྱེད་པ་མེད་པ་ཁྱབ་པ་མི་འཇིག་པའོ། །ཞེས་སྨྲ་བར་བགྱིད་དོ། །བཀའ་སྩལ་པ། བློ་གྲོས་ཆེན་པོ། ངའི་དེ་བཞིན་གཤེགས་པའི་སྙིང་པོ་བསྟན་པ་ནི་མུ་སྟེགས་ཀྱི་བདག་ཏུ་སྨྲ་བ་དང་མཚུངས་པ་མ་ཡིན་ཏེ། དེ་བཞིན་གཤེགས་པ་དགྲ་བཅོམ་པ་ཡང་དག་པར་རྫོགས་པའི་སངས་རྒྱས་རྣམས་ནི། སྟོང་པ་ཉིད་དང་། ཡང་དག་པའི་མཐའ་དང་། མྱ་ངན་ལས་འདས་པ་དང་། མ་སྐྱེས་པ་དང་། མཚན་མ་མེད་པ་དང་། སྨོན་པ་མེད་པ་ལ་སོགས་པའི་ཚིག་གི་དོན་རྣམས་ལ་དེ་བཞིན་གཤེགས་པའི་སྙིང་པོར་བསྟན་པར་བྱས་ནས་བྱིས་པ་རྣམ་བདག་མེད་པས་འཇིགས་པར་འགྱུར་བའི་གནས་སྤང་བའི་ཕྱིར་དུ། དེ་བཞི་གཤེགས་པའི་སྙིང་པོའི་སྒོ་བསྟན་པས་རྣམ་པར་མི་རྟོག་པའི་གནས་སྣང་བ་མེད་པའི་སྤྱོད་ཡུལ་སྟོན་ཏེ། མ་འོངས་པ་དང་ད་ལྟར་བྱུང་བའི་བྱང་ཆུབ་སེམས་དཔའ་ཆེན་པོ་རྣམས་ཀྱིས་བདག་ལ་མངོན་པར་ཞེན་པར་མི་བྱའོ། །ཞེས་པ་ནས། དེའི་ཕྱིར་བློ་གྲོས་ཆེན་པོ། དེ་བཞིན་གཤེགས་པའི་སྙིང་པོ་བསྟན་པ་ནི། མུ་སྟེགས་ཀྱི་བདག་ཏུ་སྨྲ་བའི་བསྟན་པ་དང་མི་འདྲའོ། །ཞེས་པའི་ལུང་འདིས་བདེ་གཤེགས་སྙིང་པོ་དྲང་དོན་དུ་མངོན་པར་གསལ་བར་བྱས་ཞེས་འབྱུང་ངོ་། །

གཉིས་པ་སྤྱི་དོན་ལ། དེ་བཞིན་གཤེགས་པའི་སྙིང་པོ་གང་ཡིན་ངོས་བཟུང་བ། དེ་དྲང་དོན་དང་ངེས

དོན་དུ་གསུངས་པའི་དོན་བཤད་པ། འཁོར་ལོ་རིམ་པ་གསུམ་མི་འགལ་བར་བསྟན་པས་དོན་བསྡུ་བ་དང་གསུམ། དང་པོ་ནི། མདོ་ལས་ཤཱ་རིའི་བུ། སེམས་ཅན་གྱི་ཁམས་ཞེས་བྱ་བ་ནི། དེ་བཞིན་གཤེགས་པའི་སྙིང་པོའི་ཚིག་བླ་དྭགས་སོ། །ཤཱ་རིའི་བུ། དེ་བཞིན་གཤེགས་པའི་སྙིང་པོ་ཞེས་བྱ་བ་འདི་ནི་ཆོས་ཀྱི་སྐུའི་ཚིག་བླ་དྭགས་སོ། །ཞེས་པ་དང་། ཤ་རིའི་བུ། དེའི་ཕྱིར་ན་སེམས་ཅན་གྱི་ཁམས་ཀྱང་གཞན་ལ་ཆོས་ཀྱི་སྐུ་ཡང་གཞན་པ་ནི་མ་ཡིན་ཏེ། སེམས་ཅན་གྱི་ཁམས་ཉིད་ཆོས་ཀྱི་སྐུ་ཆོས་ཀྱི་སྐུ་ཉིད་སེམས་ཅན་གྱི་ཁམས་ཏེ། འདི་ནི་དོན་གྱིས་གཉིས་སུ་མེད་དེ་ཡི་གེ་ཐ་དད་པ་ཡིན་ནོ། །ཞེས་པ་དང་། རྒྱལ་ཚབ་བྱམས་པས། དེ་བཞིན་ཉིད་འདི་ཐམས་ཅད་ལ། །ཁྱད་པར་མེད་ཀྱང་དག་གྱུར་པས། །དེ་བཞིན་གཤེགས་ཉིད་དེ་ཡི་ཕྱིར། །འགྲོ་ཀུན་དེ་ཡི་སྙིང་པོ་ཅན། །ཞེས་དང་། དེ་ཡི་རང་བཞིན་ཆོས་སྐུ་དང་། །དེ་བཞིན་ཉིད་དང་རིགས་དང་སྟེ། །ཞེས་པ་དང་། དཔལ་ལྡན་ཀླུ་སྒྲུབ་ཀྱིས། གང་ཞིག་ཡོངས་སུ་མ་ཤེས་པས། །སྲིད་པ་གསུམ་དུ་འཁོར་གྱུར་ཅིང་། །སེམས་ཅན་རྣམས་ལ་ངེས་གནས་པའི། །ཆོས་ཀྱི་དབྱིངས་ལ་ཕྱག་འཚལ་ལོ། །དེ་ཉིད་སྦྱང་བ་བྱས་པ་ན། །དག་པ་དེ་ཉིད་མྱ་ངན་འདས། །ཆོས་ཀྱི་སྐུ་ཡང་དེ་ཉིད་ཡིན། །ཞེས་པ་དང་། ས་ཡི་དཀྱིལ་ན་ཡོད་པའི་ཆུ། །དྲི་མ་མེད་པར་གནས་པ་ལྟར། །ཉོན་མོངས་ནང་ན་ཡེ་ཤེས་ཀྱང་། །དེ་བཞིན་དྲི་མ་མེད་པར་གནས། །ཞེས་པ་དང་། དཔལ་ཕྲེང་ལས། བཅོམ་ལྡན་འདས་རྫོགས་པའི་སངས་རྒྱས་ཀྱི་ཆོས་ཀྱི་སྐུ་གློ་བུར་གྱི་དྲི་མའི་སྦུབ་ལས་མ་གྲོལ་བ་ལ་དེ་བཞིན་གཤེགས་པའི་སྙིང་པོ་ཞེས་བགྱིའོ། །ཞེས་པ་དང་། ཐོགས་མེད་ཞབས་ཀྱིས། སེམས་ཅན་ཕུང་པོའི་ནང་ན་སངས་རྒྱས་ཡེ་ཤེས་གནས། །དེ་ན་རང་བཞིན་གཉིས་མེད་ཕྱིར་ན་དྲི་མ་མེད། །སངས་རྒྱས་རིགས་ལ་འབྲས་བུར་ཉེ་བར་བཏགས་ནས་ནི། །ལུས་ཅན་ཐམས་ཅད་སངས་རྒྱས་སྙིང་པོར་བརྗོད་པ་ཡིན། །ཞེས་པ་དང་། རྒྱུད་བླའི་འགྲེལ་པར། དྲི་མ་དང་བཅས་པའི་དེ་བཞིན་ཉིད་ནི་ཉོན་མོངས་པའི་སྦུབས་ལས་མ་གྲོལ་བའི་ཁམས་ལ་དེ་བཞིན་གཤེགས་པའི་སྙིང་པོ་ཞེས་བརྗོད་པ་གང་ཡིན་པའོ། །དྲི་མ་མེད་པའི་དེ་བཞིན་ཉིད་ནི་དེ་ཉིད་སངས་རྒྱས་ཀྱི་སར་གནས་ཡོངས་སུ་གྱུར་པའི་མཚན་ཉིད་དེ་བཞིན་གཤེགས་པའི་ཆོས་ཀྱི་སྐུ་ཞེས་བརྗོད་པ་གང་ཡིན་པའོ། །དྲི་མ་མེད་པའི་སངས་རྒྱས་ཀྱི་ཡོན་ཏན་གང་ཡིན་པ་ནི་གནས་གྱུར་པའི་མཚན་ཉིད་དེ་བཞིན་གཤེགས་པའི་ཆོས་ཀྱི་སྐུ་ཉིད་ལ་ཡོད་པ་འཇིག་རྟེན་ལས་འདས་པའི་སྟོབས་བཅུ་ལ་སོགས་པ་སངས་རྒྱས་ཀྱི་ཆོས་གང་དག་ཡིན་པའོ། །ཞེས་པ་དང་། བྲམ་ཟེ་ཆེན་པོའི་རྟོགས་བརྗོད་དུ། ནང་ན་ཡོད་པ་ཕྱི་རུ་ཕྱིན་ནས་ཚོལ། །ཁྱིམ་བདག་མཐོང་ནས་ཁྱིམ་བདག་མོ་ལ་འདྲི། །མཁས་པ་བསྟན་བཅོས་འཆད་པ་རྣམས་ཀྱིས་ཀྱང་། །སེམས་ལ་སངས་རྒྱས་འདུག་པ་མ་མཐོང་ངོ་། །ཞེས་གསུངས་པ་ལ་སོགས་པ་ཐམས་ཅད་མཁྱེན་པ་སྲས་དང་བཅས་པའི་

བཀའ་བསྟན་བཅོས་དྲི་མ་མེད་པ་རྣམས་ཀྱི་དགོངས་པ་དེ་བཞིན་གཤེགས་པའི་སྙིང་པོ་ནི། སེམས་ཅན་ཐམས་ཅད་ཀྱི་རྒྱུ་ལ་རང་བཞིན་གྱིས་རྣམ་པར་དག་པའི་བདག་ཉིད་དུ་བཞུགས་ཤིང་། གློ་བུར་གྱི་དྲི་མ་དང་བཅས་པའི་ཚེ་འཁོར་བའི་ཆོས་རྣམས་ཀྱི་གཞི་བྱེད་ལ། ཐར་པའི་ལམ་སྒྲུབ་པའི་རྟེན་ཡང་ཡིན་ཞིང་། དྲི་མ་མཐའ་དག་དང་བྲལ་བར་གྱུར་ནས་སངས་རྒྱས་ཀྱི་ཆོས་སྐུ་ཞེས་བྱ་བ་གཟུགས་སྐུ་རྣམ་གཉིས་དང་མཛད་པ་རྒྱ་ཆེན་པོ་རྒྱུན་མི་འཆད་པའི་རྟེན་བྱེད་པ་དེ་ཡིན་ནོ། །བསྟན་བཅོས་འདིའི་དགོངས་པའང་འདི་ཉིད་ཡིན་པར་གདོན་མི་ཟ་སྟེ། གོང་དུ་བདེ་གཤེགས་སྙིང་པོ་ལ་ལོག་པར་རྟོག་པ་སེལ་བའི་སྐབས་སུ་གསལ་བར་གསུངས་སོ། །སྙིང་པོ་དེ་ནི་ཐར་པའི་ལམ་དུ་མ་ཞུགས་པའི་སོ་སོ་སྐྱེ་བོ་དང་ཉན་ཐོས་དང་རང་སངས་རྒྱས་དང་ཐེག་པ་ལ་གསར་དུ་ཞུགས་པའི་བྱང་ཆུབ་སེམས་དཔའ་རྣམས་ཀྱིས་མི་མཐོང་སྟེ། དཔལ་འཕྲེང་ལས། བཅོམ་ལྡན་འདས་དེ་བཞིན་གཤེགས་པའི་སྙིང་པོ་ནི་འཇིག་ཚོགས་ལ་ལྟ་བར་ལྷུང་བ་རྣམས་དང་། ཕྱིན་ཅི་ལོག་ལ་མངོན་པར་དགའ་བ་རྣམས་དང་། སྟོང་པ་ཉིད་ལ་སེམས་རྣམ་པར་གཡེང་བ་རྣམས་ཀྱི་སྤྱོད་ཡུལ་མ་ལགས་སོ། །ཞེས་པ་དང་། རྒྱུད་བླར། རང་བྱུང་རྣམས་ཀྱི་དོན་དམ་དེ། །དད་པ་ཉིད་ཀྱིས་རྟོགས་བྱ་ཡིན། །ཉི་མའི་དཀྱིལ་འཁོར་འོད་འབར་བ། །མིག་མེད་པས་ནི་མཐོང་བ་མེད། །ཅེས་སོ། །གང་ཟག་བཞི་པོ་དེས་མི་མཐོང་བའི་རྒྱུ་མཚན། དཔལ་འཕྲེང་གིས། བཅོམ་ལྡན་འདས་དེ་བཞིན་གཤེགས་པའི་སྙིང་པོ་ལ་ནི་སྐྱེ་བའམ་འགྲུམ་པའམ་འཕོ་བའམ་འབྱུང་བའང་མ་མཆིས་སོ། །བཅོམ་ལྡན་འདས། དེ་བཞིན་གཤེགས་པའི་སྙིང་པོ་ནི་འདུས་བྱས་ཀྱི་མཚན་ཉིད་ཀྱི་ཡུལ་ལས་འདས་པ་ལགས་སོ། །བཅོམ་ལྡན་འདས། དེ་བཞིན་གཤེགས་པའི་སྙིང་པོ་ནི་རྟག་པ་དང་བརྟན་པ་དང་ཐེར་ཟུག་པ་ལགས་སོ། །ཞེས་པ་དང་། མྱ་ངན་ལས་འདས་པ་ཆེན་པོའི་མདོར། རིགས་ཀྱི་བུ། སེམས་ཅན་གྱིས་སངས་རྒྱས་ཀྱི་རང་བཞིན་ནི་སངས་རྒྱས་རྣམས་ཀྱི་སྤྱོད་ཡུལ་ཡིན་ཏེ། ཉན་ཐོས་དང་རང་སངས་རྒྱས་རྣམས་ཀྱིས་ཤེས་པ་མ་ཡིན་ནོ། །སེམས་ཅན་ཐམས་ཅད་སངས་རྒྱས་ཀྱི་རང་བཞིན་མི་མཐོང་བའི་ཕྱིར། རྟག་ཏུ་ཉོན་མོངས་པས་ཀུན་ནས་བསླངས་ནས་འཁོར་བ་ན་འཁོར་བར་འགྱུར་རོ། །ཞེས་པས་སྙིང་པོ་ནི་འདུས་མ་བྱས་པ། རྟག་པ། བརྟན་པ་ཐེར་ཟུག་པ་ཡིན་ལ། དོན་དེ་གང་ཟག་དེ་རྣམས་ཀྱི་བློ་ཡུལ་དུ་མི་ཤོང་སྟེ། རིགས་མེད་གྲོགས་ངན་སྡོན་དགེ་མ་བསགས་བློ་མ་སྦྱངས། །ཆོས་འདིས་སྐྲག་གྱུར་འདི་ལ་དོན་ཆེན་འདི་ལས་ལྷུང་། །ཞེས་པ་ལྟར། ཟབ་མོའི་དོན་ལ་བློ་མ་སྦྱངས་པའི་ཕྱིར། དེས་ན་མྱ་ངན་ལས་འདས་པར། བྱང་ཆུབ་སེམས་དཔའ་ས་བཅུ་པས་ཅུང་ཟད་གཅིག་མཐོང་ངོ་། །ཞེས་པ་དང་། དཔལ་ཕྲེང་ལས། དེ་བཞིན་གཤེགས་པའི་སྙིང་པོ་ནི་ཉན་ཐོས་དང་རང་སངས་རྒྱས་ཀྱིས་སྔོན་མ་མཐོང་མ་རྟོགས་ལགས་སོ། །བཅོམ་ལྡན་འདས་ཀྱིས་ནི་ཐུགས་སུ་ཆུད་

ཅིང་མངོན་སུམ་དུ་མཛད་དོ། །ཞེས་པ་དང་། བཅོམ་ལྡན་འདས་ཉན་ཐོས་དང་རང་སངས་རྒྱས་ཐམས་ཅད་ཀྱིས་སྟོང་ཉིད་ཤེས་པ་ནི་ཕྱིན་ཅི་ལོག་གི་དམིགས་པ་བཞི་པོ་དག་ལ་འཇུག་ལགས་སོ། །ཞེས་གསུངས་པས། སྙིང་པོ་གློ་བུར་གྱི་དྲི་མས་བསྒྲིབས་པ་དེ་དྲི་མ་རྣམ་པར་དག་པའི་ཚེ་འགྱུར་བ་མེད་པའི་ཕྱིར་རྟག་པ་ཞེས་གསུངས་པ་ཡིན་ཏེ། སྔར་དེ་ཇི་བཞིན་ཕྱིས་དེ་བཞིན། །འགྱུར་བ་མེད་པའི་ཆོས་ཉིད་དོ། །ཞེས་པ་དང་། དཔལ་ལྡན་ཆོས་ཀྱི་གྲགས་པས། གང་གི་རང་བཞིན་འཇིག་མེད་པ། །དེ་ལ་མཁས་རྣམས་རྟག་ཅེས་བརྗོད། །ཅེས་གསུངས་པ་བཞིན་ནོ། །དགུ་པ་གཉིས་ལྡན་གྱི་ཆོས་སྐུར་གྱུར་པའི་ཚེ་མི་རྟག་པ་འཁོར་བའི་ཆོས་ལས་འགྲོལ་བའི་ཕྱིར་དང་། སྐྱེ་བ་དང་བྲལ་བའི་ཕྱིར་རྟག་པ་དང་། འཆི་བ་མེད་པའི་གོ་འཕང་ཐོབ་པའི་ཕྱིར་དང་། མཐར་འགག་པ་མེད་པས་བརྟན་པ་དང་། ཉོན་མོངས་པ་དང་ཤེས་བྱའི་སྒྲིབ་པ་བག་ཆགས་ཕྲ་མོ་དང་བཅས་པ་རྣམ་པར་དག་པའི་ཕྱིར་ནད་མེད་པའི་ཞི་བ་དང་། ཡོན་ཏན་དེ་དག་དང་ལྡན་པར་རྒྱ་ཆེན་རྒྱུན་མི་ཆད་དུ་བཞུགས་པས་རྟག་པ་མེད་པའི་ཕྱིར་གཡུང་དྲུང་སྟེ། རྡོ་རྗེ་གཅོད་པ་དང་མྱ་ངན་ལས་འདས་པ་ལ་སོགས་པའི་མདོ་སྡེ་དུ་མར། དེ་བཞིན་གཤེགས་པ་གཟུགས་ཀྱི་སྐུར་ལྟ་བར་མི་བྱ་སྟེ། དེ་བཞིན་གཤེགས་པ་ཆོས་ཀྱི་སྐུར་ཡོངས་སུ་རྫོགས་པར་བལྟོས་ཤིག །ཅེས་གསུངས་སོ། །ལྔ་མ་ཁ་ཅིག །དེ་བཞིན་གཤེགས་པའི་སྙིང་པོ་སེམས་ཅན་ལ་ཡོད་པ་བཏགས་པ་དང་། སངས་རྒྱས་པར་མཚན་ཉིད་པར་བཞེད་ཀྱང་། སྙིང་པོ་སྟོན་པའི་བཀའ་བསྟན་བཅོས་ཐམས་ཅད་ནས་སེམས་ཅན་གྱི་རྒྱུད་ལ་ཡོད་པ་ལ་བདེ་གཤེགས་སྙིང་པོ་དང་། དྲི་མ་དང་བྲལ་བའི་ཚེ་ཆོས་སྐུའི་མཚན་འདོགས་པར་གསུངས་པས། དྲི་བཅས་ཀྱི་གནས་སྐབས་སུ་ཆོས་སྐུ་ཞེས་པའི་མཚན་མི་འདོགས་པར་སངས་རྒྱས་ཀྱི་སྙིང་པོ་ཞེས་པའི་ཐ་སྙད་མཛད་པ་ཡིན་ཏེ། དཔེར་ན་བུད་མེད་ཀྱི་ལྟོ་ན་ཡོད་པའི་ཚེ་འཁོར་ལོས་བསྒྱུར་བ་མི་ཟེར། རྒྱལ་སར་དབང་བསྐུར་ནས་འཁོར་ལོས་བསྒྱུར་བ་ཟེར་བ་བཞིན་ནོ། །

གཉིས་པ་དྲང་དོན་ངེས་དོན་ནི། ཕྱིར་བཀའ་བསྟན་བཅོས་རྣམས་ནས་དྲང་དོན་དང་ངེས་དོན་གསུངས་པ་མཐའ་གཅིག་ཏུ་ངེས་པ་མེད་དེ། འདི་ལྟར། བྱང་ཆུབ་སེམས་དཔའི་སྡེ་སྣོད་ལས། དེ་ལ་ངེས་པའི་དོན་གྱི་མདོ་སྡེ་གང་། །དྲང་པའི་དོན་གྱི་མདོ་སྡེ་གང་ཞེ་ན། །མདོ་སྡེ་གང་དག་ལམ་ལ་འཇུག་པར་དེ་དག་ནི་དྲང་བའི་དོན་ཞེས་བྱའོ། །མདོ་སྡེ་གང་དག་འབྲས་བུ་ལ་འཇུག་པར་བྱེད་པ་དེ་དག་ནི་ངེས་པའི་དོན་ཞེས་བྱའོ། །མདོ་སྡེ་གང་དག་ཀུན་རྫོབ་སྒྲུབ་པར་བྱེད་པ་དེ་དག་ནི་དྲང་པའི་དོན་ཞེས་བྱའོ། །མདོ་སྡེ་གང་དག་དོན་དམ་པ་བསྟན་པ་དེ་དག་ནི་ངེས་པའི་དོན་ཞེས་བྱའོ། །གཞན་ཡང་མདོ་སྡེ་གང་དག་ལས་ཀྱི་བྱ་བ་ལ་འཇུག་པ་དེ་དག་ནི་དྲང་བའི་དོན་ཞེས་བྱའོ། །མདོ་སྡེ་གང་དག་ལས་དང་ཉོན་མོངས་པ་ཟད་པར་བསྟན་པ་དེ་དག་ནི་ངེས་པའི་དོན

ཞེས་བྱའོ། །གཞན་ཡང་མདོ་སྡེ་གང་དག་ཀུན་ནས་ཉོན་མོངས་པ་ཡོངས་སུ་བཤད་པའི་ཕྱིར་བསྟན་པ་དེ་དག་ནི་དྲང་བའི་དོན་ཞེས་བྱའོ། །མདོ་སྡེ་གང་དག་རྣམ་པར་བྱང་བ་རྣམ་པར་དག་པའི་ཕྱིར་བསྟན་པ་དེ་དག་ནི་ངེས་པའི་དོན་ཏོ། །མདོ་སྡེ་གང་དག་འཁོར་བས་སྐྱོ་བར་བྱེད་པ་ནི་དྲང་བའི་དོན་ཏོ། །མདོ་སྡེ་གང་དག་འཁོར་བ་དང་མྱ་ངན་ལས་འདས་པ་གཉིས་སུ་མི་འཇུག་པ་དེ་དག་ནི་ངེས་པའི་དོན་ཏོ། །མདོ་སྡེ་གང་དག་ཡི་གེ་དང་ཚིག་སྣ་ཚོགས་སུ་བསྟན་པ་དེ་དག་ནི་དྲང་བའི་དོན་ཏོ། །མདོ་སྡེ་གང་དག་ཟབ་པ་ལྟ་དཀའ་བ་རྟོགས་པར་དཀའ་བ་དེ་དག་ནི་ངེས་པའི་དོན་ཏོ། །མདོ་སྡེ་གང་དག་ཚིག་འབྲུ་མང་བ་སེམས་ཅན་རྣམས་ཀྱི་སེམས་རངས་པར་བྱེད་པ་དེ་དག་ནི་དྲང་བའི་དོན་ཏོ། །མདོ་སྡེ་གང་དག་འབྲུ་ཉུང་ལ་ངེས་པར་རྟོགས་པར་བྱེད་པ་དེ་དག་ནི་ངེས་པའི་དོན་ཏོ། །གཞན་ཡང་མདོ་སྡེ་གང་དག་བདག་དང་སེམས་ཅན་དང་སྲོག་དང་སྐྱེས་བུ་དང་ཤེད་ལས་སྐྱེས་དང་བྱེད་པ་པོ་དང་ཚོར་བ་པོའི་སྒྲ་སྣ་ཚོགས། བདག་པོ་མེད་པ། བདག་པོ་ཡོད་པ་བཞིན་དུ་བསྟན་པ་དེ་དག་ནི་དྲང་བའི་དོན་ཏོ། །མདོ་སྡེ་གང་དག་སྟོང་པ་ཉིད་དང་མཚན་མ་མེད་པ་དང་སྨོན་པ་མེད་པ་དང་། མི་འབྱུང་བ་དང་མ་སྐྱེས་པ་དང་། ཡང་དག་པར་མི་འབྱུང་བ་དང་། སེམས་ཅན་མེད་པ་དང་། གང་ཟག་མེད་པ་དང་། དུས་གསུམ་ལས་རྣམ་པར་ཐར་པའི་སྒོ་བསྟན་པ་དེ་དག་ནི་ངེས་པའི་དོན་ཞེས་བྱའོ། །ཞེས་གསུངས་པ་བཞིན་ཐོགས་མེད་ཞབས་ཀྱིས་ཀྱང་ངེས་པར་གསུངས་སོ། །ཏིང་ངེ་འཛིན་རྒྱལ་པོ་ལས། སྟོང་པ་བདེ་བར་གཤེགས་པས་བསྟན་པ་ལྟར། །ངེས་དོན་མདོ་སྡེ་དབང་གི་བྱེ་བྲག་ཤེས། །གང་ལ་སེམས་ཅན་གང་ཟག་སྐྱེས་བུ་བསྟན། །ཆོས་དེ་ཐམས་ཅད་དྲང་བའི་དོན་དུ་ཤེས། །ཞེས་གསུངས་པ་ལ་སྟོང་པ་ཉིད་ཁོ་ན་ངེས་པའི་དོན་ཡིན་གྱིས། གཞན་བཀའ་བསྟན་བཅོས་དག་ལས་ངེས་དོན་དུ་གསུངས་པ་ཐམས་ཅད་ཀྱང་། དྲང་དོན་དགོངས་པ་ཅན་འབའ་ཞིག་ཡིན་ནོ་ཞེས་རང་གི་བློ་དང་སྦྱར་ནས་མཐའ་གཅིག་ཏུ་སྨྲ་བ་ཡང་མི་འཐད་དེ། དེང་སང་གི་འགྲོ་བ་རྣམས་སྟོང་པ་ཉིད་ཁོ་ནས་སྨིན་ཅིང་གྲོལ་བར་མ་ངེས་པའི་ཕྱིར་དང་། སྨིན་པར་བྱེད་པའི་ལམ་སྟོན་དུ་མ་སོང་བར་གྲོལ་བྱེད་ལམ་སྟོན་པ་བཀའ་བསྟན་བཅོས་རྣམ་དག་རྣམས་ནས་བཀག་པའི་ཕྱིར་རོ། །ལས་དང་འབྲས་བུ་ལ་ཡིད་ཆེས་པའི་ཡང་དག་པའི་ལྟ་བ་སྔོན་དུ་སོང་ནས་བདག་གཞན་མཉམ་པ་དང་བརྗེ་བའི་བྱང་ཆུབ་ཀྱི་སེམས་ཡུན་རིང་དུ་གོམས་པར་བྱས་ཏེ། སྟོང་ཉིད་ཟབ་མོ་བསྟན་པའི་སྣོད་དུ་རུང་བའི་གདུལ་བྱ་ལ་དངོས་འཛིན་གྱི་འཆིང་བ་བཅད་པའི་ཕྱིར་མཐའ་བྲལ་ཟབ་མོ་བསྟན་པ་རྣམ་གྲོལ་གྱི་ཡེ་ཤེས་རྒྱུད་ལ་འཆར་བ་ཡིན་ཏེ། དེ་ཉིད་ལས། འགྲོ་མང་ཕུང་པོ་སྟོང་པར་སྟོན་མོད་ཀྱི། །ཇི་ལྟར་བདག་མེད་དེ་དག་མི་ཤེས་ཏེ། །མི་ཤེས་དེ་དག་གཞན་གྱིས་རྒལ་ན་ཡང་། །ཁྲོ་བོའི་ཞེལ་གྱིས་ནོན་ཅིང་ཚིག་རྩུབ་སྨྲ། །ཞེས་པ་དང་། འཇིག་རྟེན་པ་དག་ཏིང་འཛིན་སྒོམ་

བྱེད་ཀྱང་། །དེ་ཡིས་བདག་ཏུ་འཛིན་པ་བཤིག་མི་བྱེད། །ཉོན་མོངས་ཕྱིར་ནི་མཚན་མ་རབ་ཏུ་ལྡང་། །ཤུ་ཏྲ་ཀས་ནི་ཏིང་འཛིན་འདི་བསྒོམས་བཞིན། །ཞེས་པ་དང་། ཆོས་དང་ལྡན་པའི་ཚིག་གིས་སྨྲས་ན་ཡང་། །ཡིད་མི་ཆེས་དང་ཞེ་སྡང་ཁྲོ་བ་དག །མངོན་པར་སྟོན་པ་འདི་ནི་བྱིས་པའི་ཆོས། །དོན་འདི་རྣམ་པར་ཤེས་པས་ཡིད་མི་སྟོན། །ཞེས་གསུངས་སོ། །ཡེ་ཤེས་ཕྱག་རྒྱའི་ཏིང་ངེ་འཛིན་ལས། ང་ནི་མྱ་ངན་འདས་ཕྱིར་ལ་ལ་ཞིག །ཆོས་འདི་རྨི་ལམ་ལྟ་བུར་ལྟ་ཞེས་འཛེར། །གང་ཆོས་མ་བྱུང་སུས་ཀྱང་མ་བྱས་ཡིན། །མ་མཐོང་འོང་པ་མ་ཡིན་འཕོ་མིན་ན། །དམིགས་ནས་བདག་ཅག་སྟོང་ཉིད་ལེགས་བསླབས་ཞེས། །འཛེར་བ་དེ་དག་ཆོས་ཀྱི་རྐུན་མོ་ཡིན། །ཞེས་པ་ལ་སོགས་པ་སྟོང་ཉིད་སྨྲ་བ་དམ་པའི་ཆོས་ལ་གནོད་པར་གསུངས་པའི་སྐབས་ཀྱང་ཡོད་ཅིང་། དབུ་མ་ལ་འཇུག་པར་ཡང་། རེས་འགའ་ནི་སྟོང་པ་ཉིད་ཀྱི་དོན་ནི་མེད་པ་ཡིན་ནོ་ཞེས་དེ་ལྟར་ཕྱིན་ཅི་ལོག་ཏུ་བཟུང་སྟེ། དངོས་པོ་ཐམས་ཅད་ལ་སྐུར་བ་འདེབས་པའི་ལོག་པར་ལྟ་བ་བསྐྱེད་ནས་འཕེལ་བར་བྱེད་དོ། །དེའི་ཕྱིར་སྟོན་པ་པོས་ལྷག་པར་མོས་པའི་ཁྱད་པར་ངེས་པར་བྱས་ཏེ་ཉན་པ་པོ་རྣམས་ལ་སྟོང་པ་ཉིད་ཀྱི་ལྟ་བ་བཤད་པར་བྱའོ། །ཞེས་པ་དང་། སོ་སོ་སྐྱེ་བོའི་དུས་ནའང་སྟོང་པ་ཉིད་ཐོས་ནས། ནང་དུ་རབ་ཏུ་དགའ་བ་ཡང་དང་ཡང་དུ་འབྱུང་། །རབ་ཏུ་དགའ་བ་ལས་བྱུང་མཆི་མས་མིག་བརླན་ཅིང་། །ལུས་ཀྱི་བ་སྤུ་ལྡང་བ་གང་ཡིན་པ། །དེ་ལ་རྫོགས་པའི་སངས་རྒྱས་བློ་ཡི་ས་བོན་ཡོད། །དེ་ཉིད་ཉེ་བར་བསྟན་པའི་སྣོད་ནི་དེ་ཡིན་ཏེ། །དེ་ལ་དམ་པའི་དོན་གྱི་བདེན་པ་བསྟན་པར་བྱ། །ཞེས་རྒྱུད་ཡོངས་སུ་སྨིན་པ་ལ་སྟོང་པ་ཉིད་སྟོན་པར་གསུངས་ཤིང་། སྙིགས་མ་ལྔ་བདོ་བའི་འགྲོ་བ་ལ་སྨིན་པར་བྱེད་པའི་ལམ། གཙོ་ཆེར་ལས་རྒྱུ་འབྲས་དང་། བྱམས་སྙིང་རྗེ་བྱང་ཆུབ་ཀྱི་སེམས་ཕན་ཡོན་བསྟན་ནས་དོན་དུ་འགྱུར་བར་སེམས་སོ། །

བསྟན་བཅོས་འདིར་བདེ་གཤེགས་སྙིང་པོ་དྲང་དོན་དུ་བསྟན་པ་དང་། དཔལ་ལྡན་ཟླ་བ་གྲགས་པ་ལ་སོགས་པ་རྒྱ་བོད་ཀྱི་མཁས་པ་མང་པོས་དྲང་དོན་དུ་གཏན་ལ་ཕབ་པའི་དོན། སེམས་ཅན་ཐམས་ཅད་ཀྱི་རྒྱུད་ལ་ཐོག་མ་མེད་པ་ནས་ལྷུན་གྱིས་གྲུབ་པའི་རྟག་བརྟན་ཐེར་ཟུག་གི་སྐུ་མཚན་སུམ་ཅུ་རྩ་གཉིས་ཀྱིས་བརྒྱན་པ་ཡོད་ཅེས་པ་ནི། བདག་ཏུ་མངོན་པར་ཞེན་པའི་གདུལ་བྱ་དྲང་བའི་ཕྱིར་སྟོང་པ་ཉིད་དགོངས་གཞིར་མཛད་ནས་གསུངས་ཤིང་། ཆོས་ཐམས་ཅད་ཀྱི་གནས་ལུགས་སྤྲོས་བྲལ་སྟོན་པའི་གསུང་རབ་ཀྱིས་དངོས་པོ་བདེན་པ་ཡིན་པ་ལ་གནོད་དོ་ཞེས་གསུངས་པ་དེ་དེ་བཞིན་ཏེ། སླྲས་དངོས་སུ་ཟིན་པ་ནི་དྲང་དོན་ཡིན་པར་སྙིང་པོ་སྟོན་པའི་མདོ་ཉིད་ལས་གསལ་པོར་གསུངས་པའི་ཕྱིར་རོ། །དགོངས་གཞིར་གྱུར་པའི་སྙིང་པོ་ནི་དྲང་དོན་ཡིན་པར་མི་བཞེད་དེ། ཆོས་ཉིད་སྤྲོས་པ་དང་བྲལ་བའི་དེ་བཞིན་ཉིད། དོན་དམ་པའི་བདེན་པར་ཡང་དང་ཡང་དུ་ཞལ་

གྱིས་བཞིས་འདུག་པའི་ཕྱིར། འོ་ན་ལང་ཀར་གཤེགས་པར། དེ་བཞིན་གཤེགས་པའི་སྙིང་པོ་ཀུན་གཞི་རྣམ་པར་ཤེས་པ་ཞེས་བསྒྲགས་པར་རྣམ་པར་སྣང་བར་བྱའོ། །བློ་གྲོས་ཆེན་པོ། གལ་ཏེ་ཀུན་གཞི་རྣམ་པར་ཤེས་པ་ཞེས་བསྒྲགས་པ། དེ་བཞིན་གཤེགས་པའི་སྙིང་པོ་མེད་དུ་ཟིན་ན་དེ་བཞིན་གཤེགས་པའི་སྙིང་པོ་ཀུན་གཞི་རྣམ་པར་ཤེས་པ་ཞེས་བསྒྲགས་པས། འཇུག་པ་ཡང་མེད་ལྡོག་པ་ཡང་མེད་པར་འགྱུར་ན། བློ་གྲོས་ཆེན་པོ། བྱིས་པ་དང་འཕགས་པ་རྣམས་ལ་འཇུག་པ་དང་ལྡོག་པ་ཡང་ཡོད་དེ། རྣལ་འབྱོར་ཅན་བརྩོན་པ་མི་འདོར་བ་རྣམས་བདག་གིས་སོ་སོར་རང་གིས་རིག་པ་ཚེ་འདི་ལ་བདེ་བར་སྤྱོད་པས་གནས་སོ་ཞེས་པ་ནས། དེ་བཞིན་གཤེགས་པའི་སྙིང་པོ་ཀུན་གཞི་རྣམ་པར་ཤེས་པའི་ཡུལ་ནི་དེ་བཞིན་གཤེགས་པའི་ཡུལ་ཏེ། ཁྱོད་ལྟ་བུར་ཞིབ་ཅིང་མཁས་པའི་མོས་པ་དང་། བློ་རབ་ཏུ་འབྱེད་པའི་བྱང་ཆུབ་སེམས་དཔའ་ཆེན་པོ་དོན་ལ་སྟོན་པ་རྣམས་ཀྱི་ཡང་ཡུལ་ཏེ་ཞེས་སོགས་དང་། དེ་བཞིན་གཤེགས་པ་ཐམས་ཅད་ཀྱི་ཡུལ། དེ་བཞིན་གཤེགས་པའི་སྙིང་པོའི་ཀུན་གཞི་རྣམ་པར་ཤེས་པ་ཡོངས་སུ་ཤེས་པར་བྱ་བ་འདི་ལ་བརྩོན་པར་བྱ་སྟེ། ཐོས་པ་ཙམ་གྱི་ཚིག་པར་ནི་མི་བྱའོ། །དེ་ལ་འདི་སྐད་ཅེས་བྱ་སྟེ། དེ་བཞིན་གཤེགས་པའི་སྙིང་པོ་ནི། །རྣམ་ཤེས་བདུན་དང་ལྡན་པར་ཡང་། །འཛིན་པ་གཉིས་ཀྱིས་རབ་འཇུག་སྟེ། །ཡོངས་སུ་ཤེས་པ་བཟློག་པར་འགྱུར། །ཞེས་པ་དང་། སོར་མོའི་ཕྲེང་བའི་མདོར། །ཉན་ཐོས་ཀྱི་ཐེག་པར་ཡིད་ཆེས་བསྟན་པ་ཡང་། དེ་བཞིན་གཤེགས་པའི་སྙིང་པོ་ཡིན་ཞེས་བྱ་བར་སྟོན་ཏེ། ཡིད་རང་བཞིན་གྱིས་རྣམ་པར་དག་པ་ཞེས་བྱ་བ་གང་ཡིན་པ་དེ་དེ་བཞིན་གཤེགས་པའི་སྙིང་པོའོ། །ཞེས་པ་དང་། མདོར། ས་རྣམས་སྣ་ཚོགས་ཀུན་གཞི་སྟེ། །བདེ་གཤེགས་སྙིང་པོ་དགེ་བའང་དེ། །སྙིང་པོ་དེ་ལ་ཀུན་གཞིའི་སྒྲས། །དེ་བཞིན་གཤེགས་རྣམས་གསུངས་པར་མཛད། །སྙིང་པོ་ཀུན་གཞི་བསྟན་པ་ཡང་། །བློ་ཆུང་རྣམས་ཀྱིས་མི་ཤེས་སོ། །ཞེས་པ་དང་། སེམས་ཀྱིས་རང་བཞིན་འོད་གསལ་བ། །དེ་བཞིན་གཤེགས་པའི་སྙིང་པོ་དགེ །ཞེས་པ་ལ་སོགས་གསུངས་པའི་ཕྱིར་གོང་དུ་སྙིང་པོ་ངོས་བཟུང་བ་དང་མི་འགྲིགས་སོ་སྙམ་ན། སྤྱིར་འཁོར་བ་ཐོག་མ་དང་ཐ་མ་མེད་པ་ཡིན་ལ། བཅོམ་ལྡན་འདས་ཀྱིས་མ་རིག་པ་བྱུང་ནས་ཇི་སྲིད་སོང་བ་དེ་སྲིད་དུ་ཡེ་ཤེས་བྱུང་ནས་དེ་སྐྱེད་དོ། །ཞེས་གསུངས་པས། འཁོར་བ་དང་ཐར་པ་ཐོག་མཐའ་མེད་པར་མཉམ་ཞིང་། དེ་བཞིན་ཉིད་ནི་བྱ་བྱེད་དང་བྲལ་བའི་ཕྱིར་བཅིངས་གྲོལ་གྱི་ལས་མི་བྱེད་ལ། ཀུན་རྫོབ་བདེན་པའི་སྟེང་ནས་འཁོར་བར་འཁྱམས་པ་དང་ཐར་པ་ཐོབ་པ་ངོས་འཛིན་དགོས་ཏེ། སེམས་ལས་གཞན་པའི་ཆོས་ལ་གཞག་ཏུ་མི་རུང་ངོ་། །སེམས་རྣམ་པར་ཤེས་པ་ཚོགས་དྲུག་ནི་རྒྱུན་མི་བརྟན་ཅིང་དགེ་སྡིག་ལུང་མ་བསྟན་འདྲེས་མར་སྐྱེ་བའི་ཕྱིར། སྙིང་པོ་སྟོན་པའི་སངས་རྒྱས་ཀྱི་གསུང་དང་མི་མཐུན་ནོ། །ཉོན་མོངས

ཅན་གྱི་ཡིད་ཁས་ལེན་ནའང་ཇི་སྲིད་གནས་མ་གྱུར་གྱི་བར་དུ་ཉོན་མོངས་པ་ཅན་དུ་རྒྱུན་བརྟན་པའི་ཕྱིར་མི་རུང་བས། དེ་རྣམས་སུ་མ་ཆད་པའི་སེམས་རང་རིག་ཙམ་རྒྱུན་མི་ཆད་པར་འཆར་བ་ཆུ་བོའི་རྒྱུན་ལྟ་བུ་ལ་ཀུན་གཞི་རྣམ་ཤེས་ཀྱི་ཐ་སྙད་མཛད་དེ། ལེན་པའི་རྣམ་པར་ཤེས་པ་ཟབ་ཅིང་ཕྲ། །ས་བོན་རྣམས་ནི་ཆུ་བོའི་རྒྱུན་བཞིན་འབབ། །རྟག་ཏུ་རྟོག་པར་གྱུར་ན་མི་རུང་ཞེས། །དེ་ནི་བྱིས་པ་རྣམས་ལ་ངས་མ་བསྟན། །ཞེས་པ་དང་། ཐོག་མ་མེད་པའི་དུས་ཅན་ཁམས། །ཆོས་རྣམས་ཀུན་གྱི་གནས་ཡིན་ཏེ། །དེ་ཡོད་པས་ན་འགྲོ་ཀུན་དང་། །མྱ་ངན་འདས་པའང་ཐོབ་པར་འགྱུར། །ཞེས་འཁོར་འདས་ཀྱི་ཆོས་ཐམས་ཅད་ཀྱི་ས་བོན་དང་བཅིངས་གྲོལ་གྱི་གཞི་ཡིན་པར་གསུངས་སོ། །དབུ་མ་འཇུག་པར། ཀུན་གཞི་རྣམ་ཤེས་ས་བོན་ཐམས་ཅད་པ། ལས་རྣམས་འགགས་ཡུན་རིང་དུ་ལོན་པའི་ལས་འབྲས་དང་འབྲེལ་བའི་རྒྱུན་ཡོད་པ་བཀག་ནས། ལས་ཀྱི་ས་བོན་དང་བག་ཆགས་ཀྱིས་བགོས་པའི་རྣམ་པར་ཤེས་པའི་རྒྱུན་ཡོད་པ་མ་བཀག་པ་ནི། ཀུན་གཞི་རྣམ་ཤེས་བདེན་པའི་དངོས་པོར་གྲུབ་པ་བཀག་ནས་རང་བཞིན་སྟོང་པ་ཉིད་དུ་གཏན་ལ་ཕབ་པར་གསལ་ལོ། །རྣམ་རིག་གི་རྒྱུན་རང་བཞིན་གྱིས་འོད་གསལ་བ་སེམས་དགེ་མི་དགེ་དང་། གཡེངས་མ་གཡེངས། ཟག་བཅས་དང་ཟག་མེད། གནས་སྐབས་ཐམས་ཅད་དུ་གསལ་བར་འཆར་བ་འདི་མེད་པར་ཁས་བླངས་ན་ཐ་སྙད་དུ་ལས་དགེ་སྡིག་གི་འབྲས་བུ་བདེ་སྡུག་མྱོང་བ་དང་། ལམ་ལོག་པ་ལ་སྤྱོད་པ་དང་། མངོན་པར་ཉམས་སུ་ལེན་པ་དང་། ས་དང་ལམ་གྱི་ཡོན་ཏན་གོང་ནས་གོང་དུ་འཕེལ་བ་དང་། སེམས་ཀྱི་རང་བཞིན་འོད་གསལ་བ་ཞེས་གསུངས་པའི་རྣམ་གཞག་ཐམས་ཅད་མེད་པས་ཆད་པར་སླ་བ་ཁོ་ནར་འགྱུར་ཏེ། ལང་ཀར་གཤེགས་པར། རྣམ་པར་ཤེས་པ་རྣམས་ཀྱི་རང་གི་རིགས་ཀྱི་མཚན་ཉིད་འགགས་པར་འགྱུར་གྱི། ལས་ཀྱི་མཚན་ཉིད་ནི་འགག་གོ །རང་གི་རིགས་ཀྱི་མཚན་ཉིད་འགགས་ན། ཀུན་གཞི་རྣམ་པར་ཤེས་པ་ཡང་འགག་པར་འགྱུར་ཏེ། བློ་གྲོས་ཆེན་པོ། ཀུན་གཞི་རྣམ་པར་ཤེས་པ་འགགས་ན་ནི་སྨྲ་བ་བདག་འདི་ཡང་། མུ་སྟེགས་བྱེད་པའི་ཆད་པར་སྨྲ་བ་དང་། ཁྱད་མེད་པར་འགྱུར་རོ། །བློ་གྲོས་ཆེན་པོ། མུ་སྟེགས་བྱེད་རྣམས་ཀྱི་སྨྲ་བ་ནི། འདི་ལྟ་སྟེ། འདི་ལྟར་ཡུལ་འཛིན་པ་རྒྱུན་ཆད་པས་རྣམ་པར་ཤེས་པའི་རྒྱུན་ཆད་པར་འགྱུར་ཏེ། རྣམ་པར་ཤེས་པའི་རྒྱུན་ཆད་པས་ཐོག་མ་མེད་པའི་རྒྱུན་ཡང་ཆད་པར་འགྱུར་རོ། །ཞེས་གསུངས་སོ། །མུ་སྟེགས་རྒྱང་འཕེན་པ་ཕྱི་ནང་གི་གྲུབ་མཐའ་སྨྲ་བ་རྣམས་ཀྱི་ནང་ནས་ཐ་ཆད་དུ་འཛོག་པ་ཡང་། ལས་ཀྱི་ས་བོན་གྱིས་རྣམ་པར་ཤེས་པ་ཚེ་འདིར་འོང་བ་མེད་ལ། ལས་དགེ་བ་དང་མི་དགེ་བ་ལ་གོམས་པའི་བག་ཆགས་ཅན་གྱི་རྣམ་པར་ཤེས་པ་ཚེ་ཕྱི་མར་འགྲོ་བ་ཡང་མེད་དོ། །དེ་ལྟར་སྐྱེ་འགག་ཡོད་མེད་དུ་མ་གྲུབ་པའི་སྟོང་པ་ཆེན་པོའི་དབྱིངས་སུ་ཚེ་འདིའི་སྣང་བ་ཐིམ་ནས་ཅི་ཡང་མེད་

པར་འགྱུར་རོ། །ཞེས་ཡང་དག་པའི་ཀུན་རྫོབ་ལ་སྐུར་བ་འདེབས་པ་ཡིན་པའི་ཕྱིར་རོ། །དེ་བས་ན་རྣམ་པར་ཤེས་པ་གསལ་ཞིང་རིག་པའི་རྒྱུན་དེ་ཆོས་ཅན་ཀུན་རྫོབ་བདེན་པ་ཡིན་ལ། དེའི་རང་བཞིན་སྤྲོས་པའི་མཐའ་བརྒྱད་དང་བྲལ་བའི་དེ་བཞིན་ཉིད་ཆོས་ཉིད་དོན་དམ་པའི་བདེན་པ་ཡིན་པས། རིག་སྟོང་ཟུང་འཇུག་བདེ་གཤེགས་སྙིང་པོ་ཡིན་པའི་ཕྱིར། ཀུན་གཞི་རྣམ་ཤེས་ལ་བདེ་གཤེགས་སྙིང་པོར་གསུངས་པའི་དགོངས་པ་ཕྱིན་ཅི་ལོག་པ་ཡིན་ཏེ། ལང་ཀར་གཤེགས་པའི་རྒྱ་ཆེར་འགྲེལ་དུ། རང་བཞིན་ཆོས་ཀྱི་དབྱིངས་ཏེ་སྲིད་པ་དང་ཐར་པའི་གནས་དེ་བཞིན་གཤེགས་པའི་སྙིང་པོའོ། །

རྣམ་གྲངས་སུ་ཀུན་གཞི་རྣམ་ཤེས་ཞེས་ཀྱང་བྱ་སྟེ་དེ་རྟོགས་པའི་རྣམ་པར་ཤེས་པ་བརྒྱད་ནི། འཇུག་པའི་རྣམ་པར་ཤེས་པ་དྲུག   །ཉོན་མོངས་པའི་ཡིད་དང་བདུན་ནོ། །ཞེས་ལེགས་པར་བཤད་ཅིང་། དཔལ་ལྡན་ཀླུ་སྒྲུབ་ཀྱིས་ཀྱང་། གང་གི་སེམས་བྱུང་དྭ་བ་ནི། །སེམས་ཉིད་ཀྱིས་ནི་གསལ་མཛད་དེ། །སེམས་ཀྱི་རྨོངས་པ་སེལ་བ་ཡིས། །རང་སེམས་དེ་ལ་ཕྱག་འཚལ་ལོ། །ཞེས་སེམས་ཅན་རང་བཞིན་གྱིས་འོད་གསལ་བ་དེ་རྟོགས་ནས་ཉམས་སུ་བླངས་པས། གློ་བུར་གྱི་དྲི་མ་སེལ་བར་གསལ་པོར་གསུངས་ཤིང་། རིན་ཆེན་སེམས་ནི་རྣམ་གྲོལ་བས། །ལྷ་གཞན་སྒྲུབ་ཏུ་ཡོད་མ་ཡིན། །སེམས་ཐོབ་པ་ནི་བྱང་ཆུབ་སྟེ། །ཞེས་གློ་བུར་གྱི་དྲི་མ་དང་བྲལ་བ་བྱང་ཆུབ་ཏུ་གསུངས་ལ། སེམས་ནི་འགྲོ་བ་ལྔ་པོ་ཡིན། །བདེ་དང་སྡུག་བསྔལ་མཚན་ཉིད་དག །སེམས་ལས་མ་གཏོགས་ཅུང་ཟད་མེད། །ཞེས་སེམས་དྲི་མ་དང་བཅས་པ་འགྲོ་བ་ཡིན་པར་གསུངས་སོ། །གཞན་ཡང་། ཇི་ལྟར་སོས་ཀའི་དུས་སུ་ཆུ། །དྲོ་འོ་ཞེས་ནི་བརྗོད་པར་བྱེད། །དེ་ཉིད་གྲང་བའི་དུས་སུ་ནི། །གྲང་ངོ་ཞེས་ནི་བརྗོད་པ་ཡིན། །ཉོན་མོངས་དྲ་བས་གཡོགས་པ་ན། །སེམས་ཞེས་བརྗོད་པར་བྱ་བ་ཡིན། །དེ་ཉིད་ཉོན་མོངས་བྲལ་གྱུར་ན། །སངས་རྒྱས་ཞེས་ནི་བརྗོད་པར་བྱ། །ཞེས་གསུངས་པའི་ཕྱིར་རོ། །ཆོས་རྗེ་ཉིད་ཀྱི་དགོངས་པ་ཡང་འདི་ཉིད་ཡིན་པར་གདོན་མི་ཟ་སྟེ། འོད་གསལ་མཐར་ཐུག་ཏུ་འདོད་པ་བཀག་ནས་ཟུང་འཇུག་མཐར་ཐུག་ཏུ་སྒྲུབ་བྱེད་དང་བཅས་པ་གསལ་བར་གསུངས་པའི་ཕྱིར་རོ། །ཚུལ་འདི་ལེགས་པར་ཁོང་དུ་ཆུད་ན་དེ་བཞིན་གཤེགས་པའི་སྙིང་པོ་ཡོད་པ་དང་མེད་པ་དང་རྟག་པ་དང་ཆད་པ་ལ་སོགས་པའི་མཐའ་ཐམས་ཅད་དང་བྲལ་བར་ཡང་གྲུབ་པ་ཡིན་ནོ། །དེས་ན་མདོ་བསྟན་བཅོས་རྣམས་ནས་རེས་འགའ་ཆོས་ཉིད་སྟོང་པའི་ཆ་དང་། རེས་འགའ་ཆོས་ཅན་སེམས་ཀྱི་ཆ་ནས་བདེ་གཤེགས་སྙིང་པོར་གསུངས་པའི་དོན་ལ་ལུང་ཕན་ཚུན་འགལ་བ་བསྒྲིགས་པ་ནི། ཟབ་མོའི་དོན་བློ་ཡུལ་དུ་མ་ཤོང་བའི་སྐྱོན་བྱུང་བ་ཡིན་པས། སྤྱིར་ཆོས་ཐམས་ཅད་ཟུང་འཇུག་ཡིན་ལ། ཁྱད་པར་བདེ་གཤེགས་སྙིང་པོ་ནི་ཟུང་འཇུག་ཏུ་ཤེས་པར་བྱའོ། །སྙིང་པོ་ལ་རྒྱུའི་གནས་སྐབས་སུ

སེམས་ཅན་གྱི་ཁམས་ཞེས་བྱ་སྟེ། མདོ་ལས་ཤཱ་རིའི་བུ། ཆོས་ཀྱི་སྐུ་དེ་ཉིད་ཉོན་མོངས་པའི་སྦུབ་ཕྱི་བ་མཐའ་ཡས་པས་གཏུམས་པ། འཁོར་བའི་རྒྱུན་གྱིས་འཁྱེར་བ། ཐོག་མ་དང་མཐའ་མ་མེད་པའི་འཁོར་བའི་འགྲོ་བར་འཆི་བ་དང་སྐྱེ་བ་དག་ཏུ་འཁོར་བ་ནི་སེམས་ཅན་གྱི་ཁམས་ཞེས་བརྗོད། ཞེས་གསུངས་སོ། །འོ་ན་སེམས་ཅན་ཁོ་ནའི་ཁམས་སྙིང་པོ་ཡིན་པས་བཀག་པ་དང་འགལ་ལོ་ཞེ་ན། དངོས་པོ་ཡོད་མེད་གཉིས་ཀའི་མཐའ་དང་བྲལ་བའི་སྤྲོས་བྲལ་ཡིན་པར་གསུངས་པས། སྙིང་པོ་ཟུང་འཇུག་ཡིན་པ་དང་ཤིན་ཏུ་ཡང་མཐུན་པ་ཡིན་ནོ། །སེམས་ཅན་གྱི་རྒྱུད་ལ་རྫོགས་པའི་སངས་རྒྱས་ཀྱི་ཆོས་སྐུ་ཡོན་ཏན་ཐམས་ཅད་ཚང་བ་ཡོད་དོ་ཞེས་གསུངས་པ་ནི། ཐོགས་མེད་ཞབས་ཀྱིས། དེ་བཞིན་གཤེགས་པའི་རིགས་ཡོད་པའི་དོན་གྱིས་སོ། །ཞེས་པ་དང་། དེ་བཞིན་གཤེགས་པའི་ཁམས་འབྲས་བུ་དང་ལྡན་པའི་དབང་དུ་བྱས་ཏེ། ལྡན་པའི་དོན་དུ་རིག་པར་བྱའོ། །ཞེས་པ་དང་། མ་དག་པའི་གནས་སྐབས་སུ་ཁམས་ཞེས་བྱ་ལ། ཤིན་ཏུ་རྣམ་པར་དག་པའི་གནས་སྐབས་སུ་དེ་བཞིན་གཤེགས་པ་ཞེས་བྱའོ། །ཞེས་པ་དང་། མུ་དན་ལས་འདས་པ་ཆེན་པོར། རིགས་ཀྱི་བུ། སེམས་ཅན་ཐམས་ཅད་ཀྱང་བླ་ན་མེད་པ་ཡང་དག་པར་རྫོགས་པའི་བྱང་ཆུབ་ཏུ་འགྱུར་བའི་ཕྱིར། སེམས་ཅན་ཐམས་ཅད་ལ་སངས་རྒྱས་ཀྱི་རང་བཞིན་ཡོད་དོ་ཞེས་གསུངས་སོ། །སེམས་ཅན་ཐམས་ཅད་ལ་ཡང་དག་པར་མཚན་སུམ་ཅུ་རྩ་གཉིས་དཔེ་བྱད་བཟང་པོ་བརྒྱད་ཅུ་མེད་པས་དོན་དེའི་ཕྱིར་ངས་མདོ་སྡེ་འདི་ལ་ཚིགས་སུ་བཅད་པ་འདི་གསུངས་སོ། །ཐོག་མ་ཡོད་པ་ད་ལྟ་མེད། །ཐོག་མ་མེད་པ་ད་ལྟ་ཡོད། །དུས་གསུམ་སྲིད་པའི་ཆོས་ཐམས་ཅད། །དེ་ལྟ་བུ་ཡི་གནས་མེད་དོ། །རིགས་ཀྱི་བུ་སྲིད་པ་ཞེས་བྱ་བ་ལ་རྣམ་པ་གསུམ་སྟེ། མ་འོངས་པའི་སྲིད་པ་དང་། ད་ལྟར་གྱི་སྲིད་པ་དང་། འདས་པའི་སྲིད་པའོ། །དེ་ལ་སེམས་ཅན་ཐམས་ཅད་མ་འོངས་པའི་དུས་ན་བླ་ན་མེད་པ་ཡང་དག་པར་རྫོགས་པའི་བྱང་ཆུབ་ཡོད་པའི་ཕྱིར་སངས་རྒྱས་ཀྱི་རང་བཞིན་ཞེས་བྱའོ། །སེམས་ཅན་ཐམས་ཅད་ལ་ད་ལྟར་ཀུན་ནས་ཉོན་མོངས་པ་རྣམས་ཡོད་པས་དེའི་ཕྱིར་ད་ལྟ་མཚན་བཟང་པོ་སུམ་ཅུ་རྩ་གཉིས་དང་དཔེ་བྱད་བརྒྱད་ཅུ་མེད་དོ། །ཞེས་གསུངས་པ་དང་། བྱང་ཆུབ་སེམས་དཔའི་སར། མཚན་དང་དཔེ་བྱད་བཟང་པོ་འདི་དག་ནི་ལྷག་པའི་བསམ་པའི་ས་ལ་ཞུགས་པའི་བྱང་ཆུབ་སེམས་དཔའ་རྣམ་པར་སྨིན་པ་འཐོབ་བོ། །དེ་ཡན་ཆད་ནས་བྱང་ཆུབ་ཀྱི་སྙིང་པོ་ལ་ཞུགས་པའི་བར་དུ་ནི་དེ་དག་གོང་ནས་གོང་དུ་རྣམ་པར་དག་པར་འགྱུར་བར་རིག་པར་བྱའོ། །ཞེས་པས་དེ་མན་ཆད་དུ་བྲལ་བ་དང་རྣམ་པར་སྨིན་པའི་ཡོན་ཏན་མཚན་ཉིད་པ་མེད་པར་ཤེས་སོ། །མདོ་མྱང་འདས་སུ། འོ་མ་ཡོད་པ་ལ་ཞོ་ཡོད་ཅེས་པ་ལྟར་ཡོན་ཏན་འབྱུང་རུང་ཡོད་པ་ལ་དགོངས་ཏེ། རིགས་ཀྱི་བུ། ངས་འོ་མའི་ནང་ན་ཞོ་ཡོད་དོ་ཞེས་མ་གསུངས་ཀྱིས་འོ་མ་ལས་ཞོ་འབྱུང་བའི་ཕྱིར་ཞོ་ཡོད་ཅེས་བྱའོ། །རིགས་

ཀྱི་བུ། འོ་མའི་ཆོན་ཞོ་མེད། མར་དང་ཞུན་མར་དང་སྙིང་ཁུ་ཡང་མེད་དེ། རྡོད་དང་དྲི་མ་ལ་སོགས་པའི་རྐྱེན་གྱིས། འོ་མ་ལས་ཞོ་འབྱུང་བའི་ཕྱིར་འོ་མ་ལ་ཞོའི་རང་བཞིན་ཡོད་དོ་ཞེས་སྨྲས་སོ། །དེ་བཞིན་དུ་གྲོད་མ་ལས་རྟེའུ་དང་། མ་ལས་བུ་དང་། ཤིང་ཨ་སྨྲའི་ས་བོན་ལས་ལོ་མ་དང་འབྲས་བུ་ལ་སོགས་པའི་དཔེ་ཤིན་ཏུ་མང་པོ་གསུངས་སོ། །སྙིང་པོ་དྲི་མ་དང་བྲལ་བའི་འབྲས་བུ་ཆོས་སྐུར་གྱུར་པའི་ཚེ། ཡོན་ཏན་ཕ་རོལ་ཏུ་ཕྱིན་པ་བཞི་མངོན་དུ་གྱུར་པ་ཡིན་ཏེ། དཔལ་ཕྲེང་གི་མདོ་ར། བཅོམ་ལྡན་འདས་ཉན་ཐོས་དང་རང་སངས་རྒྱས་ཐམས་ཅད་སྟོང་པ་ཉིད་ཀྱི་ཡེ་ཤེས་ཀྱིས་སྔར་མ་མཐོང་བ། ཐམས་ཅད་མཁྱེན་པའི་ཡེ་ཤེས་ཀྱི་ཡུལ། དེ་བཞིན་གཤེགས་པའི་ཆོས་ཀྱི་སྐུ་ལས་ཕྱིན་ཅི་ལོག་ཏུ་གྱུར་པའོ། །བཅོམ་ལྡན་འདས་དེ་བཞིན་གཤེགས་པའི་ཆོས་ཀྱི་སྐུ་འདི་ནི་རྟག་པའི་ཕ་རོལ་ཏུ་ཕྱིན་པ། བདེ་བའི་ཕ་རོལ་ཏུ་ཕྱིན་པ། བདག་གི་ཕ་རོལ་ཏུ་ཕྱིར་པ། གཙང་བའི་ཕ་རོལ་ཏུ་ཕྱིན་པའོ། །བཅོམ་ལྡན་འདས་སེམས་ཅན་གང་དག་དེ་བཞིན་གཤེགས་པའི་ཆོས་ཀྱི་སྐུ་དེ་ལྟར་མཐོང་བ་དེ་དག་ནི་ཡང་དག་པར་མཐོང་བའོ། །ཞེས་པའི་དོན་མགོན་པོ་བྱམས་པས། འཁོར་བ་དང་ནི་མྱ་ངན་འདས། །མཉམ་པ་ཉིད་དུ་རྟོགས་ཕྱིར་རྟག །ཡིད་ཀྱི་རང་བཞིན་ཕུང་པོ་དང་། །དེ་རྒྱུ་བཟློག་ཕྱིར་བདེ་བ་ཉིད། །བདག་དང་བདག་མེད་སྤྲོས་པའི་བདག །ཉེ་བར་ཞི་བས་དམ་པའི་བདག །དེ་ཡི་རང་བཞིན་དག་ཕྱིར་དང་། །བག་ཆགས་སྤངས་ཕྱིར་གཙང་བ་ཉིད། །ཅེས་གསུངས་སོ། །སྙིང་པོའི་དོན་རྒྱས་པར་སྙིང་པོ་སྟོན་པའི་བཀའ་བསྟན་བཅོས་རྣམས་སུ་བལྟ་བར་བྱའོ། །

གསུམ་པ་འཁོར་ལོ་གསུམ་ནི། དགོངས་འགྲེལ་དུ། བཅོམ་ལྡན་འདས་ཀྱིས་དང་པོར་ཡུལ་ཝཱ་ར་ཎ་དྲང་སྲོང་སྨྲ་བ་རི་དྭགས་ཀྱི་གནས་སུ་ཉན་ཐོས་ཀྱི་ཐེག་པ་ལ་ཡང་དག་པར་ཞུགས་པ་རྣམས་ལ། འཕགས་པའི་བདེན་པ་བཞིའི་རྣམ་པས་ཆོས་ཀྱི་འཁོར་ལོ་ངོ་མཚར་རྨད་དུ་བྱུང་བ། སྔོན་ལྷར་གྱུར་པའམ་མིར་གྱུར་པ་སུས་ཀྱང་ཆོས་དང་མཐུན་པ་འཇིག་རྟེན་དུ་མ་བསྐོར་བ་གཅིག་རབ་ཏུ་བསྐོར་ཏེ། བཅོམ་ལྡན་འདས་ཀྱིས་ཆོས་ཀྱི་འཁོར་ལོ་བསྐོར་བ་དེ་བླ་ན་མཆིས་པ། སྐབས་མཆིས་པ། དྲང་བའི་དོན། རྩོད་པའི་གཞིའི་གནས་སུ་གྱུར་པ་ལགས་ལ། བཅོམ་ལྡན་འདས་ཀྱིས་ཆོས་རྣམས་ངོ་བོ་ཉིད་མ་མཆིས་པ་ཉིད་ལས་བརྩམས། སྐྱེ་བ་མ་མཆིས་པ་དང་། འགག་པ་མ་མཆིས་པ་དང་། གཟོད་མ་ནས་ཞི་བ་དང་། རང་བཞིན་གྱིས་ཡོངས་སུ་མྱ་ངན་ལས་འདས་པ་ཉིད་ལས་བརྩམས་ནས། ཐེག་པ་ཆེན་པོ་ལ་ཡང་དག་པར་ཞུགས་པ་རྣམས་ལ། སྟོང་པ་ཉིད་སྨོས་པའི་རྣམ་པས་ཆེས་ངོ་མཚར་རྨད་དུ་བྱུང་བའི་ཆོས་ཀྱི་འཁོར་ལོ་གཉིས་པ་བསྐོར་ཏེ། བཅོམ་ལྡན་འདས་ཀྱི་ཆོས་ཀྱི་འཁོར་ལོ་བསྐོར་བ་དེ་ཡང་། བླ་ན་མཆིས་པ། སྐབས་མཆིས་པ། དྲང་བའི་དོན་རྩོད་པའི་གཞིའི་གནས་སུ་གྱུར་

པ་ལགས་ཀྱིས། བཅོམ་ལྡན་འདས་ཀྱིས། ཆོས་རྣམས་ཀྱི་ངོ་བོ་ཉིད་མ་མཆིས་པ་ཉིད་ལས་བརྩམས། སྐྱེ་བ་མ་མཆིས་པ་དང་འགག་པ་མ་མཆིས་པ་དང་། གཟོད་མ་ནས་ཞི་བ་དང་། རང་བཞིན་གྱིས་མྱ་ངན་ལས་འདས་པ་ཉིད་ལས་བརྩམས་ནས། ཐེག་པ་ཐམས་ཅད་ལ་ཡང་དག་པར་ཞུགས་པ་རྣམས་ལ། ལེགས་པར་རྣམ་པར་ཕྱེ་བ་དང་ལྡན་པ། ཤིན་ཏུ་ངོ་མཚར་རྨད་དུ་བྱུང་བའི་ཆོས་ཀྱི་འཁོར་ལོ་གསུམ་པ་བསྐོར་ཏེ། བཅོམ་ལྡན་འདས་ཀྱི་ཆོས་ཀྱི་འཁོར་ལོ་བསྐོར་བ་འདི་ནི། བླ་ན་མ་མཆིས་པ། །སྐབས་མ་མཆིས་པ། ངེས་པའི་དོན་ལགས་ཏེ། རྩོད་པའི་གཞིའི་གནས་སུ་གྱུར་པ་མ་ལགས་སོ། །ཞེས་སོ། །མྱང་འདས་ཆེན་པོར། རིགས་ཀྱི་བུ་གཞན་ཡང་། སྔོན་ཝཱ་ར་ཎ་སེར་ཆོས་ཀྱི་འཁོར་ལོ་བསྐོར་བ་ན། མི་རྟག་པ་དང་སྡུག་བསྔལ་བ་དང་། སྟོང་པ་དང་། བདག་མེད་པར་བསྟན་ཏེ། ཞེས་སོ། །དེ་ལ་འཁོར་ལོ་དང་པོ་གདུལ་བྱ་ཉན་ཐོས་ཀྱི་རིགས་ཅན་ལ། བརྗོད་བྱ་འཕགས་པའི་བདེན་པ་བཞི། རྣམ་པ་མི་རྟག་པ་དང་སྡུག་བསྔལ་བ་ལ་སོགས་པའི་རྣམ་པ་བཅུ་དྲུག་གསུངས་ནས་སྤང་བྱ་གང་ཟག་གི་བདག་ཏུ་འཛིན་པ་མངོན་གྱུར་དང་ས་བོན་རིམ་གྱིས་སྤྱངས་ཏེ། འབྲས་བུ་ལྷག་བཅས་དང་ལྷག་མེད་ཀྱི་མྱ་ངན་ལས་འདས་པ་འཐོབ་པའི་ལམ་ངོ་མཚར་རྨད་དུ་བྱུང་བ་སྟོན་ཚངས་པ་དང་དབང་ཕྱུག་དང་། ཁྱབ་འཇུག་ལ་སོགས་པ་ལྷ་དང་། དྲང་སྲོང་ཀཎ་མིག་དང་། གཟེགས་ཟན་དང་། སེར་སྐྱ་ལ་སོགས་པ་མིར་གྱུར་པ་སུས་ཀྱང་། འཁོར་བ་སྤྱོང་བར་བྱེད་པའི་ལམ་བདག་མེད་པའི་དོན་མ་བསྟན་པ་གཅིག །བཅོམ་ལྡན་འདས་ཀྱིས་བསྟན་པ་འདི། དེ་བས་ཆོས་ཟབ་པའི་ཆོས་གཞན་ཡོད་པའི་ཕྱིར་བླ་ན་མཆིས་པ། རྟེན་འབྲེལ་སྤྲོས་པའི་མཐའ་ཐམས་ཅད་དང་བྲལ་བར་མ་གསུངས་པའི་ཕྱིར་དྲང་དོན་རྩོད་པའི་གཞིར་གྱུར་པ་ཡིན་ལ། འཁོར་ལོ་གཉིས་པ་འདི་གདུལ་བྱ་ཐེག་པ་ཆེན་པོའི་རིགས་ཅན་ལ་བརྗོད་བྱ་འཁོར་འདས་ཀྱི་ཆོས་ཐམས་ཅད་རྣམ་པ་ངོ་བོ་ཉིད་མེད་པ་དང་། སྐྱེ་འགག་དང་བྲལ་བ་གཟོད་མ་ནས་ཞི་བའི་རྣམ་པའི་ངོ་བོ་དེ་ལ་རྗོད་བྱེད་ཕྱི་ནང་སྟོང་པ་ཉིད་ལ་སོགས་པའི་གསུང་གིས་སྟོན་པ་འདི་ཡང་། འདི་བས་ཆེས་ཟབ་པའི་ཆོས་གཞན་ཡོད་པའི་ཕྱིར་བླ་ན་མཆིས་པ། སྟོང་པ་ཉིད་ཀྱི་མཐར་ཞེན་པའི་ཉེས་དམིགས་ཡོད་ཅིང་ལེགས་པར་ཕྱེ་ནས་མ་གསུངས་པས། དྲང་དོན་རྩོད་པའི་གཞིར་གྱུར་པའོ། །

འཁོར་ལོ་གསུམ་པ་ནི་གདུལ་བྱ་འཁོར་ལོ་དང་པོ་གཉིས་སུ་གསུངས་པའི་ཐེག་པ་ཐམས་ཅད་ཀྱི་དོན་ལ་བློ་སྦྱངས་པའི་རིགས་ཅན་ལ། འཁོར་ལོ་དང་པོ་གཉིས་ཀྱི་བརྗོད་བྱའི་དོན་བདེན་བཞི་དང་། རྟེན་འབྲེལ་མི་རྟག་སྡུག་བསྔལ་དང་། སྐྱེ་མེད་འགག་མེད་ལ་སོགས་པར་གསུངས་པའི་དོན་ལེགས་པར་ཕྱེ་ནས་གསུངས་པས། དེ་བས་ལྷག་པའི་ཆོས་གཞན་བྱ་མེད་པའི་ཕྱིར་བླ་ན་མེད་པ། གསུང་ནང་འགལ་བ་ལྟར་སྣང་བ། མི་

འགལ་བར་གདའ་ལ་ཕབ་པས་ངེས་པའི་དོན་རྟོད་པའི་གཞིར་མ་གྱུར་པའོ། །འདིའི་དོན་ཅུང་ཟད་ཞིབ་པར་བཤད་ན། མངོན་རྟོགས་རྒྱན་དུ། ལམ་ཤེས་ཉིད་ཀྱི་ཚུལ་ལ་ནི། །འཕགས་པའི་བདེན་པ་བཞི་དག་གི། །རྣམ་པ་མི་དམིགས་སྒོ་ནས་ནི། །ཉན་ཐོས་ལམ་འདི་ཤེས་པར་བྱ། །ཞེས་པ་དང་། ཡང་ཀར་གཤེགས་པར། ཉན་ཐོས་སུ་གྱུར་པ་དེ་རྣམས་ཀྱང་རྣམས་ཀྱིས་བྱང་ཆུབ་སེམས་དཔའ་ཡང་ཡིན་ཏེ། ཉོན་མོངས་པའི་སྒྲིབ་པ་ལས་གྲོལ་ནས་རང་གི་དོན་ལ་སྦྱོར་བ་དེ། དེ་བཞིན་གཤེགས་པས་བསྐུལ་ནས་ཤེས་སྒྲིབ་ལས་ཀྱང་གྲོལ་བར་བྱེད་དེ་ཉན་ཐོས་ཀྱི་རིགས་སུ་ཐ་སྙད་འདེགས་སོ། །གང་ཟག་ཐེག་ཆེན་གྱི་རིགས་ཅན་ལ་ལས་དང་ཉོན་མོངས་ཀྱི་འདུས་བྱས་པའི་ཆོས་རྣམས་རྣམ་པར་ཐར་པའི་སྒོ་གསུམ་གྱི་བདག་ཉིད་ངོ་བོ་ཉིད་མེད་པར་གསུངས་པས། སྟོང་པ་ཉིད་ཀྱི་དགོངས་པ་མ་ཤེས་པ་ཁ་ཅིག་སྐྲག་པར་གྱུར་ནས་ཐེག་ཆེན་བཀའ་མ་ཡིན་ནོ་ཞེས་སྐུར་པ་འདེབས་པར་གྱུར་ཏེ། འདི་ནི་བདུད་ཀྱིས་སྨྲས་པ་ཡིན་ནོ་ཞེས་ཟེར་ཅིང་སྤོང་བར་བྱེད་ལ། ཆོས་སྤོང་གི་ལས་བསགས་པས་སྡུག་བསྔལ་ཆེན་པོ་ལ་རེག་པར་འགྱུར་རོ། །བློ་གྲོས་ཆེན་པོས། སྟོང་པ་ཉིད་ཀྱི་དོན་གང་ལགས་ཞེས་ཞུས་པས། སྟོང་ཉིད་བདུན་གསུངས་ནས་གཅིག་གིས་གཅིག་སྟོང་པ་འདི་ནི་ཐ་ཤལ་ཡིན་པས་སྤང་བར་བྱའོ། །འདུས་བྱས་སྐད་ཅིག་མ་ཡིན་པའི་ཕྱིར་རང་བཞིན་མེད་པ་དང་། རང་ལས་མི་སྐྱེ་བའི་ཕྱིར་སྐྱེ་བ་མེད་པ་ལ་སོགས་པ་རྒྱས་པར་གསུངས་ནས། འདི་དག་མདོ་སྡེ་གང་དུ་གསུངས་ཀྱང་། སྡུག་བསྔལ་དང་ཀུན་འབྱུང་བདེན་པ་འཁོར་བའི་ཆོས་གདའ་ལ་ཕབ་པར་ཁོང་དུ་ཆུད་པར་བྱའོ། །དེ་དག་གི་དོན་མ་གོ་བས་ལོག་པར་འཛིན་པའི་གོ་སྐབས་མཆིས་ཏེ། ཁ་ཅིག་ནི་ཚིག་དང་ཡི་གེ་འདྲེན། ཁ་ཅིག་ནི་དེ་སྤོང་བར་བྱེད། དེ་ལ་དགོངས་ནས། དྲང་བའི་དོན་གྱི་མདོ་སྡེ་བརྗོད་པའི་རྣམ་པ་འདི་ལྟ་སྟེ། ཆོས་ཐམས་ཅད་ངོ་བོ་ཉིད་མེད་པ། ཆོས་ཐམས་ཅད་མ་སྐྱེས་པ། མ་འགགས་པ། བཟོད་མ་ནས་ཞི་བ། རང་བཞིན་གྱིས་ཡོངས་སུ་མྱ་ངན་ལས་འདས་པའོ་ཞེས་ཆོས་སྟོན་ཏོ། །སེམས་ཅན་དགེ་བའི་རྩ་བ་རྒྱ་ཆེན་པོ་བསྐྱེད་པ། སྒྲིབ་པ་དག་པ། རྒྱུད་སྨིན་པ། མོས་པ་མང་བ། བསོད་ནམས་དང་ཡེ་ཤེས་ཀྱི་ཚོགས་ཆེན་པོ་གྲུབ་པ་དེ་དག་གིས་ཆོས་དེ་ཐོས་ནས། ངའི་དགོངས་ཏེ་གསུངས་པ་ཡང་དག་པ་ཇི་ལྟ་བ་བཞིན་དུ་རབ་ཏུ་ཤེས། སེམས་ཅན་དགེ་བའི་རྩ་བ་ཆེན་པོ་མ་བསྐྱེད་པ། སྒྲིབ་པ་ཡོངས་སུ་མ་དག་པ། རྒྱུད་ཡོངས་སུ་མ་སྨིན་པ། བསོད་ནམས་དང་ཡེ་ཤེས་ཀྱི་ཚོགས་ཆེན་པོ་གྲུབ་པ་མ་ཡིན་པ། དྲང་པོ་དྲང་པོའི་རང་བཞིན་ཅན་མ་ཡིན་པ། རང་གི་ལྟ་བ་མཆོག་ཏུ་འཛིན་པ་དེ་དག་གིས་ནི་ཆོས་དེ་ཐོས་ན། ངའི་དགོངས་ཏེ་བཤད་པ་ཟབ་མོ་ཡང་དག་པ་ཇི་ལྟ་བ་བཞིན་རབ་ཏུ་མ་ཤེས་ཏེ། ཆོས་དེ་ལ་མོས་པས་འདི་དག་ཐམས་ཅད་ནི་ངོ་བོ་ཉིད་མེད་པ་ཡིན་ནོ། །ཆོས་འདི་དག་ཐམས་ཅད་ནི་མ་སྐྱེས་པ་ཁོ་ནའོ། །མ་འགགས་པ་ཁོ་ནའོ། །གཟོད་མ

ནས་ཞི་བ་ཁོ་ནའོ། །རང་བཞིན་གྱིས་ཡོངས་སུ་མྱ་ངན་ལས་འདས་པ་ཁོ་ནའོ། །ཞེས་ཆོས་ཀྱི་དོན་ལ་སྒྲ་ཇི་བཞིན་ཁོ་ནར་མངོན་པར་ཞེན་ཏེ། གཞི་དེས་ཆོས་ཐམས་ཅད་ལ་མེད་པར་ལྟ་བ་དང་། མཚན་ཉིད་མེད་པར་ལྟ་བ་ཐོབ་པར་འགྱུར་ཏེ། མེད་པར་ལྟ་བ་དང་། མཚན་ཉིད་མེད་པར་ལྟ་བ་ཐོབ་ནས་མཚན་ཉིད་ཐམས་ཅད་ཀྱིས་སྐུར་པ་འདེབས་པར་བྱེད་དེ། ཆོས་ཐམས་ཅད་ཀྱིས་ཀུན་བཏགས་པའི་མཚན་ཉིད་ལ་ཡང་སྐུར་པ་འདེབས། གཞན་གྱི་དབང་གི་མཚན་ཉིད་དང་། ཡོངས་སུ་གྲུབ་པའི་མཚན་ཉིད་ལ་ཡང་འདེབས་སོ། །དེ་ལྟར་བས་ན་དེ་དག་ནི་མཚན་ཉིད་རྣམ་པ་གསུམ་ཆར་ལ་སྐུར་པ་འདེབས་པ་ཞེས་བྱའོ། །

ངའི་ཆོས་ལ་ཆོས་སུ་འདུ་ཤེས་པ་དང་། དོན་མ་ཡིན་པ་ལ་དོན་དུ་འདུ་ཤེས་པ་ཡིན་ཏེ། དེ་དག་ཆོས་ལ་ཡང་ཆོས་སུ་འཛིན། དོན་མ་ཡིན་པ་ལ་ཡང་དོན་དུ་འཛིན་ཏོ། །དེ་དག་ཆོས་ལ་མོས་པ་དགེ་བའི་ཆོས་རྣམ་པར་འཕེལ་མོད་ཀྱི། འོན་ཀྱང་དོན་མ་ཡིན་པ་ལ་མངོན་པར་ཞེན་པས་ཤེས་རབ་ལས་ཡོངས་སུ་ཉམས་པར་གྱུར་ཏེ། ཡོངས་སུ་ཉམས་པས་དགེ་བའི་ཆོས་ཤིན་ཏུ་རྒྱ་ཆེན་པོ་དང་དཔག་ཏུ་མེད་པ་རྣམས་ལས་ཀྱང་ཡོངས་སུ་ཉམས་པར་འགྱུར་རོ། །ཞེས་གསུངས་སོ། །འཁོར་ལོ་བར་པ་ནི་རྒྱས་འབྲིང་བསྡུས་གསུམ་ལ་སོགས་པ་ཡིན་ཏེ། ཀྱེ་མ་ཤེས་རབ་ཀྱི་ཕ་རོལ་ཏུ་ཕྱིན་པ་འདི་བསྟན་པས་ལྷའི་བུ་སྟོང་ཕྲག་དུ་མ་སྐྱེ་བ་མེད་པའི་ཆོས་ལ་བཟོད་པ་སྐྱེས་པར་གྱུར་ཏེ། འཛམ་བུའི་གླིང་དུ་ཆོས་ཀྱི་འཁོར་ལོ་གཉིས་པ་བསྐོར་བར་མཐོང་ངོ་ཞེས་གསུངས་སོ། །འཁོར་ལོ་གསུམ་པ་ནི་གདུལ་བྱ་རིགས་ཅན་གསུམ་ཀས་རྟོགས་པའི་སངས་རྒྱས་འཐོབ་རུང་། དེ་བཞིན་གཤེགས་པའི་སྙིང་པོ་ཅན་མཐར་ཐུག་ཐེག་པ་གཅིག་ཏུ་སྟོན་པ་ཡིན་ཏེ། དགོངས་འགྲེལ་དུ། ངོ་བོ་ཉིད་མེད་པ་དང་། སྐྱེ་བ་མེད་པ་དང་། འགག་པ་མེད་པ་དང་། གཟོད་མ་ནས་ཞི་བ་རང་བཞིན་གྱིས་མྱ་ངན་ལས་འདས་པ་ལས་བརྩམས་ནས། ངེས་དོན་དུ་བསྟན་པ་འདི་ནི་དྲང་བའི་དོན་གྱི་མདོ་སྡེ་ཐམས་ཅད་དུའང་སྐུལ་བར་བགྱིའོ། །འདུ་བྱེད་ཐམས་ཅད་སྐྱེ་བ་དང་། འདོད་ཆགས་དང་བྲལ་བར་བྱ་བ་དང་། རྣམ་པར་གྲོལ་བར་བྱ་བ་དང་། ཉོན་མོངས་པ་དང་། ལས་དང་། སྐྱེ་བའི་ཀུན་ནས་ཉོན་མོངས་པ་ལས་འདའ་བའི་ཕྱིར་ཆོས་སྟོན་ཏོ། །གཞན་དབང་ལ་ཀུན་བཏགས་སུ་མངོན་པར་ཞེན་པ་མེད་པས། ཚེ་འདི་ལ་ངེས་པའི་སྟོབས་སྐྱེས་ཏེ། ཕྱི་མ་ལ་རྒྱུ་མེད་པས་འགོག་པ་ཐོབ་པར་བྱེད་དེ། ཉན་ཐོས་ཀྱི་རིགས་ཅན་རྣམས་ལམ་འདི་བསྒྲུབས་པས་མྱ་ངན་ལས་འདའ་བར་འགྱུར་ལ། རང་སངས་རྒྱས་དང་དེ་བཞིན་གཤེགས་པའི་རིགས་ཅན་རྣམས་ཀྱིས་ཀྱང་གྲུབ་པ་དང་བདེ་བ་ཐོབ་པར་འགྱུར་བས་རིག་ཅན་གསུམ་ཀའི་ལམ་ཡིན་ལ། དེ་ལ་དགོངས་ནས་ཐེག་པ་གཅིག་ཏུ་བསྟན་ཏེ། དབང་པོ་རྣོ་འབྲིང་རྟུལ་པོའི་བྱེ་བྲག་མེད་པ་མ་ཡིན་ནོ། །ཞེས་བསྟན་ཅིང་། ཡང་དོན་དམ་ཆོས་ཐམས་ཅད་རྟོད་པ་དང

བྲལ་བར་བཤད་དེ། རྟོག་གེ་ནི་རྩོད་པའི་སྤྱོད་ཡུལ་དུ་གྱུར་པ་ཡིན་ལ། རྟོག་གེ་ཐམས་ཅད་ལས་ཡང་དག་པར་འདས་པ་ནི་དོན་དམ་པའི་མཚན་ཉིད་དུ་ཤེས་པར་བྱའོ། །ཞེས་བཤད་དོ། །ལང་ཀར་གཤེགས་པར། འཇིག་རྟེན་པ་རྣམས་ཀྱི་བདག་ཅེས་བྱ་བ་དེ་གཞིག་པའི་ཕྱིར་བདག་མེད་པ་བསྟན་ཏོ། །དེ་ལྟར་མ་གསུངས་ན་ཇི་ལྟར་གྲོང་པ་ཡིན་པར་མི་གྱུར། བཅོམ་ལྡན་འདས་ནི་བདག་མེད་པ་གསུངས་པར་གྲག་གོ་ཞེས་ཡ་མཚན་སྐྱེས་ནས། དེའི་འོག་ཏུ་རྒྱུ་དང་གཏན་ཚིགས་བརྒྱ་སྟོང་བསྟན་པ་ལ་འཇུག་གོ །གོང་ནས་གོང་དུ་དད་པ་སྐྱེས་ཤིང་སྟོང་པ་ཉིད་ལ་སློབ་པར་བྱེད་དོ། །དེའི་འོག་ཏུ་དེ་དག་ལ་ཐར་པ་ནི་ཞི་བ་རྟག་པ་ཐེར་ཟུག་པའོ་ཞེས་སྟོན་ཏོ། །འཇིག་རྟེན་པ་ཁ་ཅིག་ཐར་པ་ཡོད་ཅེས་ཟེར་བ་དེ་གཞིག་པའི་ཕྱིར་ཐར་པ་ནི་ཅུང་ཟད་ཀྱང་མེད་དོ་ཞེས་གསུངས་སོ། །

ལྟ་བ་ཆུད་གསོན་པར་འདྲ་བ་དག་མ་བསྟན་ན། སྟོན་པའི་བསྟན་པ་ལ་ཇི་ལྟར་ཡིད་ཆེས་པར་འགྱུར། དེའི་འོག་ཏུ་ཐར་པ་ཆུད་སོན་པའི་ལྟ་བ་མཐོང་ན་བླུན་པོ་རྣམས་ཉམས་པར་འགྱུར་བས། ངས་གཏན་ཚིགས་བརྒྱ་སྟོང་དག་གིས་ཐར་པ་ཡོད་པར་གསུངས་སོ། །ཐར་པ་ནི། མྱང་འདས་སུ། རྟག་པ་དང་བདེ་བ་དང་བདག་དང་ཡོངས་སུ་དག་པར་བསྟན་ཏོ། །ཞེས་པ་དེ་བཞིན་གཤེགས་པའི་སྙིང་པོ་ཉིད་ཡིན་ནོ། །སྤྱིར་འཁོར་ལོ་གསུམ་ཀ་ལ་དྲང་དོན་དང་ངེས་དོན་གཉིས་ཀ་ལྡན་ནའང་། འཁོར་ལོ་དང་པོ་གཙོ་ཆེར་དྲང་དོན་དུ་བཞེད་པར་མཐུན་ཅིང་། འཁོར་ལོ་བར་པ་སྟོང་པ་ཉིད་སྟོན་པ་གཙོ་ཆེ་བས། དེ་ལ་སངས་རྒྱས་ཀྱི་བཀའ་མ་ཡིན་པ་དང་། ཆོས་ཀྱི་གནས་ལུགས་སྟོང་རྐྱང་དུ་འཁྲུལ་པའི་སྐབས་ཡོད་པས་དྲང་བའི་དོན་དང་འཁོར་ལོ་གསུམ་པ་སྟོང་པ་ཉིད་དང་། བདག་མེད་པ་དང་མི་རྟག་པ་ལ་སོགས་པ་གསུངས་པའི་དོན་ལེགས་པར་ཕྱེ་ནས་སྟོང་པ་ཉིད་ལའང་ངེས་དོན་ཡིན་མ་ཡིན་དང་། དེ་བཞིན་དུ་བདག་ཡོད་མེད་དང་། རྟག་མི་རྟག་དང་། སྣ་ཚོགས་སུ་གསུངས་པའི་དགོངས་པ་ལེགས་པར་ཕྱེ་ནས་གཏན་ལ་ཕབ་པས་ཐེ་ཚོམ་སྐྱེ་བའི་གནས་སྐབས་མེད་པའི་ཕྱིར། ངེས་དོན་དུ་བསྟན་པ་ཡིན། ཡང་བར་པ་སྤྲོས་བྲལ་སྟོང་པ་ཉིད་སྟོན་པས་ངེས་དོན་དང་།

གསུམ་པ་སྙིང་པོ་དང་ཆོས་སྐུ་རྟག་ཅིང་བརྟན་པར་གསུངས་པ་ལ་སོགས་ཀྱིས་དྲང་དོན་དུ་འཛོག་པ་དང་། ཡང་བར་པ། སངས་རྒྱས་ཐོབ་པའི་ལམ་ལྟ་བ་དང་སྒོམ་པ་གཙོ་ཆེར་སྟོན་པས་དྲང་དོན་དང་། གསུམ་པ་འབྲས་བུ་ཆོས་སྐུ་སྟོན་པས་ངེས་དོན་དང་། དེ་བཞིན་དུ་འཁོར་བ་དང་མྱ་ངན་ལས་འདས་པ་དང་། དྲི་མ་སྦྱོང་བྱེད་སྦྱངས་འབྲས་དང་། བརྗོད་བྱ་རྒྱ་ཆེ་བ་དང་། ཟབ་པའི་ཆ་དང་། གདུལ་བྱ་ཐར་པའི་ལམ་དུ་བཀྲམ་པ་དང་། ལམ་གྱི་རང་བཞིན་སྟོན་པ་ལ་སོགས་པའི་སྒོ་ནས་དྲང་དོན་དང་ངེས་དོན་དུ་འཛོག་པ་ཡིན་པས་འཁོར་ལོ་གསུམ་པོ་མཐར་ཐུག་དོན་གཅིག་ཡིན་གྱིས་ནང་འགལ་བར་འདོད་པ་ནི། གསུང་བ་པོ་བུ་རམ་ཤིང་པའི་བསྟན་

པ་ལ་སྐྱད་འཚོལ་བ་ཡིན་ཏེ། གང་ཕྱིར་རྒྱལ་ལས་ཆེས་མཁས་འགའ་ཡང་འཇིག་རྟེན་འདི་ན་ཡོད་མིན་ཏེ། །མ་ལུས་དེ་ཉིད་མཆོག་ནི་ཇི་བཞིན་ཀུན་མཁྱེན་གྱི་མཁྱེན་གཞན་མིན་པས། །དེ་ཕྱིར་དྲང་སྲོང་རང་ཉིད་ཀྱིས་བཞག་མདོ་སྡེ་གང་ཡིན་དེ་མི་དཀྲུག །ཆོས་ཚུལ་བཤིག་ཕྱིར་དེ་ནི་རྒྱལ་ལ་སྐུར་པ་འདེབས་པའི་ཉིད་དུ་འགྱུར་ཅེས་གསུངས་སོ།། །།

གཉིས་པ་བསྔོ་བའི་རྣམ་གཞག་འཁྲུལ་དང་བཅས་པ་ལ་གཉིས། ལག་ལེན་འཚོལ་བ་དགག་པ། གནས་དང་གནས་མིན་གྱི་ཁྱད་པར་བསྟན་པའོ། །

དང་པོ་ལ་གཉིས་ལས། རང་བཟོ་སྤྱང་པ་ནི། འགའ་ཞིག་བསྔོ་བའི་ཆོ་ག་རྒྱུ། །སྦྲིང་བའི་ལག་ལེན་བྱེད་ཅེས་གྲག །འདི་ནི་མུ་སྟེགས་རིག་བྱེད་པའི། །ལུགས་ཡིན་སངས་རྒྱས་པ་ལ་མེད། །ཅེས་པ། བོད་ཀྱི་སྟོད་འདུལ་བའི་དགེ་འདུན་འགའ་ཞིག་ཕྱག་ལེན་ལ། ཡོན་བསྔོ་བ་བྱེད་པའི་ཚེ་ཡོན་མཆོད་ཕན་ཚུན་རིལ་བ་སྤྱི་བླུགས་ཀྱིས་ལག་པར་ཆུ་སྦྲིང་བའི་ལུགས་ཡོད་དེ། དེའི་འབྲུལ་གཞི་ནི། རྒྱལ་པོ་ཐམས་ཅད་སྒྲོལ་གྱི་སྐྱེས་རབས་སུ། བྲམ་ཟེ་སློང་མོ་བ་ལ་གླང་པོ་ཆེ་དང་བུ་དང་བུ་མོ་སྦྱིན་པ་དང་། བརྒྱ་བྱིན་ལ་བཙུན་མོ་སྦྱིན་པའི་ཚེ༑ གསེར་གྱི་རིལ་བས་བཀྲུད་དེ་བཞེས་སུ་གསོལ་ཞེས་མདུན་དུ་འབོད་པ་དང་། བྲམ་ཟེའི་ལག་པ་བཀྲུང་པ་ལ་རིལ་བ་སྤྱི་བླུགས་ཀྱིས་བཀྲུད་དོ། །དེ་ཡིས་བསྒྲིམས་པའི་མཐུ་དག་གིས། །རིལ་བ་ལས་ནི་ཆུ་བྱུང་ནས། །མིག་ནི་པདྨ་དམར་འདྲ་ལས། །མ་བསྒྲིམས་པར་ཡང་མཆི་མ་འབྱུང་། །ཞེས་པ་དང་། དེ་ནས་དེས་ནི་ལག་གཡོན་མ་དྲི་བཟུང་། །གཡས་པའི་ལག་པས་རིལ་བ་བཟུང་ནས་ནི། །དེ་ཡི་ལག་པས་རྟེ་ལ་ཆུ་སྦྲིངས་ནས། །འདོད་ལྷའི་སེམས་ནི་མྱ་ངན་མེ་ཡིས་ཚིག །ཅེས་གསུངས་པས། མུ་སྟེགས་རིག་བྱེད་པའི་བྲམ་ཟེ་ཁྲུས་དང་གཙང་སྦྲ་ལ་འདག་གྲོལ་དུ་འཛིན་པའི་ལུགས་ཡིན་པ་ལ། ནང་པ་སངས་རྒྱས་པས་བྱ་རྒྱུའི་ལག་ལེན་དུ་འབྲུལ་པ་ཡིན་གྱིས་ནང་པའི་ལུང་ནས་བཤད་པ་མེད་དོ། །

གཉིས་པ་འཐད་པ་སྒྲུབ་པ་ནི། དེས་ན་གང་དང་གང་བྱེད་པ། །སངས་རྒྱས་གསུང་བཞིན་གྱུར་པས་བསྒྲུབས། །ཞེས་པ། སངས་རྒྱས་ཀྱི་བསྟན་པ་ལ་སློབ་པ་རྣམས་ཀྱིས་སྡོམ་གསུམ་གྱི་སྤྱོད་པ་གང་བྱེད་པ་ཐམས་ཅད་རྫོགས་པའི་སངས་རྒྱས་ཀྱིས་ཇི་ལྟར་གསུངས་པ་གཞན་ཡང་བླང་མནོར་བར་གྱུར་པས་བསྒྲུབས་ཤིག །ནོར་པ་བྱུས་ན་བསྟན་པ་འཇིག་པའི་རྒྱུར་འགྱུར་རོ། །ཞེས་དགོངས་པའོ། །

གཉིས་པ་ལ་གསུམ་ལས། དང་པོ་སྤྱིར་བསྟན་པ་ནི། བསྔོ་བ་དེ་ཡང་མདོར་བསྡུས་ན། །གནས་དང་གནས་མ་ཡིན་པ་གཉིས། །གནས་ཀྱི་བསྔོ་བ་འགྲུབ་པར་གསུངས། །གནས་མིན་བསྔོས་ཀྱང་འགྲུབ་མི་

འགྱུར། །འདི་དག་གཉིས་ཀ་མདོ་ལས་གསུངས། །ཞེས་པ། བསྔོ་བ་ལ་བསྔོས་པས་འགྲུབ་པ་གནས་ཀྱི་བསྔོ་བ་དང་། བསྔོས་ཀྱང་མི་འགྲུབ་པ་གནས་མིན་གྱི་བསྔོ་བ་གཉིས་བཅོམ་ལྡན་འདས་ཀྱིས་གསུངས་སོ། །

གཉིས་པ་གནས་ཡིན་གྱི་བསྔོ་བ་ནི། འཇམ་དཔལ་སངས་རྒྱས་ཞིང་ལས་ནི། །ཆོས་རྣམས་ཐམས་ཅད་རྐྱེན་བཞིན་ཏེ། །འདུན་པའི་རྩེ་ལ་རབ་ཏུ་གནས། །གང་གིས་སྨོན་ལམ་ཅི་བཏབ་པ། །དེ་འདྲའི་འབྲས་བུ་ཐོབ་པར་འགྱུར། །ཞེས་གསུངས་པ་ནི་གནས་ལ་དགོངས། །ཞེས་པ། འཇམ་དཔལ་གྱི་ཞིང་བཀོད་ལས། གསུངས་པ་འདི་ནི་ཀུན་རྫོབ་ཏུ་ལས་ཐམས་ཅད་ཀུན་སློང་ལ་རག་ལས་པའི་འདུན་པ་དྲག་པོས་གང་བསྔོས་པ་དང་། སྨོན་ལམ་བཏབ་པ་དེ་འགྲུབ་པ་ཡིན་ཏེ། ཐེག་པ་གསུམ་གྱི་ལམ་དང་འབྲས་བུ་ཡང་འདུན་པའི་དབང་གིས་ཐ་དད་དུ་གྱུར་པ་ཡིན་ལ། འདུན་པ་ཡོག་པས་རྣམ་སྨིན་ཡོག་པར་མདོ་ལས་མང་དུ་གསུངས་པའི་ཕྱིར་རོ། །འཕགས་པ་འཇམ་དཔལ་གྱིས་འཁོར་ལོས་བསྒྱུར་བའི་རྒྱལ་པོར་གྱུར་པའི་ཚེ། སངས་རྒྱས་སྒྲ་དབྱངས་རྒྱལ་པོའི་དྲུང་དུ། བདག་གིས་སངས་རྒྱས་ཀྱི་ཞིང་དུ་རྡུལ་ཕྲ་རབ་རེ་རེ་ལ་བདེ་བ་ཅན་གྱི་འཇིག་རྟེན་གྱི་ཁམས་ཀྱི་བཀོད་པ་དང་། བདག་གི་བྱང་ཆུབ་ཀྱི་ཤིང་མི་མཛེད་ཀྱི་འཇིག་རྟེན་གྱི་ཁམས་བཅུའི་ཚད་ཙམ་དུ་གྱུར་ཅིག །ཅེས་པ་ལ་སོགས་ཇི་ལྟར་སྨོན་པ་བཞིན་འགྲུབ་པར་གསུངས་ཤིང་། བདག་ནི་བྱང་ཆུབ་རིངས་ཚུལ་དུ། །འཚང་རྒྱར་མོས་ཤིང་སྒྲོ་བ་མེད། །ཕྱི་མཐར་ཐུག་གི་བར་དུ་ཡང་། །སེམས་ཅན་གཅིག་ཕྱིར་སྤྱད་པར་བགྱི། །ཞེས་ཐུགས་བསྐྱེད་པས་དེ་ལྟར་ཡང་བྱིས་པ་གཞོན་ནུའི་གཟུགས་ཀྱིས་གཞན་དོན་མཛད་པ་ནི་བསྔོས་པས་འགྲུབ་པ་ཡིན་ནོ། །

གསུམ་པ་གནས་མིན་གྱི་བསྔོ་བ་ནི། དྲི་མེད་བྱིན་གྱིས་ཞུས་པའི་མདོར། ཆོས་རྣམས་ཆོས་ཉིད་བསྔོས་པ་ཡིས། །མི་འགྱུར་གལ་ཏེ་འགྱུར་ན་ནི། །དང་པོའི་སངས་རྒྱས་གཅིག་ཉིད་ཀྱིས། །བསྔོ་བ་འདི་ཡང་ཅིས་མི་གྲུབ། །ཅེས་གསུངས་འདི་ནི་གནས་མིན་གྱི། །བསྔོ་བ་ཉིད་ལ་དགོངས་པ་ཡིན། །ཞེས་པ། བུ་མོ་དྲི་མ་མེད་པས་བྱིན་པས་ཞུས་པའི་མདོར། རིགས་ཀྱི་བུ་ཆོས་རྣམས་ཀྱི་ཆོས་ཉིད་ནི་སྨོན་ལམ་གྱི་དབང་གིས་བསྒྱུར་བར་མི་ནུས་སོ། །གལ་ཏེ་ནུས་པར་གྱུར་ན། དེ་བཞིན་གཤེགས་པ་རེ་རེའི་དགོངས་པ་དེ་སྨོན་ལམ་གྱི་དབང་གིས་ཇི་ལྟར་མི་གྲུབ་སྟེ། རྣམ་གྲངས་འདིས་ནི་སྨོན་ལམ་གྱི་དབང་གིས་བསྒྱུར་བར་མི་ནུས་པ་ཡིན་པར་རིག་པར་བགྱིའོ། །ཞེས་གསུངས་པས། སེམས་ཅན་ཐམས་ཅད་མྱུར་དུ་སངས་རྒྱས་ཐོབ་པར་གྱུར་ཅིག །འཁོར་བ་སྟོངས་པར་གྱུར་ཅིག །མཚམས་མེད་པ་ལྔ་སྤྱོད་པའི་སྡིག་པ་ཅན་ངན་སོང་དུ་མི་སྐྱེ་བར་བདེ་འགྲོའི་ལུས་ཐོབ་པར་གྱུར་ཅིག །དཀའ་བ་སྤྱད་པ་མེད་པར་སངས་རྒྱས་ཐོབ་པར་གྱུར་ཅིག །ཅེས་པ་ལ་སོགས་པ་ནི་གནས་མ་ཡིན་པའི་བསྔོ་བ་ཡིན་ནོ། །འོ་ན་བསྔོས་པ་དོན་མེད་དོ་ཞེ་ན། ཐེག་པ་ཆེན་པོའི་བློ་སྦྱོང་གི་ལམ་ཐབས་ལ་

མཁས་པའི་བསམ་སྦྱོར་ཁྱད་པར་ཅན་ཡིན་པས་རང་རྒྱུད་ཀྱི་ཤེས་བྱའི་སྒྲིབ་པ་དང་། ཐེག་དམན་གྱི་ལམ་དུ་གོལ་བ་འཇོམས་པར་བྱེད་པའི་གཉེན་པོ་ཡིན་པའི་ཕྱིར་དོན་ཆེན་པོ་ཡོད་དེ། རྒྱལ་ཚབ་བྱམས་པས། གཞན་གྱི་དོན་ནི་རང་གི་དོན་ཡིན་ནོ། །ཞེས་གསུངས་སོ། །

གསུམ་པ་ཡོད་དགེ་བསྔོ་རྒྱུ་མ་ཡིན་པ་ལ་འཁྲུལ་པའི་དོན་ལ་གཉིས། ལས་དགེ་སྡིག་གི་ངོས་བཟུང་། ཐེག་པ་ཆེ་ཆུང་གི་ཁྱད་པར་བཤད་པའོ། །དང་པོ་ལ་གཉིས་ལས། དང་པོ་བསྔོ་བྱ་དང་བཤགས་བྱའི་སྒོ་ནས་བྱས་པའི་ལས་སུ་བསྟན་པ་ནི། དེས་ན་བསྔོ་རྒྱུའི་དགེ་བ་དང་། བཤགས་པར་བྱ་བའི་སྡིག་པ་ཡང་། །བྱས་པའི་དགེ་སྡིག་ཡིན་མོད་ཀྱི། །མ་བྱས་པ་ལ་དགེ་སྡིག་མེད། །ཅེས་པ། སྒོ་གསུམ་གྱིས་བྱས་པའི་དགེ་བ་ཐམས་ཅད་བསྔོ་རྒྱུ་ཡིན་ལ། མི་དགེ་བ་ཐམས་ཅད་བཤགས་བྱ་ཡིན་གྱིས། མ་བྱས་པ་ལ་དགེ་སྡིག་གི་ཐ་སྙད་མེད་པའི་ཕྱིར་བསྔོ་བྱ་དང་བཤགས་བྱ་གང་ཡང་མ་ཡིན་ནོ། །

གཉིས་པ་ཀུན་སློང་ཉོན་མོངས་ཡོད་མེད་ཀྱི་དགེ་སྡིག་བཞག་པ་ནི། དེ་ཡི་རྣམ་བཞག་བཤད་ཀྱིས་ཉོན། །འདོད་ཆགས་ཞེ་སྡང་གཏི་མུག་གསུམ། །དེས་བསྐྱེད་ལས་ནི་མི་དགེ་བ། །མ་ཆགས་ཞེ་སྡང་གཏི་མུག་མེད། །དེས་བསྐྱེད་ལས་ནི་དགེ་བ་ཞེས། །གསུངས་པའི་དགོངས་པ་ཤེས་ནས་ནི། །མཁས་པ་རྣམས་ཀྱིས་དཔྱད་པར་བྱ། །ཞེས་པས། མ་བྱས་པ་ལ་དགེ་སྡིག་མེད་པའི་རྒྱུ་མཚན། ཉན་ཐོས་མདོ་སྡེ་པ་ཡན་ཆད་ལུགས་ངག་གི་དགེ་སྡིག་ཀུན་སློང་ལ་རག་ལས་པ་ཡིན་པས་ངོ་བོ་ཉིད་ཀྱིས་གྲུབ་པའི་དགེ་སྡིག་མེད་པའི་ཕྱིར། སྡེ་སྣོད་ཀྱི་དོན་ལ་མཁས་པ་རྣམས་ཀྱིས་མཁྱེན་པར་མཛོད་ཞེས་པའོ། །

གཉིས་པ་ནི། ཉན་ཐོས་དགེ་བ་ཕལ་ཆེར་ཡང་། །བྱང་ཆུབ་སེམས་དཔའི་སྡིག་ཏུ་འགྱུར། །བྱང་ཆུབ་སེམས་དཔའི་དགེ་བ་ཡང་། །ཉན་ཐོས་སྡིག་ཏུ་འགྱུར་བར་གསུངས། །ཞེས་པ། ཉན་ཐོས་ཀྱི་ཐེག་པར་དགེ་བར་གསུངས་པ་ཕལ་ཆེར་བྱང་ཆུབ་སེམས་དཔའ་ལ་སྡིག་པར་འགྱུར་བ་ཡིན་ཏེ། འཁོར་བ་མཐའ་དག་མི་ལྟོས་གང་བའི་བརྩོན་དོང་དང་འདྲ་བར་ཤེས་ནས་མྱུར་དུ་དེ་ལས་གྲོལ་བའི་མྱ་ངན་ལས་འདས་པ་སྒྲུབ་པའི་བསམ་སྦྱོར་ནི། ཉན་ཐོས་ཀྱི་ཐེག་པའི་ལམ་གྱི་མཆོག་དགེ་བ་ཡིན་ལ། བྱང་སེམས་ལ་དེ་ཉིད་སྡོམ་པའི་རྩ་བ་འཇིག་པར་བྱེད་པའི་ལྟུང་བ་ཡིན་པའི་ཕྱིར་རོ། །བྱང་ཆུབ་སེམས་དཔའ་འཁོར་བར་སྐྱེ་བའི་རྒྱུ་ཉོན་མོངས་པ་མི་སྤོང་བར་གཞན་དོན་དུ་མཐར་མེད་ཀྱི་མེར་འཇུག་པའང་པདྨས་བརྒྱན་པའི་མཚོ་ལ་དང་པ་ལྟར་ཉམས་ལེན་གྱི་གཙོ་བོ་ཡིན་ལ། ཉན་ཐོས་ཀྱི་ལམ་གྱི་མི་མཐུན་ཕྱོགས་ཡིན་པའི་ཕྱིར་རོ། །

བསྐལ་པ་དུ་མར་དགེ་སྤྱད་ཀྱང་། །ཉན་ཐོས་ས་རུ་སེམས་བསྐྱེད་ན། །བྱང་ཆུབ་སེམས་དཔའི་སྡིག་པ

ལྟེ༔ །དེ་ནི་ཉན་ཐོས་དགེ་ཆེན་ཡིན། །ཞེས་པ། བསྐལ་པ་མང་པོར་དགེ་བའི་རྩ་བ་བསྒྲུབས་ཀྱང་། ཐེག་པ་དམན་པའི་སར་སེམས་བསྐྱེད་ན་བྱང་ཆུབ་སེམས་དཔའི་སྡིག་པ་ལྟི་བ་ཡིན་ཏེ། མདོ་ལས། གང་ཞིག་བསྐལ་པ་དུ་མར་དགེ་བའི་ལས་ལམ་བཅུ། །སྤྱོད་ཀྱང་རང་རྒྱལ་དགྲ་བཅོམ་ཉིད་དུ་སེམས་བསྐྱེད་ན། །དེ་ནི་ཚུལ་ཁྲིམས་སྐྱོན་བྱུང་ཚུལ་ཁྲིམས་ཉམས་ཞེས་བྱ། །སེམས་བསྐྱེད་དེ་ནི་ཕས་ཕམ་པས་ཀྱང་ཤིན་ཏུ་ལྟི། །ཞེས་གསུངས་ཤིང་ཐེག་དམན་ལ་དགེ་བ་ཡིན་ནོ། །

འདོད་པའི་ཡོན་ཏན་ལྔ་སྤྱད་ཀྱང་། །ཐབས་མཁས་བྱང་ཆུབ་སེམས་ལྡན་ན། །རྒྱལ་སྲས་རྣམས་ཀྱི་དགེ་ཆེན་འགྱུར། །ཉན་ཐོས་རྣམས་ཀྱི་སྡིག་པར་གསུངས། །ཞེས་པ། བྱང་ཆུབ་སེམས་དཔས་འཁོར་ལོ་བསྒྱུར་བའི་རྒྱལ་པོ་དང་། ཚོང་དཔོན་ལ་སོགས་པའི་སྐྱེ་བ་བཟུང་ནས་འདོད་པའི་ཡོན་ཏན་ལ་ལོངས་སྤྱོད་པའི་ཚུལ་གྱིས་གཞན་དོན་སྒྲུབ་པའི་ཐབས་ལ་མཁས་པ་ནི་དགེ་བ་རྒྱ་ཆེན་པོ་ཡིན་ཏེ། མདོར། གལ་ཏེ་བྱང་ཆུབ་སེམས་དཔའ་འདོད་ཡོན་ལྔ་སྤྱོད་ཀྱང་། །སངས་རྒྱས་ཆོས་དང་འཕགས་པའི་དགེ་འདུན་སྐྱབས་སོང་སྟེ། །སངས་རྒྱས་སྒྲུབ་བྱ་སྙམ་དུ་ཀུན་མཁྱེན་ཡིད་བྱེད་ན། །མཁས་པ་ཚུལ་ཁྲིམས་ཕ་རོལ་ཕྱིན་གནས་རིག་པར་བྱ། །ཞེས་གསུངས་ཤིང་། བྲམ་ཟེའི་ཁྱེའུ་སྐར་མས། ལོ་གྲངས་དུ་མར་ཚངས་སྤྱོད་བསྲུངས་ནས། ཚོང་དཔོན་གྱི་བུ་མོ་ལ་སྙིང་བརྩེ་བས་བསླབ་པ་ཕུལ་ཏེ། ལོ་བཅུ་གཉིས་ཁྱིམ་ཐབ་བྱས་པ་བསྐལ་པ་དགུ་ཁྲིའི་འཁོར་བ་ཕྱིར་བསྐྱིལ་བ་ལྟ་བུ། ཉན་ཐོས་ལས་སྡིག་པ་ཆེན་པོ་ཡིན་ནོ། །

གཞན་གྱི་དོན་གྱི་སེམས་བརྟན་པའི། །ཕམ་པ་བཞི་པོ་སྤྱད་ན་ཡང་། །བྱང་ཆུབ་སེམས་དཔའི་དགེ་བ་སྟེ༔ །ཉན་ཐོས་རྣམས་ཀྱི་སྡིག་པར་གསུངས། །ཞེས་པ། བྱང་སེམས་ཀྱི་གཞན་དོན་གྱི་སེམས་བརྟན་པོས། དགེ་སློང་ལ་ཕམ་པར་འགྱུར་བའི་ཆོས་མི་ཚངས་པ་སྤྱོད་པ་ལ་སོགས་བཞི་པོ་སྤྱད་ཀྱང་དགེ་བ་ཡིན་ལ། ཉན་ཐོས་ལ་སྡིག་པ་ཆེན་པོ་ཡིན་ནོ། །

འཁོར་བའི་འགྲོ་ལ་ཆགས་པ་ནི། །གཞན་དོན་ཡིན་ཀྱང་ཉན་ཐོས་ཀྱི། །སྡིག་ཡིན་དེ་ཉིད་རྒྱལ་སྲས་ཀྱི། །དགེ་བ་ཡིན་པར་ཤེས་པར་བྱ། །ཞེས་འཁོར་བའི་འགྲོ་བ་བུད་མེད་ལ་ཆགས་པ་དང་རིན་པོ་ཆེ་ལེན་པ་ལ་སོགས་པ་གཞན་གྱི་དོན་ཡིན་ཀྱང་ཉན་ཐོས་ཀྱི་ཐེག་པར་བཀག་པ་ལ་སྤྱད་པ་ཡིན་པའི་ཕྱིར་སྡིག་པ་ཡིན་ལ། རྒྱལ་སྲས་ལ་བསྒྲུབ་བྱར་གསུངས་པ་ཉམས་སུ་བླངས་པའི་ཕྱིར་དགེ་བ་ཡིན་པར་ཤེས་པར་བྱའོ།། །།

བཞི་པ་ཟང་ཐལ་གྱི་ཆོས་སྐད་ལ་ཁྲིལ་བའི་ཚུལ་ལ་གཉིས་ལས། དང་པོ་འཕྲུལ་ཚུལ་ནི། དཀར་གནག་ཟང་ཐལ་ཞེས་བྱ་བའི། །ཆོས་སྐད་ངོ་མཚར་ཆེ་བ་གྲག །དེ་དག་གིས་ནི་དྲང་དོན་ལ། །ངེས་པའི་དོན་དུ་འཁྲུལ་

པར་ཟད། །ཅེས་པ་གཅིག་ཏུ་དཀར་བའི་ལས་ལམ་རྣམ་པར་སྨིན་པ་རྒྱུ་མཐུན་དང་བདག་པོའི་འབྲས་བུ་ཕན་བདེ་ཁོ་ན་འབྱུང་བ་དཀར་པོ་ཟང་ཐལ་དང་། དེ་ལས་ལོག་པའི་མི་དགེ་བ་ནག་པོ་ཟང་ཐལ་ཞེས་པ་དང་། ཡང་མི་གནག་ཅིང་དཀར་ལ་རྣམ་པར་སྨིན་པར་མི་འགྱུར་བའི་ཟག་མེད་ཀྱི་ལས་ལ་དཀར་པོ་ཟང་ཐལ་དང་། མདོ་ལས། སེམས་ཅན་གྱི་ཚོགས་གསུམ་གསུངས་པའི་ཡང་དག་པ་ཉིད་དུ་ངེས་པ་དང་། མ་ངེས་པའི་ཕུང་པོ་དང་། ལོག་པ་ཉིད་དུ་ངེས་པའི་སེམས་ཅན་ལོག་སྲིད་ཅན་གཏན་ཡོངས་སུ་མྱ་ངན་ལས་མི་འདའ་བ་ཞེས་གསུངས་པ་ལ་ནག་པོ་ཟང་ཐལ་གྱི་ཐ་སྙད་བྱེད་ན་འགལ་བ་མེད་དོ། །ཨཱཙྪ་དེ་བའི་ཞལ་སྔ་ནས། སངས་རྒྱས་ཆོས་ནི་རྣམ་པ་བཞིར། །ཡིད་འདོད་རྣམས་ཀྱིས་མངོན་མཐོང་སྟེ། །བྱེ་བྲག་སྨྲ་ལ་སོགས་པའི་ལམ། །བཤད་པས་དེ་ཉིད་གྲུབ་པ་པོ། །ཞེས་པ་ལྟར། སངས་རྒྱས་པའི་ཐེག་པ་ལ་ཞུགས་པ་གྲུབ་པའི་མཐའ་སྨྲ་བ་རྣམས་ཐུན་མོང་དུ། ལས་དགེ་བ་བཅུ་དང་མི་དགེ་བ་བཅུ་སྤང་བླང་བྱེད་པའི་ཚུལ་མཐུན་པ་ཡིན་ནོ། །ཐེག་པ་ཆེན་པོ་ཐུན་མོང་མ་ཡིན་པའི་ལས་རྒྱུ་འབྲས་སྟོན་པའི་སྐབས་སུ་ཀུན་སློང་སེམས་བསྐྱེད་ཁྱད་པར་ཅན་གྱིས་ཟིན་པའི་སྲོག་གཅོད་ལ་སོགས་སངས་རྒྱས་ཐོབ་པའི་རྒྱུར་འགྱུར་བ་དང་ཐེག་དམན་གྱི་མྱང་འདས་ཐོབ་པའི་ཕྱིར་སྲོག་གཅོད་སྤོང་བ་ལ་སོགས་སྤང་བྱར་འགྱུར་བ་ཡོད་པས། གསང་ཆེན་ཐབས་མཁས་སུ། བྱང་ཆུབ་སེམས་དཔའ་རབ་བྱུང་ལ་ཕྲ་བའི་ཉེས་པ་བཞི་བྱུང་ཡང་། ཐབས་ལ་མཁས་པས་སེལ་བར་བྱེད་ན་ཉེས་པ་མེད་ཅིང་། བསྐལ་པ་འབུམ་གྱི་བར་དུ་སོ་སོར་ཐར་པའི་བསླབ་པ་བསྲུངས་ཀྱང་། ཐེག་དམན་གྱི་སེམས་ཡིན་ལ་བྱེད་ན་ཕྲ་བའི་ལྟུང་བ་ལྕི་བར་འགྱུར་ཏེ། དཔེར་ན་ཉན་ཐོས་ཕྲ་ལྟུང་གི་ཉེས་པ་བྱུང་ན་མྱང་འདས་ཐོབ་པའི་སྐལ་བ་མེད་པ་བཞིན་དུ། རྒྱལ་སྲས་ཀྱི། ཐེག་དམན་ཡིད་བྱེད་མ་སྤྱངས་ན་སངས་རྒྱས་ཐོབ་པའི་སྐལ་བ་མེད་ཅིང་། སྐབས་མེད་གནས་མེད་ཅེས་གསུངས་སོ། །དེ་འདྲའི་རྣམ་དབྱེ་མ་ཕྱེད་པར་སྲོག་གཅོད་ལ་སོགས་མི་དགེ་བ་རྣམ་སྨིན་སྡུག་བསྔལ་སྐྱོང་བ་ཁོ་ན་དང་། སྲོག་གཅོད་སྤོང་བ་དགེ་བ་རྣམ་སྨིན་ཁོ་ནར་འདོད་པ་ནི། ཐེག་པ་མཐོ་དམན་དང་། ལུས་ངག་ཡིད་ཀྱི་ལས་ཀུན་སློང་བསམ་པ་བཟང་ངན་ལ་རག་ལས་པའི་དོན་ལེགས་པར་ཁོང་དུ་ཆུད་པས་གསུང་རབ་མཐའ་དག་གི་ཚིག་དོན་ལ་མ་སྦྱངས་པའི་བློ་འཁྲུལ་བ་ཡིན་ནོ། །

གཉིས་པ་འཁྲུལ་པ་བསལ་བ་ལ་གཉིས་ལས། དང་པོ་དགོངས་པ་ཅན་དུ་བསྟན་པ་ནི། དེད་དཔོན་སྙིང་རྗེ་ཆེན་པོ་ཡིས། །ཚོང་པ་གཡོན་ཅན་བསད་པ་ཡི། །ལས་ཀྱིས་རྫོགས་པའི་སངས་རྒྱས་ལ། །སེང་ལྡེང་ཚལ་པ་ཟུག་པ་དང་། །ཞེས་པ། སྔོན་དེད་དཔོན་སྙིང་རྗེ་ཆེན་པོས་རྒྱ་མཚོ་ལ་ནོར་བུ་འདོན་པའི་ཚོང་པ་ལྔ་བརྒྱ་བསྐལ་པ་བཟང་པོའི་བྱང་ཆུབ་སེམས་དཔའི་རིགས་ཅན་རྣམས། ཚོང་པ་གཡོན་ཅན་གྱིས་གསོད་པར་ཤེས་ཏེ། བདག་

ནི་དམྱལ་བར་སོང་ན་ཡང་བླ་ཡི་འདི་དག་ཐམས་ཅད་བསྐྱབ་པར་བྱའོ་སྙམ་པའི་སྙིང་རྗེས་གཡོན་ཅན་བསད་པས། བསྐལ་པ་འབུམ་གྱི་འཁོར་བ་ཕྱིར་བསྐྱིལ་བར་གྱུར་ལ། འོན་ཀྱང་གནོད་སེམས་ཀྱིས་བསད་པའི་ལས་འབྲས་མི་བསླུ་བར་བསྟན་པ་དང་། སྦྲིད་པ་ཐ་མ་པའི་མི་ཉི་ཤུས་སྦྲིད་པ་ཐ་མ་པའི་དགྲ་བོ་ཉི་ཤུ་གསོད་པར་བསམ་པ་མཁྱེན་ཏེ། ཞབས་ལ་སེང་ལྡེང་གི་ཚལ་པ་ཟུག་པར་བསྟན་པས། མི་བཞི་བཅུས་ཡེ་ཤེས་ཁོང་དུ་ཆུད་ཅིང་སྲོག་ཆགས་བརྒྱད་ཁྲིས་ཀྱང་བདེན་པ་མཐོང་བར་གྱུར་ཏོ། །

ལོ་དྲུག་དཀའ་བ་སྤྱོད་པ་དང་། །ཧ་ཆག་ རུལ་པ་གསོལ་བ་དང་། །བྲམ་ཟེའི་བུ་མོས་བསྐུར་པ་དང་། །དགེ་འདུན་དབྱེན་གྱི་རྒྱུ་ལ་སོགས། །ཐུབ་པའི་སྐུ་ཚེ་སྔ་མ་ཡི། །ལས་ངན་ཡིན་པར་གསུངས་པ་ནི། །ཞེས་པ་ཆུ་བོ་ནེ་རན་ཛ་ནའི་འགྲམ་དུ་དཀའ་བ་ལོ་དྲུག་སྤྱད་པ་ནི། ལུང་ལས་བྲམ་ཟེའི་ཁྱེའུ་བླ་མ་ཛ་མཁན་དགའ་སྐྱོང་གིས་ཁྲིད་ཅེས་པ་དང་། མདོ་ལས། འོད་ཟེར་ཕྲེང་འབུམ་བྱེད་ཀྱིས་སངས་རྒྱས་འོད་སྲུང་གི་དྲུང་དུ་ཁྲིད་པ་ན། བླ་མ་ལ་མུ་སྟེགས་ཀྱི་གྲོགས་པོ་འགའ་ཞིག་ཡོད་པ་ཁ་དྲང་པའི་ཕྱིར་སངས་རྒྱས་ལ་མི་དད་པ་ལྟར་དུ་བྱས་ཏེ། དགེ་སློང་མགོ་རེག་ལ་བྱང་ཆུབ་ག་ལ་ཡོད། བྱང་ཆུབ་ནི་ཤིན་ཏུ་རྟོགས་པར་དཀའ་བའོ། །ཞེས་བརྗོད་པས། དགའ་སྐྱོང་གི་ཐོར་ཏོ་ནས་བཟུང་སྟེ། ནན་གྱིས་འོད་སྲུང་གི་དྲུང་དུ་ཁྱེར་བས་མུ་སྟེགས་ཀྱི་བྲམ་ཟེ་རྣམས་ཀྱང་རྗེས་སུ་འབྲངས་ཏེ། སངས་རྒྱས་མཐོང་བ་དང་དད་ནས་བྱང་ཆུབ་ཏུ་སེམས་བསྐྱེད་དོ། །སངས་རྒྱས་ལ་ཚིག་ངན་པ་བརྗོད་པས་ལས་ཀྱི་རྣམ་སྨིན་ཆུད་མི་ཟ་བར་བསྟན་པའི་ཕྱིར་དཀའ་བ་སྤྱད་པ་ཡིན་ལ། བྱང་ཆུབ་ལ་སྐུར་པ་མ་བཏབ་པས་སངས་རྒྱས་པ་དང་། དཀའ་ཐུབ་དྲག་པོས་གྲོལ་བར་འདོད་པའི་མུ་སྟེགས་བྱེད་ཀྱི་ལམ་སུན་དབྱུང་བ་དང་། ཟས་བཟང་པོ་བཟེན་ཏེ་ཡང་དག་པའི་ལམ་བསྒོམ་ནས་འབྲས་བུ་ཐོབ་པར་བསྟན་པའི་ཕྱིར། གྲོང་པའི་བུ་མོས་འོ་ཐུག་དྲངས་པ་གསོལ་བས་སྐུ་གཟི་མདངས་དང་ལྡན་པར་གྱུར་ཏེ་སངས་རྒྱས་པར་བསྟན་པ་ཡིན་ནོ། །སྔོན་བྲམ་ཟེ་མང་པོའི་སློབ་དཔོན་དུ་གྱུར་པའི་ཚེ་སངས་རྒྱས་རྣམ་གཟིགས་འཁོར་བཅས་ལ་ཕྲག་དོག་གི་བསམ་པས་འདི་དག་ཟས་བསོད་པ་ཟ་བར་མི་འོས་ཀྱི་ཧ་ཆས་རུལ་པ་ཟ་བར་འོས་སོ་ཞེས་བརྗོད་པས། ཡུལ་དགྲ་མཐའ་འམ་ཉེན་མོངས་མེད་ཀྱི་ལྗོངས་སུ་དགེ་སློང་ལྔ་བརྒྱར་གཅིག་གིས་མ་ཚང་བ་དང་ལྷན་ཅིག་ཟླ་བ་གསུམ་དུ་ཧ་ཆས་རུལ་བ་གསོལ་བ་ནི། ངག་རྩུབ་མོའི་ལས་འབྲས་མི་བསླུ་བར་བསྟན་པ་དང་། ཧ་ལྷ་བརྒྱ་བྱང་ཆུབ་སེམས་དཔའི་རིགས་ཅན་འདུལ་བའི་ཕྱིར་བྱང་སེམས་ཉི་མའི་སྙིང་པོ་སྨོན་ལམ་གྱི་དབང་གིས་ཧ་ཅང་ཤེས་སུ་གྱུར་ཏེ། བཅོམ་ལྡན་འདས་ལ་གསོལ་བ་བཏབ་ནས་ཧ་ཆས་གསོལ་བས། ཧ་ཐམས་ཅད་ཕྱིར་མི་ལྡོག་པའི་བྱང་སེམས་ཆེན་པོར་གྱུར་པ་དང་། ཧ་རྗེ་ཡང་རང་སངས་རྒྱས་སུ་ལུང་བསྟན་པ་དང་། འཁོར་དགེ་སློང་

བཞི་བཅུ་འདོད་ཆགས་ཤས་ཆེ་བ་ཟས་ངན་པ་ལ་བརྟེན་པས་ཉོན་མོངས་པ་སྲབས་ཏེ་དགྲ་བཅོམ་པ་ཐོབ་པའི་ཐབས་སུ་བསྟན་ཏོ། །བྲམ་ཟེའི་བུ་མོ་དྲེགས་མས་གནོང་པ་ལྟོ་བ་ལ་བཀབ་སྟེ་གོས་ཀྱི་དཀྲིས་ནས། དགེ་སློང་གོའུ་ཏ་མས་ང་ལ་འདི་ལྟར་བྱས་སོ་ཞེས་འཁོར་འདུས་པའི་དབུས་སུ་སྐུར་པ་བཏབ་པ་ནི། སྟོན་བྲམ་ཟེ་མང་པོའི་སློབ་དཔོན་དུ་གྱུར་པའི་ཚེ། དགེ་སློང་སྡེ་སྣོད་གསུམ་པ་སྐྱེ་བོ་ཐམས་ཅད་ཀྱིས་བཀུར་བསྟི་ཆེན་པོ་བྱེད་པ་ལ༑ འདི་ནི་མི་ཚངས་པར་སྤྱོད་པ་ཡིན་ནོ་ཞེས་ཕྲག་དོག་གིས་འཁོར་གྱི་བྲམ་ཟེ་རྣམས་ལ་བསྒྲགས་ཏེ་སྐུར་པ་བཏབ་པས་མནར་མེད་པའི་དམྱལ་བར་སྐྱེས་ཤིང་། ད་དུང་ལས་ཀྱི་ལྷག་མ་སྨྱོང་དགོས་པ་དང་། བྲམ་ཟེའི་བུ་མོ་ཡང་ངེས་པར་ལས་ངན་པ་དེ་བྱེད་པར་སངས་རྒྱས་ཀྱི་མཐུས་ཀྱང་བཟློག་པར་མི་ནུས་པ་དང་། མ་འོངས་པ་ན་དགེ་སློང་ཉེས་པ་མེད་པ་ལ་སྐུར་པ་འདེབས་པ་བྱུང་བའི་ཚེ། སྟོན་པ་བཅོམ་ལྡན་འདས་ལའང་འདི་ལྟ་བུ་བྱུང་ན༑ བདག་ལྟ་བུའི་སོ་སོ་སྐྱེ་བོ་ལ་ལྟ་སྨོས་ཀྱང་ཅི་དགོས་ཞེས་སེམས་ཞུམ་པ་བསལ་བའི་ཕྱིར་ཡིན་ནོ། །ལྷ་སྦྱིན་གྱིས་མུ་གེ་ཆེན་པོ་བྱུང་བའི་ཚེ་རྒྱལ་པོའི་ཁབ་ཏུ་དགེ་འདུན་གྱི་དབྱེན་བྱས་པ་ནི། སྟོན་རིག་བྱེད་སྨྲ་བའི་དྲང་སྲོང་འཁོར་བྲམ་ཟེ་མང་པོ་དང་ལྡན་པ་གཉིས་ཤིག་ཡོད་པ་ལས། དྲང་སྲོང་གཅིག་ཤོས་ཀྱིས་འཁོར་རྣམས་རིམ་གྱིས་ཁ་དྲངས་ཏེ། ལན་དུ་མར་ཟློག་ཀྱང་མ་ཉན་པས་གཅིག་ཤོས་ཁྲོས་པར་གྱུར་ཏེ། ངས་ཀྱང་ཁྱོད་བྱང་ཆུབ་ཐོབ་པའི་ཚེ་ཡང་འཁོར་རྣམས། ཁ་དྲང་བར་བྱའོ་ཞེས་སྨོན་ལམ་བཏབ་པ། ཕྱོགས་གཉིས་ཀའི་ལས་ཀྱི་འབྲས་བུ་མི་བསླུ་བར་བསྟན་པ་དང་། འདི་ལྟར་བྱས་ཀྱང་བཅོམ་ལྡན་འདས་ནི་ཟིལ་གྱིས་མནན་པར་མ་ནུས་སོ་ཞེས་སེམས་ཅན་མང་པོའི་དད་པ་སྤེལ་བར་བྱ་བའི་ཕྱིར་དང་། ལྷ་སྦྱིན་གྱིས་རྐྱོགས་འཕེན་པ་ལ་སོགས་པའི་ལས་ངན་དེ་བྱེད་པ་སངས་རྒྱས་ཀྱི་མཐུས་ཀྱང་བཟློག་པར་མི་ནུས་པའི་ཕྱིར་རོ། །དེ་ལྟར་ཐུབ་པ་བཅོམ་ལྡན་འདས་ཀྱིས་སྐུ་ཚེ་སྔ་མར་བསགས་པའི་ལས་ངན་གྱི་རྣམ་པར་སྨིན་པ་སྨྱོང་བར་གསུངས་པ་ནི།

དེ་འདུལ་བ་ཡི་སྐྱེ་བོ་ལ། །དགོངས་པའི་དབང་གིས་གསུངས་པ་སྟེ། །ཐབས་ལ་མཁས་པའི་མདོ་སྡེ་ལྟོས། །དེ་ཉིད་ངེས་དོན་མདོ་སྡེ་ཡིན། །དྲང་བའི་དོན་ལ་ཡིད་མ་རྟོན། །ཞེས་པ་དེ་ལྟ་བུས་འདུལ་བའི་སྐྱེ་བོ་རྒྱུད་ཡོངས་སུ་མ་སྨིན་པ་ཐབས་གཞན་གྱིས་འདུལ་བས་མི་ནུས་པ་འགའ་ཞིག །བཅོམ་ལྡན་འདས་ལ་ཡང་འདི་ལྟ་བུའི་ལས་ངན་གྱི་འབྲས་བུ་སྡུག་བསྔལ་འབྱུང་བར་འགྱུར་ན། བདག་ཅག་ལྟ་བུ་ལ་སྨོས་ཅི་དགོས་ཞེས་སངས་རྒྱས་ཀྱི་གསུང་ཚད་མར་བྱས་ཏེ་མི་དགེ་བ་ལ་བཟློག་པའི་དགོངས་པ་ཡོད་པ་དང་། གཞན་ཡང་ལས་འབྲས་ལ་ཡིད་མི་ཆེས་ཤིང་རྒྱུད་མ་སྨིན་པ་དག་དམ་པའི་ཆོས་ཀྱི་སྣོད་དུ་རུང་བར་བྱ་བའི་ཕྱིར་དང་། ཐེག་པ་ཆེན་པོའི་སྐྱེས་བུ་གདུལ་བྱ་འདུལ་བའི་ཐབས་ལ་མཁས་པ་རྣམས་ཀྱི་རྣམ་འཕྲུལ་བསམ་གྱིས་མི་ཁྱབ་པར་

བསྟན་པའི་ཕྱིར་འགའ་ཞིག་གི་བློ་ངོར་ལས་འབྲས་བདེན་པའི་དོན་དང་། སངས་རྒྱས་ཀྱི་སར་སྤྲུལ་པའི་སྐུས་སྐྱེ་མ་མཁན་ལྷ་བུར་སྣ་ཚོགས་སུ་བསྟན་པ་རྣམས་དྲང་དོན་དུ་བསྟན་པའི་དགོངས་པ་ཤེས་དགོས་ཏེ། བཅོམ་ལྡན་འདས་ཀྱིས་དྲང་དོན་ལ་མི་རྟོན་ངེས་དོན་ལ་རྟོན་པ་དང་། གང་ཟག་ལ་མི་རྟོན་ཆོས་ལ་རྟོན་པ་དང་། ཚིག་ལ་མི་རྟོན་དོན་ལ་རྟོན་པ་དང་། རྣམ་ཤེས་ལ་མི་རྟོན་ཡེ་ཤེས་ལ་རྟོན་པར་བྱའོ་ཞེས་གསུངས་པ་ངེས་པའི་དོན་གཙོ་བོར་གཟུང་བར་བྱའོ། །རྣམ་ཤེས་ཡེ་ཤེས་ནི་འཇིག་རྟེན་ལ་འདས་མ་འདས་ཀྱི་བློ། ཆོས་ནི་གསུང་རབ། གང་ཟག་ནི་གནས་བརྟན་ཤན་རབས་སོགས། ཚིག་ནི་སྒྲ་ཇི་བཞིན་པ། དོན་ནི་རིག་པ་བཞིས་གྲུབ་པའོ། །ཞེས་ཨ་བྷྱ་ཀ་རས་བཤད་དོ། །

གཉིས་པ་དེ་ལ་ཐེ་ཚོམ་བསལ་བ་ལ་གཉིས་ལས། དང་པོ་བསྟན་པ་ནི། གལ་ཏེ་རྫོགས་པའི་སངས་རྒྱས་ལ། །ལས་ངན་སྨིན་པ་བདེན་ན་ནི། །ཚོགས་གཉིས་རྫོགས་པའི་དོན་མེད་ཅིང་། །དགྲ་བཅོམ་དང་ཡང་འདྲ་བར་འགྱུར། །སྐུ་གསུམ་རྣམ་གཞག་བྱར་མི་རུང་། །དེ་ཡི་འཐད་པ་བཤད་ཀྱིས་ཉོན། །ཞེས་པ་རྫོགས་པའི་སངས་རྒྱས་ཐོབ་ནས་ཀྱང་ད་དུང་ལས་ངན་གྱི་རྣམ་སྨིན་མྱོང་དགོས་པ་བདེན་པའི་དོན་ཅན་ཡིན་ན། བསྐལ་པ་གྲངས་མེད་གསུམ་དུ་ཚོགས་བསགས་པའང་དོན་མེད་པར་འགྱུར་ཅིང་། ལས་ཀྱི་ཀུན་འབྱུང་གི་འབྲས་བུ་སྡུག་བསྔལ་ཆེ་བ་དང་མྱོང་དགོས་པ་དང་འདྲ་བར་ཡང་འགྱུར་ཏེ། སྤྱོད་འཇུག་ཏུ། བསྟན་རྩ་དགེ་སློང་ཉིད་ཡིན་ཏེ། །དགེ་སློང་ཉིད་ཀྱང་དཀའ་བར་གནས། །ཞེས་པ་དང་། ཉོན་མོངས་སྤངས་ཀྱང་དེ་དག་ལ། །ལས་ཀྱི་ནུས་པ་མཐོང་བ་ཡིན། །ཞེས་སོ། །སྤྲུལ་པའི་སྐུ་ནི། སངས་རྒྱས་ཀྱི་སྨོན་ལམ་དང་། ཐུགས་རྗེའི་སྟོབས་དང་། གདུལ་བྱའི་བསོད་ནམས་དང་། སྐལ་བའི་མཐུན་རྐྱེན་ཚང་བས་གང་དུ་གང་གིས་འདུལ་བའི་སྣང་བ་དེ་དེའི་སྐུ་སྣ་ཚོགས་ཀྱིས། ཇི་ལྟར་འཚམས་པའི་ཚུལ་སྟོན་པའི་གཞན་དོན་གྱི་སྐུ་དང་གསུང་གི་བཀོད་པ་ཡིན་པས། ཐེག་དམན་གྱི་ལྟག་བཅས་དང་མི་མཚུངས་སོ། །དེ་ལྟར་མ་ཡིན་ན། སངས་རྒྱས་པར་སྐུ་གསུམ་གྱི་རྣམ་བཞག་ཀྱང་མི་རུང་བར་འགྱུར་རོ། །

གཉིས་པ་རྒྱས་པར་བཤད་པ་ལ་གསུམ་ལས། དང་པོ་སྐུ་གཉིས་ཀྱི་གནས་ལུགས་བཤད་པ་ནི། ཚོགས་གཉིས་རྫོགས་པའི་སངས་རྒྱས་ནི། །སྟུག་པོ་བཀོད་པར་སངས་རྒྱས་པའི། །ལོངས་སྤྱོད་རྫོགས་པའི་སྐུ་ཉིད་ཡིན། །དེ་ཡི་སྤྲུལ་པའི་སྐུ་ཉིད་ནི། །ཟས་གཙང་སྲས་སུ་འཁྲུངས་པ་ཡི། །ཤཱཀྱ་སེང་གེ་འདི་ཡིན་ནོ། །ཞེས་པ། ལོངས་སྤྱོད་རྫོགས་པའི་སྐུ་ནི་འོག་མིན་སྟུག་པོ་བཀོད་པའི་ཞིང་ཁམས་སུ་ངེས་པ་ལྔ་ལྡན་དུ་སངས་རྒྱས་པ་ཡིན་ཏེ༑ དེ་ནི་རྒྱུད་ལས། གཙང་མའི་གནས་དག་སྤངས་པ་ཡི། །འོག་མིན་ཞེས་བྱའི་ཉམས་དགའ་བར། །ཡང་དག

སངས་རྒྱས་དེར་སངས་རྒྱས། །སྤྲུལ་པ་པོ་གཅིག་འདིར་འཚང་རྒྱ། །ཞེས་པ་དང་། ལང་ཀར་གཤེགས་པ་ལས། འདོད་པའི་ཁམས་དང་གཟུགས་མེད་དུ། །སངས་རྒྱས་མངོན་པར་འཚང་མི་རྒྱ། །གཟུགས་ཀྱི་ཁམས་ཀྱི་འོག་མིན་དུ། །འདོད་ཆགས་བྲལ་ཁྱོད་འཚང་རྒྱའོ། །རྡོ་རྗེ་རྩེ་མོ་ལས། འོག་མིན་སྟུག་པོ་ཉམས་དགའ་འདི། །སྟུག་པོའི་ཞིང་ཁམས་འཇིགས་མེད་པ། །དེ་ན་སངས་རྒྱས་རྣམས་ཀྱི་ཆོས། །རྫོགས་པ་ལོངས་སྤྱོད་ཚུལ་འདི་འབྱུང་། །ཞེས་པའི་དོན་དེ་རྗེ་བཙུན་གོང་མ་རྣམས་ཀྱིས། འཇིག་པ་དང་འཇིག་པར་བརྟེན་པ་འཇིག་རྟེན་ཡིན་ལ༑ སྟུག་པོ་བཀོད་པ་ནི་མི་འཇིག་སྟེ། ཁམས་གསུམ་ལས་འདས་ཤིང་རྒྱུན་བརྟན་པ་ཡིན་པའི་ཕྱིར་ཞེས་བཞེད་དོ༑ །སྐབས་དོན་ནི་གཞི་དང་སྙིང་པོ་མེ་ཏོག་གིས་བརྒྱན་པ་ཞེས་བྱ་བའི་ཞིང་ཁམས་སྤྲུལ་སྐུའི་ཞིང་དཔག་ཏུ་མེད་པ་ནང་དུ་ཆུད་པ་དེ་ལྟ་བུ་བསམ་གྱིས་མི་ཁྱབ་པ་དང་ལྡན་པའི་ཞིང་ཁམས་རྒྱ་མཚོ་ཁ་དོག་ཕུན་སུམ་ཚོགས་པ་ལ་སོགས་ཆོས་བཅོ་བརྒྱད་དང་ལྡན་པ་དེ་ནི་རྣམ་པར་སྣང་མཛད་གངས་ཆེན་མཚོའི་བཞུགས་གནས་ཡིན་ཏེ། འཕགས་པ་ཐོགས་མེད་ཀྱི་ཐེག་བསྡུས་སུ་གསུངས་པ་ལྟར་རོ། །ཕལ་པོ་ཆེ་དང་། ཡོ་གའི་རྩ་རྒྱུད་དང་། ཕྱག་རྡོར་དབང་བསྐུར་བའི་རྒྱུད་ལ་སོགས་པ་ནས་ཞིབ་ཏུ་ཤེས་པར་བྱའོ། །ལོ་ཆེན་རིན་ཆེན་བཟང་པོས། ལོངས་སྐུ་ཞལ་གཅིག་ཕྱག་གཉིས་སྐུ་མདོག་དཀར་པོ་ཡིན་ཅིང་། དེ་ལས་གཞན་པའི་གཟུགས་སྐུ་ཐམས་ཅད་སྤྲུལ་པའི་སྐུར་བཞེད་དོ། །

སློབ་དཔོན་ཆོས་ཀྱི་བཤེས་གཉེན་གྱིས་ལོངས་སྐུ་ཆེ་ཆུང་གཉིས་བཞེད་པས། ཆུང་བའི་གནས་ནི་ཁམས་གསུམ་གྱི་འོག་མིན་ཡིན་ལ། ཆེ་བའི་གནས་ནི་ཁམས་གསུམ་ལས་འདས་པའོ། །ཡང་ན་དབྱིབས་དང་ཁ་དོག་གི་རྣམ་པར་གསལ་བས་གཟུགས་ཀྱི་ཁམས་སུ་བཞག་པར་མངོན་ནོ། །ཀྱ་ན་འཆི་བའི་ཚུལ་མི་སྟོན་པར་ས་བཅུའི་རྒྱལ་སྲས་ལ་ཐེག་ཆེན་གྱི་ཆོས་གསུངས་ཤིང་རྟག་ཏུ་རྒྱུན་མི་ཆད་པར་བཞུགས་པ་ཡིན་ནོ། ། སྤྲུལ་པའི་སྐུ་ལ། བཟོའི་སྤྲུལ་པ་དང་སྐྱེ་བ་དང་། གཞན་ཡང་གྲུ་དང་ཟམ་པ་དང་སྨན་དང་ལྗོན་ཤིང་ལ་སོགས་པར་སྟོན་པ་དང་། གྲོང་ཁྱེར་སེར་སྐྱར་ཡབ་ཟས་གཙང་དང་ཡུམ་སྒྱུ་འཕྲུལ་མའི་སྲས་སུ་འཁྲུངས་ཏེ། བཟོ་དང་སྒྱུར་རྩལ་སློབ་པ་དང་བཙུན་མོའི་འཁོར་གྱི་ནང་དུ་ཞུགས་ནས་རྒྱལ་སྲས་སྒྲ་གཅན་ཟིན་བསྐྲུན་པ་དང་རྒྱལ་སྲིད་སྤངས་ནས་རབ་ཏུ་བྱུང་སྟེ། སངས་རྒྱས་ནས་ཆོས་ཀྱི་འཁོར་ལོ་བསྐོར་བ་དང་། སྐུ་ཚེ་ལོ་བརྒྱད་ཅུ་འདས་པའི་མཐར་གྲོང་གི་ཡུལ་རྩ་མཆོག་གི་གྲོང་ཁྱེར་དང་ཉེ་བར། ཤིང་ས་ལའི་ཚལ་དུ་ཕུང་པོ་ལྷག་མ་མེད་པར་མྱ་ངན་ལས་འདས་པའི་ཚུལ་བསྟན་པའི་སངས་རྒྱས་ཤཱཀྱ་སེང་གེ་འདི་ལྟ་བུ།

འདི་ནི་གདུལ་བྱ་སྨིན་བྱའི་ཕྱིར། །གཤེགས་དང་བཞུགས་དང་བསྐལ་བ་དང་། །སྒྲ་གེའི་གྲོང་དུ

གཤེགས་པ་དང་། །ལྷུང་བཟེད་སྟོང་པར་བྱོན་པ་དང་། །བསོད་སྙོམས་མང་དུ་རྙེད་པ་དང་། །དགྲ་དང་ཉེ་དུའི་འབྲེལ་པ་དང་། །ཞེས་པ་མདོ་སྡེ་རྒྱན་དུ། ཇི་ལྟར་རྨ་དང་ཟས་ལ་དེ་དག་ནི། །གཟག་དང་སྲུང་དུ་རུང་བ་སྨིན་འདོད་ལྟར། །དེ་བཞིན་བརྟེན་འདིར་ཕྱོགས་གཉིས་ཞི་བ་དང་། །ཡང་དག་སྲུང་པ་ཉིད་སྨིན་པར་འདོད། །ཅེས་གསུངས་པས། གདུལ་བྱའི་རྒྱུད་སྒྲིབ་གཉིས་སྤང་རུང་དང་གཉེན་པོ་བསྐྱེད་རུང་དུ་སྨིན་པར་བྱ་བའི་ཕྱིར་གྲོང་ཁྱེར་དུ་བསོད་སྙོམས་ལ་གཤེགས་པ་དང་། དྲི་གཙང་ཁང་གི་ནང་དུ་ཏིང་ངེ་འཛིན་ལ་བཞུགས་པ་དང་། འཕགས་པ་འཇམ་དཔལ་དང་། འོད་སྲུང་དང་ཤཱ་རིའི་བུ་ལ་སོགས་པ་ལ་ཁྱོད་ཀྱིས་ཆོས་སྟོན་ཅིག་གསུངས་ནས་སྐུ་བསྙེལ་ཏེ་མནལ་གཟིམས་པའི་ཚུལ་བསྟན་པ་དང་། འགྲེང་བའི་ཚུལ་དང་སྤྱོད་ལམ་བྱ་བའི་ཚེ་བསོད་སྙོམས་ལ་གཤེགས་པ་ན། གྲོང་དཔོན་བུ་གཅེར་བུ་པ་རལ་གྲི་ཐོགས་པ་ཞིག་གིས། ལོ་ཉིས་འདི་ལྟ་བུ་ལ་གོའུ་ཏ་མ་ཁྱོད་འཁོར་མང་པོ་དང་ལྡན་པ་གྲོང་ཁྱེར་དུ་འོངས་ནས་ཁྱིམ་རྣམས་ཕུང་པར་བྱེད་པ་ཡིན་ནམ་ཞེས་ཟེར་ཞིང་བཀག་པར་གྱུར་ཟས་སྨིན་པ་ལྟར་དུ་བཞུགས་པའི་ཕྱིར་ཁྱིམ་འགའ་ཞིག་ལའང་གནོད་པའི་ལས་མི་མཁྱེན་ཏོ། །ཞེས་གསུངས་པ་དང་། ས་ལའི་གྲོང་དུ་བསོད་སྙོམས་ལ་གཤེགས་པའི་ཚེ་ཚུང་ཟད་ཀྱང་མ་རྙེད་པར་ལྷུང་བཟེད་སྟོང་པར་ལོག་པ་དང་། རེས་འགའ་བསོད་སྙོམས་མང་པོ་རྙེད་པ་དང་། ལྷ་སྦྱིན་དང་མུ་སྟེགས་དང་བདུད་སྡིག་ཅན་ལ་སོགས་པའི་དགྲ་མང་པོས་གནོད་པ་བྱེད་པ་དང་། གྲོང་ཁྱེར་སེར་སྐྱའི་ཤཱཀྱ་བཟང་ལྡན་དང་མིང་ཆེན་ལ་སོགས་པ་ཉེ་དུའི་འབྲེལ་པ་མང་པོ་དང་།

རང་རིག་ཅན་དུ་གཟིམས་པ་དང་། །རིས་འགའ་བསྟུང་བར་གཤེགས་པ་དང་། །གཞན་གྱིས་སྐུར་པ་སྣ་ཚོགས་དང་། །རིས་འགའ་སྐྱན་པའི་བ་དན་དང་། །བདེ་དང་དགེས་པར་སྤྱོད་པ་སོགས། །རྣམ་པ་སྣ་ཚོགས་སྟོན་པ་ནི། །སྤྲུལ་པ་ཡིན་གྱིས་རང་རྒྱུད་སྨིན། །ཞེས་པ་འབྲོག་གནས་སུ། ལག་རྒྱུད་འབྲོག་གནས་གདུལ་བའི་ཕྱིར་བྱོན་པའི་ཚེ། ས་གཞི་བ་ལང་མང་པོའི་རྨིག་པས་རང་རིག་དུ་གྱུར་པ་དང་། འཕགས་སྐྱེས་པོས་ཤཱཀྱ་མང་པོ་བསད་པའི་ཚེ་ས་ཕྱོགས་ཉམས་མི་དགའ་བ་ཇོ་བའི་རང་རིག་ཅན་དུ་ལོ་འདབ་མེད་པའི་ཤིང་སྐམ་པོ་ལ་བརྟེན་ཏེ་འོ་རྒྱལ་བ་ལྟར་བཞུགས་པ་དང་། རྩྭ་དང་ལོ་མའི་གདིང་བ་དན་པའི་སྟེང་དུ་གཟིམས་པ་དང་། འཕགས་སྐྱེས་པོས་ཤཱཀྱ་མང་པོ་བསད་པའི་རྐྱེན་གྱིས་དབུ་ལ་ཀླད་གཟེར་གྱིས་སྟུང་བ་དྲག་པོ་བྱུང་བར་བསྟན་པ་དང་། མྱ་ངན་ལས་འདའ་བའི་གནས་སུ་འབྱོན་པའི་ལམ་དུ་ཡུལ་སྡིག་པ་ཅན་དང་རྩྭ་ཅན་ལ་སོགས་པར་ཡང་དང་ཡང་དུ་བསྟུན་གྱི་ཐེབས་ཏེ་གཟིམས་པའི་ཚུལ་སྟོན་པ་དང་། ཞལ་ཕྱིར་ལོག་ནས་མ་ག་དྷའི་ཡུལ་ལྗོངས་ལ་གཟིགས་ཏེ་ཀུན་དགའ་བོ་ཁོ་བོ་ལ་མ་ག་དྷའི་ཡུལ་ལ་ལྟ་བའི་ཐ་མ་ཡིན་ནོ་ཞེས་གསུངས་ཞིང་ཐུགས

མི་བདེ་བ་ལྟར་མཛད་པ་དང་། རྒྱ་བོ་དབྱིག་ལྡན་གྱི་འགྲམ་དུ་གཟིམས་པའི་ཚེ་ཞལ་སྐྱེམས་པས་ཀུན་དགའ་བོས་ཆུ་རྙོག་མ་ཅན་དྲངས་པས་གསོལ་ཞིང་། གནས་བརྟན་འོད་སྲུང་ལ་ཁྱོད་ཀྱིས་བྱང་ཆུབ་ཀྱི་ཡན་ལག་བདུན་སྟོན་ཅིག་ཅེས་གསུངས་པ་དང་། འོད་སྲུང་གིས་ཆོས་བསྟན་པ་གསན་པས་བསྙུན་ལས་གྲོལ་བར་བསྟན་པ་དང་། འདི་ནི་འོད་སྲུང་གིས་གདུལ་བྱའི་ལྷ་སྟོང་ཕྲག་མང་པོ་སངས་རྒྱས་འབུམ་གྱི་ཀྱང་འདུལ་བར་མི་ནུས་པ་དེ་དག་འདུལ་བའི་དུས་ལ་བབ་པར་མཁྱེན་པ་དང་། མ་འོངས་པའི་ཚེ་ཆོས་ཉན་པ་ལ་མི་སྤྲོ་བ་འགའ་ཞིག །སྟོན་པ་བཅོམ་ལྡན་འདས་ཀྱང་ཤིན་ཏུ་བསྙེལ་བར་གྱུར་པའི་དུས་སུ་ཉན་ཐོས་ལའང་ཆོས་གསན་ཅིང་བདེ་བར་གྱུར་ན་ཁོ་བོ་ཅག་ཅིའི་ཕྱིར་ཆོས་མཉན་པར་མི་བྱ་ཞེས་སྤྲོ་བ་བསྐྱེད་པའི་ཕྱིར་དང་། གྲོང་ཁྱེར་བཟང་བྱེད་ན་གནས་པའི་མུ་སྟེགས་བྱེད་རྣམས་ཀྱིས་དགེ་སློང་གོའུ་ཏ་མ་འཁོར་དང་བཅས་པ་ལ་ལར་སྤུ་གྲིའི་སེར་བ་དག་འབེབས་ཤིང་འོངས་ནས། ཁྱེད་ཅག་ལ་འགའ་ཞིག་ནི་བུ་དང་བུ་མོ་མེད་པར་བྱེད་འགའ་ཞིག་ནི་ཁྱོ་དང་ཆུང་མ་མེད་པར་བྱེད་དོ་ཞེས་པ་དང་། དགེ་སློང་གོའུ་ཏ་མ་སྐྱེས་ནས་ཞག་བདུན་ནས་མ་ཤི་བར་གྱུར། ཕ་མའི་ངག་བཅག་ཏེ་ཡིད་མི་བདེ་བར་གྱུར་པས་ཕ་མ་ལ་བྱས་པ་མི་བཟོ་བ་ཡིན་ནོ་ཞེས་པ་དང་། དགེ་སློང་གོའུ་ཏ་མས་སྒྱུ་མ་བསླབས་ཏེ་འཇིག་རྟེན་ཐམས་ཅད་བསླུས་སོ་ཞེས་པ་ལ་སོགས་སྐྱུར་པ་འདེབས་པ་སྣ་ཚོགས་པ་དང་། གཉན་དུ་ཡོད་པར་ཆོ་འཕྲུལ་བསྟན་པ་དང་། སེར་སྐྱར་ཡབ་སྲས་མཇལ་བ་དང་། དགའ་ལྡན་དུ་ལྷ་ལས་བབས་པ་དང་། ལྡིང་རྒྱལ་འོད་སྲུང་འཁོར་དང་བཅས་པ་བཏུལ་བ་དང་། སོར་མོའི་ཕྲེང་བ་དང་། རྒྱལ་པོ་ཀ་པི་ན་འཁོར་བཅས་བཏུལ་བ་ལ་སོགས་པ་སྙན་གྲགས་རྒྱས་པ་དང་། བསྙུན་མེད་ཅིང་བདེ་བ་དང་། དགེས་པར་སྤྱོད་པ་ལ་སོགས་རྣམ་པ་སྣ་ཚོགས་པའི་བཀོད་པ་གསན་པ་ནི་གདུལ་བྱའི་དབང་པོ་དང་སྟོན་གྱི་ཁྱད་པར་ལ་གཟིགས་ནས། གང་ཞིག་གང་གིས་འདུལ་བ་དེ་ལ་དེ་དང་དེའི་སྤྲུལ་པ་བསྟན་པ་ཡིན་གྱི་རང་རྒྱུད་དུ་བདེན་པར་གྲུབ་པ་ནི་མ་ཡིན་ནོ། །དེ་དག་ཀྱང་མ་འོངས་པའི་དུས་ཀྱི་ཉན་ཐོས་བསོད་སྙོམས་མ་རྙེད་པ་དང་། ཆོས་སྒྲུབ་པའི་འཚོ་བས་འཕོངས་པ་དང་། གཞན་གྱིས་གནོད་པ་བྱེད་པ་དང་། སྔོན་གྱི་ལས་དབང་གིས་སྐྱུར་པ་འདེབས་པ་ལ་སོགས་བྱུང་བའི་ཚེ། བཅོམ་ལྡན་འདས་ལའང་འདི་ལྟ་བུ་བྱུང་ངོ་ཞེས་སེམས་ཡིད་ཆད་པ་དང་ཞུམ་པ་བསལ་བ་དང་། འདི་ལྟ་བུ་མྱོང་བར་འགྱུར་བའི་ལས་སྔོན་དུ་སོང་བ་ཡིན་ནོ་ཞེས་ཤེས་པར་བྱ་བའི་ཕྱིར་དང་། སྙིགས་མ་ལྔ་བདོ་བའི་སེམས་ཅན་རྣམས་ཀྱིས་ཆོས་ཉིད་ནི་འདི་ལྟ་བུ་ཡིན་ནོ་ཞེས་རྟེན་ཅིང་འབྲེལ་བར་འབྱུང་བའི་རང་བཞིན་ཁོང་དུ་ཆུད་པར་བྱའི་ཕྱིར་གསུངས་པ་ཡིན་ནོ། །འདིར་དྲང་དོན་དུ་གསུངས་པ་རྣམས་ཀྱང་སེམས་ཅན་བསོད་ནམས་ཆུང་བ་དང་། ཐེག་པ་དམན་པའི་རིགས་ཅན་དང་། མོས་པ་ཤིན་ཏུ་ཞན་པ་

རྣམས་ལ་དྲང་དོན་དགོངས་པ་ཅན་ཡིན་ནོ་ཞེས་བསྟན་པར་མི་བྱ་ཞིང་། ལས་རྒྱུ་འབྲས་མི་བསླུ་བའི་དོན་བཤད་དགོས་ཏེ། གསང་ཆེན་ཐབས་ལ་མཁས་པའི་མདོར། རིགས་ཀྱི་བུ་ཐབས་ལ་མཁས་པ་བསྟན་པ་འདི་ནི་གསང་བར་བྱ་བ་ཡིན་ཏེ། སེམས་ཅན་དམན་པའི་རྩ་བ་ཆུང་བ་རྣམས་ཀྱི་མདུན་དུ་བརྗོད་པར་མི་བྱ། བསྟན་པར་མི་བྱ། བཤད་པར་མི་བྱ། བསྒྲག་པར་མི་བྱ། དེ་ཅིའི་ཕྱིར་ཞེ་ན། བསྟན་པ་འདི་ནི་ཉན་ཐོས་དང་རང་སངས་རྒྱས་ཐམས་ཅད་ཀྱིས་ཡང་མ་ཡིན་ན། བྱིས་པ་སོ་སོ་སྐྱེ་བོ་དམན་པ་ལ་མོས་པ་རྣམས་ཀྱིས་ལྟ་སྨོས་ཀྱང་ཅི་དགོས་པའི་ཕྱིར་རོ། །དེ་ཅིའི་ཕྱིར་ཞེ་ན། བསྟན་བསླབས་པའི་ཕྱིར་རོ། །དེ་ཅིའི་ཕྱིར་ཞེ་ན། དེ་དག་ལ་འདིས་དོན་དུ་འགྱུར་བ་མེད་དོ། །ཐབས་ལ་མཁས་པ་བསྟན་པ་འདིའི་སྣོད་དུ་འགྱུར་བ་དང་། བསྟན་པ་འདི་ལ་བསླབ་པར་བྱ་བ་ནི་བྱང་ཆུབ་སེམས་དཔའ་སེམས་དཔའ་ཆེན་པོ་རྣམས་མ་གཏོགས་གཞན་འགའ་ཡང་མེད་པའི་ཕྱིར། ཞེས་པ་དང་། འཁོར་བཞི་པོ་དག་ལས་ཆོས་ཀྱི་རྣམ་གྲངས་འདིའི་སྣོད་དུ་གྱུར་པ་འདུས་པ་དེ་དག་གིས་ནི། བཅོམ་ལྡན་འདས་ཀྱིས་གསུངས་པའི་ཆོས་ཀྱི་རྣམ་གྲངས་འདི་ཐོས་པར་གྱུར་ཏེ། གང་ཟག་སྣོད་དུ་མ་གྱུར་ཅིང་མི་ཤེས་པ་འཁོར་དེར་འདུས་པ་དེ་དག་ནི་མནལ་ལམ་དུ་གྲགས་པར་ཡང་མ་གྱུར་ཏོ། །ཞེས་བཅོམ་ལྡན་འདས་ཀྱི་བཀའ་རྒྱས་བཏབ་པ་འདི་སྡེ་སྣོད་འཛིན་པ་རྣམས་ཀྱིས་དགོངས་པར་ཞུ་འཚལ།

གཉིས་པ་ལོངས་སྐུ་རྣམ་སྨིན་གྱི་སྐུར་བསྟན་པ་ནི། གལ་ཏེ་སངས་རྒྱས་དངོས་ལ་ནི། །ལས་ངན་སྨིན་པ་འདོད་ན་ཡང་། །ལོངས་སྤྱོད་རྫོགས་པའི་སྐུ་ཉིད་ལ། །སྨིན་པར་རིགས་ཀྱིས་སྤྲུལ་པའི་སྐུ། །ཤཱཀྱ་ཐུབ་པ་ལ་སོགས་ལ། །སྨིན་པར་འདོད་པ་མུན་སྤྲུལ་ཡིན། །ཞེས་པ། སངས་རྒྱས་ལ་མྱོང་བར་ངེས་པའི་ལས་དགེ་སྡིག་གི་རྣམ་སྨིན་འབྱུང་བར་འདོད་ན། ལོངས་སྤྱོད་རྫོགས་པའི་སྐུ་ལ་བྱུང་བར་རིགས་ཏེ། འཕགས་པ་ཀླུ་སྒྲུབ་ཀྱིས། སངས་རྒྱས་རྣམས་ཀྱི་གཟུགས་ཀྱི་སྐུ། །བསོད་ནམས་ཚོགས་ལས་འབྱུངས་པ་སྟེ། །ཆོས་ཀྱི་སྐུ་དེ་མདོར་བསྡུས་ན༏ །རྒྱལ་པོ་ཡེ་ཤེས་ཚོགས་ལས་འཁྲུངས། །ཞེས་པ་ལྟར་རྒྱུ་རྐྱེན་བསོད་ནམས་ཀྱི་ཚོགས་བསགས་ཤིང་ཡེ་ཤེས་ཀྱི་ཚོགས་ཀྱིས་ལྷན་ཅིག་བྱེད་པའི་རྐྱེན་བྱས་པས་རྣམ་པར་སྨིན་པའི་འབྲས་བུ་གཟུགས་སྐུ་མཐར་ཕྱིན་པ་ལོངས་སྤྱོད་རྫོགས་པའི་སྐུ་འགྲུབ་པ་ཡིན་ལ། ཡེ་ཤེས་ཀྱི་ཚོགས་ཀྱི་ལྷན་ཅིག་བྱེད་རྐྱེན་བསོད་ནམས་ཚོགས་ཀྱིས་བྱས་པས་ཆོས་སྐུ་གྲུབ་ནས་རྟེན་དང་བརྟེན་པའི་ཚུལ་དུ་བཞུགས་པ་ཡིན་ནོ། །མིག་ལ་སོགས་པའི་མ་དག་པའི་དབང་པོ་ལྔ་གནས་གྱུར་ཏེ། ཡུལ་གཟུགས་སོགས་སུ་མ་ཞེན་པས་ལོངས་སྐུའི་དབང་པོ་རེ་རེ་ཡང་ཡུལ་ཐམས་ཅད་ལ་འཇུག་པ་ཡིན་ལ། གཟུགས་སོགས་ཡུལ་ལྔ་དང་། དེ་འཛིན་གྱི་རྣམ་ཤེས་ལྔ་ཡུལ་དང་ཡུལ་ཅན་དུ་འཛིན་པའི་དྲི་མ་དང་བྲལ་བས། ཞིང་ཁམས་གསེར་གྱི་ས་གཞི་ལ་བཻ་ཌཱུརྻས་སྤྲས་པ་དང་། ཟག་པ་མེད་

པའི་ཡུལ་གྱི་བདེ་བ་ལ་ལོངས་སྤྱོད་པར་མཛད་པ་ཡིན་ཏེ། རྒྱལ་ཚབ་བྱམས་པས། དབང་པོ་ལྷ་རྣམས་གཞན་གྱུར་ན། །དོན་ཀུན་འཇུག་དང་ཐམས་ཅད་ཀྱི། །ཡོན་ཏན་བརྒྱ་ཕྲག་བཅུ་གཉིས་འབྱུང་། །འཁོར་བ་དམ་པ་ཐོབ་པར་འགྱུར། །དོན་བཅས་འཛིན་པ་གཞན་གྱུར་ན། །ཇི་ལྟར་འདོད་བཞིན་ལོངས་སྤྱོད་དག །བརྟན་ཕྱིར་ཞིང་ནི་དག་པ་ལ། །འཁོར་བ་དམ་པ་ཐོབ་པར་འགྱུར། །ཞེས་གསུངས་སོ། །ས་དགུ་པར་སྒྲོ་ལྡཱའི་ཤེས་པ་གནས་གྱུར་ཐོབ་ནས་གཙོ་འཁོར་ཐམས་ཅད་ལ་མ་དག་པའི་སྣང་བ་མེད་ཅིང་། དག་པའི་སྣང་བ་རབ་འབྱམས་འཆར་བ་ཡིན་ཏེ། འཕགས་པ་ཐོགས་མེད་ཀྱིས། ཕྱི་རོལ་མཚན་མ་ཆེན་པོ་ལ། །རྣལ་འབྱོར་པ་ཡིས་ཐ་དད་སེམས། །དེ་ནི་འགག་པར་མ་གྱུར་ཀྱང་། །དག་པ་རྣམས་ཀྱིས་མཐོང་བ་དག །སངས་རྒྱས་གཟིགས་པ་དག་པའི་ཕྱིར། །སངས་རྒྱས་ཞིང་ཡང་རྣམ་པར་དག །ཅེས་པ་དང་། མདོ་ལས། བུ་མོ་ཁྱོད་སངས་རྒྱས་ཀྱི་ཞིང་རྣམ་པར་དག་པར་འདོད་ན། རང་གི་སེམས་སྦྱང་བར་བྱའོ། །ཞེས་གསུངས་པས། ལོངས་སྤྱོད་རྫོགས་པའི་སྐུ་འཁོར་དང་བཅས་པ་ལ་ནི་དག་པའི་སྣང་བ་ཁོ་ན་འབྱུང་ངོ་། །དེ་རྣམ་སྨིན་གྱི་སྐུ་དངོས་ཡིན་པས་རྣམ་སྨིན་མྱོང་བ་པོར་རིགས་ལ། སྤྲུལ་པའི་སྐུ་ནི་གནས་གྱུར་མ་ཐོབ་པའི་གདུལ་བྱ་ལ་ཇི་ལྟར་འཚམ་པའི་ཆོས་སྣ་ཚོགས་སྟོན་པར་བྱེད་པས་བཀོད་པ་སྣ་ཚོགས་སུ་བསྟན་པ་ཡིན་ཏེ། ཇི་ལྟར་བཻ་ཌཱུར་ས་གཞི་གཙང་མ་ལ། །ལྷ་དབང་ལུས་ཀྱི་གཟུགས་བརྙན་སྣང་བ་ལྟར། །དེ་བཞིན་འགྲོ་སེམས་ས་གཞི་གཙང་མ་ལ། །ཐུབ་པའི་དབང་པོའི་སྐུ་ཡི་གཟུགས་བརྙན་འཆར། །ཞེས་གསུངས་པས། སྤྲུལ་སྐུ་ཤཱཀྱ་ཐུབ་པ་རྣམ་སྨིན་མྱོང་བའི་གང་ཟག་ཏུ་འདོད་པ་ནི་མུན་སྤྲུལ་ཡིན་ནོ། །

གསུམ་པ་སྒྲུབ་བྱེད་ཀྱི་དཔེ་དང་ལུང་གིས་དགོད་པ་ནི། དཔེར་ན་སྒྱུ་མའི་མཁན་པོ་ལ། །ལས་ངན་འབྱུང་གིས་དེས་སྤྲུལ་པའི། །སྒྱུ་མ་ལ་ནི་མི་འབྱུང་བཞིན། །དེས་ན་དགོངས་པ་ཤེས་དགོས་སོ། །འདི་ཡི་ལུང་དང་རིགས་པ་རྣམས། །དབྱིག་གཉེན་དང་ནི་ལེགས་ལྡན་སོགས། །མཁས་པའི་གཞུང་བཞིན་ཤེས་པར་གྱིས། །ཞེས་པ་སྒྱུ་མ་མཁན་པོས་བྱས་པའི་ལས་ཀྱི་འབྲས་བུ་བདེ་སྡུག་ནི་སྒྱུ་མ་མཁན་པོས་མྱོང་བར་རིགས་ཀྱི། སྒྱུ་མས་སྤྲུལ་པའི་སྐྱེས་པ་བུད་མེད་ལ་སོགས་པ་ལ་ནི་མི་འབྱུང་བ་བཞིན་ནོ། །དེས་ན་གསུང་རབ་ལས་དགོངས་པའི་ཚིག་སྣ་ཚོགས་པ་གསུངས་པ་རྣམས་ཀྱི་དོན་ལེགས་པར་འབྱེད་ཤེས་དགོས་སོ། །ལེགས་བཤད་དུ། སྐྱེ་བོ་ཡོན་ཏན་མེད་པ་ཡི། །བླང་དོར་བློ་གྲོས་ལྡན་པ་མཁས། །རྡུལ་དང་འདྲེས་པའི་ལྕགས་ཕྱེ་རྣམས། །ཁབ་ལེན་རྡོ་ཡིས་ལེན་པ་ཤེས། །ཞེས་སོ། །སློབ་དཔོན་དབྱིག་གཉེན་གྱིས། རྣམ་བཤད་རིགས་པར་ཀུན་ཏུ་སྣང་བའི་མདོའི་ལུང་དྲངས་ནས། སྒྲ་ཇི་བཞིན་པ་དོན་དུ་བཟུང་ན་ཉེས་པ་ཡོད་དོ། །མི་མོས་པའི་གནས་འགྱུར་བ་དང་། རྩ་བ

ཉམས་པ་དང་། གཞན་པ་སླུ་བར་བྱེད་པ་དང་། སྟོན་པ་ལ་སྐུར་པ་འདེབས་པ་དང་། ཆོས་སྤོང་བར་བྱེད་པའི་ཉེས་པའོ། །བྱང་ཆུབ་སེམས་དཔའ་ལེགས་པར་རྣམ་པར་བྱང་རྟོགས་ཀྱང་། སྒྲ་བཞིན་དོན་ནི་ཀུན་ཏུ་བཏགས་པས་ན། །རང་དགས་དག་གི་བློ་ནི་ཉམས་གྱུར་ལ། །ལེགས་པར་གསུང་ལ་སྐུར་ཅིང་སྨད་པར་གྱུར། །ཆོས་ལ་ཁོང་ཁྲོ་སྒྲིབ་པར་འགྱུར་བ་ཡིན། །ཞེས་མདོ་སྡེ་རྒྱན་ཁུངས་སུ་མཛད་ཅིང་། སྤྲུལ་པ་དེ་གང་གི་ཡིན་པའི་དེ་སངས་རྒྱས་གང་ཡིན་ཅེ་ན། བྱང་ཆུབ་སེམས་དཔའ་ས་བཅུ་ལ་སངས་རྒྱས་ཀྱི་དབང་བསྐུར་བ་ཐོབ་པ་གང་ཡིན་པས་ཏེ། ཞེས་སོ། །མི་མཇེད་ཀྱི་ཞིང་འདིར་ཐུབ་པའི་མཛད་པ་སྣ་ཚོགས་པ་བསྟན་པ་ནི། སྒྲ་ཇི་བཞིན་པར་ཁས་བླངས་ན་རྒྱལ་སྲས་སྲིད་པ་ཐ་མ་པ་འདོད་པ་བརྟེན་ན་ཚུལ་ཁྲིམས་འཆལ་པར་འགྱུར་བ་དང་དགའ་ལྡན་ནས་འཕོ་བའི་ཚེ་ལྷ་རིགས་དྲུག་ལ་བཀའ་སྩལ་ནས། ཉོན་མོངས་པའི་དབང་གིས་མངལ་དུ་སྐྱེ་བ་བཟུང་བས་སློམས་འཇུག་ལ་དབང་མ་ཐོབ་པར་འགྱུར་བ་དང་། ཤཱ་ན་འཆི་བ་མ་མཐོང་བར་སྟོན་ཆད་མ་མཁྱེན་པར་འགྱུར་བ་དང་། མུ་སྟེགས་བྱེད་ལྷག་སྤྱོད་དང་། རིང་དུ་འཕུར་ལ་ཐར་པའི་ལམ་འཚོལ་བ་དང་། དཀའ་ཐུབ་དྲག་པོས་གདུངས་པ་ལ་སོགས་པ་འགལ་བར་འགྱུར་ཞེས་སོགས་རྟོག་གེ་འབར་བ་དང་། རྣམ་བཤད་རིག་པ་ལས་འབྱུང་ཞིང་། སངས་རྒྱས་མྱ་ངན་ལས་འདས་པའི་ཚེ། འཕགས་པ་གང་པོ་ལ་སོགས་པ་འཁོར་དགྲ་བཅོམ་རྣམས་མྱ་ངན་དྲག་པོ་བྱེད་པ་དང་། སྐུ་ཚེ་རིང་བའི་རྒྱུ་མཐར་ཕྱིན་ནས་སྐྱེས་བུ་ཕལ་པའི་ཚེ་ཚད་ཙམ་ལས་མ་ཐུབ་པ་དང་། གནས་བརྟན་བ་གུ་ལས་ཨ་རུ་ར་གཅིག་བྱིན་པའི་རྣམ་སྨིན་གྱིས་ལོ་བརྒྱད་ཅུར་ན་བ་མ་དྲན་པར་སངས་རྒྱས་ལ་བསྟུན་དྲག་པོས་བཏབ་པ་ལ་སོགས་ཤིན་ཏུ་འགལ་བར་འགྱུར་ཞེས་རྟོག་གེ་འབར་བར་བཤད་པ་བཞིན་ཤེས་པར་གྱིས་ཤིག །

ལྔ་པ་ཡེ་བཀག་ཡེ་གནང་གི་མུན་སྤྲུལ་དགག་པ་ལ་གཉིས་ལས། དང་པོ་མིང་དགག་པ་ནི། ཡེ་བཀག་ཡེ་གནང་ཞེས་བྱའང་། །སངས་རྒྱས་བསྟན་དང་མཐུན་པ་མིན། །ཞེས་པ་གངས་རིའི་ཁྲོད་ཀྱི་ཕྱུག་རྒྱ་ཆེན་པོ་བར་གྲགས་པ་འགའ་ཞིག །བཅོམ་ལྡན་འདས་ཀྱིས་བཀག་པ་རྣམས་ནི་དངོས་པོའི་གཤིས་ལ་ཡེ་ནས་བཀག་པར་གནས་ལ། གནང་བ་ཐམས་ཅད་ཀྱང་དངོས་པོའི་གཤིས་ལ་ཡེ་ནས་གནང་བར་གནས་པ་ཡིན་ནོ། །ཞེས་འདོད་པ་འདི་སངས་རྒྱས་བསྟན་པ་དང་མི་མཐུན་ཏེ། བཀའ་དང་བསྟན་བཅོས་རྣམས་ནས་འདི་འདྲའི་ཐ་སྙད་མ་བྱུང་བས། བླུན་པོས་མུན་སྤྲུལ་གྱི་ཚིག་སླས་པ་ཡིན་ནོ། །

གཉིས་པ་དེའི་དོན་དགག་པ་ལ་གཉིས་ལས། མདོར་བསྟན་པ་ནི། ཉན་ཐོས་རྣམས་དང་ཐེག་ཆེན་གྱི། །གནང་བཀག་ཐམས་ཅད་གཅིག་ཏུ་མེད། །དེས་ན་ལ་ལར་གནང་བ་ནི། །ལ་ལའི་བཀག་པ་ཉིད་དུ་འགྱུར། །ཞེས་པ།

ཉན་ཐོས་སྡེ་པ་རྣམས་དང་། བྱང་ཆུབ་སེམས་དཔའ་ལ་དགག་པ་དང་སྒྲུབ་པ་དང་གནང་བའི་བཅས་པ་གསུམ་ཐ་དད་པར་ཡོད་པའི་ཕྱིར་ལ་ལར་གནང་བ་ལ་ལར་བཀག་པས་བཅས་པ་ཐམས་ཅད་གཅིག་ཏུ་ངེས་པ་མེད་དོ། །

གཉིས་པ་རྒྱས་བཤད་ལ་གཉིས་ལས། སྡེ་པ་སོ་སོའི་བཅས་པ་འཆད་པར་བསྟན་པ་ནི། དེ་ཡི་འཐད་པ་འདི་ལྟར་ཡིན། །རྣམ་དག་ལུང་བཞིན་བཤད་ཀྱིས་ཉོན། །ཉན་ཐོས་རྩ་བའི་སྡེ་བཞི་ལ། །འདུལ་བ་མི་འདྲ་རྣམ་བཞི་ཡོད། །སྐད་ཀྱང་ལེགས་སྦྱར་རང་བཞིན་དང་། །ཟུར་བཅག་པ་དང་ཤ་ཟའི་སྐད། །རྣམ་པ་བཞི་རུ་གནས་པ་ཡིན། །ཞེས་པ། སྤྱིར་ཉན་ཐོས་ལ་རིགས་བཞིར་ཡོད་དེ། ངོ་བོ་ངེས། ཉན་ཐོས་རྣམ་བཞི་སྤྲུལ་པ་དང་། །རྫོགས་པའི་བྱང་ཆུབ་འགྱུར་བ་དང་། །ཞི་བགྲོད་གྲུབ་མཐའ་འཛིན་པའོ། །ཞེས་པའི་སྤྲུལ་པའི་ཉན་ཐོས་མཆོག་ཟུང་གཅིག་དང་། རབ་འབྱོར་དང་མ་འགགས་པ་ལ་སོགས་པ་དང་། མྱ་ངན་ལས་འདས་པའི་མདོ་ལ་སོགས་པར། ལྷ་སྦྱིན་དང་དྲུག་སྡེ་ཡང་སྤྲུལ་པའི་ཉན་ཐོས་ཡིན་པར་གསུངས་སོ། །

རྫོགས་པའི་བྱང་ཆུབ་ཏུ་འགྱུར་བ་ནི། མཛོད་རྩ་འགྲེལ་དུ་སྦྱོར་ལམ་བཟོད་པ་ཐོབ་ནས་སངས་རྒྱས་སུ་མི་འགྱུར་བར་འདོད་ལ། མདོ་སྡེ་རྒྱན་དུ། ཉན་ཐོས་སོ་སོ་སྐྱེ་བོ་དང་འཕགས་པ་ཐེག་ཆེན་གྱི་ལམ་དུ་འཇུག་པ་གཉིས་ལས། འཕགས་པ་རྒྱུན་ཞུགས་དང་ཕྱིར་འོང་འདོད་ཁམས་སུ་སྐྱེ་བ་མཚན་ཉིད་པ་བླངས་ནས་བྱང་སེམས་ཀྱི་སྤྱོད་པ་སྒྲུབ་ཅིང་། ཕྱིར་མི་འོང་སྤྲུལ་པའི་ལུས་ཀྱིས་གཞན་དོན་བྱེད་པར་གསུངས། འཕགས་པ་ཀླུ་སྒྲུབ་ཀྱིས། ལྷག་མེད་དུ་མྱ་ངན་ལས་འདས་ནས་པདྨའི་སྦུབས་སུ་སྐྱེས་པ་སངས་རྒྱས་ཀྱིས་བསྐུལ་ནས་གཞན་དོན་བྱས་ཏེ། ཚོགས་བསགས་ནས་འཚང་རྒྱ་བར་གསུངས། སློབ་དཔོན་སེང་གེ་བཟང་པོ་ཡང་འདི་བཞིན་བཞེད་དོ། །ཞི་བ་བགྲོད་པ་ནི་ཉན་ཐོས་ཀྱི་གཞུང་ནས་ཇི་ལྟར་བཤད་པ་བཞིན་ཡིན་ནོ། །གྲུབ་མཐའ་འཛིན་པ་ནི་བསམ་པ་ཐེག་ཆེན་སེམས་བསྐྱེད་དང་ལྡན་པས་ཉན་ཐོས་སྡེ་གཉིས་ཀྱི་གྲུབ་མཐའ་འཛིན་པ་ཡིན་ནོ། །

ཁྱད་པར་རྩ་བའི་སྡེ་བཞི་ནི། ཐམས་ཅད་ཡོད་པར་སྨྲ་བ་དང་། ཕལ་ཆེན་པ་དང་། གནས་བརྟན་པ་དང་། ཀུན་གྱིས་བཀུར་བ་སྟེ། རིམ་པ་བཞིན་སྐད་ལེགས་སྦྱར་དང་། སཾསྐྲི་ཏ་དང་། ཟུར་བཅག་པ་དང་། ཤ་ཟའི་སྐད་དུ་འདོན་ལ། མཁན་བརྒྱུད་ཀྱང་ཤཱ་རིའི་བུ་དང་། འོད་སྲུང་དང་། ཀ་ཏ་ཡ་ན་དང་། ཉེ་བ་འཁོར་ལས་བརྒྱུད་ཅིང་། སྣམ་སྦྱར་གྱི་གྲྭ་བརྟགས་ཀྱང་ཨུཏྤལ་དང་། པདྨ་དང་། རིན་པོ་ཆེ་དང་། ཤིང་ལོ་དང་། གཉིས་པ་ལ་དུང་། གསུམ་པ་དང་བཞི་པ་མེ་ཏོག་རྩ་ར་རྩེ་ཀའོ། །སྣམ་ཕྲན་ཉེར་ལྔ་ཉེར་གསུམ། ཐ་མ་གཉིས་ཉེར་གཅིག་གོ །ཡང་འགའ་ཞིག་སྣམ་ཕྲན་དང་གྲྭ་རྟགས་གཉིས་ཕལ་ཆེན་པོ་ཡོད་སྨྲ་དང་མཐུན་ཅིང་། ཐ་མ་གཉིས་ཀྱི་གྲྭ་རྟགས་དུང་དུ་འཆད་དོ། །མིང་འདོགས་ཚུལ་ཡང་། བློ་གྲོས་ཞི་བ་འབྱུང་གནས་སྦས། །དཔལ་བཟང་གྲགས་པ་ཡོད་

སླུའོ། །བཤེས་གཉེན་ཡེ་ཤེས་སྙིང་པོ་དང་། །བཟང་པོ་དགེ་འདུན་ཕན་ཆེན་ཡིན། །གནས་བརྟན་པ་ལ་གོ་ཆ་ལྷ༔ ༔བདེ་དང་མཆོད་དང་སྐྱོང་བའོ། །མང་པོས་བཀུར་ལ་ཚུལ་ཁྲིམས་དང་། །ཟླ་བ་སེང་གེ་སྦས་པ་ཡིན། །ཞེས་མཁན་པོའི་མིང་གི་མཐའ་ཅན་དུ་དགྲ་བཅོམ་པ་བྱས་ཟེར་བའི་མིང་གི་རེས་བརྗོད་ལས་བྱུང་སྟེ་རེས་པ་མི་འདུག་གོ། །སྡེ་པ་བཞི་ཇི་ལྟར་གྱེས་པའི་ཚུལ་ནི། ཡོད་པར་སྨྲ་བའི་སྡེ་པ་ལེགས་སྦྱར་གྱི་སྐད་དུ་འདོན་ཅིང་། སྡེ་པ་ཐམས་ཅད་ཀྱི་གཞིར་གྱུར་པ་ཡིན་ཏེ། འོད་ལྡན་དུ། སྟོན་ནི་ཡོད་པར་སྨྲ་བ་གཅིག་ཏུ་ཡོད་པ་ལས། བཅོམ་ལྡན་འདས་ཡོངས་སུ་མྱ་ངན་ལས་འདས་པ་དང་། དེ་ལ་བརྟེན་ནས་སྡེ་པ་གཞན་དག་བྱུང་ནས་དེ་དག་གི་གཞིར་གྱུར་པའི་ཕྱིར་གཞི་ཐམས་ཅད་ཡོད་པར་སྨྲ་བ་ཞེས་བྱའོ། །ཞེས་པ་དང་། ལས་དང་འབྲས་བུ་ལ་སོགས་པ་ཐམས་ཅད་ཡོད་པར་སྨྲ་བ་དག་ནི། ཐམས་ཅད་ཡོད་པར་སྨྲ་བ་ཡིན་པས་གཞི་དང་འདྲ་བ་ཡིན་ཏེ། ལེགས་པར་སྦྱར་བའི་སྐད་དུ་ཐ་སྙད་བརྗོད་པའི་ཕྱིར་རོ། །ཞེས་པས་གཞིའི་སྐད་དོད་མཱུ་ལ་ཞེས་པ་རྩ་བ་ཡིན་པས་ཤིང་གི་ཡལ་གའི་རྩ་བ་ལྟར་སྡེ་པ་ཐམས་ཅད་ཀྱིས་པའི་རྩ་བར་གྱུར་བའོ། །རབ་བྱུང་གསོ་སྦྱོང་དགག་དབྱེའི་གཞི་ཞེས་པའི་གཞི་ལ་སྐད་དོད་ཨ་ཏུ་ཞེས་པ་ཡོད་པའི་དོན་ཡིན་པས་མི་མཚུངས་སོ། །

ཡང་སྟོན་པས་ལེགས་སྦྱར་ཁོ་ནར་གསུངས་པ་གདུལ་བྱའི་དབང་གིས་ཐ་དད་དུ་སྣང་བ་ཡིན་ཏེ། རྒྱལ་པོ་ཆེན་པོ་བཞི་ལ་བདེན་པ་བསྟན་པ་དང་འདྲའོ། །གསུང་ནི་གཅིག་ཏུ་གསུངས་མཛད་ལ། །དུ་མ་ཉིད་དུ་རིག་གྱུར་ཏེ། །དེ་ནི་བདག་གི་ཆེད་དུ་ཞེས། །ཐམས་ཅད་ཀྱིས་ནི་རྟོགས་པའི་ཕྱིར། །ཞེས་པ་ལྟར་རོ། །ལུང་མ་མོ་ལས། མདོ་སྡེ་ལ་འཇུག་འདུལ་བ་ལ་སྣང་། ཆོས་ཉིད་དང་མཐུན་པ་འདི་ནི་ཆེན་པོ་བསྟན་པ་ཞེས་བྱ་བ་ཆོས་མ་ཡིན་ཚར་གཅོད་པ་ཡིན་ཅིང་དེ་ལ་མི་འཇིགས་པའོ། །དེ་ལས་ལོག་པ་ནི་ནག་པོ་བསྟན་པ་ཡིན་ལ། སྡེ་པ་ཐམས་ཅད་ཆེན་པོ་བསྟན་པར་མཐུན་ནོ། །དགེ་འདུན་མང་བས་ཕལ་ཆེན་པ་དང་། སྐྱེ་བོ་རྣམས་ཀྱིས་གནས་བརྟན་ཞེས་བརྗོད་པས་གནས་བརྟན་པ་དང་། བཀུར་སྟི་བྱེད་པ་མང་བས་མང་བཀུར་བའོ། །རྟོག་གེ་འབར་བ་དང་གཞུང་ལུགས་ཀྱི་བྱེ་བྲག་བཀོད་པའི་འཁོར་ལོ་དང་། ལང་ཀར་གཤེགས་པའི་འགྲེལ་པར། རྩ་བ་ཕལ་ཆེན་པ་དང་གནས་བརྟན་པ་གཉིས་ལས་གྱེས་པར་བཤད་པ་དང་། རྣམ་པར་ཕྱེ་སྟེ་སྨྲ་བ་དང་རྩ་བ་གསུམ་ལས་གྱེས་པར་སྨྲ་བ་དང་། དུལ་བ་ལྷ་དང་ལོ་དྲི་བར་རྩ་བ་བཞི་ལས་གྱེས་པར་བཤད་དོ། །འདུལ་བ་བྱེ་བྲག་ཏུ་བཤད་པ་དང་། ཐུབ་པ་དགོངས་རྒྱན་དུ་སྟོན་པ་མྱ་ངན་ལས་འདས་ནས་ལོ་བརྒྱ་ནས་གནས་བརྟན་པ་དང་ཕལ་ཆེན་པ་གཉིས་སུ་གྱེས་པར་བཤད་དོ། །སྡེ་པ་ཐ་དད་དུ་རྣམ་པར་བཤད་པ་ལས། སྟོན་པ་འདས་ནས་ལོ་བརྒྱ་དྲུག་ཅུ་ནས་གྲོང་ཁྱེར་མེ་ཏོག་གིས་བརྒྱན་པར་རྣམ་ཨ་ཤོ་ཀ་རྒྱལ་སྲིད་བྱེད་པའི་ཚེ་རྩོད་པའི་གཞི་ཆེན་པོས་དགེ་

འདུན་གྱི་དབྱེན་དུ་གྱུར་ཏེ། དགྲ་བཅོམ་པ་རྣམས་སྐད་སོ་སོར་འདོན་པའི་ཚིག་ལ་ཞེན་ནས་གཞུང་ལུགས་ཐ་དད་དུ་བྱས་སོ། །ཞེས་པ་དང་། རྟོག་གེ་འབར་བར་སློན་པ་མྱ་ངན་ལས་འདས་ནས་ལོ་བརྒྱ་སུམ་ཅུ་རྩ་བདུན་ནས། རྒྱལ་པོ་དགའ་བོ་དང་པདྨ་ཆེན་པོ་བྱུང་བའི་ཚེ། གྲོང་ཁྱེར་པ་ཏ་ལ་པུ་ཏྲར་འཕགས་པ་འོད་སྲུང་ཆེན་པོ་དང་སྒྲ་ཆེན་པོ་དང་། གཏོང་བ་ཆེན་པོ་དང་བླ་མ་དང་རེ་བ་ཏ་ལ་སོགས་པ་བཞུགས་པའི་ཚེ། ཐམས་ཅད་ཀྱི་མི་མཐུན་ཕྱོགས་སུ་གྱུར་པའི་བདུད་སྡིག་ཏོ་ཅན་བཟང་པོ་ཞེས་བྱ་བས། དགེ་སློང་གི་ཆ་བྱད་ཀྱིས་རྫུ་འཕྲུལ་སྣ་ཚོགས་པ་བསྟན་ཏེ་ལན་གདབ་པ་དང་། མི་ཤེས་པ་དང་ཡིད་གཉིས་དང་ཡོངས་སུ་བརྟག་པ་དང་བདག་ཉིད་གསོས་པར་བྱེད་པ་དང་གཞི་ལྔ་པོ་འདི་ནི་ལམ་ཡིན་ནོ་ཞེས་བསྟན་ནས་དགེ་འདུན་གྱི་དབྱེན་ཆེན་པོ་འབྱུང་སྟེ། གནས་བརྟན་ཀླུ་དང་ཡིད་བརྟན་པ་ཞེས་བྱ་བའི་མང་དུ་ཐོས་པ་དག་གིས་དེའི་ཕྱོགས་སུ་བཟུང་ནས་འདི་ནི་སངས་རྒྱས་ཀྱི་བསྟན་པ་ཡིན་ནོ་ཞེས་བསྒྲགས་པ་ཆེན་པོ་བྱེད་དོ། །ལོ་དྲུག་ཅུ་རྩ་གསུམ་གྱི་བར་དུ་དགེ་འདུན་གྱི་སྡེ་ལྔ་སྤྱོད་མ་མཐུན་པར་དབྱེན་གྱིས་འཁྲུག་ལོང་དུ་གྱུར་ཏེ། སྔར་འདས་པའི་ལོ་བརྒྱ་དང་སུམ་ཅུ་རྩ་བདུན་བསྡོམས་པས། ལོ་ཉིས་བརྒྱ་འདས་པའི་རྗེས་ལ། གནས་བརྟན་གནས་པའི་བུ་བསྟན་པ་བསྡུས་པ་ཡིན་ཞེས་པ་དང་། འོད་ལྡན་དུ་རྒྱལ་པོ་དྷརྨ་ཨ་ཤོ་ཀ་ཤི་བའི་རྗེས་སུ་དགྲ་བཅོམ་པ་རྣམས་ཀྱིས། སྐད་སོ་སོར་སློན་པས་གཞུང་གཞན་དང་གཞན་དུ་མར་སྒྱུར་ཏེ་སྡེ་པ་བཅོ་བརྒྱད་ཀྱི་བར་དུ་བྱུང་བ་ཡིན་ནོ་ཞེས་འབྱུང་ངོ་། །

དེ་ལས་གྱེས་པ་བཅོ་བརྒྱད་ལ། འདུལ་བའི་དབྱེ་བའང་བཅོ་བརྒྱད་ཡོད། དང་པོ་སྡོམ་པ་ལེན་པ་དང་། །བར་དུ་བསྲུང་དང་ཕྱིར་བཅོས་དང་། །སོ་སོར་ཐར་པ་འདོན་པ་དང་། །ཐ་མ་སྡོམ་པ་གཏོང་བའི་ཚུལ། །སྡེ་པ་ཐམས་ཅད་མི་མཚུངས་པས། །གཅིག་གིས་བཀག་པ་གཅིག་ལ་གནང་། །ཞེས་པ། ཁ་ཅིག་སངས་རྒྱས་འདས་ནས་ལོ་སུམ་བརྒྱ་སོང་བ་ན། དགེ་སློང་ལྷ་ཆེན་པོས། ཏུ་ལུ་ཏུ་ལུ་ཡིད་རང་དང་། །ཀུན་སྤྱོད་སྣོད་དང་ལན་ཚྭ་དང་། །ལམ་དང་སོར་གཉིས་དགྲུག་དང་གདིང་། །གསེར་གྱིས་རུང་བར་བྱས་པ་ནི། །འདི་དག་རུང་མིན་བཞི་བཅུ་ཡིན། །ཞེས་པ་ལ་བརྟེན་ནས་རྩ་བའི་སྡེ་བཞི་ལས་བཅོ་བརྒྱད་དུ་གྱེས་པར་འདོད་པ་ནི་ཤིན་ཏུ་མི་འཐད་དེ། གཞི་བཅུ་པོ་ཡངས་པ་ཅན་པའི་དགེ་སློང་གིས་བྱས་ཤིང་། དེ་དགག་པའི་ཕྱིར་བསྡུ་བ་གཉིས་པ་བྱས་པ་ལུང་ཕྲན་ཚེགས་ལས་བཤད་པའི་ཕྱིར། ཁ་ཅིག་སློན་པ་འདས་ནས་ལོ་བརྒྱ་ནས་སྡེ་པ་བཅོ་བརྒྱད་ཀྱི་སློབ་དཔོན་རྣམས་ཀྱིས་བྱེ་བྲག་བཤད་མཚོ་བྱས་ཟེར་བ་ནི་བབ་ཅོལ་གྱི་ཚིག་ཡིན་ཏེ། བསྡུ་བ་གཉིས་པ་བྱས་པ་ཡིན་ཚོས་སྐད། ལེགས་སྦྱར་དང་སྡེ་བ་ཡོད་"ངེས་ཤིང་སོ་སོར་སངས་རྒྱས་པ་མེད་པའི་ཕྱིར་རོ། །

སྡེ་པ་བཅོ་བརྒྱད་དུ་གྱེས་ཚུལ་ནི། དུལ་བའི་ལྷས། ཤར་དང་ནུབ་དང་གངས་རིར་གནས། །འཇིག་རྟེན་

འདས་པར་སྨྲ་བའི་སྡེ། །བཏགས་པར་སྨྲ་བའི་སྡེ་པ་དང་། །ལྷ་ཆེན་དགེ་འདུན་ཕལ་ཆེན་པ། །གཞི་ཀུན་པ་དང་འོད་སྲུང་སྡེ། །ས་སྲུང་སྡེ་དང་ཆོས་སྲུང་སྡེ། །མང་ཐོས་གོས་དམར་སློབ་མ་དང་། །རྣམ་པར་ཕྱེ་སྟེ་སྨྲ་བའི་སྡེ། །ཐམས་ཅད་ཡོད་པར་སྨྲ་བ་བདུན། །རྒྱལ་བྱེད་ཚལ་གནས་འཇིགས་མེད་གནས། །གཙུག་ལག་ཁང་གནས་གནས་བརྟན་པ། །ཞེས་གནས་བརྟན་འཕགས་པའི་རིགས་ལས་ཕྱེས་པ་གསུམ་དང་། སར་སྒྲོགས་རིགས་དང་སྲུང་བ་པ༑ ༑གནས་མའི་བུ་ཡི་སྡེ་རྣམས་ནི། །ཀུན་གྱིས་བཀུར་བ་རྣམ་པ་གསུམ། །དེ་དག་ཐ་དད་དུ་ཕྱེས་པའི་དོན་སློབ་དཔོན་དུལ་བ་ལྷས། ཡུལ་དུས་སློབ་དཔོན་བྱེ་བྲག་གིས། །ཐ་དད་རྣམ་པ་བཅོ་བརྒྱད་གྱུར། ཅེས་པ་དང་། ལོ་དྲི་བར། དེ་ལྟར་སྡེ་བ་བཅོ་བརྒྱད་དུ། །ཤཱ་ཀྱ་སེང་གེའི་བསྟན་པ་ནི། །གྱུར་ཏེ་འགྲོ་བའི་བླ་མ་དེའི། །སྟོན་གྱི་ཕྲིན་ལས་ངེས་པ་ཡིན། །ཡུལ་དུས་སློབ་དཔོན་བྱེ་བྲག་དང་། །ལྟ་བའི་བྱེ་བྲག་ཐ་དད་ཀྱི། །རྒྱུ་ཡིས་འདི་དག་ཐ་དད་བྱས། །སྟོན་པ་ཐ་དད་ཡོད་མ་ཡིན། །ཞེས་སོ། །

ཡང་ལོ་དྲི་བར། འོད་སྲུང་བ་དང་ས་སྲུང་བ་དང་གཞི་ཀུན་ཡོད་པར་སྨྲ་བ་དང་བཞི། ཐམས་ཅད་ཡོད་པར་སྨྲ་བའི་སྡེ་པ་དང་། ཤར་གྱི་རི་བོ་པ་དང་། ནུབ་ཀྱི་རི་བོ་པ་དང་། གངས་གནས་དང་། རྣམ་པར་ཕྱེ་སྟེ་སྨྲ་བ་དང་། བཏགས་པར་སྨྲ་བ་དང་། འཇིག་རྟེན་ལས་འདས་པར་སྨྲ་བ་དང་དྲུག་ཕལ་ཆེན་པ། གོས་དམར་བ་དང་སྲུང་བ་པ་དང་ཀུ་རུ་ཀུ་ལ་པ་དང་མང་དུ་ཐོས་པ་དང་གནས་མའི་བུ་དང་ལྷ་མང་པོས་བཀུར་བ། གནས་བརྟན་པ་སྟར་བཞིན་ཕྱེ་བས་བཅོ་བརྒྱད་དོ། །

ཡང་ལང་ཀར་གཤེགས་པའི་འགྲེལ་པར། ཕལ་ཆེན་སྡེ་པ་ལ་ཕལ་ཆེན་པ་དང་། ལན་གཅིག་བཤད་པ་དང་། འཇིག་རྟེན་ལས་འདས་པར་སྨྲ་བ་དང་། བྱམས་མངལ་གྱི་སྡེ་དང་། མང་དུ་ཐོས་པ་དང་། བཏགས་པར་སྨྲ་བ་དང་། མཆོད་རྟེན་རི་བ་དང་། ནུབ་ཀྱི་རི་བ་དང་། བྱང་གི་རི་བ་དང་དགུ་དང་། གནས་བརྟན་པའི་སྡེ་པ་ལ་གནས་བརྟན་པ་དང་། ཐམས་ཅད་ཡོད་པར་སྨྲ་བ་དང་། བའུ་བ་དང་། ཆོས་མཆོག་པ་དང་། ཀུན་གྱིས་བཀུར་བ་དང་། ཡང་དག་ཚད་མ་བ་དང་། ནགས་སྟུག་པོ་པ་དང་། སར་སྒྲོགས་རིས་པ་དང་། ཆོས་གསུངས་པ་དང་། མདོ་སྡེ་ཚད་མར་བྱེད་པ་འོད་སྲུང་པ་དང་། བཅུ་གཅིག་སྟེ་སྡེ་པ་ཉི་ཤུར་བཤད་དོ། །

ཡང་རྟོག་གེ་འབར་བར། གནས་བརྟན་པའི་སྡེ་ལ་གནས་བརྟན་པ། ཐམས་ཅད་ཡོད་པར་སྨྲ་བ། གནས་མ་བུ་པ། ཆོས་མཆོག་པ། བཟང་པོའི་ལམ་པ། ཀུན་གྱིས་བཀུར་བ། མང་པོས་སྟོན་པ། ཆོས་སྲས་པ། ཆར་བཟང་འབེབས་པ། བླ་མ་པའོ། །ཕལ་ཆེན་སྡེ་པ་ལ་ཕལ་ཆེན་པ། ཐ་སྙད་གཅིག་པ། འཇིག་རྟེན་ལས་འདས་པར་སྨྲ་བ། མང་དུ་ཐོས་པ། བཏགས་པར་སྨྲ་བ། མཆོད་རྟེན་པ། ཤར་གྱི་རི་བོ་པ། ནུབ་ཀྱི་རི་བོ་པའོ། །གནས་

བརྟན་པ་ལ་གདངས་རི་བ་ཞེས་པ་དང་། ཐམས་ཅད་ཡོད་སྨྲ་ལ་རྣམ་པར་ཕྱེ་སྟེ་སྨྲ་བ། རྒྱུར་སྨྲ་བ། མུ་རུན་ཀ་མ་ཞེས་པ་དང་། ཀུན་གྱིས་བཀུར་བ་ལ། ཨས་སན་ཏ་ཀ་བ་དང་། ཀུ་རུ་ཀུ་ལ་པ་དང་། ཚར་བཟངས་འབེབས་པ་དང་། འོད་སྲུང་པ་ཞེས་པ་དང་། བླ་མ་པ་ལ་འཕོ་བར་སྨྲ་བ་ཞེས་ཀྱང་ཟེར། རྒྱ་ནག་གི་སློབ་དཔོན་རྫོགས་གསལ་གྱིས་དགོངས་འགྲེལ་གྱི་འགྲེལ་པར། ཐམས་ཅད་ཡོད་སྨྲ་དང་ཕལ་ཆེན་པ་བཅུ་གཅིག་སྟེ་ཉི་ཤུར་གྱིས་པར་བཤད་དོ། །

སྡེ་པ་སོ་སོ་ལ། དང་པོ་སྡོམ་པ་ལེན་པའི་ཚུལ་དང་། བར་དུ་སྲུང་བའི་ཚུལ་དང་། ཉམས་ན་ཕྱིར་བཅོས་པའི་ཚུལ་དང་། གསོ་སྦྱོང་སོ་སོར་ཐར་པའི་མདོ་འདོན་པ་དང་། ཐ་མར་སྡོམ་པ་གཏོང་བའི་ཚུལ་མི་འདྲ་བ་དུ་མ་ཡོད་པས་གཅིག་ཏུ་བཀག་པ་གཞན་ལ་གནང་བའང་ཡོད། །

གལ་ཏེ་སྡེ་པ་གཅིག་བདེན་གྱི། །དེ་ལས་གཞན་པ་བརྫུན་ཡིན་ན། །རྒྱལ་པོ་ཀྲི་ཀྲིའི་རྨི་ལམ་ལྟར། །སྡེ་པ་ཐམས་ཅད་མཐུན་པར་གསུངས། །འདི་དོན་རྒྱས་པར་སྡེ་པ་ནི། །ཐ་དད་བཀླགས་པའི་མདོ་སྡེ་དང་། །འདུལ་བ་འོད་ལྡན་ལ་སོགས་ལྟོས། །ཞེས་པ་ཐམས་ཅད་ཡོད་སྨྲའི་སྡེ་པ་ལ་བཅས་པ་དེ་བདེན་གྱི་དེ་ལས་གཞན་པ་རྣམས་བརྫུན་ཡིན་ནོ་སྙམ་ན། མ་ག་ཏ་བཟང་མོའི་རྟོགས་བརྗོད་ལས། སངས་རྒྱས་འོད་སྲུང་གི་བསྟན་པ་ལ་རྒྱལ་པོ་ཀྲི་ཀྲིའི་རྨི་ལམ་བཅུ་མཛོད་འགྲེལ་དུ་བསྡུས་པར། གླང་ཆེན་ཁྲོན་པ་ཕྱེ་དང་ཙནྡན་ཚལ། །གླང་ཆེན་སྤྲ་གུ་དང་ནི་སྤྲེའུ་དབང་སྐུར། །མི་གཙང་བཅུ་དང་རས་ཡུག་འཐབ་མོ་ཞེས། །རྨི་ལམ་བཅུ་ནི་ཀྲི་ཀྲིས་མཐོང་བ་ཡིན། །ཞེས་པ་དང་། བསྟན་པ་སྣ་དར་གྱི་དུས་སུ་པཎྜི་ཏའི་གསུང་ཟིན་བྲིས་བྱས་པའི་ཆོས་ཀྱི་བརྗེད་བྱང་ཞེས་བྱ་བར། མེ་ཏོག་ཐིང་ཐུ་ཏན་པོ་ཏྲ། །ཁྲི་དང་བ་དང་མི་དང་ནི། །སེང་གེ་རོ་ནི་བརྒྱད་པ་ཡིན། །ཞེས་བཅོ་བརྒྱད་འདོད་དོ། །

དེ་ལ་རས་ཡུག་གི་རྨི་ལམ་ནི། མི་བཅོ་བརྒྱད་ཀྱིས་རས་ཡུག་ཆེན་དཀར་པོ་དྲི་མ་མེད་པ་གཅིག་ཕར་ཚུར་དྲངས་པས་རེ་རེས་རས་ཡུག་མ་ཉམས་པ་ཐོབ་ཅིང་། ད་དུང་ཐུན་མོང་གི་རས་ཡུག་སྔར་གྱི་ན་རྨིས་པ་དེ། སངས་རྒྱས་འོད་སྲུང་གིས། དེ་ནི་མ་འོངས་པའི་སྐྱེ་དགུའི་ཚེ་ལོ་བརྒྱ་པ་ལ་སྟོན་པ་ཤཱཀྱ་ཐུབ་པའི་བསྟན་པ་རྣམ་པ་བཅོ་བརྒྱད་དུ་གྱེས་པར་གྱུར་ཀྱང་། རྣམ་པར་གྲོལ་བའི་རས་ཡུག་ཉམས་པར་མི་འགྱུར་རོ་ཞེས་ལུང་བསྟན་པ་ལྟར་སྡེ་པ་ཐམས་ཅད་ཀྱི་བསླབ་གཞི་རྣམས་འབྲས་བུ་མྱ་ངན་ལས་འདས་པའི་ལམ་དུ་མཐུན་པར་གསུངས་ཏེ༑ འདིའི་དོན་རྒྱས་པར་སློབ་དཔོན་དུལ་བ་ལྷའི་སྡེ་པ་ཐ་དད་བཀླགས་པའི་འཁོར་ལོ་དང་། སློབ་དཔོན་ཤཱཀྱ་འོད་ཀྱི་འདུལ་བ་འོད་ལྡན་དང་། སློབ་དཔོན་ལེགས་ལྡན་བྱེད་ཀྱི་རྟོག་གེ་ལ་འབར་བ་དང་། མདོ་དགོངས

འགྲེལ་དང་། ལང་ཀར་གཤེགས་པའི་འགྲེལ་པ་ལ་སོགས་པར་ལྟ་བར་བྱའོ། །

གཉིས་པ་དེ་ལ་རང་བཟློའི་ལོག་ཤེས་དགག་པ་ལ་གཉིས་ལས། དང་པོ་འདོད་ཚུལ་བརྗོད་པ་ནི། །སྡེ་པ་ཀུན་གྱི་བསླབ་པ་ཡང་། །ཤེས་ན་གཅིག་ཏུ་འགྱུར་ཅེ་ན། །ཞེས་པ་སྡེ་བཅོ་བརྒྱད་པོ་ཀུན་གྱི་དགག་སྒྲུབ་གནང་བའི་བཅས་པའི་གནད་འགག་ཤེས་ན་གཅིག་ཡིན་ལ། མ་ཤེས་པས་ཐ་དད་དུ་གྱུར་པ་ཡིན་ནོ་ཞེ་ན།

གཉིས་པ་དེ་དགག་པའི་ཚུལ་ལ་གཉིས་ལས། དང་པོ་གནད་མི་གཅིག་པའི་ཚུལ་གསལ་བར་བསྟན་པ་ནི། ཤེས་ཀྱང་ཕལ་ཆེར་ཐ་དད་ཡིན། །དཔེར་ན་ཐམས་ཅད་ཡོད་སྨྲ་ཡི། །མདོ་སྡེ་ལེགས་སྦྱར་སྐད་དུ་ཡོད། །གནས་བརྟན་པ་དག་ལེགས་སྦྱར་གྱི། །མདོ་སྡེ་སྡོན་ན་ལྟུང་བར་བྱེད། །ཐམས་ཅད་ཡོད་སྨྲ་རང་ཉིད་ཀྱི། །གསོལ་བཞིའི་ཆོགས་སྡོམ་པ་བསྐྱེད། །དེ་ཡི་ཆོག་བཞིན་བྱས་ན། །སྡེ་པ་གཞན་གྱི་དགེ་སློང་འཇིག །ཅེས་པ་བཅས་པའི་རྣམ་བཞག་ལེགས་པར་བཤད་ཀྱང་། བཅས་རིགས་ཕལ་ཆེར་ཐ་དད་པ་ཡིན་ཏེ། མདོར་སྨྲ་བ་སོ་སོ་ཐར་པའི་མདོ་ལེགས་སྦྱར་གྱི་སྐད་ཀྱིས་འདོན་ཅིང་། གནས་བརྟན་པ་མདོ་སོ་སྐྲི་ཏའི་འདོན་ན་ལྟུང་བར་བྱེད། ཡོད་སྨྲ་བ་གསོལ་བཞིའི་ཆོགས་དགེ་སློང་གི་སྡོམ་པ་སྐྱེ། སྡེ་པ་གཞན་བསླབ་པ་འབུལ་བ་ལ་གསོལ་བཞིའི་ཆོག་བྱེད།

ཐམས་ཅད་ཡོད་སྨྲ་སྨིན་མའི་སྤྱུ། །བཞར་ན་ལྟུང་ཡིན་སྡེ་པ་འགའི། །མ་བཞར་ན་ནི་ལྟུང་བར་འདོད། །ལ་ལ་བུ་རམ་ཕྱི་དྲོ་འགོག །ཁ་ཅིག་ལྟུང་བ་མེད་ཅེས་ཟེར། །ལ་ལའི་བྱིན་ལེན་ལག་པ་བཀག། །ལ་ལ་དེ་ལས་གཞན་དུ་བྱེད། །འགའ་ཞིག་ལྟུང་བཟེད་བྱིན་ལེན་བྱེད། །ལ་ལ་ལྟུང་བཟེད་བྱིན་ལེན་འགོག །ཅེས་པ། ཡོད་སྨྲ་སྨིན་མའི་སྤྱུ་དང་འདོམས་ཀྱི་སྤྱུ་དང་བྱིན་པའི་སྤྱུ་བཞར་ན་ལྟུང་བ་བྱུང་། ཕལ་ཆེན་སྡེ་པ་མ་བཞར་ན་ལྟུང་བར་འདོད། ཕལ་ཆེན་སྡེ་པ་སོགས་བུ་རམ་ཕྱི་དྲོ་ཟན་ལྟུང་བ། ཡོད་སྨྲ་ལྟུང་མེད་དང་བྱིན་ལེན་ལག་པ་བཀག་པ་སྡེ་གན་རྒྱལ་དུ་བྱེད། སྡེ་པ་གཞན་ཁ་སྤྱུབ་ནས་འཕྲོག་སྟབས་སུ་བྱེད། ཕལ་ཆེན་པ་ལྟུང་བཟེད་སྟོང་པ་བྱིན་ལེན་བྱེད། ཡོད་སྨྲས་དེ་འགོག །

ཁ་ཅིག་མིར་ཆགས་བསད་པ་ལ། །ཕམ་པ་ལ་ལ་ཕམ་པ་མེད། །ལ་ལའི་སོ་སོར་ཐར་པ་ལ། །གླེང་གཞིའི་ཚིགས་བཅད་གཅིག་ལས་མེད། །ལ་ལའི་རིང་ཐུང་གཞན་དུ་ཡོད། །མདོར་ན་ཕམ་པ་བཞི་པོ་ནས། །བརྩམས་ཏེ་བསླབ་པ་བྱ་བ་ཀུན། །སྡེ་པ་ཐམས་ཅད་མི་མཐུན་པས། །གང་གིས་བཀག་ལ་གང་གིས་གནང་། །ཞེས་པ། ཡོད་སྨྲ་བ་མི་ནི་བཙས་པའི་གནས་སྐབས་སོ། །མིར་ཆགས་པ་ནི་མངལ་གྱི་གནས་སྐབས་སོ༔ ༔

དེ་གཉིས་ཀ་བསྒྱུ་བའི་ཕྱིར་མིར་གྱུར་པ་ཞེས་སློས། ཞེས་འོད་ལྡན་དུ་འབྱུང་བ་ལྟར་མཚལ་དུ་ནུར་ནུར་པོ་དང་མེར་མེར་པོ་དང་། གོར་གོར་པོ་དང་ལྟར་ལྟར་པོ་དང་རྐང་ལག་འགྲུས་པའི་གནས་སྐབས་དབང་པོ་དྲུག་མ་རྫོགས་པ་བསད་པས་ཕམ་པ། གནས་བརྟན་པ་སོགས་ཕམ་མེད། མང་པོ་བཀུར་བ་ལ་ལའི་སོ་སོར་ཐར་པའི་གླེང་གཞི་ཀླུ་ཀ་གཅིག་དང་། ཡོད་སྨྲ་དང་གནས་བརྟན་པ་ལ་གླེང་གཞི་ཚིགས་བཅད་བཅུ་གཅིག་འདོན་པ་ལ་སོགས་མདོར་བསྡུས་ན་ཕམ་པ་བཞི་བཅས་པ་ནས་ལྟུང་བ་སྡེ་ལྔ་པོ་ཐམས་ཅད་དང་། མདོ་སྡེ་འདོན་པ་ལ་སོགས་ལག་ལེན་གྱི་ཆོ་ག་ཕྲ་མོ་ཚུན་ཆད་བཅས་པ་ཕལ་ཆེར་མི་མཐུན་པས་སྡེ་པ་གང་གི་ལུང་ལས་བཀག་པ་དེ༑ སྡེ་པ་གང་གི་ལུང་ལས་གནང་བར་འཛོག་སྡེ་བཅས་པ་ཐམས་ཅད་གཅིག་ཏུ་མི་རུང་ངོ་། །

གཉིས་པ་གོ་སླ་བའི་དཔེ་བསྟན་པས་ཐེ་ཚོམ་བཅད་པ་ནི། དཔེར་ན་བུ་རམ་ཕྱི་དྲོའི་ཟས། །ཡེ་གནང་ཡིན་ན་སྡེ་པ་གཞན། །ལྟུང་བ་དག་དང་བཅས་པར་གྱུར། །ཡེ་བཀག་ཡིན་ན་ཡོད་སྨྲ་ཡི། །དགེ་སློང་ལྟུང་བ་ཅན་དུ་འགྱུར། །ཞེས་པ། བུ་རམ་ཕྱི་དྲོ་ཟོས་པ་ལྟུང་བ་མེད་པ་དེ་ཡེ་གནང་ཡིན་ན། སྡེ་པ་གཞན་བུ་རམ་ཕྱི་དྲོ་བཀག་པ་དེ་ལྟུང་བ་དང་བཅས་པར་འགྱུར་ཏེ། སྔོན་པས་གནང་བ་བཀག་པའི་ཕྱིར། ཕྱི་དྲོ་ཟ་བ་བཀག་པ་དེ་ཡེ་བཀག་ཡིན་ན་ཡོད་སྨྲའི་དགེ་སློང་ཕྱི་དྲོ་ཟ་བའི་ལྟུང་བ་ཅན་དུ་འགྱུར་ཏེ། བཀག་པ་དེ་བྱས་པའི་ཕྱིར།

བྱིན་ལེན་མ་བྱས་ཟ་བ་ཡི། །ལྟུང་བ་མི་སྐྱ་ལ་འབྱུང་ན། །མི་སྐྱ་འང་དགེ་སློང་ཉིད་འགྱུར་བས། །མི་སྐྱས་བྱིན་ལེན་བྱས་ན་ཡང་། །དགེ་སློང་གིས་ནི་དགེ་སློང་ལ། །བྱིན་ལེན་བྱས་པ་ཇི་བཞིན་དུ། །བཟའ་བར་རུང་བར་མི་འགྱུར་རོ། །དེ་བཞིན་ཀུན་ལ་སྦྱར་བ་གྱིས། །ཞེས་པ། བཀག་པའི་བཅས་པ་ཡེ་བཀག་ཡིན་ན། བྱིན་ལེན་མ་བྱས་པར་ཟ་བའི་ལྟུང་བྱེད་མི་སྐྱ་ལའང་འབྱུང་བར་འགྱུར་ཅིང་། དེ་འདོད་ན་མི་སྐྱ་དེ་དགེ་སློང་ཡིན་པར་འགྱུར། དེ་འདོད་ན་མི་སྐྱས་དགེ་སློང་ལ་བྱིན་ལེན་སྦྱིན་པ་མི་རུང་བར་འགྱུར། དེ་འདོད་ན་བྱིན་ལེན་སྦྱིན་པ་མི་སྲིད་པས། དགེ་སློང་གྱིས་ཟས་བཟར་མི་རུང་བར་འགྱུར་རོ། །དེ་བཞིན་དུ་བཅས་པ་ཐམས་ཅད་ལ་བློ་གྲོས་ཞིབ་མོ་དང་ལྡན་པ་རྣམས་ཀྱིས་སྦྱར་ཏེ་ཤེས་པར་བྱའོ།། །།

བྱུང་བ་ཁྱད་མེད་དུ་འདོད་པ་དགག་པ་ལ་གཉིས། དང་པོ་ཁས་བླངས་བརྗོད་པ་ནི། ཁ་ཅིག་རབ་ཏུ་བྱུང་བ་ལ། །ལྟུང་བ་ཇི་སྙེད་འབྱུང་བ་དེ། །ཁྱིམ་པ་ནས་ནི་དམྱལ་བའི་བར། །དུད་འགྲོ་ལ་སོགས་ཐམས་ཅད་ལ། །ལྟུང་བ་མཚུངས་པར་འབྱུང་ཞེས་ཟེར། །ཞེས་པ། འདུལ་བའི་སྡེ་སྣོད་ལས་བསླབ་པ་བཅས་པའི་ཚུལ་ཞིབ་མོར་ཡོད་པ་རྣ་བས་མ་ཐོས་ཤིང་མི་ཤེས་པའི་བླུན་པོ་ཁ་ཅིག །རབ་ཏུ་བྱུང་བ་ལ་ལྟུང་བ་ཇི་སྙེད་འབྱུང་བ་དེ་ཐམས་ཅད་ཁྱིམ་པ་ཕོ་མོ་དང་དུད་འགྲོ་དང་ཡི་དྭགས་དང་དམྱལ་བའི་བར་གྱི་འགྲོ་བ་དེ་ཐམས་ཅད་ལ་ཁྱད་པར་མེད་པར

འབྱུང་ངོ་ཞེས་ཟེར་རོ། །

གཉིས་པ་དེ་དགག་པ་ལ་བཞི་ལས། དང་པོ་མུན་སྤྲུལ་གྱི་ཚིག་སངས་རྒྱས་ཀྱི་གསུང་གིས་དགག་པ་ནི། འདི་ནི་སངས་རྒྱས་དགོངས་པ་མིན། །ཅི་སྟེ་ཅེ་ན་ལྟུང་བ་དེ། །བཅས་པ་ཕན་ཆད་འབྱུང་མོད་ཀྱི། །མ་བཅས་པ་ལ་ལྟུང་མེད་ཕྱིར། །དེས་ན་ཐུབ་པས་ལས་དང་པོས། །ཉེས་པ་བྱས་ཀྱང་ལྟུང་མེད་གསུངས། །ཞེས་པ་དགེ་སློང་ལ་འབྱུང་བ་སེམས་ཅན་ཐམས་ཅད་ལ་འབྱུང་བར་འདོད་པ་ནི་རྫོགས་པའི་སངས་རྒྱས་ཀྱི་དགོངས་པའི་ཆ་ཤས་ཙམ་དུའང་མི་རུང་སྟེ། བསླབ་པ་མ་བཅས་པ་ལ་ལྟུང་བ་མེད་པའི་ཕྱིར་རོ། །འདུལ་བ་ལས། ཁྱིམ་པ་རྣམས་ལ་བསོད་ནམས་མ་ཡིན་པ་མང་ངོ་ཞེས་དགེ་བསྙེན་གྱི་སྡོམ་པ་དང་འགལ་བའི་ཉེས་པ་ལའང་ལྟུང་བའི་མིང་མེད་ཅིང་། ལུང་དུ་ཡང་། ལས་དང་པོ་པ་ལ་ཉེས་པ་མེད་དོ་ཞེས་དགེ་སློང་བཟང་བྱིན་གྱིས་མི་ཚངས་པར་སྤྱོད་པ་དང་ནོར་ཅན་གྱིས་ཤིང་བརྐུས་པ་ལ་ཉེས་མེད་དུ་གསུངས་ལ་ཤིང་ཐུན་གྱིས་གཏེར་རྙེད་པ་ལ་ཁྱིམ་པ་ཡིན་པའི་ཕྱིར་བསླབ་པ་མ་བཅས་སོ། །

གཉིས་པ་འགྲོ་ཀུན་ངན་འགྲོ་ལས་ཐར་པར་མི་སྲིད་པར་འགྱུར་བ་ནི། དེ་ལྟར་མིན་ན་ཐམས་ཅད་ལ། །གལ་ཏེ་ལྟུང་བ་ཀུན་འབྱུང་ན། །འགྲོ་ཀུན་ལྟུང་བ་དང་བཅས་པས། །ཐར་པ་ཐོབ་པ་ལྟ་ཅི་སྨོས། །མཐོ་རིས་ཀྱང་ནི་འབྱུང་རེ་གཀན། །ཞེས་པ། བསླབ་པ་བཅས་པའི་གང་ཟག་ལ་བསྲུང་བར་ཁས་བླངས་པ་དང་འགལ་བའི་ཉེས་པ་བྱུང་ན་ལྟུང་བར་འཇོག་གི གཞན་ལ་ལྟུང་བ་མེད་པ་དེ་ལྟར་མ་ཡིན་པར་འགྲོ་བ་ཐམས་ཅད་ལྟུང་བ་དང་བཅས་པ་ཡིན་ན། ལྟུང་བ་ཕྲ་མོས་ཀྱང་ཕྱིར་མ་བཅོས་ན་དམྱལ་བར་སྐྱེ་བར་གསུངས་པས་བྱང་ཆུབ་གསུམ་ཐོབ་པ་ལྟ་སྨོས་ཀྱང་ཅི་དགོས། ལྷ་དང་མིའི་གོ་འཕང་ཙམ་ཡང་མི་སྲིད་པར་འགྱུར་རོ། །

ཉན་ཐོས་རྣམ་གསུམ་དག་པའི་ཤ །བཟར་རུང་གལ་ཏེ་མ་ཟོས་ན། །ལྷས་སྦྱིན་གྱི་ནི་བརྟུལ་ཞུགས་འགྱུར། །ཐེག་པ་ཆེ་ལ་ཤ་རྣམས་བཀག །ཟོས་ན་ངན་འགྲོའི་རྒྱུ་རུ་གསུངས། །ཞེས་པ། དྲུག་སྡེས་སྟག་གི་གོད་མའི་ཤ་བླངས་པ་བཀག་སྟེ། མི་ཤ་ཟ་བ་དང་འདྲ་བར་སྨྲས་པོར་གསུངས་པ་ལ་འཕྲོས་ནས་འདུལ་བ་འོད་ལྡན་དུ། ཆེད་དུ་བྱེད་པའི་ཤ་དང་། ཉ་ཤ་དག་བཟའ་བར་མི་བྱའོ། །གལ་ཏེ་དེ་བྱས་པ་དང་། བྱེད་དུ་བཅུག་པ་དང་། རྗེས་སུ་ཡི་རང་བ་འཁོར་གསུམ་ཡོངས་སུ་དག་པ་ཡིན་དུ་ཟིན་ཀྱང་། འོན་ཀྱང་ཆེད་དུ་བྱས་པ་རྣམས་ལས་སྙིང་བརྩེ་བ་མེད་པ་སྐྱེ་བའི་ཕྱིར་དང་། ཆ་མ་ཡིན་པའི་ཕྱིར་བཀག་གོ། །དེ་ལས་གཞན་པའི་ནི་བཀག་པའི་ཞེས་པའི་ཁུངས་ལ། གཞུང་གླེང་གཞིར་དགེ་སློང་བྱེ་མ་སྐྱེས་ན་བ་ལ་ཤ་རྗེན་བྱིན་ཅིག་ཅེས་ཤ་འཚོང་བའི་གནས་ཤན་པ་དང་། རི་དྭགས་ཀྱི་རྗོན་པ་ལ་སོགས་ལྟ་ལས་དགེ་བསྙེན་དང་དད་པ་ཅན་གྱིས་བླངས་ནས་སྦྱིན་པར

གསུངས་ཤིང་། དེའི་དགོངས་པ་དགེ་བསྙེན་དང་དད་པ་ཅན་ཞེས་སྨོས་པས་ནི། ཆེད་དུ་གསོད་པའི་དོགས་པ་མེད་པར་སྟོན་པ་ཡིན་ནོ། །འདི་སྲོག་གཅོད་པའི་ཕྱོགས་དང་མཐུན་པ་ཡིན་ཡང་ཟས་ཀྱི་སྐབས་ཡིན་པས་འདིར་བསྟན་ཏོ། །ཞེས་གསུངས་སོ། །དེ་བཞིན་དུ་ལུང་སྣ་ཚོགས་པ་གཞི་ལས་ཀྱང་བཤད་པའི་ཤ་བཀག་གོ། །ལྷ་སྦྱིན་གྱིས་དགེ་སློང་གོའུ་ཏ་མ་ཤ་ཟ་སྟེ་བདག་ཅག་མི་ཟའོ་སྲོག་ཆགས་ལ་གནོད་པའི་ཕྱིར་རོ། །འོ་མ་འཐུངས་ཏེ་བེའུ་ལ་གནོད་པའི་ཕྱིར་མི་འཐུང་ངོ་། །ལན་ཚྭ་ཟ་སྟེ་དབང་ཕྱུག་གི་ཁུ་བ་ཡིན་པའི་ཕྱིར་མི་ཟའོ། །གོས་དྲས་པ་གོན་ཏེ་དད་པའི་རྣམས་རྒྱུད་ཐོས་པའི་ཕྱིར་མི་དྲའོ། །དགོན་པར་གནས་ཏེ་གཞན་དོན་མ་བྱས་པར་འགྱུར་བའི་ཕྱིར་མི་གནས་སོ། །བརྟུལ་ཞུགས་ལྔ་བཟོད་པ་དེ་ཡིས་ཚུལ་ཤིང་ལོང་ཞིག་ཅེས་སོ་སོའི་སྐྱེ་བོའི་དགེ་སློང་ལྔ་བརྒྱས་ཚུལ་ཤིང་བླངས་ཏེ་བྱེ་བར་གྱུར་ཏོ། །བརྟུལ་ཞུགས་དེས་གྲོལ་བར་སེམས་ཤིང་ཡང་དག་པར་བླངས་ནས་ཤ་མི་ཟ་བ་ཡིན་ན་དབྱེན་དུ་གཏོགས་པའི་སྡོམ་པོར་འགྱུར་རོ། །ཐེག་པ་ཆེན་པོའི་སྡེ་སྣོད་དུ་ཤ་ཟ་བ་རྣམ་པ་ཐམས་ཅད་དུ་བཀག་སྟེ། ལང་ཀར་གཤེགས་པ་སངས་རྒྱས་ཐམས་ཅད་ཀྱི་གསུང་རབ་ཀྱི་སྙིང་པོའི་ཤ་མི་ཟ་བའི་ལེའུ་ལས། བློ་གྲོས་ཆེན་པོ། སེམས་ཅན་ཤ་ཟ་བའི་བག་ཆགས་ཅན་ཤའི་རོ་ལ་སྲེད་པ་རྣམས་ཆོས་ཀྱི་རོས་ཕན་ཚུན་བྱམས་པའི་སེམས་ཀྱིས་བྱང་ཆུབ་སེམས་དཔའི་ས་སྦྱངས་ནས་བླ་ན་མེད་པའི་ས་ཐོབ་པར་འགྱུར་བའི་ཆོས་བཤད་དུ་གསོལ། འཇིག་རྟེན་རྒྱང་འཕེན་པ་དག་ཀྱང་ཤ་ཟ་བ་བཀག་ན། ཁྱོད་ཀྱི་བསྟན་པ་ཐུགས་རྗེས་རོ་གཅིག་ཏུ་གྱུར་པ་ལ་ཤ་ཟ་བའི་ཉེས་པ་ལེགས་པར་བཤད་དུ་གསོལ། ཞེས་ཞུས་པ། བཅོམ་ལྡན་འདས་ཀྱིས་བྱང་ཆུབ་སེམས་དཔའ་སྙིང་རྗེའི་བདག་ཉིད་ཅན་གྱིས་ཤ་ཐམས་ཅད་བཟའ་བར་མི་བྱ་སྟེ། ཡུན་རིང་དུ་འཁོར་བའི་ཚེ་ཕ་དང་མ་ལ་སོགས་པའི་ཉེ་དུར་མ་གྱུར་པའི་སེམས་ཅན་ནི་གང་ཡང་མེད་དེ། སངས་རྒྱས་ཀྱི་གསུང་ཟབ་མོ་ཐོས་ནས་སྲིན་པོ་རྣམས་ཀྱང་ཤ་ཟ་བ་ལས་བཟློག་ན། ཆོས་འདོད་པའི་སྐྱེ་བོ་རྣམས་སྨོས་ཅི་དགོས། སེམས་ཅན་ཐམས་ཅད་ལ་བུ་གཅིག་པའི་འདུ་ཤེས་བསྒོམ་པའི་བྱང་ཆུབ་སེམས་དཔའ་ཤ་ཐམས་ཅད་མི་ཟའོ། །ཤ་འཚོང་པ་དག་བོང་བུ་དང་ཁྱི་དང་མིའི་ཤ་ཡང་འཚོང་ཞིང་། ཁུ་ཆུ་དང་ཁྲག་ལས་བྱུང་བའི་ཕྱིར་གཙང་བར་འདོད་པས་ཀྱང་ཤ་མི་ཟའོ། །ས་དང་ཆུ་དང་བར་སྣང་ན་གནས་པའི་སྲོག་ཆགས་ཕྲ་མོ་དག་རྒྱང་རིང་པོ་ནས་ཤ་ཟའི་དྲི་ཚོར་ཏེ་ཤི་དོགས་པའི་དངངས་སྐྲག་སྐྱེ་བས་བྱམས་པ་ལ་གནས་པས་ཤ་མི་ཟའོ། །འཕགས་པའི་སྐྱེ་བོ་རྣམས་ཀྱིས་རྣམ་པར་སྤྱངས་ཤིང་མི་སྣན་པར་བརྗོད་པ་དང་། སྐྱེ་བོ་མང་པོ་མ་དད་པར་འགྱུར་བ་དང་།སངས་རྒྱས་ཀྱི་བསྟན་པ་ལ་སྐུར་པ་འདེབས་པར་འགྱུར་བ་སྤྱངས་པ་དང་། ཤ་ཟ་བ་འདི་དག་ལ་དགེ་སྦྱོང་གི་ཚུལ་ཅི་ཡོད། ཚངས་པར་སྤྱོད་པ་ག་ལ་ཡོད། དྲང་སྲོང་གི་ཟས་བོར་ནས་ཤའི་ཟས་ཀྱིས་ལྟོ་བ་གང་ཞིང་། ནམ་མཁའ་དང་ས

དང་ཆུ་ལ་གནས་པའི་སྲོག་ཆགས་ཕྲ་མོ་རྣམས་སྐྲག་པར་བྱེད་པ་འདི་དག་གི་དགེ་སྦྱོང་ནི་ཉམས་སོ། །སྡིག་པ་སྤྱང་པ་ནི་ཞིག་གོ། །འདི་དག་ལ་ཆོས་ཀྱང་མེད་འདུལ་བ་ཡང་མེད་དོ། །ཞེས་ཟེར་བ་དག་གི་སེམས་སྲུང་བའི་ཕྱིར་ཤ་ཐམས་ཅད་མི་ཟའོ། །དུར་ཁྲོད་དང་དགོན་པ་ན་རྒྱུ་བའི་མི་མ་ཡིན་དག་རིག་སྔགས་སྒྲུབ་པ་དང་། ཐར་པ་ལ་གེགས་བྱེད་པའི་ཕྱིར་ཤ་མི་ཟའོ། །ལྷ་རྣམས་ཀྱིས་སྤོང་བར་འགྱུར་ཅིང་། སྡུག་བསྔལ་བཞིན་དུ་ཉལ་བ་དང་སད་པ་དང་སྡིག་པའི་རྨི་ལམ་མཐོང་བ་དང་། ཁྱིམ་སྟོང་པ་དང་གཅིག་པུར་འདུག་པའི་ཚེ་མདངས་འཕྲོག་པ་དང་། གློ་བུར་དུ་དངངས་སྐྲག་སྐྱེ་བ་དང་ལྟོ་ནང་དུ་སྲིན་བུ་མང་པོ་སྐྱེ་བ་དང་། མཛེ་དང་ནད་མང་པོའི་གཞིར་འགྱུར་བ་དང་། བུའི་ཤ་དང་འདྲ་བའི་ཕྱིར་ཤ་དང་ཁྲག་གི་ཟས་སློབ་མ་རྣམས་ལ་ངས་ཇི་ལྟར་གནང་བར་བྱ། མ་འོངས་པའི་དུས་སུ་སྐྱེ་བོ་བླུན་པོ་ཤ་ཟན་གྱི་རིགས་རོ་ལ་སྲེད་པ་ཁ་ཅིག་བསོད་པའི་ཟས་ཡིན་པར་འཛིན་ཏེ། རྒྱལ་པོ་སེང་གེ་འབངས་དང་། བརྒྱ་བྱིན་དང་། རྐང་ཁྲ་ལ་སོགས་པའི་གླིང་གཞི་དཔེར་མཛད་ནས་ཤ་ལ་བརྐམ་པ་དག་མི་ཤ་ཟ་བའི་མཁའ་འགྲོ་དང་མཁའ་འགྲོ་མར་སྐྱེའོ། །ཤའི་རོ་ལ་ཆགས་པས་སེང་གེ་དང་སྟག་གཟིག་དང་སྤྱང་ཀི་དང་འཕར་བ་དང་བྱི་ལ་དང་ཝ་དང་འུག་པ་དང་སྲིན་པོ་དང་ཤིན་ཏུ་གཏུམ་པའི་སྐྱེ་གནས་སུ་ལྟུང་བར་བྱེད་དོ། །དེ་རྣམས་མིར་སྐྱེ་བ་ཡང་ཐོབ་པར་དཀའ་ན། མྱ་ངན་ལས་འདས་པ་ཐོབ་པ་ལྟ་ཅི་སྨོས། ཤ་ཟ་བའི་ཉེས་པ་དེ་དག་ལ་སོགས་པ་ཡིན་ནོ། །སུ་ཡང་ཤ་མི་ཟ་ན་སྲོག་ཆགས་གསོད་པར་མི་འགྱུར་ཏེ། རིན་གྱི་ཕྱིར་གསོད་པ་ཕལ་ཆེའི་གཞན་གྱི་ཕྱིར་གསོད་པ་ཉུང་ངོ་། །ནམ་མཁའ་དང་ས་དང་ཆུ་ལ་རྒྱུ་བ་ཉེས་པ་མེད་པ་དེ་དག །རྒྱ་དང་འཁྲུལ་འཁོར་གྱིས་གསོད་པའི་གཏུམ་པོ་རྣམས་ནམ་ཡང་སྙིང་རྗེ་མི་སྐྱེ་བས། ཉན་ཐོས་རྣམས་མ་བྱས་པ་དང་། བྱེད་དུ་མ་བཅུག་པ་དང་། མ་བརྟགས་པའི་ཤ་ཡང་རུང་བ་མེད་ན། མ་འོངས་པའི་དུས་ན་ངའི་བསྟན་པ་ལ་རབ་ཏུ་བྱུང་ནས་ཤཱཀྱའི་སྲས་སུ་ཁས་ལེན་པ། ངུར་སྨྲིག་གི་རྒྱལ་མཚན་ཐོགས་པ་སྐྱེས་བུ་གླེན་པ་ལོག་པའི་རྟོག་གེས་སེམས་ཉམས་པ། འདུལ་བ་ལ་རྣམ་རྟོག་མང་པོ་སྨྲ་བ། འཇིག་ཚོགས་ལ་ལྟ་བ་རྒྱས་པ། རོ་ལ་ཆགས་པ་རྣམས་ཤ་ཟ་བའི་གཏན་ཚིགས་སུ་སྣང་བ་དག་སྟོན་ཏེ། ང་ལ་ཡང་སྐུར་པ་འདེབས་ཤིང་། བཅོམ་ལྡན་འདས་ཀྱིས་ཤའི་ཟས་གནང་ཞིང་། ཁ་ཟས་བསོད་པར་གསུངས་ལ། དེ་བཞིན་གཤེགས་པ་ཉིད་ཀྱིས་ཀྱང་གསོལ་ཏོ། །ཞེས་ཟེར་རོ། །བསྟན་པ་འདི་ལ་སྐད་ཀྱི་གདང་བུའི་ཚུལ་དུ་བཅས་ནས་ཆེད་དུ་བྱས་པའི་ཤ་རྣམས་བཀག་སྟེ། རང་བཞིན་གྱིས་ཤི་བ་བཅུའི་ཤ་རྣམས་མ་བཀག་མོད་ཀྱིས། འདིར་ནི་རྣམ་པ་ཐམས་ཅད་དུ་ཀུན་ཐབས་མེད་པར་རིམ་གྱིས་བཀག་སྟེ། ཤའི་ཟས་ནི་སུ་ལའང་མ་གནང་མི་གནང་གནང་བར་མི་འགྱུར་རོ། །དེ་བཞིན་གཤེགས་པས་གསོལ་ཏོ་ཞེས་སྐུར་པ་འདེབས་པ་དེ་སྐྱེས་བུ་བླུན་པོ་རང་གི་ལས་ཀྱི་ཉེས་པས་སྒྲིབ་པ་

ཡུན་རིང་པོར་གནོད་པ་དང་མི་བདེ་བ་སྒྲུབ་པར་འགྱུར་རོ། །ངའི་ཉན་ཐོས་དང་རང་སངས་རྒྱས་དང་བྱང་ཆུབ་སེམས་དཔའ་རྣམས་ཆོས་ཀྱི་ཟས་ཟ་སྟེ་ཟང་ཟིང་གི་ཟས་ནི་མ་ཡིན་ནོ། །ང་ནི་སེམས་ཅན་རྣམས་ལ་བུ་གཅིག་པའི་འདུ་ཤེས་དང་ལྡན་པ་ཡིན་ན། ཉན་ཐོས་རྣམས་ལ་བདག་གི་བུའི་ཤ་ཟ་བ་ཇི་ལྟར་གནང་བར་བྱ། རང་གིས་བཟའ་བ་ལྟ་ཅི་སྨོས། ཉན་ཐོས་ལ་གནང་བ་དང་བདག་ཉིད་ཀྱིས་ཟས་སོ་ཞེས་བྱ་བ་འདི་ནི་གནས་མེད་དོ། །བྱང་ཆུབ་སེམས་དཔའ་སེམས་ཆེན་གྱིས། །ཚང་དང་ཤ་དང་སྒོག་བཙོང་དག །བཟའ་ཞིང་བཏུང་བར་མི་བགྱི་བ། །རྒྱལ་བ་ཁྱུ་མཆོག་བཤད་དུ་གསོལ། །ཞེས་དང་། ཤ་རྣམས་དང་ནི་སྒོག་བཙོང་དང་། །ཆང་དང་རྣམ་པ་སྣ་ཚོགས་དང་། །གོ་ཙུ་དང་སྒོག་སྐྱ་དེ་བཞིན་ཏེ། །རྣལ་འབྱོར་ཅན་གྱིས་རྟག་ཏུ་སྤང་། །ཞེས་པ་དང་། ཟས་ལ་དྲེགས་པ་སྐྱེ་བར་འགྱུར། །རྟོག་པ་དྲེགས་ལས་བྱུང་བ་སྟེ། །རྟོག་པས་འདོད་ཆགས་རབ་ཏུ་བསྐྱེད། །དེ་ཡི་ཕྱིར་ན་བཟའ་མི་བྱ༑ ༑ཞེས་པ་དང་། ཁེ་ཡི་ཕྱིར་ནི་སེམས་ཅན་གསོད། །ཤ་ཡི་ཕྱིར་ནི་ནོར་སྦྱིན་བྱེད། །དེ་དག་གཉིས་ཀ་སྡིག་ལས་ཅན། །ངོ་དོད་འབོད་ལ་སོགས་པར་འཚེད། །གང་གིས་ཐོབ་པའི་ཚིག་འདས་ཏེ། །བསམ་པ་ངན་པས་ཤ་ཟ་ན། །འཇིག་རྟེན་གཉིས་ནི་ཞིག་པའི་ཕྱིར། །ཤཱཀྱའི་བསྟན་ལ་བརྟུལ་ཞུགས་བསླངས། །ཤིན་ཏུ་མི་བཟད་དམྱལ་བར་ཡང་། །སྡིག་པའི་ལས་ཅན་དེ་དག་སྟོང་། །མ་རུངས་ངོ་དོད་འབོད་སོགས་སུ། །ཤ་ཟ་དེ་དག་བཙོ་བར་འགྱུར། །རྣམ་གསུམ་དག་པའི་ཤ་རྣམས་ནི། །མ་བརྟགས་པ་དང་མ་བླངས་པ། །མ་བསྐུལ་བ་ཡང་ཡོང་མེད་པས། །དེས་ན་ཤ་ནི་མི་ཟ་བོ། །རྣལ་འབྱོར་ཅན་གྱིས་ཤ་མི་ཟ། །ང་དང་སངས་རྒྱས་བདག་གིས་བཤད། །ཅེས་པ་དང་། གླང་པོའི་རྩལ་དང་སྤྲིན་ཆེན་དང་། །མྱ་ངན་འདས་དང་སོར་འཕྲེང་དང་། །ལང་ཀར་གཤེགས་པའི་མདོ་ལས་ཀྱང་། །ངས་ནི་ཤ་རྣམས་རྣམ་པར་སྤང་། །སངས་རྒྱས་བྱང་ཆུབ་སེམས་དཔའ་དང་། །ཉན་ཐོས་རྣམས་ཀྱིས་སྨད་པ་ལ། །ངོ་མི་ཚ་བར་ཟ་བ་ནི། །རྟག་ཏུ་སྨྱོན་པར་སྐྱེ་བར་འགྱུར། །ཞེས་པ་དང་། ཤ་ཟན་རིགས་སུ་སྐྱེས་པ་དང་། །རྟོག་གེ་པ་རྣམས་མི་ཤེས་སོ། །ཇི་ལྟར་འདོད་ཆགས་ཐར་པ་ལ། །བར་ཆད་བྱེད་པར་འགྱུར་བ་བཞིན། །དེ་ལྟར་ཤ་དང་ཆང་ལ་སོགས། །བར་ཆད་བྱེད་པར་འགྱུར་བའོ། །མ་འོངས་པ་ཡི་དུས་ན་ནི། །ཤ་ཟ་གཏི་མུག་སྨྲ་བ་དག །ཤ་ནི་སྡིག་མེད་རུང་བ་ཞེས། །སངས་རྒྱས་ཀྱིས་ནི་བཤད་ཅེས་ཟེར། །ཞེས་པ་དང་། ཐར་པའི་ཆོས་དང་འགལ་བའི་ཕྱིར། །མི་རྣམས་དྲང་སྲོང་ངེས་པར་འགྱུར་བའིའོ། །དེ་ཕྱིར་བཟའ་བར་མི་བྱ་སྟེ། །འདི་ནི་འཕགས་པའི་རྒྱལ་མཚན་ནོ། །ཞེས་གསུངས་སོ། །རབ་བྱུང་ཤ་མ་ཟོས་ན་ལྷ་སྦྱིན་གྱི་བརྟུལ་ཞུགས་སུ་འགྱུར་རོ་ཞེས་འདོད་པ་ནི་མདོའི་དོན་མ་རྟོགས་པ་ཡིན་ཏེ། སོར་ཕྲེང་དུ། གནས་བརྟན་འོད་སྲུང་ཆེན་པོ་བདུད་རྩི་ལྟ་བུའི་ཁ་ཟས་སྣ་ཚོགས་དང་ཤའི་རོའི་ཁ་ཟས་ཀྱང་སྤངས་ཏེ། ཤ་མེད་པར་བརྟུལ་ཞུགས་ཀྱི་སྤྱོད་པ་ལ་ཡང་དག་པར

སྤྱོད་དོ། །ཞེས་པས་ལྷ་སྦྱིན་གྱི་བཅས་པ་ཚད་མར་བྱས་ཏེ། ཤ་མི་ཟ་བའི་བརྟུལ་ཞུགས་ཀྱིས་གྲོལ་བར་འདོད་ན༑ དགེ་འདུན་དབྱེན་བྱེད་པའི་ཕྱོགས་དང་མཐུན་པར་འགྱུར་ཞེས་གོངས་པ་ཡིན་ནོ། །མདོ་དེར་འཁོར་བར་འཁོར་བའི་ཚེ་རབས་དག་ཏུ་སེམས་ཅན་ཐམས་ཅད་ཕ་དང་མ་དང་སྲིང་མོ་ལ་སོགས་པར་མ་གྱུར་པ་གང་ཡང་མེད་དོ། །ཕྱིར་གྱུར་པ་ཡང་ཕར་གྱུར་ཏོ། །དེ་བས་ན་བདག་གི་ཤ་དང་གཞན་གྱི་ཤ་གཅིག་པ་ཡིན་པས་སངས་རྒྱས་རྣམས་ཤ་མི་གསོལ་ལོ། །སེམས་ཅན་ཐམས་ཅད་ཀྱི་དབྱིངས་ཏེ་དབྱིངས་གཅིག་པའི་ཤ་ཟ་བར་འགྱུར་བས་སངས་རྒྱས་རྣམས་ཤ་མི་གསོལ་ལོ། །ཞེས་གསུངས་སོ། །མྱ་ངན་ལས་འདས་པ་ཆེན་པོར། འོད་སྲུང་ཤ་བརྟགས་པ་རྣམ་པ་གསུམ་ཟ་བར་གནང་བ་ནི། བགས་ཀྱིས་བཅད་པའི་ཐབས་ཀྱིས་གསུངས་སོ། །ཅིའི་སླད་དུ་དེ་བཞིན་གཤེགས་པས་ཉའི་ཤ་ལ་བསོད་པའི་ཟས་སུ་གསུངས། རིགས་ཀྱི་བུ། ངས་ནི་ཉའི་ཤ་ལ་སོགས་པ་ལ་བསོད་ཟས་སུ་མ་གསུངས་ཀྱིས་བུ་རམ་གྱི་ཤིང་དང་འོ་མ་དང་ཞོ་དང་མར་ལ་སོགས་པ་བསོད་པའི་ཟས་སུ་གསུངས་སོ། །ཞེས་པ་དང་། འོད་སྲུང་ངས་ནི་དེ་ཕན་ཆད་ཉེ་གནས་སུ་གྱུར་པ་རྣམས་ཀྱིས་ཤ་ཐམས་ཅད་བཟའ་བར་མི་རུང་ངོ་ཞེས་སེང་གེའི་དྲི་བྲོ་བ་ལ་དུད་འགྲོ་རྣམས་སྐྲག་པ་དང་། སྒྲོག་པའི་དྲི་བྲོ་བ་ལ་སུ་ཡང་མི་འདོད་པ་དཔེར་མཛད་དོ། །ཡང་དགོངས་ཏེ་གསུངས་པ་ཤིན་ཏུ་ཟབ་མོ་མ་རུངས་པར་བྱས་ནས་རང་བཟོའི་མདོ་སྡེ་དང་འདུལ་བ་བཤད་དེ། དེ་བཞིན་གཤེགས་པས་བདག་ཅག་ཤ་ཟ་བར་གནང་ངོ་། །ཞེས་ཟེར་ཅིང་ཡི་གེར་བྲིས་ནས་ཕན་ཚུན་རྩོད་ཅིང་བདག་ཅག་དགེ་སློང་ཤཱཀྱའི་སྲས་སོ་ཞེས་སྒྲོགས་སོ། །ཞེས་པ་དང་། ཤ་དང་འདྲེས་པའི་ཟས་སྐྱུལ་ནཤ་དང་ཟས་སོ་སོར་ཕྱེ་ལ་ཆུས་བཀྲུས་ཏེ་བཟའ་བར་བྱའོ། །གལ་ཏེ་ལྷུང་བཟེད་ཤ་དང་འབགས་ཀྱང་བྲོ་བའི་རོ་མེད་ན་སྤྱོད་ཀྱང་ཉེས་པ་མེད་དོ། །བསོད་སྙོམས་ཀྱི་ནང་དུ་ཤ་མང་པོ་བྱུང་ན་བླང་བར་མི་བྱའོ། །ཟས་ཀྱི་ནང་ནཤ་སྣང་ན་མ་ཟ་ཤིག་ཟོས་ན་ཉེས་པ་དང་བཅས་ཏེ། ངས་ཤ་ཟ་བར་མི་གནང་བ་བཅས་པ་འདི་རྒྱས་པར་བསྟན་ན་ཟད་པའི་མཐའ་མེད་དེ། མྱ་ངན་ལས་འདས་པའི་དུས་ལ་བབ་པས་ཕྱོགས་ཙམ་ཞིག་བཤད་པ་ཡིན་ནོ། །ཞེས་གསུངས་སོ། །མདོ་གཞན་ལས། ཟ་བོ་ཤ་ལ་སྲེད་པ་ནི། །བསྐལ་པ་བྱེ་བར་འཚེད་པར་འགྱུར། །གསོད་པོ་ནོར་ལ་སྲེད་པ་ནི། །བསྐལ་པ་འབུམ་དུ་འཚེད་པར་འགྱུར། །ཞེས་པ་དང་། དྲན་པ་ཉེར་བཞག་ཏུ། སྐྱེ་བོ་མང་པོའི་ཆེད་དུ་ཤ་བྱེད་ན། དམྱལ་བ་མནར་མེད་ཀྱི་འཁོར་དུ་ཕྱིའི་སོ་བར་དུ་གཙེར་བར་འགྱུར་རོ་ཞེས་གསུངས་པས། སྤྱིར་སངས་རྒྱས་ཀྱི་བཀག་པ་ལ་གནང་བའི་རྐྱེན་མེད་པར་འདས་ན་ངན་འགྲོའི་རྒྱུ་ཡིན་ཏེ། ཁྱད་པར་ཐེག་པ་ཆེན་པོའི་གནང་བཀག་ལས་འདས་ན་ཉེས་དམིགས་ཤིན་ཏུ་ཆེ་བའི་ཕྱིར་འབད་པ་ཆེན་པོས་སངས་རྒྱས་ཀྱི་གསུང་བཞིན་དུ་སྒྲུབ་པ་ལ་ནན་ཏན་བྱ་བར་རིགས་སོ། །

གསུམ་པ་མདོ་རྒྱུད་ལ་གནང་བཀག་ཐ་དད་ཡོད་པར་བསྟན་པ་ནི། དེ་བཞིན་ཕ་རོལ་ཕྱིན་པ་དང་། །གསང་སྔགས་ཀྱི་ནི་ལྟུང་བ་ལ། །གནང་བཀག་འགའ་ཞིག་ཐ་དད་ཡོད། །དེ་འདྲའི་འགལ་བ་ལྟག་སྤྲོད་ལ། །ཡི་བཀག་ཡི་གནང་ཇི་ལྟར་རྩི། །དེས་ན་ཡི་བཀག་ཡི་གནང་གི །རྣམ་བཞག་ཕྱོགས་གཅིག་བྱར་མི་རུང་། །ཞེས་པ་ཐེག་པ་ཆེ་ཆུང་ལ་གནང་བཀག་སོ་སོར་ཡོད་པ་དེ་བཞིན་དུ། ཕ་རོལ་ཏུ་ཕྱིན་པ་དང་སྔགས་ཀྱི་ཐེག་པ་ལ་ཡང་རྩ་བ་དང་ཡན་ལག་གི་ལྟུང་བའི་བཅས་པ་སོ་སོར་ཡོད་པའི་ཕྱིར་དགག་སྒྲུབ་གནང་བ་ལས་འདས་པའི་ལྟུང་བའི་རྣམ་བཞག་འགལ་བ་མང་དུ་ཡོད་དེ། གསང་སྔགས་སུ་ཕུང་པོ་ལྷ་ལ་སྨོད་པ་དང་། དམ་ཚིག་གི་རྫས་མི་བརྟེན་པ་རྩ་ལྟུང་དུ་གསུངས་པ་ཕ་རོལ་ཏུ་ཕྱིན་པར་མ་བཅས་ཤིང་། ཕ་རོལ་ཏུ་ཕྱིན་པར་བསམ་གཏན་པའི་རྫས་ཐོས་བསམ་པ་ལ་བྱིན་པ་རྩ་ལྟུང་དུ་གསུངས་པ་གསང་སྔགས་སུ་མ་བཅས་པ་ལྟ་བུ་དང་། དྲག་ཤུལ་ཅན་གྱིས་ཞུས་པར། བུད་མེད་ལ་ཉེས་པ་མཐའ་ཡས་པ་གསུངས་ཤིང་། གསང་སྔགས་སུ་བུད་མེད་ལ་སྨོད་པ་རྩ་ལྟུང་དུ་བཅས་པ་ལྟ་བུ་འགལ་བ་ལྟག་སྤྲོད་དུ་མ་གསུངས་པ་ལ། ཡི་བཀག་ཡི་གནང་གི་རྣམ་བཞག་ཕྱོགས་གཅིག་ཏུ་གཏན་ནས་བྱར་མི་རུང་སྟེ་མདོ་རྒྱུད་ཐམས་ཅད་དང་འགལ་བའི་ཕྱིར་རོ། །

བཞི་པ་དེ་དག་འཇིག་རྟེན་པའི་གོ་སླའི་དཔེས་བསྟན་པ་ནི། དཔེར་ན་པདྨོའི་སོ་ནམ་ལ། །རྟག་ཏུ་འདམ་དང་འཛན་འབྱིན་དགོས། །ཤུ་དག་སོགས་ཀྱིས་བསྐོར་ན་སྐྱེ། །མེ་ཏོག་གཞན་ལ་དེ་མི་དགོས། །ཆུ་ལས་སྐྱེ་ལ་སྐམ་པ་དགྲ། །སྐམ་པ་སྐྱེ་ལ་རློན་པ་དགྲ། །གྲང་བར་དྲོ་བའི་རྫས་མི་སྨིན། །དྲོ་སར་བསིལ་བ་འཐད་མ་ཡིན། །ཞེས་པ། ཆུ་ལས་སྐྱེ་བའི་མེ་ཏོག་པདྨ་དཀར་དམར་དང་ཨུཏྤལ་དང་ཀུ་མུད་ལ་སོགས་པའི་སོ་ནམ་ལ་རྟག་ཏུ་འདམ་རྫབ་དང་ལྷན་ལྷིན་ལ་སོགས་པའི་བརླན་ཆེན་པོ་དང་། ཤུ་དག་དང་སྨྲེའུ་བཤེར་ལ་སོགས་པ་རོ་ཙུང་ཟད་ཚ་བ་དང་། དྲོ་བའི་རྫས་ཀྱིས་བསྐོར་ན་བསྐྱེད་ཆེ་ཞིང་འཕེལ་བར་འགྱུར་ལ། ཙམ་པ་ཀ་ལ་སོགས་པའི་མེ་ཏོག་སྐམ་པར་སྐྱེ་བ་དང་། དོང་ཀ་དང་གེ་ཤུའི་མེ་ཏོག་ལ་སོགས་པ་ཤིང་ལས་སྐྱེ་བ་དག་ལ་འདར་དེ་འདྲའི་མཐུན་རྐྱེན་མི་དགོས་ཤིང་། ཆུ་ལས་སྐྱེས་པའི་མེ་ཏོག་ལ་འདར་སྐམ་པ་ཆེ་བ་འགལ་རྐྱེན་ཡིན་ལ། སྐམ་པར་སྐྱེ་བའི་མེ་ཏོག་ལ་བརླན་ཙད་ཆེ་བ་འགལ་རྐྱེན་དང་། དྲོ་སར་སྨིན་པའི་འབྲས་ལ་སོགས་པ་གྲང་བར་མི་སྨིན་ཅིང་། གངས་ལ་སྐྱེ་བའི་སྨན་དྲི་ལྡན་ལ་སོགས་པ་དྲོ་སར་མི་སྐྱེ་བ་བཞིན་ནོ། །

དེས་ན་བྱ་བ་གང་ཅིའི་རུང་། །རང་རང་ལུགས་བཞིན་བྱས་ན་འགྲུབ། །དེ་ལས་བཟློག་པའི་ལུགས་བྱས་ན༑ །མི་འགྲུབ་གྲུབ་ཀྱང་བཟང་པོ་དཀའ། །དེ་བཞིན་གནང་བཀག་ཐམས་ཅད་ཀྱང་། །རང་རང་ལུགས་བཞིན་བྱས་ན་འགྲུབ། །ཅེས་པ་འཇིག་རྟེན་གྱི་བྱ་བ་དང་དམ་པའི་ཆོས་ཀྱི་བླང་དོར་ཐམས་ཅད་རང་རང་གི་ལུགས་

དང་མཐུན་པར་བྱས་ན་འདོད་པའི་དོན་འགྲུབ་ཅིང་། དེ་ལས་བཟློག་ན་མི་གྲུབ་པས། གལ་ཏེ་གྲུབ་ནའང་བཟང་པོ་མི་འབྱུང་སྟེ། སྐྱེ་བོ་བསོ་བའི་ཐིག་པར། གཞོན་ནུའི་དུས་སུ་རིག་པ་བསླབ། །ཞོ་འདོད་བ་ནི་དགུན་ནས་བསོ། །གྲོད་གཤེར་ལྡན་དུས་ས་བོན་གདབ། །འདི་གསུམ་འབྲས་བུ་སྨིན་པའི་རྒྱུ། །ཞེས་དང་། ལེགས་བཤད་དུ། ཧ་ཅང་གཡོ་སྒྱུ་མང་དྲགས་ན། །རི་ཤིག་གྲུབ་ཀྱང་ཐ་མར་བརླག །གཟིག་ལྤགས་བཀབ་པའི་བོང་བུ་ཡིས། །ལོ་ཐོག་ཟོས་མཐར་གཞན་གྱིས་བསད། །ཅེས་སོ། །དེས་ན་གནང་བཀག་ལ་བླང་དོར་རང་རང་གི་ལུགས་བཞིན་མ་ནོར་བར་བྱས་པས་དོན་འགྲུབ་པ་ཡིན་ནོ།། །།

བདུན་པ་རབ་བྱུང་ལ་བཅས་པའི་ལྟུང་བ་ཁྱིམ་པ་ལ་འབྱུང་བ་དགག་པ་ལ་གཉིས། རང་བཟོའི་འཁྲུལ་པ་སྨྲུན་དབྱུང་བ། གདུལ་བྱའི་བསམ་པ་ལ་ལྟོས་ནས་བཅས་པར་བསྟན་པའོ། །

དང་པོ་ལ་གཉིས་ལས། ཟེར་ལུགས་བརྗོད་པ་ནི། གལ་ཏེ་སྡོམ་པ་མ་བླངས་ན། །ལྟུང་བའི་ཐ་སྙད་མི་ཐོབ་ཀྱང་། །རབ་ཏུ་བྱུང་ལ་བཅས་པ་ཡི། །སྡིག་པ་ཁྱིམ་པ་ལ་ཡང་འབྱུང་། །དེ་ལྟ་མིན་པར་རབ་བྱུང་ལ། །ཆེད་དུ་བྱས་ནས་སྡིག་བསྒོམ་ན། །ཐུབ་པས་རབ་ཏུ་བྱུང་པ་ལ། །སྙིང་ནད་བྱས་པར་འགྱུར་ཞེས་ཟེར། །ཞེས་པ། སྡོམ་པ་མེད་པའི་གང་ཟག་ལ་ལྟུང་བའི་ཐ་སྙད་མི་འབྱུང་ཀྱང་། རབ་བྱུང་ལ་འབྱུང་བའི་ལྟུང་བ་དེ་ཁྱིམ་པ་ལ་ཡང་འབྱུང་བར་རིགས་ཏེ། དེ་ལྟར་མ་ཡིན་ན་སྟོན་པས་ཉེས་མེད་ལ་ཉེས་པ་དགྲིས་པས་རབ་ཏུ་བྱུང་ན་སྙིང་ནད་བྱས་པར་འགྱུར་རོ་ཞེས་རྟོག་སྤྱོད་དང་ལྡན་པར་རློམ་པའི་ཆོས་རྒྱུས་ཆུང་བ་འགའ་ཞིག་ཟེར་རོ། །

གཉིས་པ་དེ་དགག་པ་ལ་ལྔ་ལས། དང་པོ་བླུན་པོ་ལ་གོ་བདེའི་དཔེས་དགག་པ་ནི། འདི་འདྲའི་རིགས་པ་གཟུ་ལུམ་ཡིན། །འོ་ན་ཞིང་ཡོད་རྣམས་ལ་ཡང་། །སེར་བ་ལ་སོགས་འབྱུང་འགྱུར་གྱིས། །ཞིང་མེད་རྣམས་ལ་མི་འབྱུང་བས། །ཞིང་བཟང་བྱིན་པ་སྙིང་ནད་འགྱུར། །དེས་ན་ཞིང་པར་དགྲ་ཡོད་ཀྱང་། །ལོ་ཏོག་འབྱུང་བའི་ཡོན་ཏན་ཡོད། །ཅེས་པ་བླུན་པོའི་ཨུ་ཚུགས་ཀྱི་གཏམ་ཡིན་ཏེ། དཔེར་ན་ལོ་ཏོག་བཟང་པོ་ཡོད་པའི་ཞིང་ལ་སེར་བའི་འཇིགས་པ་འབྱུང་ཞིང་། མེད་ན་མི་འབྱུང་བས་ཞིང་བཟང་པོ་བྱིན་པའང་བསམ་ངན་དུ་བཟུང་བར་འགྱུར་རམ། ལོ་ཏོག་འབྱུང་བའི་ཕན་ཡོན་ཡོད་པས། ཞིང་བྱིན་ན་ཕན་བཏགས་པ་ཡིན་མོད།

གསུམ་པ་དཔེས་མཚོན་པའི་དོན་གཏན་ལ་དབབ་པ་ནི། དེ་བཞིན་རབ་ཏུ་བྱུང་བ་ལ། །ལྟུང་བ་སྲིད་མོད་ཕན་ཡོན་ཆེ། །དཔེར་ན་སྤྲང་པོ་སེར་བ་སོགས། །མི་འཇིགས་མོད་ཀྱིས་ལོ་ཏོག་མེད། །དེ་བཞིན་ཁྱིམ་པ་རྣམས་ལ་ཡང་། །ལྟུང་བ་མེད་མོད་དགེ་མི་འབྱུང་། །ཞེས་པ། སྤྲང་པོ་ལ་ཞིང་མེད་པས་སེར་བའི་འཇིགས་པ་མེད་མོད། ལོ་ཏོག་མེད་པས་བཀྲེས་པའི་འཇིགས་པ་རྟག་ཏུ་འབྱུང་ལ། ཕྱུག་པོ་ལ་མི་འབྱུང་བ་ལྟར་ཁྱིམ་པ་ལ

སྡོམ་པ་མེད་པས་ཉམས་པའི་ཉེས་པ་མི་འབྱུང་མོད། བསྲུངས་པའི་ཕན་ཡོན་མེད་པས། ངན་འགྲོ་དང་འཁོར་བའི་སྡུག་བསྔལ་ལས་ནམ་ཡང་མི་གྲོལ་ལ། རབ་བྱུང་ལ་ཉམས་པའི་ལྟུང་བ་འབྱུང་སྲིད་མོད། བསྲུངས་པའི་ཕན་ཡོན་གྱི་གནས་སྐབས་སུ་ངན་འགྲོར་མི་ལྟུང་ཞིང་། ལྷ་མིའི་གོ་འཕང་ཐོབ་པ་དང་། མཐར་ཐུག་མྱ་ངན་ལས་འདའ་བར་འགྱུར་བ་ཡིན་ཏེ། ཀླུ་སྒྲུབ་ཞབས་ཀྱིས། ཁྲིམས་ནི་རྒྱུ་དང་མི་རྒྱུའི་ས་བཞིན་དུ། །ཡོན་ཏན་ཀུན་གྱི་གཞི་རྟེན་ལེགས་པར་གསུངས། །ཞེས་སོ། །འཇུག་པར་ཡང་། སྐྱེ་བོ་ཚུལ་ཁྲིམས་རྐང་པ་ཆག་པ་དག །སྦྱིན་པའི་ལོངས་སྤྱོད་ལྡན་ཡང་ངན་འགྲོར་ལྟུང་། །བསྐྱེད་ཟད་རྩ་བ་ཆད་པར་གྱུར་པ་ཡིན། །ཕྱིན་ཆད་དེ་ཡིས་ལོངས་སྤྱོད་ཐོབ་མི་འགྱུར། །ཞེས་སོ། །

གསུམ་པ་རང་བཞིན་དང་བཅས་པའི་ཁྱད་པར་ངེས་པར་བཤད་པ་ནི། དེས་ན་མདོ་དང་བསྟན་བཅོས་ལས། །རང་བཞིན་ཁ་ན་མ་ཐོ་དང་། །བཅས་པའི་ཁ་ན་མ་ཐོ་བ། །རྣམ་པ་གཉིས་སུ་བསྡུས་ཏེ་གསུངས། །རང་བཞིན་ཁ་ན་མ་ཐོ་བ། །སེམས་ཅན་ཀུན་ལ་སྡིག་པར་འགྱུར། །བཅས་པའི་ཁ་ན་མ་ཐོ་བ། །བཅས་པ་ཕྱིན་ཆད་ལྟུང་བར་འགྱུར། །ཞེས་པ། བཀའ་དང་བསྟན་བཅོས་རྣམས་ལས་ཉེས་པ་ཐམས་ཅད་རང་བཞིན་གྱི་ཁ་ན་མ་ཐོ་བ་དང་བཅས་པའི་ཁ་ན་མ་ཐོ་བ་གཉིས་སུ་འདུས་པར་གསུངས་ལ། དགྲ་བོ་སྲོག་དང་བྲལ་བར་འདོད་པའི་ངན་སེམས་ཀྱིས། མནོར་བར་རང་ངམ་བཅོལ་བས་གསོད་པའི་ཕྱིར་སྦྱོར་བ་བྱས་ཏེ། སྲོག་འགགས་ན། སྲོག་གཅོད་པའི་རང་བཞིན་གྱི་སྡིག་པར་འགྱུར་ཏེ། ཡི་དྭགས་དང་། དུད་འགྲོ་དང་། མི་དང་། ལྷ་ལ་སོགས་པ་སུས་བྱས་ཀྱང་། མི་དགེ་བ་ཡིན་ནོ། །བཅས་ལྡན་དགེ་སློང་རྣམ་དག་གིས། གནང་བའི་རྐྱེན་མེད་པར། ཕྱི་དྲོ་དུས་རུང་གི་ཟས་ཟོས་ན། ལྟུང་བྱེད་འབྱུང་བ་ལྟ་བུ་བཅས་པའི་ཁ་ན་མ་ཐོ་བ་དང་། དེ་འདྲའི་དགེ་སློང་གིས། སྔར་བཞིན་སྲོག་གཅོད་ན་ཁ་ན་མ་ཐོ་བ་གཉིས་ཀ་འབྱུང་ཞིང་། ཁ་ཆེ་བྱེ་བྲག་ཏུ་སྨྲ་བ་ནི། བཅས་པ་དང་རང་བཞིན་རྫས་ཐ་དད་དུ་འདོད་པར་གསལ་ཏེ། མཛོད་འགྲེལ་དུ། ཕ་དང་། མ་མཆོན་ཐབས་གཅིག་གིས་བསད་ན་མཚམས་མེད་ཀྱི་ལས་དང་། དེ་མ་ཡིན་པའི་སྲོག་གཅོད་ཀྱི་ཕྱིར་སྡིག་པ་འབྱུང་བར་བཤད་པས་སོ། །རྗོ་འཇོག་གི་རྒྱལ་པོ། ཕ་དགྲ་བཅོམ་པ་བསད་པའི་ཚེ། ཁྱོད་ཀྱི་མཚམས་མེད་པ་གཉིས་བྱས་སོ་ཞེས་གསུངས་པའི་ཕྱིར་རོ། །བོད་ཀྱི་རྒྱ་འདུལ་བ་འཛིན་ནི། ལྟུང་བ་སྡེ་ལྔ་པོ་ཐམས་ཅད་བཅས་པའི་ཁ་ན་མ་ཐོ་བར་བཞེད་དོ། །ཆང་འཐུང་བ་ནི། བཅས་པའི་ཉེས་པ་ཡིན་ཏེ། འོད་ལྡན་དུ། ཇི་ལྟར་ཆང་འཐུང་བ་བཅས་པའི་ཁ་ན་མ་ཐོ་བ་དང་། བཅས་པའི་ཡང་ཤིན་ཏུ་སྨད་པར་བྱས་པ་དེ་བཞིན་དུ། སྒོག་སྐྱ་ལ་སོགས་པའང་ཤིན་ཏུ་སྨད་པར་བྱ་བ་དང་། ཆོས་མཐུན་པའི་ཕྱིར། མྱོས་པར་འགྱུར་བའི་ཕྱོགས་དང་མཐུན་པ་ཡིན་ནོ། །བཅས་པ་ཡིན་ནོ་ཞེས་བྱ་བའི་

ཁུངས་ནི། ནད་པ་རྣམས་ཀྱི་ལུས་ལ་བསྐུས་པ་དང་། མཁུར་བར་རྡུབ་པར་གནང་བའི་ཕྱིར་ལ། རང་བཞིན་གྱི་ཁ་ན་མ་ཐོ་བ་དང་བཅས་པ་ནི། སྲོག་ལ་བབ་ཀྱང་མ་གནང་བའི་ཕྱིར། འཕགས་པ་ཉེར་སྦྲས་ཀྱིས། མྱོས་པར་འགྱུར་བའི་ཁུ་བ་བཅས་པའི་ཁ་ན་མ་ཐོ་བ་ཡིན་ཀྱང་། ཤིན་ཏུ་སྨད་པ་ནི། རང་བཞིན་གྱི་ཁ་ན་མ་ཐོ་བའི་རྒྱུ་ཡིན་པའི་ཕྱིར་དང་། མཚམས་མེད་པ་བཞི་དང་ལྷུང་བའི་རིགས་ལྔ་པོ་དག་ལ་རབ་ཏུ་འཇུག་པར་བྱེད་པས་ཉེས་པ་ཐམས་ཅད་ཀྱི་འབྱུང་གནས་ཡིན་པའི་ཕྱིར། ཞེས་གསུངས་སོ། །ཞེས་སོ། །བཅོས་པའི་ཆང་ནི་རྒྱུན་འབྲུམ་དང་བུར་ཤིང་ཁུ་བ་ལས་བྱས་པ་ལྟ་བུ། སྦྱར་ཆང་ནི། འབྲུ་བཏགས་པ་མནན་ནས་བྱས་པ་ཡིན་པར་བཤད་དོ། །བོད་ཀྱི་བླ་མ་འགའ་ཞིག །མ་བཟི་བར་འཐུང་བ་བཅས་པ་དང་། བཟི་བ་རང་བཞིན་གྱི་ཉེས་པ་ཡིན་ཟེར་རོ། །

བཞི་པ་རྒྱལ་བ་སྲས་བཅས་ཉེས་པ་དང་བཅས་པར་འགྱུར་བས་ཏ་ཅང་ཐལ་བར་བསྟན་པ་ལ་གསུམ་ལས། དང་པོ་སྲས་བཅས་རྒྱལ་བ་མི་དགེ་སྤྱོད་པར་ཐལ་བ་ནི། དེ་ལྟ་མིན་པར་མ་བཅས་ཀྱང་། །ཅི་ནས་སྡིག་པར་འགྱུར་ན་ནི། །རྒྱལ་བ་རིགས་ལྔ་ལ་སོགས་པ། །ལོངས་སྤྱོད་རྫོགས་པའི་སྐུ་རྣམས་དང་། །ཞེས་པ། མ་བཅོས་པ་ལ་བཅོས་པ་དང་འགལ་བའི་ཉེས་པ་མེད་ཅིང་བཅས་ཕྱིན་ཆད་དེ་ལས་འདས་ན་ཉེས་པར་འགྱུར་བ་མ་ཡིན་པར་མ་བཅས་པའི་གང་ཟག་ལ་ཡང་ཅི་ནས་ཀྱང་ཉེས་པར་འགྱུར་ན། རྣམ་པར་སྣང་མཛད་ལ་སོགས་པའི་རྒྱལ་བ་རིགས་ལྔ་དང་། སངས་རྒྱས་ལོངས་སྤྱོད་རྫོགས་སྐུའི་རྣམ་པ་ཅན་ན་བཟའ་ཆོན་ཆེན་དང་རྒྱན་རིན་པོ་ཆེས་སྤྲས་པ་དང་། སྤྱོང་རྒྱུད་དུ་ཐུབ་པ་ཆེན་པོའི་རྒྱན་ཅན་གསུངས་པ་དང་།

ཉེ་བའི་སྲས་བརྒྱད་ལ་སོགས་པ། །བྱང་ཆུབ་སེམས་དཔའ་ཕལ་ཆེར་ཀྱང་། །དབུ་སྐྲ་རིང་ཞིང་རྒྱན་དང་བཅས། །ཁ་དོག་སྣ་ཚོགས་ན་བཟའ་ཅན། །ཕྱག་མཚན་སྣ་ཚོགས་འཛིན་པ་རྣམས། །ཡེ་བཀག་པ་ལ་སྤྱོད་པའི་ཕྱིར། །གཤིས་ཀྱིས་མི་དགེ་ཅན་དུ་འགྱུར། །ཞེས་པ། རྒྱལ་སྲས་སའི་སྙིང་པོ་ལ་སོགས་པ་བཅོམ་ལྡན་འདས་ཀྱི་དབང་པོ་དང་སྙེ་མཆེད་ཀྱི་བདག་ཉིད་ཉེ་བའི་སྲས་བརྒྱད་དང་། སྤྱི་གཙུག་གི་ནོར་བུ་རིན་པོ་ཆེའི་འོད་ཀྱིས་འཇིག་རྟེན་ཐམས་ཅད་ཟིལ་གྱིས་གནོན་པར་ནུས་པའི་རྒྱན་ཅན་དབུ་སྐྲ་ཤིན་ཏུ་རིང་པོ་དང་། ན་བཟའ་ཁྲ་བོ་དང་རལ་གྲི་དང་འཁོར་ལོ་དང་རྡོ་རྗེ་ལ་སོགས་པ་མཚོན་ཆ་སྣ་ཚོགས་འཛིན་པའི་རྒྱལ་སྲས་རྣམས་ཡེ་ནས་བཀག་པ་ལ་ལོངས་སྤྱོད་པའི་ཕྱིར་གཤིས་ཀྱི་མི་དགེ་བ་ཅན་དུ་འགྱུར་རོ། །

གཉིས་པ་གྲུབ་ཐོབ་ཀྱི་སྤྱོད་པ་སྡིག་སྤྱོད་དུ་ཐལ་བ་ནི། རྣལ་འབྱོར་དབང་ཕྱུག་བི་རཱུ་པ། །ཏི་ལོ་ནཱ་རོ་ལ་སོགས་པ། །དགེ་སློང་བརྟུལ་ཞུགས་བོར་བ་ཡི། །གྲུབ་ཐོབ་རྣམས་ཀྱང་སྡིག་ཅན་འགྱུར། །ཞེས་པ། གྲུབ་ཆེན་

པིཎྜ་པ་བདག་ཉིད་འཇིག་རྟེན་ཀུན་གྱིས་སྨད་པས་ངན་པའི་སྤྱོད་པ་མཛད་པར་ཞལ་གྱིས་བཞེས་ཏེ། ཆང་ཚོང་མའི་ཁྱིམ་དུ་གྲོང་ཁྱེར་མང་པོའི་ཆང་གསོལ་ཏེ་ཉི་མ་ཆང་སྟེར་བཅུག་པ་དང་། ཏི་ལོ་པས་ཉ་གསོན་བསྲེགས་བྱེད་པ་དང་། ཏིལ་བརྡུང་བ་ལ་སོགས་དམན་པའི་སྤྱོད་པ་དང་། ས་ར་ཧས་བྲམ་ཟེའི་རིགས་དང་འགལ་བའི་སྤྱོད་པ་མི་ཐོད་རྐྱོན་པའི་ནང་དུ་ཆང་འཐུང་བ་དང་། མདའ་བཟོ་བ་དང་། ཤ་བ་རི་པས་རི་དྭགས་གསོད་པ་དང་། ནཱ་རོ་པས་རབ་ཏུ་བྱུང་བའི་ཆ་ལུགས་སྤངས་ནས་ཐོད་པ་དང་ཅང་ཏེའུ་འཛིན་པ་ལ་སོགས་པ་གྲུབ་ཐོབ་ཀྱི་སྤྱོད་པ་བྱེད་པ་རྣམས་ཀྱང་གཞིས་ཀྱིས་མི་དགེ་བ་ལ་སྤྱོད་པར་འགྱུར་རོ། །

གསུམ་པ་ཞིང་དག་པའི་རབ་བྱུང་སྐྱོན་ཅན་དུ་ཐལ་བ་ནི། ཙན་དན་སྤོས་ཀྱི་དྲི་ལྡན་པའི། །དགེ་སློང་ཇི་སྙེད་ཐམས་ཅད་ཀྱང་། །རྒྱན་དང་བཅས་ཤིང་གོས་དཀར་བ། །དེ་དག་ཀྱང་ནི་སྡིག་ཅན་འགྱུར། །གཞིས་ཀྱིས་མི་དགེ་སྤྱད་ཕྱིར་རོ། །དགེ་བསྙེན་དགེ་ཚུལ་སྡོམ་བརྩོན་ལའང་། །སྡིག་མེད་སྲིད་པར་མི་འགྱུར་ཏེ། །དེ་དག་ལ་ཡང་དགེ་སློང་གི །ལྟུང་བ་ཐམས་ཅད་འབྱུང་ཕྱིར་རོ། །ཞེས་པ། གཙུག་ན་རིན་ཆེན་གྱིས་ཞུས་པར། ལྷས་བལྟས་པ་ཞེས་པའི་སྟེང་ཕྱོགས་ཀྱི་ཞིང་ཁམས་ཙན་དན་སྤྲུལ་གྱི་སྙིང་པོའི་རང་བཞིན་ཅན་དྲི་དང་ཀྱིས་འཇིག་རྟེན་གྱི་ཁམས་མཐའ་ཡས་པས་ཁྱབ་པ་ཞིག་ཏུ། སངས་རྒྱས་འཇིག་རྟེན་ཐམས་ཅད་མངོན་པར་དགའ་བ་ཞེས་བྱ་བ་འབྱུང་སྟེ། ཐེག་པ་ཆེན་པོ་ལས་གཞན་པའི་ཆོས་ཀྱི་མིང་ཙམ་ཡང་མེད་དེ། མི་ཐམས་ཅད་བསམ་གཏན་གྱི་ཟས་ཀྱིས་འཚོ་ཞིང་མངོན་པར་ཤེས་པ་དང་ལྡན་པ་གསེར་གྱི་ཁ་དོག་དང་རྒྱན་གྱིས་སྤྲས་པ་རབ་ཏུ་བྱུང་བ་རྣམས་ཀྱང་ཉོན་མོངས་པ་དང་བྲལ་བས་ཆེ་བ་ཡིན་གྱིས། དུར་སྨྲིག་གི་གོས་ལ་སོགས་པ་མེད་དེ། སེམས་ལས་མ་གཏོགས་པ་བསླབ་པར་བྱ་བ་གཞན་མེད་པའི་ཕྱིར། ཞེས་གསུངས་པ། རབ་བྱུང་དེ་དག་ཀྱང་རིན་པོ་ཆེའི་རྒྱན་དང་གོས་དཀར་པོ་ཁ་ཚར་ཅན་གྱོན་པ་ལ་སོགས་ཁྱིམ་པའི་ཆ་ལུགས་འཛིན་པའི་ཕྱིར་གཞིས་ཀྱིས་མི་དགེ་བ་ལ་སྤྱོད་པའི་སྡིག་ཅན་དུ་འགྱུར་རོ། །གཞན་ཡང་དགེ་བསྙེན་དང་། དགེ་ཚུལ་དང་དགེ་སློང་ཚུལ་ཁྲིམས་རྣམ་པར་དག་པའི་ལྟུང་མེད་མི་སྲིད་པར་འགྱུར་ཏེ། དེ་དག་ལའང་ལྟུང་བ་ཐམས་ཅད་འབྱུང་བའི་ཕྱིར་རོ། །

ལྔ་པ་རྩ་བརྒྱུད་བླ་མ་ལ་སྨད་པའི་སྡིག་པ་ཆེན་པོར་འགྱུར་བ་ནི། འདི་འདྲ་གང་དག་སུ་ཟེར་བ། །དེ་ཡི་རང་གི་རྩ་བ་དང་། །བརྒྱུད་པའི་བླ་མ་གང་གྱུར་པ། །ཁྱིམ་པ་ཡི་ནི་དགེ་བསྙེན་ནམ། །རྣལ་འབྱོར་པ་རུ་གང་བཞུགས་པ། །དེ་དག་ཐམས་ཅད་སྨད་པ་སྟེ། །གཞིས་ཀྱིས་མི་དགེ་མཛད་ཕྱིར་དང་། །ལྟུང་བ་ཐམས་ཅད་སྤྱོད་ཕྱིར་རོ། །ཞེས་པ། གཞིས་ལ་དགེ་སྡིག་ཡོད་པས་རབ་བྱུང་ལ་བཅས་པའི་ཉེས་པ་ཁྱིམ་པ་ལའང་འབྱུང་ངོ་ཞེས

རང་གི་ལོག་པར་རྟོག་པས་སླུ་བ་དེ་ཡིས། རང་གི་རྒྱ་བ་དང་བརྒྱུད་པའི་བླ་མ་ཆ་ལུགས་ཁྲིམ་པ་ལ་སོགས་གང་དུ་ཡོད་ཀྱང་སྐྱར་པ་བཏབ་པར་འགྱུར་ཏེ། མི་དགེ་བ་དང་ལྟུང་བ་ཐམས་ཅད་ལ་སྤྱོད་པར་ཁས་བླངས་པའི་ཕྱིར་རོ༎ ༎

གཉིས་པ་གདུལ་བྱ་སོ་སོའི་བསམ་པ་ལ་ལྟོས་ནས་བཅས་པར་བསྟན་པ་ལ་གཉིས། ལུང་གི་དགོངས་པ་བཤད་པ། མུན་སྤྲུལ་གྱི་རྟོག་པ་དགག་པའོ། །དང་པོ་ལ་གཉིས་ལས་སྤྱིར་བསྟན་པ་ནི། དེས་ན་མདོ་ལས་བརྟུལ་ཞུགས་ལ། །དགེ་སྡིག་གཉིས་ཀ་མེད་པར་གསུངས། །ཞིང་གི་གྲིབ་བཞིན་ཚུལ་ཁྲིམས་ལ། །གྲུས་པའི་རྒྱུ་རུ་གསུངས་པར་ཟད། །དེས་ན་འདོད་པས་དབེན་པ་དང་། །སྡིག་ཏོའི་མི་དགེའི་ཆོས་ཀྱིས་ནི། །དབེན་པར་ཞེས་བྱ་རྣམ་གཉིས་གསུངས། །ཐུབ་པའི་དགོངས་པ་ཇི་བཞིན་ཟུངས། །ཞེས་པ་བརྟུལ་ཞུགས་ཀྱི་ཡན་ལག་ལ་མཐའ་གཅིག་ཏུ་ངེས་པ་མེད་དེ། མཛོད་ལས། ཚུལ་ཁྲིམས་ཡན་ལག་བག་ཡོད་པའི། །ཡན་ལག་བརྟུལ་ཞུགས་ཡན་ལག་སྟེ། །བཞི་གཅིག་དེ་བཞིན་གསུམ་རིམ་བཞིན། །ཞེས་བསྙེན་གནས་ཡན་ལག་བརྒྱད་ཀྱི་རྒྱ་གཞི་བསྲུང་བ་ཚུལ་ཁྲིམས་ཀྱི་ཡན་ལག །ཆང་སྤོང་བ་བག་ཡོད་ཀྱི་ཡན་ལག །གར་སོགས་དང་ཕྲེང་སོགས་དང་ཁྲི་སྟོའི་ཁ་ཟས་སྤོང་བ་བརྟུལ་ཞུགས་ཀྱི་ཡན་ལག་ཏུ་བཤད་པ་བཞིན་སོ་སོར་ཐར་པའི་སྡོམ་པ་གཞན་ལའང་ཚུལ་མཚུངས་པས། འཚོ་བ་དང་ཚོག་དང་སྤྱོད་ཡུལ་ཉམས་པ་སྤོང་བའི་ཀུན་སྤྱོད་རྣམ་པར་དག་པ་ནི་བརྟུལ་ཞུགས་ཀྱི་ཡན་ལག་སྟེ། ལོག་འཚོ་ལྔ་དང་ཕྱི་དྲོ་གྲོང་དུ་རྒྱུ་བ་ལ་སོགས་པ་ཡང་སྤང་བྱར་གསུངས་ལ། རྙེད་བཀུར་གྱི་ཕྱིར་དུ་སྤྱོད་ལམ་མཛེས་པར་སྟོན་པ་ཚུལ་འཆོས་ཡིན་པའི་ཕྱིར་འགལ་བ་ལྷག་སྤྲོད་དུ་སྣང་ཡང་། ཞིང་གི་ལོ་ཏོག་སྲུང་བའི་ཕྱིར་དུ་རགས་དང་རིབ་མ་སྲུང་བ་བཞིན་ཏུ། སྡོམ་པའི་རྒྱ་བ་བསྲུང་བའི་ཕྱིར་དྲན་པ་དང་། ཤེས་བཞིན་བསྟེན་པའི་ཐབས་ཡིན་ཏེ། འདུལ་བ་ལ་བསྟོད་པར། ར་བ་མཚམས་ཀྱི་འོབས་དང་འདྲ་བ་ཡི། །ཟག་པ་ཀུན་གྱི་ཆུ་ལོན་འདུལ་བ་ཡིན། །ཞེས་གསུངས་སོ། །དེ་ནས་བཅོམ་ལྡན་འདས་ཀྱིས་འདོད་པས་དབེན་པ་དང་། བདུད་སྡིག་ཏོ་མི་དགེ་བས་དབེན་པ་གཉིས་གསུངས་པའི་ཁྲིམ་གྱི་ལོངས་སྤྱོད་དང་བུ་དང་ཆུང་མ་ལ་སོགས་འདོད་པའི་ལོངས་སྤྱོད་མི་སྤོང་ཞིང་། སྲོག་གཅོད་ལ་སོགས་སྡིག་ཏོ་སྤོང་བ་དགེ་བསྙེན་དང་། གཉིས་ཀ་སྤོང་བ་རབ་བྱུང་ཡིན་ནོ། །རྣམ་པ་ཐམས་ཅད་དུ་གང་ཟག་གཅིག་ལ་བཅས་པ་དེ་ཐམས་ཅད་ལ་བཅས་པ་མ་ཡིན་པའི་ཕྱིར། གདུལ་བྱ་ལ་ཇི་ལྟར་འཚམས་པའི་ཚུལ་ཁྲིམས་ཐམ་ཅད་མཁྱེན་པ་དང་བཅས་པ་ལ༑ སོ་སོ་སྐྱེ་བོའི་ཕ་ཆོད་དང་རྟོག་གེའི་རིགས་པ་མི་འཇུག་སྟེ། རྒྱལ་ཚབ་བྱམས་པས། སངས་རྒྱས་ཀུན་གྱིས་འོད་ཟེར་ཆེན་པོའི་དབང་བསྐུར་བྱིན། །དེ་ནི་ཆོས་ལ་དབང་བ་ཀུན་དང་ཡང་དག་ལྡན། །སངས་རྒྱས་འཁོར་གྱི་དཀྱིལ་འཁོར་སྟོན་

པའི་རྣམ་པར་ཤེས། །བསླབ་བཅས་ཚར་བཅད་ཕན་འདོགས་བྱེད་ལ་བརྩོན། །ཞེས་པ། ས་བཅུ་པ་ཆོས་ཀྱི་སྤྲིན་ཐོབ་ནས་ཕྱོགས་བཅུའི་སངས་རྒྱས་རྣམས་ཀྱི་འོད་ཟེར་ཆེན་པོའི་དབང་བསྐུར་ཏེ། རྒྱལ་ཚབ་ཏུ་མངའ་གསོལ་ནས་གདུལ་བྱ་རང་རང་གི་སྣོད་དང་འཚམས་པར་བསླབ་པའི་གཞི་འཆའ་བ་དང་། ཉེས་པ་ཅན་ཚར་གཅོད་པའི་བཅས་པ་འཇོག་པ་ལ་དབང་བ་ཡིན་གྱིས་དེ་ལས་གཞན་པའི་འཕགས་པ་དགྲ་བཅོམ་པ་རྣམས་ཀྱང་བསྟན་པ་འདིའི་བཅས་པ་ལ་ཐག་ཆོད་བྱེད་པར་མི་དབང་ངོ་། །

གཉིས་པ་སོ་སོར་བཤད་པ་ལ་གཉིས་ལས། སྡིག་ཏོས་དབེན་པའི་རབ་བྱུང་ནི། །བུ་མོ་གསེར་མཆོག་འོད་དཔལ་གྱིས། །བློ་གྲོས་ཆེན་པོ་འཇམ་དཔལ་ལ། །རབ་ཏུ་འབྱུང་བར་ཞུས་པའི་ཚེ། །ལུས་ཀྱི་རབ་བྱུང་བཀག་ནས་ཀྱང་། །

སེམས་ཀྱི་རབ་བྱུང་ཐོབ་པར་མཛད། །གལ་ཏེ་གཤིས་ལ་དགེ་ཡོད་ན། །ལུས་ལ་དུར་སྨྲིག་ཅིས་མི་བགོན། །ཞེས་པ། འཇམ་དཔལ་རྣམ་པར་རོལ་པའི་མདོ་ལས། སླད་འཚོང་མ་གསེར་མཆོག་འོད་དཔལ་ཚོང་དཔོན་གྱི་ཁྱེའུ་འཇིགས་མེད་དང་ལྷན་ཅིག་རིན་པོ་ཆེ་བརྒྱན་པའི་ཤིང་རྟར་ཞུགས་ཏེ། གྲོང་ཁྱེར་གྱི་སྐྱེས་པ་ཐམས་ཅད་སྙིང་རྐུ་བར་བྱེད་པའི་ཚེ་འཕགས་པ་འཇམ་དཔལ་གྱི་སྐུ་ལུས་ཤིན་ཏུ་མཛེས་པ་བསྟན་ནས་བུ་མོ་བཏུལ་ཏེ་རབ་ཏུ་བྱུང་བའི་ཚེ། བུ་མོ་ལུས་རབ་ཏུ་བྱུང་བས་རབ་ཏུ་བྱུང་བ་མ་ཡིན་གྱིས་སེམས་རབ་ཏུ་བྱུང་བ་ནི་རབ་ཏུ་བྱུང་བ་ཡིན་ཏེ། ཞེས་པ་དང་། བུ་མོ། རབ་ཏུ་བྱུང་བ་ཞེས་བྱ་བ་ནི་སེམས་ཅན་གཞན་དག་ལ་སྙིང་རྗེ་ཆེ་བ་ཞེས་བྱ་བའི་ཚིག་བླ་དྭགས་སོ། །བུ་མོ་རབ་ཏུ་བྱུང་བ་ཞེས་བྱ་བ་ནི་གཞན་གྱི་འཁྲུལ་པ་ལ་སྐྱོན་དུ་མི་བལྟ་བ་ཞེས་བྱ་བའི་ཚིག་བླ་དྭགས་སོ། །བུ་མོ། རབ་ཏུ་བྱུང་བ་ཞེས་བྱ་བ་ནི་རྙེད་པ་ལ་ཕྲག་དོག་མེད་པ་ཞེས་བྱ་བའི་ཚིག་བླ་དྭགས་སོ། །ཞེས་སྐྲ་འབྲེག་པ་དང་དུར་སྨྲིག་གྱོན་པ་སོགས་ལུས་ཀྱི་རབ་བྱུང་བཀག་ནས་སེམས་ཕྱིན་ཅི་ལོག་པ་སྤྲངས་པའི་རབ་བྱུང་མཛད་དོ། །ལུས་ཀྱི་རབ་བྱུང་ལ་གཤིས་ཀྱི་དགེ་བ་རྒྱ་ཆེན་པོ་ཡོད་ན་ཅིའི་ཕྱིར་མི་མཛད། འཇམ་པའི་དབྱངས་ཀྱི་མཁྱེན་རབ་ཀྱིས། དེ་ཙམ་ཞིག་ཀྱང་མི་དགོངས་ཙམ། ལེགས་པར་སོམས་ཤིག །བྱང་ཆུབ་སེམས་དཔའི་སྡེ་སྣོད་ལས་ཀྱང་། ལྷའི་བུ་རྣམ་པར་ཐར་པའི་སྒོ་གསུམ་པོ་དེ་དག་རྟོགས་ཤིང་། སྤྲོས་པ་ཐམས་ཅད་ཡང་དག་པར་ཆད་པ་གང་ཡང་ཡིན་པ་དེ་ནི། འདས་པ་དང་མ་འོངས་པ་དང་ད་ལྟར་བྱུང་བའི་སངས་རྒྱས་བཅོམ་ལྡན་འདས་ཀྱིས་ཉན་ཐོས་ཐམས་ཅད་ཀྱིས་བསྙེན་པར་རྫོགས་པ་ཡིན་ནོ། །ལྷའི་བུ། གང་དེ་ལྟར་བསྙེན་པར་རྫོགས་པར་བྱེད་པ་དེ་ནི། ཡང་དག་པར་བསྙེན་པར་རྫོགས་པར་བྱེད་པ་ཡིན་གྱིས་མི་མཉམ་པར་ནི་མ་ཡིན་ནོ། །ཞེས་གསུངས་སོ། །

གཉིས་པ་འདོད་པས་དབེན་པའི་རབ་བྱུང་ནི། །དཀོན་མཆོག་བརྩེགས་པའི་མདོ་སྡེ་ལས། །དད་རྫས་ཟ་བའི་ཉེས་མཐོང་ནས། །དགེ་སློང་ལྔ་བརྒྱས་སྡོམ་པ་ཕུལ། །དེ་ལ་ཐུབ་པས་ལེགས་ཞེས་གསུངས། །འཕགས་པ་བྱམས་པའི་བསྟན་པ་ལ། །འདུས་པ་དང་པོར་དེ་ལུང་བསྟན། །ཞེས་པ་འོད་སྲུང་གིས་ཞུས་པའི་མདོར། དད་ཟས་འཇུ་བར་མི་ནུས་པའི་གང་ཟག་གིས་དད་པས་བྱིན་པའི་རྫས་ལ་ལོངས་སྤྱད་ན་ངན་འགྲོར་སྡུག་བསྔལ་ཡུན་རིང་ལ་དོས་དྲག་པ་མྱོང་བར་གསུངས་པས་རྣལ་འབྱོར་སྤྱོད་པའི་དགེ་སློང་ལྔ་བརྒྱས་བདག་ཚུལ་ཁྲིམས་ཡོངས་སུ་དག་བཞིན་དུ་དད་པས་བྱིན་པ་ལོངས་སྤྱོད་དུ་མི་རུང་ངོ་། །ཞེས་བསླབ་པ་ཕུལ་ནས་ཁྱིམ་དུ་དོང་ངོ་། །དེ་ལ་དགེ་སློང་གཞན་དག་གིས་འདི་དག་སངས་རྒྱས་ཀྱི་བསྟན་པ་ལས་ཉམས་པ་ཤིན་ཏུ་མ་ལེགས་སོ་ཞེས་འཕྱོའོ། །དེ་ལ་བཅོམ་ལྡན་འདས་ཀྱིས་ཁྱེད་ཅག་དེ་སྐད་མ་སྨྲ་ཤིག །ཉེས་དམིགས་ལ་མངོན་པར་མི་དགའ་ནས་ཁྱིམ་ན་གནས་པ་འདི་ནི་དད་པ་ཅན་རྣམས་ཀྱི་ཆོས་ཡིན་ཏེ། དགེ་སློང་དད་པ་དང་མོས་པ་མང་བ་འགྲོད་པ་དང་ལྡན་པ་འདི་དག་གིས་བསྟན་པ་འདི་ཐོས་ནས་ཚུལ་ཁྲིམས་ཡོངས་སུ་དག་བཞིན་དུ། བདག་ཅག་དད་པས་བྱིན་པ་སྤྱད་ན་མི་རུང་ངོ་ཞེས་གནས་པར་གྱུར་པ་འདི་ནི་ཤི་འཕོས་ནས་དགའ་ལྡན་གྱི་ལྷའི་རིགས་སུ་སྐྱེ་བར་འགྱུར་ཏེ། དེ་བཞིན་གཤེགས་པ་བྱམས་པའི་ཉན་ཐོས་ཐོག་མར་འདུས་པའི་ནང་དུ་ཆུད་པར་འགྱུར་རོ། །ཞེས་ལུང་བསྟན་པ་དང་། བྱམས་པ་སེང་གེ་སྒྲས་ཞུས་པར། འཕགས་པ་བྱམས་པས་འཁོར་གྱི་ནང་དུ་ཡོ་བྱད་བསྔོངས་པའི་ཡོན་ཏན་བསྔགས་པས་དགེ་སློང་ལྔ་བརྒྱས་བདག་ཉིད་ལ་ཡོན་ཏན་མ་མཐོང་བར་ཁྱིམ་དུ་འགྲོ་བར་སེམས་པ་ན། འོད་སྲུང་ཆེན་པོས་ལོག་པར་བརྩམས་པའི་ཚེ་འཕགས་པ་འཇམ་དཔལ་གྱིས་དགེ་སློང་དེ་རྣམས་ལ་ཁྱེད་ཅག་ལེགས་སོ། །ཉི་མ་གཅིག་ལ་རབ་ཏུ་བྱུང་བ་ལན་བརྒྱར་སྤངས་པ་ནི་བླའི། ཚུལ་ཁྲིམས་ཡོངས་སུ་དག་པས་དད་པས་བྱིན་པ་ལ་ལོངས་སྤྱོད་པ་ནི་དེ་ལྟ་མ་ཡིན་ནོ། །ཞེས་གསུངས་ཏེ་ཆོས་བསྟན་པས་དགྲ་བཅོམ་པར་གྱུར་ཏོ༔ ༔

དེས་ན་སྡོམ་པ་དགེ་བ་ཡིན། །ཆ་ལུགས་ཙམ་ལ་དགེ་བ་མེད། །སྡོམ་པ་མེད་པའི་ཆ་ལུགས་ཀུན། །མདོ་དང་བསྟན་བཅོས་རྣམས་ལས་བཀག །གཤིས་ལ་དགེ་བ་ཡོད་ན་ནི། །སྡོམ་པ་མེད་ཀྱང་རབ་བྱུང་གིས། །ཆ་ལུགས་ཙམ་རེ་ཅིས་མི་བཟུང་། །འདི་འདྲའི་ཆོས་ལུགས་བསྟན་པ་མིན། །ཞེས་པ། ཉེས་སྤྱོད་ཀྱི་གཉེན་པོར་གྱུར་པའི་སྡོམ་པ་དགེ་བ་ཡིན་གྱི་ཆ་ལུགས་ཙམ་ནི་མ་ཡིན་ཏེ། རབ་བྱུང་གི་སྡོམ་པ་མེད་པར་རྟགས་འཆང་བ་མདོ་དང་བསྟན་བཅོས་ཐམས་ཅད་ནས་བཀག་སྟེ། རྟོག་གེ་འབར་བར་མདོ་དྲངས་པ། གང་ཞིག་ངུར་སྨྲིག་བགོས་ཀྱང་སེམས་ཀྱི་སྒྲིབ་མ་སྤངས། །ལག་ཏུ་ལྷུང་བཟེད་ཐོགས་ཀྱང་ཡོན་ཏན་སྣོད་མ་གྱུར། །སྐྲ་དང་ཁ་སྤུ

ཁྲིགས་ཀྱང་དགེ་སློང་ཚུལ་མ་ཞུགས། །རབ་ཏུ་བྱུང་ཡང་དངོས་པོ་ཀུན་ལ་ངེས་མ་བྱུང་། །དགེ་སློང་དེ་ནི་དགེ་སློང་མ་ཡིན་ཁྲིམ་པའམ་མིན། །དེ་ནི་རྒྱུ་མེད་ཁྲོན་པ་རི་མོའི་མར་མེ་བཞིན། །ཞེས་པ་དང་། དགེ་སློང་མ་རབ་ཏུ་གཅེས་པའི་མདོར། ཇི་ལྟར་སྡོང་པོ་བཟང་པོ་ལ། །ཡུན་རིང་ཡལ་ག་འཕེལ་བ་ལྟར། །རྟག་ཚམ་འཛིན་པ་ཡུན་རིང་ན། །ཁ་ན་མ་ཐོའི་གཏམ་རྣམས་དང་། །སྡིག་པ་དག་ནི་འཕེལ་བར་བཤད། །ཅེས་པ་དང་། ཆེད་དུ་བརྗོད་པའི་ཚོམས་ལས། གང་ཞིག་བསླབ་པ་མི་གནས་པ། །ཡུལ་འཁོར་བསོད་སྙོམས་སྤྱོད་པ་བས། །ལྕགས་གོང་འབར་བ་བཟོས་པ་སླ། །ཞེས་པ་དང་། བདེ་གཤེགས་རྒྱལ་མཚན་འཆང་བ་བས། །གཟུགས་པོར་ཁྲིམ་པར་གནས་པ་བཟང་། །ཞེས་གསུངས་སོ། །རབ་བྱུང་གི་ཆ་ལུགས་ལ་གཤིས་ལ་གནས་པའི་དགེ་བ་ཡོད་ན། ཚུལ་ཁྲིམས་མེད་པར་ཆ་ལུགས་འཛིན་པ་ཅིའི་ཕྱིར་བཅོམ་ལྡན་འདས་ཀྱིས་བཀག་སྟེ། སྡོམ་པ་མེད་ཀྱང་བཙུན་ཆས་ལུས་དཀྲིས་ཤིག་ཅེས་དགོངས་པའོ། །དེས་ན་རང་བཟོའི་ཆོས་ལུགས་འདི་འདྲ་སངས་རྒྱས་ཀྱི་བསྟན་པ་མ་ཡིན་ཅིང་ཆོས་ལོག་བསྟན་པའི་སྡིག་པར་འགྱུར་རོ། །

གཉིས་པ་ལ་གཉིས་ལས། ཟེར་ལུགས་དགོད་པ་ནི། དེ་ལ་ཁ་ཅིག་འདི་སྐད་དུ། །གལ་ཏེ་གཤིས་ལ་དགེ་བ་དང་། །སྡིག་པ་གཉིས་ཀ་མེད་པ་ལ། །ཐུབ་པས་ལྟུང་བ་འཆའ་ན་ནི། །བདེ་སྡུག་ཀུན་གྱི་བྱེད་པ་པོ། །སངས་རྒྱས་ཡིན་པར་འགྱུར་ཅེ་ན། །ཞེས་པ་བསླབ་པ་བཅས་པའི་རྒྱུ་མཚན་མ་གོ་བ་ཁ་ཅིག །གཤིས་ཀྱི་དགེ་སྡིག་མེད་པ་ལ་བདེ་བ་དང་། སྡུག་བསྔལ་གྱི་རྒྱུ་སྡོམ་པ་དགེ་བ་དང་ལྟུང་བ་མི་དགེ་བར་གསུངས་པས་ལས་རྒྱུ་འབྲས་ཀྱི་བྱེད་པ་པོ་སངས་རྒྱས་ཡིན་པར་འགྱུར་རོ་ཞེ་ན།

གཉིས་པ་དེ་དགག་པ་ལ་གཉིས། དང་པོ་མགོ་མཚུངས་ཀྱི་ལན་ནི། འདི་ཡི་ལན་ལ་རྣམ་གཉིས་ལས། །མགོ་བསྒྲེའི་ལན་ནི་འདི་ལྟར་ཡིན། །གཤིས་ལ་དགེ་སྡིག་ཡོད་ན་ནི། །ཁྱེད་ཀྱང་མུ་སྟེགས་འགའ་ཞིག་ལྟར། །ངོ་བོ་ཉིད་རྒྱུར་སྨྲ་བར་འགྱུར། །ཞེས་པ་འོན་ཁྱེད་ཀྱང་རྒྱུ་རྐྱེན་གྱིས་མ་བྱས་པའི་དངོས་པོའི་གཤིས་ལ་གྲུབ་པའི་དགེ་སྡིག་ཡོད་པར་འདོད་པས་མུ་སྟེགས་བདག་དང་རང་བཞིན་རྒྱུར་སྨྲ་བར་ང་འདྲ་བར་འགྱུར་རོ། །ངོ་བོ་ཉིད་རྒྱུར་སྨྲ་བ་རྒྱང་འཕེན་པའི་མིང་གི་རྣམ་གྲངས་ཡིན་པས་ཁ་ཅིག་དེའི་འདོད་པར་སྨྲ་བ་ནི། མིང་ལ་འཁྲུལ་པ་ཡིན་ཏེ། རང་བཞིན་གྱིས་གྲུབ་པའི་རྒྱུ་ཡོད་པར་མི་འདོད་པའི་ཕྱིར་རོ། །

གཉིས་པ་དངོས་གནས་ཀྱི་ལན་ནི། གཉིས་པ་དངོས་པོའི་ལན་ལ་ནི། །གཤིས་ལ་དགེ་དང་སྡིག་མེད་ཀྱང་། །བདེ་སྡུག་ལས་ཀྱིས་བྱས་པ་ཡིན། །ལས་ཀྱི་བྱེད་པོ་སེམས་ཉིད་ཡིན། །སེམས་ནི་དགེ་དང་མི་དགེ་བའི། །སྟོབས་ཀྱིས་ལས་ལ་བཟང་ངན་འབྱུང་། །ཞེས་པ། རང་བཞིན་གྱིས་གཤིས་ལ་གྲུབ་པའི་དགེ་བ་དང་

སྡིག་པ་མེད་ཀྱང་། འབྲས་བུ་བདེ་སྡུག་རྒྱུ་ལས་དགེ་སྡིག་ལས་འབྱུང་བ་ཡིན་ལ། ལས་ཀྱི་བྱེད་པ་པོ་ཡང་དག་ཀུན་རྫོབ་ཏུ་རང་རང་གི་སེམས་ཡིན་ཏེ། མདོ་ལས། འཇིག་རྟེན་སེམས་ཀྱིས་འཁྲིད་པ་སྟེ། །སེམས་ཀྱིས་ཡོངས་སུ་དྲངས་པ་ཡིན། །སེམས་ཀྱི་ཆོས་ནི་གཅིག་པུ་ཡིས། །དབང་གིས་འཇིག་རྟེན་རྗེས་སུ་འབྲང་། །ཞེས་པ་དང་། ས་ར་ཧའི་ཞལ་སྔ་ནས། སེམས་ཉིད་གཅིག་པུ་ཀུན་གྱི་ས་བོན་ཏེ། །གང་ལ་སྡིག་དང་མྱ་ངན་འདས་པ་འབྱུང་། །ཞེས་གསུངས་པས་སེམས་དགེ་བ་ཀུན་ནས་བླངས་པའི་ལས་ཀྱིས་འབྲས་བུ་བདེ་བ་བསྐྱེད་པ་དང་། སེམས་མི་དགེ་བས་ཀུན་ནས་བླང་བའི་ལས་ཀྱིས་འབྲས་བུ་སྡུག་བསྔལ་འབྱུང་བ་དང་ལས་ལ་བཟང་ངན་འབྱུང་བ་ཡིན་ནོ། །

བཟང་ངན་དེ་ལ་བདེ་སྡུག་སྐྱེ། །དེ་དག་བླང་དོར་བྱེད་པ་ཡི། །ཐབས་ནི་སྡོམ་པའི་ཚུལ་ཁྲིམས་ཡིན། །བརྟུལ་ཞུགས་ཚུལ་ཁྲིམས་བསྲུང་བའི་ཐབས། །དེ་ལ་གང་ལ་གང་དགོས་པའི། །བསླབ་པ་འཆའ་བའི་བྱེད་པ་པོ། །རྫོགས་པའི་སངས་རྒྱས་ཉག་གཅིག་ཡིན། །ཞེས་པ་ལས་དགེ་བ་དང་མི་དགེ་བ་ལས་བདེ་བ་དང་སྡུག་བསྔལ་འབྱུང་བ་དེའི་ཕྱིར། བདེ་བའི་རྒྱུ་དགེ་བ་སྒྲུབ་པ་དང་། སྡུག་བསྔལ་བའི་རྒྱུ་མི་དགེ་བ་སྤོང་བའི་ཐབས་ནི་སྡོམ་པའི་ཚུལ་ཁྲིམས་ཡིན་ལ། དེའི་ཡན་ལག་ཏུ་གྱུར་པའི་བཅས་པའི་བསླབ་པ་བསྲུང་བ་ནི་གཙོ་ཆེར་རང་བཞིན་གྱིས་སྡིག་པ་མི་འབྱུང་བར་བྱེད་པའི་ཐབས་ཀྱི་བརྟུལ་ཞུགས་སྲོག་གཅོད་ལ་མི་འཇུག་པའི་ཕྱིར་ས་རྐོ་བ་དང་། རྩ་སྔོན་གཅོད་པ་དང་མེ་ལ་རེག་པ་དང་། རྗེག་པ་དང་། སྲོག་ཆགས་དང་བཅས་པའི་ཆུ་འདེབས་སྤྱོད་བྱེད་པ་དང་། ཤན་པའི་གྲོང་དུ་འཇུག་པ་བཀག་པ་དང་། ཆུ་ཚགས་འཆང་བ་ལྟ་བུ་དང་། མ་བྱིན་ལེན་ལ་མི་འཇུག་པའི་ཕྱིར་བྱིན་ལེན་མ་བྱས་པར་ཟ་བ་དང་། ལག་ཉ་ཟ་བ་དང་། ལྷགས་པ་སློང་བ་དང་། འཐག་ཏུ་འཇུག་པ་དང་། བསྔོ་བས་བསྒྱུར་བ་བཀག་པ་ལྟ་བུ་དང་། མི་ཚངས་སྤྱོད་ལ་མི་འཇུག་པར་བྱ་བའི་ཕྱིར་ཁྲིམས་གྲོགས་མེད་པར་དགེ་སློང་མ་དང་ཁྱིམ་པ་མོ་ལ་ཆོས་སྟོན་པ་དང་། བུད་མེད་དང་ལྷན་ཅིག་ལམ་དུ་འགྲོ་བ་དང་། སྨྱན་བྱེད་བཀག་པ་ལྟ་བུ་དང་། བརྫུན་སྨྲ་བ་ལ་མི་འཇུག་པའི་ཕྱིར་མི་ཆོས་བླ་མ་བདེན་པར་སྨྲ་བ་དང་། སྐྱོ་སྡོགས་བྱེད་པ་དང་། བསྙེན་པར་མ་རྫོགས་པ་དང་ལྷན་ཅིག་འདོན་པ་དང་། གནས་ངན་ལེན་བརྗོད་པ་དང་། འཁྱོད་པ་བསྐྱེད་པ་བཀག་པ་ལྟ་བུ་རང་བཞིན་གྱི་སྡིག་པ་དང་། ཉེས་པ་ཆེན་པོ་དགག་པའི་ཕྱིར་བཅས་པ་ཕྲ་མོ་སྲུང་བ་བརྟུལ་ཞུགས་ཀྱི་བསླབ་པ་འཆའ་བའི་བྱེད་པ་པོ་སངས་རྒྱས་ཁོ་ན་ཡིན་ཏེ། ཉེས་པ་འབྱུང་བའི་གཞི་དང་འདུ་ཤེས་དང་ཀུན་སློང་དང་སྦྱོར་བ་དང་མཐར་ཐུག་དང་དངོས་རྒྱུ་དང་བརྒྱུད་པའི་རྒྱུ་དང་། རྒྱུ་རྐྱེན་ཤིན་ཏུ་ཕྲ་མོ་རྣམས་ཀུན་མཁྱེན་ལས་གཞན་པའི་སྤྱོད་ཡུལ་མ་ཡིན་པའི་ཕྱིར་རོ། །

དེས་ན་བསམ་པའི་ཁྱད་པར་གྱིས། །གཉེན་པོའི་བྱེ་བྲག་དུ་མ་ཡོད། །དེ་ཡི་ཐབས་སུ་བརྟུལ་ཞུགས་དང་། །འདུལ་བའི་བཅས་པ་མི་འདྲ་བ། །མཛད་པའི་རྒྱུ་མཚན་དེ་ལྟར་ཡིན། །དེས་ན་བདེ་དང་སྡུག་བསྔལ་གྱི། །བྱེད་པོ་སངས་རྒྱས་མ་ཡིན་ཀྱང་། །བསླབ་པ་འཆའ་དང་སྡིགས་སྦྱོར་བའི། །བྱེད་པོ་སངས་རྒྱས་ཡིན་པར་གསུངས། །ཞེས་པ་གདུལ་བྱའི་བསམ་པའི་ཁྱད་པར་གཅིག་ཏུམ་ངེས་པ་རྣམས་ལ་ཉོན་མོངས་པའི་རིགས་ཤས་ཆེ་ཆུང་དང་སྤོང་བྱེད་ཀྱི་ཐབས་གང་གིས་བཟློག་པར་ནུས་པའི་གཉེན་པོ་དུ་མ་ཡོད་པས་བཅས་པ་མི་འདྲ་བ་མང་པོ་མཛད་པའི་རྒྱུ་མཚན་དེ་ལྟར་ཡིན་ནོ། །དེ་བས་ན་ལས་དང་འབྲས་བུའི་བྱེད་པ་པོ་སངས་རྒྱས་མ་ཡིན་ཀྱང་ངན་སོང་དང་འཁོར་བའི་ལས་དང་ཉོན་མོངས་སྤོང་བར་བྱེད་པའི་ཐབས་མཐོ་རིས་དང་ཐར་པའི་བདེ་འབྲས་འབྱུང་བའི་རྒྱུ་ཇི་ལྟར་འོས་པ་སྟོན་པའི་བྱེད་པ་པོ་སངས་རྒྱས་ཡིན་ནོ། །དེ་བཞིན་དུ་གསང་སྔགས་འདི་ཉིད་ཆོ་གའི་ཡན་ལག་འདི་ལྟ་བུ་ཞིག་གིས་བསྒྲུབས་ན་རིམས་ནད་ཞི་བ་དང་ཚེ་འཕེལ་བ་དང་འབྱོར་པ་རྒྱས་པ་དང་མི་དང་མི་མ་ཡིན་པ་དབང་དུ་སྡུད་པ་དང་། མ་རུངས་པ་ཚར་གཅོད་པའི་ཕྲིན་ལས་འགྲུབ་པའི་ལས་སྦྱོར་སྟོན་པ་ཡང་གཟུངས་ཐོབ་པའི་འཕགས་པ་འཇམ་དཔལ་ལ་སོགས་པ་དང་། སངས་རྒྱས་རྣམས་ཀྱི་སྤྱོད་ཡུལ་ཡིན་ནོ། །

གསུམ་པ་བཅས་པ་རྣམས་འཇོག་གི་ཁྱད་པར་ཞིབ་མོར་གཏན་ལ་དབབ་པ་ལ་གསུམ། སོ་སོར་ཐར་པའི་བཅས་པ་དང་འགལ་བ་སྤང་བ། རང་བཟོའི་ནོར་པ་སྣ་ཚོགས་ཚར་བཅད་པ། མཇུག་བསྡུས་ཏེ་ཐོས་བསམ་བསྒོམ་པ་ཉམས་སུ་བླང་བའི་གདམས་པའོ། །དང་པོ་ལ་གསུམ་ལས། དང་པོ་བཤགས་བྱའི་ལྟུང་བ་ཕྲ་མོ་ཁྱད་དུ་གསོད་པ་སྤང་བ་ནི། སྤྲ་གུ་ཅན་དང་གོང་པ་ཅན། །རྟ་ལ་ཞོན་པ་ལ་སོགས་དང་། །ལག་ཉ་དང་ནི་ནུབ་ཚངས་སོགས། །འདུལ་བའི་སྤྱོད་པ་མ་ཡིན་པའི། །བྱས་པ་ཀུན་ལ་ནོངས་པ་ཡི། །ཚུལ་གྱིས་བཤགས་པ་ལེགས་པར་བྱ། །དེ་དག་ལྟུང་བ་མེད་དོ་ཞེས། །སྨྲ་ན་བསྟན་ལ་གནོད་པ་ཡིན། །ཞེས་པ་བཟར་མ་རབ་བྱུང་གི་སྐབས་སུ་ཁྲིམ་པའི་རྟགས་སྤོང་བར་ཁས་བླངས་པ་དང་འགལ་བའི་གོས་སྤྲུ་གུ་ཅན་དང་། མཁྲིན་པའི་ཕྱོགས་སུ་དགྲི་བའི་གོང་པ་ཅན་གྱོན་པ་དང་། གཞན་ཡང་རྐྱེན་དང་མི་ལྡན་པ་རྟ་ལ་སོགས་པ་ཞོན་པས་འགྲོ་བ་དང་། ཁྱད་པར་རྒོད་མ་དང་གྲེའུ་མོ་ལ་སོགས་པའི་བཞོན་པ་བཀག་པ་དང་། རྐྱེན་དང་མི་ལྡན་པར་བྱིན་ལེན་མེད་པའི་ཟས་ལ་དགེ་སློང་གིས་རེག་པའི་ལག་ཉ་དང་། དགེ་སློང་གིས་བཙོས་པ་དང་། རུང་ཁང་མ་ཡིན་པའི་མཚམས་ནང་དུ་བཙོས་པ་དང་། ཞག་ལོན་པའི་ཟས་ཟ་བ་དང་། བསྐྱེན་པར་མ་རྫོགས་པ་དང་ལྷན་ཅིག་གནས་གཅིག་པར་གྱུར་པ་ལྔའི་ནང་དུ་ནུབ་གསུམ་པའི་སྐྱ་རེངས་ཤར་བའི་ནུབ་ཚང་བ་དང་། སྒྲོན་མེའི་སྣང་བ་དང་

བཅས་པར་ཉལ་བ་དང་། ཟ་བར་བརྩམས་ཏེ་བྱིན་ལེན་བྱས་ནས་ལངས་པ་དང་། སྟོད་གཡོགས་མ་གྱོན་པར་བྱི་དོར་གྱི་ལས་བྱེད་པ་དང་། བླ་གོས་གྱོན་བཞིན་དུ་མི་གཙང་བའི་སྐབས་སུ་འཇུག་པ་དང་། སྒྲ་བརྡ་མ་བྱས་པར་མཆིལ་སྣབས་འདོར་བ་ལ་སོགས་པ་འདུལ་བར་བཅས་པ་དང་འགལ་བའི་ཉེས་པ་བྱུང་བ་ཀུན་ལ་འགྱུར་པའི་ཚུལ་གྱིས་ཕྱིར་བཅོས་བྱ་ཞིང་ཕྱིར་མི་བྱེད་པར་བསྡམ་པའོ། །

དེ་ལ་ཕྱིར་འཆོས་པའི་ཚུལ་ཕམ་པ་འཆབ་མེད་ལ་བསླབ་པ་སྦྱིན་པ་དང་། དགེ་འདུན་ལྷག་མ་ལ་སྤོ་མགུ་སྤྱོད་པ་དང་། སྤང་ལྟུང་ལ་གཞིའི་དངོས་པོ་སྤང་པ་དང་། ལྟུང་བྱེད་ལ་ལྟུང་བ་རིས་མཐུན་མ་བྱུང་བའི་དགེ་སློང་གི་མདུན་དུ་བཤགས་པ་དང་། སོ་སོར་བཤགས་པ་ལ་སླེ་ཏྲུགས་འདོན་པའི་ཚུལ་དུ་མཐོལ་བ་དང་། ཉེས་བྱས་ལུང་དག་ཏུ་གྲུབ་པ་རྣམས་མིང་བརྗོད་དེ་བཤགས་པ་དང་། ཡིད་ཀྱི་ཉེས་པ་སེམས་ཀྱིས་སྡོམ་པའི་སྒོ་ནས་ཕྱིར་བཅོས་པར་བྱ་ཞིང་། འགྱོད་པ་དང་སྡོམ་པའི་སེམས་མེད་ན་བཅོས་པས་མི་འདག་སྟེ། མདོ་རྩ་བར། བསམ་པས་ལྟུང་བ་ལས་ལྡང་གི །ཆད་ལས་ཀྱིས་ནི་མ་ཡིན་ནོ། །ཞེས་གསུངས་སོ། །འདུལ་བའི་བཅས་པ་དགག་པ་དང་སྒྲུབ་པ་གནང་བ་གསུམ་དུ་ངེས་ཤིང་། གཞི་སེམས་ཅན་དང་སེམས་ཅན་མ་ཡིན་པ་གཉིས་དང་། གང་ཟག་ཁྱིམ་པ་དང་ཁྱིམ་པ་མ་ཡིན་པ་གཉིས་དང་། རབ་བྱུང་ལ་བསྙེན་པར་རྫོགས་པ་དང་མ་རྫོགས་པ་གཉིས་དང་། སྤྱོར་བ་རང་དང་བཅོལ་བས་འགྲུབ་པ་གཉིས་དང་། ཀུན་སློང་ཕལ་ཆེར་འདོད་པ་དང་གནོད་པས་ཀུན་ནས་བླང་བ་གཉིས་སུ་ཉེས་པ་ཐམས་ཅད་འདུས་ཤིང་། སྲོག་དང་ཚངས་སྤྱོད་དང་ཐར་པ་ལ་དངོས་དང་བརྒྱུད་པས་གནོད་པ་སྤང་བའི་ཕྱིར་དགག་པའི་བསླབ་པ་བཅས་པ་ཡིན་ལ། དེ་ལོག་པའི་དགོས་པ་རྒྱ་ཆེན་པོ་འབྱུང་བའི་ཕྱིར་སྒྲུབ་པའི་བསླབ་པ་བཅས་པ་ཡིན་ནོ། །ཅི་བདེར་བྱ་བ་ནི་གནང་བ་ཡིན་ནོ། །དེ་ལའང་སྔར་བཀག་ནས་ཕྱིས་སྒྲུབ་པ་དང་། སྔར་སྒྲུབ་པ་ཕྱིས་བཀག་པ་དང་། སྔར་གནང་བ་ཕྱིས་དགག་པ་དང་སྒྲུབ་པར་བཅས་པ་ལྟ་བུ་དང་། བཀག་པའི་རྗེས་སུ་ཡང་བཀག་པ་ལྟ་བུ་མུ་དགུར་འགྱུར་རོ། །བཅས་པ་ལྡོག་པའི་རྒྱུ་མཚན་ནི། དགག་བྱ་མེད་པས་དགག་པའི་བཅས་པ་ལོག་པ་དང་། དགོས་པ་མེད་པས་སྒྲུབ་པའི་བཅས་པ་ལོག་པ་དང་། གནང་བའི་གཞི་ལ་དགག་བྱ་ཞུགས་པས་གནང་བའི་བཅས་པ་ལོག་པ་དང་། ཡུལ་དུས་གནས་སྐབས་ཀྱི་དབང་གིས་བཅས་པའི་གཞི་ལ་དགག་བྱ་དང་དགོས་པ་གོ་ལོག་ཏུ་བྱུང་བ་ཡིན་ཏེ། སྲིན་བལ་ཤིན་ཏུ་མོད་པའི་ཡུལ་དུ་སྟན་བྱེད་པའི་ཉེས་པ་མེད་པ་དང་། བལ་ནག་པོ་མོད་ཅིང་དཀར་པོ་ཤིན་ཏུ་དཀོན་པའི་ཡུལ་དུ་དཀར་པོ་ལ་ལྟུང་བྱེད་དང་ནག་པོ་ལ་ལྟུང་མེད་དོ། །ཨཱསྨ་པ་རན་ཏཱ་ཀར་ཉིན་རེ་བཞིན་ཁྲུས་བྱས་ཀྱང་ཉེས་མེད་དང་། མུ་གེའི་དུས་སུ་ལག་ཉ་དང་གསོག་འཇོག་དང་། ཞག་ལོན་ནས་ཟ་བ་ཉེས་མེད་དང་། བུད་མེད་ན་བའི

གཡོག་བྱེད་པ་དང༌། ཆུས་ཁྱེར་བའི་ལག་པ་ནས་བཟུང་ན་ཉེས་མེད་ལ་སོགས་ཞིབ་མོར་ཤེས་ནས་བཅས་པ་ཕྲ་མོ་ཡང་ཁྱད་དུ་མི་གསོད་པ་ནི་སྡོམ་བརྩོན་འདུལ་བ་འཛིན་པ་རྣམས་ཀྱི་བསྟན་པའི་བྱ་བ་བཟང་པོ་ཡིན་གྱིས། དགོས་པ་མེད་བཞིན་དུ་སྒྲུབ་པ་དང༌། དགག་བྱ་མེད་ཀྱང་སྤོང་བ་དང༌། བཅས་པ་ཆེན་པོ་རྣམས་ཁྱད་དུ་བསད་ནས་ཕྲ་མོ་ལ་གུས་པར་བྱེད་པ་སྐད་ནི་རབ་བྱུང་གི་བརྟུལ་ཞུགས་ཡིན་པ་རྩིགས་སུ་མི་ཆེའོ། །རྣམ་པར་སྨིན་པ་ལྕི་ཡང་གིས་བཅས་པ་ཆེ་ཆུང་དུ་བཞག་པ་མ་ཡིན་ཏེ། འོད་ལྡན་དུ། ཁ་ན་མ་ཐོ་བ་ལྕི་བ་དང་ཡང་བ་ཉིད་དུ་འགྱུར་བ་ནི་བསམ་པའི་དབང་ལས་འགྱུར་བ་དང༌། ཡུལ་གྱི་དབང་ལས་འགྱུར་བ་བཞག་གི་ལྟུང་བའི་དབང་ལས་ནི་མ་ཡིན་ཏེ། ལྟུང་བ་ནི་བཅས་པ་ཙམ་གྱི་རྗེས་སུ་འབྲང་བས་སོ། །ཞེས་གསུངས་སོ། །དགེ་སློང་ལ་བཅས་པའི་ཁྲིམས་རྣམས་ལས། འཆང་བ་དང་ནི་འབྲལ་བ་དང༌། །དེ་བཞིན་ས་ནི་རྐོ་བ་དང༌། །རིན་ཆེན་རེག་དང་མེ་ལ་རེག །ཡངས་ནས་ཟ་བར་བྱེད་པ་དང༌། །ལྡོན་ཤིང་འཇོག་དང་ཤིང་གཅོད་དང༌། །བྱིན་ལེན་མ་བྱས་ཟ་བ་དང༌། །རྩྭ་སྔོན་མི་གཙང་འདོར་བ་དང༌། །དེ་བཞིན་གསོག་འཇོག་ཟ་བ་དང༌། །ས་བོན་འཇོམས་དང་བསླབ་པའི་གཞི། །བཅུ་གསུམ་པོ་ནི་མ་གཏོགས་པར། །སོ་སོར་ཐར་པ་བསྟན་པ་དང༌། །བླང་བའི་ཕྱོགས་མཐུན་ཤེས་པར་བྱ། །ཞེས་པ་བཅུ་གསུམ་པོ་མ་གཏོགས་དགེ་ཚུལ་གྱིས་བླངས་པ་ཕྱོགས་མཐུན་གྱི་བསླབ་པ་བཅས་པ་དགེ་སློང་ལྟར་ཉམས་སུ་བླང་དགོས་སོ། །མདོར་ན་སྟོན་པས་བཅས་པའི་དགག་དགོས་ལ་ཞིབ་མོར་བརྟགས་ནས་མི་རུང་བའི་ཆ་མཐའ་དག་སྤང་བྱ་ཡིན་པས་དགག་པའི་ནང་དུ་འདུས་ལ། རུང་བའི་ཆ་ཐམས་ཅད་བླང་བྱ་ཡིན་པས་སྒྲུབ་པའི་ནང་དུ་འདུས་སོ། །འདུལ་བའི་ལུང་དང་བསྟན་བཅོས་ལས། རུང་བ་དང་མཐུན་ལ་མི་རུང་བ་དང་འགལ་བ་ནི་རུང་བར་བསྡུས་ཤིག །མི་རུང་བ་དང་མཐུན་ལ་རུང་བ་དང་འགལ་བ་ནི་མི་རུང་བར་བསྡུས་ཤིག །ཅེས་གསུངས་པའི་དོན། སྒྲུབ་བྱའི་དགོས་པ་དང༌། བཅས་པའི་རྣམ་བཞག་དང༌། བརྒྱུད་པའི་རྒྱུར་འགྲོ་བ་གསུམ་སྒྲུབ་ཕྱོགས་སུ་མཐུན་པ་དང༌། དགག་བྱའི་ཉེས་དམིགས་དང༌། བཅས་པའི་རྣམ་བཞག་དང༌། བརྒྱུད་པའི་རྒྱུར་འགྲོ་བ་གསུམ་དགག་ཕྱོགས་སུ་མཐུན་པ་རུང་མཐུན་སྟོན་པའི་གསུང་དང་མི་འགལ་བའི་བཅས་པའི་བླང་དོར་ལེགས་པར་ཁོང་དུ་ཆུད་པ་ནི་འདུལ་བ་ལ་མཁས་པ་ཡིན་ནོ། །བཅས་པ་བཟློག་ཚུལ་རང་བཞིན་གྱི་ཉེས་པ་ལ་མི་སྦྱོར་ཞིང་བཅས་རྐྱང་གི་སྟེང་དུ་རྩི་བ་ཡིན་ནོ། །བཅས་པ་ཕྲ་མོ་དང་འགལ་བ་ལ་ད་ལྟའི་དུས་སུ་ཉེས་པ་མེད་དོ་ཞེས་ཟེར་ན། མ་གུས་པ་ལྟུང་བ་འབྱུང་བའི་རྒྱུ་ཡིན་པས་ཁྱད་དུ་བསད་པའི་སྡིག་པ་ཆེན་པོ་འོང་ཞིང་སངས་རྒྱས་ཀྱི་བསྟན་པ་ལ་གནོད་པ་ཡིན་ནོ། །

གཉིས་པ་ཆོས་དང་འགལ་བའི་སྤྱོད་པ་ཉམས་སུ་བླང་བྱར་འདོད་པ་དགག་པ་ནི། རབ་ཏུ་བྱུང་བ

འབགས་པ་དང་། །ཕན་ཚུན་རྩོད་པ་བྱེད་པ་དང་། །དམ་ཆོས་ཉོ་ཚོང་བྱེད་པ་དང་། །དགེ་སློང་ཕྱི་དྲོ་ཟ་བ་དང་། །ཆང་འཐུང་བ་ལ་སོགས་པ་དང་། །ཞེས་པ་རབ་ཏུ་བྱུང་བ་ཁྱིམ་པར་འབབ་པ་དང་། དཔོན་དང་ཉེ་དུ་གྲོགས་སྐྱིང་བརྩེ་བར་རློམ་པས། ཕན་པའི་སེམས་ཀྱིས་རབ་བྱུང་ཕབ་པ་ལ་སྡིག་པ་མེད་པར་འདོད་པ་དང་། སྡེ་པ་ཕན་ཚུན་སྡེ་སྲིད་ཀྱི་སྤྱི་ཚོགས་བྱེད་པའི་ཕྱིར་རྩོད་པ་དང་། དམ་པའི་ཆོས་ཀྱི་གླེགས་བམ་ཉོ་ཚོང་དང་། བུ་ལོན་གྱི་སྐྱིང་པར་འཛུག་པ་དང་། དགེ་སློང་ཕྱི་དྲོ་ཟས་མ་ཟོས་པར་འཚོ་བར་མི་ནུས་པའི་ནད་པ་ལ་སོགས་པ་ལ་གནང་བ་མ་གཏོགས་པར་དུས་རུང་གི་ཁ་ཟས་ཟ་བ་དང་། རབ་བྱུང་ལ་སྲོག་གི་ཕྱིར་ཡང་སྨྱོས་འགྱུར་འཐུང་བ་མ་གནང་བའི་ཆང་འཐུང་བ་དང་། དགེ་འདུན་དང་སྦྱིན་བདག་གི་རིན་པོ་ཆེ་ཆུད་ཟ་བ་སྤང་བའི་ཕྱིར་དང་། ལག་གི་བླ་མ་ཙུང་ཟད་གནང་བ་མ་གཏོགས་ས་རྐོ་བ་དང་། དཀོན་མཆོག་མཆོད་པའི་སྦྱོས་དང་མར་མེ་དང་། མཁན་སློབ་ཀྱི་གོས་ཁ་བསྒྱུར་བ་དང་། དགེ་འདུན་གྱི་སྐལ་ཆུད་ཟ་བ་སྤང་བའི་ཕྱིར་རིག་ཏུ་གནང་བ་ལ་སོགས་གནང་བའི་རྐྱེན་མེད་པར་མི་ལ་རེག་པ་དང་།

ཆོས་གོས་ལྷུང་བཟེད་མེད་པ་སོགས། །ཆོས་དང་འགལ་བའི་སྤྱོད་པ་ཀུན། །ལྟུང་བ་མེད་ཅེས་སྒྲོགས་པ་དང་། །བླ་མའི་ཞབས་ཏོག་ཡིན་པ་དང་། །སངས་རྒྱས་བསྟན་ལ་ཕན་པ་སོགས། །སྨྲ་བ་བསྟན་པ་སྤྱི་ལ་གནོད། །ཅེས་པ༑ ཆོས་གོས་གསུམ་དང་ལྷུང་བཟེད་གདིང་བ་ལ་སོགས་མི་འབྲལ་བར་འཆང་དགོས་པ་དང་བྲལ་བ་དང་། ཚུ་ཚགས་མེད་པར་ལམ་རྒྱང་གྲགས་རེར་འགྲོ་ན་ཉེས་པར་འགྱུར་བ་དང་། ཆུ་མ་བཙགས་པར་འཐུང་བ་ལ་སོགས་འདུལ་བའི་བཅས་པ་དང་འགལ་བའི་སྤྱོད་པ་ཀུན་ལ་བསླལ་པ་སྐྱིགས་མའི་དུས་འདིར་སྲུབ་པར་མི་ནུས་པའི་བཅས་པ་དང་འགལ་བའི་ཉེས་པ་མེད་དོ་ཞེས་སློབ་མ་དང་གྲོགས་པོ་དང་སྦྱིན་བདག་ལ་སོགས་པའི་ཉ་བར་བསྒྲོགས་པ་དང་། བླ་མ་སློབ་དཔོན་གྱི་ཞབས་ཏོག་ལ་དམིགས་ནས་ལོངས་སྤྱོད་དང་ཆོས་ལུགས་དང་། གྲུབ་མཐའི་ཕྱོགས་སུ་འཐབ་རྩོད་བྱེད་པ་སོགས་བླ་མ་བསྟེན་པའི་བྱ་བ་ཡིན་པས་ཡོན་ཏན་དུ་བལྟ་བ་དང་། ཆོས་དང་འགལ་བའི་སྤྱོད་པ་དེ་དག་སྡེ་རིས་དང་གྲུབ་མཐའི་ཕྱོགས་སུ་བྱེད་པ་བསྟན་པའི་བྱ་བ་ཡིན་ནོ་སྙམ་དུ་འཛིན་ཅིང་སྨྲ་བ་ནི་སངས་རྒྱས་ཀྱི་བསྟན་པ་སྤྱི་ལ་གནོད་པའི་ཕྱིར་སྤང་བར་བྱའོ། །ལང་ཀར་གཤེགས་པར། ངཡི་བསྟན་པ་སྣུན་འབྱིན་པ། །དུར་སྨིག་གི་ནི་གོས་གྱོན་ཅིང་། །འབྲས་བུ་མེད་ལ་ཡོད་སྨྲ་བ། །མ་འོངས་དུས་སུ་འབྱུང་བར་འགྱུར། །ཞེས་པ་དང་། ལམ་སྒྲོན་རང་འགྲེལ་དུ། ཁ་ཅིག་སོ་སོར་ཐར་པ་འདུལ་བ་ཡི། །བསླབ་པ་ཇི་སྐད་གསུངས་པ་བཏང་བྱས་ནས། །ཞིང་དང་ཁེ་སྤོགས་ཁྱིམ་པ་དང་འདྲ་ཞིང་། །གཙུག་ལག་ཁང་ན་སྣ་ཚོགས་གཏམ་གྱིས་གཅོད། །ཅེས་པ་དང་། འཇིག་རྟེན་འཛིན་གྱི་མདོར། ལྔ་བརྒྱ་པ་ཐ་མ་ལ་བབ་པའི་ཚེ་ངའི

ཆོས་ལ་རབ་ཏུ་བྱུང་ནས་ཆོས་གོས་གཉའ་བ་ལ་བཀལ་ཏེ་རྟག་ཏུ་ཁྱིམ་དུ་འགྲོ་བ་ལ་དགའ་བར་བྱེད་དོ། །གང་ཟག་དེ་ནི་མུ་སྟེགས་ཅན་དང་ཐ་མི་དད་པ་ཡིན་ཀྱང་། ངའི་ཆོས་ཀྱི་གཟི་བྱིན་གྱིས་དེ་ལའང་མཆོད་པ་དང་སྦྱིན་པར་བྱ་བ་མང་བར་རིག་པར་བྱའོ། །དེ་ནི་གཞན་གྱི་རྒྱུ་ཡོར་གང་ཙམ་ཡང་ལེན་པར་མི་དབང་སྟེ། མཐུན་པའི་ཆོས་ལ་མ་བཟོད་པ་ཡང་མེད་པའི་ཕྱིར་རོ་ཞེས་གསུངས་སོ། །

གསུམ་པ་སྒྲུབ་པར་མ་ནུས་པ་རང་གི་ཉེས་པ་ཁས་བླང་བར་རིགས་པ་ལ་གསུམ་ལས། དང་པོ་འགྱོད་པས་བཤགས་པར་རིགས་པ་ནི། །རང་གིས་སྒྲུབ་པར་མ་ནུས་པའི། །ལས་ངན་ཡིན་ཞེས་སླ་ན་ནི། །རང་ལ་གནོད་ཀྱིས་བསྟན་ལ་མིན། །ཞེས་པ། སངས་རྒྱས་ཀྱི་གསུང་དང་འགལ་བའི་སྤྱོད་པ་ཆང་དང་བུད་མེད་བསྟེན་པ་ལ་སོགས་བྱ་བར་མི་རིགས་ནའང་། གཉེན་པོ་ཆུང་པ་དང་། གྲོགས་ངན་པ་ལ་སོགས་པའི་དབང་གིས་སྒྲུབ་པར་མ་ནུས་པ་ཡིན་ནོ་ཞེས་པའམ། བསྟན་པའི་སྙོར་འཇུག་པའི་ཚེ། དམ་པའི་ཆོས་དང་མཐུན་པར་བྱེད་པའི་བློ་ཡོད་ནའང་། ཚེ་སྔ་མའི་ལས་ངན་གྱི་དབང་གིས་བྱ་བ་ངན་པ་འདི་ལྟ་བུ་ལ་འཇུག་དགོས་པ་བྱུང་ངོ་ཞེས་འགྱོད་ཅིང་སླེ་སྡུགས་ཀྱི་ཚིག་བརྗོད་ན་རང་རྒྱུད་ལ་ལས་ངན་གྱི་འབྲས་བུ་གནོད་པར་འགྱུར་མོད་ཀྱི། སངས་རྒྱས་ཀྱི་བསྟན་པ་ལ་གནོད་པའི་ཚབས་ཆུང་བ་ཡིན་ནོ། །

གལ་ཏེ་སྐྱེ་བོ་སྡུ་མ་ཡི། །ལས་ངན་སྨིན་པའི་ཤུགས་ཉིད་ལས། །ཆོས་དང་འགལ་བའི་སྤྱོད་པ་ཀུན། །དབང་མེད་བྱ་དགོས་བྱུང་ན་ཡང་། །འདི་ནི་ཆོས་མིན་འདུལ་བ་མིན། །སངས་རྒྱས་བསྟན་པ་མིན་ནོ་ཞེས། །གནོང་པའི་ཚུལ་གྱིས་ལེགས་པར་བཤད། །ཅེས་པ། གལ་ཏེ་ཚེ་སྔ་མར་ཆོས་དང་མི་མཐུན་པའི་ལས་བྱེད་པར་འགྱུར་བའི་བག་ཆགས་ཀུན་གཞི་རྣམ་སྨིན་གྱི་སྟེང་དུ་རྐྱེན་དྲག་པོས་མངོན་དུ་འགྱུར་ནས་དམ་པའི་ཆོས་དང་འགལ་བའི་བྱ་བ་རང་ཉིད་མི་སྤྱོ་ཡང་སྟོབས་ལྡན་གཞན་གྱིས་དབང་མེད་བྱེད་དུ་བཅུག་ན། འདི་ནི་མདོ་སྡེ་དང་མི་མཐུན་པས་ཆོས་མ་ཡིན་ཅིང་ཚུལ་ཁྲིམས་དང་འགལ་བས་འདུལ་བ་མ་ཡིན་ལ། རྟེན་ཅིང་འབྲེལ་བར་འབྱུང་བའི་ཆོས་དང་སྤྲིའི་མཚན་ཉིད་འཛིན་པ་རྣམས་དང་འགལ་བའི་ཕྱིར་མངོན་པའི་སྡེ་སྣོད་ལས་བཀག་པས་སངས་རྒྱས་ཀྱི་བསྟན་པ་མ་ཡིན་ནོ་ཞེས་གནོང་ཞིང་འགྱོད་པའི་ཚུལ་གྱིས་དཀོན་མཆོག་གསུམ་དང་མཁན་སློབ་ལ་སོགས་པའི་དྲུང་དུ་བཅས་པའི་ཉེས་པ་མི་འབྱུང་བའི་ཕྱིར་འཆོལ་བ་དང་། ཉེས་པ་དངོས་སྤྱང་བའི་ཕྱིར་བཤགས་པའོ། །སྟོན་པས་སྐྱེས་བུ་དམ་པའི་ཚུལ་ལ་གཉིས་ཏེ། ལྟུང་བ་མི་འབྱུང་བར་བྱེད་པ་དང་། བྱུང་ན་ཕྱིར་འཆོས་པར་བྱེད་པའོ། །ཞེས་གསུངས། །

གཉིས་པ་ཉེས་མེད་དུ་སྨྲ་བ་བསྟན་པ་ལ་གནོད་པར་བསྟན་པ་ནི། འདི་དག་ཆོས་དང་མི་འགལ་

ཞིང་། །སངས་རྒྱས་བསྟན་པ་ཡིན་ནོ་ཞེས། །སྨྲ་ན་སངས་རྒྱས་བསྟན་ལ་གནོད། །ཅེས་པ། གོང་དུ་བཤད་པའི་ཁ་ན་མ་ཐོ་བ་དེ་དག་ཁོ་བོ་ཐབས་ལ་མཁས་པ་དང་། ཉམས་རྟོག་བཟང་བ་དང་སྤྱང་བྱ་གཉེན་པོར་བསྒྱུར་ཤེས་པས་སངས་རྒྱས་ཀྱི་བསྟན་པ་དམ་པའི་ཆོས་དང་མཐུན་པ་ཡིན་ནོ་ཞེས་སྨྲ་ན་ཐུབ་པའི་བསྟན་པ་ལ་ཤིན་ཏུ་གནོད་དེ། སྐད་མུ་གེ་ལ་བཏགས་ནས་སྣམ་བུ་ལ་བོར་ཚོངས་བྱེད་པ་ཡིན་ནོ། །

གསུམ་པ་བླང་དོར་གྱི་སྤྱོད་པ་བསྡུས་ཏེ་གདམས་པ་ནི། དེས་ན་བསྟན་པའི་སྒོར་ཞུགས་པས། །སངས་རྒྱས་བསྟན་ལ་མ་ཕན་ཀྱང་། །རྣམ་པ་ཀུན་ཏུ་གནོད་མི་བྱ། །ཞེས་པ། བསྟན་པའི་སྒོར་ཞུགས་པའི་སྐྱེས་བུ་མཁས་རློངས་དྲག་ཞན་ཀུན་གྱིས་གདུལ་བྱ་དང་བསྟན་པ་ལ་ཕན་པའི་ནུས་པ་ཆེན་པོ་མ་བྱུང་ནའང་། སྤྱིར་ལས་དགེ་སྡིག་དང་ཁྱད་པར་སངས་རྒྱས་ཀྱི་གསུང་དང་འགལ་བའི་སྤྱོད་པ་གཞན་མ་དད་པ་དང་། སྨོལ་ངན་པར་འགྱུར་བ་དག་མི་མཛད་པར་ཞུ་ཞེས་ཐུགས་བརྩེ་བས་སླུས་པའོ། །རིན་ཆེན་ཕྲེང་བར། གང་ཞིག་ལུས་ངག་ཡིད་ཀྱི་ལས། །ཐམས་ཅད་ལེགས་པར་ཡོངས་བརྟགས་ཏེ། །བདག་དང་གཞན་ལ་ཕན་ཤེས་ན། །རྟག་ཏུ་བྱེད་དེ་མཁས་པའོ། །ཞེས་པ་དང་། སྐྱེས་རབས་སུ། བདག་ལ་ཕན་འདོད་དུག་ཅན་མི་ཟ་བཞིན། །ཆོས་མིན་འདྲེས་པའི་བདེ་བ་མི་འདོད་དོ། །ཞེས་གསུངས་སོ། །

གཉིས་པ་རང་བཟོའི་ནོར་པ་སྣ་ཚོགས་པ་ཚར་གཅད་པ་ལ་གསུམ། མདོ་བསྐུལ་ལ་སོགས་ལག་ལེན་ནོར་པ་དོར་བྱར་བསྟན་པ། བཀའ་ལུང་རྣམ་དག་ཁྱད་དུ་གསོད་པ་དགག་པ། འབྲེལ་མེད་བླུན་ཚིག་ཡིད་ཆེས་བྱེད་པ་དགག་པའོ། །དང་པོ་ལ་གཉིས་ལས། དང་པོ་བླུན་པོའི་རྣམ་ཐར་མཁས་པས་ཁྲེལ་བར་བསྟན་པ་ནི། མདོ་བསྐུལ་ལ་སོགས་བྱ་བ་ཀུན། །འདུལ་བའི་གཞུང་དང་མཐུན་པར་གྱིས། །མདོ་བསྐུལ་རིང་མོ་ཞེས་བྱ་བ། །བཀའ་ལ་ནོར་བར་བྱེད་པ་མཐོང་། །མདོ་རྒྱུད་ཀུན་ལས་འདི་མ་གསུངས། །འདི་འདྲའི་རིས་ཀྱི་ཆོས་འཕེལ་ན། །བསྟན་པའི་རྩ་བ་ནུབ་པར་འགྱུར། །ཞེས་པ། འདུལ་བར། གཙུག་ལག་ཁང་གི་བདག་པོ་དང་ལྷ་རྣམས་ལ་ཕན་པའི་ཕྱིར་སངས་རྒྱས་ཀྱི་ཞལ་ནས་གསུངས་པའི་ཚིགས་སུ་བཅད་པ་འདོན་པར་གསུངས་པ་དང་། ཆོས་གྲངས་བརྗོད་པ་ལ་སོགས་འཕྲུལ་གྱི་བྱ་བ་རྣམས་རིམ་གྱིས་བྱེད་པ་དང་། གློ་བུར་གྱི་བྱ་བ་རྣམས་ཀྱང་གྲུས་པའི་སྒོ་ནས་ལུང་བྱ་བའི་ཕུང་པོ་ལས་གསུངས་པ་ལྟར་བསྒྲུབ་པར་བྱའོ། །དེ་ཡང་གཙུག་ལག་ཁང་གི་ཀ་བའི་བར་སྲང་བུ་ལ་ཤིང་གི་ཐུར་མ་བརྒྱུས་ནས་གནས་བརྟན་གྱིས་ཉིན་རེ་བཞིན་ཐུར་མ་བཤུགས་ཏེ། དེ་ལ་བལྟས་ནས་དགེ་འདུན་གྱིས་ཆོས་གྲངས་གོ་བར་བྱེད་པ་དང་། མདོ་འདོན་པར་བསྐུལ་བ་ཡིན་ནོ། །དེ་ལ་བཀའ་གདམས་པ་དང་འདུལ་འཛིན་ཁ་ཅིག་མདོ་བསྐུལ་རིང་མོ་ཞེས་བྱ་བ། ཀྱི་གསོན་ཅིག་དགེ་འདུན་བཙུན་པ་རྣམས། །ཚངས་

པ་བརྒྱ་བྱིན་རྒྱལ་ཆེན་དང་། །ཆོས་སྐྱོང་གཙུག་ལག་སྲུང་མ་དང་། །ལྷ་ཀླུ་ལ་སོགས་སྡེ་བརྒྱད་དང་། །ཆོས་རྒྱལ་རྗེ་བློན་ཡོན་བདག་དང་། །ཕ་མ་མཁན་པོ་སློབ་དཔོན་དང་། །མཐའ་ཡས་སེམས་ཅན་དོན་སླད་དུ། །ཞལ་ནས་གསུངས་པ་འདི་བཛྫོད་ཞུ། །ཞེས་པའི་མཇུག་ཏུ་ཨུ་རྒྱ་ལགས་ཟེར་བ་དང་། སྟོན་པ་མན་ངག་གཉིས་གསུངས་ཏེ༑ ཞེས་པ་ལ་སོགས་ཤློ་ཀ་ལྔ་དང་། ཡང་ཁ་ཅིག་ཐུབ་ཆེན་རྒྱལ་བའི་སྲས་པོ་དག །ཞེས་སོགས་ཤློ་ཀ་བཞི་ཙམ་བཛྫོད་པ་ཡོད་ནའང་། སངས་རྒྱས་ཀྱིས་མ་གསུངས་པའི་རང་བཟོ་ཡིན་པས་དོར་ལ། འདུལ་བར་གསུངས་པ་ནི། དགེ་འདུན་འདུས་པའི་དབུས་སུ་ཕྱག་བྱས་ཏེ། གུས་པའི་ཚུལ་གྱིས་དགེ་འདུན་བཙུན་པ་རྣམས་གསན་དུ་གསོལ། དེ་ནི་ཟླ་བ་ཡར་གྱི་ངོའི་ཚེས་གཅིག་ལགས་ཏེ། གཙུག་ལག་ཁང་གི་བདག་པོ་དང་། གཙུག་ལག་ཁང་གི་ལྷ་རྣམས་ཀྱི་སླད་དུ། ཚིགས་སུ་བཅད་པ་རེ་བཀླག་ཏུ་གསོལ། ཞེས་ལན་གཅིག་བསྒྲུབ་ནས། ཞལ་ནས་གསུངས་པའི་ཚིགས་བཅད་འདོན་པ་ཡིན་ནོ། །མི་མ་ཡིན་གནས་པའི་རྟེན་ཤིང་ལྗོན་པ་ལ་སོགས་པའི་མདུན་དུའང་འདོན་པར་གསུངས་སོ། །རང་བཟོའི་ཆོས་ལོག་འཕེལ་ན་བསྟན་པའི་རྩ་བའི་ཆོས་ལུགས་བཟང་པོ་འདི་དག་ནུབ་པར་འགྱུར་རོ། །དཔེར་ན་ཁྲག་གི་རྩ་ནང་དུ་མཁྲིས་པ་ཞུགས་པས་ཀླ་ཡའི་ནད་ཆེན་པོར་འགྱུར་བ་བཞིན་ནོ། །

སངས་རྒྱས་གསུངས་པའི་ཚིག་ཀུན། །སླ་བར་གྱུར་ཀྱང་མི་བྱེད་ལ། །སངས་རྒྱས་ཀྱིས་ནི་མ་གསུངས་ན༑ །དཀའ་ཡང་འབད་ནས་བྱེད་པ་མཚར། །ཞེས་པ། སྟོན་པས་སྒྲུབ་པར་གསུངས་པའི་ཚིག་བྱ་བར་སླར་ཡང་མི་བྱེད་པར་རང་བཟོའི་ཆོས་མིན་དཀའ་ཡང་འབད་ནས་སྒྲུབ་པར་བྱེད་པ་བཞད་གད་ཀྱི་གནས་སོ། །

གཉིས་པ་ནོར་བའི་ཕྱོགས་འཛིན་ཧ་ཅང་ཐལ་བར་བསྟན་པ་ནི། སངས་རྒྱས་གསུང་དང་མི་མཐུན་ཀྱང་། །འདི་འདྲ་བདེན་པར་འདོད་ན་ནི། །ལག་ལེན་ཕྱིན་ཅི་ལོག་གཞན་ཡང་། །འཁྲུལ་ཞེས་བརྗོད་པར་མི་ནུས་ཏེ། ལུང་དང་འགལ་བའི་ཆོས་ཡིན་པར། །རང་བཟོ་ཐམས་ཅད་མཚུངས་པ་ལ། །ཞེས་པ། སངས་རྒྱས་ཀྱི་གསུང་དང་མི་མཐུན་ཀྱང་ཚིག་དོན་འཐད་པ་འདྲ་བར་སྣང་ཡང་། བདེན་པར་བཟུང་ནས་ལག་ལེན་བྱས་ཀྱང་ནོར་པའི་སྐྱོན་མེད་དོ་སྙམ་ན། མུ་སྟེགས་ཀྱི་ལག་ལེན་ཚུ་བོ་གཏྣར་ཁྲུས་བྱེད་པ་དང་། མེ་ལྷ་བསྟེན་པ་དང་། དཀའ་ཐུབ་དྲག་པོ་ལ་སོགས་པ་རྣམས་ལའང་ནོར་པ་ཡིན་ནོ་ཞེས་དགག་པར་མི་ནུས་ཏེ། སངས་རྒྱས་ཀྱིས་མ་གསུངས་པའི་རང་བཟོ་ཡིན་པར་ཐམས་ཅད་མཚུངས་པའི་ཕྱིར།

འགའ་ཞིག་བདེན་ལ་འགའ་ཞིག་ནི། །བརྫུན་པ་ཡིན་ཞེས་དཔྱད་མི་རུང་། །མུ་སྟེགས་ལ་སོགས་ཆོས་ལོག་ཀྱང་། །སུན་དབྱུང་བར་ནི་མི་ནུས་ཏེ། །ལུང་རིགས་མེད་པར་མཚུངས་པ་ལ། །བདེན་བརྫུན་དབྱེ་བར

རུང་མ་ཡིན། །ཞེས་པ། ཤིན་ཏུ་ལྐོག་གྱུར་གྱི་དོན་གཏན་ལ་འབེབས་པ་ལ། ལུང་རྣམ་དག་ཡིད་ཆེས་ཀྱི་གནས་སུ་མཁས་བླངས་ནས་བླང་དོར་བྱེད་པ་མཁས་པའི་བྱ་བ་ཡིན་མོད། རྒྱལ་བའི་གསུང་དང་འགལ་བའི་རང་བཟོའི་ཆོས་ལ་ཕན་ཚུན་འགའ་ཞིག་བདེན་ལ་འགའ་ཞིག་བརྫུན་ཞེས་དཔྱད་དུ་མི་རུང་སྟེ། ཐམས་ཅད་བརྫུན་ཁྲིགས་ཀྱི་ཆོས་ལོག་ལུང་རིག་རྣམ་དག་གི་སྒྲུབ་བྱེད་མེད་པར་མཉམ་པའི་ཕྱིར་རོ། །

གཉིས་པ་ལུང་རྣམ་དག་ཁྱད་དུ་གསོད་པ་དགག་པ་ནི། ལ་ལ་རྫོགས་པའི་སངས་རྒྱས་ཀྱི། །གསུང་རབ་ཚིག་དོན་ཟབ་མོ་དང་། །གྲུབ་ཐོབ་རྣམས་དང་མཁས་རྣམས་ཀྱི། །ཤིན་ཏུ་ལེགས་པར་བཤད་པའི་ཆོས། །ཚིག་གི་ན་ཡ་ཡིན་པས་ན། །དགོས་པ་མེད་པར་དོར་ཞེས་ཟེར། །ཞེས་པ། ལུང་གི་ཆོས་རྣམ་པར་དག་པ་ཐོས་པའི་བག་ཆགས་སེམས་རྒྱུད་ལ་ཅུང་ཟད་མེད་ཅིང་། ཚེ་རབ་ཏུ་མར་དམ་པའི་ཆོས་སྤོང་བའི་ལས་ངན་བསགས་པ་ལ་ལ། རྫོགས་པའི་སངས་རྒྱས་ཀྱིས་གསུངས་པའི་མདོ་རྒྱུད་རྣམས་དང་། མཆོག་གི་དངོས་གྲུབ་བརྙེས་པའི་གྲུབ་ཐོབ་ཆེན་པོ་རྣམས་དང་། བསྟན་འཛིན་གྱི་སྐྱེས་བུ་རྒྱན་དྲུག་ལ་སོགས་པས་གསུངས་པའི་བསྟན་བཅོས། གང་ཞིག་རྒྱལ་བས་གསུངས་པ་འབའ་ཞིག་གི །དབང་བྱས་རྣམ་གཡེང་མེད་ཡིད་ཅན་གྱིས་བཤད། །ཐར་པ་ཐོབ་པའི་ལམ་དང་རྗེས་མཐུན་པ། །དེ་ཡང་དྲང་སྲོང་བཀའ་བཞིན་སྤྱི་བོས་བླང་། །ཞེས་གསུངས་པ་དང་མཐུན་པའི་ལེགས་བཤད་རྣམས་ལ་ཚིག་གི་ན་ཡ་ཡིན་པས་ཐོས་བསམ་བྱེད་པ་ལ་དགོས་པ་མེད་དོ་ཞེས་ཟེར་ཞིང་། དམ་པའི་ཆོས་སྤོང་བ་དེ་ནི་བདུད་ཀྱི་ལས་ཆེན་པོ་ཡིན་ཏེ། བློ་གྲོས་རྒྱ་མཚོས་ཞུས་པར། བདུད་ཀྱི་ལས་ནི་ཐོས་པ་ཉུང་དུས་བསམ་གཏན་རྟེན་པ་དང་། མང་དུ་ཐོས་ཀྱང་བདག་ལ་བསྟོད་པའོ། །ཞེས་གསུངས་སོ། །བསོད་ནམས་ཐམས་ཅད་སྡུད་པའི་མདོར། རིགས་ཀྱི་བུ། བྱང་ཆུབ་སེམས་དཔར་དམ་བཅས་ཏེ། །བདག་སངས་རྒྱས་སུ་གྱུར་ཅིག་ཅེས་སྨྲས་ལ། དེ་ཡང་ཐོས་པ་འཚོལ་བ་ལ་མི་བརྩོན་ན། སེམས་ཅན་ཐམས་ཅད་ཤེས་རབ་འཆལ་བར་བྱ་བའི་ཕྱིར་ཞུགས་པ་ཡིན་ནོ་ཞེས་གསུངས་ཤིང་། ཡང་སྦྱིན་པ་དང་ཚུལ་ཁྲིམས་དང་ཐོས་པའི་ཚོགས་གང་ཆེ་དང་མཆོག་ཏུ་གྱུར་པ་ལགས་ཞེས་ཞུས་པས། དྲི་མ་མེད་པའི་གཟི་བརྗིད། ཚོགས་གསུམ་པོ་དེ་དག་གི་ནང་ནས་ཐོབ་པའི་ཚོགས་འབའ་ཞིག་རབ་ཅེས་བྱ། གཙོ་བོ་ཞེས་བྱ། གོང་ན་མེད་པ་ཞེས་བྱ། གོང་མའི་ཡང་གོང་མ་ཞེས་བྱའོ། །རིགས་ཀྱི་བུ་འདི་ལྟ་སྟེ། དཔེར་ན་རིའི་རྒྱལ་པོ་རི་རབ་ཀྱི་དྲུང་ན་ཡུངས་འབྲུ་གཅིག་འདུག་པ་དེ་བཞིན་དུ་སྦྱིན་པ་དང་ཚུལ་ཁྲིམས་ཀྱི་ཚོགས་ཀྱང་དེ་དང་འདྲ་བར་བལྟའོ། །རིའི་རྒྱལ་པོ་རི་རབ་ཇི་ལྟ་བ་དེ་བཞིན་དུ་ཐོས་པའི་ཚོགས་བལྟ་བར་བྱའོ། །ཞེས་པ་དང་། སྐྱེས་རབས་སུ། ཐོས་ཉུང་དམུས་ལོང་སྒོམ་པའི་ཚུལ་མི་ཤེས། །ཤེས་རབ་རྒྱས་བྱེད་པ་ནི་ཐོས་པ་ཡིན། །ཐོས་པ་གཏི་མུག་མུན་སེལ་སྒྲོན་མ་སྟེ། །ཡ་རབས

རྣམས་དང་ཕྲད་ན་སྐྱེས་ཀྱི་མཆོག །རྐུན་པོས་འཕྲོག་ཏུ་མེད་པ་ནོར་གྱི་མཆོག །ཅེས་པ་དང་། མདོར། ཐོས་པས་ཆོས་རྣམས་ཤེས་པར་བྱེད། །ཐོས་པས་སྡིག་ལས་ལྡོག་པར་བྱེད། །ཐོས་པས་དོན་མ་ཡིན་པ་སྤོང་། །ཐོས་པས་མྱ་ངན་འདས་པ་ཐོབ། །ཅེས་པ་དང་། ཐོགས་མེད་ཞབས་ཀྱིས་ཐོས་པའི་བག་ཆགས་ཆུང་ངུ་དང་འབྲིང་དང་ཆེན་པོ་དེ་ཡང་ཆོས་ཀྱི་སྐུའི་ས་བོན་དུ་བལྟ་བར་བྱའོ། །ཞེས་མང་དུ་ཐོས་པའི་ཕན་ཡོན་ཆེན་པོ་ཡོད་པ་ལ་སྨོངས་པས་འདོད་ཆགས་དང་བྲལ་བར་གྱུར་པ་བྱོལ་སོང་གི་སྐྱེ་གནས་ལ་མངོན་པར་ཕྱོགས་པ་ཡིན་ནོ། །ཐོས་པ་མེད་པར་བསྒོམ་པ་དེ། །འབད་ཀྱང་དུད་འགྲོའི་སྐྱུབ་ཐབས་ཡིན། །ཞེས་ཆོས་རྗེ་ཉིད་ཀྱིས་གསུངས་སོ། །

གསུམ་པ་འབྲེལ་མེད་ཀྱི་སྙན་ཚིག་ལ་ཡིད་ཆེས་བྱེད་པ་དགག་པ་ནི། ཚིག་ཀྱང་འགྲིགས་ལེགས་མི་ཤེས་ན། །དོན་བཟང་སློས་ཀྱང་ཅི་དགོས་པའི། །སྙན་པོ་རྣམས་ཀྱི་རང་དགའི་ཚིག །མཁས་རྣམས་བཞད་གད་བསྐྱེད་པ་ཡི། །འབྲེལ་མེད་སྣ་ཚོགས་བྲིས་པ་ལ། །བསྟན་བཅོས་ཡིན་ཞེས་ཉན་བཤད་བྱེད། །སྙན་པོ་དགའ་བ་བསྐྱེད་ནུས་ཀྱི། །མཁས་རྣམས་དགའ་བ་བསྐྱེད་མི་ནུས། །དུས་དང་བློ་གྲོས་མགྲོན་དུ་གྱུར། །ཞེས་པ་ཡི་གེ་འགོད་པའི་ཚིག་བསྒྲིག་ཀྱང་ལེགས་པར་མི་ཤེས་པ། བཟའ་གཏད་མེད་པའི་ལྟ་བ་དང་། །འདི་ཡིན་མེད་པའི་ཉམས་མྱོང་དང་། །འདི་བྱ་མེད་པའི་སྤྱོད་པ་དང་། །ཞེས་སོགས་སྙན་ཚིག་འགའ་ཞིག་བྲིས་པའི་གླེགས་བམ་ལ་བརྗོད་བྱའི་དོན་བཟང་པོ་འབྱུང་བ་ལྟ་ཅི་སྨོས། དེ་འདྲ་ལ་ཡང་ཆོས་དང་ཆོས་མིན་འབྱེད་མི་ཤེས་པའི་སློབ་དཔོན་སྙན་པོ་ལ་སློབ་མ་སྙན་པོའི་ཚོགས་ཀྱིས་བསྐོར་ནས་འཆད་ཉན་བྱེད་པ་ལ་སྙིང་དང་བཀུར་སྟི་མང་པོ་འདུ་འགོད་བྱེད་པ་འབྱུང་བ་ནི། ལུང་ལས་ཤང་ཤང་གིས། ཐོག་མ་ཁོ་ནར་བདག་སྙན་ཏེ། །དེ་ནས་བྱ་བ་འདི་དག་སྙན། །དེ་ནས་རྒྱལ་པོ་འཁོར་བཅས་སྙན། །སྙན་པོའི་དཀྱིལ་འཁོར་དེས་རྫོགས་སོ། །ཞེས་སྨྲས་པ་དང་། ཡང་། བྱ་རོག་དང་ཕ་སྐྱེས་འདུས་པ་ལ་ཞིང་གི་ཐ་ཆད་གྲུ་གསུམ་དུ། རི་ཡི་ཐ་ཆད་མ་ནིང་རོ། །ཤིང་གི་ཐ་ཆད་ཨེ་རཎྜ། །འདབ་ཆགས་ཐ་ཆད་བྱ་རོག་དང་། །གཅན་གཟན་ཐ་ཆད་ཕ་སྐྱེས་དང་། །ཐ་ཆད་ཚོགས་ཀུན་འདུས་ལ་ལྟོས། །ཞེས་པ་དང་། དྲུག་སྡེ་རྣམས་ཀྱིས། ཆོས་དང་ཆོས་མིན་མི་ཤེས་པའི། །སྙན་པོ་དག་ལ་དགའ་བར་བྱས། །བདག་ཀྱང་སྙིང་དང་ལྡན་པར་གྱུར། །ཞེས་པ་ལྟར་སྙན་པོ་རྣམས་ཁེ་དང་ཟླ་བར་འབབ་པའི་དུས་དང་བློ་གྲོས་ཆུད་ཟོས་པར་འགྱུར་རོ། །

གསུམ་པ་མཇུག་བསྡུས་ཏེ་ཐོས་པའི་སྡོམ་པ་ཉམས་སུ་བླང་བར་གདམས་པ་ལ་གཉིས་ལས། དང་པོ་ལུང་རྣམ་དག་ཡིད་ཆེས་ཀྱི་གནས་སུ་བྱ་བ་ནི། ཀྱེ་མ་སངས་རྒྱས་བསྟན་པ་ནི། །འདི་ལྟར་གྱུར་པ་ད་གཟོད་གོ །དེས་ན་སངས་རྒྱས་གསུང་རབ་དང་། །མཁས་པ་རྣམས་ཀྱི་བསྟན་བཅོས་ཀྱི། །ཚིག་དོན་ལ་ནི་བྱིན་རླབས་ཡོད། །ཅེས་

པ༑ ཐུབ་པའི་བསྟན་པ་ཉམས་ཆུང་བའི་ཚུལ་གཟིགས་པས་ཐུགས་སྐྱོ་བར་གྱུར་ཏེ། ཀྱི་མ་ཞེས་གསུངས་ནས། རྟོགས་པའི་ཆོས་ཚུལ་ཁྲིམས་ཀྱི་བསླབ་པ་དང་ཏིང་ངེ་འཛིན་སྒོམ་པའི་གནད་མང་པོ་འཆུགས་པ་དང་། ལུང་གི་ཆོས་སྡེ་སྣོད་ལ་འཆད་ཉན་བྱེད་པའི་ཚུལ་རང་བཟོའི་མུན་སྤྲུལ་སླ་བ་མང་དུ་གཟིགས་ནས་མ་བརྟགས་པའི་ཚེ་དམ་པའི་ཆོས་དར་བ་ལྟར་སྣང་ཡང་། ལེགས་པར་དཔྱད་པ་ན་ལྔ་བརྒྱ་པ་ཐ་མ་རྟགས་ཙམ་འཛིན་པ་ལྟ་བུར་གྱུར་ཏོ་ཞེས་དགོངས་པའོ། །འཕགས་པ་ཀླུ་སྒྲུབ་ཀྱིས། ད་ལྟ་ཤིན་ཏུ་ངན་པའི་མིས། །རྒྱལ་བའི་བསྟན་པ་ནུབ་ཏུ་ཉེ། །དེ་ནི་ངན་སྔགས་ངན་སྤྱོད་དང་། །ལོག་པར་ལྟ་བ་མང་པོ་ཡི། །སྨྱོངས་པ་བདག་གིས་བཅོམ་ལྡན་གྱི། །བསྟན་པའི་ལྗོན་ཤིང་བཅད་ཀྱིས་མེད། །དེ་ནི་སྙིང་རྗེ་མེད་པ་ཡིས། །ཆོས་ལུགས་བོར་ནས་རང་བཟོ་བྱེད། །བཀྲམ་ཆགས་ཕ་རོལ་མ་མཐོང་བས། །བསྟན་པའི་རྒྱལ་མཚན་བསྐྱལ་གྱིས་མེད། །དེ་ནི་གདུལ་དཀའ་ངོ་ཚ་མེད། །སྡིག་ལ་དགའ་ཞིང་ཚུལ་འཆོས་བྱེད། །སྡིག་ཅན་རྣམས་ཀྱི་ཐུབ་པ་ཡི། །བསྟན་པའི་ཟམ་པ་ཅག་གིས་མེད། །ཅེས་པ་ནས། གང་དག་འདི་འདྲའི་དུས་བབ་ཚེ། །བདེ་འདོད་རྣམས་ཀྱིས་ཕན་པའི་དོན། །དེ་ནི་ལེགས་པར་བརྟག་པའི་རིགས། །ཞེས་གསུངས་སོ། །སངས་རྒྱས་ཀྱི་གསུང་རབ་དང་བསྟན་པ་འཛིན་པར་ལུང་བསྟན་པའི་མཁས་གྲུབ་རྣམས་ཀྱི་བསྟན་བཅོས་ཟབ་ཅིང་རྒྱ་ཆེ་བའི་དོན་ལེགས་པར་མ་རྟོགས་ཀྱང་། ཚིག་ཙམ་གྲུས་པས་ཁ་དོན་བྱེད་པ་ལའང་བྱིན་རླབས་ཀྱི་ནུས་པ་ཆེན་པོ་ཡོད་དེ། དབུ་མ་བསྟོད་པའི་ཚོགས་ལ་གྲུས་པས་ཁ་དོན་བྱེད་པའི་དགེ་སློང་ཞིག་ཤི་ནས་མངོན་པར་དགའ་བའི་ཞིང་དུ་སྐྱེས་ཏེ། དེའི་སློབ་དཔོན་གྱི་གདུང་ཤུགས་ཡང་ཡང་བསམས་པས་རྨི་ལམ་དུ་འཇམ་དབྱངས་ཀྱི་ཆ་ལུགས་བྱུང་སྟེ། སློབ་དཔོན་ཐུགས་ཁྲལ་མ་མཛད་ཅིག་ཁོ་བོས་ཁ་འདོན་བྱས་པའི་དགེ་བ་དེས་མགོན་པོ་མི་འཁྲུགས་པའི་དྲུང་དུ་སྐྱེས་ཏེ། ཐེག་ཆེན་གྱི་ཆོས་ལ་ལོངས་སྤྱོད་དོ་ཞེས་ཟེར་བའི་ཚུལ་ལྟ་བུའོ། །

གཉིས་པ་དེ་དང་མཐུན་པའི་ཆོས་བསྟན་པ་སྒྲུབ་བྱར་གདམས་པ་ནི། འདི་འདྲ་ཉན་བཤད་བྱེད་པ་ལ༑ །ཐོས་པ་ཞེས་ནི་བརྗོད་པ་ཡིན། །དེ་དོན་བརྗོད་པ་བསམ་པ་ཡིན། །ཞན་ཏན་ཀྱིས་ནི་དེ་སྒྲུབ་པ། །སྒོམ་པ་ཡིན་པར་ཤེས་པར་བྱ། །ཐོས་བསམ་སྒོམ་གསུམ་འདི་ལྟར་གྱིས། །འདི་ནི་སངས་རྒྱས་བསྟན་པ་ཡིན། །ཞེས་པ། བཀའ་བསྟན་བཅོས་རྣམ་པར་དག་པ་ཉན་བཤད་བྱེད་པ་ལས་བྱུང་བ་གཙོ་བོར་ཚིག་ལ་དམིགས་པའི་ཐོས་བྱུང་གི་ཤེས་རབ་དང་། ཚིག་དེའི་དོན་ལ་བློས་པ་དང་། བྱ་བ་བྱེད་པ་དང་། འཐད་པས་གྲུབ་པ་དང་། ཆོས་ཉིད་ཀྱི་རིགས་པས་ལེགས་པར་བརྟགས་ཏེ། འཛིན་སྟངས་དོན་དང་མཐུན་པར་ངེས་པའི་ལྟ་བ་བསམ་པའི་ཤེས་རབ་དང་། དེ་དང་དམིགས་པ་ལ་རྩེ་གཅིག་པའི་ཏིང་ངེ་འཛིན་ཟུང་འཇུག་ཏུ་བསྒོམས་པས་རང་རིག་པའི་ཚུལ་

དུ་དོན་མ་ནོར་བར་ཤེས་པ་སྒོམ་བྱུང་གི་ཤེས་རབ་རིམ་པ་བཞིན་རྒྱུད་ལ་བསྐྱེད་པ་ནི་སངས་རྒྱས་ཀྱི་བསྟན་པ་ཐོག་མཐའ་བར་དུ་དགེ་བ་དོན་བཟང་པོ་ཚིག་འབྲུ་བཟང་པོ་ཞེས་བྱ་བ་ཡིན་ཏེ། སོ་སོར་ཐར་པར། མང་དུ་ཐོས་པ་ནགས་ཀྱི་ནང་དག་ཏུ། །ལང་ཚོ་ཡལ་བ་རྣམས་ཀྱང་གནས་པ་བདེ། །ཞེས་གསུངས་སོ། །ཆོས་ལ་གནས་པའི་དགེ་སློང་ལ་གདམས་པའི་མདོར། ཐོས་པ་དང་སེམས་པ་ལ་མ་བརྟེན་པར་སྒོམ་པའི་སྦྱོར་བ་འགའ་ཞིག་གིས་ཀྱང་ཆོས་ལ་གནས་པ་མ་ཡིན། སྒོམ་པ་ལ་མ་བརྟེན་པར་ཐོས་པ་དང་སེམས་པའི་སྦྱོར་བ་འགའ་ཞིག་གིས་ཀྱང་ཆོས་ལ་གནས་པ་མ་ཡིན། གཉིས་ཀ་ལ་བརྟེན་ཅིང་གཉིས་ཀ་ལ་གནས་ན་དེའི་ཚེ་ཆོས་ལ་གནས་པ་ཞེས་བྱའོ། །ཞེས་པ་དང་། ཟླ་འོད་གཞོན་ནུ་ལ་གདམས་པར། ངཡིས་རབ་ཏུམང་པོའི་ཆོས་བཤད་ཀྱང་། །ཁྱོད་ཀྱིས་ཐོས་ནས་སྒྲུབ་པར་མི་བྱེད་ན། །ནད་པ་སྨན་གྱི་རྐྱལ་པ་ཐོགས་ན་ཡང་། །རང་གི་ནད་ནི་གསོ་བར་མི་ནུས་བཞིན། །ཞེས་པ་དང་། མདོ་རྒྱུད་གཉིས་སུ། ཡང་དག་སངས་རྒྱས་བསྟན་པ་འདི། །ཐོས་པ་ཙམ་གྱིས་མི་འགྲུབ་སྟེ། །དཔེར་ན་ཆུ་ཆེན་མཉན་པ་ཞིག །སྐྱེ་བོ་ཐམས་ཅད་སྒྲོལ་བྱེད་ཀྱང་། །རང་ཉིད་དེ་ནས་འཆི་བར་འགྱུར། །མ་བསྒོམས་ཆོས་ཀྱང་དེ་བཞིན་ནོ། །ཞེས་གསུངས་པའི་ཐོས་བསམ་གྱི་གཏན་ལ་ཕབ་པའི་དོན་ཉམས་སུ་ལེན་པ་ལ་བརྩོན་པར་བྱའོ། །སོ་སོར་ཐར་པའི་སྡོམ་པའི་སྐབས་ཀྱི་ལེགས་པར་བཤད་པ་སྟེ་དང་པོའོ།།

༄ གཉིས་པ་བྱང་སེམས་ཀྱི་སྡོམ་པ་གཏན་ལ་དབབ་པ་ལ་གསུམ་ལུགས་གཉིས་མདོར་བསྟན་པ། ཐེག་ཆེན་སེམས་བསྐྱེད་རྒྱས་པར་བཤད་པ། ཚུལ་བཞིན་སྒྲུབ་པ་བསྟན་པའི་བྱ་བར་བསྟན་པའོ། །དང་པོ་ལ་གཉིས་ལས། གཉིས་སུ་འབྱེད་པའི་ཚུལ། ཕྱེ་བའི་དོན་ངེས་བཟུང་བའོ། །དང་པོ་ནི་སེམས་བསྐྱེད་ལ་ནི་ཉན་ཐོས་དང་། །ཐེག་པ་ཆེན་པོའི་ལུགས་གཉིས་ཡོད། །ཅེས་པ། སྦྱིར་འདོད་པའི་དོན་གང་ཡིན་པ་དེ། སྒྲུབ་པར་འདོད་པའི་བློ་སྔོན་དུ་གཏོང་བ་དེ། བྱ་བ་དེ་བྱེད་པའི་སེམས་བསྐྱེད་ཡིན་པས། གྲངས་དང་རིགས་མཐའ་ཡས་པའི་ཕྱིར་བསམ་གྱིས་མི་ཁྱབ་བོ། །བྱང་ཆུབ་ཀྱི་ཕྱིར་སེམས་བསྐྱེད་པ་ལ། ཐེག་པ་དམན་པའི་མྱང་འདས་དང་། ཐེག་པ་ཆེན་པོའི་མྱང་འདས་དོན་དུ་གཉེར་བའི་སྒོ་ནས་རིགས་གཉིས་སུ་ཡོད་དོ། །

གཉིས་པ་ལ་གཉིས་ལས། ཐེག་པ་ཆུང་ངུའི་ལུགས་ནི། །ཉན་ཐོས་རྣམས་ལ་སེམས་བསྐྱེད་གསུམ། །དགྲ་བཅོམ་རང་རྒྱལ་སངས་རྒྱས་སོ། །ཉན་ཐོས་བསྟན་པ་ནུབ་པ་ན། །དེ་ཡི་ཆོ་ག་སྤྱོད་པ་ཉུང་། །ཞེས་པ་འཁོར་ལོ་དང་པོའི་བཀའ་རྣམས་ལས། ལ་ལས་ཉན་ཐོས་ཀྱི་བྱང་ཆུབ་ཏུ་སེམས་བསྐྱེད་དོ། །ལ་ལས་རང་སངས་རྒྱས་ཀྱི་བྱང་ཆུབ་ཏུ་སེམས་བསྐྱེད་དོ། །ལ་ལས་བླ་ན་མེད་པའི་རྫོགས་པའི་བྱང་ཆུབ་ཏུ་སེམས་བསྐྱེད་དོ། །ཞེས་ལན་

མང་དུ་གསུངས་པས། རང་ཉིད་འཁོར་བའི་སྡུག་བསྔལ་ཐམས་ཅད་སྤངས་པའི་ཉན་ཐོས་ཀྱི་བྱང་ཆུབ་དང་། སྲིད་པ་ཐ་མ་པའི་ཚེ་སློབ་དཔོན་ལ་རག་མ་ལས་པར་རང་ཉིད་བྱང་ཆུབ་མངོན་དུ་བྱེད་པའི་རང་སངས་རྒྱས་ཀྱི་བྱང་ཆུབ་སྟེ། ཀླུ་སྒྲུབ་ཀྱི་ཞལ་སྔ་ནས། སངས་རྒྱས་རྣམས་ཀྱང་མི་བཞུགས་ཤིང་། །ཉན་ཐོས་རྣམས་ཀྱང་ཟད་པ་ན། །རང་སངས་རྒྱས་ཀྱི་ཡེ་ཤེས་ནི། །རྟེན་པ་མེད་པར་རབ་ཏུ་སྐྱེ། །ཞེས་སོ། །ཐེག་དམན་རང་ལུགས་ཀྱི་ལམ་ལ་བསླབས་ནས་ཚོགས་གཉིས་བསགས་ཏེ་ཀུན་མཁྱེན་གྱི་གོ་འཕང་མངོན་དུ་བྱེད་པར་འདོད་པ་དང་གསུམ་མོ། །ཉན་ཐོས་ཐེག་པའི་སེམས་བསྐྱེད་ཀྱི་ཆོ་གའི་ལག་ལེན་ཟུར་དུ་བྱེད་པའི་རྣམ་གཞག་འཕགས་པའི་ཡུལ་ན་ཡོད་པ་སྲིད་ནའང་གངས་རིའི་ཁྲོད་འདིར་མ་བྱུང་ཞིང་། ལུང་ལས། རྒྱལ་པོ་འོད་ལྡན་ལ་གླང་པོ་ཆེ་འདུལ་བའི་མིས་སངས་རྒྱས་ཤཱཀྱ་ཐུབ་པ་ཆེན་པོའི་ཡོན་ཏན་བརྗོད་པས་སྦྱིན་པ་བཏང་ནས། དགེ་བ་རྒྱ་ཆེན་གྱུར་པ་འདི་ཡིས་ནི། །འགྲོ་བ་རང་བྱུང་སངས་རྒྱས་གྱུར་ནས་ཀྱང་། །སྔོན་གྱི་རྒྱལ་བ་རྣམས་ཀྱིས་མ་བསྒྲོལ་བའི། །སྐྱེ་བོའི་ཚོགས་རྣམས་བདག་གིས་བསྒྲལ་བར་བྱ། །ཞེས་པའམ། སྦྱིན་པ་འདི་ཡིས་ཤཱཀྱའི་རིགས་སྐྱེས་ནས། །ཡོན་ཏན་རིགས་རུས་མཉམ་པའི་སངས་རྒྱས་ཉིད་གྱུར་ཏེ། །ཚངས་པའི་བར་གྱི་ཉམ་ཐག་འགྲོ་བ་རྣམས། །ཞི་བ་འཇིགས་མེད་རྒྱ་ཆེན་སྒྲོལ་བར་ཤོག །ཅེས་པས། ཐོག་མར་སེམས་བསྐྱེད་པའི་འབྲས་བུ་མཐར་ཕྱིན་པས་ཡབ་ཡུམ་རིགས་རུས་འཁོར་དང་སྐུ་ཚེའི་ཚད་ལ་སོགས་པ་ཇི་ལྟ་བ་བཞིན་དུ་སངས་རྒྱས་ཏེ། མཚན་ཡང་ཤཱཀྱ་ཐུབ་པ་ཞེས་བྱ་བར་འགྱུར་བ་དང་། གྲོང་ཁྱེར་གྱི་ཕྱུག་དར་བ་དབྱུལ་མོ་ཀླུག་མོ་ཞེས་བྱ་བས་ཀྱང་། འབད་པ་ཆེན་པོས་རས་ཀྱི་ཚལ་པ་ཉིལ་མར་གྱིས་བྱུགས་ནས། མི་འབར་རྡོ་ཆག་གྱི་མོར་བཙུག་ནས་སྟོན་པ་ཤཱཀྱ་ཐུབ་པ་འདི་ལྟ་བུའི་གོ་འཕང་ཐོབ་པར་གྱུར་ཅིག་སྙམ་དུ་བསམས་པས་སངས་རྒྱས་སུ་ལུང་བསྟན་ཏོ། །དེ་བཞིན་དུ་དགེ་བ་བསྔུབས་ནས་སྨོན་ལམ་བཏབ་པས་དགྲ་བཅོམ་པ་དང་། རང་བྱང་ཆུབ་ཐོབ་པའི་ལུང་བསྟན་དུ་མ་ཞིག་གནང་བས། ཉན་ཐོས་ཀྱི་སྡེ་སྣོད་ལས་གསུངས་པའི་སེམས་བསྐྱེད་ཚུལ་ནི་དེ་དག་ཡིན་ལ། ཆོ་ག་ཡང་དོན་དེས་ཤེས་སོ། །

གཉིས་པ་ཐེག་ཆེན་གྱི་ལུགས་ལ་གཉིས་ལས། མདོར་བསྟན་པ་ནི། ཐེག་པ་ཆེན་པོའི་སེམས་བསྐྱེད་ལ། །དབུ་མ་སེམས་ཙམ་རྣམ་པ་གཉིས། །དེ་གཉིས་ལྟ་བ་ཐ་དད་པས། །ཆོ་ག་ཡང་ནི་ཐ་དད་ཡིན། །ལྷུང་བ་དང་ནི་ཕྱིར་བཅོས་དང་། །བསླབ་པར་བྱ་བ་སོ་སོར་ཡོད། །ཅེས་པ་འཕགས་པ་ཀླུ་སྒྲུབ་ཀྱི་རྗེས་སུ་འབྲང་བ་དབུ་མ་པའི་ལུགས་དང་། འཕགས་པ་ཐོགས་མེད་ཀྱི་རྗེས་སུ་འབྲང་བ་སེམས་ཙམ་པའི་ལུགས་ཞེས་བྱ་བ། ཤིང་རྟ་ཆེན་པོའི་སྲོལ་གཉིས་ལ་ལྟ་བ་ཐ་དད་ཡོད་པ་ལྟར་སེམས་བསྐྱེད་ཀྱི་ཆོ་ག་དང་ངོས་འཛིན་དང་བསླབ་བྱ་དང་ལྷུང་བ་

བྱུང་ན་ཕྱིར་བཅོས་པ་ལ་སོགས་པ་སོ་སོར་ཡོད་དོ་ཞེས་གསུངས་སོ། །རྒྱ་བོད་ཀྱི་མཁས་པ་མང་པོ་ཞལ་མཐུན་པར་འཕགས་པ་ཐོགས་མེད་སྐུ་མཆེད་སེམས་ཙམ་པའི་སློབ་དཔོན་ཡིན་ཞིང་། འཕགས་པ་བྱམས་པ་དང་འབྲེལ་བའི་བསྟན་བཅོས་རྣམས་ཀྱང་སེམས་ཙམ་གྱི་གཞུང་ཡིན་ནོ། །ཞེས་གསུངས་པ་ནི། རྣམ་ཤེས་ཚོགས་བརྒྱད་ངོ་བོ་ཉིད་གསུམ་ཞལ་གྱིས་བཞེས་པ་ལ་དགོངས་པར་མངོན་ཏེ། ལང་ཀར་གཤེགས་པར། བདག་མེད་རྣམ་པ་གཉིས་པོ་དང་། །ཆོས་ལྔ་དག་དང་རང་བཞིན་གསུམ། །རྣམ་པར་ཤེས་པ་བརྒྱད་ཉིད་དེ། །ཐེག་ཆེན་མཐའ་དག་དེར་ཟད་དོ། །ཞེས་གསུངས་པའི་ཆོས་ལྔ་ནི་མིང་དང་རྒྱུ་མཚན་དང་རྣམ་པར་རྟོགས་པ་དང་དེ་བཞིན་ཉིད་དང་ཡེ་ཤེས་ཏེ་དང་པོ་གཉིས་ཀུན་བཏགས། བར་པ་གཉིས་གཞན་དབང་། ཐ་མ་གཉིས་ཡོངས་གྲུབ་ཡིན་ལ། གཞན་རྣམས་གོ་སླའོ། །ཐེག་བསྡུས་སུ། ཐེག་པ་དམན་པ་ལས་ཐེག་པ་ཆེན་པོ་ཁྱད་པར་འཕགས་ཤིང་སངས་རྒྱས་ཀྱི་བཀའ་ཡིན་པར་སྒྲུབ་པའི་ཕྱིར། ཤེས་བྱའི་གནས་དང་མཚན་ཉིད་དེར་འཇུག་དང་། །དེ་ཡི་རྒྱུ་འབྲས་དེ་རབ་དབྱེ་བ་དང་། །བསླབ་པ་གསུམ་དང་དེ་འབྲས་སྤངས་པ་དང་། །ཡེ་ཤེས་ཐེག་པ་མཆོག་གྱུར་ཁྱད་པར་འཕགས། །བསྟན་འདི་འདི་ལྟར་གཞན་ལ་མ་མཐོང་ངོ་། །འདི་དག་བྱང་ཆུབ་མཆོག་གི་རྒྱུར་མཐོང་བས། །གནས་བཅུ་བསྟན་པས་ཁྱད་ཞུགས་གང་ཡིན་པ། །ཐེག་པ་ཆེན་པོ་སངས་རྒྱས་བཀར་འདོད་དོ༑ ༑ཞེས་པའི་དོན་ཤེས་བྱའི་གནས་ནི་ཀུན་གཞི་རྣམ་ཤེས་ཏེ་འཁོར་འདས་ཀྱི་ཆོས་ཐམས་ཅད་ཀྱི་འབྱུང་གནས་ཡིན་པའི་ཕྱིར་རོ། །མཚན་ཉིད་ནི་ངོ་བོ་ཉིད་གསུམ་དང་ཐེག་པ་ཆེན་པོའི་ལམ་ལ་འཇུག་པའི་ལམ་དེའི་རྒྱུའི་ཕ་རོལ་ཏུ་ཕྱིན་པ་དྲུག་དང་། ཕ་རོལ་ཏུ་ཕྱིན་པ་དྲུག་ཉམས་སུ་བླངས་པའི་འབྲས་བུ་འཁོར་བར་གཞན་དོན་བྱེད་པའི་ཚེ་མཐོ་བ་དང་གཟུགས་བཟང་པོ་ལ་སོགས་པ་དང་རིག་པའི་གནས་ཐམས་ཅད་ལ་མཁས་པ་ལ་སོགས་པའོ། །ལམ་གྱི་རབ་ཏུ་དབྱེ་བ་ས་བཅུ་དང་ཡོན་ཏན་གྱི་རྟེན་སྡོམ་པ་དང་དགེ་བ་ཆོས་སྡུད་དང་སེམས་ཅན་དོན་བྱེད་བསླབ་པ་གསུམ་དང་། འབྲས་བུ་སྤངས་པ་ཕུན་སུམ་ཚོགས་པ་དང་། ཡེ་ཤེས་ཕུན་སུམ་ཚོགས་པ་སྐུ་གསུམ་དང་བཅས་པའོ། །དེ་ལ་ཀུན་གཞི་རྣམ་ཤེས་སེམས་གསལ་རིག་གི་རྒྱུན་རིགས་འདྲ་རྒྱུན་མི་ཆད་པར་འཇུག་པ་ནི། དབུ་མ་པས་ཀྱང་། ཁས་ལེན་དགོས་ལ་བདེན་པའི་དངོས་པོར་ནི་ཐོགས་མེད་སྐུ་མཆེད་ཀྱང་མི་བཞེད་དོ། །ཡང་དག་མ་ཡིན་ཀུན་རྟོག་ཡོད། །ཅེས་པ་ཁམས་གསུམ་གྱིས་བསྡུས་པའི་སེམས་དང་སེམས་ལས་བྱུང་བ་ཐམས་ཅད་ཟག་པ་དང་བཅས་པའི་ལས་ཀྱི་ཀུན་སློང་དང་། ལས་དགེ་སྡིག་དང་། དེ་དག་གི་འབྲས་བུ་བདེ་བ་དང་སྡུག་བསྔལ་རྣམས་ཡང་དག་པའི་ཀུན་རྫོབ་ཏུ་རྒྱུ་འབྲས་མི་བསླུ་བར་ཡོད་པ་རྟེན་འབྲེལ་གྱི་ཆོས་ཉིད་ཡིན་པས་ཡང་དག་པར་ཡོད་དོ། །ཞེས་གསུངས་པ་འདི་ཡང་དབུ་མ་པས་མི་འགོག་སྟེ། གལ་ཏེ་འགོག་ན་

ལས་རྒྱུ་འབྲས་སྲུན་འབྱིན་པར་འགྱུར་བའི་ཕྱིར་རོ། །འཕགས་པའི་མཉམ་བཞག་ཡེ་ཤེས་ཡོངས་གྲུབ་དོན་དམ་པར་གསུངས་པ་ནི། ཡེ་ཤེས་ཀྱི་འཛིན་སྟངས་ཡུལ་ཆོས་ཉིད་དང་མཐུན་པར་མངོན་སུམ་དུ་གྱུར་པའི་ཕྱིར་དོན་དམ་པ་བསླུ་བ་མེད་པ་ཞེས་རྣམ་པར་གཞག་པ་འདི་ལ་ནི་ནང་པའི་གྲུབ་མཐའ་གང་དང་ཡང་འགལ་བ་མེད་ཅིང་སེམས་ཀྱི་རང་རིག་པར་གསུངས་པ་ནི། སྤྱིར་ཡང་དག་ཀུན་རྫོབ་ཏུ་སེམས་རིག་ཙམ་དུ་སྐྱེ་བ་ལ་རང་རིག་ཅེས་ཐ་སྙད་འཛོག་པ་ཡིན་ཞིང་། དེ་ལས་གཞན་པའི་རིག་བྱའི་ཡུལ་ནི་མི་བཞེད་དེ། སློབ་དཔོན་ཤཱནྟི་པས། རལ་གྲིའི་སོ་དང་མཛུབ་རྩེ་བཞིན། །བློ་ཡིས་རང་ཉིད་མཐོང་མིན་ཀྱང་། །རང་ཉིད་སྣང་བ་འདོར་མིན་པས། །དེ་ཕྱིར་བློ་ཡི་མཚན་ཉིད་ནི། །རང་རིག་པར་ནི་གྲུབ་པ་ཡིན། །ཞེས་གསུངས་པ་ལྟར་འདི་ཙམ་ཞིག་ནི་བསྟན་བཅོས་འདི་འང་བཞེད་པ་ཡིན་ནོ། །བཞེད་ཚུལ་འདི་དག་མ་རྟོགས་པའི་རྣམ་རིག་པའི་བདེན་དངོས་ཁས་ལེན་གྱི་འཁྲུལ་པ་དབུ་མ་པའི་བདེན་དངོས་འགོག་པའི་རིགས་པས་གནོད་པའི་ཚུལ་ཐོགས་མེད་སྐུ་མཆེད་ཀྱི་ཐུན་མོང་མིན་པའི་བསྟན་བཅོས་གང་ནའང་འདུག་པ་ཁོ་བོས་མ་མཐོང་ངོ་། །དེས་ན་རྣལ་འབྱོར་སྤྱོད་པའི་དབུ་མ་པ་ཡིན་པར་མངོན་ནོ། །གལ་ཏེ་དོན་དམ་དཔྱོད་བྱེད་ཀྱི་རིགས་པས་གནོད་པའི་གཞུང་སྣང་ན་དགག་པར་རིགས་སོ། །

གཉིས་པ་རྒྱས་བཤད་ལ་བཞི། སེམས་ཙམ་པའི་ལུགས། དབུ་མ་པའི་ལུགས། དེ་གཉིས་ཀྱི་ཁྱད་པར། བསླབ་བྱ་རྒྱས་བཤད་དོ། །དང་པོ་ལ་ལྔ་ལས། ལེན་པ་པོ་སྣོད་རུང་དགོས་པར་བསྟན་པ་ནི། སེམས་ཙམ་པ་ཡི་སེམས་བསྐྱེད་འདི། །བོད་ན་བྱེད་པ་མང་མོད་ཀྱི། དེ་ནི་སུ་ཡང་རུང་བ་ཡི། །གང་ཟག་རྣམས་ལ་བྱར་མི་རུང་། །ཞེས་པ་བྱང་ཆུབ་སེམས་དཔའི་ས་ལས་གསུངས་པའི་སེམས་བསྐྱེད་ཀྱི་ཆོ་ག་ཇོ་བོ་རྗེ་ནས་བརྒྱུད་པའི་ཕྱག་ལེན་འདི་བོད་ན་བྱེད་པ་ཤིན་ཏུ་མང་མོད་ཀྱི། སོ་སོར་ཐར་པ་དང་མི་ལྡན་པའི་གང་ཟག་ལ་བྱར་མི་རུང་སྟེ། ཚུལ་ཁྲིམས་ལེའུར་རྒྱས་པར་གསུངས་པའི་དོན་ལམ་སྒྲོན་དུ། སོ་སོར་ཐར་པ་རིས་བདུན་གྱི། །རྟག་ཏུ་སྡོམ་གཞན་ལྡན་པ་ལ༑ ༑བྱང་ཆུབ་སེམས་དཔའི་སྡོམ་པ་ཡི། །སྐལ་བ་ཡོད་ཀྱིས་གཞན་དུ་མིན། །ཞེས་པའི་རང་འགྲེལ་དུ། ཇོ་བཙུན་བྱང་ཆུབ་བཟང་པོས་སྡོམ་པ་ཉི་ཤུ་པའི་འགྲེལ་པར། སོ་སོར་ཐར་པའི་སྡོམ་པ་ནི་བྱང་ཆུབ་སེམས་དཔའི་སྡོམ་པའི་ཡན་ལག་ཏུ་གྱུར་པ་ཡིན་པས། ཕྱོགས་གཅིག་ཉིད་དུ་ཤེས་པར་བྱའོ། །དེའི་ཕྱིར་སོ་སོར་ཐར་པའི་སྡོམ་པ་གཞན་དང་ལྡན་པ་འདིས་བྱང་ཆུབ་སེམས་དཔའི་སྡོམ་པ་ཡང་དག་པར་ལེན་པའི་སྣོད་དུ་གྱུར་པ་ལ་བསླབ་པའི་ཚིག་འདི་ཡང་སྦྱིན་པར་བྱ་ཞེས་པའི་དོན་ཏོ། །འདི་ལ་སྲོག་གཅོད་པ་ལ་སོགས་པ་ལས་བཟློག་པའི་ཚིག་གཞན་པ་ཉིད་ནི་མ་ཡིན་ཅིང་། དེ་རྣམས་ལས་ཀྱང་བཟློག་པ་མ་ཡིན་པ་ལ་ནི་བྱང་ཆུབ་སེམས་དཔའི་

སྣོད་དུ་གྱུར་པའང་ཡོད་པ་མ་ཡིན་ནོ་ཞེས་གསུངས་ཤིང་། འཕགས་པ་ཐོགས་མེད་ཀྱིས་རྣལ་འབྱོར་སྤྱོད་པའི་གཞུང་ཐམས་ཅད་དང་། ཚུལ་ཁྲིམས་ལེའུ་ལས་རིམ་བདུན་དུ་བཀོད་དེ། འཕགས་པ་ཐོགས་མེད་ནི་ཆོས་རྒྱུན་གྱི་ཏིང་ངེ་འཛིན་ཐོབ་ཅིང་། ས་གསུམ་པའི་བྱང་ཆུབ་སེམས་དཔའ་ཡིན་པ་དང་། འཇམ་དཔལ་གྱི་རྩ་བའི་རྒྱུད་ཆེན་པོ་ལས། ཐོགས་མེད་སྐྱེས་བུ་དམ་པ་དེས། །བསྟན་བཅོས་ཀྱི་ནི་དེ་ཉིད་རིག །ཅེས་གསུངས་པ་དང་། མགོན་པོ་མི་ཕམ་པ་ལས་མངོན་སུམ་སྤྱི་སྣོད་མ་ལུས་པ་གསན་པ་ཡིན་པ་འདི་ལ་སུ་ཞིག་ཐེ་ཚོམ་ཟ་བར་བྱེད། དེ་ལྟ་བུའི་སེམས་ཅན་ཆེན་པོ་དེ་ལ་ཡིད་ལྟང་ཞིང་ཐེ་ཚོམ་ཟ་ན་རང་ཉིད་ཕུང་བ་ཁོ་ནར་ཟད་དོ། །ཁོ་བོའི་བླ་མ་མཁས་པ་ཆེན་པོ་དེ་ཡང་བྱང་ཆུབ་སེམས་དཔའི་སྡེ་སྣོད་ཀྱི་འདུལ་བ་འཛིན་པ་ཆེན་པོ་ཡིན་ཅིང་། ཀླུ་སྒྲུབ་དང་ཞི་བ་ལྷའི་གདམས་ངག་ཀྱང་ཡོད་པས་དེའི་རྗེས་སུ་འབྲང་སྟེ་བྱང་སེམས་ཀྱི་སྡོམ་པའི་རྟེན་དུ་སོ་སོར་ཐར་པའི་རིས་བདུན་གང་རུང་ངེས་པར་དགོས་ལ། སེམས་བསྐྱེད་ཙམ་གྱི་རྟེན་དུ་དགོས་པར་མ་ངེས་ཏེ། འདི་ལྟར་ཐེག་པ་ཆེན་པོའི་སྣོད་དུ་མ་གྱུར་པ་གང་ཡང་མེད་དོ། །སེམས་ཅན་ཐམས་ཅད་རིས་གཅིག་ཉིད་ཡིན་ཏེ། དེ་བཞིན་གཤེགས་པའི་སྙིང་པོ་ཅན་ཡིན་ནོ། །འཕགས་པ་ལྷའི་ཞལ་སྔ་ནས། དང་པོ་གང་དང་གང་འདོད་པ། །དེ་ལ་དེ་དང་དེ་ཉིད་སྦྱིན། །དམ་པའི་ཆོས་ལ་སྣོད་མིན་པ། །འགའ་ཡང་ཡོད་པ་མ་ཡིན་ནོ། །ཞེས་གསུངས་སོ། །དེས་ན་རྒྱུད་མ་དག་པའང་སྨོན་པའི་རྟེན་དུ་བཞག་ལ། དག་པ་སྡོམ་པའི་རྟེན་དུ་འདོད་པ་ཡིན་ནོ། །ཆོ་ག་ལ་ཐོག་མ་སྐྱབས་སུ་འགྲོ་བ་དང་། རྗེས་སུ་ཡི་རང་བ་དང་སྨོན་སེམས་དམ་བཅའ་ཅན་སྔོན་དུ་བཏང་སྟེ་བླ་མ་ལ་གསོལ་བ་བཏབ་ནས། སློབ་དཔོན་གྱིས་ཁྱོད་བྱང་ཆུབ་སེམས་དཔའ་ཡིན་ནམ། བྱང་ཆུབ་ཏུ་སྨོན་ལམ་བཏབ་བམ་ཞེས་དྲིས་ཏེ། ལན་བཏབ་པའི་རྗེས་ལ་སྡོམ་པའི་དོན་གོ་བར་བྱེད་པའི་ཚིག་མདོར་བསྡུས་པ་བརྗོད་ཅིང་། བྱང་ཆུབ་སེམས་དཔའི་སྡོམ་པ་ལེན་པར་འདོད་དམ། འཚལ་ལོ་ཞེས་ཁས་ལེན་དུ་བཅུག་ལ། དངོས་གཞི་ནི་དུས་གསུམ་གྱི་བྱང་ཆུབ་སེམས་དཔའི་ཚུལ་ཁྲིམས་སྡོམ་པ་དང་། དགེ་བ་ཆོས་སྡུད་དང་། སེམས་ཅན་དོན་བྱེད་གསུམ་ལེན་ནམ། ལེན་ནོ་ཞེས་ལན་གསུམ་བརྗོད་དོ། །རྗེས་ལ་ཕྱོགས་བཅུའི་རྒྱལ་བ་སྲས་བཅས་ལ་མཁྱེན་པར་གསོལ་བ་དང་། བྱང་སེམས་ཀྱི་སྡོམ་པ་ལ་མ་དད་པའི་མདུན་དུ་སྒྲ་བར་མི་བྱའོ་ཞེས་གསང་བར་གདམས་པ་དང་། ཕམ་པ་དང་ཉོན་མོངས་ཅན་ཡིན་མ་ཡིན་གྱི་ཉེས་བྱས་ཀྱང་བསྟན་པར་བྱའོ་ཞེས་འབྱུང་ངོ་། །གནས་བརྟན་བྱང་ཆུབ་བཟང་པོས། འཇུག་པའི་སྡོམ་པ་ཕོག་ནས་སྡིག་བཤགས་དང་སྐྱབས་འགྲོ་དང་། བསྔོ་བ་སྨོན་ལམ་ཕར་ཕྱིན་དྲུག་ལ་སློབ་པར་དམ་བཅའ་བ་རྣམས་བྱས་ཏེ། སེམས་ཅན་མ་བསྒྲལ་བ་ལ་སོགས་སྒྲོལ་བའི་ཕྱིར། རྫོགས་པའི་བྱང་ཆུབ་ཏུ་སེམས་བསྐྱེད་དེ། སྔོན་གྱི་རྒྱལ་བ་སྲས་བཅས་ཀྱིས། །དངོས་པོ་ཐམས་ཅད་དང

བྲལ་བ། །བཟུང་བ་དང་ནི་འཛིན་པ་སྤངས། །ཆོས་བདག་མེད་པ་མཉམ་པ་ཉིད། །རང་སེམས་གཟོད་མ་ནས་མ་སྐྱེས་པ། སྟོང་པ་ཉིད་ཀྱི་ངོ་བོར་སེམས་བསྐྱེད་པ་དེ་བཞིན་དུ། བདག་མིང་འདི་ཞེས་བགྱི་བས་ཀྱང་སེམས་བསྐྱེད་དོ། །བདུད་ཕམ་པ་དང་། ཆོས་འཁོར་བསྐོར་བ་དང་ཚོགས་བསྡུས་པ་དེ་བཞིན་དུ་བདག་གིས་ཀྱང་བགྱིའོ་ཞེས་སེམས་བསྐྱེད་ནས་དགེ་བ་བསྔོ་བ་དང་། སེམས་ཅན་བསྒྲལ་བ་དང་ཕར་ཕྱིན་དྲུག་ལ་སློབ་པ་དང་། རྒྱལ་སྲས་སྙིང་རྗེ་ཅན་རྣམས་ཀྱི་རྗེས་སུ་འཇུག་པ་དམ་འཆའ་ཞིང་། བདག་བྱང་ཆུབ་སེམས་དཔའ་ལག་པར་བཟུང་དུ་གསོལ་ཞེས་བརྗོད་ནས། མཇུག་ཏུ། སེམས་ཅན་ཐམས་ཅད་བདེ་དང་ལྡན་གྱུར་ཅིག །ངན་འགྲོ་ཐམས་ཅད་རྟག་ཏུ་སྟོངས་པར་ཤོག །བྱང་ཆུབ་སེམས་དཔའ་གང་དག་སར་བཞུགས་པ། །དེ་དག་ཀུན་གྱི་སྨོན་ལམ་འགྲུབ་པར་ཤོག །ཅེས་ལན་གསུམ་བརྗོད་པར་བཤད་དོ། །སློབ་དཔོན་དགྲ་ལས་རྣམ་རྒྱལ་བས། ཡན་ལག་བདུན་པ་དང་སྐྱབས་སུ་འགྲོ་བ་དང་། བདག་དབུལ་བ་སྤྱོད་འཇུག་བཞིན་དུ་བྱས་ཏེ། སེམས་བསྐྱེད་པའི་ཚིག་སྤྱོད་འཇུག་དང་འདྲ་རུང་གིས་སྨོན་འཇུག་ཕྱོགས་གཅིག་ཏུ་བྱས་ནས་བྱང་སེམས་ཀྱི་སྡོམ་པ་བཟུང་བ་ལ་མོས་པ་བརྟན་པོ་ཡོད་ན་སྤྱིན་པའི་ཚིག་སྤྱོད་འཇུག་གི་ཚིག་གིས་སེམས་བསྐྱེད་པ་རྣམས་དོར་ནས། བསླབ་པ་ལ་གནས་པར་བགྱི། ཞེས་པའི་ཤློ་ཀ་གཉིས་བརྗོད་དེ། དགའ་བ་སྒོམ་པ་ལ་སོགས་པ་བྱེད་པར་བཤད་དོ། །བྱང་སེམས་ལས་དང་པོ་པ་ལ་སྡོམ་པའི་ཚུལ་ཁྲིམས་གཙོ་བོ་ཡིན་ཏེ་ཡི་དམ་གྱི་སྤྱོད་པའོ། །མོས་སྤྱོད་པ་ལ་དགེ་བ་ཆོས་སྡུད་གཙོ་བོ་ཡིན་ཏེ་ཏིང་ངེ་འཛིན་གྱི་སྤྱོད་པའོ། །ས་ར་ཞུགས་པ་ལ་སེམས་ཅན་དོན་བྱེད་གཙོ་བོ་ཡིན་ཏེ་སེམས་ཅན་བསྟེན་པའི་སྤྱོད་པའོ། །ཞེས་གསུངས་སོ། །

གཉིས་པ་རྨི་ལམ་གྱི་རྗེས་འབྲང་ཚོར་པར་བསྟན་པ་ནི། ལ་ལ་སྐྱེས་པ་འགའ་ཞིག་གི །རྨི་ལམ་གྱི་ནི་རྗེས་འབྲངས་ནས། །སེམས་ཅན་ཀུན་ལ་སེམས་བསྐྱེད་བྱེད། །རྨི་ལམ་བདུད་ཀྱི་མིན་ན་རུང་། །ཞེས་པ། རྨི་ལམ་ལ་མཚན་འཛིན་ཆེ་བའི་སློབ་དཔོན་འགའ་ཞིག །རང་ཉིད་སྟན་མཐོན་པོ་ལ་འདུག་ནས་སེམས་ཅན་རིགས་མི་གཅིག་པ་མང་པོ་འདུས་པ་ལ། འཇུག་པ་སེམས་བསྐྱེད་ཀྱི་ཆོ་ག་བྱེད་པ་རྨི་བས། མདོར། དེ་ཚེ་ལྷ་མི་སྟོང་ཕྲག་བརྒྱ། །བྱང་ཆུབ་ཏུ་ནི་སེམས་བསྐྱེད་དོ། །ཞེས་གསུངས་པ་དང་མཐུན་པར་བསམས་ནས། གང་ཟག་སུ་རུང་རུང་ལ་ཆོ་ག་དེ་བྱེད་དེ། རྒྱལ་བ་སྲས་བཅས་ཀྱིས་བྱིན་གྱིས་བརླབས་པའི་རྨི་ལམ་མཐོང་བ་ཡོད་ཆེས་ཀྱི་གནས་སུ་རུང་བ་མདོ་རྒྱུད་རྣམས་ནས་གསུངས་མོད་ཀྱི། ལྟ་སྤྱོད་ཕྱིན་ཅི་ལོག་ཏུ་བསྒྱུར་པའི་རྨི་ལམ་བདུད་ཀྱིས་བྱིན་གྱིས་བརླབས་པ་མང་བས་གང་ཡིན་བརྟོལ་མེད་པའི་རྨི་ལམ་མཁས་པའི་ལུང་རིགས་ཀྱིས་གནོད་བྱེད་འབབ་པ་ནི། བདུད་ཀྱིས་བྱིན་གྱིས་བརླབས་པ་མིན་ན་རུང་ངོ། །

གསུམ་པ་དེ་ལ་ལུང་གིས་གནོད་བྱེད་བརྗོད་པ་ནི། བྱང་ཆུབ་སེམས་པའི་ས་དང་ནི། །མར་མེ་མཛད་ཀྱིས་བཀག་ཕྱིར་དང་། །ཚིག་ལས་ཀྱང་བསལ་བའི་ཕྱིར། །ལུགས་དེ་སངས་རྒྱས་བསྟན་པ་ཡིན། །ཞེས་པ། འཕགས་པ་ཐོགས་མེད་ཀྱིས་སའི་དངོས་གཞི་ས་བཅུ་བདུན་གསུངས་པའི་བྱང་ཆུབ་སེམས་དཔའི་སར་ཚུལ་ཁྲིམས་ཀྱི་ཕར་ཕྱིན་གཏན་ལ་འབེབས་པའི་སྐབས་སུ། སྲུང་བར་སླ་བ་སོ་སོར་ཐར་པའི་སྡོམ་པ་ཙམ་ཡང་མི་ལྡན་པ་ལ་རང་དོན་ཁྱད་དུ་བསད་པའི་བྱང་སེམས་ཀྱི་སྡོམ་པ་འབོགས་པ་བཀག་ཅིང་དེ་དང་མཐུན་པར་དཔལ་ལྡན་ཨ་ཏི་ཤ་དང་ཚིགས་འི་གཞུང་ལས་ཀྱང་བཀག་པའི་ཕྱིར། སྐྱེ་བོ་སྡིག་པ་སྣ་རེ་ཙམ་ཡང་མི་སྤོང་བ་ལ་འཇུག་པ་སེམས་བསྐྱེད་འབོགས་པ་ནི་བསྟན་པའི་བྱ་བ་མ་ཡིན་ནོ། །

བཞི་པ་བླུན་པོའི་བབ་ཅོལ་ཟེར་ལུགས་བརྗོད་པ་ནི། ཁ་ཅིག་བླུན་པོ་སྡིག་པ་ཅན། །ཡིན་ཀྱང་དེར་ཚོགས་ཐམས་ཅད་ནི། །སོ་སོར་ཐར་པའི་སྡོམ་པ་ཅན། །བྱང་ཆུབ་སེམས་དཔའི་སྡེ་སྣོད་ལ། །མཁས་པ་ཤ་སྟག་ཡིན་ནོ་ལོ། །ཞེས་པ། ཆོས་ཀྱི་གོ་བ་ཡོད་པར་རློམ་པ་ཁ་ཅིག །འཇུག་པ་སེམས་བསྐྱེད་འབོགས་པའི་ཁྲོད་དེར་ཚོགས་ཕྱིན་ཆད་ཚོས་དེའི་སྣོད་དུ་རུང་བའི་གང་ཟག་སོ་སོར་ཐར་པའི་སྡོམ་པ་དང་ལྡན་པ་བྱང་སེམས་ཀྱི་སྡེ་སྣོད་ལ་མཁས་པ་ཤ་སྟག་ཡིན་པས་ཁྱབ་སྟེ། སྐལ་མེད་ཡིན་ན་མི་འོང་བའི་ཕྱིར་ཟེར་ལོ། །

ལྔ་པ་མཁས་པས་བརྟགས་ནས་འཇུག་པར་གདམས་པ་ནི། འདི་འདྲའི་ཚིག་ལའང་བདེན་ཚིག་ཡོད། །སེམས་ཡོད་རྣམས་ཀྱིས་འདི་ལ་དཔྱོད། །གལ་ཏེ་འདི་འདྲའི་ཚིག་བདེན་ན། །དེ་ལས་མི་བདེན་གཞན་ཅི་ཡོད། །དེས་ན་ཆོས་ཀྱི་རྗེས་འབྲང་བའི། །མཁས་པ་རྣམས་ཀྱིས་ལུགས་འདི་སྤོངས། །ཞེས་པ། བཤད་མ་ཐག་པའི་བླུན་ཚིག་དེ་ལྟ་བུའང་བདེན་པར་འཛིན་པའི་བླུན་པོའི་རྗེས་འབྲང་ཡོད་དེ། བདེན་བརྫུན་འབྱེད་པའི་བློ་གྲོས་དང་ལྡན་པ་ཡོད་ན་ལེགས་པར་དཔྱོད་ཅིག །གལ་ཏེ་འདི་འདྲ་བདེན་ན་འདི་ལས་བདེན་པའི་དོན་གྱིས་སྟོང་པའི་བརྫུན་ཚིག་གཞན་ཅི་ཡོད་དེ། ཐར་པ་ཐོབ་པའི་ཕྱིར་རྟེ་གསུམ་ལ་མཆོང་བ་ཡང་བློ་ལྡན་ཡིན་པར་འགྱུར་རོ། །དེས་ན་དབང་པོ་རྣོན་པོས་ལུང་རིགས་རྣམ་དག་གིས་ལེགས་པར་བརྟགས་ནས་བླང་དོར་བྱེད་པའི་མཁས་པ་རྣམས་ཀྱིས་རྨོངས་པའི་ལུགས་འདི་སྤོངས་ཤིག །

གཉིས་པ་དབུ་མའི་ལུགས་ནི། དབུ་མའི་ལུགས་ཀྱི་སེམས་བསྐྱེད་འདི། །སེམས་ཅན་ཀུན་གྱིས་ལེགས་ཐོབ་ན། །རྫོགས་སངས་རྒྱས་ཀྱི་རྒྱུར་འགྱུར་ཞེས། །མདོ་དང་བསྟན་བཅོས་རྣམས་ལས་གསུངས། །ཞེས་པ། སྟོང་པོ་བཀོད་པ་དང་ནམ་མཁའི་སྙིང་པོའི་མདོའི་རྗེས་སུ་འབྲངས་ནས་འཛམ་པའི་དབྱངས་ཀྱི་བཀའ་སྩོལ་ལ། འཕགས་པ་ཀླུ་སྒྲུབ་ཀྱི་ཕྱག་ལེན་དཔལ་ལྡན་ཞི་བ་ལྷ་ལས་བརྒྱུད་པའི་ཚོ་ག་ལ། ཐོག་མར་སེམས་བསྐྱེད་

དགོས་པའི་འཐད་པ། སེམས་བསྐྱེད་ཀྱི་རང་བཞིན་ངོས་འཛིན། ལེན་པའི་ཆོ་ག །བླངས་ནས་མ་ཉམས་པར་སྲུང་ཚུལ་རྣམས་བརྗོད་ལ། གསོལ་བ་བཏབ་ནས་ཡན་ལག་བདུན་པ་དང་། སྐྱབས་སུ་འགྲོ་བ་ལ་སོགས་པ་བྱ་སྟེ༑ ལུས་དང་ལོངས་སྤྱོད་སེམས་ཅན་ལ་ལྟོས་པ་མེད་པར་སྦྱིན་པ་དང་། རྒྱལ་བ་སྲས་བཅས་ལ་ཕྱུལ་ནས་སྔོན་གྱི་སངས་རྒྱས་རྣམས་ཀྱིས་སེམས་ཅན་གྱི་དོན་དུ་སྨོན་འཇུག་བྱང་ཆུབ་མཆོག་ཏུ་ཐུགས་བསྐྱེད་པ་ལྟར། བདག་གིས་ཀྱང་སེམས་བསྐྱེད་པར་བགྱིའོ། །ཞེས་ལན་གསུམ་བརྗོད་ནས། མཇུག་ཏུ་རང་གཞན་དགའ་བ་སྒོམ་པ་དང་། བསླབ་བྱ་རྒྱས་བསྡུས་སྐབས་དང་སྦྱར་ནས་བརྗོད་པ་དང་། གཏང་རག་ཏུ་དཀོན་མཆོག་མཆོད་པ་དང་སྦྱིན་གཏོང་ཅི་ནུས་བྱེད་པ་ཡིན་ནོ། །ལུང་འདི་པཎྜི་ཏ་ཕྱུ་ཤྲཱི་ལས་བརྒྱུད་པའི་ས་སྐྱ་པའི་ཕྱག་ལེན་ཡིན་ཏེ། རྒྱས་པར་ཆོས་རྗེ་ཉིད་ཀྱིས་མཛད་པའི་ཆོ་ག་ཆེན་པོར་ཤེས་པར་བྱའོ། །

དེ་ཡང་སྡོང་པོ་བཀོད་པ་དང་། །སྐལ་བཟང་ནམ་མཁའི་སྙིང་པོ་དང་། །དཀོན་རྩེགས་རྒྱལ་པོ་གདམས་པ་ཡི། །མདོ་སྡེ་ལ་སོགས་རྣམས་སུ་ལྟོས། །འཕགས་པ་ཀླུ་སྒྲུབ་ཀྱིས་མཛད་དང་། །རྒྱལ་སྲས་ཞི་བ་ལྷས་མཛད་པའི། །བསྟན་བཅོས་ལ་སོགས་རྣམས་ལས་གསུངས། །ཞེས་པ། སྡོང་པོ་བཀོད་པར། འཇམ་དཔལ་གྱིས་ཆོས་བསྟན་པའི་ཚེ། རྒྱ་མཚོའི་ཀླུ་སྟོང་ཕྲག་བཅུ་རྫོགས་པའི་བྱང་ཆུབ་ཏུ་སེམས་བསྐྱེད་པ་དང་། བསྐལ་པ་བཟང་པོར། ང་ནི་སྟོན་ཆེ་སྨན་པར་གྱུར་པ་ན། །དེ་བཞིན་གཤེགས་པ་ཤཱཀྱ་ཐུབ་དེ་ལ། །འཇམ་གང་ཞིག་ནི་དབུལ་བ་བྱས་ནས་ཀྱང་། །དང་པོ་བྱང་ཆུབ་མཆོག་ཏུ་སེམས་བསྐྱེད་དོ། །ཞེས་པ་ལ་སོགས་པ་དང་། ནམ་མཁའི་སྙིང་པོའི་མདོར། བྱང་སེམས་རྒྱལ་པོ་དང་བློན་པོ་དང་དམངས་ཕལ་པ་ལ་ལྟུང་བ་བྱུང་བར་གསུངས་པ་དང་། རྒྱལ་པོ་ལ་གདམས་པར། རྒྱལ་པོ་ཆེན་པོ་ཁྱོད་བྱ་བ་མང་ལ་བྱེད་པ་མང་སྟེ་ཉིན་མཚན་དུ་སྦྱིན་པ་ནས་ཤེས་རབ་ཀྱི་བར་ལ་བསླབ་པར་མི་ནུས་ཏེ་ཞེས་པ་ནས། ཁྱོད་རྒྱལ་སྲིད་ཀྱང་བྱེད་ལ་རྒྱལ་པོའི་བྱ་བ་ཡང་ཉམས་པར་མི་འགྱུར་ཅིང་། བྱང་ཆུབ་ཀྱི་ཚོགས་ཀྱང་ཡོངས་སུ་རྫོགས་པར་འགྱུར་རོ་ཞེས་པ་དང་། འཕགས་པ་ཀླུ་སྒྲུབ་ཀྱིས། སེམས་ཅན་ཐམས་ཅད་བྱང་ཆུབ་ཏུ། །སེམས་བསྐྱེད་བཅུག་ཅིང་བསྟེན་བྱས་ནས། །རི་དབང་རྒྱལ་པོ་ལྟར་བརྟན་པའི། །བྱང་ཆུབ་སེམས་དང་རྟག་ལྡན་གྱུར། །ཞེས་པ་དང་བསླབ་བཏུས་སུ། བར་འགྲོ་བའི་མདོ་དྲངས་ཏེ༑ གཡོ་སྒྱུས་སེམས་བསྐྱེད་པ་ཡང་། སངས་རྒྱས་ཀྱི་རྒྱུར་གསུངས་ན། དགེ་བ་སྣ་འགའ་བྱས་ཏེ་སེམས་བསྐྱེད་པ་ལྟ་ཅི་སྨོས། ཞེས་པ་དང་། གཙུག་ན་རིན་པོ་ཆེས་ཞུས་པར། ཤེས་རབ་ཀྱི་ཕ་རོལ་ཏུ་ཕྱིན་པའི་སྤྱོད་པ་ཡོངས་སུ་དག་པ་འདི་བསྟན་པའི་ཚེ་འཁོར་དེའི་ནང་ན་ལྷ་དང་མིའི་སྲོག་ཆགས་ཁྲི་ཉིས་སྟོང་གིས་བླ་ན་མེད་པའི་བྱང་ཆུབ་ཏུ་སེམས་བསྐྱེད་དོ། །ཞེས་གསུངས་སོ། །ཡང་ཀླུའི་རྒྱལ་པོ་རྒྱ་མཚོས་ཞུས་པའི་མདོར། ཀླུ་ཁྲི་

ཉིས་སྟོང་སེམས་བསྐྱེད་པར་གསུངས་སོ། །

གསུམ་པ་ལུགས་གཉིས་ཀྱི་ཁྱད་པར་ལ་བཞི། ལེན་པ་པོ་གང་གི་ཁྱད་པར། ལེན་ཚུལ་ཆོ་གའི་ཁྱད་པར། དོན་དམ་སེམས་བསྐྱེད་ཆོ་ག་ལས་སྐྱེ་བ་དགག །སེམས་བསྐྱེད་ཀྱི་བསླབ་བྱ་བསྟན་པའོ། །དང་པོ་ལ་གསུམ་ལས། དང་པོ་སེམས་ཙམ་ལུགས་དཔེས་བསྟན་པ་ནི། ཇི་ལྟར་འབྲས་ཀྱི་ས་བོན་ནི། །གྲང་བའི་ས་ལ་མི་སྐྱེ་བ། །དེ་བཞིན་སེམས་ཙམ་པ་ཡི་ཡང་། །སེམས་བསྐྱེད་སྡིག་ཅན་ལ་མི་སྐྱེ། །ཞེས་པ། ཡུལ་དྲོད་བརླན་ཆེ་སར་སྐྱེ་བའི་འབྲས་ཀྱི་ས་བོན་གྲང་བའི་སར་མི་སྐྱེ་བ་བཞིན་དུ་སེམས་ཙམ་པའི་འཇུག་པ་སེམས་བསྐྱེད་ཀྱང་སྡོམ་པ་མེད་པའི་སྡིག་ཅན་ལ་མི་སྐྱེའོ། །

གཉིས་པ་དབུ་མའི་ལུགས་དཔེས་བསྟན་པ་ནི། ཇི་ལྟར་ནས་ཀྱི་ས་བོན་ནི། །གྲང་དྲོ་གང་དུའང་སྐྱེ་བ་ལྟར། །དེ་བཞིན་དབུ་མའི་སེམས་བསྐྱེད་ཀྱང་། །སྡིག་པ་ཡོད་མེད་ཀུན་ལ་སྐྱེ། །ཞེས་པ་ནས་ཀྱི་ས་བོན་ཡུལ། དྲོད་གྲང་སྙམ་སྙོན་སྣ་ཚོགས་སུ་སྐྱེ་བ་ལྟར་དབུ་མ་པའི་སེམས་བསྐྱེད་ནི་སོ་སོར་ཐར་པའི་རྟེན་དུ་མི་རུང་བའི་སྡིག་ཅན་དང་ལྷ་ཀླུ་ལ་སོགས་པ་རྣམས་ལའང་སྐྱེ་བ་ཡིན་ནོ། །

གསུམ་པ་ལུང་དོན་ལས་འཁྲུལ་པ་དགག་པ་ལ་གཉིས་ལས། དང་པོ་འཁྲུལ་ཚུལ་ནི། གལ་ཏེ་མདོ་ལས་བཤད་པ་ཡི། །གཞུང་དེ་སེམས་ཙམ་པ་ཡི་ཡང་། །སེམས་བསྐྱེད་ལུང་དུ་ཅི་འགལ་ཅེས། །སྙམ་ན་དེ་ནི་འཁྲུལ་པ་ཡིན། །ཞེས་པ་དབུ་མའི་ལུགས་ཀྱི་སེམས་བསྐྱེད་འགྲོ་བ་སྣ་ཚོགས་ལ་སྐྱེ་བར་གསུངས་པའི་ལུང་དེ་རྣམས་སེམས་ཙམ་པའི་ལུང་དུ་ཡང་མི་འགལ་ལོ་སྙམ་ན་འཁྲུལ་པ་ཡིན་ནོ། །

གཉིས་པ་དེ་བསལ་བ་ནི། རྒྱལ་བ་ཕན་བཞེད་ཉིན་གཅིག་གི །སྲོག་གཅོད་སྡོམ་པ་བླངས་པ་ལ། །བྱང་ཆུབ་སེམས་དཔའི་སེམས་བསྐྱེད་མཛད། །དེ་ནི་སོ་སོར་ཐར་པ་ཡིན། །ཞེས་པ་འོག་ནས་འབྱུང་བའི་བསྐལ་བཟང་གི་ལུང་ལས། སྲོག་གཅོད་སྡོམ་པ་བླངས་ཞེས་པ་སོ་སོར་ཐར་པ་ལ་དགོངས་པ་མ་ཡིན་ནོ། །མདོ་སྡེ་བསྐལ་པ་བཟང་པོ་ལས། རྒྱལ་བ་ཕན་བཞེད་གྲོང་དཔོན་གྱུར་པའི་ཚེ། །དེ་བཞིན་གཤེགས་པ་བསོད་ནམས་འོད་དེ་ལ། །ཉིན་གཅིག་སྲོག་གཅོད་སྡོམ་པ་བླངས་ནས་ཀྱང་། །དང་པོ་བྱང་ཆུབ་མཆོག་ཏུ་སེམས་བསྐྱེད་དོ། །ཞེས་གསུངས་དེ་ནི་སེམས་ཙམ་ཡིན། །ཞེས་པ་བསྐལ་པ་བཟང་པོའི་མདོར། སངས་རྒྱས་སྟོང་གིས་ཚོགས་བསགས་ཚུལ་དང་། སེམས་བསྐྱེད་ཚུལ་དང་སངས་རྒྱས་ཚུལ་རྒྱས་པར་གསུངས་པའི་ཐུགས་བསྐྱེད་པའི་སྐབས་སུ། རྒྱལ་བ་ཕན་པར་བཞེད་པ་སྔོན་གྲོང་གི་དཔོན་དུ་གྱུར་པའི་ཚེ་སངས་རྒྱས་བསོད་ནམས་ཀྱི་འོད་ལ་སྲོག་གཅོད་ཉིན་གཅིག་སྤོང་བའི་སྡོམ་པ་བླངས་ནས་སེམས་བསྐྱེད་པར་གསུངས་པ་དེ་ནི་སེམས་ཙམ་གྱི་ཆོ་གའི་ལུགས་མ་

ཡིན་ཏེ། སྐབས་དེར་སེམས་བསྐྱེད་ཚུལ་གསུངས་པ་རྣམས་དབུ་མའི་ལུགས་སུ་ཡོད་ཅིང་། སོ་ཐར་རིགས་བདུན་ལ་ཉིན་གཅིག་སྲོག་གཅོད་ཙམ་སྤོང་བ་གསལ་བར་མ་བསྟན་པའི་ཕྱིར། ཚིགས་བཅད་འདི་མཆན་དཀྱུས་སུ་ཤོར་བ་ཡིན་པར་སེམས་སོ། །

དེ་ལ་སོགས་པའི་འཐད་པ་རྣམས། །དབུ་མའི་ལུགས་ལ་འཐད་མོད་ཀྱི། །སེམས་ཙམ་པ་ཡི་ལུགས་མ་ཡིན། །ཞེས་པ། ལུང་འདི་དང་འདྲ་བའི་སེམས་བསྐྱེད་ཚུལ་བཀའ་བསྟན་བཅོས་ནས་འབྱུང་བ་རྣམས་དབུ་མའི་ལུགས་སུ་འཐད་ཅིང་། སེམས་ཙམ་པའི་ལུགས་ལ་མི་འགྲིག་གོ། །

གཉིས་པ་ལ་གཉིས་ལས། སེམས་ཙམ་ལུགས་ནི། དེས་ན་སེམས་ཙམ་པ་ཡི་ལུགས། །གལ་ཏེ་སེམས་བསྐྱེད་དེ་འདོད་ན། །ཐོག་མར་སོ་སོར་ཐར་པ་ལོང་། །བྱང་ཆུབ་སེམས་དཔའི་སྡེ་སྣོད་སློབས། །དད་ཅིང་སྤྲུབ་པར་ནུས་གྱུར་ན། །ཕྱི་ནས་སེམས་བསྐྱེད་སྡོམ་པ་ལོང་། །ཞེས་པ། འཕགས་པ་ཐོགས་མེད་ཀྱི་བྱང་སར་བསྟན་པའི་འཇུག་པ་སེམས་བསྐྱེད་ལེན་པར་འདོད་ན་བསྙེན་གནས་མ་གཏོགས་པའི་སོ་སོར་ཐར་པའི་སྡོམ་པ་གང་རུང་སྡོན་ན་ཡོད་ན་ལེགས། མེད་ན་འང་གསར་དུ་ལོང་ལ་བྱང་སེམས་སྡེ་སྣོད་ཀྱི་མ་མོ་བྱང་སའི་ཚིག་དོན་ལ་འདྲིས་པར་སློབས་ལ། དད་ཅིང་སྤྲུབ་ནུས་པ་འདུག་ན། ཕྱིས་ཆོ་ག་རྣམ་དག་ཤེས་པའི་སློབ་དཔོན་གྱི་དྲུང་དུ་སྡོམ་པ་ལོང་ལ་སྲུངས་ཤིག །

གཉིས་པ་དབུ་མའི་ལུགས་ནི། ཅི་སྟེ་སེམས་ཅན་ཐམས་ཅད་ལ། །སངས་རྒྱས་ས་བོན་འཛོག་འདོད་ན། །ཆོ་ག་འཁྲུལ་པ་མེད་པ་ཡི། །དབུ་མ་པ་ཡི་གཞུང་བཞིན་གྱིས། །ཞེས་པ། སེམས་ཅན་ཐམས་ཅད་ཀྱི་རྒྱུད་ལ་རྫོགས་པའི་སངས་རྒྱས་ཀྱི་རྒྱུ་རྒྱས་འགྱུར་གྱི་རིགས་བཟང་པོའི་ས་བོན་འཛོག་པར་འདོད་ན། དབུ་མའི་གཞུང་ལུགས་བཞིན་ཆོ་ག་རྣམ་པར་དག་པས་ཁྲིམ་ཆེན་པོ་འདུས་པ་ལའང་སེམས་བསྐྱེད་ཐོག་ཅིག །རེ་ཤིག་བྱང་སེམས་ཀྱི་སྤྱོད་པ་ལ་མི་སློབ་ཀྱང་མཐར་འཚང་རྒྱ་བའི་རྟེན་འབྲེལ་ཡོད་དོ། །

གསུམ་པ་ལ་བཞི་ལས། ཆོ་ག་ བླུན་པོས་རང་བཟོར་བསྟན་པ་ནི། དོན་དམ་སེམས་བསྐྱེད་ཅེས་བྱ་བ༔ ༔བསྒོམས་པའི་སྟོབས་ཀྱིས་སྐྱེ་མོད་ཀྱིས། །ཆོ་གའི་སྒོ་ནས་འདི་མི་སྐྱེ། །གལ་ཏེ་ཆོ་གས་སྐྱེ་ན་ནི། །བརྡ་ལས་བྱུང་བའི་སེམས་བསྐྱེད་འགྱུར། །ཞེས་པ་དོན་དམ་སེམས་བསྐྱེད་ཅེས་བཀའ་བསྟན་བཅོས་རྣམས་ནས་གསུངས་པ་ནི། རྒྱལ་སྲས་ཀྱི་ཐུགས་རྒྱུད་ལ་ཆོས་ཉིད་ཀྱི་བདེན་པ་གཟིགས་པའི་ཡེ་ཤེས་འཁྲུངས་པ་ལ་ཟེར་བ་ཡིན་གྱིས། འབོགས་པའི་ཆོ་ག་ལ་རྟེན་ནས་མི་སྐྱེ་སྟེ། གལ་ཏེ་སྐྱེས་ན་ཀུན་རྫོབ་བརྡ་ལས་བྱུང་བའི་སེམས་བསྐྱེད་དུ་འགྱུར་རོ། །

འདི་ནི་དོན་དམ་ཆོས་ཉིད་ཀྱིས། །ཐོབ་པ་ཞེས་བྱའི་སེམས་བསྐྱེད་ཡིན། །འདི་ལ་སྦྱོར་དངོས་རྗེས་གསུམ་གྱི། །ཆོ་ག་རྒྱལ་བས་གསུངས་པ་མེད། །ཅེས་པ། ཡང་དག་པའི་དོན་བསྒོམས་པའི་སྟོབས་ཀྱིས་སྐྱེས་པའི་སེམས་བསྐྱེད་འདི་ནི་ཆོས་ཉིད་ཀྱིས་ཐོབ་པ་ཞེས་ཟེར་བ་ཡིན་གྱིས། སྦྱོར་དངོས་རྗེས་གསུམ་གྱིས་འབོགས་པའི་ཆོ་ག་སངས་རྒྱས་ཀྱིས་མ་གསུངས་སོ། །

མཁས་པ་ཐམས་ཅད་འདི་མི་མཛད། །མཛད་ཀྱང་ཆོ་གར་མི་འགྱུར་རོ། །དེས་ན་འདི་འདྲའི་རིགས་ཅན་ཀུན། །སངས་རྒྱས་བསྟན་པའི་གཟུགས་བརྙན་ཡིན། །ཞེས་པ། ཆོ་ག་བསྟན་བཅོས་ལ་བཤད་དོ་སྙམ་ན་ཚད་མར་གྱུར་པའི་མཁས་གྲུབ་རྣམས་ཕྱག་ལེན་མཛད་ཅིང་གསུངས་པ་ཡང་མེད་དོ། །དེའི་རྒྱུ་མཚན་ཕྱག་ལེན་མཛད་ཀྱང་འབད་པ་དོན་མེད་པའི་ཕྱིར་རོ། །དེས་ན་ཆོ་ག་ལ་བསྟན་ནས་དོན་དམ་སེམས་བསྐྱེད་འབོགས་པ་དང་། གོ་བ་ཙུང་ཟད་རྙེད་པས་དངོས་སུ་སྐྱེས་པར་རློམ་ནས་ཟབ་ཆོས་གསེར་ཡོན་ཅན་དུ་འདོད་པ་འདི་འདྲའི་རིགས་ཅན་བསྟན་པའི་གཟུགས་བརྙན་ཙམ་ཡིན་ཏེ། ཆོས་ལྟར་བཅོས་པ་ཡིན་པའི་ཕྱིར་རོ། །

གཉིས་པ་དཔེས་མཚོན་པའི་ཆོས་ཉིད་ཀྱིས་ཐོབ་པའི་སེམས་བསྐྱེད་ནི། དཔེར་ན་ལུད་དང་ས་བོན་སོགས། །སོ་ནམ་ཞིང་པས་བྱར་ནུས་ཀྱི། །མྱུ་གུ་སྡོང་པོ་སྐྱེ་མ་སོགས། །ཞིང་ལས་འབྱུང་གིས་མི་ལས་མིན། །དེ་བཞིན་ཀུན་རྫོབ་བྱང་ཆུབ་སེམས། །ཆོ་གའི་སྒོ་ནས་བསྐྱེད་ནུས་ཀྱི། །དོན་དམ་བྱང་ཆུབ་སེམས་དང་ནི། །ཞེས་པ། ཞིང་པ་སོ་ནམ་བྱེད་པའི་ཚེ། ཆུ་ལུད་དང་ས་བོན་འདེབས་པ་དང་རློག་པ་ལ་སོགས་ལོ་ཐོག་འབྱུང་བའི་ཐབས་མང་པོ་བྱ་བར་ནུས་ཀྱི། དེ་ལས་བྱུང་བའི་མྱུ་གུ་སྡོང་བུ་སྐྱེ་མ་ལ་སོགས་ཞིང་ལ་གང་སྐྱེས་དེ་ལ་ཞིང་པས་བཅོས་བྱར་མེད་པ་བཞིན་དུ། ཆོ་གས་བསྐྱེད་པའི་ཀུན་རྫོབ་བྱང་སེམས་ཀྱི་བསླབ་བྱ་ཉམས་པར་བསྲུང་བ་དང་། འཕེལ་བའི་ཐབས་མོས་སྤྱོད་ཀྱི་ས་ཚོགས་ལམ་དང་སྦྱོར་ལམ་དུ་ཉམས་སུ་བླངས་པས་སྒྲིབ་པ་མངོན་གྱུར་དག་སྟེ། ཆོས་ཉིད་དོན་དམ་བདེན་པ་མངོན་སུམ་དུ་མཐོང་བ་མེད་པའི་ཚུལ་གྱི་མཐོང་བ་ཡིན་ཏེ། རྒྱལ་བ་བྱམས་པས། རྫོགས་པའི་སངས་རྒྱས་རབ་མཉེས་བྱས། །བསོད་ནམས་ཡེ་ཤེས་ཚོགས་རབ་བསགས། །ཆོས་ལ་མི་རྟོག་ཡེ་ཤེས་ནི། །སྐྱེ་ཕྱིར་དེ་ནི་དམ་པར་འདོད། །ཅེས་གསུངས་སོ། །

ཟག་པ་མེད་པའི་སྡོམ་པ་དང་། །བསམ་གཏན་གྱི་ནི་སྡོམ་པ་སོགས། །ངང་གིས་སྐྱེ་ཡི་ཆོ་གས་མིན། །འདི་དག་འཐད་པ་དང་བཅས་པ། མདོ་དང་བསྟན་བཅོས་ཀུན་ལས་འབྱུང་། །ཞེས་པ། དེ་བཞིན་དུ་འཕགས་པ་དགྱེས་པའི་སྡོམ་པ་དང་ཚུལ་ཁྲིམས་ཟག་མེད་ཀྱི་སྡོམ་པ་ཡང་མཐོང་ལམ་སྐྱེས་པའི་ཚེ་ཚུལ་འཆལ་སྤོང་བྱེད་བྱ་བ་མངོན་རྟོགས་ངན་འགྲོར་སྐྱེ་བའི་ལས་དང་ཉོན་མོངས་ཀྱི་གཉེན་པོ་བྱེད་པ་སྒོ་གསུམ་གྱི་མི་དགེ་བའི་ས་བོན་

འཇིག་ནུས་ཟག་མེད་ཀྱི་ཤེས་རབ་དང་ལྡན་ཅིག་ཏུ་སྐྱེས་པ་དེ་ལ་རིག་པ་དང་རྐང་པར་ལྡན་པ་ཞེས་གསུངས་པའི་དོན་གྲུབ་པ་ཡིན་ནོ། །བསམ་གཏན་གྱི་སྡོམ་པ་ཡང་འདོད་པའི་ཁམས་ཀྱི་སྐྱོན་རིག་ནས་སྤོང་བར་འདོད་པས་ཞི་གནས་ཀྱི་ཡན་ལག་ལ་གོམས་པའི་སེམས་རྩེ་གཅིག་པའི་ཏིང་ངེ་འཛིན་ཐོབ་པའི་ཚེ་འདོད་ཁམས་ཀྱི་ཉོན་མོངས་དང་མི་དགེ་བའི་གཉེན་པོར་གྱུར་པའི་ཚུལ་ཁྲིམས་སྐྱེ་བ་ཡིན་ནོ། །གསུམ་པོ་དེ་དག་ངང་གིས་སྐྱེ་བ་ཡིན་གྱིས་ཆོགས་ཐོབ་པ་མི་སྲིད་དོ། །རྒྱས་པར་སྡེ་སྣོད་གསུམ་གྱི་བཀའ་དང་བསྟན་བཅོས་རྣམས་ལས་ཁོང་དུ་ཆུད་པར་བྱའོ། །

གསུམ་པ་དམ་བཅའ་ཙམ་གྱི་ཆོགའི་གོ་མི་ཆོད་པར་བསྟན་པ་ནི། དོན་དམ་སེམས་བསྐྱེད་བྱའོ་ཞེས། །གལ་ཏེ་རྒྱ་ལམ་གསུངས་སྲིད་ཀྱང་། །དམ་བཅའ་ཡིན་གྱིས་ཆོ་ག་མིན། །དཔེར་ན་སྦྱིན་པ་གཏོང་བར་བྱ། །ཚུལ་ཁྲིམས་དམ་པ་སྲུང་བར་བྱ། །སངས་རྒྱས་ཡོན་ཏན་བསྒྲུབ་པར་བྱ། །ཞེས་པའི་དོན་སྟོན་བཙན་པོ་ཐོ་ཐོ་རི་གཉན་བཙན་གྱི་དུང་དུ་ཡུམ་བུ་བླ་མཁར་གྱི་རྩེ་ར་གནམ་ནས་བབས་པའི་སྤྱང་གོང་ཕྱག་བརྒྱ་པར་དོན་དམ་པའི་བྱང་ཆུབ་མཆོག་ཏུ་སེམས་བསྐྱེད་པར་བྱའོ། །ཞེས་གསུངས་པ་སྲིད་ནའང་། དམ་བཅའ་བའི་ཚིག་ཙམ་ཡིན་ཏེ། སྦྱིན་པ་བཏང་བར་བྱ། ཚུལ་ཁྲིམས་བསྲུང་བར་བྱ། སངས་རྒྱས་ཐོབ་པར་བྱ།

དེ་ལ་སོགས་པ་གསུངས་པ་ཀུན། །དམ་བཅའི་ཚིག་ཙམ་ཉིད་ཡིན་གྱི། །ཆོགའི་སྒོ་ནས་བསྐྱེད་པ་མིན། །ཡིན་ན་ཧ་ཅང་ཐལ་འགྱུར་ཅིང་། །ཆོ་ག་ཡང་ནི་ཐུག་མེད་འགྱུར། །ཞེས་པ། རྐྱས་ནས་ཆོས་བྱ་ཞེས་སོགས་ཚིག་ཏུ་བརྗོད་པ་ཙམ་ཡིན་གྱི་སྒྲུབ་པའི་ཆོ་ག་ནི་མ་ཡིན་ནོ། །གལ་ཏེ་ཡིན་ན་ཆོ་ག་ཐུག་པ་མེད་པར་འགྱུར་ཏེ། བརྩམ་པར་བྱ་ཞིང་དབྱུང་བར་བྱ། །སངས་རྒྱས་བསྟན་ལ་འཇུག་པར་བྱ། །འདམ་བུའི་ཚལ་ལ་གླང་ཆེན་བཞིན། །འཆི་བདག་སྡེ་ཆེན་གཞོམ་པར་བྱ། །ཞེས་འཕགས་པའི་བདེན་པ་གསུངས་པ་དང་། སྡིག་པ་ཅི་ཡང་མི་བྱ་སྟེ། །དགེ་བ་ཕུན་སུམ་ཚོགས་པར་སྤྱོད། །རང་གི་སེམས་ནི་ཡོངས་སུ་འདུལ། །འདི་ནི་སངས་རྒྱས་བསྟན་པ་ཡིན། །ཞེས་པ་བསླབ་པ་གསུམ་བསྟན་པའི་ཚིག་རྣམས་ཀྱང་ཆོ་ག་ཡིན་པ་ཧ་ཅང་ཐལ་བའི་ཕྱིར་རོ། །

བཞི་པ་བླུན་པོའི་ཆོས་ཀྱི་གོ་མི་ཆོད་པར་བསྟན་པས་མཇུག་བསྡུ་བ་ནི། ཀྱི་མ་འཇིག་རྟེན་བླུན་པོ་འདི། །རྒྱལ་བས་གསུངས་པ་ཀུན་བོར་ནས། །མ་གསུངས་ནན་གྱིས་འཆད་པ་ནི། །འདི་འདྲ་ཅིར་འགྱུར་བརྟག་དགོས་སོ། །ཞེས་པ་བྱང་ཕྱོགས་ཀྱི་འཇིག་རྟེན་འདི་ན་འཁོད་པའི་བླུན་པོ་ཆོས་བྱེད་འདོད་ཙམ་ཡོད་ཀྱང་། ཆོས་མིན་ཆོས་སུ་བཟུང་ནས་སངས་རྒྱས་ཀྱིས་གསུངས་པའི་སོ་ཐར་དང་བྱང་སེམས་དང་གསང་སྔགས་ཀྱི་དབང་བསྐུར་ལ་སོགས་ཆོ་ག་རྣམ་དག་བོར་ནས། མདོ་བསྐུལ་རིང་མོ་དང་སེམས་བསྐྱེད་རྨི་ལམ་མ་དང་། ཕག་

མགོའི་བྱིན་བརླབས་ལ་དབང་བསྐུར་བྱེད་པ་ལ་སོགས་རང་བཟོ་སྤྱར་བའི་འཆོས་པ་ནན་གྱིས་འཆད་པ་འདི་འདྲ་ངན་འགྲོ་དང་མཐོ་རིས་ཅིའི་ལམ་དུ་འགྱུར་བརྟག་དགོས་སོ། །དེ་ཡང་། དམན་ལ་སྤྱོད་པ་བཟང་བྱུང་ཡང་། །དེ་ནི་བཅོས་པའི་རྣམ་ཐར་ཡིན། །ཤེལ་ལ་ནོར་བུ་ཁ་བསྒྱུར་ཡང་། །ཆུ་དང་འཕྲད་ན་རང་མདོག་སྟོན། །ཞེས་པ་ལྟར་རོ། །

བཞི་པ་སེམས་བསྐྱེད་ཀྱི་བསླབ་བྱ་བསྟན་པ་ལ་གསུམ། ལྟུང་བ་རིགས་བཞིར་གསུངས་པ། བྱང་སེམས་ཀྱི་བློ་སྦྱོང་སྒོམ་པའི་ཚུལ། གནད་འཆུགས་པའི་ཆོས་ཀྱིས་སངས་མི་རྒྱ་བར་བསྟན་པའོ། །དང་པོ་ལ་གཉིས་ལས། མདོར་བསྟན་ནི། དེ་ལྟར་སེམས་ཙམ་དབུ་མ་གཉིས། །རྣམ་བཞག་ཐ་དད་ཡོད་མོད་ཀྱི། །འོན་ཀྱང་ཐེག་ཆེན་ཀུན་མཐུན་པ། །ལྟུང་བའི་རྣམ་བཞག་མུ་བཞི་གསུངས། །ལྟུང་མེད་ལྟུང་དང་ལྟུང་བ་ཡི། །གཟུགས་བརྙན་ལྟུང་པ་མེད་པ་ཡི། །གཟུགས་བརྙན་ཞེས་བྱ་རྣམ་བཞི་གསུངས། །ཞེས་པ། ཐེག་པ་ཆེན་པོའི་སེམས་བསྐྱེད་ལ་འཕགས་པ་ཐོགས་མེད་ཀྱི་ལུགས་དང་། སློབ་དཔོན་ཀླུ་སྒྲུབ་ཀྱི་ལུགས་གཉིས་ཡོད་ཀྱང་། ལྟུང་བའི་རྣམ་བཞག་ལ། ལྟུང་བ་མེད་པ་དང་། ལྟུང་པ་དང་བཅས་པ་དང་། ལྟུང་བའི་གཟུགས་བརྙན་དང་། ལྟུང་མེད་ཀྱི་གཟུགས་བརྙན་དང་མུ་བཞིར་བཞེད་པ་ཆ་མཐུན་པ་ཡིན་ནོ། །

གཉིས་པ་ལ་རྒྱས་བཤད་ནི། བསམ་པ་དག་པའི་སྦྱིན་པ་སོགས། །རྣམ་པ་ཀུན་ཏུ་ལྟུང་བ་མེད། །བསམ་པ་ངན་པའི་སྲོག་གཅོད་སོགས། །རྣམ་པ་ཀུན་ཏུ་ལྟུང་བར་འགྱུར། །ཞེས་པ་གཞན་དོན་དུ་སངས་རྒྱས་ཐོབ་པར་བྱ་བའི་ཕྱིར། ཞིང་དམ་པ་ལ་དངོས་པོ་རྣམ་དག་བཏང་ནས་དུག་མེད་ཀྱི་བསྔོ་བས་རྒྱས་འདེབས་པ་ལྟ་བུ་ལྟུང་མེད་སྒྲུབ་པར་རིགས་པ་དང་། བསམ་པ་ངན་པས་སྲོག་གཅོད་པ་ལྟ་བུ་ལྟུང་པ་དང་།

དགེ་བའི་སེམས་ཀྱིས་བསད་པ་སོགས། །ལྟུང་བའི་གཟུགས་བརྙན་ཡིན་ཞེས་གསུངས། །གཞན་ལ་གནོད་ན་བརྫུན་མིན་ཡང་། །ལྟུང་བ་མེད་པའི་གཟུགས་བརྙན་ཡིན། །ཞེས་པ། དེད་དཔོན་ཐབས་ལ་མཁས་པས་མཚོང་པ་གཡོ་ཅན་བསད་པ་ལྟ་བུ་ལྟུང་བའི་གཟུགས་བརྙན་སྒྲུབ་བྱ་དང་། གཞན་ལ་གནོད་པར་ཤེས་བཞིན་དུ་རྔོན་པ་ལ་རི་དྭགས་ཕྱོགས་འདི་ན་འདུག་གོ་ཞེས་བདེན་པར་སྨྲ་བ་ལྟ་བུ་ལྟུང་པ་མེད་པའི་གཟུགས་བརྙན་སྤང་བྱའོ། །

མདོར་ན་སེམས་ཀྱི་འཕེན་པ་ལས། །གཞན་པའི་དགེ་བ་སྡིག་པ་མིན། །འཕགས་པ་ལྷ་ཡི་བཞི་བརྒྱ་པར། །བསམ་པ་བྱང་ཆུབ་སེམས་དཔའ་ཡི། །དགེ་བའམ་ཡང་ན་མི་དགེ་བ། །ཐམས་ཅད་དགེ་བ་ཉིད་འགྱུར་ཏེ༑ ༑གང་ཕྱིར་སེམས་དེ་གཙོ་བོའི་ཕྱིར། །ཞེས་གསུངས་མདོ་རྒྱུད་གཞན་ལས་ཀྱང་། །དགེ་སྡིག་རྣམ་བཞག་དེ་

ལྟར་གསུངས། །ཞེས་པ། ཀུན་སློང་སེམས་ཀྱི་འཕེན་པ་བཟང་ངན་གྱི་ལུས་ངག་གི་ལས་དགེ་སྡིག་ཏུ་འཇོག་པ་ཡིན་གྱིས། སྦྱོར་བ་དཀར་ནག་ཙམ་གྱིས་མ་ཡིན་ནོ། །སེམས་ཀྱི་སྒྲིབ་སྦྱོང་ལས་ཀྱང་། དགེ་སློང་རང་གི་ཕ་རྒན་ལ༏ ༏སྨུར་འདོད་ཞེས་ནི་བསྐུལ་གྱུར་ནས། །འཕྲུལ་བས་དེ་ནི་ཤི་གྱུར་ཀྱང་། །མཚམས་མེད་སྦྱོར་བ་མ་ཡིན་ནོ། །བསམ་པ་བཟང་པོས་མཆིལ་ལྷམ་གཉིས། །ཐུབ་པའི་དབུ་ལ་བཞག་པ་དང་། །དེ་བཞིན་གཞན་གྱིས་བསལ་བྱས་པ། །གཉིས་ཀ་རྒྱལ་སྲིད་ཐོབ་པར[4]འགྱུར། །དེ་ཕྱིར་བསམ་པའི་རྩ་བ་ལ། །བསོད་ནམས་སྡིག་པ་རྣམ་པར་གནས། །ཞེས་སོ༏ ༏མཁས་མཆོག་དབྱིག་གཉེན་གྱིས་ཀྱང་ལས་གྲུབ་པ། ལུས་ངག་གི་ལས་རྣམ་པར་རིག་བྱེད་དང་། རིག་བྱེད་མ་ཡིན་པ། གཟུགས་ཅན་ནི་དགེ་བ་དང་མི་དགེ་བ་མཚན་ཉིད་མ་ཡིན་པ་སྟེ། ལུས་པོར་ནས་ཚེ་ཕྱི་མ་ལ་འབྲས་བུ་ཡིད་དུ་འོང་བ་དང་མི་འོང་བ་འགྲུབ་པ་དེ་དགེ་བ་དང་མི་དགེ་ཡིན་པར་འཆད་པའི་ཕྱིར་རོ། །ལས་ནི་སེམས་པའི་ཁྱད་པར་ཡིན་ནོ། །སྲོག་གཅོད་པ་དང་མ་བྱིན་པར་ལེན་པ་དང་འདོད་པས་ལོག་པར་གཡེམ་པ་ལ། ལུས་ཀྱི་ལས་ཞེས་བྱ་ན་ཇི་ལྟར་སེམས་པ་ལ་དེ་སྐད་ཅེས་བྱ་བར་འགྱུར་ཅེ་ན། དེས་དེ་གསོད་པ་དང་ལེན་པ་དང་ལོག་པར་གཡེམ་པ་བྱེད་པའི་ཕྱིར་རོ། །དེས་བསྐྱེད་པའི་ལུས་ཀྱིས་རྒྱུད་ཀྱིས་བྱས་པ་ནི་དེས་བྱས་པ་ཞེས་བྱས་ཏེ། ཚོམ་རྐུན་གྱིས་གྲོང་བསྲེགས་འབྲས་ཚན་བཙོས་ཞེས་པ་བཞིན་ནོ། །སེམས་པ་དེ་ལས་ཀྱང་ཡིན་ལ། བདེ་འགྲོ་དང་ངན་འགྲོའི་ལམ་ཡང་ཡིན་ནོ། །འཇིག་རྟེན་དང་མཐུན་པར་བྱ་བའི་ཕྱིར་ལུས་ཀྱི་ལས་ཞེས་བསྟན་ཏོ། །ངག་ནི་ཚིག་སྟེ་དབྱངས་ཀྱི་ཁྱད་པར་གང་གི་དོན་གོ་བར་བྱེད་པའོ། །ལས་ནི་དེ་སློང་བར་བྱེད་པའི་སེམས་དཔའོ། །སེམས་པས་རྒྱུད་ཡོངས་སུ་འགྱུར་བའི་བག་ཆགས་སེམས་ལ་བགོས་པས་ཕྱིས་འབྲས་བུ་འབྱུང་བ་ཡིན་ཏེ། འབྲས་ས་ལུའི་ས་བོན་རྐྱེན་གྱིས་མྱུ་གུ་འབྱུང་བ་དང་། མ་དུ་ལུང་གའི་མེ་ཏོག་རྒྱ་སྐྱེགས་ཀྱི་ཁུ་བས་བསྒྱུར་བས་ཕྱིས་དབུས་ཀྱི་ཤ་དམར་པོར་འབྱུང་བ་བཞིན་གསུངས་པས་དགེ་སྡིག་མཚན་ཉིད་པ་ཀུན་སློང་ལ་རག་ལས་ཤིང་། དེས་ཀུན་ནས་བསླངས་པའི་དབང་གིས་ལུས་ངག་གི་ལས་དགེ་སྡིག་ཏུ་འཇོག་ལ་བག་ཆགས་སེམས་ལ་བགོས་པ་དུས་ཕྱིས་སད་བྱེད་ཀྱི་རྐྱེན་དང་འཕྲད་པས་འབྲས་བུ་བདེ་སྡུག་མྱོང་བར་བཞེད་དོ། །

གཉིས་པ་ལ་བཞི་ལས། ལོག་པར་རྟོག་ཚུལ་བརྗོད་པ་ནི། །བྱང་ཆུབ་སེམས་ཀྱི་བསླབ་པ་ལ། །བདག་གཞན་མཉམ་རྗེས་གཉིས་སུ་གསུངས། །ཁ་ཅིག་བརྗེ་བའི་བྱང་ཆུབ་སེམས། །སྒོམ་དུ་མི་རུང་ཞེས་སུ་སྨྲ། །འདི་ཡི་རྒྱུ་མཚན་འདི་སྐད་ལོ། །ཞེས་པ། ཀུན་རྫོབ་བྱང་ཆུབ་ཀྱི་སེམས་ཉམས་སུ་ལེན་ཚུལ་ལ་བདག་གཞན་མཉམ་པ་དང་། བརྗེ་བ་གཉིས་གསུངས་པའི་བདག་གཞན་བརྗེ་བའི་སེམས་སྒོམ་དུ་མི་རུང་ངོ་ཞེས་བདག་ཉིད་གཅེས་པར་འཛིན་པ་སྤོང་བར་མི་འདོད་པ་ཁ་ཅིག་སྨྲའོ། །

བདག་བདེ་གཞན་ལ་བྱིན་ནས་ནི། །གཞན་སྡུག་བདག་གིས་བླངས་གྱུར་ན། །སྨོན་ལམ་མཐའ་ནི་བཙན་པའི་ཕྱིར། །བདག་ནི་རྟག་ཏུ་སྡུག་བསྔལ་འགྱུར། །དེས་ན་འདི་འདྲའི་བྱང་ཆུབ་སེམས། །སྒོམ་པ་དེ་དག་ཐབས་མི་མཁས། །ཉོར་པ་ཆེན་པོའི་ཆོས་ཡིན་ལོ། །ཞེས་པ། རང་གི་བདེ་སྐྱིད་གཞན་ལ་བྱིན་ནས་གཞན་གྱི་སྡུག་བསྔལ་དང་དུ་བླངས་ན་རྒྱལ་སྲས་ཀྱི་སྨོན་ལམ་མཐའ་བཙན་པའི་ཕྱིར་འཁོར་བ་མ་སྟོངས་ཀྱི་བར་བདག་ཉིད་རྟག་ཏུ་སྡུག་བསྔལ་ཅིང་བདེ་བ་མི་མྱོང་བར་འགྱུར་པས་འདི་འདྲའི་བློ་སྦྱོང་སྒོམ་པ་དེ་ཐབས་མཁས་པའི་ཆོས་ནོར་པ་ཆེན་པོ་ཡིན་ནོ་ཞེས་ཟེར་ལོ། །

གཉིས་པ་དེ་སུན་དབྱུང་བ་ནི། །དེ་དོན་འདི་ལྟར་བསམ་པར་བྱ། །བདག་གཞན་བརྗེ་བའི་བྱང་ཆུབ་སེམས། །དགེ་བ་ཡིན་ནམ་སྡིག་ཡིན་བརྟག །གལ་ཏེ་དགེ་བ་ཡིན་ན་ནི། །དེ་ལས་སྡུག་བསྔལ་འབྱུང་བ་འགལ། །སྡིག་པ་ཡིན་ན་དུག་གསུམ་གྱིས། །བསྐྱེད་པའི་ལས་སུ་ཐལ་བར་འགྱུར། །ཞེས་པ། ལོག་པར་རྟོག་པ་དེ་ལས་རྒྱུ་འབྲས་མ་གོ་བ་ཡིན་ཏེ། བདག་གཞན་བརྗེ་བའི་བསམ་སྦྱོར་དེ་ལས་དགེ་སྡིག་གང་ཡིན་བརྟག་པར་བྱའོ། །དགེ་བ་ལ་ནི་འབྲས་བུ་སྡུག་བསྔལ་འབྱུང་བ་མི་སྲིད་དེ། ཨ་མྲའི་ཤིང་ལ་ཀིམ་པའི་འབྲས་བུ་མི་འབྱུང་བ་བཞིན་ནོ། །སྡིག་པ་ཡིན་ན་ཉོན་མོངས་པས་བསྐྱེད་པའི་ལས་ཁྲིལ་དང་ངོ་ཚ་བོར་བའི་བྱ་བ་ཡིན་པར་འགྱུར་རོ། །

བརྗེ་བ་དུག་གསུམ་མ་ཡིན་པས། །དེ་ལ་སྡུག་བསྔལ་ག་ལ་འབྱུང་། །བྱང་ཆུབ་སེམས་དཔའི་བློ་སྦྱོང་པའི། །སྨོན་ལམ་འགའ་ཞིག་མཐའ་མི་བཙན། །གལ་ཏེ་བཙན་ན་འཛའ་བོའི་བུ། །རྒྱུན་ཏུ་གླད་ནད་ཆེན་པོར་འགྱུར། །ཞེས་པ་བདག་གཞན་བརྗེ་བའི་ལམ་དེ་བསམ་པ་ཉོན་མོངས་པ་མ་ཡིན་པས་དེ་ལ་འབྲས་བུ་སྡུག་བསྔལ་མི་འབྱུང་སྟེ། གཞན་ཕན་གྱི་བསམ་སྦྱོར་བཟང་པོ་ཡིན་པའི་ཕྱིར་རོ། །བྱང་སེམས་ཀྱི་སྨོན་ལམ་མཐའ་བཙན་པར་མ་ངེས་ཏེ། སྐྱེས་བུ་དམ་པ་འགའ་ཞིག་གི་གཞན་གྱི་སྡུག་བསྔལ་གཟིགས་པའི་ཚེ་ཐུགས་ཀྱིས་མ་བཟོད་ནས་བདག་ལ་སྨིན་པར་གྱུར་ཅིག་ཅེས་ཐུགས་བསྐྱེད་མ་ཐག་རང་གི་ལས་ཟད་པར་གྱུར་ཏེ། དྲིན་ལན་བསབས་པའི་མདོ་ར། སྟོན་པ་རིགས་ལ་གནས་པའི་ཚེ་མནར་མེད་ཀྱི་ས་གཞིར་ཤིང་རྟ་འདྲེན་པའི་གྲོགས་ཀྱི་སྡུག་བསྔལ་མ་བཟོད་པར་འདིའི་ཁུར་བདག་གིས་བླང་ངོ་ཞེས་གསུངས་མ་ཐག་ཚེ་ཟད་ནས་ལྷར་སྐྱེས་པ་དང་། མཛའ་བོའི་བུ་མོས་མའི་མགོ་བོར་བརྫིག་པས་བསྟུན་པའི་རྣམ་སྨིན་ལྕགས་ཀྱི་འཁོར་ལོ་མེ་འབར་བ་མགོ་བོར་ཟུག་པའི་ཚེ་འདི་ལྟ་བུའི་སྡུག་བསྔལ་མྱོང་བའི་སེམས་ཅན་རྣམས་ཀྱི་རྣམ་སྨིན་བདག་ལ་འབྱུང་བར་གྱུར་ཅིག །ཅེས་བསམས་མ་ཐག་འཁོར་ལོ་བར་སྣང་ལ་འཕགས་ཤིང་དགའ་ལྡན་དུ་སྐྱེས་པར་གསུངས་སོ། །གལ་

ཏེ་སྨོན་ལམ་མཐའ་བཙན་ན་ཀླད་ནད་ཤིན་ཏུ་ཆེན་པོར་ཅིའི་ཕྱིར་མི་འགྱུར།

དུས་གསུམ་སངས་རྒྱས་སྲས་བཅས་ཀྱང་། །བདག་གཞན་བརྗེ་བ་སྒོམ་པའི་ཕྱིར། །རྒྱུན་དུ་སྡུག་བསྔལ་ཐོབ་པར་འགྱུར། །བརྗེས་པའི་སེམས་ཅན་དེ་དག་ཀུན། །སྡུག་བསྔལ་འབྱུང་བ་མི་སྲིད་འགྱུར། །ཞེས་པ། དུས་གསུམ་རྒྱལ་བ་ཐམས་ཅད་ཚོགས་གཉིས་སྒྲུབ་པའི་སྤྱོད་པ་རྣམས་བདག་གཞན་བརྗེ་བ་སྒོམ་པ་དང་འབྲེལ་པའི་ཚོགས་པར། རྒྱུན་དུ་སྡུག་བསྔལ་མྱོང་བར་འགྱུར་ཅིང་། ཕ་རོལ་གྱི་སྡུག་བསྔལ་བླངས་པའི་ཕྱིར་འཁོར་བའི་སེམས་ཅན་ཀུན་གྱིས་སྡུག་བསྔལ་གཏན་ནས་མི་མྱོང་བར་འགྱུར་རོ། །

དེས་ན་འདི་འདྲའི་གསང་ཚིག་ནི། །བདུད་ཀྱི་མིན་པའང་མི་ཤེས་སོ། །ཐབས་ལ་བསླུ་བའི་བདུད་ཡོད་ཅེས། །རྒྱལ་བས་གསུངས་པའང་དྲན་པར་བྱ། །ཞེས་པ། རྒྱུ་མཚན་དེས་ན་བདག་གི་བདེ་བ་རྒྱུ་བཅས་གཞན་ལ་སྟེར་ཅིང་གཞན་གྱི་སྡུག་བསྔལ་རྒྱུ་བཅས་བདག་ལ་ལེན་པའི་བློ་སྦྱོང་ཉམས་སུ་བླང་བྱ་མ་ཡིན་ནོ་ཞེས་ཟེར་བ་རྣ་བའི་ཡུལ་དུ་ཐོས་པར་མི་རུང་བའི་གསང་ཚིག་འདི་འདྲ་བདུད་ཀྱིས་བྱིན་གྱིས་བརླབས་པའི་རྣམ་འགྱུར་ཡིན་པར་ངེས་པས་བཀའ་བསྟན་བཅོས་རྣམས་ནས་ཐབས་མ་ཡིན་པ་ལ་ཐབས་སུ་བསླུ་བའི་བདུད་ཡོད་དོ། །ཞེས་གསུངས་པ་དྲན་པས་སྤོང་བ་ལ་བརྩོན་པར་བྱའོ། །མདོ་སྡེ་རྒྱན་དུ། ཐབས་དང་སྐྱབས་དང་དག་པ་ལ། །ཐེག་ཆེན་ངེས་པར་འབྱུང་བ་ལ། །སེམས་ཅན་རྣམས་ནི་རབ་བསླུ་བའི། །བདུད་འཛོམས་ཁྱོད་ལ་ཕྱག་འཚལ་ལོ། །ཞེས་གསུངས་སོ། །

གསུམ་པ་རང་ལུགས་འཐད་ལྡན་གཞུང་འཛུགས་པ་ནི། བདག་གཞན་བརྗེ་བ་སངས་རྒྱས་ཀྱི། །བསྟན་པའི་སྙིང་པོ་ཡིན་པར་གསུངས། །འཕགས་པ་ཀླུ་སྒྲུབ་སློབ་ཉིད་ཀྱིས། །རིན་ཆེན་ཕྲེང་བར་འདི་སྐད་གསུངས། །བདག་ལ་དེ་དག་སྡིག་སྨིན་ཅིང་། །བདག་དགེ་མ་ལུས་དེར་སྨིན་ཤོག །ཅེས་པ། བདག་གཞན་བརྗེ་བའི་བྱང་ཆུབ་ཀྱི་སེམས་བསྒོམ་པ་ནི། རྫོགས་པའི་སངས་རྒྱས་སྒྲུབ་པའི་ཐབས་ཀྱི་མཆོག་སངས་རྒྱས་ཀྱི་བསྟན་པའི་སྙིང་པོ་ཡིན་ཏེ། རིན་ཆེན་ཕྲེང་བར་སྨོན་ལམ་མཛད་པ་ཡིན་ནོ། །

ཇི་སྲིད་སེམས་ཅན་འགའ་ཞིག་ཀྱང་། །གང་དུ་མ་གྲོལ་དེ་སྲིད་དུ། །དེ་ཕྱིར་བླ་ན་མེད་པ་ཡི། །བྱང་ཆུབ་ཐོབ་ཀྱང་གནས་གྱུར་ཅིག །དེ་སྐད་བརྗོད་པའི་བསོད་ནམས་འདི། །གལ་ཏེ་དེ་ནི་གཟུགས་ཅན་གྱུར། །གང་གཱའི་བྱེ་མ་སྙེད་ཀྱི་ནི། །འཇིག་རྟེན་ཁམས་སུ་ཤོང་མི་འགྱུར། །འདི་ནི་བཅོམ་ལྡན་འདས་ཀྱིས་གསུངས། །དེ་ལ་སོགས་པ་ལེགས་པར་གསུངས། །ཞེས་པ། བརྟག་པ་མཐའ་བཟུང་སྟེ་སེམས་ཅན་ཙམ་ཡང་འཁོར་བ་ལས་མ་གྲོལ་བའི་བར་བླ་ན་མེད་པའི་བྱང་ཆུབ་ཐོབ་པར་གྱུར་ཀྱང་རང་ཟག་མེད་ཀྱི་བདེ་བ་ལ་མི་ཆགས་པར་སེམས

ཅན་བདེ་བ་ལ་འགོད་པའི་ཕྱིར་འཁོར་བར་གནས་པར་གྱུར་ཅིག །སློན་ལམ་དེ་ཙམ་ཞིག་བརྗོད་པའི་བསོད་ནམས་གལ་ཏེ་ཐོགས་བཅས་ཀྱི་གཟུགས་སུ་གྲུབ་ན་ཆུ་ཀླུང་གངྒཱའི་བྱེ་མའི་གྲངས་པས་ཀྱང་ལྷག་པའི་འཇིག་རྟེན་དུ་མི་ཤོང་བར་འགྱུར་རོ། །འདི་ནི་རང་བཟོ་མ་ཡིན་ཏེ། བཅོམ་ལྡན་འདས་ཀྱིས་དཔལ་སྦྱིན་གྱིས་ཞུས་པའི་མདོ་ལས་ལེགས་པར་གསུངས་ཏེ། བྱང་ཆུབ་སེམས་ཀྱི་བསོད་ནམས་གང་། །གལ་ཏེ་དེ་ལ་གཟུགས་མཆིས་ན། །ནམ་མཁའི་ཁམས་ནི་ཀུན་བཀང་སྟེ། །དེ་བས་ཀྱང་ནི་ལྷག་པར་འགྱུར། །ཞེས་གསུངས་ལ། དེའི་རྒྱུ་མཚན་སྤྱོད་འཇུག་ཏུ། དེ་ལྟར་སེམས་ཅན་ཁམས་བཞིན་དུ། །བསོད་ནམས་མཐའ་ཡས་རབ་ཏུ་འབྱུང་། །ཞེས་ཡུལ་སེམས་ཅན་ཚད་མེད་པའི་ཕྱིར་རོ། །ཏིང་འཛིན་རྒྱལ་པོར་ཡང་། བྱེ་བ་ཁྲག་ཁྲིག་བལྟམས་པའི་ཞིང་ཁམས་ན། །མཆོད་པ་རྣམས་མང་དཔག་མེད་ཅི་ཡོད་པས། །སྐྱེས་མཆོག་རྣམས་ལ་ཉིན་རེ་རྟག་མཆོད་པས། །བྱམས་པའི་སེམས་ལ་གྲངས་དང་ཆར་མི་ཕོད། །ཅེས་གསུངས། ཆོས་ཀུན་བསྒྲོ་བར། འཁོར་བ་ནི་སྐྱོན་ཆགས་པའོ། །མྱ་ངན་ལས་འདས་པ་ནི་རྣམ་པར་གྲོལ་བའོ། །སྐམ་དུ་སེམས་པ་འདི་ནི་རྣམ་པར་གྲོལ་བ་མ་ལགས་སོ། །དེ་ཅིའི་སླད་དུ་ཞེ་ན། བདག་ཏུ་འཛིན་པ་དེ་ནི་འདི་ལྟར་དུ་སེམས་པ་ལགས་སོ། །ཞེས་པ་དང་། བརྒྱུད་སྟོང་པར། ཇི་ལྟར་བདག་ཐམས་ཅད་ཀྱི་ཐམས་ཅད་རྣམ་པ་ཐམས་ཅད་དུ་སྡུག་བསྔལ་ལས་ཐར་པར་བྱ་བ་དེ་བཞིན་དུ། སེམས་ཅན་ཐམས་ཅད་ཀྱང་ཐམས་ཅད་ཀྱིས་ཐམས་ཅད་རྣམ་པ་ཐམས་ཅད་ཀྱིས་ཐམས་ཅད་དུ་སྡུག་བསྔལ་ཐམས་ཅད་ལས་ཐར་པར་བྱའོ་ཞེས་འདུ་ཤེས་བསྐྱེད་པར་བྱའོ། །ཞེས་པ་དང་། ཤེས་རབ་ཀྱི་ཕ་རོལ་ཏུ་ཕྱིན་པ་འདི་ནི། སེམས་ཅན་ཐམས་ཅད་ལ་བྱམས་པའི་སེམས་ཀྱིས་བྱམས་པ་ཉེ་བར་གནས་པ་དང་། སྙིང་རྗེའི་སེམས་ཀྱིས་སྙིང་རྗེ་ཆེན་པོ་ཉེ་བར་གནས་པར་འགྱུར་རོ་ཞེས་གསུངས་སོ། །

སྤྱོད་འཇུག་ལས་ཀྱང་འདི་སྐད་གསུངས། །བདག་བདེ་གཞན་གྱི་སྡུག་བསྔལ་དག །ཡང་དག་བརྗེ་བ་མ་བྱས་ན། །སངས་རྒྱས་ཉིད་དུ་མི་འགྲུབ་ཅིང་། །འཁོར་བ་ན་ཡང་བདེ་བ་མེད། །དེ་སྐད་གསུངས་པ་ལེགས་པར་ཟུངས། །མདོ་དང་བསྟན་བཅོས་གཞན་ལས་ཀྱང་། །ཆོས་ཀྱི་སྙིང་པོ་འདི་གསུངས་སོ། །ཞེས་པ། གང་ཞིག་བདག་དང་གཞན་རྣམས་ནི། །མྱུར་དུ་བསྐྱབས་པར་འདོད་པ་དེས། །བདག་དང་གཞན་དུ་བརྗེ་བ་ཡི། །གསང་བའི་དམ་པ་སྤྱད་པར་བྱ། །ཞེས་པ་དང་། འགྲོ་བའི་སྡུག་བསྔལ་གང་ཅི་ཡང་རུང་། །དེ་ཀུན་བདག་ལ་སྨིན་གྱུར་ཅིག །ཅེས་འཕགས་པ་ཞི་བ་ལྷས་ལེགས་པར་གསུངས་པ་དང་། ཐེག་པ་ཆེན་པོའི་མདོ་དང་བསྟན་བཅོས་དང་རྒྱུད་ལས་ཀྱང་། འཁོར་བ་མཐར་ཐུག་བར་དུ་ནི། །བདག་འཚང་རྒྱ་བར་མ་གྱུར་ཅིག །ཅེས་གསུངས་པའི་དོན་འདི་ཐེག་པ་ཆེན་པོའི་ཆོས་ཀྱི་ཡང་སྙིང་ཡིན་པར་ཤེས་དགོས་སོ། །

བཞི་པ་དེའི་ཕན་ཡོན་བསྟན་པ་ནི། དེས་ན་བདག་གཞན་བརྗེ་བ་ཤེས། །དེས་ནི་མྱུར་དུ་རྫོགས་འཚང་རྒྱ༑ ༑དེའི་བར་དུའང་འཇིག་རྟེན་། །ཕུན་སུམ་ཚོགས་པ་འབྱུང་བར་གསུངས། །ཞེས་པ། བདག་གཞན་བརྗེ་བའི་ཚུལ་ཤེས་ནས་ཉམས་སུ་ལེན་པ་དེ་ནི། མྱུར་དུ་འཚང་རྒྱ་ཞིང་དེ་མ་ཐོབ་ཀྱི་བར་དུའང་འཁོར་བའི་བདེ་འབྲས་ཕུན་སུམ་ཚོགས་པ་འབྱུང་སྟེ། འཕགས་པ་ཀླུ་སྒྲུབ་ཀྱིས། སེམས་ཅན་ཡོངས་སུ་མ་དོར་བས། །སེམས་ཅན་བསྐྱེན་ནས་སངས་རྒྱས་ཀྱི། །གོ་འཕང་བླ་མེད་རྟེད་འགྱུར་ན། །ལྷ་དང་མི་ཡི་ལོངས་སྤྱོད་གང་། །ཚངས་པ་དབང་པོ་དྲག་པོ་ང་། །འཇིག་རྟེན་སྐྱོང་བས་རྟེན་དེ་དག །སེམས་ཅན་ཕན་པ་ཙམ་ཞིག་གིས། །མ་དྲངས་པ་ནི་འཇིག་རྟེན་འདིར། །འགའ་ཡང་མེད་ལ་མཚར་ཅི་ཡོད། །ཅེས་པ་དང་། བློ་གྲོས་རྒྱ་མཚོའི་མདོར། རྫོགས་པའི་བྱང་ཆུབ་སེམས་དང་ཆོས་འཛིན་དང་། །ཆོས་སྒྲུབ་པ་དང་སྲོག་ཆགས་སྙིང་བརྩེ་བ། །ཆོས་བཞི་འདི་དག་ཡོན་ཏན་མཐའ་མེད་དེ། །དེ་དག་མཐའ་ནི་རྒྱལ་བ་མི་གསུང་ངོ་། །ཞེས་པ་དང་།

མཆོད་པ་བླ་ན་མེད་པ་གསུམ་ནི། རྫོགས་པའི་བྱང་ཆུབ་ཏུ་སེམས་བསྐྱེད་པ་དང་། དམ་པའི་ཆོས་ཡོངས་སུ་འཛིན་པ་དང་། སེམས་ཅན་ལ་སྙིང་རྗེ་ཆེན་པོ་བསྒོམ་པའོ། །ཞེས་གསུངས་སོ། །གསུམ་པ་གནད་འཆུགས་པའི་ཆོས་ཀྱི་སངས་མི་རྒྱ་བར་བསྟན་པ་ལ་གསུམ། ཉན་ཐོས་ཀྱི་ཆོས་ཀྱིས་སེམས་བསྐྱེད་གནད་འཆུགས་ཚུལ། ཆོས་ལྟར་བཅོས་པ་གཞན་ཡང་ཡོད་ཚུལ། དོན་བསྡུས་ཏེ་གནད་མ་འཆུགས་པ་སྒྲུབ་བྱར་གདམས་པའོ། །

དང་པོ་ལ་གཉིས་ལས། ཉན་ཐོས་ཀྱི་ལུང་ལས་གསུངས་པའི་ཚུལ་ནི། བྱང་ཆུབ་སེམས་ཀྱི་གནད་འཆུགས་ན། །ཆོས་གཞན་གྱིས་ནི་འཚང་མི་རྒྱ། །སྟོང་ཉིད་ཉན་ཐོས་རྣམས་ཀྱང་སྒོམ། །དེ་ཡི་འབྲས་བུ་འགོག་པ་ཐོབ། །སོ་སོར་ཐར་པའི་མདོ་བཞིན་དུ། །བསྔོ་བ་ཉན་ཐོས་རྣམས་ཀྱང་བྱེད། །ཅེས་པ། ཐེག་པ་ཆེན་པོའི་རྩ་བ་སེམས་བསྐྱེད་ཡིན་པས། དེའི་གནད་འཆུགས་ན་ཟབ་ཅིང་རྒྱ་ཆེ་བའི་ཆོས་གཞན་ཚུལ་ཁྲིམས་དང་ཏིང་ངེ་འཛིན་དང་སྟོང་ཉིད་སྒོམ་པ་དང་། གསང་སྔགས་ཀྱི་ལྷ་བསྒོམ་བཟླས་ལ་སོགས་གང་གིས་ཀྱང་སངས་རྒྱས་མི་ཐོབ་སྟེ། དེ་འདྲ་ཕྱི་རོལ་པ་དང་། ཐེག་པ་དམན་པ་ལ་ཡང་མང་དུ་ཡོད་པའི་ཕྱིར་རོ། །འོན་སྟོང་ཉིད་སྒོམ་པ་སངས་རྒྱས་ཀྱི་ལམ་ཡིན་མོད་སྙམ་ན། གང་ཟག་གི་བདག་མེད་པའི་སྟོང་པ་ཉིད་ཉན་ཐོས་དང་རང་སངས་རྒྱས་རྣམས་ཀྱང་བསྒོམ་ལ། དབུ་མ་ཁ་ཅིག་ཆོས་ཀྱི་བདག་མེད་སྒོམ་པའང་རྒྱལ་སྲས་དང་ཁྱད་པར་མེད་པར་བཞེད་མོད། དེ་ནི་ཕུང་པོ་དང་ཁམས་དང་སྐྱེ་མཆེད་ལ་ཆོས་སུ་བྱས་ནས་དེ་བདེན་མེད་དུ་ཤེས་ནས་སྒོམ་པ་ལ་དོན་བཟུང་བར་གསལ་ཅིང་། མངོན་པར་རྟོགས་པའི་རྒྱན་དུ། གང་ཟག་གི་བདག་མེད་རྟོགས་པར་གསུངས་པ

ལས་མ་འདས་སོ། །དེར་གསུངས་པའི་ཆོས་ཀྱི་བདག་འཛིན་ནི་འཁོར་འདས་ལ་བླང་དོར་གྱི་མཚན་མར་འཛིན་པ་དང༌། ཕུང་པོ་སྟོང་པ་ཉིད་དང་དུས་གསུམ་གྱི་ཆོས་ལ་དེར་འཛིན་པ་དང༌། སྦྱིན་སོགས་ཉམས་སུ་བླང་བྱར་འཛིན་པ་དང༌། ཕྱོགས་མཐུན་སུམ་ཅུ་རྩ་བདུན་ཐར་པའི་ལམ་དུ་འཛིན་པ་དང༌། རྫོགས་པའི་སངས་རྒྱས་ལ་སྐྱབས་གནས་དང་མཆོད་བྱར་འཛིན་པའི་བློ་དང༌། བཟང་ངན་དང་བླང་དོར་དུ་ཞེན་པའི་ཆ་ལ་ཆོས་ཀྱི་བདག་འཛིན་མཚན་འཛིན་གཞི་ཤེས་ཞེས་རྒྱལ་སྲས་ལམ་གྱི་སྤང་བྱར་གསུངས་སོ། །དེ་ནི་འཁོར་འདས་ཀྱི་ཆོས་ཐམས་ཅད་གཟུང་ཡུལ་དུ་བྱས་ཏེ། དེར་འཛིན་གྱི་ཆགས་པ་ཕྲ་མོ་དེ་མཐའ་བྲལ་གྱི་དོན་ལེགས་པར་རྟོགས་པའི་ཡུལ་ཤེར་ཕྱིན་རྒྱལ་སྲས་ཀྱིས་ཉམས་སུ་བླང་བའི་མི་མཐུན་ཕྱོགས་ཡིན་པའི་ཕྱིར། མདོར། གཟུགས་སྟོང་ཞེས་བྱ་བར་འདུ་ཤེས་ན་ཆགས་པའོ། །དེ་བཞིན་དུ། ཚོར་བ། འདུ་ཤེས། འདུ་བྱེད། རྣམ་པར་ཤེས་པའོ། །འདས་པའི་ཆོས་རྣམས་ལ་འདས་པའི་ཆོས་སོ་ཞེས་བྱ་བར་འདུ་ཤེས་ན་ཆགས་པའོ། །དེ་བཞིན་དུ་མ་འོངས་པ་དང་ད་ལྟར་བྱུང་བ་དང་ཕར་ཕྱིན་དྲུག་དང༌། སྟོབས་བདུན་དང༌། དེ་བཞིན་གཤེགས་པ་ལ་མཚན་མར་ཡིད་ལ་བྱེད་ན་ཇི་ཙམ་དུ་མཚན་མར་འཛིན་པ་དེ་ཙམ་དུ་ཆགས་པའོ། །ཞེས་གསུངས་པའི་དོན། གཟུགས་སོགས་ཕུང་པོ་སྟོང་ཉིད་དང༌། །དུས་གསུམ་རྟོགས་པའི་ཆོས་རྣམས་དང༌། །སྦྱིན་སོགས་བྱང་ཆུབ་ཕྱོགས་རྣམས་ལ། །སྤྱོད་པའི་འདུ་ཤེས་མི་མཐུན་ཕྱོགས། །ཞེས་པ་དང༌། རྒྱལ་ལ་སོགས་ལ་ཆགས་པ་ཕྲ། །ཞེས་གསུངས་སོ། །ཆོས་ཐམས་ཅད་མཉམ་པ་ཉིད་དུ་རྟོགས་པའི་གཉེན་པོ་གཞི་ཤེས་རྒྱལ་སྲས་འཕགས་པའི་ཐུགས་རྒྱུད་ལ་མངའ་བའི་ཡེ་ཤེས་འདི་ལྷ་བུ་ཉན་རང་དགྲ་བཅོམ་པ་གཉིས་ཀའི་ཆ་ལས་རྣམ་པར་གྲོལ་བ་ལའང་ཡོད་རེ་ཀན། ཐེག་དམན་འཕགས་པ་འཁོར་བ་སྤང་བྱ་དང༌། མྱང་འདས་ཐོབ་བྱར་བྱས་ནས་ལམ་གྲུབ་པ་ཀུན་གྱི་ཐུགས་ལ་གསལ་ལོ། །ཀླུ་སྒྲུབ་ཞབས་ཀྱིས། བྱང་ཆུབ་དམ་པ་གཉིས་ཐོབ་ནས། །སྲིད་པས་སྐྲག་ཡིད་དེ་དག་ནི། །ཚེ་ཟད་ལ་དགའ་མྱ་ངན་ལས། །འདས་ཐོབ་འདུ་ཤེས་ཅན་དུ་འགྱུར། །ཞེས་ཤིན་ཏུ་གསལ་བར་གསུངས་སོ། །ཕུང་པོ་ལ་ང་དང་ང་ཡིར་འཛིན་པའི་ཉོན་སྒྲིབ་འཁོར་བའི་བདེ་འབྲས་ལ་ཞེན་པའི་སྲིད་པ་ཀུན་འབྱུང་བདེན་པའི་གཙོ་བོ་དེས་ཡང་སྲིད་འགྲུབ་འགྱུར་གྱི་ལས་བསགས་ནས་སྐྱེ་བ་ཕྱི་མ་ལེན་ཅིང༌། དེ་ལ་བརྟེན་ནས་སྐྱེ་རྒ་ན་འཆི་སྡུག་བསྔལ་བའི་ཕུང་པོ་འཕེལ་བ་ཡིན་ནོ། །ཞེས་རྟེན་འབྲེལ་སློབ་མེད་པའི་བཀའ་དང་བསྟན་བཅོས་རྣམས་སུ་ཡང་དང་ཡང་དུ་གསུངས་སོ། །བདེན་པ་མཐོང་ལ་འཕེན་པ་མེད། །སྲིད་དང་བྲལ་ལ་འབྱུང་བ་མེད། །ཅེས་མཐོང་ལམ་ཐོབ་ནས་འཁོར་བར་འཕེན་པའི་ལས་གསར་དུ་གསོག་པ་མེད་ཅིང༌། ཁམས་གསུམ་གྱི་ཉོན་མོངས་ཟད་ནས་སྲིད་པར་སྐྱེ་བ་མེད་དོ། །མཁས་གྲུབ་ཀུ་མ་ལ་ཤཱི་ལས། ལས་ཟད་ནས་གྲོལ་བར་འགྱུར་རོ། །ཞེས་མུ་སྟེགས་

ཅན་ཀུན་ཏུ་འཚོ་བ་པའི་སྐབ་ཁམས་བླངས་པར་འགྱུར་རོ། །བཅོམ་ལྡན་འདས་ཀྱི་གསུང་རབ་ལས། ཉོན་མོངས་ཟད་ནས་གྲོལ་བར་འགྱུར་གྱི། ལས་ཟད་པས་གྲོལ་བར་འགྱུར་བ་མེད་དོ། །ཐོག་མ་མེད་པ་ནས་བསགས་པའི་ལས་ཟད་པར་བྱ་མི་ནུས་ཏེ། དེ་ནི་མཐའ་ཡས་པའི་ཕྱིར་རོ། །ངན་སོང་ལ་སོགས་པར་ཡང་དེའི་འབྲས་བུ་ལ་སྤྱོད་པའི་ཚེ་ལས་གཞན་ཡང་འབྱུང་སྟེ། ཉོན་མོངས་པ་མེད་པར་མ་གྱུར་པས་ཉོན་མོངས་དེ་རྒྱུར་གནས་ན་ལས་དགག་པར་མི་ནུས་པའི་ཕྱིར། མར་མེ་མ་འགགས་ན་དེའི་འོད་མ་འགག་པ་བཞིན་ནོ། །ཅི་སྟེ་ཉོན་མོངས་པ་ཟད་པར་བྱ་བའི་ཕྱིར་ལྷག་མཐོང་ལ་བརྩེན་པར་བྱའོ། །སྐམ་དུ་སེམས་ན་ནི་དེའི་ཚེ་ཉོན་མོངས་པ་ཟད་པ་ཉིད་ཀྱིས་གྲོལ་བར་གྲུབ་སྟེ། ལས་ཟད་པར་བྱ་བའི་ཕྱིར་དོན་མེད་པར་འགྱུར་རོ། །ཞེས་གསུངས་སོ། །རྒྱས་པའི་བསྟན་བཅོས་ལས་ཀྱང་། གཉིས་ཟད་དོན་དུ་འབད་ན་ཡང་། །ལས་ཟད་དུབ་པ་དོན་མེད་ཡིན། །ཞེས་པ་དང་། སྲེད་པ་ནི་ཡོད་ན་སླར་ཡང་འབྱུང་ཕྱིར་རོ། །ཞེས་གསུངས་སོ། །ཡང་སྲིད་འཕེན་པའི་ལས་ཅན་གྱིས་བསྒྱུར་ནུས་པ་ཡིན་ཏེ། འཁྲོག་ན་གནས་པའི་འཕགས་པས་སངས་རྒྱས་ཀྱིས་དུས་གསུམ་གཟིགས་པ་དང་རྫུ་འཕྲུལ་དུ་ཕྱིན་པ་ལ་སྲེད་པ་ཟུང་ཟད་དང་བཅས་པའི་དད་པ་བསྒོམས་པས་གནས་གཙང་མའི་ལྷར་སྐྱེ་བ་བླངས་ཏེ། མདོར་ན་ཉོན་མོངས་པའི་སྒྲིབ་པ་འཁོར་བའི་རྒྱུར་འཐད་ཀྱི། ཤེས་བྱའི་སྒྲིབ་པས་སྲིད་པར་སྐྱེ་བའི་ལས་མི་སོག་གོ། །མཐོང་བས་སྤང་བྱ་མ་ལུས་པ། །ཐམས་ཅད་ཡང་དག་ཟད་བྱས་ནས། །ཤེས་བྱའི་སྒྲིབ་པ་སྤང་པའི་ཕྱིར། །སྒོམ་པ་ལ་ནི་རབ་ཏུ་སྦྱོར། །ཞེས་པ་དང་། ས་བཅུ་རྣམས་སུ་སྒོམ་པའི་ལམ་ལ་ཤེས་བྱའི་སྒྲིབ་པའི་གཉེན་པོའི་ལམ་སྒོམ་གྱི། ཉོན་མོངས་པའི་གཉེན་པོར་ནི་མ་ཡིན་ནོ། །ཅིག་ཅར་དགྲ་བཅོམ་པ་དང་དེ་བཞིན་གཤེགས་པར་འགྱུར་རོ། །ཞེས་གསུངས་པའི་ཁུངས་ལང་ཀར་གཤེགས་པར། བློ་གྲོས་ཆེན་པོ་ཉོན་མོངས་པའི་སྒྲིབ་པ་ནི་གང་ཟག་བདག་མེད་པ་མཐོང་བ་དག་པར་འགྱུར་རོ། །ཤེས་བྱའི་སྒྲིབ་པ་ནི་ཆོས་ཀྱི་བདག་མེད་པ་མཐོང་བས་སྤོང་བར་འགྱུར་རོ། །ཞེས་གསུངས་སོ། །དེ་ལྟར་རྒྱལ་བ་བྱམས་དང་དཔལ་ལྡན་ཀླུ་སྒྲུབ་ཀྱི་གཞུང་མི་འགལ་བར་སླབ་སྟོན་ཆད་གངས་རིའི་ཁྲོད་འདིར་མ་བྱུང་ངོ་། །ཐེག་དམན་གྱི་སྟོང་ཉིད་སྒོམ་པ་དེ་ཐེག་ཆེན་སེམས་བསྐྱེད་དང་བྲལ་བས་མར་མེ་ཤི་བ་ལྟར་ཆད་པའི་མཐའ་ལྟུག་བསྟུལ་འགག་ཙམ་གྱི་མྱང་འདས་ཐོབ་པ་ཡིན་ནོ། །སོ་ཐར་གྱི་མདོར། སོ་སོར་ཐར་པ་སྟོན་པ་ཡི། །བསོད་ནམས་གྲུབ་པ་གང་ཡོད་པ། །དེས་ནི་འཇིག་རྟེན་མ་ལུས་པ། །ཐུབ་དབང་གོ་འཕང་ཐོབ་པར་ཤོག །ཅེས་པ་ལྟར་བསྔོ་བ་སྨོན་ལམ་དང་གཞན་དོན་ཉན་ཐོས་རྣམས་ཀྱང་བྱེད་དོ། །

འདུལ་བ་ལུང་ལ་སོགས་པ་རུ། །སྟོང་པ་ཉིད་དང་སྐྱེ་མེད་དང་། །མཁའ་དང་ལག་མཐིལ་མཉམ་པ་

སོགས། །ཆོས་ཀུན་མཉམ་ཉིད་རྟོགས་པའང་གསུངས། །ཞེས་པ་འདུལ་བ་ལུང་དང་། མདོ་ཆེན་པོ་སྟོང་པ་ཉིད་དང་། མདོ་ཆེན་པོ་སྒྱུ་མའི་དྲྭ་བ་ལ་སོགས་པར། རྣམ་ཐར་སྒོ་གསུམ་དང་སྐྱེ་མེད་འགག་མེད་ལ་སོགས་པ་མང་དུ་གསུངས་ཤིང་། བདེན་པ་མཐོང་པ་དང་། དགྲ་བཅོམ་པ་ཐོབ་པ་ལ་འཇིག་ཚོགས་ལ་ལྟ་བའི་རི་བོ་ཉི་ཤུ་ཡེ་ཤེས་ཀྱི་རྡོ་རྗེས་བཅོམ་སྟེ། ཆོས་རྣམས་ལ་ཐེ་ཚོམ་ལས་བརྒལ་ཏོ། །སོམ་ཉི་ལས་བརྒལ་ཏོ། །སྟོན་པའི་བསྟན་པ་ལ་གཞན་གྱི་དྲིང་ལ་མི་འཇོག་པར་གྱུར་ཏོ། །དེ་གསེར་དང་བོང་པར་མཚུངས་པ། ནམ་མཁའ་དང་ལག་མཐིལ་དུ་མཉམ་པའི་སེམས་དང་ལྡན་པར་གྱུར་ཏོ། །ཞེས་ཡང་དང་ཡང་དུ་གསུངས་སོ། །

བདག་གིས་བྲམ་ཟེ་འདོད་པ་ལ། །དགའ་བས་ཤིང་རྟ་འདི་བཏང་བས། །དངོས་པོ་ཐམས་ཅད་བཏང་ནས་ནི། །རྫོགས་པའི་སངས་རྒྱས་ཐོབ་པར་ཤོག །དེ་སོགས་བསྔོ་བའང་མང་དུ་གསུངས། །ཞེས་པ། ཐམས་ཅད་སྒྲོལ་གྱི་སྐྱེས་རབས་ལས། བྲམ་ཟེ་ཤིང་རྟ་སློང་པ་ལ་དགའ་ཞིང་སྤྲོ་བའི་སེམས་ཀྱིས་བཏང་བས་ཡོངས་སུ་བཟུང་བའི་དངོས་པོ་ཐམས་ཅད་བདག་ཏུ་མ་བཟུང་བར་སྟོང་པའི་བསམ་པ་རྒྱ་ཆེན་པོས་ལན་དང་རྣམ་སྨིན་ལ་མི་རེ་བའི་སྦྱིན་པ་འདིས་སངས་རྒྱས་ཐོབ་པར་ཤོག ཅེས་པ་ལ་སོགས་ཐེག་ཆེན་དང་ཚུལ་མཐུན་པའི་རྣམ་བཞག་མང་དུ་གསུངས་སོ། །

གཉིས་པ་དེའི་སེམས་བསྐྱེད་གནད་འཆུགས་པས་སངས་རྒྱས་མི་ཐོབ་པའི་ཚུལ་ནི། འོན་ཀྱང་ཐབས་ལ་མཁས་པ་ཡི། །ཁྱད་པར་འགའ་ཞིག་མ་གསུངས་པས། །རྫོགས་པའི་སངས་རྒྱས་སྒྲུབ་མི་ནུས། །དེ་ཕྱིར་ཐབས་མཁས་ཤེས་རབ་ཉིད། །སངས་རྒྱས་རྒྱུ་ཡི་གཙོ་བོ་ཡིན། །ཞེས་པ་ཡོན་ཏན་མཐའ་ཡས་པའི་བསྟོད་པར། གང་སླད་ཤེས་རབ་དོན་དམ་བརྟེན་ཅིང་སྙིང་རྗེ་ཀུན་རྫོབ་བསྟེན་བྱེད་པ། །དེ་སླད་དོན་གཞན་དགོངས་མཛད་ཁྱོད་ལ་སེམས་ཅན་མཆིས་པ་མ་ལགས་ཀྱང་། །གང་ཚེ་ཁྱོད་ནི་སྨོན་པས་བཙུ་བསྐྱེད་པའི་ཐུགས་རྗེ་དག་དང་ལྡན་གྱུར་པ༑ ༑དེ་ཚེ་འགྲོ་བ་ཉམ་ཐག་རྣམས་ལ་ཁྱོད་བྱམས་བུ་ལ་ཕ་བྱམས་བཞིན། །ཞེས་སེམས་ཅན་མ་དམིགས་བཞིན་དུ་སེམས་ཅན་ལ་བུ་གཅིག་པ་ལྟར་བརྩེ་བའི་ཐུགས་རྗེ་འདི་ལྟ་བུ་ཉན་རང་ལ་མེད་པས་ཐབས་ལ་མཁས་པའི་ཁྱད་པར་འདི་ལྟ་བུ་དང་། ཉོན་མོངས་ཐུལ་ཀྱང་སྤངས་པ་མེད། །སྡུགས་ཀྱིས་བསད་པའི་དུག་དང་འདྲ། །ཐབས་ཆེན་རྣམས་དང་ལྡན་པ་ལ། །སྲིད་པར་ཞི་བའི་བདག་ཉིད་དང་། །ཉོན་མོངས་བྱང་ཆུབ་ཡན་ལག་འགྱུར། །ཞེས་པ་དང་། དཀོན་མཆོག་བརྩེགས་པར། ཇི་ལྟར་གྲོང་ཁྱེར་སྐྱེ་བོའི་མི་གཙང་ལུད། །དེ་ནི་བུ་རམ་ཤིང་པའི་ཞིང་ལ་ཕན། །དེ་བཞིན་བྱང་ཆུབ་སེམས་དཔའི་ཉོན་མོངས་ལུད། །དེ་ནི་སངས་རྒྱས་ཆོས་རྣམས་བསྐྱེད་ལ་ཕན། །ཞེས་ལམ་ཤེས་ཉོན་མོངས་མི་སྤོང་བའི་ཁྱད་ཆོས་འདི་ལྟ་བུ་དང་། བསམ་གཏན་དང་གཟུགས

མེད་ཀྱི་ཧིང་ངེ་འཛིན་ལ་མ་གཡོས་དེ་བཞིན་དུ། འདོད་ཁམས་ཀྱི་རིགས་ཆེན་པོར་སྐྱེ་བ་དང་། བཙུན་མོའི་ཚོགས་དང་ལྷན་ཅིག་གནས་བཞིན་དུ་ཚངས་སྤྱོད་རྣམ་པར་དག་པ་དང་། བདག་གཞན་བརྗེ་བ་ལ་སོགས་པའི་ཐབས་ཁྱད་པར་ངོ་མཚར་རྨད་དུ་བྱུང་བ་འདི་ལྟ་བུ་ཐེག་པ་དམན་པའི་ལམ་ལ་མེད་པའི་ཕྱིར་ཉན་ཐོས་ཀྱི་སྟོང་ཉིད་སྒོམ་པ་ཐེག་ཆེན་གྱི་ལམ་དུ་མི་རུང་སྟེ། ཟླ་སྒྲུབ་ཞབས་ཀྱིས། ཉན་ཐོས་ཐེག་པ་འདི་ལས་ནི། །བྱང་ཆུབ་སེམས་པའི་སྨོན་ལམ་དང་། །སྤྱོད་པ་ཡོངས་བསྔོ་མ་བཤད་དེ། །ཐེག་པ་ཆེན་པོ་ག་ལ་འགྱུར། །ཞེས་གསུངས་སོ༔ །དེའི་ཕྱིར་ཐེག་པ་ཆེན་པོའི་ཐབས་མཁས་དང་སྟོང་ཉིད་རྟོགས་པའི་ཤེས་རབ་ཟུང་དུ་འབྲུག་པའི་ལམ་རྫོགས་པའི་སངས་རྒྱས་ཀྱི་རྒྱུ་ཡིན་ཏེ། ཡིཙྪ་ཕྱིས་ཞུས་པའི་མདོར། བྱང་ཆུབ་སེམས་དཔའ་རྣམ་དག་གིས། །ཡབ་ནི་ཐབས་ལ་མཁས་པ་སྟེ། །ཡུམ་ནི་ཤེས་རབ་ཕ་རོལ་ཕྱིན། །འདྲེན་པ་རྣམས་ནི་དེ་ལས་སྐྱེས། །ཞེས་གསུངས་སོ༔ ༔

གཉིས་པ་ཆོས་ལྟར་བཅོས་པ་གཞན་ཡང་ཡོད་པའི་ཚུལ་ལ་གཉིས། ཕར་ཕྱིན་དྲུག་གི་གནད་འཆུགས་པའི་ཚུལ། ཐབས་ཀྱི་ཁྱད་པར་མང་པོའི་གནད་འཆུགས་པའི་ཚུལ་ལོ། །དང་པོ་ལ་སྤྱིར་བསྟན། སོ་སོར་བཤད་པ་གཉིས་ལས། དང་པོ་ནི། སངས་རྒྱས་དགོངས་པ་མི་ཤེས་པར། །ཆོས་ལྟར་བཅོས་པས་བླུན་པོ་འགའ། །ངོ་མཚར་བསྐྱེད་ཀྱིས་མཁས་པ་རྣམས། །ཁྲེལ་བར་འགྱུར་བ་འདི་འདྲ་ཡོད། །ཅེས་པ། གསུང་རབ་ཀྱི་དགོངས་པ་མི་ཤེས་པར་ཆོས་ལྟར་བཅོས་པ་དགེ་བ་ལྟར་སྣང་རྣམ་དག་ཏུ་འཛིན་པའི་བླུན་པོ་འགའ་ཞིག །སྐྱེ་བོ་ཐ་མལ་པ་དགའ་བ་བསྐྱེད་ཀྱང་མཁས་པ་ཁྲེལ་བའི་གནས་སུ་གྱུར་པ་མང་དུ་ཡོད་དེ། བླུན་པོའི་དྲུང་དུ་མཁས་པ་བས། །སྤྲེའུ་འཛིན་པ་ཁྱད་པར་འཕགས། །སྤྲེ་འཛིན་ཟས་དང་ནོར་གྱིས་མཆོད། །མཁས་པ་ལག་པ་སྟོང་པར་འགྲོ། །ཞེས་སོ༔ ༔

གཉིས་པ་ལ་དྲུག་ལས། མ་དག་པའི་སྦྱིན་པ་ནི། ཆང་དང་དུག་དང་མཚོན་ཆ་དང་། །གཞན་གྱི་ལོངས་སྤྱོད་སྟེར་བ་དང་། །གསོད་པར་ཞུགས་མ་སྟེར་བ་དང་། །མཆོག་གི་ནོར་ནི་མཆོག་མིན་ལ། །སྟེར་སོགས་མདོ་ལས་འགག་པས་ན། །མ་དག་པ་ཡི་སྦྱིན་པ་ཡིན། །ཞེས་པ། མྱང་འདས་ཆེན་པོར། ཆང་དང་ཤ་སྦྱིན་པ་ནི་འཇིག་རྟེན་ན་སྦྱིན་བདག་ཆེན་པོར་གྲགས་ཀྱང་སྦྱིན་པའི་གོ་མི་ཆོད་པར་གསུངས། སྦྱིན་བྱ་མ་དག་པ་ཤ་དང་ཆང་དང་དུག་དང་མཚོན་ཆ་དང་རྐུས་པ་དང་ཕྲོགས་པའི་ནོར་དང་། བསོད་པར་དུད་འགྲོ་སྟེར་བ་དང་། གང་ཟག་མཆོག་གི་ནོར་ཕལ་པ་ལ་སྟེར་བ་དང་། སྦྱིན་ཡུལ་རྒྱལ་པོ་དང་བུད་མེད་དང་ཆོམ་རྐུན་ལ་སོགས་པ་ལ་སྟེར་བ་དང་། ཀུན་སློང་ལན་དང་རྣམ་སྨིན་ལ་སོགས་པ་རེ་བ་དང་། སྦྱིན་ཚུལ་མ་གུས་པས་སྟེར་བ་ལ་སོགས་

མ་དག་པ་ཡིན་ཏེ། དྲང་སྲོང་རྒྱས་པས་ཞུས་པའི་མདོར། མ་དག་པའི་སྦྱིན་པ་སུམ་ཅུ་རྩ་གཉིས་གསུངས་ནས། དྲང་སྲོང་ཆེན་པོ་སྦྱིན་པའི་རྣམ་པར་སྨིན་པ་ལ་འཇུག་པ་ལ་ཉོན། གང་དད་པས་ཅུང་ཟད་སྦྱིན་པར་བྱེད་པ་དེ་དག་ཐམས་ཅད་ནི་སྦྱིན་པ་ཞེས་བྱའོ། །

མ་དག་པའི་ཚུལ་ཁྲིམས་ནི། ཉན་ཐོས་ཀྱི་ནི་སྡོམ་པ་ལ། །ཐེག་པ་ཆེན་པོར་འཆོས་པ་དང་། །དེ་བཞིན་ཐེག་ཆེན་ཉན་ཐོས་སུ། །འཆོས་པ་ཚུལ་ཁྲིམས་མ་དག་པ། །རང་ཉིད་ཚུལ་ཁྲིམས་བསྲུངས་ན་ཡང་། །ཚུལ་ཁྲིམས་ལ་ནི་མཆོག་འཛིན་ཅིང་། །གཞན་ལ་ཁྱད་གསོད་བྱེད་པ་ནི། །མ་དག་པ་ཡི་ཚུལ་ཁྲིམས་ཡིན། །ཞེས་པ། ཉན་ཐོས་ཀྱི་སྡོམ་པ་འབོགས་པའི་ཚེ་ཐེག་ཆེན་གྱི་ཆོ་ག་དང་བསྲེས་ནས་བྱང་ཆུབ་མ་ཐོབ་བར་དུ་ལེན་པ་དང་། ཐེག་ཆེན་གྱི་སྡོམ་པ་གཟུགས་ཅན་དུ་འདོད་པ་ཇི་སྲིད་འཚོའི་བར་དུ་ལེན་པ་དང་། ཚུལ་ཁྲིམས་མཆོག་ཏུ་འཛིན་པའི་ལྟ་བ་དང་། རང་ཉིད་ཚུལ་ཁྲིམས་སྲུང་པའི་སེམས་ཀྱིས་གཞན་མ་དག་པ་ཁྱད་དུ་བསོད་པ་ནི་མ་དག་པ་ཡིན་ཏེ། མདོར། བདག་ནི་ཚུལ་ཁྲིམས་ལྡན་ཞེས་བདག་མ་སྙེམས། །གཞན་ནི་ཚུལ་ཁྲིམས་འཆལ་ཞེས་གཞན་མ་བརྙས། །ཚུལ་ཁྲིམས་ཙམ་དག་གིས་ནི་གང་བསྙེམས་པ། །བསྙེམས་ཕྱིར་དེ་ནི་ཚུལ་ཁྲིམས་འཆལ་ཞེས་བྱ༑ ༑ཞེས་སོ། །གཞན་ཡང་མཐོ་རིས་ཐོབ་པའི་ཕྱིར་ཚུལ་ཁྲིམས་བསྲུང་པ་ཡང་མ་དག་པར་ཐེག་པ་གོང་འོག་གི་མདོ་དུ་མ་ལས་གསུངས་སོ། །

མ་དག་པའི་བཟོད་པ་ནི། དཀོན་མཆོག་གསུམ་དང་བླ་མ་ལ། །གནོད་ཅིང་བསྟན་པ་འཇིག་པ་ལ། །ཁྲོས་ནས་བཟློག་པར་ནུས་བཞིན་དུ། །བཟོད་པ་སྒོམ་པ་མ་དག་པ། །ཞེས་པ། རྒྱལ་བ་བྱམས་པས། འབྱུང་པ་དཀོན་ཕྱིར་དྲི་མེད་ཕྱིར། །མཐུ་དང་ལྡན་ཕྱིར་འཇིག་རྟེན་གྱི། །རྒྱན་གྱུར་ཕྱིར་དང་མཆོག་ཉིད་ཕྱིར། །འགྱུར་བ་མེད་ཕྱིར་དཀོན་མཆོག་ཉིད། །ཅེས་པ། ལེགས་སྦྱར་ལས་རཏྣ་ཞེས་པ་དཀོན་མཆོག་དང་རིན་ཆེན་གཉིས་ཀ་ལ་འཇུག་པས་ནོར་བུ་རིན་པོ་ཆེ་འབྱུང་པ་དཀོན་པ་ལ་སོགས་པ་དང་། དཀོན་མཆོག་གསུམ་ཚུལ་འདྲ་བར་གསུངས་པ་ཡིན་ནོ། །རྒྱུད་དུ། དཀོན་མཆོག་གསུམ་ལ་གནོད་བྱེད་ལ། །བཟོད་པ་སྒོམ་པར་མི་བྱའོ། །ཞེས་པ་དང་། དེ་བཞིན་དུ་བླ་མ་དང་སེམས་ཅན་མང་པོ་ལ་འཚེ་བ་དང་། སངས་རྒྱས་ཀྱི་བསྟན་པ་འཇིག་པར་བྱེད་པའི་མ་རུངས་པ་ལ། ཁྲོས་ནས་བཏེག་པ་དང་གཤེ་བ་ལ་སོགས་པས་ཟློག་པར་ནུས་བཞིན་དུ་བཟོད་པ་བསྒོམས་པ་ནི་མ་དག་པའོ། །

མ་དག་པའི་བརྩོན་འགྲུས་ནི། ལོག་པའི་ཆོས་ལ་དགའ་བ་དང་། །ཐོས་བསམ་སྒོམ་གསུམ་ནོར་པ་ལ༑ ༑བརྩོན་འགྲུས་ཆེན་པོ་བྱེད་ལ་སོགས། །མ་དག་པ་ཡི་བརྩོན་འགྲུས་ཡིན། །ཞེས་པ། ལོག་པའི་ཆོས་ལ་

ཐོས་བསམ་སྒོམ་པ་བྱེད་པའི་འབད་པ་དང་། ཐར་པའི་ལམ་དུ་རློམ་ནས་དཀའ་སྤྱད་དྲག་པོ་བྱེད་པ་ལ་སོགས་མ་དག་པའི་བརྩོན་འགྲུས་ཡིན་ཏེ། ཐོགས་མེད་ཞབས་ཀྱིས། ཆོས་འདི་པ་དག་ལས་གཞན་པའི་མུ་སྟེགས་བྱེད་དག་གི་བརྩོན་འགྲུས་ནི་ལེ་ལོ་ཉིད་དོ། །ཞེས་པ་ལྟར་འཇིག་རྟེན་ན་གྲགས་པའི་འཐབ་མོ་དང་ཚོང་ལ་བརྩོན་པ་ལ་སོགས་པ་རྣམས་བརྩོན་འགྲུས་ཀྱི་མི་མཐུན་ཕྱོགས་ཡིན་ཏེ། བྱ་བ་ངན་ཞེན་གྱི་ལེ་ལོ་ཡིན་པའི་ཕྱིར་རོ། །

མ་དག་པའི་བསམ་གཏན་ནི། མི་མཁས་སྟོང་ཉིད་སྒོམ་པ་དང་། །གནད་འཆུག་པ་ཡི་ཐབས་ལ་སོགས། །རྣམ་རྟོག་འགའ་ཞིག་འཛིན་པ་དང་། །ཏིང་འཛིན་ཕྲ་མོ་བསྐྱེད་པའི་ཐབས། །འབད་པ་ཆེན་པོ་སྒོམ་ན་ཡང་། །ཡང་དག་ཡེ་ཤེས་མི་སྐྱེ་བས། །མ་དག་པ་ཡི་སྒོམ་པ་ཡིན། །ཞེས་པ། ཏིང་ངེ་འཛིན་སྒོམ་པའི་ཡན་ལག་མ་ཚང་བ་དང་། ནོར་པ་དང་ཞི་གནས་རྣམ་པར་དག་པ་མ་ཡིན་གྱི་བླང་དོར་ལ་མི་མཁས་པས་སྟོང་པ་ཉིད་སྒོམ་པ་ནི། རྣམ་སྣང་མངོན་བྱང་དུ། དུག་གི་སེམས་གང་ཞེ་ན། གང་ཤིན་ཏུ་དངོས་པོ་མེད་པ་ཉིད་དུ་སེམས་པའོ། །ཞེས་གསུངས་པ་ལྟ་བུ་དང་། རྩ་རླུང་གི་གནད་འཆུགས་པའི་ཕྲ་ཐིག་གི་རྣལ་འབྱོར་སྒོམ་པ་ལ་སོགས་འཕྲུལ་གྱི་ནད་ཞི་བ་དང་། རྣམ་རྟོག་རགས་པ་འགགས་པ་དང་། ཕྱི་རོལ་ཡུལ་ལ་སེམས་མི་འདོགས་པར་གནས་པ་ཙམ་གྱི་ཞི་གནས་ཕྲ་མོ་སྐྱེས་པ་ལ་ལམ་མ་ནོར་བར་ཤེས་ནས་སྒོམ་པ་ལ་སོགས་མདོ་རྒྱུད་ནས་གསུངས་པའི་ཡེ་ཤེས་ཡང་དག་པ་སྐྱེ་བའི་ཐབས་མ་ཡིན་པའི་ཕྱིར་མ་དག་པའི་བསམ་གཏན་སྒོམ་པ་ཡིན་ཏེ། མདོ་ལས་གསུངས་པའི་ལྟ་བའི་ཕྱོགས་ཉུང་ཤེས་ཙམ་རྟོགས་སྒོམ་པ་ལས་བྱུང་བའི་འཁྲུལ་ཤེས་ཡིན་པའི་ཕྱིར་རོ། །ཉམས་སྐྱོན་ཅན་ཡིན་མ་ཡིན་ལེགས་པར་ཕྱེ་ནས་ཉམས་སུ་ལེན་པ་ནི་ཉིན་མོའི་སྐར་མ་བཞིན་ནོ། །

མ་དག་པའི་ཤེས་རབ་ནི། སངས་རྒྱས་གསུང་དང་མི་མཐུན་པའི། །འཆད་རྩོད་རྩོམ་ལ་མཁས་གྱུར་ཅིང་། །བྱ་བ་ཐམས་ཅད་ཤེས་གྱུར་ཀྱང་། །མ་དག་པ་ཡི་ཤེས་རབ་ཡིན། །ཞེས་པ། ཀུན་མཁྱེན་གྱིས་གསུངས་པའི་མདོ་རྒྱུད་རྣམ་དག་དང་དགོངས་འགྲེལ་གྱི་བསྟན་བཅོས་བཟང་པོ་རྣམས་དང་མི་མཐུན་པར་རང་བཟོའི་ཚིག་མང་པོ་འཆད་པ་དང་། དེ་ལྟ་བུ་རྩོམ་པ་དང་། དེ་ལ་ཀླན་ཀ་སྤྱང་པའི་ཕྱིར་རྩོད་པ་ལ་མཁས་པར་གྲགས་ཤིང་འཇིག་རྟེན་གྱི་གཏམ་དང་བཟོ་དང་ཟློས་གར་དང་སྨན་དཔྱད་ལ་སོགས་པ་ལེགས་པར་ཤེས་ཀྱང་མ་དག་པའི་ཤེས་རབ་ཡིན་ཏེ། ཡང་དག་པའི་དོན་རྟོགས་པ་ལ་སྒྲིབ་ཅིང་། འོད་ཟེར་བཀོད་པའི་མདོར། བླུན་པོ་འགའ་ཞིག་ཆོས་སྟོན་པ། །དགེ་བའི་རྩ་བ་འཇིག་བྱེད་པས། །སྐྱེ་དགུ་མང་པོ་ཚད་མེད་ཧྣེད། །སེམས་ཅན་དམྱལ་བར་ལྟུང་བར་བྱེད། །ཡང་དག་ཆོས་ནི་སྤོང་བྱེད་ཅིང་། །ཆོས་མ་ཡིན་པ་སྤྱོད་པར་བྱེད། །དེ་ལྟར་བས་ན་སྨོངས་པ་ཡི། །སྐྱེས་བུ་དམན་པ་སྤང་བར་བྱ། །ཞེས་པ་དང་། ལང་ཀར་གཤེགས་པ་རྒྱ་ནག་འགྱུར་དུ། དགེ་བའི་རྩ་བ་ཐམས་ཅད

སྤྱངས་པ་གང་ཞེ་ན། འདི་ལྟར་བྱང་ཆུབ་སེམས་དཔའི་སྡེ་སྣོད་ལ། འདི་དག་ནི་ཐར་པ་དང་མཐུན་པའི་མདོ་དང་འདུལ་བ་མ་ཡིན་ཞེས་སྨྲ་བས་སྤོང་ཞིང་སྐུར་བ་འདེབས་པ་ཡིན་ཏེ། དགེ་བའི་རྩ་བ་ཐམས་ཅད་སྤྱངས་པའི་ཕྱིར་མྱ་ངན་ལས་མི་འདའ་འོ། །ཞེས་གསུངས་སོ། །

གཉིས་པ་ཐེག་ཆེན་གྱི་ཐབས་མཁས་གནད་འཆུགས་པའི་ཚུལ་ལ་ལྔ་ལས། དང་པོ་དད་པ་གནད་འཆུགས་ཚུལ་ནི། བླ་མ་ངན་ལ་དད་པ་དང་། །ཆོས་ངན་པ་ལ་མོས་པ་དང་། །སྒོམ་ངན་པ་ལ་དགའ་བ་ནི། །མ་དག་པ་ཡི་དད་པ་ཡིན། །ཞེས་པ། ཆོས་དང་གདམས་ངག་འདྲ་མིན་སྟོན་པའི་བླ་མ་ངན་པ་དང་། ལྟ་སྤྱོད་ཕྱིན་ཅི་ལོག་ཏུ་གྱུར་པའི་ཆོས་དང་། དམིགས་པ་ཕྱིན་ཅི་ལོག་སྒོམ་པའི་ཏིང་ངེ་འཛིན་ངན་པ་དང་། ཆོས་མ་ཡིན་གྱི་སྤྱོད་པ་བྱེད་པའི་གྲོགས་པོ་ངན་པ་ལ་དད་པ་ལ་སོགས་ལམ་གོལ་སར་ལྷུང་བའི་ཕྱིར་མ་དག་པའི་དད་པ་ཡིན་ཏེ༑ སློབ་དཔོན་ཤཱནྟི་པས་དད་པ་མེད་པ་གཙོ་བོའི་དགྲ། །ལྷག་དད་ཤིན་ཏུ་གོལ་བའི་གནས། །ཞེས་གསུངས་སོ༑ །མདོར་ན་གོ་ཆོད་པའི་དད་པ་ནི་གསུམ་སྟེ། ལས་རྒྱུ་འབྲས་ལ་ཡིད་ཆེས་པ་དང་། དཀོན་མཆོག་གསུམ་ལ་སེམས་དང་བ་དང་། ཡང་དག་པའི་ཡོན་ཏན་སྒྲུབ་པར་འདོད་པས་ཏེ། སེམས་བྱུང་དགེ་བ་གཏན་ལ་འབེབས་པའི་བསྟན་བཅོས་དཔལ་ལྡན་ཐོགས་མེད་སྐུ་མཆེད་ཀྱི་གཞུང་ལུགས་སུ་ཤེས་པར་བྱའོ། །

གཉིས་པ་མ་དག་པའི་སྙིང་རྗེ་ནི། ནད་པ་དགའ་བའི་ཁ་ཟས་སྟེར། །ངན་པར་སྤྱོད་ལ་ཚར་མི་གཅོད། །དབང་བསྐུར་མེད་ལ་གསང་སྔགས་སྟོན། །སྣོད་མིན་པ་ལ་ཆོས་འཆད་སོགས། །འཕྲལ་ལ་ཕན་པ་ལྟར་སྣང་ཡང་། །ཕྱི་ནས་གནོད་པ་ཆེར་འགྱུར་བས། །སྙིང་རྗེའི་དབང་གིས་བྱེད་ན་ཡང་། །མ་དག་པ་ཡི་སྙིང་རྗེ་ཡིན། །ཞེས་པ། ནད་གཡོག་གི་སྨན་པ་མཁས་པས་བཀག་པའི་ཟས་སྐོམ་ཕྲལ་དུ་ཕན་པར་བསམས་ནས་སྟེར་བ། ལུང་ལས། བྲན་མོ་སྐྱོང་མས་ཁྱིམ་བདག་ན་བ་ལ་སྟོང་བུམ་བཞག་པ་དང་། དགེ་སློང་གིས་ནད་པའི་མགུལ་པ་བཅད་པ་ལྟ་བུའོ། །འཁོར་དང་སློབ་མ་ངན་པ་སྤྱོད་པ་མི་འཆོས་པ་དང་། དབང་བསྐུར་མ་ཐོབ་པ་ལ་བསྐྱེད་རྫོགས་ཀྱི་ལམ་ཟབ་མོ་སྟོན་པ་དང་། སྣོད་དུ་མི་ལྡན་པ་ལ་བསྟན་དུ་མི་རུང་བའི་ཆོས་འཆད་པ་བཀག་སྟེ༑ འཁོར་ལོ་བཅུ་པའི་མདོར། ནང་ནི་ཡང་དག་ཆད་ལྟ་ཞིང་། །ཐེག་པ་ཆེན་པོ་ཅན་ཞེས་ཁས་འཆེ། །མི་དགེ་གསུམ་གྱི་ལས་ནི་མི་སྤྱང་། །ང་ཡི་དམ་ཚིག་མ་རུང་འཛིག་བྱེད། །གང་ཟག་དེ་ནི་ཚེ་འཕོས་གྱུར་ནས། །འཚམས་མེད་སེམས་ཅན་དམྱལ་བར་ལྟུང་ངེས། །དེ་བས་དབང་པོ་བརྟགས་ཤིང་བཤད་བྱའི། །སྣོད་དུ་མ་གྱུར་པ་ལ་མ་ཡིན། །ཞེས་གསུངས་སོ། །དངོས་སུ་ཙུང་ཟད་འཕྲོད་པར་སྣང་ཡང་ཡུན་རིང་པོར་གནོད་པ་ཆེན་པོའི་རྒྱུར་འགྱུར་བ་རྣམས་ནི་ལྟ་སྡུག་བསྔལ་དང་བྲལ་འདོད་ཙམ་གྱིས་བྱེད་ན་ལོག་པ་ཡིན་ནོ། །

གསུམ་པ་མ་དག་པའི་བྱམས་པ་ནི། གདུག་པ་ཅན་ལ་བྱམས་པ་དང་། །བུ་དང་སློབ་མ་མི་འཆོས་དང་། །སྲུང་བའི་འཁོར་ལོ་མི་སྒོམ་ཞིང་། །ཁྲོ་བོའི་བཟླས་པ་འགོག་པ་སོགས། །རྒྱུད་སྡེ་ཀུན་དང་འགལ་བས་ན༑ ༑མ་དག་པ་ཡི་བྱམས་པ་ཡིན། །ཞེས་པ། བསམ་སྦྱོར་ངན་ཅིང་སྟོབས་ཆེ་བའི་སྐྱེ་བོ་གདུག་པ་ཅན་ལ་ཚེ་རིང་བ་དང་ནད་མེད་པ་ལ་སོགས་པའི་ཕན་སེམས་དང་། བུ་སློབ་དང་འཁོར་འབངས་སྤྱོད་པ་ཅི་བདེར་བག་ཡངས་སུ་བཞག་པས་དགའ་བར་འགྱུར་སྙམ་ནས་མི་འཆོས་པ་དང་། མཚོན་ཆ་དང་མེ་དཔུང་ལ་སོགས་སྲུང་འཁོར་གྱི་དམིགས་པ་བྱས་ན་འབྱུང་པོ་ལ་གནོད་སྙམ་ནས་མི་སྒོམ་ཞིང་ཁྲོ་བོའི་སྔགས་བཟླས་བྱེད་པ་འགོག་པ་དང་། རྒྱུད་ནས་གསུངས་པའི་མངོན་སྤྱོད་ཀྱི་ལས་གཏན་ནས་མི་རུང་ངོ་ཞེས་པ་ལ་སོགས་པ་ཡུན་རིང་དུ་ཕན་ཐབས་དོར་ནས་འཕྲལ་གྱི་བདེ་བ་ཙམ་སྒྲུབ་པ་ནི་མ་དག་པའི་བྱམས་པའོ། །

བཞི་པ་མ་དག་པའི་ཐབས་ལམ་ནི། མདོ་རྒྱུད་ཀུན་ལས་མ་གསུངས་ཤིང་། །རིགས་པ་སྒྲུབ་པར་མི་ནུས་པའི། །ཁྲོད་དང་བདེ་བ་སྐྱེ་བ་དང་། །མི་རྟོག་ལྟར་སྣང་སྐྱེ་བ་བྱེད། །ནད་གདོན་ཅུང་ཟད་སེལ་བ་དག ། བློན་པོ་དགའ་བ་སྐྱེད་ན་ཡང་། །མུ་སྟེགས་བྱེད་ལའང་ཡོད་པའི་ཕྱིར། །མ་དག་པ་ཡི་ཐབས་ལམ་ཡིན། །ཞེས་པ། བཀའ་ལུང་རྣམ་དག་རྣམས་ནས་མ་གསུངས་ཤིང་མཁས་པའི་རིགས་པས་སྒྲུབ་པར་མི་ནུས་པའི་གནས་སྐབས་སུ་རས་རྐྱང་གིས་ཆོག་པའི་དྲོད་པ་དང་། ཟག་བཅས་ཀྱི་བདེ་བ་དང་། གཉིད་འཐུག་པོས་ནོན་པ་ལྟ་བུའི་མི་རྟོག་པ་ལྟར་སྣང་བསྐྱེད་པའི་ལུས་སྣང་དང་། རླུང་སྦྱོར་དང་ནད་གདོན་གྱི་བུར་བ་སེལ་བའི་རྟགས་དང་དམིགས་པ་ལ་སོགས་ཕྲལ་དུ་ཕན་གནོད་ཅུང་ཟད་ནུས་པས་བློན་པོ་འགའ་ཞིག་དགའ་བར་གྱུར་ནས་བླ་མ་བཟང་པོ་གྲུབ་ཐོབ་ཡིན་ནོ་ཞེས་མོས་གུས་བསྐྱེད་ནའང་། མུ་སྟེགས་ཀྱི་ཐབས་ལམ་ལ་དེ་བས་ཆེས་ལྷག་པ་ཡོད་པའི་ཕྱིར། ཕ་རོལ་པོ་བསླུ་བའི་ཐབས་ཙམ་ཡིན་ཏེ། གཡོ་ཅན་སྤྱོད་པ་བཟང་བཟུང་ནས། །ཕྱིས་ནས་དོན་ལ་བསླུ་བ་ཡོད། །རི་དྭགས་རྫ་མ་བསྟན་ནས་ནི། །ཁྲིལ་འདུས་བོང་བུའི་ཤ་དག་འཚོང་། །ཞེས་སོ། །

ལྔ་པ་མ་དག་པའི་སྨོན་ལམ་ནི། བདག་བལྟའི་རྩ་བ་མ་ཆད་ཅིང་། །འཁོར་འདས་གཉིས་ལ་སྨོན་པ་ཅན། །དགེ་བ་ལ་ནི་ངོ་མཚར་ལྟ། །ཆོས་ཀུན་སྤྲོས་བྲལ་མི་ཤེས་པས། །སངས་རྒྱས་ཉིད་དུ་བསྔོ་ན་ཡང་། །མ་དག་པ་ཡི་སྨོན་ལམ་ཡིན། །ཞེས་པ། དཔལ་ལྡན་ཆོས་ཀྱི་གྲགས་པས། ཉེས་པའི་རྣམ་པ་ཐམས་ཅད་དག །འཇིག་ཚོགས་ལྟ་ལས་སྐྱེས་པ་ཡིན། །དེ་མ་རིག་དེར་དེ་ལས་ཆགས། །དེ་ལས་ཞེ་སྡང་ལ་སོགས་འབྱུང་། །དེ་ཉིད་ཀྱིས་ན་ཉེས་རྣམས་ཀྱི། །རྒྱུ་ནི་གཏི་མུག་ཡིན་པར་གསུངས། །ཞེས་པ་ལྟར། འཁོར་བར་འཁྱམས་པའི་རྩ་བ་ངོ་མ་ཤེས་པས་དེའི་གཉེན་པོ་དམ་པའི་ཆོས་བྱེད་ཚུལ་ལ་རྨོངས་པར་གྱུར་ཏེ། འཁོར་བའི་རྒྱུ་ལ་སངས་རྒྱས་ཀྱི་

ལམ་དུ་བཟུང་ནས་སྨོན་ལམ་འདེབས་པ་དང་། རྟེན་འབྲེལ་གྱི་ཆོས་རྣམས་རང་བཞིན་གྱིས་སྤྲོས་པའི་མཐའ་བརྒྱད་དང་བྲལ་བར་མ་ཤེས་པས་དགེ་བ་སངས་རྒྱས་སུ་བསྔོ་བ་ཡང་མ་དག་པའི་སྨོན་ལམ་དུག་དང་བཅས་པ་ཡིན་ནོ། །བསྔོ་བ་དང་སྨོན་ལམ་དོན་གཅིག་སྟེ། བཟང་སྤྱོད་དུ། བསྔོ་བ་བཟང་པོ་མཁས་པ་ཅི་འདྲ་བ། །ཞེས་པ་དང་། སྨོན་ལམ་རྒྱལ་པོ་འདི་དག་མཆོག་གི་གཙོ། །ཞེས་གསུངས་སོ། །འོན་ཀྱང་འབྲས་བུ་གྱི་ནོམ་པ་ལ་ཐོབ་པར་སྨོན་པ་དང་། དམིགས་ཡུལ་གྱི་དགེ་བ་དོན་བཟང་པོའི་རྒྱུར་བསྒྱུར་བར་བྱེད་པ་ཡིན་པར་བཞེད་དོ། །

གསུམ་པ་དོན་བསྡུས་ཏེ་གནད་མ་འཆུགས་པར་བསྒྲུབ་བྱར་གདམས་པ་ནི། དེ་ལ་སོགས་པ་མཐའ་ཡས་པ། །སངས་རྒྱས་གསུང་གི་གནད་འཆུག་པས། །དགེ་བར་བྱེད་པ་སྣང་ན་ཡང་། །མ་དག་པ་རུ་ཤེས་པར་གྱིས། །ཞེས་པ། གོང་དུ་བཤད་པ་ལྟར་ཆོས་རྣམ་དག་སྒྲུབ་པར་འདོད་ན་ཡང་ཐོས་པ་ཆུང་ཞིང་དད་པའི་རྗེས་སུ་འབྲང་བའི་གདུལ་བྱ་ལས་དང་པོ་པ་རྣམས་ལམ་ལོག་པར་འགྲོ་ཞིང་ཡང་དག་པའི་ལམ་ལ་དྲང་པའི་བསམ་པ་སེམས་བསྐྱེད་དང་ཉམས་ལེན་ལྟ་སྤྱོད་དང་འབྲས་བུ་དམན་པ་དག་དོར་བྱར་བསྟན་པ་བཞིན་དུ་ཤེས་པར་གྱིས་ཤིག །

མདོར་ན་སངས་རྒྱས་གསུང་རབ་དང་། །མཐུན་པའི་ཐོས་བསམ་སྒོམ་པ་གསུམ། །བསམ་པ་དག་པས་སྒྲུབ་བྱེད་ན། །སངས་རྒྱས་བསྟན་པར་ཤེས་པར་བྱ། །ཞེས་པ། སངས་རྒྱས་སྒྲུབ་པའི་ཐབས་ཚང་ལ་མ་ནོར་བ་མདོ་རྒྱུད་དང་བསྟན་བཅོས་རྣམ་དག་གི་དགོངས་པ་དང་མཐུན་པར་སྟོན་པའི་བླ་མ་མཁས་པ་བསྟེན་དགོས་ཏེ། མདོར། བླ་མ་མཁས་པ་དག་ལ་རྟག་ཏུ་བརྟེན་པར་བྱ། །ཅི་ཕྱིར་ཞེ་ན་མཁས་པའི་ཡོན་ཏན་དེ་ལས་འབྱུང་། །ཞེས་གསུངས་པས་ཐོས་པ་དང་བསམ་པ་དང་སྒོམ་པའི་ཤེས་རབ་གསུམ་གོ་རིམ་བཞིན་དུ་བསྐྱེད་ནས་ཐེག་པ་ཆེན་པོའི་སེམས་བསྐྱེད་ཀྱི་ཀུན་ནས་བླངས་ཏེ་ཉམས་ལེན་ཞི་གནས་དང་ལྷག་མཐོང་ཟུང་དུ་འཇུག་པར་བྱེད་པ་འདི་ནི། ཐེག་པ་ཆེན་པོའི་སངས་རྒྱས་ཀྱི་བསྟན་པ་དམ་པའི་ཆོས་དང་། བསྟན་པ་འཛིན་པའི་སྐྱེ་བུ་དམ་པ་རྣམས་ཀྱི་རྣམ་པར་ཐར་པ་ངོ་མཚར་རྨད་དུ་བྱུང་བ་ཡིན་པར་ཤེས་པར་གྱིས་ཤིག །འདིར་བྱང་ཆུབ་སེམས་དཔའི་སྡེ་སྣོད་མཐའ་དག་གི་དགོངས་པ་མགོན་པོ་བྱམས་པ་ལ་འཕགས་པ་ཐོགས་མེད་ཀྱིས་ལེགས་པར་གསན་ཅིང་མ་ལུས་པར་ཐུགས་སུ་ཆུད་པའི་དོན། ཤིན་ཏུ་གསལ་ཞིང་རྒྱས་པར་བྱང་ཆུབ་སེམས་དཔའི་བར་གསུངས་པའི་ནང་ནས། ཚུལ་ཁྲིམས་ཀྱི་ཕ་རོལ་ཏུ་ཕྱིན་པའི་ལེའུར་བྱང་སེམས་ལས་དང་པོ་པ་རྣམས་ཀྱི་དོན་དུ། ཐོག་མར་སྡོམ་པ་ལེན་པ་དང་། བར་དུ་སྲུང་བ་དང་། ཉམས་ན་ཕྱིར་བཅོས་པ་དང་། གོང་ནས་གོང་དུ་འཕེལ་བའི་ཐབས་བསྟན་པ་རྣམས་སློབ་དཔོན་ཙནྡྲ་གོ་མིས་སྡོམ་པ་ཉི་ཤུར་བསྡུས་ཏེ་གསུངས་པ་དེའི་འགྲེལ་པ་སྡོམ་བརྒྱན་དམ་

པ་ཞི་བ་འཚོ་དང་གནས་བརྟན་བྱང་ཆུབ་བཟང་པོ་ལ་སོགས་ཀྱིས་མཛད་པ་ལྟར། རྒྱལ་བ་སྲས་བཅས་ཀྱི་མདུན་དུ་ཚོགས་གཉིས་ཀྱི་གཏེར་དུ་གྱུར་པའི་རྒྱལ་སྲས་ཀྱི་སྡོམ་པ་བླ་མ་མཚན་ཉིད་དང་ལྡན་པ་ལ་བླངས་ཏེ། ཕྱོགས་བཅུའི་རྒྱལ་བ་སྲས་བཅས་ཀྱིས་ཤིན་ཏུ་གཅེས་པའི་བུ་གཅིག་པུ་དང་འདྲ་བར་དགོངས་ཤིང་རྟག་ཏུ་གཟིགས་པའི་ཕྱིར་ཉིན་མཚན་དུས་དྲུག་ཏུ་དེ་རྣམས་དཔང་པོར་བྱས་ཏེ་སྡོམ་པ་མ་ཉམས་པར་བསྲུང་བ་ལ་འབད་པར་བྱའོ། །

དེ་ལ་སྲུང་ཚུལ་སྤྱིར་བསྟན་པ་ནི། གཞན་རྣམས་དང་ནི་བདག་ལའང་རུང་། །ཕན་དང་བདེ་བ་རྣམས་བྱས་ཆོ། །བདེ་ཡང་མི་ཕན་མི་བྱའོ།། ཞེས་པས་སྐྱེ་བ་ཕྱི་མ་ཕན་ཆད་དུ་རྣམ་པར་སྨིན་པ་ཡིད་དུ་འོང་སྦྱོང་བ་ནི་ཕན་པ་ཡིན་ལ། འཕྲལ་དུ་བདེ་སྐྱིད་འབྱུང་བ་བདེ་བ་ཡིན་པས་དེའི་ཐབས་རང་གཞན་གཉིས་ཀ་ལ་བསྒྲུབ་པར་བྱའོ། །འཕྲལ་དུ་སྡུག་བསྔལ་ཡང་ཕུགས་ཀྱི་ཕན་པ་བསྒྲུབ་པར་བྱ་ཞིང་འཕྲལ་བདེ་ཡང་ཕུགས་སུ་སྡུག་བསྔལ་བ་ནི་སྤང་བྱའོ། །འདི་ལ་བོད་ཀྱི་བླ་མ་མཁས་པ་འགའ་ཞིག་གིས་མངོན་མཐོ་དང་ངེས་ལེགས་དང་ངན་འགྲོ་དང་བདེ་འགྲོ་དང་ཚེ་འདི་དང་ཕྱི་མ་ལ་སྦྱར་བའི་མུ་དང་། རང་དང་གཞན་ལ་སྦྱར་བའི་ཕན་བདེའི་མུ་བཞི་པར་གསུངས་སོ། །ཉོན་མོངས་དྲག་ལས་བྱུང་པ་ཡི། །སྡོམ་པ་ཞིག་པར་གང་གྱུར་པ། །

དེ་ཡི་ཉེས་པ་བཞི་པོ་ནི། །ཕམ་པ་འདྲ་བར་དགོངས་པ་ཡིན། །ཞེས་པ། རྒྱལ་སྲས་ལ་རྩ་བའི་ལྟུང་བ་གང་རུང་གཅིག་ལན་གཅིག་བྱུང་ན་ཚེ་འདིར་ཚོགས་གཉིས་རྒྱ་ཆེན་སྒྲུབ་པ་དང་། འཕགས་པའི་ལམ་ཐོབ་པའི་སྐལ་བ་མེད་དེ། བཞི་ག་ཚང་བར་བྱུང་ན་སློས་ཅི་དགོས། རྩ་ལྟུང་བྱུང་བའི་རྒྱུ་སྨོན་པ་སེམས་བསྐྱེད་བཏང་བ་དང་། ཉོན་མོངས་པའི་ཀུན་ནས་དཀྲིས་པ་ཆེན་པོ་སྤྱོད་པ་གཉིས་ཡིན་ལ། དཀོན་མཆོག་གསུམ་སྤངས་ནའང་སྡོམ་པ་གཏོང་བར་འགྱུར་ཅིང་བསླབ་པ་ཕུལ་ནའང་སྡོམ་པ་གཏོང་བར་འགྱུར་རོ། །ཕམ་པར་འགྱུར་བའི་ཆོས་རྒྱུན་མི་ཆད་པར་ཀུན་ཏུ་སྤྱོད་པ་དང་། དེ་ལ་ངོ་ཚ་ཤེས་པ་དང་ཁྲེལ་ཡོད་པ་ཅུང་ཟད་ཙམ་ཡང་མི་བསྐྱེད་པ་དང་། དེས་སེམས་ཆེམ་ཞིང་མགུ་བར་གྱུར་པ་དང་། དེ་ལ་ཡང་དགའ་ཞིང་རྗེས་སུ་ཡི་རང་བ་དང་། དེ་ཉིད་འདོད་ཅིང་དོན་དུ་གཉེར་བའི་ཚུལ་གྱིས་ཡོན་ཏན་དུ་ལྟ་བ་དང་། ཉོན་མོངས་ཀྱི་ཡན་ལག་དེ་རྣམས་ཐམས་ཅད་ཚང་པ་ནི་ལྟུང་བའི་ཀུན་སློང་རྫོགས་པར་ཀུན་ནས་དཀྲིས་པ་ཆེན་པོ་ཡིན་ནོ། །གཏན་ལ་དབབ་པ་བསྡུ་བར། ཡང་དག་པར་ལེན་པ་དང་མི་འདྲ་བའི་སེམས་བསྐྱེད་པ་དང་། བརྫུན་ཕྲད་པ་ལ་འབུལ་བ་དང་། ཆོས་བཞི་པོ་རེ་རེའི་ཉེས་པ་འབྱིན་པ་དང་། བཞི་པོ་ཐམས་ཅད་དམ་རེ་རེ་ཀུན་ནས་དཀྲིས་ཆེན་པོས་འབྱིན་པ་དང་བཞིས་སྡོམ་པ་གཏོང་བར་གསུངས་པའི་དང་པོ་སྡོམ་མིན་སྐྱེས་པ། ཕྱི་མ་གཉིས་ཀུན་དཀྲིས་འབྲིང་གིས་བཞི་ག་བྱས་པ་དང་ཆེན་

པོས་གང་རུང་བྱས་པ་ལ་བླ་མ་རྣམས་བཞེད་དོ། །དཀོན་མཆོག་སྤྲིན་ལས། འདོད་ཆགས་ཆེན་པོ་ནི། ལུས་ཐམས་ཅད་དུ་ཁྱབ་པ་སེམས་ཀུན་ནས་བཟུང་ཞིང་གཞོལ་ལ་བྲལ་བའི་སེམས་མི་ཐོབ་པ། ངོ་ཚ་བ་དང་འཛེམ་པ་མེད་པ། གཅིག་པུ་ལྐོག་ཏུ་སེམས་ལ་སྨོན་ཅིང་ཡོན་ཏན་དུ་བལྟ་བའོ། །ཕ་དང་མ་དང་བླ་མ་དང་རྒན་རབས་དག་ལ་རྩོད་ཅིང་མི་བཟློགས་པར་གྱུར་པའོ། །འདོད་ཆགས་འབྲིང་ནི་འདོད་པའི་ཡོན་ཏན་ལ་བརྟེན་ནས་ཆགས་པ་དང་བྲལ་ཞིང་འགོད་པ་ཐོབ་ནས་མི་ཆ་བའོ། །འདོད་ཆགས་ཆུང་ངུ་ནི་འདོད་པའི་ཡོན་ཏན་ལ་རེག་པ་དང་། ཚོར་བ་དང་སྣླས་པ་ཙམ་གྱིས་ཆོམ་པའོ། །ཞེ་སྡང་ཆེན་པོའི་སེམས་རྣམས་ཤིང་འཁྲུགས་ཏེ་གནོད་སེམས་མང་བས་དམ་པའི་ཆོས་སྤངས་ནས་དམྱལ་བར་འགྲོ་བ་སྟེ། མཚམས་མེད་པ་ལྔའི་ལས་པས་ཀྱང་ལྷག་པར་གྱུར་པའོ། །ཞེ་སྡང་འབྲིང་ནི་ལས་བྱས་ནས་མྱུར་བར་འགྱོད་ཅིང་གཉེན་པོ་བསྟེན་པའོ། །ཞེ་སྡང་ཆུང་ངུ་ནི་ཚིགས་རྩུབ་མོ་ཙམ་ངག་ཏུ་བརྗོད་པ་ཞི་ཞིང་གཉེན་པོ་བསྟེན་པའོ། །གཏི་མུག་ཆེན་པོ་ནི་ཉེས་པ་ལ་དགའ་ཞིང་མི་འགྱོད་པའོ། །འབྲིང་པོ་ནི་འགྱོད་ཅིང་ཆགས་ལ་ཡོན་ཏན་མི་ལྟ་བའོ། །ཆུང་ངུ་ནི་རང་བཞིན་གྱི་ཉེས་པ་ལས་མི་འདའ་ཞིང་བཅས་པ་ལས་འདས་པ་མི་སྤྱད་ཅིང་འགྱོད་པ་སྐྱེད་པའོ། །ཞེས་གསུངས་པའི་ཉོན་མོངས་ཆེན་པོའི་ངོས་འཛིན་དང་། འདིར་ཀུན་དཀྲིས་ཆེན་པོ་གསུངས་པ་དོན་གཅིག་པར་སྣང་བས་ཉོན་མོངས་པ་དྲག་པོའི་ཚིག་དང་ཀུན་ནས་དཀྲིས་པ་ཆེན་པོའི་ཚིག་གི་དོན་སེམས་ལ་རང་དབང་མི་ཐོབ་ཅིང་གཉེན་པོས་གཞོམ་པར་མི་ནུས་པར་འགྱོད་པ་དང་སྡོམ་སེམས་སྐྱེ་དཀའ་དེ་ལྟ་བུས་ཀུན་ནས་བསླངས་པའི་ཉེས་པ་ནི་འདིར་རྩ་བའི་ལྟུང་བར་གསུངས་སོ། །ཉོན་མོངས་འབྲིང་དང་ཆུང་ངུས་བྱས་པའི་ཉེས་པ་ནི། ཟག་པ་འབྲིང་ནི་གསུམ་ལ་བཤགས། །གཅིག་གི་མདུན་དུ་ལྷག་མ་རྣམས། །ཞེས་པའི་དོན་ཡིན་ལ། ཉོན་མོངས་མི་མོངས་བདག་སེམས་བཞིན། །ཞེས་པའང་འདི་ལས་དཔག་ནས་ཤེས་པར་བྱའོ། །

ཚུལ་ཁྲིམས་ལེའུ་དང་། སྡོམ་པ་ཉི་ཤུ་པའི་འགྲེལ་པར་དཔལ་ལྡན་ཞི་བ་འཚོས། ཀུན་དཀྲིས་ཆེན་པོ་བསྟན་ནས་འབྲིང་དང་ཆུང་ངུ་ཤུགས་ཀྱིས་གོ་བས་དངོས་སུ་མ་གསུངས་པའི་རྒྱུ་མཚན་འདི་ཡིན་ནོ། །ལུགས་འདི་ནི་སྤྱིར་ཐེག་པ་ཆེ་ཆུང་གཞུང་ཐམས་ཅད་ནས་ཀུན་སློང་དྲག་ཞན་གྱི་ནུས་པས་ལས་དགེ་སྡིག་ལ་ཆེ་ཆུང་དང་རྣམ་སྨིན་ལྕི་ཡང་དང་མྱུར་བུལ་དང་མྱོང་བར་ངེས་མ་ངེས་ལ་སོགས་པའི་ཁྱད་པར་མང་དུ་གསུངས་པ་རྣམས་དང་ཤིན་ཏུ་འང་མཐུན་པ་ཡིན་ཏེ། ཆུང་ངུ་ལ་སོགས་ཡིད་ཛེ་བཞིན། །ཞེས་པ་ལྟར་རོ། །རྒྱ་འགྲེལ་རྣམས་ཀྱི་དགོངས་པ་འདིར་གསུངས་ཤིང་། བོད་ཀྱི་བླ་མ་རྣམས་ཀྱིས་ཆུང་འབྲིང་གི་ངོས་འཛིན་ཅི་རིགས་སུ་བཀོད་པ་ནི་འཕགས་པའི་དགོངས་པ་ཡིན་པར་མི་སེམས་སོ། །ཀུན་དཀྲིས་ཆེན་པོ་ལ་བརྟེན་ནས་རྙེད་པ་དང་བཀུར་སྟི

ལ་ལྷག་པར་ཞེན་པའི་དབང་གིས་བདག་ལ་བསྟོད་ཅིང་གཞན་ལ་སྨོད་པའི་རྩ་ལྟུང་དང་། བདག་ལ་ཡོད་བཞིན་དུ་སྙིང་སྲ་ཞིང་ལོངས་སྤྱོད་ལ་ཆགས་པས་ཆོས་དང་ཟང་ཟིང་མི་སྟེར་བའི་རྩ་ལྟུང་དང་། ཞེ་ཐག་པས་བཟོད་པར་གསོལ་ཞིང་ཤད་ཀྱིས་སྨྲུང་བ་བྱས་ཀྱང་ཁྲོ་བའི་སེམས་མི་གཏོང་བར་སྒྱིན་བརྗོད་དང་བརྡེག་འཚོག་བྱེད་པའི་རྩ་ལྟུང་དང་། གཞན་གྱི་ཁ་ཕྱིར་འབྲང་བའམ་རང་གི་འདོད་པའི་བློས་བྱང་སེམས་ཀྱི་སྡེ་སྣོད་ལ་སྐུར་བ་འདེབས་པའམ་ཆོས་ལྟར་བཅོས་པ་ལ་དགའ་བས་གཞན་ལ་སྟོན་པའི་རྩ་ལྟུང་དང་། བཞི་པོ་འདི་ལ་གཉིས་གཉིས་སུ་ཕྱེ་ནས་བརྒྱད་དུ་མཛད་པ་རྒྱ་བོད་ཀྱི་མཁས་པ་དུ་མས་གསུངས་སོ། །ཉན་ཐོས་ཀྱི་རྩ་བའི་ལྟུང་བ་འབྱུང་པ་དང་ཆོས་མཐུན་པས་ཕམ་པ་འདྲ་བར་དགོངས་ཞེས་བཤད་དོ། །ཚུལ་ཁྲིམས་གསུམ་དང་འགལ་བའི་ཉེས་བཅས་པ་ལ། རྒྱལ་སྲས་སྡོམ་ལྡན་གྱི་དཀོན་མཆོག་གསུམ་དང་། ཆོས་ཀྱི་གླེགས་བམ་དང་བྱང་སེམས་སྡེ་སྣོད་ལས་མཆོད་པའི་འོས་སུ་གྱུར་པ་ཕྱག་དང་མཆོད་བསྟོད་དང་དད་པ་ཙམ་ཡང་མི་བྱེད་པར་ཉིན་མཚན་འདས་ན། མ་གུས་པ་དང་ལེ་ལོ་སོགས་པའི་དབང་གིས་ཉོན་མོངས་ཅན་དང་བརྗེད་ངས་པའི་དབང་གིས་གཅིག་དང་། འདོད་པ་ཆེ་ཞིང་ཆོག་མི་ཤེས་པས་ཆགས་པའི་དབང་གིས་རྙེད་བཀུར་དང་དུ་ལེན་པའི་ཉེས་བྱས་གཅིག་དང་། བཀུར་བསྟི་བྱ་བར་འོས་པའི་རྒན་པ་དང་ཡོན་ཏན་ཅན་ལ་ང་རྒྱལ་ལ་སོགས་པའི་ཀུན་སློང་གིས་བཀུར་བསྟི་མ་བྱས་པའི་ཉེས་བྱས་གཅིག་དང་། ཕ་རོལ་པོ་དགའ་ཞིང་གསོང་པོར་སྨྲ་བས་བསྙུན་འདྲི་བ་དང་དོན་གྱི་བྱེ་བྲག་ཚུལ་བཞིན་དྲིས་པ་ལ་ལན་ལེགས་པ་མི་འདེབས་པའི་ཉེས་བྱས་གཅིག་དང་། དགའ་ཞིང་མོས་པས་ཟས་གོས་ལ་སོགས་བསྙེན་བཀུར་ལ་མགྲོན་དུ་བོས་པ་ལ་ང་རྒྱལ་ལ་སོགས་པའི་དབང་གིས་མི་འགྲོ་བའི་ཉེས་བྱས་གཅིག་དང་། གསེར་དངུལ་ལ་སོགས་རིན་པོ་ཆེ་སྣ་ཚོགས་འབུལ་བ་སྦྱིན་བདག་ཡལ་བར་དོར་བའི་མི་ལེན་པའི་ཉེས་བྱས་གཅིག་དང་། དམ་པའི་ཆོས་དོན་དུ་གཉེར་བ་ལ་ཕྲག་དོག་ལ་སོགས་པའི་དབང་གིས་མི་སྦྱིན་པའི་ཉེས་བྱས་གཅིག་དང་། འདི་དགེ་བ་ཆོས་སྡུད་དང་སེམས་ཅན་དོན་བྱེད་གཉིས་ཀ་དང་འགལ་བ་ཡིན་ཞེས་གནས་བརྟན་བྱ་བཟང་བཞེད་དེ། དེ་རྣམས་སྦྱིན་པ་དང་འགལ་བའོ། །སེམས་ཅན་མ་རུངས་པ་དང་ཚུལ་ཁྲིམས་འཆལ་པ་ལ་སོགས་ཀུན་ནས་མནར་སེམས་པ་དང་ཁྲུད་གསོད་ཀྱི་བསམ་པས་ཡལ་བར་དོར་བའི་ཉེས་བྱས་གཅིག་དང་། གཞན་གྱི་སེམས་མ་དད་པ་བསྲུང་བའི་ལུས་ངག་གི་ཀུན་སྤྱོད་གཞན་དད་པའི་ཐབས་ལ་མི་སློབ་པའི་ཉེས་བྱས་གཅིག་དང་། འདི་ལ་འགྲེལ་པར། ཉན་ཐོས་རང་དོན་ལྷུར་ལེན་པའང་གཞན་མ་དད་པས་སྲུང་བར་བྱེད་ན། རྒྱལ་སྲས་གཞན་དོན་ལྷུར་ལེན་པ་རྣམས་ལྟ་ཅི་སྨོས་དགོས་ཞེས་གསུངས་སོ། །ཉན་ཐོས་ལ་དོན་དམ་དང་བྱ་བ་ཉུང་པ་བཅས་པ་ལྟར་རྒྱལ་སྲས་གཞན་དོན་སྒྲུབ་པ་ལ་དོན་དང་བྱ་བ་ཉུང་པའི་ཉེས་བྱས

གཅིག་དང་། གནས་བརྟན་བྱང་བཟང་གིས་ཉེས་བྱས་བཞི་བཅུ་རྩ་དྲུག་ལ་ལུས་ངག་གི་ཉེས་པ་བདུན་གཞན་གྱི་དོན་དུ་འགྱུར་པ་མི་བྱེད་ན་ཉེས་བྱས་ཞེས། སྙིང་བརྩེར་བཅས་ན་མི་དགེ་མེད། །ཅེས་པའི་དོན་དུ་བཅས་པ་དང་། གཞན་སེམས་མི་སྲུང་པའི་དམིགས་བསལ་དུ་འང་འཆད་དོ། །འཆོ་བ་ལོག་པ་དང་དུ་ལེན་པའི་ཉེས་བྱས་ལ༑ ལོག་འཚོ་ལྔ་ནི། རིན་ཆེན་ཕྲེང་བར། ཚུལ་འཆོས་ཉིད་དང་བཀུར་བསྟིའི་ཕྱིར། །དབང་པོ་སྡོམ་པར་བྱེད་པ་སྟེ། །ཁ་བསག་ཉིད་དང་བཀུར་བསྟིའི་ཕྱིར། །ཚིག་འཇམ་སྨྲར་ནི་སྨྲ་བའོ། །གཞོག་སློང་དེ་ནི་ཐོབ་བྱའི་ཕྱིར། །གཞན་གྱི་རྫས་ལ་བསྔགས་བྱེད་པ། །ཐོབ་ཀྱིས་འཇལ་བ་ཉིད་པའི་ཕྱིར། །མངོན་སུམ་གཞན་ལ་སྨོད་པར་བྱེད། །ཉིད་པས་ཉིད་པ་རྣམ་འདོད་པ། །སྔར་ཐོབ་པ་ལ་བསྔགས་བྱེད་པའོ། །ཞེས་པ་དང་། ས་སྡེར། དང་པས་བྱིན་པ་ལ་ལོངས་སྤྱད་ནས་ཆོས་བཞིན་མི་སྒྲུབ་པ་དང་། བྲི་གར་ལ་བལྟ་བ་ལ་སོགས་པ་ལོག་འཚོར་གསུངས་ཤིང་། མཁས་མཆོག་དབྱིག་གཉེན་གྱིས། ལྔ་པོ་རེ་རེ་ལ་གསུམ་གསུམ་སྟེ། བཅོ་ལྔར་གསུངས་ལ། འཕགས་པ་གྲོལ་སྡེས་ཀྱང་རྒྱས་པར་གསུངས་སོ། །འོད་ལྡན་དུ། ཉིད་ཕྱིར་སྤྱོད་ལམ་ཚུལ་འཆོས་ཡིན་པར་བསྟན། །རྒྱུང་དུ་བྱིན་ནས་མང་པོ་འཚོལ་བྱེད་དང་། །གཞན་ལ་བསྔགས་པ་བྱེད་པ་གཞོག་སློང་ཡིན། །ཉིད་པའི་ཕྱིར་ནི་བཙམ་དང་སླན་པར་སྨྲ། །ཐམས་ཅད་ཁ་གསགས་ཡིན་པར་འཕགས་པས་བཤད། །དེ་དག་དཔེ་ཙམ་གཞན་ཡང་ལོག་སྒྲུབ་པས། །འཚོ་བར་བྱེད་པ་ཉིད་ནི་རྟག་ཏུ་སྤང་། །ཞེས་པའི་རྒྱུང་དུ་བྱིན་ནས་མང་པོ་དག་སྒྲུབ་པར་བྱེད་པ་ནི་ཉིད་པས་ཉིད་པ་འཚོལ་བའོ། །ཞེས་གསུངས་སོ། །འདོད་ཆགས་ཀྱི་ཆར་རྟོགས་པའི་སེམས་མ་ཞི་བ་རྒོད་པ་དང་ཅ་ཅོ་འདོན་པ་ལ་སོགས་རྣམ་པར་གཡེངས་པའི་ཉེས་བྱས་གཅིག་དང་། རྒྱལ་སྲས་འཁོར་བ་སྤང་པར་མི་བྱའོ་ཞེས་པ་ལ་བརྟེན་ནས་ཉོན་མོངས་པའི་གཉེན་པོ་མི་བརྟེན་ཅིང་འཁོར་བ་ལ་དགའ་བའི་ཉེས་བྱས་གཅིག་དང་། ཚིག་མི་བཙུན་པ་དང་གཏམ་ངན་གྱི་གཞི་བདེན་པའི་དངོས་པོ་མི་སྲུང་ཞིང་མི་བདེན་པ་ཐབས་ཀྱིས་མི་སེལ་ན་ཉེས་བྱས་གཅིག་དང་། གཞན་དོན་དུ་འགྱུར་བར་མཐོང་བཞིན་དུ་ཕ་རོལ་མི་དགའ་བར་འགྱུར་དུ་དོགས་པས་དྲག་པོའི་ཐབས་ཀྱིས་མི་འཆོས་པའི་ཉེས་བྱས་གཅིག་སྟེ་དེ་རྣམས་ཚུལ་ཁྲིམས་དང་འགལ་བའོ། །གཤེ་བ་དང་ཁྲོ་བ་དང་བརྡེག་པ་དང་འཚང་འདྲུ་བ་ལ་ལན་འདེབས་པའི་ཉེས་བྱས་གཅིག་དང་། ཁྲོས་པ་ལ་རང་གིས་གནོད་པ་བྱས་སམ་མ་བྱས་ཀྱང་རུང་ཤད་སྦྱང་མི་བྱེད་པར་ཡལ་བར་འདོར་བའི་ཉེས་བྱས་གཅིག་དང་། ཕ་རོལ་གྱིས་ཆོས་དང་མཐུན་པར་བཟོད་གསོལ་བྱས་ཀྱང་མི་ཉན་པར་སྤོང་བའི་ཉེས་བྱས་གཅིག་དང་། རང་ཉིད་གཞན་ལ་ཞེ་སྡང་སྐྱེས་པའི་རྒྱུན་མི་འདོར་ཅིང་གཉེན་པོ་མི་བསྟེན་པའི་ཉེས་བྱས་གཅིག་སྟེ། དེ་རྣམས་བཟོད་པ་དང་འགལ་བའོ། །ཉིད་བཀུར་ལ་ཞེན་པས་འཁོར་སྡུད་པའི་ཉེས་བྱས

གཅིག་དང་། གཉིད་དང་ཉལ་བ་ལ་སོགས་སྙོམས་ལས་ལ་དམིགས་བཞིའི་ཉེས་བྱས་གཅིག་དང་། འདུ་འཛི་དང་རྣམ་གཡེང་ལ་ཆགས་ནས་དམག་དང་ཆོམ་རྐུན་ལ་སོགས་པའི་གཏམ་གྱིས་དུས་ཡོལ་བར་བྱེད་པའི་ཉེས་བྱས་གཅིག་སྟེ་དེ་རྣམས་བརྩོན་འགྲུས་དང་འགལ་བའོ། །སེམས་མཉམ་པར་འཇོག་པའི་ཐབས་མི་འཚོལ་ཅིང་གདམས་ངག་དོན་དུ་མི་གཉེར་བའི་ཉེས་བྱས་གཅིག་དང་། བསམ་གཏན་གྱི་སྒྲིབ་པར་འགྱུར་བ་འདོད་པ་ལ་འདུན་པ་ལ་སོགས་པ་མི་སྤོང་བའི་ཉེས་བྱས་གཅིག་དང་། ཏིང་ངེ་འཛིན་བསྒོམས་པ་ལས་བྱུང་བའི་དགའ་བདེ་ལ་སོགས་ཡོན་ཏན་ལ་སྲེད་པའི་ཉེས་བྱས་གཅིག་སྟེ་དེ་གསུམ་བསམ་གཏན་དང་འགལ་བའོ། །རྒྱལ་སྲས་ཀྱིས་ཐེག་དམན་གྱི་ལམ་སྤྱོང་བར་གསུངས་པ་ལ་བརྟེན་ནས་ཉན་ཐོས་ཀྱི་སྡེ་སྣོད་པ་དང་ཉེས་པ་སྤོང་བའི་ཉེས་བྱས་གཅིག་དང་། རྒྱལ་སྲས་རང་གི་སྡེ་སྣོད་ལ་ཐོས་བསམ་བྱར་ཡོད་བཞིན་དུ་དེ་དོར་ནས་ཐེག་དམན་གྱི་སྡེ་སྣོད་ལ་བརྩོན་པའི་ཉེས་བྱས་གཅིག་དང་། སངས་རྒྱས་ཀྱི་གསུང་རབ་ལ་ཐོས་བསམ་བྱར་ཡོད་བཞིན་དུ་དེ་བས་མུ་སྟེགས་ཀྱི་གཞུང་ལ་སློབ་པ་གཙོ་བོར་བྱེད་པའི་ཉེས་བྱས་གཅིག་དང་། བློ་གྲོས་བརྟན་པོས་ཕྱི་རོལ་པའི་བསྟན་བཅོས་ལ་མཁས་པར་བྱེད་པ་ན་ཉེས་པ་མེད་ཀྱང་ཕྱི་རོལ་པའི་ཆོས་ལ་དགའ་བ་དང་རངས་པར་བྱེད་ན་ཉེས་བྱས་གཅིག་དང་། ཐེག་པ་ཆེན་པོའི་སྡེ་སྣོད་ལས་མཆོག་ཏུ་ཟབ་པའི་དོན་བཤད་པ་མ་གོ་བར་ཆོས་དང་ལྡན་པ་མ་ཡིན་ནོ་ཞེས་སྤོང་བའི་ཉེས་བྱས་གཅིག་དང་། ཟང་ཟིང་དང་ཁྲོ་བའི་སེམས་ཀྱིས་བདག་བསྟོད་གཞན་ལ་སྨོད་པའི་ཉེས་བྱས་གཅིག་དང་། དམ་པའི་ཆོས་འཕེལ་བའི་གཏམ་གྱིས་གཏན་ལ་འབེབས་པ་ན་ང་རྒྱལ་ལ་སོགས་པས་ཚོགས་པར་མི་འགྲོ་བའི་ཉེས་བྱས་གཅིག་དང་། ཆོས་སྨྲ་བའི་གང་ཟག་ལ་བསམས་བཞིན་དུ་ཁྱད་དུ་གསོད་ཅིང་འཕྱ་བ་དང་ཚིག་འབྲུ་ལ་བརྟེན་ཅིང་དོན་ལ་མི་སྟོན་པའི་ཉེས་བྱས་གཅིག་དང་། དེ་རྣམས་ཤེས་རབ་དང་འགལ་བས་ཧེ་དགེ་བ་ཆོས་སྡུད་ཀྱི་ཚུལ་ཁྲིམས་དང་འགལ་བ་སོ་བཞིའོ། །ལམ་དུ་འཇུག་པ་དང་ལུས་དང་ལོངས་སྤྱོད་བསྲུང་པ་དང་བྱེ་བ་བསྙམ་པ་ལ་སོགས་པའི་གྲོགས་མི་བྱེད་པའི་ཉེས་བྱས་གཅིག་དང་། ནད་པའི་སྨན་སྦྱོར་བ་དང་ནད་གཡོག་ལ་སོགས་རིམ་གྲོ་མི་བྱེད་པའི་ཉེས་བྱས་གཅིག་དང་། ཕ་རོལ་ལུས་སེམས་ཉམ་ཐག་པའི་སྡུག་བསྔལ་སེལ་བར་མི་བྱེད་པའི་ཉེས་བྱས་གཅིག་དང་། ཚེ་འདི་ཕྱིའི་དོན་ལ་བག་མེད་པར་ཞུགས་པ་སེལ་བའི་ཐབས་དང་རིགས་པ་མི་སྟོན་པའི་ཉེས་བྱས་གཅིག་དང་། ཕན་འདོགས་པ་ལ་བྱས་པ་མི་བཟོ་བས་ལན་དུ་ཕན་མི་འདོགས་པའི་ཉེས་བྱས་གཅིག་དང་། ཉེ་དུ་དང་ལོངས་སྤྱོད་ཉམས་པ་ལས་གྱུར་པའི་མྱ་ངན་སེལ་བ་ལ་མི་བརྩོན་པའི་ཉེས་བྱས་གཅིག་དང་། བཟའ་བཏུང་དང་གོས་ལ་སོགས་པ་སློང་བ་ལ་ཀུན་ནས་མནར་སེམས་ཀྱིས་མི་སྦྱིན་པའི་ཉེས་བྱས་གཅིག་དང་། འཁོར་དུ་འདུས་པ་ལ་གདམས་ངག་མི་སྟོན་པ་

དང་ན་བའི་སྨན་དང་ཡོ་བྱད་དགོས་པ་མི་འཚོལ་བའི་ཉེས་བྱས་གཅིག་དང་། མནར་སེམས་ཀྱིས་གཞན་གྱིས་སེམས་དང་མཐུན་པར་མི་བྱེད་པའི་ཉེས་བྱས་གཅིག་དང་། གང་ཟག་གཞན་གྱི་དད་པ་དང་ཚུལ་ཁྲིམས་དང་མང་དུ་ཐོས་པ་ལ་སོགས་པ་ཡང་དག་པའི་ཡོན་ཏན་མི་བརྗོད་ཅིང་ལེགས་པར་སྨྲ་བ་ལ་ལེགས་སོ་ཞེས་མི་ཟེར་བའི་ཉེས་བྱས་གཅིག་དང་། སེམས་ཅན་དམའ་དབབ་པ་དང་ཆད་པས་བཅད་པ་དང་སྐྲོད་པར་རིགས་པ་རྣམས་ཚར་མི་གཅོད་པའི་ཉེས་བྱས་གཅིག་དང་། རྫུ་འཕྲུལ་མཐུ་སྟོབས་ཀྱིས་སྐྲག་པ་དང་འདུན་པ་ལ་སོགས་པ་བྱ་བར་འོས་པ་མི་བྱེད་པའི་ཉེས་བྱས་གཅིག་དང་། དེ་ལྟར་ན་སེམས་ཅན་དོན་བྱེད་ཀྱི་ཚུལ་ཁྲིམས་དང་འགལ་བ་བཅུ་གཉིས་སོ། །ཉེས་བྱས་ཐམས་ཅད་ལ་སེམས་འཁྲུགས་པ་དང་སྡུག་བསྔལ་བས་ཉེན་པ་དང་། དགེ་འདུན་གྱི་ནང་ཁྲིམས་དང་མང་པོའི་སེམས་སྲུང་བ་དང་། སྡོམ་པ་ལ་མ་ནོས་པ་ལ་ཉེས་མེད་དང་ཉོན་མོངས་ཅན་ཡིན་མ་ཡིན་དང་། ཉེས་པར་འགྱུར་མི་འགྱུར་ལ་སོགས་ཞིབ་ཏུ་ཤེས་པར་བྱའོ། །ཉེས་མེད་སྟོན་པའི་གཞུང་། སྙིང་བརྩེར་ལྡན་ཞིང་བྱམས་ཕྱིར་དང་། །སེམས་དགེ་བ་ལ་ཉེས་པ་མེད། །ཅེས་པ། ཀུན་སློང་བྱམས་སྙིང་རྗེ་ཁྱད་པར་ཅན་དང་ལྡན་ན་བྱ་བ་གང་ཡིན་ཡང་ཉེས་པ་མེད་ཅིང་སེམས་འཁྲུགས་པ་ལ་སོགས་ཉེས་མེད་ཀྱི་ནང་དུ་སྡུད་པའི་ཕྱིར་དང་ཞེས་པའི་སྒྲ་དང་། ཀུན་སློང་ལ་སྐྱོན་མ་ཞུགས་ན་སྤྱོར་བ་ཅུང་ཟད་མ་དག་ཀྱང་ཉེས་པ་མེད་པར་འགྲེལ་པ་ལས་གསུངས་པར་མངོན་ནོ། །

ཕྱིར་བཅོས་པའི་ཐབས་ནི། རྩ་བའི་ལྟུང་བ་གང་རུང་བྱུང་ན་སློབ་དཔོན་མཚན་ཉིད་ལྡན་པའི་དཀོན་མཆོག་གི་དྲུང་དུ་སྡོམ་པ་བླང་བར་བྱ་ཞིང་། ཉོན་མོངས་པ་འབྲིང་པོ་བསྐྱེད་པའི་ནུས་པ་ཕམ་པ་དང་འདྲ་བ་དེ་དག་གང་རུང་བྱུང་ན་ཉུན་ཐོས་སམ་ཐེག་ཆེན་གྱི་གང་ཟག་འོས་པ་གསུམ་གྱི་དྲུང་དུ་བཤགས་པར་བྱའོ། །ཉོན་མོངས་ཆུང་དུས་བྱས་པའི་ཉེས་པ་བཞི་གང་རུང་བྱུང་ན་གང་ཟག་གཅིག་གི་མདུན་དུ་ལྟུང་བའི་མིང་རིས་བརྗོད་དེ་བཤགས་པར་བྱའོ། །ཉོན་མོངས་མི་དངོས་བདག་སེམས་བཞིན། །ཞེས་པ་སྤྱིར་ལྟུང་བ་བཤགས་པ་ལ་རང་སེམས་ངོ་ཚ་ཁྲེལ་ཡོད་ཤས་ཆེན་པོ་དང་ལྡན་པས་སྡར་བྱས་ལ་འགྱོད་པ་དང་ཕྱིས་འབྱུང་སྡོང་བའི་སྡོམ་སེམས་བརྟན་པོ་དགོས་པ་དེ་བཞིན་དུ་བཤགས་ཡུལ་མ་རྙེད་ན་ཀུན་སློང་དེ་ལྟ་བུས་དཀོན་མཆོག་གི་དྲུང་ངམ་གང་ཟག་གང་ཡང་རུང་བ་གཅིག་གི་མདུན་དུ་ཉེས་པ་འབྲིང་དང་ཆུང་དུ་འདིར་དངོས་སུ་གསུངས་པའི་ཉོན་མོངས་ཅན་ཡིན་མ་ཡིན་གྱི་ཉེས་བྱས་རྣམས་དང་། ཉེས་བྱས་གཞན་རྣམས་ཀྱང་ཚུལ་འདིས་བཤགས་པ་ཡིན་པར་རིག་པར་བྱའོ། །ཉེ་བ་འཁོར་གྱིས་ཞུས་པ་ལས། ཐེག་པ་ཆེན་པོ་ལ་ཡང་དག་པར་ཞུགས་པའི་བྱང་ཆུབ་སེམས་དཔའ་འདོད་ཆགས་དང་ལྡན་པའི་ལྟུང་བ་གང་གཱའི་ཀླུང་གི་བྱེ་མ་སྙེད་བྱུང་བ་དང་། ཞེ་སྡང་དང་ལྡན་པའི་ལྟུང་བ

གཅིག་བྱུང་བ་བྱང་ཆུབ་སེམས་དཔའི་ཐེག་པ་དབང་བཙན་པར་བྱས་ན་ཞེ་སྡང་གི་ལྟུང་བ་དེ་ཤིན་ཏུ་ལྕི་བ་ཡིན་ཏེ། འདིས་ནི་སེམས་ཅན་གཏོང་བར་བྱེད་པ་ཡིན་ལ། སྡུ་མས་ནི་སེམས་ཅན་སྡུད་པར་བྱེད་པའི་ཕྱིར་རོ། །སེམས་ཅན་མ་ཡིན་ལ་བྱ་བ་མ་ཡིན་པར་བྱེད་པ་ནི་ཉེས་པར་འགྱུར་པར་རིགས་སོ། །དེ་ཉིད་བསྟན་པའི་ཕྱིར། སྙིང་བརྩེར་ལྡན་ཅིང་བྱམས་ཕྱིར་དང་། །སེམས་དགེ་བ་ལ་ཉེས་པ་མེད། །ཅེས་པ་འདི་བཤད་དོ་ཞེས་དཔལ་ལྡན་ཞི་བ་འཚོས་གསུངས་སོ། །བསླབ་བཏུས་སུ། དེ་དང་མཐུན་པ་ཉེ་བར་འཁོར། བྱང་ཆུབ་སེམས་དཔའ་གང་དག་ཐབས་ལ་མཁས་པ་ནི། ཞེ་སྡང་དང་ལྡན་པའི་ལྟུང་བ་ལ་འཇིགས་ཀྱི། འདོད་ཆགས་དང་ལྡན་པས་ནི་མ་ཡིན་ནོ། །ཞེས་གསུངས་སོ། །སྤྱིར་འདོད་ཆགས་ནི་ཡིད་དུ་འོང་བའི་ཡུལ་ལ་དགའ་བས་བླང་བྱའི་རྣམ་པར་ཤར་བ་ཡིན་ལ། ཞེ་སྡང་གི་ཡུལ་ཡིད་དུ་མི་འོང་བའི་རྣམ་པར་ཤར་ནས་སྤོང་ཞིང་ཀུན་ནས་མནར་སེམས་པའི་འཛིན་སྟངས་ཅན་ཡིན་པས། ཡུལ་སེམས་ཅན་ལ་དམིགས་པའི་འཛིན་སྟངས་དེ་ཕན་འདོགས་པ་དང་གནོད་པ་བྱེད་པའི་ཀུན་སློང་གི་གཙོ་བོ་ཡིན་པའི་ཕྱིར། དེ་ལ་དགོངས་ནས་བཅོམ་ལྡན་འདས་ཀྱིས་མདོ་དེ་རྒྱལ་སྲས་དང་པོའི་ལས་ཅན་ལ་གསུངས་པ་ཡིན་ཏེ། བསླབ་བཏུས་སུའང་། འདི་ནི་བྱང་ཆུབ་སེམས་དཔའ་ལས་དང་པོ་པའི་དབང་དུ་བྱས་པ་ཡིན་གྱིས། ས་ལ་གནས་པ་རྣམས་ལ་ནི་ལྟུང་བ་ཡང་མེད་ལ་བསླབ་པར་བྱ་བ་ཡང་བསམ་གྱིས་མི་ཁྱབ་བོ། །ཞེས་གསུངས་སོ། །ནམ་མཁའི་སྙིང་པོའི་མདོ་དང་འཕགས་པ་ཀླུ་སྒྲུབ་ཀྱི་རྗེས་སུ་འབྲངས་ནས་རྒྱལ་སྲས་ཀྱི་སྡོམ་པ་བསྲུང་ཚུལ་བསླབ་བཏུས་ལས་འབྱུང་བ་ནི། བྱང་ཆུབ་སེམས་དཔའི་སྡོམ་པ་ནི། །རྒྱས་པར་ཐེག་པ་ཆེ་ལས་འབྱུང་། །གང་གི་ལྟུང་བར་མི་འགྱུར་བ། །གནད་ཀྱི་གནས་རྣམས་འདིར་རིག་བྱ། །བདག་གི་ལུས་དང་ལོངས་སྤྱོད་དང་། །དགེ་བ་དུས་གསུམ་སྐྱེས་པ་རྣམས། །སེམས་ཅན་ཀུན་ལ་བཏང་བ་དང་། །དེ་སྲུང་དག་པ་སྤེལ་བའོ། །ཞེས་པ་རྒྱལ་སྲས་ཀྱི་བསླབ་བྱ་ཐམས་ཅད་ལུས་ལོངས་སྤྱོད་དུས་གསུམ་གྱི་དགེ་བ་སེམས་ཅན་ལ་གཏོང་བ་དང་། དེ་མ་ཉམས་པར་སྲུང་བ་དང་། དག་པར་བྱེད་པ་དང་། གོང་དུ་སྤེལ་བ་དང་། བཞིར་ཐེག་པ་ཆེན་པོའི་མདོ་ལས་གསུངས་པ་ཐམས་ཅད་བསྡུས་པ་ཡིན་នོ། །དེ་ལ་སྨོན་འཇུག་ཏུ་སེམས་བསྐྱེད་པའི་རྒྱལ་སྲས་ཀྱི་སྡོམ་པ་དང་ལྡན་པའི་ལས་དང་པོ་པ་ལ་ཉེས་པ་མི་འབྱུང་བར་བྱ་བ་དང་། བྱུང་བ་ཕྱིར་བཅོས་པའི་ཚུལ་ནི་ཉེས་ལྟུང་ངོ་ཤེས་པ་ལ་རག་ལས་པས་ཐོག་མར་རྒྱལ་རིགས་ལ་འབྱུང་བའི་ལྟུང་བ་ལྔ་ལས། དཀོན་མཆོག་གི་རྫས་དང་དགེ་འདུན་གྱི་རྫས་འཕྲོག་པའི་རྩ་ལྟུང་དང་། ཐེག་པ་གསུམ་གྱིས་རང་གི་བྱང་ཆུབ་ཏུ་ངེས་པར་འབྱུང་བའི་དམ་ཆོས་སྤོང་བའི་རྩ་ལྟུང་དང་། བསྟན་པའི་སློར་རབ་ཏུ་བྱུང་བ་ཚུལ་ཁྲིམས་འཆལ་ཀྱང་རུང་ཚུལ་ཁྲིམས་དང་ལྡན་ཡང་རུང་རུང་སྟེ་སྐྱིག་ལ་སོགས་པའི་རབ་བྱུང་གི་ཡོ་བྱད་འཕྲོགས་པ་དང་ཁྲིམ་པར

འབེབས་པ་དང་ཆད་པས་གཅོད་པ་དང་སྲོག་དང་བྲལ་བར་བྱེད་པ་རྩ་ལྟུང་གསུམ་པ་དང་། མཚམས་མེད་པ་ལྔའི་ལས་གང་རུང་བྱེད་པ་རྩ་ལྟུང་བཞི་པ་དང་། རྒྱུ་མེད་དུ་སྨྲ་ཞིང་འཇིག་རྟེན་ཕ་རོལ་སྤྱངས་ནས་མི་དགེ་བ་བཅུ་ལ་རང་གནས་ཤིང་གཞན་འགོད་པ་རྩ་ལྟུང་ལྔ་པའོ། །དང་པོ་བཞིའི་སྟེང་དུ་གྲོང་ཁྱེར་དང་ཡུལ་འཁོར་འཇོམས་པའི་རྩ་ལྟུང་དང་ལྔ་ནི་བློན་པོ་ལ་འབྱུང་བའི་ལྟུང་བའོ། །

བྱང་སེམས་ལས་དང་པོ་པ་ལ་རྩ་བའི་ལྟུང་བ་བརྒྱད་དེ། སྔོན་ཉེས་པར་སྤྱད་པས་སྙིགས་མའི་དུས་སུ་སྐྱེས་པའི་བྱིས་པ་སྟོང་ཉིད་ཟབ་མོ་སྟོན་པའི་སྣོད་དུ་མི་རུང་བ་ལ་སྟོན་པའི་རྩ་ལྟུང་དང་། སངས་རྒྱས་ཀྱི་ལམ་ཕ་རོལ་ཏུ་ཕྱིན་པ་དྲུག་ལ་སློབ་པར་མི་ནུས་ཀྱི་ཐེག་པ་དམན་པའི་བྱང་ཆུབ་ཏུ་སེམས་བསྐྱེད་ཅིག་ཅེས་འདུན་པ་སྒྱུར་བར་བྱེད་པའི་རྩ་ལྟུང་དང་། སོ་སོར་ཐར་པ་དང་འདུལ་བའི་ཚུལ་ཁྲིམས་ལ་བསླབས་པས་ཅི་ཞིག་བྱ། ཐེག་པ་ཆེན་པོའི་སྡེ་སྣོད་སློབས་ཤིག་དེས་མི་དགེ་བའི་རྣམ་སྨིན་འདག་པར་འགྱུར་རོ། །ཞེས་ཟེར་བའི་རྩ་ལྟུང་དང་། ཉན་ཐོས་ཀྱི་ཐེག་པ་ལ་མ་སློབ་པར་ཐེག་པ་ཆེན་པོ་ལ་སློབས་ཤིག་ངན་སོང་ལས་གྲོལ་ཅིང་འཚང་རྒྱ་བར་འགྱུར་ཅེས་ཟེར་བའི་རྩ་ལྟུང་དང་། བདག་ནི་ཐེག་པ་ཆེན་པོའི་ཕ་རོལ་ནི་དེ་ལྟར་མ་ཡིན་ནོ་ཞེས་རྙེད་བཀུར་གྱི་ཕྱིར་བདག་བསྟོད་གཞན་ལ་སྨད་པའི་རྩ་ལྟུང་དང་། སྟོང་པ་ཉིད་ཟབ་མོའི་དོན་ཁོ་བོས་རྟོགས་ནས་ཁྱོད་ལ་བསྟན་པ་ཡིན་གྱི། ཁྱོད་ཀྱིས་ཀྱང་དེ་ལྟར་དགོངས་ཤིག་ཅེས་མི་ཆོས་བླ་མ་སྨྲ་བའི་རྩ་ལྟུང་དང་། རྒྱལ་རིགས་དང་དགེ་སློང་ལ་སོགས་པ་འབྱེད་ཅིང་ཆད་པ་གཅོད་དུ་བཅུག་ནས་དཀོན་མཆོག་གི་དཀོར་འབུལ་བ་དང་ལེན་པའི་རྩ་ལྟུང་དང་། མདོ་སྡེ་དང་འདུལ་བར་ནག་པོ་དང་ཆེན་པོ་བསྟན་པ་སྤངས་ཏེ་བསླབ་ཁྲིམས་བཤིག་ནས་སྤོང་བ་ལ་བརྩོན་པའི་ལོངས་སྤྱོད་ཁ་ཐོན་པ་ལ་སྦྱིན་པའི་རྩ་ལྟུང་དང་བརྒྱད་ནི་དམངས་ཕལ་པ་ལ་འབྱུང་བའོ། །འབྱུང་ཉེ་བ་དང་གཙོ་ཆེ་བའི་སྒོ་ནས་གང་ཟག་རིགས་གསུམ་གསུངས་ཀྱང་ལྟུང་བ་འབྱུང་བར་ཁྱད་མེད་དོ། །ཉོན་མོངས་དྲག་ཞན་དང་བསམ་སྦྱོར་དང་ཡུལ་ལ་སོགས་པའི་དབང་གིས་ལྟུང་བ་རྫོགས་མི་རྫོགས་དང་། ཕན་ཚུན་གཉིས་ཀ་ལ་ཉེས་པར་འགྱུར་མི་འགྱུར་ལ་སོགས་མདོ་དང་བསླབ་བཏུས་དང་མདོ་ཀུན་ལས་བཏུས་སྡུ་ཕྱི་དང་སྤྱོད་འཇུག་གི་འགྲེལ་པ་རྣམས་ལས་ཤེས་པར་བྱ་སྟེ། སྤང་བླང་ལ་བརྩོན་པར་བྱའོ། །ཐུབ་པ་དགོངས་རྒྱན་དུ། འདིར་གསུངས་པའི་རྩ་ལྟུང་རྣམས་བྱང་སར་བསྟན་པའི་ལྟུང་བ་བཞིར་སྡུད་ཚུལ་གསལ་པོར་བཤད་པ་ལྟར་བོད་ཀྱི་བླ་མ་མང་པོ་ཡང་བཞེད་དོ། །འཕགས་པ་ཐོགས་མེད་ཀྱིས་གསུངས་པའི་རྩ་ལྟུང་རྣམས་འདིར་ཡང་གསུངས་པ་ཡིན་ཏེ། དཀོན་མཆོག་གསུམ་གྱི་དཀོར་འཕྲོག་པ། ཕས་ཕམ་པ་ཡི་ལྟུང་བར་འདོད། །དམ་པའི་ཆོས་ནི་སྤོང་བྱེད་པ། །གཉིས་པར་ཐུབ་པས་གསུངས་པ་ཡིན། །ཚུལ་ཁྲིམས་འཆལ་

བའི་དགེ་སློང་ལའང་། །ངུར་སྨྲིག་འཕྲོག་དང་བརྡེག་པ་དང་། །བརྩོན་རར་འཇུག་པར་བྱེད་པ་དང་། །རབ་ཏུ་བྱུང་ལས་འབེབས་པ་དང་། །སྲོག་བྲལ་བྱེད་པ་གསུམ་པ་ཡིན། །མཚམས་མེད་ལྔ་ལ་བྱེད་པ་དང་། །ལོག་པར་ལྟ་བ་འཛིན་པ་དང་། །གྲོང་ལ་སོགས་པ་འཇིག་པ་ཡང་། །རྒྱ་བའི་ལྟུང་བར་རྒྱལ་བས་གསུངས། །བློ་སྦྱོང་མ་བྱས་སེམས་ཅན་ལ། །སྟོང་པ་ཉིད་ནི་བརྗོད་པ་དང་། །སངས་རྒྱས་ཉིད་ལ་ཞུགས་པ་དག །རྫོགས་པའི་བྱང་ཆུབ་བཟློག་པ་དང་། །སོ་སོར་ཐར་པ་ཡོངས་སྤངས་ཏེ། །ཐེག་པ་ཆེ་ལ་སྦྱོར་བ་དང་། །སློབ་པའི་ཐེག་པ་ཆགས་ལ་སོགས། །སྤོང་བར་གྱུར་བ་མིན་ཞེས་འཛིན། །ཕ་རོལ་དག་ཀྱང་འཛིན་འཇུག་དང་། །རང་གི་ཡོན་ཏན་བརྗོད་པ་དང་། །རྙེད་པ་དང་ནི་བཀུར་སྟི་དང་། །ཚིགས་བཅད་རྒྱུ་ཡིས་གཞན་སྨོད་དང་། །བདག་ནི་ཟབ་མོ་བཟོད་པའོ། །ཞེས། ལོག་པ་ཉིད་ནི་སྨྲ་བ་དང་། །དགེ་སློང་ཆད་པས་གཅོད་འཇུག་དང་། །དཀོན་མཆོག་གསུམ་གྱི་སྦྱིན་བྱེད་དང་། །སྦྱིན་པ་ལེན་པར་བྱེད་པ་དང་། །ཞི་གནས་འདོར་བར་བྱེད་པ་དང་། །ཡང་དག་འཛོག་གི་ལོངས་སྤྱོད་རྣམས། །ཁ་ཏོན་བྱེད་ལ་སྦྱིན་པ་རྣམས། །དེ་དག་རྩ་བའི་ལྟུང་བ་སྟེ། །ཕྱི་ལམ་འཕགས་པ་ནམ་སྙིང་པོའི། །མདུན་དུ་འདུག་སྟེ་བཤགས་པར་བྱ། །བྱང་ཆུབ་སེམས་ནི་ཡོངས་འདོར་དང་། །ཆགས་དང་སེར་སྣ་མི་བཟད་པས། ། སློང་ལ་སྦྱིན་པར་མི་བྱེད་དང་། །ཁྲོས་ནས་སེམས་ཅན་བརྡེག་པ་དང་། །བསྒྲིམས་ཏེ་དགའ་བར་བྱེད་པ་ན། །སེམས་ཅན་ལ་ནི་མི་བཟོད་དང་། །ཉོན་མོངས་པ་དང་གཞན་མཐུན་པས། །ཆོས་ལྟར་བཅོས་པར་བརྗོད་པའོ། །དེ་ལྟར་ན་སྨོན་སེམས་བཏང་བ་འདིར་ཡང་རྩ་ལྟུང་དུ་བཞེད་དོ། །ལྟུང་བ་འདི་དག་གི་ཉེས་དམིགས་ནི་དགེ་བའི་རྩ་བ་སྔོན་དུ་བསྐྱེད་པ་ཐམས་ཅད་ཐལ་བར་རློག་པར་བྱེད་ཅིང་ཕམ་པར་འགྱུར་ཏེ༑ ལྷ་དང་མིའི་བདེ་བའི་གནས་ཐམས་ཅད་ལས་ལྟུང་ནས་ངན་སོང་དུ་གནས་པར་འགྱུར་རོ་ཞེས་པ་ལ་སོགས་པ་དང་། ཡུན་རིང་དུ་འཁོར་བར་འཁོར་ཅིང་དགེ་བའི་བཤེས་གཉེན་དང་ཡང་བྲལ་བར་འགྱུར་རོ། །ཞེས་གསུངས་སོ༑ ༑

ཉམས་པ་ཕྱིར་བཅོས་པའི་ཚུལ་ནི། ཐོ་རངས་སྔ་བར་ལངས་ནས་གཙང་སྦྲ་སྔོན་དུ་སོང་སྟེ་ཙི་འགྲོར་པའི་མཆོད་པ་བཤམས་ལ་ཁཤར་ཕྱོགས་སུ་བསྟན་ཏེ་བདུག་སྤོས་བཟུང་སྟེ་ཐལ་མོ་སྦྱར་ནས་ལྷའི་བུ་སྐྱ་རེངས་ལ༑ སྐྱ་རེངས་ལ་སྙིང་རྗེ་ཆེན་པོ་དང་ལྡན་པ་ལེགས་པ་ཆེན་པོ་ཁྱོད་འཛམ་གླིང་དུ་ཤར་མ་ཐག་ཏུ་སྙིང་རྗེས་བདག་ལ་ཁྱབ་པར་མཛད་དུ་གསོལ། ནམ་མཁའི་སྙིང་པོ་སྙིང་རྗེ་ཆེན་པོ་དང་ལྡན་པ་ལ་ཡང་བདག་གི་ཚིག་གིས་མྱུར་དུ་བསྐུལ་ཏེ། ཐབས་གང་གིས་བདག་ལྟུང་བ་འཆབ་པར་འགྱུར་བ་དང་། ཐེག་པ་ཆེན་པོ་འཕགས་པ་ཐབས་དང་ཤེས་རབ་ཐོབ་པར་འགྱུར་བའི་ཐབས་དེ་བདག་གི་རྨི་ལམ་དུ་བསྟན་དུ་གསོལ་ཞེས་ལན་གསུམ་གྱི་

བར་དུ་འདུན་པ་དྲག་པོས་གསོལ་བ་བཏབ་ལ་སེམས་གཞན་དུ་མ་གཡེངས་པར་ཉལ་བར་བྱའོ། །རྨི་ལམ་དུ་འཕགས་པ་ནམ་མཁའི་སྙིང་པོ་བྲམ་ཟེ་དང་ཁྱེའུ་ལ་སོགས་པའི་གཟུགས་ཀྱིས་ལྟུང་བ་འཆགས་སུ་འཇུག་སྟེ་ཐབས་མཁས་པ་ཟབ་མོ་སྟོན་ཅིང་ཕྱིར་མི་ལྡོག་པའི་ས་ལ་འཇོག་པར་མཛད་དོ། །ལན་གཅིག་ཙམ་ལ་གསལ་བར་མ་བྱུང་ནའང་ལྟུང་བཤགས་འདོན་པ་དང་། དེ་བཞིན་གཤེགས་པའི་ཡི་གེ་བརྒྱ་པ་བཟླས་པའི་ཚིག་དམ་ཚིག་གསུམ་བཀོད་པའི་རྒྱུད་ལས་འབྱུང་བ་ལྟར་བྱས་ཏེ་རྨི་ལམ་བརྟག་པར་བྱའོ། །ཇི་སྲིད་ཉེས་པ་བྱང་བའི་མཚན་མ་བཟང་པོ་མ་བྱུང་གི་བར་དུ་འབད་པ་དང་སེམས་བསྐྱེད་བླང་བར་བྱའོ། །དེ་ལྟར་བྱང་ཆུབ་སེམས་དཔའི་སྡོམ་པ་བསྲུང་བའི་ཚུལ་ཤིང་རྟའི་སྲོལ་ཆེན་པོ་གཉིས་ཡོད་ཀྱང་། ལས་དང་པོ་པའི་བྱང་སེམས་ཀྱིས་གཉིས་ཀའི་དོན་དྲིལ་ནས་མི་འགལ་བར་སློབ་པ་ཡིན་པས། དེའི་ཚུལ་ནི་ཇོ་བོ་རྗེས་སྐྱེས་བུ་གསུམ་གྱི་ལམ་རིམ་མཛད་པ་ལྟར་ཐོག་མར་རང་གི་རྒྱུད་མ་སྨིན་པར་གཞན་གྱི་དོན་མི་ནུས་ཏེ། ཇི་ལྟར་འདབ་གཤོག་མེད་པ་ཡི༑ ༑བྱ་ཡིས་མཁའ་ལ་འཕུར་མི་ནུས། །དེ་བཞིན་མངོན་ཤེས་སྟོབས་བྲལ་བས། །སེམས་ཅན་དོན་བྱར་ནུས་མ་ཡིན། །ཞེས་པ་དང་། ཇི་སྲིད་མངོན་ཤེས་མེད་པ་དེ་སྲིད་གཞན་དོན་མི་བྱ་བ་བསེ་རུ་ལྟ་བུར་གནས་པར་བྱའོ། །ཞེས་གསུངས་པ་ལྟར་སྨིན་བྱེད་ཀྱི་ལམ་སྔོན་དུ་བཏང་ནས་སྟོང་ཉིད་ཟབ་མོ་སྒོམ་ན་ཚོགས་ཆུང་ཞིང་དོན་ཆེ་བས་དལ་འབྱོར་རྙེད་པར་དཀའ་བ་དང་འཆི་བ་རྗེས་སུ་དྲན་པ་ཁ་ཙམ་མིན་པར་སེམས་དང་འདྲེས་པ་ཡང་ཡང་བསྒོམས་པའི་ངང་ནས། འདུ་བྱེད་སྡུག་བསྔལ་ལ་དགོངས་ནས། སྡུག་བསྔལ་སྒོམ་པར་གསུངས་པ་ཡིན། ཞེས་པ་ལྟར་འཁོར་བའི་བདེ་བ་མཐའ་དག་དུཿཁའི་རང་བཞིན་དུ་ངེས་པ་ལེགས་པར་དྲངས་ཏེ། དགེ་སྡིག་གི་བླང་དོར་ལ་འབད་དགོས་པར་སའི་སྙིང་པོའི་མདོ་ལས། གང་ཞིག་ཇི་སྲིད་འཚོའི་བར་དུ་དགེ་བའི་ལས་ཀྱི་ལམ་གཅིག་ཙམ་ཡང་མི་སྲུང་ལ། འོན་ཀྱང་ཚིག་འདི་སྐད་དུ། ང་ནི་ཐེག་པ་ཆེན་པོ་སྟེ། ང་བླ་ན་མེད་པ་ཡང་དག་པར་རྫོགས་པའི་བྱང་ཆུབ་འཚོལ་ཞེས་ཟེར་ན། གང་ཟག་དེ་ནི་ཤིན་ཏུ་ཚུལ་འཆོས་དང་རྫུན་ཆེན་པོ་སྨྲ་བ། སངས་རྒྱས་བཅོམ་ལྡན་འདས་ཀྱི་སྤྱན་སྔར་འཇིག་རྟེན་པ་སླུ་བར་བྱེད་པ་ཆད་པར་སྨྲ་བ་སྟེ། དེ་སྨོངས་བཞིན་དུ་འཆི་བའི་དུས་བྱེད་ཅིང་ལོག་པར་ལྟུང་བར་འགྱུར་རོ། །ཞེས་པ་དང་། དེ་ལྟར་རྒྱུ་དང་འབྲས་བུ་ཐམས་ཅད་མེད་པར་བལྟ་ཞིང་ཆད་པར་སྨྲ་བ་དག་ནི་མིའི་ནང་ན་གནས་ཀྱང་། དེ་ནི་མི་ནང་ན་གནས་ཀྱང་དག་པར་སྲིན་པོ་ཡིན་ནོ། །ཞེས་གསུངས་སོ། །གསང་བ་བསམ་གྱིས་མི་ཁྱབ་པར། དབང་པོ་ཡོངས་སུ་མ་སྨིན་པ་རྣམས་ལ་ནི་ཆོས་ཉིད་ཀྱི་གཏམ་བརྗོད་པར་མི་བྱའོ། །ཞེས་པ་དང་། ནམ་མཁའི་སྙིང་པོའི་མདོར། བྱང་ཆུབ་སེམས་དཔའ་ཆེན་པོ་ལས་ཐོག་མ་པ་ལ་དེ་ཉིད་བརྗོད་དུ་ཡོད་པའི་འདུ་ཤེས་ཀྱི་ཚུལ་གྱིས་དམིགས་པ་དང་བཅས་པའི་ཕ་

རོལ་ཏུ་ཕྱིན་པ་དྲུག་བརྗོད་པར་བྱའོ། །ཞེས་པ་དང་། བློ་གྲོས་རྒྱ་མཚོས་ཞུས་པའི་མདོར། ཐེག་པ་ཆེན་པོ་སྟོད་པར་བྱེད་པའི་ཆོས་གཅིག་སྟེ། བྱ་བ་འདུག་པར་འོས་པ་ལ་ཞུགས་ཤིང་ལས་ཀྱི་རྣམ་པར་སྨིན་པ་ལ་ཡིད་ཆེས་པའོ། །ཞེས་གསུངས་པས། རྒྱུ་འབྲས་མི་སླུ་བར་ཡོད་པའི་འདུ་ཤེས་བརྟན་པོ་བཟུང་ནས་སྐུ་གཟུགས་དང་མཆོད་རྟེན་ལ་སོགས་པ་མདུན་དུ་བྱས་ཏེ་ཕྱག་འཚལ་བ་དང་མཆོད་པ་འབུལ་བ་ལ་སོགས་པ་ཡན་ལག་བདུན་པ་དང་སྐྱབས་སུ་འགྲོ་བ་དང་བྱང་ཆུབ་ཏུ་སེམས་བསྐྱེད་པའི་ཚིག་རྒྱས་བསྡུས་གང་རུང་གིས་ཡང་ཡང་སེམས་བསྐྱེད་པ་དང་། མདོ་ཀློག་པ་དང་མཆོད་རྟེན་བསྐོར་བ་དང་ཚ་ཚ་བཏབ་པ་ལ་སོགས་པ་འཕགས་པའི་ཡུལ་དུ་ཕྱིན་པའི་པཎྜི་ཏ་མཆོག་གི་དངོས་གྲུབ་བརྙེས་པ་དག་གིས་ལས་དང་པོ་པའི་ས་སྐྱོང་བའི་བསྟན་བཅོས་རྣམས་ལས་འབྱུང་བའི་ཆོས་སྤྱོད་ལ་བརྩོན་པར་བྱ་ཞིང་དེ་དག་རྫོགས་པའི་བྱང་ཆུབ་ཏུ་བསྔོ་བ་གལ་ཆེ་སྟེ། བློ་གྲོས་རྒྱ་མཚོས་ཞུས་པར། དཔེར་ན་ཇ་མཁན་གྱིས་སྟོད་དུ་མ་བྱས་པར་སྟོད་ཀྱི་མིང་མི་འཐོབ་བོ། །ཤཱ་རདྭ་ཏཱིའི་བུ། དེ་བཞིན་དུ་དགེ་བའི་རྩ་བ་རྣམས་བླ་ན་མེད་པའི་བྱང་ཆུབ་ཏུ་མ་བསྔོས་པས་ནི་ཕ་རོ་ཏུ་ཕྱིན་པའི་མིང་མི་འཐོབ་བོ། །ཞེས་གསུངས་སོ། །ཡི་གེ་འདྲི་མཆོད་སྦྱིན་པ་དང་། །ཉན་དང་ལེན་དང་འཛིན་པ་དང་། །ཀློག་དང་ཁ་ཏོན་བྱེད་པ་དང་། །དེ་སེམས་པ་དང་སྒོམ་པའོ། །སྤྱོད་པ་འདི་བཅུའི་བདག་ཉིད་ནི། །བསོད་ནམས་ཕུང་པོ་དཔག་ཏུ་མེད། །ཅེས་ཀྱང་གསུངས་སོ། །དེང་སང་བསྟན་པ་ཉམས་པའི་དུས་སུ་ཚུལ་ཁྲིམས་སྲུང་བ་དང་དམ་པའི་ཆོས་བྱེད་པ་ཕན་ཡོན་ཤིན་ཏུ་ཆེ་བ་ཡིན་ཏེ། ཟླ་བ་སྒྲོན་མེའི་མདོར། བསྐལ་པ་བྱེ་བ་གང྄ྒཱའི་བྱེ་སྙེད་དུ། །སངས་རྒྱས་དག་ནི་བྱེ་བ་ཁྲག་ཁྲིག་ལ། །གདུགས་དང་བ་དན་མར་མེའི་ཕྲེང་བ་དང་། །ཟས་དང་སྐོམ་གྱིས་དད་སེམས་མཆོད་བྱས་པས། །གང་གིས་དམ་པའི་ཆོས་ནི་འཇིག་པའི་ཚེ། །བདེ་བར་གཤེགས་པའི་བསྟན་པ་འགག་པ་ན། །ཉིན་ཞག་གཅིག་ཏུ་བསླབ་པ་གཅིག་བཟུང་བ། །དེ་བས་བསོད་ནམས་འདི་ནི་ཁྱད་པར་འཕགས། །ཞེས་པ་ལྟར་སངས་རྒྱས་ཀྱི་བསྟན་པའི་སྣང་ཚུལ་ལ་ཡང་བསམ་པར་བྱའོ། །རྒྱལ་སྲས་ཀྱི་སྤྱོད་པ་ཐམས་ཅད་བསམ་པ་དང་། སྦྱོར་བ་གཉིས་ཡིན་ལ། བསམ་པ་ནི་ཚད་མེད་པ་བཞིན་ཡིན་ཅིང་དེ་ཡང་སྙིང་རྗེ་ཆེན་པོར་འདུས་ཏེ། བྱང་ཆུབ་སེམས་དཔའི་ས་ལས། བྱང་ཆུབ་སེམས་དཔའི་ཚད་མེད་པ་འདི་དག་ཐམས་ཅད་ནི་སྙིང་བརྩེ་བ་ཞེས་བྱ་སྟེ། དེ་ལྟ་བས་ན་དེ་དག་དང་ལྡན་པའི་བྱང་ཆུབ་སེམས་དཔའ་རྣམས་ལ་ནི་བརྩེ་བ་ཅན་ཞེས་བྱའོ། །ཞེས་གསུངས་སོ། །དེ་ནི་སྤྱིར་སེམས་ཅན་སྡུག་བསྔལ་བ་ཐམས་ཅད་ལ་དམིགས་ནས་སྐྱེ་བ་ཡིན་ལ༑ ཁྱད་པར་དུ། རབ་འབར་དགྲ་ཡི་དབང་དུ་སོང་། །སྡུག་བསྔལ་གྱིས་ནོན་མུན་པས་བསྒྲིབས། །བགྲོད་དཀའི་ལམ་དུ་ཀུན་ཏུ་ཞུགས། །འཆིང་བ་ཆེ་དང་ཡང་དག་ལྡན། །ཟས་ཆེན་དུག་དང་འདྲེས་ལ་ཞེན། །ལམ་ནི་

རབ་ཏུ་སྔོར་གྱུར་པ། །ལམ་གོལ་རབ་ཞུགས་སྡོབས་ཆུང་བའི། །སེམས་ཅན་རྣམས་ལ་སྙིང་རྗེའོ། །ཞེས་པའི་བྱེ་བྲག་བཅུ་ལ་དམིགས་ནས་བསྒོམ་པ་ཡིན་ནོ། །

གཞན་དོན་སྒྲུབ་པའི་སྦྱོར་བ་ཐམས་ཅད་ནི་བསྡུ་བའི་དངོས་པོ་བཞི་འདུས་པས་དེས་གཞན་དོན་བྱེད་པའི་ཚུལ་ནི། སྦྱིན་མཚུངས་དེ་སྟོན་ལེན་འཇུག་དང་། །བདག་ཉིད་རྗེས་སུ་འཇུག་རྣམས་ཀྱིས། །སྙན་པར་སྨྲ་དང་དོན་སྤྱོད་དང་། །དོན་མཐུན་ཉིད་དུ་འདོད་པ་ཡིན། །ཞེས་པ་དང་། སློབ་དཔོན་དཔའ་བོས། སྦྱིན་པའི་གཡབ་མོས་ལེགས་པོས་ཏེ། །སྙན་པར་སྨྲ་བས་གཏམ་བྱས་ཏེ། །དོན་མཐུན་པ་ཡིན་བག་ཕབ་སྟེ། །དོན་ཆེན་གྲོས་ཆེན་གདབ་པར་བྱ། །ཞེས་པ་ལྟར་རོ། །བྱང་ཆུབ་སེམས་དཔའི་སྡོམ་པའི་སྐབས་ཏེ་གཉིས་པའོ།།

༄ གསུམ་པ་གསང་སྔགས་རྡོ་རྗེ་ཐེག་པའི་ལུགས་གཏན་ལ་དབབ་པ་ལ་གཉིས། སྤྱིར་བསྟན་པ་དང་། གཞུང་དང་སྦྱར་བའོ། །དང་པོ་ནི། སྤྱིར་ཐེག་དམན་ལས། ཐེག་ཆེན་ཁྱད་པར་འཕགས་པའི་རྒྱུ་མཚན་ནི། མདོ་སྡུད་པར། ཅི་ཕྱིར་དེ་ནི་སེམས་དཔའ་ཆེ་ཞེས་བྱ་ཞེ་ན། །སེམས་ཅན་ཚོགས་རྣམས་མང་པོའི་མཆོག་ཏུ་གྱུར་པ་ན༑ །སེམས་ཅན་ཁམས་ཀྱི་ལྟ་རྣམས་ཆེན་པོ་གཅོད་པས་ཏེ། །དེ་ཕྱིར་སེམས་དཔའ་ཆེན་པོ་ཞེས་ནི་རབ་བརྗོད་དོ༑ །གཏོང་བ་ཆེ་དང་བློ་ཆེ་བ་དང་མཐུ་ཆེ་བ། །རྒྱལ་བ་རྣམས་ཀྱི་ཐེག་ཆེན་མཆོག་ལ་ཞུགས་པ་དང་། །གོ་ཆ་ཆེན་པོ་བགོས་ཤིང་བདུད་ཀྱི་རྒྱུ་འདུལ་བ། །དེ་ཡི་ཕྱིར་ན་སེམས་དཔའ་ཆེ་ཞེས་རབ་ཏུ་བརྗོད། །ཅེས་པ་དང་། དམིགས་པ་ཆེན་པོ་ཉིད་དང་ནི། །དེ་བཞིན་སྒྲུབ་པ་ཉིད་དག་དང་། །ཡེ་ཤེས་བརྩོན་འགྲུས་བརྩམ་པ་དང་། །ཐབས་ལ་མཁས་པར་གྱུར་པས་ཏེ། །ཆེན་པོ་འདི་དག་དང་ལྡན་པས། །ཐེག་ཆེན་ཞེས་ནི་ངེས་པར་བརྗོད། །ཅེས་གསུངས་པ་དེ་ནི་སྔགས་དང་མཚན་ཉིད་ཀྱི་ཐེག་པ་གཉིས་ཀའི་ཁྱད་ཆོས་ཐུན་མོང་བ་ཡིན་ལ། ཁྱད་པར་སྔགས་ཀྱི་ཐེག་པའི་ཁྱད་ཆོས་ལ། དོན་གཅིག་ན་ཡང་མ་རྨོངས་དང་། །ཐབས་མང་དཀའ་བ་མེད་པ་དང་། །དབང་པོ་རྣོན་པོའི་དབང་བྱས་པས། །སྔགས་ཀྱི་ཐེག་པ་ཁྱད་པར་འཕགས། །ཞེས་པའི་དོན་ནི་ཕལ་ཆེར་ལ་གྲགས་པས་གོ་སླ་ལ། སློབ་དཔོན་ཛྙཱ་ན་ཤྲཱིས། གསང་སྔགས་ཀྱི་ཐེག་པ་འདི་ཐེག་པ་ཆེན་པོ་དབུ་མ་པ་ལས་ཀྱང་ཁྱད་པར་ཅི་ཞིག་ཡོད་པར་བསྟན་ཅེ་ན། དམིགས་པ་དང་སྒྲུབ་པ་དང་ཡེ་ཤེས་དང་བརྩོན་འགྲུས་དང་གདུལ་བྱ་མ་ལུས་པ་རྗེས་སུ་འཛིན་ནུས་པ་དང་། ཉོན་མོངས་བྱིན་གྱིས་རློབ་པ་དང་། བྱིན་གྱིས་རློབ་པ་མྱུར་བ་དང་། མྱུར་དུ་འབྱུང་བ་དང་། ཉོན་མོངས་པ་སྤོང་པ་དང་། བསམ་པ་སྤྱོད་པ་བླ་ན་མེད་པའི་ཐབས་མཁས་པ་སྟེ་རྣམ་པ་བཅུ་གཅིག་གིས་ཁྱད་པར་དུ་འཕགས་སོ། །ཞེས་པའི་དང་པོ་ནི། དཀྱིལ་པ་རྡོ་རྗེ་དང་། ནམ་མཁའ་དང་མཉམ་པ་དང་། དགྲ་ནག་ལ་སོགས་པའི་རྒྱུད་སྡེ་བསམ་གྱིས་མི་ཁྱབ་པ་ལ་དམིགས་པའོ། །

གཉིས་པ་ནི། བསྐྱེད་པའི་རིམ་པ་ལ་བརྟེན་ནས་ལུས་ཀྱི་བཀོད་པ་སྣ་ཚོགས་པ་དང་ཏིང་ངེ་འཛིན་གྱི་སྟོབས་ཀྱིས་ཀྱང་སྟོན་ནུས་པའོ། །

གསུམ་པ་ནི། བསྐྱེད་རྫོགས་ཀྱི་རྣལ་འབྱོར་ལ་བརྟེན་ནས་རྒྱུད་དང་ངོ་བོ་དང་ལས་དག་པས་ཡེ་ཤེས་མྱུར་དུ་འགྲུབ་པའོ། །

བཞི་པ་ནི། དམ་ཚིག་རྣམ་པར་དག་པའི་དབང་གིས་བརྩོན་འགྲུས་ཆེན་པོ་མྱུར་དུ་བརྩོམ་པའོ། །

ལྔ་པ་ནི། མཚམས་མེད་པ་ལྔ་བྱེད་པ་ལ་སོགས་ཐེག་པ་གཞན་དུ་སྤྱངས་པ་རྣམས་ཀྱང་འདིར་འགྲུབ་པར་འགྱུར་བའོ། །

དྲུག་པ་ནི། ལྷ་མཆོད་པའི་ཚུལ་དང་བདེ་བ་ལ་བརྟེན་པའི་རྫོགས་རིམ་ལ་སོགས་པའོ། །

བདུན་པ་ནི། ད་ལྟ་ཉིད་ནས་སངས་རྒྱས་ཀྱིས་དབང་བསྐུར་ཅིང་བྱིན་གྱིས་རློབ་པའོ། །

བརྒྱད་པ་ནི། ཚེ་འདི་དང་སྐྱེ་བ་བདུན་དང་སྐྱེ་བ་བཅུ་དྲུག་ནས་ངེས་པར་འཚང་རྒྱ་བའོ། །

དགུ་པ་ནི། ཡུལ་རྣམས་ཁྱད་པར་ཅན་དུ་བྱས་ཏེ། དབྱིབས་དང་ཁ་དོག་གི་དམ་ཚིག་གིས་ཉོན་མོངས་པ་རང་བཞིན་གྱིས་གྲོལ་བའོ། །

བཅུ་པ་ནི། བསྐྱེད་རིམ་གྱི་དམིགས་པས་ཐ་མལ་གྱི་སྣང་བ་འགགས་ཏེ། ལས་ཀྱི་རྣམ་སྨིན་ལོག་ནས་བསོད་ནམས་ཀྱི་ཚོགས་འཕེལ་ཅིང་བདག་མེད་པའི་དོན་ལ་ངང་གིས་འཇུག་སྟེ། རྣམ་པར་སྨིན་པ་འདིར་སྨིན་པ፧ །ལས་རྣམས་ཀྱི་ནི་འབྲས་བུ་ཐོབ། །གང་ཚེ་གྲུབ་པ་ཐོབ་གྱུར་པ། །དེ་ཚེ་ལས་ཀྱི་རྣམ་སྨིན་ལྡོག །སེམས་ནི་རང་དངོས་མེད་ཕྱིར་དང་། །འབྲས་བུ་རྒྱུ་རྣམས་སྤྱངས་པའི་ཕྱིར། །ལས་ཀྱི་སྐྱེ་བ་རྣམས་ལས་ཐར། །སྐྱེ་བ་ནམ་མཁའ་ལྟ་བུ་ཡིན། །ཞེས་གསུངས་སོ། །གསང་སྔགས་བཟླས་པས་ངག་རྒྱལ་བའི་བཀར་འགྱུར་ཚོས་རྗེས་སུ་དྲན་ཅིང་ཆོས་ལ་ཤེས་ནས་དད་པ་ཐོབ། བདེན་པའི་ཚིག་འགྲུབ་ཅིང་ཐབས་དང་ཤེས་རབ་འབྲེལ་པའི་ཡེ་ཤེས་དང་དྲན་པ་ཐོས་བསམ་རྩེ་གཅིག་པར་འགྱུར། འཕགས་པ་རྣམས་མཆོད་པ་དང་འགྲོ་བའི་དོན་དུ་འགྱུར། ལྷ་མཉེས་ཤིང་དངོས་གྲུབ་སྟེར། ཆོས་ཐམས་ཅད་ཡི་གེའི་རྣམ་འཕྲུལ་ལ་དབང་བསྒྱུར། བདག་མེད་ཀྱི་དོན་རིམ་གྱིས་འཇུག །སྒྲ་ཐམས་ཅད་བྲག་ཆར་ཤེས་པའོ། །ཐུགས་ཀྱི་རྣལ་འབྱོར་གྱིས་ཆོས་རྣམས་སྒྱུ་མ་ལྟ་བུར་ཤེས་ཤིང་ཉོན་མོངས་པ་རྣམས་ཚོགས་མེད་པར་སྤྱངས་ཏེ། གཉེན་པོ་དགེ་བ་ལ་རློམས་སེམས་མེད་པར་མཆོག་ཐུན་མོང་གི་དངོས་གྲུབ་ངེས་པར་ཐོབ་བོ། །

བཅུ་གཅིག་པ་ནི། དཀའ་ཐུབ་སྡོམ་པ་མི་བཟད་པ། །བསྟེན་ནས་འགྲུབ་པར་མི་འགྱུར་གྱི། །འདོད་

པའི་ལོངས་སྤྱོད་ཐམས་ཅད་ལ། །བརྟེན་ན་མྱུར་དུ་འགྲུབ་པར་གསུངས། །ཞེས་གསུངས་པས། ལུས་གསོས་ཤིང་ཡིད་བདེ་བས་རྣལ་འབྱོར་བསྒོམ་པ་དང་། སེམས་ཀྱི་ཏིང་ངེ་འཛིན་ནི་གཙོ་བོར་བྱེད་པ་དང་། གཙང་རྙོག་དང་བཟང་ངན་གྱི་རྟོག་པ་གཞོམ་པའི་ཕྱིར་ཤ་ལྔ་ལ་སོགས་པ་མི་གཙང་བ་དག་ལའང་ངོར་སྒོམས་པར་སྤྱོད་པ་ཡིན་ནོ། །གཉེན་པོ་སྟོབས་ཆུང་བས་ཉོན་མོངས་ཚར་གཅོད་མི་ནུས་པ་དང་། སེམས་ཕྱི་རོལ་ཏུ་གཡེངས་པ་དང་། གཙང་ཞེན་གྱི་རྟོག་པ་སྤོང་མི་ནུས་པའི་གང་ཟག་ལ། བསྟུང་བར་གནས་པ་དང་སྦྱང་བའི་ཡོན་ཏན་ལ་གནས་ནས་གླེགས་བམ་ཀློག་པ་དང་། མཆོད་རྟེན་བསྐོར་བ་ལ་སོགས་ལུས་ངག་གི་སྤྱོད་པ་གཙོ་བོར་གསུངས་པ་ཡིན་ནོ༎ །གསང་སྔགས་ཀྱི་ཁྱད་ཆོས་དེ་དག་མཚན་ཉིད་པའི་ཐེག་པ་ལ་ཡང་ཆ་མཐུན་ཙམ་གྱིས་འདོད་ཡོན་ལམ་དུ་བྱེད་པ་དང་། ཡི་གེ་ཨ་ར་པ་ཙ་ན་ལ་སོགས་པ་རེ་རེའི་སྒྲ་དོན་ཆོས་ཀྱི་སྒོ་དུ་མ་ལ་འཇུག་པ་ལ་སོགས་གསུངས་ནའང་། སྔགས་ཀྱི་ཐེག་པར་གསུངས་པའི་ཁྱད་ཆོས་ཉོན་མོངས་རྡོ་རྗེ་འཆང་གི་ལམ་དུ་འཁྱེར་ཚུལ་དང་དོན་མི་ཅིག་གོ །བླ་མ་འགའ་ཞིག་སྔགས་ཀྱི་ཐེག་པའི་ཟབ་ཁྱད་དངོས་གཞི་བསྐྱེད་རིམ་ལ་སྦྱོར་བ་ཡང་དབང་གོང་མ་རྣམས་ཀྱི་ལམ་རིམ་ཆེས་ཟབ་པ་རྣམས་ཡལ་བར་འདོར་བའི་སྐྱོན་ཚིག་ཡིན་ནམ་སྙམ་མོ། །དབུ་མ་པའི་སྤྲོས་བྲལ་སྟོང་ཉིད་རྟོགས་པའི་ལྟ་བ་དང་། སྔགས་ཀྱི་ལྟ་བའི་མཐར་ཐུག་ཁྱད་པར་མེད་པར་ཉམས་སུ་ལེན་དགོས་ནའང་། སྤྲོས་བྲལ་དུ་ཤེས་པར་བྱ་བའི་གཞི་ཐབས་ཀྱི་བྱེ་བྲག་མང་པོ་ཡོད་པའི་ཕྱིར། དེས་ཁྱད་པར་དུ་བྱས་པའི་སྟོང་པ་ཉིད་ཉམས་སུ་ལེན་པ་ཡིན་གྱི། སྟོང་ཉིད་རྐྱང་པ་སྒོམ་པའི་རྫོགས་རིམ་སྔགས་ཀྱི་ཉམས་ལེན་ལ་མཁས་པའི་རྣལ་འབྱོར་པ་ལ་མེད་དོ། །ཡང་མཚན་ཉིད་ཀྱི་ཐེག་པ་ལ་རྒྱུ་དང་། སྔགས་ལ་འབྲས་བུའི་ཐེག་པ་ཞེས་རྒྱུ་འབྲས་ཀྱི་ཐ་སྙད་མཛད་པ་ནི་དབང་མདོར་བསྟན་དུ། སྟོང་ཉིད་ལུགས་འཛིན་རྒྱུ་ཡིན་ཏེ། །འབྲས་བུ་སྙིང་རྗེ་མི་འགྱུར་འཛིན། །སྟོང་ཉིད་སྙིང་རྗེ་དབྱེར་མེད་པ། །བྱང་ཆུབ་སེམས་ཞེས་བྱ་བར་བཤད། །ཅེས་རྣམས་པ་ཐམས་ཅད་ཀྱི་མཆོག་དང་ལྡན་པའི་སྟོང་པ་ཉིད་གཙོ་བོར་སྟོན་པ་ཕ་རོལ་ཏུ་ཕྱིན་པའི་ཐེག་པ་སྟེ། ནམ་མཁའ་མཛོད་ཀྱི་མདོར། འདི་ལྟ་སྟེ་དཔེར་ན། ཤུ་ཁ་ནས་རླུང་འཇུག་པ་དེ་བཞིན་དུ་གང་དང་གང་ནས་སེམས་ལ་སྐྱོན་བྱུང་བ་དེ་དང་དེ་ནས་བདུད་ཀྱིས་གླག་རྙེད་པར་འགྱུར་རོ། །དེ་ལྟ་བས་ན་བྱང་ཆུབ་སེམས་དཔས་སེམས་ལ་སྐྱོན་མེད་པ་ཉིད་དུ་བྱའོ། །དེ་ལ་སེམས་ལ་སྐྱོན་མེད་པ་ནི་འདི་ཡིན་ཏེ། འདི་ལྟར་རྣམ་པ་ཐམས་ཅད་ཀྱི་མཆོག་དང་ལྡན་པའི་སྟོང་པ་ཉིད་ཡོངས་སུ་རྫོགས་པའོ། །རྣམ་པ་ཐམས་ཅད་ཀྱི་མཆོག་དང་ལྡན་པའི་སྟོང་པ་ཉིད་གང་ཞེ་ན། གང་ལ་འདི་ལ་བྱང་ཆུབ་སེམས་དཔའི་སྤྱོད་པ་ཡོངས་སུ་མི་གཏོང་བས་དངོས་པོ་ཐམས་ཅད་སྟོང་པ་ཉིད་དུ་གོམས་པར་བྱེད་པའམ། གོམས་པར་བྱས་པས་ཏེ། ཞེས་པ་ལྟར་རོ། །དེ་ལ་

བརྟེན་ནས་འབྲས་བུ་མི་འགྱུར་བའི་བདེ་བ་ཆེན་པོ་འབྱུང་བས་དེ་གཙོ་བོར་སྟོན་པ་སྔགས་ཀྱི་ཐེག་པའོ། །ཡང་ན་བློའི་འཛིན་སྟངས་སེམས་ཅན་ལས་དང་ཉོན་མོངས་པ་དང་དེའི་འབྲས་བུ་སྡུག་བསྔལ་བས་གདུང་བ་རྣམས་ལ་བྱམས་པ་དང་སྙིང་རྗེ་ལ་སོགས་པ་སྒོམ་པ་དང༌། བདག་གཞན་བརྗེ་བའི་བྱང་ཆུབ་ཀྱི་སེམས་སྦྱོང་བ་ལ་སོགས་སངས་རྒྱས་ཀྱི་རྒྱུའི་ཆོས་ལ་གོམས་པར་བྱེད་པ་དང༌། ད་ལྟ་ཉིད་ནས་འབྲས་བུ་སངས་རྒྱས་ཀྱི་སྐུ་གསུང་ཐུགས་ཀྱི་ང་རྒྱལ་བཟུང་ནས་ལམ་བསྒྲུབ་པའི་ཚུལ་གྱིས་རྒྱུ་འབྲས་ཀྱི་ཐེག་པར་བཞག་པ་ཡིན་ནོ། །ཞེས་ཀྱང་བླ་མ་དམ་པ་དག་གསུངས་སོ། །

རྒྱུད་ཀྱི་དོན་ནི། ཐོག་མཐའ་བར་དུ་རྒྱུན་མི་ཆད་པ་གནས་པ་ཡིན་ཏེ། རྡོ་རྗེ་རྩེ་མོར། རྒྱུད་ནི་རྒྱུན་ཞེས་བྱ་བསྟེ། །འཁོར་བ་རྒྱུད་དུ་འདོད་པ་ཡིན། །ཞེས་པ་དང༌། གསང་འདུས་སུ། རྒྱུད་ནི་རྒྱུན་ཆགས་ཞེས་བྱ་སྟེ། །རྒྱུན་དེ་རྣམ་པ་གསུམ་དུ་འདོད། །གཞི་དང་དེ་ཡི་རང་བཞིན་དང༌། །མི་འཕྲོགས་པ་ཡི་རབ་དབྱེའོ། །རང་བཞིན་རྣམ་པ་རྒྱུ་ཡིན་ཏེ། །གཞི་ནི་ཐབས་ཞེས་བྱ་བར་བརྗོད། །དེ་བཞིན་ཡིད་འཕྲོག་འབྲས་བུ་ཡིན། །ཞེས་པ་དང༌། སློབ་དཔོན་ཤཱཀྱ་བཤེས་གཉེན་གྱིས། །དོན་ནི་རྣམ་པ་གསུམ་དུ་འདུས། །རྒྱུ་དང་ཐབས་དང་འབྲས་བུའོ། །རྒྱུ་ནི་ཐེག་ཆེན་རིགས་ཅན་ཏེ། །དགེ་བའི་ཆོས་ཀྱིས་རྣམ་པར་བརྒྱན། །ཐབས་ནི་རྣམ་པ་གཉིས་ཡིན་ཏེ། །དབང་བསྐུར་དེ་བཞིན་སྤྱོད་དང་བཅས། །འབྲས་བུ་སྐུ་གསུམ་ཐུན་མོང་གྲུབ། །ཡང་དག་སྤྱོང་བར་བྱེད་དང་བཅས། །ཞེས་རྒྱུ་རྒྱུད་དང་ཐེག་ཆེན་གྱི་རིགས་དང་སངས་རྒྱས་ཀྱི་སྙིང་པོ་རྣམས་དོན་གཅིག་ཅིང༌། སམྦུ་ཊི་ར། རང་བཞིན་ངོ་བོ་ཉིད་འདི་ལ། །ཆོས་ཀྱི་སྐུར་ནི་རབ་ཏུ་བརྗོད། །ཅེས་པ་དང༌། སེམས་ཅན་རྣམས་ནི་སངས་རྒྱས་ཉིད། །འོན་ཀྱང་གློ་བུར་དྲི་མས་བསྒྲིབས། །ཞེས་པ་དང༌། གུར་དུ། ཆོས་ཀྱི་དབྱིངས་ནི་མཆོག་ཏུ་ཞི། །འདི་ནི་རིན་ཆེན་སེམས་སུ་བརྗོད། །ཡིད་བཞིན་ནོར་བུ་རིན་པོ་ཆེ། །འདོད་པའི་འབྲས་བུ་རབ་སྟེར་བ། །ཞེས་པ་དང༌། ས་ར་ཧའི་ཞལ་སྔ་ནས། སེམས་ཉིད་གཅིག་པུ་ཀུན་གྱི་ས་བོན་ཏེ། །གང་ལ་སྲིད་དང་མྱ་ངན་འདས་འཕྲོ་བ། །འདོད་པའི་འབྲས་བུ་ཐམས་ཅད་སྟེར་བྱེད་པའི། །ཡིད་བཞིན་ནོར་འདྲའི་སེམས་ལ་ཕྱག་འཚལ་ལོ། །ཞེས་པ་དང༌། རྒྱལ་བ་བྱམས་པས། དེ་བཞིན་ཉིད་འདི་ཐམས་ཅད་ལ། །ཁྱད་པར་མེད་ཀྱང་དག་འགྱུར་བས། །དེ་བཞིན་གཤེགས་ཉིད་དེ་ཡི་ཕྱིར། །འགྲོ་ཀུན་དེ་ཡི་སྙིང་པོ་ཅན། །ཞེས་གསུངས་པའི་དོན་སེམས་ཀྱི་ཆོས་ཉིད་འདུས་མ་བྱས་པའི་དེ་བཞིན་ཉིད་ཡིན་པས་འདུས་བྱས་ཀྱི་སྤྲོས་པས་དབེན་པའི་ཕྱིར་རང་བཞིན་གྱིས་འོད་གསལ་བ་དང༌། སེམས་ཀྱི་ཆོས་ཅན་རང་རིག་པའི་ངོ་བོ་འདོད་ཆགས་ལ་སོགས་པའི་སེམས་བྱུང་གློ་བུར་གྱི་དྲི་མས་རང་བཞིན་གྱིས་དབེན་པའི་ཕྱིར་སེམས་ཀྱི་རང་བཞིན་གྱིས་འོད་གསལ་བ་ཡིན་ཏེ། བརྒྱད་སྟོང་པར། སེམས་ལ་སེམས་

མ་མཆིས་ཏེ་སེམས་ཀྱི་རང་བཞིན་ནི་འོད་གསལ་བའོ། །ཞེས་སོ། །དེ་གཉིས་ཟུང་དུ་འཇུག་པ་ནི་འདིར་རྒྱུ་རྒྱུད་ཡིན་ནོ། །དེ་སེམས་ཅན་ཐམས་ཅད་ལ་ཁྱབ་པའི་དོན་གྱི་རིགས་ཆད་པའི་གང་ཟག་མི་སྲིད་ཅིང་། མདོ་སྡེ་རྒྱན་དུ༑ ལ་ལ་གཅིག་ཏུ་ཉེས་པ་སྤྱོད་ངེས་ཡོད། །ལ་ལ་ཐར་པ་ཆ་མཐུན་དགེ་བ་མེད། །ལ་ལ་དཀར་པོའི་ཆོས་རྣམས་རྣམ་པར་བཅོམ། །དཀར་པོ་དམན་པ་ཡོད་པའང་རྒྱུ་དང་བྲལ། །ཞེས་པ་དང་ལོག་སྲིད་ཅན་གཏན་ཡོངས་སུ་མྱ་ངན་ལས་མི་འདའ་བ་ཞེས་གསུངས་པ་ནི། རྒྱས་འགྱུར་གྱི་རིགས་མེད་པ་ལ་དགོངས་པ་ཡིན་ཏེ། ཐོགས་མེད་རང་བཞིན་གནས་པ་དང་། །ཡང་དག་བླངས་པ་མཆོག་ཉིད་དོ། །ཞེས་པ་དང་། གཏེར་དང་ལྗོན་པའི་ཤིང་བཞིན་དུ། །རིགས་འདི་རྣམ་གཉིས་ཤེས་བྱ་སྟེ། །ཞེས་རྒྱལ་ཚབ་བྱམས་པའི་གསུང་ཤིན་ཏུ་གསལ་ཞིང་གོ་སླ་བ་འདི་ལྟ་བུ་ལའང་གསུང་ནང་འགལ་བར་སྣང་བ་དང་། རང་གི་བློའི་དྲི་མ་ངན་པས་དམུས་ལོང་ལྟ་བུར་གྱུར་ཀྱང་གསུང་རབ་ཀྱི་དོན་ལ་བློ་གྲོས་ཀྱི་མིག་དང་ལྡན་པར་རློམ་པ་དུ་མ་ཞིག་བྱུང་ངོ་། །བདག་མེད་མའི་བསྟོད་འགྲེལ་དུ། ཆོས་རྗེ་ཉིད་ཀྱིས། རྒྱུ་རྒྱུད་ནི་རང་བཞིན་དྲི་མེད་ཅེས་པ་སྟེ། རང་གི་སེམས་ཀྱི་ཆོས་ཉིད་རང་བཞིན་གྱི་རྟོག་པའི་དྲི་མ་ཐམས་ཅད་དང་བྲལ་བ་ཡིན་ཏེ། ཀྱཻ་བརྡ་ལས། སངས་རྒྱས་མ་ཡིན་སེམས་ཅན་མིན། །གཅིག་ཀྱང་ཡོད་པ་མ་ཡིན་ཏེ། །ཞེས་པ་དང་། འཕགས་པ་བྱམས་པས་ཀྱང་། ཆུ་ཁམས་གསེར་དང་ནམ་མཁའ་བཞིན། །དག་པ་བཞིན་དུ་དག་པས་གནས། །ཞེས་གསུངས་པ་ཡིན་ནོ། །དེ་ལྟར་ན་འབད་པ་མེད་པར་གྲོལ་བར་འགྱུར་རོ་ཞེ་ན་མ་ཡིན་ཏེ། བློ་གྲོས་གློ་བུར་དུ་དྲི་མས་སྒྲིབས་པ་ཞེས་སྨོས་ཏེ། སེམས་ཀྱི་ཆོས་ཉིད་རང་བཞིན་གྱིས་དག་ཀྱང་སེམས་ཀྱི་མཚན་ཉིད་གློ་བུར་གྱི་དྲི་མས་བསྒྲིབས་པ་ཞེས་བྱ་བའི་དོན་ཏོ། །དེ་ལྟར་རང་བཞིན་གྱི་དག་པ་ལ་གློ་བུར་གྱི་དྲི་མས་གོས་ན་འབད་པ་དོན་མེད་པར་འགྱུར་རོ་ཞེ་ན་མ་ཡིན་ཏེ། གློ་བུར་གྱི་དྲི་མ་ནི་སྦྱང་དུ་རུང་བ་ལ་བྱའོ། །སྔར་མེད་པ་ལ་ཕྱིས་དྲི་མ་བྱུང་བ་ལྟ་བུ་མ་ཡིན་ཏེ། བཅོམ་ལྡན་འདས་ཀྱི་མདོ་ལས་ཀྱང་། གང་དག་སྦྱང་དུ་རུང་བའི་ཆོས་དེ་ནི་གློ་བུར་བའོ། །ཞེས་གསུངས་པའི་ཕྱིར་རོ། །

དེས་ན་གང་ཞིག་གསེར་འགྲུབ་པའི་དུས་སུ་གཡའ་འགྲུབ་མོད་ཀྱང་གཡའ་སྦྱང་ན་དག་པར་འགྱུར་བས་དེ་ལ་གློ་བུར་བ་ཞེས་གདགས་སོ། །དྲི་མས་བསྒྲིབས་པ་ཞེས་པ་ནི། ཉོན་མོངས་པ་དང་ཤེས་བྱའི་སྒྲིབ་པས་ཐར་པའི་གོ་སྐབས་བཀག་པའོ། །རྒྱུའི་རྒྱུད་ཞེས་རྒྱུ་རྒྱུད་ཀྱི་ངོས་འཛིན་ལམ་ཁྲིར་གསུངས་པ་འདི་མཁྱེན་པར་མཛོད་ལ་ས་སྐྱ་པཎྜི་ཏ་འདི་ལྟར་འདོད་དོ། །ཅལ་ཅོལ་སྨྲ་བ་རྣམས་ཐུགས་དྲན་པས་འཛིན་པར་ཞུ། གྲུབ་ཆེན་བི་རཱུ་པས་ཀྱང་ཀུན་གཞི་རྒྱུ་རྒྱུད་ཅེས་པ་དང་། ཀུན་གཞི་རྣམ་པར་དག་པ་ཆོས་ཀྱི་སྐུའོ་ཞེས་པ་དང་། འདི་ནི་རང་བཞིན་སྐུ་གསུམ་དང་། །ཡེ་ཤེས་ལྔ་ཡི་བདག་ཉིད་དེ། །སེམས་ཅན་རྣམས་ནི་སངས་རྒྱས་ཉིད། །སངས་

གྲུས་གཞན་དུ་བསྟན་པ་མེད། །ཅེས་པ་དང་། རིན་ཆེན་སེམས་ལས་ཕྱིར་གྱུར་པའི། །སངས་རྒྱས་མེད་ཅིང་སེམས་ཅན་མེད། །སྲིད་མེད་མྱ་ངན་འདས་པ་མེད། །བདག་མེད་གཞན་ཡང་མེད་པ་སྟེ། །ཆོས་འདི་བདེ་བ་ཆེན་པོའོ། །ཞེས་ཁྱད་པར་གྱི་ཆོས་དང་ལྡན་པ་གསལ་བར་གསུངས་སོ། །ཐབས་ཀྱི་རྒྱུད་ནི་བླ་མ་དམ་པ་དང་། སློབ་བྱེད་དབང་དང་གྲོལ་བྱེད་རིམ་པ་གཉིས་དང་། དེའི་གྲོགས་སུ་གྱུར་པ་ཕྱག་རྒྱ་དང་དམ་ཚིག་དང་། སྤྱོད་པ་དང་། རྡོ་རྗེའི་ལུས་སྐྱོན་མེད་པ་རྣམས་ཡིན་ཏེ། ལུས་ཐབས་རྒྱུད་ཅེས་གསུངས་སོ། །འབྲས་བུའི་རྒྱུད་ནི་གནས་སྐབས་ཐུན་མོང་གི་འབྲས་བུ་མཁའ་སྤྱོད་དང་། ས་འོག་ན་སྤྱོད་པ་དང་གནོད་སྦྱིན་མ་དབང་དུ་བསྡུད་པ་ལ་སོགས་དངོས་གྲུབ་ཆེ་ཆུང་རྣམས་ཅི་རིགས་པར་ཐོབ་ཅིང་། མཆོག་གི་དངོས་གྲུབ་ཕྱག་རྒྱ་ཆེན་པོ་མངོན་དུ་འགྱུར་བ་ཡིན་ཏེ། ཕྱག་རྒྱ་ཆེན་པོ་འབྲས་བུའི་རྒྱུད་ཅེས་གསུངས་སོ། །དེ་དག་སྟོན་པར་བྱེད་པའི་རྡོ་རྗེ་འཆང་གི་གསུང་ལའང་རྒྱུད་ཀྱི་མཚན་བཏགས་པ་ཡིན་ནོ། །རྒྱུད་སྡེ་འོག་མ་རྣམས་ལ་མཐའ་དྲུག་ཚུལ་བཞིའི་རྒྱས་གདབ་པ་ཤས་ཆུང་ན་ཡང་རྣལ་འབྱོར་དང་རྣལ་འབྱོར་མ་དང་རྣལ་འབྱོར་བླ་ན་མེད་པའི་རྒྱུད་རྣམས་ཀྱི་བརྗོད་བྱའི་དོན་ཟབ་ཅིང་རྒྱ་ཆེ་བ་རྣམས་ལ་རང་གར་འཇུག་པ་དགག་པ་དང་། སྣོད་མིན་ལ་གསང་བའི་ཕྱིར་ཚུལ་བཞི་དང་མཐའ་དྲུག་གིས་རྒྱས་བཏབ་པ་རྣམས་སྣོད་ལྡན་ལ་སྟོན་པའི་ཚེ་འགྲོལ་ཤེས་དགོས་པས།

དེ་ལ་ཚུལ་བཞི་ནི། ནམ་མཁའ་དང་མཉམ་པའི་རྒྱུད་ལས། ཡི་གེ་དང་ནི་ཡན་ལག་དང་། །བསྡུས་པའི་དོན་དང་སྤྱི་ཡི་དོན། །སྦས་དང་དེ་བཞིན་ཐར་ཐུག་པ། །རྒྱུད་རྣམས་ངེས་པ་ཁོ་ན་ཡིན། །ཞེས་གསུངས་པ་ལྟར་བརྗོད་བྱ་སྤྱི་དང་། སྦས་པ་དང་མཐར་ཐུག་པ་དང་གསུམ། བརྗོད་བྱེད་ཡི་གེའི་ཚུལ་དང་བཞི་ལས། སྤྱི་ནི་མཚན་ཉིད་ཐེག་པའི་ལམ་ལ་གོམས་པའི་ཉན་ཐོས་དང་རྒྱལ་སྲས་རྣམས་ཀྱི་ཐེག་པ་ལ་ཞུགས་པ་རྣམས་ཀྱི་བརྗོད་པ་དང་ཐེ་ཚོམ་སྤང་བའི་ཕྱིར་ལམ་ལྔ་དང་ཕྱོགས་མཐུན་སུམ་ཅུ་རྩ་བདུན་བཤད་པ་ལྟ་བུ་སྟེགས་དང་མཚན་ཉིད་གཉིས་ཀ་ལ་ཡོད་པའི་སྤྱི་དང་། དང་པོ་སྦྱོར་བ་དང་དཀྱིལ་འཁོར་རྒྱལ་མཆོག་དང་ལས་རྒྱལ་མཆོག་གི་ཏིང་ངེ་འཛིན་གསུམ་ལྷ་བསྐྱེད་ཚུལ་ཕལ་ཆེར་ལ་མཐུན་པར་སྟོན་པ་བསྐྱེད་པའི་རིམ་པ་སྤྱི་དང་། དེ་བཞིན་དུ་སྐྱབས་སུ་འགྲོ་བ་དང་སེམས་བསྐྱེད་པ་དང་སྡོམ་པ་བཟུང་བ་དང་རབ་གནས་དང་སྦྱིན་སྲེག་དང་གཏོར་ཆོག་ལ་སོགས་ཕལ་ཆེར་རྒྱུད་མང་པོ་ལ་སྤྱི་ཁྱབ་ཏུ་ཡོད་པ་རྣམས་སྤྱིའི་ཁོངས་སུ་འདུས་པ་ཡིན་ནོ། །གཞན་ཡང་རྒྱུད་ནི་རྒྱུད་གཞན་གྱིས་རྫོགས་པར་བྱའོ། །ཞེས་གསུངས་པ་ལྟར་རྣལ་འབྱོར་བླ་མེད་དུ་ཡང་། དཀྱིལ་འཁོར་ཆོག་དེ་ཉིད་འདུས་པ་ལྟར་བྱ་བར་གསུངས་པ་དང་། སྤྱི་རྒྱུད་དུས་གསུང་པའི་དམ་ཚིག་དང་ལག་ལེན་མང་པོ་སྤྱི་ཁྱབ་ཏུ་སྒྲུབ་དགོས་པ་རྣམས་སྤྱིའི་ཚུལ་དུ་འདུས་པ་ཡིན་ནོ། །

སྦས་པའི་དོན་ནི། སྤྱིར་མཆོག་དབང་གསུམ་མ་ཐོབ་ཅིང་བུམ་པའི་དབང་ཙམ་གྱི་ལམ་ལ་བརྟེན་པའི་གང་ཟག་ལ། གོང་མའི་དབང་དང་དམ་ཚིག་ལ་ཉམས་ལེན་རྣམས་སྦ་ཞིང་། སློབ་དཔོན་གྱི་དབང་མ་ཐོབ་པ་ལ་རྡོ་རྗེ་སློབ་དཔོན་གྱི་དབང་བྱ་བ་དང་དམ་ཚིག་རྣམས་ཀྱང་སྦས་པ་ཡིན་ལ། དེ་བཞིན་དུ་གོང་མ་གོང་མའི་དབང་དང་ལམ་དང་དམ་ཚིག་རྣམས་འོག་མ་རྣམས་ལ་སྦས་པའི་དོན་ཡིན་ནོ། །སྤྱིར་བླ་མེད་ཀྱི་རྒྱུད་ལས་གསུངས་པའི་རྡོ་རྗེ་བཟླས་པ་དང་། རང་བྱིན་བརླབས་དང་། སེམས་ཙན་རྣམ་པར་དག་པའི་རིམ་པ་ཡང་གསང་སྔགས་ཀྱི་ཟབ་དོན་ཡིན་པས་སྦས་པའི་ཚུལ་དུ་བཤད་དགོས་ཏེ། སྒྲོན་གསལ་ལས། སྦས་པ་རྣམ་པ་གསུམ་དུ་བཤད། །ཅེས་སོ། །དེ་ལས་ཀྱང་ཁྱད་པར་དུ་འདོད་ཆགས་ལམ་དུ་བྱེད་པའི་ཐབས་ཀྱི་མན་ངག་ཕྱག་རྒྱ་བཞི་བསྟེན་པའི་རྣལ་འབྱོར་དང་། དེ་ལ་བརྟེན་པའི་ཡེ་ཤེས་ངོས་བཟུང་ནས་ཉམས་སུ་ལེན་པའི་ཚུལ་ནི་རྣམས་པ་ཀུན་ཏུ་སྦས་པའི་དོན་ཡིན་ནོ། །

མཐར་ཐུག་པའི་ཚུལ་ནི། སྤྱིར་དེ་ལས་གོང་དུ་བོགས་དབྱུང་དུ་མེད་པ་གཅིག་ལ་ཟེར་བ་ཡིན་ཅིང་། མི་སློབ་ལམ་དང་བཅུ་གཅིག་ཀུན་ཏུ་འོད་ཀྱི་ས་ལ་སོགས་པ་དང་། སྔགས་ཀྱི་ལམ་ལ་ས་བཅུ་གཉིས་པ་དང་། བཅུ་གསུམ་རྡོ་རྗེ་འཛིན་པའི་ས་ལྟ་བུ་འབྲས་བུའི་མཐར་ཐུག་པ་དང་། རིམ་པ་ལྔའི་ཟུང་འཇུག་གི་རིམ་པ་ལས་ལྷག་པའི་ལམ་མེད་པས་ལམ་གྱི་མཐར་ཐུག་དང་། སྤྲོས་པ་ཐམས་ཅད་དང་བྲལ་བའི་དེ་བཞིན་ཉིད་ལས་གཞན་པའི་ཕ་རོལ་ན་རྟོག་པར་བྱ་བའི་དོན་མེད་པས་དོན་དམ་པའི་བདེན་པ་མཐར་ཐུག་ཏུ་གསུངས་པ་ལྟ་བུའོ། །གཞན་ཡང་། དབང་བཞི་དང་འབྲེལ་པའི་རྟོགས་པ་ཚད་དུ་ཕྱིན་ཡང་། རང་རང་གི་མཐར་ཐུག་གི་དོན་དུ་བཤད་ཀྱང་འགལ་བ་མེད་དོ། །

རྗོད་བྱེད་ཡི་གེའི་དོན་ནི། ཐུན་མོང་གི་རིག་པ་ངེས་བརྗོད། སྦྱིབ་སྦྱོར་དང་། དབྱིངས་དང་། རྟགས་དང་། རྐྱེན་གྱི་ཡི་གེ་ལ་སོགས་པ་སྒྲ་ལ་མངོན་པར་ཞེན་པ་རྣམས་རྗེས་སུ་བཟུང་བ་དང་། བརྟས་པ་བཟློག་པའི་ཕྱིར་བཤད་པ་ཡིན་ཏེ། སྒྲ་ཡི་བསྟན་བཅོས་རབ་གསལ་བའི། །ཕྱི་རོལ་བསྟན་བཅོས་མཁས་པ་ཡིས། །དེ་ཡི་སྒྲུབ་པ་རབ་སྟོན་པ། །ཡི་གེའི་དོན་དུ་ངེས་པར་བཤད། །ཅེས་པ་ལྟར་ཡི་གེའི་དབྱིངས་དང་ཡི་གེ་ཁ་སྲལ་ཏེ་ཕྲི་བ་དང་བསྣན་པ་ལ་སོགས་པའི་ཚུལ་གྱིས་བཤད་པ། ན་ར་མི་དང་། ག་བི་བ་ལང་དང་། ཀུ་ར་ཁྱི་དང་། རཀྟ་ཁྲག་དང་། ཤུ་ཀྲ་ཁུ་བའི་མིང་ལ། ཡི་གེ་ཕྱིས་བསྣོན་གྱིས་སྟོན་པ། ཤ་ལྟར། ན་ལས་མི་འི་ཤ །ག་ལས་བ་ལང་གི་ཤ །ཀུ་ལས་ཁྱི་འི་ཤ་ཞེས་པ་དང་། བདུད་རྩི་ལྟར། ར་ལས་ཁྲག་དང་། ཤུ་ལས་ཁུ་བ་ཞེས་པ་ལྟ་བུ་དང་། ཐུགས་ཀྱི་ས་བོན་ཧཱུྃ་ཡིག་ལ་སོ་སོར་ཕྲལ་ཏེ་ཧ་ལ་སྟོན་དུ་ཧཱུ་དང་། ཕྱིས་ཀ་བསྣན་ཏེ། ཧཱུ་ཀ་ཞེས་པ་བཟུང་བ་དང་། དེ་

བཞིན་དུ་ཨཱ་ཧ་ཙ་ཞེས་པ་འཛིན་པ་དང་། ཞབས་ཀྱུའི་ཨུ་ཡིག་ཤའི་སྲོག་ཏུ་བཅུག་པས་ཤུ་དང་། ཙྪ་ཏྭ་བསྟན་པས་ཤུ་ཙྪ་ཏྭ་སྟོང་པ་ཉིད་དང་། ཀླད་སྐོར་གྱི་མ་ལ་ཨ་ནོ་བྱིན་པས། མ་ནུ་ཞེས་པས་ཡིད་དེ། དེ་ལྟར་ན་བཟུང་འཛིན་གཉིས་ཀྱིས་སྟོང་པར་གྱུར་པའི་ཡིད་དེ་ཉིད་ལ། ཡི་གེ་ཏྲ་སྦྱར་བས་རྣམ་པར་རྟོག་པ་ལས་སྐྱོབ་པའི་དོན་དུ་འགྱུར་བ་ལ་སོགས་པ་དང་། ཨེ་ཝཾ་མ་ཡ་ཞེས་པ་ལ། ཨེ་ཡིག་དབྱིབས་གྲུ་གསུམ་དུ་ཡོད་པ། ལྟེ་བ་མན་ཆད་སུམ་མདོའི་བར་གྲུ་གསུམ་དུ་གནས་པ། དབྱིབས་མཐུན་པ་ཙམ་ལ་ཨེ་ཡིག་ཏུ་བཏགས་པ་ལ་སོགས་དང་། སྒྲ་ལ་མཁས་པར་རློམ་པ་རྣམས་སྔགས་ཀྱི་དོན་ལ་རང་དགར་འཛུག་པ་དགག་པའི་ཕྱིར། རྩ་བའི་རླུང་ལྔ་དང་། ཡན་ལག་གི་རླུང་ལྔ་སྟེ་བཅུ་ལས། ཀོ་ཊ་ཁྲིད་ཀོ་ཊ་བ་ཞེས་པ་ལ་སོགས་པ་དང་། ལྷ་སྦྱིན་གཙང་པ་ཀླུ་ཞེས་པ་ལ་སོགས་སངས་རྒྱས་ཁོ་ནས་བརྡ་སྦྱར་བ་ཡིན་གྱིས། སྒྲ་སྒྲུབ་རྒྱུད་དང་མིང་དོན་བཤད་རྒྱུ་མེད་པའི་ཡི་གེ་བླ་མ་དམ་པའི་ཞལ་གྱི་གདམས་པ་ཁོ་ན་ལ་རག་ལས་པ་དུ་མ་ཡོད་དོ། །

མཐའ་དྲུག་ནི་སྒྲོན་གསལ་དུ། དྲང་བ་དང་ནི་ངེས་དོན་བཅས། །དགོངས་པས་བཤད་དང་དགོངས་མིན་དང་། །ཇི་བཞིན་ཇི་བཞིན་མ་ཡིན་སྒྲ། །མཐའ་ནི་དྲུག་ཏུ་ཤེས་པར་བྱ། །ཞེས་པས་ངེས་དོན་ཟབ་མོ་བསྟན་པའི་སྐོར་དུ་མི་རུང་བའི་གང་ཟག་ཐེ་ཚོམ་དང་ཡིད་གཉིས་ཅན་རྣམས་ལ། བསྐྱེད་རིམ་དང་ཞི་རྒྱས་ལ་སོགས་པའི་དངོས་གྲུབ་ཕྲ་མོ་སྟོན་པ་དྲང་དོན་དང་ཟབ་མོ་བསྟན་པའི་སྐོར་དུ་རུང་བའི་གདུལ་བྱ་སྐལ་ལྡན་ལ། སྦས་པའི་དོན་ཟབ་མོ་གསལ་བར་སྟོན་པ་ངེས་དོན་དང་། ཤིན་ཏུ་ཟབ་པའི་དོན་འཇིག་རྟེན་གྱི་ལུགས་དང་འགལ་བའི་ཚིག་གིས་སྟོན་པ་དགོངས་པ་དང་། ཚིག་གི་ཐ་སྙད་སྤྱོད་པའི་ཤེས་རབ་དམན་ཅིང་ཤིན་ཏུ་ཟབ་པའི་དོན་བསྟན་པའི་སྐོར་དུ་རུང་པ་ལ། འཇིག་རྟེན་ན་གྲགས་པའི་ཚིག་གིས་སྟོན་པ་དགོངས་པ་མ་ཡིན་པ་དང་། རྟུལ་ཚོན་གྱི་དཀྱིལ་འཁོར་འདྲི་བའི་ཐིག་དང་། ཚོན་གྱི་ཚོག་དང་། ནད་ཞི་བ་དང་། ཚེ་སྤེལ་བ་དང་། ཆར་དབབ་པ་ལ་སོགས་སྒྲ་ཇི་བཞིན་པ་བསྟན་པ་དང་། རྣལ་འབྱོར་སློངས་མས་མི་རྒྱུ་ཞིང་། །ཞེས་པ་ལྟ་བུ། གཟུང་འཛིན་གྱི་རྣམ་པར་རྟོག་པ་སྐད་ཅིག་ཙམ་ཡང་སེམས་ལ་མི་རྒྱུ་བར་ཡང་དག་པའི་དོན་སྒོམ་པ་ལྟ་བུ་སྒྲ་ཇི་བཞིན་མ་ཡིན་པར་བཤད་དགོས་པ་ཡིན་ནོ། །བཤད་ཚུལ་དེ་དག་ཀྱང་རྐྱང་པ་དང་། གཅིག་ལ་གཉིས་དང་། གསུམ་ལ་སོགས་པ་ཚང་བའི་རྣམ་བཞག །འགྲེལ་པ་དང་མན་ངག་གི་ཡི་གེ་རྣམས་སུ་ཡང་མི་གསལ་ཅིང་རྟོགས་པར་དཀའ་བ་མང་དུ་ཡོད་པ་རྣམས་ལ་ཡུན་རིང་དུ་གོམས་པར་བྱས་ཏེ། རང་རྒྱུད་ལ་ངེས་པ་ཡང་དག་པར་དྲངས་ནས་སྐལ་བ་དང་ལྡན་པ་དག་ལའང་རྡོ་རྗེ་འཆང་གི་དགོངས་པ་མངོན་པར་སྟོན་པ་ནི། རིག་པ་འཛིན་པའི་སྡེ་སྣོད་ཀྱི་བསྟན་པ་ལུང་གི་ཆོས་འཛིན་པའི་རྡོ་རྗེ་སློབ་དཔོན་མཚན་གསལ་བར་རིག་པ་ཡིན་ནོ། །རྒྱུད་ཉན་པའི་

སློབ་མ་ནི་སློབ་དཔོན་ཟླ་བ་གྲགས་པས་རིགས་ལྡར་བཤད་དོ། །ཐོག་མར་རྒྱ་ཐོས་པའི་ཚེ། ཚིག་དོན་འཛིན་པ་ལ་མཁས་ཀྱང་མྱུར་དུ་བརྗེད་པར་གྱུར་ཏེ་བསམ་བྱུང་གི་ཤེས་རབ་ཀྱིས་གཏན་ལ་འབེབས་པར་མི་ནུས་པས་ཨུཏྤལ་ལྟ་བུ་དང་། ཚིག་དོན་མང་དུ་ཐོས་ཤིང་བཟུང་བར་གྱུར་ཀྱང་གཞན་ལ་སྟོན་པའི་མཐུ་མེད་པ་པད་དཀར་ལྟ་བུ་དང་། དད་པ་དང་སྙིང་རྗེ་དང་ཤེས་རབ་དང་ལྡན་པས་ཚིག་དོན་ཁོང་དུ་ཆུད་ཀྱང་རིམ་གྱིས་ཉམས་པར་འགྱུར་བ་པདྨ་དམར་པོ་ལྟ་བུ་དང་། ཐོས་པ་ཉུང་ཞིང་ངྒྱལ་ཆེ་ལ་དོན་རྟོགས་པའམ་རྩ་བ་མེད་པར་ཚིག་ཙམ་སྨྲ་བ་མང་ལ་གདུལ་བྱ་རྗེས་སུ་འཛིན་པའི་ཡན་ལག་དང་བྲལ་བ་ཅན་ལྟ་བུ་དང་། ཚུལ་ཁྲིམས་དག་ཅིང་མཁས་ཤིང་སྙིན་ལ་ཚིག་དོན་ལེགས་པར་ཁོང་དུ་ཆུད་ནས་གདུལ་བྱའི་བློ་དང་མཐུན་པར་སྟོན་པ་རིན་པོ་ཆེ་ལྟ་བུའི་གང་ཟག་གོ །དང་པོ་བཞི་ལ་བུམ་པའི་དབང་བསྐུར་ནས་བསྐྱེད་རིམ་དང་དྲང་དོན་གྱི་ཆ་ཙི་རིགས་པ་བསྟན་པའི་སྣོད་དུ་རུང་བས་ཚོགས་ལ་བཤད་པ་ཞེས་བྱ། ལྔ་པ་ནི་མཆོག་དབང་གསུམ་བསྐུར་ནས་སྨྲས་པ་དང་ངེས་པའི་དོན་ཟབ་མོ་བསྟན་པའི་སྣོད་དུ་རུང་བ་སློབ་མ་ལ་བཤད་པ་ཞེས་རིགས་གཉིས་སུ་མཛད་དོ། །སློབ་དཔོན་མཁས་པ་རྣམས་ཀྱི་བཤད་སྲོལ་ལ། རྣལ་འབྱོར་རྒྱུད་དུ། དཀྱིལ་འཁོར་ཆེན་པོར་འཇུག་པ་ལ་སྣོད་དུ་རུང་མི་རུང་བརྟག་མི་དགོས་པར་གསུངས་པས། སློབ་དཔོན་མཚན་ཉིད་དང་ལྡན་པས་ལེགས་པར་བསྒྲུབས་པའི་རྡུལ་ཚོན་གྱི་དཀྱིལ་འཁོར་ལྟ་བུ། ཁྲིམ་ཆེན་པོས་མཐོང་བ་ལ་ཡང་གསང་སྒྲིགས་ཀྱི་ཉེས་པ་མེད་ཅིང་། མཚམས་མེད་ལྔ་ལ་སོགས་སྡིག་པ་ཆེན་པོ་ལས་གྲོལ་བའི་ཕན་ཡོན་ཡོད་དེ། ཉིན་རེ་བྲམ་ཟེ་གསོད་པ་དང་། །མཚམས་མེད་ལྔ་པོ་བྱེད་པ་དང་། །གདོལ་པ་སླིག་མ་མཁན་ལ་སོགས། །ཚོན་རྩི་མཐོང་བས་གྲོལ་བར་འགྱུར། །ཞེས་གསུངས་པའི་ཕྱིར་རོ། གསང་སྔགས་ཀྱི་སྒོར་ཞུགས་ནས་ཉམས་སུ་ལེན་པའི་གང་ཟག་ཡིན་ན་སྣོད་བརྟག་དགོས་ཤིང་། དེ་ལ་བྱ་རྒྱུད་ཀྱི་ཉམས་ལེན་ཙམ་ལ་ཐེག་ཆེན་སེམས་བསྐྱེད་དང་གསོ་སྦྱོང་ཞག་རེ་ཙམ་བླངས་པ་ལ། ལྷ་བསྒོམ་བཟླས་བཟློག་སོགས་སུ་རུང་བའི་ཕྱིར་སྣོད་བརྟག་དགོས་པ་ཆེ་ཆུང་ངོ་། །རྣལ་འབྱོར་གྱི་རྒྱུད་དེ་ཉིད་བསྡུས་པ་ལྟ་བུའི་ཆོས་སྐོར་ཞུགས་ནས་ཉམས་སུ་ལེན་པ་ཡིན་ན། སོ་སོར་ཐར་པའི་སྡོམ་པ་དང་ཐེག་ཆེན་སེམས་བསྐྱེད་གཞིར་བཞག་པའི་སྟེང་དུ་རིགས་ལྔའི་སྡོམ་པ་བསྲུང་བའི་སྣོད་རུང་ལ། རྡོ་རྗེ་སློབ་དཔོན་གྱིས་དབང་བསྐུར་ནས་དོན་བྱེད་ནུས་གཅིག་དགོས་པར་གསལ་ལོ། །རྣལ་འབྱོར་བླ་ན་མེད་པའི་རྒྱུད་ཀྱི་ཆོས་སྐོར་ཞུགས་ནས་ཉམས་སུ་ལེན་པའི་གང་ཟག་ལ། རིགས་གཉིས་སུ་ཕ་རྒྱུད་དང་མ་རྒྱུད་གཉིས་མེད་ཀྱི་རྒྱུད་ཐམས་ཅད་ནས་གསལ་བར་གསུངས་པས། ཀུན་རྫོབ་བསྐྱེད་པའི་རིམ་པ་ལ་བརྟེན་ནས་ཐུན་མོང་གི་དངོས་གྲུབ་དོན་དུ་གཉེར་བ་ལ། བུམ་དབང་གི་དམ་ཚིག་དང་སྡོམ་པ་མ་ཉམས་པར་བསྲུང་བ་གཅིག་དགོས་ལ། དོན་

དམ་རྫོགས་རིམ་ལ་བརྟེན་ནས་མཆོག་གི་དངོས་གྲུབ་འདོད་པའི་གང་ཟག་ལ། དབང་གོང་མ་གསུམ་གྱི་དམ་ཚིག་དང་སྡོམ་པ་བླངས་ནས་མ་ཉམས་པར་བསྲུང་བ་གཅིག་དགོས་པས་གདུལ་བྱའི་སྣོད་བརྟག་པ་དང་། སློབ་དཔོན་གྱི་མཚན་ཉིད་བླ་མ་ལྔ་བཅུ་པར་གསུངས་པ་ལྟར་ལེགས་པར་བརྟག་ནས་བླང་དོར་བྱེད་པ་ཤིན་ཏུ་གལ་ཆེའོ། །རྒྱུ་མཚན་དེས་ན་གསང་སྔགས་ཀྱི་སྒོར་འཇུག་པའི་གང་ཟག་ལ་ཆོས་དེ་དང་དེའི་སྣོད་དུ་རུང་མི་རུང་བརྟག་པ་དང་། སློབ་མ་འཇུག་པའི་ཚེ་ཡང་ཡོལ་བའི་ཕྱིར་བྱེད་པ་ཤིན་ཏུ་གལ་ཆེའོ། །ཕྱིར་འཇུག་དང་ནང་འཇུག་དང་གདོང་རས་འཆིང་བ་ལ་སོགས་དེ་དག་ཆེན་པོ་མཛད་པ་ཡིན་ནོ། །

རྒྱུད་སྡེ་བཞིར་འཛོག་པའི་རྒྱུ་མཚན་ནི། མི་རིགས་བཞིའི་སྤྱོད་ཚུལ་དང་བསྟུན་ནས་འཛོག་པ་དང་། རྫོགས་ལྡན་ལ་སོགས་པ་དུས་བཞི་ཆེན་པོ་དང་སྦྱར་ནས་འཛོག་པ་དང་། གཉིད་སད་པ་ལ་སོགས་པ་བག་ཆགས་བཞི་སྦྱོར་བ་དང་སྦྱར་བ་དང་། ཐུན་མཚམས་བཞི་དང་སྦྱར་བ་དང་། གྲུབ་མཐའ་བཞི་དང་སྦྱར་བ་དང་། ཕྱི་རོལ་པའི་རིག་བྱེད་བཞི་དང་སྦྱར་བ་དང་། འདོད་ཆགས་རིགས་བཞི་དང་སྦྱར་བ་ལ་སོགས་པ་རྒྱས་པར་མཁས་པ་རྣམས་ཀྱིས་ཡང་དང་ཡང་གཏན་ལ་ཕབ་པས་འདིར་མ་སྨོས་ལ། རྒྱུད་སྡེ་ལྔ་དང་དྲུག་དང་གསུམ་དུ་འབྱེད་ཚུལ་ཡང་དེ་དག་ན་གསལ་ལོ། །སྤྱིར་སྔགས་ཀྱི་ཐེག་པའི་ཁྱད་ཆོས་རྒྱུད་སྡེ་འོག་མ་རྣམས་ལའང་ཚང་དགོས་ན་འབྱེད་ཚུལ་འགའ་ཞིག་ལ་ཇི་བཞིན་དུ་སྦྱར་དཀའ་བར་སྣང་ངོ་། །རྡོ་རྗེ་ཐེག་པའི་ཁྱད་ཆོས་གཙོ་ཆེར་ཐབས་ཀྱི་ཆ་ནས་འདོད་ཡོན་ལམ་དུ་བྱེད་པ་དང་། ཤེས་རབ་ཀྱི་ཆ་ནས་རྒྱུ་རྒྱུད་ཀྱི་ཁྱད་ཆོས་ཚང་བ་སེམས་ཀྱི་སྙིང་དུ་ངོས་བཟུང་ནས་ཉམས་སུ་ལེན་པ་དང་། ཉོན་མོངས་པ་མ་སྤངས་པར་སངས་རྒྱས་ཀྱི་ལམ་དུ་ཁྱེར་བ་ཡིན་པས། ཁྱད་ཆོས་གལ་ཆེ་བ་རྣམས་མ་ཚང་ན་གསང་སྔགས་ཀྱིས་གོ་མི་ཆོད་པའི་ཕྱིར་བྱ་སྤྱོད་ཀྱི་ལམ་ལ་ཡང་ཚང་དགོས་སོ། །སམྦུ་ཊི་ར། སྲིན་བུའི་ཚུལ་གྱིས་རྒྱུད་བཞིར་གནས། །ཞེས་པའི་དོན་ཉོན་མོངས་པ་ལ་གནས་ནས་ཉོན་མོངས་པ་ཟད་པར་བྱེད་པ་ཡིན་ཏེ། ཤིང་འབུ་ཤིང་ལ་གནས་ནས་ཟ་བར་བྱེད་པ་བཞིན་ནོ། །དེ་ལ་ཉོན་མོངས་པ་ཐམས་ཅད་དུག་གསུམ་དུ་འདུས་པ་རྒྱུད་སྡེ་འོག་མ་གཉིས་གཏི་མུག་ཤས་ཆེ་བའི་གང་ཟག་དང་། རྣལ་འབྱོར་གྱི་རྒྱུད་དུག་གསུམ་བར་མ་ལ་གནས་པ་དང་། རྣལ་འབྱོར་བླ་མེད་ཀྱི་ཕ་རྒྱུད་དུག་གསུམ་ཆེན་པོ་ལ་གནས་པ་དང་། མ་རྒྱུད་དུག་གསུམ་ཤིན་ཏུ་ཆེ་བའི་རིགས་ཅན་ལ་གསུངས་པ་ཡིན་ཏེ། རབ་ཏུ་སྒྲོན་གསལ་ལས། དེ་ལ་རབ་དང་འབྲིང་གི་གཏི་མུག་གི་རིགས་ཅན་ལ་དགོངས་ཏེ་བྱ་བའི་རྒྱུད་བསྟན་ཏོ། །གཏི་མུག་དམན་པའི་རིགས་ཅན་རྣམས་ལ་སྤྱོད་པའི་རྒྱུད་བསྟན་ཏོ། །དམན་པ་དང་བར་མའི་འདོད་ཆགས་དང་ཞེ་སྡང་དང་གཏི་མུག་གི་རིགས་ཅན་རྣམས་ལ་རྣལ་འབྱོར་གྱི་རྒྱུད་བསྟན་ཏོ། །འདོད་ཆགས་དང་ཞེ་སྡང་དང་གཏི་

མུག་རབ་ཀྱི་རིགས་ཅན་རྣམས་ལ་རྣལ་འབྱོར་བླ་མའི་རྒྱུད་བསྟན་ཏོ། །རབ་ཀྱི་རབ་ཀྱི་འདོད་ཆགས་དང་ཞེ་སྡང་དང་གཏི་མུག་གི་རིགས་ཅན་རྣམས་ལ་རྣལ་འབྱོར་མའི་རྒྱུད་བསྟན་ཏོ། །ཞེས་གསུངས་པ་ལྟར་ཉོན་མོངས་པ་གཞན་ཐམས་ཅད་ཀྱི་རྩ་བ་ཡང་གཏི་མུག་ཡིན་པས། དེའི་ལམ་དུ་བྱེད་ཚུལ་བྱ་བའི་རྒྱུད་དུ་གསུངས་པ་བཞིན་ཉམས་ལེན་བྱས་པ་ལ། ལས་དང་པོ་པས་ཁམས་དྭངས་པར་བྱ་བའི་ཕྱིར་སྒྲིག་ཆགས་མེད་པའི་ཆུ་གཙང་གིས་དུས་གསུམ་དུ་ཁྲུས་བྱེད་པ་དང་། གོས་གསར་པ་བཟང་བ་དང་། ཀུ་ཤ་གཙང་མའི་སྟན་ལ་འདུག་པ་དང་། སྟན་གཅིག་དང་། བསྙུང་གནས་དང་། དཀར་གསུམ་ཙམ་ལ་བརྟེན་ནས་གཉིད་ཀྱི་རྒྱུ་རྣམས་སྤངས་ཏེ། ཐོག་མར་ནང་གི་དམིགས་པ་ལ་རྩེ་གཅིག་ཏུ་འཛོག་མི་ནུས་པས་ཕྱི་རོལ་གྱི་རས་བྲིས་ལ་སེམས་བཟུང་ནས་ཉམས་སུ་ལེན་པ་ཡིན་ནོ། །དེ་ཡང་དཔུང་བཟངས་ལས། བུ་གཅིག་ལུས་དག་པར་ནི་བྱ་བའི་ཕྱིར། །དེ་བཞིན་གཤེགས་པས་བསྙུང་བ་མི་གསུངས་ཏེ། །ཁམས་གདན་བདེ་བ་འགྲུབ་པར་བྱ་བའི་ཕྱིར། །དེ་བཞིན་གཤེགས་པས་བསྙུང་བ་རྗེས་སུ་གསུངས། །ཞེས་སོ། །གཏི་མུག་བསྲབས་པར་གྱུར་པས་བྲིས་སྐུ་ཉིད་ཡི་དམ་གྱི་ལྷ་དང་དབྱེར་མེད་དུ་གྱུར་ནས་འོད་ཟེར་བཀྱེད་པ་དང་། ལུང་སྟོན་པ་དང་། དངོས་གྲུབ་སྩོལ་བར་མཛད་པ་ཡིན་ནོ། །དེ་བས་གཏི་མུག་ཤས་ཆུང་བའི་རིགས་ཅན་གྱིས་རས་བྲིས་ཀྱི་ལྷ་དང་རང་ཉིད་ལྷར་བསྐྱེད་པ་རེས་འཛོག་ཏུ་ཉམས་སུ་བླངས་པས་གོམས་པ་མཐར་ཕྱིན་ནས་ཡི་དམ་གྱི་ལྷའི་སྐུ་གསུང་ཐུགས་དང་། རང་གི་ལུས་ངག་ཡིད་གསུམ་མཚུངས་ཤིང་ཁྱད་པར་མེད་པར་གྱུར་པའི་ཚེ་གྲུབ་པ་ཡིན་ནོ། །

དེ་ཡང་། ཕྱག་ན་རྡོ་རྗེ་དབང་བསྐུར་བར། ཡེ་ཤེས་རྡོ་རྗེ་བླ་ན་མེད། །བདག་ཉིད་དེ་བཞིན་གཤེགས་པ་ཡི། །ཡེ་ཤེས་གཟུགས་སུ་གནང་བ་འདི། །བླུན་པོ་རྣམས་ཀྱི་མི་ཤེས་སོ། །ཞེས་སྤང་བྱ་གཏི་མུག་ངོས་བཟུང་ནས། ཡིད་རྣམ་པར་དག་པ་དང་ལྡན་པ་དེ་ཚེ་རྣམ་པ་ཐམས་ཅད་དུ་བརྟག་པར་བདག་གི་ལུས་དང་ལྷའི་གཟུགས་མཚུངས་པ་དང་། བདག་གི་ངག་དང་ལྷའི་ངག་ཏུ་མཚུངས་པ་དང་། བདག་གི་ཡིད་དང་ལྷའི་ཡིད་དུ་མཚུངས་པར་མཐོང་བ་དེའི་ཚེ་མཉམ་པར་བཞག་པ་ཡིན་ནོ། །ཞེས་གསུངས་སོ། །དུག་གསུམ་བར་མ་ལ་གནས་པའི་གདུལ་བྱས། ཕུང་པོ་ལྔ་དང་ཉོན་མོངས་ལྔ་ལ། རིགས་ལྔ་དང་ཡེ་ཤེས་ལྔའི་ཐ་སྙད་ཆ་མཐུན་ཙམ་དུ་སྦྱར་ནས། དེ་རྣམས་སོ་སོའི་ཆ་ལ་འཁོར་གྱི་ལྷ་དང་སྦྱར་ཏེ། དམ་ཚིག་པ་བསྐྱེད་དེ་ཡེ་ཤེས་པ་སྤྱན་དྲངས་ནས་གཅིག་ཏུ་བྱས་པ་ལ། དམ་ཚིག་ཕྱག་རྒྱས་སངས་རྒྱས་ཐམས་ཅད་འདུས་པའི་ཐུགས་དང་། ཆོས་ཀྱི་ཕྱག་རྒྱས་གསུང་དང་། ཕྱག་རྒྱ་ཆེན་པོས་སྐུ་དང་། ལས་ཀྱི་ཕྱག་རྒྱས་སངས་རྒྱས་ཐམས་ཅད་ཀྱི་ཕྲིན་ལས་སུ་བྱིན་གྱིས་བརླབས་ཏེ་མི་འབྲལ་བར་བཅིངས་ནས། མཉམ་པ་གསུམ་གྱི་ངང་ལ་རྩེ་གཅིག་ཏུ་མཉམ་པར་བཞག

པས། བདག་གི་ལུས་ངག་ཡིད་གསུམ་བྱ་བ་དང་བཅས་པ་རྒྱལ་བའི་སྐུ་གསུང་ཐུགས་ཕྲིན་ལས་སུ་སྒྲུབ་པ་ཡིན་ཏེ། དེ་ཉིད་འདུས་པར། ཇི་ལྟར་རྒྱལ་པོའི་ཕྱག་རྒྱ་ཉིད། །རྒྱལ་པོའི་ཁྲིམས་ལ་འདེབས་པ་ལྟར། །བདག་ཉིད་ཆེན་པོས་སྐྱེ་བོ་རྣམས། །སྐུ་གསུང་ཐུགས་ནི་རྡོ་རྗེ་ཡི། །གཟུགས་བརྙན་གྱི་ནི་ཚུལ་དུ་ཡང་། །ཉིད་ཀྱི་ཕྱག་རྒྱས་བཏབ་པ་ནི། །བདག་ཉིད་ཆེ་བའི་ཕྱག་རྒྱ་ཆེར། །ཤེས་ནས་དངོས་གྲུབ་ཐོབ་པར་འགྱུར། །ཞེས་པ་དང་། སངས་རྒྱས་ཀྱི་གཟུགས་བརྙན་མདུན་དུ་ཚིག་ཙམ་གྱིས་ཀྱང་སྒོམས་ལ། ཅི་དགའ་བར་བྱེད་ཅིང་རྡོ་རྗེའི་ཚིག་གིས་ལན་བརྒྱ་རྩ་བརྒྱད་བཟླས་ན་མྱུར་བར་དངོས་གྲུབ་ཏུ་འགྱུར་རོ། །ཞེས་པས་མདུན་དུ་ལྷ་སྐུ་གསལ་བཏབ་ཙམ་གྱིས་ཀྱང་ཕྲིན་ལས་སྒྲུབ་པར་ནུས་སོ། །ཉོན་མོངས་ཆེན་པོ་ལ་གནས་པའི་གདུལ་བྱ་ལ་རྣལ་འབྱོར་བླ་མེད་ཀྱི་རྒྱུད་ཉམས་སུ་ལེན་ཚུལ་རགས་པ་ཕྱིས་རིམ་གྱིས་བསྟན་པར་བྱའོ། །རྣལ་འབྱོར་མ་རྒྱུད་ལ་སྒྲུ་འཕྲུལ་ཆེན་པོའི་ལུགས་ཀྱིས། སྔགས་དང་དབྱིབས་དང་ཆོས་བདག་ཉིད་སྦྱོར་བ་རྣམ་གསུམ་ཤེས་བྱ་སྟེ། ཡེ་ཤེས་རྣམ་པ་གསུམ་གྱིས་ནི། །སྲིད་པའི་ཉེས་པས་གོས་མི་འགྱུར། །ཞེས་པའི་དོན་བུམ་པའི་དབང་ལུས་ལ་བསྐུར་ནས་བསྐྱེད་རིམ་སྤྲུལ་སྐུར་ངོ་ཤེས་ནས་སྒོམ་པ་དབྱིབས་ཀྱི་བདག་ཉིད་ཉམས་སུ་ལེན་པ་དང་། གསང་དབང་ངག་ལ་བསྐུར་ནས་ངག་ལོངས་སྐུར་ངོ་ཤེས་ནས་གཏུམ་མོ་བསྒོམ་པ་སྔགས་ཀྱི་བདག་ཉིད་དང་། ཤེས་རབ་ཡེ་ཤེས་ཀྱི་དབང་སེམས་ལ་བསྐུར་ནས། ཡིད་ཆོས་སྐུར་ངོ་ཤེས་པས་དཀྱིལ་འཁོར་འཁོར་ལོ་སྒོམ་པ་ཆོས་ཀྱི་བདག་ཉིད་གཅིག་དང་། སྒོ་གསུམ་རླུང་དང་བཅས་པ་ལ་ཚིག་དབང་བསྐུར་ནས་རྡོ་རྗེ་གསུམ་དང་དབྱེར་མི་ཕྱེད་པའི་རླུང་ངོ་བོ་ཉིད་སྐུར་ངོ་ཤེས་ནས། རྡོ་རྗེ་ཐ་རླབས་སྒོམ་པ་ཆོས་ཀྱི་བདག་ཉིད་དེ། དབང་བཞིའི་ལམ་སྐུ་བཞིའི་བདག་ཉིད་དུ་ཤེས་ནས་ཉམས་སུ་ལེན་པ་ལ། བདག་ཉིད་གསུམ་གྱི་རྣལ་འབྱོར་ཉམས་སུ་ལེན་པའི་ཚུལ་ཤིན་ཏུ་ཟབ་མོ་འདི་སྒྲུབ་པར་འདོད་ན། གྲུབ་ཆེན་ཀུ་ཀུ་རི་པའི་ཆོས་བདུན་དང་། ནག་པོ་ལྷ་ལ་དད་པས་མཛད་པའི་འགྲེལ་པ་ལ་སོགས་པ་གྲུབ་ཐོབ་ཀྱི་གདམས་པའི་ཉིང་ཁུ་མར་པ་ལོ་ཙྪ་ནས་བརྒྱུད་པ་བཞིན་དུ་ཤེས་པར་བྱའོ། །

ཡང་འབྲས་བུ་སྐུ་བཞི་དང་སྦྱར་བའི་གནས་བཞིའི་སྒྲུབ་ཚུལ་ནི། གོང་བུ་ཆུ་དང་གཟུགས་སུ་བཅས། །དེ་བཞིན་གཟུགས་ལས་འདས་པ་སྟེ། །གནས་པ་རྣམ་པ་བཞི་རུ་ནི། །རྒྱུད་རྣམས་ངེས་པ་ཁོ་ན་ཡིན། །ཞེས་པའི་དོན་ནི་ལོངས་སྤྱོད་རྫོགས་པའི་སྐུ་འགྱུར་བ་མེད་པའི་དགའ་བདེ་ལ་རོ་གཅིག་པར་ལོངས་སྤྱོད་པའི་བདག་ཉིད་ཡིན་པའི་ཕྱིར་གོང་བུ་གནས་པའོ། །ཆོས་ཀྱི་སྐུ་ནི་དབྱིངས་དང་ཡེ་ཤེས་ཆུ་ལ་ཆུ་འདྲེས་པ་ལྟར་དབྱེར་མི་ཕྱེད་པའི་བདག་ཉིད་ཡིན་པའི་ཕྱིར་ཆུར་གནས་པའོ། །སྤྲུལ་པའི་སྐུ་ནི་མཚན་དཔེས་སྤྲས་པའི་དབྱིབས་དང་ཁ

དོག་གི་རྣམ་པ་ཅན་དུ་སྣང་བའི་ཕྱིར་གཟུགས་སུ་གནས་པའོ། །ངོ་བོ་ཉིད་ཀྱི་སྐུ་ནི་སྐུ་གསུམ་པོ་ཐམས་ཅད་ཀྱང་དེའི་རང་བཞིན་དུ་འདྲེས་ཤིང་ཐིམ་པའི་ཕྱིར་གཟུགས་ལས་འདས་པར་གནས་པའོ། །འདི་ལ་ནི་མངལ་སྐྱེས་དང་སྦྱར་བ་དང་། དབང་དང་སྦྱར་བ་དང་། ལྷ་བསྐྱེད་པར་སྦྱར་བ་དང་། སྦས་པའི་དོན་དང་སྦྱར་བ་ལ་སོགས་མ་རྒྱུད་པའི་གནད་ཤིན་ཏུ་ཟབ་མོ་རྣམས་ཡོད་དོ། །རྒྱུད་སྡེའི་དབྱེ་དོན་མདོར་བསྡུས་པ་ཙམ་ཡིན་ཏེ། གང་ཉམས་སུ་ལེན་པའི་རྒྱུད་དེའི་ཉོན་མོངས་པ་ལམ་དུ་བྱེད་ཚུལ་ཁོང་དུ་ཚུད་པར་བྱའོ། །རྒྱུའི་རྒྱུད་ལམ་ཉམས་ལེན་པའི་སྣོད་དུ་རུང་བར་བྱེད་པ་ལ། སྨིན་བྱེད་དབང་དགོས་ཤིང་དེ་ཡང་དཀྱིལ་འཁོར་ལ་བརྟེན་དགོས་པས། དེ་ལའང་ལུས་དང་ངག་དང་ཡིད་དང་ཟླ་ག་དང་བྱང་ཆུབ་ཀྱི་སེམས་ལ་སོགས་པ་མང་པོ་གསུངས་ཀྱང་། རས་བྲིས་དང་རྡུལ་ཚོན་གྱི་དེ་ལ་ཐིག་གདབ་པའི་ཚོ་གཤེས་དགོས་ལ། གསང་སྔགས་གསར་མའི་ལུགས་སུ་གྲགས་པ་ལ། སྡོམ་པ་འབྱུང་བ་ལ་སོགས་པའི་རྒྱུད་འགའ་ཞིག་ཏུ་ཐིག་གི་གདབ་ཚུལ་ཞིབ་མོ་འབྱུང་ཡང་ཉུང་ཟད་གོ་དཀའ་བར་སྣང་ངོ་། །རྒྱུད་ཐལ་མོ་ཆེར། གྲུ་བཞི་པ་ལ་སྒོ་བཞི་པ། །རྟ་བབས་བཞི་ཡིས་ཉེ་བར་མཛེས། །ཞེས་པ་ཙམ་དང་། སྒོ་ནི་འཁོར་ལོའི་བརྒྱད་ཆའོ། །ཞེས་པ་དང་། ཀ་བ་བརྒྱད་ཀྱིས་ཉེ་བར་མཛེས། །ཞེས་པ་དང་། དཀྱིལ་འཁོར་བརྒྱད་པ་འདྲ་བ་ཡིན། །ཞེས་པ་ལྷ་བུར་རགས་པ་ལས་མ་གསུངས་ཤིང་། མཁས་གྲུབ་འདེགས་མེད་འབྱུང་གནས་ཀྱི་དཀྱིལ་ཚོག་རྡོ་རྗེ་ཕྲེང་བ་བོད་ཡུལ་དུ་འགྱུར་ནས། ཐལ་ཆེར་དེའི་རྗེས་སུ་འབྲང་ཞིང་། ལ་ལ་དགག་སྒྲུབ་འདྲེས་མ་བྱེད་དོ། །དེའི་སྟེ་རོལ་དུ་ལོ་ཙཱ་བ་ཆེན་པོ་རིན་ཆེན་བཟང་པོས། པཎྜི་ཏ་ཤྲདྡྷ་ཀ་ར་ཝརྨ་ཡུན་རིང་དུ་བསྟེན་ནས། རྡོ་རྗེ་འབྱུང་བའི་དཀྱིལ་འཁོར་གཙོ་བོར་བྱས་པའི་ཐིག་གི་བསྟན་བཅོས་རྩ་འགྲེལ་རྫོགས་པར་ཞུས་པས་གནང་ནས་མཛད་དོ། །བོད་ཀྱི་གསང་སྔགས་ལ་མཁས་པ་རྣམས་དེའི་རྗེས་སུ་འབྲང་བ་ཡིན་ནོ། །དེང་སང་དེའི་ལུགས་ལ་རྡོ་རྗེ་ཕྲེང་བར་ཉུང་ཟད་བཀག་པ་རྒྱ་མཚན་དུ་བྱས་ནས་དགག་པ་བྱེད་པ་མང་ན་ཡང་། ཨ་བྷྱ་ཀ་རའི་ལུང་གིས་ཤྲདྡྷའི་ལུགས་དགག་པར་མི་ནུས་ཏེ། འཇམ་དཔལ་དབྱངས་གྲུབ་པའི་སློབ་དཔོན་ནོར་བུ་གླིང་པའི་སློབ་མ་ཁ་ཆེ་རིན་ཆེན་རྡོ་རྗེ་དང་། ཨོ་རྒྱན་སློབ་དཔོན་སངས་རྒྱས་ཞི་བ་ཡང་དངོས་གྲུབ་བརྙེས་པ་ཡིན་ལ། དེ་དག་གིས་རྗེས་སུ་བཟུང་ཞིང་རྒྱུད་སྡེ་དུ་མའི་དབང་གཞུང་མན་ངག་དང་བཅས་པ་རྫོགས་པར་ཐོབ་ཅིང་ཁོང་དུ་ཆུད་པ་ཡིན་པས་ཡིད་ཆེས་པའི་གནས་སུ་གྱུར་པ་ཡིན་ནོ། །དེ་བས་ན་རང་རང་གི་གཞུང་ལུགས་ཚད་མར་བྱའོ། །དེ་ལ་ཤྲདྡྷའི་ལུགས་ནི། དང་པོར་དཀྱིལ་འཁོར་གྱིས་ཚད་དང་མཉམ་པའི་ཚངས་ཐིག་ཤར་ནུབ་དྲང་པོར་བཏབ་ལ་དེ་ཆ་མཉམ་པ་བཞིར་བགོས་ནས་ཤར་ནུབ་ཀྱི་ཆ་རེ་རེ་དོར་ལ། དབུས་མའི་ཆ་གཉིས་དང་ཚད་སྙམ་པའི་ཐིག་ཤིང་སྐྱོམས་སུ་ཆེ་ཆུང་གཅིག་ཡོད་པ་དྲང་ཞིང་འཇམ་པ་

བྱས་ནས། ནུབ་ནས་ཤར་དུ་ཁ་བལྟས་ཏེ། དབུས་མའི་ནུབ་ཀྱི་མཐའ་དང་ཚངས་ཐིག་འཛོམ་པའི་སར་ཐིག་ཤིང་གི་རྩེ་གཅིག་ལག་པ་གཡོན་པས་མི་འཁྱུག་པར་མནན་ལ། གཡས་པས་རྩེ་མོ་གཅིག་ཤོས་བཟུང་ནས་བྱང་དང་ལྷོའི་ཕྱོགས་སུ་དྲུད་ནས་ས་རིས་བྱའོ། །དེ་བཞིན་དུ་ལངས་ནས་ཁ་ནུབ་ཏུ་བལྟས་པས། དབུས་མའི་ཤར་གྱི་མཐའ་དང་ཚངས་ཐིག་འཛོམ་པར་ལག་པ་གཡོན་པས་ཐིག་ཤིང་རྩེ་གཅིག་སྔར་ལྟར་བྱས་ལ་གཡས་པས་ཀྱང་ལྷོ་དང་བྱང་དུ་དྲུད་ལ་ས་རིས་བྱའོ། །དེ་ལྟར་ལྷོ་བྱང་དུ་གྲུ་རིག་རྗེས་གཉིས་བྱུང་བའི་སྟེང་དུ་ཚངས་ཐིག་གཉིས་པ་གདབ་བོ། །དེའི་ཤེ་ཚད་ཀྱིས་ཚངས་ཐིག་སྟེང་ནས་འཚམས་ཀྱི་གྲུ་རིག་རྗེས་བཅལ་ནས་ཟུར་ཐིག་གདབ་པར་བྱའོ། །

དེ་ནས་ལོ་མ་བསྟུབས་བྱས་ཏེ། ཆ་ཆེན་བཅུ་དྲུག་ཏུ་གདབ་ལ། ལྟེ་བ་ནས་བཞི་དོར། ལྷག་མ་བཞི་པོ་རེ་རེ་ལ་ཆ་ཕྲན་བཞི་བཞིར་བསྒོས་ཏེ། ནང་ནས་རིམ་པ་བཞིན་ཚོན་རྩེ་ལྔའི་ཆ་ཕྲན་གཅིག་དང་། གཉིས་འཁྲམས་ཏེ་སྣེགས་བུའི་ས་དང་། གཅིག་ཕ་གུ་དང་། གཉིས་དྲྭ་བ་དང་གཅིག་ཤར་བུ། གཅིག་མདའ་ཡབ། བཞི་རྟ་བབས་དང་། ཆོས་ཀྱི་འཁོར་ལོའི་སྣན་ཆ་ཆུང་གཅིག་དང་། གཉིས་ཆོས་ཀྱི་འཁོར་ལོ་དང་། གཅིག་གདུགས་ཀྱི་སར་བྱའོ། །ཚངས་པའི་གཡས་གཡོན་དུ་ཆ་ཆུང་གསུམ་པ། ནང་གི་རྩིས་ཆ་ཆེན་གཅིག་སྒོ་ཁྱུད་དང་ནང་གི་དཀྱུས་ཆ་ཆུང་གཉིས། སྒོ་འགྲམ་དང་ནང་གི་རྩིས་ཆ་ཆུང་གཉིས། སྒོ་ལོགས་དང་ནང་གི་དཀྱུས་ཆ་ཆེན་བཞི། ཡ་ཕུབ་དང་ཐམས་ཅད་ཀྱང་སྒོམས་སུ་ཆ་ཆུང་རེ་རེའོ། །རྟ་བབས་ཀྱི་ཀ་བ་དཀྱུས་ཆ་ཕྲན་ལྔ། རྟ་བབས་ཐད་ཀར་ཀ་ཆེན་བཞི། འཕངས་སུ་ཆ་ཆེན་གཅིག །སྐས་ཀྱི་རིམ་པ་ལྟར་ཅི་མཛེས་སུ་བྱ་ཞིང་། གླང་པོ་ཆེའི་རྒྱབ་དང་། མ་ཀ་ར་དང་། ངང་པ་ལ་སོགས་པས་བརྒྱན་པ་བྱས་ལ། ཆོས་ཀྱི་འཁོར་ལོའི་གདན་དཀྱུས་ཆ་ཆུང་གཉིས་པའི་པདྨ་དང་། དེ་ནས་ཆ་ཆུང་གཅིག་གིས་རིང་བར་རི་དྭགས་དང་། དེ་ལས་རྒྱབ་ཏུ་ཆ་ཆུང་གཅིག་དོར་བར་སྤྱངས་ཆ་ཆུང་གཅིག་པའི་རིན་པོ་ཆེའི་དབྱུག་པ་ལ་བ་དན་འཕྱང་བ་དང་དྲིལ་བུ་ཁྲོལ་བ་ལ་སོགས་པ་བྱའོ། །དེ་ལས་ལྷག་པའི་རྟ་བབས་འདི་ལྟར་བྱེད་གསལ་བར་མ་གསུངས་པས། བླ་མ་རྣམས་ཀྱི་ཕྱག་ལེན་ལ་བང་རིམ་བཞི་པའི་གོང་མ་གསུམ་རྫས་གཉིས་ནས་ཆ་ཆུང་རེ་རེ་ཕྲི་བ་མཛད་ཅིང་། ཆ་ཕྲ་མོ་རྣམས་ཐིག་ཤིང་གིས་འབྱེད་པ་ཡིན་ནོ། །རྒྱ་ནག་གི་ཁ་ནས་བྱུང་བའི་རྡོ་རྗེའི་རྭ་ལ་སོགས་པའི་བྱེད་ཚུལ་མི་གསལ་བས་གཞན་ནས་བཤད་པ་ལྟར་ཁ་བཀང་བར་བྱའོ། །རྡོ་རྗེ་ཕྲེང་བར། ཀ་བ་ཆ་ཕྲན་བདུན་པ་དང་། །རྟ་བབས་རྒྱལ་པོ་ཉིས་གསུམ་མ་ནུས་ལ་སོགས་པའི་ཚད་བཀག་པའི་ཕྱོགས་སྔ་མ་ཤྲད་རྣའི་བཞེད་པར་བྱེད་པ་ནི་མ་ངེས་པའོ། །རྟ་བབས་ཀྱི་ཀ་བ་མདའ་ཡབ་ཀྱི་ཐིག་ལས་འདས་པར་འཛུགས་པ་དང་། གཞལ་ཡས་ཁང་ཁྲི་མགོའི་ཀ་བ་བརྒྱད།

ནང་གི་ཀ་བ་ལ་ངོས་འཛིན་པར་བཀག་པས། རྟ་བབས་ཀྱི་ཀ་བ་ལ་བཞེད་པ་ནི་རྡོ་རྗེ་ཕྲེང་བའི་དགོངས་པར་མི་གསལ་ཏེ། ཀ་བའི་དག་པ་འཕགས་ལམ་ཡན་ལག་བརྒྱད་དང་སྦྱར་བའི་ཕྱིར་དང་། ཐམས་ཅད་གསང་བའི་རྒྱུད་དུ།

ཡང་དག་སྤོང་བ་བཞི་པོ་ནི། །རྟ་བབས་རྣམས་དང་ཀ་བར་བྱུང་། །ཞེས་པ་དང་། འགྱུར་གཞན་དུ། ཀ་བར་བཅས་པའི་རྟ་བབས་བཞི། །ཡང་དག་སྤོང་བ་བཞི་པོ་ཉིད། །ཅེས་རྟ་བབས་ཀྱི་ཁོངས་སུ་བསྡུས་ཤིང་།

འཕགས་ལམ་ཡན་ལག་བརྒྱད་པོ་ནི། ཀ་བ་བརྒྱད་ཅེས་བྱ་བར་བཤད། །ཅེས་སྤྱི་འགྲོའི་ཀ་བ་བརྒྱད་ལ་དག་པ་དེ་ལས་ཐ་དད་དུ་གསུངས་ཤིང་བྱུང་བའི་ཕྱིར་རོ། །ཐིག་གདབ་པའི་ཚུལ་ཞིབ་པར་བླ་མ་མཁས་པ་དག་གིས་མང་དུ་གསུངས་པའི་ཕྱིར་འདིར་མ་བྲིས་སོ། །

གཞུང་དང་སྦྱར་བའི་མདོར་བསྟན་ནི། རྡོ་རྗེ་ཐེག་པའི་ལམ་ཞུགས་ནས། །མྱུར་དུ་སངས་རྒྱས་ཐོབ་འདོད་ན། །སྨིན་གྲོལ་གཉིས་ལ་འབད་པར་བྱ། །ཞེས་པ། བྱང་ཆུབ་སེམས་དཔའ་གསང་སྔགས་ཀྱི་ལམ་དུ་ཞུགས་ནས་མྱུར་དུ་སངས་རྒྱས་ཐོབ་པར་འདོད་པས། རྒྱུད་ཉན་པ་ལ་སོགས་པའི་སྣོད་དུ་རུང་བར་བྱ་བའི་ཕྱིར་ཐོག་མར་སྨིན་བྱེད་ཀྱི་དབང་ཞུས་ནས། གྲོལ་བྱེད་ཀྱི་ལམ་ཉམས་སུ་ལེན་པ་ལ་འབད་པར་བྱའོ། །

གཉིས་པ་རྒྱས་པར་བཤད་པ་ལ་གསུམ། སྨིན་བྱེད་དབང་བསྐུར་བའི་ཚུལ། གྲོལ་བྱེད་ལམ་གྱི་རིམ་པ་གཉིས་ཀྱི་ཉམས་ལེན། ལམ་གྱི་བོགས་འདོན་སྤྱོད་པ་དང་འབྲེལ་བའི་གནས་སྐབས་སོ། །དང་པོ་ལ་བརྒྱད་ལས། དབང་བསྐུར་བྱེད་བླ་མའི་མཚན་ཉིད། བསྐུར་བྱ་དབང་གི་གནས་ལུགས། གནང་བཀག་བསྟུས་ཏེ་གདམས་པ། རང་ལུགས་འཐད་ལྡན་བགོད་པ། རྒྱུད་སྡེ་འོག་མ་ལ་དབང་བཞི་བསྐུར་བ་དགག་པ། ཧ་ཅང་ཐལ་བའི་ནོར་པ་སུན་དབྱུང་བ། ཆོས་སྐོའི་མིང་ལ་འཁྲུལ་པ་དགག་པ། དབང་བསྐུར་མུ་བཞིར་འདོད་པ་དགག་པའོ། །

དང་པོ་ནི། སྨིན་པར་བྱེད་པའི་དབང་བསྐུར་ཀྱང་། །བླ་མ་བརྒྱུད་པ་མ་ཉམས་ཤིང་། །ཚིག་འཁྲུགས་པར་མ་གྱུར་ལ། །ཕྱི་ནང་རྟེན་འབྲེལ་བསྒྲིག་མཆེན་ཅིང་། །སྐུ་བཞིའི་ས་བོན་ཐོབ་ནུས་པ། །སངས་རྒྱས་གསུང་བཞིན་མཛད་པ་ཡི། །བླ་མ་ཙམ་ལ་དབང་བཞི་བླང་། །དེ་ཡིས་སྡོམ་པ་གསུམ་ལྡན་འགྱུར། །ཞེས་པས། རྡོ་རྗེ་སློབ་དཔོན་ནི་བླ་མ་ལྔ་བཅུ་པར་གསུངས་པའི་ཁྲོ་བ་དང་ང་རྒྱལ་ལ་སོགས་པའི་སྐྱོན་དང་མི་ལྡན་ཅིང་། སྙིང་རྗེ་དང་དེ་ཉིད་བཅུ་ལ་སོགས་པའི་ཡོན་ཏན་དང་ལྡན་པ། རྡོ་རྗེ་འཆང་ནས་བརྒྱུད་པའི་དབང་གི་ཆུ་བོ་མ་ནུབ་པ། བྱིན་བརླབས་ཀྱི་བརྒྱུད་པ་མ་ཉམས་པ། གདམ་ངག་གིས་སྙན་མ་ལོག་པ། མོས་གུས་ཀྱིས་བསམ་པ་ཚིམ་པ

སྟེ། སྐྱོན་བརྒྱད་བཞི་དང་ལྡན་པ། གསང་སྔགས་ལག་ལེན་གྱི་མཐའ་ཅན་ཡིན་པས་བླ་མ་གོང་མའི་ཕྱག་ལེན་ཇི་ལྟར་མཛད་པའི་བཀའ་སྲོལ་ལ་ཕྱི་བསལ་མ་ཞུགས་པ། དམར་འཁྲིད་ཀྱི་གསུང་རྒྱུན་ཁུངས་ནས་བྱུང་བ་རྣམས་ཚང་བའི་སྒོ་ནས་ཆོ་ག་མ་འཁྲུགས་པར་རྒྱུད་གཞན་དང་ཐུན་མོང་བའི་རྒྱས་འགེབས་པ་དགོས་པ་རྣམས་ཚང་ཞིང་རང་རང་གི་ལུགས་ཐུན་མོང་མ་ཡིན་པ་གཞན་དང་མ་འདྲེས་པར་དགོངས་པ་རྣམས་དམིགས་ཕྱེད་པ། དབང་པོའི་ཐ་དད་དུ་སློབ་དཔོན་དང་། དབང་རྫས་དང་། སློབ་མ་རྣམས་ཀྱི་སྐྱེང་གཞི་དང་སྐྱེང་བྱ་དང་། སྐྱོང་བྱེད་དང་སྐྱེང་འབྲས་རྣམས་ཐད་ཀར་ངོ་འཕྲད་པའི་དབང་བསྐུར་ཤེས་པ་གཅིག་དགོས་སོ། །དེ་ལྟར་དབང་བསྐུར་བས་སྣོད་དུ་རུང་བའི་སློབ་མ་ལ་འབྲས་བུ་སྐུ་བཞིའི་ས་བོན་ཐོབ་པ་གསང་སྔགས་ཀྱི་རང་བཞིན་དུ་གནས་པའི་རིགས་དེ་རྒྱས་འགྱུར་གྱི་ནུས་པ་མཐུ་ཅན་དུ་གྲུབ་པ་ཡིན་ཏེ། དབང་བསྐུར་བ་ཐོབ་པ་ཞེས་བྱ་བའི་ཐ་སྙད་དོན་དང་མཐུན་པར་བྱའོ། །སློབ་མ་སྔར་ནས་སོ་སོར་ཐར་པའི་སྡོམ་པ་གང་རུང་དང་བྱང་སེམས་ཀྱི་སྡོམ་པ་དང་ལྡན་པ་སྟེ། གསང་སྔགས་ཀྱི་དབང་བཀུར་བ་ལེགས་པར་ཐོབ་པའི་ཚེ་སྡོམ་པ་གསུམ་ལྡན་གྱི་རིགས་པ་འཛིན་པའི་དགེ་འདུན་དུ་འགྱུར་རོ། །འགའ་ཞིག་སྐྱེང་གཞི་དང་སྐྱེང་བྱའི་དྲི་མ་ཤན་མི་ཕྱེད་ཅིང་། དབང་རྫས་ཀྱི་མཚོན་བྱེད་ཙམ་ཡང་ལེགས་པར་མི་ཤེས་པའི་ཆོ་ག་རྒྱས་ཤིང་མཛེས་པ་མང་དུ་བྱེད་པ་སྣང་སྟེ། སློབ་མའི་རྒྱུད་ལེགས་པར་སྨིན་ན་རྗེས་སུ་ཡིད་རང་ངོ་། །ཁ་ཅིག་དབང་བསྐུར་གྱི་སྔོན་དུ་བདག་འཇུག་ལེན་པ་མི་དགོས་ཞེས་སྨྲ་ནའང་སྔགས་ཀྱི་དམ་ཚིག་དང་འགལ་བ་སོར་ཆུད་པ་ལ་སོགས་པའི་ཕན་ཡོན་ཆེན་པོ་དང་ལྡན་པ་རྒྱུད་ཉིད་ལས་གསུངས་པས། བླ་མའི་ཁྲིད་ཆོས་ཚང་བར་བྱེད་པའི་ལག་ལེན་དགག་པར་མི་རིགས་སོ། །

གཉིས་པ་ལ་བརྒྱད། ཕག་མོའི་བྱིན་བརླབས་ཆོས་སྒོའི་དབང་དུ་འདོད་པ་དགག །རང་བཟོའི་ཆོ་གས་དབང་བསྐུར་བྱེད་པ་དགག །ཆོ་ག་ནོར་པ་ལ་དངོས་གྲུབ་མེད་པར་བསྟན། བྱིན་བརླབས་ཙམ་གྱི་དབང་བསྐུར་བྱུང་ཁུངས་མེད་པར་བསྟན། དབང་བསྐུར་ཞུ་བའི་སློབ་མ་གྲངས་ངེས་ཡོད་པར་བསྟན། གང་དུ་དབང་བསྐུར་བའི་དཀྱིལ་འཁོར་ལ་འཁྲུལ་པ་དགག །དབང་བསྐུར་རང་གི་ཡིན་ལུགས་གཏན་ལ་དབབ་པའོ། །

དང་པོ་ལ་གསུམ་ལས། དོན་དགོད་པ་ནི། དེང་སང་རྡོ་རྗེ་ཕག་མོ་ཡི། །བྱིན་བརླབས་དབང་བསྐུར་ཡིན་ཞེས་ཟེར། །དེ་ཡི་ཆོས་ཀྱི་སྒོ་ཕྱེ་ནས། །གཏུམ་མོ་ལ་སོགས་བསྒོམ་པ་མཐོང་། །ཞེས་པ། ད་ལྟ་གངས་རིའི་ཁྲོད་ན་རྡོ་རྗེ་ཕག་མོའི་བྱིན་བརླབས་ཀྱི་ཆོ་ག་ལ་ཕག་མོ་བཙ་བཞིའི་དབང་བསྐུར་ཞེས་མིང་བཏགས་ནས་གྲི་གུག་དང་། ཐོད་པ་དང་། ལོང་པ་དང་། ཕག་མགོ་རྣམས་སློབ་མ་ལ་སྟོན་ཅིང་། ངེས་པའི་དོན་འདི་དང་འདི་ལྟ་བུ

ཡོད་པ་དཔེ་འདིས་ཚོན་ནོ་ཞེས་ཟེར་ནས། གསང་སྔགས་ཀྱི་ལམ་སྒོམ་པའི་སྣོད་དུ་རུང་བར་བྱེད་པའི་དབང་བསྐུར་ཆོས་ཀྱི་སྒོ་འབྱེད་ཀྱི་གོ་ཆོད་པར་བྱས་ནས་དབང་གཉིས་པའི་ལམ་རླུང་དང་གཏུམ་མོའི་རྣལ་འབྱོར་སྒོམ་པ་དང་། དེ་བཞིན་དུ་དབང་གསུམ་པ་དང་། བཞི་པའི་ལམ་ཟབ་མོ་འབོགས་ཤིང་སྒོམ་པ་མཐོང་ངོ་། །

འདི་འདྲ་རྒྱུད་སྡེ་ལས་མ་གསུངས། བསྟན་བཅོས་ཉིད་ལས་བཤད་པ་མེད། །རྡོ་རྗེ་ཕག་མོ་ཉིད་ལས་ཀྱང་། །དབང་བསྐུར་ཐོབ་ཅིང་དམ་ཚིག་ལྡན། །དེ་ལ་བྱིན་བརླབས་བྱ་ཞེས་གསུངས། །དབང་བསྐུར་མེད་ལ་བྱིན་བརླབས་བཀག །ཅེས་པ། ཕག་མགོའི་བྱིན་བརླབས་ཀྱིས་གསང་སྔགས་བླ་མེད་ཀྱི་ལམ་སྒོམ་པའི་དབང་གི་གོ་ཆོད་པར་རྡོ་རྗེ་འཆང་གི་རྒྱུད་རྣམ་དག་རྣམས་དང་། རྒྱུད་འགྲེལ་དང་། སྒྲུབ་ཐབས་དང་། དཀྱིལ་འཁོར་གྱི་ཆོ་ག་ཡིད་གཏད་དུ་རུང་བ་གང་ནས་ཀྱང་མ་བཤད་ཅིང་། རྗེ་བཙུན་མ་རིན་ཆེན་རྒྱན་གྱི་སྒྲུབ་ཐབས་ལས་ཀྱང་། འདི་ལྟར་རྣལ་འབྱོར་པ་དབང་བསྐུར་བ་ཐམས་ཅད་ཡོངས་སུ་རྫོགས་པས་ཡིད་དང་རྗེས་སུ་མཐུན་པའི་གནས་སུ། ཞེས་པ་དང་། སྔོན་གྱིས་བླ་མའི་མན་ངག་གི་དབང་བསྐུར་བའི་རིམ་པས་དེའི་དོན་ལ་དམིགས་ནས་རྡོ་རྗེ་རྣལ་འབྱོར་མར་བསམ་པར་བྱའོ། །ཞེས་གསུངས་ཤིང་དེ་བཞིན་དུ་རྡོ་རྗེ་ཕག་མོའི་སྒྲུབ་ཐབས་གཞན་དུ་ཡང་། བྱང་ཆུབ་ཀྱི་སེམས་བརྟན་པོར་བཟུང་སྟེ། དབང་བསྐུར་བ་ལེགས་པར་ཐོབ་ནས། ཆོས་ཐམས་ཅད་ངོ་བོ་ཉིད་ཀྱིས་འོད་གསལ་བའི་རང་བཞིན་ཡིན་ཀྱང་། རང་དང་གཞན་གྱི་དོན་ཕུན་སུམ་ཚོགས་པ་ལ་མངོན་དུ་ཕྱོགས་པར་བྱས་ཏེ། ཞེས་གསུངས་སོ། །དེས་ན་རྡོ་རྗེ་ཕག་མོ་ནི། འཁོར་ལོ་བསྡོམ་པའི་རྒྱུད་ཀྱི་ལྷ་ཡིན་པས། ཐོག་མར་བདེ་མཆོག་གི་དཀྱིལ་འཁོར་དུ་དབང་ཡོངས་སུ་རྫོགས་པ་མ་བསྐུར་བར་རྡོ་རྗེ་ཕག་མོའི་བྱིན་བརླབས་ཀྱི་ཆོ་ག་བྱས་ན་གསང་བ་བསྒྲགས་པའི་ཉེས་པ་ཡང་འབྱུང་ཞིང་། ལམ་སྔ་ཕྱི་ལོག་པར་ཡང་འགྱུར་བས་བཀག་གོ། །

གཉིས་པ་དཔེས་བསྟན་པ་ནི། དཔེར་ན་མུ་ཟིའི་བཅུད་ལེན་འདྲ། །དེ་ནས་དངུལ་ཆུ་བཟའ་བར་གསུངས། །མུ་ཟི་ཐོག་མར་མ་བསྟེན་པར། །དངུལ་ཆུ་ཟོས་ནས་འཆི་བ་བཞིན། །ཞེས་པ། ཐོག་མར་ལུས་ཀྱི་ཕྱི་ནས་ཆང་གིས་འཁྲུད་པ་དང་། ཉིལ་མར་གྱིས་བྱུགས་ཤིང་ཉེད་པ་ལ་སོགས་པ་དང་། ནང་ནས་སྐྱུ་རུ་རང་དང་ཐར་བུའི་ཆུ་འཐུངས་པས་ལུས་སྦྱང་ཞིང་། གསེར་མུ་ཟི་འདུལ་བའི་རྫས་དྲི་ཆུ་དང་གཡོན་གྱི་ཆུ་ལ་སོགས་པས་དྲི་མ་དང་བྲལ་བར་བྱས་ཏེ། མན་ངག་ལས་གསུངས་པའི་རིལ་བུ་བྱས་ནས་ཡུན་རིང་དུ་བསྟེན་པས་ལུས་ཡང་ཞིང་ཟོ་མདོག་བདེ་བ་ལ་སོགས་པ་འབྱུང་ངོ་། །དེ་ནས་དངུལ་ཆུའི་བཅུད་ལེན་བྱས་པས་ནད་དང་རྒས་པ་འཇོམས་ཤིང་སྟོབས་རྒྱས་པར་འགྱུར་ལ། ཐོག་མ་ནས་དངུལ་ཆུ་ཟོས་ན་ནད་དང་འཆི་བ་ལ་སོགས་པ་ཉེས་པ་འབྱུང་བ

ཡིན་ནོ། །

དེ་བཞིན་ཐོག་མར་དབང་བསྐུར་བླང་། །དེ་ནས་རྡོ་རྗེ་ཕག་མོ་སྦྱིན། །དབང་བསྐུར་མེད་པར་བྱིན་བརླབས་ན། །དམ་ཚིག་ཉམས་པར་ཐུབ་པས་གསུངས། །ཞེས་པ། ཐོག་མར་འཁོར་ལོ་བདེ་མཆོག་གི་དཀྱིལ་འཁོར་དུ་དབང་བཞི་རྫོགས་པར་བླངས་ནས་བྱེ་བྲག་ཏུ་རྡོ་རྗེ་ཕག་མོའི་རྣལ་འབྱོར་ཉམས་སུ་ལེན་པར་འདོད་པས་གྲུབ་ཐོབ་བརྒྱད་པའི་བྱིན་བརླབས་ཀྱི་རིམ་པ་ཞུས་ནས་སྒྲུབ་པར་བྱའོ། །དབང་བསྐུར་དང་བྱིན་བརླབས་སྔ་ཕྱི་ནོར་ན་ཐུབ་པ་ན་སངས་རྒྱས་ཀྱི་གསུང་དང་འགལ་ཅིང་། དམ་ཚིག་ཉམས་པར་འགྱུར་ཏེ། དབང་མེད་པ་ལ་དངོས་གྲུབ་མེད། །ཅེས་སོགས་བཀག་པ་ལ་སྤྱོད་པར་གྱུར་པའི་ཕྱིར། རྡོ་རྗེ་འཆང་གི་བཀའ་ལ་འགོམས་པ་ཡིན་ནོ། །མདོར་ན་རྣལ་འབྱོར་བླ་མེད་ཀྱི་ལྷ་བསྒོམས་ནས་དེའི་ལམ་རིམ་པ་གཉིས་ཉམས་སུ་ལེན་ན། ཐོག་མར་དབང་གོ་ཆོད་པ་ཐོབ་པས། ལྷ་དེའི་རྗེས་གནང་ཡང་བཤད་ཆོད་བཞིན་ཞུས་ནས་སྒྲུབ་པ་ཡིན་ནོ། །

གསུམ་པ་རྒྱུ་མཚན་བཤད་པ་ལ་གཉིས་ལས། དང་པོ་དངོས་ཀྱི་དོན་ནི། རྡོ་རྗེ་ཕག་མོའི་བྱིན་བརླབས་ལ༑ །སྡོམ་པ་གསུམ་ལྡན་བྱར་མི་རུང་། །ཕྱི་ནང་རྟེན་འབྲེལ་འགྲིག་མི་འགྱུར། །སྐུ་བཞིའི་ས་བོན་ཐེབས་མི་ནུས། །དེས་ན་འདི་ནི་བྱིན་བརླབས་ཙམ། །ཡིན་གྱི་སྨིན་པར་བྱེད་པ་མིན། །ཞེས་པ། བྱིན་བརླབས་ཙམ་གྱིས་སྡོམ་པ་གསུམ་ལྡན་བྱར་མི་རུང་སྟེ། གསང་སྔགས་ཀྱི་སྡོམ་པ་ནི་དབང་བསྐུར་བའི་ཆོ་ག་མ་ནོར་ཅིང་མ་འཁྲུགས་པ་ལ་སྐྱེ་བའི་ཕྱིར་རོ། །ཕྱི་སྣོད་ཀྱི་འཇིག་རྟེན་དང་ནང་སེམས་ཅན་དང་། ཕྱི་གཞལ་ཡས་ཁང་དང་ནང་ལྷ་དང་། དེ་བཞིན་དུ་ཕྱི་ལུས་དང་ནང་རྩ་ཁམས་ལ་སོགས་པ་དང་། ཕྱི་ཕུང་པོ་ཁམས་སྐྱེ་མཆེད་དང་ནང་སྦྱོང་བྱེད་ཀྱི་ལམ་དང་འབྲས་བུ་ལ་སོགས་པའི་རྟེན་འབྲེལ་ཟབ་མོ་ངོ་ཤེས་ནས་ཉམས་སུ་བླངས་ན། སངས་རྒྱས་འགྲུབ་པའི་ཐབས་གཞན་ལ་རག་མ་ལས་པར་རྫོངས་པ་ཐམས་ཅད་འཆིང་བའི་རྒྱུ་དེ། འདིར་གྲོལ་བའི་ལམ་དུ་གྱུར་ཚུལ་ནི། བྱིན་བརླབས་ཙམ་ལ་བརྟེན་ནས་རྟེན་འབྲེལ་དེ་དག་གང་དང་ཡང་མི་འགྲིག་པའི་ཕྱིར་རོ༑ །སློབ་མ་སྣོད་ལྡན་ལ་དབང་བཞི་བསྐུར་བས་རིམ་པ་བཞིན་སྤྲུལ་སྐུ་དང་ལོངས་སྐུ་དང་ཆོས་སྐུ་དང་ངོ་བོ་ཉིད་ཀྱི་སྐུ་རིང་པོར་མི་ཐོགས་པར་འགྲུབ་ནུས་ལ་སྐུ་བཞིའི་ས་བོན་བྱིན་བརླབས་ཙམ་གྱིས་བཞག་པར་མི་ནུས་སོ༑ །དེས་ན་རྡོ་རྗེ་ཕག་མོའི་བྱིན་བརླབས་ཀྱི་ཆོ་ག་ནི་མཆོག་གི་དངོས་གྲུབ་ཐོབ་པའི་རྐྱེན་གྱི་ཡན་ལག་ཏུ་རུང་གི་རྒྱུའི་རང་བཞིན་དུ་མི་རུང་ངོ་། །དཔེར་ན་ཞིང་ལ་ས་བོན་མ་བཏབ་པ་རློགས་པ་ཙམ་ལ་ལོ་ཐོག་འབྱུང་བའི་ནུས་པ་མེད་ཅིང་། ས་བོན་བཏབ་ནས་སོ་ནམ་བྱས་པས་ལོ་ཐོག་འབྱུང་བ་བཞིན་ནོ། །

དེས་ན་ཐུབ་པས་རྒྱུད་སྡེ་ལས། དཀྱིལ་འཁོར་ཆེན་པོ་མ་མཐོང་བའི། །མདུན་དུ་འདི་ནི་མ་སྨྲ་ཞིག །སྨྲས་ན

དམ་ཚིག་ཉམས་ཞེས་གསུངས། །ཞེས་པ་རྒྱུད་སྡེ་རྣམས་ལས། དཀྱིལ་འཁོར་དུ་མ་ཞུགས་པ་རྣམས་ལ་སྨྲ་བར་མི་བྱ་ཞེས་པ་དང་། མ་མཐོང་བའི་མདུན་དུ་མ་སླ་ཤིག་སླས་ན་དམ་ཚིག་ཉམས་སོ། །ཞེས་གསུངས་པས་རྫུལ་ཚོན་གྱི་དཀྱིལ་འཁོར་དུ་མ་ཞུགས་པ་དང་། ཡེ་ཤེས་ཀྱི་དཀྱིལ་འཁོར་མ་མཐོང་བ་ལ་སླས་ན་རྩ་བའི་ལྟུང་བར་འགྱུར་བ་ཡིན་ནོ། །

གཉིས་པ་དེ་ལ་ལོགས་པའི་ལན་དགག་པ་ནི། འགའ་ཞིག་འདི་ལ་ཕག་མགོ་ལ། །སོགས་པའི་དབང་བསྐུར་ཡོད་ཅེས་ཟེར། །འདི་འདྲ་དབང་བསྐུར་ཉིད་མ་ཡིན། །རྒྱུད་སྡེ་ཀུན་ལས་འདི་མ་གསུངས། །གལ་ཏེ་རྒྱལ་བས་གསུངས་སྲིད་ཀྱང་། །རྗེས་གནང་ཡིན་གྱི་དབང་བསྐུར་མིན། །ཞེས་པ། སངས་རྒྱས་ཐོབ་པའི་རྒྱུ་དང་ཕན་འདོགས་བྱེད་ཀྱི་རྐྱེན་ཙམ་གྱི་བྱེ་བྲག་མ་ཕྱེད་ཅིང་། སྐུ་བཞི་འགྲུབ་པའི་རྟེན་འབྲེལ་བསྒྲིག་ཚུལ་གང་ཡང་མ་གོ་བར་རྣལ་འབྱོར་བླ་ན་མེད་པའི་ཉམས་ལེན་བྱེད་པར་རློམ་པ་འགའ་ཞིག །རྡོ་རྗེ་ཕག་མོའི་བྱིན་བརླབས་ལའང་ཕག་མགོ་དང་མདའ་གཞུ་ལ་སོགས་པའི་དབང་བསྐུར་ཡོད་པས་ཆོས་སྒོ་འབྱེད་པའི་གོ་ཆོད་ཅེས་སྨྲ་ནའང་། འདི་ནི་དབང་བསྐུར་གྱི་མིང་ཙམ་ཡིན་གྱི། དོན་དང་མི་ལྡན་པའི་ཕྱིར་རྒྱུད་དང་གྲུབ་ཐོབ་རྣམས་ཀྱིས་སྨིན་བྱེད་ཀྱི་དབང་ཡིན་པར་མ་གསུངས་སོ། །གལ་ཏེ་བྱིན་བརླབས་ལ་དབང་བསྐུར་གྱི་མིང་བཏགས་ནས་གསུངས་པ་སྲིད་ནའང་རྗེས་གནང་ཡིན་གྱིས་ཆོས་སྒོ་འབྱེད་པའི་དབང་བསྐུར་མ་ཡིན་ནོ། །ཆག་ལོའི་དྲི་བར། རྒྱ་ལ་ཕག་མགོའི་དབང་ལ་སོགས་པ་གསུངས་ན། དབང་ཞེས་བརྗོད་པ་ལ་འགལ་བ་ཅི་མཆིས། ཞུས་པའི་ལན་དུ། དེ་འདྲ་རྒྱུད་སྡེ་གང་ནས་ཀྱང་གསུངས་པ་མི་གདའ། བརྟག་པ་མཐའ་བཟུང་གི་གསུངས་པ་སྲིད་ན་དབང་བརྟགས་པ་བ་ཡིན་ཏེ། དབང་བསྐུར་ལ་སྦྱོར་དངོས་རྗེས་གསུམ་གྱི་ཚོ་ག་མང་པོ་ཡོད་ནའང་། དངོས་གཞི་དེ་དབང་ཡིན། གཞན་རྣམས་ཆ་ལག་ཡིན། དགེ་སློང་གི་སྡོམ་པ་འབོགས་པའི་ཚོ་ག་ལ་མང་པོ་ཡོད་ནའང་། གསོལ་བཞིའི་ལས་དེ་ཚོ་ག་དངོས་ཡིན། བུམ་དབང་བཅུ་གཅིག་ཟེར་ཀྱང་ཡན་ལག་ལ་མིང་བཏགས་པ་ཡིན། སམྦུ་ཊི་ལས་ཀྱང་། དབང་དང་རྗེས་གནང་ཐོབ་པ་ཡི། །ཞེས་ཐ་དད་དུ་གསུངས་ལ། དབང་གི་མིང་བཏགས་ཚད་དབང་ཡིན་ན། འདུལ་བ་སུམ་བརྒྱ་པར། རྫོགས་པའི་སངས་རྒྱས་དཔལ་སྟོད་དབང་བསྐུར་ཡིན། །ཞེས་པ་དང་། མདོ་ལས། དབང་ཐོབ་པའི་བྱང་སེམས་ཞེས་པ་དང་། རྒྱལ་རིགས་སྤྱི་བོ་ནས་དབང་བསྐུར་བ་ཞེས་སོགས་ཀྱང་གསུངས། དེས་ན་མདའ་གཞུ་གཏོད་པ་ལ་སོགས་ཀྱང་རྗེས་གནང་གི་དབང་ཡིན། ཕག་མགོའི་དབང་བསྐུར་ཡང་གསུང་འདུག་ན་འདི་འདྲར་བསྔོ་དགོས་ཏེ། བརྫུན་འབའ་ཞིག་ཡིན་གྱིས་གསུངས་པ་གཅིག་ཀྱང་མེད་དོ། །ཞེས་པའི་ལན་མཛད་དོ། །

གཉིས་པ་ལ་གསུམ་ལས། དེ་ཆོག་མ་ཡིན་པར་བཤད་པ་ནི། ལ་ལ་རྡོ་རྗེ་ཕག་མོ་ལ། །སྡོམ་པ་འབོགས་པའི་ཆོ་ག་དང་། །དཀྱིལ་འཁོར་དང་ནི་དབང་བསྐུར་སོགས། །རང་བཟོའི་ཆོ་ག་བྱེད་པ་ཐོས། །རང་བཟོ་ཆོག་ར་འགྱུར་མི་སྲིད། །ཆོ་ག་སངས་རྒྱས་སྤྱོད་ཡུལ་ཡིན། །ཞེས་པ། རྡོ་རྗེ་ཕག་མོའི་ཆོ་ག་བྱེད་པ་ལ་ལ། མ་བརྒྱུད་ཀྱི་སྡོམ་པ་འབོགས་པའི་ཆོ་ག་དང་། དཀྱིལ་འཁོར་གྱི་ཆོ་ག་བསྲེས་ནས་དབང་བསྐུར་བ་ལ་སོགས་རང་བཟོར་སྦྱར་བའི་ཆོ་ག་བྱེད་པ་ནི། ཆོས་སྒོ་འབྱེད་པའི་གོ་མི་ཆོད་དེ། དབང་བསྐུར་གྱི་ཆོ་ག་ཀུན་མཁྱེན་གྱི་སྤྱོད་ཡུལ་ཡིན་པའི་ཕྱིར་རོ། །

གཉིས་འདྲ་བའི་དཔེ་དགོད་པ་ནི། ཁྲིམ་པས་གསོལ་བཞིའི་ལས་བྱས་ཀྱང་། །དགེ་སློང་སྡོམ་པ་མི་ཆགས་ལྟར། །རྡོ་རྗེ་ཕག་མོའི་བྱིན་བརླབས་ལ། །སྡོམ་པ་ཕོག་ཀྱང་ཆགས་མི་འགྱུར། །ཞེས་པ། དཔེར་ན་དགེ་སློང་གི་སྡོམ་པ་དང་། མི་ལྡན་པའི་ཁྲིམ་པས་གསོལ་བཞིའི་ལས་ཀྱི་ཆོ་ག་བྱས་ཀྱང་། སྡོམ་པ་ལེན་པ་པོ་ལ་དགེ་སློང་གི་སྡོམ་པ་མི་སྐྱེ་བ་ལྟར། རྡོ་རྗེ་ཕག་མོའི་བྱིན་བརླབས་ལ་རིག་འཛིན་གྱི་སྡོམ་པའི་ཆོ་ག་ཕོག་ཀྱང་མི་སྐྱེའོ། །

གསུམ་པ་འགག་བསྡུས་ཏེ་གདམས་པ་ནི། ཆོ་ག་ཙུང་ཟད་ཉམས་པ་ལ། །ཆོ་ག་ཆགས་པར་མ་གསུངས་ན༑ །ཆོ་ག་ཕལ་ཆེར་ཉམས་པ་ལ། །ཆོ་ག་འཆགས་པར་འགྱུར་རེ་སྐན། །ཞེས་པ་འདུལ་བར་བདག་གི་མིང་མ་བརྗོད་པ་དང་། མཁན་པོ་དང་དགེ་འདུན་གྱི་མིང་བརྗོད་ནའང་། བསྙེན་རྫོགས་ཀྱི་ཆོ་ག་ཟུར་ཉམས་པས་མི་འཆགས་པར་གསུངས་ན། འདིར་ཆོ་གའི་ཡན་ལག་ཕལ་ཆེ་བ་འཁྲུགས་ཤིང་སངས་རྒྱས་ཀྱིས་མ་གསུངས་པའི་དབང་བསྐུར་དངོས་གཞི་ལག་ལེན་ཉམས་པ་ལ་གསང་སྔགས་ཀྱི་སྡོམ་པ་འཆགས་པར་ག་ལ་འགྱུར།

གསུམ་པ་ནི། དེས་ན་འཆད་པའི་གནས་སྐབས་སུ། ཙུང་ཟད་ནོར་པར་གྱུར་ཀྱང་བླ། །ཆོ་ག་ནོར་པར་གྱུར་པ་ལ། །གྲུབ་པ་ནམ་ཡང་མེད་པར་གསུངས། །ཞེས་པ་གསང་སྔགས་ཀྱི་རྒྱུད་དང་བསྟན་བཅོས་འཆད་ཉན་བྱེད་པའི་ཚིག་འཆད་ཚུལ་ཙུང་ཟད་ནོར་ཀྱང་ཉེས་པ་ཆུང་ལ་དབང་དང་བསྙེན་སྒྲུབ་ལ་འཇུག་པའི་ཆོ་ལག་ལེན་གྱི་ཆོ་ག་དང་དམིགས་པ་ལ་གནད་མ་ཤེས་པའི་ནོར་པ་ལ་ཡུན་རིང་དུ་བསྒྲུབས་ཀྱང་མི་འགྲུབ་ཅིང་ཉེས་དམིགས་དང་བཅས་པར་འགྱུར་ལ། སློབ་མ་ལ་བསྟན་ནའང་བསླུས་པར་འགྱུར་ཏེ། སྒྲ་འཕྲུལ་དྲྭ་བའི་རྒྱུད་དུ། དེ་ཁོ་ན་ཉིད་ཀྱི་དངོས་པོ་མཐའ་དག་ཡོངས་སུ་མི་ཤེས་པར། གསང་སྔགས་སླ་བ་ང་ཡིན་ནོ་ཞེས་མངོན་པའི་ང་རྒྱལ་གྱིས་གསང་སྔགས་ཀྱི་ཆོ་ག་འཆད་པར་བྱེད་ན་དམ་ཚིག་ཐམས་ཅད་ཉམས་པར་འགྱུར་རོ། །དམ་ཚིག་ལས་ཉམས་ན་བདུད་ཀྱིས་བཟུང་བར་འགྱུར་རོ། །སྐྱེས་བུ་དེ་ཤི་འཕོས་ནས་དམྱལ་བའི་གནས་མི་ཟད་པ་ཆེན་

པོར་འགྲོ་བར་འགྱུར་རོ། །སེམས་ཅན་རྣམས་ལ་བརྟེན་ཏེ་བྱང་ཆུབ་ཐོབ་པར་འགྱུར་བས། སེམས་ཅན་བསླུ་བ་དེ་ལྟ་བུ་མི་བྱའོ། །ཞེས་པ་ལ་སོགས་པ་མང་དུ་གསུངས་སོ། །

གཞན་ཡང་ཕག་མོའི་བྱིན་བརླབས་ལ། །གསང་སྔགས་ཆོས་སྒོ་བྱེད་པ་ནི། །རྒྱུད་སྡེ་གང་ནའང་བཤད་པ་མེད། །ཅེས་པ། རྡོ་རྗེ་ཕག་མོའི་བྱིན་བརླབས་ཀྱི་ཚིག་ཙམ་གསང་སྔགས་བླ་མེད་ཀྱི་རིམ་གཉིས་ཟབ་མོ་སྒོམ་པའི་ཆོས་སྒོ་འབྱེད་པར་རྒྱུད་སྡེ་གང་ནས་ཀྱང་ཟིན་པ་མེད་ལ།

དེ་བས་དགེ་སློང་བྱེད་པ་ལ། །རང་བྱུང་གི་ནི་བསྙེན་རྫོགས་དང་། །ཡེ་ཤེས་ཁོང་དུ་ཆུད་པ་དང་། །འཕྲིན་གྱིས་བསྙེན་པར་རྫོགས་པ་དང་། །དེ་བཞིན་སྟོན་པར་ཁས་བླངས་དང་། །ཚུར་ཤོག་ལ་སོགས་བསྙེན་རྫོགས་སླ༔ །འབྲུལ་པ་ཡིན་པར་མཉམ་པ་ལ། །འདི་རྣམས་སྟོན་གྱི་ཚིག་ར་གསུངས། །ཞེས་པ། ལུང་གཞི་ལས། སངས་རྒྱས་རང་བྱུང་གི་བསྙེན་རྫོགས་དང་། ལྔ་སྡེ་ཡེ་ཤེས་ཁོང་དུ་ཆུད་པ་དང་། མཆོད་སྦྱིན་མ་འཕྲིན་དང་། འོད་སྲུང་ཆེན་པོ་སྟོན་པར་ཁས་བླངས་པ་དང་། མཆོག་ཟུང་གཅིག་ལ་སོགས་ཚུར་ཤོག་གི་དང་། ཤཱཀྱའི་བུ་མོ་མང་པོ་ལྕི་ཆོས་ཁས་བླངས་དང་། བཟང་སྡེའི་ཚོགས་སྐྱབས་སུ་སོང་བ་དང་། པོ་ཏ་ཡ་ནའི་བུ་དྲིས་པའི་ལན་ཐེབས་པ་དང་། གསོལ་བཞིའི་ལས་ཀྱིས་གཅིག་ཅར་རབ་བྱུང་བསྙེན་རྫོགས་འདི་ལ་དབུས་དང་མཐའ་འཁོབ་ཕྱེ་ནས་བཅུར་བྱེད་པ་དང་། དང་པོ་ལ་སངས་རྒྱས་དང་རང་སངས་རྒྱས་ཕྱེ་ནས་བཅུར་བྱེད་པའི་ལུགས་གཉིས་ཡོད་དོ། །སྟོན་གྱིས་བསྙེན་རྫོགས་དེ་འདྲས་ད་ལྟ་བྱས་ནའང་བླངས་ཏེ། ལུང་ལས་གསུངས་ལ། བྱིན་བརླབས་ལ་དབང་བསྐུར་དུ་གཏན་མ་གསུངས་པས། ཚིག་འབྲུལ་པ་ཡིན་པར་མཚུངས་པ་ལ་སྟ་མ་ལུང་ལས་གསུངས་པའི་ཕྱིར་རོ། །

ལྔ་པ་ལ་གཉིས་ལས། དང་པོ་དངོས་དོན་ཐེག་པ་གཞན་དང་སྦྱར་ནས་སྟོན་པ་ནི། དེས་ན་ཉན་ཐོས་ཐེག་པ་ནི། །ནུབ་ཀྱང་གཟུགས་བརྙན་ཙམ་ཞིག་སྣང་། །རྡོ་རྗེ་ཐེག་པའི་བསྟན་པ་ལ། །གཟུགས་བརྙན་ཙམ་ཡང་མི་སྣང་ངོ་། །ཞེས་པ། ཉན་ཐོས་ཀྱི་ཐེག་པ་ལ་སངས་རྒྱས་ཀྱིས་རུང་མི་རུང་། ཆོག་འཆགས་མི་འཆགས་ཕྱེད་ནས་གསུངས་པའི་ཚུལ་ལ་བརྟེན་པའི་གཟུགས་བརྙན་ཙམ་ཞིག་སྣང་སྟེ། ད་ལྟ་སྟོན་ཆོག་མི་རུང་ཞེས་མི་བརྗོད་དོ། །གསང་སྔགས་ཀྱི་བསྟན་པ་ལ་གཟུགས་བརྙན་ཙམ་ཡང་མི་སྣང་སྟེ། རྡོ་རྗེ་འཆང་གིས་མ་གསུངས་པའི་རང་བཟོ་དུ་མ་བྱེད་པའི་ཕྱིར་རོ། །

བླུན་པོ་སྙིང་ཕོད་ཅན་གྱིས་ཀྱང་། །འདུལ་བའི་ཚིག་བཀྲལ་མ་ནུས། །གསང་སྔགས་ཚིག་ཐམས་ཅད་ལ༔ །བླུན་པོ་རྣམས་ཀྱིས་རང་བཟོར་སྦྱོད། །ཅེས་པ། གསང་སྔགས་ཀྱི་ཚིག་དོན་ཕྱོགས་གཅིག་ཙམ་ལའང་བློ

ཁ་མ་ཕྱོགས་པའི་བླུན་པོ། རྡོ་རྗེ་འཆང་ཁྱད་དུ་གསོད་པའི་སྙིང་པོད་ཅན་གྱིས་འདུལ་བའི་ཚིག་ཁྱད་དུ་གསོད་པར་མ་ནུས་ཀྱང་། གསང་སྔགས་ཀྱི་ཚིག་དང་། ཉམས་ལེན་ལ་རང་རང་གི་བློ་ལ་གང་དྲན་རང་དགར་སྤྱོད་དོ། །

གཉིས་པ་དེ་ཉིད་གོ་སླའི་དཔེ་དང་སྦྱར་ནས་བཤད་པ་ནི། དཔེར་ན་རབ་བྱུང་གང་ཞིག་ནི། །གསུམ་ལས་མང་པ་འཇུག་མི་ནུས། །སྔགས་ཀྱི་དབང་བསྐུར་བྱེད་པ་ནི། །གྲངས་མེད་པར་ཡང་དབང་བསྐུར་བྱེད། །དེ་ནི་རྡོ་རྗེ་འཆང་གིས་བཀག །འདུལ་བར། ཚོགས་ཀྱིས་ཚོགས་ཀྱི་ལས་མི་བྱའོ། །ཞེས་གསུངས་པ་སྒྲུབ་བྱ་གསུམ་ལས་མང་བ་ལ་ལྷན་ཅིག་ཏུ་རབ་བྱུང་བསྙེན་རྫོགས་མི་བྱེད་ལ། གསང་སྔགས་དབང་བསྐུར་སློབ་མའི་གྲངས་ལ་ངེས་པ་མེད་པར་ཧ་ཅམ་ཚོགས་པ་ལ་བྱེད་དོ། །འདི་ནི་རྡོ་རྗེ་འཆང་གིས་བཀག་ཀྱང་མ་ཁེགས་པར་བྱས་སོ། །

དྲུག་པ་ལ་གསུམ་ལས། དང་པོ་སྤྱི་རྒྱུད་ཀྱི་ལུང་དྲངས་པ་ནི། སྤྱོད་པའི་རྒྱུད་ཀྱི་དབང་བསྐུར་ལ། སློབ་མ་གྲངས་ངེས་མེད་པར་གསུངས། །ལྷག་མ་དམིགས་བསལ་མཛད་པ་ཡི། །སློབ་མ་ལ་ནི་གྲངས་ངེས་ཡོད། །ཅེས་པ་རྣམ་སྣང་མངོན་བྱང་ལས། སློབ་མ་དད་ཅིང་རིགས་བཙུན་པ། །དེ་བཞིན་དཀོན་མཆོག་གསུམ་ལ་དད། །ཟབ་མོ་ཡི་ནི་སྣོད་དང་ལྡན། །སྒྲོ་བ་ཆེ་ཞིང་ཚུལ་ཁྲིམས་ལྡན། །དཔའ་ལ་ཡི་དམ་བརྟན་པ་ནི། །བཅུ་འམ་བརྒྱད་དམ་བདུན་ནམ་ལྔ། །གཅིག་གཉིས་བཞི་ལས་ལྷག་ཀྱང་རུང་། །དཔྱད་མི་དགོས་པར་བཟུང་བར་བྱ། །ཞེས་ཡོན་ཏན་དེ་དག་དང་ལྡན་ན་ཟུང་དུ་གྱུར་པ་ཡང་དཀྱིལ་འཁོར་དུ་འཇུག་པར་གསུངས་ཤིང་། ཡང་རྡོ་རྗེ་སློབ་དཔོན་ཆེན་པོ་དང་ལྡན་པས་སེམས་ཅན་གྱི་ཁམས་མ་ལུས་པར་བསྒྲལ་བར་ཡི་དམ་བཅས་པ་ཁོ་ནར་བྱས་ཏེ། དེས་བྱང་ཆུབ་ཀྱི་སེམས་ཀྱི་རྒྱུར་འགྱུར་བར་བྱ་བའི་ཕྱིར་སེམས་ཅན་ཚད་མེད་པ་ཡོངས་སུ་བཟུང་བར་བྱའོ། །དེ་ནས་དེ་དག་བོས་ལ་གསུམ་ལ་སྐྱབས་སུ་བཏང་བར་བྱའོ། །སྡིག་ཏོ་མི་བྱ་བ་རྣམས་ཀྱང་བགོ་བར་བྱའོ། །དེ་ནས་དེ་དག་ལ་སྤྱོས་དང་མེ་ཏོག་ལ་སོགས་པ་སྦྱིན་ནོ། །དེ་དག་དུས་གསུམ་དུ་སྒྲིབ་པ་མེད་པའི་ཡེ་ཤེས་ཀྱི་སྡོམ་པ་ཡང་འཛིན་དུ་འཇུག་གོ། །འཛིན་དུ་བཅུག་ནས་སྔགས་པ་ཡིས། །དེ་ནས་སོ་ཤིང་དག་ཀྱང་སྦྱིན། །ཞེས་གསུངས་པས། ཡོན་ཏན་ཚང་བའི་སློབ་མ་གྲངས་མ་ངེས་པ་ལའང་དབང་བསྐུར་དུ་རུང་བར་གསུངས་ཤིང་། སྤྱི་རྒྱུད་དུ། མདོར་ན་སློབ་མ་ཕན་ཚུན་དུ། །ནང་མི་གཤེན་པ་མི་བཟུང་ངོ་། །གཅིག་ལ་གཅིག་ནི་སེམས་བཟང་ཞིང་། །ཞི་བྱལ་བླ་མ་ལ་ཕན་པའོ། །ཞེས་གསུངས་པའི་སློབ་མའི་ཁྱད་ཆོས་ནི་ཤིན་ཏུ་གལ་ཆེའོ། །ཕྱག་ན་རྡོ་རྗེ་དབང་བསྐུར་བ་དང་། དམ་ཚིག་གསུམ་བཀོད་དུའང་། གྲངས་ཁ་འཆམ་གསུངས་སོ། །རྡོ་རྗེ་ཕྲེང་བར། སློབ་མ་གཅིག་གམ་གཉིས་སམ་མང་པོ་ཞེས་འབྱུང་བས་གྲངས་ངེས་མེད་པ་ཡིན་ཟེར་བ་ནི་བརྟག་དགོས་སོ། །སྤྱོད་

རྒྱུད་ཀྱི་དབང་ཟློར་ཡང་བས་ནུབ་གཅིག་ལ་ཡང་མང་པོ་ལ་བསྐུར་ཟིན་པའི་དབང་དུ་བྱས་སོ། །རྒྱུད་སྡེ་གོང་མ་གཉིས་ཀྱི་དབང་བསྐུར་བའི་སློབ་མ་ལ་གྲངས་ངེས་ཡོད་དོ། །

འདི་ནི་གསང་བ་སྤྱི་རྒྱུད་ལས། །མཁས་པས་སློབ་མ་གཅིག་གམ་གསུམ། །ལྔའམ་ཡང་ན་བདུན་དག་གམ། །ཉི་ཤུ་རྩ་ནི་ལྔ་ཡི་བར། །ཟུང་དུ་མ་གྱུར་ཡོངས་སུ་བཟུང་། །དེ་ལས་ལྷག་པའི་སློབ་མ་ནི། །ཡོངས་སུ་བཟུང་བར་མི་ཤེས་སོ། །ཞེས་གསུངས་འདི་ནི་ཀུན་ལ་འཇུག །ཅེས་པ། སྤྱི་རྒྱུད་དུ། རྡོ་རྗེ་སློབ་དཔོན་དབང་བསྐུར་བའི་ཚོག་ལ་མཁས་པས་སློབ་མ་གཅིག་ནས་ཉི་ཤུ་རྩ་ལྔའི་བར་ཟུང་དུ་མ་གྱུར་པ་ལ་སྐུ་གོན་བྱ་བར་ཤེས་ཤིང་། དེ་བས་མང་བ་ཟུང་དུ་གྱུར་པ་བཀྲ་མི་ཤིས་པར་གསུངས་སོ། །ཟུང་དང་ཡ་གྱལ་བཟང་ངན་གྱི་ཐ་སྙད་རྒྱུད་གཞན་ནས་ཀྱང་གསུངས་ཤིང་། འཕགས་པ་ཀླུ་སྒྲུབ་ཀྱིས། རྟེན་འབྲེལ་འཁོར་ལོ་རྩིས་དང་། རྒྱ་གར་གྱི་མོའི་བསྟན་བཅོས་དག་ལས་ཀྱང་བྱུང་ངོ་། །འོན་དཔལ་མཆོག་ཏུ། དེ་ལ་འདིར་ནི་སྟོད་དང་སྨོད་མ་ཡིན་པ་བརྟག་པར་མི་བྱ་སྟེ། སེམས་ཅན་གྱི་ཁམས་མ་ལུས་ཤིང་ལུས་པ་མེད་པ་རྣམས་བདེ་བ་ཆེན་པོའི་རྡོ་རྗེའི་དམ་ཚིག་འདི་དང་། འདོད་པའི་བསམ་པ་ཡོངས་སུ་རྫོགས་པར་བྱེད་པའི་རྡོ་རྗེའི་སྦྱོར་བས་རྡོ་རྗེ་ཆོས་ཀྱི་མཉམ་པ་ཉིད་ཀྱི་ཕྱག་རྒྱས་རྒྱས་བཏབ་པ་ཡིན་པའི་ཕྱིར་རོ། །ཞེས་སྨོད་བརྟག་པ་དང་གྲངས་ངེས་མི་དགོས་པར་གསུངས་སོ་ཞེ་ན། དཀྱིལ་འཁོར་དུ་གཞུག་པར་རུང་བའི་གསུང་ཡིན་ཏེ། སེམས་ཅན་ཐམས་ཅད་དཔལ་མཆོག་དང་པོའི་རྡོ་རྗེར་དབྱེར་མེད་པའི་ཕྱིར་རོ། །དུས་ཀྱི་འཁོར་ལོར། རིགས་ལྡན་གྱི་རྒྱལ་པོ་འཇམ་དཔལ་གྲགས་པས།

ཕྱི་རོལ་པའི་དྲང་སྲོང་བྱེ་བ་ཕྲག་དུ་མ་དུས་ཀྱི་འཁོར་ལོའི་དབང་བསྐུར་བར་གསུངས་པ་ནི། འཛམ་༠དེང་སང་ཆང་ལ་བག་མེད་དུ་སྤྱོད་པ་དག་གྲུབ་ཐོབ་བི་རཱུ་པས་ཆང་གསོལ་བའི་རྣམ་འཕྲུལ་ཁུངས་སུ་འདྲེན་པར་བྱེད་དོ། །

གཉིས་པ་གྲངས་ངེས་པའི་རྒྱུ་མཚན་ནི། དེ་བས་ལྷག་པའི་སློབ་མ་ལ། །ཚོག་ཡོངས་སུ་རྫོགས་པར་ནི། །མཚན་མོ་གཅིག་ལ་ཚར་མི་ནུས། །དེ་ཡི་མཚན་མོ་མ་ཚར་ན། །ཚོག་ཉམས་པར་འགྱུར་བར་གསུངས། །ཞེས་པ། ཉི་ཤུ་རྩ་ལྔ་ལས་ལྷག་པའི་སློབ་མ་ལ་དབང་བསྐུར་དངོས་གཞིའི་ཚོག་མཚན་མོ་གཅིག་ལ་བསྐུར་བར་མི་ནུས་ཤིང་། ཚོག་མ་ཚར་ན་ཉམས་པའི་ཉེས་དམིགས་དང་། ཐོར་དུ་མི་རུང་བའི་སྐྱེ་བོ་མང་པོས་རིག་པར་འགྱུར་བ་དང་། བུམ་པ་དང་རྡོ་རྗེ་དྲིལ་བུ་དང་ཐོད་པ་དང་ཅང་ཏེའུ་ལ་སོགས་གཞན་གྱིས་མཐོང་དུ་མི་རུང་བའི་ཡོ་བྱད་རྣམས་ནམ་ལངས་པའི་ཚེ་སྐྱེ་བོ་མང་པོས་མཐོང་བར་འགྱུར་བ་ལ་སོགས་དགག་བྱ་དང་དགོས་པ་དུ་མ་ཡོད་

པའི་ཕྱིར་རོ། །དེང་སང་བླ་མ་འགའ་ཞིག་གི རང་གིས་མ་ལྤོགས་པར་དབང་རྗེས་རྣམས་ལག་བརྒྱུད་བྱེད་པ་དང་། གཡོག་པོ་ལ་བསྐུར་ནས་སླ་ཆོས་བྱེད་པ་དང་། སློབ་མ་སྤྱི་ལ་དབང་རྗེས་ལན་ཅིག་རེག་པ་ལ་སོགས་ལག་ལེན་མ་དག་པ་རྣམས་ཀྱང་དབང་ཞུམང་པ་ལས་བྱུང་བའི་སྐྱོན་ཡིན་ནོ། །

དེ་ཡང་གསང་བ་སྤྱི་རྒྱུད་ལས། །ལྷ་ཡང་ཉི་མ་ཐུབ་པ་ན། །ངེས་པར་བྱིན་གྱིས་བརླབས་ཀྱིས་འདུ། །ཉི་མ་ཤར་བར་མ་གྱུར་བར། །མཆོད་ནས་གཤེགས་སུ་གསོལ་བ་ཤིས། །ཞེས་པ། སྤྱི་རྒྱུད་ཆེན་པོ་བཞིའི་ནང་ནས་དཀྱིལ་འཁོར་དང་དབང་བསྐུར་བ་ལ་སོགས་ཆོ་ག་གཙོ་བོར་སྟོན་པའི་རྒྱུད་དུ། གསང་སྔགས་ཉམས་སུ་ལེན་པའི་རྣལ་འབྱོར་པ་ལ། སྲུང་བ་དང་། སྒྲུབ་པ་དང་། སྲེད་པ་དང་། རྒྱུད་བྱིན་གྱིས་རློབ་པར་བྱེད་པའི་ཕྱི་ནང་གི་མཁའ་འགྲོ་ལ་སོགས་ལྷ་རྣམས་ཀྱང་ཉི་མ་ཐུབ་ནས་རང་བཞིན་གྱིས་འདུ་ཞིང་དངོས་གྲུབ་སྟེར་བས་མཚན་མོའི་དུས་སུ་དབང་བསྐུར་བ་དང་གཏོར་མ་སྦྱིན་པ་ལ་སོགས་པ་གསུངས་ཤིང་། ནམ་ལངས་པའི་ཚེ་དཀྱིལ་འཁོར་གྱི་ལྷ་ལ་གཏང་རག་གི་མཆོད་བསྟོད་དང་། བཟོད་པར་གསོལ་བ་དང་། དགེ་བ་བསྔོ་བ་དང་། གཤེགས་སུ་གསོལ་བ་སོགས་བྱ་ཞིང་ལས་ཀྱི་རྗེས་མི་མཐོང་པར་བྱའོ། །ཞེས་གསུངས་སོ། །

གསུམ་པ་དེ་ལ་ཐེ་ཚོམ་སྤང་བ་ནི། འདི་ནི་བྱ་བའི་རྒྱུད་ཡིན་པས། །གཞན་གྱི་ཆོ་ག་མིན་སྙམ་ན། །གཞན་རྣམས་ཀུན་ལའང་དེ་འདྲུག་པར། །སྤྱི་རྒྱུད་ཉིད་ལས་འདི་སྐད་གསུངས། །ཞེས་པ། སློབ་མའི་གྲངས་ངེས་དང་། མཚན་མོ་གཅིག་ལ་དབང་རྫོགས་པར་ཟིན་དགོས་པ་ལ་སོགས་ནི། བྱ་བའི་རྒྱུད་ཀྱི་ལུགས་ཡིན་གྱི་གཞན་ལ་མི་དགོས་སྙམ་ན། རྒྱུད་སྡེ་ཐམས་ཅད་ཀྱི་ཐུན་མོང་དུ་སྤྱི་རྒྱུད་ཉིད་ལས་གསུངས་སོ། །

ཇི་ལྟར་གསུངས་ཞེ་ན། གང་དུ་ལས་ནི་ཡོད་གྱུར་པ། །ལས་ཀྱི་ཆོ་ག་རྣམས་མེད་པས། །དེར་ནི་སྤྱི་རྒྱུད་དག་ལས་ཀྱང་། །གསུངས་པའི་ཆོ་ག་མཁས་པས་བསྟེན། །དེ་སྐད་གསུངས་ཕྱིར་ཆོ་ག་འདི། །རྒྱུད་རྣམས་ཀུན་ལ་འཇུག་པ་ཡིན། །ཞེས་པ། རྒྱུད་སྡེ་གང་དུ་དཀྱིལ་འཁོར་བྲི་བ་དང་། དབང་བསྐུར་བ་དང་། རབ་ཏུ་གནས་པ་དང་། སྦྱིན་བསྲེག་ལ་སོགས་པའི་རྗེ་རྗེ་སློབ་དཔོན་གྱི་ལས་རྣམས་བྱ་བར་གསུངས་ལ། ལས་ཀྱི་ཆོ་ག་གསལ་པོར་མ་གསུངས་པ་རྣམས་སུ་སྤྱི་རྒྱུད་ནས་གསུངས་པའི་ཆོ་ག་ཇི་ལྟར་འོས་པས་ཁ་བསྐང་ནས་ལྷག་ཆད་དང་ནོར་འཁྲུལ་མེད་པར་བྱའོ། །ཞེས་གསུངས་སོ། །

བདུན་པ་ལ་བཞི་ལས། དང་པོ་རང་བཟོའི་དཀྱིལ་འཁོར་དུ་དབང་བསྐུར་བས་སྡོམ་པ་མི་ཐོབ་པར་བསྟན་པ་ནི། དེང་སང་བྱིན་བརླབས་མི་བྱེད་ཅིང་། །དབང་བསྐུར་བྱེད་པ་ཁ་ཅིག་ཀྱང་། །རྫོགས་སངས་རྒྱས་ཀྱིས་གསུངས་པ་ཡིས། །དཀྱིལ་འཁོར་ཆོ་ག་མི་བྱེད་པར། །གཡུང་དྲུང་རིས་ཀྱི་དཀྱིལ་འཁོར་དང་། །ནས་འདྲ

ལ་སོགས་བྱེད་པ་ཐོས། །འདི་འདྲ་གང་དུ་དབང་བསྐུར་ཡང་། །སྡོམ་པ་ཐོབ་པར་མི་འགྱུར་རོ། །ཞེས་པ། སྔགས་ཀྱི་སློབ་དཔོན་དབང་བསྐུར་བྱེད་པ་ཁ་ཅིག །རྒྱུད་ནས་གསུངས་པའི་དཀྱིལ་འཁོར་ཆོ་གའི་ལུགས་མི་བྱེད་པར། བོན་པོའི་དཀྱིལ་འཁོར་ལ་དཔེ་བླངས་ནས་གཡུང་དྲུང་རིས་དང་ནས་འདྲུ་རིས་དང་འཇའ་ཚོན་ཕུབ་ཀྱི་སྣ་ལྔར་བསྒོར་བ་དང་། གྲུ་གསུམ་དང་ཟླ་གམ་མང་པོ་བསྒྲིགས་པའི་དཀྱིལ་འཁོར་བྱེད་དེ་དེ་འདྲར་དབང་བསྐུར་ཡང་རིག་འཛིན་གྱི་སྡོམ་པ་ཐོབ་པར་མི་འགྱུར་རོ། །

གཉིས་པ་དེའི་རྒྱུ་མཚན་རྟེན་འབྲེལ་མི་འགྲིག་པའི་ཚུལ་ནི། དེ་ཡི་རྒྱུ་མཚན་བཤད་ཀྱིས་ཉོན། །ཕྱི་དང་ནང་གི་རྟེན་འབྲེལ་གྱི། །སྟོབས་ཀྱི་དཀྱིལ་འཁོར་འབྱུང་བ་ཡིན། །འདི་ལ་རྟེན་འབྲེལ་བསྒྲིག་མིན་ནུས། །དེས་ན་སངས་རྒྱས་རྣམས་ཀྱིས་བཀག །ཅེས་པ། རང་བཟོའི་དཀྱིལ་འཁོར་དུ་གསང་སྔགས་ཀྱི་སྡོམ་པ་མི་སྐྱེ་བའི་རྒྱུ་མཚན། ཕྱི་ནང་གསང་བ་དེ་ཁོ་ན་ཉིད་ཀྱི་དངོས་པོའི་གཤིས་ལ་གནས་པའི་སྟོབས་ཀྱིས་རྒྱུད་སྡེ་རྣམས་སུ་དཀྱིལ་འཁོར་གྱི་དབྱིབས་དང་ཚད་ཁ་དོག་གི་བྱེ་བྲག་མི་འདྲ་བར་འབྱུང་བ་ཡིན་ཅིང་། དེ་དག་མཐུན་པར་བླ་མ་མཁས་པས་དབང་བསྐུར་བས་རྟེན་འབྲེལ་འགྲིག་ནས་སྡོམ་པ་སྐྱེ་ཞིང་། རྡོ་རྗེའི་ལུས་ལ་ནུས་པ་འཇོག་ཅིང་སེམས་ལ་རྟོག་པ་བཟང་པོ་སྐྱེ་བའི་རྒྱུར་འགྱུར་བ་ཡིན་ནོ། །གཡུང་དྲུང་རིས་ལ་སོགས་པ་བླུན་བཟོ་ཡིན་པས་ཅིར་ཡང་མི་རུང་ངོ་། །རྒྱུད་ལས། མི་མཉམ་མེད་པས་གྲུ་བཞི་སྟེ། །ཞེས་པ་གང་ཡང་མ་ཚང་བའི། ཏལ་དེ་འདྲ་སངས་རྒྱས་ཀྱིས་བཀག་གོ། །

དབང་བསྐུར་བྱེད་པ་ཕལ་ཆེར་ཡང་། །སློབ་མ་བརྒྱ་སྟོང་གྲངས་མེད་ལ། །སྦྱོར་དངོས་རྗེས་ཀྱི་ཆོ་ག་རྣམས། །སངས་རྒྱས་གསུང་བཞིན་མི་ཤེས་པར། །ཞེས་པ། དེང་སང་དབང་བསྐུར་བའི་ཆོག་བྱེད་པ་ཕལ་ཆེར། སློབ་མ་མང་པོ་ལ་རྒྱུད་ནས་གསུངས་པའི་སྦྱོར་བ་སྔོན་གྱི་ཆོས་དང་། དངོས་གཞི་དབང་གི་ཆ་ལག་མཐའ་རྟེན་དང་བཅས་པ་དང་། རྗེས་གསང་བར་གདམས་ཤིང་དཀྱིལ་འཁོར་མཆོད་པ་ལ་སོགས་པ་བྱེད་མི་ཤེས་པར།

མ་འབྲེལ་འགལ་ཞིང་ཉམས་པ་ཡི། །ཆོ་གའི་གཟུགས་བརྙན་བྱེད་པ་ལ། །དབང་བསྐུར་ཡིན་ཞེས་བླུན་པོ་སྨྲ། །དེ་ཡི་ལུས་ངག་ཡིད་གསུམ་གྱི། །རྣམ་པ་གདོན་གྱིས་བསྒྱུར་བ་ལ། །བྱིན་བརླབས་ཡིན་པར་འཁྲུལ་པ་མང་། །ཞེས་པ། སྔ་ཕྱི་འཁྲུགས་ཤིང་ལྷག་ཆད་དུ་གྱུར་པས་མ་འབྲེལ་བ་དང་། རྒྱུད་སྡེ་གོང་འོག་གི་ཁྱད་པར་མ་ཕྱེད་པས་བྱ་རྒྱུད་ལ་རྡོ་རྗེ་སློབ་དཔོན་གྱིས་དབང་བསྐུར་བ་དང་། དབང་རྫས་ལྔར་བསྐྱེད་པ་དང་། མིང་གི་དབང་བསྐུར་ལ་རྡོར་དྲིལ་རྣམ་སྣང་དུ་བསྐྱེད་པ་ལ་སོགས་ཆོག་འགལ་བ་དང་། ཡེ་ཤེས་དབབ་པའི་དམིགས་པ་ནོར་བ་དང་། གལ་ཆེ་བ་ཆད་ནས་ཉམས་པ་ལ་སོགས་ལྷར་སྣང་ཙམ་ལ་དབང་བསྐུར་ཡིན་ནོ་ཞེས་མིང་

བཏགས་ནས་བླུན་པོས་བླུན་པོ་སླུ་བའི་ཆོས་ལུགས་ལ་གདོན་གྱིས་སྣང་བ་བསྒྱུར་བའི་ནུས་པ་ཕྲ་མོ་བྱུང་བ་ལ་བྱིན་བརླབས་ཆེའོ་ཞེས་འཕྲུལ་པ་ཤིན་ཏུ་མང་ངོ། །

གསུམ་པ་དེ་ལས་བྱུང་བའི་ཡོན་ཏན་བགེགས་ཀྱི་བར་ཆད་ཡིན་པར་བསྟན་པ་ནི། དཔལ་ལྡན་དམ་པ་དང་པོ་ལས། །ཚིག་ཉམས་པའི་བྱིན་བརླབས་ཀུན། །བགེགས་ཀྱི་ཡིན་པར་རྒྱལ་བས་གསུངས། །ཞེས་པ། དབང་བསྐུར་གྱི་ཚིག་ཉམས་པ་དང་། བསྐྱེད་རྫོགས་ཀྱི་དམིགས་པ་ནོར་བ་ལ་ཕན་ཡོན་ཆེན་པོ་འབྱུང་བར་སྣང་བ་ནད་གདོན་ཞི་བ་དང་། ལྷའི་ཞལ་མཐོང་བ་དང་། འདས་མ་འོངས་ལུང་སྟོན་པ་ལ་སོགས་པ་ནི། དུར་ཁྲོད་ཀྱི་ཤ་ཟ་ལ་སོགས་པ་ལས་ཀྱི་རྫུ་འཕྲུལ་ཡོད་པའི་བགེགས་ཀྱི་བར་ཆད་ཡིན་པར་མདོ་རྒྱུད་མང་པོ་ནས་གསུངས་ཏེ། བདུད་སྡིག་ཅན་སངས་རྒྱས་དང་མཁན་སློབ་ཀྱི་ཆ་བྱད་བཟུང་ནས་ཡུལ་ཕྱོགས་དང་ཕ་མེས་ལུང་སྟོན་པ་དང་། རྣལ་འབྱོར་པ་ལ་ནུས་པ་དང་མངོན་ཤེས་བསྐྱེད་ནས་གཞན་ཁྲིད་དུ་གསོད་པའི་རློམ་སེམས་འབྱུང་བ་ལ་སོགས་བར་ཆད་ལ་ཡོན་ཏན་དུ་འཁྲུལ་པར་ངོ་ཤེས་ནས་སྤང་དགོས་སོ། །

བཞི་པ་ཚིག་དག་པ་ལ་སངས་རྒྱས་ཀྱི་བྱིན་བརླབས་འཇུག་པར་བསྟན་པ་ནི། ཚིག་དག་པར་གྱུར་པ་ལས། །བྱུང་བ་སངས་རྒྱས་བྱིན་བརླབས་ཡིན། །ཞེས་པ། ཚིག་རྣམ་པར་དག་པས་དབང་བསྐུར་བ་དང་། རྗེས་སུ་གནང་བ་ཐོབ་ན་ཡི་དམ་ལྷའི་བྱིན་བརླབས་ངང་གིས་འབྱུང་བ་ཡིན་ཏེ། རྒྱུད་ལས། དབང་དང་རྗེས་གནང་ཐོབ་ནས་ནི། །མ་བསྙེན་པར་ཡང་དེ་ལ་ནི། །ལྷ་ནི་འགོ་ཞིང་ཉེ་བར་གནས། །ཞེས་སོ། །

བརྒྱད་པ་ལ་གསུམ་ལས། དང་པོ་དབང་མ་ཐོབ་པར་སྔགས་ཀྱི་སྒོར་འཇུག་པ་དགག་པ་ནི། དབང་བསྐུར་མེད་ཀྱང་ལམ་ཟབ་མོ། །བསྒོམས་ན་སངས་རྒྱས་འགྲུབ་སྙམ་ན། །དབང་བསྐུར་མེད་པར་ལམ་ཟབ་མོ། །བསྒོམ་པ་ངན་འགྲོའི་རྒྱུ་རུ་གསུངས། །ཞེས་པ། སྔོན་དུ་དབང་མ་བསྐུར་ཀྱང་རིམ་གཉིས་ཀྱི་ལམ་ཟབ་མོ་བསྒོམས་པ་འགྲུབ་སྟེ། ལམ་མ་ནོར་བར་ཉམས་སུ་བླངས་པའི་ཕྱིར་སྙམ་ན། དམ་པ་དང་པོར། དབང་བསྐུར་མེད་པར་སྔགས་འཆད་དང་། །ཟབ་མོའི་དེ་ཉིད་སྒོམ་བྱེད་པ། །དེ་དོན་ལེགས་པར་ཤེས་ན་ཡང་། །དམྱལ་བར་འགྱུར་ཞིང་གྲོལ་བ་མེད། །ཞེས་པ་དང་། བཤད་རྒྱུད་རྡོ་རྗེ་ཕྲེང་བར། དབང་བསྐུར་མེད་པར་རྒྱུད་འཆད་པ། །སྒྲུབ་པོ་སྔགས་ཀྱི་དོན་ཤེས་ཀྱང་། །སློབ་དཔོན་སློབ་མ་མཚུངས་པ་ནི། །ཤི་ནས་དུ་འབོད་ཆེན་པོར་ལྟུང་། །ཞེས་གསུངས་པས། ཐོ་བ་མཐྲིགས་པའི་ངོས་ལ་སྲན་མའི་འབྲུ་བཞག་པ་བཞིན་ནོ། །

ཕྱག་རྒྱ་ཆེན་པོ་ཐིག་ལེ་ལས། །དབང་མེད་ན་ནི་དངོས་གྲུབ་མེད། །བྱེ་མ་བཙིར་ལ་མར་མེད་ལྟར། །གང་ཞིག་རྒྱུད་ལུང་ང་རྒྱལ་གྱིས། །དབང་བསྐུར་མེད་པར་འཆད་བྱེད་པ། །སློབ་དཔོན་སློབ་མ་ཤི་མ་ཐག །དངོས

གྲུབ་ཐོབ་ཀྱང་དམྱལ་བར་སྐྱེ། །ཞེས་པ། དབང་མ་ཐོབ་པར་རྒྱུད་ཟབ་མོ་འཆད་པ་དང་། ལས་ཚོགས་སྒྲུབ་པ་ལ་སོགས་བྱེད་ན། འཆར་འབེབས་པ་དང་། འབྱུང་པོ་འདུལ་བ་སོགས་ཐུན་མོང་གི་དངོས་གྲུབ་ཙུང་ཟད་ཐོབ་ཀྱང་། མཆོག་གི་དངོས་གྲུབ་ཐོབ་པའི་སྐལ་བ་མེད་ཅིང་དམྱལ་བ་ཆེན་པོར་སྐྱེའོ་ཞེས་གསུངས་སོ། །

གཉིས་པ་འབད་པས་དབང་བསྐུར་ཞུ་དགོས་པར་བསྟན་པ་ནི། དེ་བས་འབད་པ་ཐམས་ཅད་ཀྱིས། །བླ་མ་ལ་ནི་དབང་དོན་ཞུ། །ཞེས་གསུངས་རྒྱུད་སྡེ་གཞན་ལས་ཀྱང་། །དེ་ལྟར་གསུང་ཕྱིར་འབད་པར་བྱ། །དབང་མ་ཐོབ་པར་སྔགས་ཀྱི་སྒོར་འཇུག་པ་ལ། ཉེས་དམིགས་ཆེན་པོ་གསུངས་པ་དེས་ན། གསང་སྔགས་ཀྱི་ལམ་དུ་འཇུག་པས་དཀའ་དཔྱད་བླ་མའི་ཞབས་ཏོག་སྒྲུབ་པའི་རྩོལ་བ་ཆེན་པོས་ཐོག་མར་དབང་ཞུས་ནས་གསང་སྔགས་ལ་འཇུག་པར་བྱའོ། །སངས་རྒྱས་ཐོད་པར། བུ་ཚ་མེད་པའི་ཁྱིམ་བདག་པོ་ཤི་མ་ཐག་ཁང་པ་ནོར་གྱིས་སྟོངས་པར་འགྱུར་བ་བཞིན་དུ། དབང་མ་ཐོབ་པར་སྔགས་ལ་འཇུག་པ་ཡང་ཤི་མ་ཐག་ཉམས་པར་འགྱུར་རོ། །ཞེས་སོགས་གསུངས་སོ། །

གསུམ་པ་རང་བཟོའི་ངན་རྟོག་སྣ་ཚོགས་དགག་པ་ལ་བདུན། དབང་པོའི་ཁྱད་པར་འདོད་པ་དགག །སེམས་བསྐྱེད་ཙམ་གྱིས་ཆོག་པར་འདོད་པ་དགག །གཏོར་དབང་སྨིན་བྱེད་དུ་འདོད་པ་དགག །དབང་བསྐུར་ལམ་གྱི་ཉེར་དུ་འཇོག་པ་དགག །ཆོས་མིན་ཐམས་ཅད་དོར་བྱ་ཡིན་པར་བསྟན། དབང་བསྐུར་བྱས་པ་དགོས་མེད་ཡིན་པ་དགག །ཆོ་ག་མེད་པར་དབང་བཞི་ལེན་པ་དགག་པའོ། །

དང་པོ་ནི། ཁ་ཅིག་གང་ཟག་དབང་པོ་རབ། །སྨིན་བྱེད་ཕག་མོའི་བྱིན་བརླབས་ཡིན། །འབྲིང་དང་ཐ་མ་དག་ལ་ནི། །དབང་བསྐུར་ཆོ་ག་དགོས་ཞེས་ཟེར། །གང་ཟག་རབ་འབྲིང་གསུམ་ཀ་ལས། །ཕག་མོའི་བྱིན་བརླབས་སྨིན་བྱེད་དུ། །རྒྱུད་སྡེ་ཀུན་ལས་གསུངས་པ་མེད། །ཅེས་པ། རྡོ་རྗེ་ཕག་མོའི་བྱིན་བརླབས་དབང་པོ་རབ་ཀྱི་ཆོས་སུ་འདོད་པ་ཁ་ཅིག །གསང་སྔགས་ཉམས་སུ་ལེན་པའི་གང་ཟག་ལ་རིགས་གསུམ་ཡོད་པའི་དབང་པོ་རྣོ་ཞིང་སྐལ་བ་རབ་ལ་ཕག་མོའི་བྱིན་བརླབས་ཙམ་གྱིས་སྨིན་བྱེད་དབང་གི་གོ་ཆོད་དོ། །འབྲིང་དང་ཐ་མ་ལ་རྒྱུད་ནས་བཤད་པའི་ཆོ་ག་བྱ་དགོས་པ་ཡིན་ཞེས་ཟེར་ཏེ། དེ་འདྲའི་རྣམ་བཞག་རྒྱུད་དང་གྲུབ་ཐོབ་རྣམས་ཀྱིས་གསུངས་པ་མེད་དོ། །འོན་ཕྱུག་ན་རྡོ་རྗེས་ཨུ་རྒྱན་གྱི་རྒྱལ་པོ་འཁོར་དང་བཅས་པ་ལ་གསང་བ་འདུས་པའི་དབང་བསྐུར་བ་དང་། དཔལ་ལྡན་འབྲས་སྤུངས་སུ་བཅོམ་ལྡན་འདས་ཀྱིས་རྒྱལ་པོ་ཟླ་བ་བཟང་པོ་ལ་དབང་བསྐུར་བ་དང་། འཛམ་པའི་རྡོ་རྗེས། སངས་རྒྱས་ཡེ་ཤེས་ཞབས་ལ་དབང་བསྐུར་བ་ལ་སོགས་ཡོད་དོ་སྙམ་ན།

འཕགས་པ་རྣམས་ཀྱིས་གང་ཟག་རབ། །སྤྲུལ་པ་ཡི་ནི་དཀྱིལ་འཁོར་དུ། །དབང་བསྐུར་མཛད་ཅེས་གསུངས་པ་ནི། །སྔོན་གྱི་ཆོ་གའི་འཕགས་པའི་ཡིན། །དེང་སང་གང་ཟག་རབ་འབྲིང་ཀུན། །རྡུལ་ཚོན་གྱི་ནི་དཀྱིལ་འཁོར་དུ། །དབང་བསྐུར་བྱ་བ་གསུངས་མོད་ཀྱི། །གཞན་གྱི་སྨིན་བྱེད་རྒྱུད་ལས་བཀག །ཅེས་པ། རྒྱལ་པོ་ཨིནྡྲ་བྷཱུ་ཏི་ལ་སོགས་ཀྱང་སྤྲུལ་པ་ཡིན་པར་གསུངས་ཤིང་། ཡེ་ཤེས་ཀྱི་སྣང་བ་ཙམ་གྱི་དཀྱིལ་འཁོར་སྤྲུལ་ནས་དབང་བསྐུར་བར་མཛད་པ་ནི་སྔོན་བྱུང་གི་ཆོ་ག་རིགས་གསུམ་མགོན་པོ་ལ་སོགས་པའི་རྣམ་འཕྲུལ་ཡིན་ནོ། །དེ་ཡང་ཐོག་མར་རྡུལ་ཚོན་གྱི་དཀྱིལ་འཁོར་དུ་དབང་བསྐུར་བའི་ཕྱིར། ས་གཞི་བརྟག་པ་དང་། སྦྱང་བ་དང་། ཡོངས་སུ་བཟུང་བ་དང་། ལྷ་གོན་དུ་གནས་པ་དང་། དེ་བཞིན་དུ་སློབ་མའི་སྣོད་བརྟག་པ་དང་། བློ་བཙོས་པ་དང་། སྡོམ་པ་སྦྱིན་པ་དང་། སྦྱང་བ་ལ་སོགས་པ་རྒྱུད་དང་དབང་ཆོག་རྣམས་ལས་རྒྱས་པར་འབྱུང་བ་ལྟར། ཐོག་མར་རྡུལ་ཚོན་དང་རས་བྲིས་ལ་སོགས་པའི་ཕྱིའི་དཀྱིལ་འཁོར་དུ་དབང་བསྐུར་ནས་དབང་པོ་རབ་ལ་ལུས་ཀྱི་དཀྱིལ་འཁོར་དུ་དབང་བསྐུར་བར་གསུངས་ཀྱི། དེ་ལས་གཞན་པའི་དབང་དེ་འདྲ་རྒྱུད་སྡེ་ལས་བཀག་གོ། །

གཉིས་པ་ལ་གཉིས་ལས། དང་པོ་འདོད་ཚུལ་བསྟན་པ་ནི། ལ་ལ་སེམས་བསྐྱེད་བྱས་པ་ལ། །གསང་སྔགས་སྒོམ་དུ་འདོད་ཅེས་ཟེར། །འདི་ནི་སྔགས་ཀྱི་འཁྲུལ་ཡིན་ལོ། །ཞེས་པ། རྒྱུད་སྡེའི་དོན་མ་གོ་བར་བློ་ཁོག་ཆེ་བར་རློམ་པ་ལ། ཐེག་པ་ཆེན་པོའི་སེམས་བསྐྱེད་ནི་སངས་རྒྱས་སྒྲུབ་པའི་ལམ་ཐམས་ཅད་ཀྱི་བརྟེན་ཡིན་ལ། དེས་གསང་སྔགས་ཀྱི་ལམ་སྒོམས་པས་སྐྱོན་དུ་མི་འགྱུར་ཏེ། སྔགས་ཀྱི་ཐེག་པའི་ནང་གི་བློ་ཡངས་པའི་འཁྲུལ་མིག་ཆེན་པོ་ཡིན་ནོ། །

གཉིས་པ་ཕྱི་སྙེ་འཁྲུལ་པ་དགག་པ་ལ་གཉིས་ལས། དང་པོ་བྱ་བའི་རྒྱུད་ཀྱི་རྣམ་གཞག་ནི། འདི་ཡང་ཕྱི་སྙེ་བཤད་ཀྱིས་ཉོན། །བྱ་བའི་རྒྱུད་ལ་རྣམ་གསུམ་ཡོད། །དོན་ཡོད་ཞགས་སོགས་འགའ་ཞིག་ལ། །དབང་བསྐུར་སེམས་བསྐྱེད་མ་ཐོབ་ཀྱང་། །བསྙེན་གནས་ལ་སོགས་བྱེད་ནུས་ན། །གང་ཟག་ཀུན་གྱིས་སྒྲུབ་པར་གསུངས། །ཞེས་པ། ཐེག་ཆེན་སེམས་བསྐྱེད་གསང་སྔགས་ཀྱི་བརྟེན་དུ་འདོད་པ། རྒྱུད་སྡེ་སོ་སོར་ཕྱེ་ནས་བྱེད་ཚུལ་ཤེས་དགོས་ཏེ། བྱ་རྒྱུད་ལ་ཡང་ཉམས་སུ་ལེན་ཚུལ་གསུམ་ཡོད་དེ། སྤྱན་རས་གཟིགས་ཀྱི་ཆོ་ག་ལ་སོགས་ནས་གསུངས་པ་འགའ་ཞིག་ལ་དབང་བསྐུར་དང་སེམས་བསྐྱེད་སྔོན་དུ་མ་སོང་ཡང་གསོ་སྦྱོང་དང་བསྙེན་གནས་ཙམ་ལ་བརྟེན་ནས་ཀྱང་སྒྲུབ་ཏུ་རུང་བར་གསུངས་ཏེ། སེམས་ཅན་རྣམས་ལ་ནུས་སམ་མི་ནུས་དྲིས་ཏེ་སྦྱིན་པར་བྱའོ། །ཞེས་པ་དང་། གཞན་དང་འགྲན་པ་དང་། གཞན་ཁྲད་དུ་བསད་པའི་ཕྱིར་འཇུག

ནའང་། འཕགས་པ་སྤྱན་རས་གཟིགས་ཀྱི་བྱིན་བརླབས་སུ་མཁས་པས་ཤེས་པར་བྱའོ། །ཅིའི་ཕྱིར་ཞེ་ན། དེ་དག་གི་རྣ་ལམ་དུ་གྲགས་པར་འགྱུར་བའི་ཕྱིར་རོ། །ཞེས་པ་དང་། དུད་འགྲོའི་རྣ་ལམ་དུའང་སྔགས་ཤིག་ཅེས་སོགས་གསུངས་པའི་ཕྱིར་རོ། །ཨོཾ་མ་ཎི་པདྨེ་ཧཱུྃ་ཞེས་པ། བཀྲ་ལམ་དུ་བྲིས་པ་དང་། མང་པོ་འདུས་པར་བསྒྲགས་ན་གསང་སྔགས་གི་ཉེས་པ་འབྱུང་ཞེས་ཟེར་བའང་གྲགས་ཏེ། གཞུང་ལུགས་འདི་ལྟ་བུ་མ་མཐོང་བའི་ཁྱད་གསོད་ཡིན་ནོ། །

དམ་ཚིག་གསུམ་བཀོད་ལ་སོགས་པ། །འཇུག་པ་སེམས་བསྐྱེད་ཐོབ་ན་ནི། །ཕྲིན་ལས་འགའ་ཞིག་སྒྲུབ་པའི་ཕྱིར། །ཚིག་ཤེས་ནས་སྒྲུབ་པར་གནང་། །ཞེས་པ། ཐེག་པ་ཆེན་པོའི་སེམས་བསྐྱེད་དང་སྡོམ་པ་རྒྱུད་ལ་ལྡན་པས་སྡིག་པ་སྤྱང་བ་དང་། ཞི་རྒྱས་ཀྱི་ཕྲིན་ལས་སྒྲུབ་པ་ལ་སོགས་པའི་ཕྱིར་དུ་དཔལ་རྡོ་རྗེ་གཙོ་འཁོར་གསུམ་སྒྲུབ་པ་དང་། ཐུབ་པའི་དབང་པོ་མདུན་དུ་བསམས་ནས་དེ་བཞིན་གཤེགས་པའི་ཡི་གེ་བརྒྱ་པ་སྟོང་ཕྲ་བརྒྱད་བཟླས་ན་མངོན་སུམ་དུ་ཞལ་མཐོང་བར་འགྱུར་བ་ལ་སོགས་མང་དུ་གསུངས་སོ། །བྲིས་དང་གཙང་སྦྲ་སོགས་མེད་པར་སྤྱོད་ལམ་ཅི་བདེ་བས་འགྲུབ་པར་གསུང་པའི་ཕྱིར་སྤྱོད་པའི་རྒྱུད་ཡིན་པར་ཡང་མི་འགལ་ལོ། །

ལེགས་པར་འགྲུབ་པ་ཡན་ཆད་དུ། །རང་གི་དབང་བསྐུར་མ་ཐོབ་ན། །སེམས་བསྐྱེད་ཐོབ་ཀྱང་གསང་སྔགས་བཀག །དེ་ཡང་ལེགས་པར་གྲུབ་པ་ལས། །དབང་བསྐུར་མ་བྱས་པ་དག་ལ། །ཚིག་ཤེས་པས་སྔགས་མི་སྦྱིན། །ཞེས་སོགས་རྒྱས་པར་གསུངས་ལ་ལྟོས། །ཞེས་པ། དབང་བསྐུར་མ་ཐོབ་ན་ཚིག་ཤེས་པ་ཙམ་གྱིས་གསང་སྔགས་རང་གིས་སྒྲུབ་པ་དང་། གཞན་ལ་སྦྱིན་པ་བཀག་ཅིང་། དཔུང་བཟངས་ལས་ཀྱང་། གང་དག་རིགས་དང་དབང་བསྐུར་ཚིག་མེད། །གང་དག་དཀྱིལ་འཁོར་དུ་ནི་མ་ཞུགས་དང་། །གང་དག་བྱང་ཆུབ་སེམས་ནི་མ་བསྐྱེད་པ། །ང་ཡི་གསང་སྔགས་བཟླས་ན་ཕུང་བར་འགྱུར། །ཞེས་སོ། །སྐུ་གསུང་ཐུགས་ཀྱི་རིགས་གསུམ་ཕྱིའི་རིགས་པ་གཏད་པའི་ཚིག་ཐོབ་པས། རང་གི་ལྷ་རིགས་གང་ཡིན་གྱི་རྗེས་གནང་ཞུས་ནས་བསྙེན་སྒྲུབ་བྱེད་པར་རུང་ཞིང་། རྣ་གིརྟིས་གཟུངས་ཐམས་ཅད་ཀྱི་ཚིག་ཀུན་སྣང་གསལ་བར་ལྟ་དུ་མའི་རིགས་གཏད་ཕྱོགས་གཅིག་ཏུ་བཀོད་པ་ལྟར་ལག་ཏུ་བླང་བར་བྱའོ། །དཀྱིལ་འཁོར་གང་ཡང་རུང་བར་ཐུམ་པའི་དབང་དང་། རྡོ་རྗེ་སློབ་དཔོན་གྱི་དབང་ལེགས་པར་ཐོབ་ཅིང་མ་ཉམས་ན། བྱ་བ་དང་སྤྱོད་པའི་རྒྱུད་ཉན་པ་དང་། རྗེས་གནང་ཞུས་ནས་སྒྲུབ་པ་ལ་ཉེས་པ་མེད་དོ། །དེ་ལས་གཞན་དུ་རྒྱུད་ཉན་པ་དང་། ལྷ་སྒྲུབ་པ་བཀག་པ་ཡིན་ནོ། །

གཉིས་པ་རྒྱུད་སྡེ་གོང་མའི་དམིགས་གསལ་ནི། ལྷག་མ་རྒྱུད་སྡེ་གསུམ་པོ་ལས། །དབང་བསྐུར་ཐོབ་པ

མ་གཏོགས་པ། །སེམས་བསྐྱེད་ཙམ་ལ་བརྟེན་པ་དམིགས། །ཡི་དམ་སྒོམ་པར་གསུངས་པ་མེད། །དབང་བསྐུར་ནང་གི་རྟེན་འབྲེལ་ཡིན། །ཞེས་པ། རྒྱུད་སྡེ་གོང་མ་གསུམ་ལ་རང་ལུགས་ཀྱི་དབང་མ་ཐོབ་པར་ཐེག་ཆེན་སེམས་བསྐྱེད་ཙམ་ལ་བརྟེན་ནས་རྒྱུད་འཆད་ཉན་བྱེད་པ་དང་། ཡི་དམ་ལྷ་ཡི་སྒོམ་བཟླས་བྱེད་པར་མ་གསུངས་ཏེ། དབང་བསྐུར་བའི་ཚིག་སློབ་མའི་ལུས་སེམས་ལ་དངོས་གྲུབ་མྱུར་དུ་འགྲུབ་པའི་རྟེན་འབྲེལ་གྱི་ནུས་པ་རྒྱས་པར་བྱེད་པ་ཡིན་ལ།

སེམས་བསྐྱེད་ལ་ནི་རྟེན་འབྲེལ་མེད། །དེས་ནི་སེམས་བསྐྱེད་བྱས་ན་ཡང་། །གསང་སྔགས་ཟབ་མོ་སྒོམ་པ་ལ། །ལྟུང་བ་ཡོད་པར་རྒྱལ་བས་གསུངས། །དེ་ཕྱིར་རྣམ་དབྱེ་ཤེས་དགོས་སོ། །ཞེས་པ། སེམས་བསྐྱེད་ཙམ་ལ་སློབ་མའི་རྒྱུད་ལ་ཕྱི་ནང་གི་རྟེན་འབྲེལ་འགྲིག་པའི་ཚིག་ཚང་བ་མེད་པའི་ཕྱིར་རོ། །དེས་ན་དབང་བསྐུར་མ་ཐོབ་པའི་གསང་སྔགས་ཟབ་མོ་ཉམས་སུ་ལེན་པའི་འབྲུལ་རྩིས་ན་དམྱལ་བར་སྐྱེ་བ་ལ་སོགས་པའི་ཉེས་དམིགས་ཡོད་དོ། །རྒྱུ་མཚན་དེ་ཉིད་ཀྱི་ཕྱིར་ན་རྒྱུད་སྡེ་གོང་འོག་གི་རྣམ་དབྱེ་ཤེས་ནས་ཉམས་སུ་ལེན་དགོས་སོ། །

གསུམ་པ་ནི། གཏོར་མའི་དབང་བསྐུར་ཞེས་བྱ་དང་། །ཏིང་ངེ་འཛིན་གྱིས་དབང་བསྐུར་ཡང་། །སློབ་མ་སྨིན་བྱེད་ཚིག་ཙམ། །རྒྱུད་སྡེ་ཀུན་ལས་གསུངས་པ་མེད། །ཅེས་པ། གཏོར་མ་སློབ་མའི་མགོ་ཐོག་ཏུ་བཞག་ནས་ཡི་དམ་གྱི་ལྷ་ཡིན་པར་བསྒོམས་ཏེ་ཐིམ་པར་བསམས་པས་དབང་ཐོབ་པར་འདོད་པ་དང་། ཏིང་ངེ་འཛིན་གྱི་དམིགས་པ་ཙམ་ཐོག་ནས་སློབ་མ་སྨིན་བྱེད་ཀྱི་དབང་ཐོབ་པར་འདོད་པ་དང་། ཨཱ་ལི་ཀཱ་ལིའི་ཡིག་འབྲུ་སློབ་མ་ལ་ཐིམ་ཞིང་ནང་གང་བས་ཙནྡྲ་ལིའི་མན་ངག་དབང་གཉིས་པའི་ལམ་སྒྲུབ་པའི་སྣོད་དུ་རུང་བར་འདོད་པ་ལ་སོགས་མུ་སྟེགས་ཀྱི་གདམས་པ་དང་། རང་བཟོའི་ཚིག་རྒྱུད་ལས་མ་གསུངས་ཤིང་། བླ་མ་དམ་པ་ལས་མ་བརྒྱུད་པའི་ཆོས་ལུགས་རྒྱང་རིང་དུ་དོར་བར་བྱའོ། །ནག་པོ་ཆེན་པོ་ལ་སོགས་པའི་བཀའ་སྲུངས་སློབ་མ་ལ་གཏོད་པའི་ཚེ། གཏོར་མ་སྤྱི་བོར་འཇོག་པའི་ཕྱག་ལེན་ཡོད་པས། ལྷམ་དཔེ་ཞྭ་ལ་བཀབ་པ་འདྲ་སྟེ། ཆོས་རྒྱུས་ཆུང་བ་ལྷན་ཅིག་འདུས་ནས་འབྲུལ་གཞི་ཅུང་ཟད་རེ་ལ་བརྟེན་པའི་རྣལ་འབྱོར་པ་མང་དུ་འབྱུང་བར་སྣང་ངོ༎ ༎

བཞི་པ་ནི། འགའ་ཞིག་གསང་སྔགས་ད་ལྟ་སྤྱོད། །དབང་བསྐུར་ཕྱི་ནས་ཁས་ལེན་བྱེད། །འདི་ཡང་སངས་རྒྱས་བསྟན་པ་མིན། །དབང་མ་ཐོབ་ལ་ཆོས་བཤད་ལ། །སློབ་དཔོན་ལྟུང་བ་ཅན་འགྱུར་ཅིག །སློབ་མའང་སྡོམ་དུ་ཉམས་པར་འགྱུར། །ཉམས་པར་གྱུར་པ་དམ་ཚིག་གྱི། །སྣོད་མིན་ཞེས་ནི་རྒྱལ་བས་གསུངས། །ཞེས

པ༑ ཉེས་པ་ཅན་ཁྲིམས་མུན་དུ་བཙུག་ནས་རྫུན་པ་ཕྱིས་ཁས་ལེན་བྱེད་པ་ལྟར། གསང་སྔགས་ཀྱི་ཉམས་ལེན་ད་ལྟ་བྱས་ནས། སྔོན་དུ་འགྲོ་དགོས་ཀྱི་དབང་བསྐུར་ཕྱིས་ཞུ་བའི་ཁས་ལེན་བྱེད་པ་འདི་འདྲ་དཔོན་སློབ་གཉིས་ཀ་དུད་འགྲོ་མིའི་ཚ་བྱད་ཅན་གྱི་སྤྱོད་ཡུལ་ཡིན་པས་སངས་རྒྱས་བསྟན་པའི་ཁོངས་སུ་མི་གཏོགས་སོ། །དབང་མ་ཐོབ་པར་སྨོད་མིན་ལ་ཟབ་ཆོས་བསྟན་ནས་གཉིས་ཀ་ལྟུང་བས་ཉམས་པའི་རྗེས་སུ་དབང་བསྐུར་བྱེད་པར་རློམ་པ་འདི། འདུལ་བར། ལྷག་པོར་མ་བྱས་པར་སྤྱངས་པ་ལ་ཟས་སྦྱིན་པས་ལྟུང་བ་འབྱུང་བ་བཞིན་ནོ། །གཞན་ཡང་དགེ་སློང་གི་སྡོམ་པ་མེད་པར་འདུལ་བའི་ལས་རིགས་བརྒྱ་རྩ་གཅིག་པོ་གང་རུང་གི་གྲལ་དུ་བསྡད་ན་རྐུ་ཐབས་སུ་གནས་པས་ཕྱིས་དགེ་སློང་གི་སྡོམ་པ་བླངས་ཀྱང་མི་སྐྱེ་བ་དང་། མུ་སྟེགས་ཀྱི་ལྟ་བ་མ་སྤྲངས་པར་རབ་ཏུ་བྱུང་བའི་ཚ་ལུགས་བཟུང་ནས་ཆོས་དང་ཟང་ཟིང་གི་ལོངས་སྤྱོད་ཉམས་སུ་མྱོངས་པར་བྱས་ན་མུ་སྟེགས་ཅན་ཞུགས་པ་ཞེས་བྱ་བ་ཕྱིས་སྡོམ་པའི་སྣོད་དུ་མི་རུང་བ་བཞིན་དུ་འདིར་ཡང་ཤེས་པར་བྱའོ། །

ལུང་ནི། མདོར་ན་ཆོས་ཀྱིས་ཅི་བྱེད་སོམས། །སངས་རྒྱས་བྱེད་ན་ཆོས་བཞིན་གྱིས། །ཞེས་པ། དབང་བསྐུར་དང་། བྱིན་བརླབས་དང་ལྷ་བསྒོམ་པ་དང་། གསང་སྔགས་བཟླས་པ་ལ་སོགས་པའི་ཆོས་དེས་ཆེད་དུ་བྱ་བའི་དོན་ཅི་ཞིག་ཐོབ་པར་འདོད་པ་ཡིན། རང་གི་སེམས་ལ་བརྟག་པར་བྱ་ཞིང་རྫོགས་པའི་སངས་རྒྱས་འདོད་པ་ཡིན་ན། ཉམས་ལེན་ཀྱང་སངས་རྒྱས་ཀྱི་གསུང་དང་མཐུན་པར་བྱ་དགོས་ཏེ། རྡོ་རྗེ་འཆང་ནས་བླ་མ་མཁས་པར་རིམ་པར་བརྒྱུད་པའི་གསུང་བཞིན་བསྒྲུབས་པས་སངས་རྒྱས་འགྲུབ་པ་ཡིན་གྱིས། དེ་ལས་གཞན་པས་འབད་ཀྱང་སྡུག་བསྔལ་བར་འགྱུར་བ་ཁོ་ནའོ། །ཡེ་ཤེས་ཐིག་ལེར། གཅིག་ནས་གཅིག་ཏུ་རིམ་པར་བརྒྱུད། །བླ་མ་རབ་ཀྱི་ཞལ་ནས་བླངས། །གཞན་དུ་རྟོག་གེའི་ཚོགས་ལ་མཁས། །སྒྲ་ཡི་བསྟན་བཅོས་རྟག་མོས་ལ། །དབང་གི་མཆོག་ནི་རྣམ་པ་གསུམ། །བླང་བར་མི་བྱ་སྦྱིན་མི་བྱ། །ཡང་དག་འབྲས་བུ་འདོད་པ་ན། །དེ་ནི་རིང་དུ་སྤང་བར་བྱ། །ཞེས་པ་དང་། རྡོ་རྗེ་སྙིང་པོའི་རྒྱན་དུ། ཡང་དག་དེ་ཉིད་དངོས་པོ་མི་ཤེས་པར། །གསང་སྔགས་སླུ་བ་པོ་ཡིན་ཞེས་བརྗོད་པ། །དེ་དག་མངོན་པའི་ང་རྒྱལ་སྔགས་མཆོག་འཆད། །དེ་ནི་དམ་ཉམས་འདི་དང་ཕ་རོལ་བརླག །བདུད་ཀྱིས་བཟུང་ནས་ཤི་ནས་དམྱལ་བར་འགྲོ། །ཞེས་གསུངས་སོ། །

དྲུག་པ་ལ་གཉིས་ལས། དང་པོ་བབ་ཅོལ་ཟེར་ཚུལ་བརྗོད་པ་ནི། ལ་ལ་སེམས་ཉིད་མ་གཏོགས་ན༑ ༑དབང་བསྐུར་ཐོབ་ཀྱང་ཅི་ཕན་ཟེར། །གལ་ཏེ་སེམས་ཉིད་རྟོགས་གྱུར་ན། །དབང་བསྐུར་བྱ་ཡང་མི་དགོས་ལོ། །ཞེས་པ། སེམས་ཀྱི་དེ་ཉིད་མཐོང་བའི་རྟོགས་ལྡན་དུ་རློམ་པ་ལ་ལ་ན་རེ། རང་སེམས་ཀྱི་གནས་ལུགས་མ་རྟོགས་ན་དབང་བསྐུར་ཐོབ་ཀྱང་འཁོར་བ་ལས་མི་གྲོལ་ལ། རྟོགས་ན་གྲོལ་བའི་ཕྱིར་དབང་བསྐུར་

བ་ལ་དགོས་པ་མེད་ཟེར་ལོ། །

གཉིས་པ་སྒོམ་པ་མཚུངས་ཀྱི་རིག་པས་དགག་པ་ནི། འོན་སེམས་ཉིད་མ་རྟོགས་ན། །སྡོམ་པ་བསྲུངས་ཀྱང་ཅི་ཞིག་ཕན། །གལ་ཏེ་སེམས་ཉིད་རྟོགས་གྱུར་ན། །སྡོམ་པ་སྲུང་ཡང་ཅི་ཞིག་དགོས། །ཞེས་པ། ཐུགས་མ་རངས་པར་གྱུར་པས་འོན་ཏ་ཅང་ཐལ་ཏེ། སེམས་ཉིད་རྟོགས་ན་གྲོལ་ཅིང་མ་རྟོགས་ན་མི་གྲོལ་བས་སོ་སོར་ཐར་པ་ལ་སོགས་པའི་སྡོམ་པ་བསྲུངས་མ་བསྲུངས་ལ་སྐྱོན་དང་ཡོན་ཏན་གང་ཡང་མེད་པར་འགྱུར་ཅིང་། དེ་བཞིན་དུ།

རྡོ་རྗེ་ཕག་མོའི་བྱིན་བརླབས་ཀྱང་། །སེམས་ཉིད་རྟོགས་ན་བྱ་མི་དགོས། །གལ་ཏེ་སེམས་ཉིད་མ་རྟོགས་ན། །བྱིན་བརླབས་བྱས་ཀྱང་ཅི་ཞིག་ཕན། །དེ་བཞིན་སེམས་བསྐྱེད་ལ་སོགས་པ། །ཆོག་ཀུན་ལ་ཆུལ་འདི་མཚུངས། །ཞེས་པ། རྡོ་རྗེ་ཕག་མོའི་བྱིན་བརླབས་བྱས་མ་བྱས་དང་། སེམས་བསྐྱེད་བླངས་མ་བླངས་ཐམས་ཅད་མཚུངས་པས། བླ་མ་ལ་གསོལ་བ་འདེབས་པ་དང་། ཚོགས་འཁོར་བྱེད་པ་དང་། གནས་ཆེན་འགྲིམ་པ་ལ་སོགས་དོན་མེད་པར་འགྱུར་རོ། །

དེས་ན་རབ་བྱུང་སྡོམ་པ་དང་། །རྡོ་རྗེ་ཕག་མོའི་བྱིན་བརླབས་དང་། །སེམས་བསྐྱེད་འབད་ནས་བྱེད་བཞིན་དུ། །དབང་བསྐུར་མི་དགོས་ཞེས་སྨྲ་བ། །གསང་སྔགས་སྤྱང་བའི་གསང་ཚིག་ཡིན། །ཞེས་པ། རབ་བྱུང་ལ་སོགས་པའི་སྡོམ་པ་ལེན་པ་དང་། ཕག་མོའི་བྱིན་བརླབས་དང་། སྐྱེ་བོ་མང་པོ་འདུས་པའི་དབུས་སུ་སེམས་བསྐྱེད་འབོགས་པ་ལ་སོགས་རྩོལ་བ་ཆེན་པོ་བྱེད་བཞིན་དུ་དབང་བསྐུར་བ་མི་དགོས་པར་སྨྲ་བ་ནི། རྡོ་རྗེ་ཐེག་པའི་བསྟན་པ་ལ་མི་དད་པའི་བརྗོད་བྱེད་ཀྱི་གདོན་གྱིས་ཟིན་པའི་གསང་ཚིག་ཡིན་པས་མཉན་པར་མི་བྱའོ། །

བདུན་པ་ལ་གཉིས་ལས། དང་པོ་ཟེར་ཚུལ་བརྗོད་པ་ནི། ཁ་ཅིག་ཆོ་ག་མེད་བཞིན་དུ། །བླ་མའི་ལུས་ཀྱི་དཀྱིལ་འཁོར་ལ། །དབང་བཞི་རྫོགས་པར་ལེན་ཞེས་ཟེར། །ཞེས་པ། བླ་མ་སངས་རྒྱས་ཀུན་འདུས་ཡིན་པ་དང་། འཁོར་ལོ་སྡོམ་པའི་ལུས་ཀྱི་དཀྱིལ་འཁོར་དུ་དབང་བསྐུར་བའི་ཚུལ་གསུངས་པ་ཙམ་ལ་འཁྲུལ་ནས་དབང་བསྐུར་བའི་ཚུལ་ཙམ་བྱེད་པ་ཁ་ཅིག །བླ་མའི་ལུས་ཀྱི་དཀྱིལ་འཁོར་དུ་དབང་བཞི་རྫོགས་པར་ལེན་པའི་དམིགས་པ་ཙམ་བྱའོ་ཞེས་ཟེར་རོ། །

གཉིས་པ་དེ་དགག་པ་ལ་གཉིས་ལས། དང་པོ་སྒོམ་པ་མཚུངས་ཀྱི་རིགས་པས་དགག་པ་ནི། འོན་དགེ་ཚུལ་དགེ་སློང་ཡང་། །བླ་མའི་སྐུ་ལ་ཅིས་མི་ལེན། །སེམས་བསྐྱེད་ཀྱང་ནི་བླ་མ་ཡི། །སྐུ་ཉིད་ལས་ནི་ཐོབ་པའི་

ཕྱིར། །སེམས་བསྐྱེད་ཆོ་ག་ཅི་ཞིག་དགོས། །རྡོ་རྗེ་ཕག་མོའི་བྱིན་བརླབས་ཀྱང་། །བླ་མའི་སྐུ་ལས་ཐོབ་པའི་ཕྱིར། །ཆོས་སྒོ་བ་ལས་བླང་ཅི་དགོས། །ཞེས་པ། སོ་སོར་ཐར་པའི་སྡོམ་པ་ཡང་བླ་མའི་སྐུ་ལས་ལེན་པར་རིགས་ཀྱི། མཁན་སློབ་དང་ཆོ་ག་ཁ་བསྐོང་གི་དགེ་སློང་སོགས་པ་དང་ཆོས་གོས་ལྷུང་བཟེད་ལ་སོགས་མཐུན་རྐྱེན་མང་པོ་བསག་མི་དགོས། དེ་བཞིན་དུ་སེམས་བསྐྱེད་དང་ཕག་མོའི་བྱིན་བརླབས་ལ་སོགས་ཀྱང་། བླ་མའི་སྐུ་ལ་ལེན་པའི་དམིགས་པ་ཙམ་གྱིས་ཐོབ་པའི་ཕྱིར་ཕག་མགོ་ལ་སོགས་པའི་ཆོ་ག་ཆོས་བསྒོ་བ་ལ་ཟུར་དུ་བླང་ཅི་དགོས།

དེ་བཞིན་ཆོ་ག་ཐམས་ཅད་ཀྱང་། །བླ་མའི་སྐུ་ལས་བླངས་པས་ཆོག །རྫོགས་སངས་རྒྱས་ཀྱིས་གསུངས་པ་ཡི། །ཆོ་ག་ཟབ་མོ་ཐམས་ཅད་སྤྱོངས། །ཞེས་པ། འདུལ་བ་ལུང་དང་། མདོ་རྒྱུད་རྣམས་ལས་གསུངས་པའི་ཆོ་ག་ཟབ་ཅིང་རྒྱ་ཆེ་བ་ཐམས་ཅད་སྤྱོངས་ལ། བླ་མའི་སྐུ་ལ་དམིགས་པ་ཙམ་གྱིས་ལོངས་ཤིག །

གཉིས་པ་སྐབས་དོན་མེད་པར་བསྟན་པ་ནི། གལ་ཏེ་ཆོ་ག་ཉམས་གྱུར་ནའང་། །སོ་སོར་ཐར་དང་སེམས་བསྐྱེད་ཀྱི། །སྡོམ་པ་ཆགས་པར་མི་འགྱུར་ཅིང་། །རྡོ་རྗེ་ཕག་མོ་ལ་སོགས་པའི། །བྱིན་བརླབས་འཇུག་པར་མི་འགྱུར་ན། །རིག་འཛིན་སྔགས་ཀྱི་སྡོམ་པ་ཡང་། །དབང་བསྐུར་མེད་ན་ཐོབ་མི་ནུས། །ཞེས་པ། སངས་རྒྱས་ཀྱིས་གསུངས་པའི་ཆོ་ག་འདུལ་བ་ལྟར་མ་བྱས་ན་སོ་སོར་ཐར་པའི་སྡོམ་པ་མི་འཆགས་ཤིང་། ཐེག་ཆེན་གྱི་མདོ་སྡེ་ལྟར་མ་བྱས་ན་སེམས་བསྐྱེད་དང་། རྒྱུད་ནས་གསུངས་པ་ལྟར་མ་བྱས་ན་གསང་སྔགས་ཀྱི་སྡོམ་པར་མི་ནུས་ཏེ། སྲོག་གི་དབང་པོ་འགགས་ན་དབང་པོ་ཐམས་ཅད་དགག་པ་ལྟར་རྡོ་རྗེ་ཕག་མོའི་བྱིན་བརླབས་སོགས་ཡི་དམ་ལྷའི་རྗེས་གནང་དང་འབྲུལ་འཁོར་དང་ཕྱིར་བཟློག་ལ་སོགས་རྡོ་རྗེ་སློབ་དཔོན་གྱི་ཆོ་ག་ཐམས་ཅད་ཀྱང་ཉམས་ཤིང་མི་འགྲུབ་སྟེ་དབང་བསྐུར་རྩ་བ་ཡིན་པའི་ཕྱིར་རོ། །

གསུམ་པ་ནི། དེས་ན་ཆོ་ག་གཞན་དག་ལ། །འབད་པ་ཆེན་པོ་བྱེད་བཞིན་དུ། །དབང་བསྐུར་ཆོ་ག་འདོར་བྱེད་པ། །ཐབས་ལ་བསླུ་བའི་བདུད་ཡོད་ཅེས། །གསུངས་པ་འདིར་ཡང་དྲན་པར་བྱ། །ཞེས་པ། སོ་སོར་ཐར་པའི་སྡོམ་པ་འབོགས་པ་ལ་སོགས་པའི་ཆོ་ག་མང་པོ་ལ་འབད་པ་ཆེན་པོ་བྱེད་ཅིང་། སྔགས་ཀྱི་དབང་བསྐུར་གྱི་ཆོ་ག་སྤྱོང་བ་སངས་རྒྱས་ཐོབ་པའི་ཐབས་ཁྱད་དུ་གསོད་པ་དང་། ཐབས་མ་ཡིན་པ་ཐབས་སུ་སྟོན་པ་ནི་ཐབས་ལ་སླུ་བའི་བདུད་ཡིན་པས་དེ་ཤེས་ནས་སྤང་དགོས་སོ། །ཞེས་བཀའ་བསྟན་བཅོས་རྣམ་པར་དག་པ་ལས་གསུངས་པ་རྣམས་འདིར་དྲན་པར་བྱའོ། །

བཞི་པ་ལ་གསུམ་ལས། དང་པོ་དོན་དམ་གྱི་གནས་ལུགས་ནི། དེ་ཕྱིར་དམ་པའི་དོན་དུ་ནི། །ཆོས

རྣམས་ཐམས་ཅད་སྤྲོས་བྲལ་ཡིན། །དེ་ལ་ཚིག་གང་ཡང་མེད། །སངས་རྒྱས་ཉིད་ཀྱང་ཡོད་མིན་ན། །ཚིག་གཞན་ལྟ་སྨོས་ཅི་དགོས། །ཞེས་པ། ཤེས་བྱའི་ཆོས་ཐམས་ཅད་བདེན་པ་གཉིས་སུ་འདུས་ལ། དོན་དམ་པའི་བདེན་པ་ནི་ཆོས་རྣམས་ཀྱི་རང་བཞིན་གདོད་མ་ནས་མ་བཅོས་པར་གཤིས་ལ་གནས་པ་ལ་དེ་བཞིན་ཉིད་ཅེས་བྱ་སྟེ། མདོ་ལས། ཇི་ལྟ་བ་དེ་བཞིན་དུ་འདུག་པའི་ཕྱིར་དེ་བཞིན་ཉིད་ཅེས་བྱའོ། །ཞེས་གསུངས་པ་ལྟར་རང་བཞིན་གྱིས་སྤྲོས་པ་དང་བྲལ་བ་ལ་ངོས་འཛིན་པ་ཡིན་ཏེ། ཨཱརྻ་དེ་བས། རྡོ་རྗེ་གཙུག་ཏོར་གྱི་རྒྱུད་ནས་ལུང་དྲངས་པར་འཕེལ་བ་དང་འགྲིབ་པ་རྣམ་པར་དག་པ་དང་། ནམ་མཁའ་དང་མཉམ་པ་དང་། དྲི་མ་མེད་པའི་ངོ་བོ་ཉིད། ཡི་གེ་མེད་པ་དང་། ཚིག་མེད་པ། ལུས་དང་། ངག་དང་ཡིད་དང་བྲལ་བ། ཡོད་པ་མ་ཡིན། མེད་པ་མ་ཡིན། རྒྱུ་བ་མ་ཡིན། མི་རྒྱུ་བ་མ་ཡིན། སྤྱོད་པ་མ་ཡིན། མི་སྤྱོད་པ་མ་ཡིན། ཐག་རིང་བ་མ་ཡིན། ཐག་ཉེ་བ་མ་ཡིན། སྟོང་པ་མ་ཡིན། མི་སྟོང་པ་མ་ཡིན། དབུ་མ་ཡང་མ་ཡིན་པ་འདི་ནི་དོན་དམ་པའི་བདེན་པའོ། །

དེ་བས་ན་འདི་ནི་མཆོག་ཏུ་ཟབ་པ་དང་། བརྟག་པར་དཀའ་བ་དང་། སྐྱེ་བ་མེད་པ་དང་། འགག་པ་མེད་པའོ། །ཞེས་པ་དང་། རྣལ་འབྱོར་ཆེན་པོ་རྒྱུད་གཞན་དག་ལས་ཀྱང་། ཡོད་དང་མེད་པ་གཉིས་ཀའང་མཐའ་ཡིན་ཏེ། །དག་དང་མ་དག་འདི་ཡང་མཐའ་ཉིད་ཡིན། །དེ་བས་མཐའ་གཉིས་རྣམ་པར་སྤངས་ནས་ནི༑ ༑མཁས་པས་དབུས་ལའང་གནས་པར་མི་བྱེད་དོ། །ཞེས་དོན་དམ་བདེན་པའི་ངོས་འཛིན་དང་། དེ་སྒོམ་པའི་ཚུལ་གཉིས་གསུངས་ནས། བསྡུས་པའི་རྒྱུད་དུ། དངོས་པོ་ཐམས་ཅད་དང་བྲལ་བ། །ཕུང་པོ་ཁམས་དང་སྐྱེ་མཆེད་དང་། །གཟུང་དང་འཛིན་པ་རྣམ་སྤངས་པ། །ཆོས་བདག་མེད་པ་མཉམ་ཉིད་པས། །རང་སེམས་བཟོད་ནས་མ་སྐྱེས་པ། །སྟོང་པ་ཉིད་ཀྱི་རང་བཞིན་ནོ། །ཞེས་སློབ་མ་ལ་བརྗོད་ནས་ངོ་སྤྲོད་པར་གསུངས་པའི་ཕྱིར། དོན་དམ་པར་ཆོས་རྣམས་ཀྱི་གནས་ལུགས་རང་བཞིན་གྱིས་སྤྲོས་པ་དང་བྲལ་བ་ལ་སྒོམ་པ་འགོགས་པ་དང་སེམས་བསྐྱེད་དང་དབང་བསྐུར་གྱི་ཆོ་ག་ལ་སོགས་པ་མེད་ཅིང་། རྫོགས་པའི་སངས་རྒྱས་ཉིད་ཀྱང་དམིགས་སུ་ཡོད་པ་མ་ཡིན་ན། དེ་ཐོབ་པའི་ཐབས་ཀྱི་ཚིག་གཞན་ལྟ་སྨོས་ཀྱང་ཅི་དགོས། འོན་ཀྱང་ཀུན་རྫོབ་ཀྱི་བདེན་པ་དང་། དོན་དམ་པའི་བདེན་པ་གཞན་དང་གཞན་མ་ཡིན་པར་འཛིན་པ་ནི་སྤང་བར་བྱ་སྟེ། གསེར་འོད་དམ་པར། བླ་ན་མེད་པ་ཡང་དག་པར་རྫོགས་པའི་བྱང་ཆུབ་དོན་དམ་པ་དང་ཀུན་རྫོབ་ཀྱི་བདེན་པ་གཞན་དང་གཞན་མ་ཡིན་པར་འདོད་པ་དེ་ནི། དཔག་པར་དཀའ་བ་ཡིན་ཏེ། འཕགས་པ་དང་མ་རབས་ཀྱི་སྤྱོད་ཡུལ་ནི་གཅིག་པ་དང་ཐ་དད་པའི་རང་བཞིན་མ་ཡིན་ཏེ། ཀུན་རྫོབ་ཀྱང་མ་སྤངས་ལ་དོན་དམ་པ་དང་ཡང་བྲལ་བར་མ་གྱུར་པ་དེ་ནི་ཆོས་ཀྱི་དབྱིངས་ལ་གནས་ཤིང་བྱང་ཆུབ་སེམས་དཔའི་སྤྱད་པ་སྤྱོད་པའོ། །ཞེས་གསུངས་པ

ལྟར་རོ། །

གཉིས་པ་ཀུན་རྫོབ་བདེན་པའི་རྣམ་བཞག་ནི། རྒྱུ་དང་ལམ་དང་འབྲས་བུ་ཡི། །དབྱེ་བ་ཐམས་ཅད་ཀུན་རྫོབ་ཡིན། །སོ་སོར་ཐར་དང་བྱང་ཆུབ་སེམས། །དབང་བསྐུར་ལ་སོགས་ཆོ་ག་དང་། །སྒོམ་པའི་དམིགས་པ་ཏི་སྐྱེད་དང་། །རྟེན་འབྲེལ་ཟབ་མོ་ཐམས་ཅད་དང་། །ས་དང་ལམ་གྱི་དབྱེ་བ་དང་། །རྫོགས་པའི་སངས་རྒྱས་ཐོབ་པ་ཡང་། །ཀུན་རྫོབ་ཡིན་གྱིས་དོན་དམ་མིན། །ཞེས་པ། སྤྱིར་རྒྱུ་རྐྱེན་ཚང་བ་ལས་འབྲས་བུ་འབྱུང་བ་དང་། སངས་རྒྱས་པའི་ཐེག་པ་སོ་སོའི་གཞི་དང་ལམ་དང་འབྲས་བུའི་དབྱེ་བ་དང་། ཁྱད་པར་རྒྱུད་སྡེ་བཞི་པོ་སོ་སོའི་དབང་དང་། ལམ་དང་ཕྲིན་ལས་རབ་འབྱམས་སྒྲུབ་པའི་ཐབས་ལ་སོགས་པ་ཀུན་རྫོབ་རྟེན་འབྲེལ་གྱི་ཆོས་ཉིད་རྒྱུ་འབྲས་མི་བསླུ་བའི་ངོས་ནས་འཇོག་པ་ཡིན་ནོ། །བསྟན་བཅོས་འདིར་སྡོམ་པ་གསུམ་གྱི་དབྱེ་བ་དང་། ནོར་པ་སྨུན་དབྱུང་བའི་རིགས་པ་སྣ་ཚོགས་བཀོད་པ་དང་། ཉན་ཐོས་ཀྱི་ཐེག་པར་བདེན་པ་བསྒོམ་པ་དང་། ཐེག་པ་ཆེན་པོར་བྱམས་སྙིང་རྗེ་དང་། བྱང་ཆུབ་ཀྱི་སེམས་བསྒོམ་པ་དང་། མ་རིག་པའི་རྐྱེན་གྱིས་འདུ་བྱེད་ལ་སོགས་པ་ཕྱི་ནང་གི་རྟེན་འབྲེལ་ཟབ་མོ་རྣམས་དང་། ཐེག་པ་ཆེ་ཆུང་གིས་ས་དང་ལམ་གྱི་རྣམ་གཞག་དང་། གསང་སྔགས་དང་ཕ་རོལ་ཏུ་ཕྱིན་པའི་ལམ་ལ་བརྟེན་ནས་སངས་རྒྱས་སྒྲུབ་པའི་ཚུལ་ལ་སོགས་པ་ཐམས་ཅད་ཀུན་རྫོབ་བདེན་པའི་ངོས་ནས་གསུངས་པ་ཡིན་གྱི། དོན་དམ་བྱ་བྱེད་དང་བྲལ་བའི་ངོས་ནས་གསུངས་པ་མ་ཡིན་ཏེ། མི་འགལ་བར་ཉམས་སུ་ལེན་པ་ཡིན་ནོ། །ཐེག་པ་ཆེན་པོ་ལ་དད་པ་བསྒོམ་པའི་མདོར། བྱང་ཆུབ་སེམས་དཔའི་དད་པ་ཡིད་ཆེས་པས་འཇུག་པ་ནི། ཟབ་ཅིང་རྒྱ་ཆེ་བའི་ཆོས་བསྟན་པ་རྣམས་ལ་ཐོག་མ་ཁོ་ནར་ཡོད་པར་མོས་ཏེ། རྫོགས་པའི་སངས་རྒྱས་རྣམས་ཀྱི་བྱང་ཆུབ་ཇི་ལྟ་བར་དེ་དག་གི་ཆོས་བསྟན་པའང་ཡོད། ཟབ་ཅིང་རྒྱ་ཆེ་བ་འབྲས་བུ་དང་བཅས་པའང་ཡོད་པར་མོས་སོ། །ཞེས་པ་དང་། བདེན་གཉིས་བསྟན་པའི་མདོར། དོན་དམ་པར་ན་ཉོན་མོངས་པ་རྣམས་ཀྱང་ཉོན་མོངས་པ་མ་ཡིན་ནོ། །ཀུན་རྫོབ་ཏུ་ན་ཚུལ་བཞིན་མ་ཡིན་པ་ཡིད་ལ་བྱེད་པ་ནི་འཁོར་བའི་སྒོའོ། །ཚུལ་བཞིན་ཡིད་ལ་བྱེད་པ་ནི་མྱ་ངན་ལས་འདས་པའི་སྒོའོ། །ཞེས་སོ། །

གསུམ་པ་ཤེས་ནས་བླང་དོར་བྱ་བ་ནི། དེ་འདྲའི་དབྱེ་བ་ཤེས་ནས་ནི། །ཆོ་ག་བྱེད་ན་ཐམས་ཅད་ཀྱིས། །མིན་ན་ཐམས་ཅད་དོར་བར་བྱོས། །ཆོ་ག་ལ་ལ་དགོས་བཞིན་དུ། །ལ་ལའི་ཆོ་ག་མི་དགོས་ཞེས། །སྨྲ་བ་མཁས་པའི་བཞད་གད་གནས། །སངས་རྒྱས་བསྟན་པའང་དགུགས་པ་ཡིན། །བདུད་ཀྱིས་བྱིན་བརླབས་ཞེས་བྱ་བའང་། །འདི་འདྲའི་རིགས་ཅན་ཡིན་པར་གསུངས། །ཞེས་པ། བདེན་པ་གཉིས་ཀྱི་གནས་ལུགས་དོན་

དམ་སྤྲོས་པ་དང་བྲལ་བ་དང་། ཀུན་རྫོབ་རྒྱུ་འབྲས་ཀྱི་སྣང་དོར་མི་འགལ་བའི་རྣམ་དབྱེ་གསུང་རབ་ཀྱི་དགོངས་པ་ལེགས་པར་ཤེས་ནས། ཐེག་པ་གོང་འོག་གི་ཆོ་ག་བྱེད་ན་ཐམས་ཅད་སངས་རྒྱས་ཀྱི་གསུང་དང་མཐུན་པར་གྱིས། དེ་ལྟ་མིན་ན་ལག་ལེན་ཐམས་ཅད་མཉམ་དུ་དོར་བར་གྱིས། རབ་བྱུང་དང་སེམས་བསྐྱེད་དང་ཕག་མོའི་བྱིན་བརླབས་ཀྱི་ཆོ་ག་ལ་སོགས་པ་ལ་བྱེད་དགོས་ལ། རྒྱུད་ནས་གསུངས་པའི་དབང་བསྐུར་མི་དགོས་པར་སྨྲ་བ་འདི་འདྲའི་སྨྲོན་ཚིག །དོན་དམ་ཐུགས་སུ་ཆུད་པའི་འཕགས་པ་རྣམས་དང་། མདོ་རྒྱུད་ལ་མཁས་པའི་སྐྱེས་བུ་རྣམས་ཀྱིས་ཁྲིལ་བའི་བཞད་གད་ཀྱི་གནས་སུ་གྱུར་ཅིང་། རྫོགས་པའི་སངས་རྒྱས་ཀྱི་བསྟན་པ་ལུང་དང་རྟོག་པའི་ཆོས་ཐམས་ཅད་དགྲུག་པའི་སྡིག་པ་ཆེན་པོ་འབྱུང་བར་ངེས་སོ། །གསུང་རབ་མཐའ་དག་ནས་དམ་པའི་ཆོས་ལ་བདུད་ཀྱིས་བྱིན་གྱིས་བརླབས་པའི་བར་དུ་གཅོད་པ་མང་དུ་འབྱུང་ངོ་ཞེས་གསུངས་པའང་འདི་འདྲ་ཡིན་ཏེ། མདོ་སྡུད་པར། ཆོས་བཏང་ནས་ནི་ཆོས་མིན་བྱ་བ་སྤྱོད་འགྱུར་བ། །ལམ་ངོར་ལམ་གོལ་འགྲོ་བ་འདི་ནི་བདུད་ཀྱི་ལས། །ཞེས་གསུངས། ཡུམ་རྒྱས་པར་སྟོན་བཞི་བཅུ་རྩ་དྲུག་ལ་སོགས་སྟོན་པའི་སྐབས་དང་། ཕལ་པོ་ཆེའི་བདུད་ལས་ཀྱི་ལེའུར་ཡང་གསུངས་སོ། །

ལྔ་པ་ལ་བཞི་ལས། དང་པོ་འཁྲུལ་པ་ངོས་བཟུང་བ་ནི། ཁ་ཅིག་བྱ་རྒྱུད་ལ་སོགས་ལའང་། །དབང་བཞིའི་ཆོ་ག་བྱེད་པ་དང་། །དོན་ཡོད་ཞགས་པ་ལ་སོགས་ལའང་། །རིམ་གཉིས་སྒོམ་པར་བྱེད་པ་ཐོས། །འདི་ཡང་སངས་རྒྱས་དགོངས་པ་མིན། །ཞེས་པ། རྒྱུད་སྡེ་སོ་སོ་ལ་དབང་དང་ཉམས་ལེན་གདུལ་བྱའི་བློ་རིགས་དང་བསྟུན་ནས་ཐ་དད་དུ་གསུངས་པའི་ཁྱད་པར་མ་ཕྱེད་པར་གསང་སྔགས་ལ་འཇུག་པར་འདོད་པ་ཁ་ཅིག །བྱ་སྤྱོད་ཀྱི་དབང་ལའང་རྡོ་རྗེ་སློབ་དཔོན་གྱི་དབང་དང་། རྣལ་འབྱོར་རྒྱུད་ལའང་དབང་གོང་མ་གསུམ་བསྐུར་བ་དང་། རིམ་པ་གཉིས་ཀྱི་ཉམས་ལེན་བླ་མེད་ཀྱི་རྒྱུད་བཞིན་སྒྲུར་ནས་སྒོམ་པའང་། རྫོགས་པའི་སངས་རྒྱས་ཀྱི་གསུང་རབ་དང་མི་མཐུན་ནོ། །འདིར་ལྷ་སྒོམ་པ་ཙམ་དང་སྟོང་པ་ཉིད་བློ་ཡུལ་དུ་བྱེད་པ་ཙམ་ལ་རིམ་པ་གཉིས་སྒོམ་པར་འདོད་ན། དེ་ནི་རྒྱུད་སྡེ་འོག་མ་རྣམས་ལ་མི་རུང་བར་བཤད་པ་མ་ཡིན་གྱི། ལྷའི་བསྐྱེད་ཚུལ་བླ་མེད་ཀྱི་རྒྱུད་ལས་འབྱུང་བ་ལྟར་བྱེད་པ་དང་། རྫོགས་རིམ་ཡང་དབང་གོང་མ་གསུམ་གྱི་ལུགས་དང་བསྲེས་ནས་བྱེད་པ་བཀག་པ་ཡིན་ནོ། །

གཉིས་པ་དེའི་རྒྱུ་མཚན་བཤད་པ་ནི། །དེ་ཡི་རྒྱུ་མཚན་འདི་ལྟར་ཡིན། །བྱ་སྤྱོད་རྣལ་འབྱོར་རྒྱུད་གསུམ་ཁར། །དབང་བཞི་དང་ནི་རིམ་གཉིས་མེད། །གལ་ཏེ་ཡོད་ན་དེ་དག་ཀུང་། །རྣལ་འབྱོར་ཆེན་པོ་ཉིད་དུ་འགྱུར། །དབང་བཞི་དང་ནི་རིམ་པ་གཉིས། །རྣལ་འབྱོར་ཆེན་པོའི་ཁྱད་ཆོས་ཡིན། །ཞེས་པ། རྒྱུ་སྡེ་འོག་མ་གསུམ་དུ་དབང་

བཞི་རྫོགས་པར་བསྐུར་བ་དང་། སྲིད་པར་སྐྱེ་བ་སྦྱོང་བའི་དབང་བཞི་ཚང་བའི་བསྐྱེད་རིམ་དང་། སྲིད་པར་སྐྱེ་བའི་རྒྱུ་ལས་ཉོན་མོངས་པ་སྦྱོང་བའི་རྫོགས་རིམ་སྦྲས་པའི་ཚུལ་གྱིས་བཤད་པ་དང་། སྨྲ་ཏེ་བཞིན་མ་ཡིན་པར་གསུངས་པའི་ལམ་ཐམས་ཅད་བསྟན་པ་མེད་དེ། དེ་རྣམས་བསྟན་པའི་སྣོད་དུ་རུང་བའི་གདུལ་བྱ་ལ་རྣལ་འབྱོར་བླ་ན་མེད་པའི་རྒྱུད་བསྟན་པ་ཡིན་པས་བླ་མེད་ཀྱི་ཁྱད་ཆོས་དེ་དག་ཚང་བར་ཡོད་ན་འོག་མའི་རྒྱུད་དུ་འགལ་བའི་ཕྱིར་རོ། །

གསུམ་པ་གོ་སླའི་དཔེ་དོན་སྦྱར་བ་ནི། །གྲུབ་མཐའི་རྣམ་དབྱེ་མི་ཕྱེད་ཅིང་། །རྒྱུད་སྡེ་རིམ་པ་མི་ཤེས་པའི། །རྣམ་དབྱེ་ལེགས་ལེགས་འདྲ་ན་ཡང་། །ལྐུམ་དཔེ་ཞྭ་ལ་བཀབ་པ་བཞིན། །ཞེས་པ། ཉན་ཐོས་བྱེ་བྲག་ཏུ་སྨྲ་བ་གཟུགས་སོགས་ཕྱི་རོལ་གྱི་སྐྱེ་མཆེད་དེ། [4]མིག་སོགས་དབང་པོ་གཟུགས་ཅན་གྱི་དངོས་སུ་འཛིན་ཅིང་། དེ་ལ་བརྟེན་པའི་དབང་ཤེས་ཀྱིས་མཐོང་བ་དང་། ཐོས་པ་ལ་སོགས་པར་འདོད་པ་ལྟར། ཕྱི་རོལ་གྱི་ལྷའི་གཟུགས་མིག་གི་དབང་པོའི་ཡུལ་དུ་སྣང་བ་ལ། ཡི་དམ་གྱི་ལྷ་དངོས་སུ་མཐོང་བར་ངེས་ཤེས་དྲངས་ནས་སྒོམ་པར་བྱ་བའི་རྒྱུད་དང་། མདོ་སྡེ་པ་ཕྱི་རོལ་དོན་ཁ་དོག་གི་རྟུལ་ཕྲན་འདུས་པའི་དབྱིབས་རགས་པ་བཟུང་ཡུལ་དུ་བྱས་ནས་དེའི་རྣམ་པ་དངོས་སུ་རིག་པའི་རྣམ་ཤེས་ཀྱི་ཡུལ་འཛིན་པར་འདོད་པ་ལྟར། རང་དང་མདུན་བསྐྱེད་ཀྱི་གཟུགས་གཉིས་ལ་ལྟར་སྒོམ་པ་སྤྱོད་པའི་རྒྱུད་དོ། །ཨཱཙཱརྱ་དེ་བའི་ཞལ་སྔ་ནས། ཤེས་པ་རྣམ་ཤེས་སྐྱེ་མཆེད་ནི། །དབང་པོའི་སྤྱོད་ཡུལ་སྣང་བ་མིན། །ཞེས་སོ། །སྡེ་པ་འདི་ནི་སྒྲ་དྲུག་པ་དང་བཟང་པོ་སྤྱོད་པ་ལ་སོགས་པའི་མདོ་སྡེ་སྨྲ་ཏེ་ལྟ་བ་བཞིན་ཁས་ལེན་ཅིང་མདོ་སྡེ་དེ་དང་དེ་དག་གི་རྗེས་སུ་འབྲང་བས་མདོ་སྡེ་པ་སྟེ། མིང་གཞན་ནི་དཔེས་སྟོན་པ་ལ་མཁས་པའི་ཕྱིར་དཔེ་སྟོན་པ་ཞེས་བྱ་སྟེ། བྱེ་བྲག་སྨྲ་བ་ལ་སོགས་པ་རྣམས་ལས་བློ་ཞིབ་པས་ན་མཁས་པ་རྣམས་ཞེས་བྱ་སྟེ། དགེ་བ་ཡང་དག་པར་རྫོགས་པའི་བྱང་ཆུབ་ཏུ་བསྔོ་བ་དང་། སྨོན་ལམ་གྱི་མྱ་ངན་ལས་འདས་པའི་ཉན་ཐོས་ཡིན་པས་ལོ་བརྒྱད་ཁྲི་ལྔང་བས་མཁས་པའོ། །ཞེས་སློབ་དཔོན་བྱང་ཆུབ་བཟང་པོའི་འགྲེལ་པ་ལས་བྱུང་བས། བསྟན་པ་འདི་ལ་ལྷག་མེད་དུ་མྱ་ངན་ལས་འདའ་བའི་ཚེ། རྒྱལ་བ་མ་ཕམ་པ་སངས་རྒྱས་པའི་དུས་སུ་ཐེག་པ་ཆེན་པོའི་ལམ་དུ་ཞུགས་ནས་རྒྱལ་སྲས་ཀྱི་སྤྱོད་པ་ལ་སློབ་པར་གྱུར་ཅིག་ཅེས་སྨོན་ལམ་བཏབ་པ་ཡིན་ནོ། །དེས་ན་རྣམ་གྲངས་ཀྱི་བྱང་ཆུབ་སེམས་དཔའ་ཞེས་ཀྱང་བྱའོ། །སེམས་ཙམ་པ་ཕྱི་རོལ་དོན་དུ་སྣང་བ་རྣམས་སེམས་ཀྱི་བག་ཆགས་ལས་བྱུང་བ་ཡིན་ལ། སེམས་རང་རིག་ཅིང་གསལ་བའི་བདག་ཉིད་དུ་འདོད་པ་ལྟར་ཡོ་གའི་རྒྱུད་དུ། བདག་དམ་ཚིག་པ་ལ་ཡེ་ཤེས་པ་བསྟུག་ནས་ཕྱག་རྒྱས་བཏབ་སྟེ། བདག་ཉིད་ལྷའི་ང་རྒྱལ་བརྟན་པོས་སྔགས་བཟླས་སོགས་བྱེད་དོ། །དབུ་མ་པ་ཆོས

ཐམས་ཅད་བདེན་མེད་ཡིན་ཀྱང་རྟེན་འབྲེལ་གྱི་སྣང་བ་སྒྱུ་མ་ལྟ་བུ་མི་འགོག་པ་ལྟར། རང་དམ་ཚིག་པ་ལ་ཡེ་ཤེས་པ་བཅུག་ནས་གཤེགས་སུ་གསོལ་བ་ལ་སོགས་པ་མི་བྱེད་པར་ཡུལ་དང་ཡུལ་ཅན་ཐམས་ཅད་ལྷ་ར་ངོ་ཤེས་པའི་ངང་ནས་སྤྱོད་ལམ་ལ་འཇུག་གོ། །དེ་ལྟར་ན་སངས་རྒྱས་པའི་གྲུབ་མཐའ་དང་རྒྱུད་སྡེ་བཞིའི་ལྷ་བསྒོམ་ཚུལ་ཆ་འདྲ་བར་ཉམས་སུ་ལེན་པ་ལ་སོགས་མཁས་པའི་ཚུལ་དང་མཐུན་པའི་རྣམ་དབྱེ་མི་ཤེས་པར། ལྷ་སྒོམ་པ་དང་དབང་བསྐུར་ལུགས་འགྲིགས་ལ་ལེགས་པ་མཛེས་མཛེས་ལྟ་བུ་ཤེས་ནའང་ཞྭ་བཟོ་བའི་དཔེ་ལྟམ་ལ་བབ་པ་ཡིན་ཏེ། མཇུག་མ་བཅད་ནས་མགོ་བོའི་རྒྱན། །སྨྱོན་པ་མིན་པ་སུ་ཞིག་བྱེད། །ཅེས་པ་ལྟར་རོ༎ ༎

བཞི་པ་མ་འབྲེལ་པའི་ཕན་ཡོན་བརྗོད་པ་ནི། དེས་ན་རྒྱུད་སྡེ་བཞི་པོ་ཡི། །དབང་དང་ལམ་གྱི་དབྱེ་བ་ལ༎ ༎མི་འདྲའི་དབྱེ་བ་རྣམ་བཞི་ཡོད། །རང་རང་ཚིག་བཞིན་བྱས་ན། །དེ་ནས་གསུངས་པའི་དངོས་གྲུབ་འབྱུང་། །ཞེས་པ། གོང་དུ་འབྲེལ་པ་དང་མ་འབྲེལ་པའི་བྱེ་བྲག་ལེགས་པར་ཕྱེ་བ་ལྟར། རྒྱུད་སྡེ་གོང་འོག་རྣམས་ལ་དབང་བསྐུར་བའི་ཆོག་དང་། དབང་ལམ་དུ་བྱེད་པའི་ཁྱད་པར་བཞི་ཡོད་པ་རྣམས་རང་རང་གི་རྒྱུད་དང་སྒྲུབ་ཐབས་དང་། གྲུབ་པ་བརྙེས་པའི་རྣལ་འབྱོར་གྱི་དབང་ཕྱུག་རྣམས་ཀྱི་གཞུང་ལུགས་དང་མཐུན་པར་བསྒྲུབས་ན། མཆོག་དང་ཐུན་མོང་གི་དངོས་གྲུབ་ཐམས་ཅད་རྒྱུད་ལས་གསུངས་པ་ལྟར་ཐོབ་པ་ཡིན་ནོ། །

དྲུག་པ་ལ་གཉིས་ལས། དང་པོ་ བླུན་པོའི་འདོད་པ་བརྗོད་པ་ནི། ལ་ལ་དབང་བསྐུར་མ་བྱས་ཀྱང་། །གལ་ཏེ་ སྡོམ་ལ་མོས་ཐོབ་ན། །དེ་ཉིད་ཆོས་ཀྱི་སྒོ་ཡིན་པས། །གསང་སྔགས་སྒོམ་དུ་རུང་ཞེས་ཟེར། །ཞེས་པ། ཆོས་ཀྱི་གནད་མ་གོ་བའི་བླུན་དད་ཙམ་ལྷུར་ལེན་པའི་གང་ཟག་ལ་ལ། ཆོས་གང་ལ་མོས་གུས་ཡོད་པ་དེའི་ཆོ་སྟོན་ནས་བསགས་པའི་སྐལ་བ་ཡོད་པ་ཡིན་པས། ཚེ་འདིར་དབང་བསྐུར་བ་དང་། ལུང་ལེན་པ་ལ་སོགས་མ་བྱས་ཀྱང་ཉམས་སུ་བླངས་པས་ཆོག་གོ་ཞེས་ཟེར། དེ་སུན་དབྱུང་བ་ལ་གསུམ་ལས།

དང་པོ་སྡོམ་པས་མཚོན་པ་ནི། །འོན་སྡོམ་པ་མ་ཐོབ་ཀྱང་། །རབ་ཏུ་བྱུང་ལ་མོས་པ་ཉིད། །སྡོམ་པ་ལེན་པའི་སྒོ་ཡིན་པས། །སྡོམ་པ་བསྲུངས་པས་ཆོག་གམ་ཅི། །ཞེས་པ། འོ་ན་ཞེས་མ་རངས་པར་བསྟན་ནས། བཙུན་པ་ལ་མོས་པ་ཉིད་ཆོས་དེའི་སྒོ་ཡིན་པས་མཁན་སློབ་ཀྱི་དྲུང་དུ་སྡོམ་པ་མ་བླངས་པར་བསྲུངས་པས་ཆོག་གམ་སོམས་ཤིག །

གཉིས་པ་སེམས་བསྐྱེད་ཀྱིས་མཚོན་པ་ནི།

སེམས་བསྐྱེད་སྡོམ་པ་མ་ཐོབ་ཀྱང་། །སེམས་བསྐྱེད་པ་ལ་མོས་པ་ཉིད། །བྱང་ཆུབ་སྤྱོད་པའི་སྒོ་ཡིན་

པས། །སེམས་བསྐྱེད་བླང་ཡང་ཅི་ཞིག་དགོས། །ཞེས་པ། འཇུག་པ་སེམས་བསྐྱེད་མ་ཐོབ་ཀྱང་། དེ་ལ་མོས་པ་དེ་ཉིད་རྒྱལ་སྲས་ཀྱི་སྤྱོད་པ་ལ་འཇུག་པའི་སྒོ་ཡིན་པས་སེམས་བསྐྱེད་ལེན་པའི་ཆོག་ཅི་ཞིག་དགོས་ཞོག་ཅིག །

གཉིས་པ་ཞིང་ལས་ཀྱིས་མཚོན་པ་ནི། །དེ་བཞིན་སོ་ནམ་མ་བྱས་ཀྱང་། །ལོ་ཏོག་ལ་ནི་མོས་པ་ཉིད། །བཟའ་རྒྱུ་ཟ་བའི་སྒོ་ཡིན་པས། །སོ་ནམ་ལ་ཡང་འབད་ཅི་དགོས། །འདི་འདྲའི་རིགས་ཀྱི་ཆོས་ལོག་ཀུན། །དེ་འདྲའི་རིགས་ཀྱིས་སུན་དབྱུང་ངོ་། །ཞེས་པ། ལོ་ཏོག་བཟང་པོ་ལ་འབྱུང་བར་འདོད་པའི་འདུན་པ་ཉིད་ཟན་དང་ཆང་མང་པོ་འབྱུང་བའི་སྒོ་ཡིན་པས། ཞིང་འདེབས་པའི་རྩོལ་བ་དོར་ལ་བཟའ་འཐུང་ཁོ་ན་གྱིས་ཤིག །འདོད་པའི་དོན་གྲུབ་ན་ལེགས་སོ། །མུན་སྤྲུལ་གྱི་ཆོས་ལུགས་ཕྱིན་ཅི་ལོག་འདི་འདྲའི་རིགས་གཞན་དག་ཀྱང་གོ་བདེ་བའི་སུན་འབྱིན་འདི་ལྟ་བུས་ཚར་གཅད་པར་བྱའོ། །

བདུན་པ་ལ་གསུམ་ལས། དང་པོ་ཇི་ལྟར་འཁྲུལ་ཚུལ་བརྗོད་པ་ནི། དེས་ན་ཆོས་སྒོ་ཞེས་བྱ་བ། །འདི་ཡི་མིང་གིས་འཁྲུལ་གཞི་བྱས། །དབང་བསྐུར་ཆོས་སྒོ་ཙམ་ཡིན་གྱི། །འཚང་རྒྱ་བ་ཡི་ཆོས་གཞན་ཞིག །སྒོམ་རྒྱུ་ལོགས་ན་ཡོད་དོ་ཞེས། །བླུན་པོ་རྣམས་ཀྱིས་མུན་སྒོམ་བྱས། །ཞེས་པ་བོད་ཀྱི་ཕྱག་རྒྱ་བར་གྲགས་པ་རྣམས་ཀྱིས། ཆོས་སྒོ་བྱེད་པ་ཞེས་བྱ་བའི་མིང་ཞིག་དབང་བསྐུར་བ་ལ་བཏགས་པས། ཆོས་རྒྱུས་མེད་པ་རྣམས་འཁྲུལ་གཞི་བྱས་ནས་གསང་སྔགས་ཀྱི་དབང་བསྐུར་འདི་ཆོས་ཉམས་སུ་ལེན་པའི་སྒོ་འབྱེད་ཙམ་ཡིན་གྱིས། སངས་རྒྱས་སྒྲུབ་པའི་ལམ་ཟབ་མོ་ཞིག་དེ་རམ་འདུས་པ་ལོགས་ན་ཡོད་པ་ཡིན་ནོ། །སྙམ་དུ་མོན་ཡུལ་གླ་གློ་བླུན་པོའི་སྒོ་བ་ལྟར་བྱས་སོ། །

གཉིས་པ་འཁྲུལ་པ་བསལ་བའི་ཚུལ་ནི། འོ་ན་དགེ་སློང་སྡོམ་པ་ཡང་། །དགེ་སློང་བྱེད་པའི་སྒོ་ཡིན་གྱི༑ ༑དགེ་སློང་སྡོམ་པ་ངོ་བོ་ཞིག །གཞན་ན་བཙལ་དུ་ཡོད་དམ་ཅི། །དེ་བཞིན་སོ་ནམ་བྱེད་པ་ཡང་། །སྟོན་ཐོག་འབྱུང་བའི་སྒོ་ཡིན་གྱི། །ཁ་ཟས་འབྱུང་བའི་ཐབས་གཞན་ཞིག །ལོགས་ན་བཙལ་དུ་ཡོད་དམ་ཅི། །ཞེས་པ༑ འོ་ན་དགེ་སློང་གི་སྡོམ་པ་དེ། སྡོམ་པ་དོན་དུ་གཉེར་བའི་སྐྱེས་བུ་དགེ་སློང་དུ་བྱེད་པའི་སྒོ་ཙམ་ཡིན་གྱིས། སྡོམ་པ་རང་གི་ངོ་བོ་དེ་མ་ཡིན་པའི་གཞན་ཞིག་བསྲུང་དུ་ཡོད་དམ། དེ་བཞིན་དུ་སོ་ནམ་བྱེད་པ་ཡང་ལོ་ཏོག་གི་སྒོ་ཙམ་ཡིན་གྱི། ནས་འབྲུ་ལ་སོགས་འབྱུང་བའི་ཐབས་དེ་ལས་བཟང་བ་ཞིག་བྱར་ཡོད་དམ་སོམས་ཤིག །གསུམ་པ་མ་འཁྲུལ་པའི་གཞུང་འཛུགས་པ་ལ་བཞི་ལས།

དང་པོ་དབང་བསྐུར་གྱི་མིང་དོན་སྦྱར་བ་ནི། དེས་ན་སྙིང་གཏམ་འདི་ལྟར་ཡིན། །དབང་བསྐུར་ཆོས་སྒོ་ཙམ་མ་ཡིན། །གསང་སྔགས་རྟེན་འབྲེལ་ལམ་བྱེད་པས། །རྟེན་འབྲེལ་བསྒྲིག་པའི་གདམ་ངག་ཡིན། །ཞེས་པ།

དབང་དང་ལམ་གྱི་གནད་ཇི་ལྟར་ཡིན་པ་མ་ནོར་བར་འཆད་པའི་སྙིང་གདམ་ནི། གསང་སྔགས་ཀྱི་དབང་བསྐུར་བ་དེ་ཆོས་ཀྱི་སྒོ་འབྱེད་པ་ཙམ་ནི་མ་ཡིན་ཏེ། རྡོ་རྗེ་ཐེག་པའི་ལམ་ནི་ཕྱི་ནང་གི་ཆོས་རྣམས་ལ་རྫོགས་པའི་སངས་རྒྱས་འབྱུང་བའི་རྟེན་འབྲེལ་ཁྱད་པར་ཅན་ཡོད་པ་དེ་སྔར་ངོ་མ་ཤེས་པས་ལམ་དུ་མ་སློང་བ་ཡིན་ལ༔ དབང་བསྐུར་བའི་ཚེ་རྟེན་འབྲེལ་མ་ནོར་བར་བསྒྲིགས་ནས་དེ་ཉིད་ལམ་དུ་བྱས་པས་སངས་རྒྱས་ཐོབ་པའི་གདམ་ངག་འབོགས་པ་ཡིན་ནོ། །

ཕུང་པོ་ཁམས་དང་སྐྱེ་མཆེད་ལ། །སངས་རྒྱས་ས་བོན་བཏབ་ནས་ནི། །ཚེ་འདིར་སངས་རྒྱས་བྱེད་པ་ཡི། །ཐབས་ལ་དབང་བསྐུར་ཞེས་སུ་བཏགས། །ཞེས་པ། སྐབས་འདིར་རྣལ་འབྱོར་བླ་ན་མེད་པའི་ལུགས་གཙོ་བོར་བྱས་ཏེ་རྟེན་འབྲེལ་སྒྲིག་ཚུལ་བསྟན་ན། ཐོག་མར་བུམ་པའི་དབང་བསྐུར་བའི་ཚེ་ཕུང་པོ་ལྔ་རིགས་ལྔ་དང་། ཁམས་ལྔ་ལྷ་མོ་ལྔ་དང་། སྐྱེ་མཆེད་དྲུག་བྱང་ཆུབ་སེམས་དཔའ་དང་། ཡུལ་དྲུག་ལྷ་མོ་དྲུག་དང་། ལྷུ་ཚིགས་ཁྲོ་བོ་དང་ཁྲོ་མོར་ངོ་སྤྲོད་ནས། རྡོ་རྗེ་སློབ་དཔོན་དེ་དག་འདུས་པའི་བདག་ཉིད་ཅན་གྱིས། དེ་རྣམས་ཚང་བའི་ལྷ་བདུན་དུ་དམིགས་ཏེ། བུམ་པ་དང་ཅོད་པན་ལ་སོགས་པས་དབང་རིམ་གྱིས་བསྐུར་བས། རིན་པོ་ཆེའི་ཁུངས་སུ་སྦྲོན་མེ་བྱུང་བ་ལྟར། སློབ་མའི་ཕུང་ཁམས་དང་སྐྱེ་མཆེད་ལྷ་དེ་དང་དེར་གསལ་བར་ཤེས་ཤིང་། སྒྲུབ་ནུས་ཀྱི་ས་བོན་བཟང་པོ་བཏབ་སྟེ་དེའི་རྒྱུ་མཚན་ཉམས་སུ་ལེན་པའི་བསྐྱེད་རིམ་གྱི་ལམ་ཡིན་ལ། དེ་བཞིན་དུ་དབང་གོང་མས་རྩ་དང་ཁམས་དང་རླུང་སེམས་ཀྱི་ནུས་པ་བྱིན་གྱིས་བརླབས་ནས་ངོ་སྤྲད་པ་དེ་རྒྱུན་ལྡན་དུ་ཉམས་སུ་ལེན་པ་ནི་རྫོགས་པའི་རིམ་པ་ཡིན་ནོ། །དེའི་མི་མཐུན་ཕྱོགས་སྤོང་བ་དང་། མཐུན་པའི་གྲོགས་བསྟེན་པ་ལ་དམ་ཚིག་དང་སྡོམ་པ་ཟེར་བ་ཡིན་ནོ། །

གཉིས་པ་གྲོལ་བྱེད་ཀྱི་ལམ་གྱི་གོ་དོན་བཤད་པ་ནི། དེས་ན་གང་ཞིག་དབང་པོ་རབ། །དབང་བསྐུར་ཉིད་ཀྱིས་གྲོལ་བར་གསུངས། །དབང་གིས་གྲོལ་བར་མ་ནུས་པའི། །གང་ཟག་གཞན་ལ་སྒོམ་དགོས་སོ། །དེས་ན་དབང་བསྐུར་ཐོབ་པ་དེ། །བསྲུང་ཞིང་འཕེལ་བར་བྱེད་པ་ལ། །སྒོམ་པ་ཞེས་སུ་བཏགས་པ་ཡིན། །ཞེས་པ། དབང་དང་ལམ་གྱི་རྟེན་འབྲེལ་སྒྲིག་ཚུལ་དེ་ལྟར་ཡིན་པས་སློབ་མ་དབང་པོ་རབ་དབང་བསྐུར་ཉིད་ཀྱིས་རྟེན་འབྲེལ་འགྲིག་པ་དེ་དོན་མངོན་སུམ་དུ་མཐོང་ནས་གྲོལ་བར་གྱུར་ཏེ། རྒྱལ་པོ་ཨིནྡྲ་བྷཱུ་ཏི་བཞིན་ནོ། །དབང་པོ་འབྲིང་འཆི་ཁའམ་བར་དོར་གྲོལ་བ་དང་། དབང་པོ་ཐ་མ་སྐྱེ་བ་བདུན་ལ་སོགས་པས་གྲོལ་བར་འགྱུར་ཏེ། ལམ་རིམ་གྱིས་སྒོམ་དགོས་པ་ཡིན་ནོ། །དེའི་ཕྱིར་དབང་བསྐུར་ཐོབ་པའི་ཚེ་རྟེན་འབྲེལ་བསྒྲིགས་པ་བཞིན་དུ། དབང་སོ་སོའི་དམ་ཚིག་མ་ཉམས་པར་བསྲུང་ཞིང་། རྟོགས་པའི་ཡོན་ཏན་གོང་ནས་གོང་དུ་འཕེལ་བར་བྱེད་པ་

ལ་རིམ་པ་གཉིས་ཀྱི་རྣལ་འབྱོར་སྒོམ་པ་ཞེས་མིང་དུ་བཏགས་པ་ཡིན་ནོ། །

གསུམ་པ་ཉམས་ལེན་གྱི་གནད་བསྟན་པ་ནི། དེ་ཕྱིར་ཕ་རོལ་ཕྱིན་པ་ལ། །སེམས་བསྐྱེད་མིན་པའི་ཆོས་གཞན་མེད། །རྡོ་རྗེ་ཐེག་པའི་སྐོར་ཞུགས་ནས། །དབང་བསྐུར་ལས་གཞན་ཆོས་མེད་དོ། །ཞེས་པ། མདོར་བསྡུས་ན་གཞན་དོན་དུ་སངས་རྒྱས་སྒྲུབ་པའི་ཐབས་ཀྱི་གཙོ་བོ་ཕ་རོལ་ཏུ་ཕྱིན་པའི་སྐོར་བཞུགས་ནས་ཐེག་པ་ཆེན་པོའི་སེམས་བསྐྱེད་ལས་གཞན་པའི་ཆོས་མེད་པར་ཤེས་དགོས་ཏེ། རྗེ་བཙུན་ཆེན་པོས། ཐེག་པ་ཆེན་པོའི་སེམས་བསྐྱེད་ཀྱི་མཚན་ཉིད་དུ་རྫོགས་པའི་བྱང་ཆུབ་ཀྱི་སྒྲུབ་པ་ཁྱད་པར་བ་ཞེས་གསུངས་པ་ལ། མདོ་རྒྱུད་ཀྱི་དགོངས་པ་ཕྱིན་ཅི་མ་ལོག་པ་ཡིན་ནོ་ཞེས་རྗེས་སུ་ཡི་རང་བར་མཛད་ཅིང་། ཆོས་རྗེ་ཉིད་ཀྱིས་ཀྱང་། སེམས་བསྐྱེད་ཀྱི་མཚན་གཞིར་སྟོང་ཉིད་སྙིང་རྗེའི་སྙིང་པོ་ཅན་ཡིན་ནོ་ཞེས་གསུངས་སོ། །སྔགས་ཀྱི་དཀྱིལ་འཁོར་དུ་འཇུག་པའི་ཐོག་མར་སེམས་བསྐྱེད་པའི་ཚིག་སརྦ་ཡོ་ག་ཙིཏྟ་ཨུད་པ་ད་ཡ་མི་ཞེས་བརྗོད་པའི་སྐབས་དོན་ཡང་འདི་ཉིད་ཡིན་ཏེ། ངོ་འཕྲོད་པ་ཤིན་ཏུ་དཀོན་ནོ། །གསང་སྔགས་ཀྱི་སྐོར་ཞུགས་པའི་གང་ཟག་ལ་ལ་ནི། དབང་བསྐུར་བའི་དོན་དེ་ཉམས་སུ་ལེན་པ་ལས་རྡོ་རྗེ་འཆང་སྒྲུབ་པའི་ཐབས་ཀྱི་གཙོ་བོ་གཞན་གང་ཡང་མེད་དོ། །མདོར་ན་ཐེག་ཆེན་གྱི་ཆོས་ཐམས་ཅད་སེམས་བསྐྱེད་པར་འདུས་ཤིང་། གསང་སྔགས་ཀྱི་ལམ་ཐམས་ཅད་དབང་བསྐུར་དུ་འདུས་པར་ཤེས་པའི་གོ་བ་རྙེད་པས། གོང་དུ་བཤད་པ་དེ་ལྟར་དེ་བཞིན་གཤེགས་པའི་ཆོས་ཀྱི་སྙིང་པོ་གྲིལ་ནས་མ་ནོར་བར་ཉམས་སུ་ལེན་དགོས་སོ། །

བཞི་པ་མཁས་པས་གྲུས་པ་བསྐྱེད་པའི་ཚུལ་ནི། དེས་ན་ཐུབ་པས་རྒྱུད་སྡེ་ལས། །དབང་བསྐུར་ཁོ་ན་བསྔགས་པ་དང་། །མཁས་རྣམས་ཅི་ནས་དབང་བསྐུར་ལ། །གུས་པའི་རྒྱུ་མཚན་དེ་ལྟར་ཡིན། །ཞེས་པ། གསང་སྔགས་ཀྱི་ལམ་ཐམས་ཅད་དབང་བསྐུར་གྱི་ནང་དུ་འདུས་པའི་ཕྱིར་རྒྱུད་ལས་ཀྱང་དབང་བསྐུར་བ་ལ་མ་ཐོབ་པའི་ཉེས་དམིགས་དང་། ཐོབ་པའི་ཕན་ཡོན་དཔག་ཏུ་མེད་པའི་སྒོ་ནས་བསྔགས་པ་མཛད་ཅིང་། གསང་སྔགས་ལ་མཁས་པའི་སྐྱེས་བུ་དམ་པ་རྣམས་ལ་དབང་བསྐུར་བ་ལ་གུས་པ་འཇུག་པའི་རྒྱུ་མཚན་ཡང་དེ་ཡིན་ནོ། །

བརྒྱད་པ་དབང་བསྐུར་མུ་བཞིར་འདོད་པ་དགག་པ་ལ་གཉིས་ལས། དང་པོ་མུན་སྤྲུལ་གྱི་འདོད་པ་བརྗོད་པ་ནི། །ལ་ལ་དབང་བསྐུར་མུ་བཞི་འདོད། །དབང་བསྐུར་བྱས་ཀྱང་མི་ཐོབ་དང་། །མ་བྱས་ཀྱང་ནི་ཐོབ་པ་དང་། །བྱས་ན་ཐོབ་ལ་མ་བྱས་ན། །མི་ཐོབ་པ་དང་རྣམ་བཞིར་འདོད། །འདི་འདྲ་གང་ན་ཡང་བཤད་པ་མེད། །བསྟན་པ་འཁྲུགས་པའི་རྙེད་ཀར་ཟད། །ཅེས་པ། ཏི་ཕུ་བུ་བ་དང་རས་ཆུང་པའི་ཆོས་ལུགས་སྐྱོང་བར

འདོད་པ་ལ། དབང་བསྐུར་གྱི་ཚུལ་མུ་བཞི་ལ། སྐལ་མེད་ཀྱི་གང་ཟག་དབང་བསྐུར་བྱས་ཀྱང་མ་ཐོབ་པ་དང་། སྔོན་བསགས་ལས་འཕྲོ་ཅན་མ་བྱས་ཀྱང་ཐོབ་པ་དང་། སྐལ་བ་འབྲིང་པོ་ཙམ་དབང་བསྐུར་ན་ཐོབ་ལ་མ་བསྐུར་ན་མི་ཐོབ་པ་དང་། རྣམ་པ་བཞིར་འདོད་པ་འདི་འདྲའི་ལུགས་དབང་བསྐུར་བའི་ཆོག་མ་བྱས་ན་མི་ཐོབ་པར་རིགས་མོད་ཀྱི། མ་བྱས་ཀྱང་ཐོབ་པ་མི་རིགས་ཏེ། རིགས་ན་དབང་བསྐུར་རྟག་ཏུ་ཡོད་པའམ་མེད་པར་ཐལ་བར་འགྱུར་བའི་ཕྱིར་རོ། །དེས་ན་མུ་བཞི་རྩི་བ་འདི་འདྲ་རྒྱུད་ནས་གསུང་པ་མེད་དོ། །གསང་སྔགས་ཀྱི་བསྟན་པ་སུན་འབྱིན་པའི་ཆོས་ལོག་ཏུ་ཟད་དོ། །

གཉིས་པ་དེ་ཚར་གཅོད་པ་ལ་གསུམ་ལས། དང་པོ་སྟོབས་མཚུངས་ཀྱི་རིགས་པས་དགག་པ་ནི། འོན་ཀྱང་འདི་ཡང་བརྟག་པར་བྱ། །སོ་སོར་ཐར་པའི་སྡོམ་པ་དང་། །བྱང་ཆུབ་སེམས་དཔའི་སེམས་བསྐྱེད་ལའང་། །མུ་བཞི་ཅི་ཡི་ཕྱིར་མི་རྩི། །ཞེས་པ། དེང་སང་སོ་ཐར་སྡོམ་པ་དང་བྱང་སེམས་སྡོམ་པའང་། མ་བླངས་པར་ཐོབ་པ་ལ་སོགས་པའི་མུ་བཞི་རྩི་བར་རིགས་སོ། །

དེ་བཞིན་སྒོམ་ལའང་ཅིས་མི་མཚུངས། །བསྒོམས་ཀྱང་མི་སྐྱེས་མ་བསྒོམས་ཀྱང་། །སྐྱེ་བ་ལ་སོགས་མུ་བཞི་ཡོད། །མུ་བཞི་ཀུན་ལ་ཡོད་བཞིན་དུ། །གཞན་ལ་མུ་བཞི་མི་རྩི་བར། །དབང་བསྐུར་ཉིད་ལ་རྩི་བ་ནི། །བདུད་ཀྱི་གསང་ཚིག་ཡིན་པ་དོགས། ཞེས་པ། དེ་བཞིན་དུ་ཏིང་ངེ་འཛིན་ནི་སྒོམ་པ་ལའང་མུ་བཞི་རྩི་བར་རིགས་ལ། གལ་ཏེ་འདོད་ན་མུ་བཞི་ཀུན་ལ་ཡོད་བཞིན་དུ་དབང་བསྐུར་ཁོ་ན་ལ་རྩི་བ་ནི། སྒོ་གསུམ་བདུད་ཀྱིས་བྱིན་གྱིས་བརླབས་པའི་རྣམ་འགྱུར་ཡིན་ཏེ། སྔོན་སངས་རྒྱས་ཀྱི་གསུང་རབ་ལ་ཡང་བདུད་སྡིག་ཅན་གྱིས། མི་རྣམས་ཚེ་ནི་རིང་བ་སྟེ། །སྐྱེས་བུ་དམ་པ་སླུ་མི་བྱེད། །འདིར་ནི་འཆི་བདག་འོང་བ་མེད། །འཕྱུར་བ་དང་ནི་བག་མེད་སྤྱོད། །ཅེས་པའི་ཚིག་བཅུག་པས་ཉན་ཐོས་མང་པོ་ཚིག་དེས་འཁྲུལ་གཞི་བྱས་ནས་བག་མེད་པར་སྤྱོད་པ་ལ། མཁས་མཆོག་དབྱིག་གཉེན་གྱིས། མི་རྣམས་ཚེ་ནི་མི་རིང་བས། །སྐྱེས་བུ་དམ་པ་བསླུ་བར་བྱེད། །འདིར་ནི་འཆི་བདག་འོང་ཡོད་པས། །འཕྱུར་དང་བག་མེད་སྤྱོད་མི་བྱ། །ཞེས་སྒྲ་བསྒྱུར་ནས་བཤད་པས་འཁྲུལ་པ་ལྡོག་པར་མཛད་དེ། དེང་སང་དེ་འདྲའི་མཁས་གྲུབ་དཀོན་པས་དམ་པའི་ཆོས་ཡིན་མིན་ལེགས་པར་བརྟག་དགོས་སོ༑ ༑

གཉིས་པ་འདོད་པ་པོས་དོན་མ་ཤེས་པར་བསྟན་པ་ནི། གལ་ཏེ་མུ་བཞི་ཡོད་ན་ཡང་། །སོ་སོའི་མཚན་ཉིད་ཤེས་མི་ནུས། །ཅི་སྟེ་ཤེས་པར་ནུས་ན་ནི། །དེ་ཡི་མཚན་ཉིད་སྨྲ་དགོས་སོ། །སླར་ཀྱང་རང་བཟོ་མ་ཡིན་པ། །ལུང་དང་མཐུན་པ་ཁྱོད་ལ་མེད། །ཅེས་པ། རྒྱ་ལ་དབང་བསྐུར་མུ་བཞིར་གསུངས་པ་ཡོད་སྲིད་ནའང་། བརྩི་བའི་

ཚུལ་འདི་ལྟར་བྱེད་མི་ཤེས་སྟེ་ཤེས་ན་སློས་ཤིག །གལ་ཏེ་ཡོ་ཆོད་ཙམ་སླས་ཀྱང་། ལུང་རིགས་རྣམ་དག་དང་མཐུན་པ་ཁྱོད་ལ་མེད་དོ། །

གསུམ་པ་བྱ་དགོས་མི་བྱེད་པ་དགག་པ་ནི། གལ་ཏེ་མུ་བཞི་བདེན་སྲིད་ན། །གཞན་ཡང་དབང་བསྐུར་མི་བྱེད་ཀྱང་། །བྱས་ན་ཐོབ་པའི་གང་ཟག་ལ། །དབང་བསྐུར་ཅི་ཡི་ཕྱིར་མི་དགོས། །ཞེས་པ། དབང་བསྐུར་མུ་བཞི་སངས་རྒྱས་ཀྱིས་གསུངས་པ་བདེན་ན། གང་ཟག་གསུམ་ལ་དབང་བསྐུར་མི་བྱེད་ཀྱང་བྱས་ན་ཐོབ་པའི་རིགས་ལ་ཅིའི་ཕྱིར་དབང་མི་བསྐུར།

གཞན་ལ་དབང་བསྐུར་མི་དགོས་པས། །དེ་ལའང་དབང་བསྐུར་མི་དགོས་པ། །ནད་མེད་པ་ལ་སྨན་སྦྱོང་བས། །ནད་པ་ལའང་སྦྱོང་དམ་ཅི། །འདི་འདྲའི་ཆོས་ལོག་ཐམས་ཅད་ནི། །བདུད་ཀྱི་བྱིན་བརླབས་ཡིན་ཞེས་བྱ། །ཞེས་པ། དབང་བསྐུར་མ་བྱས་ཀྱང་ཐོབ་པ་དང་བསྐུར་ཀྱང་མི་ཐོབ་པ་ལ། དབང་བསྐུར་མི་དགོས་པས་བསྐུར་ན་ཐོབ་པ་ལའང་འདོག་ན། སྐྱེས་བུ་ནད་མེད་ལ་སྨན་དཔྱད་མི་བྱེད་པས་ནད་པ་ལའང་མ་བྱེད་པར་ཞོག་ཅིག །འདི་འདྲའི་རིས་མང་པོ་བདུད་ཀྱི་ཐབས་པོ་ཡིན་པས་སྤང་བར་བྱའོ། །མདོར་ན་དབང་བསྐུར་བ་ནི་དྲི་མ་འཕྲུད་པའི་དོན་ཡིན་པས་རིམ་གཉིས་སྒོམ་པའི་སྣོད་དུ་མི་རུང་བ་སྦྱོང་བ་དང་། ནུས་པ་འཇོག་པའི་དོན་ཡིན་པས་སྐུ་བཞི་མྱུར་དུ་འགྲུབ་པའི་ནུས་པ་སྟོབས་ལྡན་སྒྲུབ་པ་དང་། ལུགས་སུ་བླུགས་པའི་དོན་ཡིན་པས་སློབ་མའི་རྒྱུད་ལ་སངས་རྒྱས་ཀྱི་སྐུ་དང་ཡེ་ཤེས་འབྱུང་བའི་རྟེན་འབྲེལ་བསྒྲིགས་པ་ཡིན་ཏེ། དཔེར་ན་ལུགས་མཁན་གྱིས་གསེར་དངུལ་ལ་སོགས་ལུགས་སུ་བླུགས་པས་སྣོད་དང་མཐུན་པར་སྐུ་གཟུགས་འབྱུང་བ་དང་འདྲ་སྟེ༑ དང་པོ་དབང་བསྐུར་རྣལ་འབྱོར་ན་ཉམས་སུ་བླངས་པའི་འབྲས་བུ་རྣལ་འབྱོར་པར་འགྱུར་རོ། །ལྷའི་རྒྱལ་ཚབ་ཏུ་བསྐོས་པའི་དོན་ཡང་ཡིན་པས་རྡོ་རྗེ་འཆང་ལྟར་རྒྱུད་སྟོན་པ་དང་། གདུལ་བྱ་འདུལ་བ་དང་། ཇི་ལྟར་འོས་པའི་ཕྲིན་ལས་བྱེད་པར་དབང་བ་ཡིན་ནོ། །དཔེར་ན་རྒྱས་པར་དབང་བསྐུར་བ་དེ་རྒྱལ་པོའི་བུ་བ་ཐམས་ཅད་ལ་དབང་ཐོབ་པ་བཞིན་ནོ། །

གཉིས་པ་གྲོལ་བྱེད་ལམ་རིམ་པ་གཉིས་ཉམས་སུ་ལེན་པ་ལ་བཞི། ལམ་བཅོས་མའི་གཞན་ལུགས་དགག་པ། ལམ་མ་ནོར་བའི་རང་ལུགས་བཞག་པ། ལོག་རྟོག་སྤུན་དབྱུང་ཞིང་འཁྲུལ་མེད་གཞུང་འཛུགས་པ། འཁྲུལ་པ་སྤུན་དབྱུང་བའི་སྒོ་ནས་མཇུག་བསྡུ་བའོ། །

དང་པོ་ལ་གཉིས་ལས། དང་པོ་གསང་བ་སྒྲོག་པའི་ཉེས་མེད་དུ་སྨྲ་བ་དགག་པ་ལ་གཉིས་ལས། དང་པོ་ཟེར་ཚུལ་བརྗོད་པ་ནི། །ཁ་ཅིག་གསང་སྔགས་གསང་བ་ལ། །ཡེ་གསང་ཐབས་ཀྱིས་ཆོད་པའི་ཕྱིར། །གསང་

སྒྲོག་ལྟུང་བ་མེད་ཅེས་ཟེར། །ཞེས་པ། སྔགས་སྙིང་མ་བ་ཁ་ཅིག །གང་ཟག་གསང་སྔགས་ཀྱི་སྣོད་དུ་མི་རུང་བ་རྣམས་ནི། སྔགས་ཀྱི་དོན་མི་གོ་བས་དུད་འགྲོ་དང་འདྲ་བའི་ཕྱིར་ཡེ་ནས་གསང་བ་ཞེས་བྱ་བ། རྣ་བ་འཐུག་པོས་སྒྲིབས་པ་ལྟ་བུའི་ཐབས་ཀྱི་བར་དུ་ཆོད་པས་དེ་ལ་གསང་བ་བསྒྲགས་པའི་ཉེས་པ་མི་འབྱུང་ལ། གསང་སྔགས་ཟབ་མོ་གོ་བའི་སྐྱེས་བུ་དེ་ནི་སྣོད་ལྡན་ཡིན་པས་སྣོད་དུ་མི་རུང་བ་ལ་བསྒྲགས་པའི་ལྟུང་བ་མི་འབྱུང་། ཞེས་ཟེར་རོ། །

གཉིས་པ་དེ་དགག་པ་ལ་གཉིས་ལས། དང་པོ་གོ་མེད་དུ་འདོད་པ་དགག་པ་ནི། འདི་ལའང་ཅུང་ཟད་བརྟག་པར་བྱ། །ཡེ་གསང་ཞེས་བྱའི་དོན་ཅི་ཞིག །གལ་ཏེ་གོ་བ་མེད་པ་ལ། །ཟེར་ན་གོ་བའི་གང་ཟག་ལ། །ཡེ་གསང་མིན་ཕྱིར་ལྟུང་བར་འགྱུར། །ཞེས་པ། ཟེར་ཚུལ་འདི་ལའང་བརྟག་པར་བྱ་སྟེ། ཡེ་གསང་གི་དོན་ཡེ་ནས་མི་གོ་བ་ལ་འདོད་ན། རྒྱུད་སྡེ་ཟབ་མོ་གོ་བའི་མི་ལ་དབང་མ་བསྐུར་བར་བསྟན་ན་ལྟུང་བར་འགྱུར་རོ། །

གཉིས་པ་ཕན་ཡོན་དུ་འདོད་པ་དགག་པ་ནི། གལ་ཏེ་དམ་པའི་ཆོས་ཡིན་པས། །དམ་ཆོས་བདེན་པའི་བྱིན་བརླབས་འདི། །སུ་ཡི་ཐོས་ཀྱང་ཕན་ཡོན་ཆེ། །དེས་ན་གསང་སྒྲོག་མི་འབྱུང་ན། །གལ་ཏེ་དམ་ཆོས་བདེན་པ་སྨྲ །གོ་ན་ཆོས་ནས་འབྱུང་བཞིན་གྱིས། །ཞེས་པ། དམ་པའི་ཆོས་ཀྱི་སྒྲ་ལ་བདེན་པའི་བྱིན་བརླབས་ཆེན་པོ་ཡོད་པས། གང་གི་རྣ་བར་ཐོས་ཀྱང་ཕན་ཡོན་ཤིན་ཏུ་ཆེ་བའི་ཕྱིར་བསྒྲགས་པའི་ཡོན་ཏན་འབྱུང་གིས། ཉེས་པ་འབྱུང་བར་མི་གྱུར་རོ་སྙམ་ན། སངས་རྒྱས་ཀྱིས་གསུངས་པའི་དམ་ཆོས་བདེན་པ་ཡིན་པར་གོ་ནས་བླང་དོར་བྱེད་ན། དམ་པའི་ཆོས་རྒྱུད་སྡེ་ཟབ་མོ་ནས་གསུངས་པ་བཞིན་སྒྲུབས་ཤིག །

ཆོས་ནས་གསང་དང་མི་གསང་བའི། །ལུགས་གཉིས་རྒྱལ་བ་རྣམས་ཀྱིས་གསུངས། །དེས་ན་ཡེ་གསང་ཞེས་བྱ་བ། །འདི་ཡང་བསྟན་ལ་གནོད་ཚིག་ཡིན། །ཞེས་པ། རྒྱུད་སྡེ་རྣམས་ནས་སྣོད་དུ་མི་རུང་བ་ལ་གསང་དགོས་པ་དང་། སྣོད་དུ་རུང་བ་ལ་བསྟན་པས་ཆོག་པའི་ལུགས་གཉིས་རྡོ་རྗེ་འཆང་གིས་སོ་སོར་གསུངས་ཏེ། གསང་བ་སྙིང་པོར། བླ་མ་མཉེས་པར་མ་བྱས་ཤིང་། །དབང་རྣམས་བསྐུར་བར་མ་བྱས་པར། །ཉན་པ་ལ་སོགས་རྩོམ་པ་ནི། །འབྲས་བུ་མེད་ཅིང་བརླགས་པར་འགྱུར། །ཞེས་འབྱུང་བས། ཡེ་གསང་གི་ཐ་སྙད་འདི་ཡང་གསང་སྔགས་ཀྱི་བསྟན་པ་ལ་གནོད་པས་སྤང་བར་བྱའོ། །དམན་རྣམས་གསང་མི་དགོས་པ་གསང་། །གསང་དགོས་དོགས་པ་མེད་པར་སྨྲ། །དམ་པ་དགོས་མེད་གསང་མི་འགྱུར། །གསང་དགོས་སྒྲོག་ལ་བབ་ཀྱང་གསང་། །ཞེས་སོ། །

གཉིས་པ་ཐབས་ངེས་མེད་དུ་འདོད་པ་དགག་པ་ལ་གཉིས་ལས། དང་པོ་ཟེར་ཚུལ་བརྗོད་པ་ནི། ཁ་

ཅིག་འབྲེལ་དང་མ་འབྲེལ་མེད། །ཐབས་ལམ་གཅིག་ཏུ་ངེས་པ་མེད། །ལྟ་བ་རྫོགས་པས་ཀླུ་སྒྲུབ་གྲོལ། །པདྨ་འབྱུང་གནས་བསྐྱེད་རིམ་གྱིས། །ཞེས་པ། མཆོག་གི་དངོས་གྲུབ་བརྙེས་པའི་གྲུབ་ཐོབ་རྣམས་གྲོལ་བའི་རྐྱེན་མ་ངེས་པའི་ཚུལ་ཙམ་ཞིག་རིག་ནས། ནང་གི་རྫོགས་པ་བཟང་པོ་ཐུགས་ལ་འཁྲུངས་པའི་རྒྱུ་གཞན་མ་མཐོང་བ་ཁ་ཅིག །འཕགས་པ་ཀླུ་སྒྲུབ་སྤྲོས་བྲལ་གྱི་ལྟ་བ་རྫོགས་པས་གྲོལ། ཨོ་རྒྱན་པདྨ་འབྱུང་གནས་ཡི་དམ་ལྷའི་བསྐྱེད་རིམ་བརྟན་པོ་ཡོད་པས་གྲོལ།

དཀའ་ཐུབ་དཔྱོད་པས་ལཱུ་ཧི་པ། །སྤྱོད་པའི་སྟོབས་ཀྱིས་ནག་པོ་པ། །རླུང་གི་སྟོབས་ཀྱིས་གོ་རཀྵ། །གཏུམ་མོའི་སྟོབས་ཀྱིས་ཤ་བ་རི། །ཞེས་པ། ལཱུ་ཧི་པ་ནི་ཀུན་ཏུ་དགེ་ཞེས་བྱ་བ། ཡི་གེ་དང་རྩིས་དང་སྒྱུ་རྩལ་ལ་མཁས་པ་ཞིག །ཤ་བ་རི་དབང་ཕྱུག་དང་མཇལ་ཏེ་འཁོར་ལོ་སྡོམ་པའི་དབང་དང་གདམས་པ་ཞུས་ནས་བསྒྲུབས་པས་ནུས་པ་འཐོན་ཏེ། ཨོ་རྒྱན་དུ་ཡུལ་ཉི་ཤུ་རྩ་བཞིའི་དཔའ་བོ་དང་དཔའ་མོ་འདུས་པའི་ཚོགས་འཁོར་གྱི་ལག་བདེ་བ་བྱས་སོ། །སྐྱེ་བ་བདུན་གྱི་ཤ་ཟུང་ཟད་བྱིན་པ་ཐེ་ཚོམ་མེད་པར་ཟོས་པས་མཉེས་ཏེ། རྐང་པ་བརྐྱང་བ་སྤྲངས་ནས་སུ། །འཁོར་བའི་མདག་གཞུག་དོར་ནས་ནི། །རྡོ་རྗེ་སེམས་དཔའ་རྒྱལ་པོ་ཆེ། །ཡང་དང་ཡང་དུ་བསྐུལ་བར་བྱ། །ཞེས་གསུངས་པའི་དོན་རྣམ་གཡེང་སྤྲངས་ནས་སྒྲུབ་དགོས་པར་ཤེས་ཏེ། རིམ་གྱི་ཤར་ཕྱོགས་བྷཾ་ག་ལར་བྱོན་ནས། གངྒཱའི་འགྲམ་ན་ཉའི་རྒྱུ་ལྟོ་མང་པོ་སྤུངས་པ་མཐོང་ནས། བདག་པོས་མ་བཟུང་ཞིང་རྩོལ་མེད་དུ་སྐྱེད་པའི་འཚོ་བ་བཟང་པོར་ཤེས་ཏེ། དེ་ཉིད་དུ་སྔར་གྱིས་གདམས་པ་ཉམས་སུ་བླངས་པས་མཆོག་གི་དངོས་གྲུབ་ཐོབ་བོ། །ནག་པོ་སྤྱོད་པའི་རྡོ་རྗེ་ནི་ཤར་ཕྱོགས་ཟླ་ག་ལར། ཨུཏྟ་བི་ཤའི་རྗེ་རིགས་སུ་འཁྲུངས། ཐོག་མར་ཀྱཻ་རྡོར་ཞུས་ནས་བསྒྲུབས། བླ་མ་ཛ་ལནྡྷ་རས་འཁོར་ལོ་སྡོམ་པ་བསྒྲུབས་པས་རེངས་པ་དང་ལྟུང་བ་ལ་སོགས་པའི་ལྟ་སྟངས་རྣམས་གྲུབ། དེ་ནས་བླ་མས་ཨོ་རྒྱན་དུ་ཡེ་ཤེས་ཀྱི་མཁའ་འགྲོ་མ་ལ་རུས་པའི་རྒྱན་དྲུག་བྱིན་གྱིས་བརླབས་པ་ཞུ་བ་ལ་བཏང་བས་རྣལ་འབྱོར་མ་བཞིན་མི་སྣང་ལ་གོས་ཧྲུལ་པ་སོ་ཏོ་བ་གཅིག་ལ་ཞུས། སྒྲིམ་དུ་བཙུག་ནས་རྒྱ་བཏབ་སྟེ་བླ་མ་དང་མ་མཇལ་བར་ཁ་མ་འབྱེད་གཅིག །ཅེས་གསུངས་ཀྱང་ལམ་དུ་རྒྱ་བཤིག་སྟེ་རྒྱན་དྲུག་ལུས་ལ་བཏགས་པས་ནམ་མཁའ་ལ་འཕར་བ་དང་མངོན་ཤེས་འཆར་བ་ལ་སོགས་བྱུང་བས། རྒྱ་མ་བཤིག་ཟེར་བ་དེར་འདུག་སྙམ་མོ། །སླར་སྒྲིམ་དུ་བཙུག་སྟེ་བླ་མ་ལ་ཕུལ། སྤྱོད་པ་བྱེད་པར་ཞུས་པས། ད་དུང་སྤྱོད་པའི་དུས་ལ་མ་བབ་ཀྱི་སྒྲུབ་པ་གྱིས་ཤིག །ཅེས་གསུངས་པས་ནགས་ཁྲོད་ཀྱི་སྟག་རེངས་པར་བྱེད་པ་དང་། རི་དྭགས་འགུགས་པར་བྱེད་པ་དང་། ཤིང་ཏོག་ལྟུང་བ་ལ་སོགས་པའི་གྲུབ་རྟགས་བསྟན་པས་དེ་དག་རང་གནས་སུ་སྔར་བཞིན་གྱིས་ཤིག །ཅེས་གསུང་བས་མ་ཉན་པས། ཚར་

གཅོད་རྗེས་འཛིན་གཉིས་ཀ་གྲུབ་དགོས་ཞེས་གསུངས་ཏེ། སྤྱོད་པ་ལ་འགྲོ་བ་བཀག་ཀྱང་མ་ཉན་པར་སྤར་གྱི་རྒྱན་དྲུག་བླ་མ་ལ་ཞུས་ནས། ལུས་ལ་བཏགས་སྟེ་བྱོན་པས་སྟེང་གི་ནམ་མཁའ་ལ་གདུགས་བདུན་ལྡིང་བ་དང་། ཌཱ་མ་རུ་བདུན་རང་འཁྲོལ་བ་དང་། འཁོར་མང་པོ་དང་བཅས་ནས་བར་སྣང་ལ་འཕགས་ཏེ། ཡུལ་སྡེ་ཆེན་པོ་བཅུ་གསུམ་གྱི་ཤར་ཕྱོགས་གཙྪའི་འགྲམ་དུ་བྱོན། བླ་མས་དེ་ཤྲེ་ཀོ་ཏི་ར་འགྲོར་མི་རུང་ངོ་ཞེས་གསུངས་ཀྱང་མ་ཉན་པར་བྱོན་ནས། རྨོས་གླང་རེངས་པ་དང་ཤིང་ཏོག་ཛ་བི་ར་འབེབས་པ་ལ་སོགས་བརྟུལ་ཞུགས་ཀྱི་སྤྱོད་པ་མང་དུ་མཛད་ཅིང་། མུ་སྟེགས་ཀྱི་རྒྱལ་པོ་བརྟུལ་ནས་མངའ་འོག་རྣམས་ནང་པའི་བསྟན་པ་ལ་བཙུག །མུ་སྟེགས་ཀྱི་མཁའ་འགྲོ་མས་འབྲས་འདྲུ་བ་དང་། ཤིང་ཏོག་མ་བྱིན་པ་ལ་ལྟ་སྟངས་མཛད་པས། མོས་ཀྱང་ལྟ་སྟངས་ཀྱི་ལན་བྱས་པས་ཞལ་ནས་ཁྲག་སྐྱུགས་ཏེ་སྐྱོང་བར་གྱུར། བླ་མའི་བཀའ་བཅོས་པའི་ཉེས་པ་བྱུང་སྟེ་གྲོངས་སོ། །བར་དོར་མཆོག་གི་དངོས་གྲུབ་ཐོབ་པར་ལུང་བསྟན། ཁ་ཅིག་ན་རེ། ཕྱིས་རུས་རྒྱན་དང་བཅས་པ་སྐྲ་འབྲུངས་ནས་གྲུབ་པ་ཐོབ་སྟེ་གཞུང་དྲུག་ལ་སོགས་པའི་བསྟན་བཅོས་མཛད་དོ་ཞེས་ཟེར་བ་ནི་བརྫུན་ཡིན་ནོ། །ཡུལ་དཀར་ཆར་འབྲུངས་པས་ཀཱཧྣ་པ་ཞེས་ཟེར་བ་ནི་འདི་དང་མི་གཅིག་སྟེ། འདིའི་མཚན་ལ་ཡི་གེ་ཀ་ག་དང་ཙུང་ཟད་མེད་ལ་ཞོན་པའི་རྟའི་མིང་ཅན་ཞེས་བརྗོད་ཀྱི་ལུང་བསྟན་ལས་གསུངས་པས་ནག་པོ་པ་ཡིན་ལ། ཀྲྀ་མ་ནི་རྣ་མ་ཅན་ཟེར་བ་ཡིན་ནོ། །གོ་རཀྵ་ནི་བ་ལང་སྐྱོང་ལ་ཟེར་ཏེ། ཤིང་རྐང་གཅིག་པའམ་དྲུང་ནས་ཡན་ལག་གཅད་པའི་མི་ཞིག་ཡོད་པའི་སྟེང་དུ་བྱ་རྒོད་ལྡིང་བ་ལ་རྣལ་འབྱོར་པ་ཨ་ཙིན་ཏ་ཞེས་བྱ་བས། བ་ལང་རྫི་བོ་ཞིག་ལ་བྱ་རྒོད་ལྡིང་བའི་སར་སོང་ལ། ཅི་འདུག་རྟོགས་ཤིག་ཅེས་བསྒོ་བས་བ་ལང་རྫིས་མི་ཡན་ལག་གཅད་པ་གཅིག་འདུག་པ་མཐོང་སྟེ་སྨྲས་པ། དེའི་གྲོགས་བྱེད་པར་བསྒོས་ནས་ལོ་བཅུ་གཉིས་ཀྱི་བར་དུ་དེའི་ནད་གཡོག་བྱས་ཤིང་། བ་ལང་རྫི་རང་གི་ཟས་ནས་ཀྱང་བྱིན་ཏེ་བསྐྱངས་སོ། །ཨ་ཅིན་ཏས་སྡུག་བསྔལ་ལམ་དུ་འཁྱེར་བའི་གདམས་པ་བྱིན་པ་ཉམས་སུ་བླངས་པས་ཡན་ལག་གཅད་པའི་མི་མཆོག་གི་དངོས་གྲུབ་ཐོབ་ནས། ཙཽ་ལུ་རེ་ཞེས་བྱ་བར་གྲགས་སོ། །བ་ལང་སྐྱོང་ལ་ཡང་དཀའ་སྤྱད་ཡུན་རིང་དུ་བྱས་པ་དེ་ཉིད་ཀྱིས་རྒྱུད་སྨིན་པར་གྱུར་ཏེ། བླ་མ་ཨ་ཅིན་ཏས་དབང་བསྐུར་དང་གདམས་ངག་བྱིན་པས་ལོ་བཅུ་ཙམ་ནས་ཕྱག་རྒྱ་ཆེན་པོའི་དངོས་གྲུབ་ཐོབ་ཅིང་། སེམས་ཅན་འབུམ་ཕྲག་བརྒྱ་མ་གྲོལ་གྱི་བར་དུ་འཚང་རྒྱ་བར་མ་བྱེད་ཅིག་ཅེས་གདམས་སོ། །ཤ་བ་རི་དབང་ཕྱུག་ནི། སློབ་དཔོན་ཀླུ་སྒྲུབ་ཧྲང་ལའི་རི་ལ་བཞུགས་པའི་ཚེ། གྲོང་ཏེ་ཏེ་ཞེས་བྱ་བ་ན། གར་མཁན་མིང་སྲིང་གཉིས་ཡོད་པ་སློབ་དཔོན་གྱི་སྤྱན་སྔར་ཕྱིན་ཏེ་གར་བྱས་ཤིང་ཟས་བླངས་པས་འདུལ་བའི་དུས་ལ་བབ་པར་གཟིགས་ནས་ནང་དུ་བོས་ཤིང་ཁ་ཟས་བཟང་པོ་བྱིན་པས་དད་ནས། བྱང་སེམས་བློ་གྲོས་རིན་ཆེན་གྱི་བྲིས་སྐུ་

གཅིག་ཡོད་པ་ལ་འདི་ཅི་ཡིན་ཟེར། དགའ་ལྡན་གྱི་ལྷའི་བུ་མིས་མི་མཐོང་བ་གཅིག་ཡིན་གསུངས་པས། ཅིས་ཀྱང་སྟོན་པར་ཞུ་ཟེར། འོ་ན་ངའི་སྤྱི་བོ་ན་ཡོད་པས་ལྟོས་ཤིག་གསུངས་སོ། །ཡང་ཡང་བལྟས་པས་མ་མཐོང་ནས་གསོལ་བ་བཏབ་པས་འཁོར་ལོ་སྡོམ་པའི་དབང་དང་གདམས་པ་གནང་ངོ་། །ཉམས་སུ་བླངས་པས་བྱང་ཆུབ་སེམས་དཔའི་ཞལ་མཐོང་ནས་ཤིན་ཏུ་དགའ་སྟེ། ཤ་ར་ཧའི་རྡོ་ཧ་གླུར་བླངས་ཤིང་གར་བྱས་པས། དོན་ཤེས་སམ་གསུང་། མི་ཤེས་ཞུས་པས་རྒྱུད་བྱིན་གྱིས་བརླབས་ཤིང་ཅུང་ཟད་མཉམ་པར་བཞག་པས་དོན་ཁོང་དུ་ཆུད་དེ་ཕྱག་རྒྱ་ཆེན་པོའི་དངོས་གྲུབ་ཐོབ་བོ། །ཁྱོད་ལྷོ་ཕྱོགས་ལྷོང་ངར་གྱི་སྟོན་པ་ཤ་བ་རི་དབང་ཕྱུག་བྱ་བ་ཡིན་ནོ༔ ༔རྔོན་པའི་ཆ་ལུགས་ཟུང་ལ་ལྷོ་ཕྱོགས་དཔལ་གྱི་རི་ར་དབང་པོ་རབ་ཀྱི་འགྲོ་དོན་གྱིས་ཤིག་ཅེས་གསུངས་སོ༔ ༔ཁ་ཅིག་འདི་ས་ར་ཧ་ལ་སྦྱོར་བ་ནི་མི་འཐད་དོ། །

ཕྱག་རྒྱ་ཆེན་པོ་ས་ར་ཧ། །བྱིན་བརླབས་སྟོབས་ཀྱིས་ཏོག་ཙེ་པ། །ཟ་ཉལ་འཆག་གིས་ཞི་བ་ལྷ། །ཨིནྡྲ་བྷཱུ་ཏི་འདོད་ཡོན་གྱིས། །ཞེས་པ། ས་ར་ཧ་ནི་ཤར་ཕྱོགས་ར་ར་ཞེས་བྱ་བའི་གྲོང་ཁྱེར་གྱི་བྱེ་བྲག །ས་རོ་ལིའི་བྲམ་ཟེའི་རིགས། ཡུམ་ཡེ་ཤེས་ཀྱི་མཁའ་འགྲོ་མའི་རིགས་ཡིན། ཉིན་མོར་བྲམ་ཟེའི་རིགས་བྱེད་དང་། མཚན་མོ་སངས་རྒྱས་པའི་ཆོས་ལུགས་ཉམས་སུ་ལེན་ཅིང་། དུས་ཕྱིས་རིག་པའི་གནས་ལྔ་ལ་མཁས་པར་གྱུར་ཅིང་། བྱང་སེམས་བློ་གྲོས་རིན་ཆེན་གྱིས་རྗེས་སུ་བཟུང་ནས་གསང་སྔགས་ཉམས་སུ་ལེན་པའི་ཚེ། དམ་ཚིག་གི་རྫས་ཅུང་ཟད་བརྟེན་པ་གཞན་གྱིས་མཐོང་ནས། བྲམ་ཟེའི་རིགས་དང་རབ་བྱུང་གི་སྤྱོད་པ་དང་མི་མཐུན་ནོ་ཞེས་འཕྲུ་བར་གྱུར་ཏོ། །དེ་ནས་མདའ་མཁན་གྱི་གྲོང་དུ་བཏུའི་བླ་མ་བསྟེན་ཅིག་ཅེས་ལུང་བསྟན་པ་བཞིན་མདའ་མཁན་གྱི་སྐྱིག་མ་སྦྲོང་བའི་ཚུལ་བརྟགས་པས་སེམས་ཀྱི་གནས་ལུགས་སྐྱིག་མའི་དོན་རྟོགས་ཏེ་མཆོག་གི་དངོས་གྲུབ་ཐོབ་བོ། །ཏོག་ཙེ་པ་ནི་སློབ་དཔོན་ཤཱནྟི་པ་ལ། སིཾ་ཧ་ལའི་རྒྱལ་པོའི་སྤྱན་འདྲེན་ཡང་ཡང་བྱུང་བས་སིཾ་ཧ་ལར་འཁོར་ཉིས་སྟོང་ཙམ་དང་། སྡེ་སྣོད་ཀྱི་གླེགས་བམ་མང་པོ་དང་བཅས་པ་བྱོན་ཏེ་ལོ་གསུམ་དུ་དམ་པའི་ཆོས་བསྟན་ནས། སླར་རྒྱ་གར་དུ་བྱོན་པའི་ལམ་ན་མི་ཞིག་ཏོག་ཙེས་རི་ཆེན་པོ་ལ་བརྐོ་ཞིང་འདུག་པས་ཅི་བྱེད་དྲིས་པའི་ཚེ། རྒྱལ་པོ་ངན་པས་ཡུལ་ཐམས་ཅད་བཤིག་ནས་མི་རྣམས་སྡུག་བསྔལ་བར་གྱུར་ཏེ་བདག་ནི་འདི་ལ་གནས་འཚོའོ་ཞེས་ཟེར་རོ། །སློབ་དཔོན་གྱིས་ཁྱོད་དོན་མེད་པའི་འབད་པ་འདི་དོར་ལ་གདམས་པ་འདི་དག་ཡིད་ལ་གྱིས་ཤིག །ཅེས་དབང་དང་གདམས་པ་བྱིན་ནས་བླ་མ་ལ་གུས་པ་དང་ཡང་དག་པའི་སྒོམ་པ་དང་། ཏོག་ཙེས་ས་བརྐོ་བ་རྣམས་ལྡན་ཅིག་རྒྱུན་དུ་བྱས་སོ། །བདེ་སྡུག་ཐམས་ཅད་སེམས་ལས་བྱུང་། །ས་རྡུལ་རི་བོ་བརྐོས་གྱུར་ཀྱང་། །སྡུག་མའི་བདེ་ཆེན་ཐོབ་མི་འགྱུར། །ཞེས་གསུངས་པ་དེ་ཏོག་ཙེ་པས་ལོ་བཅུ་གཉིས

བསྒོམས་པས་ལན་གཅིག་གི་ཚེ་ཧོག་ཙེ་རྐང་པའི་སྟེང་དུ་ཡོག་ནས་བསྟུང་བའི་ཟུག་ལ་གཟིགས་པས་འགྱུར་མེད་བདེ་བ་ཆེན་པོའི་ངོ་འཕྲོད་དེ་མཆོག་གི་དངོས་གྲུབ་བརྙེས་སོ། །བླ་མ་ལ་བཀའ་དྲིན་གྱི་ལན་དུ་བསྐོར་བ་བྱས་ཤིང་། ཞབས་ལ་མགོ་བོས་བཏུད་པས་སུ་ཡིན་གསུང་། ངོས་ཧོག་ཙེ་པ་ལགས་ཞེས་ཞུས་ནས་རྒྱུ་མཚན་ཞིབ་ཏུ་ཕུལ་བས། ངས་སྨྲ་བ་གཙོ་བོར་བྱས། ཁྱོད་ཀྱིས་སྒྲུབ་པས་དོན་དང་འཕྲད་འདུག །ད་ཁྱོད་ཀྱི་རྟོགས་པའི་དོན་དེ་ཁོ་བོ་ལ་སྟོན་ཅིག་ཅེས་གསུངས་ཏེ། ཧོག་ཙེ་པས་མངོན་དུ་གྱུར་པའི་དེ་ཁོན་ཉིད་ཀྱི་དོན་བླ་མ་རཏྣ་ཨ་ཀ་ར་ཤཱནྟིས་ཀྱང་བསྒོམས་པས་མཆོག་གི་དངོས་གྲུབ་བརྙེས་སོ། །སློབ་དཔོན་ཞི་བ་ལྷ་ནི། བྷུ་ཞེས་པ་ཟ་བ་དང་། སུ་ཞེས་པ་ཉལ་བ་དང་། ཀུ་ཞེས་པ་འཆག་པ་སྟེ། བྷུ་སུ་ཞེས་བྱ་བ་སྤྲོས་མེད་ཀྱི་སྤྱོད་པས་གྲུབ་པ་ཐོབ་བོ། །ཨིནྡྲ་བྷཱུ་ཏི་འདོད་པའི་ཡོན་ཏན་ལྔ་ལ་རོལ་པའི་སྤྲོས་བཅས་ཀྱི་སྤྱོད་པ་དངོས་གྲུབ་བརྙེས་སོ། །

རྟེན་འབྲེལ་ཐམས་ཅད་ཚོགས་པ་ཚང་བ་ལས། །བིདྱཱ་པ་ལ་གྲུབ་ཐོབ་བྱུང་། །དེ་འདྲའི་ཐབས་ལམ་སྔ་ཚོགས་ལ། །སྐུར་པ་བཏབ་ཏུ་མི་རུང་ཟེར། །ཞེས་པ། ཕྱི་ནང་གསང་བ་དེ་ཁོན་ཉིད་ཀྱི་རྟེན་འབྲེལ་ཐམས་ཅད་ཚོགས་པས་བིདྱཱ་པས་གྲུབ་པ་ཐོབ་བོ། །དེ་འདྲའི་ཐབས་ལམ་སྣ་ཚོགས་པ་ལ་འདི་མ་ནོར་འདི་ནོར་པ་ཡིན་ཞེས་སྐུར་པ་འདེབས་པ་མི་རིགས་ཏེ། གང་ཟག་ཁམས་རིགས་སྣ་ཚོགས་པ་ལ་གྲོལ་བའི་ཐབས་བསམ་གྱིས་མི་ཁྱབ་བོ། །ཞེས་ཟེར་རོ། །

གཉིས་པ་རྣལ་འབྱོར་པ་བསལ་བ་ནི། འདི་ཡང་ལེགས་པར་བཤད་ཀྱིས་ཉོན། །ཐབས་དང་ཤེས་རབ་གཉིས་མིན་པའི། །སངས་རྒྱས་སྒྲུབ་པའི་ཐབས་གཞན་མེད། །དེས་ན་གྲུབ་ཐོབ་ཐམས་ཅད་ཀྱང་། །ཕྱོགས་རེའི་ཐབས་ཀྱིས་གྲོལ་བ་མིན། །དབང་དང་རིམ་གཉིས་ལས་བྱུང་བའི། །ཡེ་ཤེས་སྐྱེས་པས་གྲོལ་བ་ཡིན། །ཞེས་པ། ཕ་རོལ་ཏུ་ཕྱིན་པ་དང་རྡོ་རྗེ་ཐེག་པའི་ལམ་གྱིས་སངས་རྒྱས་སྒྲུབ་པའི་རྣལ་འབྱོར་ཐབས་དང་ཤེས་རབ་གཉིས་ཟུང་འདུས་པ་མེད་ཅིང་དེ་ཡ་བྲལ་བས་ནི་སངས་རྒྱས་མི་འགྲུབ་སྟེ། སངས་རྒྱས་མཐའ་གཉིས་ལ་མི་གནས་པའི་མྱ་ངན་ལས་འདས་པ་ཡིན་པའི་ཕྱིར། རྒྱུ་འབྲས་རིགས་མཐུན་པས་དེ་སྒྲུབ་པའི་ལམ་ཡང་མཐའ་གཉིས་སུ་མ་ལྷུང་བ་དགོས་སོ། །དེས་ན་ལྷ་བ་དང་བསྐྱེད་རིམ་དང་རླུང་སྦྱོར་དང་གཏུམ་མོ་ལ་སོགས་པ་ཡང་ལམ་གྱི་ཡན་ལག་ཡིན་མོད་ཀྱི། དེ་ཁོ་ནས་གྲུབ་པ་མ་ཡིན་ཏེ། དབང་གི་དུས་སུ་བསྟན་པའི་རིམ་གཉིས་ཀྱི་ཡན་ལག་ཚང་ལ་མ་ནོར་བ་བསྒོམ་པའི། སྟོབས་ལས་སྐྱེས་པར་གྱུར་པའི་ཡེ་ཤེས་དེས་དོན་གྱི་དབང་བཞི་པ་ཐུགས་ལ་འཁྲུངས་པས་རྣམ་པར་གྲོལ་བ་ཡིན་ནོ། །

གཉིས་པ་ལ་ལྔ། ཐབས་ཤེས་རྟེན་འབྲེལ་ཚོགས་པས་གྲོལ་བར་བསྟན་པ། ཐབས་ཀྱི་ཁྱད་པར་སྤྱོད་

པའི་དབྱེ་བ་བསྟན་པ། ལས་འཕྲོ་སད་བྱེད་རྐྱེན་ལ་ལྟོས་པར་བསྟན་པ། དབང་དང་རིམ་གཉིས་ཟུང་དུ་འབྲེལ་བར་བསྟན་པ། སྔགས་དང་ཕ་རོལ་ཕྱིན་པའི་ཁྱད་པར་དཔེ་དོན་སྦྱར་བའོ། །

དང་པོ་ནི། ལྷ་བ་དང་ནི་བསྐྱེད་རིམ་དང་། །གཏུམ་མོ་དང་ནི་བྱིན་བརླབས་སོགས། །དེ་དག་རྐྱང་པས་གྲོལ་བ་མིན། །དབང་བསྐུར་བ་ཡི་བྱིན་བརླབས་དང་། །རིམ་གཉིས་སྒོམ་པའི་རྟེན་འབྲེལ་གྱིས། །ཡེ་ཤེས་རྟོགས་ན་གྲོལ་བ་ཡིན། །ཞེས་པ། ལྟ་བ་ལ་སྤྲོས་བྲལ་དང་། ཀུན་རྫོབ་རྟོགས་པའི་རིགས་གཉིས་ཡོད་ནའང་། སྟོང་པ་ཉིད་རྟོགས་པའི་ཤེས་རབ་དང་། བསྐྱེད་རིམ་ལ་རྫོགས་རིམ་གྱི་ལྟ་བའི་གོ་ཆོད་པའི་རིམ་པ་དང་། དེའི་སྔོན་དུ་འགྲོ་བའི་རིམ་པ་དང་རྟེན་དང་བརྟེན་པ་དབྱིབས་ཁ་དོག་ཏུ་སྣང་བ་ལ། སེམས་ཟིན་པ་ཙམ་ལ་ངོས་འཛིན་པ་ཡོད་ནའང་རང་གི་སེམས་ཡི་དམ་གྱི་ལྷར་སྣང་བ་ལ་རྩེ་གཅིག་ཏུ་འཛོག་ནུས་པ་ཙམ་དང་། གཏུམ་མོ་བསྒོམས་པའི་བདེ་དྲོད་སྐྱེས་པ་ལ་སོགས་ལམ་སོ་སོའི་ཐད་ཀར་ཡོན་ཏན་ཕྱོགས་རེ་ཙམ་བྱུང་བས་ནི་གྲོལ་བ་མ་ཡིན་གྱིས། དབང་བསྐུར་ནས་སློབ་མའི་རྒྱུད་སྨིན་རུང་དུ་བྱིན་གྱིས་བརླབས་པ་དང་། དེ་དང་འབྲེལ་པའི་རིམ་གཉིས་ཉམས་སུ་བླངས་པའི་རྟེན་འབྲེལ་རྒྱུ་རྐྱེན་ཚོགས་པ་ཚར་གཅིག་ལ་བརྟེན་པའི་རང་བྱུང་གི་ཡེ་ཤེས་རྟོགས་ནས་གྲོལ་བ་ཡིན་ནོ། །

བསྐྱེད་རིམ་རླུང་དང་གཏུམ་མོ་སོགས། །རིམ་པ་གཉིས་ལས་ཐ་དད་མིན། །བྱིན་བརླབས་དེ་ལས་བྱུང་བ་ཡིན། །ལྟ་བ་དེ་ཡི་ཡན་ལག་ཡིན། །ཕྱག་རྒྱ་ཆེན་པོ་དེའི་ཡེ་ཤེས། །ཞེས་པ། རིམ་གཉིས་དང་འབྲལ་བའི་ལུས་ཀྱི་འཁྲུལ་འཁོར་དང་། ངག་གི་རླུང་འདྲེན་ཁུགས་དང་། སེམས་ཀྱི་གཏུམ་མོའི་དམིགས་པ་འཛིན་པ་ལ་སོགས་པ་དང་། ཁ་ཟས་དང་སྤྱོད་ལམ་གྱི་རྣལ་འབྱོར་མ་ལུས་པ་རིམ་པ་གཉིས་སུ་འདུས་ལ། དེ་ལས་ལམ་གྱི་དྲོད་རྟགས་མ་ནོར་བར་འཆར་བའི་བྱིན་བརླབས་འབྱུང་ཞིང་། དེ་ངོ་ཤེས་ནས་མཉམ་པར་འཇོག་པའི་ཏིང་ངེ་འཛིན་ནི་དེའི་ཡན་ལག་ཡིན་ལ། ཕྱག་རྒྱ་ཆེན་པོ་ནི་དེ་ལས་སྐྱེས་པའི་ཡེ་ཤེས་ཡིན་ནོ། །

གཉིས་པ་ནི། དེ་ཡི་སྤྲོས་བཅས་སྤྱོད་པ་ནི། །ཨིནྡྲ་བྷཱུ་ཏིས་མཛད་པ་ཡིན། །དེ་ཡི་སྤྲོས་མེད་བཅས་པ་ལ། །ཛྙཱ་སུ་ཀུ་ཞེས་སངས་རྒྱས་གསུང་། །དེ་ཡི་ཤིན་ཏུ་སྤྲོས་མེད་ནི། །རིམ་གཉིས་བརྟན་པར་བྱ་བའི་ཕྱིར། །གྲུབ་ཐོབ་རྣམས་ཀྱི་མཛད་པ་ནི། །ཀུན་ཏུ་བཟང་པོའི་སྤྱོད་པར་བཤད། །ཅེས་པ། སྤྱིར་རྣལ་འབྱོར་པ་ཏིང་ངེ་འཛིན་ལ་བརྟན་པ་ཐོབ་པས་ཚར་གཅོད་དང་རྗེས་འཛིན་གཉིས་དང་། རེངས་པ་དང་དགུག་པ་ལ་སོགས་པའི་བརྟུལ་ཞུགས་པར་གྲུབ་པ། ཕྱག་རྒྱ་ཆེན་པོ་མྱུར་དུ་འགྲུབ་པའི་ཉམས་མྱོང་གི་དྲོད་རྟགས་ལ་ངེས་པ་ཐོབ་པས། ཕྱི་རོལ་གྱི་ཡུལ་ཉོན་མོངས་པའི་དམིགས་རྐྱེན་དུ་གྱུར་པ་རྣམས་ཀྱིས་ཚུར་ཟིལ་གྱིས་མི་ནོན་ཅིང་། ཕར་ཟིལ་

གྱིས་མནན་ནས་རིམ་གཉིས་ཀྱི་གྲོགས་སུ་འཕྱིར་ནུས་པ་ཞིག་གིས་སྤྱོད་པ་བྱེད་པ་ཡིན་ནོ། །

དེ་ལ་རྟོགས་པའི་དྲོད་རྟགས་གསུམ་དང་སྦྱར་ནས་སྤྱོད་པ་གསུམ་རིམ་གྱིས་བྱེད་པ་ལ། དང་པོ་ནི་སྦྱོར་ལམ་མྱུར་དུ་ཐོབ་པའི་རྟགས་ཚོས་བརྒྱད་མངོན་འགྱུར་མགོ་སྐོམས་ནས་འཇིགས་སྐྲག་དང་ཉོན་མོངས་ཀྱི་བྱུར་བས་མི་གནོད་པས་ཀུན་འདར་གྱི་སྤྱོད་པ་ཆུང་ངུ་གསང་སྤྱོད་བྱེད་པ་ཡིན་ཏེ། རང་གི་ཏིང་ངེ་འཛིན་ནི་བརྟན་པར་བྱ་བའི་ཕྱིར་མེ་ལྕགས་དང་རོ་རས་དང་ཕྱུ་ཆག་དང་ཉེ་བར་མཁོ་བ་གང་རྙེད་ལ་བླང་དོར་དང་བཟང་ངན་གྱི་འདུ་ཤེས་སྤངས་ནས་དུར་ཁྲོད་དང་འབྱུང་པོའི་ཁྱིམ་ལ་སོགས་པར་མཚན་མོའི་དུས་སུ་ཉམས་ལེན་བྱེད་ཅིང་། ཉིན་བར་སྤྱོད་ལམ་རང་བཞིན་གྱིས་གནས་པ་ཡིན་ནོ། །མཐོང་ལམ་མྱུར་དུ་གྲུབ་པའི་དྲོད་རྟགས་ཐོབ་པའི་རྣལ་འབྱོར་པས་ཀུན་འདར་གྱི་སྤྱོད་པ་ཆེན་པོ་སློན་པའི་བརྟུལ་ཞུགས་སྤྱོད་པ། མིང་དང་ཡུལ་གཟུགས་ལ་སོགས་པ་གསང་ནས་བཟའ་བྱ་ཡིན་མིན་དང་། ཕྱག་རྒྱ་བསྒྲོད་པར་རུང་མི་རུང་ལ་སོགས་བླང་དོར་མེད་པར་སྤྱད་པས་རང་གི་རྟོགས་པ་འཕེལ་བ་དང་། གདུལ་བྱ་རྗེས་སུ་འཛིན་པ་དང་། མ་དད་པ་ཞི་དྲག་ཇི་ལྟར་འོས་པས་དད་པར་བྱེད་ནུས་པས་སྤྱོད་པ་ཡིན་ནོ། །སྤྱོད་པ་ཆེན་པོ་སྒོམ་ལམ་གྱི་རྟོགས་པ་བསྟན་པ་དང་འཕེལ་བའི་ཕྱིར། གཟུང་འཛིན་གྱི་བག་ཆགས་ཡུན་རིང་དུ་གོམས་ཤིང་སེམས་ཅན་གྱི་རྒྱུད་ལ་ཁྱབ་པར་གནས་པའི་མི་མཐུན་ཕྱོགས་འཛོམས་དཀའ་བ་དེ་ཟིལ་གྱིས་མནན་ནས་སྣང་བྱའི་གཡུལ་ལས་རྒྱལ་བར་བྱེད་པས་ཕྱོགས་ལས་རྣམ་རྒྱལ་གྱི་སྤྱོད་པ་ཞེས་ཀྱང་བྱ། ཇི་ལྟར་འདོད་པའི་དངོས་གྲུབ་རྣམས་འབད་པ་མེད་པར་ལྷུན་གྲུབ་ཏུ་འབྱུང་བས་ཀུན་ཏུ་བཟང་པོའི་སྤྱོད་པ་ཞེས་ཀྱང་བྱའོ། །སྤྱོད་པའི་དུས་ནི་ཟླ་བ་ཕྱེད་དང་། ཟླ་བ་གཅིག་དང་། ཟླ་བ་དྲུག་ལ་སོགས་པ་རྣལ་འབྱོར་པའི་ཉམས་རྟོགས་དང་སྦྱར་ནས་བྱེད་པ་ཡིན་ནོ། །སྤྱོད་པ་ཆེན་པོ་འདི་ལ། སངས་རྒྱས་ཀྱི་བསྟན་པ་དང་གདུལ་བྱའི་དོན་དུ་མི་འགྱུར་བ་ཙུང་ཟད་ཀྱང་མེད་དོ། །སྤྱོད་ཚུལ་དེ་རྣམས་ཕལ་ཆེར་རྣལ་འབྱོར་མའི་རྒྱུད་ལས་གསུངས་ཤིང་། ནང་གི་རྟོགས་པ་དང་སྦྱར་ནས་སྤྲོས་བཅས་དང་། སྤྲོས་མེད་ཤིན་ཏུ་སྤྲོས་མེད་ཀྱི་སྤྱོད་པ་ཞེས་བླ་མ་དག་གསུང་ཞིང་། བར་པ་ལ་བྷུ་སུ་ཀུའི་སྤྱོད་པ་ཞེས་ཀྱང་གསུངས་སོ། །

ཕ་རྒྱུད་པའི་ལུགས་གཙོ་ཆེ་བའི་སྤྱོད་པ་གསུམ་ནི། ཁང་བཟངས་ཤིན་ཏུ་དབེན་པར་ལྷ་གྲངས་དང་མཐུན་པའི་རྣལ་འབྱོར་ཕོ་མོ་འདུས་ནས་སྒྱུ་ལུས་ཀྱི་ཏིང་ངེ་འཛིན་ནམ་ཟུང་འཇུག་གི་རྟོགས་པ་གང་རུང་གི་ངང་ནས་རྟེན་དང་བརྟེན་པའི་དཀྱིལ་འཁོར་གསལ་བཏབ་སྟེ་བཟའ་བཏུང་སྣ་ཚོགས་པ་དང་། གླུ་གར་དང་རོལ་མོ་དང་ཕྱག་རྒྱའི་བདེ་བ་ལ་སོགས་འདོད་པའི་ལོངས་སྤྱོད་དུ་མ་ལ་རྒྱུན་མི་འཆད་པར་ལོངས་སྤྱོད་ཅིང་། རིམ་

གྱིས་ཏིང་ངེ་འཛིན་ནི་བརྟན་པ་དང་འཕེལ་བར་བྱེད་པ་ནི་སྦྱོར་བཅས་ཡིན་ནོ། །སྦྱོར་མེད་ནི་རི་བོ་དང་ནགས་ཁྲོད་ལ་སོགས་དབེན་པར་ཕྱག་རྒྱ་མཚན་ལྡན་དང་བཅས་པའི་རྣལ་འབྱོར་པ་ལྔ་དྲུག་ཙམ་མམ་གཅིག་པུའང་རུང་སྟེ་ཅི་འབྱོར་པའི་ལོངས་སྤྱོད་ལ་རོལ་ཅིང་ཉམས་སུ་ལེན་པ་ཡིན་ནོ། །ཤིན་ཏུ་སྦྱོར་མེད་ནི། བྷུ་སུ་ཀུའི་སྤྱོད་པ་སྟེ། བྷུ་བྷུན་ཛ་ན་སྟེ་ཟས་ལ་སྤྱོད་པ་དང་། སུ་སུན་སྟེ་གཉིད་ལོག་པ་དང་། ཀུ་ཀུ་ཏི་ཡར་ཏེ་གཤང་བའི་སར་འགྲོ་བ་སྟེ་ལུས་ཀྱི་སྤྱོད་པ་གསུམ་པོ་ཙམ་ལས་མི་བྱེད་པར་དཀའ་ཐུབ་དང་བརྟུལ་ཞུགས་ལ་སོགས་པ་བྱ་མི་བྱ་དང་། དགེ་སྡིག་གི་རྟོགས་པ་ཐམས་ཅད་སྤངས་ནས་གཉིད་འོད་གསལ་གྱི་ངོ་བོ་ཉིད་དུ། ལུས་ཀྱི་སྤྱོད་ལམ་བློ་གཡས་པ་ཕབ་སྟེ་ཉལ་བས་དུས་འདའ་བར་བྱེད་པ་ཡིན་ནོ། །འདི་ནི་ཨུ་རྒྱན་གྱི་རྒྱལ་རིགས་ལ་བཤད་དོ། །ན་ལེནྡྲའི་རྒྱལ་རིགས་ཕལ་ཆེན་པའི་སྡེ་ལས་བྱུང་བ་འཕགས་པ་ཞི་བ་ལྷས་གྲུབ་པོ། །དེ་ལྟར་ན་གསང་སྔགས་ཀྱི་སྤྱོད་པ་ཉམས་སུ་ལེན་ཚུལ་རྒྱུད་ལས་གསུངས་ཤིང་། མཆོག་གི་དངོས་གྲུབ་བརྙེས་པའི་རྣལ་འབྱོར་གྱི་དབང་ཕྱུག་ཆེན་པོ་རྣམས་ཀྱི་རྣམ་ཐར་དང་མཐུན་པར་རང་རང་གི་ཉམས་རྟོགས་བཟང་པོ་འཕེལ་ཅིང་བརྟན་པ་དང་། འཇིག་རྟེན་ཆོས་བརྒྱད་ཀྱི་རྣམ་པར་རྟོག་པ་དང་བདག་ཏུ་འཛིན་པ་ཚར་གཅད་པའི་ཕྱིར་དང་། སྐལ་བ་དང་ལྡན་པའི་གདུལ་བྱ་རྗེས་སུ་འཛིན་པ་དང་། སངས་རྒྱས་ཀྱི་བསྟན་པ་བསྲུང་བའི་ཕྱིར་དུས་ཚོད་དང་གནས་སྐབས་དང་སྦྱར་བའི་སྤྱོད་པ་བྱེད་པ་ན། རྡོ་རྗེ་འཆང་གི་ཐུགས་སྲས་གསང་སྔགས་ཀྱི་བསྟན་པ་འཛིན་པའི་སྐྱེས་བུ་འཇིག་རྟེན་ལྷ་དང་བཅས་པའི་ཡོངས་སུ་འཛིན་པ་ཆེན་པོ་ཡིན་ནོ། །དེང་སང་ཕྱི་རོལ་ཡུལ་ལ་བརྟེན་པའི་ཉོན་མོངས་པ་དང་ལུས་ངག་གི་ལས་མི་དགེ་བ་ཅུང་ཟད་ཙམ་ལའང་གཉེན་པོ་མི་བརྟེན་ཅིང་། གསང་སྔགས་ཀྱི་ཐབས་ལམ་ཡིན་ནོ་ཞེས་ཁྱི་ཕག་ལྟར་བག་མེད་ཀྱི་སྤྱོད་པ་སྤྱོང་པ་ནི། རིག་འཛིན་གྱི་བསྟན་པ་སུན་འབྱིན་ཅིང་། སེམས་ཅན་མང་པོ་ལོག་པའི་ལམ་དུ་སྦྱར་ཏེ་བསླུས་པས་རྡོ་རྗེ་དམྱལ་བ་ཞེས་བྱ་བ་མི་ཟད་པའི་གནས་སུ་ལྟུང་ཞིང་ཡུན་རིང་དུ་གནས་པར་འགྱུར་རོ། །བཤད་རྒྱུད་དགོངས་པ་ལུང་སྟོན་དུ། །རང་གི་དམ་ཚིག་ཡོངས་སྤངས་ནས། །ཕྱུགས་ཀྱུ་མེད་པ་བཞིན་དུ་སྤྱོད། །སྔགས་དང་ཕྱག་རྒྱའི་སྦྱོར་བ་ཡིས། །དེ་རྣམས་འཚོ་བ་སྒྲུབ་པར་གྱུར། །གང་དུ་རྙེད་པ་ཐོབ་འགྱུར་བར། །དམ་པའི་ཆོས་ནི་སྟོན་པར་འགྱུར། །སྒྲུབ་པ་ཡི་ནི་ཐབས་ཙམ་ཞིག །ཤེས་ནས་རྒྱུད་ལ་རྒྱབ་ཀྱིས་ཕྱོགས། །འདི་ལྟར་བདག་ནི་སློབ་དཔོན་ཞེས། །མ་འོངས་པ་ན་སྨྲ་བར་འགྱུར། །མ་འོངས་དུས་ན་མི་རྣམས་ནི། །འཇིག་རྟེན་རྒྱང་འཕན་མཆོག་གཞོལ་གྱུར། །ལོག་པར་ལྟ་བ་ལ་གནས་ཏེ། །ཅི་དགའ་བར་ཡང་སྤྱོད་པར་བྱེད། །ལ་ལ་གླུ་དང་གར་ལ་དགའ། །རྩོད་དང་རྙོག་ལ་མཆོག་ཏུ་གཞོལ། །ཁྲི་དང་ཕྲེང་བ་ལ་དགའ་ཞིང་། །དེ་བཞིན་འཁྲིག་པ་ལ་དགར་འགྱུར། །ཕ་དང་མ་ཡང་གསོད་པ་

དང་། །དེ་བཞིན་སྲོག་ཆགས་གཞན་རྣམས་གསོད། །བརྫུན་གྱི་ཚིག་ཉིད་སྨྲ་བ་དང་། །ཁྱད་པར་དུ་ཡང་རྐུ་བ་དང་། །གཞན་གྱི་ཆུང་མའི་ཐད་དུ་འགྲོ། །སྔ་ཚོགས་སྡིག་པ་བྱས་ནས་ཀྱང་། །སྔགས་པ་དངོས་གྲུབ་འདོད་པར་འགྱུར། །གཟེར་ནད་དུག་དང་སྒྱུར་བའི་དུག །སྣ་ཚོགས་ནད་ནི་མི་བཟད་པ། །འདི་རྣམས་ཀྱིས་ནི་གཟིར་གྱུར་ནས། །མི་བཟད་སྡིག་པ་བྱས་པ་དང་། །ལོག་པར་ལྟ་ལ་མཆོག་གཞོལ་རྣམས། །ངན་སོང་གསུམ་དུ་འགྲོ་བར་འགྱུར། །ཞེས་སོགས་དང་། རལ་པ་གྲེན་དུ་རྫེས་པའི་རྒྱུད་ལས་ཀྱང་། ཚུལ་ཁྲིམས་འཆལ་ཅིང་སྡིག་པའི་ལས། །སླར་ཡང་བྱུད་མེད་རྟག་ཏུ་ཆགས། །མི་དགེའི་གྲོགས་དང་ཕྲད་པ་ལ། །སྔགས་ཀྱི་རྒྱལ་པོ་ག་ལ་འགྲུབ། །རྟག་ཏུ་བུད་མེད་ཆགས་གྱུར་པ། །དེ་ལ་དངོས་གྲུབ་ཡོད་མ་ཡིན། །ཞེས་པ་དང་། ཁྲག་འཐུང་མངོན་པར་འབྱུང་བའི་རྒྱུད་དུ། །རྣལ་འབྱོར་མེད་པར་རྣལ་འབྱོར་འཚོས། །ཕྱུག་རྒྱ་ལ་ནི་བགྲོད་འགྱུར་དང་། །ཡེ་ཤེས་མེད་པར་ཡེ་ཤེས་ཚུལ། །དམྱལ་བར་འགྲོ་བར་ཐེ་ཚོམ་མེད། །ཅེས་གསུངས་པའི་ཕྱིར་གསང་སྔགས་པར་ཞལ་གྱིས་བཞེས་པ་རྣམས་ཀྱིས་ཀྱང་། ལྟ་བ་དང་སྤྱོད་པ་རྡོ་རྗེ་འཆང་གི་གསུང་དང་མཐུན་པའི་བླང་དོར་ལ་ཞིབ་ཏུ་དགོངས་ནས་མཛད་འཚལ་ལོ། །

དེས་ན་རྒྱུ་རྐྱེན་མ་འཚོགས་པར། །སངས་རྒྱས་འབྲས་བུ་མི་འབྱུང་མོད། །ཅེས་པ། རིམ་གཉིས་ཀྱི་རྟོགས་པ་མཐོ་དམན་དང་སྦྱར་ནས་སྤྱར་ཐོབ་པའི་རྟོག་པ་བརྟན་པ་ཐོབ་མ་ཐོབ་རྟག་པའི་ཕྱིར་དང་། འཕེལ་བ་དང་ལམ་གོང་མར་འཕོ་བ་དང་། རང་ཉིད་བརྟན་པ་ཐོབ་ནས་སྐལ་ལྡན་རྗེས་སུ་བཟུང་བ་དང་། སངས་རྒྱས་ཀྱི་བསྟན་པ་ལ་གནོད་པ་ཆར་བཅད་པ་དང་། དངོས་གྲུབ་ཐོབ་པའི་ཕྱིར་སྤྱོད་པས་ལམ་གྱི་ནུས་པ་མངོན་དུ་འགྱུར་བའི་ཡན་ལག་ཏུ་སྤྱོད་པ་སྒྲུབ་པར་གསུངས་པས། དབང་དང་རིམ་གཉིས་སྒོམ་པ་དང་སྤྱོད་པ་དང་དེ་དག་གི་དམ་ཚིག་སྲུང་བ་ལ་སོགས་རྒྱུ་རྐྱེན་མ་འཚོགས་ན། འབྲས་བུ་སངས་རྒྱས་མི་འབྱུང་ཞིང་ཚོགས་ན་འབྱུང་བར་ཤེས་ནས་ཉམས་སུ་བླང་བར་བྱའོ། །

གསུམ་པ་ནི། སྔ་མའི་ལས་འཕྲོའི་བྱེ་བྲག་དང་། །ནང་གི་རྟེན་འབྲེལ་ཁྱད་པར་གྱིས། །ཡེ་ཤེས་སྐྱེ་བའི་སྣ་འདྲེན་ནི། །ཐབས་ཀྱི་དབྱེ་བས་བྱེད་པར་གསུངས། །ཞེས་པ། སྐྱེ་བ་སྔ་མའི་ལས་འཕྲོ་བཟང་ངན་དང་ནུས་པ་ཆེ་ཆུང་གི་བྱེ་བྲག་དུ་མ་ཡོད་པས། དེ་སད་པར་བྱེད་པའི་རྐྱེན་རྡོ་རྗེའི་ལུས་ལ་བརྟེན་པའི་རྩ་ཁམས་ཀྱི་ནུས་པ་རྐྱེན་གང་གི་འཆིང་ཞིང་། ལས་སུ་རུང་བར་བྱེད་པ་ནང་གི་རྟེན་འབྲེལ་གྱི་ཁྱད་པར་དུ་མ་ཡོད་པས་མི་མཐུན་པ་ཚོགས་ན་བར་ཆད་དང་གེགས་སུ་འགྱུར་ལ། མཐུན་པའི་རྐྱེན་ཚོགས་ན་ཕྱག་རྒྱ་ཆེན་པོའི་རྟོགས་པ་འཆར་བས། ཐབས་ཀྱི་བྱེ་བྲག་གཅིག་ཏུ་མ་ངེས་བདེ་བའི་རྐྱེན་གྱིས་ཡེ་ཤེས་སྐྱེ་བ་དང་། སྡུག་བསྔལ་བའི་རྐྱེན་གྱིས

སྐྱེ་བ་དང་། ཡུལ་ཡིད་དུ་འོང་བ་དང་མི་འོང་བ་ལ་སོགས་པའི་རྐྱེན་སྣ་ཚོགས་པར་ཡོད་པར་གསུངས་སོ། །

དཔེར་ན་ནད་པའི་ལུས་བརྟས་པ། །བཟའ་དང་བཏུང་བ་བྱེད་མོད་ཀྱི། །དེ་ཡི་ཡི་ག་འབྱེད་པ་ནི། །ཟས་ཀྱི་ཁྱད་པར་ཡིན་པ་བཞིན། །ཞེས་པ། ནད་པའི་ལུས་ཀྱི་འབྱུང་བཞི་དང་དབང་པོའི་ནུས་པ་མི་ཉམས་ཤིང་འཕེལ་བར་བྱེད་པ་ནི་འཕྲོད་པའི་བཟའ་བཏུང་བརྟེན་པས་བྱེད་དེ། རྣམ་པར་ཤེས་པའི་ཟས་ཀྱིས་གཞོན་ལུས་མ་ཉམས་པར་བཟུང་ནས། ཁམ་གྱི་ཟས་བཟང་པོས་བཀྲེས་སྐོམ་གྱི་ཚོར་བ་སྡུག་བསྔལ་ཞི་བར་བྱེད་ཅིང་། དབང་པོའི་ཡུལ་ཡིད་དུ་འོང་བ་ལ་བརྟེན་པའི་རེག་པའི་ཟས་ཀྱིས་ལུས་སེམས་ལ་དགའ་བདེ་འཕེལ་ནས་འདོད་པའི་དོན་ལ་དམིགས་པའི་ཡིད་བྱེད་ཀྱིས་ཡིད་ཀྱི་རེ་བའི་ཟས་ཁམས་གསོས་སུ་འགྲོ་བ་ཡིན་ནོ། །ཟས་དང་ཁར་མི་འོང་བའི་ཡི་ག་འབྱེད་པ་ལ་སེ་འབྲུ་བཞི་པའི་སྨན་དང་ཞོ་དང་ཆང་ལ་སོགས་པ་ཙུང་ཟད་སྟེར་བ་གང་གིས་ཡི་ག་འབྱེད་པའི་རྒྱུ་རྐྱེན་དུ་འགྱུར་བ་མ་ངེས་པ་བཞིན་ནོ། །

དེ་ཕྱིར་ཐབས་ཀྱི་ཁྱད་པར་ལ། །སྐུར་པ་འདེབས་ན་བླུན་པོ་ཡིན། །འོན་ཀྱང་རེ་རེས་འཚང་རྒྱ་བར། །འདོད་ན་ཤིན་ཏུ་འཁྲུལ་པར་བཤད། །ཅེས་པ་འགྲོ་བའི་ཡེ་ཤེས་སྐྱེ་བའི་མཐུན་རྐྱེན་གྱི་ཁྱད་པར་དུ་མ་ཡོད་པས་དེ་ལ་སྐུར་པ་འདེབས་ཤིང་བཀག་ན་ཐབས་ཁྱད་དུ་གསོད་པའི་བླུན་པོ་ཡིན་མོད་ཀྱི་འོན་ཀྱང་གཏུམ་མོ་དང་སྦྱོང་པའི་བྱེ་བྲག་རེ་རེས་འཚང་རྒྱ་བར་འདོད་ན་འཁྲུལ་པ་ཡིན་ཏེ། རྒྱུ་རྐྱེན་ཐམས་ཅད་ཚང་དགོས་སོ། །དཔེར་ན་ཞིང་པའི་སོ་ནམ་བཞིན་ནོ། །

བཞི་པ་ནི། དེས་ན་སྨིན་བྱེད་དབང་དང་ནི། །རིམ་པ་གཉིས་ལ་འབད་པ་ཡིས། །ཞེས་པ། ཐབས་ཀྱི་ཁྱད་པར་ཕྱོགས་རེས་སངས་རྒྱས་མི་འགྲུབ་ཅིང་། རྒྱུ་རྐྱེན་ཐམས་ཅད་ཚོགས་པས་སྒྲུབ་དགོས་པ་དེས་ན། ལམ་གྱི་ཐོག་མར་རྒྱུད་སྣོད་དུ་རུང་བར་བྱེད་པའི་དབང་དང་། རྒྱུ་རྒྱུད་ཀྱི་དྲི་མ་རགས་པ་སྦྱོང་བའི་བསྐྱེད་རིམ་དང་ཕྲ་མོ་སྦྱོང་བའི་རྫོགས་རིམ་ཆ་ལག་ཚང་བ་སྒྲུབ་པ་ལ་བརྩོན་པར་གྱིས་ཤིག །

ལྔ་པ་ལ་གཉིས་ལས། དང་པོ་ངོ་བོ་ངོས་བཟུང་བ་ནི། སོ་ནམ་ཚུལ་བཞིན་བྱས་པ་ཡི། །ལོ་ཏོག་རིམ་གྱིས་སྨིན་པ་ལྟར། །ཕ་རོལ་ཕྱིན་པའི་ལམ་ཞུགས་ན། །གྲངས་མེད་གསུམ་གྱིས་རྫོགས་སངས་རྒྱས། །ཞེས་པ། ཞིང་པའི་སོ་ནམ་གོ་མ་ལོག་ཚུལ་བཞིན་བྱས་ནས་སྨྱུ་གུ་ནས་འབྲས་བུའི་བར་རིམ་གྱིས་སྨིན་ནས་ལོ་ཏོག་འབྱུང་བ་ལྟར། ཕ་རོལ་ཏུ་ཕྱིན་པའི་ལམ་ལ་ཞུགས་ནས་སངས་རྒྱས་བསྒྲུབ་ན། ཐོག་མར་སྨོན་འཇུག་གི་སེམས་བསྐྱེད་བླངས་ནས་མ་ཉམས་པར་སྲུང་བ་དང་། ལམ་ལ་སློབ་པའི་གོ་རིམ་ཀྱང་སྨིན་བྱེད་རྒྱུ་འབྲས་ལ་ངེས་ཤེས་མ་སྐྱེས་པར། གྲོལ་བྱེད་སྟོང་ཉིད་ལ་བློ་མི་སྦྱོང་སྟེ། རྒྱན་སྡུག་པོ་བཀོད་པར། རི་རབ་རི་བོ་ཙམ་གྱུར

པའི། །བདག་ཏུ་ལྟ་བས་མི་གནོད་ཀྱི། །སྟོང་ཉིད་ལྟ་བས་གནོད་པ་ནི། །ང་རྒྱལ་མི་བདེན་བཏགས་པའོ། །རྣལ་འབྱོར་སྤྱོད་པ་སྟོང་པ་ཉིད། །གནས་མ་ཡིན་པར་སྨྲར་མི་བྱ། །གནས་མིན་གལ་ཏེ་སྨྲར་གྱུར་ན། །བདུད་རྩི་དུག་ཏུ་འགྱུར་བ་ཡིན། །ཞེས་གསུངས་པས། ཐོག་མར་ཟག་བཅས་འཁོར་བའི་རྟེན་འབྲེལ་དང་དེའི་གཉེན་པོ་རྣམ་པར་བྱང་བའི་ལམ་གྱི་ཆ་མཐའ་དག་ལ་ཐོས་བསམ་གྱིས་ཡང་དག་པའི་ལྟ་བ་རྒྱ་འབྲས་ལ་ངེས་ཤེས་ཡང་དག་པར་དྲངས་ནས། འགྲོ་བ་མཐའ་ཡས་པ་ལ་བྱམས་པ་དང་སྙིང་རྗེའི་སེམས་ཀྱིས་ཁྱབ་པར་བྱས་ཏེ། རང་ཉིད་ཞི་བདེ་དོན་གཉེར་གྱི་བདག་རགས་པ་སྙིང་རྗེའི་སྟོབས་ཀྱིས་སྨུན་ཕྱུང་ནས་རང་བཞིན་གྱིས་རྣམ་པར་དག་པའི་དེ་ཁོ་ན་ཉིད་རིམ་གྱིས་སྟོན་དུ་བྱེད་ཅིང་། དེ་ཡང་ཐེག་པ་ཆེན་པོའི་ཡོངས་འཛིན་བཟང་པོ་ལ་བརྟེན་ནས་བསླབ་པར་བྱ་སྟེ། བྱང་ཆུབ་སེམས་དཔའི་སྡེ་སྣོད་ལས། གང་དགེ་བའི་བཤེས་གཉེན་ལས་བརྟེན་པར་བྱེད་པ་དེས་ནི་ཐོས་པར་འགྱུར་རོ། །ཐོས་ནས་ཤེས་རབ་ཏུ་ཤེས་སོ། །ཤེས་ནས་ནན་ཏན་བྱེད་དོ། །ཞེས་ཡང་དང་ཡང་དུ་གསུངས་པས་ལམ་གྱིས་གོ་རིམ་མ་នོར་བར་ཉམས་སུ་ལེན་པའི་ཚུལ་ཤེས་ནས་བསྒྲུབས་པས། མོས་པ་སྤྱོད་པའི་ས་མཐར་ཕྱིན་ནས་བསྐལ་པ་གྲངས་མེད་དང་པོའི་ཚོགས་གཉིས་འགྲུབ་པ་ཡིན་ནོ། །རྒྱུད་མ་སྨིན་པ་ཐོག་མ་ནས་སྟོང་པ་ཉིད་བསྒོམས་ན་བདུད་རྩི་དུག་ཏུ་འགྱུར་ཞེས་པ་ཡང་ལེགས་པར་ཤེས་དགོས་སོ། །དེ་ནས་ས་བདུན་པ་རིང་དུ་སོང་བའི་བར་གྱི་གྲངས་མེད་གཅིག་དང་། དག་པའི་ས་གསུམ་དུ་གྲངས་མེད་གཅིག་མཐར་ཕྱིན་ནས་ཀུན་ཏུ་འོད་ཀྱི་སར་སྐུ་གསུམ་འཕྲིན་ལས་དང་བཅས་པ་འགྲུབ་པ་འདི་ནི་ལམ་མ་ནོར་བར་ཉམས་སུ་ལེན་པའི་ཚུལ་ལུགས་ཅིག་ཡིན་ནོ། །

སྔགས་ཀྱིས་བཏབ་པའི་ས་བོན་ནི། །ཉི་མ་གཅིག་ལ་ལོ་ཏོག་སྨིན། །རྡོ་རྗེ་ཐེག་པའི་ཐབས་ཤེས་ན། །ཚེ་འདི་ཉིད་ལ་སངས་རྒྱས་འགྲུབ། །ཅེས་པ། མཁའ་འགྲོ་མའི་རིགས་སྔགས་ཀྱིས་བཏབ་པའི་ས་བོན་ཞུངས་ཀར་དང་། མོན་སྲན་དང་། ཀོ་ཏ་ལ་སོགས་པ་ནི་རོ་བསྲེགས་པའི་ཁྲུང་དང་། མི་དང་དུད་འགྲོའི་ཐོད་པར་དུར་ཁྲོད་ཀྱི་སོལ་བ་ལ་སོགས་པའི་ཕྱེ་མ་བོང་བུའི་ཆུ་ལ་སོགས་པ་སྦྲངས་ཏེ་བཏབ་ན་ཉི་མ་གཅིག་ལ་སྨིན་པ་ལྟར། གསང་སྔགས་རྡོ་རྗེ་ཐེག་པའི་ཐབས་ཀྱི་ཁྱད་པར་དུ་བྱས་པའི་ལམ་ཟབ་མོ་ཚང་ལ་མ་ནོར་བར་བསྒྲུབས་ན་མཐོང་པའི་ཆོས་ཚེ་འདི་ཉིད་ལ་ཕྱག་རྒྱ་ཆེན་པོ་འགྲུབ་པར་འགྱུར་རོ། །

གཉིས་པ་རྒྱས་པར་བཤད་པ་ལ་བཞི། ཕ་རོལ་ཏུ་ཕྱིན་པའི་ལམ་བགྲོད་ཚུལ། རྡོ་རྗེ་ཐེག་པའི་ལམ་བགྲོད་ཚུལ། སངས་རྒྱས་སྒྲུབ་ན་ལམ་སྒྲུབ་བྱར་གདམས་པ། ཆོས་མེད་ཆོས་པར་ཁས་ལེན་པ་དགག་པའོ། །

དང་པོ་ལ་གསུམ་ལས། དང་པོ་རྒྱལ་སྲས་མཁས་པའི་འཇུག་ངོགས་ཡིན་པར་བསྟན་པ་ནི། སྟོང་ཉིད་

སྙིང་རྗེ་སོགས་སྒོམ་པ། །ཕ་རོལ་ཕྱིན་པའི་གཞུང་ལུགས་ཡིན། །དེ་ཡིས་ཇི་ལྟར་མྱུར་ན་ཡང་། །གྲངས་མེད་གསུམ་གྱི་དཀའ་སྤྱད་དགོས། །རྫོགས་པའི་སངས་རྒྱས་ལམ་པོ་ཆེ། །ཚོད་པ་ཀུན་ལས་གྲོལ་བའི་ཆོས། །མཁས་པ་རྣམས་ཀྱིས་གུས་པས་བསྟེན། །ཞེས་པས། ཤེས་པས་སྲིད་ལ་མི་གནས་ཤིང་། །སྙིང་རྗེས་ཞི་ལ་མི་གནས་པ། །ཞེས་གསུངས་པ་ལྟར་གཞི་འཁོར་འདས་ཀྱིས་བསྡུས་པའི་ཆོས་རྣམས་རྟེན་འབྲེལ་སྒྱུ་མ་ལྟ་བུར་སྣང་། གཤིས་རང་བཞིན་སྤྲོས་པ་དང་བྲལ་བར་མཐོང་བའི་ཤེས་རབ་ཀྱིས་འཁོར་བ་ལ་དོར་བྱར་འཛིན་པའི་བློ་ལ་མི་གནས་ཏེ། མདོར། བྱང་ཆུབ་སེམས་དཔའ་གང་ཞིག་རྟེན་ཅིང་འབྲེལ་པར་འབྱུང་། །སྐྱེ་མེད་ཟད་པ་མེད་པར་ཤེས་རབ་ཡེ་ཤེས་ཏེ། །ཉི་མ་སྤྲིན་མེད་འོད་ཟེར་འཕྲོ་བས་མུན་སེལ་ལྟར། །མ་རིག་འཐིབས་སོ་བཅོམ་ནས་རང་འབྱུང་ཐོབ་པར་འགྱུར། །ཞེས་གསུངས། དེ་ཡུན་རིང་དུ་གོམས་པ་ནི་ཡེ་ཤེས་ཀྱི་ཚོགས་འབྲས་བུ་ཆོས་སྐུའི་རྒྱུའི་གཙོ་བོ་ཡིན་ལ། འཁོར་བ་མི་སྤོང་བའི་ཐབས་སུ་གྱུར་པས་བསོད་ནམས་ཀྱི་ཚོགས་འགྲུབ་པས་གྲོགས་ཡིན་ནོ། །དེ་དང་ལྡན་པའི་སྙིང་རྗེ་ནི་སེམས་ཅན་རྣམས་ལ་འཁྲུལ་པའི་དབང་གིས་སྡུག་བསྔལ་ཉིད་དུ་གཟིགས་ནས་མི་གཏོང་བར་རྗེས་སུ་འཛིན་ཅིང་། སྡུག་བསྔལ་བའི་རྒྱུ་ལས་དང་ཉོན་མོངས་པ་སྤོང་བའི་ལམ་ཉེ་བར་སྟོན་པ་ཡིན་ཏེ། མདོར། ཕུང་པོ་འདི་དག་གདོད་ནས་སྟོང་ཞིང་སྐྱེ་མེད་ཤེས། །མཉམ་པར་མ་གཞག་སེམས་ཅན་ཁམས་ལ་སྙིང་རྗེ་འཇུག །བར་སྐབས་དེར་ཡང་སངས་རྒྱས་ཆོས་ལས་ཡོངས་མི་ཉམས། །ཞེས་པ་དང་། དེ་བཞིན་བྱང་ཆུབ་སེམས་དཔའི་དགེ་བ་ཡང་། །སེམས་ཅན་ཁམས་རྣམས་ཀུན་ཏུ་སྙིང་རྗེ་ཆེ་བསྐྱེད་ཅིང་། །བདུད་བཞི་དག་དང་ས་གཉིས་ལ་ཡང་རབ་གནས་ནས། །ཏིང་འཛིན་མཆོག་ལ་གནས་ཤིང་བྱང་ཆུབ་རེག་མི་བྱ། །ཞེས་གསུངས་པས། དེ་ཉིད་ཡུན་རིང་དུ་གོམས་པས་བསོད་ནམས་ཀྱི་ཚོགས་མཐར་ཕྱིན་པའི་འབྲས་བུ་གཟུགས་ཀྱི་སྐུ་གཉིས་ཕྲིན་ལས་དང་བཅས་པའི་རྒྱུའི་གཙོ་བོར་གྱུར་པ་ཡིན་ལ། དམིགས་པ་གསུམ་མ་རྫོགས་པར་མྱུ་ངན་ལས་མི་འདའ་བས་ཡེ་ཤེས་ཀྱི་ཚོགས་མཐར་ཕྱིན་པའི་གྲོགས་བྱེད་པ་ཡིན་ནོ། །དེ་ལྟར་ཐབས་དང་ཤེས་རབ་གཉིས་གཅིག་ལ་གཅིག་ཕན་གྱི་ཟུང་འཇུག་ཏུ་གོམས་པ་མཐར་ཕྱིན་པས་རྫོགས་པའི་སངས་རྒྱས་སྒྲུབ་པའི་ལམ་འདི་མཐའ་གཉིས་སུ་མ་ལྟུང་བའི་ཉམས་ལེན་རྣམ་དག་ཡིན་མིན་གྱི་སྒྲོ་སྐུར་དང་ཐེ་ཚོམ་དང་བྲལ་བའི་ཆོས་དུས་གསུམ་གྱི་རྒྱལ་བ་སྲས་བཅས་རྣམས་ཀྱིས་གུས་པས་བསྟེན་ཅིང་བསྒྲུབས་པས་སངས་རྒྱས་པ་དང་། འཚང་རྒྱ་བ་དང་། སངས་རྒྱ་བའི་བགྲོད་པ་གཅིག་པར་གྱུར་པའི་ཐེག་པ་ཆེན་པོ་ཡིན་ནོ། །

རིག་འཛིན་སྔགས་ཀྱི་ཐ་སྙད་དང་བྲལ་བར་བསྟན་པ་ནི། གལ་ཏེ་འདི་བཞིན་སྒྲུབ་འདོད་ན། །རྡོ་རྗེ་ཕག་མོའི་བྱིན་བརླབས་མེད། །ལྷན་སྐྱེས་ལ་སོགས་འདིར་མི་སྒོམ། །གཏུམ་མོ་ལ་སོགས་ཐབས་ལམ་བྲལ། །ཕྱག་

རྒྱ་ཆེན་པོའི་ཐ་སྙད་མེད། །ཚེ་འདི་དང་ནི་བར་དོ་དང་། །ཕྱི་མར་འཚང་རྒྱ་ཁོང་མི་བཞེད། །ཅེས་པས། ཕ་རོལ་ཏུ་ཕྱིན་པའི་ཐེག་པ་ལ་ཞོན་ནས་སངས་རྒྱས་ཀྱི་སར་འགྲོ་བར་འདོད་ན། ཡི་དམ་ལྷའི་བྱིན་བརླབས་ཀྱི་ཚོག་དང་། ལྷན་ཅིག་སྐྱེས་པའི་ཉམས་རྟོགས་སྐྱེས་པའི་ཐབས་གཏུམ་མོ་དང་རྩ་རླུང་སྒོམ་པ་ལ་སོགས་པའི་སྔགས་ཀྱི་ཐབས་ལམ་དང་བྲལ་ཞིང་། ཕྱག་རྒྱ་ཆེན་པོ་ཞེས་བྱ་བའི་མིང་གི་ཐ་སྙད་ཀྱང་གཏན་ནས་མེད་དོ། །ཚེ་འདི་དང་བར་དོ་དང་ཕྱི་མར་སྐྱེ་བ་བདུན་དང་། བཅུ་དྲུག་ཙུན་ཆད་ནས་མྱུར་བར་འཚང་རྒྱ་བའི་འདོད་ཐག་ཉེ་མོ་ཐེག་ཆེན་གྱི་ལམ་དུ་ཞུགས་པའི་སྐྱེས་བུ་ཁོང་མི་བཞེད་དེ། དོར་བྱ་འཁོར་བ་ལ་དམིགས་ཤིང་རང་ཉིད་འཁོར་བ་སྤངས་པའི་ཞི་བདེ་དོན་དུ་མི་གཉེར་བའི་ཕྱིར་དང་། ཐབས་ཡང་ཤུལ་ལ་གཞན་དོན་དུ་འཁོར་བ་མ་སྟོངས་ཀྱི་བར་དུ་སེམས་ཅན་གྱི་སྡུག་བསྔལ་དང་དུ་ལེན་པར་ཞལ་གྱིས་བཞེས་པའི་ཕྱིར་ཏེ། སྐྱེས་བུ་དམ་པ་ཁས་ལེན་མང་པོ་མི་བྱེད་དེ། །ཁས་བླངས་པ་ནི་རྡོ་ལ་རི་མོ་བྲིས་པ་བཞིན། །ཞེས་རྒྱལ་ཚབ་དམ་པས་གསུངས་པ་དང་། འཕགས་པ་ཞི་བ་ལྷས། དང་པོར་སྦྱོར་བ་བརྟགས་ནས་ནི། །རྩམ་མམ་ཡང་ན་མི་རྩམ་བྱའི། །མ་བརྩམས་པ་ནི་མཆོག་ཡིན་ཏེ། །བརྩམས་ནས་བཟློག་པར་མི་བྱའོ། །ཞེས་གསུངས་པ་ལྟར་རོ། །

གསུམ་པ་གྲངས་མེད་གསུམ་གྱིས་སངས་རྒྱས་བསྟན་པ་སྒྲུབ་པར་བསྟན་པ་ནི། འོན་ཀྱང་ཐེག་པ་ཆེན་པོ་ཡི། །ཕ་རོལ་ཕྱིན་ཚུལ་ལས་འབྱུང་བ་བཞིན། །བྱང་ཆུབ་མཆོག་ཏུ་སེམས་བསྐྱེད་ལ། །གྲངས་མེད་གསུམ་དུ་ཚོགས་གཉིས་བསོགས། །སེམས་ཅན་ཡོངས་སུ་སྨིན་པ་དང་། །སངས་རྒྱས་ཞིང་རྣམས་ལེགས་པར་སྦྱངས། །ས་བཅུའི་ཐ་མར་བདུད་བཏུལ་ནས། །རྫོགས་པའི་སངས་རྒྱས་ཐོབ་པར་གསུངས། །ཞེས་པ། མྱུར་དུ་འཚང་རྒྱ་བའི་ལམ་མ་ཡིན་ཀྱང་། དོན་གཉིས་སྒྲུབ་པའི་ཚུལ་ཁྱད་པར་ཅན་ཡིན་པས་ཐེག་པ་ཆེན་པོའི་སྡེ་སྣོད་གསུམ་དང་དགོངས་འགྲེལ་རྣམས་དག་ལས་འབྱུང་བ་བཞིན། དང་པོར་སྨོན་འཇུག་བྱང་ཆུབ་མཆོག་ཏུ་སེམས་བསྐྱེད་ནས་ཐེག་པ་ཆེན་པོའི་རྒྱས་འགྱུར་གྱི་རིགས་གསལ་གདབ་ལ། བར་དུ་བསྐལ་པ་གྲངས་མེད་གསུམ་དུ་ཚོགས་གཉིས་བསྒྲུབ་ནས་སྨོན་ལམ་ཚོགས་རྫོགས་པ་དང་། གདུལ་བྱ་སྨིན་པ་དང་། ཞིང་དག་པ་དང་། ཕྱོགས་བཅུའི་རྒྱལ་བ་སྲས་བཅས་ཀྱི་རྒྱལ་ཚབ་ཏུ་འོད་ཟེར་ཆེན་པོའི་དབང་བསྐུར་ལེགས་པར་ཐོབ་ནས་བྱང་ཆུབ་ཀྱི་ཤིང་དྲུང་དུ་སྟོང་ཉིད་སྙིང་རྗེ་ཟུང་འཇུག་གི་ཏིང་ངེ་འཛིན་ལ་མཉམ་པར་བཞག་སྟེ། སྲོད་ལ་བདུད་བཏུལ་ནས་ཐོ་རངས་རྣམ་པ་ཐམས་ཅད་མཁྱེན་པའི་སངས་རྒྱས་ཐོབ་སྟེ། སྔར་ཡོངས་སུ་སྨིན་པའི་གདུལ་བྱ་ལ་ཆོས་ཀྱི་འཁོར་ལོ་བསྐོར་ནས་བུད་ཤིང་ཟད་པའི་མེ་བཞིན་དུ་མྱ་ངན་ལས་འདའ་བའི་ཚུལ་སྟོན་པ་འདི་ནི། ཐུབ་པའི་སྤྲུལ་སྐུ་རྒྱུན་མི་ཆད། །ཅེས་པ་དང་། དེ་བཞིན་འཁོར་བ་ཇི་སྲིད་འདིའི། །ལས་ནི་རྒྱུན་མི་ཆད་པར་བསྟན། །ཞེས

གསུངས་པ་ལྟར། སྐུ་དང་ཡེ་ཤེས་དང་མཛད་པ་རྒྱ་ཆེན་པོ་རྒྱུན་མི་ཆད་པར་འབྱུང་བ་ཡིན་ཏེ། དེ་ལྟར་མཛད་པ་རྒྱ་ཆེའི་ཕྱིར། །སངས་རྒྱས་ཁྱབ་པར་ངེས་པར་བརྗོད། །དེ་ཉིད་ཟད་པ་མེད་པའི་ཕྱིར། །རྟག་པ་ཞེས་ཀྱང་བརྗོད་པ་ཡིན། །ཞེས་སོ། །འདི་ལ་ཐོག་མར་ཐོགས་མེད་ཞབས་ཀྱིས། བཟང་དང་སྨོན་པའི་སྟོབས་ཅན་དང་། །སེམས་བརྟན་ཁྱད་པར་འགྲོ་བ་ཡི། །བྱང་ཆུབ་སེམས་དཔའ་གྲངས་མེད་གསུམ། །ཀུན་ཏུ་བརྩོན་པར་མཛད་པ་ཡིན། །ཞེས་གསུངས་པ་བཞིན་གྲངས་མེད་གསུམ་གྱི་དང་པོའི་ཚོགས་ལམ་དུ་ཞུགས་ནས་མདུན་པ་དང་མཚུངས་ལྡན་གྱི་སེམས་བསྐྱེད་ལ་ཁྱད་ཆོས་དེ་རྣམས་ལྡན་པ་ནས་བཟུང་སྟེ། ཚོགས་ལམ་མཐར་ཕྱིན་ནས་སེམས་བྱིང་རྒོད་ལ་སོགས་དགེ་བ་ལ་བསྐྱོལ་དུ་མི་རུང་བ་དང་། ལུས་ལྕི་ཞིང་སྐྲོམས་ལས་ཀྱི་དབང་དུ་གྱུར་ཏོ། །དགེ་བ་ལ་བཀོལ་དུ་མི་རུང་བའི་གནས་ངན་ལེན་ལེགས་པར་སྦྱངས་ནས་ལུས་སེམས་ལས་སུ་རུང་བར་གྱུར་པའི་ཤིན་ཏུ་སྦྱངས་པ་དང་ལྡན་པ་ནི། སྦྱོར་ལམ་གྱི་སྔོན་དུ་རུང་བ་ཡིན་པས་དམིགས་པ་ལ་སེམས་རྩེ་གཅིག་ཏུ་གནས་པའི་ཞི་གནས་འབྱུང་ཞིང་། དེ་ལ་བརྟེན་ནས་བཟུང་བ་ཕྱི་རོལ་གྱི་དོན་དུ་སྣང་བ་ལ་ཀུན་ནས་ཉོན་མོངས་པ་སྡུག་བསྔལ་དང་ཀུན་འབྱུང་གིས་བསྡུས་པའི་ཆོས་རྣམས་བདག་ཉིད་ཀྱིས་སྟོང་པ། སེམས་ཀྱི་བག་ཆགས་ལས་བྱུང་བ་ཙམ་དུ་ཤེས་ནས་མཉམ་པར་འཇོག་པ་ནི་སྦྱོར་ལམ་དྲོད་ཀྱི་ཡེ་ཤེས་ཡིན་ལ། དེ་ལ་བརྟེན་ནས་གཟུང་ཡུལ་གཉེན་པོ་རྣམ་བྱང་གིས་བསྡུས་པའི་ཆོས་རྣམས་ཀྱང་བདག་གཉིས་ཀྱིས་སྟོང་པ། རང་སེམས་ཀྱི་སྣང་བ་ཙམ་དུ་རྟོགས་ཤིང་སྔར་གྱི་རྟོགས་པ་ཡང་འཕེལ་ལ། བདག་མེད་པའི་དོན་ལ་ཡེ་ཤེས་ཀྱི་སྣང་བ་ཆེས་ཆེར་རྒྱས་ཏེ་གཉེན་པོ་བཟུང་ན་ཞི་གནས་དང་། ལྷག་མཐོང་ཟུང་དུ་འབྲེལ་བ་དེ་ལ་ཡུན་རིང་དུ་གནས་པར་ནུས་ཤིང་གཉེན་པོའི་རྩོལ་བས་མ་ཟིན་ན། གཟུང་ཡུལ་ལ་སྟོན་གོམས་པའི་བག་ཆགས་ཀྱི་གཡོ་བ་དེ་ནི་རྩེ་མོའི་ཡེ་ཤེས་སོ། །དེ་ཉིད་ལ་བརྟེན་ནས་མཉམ་པར་གཞག་པས་གཟུང་ཡུལ་ལ་བརྟེན་པའི་རྣམ་རྟོག་མི་འབྱུང་ཞིང་། ནང་གི་སེམས་ལ་འཁོར་བར་རྟོགས་པའི་འཛིན་པ་ཕྲ་མོ་བྱུང་བ་རྣམས་བདག་གཉིས་ཀྱིས་སྟོང་པར་རྟོགས་ནས་མཉམ་པར་བཞག་པས་མི་མཐུན་ཕྱོགས་ཕལ་ཆེ་བས་འཁྲུགས་པར་མི་ནུས་པའི་རྟོགས་པ་བརྟན་པ་ནི་བཟོད་པའི་ཡེ་ཤེས་སོ། །ཆུ་ཀླུང་བ་ཚྭ་ཅན་གྱི་མདོ་ལས། སྣང་བ་ཞེས་བྱ་བ་ནི་ཆོས་ལ་ངེས་པར་སེམས་པའི་བཟོད་པའི་ཚིག་བླ་དྭགས་སོ། །ཞེས་པའི་དོན་ནི་འདི་ཡིན་ཏེ། ཆོས་རྣམས་རང་སེམས་ཀྱི་སྣང་བ་ཙམ་དུ་རྟོགས་པས་དེ་ལ་མི་སྐྲག་པའི་བཟོད་པ་ཐོབ་པའི་ཕྱིར་རོ། །འདི་ལ་བདེན་པའི་རྗེས་སུ་མཐུན་པའི་བཟོད་པ་ཞེས་ཀྱང་ཟེར་རོ། །དེ་ལ་བརྟེན་ནས་རྣམ་བྱང་དུ་འཛིན་པའི་རྟོགས་པ་ཕྲ་མོ་གཅིག་ལུས་པ་དེ་གཟུང་ཡུལ་མ་གྲུབ་པས་འཛིན་པའང་མ་དམིགས་པར་ཤེས་ཏེ་ཀུན་རྫོབ་སེམས་ཀྱི་གསལ་ཆ་དེ་གཟུང་འཛིན་ཐམས་ཅད་ཀྱིས་སྟོང་པ། རང་བཞིན་

གྱིས་འོད་གསལ་བའི་ངང་ལ་མཉམ་པར་འཇོག་པ་ནི་ཆོས་མཆོག་གི་ཡེ་ཤེས་ཡིན་ཏེ། བར་ཆད་མེད་པའི་ཏིང་ངེ་འཛིན་ཞེས་བྱའོ། །

བཞི་པོ་དེ་ལ་རིམ་པ་ལྟར་སྣང་བ་ཐོབ་པ་དང་། སྣང་བ་མཆེད་པ་དང་། ཕྱོགས་གཅིག་ལ་ཞུགས་པ་དང་། མཐའ་དག་ལ་ཞུགས་པའི་ཏིང་ངེ་འཛིན་ནི་ཞེས་བྱའོ། །དེ་ནས་འཁོར་འདས་ཀྱི་ཆོས་མཐའ་དག་སེམས་ཀྱི་སྣང་བ་ཙམ་དུ་རྟོགས་ཤིང་། སེམས་ཀྱང་རང་བཞིན་གྱིས་སྟོང་པ་འོད་གསལ་བའི་བདག་ཉིད་དུ་མཐོང་བྱར་མེད་པའི་ཚུལ་གྱི་མངོན་སུམ་དུ་མཐོང་བ་ནི་ལམ་གྱི་ཡེ་ཤེས་ཏེ། མདོ་ལས། འགའ་ཡང་མཐོང་བ་མེད་པ་འདི་ནི་དེ་ཁོ་ན་ཉིད་ཀྱི་དོན་མཐོང་བ་དམ་པའོ། །ཞེས་གསུངས་པའི་ལམ་གྱི་ཐོག་མ་ཡིན་ནོ། །དེ་ཉིད་སྒོམ་ལམ་དགུའི་རིམ་པས་ཡུན་རིང་དུ་གོམས་པ་ལ་བརྟེན་ནས་སྤང་བྱ་རྣམས་རགས་རིམས་ནས་འགགས་ཤིང་། ཡོན་ཏན་རྣམས་ཀྱང་རིམ་གྱིས་འཕེལ་བར་འགྱུར་ཏེ། ས་བརྒྱད་པ་མི་གཡོ་བ་སེར་སྣ་ལ་སོགས་པ་ཕར་ཕྱིན་དྲུག་གི་སྤང་བྱ་རྣམས་དང་། རྗེ་ཐོབ་ཏུ་བདག་འཛིན་མངོན་གྱུར་ཙམ་ཟད་འབྱུང་བའི་རྩ་བ་ཉོན་ཡིད་གནས་གྱུར་ཐོབ་ནས་རྣམ་པར་མི་རྟོག་པའི་ཡེ་ཤེས་དང་། ཞིང་རྣམ་པར་དག་པ་ལ་དབང་འབྱོར་བ་ཡིན་ཏེ། མིག་ལ་སོགས་པའི་དབང་པོ་ལྔ་གནས་གྱུར་དུ་ཡུལ་དུ་ཕྱིན་པའི་ཕྱིར་རོ། །ས་དགུ་པར་དབང་ཤེས་ལྔ་གནས་གྱུར་པས་གཟུང་འཛིན་གཉིས་སྣང་ནུབ་པའི་ཕྱིར་དག་པའི་ཡེ་ཤེས་དབང་འབྱོར་པ་ཡིན་ནོ། །ས་བཅུ་པར་ཡིད་ཀྱི་རྣམ་པར་ཤེས་པ་གནས་འགྱུར་པས་བདག་གཞན་བླང་དོར་དུ་འཛིན་པའི་དྲི་མ་དང་འབད་རྩོལ་ཟད་དེ། རྫོགས་པའི་སངས་རྒྱས་དང་གཞན་དོན་གྱི་ཕྲིན་ལས་མཛད་པའི་ཚུལ་མཉམ་པའོ་ཞེས་གདུལ་བྱ་ལ་བསྟག་ཏུ་རུང་བ་ཡིན་ནོ། །རྒྱུན་གྱི་མཐའ་མའི་སྐད་ཅིག་ལ་སྒྲིབ་གཉིས་ཀྱི་བག་ཆགས་ཕྲ་སྤྱང་བར་མ་ནུས་པ་ཤིན་ཏུ་ཕྲ་མོ་དང་བཅས་པའི་ཀུན་གཞི་རྣམ་ཤེས་གནས་གྱུར་ཅིང་། སེམས་རང་བཞིན་གྱིས་འོད་གསལ་བའི་ངོ་བོ་ནི་མེ་ལོང་ལྟ་བུའི་ཡེ་ཤེས་སུ་གྱུར་ཏེ། འདི་ནི་སྔགས་དང་མཚན་ཉིད་ཐེག་པ་གཉིས་ཀ་རུ་རིག་པ་རྒྱུན་མི་ཆད་པར་གསུངས་པའི་དོན་ཡིན་ནོ༎ ||

གཉིས་པ་ལ་བཞི་ལས། དང་པོ་རྟེན་འབྲེལ་ཚང་བས་སངས་རྒྱས་ཐོབ་པར་བསྟན་པ་ནི། ཕ་རོལ་ཕྱིན་གཞུང་མི་ནུས་པར། །གལ་ཏེ་གསང་སྔགས་སྒོམ་འདོད་ན། །ནོར་པ་མེད་པའི་དབང་བཞི་ལོང་། །འཁྲུལ་པ་མེད་པའི་རིམ་གཉིས་བསྒོམ། །དེ་ལས་བྱུང་བའི་ཡེ་ཤེས་ནི། །ཕྱག་རྒྱ་ཆེན་པོ་གོམས་པར་བྱ། །ཞེས་པ། རྫོགས་པའི་སངས་རྒྱས་ཐོབ་པར་འདོད་ཅིང་ཚོགས་གཉིས་སྒྲུབ་པའི་སྤྱོད་པ་ལུས་སྲོག་སྦྱིན་པར་གཏོང་བ་ལ་སོགས་བྱ་དཀའ་བ་མང་པོ་བསྐལ་པ་གྲངས་མེད་གསུམ་དུ་སྒྲུབ་པར་མི་ནུས་ན། ཐོག་མར་རྡོ་རྗེ་ཐེག་པའི་ཆོ་ག

ལ་བརྟེན་ནས་སེམས་བསྐྱེད་དང་དེའི་བསླབ་བྱ་རྣམས་ཉམས་སུ་ལེན་པ་དང་། རྣལ་འབྱོར་བླ་ན་མེད་པའི་ལམ་ལ་འཇུག་ན་མཚན་ཉིད་དང་ལྡན་པའི་རྡོ་རྗེ་སློབ་དཔོན་ལ་དབང་བཞི་དག་བྱ་དག་བྱེད་སྦྱོང་ཚུལ་ལ་སོགས་སྨིན་བྱེད་ཀྱི་ཆོ་གའི་གོ་ཆོད་པ་ཞུས་གཅིག །དེ་ནས་ཡུལ་དང་ཡུལ་ཅན་གྱིས་སྣང་བ་མ་དག་པ་དག་པར་བསྒྱུར་བའི་བསྐྱེད་རིམ་དང་། སྲིད་པར་སྐྱེ་བ་ཆེན་པོའི་ཚུལ་སྐྱེ་གནས་དང་སྦྱོང་བར་བྱེད་པའི་སྐྱེད་རིམ་དང་། རྣལ་འབྱོར་པའི་ལུས་ཀྱི་དབྱིབས་དང་ཡན་ལག་དང་དབང་པོ་དང་། ནང་གི་རྩ་དང་རླུང་དང་ཁམས་སྦྱོང་བར་བྱེད་པའི་བསྐྱེད་རིམ་དང་། མངོན་པར་བྱང་ཆུབ་པ་ལྔས་ཡེ་ཤེས་ལྔའི་བདག་ཉིད་དྲུག་པ་རྡོ་རྗེ་འཆང་ཆེན་པོར་སྒྲུབ་པའི་བསྐྱེད་རིམ་ལ་སོགས་རང་རང་གི་རྒྱུད་དང་། དེ་ལ་བརྟེན་ནས་གྲུབ་པ་ཐོབ་པའི་རྣལ་འབྱོར་གྱི་དབང་ཕྱུག་རྣམས་ཀྱི་གསུང་ལས་ཇི་ལྟར་འབྱུང་བ་བཞིན་ཉམས་སུ་ལེན་པ་དང་། གཏུམ་མོ་ལ་སོགས་པའི་རྫོགས་རིམ་ལུས་ཀྱི་འཁྲུལ་འཁོར་ལ་སོགས་ཆ་ཚང་ཉམས་སུ་ལོངས་ཤིག །དེ་ཡང་དབང་བཞི་པོ་རེ་རེ་བསྐུར་ནས་དེ་ལ་བརྟེན་པའི་ལམ་བསྒོམས་ཏེ་རྒྱུད་ལ་དོན་དང་མཐུན་པ་གྲུབ་ནས་དབང་གོང་མ་གོང་མ་བསྐུར་ཅིང་། དེ་དང་དེའི་ཉམས་རྟོགས་མཚན་ཉིད་པ་རྒྱུད་ལ་བསྐྱེད་པའི་ལུགས་འདི་རྒྱུད་སྡེའི་དགོངས་པ་དང་མཐུན་པ་ཤས་ཆེ་ནའང་། དེང་སང་དུས་གཅིག་ཏུ་རྫོགས་པར་སྣང་བའི་ལག་ལེན་བྱེད་པར་སྣང་ཞིང་། ལམ་ཉམས་སུ་ལེན་ཚུལ་ཡང་དམིགས་པ་སྦྲ་མའི་ཀྲིད་རྟགས་མ་སྐྱེས་པར་ཕྱི་མ་རྣམས་ཀྱི་དམིགས་པ་སྒོམ་པའི་ཉམས་ལེན་མ་བརྟགས་གཅིག་པུར་ཉམས་དགའ་བ་ཙམ་དུ་ཕལ་ཆེར་སོང་བ་འདྲའོ། །ཐོག་མར་དཔེའི་ཡེ་ཤེས་ཆ་མཐུན་ཙམ་སྐྱེས་པ་དེ་རྒྱ་མཚན་ལྡན་དུ་གོམས་པར་བྱས་ཤིང་བསྒྱངས་པས་དོན་གྱི་ཡེ་ཤེས་ཕྱག་རྒྱ་ཆེན་པོ་མངོན་དུ་འགྱུར་བ་ཡིན་ནོ། །ལམ་གྱི་ས་འཚམས་མི་ཤེས་པར་ལུས་སེམས་ལ་ཕྱར་མེད་ཀྱི་ཉམས་ཙུང་ཟད་ཤར་བའི་ཚེ་ས་མཐོན་པོའི་ཡོན་ཏན་དུ་ངོ་སྤྲོད་པ་ནི། སློབ་མའི་རྒྱུད་ལ་མངོན་པའི་ང་རྒྱལ་བསྐྱེད་ནས་བདུད་ཀྱི་བྱིན་བརླབས་འཇུག་པའི་རྒྱུ་ཡིན་པས་ལམ་གྱི་ཁྲིད་བརྟགས་ངོ་ཤེས་པ་ཤིན་ཏུ་གལ་ཆེའོ། །

དེ་ནས་འཁོར་འདས་བསྲེ་བའི་ཕྱིར། །རྣམ་པར་དག་པའི་སྤྱོད་པ་སྤྱོད། །ནང་གི་ས་ལམ་ཀུན་བགྲོད་ནས། །རྡོ་རྗེ་འཛིན་པའི་ས་དགེ་བ། །ས་བཅུ་པ་ནི་ཐོབ་པར་འགྱུར། །ཞེས་པ། མ་དག་པ་དང་འགལ་རྐྱེན་ལམ་དུ་སློངས་པར་ནུས་ཤིང་། ཕན་འདོགས་པ་དང་གནོད་པ་བྱེད་པའི་རོ་སྙོམས་པའི་རྟོགས་པ་ཤར་ནས་འཁོར་འདས་མཉམ་ཉིད་དུ་བསྲེ་བའི་ཕྱིར་རྒྱུད་ནས་གསུངས་པའི་རྣམ་དག་གི་སྤྱོད་པ་རྣམས་སྤྱོད་པས། རྡོ་རྗེའི་ལུས་ལ་རྩ་རླུང་དང་ཁམས་ལས་སུ་རུང་བའི་ས་ལམ་གྱི་རྟོགས་པ་རིམ་གྱིས་བགྲོད་ནས་རྡོ་རྗེ་འཛིན་པ་བཅུ་གསུམ་ཐོབ་པར་འགྱུར་བ་ཡིན་ནོ། །བརྟག་གཉིས་སུ། གནས་དང་ཉེ་བའི་གནས་དང་ནི། །ཞིང་དང་ཉེ་བའི་ཞིང་ཉིད་

དང་། །ཚན་རྡོ་ཉེ་བའི་ཚན་རྡོ་དང་། །དེ་བཞིན་འདུ་བ་ཉེ་འདུ་བ། །འཐུང་སྤྱོད་ཉེ་བའི་འཐུང་སྤྱོད་ཉིད། །དུར་ཁྲོད་ཉེ་བའི་དུར་ཁྲོད་ཉིད། །འདི་རྣམས་ས་ནི་བཅུ་གཉིས་ཡིན། །ཞེས་གསུངས་པའི་དོན་ལ། སམྦུ་ཊི་ར། གནས་ནི་རབ་ཏུ་དགའ་བའི་ས། །ཞེས་པ་ནས། །ཉེ་བའི་དུར་ཁྲོད་ཆོས་ཀྱི་སྤྲིན། །ཕ་རོལ་ཕྱིན་བཅུའི་ས་རྣམས་ལ༔ །ཞེས་འཐུང་སྤྱོད་ཉེ་བའི་འཐུང་སྤྱོད་མ་གཏོགས་པར་རིམ་པ་བཞིན་ས་བཅུ་དང་ཕ་རོལ་ཏུ་ཕྱིན་པ་བྲུག་ལ་སྦྱར་ནས་གསུངས་ཤིང་། འགྲེལ་པ་ཀུ་མུ་དི་ར། འཐུང་སྤྱོད་དཔེ་མེད་ཡེ་ཤེས་ཏེ། །ཉེ་བའི་འཐུང་སྤྱོད་ཡེ་ཤེས་ཆེ༔ །ཞེས་རྒྱུད་རྒྱས་པ་ལས་བྱུང་བའི་ལུང་དྲངས་སོ། །རྗེ་བཙུན་གོང་མ་རྣམས་ནི། འཐུང་སྤྱོད་མོས་པ་སྤྱོད་པའི་ས་དང་། ཉེ་བའི་འཐུང་སྤྱོད་ས་བཅུ་གཅིག་པ་ཀུན་ཏུ་འོད་ལ་སྦྱོར་བ་མཛད་དོ། །ཉེ་བའི་དོན་ནི་འདུག་པའི་གནས་ཐག་ཉེ་བ་ལ་ངོས་འཛིན་པ་མ་ཡིན་གྱི། རྒྱུ་འབྲས་ཀྱི་འབྲེལ་པ་མི་བསླུ་བར་གྲུབ་པ་ལ་དགོངས་པ་ཡིན་ཏེ། གང་ཞིག་གང་དང་འབྲེལ་པ་དེ། །རིང་ན་འདུག་ཀྱང་དེ་དང་དེར། །ཞེས་པ་ལྟར་རོ། །འདིར་སྔགས་ཀྱི་ལམ་གྱིས་ས་བགྲོད་ཚུལ་ནི། སྤྱི་བོ་ལ་སོགས་ལུས་ཀྱི་གནས་ཉི་ཤུ་རྩ་བཞིའི་རྩ་དང་། ཁམས་སྙིབ་པ་དང་བྲལ་བར་གྱུར་པའི་ཡེ་ཤེས་སྐྱེ་བའི་རིམ་པ་དང་སྦྱོར་བ་ཡིན་ཅིང་། གནས་དང་ཉེར་གནས་ལ་བཞི་བཞི་དང་། ལྷག་མ་བརྒྱད་ལ་གཉིས་གཉིས་རིམ་པ་བཞིན་སྦྱར་ཏེ་ཤེས་པར་བྱའོ། །སྙིས་པའི་རྩ་ལྔ་སྙིང་གར་གནས་པ་སྒྲིབ་པ་དང་བྲལ་བར་གྱུར་པ་ནི་བཅུ་གསུམ་རྡོ་རྗེ་འཛིན་པའི་ས་དང་། ལ་ལ་ན་དང་། ར་ས་ན་དང་། ཨ་བ་དྷཱུ་ཏི་དང་། སྙས་པའི་རྩ་བདུད་བྲལ་མའི་རྩ་གཅིག་སྒྲིབ་པ་དང་བྲལ་ཅིང་དབུ་མར་ཐིམ་པ་ནི་བཅུ་གཉིས་པ་ཡེ་ཤེས་ལྡན་དང་སྦྱོར་བར་ཆོས་རྗེ་ཉིད་ཀྱིས་བདག་མེད་མའི་བསྟོད་འགྲེལ་དུ་གསུངས་སོ། །

ཕ་རོལ་ཏུ་ཕྱིན་པའི་ཐེག་པར། ས་བཅུ་གཅིག་པ་སངས་རྒྱས་ཀྱི་སར་གསུངས་པ་ནི། ཐག་ཉེ་བ་ལ་དགོངས་པ་ཡིན་ཏེ། བཅུ་པ་ཆོས་ཀྱི་སྤྲིན་ལ་ཕར་ཕྱིན་གྱི་ཐེག་པར་སངས་རྒྱས་ཀྱི་སར་གསུངས་པ་བཞིན་ནོ། །སམྦུ་ཊི་ར། གང་དག་བསམ་གྱིས་མི་ཁྱབ་པའི་གནས་མངོན་དུ་མ་བྱས་པ་དེ་ནི་བདེ་བར་གཤེགས་པས་ཏེ་ས་རྒྱུ་ཡིན་ལ། མཚན་བཞི་མཆོན་པ་ནི་རྡོ་རྗེ་འཛིན་པ་ཡང་དག་པའོ། །ཞེས་གསུངས་པས། བསམ་གྱིས་མི་ཁྱབ་པའི་གནས་མངོན་དུ་མ་བྱས་པའི་དོན་ནི་ཤེས་བྱའི་སྒྲིབ་པ་ཤིན་ཏུ་ཕྲ་བ་སྤངས་པའི་ཡེ་ཤེས་མངོན་དུ་མ་གྱུར་པ་ཡིན་ལ། རིགས་པ་འཐད་ཡོད་དེ། རིམ་གཉིས་ཟབ་མོ་སྒོམ་པའི་ལམ་ཆེས་ཁྱད་པར་དུ་འཕགས་པ་ཡིན་པས། འབྲས་བུ་ལ་འང་ཁྱད་འབྱུང་བ་རྟེན་འབྲེལ་གྱི་ཆོས་ཉིད་ཡིན་ནོ། །དཔེར་ན་སྐྱུ་རུ་རའི་ས་བོན་ལ་ཆུ་དང་འོ་མས་བཅུས་པའི་འབྲས་བུ་སྨིན་པའི་ཁྱད་བཞིན་ཏེ། འདི་ནི་རྟེན་འབྲེལ་རྒྱུ་འབྲས་ཀྱི་ནུས་པའི་གནད་དམ་པའོ། །མདོ་རྒྱུད་མཁྱེན་པའི་བཤེས་གཉེན་མཁས་པ་ཕལ་ཆེ་བ་ནི། ཐེག་པ་གཉིས་ཀྱི་འབྲས་བུ་སངས་རྒྱས་ཀྱི་ས་ལ་ཁྱད་

པར་འདི་མི་བཞེད་དོ། །ཨཱརྻ་དེ་བའི་ཞལ་སྔ་ནས་སྤྱོད་བསྡུས་སུ། རྡོ་རྗེ་ཐེག་པའི་བསྐྱེད་པའི་རིམ་པ་ལ་བསླབ་ནས་ས་བརྒྱད་པ་ཐོབ་སྟེ་ཡང་ནས་ཡང་དུ་བདེ་འགྲོར་སྐྱེ་ཞིང་། ཇི་སྲིད་རྫོགས་པའི་རིམ་པ་ཐོབ་པ་དེ་སྲིད་དུ་དགེ་བའི་བཤེས་གཉེན་མཉེས་པར་བྱའོ། སྐུ་དང་གསུང་དང་ཐུགས་མངོན་པར་རྟོག་ནས་ས་བཅུ་ཐོབ་སྟེ། སྒྱུ་མ་ལྟ་བུའི་ཏིང་ངེ་འཛིན་སོ་སོར་ཐོབ་ཅིང་སྒྱུ་མ་ལྟ་བུའི་ཏིང་ངེ་འཛིན་ཡང་དག་པར་རྟོགས་ནས་སྣང་བ་རྣམ་པར་དག་པ་སོ་སོར་ཐོབ་སྟེ། སྣང་བ་མེད་པ་ལས་ལངས་ནས་ཟུང་དུ་འཇུག་པ་ལ་གནས་པའི་རིམ་གྱིས་སངས་རྒྱས་ཀྱི་བྱ་བ་མངོན་དུ་བྱས་ཏེ། རྡོ་རྗེ་ལྟ་བུའི་ཏིང་ངེ་འཛིན་གྱིས་ཡོན་ཏན་ཐམས་ཅད་ཀྱིས་བརྒྱན་ནས་གནས་པར་འགྱུར་རོ། །ཞེས་གསུངས་པའི་དགོངས་པ་ནི། རྡོ་རྗེ་ཐེག་པའི་ལམ་ལ་རིམ་གྱིས་སློབ་ཚུལ་ས་བཅུ་བཞིར་ཕྱེ་ནས་སངས་རྒྱས་པའི་ཐེག་པ་ལ་སློབ་པའི་ས་ནས་རིམ་པ་ལྟར། ལས་དང་པོ་པའི་ཏིང་ངེ་འཛིན་ནི་མཐར་ཕྱིན་པའི་བར་གྱིས་ས་བརྒྱད་པ་ཐོབ་སྟེ། རིམ་པ་ལྔར་ཡང་། དང་པོ་ལས་ཀྱི་སྦྱོར་བ་ཡིས། །ས་བརྒྱད་པ་ནི་ཐོབ་པར་འགྱུར། །ཞེས་གསུངས་སོ། །སེམས་དབེན་དང་། སྒྱུ་ལུས་དང་འོད་གསལ་གྱི་རིམ་པའི་མཇུག་ཏུ་ཟུང་འཇུག་མངོན་དུ་བྱས་ནས་དེ་ཉིད་རྒྱུན་ཏུ་བསྒོམ་པས་ས་བཅུ་བཞི་པ་རྡོ་རྗེ་འཆང་གི་གོ་འཕང་ཐོབ་པ་ཡིན་ཏེ༑ གཉིས་པ་སྤྱོད་བསྡུས་འགྲེལ་པ་དང་བཅས་པར་ཤེས་པར་བྱའོ།

གཉིས་པ་བསྟན་པའི་སྙིང་པོ་ཡིན་པར་བསྟན་པ་ནི། འདི་ནི་དུས་གསུམ་སངས་རྒྱས་ཀྱི། །དམ་པའི་ཆོས་ཀྱི་སྙིང་པོ་ཡིན། །རྒྱུད་སྡེ་རྣམས་ཀྱི་གསང་ཚིག་མཆོག །འདི་ཉིད་ཡིན་པར་ཤེས་པར་བྱ། །གང་ཞིག་སངས་རྒྱས་བྱེད་འདོད་ན། །དེ་ཡིས་འདི་བཞིན་སྤྱད་པར་བྱ། །ཞེས་པ། རྣལ་འབྱོར་བླ་ན་མེད་པའི་ལམ་ཟབ་འདི་ནི་དུས་གསུམ་གྱི་རྒྱལ་བ་སྲས་བཅས་རྣམས་ཀྱི་བསྟན་པ་དམ་པའི་ཆོས་ཀྱི་མཐར་ཐུག་རྒྱུད་སྡེ་འོག་མ་རྣམས་ལས་སྲས་པའི་ངེས་དོན་ཟབ་མོ་ཡིན་ནོ། །གང་ཟག་སྐལ་བ་དང་ལྡན་ཅིང་དཀའ་སྤྱད་དང་དུ་ལེན་ནུས་པས་མྱུར་དུ་མཆོག་གི་དངོས་གྲུབ་ཐོབ་པར་འདོད་ན། ལམ་གྱི་མཐར་ཐུག་འདི་སྒྲུབ་པར་བྱ་སྟེ་འདི་ལས་གོང་དུ་གྱུར་པའི་ལམ་གཞན་མེད་པའི་ཕྱིར་རོ། །

གཉིས་པ་ནི། ཡང་ན་ཕ་རོལ་ཕྱིན་པ་ཡི། །མདོ་ལས་ཇི་ལྟར་འབྱུང་བཞིན་གྱིས། །ཡང་ན་རྡོ་རྗེ་ཐེག་པ་ཡི༑ ༑རྒྱུད་སྡེ་བཞིན་དུ་ཉམས་སུ་ལོངས། །འདི་གཉིས་མིན་པའི་ཐེག་ཆེན་ནི། །སངས་རྒྱས་རྣམས་ཀྱིས་གསུངས་པ་མེད། །ཅེས་པ་སངས་རྒྱས་སྒྲུབ་པའི་ཐེག་པ་གཉིས་གསུངས་པས་ཡང་ན་ལམ་ཐམས་ཅད་ཕ་རོལ་ཏུ་ཕྱིན་པ་དྲུག་པོ་རེ་རེ་ཡང་དྲུག་ལྡན་དུ་སྒྲུབ་པའི་ཚུལ་ཐེག་པ་ཆེན་པོའི་མདོ་སྡེ་ལས་འབྱུང་བ་བཞིན་གྱིས་ཤིག །ཡང་ན་ཐ་མལ་གྱི་རྣམ་པར་རྟོག་པས་མི་ཕྱེད་པའི་རྡོ་རྗེ་རིམ་པ་གཉིས་ཀྱི་ཐེག་པའི་དོན་རྒྱུད་སྡེ་ལས

འབྱུང་བ་བཞིན་མ་ནོར་བར་བསྒྲུབས་ཤིག །རྫོགས་པའི་སངས་རྒྱས་དོན་དུ་གཉེར་བའི་གདུལ་བྱ་ལ་འདིར་མ་འདུས་པའི་ལམ་རྒྱལ་བ་སྲས་བཅས་ཀྱིས་བསྟན་པ་མེད་དོ། །

བཞི་པ་ལ་གཉིས་ལས། དང་པོ་དོན་བསྟན་པ་ན། ད་ལྟའི་ཆོས་པ་ཕལ་ཆེར་ནི། །བསླབ་པ་གསུམ་པོ་མི་སྲུང་བས། །ཕ་རོལ་ཕྱིན་པའི་ཆོས་ལུགས་ཡིན། །དབང་དང་རིམ་གཉིས་མི་ལྡན་པས། །རྡོ་རྗེ་ཐེག་པའི་བསྟན་པ་མིན། །འདུལ་བའི་སྡེ་སྣོད་མི་ཤེས་པས། །ཉན་ཐོས་ཀྱི་ཡང་ཆོས་ལུགས་མིན། །འོན་ཀྱང་ཆོས་པར་ཁས་ཆེ་བ། །ཀྱེ་མ་གང་གི་བསྟན་པར་འགྱུར། །ཞེས་པ། དེང་སང་གངས་རིའི་ཁྲོད་ཀྱི་ཆོས་མཛད་པར་བཞེད་པ་ན་ཕལ་ཆེར་ལྷག་པའི་ཚུལ་ཁྲིམས་དང་ཏིང་ངེ་འཛིན་དང་ཤེས་རབ་ཀྱི་བསླབ་པ་ལ་མི་སློབ་པས་ཕ་རོལ་ཏུ་ཕྱིན་པའི་ཐེག་པར་ནི་མ་འདུས་ལ། རྒྱུད་སྡེ་ནས་གསུངས་པའི་དབང་དང་གདམས་ངག་ཚུལ་བཞིན་མི་སྒྲུབ་པས་སྔགས་ཀྱི་ཐེག་པ་ནི་མ་གཏོགས་ཤིང་། འདུལ་བ་ནས་གསུངས་པའི་སོ་ཐར་སྡོམ་པ་ལེན་པ་དང་བསྲུང་བ་དང་། ཉམས་པ་ཕྱིར་འཆོས་ལུགས་མི་ཤེས་ཤིང་མི་སྒྲུབ་པས་ཉན་ཐོས་ཀྱི་ཐེག་པའང་མ་ཡིན་ལ། ལུགས་གསུམ་པོ་དེ་མ་ཡིན་པའི་ཆོས་ཉམས་སུ་ལེན་པ་སངས་རྒྱས་ཀྱིས་མ་གསུངས་པས། ད་ལྟར་ཆོས་བྱེད་པའི་སྐྱེ་བོ་འདི་རྣམས་ཤཱཀྱ་སེང་གེའི་བསྟན་པ་མ་ཡིན་པའི་སངས་རྒྱས་གཞན་ཧེ་ལྷ་བུ་ཞིག་གི་བསྟན་པའི་སྙོར་ཞུགས་པ་ཡིན་ནམ་ཀྱེ་མ་མཚར་ཆེའོ། །

གཉིས་པ་དཔེ་དགོད་པ་ནི། ཕ་མེད་པ་ཡི་བུ་མང་ཡང་། །རིགས་ཀྱི་ནང་དུ་ཚུད་མི་ནུས། །དེ་བཞིན་ཁུངས་ནས་མ་བྱུང་བའི། །ཆོས་པ་བསྟན་པའི་ནང་དུ་མིན། །དག་དུག་བསྲེས་པའི་གོས་ལ་ནི། །ཚེན་པོ་རྣམས་ཀྱི་ཚས་མི་རུང་། །དེ་བཞིན་ཐུན་ཚགས་བསྲེས་པ་ཡི། །ཆོས་ཀྱི་དད་ཅན་འཚང་མི་རྒྱ། །ཞེས་པ། ཐུད་མེད་གཟུགས་འཚོང་མའི་ཁྱིམ་དུ་བུ་ཚ་མང་པོ་བྱུང་ནའང་། མི་རིགས་བཞི་པོ་གང་གི་ནང་དུའང་མི་ཚུད་དོ། །དེ་བཞིན་དུ་སངས་རྒྱས་ཀྱིས་མ་གསུངས། གྲུབ་ཐོབ་ཀྱིས་མ་བསྒོམས། པཎྜི་ཏས་མ་བཤད། ལོ་ཙཱ་བས་མ་བསྒྱུར། བླ་མ་མཁས་པས་གདན་ལ་མ་ཕབ་པའི་ཆོས་དེ་བླུན་པོའི་བློ་ངོར་ལེགས་ལེགས་འདྲ་ནའང་ཆོས་གོ་མི་ཆོད་ཅིང་དེ་འཆད་པ་དང་ཉན་པ་དང་སྒོམ་པའང་ཆོས་པའི་ནང་དུ་མི་ཚུད་དོ། །དཔེར་ན་དག་དུག་རྩལ་རྩལ་བསྲེས་པའི་གོས་ཡ་རབས་ཆེན་པོ་རྣམས་ཀྱི་ན་བཟར་མི་རུང་ངོ་། དེ་བཞིན་དུ་ཐེག་པའི་སྒོ་སྣ་ཚོགས་དང་གདམས་ངག་གི་ཡི་གེ་སྣ་ཚོགས་ནས་བསྲེས་ཏེ་བླུན་པོས་བསྒྲིགས་པའི་ཆོས་ཀྱིས་སངས་རྒྱས་ཐོབ་པར་འདོད་པའི་བླུན་དད་ཅན་འཚང་རྒྱ་བར་མི་ནུས་སོ། །ཆོས་རྗེ་ཉིད་ཀྱི་ཞལ་སྔ་ནས། དེང་སང་བོད་འདི་ན། སྡེ་སྣོད་གསུམ་དང་མི་མཐུན་ཅིང་། རྒྱུད་སྡེ་བཞི་དང་འགལ་བའི་ཆོས་པ་ངོ་མཚར་ཅན་དུ་བྱེད་པའི་གང་ཟག་དུ་མ་

འདུག་སྟེ། ངས་ནི་ཅི་ཡིན་མ་ཤེས་སོ། །ཞེས་བཀའ་སྩལ་ཏོ། །

གསུམ་པ་ལ་དགུ། མུ་སྟེགས་དང་མཐུན་པར་སྨྲ་བའི་ལོག་རྟོག་དགག་པ། ཐེག་པ་མཐའ་དག་ལ་ནོར་པར་འཇུག་པ་དགག་པ། བླ་མའི་མཚན་ཉིད་ལ་སྤྱང་བླང་ནོར་པ་དགག་པ། ཕྱག་རྒྱ་ཆེན་པོའི་དོན་ལ་འཁྲུལ་པ་དགག་པ། ས་ལམ་སྟོན་པའི་བླ་མ་ངོས་བཟུང་བ། ལག་ལེན་ནོར་པ་སྣ་ཚོགས་སུན་དབྱུང་བ། ལྟ་བའི་ངོས་འཛིན་ལ་འཁྲུལ་པ་དགག་པ། ལྟ་བསྒོམ་ཚུལ་རྣལ་འབྱོར་བཞིའི་ངོ་བོ་ངོས་བཟུང་བ། རང་ལུགས་ཀྱི་ལྟ་བསྒོམ་མ་འཁྲུལ་པའི་གཞུང་འཛུགས་པའོ། །

དང་པོ་ལ་གཉིས་ལས། དང་པོ་ཟེར་ལུགས་བརྗོད་པ་ལ་གཉིས། དང་པོ་མུ་སྟེགས་ཀྱི་ཟེར་ལུགས་ནི། མུ་སྟེགས་བྱེད་པ་ཁ་ཅིག་ནི། སངས་རྒྱས་པ་ལ་འདི་སྐད་ཟེར། །སྡིག་པ་སྤོང་ཞིང་དགེ་བྱེད་ན། །མུ་སྟེགས་ཡིན་ཀྱང་ཅི་ཞིག་སྐྱོན། །དགེ་བ་མེད་ཅིང་སྡིག་བྱེད་ན། །ཆོས་པ་ཡིན་ཀྱང་ཅི་ཕན་ལོ། །ཞེས་པ། སྔོན་དགེ་སློང་མང་པོས་རྒྱལ་པོའི་ཁབ་ཏུ་བསོད་སྙོམས་ལ་ཕྱིན་པས། མུ་སྟེགས་ཀྱི་བྲམ་ཟེ་རྣམས་ཀྱིས་ཁྱེད་དགེ་སློང་གོའུ་ཏ་མའི་ཆོས་ལའང་སྡིག་པ་སྤོང་ཞིང་དགེ་བ་སྒྲུབ་པ་ཡིན་ལ། ངེད་བྲམ་ཟེ་རྣམས་ཀྱི་རིག་བྱེད་ལའང་དེ་བཞིན་དུ་སྟོན་པས། ཁྱེད་ཀྱི་ཆོས་ལུགས་བཟང་ལ་ངེད་ཀྱི་ཆོས་ལུགས་ངན་པའི་རྒྱུ་མཚན་ཅི་ཡོད་ཟེར་བས། དགེ་སློང་དེ་རྣམས་བསར་བུ་ཐོས་པ་ཆུང་བས་དཔའ་བཀོང་སྟེ་ལན་གདབ་པར་མ་ནུས་ནས་སླར་ལོག་སྟེ་འཕགས་པ་ཤཱ་རིའི་བུ་ལ་བསྙད་པས། ང་དང་མ་ཕྲད་པས་ཉེས་པ་ཡིན། །ཆོས་དང་མཐུན་པར་ཚར་གཅོད་པ་ཡིན་ཏེ། །ཞེས་གསུངས་སོ། །

གཉིས་པ་བོད་བླུན་པོས་ཟེར་ཚུལ་ནི། དེ་བཞིན་འདི་ནའང་བླུན་པོ་འགའ། །དད་དང་ལྡན་ཅིང་སྙིང་རྗེ་ཆེ༑ །སྦྱིན་དང་ཚུལ་ཁྲིམས་བཟོད་པ་སྒོམ། །བསམ་གཏན་སྒོམ་ཞིང་སྟོང་པ་ཉིད། །རྟོགས་ན་སངས་རྒྱས་ཀྱིས་གསུངས་པའི། །མདོ་རྒྱུད་རྣམས་དང་མི་མཐུན་ཀྱང་། །དེ་ལ་སྐྱོན་མེད་དེ་མེད་ན། །མདོ་རྒྱུད་མཐུན་ཀྱང་ཅི་ཕན་ལོ། །ཞེས་པ། བོད་ཡུལ་འདི་ནའང་བླུན་པོ་ཆོས་ཀྱི་གནད་མ་གོ་བར་མཁས་པར་རློམ་པ་འགའ་ཞིག་དཀོན་མཆོག་གསུམ་དང་དམ་པའི་ཆོས་ལ་དད་པ་དང་། སེམས་ཅན་ལ་སྙིང་རྗེ་ཆེན་པོ་ཡོད་ན་དེ་ཀ་ཆོས་པ་ཡིན། དེ་ལ་བརྟེན་ནས་ནོར་གང་འོས་སྦྱིན་པར་གཏོང་བ་དང་། སྡོམ་པ་གང་ཐུབ་སྲུང་བ་དང་། ཚིག་ངན་དང་གནོད་པ་ལ་བཟོད་སྲན་ཆེ་རུ་བྱེད་པ་དང་། །དམིགས་པ་ཐུན་རེ་ཙམ་སྒོམ་པ་དང་། རང་སེམས་ཆོས་སྐུའི་ངོ་བོ་མཐོང་བ་དམ་པའི་ཆོས་ཀྱི་བྱེད་ལུགས་དེ་ཀ་ཡིན་མོད། མདོ་རྒྱུད་ཀྱི་ཚིག་དང་མི་མཐུན་ཀྱང་སྐྱོན་མེད། ཆོས་དེ་ཚོ་མ་བྱུང་ན་མཐུན་ཀྱང་ཅི་ལ་ཕན་ཟེར་ལོ། །

གཉིས་པ་བརྟགས་ཏེ་སྲུན་དབྱུང་བ་ལ་གསུམ་ལས། མུ་སྟེགས་ཟེར་བ་མཐུན་དཔེར་སྦྱར་བ་ནི། དེ་ཡང་བརྟག་པར་བྱ་བས་ཉོན། །མུ་སྟེགས་བྱེད་ལ་སྡོམ་པ་མེད། །དེ་ཕྱིར་དགེ་བ་བྱས་ན་ཡང་། །ཐར་མ་ཡིན་གྱིས་སྡོམ་པ་ལས། །འབྱུང་བའི་དགེ་བ་སྲིད་མ་ཡིན། །ཞེས་པ། བླུན་པོའི་འདོད་ཚུལ་དེ་ལ་ཡང་རིགས་པས་བརྟགས་པར་བྱ་སྟེ། ཕྱིར་མུ་སྟེགས་ལ་ངེས་འབྱུང་གི་སྡོམ་པ་མེད་པས་སྲོག་གཅོད་སྤོང་བ་དང་། སྦྱིན་པ་གཏོང་བ་ལ་སོགས་པའི་དགེ་བ་བྱས་ཀྱང་ཐར་མ་དགེ་བ་ཙམ་ཡིན་པའི་ཕྱིར་རྣམ་བཅུགས་པའི་མཁར་བརྩིགས་པ་དང་འདྲ་སྟེ། འབྲས་བུ་གང་དུ་སྨིན་མ་ངེས་པས་ཐར་མ་དོར་ཉམས་པ་སླ། ཐར་པ་ངོ་མ་ཤེས་པས་མུ་དན་ལས་འདས་པའི་ལམ་དུ་མི་འགྱུར། སྒྲོ་བཏགས་ཀྱི་ཐར་པ་གནམ་གྱི་སྟེང་ན་གདུགས་དཀར་གྱེན་དུ་བླང་བ་ལྟ་བུའི་འཇིག་རྟེན་ཉམས་དགའ་བར་བདག་རྟག་པའི་རང་བཞིན་སྐྱེ་བར་འདོད་པ་དང་། དབང་ཕྱུག་ཆེན་པོའི་ཐུགས་དང་བདག་འདྲེས་པར་འདོད་པ་ལ་སོགས་འབྲས་བུ་ལ་འཁྲུལ་པའི་སེམས་ཀྱིས་ཀུན་ནས་བླངས་པའི་དགེ་བ་ལས་རྒྱུ་འབྲས་ངོ་མ་ཤེས་པའི་དགེ་བ་ཡིན་པས། བཅོམ་ལྡན་འདས་ཀྱིས་གསུངས་པའི་དགེ་སྡིག་མ་ནོར་བའི་རྣམ་གཞག་དང་གཏན་ནས་མི་མཚུངས་སོ། །འཕགས་པ་ཀླུ་སྒྲུབ་ཀྱིས། ཁྲིམས་ནི་རྒྱུ་དང་མི་རྒྱུའི་ས་བཞིན་དུ། །ཡོན་ཏན་ཀུན་གྱི་གཞི་རྟེན་ལགས་པར་གསུངས། །ཞེས་པ་ཚུལ་ཁྲིམས་རྣམ་དག་ལ་བརྟེན་པའི་དགེ་བ་མཐོ་རིས་དང་ཐར་པའི་ལམ་ཡིན་ལ། མུ་སྟེགས་ཅན་ལ་དེ་འདྲའི་དགེ་བ་མི་སྲིད་དོ། །

གཉིས་པ་བླུན་པོ་སངས་རྒྱས་ཐོབ་པ་དགག་པ་ནི། དེ་བཞིན་དབང་བསྐུར་མ་ཐོབ་པ། །དེ་ལ་རིག་འཛིན་སྡོམ་པ་མེད། །སྡོམ་མེད་དེ་ཡི་དགེ་སྤྱད་ཀྱང་། །ཐར་མ་ཡིན་གྱིས་སྔགས་ཀྱི་མིན། །སྡོམ་པ་ལས་བྱུང་དགེ་བ་མིན། །སྡོམ་པ་དགེ་བའི་མ་ཡིན་ན། །གསང་སྔགས་ཐབས་ལམ་རབ་ཟབ་ཀྱང་། །འཚང་མི་རྒྱ་བར་ཐུབ་པས་གསུངས། །ཞེས་པ། མུ་སྟེགས་ཀྱི་དགེ་བ་ལ་སྡོམ་པ་མེད་པས་འབྲས་བུ་བྱང་ཆུབ་མི་ཐོབ་པ་བཞིན་དུ། གསང་སྔགས་ཀྱི་དབང་ལེགས་པར་མ་ཐོབ་པ་ལ་རིག་པ་འཛིན་པའི་སྡོམ་པ་དང་དམ་ཚིག་མཚན་ཉིད་པ་སྲུང་རྒྱུ་མེད་ཅིང་། སྡོམ་པ་མ་བསྲུངས་པའི་གསང་སྔགས་དང་འབྲེལ་པའི་དགེ་བ་བསྒྲུབས་ཀྱང་རྡོ་རྗེ་ཐེག་པའི་ཐར་མ་དགེ་བ་ཙམ་ཡིན་གྱི། སྡོམ་པའི་དགེ་བ་མ་ཡིན་ནོ། །སྔགས་ཀྱི་སྡོམ་པ་མེད་པའི་ཐབས་ལམ་ཟབ་མོ་འབད་ནས་བསྒྲུབ་ཀྱང་འཚང་མི་རྒྱ་སྟེ། གསང་སྔགས་ཀྱི་སྡོམ་པ་ནི་དབང་བསྐུར་བ་ལ་རག་ལས་ཤིང་། ཐོག་མར་དབང་བསྐུར་རྫོགས་པར་མ་ཐོབ་པའི་ཕྱིར་རོ། །

གསུམ་པ་འཁྲུལ་མེད་མཁས་པའི་སྒྲུབ་བྱར་བསྟན་པ་ནི། སྡོམ་པ་གསུམ་དང་ལྡན་པ་ཡི། །རིམ་གཉིས་ཟབ་མོའི་གནད་ཤེས་ན། །དེ་ནི་ཚེ་འདིའམ་བར་དོའམ། །སྐྱེ་བ་བཅུ་དྲུག་ཚུན་ཆད་ནས། །འགྲུབ་པར་རྫོགས

པའི་སངས་རྒྱས་གསུངས། །ཞེས་པ། རིག་འཛིན་གྱི་སྡོམ་པའི་རྟེན་དུ་རྒྱལ་སྲས་ཀྱི་སྡོམ་པ་དགོས་ལ། དེའི་རྟེན་དུ་སོ་སོར་ཐར་པའི་སྡོམ་པ་ཡོད་ན་དེ་ལྟ་བུའི་སྡོམ་པ་གསུམ་ལྡན་གྱི་གང་ཟག་དེས། རྡོ་རྗེ་ཐེག་པའི་ལམ་གྱི་གནད་མ་ནོར་བར་ཤེས་ནས་ཉམས་སུ་བླངས་ན་བརྩོན་པ་ཤེས་རབ་ཀྱིས་སྐྱེ་བ་འདི་དང་། འོད་གསལ་བའི་ལམ་རྒྱུད་ལ་སྐྱེས་པས་འཆི་བ་འོད་གསལ་བ་ལ་བརྟན་པ་ཐོབ་ནས་དེ་ལས་ལངས་པའི་བར་དོར་འཚང་རྒྱ་ལ། བརྩོན་པ་ཐམས་ཅད་དམ་ཚིག་དང་སྡོམ་པ་མ་ཉམས་པར་ཡོད་ན། སྐྱེ་བ་བདུན་ནམ། ཇི་ལྟར་འགོར་ཀྱང་སྐྱེ་བ་བཅུ་དྲུག་ཚུན་ཆད་དུ་བཅུ་གསུམ་རྡོ་རྗེ་འཛིན་པའི་ས་ནོན་པར་འགྱུར་ཏེ། སམྦུ་ཊི་ར། གཞན་དུ་བསྐལ་པར་བྱེ་བར་ནི། །གྲངས་མེད་པས་ནི་གང་ཐོབ་པ། །གང་དུ་དམ་པའི་བདེ་བས་ཕྱོ་དོ། །སྐྱེ་བ་འདི་ར་ནི་འགྲུབ་པར་འགྱུར། །ཞེས་པ་དང་། གསང་འདུས་ལས། འདི་ཡིས་ཆོས་ཀྱི་བདག་ཉིད་ཆེ། །སྐུ་གསུམ་མི་ཕྱེད་ལས་བྱུང་བའི། །ཡེ་ཤེས་རྒྱ་མཚོས་རྣམ་བརྒྱན་པ། །ཚེ་འདི་ཉིད་ལ་འགྲུབ་པར་འགྱུར། །ཞེས་པ་དང་། ཡེ་ཤེས་ཐིག་ལེར། ཡང་ན་ལུས་འདི་སྤྱངས་མ་ཐག །བརྩོན་པ་མི་ལྡན་པས་ཀྱང་འགྲུབ། །ཅེས་པ་དང་། གསང་བའི་མཛོད་ལས། དབང་བསྐུར་ཡང་དག་སྦྱིན་ལྡན་ན། །སྐྱེ་ཞིང་སྐྱེ་བར་དབང་བསྐུར་འགྱུར། །དེ་ཡི་སྐྱེ་བ་བདུན་ལ་ནི། །མ་བསྒོམས་པར་ཡང་དངོས་གྲུབ་ཐོབ། །ཅེས་པ་དང་། རྡོ་རྗེ་རྩེ་མོར། ཕ་རོལ་ཕྱིན་པའི་འབྱུང་བས་ནི། །བསྐལ་པ་གྲངས་མེད་མི་ཐོབ་པ། །གལ་ཏེ་རྣལ་འབྱོར་པ་དེ་བརྩོན། །ཚེ་འདི་ཉིད་ལ་མྱ་ངན་འདའ། །ཡང་ན་མཐོང་བ་ཙམ་གྱིས་ནི། །སྐྱེ་བ་གཅིག་ནས་མྱ་ངན་འདའ། །སོ་སོ་སྐྱེ་བོས་སངས་རྒྱས་ཉིད། །འགྲུབ་པར་འགྱུར་ཏེ་གཞན་དུ་མིན། །ཞེས་པས་སྐྱེ་བ་བདུན་ནས་འགྲུབ་པ་ནི་ཉན་ཐོས་ཀྱི་རྒྱུན་ཞུགས་སྲིད་པ་ལན་བདུན་པ་དང་ཚུལ་འདྲ་བ་ཡིན་ཏེ། དེ་ཙམ་གྱིས་རྒྱུད་ཡོངས་སུ་སྨིན་ནས་ལམ་གྱི་ནུས་པ་མཐར་ཕྱིན་པའི་ཕྱིར། མཛོད་ལས། འདོད་པར་ཚེ་ཡོངས་གྱུར་པའི་འཕགས། །ཁམས་གཞན་དུ་ནི་འགྲོ་བ་མེད། །ཅེས་བཤད་པ་ལྟར། རྡོ་རྗེ་ཐེག་པ་འདིར་ཡང་སྐྱེ་བ་བདུན་པ་ལ་འདོད་པའི་ཁམས་འདིར་ཕྱག་རྒྱ་ཆེན་པོའི་ཡེ་ཤེས་མངོན་དུ་འགྱུར་བ་ཡིན་ཏེ། དབང་བཞི་པའི་རྟེན་དུ་གྱུར་པའི་ཕྱག་རྒྱ་པདྨ་ཅན་ལ་སོགས་པ་ནི། ཁམས་གོང་མར་མི་སྲིད་པའི་ཕྱིར་རོ། །སྐྱེ་བ་བཅུ་དྲུག་ནས་འགྲུབ་པ་ནི་དགའ་བ་བཅུ་དྲུག་དང་འཕོ་བ་བཅུ་དྲུག་མཐར་ཕྱིན་པའི་ཕྱི་ནང་གི་རྟེན་འབྲེལ་རྗེ་བ་ཡིན་ཞེས་བླ་མ་དག་གསུང་ངོ་། །རྒྱུད་སྡེ་འོག་མ་གཉིས་ཀྱིས་ཚེ་འདིར་འགྲུབ་ཚུལ་ནི། བྲིས་སྐུ་ལ་སོགས་རང་གི་འདོད་པའི་ལྷ་དེའི་མདུན་དུ་བཅུད་ལེན་གྱི་རིལ་བུ་དང་། ཞགས་པ་ལ་སོགས་རྒྱུད་ནས་འབྱུང་བ་བཞིན་དུ་བསྒྲུབས་པས། མེ་འབར་བ་དང་། དུ་བ་འབྱུང་བ་དང་། དྲོད་འབྱུང་ཞིང་སྒྲ་སྙན་པ་སྒྲོག་པ་ལ་སོགས་གྲུབ་པའི་རྟགས་གང་རུང་བྱུང་བ་དང་རིལ་བུ་བཟས་པས་ཚེ་ཉི་ཟླ་དང་མཉམ་པ་དང་། ཞགས་པས་ཇི་ལྟར་འདོད

པའི་དངོས་གྲུབ་འགྲུགས་པར་བྱེད་ཅིང༌། ཚེ་ཤིན་ཏུ་རིང་བ་ལ་སོགས་ཐུན་མོང་གི་དངོས་གྲུབ་ཐོག་མར་ཐོབ་ཅིང་དེ་ལ་བརྟེན་ནས་ཕྱོགས་བཅུའི་སངས་རྒྱས་ལ་མཆོད་པ་དང༌། གདམས་ངག་ཞུ་བ་ལ་སོགས་ཚོགས་མེད་པར་གྲུབ་སྟེ། འཚང་རྒྱ་བར་བཞེད་པ་ཡིན་ནོ། །རྒྱ་བོད་ཀྱི་མཁས་པ་མང་པོ་ནི་ཚེ་འདིར་མཐོང་ལམ་ཐོབ་པ་ལ་དགོངས་པ་ཡིན་ཞེས་ཀྱང་གསུངས་སོ། །རྡོ་རྗེ་ཐེག་པའི་ལམ་ལ་མཁས་པ་རྣམས་གྲུབ་པས་འཇུག་པའི་ཚུལ་དེ་ལྟར་ཡིན་ནོ། །

གཉིས་པ་ལ་གསུམ་ལས། དང་པོ་ཉན་ཐོས་ཀྱི་ཐེག་པ་ལ་འཇུག་པའི་ནོར་པ་དགག་པ་ནི། གང་དག་རབ་ཏུ་འབྱུང་འདོད་ན། །སྡོམ་པ་བསྲུང་ཕྱིར་གྲུས་པས་ལོངས། །ལྷོ་གོས་ཙམ་ལ་དམིགས་པ་ཡི། །རབ་ཏུ་བྱུང་བ་ཐུབ་པས་བཀག །ཅེས་པ། བསྟན་པའི་སྒོར་རབ་ཏུ་འབྱུང་བར་འདོད་ན་འཁོར་བའི་བདེ་འབྲས་སྡུག་བསྔལ་བའི་རང་བཞིན་དུ་ཤེས་ནས་སྤང་བའི་ཕྱིར་ལམ་ནོར་བ་ལ་འཇུག་པའི་ཀུན་སློང་སྤང་ན། དེས་ཀུན་ནས་བསླངས་པའི་སྡོམ་པ་དེ་ངེས་འབྱུང་གི་ཚུལ་ཁྲིམས་སུ་འགྱུར་བ་ཡིན་ཏེ། ཐོག་མར་ལྷ་མིའི་བདེ་བ་སྒྲུབ་པའི་ཕྱིར་བླངས་པ་ཡིན་ནའང༌། ཕྱིས་འཁོར་བ་སྤོང་བར་འདོད་པའི་བསམ་སྦྱོར་གྱིས་ཟིན་ན་སོ་སོར་ཐར་པའི་སྡོམ་པར་འགྱུར་ཏེ། འཕགས་པ་ཀུན་དགའ་བོའི་ཚ་བོ་གཉིས་དང༌། གཅུང་མཛེས་དགའ་བོའི་རྣམ་ཐར་བཞིན་ནོ། །དེ་ལ་བརྟེན་ནས་དྲན་པ་ཉེར་བཞག་བཞི་ལ་སོགས་པའི་ལམ་རིམ་གྱིས་བསྒྲུབས་པས་ཁམས་གསུམ་གྱི་འཆིང་བ་ལས་གྲོལ་བར་འགྱུར་བའི་ཕྱིར་རྫོགས་པའི་སངས་རྒྱས་ཀྱི་གསུང་རབ་ལ་ཡིད་ཆེས་པའི་དད་གུས་ཆེན་པོས་ཉམས་སུ་ལོངས་ཤིག །དེང་སང་ཚེ་འདིའི་ལྷོ་གོས་དང་མིང་གཟུགས་ཙམ་ལ་དམིགས་ནས་རབ་ཏུ་བྱུང་ཞིང༌། ཐོས་བསམ་དང་སྒྲུབ་པ་བྱེད་པར་སྟོང་བ་ནི་གསུང་རབ་དུ་མ་ལས་བཀག་སྟེ། ལང་ཀར་གཤེགས་པར། ང་ཡི་བསྟན་པ་སྲུན་འབྱིན་པ། །ངུར་སྨྲིག་གིས་ནི་གོས་བསྒོས་ཤིང༌། །འབྲས་བུ་ཡོད་དང་མེད་སྨྲ་བ། །མ་འོངས་དུས་སུ་འབྱུང་བར་འགྱུར། །ཞེས་དང༌། ཇོ་བོའི་ལམ་སྒྲོན་གྱི་འགྲེལ་པར། ཐུབ་པའི་སྟན་པ་གདམས་ངག་ཉམས་གྱུར་པའི། །སྙོན་པའི་དམ་ཆོས་རྣམ་པར་འཇིག་པ་ནི། །དེང་སང་དུས་ན་བསྟན་པ་འཇིག་པ་ནི། །སངས་རྒྱས་ཉིད་ཀྱི་སློབ་མ་མ་གཏོགས་པར། །ཕྱི་རོལ་པ་དང་ཐ་མལ་སྐྱེ་བོ་ཡིས། །ཐུབ་པའི་བསྟན་པ་སུས་ཀྱང་འཇིག་མི་ནུས། །བྱིད་པར་དུ་ནི་རབ་ཏུ་བྱུང་བས་འཇིག །ཅེས་པ་ལྟར་རོ། །

གཉིས་པ་བྱང་སེམས་ཀྱི་སྡོམ་པ་ལ་ནོར་པར་འཇུག་པ་དགག་པ་ནི། སེམས་བསྐྱེད་བྱེད་པ་དེ་དག་ཀྱང༌། །བསྟན་པའི་ལུགས་བཞིན་མི་བྱེད་ཀྱི། །ཐོས་ཆུང་རྣམས་ཀྱི་མགོ་བསྐོར་ནས། །བླུན་པོ་དགའ་བར་བྱ་ཕྱིར་ཡིན། །ཞེས་པ། ཐེག་ཆེན་སེམས་བསྐྱེད་འབོགས་པའི་ཆོ་ག་དང་ཉམས་ལེན་གྱི་ཚུལ་ཡང་དཔལ་ལྡན་བླ་

སྒྲུབ་དང་འཕགས་པ་ཐོགས་མེད་ལ་སོགས་པའི་གཞུང་ལུགས་བཞིན་མི་བྱེད་པར། སྔོ་སྣོད་ཀྱི་ཐོས་པ་ཆུང་ཞིང་བློ་སླ་བ་ཆེད་དུ་གཉེར་བའི་བླུན་པོ་རྣམས་ཀྱིས་རང་དང་རིགས་མཐུན་པའི་གང་ཟག་མགོ་བསྐོར་བའི་རང་བཟོས་རྙེད་པ་སྒྲུབ་པར་ཟད་དེ། དུད་འགྲོ་ཡིན་ཀྱང་རིགས་མཐུན་རྣམས། །ཁྱུ་གཅིག་ཏུ་ནི་མི་གནས་སམ། །ཞེས་པ་ལྟར་རོ། །

གསུམ་པ་གསང་སྔགས་ལ་ནོར་པར་འཇུག་པ་དགག་པ་ནི། གསང་སྔགས་སྒོམ་པ་མང་མོད་ཀྱི། །རྒྱུད་སྡེ་བཞིན་དུ་སྒྲུབ་པ་ཉུང་། །སྤྱོད་པ་བདེ་བའི་འདུ་ཤེས་ཀྱིས། །རང་བཟོར་གསང་སྔགས་སྤྱོད་པར་ཟད། །ཅེས་པ༑ རྡོ་རྗེ་ཐེག་པའི་ཆོས་ལུགས་བྱེད་པ་མང་ཡང་། རྒྱུད་སྡེ་བཞི་ལས་གསུངས་པ་བཞིན་ཉམས་སུ་ལེན་པ་ཤིན་ཏུ་ཉུང་སྟེ་འཕྲལ་གྱི་སྤྱོད་པ་བག་ཡངས་སུ་ཅི་བདེར་བྱེད་པའི་འདུ་ཤེས་ཀྱིས་རང་གི་བློས་བཟོས་པའི་ཆོས་སྤྱོད་པར་ཟད་དོ། །

གལ་ཏེ་དབང་བསྐུར་བྱེད་ན་ཡང་། །རང་བཟོའི་གཞུང་ལུགས་ཀུན་དོར་ནས། །གང་དག་བརྗུན་གྱིས་བསླད་པ་ལ། །ངོ་མཚར་བཞིན་དུ་གུས་པས་ལེན། །ཞེས་པ། ཕལ་ཆེར་དབང་མ་བསྐུར་བར་ལྷ་སྒོམ་པ་ལ་སོགས་པ་བྱེད་ཅིང་། དབང་བསྐུར་ནའང་རྒྱུད་དང་མཐུན་པའི་ས་ར་ཧ་དང་རྡོ་རྗེ་དྲིལ་བུ་པ་དང་། མཚོ་སྐྱེས་རྡོ་རྗེ་ལ་སོགས་པའི་གྲུབ་ཐོབ་རྣམས་ཀྱིས་མཛད་པའི་དཀྱིལ་འཁོར་གྱི་ཆོ་ག་དོར་ནས་བརྫུན་ཚིག་དུ་མ་བསྲེས་པའི་ལག་ལེན་ལ་ངོ་མཚར་དུ་བཟུང་ནས་གུས་པས་ལེན་པ་སྟེ། སྐྱེ་བོ་ངན་པ་ཆུ་ཚགས་འདྲ། །བཟང་པོ་དོར་ནས་ངན་པ་འཛིན། །ཞེས་པ་ལྟར་རོ། །

རྒྱ་ལ་བསྐྱེད་རིམ་སྒོམ་ན་ཡང་། །སྣང་གཞི་སྦྱོང་བྱེད་ལེགས་འགྲོད་པའི། །ཆོ་གའི་ཡན་ལག་ཀུན་སྤངས་ནས། །རང་བཟོའི་དཀྲོངས་བསྐྱེད་སྒོམ་པར་ཟད། །ཅེས་པ། སྤྱིར་བསྐྱེད་རིམ་སྒོམ་པའི་ཚུལ་རྡོ་རྗེ་རྩེ་མོར། དང་པོ་སྦྱོར་བའི་ཏིང་འཛིན་མཆོག །རྣལ་འབྱོར་པས་ནི་སྒོམས་འཇུག་བྱ། །དེ་ནས་དཀྱིལ་འཁོར་རྒྱལ་པོ་མཆོག །དེ་ནས་ཡང་ནི་ལས་རྒྱལ་པོ། །ཞེས་ཏིང་ངེ་འཛིན་གསུམ་གྱིས་ངོ་བོ་ཉིད་སྐུ་དང་ལོངས་སྐུ་དང་སྤྲུལ་སྐུ་འགྲུབ་པའི་རྟེན་འབྲེལ་ལམ་དུ་བྱེད་པར་གསུངས་ཏེ། དང་པོ་དཀྱིལ་འཁོར་གྱི་གཙོ་བོ་དམ་ཚིག་པ་བསྐྱེད་ནས་ཡེ་ཤེས་པ་དང་གཅིག་ཏུ་བྱས་པ་ལ་སྙོམས་འཇུག་བྱ་ཞེས་ཐ་སྙད་མཛད་པ་ཡིན་ཏེ། རྒྱུད་དེ་ཉིད་ལས། བདག་གི་ལུས་གང་ཡིན་པ་དང་སངས་རྒྱས་ཀྱི་སྐུ་གང་ཡིན་པ་གཅིག་ཏུ་འདྲེས་པར་གྱུར་པ་ནི། དབང་པོ་གཉིས་སྙོམས་པར་འཇུག་པ་ཞེས་བྱའོ། །ཞེས་གསུངས་པའི་ཕྱིར་ཆགས་པ་རིགས་བཞིའི་རེག་པའི་བདེ་བ་ལམ་དུ་བྱེད་པའི་གདུལ་བྱ་དེ་དང་མཐུན་པའི་ཐ་སྙད་གསུངས་པ་ཡིན་ནོ། །དེས་ན་འཁོར་གྱི་ལྷ་ཐམས་ཅད

རྫོགས་པར་བསྐྱེད་པའི་དཀྱིལ་འཁོར་རྒྱལ་མཆོག་དང་། དེ་ནས་མཆོད་བསྟོད་ཕྲིན་ལས་བསྡུབས་པ་ལས་རྒྱལ་མཆོག་གི་ཏིང་ངེ་འཛིན་ཡིན་ནོ། །འཁོར་གྱི་ལྷ་རྣམས་ལའང་སྒོམས་འཇུག་གི་དོན་ཚང་བར་སྒྲུབ་དགོས་ཏེ༏ རྒྱུད་དེ་ཉིད་ལས། ཁྲོ་བོའི་སེམས་དཔའ་གཞན་དེའི་ལུགས་ཡིན་པ་དང་། བདག་གི་ལུས་གང་ཡིན་མཚུངས་པར་ཤེས་པ་ཉིད་འདི་ནི་དབང་པོ་གཉིས་སྒོམས་པར་འཇུག་པ་ཞེས་བྱའོ། །ཞེས་གསུངས་སོ། །ལྷ་བསྐྱེད་ཚུལ་འདི་ལྷ་བུ་ལ་དགྲོངས་བསྐྱེད་ཀྱི་གོ་མི་ཆོད་དོ། །ལྷ་མངོན་བྱང་ལྔས་བསྐྱེད་ཅིང་ཞུ་བར་གྱུར་པ་འཁོར་གྱི་ལྷ་མོས་བསྐུལ་ནས་བཞེངས་པ་མངལ་སྐྱེས་སྦྱོང་བ་དང་། ཟླ་ཉིའི་བར་དུ་ས་བོན་དང་མཚན་མའི་རིམ་པ་རྣམས་ཞུ་བ་ལས་བསྐྱེད་པ་སྒོང་སྐྱེས་སྦྱོང་བ་ཡིན་ཏེ། ངེས་བརྗོད་བླ་མར། མངལ་སྐྱེས་གླུ་ཡི་སྦྱོར་བ་ཡིས། །བསྒོམས་པ་རྣམས་ནི་ཡོངས་སུ་བརྟག །སྒོང་སྐྱེས་གླུ་ནི་མེད་པ་སྟེ། །ཞེས་གསུངས་ཤིང་། སྡོམ་བྱུང་གི་འགྲེལ་པ་ལ་སོགས་རྒྱུད་འགྲེལ་རྣམས་ལས་ཀྱང་འདི་དང་ཆ་འདྲ་བར་བཤད་དོ། །རྗེ་བཙུན་གོང་མ་རྣམས་ནི་མངོན་བྱང་ལྔ་ཙམ་ལས་བསྐྱེད་པ་དྲོད་གཤེར་དང་། ཐིག་ལེ་ལས་བཞེངས་པ་ཙམ་སྒོང་སྐྱེས་དང་། དབུགས་འབྱུང་རྔུབས་དང་སྙིང་པོ་ངག་ཏུ་བརྗོད་པ་ཙམ་གྱིས་བསྐྱེད་པ་རྫུས་སྐྱེས་སུ་བཞེད་དེ། རྡོ་རྗེ་དྲིལ་བུ་པས། སེམས་ཅན་རྫུས་ཏེ་སྐྱེ་བ་བཞིན། །ས་བོན་མེད་པར་རྣམ་པར་སྒོམ། །ཞེས་གསུང་པ་ལྟར་རོ། །དེ་ལྟར་མངལ་སྐྱེས་དང་སྒོང་ང་ལས་སྐྱེས་པ་སྦྱོང་བ་ལ། ཕ་དང་མའི་ཁམས་སྦྱོང་བྱེད་ཉི་ཟླ་ཁ་སྦྱོར་དང་། ལ་ལར་ཟླ་བ་དམར་པོ་སྒོམ་པར་གསུངས་པའང་། ཕ་ལས་ཐོབ་པའི་ས་བོན་མའི་ཁམས་ཀྱིས་གཡོག་པ་མཚོན་བྱེད་ཡིན་པས་དོན་མཐུན་ནོ། །དེར་ས་བོན་གྱི་ཡི་གེ་འགོད་པ་ནི་བར་དོའི་སེམས་ཅན་ཞུགས་པ་མཚོན་བྱེད་ཡིན་ཅིང་། དེ་ནི་མིང་བཞིའི་ཕུང་པོ་ཡི་གེས་བརྗོད་རུང་ཙམ་དུ་མཚོན་པ་ཡིན་གྱིས། ཁ་ཅིག་ལུས་ཀྱི་ཐོག་མར་ཡི་གེའི་དབྱིབས་སུ་འཆར་བ་ཡིན་ཟེར་བ་ནི་རང་གི་རྣམ་པར་རྟོག་པ་ཙམ་མོ། །མངོན་པར་བྱང་ཆུབ་པ་ལྔའི་དོན་ནི་རྡོ་རྗེ་རྩེ་མོར། ཀུན་གཞི་ས་བོན་ཐམས་ཅད་པ། །དེ་ནི་ཆོས་ཀུན་སྐྱེད་པར་བྱེད། །བསྒོས་ཤིང་བག་ཆགས་དང་ལྡན་པ། །དེ་ནི་སྲིད་པ་གསུམ་ཞེས་བྱ། །འདོད་པ་ལས་སྐྱེས་ཁམས་གསུམ་གྱི། །རྒྱུར་ནི་ཀུན་གཞི་དེ་ཉིད་སྣང་། །གཟུགས་དང་གཟུགས་མེད་འགྲོ་བ་ཡི། །ཆོས་རྣམས་ཀུན་གྱི་གནས་ཀྱང་ཡིན། །ཆོས་ཀུན་རྣམ་པར་དག་པའི་ཕྱིར། །ཉེས་པ་ཀུན་དང་བྲལ་བས་ཏེ། །ཐོག་མ་མེད་འབྱུང་ཆོས་སྙིང་པོ། །གློ་བུར་དྲི་མས་ཉོན་མོངས་འགྱུར། །ང་ཉིད་ཁོ་ན་ཆོས་ཆེན་པོ། །ང་ནི་ཆོས་ཀྱི་སྙིང་པོར་བཤད། །ཅེས་གསུངས་པའི་སྦྱང་གཞི་རྒྱུ་རྒྱུད་ལ་ཡེ་ཤེས་ལྔ་དང་སྐུ་ལྔ་འགྲུབ་པའི་ས་བོན་ཏིལ་ལ་ཏིལ་མར་ཡོད་པའི་ཚུལ་དུ་གནས་པ་དེ། མངོན་དུ་འགྱུར་བའི་ཐབས་ཉི་ཟླ་དང་ཡིག་འབྲུ་དང་ཕྱག་མཚན་ལ་སོགས་པའི་རྣམ་པར་གསལ་བཏབ་སྟེ། ལམ་དུ་བྱས་པས་གློ་

བུར་གྱི་དྲི་མ་དང་བྲལ་ནས་རྫོགས་པར་མངོན་དུ་འགྱུར་བའི་རྟེན་འབྲེལ་སྒྲིག་པ་ཡིན་ནོ། །ཀུན་གཞི་རང་བཞིན་གྱིས་རྣམ་པར་དག་པ་གློ་བུར་གྱི་དྲི་མ་འདོད་ཆགས་ལ་སོགས་པས་བསྒྲིབས་པ་དེ་དྲི་མའི་སྦྱིབས་ལས་གྲོལ་ན་བླ་བའི་དཀྱིལ་འཁོར་ཡོངས་སུ་རྫོགས་པ་སྤྲིན་དང་བྲལ་བ་ལྟར། མེ་ལོང་ལྟ་བུའི་ཡེ་ཤེས་མངོན་དུ་འགྱུར་བའི་མཚོན་བྱེད་བླ་བ་བསྒོམ་པ་ཡིན་ནོ། །ཕྱག་རྒྱ་ཆེན་པོ་ཐིག་ལེར། དབྱིངས་ནི་ས་བོན་ཞེས་སུ་དྲན། །ཆོས་རྣམས་ཀུན་གྱི་ནང་ན་ཡོད། །རྒྱུ་དང་མཆོག་གི་གནས་ཡིན་ནོ། །ཇི་ལྟར་ཏིལ་ལ་མར་ཡོད་དང་། །ཇི་ལྟར་ཤིང་ལ་མེ་ཡོད་པ། །དེ་བཞིན་ཆོས་རྣམས་ཀུན་ལ་ཡང་། །ཆོས་ཀྱི་དབྱིངས་ཀྱི་ཁྱད་པར་ནི། །ཡོད་ན་ཡང་ནི་མཐོང་མི་འགྱུར། །ཞེས་པ་དང་། དབྱིངས་ནི་སེམས་སུ་ཤེས་པར་དྲན། །ཁམས་གསུམ་གྱི་ནི་མཐའ་ཡས་པ། །སེམས་ནི་དེ་ཡི་རྒྱུ་ཡིན་ནོ། །ཞེས་གསུངས་སོ། །དེ་བཞིན་དུ་དེ་དང་མཉམ་པའི་ཉི་མའི་དཀྱིལ་འཁོར་བསྒོམ་པ་ནི་བདག་ཉིད་མཆོག་ཏུ་འཛིན་པའི་ང་རྒྱལ་བཅོམ་ནས་བདག་གཞན་མཉམ་པ་ཉིད་དུ་བསྒོམས་པས་མཉམ་ཉིད་ཡེ་ཤེས་འགྲུབ་པ་དང་། དེར་ས་བོན་དང་ཕྱག་མཚན་བསྐྱེད་པ་ནི་སྐྱེས་པ་དང་བུད་མེད་ལ་སོགས་པར་འཛིན་པའི་འདུ་ཤེས་དང་དེ་ལ་མཚན་མར་བཟུང་བ་ལས་བྱུང་བའི་འདོད་ཆགས་དབྱིབས་དང་ཁ་དོག་གི་རྣམ་པར་ཤར་བ་ལམ་དུ་བྱས་པས། སོ་སོར་རྟོག་པའི་ཡེ་ཤེས་མངོན་དུ་འགྱུར་བའོ། །དེ་དག་འཕྲོ་འདུ་དང་གཅིག་ཏུ་འདྲེས་པའི་སྦྱོར་བས་ནི་སྒོ་གསུམ་གྱི་འདུ་བྱེད་བྱ་བ་མ་ཡིན་པ་དག་སྤྱངས་ནས་ཀུན་མཁྱེན་གྱི་ལམ་དུ་བྱས་པས་བྱ་བ་སྒྲུབ་པའི་ཡེ་ཤེས་མངོན་དུ་འགྱུར་བ་ཡིན་ནོ། །དེ་ནས་ཡི་དམ་གྱི་ལྷའི་སྐུ་མདོག་ཕྱག་མཚན་རྒྱན་ཆ་ལུགས་ཡོངས་སུ་རྫོགས་པར་བསྐྱེད་པ་ནི། སངས་རྒྱས་འབྱུང་རུང་གི་ནུས་པ་མཐུ་ལྡན་དེ་རྐྱེན་གྱིས་སད་དེ་རྒྱུད་ཀྱི་དྲི་མ་དག་ནས་ནུས་པའི་འབྲས་བུ་མཐར་ཕྱིན་པ་སངས་རྒྱས་ཀྱི་ཆོས་ཐམས་ཅད་ཡོངས་སུ་རྫོགས་པའི་ཆོས་དབྱིངས་ཡེ་ཤེས་མངོན་དུ་འགྱུར་བའི་དོན་ནོ། །གདོད་མ་ནས་གནས་པའི་ལྷན་ཅིག་སྐྱེས་པའི་དོན་དྲི་མ་དང་བྲལ་བ་མཐར་ཐུག་པ་ལ་འབྲས་བུ་རྒྱུད་དུ་གསུངས་པ་ཡིན་ཏེ། རྡོ་རྗེ་སྙིང་པོ་རྒྱན་ལས། མེ་ཏོག་དྲི་ནི་ཇི་བཞིན་ནམ། །ཞོ་ལ་མར་གསར་ཇི་བཞིན་དུ། །རྣལ་འབྱོར་པ་ཡིས་ཡེ་ཤེས་སྒྲུབ། །བདུད་རྩི་ལྟ་བུའི་སྙིང་པོ་འབྱུང་། །ཞེས་གསུངས་པ་ལྟར་རོ། །འདིར་སྦྱང་གཞི་སྦྱོང་བྱེད་སྦྱང་འབྲས་མདོར་བསྡུས་པ་ཙམ་སྨོས་པས་ཏེ། རྒྱས་པར་རྒྱུད་དང་འགྲེལ་བ་དང་། སྒྲུབ་ཐབས་སོ་སོས་མི་འདྲ་བའི་ཁྱད་པར་སྣ་ཚོགས་པ་གསུངས་པ་བཞིན་དུ་ཤེས་པར་བྱའོ། །དེ་ལྟར་བསྐྱེད་རིམ་ལ་གསང་སྔགས་ཀྱི་ཟབ་དོན་ཕྱུལ་དུ་ཕྱིན་པ་གསུངས་པ་རྣམས་དགོངས་བསྐྱེད་ལ་སྦྱོར་དུ་མི་རུང་བའི་ཕྱིར། རང་བཟོ་ཙམ་གྱིས་དོན་ཆེན་པོ་མི་འགྲུབ་པ་ཡིན་ནོ། །

གཏུམ་མོ་སྒོམ་པ་ཕལ་ཆེར་ཡང་། །ནང་གི་རྟེན་འབྲེལ་མི་ཤེས་པར། །ལུ་སྟེགས་བྱེད་ཀྱི་གཏུམ་མོ་

ལྟར། །དྲོད་ཙམ་ལ་ནི་དམིགས་པར་གོ། །ཡེ་ཤེས་ཅུང་ཟད་སྐྱེ་ན་ཡང་། །དེ་དག་ཉོན་མོངས་རྣམ་རྟོག་དང་། །འཕྲེད་པའི་ཐབས་ལ་མི་མཁས་པས། །རྫོགས་པའི་སངས་རྒྱས་ལ་མི་འགྱུར། །ཞེས་པ། དེང་སང་གཏུམ་མོ་བསྒོམས་ནས་གོས་རས་རྐྱང་གིས་ཆོག་པ་ངོ་མཚར་ཆེ་བར་འཛིན་པ་ཐལ་ཆེར། དབང་གཉིས་པའི་ལམ་རྡོ་རྗེའི་ལུས་ལ་སངས་རྒྱས་སྒྲུབ་པའི་ནང་གི་རྟེན་འབྲེལ་སྒྲིག་པ་ལ་ཐོག་མར་ལུས་ཀྱི་རྩ་ལེགས་པར་སྦྱངས་ནས། རྩ་ནང་དུ་རྒྱུ་བའི་རླུང་བཅུ་ལུས་ལ་གནས་ཚུལ་དང་། ཇི་ལྟར་རྒྱུ་བའི་ཚུལ་དང་། རླུང་སོ་སོས་བྱེད་ལས་ཇི་ལྟ་བུ་འགྲུབ་པའི་དོན་ལེགས་པར་ཤེས་དགོས་ཏེ། རྒྱུད་ལས། རླུང་ཞེས་བྱ་བས་ལས་ཀུན་བྱེད། །ཅེས་པ་དང་། རླུང་རྣམས་ཕྲ་བའི་གཟུགས་ཀྱིས་ནི། །དབང་པོ་སྒོ་ནས་བྱུང་གྱུར་ཏེ། །རྣམ་པར་ཤེས་དང་འདྲེས་གྱུར་ཏེ། །ཡུལ་རྣམས་ལ་ནི་འཇུག་པར་བྱ། །ཞེས་གསུངས་པས། རགས་པའི་རླུང་སྲོག་དང་རྩོལ་བའི་ལམ་དུ་འབྱུང་འཇུག་བྱེད་པ་དང་། ཕྲ་བའི་རླུང་རྣམ་པར་ཤེས་པ་ཕྱི་རོལ་གྱི་ཡུལ་འཛིན་པ་ལ་འཇུག་པའི་བཞོན་པར་གྱུར་པ་དང་། ཤིན་ཏུ་ཕྲ་བའི་རླུང་གཞོམ་དུ་མེད་པའི་ནཱ་ད་ཞེས་བྱ་བ་སེམས་བག་ཆགས་ཕྲ་མོ་དང་དབྱེར་མེད་དུ་ཁམས་གསུམ་ན་ཁྱབ་ཅིང་། སངས་མ་རྒྱས་ཀྱི་བར་དུ་གནས་པ་དེ་རྣམས་རིམ་གྱིས་བརྟུལ་ནས་དབང་དུ་བྱས་པས་ལས་ཀྱི་རླུང་དག་ཅིང་། ཡེ་ཤེས་ཀྱི་རླུང་གིས་ཟག་མེད་ཀྱི་བདེ་བ་འཕེལ་བར་བྱེད་པའི་ལག་ལེན་ཁོང་དུ་ཆུད་ནས་ཐོག་མར་རླུང་གི་རྣལ་འབྱོར་ཉམས་སུ་ལེན་པ་ཡིན་ནོ། །རླུང་དབང་དུ་འདུས་ནས་བདེ་བ་ཆེན་པོ་སྒྲུབ་པའི་ཐབས་སུ་རྡོ་རྗེའི་ལུས་ལ་རང་བཞིན་གྱིས་གནས་པའི་གཏུམ་མོ་དབྱིབས་དང་ཁ་དོག་རྣམ་པར་གསལ་བཏབ་ནས་རླུང་གི་རྣལ་འབྱོར་གྱིས་སྦར་བས་རྩ་ཁམས་ལས་སུ་རུང་བར་གྱུར་ཏེ། འཁོར་བའི་རྣམ་རྟོག་བསྲེགས་ནས་མི་རྟོག་པའི་ཡེ་ཤེས་སྐྱེ་བའི་གྲོགས་སུ་བསྒྱུར་བ་ཡིན་ནོ། །དེ་ལྟ་བུའི་ནང་གི་རྟེན་འབྲེལ་ཟབ་མོ་མི་ཤེས་པར་མུ་སྟེགས་ཀྱི་ལྷ་དབང་ཕྱུག་ཆེན་པོ་ལྷ་མོ་ཨུ་མས་བསྟན་པའི་རྒྱུད་ཀྱི་རྗེས་སུ་འབྲངས་ནས་གཏུམ་མོའི་དམིགས་པ་ཙམ་བསྒོམས་པས་ལུས་ལ་བསྒོམས་པས་ལུས་ལ་དྲོད་འབར་བར་འགྱུར་ཏེ། གངས་ད་དུ་གཅེར་བུར་བསྡད་ཀྱང་གྲང་བའི་རེག་བྱས་མི་གནོད་པ་ལ་གྲུབ་ཐོབ་ཏུ་འདོད་པ་ལྟར། དྲོད་འབར་བ་ཙམ་གྱི་ཕྱིར་དུ་གཏུམ་མོ་སྒོམ་པ་དང་། དེ་ལ་བརྟེན་ནས་བདེ་དྲོད་ཀྱི་ཉམས་ཅུང་ཟད་སྐྱེད་ནའང་གྲུབ་པ་ཐོབ་པར་རློམ་པ་ནི། ཉོན་མོངས་དང་རྣམ་རྟོག་དང་བདེ་བའི་ཉམས་ཁྲག་དང་འོ་མ་འདྲེས་པ་ལྟ་བུར་གྱུར་ནས་དེ་བྱེད་པའི་ཐབས་ཟབ་མོ་ལམ་འབྲས་ལྟ་བུ་མེད་པས་འཁོར་བའི་རྒྱུར་གྱུར་ཏེ། རྫོགས་པའི་སངས་རྒྱས་ལ་ཐག་ཇེ་རིང་དུ་འགྲོ་བ་འདི་ཡང་གསང་སྔགས་ཀྱི་ཐབས་ལམ་སྒྲུབ་པར་དགོངས་པ་རྣམས་ཀྱི་དགོངས་པར་ཞུ་འཚལ་ལོ།། །།

གསུམ་པ་ལ་ལྔ་ལས། བླ་འདྲ་བླ་མ་མ་ཡིན་པར་བསྟན་པ་གཉིས་ཀྱི་དང་པོ་དོན་བཤད་པ་ནི། བླ་མ་ལ་

ནི་མོས་ན་ཡང་། །དེ་འདྲའི་བླ་མ་བླ་མ་མིན། །དཔོན་སློབ་གཉིས་ཀ་གསང་སྔགས་ཀྱི། །སྡོམ་པ་མེད་པ་ཡིན་ཕྱིར་རོ། །ཞེས་པ། བླ་མ་ལྟ་བཅུ་པར་གསུངས་པ་ལྟར། བླ་མའི་མཚན་ཉིད་ཇི་བཞིན་མ་ཤེས་པས་མཚན་ཉིད་དང་མི་ལྡན་པའི་བླ་མ་ཐྲིད་སྐྱེ་བ་ཙམ་གྱི་གཏུམ་མོ་དང་། སེམས་གནས་པ་ཙམ་གྱི་ཞི་གནས་སྟོན་པ་ལ་བླ་མར་བཟུང་ནས་མོས་གུས་བྱེད་པ་མང་ན་ཡང་། དེ་ལ་སྡོམ་པ་གསུམ་གྱི་ཡོན་ཏན་མེད་པའི་ཕྱིར་དང་། འཚང་རྒྱ་བའི་གདམས་པ་སྟོན་མི་ཤེས་པའི་ཕྱིར་བླ་མ་དམ་པའི་གོ་མི་ཆོད་དོ། །

གཉིས་པ་དཔེ་དང་སྦྱར་བ་ནི། དཔེར་ན་རབ་བྱུང་མ་བྱས་ན། །མཁན་པོའི་ཐ་སྙད་མེད་པ་བཞིན། །དེ་བཞིན་དབང་བསྐུར་མ་ཐོབ་ན། །བླ་མའི་ཐ་སྙད་མི་འབྱུང་ངོ་། །ཞེས་པ། རབ་བྱུང་བསྙེན་རྫོགས་མ་བྱས་པའི་བཙུན་པའི་གཟུགས་བརྙན་ཙམ་ལ་མཁན་པོའི་མིང་བཏགས་ཀྱང་དོན་མེད་པ་སྟེ། ཆུ་སྣམ་པའི་ཤུལ་ལ་མཆེའུ་དང་། སྦྲིན་མའི་སྟེགས་ལ་ནེ་ཙོའི་མཚུ་ཞེས་ཟེར་བ་བཞིན་དུ། རྒྱུད་དང་མཐུན་པའི་དབང་མ་བསྐུར་བའི་སློབ་དཔོན་ལ་གསང་སྔགས་ཀྱི་བླ་མའི་མིང་བཏགས་ཀྱང་དོན་མེད་དོ། །

གཉིས་པ་བླ་མ་ཙམ་གྱིས་སངས་རྒྱས་སྦྱིན་མི་ནུས་པར་བསྟན་པ་ནི། གསང་སྔགས་མེད་པའི་བླ་མ་ལ། །མོས་པ་བྱས་ཀྱང་ཚེ་འདི་ཡི། །བདེ་སྐྱིད་ཕུན་ཚོགས་ཙམ་ཞིག་གམ། །རིམ་གྱིས་འགྲུབ་པའི་རྒྱུ་སྲིད་ཀྱིས། །ཚེ་འདི་འམ་བར་དོ་ལ་སོགས་ལ། །སངས་རྒྱས་ཉིད་སྦྱིན་མི་ནུས་སོ། །ཞེས་པ། རྒྱུད་དང་གྲུབ་ཐོབ་ཀྱི་གསུང་དང་མཐུན་པའི་དབང་མ་བསྐུར་བའི་བླ་མ་ཆོས་ཀྱི་འབྲེལ་པ་ཡོད་པ་ཙམ་ལ་མོས་པ་བྱས་ཤིང་། གསོལ་བ་བཏབ་ཀྱང་ནད་ཞི་བ་དང་། འཁོར་པ་འཕེལ་བ་ལ་སོགས་ཚེ་འདིའི་ཕུན་སུམ་ཚོགས་པ་དང་། ཐེག་པ་ཆེན་པོའི་ཆོས་བསྟན་པའི་སློབ་དཔོན་ཡིན་ན་རིམ་གྱིས་སངས་རྒྱས་འགྲུབ་པའི་ཐབས་སུ་འགྱུར་བ་སྲིད་ཀྱིས། སྐྱེ་བ་འདི་དང་བར་དོ་དང་སྐྱེ་བ་བདུན་གྱིས་སངས་རྒྱས་འགྲུབ་པའི་ལམ་སྦྱིན་པར་མི་ནུས་སོ། །

གསུམ་པ་ཕར་ཕྱིན་གྱི་བླ་མ་སངས་རྒྱས་དང་འདྲ་བར་བསྟན་པ་ནི། ཕ་རོལ་ཕྱིན་པའི་གཞུང་ལུགས་ལས། །བླ་མ་སངས་རྒྱས་ལྟ་བུ་རུ། །བལྟ་བར་བྱ་ཞེས་གསུངས་མོད་ཀྱི། །སངས་རྒྱས་དངོས་སུ་གསུངས་པ་མེད། །ཅེས་པ། འདུལ་བ་ལས། ལྷན་ཅིག་གནས་པ་ཉེ་གནས་ཀྱི་མཁན་པོ་དང་སློབ་དཔོན་ལ་སྟོན་པའི་འདུ་ཤེས་བསྐྱེད་པར་བྱའོ། །ཞེས་པ་དང་། འཇམ་དཔལ་རྣམ་པར་འཕྲུལ་པ་ལས། འཇམ་དཔལ་དེ་ལྟ་བས་ན། བྱང་ཆུབ་སེམས་དཔའ་དེ་བཞིན་གཤེགས་པ་ལ་ཇི་ལྟར་གུས་པར་བྱ་བ་དེ་བཞིན་དུ་དགེ་བའི་བཤེས་གཉེན་རྣམས་ལའང་བརྟེན་པར་བྱའོ། །ཞེས་པ་ལ་སོགས་དམ་པའི་ཆོས་ཀྱིས་འབྲེལ་པའི་མཁན་པོ་དང་སློབ་དཔོན་ལ་སོགས་པ་ལ། རྫོགས་པའི་སངས་རྒྱས་ལ་སྒོ་གསུམ་གུས་པས་བཀུར་སྟི་བྱེད་པར་བསྙེན་པར་གསུངས་ཤིང་

ལུགས་ཀྱི་བསྟན་བཅོས་ཅ་ཊ་ཀར། བླ་མ་གང་ཞིག་ཡི་གེ་གཅིག །སྟེར་ལ་ཕྱག་ནི་མ་བྱས་ན། །ཁྱི་ཡི་སྐྱེ་བ་བརྒྱར་སྐྱེས་ནས། །རྨེ་ཤ་ཅན་དུ་སྐྱེ་བར་འགྱུར། །ཞེས་འབྱུང་བས་ཆོས་ཀྱི་འབྲེལ་པ་ཡོད་པ་ལའང་གུས་པར་བྱའོ། །

བཞི་པ་གསང་སྔགས་ཀྱི་བླ་མ་སངས་རྒྱས་དངོས་སུ་བསྟན་པ་ནི། བླ་མ་སངས་རྒྱས་ཉིད་ཡིན་ཞེས། །བྱ་བ་དབང་བསྐུར་ཐོབ་ནས་ནི། །དབང་བསྐུར་སྡོམ་པས་མ་འབྲེལ་ན། །བཟང་ཡང་ཕ་རོལ་ཕྱིན་པའི་ཡིན། །ཞེས་པ༑ ཐུན་མོང་མ་ཡིན་པའི་གསང་བ་ལས། གང་ལས་དབང་རབ་མཆོག་ཐོབ་པ། །དེ་ནི་བླ་མར་ཡོངས་སུ་བཟུང་། །ཞེས་དང་། འདུས་པའི་རྒྱུད་ལས། དབང་བསྐུར་བའི་རྡོ་རྗེ་སློབ་དཔོན་ལ་ཇི་ལྟར་བལྟ་བར་བགྱི་ཞེས་ཞུས་པའི་ལན་དུ། སངས་རྒྱས་ཀུན་གྱི་རང་བཞིན་སྐུ། །ཡན་ལག་བྱང་ཆུབ་སེམས་དཔའ་སྟེ། །བ་སྤུ་རྣམས་ནི་དགྲ་བཅོམ་ཉིད། །སྤྱི་གཙུག་རིགས་ལྔའི་སངས་རྒྱས་ཏེ། །འཇིག་རྟེན་པ་ནི་ཞབས་ཀྱི་གདན། །འོད་ཟེར་གནོད་སྦྱིན་གསང་ལ་སོགས། །རྣལ་འབྱོར་ཅན་གྱིས་རྟག་ཏུ་བལྟ། །ཞེས་གསུངས་སོ། །བླ་མ་ལྔ་བཅུ་པར། དབང་བསྐུར་མཆོག་ཐོབ་རྡོ་རྗེ་ཡི། །སློབ་དཔོན་ལ་ནི་དེ་བཞིན་གཤེགས། །ཕྱོགས་བཅུའི་འཇིག་རྟེན་ཁམས་བཞུགས་པའི། །དུས་གསུམ་དུ་ནི་མངོན་ཕྱག་འཚལ། །ཞེས་པ། ཕྱོགས་བཅུའི་སངས་རྒྱས་ཀུང་འདི་ལྟར་མཛད་ན་བདག་ལྟ་བུ་ལས་དང་ཉོན་མོངས་པའི་འཆིང་བ་དམ་པོས་བཅིངས་པས་བླ་མ་ལ་དད་གུས་བྱ་དགོས་པ་ལྟ་སྨོས་ཀྱང་ཅི་དགོས་སྙམ་དུ་ཤེས་པར་བྱའོ། །དེས་ན་དབང་བསྐུར་བ་དང་རྒྱུད་བཤད་པ་དང་གདམས་པ་བྱིན་པ་དང་གསུམ་ཚང་བ་ལ་གསུམ་ལྡན་གྱི་བླ་མར་བྱེད་དོ། །དབང་བསྐུར་བའི་སྡོམ་པ་དང་མ་འབྲེལ་ན་དགེ་བའི་བཤེས་གཉེན་གྱི་མཚན་ཉིད་དུལ་བ་དང་ཞི་བ་དང་ལུང་གིས་ཕྱུག་པ་དང་། སྟོང་ཉིད་སྙིང་རྗེའི་རྟོགས་པ་དང་ལྡན་པའི་སྐྱེས་བུ་དམ་པ་ཡིན་ཀྱང་ཕ་རོལ་ཏུ་ཕྱིན་པའི་བླ་མ་ཡིན་ནོ། །

ལྔ་པ་མཚན་ཉིད་དང་མི་ལྡན་པའི་བླ་མ་ལ་བསྟན་པའི་དཔྲ་བོར་བསྟན་པ་ནི། རབ་བྱུང་མིན་ལ་མཁན་པོ་མེད། །དབང་མ་བསྐུར་ལ་བླ་མ་མེད། །སྡོམ་པ་མེད་ལ་དགེ་རྒྱུན་མེད། །སྐྱབས་འགྲོ་མེད་ན་ཆོས་པ་མིན། །དགེ་སྦྱོང་སྡོམ་པ་མེད་པ་དང་། །རྒྱལ་སྲས་སེམས་བསྐྱེད་མ་ཐོབ་པ། །སྔགས་པ་དབང་བསྐུར་མེད་པ་གསུམ། །སངས་རྒྱས་བསྟན་པའི་ཆོམ་རྐུན་ཡིན། །ཞེས་པ། རབ་ཏུ་མ་བྱུང་པ་ལ་འདུལ་བ་ལས་གསུང་པའི་མཁན་པོའི་དོན་མེད། དབང་ལེགས་པར་མ་བསྐུར་བ་ལ་སྔགས་ཀྱི་བླ་མའི་དོན་མེད། རྒྱུད་སྡོམ་པས་མ་བསྡམས་པ་ལ་སྦྱོང་སེམས་རྒྱུན་ཆགས་ལ་བརྟེན་པའི་སྦྱིན་པ་དང་། ཚུལ་ཁྲིམས་དང་སྒོམ་པ་ལས་བྱུང་བའི་དགེ་བ་རྒྱུན་མི་ཆད་དུ་འབྱུང་བ་མེད་དེ། སྤྱོད་འཇུག་ཏུ། བྱང་ཆུབ་སྨོན་པའི་སེམས་ལས་ནི། །འཁོར་ཚེ་འབྲས་བུ་ཆེ་འབྱུང་ཡང་། །ཇི་

ལྟར་འཇུག་པའི་སེམས་བཞིན་དུ། །བསོད་ནམས་རྒྱུན་ཆགས་འབྱུང་བ་མེད། །ཅེས་གསུངས་སོ། །འདུ་ལ་བ་ལྟར་དུ། རྫས་ལས་བྱུང་བའི་བསོད་ནམས་བདུན་དང་། རྫས་ལས་མ་བྱུང་བའི་བསོད་ནམས་བདུན་རྒྱུན་མི་ཆད་པར་འབྱུང་ངོ་ཞེས་པ་ནི་བར་མ་དགེ་བའི་རྫས་ཀྱི་རྒྱུན་དང་། ཀུན་སློང་ཕན་པའི་ཤུགས་མ་ཆད་པའི་བར་དུ་འབྱུང་བ་ལ་དགོངས་པ་ཡིན་ནོ། །དཀོན་མཆོག་གསུམ་ལ་སྐྱབས་སུ་མི་འགྲོ་ན་ནང་པ་སངས་རྒྱས་པའི་ཆོས་བྱེད་པ་མ་ཡིན་ནོ། །དེ་བས་ན་དགེ་སློང་གི་སྡོམ་པ་མེད་པར་རབ་བྱུང་དུ་ཁས་ལེན་པ་དང་། ཐེག་ཆེན་གྱི་སེམས་བསྐྱེད་མེད་པར་བྱང་ཆུབ་སེམས་དཔར་ཁས་ལེན་པ་དང་། གསང་སྔགས་ཀྱི་དབང་བསྐུར་མེད་པར་རྡོ་བའི་བླ་མར་ཁས་ལེན་པ་ནི། ཉན་ཐོས་དང་། ཕར་ཕྱིན་དང་རྡོ་རྗེ་ཐེག་པའི་བསྟན་པའི་ཆོམ་རྐུན་རྐྱེན་པོ་ཡིན་ཏེ༑ མུ་སྟེགས་ཀྱི་གཞུང་དུ། སྤྱང་ཁྱིའི་ལྤགས་པ་གྱོན་པའི་ལོ་རྒྱུས་འཆད་པ་བཞིན་ནོ། །

བཞི་པ་ལ་གཉིས། ཕྱག་རྒྱ་ཆེན་པོའི་དོན་དངོས་ལ་བརྟེན་པ་དང་། དེ་ལས་འཕྲོས་པའི་དོན་ལ་བརྟེན་པའོ། །དང་པོ་ལ་དྲུག །བླུན་སྒོམ་འཁོར་བའི་རྒྱུར་བསྟན་པ། བལྟ་བ་བཟང་ངན་དབུ་མར་བསྟན་པ། སྔགས་ཀྱི་ཕྱག་རྒྱ་ཆེན་པོ་ངོས་བཟུང་བ། ཆོས་ལོག་དང་འདྲེས་པའི་ཚུལ་བརྗོད་པ། གྲུབ་ཐབ་དགོངས་པའི་ཕྱག་རྒྱ་བཞི་ངོས་བཟུང་བ། རྣམ་རྟོག་འགགས་ཙམ་ཕྱག་རྒྱ་ཆེན་པོར་འདོད་པ་དགག་པའོ། །

དང་པོ་ནི། ཕྱག་རྒྱ་ཆེན་པོ་སྒོམ་ན་ཡང་། །རྟོག་པ་ཁ་འཆོམ་ཉིད་སྒོམ་གྱི། །རིམ་གཉིས་ལས་བྱུང་ཡེ་ཤེས་ལ། །ཕྱག་རྒྱ་ཆེན་པོར་མི་ཤེས་སོ། །བླུན་པོའི་ཕྱག་རྒྱ་ཆེ་སྒོམ་པ། །ཕལ་ཆེར་དུད་འགྲོའི་རྒྱུ་རུ་གསུངས། །མིན་ན་གཟུགས་མེད་ཁམས་སུ་སྐྱེ། །ཡང་ན་ཉན་ཐོས་འགོག་པར་ལྟུང་། །ཞེས་པ། དེང་སང་ཕྱག་རྒྱ་ཆེན་པོ་སྒོམ་པ་ཕལ་ཆེར། རྒྱུད་སྡེ་ཟབ་མོའི་དོན་རྟོགས་པར་དཀའ་བས་ཕྱོགས་རེ་ཙམ་ཤེས་པ་ཉམས་སུ་ལེན་པ་ནི། དོན་ཐོག་ཏུ་མི་འཕེལ་བས་འགའ་ཞིག་ཐ་མལ་གྱི་རྣམ་པར་རྟོག་པ་འཁོར་བའི་རྒྱུ་ཡིན་པས་རྣམ་རྟོག་རགས་པ་བཀག་ཙམ་གྱི་སེམས། ཡུལ་གང་ལ་ཡང་མི་འཕྲོ་བའི་ཧ་དེ་བ་གོམས་པ་དེ། སེམས་མ་བཅོས་པར་འཛོག་པའི་ཧིང་ངེ་འཛིན་བཟང་པོ་རུ་འདོད་དེ། མ་འཆོས་མ་འཆོས་བླ་མ་འཆོས། །བཅོས་མའི་ཆོས་ཀྱི་འཚང་མི་རྒྱ། །ཞེས་ངོ་སྤྲོད་བྱེད་དེ། མ་བཅོས་པའི་གནས་ལུགས་ངོ་ཤེས་ན་དེ་བློས་མི་འཆོས་པར་མཉམ་པར་འཛོག་པ་ཡིན་གྱིས། དུག་གསུམ་གྱི་རྟོགས་པ་རགས་པ་འགགས་པའི་གནས་ཆ་དེ། ཡང་དག་པའི་དོན་མ་རྟོགས་པའི་གཏི་མུག་གི་གནས་སྐབས་ཡིན་ཏེ། དེ་ཡུན་རིང་དུ་གོམས་ན་སེམས་ཀྱི་གསལ་ཆ་ཙམ་ཡང་མི་སྣང་བའི་ཉེ་བའི་ཉོན་མོངས་པ་རྨུགས་པ་ཞེས་བྱ་བར་གོམས་པས་དུད་འགྲོར་སྐྱེ་བའི་ལས་ཡིན་ནོ། །ཚོགས་དྲུག་གི་སྣང་བ་རགས་པ་འགགས་ནས་དྲན་རིག་མ་འགགས་ཙམ་ལ་གནས་ཆ་བརྟན་པོ་བྱུང་ན། གཟུགས་མེད་ཁམས་ཀྱི་ནམ་མཁའ

མཐའ་ཡས་སྐྱེ་མཆེད་དུ་སྐྱེ་བའི་རྒྱུ་ཡིན་ནོ། །གཉིད་ཐུག་པོ་ལོག་པ་ལྟར་དྲན་རིག་གི་གསལ་ཆའང་མེད་པར་དྲན་མེད་ཀྱི་ངང་ལ་ཡུན་རིང་དུ་གནས་ན་འདུ་ཤེས་མེད་པའི་སེམས་ཅན་དུ་སྐྱེ་བའི་རྒྱུ་ཡིན་ཏེ། དེ་ལ་འཇིག་རྟེན་པ་རྣམས་ཉན་ཐོས་འགོག་པ་ཞེས་ཐ་སྙད་བྱེད་དོ། །འདི་འགོག་པའི་སྙོམས་འཇུག་ནི་མ་ཡིན་ཏེ། དེ་ལ་བསམ་གཏན་གཟུགས་མེད་ཀྱི་ཏིང་ངེ་འཛིན་གྱི་གོ་ཆོད་པའང་མེད་ལ། བདག་མེད་མངོན་སུམ་རྟོགས་པའི་ཤེས་རབ་ཀྱང་མེད་པའི་ཕྱིར། འཕགས་པ་ཐོགས་མེད་ཀྱི་ཞལ་སྔ་ནས། འགོག་པའི་སྙོམས་འཇུག་ནི་ཆོས་གཉིས་གཅིས་སྤྲས་སུ་བྱེད་པ་ཡིན་ཏེ། ཞི་གནས་དང་ལྷག་མཐོང་ངོ་། །དེ་ལ་ཞི་གནས་ནི་མཐར་གྱི་གནས་པའི་སྙོམས་པར་འཇུག་པ་བརྒྱད་ལ་བྱའོ། །ལྷག་མཐོང་ནི་འཕགས་པའི་བདག་མེད་རྟོགས་པའི་ཤེས་རབ་བོ། །དེ་ལ་གཉིས་ལས་གང་ཡང་རུང་བ་ཞིག་མེད་ནའང་འགོག་པ་ལ་སྙོམས་པར་འཇུག་པར་མི་ནུས་སོ། །ཞེས་གསུངས་སོ། །

གཉིས་པ་ནི། གལ་ཏེ་དེ་ནི་སྒོམ་ལེགས་ཀྱང་། །དབུ་མའི་སྒོམ་ལས་ལྷག་པ་མེད། །དབུ་མའི་སྒོམ་དེ་བཟང་མོད་ཀྱི། །འོན་ཀྱང་འགྲུབ་པ་ཤིན་ཏུ་དཀའ། །ཇི་སྲིད་ཚོགས་གཉིས་མ་རྫོགས་པ། །དེ་སྲིད་སྒོམ་དེ་མཐར་མི་ཕྱིན། །འདི་ཡི་ཚོགས་གཉིས་རྫོགས་པ་ལ། །བསྐལ་པ་གྲངས་མེད་དགོས་པར་གསུངས། །ཞེས་པ། སྔགས་ཀྱི་ཕྱག་རྒྱ་ཆེན་པོ་སྒོམ་པའི་དོན་སྤྲོས་བྲལ་སྟོང་ཉིད་བསྒོམ་པ་ལ་ངོས་བཟུང་ནས་ཉམས་སུ་བླངས་ཏེ། མཐའ་བྲལ་གྱི་དོན་མཐར་མ་ལྟུང་བར་སྒོམ་ཕ་རོལ་ཏུ་ཕྱིན་པའི་ལུགས་ཀྱི་དབུ་མ་པའི་ལྟ་བ་ལས་ལྷག་པའི་ལྟ་བ་རྒྱུད་ལ་སྐྱེ་རྒྱུ་མེད་ལ། དབུ་མའི་སྒོམ་བྱུང་གི་ཡེ་ཤེས་དེ་བཟང་པོ་ཡིན་མོད་ཀྱི། འོན་ཀྱང་སྙིགས་མའི་སེམས་ཅན་གྱི་རྒྱུད་ལ་སྐྱེ་བ་ཤིན་ཏུ་དཀའ་སྟེ། ད་ལྟ་བལྟ་བའི་སྙིགས་མ་བདོ་བའི་དུས་ཡིན་པས་སོ། །དེའང་མདོར། དེ་དག་དགེ་བའི་རྩ་བ་ཇི་སྲིད་མ་རྫོགས་པར། །དེ་སྲིད་སྟོང་ཉིད་དམ་པ་ཐོབ་མི་བྱེད། །ཅེས་གསུངས་པ་ལྟར། རྒྱུད་ཡོངས་སུ་མ་སྨིན་པར་མི་གྲོལ་བའི་ཕྱིར་དང་། མཚན་ཉིད་ཐེག་པའི་ཚོགས་གཉིས་རྫོགས་པ་ལ་བསྐལ་པ་གྲངས་མེད་གསུམ་དགོས་ཤིང་། དང་པོ་མ་རྫོགས་པར་མཐའ་བྲལ་གྱི་དོན་མངོན་དུ་མི་འགྱུར་བའི་ཕྱིར་རོ། །དེ་ཡང་མཛོད་དུ། བར་གྱི་བསྐལ་པ་དཔག་མེད་ནས། །ཚེ་ལོ་བཅུ་པའི་བར་དུའོ། །དེ་ནས་ཡར་སྐྱེས་མར་འབྲི་བའི། །བསྐལ་པ་གཞན་ནི་བཅོ་བརྒྱད་དང་། །ཡར་སྐྱེ་བ་ནི་གཅིག་ཡིན་ཏེ། །དེ་དག་ཚེ་ནི་བརྒྱད་ཁྲིའི་བར། །དེ་ལྟར་འཇིག་རྟེན་ཆགས་པ་འདི། །བར་གྱི་བསྐལ་པ་ཉི་ཤུར་གནས། །འཆགས་པ་དང་ནི་འཇིག་པ་དང་། །ཞིག་གནས་འདུག་པ་དག་མཉམ་མོ། །དེ་དག་བརྒྱད་ཅུ་ལ་བསྐལ་ཆེན། །དེ་གྲངས་མེད་གསུམ་ལ་སངས་རྒྱས། །འབྱུང་ངོ་མར་ནི་འགྲིབ་པ་ཡི། །བརྒྱ་ཡི་བར་ལ་དེ་དག་འབྱུང་། །རང་སངས་རྒྱས་རྣམས་གཉིས་ཀ་ལ། །བསེ་རུ

བསྐལ་པ་བརྒྱ་ཡི་རྒྱུས། །འཁོར་ལོས་བསྒྱུར་བ་འབྱུང་བ་ནི། །སྟོང་ཕྲག་བརྒྱད་ཅུ་ལས་མི་འཕྱི། །ཞེས་གསུངས་སོ། །གྲངས་མེད་རྩི་ཚུལ་ནི། ཐོག་མར་གཅིག་ནས་བཟུང་སྟེ། སྟ་མ་སྟ་མ་བཅུ་ལ་ཕྱི་མ་གཅིག་ཏུ་བྱས་པའི་གྲངས་དྲུག་ཅུར་ཕྱིན་པ་ནི་གྲངས་མེད་གཅིག་ཡིན་ནོ། །

གསུམ་པ་ནི། ངེད་ཀྱི་ཕྱག་རྒྱ་ཆེན་པོ་ཉིད། །དབང་ལས་བྱུང་བའི་ཡེ་ཤེས་དང་། །རིམ་པ་གཉིས་ཀྱི་ཏིང་འཛིན་ལས། བྱུང་བའི་ཡེ་ཤེས་རང་བྱུང་ཡིན། །ཞེས་པ། དབང་གསུམ་པའི་ལམ་རྟགས་མཐར་ཕྱིན་པའི་དཔེའི་ཡེ་ཤེས་ལྷན་ཅིག་སྐྱེས་པའི་དགའ་བ་བྱང་ཆུབ་སེམས་ཀྱི་མྱུ་གུ་དེ་འཕོ་བ་མེད་པའི་བདེ་བ་ཆེན་པོ་རྣམ་པ་ཐམས་ཅད་ཀྱི་མཆོག་དང་ལྡན་པའི་སྟོང་པ་ཉིད་དང་རོ་གཅིག་ཏུ་གྱུར་པའི་དོན་གྱིས་ལྷན་ཅིག་སྐྱེས་པའི་ཡེ་ཤེས་ཟུང་འཇུག་གི་རྟོགས་པ་མངོན་དུ་གྱུར་པ་ལ་ཕྱག་རྒྱ་ཆེན་པོ་མཆོག་གི་དངོས་གྲུབ་ཐོབ་པ་ཞེས་རྡོ་རྗེ་འཆང་གིས་གསུངས་པ་ཡིན་ནོ། །སམྦུ་ཊི་ར། དེ་ཕྱིར་ཡེ་ཤེས་བསྐྱེད་པ་ཡི། །ཕྱག་རྒྱ་བཞི་ནི་སྦྱར་བར་བྱ། །ཞེས་པས་རྫོགས་རིམ་བསྒོམ་པའི་རྟེན་ཕྱི་རོལ་གྱི་ཕྱག་རྒྱ་མཚན་ཉིད་དང་ལྡན་པའི་ལས་ཀྱི་ཕྱག་རྒྱ་དེ་ལ་བརྟེན་ནས། ཨ་བ་དྷཱུ་ཏིར་སྟོང་པ་ཉིད་དང་རོ་གཅིག་པའི་ལྷན་ཅིག་སྐྱེས་པའི་དགའ་བ་དམ་ཚིག་གི་ཕྱག་རྒྱ། དེའི་རང་བཞིན་ཆོས་དབྱིངས་ནི་ཆོས་ཀྱི་ཕྱག་རྒྱ། དེ་དག་གི་འབྲས་བུ་ཕྱག་རྒྱ་ཆེན་པོ། དེ་ཉིད་འབྲས་བུ་སྐུ་བཞིའི་བདག་ཉིད་པས། བདེ་སྟོང་དབྱེར་མི་ཕྱེད་པའི་རང་བཞིན་ནི་ཕྱག་རྒྱ་ཆེན་པོ་ངོ་བོ་ཉིད་ཀྱི་སྐུའོ། །བྱང་ཆུབ་ཀྱི་སེམས་འགྱུར་བ་མེད་པ་ནི་དམ་ཚིག་གི་ཕྱག་རྒྱ་ཆོས་ཀྱི་སྐུའོ། །ཡུལ་ཐམས་ཅད་ལ་ཁྱབ་པའི་བདག་ཉིད་བདེ་བ་ཆེན་པོའི་ཆོས་ཀྱི་ཕྱག་རྒྱ་ལོངས་སྤྱོད་རྫོགས་པའི་སྐུའོ། །དེ་ལས་དཀྱིལ་འཁོར་གྱི་འཁོར་ལོ་སྤྲོ་ཞིང་སྡུད་པ་ནི་ལས་ཀྱི་ཕྱག་རྒྱ་སྤྲུལ་པའི་སྐུའོ། །དེ་ལྟར་ཕྱག་རྒྱ་ཆེན་པོའི་ཡེ་ཤེས་ནི་བདེ་བ་དང་སྐུ་དང་ཕྱག་རྒྱ་ལ་སོགས་རྒྱུ་དང་ལམ་གྱི་ཆོས་ཐམས་ཅད་མཐར་ཕྱིན་པའི་འབྲས་བུའི་བདག་ཉིད་ཡིན་ནོ། །དེ་ལ་ལྷན་ཅིག་སྐྱེས་པའི་ཡེ་ཤེས་ཞེས་བྱ་སྟེ། ལྷན་ཅིག་སྐྱེས་གྲུབ་ཀྱི་འགྲེལ་པར་འབུམ་ཕྲག་ལྔའི་ལུང་དྲངས་པ་ལས། ཐམས་ཅད་གཟོད་ནས་བདག་ཉིད་གནས། །ཧ་ཞེས་རོལ་ཅིང་རྐྱོད་པར་གནས། །རྐྱེན་ཤི་མེད་པར་དེ་གནས་ཤིང་། །ལྷན་ཅིག་སྐྱེས་པ་རྣམ་པར་རོལ། །ལུས་ཅན་འདི་དག་ཐམས་ཅད་ནི། །འདི་ཉིད་ཀྱིས་ནི་དབུགས་འབྱིན་ཅིང་། །དངོས་མེད་བཞི་ལས་སྐྱེད་པར་བྱེད། །དེ་འདི་ལྷན་ཅིག་སྐྱེས་པ་ཡིན། །ཞེས་པའི་དོན་ལུས་མཐའ་དག་ལ་གདོད་ནས་གནས་པའི་ལྷན་ཅིག་སྐྱེས་པའི་དོན་དེ་མ་རིག་པའི་བག་ཆགས་ཀྱིས་བསྒྲིབས་པས་འཁོར་བའི་ཆོས་ལ་རྐྱོད་ཅིང་རོལ་བར་བྱེད་དོ། །ལུས་ཅན་རྣམས་ཟག་པ་དང་བཅས་པའི་ཡུལ་ཉམས་སུ་མྱོང་བས་དབུགས་འབྱིན་ཅིང་དངོས་པོ་མེད་པའི་གཞི་ལས་སྐྱུ་མ་སྤྲུལ་པ་ལྟར་སྐྱེས་ཏེ། ས་ཧ་ཛ་ཞེས་པ་ཧ་ཧ་རྐྱོད་ཅིང་རོལ་པ། སརྦ་ཐམས་ཅད། ཛ་

ཡཱཾ་སྐྱེད་པར་བྱེད་པའོ། །དེ་ཉིད་མ་རིག་པའི་བག་ཆགས་ཀྱི་སྒྲིབས་གཡོགས་དང་བྲལ་བས་ཧེ་ཧེ་ཤིན་ཏུ་དགེས་པའི་བདེ་བ་ལ་རོལ་བའོ། །ས་མནྟ་ཀུན་ནི་ཐམས་ཅད་ཁྱབ་ཅིང་རྒྱུན་མི་ཆད་པའོ། །ཛ་ཏ་སྐྱེ་བ་མེད་པའི་ངང་ལས་སྐུའི་བཀོད་པ་དུ་མ་སྐྱེ་བར་མཛད་པའོ། རྒྱུ་རྒྱུད་ཀྱི་ལྷན་ཅིག་སྐྱེས་པ་དེ་སེམས་ཅན་ལ་ཁྱབ་ཅིང་འགྱུར་བ་མེད་པས། དེ་ཉིད་སྲོག་ཆགས་རྣམས་ཀྱི་སྲོག །དེ་ཉིད་མཆོག་ཏུ་མི་འགྱུར་བ། །དེ་ཉིད་ཀུན་ལ་ཁྱབ་པ་པོ། །ལུས་ཀུན་ལས་ནི་རྣམ་པར་གནས། །ཞེས་གསུངས་སོ། །དེ་ནི་གདོད་ནས་སངས་རྒྱས་ཀྱི་རང་བཞིན་ཡིན་ཀྱང་མ་ཤེས་པས་བདེ་བ་ཆེན་པོ་མི་ཐོབ་ཅིང་། སྡུག་བསྔལ་བར་གྱུར་ཏེ་རང་གི་རང་ཉིད་འཛེམས་པའི་ཚུལ་དུ་གནས་ཏེ། སངས་རྒྱས་བདག་ཉིད་ལུས་ལ་ནི། །དངོས་གྲུབ་སྟེར་བར་མི་ནུས་ཤིང་། །བདག་ཉིད་འཁྲོག་པའི་ཆོམ་རྐུན་ཏེ། །དེ་ཡི་སྡིག་པ་མ་བྱས་སམ། །ཞེས་སོ། །དེ་ཉིད་དབང་གི་དུས་སུ་བླ་མས་ངོ་འཕྲོད་ཅིང་ཉམས་སུ་བླངས་པས་མངོན་དུ་གྱུར་པ་ནི་སངས་རྒྱས་ཞེས་བྱ་སྟེ། བདེ་སྐྱིད་ཐམས་ཅད་འབྱུང་བས་མཛའ་བོ་དང་གཉེན་བཤེས་ཡིན་ཏེ། བདག་ཉིད་ངེས་པར་སངས་རྒྱས་ཀུན། །མཛའ་བོ་ཐམས་ཅད་ཉིད་ཀྱང་ངོ་། །ཞེས་སེམས་ཅན་རྣམས་ཀྱིས་མ་རྟོགས་པའི་ཕྱིར་སེམས་ཅན་ཞེས་བྱ་བའི་མིང་ཡིན་ལ། རྟོགས་པ་ན་སངས་རྒྱས་ཞེས་བྱ་བ་ཡིན་ནོ། །དེ་ལྟ་བས་ན་སངས་རྒྱས་ལྷན་ཅིག་སྐྱེས་པར་ཤེས་པར་གྱིས་ཤིག །ཅེས་སོ། །ཡང་། གཞན་ཡང་སྙིང་རྗེས་མངོན་བརྗོད་པ། །ཞེས་བྱ་བ་སྙིང་རྗེ་གསུམ་སྟེ། སེམས་ཅན་ལ་དམིགས་པ་ནི་དཀར་པོའི་ཆོས་གཅིག་ནས་ལྔའི་བར་རོ། །ཆོས་ལ་དམིགས་པ་ནི་དྲུག་ནས་བཅུའི་བར་རོ། །དམིགས་པ་མེད་པ་ནི་བཅུ་གཅིག་ནས་བཅོ་ལྔའི་བར་ཡིན་ནོ། །ནང་གི་བདག་ཉིད་ཅན་གྱི་སྙིང་རྗེ་དེ་ཉིད་བསྐྱལ་བའི་བྱེད་པ་པོ་ཤེས་རབ་ཀྱི་ཕ་རོལ་ཏུ་ཕྱིན་པའོ། །དེ་ལྟར་བསྐྱལ་བར་བྱེད་པས་བསྐྱལ་བའི་བདེ་བ་ཆེན་པོ་དེ་ལྷན་ཅིག་སྐྱེས་པའི་བདེ་བ་ཆེན་པོ་ཡིན་ནོ། །ཞེས་ཀྱང་གསུངས་སོ། །ཡང་འདི་ལས་གཞན་པའི་ལམ་གྱིས་ཕྱག་རྒྱ་ཆེན་པོ་མི་འགྲུབ་སྟེ། ཉན་ཐོས་ཀྱི་ལམ་ནི་རང་ཉིད་གཅིག་པུ་འབྲས་བུ་ཐོབ་ཙམ་ཆོག་པར་འཛིན་ལ། དབུ་མའི་གཞུང་ལུགས་ནི། ཚིག་ཙམ་གྱིས་ཆོས་ཐམས་ཅད་སྟོང་པར་བརྗོད་པའི་རྟོག་གེ་པ་རྩོད་པ་ལ་མོས་པ་ཞེས་བྱ་བ་ཡིན་ནོ། །རྡོ་རྗེ་འཆང་གིས་གསུངས་པའི་ཆོས་ཐམས་ཅད་སྟོང་པ་དང་ཞི་བར་སྟོན་པར་བྱེད་པ་ནི་ཁོ་བོ་མི་འགོག་གོ། །ཡང་ཐེག་པ་ཆེན་པོ་ཁ་ཅིག །ཆོས་ཐམས་ཅད་སྒྱུ་མ་དང་རྨི་ལམ་དང་མིག་ཡོར་རོ་ཞེས་ཟེར་བ་དང་། ཁ་ཅིག་གཟུང་བ་དང་འཛིན་པས་སྟོང་པའི་སེམས་སྟོན་ཁའི་ཉི་མ་ཕྱེད་པའི་ནམ་མཁའ་དྲི་མ་མེད་པ་ལྟ་བུ་ཞེས་ཟེར་བ་དང་། ཁ་ཅིག་ཟླ་བ་ཁ་སྒྱུར་བའི་དབུས་སུ་ཨཱ་ལི་ཀཱ་ལིས་བསྐོར་བའི་མེ་ལ་དཀར་པོ་འཧག་པ་དངོས་གྲུབ་ཏུ་འདོད་པ་དང་། ཁ་ཅིག་སྤྱི་བོའི་ཧ་ལ་ཙཎྜ་ལི་མེས་རེག་པ་སྒོམ་པ་དང་། ཁ་ཅིག་ཀུན་རྫོབ་ཀྱི་སྣ་རྩེར་རླུང་ནང་དུ་གསལ་ཅིང་

གནས་པ་ལ་དངོས་གྲུབ་ཏུ་འདོད་པ་དང་། ཁ་ཅིག་ཐུར་སེལ་གྱི་རླུང་དྲག་ཤུལ་གྱིས་འགེགས་པར་བྱེད་དེ་འདིས་ནི་དུས་མིན་དུ་འཆི་བར་ཡང་འགྱུར་རོ། །ཁ་ཅིག་རླུང་ཐམས་ཅད་འགོག་ཅིང་དབུག་གུ་གཅིག་ཙམ་བཟུང་བས་གྲོལ་བར་འདོད་པ་དང་། ཁ་ཅིག་སྙིང་ཁར་པདྨའི་སྟེང་དུ་ཐིག་ལེ་ཁ་དོག་ལྔ་པ་ལ་སེམས་འཛིན་པར་འདོད་པ་དང་། ཁ་ཅིག་རྩ་ཨ་བ་དྷཱུ་ཏིའི་རྩེ་མོར་ཐིག་ལེ་རྒྱ་ཤུག་གི་འབྲུ་ཙམ་བསམས་ཏེ་ལུས་ཆེམ་པར་འདོད་པ་དང་། ཁ་ཅིག་སྙིང་གར་ཟླ་ཉིའི་བར་དུ་ཐིག་ལེ་ལས་སྐུད་པ་ཕྲ་མོ་ལྟ་བུ་སྦྲ་དང་བཅས་པ་འགྲོ་བ་དང་འོང་བ་དང་ནང་དུ་དལ་བར་འཇུག་པ་ཨོཾ་ཨཱཿཧཱུྃ་ཞེས་རྟག་ཏུ་བཟླས་པ་དང་། ཁ་ཅིག་རྩ་གསུམ་ནས་རྒྱུ་བའི་རླུང་བཀག་པའི་བདེ་བ་ཙམ་མཆོག་ཏུ་ལྟ་བ་དང་། ཁ་ཅིག་ཉོན་མོངས་པ་གསུམ་རྡོ་རྗེ་གསུམ་དུ་མོས་སེམས་འཛིན་པར་འདོད་པ་དང་། ཁ་ཅིག་རྩ་ཕྲད་པ་ལས་སྐྱི་གཡའ་བའི་བདེ་བ་ལ་དམིགས་ནས་རླུང་འགོག་པར་བྱེད་པ་དང་། ཁ་ཅིག་གསེར་གླིང་གི་སྒོ་འབྱེད་པ་དང་འཇོམས་པའི་སྦྱོར་བས་རྩ་ཕྲད་པའི་རེག་པ་ཡིད་ལ་བྱེད་པ་དང་། ཁ་ཅིག་ཡི་དྭགས་ལ་སོགས་པའི་འབྱུང་པོ་འབེབས་ཤིང་འདར་བ་དང་། སྨུག་པ་དང་། བརྒྱལ་བ་ལ་སོགས་པ་བྱེད་པ་དང་། མཁའ་འགྲོ་དང་མཁའ་འགྲོ་མའི་ཚོགས་ཀྱིས་བྱིན་གྱིས་བརླབས་ཤིང་ལུང་སྟོན་པ་དང་ཆོས་འཆད་པ་དང་། ཟབ་མོའི་ཏིང་ངེ་འཛིན་ནི་ཡོད་པར་སྟོན་པ་དང་། རྡོ་རྗེའི་གླུ་སྙན་པར་སྒྲོགས་ཤིང་དོན་དང་ལྡན་པར་སྟོན་པ་དང་། མིག་མི་འཛུམ་པ་ཙམ་གྱིས་ལྷ་དང་སྲིད་མེད་ཀྱི་བུ་ལ་སོགས་པ་མཐོང་བར་སྟོན་པ་དང་། ཁ་ཅིག་ལུས་བུམ་པ་ལྟར་ཁོག་སྟོང་ཕྱི་ཤའི་དྲ་བས་གཡོགས་པར་བསྒོམས་ནས་ལུས་སྲུན་འབྱིན་པ་དང་། ཁ་ཅིག་བུ་ག་དགུ་ནས་མི་གཙང་བ་འཛག་ཅིང་ལུས་མི་གཙང་བར་རྟོགས་ཏེ། འདིས་ནི་གསང་སྔགས་ཀྱི་ཐེག་པའང་སྤངས་པ་ཡིན་ནོ། །ཁ་ཅིག་རྒྱུ་དང་འབྲས་བུ་ལ་སྐུར་བ་འདེབས་པ་སྟོན་པོ་ལ་སོགས་པ་ཉམས་སུ་མྱོང་བའི་དངོས་པོ་འགོག་པ་དེ་ནི་ཆད་པར་སྨྲ་བ་ཡིན་ནོ། །བདག་དང་བདག་གི་ལ་སོགས་པ་རྟོག་པ་དེ་ནི་དེ་ཁོ་ན་ཉིད་ལ་ལྟ་བའི་སྐབས་འདིར་དམུས་ལོང་ཆེན་པོ་ཞེས་བྱ་བའི་དོན་ཏེ། ནམ་མཁའ་ལ་སྐྲ་ཤད་འཛིངས་པར་མཐོང་བ་ལྟར་རོ། །ཞེས་གསུངས་པའི་དོན། དེ་རྣམས་ལས་བྱུང་བའི་ཉམས་མྱོང་དང་ཡོན་ཏན་ཕྱོགས་རེ་ཙམ་རྒྱུད་ལ་སྐྱེས་པ་ནི་ལྷན་ཅིག་སྐྱེས་པའི་ཡེ་ཤེས་ཕྱག་རྒྱ་ཆེན་པོ་ཡིན་སྙམ་དུ་འཁྲུལ་པ་བསལ་བ་ཡིན་ནོ། །སྐབས་འགའ་ཞིག་ཏུ་ཡང་དག་པའི་དོན་རྒྱུད་ལ་སྐྱེ་བའི་གྲོགས་ཙམ་བྱེད་པ་ནི་མ་བཀག་གོ། །མདོར་ན། ཡེ་ཤེས་ཆེན་པོ་རང་གི་རིག །གང་ཞིག་འདི་ཉིད་རྗེས་དྲན་པ། །ཡང་དང་ཡང་དུ་དྲན་བྱེད་པ། །དེ་ནི་དངོས་གྲུབ་རྒྱས་འགྱུར་ཏེ། །སྲིད་པའི་མཚོ་ལས་སངས་རྒྱས་བཞིན། །ཞེས་གདོད་མ་ནས་གནས་པའི་དོན་མ་ནོར་བར་ཁོང་དུ་ཆུད་པའི་ཡེ་ཤེས་ཆེན་པོ་རང་གི་རིགས་ཏེ། སངས་རྒྱས་ཐམས་ཅད་ཀྱི་ཡེ་ཤེས་ཀྱི་རྒྱ་མཚོ་ཡིན་ནོ། །ཞེས་གསུངས་སོ། །ཨོ་རྒྱན་གྱི་

རྒྱལ་རིགས་དབང་པོའི་བློ་གྲོས་གཉིད་ལོག་པར་གྲགས་པས་མཛད་པའི་ཕྱག་རྒྱ་ཆེན་པོ་ལྷན་ཅིག་སྐྱེས་པ་གྲུབ་པ་དང་། དེའི་འགྲེལ་པ་ལྷ་ལྕམ་ལེགས་སྨིན་ཀ་ར་དཔལ་མོས་མཛད་པ་ལས་འདི་དག་ཞིབ་ཏུ་ཤེས་པར་བྱའོ། །

བྲམ་ཟེ་ཆེན་པོའི་དོ་ཧ་ར། གྲོགས་དག་ཟབ་མོ་རྒྱ་ཆེ་བ། །གཞན་མིན་བདག་ཉིད་མ་ཡིན་ནོ། །ལྷན་ཅིག་སྐྱེས་དགའ་བཞི་པའི་དུས། སྟུགས་མ་ཉམས་སུ་མྱོང་བ་ཤེས། །ཞེས་པ་དང་། མུན་ནག་ཆེན་པོར་ཟླ་བའི་ནོར་བུ་ནི། །ཇི་ལྟར་འཆར་བར་བྱེད་པ་དེ་བཞིན་དུ། །མཆོག་ཏུ་བདེ་ཆེན་སྐད་ཅིག་གཅིག་ལ་ནི། །བསགས་པའི་སྡིག་པ་མ་ལུས་ཕམ་བྱེད་པའོ། །ཞེས་པ་དང་། མེ་ནི་སྲབ་ཉིད་ལ་རྐྱེན་གྱིས་འབར། །ཟླ་བ་ཆུ་འཛག་ནོར་བུ་རང་དབང་མེད། །ཐབས་ཀྱིས་རྒྱས་སྲིད་ཀུན་ལ་དབང་བསྒྱུར་བའི། །སེམས་ཉིད་དེ་ནི་གྲུབ་པའི་རྣལ་འབྱོར་མ༑ །ལྷན་ཅིག་སྐྱེས་པའི་སྦོམ་པ་ཤེས་པར་བྱ། །ཞེས་པ་དང་། ཇི་ལྟར་ཕྱི་རོལ་དེ་བཞིན་ནང་། །བཙུ་བཞིའི་ས་ལ་རྒྱུན་དུ་གནས། །ལུས་མེད་ལུས་ལ་སྦས་པ་སྟེ། །གང་གིས་དེ་ཤེས་དེ་གྲོལ་འགྱུར། །ཞེས་པ་དང་། སྙིང་རྗེ་དང་བྲལ་སྟོང་པ་ཉིད་ཞུགས་གང་། །དེས་ནི་ལམ་མཆོག་རྙེད་པ་མ་ཡིན་ནོ། །འོན་ཏེ་སྙིང་རྗེ་འབའ་ཞིག་སྒོམ་ན་ཡང་། །འཁོར་བའི་གནས་ནས་ཐར་པ་ཐོབ་མི་འགྱུར། །གང་ཡང་གཉིས་པོ་སྦྱོར་བར་ནུས་པ་དེས། །འཁོར་བར་མི་གནས་མྱ་ངན་འདས་མི་གནས། །ཞེས་པ་དང་། དེ་ཡིས་མཚོན་པའི་ལྟ་བ་ཡོད་མིན་ཏེ། །འོན་ཀྱང་བླ་མའི་ཞལ་ལ་ལྟོས་པ་ཡིན། །བླ་མས་སྨྲས་པ་གང་གི་སྙིང་ཞུགས་པ། །ལག་པའི་མཐིལ་དུ་གནས་པའི་གཏེར་མཐོང་འདྲ། །ཞེས་པ་དང་། ལྷན་ཅིག་སྐྱེས་པའི་རང་བཞིན་དེ་ཉིད་ནི། །དངོས་དང་དངོས་པོ་མེད་པ་མ་ཡིན་ཏེ། །མདའ་བསྣུན་རྟག་ཏུ་འོ་འདོད་འབོད་པར་བྱ། །གང་གི་བླངས་ནས་སྐྱེ་ཤི་གནས་འགྱུར་བ། །དེ་ཉིད་བླངས་ན་བདེ་ཆེན་མཆོག་སྒྲུབ་ཅེས། །སྐད་གསང་མཐོན་པོས་མདའ་བསྣུན་སྒྲ་བྱེད་ཀྱང་། །འཇིག་རྟེན་མི་ཡི་ཟ་ཁྱིམ་པ་ཕྱུག་ཀྱང་ཐ་སྙད་ཀྱང་།

མཆོག་གི་གོ་འཕང་ངོ་། །གཉིས་མེད་སེམས་ཀྱིས་ངོ་བོ་དམ་པ་ནི། །ཁམས་གསུམ་མ་ལུས་ཀུན་ཏུ་ཁྱབ་པར་སོང་། །སྙིང་རྗེའི་མེ་ཏོག་གཞན་ཕན་འབྲས་བུ་འཛིན། །མིང་ནི་མཆོག་ཏུ་གཞན་ལ་ཕན་པའོ། །ཞེས་པ་དང་། གང་ཞིག་བླ་མའི་མན་ངག་བདུད་རྩིའི་རྒྱུ། །གདུང་སེལ་བསིལ་བ་ངོམས་པར་མི་འཐུང་པ། །དེ་ནི་བསྟན་བཅོས་དོན་མང་མྱ་ངན་གྱི། །ཐང་ལ་སྐོམ་པས་གདུངས་ཤིང་འཆི་བར་ཟད། །ཅེས་པ་དང་། ཁྱིམ་ན་ཡོད་པ་ཕྱི་རོལ་སོང་ནས་ཚོལ། །ཁྱིམ་བདག་མཐོང་ནས་ཁྱིམ་མཚེས་དག་ལ་འདྲི། །མཁས་པ་བསྟན་བཅོས་འཆད་པ་རྣམས་ཀྱིས་ཀྱང་། །ལུས་ལ་སངས་རྒྱས་ཡོད་པར་མ་རྟོགས་སོ། །ཞེས་གསུངས་པ་རྣམས་ཀྱི་དགོངས་པ་ནི་རྒྱུ་རྒྱུད་ཐོག་མ་མེད་པ་ནས་རིག་པ་དང་སྟོང་པ་དང་བདེ་བ་དབྱེར་མེད་པའི་ཚུལ་དུ་གནས་པ་དེ་ཆུ་ཤེལ་དྭངས་པའམ། རྒྱ་མཚོའི་ཆུ་ལྟ་བུར་རྐྱེན་ལ་ལྟོས་ནས་སྣ་ཚོགས་སུ་འཆར་བས་མ་དག་པ་འཁོར་བའི་ཆོས་གཟུང་འཛིན་སྣ་ཚོགས་སུ་སྣང་བ་ཐམས་ཅད་ལ་ཁྱབ་པའི་ཕྱིར་ཁྱབ་བདག་ཅེས་གསུངས་ཤིང་དེ་ཉིད་རྡོ་རྗེ་སློབ་དཔོན་མཚན་ཉིད་དང་ལྡན་པས་དབང་གི་དུས་སུ་ཕྱིའི་མཚོན་བྱེད་བུམ་པ་དང་། ཅོད་པཎ་དང་། རྡོ་རྗེ་དྲིལ་བུ་ལ་སོགས་པའི་དབང་རྫས་དང་། ནང་གི་རྟེན་འབྲེལ་རྩ་དང་ཁམས་དང་དེ་ལ་བརྟེན་པའི་རིག་ཚོར་དཔེ་དོན་སྦྱར་ནས་གཏན་ལ་ཕབ་ཏེ་རང་ལ་གནས་པའི་ལྷན་སྐྱེས་ཀྱི་དོན་རང་རིག་པའི་ཚུལ་དུ་རྟེན་འབྲེལ་ངོ་འཕྲོད་ནས་འབྲས་བུ་སྐུ་བཞི་ཡེ་ཤེས་ལྔ་རང་ལ་གནས་པ་མངོན་དུ་བྱེད་པའི་ཐབས་གོམས་པའི་དབང་གིས་མ་རིག་པའི་སྒྲིབ་གཡོགས་དང་བྲལ་ན་བདེ་སྟོང་འགྱུར་བ་མེད་པའི་ཡེ་ཤེས་མངོན་དུ་གྱུར་པ་དེ་ལ་ཡེ་ཤེས་ཕྱག་རྒྱ་ཆེན་པོ་ཞེས་གསུངས་ཤིང་། དོན་དེ་རྟོག་གེའི་རིགས་པས་གཏན་ལ་མི་ཕེབས་པས་བླ་མ་དམ་པའི་ཞལ་གྱི་བདུད་རྩིའི་འཐུང་དགོས་ལ། ཡེ་ཤེས་དེ་རང་ལ་གནས་པ་ལེགས་པར་ངོ་མ་འཕྲོད་ན་རིག་པའི་གནས་མཐའ་དག་ལ་མཁས་པའི་བསྟན་བཅོས་འཆད་པ་པོས་ཀྱང་། འབྲས་བུ་རྫོགས་པའི་སངས་རྒྱས་དེ་སེམས་ལས་ལོགས་ཤིག་ཏུ་བསྟན་པས་བདེ་བ་ཆེན་པོའི་རོ་མ་མྱངས་ཤིང་། ལུས་སེམས་ཉོན་མོངས་དང་སྡུག་བསྔལ་སྣ་ཚོགས་ཀྱི་ཚད་པས་གདུངས་ཏེ་སྐྱེ་ཤི་ཁོ་ནས་དུས་འདའ་བར་ཟད་དོ། །དེས་ན་དབང་གི་དུས་སུ་ངོ་མ་འཕྲོད་པས་ལམ་གྱི་དུས་སུ་ཉམས་སུ་ལེན་མི་ཤེས་ཤིང་། ལམ་ནོར་བས་ཕྱག་རྒྱ་ཆེན་པོ་རྒྱུད་ལ་མི་འཆར་བ་ཡིན་ནོ། །འདི་རྣམས་ཀྱི་དོན་རྒྱས་པར་བྲམ་ཟེ་ཆེན་པོ་ཉིད་ཀྱིས་གསུངས་པའི་མྱངས་དཱ་ཧ་ཞེས་གྲགས་པ་དང་། དེའི་འགྲེལ་པ་མེ་ཏྲི་པ་དང་། དམ་པ་རྒྱ་གར་གྱི་འགྲེལ་པ་ལས་རྟོགས་པར་བྱའོ། །དཱ་ཧ་སྐོར་གསུམ་དུ་གྲགས་ནའང་གཞན་གཉིས་པོ་རྩོད་པ་ཅན་དུ་བཞེད་དོ། །ལྷན་ཅིག་སྐྱེས་པའི་དགའ་བ་ཡང་དག་པར་སྦྱོར་བ་ལས། དེ་ཉིད་ལྷན་ཅིག་སྐྱེས་དགའ་སྟེ། །དེ་ཉིད་འདིར་ནི་གཉིས་སུ་སྣང་། །ཐེ་བྲག་གཅིག་ཀྱང་འབྲས་བུར་འདོད། །གཅིག་ནི་ནམ་མཁའི་

མཚན་ཉིད་དེ། །གཉིས་པ་ཟླ་བ་རྒྱས་པ་འདྲ། །གཉིས་ལས་ནམ་མཁའ་ལྟ་བུ་གང་། །སྒྲིབ་པ་རྣམས་ཀྱི་ཆོས་སྐུ་ཡིན། །གང་ཞིག་ཟླ་བ་རྒྱས་པ་འདྲ། །དེ་ཉིད་ལོངས་སྤྱོད་རྫོགས་སྐུ་སྟེ། །ཞེས་པ་དང་། གཉིས་མེད་ཡེ་ཤེས་དེ་ཉིད་ནི། །ཆོས་རྣམས་ཀུན་གྱི་རང་བཞིན་ཅན། །དེ་ཕྱིར་དེ་ནི་བདེ་ཆེན་ཏེ། །འགྲོ་བ་ཀུན་ཀྱང་བདེ་ཆེན་པོ། །ཞེས་གསུངས་པའི་དོན། ཕྱག་རྒྱ་ཆེན་པོའི་ཡེ་ཤེས་ཀྱི་སྟོང་པ་ཉིད་ཀྱི་ཆ་ཆོས་སྐུ་དང་བདེ་བའི་ཆ་ལོངས་སྐུ་ཡིན་ལ། འདི་ལ་སྔགས་ཀྱི་ཐེག་པར། སྔ་མ་རྡོ་རྗེ་འཆང་གི་དབུགས་དབྱུང་དང་། ཕྱི་མ་དེ་བཞིན་གཤེགས་པའི་དབུགས་དབྱུང་ཞེས་རྒྱུད་དང་གྲུབ་ཐོབ་རྣམས་ཀྱིས་གསུངས་སོ། །ཧོག་ཅེ་པས། མ་སྐྱེས་པ་དང་མི་འཇིག་པ། །མི་འགྱུར་བ་དང་མི་གནས་པ། །གཉིས་སུ་མེད་པའི་ཡེ་ཤེས་མཆོག །འདི་ནི་ཕྱག་རྒྱ་ཆེན་པོ་ཉིད། །ཅེས་པ་དང་། གཅིག་ཉིད་ཐོག་མ་མེད་པ་དང་། །མཐའ་མེད་རྣམ་པར་ཡང་དག་གནས། །བླ་མའི་ཞལ་སྔའི་བཀའ་དྲིན་ལས། །མཆོག་གཅིག་གིས་ནི་ཤེས་པར་འགྱུར། །རྣལ་འབྱོར་སྐྱེས་བུར་བཤད་པ་སྟེ། །རྗེས་སུ་རྣལ་འབྱོར་རིག་པའི་མཆོག །གཉིས་བསྡུས་ཤིན་ཏུ་རྣལ་འབྱོར་ཏེ། །གཉིས་མེད་ཡེ་ཤེས་རྣལ་འབྱོར་ཆེ། །རྣལ་འབྱོར་རང་ཉིད་སངས་རྒྱས་འགྱུར། །ཉི་ཟླ་གཟའ་ཡིས་ཟིན་པ་ན། །ཤེས་རབ་རྡོ་རྗེ་སྦྱོར་བ་ལས། །ཞུ་བ་གཉིས་མེད་ཡེ་ཤེས་ཀྱིས། །སྐྱེ་བ་འདིར་ནི་སངས་རྒྱས་ཉིད། །དོན་དམ་དགའ་བའི་རང་བཞིན་ཏེ། །གཟུང་དང་འཛིན་པ་རྣམ་པར་སྤངས། །གྲུབ་པའི་གཟུགས་སུ་ཐེ་ཚོམ་མེད། །ཅེས་གསུང་པའི་དོན། མཐའ་བྲལ་ཕྱག་རྒྱ་ཆེན་པོ་དེ་རྒྱུད་ལ་འཆར་བའི་ཐབས་བླ་མ་དམ་པའི་ཞལ་སྔ་ནས་གསུངས་པའི་དོན། དབང་གསུམ་གྱི་ལམ་ཉམས་སུ་བླངས་པས་ཐོག་མར་ཤར་བའི་ཉམས་མྱོང་དེ་རིག་པས་སྐྱེས་བུ་རྣལ་འབྱོར་དང་། དེ་ལ་བརྟེན་ནས་དེ་ཉིད་རྗེས་སུ་རིག་ཅིང་ཆེར་འཕེལ་བ་བདག་མེད་པའི་ངོ་བོར་རིག་པ་རྗེས་སུ་རྣལ་འབྱོར་དང་། ཐབས་ཤེས་དཀར་དམར་འདུས་ཤིང་བདེ་སྟོང་གི་རོ་མྱོང་བ་ཤིན་ཏུ་རྣལ་འབྱོར་དང་། ཡུལ་དང་ཡུལ་ཅན་ཆོས་ཐམས་ཅད་གཉིས་སུ་མེད་པའི་ཡེ་ཤེས་སུ་རོ་གཅིག་པར་གྱུར་པ། སོ་སོ་རང་གིས་རིག་པའི་ཡེ་ཤེས་རྣལ་འབྱོར་ཆེན་པོ་སྟེ་རྫོགས་པའི་རིམ་པའི་རྣལ་འབྱོར་བཞི་མཐར་ཕྱིན་པས་ཉི་ཟླའི་རྒྱུ་བ་ཁམས་དང་རླུང་དང་རྣམ་པར་ཤེས་པ་གཅིག་ཏུ་འདྲེས་ཤིང་། དགྲ་ཅན་གྱི་ཁྲིམ་དུ་ཞུགས་པ་ནི་དོན་དམ་དགའ་བའི་རང་བཞིན་གཟུང་འཛིན་ཐམས་ཅད་དང་བྲལ་བ་དངོས་པོ་ཐམས་ཅད་ལ་ཁྱབ་པའི་ཡེ་ཤེས་རྫོགས་པའི་སངས་རྒྱས་ཀྱི་གཟུགས་སུ་སྐྱེ་བ་འདི་ཉིད་ལ་འགྲུབ་པར་ཐེ་ཚོམ་མེད་ཅེས་པའོ། །ཕུང་པོ་ལྔ་དང་འབྱུང་བ་ལྔའི་བདག་ཉིད་རླུང་དང་ཁམས་དང་སེམས་ཀྱི་སྒྲིབ་པ་དང་བྲལ་བ་ལྷན་ཅིག་སྐྱེས་པའི་རང་བཞིན་དུ་འདྲེས་པར་གྱུར་པ་ནི། རིགས་དྲུག་པ་མཆོག་ཏུ་མི་འགྱུར་བའི་བདེ་བ་ཆེན་པོ་རྡོ་རྗེ་འཆང་གི་ངོ་བོ་ཡིན་ལ། དེའི་ཁྱད་པར་རིགས་ལྔ་དང་ལྷ་མོ་ལྔ་དང་། དེ་རྣམས་ཀྱི་ཁྱད་པར་དུ་མ

ལས་སྐྱེ་མཆེད་ཀྱི་ལྷ་ལ་སོགས་པ་མཐའ་ཡས་པར་འཇོག་པ་ཡིན་ཏེ། འདུ་བྱེད་ཚོར་བ་འདུ་ཤེས་དང་། །གཟུགས་དང་རྣམ་པར་ཤེས་པ་ཉིད། །ཡེ་ཤེས་ལྔ་ཡི་རང་བཞིན་སྐུ། །ལྔ་མེད་གཉིས་སུ་མེད་པའི་བདག །རྟག་པ་མི་སྤྱོད་རིན་ཆེན་དང་། །ཚོ་དང་དེ་བཞིན་དོན་ཡོད་ཉིད། །ལྔ་བདག་གྱུར་པའི་རིགས་པོ་ནི། །དྲུག་པ་བདེ་བ་ཆེན་པོ་ཉིད། །ས་དང་ཆུ་དང་དེ་བཞིན་མེ། །རླུང་དང་ནམ་མཁའ་ཉིད་དག་གི །འབྱུང་ལྔ་ལྷན་ཅིག་སྐྱེས་པ་ནི། །བྱང་ཆུབ་གཉིས་སུ་མེད་པར་འགྱུར། །མི་ལོང་མཉམ་ཉིད་བྱ་བ་སྒྲུབ། །སོ་སོར་རྟོག་པ་ཆོས་དབྱིངས་རྣམས། །རྣམ་པར་རྟོག་པའི་རྐྱེན་གྱིས་བཏགས། །རང་བྱུང་གཅིག་པུ་གཉིས་སུ་མེད། །ཅེས་གསུངས་པས་ཡེ་ཤེས་ཕྱག་རྒྱ་ཆེན་པོ་དེ། ཡེ་ཤེས་ལྔའི་ངོ་བོ་ཡིན་ནོ། །འདིར་དབང་གསུམ་པའི་ཉམས་འཕེལ་བར་བྱེད་པའི་མན་ངག་རང་ལུས་ལ་བརྟེན་པ་ནི། སྤྱི་བོའི་ས་བོན་ལ་རིམ་གྱིས་ལྷེའུ་ཆུང་གི་རྩེ་མོར་དལ་གསོ་ཞིང་ལྷེའུ་ཆུང་གི་རྩེ་མོས་བདུད་རྩི་བཏུང་བར་བྱས་ཏེ། དབང་གི་དོན་དྲན་པས་ཉམས་སུ་བླངས་ན་རྡོ་རྗེའི་ལུས་དྲི་མ་མེད་པར་གྱུར་ཅིང་། ཐ་ཤེ་འཛོམས་པར་བྱེད་པ་ཡང་གསུངས་སོ། །རྟོག་པ་མེད་པའི་རྒྱུད་ཀྱི་འགྲེལ་པར་གཞོན་ནུ་ཟླ་བས། འདིར་ཕྱག་རྒྱ་ནི་ཕྱག་རྒྱ་ཆེན་པོའོ། །དེ་ཉིད་ནི་ཡང་དག་པར་རྫོགས་པའི་བྱང་ཆུབ་བོ། །རྒྱས་འདེབས་པ་ནི་ཕུང་པོ་རྣམས་གཅིག་པའི་ཕྱིར་རོ། །སྦྱོར་བ་ནི་ཏིང་ངེ་འཛིན་ཏེ། ཞི་གནས་དང་ལྷག་མཐོང་གི་སྟོང་པ་ཉིད་དང་སྙིང་རྗེ་དབྱེར་མེད་པའི་བྱང་ཆུབ་ཀྱིས་སེམས་སྒོམ་པར་བྱེད་ཅེས་བྱ་བའི་དོན་ཏོ། །ཞེས་པ་དང་། རྡོ་རྗེ་ནི་སྟོང་པ་ཉིད་དོ། །སེམས་དཔའ་ནི་སྙིང་རྗེའོ། །དེ་གཉིས་སྦྱོར་བ་ནི་རྡོ་རྗེ་སེམས་དཔའོ། །ལུས་ཇི་ལྟ་བུ་ཞེ་ན། མཆོག་ཏུ་བདེ་བ་ནི་བདེ་བ་ཆེན་པོའི་ལུས་སོ། །གསང་བ་ནི་ཆོས་སོ། །མཆོག་ནི་ལོངས་སྤྱོད་དོ། །དགྱེས་པ་ནི་སྣ་ཚོགས་ཏེ་སྤྲུལ་པའོ། །ཐམས་ཅད་ཀྱི་བདག་ཉིད་ནི་ངོ་བོ་ཉིད་ཀྱི་སྐུའོ། །རྟག་ཏུ་བཞུགས་པ་ནི་གང་དུའང་མི་གནས་པའོ། །ཞེས་འབྲས་བུ་ཕྱག་རྒྱ་ཆེན་པོ་སྐུ་བཞིའི་བདག་ཉིད་རྡོ་རྗེ་སེམས་དཔའ་ཉིད་དུ་གསལ་བར་གསུངས་སོ། །མཻ་ཏྲི་པའི་བདེ་མཆོག་གསལ་བར། ཕྱི་རོལ་གཉིས་ནི་སྙོམས་འཇུག་པ། །ཐུབ་པ་ཡིས་ནི་ཉེར་བསྟན་གང་། །དེ་ནི་གང་གིས་རྟོགས་དོན་དུ། །རྒྱུན་དུ་གསལ་བར་ཤེས་པར་བྱ། །བདེ་བའི་ངོ་བོ་ཉིད་འདོད་གང་། །བདེ་བ་མེད་ན་བྱང་ཆུབ་མིན། །ཡོད་ན་ཆགས་པ་ཆེན་པོས་ཏེ། །འཁོར་བར་སྐྱེ་བའི་རྒྱུ་ཉིད་དོ། །རྟེན་ཅིང་འབྲེལ་འབྱུང་བདེ་བ་གང་། །གཟོད་ནས་ཞི་བའི་བདེ་བར་རྟགས། །དེ་ཕྱིར་དངོས་པོ་མེད་པར་བརྗོད། །བདེ་བ་ཡོད་མིན་མེད་པའང་མིན། །ཞེས་པ་དང་། དབྱིབས་དང་ཕྱགས་ཀྱི་སྦྱོར་བདག་ཉིད། བློ་ལྡན་བདེ་བ་དེར་སོན་ནས། །དེ་ནས་སྣ་ཚོགས་སྒྱུ་མ་བཞིན། །གཉིས་སུ་མེད་དེ་དེ་ལྟར་མཐོང་། །དེ་ནས་ཡང་དག་མཐར་འཇུག་ཅིང་། །ཟུང་འཇུག་གོ་འཕང་རྟོགས་པར་འགྱུར། །ཟུང་འཇུག་ལ་གནས་རྣལ་འབྱོར་པ། །སེམས་ཅན་དོན་ལ་གཅིག་ཏུ་བརྩོན། །ཞེས་

གསུངས་པས་སྔགས་ཀྱི་ཕྱག་རྒྱ་ཆེན་པོ་དང་། ཟུང་འཇུག་དོན་གཅིག་པའི་ཕྱིར་ཐོག་མར་བདེ་བ་ལམ་དུ་བྱེད་པའི་ཚེ་སྟོང་པ་ཉིད་ཀྱི་བློས་རང་བཞིན་ནི་མེད་པར་རྒྱས་བཏབ་ཅིང་ཉམས་སུ་བླང་དགོས་ཏེ་དེ་ལྟར་མ་བྱས་ན་དེ་ལ་ཞེན་ཅིང་ཆགས་པའི་སྒོ་ནས་འཁོར་བའི་རྒྱུར་འགྱུར་བ་ཡིན་གྱིས་ཕྱག་རྒྱ་ཆེན་པོའི་ལམ་དུ་མི་འགྱུར་ཏེ། དབང་ཕྱུག་དང་ཨུ་མས་བཤད་པའི་མ་རྒྱུད་ཀྱི་ཉམས་ལེན་རླུང་དང་ཁམས་བཅིངས་པའི་བདེ་བ་ལ་ཡུན་རིང་དུ་མཉམ་པར་འཇོག་ཚུལ་ཟབ་ཟབ་འདྲ་བ་དེ་དང་ཁྱད་པར་མེད་པའི་ཕྱིར་རོ། །དཔལ་ལྡན་ཨ་ཏི་ཤའི་ཞལ་སྔ་ནས། མུ་སྟེགས་དང་། ནང་པའི་མ་རྒྱུད་ཀྱི་ཤན་ཕྱེད་པ་ཁོ་བོའི་བླ་མ་ཤཱནྟི་པ་དང་ཁོ་བོ་ལས་གཞན་མེད། ཤཱནྟི་པ་ནི་སྐུ་གཤེགས། ཁོ་བོ་ནི་བོད་དུ་འོངས། ད་ནི་རྒྱ་གར་ཡང་ངན་པར་ཐལ་ལོ་ཞེས་གསུངས་སོ། །དེས་ན་གསང་སྔགས་ཟབ་མོའི་ལམ་ཤིན་ཏུ་རྟོགས་པར་དཀའ་བས་ཉོན་མོངས་པ་དང་ཡེ་ཤེས་འདྲེས་པ་ལྟ་བུ་བླ་མ་མཁས་པའི་གསུང་ལས་ཉམས་ལེན་གྱི་གནད་ཁོང་དུ་ཆུད་པར་བྱའོ། །མདོར་ན་ཕྱག་རྒྱ་ཆེན་པོ་ནི་ཆོས་ཐམས་ཅད་ཀྱི་རང་བཞིན་སྤྲོས་པ་དང་བྲལ་བའི་དེ་བཞིན་ཉིད་ལ་ངོས་འཛིན་པ་མང་དུ་ཡོད་ནའང་། དེ་ནི་ད་ལྟའང་། ཕྱག་རྒྱ་ཆེན་པོ་གཤིས་ཐོག་ཏུ་ཤོར་བ་ཞེས་ཟེར་བ་དེ་ཡིན་ནོ། །སེམས་ཀྱི་འཆར་སྒོ་གསལ་ཙམ་དུས་གསུམ་རིགས་འདྲ་རྒྱུན་ཤར་བ་ལ་འདོད་པ་ཡོད་ནའང་། དེ་ནི་སེམས་མ་བཅོས་པ་ཉམས་སུ་ལེན་པའི་གནད་མ་གོ་བ་ཡིན་ནོ། །དཔེར་ན་མདོ་ལས། གླང་པོ་ཆེའི་གཟུགས་དམུས་ལོང་མང་པོས་གདན་ལ་འབེབས་པ་ལྟར། ཆ་ཤས་ཕྱོགས་རེ་ཙམ་བཟུང་ནས་ཡོངས་སུ་རྫོགས་པར་མི་ཤེས་པ་ཡིན་ཏེ། སྣ་ལ་རེག་ནས་ཐོང་བཤོལ་འདྲའོ་ཟེར་བ་དང་། ཁ་ཅིག་གིས་མཆེ་བ་ལ་རེག་ཏེ་ཕུར་པ་འདྲ། ཁ་ཅིག་རྣ་བ་ལ་རེག་སྟེ་ཞིབ་མ་ལྟ་བུ། ཁ་ཅིག་རྨིག་པ་ལ་རེག་སྟེ་བཏུན་ལྟ་བུ། སྒོ་གཞུང་ལ་རེག་སྟེ་རྐྱལ་པ་བུས་པ་ལྟ་བུ། མཇུག་མ་ལ་རེག་སྟེ་ཕྱག་མ་ལྟ་བུའོ། །ཞེས་ངོས་འཛིན་ནའང་གླང་པོའི་གཟུགས་ལ་དེ་དག་ཚང་བར་ཡོད་མེད་ཀྱིས་ཡོངས་སུ་རྫོགས་པར་མ་ཤེས་སོ། །དེ་བཞིན་དུ་ཕྱག་རྒྱ་ཆེན་པོ་ལའང་སྟོང་པ་ཉིད་དང་། མི་རྟོག་པ་དང་། གསལ་བ་དང་། བདེ་བ་དང་། རིག་པ་དང་། མ་བཅོས་པ་དང་། སྤྲོས་པའི་མཐའ་དང་བྲལ་བ་ལ་སོགས་པ་མཐའ་དག་ཚང་བར་ཤེས་ནས་ཉམས་སུ་ལེན་དགོས་ཤིང་། ཕྱོགས་རེ་ཙམ་ཉམས་སུ་བླངས་པས་གོ་མི་ཆོད་དོ། །མདོ་ལས། རྒྱལ་པོ་ཞིག་གིས། རི་མོ་མཁན་རྣམས་ལ། ངའི་གཟུགས་ཡོངས་སུ་རྫོགས་པར་བྲིས་ཤིག་ཅེས་བསྒོ་ན། གཟུགས་ཐལ་ཆེར་ཚང་ཡང་མིག་མ་ཚང་བས་རྒྱལ་པོའི་བཀའ་ལས་འགལ་བ་ལྟར་རྣམ་པ་ཐམས་ཅད་ཀྱི་མཆོག་དང་ལྡན་པའི་སྟོང་པ་ཉིད་ཀྱི་དོན་ཡང་ལམ་དང་འབྲས་བུའི་ཡོན་ཏན་གྱི་ཆོས་ཐམས་ཅད་རྫོགས་པར་ཚང་དགོས་ཏེ། གང་ཡང་རུང་བ་གཅིག་མ་ཚང་ནའང་རྣམ་པ་ཐམས་ཅད་ཀྱི་མཆོག་དང་ལྡན་པ་མ་ཡིན་នོ། །ཞེས་གསུངས་པ་ལྟར་སངས་རྒྱས་ཀྱི་ལམ་

སྒྲུབ་པའི་ཆོས་མཛད་པ་རྣམས་ཀྱིས་ཀྱང་ལེགས་པར་དགོངས་དགོས་སོ། །ཡེ་ཤེས་ཕྱག་རྒྱ་ཆེན་པོའི་ངོས་འཛིན་ཕྱོགས་ཙམ་བཀོད་པ་ཡིན་གྱིས། རྒྱས་པར་རྒྱུད་དང་འགྲེལ་པ་དང་རྣལ་འབྱོར་གྱི་དབང་ཕྱུག་དངོས་གྲུབ་བརྙེས་པ་རྣམས་ཀྱིས་གསུངས་པའི་གཞུང་ལུགས་རབ་འབྱམས་རྣམས་ལས་ཇི་ལྟར་འབྱུང་བ་བཞིན་མ་ནོར་བར་གཏན་ལ་ཕབ་ནས་རང་ཉིད་ཉམས་སུ་ལེན་པ་དང་སྐལ་ལྡན་གྱི་སློབ་མ་ལ་བསྟན་པར་བྱའོ། །

འདི་ཡི་རྟོགས་པ་གསང་སྔགས་ཀྱི། །ཐབས་ལ་མཁས་ན་ཚེ་འདིར་འགྲུབ། །དེ་ལས་གཞན་དུ་ཕྱག་རྒྱ་ཆེ༑ ༑རྟོགས་པ་སངས་རྒྱས་ཀྱིས་མ་གསུངས། །དེས་ན་ཕྱག་རྒྱ་ཆེན་པོ་ལ། །མོས་ན་གསང་སྔགས་གཞུང་བཞིན་བསྒྲུབས། །ཞེས་པ། དབང་དང་རིམ་གཉིས་ལས་བྱུང་བའི་ཡེ་ཤེས་ཕྱག་རྒྱ་ཆེན་པོའི་རྟོགས་པ་ནི། རྣལ་འབྱོར་བླ་ན་མེད་པའི་ལམ་ཚང་ཞིང་མ་ནོར་བར་སྒྲུབ་པ་ལ་མཁས་ཤིང་བདུད་ཀྱི་བར་ཆད་མ་བྱུང་ན་ཚེ་འདིར་འགྲུབ་བོ། །ལུགས་འདི་ལས་གཞན་པའི་ཕྱག་རྒྱ་ཆེན་པོའི་ངོས་འཛིན་དང་སྒྲུབ་ཚུལ་རྡོ་རྗེ་འཆང་གིས་མ་གསུངས་སོ། །རིགས་དྲུག་གི་སྣང་བ་མ་འགགས་པར་ཤར་བ་འདི་མ་བཅོས་ཕྱག་རྒྱ་ཆེན་པོ་ཡིན་ཟེར་བ་དང་། འཁྲུལ་ཚུལ་ཕྱག་རྒྱ་ཆེན་པོ། གནས་ལུགས་ཕྱག་རྒྱ་ཆེན་པོ། རྣམ་རྟོག་ཆོས་སྐུ་ཕྱག་རྒྱ་ཆེན་པོ་ཞེས་པ་ལ་སོགས་པ་དང་། ཕྱག་དང་རྒྱ་དང་ཆེན་པོ་གསུམ་ཡི་གེ་རེ་རེ་ཐ་དད་པའི་ངོས་འཛིན་གྱི་བཤད་པ་བྱེད་པ་ནི་རང་རང་གི་རྣམ་པར་རྟོག་པ་ཚད་མར་བྱས་པའོ། །དེས་ན་ཕྱག་རྒྱ་ཆེན་པོ་སྒོམ་པ་ལ་འདུན་པ་ཡོད་ན་རྣལ་འབྱོར་བླ་མེད་ཀྱི་རྒྱུད་ལས་གསུངས་པ་དང་མཐུན་པར་སྒྲུབས་ཤིག །

བཞི་པ་ལ་གསུམ་ལས། དང་པོ་ཆོས་ལོག་བྱུང་ཚུལ་ནི། །ད་ལྟའི་ཕྱག་རྒྱ་ཆེན་པོ་དང་། །རྒྱ་ནག་ལུགས་ཀྱི་རྫོགས་ཆེན་ལ། །ཡས་འབབ་དང་ནི་མས་འཛེག་གཉིས། །རིམ་གྱིས་པ་དང་གཅིག་ཅར་བ། །མིང་ཙམ་བསྒྱུར་བ་མ་རྟོགས་པ། །དོན་ལ་རྣམ་པར་དབྱེ་བ་མེད། །ཅེས་པ། ད་ལྟ་བོད་ལ་གྲགས་པའི་ཕྱག་རྒྱ་ཆེན་པོ་དང་། རྒྱ་ནག་ཧྭ་ཤང་གི་རྫོགས་ཆེན་གཉིས་ཀྱི་དོན་ལ་ཁྱད་པར་མེད་དེ། ཡིད་ལ་མི་བྱེད་ཕྱག་རྒྱ་ཆེན་པོ་ཡིན། །རིག་པ་མ་བཅོས་ལྷུག་པར་སློད་ལ་ཞོག །ཅེས་ཟེར་ཅིང་། མདོ་ལས། གང་ཡིད་ལ་བྱེད་པ་དེ་ནི་མི་དགེ་བའོ། །གང་ཡིད་ལ་མི་བྱེད་པ་དེ་ནི་དགེ་བའོ།།ཞེས་པ་དང་། ཆོས་ཐམས་ཅད་ནི་དྲན་པ་མེད་པ་དང་ཡིད་ལ་བྱར་མེད་པའོ། །ཞེས་པའི་སངས་རྒྱས་ཀྱི་གསུང་སྒྲ་དྲང་ཐད་དུ་བཟུང་ནས་འཁྲུལ་པ་ཡིན་ཏེ། རྒྱལ་ཚབ་བྱམས་པས། སྒྲ་དོན་ཇི་བཞིན་ཡོངས་རྟོགས་ན། །བདག་ཉིད་སྙེམས་ཤིང་བློ་ཉམས་འགྱུར། །ལེགས་པར་གསུངས་པ་སྤངས་པས་ན། །བརླག་འགྱུར་ཆོས་ལ་ཁོང་ཁྲོས་བསྒྲིབས། །ཞེས་གསུངས་པ་ལྟར་རོ། །རྒྱ་ནག་གི་ཆོས་ལ་མས་འབབ་དང་གཅིག་ཅར་བ་ཞེས་ཟེར་ཞིང་། བོད་ཀྱིས་བྱས་པའི་ཕྱག་རྒྱ་ཆེན་པོ་ལ་མས་འཛེག་དང་རིམ་གྱིས་པ

ཟེར་བའི་མིང་འགྱུར་བ་ཙམ་མ་གཏོགས་ངོས་འཛིན་དང་ཉམས་སུ་ལེན་ཚུལ་ཁྱད་པར་མེད་དོ། །

ཆོས་ལུགས་འདི་འདྲ་འབྱུང་བ་ཡང་། །བྱང་ཆུབ་སེམས་དཔའ་ཞི་བ་འཚོས། །རྒྱལ་པོ་ཁྲི་སྲོང་ལྡེ་བཙན་ལ༔ །ལུང་བསྟན་ཇི་བཞིན་ཐོག་ཏུ་བབ། །ལུང་བསྟན་དེ་ཡང་བཤད་ཀྱི་ཉོན། །རྒྱལ་པོ་ཁྱོད་ཀྱི་བོད་ཡུལ་འདིར། །སློབ་དཔོན་པདྨ་འབྱུང་གནས་ཀྱིས། །བརྟན་མ་བཅུ་གཉིས་ལ་གཏད་པས། །མུ་སྟེགས་འབྱུང་བར་མི་འགྱུར་མོད། །ཅེས་པ། རྒྱ་ནག་ཧྭ་ཤང་གི་ཆོས་ནོར་པ་འདི་འདྲ་འབྱུང་བ་ཡང་། མཁན་པོ་བོ་དྷི་སཏྭ་སྟེ་བྱང་ཆུབ་སེམས་དཔའ་ཞི་བ་འཚོས། རྒྱལ་པོ་ཁྲི་སྲོང་སྡེ་བཙན་ལ་ལུང་བསྟན་གྱི་ཞལ་ཆེམས་མཛད་པ་ཐོག་ཏུ་བབས་པ་ཡིན་ནོ། །དེ་ཡང་ཆོས་རྒྱལ་སྲོང་བཙན་སྒམ་པོས། དེ་ནས་རྒྱལ་རབས་ལྔ་ནས་རྒྱལ་པོ་ལྡེའི་མིང་ཅན་གཅིག་འབྱུང་སྟེ། དེས་སངས་རྒྱས་ཀྱི་བསྟན་པའི་རྩ་བ་རབ་ཏུ་བྱུང་བ། དུར་སྒྲིག་གི་གོས་འཛིན་པའི་སྡེ་འཛུགས་པར་འགྱུར་རོ། །དེ་ལ་ངའི་དཔོན་སྲས་འབངས་དང་བཅས་པ་རྣམས་ཀྱིས་མཆོད་པ་དང་བཀུར་སྟི་ཆེན་པོ་གྱིས་ཤིག །ཚེ་འདི་དང་ཕྱི་མའི་བདེ་ལེགས་རྣམས་འབྱུང་བར་འགྱུར་རོ། །ཞེས་ལུང་བསྟན་པ་བློན་པོ་མགར་གྱིས་ཟངས་མའི་གླེགས་བམ་ལ་ཡི་གེ་བྲིས་པ་དཀོར་མཛོད་དུ་བཅུག་གོ། །ལུང་བསྟན་པ་བཞིན་དུ་ཁྲི་སྲོང་ལྡེ་བཙན་ལྕགས་ཕོ་རྟའི་ལོ་ལ་འཁྲུངས་ཏེ། དགུང་ལོ་བཅུ་གསུམ་ལོན་པ་ཆུ་ཕོ་རྟའི་ལོ་ལ་རྒྱལ་པོ་བྱོན་ནས་བློན་པོ་སྦ་གསལ་སྣང་མཁན་པོ་སྤྱན་འདྲེན་པ་ལ་མངགས་ཏེ། མང་ཡུལ་སྐྱིད་གྲོང་དུ་མཁན་པོ་བྱོན་པ་དང་མཇལ་ཅིང་། ཞུ་བ་ཕུལ་ནས་འགྲོན་པར་ཞལ་བཞེས་བྱུང་ངོ་། །སྦ་གསལ་སྣང་གིས་ཕོ་བྲང་ལྷུན་ཚུགས་སུ་ཆོས་རྒྱལ་བཞུགས་པའི་སྣན་དུ་གསོལ་བས། ཐུགས་ཤིན་ཏུ་དགྱེས་ཏེ་ཁྱོད་རེ་ཤིག་ཡིབ་ལ་སྡོད་ཅིག །བློན་པོ་ཞང་ཉ་བཟངས་དང་། མགོས་ཁྲི་བཟངས་ལ་སོགས་དམ་པའི་ཆོས་ལ་དད་པ་རྣམས་དང་མོལ་བར་བྱ། ཞེས་གསུངས་ནས་རྒྱལ་བློན་རྣམས་བཀའ་བགྲོས་ཏེ། སླར་ཡང་སྦ་གསལ་སྣང་མཁན་པོ་སྤྱན་འདྲེན་དུ་བཏང་ནས་བསུ་བ་རྒྱ་ཆེན་པོ་མཛད་དེ། ཆོས་རྒྱལ་དང་ཞལ་འཛོམ་པའི་ཚེ་སྔོན་སྨོན་ལམ་བཏབ་པ་དྲན་ནམ་ཞེས་ལན་གསུམ་གྱི་བར་དུ་གསུངས་པས། རྗེས་ལ་འོལ་སྤྱིར་དྲན་ལགས་ཏེ། སྨོམ་ཡུན་ཐུངས་པས་མི་གསལ་ཞེས་ཞུས་སོ། །མཁན་པོའི་ཞལ་སྔ་ནས། ཆུ་བོ་གངྒཱའི་འགྲམ་ན་མཆོད་རྟེན་ཆེན་པོ་ཞིག་བཞུགས་པ་ལ་དད་པས་ཞིག་གསོས་དང་ཕྱག་དང་བསྐོར་བ་བྱས་ཤིང་། རྒྱལ་པོ་ཁྱོད་ཀྱིས་ཡུལ་མཐའ་འཁོབ་དམ་པའི་ཆོས་མ་དར་བའི་ས་ཕྱོགས་སུ་རྒྱལ་པོར་གྱུར་ཏེ། སངས་རྒྱས་ཀྱི་བསྟན་པ་སྤེལ་བར་གྱུར་ཅིག་ཅེས་སྨོན་ལམ་བཏབ་བོ། །ཁོ་བོས་ནི་དེའི་ཚེ་མཁན་པོར་གྱུར་ཅིག་ཅེས་བྱའོ། །ཞེས་པ་འདི་ཙམ་ཞིག་སྒྲ་བཞེད་ལས་འབྱུང་ཞིང་ཡིག་ཚང་འགའ་ཞིག་ཏུ། སློབ་དཔོན་པདྨས་གདུག་པ་ཅན་འདུལ་བའི་ཐུགས་འཆང་དུ་གྱུར་ཅིག་ཅེས་པ་དང་། ཡེ་ཤེས་དབང་པོས་སྤྱན་འདྲེན་པའི་ཕོ་ཉ་བར་གྱུར་

ཅིག །ཅེས་སྨོན་ལམ་བཏབ་ཟེར་རོ། །དེའི་ཚེ་བོད་ཀྱི་མི་འགའ་ཞིག་མཐའི་མིས་ངན་སྔགས་བྱས་དོགས་ཡོད་ཟེར། ཁ་ཆེ་ཨ་ནནྟས་ལོ་ཙཱ་བྱས་ཤིང་ལེགས་པར་བརྟགས་པས་བྱང་ཆུབ་སེམས་དཔའ་བཟང་པོ་གཅིག་ལགས་ཏེ་ཐུགས་འཁྲིག་མ་འཚལ་ལོ་ཟེར་བོ་དྷི་ས་ཏྭར་གྲགས་སོ། །སྡོམ་བརྩོན་ཆེན་པོ་འདི་ནི་ཤར་ཕྱོགས་ཟ་ཧོར་གྱི་རྒྱལ་པོའི་སྲས་སུ་འཁྲུངས་ནས། ན་ལེནྡྲར། མཁན་པོ་ཡེ་ཤེས་སྙིང་པོ་ཡོད་སྨྲ་བའི་སྡེ་པའི་བླ་བརྒྱུད་ལས་རབ་ཏུ་བྱུང་ཞིང་། རིག་པའི་གནས་མཐའ་དག་ལ་མཁས་པར་གྱུར་ཏོ། །ན་ལེནྡྲའི་མཁན་པོ་མཛད་ཅིང་རྒོལ་བ་ངན་པ་ཐམས་ཅད་ཚར་བཅད་པས་མཁས་པའི་གྲགས་པས་འཛམ་བུ་གླིང་ཐམས་ཅད་ཁྱབ་པར་གྱུར་ཏེ། ལྷོ་ཕྱོགས་ན་བྲམ་ཟེའི་བུ་མོ་སྔགས་ཀྱི་རིག་བྱེད་ལ་ཤིན་ཏུ་མཁས་པ་ཞིག་གིས་ཕྱི་ནང་གི་རྒོལ་བ་རྣམས་ཕམ་པར་བྱས་ཏེ་སྙན་པར་གྲགས་པས་ཁྱེངས་ཤིང་ན་ལེནྡྲར་སོང་ནས་མཁན་པོ་ཞི་བ་འཚོ་ཕམ་པར་བྱས་ན་འགྲན་ཟླ་དང་བྲལ་བར་འགྱུར་སྙམ་དུ་སེམས་སོ། །དེ་ནས་མཁན་པོ་བཞུགས་སར་རིམ་གྱིས་ཕྱིན་ཏེ་བལྟས་པས་མཁན་པོ་མི་སྣང་ཞིང་། འཇམ་པའི་དབྱངས་ཀྱི་སྐུ་གསེར་བཙོ་མའི་མདོག་ལྟར་འབར་བ་ཞིག་བཞུགས་པར་མཐོང་ངོ་། །ཕྱིར་འོངས་ནས་གཞན་དག་ལ་དྲིས་པས་མཁན་པོ་དེ་ཉིད་ན་བཞུགས་ཡོད་དོ་ཞེས་ཟེར་རོ། །སླར་ཡང་ལོག་སྟེ་བལྟས་པས་མཁན་པོའི་ཞལ་མཐོང་མ་ཐག་ཤིན་ཏུ་དད་པར་གྱུར་ཏེ་རྩོད་པའི་བསམ་པ་དོར་ནས་གུས་པས་ཞབས་སྤྱི་བོར་བླངས་ཤིང་བསྟན་པའི་སྒོར་ཞུགས་སོ། །མདོར་ན་འཇམ་པའི་དབྱངས་གྲུབ་པའི་སྡོམ་བརྩོན་དམ་པ་འདིས་ན་ལེནྡྲར་ཡུན་རིང་དུ་བཞུགས་ཤིང་། རྒྱ་གར་ཤར་ཕྱོགས་དང་རྒྱ་ནག་ལ་སོགས་པར་དགུང་ལོ་བདུན་བརྒྱའི་བར་དུ་སངས་རྒྱས་ཀྱི་བསྟན་པ་ལེགས་པར་བསྐྱངས་ནས་སླར་བོད་ཡུལ་དུ་སྔོན་གྱི་སྨོན་ལམ་དང་མཐུན་པར་བྱོན་ཏེ། ཆོས་རྒྱལ་ཆེན་པོའི་བཞེད་པ་བསྒྲུབས་ནས་སྐུ་གཤེགས་ཁར་རྒྱལ་པོ་ཁྱོད་ཀྱི་མངའ་འོག་ཏུ་རབ་ཏུ་བྱུང་བ་མང་བར་འདོད་ན་ངའི་ལུས་འདི་ཧས་པོ་རིའི་ཤར་དུ་ཁ་ཤར་ཕྱོགས་སུ་སྟོན་ལ་ཞོག་ཅིག །རབ་བྱུང་རྣམ་དག་ཉུང་ཤས་ཤིག་འདོད་ན་ནུབ་ཕྱོགས་སུ་ཞོག་ཅིག །རྒྱལ་པོ་ཁྱོད་ཀྱི་ཡུལ་ཁམས་སུ་ཕྱི་རོལ་མུ་སྟེགས་པ་མི་འབྱུང་སྟེ། སྔགས་འཆང་པདྨ་འབྱུང་གནས་ཀྱིས་མ་མོའི་སྡེ་དཔོན་བརྟན་མ་བཅུ་གཉིས་ལ་གཏད་ཅིང་སྲུང་བར་དམ་བཅས་པ་ཡིན་པས་སོ། །སློབ་དཔོན་པདྨ་འབྱུང་གནས་བོད་དུ་བྱོན་པའི་ཚུལ་ནི། མཁན་པོ་བོ་དྷི་ས་ཏྭས་ཆོས་རྒྱལ་རྗེ་བློན་རྣམས་ལ་དགེ་བ་བཅུའི་ཆོས་གསུངས་ཤིང་མི་དགེ་བ་སྤོང་བའི་སྲོལ་གཏོད་པས་བོད་ཡུལ་གྱིས་མི་མ་ཡིན་རྣམས་འཁྲུགས་ཏེ། ཡར་ལུངས་འཕང་ཐང་ན་མེས་ཨག་ཚོམས་ཀྱིས་བཞེངས་པའི་ལྷ་ཁང་ཡོད་པ་ལ། ཤམ་པོས་ཆུ་ཐོག་ཕབ་ནས་བཤིག །དམར་པོ་རིའི་རྩེ་ལ་ཡབ་མེས་ཀྱི་སྐུ་མཁར་ཡོད་པ་ལ་ཐང་ལྷས་ཐོག་ཕབ་ནས་བསྐྲེལ། བརྟན་མ་བཅུ་གཉིས་ཀྱིས་སད་དང་སེར་བ་དང་། མི་ནད་ཕྱུགས་ནད་ལ

སོགས་ནད་ཡམས་དྲག་པོ་གསོར་མི་རུང་བ་མང་པོ་བཏང་བས་བོད་འབངས་རྣམས། རྒྱ་གར་གྱི་ཨ་ཙཱརྱའི་ཕྱིར་འདྲེ་སྲིན་གདུག་པ་མང་པོ་འོངས་ནས་བཀྲ་མི་ཤིས་པ་བྱུང་ངོ་གླེང་ཞིང་། མཁན་པོ་རྒྱ་གར་དུ་རྫོང་བར་ཆད་དོ༑ །དེའི་ཚེ་ཆོས་རྒྱལ་གྱིས་ཁྱོད་རེ་ཤིག་བལ་ཡུལ་དུ་བཞུགས་ཤིག །སླར་ཡང་སྤྱན་འདྲེན་གཏོང་བས་འབྱོན་པར་ཞུ་བྱས་པས། ཁོ་བོ་སྔོན་གྱི་སྨོན་ལམ་རྫོགས་པར་བྱེད་པས་སླར་ཡང་འོང་གིས། བོད་ཀྱི་ལྷ་སྲིན་མ་རུངས་པ་འདུལ་བ་ལ། ཨོ་རྒྱན་གྱི་སྔགས་འཆང་པདྨ་འབྱུང་གནས་ཞེས་བྱ་བ་ཡོད་ཀྱིས་བལ་ཡུལ་དུ་ཁོ་བོས་སྤྱན་དྲང་བར་བྱ། དེ་ནས་ཁྱེད་ཀྱིས་སྤྱན་འདྲེན་མཐོང་ལ་མི་མ་ཡིན་རྣམས་ཐུལ་ཅིག །སླར་ཁོ་བོས་རབ་ཏུ་བྱུང་བའི་སྡེའམ་མཁན་པོ་བྱའོ། །ཞེས་ཡོན་མཆོད་ཕྲོག་ཏུ་གླེངས་ནས་མཁན་པོ་བལ་ཡུལ་དུ་བརྫངས་སོ། །དེ་ནས་སྦ་ཡེ་ཤེས་དབང་པོ་སློབ་དཔོན་སྤྱན་འདྲེན་དུ་བཏང་བས་མང་ཡུལ་སྐྱིད་གྲོང་དུ་མཇལ་ཏེ། ལོ་རྒྱུས་བསྙད་པས་ཁོ་བོ་དོན་དེ་ཁོ་ནའི་ཕྱིར་འོངས་པ་ཡིན་ནོ་ཞེས་གསུངས་ཏེ། ལམ་ན་ཡོད་པའི་མི་མ་ཡིན་རྣམས་འདུལ་ཞིང་རིམ་གྱིས་གནམ་གྱི་ཆུ་ཚན་ཁར་ཕེབས་པའི་ཚེ། ཉི་ཚེ་བའི་སེམས་ཅན་དམྱལ་བའི་མེས་ཆུ་ཁོལ་བ་ཡིན་ཏེ། ཁོ་བོས་ཅུང་ཟད་ཕན་པར་བྱའོ་ཞེས་གསུངས་ནས་ཕྱག་དམ་མཛད་པས་ཆུ་ཁོལ་བས་ཚད་གྲང་མོར་གྱུར་ཏོ། །ཕྱག་དམ་གྲོལ་ནས་བཞེངས་པའི་སྔར་བཞིན་གྱུར་པའི་རྣལ་འབྱོར་ཏིང་ངེ་འཛིན་གྱིས་རྒྱུ་མཐུན་གྱི་འབྲས་བུ་ཅུང་ཟད་འགྲུབ་པ་ཡིན། སེམས་ཅན་སྡིག་པ་སྟོབས་ཅན་གྱི་རྣམ་སྨིན་གྱི་འབྲས་བུ་འགོག་པར་མི་ནུས་གསུངས། དེ་ནས་རིམ་གྱིས་སྟོད་ལུངས་ཀྱི་མདའི་ལྷ་ཆུ་ཁར་ཕེབས་ནས་འདི་ན་ཆུ་མི་འདུག་གསུངས་ཏེ། ཕྲིག་གཤང་བ་ལ་ལན་བདུན་གཙུགས་པས་ཆུ་བདུན་བྱུང་སྟེ་ལྷ་ཆུ་ཁར་གྲགས་སོ། །དེ་ནས་མཁར་ནག་འདུལ་བའི་ཕྱིར་བྱོན་ནས་བྲག་ལ་རྡོ་རྗེ་སེམས་དཔའི་སྐུ་བཞེངས་སོ། །དེ་ནས་རིམ་གྱིས་ཟུང་མཁར་གྱི་མདར་ཕེབས་ནས་ལྷ་བཙན་པོ་དང་མཇལ་བའི་སར་རྡོ་རྗེའི་མཆོད་རྟེན་ལྷུ་བཞེངས་སོ། །དེ་ནས་བྲག་དམར་གྱི་ལྷ་ཁང་དུ་ཕེབས་ཏེ་ལྷ་སྲིན་འདུལ་བར་ཞུས་ཤིང་། ཁྲི་འུ་དང་བུ་མོ་གཙང་མ་ལ་བྲ་འབེབས་པའི་ཚོ་ག་མཛད། འཇིག་རྟེན་སྐྱོང་བ་བཞི་ལ་གདུག་པ་ཅན་ཐམས་ཅད་ཁྱུག་ཅིག་ཅེས་བཀའ་བསྒོས་ཏེ། བཀའ་ནན་དྲག་པོ་སྐུལ་བས་མི་མ་ཡིན་རྣམས་ཀྱིས་རང་རང་གི་ཉེས་པ་ཁས་བླངས་ཤིང་ཕྱིན་ཆད་མི་བྱེད་པར་དམ་བཅས་སོ། །སླར་ཡང་མཆིམས་ཕུའི་དབེན་གནས་སུ་མི་མ་ཡིན་རྣམས་ལ་བཀའ་བསྒོས་ཤིང་བསྟན་པ་སྲུང་བར་དམ་བཅས་སོ། །དེ་ནས་སློབ་དཔོན་གྱིས་བྱེ་མ་ནེའུ་གསེང་དུ་བསྒྱུར་བ་དང་། བར་སྣང་ནས་ལྷ་རྫས་ཀྱི་ཆུས་གང་བའི་བུམ་པ་ལེན་པ་ལ་སོགས་ཆོ་འཕྲུལ་བསྟན་པས་བསམ་སྦྱོར་ངན་པ་བྱེད་པའི་བློན་པོ་རྣམས་ལྷུ་འཁྲིག་ཐེས་ཏེ། སློབ་དཔོན་བསྒྲོངས་པར་ཆད་པས། ལྷ་བཙན་པོ་ཐུགས་མ་བདེ་བར་དམག་མང་པོ་དང་བཅས་ཏེ་བོད་དང་མོན་གྱི་ས་མཚམས་སུ་

བསྐྱལ་ལོ། །སློབ་དཔོན་སྒྲོངས་པའི་ཕྱིར་གཤེད་མ་མཚོན་ཆ་བཟུང་རྣམས་ནི་རེངས་པར་གྱུར་ཏོ། །སློབ་དཔོན་གྱི་ཞལ་ནུབ་བོད་ཀྱི་ལྷ་སྲིན་ལན་གསུམ་དུ་དམ་ལ་འདོགས་དགོས་ཏེ། ད་དུང་ལན་གཅིག་མ་གྲུབ་པས་རྒྱལ་བརྒྱུད་དང་ཆོས་བྱེད་པའི་ཚེ་སྒྲོག་དང་། དམ་པའི་ཆོས་ལ་བར་ཆད་འགའ་རེ་འབྱུང་བར་འདུག་པས་ཙུང་ཟད་ཡིད་ཕྲིང་། ངའི་དངོས་ཀྱི་གདུལ་བྱ་བོད་ཡུལ་ན་མེད། སྲིན་པོ་འདུལ་ལ་འགྲོ་གསུངས་ནས། བླ་གོས་སུ་རེ། གསེག་གཤང་སིལ་ལེ་སྲིན་པོའི་ཡུལ་དུ་བཞུད་དོ། །བོད་ཡུལ་དུ་ཟླ་བ་བཅོ་བརྒྱད་བཞུགས་པ་ཡིན་བྱ་བ་སྔ་བཞེད་ན་སྣང་ཞིང་། དེ་བས་ལྷག་པའི་ལོ་རྒྱུས་མང་པོ་མི་སྣང་ངོ། །

འོན་ཀྱང་རྟེན་འབྲེལ་འགའ་ཡི་རྒྱུས། །ཆོས་ལུགས་གཉིས་སུ་འགྲོ་བར་འགྱུར། །དེ་ཡང་ཐོག་མར་ང་འདས་ནས། །རྒྱ་ནག་དགེ་སློང་བྱུང་ནས་ནི། །དཀར་པོ་ཆིག་ཐུབ་ཞེས་བྱ་བ། །ཅིག་ཅར་བ་ཡི་ལམ་སྟོན་འགྱུར། །ཞེས་པ། འདུས་པ་རིན་པོ་ཆེའི་ཏོག་ཏུ་ཚེ་ལོ་དྲུག་ཁྲི་པ་ལ་སངས་རྒྱས་འོད་ཞི་སྤོས་སྣང་དཔལ་ཞེས་བྱ་བ་བྱོན་པའི་ཚེ། འཁོར་ལོས་བསྒྱུར་རྒྱལ་ཨུཏྤ་ལའི་གདོང་དང་། དེའི་བཙུན་མོ་ལྷ་རྫས་འཁོར་དང་བཅས་པས་སངས་རྒྱས་ལ་བསྙེན་བཀུར་བྱས་ཏེ་སེམས་བསྐྱེད་ནས་རྒྱལ་སྲིད་སྤངས་ཤིང་རབ་ཏུ་བྱུང་ངོ་། །བཙུན་མོས་བུད་མེད་ཀྱི་ལུས་སུ་མི་སྐྱེ་བའི་ཆོས་ཞུས་པས། གཟུངས་སྔགས་ཟབ་མོ་དང་གདམས་པ་བསྟན་ཏེ། བུད་མེད་ཀྱི་ལུས་སྤངས་ནས་སྐྱེས་པར་གྱུར། བུད་མེད་ཤིན་ཏུ་མང་པོ་སྐྱེས་པར་གྱུར། ཁྱིམ་སྤངས་ཤིང་རབ་ཏུ་བྱུང་བས་སྐྱེ་བོ་མང་པོ་མ་དད་པར་གྱུར་ཏེ་མཐའ་འཁོབ་ཏུ་སོངས་ནས། སངས་རྒྱས་དང་རྒྱལ་པོ་བཙུན་མོའི་འཁོར་དང་བཅས་པ་ལ་སྐྱུར་བ་འདེབས་པར་གྱུར་ཏོ། །དགེ་སློང་ཨུཏྤ་ལའི་གདོང་གིས་དེ་རྣམས་དད་པར་བྱ་བའི་ཕྱིར་སོང་བས་སླར་ཡང་ཞེ་སྡང་བར་གྱུར་ཏེ། ངེད་ཀྱི་བུད་མེད་རྣམས་ཁྱོད་ཀྱིས་སྐྱེས་པར་བསྒྱུར་ཏེ་རྒྱུད་མ་མེད་པར་བྱས་པས་ངེད་ཀྱིས་ཀྱང་ཁྱོད་སངས་རྒྱས་པའི་ཚེ་ནའང་བར་དུ་གཅོད་པའི་བདུད་བྱེད་པར་གྱུར་ཅིག་ཅེས་སྨོན་ལམ་ལོག་པར་བཏབ་པས་ད་ལྟར་ཀྱང་བདུད་སྡིག་ཅན་དུ་གྱུར་ཏོ། །དེའི་ཚེ་རྒྱལ་པོ་ནི་ང་ཡིན་ལ་བཙུན་མོ་ནི་བྱམས་པ་ཡིན་ནོ་ཞེས་འབྱུང་བ་ལྟར། ལྷ་བཙན་པོ་ཡོན་མཆོད་དང་རྒྱ་ནག་མཁན་པོའང་། ཐོག་མ་མེད་པའི་ལས་དང་སྨོན་ལམ་གྱི་ནུས་པ་རྟེན་འབྲེལ་གྱི་ཆོས་ཉིད་མི་བསླུ་བར་ཡོད་པའི་རྒྱུ་དང་། སློབ་དཔོན་པདྨའི་གསུང་བཞིན་ཧྭ་ཤང་དཔོན་སློབ་ཀྱི་སྙིང་ལ་དམ་པའི་ཆོས་ལ་བར་ཆད་བྱེད་པའི་འབྱུང་པོ་ཞུགས་པའི་རྐྱེན་གྱིས་ཧྭ་ཤང་གི་ཆོས་ལུགས་འབྱུང་བ་ཡིན་ནོ། །མཁན་པོས་ལྷ་བཙན་པོ་ལ་ང་འདས་ནས་རྒྱའི་མཁན་པོ་ཞིག་གིས་དབང་པོ་ཡང་རབ་ཀྱི་ལམ་གཅིག་ཆར་བའི་འཇུག་པ་དཀར་པོ་གཅིག་ཐུབ་ཞེས་བྱ་བ་སྟོན་པར་འགྱུར་རོ། །

དེ་ཚེ་ང་ཡི་སློབ་མ་ནི། །མཁས་པ་ཆེན་པོ་ཀ་མ་ལ། །ཤཱི་ལ་ཞེས་བྱ་རྒྱ་གར་ནས། །སྤྱན་དྲངས་དེ་ཡིས་དེ་

སྲུན་འབྱིན། །དེས་ན་དེ་ཡི་ཆོས་ལུགས་བཞིན། །དད་ལྡན་རྣམས་ཀྱིས་སྤྱོད་ཅིག་གསུངས། །ཞེས་པ། ཆོས་ལུགས་ནོར་པ་དེ་བྱུང་བའི་ཚེ་རིག་པའི་གནས་ལ་མཁས་ཤིང་ཡང་དག་པའི་དོན་ཕྱིན་ཅི་མ་ལོག་པ་སྟོན་པའི་པཎྜི་ཏ་ཀ་མ་ལ་ཤཱི་ལ་པདྨའི་ངང་ཚུལ་ཞེས་བྱ་བ་སྤྱན་དྲོངས་ཤིག །དེས་ནོར་པའི་ལྟ་སྤྱོད་སྲུན་འབྱིན་ཅིང་སངས་རྒྱས་ཀྱི་བསྟན་པའི་གཞུང་ལུགས་མ་ནོར་བར་སྟོན་ཏོ་ཞེས་ལུང་བསྟན་པ་ལྟར་ཐོག་ཏུ་བབས་སོ། །དེ་ཡང་མཁན་པོ་བོ་དྷི་ས་ཏྭ་བདེ་བར་གཤེགས་ནས་སྲས་ཡེ་ཤེས་དབང་པོ་རྒྱལ་ཚབ་ཏུ་བསྐོས་ཏེ་བསྟན་པ་འཛིན་པའི་ཚེ་ཉ་ཏིང་ངེ་འཛིན་བཟང་པོ་དང་། ཉ་ཤཱ་ཡི་ལ་སོགས་པས་མི་གུས་པ་སྨྲ་བ་འདེབས་པ་ལ་ཐུགས་སྐྱོ་སྟེ་དཔལ་དབྱངས་རིངས་ལུགས་སུ་བཙུག་ནས་མཁར་ཆུར་སྒོམ་དུ་བཞུད་དོ། །དེའི་ཚེ་རྒྱའི་མཁན་པོས། ལུས་ངག་གི་ཆོས་སྤྱོད་པས་འཚང་མི་རྒྱ། དྲན་པ་མེད་ཅིང་ཡིད་ལ་བྱར་མེད་པས་སངས་རྒྱས་སོ། །ཞེས་ཟེར་ཅིང་སྒོམ་བསླབས་པས་ཆོས་འདི་བྱ་སླ་ཞིང་ཕན་ཡོན་ཆེའོ་ཞེས་ཟེར་ནས། བོད་རིལ་གྱིས་ཁོ་བོའི་ཆོས་ལུགས་བྱེད་དོ༏ །དཀོན་མཆོག་ལ་མཆོད་པ་འབུལ་བ་དང་། སྡེ་སྣོད་ལ་སློབ་གཉེར་བྱེད་པ་དང་། ལུས་ངག་གི་དགེ་སྦྱོང་རྣམས་འཕྲོ་བཅད་དོ། །དཔལ་དབྱངས་དང་སྦ་རཏྣ་ལ་སོགས་ཉུང་ཤས་གཅིག་མཁན་པོ་བོ་དྷི་ས་ཏྭའི་ཆོས་ལུགས་བྱེད་དོ། །ལྷ་བཙན་པོས་རྒྱའི་སྟོན་པའི་ལུགས་འདི་རང་ཆོས་མིན་ནམ་གསུངས་པས་སྟོན་མིན་པར་གྲགས་སོ། །དཀོན་མཆོག་ལ་མཆོད་པ་མི་འབུལ་བ་ཐོས་ནས་མཆིམས་བུར་བཞུགས་པའི་དྲང་སྲོང་བཙོད་པས་རང་གི་ལུས་ལ་མེ་སྦར་ཏེ་དཀོན་མཆོག་ལ་ཕུལ་བས་སེམས་ཅན་གྱི་དོན་དུ་རང་ལ་བརྩེ་བ་མེད་པ་འདི་ལྟ་བུ་ཚོགས་སོག་པའང་གལ་ཆེ་བྱས་པས་བརྩེ་མིན་པར་གྲགས་སོ། །ལྷ་བཙན་པོས་ལྟ་སྤྱོད་འཛོམ་པའི་ཆོས་བརྩེ་མིན་པའི་ལྟར་བྱེད་རྒྱུ་ཡིན་གསུངས་པས། སྟོན་མིན་པ་ཡི་ཚད་ནས་ཉང་ཤ་མིས་རང་གི་ཤ་བཅད། ལ་ལས་རང་གི་མཚན་མ་རྡོས་བརྡུངས། ཧྭ་ཤང་གིས་རང་གི་མགོ་ལ་མེ་སྦར། རྒྱ་མི་མགོ་བར་གྲགས་སོ། །རྒྱའི་ཕྱོགས་མི་རྣམས་ཀྱིས་ཆུ་གྲི་རྣོན་པོ་སྲིལ་ཅིང་བརྩེ་མིན་པ་རིམ་གྱིས་བསད་ནས་དེད་ཀྱང་འཆིའོ་ཞེས་ཟེར། ལྷ་བཙན་པོ་ཐུགས་མ་བདེ་བས་ཡེ་ཤེས་དག་པ་སྒྲུབ་པ་བྱེད་པའི་སྤྱན་འདྲེན་ལན་མང་དུ་བཏང་བས་ཁྲུགས་ཏེ། བཙན་པོའི་སྤྱན་སྔར་མཇལ་ཅིང་གླེངས་པས་ང་འགྲུགས་མི་བོ་དྷི་ས་ཏྭའི་ཞལ་ཆེམས་ཟངས་མའི་གླེགས་བམ་ལ་བྲིས་པ་དཀོར་མཛོད་ནས་སྟོན་ཏེ་འདི་བཞིན་ཡོད་ཅེས་བཙན་པོ་ལ་ཕུལ་ནས་ཀ་མ་ལ་ཤཱི་ལའི་སྤྱན་འདྲེན་བཏང་སྟེ། རླུང་ཚུགས་ཀྱི་ཆུ་འགྲམ་དུ་ཕེབས་པ་ལ་བཙན་པོ་འཁོར་བཅས་ཀྱིས་བསུ་བ་མཛད་པའི་ཚེ་ཧྭ་ཤང་ཡང་འོངས་སོ། །ཀ་མ་ལ་ཤཱི་ལས། ཆབ་ཀྱི་ཕར་ཀ་ནས། རྒྱའི་པཎྜི་ཏ་ལ་རྩོད་པ་དྲིའོ་ཞེས་གསུངས་ཏེ། དབུ་ལ་ལན་གསུམ་བསྐོར་བས། ཧྭ་ཤང་གིས་ཀྱང་ཆབ་ཀྱི་ཚུར་ཁ་ནས། དེའི་ལན་དུ་བེར་གྱི་ཐུ་བ་ནས་བཟུང་སྟེ་མགོ་

བསྟུམས་ཤིང་སྦྱུགས་སོ། །ཡན་ལེགས་པར་བཏབ་སྟེ་རེ་འཛིགས་ཤིག་འདུག་གོ་གསུང་ངོ་། དེ་ནས་བྱང་ཆུབ་གླིང་དུ་ཁྲི་བཤམས་ནས། བཙན་པོ་དགུང་ལ་བཞུགས། ཧྭ་ཤང་གཡས་སུ་འཁོད། འཁོར་བན་དྷེ་ཡན་ཀ་དང་ཇོ་མོ་བྱང་ཆུབ་ལ་སོགས་པ་གྲལ་རིང་པོ་བྱུང་། སློབ་དཔོན་ཀ་མ་ལ་ཤཱི་ལ་གཡོན་དུ་འཁོད། འཁོར་བྲཱི་རོ་ཙན་ལ་སོགས་པ་ཉུང་ཤས་གཅིག་བྱུང་། ལྷ་བཙན་པོས། མི་ཧྭག་དཀར་པོ་ཕྲེང་བ་རེ་གཏད་ནས་གང་རྩོད་པ་རྒྱལ་བ་ལ་ཕམ་པ་དེས་མེ་ཏོག་ཕུལ་ཅིག །ངའི་མངའ་རིས་བོད་ཡུལ་འདིར་ནག་པོ་ལ་དགའ་བའི་དུས་སུ་ཟ་ཧོར་རྒྱལ་པོའི་སྲས་པོ་དྷེ་སཏྭ་སྦྱིན་དྲངས་ནས་བོད་ཡུལ་ཉུང་ཤས་གཅིག་དམ་པའི་ཆོས་ལ་བཀོད། དད་པ་ཅན་ཁ་ཅིག་རབ་ཏུ་བྱུང་ཞིང་དཀོན་མཆོག་གསུམ་གྱི་རྟེན་རྣམས་བཙུགས་ནས་མཆོད་པ་བྱེད་པའི་དུས་སུ་རྒྱ་ནག་ཧྭ་ཤང་མ་ཧཱ་ཡ་ན་བྱུང་སྟེ་བོད་ཀྱི་བཙུན་པ་ཕལ་ཆེར་ཀྱང་དེའི་སློབ་མར་གྱུར། བོ་དྷི་ས་ཏྭའི་སློབ་མ་ཉུང་ཤས་ཙམ་ཞིག་གིས། སློབ་ཏུ་མ་བཏུབ་པས་སྟོན་བརྩེ་གཉིས་སུ་མཆེད་རྩོད་པར་གྱུར། ད་ཀ་མ་ལ་ཤཱི་ལ་བོ་དྷི་ས་ཏྭའི་ཆོས་ལུགས་སྐྱོང་བའི་སློབ་མ་ཡིན་པས་ཁྱེད་གཉིས་ང་རྒྱལ་མི་བྱ་བར་ཆོས་ལུགས་སུ་བཟང་པོ་ལ་ངན་པ་དེས་གུས་པར་གྱིས་ཤིག་ཅེས་བཀའ་སྩལ་པ་དང་། ཧྭ་ཤང་ན་རེ་ང་གཞི་ལ་ཡོད་པའི་སྔ་བ་ཡིན་པས། དྲིའི་ལན་གདབ་ཅེས་ཟེར་རོ། །སློབ་དཔོན་ཀ་མ་ལ་ཤཱི་ལས་ཁྱེད་ཀྱི་དགོངས་པ་ལྟར་དུ་ཤགས་གསུངས་ཤིག་བྱས་པས། ཧྭ་ཤང་ན་རེ། ལས་དགེ་མི་དགེའི་དབང་གིས་མཐོ་རིས་དང་ངན་སོང་གི་འབྲས་བུ་མྱོང་ཞིང་། འཁོར་བར་འཁོར་བ་ཐམས་ཅད་སེམས་ཀྱི་རྣམ་པར་རྟོག་པས་བསྐྱེད་པ་ཡིན། གང་ཅི་ཡང་མི་སེམས་ཤིང་ཅི་ཡང་མི་བྱེད་པ་དེ་འཁོར་བ་ལས་ཐར་བར་འགྱུར་རོ། །དེ་ལྟ་བས་ན་ཅི་ཡང་བསམ་པར་མི་བྱའོ། །སྦྱིན་པ་ལ་སོགས་དཀར་པོའི་ཆོས་སྤྱོད་པ་ནི་སྐྱེ་བོ་བློ་ཞན་པ་དགེ་བའི་ལས་འཕྲོ་མེད་པའི་དབང་པོ་བརྟུལ་པོ་རྣམས་ལ་བསྟན་པ་ཡིན། སྔོན་སྦྱངས་པའི་དབང་པོ་རྣོན་པོ་རྣམས་སྤྲིན་དཀར་ནག་གིས་ཀྱང་ཉི་མ་སྒྲིབ་པ་ལྟར། ལས་དགེ་སྡིག་གཉིས་ཀས་སྒྲིབ་པས་ཅི་ཡང་མི་སེམས་ཅི་ལ་ཡང་མི་རྟོག །གང་ཡང་མི་སྤྱོད་པ་དེ་ནི་མ་དམིགས་པ་ཞེས་བྱ། དེ་ནི་གཅིག་ཅར་འཇུག་པའི་ལམ་ས་བཅུ་པ་དང་འདྲའོ། །ཞེས་ཟེར་རོ། །སྦ་བཞེད་ཁ་ཅིག་ལས། ངའི་ཆོས་ལུགས་འདི་ཁྲུང་ནམ་མཁའ་ནས་འབབ་པ་དང་འདྲ་སྟེ་ལྟ་བ་ཡས་བབས་ཀྱི་ཆོས་ལུགས་ཡིན། གཞན་རྣམས་དབང་པོ་བརྟུལ་པོ་སྤྱོད་པ་མས་འཛེག །རིམ་གྱིས་འཇུག་པའི་ཆོས་ལུགས་ཡིན་ནོ་ཟེར་རོ་ཞེས་ཀྱང་བཤད་དོ། །ཨཱ་ཙཱརྻ་ཀ་མ་ལ་ཤཱི་ལས། དེའི་ལན་གསུངས་པ། ཁྱེད་ཀྱི་ལུགས་དེ་ལྟར། ཅི་ཡང་མི་བསམ་མོ་ཞེས་ཟེར་བ་དེ་ནི་སོ་སོར་རྟོག་པའི་ཤེས་རབ་སྤངས་པ་ཡིན་ནོ། །ཡང་དག་པའི་ཡེ་ཤེས་ཀྱི་རྩ་བ་ནི་དེ་ཉིད་ཡིན་ལ། དེ་སྤངས་པས་འཇིག་རྟེན་ལས་འདས་པའི་ཤེས་རབ་ཀྱང་སྤངས་པ་ཡིན་ནོ། །ཉམས་སུ་མྱོང་བའི་ཆོས་ནི་མི་དྲན་ཅིང་ཡིད་ལ

མི་བྱ་བར་མི་ནུས་སོ། །དྲན་པར་མི་བྱའོ་སྙམ་པ་ཡིན་ན་དེ་ནི་ཤིན་ཏུ་དྲན་ཅིང་ཡིད་ལ་བྱེད་པ་ཡིན་ནོ། །དྲན་པ་མེད་པ་ཙམ་ལ་བྱས་ན། བརྒྱལ་བ་དང་འབོག་པའང་རྣམ་པར་མི་རྟོག་པའི་ཡེ་ཤེས་སུ་འགྱུར་རོ། །སྟོང་པ་ཉིད་མ་རྟོགས་ཀྱང་དྲན་པ་མེད་པ་ཙམ་གྱིས་ཐར་པར་འགྱུར་ན། ཁམས་གོང་མའི་ལྷ་འདུ་ཤེས་མེད་པའི་སེམས་ཅན་ཀྱང་ཐར་པར་འགྱུར་རོ། །

དྲན་པ་ཅི་ཡང་མེད་པའི་སྐྱོན་ས་པས་ནི། གླེན་པ་གཉིད་ལོག་པ་དང་འདྲའོ་ཞེས་པ་སོགས་མང་དུ་གསུངས་ཤིང་། ཡང་། དཔེ་མཐུན་ཕྱོགས་སུ་མ་གྲུབ་པ་སྟེ། ཁྱུང་གི་ཕྲུག་གུ་ཐོག་མ་ནས་ལུས་ཡོངས་སུ་རྫོགས་པའི་འདབ་གཤོག་རྩལ་དང་ལྡན་པར་རང་བྱུང་བ་ནི་མི་སྲིད་པས་དང་པོར་སྒོང་ངའི་ནང་དུ་ལུས་བླངས་ཤིང་རིམ་གྱིས་སྨིན་པར་བྱས་ཏེ། སྒོང་ང་གཏོལ་ཏེ་ཟན་གྱིས་བསྐྱངས་ཤིང་སྒྲོ་གཤོག་རྫོགས་པར་གྱུར་པ་ནི། ལམ་རིམ་གྱིས་འཇུག་པའི་མཐུན་དཔེར་འགྱུར་རོ། །ཞེས་པ་ལ་སོགས་པ་དང་། སྒྲ་ཡེ་ཤེས་དབང་པོས་ཀྱང་། ཅི་ཡང་མི་དྲན་ཅིང་ཡིད་ལ་མ་བྱས་པས། གོམ་པས་འདོར་ན་གོ་བས་འཆོར་ཞིང་ལྟོ་ཡང་མི་སྐྱོང་པར་ལྟོར་ཏེ་འཆི་ན༑ སངས་རྒྱས་ཐོབ་པ་ལྟ་ཅི་སྨོས་ཞེས་པ་ལ་སོགས་དང་། ཁྱེད་ཅིག་ཅར་འཇུག་ན། ཕྱར་སངས་རྒྱས་ན་ཅི་ཉེས། ད་དུང་འཁོར་བར་བསྡད་པས་ཅི་བྱར་ཡོད་ཅེས་པ་ལ་སོགས་ཤགས་སླས་པས། དེ་ནས་ཧྭ་ཤང་གིས་འཕམ་བླངས་ཏེ། ཀ་མ་ལ་ཤཱི་ལའི་ཕྱག་ཏུ་ཕུལ་ནས་རང་གི་གནས་སུ་སོང་ངོ་། །ལྷ་བཙན་པོ་ངའི་བོད་ཡུལ་དུ་ལྟ་བ་ཕྱིན་ཆད་ནཱ་གརྫུ་ནའི་ལུགས་སུ་གྱིས། སྤྱོད་པ་ཕ་རོལ་ཏུ་ཕྱིན་པ་དྲུག་དང་མཐུན་པར་སྒྲུབས་ཤིག །རྒྱ་ནག་མཁན་པོའི་ཆོས་ལུགས་བྱས་ན་ཆད་པ་གཅོད་དོ། །ཞེས་དྲག་ཏུ་མཛད་ནས་བཀའ་ཡིག་གསུམ་མཛད་ཅིང་། མདོ་ཁམས་དང་། བོད་དང་། དཀོར་མཛོད་དུ་བཞག་གོ །རྒྱ་ཧྭ་ཤང་གིས། ཐོག་མར་པཎྜི་ཏ་སྤྱན་འདྲེན་བཏང་བ་ཐོས་ནས་སློབ་མ་རྣམས་བསྡུས་ཏེ། ཤགས་འདེབས་པ་བསླབས་པའི་ཚེ་ཅི་ཡང་ཡིད་ལ་མི་སེམས་པར་ཉལ་བས་ཆོག་གོ་ཞེས་པའི་སྒོམ་ཡིག་བསམ་གཏན་ཉལ་ཆོག་གི་འཁོར་ལོ་དང་། དེའི་གནད་སྟོན་པ་ལ་བསམ་གཏན་གྱི་ལོན། གེགས་སེལ་བ་ལ་བསམ་གཏན་གྱི་ཡང་ལོན། རིགས་པ་སྒྲུབ་པ་ལ་ལྟ་བའི་རྒྱབ་ཤ །ལུང་གིས་སྒྲུབ་པ་ལ་མདོ་སྡེ་བརྒྱད་ཅུ་ཁུངས་ཞེས་བྱ་བའི་གཞུང་ལྔ་བརྩམས་སོ། །དེ་རྣམས་གཏེར་དུ་སྦས་པ་རིམ་གྱིས་མཆེད་པར་གྱུར་ཏེ། བོད་ཀྱི་མན་ངག་ཆོས་རྒྱུས་ཆུང་བས་རང་བཟོར་བྱས་པ་རྣམས་ལ་འདྲེས་པ་ཡིན་ནོ། །རྒྱ་ནག་མཁན་པོའི་ལྷམ་རྗེད་པའི་གྲྭར་ལུས་པས་བོད་ཀྱི་བསྟན་པའི་མཇུག་ཏུ་ངའི་ཆོས་ལུགས་འབྱུང་ངོ་། །ཞེས་པ་དང་། རྒྱ་ནག་ཏུ་འགྲོ་བའི་ཚེ་ལྷམ་ལུས་པས་ད་དུང་བོད་ཡུལ་དུ་ངའི་ཆོས་ལུགས་འབྱུང་ངོ་ཞེས་ཟེར་བ་དང་། ཡང་། ཁོ་བོའི་ཆོས་ལུགས་ནོར་ཀྱང་མཚོན་ཤེས་ཙམ་ཟད་ཡོད་པས་ལུང་བསྟན་པ་ཡིན་ཞེས་ཀྱང་གྲག་གོ། །ལྷ་

བཙན་པོས་ཨཱ་ཙཱརྻ་ལ་ཐོས་བསམ་གྱིས་གཏན་ལ་ཕབ་པའི་ཆོས་དེའི་གནས་ལུགས་ཇི་ལྟར་ཡིན་པའི་བསྟན་བཅོས་མཛད་པར་ཞུས་པས། སྒོམ་རིམ་དང་པོ་གནང་། དེ་ལ་གཟིགས་པས་དེའི་དོན་རྟོགས་ཏེ་སྟོན་གཅིག་གི་ཐོག་ཏུ་སྒོམ་ཚུལ་ཞུས་པས་སྒོམ་རིམ་བར་པ་མཛད། དེ་ལས་འབྲས་བུ་གང་འབྱུང་ཞུས་པས་སྒོམ་རིམ་ཐ་མ་བརྩམས་ནས་ཧྭ་ཤང་གི་ལྟ་བ་ནོར་པ་སུན་ཕྱུང་ངོ་། །དེ་ལ་རྒོལ་བ་བཟློག་པའི་ཕྱིར་ལུང་དང་རིགས་པས་གྲུབ་པའི་དབུ་མ་སྣང་བ་བརྩམས་གནང་ངོ་། །ཧྭ་ཤང་གི་གྲུབ་པའི་མཐའ་འགོག་པའི་སྒོམ་རིམ་ཐ་མར་གསུངས་པ་ནི་གང་དག་ཅི་ཡང་མི་སེམས་ཅི་ཡང་མི་བྱེད་པ་དེ་དག་ནི་འཁོར་བ་ལས་ཡོངས་སུ་ཐར་བར་འགྱུར། དེ་ལྟ་བས་ན་ཅི་ཡང་མི་བསམ་མོ། །སྦྱིན་པ་ལ་སོགས་པའི་དགེ་བ་ཡང་སྤྱད་པར་མི་བྱའོ། །སྦྱིན་པ་ལ་སོགས་པའི་སྤྱོད་པ་ནི་སྐྱེ་བོ་བླུན་པོའི་དབང་དུ་མཛད་ནས་བསྟན་པ་ཁོ་ན་ཡིན་ནོ། །སྙམ་དུ་སེམས་ཤིང་དེ་སྐད་ཀྱང་སྨྲ་བ་དེ་ཞེས་ཁོ་བོའི་འདོད་པ་བརྗོད་ནས། དེས་ནི་ཐེག་པ་ཆེན་པོ་མཐའ་དག་སྤྱངས་པ་ཡིན་ནོ། །ཐེག་པ་ཐམས་ཅད་ཀྱི་རྩ་བ་ནི་ཐེག་པ་ཆེན་པོ་ཡིན་པས་དེ་སྤྱངས་ན་ཐེག་པ་ཐམས་ཅད་སྤྱངས་པར་འགྱུར་རོ། །འདི་ལྟར་ཅི་ཡང་མི་བསམ་མོ་ཞེས་སྨྲ་བ་ནི། ཡང་དག་པར་སོ་སོར་རྟོག་པའི་མཚན་ཉིད་ཀྱི་ཤེས་རབ་སྤྱངས་པར་འགྱུར་རོ། །ཡང་དག་པའི་ཡེ་ཤེས་ཀྱི་རྩ་བ་ནི་ཡང་དག་པར་སོ་སོར་རྟོག་པ་ཡིན་པས་ན་དེ་སྤྱངས་ན་རྩ་བ་བཅད་པའི་ཕྱིར་འཇིག་རྟེན་ལས་འདས་པའི་ཤེས་རབ་སྤྱངས་པར་འགྱུར་རོ། །སྦྱིན་པ་ལ་སོགས་པ་སྤྱད་པར་མི་བྱའོ། །ཞེས་སྨྲས་པས་ཀྱང་སྦྱིན་པ་ལ་སོགས་པའི་ཐབས་ཤིན་ཏུ་ཟུར་ཕྱིན་པར་སྤྱངས་པ་ཡིན་ནོ། །མདོར་ན། འདི་ལྟ་སྟེ། ཤེས་རབ་དང་ཐབས་ནི་ཐེག་པ་ཆེན་པོའོ། །

དེ་སྐད་དུ་འཕགས་པ་ག་ཡ་མགོ་རིའི་མདོ་ལས། བྱང་ཆུབ་སེམས་དཔའ་རྣམས་ཀྱི་ལམ་ནི་མདོར་བསྡུ་ན་གཉིས་ཏེ། ཐབས་དང་ཤེས་རབ་བོ། །ཞེས་སོ། །དེ་བཞིན་གཤེགས་པའི་གསང་བ་བསྟན་པ་ལས་ཀྱང་། ཐབས་དང་ཤེས་རབ་གཉིས་ཀྱིས་བྱང་ཆུབ་སེམས་དཔའི་ལམ་ཐམས་ཅད་བསྡུས་པར་འགྱུར་རོ། །ཞེས་འབྱུང་སྟེ༔ དེའི་ཕྱིར་ཐེག་པ་ཆེན་པོ་སྤོང་བ་ནི་ལས་ཀྱི་སྒྲིབ་པ་ཆེན་པོར་བྱས་པར་འགྱུར་ཏོ། །དེ་བས་ན་ཐེག་པ་ཆེན་པོ་སྤོང་བ། ཐོས་པ་ཉུང་བ། བདག་གི་ལྟ་བ་མཆོག་ཏུ་འཛིན་པ། སྐྱེ་བོ་མཁས་པ་ལ་བརྟེན་པར་མ་བྱས་པ། དེ་བཞིན་གཤེགས་པའི་གསུང་རབ་ཀྱི་ཚུལ་མ་རྟོགས་པ། བདག་ཕུང་བར་བྱས་ནས་གཞན་ཡང་ཕུང་བར་བྱེད་ལ། རིག་པ་དང་ལུང་དང་འགལ་བའི་དུག་གིས་བཏབ་པའི་ཚིག་ནི། མཁས་པ་དག་ལེགས་སུ་འདོད་པས་ཟས་དུག་ཅན་བཞིན་དུ་རྒྱང་རིང་དུ་ཡོངས་སུ་སྤང་བར་བྱའོ། །ཞེས་སོགས་ལུང་དང་རིག་པ་མང་དུ་གསུངས་སོ། །སྒོམ་རིམ་དང་པོར་ནི་ཐམས་ཅད་མཁྱེན་པ་ཉིད་མྱུར་དུ་འཐོབ་པར་འདོད་པས། མདོར་ན་སྙིང་རྗེ་དང་བྱང་ཆུབ་ཀྱི་

སེམས་དང་སྐྱབ་པ་དང་གནས་འདི་གསུམ་ལ་འབད་པར་བྱའོ། །སངས་རྒྱས་ཀྱི་ཆོས་མ་ལུས་པའི་རྒྱུའི་རྩ་བ་སྙིང་རྗེ་ཁོ་ན་ཡིན་པར་ཤེས་པར་བྱས་ལ་དེ་ཉིད་ལ་ཐོག་མར་བསྒོམ་མོ། །དེ་སྐད་དུ་ཆོས་ཡང་དག་པར་སྡུད་པ་ལས་གསུངས་ཏེ། བཅོམ་ལྡན་འདས་ལ་འཕགས་པ་སྤྱན་རས་གཟིགས་དབང་ཕྱུག་གིས་འདི་སྐད་ཅེས་གསོལ་ཏོ༑ ༑བཅོམ་ལྡན་འདས། བྱང་ཆུབ་སེམས་དཔའ་ཆོས་རབ་ཏུ་མང་པོ་ལ་བསླབ་པར་མི་བགྱིའོ། །ཆོས་ཤིག་རབ་ཏུ་བཟུང་ཞིང་རབ་ཏུ་རྟོགས་པ་བགྱིས་ན། སངས་རྒྱས་ཀྱི་ཆོས་ཐམས་ཅད་དེའི་ལག་པའི་མཐིལ་དུ་མཆིས་པ་ལགས་སོ། །ཆོས་གཅིག་གང་ཞེ་ན། སྙིང་རྗེ་ཆེན་པོའོ། །བཅོམ་ལྡན་འདས། སྙིང་རྗེ་ཆེན་པོས་ནི་སངས་རྒྱས་ཀྱི་ཆོས་ཐམས་ཅད་བྱང་ཆུབ་སེམས་དཔའ་རྣམས་ཀྱི་ལག་པའི་མཐིལ་དུ་མཆིས་པར་འགྱུར་ལགས་སོ༑ ༑བཅོམ་ལྡན་འདས། དཔེར་བགྱིས་ན། འཁོར་ལོས་བསྒྱུར་བའི་འཁོར་ལོ་རིན་པོ་ཆེ་གཞི་གང་དུ་མཆིས་པ་དེར་དཔུང་གི་ཚོགས་ཐམས་ཅད་མཆིའོ། །དེ་བཞིན་དུ་སྙིང་རྗེ་ཆེན་པོ་གང་དུ་མཆིས་པ་དེར། སངས་རྒྱས་ཀྱི་ཆོས་ཐམས་ཅད་མཆིས་སོ། །དཔེར་བགྱིས་ན་སྲོག་གི་དབང་པོ་མཆིས་ན་དབང་པོ་གཞན་རྣམས་འབྱུང་བར་འགྱུར་རོ། །དེ་བཞིན་དུ་སྙིང་རྗེ་ཆེན་པོ་མཆིས་ན། བྱང་ཆུབ་སེམས་དཔའི་ཆོས་གཞན་རྣམས་ཀྱང་འབྱུང་བར་འགྱུར་རོ། །ཞེས་འབྱུང་ངོ་། །བློ་གྲོས་མི་ཟད་པའི་མདོ་ལས་ཀྱང་། བཙུན་པ་ཤཱ་རི་དྭ་ཏིའི་བུ། བྱང་ཆུབ་སེམས་དཔའ་རྣམས་ཀྱི་སྙིང་རྗེ་ཆེན་པོ་མི་བཟད་པའོ། །དེ་ཅིའི་ཕྱིར་ཞེ་ན། སྔོན་དུ་འགྲོ་བའི་ཕྱིར་རོ། །དཔེར་ན་དབུགས་ཕྱི་ནང་དུ་རྒྱུ་བ་ནི་མིའི་སྲོག་གི་དབང་པོའི་སྔོན་དུ་འགྲོ་བ་ཡིན་ནོ། །དེ་བཞིན་དུ་བྱང་ཆུབ་སེམས་དཔའི་སྙིང་རྗེ་ཆེན་པོ་ནི་ཐེག་པ་ཆེན་པོ་ཡང་དག་པར་འགྲུབ་པར་བྱ་བ་ཐམས་ཅད་ཀྱི་སྔོན་དུ་འགྲོ་བ་ཡིན་ནོ༑ ༑ཞེས་བྱ་བ་དང་། ག་ཡ་མགོ་རིར། འཕགས་པ་འཇམ་དཔལ་བྱང་ཆུབ་སེམས་དཔའ་རྣམས་ཀྱི་སྤྱོད་པའི་རྩོམ་པ་ནི་གང་ཡིན། གནས་ནི་གང་ཡིན། འཇམ་དཔལ་གྱིས་སྨྲས་པ། ལྷའི་བུ་བྱང་ཆུབ་སེམས་དཔའ་རྣམས་ཀྱི་སྤྱོད་པའི་རྩོམ་པ་ནི་སྙིང་རྗེ་ཆེན་པོ་པའོ། །གནས་ནི་སེམས་ཅན་ནོ། །ཞེས་པ་ལ་སོགས་ཐོག་མར་སྙིང་རྗེ་སྒོམ་པའི་ཚུལ་ཞིབ་ཏུ་གསུངས་ནས། དེ་ལྟར་སྙིང་རྗེ་གོམས་པའི་སྟོབས་ཀྱིས། སེམས་ཅན་མ་ལུས་པ་དྲང་བར་དམ་བཅས་ན་བླ་ན་མེད་པ་ཡང་དག་པར་རྫོགས་པའི་བྱང་ཆུབ་ཏུ་སྨོན་པའི་རང་བཞིན་གྱི་བྱང་ཆུབ་ཀྱི་སེམས་སྒྲིམ་མི་དགོས་པ་ཁོ་ནར་སྐྱེ་བར་འགྱུར་ཏེ། ཆོས་བཅུ་པའི་མདོར། སེམས་ཅན་མགོན་མེད་པ་སྐྱབས་མེད་པ། གླིང་མེད་པ་དག་མཐོང་ན་བླ་ན་མེད་པ་ཡང་དག་པར་རྫོགས་པའི་བྱང་ཆུབ་ཏུ་སེམས་བསྐྱེད་དོ། །ཞེས་གསུངས་པ་དེ་ནི་སྐྱབ་པ་དང་མི་ལྡན་ཀྱང་འབྲས་བུ་ཆེ་བར་བྱམས་པའི་རྣམ་ཐར་ལས་བཀའ་སྩལ་ཏེ། དཔེར་ན་རྡོ་རྗེ་རིན་པོ་ཆེ་ནི་ཆག་ཀྱང་གསེར་གྱི་རྒྱན་ཁྱད་པར་དུ་འཕགས་པ་ཐམས་ཅད་ཟིལ་གྱིས་གནོན་ཅིང་། རྡོ་རྗེ་

རིན་པོ་ཆེའི་མིང་ཡང་མི་འདོར་ལ་དབུལ་བ་ཐམས་ཅད་ཀྱང་བཟློག་གོ །དེ་བཞིན་དུ་ཐམས་ཅད་མཁྱེན་པ་ཉིད་དུ་སེམས་བསྐྱེད་པའི་རྡོ་རྗེ་རིན་པོ་ཆེ་སྒྲུབ་པ་དང་མི་ལྡན་ཀྱང་། ཉན་ཐོས་དང་རང་སངས་རྒྱས་ཀྱི་གསེར་གྱི་རྒྱན་ཐམས་ཅད་ཟིལ་གྱིས་གནོན་ཏོ། །བྱང་ཆུབ་སེམས་དཔའི་མིང་མི་འདོར་ཅིང་འཁོར་བའི་དབུལ་བ་ཡང་བཟློག་པར་བྱེད་དོ། །ཞེས་པ་ལ་སོགས་ཕན་ཡོན་ཆེན་པོ་ལུང་དང་སྦྱར་བ་རྒྱས་པར་གསུངས་ནས། ག་ཡ་མགོ་རིང་། བྱང་ཆུབ་ནི་སྒྲུབ་པ་སྙིང་པོར་བྱེད་པའི་བྱང་ཆུབ་སེམས་དཔའ་རྣམས་ཀྱི་ཡིན་ཏེ། ལོག་པར་སྒྲུབ་པ་སྙིང་པོར་བྱེད་པ་རྣམས་ཀྱི་མ་ཡིན་ནོ། །ཞེས་པ་དང་། ཏིང་ངེ་འཛིན་རྒྱལ་པོར། དེ་ལྟ་བས་ན་སྒྲུབ་པ་སྙིང་པོར་བྱའོ། །ཞེས་བྱ་བར་གཞོན་ནུ་ཁྱོད་ཀྱིས་བསླབ་པར་བྱའོ། །དེ་ཅིའི་ཕྱིར་ཞེ་ན། གཞན་དོན་དུ་སྒྲུབ་པ་སྙིང་པོར་བྱེད་པ་ལ་བླ་ན་མེད་པ་ཡང་དག་པར་རྫོགས་པའི་བྱང་ཆུབ་རྙེད་པར་དཀའ་བ་མ་ཡིན་པའི་ཕྱིར་རོ། །ཞེས་གསུངས་ཤིང་བྱང་ཆུབ་སེམས་དཔའི་སྒྲུབ་པ་ནི་ཕ་རོལ་ཏུ་ཕྱིན་པ་དྲུག་དང་། ཚད་མེད་པ་བཞི་དང་། བསྡུ་བའི་དངོས་པོ་བཞི་ལ་སོགས་པ་ཡིན་པར། བློ་གྲོས་མི་ཟད་པས་བསྟན་པ་དང་། དཀོན་མཆོག་སྤྲིན་ལ་སོགས་པའི་མདོ་སྡེ་དག་ལས་རྒྱས་པར་གསུངས་སོ། །ཞེས་ལུང་དང་སྦྱར་ཞིང་རིམ་གྱིས་སྦྱོར་ལམ་བཞི་དང་། མཐོང་སྒོམ་གྱི་ལམ་དང་། རྫོགས་པའི་སངས་རྒྱས་ཀྱི་སྐུ་གསུམ་འཕྲིན་ལས་དང་བཅས་པ་སྒྲུབ་པའི་ཚུལ་ལེགས་པར་གསུངས་སོ། །སྒོམ་རིམ་བར་པར། ཐམས་ཅད་མཁྱེན་པའི་ཡེ་ཤེས་མྱུར་དུ་ཐོབ་པར་འདོད་པས། དེ་ཐོབ་པར་བྱེད་པའི་རྒྱུ་དང་རྐྱེན་རྣམས་ལ་བརྩོན་པར་བྱའོ། །དེ་ཡང་རྒྱུ་ཡང་མེད་པ་དང་། རྒྱུ་མ་ཚང་བ་དང་། རྒྱུ་ནོར་བ་ལ་ཡུན་རིང་པོ་ཞིག་ཏུ་ནན་ཏན་བྱས་ཀྱང་འབྲས་བུ་ཐོབ་པ་མེད་དེ། བ་ལང་གི་རྭ་ལས་འོ་མ་བཞོས་པ་བཞིན་ནོ༑ ༑འོན་འབྲས་བུ་ཐམས་ཅད་མཁྱེན་པ་དེའི་རྒྱུ་དང་རྐྱེན་གང་ཡིན་ཅེ་ན། བདག་ལྟ་བུ་དམུས་ལོང་དང་འདྲ་བས་བསྟན་པར་མི་ནུས་མོད་ཀྱི། བཅོམ་ལྡན་འདས་ཉིད་མངོན་པར་རྫོགས་པར་སངས་རྒྱས་ནས་གདུལ་བྱ་ལ་ཇི་སྐད་དུ་བཤད་པ་དེ་ཉིད་བཀས་བཤད་པར་བྱ་སྟེ། གསང་བ་པའི་བདག་པོ། ཐམས་ཅད་མཁྱེན་པའི་ཡེ་ཤེས་དེ་ནི་སྙིང་རྗེའི་རྩ་བ་ལས་བྱུང་བ་ཡིན། བྱང་ཆུབ་སེམས་ཀྱི་རྒྱུ་ལས་བྱུང་བ་ཡིན། ཐབས་ཀྱིས་མཐར་ཕྱིན་པ་ཡིན་ནོ་ཞེས་འབྱུང་ངོ་། དེའང་སྙིང་རྗེ་ཆེན་པོ་བསྐྱེད་ནས་བྱང་ཆུབ་སེམས་དཔའ་རྣམས་སེམས་ཅན་ཐམས་ཅད་གདོན་ཕྱིར་ངེས་པའི་དམ་འཆའ་བར་འགྱུར་རོ། །དེ་ནས་བདག་ཉིད་ལ་ལྟ་བ་སྤངས་ནས་ཤིན་ཏུ་བྱ་དཀའ་ཞིང་རྒྱུན་མི་ཆད་པ་ལ་ཡུན་རིང་པོ་སྒྲུབ་པའི་བསོད་ནམས་དང་ཡེ་ཤེས་ཀྱི་ཚོགས་ལ་འཇུག་གོ། །དེས་ན་ཐམས་ཅད་མཁྱེན་པའི་ཡེ་ཤེས་ཀྱི་རྩ་བ་སྙིང་རྗེ་ཆེན་པོ་ཁོ་ན་ཡིན་པས་ཐོག་མ་ཉིད་དུ་སྙིང་རྗེ་གོམས་པར་བྱའོ། །ཞེས་བཏང་སྙོམས་སྒོམ་པ་ནས་བརྩམས་ཏེ་གསལ་བར་བསྟན་ནས། བྱང་ཆུབ་ཀྱིས་སེམས་ནི་རྣམ་པ་གཉིས་ལས་

ཀུན་རྫོབ་པ་ནི་སེམས་ཅན་ཐམས་ཅད་འཁོར་བ་ལས་གདོན་པར་དམ་བཅས་ཏེ། རྫོགས་པའི་སངས་རྒྱས་སུ་གྱུར་ཅིག་ཅེས་འདོད་པའི་སེམས་དང་པོར་བསྐྱེད་པ་པོ།

དེ་ཡང་ཚུལ་ཁྲིམས་ཀྱི་ལེའུ་ལས་བསྟན་པའི་ཆོ་ག་བཞིན་དུ་བསྐྱེད་ནས་དོན་དམ་བྱང་ཆུབ་ཀྱི་སེམས་འཛིན་ལས་འདས་པ་སྤྲོས་པ་མཐའ་དག་དང་བྲལ་བ། ཤིན་ཏུ་གསལ་བ་དོན་དམ་པ་པའི་སྤྱོད་ཡུལ་དྲི་མ་མེད་པ༑ རླུང་མེད་པའི་མར་མེའི་རྒྱུན་ལྟར་མི་གཡོ་བའོ། །དེ་གྲུབ་པ་ནི་གུས་པར་ཡུན་རིང་དུ་ཞི་གནས་དང་ལྷག་མཐོང་གི་རྣལ་འབྱོར་གོམས་པ་ལས་འགྱུར་ཏེ། དགོངས་པ་ངེས་འགྲེལ་དུ། བྱམས་པ། གང་ཡང་ཉན་ཐོས་རྣམས་ཀྱིའམ་བྱང་ཆུབ་སེམས་དཔའ་རྣམས་ཀྱིའམ་དེ་བཞིན་གཤེགས་པ་རྣམས་ཀྱི་དགེ་བའི་ཆོས་འཇིག་རྟེན་པ་ལ་འཇིག་རྟེན་ལས་འདས་པ་ཐམས་ཅད་ཀྱང་ཞི་གནས་དང་ལྷག་མཐོང་གི་འབྲས་བུ་ཡིན་པར་རིག་པར་བྱའོ། །ཞེས་གསུངས་པ་ལྟར་ཞི་གནས་ལྷག་མཐོང་གི་ངོས་འཛིན་དང་སྒོམ་ཚུལ་རྒྱས་པར་གསུངས་སོ། །ཟུང་དུ་འབྲེལ་བ་ཐོབ་པའི་ཆོས་རྣམ་པར་མི་རྟོག་པ་དང་བཅས་པ་དང༌། རྣམ་པར་མི་རྟོག་པའི་གཟུགས་བརྙན་ལ་དམིགས་པའི་ཏིང་ངེ་འཛིན་ནོ། །དེ་ལ་ཐུན་བཞི་ལ་སོགས་པ་ཇི་ལྟར་འདོད་ཀྱི་བར་དུ་གནས་ནས་ལྡང་བར་བྱས་ཏེ་དོན་རབ་ཏུ་འབྱེད་པའི་བསམ་གཏན་ནོ། །བསམ་གཏན་དེ་ཡང་རྣམ་པ་ཐམས་ཅད་ཀྱི་མཆོག་དང་ལྡན་པའི་སྟོང་པ་ཉིད་མངོན་པར་བསྒྲུབས་ཤིང༌། ཏིང་ངེ་འཛིན་དུ་བྱེད་པ་ནི་དེ་བཞིན་ལ་དམིགས་པའི་བསམ་གཏན་ནོ། །དེ་ནས་མི་གནས་པའི་མྱ་ངན་ལས་འདས་པ་ཐོབ་སྟེ། ཤེས་རབ་ཀྱི་སྟོབས་ཀྱིས་ནི་འཁོར་བར་མི་ལྟུང་ལ། ཐབས་ཀྱི་སྟོབས་ཀྱིས་ནི་མྱ་ངན་ལས་འདས་པར་ཡང་མི་ལྟུང་བའི་ཕྱིར་རོ། །དཔལ་མཆོག་དང་པོ་ལས། ཤེས་རབ་ཀྱི་ཕ་རོལ་ཏུ་ཕྱིན་པ་ནི་མ་ཡིན་ནོ། །ཐབས་ལ་མཁས་པ་ནི་ཕ་ཡིན་ནོ། །ཞེས་པ་དང༌། དྲི་མ་མེད་པར་གྲགས་པས་བསྟན་པ། བྱང་ཆུབ་སེམས་དཔའ་རྣམས་ཀྱི་འཆིང་བ་ནི་གང་ཞིག་ཡིན། ཐར་པ་ནི་གང་ཞིག་ཡིན་ཅེ་ན། ཐབས་མེད་པར་སྲིད་པར་འགྲོ་བ་ཡོངས་སུ་འཛིན་པ་ནི་བྱང་ཆུབ་སེམས་དཔའི་འཆིང་བའོ། །ཐབས་ཀྱིས་སྲིད་པའི་འགྲོ་བར་འགྲོ་བ་འདི་ནི་ཐར་པའོ། །ཤེས་རབ་མེད་པར་སྲིད་པར་འགྲོ་བ་ཡོངས་སུ་འཛིན་པ་ནི་བྱང་ཆུབ་སེམས་དཔའི་འཆིང་བའོ། །ཤེས་རབ་ཀྱིས་སྲིད་པའི་འགྲོ་བར་འགྲོ་བ་འདི་ནི་ཐར་པའོ། །ཞེས་པ་ལ་སོགས་པའི་ལུང་དང་སྦྱར་ནས་ཐབས་ཤེས་ཟུང་འབྲེལ་དུ་ཉམས་སུ་བླངས་པས་སངས་རྒྱས་འགྲུབ་པའི་ཚུལ་ལེགས་པར་གསུངས་སོ། །སྒོམ་རིམ་ཐ་མར་ཡང༌། ཞི་གནས་དང་ལྷག་མཐོང་ཟུང་འཇུག་ཏུ་སྒྲུབ་པའི་ཚུལ་ལེགས་པར་གསུངས་ནས། དྲི་མ་མེད་པར་གྲགས་པས་བསྟན་པར། ཀྱེ་གྲོགས་པོ་དག །དེ་བཞིན་གཤེགས་པའི་སྐུ་ནི་བསོད་ནམས་བརྒྱ་ཕྲག་དུ་མ་ལས་ངེས་པར་སྐྱེས་པའོ། །དགེ་བའི་ཆོས་ཐམས་ཅད་

ལས་ངེས་པར་སྐྱེས་པའོ། །དགེ་བའི་ལས་ཚད་མེད་པ་ལས་ངེས་པར་སྐྱེས་པའོ། །ཞེས་པ་ལ་སོགས་རྒྱ་ཆེར་འབྱུང་བས་ཕྱོགས་བཅུའི་སངས་རྒྱས་དང་བྱང་ཆུབ་སེམས་དཔའ་ཐམས་ཅད་ལ་ཕྱག་འཚལ་བ་དང་མཆོད་པ་དང་བསྟོད་པ་དང་འཕགས་པ་བཟང་པོ་སྤྱོད་པ་ལ་སོགས་པའི་སྨོན་ལམ་གདབ་པ་དང་། སྦྱིན་པ་ལ་སོགས་པའི་བསོད་ནམས་ཀྱི་ཚོགས་སྒྲུབ་པ་ལ་བརྩོན་པར་བྱ་ཞིང་། སྟོང་ཉིད་སྙིང་རྗེའི་སྙིང་པོ་ཅན་གྱི་བླ་ན་མེད་པའི་བྱང་ཆུབ་ཏུ་བསྔོ་བར་བྱའོ། །ཞེས་པ་ལ་སོགས་པ་བསམ་གྱིས་མི་ཁྱབ་པ་གསུངས་སོ། །

དེ་ཡི་ཇི་སྐད་གསུངས་པ་བཞིན། །ཕྱིས་ནས་ཐམས་ཅད་བདེན་པར་གྱུར། །རྒྱ་ནག་ལུགས་དེ་ནུབ་མཛད་ནས། །རིམ་གྱིས་པ་ཡི་ཆོས་ལུགས་སྤེལ། །ཅེས་པ། སྡོམ་བརྩོན་དམ་པ་ཞི་བ་འཚོས། ཇི་ལྟར་ལུང་བསྟན་པ་བཞིན་ཐེག་པ་ཆེན་པོའི་ཆོས་ལ་རྒྱ་གར་དང་རྒྱ་ནག་གི་ལུགས་གཉིས་བྱུང་བ་ལ། རྒྱ་ནག་མཁན་པོའི་ལུག་གཅིག་ཆར་བའི་ཆོས་ལོག་ལུང་རིགས་རྣམ་དག་གིས་སུན་ཕྱུང་སྟེ། རྒྱལ་བ་སྲས་བཅས་ཀྱི་བཞེད་གཞུང་རིམ་གྱིས་པའི་ཆོས་ལུགས་རྒྱས་པར་མཛད། སྔོན་ཆོས་རྒྱལ་ཡོན་མཆོད་རྣམས་ཀྱིས་གངས་རིའི་ཁྲོད་འདིར་སངས་རྒྱས་ཀྱི་བསྟན་པའི་དབུ་བརྙེས་པ་དང་། སྲོལ་བཏོད་པ་དང་། ཆོས་མིན་ཚར་གཅོད་པའི་མཛད་སྤྲོལ་ངོ་མཚར་རྨད་དུ་བྱུང་བ་རྣམས་ལ་ལེགས་པར་བསམ་ནས་བཀའ་དྲིན་ཆེན་པོའི་རྗེས་སུ་དྲན་པར་བྱས་ཏེ། དེ་རྣམས་ཀྱི་དྲིན་ལན་དུ་དམ་པའི་ཆོས་ཅི་ནུས་སྒྲུབ་ཅིང་རྗེས་སུ་ཡི་རང་བསྒོམ་པར་རིགས་ཏེ། གླུ་ཡི་རྒྱལ་པོའི་རྟོགས་བརྗོད་དུ། བྱས་པ་ཤེས་ཤིང་བྱས་པ་བཟོ། །བྱས་པ་ཆུ་ཟོས་མི་གཏོང་ན། །ལྷ་མིའི་དཔལ་དགོན་ཉེ་བར་གནས། །ཞེས་གསུངས་ཤིང་། །ལུང་ལས་ཀྱང་། །མི་གང་བྱས་པ་མི་བཟོ་བ། །དེ་ནི་བདག་གི་ཁུར་ཆེན་ཡིན། །ཞེས་པ་དང་། ཤེར་ཕྱིན་དུ། བྱང་ཆུབ་སེམས་དཔའ་ལ་ཕན་པ་ཆུང་ངུ་གཅིག་བྱས་པའང་བླ་ན་མེད་པའི་བྱང་ཆུབ་ཀྱི་བར་དུ་ཆུད་མི་སོན་ན། མང་པོ་ལྟ་སྨོས་ཀྱང་ཅི་དགོས་ཞེས་གསུངས་སོ། །ཆོས་རྗེ་ཉིད་ཀྱི་ཞལ་སྔ་ནས། སྡོམ་བརྩོན་དམ་པ་དཔལ་ལྡན་ཞི་བ་འཚོ. །བརྟུལ་ཞུགས་གྲུབ་པ་པདྨ་འབྱུང་གནས་དཔལ། །བློ་གསལ་དབང་པོ་པདྨའི་ངང་ཚུལ་སོགས། །སྙིགས་མའི་དུས་ཀྱི་རྒྱལ་བ་གཉིས་པ་ཡིན། །བདེ་གཤེགས་བསྟན་པའི་རིང་ལུགས་བླ་ན་མེད། །ཞུ་ཆེན་བསྒྱུར་བྱེད་མཆན་བུའི་གནས་འདུག་པའི། །སྐད་གཉིས་སྨྲ་བ་བློ་གྲོས་གསལ་ལྡན་པ། །དེ་དག་བདག་ཅག་རྣམས་ཀྱི་མིག་ཏུ་གྱུར། །མི་ཡི་དབང་པོ་ཆོས་བཞིན་ས་སྐྱོང་པ། །རྣམ་དཔྱོད་བློ་ཅན་དེས་པས་འགྲོ་བ་འདུལ། །དཔའ་མཛངས་བློན་པོའི་ཚོགས་ཀྱིས་ཡོངས་བསྐོར་ནས། །སྐྱེ་དགུ་འདི་དག་བུ་བཞིན་ལེགས་པར་བསྐྱངས། །ཞེས་བཀའ་དྲིན་རྗེས་སུ་དྲན་པའི་བསྔགས་པ་མཛད་དོ། །

གསུམ་པ་ཆོས་ལོག་གི་རོ་ལངས་ཚུལ་ནི། ཕྱིས་ནས་རྒྱལ་ཁྲིམས་ནུབ་པ་དང་། །རྒྱ་ནག་མཁན་པོའི་

གཞུང་ལུགས་ཀྱི། །ཡི་གེ་ཙམ་ལ་བརྟེན་ནས་ཀྱང་། །དེ་ཡི་མིང་འདོགས་གསང་ནས་ནི། །ཕྱག་རྒྱ་ཆེན་པོར་མིང་བསྒྱུར་ནས། །ད་ལྟའི་ཕྱག་རྒྱ་ཆེན་པོ་འདི། །ཕལ་ཆེར་རྒྱ་ནག་ཆོས་ལུགས་ཡིན། །ཞེས་པ། འགོང་པོ་གནམ་ཐེའུའི་བུ་དྲུམ་བཙན་གླང་དར་མས། བློན་པོ་ངན་པ་རྒྱལ་ཧོ་རེ་དང་། ཅོག་རོ་ལེགས་སྒྲ་ལ་སོགས་པ་དང་གྲོས་ངན་བཤམས་ཏེ། མངའ་བདག་ཁྲི་སྲོང་ལྡེ་བཙན་རལ་པ་ཅན་བསྒྲོངས་ནས། བོད་ཡུལ་གྱི་ཆོས་ཁྲིམས་དང་རྒྱལ་ཁྲིམས་གཉིས་ཀ་བཤིག །གླང་དར་མའང་ལྷ་ལུང་དཔལ་གྱི་རྡོ་རྗེས་བསད། དེ་རྗེས་སུ་ཡུམ་བརྟན་དང་འོད་སྲུང་འཁྲུགས་ནས་བོད་ཡུལ་ཕྱུང་པར་གྱུར་པའི་ཚེ་ཧྭ་ཤང་གི་ཆོས་ལུགས་འགའ་ཞིག་ཡི་གེ་བཀོད་པ་འགའ་ཞིག་གཏེར་ནས་ཐོན་པ་ལ་བརྟེན་ནས་བླུན་པོ་ཆོས་དད་ཅན་གདམ་ངག་འབོགས་པ་ལ་སྦྱོ་བས་ཕྱག་རྒྱ་ཆེན་པོའི་མིང་བཏགས་ནས་བཤད་དེ། བསྟན་པ་ཕྱི་དར་གྱི་ལོ་པཎ་མཁས་པ་རྣམས་ཀྱི་ཆོས་ལུགས་ལེགས་པར་མ་དར་བའི་སྐབས་སུ་ཆོས་ཡིན་མ་ཡིན་ཤན་འབྱེད་པ་མཁས་པ་མ་བྱུང་བས། བསོད་ནམས་ཆུང་བའི་སེམས་ཅན་འགའ། །ལྷ་སྐལ་ཆད་པས་འབྱུང་པོ་སྐྱབ། །ཅེས་པ་ལྟར། ཕྱག་རྒྱ་ཆེན་པོའི་གདམས་ངག་གི་མིང་ལ་འཁྲུལ་བས་དར་བར་གྱུར་ཏོ། །འབུམ་ལས། ཆོས་ཐམས་ཅད་ནི་ནམ་མཁའི་ངང་ཚུལ་ཅན་ནོ་ཞེས་བྱ་བར་སེམས་ཅན་རྣམས་ལ་ཆོས་སྟོན་ཏོ། །ཞེས་པའི་འདྲེས་གསུངས་པ་ལ་བརྟེན་ནས། སེམས་ངོ་འཕྲོད་ཉལ་བས་ཆོག་ཅེས་པའི་ངོ་འཕྲོད་ལ། ཆོས་ཐམས་ཅད་སེམས་སུ་ངོ་སྤྲོད། སེམས་ནམ་མཁའ་དཔེར་བླངས་ནས་ངོ་སྤྲོད། ནམ་མཁའ་ཅི་ཡང་མེད་པའི་སྟོང་ཉིད་དུ་ངོ་སྤྲོད་པའི་ཕྱག་རྒྱ་ཆེན་པོ་ངོ་སྤྲོད་གསུམ་པར་གྲགས་པ་དང་། སེམས་ལ་སེམས་མ་མཆིས་ཏེ་རང་བཞིན་འོད་གསལ་བའི་སྐད་དུའོ། །ཞེས་པའི་ལུང་ལ་བརྟེན་ནས་རིག་པ་གསལ་ཙམ་འདི་ལ་བདེ་བར་ཞེན་པ་དང་། གསལ་བར་ཞེན་པ་དང་། མི་རྟོག་པར་ཞེན་པ་སྟེ་གོལ་བ་གསུམ་བཅད་ནས་གཤིས་ལ་ཤོར་བ་དང་། སྒོམ་དུ་ཤོར་བ་དང་། ལམ་དུ་ཤོར་བ་དང་། རྒྱས་འདེབས་སུ་ཤོར་བ་སྟེ་ཤོར་བ་བཞི་སྤངས་ནས་སོ་མ་དེ་མ་བཅོས་པ་དང་ལྷུག་པ་དང་འབོལ་ལེ་ཤིག་གེར་འཛོག་ལུགས་བཞི་ཉམས་སུ་ལེན་པ་ཡིན་ཏེ། འཇུར་བུས་བཅིངས་པའི་སེམས་ཉིད་འདི། །གློད་ན་གྲོལ་བར་ཐེ་ཚོམ་མེད། །བྲམ་ཟེ་སྐུད་པ་འཁལ་བ་ལྟར། །སོ་མ་མ་བཅོས་ལྷུག་པར་ཞོག །ཅེས་བྲམ་ཟེ་ཆེན་པོས་གསུངས་པའི་ཉམས་ལེན་ཡིན་ཞེས་ཟེར་བ་དེ། ཆོས་རྗེ་ཉིད་ཀྱིས་ཕྱོགས་བཅུ་སངས་རྒྱས་དང་བྱང་ཆུབ་སེམས་དཔའ་ལ་ཞུ་བའི་འཕྲིན་ཡིག་ལས། དཔེ་མ་གྲུབ་ཅིང་དོན་ནོར་པར་གསུངས་ཏེ། འདི་དོན་བརྟགས་པས་འདི་ལྟར་མཐོང་། །སོ་མར་བཞག་ན་བལ་ཉིད་ཡིན། །སྐུད་པར་བྱས་ན་བཅོས་པར་འགྱུར། །དེ་ཕྱིར་འདི་ལ་དཔེ་སྐྱོན་ཡོད། །དོན་གྱི་སྐྱོན་ཡང་འདི་ལྟར་མཐོང་། །གོལ་བ་གསུམ་པོ་བཅད་ཙམ་གྱིས། །ཕྱག་རྒྱ་ཆེན་པོར་འགྱུར་ན་ནི། །ཉན་ཐོས་འགོག་

པའང་དེར་འགྱུར་རོ། །ཞེར་པ་བཞི་པོ་སྤངས་ཉམས་པའི། །རྣམ་རྟོག་ཕྱག་རྒྱ་ཆེན་པོ་མིན། །རྟོགས་པ་མེད་ན་སྤྱོང་མི་ནུས། །རྟོགས་པ་མེད་ཀྱང་སྤྱོང་ནུས་ན། །སེམས་ཅན་ཀུན་ལ་འབད་མེད་དུ། །ཕྱག་རྒྱ་ཆེན་པོ་ཅི་མི་སྐྱེ། །ཞེས་གསུངས་སོ། །བྲམ་ཟེ་ཆེན་པོའི་གསུང་རྐང་པ་དང་པོ་གཉིས་ཚད་མ་ཡིན་ལ། ཕྱི་མ་གཉིས་བརྫུན་ཡིན་ནོ། །དགག་པ་རྒྱས་པར་སྒོམ་རིམ་གསུམ་པར་གསུངས་པས་ཤེས་ཤིང་། འདི་ནི་ཧྭ་ཤང་གི་བསམ་གཏན་ཉལ་ཆོག་གི་ཉམས་ལེན་ཡིན་པར་ཐེ་ཚོམ་མེད་དོ། །དེས་ན་ཕྱག་རྒྱ་ཆེན་པོ་ལ་ཉམས་ལེན་མཛད་པ་རྣམས་ཀྱིས། སངས་རྒྱས་ཀྱི་བཀའ་དང་གྲུབ་ཐོབ་ཀྱི་གསུངས་ལས་ལེགས་པར་ཐོས་བསམ་མཛད་ནས་དགོངས་པ་མ་ནོར་བར་གཏན་ལ་ཕེབས་པ་དང་ཉམས་ལེན་མཛད་པ་གལ་ཆེ་ཤིང་། ཁྱི་བཙལ་བརྒྱུགས་སུ་མ་སོང་བ་བྱེད་འཚལ་ལོ། །

ལྔ་པ་ནི། ནཱ་རོ་དང་ནི་མཻ་ཏྲི་པའི། །ཕྱག་རྒྱ་ཆེན་པོ་གང་ཡིན་པ། །དེ་ནི་ལས་དང་ཆོས་དང་ནི། །དམ་ཚིག་དང་ནི་ཕྱག་རྒྱ་ཆེ། །གསང་སྔགས་རྒྱུད་ནས་ཇི་སྐད་དུ། །གསུངས་པ་དེ་ཉིད་ཁོང་བཞེད་དོ། །ཞེས་པ། བླ་མ་ནཱ་རོ་དང་མཻ་ཏྲི་པའི་ལུགས་ཀྱི་ཕྱག་རྒྱ་ཆེན་པོ་མར་པ་ལོ་ཙཱ་ལ་གནང་བ་དེ་ཉིད་ལས་དང་ཆོས་དང་དམ་ཚིག་གི་ཕྱག་རྒྱ་དང་། བཞི་པ་ཕྱག་རྒྱ་ཆེན་པོ་གསང་སྔགས་བླ་ན་མེད་པའི་རྒྱུད་ཀྱི་དགོངས་པ་མ་ནོར་བ་ཡིན་ཏེ། མཻ་ཏྲི་པའི་དེ་ཉིད་ཉི་ཤུ་ལས། ལས་དང་དམ་ཚིག་ཕྱག་རྒྱ་གཉིས། །འཁོར་ལོ་རྫོགས་པར་སྒོམ་པ་ཉིད། །ཐ་མའི་བྱང་ཆུབ་སྒོམ་པ་ནི། །དག་པའི་དེ་ཉིད་ཕྱིར་ཕྱོགས་པའི། །ཡེ་ཤེས་ཕྱག་རྒྱ་མཉམ་སྦྱོར་བས། །འཇམ་པའི་རྡོ་རྗེ་ལ་སོགས་གཙོ། །བདེ་མིན་བརྫུན་མིན་རྣམ་པར་ནི། །བདག་ཉིད་སྒོམ་པ་འབྲིང་པོའོ། །བདག་བྱིན་བརླབ་པའི་གོ་འཕང་གང་། །དེ་ཉིད་རྟོགས་པར་མི་ནུས་ཕྱིར། །དེ་དག་ལ་ནི་རིམ་པ་ཡིས། །བྱང་ཆུབ་སྒྲུབ་པའི་ལམ་བསྟན་ཏོ། །ལྷ་ལ་མངོན་པར་ཞེན་ན་ནི། །དེ་ལ་བག་ཆགས་ཅི་སྟེ་མེད། །བག་ཆགས་ཉིད་ནི་རྣམ་དག་ན། །ཐམས་ཅད་དུ་ཡང་དེ་བཞིན་ནོ། །དེ་ཉིད་མཐོང་བའི་རྣལ་འབྱོར་པ། །ཕྱག་རྒྱ་ཆེན་པོ་ལ་གཞོལ་བ། །ཐམས་ཅད་དངོས་པོའི་རང་བཞིན་གྱིས། །དབང་པོ་དམ་པ་གནས་པར་བྱ། །ངོ་བོ་ཉིད་བདེན་གང་ཐོབ་པས། །རྣམ་པར་རྟོག་པ་ཐམས་ཅད་སྤངས། །གང་ཕྱིར་འགྲོ་བ་འདི་དེ་ཉིད། །དེ་ཕྱིར་ཐམས་ཅད་དྲི་མ་མེད། །ཅེས་པ་ལ་སོགས་པ་དང་། ཐེག་ཆེན་ཉི་ཤུ་པར། ཟུང་འཇུག་གོ་འཕང་བསྒྲོད་པ་པོ། །རྣམ་པ་ཀུན་གྱི་མཆོག་ལྡན་པ། །མཚན་ཉིད་མེད་ཅིང་འདུས་མ་བྱས། །གཉུག་མའི་སྐུ་ལ་བདག་ཕྱག་འཚལ། །ཞེས་གསུངས་པས། ཐོག་མར་ལས་དང་པོ་པའི་རྣལ་འབྱོར་པ་དབང་པོ་ཐ་མ་ལས་ཀྱི་ཕྱག་རྒྱ་དང་། དམ་ཚིག་གི་ཕྱག་རྒྱ་ལ་བརྟེན་ནས་རྩ་རླུང་གི་རྣལ་འབྱོར་དང་། དེ་ནས་དབང་པོ་འབྲིང་པོ་ཆོས་དང་ཡེ་ཤེས་ཀྱི་ཕྱག་རྒྱ་ལ་བརྟེན་ནས་དབང་གསུམ་པའི་ལམ་

སྒོམ་ཞིང་། ལྷ་སྐུ་སྒྱུ་མ་ལྟ་བུ་སྒྱུ་ལུས་རིམ་པ་མངོན་དུ་གྱུར་ནས་དེ་ལ་ཞེན་པའི་བག་ཆགས་སྦྱང་བའི་ཕྱིར་འོད་གསལ་སྒོམ་ཞིང་། དེ་ལས་ལངས་ཏེ་ཟུང་འཇུག་ཕྱག་རྒྱ་ཆེན་པོ་དངོས་པོ་ཐམས་ཅད་ལ་ཁྱབ་པའི་རང་བཞིན་དབང་པོ་རབ་ཀྱི་ལམ་སྒོམ་པ་ཡིན་ནོ། །དེ་ལ་ལྷན་སྐྱེས་པའི་རང་བཞིན་ཞེས་ཀྱང་གསུངས་ཏེ་དོན་གཅིག་གོ། །ནཱ་རོ་པས་ཀྱང་། དཔེའི་ཡེ་ཤེས་ལྷན་ཅིག་སྐྱེས་པ་ཉམས་སུ་མྱོང་བ་དངོས་བཟུང་ནས་བསྒོམས་པས་དོན་གྱི་ཡེ་ཤེས་ལྷན་ཅིག་སྐྱེས་པ་མངོན་དུ་བྱེད་པར་བཞེད་དོ། །དེའི་དོན་ནི་གཤིན་རྗེ་གཤེད་དམར་པོའི་རྒྱུད་དུ། འདིར་ནི་ཤེས་རབ་ཡེ་ཤེས་གང་། །མངོན་པར་དབང་བསྐུར་བཞི་པ་སྟེ། །ཕྱིས་པའི་སྐྱེ་བོ་སླ་བར་འགྱུར། །དེ་ནི་སླར་ཡང་དེ་བཞིན་ཅེས། །བཞི་པ་དེ་ཉིད་གསུམ་པ་སྟེ། །དེ་བཞིན་བྱས་པར་མི་འགྱུར་ཏེ། །དང་པོའི་ཡན་ལག་ལས་སླར་ཡང་། །སྨོས་པ་སྔོན་འགྱུར་དེ་བཞིན་དུ། །ཕྱིས་པ་རྣམས་ཀྱིས་རྒྱུ་གསུམ་པ། །གང་ཡིན་འབྲས་བུ་བཞི་པ་སྟེ༔ ༔རྒྱུ་འབྲས་དབྱེ་བ་མེད་པའི་ཕྱིར། །བཞི་པའང་གསུམ་པར་གྲུབ་པོ་ཞེས། །སྔར་བརྗོད་དོན་དམ་བདེན་པ་ཉིད། །ཅེས་ཤིན་ཏུ་གསལ་བར་གསུངས་པས་དབང་གསུམ་པའི་ལྷན་ཅིག་སྐྱེས་པའི་དགའ་བ་དེ་ནི་ཀུན་རྫོབ་ཀྱི་བདེན་པ་ཡིན་ལ། དེའི་འབྲས་བུར་གྱུར་པ་ལྷན་ཅིག་སྐྱེས་པའི་དགའ་བ་ཟུང་འཇུག་གི་ཡེ་ཤེས་དེ་ནི་དོན་དམ་པའི་བདེན་པ་ཡིན་ནོ་ཞེས་བརྗོད་དོ། །རྒྱུ་འབྲས་རང་བཞིན་དབྱེར་མེད་པའི་ཕྱིར་བཞི་པ་དེ་ཡང་གསུམ་པ་དེ་བཞིན་ནོ་ཞེས་གསུངས་པ་ཡིན་ལ། ཕྱག་རྒྱ་ཆེན་པོའི་ཡེ་ཤེས་མཚན་ཉིད་པ་ནི་དབང་གསུམ་པའི་སྐབས་སུ་མི་འབྱུང་སྟེ། གལ་ཏེ་འབྱུང་ན་དེ་ཉིད་དབང་བཞི་པར་འགྱུར་བའི་ཕྱིར་རོ། །དེས་ན་ཨི་ནྡྲ་བོ་དྷིའི་ཞལ་སྔ་ནས། དབང་པོ་གཉིས་འབྱུང་བདེ་བ་ནི། །དེ་ཉིད་ཡིན་ཞེས་སྐྱེ་ངན་སྨྲ། །དེ་ནི་བདེ་ཆེན་དེ་ཉིད་དུ། །རྒྱལ་བ་མཆོག་གིས་མ་གསུངས་སོ། །ཞེས་ལོག་པར་རྟོག་པ་བཀག་པ་ཡིན་ནོ། །མཻ་ཏྲི་པའི་ལྷན་སྐྱེས་གྲུབ་པར་ཡང་། །གང་ཕྱིར་ལྷན་ཅིག་སྐྱེས་མ་བཅོས། །དེ་ཕྱིར་འདོགས་མེད་ལྷན་ཅིག་སྐྱེས། །ཞེས་དཔེའི་ཡེ་ཤེས་དབང་པོ་གཉིས་བྱུང་གི་བཅོས་མ་ཡིན་ལ། དོན་གྱི་ཡེ་ཤེས་ནི་རང་བྱུང་གི་ཡེ་ཤེས་མ་བཅོས་པ་ཡིན་ནོ། །འདི་ལའང་དེང་སང་གསང་སྔགས་འཆོལ་བར་སྤྱོད་པ་མང་དུ་ཡོད་དེ། སྐྱེས་བུ་དམ་པ་རྣམས་ཀྱིས་རྗེས་སུ་གཟུང་བར་བྱའོ། །

འཕགས་པ་ཀླུ་སྒྲུབ་ཉིད་ཀྱིས་ཀྱང་། །ཕྱག་རྒྱ་བཞི་པར་འདི་སྐད་གསུངས། །ལས་ཀྱི་ཕྱག་རྒྱ་མི་ཤེས་པས། །ཆོས་ཀྱི་ཕྱག་རྒྱའང་མི་ཤེས་ན། །ཕྱག་རྒྱ་ཆེན་པོའི་མིང་ཙམ་ཡང་། །རྟོགས་པ་ཉིད་ནི་མི་སྲིད་གསུངས། །ཞེས་པ། ཕྱག་རྒྱ་ཆེན་པོ་སྟོན་པའི་གཞུང་ཨི་ནྡྲ་བོ་དྷིས་མཛད་པའི་ཡེ་ཤེས་གྲུབ་པ་དང་། ཡན་ལག་མེད་པའི་རྡོ་རྗེས་མཛད་པའི་ཐབས་ཤེས་གྲུབ་པ། པདྨ་བཛྲའི་གསང་བ་གྲུབ་པ། ཌོཾ་བི་པའི་ལྷན་ཅིག་སྐྱེས་པ་

གྲུབ་པ། དཔལ་ཆེན་པོའི་གཉིས་མེད་གྲུབ་པ། ཌཱ་རི་ཀ་པའི་གསང་བའི་དེ་ཁོ་ན་ཉིད་དགུ། རྣལ་འབྱོར་མ་ཅི་ཏིས་མཛད་པའི་དངོས་པོ་གསལ་བའི་དེ་ཉིད་གྲུབ་པ་སྟེ་གྲུབ་པ་སྡེ་བདུན་དང་བྲམ་ཟེ་ཆེན་པོ་ཛྷ་ཏ་མཛོད་ཀྱི་ཀླུ་ཧོག་ཅེ་པའི་བསམ་མི་ཁྱབ། ལྷན་སྐྱེས་རྡོ་རྗེའི་གནས་པ་བསྡུས་པ། ཨཱརྱ་དེ་བའི་སེམས་ཀྱི་སྒྲིབ་སྦྱོང་། དེ་བ་ཙནྡྲ་ཏའི་ཤེས་རབ་ཡེ་ཤེས་གསལ་བ། འཕགས་པ་ཀླུ་སྒྲུབ་ཀྱིས་མཛད་པའི་ཕྱག་རྒྱ་ཆེན་པོ་བཞི་པ་སྟེ། སྙིང་པོ་སྐོར་དྲུག་ཏུ་གྲགས་པ་རྣམས་ལས་ཕྱག་རྒྱ་ཆེན་པོ་སྤྲོ་སྐྱུར་གྱི་མཐའ་ཆོད་པར་ཞིབ་ཏུ་གཏན་ལ་ཕབ་ཅིང་། ཕྱག་རྒྱ་བཞི་པར། ལས་ཀྱི་ཕྱག་རྒྱའི་ཉམས་ལེན་མི་ཤེས་པས། ཆོས་ཀྱི་ཕྱག་རྒྱ་རྒྱུད་ལ་བསྐྱེད་ཚུལ་མི་ཤེས་པས། དེ་མ་ཤེས་ན་དམ་ཚིག་གི་ཕྱག་རྒྱའི་དོན་མི་གོ་ཞིང་། ཕྱག་རྒྱ་ཆེན་པོའི་སྒྲ་དོན་ཙམ་ཡང་ལེགས་པར་མི་ཤེས་པར་གསུངས་ཏེ། དེ་རྣམས་དབང་བཞི་དང་རིམ་པ་བཞིན་སྦྱོར་བ་དང་། འབྲས་བུ་སྐུ་བཞི་དང་སྦྱོར་བ་ཡོད་ནའང་། ཕྱི་རོལ་གྱི་བུད་མེད་རྒྱུད་ནས་བཤད་པའི་མཚན་ཉིད་དང་ལྡན་པ་ལས་ཀྱི་ཕྱག་རྒྱས་ནི་དེ་ལས་བྱུང་བའི་ཡེ་ཤེས་ལ་རྒྱས་འདེབས་པ་དང་། རྡོ་རྗེ་ལུས་ཀྱི་རྩ་འཁོར་ལོ་བཞི་རྟེན་དང་བཅས་པ་ཆོས་ཀྱི་ཕྱག་རྒྱས་ནི་དེ་ལ་བརྟེན་པའི་ཡེ་ཤེས་ལ་རྒྱས་འདེབས་པ་དང་། ཁམས་བྱང་ཆུབ་སེམས་མ་ཉམས་པའི་དམ་ཚིག་གི་ཕྱག་རྒྱས་དེའི་ཡེ་ཤེས་ལ་རྒྱས་འདེབས་པ་དང་། འབྲས་བུ་ཕྱག་རྒྱ་ཆེན་པོས་ཆོས་ཐམས་ཅད་ལ་རྒྱས་འདེབས་པ་དང་། ཡང་འཇིག་རྟེན་པའི་ལམ་གྱི་ཡེ་ཤེས་ཆོས་ཀྱི་ཕྱག་རྒྱ། ཆོས་སྐུ་ཕྱག་རྒྱ་ཆེན་པོ། གཟུགས་སྐུ་གཉིས་དམ་ཚིག་ཕྱག་རྒྱ༑ དེ་དག་ཕན་ཚུན་དུ་རྒྱས་གདབ་པ་དང་། འདེབས་བྱེད་རོ་གཅིག་ཏུ་རྣལ་འབྱོར་པའི་རྒྱུད་ལ་སྐྱེས་པའི་ཉམས་དང་། དངོས་པོའི་གཤིས་ལ་གནས་ཚོད་སྤྲུར་ནས་ཤེས་པར་བྱའོ། །གཞི་ལམ་འབྲས་བུའི་སྟེང་དུ་ཕྱག་རྒྱ་བཞི་གསུངས་ཚུལ་སྣ་ཚོགས་མ་ནོར་བར་ཉམས་སུ་ལེན་འཚལ་ལོ། །སློབ་དཔོན་ཨ་བྷྱ་ཀ་ར་ནི། ཕྱག་རྒྱ་བཞི་པ་ཀླུ་སྒྲུབ་ཀྱི་གསུང་མ་ཡིན་ནོ་ཞེས་ཟེར་རོ། །

རྒྱུད་ཀྱི་རྒྱལ་པོ་གཞན་དང་ནི། །བསྟན་བཅོས་ཆེན་པོ་གཞན་ལས་ཀྱང་། །དབང་བསྐུར་དག་དང་མ་འབྲེལ་བ། །དེ་ལ་ཕྱག་རྒྱ་ཆེན་པོ་བཀག །དབང་བསྐུར་བ་ལས་བྱུང་བ་ཡི། །ཡེ་ཤེས་ཕྱག་རྒྱ་ཆེ་རྟོགས་ན། །ད་གཟོད་མཚན་མ་དང་བཅས་པའི། །འབད་རྩོལ་ཀུན་ལ་མི་ལྟོས་སོ། །ཞེས་པ། དུས་ཀྱི་འཁོར་ལོའི་རྒྱུད་དུ། དབང་མངོན་དུ་མ་སོང་བར་ཡེ་ཤེས་སྐྱེ་བ་མེད་པས། ཐོག་མར་ཀུན་རྫོབ་བདེན་པ་འཇིག་རྟེན་པའི་དངོས་གྲུབ་དོན་དུ་གཉེར་བས་བྱིས་པ་འཇུག་པའི་དབང་བདུན་ཞུ་བ་དང་། དོན་དམ་པའི་བདེན་པ་འཇིག་རྟེན་ལས་འདས་པའི་ཕྱག་རྒྱ་ཆེན་པོ་སྒྲུབ་པའི་ཕྱིར་དབང་གོང་མ་བཞི་བསྐུར་བའི་ཚུལ་གསུངས་ཤིང་། དང་པོ་ནི་བྱིས་པ་སྐྱེས་མ་ཐག་ཁྲུས་བྱེད་པ་ལྟར་ཡུམ་ལྔའི་ཆུ་དབང་དང་། གཙུག་ཕུད་འཛོག་པ་ལྟར་སངས་རྒྱས་ལྔའི་ཅོད་པཎ

ཀྱི་དབང་དང་། རྣ་བ་འབིགས་པ་ལྟར་ནུས་པ་བཙུའི་དར་དཔྱངས་ཀྱི་དབང་དང་། དགོད་ཅིང་སྒྲ་བ་ལྟར་གཙོ་བོ་ཡབ་ཡུམ་རྡོ་རྗེ་དྲིལ་བུའི་དབང་དང་། འདོད་ཡོན་ལ་ལོངས་སྤྱོད་པ་ལྟར་སེམས་དཔའ་སེམས་མའི་བརྟུལ་ཞུགས་ཀྱི་དབང་དང་། མིང་འདོགས་པ་ལྟར་ཁྲོ་བོ་ཁྲོ་མོའི་མིང་དབང་དང་།

ཡི་གེ་འབྲི་ཀློག་སློབ་པ་ལྟར་རྡོ་རྗེ་སེམས་དཔའི་རྗེས་གནང་དང་བདུན་ནི། རྩ་རྒྱུད་དང་བསྡུས་རྒྱུད་དང་རྡོ་རྗེ་སྙིང་པོའི་འགྲེལ་པ་ལ་སོགས་པར་དག་བྱ་དག་བྱེད་ཞིབ་ཏུ་གསུངས་སོ། །གོང་མའི་དབང་ལ་སློབ་མ་གཞུག་པའི་དབང་བཞི་དང་། རྡོ་རྗེ་སློབ་དཔོན་དུ་བྱེད་པའི་དབང་བཞི་ལུགས་གཉིས། དབང་བདུན་ཐོབ་པའི་སློབ་མ་ལ་སྟེར་བ་ཡིན་ཏེ། དབང་བདུན་པོ་དེ་མངལ་གྱི་གནས་སྐབས་དང་སྐྱེར་ནས་མངལ་དུ་ཐོག་མར་ལུས་གྲུབ་པ་བཞིན་དུ། ཆུ་དང་ཅོད་པན་གྱི་དབང་རྩ་དང་རླུང་གྲུབ་པ་བཞིན་དར་དཔྱངས་དང་རྡོར་དྲིལ་གྱི་དབང་། དབང་པོ་དང་ལས་དབང་རྣམས་གྲུབ་པ་བཞིན་བརྟུལ་ཞུགས་དང་མིང་གི་དབང་། ཡེ་ཤེས་ཀྱི་རླུང་རྒྱུ་བ་བཞིན་རྡོ་རྗེ་སེམས་དཔའི་རྗེས་གནང་བསྐུར་བ་ཡིན་ནོ། །སློབ་མ་གཞུག་པའི་དབང་བཞི་ནི་ནུ་མ་ལ་རེག་པའི་བུམ་དབང་དང་། བདུད་རྩི་ཁྲིན་ནས་ཟླ་ག་ལ་བལྟ་བའི་དབང་དང་། ཕྱག་རྒྱ་གཏད་དེ་སྙོམས་པར་ཞུགས་པའི་བདེ་བ་ལ་རྟོག་པའི་ཤེས་རབ་ཡེ་ཤེས་ཀྱི་དབང་དང་། ནོར་བུ་ནང་དུ་ཚུད་པའི་བདེ་བ་ལ་རྟོག་པ་བཞི་པ་སྟེ། རྒྱུད་ཟབ་མོ་ཉན་པའི་སྣོད་དུ་རུང་བར་བྱེད་པ་ཡིན་ནོ། །

སློབ་དཔོན་གྱི་དབང་བཞི་ནི། དེ་ལས་ཁྱད་ཞུགས་པའི་སྐྱར་ཚུལ་བླ་མ་དམ་པའི་མན་ངག་བཞིན་དུ་ངོ་སྤྲོད་ཅིང་། བཞི་པའི་དོན་ནི་མཆོག་ཏུ་མི་འགྱུར་བའི་ཡེ་ཤེས་ཕྱག་རྒྱ་ཆེན་པོ་ཡིན་ནོ། །དེ་ལྟར་ངོ་ལེགས་པར་འཕྲོད་པའི་ནུས་པ་བཞག་ནས་ཉམས་སུ་བླངས་པས་དོན་གྱི་དབང་བཞི་པ་ཉིད་ལའང་། བསྙེན་པ་དང་། སྒྲུབ་པ་དང་། ཉེ་བའི་སྒྲུབ་པ་དང་། ཉེ་བའི་བསྙེན་པ་དང་། སྒྲུབ་པ་ཆེན་པོ་དང་། བཞི་རིམ་གྱིས་མཐར་ཕྱིན་ནས་ཡོངས་སུ་རྫོགས་པར་འགྲུབ་ཅིང་། དགའ་བ་བཞི་པོ་རེ་རེ་ལའང་། སྐུ་གསུང་ཐུགས་ཡེ་ཤེས་བཞི་བཞིར་ཕྱེ་བ་བཅུ་དྲུག་ཏུ་འགྱུར་ཅིང་། དེ་ནི་ཀྱེ་རྡོ་རྗེར་འཕོ་བ་བཅུ་དྲུག་སྒྲིབ་བྲལ་དུ་གྱུར་པའི་ཚུལ་དང་དོན་གཅིག་གོ། །མཚན་བརྗོད་དུ། དེ་ཉིད་རྣམ་པ་བཅུ་དྲུག་རིག །ཅེས་གསུངས་སོ། །འདུས་པའི་རྒྱུད་ཕྱི་མར། སོ་སོར་སྡུད་དང་བསམ་གཏན་དང་། །སྲོག་རྩོལ་དེ་བཞིན་འཛིན་པ་དང་། །རྗེས་སུ་དྲན་དང་ཏིང་ངེ་འཛིན། །རྣལ་འབྱོར་ཡན་ལག་དྲུག་ཏུ་འདོད། །ཅེས་གསུངས་པའི་རིམ་པ་ལྟར་ཉམས་སུ་བླངས་པས་དབང་བཞིའི་དོན་རྒྱུད་ལ་སྐྱེས་པ་ལ༑ མཚན་བརྗོད་དུ། འཇིག་རྟེན་གསུམ་ན་གཞོན་ལུས་གཅིག །གནས་བརྟན་རྒན་པོ་སྐྱེ་དགུའི་བདག །ཅེས་གསུངས་ཏེ། དབང་དང་པོ་གསུམ་གྱི་ཡེ་ཤེས་ནི་གཞོན་ནུ་དང་། དེའི་ཤུགས་ཀྱི་དར་ལ་བབ་པ་དང་། གནས་

བརྟན་གྲན་པོ་དང་། བཞི་པའི་ཡེ་ཤེས་ནི་སྐྱེ་དགུའི་བདག་པོ་སྟེ་ཟག་པ་དང་བཅས་པའི་རླུང་དང་། འཕོ་བའི་སྒྲིབ་པ་ཐམས་ཅད་དང་བྲལ་ནས་དབུ་མར་བརྟན་པ་ཐོབ་པའི་དོན་ཡིན་ནོ། །དེ་ཡང་སོ་སོར་སྡུད་དང་བསམ་གཏན་གྱིས་གཙུག་ཏོར་དང་། དབྲལ་བ་དང་། སྲོག་རྩོལ་དང་། འཛིན་པས་སྙིང་ག་དང་། རྗེས་དྲན་དང་ཏིང་ངེ་འཛིན་གྱིས་གསང་གནས་ནས་ནོར་བུའི་རྩེ་མོ་མཐར་ཐུག་པ་འཕོ་བ་མེད་པའི་བདེ་བ་ཡོངས་སུ་གང་ཞིང་། མི་གནས་པའི་མྱ་ངན་ལས་འདས་པ་ཐོབ་པ་ཡིན་ལ། ཡས་རིམ་ནས་འཛིན་པ་དང་། མས་རིམ་ནས་བརྟན་པ་ཐོབ་པ་ཡིན་ནོ། །མཚན་བརྗོད་དུ། བཟང་ངན་ཤེས་ཤིང་དུས་ཤེས་པ། །ཞེས་དཀར་པོའི་ཆ་འཕེལ་བ་ཆགས་པ་ཆེན་པོ་བཟང་བ་དང་། ནག་པོའི་ཆ་འཕོ་བའི་སྒྲིབ་པ་ཆགས་བྲལ་གྱི་བདེ་བ་ངན་པའོ། །དུས་ཀྱི་རྩ་ལ་ཐིམ་པ་ནི་འདུ་ཤེས་སོ། །གསང་བ་དང་། ལྟེ་བ་དང་། སྙིང་ག་དང་། མགྲིན་པ་དང་། དབྲལ་བའི་འཁོར་ལོ་སྲོག་འཕོ་བའི་བག་ཆགས་ཀྱི་གྲོང་འཛིན་པ་སྟོངས་ནས། འཕོ་མེད་ཀྱིས་གང་ཞིང་བརྟན་པར་གྱུར་ནས་ས་གཉིས་གཉིས་ནོན་པ་ཡིན་ནོ། །གཙུག་ཏོར་གྱི་འཁོར་ལོ་འཕོ་བའི་བག་ཆགས་དང་། དེའི་བཞོན་པ་སྲོག་གི་རླུང་གཞོམ་དུ་མེད་པའི་མ་རིག་པ་ཞེས་བྱ་བ་མཐའ་དག་ཟད་ཅིང་། མཆོག་ཏུ་མི་འགྱུར་བའི་ཡེ་ཤེས་རྣམ་པ་ཐམས་ཅད་ཀྱི་མཆོག་དང་ལྡན་པའི་སྟོང་པ་ཉིད་དང་ཟུང་དུ་འཇུག་པ་མཐར་ཐེག་པ་བཅུ་གསུམ་པ་རྫོགས་པ་ལ། ཆོས་ཀྱི་དུང་སྟེ་སྒྲ་ཆེན་འཛིན། །རྡོ་རྗེ་ཟླ་བ་དྲི་མེད་འོད། །ཆགས་བྲལ་དང་པོ་ཆགས་པ་ཆེ། །ཞེས་གསུངས་ཤིང་། དེ་བཞིན་དུ་གཡས་ཕྱོགས་ཀྱི་ཉི་མའི་འགྲོས་རིམ་གྱིས་གཙུག་ཏོར་ནས་ནོར་བུའི་མཐར་སོན་པ་ནི། ཆོས་ཀྱི་གཎྜི་སྒྲ་བོ་ཆེ། །རྡོ་རྗེ་ཉི་མ་སྣང་བ་ཆེ། །ཁ་དོག་སྣ་ཚོགས་འབར་བའི་འོད། །བདེན་དོན་རྣམ་པ་བཅུ་གཉིས་ལྡན། །རྐང་པ་ཡ་གཅིག་མཐིལ་གྱིས་གནོན། །ས་ཡི་དཀྱིལ་འཁོར་གཞི་ལ་གནས། །ཞེས་གསུངས་སོ། །ཟླ་བ་གཙུག་ཏོར་དུ་མནན་པས། །ཚངས་པའི་སྙིང་ང་རྩེ་ནས་གནོན། །རྐང་ཐོབ་སོར་མོའི་ཁྲོན་ལ་གནས། །ཞེས་གསུངས་ཤིང་། འོད་གསལ་བ་ལས་ཟུང་འཇུག་ཏུ་མཚམས་སྦྱོར་བའི་རྗེས་དྲན་གྱི་ཡན་ལག་ལ་སྟོང་གཟུགས་ཕྱག་རྒྱ་ཆེན་པོ་ཐུད་མེད་ཀྱི་རྣམ་པར་སྣང་དགོས་ཞེས་འགའ་ཞིག་སྨྲ་བ་ནི། འཛིན་པ་དང་། རྗེས་དྲན་དང་། ཏིང་ངེ་འཛིན་གྱི་ཡན་ལག་ལ། རྒྱུད་སྡེ་ཟབ་མོའི་དོན་བཞིན་ལེགས་པར་མ་འདྲིས་ཤིང་ནང་གི་རྣམ་རྟོག་སྤོན་སོང་གི་བློས་བསྟན་པར་ཟད་དོ། །དུས་ཀྱི་འཁོར་ལོ། ཕྱག་རྒྱ་གསུམ་དུ་གསུངས་པའི་ལས་ཀྱི་ཕྱག་རྒྱ་དབང་པོ་བརྟུལ་བ་དང་། ཡེ་ཤེས་ཀྱི་ཕྱག་རྒྱ་དབང་པོ་འབྲིང་པོ་སྲོག་འཛིན་སྦྱོར་བའི་སྐབས་ཙམ་དང་། ཕྱག་རྒྱ་ཆེན་པོ་རྗེས་དྲན་དང་ཏིང་ངེ་འཛིན་གྱི་སྐབས་སུ་སྒོམ་ཞིང་། ཆོས་དང་དམ་ཚིག་གི་ཕྱག་རྒྱ་སྲོག་འཛིན་གྱི་ཡན་ལག་ལ་ཐལ་ཆེར་ཚང་བ་ཡིན་ནོ་ཞེས་བླ་མ་དམ་པ་དག་གསུངས་སོ།། །།

གསེར་འགྱུར་སྒྲུབ་པའི་སྐབས་ནས། དངུལ་ཆུ་འབྲོས་པ་དང་འཕར་བ་དང་འདར་བ་དང་འཚོག་པ་དང་། གཡོ་མེད་དུ་བསྟན་པའི་གནས་སྐབས་དང་སྦྱར་ནས་འཆིང་བའི་ཐབས་རྒྱས་པར་གསུངས་པ་ནི། མཆོག་གི་དབང་གོང་མ་བཞི་ཉམས་སུ་ལེན་པའི་ཚུལ་ཤིན་ཏུ་ཟབ་པའི་གནད། རྒྱུད་སྡེ་གང་དུའང་མ་གསུང་པའི་གསང་ཆེན་སྨྲས་དོན་མཐར་ཐུག་པ་རྡོ་རྗེ་འཆང་གིས་དང་པོའི་སངས་རྒྱས་ཀྱི་རྒྱུད་དུ་བསྟན་པའོ། །འདི་ལ་བཤད་པ་དང་ཉམས་ལེན་མཛད་པ་རྣམས་ཀྱིས་ལེགས་པར་དགོངས་འཚལ་ལོ། །འདི་རྣམས་ཞིབ་པར་ཕྱག་རྒྱ་ཆེན་པོ་མངོན་དུ་གྱུར་པའི་རྣལ་འབྱོར་གྱི་དབང་ཕྱུག་མན་ལུང་གུ་རུའི་གསུང་གི་རྒྱན་མ་བཅོས་པ་ལས་ཤེས་པར་བྱའོ། །

བྱང་ཆུབ་སེམས་དཔའི་འགྲེལ་པ་སྐོར་གསུམ་དང་། རྣལ་འབྱོར་བླ་ན་མེད་པའི་རྒྱུད་ཀྱི་འགྲེལ་པ་པདྨ་བ་ཛྲ་འི་བདེ་མཆོག་གི་བཤད་རྒྱུད་རྡོ་རྗེ་མཁའ་འགྲོའི་འགྲེལ་པ་དང་། རྒྱུད་སྡེ་མང་པོའི་བཤད་རྒྱུད་སམྦུ་ཊིའི་འགྲེལ་པ་མན་ངག་གི་སྙེ་མ་དང་། ཀྱཻ་རྡོ་རྗེ་དང་། རྡོ་རྗེ་གུར་གྱི་འགྲེལ་པ་རྣམས་དང་། གསང་བ་འདུས་པ་འཕགས་ལུགས་དང་། ཡེ་ཤེས་ཞབས་ཀྱི་འགྲེལ་པ་ལ་སོགས་བསྟན་བཅོས་ཆེན་པོ་རྣམས་ལས་ཀྱང་། དབང་བསྐུར་བ་སྔོན་དུ་སོང་བ་དང་མ་འབྲེལ་པའི་ཕྱག་རྒྱ་ཆེན་པོའི་དོན་སྒོམ་པ་དང་། ཕྱག་རྒྱ་ཆེན་པོ་རྒྱུད་ལ་སྐྱེ་བ་བཀག་པ་ཡིན་ནོ། །དབང་བསྐུར་ཕྱིན་ཅི་མ་ལོག་པ་ཐོབ་ནས་ཕྱག་རྒྱ་ཆེན་པོའི་རྟོགས་པ་སྔོན་དུ་གྱུར་ན། དེ་ཡན་ཆད་དུ་སྒྲིབ་པའི་ལྷག་མ་སྦྱོང་བ་དང་། ལམ་གྱི་ལྷག་མ་སྒོམ་པ་དབང་འོག་མ་གསུམ་གྱི་ལམ་ལྷུར་འབད་རྩོལ་མི་ལྟོས་པར་རང་གིས་འགྲུབ་པ་ཡིན་ཏེ། གཙྪ་ལ་སོགས་པའི་ཆུ་བོ་ཆེན་པོ་བཞི་དང་གིས་རྒྱ་མཚོར་འཇུག་པ་བཞིན་ནོ། །ལམ་ལ་རིམ་གྱིས་འཇུག་པའི་ཚུལ་ལ། བིརྺ་པའི་མན་ངག་ཏུ། སེམས་ཅན་ལ་མ་དག་པའི་སྣང་བ་དང་། རྣལ་འབྱོར་པ་ལ་ཉམས་ཀྱི་སྣང་བ་དང་། དེ་བཞིན་གཤེགས་པ་ལ་དག་པའི་སྣང་བ་ཞེས་སྣང་བ་གསུམ་འཆར་ཚུལ་དང་། འཁོར་ལོ་འཆམ་པ་འཇིག་རྟེན་པའི་ལམ་དང་། འཁོར་ལོ་བསྐོར་བ་འཇིག་རྟེན་ལས་འདས་པའི་ལམ། ཞེས་པ་དང་། ལུས་ཀྱི་རྩའི་དཀྱིལ་འཁོར་ལ་བརྟེན་པ་བུམ་དབང་གི་ལམ་སྒོམ་པ་དང་། ཡི་གེ་ཨ་ཧ་ཀའི་དཀྱིལ་འཁོར་ལ་བརྟེན་པ་གསང་དབང་གི་ལམ་སྒོམ་པ་དང་། ཁམས་བདུད་རྩི་དཀྱིལ་འཁོར་ལ་བརྟེན་ནས་དབང་གསུམ་པའི་ལམ་སྒོམ་པ་དང་། སྙིང་པོ་རླུང་སེམས་དྭངས་པའི་དཀྱིལ་འཁོར་ལ་བརྟེན་ནས་དབང་བཞི་པའི་ལམ་སྒོམ་པ་དང་། ལམ་དེ་རྣམས་ཀྱིས་ས་དྲུག་དང་། བཞི་དང་། གཉིས་དང་། ས་བཅུ་གསུམ་པའི་ཕྱེད་ནོན་ནས་རྡོ་རྗེ་འཆང་གི་གོ་འཕང་ཐོབ་པ་དང་། ཡང་དང་པོར་ཀུན་གཞི་རྒྱུ་རྒྱུད་ལ་བརྟེན་ནས་གཙོ་བོར་རྒྱུད་སྨིན་པར་བྱེད་པ་དང་། དེ་ལས་ལུས་ཐབས་རྒྱུད་ལ་བརྟེན་ནས་གྲོལ་བྱེད་ཀྱི་ལམ་སྒོམ་པ་དང་། དེ་ལ་

བརྟེན་ནས་འབྲས་བུའི་རྒྱུད་ཕྱག་རྒྱ་ཆེན་པོ་འགྲུབ་པ་དང་། རྣལ་འབྱོར་པ་ལ་ཐབས་ཀྱི་ཕྱོགས་སུ་ལྷུང་བའི་བདུད་དང་། ཤེས་རབ་ཀྱི་ཕྱོགས་སུ་ལྷུང་བའི་བདུད་དང་། དེ་གཉིས་ཀའི་བདུད་ལས་ངོ་བཟུང་ནས་ལམ་དུ་བྱེད་ཚུལ་དང་། ཡི་དམ་དང་མཁའ་འགྲོའི་ལུང་བསྟན་ལ་སོགས་བྱུང་ན་བགེགས་ཀྱི་རྣམ་འཕྲུལ་ཡིན་ནམ། རང་གི་ཉམས་སྣང་ཡིན་ནམ། ཞལ་མཐོང་གསུང་ཐོས་པ་ཡང་དག་པ་ཡིན་ནམ། རྣམ་གསུམ་རིགས་དབྱེའི་གདམས་པས་ངོས་འཛིན་ཚུལ་ཤེས་པར་བྱ་ཞིང་། དེའང་ག་ཡ་རའི་བཞེད་པས་འཁོར་བསྐྱེད་རིམ་གཙོ་ཆེར་བསྒོམས་ནས་རྫོགས་རིམ་གྱིས་རྒྱས་འདེབས་པ་ཙམ་དང་། སེམས་ལ་བརྟེན་པ་ཚུང་ཟད་ཐོབ་ནས་ཆ་སྙོམ་དུ་སྒོམ་པ་དང་། བརྟེན་པ་ཆེར་ཐོབ་ནས་རྫོགས་རིམ་ཤས་ཆེར་སྒོམ་པར་བཞེད་དོ། །

དྲུག་པ་ལ་གསུམ། འཁྲུལ་པ་ངོས་བཟུང་བ། སྟོན་བྱུང་གི་དཔེ་དགོད་པ། མ་ནོར་བའི་དོན་གྱི་ཁྱད་པར་བཤད་པའོ། །དང་པོ་ནི། དེང་སང་འགའ་ཞིག་བླ་མ་ཡི། །མོས་གུས་ཙམ་གྱིས་སེམས་བསྒྱུར་ནས། །རྟོགས་པ་ཅུང་ཟད་འགགས་པ་ལ། །ཕྱག་རྒྱ་ཆེན་པོ་ངོ་སྤྲོད་བྱེད། །དེ་འདྲ་བདུད་ཀྱི་ཡིན་པའང་སྲིད། །ཡང་ན་ཁམས་འདུས་འགའ་ལའང་བྱུང་། །ཞེས་པ། དད་པའི་རྗེས་སུ་འབྲང་བ་འགའ་ཞིག །མོས་པ་ཙམ་གྱིས་ཆོས་ཀྱི་འབྲེལ་པ་ཡོད་པའི་བླ་མ་རང་གི་མདུན་ནམ་སྤྱི་བོར་བསྒོམས་པས་དེ་ལ་སེམས་ཞེན་པས། ཐ་མལ་རྣམ་རྟོག་རགས་པ་འགགས་ཏེ་སེམས་གནས་པ་ཙམ་ལ་མ་བཅོས་ཕྱག་རྒྱ་ཆེན་པོའི་ཡེ་ཤེས་སུ་ངོ་སྤྲོད་པར་བྱེད་དེ། ཉམས་རྟོགས་དེ་འདྲས་ཞི་གནས་ཡང་དག་གི་གོ་ཡང་མི་ཆོད་ན། ཕྱག་རྒྱ་ཆེན་པོར་ལྟ་ཅི་སྨོས། བདུད་ཀྱི་ཐིབས་ཀྱིས་ནོན་པའང་སྲིད་ཅིང་། ཡང་ལུས་ཀྱི་རྩ་གནས་འགའ་ཞིག་ཏུ་ཐིར་མ་འདུས་པའི་རླུང་དང་། འབྱུང་བཞིའི་ནུས་པ་ཚོགས་པའི་ཉམས་སྣང་ལའང་འབྱུང་བར་གསུངས་ཏེ། དེ་ཉིད་ཡུན་རིང་དུ་གོམས་ན་བྱེང་རྨུགས་འཐིབས་པའི་ཉམས་གཉན་པོས་བསལ་བར་དཀའ་བ་འབྱུང་བས་སེམས་གནས་པ་མཆོག་ཏུ་བཟུང་བར་མི་བྱའོ། །

གཉིས་པ་ནི། ཀ་རུ་འཛིན་ཞེས་བྱ་བ་ཡི། །བརྫུན་བརླབས་ཅན་གྱི་གྲུབ་ཐོབ་བྱུང་། །དེ་ཡི་དགོན་པ་མཐོང་ཙམ་གྱིས། །འགའ་ལ་ཏིང་འཛིན་སྐྱེ་ཞེས་ཟེར། །ཕྱིས་ནས་དེ་ཡི་གྲུབ་ཐོབ་ཞིག །དེ་ནས་ཏིང་འཛིན་དེ་རྒྱུན་ཆད། །དེ་འདྲའི་ཏིང་འཛིན་བདུད་ཀྱི་རིགས། །འབྱུང་པོ་རྣམས་ཀྱིས་བྱེད་པར་གསུངས། །ཞེས་པ། སྔོན་མི་ནག་པོ་ཞིག་གིས་རི་སུལ་དུ་བུད་ཤིང་འཚོལ་བ་ལ་སོང་བས། གཉའ་ལོ་སྨམས་པའི་ཕུང་པོ་ཞིག་གི་ཁྲོད་ན་ལུག་གུའི་པགས་པ་ལ་བྱས་པའི་ཞྭ་གཅིག་འདུག་པ་རྙེད་ནས་མགོ་ལ་གྱོན་པས་མི་རྣམས་ཀྱི་མཚན་དཔེས་རྒྱན་པའི་སྐྱེས་བུར་མཐོང་ནས་གྲུབ་ཐོབ་ཀ་རུ་འཛིན་ཞེས་གྲགས་ཤིང་། དེའི་མིང་ཐོས་པ་དང་དགོན་པ་མཐོང་བ་

ཅམ་གྱི་དྲན་རྟོགས་འགགས་པའི་ཏིང་ངེ་འཛིན་ནི་སྐྱེ་བ་བྱུང་སྟེ། རང་གི་ཁང་པར་ཞྭ་དེ་ཕུད་ནས་འདུག་པའི་ཚེ་སྟོན་གྱི་ཐན་པོའི་གཟུགས་སུ་གྱུར་པ་སློབ་མ་ཞིག་གིས་མཐོང་ནས། གཞན་དག་ལ་འཐང་སླས་ཏེ། པགས་པའི་ཞྭ་དཀར་པོ་མི་རྣམས་ཀྱིས་ཁྱེར་བས་གྲུབ་ཐོབ་ཞིག་ཏིང་ངེ་འཛིན་ནི་སྐྱེ་བའང་རྒྱུན་ཆད་དོ། །དེ་འདྲའི་རིགས་ཀྱི་བྱིན་བརླབས་དང་ནུས་པ་བདུད་ཀྱི་བར་ཆད་དུ་ཤེས་པར་བྱའོ། །ཏིང་ངེ་འཛིན་ཚོགས་ཀྱི་ལེ་ཨུར། ཏིང་ངེ་འཛིན་གྱི་ཡན་ལག་དགུ་གསུངས་པའི་དང་པོ་བདུད་ཀྱི་ལས་ཤེས་ནས་སྤོང་བར་བྱེད་པ་ལ། བདུད་རིགས་ཀྱི་ལྷ་དགའ་རབ་དབང་ཕྱུག་དང་། དེའི་ཚུང་མ་མེ་ཏོག་གི་གཙུག་ཕུད་ཅན་གྱི་སྲི་བོ་ན་མེ་ཏོག་གི་མདའ་ལྔ་ཡོད་དེ། དྲེགས་པར་བྱེད་པ་དང་། རྨོངས་པར་བྱེད་པ་དང་། ཀུན་ཏུ་རྨོངས་པར་བྱེད་པ་དང་། བརྒྱལ་བར་བྱེད་པ་དང་། སེམས་མེད་པར་བྱེད་པ་དེ་རྣམས་གང་ལ་འཕངས་ནས་ཕོག་པ་དེའི་རིགས་ནུས་ཡོན་ཏན་དབང་ཕྱུག་ལ་སོགས་པས་དྲེགས་པ་དང་ཞེ་སྡང་དང་གཏི་མུག་དང་བརྗེད་ངེས་པ་དང་ཕྲག་གིས་བར་དུ་གཅོད་པར་བྱེད་དོ། །དེ་ན་མངོན་བརྗོད་དུ། མདའ་ལྔ་པ་ཞེས་འབྱུང་ངོ་། །དེའི་འཁོར་བདུད་ཀྱི་འཇིག་རྟེན་སྐྱོང་བ་བཞི་ནི། འཐབ་པ་དང་། གཡེང་བ་དང་། ལྷག་པར་ཆགས་པ་དང་། འདུ་ཤེས་ལོག་པར་བྱེད་པ་སྟེ་དང་པོས་ཐར་པའི་ལམ་དུ་ཞུགས་པའི་ལས་དང་པོ་པ་དག་ཕན་ཚུན་འཐབ་རྩོད་ལ་སྦྱོར་བར་བྱེད། གཉིས་པ་གཉིད་དང་རྨུགས་པ་དང་འདོད་ཡོན་ལ་གཡེང་བར་བྱེད། གསུམ་པ་ལོངས་སྤྱོད་ལ་ཆགས་ནས་སྦྱིན་པ་ལ་མི་འཇུག་པ་དང་ཆགས་པའི་འདུ་ཤེས་སྐྱེད་པར་བྱེད། བཞི་པ་རབ་ཏུ་བྱུང་བ་རྣམས་ཚོང་དང་ཞིང་ལས་དང་གླུ་གར་དང་བཟའ་བཏུང་དང་། དགོད་ཅིང་རྩེ་བ་དང་། བུད་མེད་ལ་སྲེད་ཅིང་རྨི་ལམ་དུའང་ས་བོན་འཕྲོག་པ་དང་། ཚངས་སྤྱོད་དྲི་མ་ཅན་དུ་བྱེད། ཀླུ་དང་གནོད་སྦྱིན་ལ་སོགས་པ་མ་རུངས་པ་རྣམས་བསྐུལ་ཅིང་ལོ་ཏོག་མ་རུངས་པར་བྱེད། ཆོས་དང་ལྡན་པ་རྣམས་ཀྱི་སྲོག་འཕྲོག་པ་དང་འཇིགས་པ་སྐྱེད་པར་བྱེད། སངས་རྒྱས་ཀྱི་སྐུ་ཉེ་བར་སྟོན་པ་ལ་སོགས་འཕྲུལ་པ་སྐྱེད་པར་བྱེད་དེ། འཇིག་རྟེན་གསུམ་རྒྱལ་གྱི་རྟོག་པར། མི་བཟད་བརྟུལ་ཞུགས་བཟུང་བ་ཡི། །སྒྲུབ་པ་པོ་ལ་བདུད་ཀྱི་རིགས། །འདོད་པའི་གཟུགས་འཛིན་ལྷ་མོ་དང་། །དེ་བཞིན་གཞན་གྱི་ལུས་སུ་ཡང་། །སྣ་ཚོགས་གཟུགས་ཀྱི་རྣམ་པ་ཡིས། །དབང་པོ་བསྡམ་པ་འཚེ་བར་བྱེད། །ཅེས་གསུངས་པ་ལྟར། སྡོམ་པ་བཟུང་བ་དང་། སེམས་ལས་སུ་རུང་བ་དང་། བསམ་པ་དག་པར་གྱུར་པ་དག་ལ་མཐོ་འཚམ་ཞིང་འཕྲུལ་པ་སྐྱེད་པར་བྱེད་དེ། འཇམ་དཔལ་རྣམ་པར་འཕྲུལ་པ་ལས། བདུད་ཀྱི་ལས་ནི་བརྩོན་འགྲུས་དང་ལྡན་པས་འབྱུང་བར་རིག་པར་བྱ་སྟེ། མི་བརྩོན་པ་ལ་བདུད་ཀྱི་ཅི་ཞིག་བྱ། དེ་ཉིད་བདུད་ཀྱི་ལས་ཡིན་པའི་ཕྱིར་རོ། །ཞེས་པ་དང་། དཔུང་བཟངས་ལས། བགེགས་ཀྱིས་བསོད་ནམས་མ་ལུས་ཟད་པར་བྱེད། །དེ་ཕྱིར་མི་ལ་གསང་སྔགས་འགྲུབ་

མི་འགྱུར། །ཇི་ལྟར་ཟླ་བ་སྤྲིན་ལས་རྣམ་གྲོལ་ལྟར། །དེ་བཞིན་བགེགས་ལས་གྲོལ་བ་རྣམ་པར་མཛེས། །ཞེས་གསུངས་ཤིང་། གཞན་ཡང་གཏོར་མ་འདོད་པ་དང་ནོན་དང་། བསོད་པའི་ཕྱིར་ལུས་ལ་འཇུག་པ་ལ་སོགས་གནས་སྐབས་དང་མཐར་ཐུག་གི་དངོས་གྲུབ་ལ་བར་དུ་གཅོད་པའི་བདུད་ལས་མང་དུ་གསུངས་ཏེ། དེ་རྣམས་ཤེས་ནས་སྤང་བར་བྱ་སྟེ། སྤོང་ཚུལ་ནི་ཇོ་ཇེར་ཙོ་མོར། རང་གི་སེམས་ནི་བདུད་ཅེས་གསུངས། །རང་གི་སེམས་ཉིད་བགེགས་ཡིན་ནོ། །རྣམ་པར་རྟོག་པ་ཐམས་ཅད་སྤངས། །ཞེས་གསུང་པས། རང་གི་སེམས་ལ་བརྟགས་ཏེ་བདུད་ལས་ངོ་ཤེས་པར་བྱ་ཞིང་། གཞན་ཡང་བདུད་ལས་སྤོང་བའི་ཐབས་མུ་ངན་མེད་ཀྱིས་བྱིན་པས་ཞུས་པ་དང་། སེང་གེ་ལུང་བསྟན་པ་དང་། བློ་གྲོས་རྒྱ་མཚོའི་མདོར། བདུད་བཞི་ངོས་བཟུང་བ་དང་སྤོང་བའི་ཐབས་དང་། སངས་རྒྱས་གསང་བས་བགེགས་ངོས་འཛིན་དང་སྤོང་ཚུལ་རྒྱས་པར་གསུངས་པས་མ་ནོར་བར་ཤེས་ནས་ལམ་ཟབ་མོ་སྒྲུབ་པ་ལ་འབད་པར་བྱའོ། །

གསུམ་པ་ནི། སངས་རྒྱས་གསུང་བཞིན་བསྒྲུབས་པ་ཡིས། །བྱིན་བརླབས་སངས་རྒྱས་རྣམས་ཀྱི་ཡིན། །ཞེས་པ། སངས་རྒྱས་ཀྱིས་གསུངས་པ་བཞིན་དུ་ལམ་བསྒྲུབས་པས་བར་ཆད་ཞི་བ་དང་ཡོན་ཏན་འཕེལ་བའི་ཕན་ཡོན་འབྱུང་བ་ནི་རྒྱལ་བ་སྲས་བཅས་ཀྱི་བྱིན་བརླབས་ཞུགས་པའི་རྟགས་ཡིན་ལ། དམ་པའི་ཆོས་དང་མི་མཐུན་པའི་ཆོས་བྱས་པས་ནད་ཞི་བ་དང་ཡོན་ཏན་འཕེལ་བ་ལ་སོགས་ཕན་ཡོན་བྱུང་བ་ནི་བདུད་ཀྱི་བར་ཆད་ཡིན་པས་མ་ནོར་བར་བླང་དོར་བྱེད་པ་གལ་ཆེ་སྟེ། དེའང་བཀའ་བསྟན་བཅོས་རྣམ་པར་དག་པ་ལ་ཐོས་བསམ་ཚུལ་བཞིན་བྱས་པ་ལས་བྱུང་བར་ཤེས་པར་བྱའོ། །གཉིས་པ་ལ་གསུམ་སྟེ། དད་པ་ཡོད་པ་ལ་དབང་བསྐུར་མི་དགོས་པར་འདོད་པ་དགག །ངོ་སྤྲོད་ནོར་པའི་འཆལ་གཏམ་དགག །ལྷུན་པོས་འཕགས་ལམ་གྱི་མིང་དོན་ནོར་པ་དགག་པའོ། །

དང་པོ་ལ་གཉིས་ལས། དང་པོ་འདོད་པ་བརྗོད་པ་ནི། ཁ་ཅིག་སྐྱེ་བ་སྔ་མ་ལ། །སེམས་བསྐྱེད་དབང་བསྐུར་མ་བྱས་ན། །ཆོས་ལ་དད་པ་མི་སྲིད་པས། །གང་དག་ཐེག་ཆེན་དད་ཐོབ་པ། །དེ་དག་སྔར་སྦྱང་ཡིན་པས་ན། །ད་ལྟ་དབང་བསྐུར་མི་དགོས་ཟེར། །ཞེས་པ། ཚེ་འདིའི་སྔོ་གསུམ་གྱི་བྱེད་སྤྱོད་སྔ་མའི་གོམས་ཤུགས་ཀྱིས་འབྱུང་བར་གསུངས་པས་དེས་འབྲེལ་གཞི་བྱས་ནས་ལེགས་པར་མ་བརྟག་པ་ཁ་ཅིག །ཚེ་འདིར་ཐེག་ཆེན་གྱི་ཆོས་ལ་དད་ཅིང་གསང་སྔགས་ལ་མོས་པ་དེ། སྔ་མའི་ལས་འཕྲོ་སད་པ་ཡིན་པས་སེམས་བསྐྱེད་དབང་བསྐུར་ཞུ་མི་དགོས་ཟེར་རོ། །

དེ་དགག་པ་ལ་གཉིས་ལས། དང་པོ་སྐྱོབས་མཚུངས་ཀྱི་རིགས་པས་དགག་པ་ནི། འོ་ན་སོ་སོར་ཐར་པ་

ཡི། །སྡོམ་པ་དག་ལ་མོས་པ་ཡང་། །སྔ་མའི་སྡོམ་པ་ཡོད་པའི་ཕྱིར། །ད་ལྟ་རབ་ཏུ་དབྱུང་མི་དགོས། །ཞེས་པ། དགེ་ཚུལ་དང་དགེ་སློང་ལ་སོགས་པ་སོ་སོར་ཐར་པའི་སྡོམ་པ་ལ་མོས་པ་དེ་ཡང་སྔོན་སྦྱང་ལས་འཕྲོ་སད་པའི་ཕྱིར་སྡོམ་པ་བླང་མི་དགོས་སམ།

བྱང་ཆུབ་སེམས་དཔའི་སེམས་བསྐྱེད་ཀྱང་། །སྔ་མའི་སེམས་བསྐྱེད་ཡོད་པའི་ཕྱིར། །ད་ལྟ་སེམས་བསྐྱེད་བྱ་མི་དགོས། །དེ་དག་དགོས་ན་གསང་སྔགས་ཀྱི། །དབང་བསྐུར་ཡང་ནི་ཅིས་མི་དགོས། །ཞེས་པ། ཐེག་ཆེན་སེམས་བསྐྱེད་ལ་དད་པ་དེ་ཡང་། སྔ་མའི་ལས་འཕྲོ་ཡོད་པའི་ཕྱིར་ད་ལྟ་སེམས་བསྐྱེད་བྱའང་མི་དགོས་སམ། གལ་ཏེ་དེ་དག་དགོས་ན་དབང་བསྐུར་ཀྱང་ཞུ་དགོས་པར་མཚུངས་སོ། །

གཉིས་པ་ཁྲིལ་བོར་བའི་ཚང་བྲུས་ཏེ་དགག་པ་ནི། སངས་རྒྱས་ཆོས་ལ་མི་དགའ་བའི། །མུ་སྟེགས་བྱེད་ཀྱིས་ཆོས་སྤྱངས་པ། །དེ་ལ་མཚར་དུ་མི་རུ་ཡི། །སངས་རྒྱས་ཆོས་ལ་བརྟེན་བཞིན་དུ། །མདོ་རྒྱུད་ཉན་བཤད་འགོག་བྱེད་པ། །དེ་ལ་ཁོ་བོ་ངོ་མཚར་སྐྱེས། །ཞེས་པ། ཕྱི་རོལ་མུ་སྟེགས་བྱེད་རྣམས་སངས་རྒྱས་ལ་སྟོན་པར་མི་འཛིན་པས་དེས་གསུངས་པའི་ཆོས་ལ་སྐྱོན་ཅིང་ལོག་པར་རྟོག་པ་མཚར་མི་ཆེ་ཡི། ཐེག་ཆེན་གྱི་ལམ་དུ་ཞུགས་ནས་སངས་རྒྱས་སྒྲུབ་པར་འདོད་པ་འགའ་ཞིག་དབང་བསྐུར་དང་སེམས་བསྐྱེད་འགོག་པ་དང་། མདོ་རྒྱུད་ཟབ་མོའི་ཉན་བཤད་བྱེད་པ་ལ་ཚིག་གི་ན་ཡ་ཙམ་ཡིན་པས་དགོས་པ་མེད་དོ་ཞེས་འགོག་ཅིང་བཏང་སྙོམས་ཙམ་ཡང་མི་བྱེད་པར་སུན་འབྱིན་པ་དེ་དག་ལ་ཁྲེལ་བའི་གནས་སུ་གཟུང་བར་བྱའོ། །འཇིག་རྟེན་པ་དག །ལྷ་མ་གསོལ་བས་ལོ་ཉེས་སོ་ཞེས་པ་ལྟར། བློ་མ་སྦྱངས་པས་བླུན་པོ་ཁོ་ནར་ཚེ་རབས་བརྒྱུད་པ་ཡིན་ཏེ། ཚེ་སྔ་མར་ཆོས་ལ་སྦྱངས་པའི་ལས་འཕྲོ་ཚེ་འདིར་སད་པར་འདོད་པ་བཞིན་དུ། གཞུང་ལུགས་རྣམ་དག་ལ་ཐོས་བསམ་བྱེད་པ་དོན་མེད་པར་སྨྲ་བ་ནི་བཞད་གད་ཀྱི་གནས་སུ་གསལ་བར་གྲུབ་བོ། །

གཉིས་པ་ལ་གཉིས་ལས། དང་པོ་ཟེར་ལུགས་བརྗོད་པ་ནི། །ལ་ལ་ཞི་གནས་ཙུང་ཟད་དང་། །སྣང་སྟོང་རྟོགས་པ་ཕྲ་མོ་ལ། །མཐོང་ལམ་ཡིན་ཞེས་ངོ་སྤྲོད་བྱེད། །ཁྱུང་གི་སྒོང་ང་ཇི་བཞིན་དུ། །ལུས་ཀྱི་རྒྱ་ཡིས་བཅིངས་པས་ན། །ད་ལྟ་ཡོན་ཏན་མི་འབྱུང་བས། །ལུས་རྒྱ་ཞིག་པའི་ཤི་མ་ཐག །ཡོན་ཏན་ཕྱིས་ནས་འབྱུང་ཞེས་ཟེར། །ཅེས་པ། ས་ལམ་གྱི་ཡོན་ཏན་དང་སྤངས་རྟོགས་ཀྱི་ས་མཚམས་ཆ་ཤས་ཙམ་ཡང་མི་ཤེས་པར་རང་ཉིད་ཀྱི་རྣམ་རྟོག་ལ་གང་ཤར་རང་དགར་སྨྲ་བ་ལ་ལ། ཞི་གནས་དང་ལྷག་མཐོང་ངོ་མ་ཤེས་པས་སེམས་ཙུང་ཟད་མི་འཕྲོ་བར་གནས་པ་ཙམ་ལ་ཞི་གནས་དང་། སྒོ་ལྔའི་རྣམ་ཤེས་ཀྱིས་སྣང་བ་འགགས་པའི་སྟོང་པ་ཙམ་གྱི་རྟོགས་པ་ཤར་བ་ལ། མཐོང་ལམ་ཐོབ་པ་ཡིན་ཞེས་ངོ་སྤྲོད་བྱེད་དེ། གསུང་རབ་ནས་བཤད་པའི་ཞི་གནས་ནི་

བསམ་གཏན་བཞི་དང་གཟུགས་མེད་བཞིའི་ཏིང་ངེ་འཛིན་ཐོབ་ན་ཞི་གནས་ཀྱི་གོ་ཆོད་དོ། །ཐོག་མར་བསམ་གཏན་དང་པོ་སྐྱེ་བ་ལའང་སེམས་གནས་པའི་ཐབས་དགུ་དང་ཡིད་ལ་བྱེད་པ་བཅུ་གཅིག་ཤེས་ནས་སྒོམ་དགོས་ཤིང་། ཉེར་བསྡོག་གི་ཆོས་དྲུག་ཐོབ་ནས་བསམ་གཏན་དང་པོའི་ཏིང་ངེ་འཛིན་སྐྱེ་ཞིང་དེ་སྒོམ་པའི་རྗེས་ལ་དངོས་གཞི་ཁྱད་པར་ཅན་གྱི་ཏིང་ངེ་འཛིན་དང་། དེ་ནས་གཉིས་པ་ལ་སོགས་པའི་ཞི་གནས་རིམ་གྱིས་འབྱུང་བ་ཡིན་ཅིང་། དེ་འདྲའི་རྣམ་དབྱེ་ཙམ་ཡང་རྣ་བས་མ་ཐོས་པ་ལ་ཞི་གནས་ག་ལ་འབྱུང་། ལྷག་མཐོང་ནི་བདེན་པ་གཉིས་ཀྱི་གནས་ལུགས་ལེགས་པར་ཤེས་པའི་ལྟ་བ་ཡིན་པས། དེ་ལ་ངེས་ཤེས་ལེགས་པར་མ་དྲངས་པའི་འོལ་ཕྱི་ཙམ་གོ་བས་གོ་མི་ཆོད་དོ། །དེ་ནས་ཞི་གནས་དང་ལྷག་མཐོང་ངོ་མི་ཤེས་པར་ཟུང་འཇུག་ཏུ་སྒོམ་པའི་རྣམ་པར་ག་ལ་འབྱུང་། རྡོ་རྗེ་ཐེག་པའི་མཐོང་ལམ་དང་། མཆོག་གི་དངོས་གྲུབ་ཐོབ་པའི་ས་མཚམས་དང་ངོ་བོ་ལ་ཁྱད་པར་མེད་དོ། །དེས་ན་མཐོང་ལམ་ཐོབ་ནས་ཀྱང་ཐ་མལ་གྱི་རྣམ་རྟོག་དང་ཉོན་མོངས་མ་སྤངས་པ་འདི་འདྲ་ཁྱུང་གི་ཕྲུག་གུ་སྒོང་ངའི་རྒྱས་བཅིངས་པའི་དཔེས་མཚོན་དུ་མི་རུང་། འཕགས་པའི་ཡེ་ཤེས་ལུས་ཀྱི་རྒྱས་བཅིངས་པ་མ་ཡིན་ཏེ་བདག་འཛིན་གྱི་ས་བོན་སྤངས་པའི་ཕྱིར་རོ། །སོ་སོར་སྐྱེ་བོར་ལོག་ནས་འོངས་པ་ཡང་མི་རིགས་ཏེ། བདག་མེད་རྟོགས་པའི་ཡེ་ཤེས་ཉམས་པ་མེད་པའི་ཕྱིར་ཏེ། བདག་ལྟའི་ས་བོན་སྤངས་པའི་ཕྱིར། སླར་མི་གཤེགས་པ་ཉིད་ཡིན་ནོ། །ཞེས་པ་དང་། འཚོ་བ་མེད་དང་ཡང་དག་དོན། །ངོ་བོ་ཉིད་ལས་ཕྱིན་ལོག་གིས། །འབད་དུ་ཟིན་ཀྱང་མི་ལྡོག་སྟེ། །བློ་ནི་བདེ་ཕྱོགས་འཛིན་ཕྱིར་རོ། །ཞེས་གསུངས་སོ། །འབྱུང་པོས་བྱིན་གྱིས་བརླབས་པའི་སྐྱེ་བོ་བཞི་བྱུང་བ་ལས་གཅིག་ན་རེ། སེམས་ཉིད་སྟོང་པ་འདི་ལུས་རྒྱ་དང་བྲལ་བའི་ཚེ་སྟོང་པ་ཆེན་པོའི་ངང་དུ་ཐིམ་ནས་རང་གྲོལ་དུ་འགྱུར་བ་ཡིན་ཏེ། བུམ་པ་བཅག་པའི་ཚེ་ནང་གི་ནམ་མཁའ་ནམ་མཁའ་ཆེན་པོ་དང་འདྲེས་པ་ཡིན་ནོ། །ཞེས་ངོ་སྤྲོད་པ་འདི་འདྲའི་རིགས་རྣམས་མུ་སྟེགས་རྒྱང་འཕན་པའི་འདོད་པ་དང་ཁྱད་པར་མེད་པའི་ཕྱིར་རྒྱང་རིང་དུ་དོར་བར་བྱའོ། །དེ་ལ་བླུན་པོ་དེ་དག་ན་རེ། ད་ལྟ་མཐོང་ལམ་ངོ་མཐོང་ཙམ་ཉི་མ་རེ་རྩེ་རེ་ཤར་ཙམ་དང་འདྲ། ཡོན་ཏན་རྣམས་ཕྱིས་རིམ་གྱིས་རྫོགས་པར་འབྱུང་ཟེར་རོ། །

གཉིས་པ་དེ་དགག་པ་ལ་གཉིས་ལས། དང་པོ་སྒྲུབ་བྱེད་ཀྱི་ཁུངས་མེད་པར་བསྟན་པ་ནི། ཐེག་པ་ཆེན་པོ་མདོ་རྒྱུད་ལས། འདི་འདྲའི་ཆོས་ལུགས་བཤད་པ་མེད། །ཅེས་པ། ཁྱོད་ཀྱིས་ཐེག་པ་ཆེན་པོའི་མཐོང་ལམ་གྱི་སྐྱེ་ཚུལ་དང་། ཡོན་ཏན་གྱི་འབྱུང་ཚུལ་འདི་འདྲ་མདོ་རྒྱུད་བསྟན་བཅོས་རྣམ་དག་གང་ནས་ཀྱང་བཤད་པ་མེད་དེ། མདོ་ལས། དེ་ཆོས་རྣམས་ལ་ཆོས་ཀྱི་མིག་རྡུལ་མེད་ཅིང་དྲི་མ་དང་བྲལ་བ་སྐྱེས་སོ། །ཐེ་ཚོམ་ལས་བརྒལ་ཏོ། །སོམ་ཉི་ལས་བརྒལ་ཏོ། །ཞེས་གསུངས་ཤིང་། འཕགས་པ་ཀླུ་སྒྲུབ་ཀྱིས། གང་གིས་རྟེན་ཅིང་

འབྲེལ་པར་བྱུང་། །མཐོང་བ་དེ་ཡིས་སྡུག་བསྔལ་དང་། །ཀུན་འབྱུང་དང་ནི་འགོག་པ་དང་། །ལམ་གྱི་དེ་ཉིད་མཐོང་བ་ཡིན། །ཞེས་པ་དང་། སློབ་དཔོན་ཟླ་བ་གྲགས་ཀྱང་། གང་གིས་རྟེན་ཅིང་འབྲེལ་པར་འབྱུང་བ་སྐྱེ་བ་མེད་པར་ཤེས་པ་དང་འགག་པ་མེད་པར་མཐོང་བའི་སྐད་ཅིག་མ་གཅིག་ལ་ཆོས་ཐམས་ཅད་ཀྱང་རང་བཞིན་གྱིས་སྐྱེ་བ་མེད་པ་དང་འགག་པ་མེད་པར་མངོན་སུམ་གྱིས་མཐོང་སྟེ། སྔར་མ་མཐོང་བའི་ལྟ་བར་བྱ་བ་གཞན་མེད་དོ། །ཞེས་གསུངས་སོ། །

གཉིས་པ་འབྲེལ་མེད་ཀྱི་དཔེ་དགོད་པ་ནི། ཉི་མ་དེ་རིང་ཤར་བ་ཡི། །འོད་ཟེར་ནངས་པར་འབྱུང་བ་མཚར། །ཞེས་པ། ཐེག་པ་ཆེན་པོའི་མཐོང་ལམ་ལ་ཡོན་ཏན་བརྒྱ་ཕྲག་བཅུ་གཉིས་འབྱུང་བར་བཀའ་དང་བསྟན་བཅོས་རྣམས་ནས་གསུངས་པ་དེ། མ་འོངས་པ་ན་འབྱུང་བར་འདོད་པ་ནི་ཉི་མའི་དཀྱིལ་འཁོར་ད་ལྟར་ཤར་ནས་འཇིག་རྟེན་གསལ་བར་བྱེད་པའི་འོད་ཟེར་ནངས་པར་རིམ་གྱིས་ཤར་ནས་མུན་པ་སེལ་བ་དང་། པཎྜི་ཏ་རྣམས་ཀྱིས་ཞེན་པ་བདེན་ཞེན་ཟེར་བ་དང་མཚུངས་ཏེ། མ་བྱུང་མི་འབྱུང་འབྱུང་བར་མ་གྱུར་པའི་མཐོང་ལམ་འདི་ལྟ་བུ་ཤིན་ཏུ་ངོ་མཚར་ཆེའོ། །

གསུམ་པ་ལ་གཉིས་ལས། དང་པོའི་འཁྲུལ་པའི་འདོད་པ་སུན་དབྱུང་བ་ལ་གཉིས། ཟེར་ལུགས་བརྗོད་པ་ནི། ཁ་ཅིག་ཕ་རོལ་ཕྱིན་པ་དང་། །གསང་སྔགས་གཉིས་ཀྱི་མཐོང་ལམ་ལ། །རྒྱུན་ཅན་རྒྱུན་མེད་ཡིན་ཞེས་ཟེར། །ཞེས་པ། མཐོང་ལམ་ལ་ཡོན་ཏན་བརྒྱུས། བཅུ་གཅིག་འབྱུང་བར་བཤད་པ་ས་བཅུ་པའི་སྤྱི་སྒོམ་ལ་སོགས་པ་ཕ་རོལ་ཏུ་ཕྱིན་པའི་ལུགས་ཡིན་གྱི། གསང་སྔགས་ཀྱི་མཐོང་ལམ་ལ་ཡོན་ཏན་དེ་དག་མ་གསུངས་པས་མཚན་ཉིད་ཐེག་པའི་མཐོང་ལམ་རྒྱུན་ཅན་དང་། གསང་སྔགས་ཀྱི་ཐེག་པའི་མཐོང་ལམ་རྒྱུན་མེད་དང་པོ་ཉན་ཐོས་ཀྱི་སྤྱི་སྒོང་ལས་བཤད་ཚུལ་ལ་གཉིས་ལས།

དང་པོ་དགྲ་བཅོམ་ལ་རྒྱུན་ཡོད་མེད་བཤད་པ་ནི། དེ་ལྟ་ཡིན་ན་སངས་རྒྱས་ཀྱང་། །རྒྱུན་ཅན་རྒྱུན་མེད་གཉིས་སུ་འགྱུར། །ཉན་ཐོས་རྣམས་ཀྱི་དགྲ་བཅོམ་ལ། །རྒྱུན་ཅན་རྒྱུན་མེད་གཉིས་འཐད་ཀྱི། །ཐེག་པ་ཆེན་པོའི་འཕགས་པ་ལ། །རྒྱུན་ཅན་རྒྱུན་མེད་གཉིས་མི་སྲིད། །ཅེས་པ། ཐེག་པ་ཆེན་པོའི་མཐོང་ལམ་ལ་རྒྱུན་ཅན་རྒྱུན་མེད་གཉིས་སུ་འདོད་པ་དེ་ལྟར་ཡིན་ན། དེའི་འབྲས་བུ་རྫོགས་པའི་སངས་རྒྱས་ལའང་རྒྱུན་ཡོད་མེད་གཉིས་སུ་འགྱུར་ཏེ་དེ་འདྲ་མི་སྲིད་དོ། །འོན་ཏེ་ཉན་ཐོས་ཀྱི་དགྲ་བཅོམ་པ་ལ་རྒྱུན་ཅན་རྒྱུན་མེད་གཉིས་སུ་གསུངས་པའི་ཕྱིར་རྫོགས་པའི་སངས་རྒྱས་ལའང་དེ་དང་མཚུངས་སོ་སྙམ་ན་མི་མཚུངས་ཏེ། ཉན་ཐོས་ལ་བསམ་གཏན་དང་པོ་ལ་སོགས་པའི་ཞི་གནས་ཀྱི་ཏིང་ངེ་འཛིན་དངོས་གཞི་མ་ཐོབ་པར་བསམ་གཏན་དང་པོའི

ཉེར་བསྡོགས་མི་ལྡོགས་མེད་ཙམ་ལ་བརྟེན་ནས་བདག་མེད་མངོན་སུམ་གྱིས་རྟོགས་པའི་ཡེ་ཤེས་མཐོང་ལམ་དང་། སྒོམ་ལམ་དང་། མི་སློབ་པའི་ལམ་མཐར་ཕྱིན་ཏེ། ཁམས་གསུམ་གྱི་ཉོན་མོངས་པ་ཐམས་ཅད་དང་བྲལ་བའི་རྣམ་གྲོལ་གྱི་ལམ་ཟད་པ་དང་། མི་སྐྱེ་བ་ཤེས་པའི་ཡེ་ཤེས་ཐོབ་པ་དེ་ལ་དགྲ་བཅོམ་པ་ཤེས་རབ་ཀྱི་ཆོས་རྣམ་པར་གྲོལ་བ་དང་རྒྱན་མེད་ཅེས་གསུངས་པ་ཡིན་ཏེ། རྫུ་འཕྲུལ་དང་མངོན་པར་ཤེས་པའི་ཡོན་ཏན་རྣམས་མེད་པ་དང་འགོག་པའི་སྙོམས་འཇུག་མ་ཐོབ་པའི་ཕྱིར་རོ། །བསམ་གཏན་བཞི་དང་གཟུགས་མེད་བཞིའི་ཞི་གནས་རྣམ་པར་དག་པ་ཐོབ་ཅིང་དེ་ལ་བརྟེན་ནས་ཟད་པར་དང་ཟིལ་གནོན་དང་མངོན་ཤེས་དྲུག་དང་། རྣམ་ཐར་བརྒྱད་དང་། མཐར་གྱི་སྙོམས་འཇུག་དགུ་ཐོབ་པའི་འཕགས་པ་ཕྱིར་མི་འོང་དང་དགྲ་བཅོམ་པ་ནི་ཡོན་ཏན་དེ་རྣམས་ཀྱིས་བརྒྱན་པས་རྒྱན་ཅན་ཞེས་གསུངས་ཤིང་། མཛོད་དུ། སྟོན་དང་བསེ་རུ་བྱང་ཆུབ་པ། །བསམ་གཏན་མཐར་རྟེན་གཅིག་ལ་ཀུན། །ཞེས་རབ་ཀྱི་མཐའི་བསམ་གཏན་བཞི་པའི་ཞི་གནས་ཀྱི་སེམས་ལ་བརྟེན་ནས་བདག་མེད་མངོན་སུམ་གྱིས་རྟོགས་པའི་ལྷག་མཐོང་གི་ཡེ་ཤེས་མཐོང་སྤྱངས་དང་། ཁམས་གསུམ་ས་དགུའི་སྒོམ་སྤང་བརྒྱད་ཅུ་རྩ་གཅིག་སྒོམ་ལམ་དགུ་སྤྱངས་ནས་མི་སློབ་པའི་ཆོས་བཅུ་ཞེས་བྱ་བ་བཞི་འཕགས་ལམ་ཡན་ལག་བརྒྱད་དང་། རྣམ་གྲོལ་དང་། རྣམ་གྲོལ་ཡེ་ཤེས་མཐོང་བའི་རྟོགས་པ་མཐར་ཕྱིན་པའི་ཚེ་འགོག་པའི་སྙོམས་འཇུག་ཀྱང་ལྷུན་གྲུབ་ཏུ་ཐོབ་ནས་སངས་རྒྱས་ཡོན་ཏན་ཐམས་ཅད་ཀྱི་རྒྱན་དང་ལྡན་པར་གྱུར་པ་ཡིན་ནོ༔ ༔འགོག་ཐོབ་གཉིས་ཀ་ལས་རྣམ་གྲོལ། ཤེས་རབ་ཀྱིས་ནི་གཅིག་ཤེས་སོ། །ཞེས་པ་བདག་མེད་རྟོགས་པའི་ཤེས་རབ་ཀྱིས་ཁམས་གསུམ་གྱི་འཆིང་བ་ལས་གྲོལ་བ་དང་། སྙོམས་འཇུག་དགུའི་ཏིང་ངེ་འཛིན་གྱིས་སྙོམས་འཇུག་གི་སྒྲིབ་པ་ལས་གྲོལ་བས་གཉིས་ཀའི་ཆའི་རྣམ་གྲོལ་དང་རྒྱན་ཅན་ཡིན་ནོ། །དགྲ་བཅོམ་གཞན་གྱིས་འགོག་པའི་སྙོམས་འཇུག་ཆེད་དུ་སྒྲུབ་དགོས་ནའང་བཅོམ་ལྡན་འདས་ནི་སངས་རྒྱས་པའི་ཚེ་ལྷུན་གྲུབ་ཏུ་བརྙེས་པ་ཡིན་ནོ་ཞེས་ཆོས་མངོན་པ་ནས་བཤད་དོ། །དེས་ན་ཉན་ཐོས་ཀྱི་ཐེག་པར་ཡང་རྫོགས་པའི་སངས་རྒྱས་རྒྱན་ཅན་དུ་གྲུབ་ཅིང་། ཐེག་པ་ཆེན་པོར་ས་དྲུག་པ་མངོན་དུ་གྱུར་པའི་ཚེ་ཡོན་ཏན་གྱི་རྒྱན་དེ་དག་རྫོགས་པར་ཐོབ་པའི་ཕྱིར་བཅོམ་ལྡན་འདས་ལ་ཐེག་པ་ཐམས་ཅད་ཀྱིས་འཕགས་པའི་ཡོན་ཏན་ལྷུན་གྱིས་གྲུབ་ཅིང་། འཕགས་པ་གཞན་ལ་མེད་པའི་ཡོན་ཏན་སྟོབས་བཅུ་མི་འཇིགས་པ་བཞི་མ་འདྲེས་པའི་ཆོས་བཅོ་བརྒྱད་ལ་སོགས་པ་བསམ་གྱིས་མི་ཁྱབ་པ་མངའ་བའི་ཕྱིར་རྒྱན་མེད་ཀྱི་ཐ་སྙད་མི་སྦྱིད་དོ། །ཐེག་ཆེན་གྱི་གྲུབ་ཐོབ་རྒྱན་མེད་དང་སངས་རྒྱས་རྒྱན་མེད་འདོད་པ་ནི་འཕགས་པའི་གང་ཟག་ལ་སྐུར་པ་འདེབས་པའི་ལས་མཚམས་མེད་ལས་ཀྱང་ཤིན་ཏུ་ལྕི་བ་ཡིན་ནོ། །

གཉིས་པ་བར་དོར་མྱ་ངན་ལས་འདའ་བར་བཤད་པ་ནི། ཉན་ཐོས་ལུགས་ཀྱི་ཚ་ཚའི་དཔེས། །ཚེ་འདིར་མྱ་ངན་མ་འདས་པ། །བར་དོར་མྱ་ངན་འདའ་བར་གསུངས། །ཞེས་པ། ཉན་ཐོས་ཀྱི་སྡེ་སྣོད་ལས། འཕགས་པ་ཕྱིར་མི་འོང་བར་དོར་མྱ་ངན་ལས་འདའ་བར་བཤད་པ་ཡང་། གཟུགས་ཁམས་ཀྱིས་བསྡུས་པའི་ལས་ལ་ནུས་པ་གསུམ་ཡོད་ཅིང་། ཕྱིར་མི་འོང་བ་དབང་པོ་གསུམ་ཡོད་པའི་ལས་དང་ཉོན་མོངས་ཆུང་ངུ་དང་། དབང་པོ་རྣོན་པོ་དེ་གཟུགས་ཁམས་ཀྱི་བར་དོ་གྲུབ་མ་ཐག་དང་། བར་དོའི་ཚེ་ཕྱེད་ཙམ་དང་། བར་དོ་འགགས་ནས་སྐྱེ་བ་ལ་མངོན་དུ་ཕྱོགས་པའི་ཚེ་ལྷག་བཅས་དང་ལྷག་མེད་ཀྱི་མྱ་ངན་ལས་འདའ་བ་ཡིན་ཏེ། མགར་བས་ལྕགས་མེ་འབར་བ་ལ་ཐོ་བས་བསྣུན་པའི་ཚ་ཚ་མེ་ཤི་བ་མྱུར་བུལ་གསུམ་འབྱུང་བ་བཞིན་ནོ། །ལས་དང་ཉོན་མོངས་དང་དབང་པོ་འབྲིང་ནི་གཟུགས་ཁམས་སུ་སྐྱེས་ནས་མྱ་ངན་ལས་འདས་ཚུལ་གསུམ་དང་། ལས་དང་ཉོན་མོངས་ཆེན་པོ་འཕགས་པ་དབང་པོ་རྟུལ་པོ་ནི་གོང་དུ་འཕོ་བ་ཡིན་ཅིང་དེ་རྣམས་ལ་སྐྱེས་བུ་དམ་པའི་འགྲོ་བ་བདུན་ཞེས་བྱ་སྟེ། དམ་པ་དམ་མིན་འཇུག་མི་འཇུག །སོན་པ་ཕྱིར་མི་འོང་ཕྱིར་རོ། །ཞེས་དམ་པ་མ་ཡིན་པའི་སྐྱོ་གསུམ་གྱི་ལས་ལ་འཇུག་པ་མི་སྲིད་པའི་ཕྱིར་རོ། །

གཉིས་པ་དེ་ཐེག་ཆེན་གྱི་ལུགས་རྒྱ་དང་མི་མཚུངས་པར་བསྟན་པ་ལ་གཉིས་ལས། དང་པོ་བརྫུན་ཚིག་ཡིན་པར་བསྟན་པ་ནི། །དེ་བཞིན་གསང་སྔགས་བསྒོམ་པ་ལས། །ཚེ་འདིར་མཐོང་ལམ་མ་ཐོབ་པ། །བར་དོར་མཐོང་ལམ་ཐོབ་མོད་ཀྱི། །ཚེ་འདིར་མཐོང་ལམ་སྐྱེས་པ་ལ། །ཡོན་ཏན་ཤི་ནས་འབྱུང་བ་ནི། །གླུན་པོ་རྣམས་ཀྱི་བརྫུན་རིགས་ཡིན། །ཞེས་པ། ཉན་ཐོས་ཀྱི་ཐེག་པར་འཕགས་པ་ཕྱིར་མི་འོང་གཟུགས་ཁམས་ཀྱི་བར་དོར་མྱ་ངན་ལས་འདའ་བ་བཤད་པ་ལྟར། གསང་སྔགས་ཀྱི་ཐེག་པར་ཡང་། ཚེ་འདིར་མཐོང་ལམ་མ་ཐོབ་པའི་རྣལ་འབྱོར་པ་འཆི་ཁར་རིམ་གཉིས་ཀྱི་ཏིང་ངེ་འཛིན་གསལ་བས་འབྱུང་བ་རྣམས་རིམ་གྱིས་ཐིམ་པའི་སྣང་དང་སྣང་བ་ལ་རྡོ་རྗེའི་བཟླས་པ་དང་། སེམས་ལ་དམིགས་པ་དང་། སྒྱུ་མ་ལྟ་བུའི་ཏིང་ངེ་འཛིན་ངོས་ཟིན་པར་བྱས་ཏེ། ཁམས་དང་སེམས་ཀྱི་དྭངས་མ་ཆོས་ཉིད་འོད་གསལ་དང་གཉིས་སུ་མེད་པའི་ཏིང་ངེ་འཛིན་ལ་མཉམ་པར་བཞག་ནས་བར་དོ་དང་པོའི་ཉམས་ཤར་བའི་ཚེ་ཟུང་འཇུག་གི་ཡེ་ཤེས་མཐོང་ལམ་ཐོབ་པར་རྒྱུད་དང་གྲུབ་ཐོབ་རྣམས་ཀྱིས་གསུངས་ཏེ། འོན་ཀྱང་ཉན་ཐོས་ཀྱི་བར་དོར་མྱ་ངན་ལས་འདའ་བ་དང་མིང་ཙམ་འདྲ་ནའང་དོན་རྣམ་པ་ཐམས་ཅད་དུ་མི་མཚུངས་སོ། །ཉན་ཐོས་ཀྱི་ཐེག་པར་འདོད་པ་ཁམས་ཀྱི་བར་དོ་བདེན་པ་མཐོང་བ་ཙམ་ཡང་མི་སྲིད་ན་མྱ་ངན་ལས་འདས་པ་ལྟ་ཅི་སྨོས། རྡོ་རྗེ་ཐེག་པར། གཟུགས་ཁམས་ཀྱི་བར་དོ་མཐོང་ལམ་ཐོབ་པ་ཙམ་ཡང་མི་སྲིད་ན། འཚང་རྒྱ་བ་ལྟ་ཅི་སྨོས། དེས་ན་གསུང་རབ་མཐའ་དག་གི་བཤད་ཚུལ་རང་སར

གཏན་ལ་འབེབས་དགོས་སོ། །མདོ་རྒྱུད་ཀྱི་ཚིག་ཙམ་ཟད་ཙམ་ལའང་མ་འདྲིས་ཤིང་ས་ལམ་གྱི་རྒྱུས་མེད་པར་མཐོང་ལམ་ཚེ་འདི་ར་ཐོབ་ནས་ཡོན་ཏན་གྱི་ཁྱད་པར་སྐད་ཅིག་ཙམ་ལས་སྤྲུལ་པ་བརྒྱ་འགྱེད་པ་དང་། ཞིང་ཁམས་བརྒྱ་གཡོ་བ་དང་། སངས་རྒྱས་བརྒྱའི་ཞལ་བལྟ་ཞིང་ཆོས་ཉན་པ་དང་། ཆོས་ཀྱི་རྣམ་གྲངས་མི་འདྲ་བ་བརྒྱ་སྟོན་པ་དང་། ཏིང་ངེ་འཛིན་བརྒྱ་ལ་སྙོམས་པར་འཇུག་ཅིང་ལྡང་བ་དང་། གདུལ་བྱ་བརྒྱ་སྨིན་པར་བྱེད་པ་ལ་སོགས་ཤི་བའི་རྗེས་ན་མར་རིམ་གྱིས་འབྱུང་ངོ་ཞེས་སྨྲ་བ་ནི་བླུན་པོ་རྣེད་བཀུར་སྒྲུབ་པའི་ཐབས་བཙུན་ཚིག་སྒྲོག་པའོ། །

གཉིས་པ་དེ་མཁས་པས་སྤང་བྱར་བསྟན་པ་ནི། །མདོ་རྒྱུད་ཀུན་དང་མི་མཐུན་པས། །འདི་འདྲའི་ཆོས་ལུགས་མཁས་པས་སྤངས། །ཞེས་པ། ཐེག་པ་ཆེ་ཆུང་གི་བཀའ་དང་བསྟན་བཅོས་རྣམ་དག་གང་དང་མི་མཐུན་པའི་རང་བཟོའི་ཆོས་ལུགས་ཡི་གེར་བྲིས་པ་དང་། གཞན་ལ་འཆད་པ་དང་། ཉམས་སུ་ལེན་པ་དུ་མ་ཞིག་སྣང་ནའང་། རང་གཞན་ལེགས་པར་འདོད་པའི་མཁས་པ་རྣམས་ཀྱིས་ཤེས་ནས་སྤང་བར་བྱ་ཞིང་མ་ནོར་བར་ཁས་བླང་བར་བྱའོ། །

གཉིས་པ་མ་འཁྲུལ་པའི་དགོངས་པ་ལེགས་པར་བཤད་པ་ལ་གསུམ་ལས། དང་པོ་ནཱ་རོ་པའི་དགོངས་པ་བཤད་པ་ནི། ཛོ་བོ་ནཱ་རོ་ཏ་པ་ནི། དབང་བསྐུར་དུས་སུ་མཐོང་ལམ་སྐྱེ། །དེ་ནི་སྐད་ཅིག་དེ་ལ་འགག །ཆོས་མཆོག་རྗེས་ཀྱི་མཐོང་ལམ་ནི། །འགག་པ་མེད་ཅེས་གསུང་བར་གྲགས། །འདི་ནི་དཔེ་ཡི་ཡེ་ཤེས་ལ། །མཐོང་བའི་ལམ་དུ་བཏགས་པར་ཟད། །ཅེས་པས། བླ་མ་ཏེ་ལོ་པ་ཡུན་རིང་དུ་བསྟེན་ཅིང་དཀའ་བ་སྤྱད་པས་གདམས་པ་ཕྱིན་ཅི་མ་ལོག་པའི་སྐྱེས་བུ་དམ་པ་པཎ་ཆེན་ནཱ་རོ་པའི་བཞེད་པས། དབང་བསྐུར་གསུམ་པའི་དུས་སུ་སྐད་ཅིག་བཞི་དང་དགའ་བ་བཞི་ཉམས་མྱོང་རྒྱུད་ལ་སྐྱེས་པའི་ཚེ་སྐད་ཅིག་བཞི་པ་མཐོང་ལམ་ཡིན་ལ། དེ་ལས་རྗེས་སུ་བྱུང་བའི་རིག་པ་དེ་ནི་མཐོང་ལམ་འགག་པའི་གནས་སྐབས་སོ་སོ་སྐྱེ་བོའི་བློ་ཡིན་ཅིང་། སྦྱོར་ལམ་ཆོས་མཆོག་ཆེན་པོའི་རྗེས་སུ་སྐྱེས་པའི་མཐོང་ལམ་ནི་ཉམས་པ་མེད་ཅེས་གསུངས་པར་གྲགས་ཅེས་པ་དེས་མཛད་པའི་བསྟན་བཅོས་རྫོད་མེད་མ་གཟིགས་པའོ། །དབང་བསྐུར་བའི་དུས་ཀྱི་ཉམས་མྱོང་མཐོང་ལམ་དུ་ངོ་སྤྲོད་པ་ནི། མཚོན་བྱེད་དཔེའི་ཡེ་ཤེས་ལ་མཚོན་བྱ་དོན་གྱི་མཐོང་ལམ་དུ་མིང་བཏགས་པར་ཟད་དེ། ནམ་མཁར་ཤར་བའི་ཟླ་བ་གོ་བར་བྱེད་པ་ལ་ཆུ་ནང་དུ་ཤར་བའི་གཟུགས་སྟོན་པར་བྱེད་པ་བཞིན། དབང་བཞི་པའི་ཚིག་ཙམ་གྱིས་ངོ་སྤྲོད་པ་ཡིན་ནོ། །

གཉིས་པ་ཨཱ་ཀྵ་དེ་བའི་ལུགས་བཤད་པ་ནི། འཕགས་པ་ལྷ་ཡི་སྤྱོད་བསྡུས་སུ། །བདེན་པ་མཐོང་ཡང་

ལས་མཐའ་ལ། །ཆགས་པར་གསུངས་པ་རྫོགས་རིམ་གྱི། རང་བྱུང་ཡེ་ཤེས་རྟོགས་པ་ནི། དཔེ་ཡི་ཡེ་ཤེས་ཉིད་ལ་དགོངས། །དེ་དང་ལམ་འབྲས་ལ་སོགས་པ། །གྲུབ་ཐོབ་རྣམས་ཀྱི་དགོངས་པ་མཐུན། །ཞེས་པ། གལ་ཏེ་སྒྲུབ་པ་པོ་བདེན་པ་མཐོང་ཡང་སྔོན་གྱི་བག་ཆགས་གོམས་པའི་སྟོབས་ཀྱིས་ཞིང་ལས་དང་ཚོང་དང་རྟེད་བཀུར་ལ་སོགས་པས་གཡེངས་པས། སྒྲོད་པ་མ་སྤྱད་པ་དང་། སྦྱོར་བ་ཆུང་བས་སྒྲོད་པའི་ཚོ་ག་མ་རྫོགས་པར་འཆི་བའི་དུས་བྱས་ན་སྲིད་པ་གཞན་དུ་སྐྱེ་བར་འགྱུར་བའམ། རྡོ་རྗེ་འཆང་ཉིད་འཐོབ་པར་འགྱུར་ཞེས་ཞུས་པའི་ལན་དུ། ཡང་དག་པའི་དོན་མཐོང་བས་རྟག་པ་དང་ཆད་པ་དང་འཕོ་བ་ལ་སོགས་པའི་ལྟ་བ་ངན་པ་འགག་པར་འགྱུར་རོ། །འོན་ཀྱང་ཐ་སྙད་ལ་བརྟེན་ནས་འཕོ་བ་རྣམ་པར་དག་པ་ངེས་པར་སྤྱད་པར་བྱ་སྟེ། འཇིག་རྟེན་འདི་ཕ་རོལ་ཏུ་འཕོ་བར་མི་བྱེད་དེ་རྟག་པའི་སྐྱོན་དུ་འགྱུར་བའི་ཕྱིར། འཇིག་རྟེན་འདི་ནས་འཆི་བ་ལས་གཞན་ལས་ཀྱང་མི་འབྱུང་སྟེ། རྒྱུ་མེད་དུ་འགྱུར་བའི་ཕྱིར། འདི་ལྟར་མར་མེ་ལས་མར་མེ་དང་། རྒྱ་ལས་རྒྱ་དང་། སྒྲ་ལས་བྲག་ཆ་ལྟར་དེ་ཉིད་གཞན་དུ་བརྗོད་པར་མི་ནུས་སོ། །གསེར་འོད་དམ་པར། སངས་རྒྱས་མྱ་ངན་མི་འདའ་ཞིང་། །ཆོས་ཀྱང་ནུབ་པར་མི་འགྱུར་ཏེ། །སེམས་ཅན་རྣམས་ནི་འདུལ་བའི་ཕྱིར། །མྱ་ངན་འདས་པར་བསྟན་པ་ཡིན། །ཞེས་པ་དང་། ཡང་ལང་ཀར་གཤེགས་པར། འདི་ལ་གང་ཡང་རྐྱེན་རྣམས་ཀྱིས། །སྐྱེ་བ་མེད་ཅིང་འགག་པ་མེད། །བཏགས་པའི་རྐྱེན་རྣམས་ཁོ་ན་ནི། །སྐྱེ་ཞིང་འགག་པར་འགྱུར་བ་ཡིན། །ཞེས་པས་འཆི་ཁར་བློའི་འཕེན་པ་གཏོང་ཚུལ་འཆི་བ་དོན་དམ་པ་དང་ཀུན་རྫོབ་བདེན་པ་རྟོག་ནས་འོད་གསལ་བར་ཞུགས་ཏེ། ཐ་མལ་གྱི་ཕུང་པོ་བོར་ནས་བདག་བྱིན་གྱིས་བརླབས་པའི་རིམ་པས་ལྡང་བར་བྱའོ། །ཞེས་སེམས་བརྟན་པོ་སྐྱེད་དེ༑ སྐྱེ་བ་གཞན་དུ་ཡིད་ལ་བྱེད་པ་དེ་ནི་འདོར་བས་ཐམས་ཅད་མཁྱེན་པར་འགྱུར་རོ། །བསམ་པ་གང་དང་གང་གིས་ནི། །མི་རྣམས་ཡིད་ནི་ཡང་དག་སྦྱོར། །དེས་ན་དེ་ཡི་རང་བཞིན་འགྱུར། །སྣ་ཚོགས་ནོར་བུ་རང་བཞིན་ནོ། །ཞེས་གསུངས་སོ། །དེའི་དགོངས་པ་ནི་འདི་ཡིན་ཏེ། བསྐྱེད་རིམ་བསྟན་པར་འགྱུར་ནས་རྫོགས་རིམ་དབེན་པ་གསུམ་དང་། བདག་བྱིན་གྱིས་བརླབས་པ་སྒྱུ་ལུས་ཀྱི་རིམ་པ་མཐར་ཕྱིན་པ་ནི། ཀུན་རྫོབ་བདེན་པ་མཐོང་བའི་ལམ་ཡིན་ལ། དེས་འོད་གསལ་གྱི་རིམ་པ་དོན་དམ་པའི་བདེན་པ་མཐར་མ་ཕྱིན་པར་འཆི་བའི་དུས་བྱེད་པའི་ཚེ། སྤྱོད་པ་མ་སྤྱད་པས་ཟུང་འཇུག་མངོན་དུ་བྱེད་མི་ནུས་པའི་ཕྱིར་འཆི་བ་འོད་གསལ་ལ་མཉམ་པར་བཞག་ནས་བར་དོར་སྐྱེས་པའི་ཚེ་ཟུང་འཇུག་གི་རིམ་པ་མངོན་དུ་འགྱུར་ཏེ། འཆི་ཁར་འདུན་པ་བཏང་ནས་འོད་གསལ་དང་ཟུང་འཇུག་ཉམས་སུ་ལེན་པའི་ཡིད་ཀྱི་སྦྱོར་བ་བཟང་པོ་དེ་ནོར་བུ་ཚོན་གྱི་རྣམ་པ་བརྟེན་པ་ལྟར། འཆི་བའི་འོད་གསལ་དང་བར་དོའི་སྒྱུ་ལུས་ཀྱི་སྣང་བ་ཤར་བའི་ཚེ། སྔོན་གྱི་འཕེན་པ་དང་ལམ་

ལ་སྤྱངས་པའི་སྟོབས་ཀྱིས་ཟུང་འཇུག་རྡོ་རྗེ་འཆང་གི་སྐུ་འགྲུབ་པར་གསུངས་པ་ཡིན་ནོ། །དེ་ནས་ཀུན་རྫོབ་བདེན་པས་མཐོང་བ་སྒྱུར་ལམ་གྱི་རྫོགས་པ་ལ་གནས་ནས་ཆོས་མཆོག་གི་ལམ་དུ་འོད་གསལ་མཐར་མ་ཕྱིན་པར་འཆི་བ་དེ། སྤྱོད་པ་དང་འོད་གསལ་གྱི་རྫོགས་པ་བསྲེས་ནས་ཟུང་འཇུག་འབད་མེད་དུ་འབྱུང་བར་བྱ་བའི་ཕྱིར་སྐབས་དེར་སྤྱོད་པ་སྤྱང་དགོས་པ་མ་གྲུབ་པ་མ་ཡིན་ནོ། །འགའ་ཞིག་སྒྱུ་ལུས་འཛིན་པ་སྦྱང་བའི་ཕྱིར་འོད་གསལ་སྒོམ་པ་མ་ཡིན་ཏེ། སྒྲིབ་པ་གཉིས་ཀྱི་ནང་ནས་ཤེས་བྱའི་སྒྲིབ་པ་སྤང་དཀའ་བ་དེ་སྦྱང་བའི་འོད་གསལ་གྱི་རིམ་པ་ཡིན་ཞེས་ཟེར་བ་ཡོད་ནའང་། སྒྱུ་ལུས་ཀྱི་སྐབས་སུ་གསང་བ་དང་ཡེ་ཤེས་ཀྱི་དབང་ལ་བརྟེན་པའི་སྣང་བ་སྒྱུ་མའི་དཔེ་གསུམ་དང་མཚུངས་པའི་ལྷ་སྐུ་དང་། ཉམས་མྱོང་དབང་གསུམ་པའི་དོན་ལམ་དུ་བྱེད་པའི་དུས་ཡིན་པས་ཀུན་རྫོབ་བདེན་པའི་ལམ་དེ་དོན་དམ་བདེན་པ་དང་། ཟུང་འཇུག་ཏུ་སྒྲུབ་པའི་ཕྱིར་འོད་གསལ་སྒོམ་པར་གསུངས་ཏེ། ཀུན་རྫོབ་དང་ནི་དོན་དམ་གཉིས། །སོ་སོའི་ཆར་ནི་ཤེས་གྱུར་ནས། །གང་དུའང་ཡང་དག་འདྲེས་གྱུར་པ། །ཟུང་དུ་འཇུག་པར་དེ་བཤད་དོ། །ཞེས་གསུངས་ཤིང་། སེམས་འགྲེལ་དུ། དེ་ཕྱིར་ཆོས་རྣམས་ཀུན་གྱི་གཞི། །ཞི་ཞིང་སྒྱུ་མ་དང་མཚུངས་པ། །གཞི་མེད་སྲིད་པ་འཇིག་བྱེད་པའི། །སྟོང་ཉིད་འདི་ནི་རྟག་ཏུ་བསྒོམ། །ཞེས་སྒྱུ་ལུས་ཀྱི་དྲི་མ་སྦྱང་བའི་ཕྱིར་འོད་གསལ་སྒོམ་པར་གསུངས་ལ། དེ་ལ་སྔོན་གྱི་འཕེན་པ་དང་། འོད་གསལ་གྱིས་སྦྱངས་པའི་རླུང་སེམས་ཀྱི་སྣང་བ་རྒྱུན་མི་ཆད་པར་ཤར་བ་དེ་ཟུང་འཇུག་གི་སྐུ། རྒྱུ་བདེན་གཉིས་ཟུང་འཇུག་ཉམས་སུ་བླངས་པས་འབྲས་བུ་ཡང་སྐུ་གཉིས་ཟུང་འཇུག་འགྲུབ་པ་ཡིན་ནོ། །ཟུང་འཇུག་གི་དོན་ནི་སེམས་འགྲེལ་དུ། དེ་ཉིད་ཇི་བཞིན་བཤད་པ་ལ། །ཀུན་རྫོབ་རྒྱུ་ནི་ཆད་མི་འགྱུར། །ཀུན་རྫོབ་ལས་ནི་ཐ་དད་པར། །དེ་ཉིད་དམིགས་པ་མ་ཡིན་ཏེ། །ཀུན་རྫོབ་སྟོང་པ་ཉིད་དུ་བཤད། །སྟོང་ཉིད་ཁོ་ན་ཀུན་རྫོབ་ཡིན། །མེད་ན་མི་འབྱུང་ངེས་པའི་ཕྱིར། །བྱས་དང་མི་རྟག་ཇི་བཞིན་ནོ། །ཞེས་གསུངས་ཏེ། ཟུང་འཇུག་གི་དོན་ཡུ་ག་ན་ད་བ་ཞེས་པ་གཉིས་གཅིག་ཏུ་གྱུར་བའི་དོན་ཏོ། །ཟུང་འཇུག་ཐོབ་ནས་དེ་ཉིད་ཉམས་སུ་བླངས་པས་ཤེས་བྱའི་སྒྲིབ་པ་ངང་གིས་སྦྱོང་ཞིང་། གཉེན་པོ་གཞན་མི་དགོས་པ་ཡིན་ཏེ། རྒྱལ་ཚབ་བྱམས་པས་ཀྱང་། ཉོན་མོངས་ཅན་མིན་སྒྲིབ་པ་བཅུ། །ས་བཅུའི་མི་མཐུན་ཕྱོགས་རྣམས་ཀྱི། །གཉེན་པོ་དག་ནི་ས་ཡིན་ནོ། །ཞེས་གསུངས་སོ། །འོན་ཏེ་སྒྱུ་མའི་སྣང་བ་དེ་ཤེས་བྱའི་སྒྲིབ་པ་ཡིན་པས་འོད་གསལ་གྱི་རིམ་པས་སྦྱོང་སྙམ་དུ་སེམས་ཤིན་ཏུའང་འཁྲུལ་ཏེ། ཟུང་འཇུག་ཤེས་བྱའི་སྒྲིབ་པ་མངོན་གྱུར་གྱི་སྣང་བ་ཅན་དང་། སངས་རྒྱས་ཀྱི་སྐུ་གཉིས་ཀྱང་ཤེས་སྒྲིབ་ཀྱི་སྐུར་འགྱུར་རོ། །བྱང་སེམས་སྒྲིབ་པ་རྣམ་སེལ་གྱིས་སངས་རྒྱས་ལ་བསྟོད་པར། ཆོས་ཚུལ་འདི་དག་སྒྱུ་མ་སྨིག་སྒྱུ་དང་། །ཆུ་ཟླ་འདྲ་བར་གང་གིས་གཟིགས་གྱུར་པ། །བསོད་ནམས་ཞིང་རབ་དེ་ལ་

ཕྱག་འཚལ་དུ། །རི་བོའི་མཆོག་རབ་འདི་ལ་བདག་ཅག་ལྷགས། །ཞེས་པ་ལ་སོགས་སངས་རྒྱས་ལའང་སྐྱུ་ལུས་ཀྱི་སྣང་བ་རབ་འབྱམས་ཡོད་པར་གསུངས་པའི་ཕྱིར་རོ། །ལམ་འབྲས་བུ་སྣང་བ་གསུམ་གྱི་འཁྲིད་ལ་སོགས་པ་གསུངས་པ་རྣམས་ཀྱང་། ངེས་བདེན་གྱི་རྟོགས་པ་འཆར་ཚུལ་ལ། ཀླུ་སྒྲུབ་ཡབ་སྲས་དང་ནཱ་རོ་མཻ་ཏྲི་པ་ལ་སོགས་པ་གྲུབ་ཐོབ་རྣམས་ཀྱི་བཞེད་པ་མཐུན་ཏེ། ལམ་འབྲས་བུ་བུམ་དབང་གི་ལམ་གྱི་ལྟ་བ་དང་། གྲུབ་མཐའ་སྣང་སྟོང་ཟུང་འཇུག །གསང་དབང་གིས་གསལ་སྟོང་ཟུང་འཇུག །ཤེས་རབ་ཡེ་ཤེས་ཀྱིས་བདེ་སྟོང་ཟུང་འཇུག །དབང་བཞི་པའི་ལམ་གྱི་ལྟ་བ་དང་གྲུབ་མཐའ་དེ་ཐམས་ཅད་ཡོངས་སུ་རྫོགས་པའི་ཟུང་འཇུག་མཐར་ཐུག་ཏུ་བཞེད་པ་ཡིན་ནོ། །

གསུམ་པ་མཐོང་ལམ་གྱི་ས་མཚམས་བསྟན་པ་ནི། དེས་ན་དེད་ཀྱིས་མཐོང་ལམ་ནི། །འཕགས་པ་མིན་ལ་འབྱུང་མི་སྲིད། །ཅེས་པ། དེས་ན་གྲུབ་ཐོབ་རྣམས་ཀྱི་དགོངས་པ་བཞིན་དུ་སྦྱོར་ལམ་རྟོགས་པའི་དཔེའི་ཡེ་ཤེས་ལ་མཐོང་ལམ་དུ་བཏགས་པ་ནི་ཆ་མཐུན་པ་ལ་དགོངས་པ་ཡིན་ཏེ། ངེས་འབྱེད་ཆ་མཐུན་གྱི་མིང་དོན་དང་ཅིག་གོ། །མཐོང་ལམ་མཚན་ཉིད་པ་ནི། ཆོས་མཆོག་ཆེན་པོའི་སྐད་ཅིག་ལ་རྗེས་དྲན་གྱི་མཚམས་སྦྱར་ནས་ཟུང་འཇུག་གི་ཡེ་ཤེས་སྐྱེས་པ་ལ་ཟེར་ཅིང་། ཡེ་ཤེས་ནི་མདོ་ལས། དཔའ་བར་འགྲོ་བར་ཏིང་ངེ་འཛིན་གང་ཞེ་ན༑ ཏིང་ངེ་འཛིན་གང་དུ་ཏིང་ངེ་འཛིན་ཐམས་ཅད་ཀྱི་སྤྱོད་ཡུལ་ཉམས་སུ་མྱོང་བས་ཏེ། འདི་ནི་དཔའ་བར་འགྲོ་བ་ཞེས་བྱ་བའི་ཏིང་ངེ་འཛིན་ཏོ། །ཞེས་གསུངས་པའི་དོན་དང་གཅིག་པར་སྤྱོད་བསྡུས་དང་གྲུབ་ཆེན་མན་ལུང་གུ་རུ་བཞེད་དེ། འཕགས་པ་མ་ཡིན་པའི་གང་ཟག་ལ་ཏིང་ངེ་འཛིན་དེ་མེད་ཅིང་། ས་བཅུ་པའི་རྒྱལ་སྲས་ཀྱིས་ཡོངས་སུ་རྫོགས་པར་ཐོབ་པ་ཡིན་ནོ། །དོན་འདི་འཕགས་པ་ཐོགས་མེད་ཀྱིས་ཀྱང་གསལ་བར་གསུངས་ཏེ། སྤྲིན་མཐོང་མཁའ་ལ་ཉི་ཤར་ཇི་བཞིན་འདིར་ཁྱོད་ཕྱོགས་གཅིག་བློ་གྲོས་ཅན། །བློ་མིག་དག་པའི་འཕགས་རྣམས་ཀྱིས་ཀྱང་རྣམ་པ་ཐམས་ཅད་མཐོང་མ་ལགས། །བཅོམ་ལྡན་འདས་ཁྱོད་གང་དག་ཆོས་ཀུན་བློ་གྲོས་མཐའ་ཡས་པས། །ཤེས་བྱ་མཐའ་མེད་མཁའ་དབྱིངས་ཁྱབ་པ་དེ་དག་གིས་ཀུན་མཐོང་། །ཞེས་གསུངས་སོ། །

ལྔ་པ་ལ་གསུམ། བསྟན་བྱ་ཐེག་པའི་རིམ་པ། སྟོན་བྱེད་བླ་མའི་མཚན་ཉིད། འགག་བསྡུས་ཏེ་བསྟན་པའོ། །དང་པོ་ནི། ཐེག་པ་གསུམ་གྱི་ལག་ལེན་ཀྱང་། །རང་རང་གཞུང་ལུགས་བཞིན་བྱེད་ན། །སངས་རྒྱས་བསྟན་ཡིན་མི་བྱེད་ན། །བསྟན་པའི་གཟུགས་བརྙན་ཡིན་ཞེས་བྱ། །ཞེས་པ། བདེན་པ་བཞིས་ཐོས་བསམ་དང་སྒོམ་བྱུང་གི་ཤེས་རབ་ཀྱིས་རིམ་གྱིས་ཤེས་ནས་མངོན་དུ་བྱས་པས་སྡུག་བསྔལ་དང་ཀུན་འབྱུང་གི་བདེན་པ་ཟད་དེ། འགོག་པ་དང་ལམ་གྱི་བདེན་པ་མཐར་ཕྱིན་ནས། རང་དོན་མྱ་ངན་ལས་འདས་པ་ཐོབ་པའི་ཉན་ཐོས་

ཀྱི་ཐེག་པ་དང་། དེ་ལས་ཁྱད་པར་དུ་རྟེན་འབྲེལ་ཡན་ལག་བཅུ་གཉིས་ཀྱི་དོན་བསྒོམས་པས་སྲིད་པ་ཐ་མ་ལ་སློབ་དཔོན་གྱི་གདམ་ངག་ལ་མ་ལྟོས་པར་བྱང་ཆུབ་མངོན་དུ་བྱེད་པའི་རང་སངས་རྒྱས་ཀྱི་ཐེག་པ་དང་། གཞན་དོན་དུ་རྫོགས་པའི་སངས་རྒྱས་སྒྲུབ་པའི་ཐེག་པ་ཆེན་པོའི་ལམ་ལ་སློབ་ཚུལ་རང་རང་གི་གཞུང་ལུགས་བཞིན་དུ་སྔ་ཕྱི་དང་དམིགས་རྣམས་མ་འཁྲུགས་པར་བྱས་ན། རང་གི་ཐར་པ་ཐོབ་པས་སངས་རྒྱས་ཀྱི་བསྟན་པ་ལུང་དང་རྟོགས་པ་བཤད་སྒྲུབ་ཀྱི་གོ་ཆོད་པ་ཡིན་ནོ། །དེ་ལས་གཞན་པའི་བཤད་སྒྲུབ་བྱེད་པ་སངས་རྒྱས་བསྟན་པའི་གཟུགས་བརྙན་ཡིན་པས་དོར་བར་བྱའོ། །

གཉིས་པ་ལ་གཉིས་ལས་དང་པོ་བླ་མའི་དབྱེ་བ་ནི། ཉན་ཐོས་རྣམས་ཀྱི་བླ་མ་དེ། །བཟང་ཡང་གང་ཟག་ཁོ་ནར་བས། །ཕ་རོལ་ཕྱིན་པའི་བླ་མ་ནི། །བཟང་ན་དགེ་འདུན་དཀོན་མཆོག་ཡིན། །གསང་སྔགས་པ་ཡི་བླ་མ་མཆོག །དཀོན་མཆོག་གསུམ་དང་དབྱེར་མེད་ཡིན། །ཞེས་པ། སྤྱིར་སངས་རྒྱས་བཅོམ་ལྡན་འདས་ནི་འགྲོ་བ་ཐམས་ཅད་ཀྱི་བླ་མ་དང་ཐེག་པ་ཐམས་ཅད་ཀྱི་སྟོན་པ་ཡིན་ལ། ཁྱད་པར་ཉན་ཐོས་ཀྱི་བླ་མས་སྡོམ་པ་འབོགས་པ་དང་། དེ་མ་ཉམས་པར་སྲུང་བའི་ཚུལ་དང་། ལམ་ལྔ་གོ་རིམ་མ་འཁྲུགས་པར་རྒྱུད་ལ་སྐྱེ་བའི་ཐབས་ཚང་ལ་མ་ནོར་བར་སྟོན་པ་དེ། དགེ་བའི་བཤེས་གཉེན་མཚན་ཉིད་དང་ལྡན་པ་ཡིན་ཀྱང་གང་ཟག་བཟང་པོ་ཡིན་གྱིས་དཀོན་མཆོག་གསུམ་པོ་གང་དུའང་མ་འདུས་སོ། །ཕ་རོལ་ཏུ་ཕྱིན་པའི་ཐེག་པ་སྟོན་པའི་སློབ་དཔོན་དེ་ཞི་དུལ་དང་སྙིང་རྗེ་དང་བྱང་ཆུབ་ཀྱི་སེམས་དང་ལམ་སྟོན་པ་ལ་མཁས་པ་དང་སྙི་བ་བཟོད་པ་ལ་སོགས་པའི་ཡོན་ཏན་དང་ལྡན་ན་ཐེག་ཆེན་གྱི་དགེ་འདུན་དཀོན་མཆོག་ཡིན་ནོ། །རྡོ་རྗེ་ཐེག་པའི་བླ་མ་རྒྱུད་ནས་གསུངས་པའི་མཚན་ཉིད་དང་ལྡན་པས་དབང་བསྐུར་ལམ་མ་ནོར་བར་ཉམས་སུ་ལེན་ཚུལ། གེགས་སེལ། བོགས་འདོན་ལ་སོགས་པ་ཟབ་མོ་སྟེར་བ་དེ་དཀོན་མཆོག་གསུམ་གཅིག་ཏུ་འདུས་པའི་ངོ་བོ་ཡིན་ཏེ། བླ་མ་སངས་རྒྱས་བླ་མ་ཆོས། །དེ་བཞིན་བླ་མ་དགེ་འདུན་ཏེ། །དངོས་གྲུབ་གོ་འཕང་མཆོག་འདོད་པས། །ཀུན་ནས་བླ་མ་མཉེས་པར་བྱ། །ཞེས་གསུངས་སོ། །

དེས་ན་དེ་ལ་གསོལ་བཏབ་པས། །དཀོན་མཆོག་གསུམ་པོ་ཚེ་འདིར་འགྲུབ། །དེ་ལྟའི་ཐེག་པ་གསུམ་པོ་ཡི། །སོ་སོའི་གཞུང་ནས་བཤད་པ་བཞིན། །བླ་མའི་མཚན་ཉིད་མི་ལྡན་ན། །བླ་མ་ཡིན་གྱིས་དམ་པ་མིན། །ཞེས་པ༑ གསང་སྔགས་ཀྱི་བླ་མ་སྐྱབས་གནས་ཀུན་འདུས་པ་ཡིན་པས་དེ་ལྟར་ཤེས་ནས་རྩེ་གཅིག་ཏུ་གསོལ་བ་བཏབ་ན། རང་ཉིད་ཀྱི་ལུས་ངག་ཡིད་གསུམ་དཀོན་མཆོག་གསུམ་གྱི་ངོ་བོར་ཚེ་འདི་ལ་འགྲུབ་པར་འགྱུར་རོ༑ ༑ཐེག་པ་གསུམ་པོ་རང་རང་གི་གཞུང་ནས་བྱུང་བའི་བླ་མའི་མཚན་ཉིད་ཚང་ན་བླ་མ་དམ་པ་ཡིན་ལ། མ་

ཚང་ན་ཆོས་ཀྱི་འབྲེལ་པ་ཡོད་པའི་བླ་མ་ཙམ་ཡིན་ཀྱང་དམ་པ་ནི་མ་ཡིན་ནོ། །

གཉིས་པ་བླ་མ་བརྟེན་ཚུལ་ལ་གཉིས་ལས། དང་པོ་དམ་པ་མ་ཡིན་པ་བརྟེན་ཚུལ་ནི། དེ་ལ་གསོལ་བ་བཏབ་ན་ཡང་། །བྱིན་རླབས་ཅུང་ཟད་འབྱུང་མོད་ཀྱི། །ཚེ་འདི་འམ་བར་དོ་ལ་སོགས་སུ། །སངས་རྒྱས་ཉིད་སྦྱིན་མི་ནུས་སོ། །ཞེས་པ། བླ་མའི་མཚན་ཉིད་མི་ལྡན་ཅིང་ཆོས་ཀྱི་འབྲེལ་པ་ཡོད་པའི་བླ་མ་དེ་ལ་མོས་གུས་བྱས་ན་རང་གི་བསམ་པ་བཟང་བའི་ནུས་པས་བྱིན་བརླབས་ཅུང་ཟད་འབྱུང་གིས། གང་ཟག་དེ་ལ་སློབ་མའི་རྒྱུད་སྨིན་པ་དང་གྲོལ་བར་བྱེད་པའི་མཐུ་མེད་པས་སངས་རྒྱས་ཀྱི་གོ་འཕང་ཐོབ་པར་མི་ནུས་སོ། །

གཉིས་པ་བླ་མ་དམ་པ་བསྟེན་ཚུལ་ལ་གསུམ་ལས། དང་པོ་དབང་བསྐུར་བའི་བླ་མ་བསྟེན་ཚུལ་ནི། དེས་ན་དབང་བསྐུར་ཐོབ་པའི་མིས། །དཀོན་མཆོག་གསུམ་པོ་བླ་མ་སྟེ། །འདུས་པར་མཐོང་ནས་བླ་མ་ལ། །གསོལ་བ་བཏབ་ན་བྱིན་བརླབས་འཇུག །ཅེས་པ། རྒྱུད་ལུང་མན་ངག་དང་མཐུན་པའི་དབང་རྫོགས་པར་ཐོབ་པའི་སློབ་མ་དེས། བླ་མའི་ཕུང་པོ་ལྔ་སངས་རྒྱས་ལྔའི་རང་བཞིན་དང་། སྐྱེ་མཆེད་བྱང་ཆུབ་སེམས་དཔའི་བདག་ཉིད་དང་། ཐུགས་བདེ་གསལ་མི་རྟོག་སྟོང་པའི་ངོ་བོར་ཤེས་ནས། ཐེ་ཚོམ་དང་ལོག་རྟོག་གི་སེལ་མ་ཞུགས་པར་གསོལ་བ་བཏབ་ན་དངོས་གྲུབ་ཐམས་ཅད་འཕྲལ་དུ་འབྱུང་སྟེ། མཁས་གྲུབ་དམ་པ་རྣམས་ཀྱི་གསུང་ལས། བླ་མ་སངས་རྒྱས་དང་བྱང་སེམས་དང་འཕགས་པ་དང་སོ་སོའི་སྐྱེ་བོའི་ཡོན་ཏན་ཙམ་དུ་མཐོང་ནས་གསོལ་བ་བཏབ་ན་དེ་དང་མཐུན་པའི་བྱིན་རླབས་འབྱུང་ཞིང་། བླ་མ་སྐྱོན་ཅན་དུ་མཐོང་ན་བྱིན་རླབས་མི་འབྱུང་བར་མ་ཟད། དམ་ཚིག་ཉམས་པའི་ཉེས་པ་འབྱུང་སྟེ། ལྷ་སྦྱིན་གྱིས་སངས་རྒྱས་སྐྱོན་ཅན་དུ་མཐོང་བས་དམྱལ་བར་སྐྱེས་པ་དང་། ལྷོ་ཕྱོགས་འབྲས་སྤུངས་ཀྱི་སློབ་མས་བླ་མའི་ལོ་གསུམ་གྱི་སྔོན་དུ་མཆོག་གི་དངོས་གྲུབ་ཐོབ་པ་བཞིན་ནོ། །ཞེས་གསུངས་སོ། །ལམ་འབྲས་ལས་ཀྱང་། དབང་པོ་གསུམ་གྱི་ལམ་བསྟན་པའི་དབང་པོ་རབ་ཀྱི་ལམ་བསྒྲོད་ཚུལ་བླ་མ་སངས་རྒྱས་དངོས་སུ་མཐོང་ནས་མོས་གུས་ལམ་དུ་བྱེད་པ་དེ་ཚེ་འདིར་གྲོལ་བ་ཐོབ་པར་གསུངས་ཏེ། ལམ་ཟབ་མོ་བླ་མའི་རྣལ་འབྱོར་ཞེས་ལམ་གྱི་མཐར་ཐུག་ཏུ་མཛད་དོ། །

གཉིས་པ་དབང་མ་བསྐུར་བའི་བླ་མ་བསྟེན་ཚུལ་ནི། གལ་ཏེ་དབང་བསྐུར་མ་ཐོབ་ན། །བླ་མ་དཀོན་མཆོག་གསུམ་ཉིད་དུ། །ཕར་ལ་བསྡུས་ལ་གསོལ་བ་ཐོབ། །རིམ་གྱིས་བྱིན་རླབས་ཅི་རིགས་འཇུག །ཅེས་པ། དབང་མ་བསྐུར་ཅིང་གདམས་པ་ཟབ་མོ་བྱིན་པའི་བླ་མ་ཡིན་ན། དེ་དཀོན་མཆོག་གསུམ་གྱི་ནང་དུ་བསྡུས་ལ། སྐྱབས་གནས་མཐར་ཐུག་ཆོས་དང་དགེ་འདུན་ཀྱང་སངས་རྒྱས་སུ་འདུས་པར་གསུངས་པ་བཞིན། སངས་རྒྱས་དཀོན་མཆོག་གི་ངོ་བོ་བཅོམ་ལྡན་འདས་ཐུབ་པ་ཆེན་པོའམ་སྨན་བླའམ་མི་འཁྲུགས་པ་དང་ཚེ་དཔག་མེད་ལ་

སོགས་པའི་རྣམ་པ་མདུན་དུ་གསལ་བར་དམིགས་ཤིང་དེ་སངས་རྒྱས་ཐམས་ཅད་འདུས་པའི་བདག་ཉིད་དུ་ཡིད་ཆེས་བྱས་ལ། རྒྱུན་མི་ཆད་པར་གསོལ་བ་བཏབ་ན་བྱིན་རླབས་འབྱུང་ཞིང་། ཚུལ་འདི་དཔའ་བར་འགྲོ་བའི་ཏིང་ངེ་འཛིན་གྱི་མདོ་དང་། ད་ལྟར་གྱི་སངས་རྒྱས་མངོན་སུམ་བཞུགས་པའི་མདོ་ལ་སོགས་པའི་དགོངས་པ་མ་ནོར་བ་ཡིན་ནོ། །

གསུམ་པ་དེ་དཀོན་མཆོག་གསུམ་དུ་བསྡུས་པའི་འཐད་པ་ནི། བླ་མ་རྒྱང་པ་བཟང་སྲིད་ཀྱང་། །གསོལ་བ་བཏབ་པ་བྱིན་རླབས་ཆུང་། །དེ་བས་དཀོན་མཆོག་གསུམ་ཉིད་ལ། །གསོལ་བ་བཏབ་པ་ཤིན་ཏུ་བཟང་། །ཞེས་པ༔ དབང་བསྐུར་མ་ཐོབ་པའི་བླ་མ་དེ་བཟང་ཡང་། རང་གི་སྒོ་གསུམ་རྒྱལ་བའི་སྐུ་གསུང་ཐུགས་སུ་རྟེན་འབྲེལ་སྒྲིགས་པའི་བླ་མ་མ་ཡིན་པས་བྱིན་རླབས་འབྱུང་བའི་འབྲེལ་ཐག་རིང་བ་ཡིན་ནོ། །དེས་ན་བླ་མ་དཀོན་མཆོག་གསུམ་དུ་བསྡུས་ནས་གསོལ་བ་བཏབ་པས་བྱིན་རླབས་འཇུག་པའི་སྒོ་ཤིན་ཏུ་བཟང་སྟེ། སེམས་ཅན་ཐམས་ཅད་ཀྱི་སྐྱབས་གནས་ནམ་མཁའ་དང་མཉམ་པར་དད་གུས་གང་བྱེད་ལ་བྱིན་རླབས་ཕྱོགས་རིས་མེད་པར་འབྱུང་བ་ཡིན་པའི་ཕྱིར། མདོ་ལས། མི་གང་ཐུབ་པ་ཟླ་བ་དྲན་བྱེད་པ། །དེ་ཡི་མདུན་ན་རྟག་ཏུ་ཐུབ་དབང་བཞུགས། །ཞེས་གསུངས་སོ། །

གསུམ་པ་ནི། དབང་བསྐུར་དང་པོ་མ་ཐོབ་པར། །བསྐྱེད་པའི་རིམ་པ་བསྒོམ་པ་དང་། །དབང་བསྐུར་གཉིས་པ་མ་ཐོབ་པར། །གཏུམ་མོ་ལ་སོགས་བསྒོམ་པ་དང་། །དབང་བསྐུར་གསུམ་པ་མ་ཐོབ་པར། །བདེ་སྟོང་ལ་སོགས་སྒོམ་པ་དང་། །དབང་བསྐུར་བཞི་པ་མ་ཐོབ་པར། །ཕྱག་རྒྱ་ཆེན་པོ་སོགས་སྒོམ་དང་། །ཞེས་པ། རྣལ་འབྱོར་བླ་ན་མེད་པའི་དབང་དུ་བྱས་ནས་བུམ་དབང་མ་ཐོབ་པར་བསྐྱེད་རིམ་སྒོམ་པ་ནི་ཐ་མལ་གྱི་ཕུང་པོ་མི་སྦྱངས་སྐྱོན་མ་དག་པ་ཡིན་ནོ། །གསང་དབང་མ་ཐོབ་པར་གཏུམ་མོ་དང་རླུང་བསྒོམ་པ་ནི་རྟེན་ཡི་གེའི་དཀྱིལ་འཁོར་མ་སྦྱངས་པ་ཡིན་ལ། འདི་ནི་རླུང་གསུམ་དང་ཡི་གེ་གསུམ་དང་ངག་བཟློད་པ་གསུང་རྡོ་རྗེའི་རྣལ་འབྱོར་སྒོམ་པ་ལ་དེ་དག་སངས་རྒྱས་ཀྱི་གསུང་སྒྲུབ་པའི་རྟེན་འབྲེལ་མ་བསྒྲིགས་པའི་ཕྱིར་རོ། །ཤེས་རབ་ཡེ་ཤེས་ཀྱི་དབང་མ་ཐོབ་པར་བདེ་སྟོང་གི་རྣལ་འབྱོར་དང་། ལུགས་འབྱུང་ལུགས་ལྡོག་གི་དགའ་བ་བཞི་ཉམས་སུ་ལེན་པ་ནི་ཁམས་བྱིན་གྱིས་མ་བརླབས་པས་ཡེ་ཤེས་རྣལ་མ་སྐྱེ་བའི་རྒྱུར་མི་རུང་བའི་ཕྱིར་རོ། །དཔེར་ན། ས་བོན་རྙིང་པ་འགག་ཞིག་མ་སྦྱངས་པར་ཞིང་ལ་བཏབ་ན་ལོ་ཏོག་རྣལ་མ་མི་སྐྱེ་བ་བཞིན་ནོ། །དབང་བཞི་པ་མ་ཐོབ་པར་ཕྱག་རྒྱ་ཆེན་པོའི་ལམ་སྒོམ་པ་ནི་ལམ་རྒྱུས་མེད་པར་དོན་གཉེར་བའི་སར་འགྲོ་བ་བཞིན་ཡེ་ཤེས་ངོ་མི་འཕྲོད་པའི་ཕྱིར། དེས་ན་རྒྱུ་སྨིན་དུ་མ་སོང་བའི་འབྲས་བུ་འགྲུབ་དཀའ་ཞིང་ལམ་ནོར་བར་འཇུག་པའི་

ཉེས་པ་ཡོད་ལ། སྤྱིར་ཡང་དབང་མ་ཐོབ་པ་དེ་ལ་དེའི་གྲོལ་བྱེད་ཀྱི་ལམ་སྟོན་པ་ནི་སྣོད་མིན་ལ་གསང་བ་བསྒྲགས་པའི་ཉེས་པར་ཡང་འགྱུར་རོ། །

དགེ་སློང་སྡོམ་པ་མ་ཐོབ་པར། །མཁན་སློབ་ལ་སོགས་བྱེད་པ་ནི། །གསང་སྔགས་མེད་པར་སྦྲུལ་གདུག་གི །མགོ་ལ་རིན་ཆེན་ལེན་པ་ལྟར། །རང་གཞན་བརླག་པའི་རྒྱུ་རུ་བས། །མཁས་པ་རྣམས་ཀྱི་རྒྱང་རིང་སྤངས། །ཞེས་པ། རང་གི་དགེ་སློང་སྡོམ་པ་མ་ཐོབ་པར་གཞན་གྱི་མཁན་སློབ་བྱེད་པ་ལ་སོགས་བྱར་མི་རུང་བའི་ཆོས་དང་ལག་ལེན་བྱེད་པ་ཐམས་ཅད་དུག་སྦྲུལ་གྱི་མགོ་ལ་ཡོད་པའི་རིན་པོ་ཆེ་སྔགས་དང་སྨན་གྱི་ནུས་པ་མེད་པར་ལེན་ན། རིན་པོ་ཆེའི་ཕན་ཡོན་མི་འབྱུང་ཞིང་། དུག་གི་ཉེས་པ་འབྱུང་བ་ལྟར་རང་གཞན་ཕུང་བའི་རྒྱུ་ཡིན་པས་མདོ་རྒྱུད་མཁྱེན་པ་རྣམས་ཀྱིས་དོར་བར་བྱའོ། །

དྲུག་པ་ལ་བཞི། གཏོར་མའི་ལག་ལེན་ནོར་ཚུལ། རབ་གནས་ཀྱི་ལག་ལེན་ནོར་ཚུལ། ཆོ་གའི་ལག་ལེན་ནོར་ཚུལ། མདོ་སྔགས་འདྲེས་པའི་ལག་ལེན་ནོར་ཚུལ་ལོ། །དང་པོ་ལ་གཉིས། ནོར་པ་སྤང་བྱར་བསྟན་པ༐ མ་ནོར་བ་བླང་བྱར་བསྟན་པའོ། །དང་པོ་ལ་ལྔ། ཁ་འབར་གཏོར་མའི་ལག་ལེན། ཆུ་སྦྱིན་གྱི་ལག་ལེན། ཟན་ཕུད་ཀྱི་ལག་ལེན། ལྷ་བཤོས་ཀྱི་ལག་ལེན། སྙིང་མ་དང་འདྲེས་པའི་ལག་ལེན་ནོ། །

དང་པོ་ནི། གཞན་ཡང་གངས་རིའི་ཁྲོད་འདི་ན། །འཁྲུལ་པའི་ལག་ལེན་དུ་མ་ཡོད། །ཁ་འབར་མ་ཡི་གཏོར་མ་ལ། །དེ་བཞིན་གཤེགས་པ་བཞི་ཡི་མཚན། །སྔོན་ལ་བརྗོད་པའི་ལག་ལེན་མཐོང་། །འདི་ཡང་མདོ་དང་མཐུན་མ་ཡིན། །མདོ་ལ་སྔོན་ལ་སྔགས་བརྗོད་ནས། །སངས་རྒྱས་བཞི་པོ་ཕྱི་ནས་གསུངས། །ཞེས་པ། སྔར་ནོར་པ་སྲུན་དབྱུང་བ་དེ་དག་ལས་གཞན་ཡང་། བོད་ཡུལ་ན་ཆོས་ཀྱི་བྱེད་ཚུལ་སངས་རྒྱས་ཀྱི་གསུང་དང་མི་མཐུན་པའི་ནོར་པ་མང་པོ་ཡོད་དེ། ཡི་དྭགས་ཁ་ལ་མེ་འབར་མ་ལ་གཏོར་མ་སྦྱིན་པའི་ཆོ་གར། རྒྱལ་ཆེན་ཤུགས་ལྡན་འོད་ཀྱི་སྔགས་སུ་གྲགས་པ་དེ་ནི། ན་མཿསརྦ་ཏ་ཐཱ་ག་ཏ་ཨ་བ་ལོ་ཀི་ཏེ། ཨོཾ་སམྦྷ་ར་སམྦྷ་ར་ཧཱུཾ། ཞེས་པ་འདི་འཕགས་པ་ལ་མཆོད་པ་འབུལ་ན་ལན་ཉི་ཤུ་རྩ་གཅིག་བཟླས་ནས་འབུལ། ཡི་དྭགས་ལ་ལན་བདུན་བཟླས་པའི་རྗེས་སུ་དེ་བཞིན་གཤེགས་པ་རིན་ཆེན་མང་དང་། གཟུགས་དམ་པ་དང་། སྐུ་འཇམ་གླས་དང་། འཇིགས་པ་ཐམས་ཅད་དང་བྲལ་བ་ལ་ཕྱག་འཚལ་ལོ། །ཞེས་བརྗོད་པར་གསུངས་པ་ལ། མཁས་འདོད་གཅིག་གིས་ཐོག་མར་སངས་རྒྱས་ལ་ཕྱག་འཚལ་བ་རིགས་སྙམ་ནས། སྔགས་དང་ཕྱག་གོ་བསྙོར་ནས་བྱེད་པ་ཡོད་དེ། ཕྱག་འཚལ་བ་ནི་བདེན་སྟོབས་བརྗོད་པའི་དོན་ཡིན་པ་མ་གོ་བར་ཟད་དོ། །བོད་ཀྱི་བླ་མ་འགའ་ཞིག །དེ་བཞིན་གཤེགས་པ་བཞི་པོ། ཐུབ་ཆེན་དང་། འཇམ་དབྱངས་དང་། སྤྱན་རས་གཟིགས་དང་། ཕྱག་ན་

རྡོ་རྗེ་རྣམས་ཡིན་པར་འདོད་དོ། །

གཉིས་པ་ནི། འགའ་ཞིག་ཆུ་སྦྱིན་ནང་དུ་ཟན། །འཇུག་པའི་ལག་ལེན་བྱེད་པ་ཐོས། །འཇུར་འགེགས་ཅན་གྱི་ཡི་དྭགས་ཀྱིས། །ཆུ་སྦྱིན་ནང་དུ་ཟན་མཐོང་ན། །འཇིགས་པ་ཆེན་པོ་འབྱུང་བར་གསུངས། །དེས་ན་ཆུ་སྦྱིན་ནང་དུ་ཟན། །འདེབས་པ་ཆོག་ཉམས་པ་ཡིན། །ཞེས་པ། ཡི་དྭགས་འཇུར་འགེགས་ཅན་ལ། ཨོཾ་ཛྭ་ལ་མི་ཁཾ་སྭཱ་ཧཱ། ཞེས་པའི་སྔགས་ཀྱིས་ཆུ་ཐིགས་པ་རྒྱུན་བཅད་ཅིང་སྟེར་བ་དང་། སོ་སོར་གཏོགས་པའི་ལག་ལེན་ལ་ཆུ་ནང་དུ་ཟན་འཇུག་པའི་ལུགས་ཡོད་དེ། ཟན་གྱི་དྲི་ཚོར་ན་དངངས་སྐྲག་ཆེན་པོ་འབྱུང་བར་མདོ་དེ་ཉིད་ལས་གསལ་པོར་གསུངས་པའི་ཕྱིར་ལག་ལེན་ནོར་བ་ཡིན་པས་མི་བྱའོ། །འདིར་ཛྭ་ལ་ཞེས་རིང་པོར་བྱེད་པ་ནི་ནོར་བའོ། །

གསུམ་པ་ནི། ཟན་གྱི་ཕུད་ལ་ལྷ་བཤོས་དང་། ཚངས་བུ་བྱ་བར་སངས་རྒྱས་གསུངས། །རྡོ་རྗེ་རྩེ་མོའི་རྒྱུད་ལས་ནི། ཟན་གྱི་ཕུད་ལ་ཚངས་བུ་སྦྱིན། །ཞེས་གསུངས་འཕྲོག་མའི་མདོ་ལས་ཀྱང་། སངས་རྒྱས་བསྟན་པར་ཁས་འཆེ་ན། །འཕྲོག་མ་ལ་ནི་ཚངས་བུ་སྦྱིན། །ཞེས་གསུངས་དེ་ཡི་ཆོ་ག་ནི། །ལྷ་བ་དང་སེལ་ལ་སོགས་ལྡོས། །ཞེས་པ། ཀྱཻ་རྡོ་རྗེར། ཨོཾ་ཧྲཱིཿཧྲཱིཿལྷ་བཤོས་ཀྱི་སྔགས་སོ། །ཞེས་པ་དང་། ཨ་ཀ་རོ་འབྱུང་པོ་ཐམས་ཅད་པའི་གཏོར་མའི་སྔགས་སུ་གསུངས་པས་བླ་མ་དཀོན་མཆོག་ལ་ལྷ་བཤོས་ཕུལ་བ་དང་། ཆོས་སྐྱོང་དང་འཇིག་རྟེན་པའི་མགྲོན་ལ་འང་སྔགས་དེས་འབུལ་བར་སློབ་དཔོན་རྗེ་ཏ་རིའི་ཡི་དམ་བླང་བའི་ཆོ་གར་ཡང་གསུངས་སོ། །རྡོ་རྗེ་རྩེ་མོར། དེ་ནས་ཟས་ཀྱི་དུས་སུ་ནི། །རྣམ་པ་ཀུན་ཏུ་ཚངས་བུ་སྦྱིན། །ཞེས་གསུངས་སོ། །བཅོམ་ལྡན་འདས་ཀྱིས། ང་ལ་སྟོན་པར་ཁས་འཆེ་བའི་ཉན་ཐོས་རྣམས་ཀྱིས་འཕྲོག་མ་བུ་དང་བཅས་པ་ལ་ཚངས་བུ་སྦྱིན་པར་བྱའོ། །ཞེས་གསུངས་སོ། །འཕྲོག་མའི་ལོ་རྒྱུས་ནི། རྒྱལ་པོའི་ཁབ་ཏུ། གཞོན་ནུ་མང་པོས་རི་ཁྲོད་ནས་འོངས་པའི་གཞོན་ནུ་མ་བྲིས་པ་བཅའ་བའི་དུས་ལ་ཉེ་བ་ཞིག་བཟུང་སྟེ། ཀང་སྟབས་སྒྱུར་བས་ལྟོ་ནང་གི་སེམས་ཅན་ལྟུང་བས་ཆེས་ཁྲོས་པར་གྱུར་ཏེ། དགེ་སློང་བཞི་ལ་ཆོས་སྟོན་གསོལ་ནས་རྒྱལ་པོའི་ཁབ་ཀྱི་བྱིས་པ་བཙས་སོ་ཅོག་ཟ་བའི་སྨོན་ལམ་བཏབ་པས་གྲུབ་པར་གྱུར་ཏོ། །བྱིས་པ་རྣམས་ཀྱི་སྲོག་འཕྲོག་པས་འཕྲོག་མ་ཞེས་གྲགས་སོ། །གནོད་སྦྱིན་ལྔ་རྩེན་གྱི་ཆུང་མ་བྱས་ཏེ་བུ་ལྔ་བརྒྱ་བཙས་སོ། །དེའི་རྒྱལ་པོའི་ཁབ་ཀྱི་སྐྱེ་བོ་རྣམས་ཀྱིས་སངས་རྒྱས་ལ་འཕྲོག་མ་འདུལ་བར་གསོལ་བ་བཏབ་པས་གནང་སྟེ། བུ་ཆུང་ཤོས་ལྷུང་བཟེད་དུ་བཅུག་ནས་སྦས་སོ། །བུས་མ་མཐོང་ཞིང་མས་བུ་མི་མཐོང་བར་བྱིན་གྱིས་བརླབས་སོ། །བུ་ཚོལ་བའི་ཕྱིར་དུ་སུམ་ཅུ་རྩ་གསུམ་གྱི་གནས་ནས་གསེར་གྱི་ས་གཞི་ལ་ཐུག་པར་ཁོར་ཡུག་གི་རིའི་ཁོངས་ཐམས་ཅད་ཉུལ་ཀྱང་

མ་རྙེད་ནས། རྒྱལ་པོ་རྣམ་ཐོས་ཀྱི་བུ་ལ་གསོལ་བས། བཅོམ་ལྡན་འདས་ལ་ཞུས་ཅིག་ཅེས་བསྒོའོ། །སྟོན་པ་ལ་ཞུས་པས། རྒྱལ་པོའི་ཁབ་ཀྱི་བྱིས་པ་སྐྱེས་སོ་ཅོག་མེད་པར་བྱེད་ན། ཁྱོད་ལ་བུ་ལྔ་བརྒྱ་ཡོད་པས་གཅིག་མ་ཚང་བ་ལ་མྱ་ངན་བྱེད་པར་མི་རིགས་ཞེས་གསུངས་སོ། །སླར་བཅོམ་ལྡན་འདས་ཀྱིས་སེམས་ཅན་ལ་འཚེ་བ་མི་བྱེད་པར་བཀའ་བསྒོས་ཤིང་། འཁོར་མ་ལས་དམ་བཅས་ཏེ། མེ་ཁ་ལའི་གཟུངས་ཞེས་བྱ་བ་རང་གི་སྙིང་པོ་ཕུལ་ལོ། །ལྷུང་བཟེད་བསལ་ཏེ་བུ་བསྟན་པས་དགའ་བར་གྱུར་ཏོ། །ཤ་ཁྲག་ལ་ལོངས་སྤྱོད་པ་སྤངས་པས་འཚོ་བས་འཕོངས་པར་གྱུར་པ་ལ་ཆངས་བུ་སྦྱིན་པར་གསུངས་སོ། །ལྟ་བ་ངན་སེལ་དུ། བྲམ་ཟེའི་རིགས་ལ་མངོན་པར་ཞེན་པའི་མུ་སྟེགས་ནམ་མཁའི་སྙིང་པོ་ཞེས་བྱ་བ་རྡོ་རྗེའི་གདན་ནས་མཻ་ཧྲི་པའི་སྤྱན་སྔར་བྱུང་བ་དེ་འདུལ་བའི་ཕྱིར་རྒྱལ་སྲས་ལས་དང་པོའི་སྤྱོད་པ་གསུངས་ཏེ། གསོ་སྦྱོང་དང་སྐྱབས་འགྲོ་དང་དཀོན་མཆོག་གསུམ་རྗེས་སུ་དྲན་པ་དང་། གསུང་རབ་ཀློག་པ་དང་། འཕགས་པ་འཇམ་དཔལ་གྱི་མཚན་ཡང་དག་པར་བརྗོད་པ་དུས་གསུམ་དུ་ཁ་ཏོན་བྱ་བ་དང་། ཛམྦྷ་ལ་ལ་ཆུ་སྦྱིན་པ་དང་ཁ་འབར་མའི་སྔགས་ལན་བདུན་བཟླས་པའི་ལག་པའི་སོར་མོ་བརྒྱད་པ་ལ་བདུད་རྩིའི་རྒྱུན་གྱིས་བྱིན་གྱིས་བརླབས་པའི་ཆུ་དང་། ཟས་ཀྱི་གཏོར་མ་སྔོ་བྲང་དུ་བྱིན་པས་ཡི་དྭགས་ཀྱི་ཚོགས་རྣམས། ས་མ་ག་དའི་ཡུལ་གྱི་བྲེ་བོ་ཆེ་རེ་རེ་ཐོབ་པར་འགྱུར་ཏེ། སེ་གོལ་གསུམ་གདབ་པར་བྱའོ། །ཞེས་པ་དང་། མདུན་དུ་སངས་རྒྱས་རིགས་ལྔ་རབ་ཏུ་བྱུང་བའི་ཆ་ལུགས་ཅན་ལ་མཆོད་པ་དང་། མདོ་ལས་གསུངས་པའི། སངས་རྒྱས་གཙོ་ལ་ཕྱག་འཚལ་ལོ། །སྐྱོབས་པ་ཆོས་ལ་ཕྱག་འཚལ་ལོ༑ ༑དགེ་འདུན་ཆེ་ལ་ཕྱག་འཚལ་ལོ། །གསུམ་ལ་རྟག་ཏུ་གུས་ཕྱག་འཚལ། །ཞེས་པ་སྟོན་དུ་འགྲོ་བའི་ཡན་ལག་བདུན་པ་དང་། མཎྜལ་འབུལ་བ་དང་། ཚ་ཚ་གདབ་པ་དང་། ཟས་ཟ་བའི་ཚེ་ཨ་ཀཱ་རོའི་སྔགས་ཀྱིས་གཏོར་མ་སྦྱིན་པར་བྱའོ། །ཨོཾ་ཨཱཿསརྦ་བུདྡྷ་བོ་དྷི་སཏྭ་བྷྱཿབཛྲ་ནཻ་ཝེ་དྱ་ཧཱུྃ། ཞེས་བྱ་བས་དཀོན་མཆོག་ལ་བཤོས་གཙང་དབུལ་ལོ། །ཨོཾ་ཧ་རི་ཏེ་མ་ཧཱ་ཡཀྵི་ཎི། ཧ་ར་ཧ་ར་སརྦ་པཱ་པཾ་ཎི་ཀྵི་སྭཱ་ཧཱ། འཁོར་མ་བུ་དང་བཅས་པ་ལ་ཆངས་བུ་གཉིས་སྦྱིན་པར་བྱའོ། །ཨ་གྲ་པིཎྜ་ཨ་ཤི་བྷྱཿསྭཱ་ཧཱ། ཞེས་པས་ཕུད་ཀྱི་ཆངས་བུ་སྦྱིན་པར་བྱའོ། །ཨོཾ་ཨཱཿཧཱུྃ་གིས་བྱིན་གྱིས་བརླབས་ཏེ། དང་པོ་མཐེ་བོང་དང་སྲིན་ལག་གིས་རེག་པར་བྱའོ། །ལྷག་མའི་ཟས་ལ་ཨོཾ་ཨུཙྪིཥྚ་བ་ལིནྟ་ཨ་ཤི་བྷྱཿསྭཱ་ཧཱ། ཞེས་པས་ལྷག་མ་སྦྱིན་པར་བྱའོ། །ལྷག་མ་བྱིན་གྱིས་མ་བརླབས་པ་རྣམས་ནི་ཡོངས་སུ་དོར་བར་བྱའོ། །དེ་ཡང་། གཏོར་མ་བཏང་ཞིང་བཤོས་གཙང་དབུལ། །འཁོར་མ་དང་པོའི་ཆངས་བུ་དང་། །ལྟེ་བ་ལྷག་མས་བཏང་བས་ཏེ། འབྲས་བུ་ལོངས་སྤྱོད་ཆེན་པོར་འགྱུར། །ཞེས་གསུངས་སོ། །རྒྱལ་པོ་དང་ནི་ཡོན་བདག་དང་། །སེམས་ཅན་ཕུང་པོ་གཞན་དག་ཀྱང་། །ཚེ་རིང་ནད་མེད་ཕུན་སུམ་ཚོགས། །རྟག་ཏུ

བདེ་བ་ཐོབ་པར་ཤོག །ཅེས་ལན་གསུམ་བརྗོད་པར་བྱའོ། །ཞེས་པ་དང་། དགེ་བསྙེན་སྒྲ་བཤད་ཉེ་བར་ཞི་བས་དགེ་བསྙེན་ཏེ། ཨུ་སེམས་ཅན་རྣམས་ལ་ཉེ་བར་ཕན་འདོགས་པའོ། །པ་རྟག་ཏུ་སྡིག་པ་སྤོང་བར་བྱེད་པའོ། །སི་སྤྲོ་བཏགས་པའི་རྟོག་པ་ལས་གྲོལ་བའོ། །ཀ་སྙིང་རྗེས་ཡོངས་སུ་སྐྱོང་བ་ཉིད་དོ། །ཞེས་བཤད་དོ། །ཨ་བྷའི་བྱང་ཆུབ་གཞུང་ལམ་དུའང་། ལས་དང་པོའི་ཆོས་སྤྱོད་ཀྱི་རིམ་པ་རྒྱས་པར་འབྱུང་ངོ་། །ཇོ་བོ་རྗེའི་སྤྱོད་བསྡུས་སྒྲོན་མར། དེ་ནས་ཟས་ཀྱི་དུས་རྟག་ཏུ། །སྙིང་པོ་མེད་པའི་ལུས་འདི་ཡིས། །སྙིང་པོའི་དམ་པ་བཙལ་བྱ་ཞེས། །ལུས་ལ་གྲུ་ཡི་བློ་བཞག་ལ། །རྒྱགས་པ་བསྐྱེད་ཕྱིར་མི་ཟའོ། །རོ་ལ་ཆགས་པས་མི་ཟའོ། །ཟས་ནི་ཆ་བཞིར་བགོ་བྱ་སྟེ། །དང་པོ་ལྷ་ལ་བཤོས་གཙང་དབུལ། །དེ་རྗེས་ཆོས་ཀྱི་སྲུང་མ་ལ། །གཏོར་མ་ཤིན་ཏུ་རྒྱ་ཆེན་བཏང་། །རང་གིས་ཟོས་ཤིང་འཐུངས་པ་ཡི། །ལྷག་མ་འབྱུང་པོ་ཀུན་ལ་སྦྱིན། །བར་སྐབས་དེར་ཡང་བསྒྲུང་བརྒྱུད་དང་། །ངོ་མཚར་ཅན་གྱི་གཏམ་ཡང་བྱས། །དེ་ནས་ལངས་ལ་ཅུང་ཞིག་བཅག །ཡང་ན་རྟེན་ལ་བསྐོར་བས་བྱ། །བཟླས་བརྗོད་གླེགས་བམ་བཀླག་པའམ། །ཡང་ན་བདེ་གཤེགས་གཟུགས་བརྙན་བྱ། །ཇི་སྲིད་ཧྲུལ་ནི་མ་བྱུང་བས། །དེ་སྲིད་བསྐོར་བ་མ་ཡེངས་པར། །བྱས་ལ་སྨོན་ལམ་རྒྱ་ཆེན་གདབ། །ཅེས་སོགས་གསུངས་པ་ལྟར་བསླབ་པར་བྱའོ། །སོ་སོའི་སྐྱེ་བོས་ཡོན་སྦྱང་བར་དཀའ་བས་སངས་རྒྱས་ཀྱིས་གསུངས་པའི་གཟུངས་སྔགས་བཟླས་པས་སྦྱང་བར་བྱ་སྟེ། ན་མཿས་མནྟ་པྲ་བྷཱ་རཱ་ཛ་ཡ། ཏ་ཐཱ་ག་ཏཱ་ཡ། ཨརྷ་ཏེ་སམྱ་ཀ་སཾ་བུདྡྷཱ་ཡ། ན་མོ་མཉྫུ་ཤྲཱི་ཀུ་མཱ་ར་བྷཱུ་ཏ་ཡ། བོ་དྷི་སཏྭ་ཡ། མཧཱ་སཏྭཱ་ཡ། མཧཱ་ཀཱ་རུ་ཎི་ཀཱ་ཡ། ཏདྱ་ཐཱ། ཨོཾ་ནི་རཱ་ལམྦེ་ནི་རཱ་བྷཱ་སེ། ཛ་ཡེ་ཛ་ཡེ། ལམྦེ་ལམྦེ་མ་ཏཱ་མ་ཏེ། དཀྐེ་དཀྐེ་ཧཾ་པ་རི་ཤོ་དྷ་ཡ་སྭཱ་ཧཱ། ན་མོ་རཏྣ་ག་ཡ་ཞ་ཏེ་ཤུ་མེད་རུ་ཀཱ་ཡུ་རཱ་ཛ་ཏ་ཐཱ་ག་ཏཱ་ཡ། ཨརྷ་ཏེ་སམྱཀྶཾ་བུདྡྷཱ། ཏདྱ་ཐཱ། ཨོཾ་ཀ་ལ་པེ་ཀ་ལ་པེ་མཧཱ་ཀ་ལ་པེ་ཀ་ལ་པ་པ་རི་ཤོ་དྷ་ཡེ་སྭཱ་ཧཱ། ཡོན་གྱི་ཕུང་པོ་རི་རབ་ཙམ་ཡང་བྱང་བ་དང་། སྦྱིན་བདག་གི་འབྱོར་པ་དང་དགེ་བ་རྒྱ་ཆེན་པོ་འཕེལ་བར་འགྱུར་རོ། །སངས་རྒྱས་ཀྱི་སློབ་མ་རྣམས་ཀྱིས་ཆོས་སྒྲུབ་པའི་འཚོ་བ་ཀླུའི་རྒྱལ་པོ་དགའ་བོ་དང་ཉེ་དགའ་བོས་སྐྱོར་བར་དམ་བཅས་ཤིང་། བཅོམ་ལྡན་འདས་ཀྱིས་ཀྱང་། དེ་གཉིས་ཀྱི་མིང་སློས་པའི་ཡོན་བཤད་པར་གསུངས་པས། ཀླུའི་རྒྱལ་པོ་དགའ་བོ་དང་ཉེ་དགའ་བོས་གཙོ་བྱས་པའི་སྦྱིན་པའི་བདག་པོ་རྣམས་ཀྱིས་སྦྱིན་པ་དམ་པ་སེམས་ཀྱི་རྒྱུན་དུ་གྱུར་ཅིག །སེམས་ཀྱི་ཡོ་བྱད། རྣལ་འབྱོར་གྱི་ཚོགས། དོན་གྱི་མཆོག །རྫོགས་པའི་སངས་རྒྱས་ཐོབ་པར་གྱུར་ཅིག་ཅེས་བརྗོད་པར་བྱའོ། །

བཞི་པ་ནི། འགའ་ཞིག་སངས་རྒྱས་གསུངས་པ་ཡི། །ལྷ་བཤོས་ཆངས་བུ་མི་བྱེད་པར། །མ་གསུངས་པ་ཡི་འབྲང་རྒྱུས་དང་། །གྲུ་གསུམ་ལ་སོགས་བྱེད་པ་མཐོང་། །ཞེས་པ། ལག་ལེན་མིག་སྟུར་གང་བབ་ལ་ཡིད་

ཆེས་ཤིང་། ཁུངས་ནས་བྱུང་བ་ཡིན་མ་ཡིན་མི་ཤེས་པའི་གང་ཟག་འགའ་ཞིག །ཆོས་དང་མཐུན་པའི་ལྷ་བཤོས་དང་ཆངས་བུ་བྲ་སླ་བ་དེ་མི་བྱེད་པར་འབྲང་རྒྱས་བཟོ་དཀའ་བ་དང་ལྷ་བཤོས་རྩེ་མོ་གྲུ་གསུམ་ལ་སོགས་བྱེད་པ་ནི་བོན་གྱི་ལག་ལེན་འདྲེས་པ་ཡིན་ནོ། །

ལྔ་པ་ནི། གསང་སྔགས་རྙིང་མ་འགའ་ཞིག་ལ། །གྲུ་གསུམ་དབང་ཕྱུག་ཆེན་པོའི་སྙིང་། །དེ་ཡི་ཤ་དང་ཁྲག་གིས་བཀྲུན། །མཐེབ་ཀྱུ་མགོ་བོའི་ཐོད་པས་བསྐོར། །ཆང་སོགས་བདུད་རྩིས་དེ་བཀང་ལ། །ཧེ་རུ་ཀ་ལ་མཆོད་ཅེས་ཟེར། །ཞེས་པ། སྔ་འགྱུར་བར་གྲགས་པའི་སྔགས་པ་འགའ་ཞིག །གཏོར་མའི་དབྱིབས་གྲུ་གསུམ་མཧཱ་དེ་བའི་སྙིང་གི་གཟུགས་སུ་བྱས་ནས་དེའི་མགོའི་གཟུགས་ཀྱི་མཐེབ་ཀྱུས་བསྐོར་བ་ལ་ཤ་ཁྲག་དང་ཆང་ལ་སོགས་པས་བྲན་ཏེ་དཔལ་ཆེན་ཧེ་རུ་ཀ་ལ་མཆོད་པར་འབུལ་ཞེས་ཟེར་ནའང་། དེ་ལྟར་བྱེད་པའི་ཁུངས་ཡིད་ཆེས་པ་ཡོད་མེད་བརྟག་པར་བྱའོ། །

གསང་སྔགས་གསར་མར་གྲུ་གསུམ་གྱི། །གཏོར་མ་གཞུང་ནས་བཤད་པ་མེད། །ཟས་ཀྱི་ཕུད་ལ་ཁྱད་པར་དུ། །གྲུ་གསུམ་འབུལ་བར་གསུངས་པ་མེད། །ཅེས་པ། སྔགས་གསར་མའི་རྒྱུད་དང་སྒྲུབ་ཐབས་ལ་སོགས་གང་ནའང་ལྷ་བཤོས་དང་གཏོར་མའི་གཟུགས་དེ་ལྟར་བྱེད་པར་མ་གསུངས་ཤིང་། ཟས་ཀྱི་ཕུད་ལ་གྲུ་གསུམ་ལ་སོགས་དབྱིབས་ཀྱི་རྣམ་པ་ཆེད་དུ་བཟོས་ནས་འབུལ་བར་གསུངས་པ་མེད་པའི་ཕྱིར། བྱ་དཀའ་ཞིང་ཆོས་དང་མི་མཐུན་པའི་ལག་ལེན་མི་བྱའོ། །སྐྱེ་བོ་ལ་ལ་ཟས་ཀྱི་ཕུད་ལ་བཤོས་བུ་གྲུ་གསུམ་དང་རྩེ་མོ་རིང་པོ་དང་དུད་འགྲོའི་གཟུགས་བཅོས་ནས་འབུལ་བ་ནི་བོན་གྱི་རྗེས་སུ་ཞུགས་པ་ཡིན་ནོ། །

གཉིས་པ་མ་ནོར་བར་བླང་བྱར་གདམས་པ་ནི། ལག་ལེན་ཐམས་ཅད་སངས་རྒྱས་ཀྱི། །གསུང་དང་མཐུན་པར་བསྟན་པ་ཡིན། །དེས་ན་མདོ་སྡེ་མ་དཀྲུགས་པར། །སངས་རྒྱས་གསུང་བཞིན་ཉམས་སུ་ལོངས། །ཞེས་པ། སངས་རྒྱས་ཀྱི་བསྟན་པའི་སྒོར་ཞུགས་པའི་གང་ཟག་གིས་སོ་སོར་ཐར་པ་དང་བྱང་སེམས་དང་གསང་སྔགས་ཀྱི་ཆོ་ག་དང་དཀོན་མཆོག་གསུམ་མཆོད་པ་བཀོད་པ་དང་། གཏོར་མའི་ལག་ལེན་རང་རང་གི་ཐེག་པའི་གཞུང་ལུགས་ལས་གསུངས་པ་དེ་མ་བཅོས་སླད་མ་ཞུགས་པར་ཅི་ནུས་སུ་བསྒྲུབས་ན་སངས་རྒྱས་ཀྱི་བསྟན་པ་ལ་སློབ་པ་ཡིན་ནོ། །དེའི་ཕྱིར་མདོ་རྒྱུད་ཐེག་པ་གོང་འོག་མ་དཀྲུགས་པར་ཉམས་སུ་ལོངས་ཤིག །

གཉིས་པ་ལ་གསུམ། ནོར་ཚུལ་བརྗོད་པ། དེ་དགག་པ། དགོངས་པ་བཤད་པའོ། །དང་པོ་ནི། སངས་རྒྱས་རབ་ཏུ་བྱུང་བ་ཡི། །ཕྱག་ཏུ་མཚོན་ཆ་བསྣུར་བ་མཐོང་། །ཁྱིམ་པའི་ཆ་ལུགས་ཅན་དག་ལ། །རྒྱན་དང་ཆ་ལུགས་སོགས་སྲིད་ཀྱི། །རབ་བྱུང་རྣམས་ལ་འདི་མི་སྲིད། །བྱང་ཆུབ་མཆོག་གི་ཕྱག་རྒྱ་སོགས། །མཛད་པའི

རིགས་ལྔ་སེར་འབྲུམས་མཐོང་། །མདོ་ལུགས་ཡིན་ཞེས་ལ་ལ་སྨྲ། །ཞེས་པ། འཕགས་པ་ཀླུ་སྒྲུབ་ཀྱིས་མཛད་ཟེར་བའི་ལྟུང་བཤགས་ཀྱི་སངས་རྒྱས་སུམ་ཅུ་རྩ་ལྔའི་མངོན་རྟོགས་ལ་རབ་ཏུ་བྱུང་བའི་ཆ་ལུགས་ཕྱག་ཏུ་རལ་གྲི་དང་གོ་ཆ་འཛིན་པ་བྱས་པ་དང་། བཅོམ་ལྡན་འདས་ཐུབ་པ་རབ་ཏུ་བྱུང་བའི་ཆ་ལུགས་ལ་མི་མགོའི་ཕྲེང་བ་དང་། སྟག་གི་སྤྱགས་པས་དཀྲིས་པ་དང་། ཡུམ་དང་འཁྲིལ་སྦྱོར་བྱེད་པའང་མི་འཐད་དེ། གདུལ་བྱའི་བློ་ངོར་གང་ལ་གང་འདུལ་གྱི་བཀོད་པ་སྟོན་པ་ཡིན་ནའང་། ཁྱིམ་པའི་གཟུགས་ཀྱིས་འདུལ་ན་དེ་ལ་རྒྱན་དང་མཚོན་ཆ་འཛིན་པ་འཇིག་རྟེན་པའི་ལུགས་དང་མཐུན་པས་དབུ་སྐྲ་དཔྱང་ལོ་དང་། རིན་པོ་ཆེའི་རྒྱན་དང་ན་བཟའ་ཁ་དོག་སྣ་ཚོགས་དང་། ཕྱག་མཚན་རལ་གྲི་དང་མདུང་ཐུང་ལ་སོགས་མཚོན་ཆ་འཛིན་པའི་བཀོད་པ་སྟོན་པ་ཡིན་ལ༑ རབ་བྱུང་དེ་འདྲའི་ཆ་ལུགས་འཆང་བ་དང་། བུད་མེད་དང་སྦྱོར་བ་ནི་འཇིག་རྟེན་པ་རྣམས་ཀྱིས་སྨོད་ཅིང་མི་དད་པའི་རྒྱུ་ཡིན་པའི་ཕྱིར་རོ། །བཀའ་གདམས་འགའ་ཞིག་ཇོ་བོ་རྗེས་སངས་རྒྱས་མང་པོའི་ཞལ་གཟིགས་པས་ཐམས་ཅད་གསེར་བཅོ་མའི་ཁ་དོག་ཅན་དུ་འདུག་གསུང་བ་དེ་རྒྱུ་མཚན་དུ་བྱས་ནས་རིགས་ལྔ་སེར་འབྲུམ་གྱི་རས་བྲིས་མདོ་ལུགས་ཡིན་ཞེས་འདོད་དོ། །

གཉིས་པ་ནི། མདོ་ནས་འདི་འདྲི་གསུངས་པ་མེད། །བྱ་སྤྱོད་གཉིས་ཀྱི་རྒྱུད་ལས་ནི། །སངས་རྒྱས་རིགས་ལྔར་བསྡུས་པ་མེད། །རྣལ་འབྱོར་རྒྱུད་ལས་གསུངས་པ་ཡི། །རིགས་ལྔ་ཁ་དོག་ཐ་དད་ཅིང་། །ཕྱག་རྒྱ་ཡང་ནི་ཐ་དད་གསུངས། །ཞེས་པ། སངས་རྒྱས་རིགས་ལྔ་རྣལ་འབྱོར་གྱི་རྒྱུད་ལྟར་མཛད་པའི་སྐུ་མདོག་སེར་འབྲུམས་འདི་འདྲ་ཕ་རོལ་ཏུ་ཕྱིན་པའི་མདོ་སྡེ་ནས་གསུངས་པ་མེད་ཅིང་། གསེར་འོད་དམ་པར། སངས་རྒྱས་ཐམས་ཅད་ཁ་དོག་མཚུངས། །འདི་ནི་སངས་རྒྱས་ཆོས་ཉིད་ཡིན། །ཞེས་གསུངས་པ་ནི། མདོ་སྡེ་རྒྱན་དུ། ས་བཅུ་པ་མན་ཆད་ཀྱི་རྒྱལ་སྲས་རྣམས་ཐུགས་རྒྱུད་ཐ་དད་ཅིང་སྤངས་རྟོགས་ཡོན་ཏན་གྱི་ཁྱད་པར་ཀྱང་ཐ་དད་པར་གསུངས་ནས་སངས་རྒྱས་ཀྱི་སར་ཁ་དོག་གཅིག་ཏུ་འདྲེས་ཤིང་། སྐུ་གསུམ་འཕྲིན་ལས་དང་བཅས་པའི་ཡོན་ཏན་ཐམས་ཅད་ཀྱང་གཅིག་ཏུ་འདྲེས་པས་གདུལ་བྱ་གཅིག་ཏུ་འདུལ་བའི་མཛད་པ་དེ་སངས་རྒྱས་ཐམས་ཅད་ཀྱི་འཕྲིན་ལས་ཡིན་ཏེ། དེ་བཞིན་ཟག་མེད་དབྱིངས་འདི་ནི། །སངས་རྒྱས་དཔག་ཏུ་མེད་འདྲེས་ཤིང་། །མཛད་པ་གཅིག་ནི་མཛད་པ་ལའང་། །ཐམས་ཅད་མཛད་པ་སྣང་བར་འདོད། །ཅེས་ཆུ་ཀླུང་རྣམས་རྒྱ་མཚོ་ཆེན་པོར་མ་སླེབས་ཀྱི་བར་ཐ་དད་ཅིང་རྒྱ་མཚོར་ཕྱིན་ནས་བ་ཚ་ཅན་གྱི་ཆུར་རོ་གཅིག་ཏུ་འདྲེས་པའི་དཔེས་མཚོན་ཏེ་གསུངས་པའི་དོན་དེ་ཡིན་ནོ། །རྒྱུད་སྡེ་བཞིའི་བྱ་བ་དང་སྤྱོད་པའི་རྒྱུད་ལས། སངས་རྒྱས་རྣམས་རིགས་ལྔར་བསྡུས་པའི་གསལ་ཁ་བཏོད་པ་མེད་ཅིང་། འགྲེལ་པ་རྣམས་སུ་སྐུའི་རིགས་ཀྱི་བདག་པོ་རྣམ་པར་སྣང་མཛད་

དང་། གཙོ་བོ་འཇམ་དཔལ་དང་། ལྷ་མོ་སངས་རྒྱས་ཅན་དང་། ཁྲོ་བོ་གཤིན་རྗེ་གཤེད་དང་། གསུང་གི་རིགས་བདག་སྣང་བ་མཐའ་ཡས་དང་། གཙོ་བོ་སྤྱན་རས་གཟིགས་དང་། ལྷ་མོ་གོས་དཀར་མོ་དང་། ཁྲོ་བོ་རྟ་མགྲིན་དང་། ཐུགས་ཀྱི་རིགས་བདག་མི་བསྐྱོད་པ་དང་། གཙོ་བོ་ཕྱག་ན་རྡོ་རྗེ་དང་། ལྷ་མོ་མ་མ་ཀི་དང་། ཁྲོ་བོ་བདུད་རྩི་འཁྱིལ་བ་དང་། དེ་རྣམས་ཀྱི་ཕོ་ཉ་དང་བྲན་གྱི་རིགས་རང་རང་གི་ལས་ཚོགས་སྒྲུབ་ཚུལ་དང་། བར་དུ་གཅོད་པའི་བགེགས་ཀྱང་རིགས་གསུམ་དུ་ཕྱེ་ནས་འདུལ་བྱེད་ཀྱི་གཉེན་པོའི་ལྷ་ཡང་དམིགས་གསལ་དང་བཅས་པ་བཤད་ཅིང་། ལོ་ཆེན་རིན་ཆེན་བཟང་པོས་ཀྱང་དེ་བཞིན་དུ་མཛད་དོ། །རྣལ་འབྱོར་རྒྱུད་དུ། གཙོ་བོ་སངས་རྒྱས་རིགས་ལྔར་གསུངས་ཤིང་རིགས་དྲུག་པའི་ཐ་སྙད་མེད་དོ། །རིགས་ལྔ་རེ་རེའང་སྐུ་མདོག་ཕྱག་རྒྱ་དང་ཕྱག་མཚན་ཐ་དད་དུ་གསུངས་ཤིང་།

འདི་ཡི་སྐུ་མདོག་ཕྱག་རྒྱ་ནི། །རྟེན་ཅིང་འབྲེལ་འབྱུང་སྐུ་ཡིན་པས། །ཡེ་ཤེས་ལྔ་ལ་འཐད་པ་ཡིན། །དུས་ཀྱི་འཁོར་ལོ་ལ་སོགས་ལས། །རིགས་ལྔ་ཁ་དོག་གཞན་གསུངས་པ། །འབྱུང་བ་རྣམ་པ་ལྔ་སྦྱོང་བའི། །རྟེན་ཅིང་འབྲེལ་འབྱུང་སྐུ་ཡིན་ནོ། །ཞེས་པ། སྦྱང་གཞི་ཕུང་པོ་ལྔ་དང་། སྦྱང་བྱ་ཉོན་མོངས་ལྔ་དང་། སྦྱངས་འབྲས་རིགས་ལྔ་ཡེ་ཤེས་ལྔ་དང་། དག་བྱ་དག་བྱེད་སྦྱང་གཞི་སྦྱང་འབྲས་རྟེན་འབྲེལ་ཟབ་མོ་མཚོན་བྱེད་ཀྱི་སྐུ་ཡིན་པས་སངས་རྒྱས་རྣམས་དཀར་པོ་བྱང་ཆུབ་མཆོག་གི་ཕྱག་རྒྱ་ཅན་དང་། མི་བསྐྱོད་པ་སྔོན་པོ་ས་གནོན་གྱི་ཕྱག་རྒྱ་དང་རིན་ཆེན་འབྱུང་ལྡན་སེར་པོ་མཆོག་སྦྱིན་གྱི་ཕྱག་རྒྱ་དང་། སྣང་བ་མཐའ་ཡས་དམར་པོ་མཉམ་བཞག་གི་ཕྱག་རྒྱ་ཅན་དང་། དོན་ཡོད་གྲུབ་པ་སྔོ་ལྗང་སྐྱབས་སྦྱིན་གྱི་ཕྱག་རྒྱ་ཅན་དང་། ཕྱག་མཚན་ཀྱང་འཁོར་ལོ་དང་རྡོ་རྗེ་དང་རིན་པོ་ཆེ་དང་པདྨ་དང་སྣ་ཚོགས་རྡོ་རྗེ་གསུངས་པ་ཡིན་ནོ། །དང་པོའི་སངས་རྒྱས་ཀྱི་རྒྱུད་དུ་དོན་ཡོད་གྲུབ་པ་ནག་པོ་དང་། རིན་ཆེན་འབྱུང་ལྡན་དམར་པོ་དང་། འོད་དཔག་མེད་དཀར་པོ་དང་། རྣམ་པར་སྣང་མཛད་སེར་པོ་དང་། མི་བསྐྱོད་པ་ལྗང་ཁུར་གསུངས་པ་ནི། རླུང་དང་མེ་དང་ཆུ་དང་ས་དང་ནམ་མཁའི་ཁམས་རྣམ་པར་དག་པའི་ཡོན་ཏན་དང་། ཡེ་ཤེས་དང་ཡན་ལག་དྲུག་ཉམས་སུ་ལེན་པའི་ཚུལ་ལ་སོགས་པ་ཕྱི་ནང་མཆོག་གསུམ་གྱི་རྟེན་འབྲེལ་ཟབ་མོ་མཚོན་བྱེད་ཡིན་ཏེ། རྒྱུད་དེ་ཉིད་ལས་ཤེས་པར་བྱའོ། །

གསུམ་པ་ནི། སངས་རྒྱས་གསེར་མདོག་ཅེས་གསུངས་པ། །དྲི་མ་མེད་ཅིང་དྭངས་པའམ། །སྤྲུལ་སྐུ་ཕལ་ལ་དགོངས་ཏེ་གསུངས། །གཞན་དུ་སྔོན་པོ་ནམ་མཁའི་མདོག །སྔོན་པོ་ཉིད་དུ་མདོ་ལས་གསུངས། །ཞེས་པ། སངས་རྒྱས་ཀྱི་ཚན་པགས་པ་གསེར་གྱི་མདོག་ཅེས་གསུངས་པ་ནི། གསེར་ཤིན་ཏུ་སྦྱངས་ཤིང་གཡའ་དང་དྲི་མས་དག་པའི་མདོག་ལྟར་དྭངས་ཤིང་དྲི་མ་མེད་པ་ལ་གསུངས་པ་ཡིན་ལ། སངས་རྒྱས་ཤཱཀྱ་ཐུབ་པ་ལ་སོགས་

སྤྲུལ་སྐུ་སེར་པོ་ཡོད་པ་ཡའང་སྦྱར་དུ་རུང་ངོ་། །རྣམ་པ་ཐམས་ཅད་དུ་སྐུ་མདོག་སེར་པོར་འདོད་ན། བཅོམ་ལྡན་འདས་སྣན་བླ་བཻ་ཌཱུརྱ་སྔོན་པོའི་མདོག་ལྟ་བུ་དང་། འོད་དཔག་མེད་སྐུ་མདོག་དམར་པོ་པདྨ་རཱ་གའི་མདོག་ལྟ་བུ་དང་། ཀླུ་དབང་རྒྱལ་པོ་ཞལ་དཀར་ཅིང་སྐུ་ལུས་སྔོན་པོར་གསུངས་པའི་ཕྱིར་དེ་དག་ལ་མ་ཚང་བའི་ཉེས་པར་འགྱུར་རོ། །

ཡི་དམ་ལྷ་ཡི་སྒྲུབ་ཐབས་དང་། །སྔགས་ཀྱི་བཟླས་པའི་ཚིག་དང་། །མཆོག་དང་ཐུན་མོང་དངོས་གྲུབ་ཀྱི། །སྒྲུབ་པའི་ཚིག་ཇི་སྙེད་པ། །མདོ་སྡེ་ཀུན་ལས་གསུངས་པ་མེད། །ཅེས་པ། ལྷ་འཇམ་དབྱངས་དང་། སྒྲོལ་མ་ལ་སོགས་སྐུ་མདོག་ཕྱག་མཚན་རྒྱན་ཆ་ལུགས་ཅན་གྱི་མངོན་རྟོགས་བསྒོམས་ནས་སྙིང་པོའི་སྔགས་བཟློས་པའི་སྒྲུབ་ཐབས་ཞིབ་མོ་དང་། དེ་ལ་བརྟེན་ནས་ཞི་རྒྱས་ལ་སོགས་པའི་ཕྲིན་ལས་བྱེད་པ་དང་། མི་སྣང་བ་དང་ས་འོག་གི་གཏེར་མཐོང་བ་ལ་སོགས་པའི་ཐུན་མོང་གི་དངོས་གྲུབ་དང་། ཕྱག་རྒྱ་ཆེན་པོ་མཆོག་གི་དངོས་གྲུབ་སྒྲུབ་པའི་ཐབས་མཚན་ཉིད་ཀྱི་ཐེག་པའི་སྡེ་སྣོད་ལས་མ་གསུངས་ཤིང་། བསམ་གཏན་གྱི་སེམས་ལ་མཉམ་པར་བཞག་ནས་རྣམ་གནས་ཡིད་ལ་བྱས་པས་རྫུ་འཕྲུལ་དང་མངོན་པར་ཤེས་པ་སྒྲུབ་པའི་ཐབས་རྒྱ་ཆེན་པོ་གསུངས་སོ། །

གསུམ་པ་ནི། དེང་སང་སྔགས་ལ་མི་མོས་པར། །ལྷ་སྒོམ་ལ་སོགས་བྱེད་པ་ཡང་། །སངས་རྒྱས་བསྟན་དང་མཐུན་པ་མིན། །གཞན་ཡང་སྦྱིན་སྲེག་རོ་བསྲེག་དང་། །བདུན་ཚིགས་སཙྪའི་ཆོ་ག་སོགས། །དེང་སང་གསང་སྔགས་ལུགས་བོར་ནས། །མདོ་མཆོད་ཙམ་ལ་རྟེན་པ་ཡི། །ཆོ་གའི་རྣམ་བཞག་བྱེད་པ་ཡོད། །ཅེས་པ། གསང་སྔགས་ལ་མི་མོས་པའི་གང་ཟག་བྲམ་ཟེའི་ཆོས་ལུགས་གཙང་མ་བྱེད་པར་འདོད་པའི་ཉམས་ལེན་ལྷ་སྒོམ་ཞིང་སྔགས་བཟླས་པའི་ལུགས་ཡོད་དེ། སངས་རྒྱས་ཀྱི་བསྟན་པ་མདོ་རྒྱུད་གང་དང་ཡང་མི་མཐུན་ནོ། །རང་ཚིག་འགལ་བའི་མཐུན་དཔེ་ཁོ་བོའི་མ་མོ་བཤམ་མོ་ཞེས་པ་དང་འདྲའོ། །གཞན་ཡང་སྦྱིན་བསྲེག་དང་རོ་བསྲེག་དང་བདུན་ཚིགས་དང་སཙྪ་འདེབས་པའི་ལག་ལེན་རྣམས་རྒྱུད་ནས་བཤད་པའི་ཆོ་ག་བོར་ནས་མདོ་མཆོད་ཀྱི་ཆོ་ག་བྱེད་པ་ཡོད་ནའང་།

ཕ་རོལ་ཕྱིན་པའི་མདོ་སྡེ་དང་། །བསྟན་བཅོས་ཀུན་ལ་གསུངས་པ་མེད། །འདི་ན་ངན་སོང་སྦྱོང་རྒྱུད་ལ། །སོགས་པའི་རྒྱུད་སྡེ་འགའ་ཞིག་ལས། །གསུངས་པའི་རྗེས་སུ་འབྲང་བ་ཡི། །གསང་སྔགས་པ་ལ་གྲགས་པ་ཡིན། །ཞེས་པ། ཕ་རོལ་ཏུ་ཕྱིན་པའི་བཀའ་བསྟན་བཅོས་རྣམས་ནས་དེ་འདྲའི་ཆོ་ག་གསལ་བར་གསུངས་པ་མེད་ཅིང་། རྒྱུད་ནས་བཤད་པའི་ཆོ་ག་ཡིན་ན། མདོ་མཆོད་ཀྱི་དོན་མེད་དོ། །ཇོ་བོ་རྗེས་ཕ་རོལ་ཏུ

ཕྱིན་པའི་སཙྪ་གདབ་པའི་ཆོ་ག་མཛད་པ་ནི། འཇིན་པ་བྱིན་གྱིས་རློབ་པའི་སྔགས་ཉི་ཤུ་རྩ་གཅིག་བརྗོད་ནས་བྱམས་པ་དང་སྙིང་རྗེའི་སེམས་ཀྱིས་བརྟུང་པ་དང་འབི་འབི་བྱས་ཏེ་སྔགས་དེ་ཉིད་བརྗོད་ཅིང་འོག་མིན་ན་བཞུགས་པའི་རྣམ་པར་སྣང་མཛད་ལ་ཕྱག་འཚལ་བར་མོས་ནས་རྟེན་འབྲེལ་སྙིང་པོའི་སྔགས་བཟླས་ཤིང་བཏབ་སྟེ་འབྲུ་འམ་མེ་ཏོག་ལ་རྟེན་འབྲེལ་གྱི་སྔགས་བཟླས་ཏེ་ཕུལ་ནས། བསོད་ནམས་འདི་ཡིས་ཐམས་ཅད་གཟིགས་པ་ཉིད། །ཅེས་སོགས་བསྔོ་བ་བྱེད་པར་གསུངས་སོ། །འདི་ཙམ་ལ་ཉེས་པ་མེད་དེ། བསླབ་བཏུས་སུ། ལྷ་སྒོམ་པ་དང་མ་འབྲེལ་བའི་ཡི་གེ་བརྒྱ་པའི་སྔགས་དང་། མི་གཡོ་བའི་སྙིང་པོ་དང་། འོད་ཟེར་ཅན་གྱི་གཟུངས་སྔགས་བཟློས་པ་ལ་སོགས་གསུངས་པའི་ཕྱིར་རོ། །འདུལ་བ་ལུང་ལས། རྨ་བྱ་ཆེན་མོའི་རིགས་སྔགས་དང་། ཡངས་པ་ཅན་དུ་རིམས་ནད་སེལ་བའི་གཟུངས་སྔགས་གསུངས་སོ། །སྒྲོང་རྒྱུད་ལས། གཤིན་པོ་སྡིག་པ་སྦྱོང་བའི་བདུན་ཚིགས་དང་། སྦྱིན་སྲེག་དང་། བུམ་པའི་ཁྲུས་ཆོག་དང་། རྣལ་འབྱོར་རྒྱུད་དུ། ངན་འགྲོ་བཀག་ནས་སྔགས་དང་ཕྱག་རྒྱས་ངན་འགྲོའི་གནས་ལས་འདྲེན་པ་དང་། ནག་པོ་པའི་རོ་བསྲེག་གི་ཆོ་ག་ལ་སོགས་པ་གསང་སྔགས་ཀྱི་ལུགས་ཡིན་ནོ། །

བཞི་པ་ལ་གཉིས་ལས། དང་པོ་འདོད་ལུགས་བརྗོད་པ་ནི། །དེ་བཞིན་རབ་གནས་མདོ་ལུགས་དང་། །ཕྱག་ན་རྡོ་རྗེ་མདོ་ལུགས་དང་། །ལྷུང་བཤགས་དང་ནི་ཤེར་སྙིང་སོགས། །སྔགས་ལུགས་ཡིན་ཞེས་འཆད་པ་ཐོས། །ཞེས་པ༑ བཀའ་གདམས་པ་རྣམས་མདོ་ལུགས་ཀྱི་རབ་གནས་བྱེད་པ་དང་། སྒོམ་ཆེན་པའི་ཏིང་ངེ་འཛིན་གྱི་རབ་གནས་བྱེད་པ་དང་། ཕྱག་ན་རྡོ་རྗེ་འཕགས་པ་ཀླུ་སྒྲུབ་ནས་བརྒྱུད་པའི་གོས་སྔོན་ཅན་དུ་གྲགས་པ་དང་། བྱང་ཆུབ་ལྟུང་བཤགས་དང་། ཤེས་རབ་སྙིང་པོ་གསང་སྔགས་ལུགས་སུ་འཆད་པ་ནི། འཕགས་པ་ཀླུ་སྒྲུབ་ཀྱིས་མཛད་པའི་མངོན་རྟོགས་ལ་བརྟེན་ནས་འདོད་པར་སྣང་བས། དེ་ཀླུ་སྒྲུབ་ཀྱི་གསུང་ཨེ་ཡིན་བརྟག་དགོས་པར་སྣང་ངོ་། །གཉིས་པ་འདྲེས་པ་སོ་སོར་དབྱེ་བ་ལ་གསུམ། ཕྱེ་བསལ་རྒྱས་པར་བཤད་པ། འགག་བསྡུས་ཏེ་བསྟན་པ་དང་འགལ་བ་དགག །ཕྱེ་བསལ་ལས་འཕྲོས་པའི་གསལ་བྱེད་དོ། །དང་པོ་ལ་བཞི། རབ་གནས་ཀྱི་ཕྱེ་བསལ། ལྷ་སྒོམ་པའི་ཕྱེ་བསལ། ཤེས་ནས་བླང་དོར་བྱེད་ཚུལ། གསང་སྔགས་རང་ལུགས་ཀྱི་ལག་ལེན་ནོ། །

དང་པོ་ནི། འདི་ཡང་བརྟག་པར་བྱ་བས་ཉོན། །མདོ་ནས་རབ་གནས་བཤད་པ་མེད། །འོན་ཀྱང་མཆོད་བརྗོད་བཀྲ་ཤིས་སོགས། །རྒྱལ་པོའི་མངའ་དབུལ་ལྷ་བུ་ལ། །རབ་གནས་ཡིན་ཞེས་སྨྲ་ན་སྨོས། །ཞེས་པ། མདོ་ལས་སྦྱོར་དངོས་རྗེས་གསུམ་ཚང་བའི་རབ་གནས་དམ་ཚིག་པ་ལ་ཡེ་ཤེས་པ་བཅུག་ནས་སྤྱན་དབྱེ་བ་ལ་སོགས་པའི་ཆོ་ག་གསུམ་པ་མེད་ཅིང་། རྒྱལ་བ་སྲས་བཅས་ཀྱིས་བྱིན་གྱིས་རློབས་པའི་དམིགས་པ་དང་། མདོ་ལས

གསུངས་པའི། མི་ཧོག་ཕལ་ཆེར་མི་ཧོག་བླ་རེ་དང་། །ཞེས་སོགས་ཀྱི་མཆོད་འབུལ་དང་། རྣམ་དག་སྐུ་མདའ་མཆོག་ཏུ་གཟུགས་བཟང་བ། །ཞེས་སོགས་ཀྱི་བསྟོད་པ་དང་། ཕུན་སུམ་ཚོགས་པ་མདའ་བ་གསེར་གྱི་རི་བོ་འདྲ། །ཞེས་སོགས་ཀྱི་བཀྲ་ཤིས་ཀྱི་ཚིགས་སུ་བཅད་པ་བརྗོད་ནས་ཕུན་སུམ་ཚོགས་པའི་རྟེན་འབྲེལ་སྒྲིག་པ། རྒྱལ་པོ་རྒྱལ་སར་བཀོད་པ་ལ་མདའ་དབུལ་བྱེད་པ་ལྟ་བུ་ལ། རབ་གནས་ཡིན་ནོ་ཞེས་སྨྲས་ན་འགལ་བ་མེད་དོ༔ ༔

ལྷ་སྒོམ་པ་དང་སྟགས་བཟླས་དང་། །བུམ་པ་ལྷ་ཡི་སྟ་གོན་དང་། །དངོས་གཞིའི་དམ་ཚིག་སེམས་དཔའ་དང་། །ཡེ་ཤེས་འཁོར་ལོ་དགུག་གཞུག་དང་། །སྤྱན་དབྱེ་བརྟན་པར་བཞུགས་པ་དང་། །ཞེས་པ། རྒྱུད་ནས་གསུངས་པའི་རབ་གནས་ལ་ཐོག་མར་བདག་ཉིད་ལྷར་བསྒོམས་ནས་སྔགས་བཟླས་པ་དང་། རབ་ཏུ་གནས་བྱའི་རྟེན་ལ་དབང་བསྐུར་བའི་ཕྱིར་དུ་བུམ་པ་དང་ལྷའི་སྟ་གོན་དང་། རབ་ཏུ་གནས་བྱའི་རྟེན་ལ་བགེགས་སྲུང་བ་དང་། དྲི་མ་བཀྲུ་བ་ལ་སོགས་པའི་སྟ་གོན་དང་། ལྷ་ལ་སྟན་གསན་དབབ་པ་ལ་སོགས་པ་སྦྱོར་བའི་ཆོ་ག་དང་། དངོས་གཞི་སློབ་དཔོན་ལྷར་བསྒོམས་ནས་སྔགས་བཟླས་པ་དང་། མདུན་གྱི་དཀྱིལ་འཁོར་སྒྲུབ་ཅིང་མཆོད་པ་དང་། རྟེན་དམ་ཚིག་པར་བསྐྱེད་ནས་ཡེ་ཤེས་པ་བཅུག་སྟེ་སྐུ་གསུང་ཐུགས་རྒྱས་གདབ་པ་དང་། རྒྱུད་གང་ལ་བརྟེན་པའི་དཀྱིལ་འཁོར་གྱི་ཆོ་གའི་ཚུལ་བཞིན་དུ། དཀྱིལ་འཁོར་དུ་དབང་དངོས་གཞི་བསྐུར་བ་དང་སྤྱན་དབྱེ་བ་དང་བརྟན་པར་བཞུགས་པའི་གསོལ་བ་གདབ་པ་དང་། སྤྱི་དང་ཁྱད་པར་གྱི་མདའ་དབུལ་བ་དང་།

སྟགས་ཀྱིས་བྱིན་གྱིས་བརླབས་པ་ཡི། །མི་ཧོག་དོར་ནས་ལེགས་མཆོད་དེ། །བཀྲ་ཤིས་རྒྱས་པར་བྱེད་པ་ཡི། །ཚོ་ག་གསང་སྔགས་རྒྱུད་སྡེ་ལས། །གསུངས་ཀྱིས་ཕ་རོལ་ཕྱིན་ལ་མིན། །ལ་ལ་གདམས་ངག་ཡིན་ཞེས་སྨྲ། །འོ་ན་མདོ་སྡེ་གང་དག་ལ། །བརྟེན་པ་ཡིན་པ་སྨྲ་དགོས་སོ། །ཞེས་པ། སྔགས་ཀྱིས་བྱིན་གྱིས་བརླབས་པའི་མི་ཧོག་དོར་ན་རྒྱལ་བ་སྲས་བཅས་ཐམས་ཅད་ཀྱི་སྐུ་གསུང་ཐུགས་ཡོན་ཏན་ཕྲིན་ལས་ཐམས་ཅད་ཀྱི་བདག་ཉིད་དུ་ལེགས་པར་བསྒྲུབས་ཏེ། བཀྲ་ཤིས་པའི་རྟེན་འབྲེལ་རྒྱས་པར་བྱེད་པའི་རབ་གནས་ཀྱི་ཚོ་ག་གསང་སྔགས་ཀྱི་རྒྱུད་སྡེ་དང་། མཁས་པའི་བསྟན་བཅོས་ལས་གསུངས་ཤིང་། དེ་དག་གི་དོན་དང་གོ་རིམ་ཉམས་སུ་བླང་བའི་རྣམ་གཞག་ལོ་ཆེན་རིན་ཆེན་བཟང་པོའི་སྡོམ་གྱི་ཚིགས་སུ་བཅད་པ་ལྟར་བྱེད་པ་ནི་སངས་རྒྱས་ཀྱི་བསྟན་པའི་བྱ་བ་ཁྱད་པར་ཅན་ཡིན་ནོ། །སྟན་གསན་འབེབས་པ་རྟེན་གྱི་ལྷ་དང་དཀྱིལ་འཁོར་གྱི་ལྷ་གང་ལ་བྱེད་དང་། དབང་བསྐུར་བའི་ཚེ་རྟེན་གྱི་དཀྱིལ་འཁོར་དུ་འཇུག་པ་དང་། དེ་ལ་དབང་བསྐུར་ཚུལ

ལ་སོགས་ལེགས་པར་ཤེས་ནས་བྱེད་པ་ནི་ཤིན་ཏུ་ཉུང་ལ། ཕལ་ཆེར་རྟེན་གྱི་རབ་གནས་དང་བསྐྱབས་པའི་དཀྱིལ་འཁོར་ལ་འབྲེལ་པ་མེད་པའི་ཆོ་ག་བྱེད་པ་ནི་ཤིན་ཏུ་མང་ངོ་། །སློབ་དཔོན་ལ་ལ་མཁས་པའི་གསུང་དང་ཕྱག་ལེན་བཞིན་དུ་མི་བྱེད་པར་རང་རང་གི་རྣམ་རྟོག་གིས་སྦྱར་བའི་སྦྱོར་བ་ཤིན་ཏུ་མང་པོ་བྱེད་ཅིང་རབ་གནས་གདམས་ངག་མ་བྱ་བ་ཡིན་ཟེར་ཏེ། སངས་རྒྱས་ཀྱི་གསུང་དང་གྲུབ་ཐོབ་ཀྱི་གདམས་ངག་ལ་བརྟེན་ནས་ཡིན་ན་ཡིད་ཆེས་པའི་ཁུངས་སྨྲ་དགོས་སོ། །

གཉིས་པ་ནི། དེང་སང་གསང་བ་འདུས་པའི་ལྷ། །བསྒོམས་ན་མདོ་ལུགས་ཡིན་ཞེས་ཟེར། །གསང་འདུས་ལ་སོགས་ཆོ་ག་ལ། །མདོ་ལུགས་ཆོ་ག་འབྱུང་བ་མཚར། །སེང་གེའི་ཕྲུ་གུ་གླང་ཆེན་ལས། །བྱུང་ན་སྟོན་མེད་སྤྲོག་ཆགས་ཡིན། །ཞེས་པ། གསང་འདུས་འཇམ་དཔལ་རྡོ་རྗེ་སངས་རྒྱས་ཡེ་ཤེས་ཀྱི་ལུགས་སུ་གྲགས་པ་དེའི་མངོན་རྟོགས་སྒོམ་ཞིང་། ཆོ་ག་ཡན་ལག་བཞི་ཚང་བ་བསྒྲུབ་མ་ཤེས་པས་མདོ་ལུགས་ཡིན་ཞེས་ཟེར་ཏེ། གསང་སྔགས་བླ་མེད་ཀྱི་ལྷ་སྒོམ་པའི་ཆོ་ག་མདོ་ལུགས་འབྱུང་བ་ནི་བ་ལང་མོའི་མངལ་ནས་སེང་གེའི་ཕྲུ་གུ་སྐྱེ་བ་ནི་སྟོན་མེད་པའི་སྤྲོག་ཆགས་ཡིན་པས་ངོ་མཚར་ཆེའོ། །

གསུམ་པ་ནི། མཁས་པ་རྣམས་ཀྱི་འདི་འདྲ་ཡི། །ཆོ་ག་ལྷག་ཆད་མ་བྱེད་ཅིག །ལྷ་ལ་རབ་ཏུ་གནས་པ་དང་། །མི་ལ་དབང་བསྐུར་བྱ་བ་སོགས། །རྡོ་རྗེ་སློབ་མའི་དབང་བསྐུར་བ། །ཐོས་ཀྱང་བྱ་བར་མ་གསུངས་ན། །དབང་བསྐུར་གཏན་ནས་མ་ཐོབ་པའི། །གང་ཟག་རྣམས་ཀྱི་ལྷ་ཅི་སྨོས། །ཞེས་པ། མདོ་རྒྱུད་ཀྱི་ཚིག་དོན་ལ་སྦྱངས་པའི་མཁས་པ་རྣམས་ཀྱིས་ལྟུང་བཤགས་དང་ཤེས་རབ་སྙིང་པོ་སྔགས་ལུགས་དང་། རབ་གནས་དང་ཕྱག་ན་རྡོ་རྗེ། གསང་འདུས་མདོ་ལུགས་ཀྱི་ཆོས་ཅི་ཡང་མི་རུང་བ་འདི་འདྲ་མ་བྱེད་ཅིག །རྟེན་རབ་ཏུ་གནས་པ་དང་སློབ་རུང་གི་གང་ཟག་ལ་དབང་བསྐུར་བ་དང་། ཕྱིར་ཟློག་དང་འབྲུལ་འཁོར་གྱི་སྦྱོར་བ་ལ་སོགས་རྡོ་རྗེ་སློབ་དཔོན་གྱི་བྱ་བ་རྣམས་སློབ་མའི་དབང་བསྐུར་ཐོབ་པ་ཙམ་གྱིས་ཀྱང་བྱར་མི་རུང་ན། དབང་བསྐུར་བ་གཏན་ནས་མ་ཐོབ་པའི་གང་ཟག་གི་བྱར་མི་རུང་བ་ལྟ་ཅི་སྨོས། སློབ་མའི་དབང་ཙམ་ཐོབ་ལ་མ་ཉམས་པས་རྒྱུད་ཉན་པ་དང་ལྷ་བསྒོམ་བཟླས་བྱེད་པ་ཙམ་རུང་གིས་གཞན་ལ་སྟོན་པ་དང་གོང་མའི་ལམ་སྒྲུབ་པར་མི་དབང་ངོ་། །སློབ་དཔོན་གྱི་དབང་ཐོབ་པ་དེས་གཞན་ལ་སྟོན་པ་དང་བསྐྱེད་རིམ་དང་འབྲེལ་བའི་སློབ་དཔོན་གྱི་བྱ་བ་རྣམས་བྱེད་པར་རུང་མོད་ཀྱིས། འོན་ཀྱང་བསླེན་པར་མ་རྫོགས་པར་བྱེད་པ་བཀག་པ་ཡིན་ནོ། །དབང་གོང་མ་མ་ཐོབ་པར་རྡོ་རྗེ་སློབ་དཔོན་ཡིན་ཀྱང་སྟོན་པ་ཉམས་སུ་ལེན་པར་མི་དབང་ངོ་། །དེས་ན་དབང་གོང་མ་རྣམས་བསྐུར་ཅིང་དེའི་མན་ངག་སྒོམ་དུ་འཇུག་པ་གྲུབ་ཐོབ་རྣམས་ཀྱིས་བསྟན་བཅོས་ལས་འབྱུང་བ་ཡིན་ནོ། །

བཞི་པ་ལ་གཉིས་ལས། སློབ་མའི་བྱ་བ་ནི། རྡོ་རྗེ་སློབ་མའི་དབང་བསྐུར་ཙམ། །ཐོབ་ན་ལྷ་སྒོམ་ཙམ་དང་ནི། །བཟླས་བརྗོད་དང་ནི་སྦྱིན་བསྲེག་དང་། །ལས་ཚོགས་ལ་སོགས་སྒྲུབ་པ་ཡི། །དངོས་གྲུབ་དང་ནི་ཕྱག་རྒྱ་ཡི། །ཡེ་ཤེས་སྒྲུབ་པའི་ཆོ་ག་དང་། །གསང་སྔགས་འགའ་ཞིག་ཉན་པ་ལ། །དབང་བ་ཡིན་གྱིས་རྒྱུད་འཆད་དང་། །དབང་བསྐུར་དང་ནི་རབ་གནས་སོགས། །སློབ་དཔོན་ཕྲིན་ལས་བྱར་མི་རུང་། །ཞེས་པ། གོང་དུ་སྨོས་པ་ལྟར་སློབ་མའི་དབང་རྡོ་རྗེའི་བརྟུལ་ཞུགས་དང་བཅས་པ་ཙམ་ཐོབ་ནས་རང་གི་སྒྲུབ་ཐབས་དང་མཐུན་པའི་ལྷ་སྒོམ་ཞིང་སྔགས་བཟླས་པ་དང་། བསྙེན་པ་ཁ་སྐོང་གི་སྦྱིན་བསྲེག་དང་། ནད་ཞི་བ་ལ་སོགས་ཕྲིན་ལས་སྒྲུབ་པ་དང་། བསྐྱེད་རིམ་ཙམ་ལ་བརྟེན་པའི་ཕྱག་རྒྱའི་ཡེ་ཤེས་སྒྲུབ་པ་དང་། རྒྱུད་སྡེ་འོག་མ་རྣམས་ཉན་པའི་སྣོད་དུ་རུང་ཞིང་། དབང་བསྐུར་རབ་གནས་ལ་སོགས་སློབ་དཔོན་གྱི་ལས་ལ་མི་དབང་ངོ་། །

གཉིས་པ་སློབ་དཔོན་གྱི་བྱ་བ་ནི། རྡོ་རྗེ་སློབ་དཔོན་དབང་ཐོབ་ནས། །དཀྱིལ་འཁོར་ལྷ་ཡི་དེ་ཉིད་སོགས། །རྣམ་དག་དཀྱིལ་འཁོར་བསྒོམ་པ་དང་། །དབང་བསྐུར་དང་ནི་རབ་གནས་སོགས། །སློབ་དཔོན་གྱི་ནི་ཕྲིན་ལས་དང་། །སངས་རྒྱས་ཀུན་གྱི་དམ་ཚིག་དང་། །བླ་ན་མེད་པའི་སྡོམ་པ་སོགས། །རྡོ་རྗེ་སློབ་དཔོན་ཁོ་ནའི་ལས། །ཉིད་ཡིན་གཞན་གྱི་བྱར་མི་རུང་། །ཞེས་པ། རྡོ་རྗེ་སློབ་དཔོན་གྱི་དབང་དེ་ཁོ་ན་ཉིད་གསུམ་ལེགས་པར་ངོ་འཕྲོད་ནས་སངས་རྒྱས་ཀྱི་སྐུ་གསུང་ཐུགས་རྡོ་རྗེར་བྱིན་གྱིས་བརླབས་ཏེ་རྒྱུད་འཆད་པ་དང་། གཞན་དོན་བྱེད་པ་ལ་སོགས་པའི་རྗེས་སུ་གནང་བ་ཐོབ་ནས་དཀྱིལ་འཁོར་དང་ལྷའི་དེ་ཁོ་ན་ཉིད་དང་སྔགས་དང་ཕྱག་རྒྱ་དང་། བདག་དང་གནས་ལ་སོགས་པ་སྲུང་བ་དང་སྦྱིན་བྲང་བ་དང་། བཟླས་བརྗོད་དང་། སྒོམ་པ་དང་། ཕྱི་ནང་གི་སྦྱིན་བསྲེག་དང་། ལྷ་ཉེ་བར་བསྡུ་བ་དང་། གཤེགས་སུ་གསོལ་བའི་ཆོ་ག་བཅུ། དེ་ཉིད་སྣང་བ་ལས་བཤད་པའི་ཕྱག་རྒྱ་ནི་ལྷ་རྣམས་ལ་ཕྱག་རྒྱ་བཞིས་རྒྱས་གདབ་པའོ། །སྒོམ་པ་ནི་ཏིང་ངེ་འཛིན་གསུམ་མོ། །ཉེ་བར་བསྡུ་བ་ནི་སྒྲོལ་བའི་ཕྱག་རྒྱའོ། །དེ་རྣམས་ཀྱང་དོན་གྱི་དངོས་གྲུབ་ལ་སོགས་འབྲས་བུ་དང་། དེ་ཐོབ་པའི་ཐབས་རྒྱུ་དང་། ངོ་བོ་ཉིད་མེད་པའི་དོན་སྒོམ་པ་དོན་དམ་པའི་དེ་ཁོ་ན་ཉིད་དུ་འདུས་ཤིང་། དཀྱིལ་འཁོར་དང་ནི་ཏིང་འཛིན་མཆོག །ཕྱག་རྒྱས་སྟང་སྟབས་གདན་དང་ནི། །བཟླས་བརྗོད་སྦྱིན་བསྲེག་མཆོད་པ་དང་། །ལས་ལ་སྦྱར་དང་སླར་བསྡུ་བའོ། །ཞེས་པ་རྡོ་རྗེ་སློབ་དཔོན་གྱི་དེ་ཉིད་བཅུ་དང་ལྡན་པ་དེས། །རྡོ་རྗེ་ལུས་དང་ལྷ་དང་དཀྱིལ་འཁོར་གྱི་རྣམ་དག་ཤེས་ནས་ཉམས་སུ་ལེན་པ་དང་། རྟེན་དང་རྟེན་པའི་དཀྱིལ་འཁོར་སྒོམ་པ་དང་། དབང་བསྐུར་རབ་གནས་ལ་སོགས་སློབ་དཔོན་གྱི་བྱ་བ་དང་། སངས་རྒྱས་ཀྱིས་བཅས་པའི་གནས་ཐམས་ཅད་ཀྱིས་འདའ་བར་བྱ་བ་མ་ཡིན་པའི་དམ་ཚིག་བསྲུང་བ་དང་། རྩ་བ་ཡན་ལག་གི་ལྟུང་བ་མི་འབྱུང་བར་སྡོམ་པ

ལ་སོགས་གཞན་ལ་ཕྱིན་ཅི་མ་ལོག་པར་སྟོན་ཅིང་རང་ཉིད་ཉམས་སུ་ལེན་པ་ནི་རྡོ་རྗེ་སློབ་དཔོན་གྱི་བྱ་བར་གསུངས་ཤིང་། དེའང་རང་གི་བླ་མ་བཞུགས་པའི་ཡུལ་དུ་བླ་མས་གནང་ན་བྱ་ཞིང་། མ་གནང་ན་བྱར་མི་རུང་ལ༑ ཚིག་ལ་བརྟེན་པའི་ལོངས་སྤྱོད་གང་བྱུང་བླ་མ་ལ་དབུལ་བར་གསུངས་སོ། །

གཉིས་པ་ནི། དེས་ན་རབ་གནས་མདོ་ལུགས་ཞེས། །འཆད་པ་སངས་རྒྱས་བསྟན་པ་མིན། །ཁྱིམ་པས་མཁན་སློབ་བྱེད་པ་དང་། །རྡོ་རྗེ་སློབ་དཔོན་མ་ཡིན་པ། །དབང་བསྐུལ་རབ་གནས་བྱེད་པ་ནི། །གཉིས་ཀ་བསྟན་པ་མིན་པར་གསུངས། །ཞེས་པ། རབ་ཏུ་གནས་བྱའི་རྟེན་ལ་རྒྱལ་བ་སྲས་བཅས་ཀྱི་བྱིན་རླབས་འཇུག་པའི་དམིགས་པ་ཙམ་དང་། མཆོད་བསྟོད་དང་། བཀྲ་ཤིས་བརྗོད་ནས་བརྟན་པར་བཞུགས་པའི་གསོལ་བ་གདབ་པ་ལ། མདོ་ལུགས་ཀྱི་མིང་འདོགས་ནས་འགལ་བ་མེད་ཀྱང་། གསང་སྔགས་ཀྱི་ལུགས་མི་བྱེད་པར་ཁྱད་དུ་བསད་ནས་རབ་གནས་ཁྱད་འཕགས་སུ་རློམ་པ་ནི། དོན་གྱི་རབ་གནས་མ་ཡིན་ཏེ། ཀུན་རྫོབ་ཏུ་རབ་གནས་ཀྱི་རྟེན་དམ་ཚིག་པ་ལ་ཡེ་ཤེས་པ་སྤྱན་དྲངས་ནས་བརྟན་པར་བཞུགས་ཏེ་དབང་བསྐུར་ནས་སྤྱན་དབྱེ་བའི་ཆོ་ག་མེད་པས་རབ་གནས་མ་ཡིན་ཅིང་། དོན་དམ་པར་སྤྲོས་པ་དང་བྲལ་བའི་ཕྱིར་མདོ་ལུགས་ཀྱི་ཐ་སྙད་མི་འཇུག་གོ །དཔེར་ན་ཁྱིམ་པས་མཁན་སློབ་བྱེད་པ་དང་། རྡོ་རྗེ་སློབ་དཔོན་གྱིས་མཚན་ཉིད་དང་མི་ལྡན་པས་དབང་བསྐུར་རབ་གནས་བྱེད་པ་གཉིས་ཀ་ཡང་དཔེ་དོན་མཚུངས་ཏེ། ཆོས་དང་མི་མཐུན་པ་བྱེད་པའི་སངས་རྒྱས་ཀྱི་བསྟན་པའི་བྱ་བ་མ་ཡིན་ནོ། །གསུམ་པ་ལ་གསུམ། མདོ་སྔགས་འདྲེས་པའི་གསལ་བྱེད། རས་བྲིས་ནོར་བའི་གསལ་བྱེད། མདོ་དང་རྒྱུད་ཀྱི་ཤན་འབྱེད་དོ། །

དང་པོ་ནི། ཕྱག་ན་རྡོ་རྗེའི་སྒོམ་བཟླས་ཀྱང་། །མདོ་སྡེ་རྣམས་ནས་བཤད་པ་མེད། །གཟུངས་ནས་བཤད་པ་དེ་དག་ནི། །བྱ་བའི་རྒྱུད་ཀྱི་ཚིག་ཡིན། །ཞེས་པ། དེང་སང་མདོ་ལུགས་སུ་གྲགས་པའི་ཕྱག་ན་རྡོ་རྗེ་གོས་སྔོན་ཅན་གྱི་བསྒོམ་བཟླས་དང་། གཟུངས་རིང་དེ་ནས་བྱ་བའི་རྒྱུད་དུ་གཏོགས་ཤིང་། ལྷ་བསྐྱེད་ཚུལ་དེ་འཕགས་པ་ཀླུ་སྒྲུབ་ཀྱི་བརྒྱུད་པ་མ་ནོར་བར་ཡིན་པར་འདོད་པས། བོད་ཀྱིས་བྱས་པའི་རང་བཟོ་ཨེ་ཡོད་བརྟག་པར་བྱའོ། །གཉིས་པ་ནི། ལྷུང་བཤགས་སངས་རྒྱས་ཕྱག་མཚན་ལ། །ཕྱུབ་དང་རལ་གྲི་སོགས་འཛིན་པའི། །སྒྲུབ་ཐབས་སངས་རྒྱས་ཀྱིས་མ་གསུངས། །ཞེས་པ་ལྟུང་བཤགས་ཀྱི་སངས་རྒྱས་ཕྱུབ་དང་རལ་གྲི་འཛིན་པ་ལ་སོགས་མདོ་རྒྱུད་ནས་མ་གསུངས་ཤིང་། གལ་ཏེ་ལུང་རྣམ་དག་ཡོད་ན་རབ་བྱུང་གི་ཆ་ལུགས་མི་འབྱུང་བར་རིགས་སོ། །གཞན་ཡང་གཙུག་དགུའི་གཙོ་བོ་རབ་བྱུང་གི་ཆ་ལུགས་དང་། ཀུན་རིགས་ཀྱི་ནུབ་ཀྱི་ཤཱཀྱ་རིགས་དབང་བན་ཧྲེའི་གཟུགས་སུ་འདྲི་བ་མཐོང་སྟེ་ནོར་བ་ཡིན་ནོ། །

གསུམ་པ་ནི། མདོ་དང་རྒྱུད་ཀྱི་ཁྱད་པར་ནི། །ཚིག་འདི་བྱ་བ་ཡོད་མེད་ཡིན། །དེ་ལྟར་ཤེས་ན་མདོ་སྡེ་དང་། །སྔགས་ཀྱི་ལུགས་རྣམས་དབྱེད་དེ་སློས། །ཞེས་པ། སྤྱིར་རྒྱུད་ལ་ཡང་མདོའི་མཚན་བཏགས་པ་མང་དུ་ཡོད་དེ། རྣལ་འབྱོར་རྒྱུད་ལ་དེ་ཁོ་ན་ཉིད་འདུས་པ་ཞེས་བྱ་བ་ཐེག་པ་ཆེན་པོའི་མདོ་ཞེས་པ་དང་། སྟོབས་པོ་ཆེ་ཞེས་བྱ་བ་ཐེག་པ་ཆེན་པོའི་མདོ་ཞེས་པ་ལ་སོགས་མང་དུ་གསུངས་པ་ནི་མདོར་བསྡུས་པ་ཞེས་བྱ་བའི་དོན་ཡིན་ལ། ཐེག་པ་ཆེན་པོ་རྒྱུད་བླ་མ་ཞེས་པ་ལྟ་བུ་ཕ་རོལ་ཏུ་ཕྱིན་པའི་སྡེ་སྣོད་ལ་རྒྱུད་ཀྱི་མཚན་བཏགས་པ་ནི། རྒྱུན་མི་ཆད་པའི་དོན་ཡིན་ཏེ། དེ་ལ་རྒྱུད་ཕྱི་མ་དང་། རྩ་རྒྱུད་དང་བཤད་རྒྱུད་ལ་སོགས་པའི་དོན་སྦྱར་དུ་རུང་ངོ་། །སྔགས་དང་ཕ་རོལ་ཏུ་ཕྱིན་པའི་ཐེག་པ་ལ་རྒྱུད་དང་མདོའི་ངོས་འཛིན་པའི་ཁྱད་པར་ནི། རྒྱུ་ལ་སྦྱོར་བ་རྒྱུ་ཚོས་ཀྱི། །འཁོར་ལོ་ཤིན་ཏུ་བསྐོར་བྱས་ནས། །རྒྱུ་འབྲས་ལྷུན་གྲུབ་ཏུ་སྟོན་པ། །འབྲས་བུའི་ཐེག་པ་ཉེ་ལམ་ཞིག །དུས་ཚིགས་ཕྱི་མར་འབྱུང་བར་འགྱུར། །ཞེས་པ་རྒྱུ་སྟོང་པ་ཉིད་དང་རྒྱུ་འབྲས་བདེ་བ་ཆེན་པོ་གཙོ་བོར་སྟོན་པའི་ཁྱད་པར་རམ། རྒྱུ་འཁོར་བ་དང་འབྲས་བུ་སངས་རྒྱས་ཀྱི་རྣམ་པ་བློ་ཡུལ་དུ་བྱས་ནས་ལམ་དུ་འཁྱེར་བའི་ཚུལ་ལ་ངོས་འཛིན་པ་ཡོད་ཀྱང་། འདིར་ཡི་དམ་གྱི་ལྷ་བསྒོམ་པ་དང་འབྲེལ་བའི་ཚོ་ག་ཐུན་མོང་དང་མཆོག་སྒྲུབ་པའི་བྱ་བ་སྟོན་པ་ནི་རྒྱུད་ཡིན་ལ། སེམས་བསྐྱེད་ལ་བརྟེན་ནས་ཐབས་ཚད་མེད་བཞི་སྒོམ་པ་དང་ཤེས་རབ་བདག་མེད་གཉིས་སྒོམས་པ་ལ་སོགས་རིམ་གྱིས་ས་ལམ་བགྲོད་པའི་ཚུལ་སྟོན་པ་ནི་མདོ་ལུགས་ཡིན་ནོ། །བརྟག་གཉིས་སུ། དང་པོ་གསོ་སྦྱོང་སྦྱིན་པར་བྱ། །དེ་རྗེས་བསླབ་པའི་གནས་བཅུ་གཉིས། །དེ་ལ་བྱེ་བྲག་སྨྲ་བར་བསྟན། །མདོ་སྡེ་པ་ཡང་དེ་བཞིན་ནོ། །དེ་ནས་རྣལ་འབྱོར་སྤྱོད་པ་ཉིད། །དེ་ཡི་རྗེས་སུ་དབུ་མ་བསྟན། །སྔགས་ཀྱི་རིམ་པ་ཀུན་ཤེས་ནས། །དེ་རྗེས་ཀྱིའི་རྡོ་རྗེ་བསྟན། །ཞེས་གསུངས་པ་དང་། འཕགས་པ་ལྷའི་ཞལ་སྔ་ནས། ཐོག་མ་ཉིད་དུ་སངས་རྒྱས་པའི་ཐེག་པའི་བསམ་པ་ལ་སློབ་བོ། །དེ་ལ་ལོབས་པར་གྱུར་ནས་ཐེག་པ་གསང་ལ་དྲན་པ་གཅིག་པའི་ཏིང་ངེ་འཛིན་ལ་སློབ་བོ། །ཞེས་པ་ལ་སོགས་པ་མང་དུ་གསུངས་པས། ཕ་རོལ་ཏུ་ཕྱིན་པའི་ཐེག་པ་ནི་ཐུན་མོང་གི་ཐེག་པ་ཡིན་ལ། གསང་སྔགས་ཀྱི་ལམ་དུ་ཞུགས་ནས་རྗེས་སུ་མཚན་ཉིད་ཀྱི་ཐེག་པ་ལ་འཇུག་པར་མ་གསུངས་པས་རྡོ་རྗེ་ཐེག་པ་ནི་ཐུན་མོང་མ་ཡིན་པའི་ལམ་ཡིན་ནོ། །མདོ་རྒྱུད་ཀྱི་ཁྱད་པར་ལེགས་པར་ཤེས་ནས་རང་ཉམས་སུ་ལེན་པ་དང་། གཞན་ལ་འཆད་འབེལ་བའི་གཏམ་གྱིས་ལེགས་པར་ཕྱེ་སྟེ་སྨྲ་བར་བྱའོ། །

བདུན་པ་ལ་གཉིས་ལས། དང་པོ་མདོར་བསྟན་པ་ནི། ལ་ལ་ཐེགས་པ་རིམ་དགུ་ལ། །ལྟ་བ་ཐ་དད་ཡོད་ཅེས་ཟེར། །ཉན་ཐོས་དང་ནི་ཐེག་ཆེན་ལ། །ལྟ་བའི་རིམ་པ་ཡོད་མོད་ཀྱི། །ཕ་རོལ་ཕྱིན་དང་གསང་

སྔགས་ལ། །ལྟ་བའི་དབྱེ་བ་བཤད་པ་མེད། །ཅེས་པ། སྔགས་རྙིང་མ་བའི་གྲུབ་མཐའ་འཆད་པ་ལ་ལ་ན་རེ། ཉན་ཐོས་རང་རྒྱལ་བྱང་སེམས་གསུམ། །ཕྱི་མཚན་ཉིད་ཀྱི་ཐེག་པ་དང་། །ཀྲི་ཡ་ཨུ་པ་ཡོ་ག་གསུམ། །སྔགས་ཀྱི་ཐེག་པ་འོག་མ་གསུམ། །མ་ཧཱ་ཨ་ནུ་ཨ་ཏི་གསུམ། །ཐེག་པ་གོང་མ་གསུམ་སྟེ། ཐེག་པ་དགུ་ལ་ལྟ་བ་ཐ་དད་པ་དགུ་ཡོད་ཅེས་ཟེར་རོ། །དེ་ལ་ཕྱིའི་ཐེག་པ་གསུམ་གྲགས་ཆེ་བས་འདིར་མ་བཤད་དོ། །སྔགས་ཀྱི་འདོད་ཚུལ་ལ། ལོ་ཙཱ་བ་ཀ་བ་དཔལ་བརྩེགས་ཀྱིས་མཛད་པ་ཡིན་ཟེར་བའི་ལྟ་བའི་རིམ་པ་བཤད་པར། ཀྲི་ཡ་དོན་དམ་ཆོས་ཉིད་ལྟ། །ཀུན་རྫོབ་རང་རིག་ཡོན་ཏན་ལྟ། །རིགས་གསུམ་དཀྱིལ་འཁོར་སྣང་བ་ལ། །སྐྱེ་བོ་འཕྲུལ་པ་མེད་པར་འདོད། །གཉིས་ཀ་རྒྱུད་ཀྱི་འདོད་པ་ནི། །ལྟ་སྤྱོད་གོང་འོག་རྗེས་སུ་མཐུན། །ཡོ་ག་དོན་དམ་རྣམ་དག་པའི། །ཆོས་ཀྱི་དབྱིངས་ཀྱི་ཡེ་ཤེས་སུ། །རྟོགས་པའི་བྱིན་རླབས་ལྷར་སྣང་བ། །དེ་ཕྱིར་སྐྱེ་བོ་ལྷར་མཐོང་འཕྲུལ། །མ་ཧཱ་ཡོ་ག་དོན་དམ་དུ། །རང་རིག་གཉིས་མེད་དེ་བཞིན་ཉིད། །རྟོགས་པའི་ཆོ་འཕྲུལ་དྲུག་སོགས་པའི། །ལྷ་སྣང་བ་ལས་འཁོར་བ་མེད། །ཨ་ནུ་ཡོ་གའི་དོན་དམ་དུ། །བདེ་ཆེན་རྟོགས་པའི་རིགས་བཅལ་བས། །ཀུན་རྫོབ་ལྷ་ཡི་དཀྱིལ་འཁོར་སྣང་། །དེ་ཕྱིར་སྐྱེ་བོས་བརྟགས་པས་འཕྲུལ། །ཨ་ཏི་ཡོ་ག་བདེན་གཉིས་བྲལ། །ཐམས་ཅད་རང་བྱུང་རང་སྣང་གིས། །ཡེ་ཤེས་མཐའ་གསུམ་བྲལ་བ་ལས། །བརྟགས་པ་གཉིས་པོ་གདོད་ནས་མེད། །དེ་ཕྱིར་གསེར་ལས་གསེར་མཐོང་ལྟར། །ཇི་བཞིན་མ་ནོར་བདེན་མཐོང་མིན། །ཞེས་པ་དང་། ཇོ་སྲས་རྡོ་རྗེ་འོད་ཅེས་བྱ་བ་གཙང་ནག་པའི་སློབ་མ་ཞིག་གིས་བྱས་པའི་ཐེག་པ་སྤྱི་སྐད་ལས། ཀྲི་ཡ་ཕྱུ་ཏི་ག་ར་ལས། ཀུན་རྫོབ་རིག་གསུམ་དཀྱིལ་འཁོར་གྱི། །རང་བཞིན་ཉིད་དུ་བརྟག་བྱས་ཏེ། །དོན་དམ་དག་པའི་ཆོས་ཉིད་དོ། །ཞེས་པ་དང་། ཨུ་པ་ནི། ལྟ་བ་ཡོ་གའི་རྗེས་སུ་བལྟ་ཞིང་སྤྱོད་པ་ཀྲི་ཡའི་རྗེས་སུ་སྤྱོད་དོ། །ཞེས་པ་དང་། ཡོ་ག་སཾ་གྲ་ཧ། ཆོས་རྣམས་རང་བཞིན་འོད་གསལ་བས། །ངོ་བོ་ཉིད་ཀྱིས་གདོད་ནས་དག །ཅེས་པ་དང་། ཁམས་གསུམ་མ་ལུས་འདི་དག་ཀུན། །དཀྱིལ་འཁོར་ཆེན་པོའི་ངོ་བོ་ཡིན། །ཞེས་པ་དང་། མ་ཧཱ་ཡོ་གའི་ལྟ་བ་བདེན་པ་གསུམ་ལས། དོན་དམ་པའི་བདེན་པ་ནི་སེམས་ཀྱི་སྐྱེ་མེད་སྤྲོས་བྲལ་ལ་བསྐོར་བདུན་གྱི་སྣང་བ་ངོ་བོ་ཉིད་སྐུར་ལྷུན་གྱིས་གྲུབ་པོ། །ཀུན་རྫོབ་བདེན་པ་ནི་རིག་པ་སྒྱུ་མའི་སྣང་བ་མ་འགག་པ་སྐྱེ་སྒྱུ་མ་རིགས་དྲུག་གོ །དབྱེར་མེད་ཀྱི་བདེན་པ་ནི་སྣང་སྟོང་གི་ངོ་བོ་དབྱེར་མེད་པའོ། །ཞེས་པ་དང་། ཨ་ནུ་ཡོ་གའི་ལྟ་བ་ནི། ཡུལ་ཕ་རོལ་ནས་སྣང་བ་ནི། །ཆོས་ཀྱི་དབྱིངས་ཡུམ་ཀུན་ཏུ་བཟང་མོ། །དེ་རྟོགས་པའི་རང་རིག་ཡེ་ཤེས་ཡབ་ཀུན་ཏུ་བཟང་པོ༑ དེ་གཉིས་འདུ་འབྲལ་མེད་པ་སྲས་རྡོ་རྗེ་སེམས་དཔའ་བྱང་ཆུབ་ཀྱི་སེམས་བདེ་བ་ཆེན་པོའོ། །ཨ་ཏི་ཡོ་གའི་ལྟ་བ་ནི། རང་བྱུང་ཡེ་ཤེས་ཆོས་རྣམས་ཀུན་གྱི་གཞི་མ་ལ། ཕྱོགས་འཛིན་གང་ཡང་མི་སྤོང་བར་ཕྱོགས་མེད

ཀུན་ཤར་བའོ། །ཞེས་སོ། །དེ་ལ་ཀྲི་ཡ་ནི་བྱ་བ། ཨུ་པ་ནི་ཉེ་བ། ཡོ་ག་ནི་རྣལ་འབྱོར་ཏེ། ཀྲི་ཡོག་སྡེ་གསུམ་ཞེས་པ་ལུས་ངག་གི་བྱ་བ་སྣ་ཚོགས་གཙོ་བོར་སྟོན་པ་ཡིན་ནོ། །མ་ཧཱ་ཡོ་ག་ནི་རྣལ་འབྱོར་ཆེན་པོ། ཨ་ནུ་ཡོ་ག་ནི་རྗེས་སུ་རྣལ་འབྱོར། ཨ་ཏི་ཡོ་ག་ནི་ཤིན་ཏུ་རྣལ་འབྱོར་རམ། ཁྱད་པར་འཕགས་པའི་རྣལ་འབྱོར་ཏེ་བསྐྱེད་རིམ་དང་། རྫོགས་རིམ་དང་རྒྱུ་འབྲས་དབྱེར་མེད་ལྷུན་གྲུབ་ཏུ་རྫོགས་པ་ཆེན་པོའོ་ཞེས་ཟེར་རོ། །དང་པོ་བརྒྱད་ནི་རྒྱུའི་ཐེག་པར་འདོད་དོ། །ཉན་ཐོས་དང་ཐེག་ཆེན་ལྟ་བ་གང་ཟག་གི་བདག་མེད་པར་མཐུན་པའི་ཆ་ཡོད་ནའང་། ཐེག་པ་ཆེན་པོ་ལ་ཆོས་ཀྱི་བདག་མེད་རྟོགས་པའི་ལྟ་བ་ཉན་ཐོས་ལས་ལྷག་པའི་རིམ་པ་ཡོད་ཅིང་། ཐེག་པ་ཆེན་པོ་ལ་སེམས་ཙམ་གྱི་ལྟ་བ་དང་། དབུ་མའི་ལུགས་གཉིས་ཡོད་ལ། གསང་སྔགས་ལ་མཻ་ཏྲི་པས་རྣྰ་ཏའི་འགྲེལ་པར། རྣལ་འབྱོར་སྤྱོད་པ་དང་། དབུ་མའི་ལྟ་བ་གཉིས་ཡོད་པར་བཤད་དོ། །འཕགས་པ་ཀླུ་སྒྲུབ་ཀྱིས། སྤྲོས་པའི་མཐའ་བརྒྱད་དང་བྲལ་བར་གཏན་ལ་ཕབ་པའི་ལྟ་བ་འདི་མདོ་རྒྱུད་གཉིས་ཀའི་ལྟ་བའི་མཐར་ཐུག་ངོས་བཟུང་ནས་ལམ་དུ་བྱེད་པ་ལ་ཁྱད་པར་མེད་དོ། །གཉིས་པ་རྒྱས་བཤད་ལ་གཉིས། མ་ནོར་བ་ངོས་བཟུང་བ། ནོར་བའི་ཉེས་པ་བསལ་བའོ། །

དང་པོ་ལ་གཉིས་ལས། མདོ་སྔགས་ལྟ་བ་གཅིག་པར་བསྟན་པ་ནི། ཕ་རོལ་ཕྱིན་པའི་སྤྲོས་བྲལ་ལས། །ལྷག་པའི་ལྟ་བ་ཡོད་ན་ནི། །ལྟ་དེ་སྤྲོས་པ་ཅན་དུ་འགྱུར། །སྤྲོས་བྲལ་ཡིན་ན་ཁྱད་པར་མེད། །དེས་ན་བཤད་པས་གོ་བ་ཡི། །ཐོབ་པའི་ལྟ་བ་གཅིག་ཉིད་ཡིན། །ཞེས་པ། མཚན་ཉིད་ཐེག་པའི་སྤྲོས་བྲལ་གྱི་ལྟ་བ་ལས་ལྷག་པའི་ཨ་ཏི་ཡོ་གའི་ལྟ་བ་ཡོད་ཅིང་། དེ་ལ་ནང་མཚན་གྱི་བྱེ་བྲག་ཨ་ཏི་སྤྱི་ཏི། ཡང་ཏི་ཞེས་བྱ་བ་ཡོད་དོ་ཞེ་ན། ཁྱོད་ཀྱི་ལྟ་བ་དེ་སྤྲོས་པ་དང་བཅས་པར་འགྱུར་ཏེ། སྤྲོས་བྲལ་ལས་གཞན་པའི་ལྟ་བ་ཡིན་པའི་ཕྱིར། རང་བཞིན་གྱིས་སྤྲོས་པ་དང་བྲལ་བའི་དེ་བཞིན་ཉིད་མ་ནོར་བར་རྟོགས་པའི་ཤེས་རབ་ལ་ངོས་འཛིན་ན་དབུ་མའི་ལྟ་བ་དང་ཁྱད་པར་མེད། ཤེར་ཕྱིན་དུ་གཟུགས་ཀྱི་སྟོང་པ་ཉིད་གང་ཡིན་པ་དེས་གཟུགས་སྟོང་པ་ནི་མ་ཡིན་གྱིས། གཟུགས་ནི་གཟུགས་ཀྱི་རང་བཞིན་གྱིས་སྟོང་པའོ། །ཞེས་པ་དང་། དབུ་མ་བདེན་གཉིས་ལས། སྐྱེ་ལ་སོགས་པ་བཀག་པ་ཡང་། །ཡང་དག་པ་དང་མཐུན་པའི་ཕྱིར། །དོན་དམ་པ་ཡིན་པར་ཁོ་བོ་ཅག་འདོད་དོ། །དེ་ཡང་རིགས་པས་དཔྱད་ན་ཀུན་རྫོབ་ཁོ་ནས་ཏེ། དེ་ཅིའི་ཕྱིར་ཞེ་ན། དགག་བྱ་ཡོད་པ་མ་ཡིན་པས། ཡང་དག་ཏུན་བཀག་མེད་གསལ། དགག་བྱ་མེད་ན་བཀག་པ་མི་འཐུང་བའི་ཕྱིར་ཏེ། ཡུལ་མེད་པའི་བཀག་པ་མི་རིགས་པའི་ཕྱིར་རོ། །ཞེས་བཤད་དོ། །ཐོས་པའི་དོན་བསམས་པས་མ་ནོར་བར་གོ་བར་ལྟ་བ་གཅིག་ཡིན་ནོ། །

གཉིས་པ་ཐབས་ཀྱིས་གསང་སྔགས་ལྷག་པར་བསྟན་པ་ནི། འོན་ཀྱང་སྤྲོས་བྲལ་རྟོགས་པ་ཡི། །ཐབས

ལ་གསང་སྔགས་ཁྱད་པར་འཕགས། །ཞེས་པ། མཐའ་བྲལ་གྱི་ལྟ་བ་ཁྱད་པར་མེད་ཀྱང་། དེ་མངོན་དུ་འགྱུར་བའི་ཐབས་ཀུན་རྫོབ་བདེན་པ་ལམ་དུ་འཁྱེར་བའི་ཁྱད་པར་ཟབ་ཅིང་རྒྱ་ཆེ་བའི་སྒོ་ནས་སྔགས་ཀྱི་ཐེག་པ་མཆོག་ཏུ་བཤད་པ་ཡིན་ནོ། །

གཉིས་པ་ལ་གཉིས་ལས། འདོད་ཚུལ་བརྗོད་པ་ནི། ཁ་ཅིག་དབུ་མའི་ལྟ་བ་ནི། །ཀུན་རྫོབ་ཇི་ལྟར་སྣང་བཞིན་ཡིན། །དོན་དམ་མཐའ་བཞི་སྤྲོས་པ་བྲལ། །བྱ་བའི་རྒྱུད་ཀྱི་ཀུན་རྫོབ་ནི། །རིགས་གསུམ་རྒྱལ་བའི་དཀྱིལ་འཁོར་ཡིན། །དོན་དམ་དབུ་མ་དང་མཚུངས་ཟེར། །ཞེས་པ། ཐེག་པ་རིམ་དགུའི་ལྟ་བ་ཐ་དད་ཀྱི་ངོས་འཛིན་བྱེད་པའི་ཇོ་སྲས་ཁ་ཅིག །བྱང་སེམས་ཀྱི་དབུ་མའི་ལྟ་བ་ནི་ཀུན་རྫོབ་ཀྱི་བདེན་པ་ཇི་ལྟར་སྣང་བ་བཞིན་དོན་བྱེད་པ་ཡིན་ལ། དོན་དམ་གྱི་བདེན་པ་ཡོད་མེད་གཉིས་ཀ་མ་ཡིན་པའི་མཐའ་བཞི་དང་བྲལ་བ་ཡིན། ཀྲི་ཡའི་ལུགས་ཀྱི་ཀུན་རྫོབ་རིགས་གསུམ་རྒྱ་བའི་དཀྱིལ་འཁོར་དུ་སྣང་བ་ཡིན། དོན་དམ་དབུ་མ་པ་དང་མཚུངས་ཏེ་མཐའ་བཞིའི་སྤྲོས་བྲལ་ཡིན་ཟེར།

སྤྱོད་པའི་རྒྱུད་ཀྱི་ཀུན་རྫོབ་དང་། །རྣལ་འབྱོར་རྒྱུད་ཀྱི་ཀུན་རྫོབ་ནི། །རིགས་ལྔའི་རྒྱལ་བར་སྣང་བ་ཡིན། །རྣལ་འབྱོར་ཆེན་པོའི་ཀུན་རྫོབ་ནི། །དམ་པ་རིགས་བརྒྱ་ཡིན་ཞེས་ཟེར། །ཞེས་པ། ཨུ་པ་དང་ཡོ་གའི་ཀུན་རྫོབ་སྣང་བ་ཐམས་ཅད་རྒྱལ་བ་རིགས་ལྔར་འཆར་བ་ཡིན་ལ། མ་ཧཱ་ཡོ་གའི་ཀུན་རྫོབ་སྣང་བ་ཐམས་ཅད་ལྷ་དམ་པ་རིགས་བརྒྱ་རུ་ཤར་བ་ཡིན་ཞེས་ཟེར་རོ། །

གཉིས་པ་དེ་བསལ་བ་ལ་གསུམ། ལྟ་སྒོམ་པ་ལྟ་བར་ནོར་ཚུལ་སྤྱིར་བསྟན། རྒྱུད་སོ་སོའི་ལྟ་སྒོམ་ཚུལ་གསལ་བར་བཤད། སོ་སོའི་བླང་དོར་ཇི་ལྟར་དུ་བྱ་བའི་ཚུལ་ལོ། །དང་པོ་ནི། ལྟ་སྒོམ་རྣམ་དབྱེ་མ་ཕྱེད་ཅིང་། །ཐབས་དང་ཤེས་རབ་མ་ཤེས་པས། །འདི་འདྲའི་དབྱེ་བ་འཁྲུལ་པ་ཡིན། །འདི་ཡི་འཐད་པ་བཤད་ཀྱིས་ཉོན། །རིགས་གསུམ་ལ་སོགས་སངས་རྒྱས་སུ། །སྒོམ་པ་ཡིན་གྱིས་ལྟ་བ་མིན། །ཞེས་པ། ལྟ་བ་དང་། སྒོམ་པ་ཤན་མ་ཕྱེད་པ་ཡིན་ཏེ། དངོས་པོའི་གནས་ལུགས་གཏན་ལ་ཕབ་པའི་ཤེས་རབ་ནི་ལྟ་བ་ཡིན་ལ། སྣང་བ་ལྷ་རུ་གསལ་བ་ལ་སེམས་འཛིན་པའི་སྒོམ་པ་ཡིན་ནོ། །གཞན་ཡང་ཡུལ་གྱི་གནས་ལུགས་ནི་ལྟ་བྱ་ཡིན་ལ། དེ་ཤེས་པའི་བློ་ནི་ལྟ་བ་ཡིན་ལ་ལྟ་བ་དང་། ལྟ་ཡུལ་ངོ་མ་ཤེས་ཤིང་དེ་བཞིན་དུ་གསང་སྔགས་ཀྱི་ཐབས་དང་ཤེས་རབ་ཀྱི་དབྱེ་བ་ཉམས་སུ་ལེན་ཚུལ་འཁྲུལ་ཏེ། སྐུ་གསུང་ཐུགས་ཀྱི་ལྷ་རིགས་གསུམ་སྒོམ་པའི་བསྐྱེད་རིམ་སངས་རྒྱས་སྒྲུབ་པའི་ཐབས་ཀྱི་ཆ་ཡིན་ལ། མཐའ་བཞི་སྤྲོས་བྲལ་སྒོམ་པ་ཤེས་རབ་ཀྱི་ཆ་ཡིན་པས་ཉམས་སུ་ལེན་འདོད་ན་རྣམ་དབྱེ་ཤེས་དགོས་སོ། །མ་གོ་བའི་བླུན་སྒོམ་ཅིར་འགྱུར་མི་ཤེས་སོ། །གཉིས་པ་ལ་གཉིས། རྒྱུད་སྡེ་

འོག་མ་གསུམ་གྱི་ལྷ་སྒོམ་ཚུལ། བླ་མེད་རྒྱུད་ཀྱི་བཞེད་ཚུལ་ལོ། །

དང་པོ་ནི། བྱ་སྤྱོད་རྣལ་འབྱོར་རྒྱུད་གསུམ་ལས། །སྣང་བ་ལྷ་རུ་གསུངས་པ་མེད། །འོན་ཀྱང་བྱ་བའི་རྒྱུད་དུ་ནི། །ཁྲིམས་སྐུ་ལྷ་རུ་བསྒོམས་ནས་ཀྱང་། །དེ་ལ་དངོས་གྲུབ་ལེན་པ་ཡིན། །དེས་ན་དཀའ་ཐུབ་གཙང་སྦྲ་ཡིས། །སངས་རྒྱས་མཉེས་ན་དངོས་གྲུབ་གནང་། །ཞེས་པ། རྒྱུད་སྡེ་འོག་མ་གསུམ་དུ་ཚོགས་དྲུག་ཡུལ་གྱི་སྣང་བ་ཡི་དམ་ལྟར་སྒོམ་པར་གསུངས་པ་མེད་དོ། །བྱ་བའི་རྒྱུད་འཕགས་པ་འཇམ་དཔལ་གྱིས་གསུངས་པའི་རྩ་རྒྱུད་དང་། སྤྱན་རས་གཟིགས་ཀྱིས་གསུངས་པའི་ཆོ་ག་ཞིབ་མོ་དང་། ཕྱག་ན་རྡོ་རྗེས་གསུངས་པའི་རིགས་མཆོག་དང་། དེ་རྣམས་ཀྱི་ཆ་ལ་མི་གཡོ་བའི་རྟོགས་པ་དང་། བཅུ་གཅིག་ཞལ་གྱི་རྒྱུད་ཆེ་ཆུང་དང་། སྟོབས་པོ་ཆེ་ལ་སོགས་པ་རྣམས་ཀྱི་ལུགས་ལ། རྒྱུད་ནས་ཇི་ལྟར་གསུངས་པའི་ཁྲིམས་སྐུ་མཚན་ཉིད་ཚང་བ་མདུན་དུ་བཞུགས་པ་ལ་ལྷ་དངོས་ཀྱི་ཡིད་ཆེས་མ་ཡེངས་པས་གཟུངས་སྔགས་བཟླས་ཤིང་། གྲུབ་པའི་མཚན་མ་ཆེ་འབྲིང་ཆུང་དུ་བྱུང་བ་དང་། འདོད་པའི་དངོས་གྲུབ་བླངས་པས་འགྲུབ་པ་ཡིན་ནོ། །སྒྲུབ་པ་པོ་དཀའ་ཐུབ་དང་གཙང་སྦྲ་ལ་གནས་པས་དེ་ལ་དགའ་བའི་རིག་སྔགས་འཆང་བ་དང་། དྲང་སྲོང་རིག་འཛིན་གྲུབ་པ་རྣམས་ཀྱིས་ཀྱང་གྲོགས་བྱས་ཏེ་ཡི་དམ་ལྷ་མཉེས་ན་དངོས་གྲུབ་སྟེར་བ་ཡིན་ནོ། །

སྤྱོད་པའི་རྒྱུད་དུ་ཁྲིམས་སྐུ་དང་། །རང་ཉིད་གཉིས་ཀར་ལྷར་བསྒོམས་ནས། །གྲོགས་པོ་ལྟ་བུའི་དངོས་གྲུབ་ལེན། །ཞེས་པ། རྣམ་སྣང་མངོན་བྱང་དང་ཕྱག་ན་རྡོ་རྗེ་དབང་བསྐུར་བ་སོགས་སྤྱོད་པའི་རྒྱུད་ཀྱི་ལུགས་ལ་རང་ཉིད་ལྷར་བསྒོམས་ནས་མདུན་གྱི་རས་ཁྲིས་དང་། ལུགས་སྐུ་ལ་སོགས་པ་ཡང་ལྷ་དངོས་སུ་དམིགས་ནས་སྔགས་བཟླས་པ་དང་། སྤྱོད་ལམ་རྣམ་པ་བཞི་རྒྱུད་ནས་གསུངས་པ་བཞིན་ཉམས་སུ་བླངས་པས་དངོས་གྲུབ་འགྲུབ་པ་ཡིན་ནོ། །

རྣལ་འབྱོར་རྒྱུད་དུ་ཕྱིར་རོལ་ལ། །དམིགས་པའི་རྟེན་ཙམ་བྱས་ནས་ཀྱང་། །རང་ཉིད་དམ་ཚིག་སེམས་དཔའ་ལ། །ཡེ་ཤེས་འཁོར་ལོ་སྤྱན་དྲངས་ནས། །ཧཱུྃ་སྲིད་ཕྱག་རྒྱ་མ་བཀྲོལ་བ། །དེ་ཡི་བར་དུ་སངས་རྒྱས་བཞུགས། །ཕྱག་རྒྱ་བཀྲོལ་ནས་སངས་རྒྱས་གཤེགས། །དེ་ནས་རང་ཉིད་ཐ་མལ་འགྱུར། །ཞེས་པ། རྣལ་འབྱོར་རྒྱུད་ཀྱི་ལུགས་ལ་མདུན་དུ་དཀྱིལ་འཁོར་གྱི་ལྷ་རྣམ་པར་སྣང་མཛད་ལ་སོགས་པ་སྐྱེ་མཆེད་ཡོངས་སུ་རྫོགས་པའི་གཟུགས་སྐུ་ཡོད་ནའང་། དེ་ལ་བསྐྱེད་རིམ་གསལ་བའི་དམིགས་རྟེན་ཙམ་བྱེད་ཅིང་། གཙོ་བོ་རང་ཉིད་དམ་ཚིག་སེམས་དཔའ་རྣལ་འབྱོར་གཅིག་ལྡན་དང་། དཀྱིལ་འཁོར་ཡོངས་སུ་རྫོགས་པ་ལ་སོགས་པ་དམ་ཚིག་སེམས་དཔར་བསྐྱེད་ནས་དེ་ལ་ཡེ་ཤེས་ཀྱི་འཁོར་ལོ་དགུག་གཞུག་བྱས་ནས་ཕྱག་རྒྱ་བཞིས་རྒྱས

གདབ་ཅིང་། སངས་རྒྱས་ཀྱི་སྐུ་གསུང་ཐུགས་ཕྲིན་ལས་བཞི་ལྡན་དུ་བསྒྲུབས་ཏེ། ཕྱག་རྒྱ་བཅིང་ལ་མཉམ་པ་ཉིད་གསུམ་གྱི་ངང་ནས་སྔགས་བཟླས་ཤིང་ཕྱག་རྒྱ་མ་བགྲོལ་གྱི་བར་ལ་ཡེ་ཤེས་པ་བཞུགས་པ་ཡིན་ནོ། །དེ་ཉིད་འདུས་པར། ཇི་ལྟར་རྒྱལ་པོའི་ཕྱག་རྒྱ་ཉིད། །རྒྱལ་པོའི་ཁྲིམས་ལ་འདེབས་པ་ལྟར། །བདག་ཉིད་ཆེན་པོ་སྐྱེ་བོ་རྣམས། །སྐུ་གསུང་ཐུགས་ནི་རྡོ་རྗེ་ཡི། །གཟུགས་བརྙན་གྱི་ནི་ཚུལ་དུ་ཡང་། །ཉིད་ཀྱི་ཕྱག་རྒྱས་བཏབ་པ་ནི༑ ༑བདག་ཉིད་ཆེ་བའི་ཕྱག་རྒྱ་ཆེར། །ཤེས་ནས་དངོས་གྲུབ་ཐོབ་པར་འགྱུར། །ཞེས་གསུངས་སོ། །ཕྱག་རྒྱ་བགྲོལ་ནས་ལྷ་ཡེ་ཤེས་ལྷ་དག་པའི་ཞིང་དུ་གཤེགས་ཤིང་། རྣལ་འབྱོར་པ་རང་ཉིད་སོ་སོ་སྐྱེ་བོ་ཡིན་ནོ། །དེའང་འདུས་པའི་བཤད་རྒྱུད་ཡེ་ཤེས་རྡོ་རྗེ་ཀུན་ལས་བཏུས་པར། འཇིགས་པར་དམིགས་ཤིང་ཤིན་ཏུ་གཙང་བར་བྱེད་པ་དང་། ཡེ་ཤེས་སེམས་དཔའ་བདེ་བ་དམ་པ་མེད་པ་དང་། བདག་ཉིད་ལྷའི་བསྙེན་པ་མེད་པ་དང་། རྨད་དུ་བྱུང་བའི་སྤྱོད་ཡུལ་མ་ཡིན་པ་དང་། སྔོན་གྱི་རྒྱུའི་རྟོགས་པས་རབ་ཏུ་སྦྱོད་པས་སྒྲུབ་པར་བྱེད་པ་ནི་བྱ་བའི་རྒྱུད་ལ་གནས་པའོ། །ཞེས་པ་དང་། དགྲ་ནག་གི་འགྲེལ་པར། བྱ་བ་དང་སྤྱོད་པའི་ལས་ལའང་སྒྲུབ་བྱ་སྒྲུབ་པའི་ཐབས་སུ་རིང་པོར་མི་མཇུག་སྟེ། དེ་དག་ནི་བརྟགས་པ་ལས་རབ་ཏུ་བྱུང་བ་ཉིད་ཡིན་ཏེ། དེར་ནི་འདི་ལྟར་རས་བྲིས་ལ་སོགས་པར་རྟོགས་པའི་ལྷའི་སྟོབས་ཀྱིས་དངོས་གྲུབ་རྫོགས་པར་བྱེད་པའི་ཕྱིར་རོ། །རྣལ་འབྱོར་གྱི་རྒྱུད་དུ་ནི། རང་གི་ལྷའི་རྣལ་འབྱོར་གྱིས་རས་བྲིས་ལ་སོགས་པ་མ་གཏོགས་པའི་ལྷ་ལ་དམིགས་ནས་མཐུན་པའི་དངོས་གྲུབ་སྒྲུབ་པར་བྱེད་དོ། །ཞེས་པ་དང་། ཨིནྡྲ་བྷཱུ་ཏིས་བདེ་མཆོག་འགྲེལ་པར། བྱ་བ་དང་སྤྱོད་པའི་སྒོ་ལས་ཀྱང་། རིག་སྔགས་ཀྱི་རྗེས་སུ་གནང་བ་ཙམ་ལ་བརྟེན་ཏེ། བདག་དང་ལྷ་ཐ་དད་དུ་ལྟ་བ་ཅན་ཡོངས་སུ་བཏགས་པ་མཚན་བཅས་ཀྱི་དམིགས་པ་ལས་གྲུབ་པའི་དོན་མངོན་དུ་བྱེད་པར་འདོད་དོ། །ཞེས་པ་དང་། ཡེ་ཤེས་ཞབས་ཀྱི་རྗེས་སུ་འབྲང་བའི་འདུས་པའི་འགྲེལ་པར་རྒྱལ་བ་བྱིན་གྱིས་ཀྱང་དེ་དང་མཐུན་པར་བཤད་ལ། གུར་གྱི་འགྲེལ་པར། བྱ་བའི་རྒྱུད་ཅེས་བྱ་བ་ནི། ཕྱི་རོལ་བརྟུངས་མ་ལ་སོགས་པའི་ལྟར་དམིགས་པ་དང་། གཙང་སྦྲ་དང་སྡོམ་པ་ལ་སོགས་པ་ལྷུར་ལེན་པའོ། །བྱ་བའི་ཕྱིར་སྦྱོར་བ་ཞེས་བྱ་བ་ནི་བདག་ལས་ཕྱི་རོལ་དུ་དམིགས་པའོ། །ཞེས་སོ། །

འདི་དག་གི་ནི་ལུང་སྦྱོར་རྣམས། །ཡི་གེ་མང་གིས་དོགས་པས་གཞག །ཅེས་པའི་དོན་ཏོ། །གཉིས་པ་ནི། རྣལ་འབྱོར་ཆེན་པོའི་རྒྱུད་དུ་ནི། །དག་པ་གསུམ་གྱི་རང་བཞིན་བཤད། །འདི་ཡི་ལུང་རིག་མན་ངག་རྣམས། །བླ་མའི་ཞལ་ལ་ལེགས་པར་དྲིས། །ཞེས་པ། རྟག་གཉིས་ལས། ངེས་པར་དངོས་པོ་ཐམས་ཅད་ཀྱི། །དག་པ་དེ་བཞིན་ཉིད་དུ་འདོད། །ཕྱི་ནང་རེ་རེའི་དབྱེ་བ་ཡིས། །ལྷ་རྣམས་ཀྱིས་ནི་རྗོད་པར་བྱ། །ཞེས་པ་དང་། རང་གི་

བདག་ཉིད་དག་པ་ཉིད། །དག་པ་གཞན་གྱི་རྣམ་གྲོལ་ཡིན། །ཞེས་དེ་བཞིན་ཉིད་ཀྱི་དག་པ་དང་། ལྷ་སོ་སོའི་དག་པ་དང་། རང་རིག་པའི་དག་པ་དང་གསུམ་ཚང་བའི་ལྷ་བསྒོམ་པར་གསུངས་པ་ནི། རྒྱུད་ཀྱི་ལུང་དེ་ཉམས་སུ་ལེན་ཚུལ་བླ་མ་དམ་པའི་ཞལ་སྔ་ནས་ཤེས་པར་བྱའོ། །དེའང་རྗེ་བཙུན་ཆེན་པོས་མཛད་པའི་རྒྱུད་ཀྱི་མངོན་རྟོགས་སུ་ལེགས་པར་གསུངས་སོ། །གསུམ་པ་ལ་གསུམ་སྟེ། བྱ་རྒྱུད་ཀྱི་བླང་དོར་བྱེད་ཚུལ། སྤྱོད་རྒྱུད་ཀྱི་བླང་དོར་བྱེད་ཚུལ། བླ་མེད་ཀྱི་བླང་དོར་བྱེད་ཚུལ་ལོ། །

དང་པོ་ནི། གལ་ཏེ་བྱ་བའི་རྒྱུད་ཀྱི་ཡང་། །ཀུན་རྫོབ་ལྷ་རུ་གནས་ན་ནི། །དཀའ་ཐུབ་གཙང་སྦྲ་ག་ལ་འཐད། །ལྷ་ལ་གཙང་དང་མི་གཙང་མེད། །ལྷ་རྣམས་དཀའ་ཐུབ་ཀྱིས་མི་གདུང་། །ཞེས་པ། སྔགས་རྙིང་མའི་འདོད་ཚུལ་གོང་དུ་བརྗོད་པ་ལྟར། བྱ་རྒྱུད་ཀྱི་ཀུན་རྫོབ་སྣང་བ་ཐམས་ཅད་ལྷར་གནས་པ་ཡིན་ན། སྨྱུང་གནས་དང་། གཙང་སྦྲ་རྟེན་པ་དང་། ལ་ཕུག་དང་སྒྲན་མ་མི་ཟ་བ་ལ་སོགས་པ་སྤྱོད་ལམ་དོག་མཐའ་ལ་བརྟེན་པ་མི་འཐད་དེ། ལྷ་ཡེ་ཤེས་པ་ལ་གཙང་མི་གཙང་གི་དགག་སྒྲུབ་མི་མངའ་བའི་ཕྱིར་དང་། དཀའ་ཐུབ་ཀྱི་གདུང་བ་སྒྲུབ་པའི་མཆོད་པར་མི་རུང་བའི་ཕྱིར་རོ། །

གཉིས་པ་ནི། ཁ་ཅིག་སྤྱོད་པའི་རྒྱུད་ཀྱི་ཡང་། །ལྷ་བ་རྣལ་འབྱོར་རྒྱུད་དང་མཐུན། །སྤྱོད་པ་བྱ་བའི་རྒྱུད་བཞིན་བྱེད། །འདི་ཡང་དེ་ལྟར་ངེས་པ་མེད། །འདི་ནི་གཉིས་ཀའི་རྒྱུད་ཡིན་པས། །རེས་འགའ་གཙང་སྦྲ་ཡོད་མེད་ཀྱི། །ཕལ་ཆེར་ཅི་བདེར་སྤྱོད་པར་གསུངས། །ཞེས་པ། སྤྱོད་པའི་རྒྱུད་ཀྱི་ལྟ་བ་རྣལ་འབྱོར་རྒྱུད་དང་། སྤྱོད་པ་བྱ་རྒྱུད་བཞིན་བྱེད་པར་མ་ངེས་ཏེ། སྤྱོད་པ་རེས་འགའ་ཁྲུས་དང་གཙང་སྦྲ་ལ་སོགས་པ་བྱེད་ཀྱང་། ཕལ་ཆེར་ཅི་བདེར་གནས་པས་འགྲུབ་པར་གསུངས་པའི་ཕྱིར་སྒྲོལ་མ་རལ་པ་གྱེན་རྫེས་སུ། གྲོགས་པོ་དག་མདོར་ན་བྱང་ཆུབ་ཀྱི་སེམས་དང་མི་འབྲལ་ཅིང་། དཀོན་མཆོག་གསུམ་ལ་ལྷག་པར་མོས་པས་མཆོག་ཏུ་ཚུལ་ཁྲིམས་འཆལ་པར་གྱུར་པ་ལའང་། སྐྱེ་བ་མེད་པའི་ཡིད་ཀྱིས་རྟག་ཏུ་མངོན་པར་བརྩོན་པས་ནི་ངའི་སྔགས་ཀྱི་ལེའུ་རབ་འབྱམས་མཐའ་ཡས་ཤིང་རྨད་དུ་བྱུང་བ་བྱང་ཆུབ་སེམས་དཔའི་སྤྱོད་པའི་རྒྱ་མཐུན་པའི་ཡིད་ལས་བྱུང་བ་རྣམས་འགྲུབ་པར་འགྱུར་རོ། །ཞེས་གསུངས་སོ། །

སྤྱོད་པའི་རྒྱུད་ལ་རིགས་ལྔ་ཡི། །དོན་གྲུབ་ན་ཡང་ཐ་སྙད་མེད། །ཕྱག་རྒྱ་སྣ་མདོག་རྣམ་དག་ཀྱང་། །རྣལ་འབྱོར་རྒྱུད་བཞིན་དེར་མ་གསུངས། །ཞེས་པ། སྤྱོད་པའི་རྒྱུད་དུ་རིགས་ལྔ་ལ་སོགས་པའི་དོན་ཚང་བར་གསུངས་ནའང་། རྣལ་འབྱོར་གྱི་རྒྱུད་བཞིན་དུ་སྣ་མདོག་དང་ཕྱག་རྒྱ་དང་ཕྱག་མཚན་དང་དེ་དག་གི་རྣམ་དག་གསལ་བར་གསུངས་པ་ནི་མེད་དོ། །

དེས་ན་རྣལ་འབྱོར་རྒྱུད་མན་ཆད། །ཀུན་རྫོབ་ལྷ་རུ་གསུངས་པ་མེད། །འོན་ཀྱང་ཀུན་རྫོབ་ཐམས་ཅད་ནི༑ ༑ཇི་ལྟར་སྣང་བ་བཞིན་དུ་བས། །བྲིས་སྐུ་ལ་སོགས་ལྟར་སྒོམ་པ། །དེ་ནི་ཐབས་ཀྱི་ཁྱད་པར་ཡིན། །ཞེས་པ༑ རྒྱུད་སྡེ་འོག་མ་གསུམ་དུ་ཀུན་རྫོབ་ཀྱི་སྣང་བ་ཕུང་པོ་ཁམས་སྐྱེ་མཆེད་ཐམས་ཅད་རིགས་ལྔ་ཡུམ་བཞི་སེམས་དཔའ་སེམས་མ་ལ་སོགས་པའི་ཡི་དམ་ལྷ་ངོ་སྤྲོད་ནས་སྒོམ་པའི་རྣམ་བཞག་གསུངས་པ་མེད་ཅིང་། དེ་ནས་རྒྱུད་སྡེ་འོག་མའི་ལམ་ལ་ཁམས་དང་སྐྱེ་མཆེད་ལྷ་དང་ལྷ་མོར་གསལ་འདེབས་པ་དང་། ཤ་ཁྲག་དང་མི་གཙང་བའི་རྫས་བདུད་རྩིར་བསྒྱུར་ནས་དཀྱིལ་འཁོར་ལྷ་ལ་འབུལ་བ་མི་འཐད་དོ། །ད་ལྟ་འགྲོ་བའི་ཀུན་རྫོབ་ཀྱི་སྣང་བ་འདི་ནི་ཇི་ལྟར་སྣང་བ་དང་མཐུན་པར་བཞག་ཅིང་། རྡོ་རྗེ་རིགས་ཀྱི་ཕྱོགས་སྐྱོང་ལ་སོགས་པ་ཡང་ཡི་དམ་གྱི་ལྷར་བསྐྱེད་ནས་གཏོར་མ་འབུལ་བ་ལ་སོགས་པ་བྱར་མི་རུང་ངོ་། །རས་བྲིས་དང་རྡོ་ཤིང་ལ་བརྐོས་པའི་ལྷ་སྐུ་ལ་སོགས་ཀྱང་དམ་ཚིག་པ་ལ་ཡེ་ཤེས་པ་བཅུག་ནས་རབ་གནས་ལེགས་པར་གྲུབ་པ་ཕྱག་དང་མཆོད་པའི་ཡུལ་དུ་བྱེད་པ་ནི་བསོད་ནམས་གསོག་པའི་ཐབས་ཀྱི་ཁྱད་པར་ཡིན་ལ། རབ་གནས་མ་བྱས་པའི་རྟེན་ལ་ཕྱག་དང་བསྐོར་བ་དང་། མཆོད་པ་འབུལ་བ་བཀག་པ་ཡིན་ནོ། །

གསུམ་པ་ནི། རྣལ་འབྱོར་ཆེན་པོའི་རྒྱུད་སྡེ་ལས། །ཀུན་རྫོབ་ཇི་ལྟར་སྣང་བ་འདི། །ཐབས་ལ་མཁས་པའི་ཁྱད་པར་གྱི། །སྦྱང་གཞི་སྦྱོང་བྱེད་ངོ་སྤྲོད་པ། །དེ་ཚེ་དམ་པ་རིགས་བརྒྱ་ལ། །སོགས་པའི་དབྱེ་བ་རྒྱལ་བས་གསུངས། །ཞེས་པ། རྣལ་འབྱོར་བླ་མེད་ཀྱི་རྒྱུད་ལས། ཀུན་རྫོབ་ཏུ་ཡུལ་དང་ཡུལ་ཅན་དུ་སྣང་བ་འདི་རྣམས་རིགས་ལྔ་དང་ཡུམ་ལྔ་ལ་སོགས་པའི་ལྷར་ངོ་སྤྲོད་ནས། དེ་དང་དེར་སྒོམ་པ་ལམ་དུ་བྱེད་པ་ནི། རྣལ་འབྱོར་པའི་སེམས་སྦྱོང་བར་བྱེད་པའི་ཐབས་ཀྱི་ཁྱད་པར་ཡིན་ཏེ། སེམས་ཀྱི་སྒྲིབ་སྦྱོང་དུ། བྱིས་པ་རྣམས་ནི་གཟུགས་ལ་ཆགས། །འབྲིང་པོ་རྣམས་ནི་ཆགས་བྲལ་འགྱུར། །གཟུགས་སོགས་ངོ་བོ་ཉིད་ཤེས་ནས། །བློ་མཆོག་རྣམས་ནི་གྲོལ་བར་འགྱུར། །དམ་ཚིག་ཐམས་ཅད་རྣམ་བསམས་ལ། །ལྷ་ལ་མཆོད་པའི་ཚོག་ཡིས། །ཐེ་ཚོམ་མེད་པར་བཟང་པོར་བལྟ། །ཐུགས་ཀྱིས་བསྐུལ་ལ་ཡོངས་སྤྱོད་བྱ། །ཞེས་པ་དང་། རང་གི་ལྷ་ཡི་སྦྱོར་བ་ཡིས། །སེམས་ཀྱི་དྲི་མ་མེད་བྱའི་ཕྱིར། །རྣལ་འབྱོར་དགེ་བའི་སེམས་ཀྱིས་ནི། །ཆགས་མེད་དུག་གིས་རྨོངས་པ་ཡི། །འདོད་ཅན་མ་ལ་འདོད་སྤྱད་པར། །འདོད་པས་ཐར་པ་ཐོབ་པར་འགྱུར། །ཞེས་གསུངས་སོ། །སྣང་བ་ཐམས་ཅད་ལྷ་རུ་ངོ་འཕྲོད་ནས་ཉམས་སུ་ལེན་པའི་ཚེ། སྔགས་རྙིང་མ་བ་ལ་ཞི་བའི་ལྷ་ཚོགས་དང་ཁྲོ་བོའི་ལྷ་བསྒོམས་ནས་བརྒྱ་བྱེད་པའི་ལུགས་གཅིག་འདུག་གོ། །འདིར་གསང་འདུས་ཀྱིས། རིགས་བརྒྱ་དང་། དེ་ཉིད་ཉི་ཤུ་རྩ་ལྔར་སྡུད་པ་དང་། དེ་རིགས་ལྔ་དང་། དེ་རིགས་གསུམ་དང་། དེ་གསང་ཆེན་རིགས་གཅིག་ཏུ་བསྡུས

ནས་བསྒོམ་པ་དང་། བསྐྱེད་རིམ་གྱི་སྐབས་སུ་ལྷ་སྐུའི་རྣམ་པ་གསལ་བཏབ་ནས་སྒོམ་ཞིང་རྫོགས་རིམ་ལུས་དབེན་གྱི་སྐབས་སུ། སྣང་བ་མཁས་པ་སྣང་གྱི་ནགས་ཁྲོད་དུ་ཞུགས་པ་ལྟར་ངོ་ཤེས་ནས་བསྒོམ་ཚུལ་སྦྱོད་བསྡུས་ལས་ཤིན་ཏུ་ཞིབ་པར་གསུངས་སོ། །བརྟག་གཉིས་སུ། རིགས་གཅིག་ལ་ནི་དེ་བཞིན་གཤེགས་པའི་ཚོགས། །རིགས་ཀྱི་ཚོགས་ལ་རིགས་ནི་དྲུ་མ་སྟང་། །དེ་རྣམས་རིགས་ལ་རིགས་ནི་རྣམ་པ་བརྒྱད། །དེ་རྣམས་ལ་ཡང་འབུམ་ཕྲག་རིགས་ཆེན་རྣམས། །དབྱེ་བའི་རིགས་ལ་གྲངས་ནི་མེད་པར་གསུངས། །དེ་རྣམས་རིགས་ལ་གྲངས་མེད་རིགས་རྣམ་ཉིད། །ཅེས་གསུངས་པས། རིགས་རེ་རེ་ལ་བརྒྱ་བརྒྱ་འབྱེད་ཚུལ། འཕྲུང་པ་ལྔ་ལ་ཉོན་མོངས་པ་ལྔ་ལྔ། དེ་རེ་རེ་ལ་ཤ་ཆེན་ཁྲབ་བྱེད་དུ་བྱས་ནས་བདུད་རྩི་བཞིས་ཆེ་བས་རྒྱུད་དང་དྲི་མའི་རིགས་བརྒྱ། རིགས་ལྔ་པོ་རེ་རེ་ལ་མངོན་བྱང་ལྔ་ལྔ་སྦྱར་བས་ཉི་ཤུ་རྩ་ལྔ། དེ་རེ་རེ་ལ་ཡུམ་བཞི་སྦྱར་བས་སྦྱོང་བྱེད་ཀྱི་བསྐྱེད་རིམ་རིགས་བརྒྱད། ཡང་རྫོགས་རིམ་གྱི་རྟེན་ཁམས་གཅིག་འབྱུང་བ་ལྔ། དེ་བདག་ཉིད་བཞིས་ཕྱེ་བས་ཉི་ཤུ། དེ་དཔའི་ཡེ་ཤེས་ལྔས་ཕྱེ་བས་བརྒྱ། འབྲས་བུ་སྤྲུལ་སྐུ་རིགས་ལྔ། དེ་རེ་རེ་ཡེ་ཤེས་ལྔས་ཕྱེ་བས་ཉི་ཤུ་རྩ་ལྔ༑ དེ་ལྷ་མོ་བཞིས་ཕྱེ་བས་བརྒྱ། རྩ་བའི་རིགས་དེ་རྣམས་རེ་རེ་ལའང་གྲངས་མེད་པར་འགྱུར་ཅེས་རྗེ་བཙུན་གོང་མ་རྣམས་བཞེད་དོ། །ཡང་རིགས་ལྔ་རེ་རེ་ཡང་ལྔ་ལྔ་རུ་ཕྱེ་ནས་ཉི་ཤུ་རྩ་ལྔ་དང་། དེ་རེ་རེ་ལའང་གསང་སྔགས་དང་རིགས་སྔགས་དང་སྙིང་པོ་དང་ཕྱག་རྒྱ་བཞི་བཞིར་ཕྱེ་སྟེ་དམ་པ་རིགས་བརྒྱ་བྱེད་པ་དང་། དེ་རྣམས་ལའང་ཕུང་པོ་ཁམས་དང་སྐྱེ་མཆེད་ཐམས་ཅད་ལྷར་བསྒོམས་པས། རྡུལ་གཅིག་སྟེང་ན་རྡུལ་སྙེད་སངས་རྒྱས་རྣམས། །སངས་རྒྱས་སྲས་ཀྱི་དབུས་ན་བཞུགས་པ་དག །དེ་ལྟར་ཆོས་ཀྱི་དབྱིངས་རྣམས་མ་ལུས་པར། །ཐམས་ཅད་རྒྱལ་བ་དག་གི་གང་བར་མོས། །ཞེས་གསུངས་པ་བཞིན་ཉམས་སུ་ལེན་པ་ཡིན་ནོ། །

གསུམ་པ་ནི། དེས་ན་ཀུན་རྫོབ་ལོག་པ་དང་། །ལྷ་བའི་ལོག་པ་མི་ཕྱེད་པས། །གསང་སྔགས་སྙིང་མའི་ཀུན་རྫོབ་ཀུན། །ལྷ་བ་དང་འཕྲུལ་དེ་ལྟར་ཡིན། །ཞེས་པ། ཀུན་རྫོབ་ཀྱི་སྣང་བ་ལྷ་སྐུར་གསལ་བཏབ་ནས་སྒོམ་པ་དང་། ལྷ་ཡིན་པར་ངོས་བཟུང་ན་སྒོམ་པ་གང་བྱེད་ཀྱང་ཀུན་རྫོབ་ཀྱི་སྒོམ་ཡིན་ལ། དེ་སྣང་སྟོང་དང་སྤྲོས་བྲལ་ལ་སོགས་པར་ངོ་ཤེས་པའི་ཤེས་རབ་དེ་གནས་ལུགས་རྟོགས་པའི་ལྟ་བ་ཡིན་ལ། དེ་གཉིས་རྣལ་འབྱོར་པའི་བློ་ལ་ལྷ་སྒོམ་ལོག་པ་ཐ་དད་དུ་ཡོད་པ་ཤན་མ་ཕྱེད་པས། སྙིང་མའི་རྗེ་སྲས་ཀུན་ལྷ་སྐུ་སྒོམ་པ་ལྟ་བ་འབྲུལ་པ་ཡིན་ནོ། །བརྒྱད་པ་ལ་གསུམ། གསང་སྔགས་གསར་སྙིང་གི་ཁྱད་པར་ངོས་གཟུང་། རྒྱུད་སྡེ་དང་ཏིང་ངེ་འཛིན་གྱི་མིང་དོན་དཔེ་དང་སྦྱར། རྣལ་འབྱོར་བླ་མེད་ལས་ལྷག་པའི་ཐེག་པ་མེད་པར་བཤད་པའོ། །

དང་པོ་ནི། གསང་སྔགས་སྔ་འགྱུར་པ་རྣམས་ནི། རྣལ་འབྱོར་རྣལ་འབྱོར་ཆེན་པོ་དང་། །རྗེས་སུ་རྣལ་

འབྱོར་ཤིན་ཏུ་ནི། །རྣལ་འབྱོར་ཞེས་བྱ་རྣམ་པ་བཞི། །ཐེག་པའི་རིམ་པ་ཡིན་ཞེས་ཟེར། །ཤིན་ཏུ་རྣལ་འབྱོར་བཟང་པོར་འདོད། ། ཅེས་པ། སྔགས་རྙིང་མ་པ་རྣམས། རྣལ་འབྱོར་བཞི་པོ་འདི་ཐེག་པའི་རིམ་པ་རེ་རེ། གོང་མ་གོང་མ་ཇེ་མཐོ་ཇེ་མཐོར་སོང་བའི་ཤིན་ཏུ་རྣལ་འབྱོར་ནི་བླ་ན་མེད་པའི་ཐེག་པ་ལྷ་སྦྱོར་གྱི་མཐར་ཐུག་ཏུ་འདོད་དོ། །ཞིབ་ཏུ་ཇོ་སྲས་རྣམས་ཀྱི་ཡི་གེར་བཀོད་པ་དུ་མ་སྣང་བས་དེར་བལྟ་ཞིང་འདིར་མ་བྲིས་སོ། །

གསང་སྔགས་ཕྱིས་འགྱུར་པ་རྣམས་ནི། རྣལ་འབྱོར་རྗེས་སུ་རྣལ་འབྱོར་དང་། །ཤིན་ཏུ་རྣལ་འབྱོར་རྣལ་འབྱོར་ཆེ། །འདི་དག་ཏིང་འཛིན་རིམ་པ་ཡིན། །རྒྱུད་སྡེའི་རིམ་པར་མི་བཞེད་དོ། །ཞེས་པ། གསང་སྔགས་གསར་མའི་ལུགས་ཀྱི། དགྲ་ནག་གི་རྒྱུད་དུ། དང་པོར་སྦྱོམ་པ་རྣལ་འབྱོར་ཏེ། །གཉིས་པ་རྗེས་ཀྱི་རྣལ་འབྱོར་ཡིན། །གསུམ་པ་ཤིན་ཏུ་རྣལ་འབྱོར་ཏེ། །བཞི་པ་རྣལ་འབྱོར་ཆེན་པོའོ། །ཞེས་པའོ། །རྡོ་རྗེ་སེམས་དཔའ་རྫོགས་པ་ནི། །རྣལ་འབྱོར་ཡིན་པར་འདི་ལྟར་འདོད། །དེ་ཡི་རྒྱུ་མཐུན་ལྷ་ཡི་སྐུ། །རྗེས་ཀྱི་རྣལ་འབྱོར་ཡིན་པར་གྲགས། །འཁོར་ལོ་ཐམས་ཅད་ཡོངས་རྫོགས་པ། །ཤིན་ཏུ་རྣལ་འབྱོར་ཡིན་པར་འདོད། །སྐུ་དང་གསུང་དང་ཐུགས་རྣམས་དང་། །ལྷ་ཡི་མིག་སོགས་བྱིན་བརླབས་དང་། །ཡེ་ཤེས་འཁོར་ལོ་བཞུགས་པ་དང་། །མཆོད་དང་བསྟོད་པ་ཆེན་པོ་ནི། །རྣལ་འབྱོར་ཆེན་པོ་ཞེས་བྱའོ། །ཞེས་གསུངས་ཤིང་། དེ་བཞིན་འབྱུང་བས་ཐབས་ཤེས་དབྱེར་མེད་ཀྱི་ཉམས་ལེན་ནི་རྣལ་འབྱོར་ཡིན་ལ་ཆོས་དབྱིངས་ཡེ་ཤེས་ཀྱི་ངོ་བོ་རྒྱུ་རྡོ་རྗེ་འཛིན་པ་མངོན་བྱང་ལྔས་བསྐྱེད་པ་དང་། དེ་དང་རྗེས་སུ་མཐུན་པའི་འབྲས་བུ་རྡོ་རྗེ་འཛིན་པ་བསྐྱེད་པ་དང་། ཡུམ་གྱི་པདྨ་ནས་འཁོར་ལོའི་ལྷ་རྫོགས་པར་སྤྲོས་ཏེ་ཤིན་ཏུ་རྒྱས་པར་གནས་སུ་བཀོད་པ་དང་། སྐྱེ་མཆེད་དང་སྐུ་གསུང་ཐུགས་བྱིན་གྱིས་བརླབས་ནས་ཡེ་ཤེས་པ་བཅུག་སྟེ། དབང་བསྐུར་མཆོད་བསྟོད་བདུད་རྩི་མྱོང་བ་བཟླས་པ་ལ་སོགས་པ་རྣལ་འབྱོར་ཆེན་པོ་དཔལ་འཛིན་གྱི་སྒྲུབ་ཐབས་སུ་མཛད་ཅིང་། འཕགས་པའི་མདོར་བྱས་སུ། ཏིང་ངེ་འཛིན་གསུམ་གྱི་དང་པོ་སྦྱོར་བའི་ཏིང་ངེ་འཛིན་ལ་འང་རྣལ་འབྱོར་བཞི་ཚང་བར་གསུངས་པ་ནི། བཤད་རྒྱུད་རྡོ་རྗེ་ཕྲེང་བའི་དགོངས་པར་བཞེད་དོ། །འདུས་པའི་རྒྱུད་ཕྱི་མར། བསྙེན་པའི་ཆོག་དང་པོ་སྟེ། །ཉེ་བར་བསྒྲུབ་པ་གཉིས་པ་ཡིན། །སྒྲུབ་པ་ཡང་ནི་གསུམ་པ་ཡིན། །སྒྲུབ་པ་ཆེན་པོ་བཞི་པའོ། །ཞེས་གསུངས་པའི་དོན་ནི། ཨོཾ་ཤཱུ་ནྱ་ཏཱ་ཛྙཱ་ན་བཛྲ་སྭ་བྷཱ་ཝ་ཨཱཏྨ་ཀོ྅ཧཾ་ཞེས་དྲན་པར་བྱ་བའི་ཡུལ་སྟོང་པ་ཉིད་དང་། དེ་དྲན་པའི་ཡེ་ཤེས་གཟུང་འཛིན་སོ་སོར་ཞེན་པ་བཀག་ནས་དབྱེར་མི་ཕྱེད་པ་ནི་རྡོ་རྗེ་ཡིན་ལ། ཆོས་ཐམས་ཅད་དེའི་བདག་ཉིད་དོ་ཞེས་དྲན་པར་བྱེད་པ་ནི་བསྙེན་པའི་ཡན་ལག་གོ། །ཨོཾ་ནི་སྐུ་རྡོ་རྗེ། སྟོང་པ་ཉིད་ནི་ཐུགས་རྡོ་རྗེ། བདག་ཉིད་ནི་ང་ཡིན་ནོ་ཞེས་ཚིག་ཙམ་དུ་བརྗོད་པ་གསུང་རྡོ་རྗེ་ཡང་། ཨོཾ་ནི་མེ་ལོང་ལྟ་བུའི་ཡེ་ཤེས་རྣམ་པར་སྣང་མཛད། སྟོང་

པ་ཉིད་ནི་མཉམ་ཉིད་ཡེ་ཤེས་རིན་ཆེན་འབྱུང་ལྡན། ཡེ་ཤེས་ནི་སོ་སོར་རྟོག་པ་འོད་དཔག་མེད། རྡོ་རྗེ་ནི་བྱ་བ་གྲུབ་པའི་ཡེ་ཤེས་དོན་ཡོད་གྲུབ་པ། རང་བཞིན་ཆོས་དབྱིངས་ཡེ་ཤེས་མི་བསྐྱོད་པ། བདག་ཉིད་ནི་ཐམས་ཅད་ཀྱི་བདག་ཉིད་རྡོ་རྗེ་འཆང་ངོ་། །མངོན་རྟོགས་ཀྱི་སྐབས་སུ་གཞལ་ཡས་ཁང་གདན་དང་བཅས་པ་བསྐྱེད་པའི་བར་བསྙེན་པའི་ཆོ་ག་ཡིན་ནོ། །དེ་ནས་སྐུ་ཡོངས་སུ་རྫོགས་པ་ཕྱག་རྒྱ་ཆེན་པོའི་གཟུགས་སུ་བསྐྱེད་པ་ནི་ཉེ་བར་སྒྲུབ་པའི་ཡན་ལག་གོ། །དེ་ནས་རྡོ་རྗེ་གསུམ་དབྱེར་མེད་དུ་བྱེད་པ་དང་སེམས་དཔའ་སུམ་བརྩེགས་སུ་བསྒོམ་པ་ནི་སྒྲུབ་པའི་ཡན་ལག་གོ། །དེ་ནས་ཡུམ་གྱི་པདྨ་ནས་དཀྱིལ་འཁོར་གྱི་ལྷ་རྫོགས་པར་སྤྲོས་ཏེ། གདན་ལ་བཀོད་པའི་དཀྱིལ་འཁོར་རྒྱལ་མཆོག་གི་ཏིང་ངེ་འཛིན་དང་ལས་རྒྱལ་མཆོག་གི་ཏིང་ངེ་འཛིན་ཀྱང་སྒྲུབ་པ་ཆེན་པོའི་ཡན་ལག་གོ། །བསྐྱེད་རིམ་གྱི་སྐབས་སུ་ཐུགས་ཀྱི་སྐྱུ་དང་རྫོགས་རིམ་གྱི་སྐབས་སུ་ཡེ་ཤེས་ཀྱི་སྐུར་བསྐྱེད་པ་ཡིན་ནོ། །སངས་རྒྱས་ཡེ་ཤེས་ཞབས་ཀྱི་ལུགས་ལ། བསྙེན་པ་ནི་དམ་ཚིག་པ་བསྐྱེད་པ། ཉེ་བར་སྒྲུབ་པ་ནི་སྐྱེ་མཆེད་བྱིན་གྱིས་རློབས་པ། སྒྲུབ་པ་ཆེན་པོ་ནི་དབང་བསྐུར་ནས་རིགས་ཀྱི་བདག་པོས་རྒྱས་གདབ་པ་ཡིན་པས། ལྷ་གཙོ་བོ་ལྷ་བུ་གཅིག་སྒོམ་པ་ལའང་ཡན་ལག་བཞི་ཚང་བ་ཡིན་ནོ། །མི་གནས་པའི་མྱ་ངན་ལས་འདས་པ་ལ་ཉེ་བས་བསྙེན་པ་དང་། སྒྲུབ་པ་ལ་ཐག་ཉེ་བས་ཉེ་བའི་སྒྲུབ་པ་དང་། ཁམས་གསུམ་ཆོས་ཀྱི་རྒྱལ་པོར་དབང་བསྐུར་བས་སྒྲུབ་པ་ཆེན་པོའོ། །ཡན་ལག་བཞི་དང་རྣལ་འབྱོར་བཞི་དོན་གཅིག་པའི་ཚུལ་སྤྱད་པས་ཤེས་ཤིང་། གཙོ་ཆེར་བསྐྱེད་པའི་རིམ་པ་དང་སྦྱོར་བ་ཡིན་ལ། རྫོགས་པའི་རིམ་པ་ལའང་རྣལ་འབྱོར་བཞི་སྒོམ་པར་གསུངས་ཏེ། འོད་གསལ་སྟོང་པ་ཉིད་རྟོགས་པའི་ཐུགས་རྡོ་རྗེ་དང་། སྒྱུ་ལུས་མཐར་ཕྱིན་པའི་སྐུ་རྡོ་རྗེ་ཟུང་དུ་འཇུག་པའི་སྐུ་ནི་འབྲས་བུ་ཡན་ལག་བདུན་དང་ལྡན་པའི་རྡོ་རྗེ་འཆང་ཡིན་ནོ། །དེ་ལྟར་རྣལ་འབྱོར་བཞི་ནི་བླ་མེད་ཀྱི་ཐེག་པའི་ཏིང་ངེ་འཛིན་སྒོམ་པའི་ཚུལ་ཡིན་གྱིས། ཐེག་པ་ཐ་དད་ཀྱི་རིམ་པ་ནི་མ་ཡིན་ནོ། །

གཉིས་པ་ནི། དེས་ན་རྒྱུད་སྡེ་བཞི་པོ་ཡི། །རྣལ་འབྱོར་རྣལ་འབྱོར་ཆེན་པོ་དང་། །རྣལ་འབྱོར་བཞི་ཡི་རྣལ་འབྱོར་དང་། །རྣལ་འབྱོར་རྣལ་འབྱོར་ཆེན་མི་གཅིག །དཔེར་ན་ཀླུ་ཆེན་པདྨ་དང་། །པདྨ་ཆེན་པོ་ཞེས་བྱ་དང་། །མེ་ཏོག་པདྨ་པད་ཆེན་གཉིས། །མིང་མཐུན་ན་ཡང་དོན་མི་གཅིག །ཅེས་པ། ཐུགས་རྗེ་ཆེན་པོའི་ལུགས་ཀྱིས། རྒྱུད་སྡེ་བཞི་འབྱེད་ལུགས་ཀྱི་རྣལ་འབྱོར་རྣལ་འབྱོར་ཆེན་པོ་ཞེས་བྱ་བ་དང་། རིམ་གཉིས་སྒོམ་པའི་རྣལ་འབྱོར་ཆེན་པོ་དོན་མི་ཅིག་སྟེ། དཔེར་ན་ཀླུ་ཆེན་བརྒྱད་ཀྱི་པདྨ་དང་། པདྨ་ཆེན་པོ་ཞེས་པ་དང་། ཆུ་ནས་སྐྱེས་པའི་མེ་ཏོག་པདྨ་དང་། པདྨ་ཆེན་པོ་ཞེས་པ་མིང་མཐུན་ཀྱང་དོན་མི་གཅིག་པ་བཞིན་ནོ། །དེས་ན་གཞུང་ལུགས

རྣམས་ལས་ཆེག་མཐུན་པར་གསུངས་པ་ཙམ་ལ་བརྟེན་ནས་དོན་ལོག་པར་བཟུང་བ་འདི་འདྲའི་མང་པོ་འབྱུང་བས་མ་འཁྲུལ་བར་བྱའོ། །

གསུམ་པ་ནི། དེས་ན་གསང་སྔགས་གསར་པ་ལ། །རྣལ་འབྱོར་ཆེན་པོའི་བརྟག་ན་ནི། །དེ་བས་ལྷག་པའི་རྒྱུད་སྡེ་མེད། །སྒོམ་པའི་དམིགས་པ་ཉིད་ཀྱང་ནི། །རྣལ་འབྱོར་ཆེན་པོའི་གོང་ན་མེད། །དེ་ལས་སྐྱེས་པའི་ཡེ་ཤེས་ནི། །སྤྲོས་པ་མེད་ཅིང་བརྗོད་བྲལ་བས། །ཐེག་པའི་རིམ་པར་མི་བཞེད་དོ། །ཞེས་པ། སྔགས་གསར་མའི་རྒྱུད་སྡེ་ལ་རྣལ་འབྱོར་བླ་ན་མེད་པའི་གོང་ན་དེ་བས་ལྷག་པའི་རྒྱུད་སྡེ་བསྟན་པ་མེད་ཅིང་། རིམ་པ་གཉིས་ཉམས་སུ་ལེན་པའི་དམིགས་པའང་དེ་བས་ལྷག་པའང་སྒོམ་རྒྱུ་མེད་དོ། །རིམ་གཉིས་ཉམས་སུ་བླངས་པ་ལས་སྐྱེས་པའི་ཡེ་ཤེས་ཕྱག་རྒྱ་ཆེན་པོ་ནི་སེམས་ཉིད་རང་བཞིན་གྱིས་སྤྲོས་པ་མེད་ཅིང་། བརྗོད་པ་དང་བྲལ་བའི་དོན་མངོན་དུ་གྱུར་པ་ལ་མཐར་ཐུག་གི་འབྲས་བུར་གསུངས་པ་ཡིན་གྱིས། ཐེག་པའི་རིམ་པ་ཐ་དད་དུ་མི་བཞེད་དེ། ཐེག་པ་གསུམ་ལས་ས་ལམ་གྱི་རིམ་པ་མང་པོ་ཡོད་ཀྱང་། ཐེག་པ་གསུམ་ལས་གཞན་པའི་ཐེག་པ་མི་བྱེད་པ་ལྟར་རོ། །

ལུགས་འདི་ལེགས་པར་ཤེས་གྱུར་ན། །ཨ་ཏི་ཡོ་གའི་ལྟ་བ་ཡང་། །ཡེ་ཤེས་ཡིན་གྱིས་ཐེག་པ་མིན། །བརྗོད་བྲལ་བརྗོད་བྱར་བྱས་པ་ནི། །མཁས་པའི་དགོངས་པ་མིན་ཞེས་བྱ། །ཞེས་པ། རྣལ་འབྱོར་བླ་ན་མེད་པའི་རྒྱུད་ལས་ལྷག་པའི་རྒྱུད་སྡེ་མེད་ཅིང་། དེའི་ལམ་བསྒོམས་པ་ལས་བྱུང་བའི་ལྷན་ཅིག་སྐྱེས་པའི་ཡེ་ཤེས་བརྗོད་བྲལ་གྱི་དོན་ལེགས་པར་ཤེས་ན་ཐེག་པ་རིམ་པ་དགུའི་ཨ་ཏི་ཡོ་གའི་ལྟ་བ་ཡང་། ཐེག་པ་འོག་མ་ཉམས་སུ་བླངས་པའི་འབྲས་བུ་ཡེ་ཤེས་ཡིན་པར་འདོད་དགོས་ཀྱི། ཐེག་པ་ཐ་དད་མ་ཡིན་ཏེ། ལམ་གྱི་ཐེག་པ་མཐོ་དམན་ལ་ཐེག་པ་མཐོ་དམན་དུ་འཇོག་ན་ཧ་ཅང་ཐལ་ཅིང་ཐེག་པའི་དོན་མ་གོ་བར་ཟད་དོ། །དེ་བས་ན་མཐར་ཐུག་པའི་ཡེ་ཤེས་ལ་ཐ་དད་ཀྱི་ཐ་སྙད་ཀྱི་སྦྱོར་བ་ནི་རྒྱུད་སྡེ་དང་ཐེག་པའི་རྣམ་དབྱེ་ལ་མཁས་པའི་དགོངས་པ་དང་མཐུན་པ་མ་ཡིན་ནོ། དགུ་པ་ལ་གཉིས། ལྟ་བའི་གནས་ལུགས། སྒོམ་པའི་ཁྱད་པར་རོ། །

དང་པོ་ནི། དེས་ན་ཐོས་པའི་ལྟ་བ་ནི། །དབུ་མ་ཡན་ཆད་ཐམས་ཅད་མཐུན། །དེ་ཕྱིར་ལྟ་བའི་ལུང་སྦྱོར་ཀུན། །ཕ་རོལ་ཕྱིན་བཞིན་ཐམས་ཅད་མཛད། །ཅེས་པ། རྡོ་རྗེ་མཁའ་འགྲོའི་འགྲེལ་པར། སེམས་ནི་ཤེལ་ལྟར་རང་བཞིན་གྱིས་རྣམ་པར་དག་པ་རང་རིག་པ་ཙམ་ཡིན་པས་སྐད་ཅིག་སྐད་ཅིག་ལ་རྣམ་པར་རྟོག་པའི་མཚན་ཉིད་ཀྱིས་ཁ་བསྒྱུར་བས་དེ་དང་དེར་སྣང་དུ་ཟིན་ཀྱང་། རང་གིས་མཐོང་དང་ཐོས་པ་ལ་སོགས་པའི་དོན་རྣམས་འཛིན་པར་བྱེད་པ་དེ་ནི། དཔེར་ན་མེ་ལོང་གཡའ་དག་པ་ལ་གཟུགས་བརྙན་སྣང་བ་ལྟར། ལེགས་པར

བྱས་པ་དང་། བདེ་བ་དང་སྡུག་བསྔལ་བ་དང་། ཉོན་མོངས་པ་དང་། ཉེ་བའི་ཉོན་མོངས་པ་དང་། གཟུང་བ་དང་འཛིན་པའི་གློ་བུར་གྱི་དྲི་མ་དང་བྲལ་ནས་རང་གིས་སེམས་ཀྱི་སྣང་བ་ཙམ་དུ་རྟོགས་པར་འགྱུར་རོ་ཞེས་བྱ་བའི་དོན་ཏོ། །དེ་ཡང་གསུངས་པ། ཆོས་རྣམས་འདི་ཀུན་སྟོང་པ་སྟེ། །རྟེན་ཅིང་འབྲེལ་འབྱུང་སྡོམ་པ་ཡིན། །ཞེས་པ་དང་། བག་ཆགས་ཀྱིས་དཀྲུགས་པའི་དབང་གིས་མེད་བཞིན་དུའང་དོན་བྱེད་པ་ལ་ནི་འགལ་བ་མེད་དེ། འདི་ལྟར་གཅིག་དང་དུ་མ་དང་བྲལ་བའི་རིགས་པས་གནོད་པའི་ཕྱིར་རོ། །དེ་ཙམ་ཞིག་གིས་དོན་དམ་པར་ཡོད་པ་ནི་མ་ཡིན་ཏེ། བག་ཆགས་ཀྱིས་དཀྲུགས་པའི་སེམས་ཙམ་ངོ་བོ་ཉིད་ཀྱི་དོན་དུ་སྣང་བར་འབྱུང་གི །འདི་ལ་ཕྱི་རོལ་གྱི་དོན་དུ་ཡོད་པ་མ་ཡིན་ཏེ། སློབ་དཔོན་དབྱིག་གཉེན་གྱིས་གསུངས་པ། འདི་དག་རྣམ་པར་རིག་ཙམ་ཉིད། །ཡོད་པ་མ་ཡིན་དོན་སྣང་ཕྱིར། །དཔེར་ན་རབ་རིབ་ཅན་རྣམས་ཀྱིས། །སྐྲ་ཟླ་ལ་སོགས་མེད་སྣང་བཞིན། །ཞེས་པ་དང་། བཅོམ་ལྡན་འདས་ཀྱིས། ཀྱེ་རྒྱལ་བའི་སྲས་དག་ཁམས་གསུམ་པོ་འདི་དག་ནི་སེམས་ཙམ་མོ། །ཞེས་གསུངས་སོ། །དེ་ཉིད་འདུས་པར། རིགས་ཀྱི་བུ་རང་གི་སེམས་དེ་ནི་རང་བཞིན་གྱིས་རྣམ་པར་དག་ཅིང་འོད་གསལ་བ་ཡིན་ཏེ། དེ་ལ་ཇི་ལྟ་ཇི་ལྟར་བརྟགས་པ་དེ་ལྟ་དེ་ལྟར་འགྱུར་ཏེ། དཔེར་ན་སྣམ་བུ་དཀར་པོ་ཚོན་གྱིས་ཁ་བསྒྱུར་བ་བཞིན་ནོ། །ཞེས་གསུངས་སོ། །ཡང་། གློག་དང་ཆུ་བུར་ཞེས་བྱ་བ་འདིས་ནི་མི་རྟག་པ་ཉིད་བསྟན་པས་སྟོང་པ་ཉིད་ལ་འཇུག་པ་སྟོན་པ་ཡིན་ལ། རྣམ་སྨིན་ཞེས་བྱ་བ་ནི་ལས་དང་ཉོན་མོངས་པའི་བག་ཆགས་ཀྱི་གཞིར་གྱུར་པ་ཀུན་གཞི་རྣམ་པར་ཤེས་པའོ། །ཞེས་པ་དང་། གཟུགས་བརྙན་ལ་སོགས་པའང་དངོས་པོ་ཉིད་དུ་རུང་བ་མ་ཡིན་ཏེ། བཞིན་ཁ་ཤར་དུ་ལྟས་བཞིན་པའི་གཟུགས་བརྙན་ནུབ་ཏུ་བལྟས་པར་སྣང་བ་དང་། བཞིན་ཆེན་པོ་གཟུགས་བརྙན་ཆུང་ངུར་སྣང་བ་དང་། ཆུ་འགྲམ་གྱི་ལྗོན་ཤིང་གྱེན་དུ་བལྟས་པའང་རྩེ་མོ་ཐུར་དུ་བལྟས་པར་སྣང་བའི་ཕྱིར། འདི་དག་གི་སྤྲོས་པ་དབུ་མའི་བསྟན་བཅོས་སུ་བལྟ་བར་བྱའོ། །དེ་ལྟར་ན་ངོ་བོ་ཉིད་མེད་པ་སེམས་ཀྱི་སྣང་བ་ཙམ་དུ་བསྟན་པ་འདིས་ཆོས་ལ་བདག་མེད་པ་ཉིད་དུ་འཇུག་པར་འགྱུར་རོ། །ཞེས་པ་ནས། ཀུན་བཏགས་པའི་བདག་ཉིད་དེས་ནི་བདག་མེད་ཀྱི་སངས་རྒྱས་རྣམས་ཀྱི་ཡུལ་གང་ཡིན་པ་བརྗོད་དུ་མེད་པའི་བདག་ཉིད་ཀྱིས་ནི་མེད་པའང་མ་ཡིན་ནོ། །དོན་འདི་ནི་གསང་བ་འདུས་པ་ལས་ཀྱང་གསུངས་ཏེ། དངོས་པོ་ཐམས་ཅད་དང་བྲལ་བ། །ཕུང་པོ་ཁམས་དང་སྐྱེ་མཆེད་ཀྱི། །གཟུང་དང་འཛིན་པ་རྣམ་སྤངས་པ། །ཆོས་བདག་མེད་དང་མཉམ་པ་ཉིད། །རང་སེམས་གདོད་ནས་མ་སྐྱེས་པ། །སྟོང་པ་ཉིད་ཀྱི་རང་བཞིན་ནོ། །ཞེས་སོ། །འདིའི་དགོངས་པ་ནི། ཤེལ་སྒོང་དྲི་མ་མེད་པ་ཟ་འོག་གི་སྟེང་དུ་གཞག་པ་ལྟར་སེམས་རང་བཞིན་གྱིས་འོད་གསལ་བ་དེ་ཉིད་བདེན་པར་མ་གྲུབ་པའི་ཕྱིར། རྒྱུད་འདིར་དབང་དང་རིམ་

གཉིས་ཀྱི་ཐབས་ཟབ་ཅིང་རྒྱ་ཆེ་བའི་རྐྱེན་གྱིས་ལྷན་ཅིག་སྐྱེས་པའི་ཡེ་ཤེས་ཆེན་པོར་བསྒྱུར་བ་ཡིན་ནོ། །གདན་བཞིར། ཤེལ་དང་མཚུངས་པ་དག་པའི་སེམས། །སེམས་ལ་སྐྱོན་དང་ཡོན་ཏན་མེད། །ཡུལ་རྣམས་དང་ནི་ཕྲད་པ་ཡིས། །སྲིད་པའི་རྐྱེན་གྱིས་གོས་པ་ཡིན། །ཞེས་པ་དང་། མཚན་ཉིད་མེད་པའི་སེམས་ཀྱིས་ནི། །མཚན་ཉིད་ཐམས་ཅད་སྟེར་བ་པོ། །དངོས་པོ་མེད་པར་སྒོམ་པ་ཡིས། །རྣམ་པ་ཐམས་ཅད་མཆོག་པར་བྱ། །ཞེས་པ་དང་། འཕགས་པ་ལྷའི་ཞལ་སྔ་ནས། ཇི་ལྟར་ཤེལ་སྒོང་དག་པ་ནི། །ཁ་དོག་གཞན་གྱིས་སྒྱུར་བར་བྱེད། །དེ་བཞིན་རིན་ཆེན་སེམས་འདི་ཡང་། །རྟོག་པའི་མཚོན་གྱིས་བསྒྱུར་བ་ཉིད། །ཐ་མལ་རྟོག་པའི་ཚོན་གྱིས་ནི། །རིན་ཆེན་སེམས་ནི་དཔེན་གྱུར་ན། །གདོད་ནས་དག་པ་མ་སྐྱེས་པ། །རང་གི་རང་བཞིན་དྲི་མེད་པས། །རྟག་ཏུ་རྣལ་འབྱོར་པས་གོམས་བྱ། །ཞེས་གསུངས་པས། ཆོས་ཐམས་ཅད་རང་བཞིན་གྱིས་སྟོང་པ་ཉིད་དུ་རྟོགས་པའི་ཤེས་རབ་གནས་ལུགས་རྟོགས་པའི་ལྟ་བར་བཞེད་པ་ལ། ཕ་རོལ་ཏུ་ཕྱིན་པའི་ཐེག་པ་ནས་རྣལ་འབྱོར་བླ་ན་མེད་པའི་བར་དུ་ཁྱད་པར་མེད་པས་རྒྱུད་ཀྱིས་འགྲེལ་པ་རྣམས་སུ་ཡང་། ཕ་རོལ་ཏུ་ཕྱིན་པའི་སྡེ་སྣོད་དང་བསྟན་བཅོས་ཀྱི་ལུང་རྣམས་ལྟ་བའི་སྒྲུབ་བྱེད་དུ་འགོད་པར་མཛད་དེ། སྤྱོད་བསྡུས་སུ་བརྒྱུད་སྟོང་པའི་ལུང་དྲངས་པ། བཅོམ་ལྡན་འདས། གལ་ཏེ་ཆོས་ཐམས་ཅད་དབེན་པ་དང་སྟོང་པ་ལགས་ན། ཇི་ལྟར་ན་སེམས་ཅན་རྣམས་ཀྱི་ཀུན་ནས་ཉོན་མོངས་པ་འབྱུང་བར་འགྱུར། ཇི་ལྟར་རྣམ་པར་བྱང་བར་འགྱུར། དབེན་པ་ནི་ཀུན་ནས་ཉོན་མོངས་པར་ཡང་མི་འགྱུར། རྣམ་པར་བྱང་བར་མི་འགྱུར། བཅོམ་ལྡན་འདས། དབེན་པའི་སྟོང་པ་ཉིད་ནི་བླ་ན་མེད་པ་ཡང་དག་པར་རྫོགས་པའི་བྱང་ཆུབ་ཏུ་འཚང་མི་རྒྱ་ལ། དབེན་པ་དང་སྟོང་པ་ཉིད་ལས་གུད་ན་མངོན་པར་རྫོགས་པར་འཚང་རྒྱ་བའི་ཆོས་དེ་དམིགས་སུ་མ་མཆིས་ན། དོན་དེ་ཇི་ལྟར་འཚལ་བར་བགྱི།

བཅོམ་ལྡན་འདས་ཀྱིས་བཀའ་སྩལ་པ། རབ་འབྱོར་སེམས་ཅན་རྣམས་ཡུན་རིང་པོ་ནས་ངར་འཛིན་པ་དང་། ངཡིར་འཛིན་པ་ལ་སྤྱོད་དམ། གསོལ་པ། སེམས་ཅན་རྣམས་ཡུན་རིང་པོ་ནས་ངར་འཛིན་པ་དང་། ང་ཡིར་འཛིན་པ་ལ་སྤྱོད་དོ། །བཀའ་སྩལ་པ། ངར་འཛིན་པ་དང་ངཡིར་འཛིན་པ་སྟོང་པ་ཡིན་མོད། གསོལ་པ། སྟོང་པ་ལགས་སོ། །བཀའ་སྩལ་པ། ངར་འཛིན་པ་དང་ངཡིར་འཛིན་པས་སེམས་ཅན་རྣམས་འཁོར་བར་འཁོར་རམ། གསོལ་པ། ངར་འཛིན་པ་དང་ངཡིར་འཛིན་པས་སེམས་ཅན་རྣམས་འཁོར་བར་འཁོར་རོ། །བཀའ་སྩལ་པ། དེ་ལྟར་སེམས་ཅན་རྣམས་ཀུན་ནས་ཉོན་མོངས་པ་དང་རྣམ་པར་བྱང་བར་སྣང་ངོ་། །ཞེས་པ་དང་། ལས་ཀྱི་སྒྲིབ་པ་ཐམས་ཅད་རྣམ་པར་དག་པའི་མདོ་དྲངས་པ། སྐྱེ་བ་མེད་པ་སྐྱེ་བ་དང་འགག་པ་དང་། ཀུན་ནས་ཉོན་མོངས་པ་དང་རྣམ་པར་བྱང་བར་འགྱུར་རམ། གསོལ་བ་དེ་ནི་མ་ལགས་སོ། །བཀའ་སྩལ་པ། ཆོས་

ཐམས་ཅད་ནི་དེ་ལྟར་འོད་གསལ་བ་ཡིན་ན། སྐྱེ་བ་མེད་པའི་ཆོས་རྣམས་དམྱལ་བ་དང་། དུད་འགྲོ་དང་གཤིན་རྗེའི་འཇིག་རྟེན་དུ་སྐྱེ་བར་འགྱུར་རམ། གསོལ་པ། སྐྱེ་བ་མེད་པ་ཉིད་ཀྱང་མ་མཆིས་ན་ངན་འགྲོར་འགྲོ་བ་ལྟ་ག་ལ་མཆིས། བཀའ་སྩལ་པ། ཆོས་ཐམས་ཅད་ནི་དེ་ལྟར་འོད་གསལ་བ་ཡིན་ན། བྱིས་པ་རྣམས་ཀྱིས་ཡང་དག་པ་མ་ཡིན་པའི་ཆོས་ལ་བཏགས་ཤིང་། གསོག་དང་བསོ་བ་ལྟ་བུའི་ཆོས་མ་བཏགས་པས་དམྱལ་བ་དང་དུད་འགྲོ་དང་གཤིན་རྗེའི་འཇིག་རྟེན་དུ་འགྲོ་བར་འགྱུར་རོ། །སེམས་ཅན་ཀུན་ནས་ཉོན་མོངས་པས་སེམས་ཅན་རྣམས་ཉོན་མོངས་པར་འགྱུར། སེམས་ཅན་རྣམ་པར་དག་པས་སེམས་ཅན་རྣམས་རྣམ་པར་དག་པར་འགྱུར་རོ། །ཞེས་པ་དང་། ཀླུ་སྒྲུབ་ཀྱི་ཞལ་སྔ་ནས། འདི་དག་ཐམས་ཅད་སེམས་ཙམ་སྟེ། །སྒྱུ་མའི་རྣམ་པར་ཡང་དག་འབྱུང་། །དེས་ན་དགེ་དང་མི་དགེའི་ལས། །དེས་ནི་བདེ་འགྲོ་ངན་འགྲོར་སྐྱེ། །ཞེས་གསུངས་སོ། །དེ་ལྟར་དེ་བཞིན་གཤེགས་པས་སེམས་ཅན་ལ་སྙིང་རྗེ་ཆེན་པོས་གཟིགས་ནས་ཀུན་རྫོབ་ཀྱི་བདེན་པ་ཡང་དོན་དམ་པའི་བདེན་པས་རྣམ་པར་སྦྱངས་ནས་ཡང་དག་པའི་བདག་ཉིད་ཅན་གྱི་ཏིང་ངེ་འཛིན་ལ་འཛོག་པ་ཡིན་no། །ཞེས་གསུངས་སོ། །ཆོས་རྗེ་ཉིད་ཀྱི་ཞལ་སྔ་ནས་ཀྱང་། ཕྱི་རོལ་སྤྱོད་ན་མདོ་སྡེ་པའི། །གྲུབ་མཐའ་དངོས་པོ་སྟོབས་ཞུགས་ཡིན། །མདོ་ལས། མིག་ལ་བརྟེན་ཅིང་གཟུགས་ལ་དམིགས་ནས་མིག་གི་རྣམ་པར་ཤེས་པ་བསྐྱེད་དོ། །ཞེས་གསུངས་པས། རྐྱེན་བཞི་ལ་བརྟེན་ནས་རྣམ་པར་ཤེས་པ་སྐྱེ་བར་སྒྲུབ་པ་སྐབས་འདིར་དངོས་སྟོབས་ཡིན་no། །དེས་ན་ཐོགས་མེད་སྐུ་མཆེད། ཕྱོགས་གླང་ཆོས་གྲགས། མདོ་སྡེ་པ་ལྟར་མཛད་པའི་རྒྱུ་མཚན་དེ་ཡིན་no། །ཕྱི་རོལ་དོན་རྣམས་འགོག་པ་ན། །རྣམ་རིག་དངོས་པོ་སྟོབས་ཞུགས་ཡིན། །ལྐན་ཅིག་དམིགས་ངེས་དང་དོན་གཅིག་ལ་སྣང་བ་ཐ་དད་ལ་སོགས་པའི་གཏན་ཚིགས་དངོས་སྟོབས་ཡིན། མདོ་ལས། བག་ཆགས་ཀྱིས་ནི་དཀྲུགས་པའི་སེམས། །དོན་དུ་སྣང་བ་རབ་ཏུ་འབྱུང་། །དོན་ཡོད་མ་ཡིན་སེམས་ཉིད་དེ། །ཕྱི་རོལ་དོན་མཐོང་ལོག་པ་ཡིན། །ཞེས་པའི་དོན་རིགས་པས་སྒྲུབ་ན། གཟུང་བ་ཕྱི་རོལ་གྱི་དོན་ཡིན་པ་ཁེགས་པས། གཟུང་བ་མེད་ན་འཛིན་པ་མེད། །ཅེས་པས་འཛིན་པ་ཁེགས་ཤིང་། གཟུང་འཛིན་དངོས་པོ་སྟོབས་ཞུགས་ཀྱི་རིགས་པས་ཁེགས་པས། གཉིས་མེད་ཀྱི་རང་རིག་མྱོང་བས་གྲུབ་སྟེ། གཟུང་དང་འཛིན་པ་མེད་པའི་ཕྱིར། །དེ་ནི་དེ་ལྟར་རང་ཉིད་གསལ། །ཞེས་པ་ལྟར་རོ། །ཡང་ཐ་དད་སྣང་བ་ཐ་དད་ཀྱི་གང་ཟག་ལ་རང་རང་གི་སྣང་ངོར་མི་དང་ཡི་དྭགས་ལ་ངོམས་པ་དང་། སྲིག་པའི་དོན་བྱེད་ནུས་པར་སྣང་བ་ཆུ་དང་མེ་ལྟ་བུ་དངོས་པོ་སྟོབས་ཞུགས་ཡིན་no། །ཆོས་ཉིད་གཏན་ལ་འབེབས་པ་ན། །དབུ་མའི་གཏན་ཚིགས་དངོས་སྟོབས་ཡིན། །རང་རྒྱུད་པའི་རྡོ་རྗེ་གཟུགས་མ་དང་མུ་བཞི་སྐྱེ་འགག་ལ་སོགས་པ་དང་། ཐལ་འགྱུར་བའི་བསྒྲུབ་བྱ་དང་མཚུངས་པ་དང་། རྒྱུ་མཚན་མཚུངས་པ་ལ་སོགས་དངོས་པོ་

སྟོབས་ཞུགས་ཡིན་ནོ། །དངོས་པོ་ཁས་ལེན་ན་བྱས་ཡོད་ཀྱི་རྟགས་ཀྱིས་མི་རྟག་པ་སྒྲུབ་པ་དངོས་པོ་སྟོབས་ཞུགས་ཡིན་ཀྱང་། དབུ་མ་པ་ཆོས་ཐམས་ཅད་རང་བཞིན་ཡོད་པ་ལ་མ་ཡིན་ནོ། །མདོ་ལས། ཤཱ་རིའི་བུ། སེམས་མེད་པ་ལ་ཡོད་པའམ་མེད་པ་ཞེས་བྱ་བ་ལྟ་དམིགས་སུ་ཡོད་དམ་ཞེས་གསུངས་པའི་ཕྱིར་རོ། །དེ་ཕྱིར་མཁས་པ་ཐམས་ཅད་ཀྱི། །གཞུང་ལུགས་ཐམས་ཅད་དེ་ལྟར་ཡོད། །ཅེས་པ་སངས་རྒྱས་ཀྱི་བསྟན་པའི་གྲུབ་མཐའ་ལ་རིམ་གྱིས་འཇུག་པའི་ཚུལ་ལེགས་པར་གསུངས་པ་ཡིན་ཏེ། རྣམ་རིག་ལེགས་པར་རྟོགས་ན་དབུ་མའི་དེ་ཁོ་ན་ཉིད་ཕྱིན་ཅི་མ་ལོག་པར་ཁོང་དུ་ཆུད་པར་འགྱུར་རོ། །ཞེས་རྣམ་འགྲེལ་མཛད་པའི་དགོངས་པ་དེ་ཡིན་ནོ། །ཞེས་གསུངས་སོ། །

གཉིས་པ་ལ་གཉིས། མདོར་བསྟན་པ་ནི། དེ་རྟོགས་པ་ཡི་ཐབས་ལ་ནི། །ཐེག་པའི་རིམ་པ་ཡོད་པ་ཡིན། །རྒྱུད་སྡེ་བཞི་ཡི་སྒྲུབ་པ་ཡང་། །འབྲུལ་པར་བྱས་ན་དངོས་གྲུབ་རིང་། །ཞེས་པ། དེ་ཁོ་ན་ཉིད་ཀྱི་ལྟ་བ་དེ་རྟོགས་པར་བྱེད་པའི་ཐབས་ལ་ཕྱི་མཚན་ཉིད་ཀྱི་ཐེག་པ་དང་། ནང་གསང་སྔགས་ཀྱི་ཐེག་པ་གཉིས་སུ་ཡོད་ཅིང་། སྔགས་ལ་རྒྱུད་སྡེ་བཞི་ཡོད་པས་རང་རང་གི་ཐབས་ལྷག་ཆད་ནོར་བར་བྱས་ན་དགོས་པ་དང་ཉིང་དགོས་འབྱུང་བཤིན་ཏུ་རིང་ངོ་། །གཉིས་པ་རྒྱས་བཤད་ལ་གསུམ། བྱ་བའི་རྒྱུད་ཀྱི་ལུགས། རྒྱུད་སྡེ་བར་མའི་ལུགས། བླ་མེད་ཀྱི་རྒྱུད་ཀྱི་ལུགས་སོ། །

དང་པོ་ནི། བྱ་བའི་རྒྱུད་ལ་བདག་བསྐྱེད་མེད། །ཁྲིས་སྐུ་མཆེད་ནས་གསོལ་བ་འདེབས། །བདག་བསྐྱེད་སྒྲུབ་ཐབས་ཡོད་པ་ནི། །རྣལ་འབྱོར་རྒྱུད་ཀྱི་རྗེས་འབྲངས་ནས། །དེ་ཡི་ལུགས་བཞིན་མཛད་པ་ཡིན། །ཞེས་པ; རྒྱུད་སྡེའི་རང་ལུགས་ལ་བདག་ཉིད་ལྷར་བསྐྱེད་པ་དང་། ཡེ་ཤེས་པ་གཞུག་པ་དང་། དབང་བསྐུར་བ་ལ་སོགས་གསུངས་པ་མེད་ཅིང་། འདི་ནས་གསུངས་པའི་ལྷ་རིགས་གསུམ་མགོན་པོ་དང་། གཟུངས་གྲྭ་ལྔ་ལ་སོགས་པ་ལ་བདག་བསྐྱེད་ཀྱི་སྒྲུབ་ཐབས་འཕགས་པ་ཀླུ་སྒྲུབ་དང་། ཙནྡྲ་གོ་མི་དང་། ཛེ་ཏ་རི་ལ་སོགས་པས་མཛད་པ་ནི་རྣལ་འབྱོར་གྱི་རྒྱུད་ལས་གསུངས་པ་དང་ཆ་འདྲ་བར་བཀོད་པ་ཡིན་ཏེ། འོན་ཀྱང་ལྷ་བསྐྱེད་ཚུལ་དང་ཕྱག་རྒྱ་བཞི་ཡི་རྒྱས་འདེབས་པ་ལ་སོགས་པ་བསྐྱེད་ཚོག་ཚང་བར་མ་མཛད་པ་ནི་དེ་ཙམ་ཞིག་གིས་གདུལ་བྱའི་དོན་འགྲུབ་པར་དགོངས་པ་ཡིན་ནོ། །

དེ་ལྟར་བྱེད་ན་སྟུང་གནས་མེད། །བདག་ཉིད་ལྷ་རུ་བསྐྱེད་པ་ལ། །མཆོད་ན་བསོད་ནམས་བརྟས་ན་སྡིག །གལ་ཏེ་སྟུང་གནས་བྱེད་འདོད་ན། །རང་ཉིད་ཐ་མལ་ང་རྒྱལ་གྱིས། །ཁྲིས་སྐུ་ཚོག་བཞིན་ཁྲིས་ལ། །རྗེ་དཔོན་བཞིན་དུ་དངོས་གྲུབ་བླང་། །ཞེས་པ། བདག་ཉིད་ལྷར་བསྒོམ་ན་གཙང་སྦྲ་དང་དཀར་གསུམ་ལ་བརྟེན་

པའི་བསྙེན་སྒྲུབ་བྱེད་པ་ཡིན་གྱིས། སྒྲུབ་བར་གནས་པ་མི་བྱེད་དེ། ཡི་དམ་གྱི་ལྷ་ལ་མཆོད་པ་ཕུལ་ནས་བསྟོད་ནམས་ཐོབ་ཅིང་། འོ་རྒྱལ་བར་བྱས་ན་སྡིག་པར་འགྱུར་བའི་ཕྱིར། སྒྲུབ་གནས་ཀྱི་དཀའ་ཐུབ་བྱེད་ན་སྒྲུབ་པ་པོ་རང་ཉིད་རྣམ་སྨིན་གྱི་ལུས་ཐ་མལ་པའི་འདུ་ཤེས་ཀྱིས། རྒྱུད་ལས་གསུངས་པའི་ཆོ་ག་བཞིན་དུ་ལེགས་པར་བྲིས་པའི་རས་བྲིས་མདུན་དུ་བཞུགས་པ་ལ། མཆོད་བསྟོད་དང་། གཟུངས་སྔགས་བཟླས་པ་དང་། འདོད་པའི་དོན་ལ་གསོལ་བ་འདེབས་ཤིང་། དངོས་གྲུབ་བླང་བའི་ཆོ་ག་རལ་གྲི་དང་། དབྱུ་སྐ་དང་། ཞགས་པ་དང་། པདྨ་དང་། ནོར་བུ་དང་། མིག་སྨན་ལ་སོགས་པའི་དངོས་གྲུབ་ཀྱི་རྫས་རྣམས་མདུན་དུ་བཞག་ནས་གྲུབ་པའི་རྟགས་བྱུང་བ་དང་། རལ་གྲི་བླངས་པས་མཁའ་སྤྱོད་འགྲུབ་པ་དང་། རིལ་བུ་ཟོས་པས་ཤེས་རབ་འཕེལ་བ་ལ་སོགས་པ་འབྱུང་ཞིང་། གསང་སྔགས་ཡི་གེ་ལྷག་ཆད་བྱུང་བ་ལའང་། ཤོག་བུ་དང་སྣག་ཚ་དང་སྨྱུག་མ་སྐྱ་གཟུགས་ཀྱི་མདུན་དུ་བཞག་སྟེ། གསོལ་བ་བཏབ་པས་ཞུས་དག་མཛད་པར་འགྱུར་ཏེ། དེའང་རྡོ་རྗེ་འབང་གི་ཚུལ་དུ་སྒྲུབ་པ་ཡིན་ནོ། །དེ་ལ་ཤ་ཆང་གཏོར་མ་མེད། །གླུ་རྩེ་ལ་སོགས་སྒྲོག་ཆགས་དང་། །འབྲེལ་པའི་མཆོད་པ་ཐམས་ཅད་སྤོངས། །གྱུ་ལང་མཆོད་པའི་ལྷག་མ་དང་། །གཏོར་མའི་ཁ་ཟས་འདིར་མི་ཟ། །ཞེས་པ། མཆོད་པའི་ཡོ་བྱད་ཀྱང་ཤ་ཁྲག་དང་ཆང་དང་ལ་ཕུག་ལ་སོགས་པའི་གཏོར་མ་མི་བྱེད་ཅིང་། དེ་བཞིན་དུ་སྤོས་ལའང་གླུ་རྩེ་དང་ནག་ལ་སོགས་སྒྲོག་ཆགས་ལས་བྱུང་བ་དང་། ཚང་གིས་སྤྲངས་པ་མི་བྱ། འཇིག་རྟེན་པའི་ལྷ་དབང་ཕྱུག་དང་སྲིད་མེད་ཀྱི་བུ་ལ་སོགས་པ་མཆོད་པའི་ལྷག་མ་དང་། ཡི་དམ་གྱི་ལྷ་ལ་ཕུལ་བའི་གཏོར་མ་དང་ལྷ་བཤོས་དང་འབྲས་ཆན་དང་འོ་ཐུག་ལ་སོགས་པ་མི་བཟའ་ཞིང་།

ལྷ་ལ་ཕུལ་བའི་དམན་མ་སོགས། །ཟས་དང་འགྲོམ་པ་གཉིས་ཀ་བཀག །དཀར་གསུམ་ལ་སོགས་ཁ་ཟས་དང་། །གཙང་སྦྲ་ལ་སོགས་བརྟུལ་ཞུགས་ཀྱིས། །བྱ་བའི་རྒྱུད་ཀྱིས་གསང་སྔགས་འགྲུབ། །ཅེས་པ། མཆོད་པ་དང་མེ་ཏོག་ལ་སོགས་ལྷ་ལ་ཕུལ་བའི་མཆོད་རྫས་རྙིང་པ་དང་། རོལ་མོའི་ཡོ་བྱད་ལ་འགོམ་པ་སྤང་བར་བྱའོ། །འོ་མ་དང་ཞོ་དང་འབྲས་ཆན་ལ་སོགས་པའི་ཁ་ཟས་གཙང་མ་བཟའ་ཞིང་། ཕྱི་དྲོའི་ཁ་ཟས་སྤྲངས་ཏེ༑ གཙང་སྦྲ་དང་ལྡན་པས་བྱ་བའི་རྒྱུད་ནས་གསུངས་པའི་གསང་སྔགས་འགྲུབ་པར་འགྱུར་རོ། །བསམ་གཏན་ཕྱི་མ་ལས། སྒྲ་དང་སེམས་དང་བཞི་ལ་གཞོལ། །གསང་སྔགས་མི་འགྱུར་གཞི་ལ་གནས། །ཡན་ལག་མ་ཉམས་གསང་སྔགས་བཟླས། །ངལ་ན་བདག་ལ་ངལ་གསོས་ཤིག །ཅེས་གསུངས་པའི་ཉམས་ལེན་རང་ལྷ་ཡི་ང་རྒྱལ་བྱས་པའི་གཞི་དང་། མདུན་དུ་རང་ཉིད་དང་འདྲ་བའི་ལྷ་སྒོམ་པའི་གཞི་གཉིས་དང་། མདུན་གྱི་ཐུགས་ཀར་ཟླ་བའི་དཀྱིལ་འཁོར་བཀོད་པའི་བསམ་དང་། དེ་ལ་བཟླས་པ་བྱ་བའི་སྔགས་རྣམས་ཤེལ་གྱི་ཕྲེང་

བ་ལྟར་བཀོད་པ་སྲ་དང་། དེ་དག་ལས་གཞན་དུ་སེམས་མ་སྤྲོས་པར་དམིགས་པ་ལ་གཞོལ་བའི་སྒོ་ནས་ལྷའི་སྣང་བ་ལས་གཞན་དུ་སེམས་མ་ཡེངས་པས་མི་འགྱུར་བའི་ངང་ནས་རླུང་དལ་བུས་བསྡམས་ཏེ། དམ་ཚིག་གི་ཕྱག་རྒྱ་བཅས་ནས་ཡིད་ཀྱིས་སྣགས་བཟླས་ཤིང་། རླུང་ཕྱིར་གཏོང་བའི་ཚེ་ལྟར་གསལ་བ་ལ་སེམས་ཀྱིས་ལྟ་ཞིང་། ཅི་ནུས་སུ་བསྐྱབས་ནས་ཐུན་མཚམས་སུ་ངལ་གསོ་བའི་ཚེ། རང་རྣམ་སྨིན་གྱི་ལུས་ཐ་མལ་པའི་ངང་དུ་ལྡང་བ་ཡིན་ནོ། །སློབ་དཔོན་ཆེན་པོ་སངས་རྒྱས་གསང་བའི་འགྲེལ་པར། བྱ་སྤྱོད་གཉིས་ཀའི་ལྷ་སྒྲུབ་ཚུལ་འདི་བཞིན་གསུངས་ཏེ། བདག་ལྟར་སྒོམ་པ་ཙམ་ཞིག་འདུག་ནའང་། ས་བོན་དང་ཕྱག་མཚན་ལས་བསྐྱེད་པ་ལ་སོགས་གང་ཡང་མི་སྣང་བས། གོང་དུ་བཤད་པའི་རྣལ་འབྱོར་རྒྱུད་ཀྱི་རྒྱས་བཀབ་ནས་བདག་བསྐྱེད་བྱེད་པའི་ཚུལ་གྱིས་བྱ་རྒྱུད་ལ་བདག་བསྐྱེད་ཡོད་པའི་སྒྲུབ་བྱེད་དུ་མི་འགྱུར་བར་སྣང་ངོ། །

གཉིས་པ་ནི། སྤྱོད་དང་རྣལ་འབྱོར་རྒྱུད་གཉིས་སུ། །ལས་ཚོགས་སྒྲུབ་པ་འགའ་ཞིག་ལ། །གཞན་དུ་དཀའ་ཐུབ་སྲུང་གནས་སོགས། །བརྟུལ་ཞུགས་ཁྱད་པར་གཙོར་མི་མཛད། །རང་ཉིད་ལྷ་ཡི་རྣལ་འབྱོར་སྒོམ། །ཞེས་པ། རྒྱུད་སྡེ་གཉིས་པོ་འདི་སོ་སོར་ཐར་པའི་བསླབ་པ་གཞིར་བཟུང་ནས་བསྙེན་གྲུབ་བྱེད་པ་ཡིན་པས་བྱ་བའི་རྒྱུད་ཚུལ་མཐུན་པར་གཙང་སྦྲ་དང་བརྟུལ་ཞུགས་ལ་གནས་པ་ཡིན་མོད་ཀྱི། ལས་ཚོགས་སོ་སོ་སྒྲུབ་པའི་སྐབས་སུ་ངེས་པ་ཡིན་ཏེ། ཕྱག་ན་རྡོ་རྗེ་དབང་བསྐུར་བའི་རྒྱུད་ལས། དེས་ཟས་མི་འཚོལ་བར་ལག་ན་རྡོ་རྗེ་ལ་བལྟ་ཞིང་། ལན་འབུམ་བཟླས་བརྗོད་བགྱིས་ན་རྒྱལ་སྲིད་ཐོབ་པར་འགྱུར། ཞེས་པ་དང་། དེས་དུར་ཁྲོད་དུ་དུ་བ་འཐུལ་བར་ཟས་སུ་ཤ་འཚོལ་ཞིང་། གོས་སྔོན་པོ་བགོས་ཏེ་ལག་ཏུ་རལ་གྲི་ཐོགས་ལ་སྙིང་པོ་འདི་ལན་འབུམ་བཟླས་བརྗོད་བགྱིའོ། །ཞེས་པ་དང་། རྡོ་རྗེ་ས་འོག་གི་རྒྱུད་དུ། བཅོམ་ལྡན་འདས་ཕྱག་ན་རྡོ་རྗེ་དང་གནོད་སྦྱིན་རྣམས་ལ་དཀར་གསུམ་གྱིས་མཆོད་པར་བྱའོ། །ཆང་ནི་ཀུན་ཏུ་སྤྱང་བར་བགྱིའོ། །ཤ་རྣམས་ནི་འོས་པ་དང་ཤེས་པ་དྲང་བར་བྱའོ། །ཞེས་པ་དང་། རྡོ་རྗེ་རྩེ་མོར་ཡང་། གང་དུ་སྡིག་པར་མི་འགྱུར་བ། །ཐམས་ཅད་ཟ་ཞིང་ཐམས་ཅད་ལེན། །ལུས་ནས་ལྷག་མར་གྱུར་པ་སྤྲངས། །ཞེས་གསུངས་སོ། །སྨྲུང་བར་གནས་པ་ལ་སོགས་དཀའ་ཐུབ་ཀྱི་སྤྱོད་པ་མ་གསུངས་སོ། །

གླ་རྩིའི་རི་བུ་ལ་སོགས་པ། །སྲོག་ཆགས་ཡན་ལག་ལས་བྱུང་བའི། །མཆོད་པ་རྣམས་ཀྱང་འདིར་མི་འགོག །སངས་རྒྱས་མཆོད་པའི་ལྷག་མ་རྣམས། །སྡིག་པ་སྤོང་ཕྱིར་བཟའ་འོ་ཞེས། །རབ་ཏུ་གནས་པའི་རྒྱུད་ལས་གསུངས། །འབྱུང་པོའི་གཏོར་མ་འདིར་མི་བཟའ། །ཞེས་པ། གླ་རྩི་དང་སྦྲུར་བའི་སྤོས་ཀྱི་རིལ་བུ་དང་། ཤ་དང་བཅས་པའི་གཏོར་མ་ལ་སོགས་སྲོག་ཆགས་དང་འབྲེལ་བའི་མཆོད་པ་མ་བཀག་ཅིང་། དཀོན་མཆོག་

མཆོད་པའི་ལྷག་མ་ཙ་རུའི་བཟའ་བ་ཐོབས་ན་སྡིག་པ་བྱང་བར་འགྱུར་བས་བཟའ་བར་བྱའོ་ཞེས་རབ་ཏུ་གནས་པའི་རྒྱུད་ལས་གསུངས་ཏེ། བདེ་གཤེགས་ལྷག་མ་འདི་དག་ནི། །ཐོ་ཤིག་སྡིག་པ་སྦྱང་བར་འགྱུར། །ཞེས་གསུངས་སོ། །འབྱུང་པོའི་གཏོར་མ་ཟ་བ་ནི་རྒྱུད་སྡེ་འོག་མ་གསུམ་པོ་ཐམས་ཅད་དུ་བཀག་སྟེ། བགེགས་ལ་གཏོར་མ་བྱིན་པ་དང་བཀའ་བསྒོ་བ་ཡལའང་འབབས་པ་བསལ་བའི་ཕྱིར་ཉེ་རེག་བྱ་བར་གསུངས་སོ། །

གསུམ་པ་ནི། རྣལ་འབྱོར་ཆེན་པོའི་རྒྱུད་རྣམས་ལས། ཨ་བ་དྷུ་ཏིའི་སྤྱོད་སོགས་ལ། །འབྱུང་པོའི་གཏོར་མ་བཟའ་བའང་གནང་། །དཀའ་ཐུབ་ལ་སོགས་བརྟུལ་ཞུགས་འགོག །འདུག་པ་བདེ་བའི་རྣལ་འབྱོར་གྱིས། །གསང་སྔགས་རྒྱལ་པོ་ཆེ་འདིར་འགྲུབ། །འདི་དག་རྒྱས་པར་བླ་མའི་མཆོག །མཁས་པའི་གསུང་ལས་ཤེས་པར་བྱ། །ཞེས་པ། རྣལ་འབྱོར་ཆེན་པོ་བླ་ན་མེད་པའི་རྒྱུད་དུ། རིམ་པ་གཉིས་སྒོམ་ཚུལ་གསལ་ཞིང་རྒྱས་པར་གསུངས་པས། གུར་དུ། ཐ་མལ་ང་རྒྱལ་གཞོམ་དོན་དུ། སྒོམ་པ་ཡང་དག་རབ་ཏུ་བསྒྲགས། །ཞེས་པས་སྦྱང་བྱ་ཐ་མལ་གྱི་རྣམ་རྟོག་སྤྱང་བའི་ཕྱིར་བསྐྱེད་རིམ་དང་། གྱ་ནོམ་པའི་ལྟར་ཞེན་པ་སྤང་བའི་ཕྱིར་རྫོགས་རིམ་སྒོམ་པ་དང་། འདུས་པའི་རྒྱུད་ཕྱི་མར། ཐུན་མོང་མཆོག་གི་དབྱེ་བ་ཡིས། །སྒྲུབ་ཐབས་རྣམ་པ་གཉིས་སུ་འགྱུར། །ཞེས་དངོས་གྲུབ་སྒྲུབ་པའི་རིམ་པ་གཉིས་སྒོམ་པ་དང་། ཡང་མེ་ཏོག་མེད་ན་དྲི་མི་འབྱུང་བ་ལྟར། རྟེན་བསྐྱེད་རིམ་མེད་ན་བརྟེན་པ་རྫོགས་རིམ་མི་འབྱུང་བས་རྟེན་དང་བརྟེན་པའི་ཚུལ་དུ་སྒོམ་པ་ཡིན་ལ། དེ་ཡང་སེམས་ཅན་སྐྱེ་བའི་རིམ་པ་ལྟར་བསྐྱེད་རིམ་དང་། འཆི་བའི་རིམ་པ་ལྟར་རྫོགས་རིམ་སྒོམ་ཚུལ་རིམ་པ་ལྟར་གསུངས་ཤིང་། རྣལ་འབྱོར་མའི་རྒྱུད་རྣམས་སུ། གཙོ་ཆེར་མངལ་དུ་ལུས་ཆགས་པའི་རིམ་པ་ལྟར་བསྐྱེད་རིམ་དང་། ལུས་ལ་གནས་པའི་རྩ་དང་རླུང་དང་ཁམས་དང་དེ་རྣམས་ལ་བརྟེན་པའི་དགའ་བ་བཞི་སྦྲིབ་བྲལ་དུ་སྦྱོང་བའི་ཐབས་ལ་རྫོགས་རིམ་དུ་གསུངས་ཤིང་། བསྐྱེད་རྫོགས་གཉིས་ཀྱི་མིང་དོན་ཀྱང་མཆོག་གི་དངོས་གྲུབ་ལ་བྲོད་པ་བསྐྱེད་པའི་ཕྱིར་རིམ་གྱིས་སྒོམ་པས་བསྐྱེད་རིམ་དང་། མཆོག་གི་དངོས་གྲུབ་དེ་ཉིད་མངོན་དུ་འགྱུར་བའི་ཐབས་རིམ་གྱིས་སྒོམ་པས་རྫོགས་རིམ་ཞེས་པ་དང་། ཉི་ཟླ་དང་ཕྱག་མཚན་ས་བོན་ལ་སོགས་ལས་རིམ་གྱིས་བསྐྱེད་པས་བསྐྱེད་རིམ་དང་། རྫོགས་པ་སྟོང་པ་ཆེན་པོའི་ཡེ་ཤེས་རིམ་གྱིས་མངོན་དུ་བྱེད་པས་རྫོགས་རིམ་ཞེས་པ་དང་། ཀྱཻ་རྡོ་རྗེའི་རྒྱུད་ཀྱི་དགོངས་པ་རྗེ་བཙུན་གོང་མ་རྣམས་ཀྱི་བཞེད་ཚུལ་ནི། སྒྲུབ་ཆེན་པའི་དབང་བའི་མན་ངག་དང་མཐུན་པར་དཀྱིལ་འཁོར་གྱི་ལྷ་རྟེན་དང་བརྟེན་པའི་རྣམ་པར་བསྐྱེད་པ་དེ་བསྙེན་སྒྲུབ་ཡན་ལག་བཞིས་རིམ་གྱིས་གསལ་འདེབས་པས་བསྐྱེད་རིམ། རྡོ་རྗེའི་ལུས་ལ་རྩ་དང་ཡི་གེ་དང་ཁམས་བདུད་རྩིའི་དཀྱིལ་འཁོར་རང་བཞིན་གྱིས་གྲུབ་ཟིན་པ་དེ་རིམ་གྱིས་སྒོམ་པས་རྫོགས་རིམ་ཞེས་ལམ་ཉམས་སུ

ལེན་པའི་ཚུལ་སྦྱར་ནས་ཐ་སྙད་མཛད་པ་ཡིན་ནོ། །འདིའི་རིག་པས་སྦྱར་ན། རྡོ་རྗེ་དྲིལ་བུ་པའི་བཞེད་པ། བཅོས་མའི་དཀྱིལ་འཁོར་སྤྱངས་ནས། རང་བཞིན་གྱིས་གྲུབ་པའི་ལུས་ཀྱི་དཀྱིལ་འཁོར་གསལ་བཏབ་ནས་ཉམས་སུ་ལེན་པ་ནི་རྫོགས་པའི་རིམ་པ་ཡིན་ལ། འགའ་ཞིག་ལུས་ཀྱི་དབྱིབས་ཡན་ལག་དང་ཉིང་ལག་ཤ་རུས་པགས་ལྤགས་ཚོགས་འདུས་པ་ལ་ཤེག་ནས་འཛོམ་པ་ལ་བུམ་པ་བཟོ་བ་ལྟར། བློས་གསར་དུ་བཅོས་པའི་གཞལ་ཡས་ཁང་གྲུ་བཞི་ལ་སྒོ་བཞི་རྟ་བབས་ལ་སོགས་པའི་རྣམ་པ་ཅན་དུ་ལུས་དཀྱིལ་སྒོམ་པར་འདོད་དེ། དེ་ནི་རང་བཞིན་གྱིས་གྲུབ་པའི་དཀྱིལ་འཁོར་ཞེས་པའི་ཚིག་དོན་མ་གོ་ཞིང་། རྣལ་འབྱོར་པའི་ལུས་རྟེན་དང་བརྟེན་པའི་དཀྱིལ་འཁོར་དུ་རྣམ་པར་དག་པ་བློ་ཡུལ་དུ་མཤོང་པའི་རྣམ་འགྱུར་ཡིན་ནོ། །

ལྷ་བསྐྱེད་ཚུལ་ལས་དང་པོ་པའི་དུས་སུ་ཚད་མེད་བཞི་སྒོམ་པ་དང་། ཚོགས་གཉིས་གསོག་པ་དང་། སྲུང་འཁོར་དང་པད་ཟླ་དང་ཡི་གེ་དང་ཕྱག་མཚན་ལས་སྐུ་རྫོགས་པར་སྒོམ་པ་ནི་ཚོགས་ལམ་རྣམས་རིམ་གྱིས་བསྒྲོད་ནས་སྐུ་གསུམ་མངོན་དུ་གྱུར་པ་དང་ཆོས་མཐུན་པར་ཉམས་སུ་ལེན་པ་ནི་ཐར་པའི་འདྲ་འབག་འབྲས་བུ་ལམ་དུ་བྱེད་པ་ཞེས་ཀྱང་བྱའོ། །རྗེ་བཙུན་ཆེན་པོའི་བཞེད་པ་བསྐྱེད་རིམ་སངས་རྒྱས་ཀྱི་ལམ་དུ་འགྱུར་བ་ལ་རྣམ་དག་ལེགས་པར་ཤེས་ནས་སྒོམ་པ་གཅིག་དགོས། དེ་མེད་ན་དབྱིབས་དང་ཁ་དོག་རྣམ་པ་གསལ་ཀྱང་སངས་རྒྱས་ཀྱི་ལམ་དུ་མི་འགྱུར་ཞེས་བཞེད་པ་ནི། རྡོ་རྗེ་འཆང་གི་དགོངས་པ་ཕྱིན་ཅི་མ་ལོག་པར་ཐུགས་སུ་ཆུད་ནས་སླ་བ་འདི་ནི་གསང་སྔགས་ཀྱི་ཐེག་པ་འཛིག་རྟེན་དུ་འབྱུང་བ་དཀོན་པ་དང་མཚུངས་སོ། །དེས་ན་དཀྱིལ་འཁོར་གྱི་དེ་ཁོ་ན་ཉིད་མི་མཉམ་པ་མེད་པས་གྲུ་བཞི་སྟེ། ཞེས་གཞལ་ཡས་ཁང་གྲུ་བཞིར་སྒོམ་པའི་རྒྱུ་མཚན་དང་། གཞལ་མེད་ཁང་ཞེས་བཤད་པ་ནི། སེམས་ནི་གཞལ་མེད་ཁང་བརྩེགས་འཕགས། །དེ་ཡི་ཕྱིར་རོལ་གྲུ་བཞི་ནི། །མཉམ་པ་ཉིད་ཀྱི་རང་བཞིན་ནོ། །ཞེས་པ་དང་། ལྷ་བ་ཀུན་ལས་ཡོངས་གྲོལ་བ། །ཡེ་ཤེས་ཐིག་ཏུ་བཤད་པ་ཡིན། །ཞེས་པ། བྱང་ཆུབ་ཀྱི་ཕྱོགས་ཀྱི་ཆོས་སུམ་ཅུ་རྩ་བདུན་རྟེན་གཞལ་ཡས་ཁང་དང་། འབྲས་བུ་རྫོགས་པའི་སངས་རྒྱས་ཀྱི་སྐུ་དང་ཡེ་ཤེས་བརྟེན་པ་ལྷ་དང་། ཡང་། རྟེན་གཞལ་ཡས་ཁང་ལུས་ཀྱི་རྣམ་དག་དང་། བརྟེན་པ་ལྷ་སེམས་ཀྱི་རྣམ་དག་དང་སྦྱར་ནས་ལམ་དང་འབྲས་བུ་དག་བྱ་དག་བྱེད་ངེས་ཤེས་ལེགས་པར་དྲངས་ནས་སྒོམ་པ་ཡིན་ཏེ། དཔལ་ཀྱི་རྡོ་རྗེ་ལ་མཆོན་ན། ཞལ་བརྒྱད་རྣམ་པར་ཐར་པ་བརྒྱད། །ཞི་གནས་མཐར་ཐུག་པ་ཡིན་ལ། །ཞལ་རེ་རེ་ལ་སྤྱན་གསུམ་གསུམ་སྟེ་མིག་ཉི་ཤུ་རྩ་བཞི་ནི། དེ་བཞིན་ཉིད་དང་ལྷ་དང་རང་རིག་པའི་དེ་ཁོ་ན་ཉིད་དང་། རྣམ་ཐར་སྒོ་གསུམ་གཟིགས་པའི་ལྷག་མཐོང་མཐར་ཐུག་པ་ཡིན་ནོ། །ཕྱག་བཅུ་དྲུག་སྟོང་པ་ཉིད་རྟོགས་པའི་ཡེ་ཤེས་དང་། ཐོད་པ་བཅུ་དྲུག་འཕོ་བ་བཅུ་དྲུག་རྣམ་པར་དག་ཅིང་། དགའ་

པ་བཅུ་དྲུག་མཐར་ཕྱིན་པའི་བདེ་བ་ཆེན་པོ་སྟེ་བདེ་སྟོང་ཟུང་འཇུག་མཐར་ཐུག་པ་དང་། གཡས་ཀྱི་སྲོག་ཆགས་བརྒྱད་གདུལ་བྱའི་ནད་དང་སྡུག་བསྔལ་སེལ་བ་དང་། གཡོན་གྱི་སྲོག་ཆགས་བརྒྱད་གདུལ་བྱ་ལ་དངོས་གྲུབ་སྩོལ་བ་སྟེ་གཞན་དོན་མཐར་ཕྱིན་པ་དང་། གུག་བསྐྱེད་ཀྱི་སྐད་དོད་ལ་མ་ཏྲ་ཞེས་པ་འབྱུང་ལ། ཨུ་ཡིག་སྦྱར་ན་མུ་ཏྲ་སྟེ་ཕྱག་རྒྱ་ལྔ་སངས་རྒྱས་ལྔའི་རང་བཞིན་དང་། ཞབས་བཞི་འཁོར་བའི་གནས་སུ་གཞན་དོན་རྒྱུན་མི་ཆད་པར་མཛད་པའི་བསྡུ་བ་བཞི་མཐར་ཕྱིན་པ་དང་། ཚངས་པའི་གཟུགས་ལ་སོགས་པ་བཞི་མནན་པ་ནི། བདུད་བཞི་བཅོམ་པའི་སྤྱངས་པ་མཐར་ཕྱིན་པ་དང་། ལམ་གྱི་དུས་སུ་ཕྱག་རྒྱ་བཞི་ལ་བརྟེན་པའི་སྒྲུབ་པ་མཐར་ཕྱིན་པས། འབྲས་བུའི་སར་ཟུང་དུ་འཇུག་པའི་སྐུ་ཁ་སྦྱོར་གྱི་ཡན་ལག་མཚོན་པར་བྱེད་པ་བདག་མེད་མ་དང་མཉམ་པར་སྦྱོར་བ་སྟེ་ལོངས་སྤྱོད་རྫོགས་པ་དང་། ཁ་སྦྱོར་དང་བདེ་ཆེན་དང་རང་བཞིན་མེད་པ་དང་སྙིང་རྗེ་དང་རྒྱུན་མི་ཆད་པ་དང་། འགོག་པ་མེད་པའི་ཡན་ལག་བདུན་དང་ལྡན་པ་འབྲས་བུ་ཀྱི་རྡོ་རྗེའི་མཐར་ཐུག་གི་ཡོན་ཏན་དེ་རྣམས་གཟུགས་སྐུའི་རྣམ་པས་གདུལ་བྱ་ལ་གོ་བར་མཛད་པ་ཡིན་ཏེ། དེ་ལྟར་ཤེས་ནས་རྣལ་འབྱོར་པ་རང་ཉིད་དེའི་བདག་ཉིད་དུ་སྒོམ་པ་ནི་རྫོགས་པའི་སངས་རྒྱས་ཐོབ་པའི་འབྲས་བུ་ལམ་དུ་བྱེད་པའི་གོ་ཆོད་པ་ཡིན་ནོ།། །དེ་བཞིན་དུ་འཁོར་ལོ་སྡོམ་པའི་རྣལ་འབྱོར་པས་ཀྱང་། ཞལ་བཞི་ཕྱག་བཅུ་གཉིས་པར་སྒོམ་པའི་ཚེ། རྣམ་ཐར་བཞི་དང་། དགའ་བ་བཞི་དང་། སྐད་ཅིག་དང་འཁོར་ལོའི་རྣམ་དག་སྦྱར་བས་ཞལ་བཞི། རྩ་གསུམ་སྒྲིབ་བྲལ་དུ་དག་པས་སྤྱན་གསུམ། ཆོས་ཐམས་ཅད་བེམས་པོའི་རང་བཞིན་ལས་ལོག་པ་ཐོག་མ་ཐ་མ་མེད་པའི་བྱང་ཆུབ་ཀྱི་སེམས་ཀྱི་རང་བཞིན་དུ་རྟོགས་པ་མཐར་ཐུག་པས་རལ་པའི་ཅོད་པན་སྐྱི་བོར་བཅིངས་པ། རང་བཞིན་གྱིས་འོད་གསལ་བའི་བདེ་བ་ཆེན་པོ་རྒྱས་པས་ཟླ་ཚེས་དང་། ཕྲིན་ལས་སྣ་ཚོགས་པས་གདུལ་བྱའི་དོན་མཛད་པས་སྣ་ཚོགས་རྡོ་རྗེ་སྟེ། རྟེན་འབྲེལ་བཅུ་གཉིས་རྣམ་པར་དག་པའི་ཕྱིར་དང་དག་པ་རྣམ་པ་བཅུ་གཉིས་འཆང་བའི་ཕྱིར་ཕྱག་བཅུ་གཉིས་དང་། དབང་པོ་དྲུག་དང་ཡུལ་དྲུག་གཟུང་འཛིན་གྱི་དྲི་མས་རྣམ་པར་དག་པའི་ཕྱིར་ཕྱག་མཚན་བཅུ་གཉིས། ཡང་གདུལ་བྱ་འགའ་ཞིག་སྣང་བ་དང་མཐུན་པར་སྦྱངས་པའི་ཡོན་ཏན་བཅུ་མཚོན་པ་དང་། འཁོར་བ་མི་སྤོང་ཞིང་མྱ་ངན་ལས་འདས་པའི་མཐའ་ལ་མི་གནས་པས་ཞབས་བརྐྱང་བསྐུམ་དང་། རྟག་པའི་མཐར་འཛིན་པ་འཇོམས་པས་འཇིགས་བྱེད་ཁ་སྤྲུབ་ཏུ་མནན་པ་དང་། ཆད་པའི་མཐར་འཛིན་པ་འཇོམས་པས་ཨུ་མ་གན་རྐྱལ་དུ་མནན་པའོ། །རྡོ་རྗེ་ཕག་མོ་ནི། སྟོང་པ་ཉིད་དང་། ཡབ་སྙིང་རྗེ་ཆེན་པོ་རོ་མཉམ་པར་གྱུར་པས་ཏེ་ཡེ་ཤེས་ལྔའི་རྡོ་རྗེ་དང་། ཡུམ་ཤེས་རབ་ཀྱི་ཕ་རོལ་ཏུ་ཕྱིན་པའི་དྲིལ་བུ་འཛིན་པས་འབྱུང་པའོ། །གདུལ་བྱའི་གཏི་མུག་འཇོམས་ཤིང་རྣམ་པར་དག་པས་གླང་པོ་ཆེ་དཀར་པོའི་པགས་པ་འཛིན་པ་

སྟེ༑ མདོར་ན་སྦྱང་གཞིའི་སྟེང་དུ་སྦྱང་བྱའི་སྒྲིབ་པ་རྣམ་པར་དག་པ་སྦྱང་འབྲས་མཐར་ཐུག་པ་མཚོན་པ་སྐུ་ཡིན་པས་དེ་ལྟར་རྣལ་འབྱོར་པ་བདག་ཉིད་ང་རྒྱལ་བརྟན་པོ་བཟུང་སྟེ་བསྒོམས་པས་འབྲས་བུ་མངོན་དུ་འགྱུར་བ་ཡིན་ནོ། །དེས་ན་འཇིགས་བྱེད་དང་ཙར་ཙི་ཀ་གསོན་པ་དང་ཤི་བའི་འཛིན་སྟངས་གང་ཡང་བྱ་མི་དགོས་ཏེ། སྟོན་བྱུང་གི་གླེང་གཞི་དང་། ད་ལྟར་བསྐྱེད་རིམ་གྱི་རྣམ་པ་ལམ་དུ་བྱེད་པ་བརྗོད་བྱའི་དོན་མི་གཅིག་གོ །དེ་བཞིན་དུ་ཕྱི་རོལ་རྣ་བའི་རིམ་པའང་ཡེ་ཤེས་ཐིག་ལེའི་རྒྱུད་དུ། དུར་ཁྲོད་བརྒྱད་ལུས་ཀྱི་ནང་གི་རྩ་རླུང་ལ་སྦྱར་ནས་གསུངས་ཤིང་། རཏྣ་རཀྵི་ཏའི་མངོན་རྟོགས་ཀྱི་འགྲེལ་པར་ཡང་། དུར་ཁྲོད་བརྒྱད་ཀྱིས་བརྒྱན་པ་ཞེས་བྱ་བ་ནི། འཇིག་རྟེན་པའི་ཁམས་བརྒྱུས་པ་ཞེས་བྱ་བའི་རྣམ་པར་ཤེས་པ་བརྒྱད་དེ། བདག་མེད་པའི་རང་བཞིན་གྱིས་སོ། །རྣམ་པར་ཤེས་པ་བརྒྱད་བརྗོད་པར་བྱ་སྟེ་མིག་གི་རྣམ་པར་ཤེས་པ་ལ་སོགས་པ་ལྔ་དང་། ཀུན་གཞི་རྣམ་ཤེས་དང་། ཡིད་ཀྱི་རྣམ་ཤེས་དང་། ཉོན་མོངས་པ་ཅན་གྱི་ཡིད་དོ། །ཞེས་པས་རྣམ་དག་སྦྱར་ན་རྣ་བའི་ནང་དུ་སྒོམ་པ་འགལ་བ་མེད་དོ། །རྩ་རླུང་དང་རྣམ་ཤེས་ལུས་ཀྱི་ནང་དུ་གནས་པའི་ཕྱིར། དེས་ན་མཁས་གྲུབ་ཀྱི་བླ་མ་རིམ་པར་བརྒྱུད་པའི་རིམ་པ་གཉིས་ཀྱི་ཉམས་ལེན་ལ། ཡི་གེ་སྣ་ཚོགས་བསགས་པའི་དགག་སྒྲུབ་བྱེད་པ་མི་འཐད་དེ། ཡེ་ཤེས་ཐིག་ལེའི་རྒྱུད་དུ། གང་དག་བླ་མས་བསྟན་བཅོས་ནི། །མཛོད་དམ་བཤད་པ་གང་ཡིན་པ༑ །དེ་ནི་བསྟན་བཅོས་དེ་ཚད་མ། །དེ་ནི་དེ་ཉིད་འཁྲུལ་པ་མེད། །སློབ་དཔོན་གསུང་དང་ངཡིས་སླས། །དེ་ལ་བྱེ་བྲག་མི་དབྱེའོ། །ཞེས་གསུངས་པའི་ཕྱིར་རོ། །འདི་དག་གིས་མཚོན་ནས་གང་ཉམས་སུ་ལེན་པ་དེ་ཚིག་དོན་མ་ནོར་བར་གོ་བའི་ཐོག་ནས་བསྒོམ་པར་བྱ་ཞིང་། ཚིག་གི་ན་ཡ་གཙོ་བོར་མི་བྱེད་དོ། །ཨ་བ་དྷཱུ་ཏི་གཉིས་མེད་དམ། ཀུན་སྤངས་དང་། ཀུན་བཟང་གི་སྤྱོད་པ་བྱེད་པའི་དུས་དང་། ལྟག་མ་ཟབ་པ་ལ་སོགས་པས་གདུལ་བྱ་རྗེས་སུ་འཛིན་པའི་ཚེ་འབྱུང་པོ་ལ་བྱིན་ནས་ཕྱི་རོལ་དུ་དོར་བའི་གཏོར་མ་བཟའ་བ་དང་སྨྱོན་པའི་སྤྱོད་པ་ཡང་སྣང་སྟེ། ཀྱཻ་རྡོ་རྗེར། བཟའ་བཅའ་དེ་བཞིན་བཏུང་བ་ཉིད། །ཇི་ལྟར་རྙེད་པ་དེ་བཞིན་བཟའ། །ཡིད་འོང་མི་འོང་རྣམ་རྟོག་ཕྱིར། །ཞེན་པ་ཙམ་དུའང་མི་བྱའོ། །ཞེས་གསུངས་སོ། །སྦྱུང་བར་གནས་པ་ལ་སོགས་དཀའ་ཐུབ་དང་གཙང་སྦྲ་ལ་སོགས་ཆེད་དུ་འབད་པས་བསྒྲུབས་པའི་སྤྱོད་པ་བཀག་ནས་འདོད་ཡོན་ལམ་དུ་བྱེད་པའི་མན་ངག་གིས་ཅི་བདེར་གནས་པའི་སྒོ་ནས་གསང་སྔགས་ཀྱི་འབྲས་བུ་ཚེ་འདིར་སྒྲུབ་པའི་ཐབས་ལ་འབད་པར་བྱའོ། །འདི་དག་གི་ཉམས་སུ་ལེན་ཚུལ་རྒྱས་པར་བླ་མའི་མཆོག་ཏུ་གྱུར་པ་རྒྱུད་ལུང་མན་ངག་ལ་མཁས་པ་རྣམས་ཀྱི་གསུང་ལས་རྟོགས་པར་བྱའོ། །

བཞི་པ་ནི། གྲུབ་མཐའི་རྣམ་དབྱེ་མི་ཤེས་ཤིང་། །རྒྱུད་སྡེའི་ཁྱད་པར་མི་ཕྱེད་པས། །ཆོག་ཐམས་ཅད

དཀྲུགས་ནས་ནི། །རང་བཟོའི་རྣམ་ཐར་སྤྱོད་པ་མཚར། །ཞེས་པ། མི་ཏྲི་པའི་རིན་ཆེན་ཕྲེང་བར། བརྒྱད་པའི་གཞུང་ལུགས་ལས་ཉམས་ཤིང་། །རབ་རིབ་ཀྱིས་ནི་མི་བཀག་པའི། །སྐྱེས་བུ་རྣམས་ལས་ཡང་དག་པའི། །དེ་ཉིད་རིན་ཆེན་རྣམ་བཤད་བྱ། །ཐེག་པ་ནི་གསུམ་སྟེ། ཉན་ཐོས་རང་རྒྱལ་ཐེག་ཆེན་ནོ། །

གནས་པ་ནི་བཞི་སྟེ། ཕྱི་བྲག་ཏུ་སྨྲ་བ་དང་། མདོ་སྡེ་པ་དང་། རྣལ་འབྱོར་སྤྱོད་པ་དང་། དབུ་མ་པའོ། །ཕྱི་བྲག་ཏུ་སྨྲ་བའི་གནས་པ་གཉིས་ཏེ། ཉན་ཐོས་དང་རང་སངས་རྒྱས་ཀྱི་ཐེག་པའོ། །ཐེག་པ་ཆེན་པོ་ལ་གཉིས་ཏེ། ཕར་ཕྱིན་དང་གསང་སྔགས་སོ། །ཕར་ཕྱིན་ལ་གསུམ་སྟེ། མདོ་སྡེ་པ་དང་། རྣལ་འབྱོར་སྤྱོད་པ་དང་། དབུ་མ་པའོ། །གསང་སྔགས་ལ་ལ་རྣལ་འབྱོར་སྤྱོད་པ་དང་དབུ་མ་ལ་གནས་པའོ། །རྣལ་འབྱོར་སྤྱོད་པ་ལ་རྣམ་བཅས་རྣམ་མེད་དོ། །དབུ་མ་ལ་སྒྱུ་མ་ལྟ་བུར་གཉིས་སུ་མེད་པ་དང་། རབ་ཏུ་མི་གནས་པར་སྨྲ་བའོ། །ཉན་ཐོས་ལ་ཐ་མ་འབྲིང་མཆོག་གསུམ་མོ། །ཐ་མ་དང་འབྲིང་ནི་ཕྱི་བྲག་ཏུ་སྨྲ་བ་ཕྱི་མའོ། །མཆོག་ནི་རང་རྒྱལ་དང་ཁ་ཆེའོ། །ཐ་མ་ནི་ཕྱི་རོལ་གྱི་དོན་ཁས་ལེན་པ་སྟོན་དུ་འགྲོ་བའི་སྒོ་ནས་གང་ཟག་རྟག་མི་རྟག་དང་བྲལ་བར་འདོད་པའོ། །དེ་ཡང་ཁུར་འཁུར་བའི་གང་ཟག་ཡོད་དེ། རྟག་མི་རྟག་མི་བརྗོད་དོ། །དེ་འདོད་ཆགས་དང་བཅས་པ་འཁོར་བ་འདོད་ཆགས་དང་བྲལ་བའི་ཕྱིར་མི་འདུག་པ་མི་སྒོམ་མོ། །དཀོན་མཆོག་གསུམ་ལ་སྐྱབས་སུ་འགྲོ་ཞིང་། བདེ་གཤེགས་དང་རྒན་པོ་ལ་ཕྱག་བྱེད་དོ། །བདག་ཉིད་གཅིག་པུ་དུལ་བའི་ཕྱིར་དགེ་བ་སྒྲུབ་པ་ནི་ལྟ་བའོ། །འབྲིང་པོའི་ལྟ་སྤྱོད་དེ་དང་འདྲ་བ་ལ་དབུགས་འབྱུང་རྔུབ་སྒོམ་ཞིང་། སེམས་མེད་པའི་རང་བཞིན་ནི་དྲི་མས་བེམས་པོར་གྱུར་པའི་ཕྱིར་རོ། །མཆོག་ནི་ཕྱི་དོན་ཁས་ལེན་ཅིང་ལུས་བདག་མེད་དང་བདེན་བཞི་ཤེས་ནས་ལམ་སྒོམ་ཞིང་། སྟོང་པ་ཉིད་རྟག་ཏུ་ཞི་བའི་རྣམ་པར་སྒྲོ་འདོགས་ལྟ་བ་གཞན་དོན་བྱེད་པའི་ཁྱད་པར་རོ། །འབྲིང་པོ་ནི་རང་སངས་རྒྱས་སུ་འགྱུར་རོ། །མཆོག་ནི་གྲངས་མེད་བཞི་སངས་རྒྱས་སུ་འགྱུར་རོ་ཞེས་ཀྱང་ཟེར་རོ། །ཉན་ཐོས་དང་རྐྱེན་རྟོགས་ཀྱི་སྙིང་རྗེ་ནི་སེམས་ཅན་ལ་དམིགས་པའི་ཡིན་ནོ། །མདོ་སྡེ་པ་ནི་རྡུལ་ཕྲ་རབ་བསགས་པའི་ངོ་བོ་རྣམ་པ་དང་བཅས་པའི་ཤེས་པ་སྐྱེད་པར་བྱེད། འདིའི་མངོན་སུམ་ནི་རྣམ་པ་དང་བཅས་པའི་ཤེས་པ་སྐྱེས་པའོ། །ཕ་རོལ་ཏུ་ཕྱིན་པ་ལྔ་འཁོར་གསུམ་མ་དམིགས་པའི་ཤེས་རབ་ཀྱིས་སྤྱོད་ཅིང་། འབྲས་བུ་ལ་རེ་བ་མེད་པར། སེམས་ཅན་ཡོངས་སུ་སྨིན་པར་བྱེད་པ་ནི་ལྟ་བའོ། །རྣལ་འབྱོར་སྤྱོད་པ་ནི་སེམས་ཁོ་ནར་སྣ་ཚོགས་ཀྱི་རྣམ་པར་གཞན་ལ་མི་ལྟོས་པར་རབ་ཏུ་གསལ་བ་ཉིད་ནི་རྣམ་པ་དང་བཅས་པའོ། །བག་ཆགས་ཀྱིས་ནི་དཀྲུགས་པའི་སེམས། །དོན་དུ་སྣང་བ་རབ་ཏུ་འབྱུང་། །ཐུབ་པ་ཆེན་པོའི་ཆོས་སྐུ་ནི། །སྤྲོས་པ་མེད་ཅིང་སྣང་བ་མེད། །དེ་ལས་བྱུང་བའི་གཟུགས་ཀྱི་སྐུ། །རྗེས་ལ་སྒྱུ་མ་བཞིན་དུ་གནས། །ཞེས་སོ། །རྣམ་བཅས་པའི་དྲི་མ་ནི།

དོན་དམ་པར་རྟག་པར་རང་གི་སེམས་ཀྱི་ངོ་བོར་འདོད་དོ། །རྣམ་མེད་པའི་སྒོམ་པའང་རྟག་པ་སྣང་བ་མེད་པ་སྤྲོས་པ་མེད་པའི་ཤེས་པ་སྟེ་ཏིང་ངེ་འཛིན་གྱི་དྲི་མའོ། །དབུ་མ་སྒྱུ་མ་ལྟ་བུ་གཉིས་མེད་དུ་སྨྲ་བ་ནི། ཡོད་མིན་མེད་མིན་ཡོད་མེད་མིན། །གཉིས་ཀ་མིན་པའང་མ་ཡིན་ལ། །མཐའ་བཞི་ལས་ནི་རྣམ་གྲོལ་བ། །དེ་ཉིད་དབུ་མ་པ་ཡིས་རིག །ཅེས་འདོད་དེ། དེ་ལའང་ཆད་པར་མཐོན་པར་ཞེན་པ་ནི་དྲི་མའོ། །རབ་ཏུ་མི་གནས་པ་ནི། སྣ་ཚོགས་བཏགས་པ་མ་ཡིན་ཏེ། །ཆད་པ་ཡང་ནི་ཁས་མི་ལེན། །རྟག་དང་ཆད་པ་གཉིས་ཀ་དང་། །གཉིས་ཀ་མིན་པའང་མ་ཡིན་ཏེ། །འདིར་ནི་ཐམས་ཅད་མི་གནས་པར། །དངོས་པོའི་དེ་ཉིད་མཁས་པར་རིག །ཅེས་པ་འདི་ལའང་དོན་ཐམས་ཅད་ཆད་པར་ལྟ་བ་དང་བེམ་པོའི་རང་བཞིན་དུ་གྱུར་པ་ནི་ཏིང་ངེ་འཛིན་གྱི་དྲི་མའོ། །སྒྲོ་བཏགས་པ་མེད་པར་ཕ་རོལ་ཏུ་ཕྱིན་པ་དྲུག་རྫོགས་པར་བྱེད་པ་ནི་ལྟ་བའོ། །འདིའི་དམན་པ་དང་འབྲིང་གི་སྙིང་རྗེ་ནི་ཆོས་ལ་དམིགས་པའོ། །རབ་ཀྱི་ནི་དམིགས་པ་མེད་པའི་སྙིང་རྗེའོ་ཞེས་སོ། །འབྲས་བུ་སྐུ་གསུམ་གྱི་རྣམ་པར་བཞག་པ་ནི་མགོན་པོ་བྱམས་པས་གསུངས་སོ། །ཞེས་མདོན་རྟོགས་རྒྱན་གྱི་སྐུ་གསུམ་སྟོན་པའི་ལུང་དྲངས་ཤིང་། གསང་སྔགས་ཀྱི་ལུགས་ནི་མ་བཤད་དེ། ཤིན་ཏུ་ཟབ་པའི་ཕྱིར་ཕྱག་རྒྱ་བཞི་པ་ལ་སོགས་པའི་སྐབས་ཐབས་རྒྱས་པར་བསྟན་ཅིང་། ཁོ་བོས་ཀྱང་དབང་ངེས་པར་བསྟན་པ་ཞེས་བྱ་བར་བསྟན་ཏོ། །

དེ་ལྟར་བཅོམ་ལྡན་འདས་ཀྱིས་ཐེག་པ་གསུམ་བསྟན་པ་ནི། སྤྱི་དང་ཁྱད་པར་གྱི་རྟོགས་པས་སྟོང་པའི་དོན་རྟོགས་པར་བྱ་བའི་ཕྱིར་གསུངས་ཏེ། གཙོ་བོ་ཁྱོད་ཀྱིས་འགའ་ཞིག་ཏུ། །ཡི་གེ་གཅིག་ཀྱང་མ་གསུངས་ལ། །གདུལ་བྱའི་འགྲོ་བ་མ་ལུས་པ། །ཆོས་ཀྱི་ཆར་གྱིས་ཚིམ་པར་མཛད། །ཅེས་སོ། །གྲུབ་མཐའ་འདི་རྣམས་ཀྱི་ཚུལ་ཞིབ་པར་བསྟན་བཅོས་དེ་ཉིད་དང་། དེས་མཛད་པའི་དེ་ཁོ་ན་ཉིད་ཀྱི་མན་ངག་ཅེས་བྱ་བར་ཡང་བལྟའོ། །དེ་ལྟར་མཁས་གྲུབ་ཀྱི་གཞུང་ལུགས་ལས་བཤད་པའི་གྲུབ་མཐའ་སོ་སོའི་ངོས་འཛིན་ལེགས་པར་མི་ཤེས་ཤིང་རྒྱུད་སྡེ་བཞི་ལའང་ལྟ་སྒོམ་ཚུལ་དང་ཚོགས་འི་ཁྱད་པར་མི་འདྲ་བ་གསུངས་པ་རྣམས་ཤན་འབྱེད་མི་ཤེས་པར་གྲུབ་མཐའ་གོང་འོག་དང་རྒྱུད་སྡེ་ཕྱི་ནང་ཐམས་ཅད་དགྲུགས་ནས་གང་དུ་ཡང་མི་རུང་བའི་རང་རང་གི་བློ་ལ་དྲན་ཚོད་ཀྱི་ལྟ་བ་དང་། སྒོམ་པ་དང་། སྤྱོད་པ་སྐྱོང་བའི་ཆོས་ལུགས་འདི་འདྲ་མཁས་པས་དཔྱད་ན་ཁྲེལ་བའི་གནས་ཡིན་པས་རྣམ་གྲོལ་དོན་གཉེར་གྱི་སྐྱེ་བོ་རྣམས་ཀྱིས་ཆོས་ལུགས་མ་ནོར་བ་ལ་འཇུག་པར་བྱའོ། །

གསུམ་པ་ལ་གསུམ། སྤྱོད་པ་ཇི་ལྟར་སྒྲུབ་པའི་ཚུལ་གཏན་ལ་དབབ་པ། ལྟ་བ་དཀར་པོ་གཅིག་ཐུབ་ཀྱི་ཐ་སྙད་འཁྲུལ་པ་དགག་པ། བླུན་པོ་སྐྱ་ཁམ་ཅན་གྱི་འདོད་ཚུལ་ནོར་བ་དུ་མ་དགག་པའོ། །དང་པོ་ལ་གསུམ།

རྒྱུད་ནས་གསུངས་པའི་སྤྱོད་པ་མདོར་བསྟན་པ། རང་བཟོའི་རྣམ་ཐར་ནོར་པ་སུན་དབྱུང་བ། སྤྱོད་པའི་གནས་ལ་འཁྲུལ་པ་དགག་པའོ། །

དང་པོ་ནི། དབང་བཞི་ཡོངས་སུ་རྫོགས་པ་དང་། །དང་པོ་རང་གི་ཁྱིམ་དུ་སྒོམ། །བརྟན་པ་ཐོབ་ནས་དུར་ཁྲོད་སོགས། །བརྟན་པ་ཆེན་པོ་ཐོབ་ནས་ནི། །ལུས་དང་ངག་གི་བརྡ་རྣམས་ལ། །ལེགས་པར་སྦྱངས་ཤིང་དེ་ཉིད་རྟོགས། །ཞེས་པ། སློབ་བྱེད་ཀྱི་དབང་ཡོངས་སུ་རྫོགས་པ་ཐོབ་ནས་ཐུན་མོང་གི་དངོས་གྲུབ་འདོད་ན་བསྐྱེད་རིམ་ལ་བརྟན་པ་ཙམ་ཟད་མ་ཐོབ་ཀྱི་བར་དུ་རང་གི་ཁྱིམ་དང་ས་ཕྱོགས་ཡིད་དུ་འོང་བར་སྒོམ་ཞིང་། དེ་ལ་གོམས་ནས་དུར་ཁྲོད་ལ་སོགས་པར་འབྱུང་པོའི་བདག་པོ་དང་སྲིན་པོ་མངག་གཞུག་ཏུ་སྒྲུབ་པ་ལ་སོགས་དངོས་གྲུབ་ཀྱི་ལས་ལ་སྦྱར་བ་ཡིན་ནོ། །མཆོག་གི་དངོས་གྲུབ་འདོད་པའི་རྣལ་འབྱོར་པས་དང་པོར་མི་དང་འབྱུང་པོའི་འཚེ་བ་མེད་པའི་གནས་སངས་རྒྱས་དང་བྱང་ཆུབ་སེམས་དཔའ་དང་རྟེན་བྱིན་རླབས་ཅན་བཞུགས་པའི་གནས་སུ་བསྒོམ་པས་བདུད་ཀྱི་བར་ཆད་མི་འབྱུང་ཞིང་། གནས་ཀྱི་བྱིན་རླབས་རྣལ་འབྱོར་པའི་རྒྱུད་ལ་འཇུག་པ་ཡིན་ནོ། །བརྟན་པ་ཐོབ་ནས་འཇིགས་སུ་རུང་བའི་དུར་ཁྲོད་དང་། མ་མོའི་ཁྱིམ་དང་། ཤིང་གཅིག་པར་ལ་སོགས་པར་བསྒོམས་པས་རྣལ་འབྱོར་པའི་ནུས་པས་གནས་བྱིན་གྱིས་བརླབས་ཏེ། གདུག་པ་ཅན་བཀའ་ཉན་ཞིང་སྒྲུབ་པའི་གྲོགས་བྱེད་པར་འགྱུར་རོ། །དེའི་ཚེ་རྒྱུད་ནས་གསུངས་པའི་ལུས་ཀྱི་བརྡ་དང་ངག་གི་དྲིས་ལན་གྱི་ཚུལ་དང་། རང་བཞིན་གྱི་རྣལ་འབྱོར་མས་བར་ཆད་དངོས་གྲུབ་ཀྱི་མཚན་མ་སྟོན་པའི་ལུགས་བརྡ་རྣམས་ལེགས་པར་ཤེས་ཤིང་། །

ས་རྣམས་བགྲོད་པར་བྱ་བ་དང་། །ཡུལ་རྣམས་དབང་དུ་བསྡུ་བའི་ཕྱིར། །གནས་དང་ཉེ་བའི་གནས་ལ་སོགས། །ཡུལ་ཆེན་སུམ་ཅུ་སོ་བདུན་དུ། །རིག་པའི་བརྟུལ་ཞུགས་སྤྱོད་ཕྱིར་རྒྱུ། །ལུགས་འདི་རྣལ་འབྱོར་ཆེན་པོ་ཡི། །ལུང་དང་བསྟན་བཅོས་དག་ལས་གསུངས། །འདི་འདྲའི་སྤྱོད་པ་ཤེས་ནས་ནི། །ཚེ་འདི་ཉིད་ལ་རྫོགས་སངས་རྒྱས། །ཞེས་པ། ས་ལམ་གྱི་རྟོགས་པ་གོང་དུ་འཕེལ་བ་དང་། ཕྱི་ནང་གི་ཡུལ་རྣམས་དབང་དུ་བསྡུས་ཏེ་གྲོགས་སུ་འཁྱེར་བའི་ཕྱིར་གནས་ཆེན་པོ་སུམ་ཅུ་རྩ་བདུན་ནི་རྒྱུད་དུ་གསལ་བར་གསུངས་པའི་སུམ་ཅུ་རྩ་གཉིས་དང་། ལུས་ལ་སྦྲས་པའི་རྩ་རྣམས་ཕྱི་རོལ་དུ་གླིང་བཞི་ལྷུན་པོ་དང་བཅས་པ་སུམ་བཅུ་རྩ་བདུན་ཅེས་བླ་མ་གོང་མ་རྣམས་གསུངས་སོ། །དུས་ཀྱི་འཁོར་ལོ། །གཞན་ལ་རྣམ་བཞག་མི་འདྲ་བ་ཙམ་གྱིས་རྩོད་འཛིན་ཀྱང་མཛད་དོ། །གནས་དེ་དག་ཏུ་རིག་པ་བརྟུལ་ཞུགས་ཀྱི་སྤྱོད་པ་བཟང་ངན་དང་ཕན་གནོད་ཀྱི་རྐྱེན་ལ་བླང་དོར་དང་སྟང་ཞེན་མེད་པར་མཉམ་པ་ཉིད་དུ་འཁྱེར་བ་ཡིན་ནོ། །སྤྱོད་བསྡུས་ལས། བརྟུལ་ཞུགས་ཀྱི་སྤྱོད་པ་མེད་

པར་ཐོག་མ་མེད་པ་ནས་ཉོན་མོངས་པའི་བག་ཆགས་ཟད་པར་བྱ་བར་མི་ནུས་སོ། །ཞེས་པ་ནས་ལྡན་གྱིས་གྲུབ་པའི་འབྲས་བུ་ཐོབ་པར་འདོད་པས་སྤྱོད་པ་སྤྱོད་དོ་ཞེས་སམ་མི་སྤྱོད་དོ་ཞེས་པའི་ཡིད་ལ་བྱེད་པ་སྤངས་ནས། འཇིག་རྟེན་པའི་ཆོས་བརྒྱད་ཞིལ་གྱིས་མནན་ཏེ། ཇི་སྐད་དུ་བཤད་པའི་རྣལ་འབྱོར་གྱི་སྤྱོད་པ་སྤྱད་པར་བྱའོ། །ཞེས་བཤད་པས་མཉམ་པ་ཉིད་ཀྱི་རྟོགས་པ་བརྟན་པོས་སྤྱོད་པ་ཡིན་ནོ། །རྒྱུད་ལས། དཀའ་ཐུབ་དཀའ་སྤྱད་མི་ཟད་པས། །བསྟེན་ན་འགྲུབ་པར་མི་འགྱུར་ཏེ། །འདོད་པ་ཀུན་ལ་ལོངས་སྤྱོད་པས། །བསྟེན་ན་མྱུར་དུ་འགྲུབ་པར་འགྱུར། །ཞེས་གསུངས་པའི་ཕྱིར་འདོད་ཡོན་ནི་ཉན་ཐོས་ལ་སོགས་པར་དམིགས་པར་ལྟ་བ་རྣམས་ཀྱི་ཉོན་མོངས་པའི་རྐྱེན་དུ་འགྱུར་ཏེ། ཉོན་མོངས་པའི་ངོ་བོ་ཉིད་ཡོངས་སུ་མ་ཤེས་པའི་ཕྱིར་རོ། །ཡོངས་སུ་ཤེས་ན་བྱང་ཆུབ་ཀྱི་རྒྱུར་འགྱུར་ཏེ། དཔལ་མཆོག་དང་པོར། འདོད་ཆགས་ཞེ་སྡང་གཏི་མུག་གསུམ། །འཛིན་པ་དུག་ཏུ་འགྱུར་བ་ཡིན། །བདུད་རྩི་རིམ་གྱིས་བསྟེན་པ་ནི། །བདུད་རྩི་ཉིད་དུ་འགྱུར་བ་ཡིན། །ཞེས་པ་དང་། འདུལ་བ་དོན་ཡོད་པའི་རྒྱུད་ལས། གང་གིས་བླུན་པོ་འཆིང་གྱུར་པ། །དེ་ཡིས་མཁས་པ་ཡོངས་སུ་གྲོལ། །བྱང་ཆུབ་རྣམ་པར་བསྒོམས་ནས་ནི། །འདི་དག་ཐམས་ཅད་ཕྱིན་ཅི་ལོག །གང་གིས་རྨོངས་པ་འཆིང་གྱུར་ཅིང་། །ང་འབོད་མཐར་ནི་ངེས་འགྱུར་བ། །དེ་ཉིད་ཀྱིས་ནི་གྲོལ་འགྱུར་ཅིང་། །ཤེས་རབ་སྟོབས་ཀྱིས་བདེ་བ་འཐོབ། །ཅེས་པ་དང་། གདན་བཞི་པའི་མན་ཏྲ་ཨཾ་སར། ཆགས་པས་སྲིད་པར་ལྷུང་བའོ། །ཆགས་པས་སྤང་བའི་ལུས་ཀྱིས་ནི༔ །རྒྱུན་དུ་བརྟུལ་ཞུགས་ཡང་དག་བཟུང་། །ཞེས་པ་དང་། ཟླ་གསང་ཐིག་ལེར། འདོད་པ་མ་གཏོགས་བདེ་བྱེད་མེད། །བདེ་ཆེན་འདོད་པ་ང་ཡིན་ནོ། །འདོད་ཆགས་མེད་པར་བྱང་ཆུབ་མེད། །བྱང་ཆུབ་མེད་ནའང་འདོད་ཆགས་མེད། །ཕྱིག་པའི་ནང་ནའང་ཆགས་བྲལ་ཏེ། །ཞེས་གསུངས་ནས། བྱང་ཆུབ་ཀྱི་དོན་བོ་དྷི་ཙིཏྟ་ཞེས་པ་ལ༔ །བོ་ཞེས་པ་ནི་རྡོ་རྗེར་བཤད། །དྷི་ཞེས་པ་ནི་གཟུངས་མའི་མཆོག །ཙིཏྟ་ཞེས་པ་ནི་ཟག་པར་བཤད། །ཅེས་པ་དང་། བློ་གྲོས་རྒྱ་མཚོས་ཞུས་པའི་མདོར། སྨན་པའི་རྒྱལ་པོ་འཚོ་བྱེད་ཀྱིས། སྨན་དུ་མི་མཐོང་བའི་གཟུགས་སུ་སྣང་བ་དེ་གང་ཡང་མེད་དོ། །དེ་བཞིན་དུ་ཤེས་རབ་ཀྱི་ཕ་རོལ་ཏུ་ཕྱིན་པ་ལ་སྤྱོད་པའི་བྱང་སེམས་ཀྱིས་བྱང་ཆུབ་ཏུ་མི་མཐོང་བའི་ཆོས་སུ་སྣང་བ་ནི་གང་ཡང་མེད་དོ། །ཞེས་གསུངས་པས་སྣང་བ་བདེ་སྟོང་དབྱེར་མེད་ཀྱིས་རྒྱས་ཐེབས་པས་དེ་ཉིད་འཕེལ་བ་དང་བརྟན་པའི་གྲོགས་སུ་མི་འགྱུར་བ་གང་ཡང་མེད་པར་སྤྱོད་པ་ཡིན་ཏེ༔ སེམས་ཀྱི་སྒྲིབ་སྦྱོང་དུ་ཡང་། ཇི་ལྟར་འདོད་པའི་བྱ་བ་ཡིས། །ཀུན་ཟ་ཀུན་བྱེད་དེ་བཞིན་ནོ། །ཇི་ལྟར་འདོད་པའི་བྱ་བས་སོ། །ལངས་དང་འདུག་པར་བྱེད་པ་དང་། །ཇི་ལྟར་འཆག་ནའང་དེ་བཞིན་ནོ། །དགོད་དང་སྨྲ་བར་བྱེད་པ་ན། །ཇི་ལྟ་དེ་ལྟར་གང་དེ་བཞིན། །དཀྱིལ་འཁོར་དུ་ནི་མ་ཞུགས་པའམ། །སྒྲིབ་པ་ཀུན་དང་ལྡན་

པས་ཀྱང་། །རང་གི་ལྷ་སྦྱོར་བདག་ཉིད་ཀྱིས། །བསོད་ནམས་ཆུང་ཡང་འགྲུབ་པར་འགྱུར། །འདིས་ནི་སངས་རྒྱས་ཐམས་ཅད་དང་། །དཔའ་བོ་བདག་ནི་ཐམས་ཅད་ཉིད། །ཚེ་འདི་ཉིད་ལ་ཐམས་ཅད་རིགས། །འཐོབ་འགྱུར་འདི་ལ་ཐེ་ཚོམ་མེད། །ཇི་ལྟར་འཇིག་རྟེན་འཕེལ་པ་ལས། །རྣལ་འབྱོར་པ་ཡི་འཇིག་རྟེན་རྒྱལ། །གོང་མ་གོང་མའི་བློ་ཁྱད་ཀྱིས། །རྣལ་འབྱོར་པ་ཡང་རྒྱལ་བར་འགྱུར། །ཞེས་གསུངས་པའི་ཚུལ་དུ་སྦྱོད་པ་ཉམས་སུ་ལེན་པ་དང་། མེས་ཚིག་པ་མེ་ལ་བདུག་པ་དང་། རྣ་བར་ཆུ་ཞུགས་པ་ཆུ་བསྟན་ནས་འབྱིན་པ་ལྟར་ཉོན་མོངས་པ་ལམ་དུ་བྱེད་པའི་སྤྱོད་པ་ལེགས་པར་སྤྱད་པས་ཚེ་འདི་ལ་རྡོ་རྗེ་འཆང་གི་གོ་འཕང་འཐོབ་པའི་ལུགས་འདི་རྣལ་འབྱོར་བླ་ན་མེད་པའི་རྒྱུད་དང་གྲུབ་ཐོབ་ཀྱི་གསུང་ལས་བྱུང་བ་ཡིན་ནོ།། །།

༄ གཉིས་པ་ལ་གསུམ། མཚན་ཉིད་དང་མི་ལྡན་པའི་གང་ཟག་གནས་ཆེན་འགྲིམ་པ་དགག །མཚན་ཉིད་དང་ལྡན་པ་གནས་ཆེན་བསྐྱེན་པར་བསྟན། དགག་པའི་མཇུག་བསྡུ་བའོ། །དང་པོ་ལ་སྤྱིར་བསྟན། བྱེ་བྲག་ཏུ་བཤད་པའོ། །དང་པོ་ནི། །དེང་སང་གསང་སྔགས་མི་ཤེས་པར། །སྔགས་ཀྱི་ཚུལ་དུ་འཆོས་པ་མཐོང་། །རིམ་པ་གཉིས་པོ་མི་སྒོམ་ན། །ཡུལ་ཆེན་སུམ་ཅུ་སོ་བདུན་དུ། །འགྲོ་བ་སངས་རྒྱས་ཀྱིས་མ་གསུངས། །ཞེས་པ། ད་ལྟ་གངས་རིའི་ཁྲོད་ན་རིམ་གཉིས་བསྟན་པ་ཐོབ་ནས་གནས་ཆེན་འགྲིམ་པའི་དུས་ལ་བབ་པ་ལྟ་ཅི་སྨོས། ཡི་དམ་ལྷའི་བསྙེན་རིམ་ཏིང་ངེ་འཛིན་གསུམ་དང་རྣལ་འབྱོར་བཞི་ལ་སོགས་པ་མགོ་མཇུག་ཚང་བ་ཙམ་ཡང་མི་ཤེས་པར་རྡོ་རྗེ་འཛིན་པའི་ཚུལ་བཟུང་ནས་ཡུལ་ཆེན་འགྲིམ་པ་འདི་འདྲ་ནས་རྒྱུད་སྡེ་རྣམས་ནས་གསུངས་པ་མེད་ཅིང་ལྟུགས་ཀྱ་མེད་པའི་གླང་པོ་བཞིན་དུ་སྤྱོད་པར་ཟད་དོ། །

གཉིས་པ་ལ་གཉིས། ཉེས་དམིགས་ཡོད་པར་བསྟན། ཕན་ཡོན་མེད་པར་བསྟན་པའོ། །དང་པོ་ནི། རིམ་པ་གཉིས་པོ་མི་སྒོམ་པའི། །སྒོམ་ཆེན་བཟང་ཡང་ཕ་རོལ་ཏུ། །ཕྱིན་པའི་སྒོམ་ཆེན་ལས་མ་འདས། །མདོ་ལས་ཡུལ་ཆེན་དེ་དག་ཏུ། །འགྲོ་བའི་ཚིག་བཤད་པ་མེད། །གལ་ཏེ་གསང་སྔགས་མི་བསྒོམ་ཞིང་། །རྟོགས་པ་ཡོད་པར་རློམ་པ་ཡིས། །ཡུལ་འདིར་ཕྱིན་ན་བར་ཆད་འབྱུང་། །ཞེས་པ། རིམ་གཉིས་ཀྱི་ཏིང་ངེ་འཛིན་ནི་མི་སྒོམ་པའི་རྣལ་འབྱོར་པ་བཟང་ཡང་ཕར་ཕྱིན་ཐེག་པའི་གང་ཟག་ལས་མ་འདས་ཤིང་། དེས་ནགས་ཁྲོད་དུ་དབེན་པར་ཉམས་སུ་ལེན་པའི་ཚུལ་མདོ་ལས། བདག་འཛིན་སྤོང་བ་དང་སྙིང་རྗེ་ཆེན་པོ་བསྒོམ་པའི་འདུ་ཤེས་ཀྱིས་རྐྱེན་ལམ་དུ་སློང་ས་ཚུལ་གསུངས་པ་བཞིན་བྱེད་ན་ཚུལ་དང་མཐུན་ཅིང་དེ་ལས་ལྷག་པའི་གནས་ཆེན་འགྲིམ་ཚུལ་མཚན་ཉིད་ཐེག་པ་ལས་གསུངས་པ་མེད་དོ། །རྡོ་རྗེ་ཐེག་པའི་དོན་ཉམས་སུ་མི་ལེན་པར་རྟོགས་པ་བཟང་པོ་ཡོད་པ་རློམ་སྟེ་གནས་གཞན་པོར་ཅི་དགར་འདུག་ན། ཞིང་སྐྱོང་དང་པོ་ཉ་དང་ཤ་ཟའི་མཁའ་འགྲོ

དག་གིས་བར་དུ་གཅོད་པར་འགྱུར་རོ། །

གཉིས་པ་ནི། ཅི་ཡང་མེད་པའི་སྒོམ་ཆེན་གྱིས། །ཕྱིན་ཀྱང་ཕན་གནོད་གང་ཡང་མེད། །ཨོ་རྒྱན་ཛ་ལན་དྷ་ར་དང་། །གངས་ཅན་དེ་ཝི་ཀོ་ཊ་སོགས། །ཀླུ་ཀློ་བླུན་པོ་མུ་སྟེགས་བྱེད། །འབྲོག་པ་རྣམས་ཀྱིས་གང་མོད་ཀྱང་། །དེ་དག་གྲུབ་པ་ཐོབ་སམ་ཅི། །ཞེས་པ། སྔགས་དང་། ཕར་ཕྱིན་གྱི་ལྟ་སྒོམ་སྤྱོད་པ་གང་ཡང་མེད་པའི་གང་ཟག་ཐ་མལ་པས་གནས་གཉན་པོར་བསྔད་ཀྱང་། ཕན་ཡོན་དང་ཉེས་དམིགས་གང་ཡང་མི་འབྱུང་བ་ནི་ཕྱ་དང་སྤྲེའུ་ལ་སོགས་པ་དབེན་པར་གནས་པ་དང་འདྲ་སྟེ། དཔེར་ན་ཨོ་རྒྱན་དང་། ཛ་ལན་དྷ་ར་དང་། རི་བོ་གངས་ཅན་དང་། དེ་ཝི་ཀོ་ཊ་ལ་སོགས་པའི་ཀླ་ཀློའི་ཡུལ་གྱི་མི་དང་། མུ་སྟེགས་ཀྱི་རིགས་བྱེད་འཛིན་པ་དང་། ཕྱི་ནང་གི་གྲུབ་མཐའ་གང་ཡང་མི་ཤེས་པའི་འབྲོག་པ་དང་དུད་འགྲོའི་འཚོ་སྐྱོང་བྱེད་པ་དུ་མ་ཞིག་རྒྱུན་དུ་གནས་ཀྱང་དངོས་གྲུབ་ཕྱོགས་ཙམ་ཡང་ཐོབ་པའི་ཡོན་ཏན་མེད་ཅིང་། ཉམས་རྟགས་བཟང་པོར་རློམ་པའི་མཆོག་འཛིན་ཀྱང་མེད་པས་དེ་ལ་བརྟེན་པའི་བར་ཆད་ཀྱང་མི་འབྱུང་བ་བཞིན་ནོ། །

གཉིས་པ་ནི། གསང་སྔགས་སྒོམ་པའི་རྟོགས་པ་ཅན། །བརྡ་དོན་འཕྲོད་པའི་སྐལ་བར་ལྡན། །དེ་ལ་ཡུལ་དེར་གནས་པ་ཡི། །མཁའ་འགྲོ་རྣམས་ཀྱིས་བྱིན་གྱིས་རློབ། །འདི་དོན་རྣལ་འབྱོར་ཆེན་པོ་ཡི། །རྒྱུད་སྡེ་རྣམས་སུ་ལེགས་པར་བསྔོས། །ཞེས་པ། རིམ་གཉིས་ཀྱི་ཏིང་ངེ་འཛིན་ལ་རྟོགས་པ་བརྟན་པོ་ཐོབ་ནས་བརྡ་དང་བརྡའི་ལག་ལེན་ལེགས་པར་སྦྱོང་ཤེས་པ་གནས་ཆེན་གྱི་དཔའ་བོ་དང་རྣལ་འབྱོར་མ་རྣམས་སྤུན་དང་སྲིང་མོ་ལ་སོགས་པར་ཤེས་པར་བྱེད་པ་སོར་མོ་གཅིག་སྟོན་པ་ཁྱོད་ལེགས་པར་འོངས་སམ་ཞེས་འདྲི་བའི་ལན་དུ། སོར་མོ་གཉིས་བསྟན་ནས་ལེགས་པར་འོངས་སོ་ཞེས་ལན་འདེབས་པ་དང་། ཁམས་བདེའམ་ཞེས་འདྲི་བའི་ལན་གཡོན་པའི་མཐེ་བོང་ནང་དུ་བཙུག་པའི་ཁུ་ཚུར་དང་ལག་པ་གཡས་ཀྱིས་དེ་བཞིན་དུ་བདེའོ་ཞེས་ལན་འདེབས་པ་བརྗོད་བྱའི་དོན་ཡིན་པ་དང་། སྲིན་ལག་བརྐྱང་བའི་བརྡའ་ལ་མཐེའུ་ཆུང་བརྐྱང་བའི་ལན་འདེབས་པ་ལ་སོགས་དོན་མི་སྟོན་པའི་ལུས་ཀྱི་བརྡའ་བྱེད་པ་ལུས་ཀྱི་བརྡ་དང་། ཧྲ་ཞེས་བྱ་བ་སྨྲས་བྱུར་བཤད། །ཧྲི་ཞེས་བྱ་བ་བུད་མེད་ཡིན། །ཞེས་པ་ལ་སོགས་པ་ངག་གི་བརྡ་རྣམས་ལེགས་པར་སྦྱོང་ཤེས་པ་དང་། ཚོགས་ལ་རོལ་བའི་དུས་སུ་ཕྱག་དང་མཆོད་པ་དང་། གར་དང་གླུ་ལ་སོགས་པའི་བརྡ་དང་བརྡའི་ལན་ཨོཾ་ཨ་ཧཱུྃ་ཧོཿཕྱག་འཚལ་བའི་ངག་གི་བརྡ་དང་། ཨོཾ་བྲ་ཧེ་ཀ་ཕྱག་ལན་དང་། ཙྪ་ཙྪ་སློབ་དཔོན་ལ་བྱ་བ་དང་། ཧྲཱ་ཀྲཱ་བཞུགས་ཤིག་པ་དང་། ཚམ་ཚ་འོངས་སམ་ཞེས་པ་དང་། ཅམ་ཚ་འདུག་ཅིག་པ་དང་། ཁམ་ཟོ་ཤིག །ཁ་རབ་ཏུ་ཟོ་ཤིག །ཧྲཾ་ཧྲཾ་ཤཱ། ཤྲཱི་ཤྲཱི་ཁྲག །ཧྲཾ་ཧྲཾ་ཤ་ཟོས་ཤིག་ཅེས་པ་ལ་སོགས་པ་དང་། ཤེ་ཤེ་སོང་ཤིག །བྲེ་བྲེ་ཤོག་ཅིག །ཅེས་པ་ལ་

སོགས་པ་རྒྱུད་ནས་གསུངས་པའི་བརྡའ་དོན་ཤེས་པའི་སྐལ་ལྡན་གྱི་རྣལ་འབྱོར་པ་དེ་ལ་ཡུལ་ཆེན་པོ་ན་བཞུགས་པའི་སྤྲུལ་པ་དང་། སྔགས་སྐྱེས་དང་། ཞིང་སྐྱེས་དང་། ལས་ལས་གྲུབ་པའི་མཁའ་འགྲོ་རྣམས་ཀྱིས་རྒྱུད་ལ་བྱིན་གྱིས་རློབ་ཅིང་། རྣལ་འབྱོར་པའི་ཕྲིན་ལས་གྲུབ་པར་བྱེད་པ་ཡིན་པས་རྒྱས་པར་འཁོར་ལོ་སྡོམ་པ་ལ་སོགས་པའི་རྒྱུད་སྡེ་ཆེན་པོ་རྣམས་ལེགས་པར་བལྟས་ནས་གནས་ཆེན་འཁྲིམ་པའི་དུས་ལ་བབ་མ་བབ་དང་། འཁྲིམ་ཚུལ་དང་འཁྲིམ་པའི་ལེགས་ཉེས་ལེགས་པར་ཤེས་ནས་སྒྲུབ་པར་བྱའོ། །

དེས་ན་གསང་སྔགས་མི་སྒོམ་པར། །གནས་ཆེན་བསྐྱོད་པ་དོན་མེད་ཡིན། །ཞེས་པ། གོང་དུ་ལེགས་པར་བཤད་པ་དེ་ལྟར་རྡོ་རྗེ་ཐེག་པའི་གཞུང་ལུགས་ལ་མ་སྦྱངས་ཤིང་། རིམ་གཉིས་ཀྱི་རྣལ་འབྱོར་ཚུལ་བཞིན་མི་སྒོམ་པར་བགྲོད་པར་དཀའ་བའི་ཡུལ་ཆེན་པོ་དེ་དག་ཏུ་འགྲོ་བ་ནི་འབད་པ་དོན་མེད་ཡིན་ཅིང་རི་ཁྲོད་དུ་བསྡད་པའི་ང་རྒྱལ་གྱིས་གཞན་ལ་བརྙས་པར་བྱེད་པ་བདུད་ལས་ཡིན་པར་གསུངས་ཏེ། མདོ་ལས། གང་ཞིག་དཔག་ཚད་ལྔ་བརྒྱ་ཡོད་པའི་རི་ཡི་སུལ། །སྦྲུལ་གྱི་གང་བར་ལོ་མང་བྱེ་བར་གནས་བྱེད་ཀྱང་། །དབེན་པ་འདི་མི་ཤེས་པའི་བྱང་ཆུབ་སེམས་དཔའ་དེ། །ལྷག་པའི་ང་རྒྱལ་སྙེད་ནས་འདྲེ་བར་གནས་པ་ཡིན། །བྱང་ཆུབ་སེམས་དཔའ་འགྲོ་བའི་དོན་བརྩོན་བསམ་གཏན་དང་། །སྟོབས་དང་དབང་པོ་རྣམ་ཐར་ཏིང་འཛིན་ཐོབ་དེ་ལ༑ ༑འདི་ནི་དགོན་དབེན་སྤྱོད་པ་མིན་སྙམ་བརྙས་བྱེད་པ། །དེ་ནི་བདུད་ཀྱི་སྤྱོད་ཡུལ་གནས་ཤེས་རྒྱལ་བས་གསུང་། །ཞེས་གསུངས་པའི་ཕྱིར་རོ། །གསུམ་པ་ལ་གསུམ། རྣལ་འབྱོར་པའི་རྩ་བ་སུན་དབྱུང་བ། སྤྱོན་སྤྱོད་ལྟར་སྣང་དགག་པ། དོན་བསྡུས་ཏེ་ཐ་མལ་གྱི་གནས་ཆེན་བསྐྱེན་པ་དགག་པའོ། །

དང་པོ་ལ་གཉིས། འབྲུལ་གཞི་རྩད་བཅད་པ། དེའི་རྒྱུ་མཚན་བསྟན་པའོ། །དང་པོ་ནི། དཔལ་ལྡན་དུས་ཀྱི་འཁོར་ལོ་དང་། །མངོན་པའི་གཞུང་ལས་གསུངས་པ་ཡི། །ཁྲག་རི་གསེར་གྱི་བྱ་སྐྱིབས་དང་། །འཛམ་བུའི་ཤིང་ལ་ས་སྲུང་བུ། །གླང་ཆེན་ལྔ་བརྒྱས་བསྐོར་བ་དང་། །དགྲ་བཅོམ་ལྔ་བརྒྱ་བསྐོར་བའི་གནས། །གངས་ཅན་དེ་ནི་ཏི་སེ་ཡིན། །ཞེས་པ། དུས་འཁོར་གྱི་འཇིག་རྟེན་ཁམས་ལེར་གསུངས་པ་དང་། མངོན་པ་གོང་འོག་གི་བསྟན་བཅོས་ལས་གསུངས་པའི་རི་སྤོས་ངད་ལྡན་གྱི་བྱང་ན་ཁྲག་རི་གསེར་གྱི་བྱ་སྐྱིབས་ཅན་ལྟ་མ་ཡིན་གྱི་ངོས། མཚུ་ཞིང་དཔག་ཚད་ལྔ་བཅུ། དཔངས་ཕྱེད་དང་བཞི་པ། ཁྲག་གསེར་གྱི་བྱ་སྐྱིབས་ཅན་བརྒྱ་སྟོང་མང་པོས་བསྐོར་བ་ཡོད། དེའི་བྱང་ན་ཤིང་ས་ལའི་རྒྱལ་པོ་རབ་བརྟན་ས་ལའི་ཕྲེང་བ་བདུན་རིམ་གྱིས་བསྐོར་བ་ཡོད། དེའི་ཤར་ན་ཛྱི་ང་བུ་དལ་བབ་ཅེས་བྱ་བ་མཆོ་མ་དྲོས་པ་དང་མཉམ་པའི་ཛྱི་ང་བུ་བརྒྱ་སྟོང་མང་པོས་བསྐོར་བ་བཀོད་པ་ཕུན་སུམ་ཚོགས་པ་ཡོད། དེར་བརྒྱ་བྱིན་གྱི་གླང་པོ་ཆེ་རབ་བརྟན་འཁོར་བརྒྱ་སྟོང་མང་པོས

བསྐོར་བ་གནས་ཤིང་། དབྱར་ཟླ་བ་བཞི་ས་ལའི་ཚལ་དུ་འགྲོ །དགུན་ཟླ་བ་བཞི་གསེར་གྱི་བྱ་སྐྱིབས་སུ་སྡོད། འཛམ་བུའི་ཤིང་དང་བརྒྱ་བྱིན་གྱི་གླང་པོ་ཆེ་ས་སྲུང་འཁོར་ལྔ་བརྒྱས་བསྐོར་བ་དང་། བཅོམ་ལྡན་འདས་མྱ་ངན་ལས་འདའ་བའི་ཚུལ་སྟོན་པར་ཉེ་བའི་ཚེ་འཁོར་དགྲ་བཅོམ་པ་ལྔ་བརྒྱ་དང་བཅས་པས་རང་རང་གི་ལས་རྒྱུ་བ་ལུང་བསྟན་པ་མཛད་པའི་གངས་ཅན་དེ་ནི་ཡུ་ཧྲངས་ཀྱི་བྱང་ན་ཡོད་པའི་ཏི་སེ་མ་ཡིན་ལ།

མ་དྲོས་རྒྱ་མཚོ་མ་ཕམ་མིན། །གླང་པོ་རྣམས་ཀྱང་དེ་ན་མེད། །དེ་ན་འཛམ་བུའི་ལྗོན་པ་དང་། །གསེར་གྱི་བྱ་སྐྱིབས་ག་ལ་ཡོད། །ཅེས་པ། དེ་བཞིན་དུ་འཛམ་བུའི་གླིང་གི་རྒྱལ་པོས་རང་སངས་རྒྱས་མང་པོ་ལ་གདུགས་ཚོད་དྲངས་པའི་འབྲས་ཁུ་ཚ་མོ་མཚོ་ཆུ་ནང་དུ་བླུགས་ཀྱང་མཚོ་མ་དྲོས་པས་མ་དྲོས་པའི་མཚོ་ཞེས་གྲགས་སོ། །བཅོམ་ལྡན་འདས་ཀྱིས་གསུངས་པ་དེ་ཡང་མ་ཕམ་གྱི་མཚོ་འདི་མ་ཡིན་ནོ། །གླང་པོ་འཁོར་བཅས་དང་ཤིང་འཛམ་བུ་དང་བྲག་རི་གསེར་གྱི་བྱ་སྐྱིབས་ཅན་ལ་སོགས་པ་བཀའ་བསྟན་བཅོས་རྣམ་དག་ནས་གསུངས་པའི་ཁྱད་ཆོས་གང་ཡང་མེད་པའི་ཕྱིར་རོ། །

གཉིས་པ་ལ་བཞི། དུས་འཁོར་བའི་ལུགས། མངོན་པའི་ལུགས། ཕྱི་རོལ་པའི་ལུགས། མདོའི་ལུགས་སོ༔ ༔དང་པོ་ནི། དེ་ཡི་གཏན་ཚིགས་འདི་ལྟར་ཡིན། །དཔལ་ལྡན་དུས་ཀྱི་འཁོར་ལོ་ལས། །ཆུ་བོ་སི་ཏའི་བྱང་ཕྱོགས་ན། །རི་བོ་གངས་ཅན་ཡོད་པར་གསུངས། །དེ་ཡི་འགྲམ་ན་ཤམྦྷ་ལ། །གྲོང་ཁྱེར་བྱེ་བ་དགུ་བཅུ་དྲུག །དེ་ན་རྒྱལ་པོའི་ཕོ་བྲང་མཆོག །ཀཱ་ལ་པ་ཞེས་བྱ་བ་ཡོད། །ཅེས་པ། གངས་རི་དང་མཚོ་དེ་ཏི་སེ་དང་མ་ཕམ་མ་ཡིན་པའི་རྒྱུ་མཚན། དུས་ཀྱི་འཁོར་ལོ། འཛམ་བུ་གླིང་ཆུང་ངུའི་བྱང་ཕྱོགས་གླིང་གི་ཞིང་ཆེ་ས་ལ་ཆུ་བོ་སཱི་ཏ་ཡོད་ཅིང་། དེའི་བྱང་ན་རི་བོ་གངས་ཅན་ཡོད་ལ། དེའི་བྱང་ན་ཤམ་བྷ་ལ་ཡོད་པར་གསུངས་ཏེ། ལན་ཙྪ་ཆང་དང་ཆུ་དང་འོ་མ་ཞོ་དང་མར་ཏེ་སྦྲང་རྩིའི་རྒྱ་མཚོ་རྣམས་དང་རི་བདུན་ནི། འོད་སྡོན་པོ་དང་མན་ཧྲ་ར་བའི་རི་སྐྱེ་རྐྱབ་ལྡན་ནོར་འོད་ཚལ་ལྡན་གྲང་བའི་རི་རྡོ་རྗེ། །གླིང་རྣམས་ཟླ་བ་དང་ནི་འོད་དཀར་རབ་མཆོག་ཀུ་ཤ་མི་འམ་ཅི་སྐྱེ་ཁྲུང་ཁྲུང་དྲག་པོ་རྣམས། །ཡོངས་སྐྱོད་པ་རྣམས་ཉིད་དེ་འཛམ་གླིང་བདུན་པ་ལས་ཀྱི་ས་རྣམས་ལ་ནི་མི་རྣམས་གནས་པའོ། །ཞེས་པ་དང་།

དུམ་བུ་གཅིག་ལ་དཔག་ཚད་རྣམས་ནི་སྟོང་ཕྲག་ཉི་ཤུ་རྩ་ལྔ་ཡིན་ཀྱང་ནོར་འདབ་ལྡན་པ་དང་། །གངས་རི་མཆོག་གི་ས་ཕྱོགས་རྣམས་མ་ལུས་ཀུན་ནས་ཡང་དག་བསྐོར་བ་དེ་དག་དབུས་སུ་ཀེ་ལ་ཤ །ས་ལ་ཀེ་ལ་ཤ་ཡི་དུམ་བུར་གངས་རི་ལྡན་པ་དེ་ཡི་སུམ་ཆ་ཀུན་ནས་ཤེས་པར་བྱ་བ་སྟེ། །ཕྱི་རོལ་དུ་ཡང་ཡུལ་རྣམས་ཉིན་བྱེད་འདབ་མ་རེ་རེའི་གླིང་རྣམས་ཀུན་གྱིས་བརྒྱན་པར་བརྗོད་པ་སྟེ། །གཡས་ཀྱི་ཕྱེད་དུ་ཐུབ་མཆོག་གནས་གྲོང་

ཤམ་བྷ་ལ་ཞེས་བྱ་བ་གྲོང་ཁྱེར་བྱེ་བ་ཡང་དག་གནས། །ཞེས་པས་གངས་རིས་བསྐོར་བའི་དབུས་ན་ཤམ་བྷ་ལའི་ཡུལ་གྲོང་ཁྱེར་བྱེ་བ་ཕྲག་དགུ་བཅུ་རྩ་དྲུག་ས་གཞི་པདྨ་འདབ་བརྒྱད་ཀྱི་རྣམ་པར་ཡོད་པའི་འདབ་མ་རེ་རེ་ལ་གྲོང་ཁྱེར་བྱེ་བ་ཕྲག་བཅུ་གཉིས་རེ་ཡོད་ཅིང་། བྱེ་བ་ཕྲག་རེ་ལ་རྒྱལ་པོ་རེ་ཡོད་པས་རྒྱལ་ཕྲན་དགུ་བཅུ་རྩ་དྲུག་ཡོད་དོ། །དབུས་ན་རྒྱལ་པོའི་ཕོ་བྲང་མཆོག་ཏུ་གྱུར་པ་ཀཱ་ལ་པ་དང་། དུས་ཀྱི་འཁོར་ལོའི་གཞལ་ཡས་ཁང་དང་མ་ལ་ཡའི་བསྐྱེད་མོས་ཚལ་ཡོད་དོ། །

དེ་ན་སྤྲུལ་པའི་རྒྱལ་པོ་རྣམས། ལོ་གྲངས་བརྒྱ་བརྒྱར་ཆོས་གསུངས་སོ། །དེ་ན་ནགས་ཚལ་སྣ་ཚོགས་དང་། །བཟའ་ཤིང་ར་བ་དུ་མ་ཡོད། །སྙིགས་མའི་དུས་སུ་འཕགས་པའི་ཡུལ། །ཀླ་ཀློའི་ཆོས་ཀྱིས་གང་བར་འགྱུར། །དེ་ན་ཀླ་ཀློའི་རྫུ་འཕྲུལ་གྱིས། །ཤམ་བྷ་ལ་རུ་དམག་འདྲེན་འགྱུར། །ཞེས་པ། དེར་རྒྱལ་པོའི་ཐོག་མ་བགེགས་མཐར་བྱེད་ཀྱི་སྤྲུལ་པ་ཉི་མའི་འོད་ཀྱི་རིང་ལ་སངས་རྒྱས་ཀྱིས་ཆོས་མ་བྱུང་ངོ་། །དེའི་སྲས་ཕྱག་རྡོར་ཀྱི་སྤྲུལ་པ་ཟླ་བ་བཟང་པོ་ལ་ལྷོ་ཕྱོགས་དཔལ་ལྡན་འབྲས་སྤུངས་སུ་རྒྱུ་སྐར་གྱི་དཀྱིལ་འཁོར་དུ་སྤྲུལ་ཏེ། སྟོན་པས་དུས་ཀྱི་འཁོར་ལོའི་དབང་བསྐུར་ཅིང་རྩ་རྒྱུད་གསུངས་སོ། །དེ་ནས་ཤམ་བྷ་ལར་རྩ་རྒྱུད་ལོ་གཅིག་གསུངས། དེའི་བརྒྱུད་པ་ཆོས་རྒྱལ་ལྷ་དབང་དང་། གཟི་བརྗིད་ཅན་དང་། ཟླ་བས་བྱིན་པ་དང་། ལྷའི་དབང་ཕྱུག་དང་། སྣ་ཚོགས་གཟུགས་དང་། ལྷའི་དབང་ལྡན་རྣམས་ཀྱིས་ལོ་བརྒྱ་བརྒྱར་རྩ་བརྒྱུད་གསུངས་སོ། །དེ་ནས་རིགས་ལྡན་གྱི་རྒྱལ་པོ་འཇམ་དཔལ་གྲགས་པས་ལོ་བརྒྱར་རྩ་རྒྱུད་གསུངས་ནས་བསྡུས་རྒྱུད་མཛད། སུ་སྐེགས་ཀྱི་དྲང་སྲོང་རྣམས་རིགས་ཀྱི་ང་རྒྱལ་དུ་བྱེད་པ་བཏུལ་སྟེ། རྡོ་རྗེ་ཐེག་པའི་རིགས་གཅིག་ཏུ་གྲུབ་པ་མཛད་དོ། །དེ་ནས་རིགས་ལྡན་གྱི་རྒྱལ་པོ་པདྨ་དཀར་པོས་བསྡུས་རྒྱུད་ཀྱི་འགྲེལ་པ་དྲི་མེད་འོད་མཛད་དེ། འདི་མན་ཆད་རིགས་ལྡན་གྱི་རྒྱལ་པོ་རྣམས་ཀྱིས་ཆོས་གསུངས་པའི་ལོ་གྲངས་ལ་བོད་ཀྱི་བླ་མ་རྣམས་མི་མཐུན་པར་སྣང་ངོ་། །སྙིགས་མ་ལྔ་བདོ་བའི་དུས་སངས་རྒྱས་ཀྱི་བསྟན་པ་བརྟག་ཙམ་འཛིན་པའི་ཐ་མར་གྱུར་པའི་ཚེ་སོག་པོའི་ཡུལ་དུ་ཐོག་མར་ཀླ་ཀློའི་ཆོས་ལུགས་འབྱུང་ཞིང་། དེ་ནས་རིམ་གྱིས་ཀླ་ཀློའི་རྫུ་འཕྲུལ་གྱིས་ཡུལ་རྣམས་ཕྱུང་བར་བྱེད་དོ། །ཧོར་ཡུལ་གྱི་བྱང་ཕྱོགས་ངག་སྦྱིན་ཞེས་བྱ་བ་ལྷ་མ་ཡིན་གྱི་སྤྲུལ་པ་ཀླ་ཀློའི་རྒྱལ་པོ་སྟོབས་ཅན་ཞིག་འབྱུང་སྟེ། གླིང་འདིའི་ཤར་དང་ལྷོ་དང་ནུབ་ཕྱོགས་ཀྱི་ཡུལ་ཐམས་ཅད་བཅོམ་ནས་ཡུལ་དབུས་དང་བོད་རྣམས་འཛོམས་ཤིང་། འཛམ་གླིང་ཆུང་ངུའི་ཕྱེད་དབང་དུ་བསྡུས་ཏེ། ཕྱི་ནང་གི་ཆོས་ལུགས་ཐམས་ཅད་ཆར་བཅད་ནས་རང་གི་ལུགས་དར་བར་བྱེད་དོ། །དེ་ལ་འཁོར་རྒྱལ་ཕྲན་དགུ་བཅུ་རྩ་དྲུག་ཡོད་དེ། སྟོབས་ཀྱིས་དྲེགས་ནས་བྱང་ཕྱོགས་ཤམ་བྷ་ལར་དམག་འདྲེན་པར་རྩོམ་མོ། །

དེ་ཚེ་འཇམ་དཔལ་གྲགས་པ་ཡི། །སྤྲུལ་པ་དྲག་པོ་ཞེས་བྱ་བའི། །རྒྱལ་པོས་ཀླ་ཀློ་ཀུན་བཅོམ་ནས། །འཕགས་པའི་ཡུལ་གྱི་བར་དུ་ཡང་། །སངས་རྒྱས་བསྟན་པ་དར་བར་གསུངས། །དེས་ན་རི་བོ་གངས་ཅན་དུ། །རྫུ་འཕྲུལ་མེད་པས་འགྲོ་མི་ནུས། །ཞེས་པ། དེའི་ཚེ་འཇམ་དབྱངས་ཀྱི་སྤྲུལ་པ་དྲག་པོ་འཁོར་ལོ་ཞེས་བྱ་བའི་རིགས་ལྡན་གྱི་རྒྱལ་པོ་བྱུང་སྟེ། དེས་ལྷ་ཆེན་བརྒྱ་གཉིས་དང་། རྒྱལ་ཕྲན་དགུ་བརྒྱ་ཅ་དྲུག་གི་དཔུང་རྣམས་ཁྲིད་ནས་ཆུ་བོ་སི་ཏའི་ལྷོ་ཕྱོགས་སུ་འོངས་ཏེ་རྡོའི་རྟ་ལ་སོགས་པའི་སྤྲུལ་པའི་དམག་དཔུང་གིས་ཀླ་ཀློ་རྣམས་ཕམ་པར་བྱས་ནས་རྡོ་རྗེ་ཐེག་པའི་རིགས་གཅིག་ཏུ་བྱེད་ཅིང་། རིམ་གྱིས་ཡུལ་དབུས་ཀྱི་བར་དུ་འཕེལ་བར་བྱེད་དོ། །འོན་ཀྱང་རབ་བྱུང་ནི་མེད་དེ། ཀླ་ཀློས་བཅོམ་པའི་རྗེས་སུ་མཁན་སློབ་ལ་སོགས་པ་མེད་པའི་ཕྱིར་རོ། །དེ་བཞིན་དུ་གླིང་གཞན་རྣམས་སུ་ཡང་ཀླ་ཀློ་འཇུག་ཅིང་རིགས་ལྡན་གྱི་རྒྱལ་པོས་ཀྱང་རིམ་གྱིས་འདུལ་བར་མཛད་དོ། །འདི་དག་རྒྱས་པར་རྒྱུད་འགྲེལ་དང་བླ་མ་མཁས་པའི་གསུང་ལས་ཤེས་པར་བྱའོ། །རི་བོ་གངས་ཅན་དུ་རྫུ་འཕྲུལ་གྱིས་འགྲོ་འོང་བྱེད་དགོས་པར་གསུངས་པ་དེས་ན་ཐ་མལ་པས་འགྲོ་མི་ནུས་སོ། །

གཉིས་པ་ནི། མདོན་པ་ལས་ཀྱང་འདི་སྐད་གསུངས། །འདི་ནས་བྱང་དུ་རི་ནག་པོ། །དགུ་འདས་གངས་རི་དེ་ནས་ནི། །སྤོས་ངད་ལྡན་པའི་ཚུར་རོལ་ན། །ཆུ་ཞེང་ལྔ་བཅུ་ཡོད་པའི་མཚོ། །ཞེས་སོགས་མཚན་ཉིད་རྒྱས་པར་གསུངས། །དེར་ནི་རྫུ་འཕྲུལ་མི་ལྡན་པས། །བགྲོད་པར་བྱ་བ་མིན་ཞེས་བཤད། །ཅེས་པ། ཡུལ་དབུས་ནས་བྱང་ཕྱོགས་སུ་རི་ནག་པོ་གསུམ་བསྒྲིགས་གསུམ་འདས་པ་ན། རིའི་རྒྱལ་པོ་གངས་རི་དེའི་བྱང་ན་རི་སྤོས་ཀྱི་ངད་ལྡན་དེའི་ཚུ་རོལ་དཔག་ཚད་བཅུ་འོངས་པ་ན། མཚོ་མ་དྲོས་པ་དབྱིབས་གྲུ་བཞི། བསིལ་དང་ཞིམ་དང་ཡང་དང་འཇམ། །དངས་པ་དང་ནི་དྲི་ང་མེད། །འཐུང་ན་ལྟོ་བར་མི་གནོད་ཅིང་། །མགྲིན་པ་ལ་ཡང་མི་གནོད་པ༑ །ཞེས་པའི་ཆུ་ཡན་ལག་བརྒྱད་ཀྱིས་གང་བ་གཏིང་དུ་དཔག་ཚད་ལྔ་བཅུ་པ། ལྷ་རྫས་ཀྱི་མེ་ཏོག་ཨུཏྤལ་དང་པདྨ་ལ་སོགས་པས་ཁེབས་པ། དེའི་གཡས་རོལ་ན་འཛམ་བུ་ཆགས་པའི་ཚེ་བཅུད་ཐམས་ཅད་འདུས་པའི་སྙིང་པོ་འཛམ་བུ་གླིང་གི་ཤིང་ཐམས་ཅད་ཀྱི་མཆོག་ཏུ་གྱུར་པ་འཛམ་བུ་ཞེས་བྱ་བ། འབྲས་བུ་རྫ་མ་ཙམ། རོ་སྦྲང་རྩི་འདྲ་བ་ཤིང་ཐོག་དེ་ཆུ་ནང་དུ་ལྷུང་བ་ཉ་རྣམས་ཀྱིས་ཟོས་པའི་ལྷག་མ་འཛམ་བུ་ཆུ་བོའི་གསེར་དུ་འགྱུར་བ་ཡོད་དེ། ཤིང་ཆེན་པོ་བཞིའི་ཡ་གྱལ་ཡིན་ནོ། །གླིང་འདི་ལ་འཛམ་བུ་གླིང་ཟེར་བའི་མིང་དོན་ཡང་དེ་ཡིན་ནོ། །དེར་ནི་རྫུ་འཕྲུལ་དང་མི་ལྡན་པར་འགྲོ་མི་ནུས་ཏེ། ལུང་སྣ་ཚོགས་ཀྱི་གཞི་ལས། གནོད་སྦྱིན་གཏུམ་པོ་མི་ཟད་གནས་པ་ཡིད་འོང་ཞིང་། །མེ་ཏོག་འབྲས་བུ་སྣ་ཚོགས་ཤིང་གི་མཛེས་པར་བྱས་པ་སྟེ། །དེ་ན་རྒྱ་མཚོ་དྲུག་ཅན་དག་ཏུ་འགྲོ་བ་ཡི། །ཆུ་བོ་ཆེན་པོ་བཞི་པོ་འདི་དག་ཕྱོགས་བཞིར་འབབ། །གང྄་སིནྡྷུ་དེ་བཞིན་དུ་ནི་པཀྵུ་

དང་། །སྐྱི་ཏ་དེ་ལ་ཛམྦུ་འཁྲུལ་མཆོག་གི་ཤུགས་ཐོབ་པས། །མ་གདོགས་མི་རྣམས་ཀུན་གྱིས་ནམ་ཡང་མི་བགྲོད་པས། །དེ་ལ་ཐུབ་དབང་ཉན་ཐོས་དགེ་འདུན་བཅས་པ་བཞུགས། །ཞེས་གསུངས་སོ། །

ད་ལྟ་ཏི་སེ་འདི་ལ་ནི། །མཚན་ཉིད་དེ་དག་གང་ཡང་མེད། །ཅེས་པ། མངའ་རིས་ཀྱི་གངས་ཏི་སེ་འདི་ལ་མདོན་པ་ནས་གསུངས་པའི་བཀོད་པ་དེ་དག་གང་ཡང་མེད་དོ། །མནའི་འཆན་དུ། རྒྱ་གར་དང་བོད་ཀྱི་བར་ནུབ་ཤར་ཏུ་མངའ་རིས་ནས་རི་བརྒྱུད་མ་ཆད་པ་གཉིས་དང་། བོད་དང་ཧོར་གྱི་བར་དུ་ཆག་གསོའི་གངས་བརྒྱུད་མ་ཆད་པ་གཅིག་དང་། ཆུ་བོ་སྐྱི་ཏའི་བྱང་ན་དྲུག་ཏེ། རི་དགུ་འདས་པ་ཞེས་འབྱུང་ངོ་། །

གསུམ་པ་ནི། མུ་སྟེགས་པ་ཡི་གཞུང་ལས་ཀྱང་། །ཤར་ནུབ་གཉིས་ཀྱི་རྒྱ་མཚོའི་བར། །གངས་ཅན་གྱིས་ནི་ཁྱབ་པར་བཤད། །ཅེས་པ། མུ་སྟེགས་ཀྱི་དྲང་སྲོང་མདོན་ཤེས་ཅན་གྱིས་བྱས་པའི་གཞུང་གཞན་ནུ་འབྱུང་བ་དང་། རྒྱས་པའི་བསྟན་བཅོས་ཟླ་ར་ཏ་ལས། གླིང་འདིའི་ཤར་ནུབ་ཀྱི་རྒྱ་མཚོ་ལ་ཐུག་པར་རི་བོ་གངས་ཅན་གྱི་ཁྱབ་པར་བཤད་དོ། །

ཏནྟུ་མཐུས་འཕངས་པ་ཡི། །གངས་རིའི་དུམ་བུ་ཚར་བ་ཞིག །ཏི་སེ་ཡིན་ཞེས་གྲོགས་མཁར་སྨྲ། །དེ་ནི་དབང་ཕྱུག་ཆེན་པོ་གནས། །ས་བསྲུང་བུ་ཡི་བསྟེན་པའི་ས། །དགྲ་བཅོམ་ལྔ་བརྒྱ་བཞུགས་པའི་ཡུལ། །ད་ལྟའི་ཏི་སེ་འདི་མ་ཡིན། །ཞེས་པ། སྔོན་རྒྱལ་པོ་ཤིང་རྟ་བཅུ་པའི་བུ་དགའ་བྱེད་ཀྱི་ཆུང་མ་རོལ་རྙེད་མ་ལང་ཀ་མགྲིན་བཅུས་ཕྲོགས་ནས་དེ་ལ་དམག་དྲངས་ཏེ་སྲིན་པོ་ཕལ་ཆེར་བསད་པའི་ཚེ་མགྲིན་བཅུའི་སྤྲུན་ཟླ་བསམ་གཏན་སྒོམ་པ་ཞིག་གིས་རླུང་དྲག་པོས་རྡུབས་པས་དགའ་བྱེད་དང་ཏནྟུ་མ་ད་མ་གདོགས་དམག་དཔུང་ཐམས་ཅད་ཀེང་རུས་སུ་སོང་ནས། དེ་གསོ་བའི་ཕྱིར་རི་བོ་གངས་ཅན་བླངས་ནས་དེ་ལ་ཡོད་པའི་བདུད་རྩི་གཏོར་བས་གསོས་པར་གྱུར་ཏོ། །སླར་ཏནྟུ་མ་དས་སླར་ཡང་གངས་རི་རང་གནས་སུ་འཕངས་པའི་དུམ་བུ་ཞིག་ལམ་དུ་ལྷུང་བ་དེ་ཏི་སེར་གྲོགས་མཁར་བ་སྨྲའོ། །བྲམ་ཟེ་ཐོ་བཙུན་གྲུབ་རྗེ་དང་། བདེ་བྱེད་བདག་པོ་སྤྱུན་གཉིས་ལྟ་དབང་ཕྱུག་ཆེན་པོ་ལ་ཤིན་ཏུ་དད་ཅིང་། བསྟན་བཅོས་མཐའ་དག་གི་ཕ་རོལ་ཏུ་སོན་པ་དེ་དག་ལྟ་མདོན་སུམ་དུ་མ་མཐོང་ཞིང་དེའི་ལུང་བསྟན་མ་ཐོབ་ཀྱི་བར་དུ་དགེ་བ་ཅུང་ཟད་ཀྱང་མི་བྱའོ། །ཞེས་དམ་བཅས་སོ། །དེའི་ཚེ་ཏི་སེར་སོང་བས་ལྟ་དབང་ཕྱུག་ཆེན་པོ་སངས་རྒྱས་དགྲ་བཅོམ་གྱི་དགེ་འདུན་དང་བཅས་པ་རྣམས་ལ་བསོད་སྙོམས་སྟོབས་ཤིང་བསྙེན་བཀུར་ལ་བརྩོན་པར་གྱུར་བ་དང་ཕྲད་ནས་བཅོམ་ལྡན་འདས་འདི་ནི་སྲིད་པ་གསུམ་གྱི་བླ་མར་གྱུར་པ་ཡིན་ནོ། །ཞེས་དད་པ་སྐྱེད་དེ། སངས་རྒྱས་ཀྱི་བསྟན་པ་ལ་ཞུགས་ནས། མཐོ་བཙུན་གྲུབ་རྗེས་ལྟ་ལ་ཕུལ་བྱུང་གི་བསྟོད་པ་དང་། བདེ་བྱེད་བདག་པོས་ཁྱད་པར་འཕགས་པའི་བསྟོད་པ་བརྩམས

སོ༔ །བླ་མ་འགའ་ཞིག་སངས་རྒྱས་མྱ་ངན་ལས་འདས་པའི་རྗེས་སུ་རྡོ་རྗེ་གདན་གྱི་བྱང་ཆུབ་ཀྱི་ཤིང་དྲུང་དུ། མ་ཧཱ་བོ་དྷིའི་སྐུ་བཞེངས་པའི་སྦྱིན་བདག་བྱས་ཏེ། གན་དྷོ་ལའི་ནང་དུ་རྒྱུ་ཐམས་ཅད་སྤུངས་པའི་ཚེ་མ་ན་རེ། ངའི་ཞག་བདུན་ནས་ཆོའི་དུས་བྱེད་པར་གྱུར་ཏེ། སངས་རྒྱས་ཀྱི་ཞལ་མཐོང་བ་གཞན་མེད་པས་ཁྱོད་གཉིས་ཀྱིས་བཞེངས་པའི་སྐུ་དེ་འདྲ་མི་འདྲ་གཞན་གྱིས་མི་ཤེས་སོ། ཞེས་ཟེར་རོ། །ལྷ་བཟོ་བ་ན་རེ། རྒྱུ་ཐམས་ཅད་ཚང་བར་བསྒོགས་ལ་ཞག་བདུན་སྲུའང་མ་འོངས་ཤིག་ཅེས་ཟེར་ཏེ་སྒོ་བཅད་དོ། །ཞག་དྲུག་སོང་ནས་མ་ཆོའི་དུས་བྱེད་པས་གཏུགས་ཏེ་སྒོ་ཕྱེ་བས་ལྷ་བཟོ་བ་རྣམས་རྩིག་ཁུང་གི་དུ་བ་ཡལ་བ་ལྟར་ཡལ་ཅིང་། སངས་རྒྱས་ཀྱི་སྐུ་རང་གྲོན་པ་ལ་མས་བལྟས་པས་ཆོས་གསུང་བ་དང་འོད་ཟེར་འགྱེད་པ་དང་སྤྱོད་ལམ་རྣམ་པ་བཞི་མཛད་པ་མ་གཏོགས་ཁྱད་པར་མི་འདུག་ཞེས་ཟེར་རོ། །དེའི་ཚེ་བྲམ་ཟེ་མཆེད་གཉིས་པོས་བསྟོད་པ་རེ་མཛད་པ་ཡིན་ནོ་ཞེས་གླེང་སྟེ། གཏམ་འདི་གཉིས་སྟར་སངས་རྒྱས་ལ་དད་པ་ཐོབ་པའི་རྐྱེན་གྱིས་སྐུ་བཞེངས་པའི་རྩོལ་བ་མཛད་ནས་བསྟོད་པ་བརྩམས་པ་ལའང་འགལ་བ་མེད་དོ། །དེ་ལྟར་དབང་ཕྱུག་ཆེན་པོས་བརྟེན་པའི་གནས། ས་བསྲུང་བུ་འཁོར་བཅས་ཡོད་པའི་ས། བཅོམ་ལྡན་འདས་དགྲ་བཅོམ་པ་ལྔ་བརྒྱའི་འཁོར་དང་བཅས་པ་བཞུགས་པའི་ཡུལ་དེ་བོད་ཀྱི་ཏི་སེ་འདི་མ་ཡིན་ནོ། །

བཞི་པ་ནི། རྨ་བྱ་ཆེན་པོའི་མདོ་ལས་ཀྱང་། །གངས་ཅན་ཏི་སེ་ཐ་དད་གསུངས། །ཕལ་པོ་ཆེ་ཡི་མདོ་ལས་ཀྱང་། །མ་དྲོས་པ་ཡི་ཆུ་ཞིང་དུ། །དཔག་ཚད་ལྔ་བཅུ་ལྔ་བཅུར་གསུང་། །ས་གཞི་རིན་ཆེན་བསེག་མ་བརྡལ། །རྫོས་ནི་རིན་ཆེན་ཕ་གུར་བརྩེགས། །ཞེས་པ། རིའི་རྒྱལ་པོ་གངས་ཅན་དང་། རིའི་རྒྱལ་པོ་སྤོས་ཀྱི་ངད་ལྡན་དང་ཞེས་པ་མང་པོའི་མཇུག་ཏུ། རིའི་རྒྱལ་པོ་ཏི་སེ་དང་ཞེས་ཐ་དད་དུ་གསུངས་སོ། །མཁས་པ་འཇུག་པའི་སྒོར་ཡང་། ཏི་སེ་བོད་སྐད་ཡིན་པར་མ་གོ་བར་གངས་ཅན་དུ་བསྒྱུར་བ་ནི་ནོར་པ་ཡིན་ཏེ། ཏི་སེའི་སྐད་དུ་ཀེ་ལ་ཤ་དང་། གངས་ཅན་གྱི་སྐད་དོད་ཧི་མ་ལ་ཡ་ཡིན་པས་རྒྱ་བོད་གཉིས་ཀ་ལ་མིང་དོན་ཐ་དད་དོ་ཞེས་གསུངས་པས་གངས་ཅན་ཡིན་པ་འགོག་གི །ཏི་སེའི་མིང་ཙམ་མི་འགོག་གོ། །ཕལ་པོ་ཆེ་ལས་ཀྱང་། མཚོ་མ་དྲོས་པའི་རྫོས་རེ་ལ་དཔག་ཚད་ལྔ་བཅུ་རེ་དང་། འོག་གཞི་གསེར་གྱི་བྱེ་མ་བརྡལ་བ་དང་། རྫོས་རིན་པོ་ཆེས་བརྩེགས་པ་ཡོད་ལ།

དེ་ལས་འབབ་པའི་ཆུ་བོ་བཞི། །གླང་ཆེན་ཁ་ནས་ནི། །དཔྱལ་གྱི་བྱེ་མ་འདྲེན་ཅིང་འབབ། །སེང་གེའི་ཁ་ནས་ནི། །རྡོ་རྗེའི་བྱེ་མ་འདྲེན་ཅིང་འབབ། །ཤིན་ཏུ་གླང་ཆེན་ཁ་ནས་ནི། །གསེར་གྱི་བྱེ་མ་འདྲེན་ཅིང་འབབ། །པདྨ་ཏ་ཡི་ཁ་ནས་ནི། །བཻཌཱུརྻ་སྔོན་འདྲེན་ཅིང་འབབ། །ཅེས་པ། དེའི་ཤར་ལྷོ་ནུབ་བྱང་ནས་གླང་

པོ་ཆེ་དང་ཁྱུ་མཆོག་དང་རྟ་དང་སེང་གེའི་ཁ་ནས་རིམ་པ་བཞིན་དུ་ཆུ་བོ་གངྒཱ་དང་སིན་དྷུ་དང་པཀྵུ་དང་སཱི་ཏཱ་རྣམས་དངུལ་དང་གསེར་དང་བཻཌཱུརྻ་དང་རྡོ་རྗེ་བྱེ་མ་འདྲེན་ཅིང་། ཆུའི་མདོག་ཀྱང་དེ་དག་དང་འདྲའོ། །

ཐམས་ཅད་ཀྱིས་ནི་ཁ་ཞེང་ལ། །དཔག་ཚད་རེ་རེ་ཡོད་པར་གསུངས། །ཆུ་བོ་དེ་བཞིས་མཚོ་དྲིས་ལ། །ལན་གྲངས་བདུན་བདུན་གཡས་བསྐོར་ནས། །ཕྱོགས་བཞི་དག་ཏུ་འབབ་པར་བཤད། །ཅེས་པ། སྒྲོག་ཆགས་ཀྱི་ཁའི་ཞེང་ལ་དཔག་ཚད་རེ་རེ་ཡོད་ཅིང་། ཆུ་བོ་རྣམས་མཚོ་ལ་གཡས་ཕྱོགས་སུ་ལན་བདུན་བདུན་བསྐོར་ནས་རང་རང་གི་ཕྱོགས་སུ་འབབ་སོ། །

དེ་ཡི་བར་མཚམས་ཐམས་ཅད་ན། །ཨུཏྤལ་པདྨ་ལ་སོགས་ཀྱི། །མེ་ཏོག་རྣམ་པ་སྣ་ཚོགས་དང་། །རིན་ཆེན་ལྗོན་ཤིང་སྣ་ཚོགས་ཀྱིས། །རབ་ཏུ་གང་བར་གནས་པ་ཡིན། །དེ་སོགས་མཚན་ཉིད་རྒྱས་པར་ནི། །ཕལ་པོ་ཆེ་ཡི་མདོ་སྡེར་ལྟོས། །ད་ལྟའི་མ་ཕམ་འདི་ལ་ནི། །མཚན་ཉིད་དེ་དག་གང་ཡང་མེད། །ཅེས་པ། ཆུ་བོའི་བར་མཚམས་རྣམས་སུ་ལྷ་རྫས་ཀྱི་མེ་ཏོག་ཨུཏྤལ་ལ་དང་པདྨོ་དཀར་དམར་དང་པུཎྜ་རཱི་ཀ་ལ་སོགས་ཆུ་ལས་སྐྱེས་པ་དང་། ཙམ་པ་ཀ་ལ་སོགས་པ་ཐང་ལས་སྐྱེས་པ་རྣམས་དང་། མེ་ཏོག་དང་འབྲས་བུ་མཛེས་པའི་ལྗོན་ཤིང་དུ་མས་གང་བ་ཡིན་ནོ། །འཇིག་རྟེན་གདགས་པ་ལས་ཀྱང་། གངྒཱ་གླང་པོའི་ཁ་ནས་ཤར། །སིན་དྷུ་ཁྱུ་མཆོག་ཁ་ནས་ལྷོ། །པཀྵུ་རྟ་ཡི་ཁ་ནས་ནུབ། །སཱི་ཏཱ་སེང་གེའི་ཁ་ནས་བྱང་། །ཞེས་པ་དང་། གངྒཱ་ཤར་ཕྱོགས་རྒྱ་མཚོར་འབབ་པ་སྟེ། །སིན་དྷུ་ཡང་ནི་ལྷོ་ཕྱོགས་རྒྱ་མཚོར་འབབ། །པཀྵུ་ནུབ་ཕྱོགས་རྒྱ་མཚོར་འགྲོ་བ་སྟེ། །དེ་ཡི་བྱང་ཕྱོགས་རྒྱ་མཚོ་སཱི་ཏཱ་འབབ། །ཆུ་ཀླུང་རབ་མཆོག་བཞི་པོ་འདི་དག་ནི། །མཆོག་ཏུ་བཟང་ཞིང་ཡིད་འོང་འབབ་པར་བྱེད། །རེ་རེ་ཞིང་ཡང་ལྔ་བརྒྱ་ཁྱེར་ནས་ནི། ། ཆུ་ཡི་རྒྱུན་རྣམས་རྒྱ་མཚོ་ཆེན་པོར་འབབ། །ཅེས་གསུངས་ཤིང་། རྨ་བྱ་ཁ་འབབ་ཅེས་བྱ་བ་བཀའ་བསྟན་བཅོས་གང་ནའང་བཤད་པ་མེད་དོ། །ཆུ་དང་རིན་པོ་ཆེ་དང་ལྗོན་ཤིང་དང་མེ་ཏོག་གི་ཚོགས་ལ་ཉི་མའི་ཟེར་གྱིས་ཕོག་པས་འོད་ཟེར་རབ་ཏུ་གསལ་བས་ས་གཞི་དང་བར་སྣང་ཐམས་ཅད་མཛེས་ཤིང་ཡིད་དུ་འོང་བའི་སྣང་བ་དང་བཅས་པ་ལ་སོགས་རྒྱས་པར་ཕལ་པོ་ཆེའི་མདོ་ལས་ཤེས་པར་བྱའོ། །མངའ་རིས་ཀྱི་མ་ཕམ་གཡུ་མཚོ་འདི་ལ་དེ་དག་གི་མཚན་ཉིད་ཆ་ཤས་ཙམ་ཡང་མ་ཚང་ངོ་། །གཉིས་པ་ལ་དྲུག །ཟེར་ཚུལ་བརྗོད་པ། ཕྱེ་སྟེ་བཤད་པ། མཚོན་པའི་དཔེ་དགོད་པ། གནས་ལུགས་དང་སྦྱོ་བཏགས་ཤན་དབྱེ་བ། གནས་ལུགས་ནོར་ན་ཀུན་མཁྱེན་དུ་འགལ་བ། རྒྱུད་ནས་གསུངས་པའི་རྩ་རི་ངོས་བཟུང་བའོ། །

དང་པོ་ནི། དེ་ལ་ཁ་ཅིག་འདི་སྐད་དུ། །བྱ་རྒོད་ཕུང་པོའི་རི་ལ་ཡང་། །དགོན་བརྩེགས་བཞིན་དུ་ད་ལྟ་མེད། །དུས་ཀྱི་སྟོབས་ཀྱིས་ཡུལ་ཀུན་ཡང་། །རྣམ་པ་འགྱུར་བ་སྣང་ཞེས་ཟེར། །ཞེས་པ། གོང་དུ་བཤད་པ་དེ

ལ་སྐྱོན་སྤོང་བས་བར་འདོད་པ་ཁ་ཅིག་འདི་སྐད་ཟེར་ཏེ། དཀོན་མཆོག་བརྩེགས་པའི་འདུས་པ་དང་པོ། སྡོམ་པ་གསུམ་བསྟན་པའི་མདོའི་གླེང་གཞི་ལས། བྱ་རྒོད་ཕུང་པོའི་རི་ལ་དབྱིབས་མཐོ་བ་ཟླུམ་པ། དེ་ལ་ཤིང་ལྗོན་པ་སྣ་ཚོགས་པ་མེ་ཏོག་དང་འབྲས་བུ་མཛེས་པ་དང་། དེ་ལ་འདབ་ཆགས་མཛེས་ཤིང་ཡིད་དུ་འོང་བ་དུ་མ་སྐད་སྙན་པོ་སྒྲོགས་པ་དང་། ལྷ་རྫས་ཀྱི་མེ་ཏོག་དྲི་བསུང་ཕུན་སུམ་ཚོགས་པས་ཁྱབ་པ་ལ་སོགས་པའི་བཀོད་པ་ཁྱད་པར་དུ་འཕགས་པ་གསུངས་པ་རྣམས་ཀྱང་ད་ལྟ་མེད་པས་དུས་སྙིགས་མའི་སྟོབས་ཀྱིས། ཡུལ་ཐམས་ཅད་སྔར་བས་ངན་པར་གྱུར་པ་ཡིན་ནོ་ཞེས་ཟེར། བཅོམ་རལ་ཡང་དེ་དང་མཐུན་པར་སྨྲའོ། །

གཉིས་པ་ནི། འདི་ཡང་ཕྲེ་སྐྱེ་བཤད་ཀྱིས་ཉོན། །དངོས་པོའི་གནས་ལུགས་བཤད་པ་དང་། །སྐྱོན་ཡོན་བསྡུགས་པ་རྣམ་གཉིས་ཡོད། །སྐྱོན་དང་ཡོན་ཏན་སྒྲོགས་པ་ནི། །སྟོན་དངགས་མཁན་གྱི་ལུགས་བཞིན་དུ། །བྱ་རྒོད་ཕུང་པོའི་རི་ལ་ཡང་། །མཐོ་བ་ཟླུམ་པ་ལ་སོགས་བཤད། །ཅེས་པ། འཆད་ཚུལ་རྣམ་པ་གཉིས་ཡོད་དེ། ཇི་ལྟར་གཤིས་ལ་གནས་པ་ལྟར་འཆད་པ་དང་། སྐྱོན་ཡོན་སྒྲོ་བཏགས་ནས་འཆད་པ་ལས། བྱ་རྒོད་ཕུང་པོའི་རིའི་ཡོན་ཏན་བརྗོད་པ་ནི། སྙན་དངགས་མཁན་གྱི་ལུགས་བཞིན་ཡོན་ཏན་སྒྲོ་བཏགས་ནས་བརྗོད་པའོ། །ཐེག་ཆེན་གྱི་མདོ་སྡེ་གསུང་བའི་ཚེ་བཅོམ་ལྡན་འདས་ཀྱིས་ས་ཕྱོགས་ཕུན་སུམ་ཚོགས་པར་བྱིན་གྱིས་བརླབས་པས་འཁོར་ཐམས་ཅད་ཀྱིས་དེ་ལྟར་མཐོང་བ་ཡིན་ཏེ། མདོ་སྡེ་གཞན་དག་ལས་ཀྱང་། མི་མཇེད་ཀྱི་འཇིག་རྟེན་འདི་ས་ཕྱོགས་ལག་མཐིལ་ལྟར་མཉམ་པ། སྡོང་དུམ་དང་ཚེར་མ་དང་མི་གཙང་བ་ལྷུན་ལྷིན་དང་རི་ནག་པོ་མེད་པ། དག་པའི་ཞིང་ལྟར་བཀོད་པ་ཕུན་སུམ་ཚོགས་པར་གསུངས་པ་བཞིན་ནོ། །དེའི་ཚེ་འཁོར་འདུས་པ་རྣམས་ལ་ཇི་ལྟར་སྣང་བ་བཞིན་བཀའ་སྡུད་པ་པོས་བཀོད་པ་ཡིན་པས་དེ་དཔེར་མི་རུང་ངོ་། །གཞན་ཡང་གསེར་འོད་དམ་པར། བྱ་རྒོད་ཕུང་པོ་ཆོས་ཀྱི་དབྱིངས། །ཟབ་མོ་སངས་རྒྱས་སྤྱོད་ཡུལ་བ། །དེ་བཞིན་གཤེགས་པ་བཞུགས་ནས་ནི། །དག་ཅིག་རྟུལ་རྣམས་མེད་པ་ཡི། །བྱང་ཆུབ་སེམས་དཔའ་མཆོག་རྣམས་ལ། །མདོ་སྡེའི་དབང་པོ་འདི་འཆད་དོ། །ཞེས་གསུངས་པ་ལྟར་རོ། །ངེས་པའི་དོན་དུ་ཆོས་དབྱིངས་ལ་བྱ་རྒོད་ཕུང་པོའི་རིའི་ཐ་སྙད་མཛད་ནས་དེར་ཐེག་པ་ཆེན་པོའི་ཆོས་རྒྱུན་མི་འཆད་པར་སྟོན་པས། སངས་རྒྱས་མྱ་ངན་ཡོངས་མི་འདའ། །ཆོས་ཀྱང་ནུབ་པར་མི་འགྱུར་རོ། །ཞེས་གསུངས་པ་ཡིན་ནོ། །རྣལ་འབྱོར་བླ་མེད་ཀྱི་རྒྱུད་རྣམས་ཀྱི་གླེང་གཞིར་ཡང་། རྡོ་རྗེ་བཙུན་མོའི་བྷ་ག་ལ་བཞུགས་སོ། །ཞེས་འཁོར་རྣམས་ཀྱི་སྣང་བ་ཆོས་འབྱུང་གི་ནང་དུ་གཞལ་ཡས་ཁང་བཀོད་པ་ཕུན་སུམ་ཚོགས་པ་ལ་བཞུགས་པར་སྣང་བ་དང་། གསང་བ་མཆོག་གི་དགྱེས་པ་ན། །ཐམས་ཅད་བདག་ཉིད་རྟག་ཏུ་བཞུགས། །ཞེས་ཆོས་ཐམས་ཅད་ཆོས་ཀྱི་དབྱིངས་མཐའ་དང་དབུས་

མེད་པར་ལྷན་ཅིག་སྐྱེས་པའི་ཡེ་ཤེས་བདེ་བ་ཆེན་པོའི་ངང་ལ་བཞུགས་ནས། རྒྱུད་ཟབ་མོ་བསྟན་པ་དང་མཚུངས་པར་གོ་དགོས་སོ། །ཚུལ་འདི་བློ་ཡུལ་དུ་མི་ཤོང་བ་རྣམས་ལ་སྟན་དངགས་མཁན་གྱི་དཔེ་དང་སྦྱར་བ་ཡིན་ནོ། །

བོད་ཀྱི་ཐང་ཆེན་ཇི་བཞིན་དུ། །འཕགས་པའི་ཡུལ་གྱི་རི་ཆེན་ཡིན། །དེ་ལྟར་འཆད་ལ་སྟན་དངགས་མཁན། །སྐྱོན་དུ་རྩི་བ་གང་ཡང་མེད། །དངོས་པོའི་གནས་ལུགས་འཆད་པ་ནི། །ལྷག་ཆད་འཁྲུལ་པ་བྱུང་བ་ལ། །དེ་ལ་མཁས་རྣམས་སྐྱོན་དུ་རྩི། །ཞེས་པ། བོད་ཡུལ་ན་ཐང་ཅུང་ཟད་ཡངས་པ་ལ་ཐང་ཆེན་གྱི་མིང་འདོགས་པ་བཞིན་མ་ག་དྷའི་ཡུལ་གྱི་ཡང་རི་ཆེན་པོ་ཡིན་པས་བྱ་རྒོད་ཀྱི་ཕུང་པོའི་རི་ཞེས་ཟེར་ཅིང་། དེ་ལ་སྟན་དངགས་མང་པོས་མཐོ་ཞིང་ཟླུམ་པ་ལ་སོགས་པའི་རྒྱན་སྦྱར་བ་ལ་སྐྱོན་མེད་དོ། །དངོས་པོའི་མཚན་ཉིད་གཏན་ལ་འབེབས་པའི་ཚེ་དོན་ལ་མི་གནས་པའི་ཚིག་ལྷག་ཆད་རང་བཟོ་བྱུང་ན་ནོར་བའི་སྐྱོན་ཞུགས་པ་ཡིན་ནོ༑ ༑

གསུམ་པ་ནི། དཔེར་ན་བ་གླང་བསྟུགས་པའི་ཚེ། །གངས་རིའི་ཕུང་པོ་འགྲོ་ཤེས་པའམ། །སྤྲིན་ཆད་པ་ཡིན་དུམ་བུ་དང་། །རཏྣ་ཧཱ་རཱ་འདྲ་བ་དང་། །མིག་པ་ཨུཏྤལ་ལ་དང་། །རྨ་དཔག་བསམ་ལྗོན་པ་སོགས། །ཞེས་པ༑ སྟན་དངགས་མཁན་གྱིས་བ་གླང་གཟུགས་ཆེ་ཞིང་མཛེས་པ་ལ། གངས་རིའི་ཕུག་པོ་ཐང་ལ་འགྲོ་ཤེས་པ། སྤྲིན་ཆད་པའི་དུམ་བུ་རླུང་གིས་ཅུང་ཟད་བསྐྱོད་པ། རྡོ་རྗེ་ཕ་ལམ་ལས་གྲུབ་པའི་རཏྣ་ཧཱ་ར་ཞིང་རིང་བ་གནམ་འཕྱིགས་པ་འདྲ་བ། མིག་པ་རྣམས་ནི་ནོར་བུ་རིན་པོ་ཆེ་ཨུཏྤལ་ནི་ལའི་རང་བཞིན་ཅན། རྨ་ནི་དཔག་བསམ་ཤིང་གི་ལྕུག་མའི་དོག་པ་ལས་གྲུབ་པའོ། །ཞེས་ཟེར་བ་དང་།

གཞན་ཡང་སྐྱེས་བུ་བསྟུགས་པ་ན། །བཞིན་ལ་ཉི་མ་ཟླ་བ་དང་། །སོ་ལ་གངས་རིའི་ཕྲེང་བ་སོགས། །རྒྱ་ཆེ་བ་ལ་ནམ་མཁའི་དཔེ། །ཆུང་ལ་རྡུལ་ཕྲན་དཔེ་སྦྱར་དང་། །རགས་པའི་དཔེ་ལ་རི་རབ་དང་། །ཞེས་པ། སྐྱེས་བུ་གཟུགས་མཛེས་པ་ལ་སྟན་དངགས་མཁན་གྱིས་བསྟུགས་པའི་ཚེ། བཞིན་གྱི་མདངས་ནི་ཉི་མའི་འོད་ཟེར་དང་། །དཀར་ཅིང་མཛེས་པ་ཟླ་བའི་དཀྱིལ་འཁོར་དང་། །སོ་ནི་གངས་རིའི་ཕྲེང་བ་བསྒྲིགས་པ་དང་། །བློ་གྲོས་རྒྱ་ཆེན་ནམ་མཁའི་ངོས་ལས་འཕྱུར། །ཅེས་པ་ལྟ་བུ་དང་། སྐྱེ་བོ་ཐ་མལ་པ་རྣམས་ཀྱང་ཤིང་ཐོག་ཆུང་བ་ལ་རྡུལ་ཕྲན་ཙམ་ཞེས་པ་དང་ཆེ་བ་ལ་རི་བོ་ཙམ་དང་།

བྱི་བ་ལ་ནི་གླང་ཆེན་དཔེ། །ཕྱུག་པོ་ལ་ནི་རྣམ་ཐོས་བུ། །རྒྱལ་ཕྲན་ལ་ཡང་བརྒྱ་བྱིན་དཔེ། །དགེ་བའི་བཤེས་གཉེན་ཕལ་པ་ལའང་། །སངས་རྒྱས་ལྟ་བུར་བསྟུགས་པ་ནི། །སྟན་དངགས་མཁན་ལ་བཀག་པ་མེད། །ཅེས་

པ༔ བྱི་བ་བོངས་ཆེ་བ་ལ་གླང་ཆེན་ཙམ་ཞེས་པ་དང་། དེང་སང་ཡང་ཤིག་བ་ཙམ། ཁྱི་ཤིག་བོང་བུ་ཙམ་ཟེར་བ་ལ་ཚིག་གི་སྒྲོན་དུ་མི་རུང་ཞིང་། སྟོན་དངགས་པས་ནོར་གྱིས་ཕྱུག་པ་ལ་རྣམ་ཐོས་ཀྱི་བུའི་དཔལ་ལ་འགྲན་པར་ནུས་པ་དང་། ཡུལ་འཁོར་གྱི་རྒྱལ་ཕྲན་ལ་ལྷའི་དབང་པོ་བརྒྱ་བྱིན་སུམ་ཅུ་རྩ་གསུམ་གྱི་དཔལ་ལ་ལོངས་སྤྱོད་པ་ལྟ་བུ་ཞེས་པ་དང་། དགེ་བའི་བཤེས་གཉེན་མཁས་བཙུན་ལྡན་པ་ལ་ཐུབ་པའི་དབང་པོ་གཉིས་པ་ལྟ་བུར་བསྟགས་པ་དང་། གླང་པོའི་སྐྱེས་རབས་ལས་སེམས་པ་ཆེན་པོ་དེ་ནི་གངས་རིའི་རྩེ་མོ་འགྲོ་ཤེས་པའམ། སྟོན་ཀའི་སྤྲིན་དང་ན་བུན་གྱི་ཚོགས་རླུང་གིས་བསྐྱོད་པ་བཞིན་དུ་ཚུར་འོང་བ་མཐོང་ངོ་། །ཞེས་པ་དང་། མ་ཧེའི་སྐྱེས་རབས་ལས། ཆར་སྤྲིན་གྱི་ཕུང་པོ་ལོགས་ཤིག་ཏུ་ཆད་པ་རྐང་གིས་འགྲོ་ཤེས་པ་འདྲ་བ་ཞིག་བྱུང་ངོ་། །ཞེས་པ་ལྟ་བུའོ། །དེ་འདྲ་ནི་སྟོན་དངགས་མཁན་རྣམས་ཀྱིས་དཔེའི་རྒྱན་བཀོད་པ་ཡིན་པས་སྐྱོན་དུ་མི་རུང་ཞིང་མཁས་པའི་རྣམ་འགྱུར་ཡིན་ནོ། །

བཞི་པ་ནི། དངོས་པོའི་གནས་ལུགས་འཆད་པའམ། །མཚན་ཉིད་གཏན་ལ་འབེབས་པ་ན། །གནས་ལུགས་ཇི་བཞིན་མ་ཡིན་པ། །བཤད་ན་མཁས་རྣམས་ག་ལ་དགའ། །ཞེས་པ། ཤེས་བྱའི་གནས་ལུགས་རང་དང་སྤྱི་མཚན་ཉིད་ཇི་ལྟར་ཡིན་པ་མ་ནོར་བར་གཏན་ལ་འབེབས་པའི་ཚེ་དེ་དང་མི་མཐུན་པའི་སྒྲོ་སྐུར་གྱིས་བཤད་ན། གཞུང་ལུགས་ལ་མཁས་པའི་སྐྱེ་བོ་རྣམས་ཀྱིས་སྐྱོན་དུ་ལྟ་ཞིང་མཉེས་པར་མི་འགྱུར་རོ། །

ལྔ་པ་ནི། དེས་ན་བྱ་རྒོད་ཕུང་པོ་སོགས། །བསྟགས་པ་སྟོན་དངགས་ལུགས་བཞིན་ཡིན། །གངས་ཅན་མ་དྲོས་ལ་སོགས་པ། །དངོས་པོའི་གནས་ལུགས་འཆད་པ་ན། །དེ་ལ་འཁྲུལ་ན་ཀུན་མཁྱེན་མིན། །སྙིགས་མའི་དུས་ཀྱིཤུགས་བཏུས་པས། །ཅུང་ཟད་ངན་པར་འགྲོ་སྲིད་ཀྱིས། །ཐམས་ཅད་འཁྲུལ་པ་ག་ལ་སྲིད། །ཅེས་པ༔ གནས་ལུགས་དང་སྒྲོ་བཏགས་བརྗོད་ཚུལ་མི་འདྲ་བའི་ཕྱིར། བྱ་རྒོད་ཀྱི་ཕུང་པོའི་རི་ལ་སྟོན་དངགས་མཁན་པོས་ཕུལ་བྱུང་གི་རྒྱན་བརྗོད་པ་བཞིན་བསྟགས་པ་ཡིན་ལ། རི་བོ་གངས་ཅན་དང་། མཚོ་མ་དྲོས་པ་དང་གླིང་བཞི་རི་རབ་ཉི་ཟླ་གཟའ་སྐར་གྱི་ཚད་དང་བཀོད་པ། ཆོས་མངོན་པའི་བཀའ་བསྟན་བཅོས་ནས་གསུངས་པ་ནི་མཚན་ཉིད་གཏན་ལ་འབེབས་པ་ཡིན་པས། དེ་ནི་ཇི་ལྟར་གནས་པ་ལྟར་གཏན་ལ་ཕབས་ནས་སངས་རྒྱས་ཀྱིས་ཇི་སྙེད་པ་མཁྱེན་པའི་ཡེ་ཤེས་འཁྲུལ་པར་འགྱུར་ཏེ། ཤེས་བྱའི་གནས་ལུགས་ནོར་པར་བསྟན་པའི་ཕྱིར། དེ་བས་ན་ཐམས་ཅད་མཁྱེན་པའི་གསུང་དང་། འཛམ་གླིང་གི་མཁས་པ་རྒྱན་དྲུག་གིས་བརྩམས་པའི་བསྟན་བཅོས་ཚད་མར་བྱ་ཡིས། རྒྱུ་མཚན་མེད་པའི་ཁ་ཕྱིར་འབྲང་བར་མི་བྱའོ། །མི་ལ་རས་པས། གངས་དཀར་ཏི་སེ་སྐད་པ་དེ། །དགྲ་བཅོམ་ལྔ་བརྒྱ་བཞུགས་པའི་གནས། །རི་བོ་གངས་ཅན་བྱ་བ་ཡིན། །མ་ཕམ་

གཡུ་མཚོ་སྙད་པ་དེ། །མ་དྲོས་མཚོ་མོ་བྱ་བ་ཡིན། །བྲག་དམར་སྤྱོ་མཐོ་སྙད་པ་དེ། །རི་ནག་པོ་འབིགས་བྱེད་བྱ་བ་ཡིན། །ཞེས་པའི་མགུར་འདིས་འབྲུལ་གཞི་བྱས་པ་འདྲ་སྟེ། འདི་ནི་གོང་དུ་སྨོས་པའི་སྐྱོན་དངགས་པའི་ལུགས་ཡིན་ནོ། །སྔིགས་མའི་དུས་སུ་སྡོད་ཀྱི་འཇིག་རྟེན་ངན་པར་འགྱུར་བ་དང་། ཚེ་ལོ་ཡར་འཕེལ་ལ་བཟང་དུ་འགྲོ་བར་མདོ་ལས་གསུངས་མོད་ཀྱི། རྣམ་པ་ཐམས་ཅད་དུ་མི་མཚུངས་པའི་འབྲུལ་པ་འདི་འདྲ་མི་སྲིད་དོ། །

དྲུག་པ་ནི། ཙ་རི་ཏྲ་ཞེས་བྱ་བའི་ཡུལ། །ལྷོ་ཕྱོགས་རྒྱ་མཚོའི་འགྲམ་ན་ཡོད། །ཙ་རི་ཙ་གོང་དེ་མ་ཡིན། །དེ་ཤི་ཀོ་ཏའི་གནས་གཞན་ཞིག །ཙ་རི་ཡིན་ཞེས་ལ་ལ་སྨྲ། །ཞེས་པ། རྒྱུད་ནས་ཡུལ་དང་གནས་ཀྱི་ཁྱད་པར་རྡོ་རྗེའི་ལུས་ལ་ནང་དུ་སྦྱར་ནས་ངེས་དོན་དུ་གསུངས་པ་དང་། དྲང་དོན་ཕྱི་རོལ་གྱི་ཡུལ་ལ་ངོས་བཟུང་བའི་ལུགས་གཉིས་གསུངས་པས་ཕྱི་རོལ་གྱི་གནས་ལ་སོགས་པའི་བྱེ་བྲག་ནི། ཛྙ་ལན་དྷ་ར་རྡོ་རྗེ་གདན་གྱི་នུབ་བྱང་ཁ་ཆེ་དང་ཉེ་བ་ན་རྡོ་ལ་མེ་འབར་བའི་གནས་ཡོད་དོ། །ཨོ་རྒྱན་ནི་རྒྱ་གར་གྱི་ནུབ་བྱང་ན་ཕྱི་རོལ་སོག་པོའི་ཡུལ་གྱིས་བསྐོར་བ་ཆོས་འབྱུང་གིས་མཚན་པའི་ཕུར་འགྲོས་ཞེས་བྱ་བ་ཡོད་དོ། །རྒྱ་གར་གྱི་ལྷོ་ནུབ་ན་ཀོ་ལ་པུ་རི་དང་། པུཎྜ་གི་རི་ཞེས་གྲགས་པ་ཀོ་ལ་གི་རི་ཡུལ་ཡོད་དོ། །རྒྱ་གར་ཤར་ཕྱོགས་གཉལ་གྱི་ལྷོ་ན་ཆུ་བོ་ལོ་ཧི་ཏ་འབབ་པའི་ཡུལ་དེ་ཀ་མ་རུ་ཡིན། མ་ལ་བ་ནི་ལྷོ་ནུབ་ན། གླིང་ཕྲན་ཆུང་ངུ་ཞིག་ཡོད་དོ། །སིནྡྷུ་ནི་རྒྱ་གར་ལྷོ་ཕྱོགས་ཆུ་བོ་སིནྡྷུ་འབབ་པའི་ཡུལ་ཡོད་དོ། །ན་ག་ར་ནི་ན་ག་རའི་ཡི་གེ་འབྱུང་བའི་ཡུལ་ལྷོ་ཕྱོགས་ན་ཡོད་དོ། །མུ་མུ་ནི། ལྷོ་ཕྱོགས་རྒྱ་མཚོའི་འགྲམ་ན་རྒྱལ་པོའི་ཁབ་ཅེས་བྱ་བ་ཡོད་དོ། །བྱེད་པའི་བྲང་ཞེས་བྱ་བ་ལྷོ་ཕྱོགས་རྒྱ་མཚོའི་གླིང་ཕྲན་སྨན་མང་པོ་སྐྱེ་བ་ཞིག་ཡོད་དོ། །འགའ་ཞིག་ན་རེ། ཆོས་རྒྱལ་མྱ་ངན་མེད་ཀྱི་ཡུལ་གྲོང་ཁྱེར་སྐྱ་བའི་བུ་ཡིན་ཟེར་རོ། །དེ་ཤི་ཀོ་ཏ་ནི། རྡོ་རྗེ་གདན་གྱི་ཤར་ན་བ་རེན་ཏའི་སཀ་གྲོ་མོའི་ལྷོ་ཐད་ན་ཡོད་དོ། །ཕྱུགས་པའི་བྲང་ནི་སེང་ག་གླིང་ཡིན་ནོ། །ཀུ་སུ་ཏ་ནི་ལྷོ་ནུབ་ན་རྡོ་སྤྱུས་མོ་འདྲ་བ་ཡོད་པའམ། གར་ཞའི་ཡུལ་དང་ཉེ་བ་ན་རི་སྤྱུས་མོ་འདྲ་བ་གཉིས་ཀྱི་བར་ན་ས་ཕུ་རྡོའི་ཆོས་འབྱུང་གིས་མཚན་པ་ཞིག་ཡོད་དོ། །ཨར་བུ་ཏ་ནི་ལྷོ་ཕྱོགས་ཀྱི་བརྒྱུད་ན་ཡོད་ཅིང་གྲོང་ཁྱེར་རྡོ་འཛོག་ཡིན་ནོ། །ཞེས་ཟེར་རོ། །གོ་ད་བ་རི་ནི་ལྷོ་ཕྱོགས་དཔལ་གྱི་རིའི་ངོས་ལ་སྒྲུབ་ཆུ་ཡོད་པ་དེ་ཡིན་ནོ། །ཁ་བའི་རི་ནི་རི་བོ་གངས་ཅན་ཡིན་ནོ། །ཏ་རི་ཀེ་ལ་ནི་ལྷོ་གོང་ཀ་ནའི་ཡུལ་ན་ཤིང་རྣམས་ཕྱ་བ་མེད་པར་བར་སྣང་ལ་འཁྲིལ་ཞིང་སྐྱེ་བ་ཡོད་དོ། །ལན་ཙྪ་མཚོ་སྐྱེས་ནི། ཁྱབ་འཇུག་གིས་བཞེངས་པའི་རྣམ་པར་སྣང་མཛད་ཀྱི་སྐུ་རྒྱ་མཚོའི་ནང་ན་བཞུགས་པ་དེའམ། ཏ་རི་ཀེ་ལའི་ཁྱད་པར་རོ། །ལམ་པ་ཀ་ནི་ནུབ་ཕྱོགས་ཨོ་རྒྱན་གྱི་ཤར་དུ་ཙུང་ཟད་ཕྱིན་པ་ན་ཡོད་དོ། །ཀན་ཙི་ནི་ལྷོ་ཕྱོགས་སློབ་དཔོན་ཆོས་གྲགས་ཀྱི་ཡུལ་གྲོང་ཁྱེར་མཆོག་ཅེས་བྱ་བ་ཡིན་ནོ། །སོ་སོར་རཥྚ་ནི་སོ་མ་ན་ཐ་ཞེས་བྱ་བ་ཕྱི་རོལ་པའི་ལྷ་ཁང་ཡོད་པ་

ཌཱ་ཀི་ཀའི་ཡུལ་ཡིན་ནོ། །ལ་གྷི་ཀ་ནི་རྡོ་རྗེ་གདན་གྱི་ལྷོ་ནུབ་ན་རྒྱལ་པོ་ཐམས་ཅད་སྒྲོལ་གྱི་ཡུལ་ཡིན་ནོ། །གསེར་གླིང་ནི་རྒྱ་གར་ཤར་ཕྱོགས་ན་སླན་ཙེའི་ཡུལ་དང་ཞིབ་ནས་ཡོད་དོ། །ཀོང་ཀ་ན་ནི་ལྷོ་ནུབ་ན་མཐའ་ཆུས་བསྐོར་བའི་ཡུལ་གྲིབ་མའི་སྐུ་བཞུགས་པ་དེ་ཡིན་ནོ། །གྲོང་ཁྱེར་ས་གཞི་ནི་ཁ་ཆེ་གྲིབ་བསྟན་ནམ། གྲོང་ཁྱེར་པ་ཊ་ལི་པུ་ཏྲ་ལི་ཡིན་པར་ཡང་བཤད་དོ། །གྲོང་གི་མཐའ་ནི་མོན་ཡུལ་གྱི་བྲེ་བྲག་གཅིག་ཡིན་ནོ། །ཙ་རི་ཏྲ་ནི་རྒྱ་གར་ལྷོ་ཕྱོགས་འབྲས་ས་ལུ་བཟང་པོ་སྐྱེ་བ་གཅིག་ཡོད་དོ། །ཀོ་ས་ལ་ནི་རྒྱལ་པོ་གསལ་རྒྱལ་གྱི་ཡུལ་གཉན་ཡོད་ན་ཡོད་དོ། །སིན་དྷ་ནི་ལྷོ་ཕྱོགས་ན་སློབ་དཔོན་ཕྱོགས་གླང་གི་སྒྲུབ་གནས་ཡོད་པ་དེ་ཡིན་ནོ། །གཞོན་ནུའི་གྲོང་ནི་བུད་མེད་གཟུགས་བཟང་མོ་འབའ་ཞིག་ཡོད་པའི་ཡུལ་རྒྱ་མཚོའི་གླིང་ཕྲན་གཅིག་ཡིན་ནོ། །འདི་དག་ནི་གདུལ་བྱ་དབང་པོ་དམན་པ་ཡུལ་གཞན་དུ་འཁྱམ་པར་སྤྲོ་བའི་དོན་གསུངས་སོ། །དབང་པོ་འབྲིང་པོའི་དཀྱིལ་འཁོར་གྱི་ནང་དུ་ལྷའི་གནས་བསྟན་པ་དང་། དབང་པོ་རྣོན་པོའི་རྡོར་ལུས་ལ་རྩ་ཡི་གེའི་དཀྱིལ་འཁོར་བསྟན་པ་དང་། དབང་པོ་ཡང་རབ་ཀྱི་རྡོར་ལུས་མིག་ཡོར་གྱི་རྣམ་པ་དང་། སྟོང་ཉིད་སྙིང་རྗེ་བྱང་ཆུབ་ཀྱི་སེམས་དཀྱིལ་འཁོར་དུ་གསུངས་པ་ཡིན་ནོ། །འདི་ནི་ངེས་པའི་དོན་ཡིན་ལ། གཞན་རྣམས་དྲང་བའི་དོན་ཡིན་ཏེ། དེ་ཁོ་ན་ཉིད་ཀྱི་ཡོན་ཏན་དང་མི་ལྡན་པའི་གང་ཟག་ཕྱི་རོལ་གྱི་ཡུལ་བསྐོར་བས་ལུས་ཀྱི་ཁམས་ཟད་པར་འགྱུར་བའི་ཕྱིར་རོ། །དེས་ན་ནང་གི་རྣལ་འབྱོར་ལ་ཤིན་ཏུ་བརྩོན་པར་བྱའོ། །ཕྱིའི་གནས་འདི་རྣམས་ཀླུང་གི་དཀྱིལ་འཁོར་ནས་ཚངས་པའི་འཇིག་རྟེན་པའི་བར་ལ་ཚང་བ་ཡོད་ཅིང་། སངས་རྒྱས་འབྱོན་པའི་གནས་འཛམ་བུ་གླིང་ལ་ཡང་ཚང་ལ། བླ་མ་ལ་མ་ལྟོས་པར་རྒྱུད་ལ་འཇུག་པ་དགག་པའི་ཕྱིར་འབྲུགས་པའི་ཚུལ་དུ་གསུངས་པ། སམྦུ་ཊི་དང་། ཕྱག་རྒྱ་ཆེན་པོ་ཐིག་ལེ་དང་། བདེ་མཆོག་གི་རྒྱུད་ལ་སོགས་པར་གསུངས་པ་རྣམས་འབྲུགས་བསྡེབས་ནས་རྡོ་རྗེའི་ལུས་ལ་སྦྱར་ཏེ། གནད་དུ་བསྟུན་པས་ངེས་པའི་དོན་རྒྱུད་ལ་སྐྱེ་བ་ཡིན་ནོ། །གནས་འཐུང་གཅོད་ཀྱི་བྱེ་བྲག་ཙ་རི་ཏྲ་ནི་ལྷོ་ཕྱོགས་རྒྱ་མཚོའི་འགྲམ་ན་ཡོད་པར་གསུངས་པས་གངས་ཡུལ་གྱི་ཙ་རི་ཙ་གོང་ནི་མ་ཡིན་ནོ། །འགའ་ཞིག་ན་རེ། གནས་ཞིང་གི་བྱེ་བྲག་དེ་ཧི་མ་ལ་ཡའི་ཁྱད་པར་ཞིག་ཙ་རི་ཟེར་བ་ནི།

རྡོ་རྗེ་མཁའ་འགྲོའི་རྒྱུད་ལས་ནི། །དེ་ཧི་མ་ལ་ཡར་ཧ་ཏྲ་གནས། །ཞེས་གསུངས་གཞན་ཡང་དེ་ཉིད་ལས། །བོད་ཡུལ་ལྡན་ཅིག་སྐྱེས་མ་ནི། །རྡོ་ཡིག་ཕུག་ལ་བརྟེན་ཏེ་གནས། །ཡུལ་དེར་གནས་པའི་ལྷ་མོ་ནི། །ཧ་ལའི་ཤིང་ལ་བརྟེན་ཞེས་གསུངས། །དེ་ཡི་ཕྱོགས་ན་ཧ་དྲའི་ཤིང་། །ཡོད་ནི་ཡུལ་དེ་འགལ་བ་མེད། །ཅེས་པ། རྒྱུད་དུ་དེ་ཧི་མ་ལ་ཡར་ཧ་ལ་གནས། །ཞེས་གསུངས་པ་ནི། གནས་དེ་ལ་ཆེ་ཆུང་གཉིས་ཡོད་པའི་ཆེ་ཤོས་རྒྱ་གར་ཤར་ཕྱོགས་ལྷ་མོའི་མཁར་ཞེས་བྱ་བ་རྡོའི་ཆོས་འབྱུང་མིག་གི་དབྱིབས་འདྲ་བས་མཚན་པ་གཅིག་ཡོད་པ་ཡིན་ལ། ཆུང་ཤོས་དེ

ཙ་རི་ཡིན་ཞེས་ཟེར་ཏེ། རྒྱུད་དུ། གྱེན་དུ་འབར་སྣ་ཞེས་བྱ་བ། །ཀླུ་ཏུ་པ་ལ་བརྟེན་པ་ཆེ། །དེ་ཤི་གོ་ཏ་ར་སྣ་ཆེན་མོ། །སྟོབས་པོ་ཆེ་ཡི་སྐྱེ་གནས་འབྱུང་། །ལྷ་མོ་ལག་ན་མདུང་ཅན་དེ། །རྣལ་འབྱོར་དབང་ཕྱུག་ཀུན་གྱི་མཆོག །གནས་དེར་ལྷ་མོ་དྲག་ཆེན་མོ། །ཟླ་ཏའི་ཤིང་ལ་བརྟེན་ཏེ་གནས། །བོད་ཡུལ་དུ་ནི་ལྷན་ཅིག་སྐྱེས། །རང་བྱུང་གི་ནི་སྐྱེ་གནས་བྱུང་། །ཚུ་སྦྲིན་རྒྱལ་མཚན་ལག་ན་ཐོགས། །ཞི་ཞིང་གསལ་བའི་གཟུགས་ཅན་ཏེ། །ཡུལ་དེར་གནས་པའི་ལྷ་མོ་དེ། །བྲག་གི་ཁྱིམ་ལ་བརྟེན་ཏེ་གནས། །ཞེས་གསུངས་པས། ཙ་རིའི་ཡུལ་ཕྱོགས་དེ་ན་ཟླ་ཏའི་ཤིང་ཡོད་ན། དེ་ཤི་གོ་ཏའི་ཡུལ་གྱི་ཁྱད་པར་ཡིན་པས་མི་འགལ་ལོ། །ཟླ་ཏའི་ཤིང་ནི་པགས་པ་ཤིན་ཏུ་འཇམ་ཞིང་ཡལ་ག་རྣམས་ཀྱི་ཕྱིའི་དབྱིབས་དང་ཁ་དོག་རྒྱ་མ་བྱུས་པ་ལྟ་བུ། འདབ་མ་ཕྱོགས་གཉིས་སུ་བྱའི་གཤོག་པ་ལྟར་ཆ་མཉམ་དུ་ཡོད་ཅིང་། དབྱིབས་ཤོལ་པའི་འདབ་མ་ལྟ་བུ་ཞིག་རྒྱ་གར་ཤར་ཕྱོགས་དང་ཐད་སྐམ་གྱི་རྒྱ་ཡུལ་ནའང་སྐྱེ་བའི་རྒྱལ་པོའི་ཤིང་ཞེས་གྲགས་པ་དེ་ཡིན་ནམ་སེམས་སོ། །

གསུམ་པ་ནི། ཏི་སེ་དང་ནི་ཙ་རི་སོགས། །གལ་ཏེ་གནས་ཆེན་ཡིན་ན་ཡང་། །ཡུལ་དེར་འགྲོ་བའི་གང་ཟག་ནི། །དབང་བསྐུར་ཐོབ་ཅིང་དམ་ཚིག་ལྡན། །བཟླ་དང་བཟླ་ཡི་ལན་ཤེས་ཤིང་། །རིམ་གཉིས་རྟོགས་པ་བརྟན་པོ་ཡི། །སྤྱོད་པའི་དོན་དུ་རྒྱུ་བར་གསུངས། །དེ་ལྟ་མིན་པའི་གང་ཟག་གིས། །ཡུལ་དེར་འགྲོ་བ་རྒྱུད་ལས་བཀག །ཅེས་པ། བོད་ཡུལ་གྱི་གངས་ཏི་སེ་དང་། རི་ཁྲོད་ཙ་རི་རྒྱུད་ནས་གསུངས་པའི་གནས་ཆེན་ཡིན་དུ་ཆུག་ནའང་། དེར་འགྲོ་བའི་རྣལ་འབྱོར་པ་དབང་དང་གདམས་པ་ཕྱིན་ཅི་མ་ལོག་པར་ཐོབ་ཅིང་ཉམས་སུ་བླངས་པས་བསྐྱེད་རྫོགས་ལ་བརྟན་པ་ཐོབ་པ། དཔའ་བོ་དང་མཁའ་འགྲོས་བསྟན་པའི་ལུས་ངག་གི་བརྡ་དང་བརྡའི་ལན་ལེགས་པར་ཤེས་པས་བརྟུལ་ཞུགས་ཀྱི་སྤྱོད་པ་བསྒྲུབ་པའི་ཕྱིར་འགྲོ་བར་གསུངས་ཀྱི། དེ་ལས་གཞན་པའི་གང་ཟག་གིས་ཕྱིན་ཀྱང་ཡོན་ཏན་མེད་ཅིང་བར་ཆད་འབྱུང་བས་བཀག་པ་ཡིན་ནོ། །

གཉིས་པ་ལ་གསུམ། འཁྲུལ་པ་ཡུལ་འདོན་པ། མ་འཁྲུལ་དབང་གཞུང་འཛུགས་པ། སྟོང་རྐྱང་བསྒོམ་པས་སྐུ་གསུམ་ཐོབ་པ་དགག་པའོ། །དང་པོ་ལ་གཉིས་ལས། ཟེར་ལུགས་བརྗོད་པ་ནི། ཁ་ཅིག་དཀར་པོ་ཆིག་ཐུབ་ལས། །འབྲས་བུ་སྐུ་གསུམ་འབྱུང་ཞེས་ཟེར། །ཞེས་པ། བོད་ཀྱི་སྒོམ་བྲལ་སྟོང་པ་ཉིད་སྒོམ་པས་སངས་རྒྱས་ཀྱི་ལམ་དུ་འདོད་པའི་རྟོགས་ལྡན་ཁ་ཅིག །སེམས་ངོ་འཕྲོད་ཅིང་སྟོང་ཉིད་བསྒོམས་པས་ཐབས་གཞན་ལ་མ་ལྟོས་པར་སྐུ་གསུམ་ལྷུན་གྲུབ་ཏུ་འབྱུང་ངོ་། །ཞེས་ཟེར་རོ། །རྒྱ་གར་དུ་བྲམ་ཟེ་སྟོང་ཉིད་བློ་གྲོས་དང་། མཁན་པོ་རབ་སྣང་བྱེད་དང་། ཨ་ནན་ཏ་བཛྲ་དང་། དགེ་བསྙེན་སིདྡྷི་ཀ་ར་དང་། དཔལ་གྱི་སེདྡྷི་དང་། སྣང་མཛད་རྡོ་རྗེ་དང་། ཐེག་ཆེན་དཔལ་དང་། ལེགས་སྦྱིན་བཟང་པོ་དང་། ཤམ་ཐབས་སྔོན་པོ་ཅན་དང་། རྒྱལ་

པའི་ཞབས་དང་། རིན་ཆེན་ལྡན་དང་། བཟང་པོའི་བཤེས་གཉེན་དང་། དགེ་སློང་མ་དགའ་མོ་ལ་སོགས་པ་རྣམས་སངས་རྒྱས་ཀྱི་ཡེ་ཤེས་ནི། གཉིས་སུ་མེད་པ་བསམ་གྱིས་མི་ཁྱབ་པ་ཡིན་པས་དེའི་རྒྱུ་སྟོང་ཉིད་བསམ་གྱིས་མི་ཁྱབ་ཅིང་། སྤྲོས་པ་རྣམ་པར་ཆད་པའི་རྣལ་འབྱོར་བསྒོམས་པས་འགྲུབ་པོ། །བསྐྱེད་རིམ་དང་སྤྱོད་པ་ལ་སོགས་པ་གསུངས་པ་ནི། ཆད་པར་ལྟ་བ་དགག་པ་དང་ཟབ་མོའི་དོན་གྱིས་འཇིག་པའི་འཇིག་རྟེན་པ་རྣམས་རྗེས་སུ་བཟུང་བའི་ཕྱིར་ཡིན་ནོ། །ཞེས་ཟེར་རོ། །ཡང་དྲང་སྲོང་བི་ཤྭ་མི་ཏྲ་དང་། གཞོན་ནུའི་སྡེ་དང་། རྒྱལ་བའི་ཞབས་ལ་སོགས་པ་ནི། རྫོགས་པའི་སངས་རྒྱས་བསོད་ནམས་ཀྱིས་ཉེ་བར་བསྒྲུབས་པའི་ཕྱིར་གཟུགས་སྐུས་སེམས་ཅན་གྱི་དོན་བྱེད་པ་ཡིན་པས་དེའི་རྒྱུ་ལྷའི་རྣལ་འབྱོར་དང་། དམ་ཚིག་དང་སྡོམ་པ་ལ་སོགས་པའི་སྤྱོད་པ་ཕྱིན་ཅི་མ་ལོག་པ་སྒྲུབ་པར་བྱའོ། །སྟོང་པ་ཉིད་ཀྱི་ཤེས་རབ་དགོས་པར་གསུངས་པ་ནི། དེ་ཁོ་ན་ཉིད་ལ་ཕྱིན་ཅི་ལོག་ཏུ་འཛིན་པ་དགག་པའི་ཕྱིར་གསུངས་སོ་ཞེས་ཟེར་རོ། །གཉིས་པ་དེ་སུན་འབྱུང་བ་ལ་གསུམ། རིགས་པས་དགག་པ། ལུང་གིས་དགག་པ། འགག་བསྡུས་ཏེ་ཚིག་ཐུབ་ཀྱིས་འཚང་མི་རྒྱ་བར་བསྟན་པའོ། །

དང་པོ་ལ་གསུམ། རྒྱུ་འབྲས་མི་མཐུན་པར་བསྟན་པ་གཅིག་ཐུབ་དུ་མར་ཐལ་བ། ལུང་དོན་འཁྲུལ་པར་བསྟན་པའོ། །དང་པོ་ནི། གཅིག་ལས་འབྲས་བུ་འབྱུང་མི་ནུས། །གལ་ཏེ་གཅིག་ལས་འབྲས་བུ་ཞིག །བྱུང་ཡང་ཉན་ཐོས་འགོག་པ་བཞིན། །འབྲས་བུ་དེ་ཡང་གཅིག་ཏུ་འགྱུར། །ཞེས་པ། རྐྱེན་དང་མི་ལྡན་པའི་རྒྱུ་གཅིག་པོ་ནས་འབྲས་བུ་བསྐྱེད་པ་མི་རིགས་ཏེ། ཕྱི་རོལ་གྱི་ས་བོན་ལས་མྱུ་གུ་འབྱུང་བ་ལའང་། དྲོད་གཤེར་དང་ཞིང་ས་དང་། སྐྱེས་བུའི་རྩོལ་བ་ལ་སོགས་མཐུན་པའི་རྐྱེན་རྣམས་ཚང་བ་ལས་འབྱུང་གིས། རྒྱུ་མ་ཚང་བ་དང་མི་མཐུན་པའི་རྐྱེན་ལས་མི་འབྱུང་བ་བཞིན། སངས་རྒྱས་ཀྱང་རྒྱུ་རྐྱེན་ཕུན་སུམ་ཚོགས་པ་ཐམས་ཅད་ཚང་བ་ལས་འགྲུབ་པ་ཡིན་ཏེ། ཐམས་ཅད་མཁྱེན་པའི་ཡེ་ཤེས་ནི་སྙིང་རྗེའི་རྩ་བ་ཅན་བྱང་ཆུབ་སེམས་ཀྱི་རྒྱུ་ལས་བྱུང་བ་ཐབས་ཀྱིས་མཐར་ཕྱིན་པ་ཡིན་ནོ་ཞེས་གསུངས་པ་དང་། ཤེ་བིའི་རྒྱལ་པོའི་སྐྱེས་རབས་ལས། རྒྱུ་གཅིག་གིས་ནི་ཀུན་འགྲུབ་པའི། །འབྲས་བུ་གང་ནའང་ཡོད་མ་ཡིན། །ལྷ་རྣམས་ཀྱིས་ནི་བྱས་པ་ཡང་། རྒྱུ་རྐྱེན་གཞན་ལ་ལྟོས་པ་ཡོད། །ཅེས་པ་དང་། སྤྱོད་འཇུག་ཏུ། རྐྱེན་གཅིག་གིས་ནི་ཀུན་ནུས་པ། །གང་ན་ཡང་ནི་ཡོད་མ་ཡིན། །སྣ་ཚོགས་རྐྱེན་ལས་སྐྱེས་པ་ཡི། །རྒྱུ་མ་དེ་ཡང་སྣ་ཚོགས་ཉིད། །ཅེས་སོ། །གལ་ཏེ་རྒྱུ་གཅིག་ལས་འབྲས་བུ་ཞིག་བྱུང་ནའང་གཅིག་ཏུ་འགྱུར་ཏེ། རྒྱུ་འབྲས་ཚུལ་མཐུན་པའི་ཕྱིར། དཔེར་ན་ཉན་ཐོས་འཕགས་པ་འགོག་པ་ལ་སྙོམས་པར་འཇུག་པའི་འདུ་ཤེས་དང་ཚོར་བ་ཐམས་ཅད་སུན་དབྱུང་བའི་ཏིང་ངེ་འཛིན་ནི་བསྒོམས་པས་ཡིད་

ལ་བྱེད་པ་འགགས་པའི་སེམས་མེད་ཀྱི་སྙོམས་འཇུག་འགྲུབ་པ་བཞིན་ནོ། །བྱེ་བྲག་ཏུ་སྨྲ་བ་ཁ་ཅིག་ཀྱང་། ལས་གཅིག་གིས་ལུས་གཅིག་ཁོ་ན་ལེན་པར་འདོད་དོ། །གཅིག་ཐུབ་ལས་སངས་རྒྱས་འབྱུང་སྲིད་ནའང་སྐུ་གསུམ་ཚང་བ་མི་འབྱུང་ངོ་། །

གཉིས་པ་ནི། འགའ་ཞིག་གཅིག་ཐུབ་བསྒོམ་པ་ཡི། །རྗེས་ལ་བསྔོ་བ་བྱ་དགོས་ཟེར། །འོ་ན་གཅིག་ཐུབ་གཉིས་སུ་འགྱུར། །དེ་ལའང་སྐྱབས་འགྲོ་སེམས་བསྐྱེད་དང་། །ཡི་དམ་ལྷ་སྒོམ་ལ་སོགས་པ། །དགོས་ན་གཅིག་ཐུབ་དུ་མར་འགྱུར། །དེ་ན་གཅིག་ཐུབ་འདི་འདྲའི་ལུགས། །རྫོགས་སངས་རྒྱས་ཀྱིས་གསུངས་པ་མེད། །ཅེས་པ། དེ་ལ་འགའ་ཞིག་ན་རེ། གཅིག་ཐུབ་བསྒོམ་པའི་རྗེས་སུ་འབྲས་བུ་སྐུ་གསུམ་འགྲུབ་པའི་བསྔོ་བ་སྨོན་ལམ་གྱིས་རྒྱས་འདེབས་དགོས་ཞེས་ཟེར་རོ། །འོ་ན་གཅིག་སྐྱ་མ་ཐུབ་པས་གཉིས་སུ་འགྱུར་རོ། །ཅིག་ཐུབ་སྒོམ་པའི་སྔོན་དུ་བླ་མ་དཀོན་མཆོག་ལ་སྐྱབས་འགྲོ་དང་བྱང་ཆུབ་ཏུ་སེམས་བསྐྱེད་པ་མི་བྱེད་ན་སངས་རྒྱས་ཀྱི་རྒྱུར་མི་འགྱུར་ལ། བྱེད་ན་གསུམ་དང་བཞི་རུ་འགྱུར་ཅིང་། དེ་ལའང་ཡི་དམ་གྱི་ལྷ་སྒོམ་པ་དང་། སྙིང་པོ་བཟླས་པ་དང་། མཆོད་བསྟོད་ལ་སོགས་མི་བྱེད་ན་གསང་སྔགས་ཀྱི་ལམ་མ་ཚང་ཞིང་། བྱེད་ན་གཅིག་ཐུབ་མང་པོར་འགྱུར་རོ། །དཀར་པོ་གཅིག་ཐུབ་འདི་འདྲ་གསུང་རབ་ཀྱི་དགོངས་པ་མ་ཡིན་ཏེ། ལུང་རིགས་ཀྱི་གནོད་བྱེད་དོན་མཐུན་འཇུག་པའི་ཕྱིར་རོ། །

གསུམ་པ་ནི། ཐུབ་པས་སྟོང་ཉིད་བསྟགས་པ་ནི། །དངོས་པོར་འཛིན་པ་བཟློག་ཕྱིར་ཡིན། །སངས་རྒྱས་ཕྱག་འཚལ་བརྗོད་ཙམ་གྱིས། །འཁོར་བ་ལས་ནི་ཐར་ཞེས་གསུངས། །ཞེས་པ། གསང་བ་བསམ་གྱིས་མི་ཁྱབ་པའི་མདོར། སེམས་ཅན་གྱི་བསོད་ནམས་ཀྱིས། །ཞུང་པོ་རི་སྐྱེད་ཡོད་བཟུང་བ། །དེ་སྐྱེད་བྱང་ཆུབ་སེམས་དཔའ་ཡིས། །བྱང་ཆུབ་སེམས་ལས་རབ་ཏུ་བྱུང་། །བྱང་ཆུབ་སེམས་ཀྱི་བསོད་ནམས་ཀྱི། །ཞུང་པོ་རི་སྐྱེད་བརྗོད་པ་བས། །དམ་པའི་ཆོས་ནི་ཡོངས་འཛིན་ན། །དེ་བས་བསོད་ནམས་ཆེས་མང་ངོ་། །དམ་ཆོས་འཛིན་པའི་བསོད་ནམས་ནི། །སངས་རྒྱས་ཀུན་གྱིས་ནན་ཏན་དུ། །བསྐལ་པ་བྱེ་བར་བརྗོད་མཛད་ཀྱང་། །མཐའ་མར་ཕྱིན་པར་འགྱུར་མ་ལགས། །དམ་པའི་ཆོས་ནི་འཛིན་པ་དང་། །བྱང་ཆུབ་སེམས་ཀྱི་བསོད་ནམས་དེས། །སྟོང་པ་ཉིད་ལ་མོས་པ་ཡིས། །བཅུ་དྲུག་ཆར་ཡང་མི་ཕོད་དོ། །ཞེས་པ་དང་། མདོ་སྡུད་པར། ཇི་ལྟར་ཤེས་རབ་ཕ་རོལ་ཕྱིན་པའི་མཚན་ཉིད་སྟོང་། །ཆོས་འདི་ཐམས་ཅད་མཚན་ཉིད་དེ་དང་འདྲ་ཤེས་ཤིང་། །ཆོས་རྣམས་སྟོང་ཞིང་མཚན་མ་མེད་པར་རབ་ཤེས་ན། །དེ་ལྟར་སྤྱོད་པ་བདེ་གཤེགས་ཤེས་རབ་ཕ་རོལ་སྤྱོད་པ་ཡིན། །ཞེས་དང་། རྒྱས་པའི་བསྟན་བཅོས་སུའང་། སྟོང་ཉིད་ལྟ་བས་གྲོལ་འགྱུར་གྱིས། །སྒོམ་པ་ལྷག་མ་དེ་དོན་ཡིན། །ཞེས་པ

ལ་སོགས་སྟོང་པ་ཉིད་ལ་བསྟུགས་པ་ཆེན་པོ་མཛད་པ་ནི། གདུལ་བྱ་རྣམས་ཐོག་མ་མེད་པ་ནས་གཟུང་འཛིན་དུ་སྣང་བའི་ཆོས་ལ་བདེན་པའི་དངོས་པོར་འཛིན་པའི་ལྟ་བ་ལོག་པར་རྟོག་པ་བཟློག་པའི་ཕྱིར་གསུངས་པ་ཡིན་གྱིས། སངས་རྒྱས་ཐོབ་པའི་ཐབས་ཀྱི་ཡན་ལག་འགོག་པ་མ་ཡིན་ཏེ། ཡེ་ཤེས་སྙིང་པོ་ཀུན་ལས་བཏུས་ཀྱི་འགྲེལ་པར། དོན་དམ་པ་ནི་ཡོད་པ་དང་མེད་པ་གཉིས་ཀ་དབེན་པ་ཡིན་ན། ཅིའི་ཕྱིར་དེ་བཞིན་གཤེགས་པས་ཕལ་ཆེར་མེད་པ་ཁོ་ནར་བསྟན་ཅེ་ན། བྱིས་པ་རྣམས་ཐོག་མ་མེད་པའི་འཁོར་བ་ནས་ཡོད་པ་ལ་མངོན་པར་ཞེན་པ་ཡིན་པས་དེ་བསལ་བ་ལ་འབད་པའི་དགག་པ་གཙོ་བོར་མཛད་དེ། ཡོད་དང་མེད་པ་འདི་གཉིས་མེད་པའི་ཆོས་ཡིན་ཏེ། །བྱང་ཆུབ་སེམས་དཔའ་གང་གིས་འདི་ཡིས་ངེས་པར་འབྱུང་། །ཞེས་པ་ལ་སོགས་མེད་པའི་བསྟུགས་པ་མཛད་པས་བསྟན་པ་ཡིན་ནོ། །ཞེས་བཤད་དོ། །དཔེར་ན་ཕལ་པོ་ཆེར། སེམས་ཅན་ལ་ལ་ཞིག་གིས་དེ་བཞིན་གཤེགས་པ་མཐོང་ངམ་ཐོས་ཀྱང་སྒྲིབ་པས་ཀུན་ནས་འཁོར་བའི་ཕྱིར་དེ་བཞིན་གཤེགས་པ་ལ་མ་དད་པ་ཞིག་བྱུང་ནའང་། དེ་དག་གིས་མཐོང་བ་དང་ཐོས་པའི་དགེ་བའི་རྩ་བ་དེ་ནི་ཡོངས་སུ་མྱ་ངན་ལས་འདའ་བའི་བར་དུ་དོན་ཡོད་པ་ཡིན་ནོ། །ཞེས་པ་དང་། མཚན་མོའི་ལྷ་མོ་ཀུན་ཏུ་སྐྱོང་བའི་གཟི་བརྗིད་དཔལ་གྱིས་འདས་པའི་ཚེ་རབས་མང་པོའི་སྔོན་རོལ་དུ། དེ་བཞིན་གཤེགས་པའི་སྐུ་གཟུགས་པདྨའི་སྙིང་ན་བཞུགས་པ་གཞིག་པར་གྱུར་པ་ཞིག་བཅོས་པ་དེས་ནི། ཁོ་མོའི་བླ་མེད་རྫོགས་པའི་བྱང་ཆུབ་ཀྱི་རྒྱུར་གྱུར་ཏོ། །ལུས་ཀྱང་འདི་ལྟར་ཤིན་ཏུ་མཛེས་པ་ཐོབ་བོ། །ཞེས་པ་དང་། ངེས་པ་དང་མ་ངེས་པ་ལ་འཇུག་པ་ཕྱག་རྒྱའི་མདོར། སངས་རྒྱས་ཐམས་ཅད་མཁྱེན་པ་འཇིག་རྟེན་པའི་མགོན་པོ་ཞེས་ཐོས་སམ། རི་མོ་མཐོང་ངམ། གཟུགས་བྱས་པ་མཐོང་ན། སེམས་ཅན་ཐམས་ཅད་རང་སངས་རྒྱས་སུ་གྱུར་པ་ལ་ལྷའི་ཞལ་ཟས་དང་ན་བཟའ་བསྐལ་པ་གང་གཱའི་ཀླུང་གི་བྱེ་མ་སྙེད་དུ་ཕུལ་བ་བས་ཀྱང་ལྷག་སྟེ། གུས་པས་ཐལ་མོ་སྦྱོར་བ་དང་ཕྱག་འཚལ་བ་དང་། མཆོད་པ་དང་། བཀུར་བསྟི་བྱེད་པ་ལྟ་སྨོས་ཀྱང་ཅི་དགོས་ཞེས་གསུངས་པ་དང་།

དེ་བཞིན་མཆོད་རྟེན་བསྐོར་བ་དང་། །རྟེན་འབྲེལ་ཙམ་ཞིག་ཐོས་སོགས་དང་། །སྔགས་འབྲུ་འགའ་ཞིག་དྲན་ཙམ་གྱིས། །སྡིག་པ་ཀུན་ལས་གྲོལ་འགྱུར་ཞེས། །གསུངས་པའི་དགོངས་པ་མི་ཤེས་པར། །ཚིག་འབྲུ་ཙམ་ལ་བརྟེན་མི་བྱ། །ཞེས་པ། དེ་བཞིན་གཤེགས་པའི་མཆོད་རྟེན་ལ་བསྐོར་བ་གཅིག་དང་། ཕྱག་གཅིག་དང་། མགོ་དུད་པ་གཅིག་དང་། གུས་པས་ཐལ་མོ་སྦྱོར་བ་དང་། ཐལ་མོ་ཡ་གཅིག་ཙམ་སྟོན་པ་དང་། རྟེན་འབྲེལ་སྙིང་པོའི་སྔགས་ལན་གཅིག་ཙམ་ཐོས་པ་དང་། སངས་རྒྱས་ཀྱི་མཚན་དང་། སྔགས་ཀྱི་ཡིག་འབྲུ་འགའ་ཞིག་ལན་གཅིག་ཙམ་དྲན་པ་དང་། བརྗོད་པས་འཁོར་བ་ལས་ཐར་བར་གསུངས་པ་དང་། སངས་རྒྱས་ལ་དམིགས་ནས

ནམ་མཁའ་ལ་མེ་ཏོག་གཅིག་ཙམ་དང་། ཆུ་གཙང་མ་ཁྱོར་གང་ཙམ་འཐོར་བར་བྱེད་ནའང་། དེའི་བསོད་ནམས་ཀྱི་ཕུང་པོ་མྱ་ངན་ལས་འདའ་བའི་མཐར་ཐུགས་ཀྱི་བར་དུ་ཉམས་པར་མི་འགྱུར་ཏེ། དམ་ཆོས་པད་དཀར་ལས། མཆོད་རྟེན་དེ་ལ་གང་གིས་ཐལ་མོ་སྦྱར། །ཡོངས་སུ་ཚང་ངམ་ཐལ་མོ་ཡ་གཅིག་གམ། །ཡང་ན་མགོ་བོ་སྐད་ཅིག་བཏུད་པ་དང་། །དེ་བཞིན་ལུས་ཀྱང་ལན་གཅིག་བཏུད་པ་དང་། །གང་གིས་རིང་བསྲེལ་གནས་པ་དེ་དག་ལ། །གཡེངས་པའི་སེམས་ཀྱིས་སངས་རྒྱས་ཕྱག་འཚལ་ལོ། །ཚིག་གཅིག་ལན་འགའ་བརྗོད་པར་བྱེད་པ་ཡང་། །དེ་དག་ཀུན་གྱིས་བྱང་ཆུབ་མཆོག་འདི་ཐོབ། །ཅེས་པ་དང་།

མཆོད་རྟེན་བསྐོར་བའི་སྔགས་ནི། ན་མོ་རཏྣ་ཏྲ་ཡཱ་ཡ། ན་མོ་བྷ་ག་ཝ་ཏེ། རཏྣ་ཀེ་ཏུ་རཱ་ཛཱ་ཡ། ཏ་ཐ་གཱ་ཏཱ་ཡ་ཨརྷ་ཏེ་སམྱཀ་སཾ་བུདྡྷཱ་ཡ། ཏདྱ་ཐཱ། ཨོཾ་རཏྣེ་རཏྣེ་མ་ཧཱ་རཏྣེ་རཏྣ་བི་ཛ་ཡེ་སྭཱ་ཧཱ། ལན་གཅིག་བརྗོད་པས་ཕྱོགས་བཅུ་དུས་གསུམ་གྱི་དཀོན་མཆོག་གསུམ་ལ་ཕྱག་འཚལ་བ་དང་། བསྐོར་བ་བྱས་པར་འགྱུར། དགེ་བ་སྟ་གཅིག་བྱས་པའང་བྱེ་བ་ཕྲག་ཏུ་འགྱུར། ཞེས་པ་དང་། རྟེན་འབྲེལ་སྙིང་པོའི་གཟུངས་ནི། ཨོཾ་ཡེ་དྷརྨཱ་ཧེ་ཏུ་པྲ་བྷ་ཝཱ་ཧེ་ཏུན་ཏེ་ཥཱན་ཏ་ཐཱ་ག་ཏོ་ཧྱ་ཝ་དཏ། ཏེ་ཥཱཉྩ་ཡོ་ནི་རོ་དྷ་ཨེ་ཝཾ་བཱ་དཱི་མ་ཧཱ་ཤྲ་མ་ཎ་ཡེ་སྭཱ་ཧཱ། ལན་གཅིག་བརྗོད་པས་སྡིག་པ་ཐམས་ཅད་བྱང་བར་འགྱུར། མི་མཐུན་ཕྱོགས་ཐམས་ཅད་ཞི་བར་བྱེད་ཅེས་པ་ལ་སོགས་གསུངས་པའི་དགོངས་པ་ཡང་དག་པར་མི་ཤེས་པར་ཚིག་འབྲུ་ཙམ་ལ་བདེན་པ་བཟུང་བར་མི་བྱ་སྟེ། འགའ་ཞིག་ནི་སངས་རྒྱས་ཀྱི་གསུང་འདི་དག་བརྗོད་བྱའི་དོན་མེད་པའི་སླུ་ཁྲིད་ཀྱི་ཚིག་ཙམ་དུ་འཛིན་ཅིང་། ཁ་ཅིག་འདི་ཁོ་ནས་ཆོག་པར་འཛིན་ལ། བསོད་ནམས་གཞན་བསགས་མི་དགོས་པར་འདོད་དེ། གཉིས་ཀ་འང་འཁྲུལ་པ་ཡིན་ནོ། །དཀོན་མཆོག་སྤྲིན་དུ། དེ་བཞིན་གཤེགས་པ་ཤཱཀྱ་ཐུབ་པའི་མཚན་ཐོས་པས་རྫོགས་པའི་བྱང་ཆུབ་ལས་ཕྱིར་མི་ལྡོག་པར་གསུངས་པ་ལ། ཐེ་ཚོམ་སྐྱེས་པའི་དོན་ཞུས་པས། དེ་མ་ཐག་འབྲས་བུ་དེ་ཐོབ་པ་མ་ཡིན་གྱི། དེ་ཉིད་རྒྱུའི་ཐོག་མར་བྱས་ཏེ་དགེ་བའི་རྩ་བ་གཞན་དག་ཀྱང་སྒྲུབ་པར་འགྱུར་བས། ཚིག་དེ་མི་བསླུ་བ་ཡིན་ནོ། ཞེས་གསུང་སོ། །

མདའ་རྐྱང་ལ་ནི་བྱེད་པ་མེད། །གཞུ་བཟུངས་འཕེན་པ་ཤེས་གྱུར་ན། །དེ་ཡིས་འདོད་པའི་བྱ་བ་འགྲུབ། །དེ་བཞིན་སྟོང་ཉིད་རྐྱང་པ་ལས། །བྱེད་པ་ཅི་ཡང་ཡོད་མ་ཡིན། །ཐབས་དང་ཤེས་རབ་ལེགས་འབྲེལ་ན། །འདོད་པའི་འབྲས་བུ་རིམ་བཞིན་འཐོབ། །ཅེས་པ། དཔེར་ན་མདའ་རྐྱང་པ་ནི་བཅས་བཟང་ཞིང་ལེགས་པར་ཡོད་ནའང་། འབིགས་པའི་བྱ་བ་མི་བྱེད་ལ། དེ་ཉིད་གཞུ་བཟང་པོ་དང་སྦྱར་ནས་སྐྱེས་བུ་སྟོབས་ལྡན་འཕེན་པ་ལ་མཁས་པས་ཚར་ཆོད་པར་བཀང་སྟེ་འཕངས་ན་གོ་ནཤིན་ཏུ་སྲ་བ་ཡང་ཐོགས་པ་མེད་པར་འབིགས་པའི་བྱ་བ

འགྲུབ་བོ། །དེ་བཞིན་དུ་སྟོང་པ་ཉིད་རྐྱང་པ་དོན་ཤིན་ཏུ་བཟང་ནའང་བྱ་བྱེད་དང་བྲལ་བའི་ཕྱིར་མི་མཐུན་ཕྱོགས་འཇོམས་པ་དང་། འབྲས་བུ་བསྐྱེད་པའི་ནུས་པ་གང་ཡང་ཡོད་པ་མ་ཡིན་ནོ། །སྤྲོས་བྲལ་སྟོང་ཉིད་རྟོགས་པའི་ཤེས་རབ་དེ། བྱང་ཆུབ་ཀྱི་སེམས་དང་སྙིང་རྗེ་ཆེན་པོ་དང་། སྦྱིན་པ་དང་ཚུལ་ཁྲིམས་ལ་སོགས་པའི་ཐབས་ཁྱད་པར་ཅན་དང་འབྲེལ་པ་ཉམས་སུ་བླངས་ནས་འབྲས་བུ་སངས་རྒྱས་ཀྱི་སྐུ་ཕྲིན་ལས་དང་བཅས་པ་ལྷུན་གྲུབ་ཏུ་འཐོབ་པ་ཡིན་ནོ། །མདོ་སྡུད་པར། དམུས་ལོང་མིག་བུ་མེད་པ་བྱེ་བ་ཕྲག་ཁྲིག་རྣམས། །ལམ་ཡང་མི་ཤེས་གྲོང་ཁྱེར་འཇུག་པར་ག་ལ་ནུས། །དེ་བཞིན་མིག་མེད་ཕ་རོལ་ཕྱིན་པ་ལྔ་པོ་ཡང་། །མིག་བུ་མེད་པར་བྱང་ཆུབ་རེག་པར་འགྱུར་མ་ཡིན། །གང་ཚེ་ཤེས་རབ་ཀྱིས་ནི་ཡོངས་སུ་ཟིན་གྱུར་ན། །དེ་ཚེ་མིང་ཡོད་གྱུར་ཅིང་དེ་ཡི་མིང་ཐོབ་བོ། །ཞེས་པས་ཐབས་ཁྱད་པར་ཅན་ཀྱང་ཤེས་རབ་ཟབ་མོས་ཟིན་དགོས་པར་གསུངས་པ་ཡིན་ནོ༑ ༑གཉིས་པ་ལ་གསུམ། རྣལ་འབྱོར་བླ་མེད་ཀྱི་ལུང་གིས་དགག །སྤྱོད་པའི་རྒྱུད་ཀྱི་ལུང་གིས་དགག །བསྟན་བཅོས་ཀྱི་ལུང་གིས་དགག་པའོ། །

དང་པོ་ནི། རྡོ་རྗེ་གུར་ལས་འདི་སྐད་གསུངས། གལ་ཏེ་སྟོང་པ་ཐབས་ཡིན་ན། །དེ་ཚེ་སངས་རྒྱས་ཉིད་མི་འབྱུང་། །འབྲས་བུ་རྒྱུ་ལས་གཞན་མིན་ཕྱིར། །ཐབས་ནི་སྟོང་པ་ཉིད་མ་ཡིན། །ལྟ་བ་རྣམས་ལས་བཟློག་པ་དང་། །བདག་ཏུ་ལྟ་བ་ཆོལ་རྣམས་ཀྱིས། །བདག་གཞན་བསམ་པ་བཟློག་པའི་ཕྱིར། །སྟོང་པ་རྒྱལ་བ་རྣམས་ཀྱིས་གསུངས། །ཞེས་པ། སྟོང་ཉིད་རྟོགས་པ་ཁོ་ན་སངས་རྒྱས་སྒྲུབ་པའི་ཐབས་ཡིན་པར་བསམས་ནས་བསྒོམ་པ་དེས་ནི་ཚེ་འདིར་སངས་རྒྱས་མི་འགྲུབ་སྟེ། རྣམ་ཀུན་མཆོག་ལྡན་གྱི་སྟོང་ཉིད་དང་མཆོག་ཏུ་མི་འགྱུར་བའི་བདེ་བ་ཆེན་པོ་ཟུང་དུ་འཇུག་པའི་སངས་རྒྱས་རྡོ་རྗེ་འཆང་ཆེན་དེ། ཚེ་འདིར་འགྲུབ་པའི་རྒྱུ་སྟོང་རྐྱང་མ་ཡིན་པའི་ཕྱིར། ཁྱབ་པ་ཡོད་དེ། འབྲས་བུ་རྒྱུ་དང་རིགས་མཐུན་དུ་འགྲུབ་པ་རྟེན་འབྲེལ་གྱི་ཆོས་ཉིད་ཡིན་པའི་ཕྱིར། ཀོ་ཏ་བའི་ས་བོན་ལས་སཱ་ལུའི་འབྲས་བུ་མི་འབྱུང་བ་བཞིན་ནོ། །བཅོམ་ལྡན་འདས་ཀྱིས་བདག་མེད་རྟོགས་པའི་ཤེས་རབ་སྒོམ་པའི་ལམ་དེ་འཁོར་བ་སྤང་ཞིང་ཐར་པ་ཐོབ་པའི་རྒྱུར་གསུངས་པ་དེ་གང་ཡིན་སྙམ་ན༑ འཁོར་བ་སྤོང་བར་འདོད་པའི་གདུལ་བྱ་ལ་འཁོར་བར་སྐྱེ་བའི་རྩ་བ་བདག་འཛིན་བཟློག་པའི་ཕྱིར་དང་། མུ་སྟེགས་བྱེད་དང་སངས་རྒྱས་པའི་ཐར་པ་དོན་གཉེར་འགའ་ཞིག་ཀྱང་། གཞུང་ལུགས་དང་བཤེས་གཉེན་ངན་པ་ལ་བརྟེན་པའི་དབང་གིས་བཅིངས་གྲོལ་གྱི་གཞི་བདག་བདེན་པའི་དངོས་པོ་ཞིག་གིས་ཐར་པའི་ལམ་བསྒྲུབས་ནས་མྱ་ངན་ལས་འདས་པ་འཐོབ་པར་འདོད་པ་དེ་དག་གི་ལོག་རྟོག་དགག་པའི་ཕྱིར་གསུངས་པ་ཡིན་ནོ། །

དེ་ཕྱིར་དཀྱིལ་འཁོར་འཁོར་ལོ་ཞེས། །ཐབས་ནི་བདེ་བའི་སྡོམ་པ་སྟེ། །སངས་རྒྱས་ང་རྒྱལ་རྣལ་འབྱོར་གྱིས། །སངས་རྒྱས་ཉིད་དུ་ངེས་པར་གྲུབ། །དེ་སོགས་ཤིན་ཏུ་གསལ་བར་གསུངས། །ཞེས་པ། སྟོང་རྐྱང་བསྒོམས་པས་སངས་མི་རྒྱ་བར་ཐབས་ཁྱད་པར་ཅན་གྱིས་ཟིན་དགོས་པ་དེའི་ཕྱིར་ཐབས་དེ་སྟོན་པར་རིགས་པས་བསྐྱེད་རིམ་དང་བརླབས་པ་ལ་སོགས་པ་ལའང་ཐབས་ཡིན་མོད་ཀྱི། འོན་ཀྱང་ཐེག་པ་གཞན་ལས་ཕུལ་དུ་བྱུང་བའི་ཐབས་ཀྱི་མཆོག་ཏུ་གྱུར་པ་ནི། འཁོར་ལོ་བཞི་ལ་བརྟེན་པའི་ཁམས་བདུད་རྩིའི་དཀྱིལ་འཁོར་གྱི་ལམ་ཆོས་ཐམས་ཅད་བདེ་བ་ཆེན་པོར་བསྒོམས་ཤིང་རྒྱས་བཏབ་ནས་སངས་རྒྱས་ཐམས་ཅད་ཀྱི་སྐུ་གསུང་ཐུགས་ཀྱི་རང་བཞིན་དུ་ང་རྒྱལ་བརྟན་པོ་སྒོམ་པ་ནི། མྱུར་དུ་རྡོ་རྗེ་འཆང་གི་གོ་འཕང་ངེས་པར་འགྲུབ་པ་ངེས་པ་ཡིན་ནོ། །རྒྱས་པར་རྣལ་འབྱོར་བླ་ན་མེད་པའི་རྒྱུད་ཀྱི་ངེས་དོན་གྲུབ་ཐོབ་རྣམས་ཀྱི་གསལ་བར་གསུངས་པ་བཞིན་ཤེས་པར་བྱའོ། །

གཉིས་པ་ནི། རྣམ་སྣང་མངོན་བྱང་ལས་ཀྱང་ནི། །ཐབས་དང་མི་ལྡན་ཡེ་ཤེས་དང་། །བསླབ་པ་དག་ཀྱང་གསུངས་པ་ན། །དཔལ་པོ་ཆེན་པོས་ཉན་ཐོས་རྣམས། །དེ་ལ་བཞུགས་པའི་ཕྱིར་གསུངས་སོ། །ཞེས་པ། ཐེག་པ་ཆེན་པོའི་སེམས་བསྐྱེད་དང་། སྙིང་རྗེ་གཞན་དོན་བྱེད་པ་ལ་སོགས་པ་དང་མི་ལྡན་པའི་རང་ཉིད་འཁོར་བ་སྤོང་བའི་ལམ་ཀུན་བཏགས་ལྷན་སྐྱེས་ཀྱི་བདག་ཏུ་འཛིན་པའི་གཉེན་པོ་སྟོང་པ་ཉིད་ཀྱི་ཡེ་ཤེས་བསྒོམ་པ་དང་། སེམས་ཅན་ལ་གནོད་པ་གཞི་དང་བཅས་པ་ལས་བཟློག་པའི་སོ་སོར་ཐར་པའི་བསླབ་པ་གསུངས་པ་དེ་ནི་ཉན་ཐོས་ཀྱི་རིགས་ཅན་རྣམས་ཐེག་པ་ཆེན་པོའི་ལམ་དུ་གཞུག་པའི་ཕྱིར་གསུངས་པ་ཙམ་ཡིན་གྱིས། ཡང་དག་པའི་ལམ་མ་ཡིན་ཏེ། དེ་ཉིད་དུ། བསླབ་བྱ་དགེ་བ་བཅུ་བསྟན་པ་ལ། ཉན་ཐོས་རྣམས་ནི་ཐབས་དང་ཤེས་རབ་དང་མི་ལྡན་ཅིང་ཕྱོགས་གཅིག་ཤེས་པ་ཡིན་ནོ། །མུ་སྟེགས་ནི་འཇིག་རྟེན་དུ་གཞན་ཅིང་རྐྱེན་གཞན་གྱིས་འཇུག་པ་ཡིན་ནོ། །བྱང་ཆུབ་སེམས་དཔའ་མཉམ་པ་ཉིད་ལ་འཇུག་ཅིང་གཞན་གྱི་དྲིང་མི་འཇོག་པ་དང་། ཐབས་དང་ཤེས་རབ་དང་ལྡན་པ། བདག་གཞན་གྱི་དོན་བྱེད་པ་ལ་འཇུག་པ་ཡིན་ནོ། །ཞེས་གསུངས་སོ། །

གང་དག་དུས་གསུམ་མགོན་པོ་རྣམས། །ཐབས་དང་ཤེས་རབ་ལྡན་པ་ལ། །བསླབས་ནས་བླ་མེད་ཐེག་པ་ནི། །འདུས་མ་བྱས་པ་ངེས་འཐོབ་པོ། །ཞེས་གསུངས་པ་ཡང་ཤེས་པར་བྱ། །ཞེས་པ། དུས་གསུམ་གྱི་སངས་རྒྱས་རྣམས་ཐེག་པ་ཆེན་པོའི་ལམ་སྦྱིན་སོགས་ཕར་ཕྱིན་བཞི་ཐབས་དང་། དྲུག་པ་ཤེས་རབ་དང་། བརྩོན་འགྲུས་གཉིས་ཀ་ཟུང་འཇུག་ཏུ་སྒྲུབ་པའི་སྦྱོ་བ་ཆེན་པོ་ལ་བརྟེན་ནས་བླ་ན་མེད་པའི་ཐེག་པའི་འབྲས་བུ་མཐར་ཐུག་རང་བྱུང་ལྷུན་གྱིས་གྲུབ་པའི་སངས་རྒྱས་འཐོབ་པོ་ཞེས་གསུངས་པའི་དོན་ཤེས་ནས་སྒྲུབ་པར་བྱའོ། །རྗོ་

རྗེ་རི་རབ་ཀྱི་ཁང་པ་བརྩེགས་པའི་རྒྱུད་ལས། སྟོང་པ་ཡིན་ཀྱང་ལས་ཀྱི་འབྲས་བུ་མི་འདོར་ཅིང་། །ཡེ་ཤེས་མེ་ཡིས་རྟོག་པ་བསྲེགས་ཀྱང་ཐུགས་རྗེས་བརྟན། །ཞེས་གསུངས་པ་དང་། འཕགས་པ་ལྷས། སྣང་དང་རྡོ་ཐལ་སྦྱོར་བ་ལས། །ཁ་དོག་གཞན་ཞིག་འབྱུང་བར་འགྱུར། །ཤེས་རབ་ཐབས་ཀྱིས་སྦྱོར་བ་ལས། །ཆོས་དབྱིངས་མཁས་པས་དེ་ལྟར་ཤེས། །ཞེས་གསུངས་སོ། །

གསུམ་པ་ནི། ཆོས་ཀྱིས་གྲགས་པས་རྣམ་འགྲེལ་ལས། །རྣམ་པ་དུ་མར་ཐབས་མང་པོ། །ཡུན་རིངས་དུས་སུ་གོམས་པ་ལས། །དེ་ལ་སྐྱོན་དང་ཡོན་ཏན་དག །རབ་ཏུ་གསལ་བ་ཉིད་དུ་འགྱུར། །དེས་ཀྱང་ཐུགས་ཀྱང་གསལ་བའི་ཕྱིར། །རྒྱུ་ཡི་བག་ཆགས་སྤྱངས་པ་ཡིན། །ཐུབ་ཆེན་གཞན་དོན་མཛད་ཅན་གྱི། །བསེ་རུ་ལ་སོགས་ཁྱད་འདི་ཡིན། །ཞེས་པ། ཕྱི་རོལ་པའི་དྲང་སྲོང་མངོན་པར་ཤེས་པ་ལྔ་དང་ལྡན་པ་དང་། ཚངས་པ་དང་དབང་ཕྱུག་ལ་སོགས་པའི་ལུང་ཡང་ཚད་མ་མ་ཡིན་ཏེ། ཤེས་བྱའི་མཚན་ཉིད་ལྟ་བ་ལ་བློ་གྲོས་ཀྱི་མིག་གཏི་མུག་གི་རབ་རིབ་ཤིན་ཏུ་སྟུག་པོས་བསྒྲིབས་པའི་ཕྱིར། དེ་ར་མ་ཟད་ཉན་ཐོས་དང་རང་སངས་རྒྱས་ཁམས་གསུམ་གྱི་སྒྲིབ་པ་ལས་གྲོལ་ཅིང་མངོན་པར་ཤེས་པ་དྲུག་དང་ལྡན་པའི་ཡེ་ཤེས་ཀྱིས་ཀྱང་། ཆོས་རྣམས་ཀྱི་རང་དང་སྤྱིའི་མཚན་ཉིད་ཤིན་ཏུ་ཕྲ་བ་དག་གཞལ་བར་མི་ནུས་ཏེ། དེ་དག་ལེགས་པར་མཐོང་བ་ལ་སྒྲིབ་བྱེད་ཀྱི་ཤེས་བྱའི་སྒྲིབ་པ་བག་ཆགས་དང་བཅས་པ་སྤོང་བར་བྱེད་པའི་ཐབས་འཇིག་རྟེན་དང་འཇིག་རྟེན་ལས་འདས་པའི་རིག་པའི་གནས་མཐའ་ཡས་པ་ལ་ལེགས་པར་སྦྱངས་ཤིང་། ལེགས་བཤད་ཤློ་ཀ་གཅིག་ཙམ་གྱི་དོན་དུའང་སྐྱ་སྲོག་འདོར་བ་ལ་སོགས་པའི་སྒོ་ནས་མང་དུ་ཐོས་པའི་མཐར་ཕྱིན་པར་མཛད་དེ། ཆོས་རྣམས་ཀྱི་སྤྱི་མཚན་ཆོས་ཉིད་རང་བཞིན་གྱིས་འོད་གསལ་བའི་དོན་ས་བཅུར་ཡང་དང་ཡང་དུ་བསྒོམས་ཤིང་། རྟེན་ཅིང་འབྲེལ་པར་འབྱུང་བའི་རང་མཚན་རྒྱུ་རྐྱེན་འབྲས་བུ་དང་བཅས་པའི་ནུས་པ་ཤིན་ཏུ་ཆ་ཕྲ་བ་རྟོགས་པར་དཀའ་བའི་དོན་རྣམས་ཀྱང་། འཇིག་རྟེན་གྱི་ཁམས་མཐའ་ཡས་པ་ན་བཞུགས་པའི་སངས་རྒྱས་ཆོས་སྟོན་པ་རྣམས་ཀྱི་དྲུང་དུ་སྐད་ཅིག་ཙམ་ལ་ལུས་ཀྱི་བཀོད་པ་མཐའ་ཡས་པས་དམ་པའི་ཆོས་ཉན་པ་དང་། ཞུ་བ་དང་དྲིས་ལན་གྱིས་གཏན་ལ་འབེབས་པའི་ཐོས་པ་རྒྱ་ཆེན་པོས་སོ་སོ་ཡང་དག་པར་རིག་པ་བཞི་ལེགས་པར་མཐར་ཕྱིན་པའི་ཕྱིར་མེ་ལོང་ལྟ་བུའི་ཡེ་ཤེས་ལ་ནམ་མཁའ་མཐས་ཀླས་སེམས་ཅན་རྣམས་ཀྱིས་ལས་དང་དབང་པོ་དང་། སྐྱོན་དང་ཡོན་ཏན་དང་བདེ་བ་སྡུག་བསྔལ་དང་། བྱང་ཆུབ་གསུམ་གྱི་སྐལ་བ་ཇི་ལྟར་ཡོད་པ་མ་བསྒྲིབས་པར་གསལ་བའི་ཕྱིར་རང་རང་གི་སྐལ་བ་དང་མཐུན་པར་ཆོས་སྟོན་པའི་ཐུགས་ཤིན་ཏུ་གསལ་བ་ཡིན་ཏེ། སྒྲིབ་པ་གཉིས་བག་ལ་ཉལ་ཤིན་ཏུ་ཕྲ་མོ་དང་བཅས་པ་རྡོ་རྗེ་ལྟ་བུའི་ཏིང་ངེ་འཛིན་གྱིས་མ་ལུས་པར་བཅོམ་པའི་ཕྱིར

རོ༑ ༑དེས་གཞན་གྱི་དོན་རྒྱ་ཆེ་བ་ནམ་མཁའི་མཐའ་ཀླས་པ་རྒྱུན་མི་ཆད་པ་འཁོར་བ་ཇི་སྲིད་གནས་པར་མཛད་པ་ལྷུན་གྱིས་གྲུབ་པ་ལ་ནི། རང་རྒྱལ་དགྲ་བཅོམ་པ་ལ་སོགས་པས་འགྲན་པར་མི་ནུས་པ་ཡིན་ནོ། །དེས་ན་དང་པོར་སེམས་ཅན་ཐམས་ཅད་ཀྱི་དོན་དུ་ཐུགས་བསྐྱེད་པ་ལྟར་ཚོགས་གཉིས་མཐར་ཕྱིན་པ་ཡིན་ནོ། །

ཞེས་གསུངས་གཞན་ཡང་དེ་ཉིད་ལས། །དེ་དོན་ཕྱིར་ན་ཐབས་གོམས་པས། །དེ་ཉིད་སྟོན་པ་ཡིན་པར་བཞེད། །ཅེས་གསུངས་པ་ཡང་དེ་ཉིད་ཡིན། །ཞེས་པ། དེའི་ཕྱིར་ཀུན་མཁྱེན་ཡེ་ཤེས་ཀྱི་རྒྱུ་ཚོགས་གཉིས་གོམས་པ་མཐར་ཕྱིན་པས་གདུལ་བྱ་ལ་ཆོས་སྟོན་པ་པོ་ཚད་མར་གྱུར་པ་ཡིན་ལ། དེས་གསུངས་པའི་བཀའ་དང་ལུང་ཚད་མར་གྱུར་པ་ཡིན་ཏེ། སློབ་དཔོན་ཟླ་བ་གྲགས་པས། འདིར་མངོན་སུམ་ནི་གཅིག་ཉིད་པོ་ནར་ཟད་དེ། གང་ཐམས་ཅད་མཁྱེན་པའི་ཡེ་ཤེས་སོ། །ཞེས་པ་དང་། རྒྱལ་བ་བྱམས་པས། སྤྱོད་པ་དང་ནི་རྟོགས་པ་དང་། །ཡེ་ཤེས་དང་ནི་ཕྲིན་ལས་ཀྱིས། །ཉན་ཐོས་རང་སངས་རྒྱས་ཀུན་གྱི། །བླ་མ་ཁྱོད་ལ་ཕྱག་འཚལ་ལོ། །སྐུ་གསུམ་དག་གི་བྱང་ཆུབ་ཆེ། །རྣམ་པ་ཀུན་བརྙེས་ཐམས་ཅད་དུ། །སེམས་ཅན་ཀུན་གྱི་ཐེ་ཚོམ་དག །གཅོད་པ་ཁྱོད་ལ་ཕྱག་འཚལ་ལོ། །ཞེས་གསུངས་སོ། །འདིར་ཐུགས་རྗེ་ལ་སྟོན་པར་བཏགས་པའི་བཤད་པ་མཛད་ནའང་སངས་རྒྱས་སྟོན་པ་ཡིན་པར་གྲུབ་བོ། །

གསུམ་པ་ནི། དེས་ན་ཐབས་ལ་མ་སྦྱངས་ན། །ཤེས་བྱ་ཐམས་ཅད་མཁྱེན་པ་དང་། །གཞན་དོན་མཛད་པ་མི་སྲིད་དོ། །ཞེས་པ། རྫོགས་པའི་སངས་རྒྱས་ཤེས་བྱ་ཐམས་ཅད་མཁྱེན་པ་དང་། གཞན་དོན་གང་ལ་གང་འདུལ་དུ་མཛད་པ་ནི། ཐབས་ཕུན་སུམ་ཚོགས་པ་ལ་གོམས་པ་མཐར་ཕྱིན་པ་ལས་བྱུང་བའི་ཕྱིར། སྟོང་པ་ཉིད་རྟོགས་ཀྱང་ཐབས་ལ་མ་སྦྱངས་ན་དོན་གཉིས་ཕུན་སུམ་ཚོགས་པའི་སངས་རྒྱས་འབྱུང་བ་མི་སྲིད་དོ། །

གཉིས་པ་ལ་གཉིས། ཉམས་སུ་ལེན་ཚུལ་ལེགས་པར་བཤད་པ། ལུང་དང་སྦྱར་དང་ཞིབ་ཏུ་བསྟན་པའོ། །དང་པོ་ནི། ཐགས་ཀྱི་རྒྱུ་རྣམས་ཕལ་ཆེར་མཐུན། །ཡུན་གྱི་དབྱེ་བས་བཟང་ངན་འབྱུང་། །དེ་བཞིན་སྟོང་ཉིད་ཕལ་ཆེར་མཐུན། །འབྲས་བུ་བཟང་ངན་ཐབས་ཀྱིས་བྱེད། །སྟོང་ཉིད་ལྟ་བས་མྱ་ངན་འདའ། །ཐབས་ལ་མཁས་ན་རྫོགས་སངས་རྒྱས། །ཞེས་པ། དཔེར་ན་སྣམ་བུ་དང་གོས་དར་གྱི་བཟང་ངན་དང་རི་མོ་ཤིན་ཏུ་སྣ་བའི་ཁྱད་པར་རྣམས་སྤུན་བཟང་ངན་གྱི་དབང་གི་འབྱུང་གིས་རྒྱུ་ཕལ་ཆེར་ཁྱད་མེད་དོ། །དེས་དེ་ལྟར་ཐེག་པ་གསུམ་གྱི་དགྲ་བཅོམ་པ་ཡང་སྟོང་པ་ཉིད་རྟོགས་པའི་ཚུལ་རགས་པ་ཙམ་ཞིག་མཐུན་ཀྱང་ཡོན་ཏན་བཟང་ངན་དང་རྒྱ་ཆེ་ཆུང་དང་པོའི་སེམས་བསྐྱེད་ཚུལ་དང་བར་དུ་བསོད་ནམས་ཀྱི་ཚོགས་སོག་པའི་ཐབས་ལ་མཁས་པའི་ཁྱད་པར་ལ་བརྟེན་པ་ཡིན་པས་སྟོང་པ་ཉིད་རྟོགས་པ་ཙམ་གྱིས་ཐེག་དམན་གྱི་མྱང་འདས་འཐོབ་ལ། ཐབས་

ལ་མཁས་པས་འཚང་རྒྱ་བ་ཡིན་ནོ། །

དེས་ན་སངས་རྒྱས་ཐོབ་འདོད་ན། །ཐབས་མཁས་པ་ལ་ནན་ཏན་གྱིས། །དགྲ་བཅོམ་པ་དང་རང་སངས་རྒྱས། །རྫོགས་པའི་སངས་རྒྱས་རྣམ་པ་གསུམ། །རྣམ་པར་གྲོལ་བར་མཚུངས་ན་ཡང་། །བཟང་ངན་ཐབས་ཀྱིས་ཕྱེ་བ་ཡིན། །ཞེས་པ། དོན་གཉིས་མཐར་ཕྱིན་གྱི་སངས་རྒྱས་སྒྲུབ་པ་ནི་གཙོ་ཆེར་ཐབས་མཁས་པ་ལ་བརྟེན་པར་བྱའོ། །མངོན་པར་རྟོགས་པའི་རྒྱན་དུ་གསུངས་པའི་དོན་ཡང་འདི་ཡིན་ཏེ། དམིགས་གསལ་གསུམ་མཐར་མ་ཕྱིན་པར་ཡང་དག་པའི་མཐའ་མངོན་དུ་བྱེད་པ་བཀག་པ་ཉིད་ཡིན་ནོ། །ཐེག་པ་གསུམ་གྱི་འབྲས་བུ་རྣམ་གྲོལ་གསུམ་ཡང་བདག་མེད་རྟོགས་པའི་ཡེ་ཤེས་ཀྱིས་ཁམས་གསུམ་འཁོར་བའི་ཉོན་མོངས་ཀྱིས་འཆིང་བ་ལས་གྲོལ་བར་མཚུངས་ཀྱང་རབ་འབྲིང་ཐ་མ་གསུམ་བྱུང་བ་ནི། སློབ་ལམ་གྱིས་སྐབས་སུ་ཐབས་བཟང་ངན་གྱིས་བྱས་པ་ཡིན་ནོ། །

གཉིས་པ་ལ་བཞི། མདོ་སྡེ་རྒྱན་གྱི་ལུང་དང་སྦྱར་བ། སློབ་དཔོན་དཔའ་བོའི་ལུང་དང་སྦྱར་བ། ཤེར་ཕྱིན་དང་སྦྱར་བ། དགོན་བརྩེགས་དང་སྦྱར་བའོ། །དང་པོ་ནི། དེ་ཡང་མདོ་སྡེ་རྒྱན་ལས་ནི། །ཇི་ལྟར་འདུད་པའི་བྱེ་བྲག་གིས། །གོས་ལ་ཚོན་བཀྲ་མི་བཀྲ་བ། །དེ་བཞིན་འཕེན་པའི་དབང་གིས་ན། །གྲོལ་བའི་ཡེ་ཤེས་བཀྲ་མི་བཀྲ། །དེ་སྐད་གསུངས་པའི་དོན་འདི་ཡིན། །ཞེས་པ། ཐོག་མར་ཀུན་གཞི་རྣམ་ཤེས་ལ་བག་ཆགས་འཇོག་བྱེད་ཀྱི་རྐྱེན་བཟང་ངན་གྱི་ནུས་པས་ཕྱིས་འབྲས་བུ་བྱང་ཆུབ་ལ་བཟང་ངན་འབྱུང་བའམ། ཐར་པའི་ལམ་དུ་འཇུག་པའི་ཐོག་མར་སེམས་བསྐྱེད་དང་སྨོན་ལམ་གྱི་འཕེན་པ་བཟང་ངན་གྱིས་ནུས་པས་ཕྱིས་རྣམ་གྲོལ་གྱི་ཡེ་ཤེས་ཤིན་ཏུ་བཀྲ་བ་ཀུན་མཁྱེན་གྱི་ཐུགས་དང་། དེ་ལ་ལྟོས་ནས་མི་གསལ་བ་ཐེག་དམན་གྱི་ཡེ་ཤེས་འབྱུང་སྟེ། དཔེར་ན། གོས་ཚོས་བྱེད་པའི་ཐོག་མ་ཁ་དོག་དང་རི་མོའི་ཁྱད་པར་ཐ་དད་འགྲུབ་པར་བྱེད་པའི་རྫས་དང་། མདུད་པའི་བྱེ་བྲག་གིས་གོས་ལ་ཚོས་དང་རི་མོ་གསལ་མི་གསལ་དང་ལེགས་མི་ལེགས་ཀྱི་ཁྱད་པར་འབྱུང་བ་བཞིན་ནོ། །

གཉིས་པ་ནི། སློབ་དཔོན་མ་ཏྲི་ཙེཊ་ཏས་ཀྱང་། །བསེ་རུ་རྣ་དང་འདྲ་གང་དང་། །གང་ལ་ཁྱོད་ཀྱི་རྗེས་འགྲོ་སློབ། །ཞི་བ་ཙམ་གྱིས་ཁྱད་དང་མཚུངས། །བསམ་ཡས་ཡོན་ཏན་ཚོགས་ཀྱིས་མིན། །ཞེས་གསུངས་པ་ཡང་དོན་འདི་ཡིན། །དཔེར་ན་སངས་རྒྱས་ཐོབ་འདོད་ན། །སྟོང་པ་ཉིད་ལ་འདྲིས་པར་བགྱིས། །ཐབས་མཁས་པ་ལ་འབད་པས་བསྒོམ། །ཞེས་པ། རི་དྭགས་བསེ་ཁ་སྒོའི་རྣ་བླ་མེད་པར་གཅིག་པུར་སྐྱེ་བ་ལྟར་གྲོགས་དང་སྟོན་པ་ལ་མ་ལྟོས་པར། གཅིག་པུར་གནས་པའི་བྱང་ཆུབ་མངོན་དུ་བྱེད་པའི་རང་སངས་རྒྱས་དང་། རྫོགས

པའི་སངས་རྒྱས་ཀྱི་བདེན་པ་བཞིའི་ཆོས་གསུངས་པའི་རྗེས་སུ་སློབ་ཅིང་། གཞན་ལའང་སྒྲོག་པའི་ཉན་ཐོས་ཀྱི་མྱ་ངན་ལས་འདས་པ་དེ། ལས་དང་ཉོན་མོངས་ཞི་བ་ཙམ་གྱིས་རྫོགས་པའི་སངས་རྒྱས་དང་མཚུངས་ཀྱང་། སྟོབས་བཅུ་དང་མི་འཇིགས་པ་བཞི་དང་ཆོས་མ་འདྲེས་པ་བཅོ་བརྒྱད་དང་། གཞན་དོན་རྒྱ་ཆེན་པོ་རྒྱུན་མི་ཆད་པར་མཛད་པ་ལ་སོགས་པ་ཡོན་ཏན་གྱི་ཚོགས་བསམ་གྱིས་མི་ཁྱབ་པའི་སྒོ་ནས་མཚུངས་པ་མ་ཡིན་ནོ། །ཞེས་གསུངས་པའང་རྒྱ་རྐྱེན་ཐབས་བཟང་ངན་གྱིས་ཕྱེ་བ་ཡིན་ནོ། །མི་གནས་པའི་མྱ་ངན་ལས་འདས་པ་བླ་ན་མེད་པའི་བྱང་ཆུབ་འདོད་པས་དམ་པའི་ཆོས་བྱེད་ན་དངོས་འཛིན་གྱི་འཆིང་བ་བཅད་པའི་ཕྱིར་སྒོ་གསུམ་གྱི་ཉམས་ལེན་རྣམས་སྟོང་པ་ཉིད་དུ་ཤེས་པའི་ངང་ནས་ཐབས་བསོད་ནམས་ཀྱི་ཚོགས་སོག་པ་ལ་འབད་པར་བྱའོ། །རིན་ཆེན་འཕྲེང་བར། གང་ཞིག་ལུས་ངག་ཡིད་ཀྱི་ལས། །ཐམས་ཅད་ལེགས་པར་ཡོངས་བརྟགས་ཏེ། །བདག་དང་གཞན་ལ་ཕན་ཤེས་ནས། །རྟག་ཏུ་བྱེད་པ་དེ་མཁས་པའོ། །ཞེས་པ་དང་། སྐྱེས་རབས་སུ། བདག་ལ་ཕན་འདོད་དུག་ཅན་མི་ཟ་བཞིན། །ཆོས་མིན་འདྲེས་པའི་བདེ་བ་མི་འདོད་དོ། །ཞེས་གསུངས་པ་བཞིན་ཆོས་མིན་དང་མ་འདྲེས་པའི་བསམ་སྦྱོར་རྣམ་པར་དག་པ་སྒྲུབ་པར་བྱའོ། །

གསུམ་པ་ནི། སྟོང་ཉིད་ལ་ནི་འདྲིས་བྱ་ཡི། །སྟོང་ཉིད་མངོན་དུ་མ་བྱེད་ཅེས། །ཤེས་རབ་ཕ་རོལ་ཕྱིན་ལས་གསུངས། །སྟོང་ཉིད་རྒྱང་པ་བསྒོམས་ན་ནི། །སྟོང་ཉིད་ཉིད་ཀྱང་རྟོགས་མི་ནུས། །ཞེས་པ། བརྒྱད་སྟོང་པར། རབ་འབྱོར་འདི་ལྟར་བྱང་ཆུབ་སེམས་དཔའ་ཆེན་པོ་རྣམ་པ་ཐམས་ཅད་ཀྱི་མཆོག་དང་ལྡན་པའི་སྟོང་པ་ཉིད་ལ་རྟོག་མོད་ཀྱི། མངོན་སུམ་དུ་བྱའོ་སྙམ་དུ་མི་རྟོག་གོ །ཡོངས་སུ་འདྲིས་པར་བྱའོ་སྙམ་དུ་རྟོག་གོ །མངོན་སུམ་དུ་བྱ་བའི་དུས་འདི་མ་ཡིན་ནོ་སྙམ་དུ་རྟོག་གོ །ཞེས་པ་དང་། སྡུད་པར། དེ་བཞིན་བྱང་ཆུབ་སེམས་དཔའ་སྟོང་པ་ཉིད་གནས་པར། །འགྲོ་ལ་སེམས་ཅན་ཤེས་པའི་སྨོན་ལམ་རྟེན་ཅན་གྱི། །བྱ་བ་རྣམ་པ་སྣ་ཚོགས་དུ་མ་སྟོན་བྱེད་ཅིང་། །མྱ་ངན་འདས་ལ་མི་རེག་སྟོང་པར་གནས་པ་མེད། །ཅེས་སོ། །ཚུལ་ཁྲིམས་སྲུང་བ་དང་། དགེ་བའི་བཤེས་གཉེན་ལ་བརྟེན་ནས་སྡེ་སྣོད་ལ་ཐོས་བསམ་བྱེད་པ་དང་། སེམས་རྩེ་གཅིག་ཏུ་ཞི་གནས་སྒོམ་པ་ལ་སོགས་ཐབས་ལ་མ་བརྟེན་པའི་སྟོང་རྒྱང་བསྒོམས་ན་སྟོང་ཉིད་ཀྱི་ཁོང་དུ་ཆུད་པར་མི་འགྱུར་ཏེ། སྟོང་ཉིད་རྟོགས་པའི་ཐབས་དང་མི་ལྡན་པའི་ཕྱིར། མཛོད་ལས། ཚུལ་གནས་ཐོས་དང་བསམ་ལྡན་པས། །སྒོམ་པ་ལ་ནི་རབ་ཏུ་སྦྱོར། །ཞེས་པ་དང་། འཕགས་པ་ཐོགས་མེད་ཀྱིས། དེ་ནི་ཞི་གནས་ལ་བརྟེན་ནས་ལྷག་མཐོང་ལ་བརྩོན་པར་བྱའོ། །ཞེས་གསུངས་ཤིང་། སྤྱོད་འཇུག་ཏུའང་། ཞི་གནས་རབ་ཏུ་ལྡན་པའི་ལྷག་མཐོང་གིས། །ཉོན་མོངས་རྣམ་པར་འཇོམས་པར་ཤེས་བྱས་ཏེ། །ཞེས་པ་དང་། ཡན་ལག་འདི་དག་ཐམས་ཅད་ནི། །ཐུབ་པས

ཤེས་རབ་དོན་དུ་གསུངས། །ཞེས་པ་ལ་སོགས་སྟོང་ཉིད་རྟོགས་པ་ཐབས་ཉམས་སུ་ལེན་པ་ལ་རག་ལས་པ་ཡིན་ནོ། །

བཞི་པ་ནི། གལ་ཏེ་སྟོང་ཉིད་རྟོགས་ན་ཡང་། །ཉན་ཐོས་ཀྱི་ནི་འགོག་པར་ལྟུང་། །འཕགས་པ་དཀོན་མཆོག་བརྩེགས་པ་ལས། །སེངེ྆་གང་ལའང་མི་འཇིགས་མོད། །མེ་ཆེན་མཐོང་ན་འཇིགས་པ་སྐྱེ། །དེ་བཞིན་བྱང་ཆུབ་སེམས་དཔའ་ཡང་། ཆོས་གཞན་གང་ལ་མི་འཇིགས་ཀྱང་། །སྟོང་པ་ཉིད་ལ་སྐྲག་ཅེས་གསུངས། །ཞེས་པ་དང་། ཐབས་དང་མི་ལྡན་པར་གང་ཟག་དང་ཆོས་ཀྱི་བདག་མེད་པའི་སྟོང་པ་ཉིད་རྟོགས་པར་གྱུར་ཀྱང་། སྒྲུམ་ཟད་པའི་མར་མེ་ཤི་བ་ལྟར་ཟག་མེད་ཡེ་ཤེས་ཀྱི་སྣང་བ་དང་། གཞན་དོན་རྒྱ་ཆེན་པོའི་ཕྲིན་ལས་གང་ཡང་མེད་ཅིང་། རྒྱུན་ཆད་པའི་ཉན་ཐོས་ཀྱི་འགོག་པར་ལྟུང་སྟེ། མར་མེ་ཤི་བར་གྱུར་པ་བཞིན། །གང་དུ་ལུས་འཇིགས་འདུ་ཤེས་འགགས། །ཚོར་བ་ཐམས་ཅད་བསིལ་བར་འགྱུར། །འདུ་བྱེད་ཉེ་བར་ཞི་བ་དང་། །རྣམ་པར་ཤེས་པ་ལུས་གྱུར་པ། །དེ་འདྲ་དེ་ནི་སྡུག་བསྔལ་མཐའ། །ཞེས་མདོ་ལས་གསུངས་པའི་མྱ་ངན་ལས་འདས་པ་ཆད་པའི་ལྟ་བར་ལྟུང་བའི་ཉེས་པར་འགྱུར་ཏེ། འཕགས་པ་མཻའུ་འགལ་གྱི་བུས། བཙུན་པ་བཅོམ་ལྡན་འདས། བདག་ནི་ཆོས་ཟབ་མོ་འདི་དག་གི་སྣོད་དུ་མ་གྱུར་ཏེ། ད་ནི་ཤིང་ཚིགས་པ་བཞིན་དུ་ཅི་ར་ཡང་བགྱིད་པར་མ་མཆིས་སོ། །ཞེས་པ་བཞིན་ནོ། །རི་དྭགས་ཀྱི་རྒྱལ་པོ་སེངེ྆་རི་སུལ་ན་གནས་པ་ནི་གཞན་སུ་ལའང་མི་འཇིགས་ཀྱང་། ནགས་ཁྲོད་ལ་མེ་ཆེན་པོ་མཆེད་ན་སྐྲག་ནས་བྲོས་པར་བྱེད་དོ། །དེ་བཞིན་དུ་བྱང་ཆུབ་སེམས་དཔའ་རྣམས་ཀྱང་། དམྱལ་བ་མནར་མེད་ཀྱི་སྡུག་བསྔལ་ལའང་མི་འཇིགས་པར་གཞན་གྱི་དོན་དུ་འཇུག་པར་སྤྲོ་ཞིང་། ཕན་བཏགས་པའི་ལན་དུ་གནོད་པ་བྱེད་པ་ལ་སོགས་འཁོར་བའི་ཉེས་པ་གང་ལའང་མི་འཇིགས་མོད་ཀྱི། སྟོང་པ་ཉིད་ཀྱི་མཐའ་ལ་འཇིགས་ཤིང་སྐྲག་པས་དེར་མི་ལྟུང་བའི་ཕྱིར་སྙིང་རྗེ་ཆེན་པོ་ལ་སོགས་པ་ཐབས་ལ་མཁས་པས་བསྟེན་པར་མཛད་དེ། དེའི་རྒྱུ་མཚན།

དེ་ཡི་དགོངས་པ་འདི་ལྟར་ཡིན། །ཐབས་དང་བྲལ་བའི་སྟོང་ཉིད་ཀྱིས། །མྱ་ངན་འདས་པར་འགྱུར་ཕྱིར་རོ། །ཞེས་པ། ཐེག་པ་ཆེན་པོ་ཐབས་མཁས་དང་བྲལ་བའི་སྟོང་པ་ཉིད་བསྒོམས་པས་ཐེག་དམན་གྱི་མྱང་འདས་སུ་ལྟུང་བར་འགྱུར་བའི་ཕྱིར་རོ། །བུ་མོ་ཟླ་མཆོག་ལུང་བསྟན་པར། བ་ལང་རྨིག་རྗེས་ཀྱི་ཆུ་དང་རྒྱ་མཚོ་ཆེན་པོའི་ཆུ་ཆུའི་ངོ་བོར་མཚུངས་ཀྱང་ཁྱད་པར་ཤིན་ཏུ་ཆེ་བ་དང་། ཞུང་འབྲུའི་ནང་དང་ཕྱོགས་བཅུའི་ནམ་མཁའ་དཔེར་བྱས་ཏེ་ཐེག་པ་གསུམ་གྱི་བྱང་ཆུབ་ཆོས་དབྱིངས་སུ་གཅིག་ཀྱང་དོན་གཉིས་འགྲུབ་པའི་ཁྱད་པར་ཤིན་ཏུ་ཆེ་བར་གསུངས་ལ། འཕགས་པ་འཇམ་དཔལ་འཇུག་པའི་མདོར་ཡང་། ཉན་ཐོས་དང་རང་སངས

རྒྱུས་དང་། དམིགས་པ་ཅན་གྱི་སེམས་དང་། དེའི་ཐེག་པ་དང་དམིགས་པ་ཅན་གྱི་ལྷ་བ་དང་། དེ་དག་གི་གཏམ་ལ་དགའ་བར་འཛིན་པས་ནི། བྱང་ཆུབ་སེམས་དཔའི་ཚུལ་ཁྲིམས་འཆལ་པ་དང་། ཉམས་པ་དང་། འདྲེས་པ་དང་། རལ་བ་དང་། གཞིག་པ་དང་། ནག་ནོག་ཅན་དུ་གྱུར་པ་ཡིན་ནོ། །དེ་ཅིའི་ཕྱིར་ཞེ་ན། །བསླབ་པའི་གཞི་གཞན་ལས་འགལ་བ་དང་། ལྟུང་བའི་རྩ་བ་བཞི་བྱུང་བ་དང་། མི་དགེ་བ་བཅུ་དང་། མཚམས་མེད་པ་ལྔ་བྱས་ཀྱང་བྱང་ཆུབ་ཀྱི་སེམས་མ་སྤངས་ཤིང་བྱང་ཆུབ་ཀྱི་སེམས་དང་མ་བྲལ་ལ། དམིགས་པ་ཅན་དུ་སེམས་མ་བསྐྱེད་ན་བྱང་ཆུབ་སེམས་དཔའ་དེ་ནི་ཚུལ་ཁྲིམས་དང་ལྡན་པ་དང་། ཚུལ་ཁྲིམས་མ་ཉམས་པ་དང་། མ་འདྲེས་པ་དང་། མ་རལ་བ་དང་། མ་གཞིག་པ་དང་། ནག་ནོག་ཅན་དུ་མ་གྱུར་པ་ཡིན་ནོ། །དེ་ཅིའི་ཕྱིར་ཞེ་ན། བླ་ན་མེད་པའི་བྱང་ཆུབ་ལ་བར་དུ་མི་གཅོད་པའི་ཕྱིར་རོ། །དེ་སྡིག་པའི་ལས་ཀྱིས་སྒྲིབ་པ་རྣམས་སུ་སྐྱེས་ཀྱང་། དེས་ཕ་རོལ་ཏུ་ཕྱིན་པ་དྲུག་ཡོངས་སུ་རྫོགས་པར་བྱེད་དོ། །ཞེས་གསུངས་སོ། །

གསུམ་པ་ནི། ལ་ལ་སྟོང་ཉིད་བསྒོམ་པ་ལས། །འབྲས་བུ་སྐུ་གསུམ་འདོད་པ་དང་། །ལ་ལ་ཟུང་འཇུག་བསྒོམ་པ་ལས། །འབྲས་བུ་འོད་གསལ་འདོད་པ་ཡོད། །རྒྱུ་འབྲས་ཕྱིན་ཅི་ལོག་པའི་ཕྱིར། །གཉིས་ཀ་ཡང་ནི་སྐྱོན་ཅན་ཡིན། །ཞེས་པ། གོང་དུ་བསྟན་པ་ལྟར། ལམ་གྱི་དུས་སུ་སྟོང་པ་ཉིད་ཁོ་ན་བསྒོམས་པའི་འབྲས་བུའི་དུས་སུ་སྐུ་གསུམ་ཕྲིན་ལས་དང་བཅས་པ་འབྱུང་བ་འདོད་པ་དང་། རྣལ་འབྱོར་བླ་མེད་ཀྱི་ཉམས་ལེན་བྱེད་པར་འདོད་པ་ལ་ལ་ཐོག་མར་ཟུང་འཇུག་བསྒོམས་པ་མཐར་ཕྱིན་པས་འབྲས་བུ་འོད་གསལ་འབྱུང་བར་འདོད་པ་ཡོད་དེ། དེ་དག་ནི་རྒྱུ་མ་ཚང་བ་དང་རྒྱུ་མ་ཡིན་པ་ལས་འབྲས་བུ་འབྱུང་བར་འདོད་པའི་ཕྱིར་དང་། ཟུང་འཇུག་དང་འོད་གསལ་རྒྱུ་འབྲས་སྔ་ཕྱི་གོ་ལོག་པའི་ཕྱིར། ལུགས་དེ་གཉིས་སྔགས་དང་ཕ་རོལ་ཏུ་ཕྱིན་པའི་ཐེག་པ་གང་དང་ཡང་མི་མཐུན་པའི་ནོར་བ་ཆེན་པོ་ཡིན་ནོ། །གསུམ་པ་ལ་བཅུ། མདོ་རྒྱུད་དགོངས་པ་མ་ཤེས་པའི་རྣམ་འཕྲུལ་དགག་པས། ཤེས་འདོད་ཡོད་ན་རྒྱུད་ལ་ཐོས་བསམ་བྱ་བར་གདམས་པ། སྨིན་གྲོལ་ལམ་ལ་རྨོངས་པའི་འཁྲུལ་ཤེས་སྤོང་བ། འོད་གསལ་གྱི་རིམ་པ་མཐར་ཐུག་ཏུ་འདོད་པའི་མཁས་ཁྲིད་དགག་པ། གྲུབ་པ༑ ཕྱིའི་ཡུལ་དུ་ཛཱ་ལན་དྷ་ར་ལ་སོགས་པའི་ཡུལ་རྣམས་བགྲོད་པའི་སྐབས་དང་། ནང་དུ་ལུས་ཀྱི་སྤྱི་གཙུག་ལ་སོགས་པའི་རྩ་མདུད་འགྲོལ་བ་དང་། དེར་གནས་པའི་ཁམས་དང་རླུང་འཕོ་བའི་བག་ཆགས་ཅན་འཕོ་མེད་སྒྲིབ་བྲལ་དུ་གནས་གྱུར་པ་དང་སེམས་ཟག་མེད་བདེ་ཆེན་གྱི་ཡེ་ཤེས་སུ་རྣམ་པར་དག་པས་རབ་ཏུ་དགའ་བ་ལ་སོགས་པའི་ས་བཅུ་རིམ་གྱིས་བགྲོད་ནས་བཅུ་གསུམ་རྡོ་རྗེ་འཛིན་པའི་ས་ཐོབ་པ་ནི། ཕྱི་དང་ནང་དང་གསང་བ་དང་དེ་ཁོ་ན་ཉིད་ཀྱི་རྟེན་འབྲེལ་ཐད་ཀ་ཐད་ཀར་འགྲིག་པས་འབྱུང་བ་ཡིན་ནོ། །རྗེ་བཙུན་བིརྺ་པ་ནི་ས་བཅུ

པ་རྡོ་རྗེའི་ས་ཕྱེད་སྟེ་མ་མན་ཆད་བཅུ་གསུམ་རྒྱུའི་ས་དང་། །ཕྱེད་ཕྱི་མ་མཐར་ཐུག་འབྲས་བུའི་སར་བཞེད་དོ། །དེ་ལ་རྡོ་རྗེའི་ས་ཞེར་བའི་སྒྲ་དོན། །ངོ་རྗེ་མི་ཕྱེད་ཅེས་བྱར་བརྗོད། །སེམས་དཔའ་སྲིད་པ་གསུམ་བདག་ཉིད། །ཅེས་གསུངས་པས། སྤྱིར་རྡོ་རྗེའི་ཐེག་པ་ལ་རྡོ་རྗེའི་དོན་གནས་མོད་ཀྱི། འདིར་སྒོ་གསུམ་གྱིས་བསྡུས་པའི་ཆོས་ཐམས་ཅད་བདེ་བ་དང་སྟོང་པ་དང་གསལ་བ་དང་མི་རྟོག་པ་མཐར་ཐུག་པའི་གོ་འཕང་གཉིས་མེད་ཟུང་འཇུག་གི་སྐུར་དབྱེར་མི་ཕྱེད་པས་སྤྱི་སྒྲ་བྱེ་བྲག་ལ་ཞུགས་པ་ཡིན་ནོ། །འགའ་ཞིག་སྟོང་པ་ཉིད་ལ་རྩ་དབུ་མ་ཞེར་བ་ཡིན། སེམས་སྟོང་ཉིད་དུ་འདྲེས་པ་ལ་རླུང་སེམས་དབུ་མར་ཆུག་ཅེས་ཐ་སྙད་བྱེད་པ་མ་རྟོགས་ལུས་ལ་གྲུབ་པ་མེད་ཅེས་ཞེར་བ་དང་། ཕུང་པོ་མེ་ལ་བསྲེག་པས་རྩ་དབུ་མ་མ་ཚིག་པར་གྲོན་འདུག་ཞེར་བ་དང་། གཡས་གཡོན་གྱི་རྩ་དབུ་མ་ལ་བཅིངས་ནས་མདུད་པ་བྱས་པའི་རྩ་མདུད་གྲོལ་རྒྱུ་མེད་ཅེས་ཞེར་བ་དང་། མཉམ་པར་ལུས་ཀྱི་ནང་ནས་རྩ་དབུ་མ་ཐོབ་ལས་རྟོགས་ལྟུན་ལྷག་པའི་ཅལ་ཅོལ་དགག་པ། བླུན་པོའི་ཆོས་སྐད་ནོར་བའི་ཉམས་རྟོགས་དགག་པ། ཐེག་པ་དང་རང་སར་བདེན་པའི་བློ་རྩིང་དགག་པ། མུ་སྟེགས་དང་སངས་རྒྱས་མཚུངས་པའི་བླུན་ཚིག་དགག་པ། གནད་བཅོས་པས་དམ་པའི་ཆོས་འཇིག་པར་བསྟན་པའོ། །

དང་པོ་ནི། དང་པོ་ས་ལམ་མ་བགྲོད་པར། །རྫོགས་འཚང་རྒྱ་བར་འདོད་པ་དང་། །ཧི་སེ་ལ་སོགས་བསྐོར་བ་དང་། །རྩ་མདུད་མེ་སོགས་འདོད་པ་དང་། །རྒྱུད་སྡེ་དགོངས་པ་མི་ཤེས་པར། །དེ་དག་ཤིན་ཏུ་འགལ་བ་ཡིན། །ཅེས་པ། བོད་ཡུལ་གྱི་སྒོམ་ཆེན་པ་ཐེག་པ་ཆེན་པོའི་ཆོས་ཀྱི་ཚིག་དོན་ལ་རང་བཟོའི་སྦྱར་ཚོད་འདེབས་པ་ཁ་ཅིག་ན་རེ། དབང་པོ་ཡང་རབ་རྟོགས་པས་ཐོད་རྒལ་ཤར་བ་དེ། ས་ལམ་མ་བགྲོད་པར་སངས་རྒྱས་ཀྱི་སར་སླེབ་པར་འདོད་པ་དང་། འགའ་ཞིག་རང་གི་རང་གི་ལུས་སེམས་ལ་གནད་དུ་བསྣུན་ནས་ནང་གི་ས་ལམ་མི་བགྲོད་པར་ཕྱི་རོལ་གྱི་ཧི་སེ་ལ་སོགས་བསྐོར་བ་དང་། ལ་ལ་ལུས་ལ་རྩའི་འཁོར་ལོ་དང་རྩ་མདུད་རྒྱུད་ནས་གསུངས་པ་རྣམས་མེད་པར་འདོད་པ་དང་། ལུས་ཀྱི་འཁྲུལ་འཁོར་དང་རླུང་སྦྱོར་སྒོམ་པ་ལ་སོགས་མི་དགོས་པར་འདོད་པ་དེ་དག་ནི་རྒྱུད་སྡེ་ཟབ་མོའི་དོན་རང་གི་མ་ཤེས་པ་རྒྱུ་མཚན་དུ་བྱས་ནས་ཕྱིན་ཅི་ལོག་ཏུ་ངེས་ཤེས་དྲངས་པ་འདི་འདྲ་གསུང་རབས་དང་ཤིན་ཏུ་འགལ་བས་རྗེས་སུ་འཇུག་པར་མི་བྱའོ། །

གཉིས་པ་ནི། ཕྱི་རུ་ཡུལ་རྣམས་བགྲོད་པ་དང་། །ནང་དུ་རྩ་མདུད་འགྲོལ་བ་ནི། །ས་བཅུ་ལ་སོགས་བགྲོད་པ་ཡི། །རྟེན་འབྲེལ་ཉིད་ཀྱི་འབྱུང་བ་ཡིན། །འདི་དོན་རྣལ་འབྱོར་ཆེན་པོ་ཡི། །རྒྱུད་ཀྱི་ས་ལམ་སྐབས་སུ་ལྟོས། །དེས་ན་ས་ལམ་མ་བགྲོད་པར། །ཡུལ་སོགས་བགྲོད་པ་བཞད་གད་གནས། །ཞེས་འདུག་པ་མིག་གིས་མཐོང་ངོ་ཞེར་བ་ལ་སོགས་བླུན་ཚིག་གི་རྗེས་སུ་འབྲངས་ནས་དད་པའི་རྗེས་འབྲང་མང་པོ་འཁྲུལ་དུ་

འཇུག་པ་འདི་དག་རྒྱུད་དང་གྲུབ་ཐོབ་ཀྱི་གསུང་ལ་བརྟེན་ནས་བསལ་བ་བྱ་སྟེ། རྡོ་རྗེ་མཁའ་འགྲོའི་འགྲེལ་པར། ཆོས་ཀྱི་འབྱུང་གནས་ཀྱི་ནང་དུ་སྣ་ཚོགས་མདུད་པའི་ཆར་བ་ཆེན་པོར་པདྨའི་སྟེང་དུ་ཟླ་བ་ལ་སྒོམ་པར་བྱ་ཞེས་འབྲེལ་ཏོ། །སྣ་ཚོགས་མདུད་པ་ཞེས་བྱ་བ་ནི་དེའི་དབུས་ཏེ་རྩ་གཅིག་པུ་དེ་སྟེང་གི་གཡས་དང་གཡོན་གྱི་ཆ་གཉིས་སུ་གྱེས་པ་ལས་གཡས་ཀྱི་ཆ་ལ་གནས་པ་ནི་གཡོན་ཕྱོགས་ནས་བསྐོར་ཏེ་སྟེང་དུ་རྒྱུ་ལ། གཡོན་ན་གནས་པ་དེ་ཡང་གཡས་ཕྱོགས་ནས་བསྐོར་ཅིང་དེ་བཞིན་དུ་རྒྱུའོ། །དེ་ལྟར་འོག་ཏུ་རྒྱུ་བའི་རྩ་གཉིས་ཀྱང་ཕན་ཚུན་དུ་བསྐོར་ནས་རྒྱུ་སྟེ། དེ་ལྟར་ཀུན་ཏུ་རྒྱུ་བའི་རྩའི་གནས་དེ་ནི་སྣ་ཚོགས་སུ་མདུད་པའོ། །དེ་ཉིད་འཆར་བ་ཆེན་པོས་ཏེ་སེམས་ཅན་ཐམས་ཅད་འབྱུང་བར་བྱེད་པའི་ཕྱིར་རོ། །ཞེས་པ་དང་། པདྨ་འདབ་མ་དྲུག་བཅུ་རྩ་བཞི་ནི་ཁ་གྱེན་དུ་བལྟ་བར་བྱའོ། །དེར་ཡི་གེ་ནི་སྟེང་དུ་བལྟས་པ་ཉེ་བར་གནས་པའོ། །རྟག་ཏུ་དབུགས་ཀྱི་ངོ་བོ་སྟེ་ཞེས་བྱ་བ་ནི། དེ་ལ་དབུགས་སྟེང་དུ་རྒྱུ་བའི་རང་བཞིན་ཡིན་པའི་ཕྱིར་རོ། །མན་ངག་གིས་ནི་ཟླ་ཚེས་དང་བཅས་པའི་དབྱངས་ཡིག་དང་པོ། ཐིག་ལེའི་གཟུགས་ལས་མེའི་རང་བཞིན་སྟེང་དུ་འབར་ཅིང་དབུགས་རྒྱུ་བའི་ཕྱིར་རོ། །རྟག་ཏུ་ཞེས་བྱ་བ་ནི་ཇི་སྲིད་འཚོའི་བར་དུའོ། །ཞེས་པ་ལ་སོགས་པ་དང་། སྟེ་ཚན་གྱི་དང་པོ་བརྒྱད་གནས་པའི་ཚུལ་ལ་སོགས་པ་རྒྱས་པར་གསུངས་སོ། །རྩ་མདུད་འདི་ནི་རྒྱུད་མན་ངག་གཞན་ནས་ཀླུ་དབང་འཁྱིལ་བ་དང་ཁྲི་མོ་ཉལ་བ་ལྟ་བུའི་རྩ་ཞེས་གསུངས་པ་དེ་ཡིན་ལ། ཐུར་དུ་རྩ་བཞི་གྱེས་ནས་གཤང་གཅི་དང་ཁུ་ཁྲག་འཕེན་པ་དང་འཛིན་པ་ཡིན་ནོ། །འདི་བཞིན་དུ་ལུས་ཀྱི་རྩ་མདུད་འཆགས་ཚུལ་ལ་སོགས་ལེགས་པར་ཤེས་དགོས་སོ། །ཕྱི་ནང་རྟེན་འབྲེལ་བསྒྲིགས་ནས་ས་ལམ་བགྲོད་ཚུལ་ལ་སོགས་པ། སམྦུ་ཊི་དང་ཀྱེ་རྡོ་རྗེ་ལ་སོགས་པའི་རྒྱུད་འགྲེལ་པ་དང་བཅས་པའི་སྐབས་སུ་བལྟོས་ཤིག །དེས་ན་ས་ལམ་མི་བགྲོད་པ་དང་། ཏི་སེ་ལ་སོགས་གནས་ཆེན་བསྐོར་བ་དང་། རྩ་མདུད་མེད་པ་དང་། རྩ་དབུ་མ་མི་འདོད་པ་དང་། ཡང་མགྲིན་པ་ལོངས་སྤྱོད་ཀྱི་རྩ་ཁ་བྱེ་བ་དང་། རྩ་དབུ་མའི་མདུད་པ་རང་གྲོལ་བ་ཟེར་བ་ལ་སོགས་པ་མཁས་པས་བཞད་གད་བྱ་བའི་གནས་སོ། །

གསུམ་པ་ནི། ལ་ལ་དབང་བཞི་མི་འདོད་ཅིང་། །བསྐྱེད་རིམ་ལ་སོགས་ལམ་བཞི་པ། །རྣམ་པར་བཞག་པ་མི་འདོད་པར། །རྡོ་རྗེ་ཐེག་པའི་འབྲས་བུ་ནི། །སྤྲུལ་སྐུ་ལ་སོགས་སྐུ་བཞི་ཞེས། །འདོད་པ་དེ་ཡང་ལོག་ཤེས་ཡིན། །ཞེས་པ། སྔར་གཏན་ལ་ཕབ་པ་ལྟར་སྨིན་བྱེད་ཀྱི་དབང་བཞི་དང་། གྲོལ་བྱེད་བསྐྱེད་རིམ་ལ་སོགས་དབང་བཞི་དང་འབྲེལ་པའི་ལམ་བཞི་ཉམས་སུ་ལེན་པ་མི་འདོད་པར་ལམ་གྱི་འབྲས་བུ་སྐུ་བཞི་འགྲུབ་པ་དེ་འདང་། རྒྱུ་མེད་ཀྱི་འབྲས་བུ་ཁས་ལེན་པ་ཡིན་ཏེ། དབང་བཞི་དང་ལམ་བཞི་དང་སྐུ་བཞི་ལ་རྒྱུ་འབྲས་ཀྱི་

འབྲེལ་མི་སླུ་བར་གྲུབ་པའི་ཕྱིར་རོ། །

བཞི་པ་ནི། ཁ་ཅིག་འབྲས་བུའི་མཐར་ཐུག་ནི། །འོད་གསལ་ཡིན་ཞེས་སྨྲ་བ་ཐོས། །དེ་ནི་འཕགས་པའི་དགོངས་པ་མིན། །རིམ་ལྔ་དང་ནི་སྤྱོད་བསྡུས་སུ། །འོད་གསལ་བ་ལས་ཟུང་འཇུག་སྐྱར། །ལྔ་བ་མཐར་ཐུག་ཡིན་ཞེས་གསུངས། །ཞེས་པ། འཕགས་པ་ཀླུ་སྒྲུབ་ཡབ་སྲས་ཀྱི་རྗེས་སུ་འབྲངས་ནས་རིམ་པ་ལྔའི་རྣལ་འབྱོར་སྒོམ་པར་ཁས་ལེན་པ་ཁ་ཅིག ལམ་རིམ་པ་ལྔའི་མཐར་ཐུག་གི་འབྲས་བུ་འོད་གསལ་ཡིན་པར་སྨྲ་བ་ནི། འདུས་པའི་རྒྱུད་འཕགས་པ་ཡབ་སྲས་ཀྱི་དགོངས་པ་མ་ཡིན་ཏེ། ཀླུ་སྒྲུབ་ཀྱིས་མཛད་པའི་རྡོ་རྗེ་བཟླས་པ་དང་། སྒྱུ་ལུས་དང་འོད་གསལ་དང་ཟུང་འཇུག་གི་རིམ་པ་དང་། ཤཱཀྱ་བཤེས་གཉེན་གྱིས་སེམས་ལ་དམིགས་པའི་རིམ་པ་སྟེ་ལྔའི་གཞུང་དང་། འདུས་པའི་རྒྱུད་རྣམས་དང་། ཀླུ་སྒྲུབ་ཀྱི་རིམ་གཉིས་ཀྱི་མན་ངག་རྣམས་ཀྱི་དོན་བསྡུས་པའི་འགྲེལ་པ་ཨཱརྱ་དེ་བའི་སྤྱོད་བསྡུས་སྒྲོན་མེར། འོད་གསལ་གྱི་རིམ་པ་ལས་ཟུང་འཇུག་གི་སྐྱར་ལྔང་བ་མཐར་ཐུག་གི་འབྲས་བུ་ཡིན་པར་གསུངས་ཏེ། རིམ་ལྔར། ཡང་དག་མཐའ་ལ་ལངས་ནས་ནི། །གཉིས་མེད་ཡེ་ཤེས་ཐོབ་པར་འགྱུར། །ཟུང་འཇུག་ཏིང་འཛིན་ལ་གནས་ནས། །སླར་ཞིང་གང་ལ་ཡང་མི་སློབ་བོ། །ཞེས་པ་དང་། ཇི་ལྟར་དྭངས་པའི་ཆུ་དག་ལས། །ཉ་དག་མྱུར་དུ་འཕར་བ་ལྟར། །དེ་བཞིན་ཐམས་ཅད་སྟོང་པ་ལས། །སྒྱུ་འཕྲུལ་དྲྭ་བ་འབྱུང་བར་འགྱུར། །

ཞེས་པ་དང་། སྤྱོད་བསྡུས་སུའང་། བཅོམ་ལྡན་འདས་ཤཱཀྱ་ཐུབ་པ་མི་གཡོ་བའི་ཏིང་ངེ་འཛིན་ལས་བཞེངས་ཏེ། བྱང་ཆུབ་ཀྱི་ཤིང་དྲུང་ལ་བཞུགས་ནས་མཚན་ཕྱེད་ཀྱི་དུས་སུ་འོད་གསལ་མངོན་དུ་མཛད། སྒྱུ་མ་ལྟ་བུའི་ཏིང་ངེ་འཛིན་ལས་བཞེངས་ནས་འགྲོ་བ་རྣམས་ལ་སྟོན་པར་མཛད་པ་ཡིན་ནོ། །ཞེས་པ་དང་། གང་གི་རིགས་བརྒྱའི་དབྱེ་བས་ལུས་དབེན་ལ་གནས་ནས་ཨཱ་ལི་ཀཱ་ལིའི་དབྱེ་བས་ངག་དབེན་ལ་འཇུག་གོ ། དེ་ལ་གནས་ནས་རང་བཞིན་གྱི་སྣང་བའི་སེམས་དབེན་ལ་འཇུག་གོ །དེ་ལ་གནས་ནས་སྒྱུ་མའི་དཔེ་བཅུ་གཉིས་ཀྱིས་ཀུན་རྫོབ་ཀྱི་བདེན་པ་ལ་འཇུག་གོ། །དེ་ལ་གནས་ནས་སངས་རྒྱས་ཀྱི་དབང་བསྐུར་བ་ཐོབ་སྟེ། སྟོང་པ་བཅོ་བརྒྱད་ཀྱི་རིམ་གྱིས་དོན་དམ་པའི་བདེན་པ་ལ་འཇུག་གོ། །རང་བཞིན་གྱིས་འོད་གསལ་བའི་བདེན་པ་གཉིས་སུ་མེད་པའི་རྣམ་པས་སངས་རྒྱས་པ་དེའི་ཚེ་རྫོགས་པའི་ཏིང་ངེ་འཛིན་ལ་སློབ་པར་འགྱུར་རོ། །དེ་ལས་བསླབ་པའི་རྣལ་འབྱོར་པས་ནི། ཆོས་གང་ལའང་མི་སློབ་བོ། །རིམ་པ་སྔ་མ་དང་ཕྱི་མ་སྔོན་དུ་བྱ་བར་མི་ནུས་ཏེ། དོན་དམ་པའི་བདེན་པ་མངོན་དུ་མ་བྱས་པར་ཟུང་དུ་འཇུག་པའི་རིམ་པ་མངོན་སུམ་དུ་བྱ་བར་མི་ནུས་སོ། །རིམ་གྱིས་འཇུག་པ་ལ་བསླབས་པས་གཅིག་ཆར་རང་གི་རྒྱུད་རྣམ་པར་དག་པར་འགྱུར་ཏེ། ཞེས་གསུངས་སོ། །

ལྔ་པ་ལ་གཉིས། བབ་ཅོལ་སྨྲ་བའི་ཚུལ། དེ་ཆར་བཅད་པའོ། །དང་པོ་ནི། ལ་ལ་གྲུབ་ཐོབ་ངན་ཞེས་ཟེར། །རྟོགས་ལྡན་བཟང་བ་ཡིན་ནོ་ལོ། །གྲུབ་ཐོབ་བརྒྱད་ཅུའི་ནང་ན་ཡང་། །རྟོགས་ལྡན་མེད་ཅེས་ཟེར་བ་ཐོས། །ཞེས་པ། རྟོགས་ལྡན་གྱི་མིང་ལ་ལྷག་པར་ཞེན་ནས་རོ་མྱང་བར་བྱེད་པའི་གང་ཟག་ལ་ལ། རྟོགས་ལྡན་ཤིན་ཏུ་བཟང་ཞིང་གྲུབ་ཐོབ་དེ་ལས་ངན་པ་ཡིན་ཏེ། སྔོན་ཆད་གྲུབ་ཐོབ་བརྒྱད་ཅུ་རྩ་བགྲངས་པ་མང་པོ་བྱུང་ནའང་། རྟོགས་ལྡན་རྒྱ་གར་གྱི་ཡུལ་དུ་གཅིག་ཀྱང་མ་བྱུང་སྟེ། གངས་རིའི་ཁྲོད་འདིར་སྔོན་མེད་རེ་རེ་ཙམ་བྱུང་བ་ཡིན་ནོ། །ཞེས་གྲགས་སོ། །གཉིས་པ་ལ་གསུམ། གཏམ་རྣ་བར་མཉན་བྱ་མིན་པར་བསྟན། གྲུབ་ཐོབ་མཚན་ཉིད་པ་དངོས་བཟུང་། རྟོགས་ལྡན་བླུན་སྐད་ཡིན་པར་བསྟན་པའོ། །

དང་པོ་ནི། འདི་འདྲ་འཕགས་པའི་གང་ཟག་དང་། །བླ་མ་རྣམས་ལ་སྐུར་འདེབས་ཡིན། །འདི་འདྲ་འཛིན་པ་ལྟ་ཅི་སྨོས། །ཐོས་པར་གྱུར་ཀྱང་རྣ་བ་དགབ། །ཅེས་པ། གཏམ་དེ་ནི་བྲམ་ཟེ་ཆེན་པོ་ས་ར་ཧ་དང་། ཏི་ལོ་ནཱ་རོ་དང་། ཨུ་རྒྱན་གྱི་པདྨ་འབྱུང་གནས་དང་། རྣལ་འབྱོར་གྱི་དབང་ཕྱུག་ཆེན་པོ་བིརྺ་པ་ལ་སོགས་པ་མཆོག་གི་དངོས་གྲུབ་བརྙེས་པའི་འཕགས་པ་རྣམས་དང་། དེ་རྣམས་ཀྱི་ཆོས་བརྒྱུད་འཛིན་པའི་བླ་མ་བརྒྱུད་པ་དང་བཅས་པ་ཐམས་ཅད་ལ་སྐུར་པ་འདེབས་པའི་ཚིག་ཡིན་ཏེ། བརྒྱུད་པའི་ཁུངས་གྲུབ་ཐོབ་རྣམས་ངན་པར་བཤད་པའི་ཕྱིར། དེས་ན་འདི་འདྲའི་ཚིག་བདེན་པར་འཛིན་པ་ལྟ་སྨོས་ཀྱང་ཅི་དགོས། སྒྲ་ཙམ་ཡང་ཐོས་སུ་མི་རུང་བས་མཉན་པར་མི་བྱའོ། །

གཉིས་པ་ནི། དེ་ཡི་འཐད་པ་བཤད་ཀྱིས་ཉོན། །གྲུབ་ཐོབ་ཆུང་ངུ་མཐོང་ལམ་ཡིན། །གྲུབ་ཐོབ་འབྲིང་པོ་ས་བརྒྱད་པ། །གྲུབ་པ་ཆེན་པོ་སངས་རྒྱས་པ། །འཕགས་པ་མིན་ལ་གྲུབ་ཐོབ་མེད། །ཅེས་པ། མདོ་རྒྱུད་རྣམས་ལས་གསུངས་པའི་ཐེག་པ་ཆེན་པོའི་གྲུབ་ཐོབ་ནི། མདོ་ལས། ས་ཐོབ་གྱུར་མ་ཐག་ནི་འཛིན་པ་ལྔ་དང་བྲལ། འཆི་བ་དང་འཆད་དང་འཆི་དང་མི་བསྔགས་ངན་འགྲོ་དང་། །འཁོར་གྱི་འཇིགས་བྲལ་དེ་ལ་བག་ཚའི་རྣམ་པ་མེད། ། ཅི་ཕྱིར་ཞེ་ན་དེ་ལ་བདག་གི་གནས་མེད་དོ། །ཞེས་པ་དང་། རྒྱལ་བ་བྱམས་པས། འཕགས་པས་ཤ་དང་ན་བ་དང་། །འཆི་བའི་སྡུག་བསྔལ་རྩད་ནས་སྤངས། །ལས་དང་ཉོན་མོངས་དབང་གིས་སྐྱེས། །དེ་ལ་དེ་མེད་ཕྱིར་དེ་མེད། །ཅེས་གསུངས་པས་འཁོར་བའི་འཇིགས་པ་དེ་རྣམས་དང་བྲལ་ཅིང་། ཆོས་ཉིད་ཀྱི་བདེན་པ་མངོན་སུམ་དུ་གཟིགས་པའི་རྟོགས་པ་མི་ཉམས་ཤིང་། གཞན་དོན་རྒྱ་ཆེན་པོ་སྒྲུབ་པ་ལ་དབང་འབྱོར་པ་ཡིན་ཏེ། བྱང་ཆུབ་ལ་ནི་ཉེ་བ་དང་། །སེམས་ཅན་དོན་སྒྲུབ་མཐོང་བ་ལས། །རབ་ཏུ་དགའ་བ་སྐྱེ་འགྱུར་ཏེ། །དེ་ཕྱིར་རབ་དགའ་ཞེས་བྱའོ། །ཞེས་པ་དང་། རྒྱས་པའི་བསྟན་བཅོས་ལས་ཀྱང་། །བདག་ལྟའི་ས་བོན་སྤངས་

པའི་ཕྱིར། །སླར་མི་གཞེགས་པ་ཉིད་ཡིན་ནོ། །ཞེས་པ་དང་། ཁྱད་པར་འཕགས་བསྟོད་དུ། ཉེས་པ་ཉམས་སྨད་རྩད་ནས་བཅད། །ཡོན་ཏན་སྤེལ་ན་ལྷག་པར་བསྐྱངས། །གཞུང་ལུགས་བཟང་པོ་དེས་ན་ཁྱོད། །གྲུབ་མཆོག་ལྷག་པར་བརྟེས་པ་ལགས། །ཞེས་གསུངས་པས། ཕ་རོལ་ཏུ་ཕྱིན་པའི་ས་དང་པོ་ཐོབ་པ་དང་། གསང་སྔགས་ཀྱི་ཕྱག་རྒྱ་ཆེན་པོ་མཆོག་གི་དངོས་གྲུབ་ཐོབ་པ་ལ་གྲུབ་པ་ཐོབ་པར་གསུངས་པའི་ཕྱིར། སོ་སོ་སྐྱེ་བོ་བཟང་ཡང་གྲུབ་ཐོབ་མཚན་ཉིད་པ་མ་ཡིན་ནོ། །དེས་ན་གཞན་སེམས་ཤེས་པ་དང་རྫུ་འཕྲུལ་སྟོན་པ་ལ་སོགས་པའི་ཡོན་ཏན་ཅི་རིགས་ཡོད་པ་ལས་གྲུབ་ཐོབ་ཀྱི་མཐོང་བཟུང་ནས་སངས་རྒྱས་མངོན་སུམ་དུ་བྱོན་ནོ་ཞེས་ཟེར་བ་ནི་ཆོས་རྒྱུས་ཆུང་བའི་སྐྱེས་བུ་དད་པའི་རྗེས་སུ་འབྲང་བ་རྣམས་ཀྱི་ལུགས་ཡིན་ནོ། །དེས་ན་ཐེག་པ་ཆེན་པོའི་མཐོང་ལམ་ཐུགས་ལ་འཁྲུངས་པའི་ཚེ་གྲུབ་ཐོབ་ཆུང་ངུ་དང་། ས་བརྒྱད་པ་མི་གཡོ་བ་ཐོབ་པའི་ཚེ་གྲུབ་ཐོབ་འབྲིང་པོ་དང་། རྫོགས་པའི་སངས་རྒྱས་ནི་གྲུབ་ཐོབ་ཆེན་པོ་ཡིན་ནོ། །

དེའི་རྒྱུ་མཚན་ནི། མདོ་སྡེ་རྒྱན་ལས་འདི་སྐད་གསུངས། །ས་རྣམས་ཐམས་ཅད་མ་གྲུབ་དང་། །གྲུབ་པ་དག་ཏུ་ཤེས་པར་བྱ། །གྲུབ་པ་དག་ཀྱང་མ་གྲུབ་དང་། །གྲུབ་པ་དག་ཏུ་ཡང་དག་འདོད། །ཅེས་གསུངས་དགོངས་པ་དེ་ཉིད་ཡིན། །རྣལ་འབྱོར་དབང་ཕྱུག་ཆེན་པོ་ཡིས། །ལམ་འབྲས་ལས་ཀྱང་དེ་སྐད་གསུངས། །ངེད་ཀྱི་གྲུབ་ཐོབ་དེ་འདྲ་ཡིན། །ཞེས་པ། ཐེག་ཆེན་གྱི་ས་ཐམས་ཅད་གྲུབ་པ་དང་མ་གྲུབ་པ་གཉིས་སུ་ཕྱེ་ནས་ཆོས་མཆོག་མན་ཆད་མོས་པ་སྤྱོད་པའི་ས་ནི་ཆོས་ཉིད་མངོན་སུམ་དུ་མ་རྟོགས་པས་མ་གྲུབ་པའི་ས་དང་། དེ་ཡན་ཆད་གྲུབ་པའི་སའོ། །གྲུབ་པ་དེའང་མངོན་པར་འདུ་ཤེས་པའི་མཚན་མ་དང་བཅས་པས་བདུན་པ་མན་ཆད་མ་གྲུབ་པ་དང་ས་བརྒྱད་པ་ཡན་ཆད་མཚན་མ་མེད་པར་ལྷུན་གྲུབ་ཏུ་འཇུག་པས་གྲུབ་པའི་སའོ། །རྗེ་བཙུན་བི་རྨ་པས་ལམ་འབྲས་སུ། འཇིག་རྟེན་དང་འཇིག་རྟེན་ལས་འདས་པའི་ལམ་གཉིས་ལ་དབང་བཞི་དང་འབྲེལ་བའི་ལྟ་བ་བཞི་དང་གྲུབ་མཐའ་བཞི་འབྱུང་བའི་ས་ཐོབ་ནས་གྲུབ་མཐའ་སྒྲོགས་པར་བཞེད་དེ། ངེད་མདོ་རྒྱུད་ཟབ་མོ་དང་མཁས་པའི་རྗེས་སུ་འབྲང་བ་རྣམས་ཀྱི་གྲུབ་ཐོབ་ཀྱི་མཚན་ཉིད་དེ་འདྲ་ཡིན་ནོ། །

གསུམ་པ་ནི། རྟོགས་ལྡན་མཚན་ཉིད་འདི་ཡིན་ཞེས། །མདོ་རྒྱུད་ཀུན་ལས་གསུངས་པ་མེད། །དེས་ན་རྟོགས་ལྡན་བླུན་པོ་ལ། །གྲགས་ཀྱིས་མཁས་པ་རྣམས་ལ་མིན། །ཞེས་པ། རྟོགས་ལྡན་ཞེས་བྱ་བའི་རྣལ་འབྱོར་གྱི་དབང་ཕྱུག་དེ་ལ་ཏིང་ངེ་འཛིན་གྱི་ཉམས་དང་རྟོགས་པའི་ས་མཚོན་འདི་ཙམ་ཞིག་ཡིན་བྱ་བ་མདོ་རྒྱུད་མཁས་པའི་སྐྱེ་བོ་གང་གིས་ཀྱང་གསུངས་པ་མེད་དོ། །དེའི་ཕྱིར་ཆོས་རྒྱུས་ཆུང་བའི་བླུན་པོ་རྣམས་ལ་བླ་མ་རྟོགས་ལྡན་ཞེས་གྲགས་པ་ཡིན་གྱིས། སྐྱེ་བོ་མཁས་པ་རྣམས་ཀྱི་ཐ་སྙད་མ་ཡིན་ཏེ། ཆོས་མངོན་པ་ནས་བྱིས་པའི་ཐ་སྙད

དང་འཕགས་པའི་ཐ་སྙད་ཅེས་མཆོག་དང་དམན་པའི་ཁྱད་པར་ཕྱེ་ནས་གསུངས་སོ། །

དྲུག་པ་ལ་གཉིས་ལས། དང་པོ་ཟེར་ལུགས་བརྗོད་པ་ནི། །ལ་ལ་ཉམས་དང་གོ་བ་དང་། །རྟོགས་པ་ཞེས་བྱ་རྣམ་པ་གསུམ། །ཉམས་ནི་ངན་ལ་གོ་བ་འབྲིང་། །རྟོགས་པ་བཟང་པོ་ཡིན་ཞེས་ཟེར། །ཞེས་པ། བོད་ཡུལ་གྱི་བསམ་གཏན་སྒོམ་པའི་ལམ་གྱི་ས་མཚོད་འཛིན་པར་འདོད་པ་ལ་ལ། དང་པོ་སྐྱེས་པའི་ཉམས་གང་དྭངས་མ་ངེས་ཤིང་ཅིར་འགྱུར་མི་ཤེས་པས་ངན་པ་ཡིན་ལ། ཡིན་ལུགས་ཀྱི་སྟེང་ནས་གོ་བ་སྐྱེས་པ་དེ་འབྲིང་པོ་ཡིན་ཅིང་། གོ་བ་དང་མཐུན་པའི་རྟོགས་པ་ཤར་བ་དེ་བཟང་བ་ཡིན་ཞེས་ཟེར་རོ། །

གཉིས་པ་དེ་དགག་པ་ལ་གསུམ་སྟེ། བརྟགས་དེ་ཁས་བླངས་ཀྱིས་དགག་པ། མིང་འདོགས་ཀྱི་སྒྲ་དོན་གཅིག་པས་དགག་པ། ལུང་ནས་བཤད་པའི་རྣམ་གྲངས་ཀྱིས་དགག་པའོ། །

དང་པོ་ནི། འདི་ཡང་རེ་ཤིག་རྟོག་པར་བྱ། །ཉམས་ཞེས་བྱ་བ་ཉམས་མྱོང་ལ། །ཟེར་ན་སེམས་ཡོད་ཐམས་ཅད་ལ། །མྱོང་བ་དེ་ཡང་ཡོད་པ་ཡིན། །ཞེས་པ། འདི་ལ་རེ་ཤིག་དོན་གང་ལ་ངོས་འཛིན་བརྟག་པར་བྱ་སྟེ༑ ཡུལ་དང་དབང་པོ་དང་རྣམ་པར་ཤེས་པ་གསུམ་ཚོགས་པའི་གནས་སྐབས་སུ་སེམས་བྱུང་རེག་པ་སྐྱེ་ཞིང་། དེ་ལ་བརྟེན་ནས་ཡུལ་ཡིད་དུ་འོང་བ་དང་ཕྲད་པའི་ཚོར་བ་བདེ་བ་དང་། ཡིད་དུ་མི་འོང་བ་ལ་བརྟེན་པའི་སྡུག་བསྔལ་དང་། བར་མ་ལ་བརྟེན་པའི་བཏང་སྙོམས་སུ་མྱོང་བ་ལ་ཚོར་བ་དྲུག་དང་བཅོ་བརྒྱད་ཅེས་པ་དང་། ཡབ་སྲས་མཇལ་བའི་མདོ་ལ་སོགས་པར། རྣམ་པར་ཤེས་པའི་ཉེ་བར་སྤྱོད་པ་བཅོ་བརྒྱད། །ཅེས་པ་དང་། ལུས་ཚོར་དང་སེམས་ཚོར་ཅེས་གསུངས་པ་ཡོད་ལ། ཉམས་སུ་མྱོང་བ་ལ་ཚོར་བར་འཇོག་སྟེ། །དཔལ་ལྡན་ཟླ་བ་གྲགས་པས་ཀྱང་། །གཟུགས་རུང་མཚན་ཉིད་ཅན་ནི་གཟུགས། །ཚོར་བ་ཉམས་མྱོང་བདག་ཉིད་ཅན། །འདུ་ཤེས་མཚན་མར་འཛིན་པ་སྟེ། །འདུ་བྱེད་མངོན་པར་འདུ་བྱེད་པའོ། །ཡུལ་ནི་སོ་སོར་རྣམ་རིག་པ། །རྣམ་པར་ཤེས་པའི་མཚན་ཉིད་འདོད། །ཅེས་གསུངས་པས་ཉམས་སུ་མྱོང་བ་ཚོར་བ་ཡིན་ལ། དེ་ནི་ཁམས་གསུམ་རིགས་དྲུག་གི་སེམས་ཅན་ཐམས་ཅད་ལ་ཡོད་དེ། ཚོར་བ་དང་འདུ་ཤེས་དང་རེག་པ་དང་སེམས་པ་དང་ཡིད་ལ་བྱེད་པ་དང་སེམས་བྱུང་ཀུན་འགྲོ་ལྔ་སེམས་ཡིན་ཚད་ལ་འབྲལ་མེད་དུ་འབྱུང་བའི་ཕྱིར་རོ། །

གལ་ཏེ་བསྒོམས་པའི་ཉམས་མྱོང་ལ། །ཟེར་ན་ཚོགས་ལམ་ཆུང་ངུ་ནས། །མཐར་ཕྱིན་ལམ་གྱི་བར་དུ་ཡོད། །འོན་ཏེ་སོ་སོ་རང་རིག་པའི། །ཡེ་ཤེས་ཡིན་ན་འཕགས་པ་ཡི། །གང་ཟག་རྣམས་ལ་ཉམས་དེ་ཡོད། །ཅེས་པ། ལམ་བསྒོམས་པའི་ཉམས་མྱོང་ལ་ཉམས་ཀྱི་འདོགས་ན། མ་མཐའ་ཚོགས་ལམ་ཆུང་ངུ་ནས་ཡ་མཐའ་མི་སློབ་ལམ་མཐར་ཕྱིན་པའི་བར་དུ་ཡོད་དོ། །སོ་སོར་རང་གི་རིག་པའི་ཟག་མེད་ཡེ་ཤེས་ལ་ཟེར་ན། ཐེག་པ་གསུམ

གྱི་འཕགས་པ་ཐམས་ཅད་ཀྱི་ཐུགས་རྒྱུད་ལ་ཡོད་དེ། དེས་ན་ཉམས་ངན་པར་མ་གྱུབ་བོ། །

གཉིས་པ་ནི། གོ་བ་དང་ནི་རྟོགས་པ་གཉིས། །རྣམ་གྲངས་སྒྲ་ཡིན་ངོ་བོ་གཅིག །རྒྱ་སྐད་ཅིག་ལ་ལོ་ཙྪ་བའི། །འགྱུར་གྱི་དབྱེ་བ་ཁོ་ནར་ཟད། །རྟོགས་པ་གསལ་དང་མི་གསལ་ལ། །གོ་དང་རྟོགས་པར་འདོགས་ན་ཐོགས། །ཞེས་པ། གོ་བ་དང་རྟོགས་པ་ནི་དོན་གཅིག་ལ་ལོ་ཙྪ་བས་སྐབས་དང་སྦྱར་བའི་མིང་འདོགས་སོ་སོར་བསྒྱུར་བ་ཡིན་ཏེ། ག་ཏི་ཞེས་པ་རྟོགས་པ་དང་སོང་བ་དང་འགྲོ་བ་དང་ཁོང་དུ་ཆུད་པ་ལ་འཇུག་པ་དང་། བུདྡྷ་ཞེས་པ་རྟོགས་པ་དང་ཆུབ་པ་དང་ངེས་པར་འཛིན་པ་ལ་འཇུག་པ་དང་། བོ་དྷི་ཞེས་པ་བྱང་ཆུབ་དང་མཐར་ཐུག་པའི་དོན་ཁོང་དུ་ཆུད་པ་སྟོན་པ་དང་། ས་མ་ཡ་ཞེས་པ་གོ་བ་དང་རྟོགས་པ་དང་ཁོང་དུ་ཆུད་པ་དང་དོན་ལ་མངོན་དུ་ཕྱོགས་པ་དང་། མངོན་སུམ་དུ་གྱུར་པ་ལ་སྐབས་དང་བསྟུན་ནས་སྦྱོར་བ་ཡིན་ནོ། །དེས་ན་རྣལ་འབྱོར་པའི་སྒོམ་པ་གསལ་ཙམ་ལ་ཐ་སྙད་འདོགས་ན་མི་འགལ་ལོ། །

གསུམ་པ་ནི། གཞུང་ལུགས་འགའ་ལས་བསྒོམ་པ་ཡི། །ཉིང་འཛིན་ཉམས་ཀྱི་སྣང་བ་སྟེ། །རྫོགས་སངས་རྒྱས་ཀྱི་ཡེ་ཤེས་ལ། །དག་པའི་སྣང་བར་བཤད་པ་ཡོད། །སྒོམ་ཉམས་སྐྱོན་མེད་ཅེས་བྱ་བ། །སངས་རྒྱས་ས་ལ་བཤད་པ་མཐོང་། །དེ་འདྲའི་ཉམས་དང་རྟོགས་པ་ལ། །བཟང་ངན་རྣམ་པར་དབྱེ་བ་མེད། །ཅེས་པ། རྗེ་བཙུན་བི་རཱུ་པའི་མན་ངག་གི་གཞུང་ལས། རྣལ་འབྱོར་པ་ལ་ཏིང་ངེ་འཛིན་ལ་ཉམས་ཀྱི་སྣང་བའོ། །བདེ་བར་གཤེགས་པ་ལ་སྐུ་གསུང་ཐུགས་མི་བཟད་པ་རྒྱན་གྱི་འཁོར་ལོ་ལ་དག་པའི་སྣང་བའོ། །ཞེས་པ་དང་། བསྒོམས་པའི་ཉམས་སྐྱོན་མེད་པས་ས་བཅུ་གསུམ་པོ་ཐམས་ཅད་མཁྱེན་ཏོ། །ཞེས་པ་དང་། གསང་བ་བསམ་གྱིས་མི་ཁྱབ་པའི་མདོར། ནམ་མཁའ་གང་ཁྱབ་པར་སངས་རྒྱས་ཀྱི་སྐུ་གསུང་ཐུགས་ཕྲིན་ལས་ཡེ་ཤེས་ཀྱི་འོད་ཟེར་གྱིས་ཁྱབ་པར་གསུངས་པ་ལ། དེ་བཞིན་གཤེགས་པའི་དག་སྣང་དང་བསྒོམ་ཉམས་སྐྱོན་མེད་དུ་ཐ་སྙད་མཛད་པ་ལ་སོགས་པ་གསུངས་མོད་ཀྱི། ཉམས་དང་རྟོགས་པ་ལ་བཟང་ངན་དུ་རྣམ་བཞག་བྱས་པ་མེད་དོ། །

བདུན་པ་ལ་གཉིས། ཞི་འདོད་ཀྱི་ཟེར་ལུགས་བརྗོད་པ། ལེགས་པར་བརྟགས་ནས་ནོར་བ་བསལ་བའོ། །དང་པོ་ནི། །རྩེ་གཅིག་དང་ནི་སྤྲོས་བྲལ་དང་། །རོ་གཅིག་དང་ནི་སྒོམ་མེད་བཞི། །རྩེ་གཅིག་མཐོང་ལམ་སྤྲོས་བྲལ་ནི། །ས་བདུན་བར་ཡིན་རོ་གཅིག་ནི། །དག་པའི་ས་གསུམ་སྒོམ་མེད་ནི། །སངས་རྒྱས་ས་ཞེས་ལ་ལ་ཟེར། །ཅེས་པ། བོད་ཡུལ་གྱི་ཕྱག་རྒྱ་ཆེན་པོ་པར་གྲགས་པ་རྣམས་ལ། སྒོམ་རྣལ་འབྱོར་བཞི་ཞེས་བྱ་བ་མི་ཏྲི་པ་ལས་བརྒྱུད་པའི་གདམས་ངག་ཏུ་འདོད་པ་འདི། མར་པ་ལོ་ཙྪའི་སློབ་མ་རྣམས་ལ་མེད་ཅིང་། དུས་ཕྱིས་དགོར་ནི་རུ་པ་ཞེས་བྱ་བ། རྒྱ་གར་ཤར་ཕྱོགས་ཀྱི་རྣལ་འབྱོར་པ་གྲོང་འཇུག་འབྱོངས་པ་གཅིག་གིས། དྭགས་

ཀོང་གི་ཡུལ་དུ་ཁྱི་ཞུའི་རོ་ལ་འཕོ་བ་གྲོང་འཇུག་བྱས་པའི་སྐྱེས་བུ་དེས་རྣལ་འབྱོར་བཞི་ཞེས་བྱ་བའི་གདམས་ངག་བསྟན་པ་དྭགས་པོ་ལྷ་རྗེས་བརྒྱུད་ཆོད་ནས་ཕྱག་རྒྱ་ཆེན་པོ་ལ་སྦྱར་བ་ཡིན་ཞེས་ཟེར་ཅིང་། དེའི་རྟོགས་པ་རྩེ་གཅིག་མཐོང་ལམ། སྤྲོས་བྲལ་ས་བདུན་པ་མན་ཆད། རོ་གཅིག་དག་པའི་ས་གསུམ། སྒོམ་མེད་སངས་རྒྱས་ཀྱི་ས་ལ་སྦྱོར་ཅིང་གསང་སྔགས་བླ་ན་མེད་པའི་ཟུང་འཇུག་གི་སྒོམ་དུ་འདོད་དོ། །དེའང་བྱ་རྒྱུད་ཀྱིས་ལུས་ཀྱིས་དྲི་མ་འབྲུད། སྤྱོད་རྒྱུད་ཀྱིས་ངག་དང་། རྣལ་འབྱོར་རྒྱུད་ཀྱིས་སེམས་ཀྱི་དྲི་མ་སྦྱོང་། བཞི་པ་ལྷན་ཅིག་སྐྱེས་པའི་ལམ་གྱི་སྒྲིབ་པའི་བག་ཆགས་མ་སྤངས་གནས་སུ་དག་པར་བྱེད་དེ། དྭགས་པོ་ལྷ་རྗེའི་བུ་ཆེན་མཐར་རྩ་བས་དང་པོ་ལུས་སྤྱོད་གཙོ་བོར་སྟོན། གཉིས་པ་ངག་སྤྱོད་གཙོ་བོར་སྟོན། གསུམ་པ་སེམས་སྤྱོད་གཙོ་བོར་སྟོན། བཞི་པ་ལྷན་སྐྱེས་འབབ་ཞིག་གོ །ཞེས་པ་དང་། །རིམ་པ་བཞིན་དབང་བཞིའི་ལམ་དང་ཡང་སྦྱར་རོ། །གླིང་རས་པས། བླ་མ་སངས་རྒྱས་སྤྲུལ་པ་དང་། །དངོས་སུ་མཇལ་བ་ཚོགས་ཀྱི་ལམ། །དང་པོ་རྩེ་གཅིག་ཚོགས་ལམ་ཡིན། །ངེས་ཤེས་ཅུང་ཟད་སྐྱེས་པ་དྲོད། །དེ་ཉིད་འཕེལ་བ་རྩེ་མོ་སྟེ། །སེམས་མེད་པ་ལ་མི་སྐྲག་པ། །བཟོད་པ་ཡིན་ཏེ་རྩེ་གཅིག་པའི། །རབ་ནི་འཇིག་རྟེན་ཆོས་མཆོག་གོ །ཞེས་བཤད་ཅིང་། མགོན་པོ་ཀླུ་སྒྲུབ་ཀྱིས་བཞེད་པའི་སེམས་དབེན་ཡིན་ལ། ཤེས་པ་གསལ་རྟོག་མེད་བདེ་བའི་བརྣན་དང་མ་བྲལ་བ་གཅིག་ལ་ངོས་འཛིན་ནོ། །རྩེ་གཅིག་དང་སྤྲོས་བྲལ་གྱི་ཁྱད་པར་ཆོས་སྐུ་འཆར་མི་འཆར་ཡིན། སྤྲོས་བྲལ་དང་རོ་གཅིག་གི་ཁྱད་པར་ཟུང་དུ་ཆུད་མ་ཆུད་ཡིན། རོ་གཅིག་དང་བསྒོམ་མེད་ཀྱི་ཁྱད་པར་དྲན་པ་དག་མ་དག་ཡིན། དེ་ལ་རྣམ་རྟོག་དག་པའི་ཆ་ནས་བཟུང་རྟོག་དང་ཉོན་སྒྲིབ་དག་དྲན་པ་དག་པའི་ཆ་ནས་ཤེས་སྒྲིབ་དང་འཛིན་པ་བྲལ། སེམས་སྐྱེ་འགག་དང་བྲལ་བའི་རྟོགས་པ་དེ་སྤྲོས་བྲལ་དང་པོ་ཡིན། དེ་ལ་བླ་མ་ཞང་གིས། རྟོགས་པ་ལྷག་གིས་ཤར་བ་དེ། །མཐོང་ལམ་རབ་ཏུ་དགའ་བ་ཡིན། །ཞེས་སོ། །གླིང་ཆེན་རས་པས། སྤྲོས་དང་བྲལ་བ་མཐོང་ལམ་ཡིན། །ཞེས་བཤད་སྤྲོས་བྲལ་ཆུང་ངུ་ནས་སྒོམ་མེད་འབྲིང་པོའི་ལམ་སྒོམ་ལམ་ཡིན། སྤྲོས་བྲལ་ཆེན་པོས་སྣང་བ་སེམས་སུ་ཤེས་ཤིང་། སེམས་སྟོང་པར་རྟོགས་ནས་སྣང་བས་སྟོང་པའི་གོ་ཆོད། སྒོམ་མེད་སྒོམ་བྱ་བྱེད་ཀྱི་རྩོལ་བ་དང་བྲལ། སྤང་བྱའི་དྲི་མ་མཐའ་དག་རང་བཞིན་གྱིས་འདག་གོ །གཙང་པ་རྒྱ་རས་ཀྱིས། སྤྲོས་བྲལ་ངོ་བོ་མཐོང་བས་ས་དང་པོ། །སྤྲོས་བྲལ་ཆེན་པོ་ས་ནི་དྲུག་པ་ཡིན། །ཞེས་བཤད། སྤྲོས་བྲལ་འབྲིང་པོ་མན་ཆད་རིག་ཐོག་ཏུ་གྲོལ། ཆེན་པོས་སྣང་ཐོག་ཏུ་གྲོལ། རོ་གཅིག་ཆུང་ངུས་འཁོར་འདས་གཅིག་ཏུ་གྲོལ། དངོས་འཛིན་དང་སྟོང་འཛིན་གཉིས་ཀ་མེད། ཆོས་ཐམས་ཅད་རོ་མཉམ་ལྷན་ཅིག་སྐྱེས་པར་ཤར་བས་ཕྱོགས་རིས་སུ་མི་སྒོམ། འཇིག་རྟེན་མཁན་པོས། གཉིས་མེད་རོ་གཅིག་ཆེན་པོ་ལ། །སྟོང་པ་ཉིད་ཀྱི་ཕྱོགས་ཆ་དག །སྟོང་ཉིད་རྒྱུ་དང་འབྲས་བུར་

ཤར། །ཞེས་བཤད། མཐར་རྒྱ་བས། སྤྲར་གཉིས་མེད་དུ་བསྒོམ་པ་དེ་རྟོག་པ་ཡིན། ད་ཟུང་འཇུག་ཏུ་ཤར་བ་ཡིན་གསུང་། རོ་གཅིག་སྣང་བ་སྒོམ་དུ་ཤར། ཁོར་ཡུག་གཅིག་ཏུ་སོང་བ་ཡིན། འགག་དྲིལ་ན་རྩེ་གཅིག་གི་མཉམ་བཞག་དང་རྗེས་ཐོབ་སེམས་གནས་མི་གནས་ཡིན། སྤྲོས་བྲལ་གྱི་དྲན་མི་དྲན་ཡིན། རོ་གཅིག་གིས་འཛིན་མི་འཛིན་ཡིན། སྒོམ་མེད་ལ་མཉམ་རྗེས་དབྱེ་བ་མེད། རོ་གཅིག་དང་པོས་ས་བདུན་པ། འབྲིང་པོ་གཟུང་འཛིན་གྱི་རྩ་བ་ཟད། ཆེན་པོར་སྒོམ་མེད་དང་འདྲ། གཉིས་འཛིན་གྱི་རྟོག་པ་རྒྱུན་ཆད་ནས་འཛིན་མེད་ཀྱི་རྗེས་སྣང་ཡུད་ཙམ་འཆར་བའང་ཡོད་གསུང་། སྒོམ་མེད་ཆུང་དུས་བཅུ་པ་ཆོས་ཀྱི་སྤྲིན་དུ་སངས་རྒྱས་ཀྱི་ཡོན་ཏན་སྨིན་ལྟར་འདུ་ཞིང་། ཡེ་ཤེས་སངས་རྒྱས་དང་འདྲ་བ་མངོན་དུ་གྱུར་པས་ཡེ་ཤེས་ཀྱི་ཕར་ཕྱིན་རྫོགས། སྒོམ་མེད་འབྲིང་པོ་རྒྱུན་གྱི་མཐའ་མ་རྡོ་རྗེ་ལྟ་བུའི་ཏིང་ངེ་འཛིན་ཡིན་ཟེར། སྒོམ་མེད་ཆེན་པོ་སངས་རྒྱས་ཀྱི་ས་སྐུ་གསུམ་རང་གི་སེམས་ལ་རྫོགས་པ་ཡིན་ནོ། །འདི་དག་གི་ས་འཚམས་འབྱེད་ཚུལ་རགས་པ་ཙམ་མཐུན་ཅིང་ཞིབ་མོར་དཔྱད་པའི་ཚེ་མི་འདྲ་བའི་ཁྱད་པར་ཅུང་ཟད་ཙམ་སྣང་ངོ་། །གཉིས་པ་ལ་བཞི། ཁས་ལེན་གྱི་ཞེ་འདོད་དྲི་བ། ལུང་དང་སྦྱར་ཏེ་ཆོས་མཐུན་རྩེ་བ། འབྱུང་ཁུངས་ཡོད་ན་རང་སོར་བཞག་པ། ཁུངས་མེད་པའི་རང་བཟོ་ཆོས་དང་འགལ་བའོ། །

དང་པོ་ནི། འདི་ཡང་ཕྱེ་སྟེ་བཤད་ཀྱིས་ཉོན། སོ་སོའི་སྐྱེ་བོ་ཉིད་ཡིན་ཀྱང་། །གལ་ཏེ་ཆོས་མཐུན་ཙམ་བརྩེ་འམ། །འོན་ཏེ་འཕགས་པ་ཉིད་ཡིན་པའི། །བདེན་པའི་ས་ལམ་དངོས་སུ་བྱེད། །ཅེས་པ། རྣལ་འབྱོར་བཞིའི་ས་མཚམས་བཞག་པ་འདི། ཆོས་མཆོག་མོས་སྤྱོད་ཀྱི་སར། སྤངས་རྟོགས་ཆོས་མཐུན་ཙམ་ཞིག་བརྩིས་ནས་ཐ་སྙད་འདོགས་པ་ཡིན་ནམ། འོན་ཏེ་མཐོང་ལམ་ལ་སོགས་པ་དངོས་སུ་ཐོབ་པ་ལ་བྱེད་དགོངས་ཅིག །

གཉིས་པ་ནི། སོ་སོ་སྐྱེ་བོ་གང་ཟག་ལ། །ཆོས་མཐུན་ཙམ་གཅིག་སྦྲིག་ན་ནི། །ཆོས་ནས་བཤད་ན་འགལ་བ་མེད། །དཔེར་ན་སྨི་ལམ་ངེས་བསྟན་ལས། །ཐུབ་པའི་མཆོད་རྟེན་འཛིམ་པ་ལས། །བྱས་པ་མཐོང་ན་ས་དང་པོ། །རྫོ་ལས་བྱས་མཐོང་ས་གཉིས་པ། །རྫོ་ཐལ་གྱིས་བྱུགས་ས་གསུམ་པ། །ཞེས་པ། སོ་སོ་སྐྱེ་བོའི་རྟོགས་པ་མཐོ་དམན་ལ་ཕྱོགས་མཐུན་ཙམ་ཞིག་སྦྱོར་བ་ཡིན་ན། བྱུང་ཁུངས་རྣམ་དག་ཡོད་ན་འགལ་བ་མེད་དེ༑ དཀོན་བརྩེགས་ཀྱི་རྨི་ལམ་ངེས་པར་བསྟན་པའི་ལེའུར། ཐུབ་པའི་མཆོད་རྟེན་ས་ལས་བྱས་པ་རྨི་ལམ་དུ་མཐོང་ན། ས་དང་པོ་ལ་གནས་པར་བལྟའོ། །དེ་བཞིན་དུ་རྫོ་ལ་བྱས་པ་མཐོང་ན་ས་གཉིས་པ། རྫོ་ཐལ་གྱིས་བྱུགས་པ་ས་གསུམ་པ།

སྣེགས་བུ་གདུགས་བྱས་ས་བཞི་པ། །རྫོ་སྐས་བྱི་དོར་བྱས་པ་ལྔ། །གསེར་གྱིས་སྤྲེལ་མཐོང་ས་དྲུག

པ༔ ༔རིན་ཆེན་དྲྭ་བས་གཡོགས་པ་བདུན། །གཡེར་ཁའི་དྲྭ་བས་གཡོགས་པ་བརྒྱད། །ས་དགུ་དང་ནི་བཅུ་པ་ལ༔ ༔རྨི་ལམ་ལོག་པར་མཐོང་མེད་གསུང་། །ཞེས་པ། སྟེགས་བུ་དང་གདུགས་དང་བཅས་པ་བྱི་དོར་བྱས་པ་མཐོང་ན་ས་བཞི་པ། གསེར་གྱི་ལན་བུས་སྤྲེལ་བ་མཐོང་ན་ས་དྲུག་པ། རིན་པོ་ཆེའི་དྲྭ་བས་ཕྱོགས་ཀུན་ནས་གཡོགས་པ་མཐོང་ན་ས་བདུན་པ། དྲིལ་བུ་གཡེར་ཁའི་དྲྭ་བས་ཐམས་ཅད་ནས་གཡོགས་པ་མཐོང་ན་ས་བརྒྱད་པ། ས་དང་པོ་བདུན་པོ་དག་ཏུ་རྨི་ལམ་མཐོང་བ་ལ་ནི་སྡིག་པ་དག་པའི་རྟགས་དང་། བདུད་ཀྱིས་བྱིན་གྱིས་བརླབས་ནས་འཕྲུལ་པ་བསྐྱེད་པའི་རྨི་ལམ་འདྲེས་མར་འབྱུང་བས། ལེགས་པར་བརྟགས་ནས་རང་བཞིན་མེད་པའི་ཤེས་རབ་ཀྱིས་སྦྱངས་པས་ཡོན་ཏན་ཡིན་ན་འཕེལ་ཅིང་བར་ཆད་ཡིན་ན་ཞི་བར་འགྱུར་རོ། །ས་དགུ་པ་དང་བཅུ་པ་ལ་རྨི་ལམ་ལོག་པར་མཐོང་བ་མེད་དོ། །འོན་ཀྱང་བདེན་པར་བཟུང་དུ་མི་རུང་ངོ་། །རྨི་ལྟས་དེ་རྣམས་རང་གི་མདུན་དུ་མཐོང་བ་ཡིན་ལ། རང་ཉིད་མཐོང་བའི་དབང་དུ་བྱས་ཏེ། རྡོ་རྗེས་རབ་འཇོམས་བྱང་ཆུབ་སེམས་དཔའ་རྨི་ལམ་དུ་བདག་ཉིད་དེ་བཞིན་གཤེགས་པའི་སྐུ་ཡིན་པར་ཤེས་ན་ས་དང་པོ། དེ་བཞིན་གཤེགས་པ་བཞེངས་པ་མཐོ་བས་བསོད་སྙོམས་འབུལ་བ་མཐོང་ནའང་ས་དང་པོ། བཞུགས་པ་ལ་འབུལ་ན་ས་གཉིས་པ། བཀོད་པ་ཕུན་སུམ་ཚོགས་པ་ལ་འབུལ་ན་ས་གསུམ་པ། གཉེན་འདབས་ཀྱིས་བསྐོར་བ་ལ་འབུལ་བ་མཐོང་ན་ས་བཞི་པ། སྐྱེ་བོ་ཤིན་ཏུ་མང་པོས་བསྐོར་བ་ལ་ཕུལ་ན་ས་ལྔ་པ། དེ་གཉིས་ཀས་བསྐོར་བ་ལ་འབུལ་ན་ས་དྲུག་པ། བཀོད་པ་ཕུན་སུམ་ཚོགས་པ་ཐམས་ཅད་བསམ་གཏན་ལ་སྙོམས་པར་ཞུགས་པ་ལ་འབུལ་ན་ས་བདུན་པ། བསྟོད་པ་མཛད་པ་ལ་འབུལ་ན་ས་བརྒྱད་པ། ཆོ་འཕྲུལ་མཛད་པ་ལ་འབུལ་བ་མཐོང་ན་ས་དགུ་པར་བལྟ་སྟེ། ཐམས་ཅད་དུའང་བདུད་ཀྱི་ལས་ནི་མ་གཏོགས་སོ། །ཞེས་གསུངས་སོ། །

དེ་སོགས་རྨི་ལམ་བྱེ་བྲག་ལ། །ས་བཅུའི་དབྱེ་བ་མཛད་པ་མཐོང་། །དེ་ནི་མོས་པ་སྤྱོད་པ་ཡི། །ས་བཅུ་ཡིན་གྱིས་འཕགས་པ་མིན། །ཞེས་པ། ཚོགས་ལམ་དང་གཅིག །སྦྱོར་ལམ་དང་པོ་གསུམ་གྱི་གནས་སྐབས་ལ་གསུམ་གསུམ་སྦྱར་བས་ས་བཅུའི་ཐ་སྙད་མཛད་ཅིང་། ས་རབ་ཏུ་དགའ་བ་ལ། འཕགས་པའི་ས་ལ་གསུངས་པ་མ་ཡིན་ཏེ། རྨི་ལམ་ལོག་པར་མཐོང་བ་མི་སྲིད་པའི་ཕྱིར།

གསུམ་པ་ནི། དེ་བཞིན་རྩེ་གཅིག་སོགས་ལའང་། །གལ་ཏེ་མདོ་དང་རྒྱུད་སྡེ་དང་། །མོས་པ་སྤྱོད་པའི་ས་ལམ་དུ། །གསུངས་པ་མཐོང་ན་མི་འགལ་མོད། །འོན་ཀྱང་འདི་འདྲ་བཤད་པ་མེད། །ཅེས་པ། རྨི་ལམ་ངེས་བསྟན་དུ། སོ་སོ་སྐྱེ་བོའི་ས་ལ་ཐ་སྙད་མཛད་པ་ལྟར། རྩེ་གཅིག་ལ་སོགས་པའི་རྣལ་འབྱོར་བཞི་ཁྱེད་ཅག་འདོད་པ་བཞིན་མོས་སྤྱོད་ཀྱི་གནས་སྐབས་ལ་སྦྱར་བ་མདོ་རྒྱུད་བསྟན་བཅོས་རྣམ་དག་ནས་གསུངས་པ་ཡོད་

ན་མི་འགལ་མོད་ཀྱི། འོད་ཀྱང་ཕལ་ཆེར་རང་བཟོར་སྨྲ་བར་མངོན་ནོ། །

བཞི་པ་ནི། ཅི་སྟེ་འཕགས་པའི་སར་བྱེད་ན། །མདོ་རྒྱུད་ཀུན་དང་འགལ་བར་འགྱུར། །ཅེས་པ། ཁྱོད་ཀྱིས་ངོས་བཟུང་བའི་རྣལ་འབྱོར་བཞིའི་རྟོགས་པ་དེ་ཐེག་ཆེན་འཕགས་པའི་རྟོགས་པ་དངོས་ལ་སྦྱོར་བར་བྱེད་ན་མདོ་རྒྱུད་ཀུན་ནས་གསུངས་པ་དང་འགལ་བར་འགྱུར་ཏེ། མཐོང་ལམ་ད་ལྟ་སྐྱེས་པའི་ཡོན་ཏན་ཕྱིས་འབྱུང་བ་བཀག་པའི་ལུང་རིགས་ཀྱིས་གནོད་བྱེད་འཇུག་པའི་ཕྱིར་རོ། །སློབ་དཔོན་ཤཱནྟི་པས་དབུ་མ་རྒྱན་དུ། ཡང་ཀར་གཤེགས་པའི་མདོར། སེམས་ཙམ་ལ་ནི་བརྟེན་ནས་སུ། །ཕྱི་རོལ་དོན་ལ་མི་རྟོག་གོ །ཞེས་པ་ལ་སོགས་པའི་དོན་རྣལ་འབྱོར་གྱི་ས་བཞིར་སྒོམ་པའི་ཚུལ་དང་། དེ་ཉིད་རྣམ་པར་མི་རྟོག་པ་ལ་འཇུག་པའི་གཟུངས་ནས། རྣམ་པར་མི་རྟོག་པ་དང་། དངོས་པོ་མེད་པ་དང་། མཐོང་བ་མེད་པ་དང་། རབ་ཏུ་མི་གནས་པ་དང་། སྣང་བ་མེད་པ་དང་། རྣམ་པར་རིག་པར་མེད་པ་ཞེས་གསུངས་པ་དང་སྦྱར་ནས་བཤད་པ་དང་། ཤེར་ཕྱིན་སྒོམ་པའི་མན་ངག་ཏུ། རྩེ་གཅིག་སྤྲོས་བྲལ་རོ་གཅིག་སྒོམ་མེད་ཅེས་རྣལ་འབྱོར་ས་བཞི་གསུངས་པ་དེའང་ཕ་རོལ་ཏུ་ཕྱིན་པའི་ཐེག་པའི་སྒོམ་ཚུལ་དུ་འདོད་དེ། དབུ་མ་ཡན་ཆད་ལ་དེའི་ཐ་སྙད་མེད་དེ། ཕྱག་རྒྱ་ཆེན་པོའི་སྒོམ་ལམ་ལ་དེ་ཉིད་མི་སྦྱོར་ཏེ། དབང་དང་འབྲེལ་པའི་རིམ་གཉིས་ཀྱི་རྣལ་འབྱོར་མེད་པའི་ཕྱིར་རོ། །ཡང་ཕྱག་རྒྱ་ཆེན་པོའི་ཚིག་ཚོད་ལ། །ས་ལམ་རྩེ་ན་རྨོངས་པ་འཁྲུལ། །ཅེས་ཟེར་བ་དང་། རྣལ་འབྱོར་བཞི་ལ་ས་ལམ་རྩི་བ་ཡང་འགལ་ལོ། །

བརྒྱད་པ་ལ་གཉིས། ཟེར་ཚུལ་བརྗོད་པ་དང་། བློ་རྩིང་བའི་སྤྱོད་པ་དགག་པའོ། །

དང་པོ་ནི། ཁ་ཅིག་ཐེག་པ་རང་ས་ན། །བདེན་པ་ཡིན་ཞེས་ཀུན་ལ་སྒྲོག །ཅེས་པ། སྔགས་དང་ཕ་རོལ་ཏུ་ཕྱིན་པའི་ས་ལམ་གྱི་སྤྱངས་རྟོགས་ཆད་པ་ཁ་ཅིག །ཐེག་པའི་ཆེ་ཆུང་དང་མདོ་རྒྱུད་ཀྱི་ལམ་ཉམས་སུ་ལེན་ཚུལ་ལྟ་སྒོམ་སྤྱོད་འབྲས་རང་རང་གི་ཆོས་ལུགས་ལ་གང་བཤད་པ་དེ་རང་སར་བདེན་པ་ཡིན་པས་གྲུབ་མཐའ་དང་ཐེག་པའི་རིམ་པ་གོང་མས་འོག་མ་ལ་གནོད་པ་དང་སུན་འབྱིན་བྱེད་པ་མི་འཐད་དོ། །གདུལ་བྱ་རང་རང་གི་བློ་དང་སྦྱར་ནས་བཅོམ་ལྡན་འདས་ཀྱིས་ཀྱང་ཐེག་པའི་སྒོ་སྣ་ཚོགས་སུ་གསུངས་པ་ཡིན་པས། རང་གི་བློ་ལ་གང་འཚམས་པའི་ཆོས་དེ་གང་ཟག་དེ་ལ་ངེས་དོན་གྱི་ཐེག་པ་མཐོར་བ་ཡིན་ནོ། །ཞེས་རྗེས་འཇུག་ཀུན་ལ་ཆོས་སྟོན་པར་བྱེད་དོ། །གཉིས་པ་ལ་གཉིས། སྤྱི་ཁྱབ་རྒྱ་ཆེན་སྨྲ་བའི་འདོད་པ་དགག །དགོས་ཁྱབ་གསུངས་ཚད་ཇི་བཞིན་བདེན་པ་དགག་པའོ། །

དང་པོ་ལ་གསུམ། ཆོས་ལོག་སྨྲ་བ་བདེན་པར་ཐལ་བ། བདེན་པ་སྲིད་ཚད་ལ་སྙིང་པོ་མེད་པ། གཞན་

འཕྲུགས་པའི་བདེན་ཙམ་གྱིས་ཆོས་ཀྱི་གོ་མི་ཆོད་པའོ། །དང་པོ་ནི། འདི་ཡང་བརྟག་པར་བྱ་བས་ཉོན། །གལ་ཏེ་སླུས་ཚད་བདེན་ན་ནི། །བརྫུན་ཚིག་ཤེས་བྱ་ལ་མི་སྲིད། །འོན་ཏེ་གྲུབ་མཐའ་ཀུན་བདེན་ན། །འཚེ་བ་ཡོངས་སུ་སྨྲ་བ་དང་། །འཇིག་རྟེན་ཕ་རོལ་མེད་པ་སོགས། །ལྷ་ལོག་ཐམས་ཅད་བདེན་པར་འགྱུར། །ཐེག་པ་ཐམས་ཅད་རང་ས་རུ། །བདེན་པའི་རྒྱུ་མཚན་གང་ཡིན་སློས་ཤིག   །གལ་ཏེ་ཚིག་སློས་པ་བདེན་པར་ཁས་ལེན་པ་ཡིན་ན། བརྫུན་ཚིག་གཏན་ནས་མི་སྲིད་པར་འགྱུར་རོ། །འོན་ཏེ་གྲུབ་མཐའ་སྨྲ་བའི་གཞུང་ལུགས་རང་སར་བདེན་པ་ཡིན་ན། ཕྱི་རོལ་པ་ལ་འཚེ་བ་ཆོས་སུ་སྟོན་པའི་གཞུང་ལུགས། རྒྱལ་རིགས་ལ་ནི་རྒྱལ་རིགས་བསད། །བྲམ་ཟེའི་རིགས་ལ་བྲམ་ཟེ་བསད། །རྨང་རིགས་ལ་ནི་དམངས་རིགས་བསད། །ཅེས་པ་དང་། མ་ཁའི་ཡུལ་དུ། ཀླ་ཀློའི་ཆོས་ལུགས་ལ། བི་ཤི་མི་ལ་ཞེས་པའི་སྔགས་ཀྱིས་གྲི་གུག་ལ་བཏབ་ནས་སྲོག་ཆགས་བསད་པའི་ཤ་ཁྲག་གིས་དབང་ཕྱུག་ལ་མཆོད་པས་མཐོ་རིས་སུ་འགྲོ་བར་འདོད་པའི་འཚེ་བ་ཆོས་སུ་སྨྲ་བ་དང་། དྲང་སྲོང་འཇིག་རྟེན་མིག་གིས་རང་གི་ཆུང་མ་ལ་སླུས་པ། ཇི་ཙམ་དབང་པོའི་སྤྱོད་ཡུལ་ཙམ། །སྐྱེས་བུ་དེ་ཙམ་ཉིད་དུ་ཟད། །མ་ཤི་བར་དུ་བདེ་བར་འཚོ། །ཤི་ཟིན་ཕན་ཆད་སྤྱོད་ཡུལ་མེད། །ལུས་ནི་ཐལ་བར་གྱུར་པ་ལ། །ཕྱིར་ཡང་འོང་བ་ག་ལ་ཡོད། །སྦོ་སངས་མང་ཐོས་གང་སྨྲ་བ། །དེ་དག་སྤྱང་ཀིའི་རྗེས་དང་འདྲ། །ཞེས་ཚེ་ཕྱི་མ་མེད་པ་དང་། ལས་ལ་འབྲས་བུ་མི་འབྱུང་བར་འདོད་པའི་ཕུར་བུའི་གཞུང་ལུགས་དང་། དེ་བཞིན་དུ་མུ་སྟེགས་བྱེད་ཀྱི་ཆོས་ལོག་རྣམས་ཀྱང་བདེན་པར་འགྱུར་རོ། །

གཉིས་པ་ནི། གལ་ཏེ་མུ་སྟེགས་མཆོག་རྣམས་ལ། །རྟོག་པའི་དངོས་པོ་ལ་སོགས་པ། །བརྫུན་པའང་དུ་མ་ཡོད་མོད་ཀྱང་། །སྦྱིན་དང་ཚུལ་ཁྲིམས་བཟོད་པ་སོགས། །བདེན་པ་དུ་མ་ཡོད་པའི་ཕྱིར། །བདེན་པའི་ཆ་ནས་གྲུབ་མཐའ་ཀུན། །རང་སར་ནི་བདེན་སྙམ་ན། །ཞེས་པ། མུ་སྟེགས་ཀྱི་གྲུབ་མཐའ་ལས་དགེ་སྡིག་གི་འབྲས་བུ་བདེ་སྡུག་ཁས་ལེན་པས་མཆོག་གཅེར་བུ་པ་རྣམས་བདག་རྟོགས་པ་དང་། དབང་ཕྱུག་འགྲོ་བའི་བྱེད་པར་སྨྲ་བ་ལ་སོགས་མི་བདེན་པའི་ཚིག་ཀྱང་དུ་མ་ཡོད་མོད་ཀྱི། སྦྱིན་པ་བཏང་བས་དབུལ་བ་སེལ་བ་དང་། ཚུལ་ཁྲིམས་བསྲུངས་པས་བདེ་འགྲོ་ཐོབ་པ་དང་། བཟོད་པ་བསྒོམ་པ་དང་དཀའ་ཐུབ་ལ་གནས་པས་སྔོན་བསགས་ཀྱི་སྡིག་པ་ཟད་པར་འདོད་པ་ལ་སོགས་བདེན་པའི་ཚིག་བཟང་པོ་མང་དུ་ཡོད་པས་གྲུབ་མཐའ་རང་སར་བདེན་པ་ཡིན་ནོ་སྙམ་ན། དེ་ཙམ་གྱིས་གཞུང་ལུགས་བདེན་པར་མི་འགྲུབ་སྟེ། སྐྱེས་བུ་མང་དུ་སྨྲ་བ་ལ། །བདེན་པའི་དོན་གཅིག་མེད་པ་མིན། །ཞེས་པ་ལྟར་རོ། །

གསུམ་པ་ནི། སྦྱིན་སོགས་ཕལ་ཆེར་བདེན་མོད་ཀྱང་། །སྐྱབས་གནས་དང་ནི་ལྟ་བ་དང་། །ཐབས་ཀྱི་

གནད་ནི་འཁྲུལ་བས་ན། །ཆོས་གཞན་བཟང་ཡང་སྐྱོབ་མི་ནུས། །ཞེས་པ། སྦྱིན་པ་གཏོང་བ་དང་ཚུལ་ཁྲིམས་བསྲུང་བ་ལ་སོགས་ཚིག་བཟང་པོ་དུ་མ་ཡོད་ཅིང་། ལྷ་ཚངས་པ་དང་། ཁྱབ་འཇུག་དང་། དབང་ཕྱུག་ལ་སྐྱབས་སུ་འགྲོ་བ་དང་། ཤེས་བྱའི་གནས་ལུགས་ལ་རྟག་པ་དང་ཆད་པ་ཕྱིན་ཅི་ལོག་ཏུ་ངེས་པར་འཛིན་པ་དང་། དངོས་པོའི་ཚོགས་ཐམས་ཅད་སྒྲའི་རང་བཞིན་ཅན་གྱི་ཚངས་པས་བྱས་པ་ཡིན་ཏེ། འདི་ལྟར་དོན་ཐམས་ཅད་སྒྲའི་རྗེས་སུ་བྱེད་པར་མངོན་སུམ་གྱིས་གྲུབ་པའི་ཕྱིར། ཐོག་མཐའ་མེད་པའི་ཚངས་པ་ནི། །སྐྱེ་འཇིག་མེད་པར་ཡང་དག་ལྡན། །སྒྲ་ཡི་དེ་ཉིད་ཡི་གེ་གང་། །གང་ལ་འགྲོ་བའི་ཐ་སྙད་འབྱུང་། །དོན་གྱི་དངོས་པོར་ཡོངས་གྱུར་པ། །ཞེས་ཟེར་བ་དང་། དྲང་སྲོང་རྒྱལ་བ་དམ་པས། །ཁ་བ་ཀྲུ་སྦྱོས་མེ་ཏོག་མདོག །བ་ཞོ་མ་མོ་གཏི་མུག་མདོག །གདུགས་ཀུན་བཟུང་བའི་དབྱིབས་འདྲ་བ། །ཐར་པ་ཡིན་པར་རབ་ཏུ་བཤད། །ཅེས་ཟེར་བ་དང་། ཐར་པ་སྒྲུབ་པའི་ཐབས་ལ་ཡང་ཉིན་རེ་བཞིན་དུ་སྒྲ་ཟད་པར་ཕྱི་བས་ཐར་པ་ཐོབ་པར་འདོད་པ་ཟད་བྱེད་པར་གྲགས་པ་དང་། གངྒཱའི་ཆུ་ལ་ཁྲུས་བྱས་པས་གྲོལ་བར་འདོད་པ་ལ་སོགས་ཆོས་ཀྱི་གནད་གལ་ཆེ་བ་རྣམས་སུ་འཁྲུལ་པའི་ཕྱིར། སྦྱིན་གཏོང་ལ་སོགས་ཆོས་བཟང་པོ་འགའ་ཞིག་ཡོད་ཀྱང་། འཁོར་བའི་འཇིགས་པ་ལས་སྐྱོབ་པར་མི་ནུས་ཤིང་ཐར་པ་མི་ཐོབ་བོ། །

གཉིས་པ་ལ་གཉིས། འདོད་པ་བརྗོད་པ། བརྟགས་ཏེ་ནོར་བ་དགག་པའོ། །དང་པོ་ནི། ཅི་སྟེ་སངས་རྒྱས་ཐེག་པ་ཀུན། །རང་ས་ན་ནི་བདེན་ཅེ་ན། །ཞེས་པ། མུ་སྟེགས་ཀྱི་གྲུབ་མཐའ་ཀུན་སངས་རྒྱས་ཀྱིས་མ་གསུངས་པའི་ལྟ་སྤྱོད་ཕྱིན་ཅི་ལོག་ཡིན་པས་མི་བདེན་ཀྱང་། ནང་པ་སངས་རྒྱས་པའི་ཐེག་པ་ཐམས་ཅད་སངས་རྒྱས་ཀྱི་གསུང་ཚད་མར་བྱས་པའི་ཆོས་ལུགས་ཡིན་པས་རང་རང་གི་ལུགས་བཞིན་བདེན་པ་ཡིན་ནོ་ཞེ་ན༑ གཉིས་པ་ལ་གསུམ། སངས་རྒྱས་ཀྱི་གསུང་ལ་གཉིས་སུ་དབྱེ་བ། སྒྲ་ཇི་བཞིན་མ་ཡིན་པ་རང་སར་བདེན་པ་དགག་པ། དྲང་པོར་གསུངས་པ་ཇི་བཞིན་བདེན་པར་བཟུང་བའོ། །

དང་པོ་ནི། འདི་ཡང་ཅུང་ཟད་བརྟག་པར་བྱ། །ངེས་དོན་རྣམ་པ་གཉིས་སུ་ཡོད། །སྒྲ་ཡང་ཇི་བཞིན་པ་དང་ནི། །ཇི་བཞིན་མིན་པ་གཉིས་སུ་གསུངས། །ཐེག་པ་ཡང་ནི་འཇིག་རྟེན་དང་། །འཇིག་རྟེན་འདས་པ་གཉིས་སུ་གནས། །ཞེས་པ། རྫོགས་པའི་སངས་རྒྱས་ཤེས་བྱ་ཐམས་ཅད་གཟིགས་ནས་བདེན་པར་གསུང་པ་ཡིན་ཏེ། སྐྱོབ་པ་ཉིད་གཟིགས་ལམ་གསུངས་པ། །འབྲས་མེད་ཕྱིར་ན་བརྫུན་མི་གསུང་། །ཞེས་པ་ལྟར་རོ། །འོན་ཀྱང་བརྗོད་བྱའི་དོན་ལ་ལྟོས་ནས་དྲང་དོན་དང་ངེས་དོན་དང་། བརྗོད་བྱེད་ཀྱི་ཚིག་སྒྲ་ཇི་བཞིན་པ་ཡིན་མ་ཡིན་དང་། ཐེག་པའི་རིམ་པ་ལས་ཡང་འཇིག་རྟེན་ལས་འདས་མ་འདས་དང་།

བཤད་པ་ཡང་ནི་དགོངས་པ་དང་། །ལྡེམ་པོར་དགོངས་དང་དྲང་པོ་སྟ། །དགོངས་པ་ཤེས་བྱ་རྣམ་གསུམ་ཡོད། །དེ་ལ་འཇིག་རྟེན་ཐུན་འཇུག་ལ། །དགོངས་ནས་ཕྱི་རོལ་དོན་དུ་གསུངས། །ཐ་སྙད་སྤྱོད་པའི་རིགས་པ་ལ། །དགོངས་ནས་ཆོས་རྣམས་སེམས་སུ་གསུངས། །དམ་པའི་དོན་ལ་དགོངས་ནས་ནི། །ཆོས་ཀུན་སྤྲོས་པ་བྲལ་ཅེས་གསུངས། །ཞེས་པ། བརྗོད་ཚུལ་ལའང་དགོངས་པ་བཤད་པ་དང་། ལྡེམ་དགོངས་སུ་བཤད་པ་དང་། སྒྲ་དྲང་པོར་བཤད་པ་དང་ལུགས་གསུམ་ཡོད་ལ། གདུལ་བྱ་རྣམས་ཐོག་མར་སངས་རྒྱས་ཀྱི་བསྟན་པ་མ་ཞུགས་པ་དག་གཞུག་པའི་ཕྱིར། འཇིག་རྟེན་པ་རྣམས་ཐོག་མ་མེད་པ་ནས་གོམས་པའི་བག་ཆགས་ཀྱིས་ཕྱི་རོལ་དོན་དུ་སྣང་བ་ལ་ཇི་ལྟར་སྣང་བ་ལྟར་འཛིན་པ་དང་མཐུན་པར་གཟུགས་སོགས་ཕྱི་རོལ་གྱི་དོན་ཡོད་པར་གསུང་པ་ཡིན་ཏེ། འཇམ་དཔལ་རྣམ་པར་རོལ་པའི་མདོར། ལྷའི་བུ་པདྨ་རྣམ་པར་རོལ་པས་ཞུས་པ། འཇམ་དཔལ། ཕྱི་རོལ་གྱི་ཡུལ་འདི་ཇི་ལྟ་བར་བྱ། འཇམ་དཔལ་གྱིས་ཞུས་པ། སེམས་རྟོགས་པའི་བག་ཆགས་རྒྱས་པའི་དབང་གིས་སྣང་བར་བལྟ་བར་བྱའོ། །ལྷའི་བུས་ཞུས་པ། བག་ཆགས་ཇི་ལྟར་བརྟས་པར་འགྱུར་ཀྱང་། སྲ་ཞིང་འཐས་པ་འདི་ལྟ་བུར་སྣང་དུ་ག་ལ་རུང་། འཇམ་དཔལ་གྱིས་ཞུས་པ། ཐོག་མ་མེད་པ་ནས་ཡུན་རིང་དུ་གོམས་པ་ལ་ཤིན་ཏུའང་རུང་སྟེ། ཅུང་ཟད་ཙམ་གོས་པ་ལའང་། ཝཱ་ར་ན་སིའི་བྲམ་ཟེ་མོ་ལ་སྟག་ཏུ་སྣང་བར་གྱུར་པ་དང་། མི་སྡུག་པ་སྒོམ་པའི་དགེ་སློང་ཀེང་རུས་སུ་མཐོང་བ་བཞིན་ནོ། །ཞེས་གསུངས་སོ༔ ༔སློབ་དཔོན་དབྱིག་གཉེན་གྱིས་ཀྱང་། གཟུགས་སོགས་སྐྱེ་མཆེད་ཡོད་པར་ནི། །དེས་འདུལ་བ་ཡི་སྐྱེ་བོ་ལ༔ ༔དགོངས་པའི་དབང་གིས་གསུངས་པས་ཏེ། །རྫུས་ཏེ་བྱུང་བའི་སེམས་ཅན་བཞིན། །ཞེས་སོ། །སྨན་པ་མཁས་པས་ནད་བསོ་བའི་ཚེ་སྨན་ཁ་བ་དང་ཚ་བ་ལ་སོགས་སྦྱོར་བ་དང་། འོ་མའི་སྨན་ཐོག་མར་བཀག་ནས་ཕྱིས་བསྟེན་པ་ལྟར། གདུལ་བྱ་ཆོས་བདག་མེད་པའི་དོན་ལ་རིམ་གྱིས་གཞུག་པའི་ཕྱིར། དོན་དུ་སྣང་བ་རྣམས་རང་གི་སེམས་སུ་བཟུང་བ་དང་། དོན་དམ་པར་རང་བཞིན་གྱི་སྟོང་པ་ཉིད་ཀྱི་དོན་ལ་དགོངས་ནས་ཆོས་ཐམས་ཅད་སྤྲོས་བྲལ་དུ་གསུངས་པ་ཡིན་ཏེ། བདེན་པ་གཉིས་བསྟན་པའི་མདོར། དོན་དམ་པར་ན་རང་བཞིན་གྱིས་མི་ཟད་པའི་ཕྱིར་དེ་བཞིན་གཤེགས་པས་ཆོས་སྟོན་ཏོ། །དོན་དམ་པར་ན་དོན་དམ་པའི་བདེན་པ་ལུས་དང་ངག་དང་ཡིད་ཀྱི་རང་བཞིན་དུ་འགྱུར་ན་ནི། དོན་དམ་པའི་བདེན་པ་ཞེས་བྱ་བའི་གྲངས་སུ་མི་འགྲོ་སྟེ། ཀུན་རྫོབ་བདེན་པ་ཉིད་དུ་འགྱུར་རོ། །དོན་དམ་པར་ན་ཕ་རོལ་ཀྱང་མེད་ཚུ་རོལ་ཀྱང་མེད་དབུས་ཀྱང་མེད་དོ། །འཁོར་བའང་དེ་དང་མཉམ་མོ། །རྣམ་པ་ཐམས་ཅད་ཀྱི་མཆོག་དང་ལྡན་པའི་རྣམ་པ་ཐམས་ཅད་མཁྱེན་པའི་ཡེ་ཤེས་མ་ཐོབ་ཀྱི་བར་དུ་བར་མ་དོར་ཡོངས་སུ་མྱ་ངན་ལས་མི་འདའོ། །ཞེས་པ་དང་། དོན་དམ་པར་ན་བརྒྱད་པའང་མ་

ཡིན་ཏེ། ཀུན་རྫོབ་ཏུ་ན་ལོག་པའི་ཆོས་བརྒྱད་ཡང་བྲལ་ལོ། །ཀུན་རྫོབ་ཏུ་ན་སྡིག་པའི་གྲོགས་པོ་བསྟེན་པ་ནི་མི་དགེ་བའི་རྩ་བ་ཐམས་ཅད་ཀྱི་སྒོའོ། །ཀུན་རྫོབ་ཏུ་ན་དགེ་བའི་བཤེས་གཉེན་ལ་བསྟེན་པ་ནི་དགེ་བའི་རྩ་བ་ཐམས་ཅད་ཀྱི་སྒོའོ། །ཞེས་གསུངས་སོ། །

གཉིས་པ་ནི། དེས་ན་དྲང་བའི་དོན་དང་ནི། །ཇི་བཞིན་མིན་པའི་སྒྲ་དག་དང་། །དགོངས་པ་དང་ནི་ལྡེམ་དགོངས་དང་། །འཇིག་རྟེན་པ་ཡི་ཐེག་པ་ལ། །དགོངས་ཏེ་གསུངས་པའི་མདོ་རྒྱུད་ཀུན། །དེ་ལྟར་བདེན་པར་མ་གཟུང་ངོ་། །ཞེས་པ། དོན་དམ་བདེན་པ་སྟོན་པའི་ཐབས་སྟོན་པ་ནི་དྲང་དོན། དོན་དམ་པའི་བདེན་པ་སྟོན་པ་ནི་ངེས་དོན་ཡིན། བློ་གྲོས་མི་ཟད་པས་བསྟན་པའི་མདོར། མདོ་གང་ལས་ཀུན་རྫོབ་ཀྱི་བདེན་པ་གསུངས་པ་འདི་དྲང་བའི་དོན་ཡིན་នོ། །མདོ་གང་ལས་དོན་དམ་པའི་བདེན་པ་མངོན་དུ་བྱ་བའི་ཕྱིར་གསུངས་པ་འདི་ནི་ངེས་པའི་དོན་ཏོ། །ཞེས་པ་དང་བསམ་གྱིས་མི་ཁྱབ་པར་སྟོན་པ་ལས། ཆོས་རྣམས་ཀུན་གྱི་ངོ་བོ་ཉིད། །ངེས་པའི་དོན་ཏོ་ཞེས་ཀྱང་བསྟན། །གང་ཡང་སྐྱེ་དང་འགག་ལ་སོགས། །སེམས་ཅན་སྲོག་ལ་སོགས་བསྟན་པ། །དེ་ནི་དྲང་དོན་ཀུན་རྫོབ་ཏུ། །མགོན་པོ་ཁྱེད་ཀྱིས་བསྟན་པ་ལས། །ཞེས་སོ། །མདོའི་སྒྲ་ཇི་བཞིན་པ་ལ་ཚད་མས་གནོད་བྱེད་འཇུག་པ་དང་མི་འཇུག་པ་ནི་སྒྲ་ཇི་བཞིན་པ་མིན་པ་དང་ཡིན་པའོ། །མདོ་སྡེ་རྒྱན་དུ། གཞུག་པ་ལྡེམ་པོར་དགོངས་པ་དང་། །མཚན་ཉིད་ལྡེམ་པོར་དགོངས་པ་དང་། །གཉེན་པོར་ལྡེམ་པོར་དགོངས་པ་དང་། །བསྒྱུར་བ་ལྡེམ་པོར་དགོངས་པ་དང་། །ཉན་ཐོས་དང་ནི་ངོ་བོ་ཉིད། །དེ་བཞིན་ཉེས་པ་འདུལ་བ་དང་། །བརྗོད་པ་ཟབ་པ་ཉིད་ལ་ནི། །ལྡེམ་པོར་དགོངས་པ་འདི་རྣམས་བཞི། །མཉམ་པ་ཉིད་དང་དོན་གཞན་དང་། །དེ་བཞིན་དུ་ནི་དུས་གཞན་དང་། །གང་ཟག་གིས་ནི་བསམ་པ་ལ། །དགོངས་པ་རྣམ་པ་བཞིར་བཤད་དོ། །སངས་རྒྱས་ཆོས་ལ་བརྙས་པ་དང་། །ལེ་ལོ་ཐུང་ཟད་ཆོག་འཛིན་དང་། །ང་རྒྱལ་འདོད་ཆགས་སྤྱོད་པ་དང་། །འགྱོད་དང་མ་ངེས་ལྡོག་པ་ནི། །སེམས་ཅན་རྣམས་ཀྱི་སྒྲིབ་པ་སྟེ། །དེ་ཡི་གཉེན་པོར་ཐེག་མཆོག་གསུངས། །དེས་དེའི་བར་དུ་གཅོད་པ་ཡི། །ཉེས་པ་ཐམས་ཅད་སྤོང་བར་འགྱུར། །ཞེས་པས། ཉན་ཐོས་ལ་སོགས་པ་ཐེག་པ་ཆེན་པོ་ལ་གཞུག་པའི་ཕྱིར་གཟུགས་སོགས་དབང་པོའི་ཡུལ་དུ་ཇི་ལྟར་སྣང་བ་དང་མཐུན་པར་གསུངས་པ་གཞུག་པ་ལྡེམ་དགོངས་དང་། ཆོས་རྣམས་ཀྱི་མཚན་ཉིད་ཀྱི་སྒྱུ་མའི་གླང་པོ་ལྟར་རང་གི་མཚན་ཉིད་དུ་མེད་པ་ཀུན་བཏགས་དང་། སྐྱེ་འགག་ཏུ་སྣང་བ་གཞན་དབང་དང་། རྐྱེན་ལས་སྐྱེས་པ་སྐྱེ་བའི་ངོ་བོར་མེད་པ་དང་། ཡོངས་གྲུབ་དོན་དམ་པའི་བདེན་པར་རང་བཞིན་གྱི་ངོ་བོ་ཉིད་མེད་པ་ལ་དགོངས་ནས་གཟུགས་སོགས་ཀྱི་ཆོས་རྣམས་ཡོད་པ་དང་མེད་པ་དང་གཉིས་ཀ་མ་ཡིན་པར་གསུངས་པ་མཚན་ཉིད་ལྡེམ་པོར་དགོངས་པའོ། །དཔེར་མ་སྣང་བར།

དབུ་མ་པ་རྣམས་ཀྱང་ངོ་བོ་ཉིད་གསུམ་རྣམ་པར་གཞག་པ་ཁས་མི་ལེན་པ་ནི་མ་ཡིན་ཏེ། གཞན་དུ་ན་མཐོང་བ་ལ་སོགས་པ་དང་འགལ་བ་ཇི་ལྟར་སྤོང་བར་འགྱུར། ཅེས་དབུ་མ་པས་ཀྱང་མཚན་ཉིད་ལྡེམ་པོར་དགོངས་པའི་རྣམ་གཞག་ཁས་ལེན་དགོས་ཤིང་། ཀླུའི་བཤེས་གཉེན་གྱིས་སྐུ་གསུམ་ལ་འཇུག་པའི་སྐོར། ངོ་བོ་ཉིད་ནི་རྣམ་གསུམ་པོ། །ཡོངས་སུ་ཤེས་ནས་སྤངས་དག་པས། །སྐུ་གསུམ་པོ་དག་ཐོབ་འགྱུར་ཏེ། །དེ་ཕྱིར་དེ་དག་དེ་ཡིས་བསྡུས། །ཞེས་པ་དང་། ཡུམ་བར་མའི་བྱམས་པས་ཞུས་པའི་ལེའུར། བྱམས་པ། ཡོངས་སུ་བཏགས་པའི་གཟུགས་གང་ཡིན་པ་དེ་ནི་རྫས་སུ་མེད་པར་ལྟ་བར་བྱའོ། །རྣམ་པར་བཏགས་པའི་གཟུགས་གང་ཡིན་པ་དེ་ནི་རྣམ་རྟོག་རྫས་སུ་མེད་པའི་ཕྱིར་རྫས་སུ་ཡོད་པར་བལྟའི་རང་དབང་དུ་འཇུག་པ་ནི་མ་ཡིན་ནོ། །ཆོས་ཉིད་ཀྱི་གཟུགས་གང་ཡིན་པ་དེ་ནི་རྫས་སུ་མེད་པའང་མ་ཡིན་ཏེ། རྫས་སུ་ཡོད་པའང་མ་ཡིན། དོན་དམ་པས་རབ་ཏུ་ཕྱེ་བར་བལྟ་བར་བྱའོ། །ཞེས་སངས་རྒྱས་ཀྱི་ཆོས་ཀྱི་བར་དུ་སྦྱར་ནས་གསུངས་སོ། །ཉེས་པ་བརྒྱད་འདུལ་བའི་ཕྱིར་གཉེན་པོར་ལྡེམ་དགོངས་ཐེག་པ་ཆེན་པོ་བསྟན་ཏོ། །བསྒྱུར་བ་ལྡེམ་དགོངས་ནི། བརྗོད་བྱ་ཟབ་མོ་སྒྲ་ཇི་བཞིན་མ་ཡིན་པར་གསུངས་པ་ཡིན་ཏེ། སྙིང་པོ་མེད་ལ་སྙིང་པོར་ཤེས། །ཕྱིན་ཅི་ལོག་ལ་ལེགས་པར་གནས། །ཉོན་མོངས་པས་ནི་རབ་ཉོན་མོངས། །བྱང་ཆུབ་དམ་པ་ཐོབ་པར་འགྱུར། །ཞེས་གསུངས་པ་ལྟ་བུ། ས་ར་སྙིང་པོ་དང་། པི་ས་ར་སྙིང་པོ་མེད་པ་སྟེ། སེམས་ཕྱིན་ཅི་ལོག་ཏུ་གཡེངས་པ་ནི་སྙིང་པོ། དེ་མེད་པས་སྙིང་པོ་མེད་པའོ། །གཞན་དོན་དུ་སངས་རྒྱས་ཐོབ་པའི་ཕྱིར་དཀའ་བ་སྤྱད་པས་རབ་ཏུ་ཉོན་མོངས་པའོ། །སངས་རྒྱས་ཀྱི་ཡོན་ཏན་གསུངས་པས་ཐུབ་པ་ཆེན་པོ་ལ་བརྙས་པ་ལོག་པའི་ཕྱིར། ང་དེའི་ཚེ་སངས་རྒྱས་རྣམས་གཟིགས་སུ་གྱུར་ཏོ། །ཞེས་གསུངས་པ་དང་། ཆོས་ལ་བརྙས་པའི་གཉེན་པོར་སངས་རྒྱས་བྱེ་བ་ཕྲག་དཔག་ཏུ་མེད་པ་ལ་བསྙེན་བསྐུར་བྱས་ན་ཆོས་འདི་རྟོགས་པར་འགྱུར་རོ། །ཞེས་གསུངས་པ་ལྟ་བུ་ཆོས་ཉིད་མངོན་སུམ་དུ་རྟོགས་པ་ལ་དགོངས་པ་དང་། ལེ་ལོའི་གཉེན་པོར་བདེ་བ་ཅན་གྱི་ཞིང་དུ་སྐྱེ་བར་སྨོན་ལམ་འདེབས་པ་ནི་མ་འོངས་པའི་སྐྱེ་འགྱུར་ལ་དགོངས་པ་དང་། དགེ་བ་ཆུང་ཟད་ཕྱོགས་རེ་ཙམ་ལ་ཆོག་པར་འཛིན་པའི་གཉེན་པོར་གང་ཟག་གི་བསམ་པ་ལ་དགོངས་ནས་གསུངས་པ་ནི་སྦྱིན་པ་ལ་བསྟུགས་ཤིང་ཚུལ་ཁྲིམས་ལ་སྨད་པ་དང་དེ་ལས་བཟློག་སྟེ་གསུངས་པ་ལྟ་བུའོ། །དགོངས་པ་བཞི་པོ་ལྡེམ་ཁོངས་སུ་འདུས་ཀྱང་། ཟུར་དུ་སྨོས་པ་ནི་དགོངས་གཞི་དགོངས་པ་གཙོ་ཆེ་བ་ཙམ་ཡིན་ལ། ཁ་ཅིག་དགོངས་ཏེ་གསུངས་པའི་ཕྱིར་དྲང་དོན་ཡིན་ནོ་ཟེར་བ་མི་འཐད་དེ། འཕགས་པ་ཐོགས་མེད་ཀྱིས། དགོངས་པ་བཞི་དང་ལྡེམ་པོར་དགོངས་པ་བཞི་ནི་སངས་རྒྱས་ཀྱི་གསུང་ཐམས་ཅད་ཁོང་དུ་ཆུད་པར་བྱའོ་ཞེས་གསུངས་པའི་ཕྱིར་དང་། ཡང་གཉེན་པོར་ལྡེམ་པོར་དགོངས་པ་ཞེས་བྱ་བ་ནི། གང་དུ་སྤྱོད་

པ་བརྒྱད་ཁྲི་བཞི་སྟོང་གི་གཉེན་པོར་བསྟན་པའོ། །ཞེས་སོ། །རང་གི་གཟུགས་དང་སྟོབས་ཀྱིས་ང་རྒྱལ་དུ་བྱེད་པ་ལ་སངས་རྒྱས་ཀུན་ཏུ་བཟང་པོ་ལ་སོགས་པའི་གཟུགས་ཀྱི་སྐུ་ལ་བསྟགས་པ་དང་། ཟག་བཅས་ཀྱི་འབྱོར་པ་ལ་ཆགས་པའི་གཉེན་པོར་དག་པའི་ཞིང་གི་བསྟགས་པ་བརྗོད་པ་དང་། འཕགས་པ་ལ་སྐུར་པ་བཏབ་པ་དང་མཚམས་མེད་ཀྱི་ལས་བྱས་པ་ལ་འགྱོད་དེ། དམིགས་པ་ལ་སེམས་མི་གནས་པའི་གཉེན་པོར་དེ་དག་ཀྱང་མཐོ་རིས་སུ་སྐྱེ་བར་གསུངས་པ་དང་། བྱང་ཆུབ་སེམས་དཔའ་ཐེག་དམན་དུ་ལྷོག་པའི་གཉེན་པོར་ཉན་ཐོས་དགྲ་བཅོམ་སངས་རྒྱས་སུ་ལུང་བསྟན་པ་ལྟ་བུ། ཐེག་པ་ཆེན་པོའི་ལམ་ལ་བར་དུ་གཅོད་པའི་སྒྲིབ་པའི་གཉེན་པོར་ཐེག་པ་ཆེན་པོའི་སྡེ་སྣོད་གསུངས་པ་ཡིན་ནོ། །རྣམ་འགྲེལ་ལས། དེས་དེ་ཉིད་དོན་བཏང་སྙོམས་ཅན། །གླང་ཆེན་གཟིགས་སྟངས་ཉིད་མཛད་ནས། །འཇིག་རྟེན་ཐུགས་ནི་འབའ་ཞིག་གིས། །ཕྱི་རོལ་སྤྱོད་ལ་འཇུག་པར་མཛོད། །ཅེས་པ་ལྟར་འཇིག་རྟེན་དང་མཐུན་པར་གསུངས་པ་ལ་འཇིག་རྟེན་པའི་ཐེག་པར་བཞག་པ་ནི། འཇིག་རྟེན་མཐུན་འཇུག་གི་མདོ་ལས། གཞིག་པ་མེད་ཅིང་སྐྱེ་མེད་ལ། །ཆོས་ཀྱི་དབྱིངས་དང་མཉམ་གྱུར་ཀྱང་། །ཞིག་པའི་བསྐལ་པ་སྟོན་མཛད་པའི། །འདི་ནི་འཇིག་རྟེན་མཐུན་འཇུག་ཡིན། །ཞེས་པ་ལ་སོགས་པ་དང་། ཤར་གྱི་རི་བོའི་སྡེ་དང་མཐུན་པའི་ཚིགས་བཅད་ལས། གལ་ཏེ་འཇིག་རྟེན་རྣམ་འདྲེན་རྣམས། །འཇིག་རྟེན་མཐུན་པར་མི་འཇུག་ན། །སངས་རྒྱས་ཆོས་ཉིད་གང་ཡིན་དང་། །སངས་རྒྱས་སུས་ཀྱང་ཤེས་མི་འགྱུར། །ཞེས་གསུངས་པས་སྤྲུལ་པའི་སྐུས་འཇིག་རྟེན་དང་ཐུན་པར་མཛད་པ་བཅུ་གཉིས་སྟོན་པ་ཐམས་ཅད་འཇིག་རྟེན་དང་མཐུན་པའི་ཐེག་པ་དང་། སོ་སོ་སྐྱེ་བོའི་སྤྱོད་ཡུལ་དུ་མ་གྱུར་པའི་ཆོས་ཟབ་ཅིང་རྒྱ་ཆེ་བ་བསྟན་པ་རྣམས་འཇིག་རྟེན་ལས་འདས་པའི་ཐེག་པར་འཇོག་པའམ། གང་གིས་འཕགས་པ་ལྷ་དང་ཚངས་པ་ཡི། །གནས་པ་དཔེ་མེད་རྒྱ་ཆེན་རྟག་ཏུ་གནས། །ཞེས་པ་ལྷའི་ཐེག་པ་དང་། ཚངས་པའི་ཐེག་པ་དང་། མདོ་ལས། མིའི་ཐེག་པ་དང་། ཀླུ་དང་གནོད་སྦྱིན་གྱི་ཐེག་པ་ཞེས་གསུང་པ་ལ་སོགས་པ་འཇིག་རྟེན་པའི་ཐེག་པ་དང་། གཞན་ཡང་རྒྱུད་སྨིན་པར་བྱེད་པའི་ཆོས་དྲང་དོན་དང་། གྲོལ་བར་བྱེད་པའི་ཆོས་ངེས་དོན་དུ་གསུངས་པ་ལ་སོགས་སྒྲ་ཇི་བཞིན་མ་ཡིན་པར་གསུངས་པའི་དྲང་དོན་དང་། འཇིག་རྟེན་པའི་ཐེག་པ་དང་དགོངས་པ་ལྡེམ་དགོངས་མདོ་རྒྱུད་ལ་སོགས་གསུངས་པ་རྣམས་ནི་སྒྲས་ཟིན་ཚོད་བདེན་པར་མི་བཟུང་ཞིང་། དགོངས་པ་བླངས་ནས་གཏན་ལ་འབེབས་དགོས་སོ། །

གསུམ་པ་ནི། ངེས་པའི་དོན་དང་ཇི་བཞིན་སྒྲ། །འཇིག་རྟེན་འདས་པའི་ཐེག་པ་དང་། །དྲང་པོར་དགོངས་པ་རྣམས་ལ་ནི། །ཇི་ལྟར་གསུངས་བཞིན་བདེན་པར་བཟུང་། །ཞེས་པ། ངེས་པའི་དོན་དང་འཇིག

རྟེན་ལས་འདས་པའི་ཐེག་པ་དང་། བརྗོད་བྱའི་དོན་བརྗོད་བྱེད་ཚིག་གིས་དྲང་པོར་གསུངས་པ་རྣམས་སྒྲ་ཇི་བཞིན་དུ་བདེན་པར་བཟུང་ངོ་། །

དགུ་པ་ལ་གཉིས། ཟེར་ཚུལ་བརྗོད་པ། དེ་ཆར་གཅད་པའོ། །དང་པོ་ནི། གལ་ཏེ་མུ་སྟེགས་བྱེད་ལ་ཡང་། །བྱམས་དང་སྙིང་རྗེ་སྦྱིན་ལ་སོགས། །བདེན་པའི་ཆོས་ཀྱང་མང་མོད་སྣང་། །སངས་རྒྱས་གསུང་ལའང་དྲང་དོན་དང་། །དགོངས་པ་དང་ནི་ལྡེམ་དགོངས་སོགས། །བདེན་མིན་པའང་གསུངས་པས་ན། །བདེན་བརྫུན་གཉིས་ཀ་མཚུངས་པ་ལ། །སངས་རྒྱས་གསུང་ལན་མུ་སྟེགས་བྱེད། །སྤོང་བའི་རྒྱུ་མཚན་ཅི་ཞེ་ན། །ཞེས་པ༑ ཆོས་ཀྱི་གནས་ལུགས་ལ་ཀུན་མཁྱེན་ཚད་མ་ཡིན་པ་དང་། མུ་སྟེགས་རྨོངས་པ་ཡིན་པས་ཁྱད་པར་མ་བྱེད་པར་ཡི་གེར་བཀོད་པ་ཙམ་ལ་བདེན་པར་འཛིན་པ་འགའ་ཞིག །མུ་སྟེགས་ཀྱི་ཆོས་ལུགས་ལའང་བྱམས་སྙིང་རྗེ་སྒོམ་པ་དང་། སྦྱིན་སོགས་དགེ་བ་སྒྲུབ་པའི་ལུགས་བདེན་པར་བཟུང་དུ་རུང་བ་མང་པོ་འདུག །སངས་རྒྱས་ཀྱི་གསུང་ལའང་དྲང་དོན་དང་ལྡེམ་དགོངས་ལ་སོགས་མི་བདེན་པའང་མང་པོ་འདུག་པས་བདེན་བརྫུན་མཉམ་པའི་ཕྱིར་སངས་རྒྱས་ཀྱི་གསུང་དང་དུ་ལེན་ཅིང་། མུ་སྟེགས་ཀྱི་གཞུང་ལུགས་སྤོང་བ་མི་རིགས་སོ་སྙམ་ན།

གཉིས་པ་ལ་ལྔ། སངས་རྒྱས་ལ་གུས་པའི་རྒྱུ་མཚན། ཆོས་ལོག་སྤུན་འབྱིན་པའི་རྒྱུ་མཚན། དམ་ཆོས་སྟོན་པའི་བླ་མ་ལ་གུས་པའི་རྒྱུ་མཚན། ཆོས་ལོག་ལ་འཇིག་པ་འབྱུང་བའི་རྒྱུ་མཚན། དེ་ལ་གོ་བདེའི་ལོ་རྒྱུས་ཀྱི་དཔེ་བསྟན་པའོ། །དང་པོ་ནི། སངས་རྒྱས་དྲང་དོན་གྱིས་འཁྲིད་ནས། །བདེན་པ་གཉིས་ལ་སྦྱར་བར་ལས། །མུ་སྟེགས་བདེན་པས་འཁྲིད་ནས་ནི། །བརྫུན་པ་ཉིད་ལ་སྦྱོར་བར་བྱེད། །དེ་ན་བདག་ཅག་སངས་རྒྱས་ལ། །གུས་པའི་རྒྱུ་མཚན་དེ་ལྟར་ཡིན། །ཞེས་པ། སྤྱིར་ཀུན་རྫོབ་ཀྱི་བདེན་པ་དྲང་དོན་དུ་བྱས་པ་ལ། སངས་རྒྱས་ཀྱི་གསུང་ལས་རྒྱུ་འབྲས་སྟོན་པ་རྣམས་སྒྲ་དོན་ཇི་བཞིན་དུ་བདེན་པར་བཟུང་དགོས་ཏེ། རྒྱུ་འབྲས་ཀྱི་ནུས་པ་སངས་རྒྱས་ཀྱི་ཀུན་རྫོབ་མཁྱེན་པའི་ཡེ་ཤེས་ཀྱིས་ཇི་ལྟར་གཟིགས་པ་བཞིན་གསུངས་པའི་ལུང་ཚད་མར་ཁས་བླངས་ནས་ཡིད་ཆེས་རྗེས་དཔག་གི་གཏན་ལ་འབེབས་པའི་ཕྱིར། ཀུན་རྫོབ་ཏུ་ཆོས་ཅན་རང་གི་མཚན་ཉིད་སྟོན་པའི་གསུང་རྣམས་སྐབས་དེར་ངེས་པའི་དོན་ཡིན་པའི་ཕྱིར་རྣམ་པ་ཐམས་ཅད་དུ་དྲང་དོན་ཡིན་པའི་ཕྱིར་མི་བདེན་པར་བཤད་དུ་མི་རུང་ངོ་། །ཐོག་མར་ཀུན་རྫོབ་ཀྱིས་བདེན་པའི་ངོས་ནས་འཁོར་བའི་ཉེས་དམིགས་དང་། ཐར་པའི་ཕན་ཡོན་དང་། ལས་རྒྱུ་འབྲས་ལ་ངེས་པར་དྲངས་ནས་དོན་དམ་པའི་བདེན་པ་ཆོས་ཉིད་མངོན་སུམ་དུ་རྟོགས་པ་ལ་སྦྱོར་བར་མཛད་པ་ནི་ཀུན་མཁྱེན་གྱི་ཆོས་སྟོན་ཚུལ་ཡིན་ལ། མུ་སྟེགས་བྱེད་རྣམས་ནི་སེམས་ཅན་ལ་མི་འཚེ་བའི་སྡོམ་པ་དང་། ཟས་གོས་ཀྱི་ཞེན་པ་སྤངས་ནས་དབེན་པ་ལ་སོགས་པའི་རྣམ་ཐར་

བཟང་པོས་སློབ་མ་ཁ་དྲངས་ཏེ། ལམ་ལོག་པ་ལ་སྦྱོར་ཅིང་འབྲས་བུ་སྡུག་བསྔལ་འབྱུང་བར་འགྱུར་ཏེ། མདོར། ཆོས་བཏང་ནས་ནི་ཆོས་མིན་བྱ་བ་བྱེད་འགྱུར་བ། །ལམ་བོར་ལམ་གོལ་འགྲོ་བ་འདི་ནི་བདུད་ཀྱི་ལས། །ཞེས་གསུངས་པ་ལྟར་རོ། །དེས་ན་མུ་སྟེགས་ཀྱི་རིག་བྱེད་སྨྲ་བའི་དྲང་སྲོང་དང་གཞུང་ལུགས་ལ་མི་གུས་ཤིང་རྫོགས་པའི་སངས་རྒྱས་ལ་སྟོན་པར་བཟུང་ནས་གསུང་བཞིན་དུ་གུས་པས་ཉམས་སུ་ལེན་པ་ཡིན་ནོ། །

གཉིས་པ་ནི། དེ་བཞིན་གངས་ཅན་འདི་ན་ཡང་། །རྣམ་ཐར་བཟང་པོ་བསྟན་ནས་ནི། །ལོག་པའི་ཆོས་ལ་སྦྱོར་མཐོང་ནས། །མུ་སྟེགས་ཆོས་བཞིན་དེད་ཀྱིས་སྤྱངས། །ཞེས་པ། གངས་ཅན་གྱི་ཡུལ་ལྗོངས་འདི་ནའང་། ལོངས་སྤྱོད་ལྷུག་པར་གཏོང་བ་དང་། ཚིག་རྩུབ་སྨྲ་བ་བཟོད་པ་དང་། མགོན་མེད་ལ་བྱམས་པ་ལ་སོགས་པའི་ལུས་ངག་གི་རྣམ་ཐར་བཟང་པོ་བསྟན་ནས་འཁོར་དུ་འདུས་པ་རྣམས་ལོག་པའི་ཆོས་ལ་སྦྱོར་བ་དུ་མ་ཞིག་སྣང་བས་འཕྲལ་གྱི་སྤྱོད་པ་མཛེས་པ་ཙམ་ལ་ཡིད་ཆེས་མ་བྱས་པར་ཕྱི་རོལ་པའི་ཆོས་དང་གང་ཟག་བཞིན་དུ་སྤྱངས་པ་ཡིན་ཏེ། ཀུན་ནས་མནར་སེམས་པ་ནི་མ་ཡིན་ནོ། །

གསུམ་པ་ནི། ཐེག་པ་སྣ་ཚོགས་ཚུལ་བསྟན་ནས། །གནད་རྣམས་སངས་རྒྱས་གསུང་བཞིན་དུ། །ཡང་དག་སྟོན་མཛད་བླ་མ་དེ། །སངས་རྒྱས་ཉིད་དུ་བདག་གིས་བཟུང་། །ཞེས་པ། དང་པོར་ཉན་ཐོས་ཀྱི་ཐེག་པ་ལས་གསུངས་པའི་སྡོམ་པ་དང་གྲུབ་མཐའ་ལ་སོགས་སློབ་མའི་བློ་དང་འཚམས་པར་བསྟན་ནས་རིམ་གྱིས་རྫོགས་པའི་སངས་རྒྱས་སྒྲུབ་པའི་ལམ་གྱི་གནད་ཐབས་ཤེས་ཟུང་འཇུག་སངས་རྒྱས་ཀྱི་གསུང་བཞིན་དུ་མ་ནོར་བར་སྟོན་པའི་བླ་མ་དམ་པ་དེ་ལ་རྫོགས་པའི་སངས་རྒྱས་ཉིད་དུ་བཟུང་ནས་བཀའ་བཞིན་དུ་གུས་པས་ཉམས་སུ་ལེན་པ་ཡིན་ནོ། །

བཞི་པ་ནི། ཆོས་གཞན་ལེགས་པར་བསྟན་ནའང་། །ཆོས་ཀྱི་གནད་རྣམས་བཅོས་པ་ནི། །ཤིན་ཏུ་འཇིགས་པ་ཆེན་པོར་བལྟ། །དེ་འདྲའི་སྐྱོན་རྣམས་འབྱུང་བ་ཡང་། །ཞེས་པ། བདེ་འགྲོ་ཐོབ་པའི་ཐབས་སྦྱིན་པ་སྟོང་ཞིང་ཚུལ་ཁྲིམས་སྲུང་བ་ལ་སོགས་པ་ལེགས་ལེགས་ལྟར་སྟོན་ཤེས་ཀྱང་། ཆོས་ཀྱི་གནད་བདེན་གཉིས་ཀྱི་གནས་ལུགས་ཀུན་རྫོབ་ཏུ་ལས་དགེ་སྡིག་རྣམ་སྨིན་བདེ་སྡུག་འབྱུང་བ་མེད་པར་སྨྲ་བ་དང་། དོན་དམ་པར་ཆོས་དབྱིངས་དེ་བཞིན་ཉིད་རྟག་ཆད་མཐར་འཛིན་ལ་སོགས་ཆོས་ཀྱི་གནད་བཅོས་མ་འཛིན་པ་དང་། དེ་འདྲ་གཞན་ལ་སྟོན་པ་ནི་ཤིན་ཏུ་འཇིགས་པར་བལྟས་ཏེ། དེ་འདྲའི་ཆོས་ལུགས་ལ་སངས་རྒྱས་མི་ཐོབ་པར་མ་ཟད་ངན་འགྲོར་ལྟུང་བའི་ཉེས་པ་ཆེན་པོ་འབྱུང་བའི་ཕྱིར་རོ། །བློ་གྲོས་རྒྱ་མཚོས་ཞུས་པར། གཞན་ཡང་བདུད་ཀྱི་ལས་ནི་གཉིས་ཏེ། ཐོས་པ་ཆུང་དུས་བསམ་གཏན་ཚོལ་བ་དང་། མང་དུ་ཐོས་ཀྱང་བདག་ལ་བསྟོད་པའོ། །འོད་

ཟེར་བཀྲི་བའི་མདོར། སྟོང་པ་ཉིད་ནི་གང་སྒོམ་པ། །འདུས་མ་བྱས་ནི་རྟོགས་སྐམ་ནས། །ཆད་པར་ལྟ་བ་བསྐྱེད་པར་བྱེད། །ལུས་ནི་སྡོད་ཆགས་པ་དང་འདྲ། །སེམས་ཀྱང་རྗེས་སུ་འགག་འགྱུར་ཅེས། །ཕལ་ཆེར་ཀུལ་པའི་ཚིག་དག་ལ། །མོས་པ་ཉིད་དུ་རབ་འགྱུར་ཅིང་། །འདི་ལ་མངོན་པར་ཞེན་པས་ན། །ཕན་པའི་དོན་ནི་ཅི་ཡང་མེད། །གལ་ཏེ་སྨྲུལ་ནི་གདུག་པ་ཡི། །གནོད་པ་དག་ནི་རབ་བྱས་ཀྱང་། །ནམ་ཡང་སྐྱེ་དགུ་མང་པོ་རྣམས། །ངན་འགྲོ་དག་ཏུ་ལྟུང་མི་བྱེད། །བླུན་པོ་གང་ཞིག་ཆོས་སྟོན་པ། །དགེ་བའི་རྩ་བ་འཇིག་བྱེད་པས། །སྐྱེ་དགུ་མང་པོ་ཚད་མེད་རྣམས། །སེམས་ཅན་དམྱལ་བར་ལྟུང་བར་བྱེད། །ཅེས་པ་དང་། འཕགས་པ་ལྷས། །ཚུལ་ཁྲིམས་ལས་ནི་ཉམས་ཀྱང་སླའི། །ལྟ་ལས་ནམ་ཡང་ཉམས་མི་བྱ། །ཚུལ་ཁྲིམས་ཀྱིས་ནི་བདེ་འགྲོར་འགྲོ། །ལྟ་བས་གོ་འཕང་མཆོག་ཐོབ་འགྱུར། །ཞེས་པ་དང་། དབུ་མ་སྙིང་པོར། ཕྱོགས་སུ་ལྟུང་བས་སེམས་གདུངས་པས། །ཞི་བ་ནམ་ཡང་རྟོགས་པ་མེད། །ཅེས་པ་ལྟར། ལྟ་སྒོམ་སྤྱོད་འབྲས་སངས་རྒྱས་ཀྱི་གསུང་དང་མི་མཐུན་པར་རང་བཟོའི་མཐར་ལྟུང་བ་ལ་ཉེས་པ་ཆེན་པོ་འབྱུང་བ་ཡིན་ནོ། །

ལྔ་པ་ནི། འདས་པའི་དུས་ན་སྟོན་བྱུང་བ། །ལང་ཀ་མགྲིན་བཅུ་ཞེས་བྱ་བས། །འབད་པས་དབང་ཕྱུག་ཆེན་པོ་བསྒྲུབས། །ལོ་གྲངས་ས་ཡ་བཅུ་གཉིས་དང་། །ཁྱེད་ཀྱིས་ལྷག་པའི་དངོས་གྲུབ་བྱིན། །ཁྲབ་འཇུག་ཕྲག་དོག་གིས་གཟིར་ནས། །མགྲིན་བཅུ་ལ་ནི་འདི་སྐད་སྨྲས། །ཁྱོད་ཀྱིས་འབད་པ་ཆེ་མོད་ཀྱི། །དབང་ཕྱུག་གིས་ནི་དངོས་གྲུབ་ཆུང་། །ཞེས་པ། སྔོན་གྱི་དུས་སུ། སྲིན་པོའི་རྒྱལ་པོ་ལང་ཀ་མགྲིན་བཅུས་ལྷ་དབང་ཕྱུག་ཆེན་པོ་ཡུན་རིང་དུ་བསྒྲུབས་པས། གྲུབ་པའི་མཚན་མ་མ་བྱུང་བར་རང་གི་མགོ་བཅུ་སྤྱི་གཙུག་ན་ཧའི་མགོ་བོ་དང་བཅུ་གཅིག་ཡོད་པས་མགོ་རེ་རེ་བྲེགས་ནས་དབང་ཕྱུག་མཆོད་པའི་ཕྱིར་སྦྱིན་སྲེག་བྱས་སོ། །དེ་དབང་ཕྱུག་གིས་མཐོང་ནས་རང་གི་ཆུང་མ་ཨུ་མ་ལ་ཁྱོད་སོང་ལ་དངོས་གྲུབ་བྱིན་ཅིག །ཅེས་བསྒོས་ནས། ཨུ་མས་མགྲིན་བཅུའི་སར་སོང་བས། བུད་མེད་ལས་དངོས་གྲུབ་མི་འདོད་ཟེར། ཨུ་མ་ཁྲོས་ཏེ་ཁྱོད་ཀྱི་རྒྱལ་སྲིད་བུད་མེད་ཀྱིས་འཇིག་པར་གྱུར་ཅིག་ཅེས་ཟེར་རོ། །དབང་ཕྱུག་གིས་བུས་ཕྱིན་པས་སྤྲེའུ་ལྷ་བུའི་བྱིས་པ་ལ་དངོས་གྲུབ་མི་འདོད་ཟེར་རོ། །ཁྱོད་ཀྱི་རྒྱལ་སྲིད་སྤྲེའུས་འཇིག་པར་གྱུར་ཅིག་ཅེས་སྨྲས་སོ། །སླར་དབང་ཕྱུག་ཆེན་པོ་ཉིད་ཀྱིས་སོང་སྟེ། དངོས་གྲུབ་ཅི་འདོད་པ་སྦྱིན་ནོ་ཞེས་བརྗོད་པས། སྲུང་བ་སུམ་བརྩེགས་འོབས་ནི་རྒྱ་མཚོ་དང་། །དམག་མི་སྲིན་པོ་མཛོད་ནི་ནོར་སྦྱིན་སྦྱོར། །འདི་ཡི་བསྟན་པ་པ་ཝ་སངས་དང་མཉམ། །ཞེས་པ་ལ་སོགས་པའི་དངོས་གྲུབ་དང་། ཆོ་ལོ་གྲངས་ས་ཡ་བཅུ་གཉིས་དང་འབུམ་ཕྲག་ལྔ་མི་འཆི་བའི་དངོས་གྲུབ་བྱིན་ནོ། །དེ་ལ་ཁྲབ་འཇུག་ཕྲག་དོག་སྐྱེས་ནས་ཁྱོད་ཀྱིས་མགོ་བོ་བཅུ་བྲེགས་ནས་མཆོད་པའི་དཀའ་སྤྱད་དེ་ཙམ་བྱས་པའི་དངོས་

གྲུབ་ཆུང་བ་ཡིན།

ད་དུང་སྔར་གྱི་མ་ཡིན་པ། །སལ་ཡ་ཕྲག་ཕྱེད་ཐུབ་པ་སློང་ས། །མགྲིན་བཅུ་བདེན་པར་བསམ་ནས་ནི། །དབང་ཕྱུག་ལ་ནི་དོན་དེ་ཞུས། །དབང་ཕྱུག་ཆེན་པོས་དེ་བྱིན་པས། །གནོད་བཅོས་པ་ཡི་ཚིག་དེ་ཡིས། །སྔར་གྱི་དངོས་གྲུབ་ཐམས་ཅད་ཡལ། །ཅེས་པ། ད་དུང་སྔར་བྱིན་པས་དེ་མ་ཡིན་པའི་དངོས་གྲུབ་ལོ་ས་ཡ་ཕྲག་ཕྱེད་སློང་ས་ཤིག་ཅེས་སླུས་པས། འབོད་འགྲོགས་མགྲིན་བཅུས་དེ་བདེན་པར་བཟུང་ནས་ལྷ་དབང་ཕྱུག་ཆེན་པོ་ལ་ཞུས་པས། སྔར་བྱིན་པའི་ཚེ་མ་ཡིན་པའི་ལོ་ས་ཡ་ཕྲག་ཕྱེད་ཐུབ་པར་གྱུར་ཅིག །ཅེས་བྱིན་པས། སྔར་གྱི་ཚེ་ཚད་དེ་མ་ཡིན་པ་ཞེས་པའི་ཚིག་གིས་གནོད་བཅོས་པས་སྔར་བྱིན་པའི་དངོས་གྲུབ་ཉམས་སོ། །

གསེར་ཅན་གྱི་ནི་དངོས་གྲུབ་ཀྱང་། །དེ་འདྲའི་ཚུལ་གྱིས་ཉམས་ཞེས་ཐོབ། །ཞེས་པ། ལྷ་མ་ཡིན་གྱི་དབང་པོ་གསེར་ཅན་དང་ཆུ་སྐྱར་ཞེས་བྱ་བ་མིང་གི་རྣམ་གྲངས་ཡིན་ཏེ། དེས་དབང་ཕྱུག་ཆེན་པོ་ལྷའི་ལོ་འབུམ་ཕྲག་བཅུ་དྲུག་ཏུ་བསྒྲུབས་པས་གྲུབ་སྟེ། དངོས་གྲུབ་གང་འདོད་པ་སློང་ས་ཤིག་ཟེར་རོ། །གསེར་ཅན་གྱིས་བདག་ཁང་པའི་ནང་དང་ཕྱི་དང་ས་དང་ནམ་མཁར་མི་བསོད་པ་དང་། དུག་དང་མཚོན་དང་མི་དང་མི་མ་ཡིན་པས་མི་གསོད་པའི་དངོས་གྲུབ་ཞུ་བྱས་པས་དེ་བཞིན་དུ་བྱིན་ནོ། །དེ་ནས་གསེར་ཅན་གྱི་བུ་མང་པོ་ཡོད་པ་རིམ་གྱིས་ཤི་ནས་བུ་གཞོན་ནུ་གཅིག་ལུས་པ་ལ། ཁྱོད་ཀྱིས་ཤེས་ན་ང་ལ་བསྟོད་པ་གྱིས། མི་ཤེས་ན་ཡུལ་གཞན་དུ་སོང་ཤིག །ཕ་ཤི་ན་རྗེས་སུ་བུ་དགོས་པ་ལ་ང་ནི་མི་འཆིའོ་ཞེས་ཟེར་རོ། །བུས་ཕྱོགས་གཞན་དུ་འཁྲམས་པས་ཁྱབ་འཇུག་སྐྱེ་བོ་ཕལ་པའི་གཟུགས་ཀྱིས་གཞོན་ནུ་དེའི་དྲུང་དུ་འོངས་ཏེ་དྲིས་པས་རྒྱུ་མཚན་དེ་རྣམས་ཞིབ་ཏུ་བཤད་དོ། །དེ་ནས་ཁྱབ་འཇུག་གིས་ཁྱོད་རང་ཕའི་གམ་དུ་སོང་ལ། ཐམས་པའི་སྟེང་དུ་ཁྲི་བརྩིགས་ལ་ཕ་ཞོག །དེའི་མདུན་དུ་བསྟོད་པ་འདི་སློབས་ཤིག །རི་བོ་རི་བོ་ལ་ནི་ཐུབ་པ་བཞུགས། །ཆུ་བོ་ཆུ་བོ་ལ་ནི་ཆུ་ལྷ་གནས། །བཞི་མདོ་བཞི་མདོ་ལ་ནི་ཞི་བ་སྟེ། །ཀུན་དུ་ཀུན་དུ་ལ་ནི་ཁྱབ་འཇུག་སྟེ། །ཞེས་བསླབས་སོ། །བུས་དེ་བཞིན་དུ་བྱས་པས། ཕ་ཁྲོས་ནས་ཐམས་ཅད་ལ་ཁྱབ་འཇུག་གནས་ན་འདི་ནང་ཡོད་དམ་ཞེས་ཐེ་ཚོམ་པ་ལ་ཁྲུ་ཚུར་བསྣུན་པས། དེ་ནས་ཁྱབ་འཇུག་ལུས་པོ་མི། མགོ་བོ་སེང་གེ་སྟེར་མོ་ལྕགས་ལ་བྱས་པ་ཞིག་བྱུང་སྟེ། གསེར་ཅན་སྒང་དུ་བཞག་ནས་སྟེར་མོས་ལྟོ་བ་ཧྲལ་དེ་བསད་དོ། །བཅུ་པ་ལ་གསུམ་སྟེ། དངོས་ཀྱི་དོན་གཏན་ལ་དབབ་པ། གནད་ས་འཚོས་པའི་བདུད་འཇུག་ཚུལ། སངས་རྒྱས་ཀྱི་གསུང་དང་འགལ་བ་དོར་བྱར་བསྟན་པའོ། །དང་པོ་ལ་གསུམ་སྟེ་གནོད་བཅོས་པའི་ཆོས་ནུས་པ་ཉམས་ཚུལ་སྤྱིར་བསྟན། ཐེག་པ་གསུམ་དང་སྦྱར་ནས་སོ་སོར་བཤད། འགག་དྲིལ་ནས་ཆོས་འབྲུལ་མེད་བླངས་བྱར་གདམས་པའོ། །

དང་པོ་ནི། སེམས་མེད་པ་ཡི་གསང་སྔགས་ལ། །གཡོན་ཅན་གྱིས་ཨོཾ་བཅུག་པས། སྔགས་ཀྱི་ནུས་པ་ཉམས་པ་མཐོང་། །དེ་བཞིན་སྭཱ་ཧཱ་ཧཱུྃ་ཕཊ་སོགས། །ཡོད་པ་རྣམས་ལ་ཕྲི་བ་དང་། །མེད་པ་རྣམས་ལ་བསྣན་པ་དང་། །ཞེས་པ། གསང་བ་འདུས་པར་སྔགས་ཀྱི་མགོ་རུ་ཨོཾ་དང་། མཇུག་ཏུ་སྭཱ་ཧཱ་ཡོད་པ་སྦྱལ་དང་། མགོ་རུ་ཨོཾ་མེད་པ་མགོ་མེད་དང་། མཇུག་ཏུ་སྭཱ་ཧཱ་མེད་པ་འཇུག་མེད་དང་། གཉིས་ཀ་མེད་པ་ལ་མགོ་མཇུག་མེད་པའི་སྔགས་ཞེས་གསུངས་པ་ལ། དེ་འདྲའི་ཆོས་རྒྱུས་མེད་པའི་གང་ཟག་གི་མགོ་རུ་ཨོཾ་བཅུག་པ་དང་། མཇུག་ཏུ་སྭཱ་ཧཱ་དང་། ཧཱུྃ་ཕཊ་སྦྱར་བ་དང་། ཡོད་པ་རྣམས་མེད་པའི་རིགས་སྦྱར་ནས་ཕྲི་བ་དང་།

གཞན་ཡང་སྔགས་ཀྱི་གནད་རྣམས་ལ། །གཡོན་ཅན་རྣམས་ཀྱིས་བཅོས་པ་ཡིས། །གསང་སྔགས་རྣམས་ཀྱི་ནུས་པ་རྣམས། །ཉམས་ཤིང་འགྲུངས་པ་མང་པོ་མཐོང་། །ཞེས་པ། གཤིན་རྗེ་གཤེད་ཀྱི་ཡ་བརྒྱད་ཀྱི་འཁྲུལ་འཁོར་འགོད་ཚུལ་དང་། ཁྲོ་བོ་རྣམ་རྒྱལ་གྱི་རྒྱུད་དུ། ཧེ་ལའི་སྔགས་ཀྱི་འགོད་ཚུལ་ལ་སོགས་པ་ལ་གཡོ་ཅན་གྱིས་ཤེས་བཞིན་དུ་བཅོས་པ་དང་། ལ་ལས་རང་བཟོའི་སྒོ་ནས་ཡི་གེ་ཛ་ཚར་འདྲི་བ་དང་། བ་ལྷར་འདྲི་བ་དང་། ཡི་གེ་མ་ལོག་པ་ལོག་པོར་འདྲི་བ་ལ་སོགས་པ་བྱས་པས། ཡི་གེའི་ནུས་པ་འབྱུང་བའི་དགྲ་དང་གྲོགས་བསྡེབས་པའི་འཆུགས་པ་དང་། མིང་གི་སྦྱོལ་ཚིག་འཇུག་པའི་མཚམས་སུ། བདག་དང་གཞན་གྱི་མིང་འགོད་ཚུལ་ནོར་བས་སྔགས་ཀྱི་ནུས་པ་ཕྱིར་ལོག་སྟེ་འདོད་པའི་དོན་ལ་ཉམས་པ་དང་། ཞག་བདུན་གྱིས་འགྲུབ་པ་ལོ་བདུན་གྱིས་འགྲུངས་པ་ལ་སོགས་པ་ཡོད་དོ། །དཔེར་ན་སྤྲིན་ཆེན་པོའི་གཟུངས་ལས་ཆར་འབེབས་པ་དང་གཅོད་པའི་སྔགས་དབྱེ་མ་ཤེས་པས་ནུས་པ་ཉམས་པ་དང་། འགའ་ཞིག་བར་ཆད་ཞི་བ་ཤིནྟིཾ་ཀུ་རུ་བྱས་པས། ཞི་བ་ཞི་བར་གྱིས་ཤིག་ཅེས་པ་དང་། མཱ་ར་ཡ་གསོད་ཅེས་པས་གསོད་གསོད་ཅེས་པ་ཕྱིན་ཅི་ལོག་ཏུ་འགྱུར་བ་ལྟ་བུའོ། །

དེ་བཞིན་ཆོས་ཀྱི་གནད་རྣམས་ཀྱང་། །ཅུང་ཟད་ཅུང་ཟད་བཅོས་པ་ལས། །དངོས་གྲུབ་ཉམས་པར་འགྱུར་བཅས་གསུངས། །དེ་བཞིན་ཆོས་རྣམས་ལེགས་ན་ཡང་། །གནད་རྣམས་བཅོས་ན་ཐམས་ཅད་འཇིག །ཅེས་པ༏ རྒྱུ་མཚན་དེས་ན་ཆོས་རྣམས་ཀྱི་གནད་ཆེ་སར་བརྗོད་བྱེད་ཚིག་གི་ཟུར་དང་། བརྗོད་བྱ་དོན་གྱི་ཆ་ཅུང་ཟད་བཅོས་ནས་བཟླས་པ་དང་། བསྒོམས་པས་དངོས་གྲུབ་མི་ཐོབ་སྟེ། འོག་ཏུ་རིམ་གྱིས་སྟོན་ཏོ། །

གཉིས་པ་ལ་གཉིས། གནད་བཅོས་ནས་ཆོས་འཇིག་པའི་ངོས་འཛིན་བསྟན་པ། ཇི་ལྟར་གནད་བཅོས་པའི་ཚུལ་གསལ་བར་བཤད་པའོ། །དང་པོ་ལ་གསུམ། ཉན་ཐོས་ཀྱི་ཆོས་འཇིག་པ། ཕར་ཕྱིན་གྱི་ཆོས་འཇིག་པ༏ གསང་སྔགས་ཀྱི་ཆོས་འཇིག་པའོ། །

དང་པོ་ནི། དེས་ན་ཉན་ཐོས་ཐེག་པ་ལ། །སྡོམ་པ་དང་ནི་བདེན་བཞིའི་གནད། །བཅོས་ན་ཉན་ཐོས་ཆོས་ཀུན་འཇིག །ཅེས་པ། སོ་སོར་ཐར་པའི་སྡོམ་པ་ལེན་པའི་ཆོ་ག་དང་། ཁྲིམས་བཅས་པ་བསྲུང་ཚུལ་དང་། དེ་ལ་བརྟེན་ནས་ཤེས་རབ་གསུམ་གྱིས་གཏན་ལ་དབབ་པའི་དོན་འཕགས་པའི་བདེན་པ་བཞིའི་གནད་རྣམས་བཅོས་ན་ཉན་ཐོས་ཐེག་པའི་ལམ་དང་འབྲས་བུའི་ཆོས་ཐམས་ཅད་འཇིག་གོ། །

གཉིས་པ་ནི། ཐེག་པ་ཆེ་ལ་སེམས་བསྐྱེད་དང་། །དེ་ཡི་བསླབ་བྱ་གནད་བཅོས་ན། །ཐེག་པ་ཆེན་པོའི་ཆོས་ཀུན་འཇིག །ཅེས་པ། སེམས་བསྐྱེད་དང་དེ་ལ་བརྟེན་པའི་བསླབ་བྱའི་ཚུལ་ཁྲིམས་གསུམ་གྱི་གནད་བཅོས་ན་ཐེག་པ་ཆེན་པོའི་ས་དང་ལམ་གྱི་ཆོས་ཐམས་ཅད་འཇིག་གོ །གསུམ་པ་ནི། གསང་སྔགས་ལ་ནི་དབང་བསྐུར་དང་། །རིམ་པ་གཉིས་ཀྱི་གནད་བཅོས་ན། །གསང་སྔགས་ཀྱིས་ནི་ཆོས་ཀུན་འཇིག །ཅེས་པ། སྨིན་བྱེད་དབང་བསྐུར་བའི་ཆོ་ག་དང་། གྲོལ་བྱེད་རིམ་གཉིས་ཀྱི་རྣལ་འབྱོར་བསྒོམ་པའི་གནད་བཅོས་ན་གསང་སྔགས་ཀྱི་ཐབས་དང་ཤེས་རབ་ཀྱི་རྟེན་འབྲེལ་ཟབ་མོ་ལ་བརྟེན་ནས་དངོས་གྲུབ་མྱུར་དུ་འབྱུང་བའི་ནུས་པ་རྣམས་འཇིག་གོ། །

གཉིས་པ་ལ་གཉིས། མདོར་བསྟན། རྒྱས་པར་བཤད་པའོ། །དང་པོ་ནི། དེས་ན་ད་ལྟའི་ཆོས་འགའ་ལ༑ །གནད་ཀྱི་གནས་རྣམས་བཅོས་པ་སྣ །དོགས་པའི་ཆོས་ལུགས་འགའ་ཞིག་ཡོད། །དེ་ཡང་མདོ་ཙམ་བཤད་ཀྱི་ཉོན། །ཞེས་པ། ད་ལྟའི་འདུལ་བ་དང་། མདོ་སྡེ་ལ་གསང་སྔགས་ཀྱི་ཆོས་ལ་ཐོས་བསམ་དང་ཉམས་སུ་ལེན་པའི་ཆོས་བྱེད་ཚུལ་ལ་ཐེག་པའི་གནད་ཆེ་སར་ནོར་བའི་རྣམ་གཞག་མང་དུ་ཡོད་པས་བཤད་པར་བྱའོ། །བླང་དོར་ཤེས་པར་འདོད་པ་རྣམས་ཉོན་ཅིག །

གཉིས་པ་ལ་བཞི། སོ་སོར་ཐར་པའི་གནད་འཁྲུགས་ཚུལ། བྱང་སེམས་སྡོམ་པའི་གནད་འཁྲུགས་ཚུལ། གསང་སྔགས་ཐེག་པའི་གནད་འཁྲུགས་ཚུལ། ཐེག་ཆེན་རྒྱ་བའི་གནད་འཁྲུགས་ཚུལ་ལོ། །དང་པོ་ནི། སོ་སོར་ཐར་པའི་སྡོམ་པ་ནི། །བྱང་ཆུབ་བར་དུ་བླངས་གྱུར་ན། །སོ་སོར་ཐར་པ་ཅི་ནས་འཇིག །འདི་ཡང་གནད་རྣམས་བཅས་པར་དགོས། །ཞེས་པ། སོ་སོར་ཐར་པའི་སྡོམ་པ་རིགས་བརྒྱད་གང་རུང་ལེན་པའི་ཚེ་ཇི་སྲིད་བླ་ན་མེད་པའི་བྱང་ཆུབ་མ་ཐོབ་ཀྱི་བར་དུ་དགེ་བསྙེན་དུ་བཟུང་དུ་གསོལ་ཞེར་བ་ལ་སོགས་རང་བཟོ་བྱེད་པ་ནི་མི་རུང་སྟེ༑ སོ་ཐར་སྡོམ་པ་འདོད་པ་ཁམས་ཀྱི་ཇི་སྲིད་འཚོའི་བར་དུ་ཚུལ་ཁྲིམས་ཡིན་པའི་ཕྱིར། འོན་ཏེ་བྱང་ཆུབ་སེམས་པའི་སོ་ཐར་གྱི་སྡོམ་པ་བྱེད་པ་ཡིན་སྙམ་ན། བྱང་ཆུབ་སེམས་དཔའི་རྒྱུད་ཀྱི་སྡོམ་པ་ཡིན་ཀྱང་། སོ་སོར་ཐར་པའི་ཚུལ་ཁྲིམས་ཤི་འཕོས་ནས་གཏོང་བའི་ཕྱིར། འདི་འདྲའི་རང་བཟོས་སངས་རྒྱས་ཀྱིས་གསུངས་པའི་

སོ་སོར་ཐར་པའི་བསྟན་པ་འཇིག་པར་འགྱུར་རོ། །

གཉིས་པ་ལ་གཉིས། ཆོ་གའི་གནད་བཅོས་པ་དང་། བསླབ་བྱའི་གནད་བཅོས་པའོ། །དང་པོ་ནི། བྱང་ཆུབ་སེམས་དཔའི་སྡོམ་པ་ནི། དབུ་མའི་ལུགས་བཞིན་མི་བྱེད་པར། །སེམས་ཙམ་པ་ཡི་ཆོ་ག་ནི། །སྐྱེ་བོ་ཀུན་ལ་བྱེད་པར་མཐོང་། །འདི་ཡི་ཆོ་ག་ངེས་པར་འཇིག །འདི་ཡང་གནད་རྣམས་བཅོས་པར་མཐོང་། །ཞེས་པ། སེམས་བསྐྱེད་འབོགས་པའི་ཆོ་ག་སྲོལ་གཉིས་ཡོད་པ་ལས་འཕགས་པ་ཀླུ་སྒྲུབ་ཀྱི་ལུགས་དེ་མི་བྱེད་པར། འཕགས་པ་ཐོགས་མེད་ཀྱི་ལུགས་ཀྱི་ཆོ་ག་བྱེད་པ་འགའ་ཞིག །སོ་སོར་ཐར་པའི་སྡོམ་པ་དང་མི་ལྡན་པའི་སྐྱེ་བོ་མང་པོ་ལ་འཇུག་པ་སེམས་བསྐྱེད་འབོགས་པ་མཐོང་སྟེ། འདིས་ཀྱང་ཐེག་ཆེན་སེམས་བསྐྱེད་ཀྱི་བསྟན་པ་འཇིག་པར་བྱེད་པའི་གནད་བཅོས་པ་ཡིན་ནོ། །

གཉིས་པ་ནི། སེམས་བསྐྱེད་ཀྱི་ནི་བསླབ་བྱའི་མཆོག །བདག་གཞན་བརྗེ་བའི་བྱང་ཆུབ་སེམས། །སྒོམ་དུ་མི་རུང་ཞེས་སྨྲ་བ། །འདི་ཡང་གནད་རྣམས་བཅོས་པར་མཐོང་། །ཞེས་པ། ཀུན་རྫོབ་བྱང་ཆུབ་སེམས་ཀྱི་བསླབ་བྱའི་མཆོག་ཏུ་གྱུར་པ་བདག་རྒྱུད་ཀྱི་དགེ་བ་དང་བདེ་བ་འགྲོ་བ་གཞན་གྱི་རྒྱུད་ལ་གཏོང་ཞིང་གཞན་གྱི་རྒྱུད་ཀྱི་སྡིག་པ་དང་སྡུག་བསྔལ་བདག་ལ་ལེན་པའི་སེམས་སྦྱོང་བ་དེ་རྫོགས་པའི་སངས་རྒྱས་ཀྱི་སྒྲུབ་པའི་ཐབས་ཀྱི་མཆོག་ཏུ་གྱུར་པ་ཡིན་པ་ལ། འགའ་ཞིག་ན་རེ། འདི་འདྲ་སྒོམ་དུ་མི་རུང་སྟེ། དེ་ཙམ་གྱི་སྡུག་བསྔལ་འབྱུར་མི་ནུས་པའི་ཕྱིར་ཞེས་སྨྲ་ཞིང་། གཞན་ལ་འཆད་པ་དེའང་བྱང་ཆུབ་སེམས་དཔའི་ལམ་གྱི་གནད་ཕྱིན་ཅི་ལོག་ཏུ་བསྒྱུར་པས་ཐེག་པ་ཆེན་པོའི་ལམ་གྱི་བསྟན་པ་འཇིག་པར་མཐོང་ངོ་། །ཚངས་པ་ཁྱད་པར་སེམས་ཀྱིས་ཞུས་པར། བྱང་ཆུབ་སེམས་དཔའ་གང་སྡུག་བསྔལ་བའི་སེམས་ཅན་ཐར་པར་སྒྲོ་ཞིང་དགེ་བའི་རྩ་བ་ཐམས་ཅད་ཀྱང་སེམས་ཅན་ཐམས་ཅད་ལ་གཏོང་བར་བྱེད་དེ། དེའི་ཕྱིར་བྱང་ཆུབ་སེམས་དཔའ་ཞེས་བྱའོ། །ཞེས་ལེགས་པར་གསུངས་པ་ཡིན་ནོ། །གསུམ་པ་ལ་བཞི། དབང་ཁྱད་དུ་གསད་པས་གནད་འཕྱུགས་པའི་ཚུལ། གྲོལ་བྱེད་ཉམས་ལེན་གྱི་གནད་འཕྱུགས་ཚུལ། ཁྱད་པར་བསྐྱེད་རིམ་གྱི་གནད་འཕྱུགས་ཚུལ། སྦྱིར་འགྲོ་བསྔོ་བའི་གནད་འཕྱུགས་ཚུལ་ལོ། །

དང་པོ་ནི། གསང་སྔགས་ཀྱིས་ནི་དབང་བསྐུར་བ། །མེད་ཀྱང་གསང་སྔགས་བསྒོམ་རུང་ཟེར། །རྡོ་རྗེ་འཆང་གིས་བཀག་པས་ན། །འདི་ཡང་གནད་རྣམས་བཅོས་པར་དོགས། །ཞེས་པ། ཐོག་མར་རྒྱུད་སྨིན་དུ་རུང་བར་བྱེད་པའི་དབང་རྫོགས་པར་བསྐུར་བ་མེད་ཀྱང་། ཡི་དམ་ལྷའི་བྱིན་བརླབས་ཀྱི་རྗེས་གནང་ཐོབ་པ་ཙམ་ལ་བརྟེན་ནས་གསང་སྔགས་བླ་ན་མེད་པའི་ལམ་ཟབ་མོ་སྒོམ་དུ་རུང་ཟེར་བ་འདི་ཡང་། དབང་མེད་ན་ནི་

དངོས་གྲུབ་མེད། །ཅེས་རྡོ་རྗེ་འཆང་གིས་བཀག་བཞིན་དུ། བྱར་མི་རུང་བ་བྱས་པའི་ཕྱིར། གསང་སྔགས་ཀྱི་བསྟན་པ་འཇིགས་པའི་གནོད་བཅོས་པ་ཆེན་པོ་ཡིན་ནོ། །

གཉིས་པ་ནི། གསང་སྔགས་ལམ་གྱི་མཆོག་གྱུར་པ། །རིམ་གཉིས་ཚུལ་བཞིན་མི་སྒོམ་པར། །རང་བཟོའི་གདམས་ངག་དུ་མ་ཡིས། །བླུན་པོ་ངེས་ཤེས་བསྐྱེད་པ་ཐོས། །མདོ་རྒྱུད་ཀུན་ལས་འདི་བཀག་པས། །འདི་ཡང་གནོད་རྣམས་བཅོས་པར་དགོས། །ཞེས་པ། ཕ་རོལ་ཏུ་ཕྱིན་པའི་ཐེག་པ་ལས་ཁྱད་པར་དུ་འཕགས་པའི་གསང་སྔགས་ཀྱི་ལམ་རྒྱུད་སྡེ་བཞིའི་དགོངས་པ་མཐར་ཐུག་པ་རྣལ་འབྱོར་བླ་ན་མེད་པའི་བསྐྱེད་རྫོགས་ལྷ་དཀྱིལ་བསྐྱེད་དང་། ཕྱག་རྒྱ་ཆེན་པོ་དྲན་མེད་སྒོམ་པ་ལ་སོགས་རང་བཟོའི་ཆོས་ལུགས་མང་པོས་གདུལ་བྱ་ཆོས་རྒྱུས་ཆུང་བ་རྣམས་འཁྲིད་པ་ཡོད་དེ། རྡོ་རྗེ་ཐེག་པའི་གནོད་བཅོས་ཤིང་། བསྟན་པ་འཇིག་པ་ཡིན་ནོ། །

གསུམ་པ་ནི། བསྐྱེད་པའི་རིམ་པའི་མཐར་ཐུག་པ། །དབུ་རྒྱན་ལ་ནི་རིགས་བདག་འབྱུང་། །རིགས་བདག་དེ་ནི་བླ་མ་ཡིན། །འདི་ནི་གལ་ཏེ་འཆོལ་གྱུར་ན། །དངོས་གྲུབ་མེད་པར་རྒྱུད་ལས་གསུངས། །འོན་ཀྱང་བླ་མའི་སྤྱི་བོ་རུ། །སྒོམ་བྱ་མིན་ཞེས་ལ་ལ་ཟེར། །འདི་ཡང་གནོད་རྣམས་བཅོས་པར་དགོས། །ཞེས་པ། བསྐྱེད་རིམ་བསྒོམ་པ་སངས་རྒྱས་ཀྱི་ལམ་དུ་འགྱུར་པའི་ཆ་ཚང་བ་གཅིག་བྱེད་ན་འཁོར་བར་སྐྱེ་བའི་རིམ་པ་མ་དག་པའི་སྣང་བ་དེ། སངས་རྒྱས་ཀྱི་སྐུར་དག་པའི་སྣང་བར་སྐྱེད་ཚུལ་རིམ་པ་བཞིན་བསྒོམས་ནས་དྲི་མ་རྣམས་འཕོར་བ་ཡིན་པས་མར་ལ་སྦྱངས་ཤིང་ཡེ་ཤེས་རྣམས་ཡོན་ཏན་ཡིན་པས་ཡར་ལ་འཕེལ་བ་མཐར་ཐུག་པ་ནི། སངས་རྒྱས་རིགས་ལྔའི་ཡེ་ཤེས་ལྔའི་བདག་ཉིད་ཡིན་ལ། དེ་རྣམས་ཀྱང་རྩ་བའི་བླ་མ་ལ་བསྡུས་ནས། རིགས་བདག་གི་ངོ་བོར་སྤྱི་བོའི་ཅོད་པན་དུ་སྒོམ་པ་ཡིན་པས་དབང་བསྐུར་བའི་ཚེ་ཡེ་ཤེས་ཀྱི་བདུད་རྩིས་དབང་བསྐུར་ལུས་གང་དྲི་མ་སྦྱངས། ཆུ་སྤྱི་བོར་ལུད་པས་རིགས་བདག་གིས་དབུ་བརྒྱན་ཞེས་གོ་དོན་ལེན་པ་ཡིན་ནོ། །དེ་ལ་ཐོག་མར་སྦྱང་གཞི་ནི། སམྦུ་ཊར། ཕྱི་དང་ནང་གི་བདག་ཉིད་ཅན། །འདི་དག་ཐམས་ཅད་སེམས་ཀྱིས་བརྟགས། །སེམས་ལས་མ་གཏོགས་པ་ཉིད་ནི། །གཞན་དུ་ཡོད་པ་མ་ཡིན་ནོ། །ཆོས་ཀུན་རང་བཞིན་འོད་གསལ་བ། །ཆོས་རྣམས་གདོད་ནས་མ་སྐྱེས་ཕྱིར། །ཡིད་ཀྱིས་བརྗོད་པའང་མ་སྐྱེས་སོ། །ཞེས་པ་དང་། བཤད་རྒྱུད་རྡོ་རྗེ་རྩེ་མོར། ཡི་གེ་ཧཱུྃ་གི་སྦྱོར་བ་ཡིས། །རང་གི་དབྱིངས་ལ་ཡང་དག་སྦྱར། །དེ་ཉིད་ཉོན་མོངས་ཅན་མི་འགྱུར། །ཀུན་གཞི་ས་བོན་ཐམས་ཅད་པ། །ཞེས་པ་དང་། ཧཱུྃ་གི་སྦྱོར་བ་ཇི་བཞིན་དུ། །ཡི་གེ་ཐམས་ཅད་རྣམ་པར་སྒོམ། །རྡོ་རྗེ་ཡི་གེ་ཧཱུྃ་དེ་ཉིད། །ཆོས་དབྱིངས་སྟུག་པོ་བསྟན་པ་ཡིན། །བྱང་ཆུབ་སེམས་གང་དེ་རྡོ་རྗེ། །རྡོ་རྗེ་གང་ཡིན་དེ་ཉིད་ཧཱུྃ། །ཞེས་གསུངས་པའི་དོན། སེམས་རང་བཞིན་གྱི་འོད་གསལ་བ་དེ་ཉིད་མཚོན་པར་བྱེད

པ་ཡི་གེ་ཧཱུྃ་ཡི་གེ་ལྷའི་བདག་ཉིད་དུ་གསལ་བཏབ་སྟེ། མངོན་བྱང་ལྔ་དང་རྣལ་འབྱོར་བཞི་ལ་སོགས་པས་རིམ་པས་ལྷའི་སྐུ་ཡོངས་སུ་རྫོགས་པར་གྱུར་ཏེ། རང་བཞིན་གྱིས་འོད་གསལ་བའི་སེམས་དེ་དྲི་མ་མཐའ་དག་དང་བྲལ་བའི་ཆོས་སྐུ་དང་། ཡེ་ཤེས་ལྷའི་བདག་ཉིད་དུ་གྲུབ་པ་ཡིན་པས་རྒྱུ་དང་། ལམ་དང་འབྲས་བུའི་རྒྱུད་རྒྱུན་མི་ཆད་པར་གསུངས་པའི་དོན་ཚང་བ་ཡིན་ཏེ། ལང་ཀར་གཤེགས་པར་ཡང་། རྣམ་པར་ཤེས་པ་རྣམས་ཀྱི་རང་གི་རིགས་ཀྱི་མཚན་ཉིད་འགག་པར་མི་འགྱུར་གྱི། ལས་ཀྱི་མཚན་ཉིད་གང་ཡིན་པ་དེ་ནི་འགག་གོ་ཞེས་གསུངས་པའི་དགོངས་པའང་དེ་ཡིན་ལ། རྒྱུད་ལས། རྣམ་རྟོག་མ་རིག་ཆེན་པོ་སྟེ། །འཁོར་བའི་རྒྱ་མཚོར་ལྟུང་བྱེད་ཡིན། །མི་རྟོག་ཏིང་འཛིན་ལ་གནས་ནས། །མཁའ་བཞིན་དྲི་མ་མེད་པར་འགྱུར། །ཞེས་གསུངས་པའི་དོན་ཀྱང་དེ་ཡིན་ནོ། །སྦྱང་གཞི་རིགས་གཅིག་ཏུ་ངེས་པས་མཐར་ཐུག་གི་སྦྱང་འབྲས་གཅིག་ཏུ་ངེས་པའི་རྒྱུ་མཚན་ཡང་དེ་ཡིན་ནོ། །དེ་ལས་རིགས་སྣ་ཚོགས་འཇོག་པའི་རྒྱུ་མཚན་ནི། རྒྱུ་ལ་འབྲས་བུའི་རིགས་སུ་བཞག་པ་དང་། འབྲས་བུ་ལ་རྒྱུའི་རིགས་དང་། སྦྱང་གཞི་ལ་སྦྱོང་བྱེད་དང་། སྦྱང་བྱ་ལ་སྦྱང་འབྲས་དང་། ཡུལ་ལ་ཡུལ་ཅན་གྱི་རིགས་སུ་བཞག་པ་ལ་སོགས་པ་རིགས་ཀྱི་དབྱེ་བ་དུ་མ་གསུངས་ཤིང་། སྤྱི་དང་བྱེ་བྲག་ལ་ཕན་ཚུན་དུ་སྦྱར་ནས། འཕགས་པ་ལྷས་ཀྱང་སྤྱོད་པ་བསྡུས་པའི་སྒྲོན་མེར་རྒྱས་པར་གསུངས་སོ། །ཕྱོགས་ཙམ་གཅིག་ལ་ཉེ་བར་མཚོན་ནས་སྦྱང་གཞི་གཟུགས་ཀྱི་ཕུང་པོ། སྦྱང་བྱ་གཏི་མུག་གི་དྲི་མ་རྣམ་པར་དག་པའི་སྦྱང་འབྲས་རྣམ་སྣང་དང་མི་ལོང་ལྟ་བུའི་ཡེ་ཤེས་བདག་གི་རིགས་ཀྱི་ལྷ་ལ་རྣམ་སྣང་གི་རིགས་བདག་གིས་རྒྱས་འདེབས་པ་ནི་ངོ་བོ་ཉིད་ལ་ངོ་བོ་ཉིད་ཀྱིས་རྒྱས་བཏབ་པ་ཡིན་ལ། དེ་ལ་རྣམ་ཤེས་རྣམ་དག་མི་བསྐྱོད་པས་རྒྱས་བཏབ་ནས་གཟུགས་ལ་སེམས་ཀྱི་རྒྱས་འདེབས་དང་། མི་བསྐྱོད་པའི་རིགས་བདག་རྣམ་སྣང་གི་རྒྱས་བཏབ་ན་སེམས་ལ་གཟུགས་ཀྱིས་རྒྱས་འདེབས་དང་། དེ་བཞིན་དུ་འདུ་ཤེས་ལ་འདུ་བྱེད་འབྱུང་བ་ཡིན་པས་འདུ་བྱེད་རྣམ་དག་དོན་ཡོད་གྲུབ་པའི་རིགས་ཀྱི་ལྷ་ལ། འདུ་ཤེས་རྣམ་དག་འོད་དཔག་མེད་ཀྱིས་རྒྱས་བཏབ་ན་འབྲས་བུ་ལ་རྒྱུའི་རྒྱས་འདེབས་དང་། འོད་དཔག་མེད་ཀྱི་རིགས་ཀྱི་ལྷ་ལ་དོན་ཡོན་གྲུབ་པས་རྒྱས་བཏབ་ན་རྒྱུ་ལ་འབྲས་བུའི་རྒྱས་འདེབས་དང་། སའི་སྙིང་པོ་དང་གཟུགས་རྡོ་རྗེ་མར་རྣམ་སྣང་གིས་རྒྱས་བཏབ་ན་ངོ་བོ་ཉིད་ཀྱིས་རྒྱས་འདེབས་དང་བྱེ་བྲག་ལ་སྤྱིའི་རྒྱས་འདེབས་སུ་འགྱུར་ཏེ། མདོར་ན་གང་གིས་ཡོངས་སུ་འཛིན་པར་བྱེད་པ་དེ་ནི་རིགས་ཀྱི་བདག་པོ་ཡིན་ལ། དེ་ཡོངས་སུ་བཟུང་བ་དེ་ནི་དེའི་རིགས་ཡིན་ཏེ། རྡོ་རྗེ་ཕྲེང་བར། མགོན་དེས་ཡོངས་སུ་བཟུང་བ་ལས། །དེའི་རིགས་ཀྱི་དཀྱིལ་འཁོར་ཡིན། །ཞེས་གསུངས་སོ། །སྦྱང་བྱ་ཉོན་མོངས་པ་དེའང་དེའི་བདག་ཉིད་ཀྱི་རིགས་ལས་མ་འདས་པའི་ཕྱིར། དེ་དང་མཐུན་པའི་ལམ་བསྒོམས་པས་དེ་ཉིད་ཀྱི་

རིགས་སུ་རྣམ་པར་དག་པ་ཡིན་ནོ། །དད་པའི་སྟོབས་བསྐྱེད་པ་ལ་འཇུག་པའི་མདོར། ཉོན་མོངས་པ་དབྱེར་མེད་པའི་ཡེ་ཤེས་ནི་ཉོན་མོངས་ཀྱི་རང་བཞིན་གང་ཡིན་པའོ། །ཉོན་མོངས་པའི་རང་བཞིན་ལས་ཡེ་ཤེས་གཞན་མེད་པས་དེའི་རང་བཞིན་ནི་དེ་ཉིད་ཡེ་ཤེས་ཡིན་ཏེ། ཡེ་ཤེས་དེ་ཆོས་ཐམས་ཅད་ཤེས་སོ། །ཞེས་པ་དང་། ཉོན་མོངས་ཀྱི་རང་བཞིན་ནི་ཡེ་ཤེས་ཡིན་ཏེ་ཡེ་ཤེས་དེས་ཡེ་ཤེས་དེ་བསལ་བར་མི་བྱ་སྟེ། མཛུབ་མོའི་རྩེ་མོས་དེ་ཉིད་ལ་མི་རེག་པ་ལྟ་བུའོ། །ཞེས་སོ། །དེ་ལྟར་རིགས་དང་རིགས་བདག་གི་རྣམ་པར་བཞག་པ་ལེགས་པར་ཁོང་དུ་ཆུད་ནས་བསྐྱེད་རིམ་སྒོམ་པའི་མཐར་ཐུག་འབྲས་བུ་རིགས་བདག་དང་བླ་མ་དབྱེར་མེད་དུ་འཇེར་ཤེས་པ་དེ་བསྐྱེད་རིམ་སངས་རྒྱས་ཀྱི་ལམ་དུ་འགྱུར་བ་ཡིན་ནོ། །དེ་འདྲའི་རྟེན་འབྲེལ་ཟབ་མོའི་གནད་ལ་རྟོགས་པའི་རིགས་འཚོལ་བ་ལ་མཆོག་དང་ཐུན་མོང་གི་དངོས་གྲུབ་མི་འབྱུང་སྟེ། རྒྱུད་ལས། རིགས་འཚོལ་སྒོམ་པའི་སྦྱོར་བ་ཡིས། །དངོས་གྲུབ་མེད་ཅིང་སྒྲུབ་པོའང་མེད། །ཅེས་གསུངས་སོ། །ལྭ་བ་པས་མཛད་པ་ཡིན་ཟེར་བའི་བདེ་མཆོག་གི་ཡིག་སྣར། ཤར་གྱི་དུར་ཁྲོད་བཀྲ་བྱིན་གླང་པོ་ཆེའི་སྟེང་ན་འདུག་པའི་མདུན་དེར་སེང་གེའི་ཁྲི་ལ་བླ་མ་བཞུགས་པར་སྒོམ་པ་ཡིན། ཞེས་པ་དང་། དཀྱིལ་འཁོར་གྱི་སྒོ་ནང་དུ་ལྷ་རྣམས་ཀྱི་ཟུར་གཅིག་ཏུ་བླ་མ་བཞུགས་པར་བསྒོམ་ཞིང་། གཙོ་བོའི་རིགས་བདག་ཏུ་མི་སྒོམ་ཟེར་བ་ལ་སོགས་འཁྲུལ་པའི་ཟེར་ཚུལ་མང་པོ་སྣང་སྟེ། ལམ་གྱི་གནད་ཆེ་ས་ནས་བཅོས་པས་ལམ་ཟབ་མོ་བླ་མའི་རྣལ་འབྱོར་ཉམས་སུ་ལེན་པའི་བསྟན་པ་བཤིག་པ་ཡིན་ནོ། །

བཞི་པ་ནི། ཡོད་པའི་དགེ་བ་ཞེས་བྱ་བ། །ཆོས་ཀྱི་དབྱིངས་ལས་བསམས་ན་ནི། །དེ་ནི་བསྔོ་བའི་རྒྱུར་བྱེད་པ། །དམིགས་པ་མེད་པ་ཆོས་ཀྱི་དབྱིངས། །དམིགས་པའི་དགེ་བར་འགྱུར་པས་ན། །དགེ་བ་དུག་དང་བཅས་པར་འགྱུར། །འདི་ཡང་གནད་རྣམས་བཅོས་པར་དོགས། །ཞེས་པ། བདག་དང་འཁོར་འདས་ཐམས་ཅད་ཀྱིས་དུས་གསུམ་དུ་བསགས་པ་དང་ཡོད་པའི་དགེ་བ་ཞེས་དྭགས་པོ་ལྷ་རྗེས་ཐོག་མར་བཀོད་ནས་དེའི་རྗེས་སུ་འབྲང་བ་རྣམས་ཆོས་དབྱིངས་རང་བཞིན་གྱིས་རྣམ་དག་བསྔོ་རྒྱུར་བྱེད་པ་ནི། དམིགས་མེད་ཀྱི་དེ་བཞིན་ཉིད་དམིགས་བཅས་དེ་བཞིན་ཉིད་ཡོད་པའི་དགེ་བར་བསྒྱུར་ནས་བསྔོས་པས་བསྔོ་བའི་ཚིག་དུག་དང་བཅས་པར་འགྱུར་རོ། །ཞེས་ཤེར་ཕྱིན་གྱི་མདོ་ལས་གསལ་བར་གསུངས་སོ། །འདི་ལ་འགའ་ཞིག་བྱང་ཆུབ་ཏུ་སེམས་མ་བསྐྱེད་པའི་སྟོན་དུ་དམ་པའི་ཆོས་ཐོས་པ་དང་། སྐུ་གསུང་ཐུགས་ཀྱི་རྟེན་མཐོང་བ་དང་། རེག་པ་དང་། རྒྱལ་བ་སྲས་བཅས་ཀྱི་མཚན་དང་སྙིང་པོ་ཐོས་པ་རྣམས་སེམས་བརྒྱུད་ལ་སངས་རྒྱས་ཀྱི་ས་བོན་བཟང་པོ་ཐེབས་པར་གསུངས་ཤིང་། དེ་འདྲ་བསྐལ་པ་མང་པོའི་སྟོན་རོལ་དུ་ཡོད་པའི་ཕྱིར། དེ་རྣམས་བླ་ན་མེད་པའི་

བྱང་ཆུབ་ཏུ་བསྔོ་བས་རྒྱས་བཏབ་ན་ཆུད་མི་ཟར་གསུངས་པས་དེ་ལ་དགོངས་པ་ཡིན་ནོ། །ཞེས་འདོད་པའང་ཡོད་དེ། དེ་ཙམ་ལ་ནི་འགལ་བ་མེད་དོ། །མཚན་འཛིན་གྱི་དུག་དང་བཅས་པའི་བསྔོ་བ་བྱས་ནའང་། ཐེག་པ་ཆེན་པོའི་བསྔོ་བ་རྣམ་དག་གནད་བཅོས་པའི་ཉེས་པར་འགྱུར་རོ། །

ལྔ་པ་ནི། དེ་བཞིན་གཏུམ་མོ་སྒོམ་པ་དང་། །ཕྱག་རྒྱ་ཆེན་པོ་ལ་སོགས་པ། །དམ་ཚིག་དང་ནི་སྡོམ་པ་ཡི། །གནད་རྣམས་བཅོས་པ་མང་ཡོད་ཀྱི། །གསང་སྔགས་ཡིན་ཕྱིར་འདིར་མ་བཤད། །ཅེས་པ། རྣལ་འབྱོར་བླ་མེད་ཀྱི་དབང་གཉིས་པའི་ལམ་རྩ་རླུང་དང་གཏུམ་མོ་སྒོམ་པ་དང་། དབང་བཞི་པའི་ལམ་ཕྱག་རྒྱ་ཆེན་པོ་སྒོམ་པ་དང་། དབང་བཞི་སོ་སོ་དང་འབྲེལ་བའི་དམ་ཚིག་དང་། སྡོམ་པའི་གནས་རྩ་བ་དང་ཡན་ལག་གི་སྲུང་མཚམས་དང་། སྲུང་བའི་ཚུལ་མང་པོ་བཅོས་ནས་ལྟེ་བ་རྣམས་ཡངས་པ་དང་། ཉེས་མེད་ཉེས་པར་ངོས་འཛིན་པ་ལ་སོགས་གནད་འཁྲུགས་པའི་ཚུལ་ཤིན་ཏུ་མང་མོད་ཀྱི། འགའ་ཞིག་བཤད་ཅིང་། འགའ་ཞིག་གསང་སྔགས་ཀྱི་སྐབས་དོན་ཡིན་པས་འདིར་གསལ་བར་མ་བཤད་དེ། གསང་སྔགས་ཉམས་སུ་ལེན་པ་རྣམས་ཀྱིས་བླ་མ་མཁས་པའི་གསུང་བཞིན་དུ་བླང་དོར་མནོར་བར་བྱའོ། །

བཞི་པ་ལ་གཉིས། ཆོས་ཀྱི་རྩ་བ་ངོས་བཟུང་བ་དང་། དེ་ལྟར་བཅོས་པའི་ཚུལ་ལོ། །དང་པོ་ནི། ཆོས་རྣམས་ཀུན་གྱི་རྩ་བ་ནི། །སྟོང་ཉིད་སྙིང་རྗེའི་སྙིང་པོ་ཅན། །ཐབས་དང་ཤེས་རབ་ཟུང་འཇུག་ཏུ། །མདོ་རྒྱུད་ཀུན་ལས་རྒྱལ་བས་གསུངས། །ཞེས་པ། མདོ་སྡུད་པ་ལས། དེ་དག་ཐབས་ཀྱི་ཡོན་ཏན་གྱིས་ཟིན་ན། །མཆོག་ཏུ་སྨད་བྱུང་བདེ་གཤེགས་བྱང་ཆུབ་མྱུར་དུ་རེག །ཅེས་པ་དང་། ག་ཡ་གོ་རིའི་མདོར། བྱང་ཆུབ་སེམས་དཔའ་ལམ་འདི་གཉིས་དང་ལྡན་པ་ནི་མྱུར་དུ་བླ་ན་མེད་པ་ཡང་དག་པར་རྫོགས་པའི་བྱང་ཆུབ་ཏུ་མངོན་པར་རྫོགས་པར་འཚང་རྒྱའོ། །གཉིས་གང་ཞེ་ན། ཐབས་དང་ཤེས་རབ་འབྲེལ། ཞེས་པ་དང་། ཕལ་པོ་ཆེར། འདི་ལྟ་སྟེ། བྱི་ལའི་མིག་གིས་བལྟས་པ་ཙམ་གྱིས་བྱི་བ་ཐམས་ཅད་འབྱེར་རོ། །དེ་བཞིན་དུ་བྱང་ཆུབ་སེམས་དཔའ་ཐམས་ཅད་མཁྱེན་པ་ཉིད་དུ་སེམས་བསྐྱེད་པའི་ལྷག་པའི་བསམ་པའི་སྦྱོར་བ་ཙམ་གྱིས་ལས་དང་ཉོན་མོངས་པ་ཐམས་ཅད་འབྱེར་བར་འགྱུར་རོ། །འདི་ལྟ་སྟེ། སེང་གེའི་རྒྱས་པ་ལ་རྒྱུད་དུ་བྱས་པའི་པི་ཝང་གི་སྒྲས་ནི་པི་ཝང་ཐམས་ཅད་ཀྱི་རྒྱུད་ཆད་དོ། །དེ་བཞིན་དུ་བྱང་ཆུབ་སེམས་དཔའི་སྟོང་པ་ཉིད་ཀྱི་སྒྲས་ཉོན་མོངས་པ་ཐམས་ཅད་ཟད་པར་བྱེད་དོ། །ཞེས་པ་དང་། རྒྱུད་ལས་ཀྱང་། སྟོང་ཉིད་སྙིང་རྗེ་དབྱེར་མེད་སྔགས་ཀྱི་ཐེག་པའི་རྩ་བར་ཡང་དང་ཡང་དུ་གསུངས་པའི་ཕྱིར། ཐེག་པ་ཆེན་པོའི་ཆོས་སྔགས་ཕ་རོལ་ཏུ་ཕྱིན་པ་ཐམས་ཅད་ཀྱི་ཐོག་མའི་རྩ་བ་ཡང་ཀུན་རྫོབ་དང་དོན་དམ་པའི་བྱང་ཆུབ་སེམས་ཡིན་ལ། བར་གྱི་ཉམས་ལེན་ཡང་སྟོང་ཉིད་སྙིང་རྗེའི་

སྙིང་པོ་ཅན་གྱི་ཐབས་ཤེས་ཟུང་འཇུག་ཡིན་ཅིང་། མཐར་ཐུག་གི་འབྲས་བུའང་སྟོང་ཉིད་སྙིང་རྗེའི་ཟུང་མཇུག་ཡིན་ཏེ། བརྟག་པ་གཉིས་པར། ཏེ་ནི་སྙིང་རྗེ་ཆེན་པོ་སྟེ། །བཟྡ་ཤེས་རབ་བརྗོད་པར་བྱ། །ཞེས་གསུངས་སོ། །མདོ་སྡུད་པར། དཔེར་ན་མི་འགའ་གཡང་ས་ཆེན་པོར་འདུག་བྱེད་ཅིང་། །ལག་པ་གཉིས་ཀས་གདུགས་གཉིས་འཛིན་ཅིང་ནམ་མཁའ་ལ། །མཆོང་བར་བྱེད་ཅིང་གཡང་ས་ཆེན་པོར་ལུས་བོར་ན། །ལྷུང་བར་མི་འགྱུར་ཇི་སྲིད་དེར་ནི་འགྲོ་བར་འགྱུར། །དེ་བཞིན་བྱང་ཆུབ་སེམས་དཔའ་མཁས་པ་སྙིང་རྗེ་གནས། །ཐབས་དང་ཤེས་རབ་གཉིས་ཀྱི་གདུགས་ནི་ཡོངས་བཟུང་སྟེ། །ཆོས་རྣམས་སྟོང་པ་མཚན་མེད་སྨོན་པ་མེད་རྟོག་ཅིང་། །མྱ་ངན་འདས་ལ་རེག་པ་མེད་པར་ཆོས་ཀྱང་མཐོང་། །ཞེས་གསུངས་སོ། །

གཉིས་པ་ནི། ལ་ལ་སྤྲོས་བྲལ་རྐྱང་པ་ནི། །དཀར་པོ་ཆིག་ཐུབ་ཡིན་ཞེས་ཟེར། །འདི་ཡང་གནད་རྣམས་བཅོས་པར་དོགས། །ཞེས་པ། ལས་རྒྱུ་འབྲས་ལ་མི་གུས་ཤིང་སྤྲོས་བྲལ་སྟོང་པའི་ཁ་འཛིན་པ་ལ་ལ། སྤྲོས་པའི་མཐའ་བཞི་དང་བྲལ་བའི་སྟོང་པ་ཉིད་རྟོགས་པ་ནི་ལམ་གྱི་གྲོགས་གཞན་ཉམས་སུ་ལེན་པ་ལ། མ་ལྟོས་པའི་ཆོས་དཀར་པོ་གཅིག་ཐུབ་བྱ་བ་ཡིན་ནོ། །ཞེས་ཟེར་རོ། །འདི་ཡང་ཐབས་ཁྱད་དུ་བསད་པའི་ལྟ་བ་ཡིན་པས་ཐེག་པ་ཆེན་པོའི་ཆོས་ཐབས་མཁས་ཁྱད་པར་ཅན་གྱི་སྒོ་ནས་ཐེག་དམན་གྱི་ལམ་ལས་མཆོག་ཏུ་གྱུར་པའི་གནད་མ་གོ་བའི་སྐྱོན་ཆེན་པོ་ཡིན་ནོ། །ཞལ་པོ་ཆེ། འདི་ལྟར་བྱང་ཆུབ་ཀྱི་སེམས་ཉམས་པར་འགྱུར་བའི་དགེ་བའི་རྩ་བ་ཐམས་ཅད་ནི་བདུད་ཀྱི་ལས་སུ་རིག་པར་བྱའོ། །ཞེས་གསུངས་སོ། །

གསུམ་པ་ནི། གནད་རྣམས་མིན་པའི་ཆོས་གཞན་འགའ། །མ་ཚང་བ་དང་ལྷག་པ་དང་། །ཟུང་ཟད་འཁྲུལ་པར་གྱུར་ན་ཡང་། །ཉེས་པ་ཆེན་པོ་བསྐྱེད་མི་ནུས། །ཆོས་ཀྱི་གནད་རྣམས་བཅོས་གྱུར་ན། །ཆོས་གཞན་བཟང་ཡང་འཚང་མི་རྒྱ། །ཞེས་པ། ཐེག་པ་རང་རང་གི་ཆོས་ལུགས་ལ་བྱང་ཆུབ་སྒྲུབ་པའི་ལམ་གྱི་གནད་ཉན་ཐོས་ཀྱི་ལམ་གྱི་གཞུང་ཤིང་། སོ་སོར་ཐར་པའི་སྡོམ་པ་རྣམ་པར་དག་པ་ལ་བརྟེན་ནས་འཁོར་བའི་ཆོས་རྣམས་བདག་མེད་པར་སྒོམ་པ་དང་། ཕ་རོལ་ཏུ་ཕྱིན་པའི་གནད་གཞན་དོན་དུ་སངས་རྒྱས་སྒྲུབ་པའི་སེམས་བསྐྱེད་ལ་བརྟེན་ནས་སྟོང་ཉིད་སྙིང་རྗེ་ཟུང་འཇུག་ཏུ་སྒྲུབ་པ་དང་། རྡོ་རྗེ་ཐེག་པའི་ལམ་གྱི་གནད་དམ་ཚིག་དང་སྡོམ་པ་རྣམ་དག་གཞིར་བཟུང་ནས་དབང་དང་འབྲེལ་པའི་རིམ་གཉིས་ཀྱི་རྣལ་འབྱོར་རྒྱུད་དང་མཐུན་པར་ཉམས་སུ་ལེན་ཤེས་ན་དེ་ལས་གཞན་པའི་ལམ་གྱི་ཡན་ལག་རྣམས་སངས་རྒྱས་ཀྱིས་གསུང་པ་བཞིན་སྒྲུབ་པར་མ་ནུས་པ་དང་། ལག་ལེན་ནོར་བ་ཙུང་ཟད་བྱུང་ཡང་མཐར་ཐུག་གི་འབྲས་བུ་ལ་བར་དུ་གཅོད་པའི་ཉེས་པ་ཆེན་པོ་བསྐྱེད་པར་མི་ནུས་ཤིང་། བཤགས་བསྡོམ་བྱས་པ་ཙམ་གྱིས་ཀྱང་འདག་པར་ནུས་སོ། །ལམ་གྱི་གནད་ཆེ་ས

ནས་བཙོས་ཤིང་འབྲུལ་ན་འབྲས་བུ་མི་འབྱུང་སྟེ། དཔེར་ན་ཉན་ཐོས་ཀྱི་ཐེག་པར་སོ་སོར་ཐར་པ་དང་འགལ་བའི་ཆང་འཐུང་བ་དང་ཕྱི་དྲོ་ཟ་བ་དང་། གསོག་འཇོག་བྱེད་པ་ལ་སོགས་པའི་ལྟུང་བས་མ་གོས་པར་བསྲུངས་ཀྱང་བདག་འཛིན་མ་སྤངས་ན་འཁོར་བ་ལས་མི་གྲོལ་བ་བཞིན་དུ། ཐེག་པ་ཆེན་པོའི་ལམ་ལ་ཡང་། དཀོན་མཆོག་མཆོད་པ་དང་སྦྱིན་པ་གཏོང་བ་ལ་སོགས་པ་ལེགས་པར་བསྒྲུབས་ཀྱང་། འགྲོ་བ་མཐའ་དག་སྡུག་བསྔལ་ལས་སྐྱོབ་པར་འདོད་པའི་སྙིང་རྗེ་ཆེན་པོ་དང་མཚུངས་ལྡན་གྱི་བྱང་ཆུབ་ཀྱི་སེམས་དང་། ཆོས་ཐམས་ཅད་རང་བཞིན་གྱིས་སྟོང་པ་དང་བྲལ་བའི་དེ་བཞིན་ཉིད་དུ་ཤེས་པའི་ལྟ་བ་དང་བྲལ་ན་འཚང་མི་རྒྱ་ཞིང་། དེའི་སྟེང་དུ་རྡོ་རྗེ་ཐེག་པ་ལ་སྨིན་བྱེད་དབང་གི་སྐབས་སུ་ཆོ་གའི་ཆ་ལག་དབང་རྫས་དང་རྗེས་གནང་རེ་ཙམ་མ་ཚང་བས་ཉེས་པ་ཆེན་པོ་མི་བསྐྱེད་ནའང་། དབང་གི་སྐབས་དོན་ལེགས་པར་ངོ་མ་འཕྲོད་ན་གོ་མི་ཆོད་ཅིང་།
བསྐྱེད་རིམ་བསྒོམ་པའི་ཚེ་དག་སྦྱོར་མི་ཤེས་པའི་རྒྱན་ཕྱག་མཚན་ཟང་ཟིང་མང་པོ་སྒོམ་པ་དང་། གཏུམ་མོ་དང་རླུང་སྦྱོར་ལ་སོགས་ཕྱག་རྒྱ་ཆེན་པོའི་ཡེ་ཤེས་ཀྱི་གྲོགས་སུ་མི་འགྱུར་བའི་དྲོད་བསྐྱེད་པ་ཙམ་གྱི་ཉམས་ལེན་ནི་འཚང་རྒྱ་བའི་ལམ་དུ་མི་འགྱུར་ཏེ། གནད་གལ་ཆེ་བ་རྣམས་མ་ཚང་བའི་ཕྱིར་རོ། །

དཔེར་ན་འགྲོ་བའི་སྲོག་རྩ་དང་། །ལྷོན་ཤིང་རྣམས་ཀྱི་རྩ་བ་དང་། །ས་བོན་གྱིས་ནི་སྐྱེས་པ་དང་། །ཐགས་རྣམས་ཀྱི་ནི་སྲོག་ཤིང་དང་། །བཅུད་ལེན་པ་ནི་རྩ་བ་དང་། །དབང་པོ་རྣམས་ཀྱི་གནད་རྣམས་ནི། །འཕྱུགས་ན་སྒྲུབ་ཏུ་མི་རུང་བཞིན། །ཞེས་པ། འགྲོ་བའི་ལུས་ཀྱི་མིག་དང་རྣ་བ་ལ་སོགས་པའི་དབང་པོ་ལ་སྐྱོན་མ་ཞུགས་ཀྱང་སྲོག་རྩ་ཆད་ན་དབང་པོ་ཐམས་ཅད་ཀྱིས་དོན་བྱེད་མི་ནུས་པ་དང་། ལྷོན་ཤིང་གི་ཡལ་ག་ལོ་འབྲས་ཡོད་ཀྱང་རྩ་བ་བཅད་པ་ལྟ་བུ་དང་། ས་བོན་གྱི་སྐྱེ་ས་ནས་ཀྱི་བརླང་དང་འབྲས་ཀྱི་ཤུན་པ་ཉམས་པ་ལྟ་བུ་དང་། ཐགས་ཀྱི་སྲོག་ཤིང་བརྟོན་ན་སྣལ་མ་འཛིངས་པས་འཐག་ཏུ་མི་རུང་བ་དང་། བཅུད་ལེན་སྒྲུབ་པའི་རྩ་བ་སྨན་དངུལ་ཆུ་དང་། དབང་པོ་ནང་དུ་ཡན་ལག་གི་སྨན་ཀྱང་ནུས་པ་མི་འབྱུང་བ་དང་། མིག་དང་རྣ་བ་ལ་སོགས་པའི་རྩ་བ་ཉམས་ན་ཕྱི་ནས་མིག་སྨན་བྱུགས་པ་ལ་སོགས་པས་གསལ་བར་བྱེད་མི་ནུས་པ་བཞིན་དུ། དེ་བཞིན་ཆོས་ཀྱི་གནད་འཕྱུགས་ན། །ལེགས་ལེགས་འདྲ་ཡང་འབྲས་བུ་མེད། །དེས་ན་ལག་ལེན་འབྲུལ་ཀྱང་བླ། །གནད་རྣམས་འབྲུལ་མེད་དཔྱད་དགོས་སོ། །ཞེས་པ། གོང་དུ་དཔེ་དོན་སྦྱར་ནས་བསྟན་པ་ལྟར་ཐེག་པ་རང་རང་གི་གནད་འགག་ཆེ་ས་ནས་འཕྱུགས་ན་ཆ་ལག་ཕྲ་མོ་རྣམས་ཀྱི་བླང་དོར་བྱེད་ཚུལ་ལེགས་ལེགས་འདྲ་ཡང་འདོད་པའི་འབྲས་བུ་མི་འབྱུང་བས་འབད་པ་དོན་མེད་ཡིན་ནོ། །དེས་ན་རྫོགས་པའི་སངས་རྒྱས་ཀྱིས་གསུངས་པ་མཐའ་དག་ཉམས་སུ་ལེན་པ་མ་ གྲུབ་ནའང་། གནད་ཆེ་བ་རྣམས་མ་འབྲུལ་བ་དང་ཚང་བར་ཉམས་སུ་ལེན་པ་

ལ་འབད་པར་བྱའོ། །

གཉིས་པ་ལ་བཞི་སྟེ། བདུད་ཀྱི་སྤྲུལ་པས་ཆོས་ལོག་སྟོན་ཚུལ་གོ་བདེར་བཤད་པ། སྟོན་གྱི་བྱུང་ཚུལ་གྱི་གཏམ་དཔེར་བཀོད་པ། ཆོས་ཀྱིས་ཁ་བསྒྱུར་བའི་ཆོས་ལོག་གིས་སླུ་བའི་དཔེ་དགོད་པ། འགག་བསྡུས་ཏེ་གནད་ལ་ནོར་བའི་ཆོས་བཟུང་བྱར་གདམས་པའོ། །

དང་པོ་ནི། དེ་ལ་གནད་རྣམས་འཚོས་པའི་བདུད། །ལ་ལ་སངས་རྒྱས་དངོས་སུ་སྟོན། །ཁ་ཅིག་མཁན་པོ་སློབ་དཔོན་དང་། །བླ་མའི་ཆ་ལུགས་འཛིན་པ་དང་། །ཕ་མ་འམ་ཉེ་དུའི་ཆ་ལུགས་ཀྱིས། །སེམས་ཅན་རྣམས་ནི་སླུ་བར་བྱེད། །ཅེས་པ། མདོ་ལས། རིན་ཆེན་ཆོས་ཀྱང་དཀོན་ལ་རྟག་ཏུ་འཚེ་བའང་མང་། །ཞེས་གསུངས་པ་ལྟར་དམ་པའི་ཆོས་བྱེད་པར་འདོད་པའི་གང་ཟག་ལ་བདུད་ཀྱི་ཀླག་ཆོལ་བའི་ཚུལ་གཅིག་ཏུ་མ་ངེས་ཏེ། ལ་ལ་རྫོགས་པའི་སངས་རྒྱས་ཀྱི་གཟུགས་བརྐྱན་བསྟན་ནས་འདས་མ་འོངས་ལུང་སྟོན་པ་དང་། གཞན་དུ་མ་གྲགས་པའི་ཟབ་ཆོས་འཆད་པ་དང་། བསླབ་སྡོམ་འབོགས་པའི་མཁན་པོའི་གཟུགས་དང་། ཡོན་ཏན་སློབ་པའི་སློབ་དཔོན་གྱི་གཟུགས་དང་། དབང་དང་གདམས་ངག་སྟེར་བའི་བླ་མའི་གཟུགས་དང་། འཇིག་རྟེན་འདིའི་ཕ་མ་དང་སྤུན་དང་སྲིང་མོ་དང་གཉེན་དང་སྣག་གི་གཉེན་མཚམས་ཀྱི་ཆ་ལུགས་བཟུང་ནས་སླུ་བར་བྱེད་དོ། །

འགའ་ཞིག་རྒུབ་པོར་སླ་བྱེད་ཅིང་། །སྡིགས་པའི་ཚུལ་གྱིས་བསྒྱུར་བར་བྱེད། །ལ་ལ་འཇམ་པོར་སླ་བྱེད་ཅིང་། །བྱམས་པའི་ཚུལ་གྱིས་བསླུ་བར་བྱེད། །ལ་ལ་སངས་རྒྱས་གསུངས་པའི་ལུང་། །ཕྱིན་ཅི་ལོག་ཏུ་བཤད་ནས་བསྒྱུར། །ཞེས་པ། བར་དུ་གཅོད་པའི་བགེགས་འགའ་ཞིག །ཆོས་ལུགས་འདི་ལ་མི་འཇུག་ན་ཕྱོགས་འདིར་མ་འདུག་གཅིག་ཆར་གཅད་པར་བྱའོ་ཞེས་སྡིགས་པ་དང་། འགའ་ཞིག་གདམས་པ་འདི་འཕྲལ་དང་ཡུན་དུ་ཕན་པ་དང་བདེ་བའི་རྒྱུར་འགྱུར་རོ། །ཞེས་བྱམས་པའི་ཚུལ་དང་། ལ་ལ་མདོ་རྒྱུད་ཀྱི་ལུང་གི་དགོངས་པ་དོན་གཞན་དུ་བསྒྱུར་ནས་ནོར་བར་འཆད་པ་དང་། ལ་ལ་རིགས་པ་བཟང་པོ་ལ། །ངན་པ་མིན་ཞེས་བཤད་ནས་བསྒྱུར། །ལ་ལ་རིགས་པ་ངན་པ་ལ། །བཟང་པོ་ལྟ་བུར་བཅོས་ནས་བསྒྱུར། །ལ་ལ་ཟབ་ནོར་ཅི་འདོད་པའི། །རྫས་པ་བྱིན་ནས་ཆོས་ལོག་སྟོན། །ཞེས་པ། གསུང་རབས་ཀྱི་དོན་གཏན་ལ་འབེབས་པའི་གཏན་ཚིགས་བཟང་པོ་རྣམས་བསྒྱུར་ནས་ངན་པར་འཆད། ངན་པ་རྣམས་བཟང་པོ་ལྟར་བཅོས་ནས་སྟོན་པ་དང་། ལ་ལ་འཁོར་མང་པོ་དང་ལྡན་པའི་སྐྱེ་བོ་མཐུ་དང་ལྡན་པ་ལ་ཟས་བཟང་པོ་དང་ནོར་ཡིད་དུ་འོང་བའི་འབུལ་བ་དང་། གཏམ་སྙན་པོ་སོགས་ཀྱིས་བྲིད་ནས་ཆོས་ལོག་བསྟན་པ་འཛིན་དུ་འཇུག་པ་དང་།

ལ་ལ་ལུས་དང་སེམས་ལ་ནི། །ཏིང་འཛིན་ཙུང་ཟད་བསྐྱེད་ནས་ཀྱང་། །དེ་ལ་ཡིད་ཆེས་སྐྱེས་པ་དང་། །ལོག་པའི་ཆོས་རྣམས་བསྟན་ནས་བསླུ། །ལ་ལ་མངོན་པར་ཤེས་པ་དང་། །རྫུ་འཕྲུལ་ཙུང་ཟད་བསྟན་ནས་ཀྱང་། །བླུན་པོ་ཡིད་ཆེས་བསྐྱེད་ནས་ནི། །ཕྱིས་ནས་ཆོས་ལོག་སྟོན་པར་བྱེད། །ཅེས་པ། བདུད་རིགས་ཀྱི་འབྱུང་པོ་ལ་ལས་སློབ་མའི་ལུས་ཡངས་པ་དང་། བར་སྣང་ལ་གནས་པར་ནུས་པ་དང་། མེས་མི་ཚིག་པ་དང་། ཆུས་མི་འབྱིང་བ་ལ་སོགས་པའི་ཡོན་ཏན་དང་། སེམས་ལ་བདེ་བ་དང་གནས་པའི་ཏིང་ངེ་འཛིན་བཟང་པོ་འདྲ་བ་བསྐྱེད་ནས་ལོག་པའི་ཆོས་ལ་ཡིད་ཆེས་པའི་རྒྱུ་མཚན་ལྟར་སྣང་གིས་བསླུས་ཏེ་ལོག་པའི་ལམ་ལ་སྦྱོར་བ་དང་། བདུད་རིགས་ཀྱི་བགེགས་ལ་ལས་འདས་མ་འོངས་དང་གཞན་གྱི་སེམས་ཤེས་པ་དང་། གཟུགས་སྣ་ཚོགས་སུ་བསྒྱུར་བ་ལ་སོགས་པའི་ཆོ་འཕྲུལ་གྱིས་གང་ཟག་བཟང་པོར་ཡིན་པར་སྐྱེ་བོ་བླུན་པོ་ཡིད་ཆེས་བསྐྱེད་པའི་རྗེས་སུ་ཆོས་ཕྱིན་ཅི་ལོག་ནས་དར་བར་བྱེད་པ་དང་།

ལ་ལ་ང་ཡིས་འདི་ལྟར་བསྒོམས། །དེ་ལ་རྟོགས་པ་འདི་སྐྱེས་པས། །ཁྱོད་ཀྱང་འདི་ལྟར་གྱིསཤིག་ཅེས། །རང་གི་ཉམས་མྱོང་ཡིན་པ་ཡི། །ཚུལ་དུ་བྱས་ནས་ལོག་པར་འཆོས། །ཞེས་པ། བདུད་ཀྱིས་སེམས་བསྒྱུར་བའི་གང་ཟག་བརྩུན་བརླབ་པོ་ཆེ་སླ་བ་ཆོས་ཟབ་མོ་འདི་ང་ཡིས་ཞག་འགའ་ཙམ་ཉམས་སུ་བླངས་པས་སེམས་ལ་ཉམས་དང་རྟོགས་པ་ཕུལ་དུ་ཕྱིན་པ་འདི་དང་འདི་ལྟ་བུ་སྐྱེས་སོ། །ཁྱོད་ཀྱིས་འདི་ལྟར་ཉམས་སུ་ལོངས་ཤིག །རིང་པོ་མི་ཐོག་པར་དངོས་གྲུབ་ཐོབ་པར་འགྱུར་རོ། །ཞེས་རང་གི་རྒྱུད་ལ་སྐྱེས་པའི་ཚུལ་དུ་བཅོས་ནས་ལྟ་སྒོམ་སྤྱོད་པ་ཕྱིན་ཅི་ལོག་ཆོས་མང་པོ་བསྟན་ཏེ་དར་བར་བྱས་ནས་དམ་པའི་ཆོས་འཇིག་པའི་བདུད་ལས་མང་དུ་འབྱུང་ངོ། །

མདོར་ན་སངས་རྒྱས་གསུང་རབ་དང་། །ཕལ་ཆེར་མཐུན་པར་སྟོན་ན་ཡང་། །གནད་རྣམས་ལོག་པར་སྟོན་པའི་ཆོས། །ལེགས་ལེགས་འདྲ་བར་སྟོན་ན་ཡང་། །བདུད་ཀྱི་བྱིན་བརླབས་ཡིན་ནོ་ཞེས། །མདོ་རྒྱུད་ཀུན་ལས་གསལ་བར་གསུངས། །ཞེས་པ། སྐྱེ་བོ་ཕལ་པ་རྣམས་དད་ཅིང་འདུན་པར་བྱེད་པའི་ཆོས་སྙིང་རྗེ་ཆེ་བ་དང་། སྦྱིན་གཏོང་ལ་སྦྱོ་བ་དང་། འཁོར་བ་ལ་ཉེ་རིང་ཆུང་བ་ལ་སོགས་སངས་རྒྱས་ཀྱི་གསུང་དང་མཐུན་པའི་རྣམ་ཐར་བཟང་པོ་སྟོན་ཀྱང་། དམ་པའི་ཆོས་ཀྱི་གནད་ཟབ་མོ་ཙུང་ཟད་བཅོས་ཏེ། ཕལ་ཆེར་སངས་རྒྱས་ཀྱི་གསུང་དང་མཐུན་པའི་ཆོས་ཁྱད་འཕགས་ལྟ་བུར་སྣང་བ་དེ་རྣམས་བདུད་ཀྱི་བྱིན་བརླབས་ཡིན་ནོ་ཞེས་མདོ་རྒྱུད་ཀུན་ལས་གསུངས་པས་ཤེས་པར་བྱ་སྟེ་བདུད་ལས་ཀྱི་དབང་དུ་མ་སོང་བར་བྱའོ། །འཕགས་པ་བརྒྱད་སྟོང་པར། རབ་འབྱོར། མདོ་སྡེ་དང་དེ་དག་ཏུ་སྟོང་པ་ཉིད་དང་། མཚན་མ་མེད་པ་དང་། སྨོན་པ་མེད་པ་དག་བཤད་མོད་ཀྱི། དེ་ལས་བྱང་ཆུབ་སེམས་དཔའ་སེམས་དཔའ་ཆེན་པོའི་ཐབས་ལ་མཁས་པ་དག་མ་བསྟན་ཏོ། །དེ་

ལ་བྱང་ཆུབ་སེམས་དཔའ་གང་ཐབས་ལ་མཁས་པའི་ཡེ་ཤེས་ཀྱི་བྱེ་བྲག་མངོན་པར་མི་ཤེས་པ་དེ་དག་ནི་ཤེས་རབ་ཀྱི་ཕ་རོལ་ཏུ་ཕྱིན་པ་ཟབ་མོ་འདི་བཏང་བར་སེམས་ཏེ། དེ་དག་ཤེས་རབ་ཀྱི་ཕ་རོལ་ཏུ་ཕྱིན་པ་ཟབ་མོ་འདི་བཏང་ནས་ཉན་ཐོས་དང་རང་སངས་རྒྱས་ཀྱི་ཐེག་པ་དང་ལྡན་པའི་མདོ་སྡེ་དག་ལས་ཐབས་ལ་མཁས་པ་བཙལ་བར་སེམས་ཏེ། རབ་འབྱོར་འདི་ཡང་བྱང་ཆུབ་སེམས་དཔའ་སེམས་དཔའ་ཆེན་པོས་བདུད་ཀྱི་ལས་སུ་རིག་པར་བྱའོ། །ཞེས་པ་དང་། ཕལ་པོ་ཆེར། མངོན་པར་ཆགས་པའི་ཕྱིར་ཕུང་པོའི་བདུད་དང་། ཀླགས་སུ་གྱུར་པའི་ཕྱིར་ཉོན་མོངས་པའི་བདུད་དང་། སྒྲིབ་པའི་ཕྱིར་ལས་ཀྱི་བདུད་དང་། སློང་པའི་ཕྱིར་སེམས་དཔའི་བདུད་དང་། སྐྱེས་པ་དང་བྲལ་བར་བྱེད་པ་ཙམ་གྱི་བདུད་དང་། གཡོ་བ་དང་རློམ་པ་དང་འགྱུར་བ་དང་བག་མེད་པར་སྤྱོད་པ་ལྷའི་བུའི་བདུད་དང་། དེ་ལ་ཞེན་པའི་ཕྱིར་དགེ་བའི་རྩ་བའི་བདུད་དང་། རོ་མྱང་བར་བྱེད་པའི་ཕྱིར་ཏིང་ངེ་འཛིན་གྱི་བདུད་དང་། གཟུགས་བརྙན་གྱི་ཕྱིར་དགེ་བའི་བཤེས་གཉེན་གྱི་བདུད་དང་། ལས་མངོན་པར་མི་སྒྲུབ་པའི་ཕྱིར་ཆོས་ཀྱི་དབྱིངས་ཀྱི་ཡེ་ཤེས་ཁོང་དུ་ཆུད་པའི་བདུད་དེ། ཀྱེ་རྒྱལ་བའི་སྲས་དག་བདུད་ཀྱི་ལས་འདི་རྣམས་ཡོངས་སུ་ཤེས་ནས་སྤང་བའི་ཕྱིར་བརྩོན་པར་བྱའོ། །ཞེས་པ་ལ་སོགས་མང་པོ་གསུངས་པས་ཆོས་རྒྱུས་ཆུང་བ་རྣམས་བདུད་ལས་ལ་དངོས་གྲུབ་ཏུ་བཟུང་ནས་རང་གི་སེམས་བདུད་ཀྱི་འཁྲེར་བ་མི་ཚོར་བ་ཡིན་པས་དེས་ན་རང་གི་སེམས་ལ་ནང་དུ་ལེགས་པར་བརྟགས་ནས་སངས་རྒྱས་ཀྱི་གསུང་དང་སྦྱར་ཏེ་བདུད་ལས་ངོས་ཟིན་པ་དང་། དེ་སྤོང་བའི་ཐབས་ལ་འབད་པར་བྱའོ། །དེ་སྐད་དུའང་དཔལ་མཆོག་དང་པོར། རང་གི་སེམས་ནི་བདུད་ཡིན་ཏེ། །སེམས་ཉིད་དེ་བཞིན་གཤེགས་པ་ཡིན། །རང་གི་སེམས་ནི་གདུལ་བའི་ཕྱིར། །སངས་རྒྱས་བདུད་ཉིད་དུ་ནི་འགྱུར། །ཞེས་པ་དང་། རྡོ་རྗེ་གདན་བཞིར། བདུད་ནི་བདུད་དུ་འཆར་མི་འགྱུར། །རང་གི་སེམས་ཀྱིས་གདམས་པའོ། །རང་གིས་རང་སེམས་མ་བཅུལ་ན། །བདུད་ཀྱིས་འཚེ་བར་ག་ལ་འགྱུར། །མཉམ་ཉིད་སེམས་ཀྱི་དྲི་ཡིས་ནི། །གྲུ་བཞི་པར་ནི་བྱུག་པར་བྱ། །ཞེས་གསུངས་པ་དང་། མདོ་སྡུད་པར། རྒྱུ་རྣམས་བཞི་ཡིས་བྱང་ཆུབ་སེམས་དཔའ་མཁས་སྟོབས་ལྡན། །བདུད་བཞིས་ཐུབ་པར་དཀའ་ཞིང་བསྐྱོད་པར་མི་ནུས་ཏེ། །སྟོང་པར་གནས་དང་སེམས་ཅན་ཡོངས་སུ་མི་གཏོང་དང་། །ཇི་སྐད་སྨྲས་བཞིན་བྱེད་དང་བདེ་གཤེགས་བྱིན་བརླབས་ཅན། །ཞེས་གསུང་པ་ལྟར་བསྒྲུབས་ན་བདུད་ཀྱི་ལས་མི་འབྱུང་ཞིང་བྱུང་བ་ཡང་ཞི་བར་འགྱུར་རོ། །མྱ་ངན་ལས་འདས་པའི་མདོར། བཅོམ་ལྡན་འདས་ལ་བདུད་སྡིག་ཅན་གྱིས་གསོལ་པ། ཏདྱཐཱ་ཐགྷེ་ཏ་ཏ་ར་ཐགྷེ་རོ་རུ་རེ་མ་ཏྲཱ་རོ་རུ་རེ་ཤ་ལ་མ་ལ་ཏ་ལ་སྭཱཧཱ། མྱ་ངན་ལས་འདས་པ་ཆེན་པོའི་མདོ་འདི་དང་། རིགས་སྔགས་འདི་འཛིན་པ་ལ་བདུད་ཀྱི་བར་དུ་གཅོད་པ་མི་བགྱིད་དོ། །ཞེས་

དམ་བཅས་པ་འདི་འང་ལག་ཏུ་བླང་བར་བྱའོ། །

གཉིས་པ་ལ་གཉིས། ཆོས་ལོག་བསྟན་ཚུལ། དེ་སྲུན་དབྱུང་བའི་ཚུལ་ལོ། །དང་པོ་ནི། །འདི་དག་ཧི་ལྟར་བྱུང་བའི་ཚུལ། མདོ་ཙམ་ང་ཡིས་བཤད་ཀྱིས་ཉོན། །རིན་ཆེན་བཟང་པོ་བཞུགས་པའི་ཚེ། །སངས་རྒྱས་སྐར་རྒྱལ་ཅེས་བྱ་བ། །དཔལ་བ་ནས་ནི་འོད་འབྱིན་ཅིང་། །བར་སྣང་ལ་ནི་སྐྱིལ་ཀྲུང་འཆའ། །རེས་འགའ་འཇིག་མའི་ཁྲི་ལ་སྡོད། །སྟོང་པ་ཉིད་ཀྱི་ཆོས་རྣམས་སྟོན། །ཞེས་པ། མངའ་རིས་མང་ཡུལ་དུ་སྐྱེ་བོ་རྣམས་ཀྱིས་སངས་རྒྱས་སྐར་རྒྱལ་དུ་མིང་བཏགས་པའི་སླེན་མཚམས་ཀྱི་མཛོད་སྤྱུ་ནས་སྐར་མ་པ་ཞ་སངས་ལྟ་བུའི་འོད་འཕྲོ་བ་བར་སྣང་སྟོང་པ་ལ་སྐྱིལ་ཀྲུང་གིས་གནས་པ། ས་ཐོག་ཏུ་འཇིག་མའི་ཁྲི་མཐོན་པོ་ལ་འདུག་ཀྱང་ལྡིང་མེད་པ། །ཁ་ནས་སྤྲོས་བྲལ་སྟོང་པ་ཉིད་ཀྱི་ཆོས་ཐོགས་པ་མེད་པར་སྟོན་པ།

བྱམས་དང་སྙིང་རྗེ་ཆེ་བར་སྣང་། །དེ་ཡི་ཆོས་ཀྱི་གཞན་དག་ལ། །ཏིང་ངེ་འཛིན་ཀྱང་སྐྱེ་བར་བྱེད། །དེ་ལ་འཇིག་རྟེན་ཐམས་ཅད་མོས། །ཤཱཀྱའི་རྒྱལ་པོའི་བསྟན་པ་དང་། །འདྲ་མིན་ཅུང་ཟད་བཅོས་པར་འཆད། །དེ་ཡི་བསྟན་པ་ཤིན་ཏུ་འཕེལ། །ཅེས་པ། འགྲོ་བ་ཉམ་ཐག་པ་ལ་སྙིང་རྗེ་བྱང་ཆུབ་ཀྱི་སེམས་ཆེ་བ་ལྟ་བུ། དེས་བསྟན་པའི་ཆོས་གང་ཟག་གཞན་གྱིས་ཅུང་ཟད་ཐོས་པ་དང་བསྟན་པ་ཙམ་གྱིས་སེམས་གནས་པའི་ཏིང་ངེ་འཛིན་སྐྱེ་བ་ཐུབ་པའི་དབང་པོ་དངོས་སུ་བྱོན་པ་འདྲ་བ་བྱུང་ངོ་། །དེ་ལ་བོད་ཡུལ་གྱི་ས་སྟེང་ན་ཡོད་པའི་སྐྱེ་བོ་ཁྲིམ་པ་དང་མཁས་བཙུན་བཟང་བར་གྲགས་པ་ཕལ་ཆེ་བ་རྣམས་ཤིན་ཏུ་མོས་ཤིང་འདུན་པས། འཁོར་དུ་འདུས་པ་རྣམས་ལ་སངས་རྒྱས་ཀྱི་བསྟན་པ་དང་འདྲ་མིན་ཙམ་དུ་བཅོས་པའི་ཆོས་ཟབ་ཅིང་རྒྱ་ཆེ་བ་ཁྱད་པ་འཕགས་པ་ལྟ་བུ་བསྟན་པས་འཕེལ་ཅིང་རྒྱས་པར་གྱུར་ཏོ། །

གཉིས་པ་ནི། དེ་ཚེ་རིན་ཆེན་བཟང་པོ་ཡིས། །སྒྲུབ་པ་ཟླ་བ་དྲུག་མཛད་ནས། །ཏིང་འཛིན་བརྟན་པས་དེ་དྲུང་བྱོན། །སངས་རྒྱས་སྐར་རྒྱལ་བར་སྣང་ལ། །སྐྱིལ་ཀྲུང་བཅས་ནས་ཆོས་འཆད་ཚེ། །རིན་ཆེན་བཟང་པོས་གཟིགས་ཙམ་གྱིས། །ས་ལ་ལྷུང་ནས་བརྒྱལ་ཅེས་གྲགས། །ཞེས་པ། བསྟན་པ་ཕྱི་དར་གྱི་དུས་ཐོག་མར་མངའ་རིས་ཞང་ཞུང་གི་ཡུལ་ཁ་ཆེ་ཞེས་པར་སྐུ་འཁྲུངས་ཤིང་། བསླབ་པ་གསུམ་དང་ལྡན་པ་མདོ་རྒྱུད་བསྟན་བཅོས་མཐའ་དག་ལེགས་པར་ཐུགས་སུ་ཆུད་ཅིང་སྐད་གཉིས་སྨྲ་བའི་མཆོག་ཏུ་གྱུར་པ། ཁྱད་པར་དུ་འང་གསང་སྔགས་གསར་འགྱུར་གྱི་བསྟན་པ་དར་བར་མཛད་པའི་སྐྱེས་མཆོག་རིན་ཆེན་བཟང་པོས་དགེ་སློང་བྱའི་གདོང་པ་ཅན་དུ་གྲགས་པ། འཛམ་པའི་དབྱངས་ཀྱི་སྤྲུལ་པ་དེས་ཡི་དམ་ལྷ་ཟླ་བ་དྲུག་ཏུ་བསྒྲུབས་ནས་ཏིང་ངེ་འཛིན་ལ་བརྟན་པ་ཐོབ་ཅིང་ལུང་བསྟན་ནས་སྐར་རྒྱལ་ཡོད་པའི་ས་ཕྱོགས་སུ་རིམ་གྱིས་བྱོན་པས་ཁོའི་རྫུ་

འཕྲུལ་དང་གཟི་བརྗིད་རིམ་གྱིས་ཉམས་ཏེ། ཡིད་དམ་ལྷའི་ལྷ་སྐྱངས་ཀྱིས་སྤྱན་གྱིས་གཟིགས་པས་ས་ལ་ལྷུང་ནས་དྲན་པ་ཉམས་ནས་བརྒྱལ་བར་གྱུར་ཏོ། །དེ་ནས་ལོ་རྩ་བ་ཆེན་པོའི་བླ་གོས་ཀྱིས་ཁོའི་མགུལ་པ་ནས་བཅིངས་ཤིང་བཀའ་བསྐོ་དྲག་པོ་མཛད་པས་ཁོ་ན་རེ། མང་ཡུལ་གུ་མའི་མཆོ་ལ་གནས་པའི་ཀླུ་ཡིན། ངས་བསྟན་པའི་ཆོས་རྣམས་བོད་ཡུལ་ཐམས་ཅད་དུ་ཁྱབ་ཡོད། གཞུང་དང་གདམས་ངག་མང་པོ་ལ་ཆུ་ལ་ཚྭ་བཏབ་པ་ལྟར་དབྱེར་མེད་དུ་འདྲེས་པས་ཕྱོགས་གཅིག་ཏུ་སྡུད་མི་ཐུབ། ད་ཕྱིན་ཆད་ཆོས་ལོག་མི་སྟོན་པར་ཞུ་ཞེས་ཟེར་རོ། །

གལ་ཏེ་རིན་བཟངས་ཞེས་བྱ་བའི། །སྐྱེས་མཆོག་དེ་ཚེ་མི་བཞུགས་ན། །སངས་རྒྱས་སྐར་རྒྱལ་ཞེས་བྱ་བས། །ཆོས་ལོག་བསྟན་པ་འབྱུང་ཞེས་གསུངས། །ནག་པོའི་ཕྱོགས་ལ་དགའ་བ་ཡི། །སྐར་རྒྱལ་ཞེས་བྱའི་ཀླུ་ཆེན་ཞིག །སྐྱེ་ངན་ཞིག་ལ་ཞུགས་ནས་ནི། །སངས་རྒྱས་གཟུགས་སུ་བརྫུས་ཞེས་གསུངས། །ཞེས་པ། དེའི་ཚེ་སངས་རྒྱས་ཀྱི་བསྟན་པ་བསྲུང་བའི་སྐྱེས་མཆོག་རིན་ཆེན་བཟང་པོ་མི་བཞུགས་ན། སྐར་རྒྱལ་གྱིས་བསྟན་པའི་ཆོས་ལོག་ལ་ཐོས་བསམ་བསྒོམ་གསུམ་གྱི་བསྟན་པ་དར་བར་གྱུར་ཏེ་ཐུབ་པའི་བསྟན་པ་མིང་གི་ལྷག་མ་ཙམ་དུ་འགྱུར་རོ། །དགའ་རབ་དབང་ཕྱུག་གི་ཕྱོགས་འཛིན་པའི་ཀླུ་སྐར་རྒྱལ་ཞེས་བྱ་བ་བསོད་ནམས་ཆུང་བའི་མི་ལུག་རྫི་ཞིག་གི་རྒྱུད་ལ་ཞུགས་ནས་སངས་རྒྱས་ཀྱི་གཟུགས་སུ་བསྟན་པ་ཡིན་ཞེས་ལོ་ཆེན་རིན་ཆེན་བཟང་པོས་གསུངས་སོ། །

འདི་འདྲའི་རིགས་ཀྱི་བདུད་རིགས་འགའ། །མི་འམ་འཕགས་པའི་གཟུགས་བཟུང་ནས། །ལོག་པའི་བསྟན་པ་སྤེལ་བའི་ཕྱིར། །ཆོས་དང་བསྲེས་ནས་གཞན་རྣམས་སུ། །ཆོས་ལོག་བསྲེས་ནས་འཆད་པ་སྲིད། །ཅེས་པ༑ དཔེ་དེ་འདྲ་བའི་བདུད་རིགས་ཀྱི་འབྱུང་པོ་མིའི་གཟུགས་སུ་བླ་མའི་ཚུལ་སྟོན་པའམ། འཕགས་པའི་གང་ཟག་ཁྱད་པར་ཅན་གྱི་ཚུལ་བཟུང་ནས་སངས་རྒྱས་ཀྱི་བསྟན་པ་བཤིག་སྟེ། ལྟ་སྤྱོད་ཕྱིན་ཅི་ལོག་སྤེལ་བའི་ཕྱིར་དམ་པའི་ཆོས་ཀྱི་གནད་འགག་རྣམས་ཆོས་མིན་དུ་བསྒྱུར་ནས་འཆད་པ་སྔར་འབྱུང་བ་བཞིན་ད་དུང་འབྱུང་བ་སྲིད་པས་མ་འཁྲུལ་བ་དགོས་སོ། །

གསུམ་པ་ནི། དཔེར་ན་ཁ་ཟས་བཟང་པོ་ལ། །སྦྱར་བའི་དུག་གིས་ཕལ་ཆེར་བསོད། །དུག་ཀྱང་ཡིན་པར་ཤེས་ན་ནི། །འགའ་ཡང་བསད་པར་ནུས་མ་ཡིན། །དེ་བཞིན་ཆོས་བཟངས་འགའ་ཞིག་ལ། །ཆོས་ལོག་སླད་པས་ཕལ་ཆེར་སླུ། །ཆོས་ལོག་རྐྱང་པར་གོ་ན་ནི། །འགའ་ཡང་བདུད་ཀྱིས་བསླུ་མི་ནུས། །ཞེས་པ། ཁ་ཟས་ཤིན་ཏུ་བཟང་པོ་ལ་དུག་སྦྱར་ནས་བྱིན་ན་ཕ་རོལ་གྱིས་དུག་ཡོད་པར་མ་ཤེས་པས་ཁ་ཟས་བཟང་པོས་ཕན་

འདོགས་པར་ཡིན་ནོ་སྙམ་ནས་ཐོས་པས་དུག་གིས་གསོད་པར་བྱེད་དོ། །དཔེ་དེ་བཞིན་དུ་སངས་རྒྱས་ཀྱི་གསུང་དང་མཐུན་པའི་ཆོས་ཟབ་ཅིང་རྒྱ་ཆེ་བའི་ནང་དུ་གནད་འགག་ཟབ་མོ་ཕྱིན་ཅི་ལོག་ཏུ་བསྒྱུར་ནས་བསྟན་པས་སྡེ་སྣོད་ལ་མཁས་པར་ཁས་ཆེ་བ་མང་པོ་དམ་པའི་ཆོས་བཟང་པོ་ཡིན་ནོ་སྙམ་ནས་བསླུ་བར་བྱེད་དོ། །

རི་དྭགས་རྔ་མ་མ་བསྟན་ན། །བོང་ཤ་འཚོང་བར་མི་ནུས་ལྟར། །དེ་བཞིན་བཟང་སྤྱོད་མ་བསྟན་ན། །ལོག་པའི་ཆོས་ཀྱི་སླུ་མི་ནུས། །བདུད་ཀྱི་བྱིན་བརླབས་ཐམས་ཅད་ཀྱང་། །ངན་པ་ཁོ་ནར་ངེས་པ་མིན། །འོན་ཀྱང་བཟང་པོའི་ནང་ནས་ནི། །གནད་རྣམས་ཅུང་ཟད་བཅོས་པ་ཡི། །ཕན་པ་ལྟ་བུས་ཕ་རོལ་སླུ། །ཞེས་པ། བོང་བུའི་ཤ་འཚོང་བའི་མིས་ཤ་མ་བྲིན་པར་ཤ་བའི་སྒྲུ་དང་རྔ་མ་ཅུང་ཟད་བསྲེས་ཤིང་བསྟན་པས་རི་དྭགས་ཀྱི་ཤ་ཡིན་པར་འཁྲུལ་པ་ལྟར་སངས་རྒྱས་ཀྱི་ཡུལ་དང་མཐུན་པའི་སྤྱོད་པ་བཟང་པོ་འགའ་ཞིག་མ་བསྟན་ན་ལོག་པའི་ཆོས་བསྟན་པ་ལ་གཞན་འཇུག་པར་མི་འགྱུར་བས་བཟང་པོའི་སྤྱོད་པས་ངན་པའི་གཡང་སར་འཁྲིད་པ་ཡིན་ནོ། །བདུད་སྡིག་ཅན་གྱིས་སེམས་བསྒྱུར་བའི་ཆོས་ལུགས་ལའང་། ཕྱོགས་གཅིག་ཏུ་ངན་པར་མ་ངེས་ཏེ། སྐྱེ་བོ་ཕལ་ཆེ་བའི་བློ་ངོར་དམ་པའི་ཆོས་སུ་ནོམ་པར་ཡིད་ཆེས་བསྐྱེད་པའི་ལུགས་བཟང་པོ་འཆད་ཅིང་། དེའི་ནང་དུ་ལས་རྒྱུ་འབྲས་དང་ངེས་དོན་ཟབ་མོའི་གནད་ཆེ་ས་ཅུང་ཟད་ལོག་པར་བཅོས་ཤིང་བསྟན་པས་ཕ་རོལ་བསླུ་བར་བྱེད་དོ། །སྙིང་ལ་འཁོན་དུ་དམ་བཟུང་ནས། །ངག་ཏུ་ཚིག་འཇམ་སྨྲ་བྱེད་པ། །གཡོ་ཅན་ཞེས་སུ་གྲགས་པ་སྟེ། །དྲང་སྲོང་གདུག་པའི་གདམ་ངག་ཡིན། །ཞེས་པ་ལྟར་རོ། །

བཞི་པ་ནི། འདི་འདྲ་ཤེས་པར་བྱས་ནས་ནི། །ཆོས་ཀྱི་གནད་རྣམས་མདོ་རྒྱུད་བཞིན། །མ་བསླད་པར་ནི་ལེགས་པར་གཟུང་། །ཞེས་པ། བདུད་ཀྱིས་བློ་བསྒྱུར་བའི་བླ་མ་བཟང་པོ་དང་། འཕགས་པའི་གང་ཟག་ཏུ་བརྫུས་པའི་སྐྱེ་བོ་གདུག་པ་ཅན་གྱིས་སློབ་མ་ལམ་ལོག་ཏུ་འཁྲིད་པའི་ཚུལ་དང་། དམ་པའི་ཆོས་ཀྱི་གནད་ཆེ་སར་ཕྱིན་ཅི་ལོག་ཏུ་བསྒྱུར་ནས་མཁས་པའི་བཞེད་གཞུང་མནོར་བར་འཆད་པའི་ཚུལ་བསྟན་ཏེ། སངས་རྒྱས་ཀྱི་བསྟན་པ་དཀྲུག་པའི་རྣམ་འཕྲུལ་འདི་འདྲ་ཞིབ་ཏུ་ཤེས་པར་བྱས་ལ། ཆོས་ལུགས་ནོར་བ་རྒྱང་རིང་དུ་སྤང་བ་དང་། དམ་པའི་ཆོས་ཡང་དག་པ་ཉམས་སུ་ལེན་པ་ལ་འབད་པར་བྱའོ། །ཞེས་ཆོས་རྗེ་ཉིད་ཀྱིས་ཐུགས་བརྩེ་བ་ཆེན་པོས་ལེགས་པར་གདམས་པ་ཡིན་ནོ། །རྒྱལ་པོ་ཀ་ནི་ཀ་ལ་གདམས་པར། སབདག་ཚོར་མའི་ཞིང་ལ་སྤྲང་རྩེ་དང་། །གསེར་གྱི་རི་ལ་དུག་ཆུའི་རྒྱུན་བཞིན་དུ། །བྲོ་ཡང་ཕན་པའི་ངག་ལ་མཉན་བྱ་ཞིང་། །ཡིད་འོང་སྙེ་བོའི་ཚིག་ཀྱང་སྤང་འཚལ་ལོ། །ཞེས་པ་ལྟར་བློ་གྲོས་དང་ལྡན་པ་རྣམས་ཀྱིས་བླང་དོར་མ་ནོར་བར་བྱའོ། །

གསུམ་པ་ནི། ཤིང་རྟའི་སྲོག་ཤིང་ཆག་གྱུར་ན། །འཁོར་ལོ་བཟང་ཡང་འགྲོ་མི་ནུས། །སྲོག་གི་དབང་པོ

འགགས་གྱུར་ན། །དབང་པོ་གཞན་དག་བྱ་བྱེད་མེད། །དེ་བཞིན་ཆོས་ཀྱི་གནད་འཕྱུགས་ན། །ཆོས་གཞན་བཟང་ཡང་ནུས་མེད་འགྱུར། །ཅེས་པ། དཔེར་ན་ཤིང་རྟ་འདྲེན་པའི་འཁོར་ལོའི་དབུས་ཀྱི་ཆག་པའམ་མེད་པར་གྱུར་ན་འཁོར་ལོ་དང་ཁ་ལོ་བ་དང་རྟ་ལ་སོགས་པ་ཐམས་ཅད་ཕུན་སུམ་ཚོགས་པར་གྱུར་ཀྱང་འགྲོ་མི་ནུས་པས་ཤིང་རྟའི་བྱ་བ་མི་བྱེད་དོ། །སྐྱེས་བུའི་སྲོག་འགག་ན་དབང་པོ་གཞན་གྱིས་ལྟ་བ་ལ་སོགས་པའི་དབང་པོའི་དོན་མི་བྱེད་དོ། །དེ་བཞིན་དུ་སངས་རྒྱས་སྒྲུབ་པའི་ལམ་གྱི་གནད་སྟོང་ཉིད་རྟོགས་པའི་ཤེས་རབ་དང་ཐབས་མཁས་སྙིང་རྗེ་ཆེན་པོ་ཟུང་འཇུག་གི་དོན་ནོར་ན་ཟུས་ངག་གི་སྤྱོད་པའི་ཆོས་བཟང་ཡང་རྫོགས་པའི་སངས་རྒྱས་འཐོབ་པར་མི་འགྱུར་རོ། །

རྫོགས་སངས་རྒྱས་ལས་མཁས་པ་ཡི། །གང་ཟག་འཇིག་རྟེན་གསུམ་ན་མེད། །དེས་ན་དེ་ཡིས་གསུངས་པ་ཡི། །མདོ་རྒྱུད་རྣམ་པར་དཀྲུག་མི་བྱ། །མདོ་རྒྱུད་དཀྲུག་ན་ཆོས་སྤོང་ཞིང་། །འཕགས་པ་རྣམས་ཀྱང་སྐྱོད་འགྱུར་ཅེས། །མགོན་པོ་བྱམས་པས་རྒྱུད་བླར་གསུངས། །ཞེས་པ། མདོར་ན། བདེན་པ་གཉིས་ཀྱིས་བསྡུས་པའི་ཤེས་བྱའི་དེ་ཁོ་ན་ཉིད་ལེགས་པར་མཁྱེན་པའི་མཁས་པ་ནི་རྫོགས་པའི་སངས་རྒྱས་ལས་ལྷག་པ་ཁམས་གསུམ་མམ། ས་འོག་ས་སྟེང་ས་བླ་ན་མི་སྲིད་པའི་ཕྱིར་ཐམས་ཅད་མཁྱེན་པའི་གསུང་མདོ་རྒྱུད་རྣམས་ནས་ཇི་ལྟར་བསྟན་པ་དེ། སོ་སོའི་སྐྱེ་བོ་ཐོག་མ་མེད་པའི་དུས་ནས་ཕྱིན་ཅི་ལོག་ལ་གོམས་པའི་བག་ཆགས་བཤེས་གཉེན་ངན་པ་དང་གཞུང་ལུགས་ནོར་བའི་རྐྱེན་གྱིས་གསོས་བཏབ་སྟེ་ལོག་པར་རྟོག་པའི་ཚང་ཚིང་རྒྱས་པ་རྣམས་ཀྱིས་ཚིག་དོན་ཕྱིན་ཅི་ལོག་ཏུ་བསྒྱུར་ཏེ་དཀྲུགས་པར་མི་རིགས་སོ། །དེའི་རྒྱུ་མཚན་དམ་པའི་ཆོས་སྤོང་བ་དང་འཕགས་པ་ལ་སྐུར་པ་བཏབ་པར་འགྱུར་བའི་ཕྱིར་རོ། །རྒྱུད་བླ་མར། གང་ཕྱིར་རྒྱལ་ལས་ཆེས་མཁས་འགའ་ཡང་འཇིག་རྟེན་འདི་ན་ཡོད་མིན་ཏེ། །མ་ལུས་དེ་ཉིད་མཆོག་ནི་ཚུལ་བཞིན་ཀུན་མཁྱེན་གྱིས་མཁྱེན་པ། །དེ་ཕྱིར་དྲང་སྲོང་རང་ཉིད་ཀྱིས་བཞག་མདོ་སྡེ་དེ་མི་དཀྲུག །ཐུབ་ཚུལ་བཤིག་ཕྱིར་འདི་ཡང་དམ་ཆོས་ལ་ནི་གནོད་པ་བྱེད་པར་འགྱུར། །ཉོན་མོངས་རྨོངས་བདག་རྣམས་ཀྱིས་འཕགས་ལ་བསྐུར་པ་བཏབ་པ་དང་། །དེས་གསུང་ཆོས་ལ་བརྙས་གང་དེ་ཀུན་གཞན་བལྟས་བྱས། །དེ་བཞིན་ཞེན་ལྟའི་དྲི་ཅན་དེ་ལ་བློ་མི་སྦྱར། །གོས་གཙང་ཚོན་གྱིས་རྣམ་བསྒྱུར་སྣུམ་གྱིས་གོས་པ་མིན། །ཞེས་སོ། །འདིར་རྡོ་རྗེ་ཐེག་པའི་ལམ་དུ་ཞུགས་པའི་གང་ཟག་གི་ལམ་གྱི་རྟེན་དམ་ཚིག་དང་སྡོམ་པ་ཇི་ལྟར་བསྲུང་བའི་ཚུལ་ལེགས་པར་ཤེས་ནས་བླང་དོར་མ་ནོར་བར་བྱེད་དགོས་པས་རྒྱུད་སྡེ་བཞི་པོའི་དམ་ཚིག་དང་། སྡོམ་པའི་ལེན་ཚུལ་དང་། མ་ཉམས་པར་བསྲུང་ཚུལ་དང་། ཉམས་པ་ཕྱིར་འཆོས་པའི་ཚུལ་ཐུན་མོང་དང་ཐུན་མོང་མ་ཡིན་པ་སོ་སོར་ཤེས་ནས་ཐུན་མོང་བ་རྣམས་ལ་

སྔགས་པ་རྣམས་ཀྱིས་བསླབ་དགོས་ཤིང་། ཐུན་མོང་མ་ཡིན་པ་རྣམས་རང་ཉིད་རྒྱུད་སྡེ་གང་གི་ལམ་ཉམས་སུ་ལེན་པ་དེའི་དམ་ཚིག་དང་སྡོམ་པ་ཁྱད་པར་དུ་བསྲུང་དགོས་སོ། །དེ་ལ། རང་གི་བསླབ་ལྡན་འཁོར་བཞི་པོ། །ཐེག་ཆེན་བློ་ཅན་རྣམ་ལ་ནི། །དེ་བཞིན་གཤེགས་པས་གསུངས་པ་ཡི། །ཡང་དག་ཚིག་རྗེས་སུ་གནང་། །ཞེས་པས་འཁོར་རྣམ་བཞི་གང་རུང་གི་སྡོམ་པ་དང་ལྡན་པའི་སྟེང་དུ། ཐེག་པ་ཆེན་པོའི་སྨོན་འཇུག་གི་སེམས་བསྐྱེད་ནས་མ་ཉམས་པར་ཡོད་པ་གཅིག་གསང་སྔགས་ཀྱི་རྟེན་ལ་མཆོག་ཏུ་དགོས་སོ། །མར་མེ་མཛད་ཀྱི་དཀྱིལ་མཆོག་གི་འགྲེལ་པར། སྡོམ་པ་ནི་བྱ་བ་དང་མི་བྱ་བའི་ངེས་པ་ཡིན་ནོ། །དམ་ཚིག་ནི་འདའ་བར་བྱ་བ་མ་ཡིན་པའི་ཕྱིར་རོ། །ཞེས་སློབ་དཔོན་ཤཱནྟི་པས་གསུངས་པས་བྱར་མི་འོས་པ་མི་བྱེད་ཅིང་བྱར་འོས་པ་བྱེད་པའི་བསླབ་པ་རྒྱུད་ལས་གསུངས་པ་ལྟར་སྲུབ་པ་ནི་སྡོམ་པ་ཡིན་ལ། བཅས་པའི་བསྲུང་མཚམས་སངས་རྒྱས་ཀྱི་གསུང་ལས་མི་འདའ་བ་ནི་དམ་ཚིག་ཡིན་ཏེ། ཉམས་སུ་ལེན་ཚུལ་དོན་གཅིག་གོ །བྱ་བའི་རྒྱུད་ཀྱི་རྣལ་འབྱོར་པས་སྤྱིར་རྒྱུད་ལས་གསུངས་པའི་བསླབ་བྱ་རྣམས་བསྲུང་ཚུལ། སྤྱུང་བར་གནས་པ་ལ་སོགས་པའི་མི་བཟད་པའི་དཀའ་ཐུབ་བཅོ་བརྒྱད་བརྟེན་པར་འཇིག་རྟེན་གསུམ་རྒྱལ་གྱི་རྟོག་པའི་འགྲེལ་པར་བཤད་དོ། །དོན་ཡོད་ཞགས་པར་འཕགས་པ་སྤྱན་རས་གཟིགས་ཀྱི་གསོ་སྦྱོང་རང་གིས་ལེན་པའི་ཆོ་ག་གསལ་པོར་གསུངས་པ་དང་། འཇམ་དཔལ་རྩ་རྒྱུད་དུ། ཆོས་གཅིག་ལ་ཡང་དག་པར་བསམ་ན་བྱང་ཆུབ་སེམས་དཔའ་ཆེན་པོའི་སྔགས་འགྲུབ་པར་འགྱུར་ཏེ། གཅིག་གང་ཞེ་ན། ཆོས་ཐམས་ཅད་སྤྲོས་པ་མེད་པའི་རྣམ་པར་རྗེས་སུ་མཐོང་ངོ་། །ཆོས་གཉིས་ཏེ། བྱང་ཆུབ་ཀྱི་སེམས་མི་གཏོང་བ་དང་སེམས་ཅན་ཐམས་ཅད་ལ་སེམས་མཉམ་པའོ། །ཆོས་གསུམ་སྟེ། སེམས་ཅན་ཐམས་ཅད་ཡོངས་སུ་མི་གཏོང་བ་དང་། བྱང་ཆུབ་སེམས་དཔའི་ཚུལ་ཁྲིམས་ཀྱི་སྡོམ་པ་བསྲུང་བ་དང་། རང་གི་གསང་སྔགས་ཡོངས་སུ་མི་གཏོང་བའོ། །དེ་བཞིན་དུ་བཞི་དང་ལྔ་དང་དྲུག་དང་བདུན་དང་བརྒྱད་ཀྱི་བར་དུ་གསུངས་ནས་མདོར་ན་བྱང་ཆུབ་ཀྱི་སེམས་དང་མི་བྲལ་བ་དང་། དཀོན་མཆོག་གསུམ་ལ་དད་པ་དང་། མཆོག་ཏུ་སྡུག་བསྔལ་ཅིང་ཚུལ་ཁྲིམས་ཉམས་པ་ལ་འཆང་མི་སྐྱོ་བའི་ཡིད་ཀྱིས་རྟག་ཏུ་མངོན་པར་བརྩོན་པ་ལ་ངའི་གསང་སྔགས་ཀྱི་ལེའུ་རབ་འབྱམས་འགྲུབ་པར་འགྱུར་རོ། །ཞེས་པ་དང་། ཁྲོ་བོ་རྣམ་རྒྱལ་ལས། བདེར་གཤེགས་བསམ་པ་གང་མེད་པ། །དེ་ནི་དངོས་གྲུབ་ཉམས་པར་འགྱུར། །འགའ་ཞིག་བདེ་གཤེགས་བསམ་ལྡན་ན། །བརྟུལ་ཞུགས་བཟང་པོ་མེད་པ་དང་། །དེ་བཞིན་གཟུགས་ལ་སོགས་མེད་ཀྱང་། །དངོས་གྲུབ་མཆོག་རྣམས་དེས་ཐོབ་བོ། །ཞེས་པ་དང་། སྒྲོལ་མ་རལ་པ་གྲྀན་བརྗེས་ཀྱི་རྒྱུད་དུ། ཆོས་བཞི་དང་ལྡན་ན་སེམས་དང་པོ་བསྐྱེད་པའི་བྱང་ཆུབ་སེམས་དཔའ་རིགས་སྔགས་འགྲུབ་པར་འགྱུར་ཏེ། བཞི་གང་ཞེ་ན། རང་གི་གསང་

སྔགས་རྫོགས་པ་ཡོངས་སུ་མི་གཏོང་བ་ཉིད་དང༌། གཞན་གྱི་གསང་སྔགས་ཉེ་བར་གཅོད་པ་མ་ཡིན་པ་ཉིད་དང༌། སེམས་ཅན་ཐམས་ཅད་ལ་བྱམས་པའི་སེམས་ཉེ་བར་བསྒོམ་པས་གནས་པ་ཉིད་དང༌། སྙིང་རྗེ་ཆེན་པོ་སྒོམ་པའི་སེམས་ཏེ་བཞི་པོ་འདི་དག་དང་ལྡན་ན་བྱང་ཆུབ་སེམས་དཔའི་གསང་སྔགས་འགྲུབ་པར་འགྱུར་རོ༑ ༑ཞེས་པ་དང༌། རྣམ་སྣང་མངོན་བྱང་དུ། བསླབ་པར་བྱ་བ་དགེ་བ་བཅུ་ལ་ཉན་ཐོས་རྣམས་ལ་བསྟན་པ་ནི་ཐབས་དང་ཤེས་རབ་དང་མི་ལྡན་པ་ཕྱོགས་གཅིག་ཤེས་པ་ཡིན་ནོ། ༑མུ་སྟེགས་ཀྱི་འཇིག་རྟེན་ལ་བདག་ཏུ་ཞེན་པས་གཞན་གྱི་རྐྱེན་གྱིས་འཇུག་པའོ། ༑བྱང་ཆུབ་སེམས་དཔའ་ནི་མཉམ་ཉིད་ལ་འཇུག་པ། གཞན་གྱི་དྲིང་ལ་མི་འཇུག་པ། ཐབས་དང་ཤེས་རབ་དང་ལྡན་པ། བདག་དང་གཞན་གྱིས་དོན་ལ་བྱེད་པ་ལ་འཇུག་པའོ། ༑ཞེས་པ་དང༌། ལྟུང་བའི་རྩ་བ་བཞི་ནི་དམ་པའི་ཆོས་སྤོང་བ་དང༌། བྱང་ཆུབ་ཀྱི་སེམས་གཏོང་བ་དང༌། སེར་སྣ་བྱེད་པ་དང༌། སེམས་ཅན་ལ་གནོད་པའོ། ༑ཐབས་དང་ཤེས་རབ་དང་མི་ལྡན་པ་རང་བཞིན་གྱིས་སྡིག་པ་ཉོན་མོངས་ཅན་གསོར་མི་རུང་བའོ། ༑ཞེས་པ་དང༌། རིག་པ་མཆོག་གི་རྒྱུད་དུའང༌། དམ་པའི་ཆོས་སྤོང་བ་དང་འཕགས་པ་ལ་སྐུར་པ་འདེབས་པ་མ་གཏོགས་རིག་སྔགས་འགྲུབ་པར་གསུངས་སོ། ༑བྱ་སྤྱོད་ཀྱི་རྒྱུད་དམ་ཚིག་དང་སྡོམ་པའི་སྲུང་ཚུལ་ཕལ་ཆེར་མཐུན་པར་སྣང་བས་རྒྱུད་ནས་གསུང་ཚུལ་འདི་རྣམས་ལ་ནོར་བར་བསྒྲུབས་པས། བཟླས་བརྗོད་མེ་ལ་ཚུལ་ཁྲིམས་རླུང་གིས་སྦར། ༑བློ་གྲོས་ཆེན་པོ་སྡིག་པ་མེ་ལྕེས་བསྲེག ༑ཅེས་དཔུང་བཟངས་ཀྱི་རྒྱུད་དུ་གསུངས་པ་ལྟར་ཕན་ཡོན་འབྱུང་བར་འགྱུར་རོ། ༑རྒྱུད་སྡེ་འོག་མ་གཉིས་ཀྱི་དམ་ཚིག་དང་སྡོམ་པའི་མིང་འདོགས་དང༌། ཀྲང་གྲངས་རག་པ་ཙམ་འདྲ་ཞིང་ངོ་བོ་ངོས་འཛིན། སམྦུ་ཊིས་འོད་ཕྲེང་དུ། བླ་མ་ཆོག་ཚད་ལྡན་པས། ༑ནམ་མཁའ་ཇི་བཞིན་གནས་པར་དུ། ༑ལྷན་སྐྱེས་ཡེ་ཤེས་བརྗེ་དོན་འཕྲོད། ༑རྣམ་རྟོག་དྲི་མ་ཀུན་ལས་སྡོམ། ༑རིག་འཛིན་སྔགས་ཀྱི་སྡོམ་པའོ། ༑སྐུ་གསུང་ཐུགས་ཀྱི་རྒྱལ་མཚན་ལ། ༑རིམ་གཉིས་ཡིད་བཞིན་ནོར་གྱིས་སྤྲས། ༑འདོད་ཡོན་ལྷ་ཡི་ཀུན་ནས་མཆོད། ༑དགོས་འདོད་ཀུན་གྱི་འབྱུང་གནས་པ། ༑རིག་འཛིན་སྔགས་ཀྱི་གནས་ཚུལ་ལོ། ༑ཞེས་སོ། ༑གང་ཟག་དང་འབྲེལ་བས་སྲུང་པའི་ཚུལ་ནི་ལས་དང་པོ་པས། ཁྲོད་ཀྱི་སྲོག་ཆགས་བསད་མི་བྱ། ༑མ་བྱིན་པ་ཡང་མི་བླང་ངོ༌། ༑འདོད་པ་ལོག་པར་མི་སྤྱད་ཅིང༌། ༑བརྫུན་དུ་སྨྲ་བར་མི་བྱའོ། ༑ཕུང་ཁྲོལ་ཀུན་གྱི་རྩ་བ་ཡི། ༑ཆང་ནི་རྣམ་པར་སྤང་བར་བྱ། ༑སེམས་ཅན་གདུལ་ཕྱིར་མ་རྟོགས་པ། ༑བྱ་བ་མ་ཡིན་ཐམས་ཅད་སྤྱངས། ༑དམ་པ་ཉེ་བར་བསྟེན་བྱ་ཞིང༌། ༑རྣལ་འབྱོར་པ་རྣམས་བསྟེན་བཀུར་བྱ། ༑ལུས་ཀྱི་ལས་ནི་རྣམ་གསུམ་དང༌། ༑ངག་གི་རྣམ་པ་བཞི་རྣམས་དང༌། ༑ཡིད་ཀྱི་རྣམ་པ་གསུམ་དག་ནི༑ ༑ཅི་ནུས་པར་ནི་རྗེས་སུ་སྐྱོངས། ༑ཐེག་པ་དམན་ལ་འདོད་མི་བྱ། ༑སེམས་ཅན་དོན་ལ་རྒྱབ་ཕྱོགས་

མིན། །འཁོར་བ་དག་ཀྱང་སྤང་མི་བྱ། །རྟག་ཏུ་སྨྱོ་ངན་འདས་མི་ཆགས། །ལྷ་དང་ལྷ་མིན་གསང་བ་ཡ། །ཁྱོད་ཀྱི་བརྙས་པར་མི་བྱ་ཞིང་། །ཕྱག་རྒྱར་བཞེན་པ་མཚོན་ཆ་དང་། །མཚན་མ་འགོམ་པར་མི་བྱའོ། །འདི་དག་དམ་ཚིག་ཡིན་པར་བཤད། །དེ་ལས་གཞན་པ་བཅུ་བཞི་ནི། །ཕས་ཕམ་པར་ནི་རབ་ཏུ་བཤད། །སྤང་ཞིང་དོར་བར་མི་བྱ་སྟེ། །རྩ་བའི་ལྟུང་བ་ཞེས་བཤད་དོ། །ཉིན་དང་མཚན་མོ་ལན་གསུམ་དུ། །ཉིན་རེ་བཞིན་ནི་བཟླས་པར་བྱ༏ ༏གང་ཆེ་ཉམས་གྱུར་རྣལ་འབྱོར་པ། །ཁ་ན་མ་ཐོ་སྦོམ་པོར་འགྱུར། །ཞེས་རྣལ་འབྱོར་གྱི་རྒྱུད་ལས་གསུངས་པའི་དམ་ཚིག་མཚན་མ་འགོམ་པར་མི་བྱ་བ་ཡན་ཆད་ལ་གྲངས་བཅུ་བཞི་བླ་མ་གོང་མ་རྣམས་བཞེད་ཅིང་། རྡོ་རྗེ་སློབ་དཔོན་གྱི་དབང་མ་བསྐུར་བ་རྣམས་ཀྱིས་ཀྱང་དེ་ཙམ་ཞིག་བསྲུང་དགོས་ལ། སློབ་དཔོན་གྱི་དབང་ཐོབ་ནས་རིགས་ལྔ་དང་འབྲེལ་བའི་སྡོམ་པ་དང་། རྩ་བའི་ལྟུང་བ་བཅུ་བཞི་དང་། ཡན་ལག་གི་སྦོམ་པོ་བརྒྱད་བསྲུང་དགོས་སོ། །གང་ཟག་སེམས་ཙུང་ཟད་བརྟན་པ་དང་བརྟན་པ་ཆེར་ཐོབ་པས་རང་གི་རྟོགས་པ་དང་སྦྱར་བའི་བླང་དོར་བྱེད་པ་ཡིན་ནོ། །དབང་གོང་མ་གསུམ་ཐོབ་པའི་གང་ཟག་གིས་དམ་ཚིག་གི་རྫས་བརྟེན་པ་དང་། དེ་ཁོ་ན་ཉིད་གསུམ་སྒོམ་པ་དང་། ཕྱག་རྒྱ་བཞི་པོ་གང་རུང་ལ་བརྟེན་ནས་ནང་གི་བྱང་སེམས་མི་ཉམས་ཤིང་སྤེལ་བ་དང་། དགོངས་ཏེ་གསུངས་པ་བཞི་ཉམས་སུ་ལེན་པ་དང་། དུག་ལྔ་ཡེ་ཤེས་ལྔ་རུ་བསྒྱུར་བའི་དེ་ཁོ་ན་ཉིད་ཉམས་སུ་ལེན་པ་ཡིན་ནོ། །དམ་ཚིག་ཐམས་ཅད་ཀྱང་སྐུ་གསུང་ཐུགས་ཀྱི་རིགས་གསུམ་དུ་གསུངས་ཏེ། ཁ་སྦྱོར་ལས། བུད་མེད་དེ་ནི་སྐྱེས་པའི་ལུས། །ལས་ནི་དུ་མ་བསྐྱེད་པ་སྟོན། །མི་ཤེས་པས་ཀྱང་མི་བྱ་སྟེ། །སྐུ་ཡི་རྡོ་རྗེའི་དམ་ཚིག་གོ །སེམས་ནི་སྣ་ཚོགས་གདུངས་པ་དང་། །ཀུན་རྟོག་དྭ་བའི་ངན་རྟོག་གིས། །སེམས་ལ་སྨད་པར་མི་བྱའོ། །ཐུགས་ཀྱི་རྡོ་རྗེའི་དམ་ཚིག་གོ །ཁྲམ་དག་དང་མ་རངས་པས། །རྣ་བ་མི་བདེར་བྱེད་པ་ཡི། །ཚིག་རྩུབ་ལ་སོགས་སྨྲ་མི་བྱ། །ཞེས་གསུངས་སོ། །རིགས་ལྔ་དང་འབྲེལ་བའི་སྡོམ་པ་ནི། དཀྱིལ་འཁོར་གྱི་ལྷ་སངས་རྒྱས་འཁོར་དང་བཅས་པས་བྱིན་གྱིས་བརླབས་ཤིང་། དེ་དག་རྒྱུར་བྱས་ཏེ་དབང་པོར་བཟུང་བ་ནས་ཉེ་བར་བརྟམས་ཏེ་ཞེས་པའི་དོན་དུ། ཟླ་བ་ཟླ་ཏས་བཞེད་པ་ལྟར་འདིར་རྡོ་རྗེ་ཐེག་པའི་སྡོམ་པའི་ཐོག་མ་ངོས་བཟུང་སྟེ། སངས་རྒྱས་ཐམས་ཅད་རིགས་ལྔར་བསྡུས་ནས་གསུངས་པ་ཡིན་ནོ། །ཕ་རོལ་ཏུ་ཕྱིན་པའི་འཇུག་པ་སེམས་བསྐྱེད་ཀྱི་སྡོམ་པ་དང་པོར་ཡོད་ཀྱང་། དེའི་སྟེང་དུ་སངས་རྒྱས་རྣམ་སྣང་གི་སྡོམ་པ་ཚུལ་ཁྲིམས་ཀྱི་བསླབ་པ་དང་། དགེ་བ་ཆོས་བསྡུད་དང་། སེམས་ཅན་དོན་བྱེད་ཀྱི་ཚུལ་ཁྲིམས་གསུམ་དང་། གསང་སྔགས་ཀྱི་དཀོན་མཆོག་གསུམ་མི་སྤོང་བར་འཛིན་པ་དང་། རྡོ་རྗེའི་རིགས་མི་བསྐྱོད་པའི་སྡོམ་པ་རྡོ་རྗེ་དང་དྲིལ་བུ་དང་ཕྱག་རྒྱ་དང་སློབ་དཔོན་གྱི་དམ་ཚིག་བཟུང་བ་ནི། དབང་གི་དུས་སུ་ངོ་སྤྲོད་པ་ལྟར་དེ་ཁོ་

ན་ཉིད་ཤེས་ཤིང་དྲན་པའི་སྒོ་ནས་རྡོ་རྗེ་འཛིན་པ་དང་། དྲིལ་བུ་དཀྲོལ་བ་དང་། འཁྲུད་པའི་ཚུལ་དང་། བླ་མ་རིགས་བདག་ཏུ་སྒོམ་པར་བྱའོ། །རིན་ཆེན་འབྱུང་ལྡན་གྱི་སྡོམ་པ་ལ། ཟང་ཟིང་དང་ཆོས་དང་མི་འཇིགས་པ་དང་བྱམས་པའི་སྦྱིན་པ་བཞི་ཉིན་རེ་བཞིན་ལན་དྲུག་ཏུ་སྦྱིན་པ་དང་། བྱམས་པའི་དོན་ཁ་སྐོར་གྱི་འགྲེལ་པར་སྙན་པར་སྨྲ་བ་བཤད་པས་མཚོན་ནས་དོན་སྤྱོད་པ་དང་དོན་མཐུན་པའང་བསྡུད་དོ། །འཇིག་རྟེན་གསུམ་རྒྱལ་གྱི་རྒྱུད་དུ། དབང་བསྐུར་བའི་སྦྱིན་པ་དང་། བཟའ་བཏུང་དང་། ནོར་བཟང་པོ་དང་། དམ་པའི་ཆོས་རྣམས་སྦྱིན་བྱར་བྱས་ནས། སྦྱིན་པའི་ཡུལ་རིམ་པ་བཞིན། དེ་བཞིན་གཤེགས་པ་དང་། སེམས་ཅན་དང་། བྲོལ་སོང་དང་། མི་སྣང་བའི་སེམས་ཅན་ལ་སྦྱིན་པར་གསུངས་སོ། །དཀོན་མཆོག་འབྱུང་གནས་ཀྱི་མདོར་སྦྱིན་པའི་ཡུལ་རྫོགས་པའི་སངས་རྒྱས་སུ་མོས་པར་བྱས་ཏེ་བྱིན་པས་སངས་རྒྱས་ལ་ཕུལ་བའི་སྦྱིན་པ་རྒྱ་ཆེན་པོར་འགྱུར་རོ༑ ༑ཞེས་གསུངས་སོ། །འོད་དཔག་མེད་དང་པདྨའི་རིགས་ཀྱི་སྡོམ་པ་ནི། ཁྲུས་དང་གཙང་སྦྲ་ལ་སོགས་ལུས་ཀྱི་བྱ་བ་དང་། བྲིས་སྐུ་ལ་སོགས་ཕྱིའི་ལྷ་ལ་དམིགས་པའི་ཆོས་བྱ་བ་དང་། སྤྱོད་པའི་རྒྱུད་རྣམས་ཕྱི་དང་གསང་བའི་ཆོས་རྣལ་འབྱོར་གྱི་རྒྱུད་དང་། རྣལ་འབྱོར་ཆེན་པོ་ཕ་རྒྱུད་དང་། རྣལ་འབྱོར་བླ་མེད་མ་རྒྱུད་ནང་ངོ་། །ཕྱིའི་ཐེག་པ་གསུམ་འཛིན་པའོ། །འདི་ལ་ངོས་འཛིན་ཚུལ་མི་འདྲ་བ་དུ་མ་སྣང་ངོ་། །ལས་ཀྱི་རིགས་དོན་ཡོད་གྲུབ་པའི་སྡོམ་པ་ལ། ཕྱི་ནང་གསང་བ་དེ་ཁོན་ཉིད་ཀྱི་མཆོད་པས་རྒྱལ་བ་སྲས་དང་བཅས་པ་རྣམས་མཆོད་པའོ། །

རྩ་བའི་ལྟུང་བ་བཅུ་བཞི་ནི། དང་པོ་དབང་བསྐུར་བཤད་རྒྱུད་མན་ངག་བསྟན་པ་གསུམ་ལྡན་ནམ་གང་རུང་གི་བླ་མ་ལ། དེའི་དྲོད་འཛིན་ཅིང་བརྙས་པ་བྱེད་པའམ་འཛེམ་པ་མེད་པར་དེའི་དྲུང་དུ་མི་དགེ་བ་སྤྱོད་ཅིང་ཐུགས་དཀྲུགས་པ་སྟེ། ཀོ་ས་ལའི་རྒྱན་དུ། སྙིང་ནས་སློབ་དཔོན་སྨོད་པ་དག །བསྒྲུབས་ཀྱང་འགྲུབ་པར་ཡོངས་མི་འགྱུར། །ཞེས་པ་དང་། ལེགས་པར་གྲུབ་པའི་རྒྱུད་དུ། །བླ་མ་དཀྱིལ་འཁོར་སྟོན་པ་ནི། །སྤྱོད་པ་ངན་པར་གྱུར་ནའང་། །ལུས་སམ་ཡང་ན་ཡིད་ཀྱིས་ཀྱང་། །ཤེས་པས་ནམ་ཡང་སྨད་མི་བྱ། །ཞེས་གསུངས་སོ། །མན་ངག་བྱིན་པའི་ཚད་ནི། སློབ་དཔོན་ཤཱནྟི་པས་གསང་འདུས་ཀྱི་འགྲེལ་པར། སྙིང་ནས་སློབ་དཔོན་སྨོད་པ་དག །ཅེས་པ༑ འདིར་གང་ལ་ཐུགས་སམ་ཧྲིང་ངེ་འཛིན་ཡང་དག་པ་གཅིག་ཙམ་སྟོན་པ་དེ་ཡང་དེའི་སློབ་དཔོན་ཡིན་ནོ་ཞེས་གསུངས་སོ། །ཆོས་ཀྱི་འབྲེལ་པ་ཡོད་པའི་སློབ་དཔོན་གཞན་ལ་སྨད་ནའང་། རྩ་བའི་ལྟུང་བར་མི་འགྱུར་ཀྱང་ཉེས་པ་ཆེན་པོར་འགྱུར་ཏེ། རྒྱུད་འགྲེལ་རྣམས་སུ་ཡི་གེ་གཅིག་ཙམ་བྱིན་པ་ལ་བརྙས་ནའང་ངན་སོང་དུ་སྐྱེ་བར་གསུངས་སོ། །རྩ་ལྟུང་གཉིས་པ་ནི། བདེ་བར་གཤེགས་པའི་བཀའ་ཐེག་པ་གསུམ་གྱི་ཚིག་དོན་ལ་བརྙས་པའི་སྒོ་ནས་ཁྱད་དུ་གསོད་པའམ། རྡོ་རྗེ་སློབ་དཔོན་གྱི་ཕྱོག་ཏུ་སངས་རྒྱས་ཀྱི་བཀའ་དང་འགལ་བའི་

མི་དགེ་བ་སྤྱོད་པ་ཡིན་ཞེས་ཀྱང་གསུངས་སོ། །རྩ་ལྟུང་གསུམ་པ་རྡོ་རྗེ་ཐེག་པའི་དཀྱིལ་འཁོར་དུ་ཞུགས་པ་རྣམས་རྡོ་རྗེ་སྤུན་ཡིན་ལ། དཀྱིལ་འཁོར་གཅིག་པ་དང༌། བླ་མ་གཅིག་པ་དང༌། ཕྱག་རྒྱ་གཅིག་པ་རྣམས་ཁྱད་པར་གྱི་སྤུན་ཡིན་ན། ཐེག་པ་ཆེན་པོར་ཞུགས་པ་རྣམས་ཀྱང་ཉེ་བའི་སྤུན་ཡིན་ཏེ། མདོ་ལས། རིགས་ཀྱི་བུའམ་རིགས་ཀྱི་བུ་མོ་འདི་དག །བདག་དང་ལྷན་ཅིག་གྲུ་གཅིག་ཏུ་ཞུགས་པས་ཐེག་པ་གཅིག་གི་འགྲོ་བའོ། །ཞེས་གསུངས་སོ། །ཡུལ་དེ་ལ་ཞེ་སྡང་བས་སྐྱོན་སྨྲ་ཞིང་ཡིད་འཁྲུག་པར་བྱེད་པའོ། །ཉེ་བའི་སྤུན་ལ་རྩ་ལྟུང་མི་འབྱུང་ཡང༌། ཡུལ་གཞན་ལས་ཁྱད་པར་དུ་འཕགས་པ་ཡིན་ནོ། །རྩ་ལྟུང་བཞི་པ་ནི། ཡུལ་སེམས་ཅན་གཅིག་དུ་མ་ལ་ཕན་པ་དང་བདེ་བར་འདོད་པ་རྣམ་པ་ཐམས་ཅད་དུ་སྤངས་པའོ། །རྩ་ལྟུང་ལྔ་པ་ནི། སེམས་ཅན་གྱི་དོན་དུ་སངས་རྒྱས་ཐོབ་པར་བྱའོ། །ཞེས་དམ་བཅས་པའི་སྨོན་པ་བྱང་ཆུབ་ཀྱི་སེམས་འདོར་བའོ། །

རྩ་ལྟུང་དྲུག་པ་ནི། ང་རྒྱལ་དང་བརྙས་སེམས་ཀྱིས་མུ་སྟེགས་ཀྱི་ཆོས་ཁྱད་དུ་བསད་ན་རྩ་ལྟུང་དུ་འགྱུར་ཏེ༑ མུ་སྟེགས་ཅན་ལ་སྨད་བྱས་ན། །རྣམ་པར་སྣང་མཛད་རིང་བའི་རྒྱུ། །ཞེས་པ་དང༌། ཕྱི་རོལ་པ་ཡང་ལམ་ཚོལ་ཞུགས། །དེ་ཕྱིར་དེ་ལ་སྨད་མི་བྱ། །ཞེས་གསུངས་པའི་ཕྱིར་ནག་པོ་པས་བཤད་ཀྱང༌། རང་དང་གཞན་ཅེས་པ་སྔགས་དང་ཕ་རོལ་ཏུ་ཕྱིན་པའི་ཐེག་པ་ཆེན་པོ་དང༌། ཉན་ཐོས་ཀྱི་ཐེག་པ་བྱང་ཆུབ་ཀྱི་ལམ་མ་ཡིན་ཞེས་སྨད་པའོ། །རྩ་ལྟུང་བདུན་པ་ནི། སྣོད་མ་ཡིན་པ་ལོག་སྲིད་ཅན་དང༌། ཚོགས་མ་སྨིན་པ་བུམ་དབང་མ་ཐོབ་པ་དང༌། དབང་ཡོངས་སུ་རྫོགས་པས་མ་སྨིན་པ་དབང་བར་པ་གཉིས་མ་ཐོབ་པ་དང༌། ཉམས་པས་མ་སྨིན་པ་རྩ་ལྟུང་བྱུང་ནས་སོར་མ་ཆུད་པ་དང༌། ཟབ་མོས་འཇིགས་པས་མ་སྨིན་པ་བཞི་པའི་དེ་ཁོ་ན་ཉིད་ལ་ངེས་པ་མ་ཐོབ་པའོ། །ཡང་ན་ཉན་ཐོས་ཀྱི་རིགས་ཅན་ལ་བདེ་བ་ཆེན་པོའི་ཡེ་ཤེས་སྟེར་བ་དང༌། མ་སྨིན་པ་དེ་ལ་དེ་དང་གོང་མའི་གསང་བ་བསྒྲགས་པའོ། །རྩ་ལྟུང་བརྒྱད་པ་ནི། བུམ་པའི་དབང་བསྐུར་ཏེ་ཕུང་པོ་ལྔ་སངས་རྒྱས་ལྔའི་རང་བཞིན་དུ་གནས་པ་དེར་བསྐྱེད་ཅིང་བྱིན་གྱིས་བརླབས་པ་ལ་མ་དག་པའི་ཕུང་པོར་འདུ་ཤེས་སྨད་པ་དང༌། དེ་དཀའ་ཐུབ་དྲག་པོས་གདུང་བར་བྱེད་ཅིང༌། ཆད་པས་གཅོད་པ་དང༌། ཁྲུར་ཆེན་ཁྲུར་བ་ལ་སོགས་པས་བརྙས་པར་བྱེད་པའོ། །ལུས་ལ་ཞེན་པ་སྤང་བའི་ཕྱིར་མི་གཙང་བའི་འདུ་ཤེས་ཡིད་ལ་བྱེད་པ་ཙམ་ལ་ཉེས་པ་མེད་ཅིང༌། མི་གཙང་བར་འདུ་ཤེས་ནས་ཁྱད་དུ་གསོད་ན་རྩ་ལྟུང་ངོ༌། །རྩ་ལྟུང་དགུ་པ་ནི། ཆོས་ཐམས་ཅད་རང་བཞིན་གྱིས་རྣམ་པར་དག་པའི་དེ་བཞིན་ཉིད་ལ་ཡོད་མེད་དུ་རྟོག་ཅིང༌། ཐེ་ཚོམ་ཟའམ་བརྗོད་བྲལ་ལྷན་ཅིག་སྐྱེས་པའི་ཡེ་ཤེས་ལ་ཐེ་ཚོམ་ཟ་ནས་སྤོང་བའོ། རྩ་ལྟུང་བཅུ་པ་ནི། བླ་མ་དཀོན་མཆོག་གསུམ་ལ་སྨད་པར་བྱེད་པ་དང༌། སངས་རྒྱས་ཀྱི་བསྟན་པ་བཤིག་པ་དང༌། སེམས་ཅན་མང་པོ་ལ་གནོད་པར་བྱེད་པའི་གདུག་པ་

ཅན་མངོན་སྤྱོད་ཀྱིས་བསྒྲལ་བའི་ཡུལ་དུ་གྱུར་པ་ལ་མཛའ་བོར་བྱེད་ཅིང་ལུས་ངག་གིས་ཕན་འདོགས་པའོ། །རྡོ་རྗེ་སྙིང་པོ་རྒྱན་དུ། ཤིན་ཏུ་གདུག་པ་དྲག་རྣམས་ལ། །ཞི་བ་ཉེ་བར་མི་བྱ་སྟེ། །ཤེས་རབ་ཐབས་ཀྱི་བདག་ཉིད་ཀྱིས། །དེ་བཞིན་གཤེགས་རྣམས་ཁྲོ་བོར་མཛད། །ཐུགས་རྗེས་ཁྲོས་པའི་ངང་ཚུལ་ཅན། །འཇིག་རྟེན་གསུམ་ཡང་ངེས་བསྲེག་མཛད། །ཅེས་པ་དང་། སྤྱོད་རྒྱུད་ལས། གླིན་པ་དཀོན་མཆོག་གསུམ་སྨད་དང་། །སངས་རྒྱས་བསྟན་ལ་གནོད་བྱེད་དང་། །བླ་མ་སྨོད་ལ་བརྩོན་པ་རྣམས། །མཁས་པས་བསྒྲིམས་ཏེ་བསད་པར་བྱ། །ཞེས་པའི་ཚུལ་ནི་སྙིང་རྗེ་ཆེན་པོས་ལས་སྦྱོར་དྲག་པོ་བྱེད་པའོ། །ཡང་ན། ཁ་ནས་བཟང་པོ་སྨྲ་ཞིང་སྙིང་ལ་ངན་སེམས་འཛིན་པ་གཡོ་སྒྱུའི་རྩ་ལྟུང་དུ་བཞེད་དོ། །རྩ་ལྟུང་བཅུ་གཅིག་པ་ནི། མིང་དང་མཚན་མ་དང་བྲལ་བའི་ཆོས་ལ་དེ་ལྟར་འཛིན་པ་སྟེ། སྟོང་ཉིད་ཀྱི་མཐར་འཛིན་པ་རྩ་ལྟུང་དུ་རྗེ་བཙུན་ཆེན་པོ་དང་ཆོས་རྗེ་ཉིད་བཞེད་དོ༑ །རྩ་ལྟུང་བཅུ་གཉིས་པ་ནི། དད་པ་ཅན་གྱི་སེམས་ཅན་ལ་ལོག་འཚོ་དང་ཆོས་ལོག་འཆད་པ་དང་། སྒྱུ་མའི་རྣམ་འཕྲུལ་སྟོན་པ་ལ་སོགས་པས་བསླུས་ཏེ་སྐྱབས་གནས་དང་། ལྟ་སྤྱོད་ཕྱིན་ཅི་ལོག་ཏུ་བསྒྱུར་བ་དང་། ལམ་གོང་མ་ལ་དད་པ་འོག་མར་བསྒྱུར་ནས་སུན་འབྱིན་པའོ། །རྩ་ལྟུང་བཅུ་གསུམ་པ་ནི། བདུད་རྩི་ལྔ་ལ་སོགས་པ་དམ་ཚིག་གི་རྫས་སྨད་པའི་འདུ་ཤེས་ཀྱིས་མི་བསྟེན་པ་དང་། བསྟེན་པ་ཁྱད་དུ་བསོད་པ་དང་། ཡོ་གའི་ལུགས་ལ་རྡོ་རྗེ་དྲིལ་བུ་ལ་སོགས་པ་ནི་མི་བསྟེན་པའོ། །རྩ་ལྟུང་བཅུ་བཞི་པ་ནི། བདེ་བ་ཆེན་པོའི་ཡེ་ཤེས་འབྱུང་བའི་རྟེན་དང་། ཡུམ་ཤེར་ཕྱིན་གྱི་མཚོན་བྱེད་བུད་མེད་རྟེན་དམན་པ་དང་སྐྱོན་ཅན་འདུ་ཤེས་པས་སྨོད་པར་བྱེད་པའོ། །དབང་དང་དམ་ཚིག་གི་དུས་སུ་བསྟེན་པ་ནི་ཉེ་བ་ཡིན་ལ་གཞན་ནི་རིང་པའོ། །སློབ་དཔོན་ཤཱནྟི་པས། རྩོད་པའི་དུས་སུ་བུད་མེད་ལ་སྲིད་པ་ཤས་ཆེ་བས་དེ་དག་འདུལ་བའི་ཕྱིར་རྒྱལ་བ་སྲས་བཅས་བུད་མེད་དུ་སྤྲུལ་ནས་འགྲོ་བའི་དོན་མཛད་པ་རྣམས་ལ་སྨད་ན་ཉེས་པ་ཆེ་ཞིང་། ལྟུང་བ་འབྱུང་ཉེ་བས་བུད་མེད་ལ་སྨོད་པ་སྤྱིར་དགག་པ་མཛད་པ་ཡིན་ཏེ། འདུས་པ་རིན་པོ་ཆེའི་ཏོག་ལས། ཚངས་པ་ཕུན་སུམ་ཚོགས་པའི་དབང་ཕྱུག་ཅེས་བྱ་བ་བུད་མེད་ཀྱི་གཟུགས་སུ་བསྒྱུར་ནས་སངས་རྒྱས་ཚེ་དཔག་མེད་ཀྱི་དྲུང་དུ་འཁོད་པ་ལ། བརྒྱ་བྱིན་གཙུག་ཕུད་འཛིན་གྱི་སྲིང་མོ་ཁྱོད་བག་མེད་པར་མ་བྱེད་པར་དེ་རམ་འདུག་པར་སོང་ཤིག་ཅེས་སྨྲས་པས། སངས་རྒྱས་ཀྱིས་ལྷའི་དབང་པོ་ལེགས་པར་རྟོགས་ལ་སྒོམས་ཤིག །ཡིད་དུ་མི་འོང་བའི་འབྲས་བུ་འབྱུང་བར་གྱུར་ཏ་རེ། སྐྱེས་བུ་དམ་པ་འདི་ནི་དེ་བཞིན་གཤེགས་པ་རྣམས་མཆོད་པའི་ཕྱིར་བུད་མེད་དུ་སྤྲུལ་པ་ཡིན་ནོ། །ཞེས་གསུངས་པས་བརྒྱ་བྱིན་གྱི་འགྱོད་པས་བཟོད་པར་གསོལ་བར་བྱས། གལ་ཏེ་ཉེས་པ་དེ་མ་སྤྲུངས་ན་ཚེ་རབས་བརྒྱད་ཁྲི་བཞི་སྟོང་བུད་མེད་དུ་སྐྱེ་བར་འགྱུར་རོ། །ཞེས་གསུངས་པ་ཁུངས་སུ་མཛད་དོ། །ལྷ་མོ་དྲི་མ་མེད་པའི

འོད་ཀྱི་མདོ་ར་ཡང་། འཕགས་པ་འཇམ་དཔལ་བྱུད་མེད་ཀྱི་གཟུགས་ཀྱིས་འགྲོ་བ་མང་པོའི་དོན་མཛད་དེ། སེམས་ཅན་རྣམས་ཀྱིས་དེ་ལྟར་མི་ཤེས་སོ། །ཞེས་འབྱུང་ངོ་། །རྒྱ་ལྟར་དྲུག་པ་ཡང་ཤིན་ཏུ་འབྱུང་ཏེ་ཞིང་ཉེས་པ་ཆེ་བ་ཡིན་ཏེ། ཆོས་ཡང་དག་པར་བསྡུད་པའི་མདོར། དམ་པའི་ཆོས་ལ་འདི་ནི་ཟབ་བོ། །འདི་ནི་མི་ཟབ་བོ། །ཞེས་ཟེར་ན་དམ་པའི་ཆོས་སྤོང་བའོ། །འདི་ནི་སྒྲུབ་པར་བྱའོ། །འདི་ནི་སྒྲུབ་པར་མི་བྱའོ་ཞེས་ཟེར་ན་དམ་པའི་ཆོས་སྤོང་བའོ། །ཞེས་པ་ལ་སོགས་མང་དུ་གསུངས་ཤིང་། རྒྱལ་བ་བྱམས་པས། གང་ཞིག་ཡིད་ནི་ཆོས་ལ་སྡང་བ་དེ་ལ་ཐར་པ་ག་ལ་ཡོད། །ཅེས་གསུངས་པས་སངས་རྒྱས་ཀྱི་གསུང་ལ་མོས་པར་མ་གྱུར་ཀྱང་སྨད་པར་མི་བྱ་སྟེ། བདག་ནི་ཤིན་ཏུ་རྨོངས་པ་ལ། ཐམས་ཅད་མཁྱེན་པའི་ཡེ་ཤེས་ཀྱི་ཡུལ་ནི་བསམ་གྱིས་མི་ཁྱབ་བོ་ཞེས་དྲན་པར་བྱའོ། །བདེ་མཆོག་ཉུང་ངུར། ཟབ་མོའི་ཆོས་ནི་སྟོན་པ་ལ། །གལ་ཏེ་མོས་པར་མ་གྱུར་ཀྱང་། །སྨོད་པ་དག་ཏུ་མི་བྱ་སྟེ། །ཆོས་ཉིད་བསམ་མི་ཁྱབ་དྲན་བྱ། །ཞེས་པ་དང་། མངོན་བརྗོད་བླ་མར། ཟབ་མོའི་ཆོས་ནི་བསྟན་པ་ལ༑ ༑གང་ཞིག་མོས་པར་མ་གྱུར་ཀྱང་། །སྨད་པ་དག་ཏུ་མི་བྱ་སྟེ། །སྟོང་ཉིད་སྙིང་རྗེ་མི་ཕྱེད་པའི། །ཆོས་ཉིད་ཐམས་ཅད་བསམ་མི་ཁྱབ། །སངས་རྒྱས་རོལ་པའང་བསམ་མི་ཁྱབ། །ཅེས་པ་དང་། ཡེ་ཤེས་ཐིག་ལེར། སྣ་སྐྱེགས་པའང་ཉན་ཐོས་ལ། །དམན་ཀྱང་དེ་ལ་སྨད་མི་བྱ། །ཞེས་པ་དང་། ཆོས་ཡང་དག་པར་བསྡུད་པར། ང་ནི་བར་མ་དོར་གནས་པ་ལ་ཆོས་སྤོང་བ་ཞེས་མི་སྨྲའོ། །ཞེས་མི་མོས་ཀྱང་བཏང་སྙོམས་སུ་བཞག་ན་ཆོས་སྤོང་དུ་མི་འགྱུར་བར་གསུངས་སོ། །དེས་ན་སངས་རྒྱས་སུ་གསུངས་པའི་བཅས་པ་འགའ་ཞིག་ཁྱད་དུ་བསོད་པ་དང་། མདོ་རྒྱུད་ཀྱི་གསུང་ཕྱོགས་རེ་ལ་སྨད་ནའང་རྒྱ་ལྟར་དུ་འགྱུར་ལ། སྡེ་སྣོད་རྒྱ་ཆེན་པོ་དག་ལ་དྲང་བའི་དོན་ཡིན་པས་ཚད་མར་མི་འཛིན་ནོ། །ཞེས་འདོར་ཅིང་ཁྱད་དུ་གསོད་པ་དག་ལྟ་ཅི་སྨོས། དེས་ན་ཆོས་དང་གང་ཟག་གི་ཆོད་འཛིན་བྱེད་པའང་ཐམས་ཅད་མཁྱེན་པ་ལས་གཞན་གྱིས་སྤང་བར་བྱ་སྟེ། བཅོམ་ལྡན་འདས་ཀྱིས གང་ཟག་གི་ཆོད་འཛིན་ན་རང་ཉིད་ཉམས་པར་འགྱུར་རོ། །ཞེས་གསུངས་སོ། །རྗེ་རྗེ་སྙིང་པོ་རྒྱན་དུ། ཐུན་མོང་མ་ཡིན་ལས་ལམ་པས། །བཅུ་བཞིར་གྲགས་པ་གང་ཡིན་པ། །སྔགས་པ་དོན་ཀུན་སྒྲུབ་བྱེད་པས། །སྤྱང་ཞིང་དོར་བར་མི་བྱའོ། །སློབ་དཔོན་སྙིང་ནས་སྨོད་པ་དང་། །བདེ་གཤེགས་བཀའ་ལས་འདའ་བྱེད་དང་། །ཞེ་སྡང་གིས་ནི་མཆེད་སྤུན་འབྱིན། །བྱང་སེམས་མེད་པར་སེམས་ཅན་སྤྱངས། །བྱང་ཆུབ་སེམས་ཆེན་འདོར་བ་དང་། །བདག་གཞན་གྲུབ་པའི་མཐའ་སྨོད་བྱེད། །སྣོད་མི་རུང་ལ་གསང་བ་བསྟན། །རྒྱལ་བའི་བདག་ཉིད་ཕུང་པོ་སྨད། །དག་པའི་ཆོས་ལ་སོམ་ཉི་བྱེད། །གསུམ་ལྡན་ཁྲིད་ལ་བྱམས་ལྡན་བྱེད། །སྟོང་པ་ཐལ་བྱུང་ལ་རྟོགས་པ། །དད་ལྡན་སེམས་ནི་སུན་འབྱིན་བྱེད། །དམ་ཚིག་དང་ལྡན་བརྟེ་མི་བྱེད། །ཤེས་ལྡན་བུད་མེད་སྨོད

པར་བྱེད། །སྔགས་པས་དེ་དག་ཡོངས་སྤངས་ནས། །ངེས་པར་དངོས་གྲུབ་འཐོབ་པར་བྱེད། །དེ་ལས་སྔགས་པ་ཡོངས་འདས་ན། །ངེས་པར་བདུད་དང་འཕྲད་པར་འགྱུར། །ནད་དང་སྡུག་བསྔལ་འཐོབ་འགྱུར་ཏེ། །བསྐོར་མེད་སེམས་ཅན་དམྱལ་བར་འགྲོ། །སྦོམ་པོ་ལྟུང་བྱེད་ཉེས་དམིགས་ཀྱང་། །དེ་དང་འདྲ་བར་ཤེས་པར་བྱ། །དམ་ཚིག་མི་ལྡན་རིག་མ་བསྟེན། །ཚོགས་ཀྱི་འཁོར་ལོར་བརྩོད་པར་བྱེད། །གསང་བའི་ཆོས་ནི་སྟོན་པ་དང་། །དད་ལྡན་རྣམས་ལ་གཞན་དོན་དུ། །ཉན་ཐོས་ནང་དུ་ཡུན་རིང་གནས། །སྣོད་མི་རུང་ལ་གསང་བ་བསྟན། །ཁ་ན་མ་ཐོ་སྦོམ་གྱུར་ཏེ། །སྔགས་པ་དེ་ཡི་དམ་སྡོམ་ཟད། །ཟད་པས་འགྲུབ་པར་ཡོངས་མི་འགྱུར། །དེ་བས་ཉིན་རེ་ལན་གསུམ་དུ། །ཁ་དོན་གྱིས་ནི་ཀླག་པར་བྱ། །ཞེས་གསུངས་སོ། །དུས་ཀྱི་འཁོར་ལོར། རྩ་ལྟུང་ལྔ་པ་དབང་པོ་ཉིས་བྱུང་གི་བདེ་བ་སངས་རྒྱས་ཀྱི་ལམ་དུ་འདོད་པས་ས་བོན་ཉམས་པར་བྱས་པའོ། །རྩ་ལྟུང་དགུ་པ་ནི། རྣམ་པ་ཐམས་ཅད་ཀྱི་མཆོག་དང་ལྡན་པའི་སྟོང་པ་ཉིད་སུན་འབྱིན་པའོ། །

རྩ་ལྟུང་བཅུ་གཅིག་པ་ནི། སངས་རྒྱས་ཐམས་ཅད་ཀྱི་སྐུ་གསུང་ཐུགས་ཀྱི་དེ་ཁོ་ན་ཉིད་མཆོག་ཏུ་མི་འགྱུར་བའི་བདེ་བ་ཆེན་པོ་ལ་ཡིད་མི་ཆེས་པས་སྤོང་བའོ། །གཞན་རྣམས་ལའང་མི་འདྲ་བའི་ཁྱད་པར་ཅུང་ཟད་སྣང་ངོ་། །སྦོམ་པོ་ལྟུང་བ་བརྒྱད་པའི་དམ་ཚིག་དང་ནི་མི་ལྡན་པའི་རིག་མ་ལམ་དུ་བྱ་བའི་ཕྱིར་བསྟེན་པར་དགའ་བ་དང་། ཚོགས་ཀྱི་འཁོར་ལོའི་ནང་དུ་རྡོ་རྗེའི་སྤུན་དང་དམ་ཚིག་ལ་ཁ་ཤག་འགྱེད་པ་ཙམ་གྱི་ཕྱིར་བརྩོད་པ་དང་། སྣོད་དུ་རུང་བའི་གང་ཟག་ལ་ཤེས་པར་འདོད་པའི་དོན་དེ་ལས་གཞན་སྟོན་པ་དང་། ཚོགས་འཁོར་ལ་སོགས་པའི་དུས་སུ་བརྡ་སྐད་ཀྱི་ཚིག་སློས་པ་དེ། དུས་གཞན་དུ་དགོས་པ་མེད་པར་སྨྲ་བ་དང་། གསང་སྔགས་ལ་མི་མོས་པའི་ཉན་ཐོས་ཀྱི་གང་ཟག་དང་ལྷན་ཅིག་ཞག་བདུན་གནས་པ་དང་། དམ་ཚིག་དང་མི་ལྡན་པ་དང་དབང་འོག་མ་སྔོན་དུ་མ་སོང་བ་ལ་དབང་གོང་མ་དང་མ་འབྲེལ་བའི་ཆོས་སྟོན་པ་དང་། དབང་བསྐུར་ཐོབ་པ་རྣམས་ལ་ཡང་ལྷའི་ཕྱག་རྒྱ་སྐབས་མ་ཡིན་པར་སྟོན་པ་དང་། དཀྱིལ་འཁོར་གྱི་ལས་ལ་འཇུག་པའི་ཐོག་མར་རྒྱུད་ལས་གསུངས་པའི་བསྙེན་པ་ཚད་དུ་མ་སོང་བ་དང་། ཆོ་ག་བཤད་པ་བཞིན་མ་ཚང་བར་དབང་བསྐུར་རབ་གནས་ལ་སོགས་བྱེད་པ་དང་། དགོས་པ་ཆེན་པོ་མེད་པར་ཕ་རོལ་ཏུ་ཕྱིན་པ་དང་ཉན་ཐོས་ཀྱི་བཅས་པ་ལས་འདའ་བ་དང་། གསང་བའི་ཆོས་སྟོན་པ་དང་། ལུས་ཀྱི་ཕྱག་རྒྱ་སྟོན་པ་གཅིག་ཏུ་བསྡུད་པའམ། ཡང་ན་ཕྱི་མ་གཉིས་ཀ་བཞག་ནས་རིག་མའི་བྱང་སེམས་སྟོབས་ཀྱིས་ལེན་པ་དང་བརྒྱད་དམ། ཡང་སྦོམ་པོའི་ཉེས་པ་གྲངས་མེད་ཅེས་ཀྱང་གསུངས་སོ། །བཅུ་བཞི་དང་བརྒྱད་བསྡོམས་པས་ཉི་ཤུ་རྩ་གཉིས་ཀྱི་གྲངས་ངེས་མཛད་པ་དང་། དེའི་སྟེང་དུ་རིགས་ལྔའི་སྡོམ་པ་དང་། སྲོག་མི་གཅོད་པ་ལ་སོགས་པ་བགྲངས

པས་རྒྱུད་ལས་དངོས་སུ་གསུངས་པའི་དམ་ཚིག་དང་སྡོམ་པ་ལྔ་བཅུ་རྩ་གྲངས་པ་རྣམས། རྣལ་འབྱོར་བླ་ན་མེད་པའི་ལམ་དུ་ཞུགས་པའི་སྔགས་པ་རྣམས་ཀྱིས་ཉམས་སུ་བླང་བྱར་བསྡམས་པ་རྣམས་བསྲུང་ན་དངོས་གྲུབ་ཐོབ་པར་ཐེ་ཚོམ་མེད་ཅིང་། ཉམས་ན་དངོས་གྲུབ་མི་ཐོབ་པ་ཙམ་དུ་མ་ཟད་ངན་འགྲོར་ལྟུང་བར་གསུངས་ཤིང་། བྲམ་ཟེ་ཆེན་པོའི་སངས་རྒྱས་ཐོད་པའི་བཀའ་འགྲེལ་དུ་གསང་བའི་མཛོད་ཀྱི་ལུང་གྲངས་པར། དབང་བསྐུར་ཡང་དག་སྨིན་ལྡན་ན། །སྐྱེ་དང་སྐྱེ་བར་དབང་བསྐུར་འགྱུར། །དེ་ཡི་སྐྱེ་བ་བདུན་པ་ལ། །མ་བསྒོམས་པར་ཡང་དངོས་གྲུབ་ཐོབ། །གང་ཞིག་སྡོམ་པ་དང་ལྡན་ཞིང་། །གལ་ཏེ་དམ་ཚིག་སྡོམ་ལ་གནས། །སྐྱེ་འདིར་ལས་དབང་གིས་མ་གྲུབ། །སྐྱེ་བ་གཞན་དུ་དངོས་གྲུབ་ཐོབ། །རེ་ཞིག་དམ་ཚིག་ཉམས་པ་ལ། །དངོས་གྲུབ་ཐོབ་པ་ལྟ་ཞོག་གིས། །མི་ཡི་སྐྱེ་བའང་རྙེད་པར་དཀའ། །ཞེས་པ་དང་། བི་རྦུ་ཏི་ཙན་ཏྲས། མ་བསྒོམས་ཀྱང་ཀྱང་ལྟུང་མེད་ན། །སྐྱེ་བ་བཅུ་དྲུག་དག་ནས་འགྲུབ། །ཅེས་སོ། །ཉམས་པའི་ཉེས་དམིགས་ནི། བདེ་མཆོག་རྩ་རྒྱུད་ལས། དམ་ཚིག་རལ་ཅིང་ངན་སྤྱོད་བྱེད། །བྲམ་ཟེ་བསོད་པར་ཐེ་ཚོམ་མེད། །སྡིག་སྤྱོད་རྨོངས་པའི་བདག་ཉིད་ཅན། །ངན་པའི་བདག་ཉིད་བླུན་པོ་དེ། །མཁའ་འགྲོ་མ་ཡིས་ཟོས་གྱུར་ཀྱང་། །དེ་ལ་ང་ནི་སྐྱོབ་མི་བྱེད། །གསང་བ་པ་ཡི་ནང་ན་ནི། །སློབ་པ་པོ་དེ་ཕྱུགས་དང་འདྲ། །ཞེས་པ་དང་། ཟླ་གསང་ཐིག་ལེར། སྔགས་ཀྱི་དངོས་གྲུབ་དོན་གཉེར་བས། །དམ་ཚིག་བསྲུང་ལ་བརྩོན་པར་བྱ། །གཞན་དུ་བྱེད་ན་སྔགས་མཁན་གྱིས། །སྔགས་སོགས་འདོད་པའི་དོན་མི་འགྲུབ། །ལྷ་རྣམས་ཀྱིས་ནི་དམ་ཚིག་གི །གསོལ་བ་བཞེས་སུ་མི་གནང་སྟེ། །འཇིག་རྟེན་འདིར་ནི་སྡུག་བསྔལ་ཆེ། །འཇིག་རྟེན་ཕ་རོལ་དམྱལ་བ་རྣམས། །དམ་ཚིག་སྤྱོད་ལས་འདས་པ་ཡིས། །རྨོངས་པའི་བདག་ཉིད་ཅན་དེས་ཐོབ། །སློབ་མ་དེ་ཡང་དེ་བཞིན་དུ། །བློ་གཞན་སྡུག་བསྔལ་ཐོབ་འགྱུར་ཏེ། །དེས་ནི་སྔགས་ཀྱི་དོན་མི་འགྲུབ། །ལྷ་རྣམས་ཀྱིས་ནི་བདེ་བའི་མཆོག །དམ་ཚིག་མེད་པའི་སློབ་མ་ལ། །ནམ་ཡང་སྦྱིན་པར་མི་འགྱུར་རོ། །ཞེས་པ་དང་། སྤྱིའི་ཆོ་ག་སྙིང་པོ་རྒྱན་ལས། སྨྲ་ཙམ་ལ་ནི་རབ་གཞོལ་བའི། །སྔགས་པ་མཐར་མེད་སོགས་སུ་འགྲོ། །ང་ནི་སྔགས་པ་ཞེས་སྒྲོགས་ཤིང་། །གསང་བའི་ལམ་ལ་བརྟེན་ནས་ཀྱང་། །ཚུལ་ཁྲིམས་ཡལ་བར་འདོར་མི་བྱ། །དཀར་པོའི་གོས་ལ་རབ་གནས་ཏེ། །ངོ་ཚ་རྣམ་པར་འདོར་ནས་སུ། །ལོག་པའི་གཡེམ་ལ་མངོན་པར་ཞེན། །ཧ་འབོད་སེམས་ཅན་དམྱལ་བར་འགྲོ། །ཞེས་པ་དང་། ལས་དང་པོ་པའི་དམ་ཚིག་བསྡུས་པར། དམ་ཚིག་ལ་མི་གནས་པར་གསང་སྔགས་ཚིག་ཙམ་གྱིས་བདག་དང་གཞན་གྱི་ལས་སྣ་ཚོགས་བྱེད་པ་དེ་ནི། དཔེར་ན་མཛེ་ནད་ཅན་ནང་འབྲུམ་རྙིང་པར་གྱུར་པ་ལ་ཕྱི་རོལ་གྱིས་གོས་དང་རྒྱན་གྱིས་བཀབ་པ་ལྟ་བུ་ཡིན་ནོ། །དེས་ནི་བདག་གི་དོན་ཡང་བྱར་མི་ནུས་ན་གཞན་གྱི་དོན་ལྟ་ཅི་སྨོས། ལྷ་དང་བཅས་

པའི་འཇིག་རྟེན་རྣམས་ཀྱིས་བཤུང་བར་གྱུར་པ་ཡིན་ནོ། །ཞེས་འབྱུང་ངོ་། །དེས་ན་རྒྱུད་ལས་གསུངས་པའི་དམ་ཚིག་དང་སྡོམ་པ་རྣམས་ཇི་ལྟར་བསྲུང་བའི་ཚུལ། ཀུན་སློང་དང་ལུས་ངག་གི་སྤྱོར་བ་དང་། གང་ཟག་དང་ལྟུང་བ་ལྕི་ཡང་གི་ཁྱད་པར་ལ་སོགས་རེ་རེ་ནས་ཞིབ་ཏུ་ཤེས་པར་བྱ་སྟེ། ཉེས་པ་མི་འབྱུང་བར་བྱ་བ་དང་། གལ་ཏེ་བྱུང་ན་ཕམ་པ་དང་སྦོམ་པོ་ལ་སོགས་རིགས་གང་དུ་འདུ་བར་ཤེས་པར་བྱས་ནས་ཕྱིར་བཅོས་པ་དང་། ཕྱིས་མི་འབྱུང་བར་སྡོམ་ཞིང་། སྡོམ་པ་བླངས་ན་བསྲུང་བ་ལ་བརྩོན་པར་བྱའོ། །དམ་ཚིག་དང་སྡོམ་པ་བསྲུང་བའི་ཐབས་ལ། ཉིན་དང་མཚན་མོ་ལན་གསུམ་དུ། །ཉིད་རེ་བཞིན་ནི་བརླ་བར་བྱ། །ཞེས་གསུངས་པས། ཞག་རེ་ལ་བསྲུང་བྱའི་ཚིག་རྣམས་ལན་དྲུག་ཏུ་བརླས་ཤིང་མ་བརྗེད་པར་བྱེད་པ་དང་། བུད་མེད་ཐམས་ཅད་མཐོང་བ་ན། །གཡོན་ནས་ལན་གསུམ་བསྐོར་བྱ་ཞིང་། །ཞེས་གསུངས་པས་ཡིད་ཀྱིས་གུས་པས་བསྐོར་བ་བྱེད་པ་དང་། གང་པོས་ཞུས་པར། བྱང་ཆུབ་སེམས་དཔའ་སྟོན་མ་ཐོས་པའི་ཆོས་ཐོས་པར་གྱུར་ན་དོན་གྱི་ཚུལ་རབ་ཏུ་སེམས་དཔར་བྱེད་ཀྱིས་འདི་མ་ཡིན་ནོ་ཞེས་སྐྱུ་བར་མི་བྱེད་དེ། འདི་དང་ལྡན་ན་བླ་ན་མེད་པའི་བྱང་ཆུབ་ལས་ཕྱིར་མི་ལྡོག་པར་འགྱུར་རོ། །ཞེས་གསུངས་པ་ལྟར་དམ་པའི་ཆོས་མི་སྤོང་བ་དང་། སེམས་ཅན་གང་མཐོང་བ་དེ་སངས་རྒྱས་ཀྱི་སྙིང་པོ་ཅན་ཡིན་ནོ་ཞེས་བརྙས་པར་མི་བྱེད་པ་དང་། དངོས་ཀུན་གང་དང་གང་སྣང་བ། །གཙོ་དེ་རང་གི་ལྷག་པའི་ལྷ། །ཞེས་གསུངས་པ་ལྟར་དྲན་པར་བྱེད་པ་དང་། རྒྱུད་སྡེ་འོག་མའི་མཆོད་རྫས་རྒྱལ་བའི་རིགས་ལ་མེ་ཏོག་སེར་པོ་དང་དཀར་པོ་དང་བདུག་སྤོས་ག་བུར་དང་། པདྨའི་རིགས་ལ་མེ་ཏོག་དཀར་པོ་དང་དམར་པོ་བདུག་སྤོས་ཙནྡན་དཀར་པོ་དང་། རྡོ་རྗེའི་རིགས་ལ་མེ་ཏོག་སྔོན་པོ་དང་བདུག་སྤོས་གུ་གུལ་དང་། ཐུན་མོང་དུ་ཨ་ག་རུ་དང་དུ་རུ་ཀའི་སྤོས་འབུལ་བར་གསུངས་པ་ལ་སོགས་ཁྱད་དུ་མི་གསོད་པར་སྒྲུབ་པ་དང་། ན་མོ་བྷ་ག་ཝ་ཏེ། བཛྲ་སཱ་ར་པྲ་མརྡ་ན་ཡ། ཏ་ཐཱ་ག་ཏཱ་ཡ། ཨརྷ་ཏེ་སམྱཀྶཾ་བུདྡྷཱ་ཡ། ཏདྱ་ཐཱ། ཨོཾ་བཛྲེ་བཛྲེ། མཧཱ་བཛྲེ། མཧཱ་ཏེ་ཛ་བཛྲེ། མཧཱ་བིདྱཱ་བཛྲེ། མ་ཧཱ་བོ་དྷི་ཙིཏྟ་བཛྲེ། མ་ཧཱ་བོ་དྷི་ས་མཎྜོ་པ་ས་གྲ་མ་ཎ་བཛྲེ་སརྦ་ཀརྨ་ཨཱ་ཝ་ར་ཎ་བི་ཤོ་དྷ་ནི་བཛྲེ་སྭཱ་ཧཱ། ཡིད་ལ་དྲན་པ་དང་བརྗོད་པ་ཙམ་གྱིས་མཆོད་པ་མཐའ་ཡས་པ་འབྱུང་བར་འགྱུར་རོ། །རྡོ་རྗེ་ལ་ལ་ཆུ་སྦྱིན་ཅིང་། །བྲེ་མའི་ས་ལ་མཆོད་རྟེན་ཀྱང་། །མཁས་པས་ཚོགས་བཞིན་དུ་བྱ། །ཞེས་གསུངས་པས། རྡོ་རྗེ་ལ་སེར་ནག་ལ་ཆུ་སྦྱིན་པ་དང་། སཙྪ་འདེབས་པའི་ལག་ལེན་བྱ་ཞིང་། དབྱུང་བཟངས་སུ་སྲིད་པ་གསུམ་ན་དཀོན་མཆོག་གསུམ་པོ་མཆོག །དངོས་གྲུབ་འདོད་པས་ཕྱགས་ཀྱི་ཐོག་མར་སྦྱར། །ཞེས་པ་ལྟར། འོད་ལྡན་དུ་འང་། མུ་སྟེགས་ཀྱི་ཕྱགས་རིམ་ནད་ཞི་བ་སོགས་ལ་མགོ་བོར་དཀོན་མཆོག་གསུམ་ལ་ཕྱག་འཚལ་བ་བརྗོད་དེ། ན་མོཿརཏྣ་ཏྲ་ཡཱ་ཡ། ཀུ་རུ་ཀུ་ལེ་ཞེས་པ་ལྟ་བུའོ། །ཞེས་པ་དང་། ལུང་ལས་ཀྱང་། རིམས་

ནད་ལ་སོགས་སོང་བའི་སྐྱུར་པ་རྙིང་པ་ལ་མི་འགོམ་ཞིང་། བཀྲུས་པ་སྤྱང་བར་གསུངས་ལ། སོ་སོར་ཐར་པའི་བསླབ་བྱ་ལའང་དགོས་པ་བླ་མ་དང་མཆོད་རྟེན་གྱི་གྲིབ་མ་དང་། མཆོད་རྫས་དམན་མ་དང་། དཀྱིལ་འཁོར་གྱི་ཐིག་དང་ཚོན་ལ་མི་འགོམ་པ་དང་། ཅི་ནས་འགོམ་དགོས་པ་ཞིག་བྱུང་ན་དེ་རྣམས་ཀྱི་འོག་ནས་འཛུལ་བར་བསམས་ཏེ། ཨོཾ་བཛྲ་བེ་ག་ཨ་ཀྲ་མ་ཧཱུྃ། ཞེས་བརྗོད་དེ་རྡོ་རྗེ་ཤུགས་ཀྱིས་འཛུག་པ་དང་། སྔགས་ཀྱིས་ཉེས་པར་མི་འགྱུར་ཞེས་དེ་ཉིད་འདུས་པར་གསུངས་སོ། །གཞན་ཡང་བཟའ་བའི་དམ་ཚིག་ལྔ་སྒྲ་ཀུ་ལྔ་དང་སྒྲོན་མ་ལྔ་དངོས་སམ་བཟའ་བཏུང་བྱིན་གྱིས་བརླབས་ནས་བསྟེན་པའི་དོན། ཀྱཻ་རི་ལས། མི་རྟོག་ཡེ་ཤེས་ལྔ་བསྒྱུར་ལྔ། །རྟག་ཏུ་བརྟེན་ཅིང་སྤྱད་པར་བགྱི། །ཞེས་གསུངས་པ་ལྟར་གཙང་ཙོག་དང་བཟང་ངན་གྱི་རྟོག་པ་འཛོམས་པའི་བསྟེན་པ་དང་། ཟླ་རེ་བཅུ་ཕྲུག་གཉིས་པོ་དང་། །བཅོ་ལྔ་ལ་ཡང་རབ་ཏུ་མཆོད། །ཅེས་གསུངས་པ་ལྟར་ཚེས་བཅུ་དང་། ཚོགས་འཁོར་མ་ཆགས་པར་སྒྲུབ་པ་དང་མི་འབྲལ་བའི་དམ་ཚིག་རྡོ་རྗེ་དྲིལ་བུ་དང་། རྒྱན་དྲུག་དང་ཚངས་སྐུད་དང་། ཁ་ཊྭཱཾ་ག་དང་། ཅང་ཏེའུ་དང་། ཐོད་པ་ལ་སོགས་པ་དང་། གླིགས་བམ་དང་། བྲིས་སྐུ་ལ་སོགས་སྣོད་མིན་གྱིས་མི་མཐོང་བར་འཆང་བ་དང་། དབང་བཞི་སོ་སོའི་ལམ་དམིགས་པ་ཞག་རེ་ལ་ཐུན་བཞིའམ་གཅིག་ཙམ་མ་ཆགས་པར་སྒོམ་པ་ལ་བརྩོན་པར་བྱའོ། །ལྟུང་བ་ཕྱིར་འཆོས་པའི་ཚུལ་ནི། རྩ་ལྟུང་བྱུང་ན་བླ་མ་དང་རྡོ་རྗེའི་སྤུན་དང་དམ་ཚིག་དང་ལྡན་པ་ལ་ཚོགས་ཀྱི་འཁོར་ལོ་དང་མཆོད་པས་མཉེས་པར་བྱས་ལ། ལྟུང་བའི་མིང་བརྗོད་དེ་འགྱོད་སེམས་ཀྱིས་བཤགས་པ་བྱས་ནས། བླ་མ་ལ་དབང་ཡོངས་སུ་རྫོགས་པ་ཞུ་བ་དང་། མ་འགྲུབ་ན་རང་ཉིད་ཀྱིས་རྡུལ་ཚོན་དང་རས་བྲིས་ལ་སོགས་པའི་དཀྱིལ་འཁོར་བསྒྲུབས་ནས་བདག་ཉིད་འཇུག་པའི་ཆོ་ག་ཡང་དང་ཡང་དུ་བྱ་ཞིང་སྡོམ་པ་སོར་ཆུད་པར་བླང་བར་བྱའོ། །དུས་ཀྱི་འཁོར་ལོའི་དགོངས་པ་ནི་དབང་གོང་མའི་དོན་དང་འགལ་བའི་རྩ་ལྟུང་བྱུང་ན་དབང་བསྐུར་བླངས་པ་ཙམ་མི་ཚོག་ཏེ། བདག་ཉིད་ཀྱི་ཉམས་ལེན་སོར་ཆུད་པར་བྱེད་དགོས་ཞེས་གསུངས་སོ། །རྩ་བའི་ལྟུང་བ་བྱུང་ན་སྡོམ་པ་སོར་ཆུད་ཀྱང་། ཕྱི་མའི་རྣམ་སྨིན་ལས་གྲོལ་བ་ཡིན་མོད་ཀྱི། ཚེ་འདིར་མཆོག་གི་དངོས་གྲུབ་མི་ཐོབ་བོ། །དེས་ན་སྲོག་དང་བརྗེས་ནས་ཀྱང་བསྲུང་བ་ལ་འབད་པར་བྱ་སྟེ། བདེ་མཆོག་གི་བཤད་རྒྱུད་སྡོམ་པ་འབྱུང་བ་ལས། ཅི་སྟེ་དངོས་གྲུབ་མཆོག་འདོད་ན། །སྲོག་ནི་ཡོངས་སུ་གཏོང་ཡང་བླ། །འཆི་བའི་སྲོག་ལ་བབས་ཀྱང་བླའི། །རྟག་ཏུ་དམ་ཚིག་བསྲུང་བར་བྱ། །ཞེས་གསུངས་སོ། །རྡོ་རྗེ་ཐེག་པའི་ལམ་བསྒྲུབས་ན་ཕན་ཡོན་ཆེ་བ་ལྟར། ཉམས་ན་འང་ཉེས་དམིགས་ཆེ་བས་གསང་སྔགས་ཀྱི་སྒོར་ཞུགས་པ་རྣམས་ཀྱིས་རྒྱུད་སྡེ་ཟབ་མོའི་ལམ་གྱི་དངོས་གཞི་དམ་ཚིག་དང་སྡོམ་པ་བསྲུང་བ་ལ་ཤིན་ཏུ་བརྩོན་པར་བྱའོ། །འཆི་བའི་ཉེས་པ་དང་བཅས་པར་ཚེའི་དུས་བྱས་

ནས། རྩ་བ་ཀུན་ཉམས་ཐལ་བ་དག །གསོ་ལ་ཉེ་བར་མི་བརྟེན་ན། །རྡོ་རྗེ་དམྱལ་བར་དེ་ལྟུང་བྱེད། །དམྱལ་བ་ཕལ་པ་ཐམས་ཅད་ཀྱི། །སྡུག་བསྔལ་གཅིག་ཏུ་བསྡོམས་པ་བས། །དེ་ཡི་འབུམ་ཡང་ཆར་མི་ཕོད། །ཅེས་འོད་ཀྱི་ཕྲེང་བར་གསུངས་སོ། །གསང་སྔགས་ཀྱི་ལམ་དུ་མ་ཞུགས་ཀྱང་ཕྱིའི་སྡེ་སྣོད་འཆད་པ་འགའ་ཞིག །རྡོ་རྗེ་ཐེག་པའི་ཆོས་ལ་སྐུར་པ་འདེབས་པར་སྣང་སྟེ། དུས་ཀྱི་འཁོར་ལོའི་འགྲེལ་ཆེན་དུ། ཕྱག་རྒྱ་ཆེན་པོའི་རང་བཞིན་མེད་པའི་ཆོས་ཐམས་ཅད་ཀྱི་མཚན་ཉིད་དང་རྣམ་པ་ཐམས་ཅད་ཀྱི་མཆོག་དང་ལྡན་མ། ཤེས་རབ་ཀྱི་ཕ་རོལ་ཏུ་ཕྱིན་མ། སངས་རྒྱས་ཐམས་ཅད་ཆོས་འབྱུང་གི་སྒྲས་ཀྱང་དེ་ཉིད་བརྗོད་དེ། ཆོས་འབྱུང་གང་ལ་རང་བཞིན་མེད་པའི་ཆོས་ཐམས་ཅད་འབྱུང་བར་འགྱུར་བའོ། །རང་བཞིན་མེད་པའི་ཆོས་རྣམས་ཀྱང་སྟོབས་བཅུ་དང་མི་འཇིགས་པ་བཞི་ལ་སོགས་པ་ཆོས་ཀྱི་ཕུང་པོ་བརྒྱད་ཁྲི་བཞི་སྟོང་པོ་རྣམས་དེ་དག་འབྱུང་བར་འགྱུར་བས་ན་ཐབས་བྱང་ཆུབ་སྟེ། སངས་རྒྱས་ཀྱི་ཞིང་དང་སངས་རྒྱས་དང་བྱང་ཆུབ་སེམས་དཔའ་ཐམས་ཅད་ཀྱི་གནས་ཡིན་ཏེ། བདེ་བའི་གནས་དང་སྐྱེ་བའི་གནས་སོ། །གང་ལས་ཁྲག་དང་། གཅི་བ་དང་། ཁུ་བ་རྣམས་འབྱུང་བ་དེ་ནི་ཆོས་འབྱུང་མ་ཡིན་ནོ། །ཞེས་པ་དང་། སློབ་དཔོན་ཟླ་བ་གྲགས་པས་སྒྲོན་གསལ་དུ། ཡོངས་སུ་དག་པའི་རྣལ་འབྱོར་ཀྱང་རྟོག་པ་ཐམས་ཅད་ལས་འདས་པ། སོ་སོ་རང་རང་གིས་རིག་པ། སངས་རྒྱས་ཀྱི་སྤྱོད་ཡུལ། ཕུང་པོ་རིན་པོ་ཆེའི་ཟ་མ་ཏོག་གི་ནང་ན་གནས་པ། ཡོད་པ་དང་མེད་པའི་ཕྱོགས་ཐམས་ཅད་དང་བྲལ་བ༑ ཡི་གེའི་རྗེས་སུ་འབྲང་བ་རྣམས་དང་རྟོག་གེ་བ་རྣམས་ཀྱི་སྤྱོད་ཡུལ་མ་ཡིན་པ། བླ་མ་དམ་པའི་མན་ངག་འགའ་ཞིག་ལས་ཤེས་པར་བྱ་བ་ཡིན་ཏེ། ཞེས་གསུངས་པས་ཕ་རོལ་ཏུ་ཕྱིན་པའི་ལུང་དང་རྟོག་གེ་པའི་རིགས་པ་རྣམས་ཀྱིས་སུན་འབྱིན་བཀོད་ནས་རྡོ་རྗེ་ཐེག་པའི་ངེས་དོན་ཟབ་མོ་འདི་ལྟ་བུ་ལ་སྐུར་པ་འདེབས་པའང་རྩ་ལྟུང་གི་ཐ་སྙད་མི་འཇུག་པར་འདོད་ཀྱང་ཆོས་སྤོང་གི་ལས་མཐར་ཐུག་པ་ཡིན་པའི་ཕྱིར། རྣམ་པར་རྩུབ་ཅིང་དྲག་ལ་ཡུན་རིང་བ་སྨྱོང་བར་འགྱུར་བས་ཤེས་ལྡན་རྣམས་ཀྱིས་བདག་ཉིད་ཕུང་བར་མི་བྱའོ། །གསང་སྔགས་ཐམས་ཅད་ཀྱི་སྡོམ་པ་ལེགས་པར་བཤད་པའི་སྐབས་ཏེ་གསུམ་པའོ།། །།

གསུམ་པ་ལ་གསུམ། ནོར་བ་སེལ་ཚུལ་ཉེ་བར་མཁོ་བ་བསྟན་པ། དེ་ལ་འཕྲོས་དང་བཅས་པའི་འཕེལ་འགྲིབ་བྱུང་ཚུལ། འགག་དོན་དྲིལ་ནས་བརྩེ་བས་གདམས་པའོ། །དང་པོ་ལ་གཉིས། དོན་ལ་འཁྲུལ་པ་སེལ་ཚུལ། དང་པོ་ལ་བརྒྱད། བློ་བུར་དུ་བཙོས་པའི་རང་བཟོའི་སུན་འབྱིན་ཚུལ། སྤྱིར་གྲུབ་མཐའ་ངན་པ་ཚར་གཅོད་ཚུལ། ཆོས་དང་འགལ་བ་མཐའ་དག་དགག་བྱར་གདམས་པ། བླུན་པོའི་ལུང་སྦྱོར་རང་འཚང་སྟོན་པར་བཤད་པ། མཁས་རློམས་གཉིས་ཀྱི་འཁྲུལ་པའི་བྱེ་བྲག་བསྟན་པ། ཁུངས་ནས་མ་བྱུང་བའི་ཆོས་ལུགས་དོར་

བྱུར་བསྟན་པ། བླུན་པོས་སྒྱུར་བའི་མདོ་རྒྱུད་སུན་དབྱུང་བ། རིང་བསྲེལ་རང་འབྱོན་ལ་སོགས་རྒྱུ་མཚན་གཏན་ལ་དབབ་པའོ། །དང་པོ་ལ་གསུམ། བསྟན་འཛིན་མཁས་པས་ཇི་ལྟར་མཛད་པའི་ཚུལ། བསྟན་པའི་སྤྱིན་བདག་གིས་ཇི་ལྟར་སྒྲུབ་ཚུལ། རང་བཞིན་མ་ཡིན་པའི་ནོར་བ་རིག་པས་འགོག་ཚུལ་ལོ། །

དང་པོ་ནི། འཕྲུལ་པའི་གྲུབ་མཐའ་སུན་འབྱིན་པའི། །རྣམ་བཞག་ཅུང་ཟད་བཤད་ཀྱིས་ཉོན། །མུ་སྟེགས་སྟོན་པ་དབང་ཕྱུག་སོགས། །མནན་པའི་སངས་རྒྱས་མཐོང་ནས་ནི། །དེ་བློག་པ་ཡི་བྲིས་སྐུ་ཞིག །མུ་སྟེགས་དབྱངས་ཅན་དགའ་བས་བྱས། །ཞེས་པ། གྲུབ་མཐའ་ངན་པ་སུན་འབྱིན་པའི་གདམས་པ་བསྟན་པ་ནི། སྔོན་ཆོ་ཁ་ཆེའི་ཡུལ་དུ་སངས་རྒྱས་པའི་པཎྜི་ཏ་རྩ་ཐོན་པ་བརྒྱད་དང་། མུ་སྟེགས་ཀྱི་པཎྜི་ཏ་རྩ་ཐོན་པ་བཞི་བྱུང་སྟེ། ཕྱི་རོལ་པའི་པཎྜི་ཏ་དབྱངས་ཅན་དགའ་བ་ཞེས་བྱ་བས་ནང་པའི་ལྷ་དུས་ཀྱི་འཁོར་ལོ་དང་། བདེ་མཆོག་དང་། ཀྱེ་རྡོར་ལ་སོགས་པའི་བྲིས་སྐུའི་ཞབས་འོག་ཏུ། མུ་སྟེགས་ཀྱི་ལྷ་དབང་ཕྱུག་དང་ཁྱབ་འཇུག་དང་ཨུ་མ་ལ་སོགས་མནན་པ་མཐོང་ནས་སྙིང་ན་བར་གྱུར་ཏེ། ཁོས་ཀྱང་དེའི་ལན་དུ་དེ་བཟློག་པའི་བྲིས་སྐུ་རང་བཟོར་བྱས་སོ། །

མཁས་པ་ཆེན་པོ་ཛྙཱ་ན་ཤྲཱི། །དེ་དང་རྩོད་པའི་བརྩོད་གྲྭ་རུ། །རང་གཞན་གཉིས་ཀའི་སྡེ་པ་དང་། །རྒྱལ་པོ་སོགས་ཀྱི་དཔང་པོའི་གྲྭར། །སངས་རྒྱས་མནན་པ་རང་བཟོ་ཡིན། །དེས་ན་འཕྲུལ་པ་ཡིན་པར་བསྒྲགས། །དེས་ཀྱང་དབང་ཕྱུག་མནན་པ་ཡི། །སངས་རྒྱས་རང་བཟོ་ཡིན་ཅེས་བསྒྲགས། །ཞེས་པ། དེའི་ཚེ་ཕྱི་ནང་གི་པཎྜི་ཏ་དང་བརྩོད་པའི་དཔང་པོར། རྒྱལ་པོ་འཁོར་དང་བཅས་པ་འདུས་པའི་གྲྭར། མཁས་པ་ཆེན་པོ་ཛྙཱ་ན་ཤྲཱིས་མུ་སྟེགས་ཀྱི་ལྷའི་འོག་ཏུ་སངས་རྒྱས་ཀྱི་སྐུ་གཟུགས་མནན་པ་འདི་ཁྱོད་ཀྱིས་རང་བཟོ་བྱས་པ་ཡིན་ཏེ། ཁྱོད་རང་ཕྱི་རོལ་པའི་རིག་བྱེད་དང་གཞུང་ལུགས་མ་བཅོས་པ་གང་ནས་ཀྱང་བཤད་པ་མེད་པས་ལུང་དང་རིག་པས་མ་གྲུབ་པའི་འཕྲུལ་པ་ཡིན་ནོ་ཞེས་སུན་འབྱིན་མཛད་དོ། །ཁོས་ཀྱང་དེའི་ལན་དུ་ཁྱེད་སངས་རྒྱས་པའི་ལྷའི་འོག་ཏུ་རེད་ཀྱི་ལྷ་དབང་ཕྱུག་ལ་སོགས་པ་མནན་པའང་རང་བཟོ་ཡིན་ནོ་ཞེས་བསྒྲིས་པའི་ལན་སླས་སོ། །

དེ་ལ་མཁས་པས་འདི་སྐད་བརྗོད། །སངས་རྒྱས་མནན་པ་ཁྱོད་ཀྱི་གཞུང་། །ལུང་མ་རྣམས་ནས་བཤད་པ་མེད། །མུ་སྟེགས་མནན་པ་རེད་ཀྱི་རྒྱུད། །གདོད་མ་ཉིད་ནས་ཡོད་པ་ཡིན། །དེས་ན་རེད་ཀྱི་རང་བཟོ་མེད། །ཅེས་པ། དེ་ལ་མཁས་པ་ཛྙཱ་ན་ཤྲཱིས་སུན་འབྱིན་འདི་སྐད་ཅེས། ཁྱོད་ཀྱི་ལྷ་དབང་ཕྱུག་ལ་སོགས་པའི་འོག་ཏུ་རེད་ཀྱི་ལྷ་རྫོགས་པའི་སངས་རྒྱས་ཀྱི་གཟུགས་མནན་པ་ཁྱེད་ཀྱི་གཞུང་ལུང་ཐུབ་གང་ནས་ཀྱང་བཤད་པ་མེད། གལ་ཏེ་ཡོད་ན་རྩོད་པའི་གྲྭར་འདིར་དཔང་པོའི་མདུན་དུ་བསྟན་པར་རིགས་སོ། །རེད་ཀྱི་

ཞབས་འོག་ཏུ་མུ་སྟེགས་ཀྱི་ལྷ་མནན་པ་སྟོན་དོ་རྗེ་འཆང་གི་གསུངས་པའི་རྒྱུད་མ་བཅོས་པ་འཁོར་ལོ་སྡོམ་པ་ལ་སོགས་པའི་རྩ་རྒྱུད་དང་། བཤད་རྒྱུད་འདི་དང་འདི་ན་ཡོད་པས་དེད་ཀྱི་ལུགས་འདིར་རང་བཟོར་བཅོས་པ་མ་ཡིན་ཅིང་ཁྱོད་ཀྱི་འདི་རང་བཟོ་ཡིན་པས་མཚུངས་པའི་སྐབས་མེད་དོ། །ཞེས་སྨྲས་སོ། །སྟོན་ནག་པོ་སྤྱོད་པའི་དོ་རྗེས་སྤྱོད་པ་མཛད་པའི་ཚེ། ཤར་ཕྱོགས་ཀྱི་རྒྱལ་པོ་རོལ་པའི་ཟླ་བ་ཞེས་བྱ་བའི་བློན་པོ་དགེ་བའི་མགོན་པོའི་གནས་སུ་བྱོན་ཏེ། རྒྱལ་པོ་ནི་ཕྱི་རོལ་པ་ཡིན། བློན་པོ་ནང་པ་ཡིན་པས་ཐུགས་རྗེ་ཆེན་པོའི་རྟེན་གྱི་རབ་གནས་ཞུས། མི་རྟོག་སྤྱི་བོར་བཞག་ནས་སུ་པྲ་ཏིཥྛ་ཞེས་གསུངས་པས། རྟེན་དེ་སུས་ཀྱང་བསྒུལ་མི་ནུས་པར་གྱུར། དེ་ནས་བློན་པོས་འཁོར་ལོ་སྡོམ་པ་ཞུས་ཏེ། རྒྱལ་པོས་མ་ཚོར་བར་བྲིས་སྐུ་བཞེངས་སོ། །རེ་ཞིག་གི་ཚེ་བྲིས་སྐུ་སྲིད་པའི་ལོང་མེད་པར་རྒྱལ་པོས་མཐོང་ནས། འདི་ཁྱོད་ཀྱིས་དྲན་ན་ཁྱོད་གསོད། བླ་མས་དྲན་ན་བླ་མ་གསོད་དོ་ཞེས་ཟེར་རོ། །སངས་རྒྱས་ཀྱིས་རྒྱུད་ནས་བཤད་པ་ཡིན་བྱས་པས། ཆོས་ལུགས་གཉིས་སུ་བདེན་བལྟའོ་ཞེས་ཟེར་ཏེ། རྒྱལ་པོས་དབང་ཕྱུག་དང་ཨུ་མའི་འོག་ཏུ་བདེ་མཆོག་མནན་པ་བྲིས་ནས་གོས་ཀྱིས་དཀྲིས་ཏེ་མཛོད་བོར་ནས་ཞག་བདུན་བྲིས་སྐུ་གཉིས་ལྷན་ཅིག་བཞག་གོ །དེ་ནས་ཞལ་ཕྱེ་བའི་ཚེ་རྒྱལ་པོས་བྲིས་པའི་རི་མོ་དེ་ཡང་འཁོར་ལོ་སྡོམ་པའི་ཞབས་ཀྱི་འོག་ཏུ་དབང་ཕྱུག་དང་ཨུ་མ་མནན་པའི་སྐུར་གྱུར་ཏོ། །རྒྱལ་པོ་ཤིན་ཏུ་དད་པར་གྱུར་ཏེ་ཤར་ཕྱོགས་ཧཱུཾ་ག་ལའི་ཡུལ་ཐམས་ཅད་སངས་རྒྱས་ཀྱི་བསྟན་པ་ལ་བཀོད་དོ། །དེ་ན་མ་བཅོས་པའི་ཆོས་ལུགས་བཟང་པོ་ལ་ཡིད་ཆེས་པར་རིགས་སོ། །

གཉིས་པ་ནི། དེ་ནས་སྐྱོབས་པ་མེད་གྱུར་ཚེ། །རྒྱལ་པོ་ཁྱོད་ཀྱི་ཡུལ་འདི་རུ། །འདི་འདྲའི་རང་བཟོ་འཕེལ་ན་ནི། །ད་དུང་རང་བཟོ་གཞན་འབྱུང་བས། །བསྟན་པ་སྤྱི་ལ་གནོད་པ་འདི། །ཁོ་རང་ལ་ཡང་ཅིས་མི་གནོད། །ཅེས་པ། མུ་སྟེགས་དབྱངས་ཅན་དགའ་བས་མཁས་པ་ རྙོན་ཤྲཱི་ལ་ལན་གདབ་པར་མ་ནུས་ཏེ་ཕམ་པར་གྱུར་ཏོ། །དེའི་ཚེ་རྒྱལ་པོ་ལ་ཁྱོད་ཀྱི་ཁ་ཆེའི་ཡུལ་འདིར་ཁྲུངས་ནས་མ་བྱུང་བའི་རང་བཟོ་འདི་འདྲའི་ཆོས་ལུགས་འཕེལ་ན་གཞན་གྱིས་ཀྱང་ཁྲུངས་ནས་མ་བྱུང་བའི་མུན་སྤྲུལ་གྱི་ཆོས་ལུགས་མང་པོ་བྱས་ཏེ་སྒྲུབ་འབྲིན་མེད་པར་རང་དགར་བསྟན་པས་སངས་རྒྱས་ཀྱི་བསྟན་པ་སྤྱི་ལ་གནོད་ཅིང་། རང་བཟོ་སྟོན་པའི་མུ་སྟེགས་བྱེད་ཁོ་རང་གི་ལུགས་ལའང་བརྟན་ཚིག་གློ་བུར་དུ་བྱུང་བ་མང་དུ་འདྲེས་པས་གནོད་པར་འགྱུར་རོ། །

འདི་འདྲའི་རང་བཟོའི་ཆོས་ལུགས་ནི། །སངས་རྒྱས་པ་ལ་བྱུང་ན་ཡང་། །རྒྱལ་པོ་ཁྱོད་ཀྱིས་དགག་དགོས་སོ། །དེ་སྐད་བསྒོས་ནས་ཀྱང་རིས་བསྲུབས། །ཕྱི་ནང་གྲུབ་མཐའ་བརྒྱད་པ་ཡང་། །མུ་སྟེགས་གྲུབ་མཐའ་ཕམ་མཛད་ནས། །སངས་རྒྱས་བསྟན་པ་སྤེལ་ཅིས་ཐོས། །ཞེས་པ། རྒྱལ་པོ་ཁྱོད་ཀྱི་ཡུལ་ན་བྱུང་ཁྲུངས

མེད་པའི་ཆོས་ལུགས་བླུན་པོ་རང་རང་གིས་བརྩམས་པ་མང་དུ་འཕེལ་ན་རྒྱལ་པོས་བདེན་བརྫུན་ལེགས་པར་བརྟགས་ནས་ཆར་གཅོད་རྗེས་འཛིན་གྱི་ཁྲིམས་ལུགས་བྱེད་མི་ཤེས་སོ། །ཞེས་གྲགས་པ་ངན་པ་འབྱུང་བའི་ཕྱིར་ཆོས་ལུགས་རང་བཟོ་བྱེད་པ་བྱུང་ན་སངས་རྒྱས་པའི་གྲུབ་མཐའ་བྱུང་ཡང་ཁྱོད་ཀྱི་ཆར་གཅད་དགོས་སོ༑ ༑ཞེས་གདམས་ནས་མུ་སྟེགས་ཀྱིས་བྱས་པའི་རི་མོ་བསྒུབས་སོ། །དེ་ཕྱིན་ཆད་འཕྲུལ་དུ་བཅོས་པའི་ཆོས་ལུགས་སུན་ཕྱུང་བས་གྲུབ་མཐའ་གཙང་བ་དང་། མུ་སྟེགས་རྩེ་ཐོན་པ་རྣམས་ཀྱང་མཁས་པ་ཧླེ་ན་ཤླིས་ཕམ་པར་མཛད་པས་ནང་པའི་ཆོས་ལུགས་ལ་རྒོལ་བར་མ་ནུས་ཏེ། ཁ་ཆེའི་ཡུལ་དུ་སངས་རྒྱས་ཀྱི་བསྟན་པ་རྒྱས་པར་གྱུར་ཏོ། །རྒྱལ་པོ་དེས་ཀྱང་མུ་སྟེགས་ཀྱི་ཆོས་ལུགས་མི་བྱེད་པའི་ཁྲིམས་བཅས་ནས་དེང་སང་གི་བར་དུ་ཁ་ཆེ་སངས་རྒྱས་ཀྱི་བསྟན་པ་དར་རྒྱས་སུ་བྱུང་བའི་རྒྱུ་མཚན་དེ་ཡིན་ནོ། །དེས་ན་ལྷ་ཆོས་ཀྱི་བསྟན་པ་མི་ཉམས་པར་གནས་པ་ཡང་མི་ཆོས་ཀྱི་རྒྱལ་ཁྲིམས་བཟང་པོ་ལ་བརྟེན་དགོས་པའི་ཕྱིར་ས་བདག་མི་དཔོན་རྣམས་ཀྱིས་ཁྲིམས་ལུགས་བཟང་པོས་སྐྱོང་དགོས་སོ། །དེ་ཡང་དྲི་མ་མེད་པའི་དྲིས་ལན་ལས། སྐྱེས་བུ་ལེགས་པར་འདོད་པ་ཡིས། །གང་ལ་གནས་པར་བྱ་ཞེ་ན། །མཐོང་དང་མ་མཐོང་འཐོབ་བྱའི་ཕྱིར། །བདེན་པའི་ལམ་ལ་ངེས་གནས་བྱ། །ཞེས་པ་དང་། འགྲོ་བ་འདི་དག་ཐམས་ཅད་ལས། །ངེས་པར་རྒྱལ་བ་གང་ཞེ་ན། །སྐྱེས་བུ་བདེན་པར་སྨྲ་བ་དང་། བཟོད་པ་ཡང་དག་ལྡན་པའོ། །ཞེས་པས་བདེན་པའི་གཏམ་དང་དྲང་པོའི་རྣམ་ཐར་བསྐྱངས་ན་ཐམས་ཅད་ལས་རྒྱལ་བ་ཐོབ་བོ། །འདུལ་བ་ལུང་དུ། རྒྱལ་པོ་རྣམས་བྱ་བ་ཕལ་ཆེར་མ་བརྟགས་པར་བྱེད་པ་ཡིན་ཏེ། ཞེས་གསུངས་ཤིང་། ཕྱིར་དུ་ཉམས་པར་འགྱུར་བའི་རྒྱུ་ཡིན་པས་ལེགས་པར་བརྟགས་ནས་བྱེད་དགོས་ཏེ། ཤེས་རབ་བརྒྱ་པར། མོད་པ་བརྟགས་ཏེ་བྱེད་པ་ལ། །མ་རུངས་པ་དག་མི་སྣང་སྟེ། །འཕྲོས་པར་ཟ་བའི་ལུས་ལ་ནི། །ནད་ཀྱི་བར་ཆད་མི་འབྱུང་ངོ་། །ཞེས་སོ། །ཁེ་ཉེན་ལེགས་ཉེས་བརྟགས་ནས་སྨྲས་པའི་ཚིག་ཐོག་ཏུ་འབེབས་དགོས་ཏེ། དབྲི་བསྐྱུངས་མེད་པར་སྨྲ་བ་དང་། །ཇི་སྐད་སྨྲས་ཤིང་སྒྲུབ་པ་དང་། །ཆོས་བཞིན་ཉིད་དང་སྦྱོར་བ་ཡི། །མི་པོ་རྣམས་ནི་བདེ་བར་འཚོ། །ཞེས་སོ། །འཇིག་རྟེན་པའི་བྱ་བ་ལ་མཁས་པའི་བློན་པོ་དང་། འབངས་རྣམས་ལེགས་པར་སྐྱོང་བའི་བསམ་པ་དང་ལྡན་པའི་རྒྱལ་པོ་དེ་གཅིག་ཁོ་ནས་གཞན་ཆམ་ལ་འབེབས་ཤིང་འབངས་རྣམས་བདེ་བར་གྱུར་ཏོ། །

ལུགས་ལ་མཁས་པའི་བློན་པོ་ཡིས། །སྐྱེ་བོ་མ་ལུས་སྐྱོང་བྱེད་པའི། །རྒྱལ་པོ་གཅིག་པུ་ཁོ་ནས་ཀྱང་། །ས་རྣམས་མ་ལུས་ཆོམ་དུ་འབེབས། །གང་ན་རྒྱལ་པོ་འབངས་རྣམས་ཀྱི། །ལེགས་ཉེས་སེམས་པར་བྱེད་པ་ཡི། །ཡུལ་དེར་རྒྱལ་པོ་ཡོད་ཅེས་བྱ། །ཞེས་སོ། །དེ་ལ་སྙིང་ཉེ་བས་དྲན་བསྐུལ་བའི་ཚིག་ལ་ཁྲེད་གསོད་མི་བྱ་སྟེ། དྲི་མ་

མེད་པའི་དྲིས་ལན་དུ། །འོན་པར་གྱུར་པ་གང་ཞེ་ན། །ཕན་དང་མི་ཕན་མི་ཉན་པའོ། །ཞེས་སོ། །འོན་ཀྱང་ལེགས་པར་བརྟགས་ནས་བླང་དོར་བྱ་དགོས་ཏེ། ཤེས་རབ་བརྒྱ་པར། མཛུག་ཏུ་སྐྱོར་ལྟང་བྱེད་པ་ཡི། །སྙན་ཚིག་མཁས་པ་སུ་ཡི་བསྟགས། །གང་གིས་ཁམས་འཁྲུག་འགྱུར་བ་ཡི། །ཁ་ཟས་ཞིམ་པོ་སུ་ཞིག་ཟ། །མཁས་རྣམས་རྣ་བར་མི་སྙན་ཀྱང་། །ཕན་ཚིག་སྨན་བཞིན་བསྟེན་པར་གྱིས། །རི་ཤིག་གཅིག་ན་དེ་དག་ཀྱང་། །ཡང་དག་བདུད་རྩི་ལྟ་བུར་འགྱུར། །ཞེས་སོ། །བྱ་བ་གང་སྒྲུབ་ཀྱང་ཕྱིས་ཅིར་འགྱུར་བ་ལྟ་བ་དང་། ཁོང་ཁྲིམས་པ་དང་། ལེ་ལོ་མེད་པར་སྒྲུབ་པ་དང་། ལན་ལ་མི་རེ་བར་བྱིན་པས་ལེགས་པར་འགྲུབ་སྟེ། ཕྱི་རྗེས་སུ་ནི་བལྟ་བ་དང་། །བག་ཡོད་ཁོང་ཁྲོ་མེད་པ་དང་། །བརྩོན་འགྲུབ་བརྟེན་ཅིང་མི་གཡེལ་བའི། །མི་ལ་དཔལ་མགོན་ཉེ་བར་གནས། །གང་ཞིག་ལན་ལ་མི་རེ་བར། །སྦྱིན་པ་གཏོང་ལ་སེམས་སྤྲོ་བ། །དེ་ནི་སྙན་དངགས་མཁས་པ་བཞིན། །མི་ཡུལ་འདི་ན་གྲགས་པས་མཛེས། །ཞེས་པ་དང་། གང་ཞིག་གཏོང་ཕོད་བློ་ལྡན་པ། ཚིག་བདེན་གཙང་ལ་བྱུས་པ་བཟོ། དེ་ལ་རྟག་ཏུ་དཔལ་གྲོགས་རྣམས། །གྲིབ་མ་བཞིན་དུ་རྗེས་སུ་འབྲང་། །ཞེས་སོ། །ལེགས་པར་བརྟགས་པའི་བྱ་བ་ལ་ཕྱིས་ཉེས་པ་མི་འབྱུང་སྟེ། སྐྱོན་དང་ཡོན་ཏན་འདི་གཉིས་ལ། །གཅིག་ཏུ་མཁས་པར་བྱས་ནས་ནི། །དགོས་པ་བརྩམ་པར་བྱེད་པ་གང་། །དེ་ལ་ཉེས་པ་རྒྱབ་ཀྱིས་ཕྱོགས། །ཞེས་སོ། །བྱ་བ་ཤེས་པའི་རྒན་རབས་ལ་མི་གུས་ཤིང་མི་འདྲི་བ་དང་། མ་བརྟགས་པར་རང་དགར་སྤྱོད་པ་ནི་མྱུར་དུ་ཉམས་པར་གྱུར་ཅིང་། མི་སྦྱིན་པར་བསོགས་པའི་ནོར་དང་། སྐྱེ་བོ་བཟང་པོ་སྤངས་ནས་ངན་པ་ལ་བསྟེན་པ་ནི་རྒྱུ་འབྲམ་གྱི་ཤིང་ལྟར་མྱུར་དུ་ཕུང་བར་འགྱུར་ཏེ། གང་དག་རྒན་རབས་མི་བསྟེན་པ། །དེ་དག་ལུགས་ལ་མཁས་མི་འགྱུར། །གཟུ་ལུམ་ཅན་གྱི་སྤྱོད་པ་ནི། །དགོས་པ་མྱུར་དུ་ཉམས་པར་འགྱུར། །ཏ་ཅང་བསོགས་ལ་ཞེན་པ་ཡི༑ ༑ལོངས་སྤྱོད་གཞན་གྱི་ནོར་དུ་འགྱུར། །སྲང་མས་འབད་དེ་བསགས་པ་ཡི། །སྲང་རྩི་གཞན་གྱིས་སྤྱོད་པ་སྣང་། །ངན་པ་རྣམས་དང་བཤེས་འདོད་པ། །ཕུང་བ་ཁོ་ནར་འགྱུར་བར་ཟད། །རྒྱུ་བོས་དྲུང་ནས་ཟོས་པ་ཡི། །ལྗོན་ཤིང་འགྲེང་ཡང་འགྲེལ་དང་འདྲ། །ཞེས་སོ། །

རྗེ་དཔོན་འབངས་ཀྱི་ལེགས་ཉེས་མི་སེམས་པར་རང་འདོད་སྒྲུབ་པ་དེ་ནི་བློ་གྲོས་དང་ལྡན་པས་ཐབས་ཀྱིས་སྤང་བར་བྱ་སྟེ། གང་ན་རྒྱལ་པོ་འབངས་རྣམས་ཀྱི། །ལེགས་ཉེས་སེམས་པར་མི་བྱེད་པ། །རྒྱལ་པོ་དེ་ནི་གཙུག་ལག་ལ། །མཁས་པ་རྣམས་ཀྱིས་བསྟེན་མི་བྱེད། །རྗེ་དཔོན་རང་དོན་ལྷུར་ལེན་ལ། །གཡོག་འཁོར་བསྟན་པ་མི་བྱེད་དེ། །ཤ་ལ་བཀྲམ་པའི་སེནྡྷེ་ཡིས། །ཕ་སྐྱེས་རི་ཐག་བཅད་པ་བཞིན། །ཞེས་སོ། །བྱ་བ་ངན་པ་དག་མི་འགྲུབ་པ་མི་རྩོམ་ཞིང་། བརྩམས་པ་མཐར་འདོན་པ་དང་། འདོད་ཡོན་ལ་ཏ་ཅང་ཞེན་པ་མ་ཡིན་པ་དང་།

ཉེ་རིང་ཆུང་ཞིང་སྤྱི་ཆེད་ཆེ་བ་དེ་ལ་མཁས་པ་རྣམས་ཀྱིས་བསྟེན་པར་བྱ་སྟེ། བྱ་བ་མ་ཡིན་མི་བྱེད་ཅིང་། །བཤམས་པ་འགྲོས་སུ་ཕེབས་པ་དང་། །ཡུལ་ལ་འདོད་པ་ཐག་སྲིངས་པའི། །སྐྱེས་བུ་མཁས་པ་སུས་མི་བསྐུར། །བཙན་ལས་མི་འགྱུར་ཐབས་མཁས་ཤིང་། །སྐྱེ་རྒུ་རྣམས་ཀྱི་གདུང་བ་སེལ། །ཀུན་ལ་སྙིང་བརྩེ་ར་བཅས་པ་ཡི། །མི་དབང་རྣམས་ནི་སྤྲིན་དང་འདྲ། །གནམ་ལ་སྤྲིན་ཆེན་དལ་སྙོམས་པ། །ས་ལ་ལོ་ཐོག་ཀུན་གྱི་གསོས། །བཟོད་ཆེན་གྲིབ་མར་ལྡན་པ་ཡི། །ལྗོན་ཤིང་སྐྱེ་དགུའི་གདུང་བ་སེལ། །ཞེས་སོ། །འབྱོར་པས་ཚོག་ཤེས་མེད་པ་དེའང་ཤིན་ཏུ་དབུལ་བ་ཡིན་པས་སྤང་བར་བྱ་ཞིང་། འབངས་ལ་སྙིང་རྗེ་ཆེ་བ་དེ་ལྷས་ཀྱང་གུས་པར་བྱེད་པས་ཕན་སེམས་ཆེ་བར་བྱ་སྟེ། དྲི་མ་མེད་པའི་དྲིས་ལན་དུ། འདི་ནང་དབུལ་པོ་གང་ཞེ་ན། །གང་ཞིག་ཚོག་ཤེས་མེད་པའོ། །ཞེས་པ་དང་། ལྷས་ཀྱང་གུབ་པར་ཕྱག་བྱ་གང་། །སྙིང་རྗེ་གཙོ་བོར་བྱེད་པའོ། །ཞེས་པའོ། །ཡ་རབས་རྣམས་ཀྱིས་བརྫུན་ཚིག་སླུས་ན་རང་ཉིད་ཉམས་པར་འགྱུར་བས་སྤངས་དགོས་ཏེ། སྐྱེ་བོ་བསོ་ཐིག་ལས། བརྫུན་གྱི་ཚིག་རྣམས་བརྗོད་མི་བྱ། །བརྫུན་གྱི་ཚིག་རྣམས་བརྗོད་བྱས་ན། །དཔེར་ན་བྱི་ལའི་བརྫུན་ཚིག་བཞིན། །ཞེས་སོ། །གཏམ་བདེན་པར་སྨྲ་བཤིན་ཏུ་དཀོན་ཏེ། །ཕྱུག་པོ་ཀླུ་ཀློ་ལ་ཡང་ཡོད། །དཔའ་བོ་དུད་འགྲོ་ལ་ཡང་ཡོད། །དོན་དང་མཐུན་པའི་གཏམ་སྨྲ་བ། །འཛིག་རྟེན་འདི་ན་ཤིན་ཏུ་དཀོན། །ཞེས་སོ། །དེས་ན་གཞན་གྱི་གཏམ་ཟེར་ཙམ་བདེན་པར་མི་བཟུང་བར་ཞིབ་མོར་བརྟག་དགོས་ཏེ། མཛའ་བཤེས་ངན་པའི་ཚིག་མི་ཉན། །མཛའ་བཤེས་ངན་པའི་ཚིག་མཉན་ན། །འདོད་པའི་དོན་མེད་བསླུས་པར་འགྱུར། །དཔེར་ན་རུས་སྦལ་སྤྲེའུ་བཞིན། །ཞེས་སོ། །རྣམ་པ་ཐམས་ཅད་དུ་གཞན་སྐྱོན་མི་བརྗོད་པར། རང་སྐྱོན་ལ་བརྟག་པར་བྱ་སྟེ། གཞན་གྱི་སྐྱོན་རྣམས་བརྗོད་མི་བྱ། །གཞན་གྱི་སྐྱོན་རྣམས་ཅི་བརྗོད་པ། །དེ་བཞིན་བདག་ལའང་ཡོད་པ་སྟེ། །དཔེར་ན་ཞ་དང་བྱུད་མེད་བཞིན། །ཞེས་སོ། །ཡོན་ཏན་མེད་པར་ཆེ་འགྲིང་བྱེད་པའི་ཚིག་གཞན་གྱིས་བརྟགས་ཤིང་མང་པོས་བཀུར་བར་མི་འོས་པ་ཡིན་ཏེ། དེས་ན་རིག་པ་བསླབ་པར་བྱའོ། །གཞོན་པའི་དུས་ན་རིག་པ་བསླབ། །ནོ་འདོད་བ་ནི་དགུན་ནས་བསོ། །ཁྲོད་གཤེར་ལྡན་དུས་སོ་ནམ་གདབ། །འདི་གསུམ་འབྲས་བུ་སྨིན་པའི་རྒྱུ། །ཡོན་ཏན་དག་ལ་འབད་པར་བྱ། །འགྲིང་ཚུལ་དགོས་པ་ཅི་ཞིག་ཡོད། །འོ་མ་མེད་པར་གྱུར་པའི་བ། །དྲིལ་བུ་བཏགས་ཀྱང་ཉོ་མི་འདོད། །བདག་ཉིད་ཕུན་སུམ་ཚོགས་གྱུར་ཀྱང་། །གཞན་ལ་བརྟགས་པར་མི་བྱ་སྟེ། །ཞུན་མར་ལྷ་བུའི་སེམས་ཀྱིས་སུ། །ཡོན་ཏན་མཐའ་དག་ཁོང་དུ་སྦ། །ཞེས་སོ། །

སྐྱེ་བོ་སྐྱོན་ཅན་རྣམས་ནི་ཡང་ཐབས་ཀྱིས་སྤང་བར་བྱ་སྟེ། ཡ་རབས་ཚུལ་མེད་ཁེངས་པས་ཤིན་ཏུང་རྒྱལ་ཆེ། །གཡོ་སྒྱུ་དང་མེད་ཁྲ་བཞིན་མུ་ཅོར་སྨྲ། །གཟུ་ལུམ་ཕྲག་དོག་སྐྱམ་དང་ཁྲིམས་མེད་ངོ་ཚ་བྲལ། །མི་དེ་

བུར་གྱུར་ཀྱང་ནི་དགྲ་བཞིན་སྤང་བར་བྱ། །ཞེས་སོ། །ཉམས་སྟོབས་ཆུང་ཞིང་མགོན་མེད་པ་དག་ལ་ལྷག་པར་བྱམས་པས་བསྐྱངས་དགོས་ཏེ། གང་ཞིག་རྒན་པོ་ནད་པ་དང་། །ཉམས་ཆུང་ཐབས་གཏོར་དེ་བཞིན་དམན་པ་དང་། །རྒྱལ་པོས་སྤངས་དང་སྐྱབས་མེད་གྱུར་པ་ལ། །སྙིང་རྗེ་མེད་པ་དེ་དག་མིར་མི་རུང་། །ཞེས་སོ། །རྣམ་པ་ཐམས་ཅད་དུ་སྡིག་པའི་ལས་ལ་སྤྲོ་ཞིང་མི་དགེ་བ་བྱེད་པ་དེ་ནི་དུག་དྲག་པོ་དང་འདྲ་བར་ཤེས་པར་བྱ་སྟེ། སྡིག་པའི་ལས་ལ་རབ་དགའ་ཞིང་། །དགེ་བ་དྲན་པར་མི་བྱེད་ལ། །འཇིག་རྟེན་འདི་ལ་རབ་ཏུ་ཆགས། །དུག་དང་འདྲ་བའི་སྐྱེས་བུ་སྟེ། །ཚེ་འདིར་སྡུག་བསྔལ་ཆེན་པོ་ཅན། །ཕྱི་མ་མཐར་མེད་རབ་ཏུ་འཇིགས། །བར་དོའི་སྲིད་པ་ལས་རྣམས་དྲན། །གསལ་བའི་མེ་ལོང་རབ་འཇིགས་པས། །ལས་ཀྱི་དགེ་སྡིག་རྣམ་པར་ཕྱེ། །རང་འདོད་གནས་སུ་གནས་དབང་མེད། །མི་འདོད་པ་རུ་རྣམ་པར་འཕྲིད། །ལས་ཀྱི་རྒྱུ་འབྲས་མི་བསླུ་བའོ། །ཞེས་སོ༔ ༔དཀོན་མཆོག་གསུམ་ལ་དད་པ་དང་། །གཞན་ལ་ཕན་སེམས་ཆེ་བ་དང་། །ཁོང་དྲང་ཞིང་གཞན་མི་བསླུ་བ་དང་། སྒྲུབ་པར་འོས་པར་བྱ་བ་ཆེན་པོ་ལ་ཉམས་མི་ང་བ་དེ་ནི་རྒྱལ་པོ་ཆེན་པོའི་ཚུལ་ཡིན་ཏེ། སངས་རྒྱས་འདོད་པ་འདོད་པའི་ཚུལ། །ཁྱེ་བྲག་ཕྱེད་པ་ཤེས་རབ་ཚུལ། །དྲང་པོའི་ཚུལ་ནི་མི་བསླུ་བའོ། །བག་ཡོད་ཉམ་ང་མེད་པ་ནི། །དེ་ནི་རྒྱལ་པོའི་ཚུལ་དུ་བཤད། །ཅེས་སོ། །མདོར་ན་འཇིག་རྟེན་ཡ་རབས་ཀྱི་ཚུལ་འདི་དག་དང་ལྡན་པར་བྱ་སྟེ། དྲེགས་མེད་ཤིན་ཏུ་དུལ་བར་བྱ། །ཀུན་ལ་བསོད་པོར་སྨྲ་བར་བྱ། །ཁྲོ་མེད་ང་རྒྱལ་སྤང་བར་བྱ༔ ༔ཀུན་ལ་འཇམ་ཞིང་སྨྲ་བར་བྱ། །དོན་མེད་ཅ་ཅོ་སྨྲ་མི་བྱ། །འདུ་བ་མང་པོའི་སར་མི་འགྲོ། །ཆང་སོགས་མྱོས་པ་བཏུང་མི་བྱ། །ཅི་འདོད་སྦྱིན་ལ་བཏང་བར་བྱ། །བཤེས་མེད་མི་ལ་བྱམས་པར་བྱ། །དགེ་བའི་ཕྱོགས་ལ་བརྩོན་པར་བྱ། །ཁྲིམས་སོགས་བླངས་ལ་བསྲུང་བར་བྱ། །དེ་ལྟར་བྱས་ན་མང་པོའི་མི། །ངང་གིས་བདེ་བ་འཐོབ་པར་བྱེད། །ཅེས་པའི་ལུགས་བཟང་པོ་བཟུང་ནས་འཇིག་རྟེན་གྱི་ཁམས་ཀྱི་བདེ་ལེགས་ཐམས་ཅད་ཀྱི་འབྱུང་གནས་སངས་རྒྱས་བསྟན་པ་དམ་པའི་ཆོས་ལ་བཀུར་བསྟི་རིམ་གྲོ་ཆེར་བྱ་ཞིང་། ཆོས་དང་ཆོས་མ་ཡིན་པ་དག་ལ་ཡང་མནོར་བའི་བླང་དོར་བྱེད་པ་ནི། མིའི་ཆོས་ལུགས་བཟང་པོ་ཡིན་པས་བསྟན་པའི་སྦྱིན་བདག་རྣམས་ཀྱིས་ལེགས་པར་དགོངས་འཚལ་ཏེ། ད་ནི་མི་བསྟུགས་ངན་སྤྱོད་དང་། །ལོག་པར་ལྟ་བ་མང་པོ་ཡི། །རྨོངས་པ་བདག་གིས་བཅོམ་ལྡན་གྱི། །བསྟན་པའི་ལྗོན་ཤིང་བཅད་ཀྱིས་མེད། །ད་ནི་སྙིང་རྗེ་མེད་པའི་མི། །ཆོས་ལུགས་བོར་ཞིང་རང་བཟོ་བྱེད། །བརྐམ་ཆགས་ཕ་རོལ་མ་མཐོང་བས། །བསྟན་པའི་རྒྱལ་མཚན་བསྒྲལ་གྱིས་མེད། །ད་ནི་གདུལ་དཀའ་ངོ་ཚ་མེད། །སྡིག་ལ་དགའ་ཞིང་ཚུལ་འཆོས་བྱེད། །སྡིག་ཅན་རྣམས་ཀྱིས་ཐུབ་པ་ཡི། །བསྟན་པའི་ཟམ་པ་བཅག་གིས་མེད། །ད་ནི་ཐུབ་པའི་བསྟན་པ་ཡང་། །ཅུང་ཟད་ཙམ་ཞིག་ལུས་པར་ཟད། །ཐུབ་པའི་

བསྟན་པ་གངས་ཅན་མཚོ། །རིང་པོར་མི་ཐོགས་བཀྲམ་པར་འགྱུར། །གང་དག་འདི་འདྲའི་དུས་བབ་ཚེ། །སེམས་ཡོད་རྣམས་ཀྱི་ཕན་པའི་དོན། །དེ་ནི་ལེགས་པར་བརྟག་པའི་རིགས། །ཞེས་དཔལ་ལྡན་ཀླུ་སྒྲུབ་ཀྱི་གསུང་འདི་རྣམས་ཀུན་པས་བླངས་ཏེ་བླང་དོར་མ་ནོར་བར་ནན་ཏན་གྱིས་སྒྲུབ་པར་བྱའོ། །དེ་ལྟར་མི་ཆོས་ཀྱི་ལུགས་བཟང་པོ་ལ་བརྟེན་ནས་མཐོ་རིས་སུ་འགྲོ་ཞིང་། ཐར་པའི་གོ་འཕང་ཀྱང་མྱུར་དུ་ཐོབ་པར་འགྱུར་ཏེ། ཤེས་རབ་བརྒྱ་པར། མི་ཡིས་ཆོས་ལུགས་ལེགས་སྤྱད་ན། །ལྷ་ཡུལ་འགྲོ་བ་ཐག་མི་རིང་། །ལྷ་དང་མི་ཡི་ཐེམ་སྐས་ལ། །འཛེགས་ན་ཐར་པའི་གམ་ན་འདུག །ཅེས་གསུངས་སོ། །འདི་དག་ནི་དོན་ཞིབ་པར་ཆོས་རྗེ་ཉིད་ཀྱིས་མཛད་པའི་ལེགས་བཤད་དུ་བལྟ་བར་བྱའོ། །

གསུམ་པ་ནི། གལ་ཏེ་མུ་སྟེགས་བྱེད་ཀྱི་གཞུང་། །གདོད་ནས་འགྲུབ་པའི་རིག་བྱེད་ལས། །ཆོས་ལུགས་དེ་འདྲ་བཤད་ན་ཡང་། །རང་བཟོ་ཡིན་ཅེས་བྱར་མི་རུང་། །གྲུབ་མཐའི་རྣམ་བཞག་བཟུང་ནས་ནི། །རིག་པ་གཞན་གྱིས་སུན་དབྱུང་དགོས། །ཞེས་པ། མུ་སྟེགས་ཀྱི་རིགས་བྱེད་དང་། རྟོག་གེ་སྤེ་ལྡིའི་གཞུང་ལས། ཐོག་མའི་དུས་ནས་མེད་ཅིང་གློ་བུར་དུ་མ་བྱས་པ་ཡིན་ན། རང་བཟོ་ཡིན་ཅེས་བརྗོད་པར་མི་རིགས་པས་ཆོས་ལོག་གི་གྲུབ་པའི་མཐའ་ཁོང་དུ་ཆུད་པར་བྱ་སྟེ། དེ་སུན་འབྱིན་པར་བྱེད་པའི་གཞུང་ལུགས་ཆོས་ཀྱི་གྲགས་པའི་བསྟན་བཅོས་སྡེ་བདུན་དང་། འཕགས་པ་ཀླུ་སྒྲུབ་ཀྱི་རིགས་པའི་ཚོགས་ལྔ་ལས་འབྱུང་བ་ལྟར་ཚར་བཅད་པར་བྱའོ། །

གཉིས་པ་ལ་གསུམ། རིགས་པས་དགག་པའི་ཚུལ། ལུང་གིས་དགག་པའི་ཚུལ། འགོག་ཚུལ་སོ་སོའི་དཔེ་དགོད་པའོ། །དང་པོ་ནི། བདག་དང་གཞན་གྱི་གྲུབ་མཐའ་ལའང་། །གལ་ཏེ་འགལ་བར་སྣང་ན་ནི། །རིགས་པ་དག་དང་འགལ་གྱུར་ན། །དེ་ནི་རིག་པས་སུན་ཕྱུང་ཤིག །ཅེས་པ། ཕྱི་རོལ་མུ་སྟེགས་བྱེད་དང་། ནང་པའི་གྲུབ་མཐའ་བཞི་ལ་ལུང་རིག་དང་འགལ་བའི་ནོར་བ་འདུག་ན། རིགས་པས་གནོད་པའི་གྲུབ་མཐའ་ངན་པ་ནི། མངོན་སུམ་དང་འགལ་བ་ལ་མངོན་སུམ་ཚད་མའི་གནོད་བྱེད་དང་། ལྐོག་གྱུར་གྱི་དོན་ལ་འཁྲུལ་པ་འདུག་ན། རྗེས་སུ་དཔག་པའི་རིག་པས་སུན་དབྱུང་བར་བྱའོ། །མི་བདེན་པའི་ལུང་རང་བཟོར་བཅོས་པ་སྣང་ནའང་རིགས་པས་སུན་འབྱིན་པར་རིགས་ཏེ། བཅོམ་ལྡན་འདས་ཀྱིས། དགེ་སློང་དག་གམ་མཁས་རྣམས་ཀྱི༑ ༑བསྲེགས་བཅད་བདར་བའི་གསེར་བཞིན་དུ། །ལེགས་པར་བརྟགས་ལ་ང་ཡི་བཀའ། །བླང་བར་བྱ་ཡིས་གུས་ཕྱིར་མིན། །ཞེས་གསུངས་པས། གསེར་བརྟག་པའི་ཚེ། མེ་ལ་བསྲེག་པ་དང་། མཆོན་གྱིས་བཅད་པ་དང་། ཀ་ཤིའི་རྡོ་ལ་བདར་བས་ཁོང་དུ་ཆུད་པ་ལྟར་སངས་རྒྱས་ཀྱི་བཀའ་ཡང་བརྗོད་བྱའི་དོན་མངོན་གྱུར་སྟོན་པ་ལ་

སློབ་དཔོན་ཕྱོགས་གླང་གིས། དེས་དབེན་དེ་ཡི་རྣམ་པ་ཅན། །མངོན་སུམ་རྣམ་པ་གསུམ་གྱིས་ནི། །སྟོན་པའི་སྐྱེ་བོ་མེད་པར་ཡང་། །རྒྱུ་དང་འབྲས་བུའི་དངོས་པོར་ངེས། །ཞེས་མངོན་སུམ་གྱིས་གཏན་ལ་འབེབས་ཚུལ་དང་། གཞལ་བྱ་ལྐོག་གྱུར་སྟོན་པའི་གསུང་ལ། རང་བཞིན་དང་འབྲས་བུ་དང་མ་དམིགས་པའི་གཏན་ཚིགས་ལ་བརྟེན་ཏེ་རྗེས་དཔག་གིས་གཏན་ལ་འབེབས་པ་དང་། གཞལ་བྱའི་གནས་ཤིན་ཏུ་ཟབ་མོ་སྟོན་པའི་གསུང་གི་ལུང་རྣམ་དག་ལ་བརྟེན་པའི་རྗེས་དཔག་གིས་གཏན་ལ་འབེབས་དགོས་པས་ཡིད་ཆེས་ཤིང་ཁུངས་བཙུན་པའི་གཞུང་གཞན་ལ་བརྟེན་ནས་ལེགས་པར་བརྟགས་ཏེ་ལུང་ལྟར་སྣང་རྣམས་སུན་དབྱུང་བར་བྱའོ། །

གཉིས་པ་ལ་གཉིས། སྤྱིར་ལུང་གིས་འགོག་ཚུལ། ཁྱད་པར་སོ་སོར་ཕྱེ་ནས་བཤད་ཚུལ་ལོ། །དང་པོ་ནི༑ གལ་ཏེ་ལུང་དང་འགལ་གྱུར་ན། །དེ་ནི་ལེགས་པར་སུན་འབྱིན་པའི། །གདམས་ངག་ཅུང་ཟད་བཤད་ཀྱིས་ཉོན། །ཕ་རོལ་ལུང་དེ་ཁས་ལེན་ཅིང་། །དེ་དང་འགལ་བའི་ཆོས་སྨྲོད་ན། །ལུང་དང་འགལ་བས་སུན་དབྱུང་བྱ། །ཞེས་པ། ཕྱི་ནང་གི་གྲུབ་མཐའ་ལ་ལུང་དང་འགལ་བའི་ནོར་བ་འདུག་ན། དེ་ཚར་གཅོད་པའི་མན་ངག་འདི་ཡིན་ཏེ། རང་ཉིད་ལུང་ཚད་མར་ཁས་ལེན་པ་དེ་ཕ་རོལ་གྱིས་ཀྱང་ཚད་མར་ཁས་ལེན་ན་ལུང་དེས་ཕ་རོལ་གྱི་གནོད་པ་སུན་དབྱུང་བར་བྱའོ། །

གལ་ཏེ་ལུང་དེ་ཁས་མི་ལེན། །རང་གི་ལུང་གཞན་ཁས་ལེན་ན། །དེ་ཚེ་དེད་ཀྱི་ལུང་གིས་ནི། །དེ་ཡི་ཆོས་ལོག་དགག་མི་ནུས། །འོན་ཀྱང་དེ་ཡི་ཁུངས
ཉིད་ཀྱིས། །དེ་ཡི་ཆོས་ལོག་དགག་དགོས་སོ། །ཞེས་པ། ཕ་རོལ་གྱི་ལུང་ལ་གནོད་པའི་རང་ཕྱོགས་ཀྱི་ལུང་དེ་ཁོས་ལུང་ཚད་མར་ཁས་མི་ལེན་ན། ལུང་དེས་ཁོའི་ལུང་ལོགས་པ་དེ་དགག་པར་མི་ནུས་པས་ཕ་རོལ་པོ་དེ་ཉིད་ཀྱིས་ཁས་ལེན་པའི་ལུང་། ཁོའི་འདོད་པ་ལ་གནོད་བྱེད་དུ་འགྱུར་བ་ཞིག་གིས་དགག་དགོས་སོ། །

གཉིས་པ་ལ་གསུམ། ཐེག་པ་གསུམ་གྱི་ལུང་དང་འགལ་བའི་འགོག་ཚུལ། བཀའ་ཆག་གི་ལུང་དང་འགལ་བའི་འགོག་ཚུལ། ཐེག་ཆེན་གྱི་ལུང་དང་འགལ་བའི་འགོག་ཚུལ་ལོ། །དང་པོ་ནི། དཔེར་ན་ཕ་རོལ་ཕྱིན་པ་བས། །གལ་ཏེ་ཆོས་ལོག་སྨྲད་ན་ནི། །གསང་སྔགས་གཞུང་དང་འགལ་ལོ་ཞེས། །ད་ནི་སུན་དབྱུང་ནུས་མ་ཡིན། །དེ་བཞིན་གསང་སྔགས་པ་འགའ་ཞིག །ལག་ལེན་ལོག་པར་སྨྲད་གྱུར་ཀྱང་། །ཕ་རོལ་ཕྱིན་གཞུང་དང་འགལ་ཅེས། །སུན་འབྱིན་པར་ནི་ནུས་མ་ཡིན། །ཞེས་པ། ཕ་རོལ་ཏུ་ཕྱིན་པའི་གྲུབ་མཐའ་སྨྲ་བས་དེ་དང་མི་མཐུན་པའི་ཆོས་ལོག་སྨྲ་ན་རྡོ་རྗེ་ཐེག་པའི་གཞུང་དང་འགལ་བའི་ཚུལ་གྱིས་སུན་དབྱུང་བར་མི་ནུས་ཤིང་། སུན་འབྱིན་བྱེད་པར་ཡང་མི་རིགས་སོ། །དེ་བཞིན་དུ་གསང་སྔགས་ཆོས་ལུགས་ལ་ལྟ་སྤྱོད་དང་ཆོ་ག་ལོག་པ་འགའ

ཞིག་འདུག་ནའང་ཕ་རོལ་ཏུ་ཕྱིན་པའི་གཞུང་ལུགས་འདི་དང་འགལ་ལོ་ཞེས་གནོད་བྱེད་བརྗོད་པར་མི་རིགས་སོ།། །

དེ་བཞིན་ཐེག་པ་ཆེ་ཆུང་ལའང་། །ཕན་ཚུན་གྱིས་ནི་ལུང་འགལ་གྱིས། །སོ་སོའི་གཞུང་ལུགས་དགག་མི་ནུས། །ཉན་ཐོས་གཞུང་ལུགས་ཁས་ལེན་ཅིང་། །དེ་ཡི་ལུང་དང་འགལ་གྱུར་ན། །དེ་ཡི་ལུང་གིས་དགག་པར་ནུས། །ཞེས་པ། ཉན་ཐོས་ཀྱི་ཐེག་པའི་ལྟ་སྤྱོད་ནོར་བ་ལ་ཐེག་པ་ཆེན་པོའི་ལུང་གིས་མི་གནོད་ཅིང་། ཐེག་ཆེན་གྱི་ལུང་ལའང་ཉན་ཐོས་ཀྱི་ལུང་གིས་མི་གནོད་དོ། །དེས་ན་ཉན་ཐོས་ཀྱི་གཞུང་ལུགས་ཁས་ལེན་པ་ལ། དེ་དང་མི་མཐུན་པའི་ནོར་པ་དེ་རྣམས་ཁས་ལེན་པའི་ཉན་ཐོས་ཀྱི་གཞུང་ལུགས་དེས་དགག་པར་ནུས་སོ། །དེ་བཞིན་དུ་ཕ་རོལ་ཕྱིན་པ་དང་གསང་སྔགས་ཀྱི་ལུགས་ལའང་ཤེས་པར་བྱའོ། །ཐེག་པ་ཐམས་ཅད་ཀྱི་ཁས་ལེན་ཐུན་མོང་བའི་སངས་རྒྱས་ཀྱི་གསུང་ཡོད་ན། དེ་དང་འགལ་བས་གོང་འོག་ཐམས་ཅད་དུ་སུན་དབྱུང་བར་ནུས་སོ།། །

གཉིས་པ་ནི། དེ་བཞིན་བཀའ་གདམས་ལ་སོགས་ཀྱང་། །ཇོ་བོའི་གཞུང་ལུགས་ཁས་ལེན་ཅིང་། །དེ་ཡི་གསུང་དང་འགལ་གྱུར་ན། །བཀའ་གདམས་པ་ལ་གནོད་པ་ཡིན། །དེ་བཞིན་ཕྱག་རྒྱ་པ་ཡང་ནི། །ན་རོ་པ་ལ་མོས་བྱེད་ཅིང་། །ན་རོའི་གཞུང་དང་འགལ་གྱུར་ན། །ཕྱག་རྒྱ་པ་ལ་གནོད་པ་ཡིན། །ཞེས་པ། ཇོ་བོའི་རྗེས་སུ་འབྲང་བའི་ནགས་ཚོ་ལོ་ཙཱ་བ་དང་འབྲོམ་སྟོན་ལ་སོགས་ཇོ་བོའི་ཆོས་རྒྱུད་འཛིན་པའི་བཀའ་གདམས་གཞུང་པ་དང་གདམས་ངག་པ་དང་། གོང་མ་དང་འོག་མར་གྲངས་མང་དུ་ཡོད་པས་དེ་དག་ཇོ་བོའི་གསུང་དང་འགལ་བའི་གྲུབ་མཐའ་དང་ལྟ་སྤྱོད་འཛིན་ན། དེ་ལ་ཇོ་བོའི་གཞུང་ལུགས་ཀྱི་གནོད་བྱེད་འབབ་བོ། །ན་རོ་པའི་ཆོས་ལུགས་མར་པ་ལྷོ་བྲག་ནས་བརྒྱུད་པའི་གདམ་པ་ཉམས་སུ་ལེན་པ་ཕྱག་རྒྱ་ཆེན་པོ་བར་གྲགས་པ་རྣམས་ལྟ་སྒོམ་སྤྱོད་པ་ན་རོ་པའི་གསུང་དང་འགལ་བར་བྱེད་ན་དེ་ལ་ན་རོ་པའི་ལུང་གིས་གནོད་བྱེད་འཇུག་གོ།། །

གསུམ་པ་ནི། དེ་བཞིན་གསང་སྔགས་སྤྱོད་བཞིན་དུ། །གསང་སྔགས་རྒྱུད་སྡེ་དང་འགལ་ན། །གསང་སྔགས་པ་ལ་གནོད་པར་འགྱུར། །ཕ་རོལ་ཕྱིན་པའི་ལུགས་བྱེད་ཅིང་། །མདོ་སྡེ་རྣམས་དང་འགལ་གྱུར་ན། །ཕར་ཕྱིན་པ་ལ་ཅིས་མི་གནོད། །ཅེས་པ། རྡོ་རྗེ་ཐེག་པའི་ལམ་དུ་ཞུགས་པ་རྣམས་རྒྱུད་སྡེ་བཞིའི་དོན་ཉམས་སུ་ལེན་པར་འདོད་བཞིན་དུ་རང་རང་གི་རྒྱུད་སྡེ་དང་འགལ་བའི་ལྟ་སྒོམ་ཚུལ་དང་། སྤྱོད་པ་ཕྱིན་ཅི་ལོག་བྱེད་པ་ལ་རྒྱུད་ནས་འབྱུང་བའི་ལུང་གིས་གནོད་དོ། །ཕ་རོལ་ཏུ་ཕྱིན་པའི་ལུགས་ནོར་བའང་ཐེག་ཆེན་གྱི་མདོ་སྡེའི་ལུང་གིས་གནོད་པས་སུན་འབྱིན་པའི་སྐབས་སུ་ལུང་རྣམ་དག་གིས་འཁྲུལ་པ་བསལ་ནས་མ་ནོར་བའི་ལམ་དུ

བགྲི་བར་བྱའོ། །

གསུམ་པ་ལ་གསུམ། བཀའ་གདམས་པ་འགོག་པའི་དཔེ། ཕྱག་རྒྱ་པ་འགོག་པའི་དཔེ། བློ་བུར་དུ་བཟོས་པའི་དཔེའོ། །དང་པོ་ནི། དེ་ལ་དཔེར་བརྗོད་མདོ་ཙམ་ཞིག །ལེགས་པར་བཤད་ཀྱིས་ཉོན་པར་གྱིས། །ཇོ་བོའི་གསང་སྔགས་སྤྱོད་བཞིན་དུ། །གསང་སྔགས་སྤྱོད་པའི་དུས་མིན་ཞེས། །སླ་བ་ཇོ་བོའི་ལུགས་ཉིད་དང་། །འགལ་བ་ཡིན་པར་ཤེས་པར་བྱ། །ཞེས་པ། རང་རང་གི་ལུགས་དང་འགལ་བའི་འདོད་ཚུལ་ནོར་བ་རྣམས་ཀྱི་དཔེར་བརྗོད་ནི། ཇོ་བོ་རྗེའི་ལུགས་ཀྱི་གསང་སྔགས་དམ་ཚིག་གསུམ་བཀོད་པའི་རྒྱལ་པོ་དང་། མི་གཡོ་བ་དང་། སྤྱན་རས་གཟིགས་དང་། སྒྲོལ་མ་དང་། ཧ་མགྲིན་དང་། གཞན་ཡང་ཇོ་བོ་རྗེའི་ལུགས་ཀྱི་བདེ་མཆོག་དང་གསང་འདུས་ལ་སོགས་པའི་ལྷ་ལ་བསྒོམ་བཟླས་བྱེད་བཞིན་དུ། གསང་སྔགས་ཉམས་སུ་ལེན་པ་ཕན་ཡོན་ཆེ་ཡང་ད་ལྟ་དེའི་སྐབས་མ་ཡིན་པས་དམ་ཚིག་བསྲུང་མི་ནུས་པའི་ཕྱིར་གསང་སྔགས་ཉམས་སུ་ལེན་པའི་དུས་མ་ཡིན་ནོ། །ཞེས་ཟེར་བ་ནི་ཇོ་བོ་རྗེའི་ལུགས་དང་འགལ་བ་ཡིན་ནོ། །

སེམས་བསྐྱེད་ཇོ་བོའི་ལུགས་བྱེད་ཅིང་། །ཇོ་བོ་གདན་ནས་མི་བཞེད་པའི། །སེམས་བསྐྱེད་ཀུན་ལ་བྱེད་པ་དང་། །དོན་དམ་སེམས་བསྐྱེད་བརྗོད་པ་ནི། །གཞན་དང་འགལ་བ་སྨོས་ཅི་དགོས། །རང་ལུགས་ལ་ཡང་འགལ་བ་ཡིན། །ཞེས་པ། ཇོ་བོ་རྗེའི་ཐེག་ཆེན་སེམས་བསྐྱེད་ཀྱི་ཆོ་ག་འཕགས་པ་ཐོགས་མེད་ཀྱི་བྱང་ཆུབ་སེམས་དཔའི་ས་ནས་གསུངས་པ་བཞིན་དུ། ཐོག་མར་སྨོན་པ་སེམས་བསྐྱེད་དམ་བཅའ་ཅན་དང་། སོ་སོར་ཐར་པའི་སྡོམ་ལྡན་ལ་འཇུག་པའི་སྡོམ་པ་འབོགས་པའི་ལུགས་དེ་བྱེད་བཞིན་དུ། ཇོ་བོ་རྗེ་གདན་ནས་མི་བཞེད་པའི་སྐྱེ་བོ་མང་པོ་འདུས་པ་ལ་སྡོམ་པ་འབོགས་པ་དང་། དོན་དམ་སེམས་བསྐྱེད་འབོགས་པའི་ཆོ་ག་བྱེད་པ་ནི། སྤྱིར་ཐེག་ཆེན་གྱི་གཞུང་ལུགས་རྣམས་དང་འགལ་བ་ལྟ་ཅིས་སྨོས། དགོས་སུ་ཇོ་བོ་རྗེའི་བཞེད་པ་དང་འགལ་བ་ཡིན་ནོ། །

གཉིས་པ་ནི། ནཱ་རོ་ཏ་པ་དབང་བསྐུར་དང་། །རིམ་གཉིས་ཆོས་ཀྱི་གཙོ་བོར་བཞེད། །ནཱ་རོའི་བརྒྱུད་པ་འཛིན་བཞིན་དུ། །དབང་དང་རིམ་གཉིས་མི་སྒོམ་པ། །རྒྱུད་དང་འགལ་བ་སྨོས་ཅི་དགོས། །རང་ལུགས་དང་ཡང་འགལ་བ་ཡིན། །ཞེས་པ། བླ་མ་ནཱ་རོ་པའི་བརྒྱུད་པ་འཛིན་བཞིན་དུ། ནཱ་རོ་པ་བཞེད་པའི་དབང་བསྐུར་དང་རིམ་པ་གཉིས་ཉམས་སུ་མི་ལེན་པ་ནི་སྤྱིར་རྒྱུད་སྡེ་དང་འགལ་བ་སྨོས་ཅི་དགོས། དགོས་སུ་ནཱ་རོ་པའི་བཞེད་པ་དང་ཤིན་ཏུ་ཡང་འགལ་ཏེ། ནཱ་རོ་པན་ཆེན་ནི། སློབ་བྱེད་ཀྱི་དབང་ཡོངས་སུ་རྫོགས་པ་ཐོབ་ནས་གྲོལ་བྱེད་ཀྱི་ལམ་རིམ་པ་གཉིས་མ་ནོར་བར་ཉམས་སུ་ལེན་པ་དམ་པའི་ཆོས་ཀྱི་སྙིང་པོ་ཐུགས་དམ་གྱི་གཙོ་བོར

བཞེད་པའི་ཕྱིར་རོ། །

རྡོ་རྗེ་ཕག་མོའི་བྱིན་བརླབས་ནི། །མར་པ་ལྷོ་བྲག་པ་ལ་མེད། །མར་པའི་བརྒྱུད་པ་འཛིན་བཞིན་དུ། །ཕག་མོའི་ཆོས་སྒོ་འབྱེད་པ་ནི། །རྒྱུད་དང་འགལ་བ་སྨྲས་ཅི་དགོས། །རང་ལུགས་དང་ཡང་འགལ་བ་ཡིན། །ཞེས་པ། རྡོ་རྗེ་ཕག་མོའི་བྱིན་བརླབས་ཙམ་གྱིས་ཆོས་སྒོ་ཕྱེ་ནས་གསང་སྔགས་ཟབ་མོ་ཉམས་ལེན་སྟོན་པ། མར་པ་ཆོས་ཀྱི་བློ་གྲོས་ཀྱི་ལུགས་ལ་གདའ་ནས་མེད་ཀྱང་། ད་ལྟ་མར་པ་ལོ་ཙྪའི་ཆོས་བརྒྱུད་འཛིན་པ་ནི་ཕག་མོའི་རྗེས་གནང་གི་ཆོས་སྒོ་ཕྱེ་ནས་གསང་སྔགས་ཀྱི་ལམ་སྟོན་པ་འདི་སྤྱིར་རྣལ་འབྱོར་བླ་མེད་ཀྱི་རྒྱུད་དང་འགལ་བ་སྨྲས་ཅི་དགོས། མར་པ་ལྷོ་བྲག་པའི་དགོས་ཀྱི་ཆོས་ལུགས་དང་ཡང་འགལ་བ་ཡིན་ནོ། །

ནཱ་རོ་ཆོས་དྲུག་ཅེས་བྱའི་ཁྲིད། །མི་ལ་ཡན་ཆད་དེ་ལས་མེད། །ཆོས་དྲུག་པོ་ར་ནས་ལམ་འབྲས་དང་། །ཕྱག་རྒྱ་ཆེན་པོ་ལ་སོགས་པ། །གཞན་གྱིས་གདམས་ངག་སྒོམ་བཞིན་དུ། །ནཱ་རོའི་བརྒྱུད་པ་འདོད་བྱེད་པ༑ ༑གཞན་དང་འགལ་བ་ལྟ་ཅི་སྨོས། །རང་ལུགས་ལ་ཡང་འགལ་བ་ཡིན། །ཞེས་པ། ནཱ་རོའི་ཆོས་དྲུག་ཅེས་གྲགས་པ་དེ། མར་པ་ལོ་ཙྪས་ལོ་དྲུག་ཟླ་བ་བདུན་ནཱ་རོ་པའི་དྲུང་དུ་བཞུགས་ནས་གསང་སྔགས་ཀྱི་ཆོས་ཞུས་པས་ཕ་རྒྱུད་གསང་བ་འདུས་པ་ལ་བརྟེན་པའི་སྒྱུ་ལུས་དང་། དེའི་ཁྱད་པར་རྨི་ལམ་དང་། འོད་གསལ་དང་། རྡོ་རྗེ་གདན་བཞི་ལ་བརྟེན་པའི་འཕོ་བ་དང་། གྲོང་འཇུག་དང་། ཀྱཻ་རྡོ་རྗེ་ལ་བརྟེན་པའི་གཏུམ་མོའི་གདམས་པ་རྣམས་ཡོངས་སུ་རྫོགས་པར་གནང་ངོ་། །དེ་རྣམས་ཡི་གེར་མི་དགོས་པའི་ཚིག་བརྒྱུད་བྱེད་པའི་བཀའ་བརྒྱས་བཏབ་བོ། །བར་དོའི་གདམས་ངག་ནི་སྒྱུ་ལུས་དང་འོད་གསལ་གྱི་ཆ་ལག་ཟུར་འདེབས་ཙམ་ཡིན་ནོ། །མར་པ་ལོ་ཙྪ་ལ་སློབ་མ་མང་དུ་བྱུང་ནའང་། མེ་སྟོན་ལ་འོད་གསལ་གྱི་གདམ་པ་ཕོག་ནས་བསྒོམས་པས་ནུས་པ་ཐོན་ནོ༑ ༑རྔོག་ཆོས་རྡོར་ལ་མ་རྒྱུད་ཀྱི་དབང་དང་། རྒྱུད་ཀྱི་བཤད་པ་དང་གདམས་པ་རྣམས་རྫོགས་པར་གནང་ངོ༑ ༑ཚུར་དབང་རྡོར་ལ་གསང་འདུས་ཀྱི་དབང་དང་། ནཱ་རོ་པའི་མན་ངག་ལ་བརྟེན་པའི་བཤད་པ་དང་། གདམས་པ་རྫོགས་པར་གནང་ནས་ཉམས་སུ་བླངས་པས་ནུས་པ་ཐོན་ཅིང་། འཕོ་བའི་མན་ངག་ཀྱང་གནང་ངོ་། །མི་ལ་རས་པས་མར་པ་ལོ་ཙྪའི་དྲུང་དུ་དཀའ་སྤྱད་མོས་གུས་ཡུན་རིང་དུ་བྱས་ཤིང་བརྟེན་པས་འཁོར་ལོ་སྡོམ་པའི་དབང་རྫོགས་པར་བསྐུར་ནས་ཆོས་དྲུག་གི་གདམ་པ་ཡོངས་སུ་རྫོགས་པར་གནང་སྟེ། ལོ་བཅུ་གསུམ་བསྒོམས་ལ་དེ་རྗེས་སྟོད་ལྡན་གྱི་སློབ་མ་གཅིག་ལ་བྱིན་ཅིག་ཅེས་བཀའ་རྒྱས་བཏབ་བོ། །མི་ལ་རས་པ་ལ་སློབ་མ་མང་དུ་བྱུང་ཡང་རས་ཆུང་རྡོ་རྗེ་གྲགས་ཐོག་མར་ཞབས་ཏོག་སྒྲུབ་པ་དང་བསྟེན་ཡུན་ཀྱང་རིང་བས་གནང་ནས་བཀའ་རྒྱས་བཏབ་བོ། །དེ་ལས་གཞན་པའི་སློབ་མ་རྣམས་ལ་ཆོས་དྲུག་ཚང་བར་གནང་བ་མེད་

པས་དུས་ཕྱིས་མི་ལ་རས་པའི་སློབ་མ་རྣམས་ལ་གདམས་ངག་ཁ་འཐོར་དུ་ཡོད་པ་རྣམས་ཕྱོགས་གཅིག་ཏུ་བསྡུས་ནས་བྲི་འཕོ་བ་དང་། ཕྱག་རྒྱ་ཆེན་པོ་དང་། ཕག་མོའི་བྱིན་བརླབས་ལ་སོགས་གདམས་པ་སྣ་ཚོགས་འདུས་པ་ལ་ནཱ་རོའི་ཆོས་དྲུག་གི་ཐ་སྙད་བྱས་པ་ཡིན་ནོ། །ཞེས་ཆོས་རྗེ་ཉིད་ཀྱི་གདམས་ངག་གི་ཁུངས་ལ་རྩད་བཅད་ནས་གསུངས་པ་ཡིན་ནོ། །དེས་ན་ནཱ་རོ་ཆོས་དྲུག་ཁུངས་ནས་བྱུང་བ་མེད་པར་ལམ་འབྲས་ཀྱི་ཐབས་ལམ་སྐོར་དང་། མི་ཏྲི་པའི་ཕྱག་རྒྱ་ཆེན་པོ་ལ་སོགས་བསྲེས་ནས་སྒོམ་བཞིན་དུ། བླ་མ་ནཱ་རོ་པའི་ཆོས་དྲུག་གི་བརྒྱུད་པ་འཛིན་པར་འདོད་པའང་རྒྱུད་མན་ངག་གཞན་མང་པོ་དང་འགལ་བ་ལྟ་ཅི་སྨོས། ནཱ་རོ་པ་དང་མར་པ་ལོ་ཙྪ་བའི་ལུགས་དང་ཡང་ཤིན་ཏུ་འགལ་བ་ཡིན་ནོ། །

གསུམ་པ་ནི། གཏེར་ནས་བྱུང་བའི་གླེགས་བམ་དང་། །གཞན་ནས་བརྐུས་པའི་ཆོས་ལུགས་དང་། །བརྩམས་ཆོས་དང་ནི་རྨི་ལམ་སོགས། །བློས་བཟོས་པ་ཡི་ཆོས་ལུགས་ལ། །རྡོ་རྗེ་འཆང་ལ་བརྒྱུད་པ་སྣེག །དེ་ལའང་གཞན་དག་ལུང་ལེན་ན། །ཆོས་དང་འགལ་བ་ལྟ་ཅི་སྨོས། །རང་ཚིག་དང་ཡང་འགལ་བ་མིན། །ཞེས་པ། བྲག་གི་སྲིབ་དང་སའི་འོག་ནས་བྱུང་བའི་གླེགས་བམ་གཏེར་མ་དང་ཆོས་ལུགས་གཞན་ནས་རྐུ་ཐབས་སུ་ཐོབ་པའི་གདམས་ངག་སྣ་ཚོགས་སུ་འདུས་པའི་ཆོས་ལུགས་དང་། རང་རང་གི་བློས་བཟོས་པ་དང་། རྨི་ལམ་དུ་ཐོས་པའི་ཆོས་ཟབ་མོ་ཡིན་ནོ་ཞེས་ཟེར་བ་དེ་རྣམས་ཀྱང་། རྡོ་རྗེ་འཆང་ནས་རིམ་གྱིས་བརྒྱུད་པའི་ལུགས་སུ་འཆད་ཅིང་གཞན་དག་ཀྱང་བརྒྱུད་པའི་ཁུངས་ཞིབ་མོར་བརྩད་གཅོད་མི་བྱེད་པར་དབང་དང་། བྱིན་བརླབས་དང་། ལུང་ལེན་པ་འདི་ཡང་། སྤྱིར་ཆོས་དང་འགལ་བ་ལྟ་ཅི་སྨོས། རང་གི་ཚིག་སྔ་ཕྱི་བར་ཤིན་ཏུ་འགལ་བ་ཡིན་ནོ། །

གལ་ཏེ་དེ་འདྲའི་རིགས་ཅན་གྱི། །འགལ་བ་ཁས་ལེན་སྣང་གྱུར་ཀྱང་། །དེ་ཡི་རིགས་སུ་ཤེས་པར་བྱ༔ །ཞེས་པ་གཞན་ཡང་འདི་འདྲའི་རིགས་ཀྱི་ཆོས་ལུགས་འགལ་བ་ལྷག་སྤྱོད་སྣའི་ལུགས་ལས་བྱུང་ཡང་། རིགས་པས་བརྟགས་ཏེ་ཤེས་པར་གྱིས་ལ་བླང་དོར་མ་ནོར་བར་བྱའོ། །

གཉིས་པ་ལ་གཉིས་ཏེ། སྤྱིར་བསྟན་པ་སོ་སོར་བཤད་པའོ། །དང་པོ་ནི། མདོར་ན་ཆོས་དང་འགལ་བ་ཡི༔ །ཆོས་ཤིག་གང་ན་འདུག་ན་ཡང་། །ལུང་དང་རིགས་པས་སུན་ཕྱུང་ཤིག །ཅེས་པ། ཐེག་པ་ཆེ་ཆུང་དང་། སྔགས་མཚན་ཉིད་ཀྱི་ཆོས་གང་ཡིན་ཀྱང་། རང་རང་གི་ཆོས་ལུགས་སངས་རྒྱས་ཀྱི་གསུང་དང་འགལ་བ་ཞིག་འདུག་ན། ཐེག་པ་རང་ལུགས་ཀྱི་ལུང་ཚད་མ་དང་། གྲུབ་མཐའ་བཞི་དང་འབྲེལ་བའི་རིགས་པ་རྣམ་དག་གིས་སུན་ཕྱུང་སྟེ་ཆོས་ལུགས་ནོར་བ་ཕྱིན་ཆད་མི་འཕེལ་བར་བྱའོ། །

གཉིས་པ་ལ་གསུམ། ལུང་རིག་ཁས་མི་ལེན་པ་ཇི་ལྟར་འགོག་པའི་ཚུལ། གདོད་ནས་ཡོད་པའི་ཆོས

ལུགས་ངན་ཀྱང་དགག་དཀའ་བར་བསྟན། བློ་བུར་དུ་བྱུང་བའི་ཆོས་ལོག་དོར་བྱ་ཡིན་པར་བསྟན་པའོ། །དང་པོ་ནི། གལ་ཏེ་མུ་སྟེགས་ལ་སོགས་པ། །ལུང་དེ་ཁས་མི་ལེན་པ་དང་། །ལུང་དང་འགལ་དང་རེད་ཅག་གི །བླ་མའི་བཀའ་སྲོལ་ཡིན་ཟེར་བ། །དེ་དག་ལུང་དེ་མི་ལེན་ཀྱང་། །རྩ་བའི་བརྒྱུད་པ་གང་ཡིན་དྲིས། །ཞེས་པ། ཕྱི་རོལ་པ་དང་ནང་པའི་ཆོས་ལུགས་ལུང་དང་རིག་པས་ཁས་མི་ལེན་པར་སྟོན་གྱི་དུས་ནས་རེད་རང་གི་བླ་མ་གོང་མའི་བཀའ་སྲོལ་ཡིན་པས་ཆོས་རྣམ་དག་ཡིན་མིན་ཅི་འདྲའང་སྔར་གྱི་ཆོས་ལུགས་སྐྱོང་བར་བྱེད་དོ་ཞེས་ཟེར་ན༑ དེ་ལ་ཐོག་མའི་བརྒྱུད་པའི་རྩ་བ་དེ་གང་ཡིན་ལེགས་པར་དྲིས་པས་དེ་དང་འགལ་བའི་ནོར་བ་དུ་མ་གདོན་མི་ཟ་བར་འབྱུང་བས་རང་ལུགས་ནང་འགལ་བའི་སུན་འབྱིན་བརྗོད་པར་བྱའོ། །

གཉིས་པ་ནི། གདོད་ནས་ཆོས་ཀྱང་མེད་གྱུར་ན། །འཕྲུལ་ཀྱང་མཁས་པས་བགྲང་དུ་མེད། །སེམས་ཅན་ལས་ངན་སྤྱོད་པ་ལ། །སངས་རྒྱས་ཀུན་གྱིས་ཅི་བྱར་ཡོད། །ཅེས་པ། རང་གི་ཆོས་ལུགས་དེ་ཐོག་མའི་དུས་ནས་ཡོད་པ་ལ་གློ་བུར་དུ་རང་བཟོའི་བཅོས་བྱས་པ་མེད་ན། ཆོས་ལུགས་ངན་ཀྱང་རང་བཟོ་ཡིན་ནོ་ཞེས་མཁས་པས་སྐྱོན་བགྲང་དུ་མེད་དེ། ནོར་བ་རྣམས་སུན་འབྱིན་པའི་གནས་སུ་རུང་ན་ལུང་རིག་རྣམ་དག་གི་ཚར་བཅད་ནས་མ་ནོར་བར་བསྟན་པར་བྱ་ཞིང་། ཆོས་ལུགས་རྣམ་དག་བསྟན་པའི་སྣོད་དུ་མི་རུང་ན། ལས་ངན་བྱེད་པར་ངེས་པ་སྡིག་ཅན་འཕགས་སྐྱེས་པོ་ལྟ་བུ་དང་། འབྲས་བུ་སྡུག་བསྔལ་མྱོང་བར་ངེས་པའི་རྒྱལ་པོ་སྐྱོམ་པོ་ལྟ་བུ་ལ། སངས་རྒྱས་ཐམས་ཅད་བརྩོན་པ་དང་ལྡན་ཀྱང་དགག་པར་མི་ནུས་ཏེ། ལས་ཀྱི་རྣམ་པར་སྨིན་པ་ནི་གང་ལ་ཡང་མ་གཏོགས་སོ་ཞེས་གསུངས་སོ། །

གསུམ་པ་ལ་གཉིས། ཁྲིམས་གཉིས་དང་འགལ་ཚུལ་སྤྱིར་བསྟན་པ། རྒྱལ་ཁྲིམས་ཀྱི་ཚར་བཅད་བྱར་འོས་པའོ། །དང་པོ་ནི། གལ་ཏེ་གདོད་ནས་མེད་པའི་ཆོས། །གློ་བུར་བྱས་པ་ཡིན་ན་ནི། །ཀུན་གྱིས་རང་བཟོར་གོ་བའི་ཕྱིར། །སངས་རྒྱས་པའམ་མུ་སྟེགས་བྱེད། །སུ་ལ་འདུག་ཀྱང་དོར་བྱ་ཡིན། །དེད་ལའང་དེ་འདྲ་འདུག་ན་ནི། །མཁས་པ་རྣམས་ཀྱིས་བཤད་གད་ཀྱིས། །གལ་ཏེ་རྒྱལ་པོའི་ཁྲིམས་ཡོད་ན། །ཆད་པས་བཅད་པའི་འོས་ཡིན་ནོ། །ཞེས་པ། ཐོག་མ་ནས་མེད་པའི་ཆོས་ལུགས་གང་ཟག་གཡོ་སྒྱུ་ཅན་གྱིས་བརྩེད་བཀུར་སྒྲུབ་པའི་ཕྱིར་རང་བཟོར་བྱས་པ་ཞིག་ཡིན་ན། སངས་རྒྱས་པ་དང་མུ་སྟེགས་གང་གི་ནང་དུ་བྱུང་ཡང་རང་རང་གི་ཆོས་ལུགས་ལ་མཁས་པའི་སྐྱེས་བུ་རྣམས་ཀྱིས་དོར་བྱ་ཡིན་ལ། ས་སྐྱ་པཎྜི་ཏ། དེད་ཀྱི་ཆོས་ལུགས་ལ་སངས་རྒྱས་ཀྱི་གསུང་དང་འགལ་བའི་ལྟ་སྤྱོད་ཕྱིན་ཅི་ལོག་དང་། བླ་མ་གོང་མའི་ཆོས་ལུགས་བཟང་པོ་དོར་ནས་རང་བཟོར་བརྩམས་པའི་ཆོས་ལོག་འདུག་ན། ཆོས་དང་ཆོས་མིན་འབྱེད་པ་ལ་མཁས་པའི་སྐྱེ་བོ་རྣམས་ཀྱིས་ལེགས་པར

སྨན་ཕྱུང་ལ་ཕྱིན་ཆད་མི་འཕེལ་བར་མཛོད་ཅིག །སངས་རྒྱས་ཀྱིས་བསྟན་པ་ལ་གནོད་པའི་ཆོས་ལོག་རྒྱལ་པོའི་ཁྲིམས་འོག་ཏུ་བྱུང་ན་སྐྱེ་བོ་དེ་ཆད་པས་བཅད་པའི་འོས་ཡིན་ནོ། །

གཉིས་པ་ནི། ནོར་ལ་ཐོག་ཚོང་བྱས་པ་ལའང་། །རྒྱལ་པོའི་ཁྲིམས་ལ་ཐུགས་ གྱུར་ན། །ཆོས་ལོག་བརྟན་པར་སྨྲ་བ་ལ། །རྒྱལ་པོའི་ཁྲིམས་ལ་ཅིས་མི་འཐུག །ཅེས་པ། འདུལ་བ་མེ་ཏོག་ཕྲེང་རྒྱུད་དུ། །ལོ་དང་ཟླ་བ་ཟླ་ཤོལ་རྣམས། །རྒྱལ་པོས་བཀའ་ཡིས་ཀྱང་ནི་བསྒྲགས། །བཀའ་བཙན་གྲགས་ལྡན་ཤེས་རབ་ཅན། །དཔུང་ལྡན་དེ་ཡི་རྗེས་སུ་འབྲང་། །ཞེས་པ་ལྟར། ས་སྟེངས་ཀྱི་རྒྱལ་པོས་སྲུས་པའི་གཏམ་ཐོག་ཏུ་ཕེབས་པས་བཀའ་བཙན་པ་རྒྱལ་པོ་གཞན་གྱི་ཡུལ་འཁོར་དུ་ཡོན་ཏན་ཅན་དུ་གྲགས་པ། གཟའ་དང་རྒྱུ་སྐར་གྱི་སྦྱོར་བ་ཤེས་ཤིང་ལེགས་ཉེས་མནོར་བར་བྱེད་པའི་ཤེས་རབ་དང་ལྡན་པ། ཕྱིར་རྒོལ་བ་འཛོམས་པར་ནུས་པའི་མཐུ་སྟོབས་ཀྱི་དཔུང་ཆེན་པོ་ཡོད་པ་སྟེ། ཁྱད་པར་གྱི་ཆོས་བཞི་དང་ལྡན་པའི་རྒྱལ་པོ་དེའི་མངའ་འོག་ཏུ། རིན་པོ་ཆེ་དང་། འབྲུ་དང་ནོར་གྱི་ལོངས་སྤྱོད་ལ་ནོར་དུ་མི་རུང་བའི་རྫས་ངན་པ་བསྲེས་ཤིང་བསླད་པ་དང་། གཞལ་བའི་སྲོད་དང་། འདེགས་པའི་སྲང་ལ་ཟོལ་དང་གཡོ་བྱས་ན། རྒྱལ་པོའི་ཁྲིམས་ཉམས་པར་བྱེད་པའི་ཆད་པས་བཙོན་རར་འཇུག་པ་དང་། གསོད་པ་ལ་སོགས་ཉེས་དམིགས་ཆེན་པོ་ལ་གཏུག་པར་འགྱུར་ན། ཆོས་ཀྱི་རྒྱལ་པོས་སངས་རྒྱས་ཀྱི་ཆོས་ཁྲིམས་དང་འགལ་བའི་ཆོས་ལོག་རང་བཟོའི་བརྟན་བརྒྱུད་སྨྲ་ནས་སྟོན་པ་དེ་ལ། ཆོས་ཁྲིམས་དང་འགལ་བའི་ཉེས་པ་ཚེ་ཕྱི་མར་ངན་སོང་དུ་སྡུག་བསྔལ་མྱོང་བ་ལྟ་ཅི་སྨོས་སྐྱེ་བ་འདིར་ཡང་རྒྱལ་ཁྲིམས་དང་འགལ་བའི་ཆད་པ་འབྱུང་བར་རིགས་ཏེ། ཆོས་ལྡན་གྱི་རྒྱལ་པོས་ཆོས་དང་མི་མཐུན་པ་ཚར་གཅོད་པ་དང་། དམ་པའི་ཆོས་ལ་བཀུར་བསྟི་བྱ་བའི་ཆོས་ལུགས་ཐམས་ཅད་མཁྱེན་པས་བཀའ་སྩལ་ཏེ། གསེར་འོད་དམ་པར། ལེགས་བྱས་དང་ནི་ཉེས་བྱས་ཀྱི། །ལས་ཀྱི་རྣམ་པར་སྨིན་པའི་འབྲས། །རྣམ་པ་ཐ་དད་བསྟན་པའི་ཕྱིར། །བྱེད་པ་གང་ཡིན་རྒྱལ་པོར་བརྗོད། །ཅེས་ལས་དཀར་ནག་བདེན་རྫུན་སོ་སོར་འབྱེད་པ་རྒྱལ་པོའི་བྱ་བ་ཡིན་པས་ཉེས་བྱས་ཆད་པས་གཅོད་དགོས་ཏེ། ཡུལ་ན་ཉེས་བྱས་གནས་པ་དག །མཐུན་པའི་ཆད་པས་མི་གཅོད་ཅིང་། །ཉེས་བྱེད་ཡལ་བར་བོར་ན་ནི། །དེ་ཚེ་ཆོས་མིན་ཤིན་ཏུ་འཕེལ། །འཐབ་མོ་དང་ནི་གཡོ་རྣམས་ཀྱང་། །ཡུལ་འཁོར་དེར་ནི་ཕྱི་ཕྱིར་འབྱུང་། །ཕ་རོལ་དམག་ཚོགས་ལྷགས་ནས་ནི། །ཡུལ་འཁོར་དེ་ནི་རྣམ་པར་འཇིག །ཅེས་པ་དང་། ཡུལ་ན་ཉེས་བྱས་གནས་པ་དག །གང་ཚེ་རྒྱལ་པོས་ཡལ་བོར་ན། །དེ་ཚེ་ལྷ་རྣམས་ཁང་པ་ན། །ཡིད་ནི་དགའ་བར་མི་འགྱུར་རོ། །ལྷ་རྣམས་ཀྱིས་ཀྱང་ཡལ་བར་འདོར། །ཡུལ་འཁོར་དེ་ནི་འཇིག་པར་འགྱུར། །མ་རུངས་པ་ཡི་ རླུང་ལྡང་ཞིང་། །མ་རུངས་པ་ཡིས་ཆར་པ་འབབ། །ཉི་མ་དང་ནི་ཟླ་བ་དང་། །གཟའ

དང་རྒྱུ་སྐར་མ་རུངས་འགྱུར། །ས་བོན་ལོ་ཐོག་མེ་ཏོག་འབྲས། །ལེགས་པར་སྨིན་པར་མི་འགྱུར་ཅིང་། །མུ་གེ་དག་ཀྱང་འབྱུང་བར་འགྱུར། །ཞེས་པ་དང་། ཆོས་དང་མི་ལྡན་སྐྱེ་བོ་ལ། །དེ་ཡི་འོག་ཏུ་མཆོད་བྱེད་འགྱུར། །ཆོས་དང་ལྡན་པའི་སེམས་ཅན་ལ། །རྟག་ཏུ་ཆད་པས་གཅོད་པར་འགྱུར། །ཆོས་དང་མི་ལྡན་སྐྱེ་བོ་བཀུར། །ཆོས་ལྡན་ཆད་པས་བཅད་པས་ན། །དེར་ནི་ཆུ་དང་རྒྱུ་སྐར་ཀླུང་། །རྣམ་གསུམ་རྣམ་པར་འཁྲུག་པར་འགྱུར། །ཞེས་པས། ཡུལ་འཁོར་གྱི་འཁྲུག་པ་དང་མུ་གེ་དང་རིམས་ནད་ལ་སོགས་གནོད་པ་ཐམས་ཅད་ཆོས་དང་ཆོས་མ་ཡིན་པ་ཤན་མ་ཕྱེད་པར་ཆད་ལས་དང་བཀུར་བསྟི་ནོར་བ་བྱས་པའི་དབང་གིས་འབྱུང་བར་གསུངས་སོ། །དེས་ན་ཡུལ་གྱི་བདག་པོས་རང་གི་འཁོར་རྣམས་ཉེ་རིང་མེད་པར་མཉམ་དུ་སྐྱོང་བ་དང་། ཉེས་པ་ཅན་འདུལ་བ་དང་། ལེགས་པར་སྤྱོད་པ་རྣམས་བསྐུར་བར་འོས་པ་ཡིན་ཏེ། དེ་ཕྱིར་སྡིག་པ་བྱེད་པ་རྣམས། །ཉེས་པའི་རིམ་བཞིན་གདུལ་བར་བྱ། །ཆོས་ཀྱིས་ཡུལ་འཁོར་བསྐྱངས་པར་བྱ། །ཆོས་མ་ཡིན་པ་སྤྱད་མི་བྱ། །སྲོག་ཀྱང་ཡོངས་སུ་བཏང་བྱ་ཞིང་། །ཉེས་མགོན་བྱ་བར་མི་བྱའོ། །སྐྱེ་བོ་གཉེན་དང་སྐྱེ་བོ་གཞན། །ཡུལ་འཁོར་སྐྱེ་བོ་ཐམས་ཅད་ལ། །རྒྱལ་པོས་ཕྱོགས་ཀྱང་གཅིག་བྱ་སྟེ། །ཕྱོགས་སུ་ལྷུང་བར་གྱུར་ཏ་རེ། །ཞེས་པ་དང་། ཆོས་ཀྱི་ཡུལ་འཁོར་དེར་བསྟན་པས། །རྒྱལ་པོ་རྣམས་ནི་རབ་ཏུ་དགའ། །ལྷ་དབང་རབ་ཏུ་དད་འགྱུར་བས། །མིའི་རྒྱལ་པོ་དེ་ལ་བསྲུང་། །ཉི་ཟླ་དང་ནི་དེ་བཞིན་དུ། །རྒྱུ་སྐར་ལེགས་པར་རྒྱུ་བར་འགྱུར། །ཀླུང་ཡང་དེ་བཞིན་ལྡང་འགྱུར་ཅིང་། །ཆར་ཀྱང་དུས་སུ་འབབ་པར་འགྱུར། །ལྷ་གནས་རྣམས་ཀྱང་དེ་བཞིན་དུ། །ཡུལ་འཁོར་རྣམས་སུ་ལོ་ལེགས་བྱེད། །ཅེས་པ་ཆོས་ལོག་དང་མ་རུངས་པ་ཚར་གཅོད་ཅིང་དམ་པའི་ཆོས་དང་སྐྱེ་བོ་ཡ་རབས་རྣམས་བཀུར་བསྟི་བྱས་པས་ཕུན་སུམ་ཚོགས་པ་འབྱུང་བའི་ཕྱིར་ཡུལ་འཁོར་གྱི་ལེགས་ཉེས་རྣམས་རྒྱལ་པོ་ལ་རག་ལས་པ་ཡིན་ནོ། །དེའི་ཕྱིར། ཆོས་ཀྱིས་ཡུལ་འཁོར་བསྐྱང་བར་བྱ། །ཆོས་ཀྱང་ཡང་དག་བསྟན་པར་བྱ། །ལེགས་པར་བྱེད་ལ་སེམས་ཅན་དགོད། །ཉེས་བྱས་ལས་ནི་ཟློག་པར་བྱ། །གང་ཚེ་སྡིག་པ་བྱེད་པ་རྣམས། །ཚུལ་བཞིན་འདུལ་བར་བྱེད་པའི་ཚེ། །ཡུལ་འཁོར་ཏུ་ནི་ལོ་ལེགས་ཤིང་། །རྒྱལ་པོ་གཟི་བརྗིད་ལྡན་པར་འགྱུར། །རྒྱལ་པོ་གྲགས་དང་ལྡན་གྱུར་ཅིང་། །སྐྱེ་དགུ་རྣམས་ཀྱང་བདེ་བར་སྐྱོང་། །ཞེས་གསུངས་པས་ཡུལ་ལྗོངས་ཀྱི་བདག་པོ་རྣམས་ཀྱིས་རྒྱལ་པོའི་ཁྲིམས་ལུགས་སངས་རྒྱས་ཀྱི་གསུང་འདི་དང་མཐུན་པར་མཛད་འཚལ་ལོ། །

བཞི་པ་ལ་གཉིས། མདོར་བསྟན། རྒྱས་པར་བཤད་པའོ། །དང་པོ་ནི། བླུན་པོ་མཁས་པར་འཆོས་པ་འགའ། །ལུང་གི་གནས་སྐབས་མི་ཤེས་པར། །མདོ་རྒྱུད་ལུང་སྦྱོར་བྱེད་མོད་ཀྱི། །དེ་ནི་བླུན་པོའི་ཁཤག་ལྟར། །གང་དུ

འགྲོ་བ་མི་ཤེས་སོ། །ཞེས་པ། མདོ་རྒྱུད་ལེགས་པར་སྤྱངས་པའི་མཁས་པ་བཀའ་དང་བསྟན་བཅོས་ཀྱི་གཞུང་མང་དུ་སྨྲ་བ་དག་ལ་འགྲན་པར་འདོད་པའི་བླུན་པོ་འགའ་ཞིག །ལུང་གི་བརྗོད་བྱའི་དོན་གང་ལ་འཇུག་གི་གནས་སྐབས་མི་ཤེས་པར་མདོ་རྒྱུད་ཀྱི་ལུང་གང་བབ་བབ་ཏུ་སྦྱོར་ཅིང་། ག྄ཱ་ཆོམ་དུ་སྨྲ་བ་མང་པོ་ཡོད་མོད་ཀྱི། དེས་རང་གི་འདོད་པའི་སྒྲུབ་བྱེད་དུ་གྲངས་པའི་ལུང་དེ་རང་ལ་གནོད་བྱེད་ཀྱི་ཁུངས་སུ་འགྱུར་བར་ཤེས་ཆེ་སྟེ། བླུན་པོའི་ཁ་ཤག་གཞན་ལ་སྨྲས་པ་རང་ལ་འཁོར་བ་བཞིན་ནོ། །གཡུལ་ངོར་ལྟུང་བའི་རལ་གྲི་དང་། །བློ་གྲོས་གཞན་པའི་འདོད་གདམ་དང་། །ཅང་ཤེས་མིན་པའི་རྟ་མཆོག་རྣམས། །སུ་ཡི་གྲོགས་འགྱུར་མི་ཤེས་སོ། །ཞེས་གསུངས་པ་ལྟར་རོ། །གཉིས་པ་ལ་ལྔ། ལྟ་བའི་ལུང་སྦྱོར་སྒོམ་པ་དང་སྤྱོད་པར་འཁྲུལ་བ། སྤྱོད་པ་དང་སྒོམ་པའི་ལུང་ལྟ་བར་འཁྲུལ་བ། འཇིག་རྟེན་པའི་ལུང་འདས་པར་འཁྲུལ་བ། འདས་པའི་ལུང་འཇིག་རྟེན་པར་འཁྲུལ་བ། མི་ཤེས་པའི་ལུང་སྦྱོར་བས་མཁས་པས་འཁྲུལ་པར་བསྟན་པའོ། །

དང་པོ་ནི། དཔེར་ན་ཕྱག་དང་མཆོད་པ་དང་། །སྦྱིན་དང་ཚུལ་ཁྲིམས་སོགས་མི་དགོས། །སེམས་བསྐྱེད་དབང་བསྐུར་བྱ་མི་དགོས། །བསམ་གཏན་ཀློག་པ་འདི་ར་མི་དགོས། །དགེ་དང་སྡིག་པ་གཉིས་ཀ་མེད། །སངས་རྒྱས་སེམས་ཅན་ཡོད་མིན་སོགས། །འདི་འདྲ་གསུངས་པའི་ལུང་རྣམས་ཀུན། །ལྟ་བ་ཡིན་གྱིས་སྒོམ་པ་དང་། །སྤྱོད་པ་གཉིས་ཀྱི་ལུང་མ་ཡིན། །ཞེས་པ། དཀོན་མཆོག་གསུམ་ལ་ཕྱག་འཚལ་བ་དང་མཆོད་པ་འབུལ་བ་ལ་སོགས་ཡན་ལག་བདུན་པ་བྱེད་པ་དང་། སྦྱིན་པ་གཏོང་བ་དང་ཚུལ་ཁྲིམས་སྲུང་པ་ལ་སོགས་ཕ་རོལ་ཏུ་ཕྱིན་པ་དྲུག་ལ་སྤྱོད་པ་དང་། བསམ་པ་སེམས་བསྐྱེད་དང་། སྔགས་ཀྱི་དབང་བསྐུར་བྱེད་པ་དང་། དམིགས་པ་ལ་སེམས་གནས་པའི་བསམ་གཏན་སྒོམ་པ་དང་། གསུང་རབ་ཀློག་པ་དང་། ཁ་དོན་བྱེད་པ་དང་། མདོར་ན་དགེ་སྡིག་ལ་བླང་དོར་བྱར་མེད་པས། སྒོ་གསུམ་གྱི་བྱ་བ་ཐམས་ཅད་ཡོད་པ་མ་ཡིན་ཅེས་གསུངས་པ་འདི་འདྲའི་རིགས་ཀྱི་ལུང་རྣམས་དོན་དམ་སྤྲོས་པ་དང་བྲལ་བའི་ལྟ་བ་གཏན་ལ་འབེབས་པའི་ལུང་ཡིན་གྱིས། དེ་སྤྱོད་པ་དང་སྒོམ་པའི་དོན་ལ་སྦྱར་དུ་མི་རུང་སྟེ། ས་བཅུ་པའི་མདོར། བྱེད་པ་པོ་མེད་པ་དེ་ལྟ་ན་དོན་དམ་པར་ལས་ཀྱང་མི་དམིགས་སོ། །ཞེས་པ་དང་། དོན་དམ་པ་ལ་ནི་ཡིད་ཀྱི་ཁམས་ཞེས་བྱ་བའང་མེད་དོ། །ཞེས་གསུངས་པ་དང་། རྒྱན་སྟུག་པོ་བཀོད་པར། རི་རབ་རི་བོ་ཙམ་གྱུར་པའི། །བདག་ཏུ་ལྟ་བས་མི་གནོད་དེ། །སྟོང་ཉིད་ལྟ་བས་གནོད་པ་ནི། །ང་རྒྱལ་མི་བདེན་བཏགས་པའོ། །རྣལ་འབྱོར་སྤྱོད་པས་སྟོང་པ་ཉིད། །གནས་མ་ཡིན་པར་སྦྱར་མི་བྱ། །གནས་མིན་གལ་ཏེ་སྦྱར་གྱུར་ན། །བདུད་རྩི་དུག་ཏུ་འགྱུར་བ་ཡིན། །ཞེས་པ་དང་། སྟོང་པ་ཉིད་ཀྱི་ལྟ་ཐབ་ན། །ལ་ལའི་ལྟ་བ་མ་ཞིག་ན། །གསོར་མི་རུང་བའི་ལྟ་བས་ཏེ། །སྨན་པས་བོར་བའི་ནད་པ་བཞིན། །ཞེས

པ་དང་། དཀོན་མཆོག་འབྱུང་གནས་ཀྱི་མདོར། སྦྱིན་པའི་ངོ་བོ་མི་དམིགས་པར་བྱའོ། །སྦྱིན་པ་མི་སྦྱིན་པར་མི་བྱའོ། །སྦྱིན་གནས་ཀྱི་ངོ་བོ་མ་དམིགས་པར་བྱའོ། །སྦྱིན་གནས་མི་བཙལ་བར་མི་བྱའོ། །སྦྱིན་བདག་གི་ངོ་བོ་ཉིད་མི་དམིགས་པར་བྱའི། །སྦྱིན་བདག་ཏུ་མི་འགྱུར་བ་ནི་མི་བྱའོ། །ལས་ཀྱི་རང་བཞིན་མི་དམིགས་པར་བྱའི། ལས་བདག་གིར་བྱ་བ་དང་འགལ་བར་ནི་མི་བྱའོ། །ཞེས་གསུངས་པས་ལྟ་བས་ལུང་གིས་སྒོམ་པ་དང་སྤྱོད་པ་སུན་ཕྱུང་ན་ནོར་བ་ཡིན་ཏེ། སློབ་དཔོན་ཟླ་བ་གྲགས་པས་ཀྱང་། གློ་བུར་བའི་ཆོས་རྣམས་ཐམས་ཅད་ཀྱི་ཐམས་ཅད་དུ་མེད་པའང་མ་ཡིན་ཏེ། ཆོས་རྣམས་རྐྱེན་གཞན་དང་གཞན་ལ་ལྟོས་པའི་ཕྱིར། རྐྱེན་གཞན་དང་གཞན་ལ་ལྟོས་ནས་ནི་ཡོད་དོ་ཞེས་པ་ལྟར་རོ། །

གཉིས་པ་ནི། དབང་མེད་ན་ནི་དངོས་གྲུབ་མེད། །ཚིག་འཁྲུལ་ན་ལས་མི་འཆགས། །ལོག་པར་དགྱེད་ན་ལྟུང་བ་འབྱུང་། །ལྟ་སྒོམ་འཁྲུལ་ན་བྱིན་མི་རློབས། །ཐེ་ཚོམ་ཟ་ན་ཉེས་པ་སྐྱེ། །དེས་ན་ཚིག་ཙམ་བྱེད་ཀྱང་། །ཤིན་ཏུ་དག་པར་བྱ་དགོས་ཞེས། །འདི་འདྲའི་ལུང་ཀུན་སྤྱོད་པ་དང་། །སྒོམ་པ་ཡིན་གྱིས་ལྟ་བ་མིན། །ཞེས་པ། དབང་མ་ཐོབ་པར་རིམ་པ་གཉིས་སྒོམ་པ་བཀག་པ་དང་། ཐེག་པ་སོ་སོའི་ཚིག་འཁྲུལ་པར་གྱུར་ན་སྡོམ་པ་དང་སེམས་བསྐྱེད་དང་དབང་བསྐུར་བའི་ལས་ཀྱི་འབྲས་བུ་མི་འབྱུང་བ་དང་། སངས་རྒྱས་ཀྱི་གསུང་ལས་ལོག་པར་སྤྱད་ན་རང་གི་བསླབས་པ་དང་འགལ་བའི་ལྟུང་བ་འབྱུང་བ་དང་། རྒྱུད་སྡེ་རྣམས་སོ་སོའི་ལྟ་བསྒོམ་ཚུལ་ནོར་ན་བྱིན་བརླབས་མི་འབྱུང་བ་དང་། སངས་རྒྱས་ཀྱི་ཟབ་ཅིང་རྒྱ་ཆེ་བའི་གསུང་ལ་མི་བདེན་པར་རྟོག་པའི་ཐེ་ཚོམ་སྐྱེས་ན། དམ་པའི་ཆོས་ལ་མ་གུས་པའི་ཉེས་པ་འབྱུང་བས་སྤང་བར་བྱའོ། །མདོར་བསྡུས་ན་ཆོས་ལུགས་གང་བྱེད་པ་དེ་རང་གི་ཐེག་པ་སྟོན་པའི་སངས་རྒྱས་ཀྱི་གསུང་དང་མཐུན་པར་བྱ་དགོས་སོ། །ཞེས་པ་ལ་སོགས་ཉམས་ལེན་གྱི་སྒོམ་པ་དང་སྤྱོད་པ་སྟོན་པའི་ལུང་ཡིན་གྱིས། ལྟ་བ་སྤྲོས་བྲལ་སྟོན་པའི་ལུང་དུ་བྱས་ན་སྤྲོས་བཅས་ཀྱི་ཉེས་པ་འགྱུར་བའི་ཕྱིར་རོ། །

གསུམ་པ་ནི། གཞན་ཡང་ལུང་སྦྱོར་བྱེད་པ་ལ། །འཇིག་རྟེན་པ་དང་འཇིག་རྟེན་ལས། །འདས་པའི་གནས་སྐབས་རྣམ་གཉིས་ཡོད། །དབང་དང་དམ་ཚིག་སྡོམ་པ་སོགས། །འབད་ནས་བསྲུབ་པར་གསུངས་པ་ནི༑ །འཁོར་བའི་རྒྱ་མཚོ་མ་རྒལ་བའི། །འཇིག་རྟེན་པ་ལ་གསུངས་པ་ཡིན། །ཞེས་པ། བཀའ་དང་བསྟན་བཅོས་ཀྱི་ལུང་དང་སྦྱར་ནས་གསུང་རབ་ཀྱི་དགོངས་པ་གཏན་ལ་འབེབས་པའི་ཚེ། ཆོས་ཉིད་ཀྱི་བདེན་པ་མངོན་སུམ་དུ་མ་མཐོང་བའི་སོ་སོའི་སྐྱེ་བོའི་གནས་སྐབས་འཇིག་རྟེན་པ་དང་། ཆོས་ཉིད་མངོན་སུམ་གྱིས་གཟིགས་པའི་འཕགས་པའི་གནས་སྐབས་འཇིག་རྟེན་ལས་འདས་པ་གཉིས་ཤེས་དགོས་ཏེ། གཟུགས་སོགས

དང་ནི་སེམས་དེ་ལྟར། །གཟུང་དང་འཛིན་པ་སྤྱོད་པ་འདི། །མ་དག་བློ་ཅན་མ་ཡིན་གྱིས། །རྣལ་འབྱོར་རྟོགས་པ་བསམ་མི་ཁྱབ། །ཅེས་པ་ལྟར་སོ་སོའི་སྐྱེ་བོའི་དབང་ཤེས་ཀྱི་ཡུལ་འཛིན་ཚུལ་དེ། ས་དང་པོ་རབ་ཏུ་དགའ་བའི་རྟོགས་པ་ཐོབ་པ་ཡན་ཆད་ལ་སྣང་དུ་མི་རུང་སྟེ། སྔར་བཤད་པ་ལྟར་འཕགས་པའི་དབང་པོ་གཅིག་གིས་ཀྱང་ཡུལ་ཐམས་ཅད་གཟིགས་པ་དང་། སངས་རྒྱས་ཀྱི་མཛོད་སྤུས་ཀྱང་ཤེས་བྱ་ཐམས་ཅད་མཁྱེན་པ་དང་། དག་པའི་སྣང་བ་རྒྱ་ཆེན་པོ་འཆར་ཡང་མཉམ་གཞག་གི་ཡེ་ཤེས་ལས་མ་གཡོས་པ་ལ་སོགས་པ་འཇིག་རྟེན་པའི་བློས་བསམ་གྱིས་མི་ཁྱབ་པའི་ཕྱིར་དང་། དོན་དམ་གཟིགས་པའི་སྐྱེས་བུ་ལས་དགེ་སྡིག་གི་འཆིང་པ་ལས་གྲོལ་བའི་ལུང་རྣམས་ལས་དང་པོ་པའི་སྤྱོད་པ་བླང་དོར་དང་བྲལ་བར་འཆད་པའང་མི་རུང་ངོ་། །ལས་དགེ་སྡིག་གི་སྤང་བླང་དང་དམ་ཚིག་དང་སྡོམ་ནི་ཕྱང་ཚུལ་དང་ཉམས་པའི་ཉེས་དམིགས་དང་། ཕྱིར་འཆོས་པའི་ཚུལ་དང་། ཐུན་བཞིར་བཅད་ནས་རྣལ་འབྱོར་སྒོམ་པ་ལ་སོགས་ལས་དང་པོ་པ་དང་། སོ་སོའི་སྐྱེ་བོ་སྒོམ་པ་དང་། སྤྱོད་པ་སྟོན་པའི་ལུང་རྣམས་འཕགས་པའི་ས་ལ་སྦྱར་དུ་མི་རུང་སྟེ། འཁོར་འདས་མཉམ་པ་ཉིད་ཀྱི་དོན་རྟོགས་པ་དང་ལྡན་པའི་ཕྱིར་རོ། །

བཞི་པ་ནི། དབང་དང་དམ་ཚིག་སོགས་མི་དགོས། །ཕྱག་དང་མཆོད་པ་ཀུན་ལས་གྲོལ། །བསམ་གཏན་སྒོམ་པ་ཀུན་སྤངས་ཏེ། །ལམ་ཀུན་གཟིངས་བཞིན་དོར་བྱ་ཞེས། །གསུངས་པ་འཁོར་བའི་རྒྱ་མཚོ་ལས། །རྒལ་བའི་གང་ཟག་རྣམས་ལ་གསུངས། །ཞེས་པ། དབང་བསྐུར་དང་། དམ་ཚིག་དང་། སྡོམ་པ་བསྲུང་བ་དང་། ཕྱག་འཚལ་བ་དང་མཆོད་པ་འབུལ་བ་ལ་སོགས་ཚོགས་གཉིས་སྒྲུབ་པ་དང་། སྒྲིབ་པ་སྦྱོང་བ་ལུས་ངག་གི་བྱ་བ་དང་། ཏིང་ངེ་འཛིན་སྒོམ་པ་མི་དགོས་པ་དང་། ལུང་གི་ཆོས་ཉན་པ་དང་། འཛིན་པ་ལ་སོགས་ཐོས་བསམ་གྱི་བྱ་བ་ཐམས་ཅད་དོར་བར་བྱ་སྟེ། དཔེར་ན་ཆུ་བོའི་ཕ་རོལ་དུ་རྒལ་ཚར་ནས་གྲུ་དང་གཟིངས་དོར་བས་ཆོག་པ་བཞིན། ཅེས་པའི་ལུང་རྣམས་འཇིག་རྟེན་ལས་འདས་པའི་འཕགས་པ་རྣམས་ཀྱིས་ལྟ་སྤྱོད་སྟོན་པའི་ལུང་ཡིན་པས་སོ་སོའི་སྐྱེ་བོའི་ལམ་ལ་སྦྱར་དུ་མི་རུང་ངོ་། །

ལྔ་པ་ནི། དེ་འདྲའི་གནས་སྐབས་ཤེས་ནས་ནི། །དེ་ལ་འཚམས་པའི་ལུང་སྦྱོར་བྱ། །དེ་འདྲའི་རྣམ་བཞག་མི་ཤེས་པའི། །ལུང་སྦྱོར་མཁས་པའི་བཞད་གད་གནས། །ཞེས་པ། སངས་རྒྱས་ཀྱི་གསུང་ལ་ཐར་པའི་ལམ་དུ་མ་ཞུགས་པ་འཇུག་པར་བྱེད་པའི་ཐབས་དང་། ཞུགས་པ་རྣམས་ཐོག་མར་རྒྱུད་སྨིན་པར་བྱེད་པའི་ལུང་དང་། སྨིན་པ་རྣམས་གྲོལ་བར་བྱེད་པའི་ཐབས་དང་། ཆོས་ཀྱི་གནས་ལུགས་ཡོད་མེད་ཀྱི་མཐར་འཛིན་པའི་གཉེན་པོར་མཐའ་བྲལ་གྱི་ལྟ་བ་སྟོན་པ་དང་། ཐེག་པ་དམན་པའི་ལམ་དུ་གོལ་བའི་གཉེན་པོར་ཐེག་ཆེན་གྱི་

ཐབས་རྒྱ་ཆེན་པོ་སྟོན་པ་ལ་སོགས་གསུང་རབས་ཀྱི་སྟོན་ཚུལ་དང་། དགོངས་པ་མཐའ་ཡས་པའི་ཕྱིར་དེ་དག་གི་རྣམ་དབྱེ་ལེགས་པར་མི་ཤེས་པའི་གང་ཟག་གི་ལུང་སྦྱོར་བྱས་པ་རྣམས་གནས་སྐབས་མི་ཤེས་པའི་སྐྱོན་ཆོག་ལྟར་མཁས་པ་རྣམས་ཀྱིས་ཁྲེལ་བར་གྱུར་ཅིང་། གསུང་རབ་ཀྱི་དགོངས་པའང་ལོག་པར་བཀྲོལ་བའི་སྐྱོན་དུ་འགྱུར་རོ། །དཔལ་ལྡན་ཟླ་བ་གྲགས་པས། འདི་ལྟར་རེས་འགའ་ནི་མི་མཁས་པས་སྟོང་པ་ཉིད་སྤྱངས་ནས་ངན་འགྲོར་འགྲོ་བར་འགྱུར་རོ། །རེས་འགའ་ནི་སྟོང་པ་ཉིད་ཀྱི་དོན་དམ་མེད་པ་ཉིད་ཡིན་ནོ། །ཞེས་ཕྱིན་ཅི་ལོག་ཏུ་ངེས་པར་བཟུང་སྟེ། དངོས་པོ་ཐམས་ཅད་ལ་སྐུར་པ་འདེབས་པའི་ལོག་པར་ལྟ་བ་བསྐྱེད་ནས་འཕེལ་བར་བྱེད་དོ། །ཞེས་པ་དང་། སངས་རྒྱས་ཀྱི་དོན་དམ་པ་དེ་ཡང་མི་བསྟུ་བ་ཡིན་ཅིང་དོན་དམ་བདེན་པ་ཡིན་ལ། དེ་ནི་དེ་རྣམས་ཀྱི་སོ་སོ་རང་གིས་རིག་པར་བྱ་བ་ཡིན་ནོ། །ཞེས་པ་དང་། དེའི་ཕྱིར་དེ་ལྟ་ན་དེ་ཁོ་ན་ཉིད་བསམ་པ་ལ་འཕགས་པ་རྣམས་ཁོ་ན་ཚད་མ་ཡིན་གྱིས། འཕགས་པ་མ་ཡིན་པ་དག་ནི་མ་ཡིན་ནོ། །ཞེས་པ་འཕགས་པས་སྤྱངས་རྟོགས་མཐའ་བ་ལ་སོ་སོའི་རིག་པ་མི་འཇུག་གོ། །ཀུན་རྫོབ་ཀྱི་བདེན་པ་གང་ཡིན་པ་དེ་ནི། དོན་དམ་པའི་བདེན་པ་ལ་འཇུག་པར་བྱ་བའི་ཐབས་ཡིན་པའི་ཕྱིར་བདག་དང་གཞན་དག་ལས་སྐྱེ་བ་མ་དཔྱད་པར་འཇིག་རྟེན་པའི་ལུགས་ཀྱིས་ཁས་ལེན་པར་བྱས་པ་ཡིན་ནོ། །ཞེས་པས་ཀུན་རྫོབ་རྒྱུ་ལ་འབྲས་བུ་སྐྱེ་བའི་རྣམ་བཞག་ལ་འཕགས་པའི་མཉམ་གཞག་ཆོས་ཉིད་གཟིགས་པའི་ཡེ་ཤེས་ཀྱི་གནོད་བྱེད་མི་འཇུག་གོ །གཞན་ཡང་བཀའ་འཁོར་ལོ་དང་པོར་ཉན་ཐོས་ཀྱི་གདུལ་བྱ་ལ་མི་རྟག་པ་དང་སྡུག་བསྔལ་ལ་སོགས་པ་དྲང་པོར་ངེས་དོན་དུ་བསྟན་པ་དང་། ཐེག་ཆེན་གྱི་རིགས་ཅན་ལ་རྒྱུད་སྨིན་པར་བྱེད་པའི་ཐབས་སུ་གསུངས་པ་ཡིན་ནོ། །བཀའ་བར་པ་ནི། བྱང་ཆུབ་སེམས་དཔའ་རྒྱུད་ཡོངས་སུ་སྨིན་པ་རྣམས་གྲོལ་བར་བྱེད་པ་དང་། འཁོར་འདས་ལ་བླང་དོར་དུ་འཛིན་པའི་མཉེན་པོར་སྲིད་ཞི་མཉམ་པ་ཉིད་དུ་གསུངས་པ་ཡིན་ནོ། །འཁོར་ལོ་གསུམ་པ་ནི། དང་པོ་གཉིས་སུ་གདུལ་བྱའི་རྒྱུད་ལ་སྦྲོ་འདོགས་བཅད་དགོས་དང་། སྨིན་པར་བྱེད་པའི་ཐབས་ཇི་ལྟར་འཚམས་པ་ལེགས་པར་བསྟན་ནས་རྟོད་པ་དང་བྲལ་བའི་ལམ་ཉམས་སུ་བླངས་པས་འབྲས་བུ་རྫོགས་པའི་སངས་རྒྱས་འཐོབ་པའི་ཚུལ་གསུངས་པ་ཡིན་ནོ། །དེས་ན་སངས་རྒྱས་ཀྱི་གསུང་ནའང་འགལ་བར་འཆད་པ་ནི་ཆོས་སྤོང་བའི་ལས་ཡིན་པས་བསྟན་འཛིན་གྱི་སྐྱེས་བུ་དམ་པ་རྣམས་ཀྱིས་སྤང་བར་བྱའོ། །

ལྔ་པ་ནི། མིག་ལྡན་ཇི་ལྟར་ལམ་ནོར་ཡང་། །གཡང་སར་གོམ་པ་འཇོག་མི་སྲིད། །དེ་བཞིན་མཁས་པ་འཁྲུལ་ན་ཡང་། །སངས་རྒྱས་བསྟན་ལ་འདའ་མི་ནུས། །མིག་མེད་གལ་ཏེ་ལམ་ནོར་ན། །གཡང་སར་མཆོངས་ནས་ལྟུང་བར་འགྱུར། །དེ་བཞིན་བླུན་པོ་འཁྲུལ་གྱུར་ན། །སངས་རྒྱས་བསྟན་ལས་འདས་ཏེ་ལྟུང་། །ཞེས་པ།

དཔེར་ན་མིག་གི་དབང་པོ་མ་ཉམས་ཤིང་མིག་ཤེས་དྲན་པ་དང་མཚུངས་ལྡན་དུ་ཡོད་པའི་སྐྱེས་བུ་ལམ་ཚུང་ཟད་ནོར་ཀྱང་གཡང་ས་ཆེན་པོར་གོམ་པ་མི་འདོར་ཅིང་། མྱུར་དུ་ལམ་མ་ནོར་བར་འཇུག་པ་བཞིན་དུ། རང་བཞིན་གྱི་གྲུབ་པའི་མཐའ་དང་། སྡེ་སྣོད་ལ་ལེགས་པར་སྦྱངས་ཤིང་སངས་རྒྱས་ཀྱི་བསྟན་པའི་ཁུར་ཁྱེར་བའི་མཁས་པ་རྣམས་ནི། གྲུབ་མཐའ་ལ་ཚུང་ཟད་འཁྲུལ་ཀྱང་སངས་རྒྱས་ཀྱི་བསྟན་པ་དམ་པའི་ཆོས་དང་འགལ་བའི་ལམ་ལ་མི་འཇུག་སྟེ། སངས་རྒྱས་ལ་ཐམས་ཅད་མཁྱེན་པར་ཡིད་ཆེས་པའི་མོས་པ་བརྟན་པོ་ཡོད་པའི་ཕྱིར་ཏེ། དད་པའི་སྟོབས་བསྐྱེད་པ་ལ་འཇུག་པའི་ཕྱག་རྒྱའི་མདོར། སངས་རྒྱས་ལ་སྐྱབས་སུ་འགྲོ་བ་ནི་དེ་བཞིན་གཤེགས་པའི་བསླབ་པ་ལས་མི་འདའ་བར་གང་ཡིན་པའོ། །ཆོས་ལ་སྐྱབས་སུ་འགྲོ་བ་ནི་དམ་པའི་ཆོས་མི་སྤོང་བ་གང་ཡིན་པའོ། །སངས་རྒྱས་ལ་སྐྱབས་སུ་འགྲོ་བ་ནི་སྡིག་པ་ཐམས་ཅད་མི་བྱེད་པ་གང་ཡིན་པའོ། །ཆོས་ལ་སྐྱབས་སུ་འགྲོ་བ་ནི་རྟེན་ཅིང་འབྲེལ་བར་འབྱུང་བ་ལ་འཇུག་པ་གང་ཡིན་པའོ། །མ་དད་པ་མི་བྱེད་པ་ནི་ལས་ཀྱི་རྣམ་པར་སྨིན་པ་ལ་ཡིད་ཆེས་པ་གང་ཡིན་པའོ། །དགེ་འདུན་ལ་སྐྱབས་སུ་འགྲོ་བ་ནི་ཆགས་པ་དང་ཁོང་ཁྲོ་སྤྱངས་པ་གང་ཡིན་པའོ། །ཞེས་གསུངས་པ་ལྟར་རོ། །དེའི་ཕྱིར་མིག་མེད་ལམ་ནོར་ན་གཡང་ས་ཆེན་པོ་ལྟུང་ནས་བཅོས་སུ་མི་རུང་བ་སྟེ། བླུན་པོ་སངས་རྒྱས་ཀྱི་གསུང་ལ་འཁྲུལ་ན་ཐོས་བསམ་སྒོམ་གསུམ་བསྟན་པའི་འཚམས་ལས་འདས་ཏེ། ལོག་པའི་ལམ་དུ་ཞུགས་ནས་བཅོས་སུ་མི་རུང་བར་འགྱུར་རོ། །

ཆ་ཚད་ཤེས་པའི་བཟོ་ལ་ནི། །རིང་ཐུང་བྱུང་ཡང་མཐོ་གང་ཡིན། །ཆ་ཚད་མེད་པའི་བཟོ་གང་ཞིག །ཉེས་ན་བཤད་གད་གནས་སུ་འགྱུར། །ཞེས་པ། ལེགས་པར་བསླབས་ཤིང་ཆ་ཚད་ལ་མཁས་པའི་བཟོ་བོ་དེས་གོས་དང་ཤིང་ལ་སོགས་པའི་བཟོ་རྒྱུ་ལ། ཆ་ཚད་ལས་འདས་པའི་རིང་ཐུང་མཐོ་དམན་བྱུང་ཡང་སོར་གཅིག་ཙམ་ཡིན་ལ། ཆ་ཚད་མེད་པའི་བླུན་བཟོ་ཉེས་ན་བཟོ་རྒྱུ་མེད་པའམ་གསར་དུ་བྱེད་པ་བས་བཅོས་པར་དཀའ་བའི་སྐྱོན་དུ་འགྱུར་རོ། །འཇིག་རྟེན་ནའང་། ཆ་ཚད་མེད་པའི་བཟོ་བོ་ཟིན་ཁར་འགྱོད་དེ། ཅེས་པ་ལྟར་རོ། །

དེ་བཞིན་གཞུང་ལུགས་ཤེས་པའི་མིས། །ཚིག་དོན་འཁྲུལ་ཀྱང་ཚུང་ཟད་ཡིན། །གཞུང་ལུགས་གང་ཡང་མི་ཤེས་པ། །འཁྲུལ་ན་བསྟན་པ་འཇིག་ལ་ཐུག །དེས་ན་སངས་རྒྱས་བསྟན་པ་བཞིན། །སྒྲུབ་པར་འདོད་པ་གཞུང་བཞིན་བྱ། །ཞེས་པ། ཐེག་པ་ཆེ་ཆུང་གི་གཞུང་ལུགས་དང་གྲུབ་མཐའི་རྣམ་དབྱེ་ཤེས་པ་དེས། ཚིག་དོན་གྱི་ཆ་ཤས་ཕྲ་མོ་ལ་འཁྲུལ་པ་སྲིད་ཀྱི། གསུང་རབ་ཀྱི་གནད་འགག་ཆེ་སའི་དགོངས་པ་ནོར་བར་སླུ་བ་མི་སྲིད་དོ། །སྡེ་སྣོད་མི་ཤེས་པའི་བླུན་པོ་འཁོར་དང་ལོངས་སྤྱོད་ལྡན་པ་འཁྲུལ་པའི་ཚེ་དད་པའི་རྗེས་འབྲང་གི་སྐྱེ་བོ་མང་པོ་བསྐྱུས་ཏེ། དཔུང་བསྐྱུས་ནས་ཆོས་ལུགས་མ་ནོར་བར་ཉམས་སུ་ལེན་པའི་ནུས་པ་ཉམས་པས་སངས

རྒྱས་ཀྱི་བསྟན་པ་འཇིག་ལ་ཐུག་གོ། །དེའི་ཕྱིར་ཐར་པའི་ལམ་སྒྲུབ་པར་འདོད་ན་རྫོགས་པའི་སངས་རྒྱས་ཀྱིས་གསུངས་པའི་གཞུང་ལུགས་དང་མཐུན་པར་བྱའོ། །དྲུག་པ་ལ་གཉིས། ཆོས་མིན་དོར་བྱ་ཡིན་པར་བསྟན། ལུང་རིགས་ཀྱིས་གྲུབ་པ་ཉམས་སུ་བླང་བྱར་བསྟན་པའོ། །

དང་པོ་ལ་གསུམ། སྤྱིར་བསྟན། སོ་སོར་བཤད། མདོ་འགག་གྲེལ་ནས་བསྟན་པའོ། །དང་པོ་ནི། མིག་མངས་རྒྱ་དང་མ་འབྲེལ་ན། །རྗེའུ་མང་ཡང་ཤི་རོ་ཡིན། །དེ་བཞིན་ལུང་དང་མ་འབྲེལ་བའི། །ཆོས་ལུགས་མང་ཡང་རོ་དང་འདྲ། །ཞེས་པ། དཔེར་ན་མིག་མངས་ཀྱི་རྗེའུ་དཀར་ནག་རིགས་མཐུན་པའི་རྒྱ་དང་མ་འབྲེལ་ན་མི་ཕན་པ་བཞིན་དུ། རྫོགས་པའི་སངས་རྒྱས་ཀྱི་གསུང་དང་མི་མཐུན་ཅིང་བརྒྱུད་པའི་ལུང་ནས་མ་བྱུང་བའི་ཆོས་ལུགས་ཐུན་ཚགས་མང་ཡང་དམ་པའི་ཆོས་ཀྱི་གོ་མི་ཆོད་པས་རོ་རུལ་བ་དང་འདྲ་སྟེ་དོར་བར་བྱའོ། །གཉིས་པ་ལ་གསུམ། མ་བརྟགས་ཉམས་དགའི་ཟབ་ཆོས་བརྫུན་ཁྲིགས་ཡིན་པར་སྟོན། གང་ཟག་སྣ་ཚོགས་ཀྱི་ཆོས་ལུགས་བརྟགས་ན་འཇིག་པར་བསྟན། དེ་འདྲ་སྟོན་པའི་བླ་མ་བཏང་སྙོམས་སུ་བཞག་བྱར་བསྟན་པའོ། །

དང་པོ་ནི། སྟན་བརྒྱུད་དང་ནི་ཚིག་བརྒྱུད་དུ། །གྲགས་པའི་ཆོས་ལུགས་མང་པོ་སྣང་། །རྒྱུད་དང་མཐུན་ན་བླང་དུ་རུང་། །མིན་ན་བརྫུན་གྱི་སྡེབ་ཕྱོགས་ཡིན། །ཞེས་པ། ཟབ་ཆོས་ཡི་གེར་མི་འགོད་པའི་སྟན་ནས་སྟན་དུ་བརྒྱུད་པའི་ཡིད་བཞིན་ནོར་བུར་འདོད་པ་དང་། སློབ་མ་གཅིག་ལས་མང་བ་ལ་མི་སྤེར་བའི་ཚིག་བརྒྱུད་བཀའ་རྒྱ་མ་རུ་གྲགས་པའི་ཆོས་ལུགས་མང་པོ་སྟོན་པ་དང་ཉན་པ་འདི་རྣམས་སངས་རྒྱས་ཀྱིས་གསུངས་པའི་རྒྱུད་དང་མཐུན་ཅིང་བླ་མ་དམ་པ་རིམ་པར་བརྒྱུད་པའི་གདམས་པ་ཡིན་ན་ལག་ཏུ་བླང་བར་རུང་གིས། དེ་ལྟར་མ་ཡིན་ན་གང་ཟག་ཟོག་ཆོས་སྟོན་པའི་བརྫུན་ཁྲིགས་རྙེད་པ་དང་བཀུར་བསྟི་སྒྲུབ་པའི་སླུ་འབྲིད་ཡིན་པས་དོར་བར་བྱའོ། །

གཉིས་པ་ནི། རྨི་ལམ་གྱིས་ནི་ཆོས་ལུགས་དང་། །ཞལ་མཐོང་གི་ནི་ལྷ་ལ་སོགས། །འདི་དག་མདོ་རྒྱུད་དང་མཐུན་ན། །བླངས་ཀྱང་སྐྱོན་དུ་འགྱུར་བ་མེད། །མདོ་རྒྱུད་ཀུན་དང་མི་མཐུན་ན། །བདུད་ཀྱི་བྱིན་བརླབས་ཡིན་ཞེས་བྱ། །ཞེས་པ། གང་ཟག་འགའ་ཞིག་ལ་བླ་མ་དང་མཁའ་འགྲོས་ལུང་བསྟན་པའི་གདམས་ངག་ཡིན་ཟེར་བ་དང་། འགའ་ཞིག་ཡི་དམ་གྱི་ལྷ་མཐོང་བའི་གསུང་ཡིན་ཟེར་བ་དང་། ཞལ་གཟིགས་ཀྱི་ལྷ་ལ་སོགས་པ་འདི་དག་ཀྱང་། མདོ་རྒྱུད་རྣམ་དག་དང་མཐུན་པའི་བྱ་བ་འདུག་ན་ཉམས་ལེན་བྱར་རུང་གིས། མི་མཐུན་ན་བྱིན་བརླབས་ཆེ་བ་དང་ནུས་པ་མྱུར་བར་སྣང་ཡང་བདུད་ཀྱིས་བྱིན་གྱིས་བརླབས་པའི་ཆོས་ཡིན་ཏེ། དེ་ལ་

ཞུགས་ནས་ཆོས་ལུགས་རྣམ་དག་འདོར་བའི་ཕྱིར་རོ། །

གསུམ་པ་ནི། བླ་མ་མདོ་རྒྱུད་དང་མཐུན་ན། །དེ་ནི་བླ་མ་ཡིན་པར་གཟུང་། །སངས་རྒྱས་བསྟན་བཞིན་མི་གསུང་ན། །བླ་མ་ཡིན་ཀྱང་བཏང་སྙོམས་བཞག །ཞེས་པ། གོང་དུ་བཤད་པའི་སྔན་བརྒྱུད་དང་། ཚིག་བརྒྱུད་དང་། ཕྱི་ལམ་དང་ཞལ་མཐོང་བ་ལ་སོགས་པའི་ཆོས་དེ་རྣམས་སངས་རྒྱས་ཀྱི་གསུང་དང་མཐུན་པར་འདུག་ན། དེ་སྟོན་པའི་བླ་མ་དེ་ཡང་བླ་མ་དམ་པ་ཡིན་པའི་གུས་པས་བསྟེན་པར་བྱ། སངས་རྒྱས་ཀྱི་གསུང་དང་འགལ་བའི་གདམ་པ་སྟོན་པའི་གང་ཟག་དེ། བླ་མའི་གཟུགས་བརྙན་ཡིན་པས་བསྟེན་དུ་མི་རུང་ཞིང་བཏང་སྙོམས་སུ་བཞག་པར་བྱའོ། །

གསུམ་པ་ནི། དེས་ན་ཕྱི་ལམ་ཆོས་ལུགས་དང་། །ཞལ་གཟིགས་པ་ཡི་ཡི་དམ་དང་། །ལུང་བསྟན་མཛད་པའི་སངས་རྒྱས་དང་། །བླ་མའི་གསུང་སྒྲོས་ལ་སོགས་པ། །མ་དཔྱད་པར་ནི་གཏམ་འཆོལ་དུ། །ཚད་མ་ཡིན་ཞེས་བཟུང་མི་བྱ། །འདི་འདྲའི་བདུད་ཀྱིས་བྱིན་བརླབས་པའི། །འབྱུང་བ་སྲིད་པར་རྒྱལ་བས་གསུངས། །ཞེས་པ༑ རྒྱུ་མཚན་དེས་ན་ཕྱི་ལམ་དུ་བྱུང་བའི་ཆོས་དང་ཞལ་གཟིགས་པ་ཡིན་ཟེར་བའི་ལྷ་དང་། ལུང་སྟོན་པའི་སངས་རྒྱས་དང་། གང་ཟག་གི་ཉམས་ལ་ཤར་བའི་གསུང་སྒྲོས་ལ་སོགས་བཀའ་ལུང་རྣམ་དག་དང་མཐུན་མི་མཐུན་ལེགས་པར་དཔྱད་ནས་བླང་དོར་བྱ་ཞིང་། ཆོས་ཁྱད་འཕགས་ཡིན་ཞེས་ཟེར་བ་ཙམ་ལ་ཚད་མར་མི་བཟུང་སྟེ། སོ་སོའི་སྐྱེ་བོའི་ལམ་ལ། བདུད་ཀྱི་བར་དུ་གཅོད་པ་མང་དུ་འབྱུང་བར་གསུངས་པའི་ཕྱིར། ཤེར་ཕྱིན་ཉི་ཁྲི་ལྔ་པར། བདུད་སྡིག་ཅན་ལུས་གསེར་གྱི་ཁ་དོག་དང་། འོད་འདོམ་གང་བར་བྱས་ཏེ་བྱང་ཆུབ་སེམས་དཔའ་ཆེན་པོ་དེའི་དྲུང་དུ་འོངས་ནས་དེ་མཐོང་པ་ན་དེ་ལ་འདོད་པ་སྐྱེས་ཏེ། རྣམ་པ་ཐམས་ཅད་མཁྱེན་པ་ཉིད་ལས་ཡོངས་སུ་ཉམས་པ་ལས་ཡོངས་སུ་ཉམས་པར་འགྱུར་རོ། །ཞེས་པ་ལ་སོགས་པ་དང་། མདོ་སྡུད་པར། མིང་གི་གཞི་ལས་བདུད་ནི་ཉེ་བར་འོངས་གྱུར་ནས། །འདི་སྐད་སྨྲས་ཏེ་འདི་ནི་ཁྱོད་ཀྱི་ཕ་མ་དང་། །ཁྱོད་ཀྱི་བདུན་མེས་བརྒྱུད་ཀྱི་བར་གྱི་མིང་ཡིན་ཅིང་། །གང་ཚེ་ཁྱོད་ནི་སངས་རྒྱས་གྱུར་པའི་མིང་འདི་ཡིན། །སྦྱངས་སྡོམ་རྣལ་འབྱོར་ལྡན་པ་འདི་འདྲ་འབྱུང་འགྱུར་ལ། །ཁྱོད་སྔོན་ཡོན་ཏན་ཚུལ་ཡང་དེ་འདྲ་ཞེས་བརྗོད་དེ། །དེ་སྐད་གང་ཐོས་རློམ་སེམས་བྱང་ཆུབ་སེམས་དཔའ་ནི། །བདུད་ཀྱི་ཡོངས་སུ་བསླང་ཞིང་བློ་ཆུང་རིག་པར་བྱ། །རབ་ཏུ་དབེན་དང་གྲོང་དང་གྲོང་ཁྱེར་རི་སུལ་དང་། །དགོན་པ་དབེན་པ་ནགས་ཁྲོད་རབ་ཏུ་བསྟེན་བྱེད་ཅིང་། །བདག་བསྟོད་གཞན་ལ་སྨོད་པའི་བྱང་ཆུབ་སེམས་དཔའ་ནི། །བདུད་ཀྱིས་ཡོངས་སུ་བཟུང་ཞིང་བློ་ཆུང་རིག་པར་བྱ༑ ༑ཞེས་སོ། །བྱང་སྲ་བདུན་རྩེར། བྱམས་པའི་སྐུ་གཟུགས་རབ་གནས་མཛད་པའི་མཁན་པོས་འབྱུང་པོས

དྲག་ཏུ་གཟིར་བའི་དུས་སུ། འགོང་པོའི་བུ་བཞིས་ཆོས་ལོག་བསྟན་པའི་ལོ་རྒྱུས་ལས་ཀྱང་། ཐོད་པ་བམ་རིལ་གྱིས་ཆོས་སྟོན་པ་དང་། འབྱུང་པོ་བབས་ནས་འདས་མ་འོངས་ལུང་སྟོན་པ་དང་། ནམ་མཁའ་ལ་འཕུར་བ་དང་། ལུས་མི་སྣང་བར་འགྱུར་བ་ལ་སོགས་དུ་མ་བྱུང་ཞིང་། ཆོས་ལོག་བསྟན་པའི་བརྒྱུད་འཛིན་ལ། འཕུར་ཆོ་དང་། འཁྲབ་ཆོ་ཞེས་པའི་ལུགས་གཉིས་བྱུང་བ་དེང་སང་ཡང་ཅི་རིགས་པར་སྣང་ངོ་། །

གཉིས་པ་ནི། དེས་ན་སངས་རྒྱས་བསྟན་པ་མཆོག །ངེས་དོན་ཚད་མ་ཡིན་པར་གཟུང་། །ཡང་ན་དངོས་པོ་སྟོབས་ཞུགས་ཀྱིས། །རིགས་པས་གྲུབ་པ་ཚད་མར་གཟུང་། །ཞེས་པ། ཁུངས་ནས་མ་བྱུང་བའི་ཆོས་ལྟར་ཅན་ཟབ་མོར་སྣང་བས། ཆོས་རྒྱུས་ཆུང་བའི་དད་ཅན་མང་པོ་འབད་པ་དོན་མེད་དུ་འཁྲིད་པར་བྱེད་པའི་ཉེན་ཡོད་དོ། །དེས་ན་སངས་རྒྱས་ཀྱི་གསུང་དང་མཐུན་པའི་མཁས་པའི་ངག་ལས་བྱུང་བའི་ཆོས་ལུགས་ཚད་མར་བཟུང་ནས་གྲུས་པས་བླང་བར་བྱའོ། །ཡང་ན་དངོས་པོ་སྟོབས་ཞུགས་ཀྱིས་གཏན་ཚིགས་ཡང་དག་ལ་བརྟེན་པའི་རིགས་པས་གྲུབ་ཅིང་ཚད་མས་མི་གནོད་པའི་ཆོས་ལུགས་ལ་བསླབ་པར་བྱའོ། །

བདུན་པ་ལ་གཉིས། མདོ་རྒྱུད་བརྫུན་ལ་ངོས་བཟུང་བ། དེའི་རྒྱུ་མཚན་ལུང་དང་སྦྱར་ནས་བཤད་པའོ། །དང་པོ་ནི། སྐྱེས་བུ་བརྫུན་མས་སྦྱར་བ་ཡི། །མདོ་རྒྱུད་ཚད་མར་བཟུང་མི་བྱ། །ཀོའུ་ཤི་ཀའི་མདོ་དང་ནི། །དེ་བཞིན་འཕགས་པ་ཤིག་ཅན་དང་། །བློ་གྲོས་བཟང་པོ་ཆུང་ངུ་སོགས། །བོད་ཀྱི་སྦྱར་བའི་མདོ་སྡེ་ཡིན། །ཞེས་པ། བོད་ཡུལ་དུ་སངས་རྒྱས་ཀྱི་བསྟན་པ་ཉམས་པའི་སྐབས་སུ་སྐྱེས་བུ་བརྫུན་མས་བརྩམས་པའི་མདོ་རྒྱུད་ཀྱི་མིང་བཏགས་པ། ཀོའུ་ཤི་ཀའི་མདོ་དང་། འཕགས་པ་ཤིག་ཅན་ཞེས་བྱ་བ་དང་། བློ་གྲོས་བཟང་མོ་ཆུང་ངུའི་མདོ་དང་། སྡོང་པོ་རྒྱན་གྱི་མདོ་དང་། ལྡོན་ཤིང་བཟང་པོའི་མདོ་དང་། རྒྱ་ནག་ཏུ་བྱས་པའི་སྣང་བྱེད་ཀྱི་མདོ་དང་། མོའུ་འགལ་གྱི་བུས་མ་དམྱལ་བ་ནས་དྲངས་པའི་མདོ་དང་།

གཞན་ཡང་གསང་སྔགས་གསར་རྙིང་ལའང་། །བོད་ཀྱིས་སྦྱར་བའི་རྒྱུད་སྡེ་མང་། །དེ་འདྲ་རང་བཟོའི་མདོ་རྒྱུད་ལ། །མཁས་པས་ཡིད་བརྟན་མི་བྱའོ། །གཙུག་ཏོར་ནག་མོ་ལ་སོགས་པ། །བོད་ཀྱི་ལྷ་འདྲེས་སྦྱར་བ་ཡོད། །འཕྲུལ་གྱི་བྱིན་བརླབས་ཅུང་ཟད་འབྱུང་། །འོན་ཀྱང་ཚད་མར་བྱར་མི་རུང་། །ཞེས་པ། གསང་སྔགས་གསར་མ་བ་ལ་དབང་བསྐུར་རྒྱལ་པོའི་རྒྱུད་དང་། ལམ་ལྟ་བགོད་པའི་རྒྱུད་དང་། དུས་འབྱུང་ཞེས་བྱ་བའི་རྒྱུད་དང་། བདེ་ཁྲོས་ཞེས་བྱ་བའི་རྒྱུད་དང་། ངེས་དོན་རྒྱུད་ཞེས་བྱ་བའི་རྒྱུད་ཆེན་པོ་ལ་གསང་འདུས་ཀྱི་བཤད་རྒྱུད་དུ་འདོད་པའི་གཉིས་མེད་རྣམ་རྒྱལ་ཞེས་བྱ་བ་རྒྱ་ཡོ་བ་ལུང་པས་བྱས་པ་དང་། དགེ་ཚུལ་ཁྲུང་གྲགས་ཀྱིས་བྱས་པའི་ཆོས་སྤྱོད་མངོན་རྟོགས་ཀྱི་རྒྱུད་དང་། ལྕེ་མྱང་ཚོགས་རོལ་གྱི་རྒྱུད་ལ་སོགས་པ་དང་། སྔགས་རྙིང་མ་བ་ལ་

ལྷ་མོའི་སྙིང་རྒྱུད་དང་། བམ་རིལ་ཐོད་མཁར་དང་། རྐང་གཉིས་བྱ་འཕུར་ཅེས་བྱ་བ་ལ་སོགས་བོད་ཀྱིས་སྦྱར་བའི་རྒྱུད་མང་དུ་ཡོད་དེ། མཁས་པས་ཡིད་བརྟན་དུ་མི་རུང་ངོ་། །ཟུང་གི་མདོ་ཐེ་ཚོམ་ཅན་དུ་འགའ་ཞིག་འདོད་ནའང་ལོ་པན་གྱི་དཀར་ཆག་ཏུ་ཐེབས་ཤིང་། རྒྱ་གར་གྱི་དཔེ་རྣམ་དག་ཡོད་དོ། །ཀ་ཤིན་རྡོའི་རྒྱུད་པྲ་ཁོག་ནང་དུ་གྲགས་པ་ལ། རང་བཟོའི་ བླུན་ཚིག་ཤློ་ཀ་ལྔ་ཙམ་བོད་ཀྱིས་བཙུག་པས་ཐེ་ཚོམ་གྱི་གཞིར་སོང་བ་དེ་ཕུད་པས་རྩོད་མེད་དུ་གྲུབ་བོ། །འདི་འདྲའི་རིགས་རྣམ་དག་ལ་བརྟེན་བསྲེས་པས་གང་ཟག་གིས་ཆོས་ཆུད་ཟན་པའང་མང་དུ་སྣང་ངོ་། །གཙུག་ཏོར་ནག་མོ་དང་བྱ་ཁྱུང་བསམ་ཡས་མ་ཞེས་པ་ལ་སོགས་བོད་ཀྱི་ལྷ་འདྲེས་བྱས་པའི་ཆོས་ལ་འཕྲུལ་གྱི་ཕན་ཡོན་ཅུང་ཟད་འབྱུང་ཡང་ཚད་མར་བཟུང་དུ་མི་རུང་ངོ་། །

ལྷ་མོ་གནས་མཁར་ལ་སོགས་པ། །མུ་སྟེགས་བྱེད་ཀྱི་རྒྱུད་ཀྱང་ཡོད། །ཅུང་ཟད་བདེན་པ་ཡོད་མོད་ཀྱི། །དེ་ལ་ལུང་དུ་སྦྱར་མི་རུང་། །ཞེས་པ། མཁའ་ལྡིང་གི་རྟོགས་པ་དང་། དུག་རྒྱུད་ནག་པོ་མུ་སྟེགས་ཀྱིས་བྱས་པ་དང་། རྒྱ་གར་ནས་བྱུང་བའི་ཡི་གེ་ཡིན་ཀྱང་། བདེན་པ་ཅུང་ཟད་འདུག་པ་རྒྱུ་མཚན་དུ་བྱས་ཏེ་ཡིད་ཆེས་པའི་གནས་སུ་བྱར་མི་རུང་ངོ་། །

གཉིས་པ་ནི་དེ་ཡི་འཐད་པ་རྒྱུད་བླ་མར། །མགོན་པོ་བྱམས་པས་འདི་སྐད་གསུངས། །མ་རིག་ལྡོངས་པའི་མུ་སྟེགས་ལའང་། །སྲིན་བུ་ཡི་གེ་འདྲ་བ་འདི། །ཅུང་ཟད་བདེན་པ་ཡོད་མོད་ཀྱི། །འོན་ཀྱང་ཡིད་བརྟན་བྱར་མི་རུང་། །ཞེས་པ། མ་རིག་པའི་ལིང་ཏོག་གིས་བློ་གྲོས་ཀྱི་མིག་རྣམས་བསྒྲིབས་པས་བདེན་གཉིས་ཀྱི་རང་བཞིན་བལྟ་བར་མི་ནུས་པའི་མུ་སྟེགས་ལའང་། བདེན་པའི་ཚིག་ཅུང་ཟད་ཡོད་མོད་ཀྱི་ཡིད་ཆེས་ཀྱི་གནས་སུ་མི་རུང་སྟེ། སྲིན་བུས་ཤིང་ལ་བཟོས་པའི་རྗེས་ཡི་གེར་བྱུང་ཡང་ཡིག་མཁན་དུ་མི་རུང་བ་བཞིན་ནོ། །ཚིགས་བཅད་འདི་ད་ལྟའི་རྒྱུད་བླ་མའི་དཔེ་ཕལ་ཆེ་བ་རྣམས་ལ་མི་འདུག་གོ །

བརྒྱད་པ་ལ་དྲུག །འབྱུང་ཁུངས་བཟང་པོའི་རིང་བསྲེལ་མཆོད་འོས་ཡིན་པར་བསྟན། དེ་ལས་གཞན་རྣམས་ལེགས་པར་བརྟག་དགོས་པར་བསྟན་པ། ཐུགས་ལྟུགས་ལ་སོགས་གང་དུའང་ངེས་པ་མེད་པར་བསྟན་པ༑ མཁས་ལས་ངན་པར་ཤེས་པ་བླུན་པོས་བཟང་པོར་འཛིན་པར་བསྟན་པ། བལྟས་ངན་སྣ་ཚོགས་བླུན་པོ་ངོ་མཚར་སྐྱེས་པར་བསྟན་པ། དེ་འདྲ་མཁས་པའི་སྤྱན་སྔར་དྲིས་ནས་བླང་དོར་བྱ་བར་བསྟན་པའོ། །

དང་པོ་ནི། རིང་བསྲེལ་དང་ནི་ཐུགས་དང་ལྟུགས། །སྐུ་གཟུགས་ལ་སོགས་རུས་པ་ལས། །འབྱུང་བའི་རྒྱུ་མཚན་ཅུང་ཟད་དཔྱད། །འཕགས་པ་གསུམ་གྱི་རིང་བསྲེལ་ནི། །ཡོན་ཏན་སྟོབས་ཀྱིས་འབྱུང་བས་ཏེ། །ལུས་ཅན་རྣམས་ཀྱི་བསོད་ནམས་རྟེན། །འབྱུང་ཁུངས་ལས་བྱུང་རིན་ཆེན་འདྲ། །ཞེས་པ། ཉན་ཐོས་དང་རང་སངས

རྒྱུས་དང་ཐེག་ཆེན་འཕགས་པ་རྣམས་ཀྱི་སྐུ་གདུང་རིང་བསྲེལ་འགྲོན་པ་དང་། དེ་ལས་རིམ་གྱིས་བརྒྱུད་ནས་འཕེལ་གདུང་གི་ཐ་སྙད་སྦྱར་བའི་རིང་བསྲེལ་མང་པོ་འབྱུང་བ་ནི། འཕགས་པ་རྣམས་ཀྱི་ཐུགས་བརྒྱུད་ལ་མངའ་བའི་ཡོན་ཏན་དང་གདུལ་བྱའི་མོས་གུས་དང་བསོད་ནམས་ཀྱི་རྐྱེན་ལ་བརྟེན་ནས་མཐོང་ཐོས་དྲན་རེག་གི་འགྲོ་བ་རྣམས་བསོད་ནམས་སོག་པའི་བརྟེན་དུ་བྱོན་པ་ཡིན་པས་རྒྱ་མཚོའི་གླིང་ནས་དེད་དཔོན་གྱིས་བླངས་པའི་ནོར་བུ་རིན་པོ་ཆེ་ལྟར་དགོས་འདོད་འབྱུང་བའི་གནས་སུ་ཡིད་ཆེས་པས་མཆོད་པར་བྱའོ། །

གཉིས་པ་ནི། རིང་བསྲེལ་ལ་ལ་གདོན་གྱིས་བྱེད། །ལ་ལ་འབྱུང་བཞིའི་སྟོབས་ལས་འབྱུང་། །ཁ་ཅིག་བསྟན་ལ་དགའ་བའི་ལྷས། །དད་པར་བྱ་ཕྱིར་སྤྲུལ་པའང་སྲིད། །དེང་སང་རིང་བསྲེལ་ཕལ་ཆེ་བ། །བཙོན་མས་བྱས་པའི་རིང་བསྲེལ་ཡིན། །དེས་ན་རྣམ་དབྱེ་མཁས་པས་དཔྱད། །ཅེས་པ། སྐུ་གཟུགས་དང་རིང་བསྲེལ་ལ་ལ་སེམས་ཅན་སླུ་བའི་ཕྱིར་བདུད་དང་གནོད་སྦྱིན་ལ་སོགས་པའི་གདོན་མ་རུངས་པས་བྱེད་པའང་ཡོད་ཅིང་། སྡིག་ཅན་ལས་འབྱུང་བ་ནི་ལས་རྒྱུ་འབྲས་ལ་ལོག་ལྟ་བསྐྱེད་པའི་ཕྱིར་བདུད་ཀྱིས་བྱིན་གྱིས་བརླབས་པའང་ཡོད་དོ། །ལ་ལ་འབྱུང་བ་བཞིའི་ནུས་པ་རུས་པའི་ཁོང་དུ་འཁྲུམས་པའི་དབང་གིས་འབྱུང་བའང་ཡོད་དོ། །བསྟན་པ་འཛིན་པའི་གང་ཟག་འགའ་ཞིག་ལ་འབྱུང་བ་ནི། བསྟན་པ་ལ་དགའ་བའི་ལྷ་རྣམས་ཀྱིས་ཆོས་དང་གང་ཟག་ལ་ཡིད་ཆེས་ཀྱི་དད་པ་སྐྱེལ་བའི་ཕྱིར་སྤྲུལ་པའང་སྲིད་དོ། །དེ་ལས་གཞན་པའི་རིང་བསྲེལ་དང་སྐུ་གཟུགས་འབྱུང་བ་ནི། མི་ཆོས་བླ་མའི་བཙོན་གྱི་དད་པ་ཅན་གྱི་སྐྱེ་བོ་སླུ་བའི་ཕྱིར་བྱས་པ་ཤས་ཆེའོ། །དེ་དག་གང་ཡིན་ལེགས་པར་བརྟགས་ནས་བླང་དོར་བྱེད་དགོས་སོ། །

གསུམ་པ་ནི། ཐུགས་ལྗགས་སྐུ་གཟུགས་ལ་སོགས་པ། །འབྱུང་བ་ཆོས་ནས་གསུང་པ་མེད། །འོན་ཀྱང་དེ་འདྲ་འབྱུང་བ་ཀུན། །ཕལ་ཆེར་བཙོན་མས་བྱས་པ་ཡིན། །གལ་ཏེ་བདེན་པ་ཡིན་ན་ཡང་། །ལུང་རིགས་གཉིས་ཀ་མེད་པའི་ཕྱིར། །བཟང་ངན་གཉིས་ཀ་ལུང་བསྟན་དཀའ། །ཞེས་པ། གང་ཟག་འགའ་ཞིག་གིས་ཕུང་པོ་བསྲེགས་པ་ལ་ཐུགས་དང་ལྗགས་དང་སྤྱན་མ་ཞིག་པར་འབྱུང་བ་དང་། ལྷའི་སྐུ་གཟུགས་དང་དུང་དང་དཔལ་བེའུ་འབྱུང་བ་ལ་སོགས་ལ། བཟང་ངན་གྱི་སྐབས་བྱེད་མདོ་རྒྱུད་ནས་གསུངས་པ་མེད་ཅིང་། རྟེན་འབྲེལ་གྱི་ནུས་པ་བསམ་གྱིས་མི་ཁྱབ་པ་འབྱུང་བ་དང་བསྐྱེད་རིམ་བསྟན་པ་ལས་འབྱུང་བའང་སྲིད་ལ། སྔགས་དང་རྫས་ཀྱི་ནུས་པས་འབྱུང་བ་དང་། བཙོན་བྱས་པའི་དུ་མ་སྣང་བས་བཟང་ངན་གང་དུའང་མ་ངེས་སོ། །ད་ལྟ་བསྐྱེད་རིམ་བསྒོམས་པས་ལྷ་སྐུ་དང་། བྱང་སེམས་འགྲོངས་པའི་རིང་བསྲེལ་དང་། རྫོགས་རིམ་བསྒོམས་པས་ནམ་མཁའ་དྭངས་པ་དང་། དག་པའི་ཞིང་དུ་སྐྱེས་པས་མེ་ཏོག་གི་ཆར་འབབ་པ་ཡིན་ཞེས་གླེང་པ་ལ་ཡང་སྐྱབ་

བྱེད་ཚད་མ་ཅི་ཡང་མི་སྣང་ངོ་། །

བཞི་པ་ནི། ཉི་མ་དུ་མ་ཤར་བ་དང་། །མཁའ་ལ་གླུ་གདོང་པ་དང་། །མཚན་མོ་འཇའ་ཚོན་འབྱུང་བ་དང་། །ལུས་ལ་འོད་ཟེར་འཕྲོ་བ་དང་། །ཀླུ་བུར་ལྷ་འདྲེ་མཐོང་བ་དང་། །ཞེས་པ། ཉི་མ་གཅིག་ཆར་རམ་སྔ་ཕྱི་ར་དུ་བར་སྣང་ལ་མང་པོ་ཤར་བ་དང་། ཉི་ཟླའི་དབུས་གས་པ་དང་། བར་སྣང་ལ་སའི་གླུ་ལྷ་བུའི་མཐོང་ས་འདོད་པ་དང་། ཐིག་ནག་པོ་བཏབ་པ་སྣང་བ་དང་། མཚན་མོ་མུན་ནག་ལ་འཇའ་ཚོན་གསལ་པོར་ཤར་བ་དང་། མི་འམ་དུད་འགྲོའི་ལུས་ལ་འོད་འཕྲོ་བ་དང་། མིག་མཐོང་མ་བསྒྲུབས་ཀྱང་ཀླུ་བུར་དུ་ལྷ་འདྲེའི་འདུ་འཚོག་དང་འགྲོ་འོང་བྱེད་པ་མཐོང་བ་དང་།

གསོན་པོའི་ལུས་ལ་བརྟེན་མེད་པར། །རིང་བསྲེལ་ཟག་པ་ལ་སོགས་པ། །བླུན་པོས་རྟགས་སུ་བྱེད་མོད་ཀྱི། །མཁས་པས་འདི་འདྲ་མཐོང་གྱུར་ན། །བར་ཆད་རྟགས་སུ་ཤེས་པར་གྱིས། །ཞེས་པ། སྐྱེ་བོ་གསོན་པོའི་ལུས་ལ་སོ་དང་སྐྲ་དང་མཆན་ཁུང་ལ་སོགས་པ་ནས་རིང་བསྲེལ་འཛག་པ་དང་། ཉི་ཟེར་འཆར་བ་ལ་སོགས་པའི་རྒྱུ་མེད་པར་འཇའ་ཚོན་ཁ་དོག་སྣ་ཚོགས་འཆར་བ་དང་། སྤྲིན་གྱི་གཟུགས་གཅན་ཟན་དང་བྱ་དང་ཉ་ལ་སོགས་པའི་རྣམ་པ་ཡུན་རིང་དུ་མི་འཇིག་པར་གནས་པ་དང་། དེ་ལ་སོགས་པ་བླུན་པོས་གང་ཟག་བཟང་པོའི་སྒྲུབ་བྱེད་དང་། བཟང་པོའི་མཚན་མར་འདོད་ཀྱང་བཟང་ངན་གྱི་མཚན་མ་ལ་མཁས་པའི་སྐྱེ་བོས་བར་ཆད་འབྱུང་བའི་རྟགས་སུ་ཤེས་པར་བྱའོ། །

ལྔ་པ་ནི། སྐུ་གཟུགས་མཆི་མ་འཛག་པ་དང་། །དེ་བཞིན་གོམ་པས་འགྲོ་བ་དང་། །གར་བྱེད་པ་དང་སྐད་འབྱིན་དང་། །ཁྲག་གི་ཆར་པ་འབབ་པ་དང་། །ས་འོག་པོང་བུའི་སྒྲ་སྒྲོགས་དང་། །དུད་འགྲོ་མི་སྐད་སྨྲ་བ་སོགས། །ཞེས་པ། ལྷའི་སྐུ་གཟུགས་ལ་སྤྱན་ཆབ་འཛག་པ་དང་། ངུ་བ་དང་། བཞེངས་ནས་གོམ་པ་འདོར་བ་དང་། གར་སྟབས་བྱེད་པ་དང་། སྐད་འདོན་པ་དང་། ནམ་མཁའ་དམར་པོར་གྱུར་པ་དང་། ཁྲག་གིས་ཆར་པ་འབབ་པ་དང་། སའི་འོག་ཏུ་པོང་བུའི་སྒྲ་འབྱུང་བ་དང་། རི་དང་ས་གཞི་ངུ་བའི་སྐད་འདོན་པ་དང་། དུད་འགྲོ་མིའི་སྐད་དུ་སྨྲ་བ་སོགས་དང་། དུད་འགྲོའི་མངལ་ནས་སྲོག་ཆགས་རིགས་མི་མཐུན་བཙས་པ་དང་། དགྲ་ཟུང་ལྷན་ཅིག་འཇའ་བར་གནས་པ་དང་། བྱ་རོག་དཀར་པོ་འབྱུང་བ་ལ་སོགས་འདི་འདྲའི་ལྟས་སྣ་ཚོགས་འབྱུང་བ་དང་། ཕྱི་རོལ་པའི་དྲང་སྲོང་ཐུབ་པ་གར་གས་རང་གི་འཁོར་ལ་བཤད་པའི་བསྟན་བཅོས་ལས་བཟང་ངན་ཞིབ་ཏུ་རྒྱས་པར་ཤེས་པར་བྱའོ། །

བླུན་པོ་ངོ་མཚར་སྐྱེ་མོད་ཀྱི། །མཁས་པས་འདི་འདྲ་མཐོང་གྱུར་ན། །ཡུལ་དེར་དགྲ་བོ་གཞན་དག

འཇུག །ཡང་ན་ལྟས་ངན་གཞན་དག་འབྱུང་། །ཞེས་པ། དེ་འདྲའི་མཚན་མ་ལ་བཟང་ངན་སྤྱོད་མི་ཤེས་པའི་བླུན་པོ་རྣམས་ངོ་མཚར་དུ་འཛིན་མོད་ཀྱི། དཔྱོད་ཤེས་པའི་མཁས་པས་མཐོང་ན་ཡུལ་ཕྱོགས་དེར་དགྲའི་དམག་འབྱུང་བས་ཡུལ་འཁོར་འཕྲུག་པ་དང་། རྒྱལ་སྲིད་ཉམས་པར་འགྱུར་བ་དང་། རིམས་ནད་དྲག་པོ་འབྱུང་བ་ལ་སོགས་པའི་ལྟས་ངན་དུ་ཤེས་པར་བྱ་ཞིང་། མཁས་པ་བློ་གྲོས་དང་ལྡན་པས་རྒྱུད་སྡེ་ནས་གསུངས་པའི་བཟློག་པའི་ཐབས་ལ་འབད་པར་བྱའོ། །

དྲུག་པ་ནི། འདི་འདྲའི་རིགས་ཅན་མཐོང་ན་ཡང་། །མཁས་པ་རྣམས་ལ་ལེགས་པར་དྲིས། །དེ་དག་དོན་ལ་འཁྲུལ་པ་ཡི། །རྣམ་པར་དབྱེ་བ་མདོ་ཙམ་ཡིན། །ཞེས་པ། གོང་དུ་བཤད་པའི་ལྟས་འདི་འདྲ་དང་། ས་གཡོ་བ་དང་། འོད་འབྱུང་བ་དང་། སྒྲ་གྲགས་པ་ལ་སོགས་པ་བྱུང་ན་མཚན་མ་ལ་མཁས་པའི་སྐྱེ་བོ་རྣམས་ལ་ལེགས་པར་དྲིས་ནས་བླང་དོར་མནོར་བར་བྱའོ། །མཚན་མ་ངན་པ་བྱུང་ན་དེའི་འབྲས་བུ་ལོ་གཅིག་གམ། ཟླ་བ་ཕྱེད་དམ། ཟླ་བ་བཞིའམ། མྱུར་དུ་ཟླ་བ་ཕྱི་མ་ལ་འབྱུང་བར་བཤད་པས་བཟློག་པའི་ཆོག་ལ་མྱུར་དུ་འབད་པ་བྱེད་པར་རིགས་ཤིང་། ཐོག་ཏུ་བབ་པ་དང་རང་གི་བསོད་ནམས་ལ་འཕང་ར་བརྗོད་པ་ནི་བླུན་པོའི་རྣམ་ཐར་ཡིན་ནོ། །

གཉིས་པ་ལ་གསུམ། བོད་སྐད་ལ་སྒྲ་དོན་ནོར་བའི་ཚུལ། རྒྱ་སྐད་ལ་སྒྲ་དོན་ནོར་བའི་ཚུལ། མ་ནོར་བའི་སྒྲ་བཤད་འགོད་པ་འཐད་པའི་ཚུལ་ལོ། །དང་པོ་ནི། དེ་ནས་ཚིགས་ལ་འཁྲུལ་པ་ཡི། །རྣམ་དབྱེ་ཅུང་ཟད་བཤད་ཀྱིས་ཉོན། །བཅོམ་ལྡན་འདས་ཀྱི་བཤད་པ་ལ། །བཞི་བཅོམ་དྲུག་ལྡན་འཆད་པ་དང་། །གླིགས་བམ་གྱི་ནི་བཤད་པ་ལ། །གླིགས་ཤིང་གླིགས་ཐག་འཆད་པ་དང་། །ཕྱག་རྒྱ་ཆེན་པོ་འཆད་པ་ལ། །ལག་པའི་སྒྲ་དོན་འཆད་པ་དང་། །ཞེས་པ། བརྗོད་བྱེད་ཀྱི་ཚིག་ནོར་ན་བརྗོད་བྱའི་དོན་ལ་འཁྲུལ་པ་བསྐྱེད་པའི་ཕྱིར་བརྡ་རྣམ་པར་དག་པ་གལ་ཆེ་བས་ཕྱི་ནང་གི་པཎྜི་ཏ་རྣམས་ཐོག་མར་སྒྲ་དང་སྙན་དངགས་སྡེབ་སྦྱོར་མིང་གི་མངོན་བརྗོད་ལ་ལེགས་པར་སྦྱངས་ནས་དོན་གཏན་ལ་འབེབས་པའི་རིགས་པ་སློབ་པ་ཡིན་ནོ། །བོད་ལའང་ཐོག་མར་སྐད་གཉིས་སྨྲ་བའི་གཙུག་བརྒྱན་ལོ་ཙྪ་བ་ཆེན་པོ་ཐོན་མི་སམྦྷོ་ཊས་དམ་པའི་ཆོས་བསྒྱུར་བའི་ཚེ། རྒྱ་གར་གྱི་ཡི་གེ་ལྷི་ཡང་དང་། ཕོ་མོ་མ་ནིང་གི་རྟགས་དང་། རང་བཞིན་དང་རྐྱེན་དང་རྣམ་འགྱུར་དང་བྱིངས་ཀྱི་མངོན་དུ་འགྲོ་བའི་ཉེར་བསྒྱུར་དང་། བྱིངས་ལ་མིང་དུ་སྒྲུབ་པ་ཀྲི་ཏའི་རྐྱེན་དང་། མིང་ལས་མིང་གཞན་སྒྲུབ་པ་དེ་ཕན་ཆད་ཀྱི་རྐྱེན་དང་། བྱིངས་ལས་ཚིག་ཏུ་སྒྲུབ་པ་ཏི་ངའི་རྣམ་དབྱེ་དང་། མིང་ལས་ཚིག་ཏུ་སྒྲུབ་པ་སུབ་ཏི་རྣམ་དབྱེ་དང་། དབྱེ་བ་དང་། བྱ་བ་དང་། བྱེད་པ་པོ་དང་། དགོས་ཆེད་དང་། འབྱུང་ཁུངས་དང་། འབྲེལ་པ་

དང་། གཞི་དང་བདུན་ལ་འབོད་ཚིག་བསྟན་ན་བརྒྱད་དང་། གཅིག་དང་གཉིས་དང་མང་པོ་ལ་འཇུག་པའི་རྣམ་དབྱེ་སྦྱར་བས་བརྗོད་བྱའི་དོན་སྟོན་པ་དང་། བར་གྱི་ཚིག་སྟུད་ལ་མི་ཟད་པ་དང་། འབྲུ་མང་དང་། བརླས་དབྱེའི་བསྡུས་པ་ལ་སོགས་རྒྱ་ཆེན་པོ་ཡོད་པ་རྣམས་བོད་ཀྱི་སྐད་ལ་འང་བཀའ་བསྟན་བཅོས་ཀྱི་ཚིག་གི་བརྗོད་བྱའི་དོན་ལྟར་སྟོན་ཚུལ་ཡི་གེའི་སྡེ་བས་ཀྱིས་རྟོགས་པར་བྱ་བའི་ཕྱིར། བོད་ཀྱི་ཡི་གེ་གསལ་བྱེད་སུམ་ཅུ་དང་དབྱངས་ཡིག་བཞིར་བསྡུས་ནས་གསལ་བྱེད་སྡེ་པ་ཕྱེད་དང་བརྒྱད་ལ་མིང་གཞིའི་ཡི་གེ་ཞེས་བྱའོ། །དེའི་ནང་ནས་རྗེས་འཇུག་བཅུ་དང་། དེའི་ནང་ནས་སྔོན་འཇུག་ལྔ་དང་། མིང་གི་ངོ་བོ་དང་། རྗེས་འཇུག་དང་། དེ་ལ་ཨཱ་ལི་བཞི་འཇུག་ཚུལ་དང་། ཡི་གེ་ཐམས་ཅད་ཡོ་དང་མ་ནིང་དང་ཤིན་ཏུ་མོ་དང་མོ་གཤམ་གྱི་རྟགས་ཞེས་བྱ་བའི་སྡེ་ལྔ་རུ་སྡུད་ཚུལ་དང་། དེ་རྣམས་བརྗོད་བྱའི་དོན་དངོས་པོའི་སྒོ་ནས་བདག་དང་གཞན་དང་གཉིས་ཀ་ལ་འཇུག་པ་དང་། དུས་ཀྱི་སྒོ་ནས་འདས་མ་འོངས་ད་ལྟར་ལ་འཇུག་པ་དང་། བྱ་བའི་སྒོ་ནས་དགག་པ་དང་སྒྲུབ་པ་སྟོན་ཚུལ་ལ་སོགས་བོད་ཀྱི་སྐད་དང་སྦྱར་བའི་བསྟན་བཅོས་མཛད་དོ། །ལོ་ཙཱ་བ་ཆེན་པོ་རྣམས་ཀྱིས་དེ་ཉིད་གཞིར་བཞག་པའི་འགྱུར་མཛད་ཅིག །ཆོས་རྒྱལ་ཁྲི་གཙུག་སྡེ་རལ་པ་ཅན་གྱིས་ལོ་པཎ་རྣམས་ལ་བཀའ་གནང་ནས་སྔར་བསྒྱུར་བའི་བོད་ཀྱིས་སྐད་དོན་དང་མི་འགྲོར་བ་དང་། གོ་དཀའ་བ་དང་ནོར་གཞི་ཆེ་བ་རྣམས་གསར་དུ་ལེགས་པར་བཅོས་ཤིང་ཡུལ་དང་ཤིང་དང་མེ་ཏོག་ལ་སོགས་པའི་མིང་བོད་ཀྱི་སྐད་ལ་བསྒྱུར་དུ་མི་བཏུབ་པ་རྣམས་ལ། མིང་གི་ཐོག་མར་ཡུལ་ཀཽ་ཤམ་བྷི། ཤིང་ཨཾ་སྲ། མེ་ཏོག་ཀུ་མུ་ད་ཞེས་པ་ལྟ་བུ་སླ་ཐབས་སུ་སྦྱོར་ལ་བསྒྱུར་ཅིག །གོ་ཞེས་པ་ངག་དང་ཕྱོགས་དང་ས་ལ་སོགས་པ་མང་པོ་ལ་འཇུག་པ་དང་། ཀཽ་ཤི་ཀ་ཞེས་པ་ཀུ་ཤ་ཐོགས་པ་དང་། མཁས་པ་དང་པདྨ་ལ་དགའ་བ་དང་འུག་པ་དང་མཛོད་ལྡན་ལ་སོགས་པ་རྣམས་ལ་འཇུག་པ་རྣམས་ཕྱོགས་གཅིག་ཏུ་ཆ་པར་མ་བསྒྱུར་ཅིག །ཚིག་གོང་འོག་བསྒྱུར་ན་གོ་སླ་ཞིང་དོན་མི་ནོར་བ་རྣམས་ཚིགས་བཅད་རྐང་པ་བཞི་དང་དྲུག་ལྟ་བུ་དང་། ལྷུག་པའི་དོན་གང་ལ་མི་བསྒྲིགས་པ་ཡན་ཆད་དུ་ཇི་ལྟར་བདེ་བར་བསྒྱུར་ཅིག །རྫོགས་པའི་སངས་རྒྱས་ལ་ཞེས་ཚིག་དང་། གཞན་ལ་ཚིག་འབྲིང་པོ་མན་ཆད་ཙམ་དུ་བསྒྱུར་ཅིག །དགེ་སློང་བརྒྱ་ཕྲག་ཕྱེད་དང་བཅུ་གསུམ་ཞེས་པ་ལ་སྟོང་ཉིས་བརྒྱ་ལྔ་བཅུ་ཞེས་པ་ལྟ་བུ་བོད་སྐད་ལ་གོ་བདེ་བར་བསྒྱུར་ཅིག །སྔོན་གྱི་མཁན་པོ་ཆེན་པོ་ཀླུ་སྒྲུབ་དང་། དབྱིག་གཉེན་ལ་སོགས་པས་ཇི་ལྟར་བཤད་པ་དང་། སྒྲའི་ལུགས་ལས་ཇི་སྐད་འབྱིན་པ་དང་བསྟུན་ཏེ་གཞུང་དུ་བྲིས་ཤིག །འདི་ལྟར་བཀའ་བཅད་པ་ལ་སོ་སོ་ནས་ཡང་བཅོས་ཤིང་མིང་གསར་དུ་འདོགས་པར་མི་སྣང་ངོ་། །གསང་སྔགས་ཀྱི་རྒྱུད་རྣམས་གསང་བར་བྱ་བ་ཡིན་པས་སྣོད་དུ་མ་གྱུར་པ་ལ་བསྟན་དུ་མི་རུང་བ་ལ། སེམས་པོའི་ངག་མ་ཁྲེལ་བར་ལོག་པར་སྤྱོད་པ་

དག་ཀྱང་འབྱུང་བས་ཕྱིན་ཆད་བླ་ནས་བཀའ་སྩལ་ཏེ་བསྒྱུར་དུ་བཅུག་པའི་གཟུངས་སྔགས་རེ་ཙམ་མ་གཏོགས་སྔགས་ཀྱི་རྒྱུད་བསྒྱུར་དུ་མི་གནང་ངོ་། །ཞེས་པ་ལ་སོགས་བཀའ་བཅད་ཞིབ་མོ་མཛད་ཅིང་། དེ་ཕྱིན་ཆད་ཀྱི་ཆོས་བསྒྱུར་བ་རྣམས་སྐད་གསར་བཅད་ཀྱིས་བསྒྱུར་ཅིང་། སྔར་བསྒྱུར་བ་རྣམས་ཀྱང་ཕལ་ཆེར་བཅོས་ཤིང་གཏན་ལ་ཕབ་པའོ། །དུས་ཕྱིས་བསྟན་པ་ཉམས་པས་ཡི་གེའི་བསྡེབས་རྣམས་འཆོལ་ཞིང་ཁྱད་དུ་བསད་ནས་མིང་དོན་གྱི་ངེས་ཚིག་དང་སྒྲ་བཤད་རྣམས་བླུན་པོ་རང་རང་གི་བློ་ལ་གང་ཤར་བྱེད་པ་རྣམས་སངས་རྒྱས་ཀྱི་བསྟན་པ་ལ་གནོད་པར་གཟིགས་ནས་དགག་པ་མཛད་པ་ཡིན་ནོ། །ལོ་ཙཱ་བ་ཆེན་པོ་ཐོན་མིས། བསླབ་པ་ཀུན་གྱིས་གཞི་འཛིན་ཅིང་། །རིག་བྱེད་སླ་བ་ཀུན་གྱི་རྒྱུ། །མིང་ཚིག་བརྗོད་པ་ཀུན་གྱི་གཞི། །ཡི་གེའི་སྦྱོར་བ་བཤད་པར་བྱ། །ཞེས་པས་ཡོན་ཏན་ཐམས་ཅད་ཀྱི། གཞི་ཡིན་པས་ཡི་གེ་ཐོག་མར་ཡི་གེའི་ཞུས་དག་ལ་གལ་ཆེ་བ་ཡིན་ནོ། །བཅོམ་ལྡན་འདས་ཀྱི་སྒྲ་བཤད་ལ་བདུད་བཞི་བཅོམ་པ་དང་། སྐལ་བ་དྲུག་དང་ལྡན་པ་དང་། འཁོར་བའི་ཆོས་ལས་འདས་པས་བཅོམ་ལྡན་འདས་ཟེར་བ་ནི་བོད་ཀྱི་བླུན་པོས་སྦྱར་བས་མཁས་པས་དོར་བར་བྱའོ། །གླེགས་ཤིང་གི་བར་དུ་ཤོག་བུའི་བམ་པོ་ཐག་པས་བཅིངས་པས་གླེགས་བམ་ཞེས་སྒྲ་བཤད་བྱེད་པ་དང་། ཕྱག་ནི་ལག་པའི་མིང་བསྙོལ་ཞིང་བསྣམས་པས་རྒྱ་ཞེས་པ་དང་། ཕྱག་སྟོང་པ་ཉིད་དང་། རྒྱ་ཡེ་ཤེས་ལ་བྱེད་པ་ལ་སོགས་ཕྱག་དང་རྒྱ་སོ་སོར་ཕྲལ་ནས་ངེས་འཛིན་པ་དང་།

ཡེ་ཤེས་ཀྱི་ནི་བཤད་པ་ལ། །གདོད་མའི་ཐོས་པར་འཆད་པ་དང་། །རྣལ་འབྱོར་ཆེ་ལ་སེམས་རྣལ་མ། །རིག་པ་འབྱོར་ཞེས་འཆད་པ་དང་། །རྒྱལ་མཚན་རྩེ་མོའི་དཔུང་བརྒྱན་ལ། །དམག་གི་དཔུང་དུ་འཆད་པ་དང་། །ཞེས་པ། ཡེ་གདོད་མ་ནས་གྲུབ་པའི་ཡེ་ཤེས་ཡིན་པས་ཡེ་ཤེས་ཞེས་སྒྲ་བཤད་བྱེད་པ་དང་། སེམས་ཉིད་ཀྱི་དོན་རྣལ་མ་ལ་རིག་པ་ཡེ་ཤེས་རང་ཉིད་འབྱོར་པས་རྣལ་འབྱོར་པ་ཞེས་སྒྲ་བཤད་བྱེད་པ་དང་། དམག་དཔུང་ཆེན་པོའི་རྒྱན་ཡིན་པས་རྒྱལ་མཚན་རྩེ་མོའི་དཔུང་རྒྱན་ཞེས་སྒྲ་བཤད་བྱེད་པ་དང་།

གཏུམ་མོའི་སྒྲ་བཤད་རྣམ་རྟོག་ནི། །ཆོས་ཉིད་གཏུམ་པར་འཆད་པ་དང་། །གླུ་ཡི་སྒྲ་བཤད་བྱེད་པ་ལ༔ ༔སེམས་ཅན་སླུ་བར་འཆད་པ་དང་། །ཕུར་མ་རི་རབ་མཉམ་པ་ལ། །ཁྲི་རབ་མནམ་པར་འཆད་པ་དང་། །ཞེས་པ༔ ཆོས་ཉིད་འོད་གསལ་རྣམ་རྟོག་གི་གོས་ཀྱིས་བསྟུམ་པས་གཏུམ་མོ་ཞེས་སྒྲ་བཤད་བྱེད་པ་དང་། སྒྲ་དབྱངས་ཀྱི་གླུ་སྒྲ་ལ་སེམས་ཅན་སླུ་བའི་སྒྲ་བཤད་བྱེད་པ་དང་། ཕྱེ་མའི་ཕུར་མ་ལ་ཕྱེ་མར་ཕུར་མར་འཆད་པ་དང་། རི་རབ་མཉམ་པ་ལ་དྲི་ཞིམ་རབ་མནམ་དུ་འཆད་པ་དང་། གཞན་ཡང་སངས་རྒྱས་སྨན་གྱི་བླ་མ་སྨན་ལྷར་གློག་པ་དང་། ཛམྦྷ་ལ་ལ། ཛམྦྷ་ལྷར་གློག་པ་དང་། སྐུ་འཇམ་ཀླུས་ལ་འཇམ་ལེགས་དང་།

གཉིས་པ་ནི། ཤཱཀྱའི་བུ་མོ་གོ་པཱའི་སྒྲ། །གོ་ནི་ས་ཡིན་པཱ་ཡི་སྒྲ། །འཚོ་བའམ་སྐྱོང་བ་སོགས་ལ་འཇུག །དེས་ན་བོད་སྐད་ས་འཚོ་ཡིན། །དེ་ལ་གོ་སའི་སྒྲ་བཤད་ནི། །རྟོགས་པའི་དོན་དུ་བཤད་པ་དང་། །ཞེས་པ། ཤཱཀྱའི་བུ་མོ་ས་འཚོ་མ་རྒྱ་སྐད་ལ་གོ་པཱ་ཞེས་པའི་གོ་ནི། ངག་ཕྱོགས་པ་དང་འོད་ཟེར་དང་། །ཕྱུགས་དང་མིག་དང་རྡོ་རྗེ་དང་། །མཐོ་རིས་ཆུ་དང་དོན་དགུ་ལ། །མཁས་པས་གོ་སྒྲ་ངེས་པར་སྦྱར། །ཞེས་བཤད་པ་འདིར་ས་དང་། ས་ལ་ཞེས་པ་འཚོ་བ་དང་། སྐྱོང་བ་དང་སྲུང་བ་ལ་སོགས་ལ་འཇུག་ཀྱང་། འདིར་འཚོ་བ་ལ་སྦྱར་ནས་ས་འཚོ་མ་ཡིན་ལ། དེ་ལ་གོ་པཱའི་སྒྲ་རྟོགས་པར་བཤད་པ་དང་།

རྒྱ་སྐད་རཏྣ་ཀེ་ཏུ་ལ། ཀེ་ཏུའི་སྒྲ་ལ་དཔལ་དང་ཏོག །དུ་བ་མཇུག་རིང་སོགས་ལ་འཇུག །སྐད་སྙིང་རྣམས་ལ་དཔལ་དུ་ཡོད། །གསར་ཅན་མན་ཆད་ཏོག་ཏུ་བསྒྱུར། །ཞེས་པ། རཏྣ་ཀེ་ཏུ་ཞེས་པའི་རཏྣ་ནི། རིན་པོ་ཆེ་དང་དཀོན་མཆོག་ལ་འཇུག་ཅིང་། ཀེ་ཏུའི་སྒྲ་དཔལ་དང་ཏོག་དང་རྒྱལ་མཚན་ལའང་འཇུག་ཅིང་། གཟའ་དུ་བ་མཇུག་རིངས་ཀྱི་མིང་ལའང་འཇུག་གོ། །སྐད་སྙིང་རྣམས་སུ་དཀོན་མཆོག་དཔལ་དང་། གསར་བཅད་དུ་རིན་ཆེན་ཏོག་ཏུ་བསྒྱུར་རོ། །

དེ་ན་འབུམ་ལས་རིན་ཆེན་དཔལ། །གསར་བཅད་ཀྱིས་ནི་ཞུས་པ་ཡི། །བརྒྱད་སྟོང་པ་ལ་རིན་ཆེན་ཏོག །ཞེས་བྱར་བསྒྱུར་བ་མི་ཤེས་པར། །རིན་ཆེན་དཔལ་དུ་བཤད་པ་དང་། །ཞེས་པ། ཤེར་ཕྱིན་སྟོང་ཕྲག་བརྒྱ་པ་ལ་སྐད་གསར་བཅད་མ་སྙེད་པས། ཏིང་ངེ་འཛིན་དང་བྱང་སེམས་ཀྱི་མཚན་མ་རིན་ཆེན་དཔལ་དང་། སྐད་གསར་བཅད་ཀྱིས་ཞུས་པའི་བརྒྱད་སྟོང་པར། དེ་བཞིན་གཤེགས་པ་མི་འཁྲུགས་པའི་འཁོར་བྱང་ཆུབ་སེམས་དཔའ་རིན་ཆེན་ཏོག་གིས་བསླབ་པ་ལ་བསླབས་པར་བྱའོ། །ཞེས་བསྒྱུར་བ་མ་ཤེས་པར་རིན་ཆེན་དཔལ་དུ་བཤད་པ་ནི་ནོར་བ་ཡིན་ཏེ། རིན་ཆེན་དཔལ་ལ་རཏྣ་ཤྲཱི་ཞེས་པ་ཡོད་དོ། །

པོ་ཏ་ལ་ཞེས་བྱ་བའི་སྒྲ། །བོད་སྐད་དུ་ནི་གྲུ་འཛིན་ཡིན། །རི་བོ་གྲུ་འཛིན་ཅེས་བྱ་བར། །བསྒྱུར་ན་བོད་ལ་འཐད་མོད་ཀྱི། །ལ་ལས་རྒྱ་སྐད་སོར་བཞག་ནས། །པོ་ཏ་ལ་ཡི་རི་ཞེས་བསྒྱུར། །ཞེས་པ། འཕགས་པ་སྤྱན་རས་གཟིགས་ཀྱི་བཞུགས་གནས་ལྷོ་ཕྱོགས་རྒྱ་མཚོའི་གླིང་ན་ཡོད་པའི་པོ་ཏ་ལ་ཞེས་བྱ་བོད་སྐད་དུ་གྲུ་འཛིན་ཞེས་པ་དང་། སྔོན་གྱི་ལོ་ཙྪ་བས་རི་བཏང་བཟུང་ཞེས་བྱ་བར་བསྒྱུར་བ་ཡོད་ཅིང་། རྒྱ་སྐད་སོར་བཞག་ཏུ་པོ་ཏ་ལ་ཡི་རི་ཞེས་ཟེར་རོ། །

དེ་ལ་སྒྲ་བསྒྱུར་ལ་ལ་ཡིས། །རི་སྒྲ་གོང་དུ་བྱུང་ནས་ནི། །རི་པོ་ཏ་ལ་ཞེས་པར་བསྒྱུར། །དེ་དོན་མ་གཏོགས་པ་རྣམས་ཀྱིས། །རི་བོ་ཏ་ལར་བཤད་པ་འབྲུལ། །ཅེས་པ། རི་སྒྲ་གོང་དུ་སྟོན་ན་རི་པོ་ཏ་ལ་ཞེས་བྱ་

བའི་དོན་མ་གོ་བར། རི་བོ་ཏ་ལར་འཆད་པ་དང་། །

འཁོར་གསུམ་ཡོངས་དག་ཅེས་བྱ་བ། །རྒྱ་སྐད་དུ་ནི་ཏྲི་མཎྜལ། །པ་རི་ཤུདྡྷ་ཞེས་བྱ་ཡོད། ཏྲི་ནི་གསུམ་ཡིན་མཎྜལ་ལ། །ཞེས་བྱ་བོད་སྐད་དཀྱིལ་འཁོར་ཡིན། །པ་རི་ཤུདྡྷ་ཡོངས་དག་པ། །དྲང་པོར་བསྒྱུར་ན་དཀྱིལ་འཁོར་གསུམ། །ཡོངས་སུ་དག་པ་ཞེས་བྱར་འགྱུར། །ཞེས་པ། འཁོར་གསུམ་ཡོངས་སུ་དག་པ་ཞེས་བྱ་བའི་རྒྱ་སྐད་ལ་ཏྲི་ནི་གསུམ་ཡིན་ལ། མཎྜལ་དཀྱིལ་འཁོར་དང་། པ་རི་ཤུདྡྷ་ཡོངས་སུ་དག་པ་ཞེས་བྱ་བ་སྒྲ་དྲང་པོར་བསྒྱུར་ན་དཀྱིལ་འཁོར་གསུམ་ཡོངས་སུ་དག་པ་ཞེས་པར་འགྱུར་རོ། །

མཁས་པ་རྣམས་ཀྱིས་སྒྲ་བསྡུས་ནས། །འཁོར་གསུམ་ཡོངས་དག་ཅེས་བྱར་བསྒྱུར། །དེ་ཡི་སྒྲ་དོན་མི་ཤེས་པར། །འཁོར་གསུམ་གཡོག་ཏུ་འཆད་པ་འཁྲུལ། །ཅེས་པ། ལོ་ཙཱ་བ་མཁས་པ་རྣམས་ཀྱི་ཡི་གེ་བསྡུས་ནས་འཁོར་གསུམ་ཡོངས་དག་ཏུ་བསྒྱུར་རོ། །དེ་མ་གོ་བར་འཁོར་གསུམ་གཡོག་པོ་གསུམ་དུ་འཆད་པ་དང་།

རྒྱ་སྐད་ལཾ་ཀ་པུ་རི་ལ། །པུ་རིའི་སྒྲ་ནི་གྲོང་ཁྱེར་ཡིན། །བོད་སྐད་ལངྐའི་གྲོང་ཡིན་ཏེ། །ལྷོ་ཕྱོགས་རྒྱ་མཚོའི་ནང་ན་ཡོད། །ཡིན་ཀྱང་རྒྱ་སྐད་མི་ཤེས་པར། །པུ་ཏྲངས་སུ་ནི་བཤད་པ་དང་། །ཞེས་པ། རྒྱ་གར་གྱི་སྐད་ལ་ལཾ་ཀ་པུ་རི་ཞེས་པ། པུ་རི་བོད་སྐད་དུ་གྲོང་ཁྱེར་ཡིན་པས་ལྷོ་ཕྱོགས་རྒྱ་མཚོའི་གླིང་འགྲམ་གྱི་ལྷུགས་རིའི་ཁོར་ཡུག་གི་ཁྲོད་ན་གནོད་སྦྱིན་འབོད་འགྲོགས་ཀྱི་ཡུལ་ཡིན་ཏེ། ལང་ཀར་གཤེགས་པའི་མདོའི་གླིང་གཞིར་འགྱུར་ངོ་། །འགའ་ཞིག་ན་རེ་ལངྐ་འབོད་འགྲོགས་སུ་བསྒྱུར་བ་ཡིན་ཞེས་ཟེར་རོ། །དེ་རྒྱ་སྐད་ཡིན་པར་མ་ཤེས་ནས་པུ་ཏྲངས་སུ་བཤད་པ་དང་།

རྒྱ་སྐད་བི་མ་ལ་མི་ཏྲ། །བོད་སྐད་དྲི་མེད་བཤེས་གཉེན་ཡིན། །དེ་ལ་སྒྲ་དོན་མ་ཤེས་པར། །བྱེ་མ་ལ་དང་མུ་ཏྲའི་སྒྲ། །ཕྱུག་རྒྱ་ཡིན་པར་འཆད་པ་དང་། །ཞེས་པ། པཎྜི་ཏའི་མཚན་བི་མ་ལ་མི་ཏྲ་ཞེས་པ། མ་ལ་དྲི་མ་དང་། བིས་དགག་ཚིག་ཡིན་པས་དྲི་མེད་དང་། མི་ཏྲ་བཤེས་གཉེན་ཡིན་པས་དྲི་མེད་བཤེས་གཉེན་ཞེས་པའི་སྒྲ་དོན་མི་ཤེས་པར་ཚོས་བྱ་མའི་ལ་ཙམ་ཞིག་བསྒྱུར་བས་བྱེ་མའི་ལ་དང་། མུ་ཏྲ་ཕྱུག་རྒྱ་ཡིན་པས་བྱེ་མ་ལའི་ཕྱུག་རྒྱར་བཤད་པ་དང་། ཡང་འགའ་ཞིག་རྒྱལ་པོའི་བུ་མོ་སྐྱེས་པ་དང་མ་འབྲེལ་བ་ཞིག་ལ་འཁྲུངས་པས་ངོ་ཚ་སྟེ་བྱེ་བའི་གསེབ་ཏུ་དོར་རོ། །ཕྱིས་འགྱོད་པར་གྱུར་ཏེ་བལྟས་པས་མིག་བཀྲ་ཧྲིག་གེར་འདུག་ནས་བྱེ་མ་ལ་མིག་བཀྲར་བཏགས་སོ། །ཞེས་པ་དང་།

རྒྱ་སྐད་ན་རོ་ཏ་ཡི་སྒྲ། །བྲམ་ཟེའི་རིགས་ཀྱི་བྱེ་བྲག་ཡིན། །དེ་ཡི་རྒྱུ་མཚན་མི་ཤེས་པར། །དཀའ་བ་དཔྱད་པས་ཨ་ན་ན། །རོ་རུ་སོང་ཞེས་འཆད་པ་དང་། །ཏེ་ལོ་ཞེས་བྱ་ཏིལ་བརྡུང་ཡིན། །དེ་ལ་ཏེ་ལོར་འཆད་པ་

དང་། །ཞེས་པ། བྱང་ཕྱོགས་ཀྱི་སྒོ་གླེགས་པ་ནཱ་རོ་ཏ་པ་ཞེས་པ་བྲམ་ཟེའི་རིགས་མང་པོའི་ནང་ནས་རིགས་བཟང་པ་ཞིག་གི་ཁྱད་པར་ཡིན་ལ། དེ་རྒྱ་སྐད་སོར་བཞག་ཡིན་པ་མ་ཤེས་ནས་བླ་མ་ཏི་ལོ་པའི་དྲུང་དུ་དཀའ་བ་སྤྱད་པའི་ཚེ་གཡང་སར་མཆོང་པ་དང་། འཆི་ལ་ཐུག་པའི་བརྟུངས་ཐག་བྱུང་བས་ཨ་ན་ན། ན་བར་ཡང་མ་ཟད་རོ་རུ་སོང་ངོ་ཞེས་བརྗོད་པས་ནཱ་རོ་པར་འཆད་པ་དང་། ཏི་ལ་བརྟུང་བའི་རིགས་ལ་ཏི་ལོ་པ་ཟེར་བར་མ་གོ་བར་ཏྲེ་ལོར་འཆད་པ་དང་།

རྒྱ་སྐད་ལུ་ཧི་ཞེས་བྱ་བ། །བོད་སྐད་ཉ་ཡི་རྒྱུ་ལྟོ་ཡིན། །དེ་ཡི་སྒྲ་དོན་མི་ཤེས་པར། །གླུ་ཡི་པ་རུ་འཆད་པ་དང་། །རྒྱ་སྐད་ཨིནྡྲ་བྷུ་ཏི་ནི། །བོད་སྐད་འབྱུང་པོའི་དབང་པོ་ཡིན། །དེ་ཡི་སྒྲ་བསྒྱུར་མི་ཤེས་པར། །བརྒྱ་བྱིན་བྱང་ཆུབ་ཏུ་འཆད་དང་། །ཞེས་པ། རྒྱ་གར་གྱི་སྐད་དུ་ལུ་ཧི་པ་ཞེས་པ་ཉའི་རྒྱུ་ལྟོ་གསོལ་ཞིང་རིམ་གཉིས་བསྒོམས་པས་གྲུབ་པ་བརྙེས་པའི་ཚེ་དེའི་མིང་ཐོགས་པས་ལུ་ཧི་པ་ཞེས་པའི་སྒྲ་དོན་མི་ཤེས་པར་གླུའི་པ་རུ་འཆད་པ་དང་། རྒྱ་གར་གྱི་སྐད་ལ་ཨིནྡྲ་བྷུ་ཏི་ནི་བོད་སྐད་དུ་ཨིན་ཏྲ་དབང་པོ་དང་། བྷུ་ཏི་ནི། འབྱུང་བ་ཞེས་བྱ་སྐྱེས་བདེན་དང་། ས་ཁམས་སོགས་དང་འདུས་བྱས་དང་། །ཡོད་དང་སེམས་ཅན་རྣམས་ལ་ནི། །མི་མ་ཡིན་པ་རྣམས་ལ་ཡོད། །ཞེས་པ་ལྟར་དོན་མང་པོ་ལ་འཇུག་ཀྱང་། འདིར་འབྱུང་པོའི་དབང་པོ་ཞེས་པ་ཨོ་རྒྱན་གྱི་རྒྱལ་པོའི་མཚན་ཡིན་པས་མིའི་དབང་པོ་ཞེས་པའི་དོན་ཡིན་ནོ། །དེའི་སྒྲ་བསྒྱུར་མི་ཤེས་པར་བརྒྱ་བྱིན་བྱང་ཆུབ་ཏུ་འཆད་པ་དང་།

རྒྱ་སྐད་ཨ་བ་དྷཱུ་ཏཱིའི་སྒྲ། །གཉིས་སྤངས་སམ་ནི་ཀུན་འདར་ཡིན། །དེ་ལ་འདོད་སྟེར་བཤད་པ་དང་། །རྒྱ་སྐད་ཧྣ་ཏ་ཞེས་བྱ་བ། །བོད་སྐད་ལྷུག་པའམ་མ་བཅོས་པ། །ཞེས་བྱའི་དོན་ལ་འཇུག་མོད་ཀྱི། །དེ་ཡི་རྒྱུ་མཚན་མི་ཤེས་པར། །ཧྣ་ནི་གཉིས་ཡིན་ཏ་དགོད་པ། །གཉིས་ལ་དགོད་པར་འཆད་པ་དང་། །ཞེས་པ། ཨ་བ་དྷཱུ་ཏཱིའི་སྒྲ་བོད་སྐད་དུ་གཟུང་འཛིན་གཉིས་སྤངས་པས་གཉིས་སྤངས་ཞེས་པ་དང་། སྐྱེ་བོ་ཀུན་འདར་བར་བྱེད་པས་ཀུན་འདར་ཞེས་པ་དང་། སྤྲོས་པ་ཀུན་སྤངས་པས་ཀུན་སྤངས་ཞེས་པ་མ་གོ་བར་ཅི་འདོད་པ་འོངས་པས་འདོད་སྟེར་དུ་བཤད་པ་དང་། རྒྱ་གར་གྱི་སྐད་དུ་ཧྣ་ཏ་ཞེས་པའི་ཚིག་ལྷུག་པའམ། དོན་མ་བཅོས་པ་ལ་འཇུག་པས་གྲུབ་ཐོབ་ཀྱི་གླུ་ལ་ཧྣ་ཏ་ཞེས་ཟེར་བ་ནི་མ་བཅོས་པའི་དོན་ཐུགས་ལ་འཁྲུངས་པའི་གླུ་ཡིན་པས་ཧྣ་ཏ་མཛོད་ཀྱི་གླུ་ཞེས་ཧྣ་ཏ་རྒྱ་སྐད་སོར་བཞག་ཏུ་མ་གོ་བར་ཧྣ་གཉིས་དང་ཏ་དགོད་པར་འཆད་པ་དང་། །

རྒྱ་སྐད་ཛ་བ་ཞེས་བྱ་བ། །མེ་ཏོག་དམར་པོ་ཞིག་ལ་འཇུག །དེ་ཡི་བརྡ་དོན་མི་འཕྲོད་པར། །བྱམས་པའི་འཛའ་བར་འཆད་པ་སོགས། །གླེན་པོ་རྣམས་ལ་ལེགས་ལེགས་འདྲ། །མཁས་པས་ཐོས་ན་བཞད་གད་

གནས། །ཞེས་པ། ཛ་བའི་མེ་ཏོག་ཞེས་པ་ཤིང་ལ་སྐྱེས་པའི་མེ་ཏོག་དམར་པོ་ཞིག་ཡིན་ལ། ཛ་ཝ་རྒྱ་སྐད་སོར་བཞག་ཏུ་མ་ཤེས་པར་བྱམས་ཤིང་མཐུན་པའི་འཛའ་བར་འཆད་པ་དང་། ལུང་དུ། འདི་ན་ར་ཞིག་ཡོད་ཞེས་པ་རིན་པོ་ཆེའི་བྱེ་བྲག་ཡིན་པ་རྒྱ་སྐད་སོར་བཞག་ཏུ་མ་གོ་བར་འདི་ལ་ར་གཅིག་ཡོད་ཅེས་པར་འཆད་པ་ལ་སོགས་སྒྲ་དོན་ལེགས་པར་མི་ཤེས་པའི་བློ་ངོར་འཐད་པར་སྣང་ནའང་། རྒྱ་བོད་ཀྱི་སྒྲ་ལ་མཁས་པས་ཐོས་ཤིང་མཐོང་ན་ཁྲེལ་བའི་གནས་ཡིན་ནོ། །

རྒྱ་མཚན་ཅི་ཡི་ཕྱིར་ཞེ་ན། སཾསྐྲི་ཏ་ཡི་སྒྲ་དོན་ལ། །བཤད་དུ་མི་རུང་ཉིད་ཕྱིར་དང་། །རྒྱ་སྐད་ཡིན་པར་མ་ཤེས་པར། །བོད་སྐད་ཡིན་པར་བཤད་ཕྱིར་རོ། །དེས་ན་འདི་འདྲའི་བཤད་པ་ཀུན། །བོད་ཀྱི་བླུན་པོས་སྨྲ་བས་ན། །མཁས་པ་རྣམས་ཀྱི་དོར་བར་བྱ། །ཞེས་པ། སཾསྐྲི་ཏའི་ཡི་གེ་བོད་སྐད་དུ་མ་བསྒྱུར་བའི་སྒྲ་སོར་བཞག་ལ་བོད་ཀྱི་སྐད་དང་མཐུན་པའི་བཤད་པ་བྱས་པའི་ཕྱིར་བེ་རོ་ཙ་ན་ཞེས་པ་བོད་སྐད་དུ་རྣམ་པར་སྣང་མཛད་ཡིན་པར་མ་ཤེས་པར་བེ་ལོའི་བེའུ་ཤི་བའི་རོ་དང་། ཙ་ན་དེའི་འཁྲིས་ན་འདུག་པར་བཤད་ནས་ལོ་ཙཱ་བའི་མིང་བཻ་རོ་ཙ་ནར་འདོན་པ་བཞིན། བོད་ཀྱི་ཡི་གེ་བཟླ་ཙམ་ཡང་མ་ནོར་བར་བྱེད་མི་ཤེས་པའི་གང་ཟག་གིས་སྨྲ་བའི་རྗེས་སུ་དེ་དང་རིགས་མཐུན་པའི་སྐྱེ་བོ་དུ་མ་འབྲངས་ཏེ། ནོར་བའི་ལུགས་བརྒྱུད་མར་བྱུང་བ་རྣམས་སྒྲ་དོན་མཁས་པའི་སྐྱེས་བུས་རྒྱང་རིང་དུ་དོར་བར་བྱའོ། །

གསུམ་པ་ནི། དེ་བཞིན་གཤེགས་པའི་བཤད་པ་ནི། །དེ་ཉིད་རྟོགས་པར་འཆད་པ་དང་། །དགྲ་བཅོམ་སྒྲ་དོན་མཆོད་འོས་དང་། །རྒྱལ་པོའི་བཤད་པ་གསལ་བ་དང་། །བཟོད་པའི་བཤད་པ་མི་མཛད་དང་། །ཕུང་པོ་ཕྲག་པར་འཆད་པ་དང་། །ཁམས་ལ་དབྱིངས་སུ་འཆད་པ་དང་། །བཅོམ་པ་སྐལ་བར་འཆད་པ་དང་། །ཞེས་པ་དང་། སཾསྐྲི་ཏའི་སྐད་དུ་ཏ་ཐཱ་ག་ཏ་ཞེས་པ། བོད་སྐད་དུ་དེ་བཞིན་གཤེགས་པ་ཞེས་བསྒྱུར་བའི་དོན་དེ་བཞིན་ཉིད་ཇི་ལྟ་བ་བཞིན་དུ་རྟོགས་ཤིང་མཁྱེན་པར་འཆད་པ་དང་། ཨར་ཧན་ཞེས་པ་ལྷ་མི་ཀུན་གྱིས་བཀུར་བར་འོས་པས་དགྲ་བཅོམ་ལ་མཆོད་འོས་སུ་མཆོད་པ་དང་། རཱ་ཛ་ཞེས་པ་གཟི་བརྗིད་ཆེ་བ་དང་གསལ་ཅིང་མཛེས་པ་ལ་ཡང་འཇུག་པས་རྒྱལ་པོའི་སྒྲ་དོན་གསལ་བ་ལ་འཆད་པ་དང་། ཀྵ་སའམ་ཀྵཱན་ཏི་ཞེས་པ་རྐྱེན་ངན་པས་མི་ཕྱེད་པས་བཟོད་པ་ཞེས་འཆད་པ་དང་། སྐན་དྷ་ཞེས་པ། ཕུང་པོ་ཞེས་བྱ་སྤྱུངས་པ་དང་། །ཕྲག་པ་སྟོང་པོ་ཉིད་ལའོ། །ཞེས་པས་ཁུར་འཁྱེར་བས་ཕྲག་པ་ཡིན་པའི་ཕྱིར་ཕུང་པོ་ཞེས་འཆད་པ་དང་། དྷཱ་ཏུ་ཞེས་པ་དབྱིངས་དང་རྒྱུ་ལ་ཡང་འཇུག་པས་ཁམས་ཀྱི་དོན་དབྱིངས་སུ་འཆད་པ་དང་། བྷ་ག་ཞེས་པ་བཅོམ་པ་དང་འཇོམས་པ་ལ་འཇུག་ཅིང་། ལྡན་ཅེས་པ་ལྡན་པའི་དོན་ཡིན་པས་བཅོམ་ལྡན་འདས་ཏེ། རྡོ་རྗེ་རྩེ་མོར། ཉོན་མོངས་ལས་དང་

དེ་བཞིན་སྐྱེ། །ཉོན་མོངས་ཤེས་བྱའི་སྒྲིབ་དེ་བཞིན། །གང་ཡང་མི་མཐུན་ཕྱོགས་ཆོས་བཅོམ། །དེ་འདིར་བཅོམ་ལྡན་ཞེས་སུ་བཤད། །ཅེས་པ་དང་། བཀས་བཅད་དུ། བདུད་བཞི་བཅོམ་པ་དང་ལྡན་པས་བཅོམ་ལྡན། །ཞེས་པ་དང་། སམྦྲ་ཏེ་ར། དབང་ཕྱུག་དང་ནི་གཟུགས་བཟངས་དང་། དཔལ་དང་གྲགས་དང་ཡེ་ཤེས་དང་། །བརྩོན་འགྲུས་ཕུན་སུམ་ཚོགས་པ་སྟེ། །དྲུག་པོ་རྣམས་ལ་སྐལ་ཅེས་བྱ། །ཞེས་པ་དང་། མཐུན་པར་བཀས་བཅད་དུ། ནྟ་ག་ལེགས་པ་དང་སྐལ་པ་ལ་འཇུག་པས་ལེགས་ལྡན་ཞེས་མཚན་གྱི་རྣམ་གྲངས་སུ་གསུངས་ཤིང་། སངས་རྒྱས་ལ་འཇིག་རྟེན་ལས་འདས་པའི་ཡེ་ཤེས་མངའ་བས་འདས་ཞེས་པའི་ཚིག་བཀས་བཅད་ཀྱིས་བསྣན་པའོ། །འཇིག་རྟེན་པའི་ལྷ་འགའ་ཞིག་ལ་ལེགས་ལྡན་དུ་འཆད་པ་ཡོད་ཀྱང་། བཅོམ་ལྡན་དུ་འཆད་པ་མེད་དོ། །དེས་ན་བཅོམ་པ་དང་ལྡན་པ་གཞི་གཅིག་ལ་ཕྲལ་ནས་འཆད་པ་ནོར་བ་ཡིན་ནོ། །

སྒྲུང་དཀའ་ཐུབ་དཀར་འཆད་པ་དང་། །བག་ཆགས་གནས་སུ་འཆད་པ་དང་། །ཤཱཀྱ་ཕྱོད་པར་འཆད་པ་སོགས། །བོད་ལ་ཅུང་ཟད་མི་བདེ་ཡང་། །ལེགས་པར་སྦྱར་བའི་སྒྲ་དག་ལ། །ཤིན་ཏུ་འཐད་ཕྱིར་མཁས་པས་བླངས། །ཞེས་པ། ས་དུར་ཛ་ཡ་ཞེས་པ་ཤིན་ཏུ་ངན་ཅིང་ཐུབ་པར་དཀའ་བས་སྒྲུང་དཀར་འཆད་པ་དང་། ཨ་ནུ་ཤ་ཡ་ཞེས་པ་རྒྱེན་དང་ཕྲད་ན་ཆོས་མངོན་དུ་འགྱུར་བའི་གནས་ཡིན་པས་བག་ཆགས་ཀྱི་དོན་གནས་སུ་འཆད་པ་དང་། སྐྱེ་དགུའི་ཚེ་ལོ་ཉི་ཁྲིའི་དུས་སུ་རྫོང་དུས་ཀྱི་མགོ་ལ་རྒྱལ་པོ་སྐྱབས་སེང་གི་བུ་ཡུལ་གཞན་དུ་སྐྱུགས་པ་བྲམ་ཟེ་སེར་སྐྱའི་ཉེ་འཁོར་དུ་གནས་པ་ལ་དྲང་སྲོང་སེར་སྐྱས་རིལ་བའི་ཆུས་ས་གཞི་ལ་བྲིས་ཏེ། དེར་གནས་བཏབ་པས་སེར་སྐྱའི་གྲོང་ཁྱེར་བྱུང་ངོ་། །མས་དབེན་གྱི་མིང་སྲིང་འདུས་པ་མང་དུ་འཕེལ་ཅིང་མཐུ་སྟོབས་དང་ལྡན་པས་རྒྱལ་པོར་གྱུར་ཏོ། །དེ་རྒྱལ་པོ་སྐྱབས་སེང་གིས་ཐོས་ཏེ། ཀྱི་མ་དེ་ལྟར་བྱེད་ཕོད་དམ་ཞེས་སླས་སོ། །དེས་ན་ཤཱཀྱ་བོད་སྐད་དུ་ཕོད་པར་འཆད་པ་དང་། པོ་ཏ་ཀ་ཞེས་པ་གླིགས་བུ་ཕྱོགས་གཅིག་ཏུ་བསྡེབས་པ་ལ་གླིགས་བམ་གྱི་ཐ་སྙད་སྦྱར་བ་ཡིན་ནོ། །མ་ཏྲཱ་ཀ་ཞེས་པ། རྒྱས་འདེབས་པས་རྒྱ་ཞེས་བྱ་ལ། ཕྱག་ཞེས་པ་ལོ་ཙཱ་བས་བོད་སྐད་ལ་བསྣན་པ་ཡིན་ནོ། །ཆེན་པོ་ནི་གོང་ན་མེད་པ་དང་རྒྱས་གདབ་བྱའི་ཆོས་ཐམས་ཅད་ལ་ཁྱབ་པའི་དོན་ཡིན་ནོ། །མུ་ཏྲ་ཞེས་པ་དྲི་ཆུའི་དོན་ཡིན་ནོ། །ཀུཎྜ་ན་ཞེས་པ་ཡུལ་མ་ནོར་བར་མཚོན་པའི་དོན་ཡིན་ཏེ། ཡེ་གདོད་མ་ལ་འཇུག་པའི་དོན་མེད་དོ། །ཡོ་ག་བཀས་བཅད་དུ་ཞི་གནས་ལྷག་མཐོང་ཟུང་དུ་འབྲེལ་པ་ལ་རྣལ་འབྱོར་དུ་བཤད་ཀྱི། རྣལ་དང་འབྱོར་བ་དད་དུ་བཤད་མེད་དོ། །ཧྲཱི་ཛ་ཨ་བྷ་ཥེ་ཀ་ཞེས་པ་རྒྱལ་མཚན་གྱི་རྩེ་མོའི་དབྱུང་བརྒྱན་ཅེས་པ་མངོན་པར་མཐོ་བའི་དོན་ལ་འཇུག་གི་དམག་གི་དབྱུང་ལ་སྦྱར་དུ་མེད་དོ། །ཙཀྲ་ལི་ཞེས་པ་རྣམ་རྟོག་སྡུག་བསྔལ་འཇོམས་པས་གཏུམ་པ་ཤེས་རབ་ཀྱི་ཆ་ཡིན་པས་མོ་ཞེས་པའི་སྒྲ་འཇུག་པ་ཡིན་

གྱི༔ གཞན་ལ་སྒྱུར་དུ་མི་རུང་ངོ་། །གི་ཧི་ཞེས་པ་གི་ནི་དབྱངས་དང་ང་རོ་སྟན་པའི་ཆ་ལ་འཇུག་གིས་གཞན་སློབའི་གཡོ་སྒྱུ་དང་སྒྲ་དོན་རྣམ་པ་ཐམས་ཅད་དུ་མ་གཅིག་གོ། །དེ་བཞིན་དུ་ལྷའི་དོན་འབར་བར་འཆད་པ་དང་། མིའི་དོན་ཤེད་བུར་འཆད་པ་དང་། ཡི་དྭགས་ཀྱི་དོན་ཡིད་སོང་བར་འཆད་པ་དང་། ཆོས་ཀྱི་དོན་འཛིན་པར་འཆད་པ་དང་། དགེ་འདུན་གྱི་དོན་མི་ཕྱེད་པར་འཆད་པ་དང་། སེམས་ཅན་གྱི་དོན་སྙིང་སྟོབས་སུ་འཆད་པ་དང་། ལྷ་མ་ཡིན་གྱི་དོན་ཆང་མེད་པར་འཆད་པ་དང་། ངར་འཛིན་པའི་ཕྱིར་ཡིད་ཅེས་བྱའོ། །ཞེས་པ་ལ་སོགས་པ་བོད་སྐད་ཀྱི་སྐད་ལ་གོ་དོན་ཆུང་ཡང་ལེགས་སྦྱར་གྱི་སྒྲ་འཇུག་དང་མཐུན་པའི་བཤད་པ་ཡིན་པས་རྒྱ་སྐད་ཀྱི་ཐོག་ནས་སྒྲ་དོན་ངོ་སྤྲོད་ན་གོ་བདེ་བ་ཡིན་ནོ། །ཡང་དོན་གྱི་སྐབས་དང་སྦྱོར་མི་ཤེས་པར་རྒྱ་བོད་ཀྱི་སྐད་ཅུང་ཟད་བསྒྱུར་ཤེས་པས་སྟཱ་ར་ཞེས་པ་སྙིང་པོ་ཟེར་རྒྱུ་མདར་བསྒྱུར་བ་དང་། ཏ་ར་ཋ་ཞེས་པ་ཕྱིར་སེང་གེས་དང་། དབང་ཕྱུག་དང་། མཁའ་ལྡིང་དང་། འཕྲོག་པ་ལ་སོགས་མང་པོ་ལ་ཧ་རི་ཞེས་འཇུག་ནའང་། ཁ་དོག་ལྗང་ཁུར་བསྒྱུར་དགོས་པ་འཕྲོག་པར་བསྒྱུར་བ་དང་། ཧི་མ་ལ་ཡ་གངས་ཅན་ཅེས་པར་བསྒྱུར་དགོས་པ་ཧི་སེར་བསྒྱུར་བ་དང་། ས་ནི་ཅེས་པ་ཆུར་བསྒྱུར་རྒྱུ། ལག་པར་བསྒྱུར་བ་མང་དུ་ཡོད་ཅིང་། རྒྱ་གར་གྱི་ཡི་གེ་ལ་གཛ་དང་རཛ་ནོར་གཞི་ཆེ་བས། གླང་པོ་རྒྱལ་པོར་བསྒྱུར་བ་དང་། མ་ཏ་དང་ས་ཏ་ནོར་ནས་བྲ་བ་སྤྲེའུར་བསྒྱུར་བ་དང་། རཏྣ་དང་རཀྟ་ནོར་ནས་རིན་པོ་ཆེ་དམར་པོར་བསྒྱུར་བ་ལ་སོགས་ཀྱང་མང་པོ་ཡོད་དོ། །བརྡ་སྙིང་པར་སྦྲིབས་པ་ནི་རིག་བྱ་གྲང་བ་ལ་ཞེས་པའི་ཚིག་བྱས་པ་མ་གོ་བར་རྨས་པའི་ཞེས་པར་འཕྲུལ་བ་དང་། སྦྲིབས་ཞེས་པ་སྒྲོ་བའི་ཞེ་ས་ཡིན་པ་མ་གོ་བར་སྦྲིབས་སུ་འཕྲུལ་པ་དང་། མནབས་ཞེས་པ་གོས་གྱོན་པའི་ཞེ་སའི་ཚིག་དང་། བསྣམས་ཞེས་པ་ལག་ཏུ་བཟུང་བ་དང་ཁྱེར་བའི་ཞེ་སའི་ཚིག་དང་། སྣམ་ལོགས་ཞེས་པ་རྒྱབ་ཕྱོགས་ཀྱི་ཞེ་སའི་ཚིག་དང་། ཚུར་འཐེན་པ་ལ་མདུན་དུ་བསྟུ་བ་ཞེས་པ་དང་། ཕྱིར་ཕུལ་བ་ལ་ཕྱིར་བསྟུར་བ་ཞེས་པ་དང་། གོས་ལ་རད་པ་དང་། རྩ་ལ་རན་དང་། ཟས་ལ་ཉོད་པ་དང་། ནད་དྲུང་ནས་འཇོམས་པ་ལ་ནད་ཐག་འཇུག་ཅེས་པ་དང་། ཁ་དོག་དམར་སྨུག་ལ་ལེབ་རྐྱན་དང་ཇ་ཧོང་དང་། ཞུང་མ་ལ་ག་གོན་དང་། སྐོག་སྐྱ་ལ་ཏབ་ཤང་ཆེའུ་དང་། གོ་ཆ་ལ་ཡ་ལད་དང་། སྐས་ལ་ཡ་གད་དང་། བ་ལང་ལ་ལུང་བོང་དང་། མི་གཙང་བ་ལ་སླ་ཙ་དང་། ག་པ་སྤྲལ་ལ་སྐྱིན་ཀོར་དང་། དཔོན་ཁང་ལ་སྦུ་ཁང་དང་། དྲིས་པ་ལ་རྨས་པ་ཞེས་པ་ལ་སོགས་བརྡ་སྙིང་པ་མ་གོ་བར་གསུང་རབ་ཀྱི་གླེགས་བམ་ལ་རང་བཟོའི་ཞུས་དག་བྱེད་པ་དང་། རྒྱ་གར་གྱི་སྐད་སོར་བཞག་ལ། གྲུབ་ཐོབ་བིརྺ་པ་ལ། བིར་རྒྱ་པ་དང་། སཏྭ་བི་རྒྱ་ལ་སཏྭ་ཝེད་དང་། ཨཀྵོ་བྷྱ་ལ་ཨག་ཤོ་བྱ་དང་། ཏྲ་ཕ་ད་ཧ་ལ་ཏ་བྱ་དང་དང་། ཤྲཱི་གུཔྟ་ལ་ཤྭ་གི་རི་དང་། གྲོ་ཎྜ་ལ་གྲོ་ཏ་དང་། ཙཎྜ་ལ་ཙན་ཌ་དང་། བི་དྷཱ་ར་ལ་བིཌྜ་ར་དང་། བུདྡྷ་ལ

ཧུ་ཏ་དང་། ཊཱ་ཀི་ལ་ཧྣ་ཀི་དང་། ག་རུ་ཊ་ལ་ག་རུ་ན་དང་། པདྨོ་ཨུཏྤ་ལ་པད་མོ་ཨུ་ནེ་ཤ་དང་། མཧུག་ཏུ་ཤྲ་ཧྥ་སྒྱུར་བ་ཡང་ནོར་བ་ཡིན་ཏེ། མདོར་ན་རྒྱ་གར་གྱི་སྒྲ་སོར་བཞག་གི་ཐབས་རྣམས་ལ་ཡི་གེའི་འདྲི་ཚུལ་དང་། ཀློག་ལུགས་ནོར་བ་དུ་མ་སྣང་བས་རང་གི་བློ་ནུས་དང་སྦྱར་ཏེ་མ་ནོར་བ་ལ་འབད་པས་བསླབ་པར་བྱའོ། །གཉིས་པ་ལ་གསུམ། འཕགས་པའི་ཡུལ་དུ་ཆོས་ལོག་བྱུང་བ་བཀག་ཚུལ། བོད་ཡུལ་དུ་བསྟན་པ་འཕེལ་འགྲིབ་བྱུང་ཚུལ། བསྟན་པ་ལ་གནོད་པ་མཁས་པས་ཚར་གཅད་དགོས་པར་བསྟན་པའོ། །དང་པོ་ལ་གསུམ། ཉན་ཐོས་ཀྱི་ཆོས་ལ་ནོར་བ་དགག་པའི་བཀའ་བསྡུས་ཚུལ། ཁྱད་པར་ཐེག་ཆེན་གྱི་བསྟན་པ་ལ་འཕེལ་འགྲིབ་བྱུང་ཚུལ། འཕེལ་འགྲིབ་སྣ་ཚོགས་བྱུང་ཚུལ་བཤད་པའོ། །

དང་པོ་ལ་གཉིས། ཉན་ཐོས་ཀྱི་སློབ་དཔོན་ངན་པས་རང་བཟོའི་ཆོས་བསྟན་ཚུལ། དེས་ཉན་ཐོས་བསྟན་པ་ལ་གནོད་པ་འདྲེས་ཚུལ་ལོ། །དང་པོ་ནི། སངས་རྒྱས་གསུང་རབ་དྲི་མ་མེད། །བསྡུ་བ་དང་པོ་བྱ་བའི་རྗེས། །བསྟན་པ་དག་པར་གནས་པ་ན། །ཡངས་པ་ཅན་གྱི་དགེ་སློང་གིས། །སངས་རྒྱས་བསྟན་དང་འགལ་བ་ཡི། །མ་རུང་བ་ཡི་གཞི་བཅུ་བྱུས། །དེ་ལ་འཕགས་པ་བདུན་བརྒྱ་ཡིས། །ཆོས་ལོག་ལེགས་པར་སུན་དབྱུང་ཕྱིར། །བསྡུ་བ་གཉིས་པ་མཛད་ཅེས་གྲག །ཅེས་པ། རྗེ་བཙུན་རྩེ་མོ་དང་ཆོས་རྗེ་ཉིད་ཀྱི་བཞེད་པས། བཅོམ་ལྡན་འདས་ཐུབ་པ་ཆེན་པོ་མི་མོ་ཡོས་ལ་ལྷུམས་སུ་ཞུགས་ནས་ས་ཕོ་འབྲུག་ལ་སྐུ་བལྟམས་ཤིང་། མེ་ཕོ་སྟག་ལ་སངས་རྒྱས་ཏེ། མེ་མོ་ཕག་གི་དཔྱིད་ཟླ་ར་ཆུངས་ས་གས་ཉ་བའི་ཆོས་བཅོ་ལྔ་འམ། སྟོན་ཟླ་ཐ་ཆུངས་སྨིན་དྲུག་གིས་ཉ་བའི་ཆོས་བརྒྱད་ལ་ལྷག་མེད་ཀྱི་དབྱིངས་སུ་མྱ་ངན་ལས་འདའ་བའི་ཚུལ་བསྟན་ཏོ། །རྒྱ་གར་གྱི་པཎྜི་ཏ་མང་པོ་ཞལ་མཐུན་པར་སངས་རྒྱས་མེ་ཕོ་སྤྲེའུ་ལ་འཁྲུངས་ཤིང་། ལྕགས་མོ་ལུག་ལ་སངས་རྒྱས་ནས་མེ་ཕོ་འབྲུག་ལ་མྱ་ངན་ལས་འདས་པར་དོན་གྱིས་བཞེད་དོ། །དེའི་ལོ་ཕྱི་མ་ལ་རྒྱལ་པོའི་ཁབ་ཀྱི་ནགས་ཁྲོད་བྲི་ཐེའི་ལྡོངས་སུ། རྒྱལ་པོ་མ་སྐྱེས་དགྲས་སྦྱིན་བདག་བྱས་ཏེ་འོད་སྲུངས་ཆེན་པོ་ལ་སོགས་པ་དགྲ་བཅོམ་པ་ལྔ་བརྒྱས་བཀའ་བསྡུ་བ་མཛད་དེ། དེའང་དགྲ་བཅོམ་པ་གང་པོ་ལ་དགེ་འདུན་བསྡུས་ཤིག་ཅེས་བསྒོ་བས། རྫུ་འཕྲུལ་གྱིས་གཎྜི་བརྡུངས་པས་དགྲ་བཅོམ་པ་ལྔ་བརྒྱ་ར་གཅིག་གིས་མ་ཚང་ངོ་། དེའི་ཚེ་འཕགས་པ་བ་ལང་བདག་སུམ་ཅུ་རྩ་གསུམ་གྱི་ཤི་རི་ཤ་ཀའི་གནས་ན་ཡོད་པ་སྤྱན་དྲངས་པས་མ་བྱོན་ཏེ་མྱ་ངན་ལས་འདས་སོ། །དེ་ནས་འོད་སྲུངས་ཆེན་པོ་དགྲ་བཅོམ་པ་རྣམས་རེ་ཤིག་མྱ་ངན་ལས་མི་འདའ་བར་དམ་ཚིག་བཅས་སོ། །མང་དུ་ཐོས་པའི་མཆོག་འཕགས་པ་ཀུན་དགའ་བོ་ཆུའི་ཞལ་བལྟ་བར་བགོས་སོ། །འཕགས་པ་ཀུན་དགའ་བོ་ལ་སྐྱོན་བཏགས་ཏེ་བསྐྲད་པས་རིང་པོ་མ་ཐོགས་པར་དགྲ་བཅོམ་པར་གྱུར་ཏོ། །ཐོག་མར་དགྲ་བཅོམ་པ་རྣམས་ཀྱིས

སྣམ་སྦྱར་བཏིང་བ་ལ་འཕགས་པ་ཀུན་དགའ་བོ་བཞུགས་ཏེ། མདོ་སྡེ་བསྡུ་བ་མཛད་ཅིང་དགྲ་བཅོམ་པ་ཐམས་ཅད་རབ་མཐའི་བསམ་གཏན་ལ་སྙོམས་པར་ཞུགས་ནས་འཕྲུག་གནོན་མཛད་དོ། །དེ་བཞིན་དུ་འཕགས་པ་ཉེ་བ་འཁོར་གྱིས་འདུལ་བའི་སྡེ་སྣོད་བསྡུས་སོ། །འོད་སྲུངས་ཆེན་པོས་མངོན་པའི་སྡེ་སྣོད་བསྡུས་ཏེ། འཕགས་པ་ཀུན་དགའ་བོ་ལ་བསྟན་པ་གཏད་ནས་རི་བོ་བྱ་རྐང་ཅན་དུ་ཕྱག་དར་ཁྲོད་ཀྱི་སྣམ་སྦྱར་གྱིས་སྐུ་གདུང་དྲིལ་ནས་སངས་རྒྱས་བྱམས་པ་འཛམ་བུ་གླིང་དུ་མ་བྱོན་གྱི་བར་གནས་ཤིང་མི་ཉམས་པར་བྱིན་གྱིས་བརླབས་ཏེ། ཕུང་པོ་ལྷག་མེད་ཀྱི་དབྱིངས་སུ་མྱ་ངན་ལས་འདས་སོ། །འཕགས་པ་ཀུན་དགའ་བོས་ལོ་བཞི་བཅུའི་བར་དུ་བསྟན་པ་བསྐྱངས་ནས་དགེ་སློང་གསར་བུ་ཞིག་སྡེ་སྣོད་མ་དག་པ་ཀློག་པ་ལ་ཞལ་ལྟ་བྱོན་པས་ཉན་དུ་མ་བཏུབ་པའི་རྐྱེན་གྱིས་དགྲ་བཅོམ་པ་ཤ་ནའི་གོས་ཅན་ལ་བསྟན་པ་གཏད་དེ། རྒྱ་བོ་གང྄་གཱའི་དབུས་སུ་གླིང་སྤྲུལ་ནས་དེར་ལྷག་མེད་དུ་མྱ་ངན་ལས་འདས་སོ། །སངས་རྒྱས་མྱ་ངན་ལས་འདས་ནས་ལོ་བརྒྱ་དང་བཅུ་ཙམ་འདས་པའི་ཚེ་ཡངས་པ་ཅན་གྱི་དགེ་སློང་ཞིག་གིས། ཧུ་ལུ་ཧུ་ལུ་ཡི་རང་དང་། །ཀུན་སྤྱོད་སྣོད་དང་ལན་ཚྭ་དང་། །ལམ་དང་པོར་གཉིས་དགྲུགས་དང་གདིང་། །གསེར་གྱི་རུང་བ་ཞེས་བྱ་སྟེ། །འདི་དག་རུང་མིན་བཞི་བཅུ་ཡིན། །ཞེས་འདུལ་བ་དང་འགལ་བའི་བསླབ་པ་བཅས་པ་སྲུན་དབྱུང་བའི་ཕྱིར་གྲོང་ཁྱེར་ནོར་ཅན་ན་དགྲ་བཅོམ་པ་འཁོར་ལྔ་བརྒྱ་དང་བཅས་པ་ཡངས་པ་ཅན་གྱི་དགྲ་བཅོམ་པ་ཐམས་ཅད་འདོད་ཀྱི་སྤྱན་སྔར་འོངས་ཏེ་གླེངས་སོ། །དེ་ལ་ཆོས་མིན་གྱི་ལས་ཆོས་ཀྱི་ལས་སུ་བྱས་ནས་ཧུ་ལུ་ཧུ་ལུ་ཞེས་བརྗོད་པས་རུང་བར་བྱེད་པ་དང་། རང་གི་ལག་པའི་ཀུན་སྤྱོད་ཀྱི་ས་བརྐོས་ནས་རུང་བར་བྱེད་པ་དང་། ཇི་སྲིད་འཚོའི་བར་དུ་སྤྱོད་པའི་ལན་ཚྭ་དུས་རུང་ལ་བསྲེས་ནས་དུས་མིན་དུ་ཟ་བ་དང་། ལམ་དཔག་ཚད་ཕྱེད་ཙམ་དུ་ཕྱིན་ནས་འདུས་ཤིང་ཟ་བ་དང་། ལྷག་པོར་མ་བྱས་པའི་ཟས་ཐོག་མར་སོར་མོ་གཉིས་ཀྱིས་བཅད་ནས་ཟ་བ་དང་། ཆང་བླུག་པའི་སྣོད་ནང་ནས་ནད་པས་སྲིན་བུ་པད་པ་ཁྲག་གཞིབ་པ་ལྟར་ཆང་གཞིབས་ཏེ་འཐུངས་པ་དང་། འོ་མ་དང་ཞོ་བསྲེས་ནས་དགྲུགས་ཏེ་དུས་མིན་དུ་ལོངས་སྤྱོད་པ་དང་། གདིང་བ་ལས་རྙིང་པ་ལས་མཐོ་གང་གིས་མ་སྣོན་པར་གསར་པ་ལ་སྤྱོད་པ་དང་། དྲི་ཞིམ་པོས་བྱུགས་པའི་ལྷུང་བཟེད་ཁྲི་སྟན་དང་བཅས་པ་དགེ་ཚུལ་གྱི་མགོ་བོར་གཞག་ནས་ལམ་གྱི་གཞི་མདོར་ལྷུང་བཟེད་འདི་གསེར་དངུལ་དང་རིན་པོ་ཆེ་བྱིན་ཅིག་ཅེས་རུང་བར་བྱེད་པའོ། །དེའི་ཚེ་དགྲ་བཅོམ་པ་ཟླ་དགུར་འགོག་པ་ལ་སྙོམས་པར་ཞུགས་པའང་ལངས་ནས་དགྲ་བཅོམ་བདུན་བརྒྱ་འདུས་ནས་བཞི་བཅུ་སྲུན་འབྱིན་པའི་བཀའ་བསྡུ་བ་གཉིས་པ་མཛད་དོ། །འདི་དག་ཞིབ་པར་ལུང་ཕྲན་ཚེགས་ཀྱི་འདུག་ན་ཡོད་པས་དེར་བལྟ་བར་བྱའོ། །

དེ་ལྟར་དག་པར་བྱས་པའི་ཕྱིར། །ལྷ་ཆེན་ཞེས་བྱའི་དགེ་སློང་ཞིག །བསྟན་པ་འདི་ཡི་ཆོམ་རྐུན་བྱུང་། །དེ་ཡིས་རང་གི་ཕ་མ་བསད། །སློབ་དཔོན་ཡིན་པའི་དགྲ་བཅོམ་དགྲོངས། །མཁན་སློབ་མེད་པའི་དགེ་སློང་བྱས། །ཕྱི་ནས་དགོན་པར་བསྡད་ནས་ནི། །སྦྱིན་བདག་རྣམས་ཀྱི་དད་རྫས་ཟོས། །བླུན་པོ་རྣམས་ཀྱི་མཁན་སློབ་བྱས། །ཞེས་པ༑ བསྡུ་བ་གཉིས་པ་མཛད་ནས་འདུལ་བའི་བསྟན་པ་རྒྱས་ཤིང་རྣམ་པར་དག་པའི་ཚེ། བསྟན་པ་འཇིག་པའི་ལས་ངན་སྟོབས་པོ་ཆེ་བྱེད་པར་ངེས་པའི་ལས་མཐུ་ཅན་སྟོན་དུ་སོང་བའི་དགེ་སློང་ལྷ་ཆེན་པོ་ཞེས་བྱ་བས། རང་གི་ཕ་མ་དང་དགྲ་བཅོམ་པ་བསད་ནས། མཁན་སློབ་ལ་མ་བརྟེན་པའི་དགེ་སློང་གི་ཆ་ལུགས་རང་ཉིད་ཀྱིས་བཟུང་སྟེ། བས་མཐའི་དགོན་པར་བསྡད་ནས་མཁས་བཙུན་ལྟར་བཅོས་པས་བ་ལང་རྫི་དང་ཕྱུག་རྫི་དག་གིས་འདོད་པ་ཆུང་ཞིང་འཁོར་བའི་ཆོས་ལ་སྐྱོ་ཤས་ཆེ་བཤིག་ཏུ་གོ་ནས་རིམ་གྱིས་སྦྱིན་བདག་རྣམས་ཀྱིས་དད་པའི་རྫས་མང་པོ་ཕུལ་བ་བླངས་ཤིང་སྐྱེ་བོ་བླུན་དད་ཅན་དུ་མའི་མཁན་སློབ་བྱས་ནས་འཁོར་བསྡུས་སོ། །

བླུན་པོ་ལོངས་སྤྱོད་ཅན་རྣམས་ཀྱིས། །ཕུལ་བའི་ཟས་ནོར་ཆར་བཞིན་བབས། །སྐལ་མེད་དད་ཅན་འདུས་པ་ཡི། །དགེ་འདུན་འབུམ་ཕྲག་དུ་མས་བསྐོར། །དེ་ནས་བརྫུན་བསླབས་ཆེན་པོ་དེས། །དགྲ་བཅོམ་ཡིན་པར་ཁས་བླངས་སོ། །འཁོར་གྱིས་རྫུ་འཕྲུལ་ཞུས་པ་ན། །རྫུ་འཕྲུལ་ཐོ་རངས་ཉམས་ཞེས་ཟེར། །ཞེས་པ། གང་ཟག་གི་མཚན་ཉིད་ལེགས་པར་དཔྱད་པའི་བློ་གྲོས་དང་བྲལ་བ་རྣམས་ཀྱིས་ཕུལ་བའི་ཟང་ཟིང་བྱ་བ་རྙེད་པ་དང་། འདོད་ཡོན་གཟུགས་དང་ཟས་ལ་ཡོད། །ཅེས་དབྱར་གྱི་ཆར་བཞིན་བབས་སོ། །སྐྱེས་བུ་དམ་པ་ལ་བརྟེན་པ་དང་ཆོས་བཞིན་སྤྱོད་པའི་སྐལ་བ་མེད་པའི་སྐྱེ་བོ་བླུན་དད་ཅན་འདུས་པའི་འཁོར་འབུམ་ཕྲག་དུ་མ་བྱུང་ངོ་། །དེས་དགྲ་བཅོམ་པ་ཐོབ་པ་ཡིན་ནོ་ཞེས་མི་ཆོས་བླ་མའི་བརྫུན་ཆེན་པོའང་སྨྲས་སོ། །འཁོར་རྣམས་ཀྱིས་དད་པ་སྤེལ་བའི་ཕྱིར་རྫུ་འཕྲུལ་སྟོན་པར་ཞུས་པས་ད་ནང་ཐོ་རངས་ཀྱི་ཐུན་ལ་རྫུ་འཕྲུལ་དང་མངོན་ཤེས་ཡོད་པ་ཉམས་སོ། །ཞེས་སྨྲས་སོ། །

རང་གི་སྡིག་པ་དྲན་པ་ཡི། །སྐྲི་སྡགས་ཆེན་པོ་སྟོན་པ་ལ། །སྡུག་བསྔལ་བདེན་པ་པོས་ཞེས་བསྒྲགས། །དེ་ལ་སོགས་པའི་བརྫུན་ཚིག་གིས། །ཚོགས་པ་རྣམས་ཀྱི་མགོ་བོ་བསྐོར། །འཕགས་པ་རྣམས་ལ་འབུལ་རྒྱུ་ཡི། །དད་རྫས་རྣམས་ཀྱང་དེ་ལ་བསྒྱུར། །ཞེས་པ། རང་གི་ལས་ངན་མང་པོ་བསགས་པ་རྣམས་དྲན་ནས་ཡིད་མི་བདེ་བར་གྱུར་ཏེ། ནམ་གྱི་ཐོ་རངས་ཀྱི་མ་སྡུག་བསྔལ་ལོ་ཞེས་སྐྲི་སྡགས་ཆེན་པོ་བསྒྲགས་སོ། །འཁོར་གྱིས་རྒྱུ་མཚན་དྲིས་པས་འཕགས་པའི་བདེན་པ་བཞི་བསྒོམས་པས་སྡུག་བསྔལ་བདེན་པ་མངོན་སུམ་གྱིས་མཐོང་ནས་པོས་པ་ཡིན་ནོ་ཞེས་ཟེར་རོ། །དེའི་ཚེ་འཁོར་རྣམས་ཀྱིས་དཀོན་མཆོག་གསུམ་བྱང་ཆུབ་ཀྱི་ཕྱོགས་ཀྱི་ཆོས་དང

འཕགས་པའི་བདེན་པ་བཞི་ལ་སོགས་པའི་དམ་པའི་ཆོས་དྲིས་པས་ཁོ་བོས་དགྲ་བཅོམ་པར་ཁས་བླངས་ཀྱིས་སྟོན་པ་ཡིན་པར་མ་སླུས་སོ། །དེ་དང་ལུང་སྟོན་པ་ནི་ཐེ་ཚོམ་དང་སོམ་ཉི་ལས་བརྒལ་བའི་སངས་རྒྱས་ལ་སོགས་པ་འབའ་ཞིག་ཡིན་ནོ་ཞེས་པ་ལ་སོགས་པ་བརྗུན་དང་ཚུལ་འཆོས་ཀྱིས་འཁོར་མང་པོའི་མགོ་བོ་བསྐོར་ནས་དགྲ་བཅོམ་པ་རབ་བྱུང་རྣམ་དག་གི་འཁོར་དང་བཅས་པ་ལ་བསྒོས་པའི་ནོར་རྫས་རྣམས་ཀྱང་དེ་ལ་ཕུལ་བར་གྱུར་ཏོ། །

རབ་བྱུང་བླུན་པོ་ཕལ་ཆེར་གྱིས། །དགྲ་བཅོམ་བོར་ནས་དེ་ལ་འདུས། །སངས་རྒྱས་མྱ་ངན་འདས་འོག་ཏུ༔ །སོ་སོའི་སྐྱེ་བོའི་འཁོར་བསྡུས་པ། །དེ་ལས་མང་བ་མེད་ཅེས་གྲགས། །དེ་ཡི་ཆོས་ལོག་བཤད་པ་ཡི། །རྗེས་སུ་སློབ་མ་རྣམས་འབྲངས་ནས། །འཁྲུལ་པའི་གྲུབ་མཐའ་དུ་མ་བྱུང་། །ཞེས་པ། རབ་བྱུང་གི་རྟགས་འཛིན་པའི་སྐྱེ་བོ་དམ་པའི་ཆོས་དང་ཆོས་མ་ཡིན་མི་གོ་བའི་རིགས་མང་པོ་དགྲ་བཅོམ་པ་ལ་བརྙེན་པ་དོར་ནས་ལྷ་ཆེན་པོའི་སློབ་མར་འདུས་སོ། །འཕགས་པའི་ཡུལ་དུ་ཐུབ་པ་ཆེན་པོ་ཞི་བར་གཤེགས་པའི་རྗེས་སུ་ཉན་ཐོས་ཀྱི་ཚུལ་བཟུང་བའི་སོ་སོ་སྐྱེ་བོ་ལ་སློབ་མ་དང་ཡོན་བདག་གི་ཚོགས་འདུས་པ་དེ་ལས་ཆེ་བ་མ་བྱུང་ཞེས་རྒྱ་གར་ན་གྲག་གོ། །དེས་ཆོས་ལོག་མང་པོ་བཤད་པ་སློབ་མ་རྣམས་ཀྱིས་བསྐྱངས་པས་གྲུབ་མཐའ་ནོར་པ་མང་དུ་འཕེལ་ལོ༔ ༔

ལྷ་ཆེན་བླུན་པོ་དེ་ཤི་ནས། །སེམས་ཅན་དམྱལ་བར་གྱུར་ཅེས་གྲགས། །དེ་ཡིས་ལོག་པའི་ཆོས་དེ་དག །དགྲ་བཅོམ་རྣམས་ཀྱིས་སུན་ཕྱུང་ནས། །བསྡུ་བ་གསུམ་པ་བྱས་ཞེས་ཐོས། །ཞེས་པ། ལྷ་ཆེན་དེ་ནི་རྒྱ་གར་ལྷོ་ཕྱོགས་དེད་དཔོན་ཞིག་ཡོད་པའི་ཁྱུང་མ་ལ་བཙས་ནས་ཕ་དེ་རྒྱ་མཚོར་རིན་པོ་ཆེ་ལེན་དུ་སོང་ངོ་། ཡུན་རིང་དུ་ཐོགས་ནས་བུ་ཆེར་སྐྱེས་ཏེ་མ་དང་ལྷན་ཅིག་འདུས་སོ། །ཕ་འོང་བའི་གཏམ་ཐོས་ནས་ལམ་གོལ་སར་སོང་སྟེ་བསད་དོ། །མའང་སྐྱེས་པ་གཞན་དང་ཉལ་པོ་བྱེད་པ་ཤེས་ཏེ་ཁྲོས་ནས་བསད་དོ། །ཕ་མ་དང་། རང་གི་སློབ་དཔོན་དགྲ་བཅོམ་པ་ཞིག་གིས་སྡིག་པའི་རྣམ་སྨིན་བཤད་པས་འདིས་ཁོ་བོའི་བྱ་བ་དེ་དག་ཤེས་ཏེ་གཞན་ལ་བརྗོད་ན་མི་རུང་ངོ་སྙམ་ནས་དགྲ་བཅོམ་པ་དེའང་དགྲོངས་ནས་མཚམས་མེད་ཀྱི་ལས་དང་ཆོས་ལོག་མང་པོ་བསྟན་ཏེ། དད་པའི་རྫས་ལེན་པར་མི་འོས་པ་མང་པོ་བླངས་པས་ཤི་མ་ཐག་མནར་མེད་པར་དམྱལ་བར་སྐྱེས་ཏེ་སྡུག་བསྔལ་མང་པོ་མྱོང་བར་འགྱུར་རོ་ཞེས་རྒྱ་གར་གྱི་ཡུལ་ན་གྲགས་སོ། །ལོག་པའི་ཆོས་འཕེལ་བ་དེ་རྣམས་སུན་དབྱུང་བའི་ཕྱིར་དགྲ་བཅོམ་པ་རྣམས་ཀྱི་བསྡུ་བ་གསུམ་པ་བྱས་སོ། །དེའང་རྟོག་གེ་ལ་འབར་བར། སྟོན་པ་མྱ་ངན་ལས་འདས་ནས་ལོ་བརྒྱ་དྲུག་ཅུ་ནས་གྲོང་ཁྱེར་མེ་ཏོག་གིས་བརྒྱན་པར་རྒྱལ་པོ་མྱ་ངན་མེད་བྱུང་

སྟེ༑ དགྲ་བཅོམ་རྣམས་ཀྱིས་སྐད་རིགས་བཞི་སོ་སོར་བཀླགས་པས་སློབ་མ་རྣམས་གྲུབ་པའི་མཐའ་སྣ་ཚོགས་སུ་གྱུར་ཏེ་བསྟན་པ་དཀྲུགས་སོ། །དེ་ནས་དགྲ་བཅོམ་པ་དང་སོ་སོ་སྐྱེ་བོ་མཁས་པ་རྣམས་འདུས་ཏེ། ཛ་ལན་དྷ་རའི་དགོན་པར་འདུས་བསྟན་པ་བསྡུས་སོ། །དེའི་ཚེ་སྟོན་པ་མྱ་ངན་ལས་འདས་ནས་ལོ་སུམ་བརྒྱ་སོང་ངོ་། །ཁ་ཅིག་ནི་སྟོན་པ་མྱ་ངན་ལས་འདས་ནས་ལོ་བརྒྱ་སུམ་ཅུ་ན་རྒྱལ་པོ་དགའ་བོ་པདྨ་ཆེན་པོའི་རིང་ལ་གནས་བརྟན་འོད་སྲུངས་བླ་མ་ལ་སོགས་བཞུགས་པའི་ཚེ་བདུད་སྡིག་ཅན་བཟང་པོ་ཞེས་བྱ་བས་དགེ་སློང་གི་ཆ་བྱད་བཟུང་ནས་རྫུ་འཕྲུལ་དང་ཆོས་སྣ་ཚོགས་བསྟན་ནས་བསྟན་པ་དཀྲུགས་ཤིང་དགེ་འདུན་ཕྱེ་བས་གནས་བརྟན་ཀླུའི་སྡེ་དང་ཡིད་འོང་གི་དུས་སུ་སོ་སོར་གྱེས་སོ། །དེ་ནས་ལོ་དྲུག་ཅུ་རྩ་གསུམ་ནས་གནས་བརྟན་གནས་མའི་བུས་བསྡུ་བ་གསུམ་པ་བྱས་སོ། །ཞེས་ཟེར་རོ། །འོད་ལྡན་དུ་རྒྱལ་པོ་མྱ་ངན་མེད་འདས་པའི་རྗེས་སུ་དགྲ་བཅོམ་པ་རྣམས་ཀྱིས་སྐད་རིགས་སོ་སོར་སྟོན་པས་སྡེ་པ་བཅོ་བརྒྱད་དུ་གྱེས་ཏེ། བསྡུ་བ་གསུམ་པ་བྱས་པར་འཆད་དོ། །ཁ་ཅིག་ཏུ་ནི་སྟོན་པ་ཞི་བར་གཤེགས་ནས་ལོ་སུམ་བརྒྱ་ན་ཁ་ཆེའི་ཡུལ་ཀུ་སན་ཞེས་བྱ་བའི་དགོན་པར་ཛ་ལན་དྷ་རའི་རྒྱལ་པོ་ཀ་ནི་ཀས་སྦྱིན་བདག་བྱས་ཏེ། ཕུར་ཎ་ཀ་ལ་སོགས་པའི་དགྲ་བཅོམ་པ་ལྔ་བརྒྱ་དང་། བ་སུ་མི་ཏྲ་ལ་སོགས་པའི་བྱང་ཆུབ་སེམས་དཔའ་ལྔ་བརྒྱ་དང་། སོ་སོའི་སྐྱེ་བོའི་པཎྜི་ཏ་ཉིས་བརྒྱ་སྟོང་བཅུ་འདུས་ཏེ་སྡེ་སྣོད་གསུམ་ཞལ་ཕྱིན་མཛད་དེ་བཀའ་བསྡུ་བ་གསུམ་པ་བྱས་སོ། །ཞེས་བོད་ཀྱི་སློབ་དཔོན་རྣམས་འཆད་དོ། །

འོན་ཀྱང་དེ་ཡི་ལོ་ལན་གྱི། །སྡེ་པ་བཅོ་བརྒྱད་རྣམས་ལ་ཡང་། །ཅུང་ཟད་བསླད་པ་ཡོད་ཅེས་ཟེར། །མཁས་པའི་གཙུག་བརྒྱན་དབྱིག་གཉེན་གྱིས། །ཡང་དག་བསྡུས་པའི་གཞི་ཉམས་ཕྱིར། །མཐའ་དག་མིན་པར་རྟོགས་པ་ཡིན། །ཞེས་གསུངས་པ་ཡང་དེ་ལ་དགོངས། །དེ་ནི་ཉན་ཐོས་རྣམས་ཀྱི་ཡིན། །ཞེས་པ་གཙོ་ཆེར་དགེ་སློང་ལྷ་ཆེན་པོས་འཁོར་མང་པོ་བསྡུས་ཤིང་། བཙུན་ཆེན་པོ་སླུས་པའི་ལོ་ལེན་གྱིས་སྡེ་པ་བཅོ་བརྒྱད་པོ་ཐམས་ཅད་ཀྱི་གྲུབ་པའི་མཐའ་རྣམས་ལ་ལྷད་ཞུགས་པ་ཡིན་ནོ་ཞེས་གྲགས་ཏེ། །འཇིག་རྟེན་འདས་པར་སྨྲ་བའི་སྡེ་པས་དགྲ་བཅོམ་པ་ལ་ཐེ་ཚོམ་དང་སོམ་ཉི་ཡོད་པར་འདོད་དོ། །གཞི་ཐམས་ཅད་ཡོད་པར་སྨྲ་བས་དགྲ་བཅོམ་འབྲས་བུ་ལ་ཉམས་པ་ཡོད་པར་འདོད། འགའ་ཞིག་སྡུག་བསྔལ་གྱི་བདེན་པ་ཡང་ཡང་ཚིག་ཏུ་བརྗོད་པས་དེ་ཤེས་པའི་ལམ་རྒྱུད་ལ་སྐྱེ་བར་འདོད་པ་ལ་སོགས་པའོ། །རྣམ་བཤད་རིག་པར། བླ་མ་ཀུན་དགའ་འོད་ཟེར་ལ་དང་། །སྡུག་བསྔལ་ཕུང་སྟོན་སྟོན་པ་དང་། །འཆར་ཁ་སྟོང་ཉིད་ཆུ་ལས་སྐྱེས། །གང་པོ་ས་མཚོ་ཆུ་ཤིང་དང་། །མྱ་ངན་འདས་དང་ཡུལ་འཁོར་སྐྱོང་། །འགྲོ་བའི་མདོ་དང་དེ་བཞིན་གཞན། །ཡང་དག་བསྡུས་པའི་གཞི་ཉམས་ཕྱིར། །མཐའ་དག་མིན་པར་རྟོགས་པ་ཡིན། །ཞེས་པ་དེ་རྣམས་འགའ་ཞིག་མ་ཚང་བ་དང་། མ་རྙེད་པ་དང་།

ལུང་ཉམས་པ་རྣམས་བཀའ་བསྡུས་པ་ཉམས་པའི་དབང་གིས་བྱུང་བ་ཡིན་ནོ་ཞེས་དགོངས་པ་ཡིན་ནོ། །

གཉིས་པ་ལ་གཉིས། བསྟན་པ་འགྲིབ་ཚུལ། བསྟན་པ་སྤེལ་ཚུལ་ལོ། །དང་པོ་ནི། ཐེག་པ་ཆེན་པོའི་བསྟན་པ་ནི། །ཤིན་ཏུ་དར་བར་གྱུར་པའི་ཚེ། །ཉི་མ་བསྒྲུབས་པའི་མུ་སྟེགས་བྱེད། །སྦྲང་པོ་ཉི་མའི་དངོས་གྲུབ་ཀྱིས། །གཙུག་ལག་ཁང་རྣམས་བསྲེགས་པའི་ཚེ། །དམ་ཆོས་མངོན་པ་ལ་སོགས་པ། །སྡེ་སྣོད་ཕལ་ཆེར་བསྲེགས་ཞེས་གྲགས། །ཞེས་པ། ངེས་པའི་དོན་དུ་ཐེག་པ་ཆེན་པོའི་བསྟན་པ་ལ་འཕེལ་འགྲིབ་མི་འབྱུང་ཞིང་། སངས་རྒྱས་མྱ་ངན་ཡོངས་མི་འདའ། །ཆོས་ཀྱང་ནུབ་པར་མི་འགྱུར་ཅིང་། །ཞེས་གསུངས་པ་ལྟར་དོན་ལ་གནས་ཀྱང་འཛམ་བུ་གླིང་པའི་བློ་ངོར་སངས་རྒྱས་མྱ་ངན་ལས་འདས་པའི་ཚུལ་བསྟན་པའི་རྗེས་སུ་འཕགས་པ་ཀུན་དགའ་བོས་ཐེག་པ་ཆེན་པོའི་བཀས་མཐའ་དག་བསྡུས་པར་སློབ་དཔོན་སེང་གེས་བཟང་པོ་བཞེད་ཅིང་། རྟོག་གེ་འབར་བར། རྩ་བ་བསྡུ་བར་བྱེད་པ་ནི་ཀུན་ཏུ་བཟང་པོ་དང་འཇམ་དཔལ་དང་གསང་བའི་བདག་པོ་དང་བྱམས་པ་ལ་སོགས་པ་རྣམས་ཀྱིས་བསྡུས་པའི་ཕྱིར་བདག་ཅག་གི་རྩ་བའི་སྟོན་པ་བྱེད་པ་ཉན་ཐོས་ནི་མ་ཡིན་ཏེ་ཐེག་པ་ཆེན་པོའི་གསུང་རབ་ནི་དེ་དག་གི་ཡུལ་མ་ཡིན་པའི་ཕྱིར་རོ། །ཞེས་འབྱུང་ཞིང་བླ་མ་རྣམས་ཀྱི་གསུང་སྒྲོས་ལ། ལྷོ་ཕྱོགས་བི་མ་ལ་ཡ་སམྦྷ་ཞེས་བའི་རིའི་ཕུག་ཏུ་རྒྱལ་བའི་སྲས་བྱེ་བ་ཕྲག་མང་པོ་འདུས་ཏེ། འཕགས་པ་འཇམ་དཔལ་གྱིས་མངོན་པའི་སྡེ་སྣོད་དང་། བྱམས་པས་འདུལ་བ་དང་། ཕྱག་ན་རྡོ་རྗེས་མདོ་སྡེ་བསྡུས་པར་གླེང་ངོ་། །འཕགས་པ་ཀུན་ཏུ་བཟང་པོ་དང་ཕྱག་ན་རྡོ་རྗེ་དང་ཀུན་དགའ་བོ་ནི་མཚན་ཐ་དད་པ་ཙམ་ཡིན་ནོ། །གསང་སྔགས་བྱ་རྒྱུད་ཐམས་ཅད་འོད་སྲུངས་ཆེན་པོ་ལ་སོགས་པ་དགྲ་བཅོམ་པ་རྣམས་ཀྱིས་བསྡུས་པར་གསལ་ཏེ། འཇམ་དཔལ་རྩ་རྒྱུད་དུ། དེ་ནས་སློབ་མའི་མཆོག་གྱུར་པ། །པི་དཔལ་ཕྱག་ན་གནས་པ་དེ། །རྫུ་འཕྲུལ་ཆེན་པོ་འདོད་ཆགས་བྲལ། །ཐུབ་པ་མ་ལུས་འདུས་ནས་ནི། །གསུང་རབ་ཡན་ལག་བཅུ་གཉིས་དང་། །འདུལ་བ་མ་ལུས་བསྡུད་པར་བྱེད། །ཅེས་པ་དང་། བསིལ་བ་ཚལ་གྱི་མདོར། མང་དུ་ཐོས་པ་གསང་སྔགས་འཆང་། །ཀུན་དགའ་བོ་ལ་ཕྱག་འཚལ་ལོ། །ཞེས་པ་ལྟར་རོ། །ཕྱག་ན་རྡོ་རྗེ་དབང་བསྐུར་བར། བྱང་ཆུབ་སེམས་དཔའ་ཀུན་ཏུ་བཟང་པོ་གཞི་དང་སྙིང་པོ་མེ་ཏོག་གིས་བརྒྱན་པའི་འཇིག་རྟེན་ཐམས་ཅད་དུ་སངས་རྒྱས་རྣམ་པར་སྣང་མཛད་ཀྱི་སྔོན་གྱི་སྤྱོད་པ་སྟོན་པར་སློན་ལམ་བཏབ་ནས་གནོད་སྦྱིན་འདུལ་བའི་ཕྱིར་ལྕང་ལོ་ཅན་དུ་འབྲོག་གནས་ཀྱི་གནས་ན་གནས་སོ། །ཞེས་པ་དང་། །ཐུན་མོང་མ་ཡིན་པའི་གསང་བའི་རྒྱུད་ལས། ཀུན་ཏུ་བཟང་པོ་ནི་གནས་བརྟན་ཀུན་དགའ་བོར་གྱུར་ཏོ། །ཞེས་གསུངས་སོ། །སྤྱོད་རྒྱུད་དང་རྣལ་འབྱོར་རྒྱུད་ཕལ་ཆེར། ཕྱག་ན་རྡོ་རྗེས་བསྡུས་པར་རྣམ་སྣང་མངོན་བྱང་དེ་ཉིད་འདུས་པའི་འགྲེལ་པར་བཤད་

ཅིང་། བླ་མེད་ཀྱི་རྒྱུད་རྣམས་སྟོན་པ་པོ་དང་འཁོར་དང་སྡུད་པ་པོ་དོན་གཅིག་ཀྱང་ཞུ་བ་པོས་བསྡུས་པ་དང་། ཕག་མོ་དང་ནཱ་མ་ཀཱི་ལ་སོགས་པའི་ཡུམ་རྣམས་ཀྱིས་བསྡུས་པ་དང་། དུས་འཁོར་རྩ་རྒྱུད་རྒྱལ་པོ་ཟླ་བ་བཟང་པོས་བསྡུས་པར་བཞེད་དོ། །གསང་སྔགས་ཀྱི་རྒྱུད་ཐམས་ཅད་ཕྱག་ན་རྡོ་རྗེས་བསྡུས་པར་མི་འགལ་ཏེ། གསང་སྔགས་དང་རིག་སྔགས་རྣམས་ཀྱི་བདག་པོ་ཡིན་པའི་ཕྱིར་དང་། དེ་བཞིན་གཤེགས་པ་ཐམས་ཅད་ཀྱི་བཀའ་ཉན་པ་པོ་དང་། བསྟན་པ་བསྲུང་བ་དང་། ཐུགས་ཀྱི་གསང་བའི་མཛོད་འཛིན་པ་པོ་ཡིན་པའི་ཕྱིར་རོ། །ཡེ་ཤེས་ཐིག་ལེར། མ་འོངས་པའི་དུས་སུ་རྒྱུད་འདི་སུས་འཆད་པར་འགྱུར་ཞུས་པས། ཕྱག་ན་རྡོ་རྗེས་འཆད་པར་བྱེད་ཅེས་པ་དང་། དེ་ཁོ་ན་ཉིད་སྒྲོན་མར། བྱང་ཕྱོགས་རྡོ་རྗེའི་གནས་སུ། ཨོ་རྒྱན་གྱི་རྒྱལ་པོ་ཨིནྡྲ་བྷཱུ་ཏིས་སེམས་ཅན་ལ་གསལ་བར་བྱེད་དོ། །ཕྱག་ན་རྡོ་རྗེ་དེ་ཉིད་ཨིནྡྲ་བྷཱུ་ཏིས་སྤྲུལ་པའི་སྐུའོ། །ས་བཅུའི་དབང་ཕྱུག་ཡེ་ཤེས་ཀྱི་སྐུ་ས་བཅུ་བཞིའི་དབང་ཕྱུག་གོ །ཞེས་པ་དང་། རྒྱལ་པོ་དེས་མཛད་པའི་བདེ་མཆོག་རྩ་རྒྱུད་ཀྱི་འགྲེལ་པར། རྒྱལ་པོ་ཨིནྡྲ་བྷཱུ་ཏི་འཁོར་བཅས་ལ། །གསང་ཆེན་བླ་ན་མེད་པ་བྱིན་བརླབས་ཆོས། །སྒྲོག་གྱུར་དག་ཏུ་རྡོ་རྗེ་ཐེག་མཆོག་གིས། །ཆོས་ཀྱི་འཁོར་ལོ་བསྐོར་བར་མཛད་པའོ། །ཕྱི་དུས་རིམ་པར་ལུང་བསྟན་བསྡུད་པ་པོ། །རི་བོ་མཆོག་རབ་བྱང་ཤར་ལྷ་གནས་མཆོག །ལྕང་ལོ་ཅན་གྱི་ཕོ་བྲང་ཆེན་པོར་ནི། །རྒྱུད་རྣམས་མ་ལུས་སེམས་དཔའ་ཆེན་པོའི་ཚོགས། །བྱེ་བ་ཕྲག་ནི་དགུ་བཅུ་རྩ་དྲུག་སོགས། །འདུས་ཏེ་རྗེ་བཙུན་གསང་བའི་བདག་པོ་ལ། །གསོལ་བ་བཏབ་སྟེ་འདི་སྐད་བདག་ཐོས་ཞེས། །རབ་ཏུ་གསུངས་པ་གསེར་གྱི་པོ་ཏི་ལ། །བཻཌཱུརྱ་ནི་ཞུན་མས་ཡི་གེར་བཀོད། །ཅེས་སོ། །ཡེ་ཤེས་ཐིག་ལེར། ཕྱག་ན་རྡོ་རྗེ་མགོན་ཆེན་པོ། །རྡོ་རྗེ་འཛིན་པ་ཀུན་གྱི་བདག །དེ་ལ་སྐྱེ་དང་འཇིགས་པ་མེད། །རང་བྱུང་མཆོག་གི་དབང་ཕྱུག་གོ། །ལ་ལར་སངས་རྒྱས་ཀྱི་ནི་གཟུགས། །ལ་ལར་ཧེ་རུ་ཀ་ཡི་གཟུགས། །ལ་ལར་རྒྱུད་དང་བསྟན་བཅོས་ནི། །འཆད་དང་ལ་ལ་རུ་ནི་འཛིན། །ཞེས་གསུངས་སོ། །བདེ་མཆོག་རྩ་རྒྱུད་ལ་སོགས་པ་ཐོག་མ་མེད་པའི་དུས་ནས་རྒྱུན་མི་ཆད་པར་བཞུགས་པ་དེ་ཐུབ་པའི་བསྟན་པ་ལ་གསུངས་པ་ཡིན་ལ། རྒྱུད་གཞན་དག་གསར་དུ་གསུངས་པར་བཞེད་དོ། །གསང་བ་གྲུབ་པར། རྒྱུད་འདིའི་སྡུད་པར་བྱེད་པ་པོ། །གཞན་དག་ཡོད་པ་མ་ཡིན་ཏེ། །བདག་ཉིད་འབའ་ཞིག་སྨྲ་བར་བྱེད། །རྒྱུད་མཛད་པོ་ནི་ཐུགས་རྡོ་རྗེ། །ཞེས་པ་དང་། ཀྱཻ་རྡོ་རྗེར། འཆད་པ་པོ་ང་ཆོས་ཀྱང་ང་། །རང་གི་ཚོགས་ལྡན་ཉན་པོའང་ང་། །ཞེས་གསུངས་པས་ངེས་པའི་དོན་དུ་རྡོ་རྗེ་འཆང་ཉིད་བཀའ་སྡུད་པ་པོ་ཡིན་ཀྱང་གདུལ་བྱའི་བློ་ངོར་ཐ་དད་དུ་གནས་པ་ཡིན་ནོ། །འཛམ་བུའི་གླིང་འདིར་ཐེག་པ་ཆེན་པོའི་གསུང་རབ་རྣམས་མང་དུ་ཉམས་པར་གྱུར་པའི་ཚེ་ཐུབ་དབང་མྱ་ངན་ལས་འདས་པའི་ཚུལ་བསྟན་ནས་ལོ་བཞི་བརྒྱ་ནས་འཕགས་པ་ཀླུ་སྒྲུབ་བྱོན་ཏེ།

ཡུམ་རྒྱས་པ་ལ་སོགས་ཐེག་པ་ཆེན་པོའི་གསུང་རབ་དང་ལག་ལེན་དར་བར་མཛད་ཅིང་། ཉན་ཐོས་རྣམས་ཀྱིས་ཐེག་པ་ཆེན་པོའི་གསུང་རབ་རྣམས་སངས་རྒྱས་ཀྱི་བཀའ་མ་ཡིན་པར་བསྐུར་པ་བཏབ་སྟེ། བྱེ་བྲག་ཏུ་བཤད་པའི་མཚོ་ཞེས་བྱ་བའི་བསྟན་བཅོས་ཆེན་པོ་བརྩམས་སོ། །རེ་ཞིག་གི་ཚེ་མུ་སྟེགས་བྱེད་ཀྱི་སྤྲང་པོ་ཞིག་གིས་སངས་རྒྱས་པའི་དགེ་འདུན་གྱི་སྡེ་རྣམས་སུ་ཟས་བླངས་པས་དགེ་ཚུལ་གཞོན་ནུ་མ་དུལ་བ་ངག་གིས་ཁྲི་སྦྱིད་པ་དང་། ས་འཕྱོར་བ་དང་། སྒོ་གླེགས་ཀྱི་བར་དུ་བཙིར་བ་རྣམས་ཁྲུས་ཁུ་འཕྱོར་བ་ལ་སོགས་གནོད་པ་མང་དུ་བྱས་པས་ཁོ་ཤིན་ཏུ་ཁྲོས་པར་གྱུར་ཏེ། ས་འོག་ཏུ་ཞུགས་ནས་ཉི་མ་ཡུན་རིང་དུ་བསྒྲུབས་པས་གྲུབ་ནས་ཉི་མའི་དངོས་གྲུབ་ཅེས་བྱ་བར་གྲགས་པ་དེས་མིག་གིས་བལྟས་པ་ཙམ་གྱིས་ནང་པའི་གཙུག་ལག་ཁང་ལ་མེ་འབར་ཅིང་སྡེ་སྣོད་ཀྱི་གླེགས་བམ་ཡང་དུ་མ་བསྲེགས་སོ། །གཞན་ཡང་སངས་རྒྱས་པའི་གཉྫིའི་སྒྲ་ལ་ཕྱི་རོལ་པའི་སྒྲ་མཁན་གྱིས་བརྙགས་པས་རྒྱུད་གསུམ་ལ། ལྷ་དང་ཀླུ་དང་གནོད་སྦྱིན་གྱིས་མཆོད་པའི། །དཀོན་མཆོག་གསུམ་གྱི་གཉྫི་འདི་བརྡུངས་པས། །མུ་སྟེགས་ཆལ་པའི་ཀླད་པ་རབ་ཏུ་འགེམས། །ཟེར་བ་དང་། རྟོག་གསུམ་ལ་འགེམས་གསུམ་དུ་རིག་ནས། དམག་དཔུང་བསྡུས་ཏེ་གཙུག་ལག་ཁང་མང་དུ་གཞིག་གོ །ཡང་ཡུལ་གྱི་དབུས་ཀྱི་ཆོས་རྒྱལ་གྱིས་མཐའ་འཁོབ་སྟག་གཟིག་གི་རྒྱལ་པོ་ལ་གོས་བསྔུབས་མེད་པའི་རི་མོ་ཤིན་ཏུ་བཀྲ་བ་ཞིག་སྐྱེས་སུ་བཀུར་བས། སྙིང་ཁར་རྐང་རྗེས་ལྷ་བུ་བྲིས་པ་འདི་ངན་བྱས་པ་ཡིན་ཟེར་ནས་ཡུལ་དབུས་སུ་དམག་དྲངས་ཏེ་བཅོམ་ནས་གཙུག་ལག་ཁང་དང་དགེ་འདུན་གྱི་སྡེ་མང་པོ་བརླག་པར་བྱས་སོ། །

གཉིས་པ་ནི། དེ་ནས་འཕགས་པ་ཐོགས་མེད་ཀྱིས། །མི་ཕམ་མགོན་ལ་གསན་ནས་ནི། །དེའི་གཞུང་ལུགས་དར་བར་མཛད། །ཅེས་པ། དེའི་ཚེ་སངས་རྒྱས་ཞི་བར་གཤེགས་ནས་ལོ་དགུ་བརྒྱར་ཉེ་བ་ན། འཕགས་པ་ཐོགས་མེད་སྐུ་མཆེད་བྱོན་ཏེ། གཅེན་གྱིས་རྒྱལ་བ་བྱམས་པ་ལོ་བཅུ་གཉིས་བསྒྲུབས་པས་གྲུབ་པ་ཐོབ་ཅིང་དགའ་ལྡན་དུ་བྱོན་ནས་དམ་པའི་ཆོས་མངོན་པར་སྟོང་ཕྲག་བརྒྱ་པ་དང་། བྱམས་པའི་ཆོས་ལྔ་དང་། ས་སྡེ་ལ་སོགས་པའི་ཆོས་ཀྱི་རྣམ་གྲངས་མང་པོ་གསན་ཅིང་འཛམ་བུའི་གླིང་དུ་གཙུང་དབྱིག་གཉེན་ལ་སོགས་པ་ལ་བཤད་ནས་ཐེག་པ་ཆེན་པོའི་བསྟན་པ་དང་། ཁྱད་པར་དུ་ལྷག་པ་ཤེས་རབ་ཀྱི་བསླབ་པ་སྟོན་པའི་ཆོས་མངོན་པའི་སྡེ་སྣོད་རྣམས་དར་ཅིང་རྒྱས་པར་མཛད་དོ། །

གསུམ་པ་ནི། དེ་ཡི་རྗེས་ལ་མཁས་པ་དང་། །བློན་པོ་རྣམས་ཀྱི་བྱེ་བྲག་གིས། །བསྟན་པ་འཕེལ་འགྲིབ་དུ་མ་བྱུང་། །ཞེས་པ། སློབ་དཔོན་དབྱིག་གཉེན་གྱིས་འཕགས་པ་ཐོགས་མེད་ཀྱི་བཞེད་གཞུང་དང་། དགོངས་པ་རྣམས་ལེགས་པར་གཏན་ལ་ཕབ་ཅིང་། པྲ་ཀ་ར་ཎ་སྡེ་བརྒྱད་ལ་སོགས་པའི་བསྟན་བཅོས་ཀྱང་མང་དུ

མཛད་དོ། །སློབ་མའི་མཆོག་མང་པོའི་ནང་ནས་འདུལ་བ་འཛིན་པ་བྲམ་ཟེའི་བཙུན་པ་ཡོན་ཏན་འོད་དང་། མངོན་པ་འཛིན་པ་བློ་གྲོས་བརྟན་པ་དང་། རིག་པ་སྨྲ་བ་ཕྱོགས་ཀྱི་གླང་པོ་དང་། ཕ་རོལ་ཏུ་ཕྱིན་པའི་སྡེ་སྣོད་ལ་མཁས་པ་འཕགས་པ་གྲོལ་སྡེ་སངས་རྒྱས་ཀྱི་བསྟན་པ་ཐེག་པའི་སྒོ་སྣ་ཚོགས་པ་རང་རང་གི་གཞུང་ལུགས་དང་མཐུན་པར་གཏན་ལ་ཕབ་བོ། །འཕགས་པའི་ཡུལ་དུ་སངས་རྒྱས་ཀྱི་བསྟན་པའི་སྦྱིན་བདག་ཆོས་རྒྱལ་མྱ་ངན་མེད་ཀྱི་རྗེས་ལ་རྒྱལ་པོ་ཏ་རི་ཙནྡྲ། ཤྲཱི་ཙནྡྲ། ཨ་ཀེ་ཙནྡྲ། ཛྨ་ཙནྡྲ། གྨ་ཙནྡྲ། བི་ག་མ་ཙནྡྲ། གོ་མི་ཙནྡྲ། འདིའི་བཙུན་མོ་ཀླུ་མོ་གདུག་པ་ཅན་ཞིག་གིས་རྒྱལ་པོ་མང་དུ་ཟོས་པས་ལྷ་མོ་བསྒྲུབ་བྱེད་མ་གྲུབ་པའི་རྒྱལ་པོ་གོ་པཱ་ལས་བཏུལ་ཏེ་རྒྱལ་སྲིད་བསྐྱངས་སོ། །དེ་ནས་ཏྨ་པཱ་ལ། བི་ག་པཱ་ལ། ར་མ་པཱ་ལ། མོ་པཱ་ལ། ནེ་པཱ་ལ། འདིའི་བློན་པོ་ངོ་ལོག་ནས་བརྒྱུད་པ་ནུབ་བོ། །དེ་ནས་བ་ལེ་སེན། ག་ས་སེན། མ་ཧི་ཏ་སེན༏ ལ་ཀྵཾ་སེན། འདིའི་རིང་ལ་དུ་རུ་ཀའི་དམག་བྱུང་ནས་རྒྱལ་སྲིད་ཤོར་རོ། །རྒྱལ་པོ་དེ་དག་གི་རིང་ལ་ཉན་ཐོས་ནས་ཐེག་པ་ཆེན་པོའི་སྔགས་དང་། ཕ་རོལ་ཏུ་ཕྱིན་པའི་ཆོས་ལ་མཁས་པའི་པཎྜི་ཏ་མང་དུ་བྱོན་ཏེ། མུ་སྟེགས་ཚར་གཅོད་པ་དང་། རང་ལུགས་འཆད་པ་དང་རྩོམ་པའི་མཛད་སྒྲོལ་ཡུན་རིང་དུ་བྱུང་ཞིང་། འཕེལ་འགྲིབ་ཀྱང་སྣ་ཚོགས་འབྱུང་ངོ་། །དགྲ་བཅོམ་པ་ཤ་ནའི་གོས་ཅན་གྱིས་ཁྱིམ་བདག་སྣྲས་པའི་བུ་དགྲ་བཅོམ་པ་ཉེར་སྦས་ལ་བསྟན་པ་གཏད་དོ། །དེ་ནས་རིམ་གྱིས་དྷི་དྷི་ཀ་དང་། ནག་པོ་དང་། ལེགས་མཐོང་རྣམས་བསྟན་པ་འཛིན་པར་ལུང་ཕྲན་ཚེགས་ལས་གསུངས་སོ། །ལང་ཀར་གཤེགས་པའི་འགྲེལ་པར། སློབ་དཔོན་ཡེ་ཤེས་དཔལ་བཟང་པོ་དྷི་དྷི་ཀ་ནས་བི་ཏྲ་ག་དང་། བུདྡྷ་ནནྡི་དང་། བུདྡྷ་མི་ཏྲ་དང་། དགེ་སློང་རྩེ་བས་ཅན་དང་། ཕུ་ན་ཤ་ཏ་དང་། ཏ་སྐྱེད་དང་། མ་ཤི་བ་ལ་དང་། ཀླུ་སྒྲུབ་དང་། ཨཱརྱ་དེ་བ་དང་། ར་ཧུ་ལ་དང་། སཾ་གྷ་ནན་ཏི་དང་། དགེ་སློང་དགྲ་བཅོམ་པ་དང་། ག་ཡ་ཤ་དང་། ཀུ་མཱ་ར་ཏ་དང་། ཤ་ཡ་ཏ་དང་། བ་སུ་བན་དྷུ་དང་། མ་ནོ་ཏ་དང་། ཏ་ཀ་ལི་ཀ་ན་ཡ་ན་ཤ་དང་། སེང་གེས་ཞེས་བྱ་བ་རྣམས་ཀྱིས་རིམ་པ་བཞིན་དུ་བསྟན་པ་འཛིན་པར་བཤད་དོ། །རྒྱ་ནག་ཏུའང་། ཐང་གི་རྒྱལ་པོ་བྱང་ཆུབ་སེམས་དཔས་མཁས་པ་ཆེན་པོ་དབྱིག་གཉེན་གྱི་སློབ་མ་པཎྜི་ཏ་མང་པོ་སྤྱན་དྲངས་ཏེ་བསྟན་པ་རྒྱས་པར་མཛད་ནས་གནས་བརྟན་ཆེན་པོ་བཅུ་དྲུག་འཁོར་དང་བཅས་པས་དབུར་གནས་མཛད་ཅིང་དམ་པའི་ཆོས་བསྟན་ཏོ། །

གཉིས་པ་ལ་གཉིས། བསྟན་པ་སྔ་དར་གྱི་བྱུང་ཚུལ། ཕྱི་དར་གྱི་བྱུང་ཚུལ་ལོ། །དང་པོ་ནི། ཕྱི་ནས་གངས་རིའི་ཁྲོད་འདི་རུ། །སངས་རྒྱས་བསྟན་པ་ལེགས་པར་བསྒྱུར། །དེ་ནས་བསྟན་པ་དར་བའི་ཚེ། །རྒྱལ་པོ་དར་མས་བསྟན་པ་བསྣུབས། །དེ་རྗེས་ཆོས་ལོག་དུ་མ་འཕེལ། །ཅེས་པ། སངས་རྒྱས་ཀྱི་བསྟན་པ་ལོ་སྟོང་ལྔག་

ཙམ་འདས་པའི་ཚེ་རྒྱ་ནག་ཏུ་བསྟན་པ་བྱུང་ཞིང་། དེ་ནས་ཡུན་རིང་ཞིག་ལོན་པ་ན་བོད་ཡུལ་དུ་བྱུང་སྟེ། རྒྱལ་རབས་ཀ་ཁོལ་མར། སྤྲེའུ་དང་བྲག་སྲིན་མོ་ལས་བོད་ཀྱི་མི་བྱུང་བར་བཤད་ཅིང་། སློབ་དཔོན་ཤེས་རབ་གོ་ཆས། རྒྱལ་པོ་སྐྱ་སེང་གི་བུ་རྩོད་པ་བྱུང་བའི་ཚེ་དགྲ་ངན་གྱི་ཕྱོགས་སུ་པ་ཏི་འཁོར་དང་བཅས་པ་གངས་རིའི་ཁྲོད་དུ་བྲོས་པ་ལས་མཆེད་པར་བཤད་དོ། །ཡུན་རིང་པོ་ལ་མི་དང་མི་མ་ཡིན་གཉེན་བྱས་ཤིང་རི་དྭགས་ཀྱིས་འཚོ་བར་བྱེད་དོ། །རྒྱལ་པོའི་ཐོག་མ་གཉའ་ཁྲི་བཙན་པོ་ནི། རྒྱ་གར་གྱི་རྒྱལ་བརྒྱུད་ཞིག་རིམ་གྱིས་བོད་དུ་འཕྲུགས་པ་ཡིན་ཏེ། དེ་ལས་གནམ་ལ་ཁྲི་བདུན་དང་། ས་ལ་ལེགས་དྲུག་དང་། བར་གྱི་སྡེ་བརྒྱད་རྣམས་རིམ་གྱིས་བྱུང་ངོ་། །དེ་ནས་བཙན་ལྔ་པའི་མཐའ་མ་ཐོ་ཐོ་རི་གཉན་བཙན་ཕོ་བྲང་ཡུམ་བུ་བླ་སྒང་ན་བཞུགས་པའི་སྟེང་དུ་ཟ་མ་ཏོག་བཀོད་པའི་མདོ་དང་། སྤང་སྐོང་ཕྱག་རྒྱ་པ་དང་། གསེར་གྱི་མཆོད་རྟེན་དང་། མུ་དྲའི་ཕྱག་རྒྱ་ནམ་མཁའ་ལས་བབས་ཏེ། དམ་པའི་ཆོས་འབྱུང་བའི་སྔ་ལྟས་ཡིན་པས་དབུ་བརྙེས་ཞེས་ཟེར་རོ། །གདུང་རབས་ཉི་ཤུ་རྩ་བདུན་ལ་ལོ་དྲུག་བརྒྱ་དང་དྲུག་ཅུ་སོང་ངོ་། །དེ་ནས་གནམ་རི་སྲོང་བཙན་དང་འབྲི་ཟ་ཐོད་དཀར་གྱི་སྲས་སྤྱན་རས་གཟིགས་ཀྱི་སྤྲུལ་པ་སྲོང་བཙན་སྒམ་པོ་འཁྲུངས་པའི་མེ་མོ་གླང་གི་ལོ་ཡན་ཆད་གདུང་རབས་ལྔ་ལ་ལོ་བརྒྱ་དང་ལྔ་བཅུ་སོང་ངོ་། །ལྷ་མོ་དྲི་མ་མེད་པས་ཞུས་པའི་མདོར། ང་མྱ་ངན་ལས་འདས་ནས་ལོ་ཉིས་སྟོང་དང་ལྔ་བརྒྱ་འདས་པའི་འོག་ཏུ་གདོང་དམར་གྱི་ཡུལ་དུ་དམ་པའི་ཆོས་འབྱུང་ངོ་ཞེས་བསྟན་པ་དང་འགྲིག་པར་བཞེད་ནའང་སྔ་བཞེད་དུ་གདོང་དམར་གྱི་ཡུལ་རྒྱ་ནག་ཡིན་པར་བཤད་དོ། །སྤྲུལ་པའི་ཆོས་རྒྱལ་དེས་གྲུང་ལོ་ཉི་ཤུ་རྩ་གསུམ་པ་ལ་འཕྲུལ་སྣང་གི་ལྷ་ཁང་བཞེངས་སོ། །ལོ་ཙྪ་བ་ཆེན་པོ་སམྦྷོ་ཊས་ཁ་ཆེའི་པཎྜི་ཏ་ལྷའི་རིག་པའི་སེང་གེ་ལ་སྒྲ་དང་དམ་པའི་ཆོས་བསླབས་ནས་ཟ་མ་ཏོག་བཀོད་པ་དང་དཀོན་མཆོག་སྤྲིན་དང་རིན་པོ་ཆེ་ཏོག་གི་གཟུངས་ལ་སོགས་པ་དམ་པའི་ཆོས་མང་དུ་བསྒྱུར། བོད་ཀྱི་སྐད་ལ་འཇུག་པའི་སྒྲའི་བསྟན་བཅོས་མཛད་དོ། །མི་ཆོས་གཙང་མའི་སྲོལ་གཏོད། དཀོན་མཆོག་གསུམ་ལ་སྐྱབས་འགྲོ་དང་མཆོད་པ་འབུལ་བ་ལ་སོགས་པའི་ལག་ལེན་དར་བར་མཛད། ལས་དགེ་བ་བཅུའི་ཁྲིམས་བཅས་སོ། །གདུང་རབས་ལྔ་ནས་རབ་ཏུ་བྱུང་བའི་སྡེ་འཛུགས་ཤིང་། དམ་པའི་ཆོས་རྒྱས་པར་བྱེད་པའི་རྒྱལ་པོ་ལྡེའི་མིང་ཅན་འབྱུང་ངོ་ཞེས་ལུང་བསྟན་མཛད་ནས་དགུང་ལོ་བརྒྱད་ཅུ་རྩ་གཉིས་བཞེས་པ་ལ་སྐུ་གཤེགས་སོ། །དེ་ནས་གདུང་རབས་བཞི་པ་མེས་ཨག་ཚོམ་དང་། རྒྱལ་མོ་ཟ་གོང་ཆུའི་སྲས་ཁྲི་སྲོང་ལྡེ་བཙན་ལྕགས་ཕོ་རྟའི་ལོ་ལ་འཁྲུངས། སྲོང་བཙན་སྒམ་པོ་འཁྲུངས་ནས་ཁྲི་སྲོང་སྡེ་བཙན་འཁྲུངས་པའི་ལོ་འདི་བརྒྱ་བདུན་ཅུ་རྩ་ལྔ་པ་ཡིན་ནོ། །དགུང་ལོ་བཅུ་གསུམ་ལ་རྒྱལ་སར་ཕྱིན། གཙུག་ལག་ཁང་བཞེངས་པ་དང་། རབ་བྱུང་གི་སྡེ་འཛུགས་པ་དང་། དམ་པའི་ཆོས

བཀའ་བསྟན་བཅོས་རྣམ་པར་དག་པ་མང་པོ་བསྒྱུར་བ་དང༌། བཤད་གྲྭ་དང་སྒོམ་གྲྭ་ལ་སོགས་འཛུགས་པ་སོགས་སངས་རྒྱས་ཀྱི་བསྟན་པ་ཤིན་ཏུ་དར་བར་མཛད་དེ། དགུང་ལོ་དྲུག་ཅུ་རྩ་དགུ་པ་ས་ཕོ་སྟག་ལ་སྐུ་འདས་སོ༑ ༑སྲས་མུ་ནེ་བཙན་པོས་རྒྱལ་སྲིད་ཅུང་ཟད་བསྐྱངས་ཏེ་ཡུམ་གྱིས་དུག་བྲངས་ནས་གྲོངས། དེའི་གཅུང་སད་ན་ལེགས་རྒྱལ་སར་ཕྱིན་ནས་སྐར་ཆུང་རྡོ་རྗེ་དབྱིངས་ཀྱི་ལྷ་ཁང་བཞེངས་པ་ལ་སོགས་ཡབ་ཀྱི་ཆོས་ལུགས་བཟང་པོ་རྣམས་ལེགས་པར་བསྐྱངས་ཏེ། དགུང་ལོ་ལྔ་བཅུ་རྩ་བཞི་པ་མེ་མོ་བྱ་ལ་སྐུ་གཤེགས་སོ། །དེའི་སྲས་ཁྲི་གཙུག་སྡེ་རལ་པ་ཅན་མེ་ཕོ་ཁྱིའི་ལོ་ལ་འཁྲུངས་ནས་དགུང་ལོ་བཅུ་གཉིས་ལ་རྒྱལ་སར་ཕྱིན། སྐྱི་སྨད་འུ་ཤང་རྡོ་རྗེའི་ལྷ་ཁང་བཞེངས་པ་དང་སྔར་བསྒྱུར་བའི་ཆོས་རྣམས་སྐད་གསར་གཅད་ཀྱིས་གཏན་ལ་འབེབས་པ་དང༌། དབུའི་ལ་ཐོད་རབ་བྱུང་གི་གདན་དུ་འདིངས་ཤིང༌། བླ་སྒོ་དང་པོ་རབ་ཏུ་བྱུང་བས་འཛིན་པ་དང༌། རྒྱ་གར་གྱི་རྒྱལ་ཁྲིམས་གཙང་མ་དང་འཐུན་པར་བྲེ་སྲང་དང་དངོས་པོའི་རིན་ཐང་ལ་སོགས་ཞིབ་མོར་གཏན་ལ་ཕབ་ནས་ཆབ་འོག་གི་འབངས་རྣམས་ལྷ་ཆོས་དང་མི་ཆོས་ཕུན་སུམ་ཚོགས་པས་ལེགས་པར་བསྐྱངས་སོ། །དགུང་ལོ་སུམ་ཅུ་རྩ་དྲུག་པ་ལྕགས་མོ་བྱ་ལ། གླང་དར་མ་དང༌། རྒྱལ་ཏོ་རེ་ལ་སོགས་པས་གཤེད་མ་བཏང་ནས་དགྲོངས་སོ༑ ༑དེ་ནས་གླང་དར་མས་རྒྱལ་སྲིད་ལོ་ལྔ་ཙམ་བཟུང་སྟེ་མེ་ཕོ་སྟག་ལོ་ལ་ལྷ་ལུང་དཔལ་གྱི་རྡོ་རྗེས་བྲང་ལ་ལྕགས་མདའ་འཕངས་ནས་བསད་དོ། །རྒྱལ་པོ་ངན་པ་དང་བློན་པོ་རྒྱལ་ཏོ་རེ་རྒྱལ་ཚ་ཁྲི་གསུམ་དང་ཅོག་རོ་ལེགས་སྒྲ་ལ་སོགས་པས་རབ་བྱུང་རྣམས་གསོད་པ་དང༌། འབེབས་པ་དང༌། དཀོན་མཆོག་གསུམ་གྱི་མཆོད་པ་རྒྱུན་གཅོད་པ་དང༌། ལོ་པན་གྱི་འགྱུར་གྲྭ་རྣམས་བཤིག་པ་དང༌། མི་དགེ་བའི་ཁྲིམས་འཆའ་བ་ལ་སོགས་བྱས་ཏེ་སངས་རྒྱས་ཀྱི་བསྟན་པ་མ་ལུས་པར་བཤིག་གོ། །བར་སྐབས་དེར་སངས་རྒྱས་ཀྱི་བསྟན་པ་མེད་པ་ལོ་བརྒྱ་རྩ་བརྒྱད་བྱུང་ཟེར་བ་དང༌། ལོ་བདུན་ཅུ་ཐམ་པ་བྱུང་ཟེར་བ་མི་མཐུན་པར་སྣང་ངོ༌། །རྒྱལ་ཁྲིམས་དང་ཆོས་ཁྲིམས་གང་ཡང་མེད་པས་བོད་ཡུལ་གྱི་མི་ཐམས་ཅད་སྤྱོད་པ་ཁྱི་ཕག་དང་མཚུངས་ཏེ། བསྟགས་པ་སྦྱོར་སྒྲོལ་བྱེད་ཅིང་ཨར་ཚོ་བཅོ་བརྒྱད་ལ་སོགས་པར་གྲགས་པས་མི་བཟུང་ནས་ཤང་ལག་བཀྱངས་ཏེ་ཁྲག་གཏར་ཅིང་གཏོར་མ་ལ་བྲན་པ་དང༌། མཤི་བར་ཤ་གཅད་ནས་གཏོར་བརྒྱན་བྱེད་པ་དང༌། རང་ཟ་བ་དང༌། རུས་པ་ཁར་འཆའ་བ་དང༌། མི་ལྤགས་ཀྱི་བླ་རེ་དང༌། རྒྱ་མའི་ལྷ་ལྤི་དང༌། སྲོག་ཆགས་བསད་པའི་ཤ་ཁྲག་དང༌། ཆང་དང་བུད་མེད་ལ་བག་མེད་དུ་སྤྱོད་པ་དང༌། རྒྱུད་དང་ཆོས་ལུགས་རང་བཟོ་མང་པོ་རྩོམ་ཞིང་སྐྱོང་པ་དང༌། བོན་དང་སྔགས་བསྲེས་ནས་དབང་དང་གདམས་པ་འབོགས་པ་དང༌། རབ་བྱུང་གི་གཟུགས་བརྙན་འགའ་ཞིག་དབྱར་གནས་བྱེད་ཟེར་ནས། ཆོས་གོས་གསུམ་དང་ལྷུང་བཟེད་འཆང་ཞིང༌། དབྱར་ཟླ་གསུམ་ལ་ཆང་དང་བུད་མེད་

སྤྱོང་ལ། དགག་དབྱེ་བྱེད་ཟེར་ནས་རབ་བྱུང་གི་ཆ་ལུགས་རྣམས་དོར་ཏེ་ཁྱིམ་པའི་སྤྱོད་པ་སྤྱོང་བ་དང་། སྐྱེ་བོ་གཞན་རྣམས་ཀྱང་ཡུལ་གྲུ་དང་རུས་སྡེ་ཕན་ཚུན་འཐབ་ཅིང་རྩོད་པ་དང་། རྐུ་འཕྲོག་ལ་སོགས་བྱ་བ་མ་ཡིན་པ་འབའ་ཞིག་བྱེད་དོ། །གཉིས་པ་ལ་བཞི། ཆོས་རྒྱལ་ཡོན་མཆོད་ཀྱི་བསྟན་པ་དར་བར་བྱས་ཚུལ། དུས་ཕྱིས་བསྟན་པ་ལ་འདྲ་མིན་གྱི་ལྷད་ཞུགས་ཚུལ། མཁས་པར་རློམ་པས་དེ་ལ་མ་རྟགས་པར་ཞུགས་ཚུལ། བསྟན་འཛིན་མཁས་པས་དྲང་པོར་བཤད་དགོས་པར་བསྟན་པའོ། །

དང་པོ་ནི། དེ་ཚེ་བླ་མ་ཡེ་ཤེས་འོད། །ཆོས་རྒྱལ་དེ་ཡིས་སྐྱེས་བུ་མཆོག །རིན་ཆེན་བཟང་པོས་ཁ་ཆེར་བཙུགས། །འཇམ་དཔལ་དབྱངས་ཀྱི་བྱིན་བརླབས་པའི། །མཁས་པ་དེ་ཡིས་སྐྱོན་མེད་པའི། །ཆོས་རྣམས་ཕལ་ཆེར་བསྒྱུར་ཅིང་ཞུས། །ཆོས་དང་ཆོས་མིན་རྣམས་འབྱེད་པ། །ཞེས་བྱའི་བསྟན་བཅོས་མཛད་ནས་ནི། །ཆོས་ལོག་ཐམས་ཅད་ནུབ་པར་མཛད། །ཅེས་པ། གླང་དར་མ་ལ་བུ་ཡུམ་བརྟན་ཁྲི་ལྡེ་དང་། དེའི་བུ་མགོན་པོ་གཉེན་དང་། དེའི་བརྒྱུད་པ་རིག་པ་མགོན། རྡོ་རྗེ་འབར། དབང་ཕྱུག་བཙན། ཚ་ལ་ན་ཡེ་ཤེས་རྒྱལ་མཚན། ཇོ་བོ་ཁྲི་པ། འདིས་བསྟན་པ་ཕྱི་དར་གྱི་ཀླུ་མེས་ལ་སོགས་པ་བསྟན་པའི་མེ་རོ་སློང་བའི་ཐུགས་ཁུར་དང་བདག་རྐྱེན་མཛད་དོ། །དེའི་སྲས་ལྷ་བཙུན་པོ་བོ་དྷི་རཱ་ཛས་དཔལ་ལྡན་ཨ་ཏི་ཤའི་ཡོན་བདག་མཛད་ཅིང་གཙུག་ལག་ཁང་དང་དགེ་འདུན་གྱི་སྡེ་ལ་བཀུར་བསྟི་ཆེན་པོ་མཛད་དོ། །གླང་དར་མས་ཆུན་མ་ལ་ཡུམ་བུ་བླ་མཁར་དུ་བུ་འོད་སྲུངས་སྐྱོ་པང་དུ་ཡོད་པ་སྐྱེས། འོད་སྲུངས་ཀྱི་སྲས་རྗེ་དཔལ་འཁོར་བཙན་ཤིང་མོ་བྱའི་ལོ་ལ་ཡར་ལུངས་འཕངས་ཐང་དུ་འཁྲུངས། དེའི་སྐུ་ཚེ་སྨད་ལ་མདོ་སྨད་ནས་བསྟན་པ་བླངས་པར་རྗེ་བཙུན་རྩེ་མོ་བཞེད་པས། གཡོ་གེ་འབྱུང་དང་། བཙང་རབ་གསལ་དང་། དམར་ཤཱཀྱ་མུ་ནེ་མདོ་སྨད་ཅོང་ཁའི་རི་བོ་དན་ཏིག་ན་བཞུགས་པ་ལ། བོན་པོའི་བུ་མོས་པ་སྤྱོད་པའི་ས་ལ་གནས་པ་ཞིག་དད་པར་གྱུར་ཏེ། རབ་ཏུ་བྱུང་བ་བྱས་ནས་མཚན་དགེ་བ་རབ་གསལ་དུ་བཏགས། ཐུགས་རབ་ཆེ་བས་དགོངས་པ་གསལ་དུ་གྲགས་སོ། །རབ་ཏུ་བྱུང་ནས་རྒྱའི་ཧྭ་ཤང་གཉིས་ཀྱིས་ལས་ཀྱི་ཁ་སྐོང་བྱས་ཏེ་དགེ་སློང་བྱས་ནས། ལོ་ལྔ་ལོན་པའི་ཚེ་དབུས་ཀྱི་ཀླུ་མེས་ཚུལ་ཁྲིམས་ཤེས་རབ་དང་། འབྲིང་ཡེ་ཤེས་ཡོན་ཏན་དང་། རག་ཤི་ཚུལ་ཁྲིམས་འབྱུང་གནས་དང་། སྦ་ཚུལ་ཁྲིམས་བློ་གྲོས་དང་། སུམ་པ་ཡེ་ཤེས་བློ་གྲོས་དང་དབུས་པ་ལྔ། ལོ་སྟོན་རྡོ་རྗེ་དབང་ཕྱུག །ཚོང་དགེ་ཤེས་རབ་སེང་གེ །ཨུ་པ་དེ་ཀར་དང་། འོ་བརྒྱད་སྤུན་གཉིས་དང་། གཙང་པ་ལྔ་དང་། མི་བཅུས་བླ་ཆེན་དགོངས་གསལ་གྱི་དྲུང་དུ་རབ་བྱུང་བསྙེན་རྫོགས་མཛད། བླ་ཆེན་གྱི་སྡོམ་ཕྲུག་གྲུ་གུམ་ཡེ་ཤེས་རྒྱལ་མཚན་ལ་ཀླུ་མེས་ཀྱིས་འདུལ་བ་བསླབས། བསྟན་པའི་རྩ་བ་འདུལ་བ་དར་བར་མཛད། འཞྭ་ཡེ་ཤེས་གཡུང་དྲུང་གིས་ཀླུ་མེས་ཀྱི་སྡོམ་ཕྲུག་གི

བོ་མཆོག་བླ་ལ་སྡོམ་པ་ལེན་དུ་ཕྱིན་པས་ཆབ་གཏོར་གཏང་ལ་བྱའོ་ཞེས་གསུངས་ཏེ། ཆོ་ག་མ་ཚར་བ་ལ་སྐུ་གཤེགས་ནས་སྡོམ་པ་ཐོབ་པའི་ལུགས་སུ་བྱས་ཏེ་སྡོམ་བརྒྱུད་ཆབ་གཏོར་མ་དང་། འབྲི་བཙུན་གཞོན་ཚུལ་གྱིས་བླ་ཆེན་གྱི་སྡོམ་ཕྱུག་ཡ་ཟེ་བོན་སྟོན་ལ། སྡོམ་པ་ལེན་དུ་ཕྱིན་པས་བགྲེས་གྲགས་ནས་ད་དེ་ལྟར་བས་གདའོ། །ཞེས་པས་སྡོམ་པ་ཐོབ་པར་ཀློམ་ནས་དེར་བས་མའི་སྡོམ་བརྒྱུད་བྱུང་ངོ་། །ཀླུ་མེས་དང་དུས་མཉམ་དུ་གྲ་བྱི་བ་ཀླུངས་ལོ་ཙྪ་བ་ལེགས་པའི་ཤེས་རབ་ཀྱིས་བལ་པོའི་འདུལ་འཛིན་ཤཱཀྱ་སེ་ན་ལ་འདུལ་བ་ཞུས་ཏེ་མཁས་བཙུན་དམ་པར་གྱུར་ནས་སྐྱོགས་གད་པ་སྟེང་པ་ལ་སོགས་པ་འདུལ་བའི་བརྒྱུད་འཛིན་མང་དུ་བྱུང་ངོ་༔ ༔ཞང་ཞུང་བ་རྒྱལ་བ་ཤེས་རབ་ནས་བརྒྱུད་པའི་སྡོད་འདུལ་བར་གྲགས་པ་རྣམས་ཀྱང་བྱུང་ངོ་། །རྗེ་དཔལ་འགོར་བཙན་གྱི་སྲས་ཆེ་བ་བཀྲ་ཤིས་བརྩེགས་པ་དཔལ། དེའི་སྲས་འོད་སྡེ། དེའི་སྲས་ཁྲི་ཆུང་རྗེ་བོ་གཡུས་བཙན་ཡར་ལུངས་སུ་འོངས་ནས་བརྒྱུད་པ་འཕེལ་ལོ། །རྗེ་དཔལ་འཁོར་བཙན་གྱི་སྲས་ཆུང་བ་ཉི་མ་མགོན་གྱིས་མངའ་རིས་པུ་ཧྲངས་སུ་བྱོན་ཏེ། སྲས་གསུམ་བྱུང་བའི་ཆེ་ཤོས་དཔལ་སྡེ་རིག་པ་མགོན་གྱིས་མང་ཡུལ་བཟུང་བར་པ་བཀྲ་ཤིས་སྡེ་མགོན་གྱིས་པུ་ཧྲངས་བཟུང་། ཆུང་བ་ལྡེ་གཙུག་མགོན་གྱིས་གུ་གེ་བཟུང་། དེ་ལ་སྲས་གཉིས་བྱུང་བའི་ཆེ་ཤོས་འཁོར་རེ་ལ། སྲས་དེ་བ་ར་ཛ་དང་ན་ག་ར་ཛ་དང་གཉིས་བྱུང་སྟེ་ཡབ་སྲས་གསུམ་རྒྱལ་སྲིད་ཀྱི་སྡིག་པ་ལ་ཐུགས་སྐྱོ་ནས་བསྟན་པ་སྔ་དར་གྱི་དམ་པའི་ཆོས་བོད་ཡུལ་དུ་སྤྱན་འདྲེན་པ་ལ་དཀའ་བ་ཆེན་པོ་མཛད་པའི་ཡིག་ཚང་གཟིགས་ནས་དཀོན་མཆོག་གི་རྟེན་ལ་རབ་བྱུང་གི་སྡོམ་པ་བླངས་ཏེ་ཡབ་རང་ཉིད་ཀྱི་མཚན་ཡེ་ཤེས་འོད་དུ་བཏགས། གཙང་པོ་སྲོང་ངེས་རྒྱལ་སྲིད་བཟུང་། དེའི་སྲས་ལྷ་ལྡེ། དེའི་སྲས་འོད་སྡེ་དང་། ཞི་བ་འོད་དང་། ལྷ་བཙུན་བྱང་ཆུབ་འོད་ཀྱིས་ཁ་ཆེ་ཛྙཱ་ན་ཤྲཱི་དང་། དཔལ་ལྡན་ཨ་ཏི་ཤ་ལ་སོགས་པའི་མཁས་གྲུབ་མང་པོའི་ཞབས་ནས་བཏེག་ཅིང་དམ་པའི་ཆོས་དར་བར་མཛད། ལྷ་བླ་མ་ཡེ་ཤེས་འོད་ཀྱིས་ལོ་ཙྪ་བ་རིན་ཆེན་བཟང་པོ་ལ་སོགས་པ་མང་པོ་ཁ་ཆེར་བརྫངས་ནས་ཐེག་པ་ཆེན་པོ་མདོ་དང་སྔགས་ཀྱི་བསྟན་བཅོས་མང་པོ་བསྒྱུར་ཅིང་གསང་སྔགས་གསར་མར་གྲགས་པའི་བཤད་སྒྲུབ་བཟང་པོའི་སྒྲོལ་གཏོད། སྔགས་པ་སྦྱོར་སྒྲོལ་བྱེད་པ་ལ་སོགས་པ་ཆོས་ལོག་ཐམས་ཅད་སུན་འབྱིན་པའི་བསྟན་བཅོས་མཛད། དེ་ནས་བཟུང་སྟེ་སྔགས་གསར་མའི་བསྟན་པ་དར་བར་གྱུར་པ་ཡིན་ནོ། །

དེ་ཡི་སློབ་མ་ཞི་བ་འོད། །དེས་ཀྱང་ཆོས་ལོག་སུན་འབྱིན་པ། །ཞེས་པའི་བསྟན་བཅོས་མཛད་ཅེས་ཟེར། །དེ་དག་འདས་པའི་འོག་ཏུ་ཡང་། །ཆོས་ལོག་འགའ་ཞིག་འཕེལ་བའི་རྒྱུས། །ལྷས་བཙས་ཞེས་བྱའི་ལོ་ཙཱ་བ། །དེས་ཀྱང་ཆོས་ལོག་སུན་འབྱིན་པ། །ཞེས་བྱའི་བསྟན་བཅོས་མཛད་ནས་ནི། །ཆོས་དང་ཆོས་མིན་རྣམ་

པར་ཕྱེ། །ཞེས་པ། །ལོ་ཆེན་རིན་བཟང་གི་སྦྱིན་བདག་དང་སློབ་མའི་མཆོག་ཏུ་གྱུར་པ་ལྷ་བླ་མ་ཞི་བ་འོད་ཀྱིས་ཀྱང་ཡབ་མེས་ཀྱི་བཀའ་སྲོལ་བཟང་པོ་རྒྱས་པར་མཛད་ཅིང་། ལོ་ཙྪ་མཁས་པ་མཁྱེན་པས་དམ་པའི་ཆོས་ཀྱི་འགྱུར་ཡང་མང་དུ་མཛད། སྔགས་པ་གཤིན་ཆོག་བྱེད་པའི་ཆོ་ག་མ་དག་པ་དང་། སྲོག་ཆགས་མང་པོ་བསད་པའི་ཤ་དང་ཆང་ལ་བག་མེད་དུ་སྤྱོད་པ་འགོག་པའི་སྔགས་ལོག་སུན་འབྱིན་བརྩམས་ནས། འཛམ་ཡིག་བསྒྲགས། ཆོས་ལུགས་ངན་པ་འཕྲོ་བཅད་དོ། །དེའི་རྗེས་སུ་སྔར་ནས་ཡོད་པའི་རྒྱུད་བོད་ཀྱིས་བྱས་པ་དང་། འཕྲལ་དུ་བརྩམས་པའི་རྒྱུད་ཀྱི་མིང་བཏགས་མང་པོ་བྱུང་བ་རྣམས་གང་ཟག་འདིས་ཡུལ་འདིར་བརྩམས་པ་ཡིན་ནོ་ཞེས་རྒྱུ་མཚན་དང་བཅས་སྔགས་ལོག་སུན་འབྱིན་པའི་བསྟན་བཅོས་ལོ་ཙྪ་བ་ཆེན་པོ་འགོས་ཁུག་པ་ལྷས་བཙས་ཞེས་བྱ་བ། ཡབ་ཡུམ་གཉིས་ཀ་འགོས་ཡིན་པས་ཁུག་པ་ཟེར། འབྲོག་པའི་ལྷས་སུ་བཙས་པས་ལྷས་བཙས་ཞེས་གྲགས་པ་ཡིན་ནོ། །ལོ་ཙྪ་བ་འདིས་རྒྱ་གར་ཤར་ནུབ་གུང་གསུམ་དང་། ཁ་ཆེ་དང་བལ་པོ་ལ་སོགས་པར་མཁས་གྲུབ་ཀྱི་བླ་མ་བདུན་ཅུ་རྩ་གཉིས་ཙམ་ལ་གསང་སྔགས་ཀྱི་ཆོས་མཐར་ཕྱིན་པར་གསན་ཅིང་ཁོང་དུ་ཆུད་པར་མཛད། བོད་དུའང་ག་ཡ་དྷ་ར་ལ་རྒྱུད་འགྲེལ་པ་མང་པོ་གསན་ཅིང་བསྒྱུར། གསང་སྔགས་ཆོས་རྣམ་དག་ཡིན་མ་ཡིན་ལེགས་པར་ཕྱེ་ནས་གཏན་ལ་ཕབ་པའོ། །

དེ་ནས་ཆོས་རྗེ་ས་སྐྱ་པ། །ཆེན་པོ་བཞུགས་པ་ཡན་ཆད་དུ། །ཆོས་ལོག་སྤྱོད་པ་ཉུང་ཞེས་ཐོས། །ཞེས་པ། ས་ཆེན་ཀུན་དགའ་སྙིང་པོ་ཞེས་གྲགས་པ་དེ་ཉིད་ཀྱིས་དབུ་ཚད་དང་མངོན་པ་གོང་འོག་དང་ས་སྡེ་ལ་སོགས་པ་ཕྱི་མཚན་ཉིད་ཀྱི་ཆོས་དང་གསང་སྔགས་ཀྱི་རྒྱུད་སྡེ་མ་ལུས་པ་གསན་ཅིང་ཐུགས་སུ་ཆུད་པར་མཛད། རྗེ་བཙུན་བི་རྺ་པ་ལ་ལམ་འབྲས་ལ་སོགས་པའི་གདམས་ངག་དང་རྒྱུད་སྡེ་དུ་མ་དངོས་སུ་གསན་ཅིང་གདུལ་བྱ་སྐལ་ལྡན་རྣམས་ལ་བསྟན་ཏེ་དར་བར་མཛད་དོ། །བསྟན་པ་ཕྱི་དར་གྱི་དབུ་ཚུགས་ནས་འདིའི་བར་དུ་སྔར་ཆོས་ལོག་བྱུང་བ་རྣམས་སུན་འབྱིན་པའི་མཁས་པ་རྣམས་རིམ་གྱིས་བྱོན་ཅིང་ཡང་ཡང་བསྟན་པའི་ཞུས་དག་མཛད་པ་དང་། དམ་པའི་ཆོས་ཀྱི་ཁུར་ཆེན་པོ་བསྣམས་པས་ཆོས་མིན་སྤྱོད་པ་རྣམས་འགྲིབས་ཤིང་ཉུང་བར་གྱུར་ཏེ། ཕྱི་མཚན་ཉིད་ཀྱི་ཐེག་པ་ལའང་མངོན་པ་གོང་འོག་དང་བྱམས་ཆོས་དང་དབུ་ཚད་ལ་སོགས་པའི་བཤད་བཀའ་མདོ་སྨད་ན་ཡོད་པ་གྲུ་གྲུམ་ཡེ་ཤེས་རྒྱལ་མཚན་གྱི་མཁན་བུ་སེ་བཙུན་དབང་ཕྱུག་གཞོན་ནུ་ལ་གར་མི་ཡོན་ཏན་གཡུང་དྲུང་དང་། ཁུ་སྟོན་བརྩོན་འགྲུས་གཡུང་དྲུང་དང་། རྔོག་ལེགས་པའི་ཤེས་རབ་དང་། འབྲོམ་རྒྱལ་བའི་འབྱུང་གནས་ལ་སོགས་པས་གསན་ཅིང་། ཁུ་སྟོན་གྱི་སྐྱུ་ཆེའི་སྟོད་ལ་ར་ཁྲི་བཟང་འབར་དང་། རྒྱལ་བུ་ཚུལ་འབར་དང་ལི་སྟོན་ཆོས་གྲགས་དང་། སྐུ་ཆེ་སྨད་ལ་བྲང་ཏི་དར་མ་སྙིང་པོ་དང་། ཀཽ་ཡེ་ཤེས་འབྱུང་གནས་ལ་

སོགས་པས་གསན་ཅིང་བཤད་པ་དར་བར་མཛད། བྲང་ཏི་ལ་རྫོག་ལོ་ཙྪ་བ་དང་མཉམ་པའི་ཕྲིན་ལས་བྱུང་། ཁྱད་པར་མངོན་པ་འོག་མ་ནི་པཎྜི་ཏ་སྨྲྀ་ཏིས་ལྷན་སྐད་གླང་ཐང་སྒྲོན་མེར་མངོན་པ་མཛོད་གསུངས་པས་དེ་ནས་རིམ་གྱིས་དར་བར་གྱུར། ཕར་ཕྱིན་ཇོ་བོ་རྗེ་ནས་བརྒྱུད་པ་ཁམས་སྟོན་གྱིས་བཤད་པའི་ལུགས་སུ་གྲགས་པ་བྱུང་། སངས་རྒྱས་མྱ་ངན་ལས་འདས་ནས་ལོ་སུམ་སྟོང་ཉིས་བརྒྱ་དང་བརྒྱད་འདས་པའི་དུས་སུ་རྔོག་ཆོས་སྐྱབས་དང་ཡུམ་དཔལ་ཆེན་པོ་ལ་རྔོག་ལོ་ཙྪ་བ་བློ་ལྡན་ཤེས་རབ་ལྕགས་མོ་ཕག་གི་ལོ་ལ་འཁྲུངས། དགུང་ལོ་བཅུ་བདུན་བཞེས་ནས་རྒྱ་གར་དང་ཁ་ཆེ་དང་བལ་པོར་རིག་པའི་གནས་ལྔ་ལ་མཁས་པར་སྦྱངས་ཤིང་། དགུང་ལོ་སུམ་ཅུ་རྩ་བཞི་ནས་གདུལ་བྱ་བསྐྱངས་པས་ཞང་ཚེ་སྤོང་ཆོས་ཀྱི་བླ་མ་དང་། གྲོ་ལུང་པ་བློ་གྲོས་འབྱུང་གནས་དང་། འབྲི་ཤེས་རབ་འབར་དང་། ཁྱུང་རིན་ཆེན་གྲགས་དང་། ཐུགས་སྲས་བཞིས་ཐོག་དྲངས་པའི་སློབ་མ་མང་དུ་བྱུང་སྟེ་འཆད་ཉན་གྱི་བསྟན་པ་རྒྱས་པར་མཛད་དོ། །ཆོས་རྗེ་པཎྜི་ཏ་ཉིད་ཀྱིས་ཁ་ཆེ་པཎ་ཆེན་ཤཱཀྱ་ཤྲཱིའི་སྤྱན་སྔར་རབ་བྱུང་བསྙེན་རྫོགས་མཛད་ནས་ཆོས་མང་དུ་གསན་ཅིང་ཚད་མ་རྣམ་འགྲེལ་རྨ་ལོ་དང་རྔོག་ལོའི་འགྱུར་ལ་ཀུན་ལས་བཏུས་དང་། རྒྱན་དང་མཐུན་པར་འགྱུར་བཅོས་མཛད་དེ་བཤད་པ་དར་བར་མཛད་དོ། །རྒྱ་བོད་ཀྱི་རྒྱལ་རབས་དང་། བསྟན་འཛིན་གྱི་སྐྱེས་བུ་བྱོན་པའི་ལོ་གྲངས་དང་། དུས་སྔ་ཕྱི་དང་གཏམ་རྒྱུད་རྣམས་མི་འདྲ་བ་དུ་མ་འདུག་པས་གཅིག་ཏུ་ངེས་པར་ཡིད་བརྟན་བྱེད་པར་དཀའ་བར་སྣང་ངོ་། །ཇི་ཙམ་ནུས་པའི་ཚིག་གི་དོན་ལ་བརྟགས་ནས་གཏན་ཚིགས་ཡི་གེ་ཁོ་བོས་བྲིས་པའང་ཡོད་པས་ཞིབ་ཏུ་དེར་བལྟ་བར་བྱའོ། །

གཉིས་པ་ནི། ཕྱི་ནས་ཕག་མོའི་བྱིན་བརླབས་དང་། །སེམས་བསྐྱེད་རྨི་ལམ་མ་ལ་སོགས། །ཡི་དམ་སྒྲོམ་པ་དགྲོངས་བསྐྱེད་དང་། །དཀར་པོ་ཆིག་ཐུབ་ལ་སོགས་པ། །སངས་རྒྱས་བསྟན་དང་འགལ་བ་ཡི། །ཆོས་ལོག་དུ་མ་དེང་སང་འཕེལ། །ཅེས་པ། སྙིགས་མ་ལྔ་བདོ་ཞིང་སངས་རྒྱས་ཀྱི་བསྟན་པའང་འགྲིབ་པའི་དུས་སུ་གྱུར་པས་ས་ལོ་དང་དཔྱལ་ལོ་དང་བྲོ་ལོ་དང་ཆག་ལོ་ལ་སོགས་པ་གསང་སྔགས་ལ་མཁས་ཤིང་མཐའ་དྲུག་ཚུལ་བཞི་ལ་སོགས་པའི་དགོངས་པ་མ་ནོར་བར་སྟོན་པའི་བླ་མ་མཁས་པ་དག་བདེ་བར་གཤེགས་པས་གསང་སྔགས་ཀྱི་དབང་བསྐུར་ལ་རྡོ་རྗེ་ཕག་མོའི་རྗེས་གནང་རེ་ཙམ་བྱེད་པ་དང་། སེམས་བསྐྱེད་ཀྱི་ཆོ་ག་རྨི་ལམ་མ་དང་། རྣལ་འབྱོར་བླ་མེད་ཀྱི་ཡི་དམ་ཏིང་ངེ་འཛིན་གསུམ་དང་། རྣལ་འབྱོར་བཞི་དང་། མངོན་བྱང་ལྔས་བསྐྱེད་དགོས་པ་རྣམས་ལ་དགྲོངས་བསྐྱེད་བྱེད་པ་དང་། ཐབས་ཤེས་ཟུང་འབྲེལ་མི་སྒོམ་པར་ནམ་མཁའ་ལྟ་བུའི་སྟོང་རྐྱང་ལ་དཀར་པོ་གཅིག་ཐུབ་ཀྱི་མིང་བཏགས་ནས་ཉམས་སུ་ལེན་པ་དང་། སྟེ་སྣོད་འཆད་ཉན་བྱེད་པ་རྣམས

ཀྱང་མདོ་རྒྱུད་དང་འགྲེལ་པ་དང་འགྲེལ་བཤད་རྣམ་པར་དག་པ་དང་བཤེས་གཉེན་མཁས་པ་ལས་རིམ་པར་བརྒྱུད་པའི་ལེགས་བཤད་རྣམས་དོར་ནས་རང་རང་གི་རྣམ་པར་རྟོག་པ་ལས་གང་ཤར་བ་དེ་ཚད་མར་བྱས་ཏེ། འཆད་ཉན་བྱེད་པ་ལ་སོགས་སངས་རྒྱས་ཀྱི་བསྟན་པའི་སྲོལ་བཟང་པོ་དང་འགལ་བའི་བཤད་སྒྲུབ་ཀྱི་ཆོས་ལུགས་ལོག་པ་དེང་སང་ཡང་འཕེལ་བར་གྱུར་ཏོ། །དཔལ་ལྡན་ཨ་ཏི་ཤའི་ལམ་སྒྲོན་རང་འགྲེལ་དུ། །ཐུབ་པའི་བསྟན་པ་གདམས་ངག་ཉམས་གྱུར་པའི། །སྟོན་པའི་དམ་ཆོས་རྣམ་པར་འཇིག་པ་ན། །དེང་སང་དུས་ཀྱི་བསྟན་པ་འཇིག་པ་ནི། །སངས་རྒྱས་ཉིད་ཀྱི་སློབ་མ་མ་གཏོགས་པ། །ཕྱི་རོལ་པ་དང་ཐ་མལ་སྐྱེ་བོ་ཡིས། །ཐུབ་པའི་བསྟན་པ་སུས་ཀྱང་འཇིག་མི་ནུས། །ཞེས་གསུངས་པ་ལྟར་རོ། །

གསུམ་པ་ནི། མཁས་རྣམས་འདི་ལ་མི་དགྱེས་ཀྱང་། །དུས་ཀྱི་ཤུགས་ཀྱི་བཟློག་མི་ནུས། །བླུན་པོ་སྤྱངས་པ་ཆུང་བ་རྣམས། །འདི་འདྲ་སྤྱོད་པ་བདེན་མོད་ཀྱི། །མཁས་པར་སྦྱངས་པར་རློམ་པ་ཡང་། །རི་བོང་ཅལ་བཞིན་འདི་ལ་སྤྱོད། །ཅེས་པ། སངས་རྒྱས་ཀྱི་བསྟན་པའི་ཁུར་ཆེན་པོ་ཁྱེར་བའི་བསྟན་འཛིན་མཁས་པ་རྣམས་དམ་པའི་ཆོས་དང་མི་མཐུན་པའི་ཆོས་ལོག་ལ་མི་དགྱེས་ཀྱང་། བསྟན་པ་འཇིག་པའི་དུས་ངན་དང་ཉེ་བའི་དབང་གིས་ཟློག་པར་མ་ནུས་པ་ཡིན་ཏེ། ཡང་དག་པའི་གདམས་ངག་བསྟན་པའི་སྣོད་དུ་མི་རུང་བའི་སེམས་ཅན་རྣམས་རྫོགས་པའི་སངས་རྒྱས་ཀྱིས་ཀྱང་མཁྱེན་བཞིན་དུ་བཏང་སྙོམས་མཛད་པ་ཡིན་ནོ། །ཆོས་རྗེ་ཉིད་ཀྱིས་ལྷ་སའི་བཙུ་གཅིག་ཞལ་གྱི་སྤྱན་སྔར། འགྲོ་བའི་ཕན་བདེ་འབྱུང་བའི་གནས། །བདེ་བར་གཤེགས་པའི་བསྟན་པ་ཡང་། །མར་མེ་སྣུམ་ཟད་ཇི་བཞིན་དུ། །རིང་པོར་མི་ཐོགས་ནུབ་པར་འགྱུར། །སངས་རྒྱས་བསྟན་པའི་སྲོག་འཛིན་པའི། །སྡེ་སྣོད་འཛིན་པ་ཕལ་ཆེར་འདས། །ད་ནི་ཐུབ་པའི་དགོངས་མིན་པའི། །ཆོས་ལྟར་བཅོས་པ་དུ་མ་བྱུང་། །ཆོས་སྨྲ་རྣམས་ལ་ཇི་ལྟར་དགོངས། །བདག་གིས་བགྱི་བའང་ཇི་ལྟར་ལགས། །ཐུགས་རྗེ་མངའ་བས་བཟུང་དུ་གསོལ། །ཅེས་ཐུགས་ཀྱིས་མ་བཟོད་པར་སྨྲེ་སྔགས་མཛད་པ་ཡིན་ནོ། །འོན་ཀྱང་སྡེ་སྣོད་ལ་མ་སྦྱངས་པའི་གང་ཟག་བླུན་དད་ཅན་རྣམས་ནོར་བའི་ཆོས་ལ་འཇུག་པ་བདེན་ནའང་། མདོ་རྒྱུད་ལ་ལེགས་པར་བསླབས་ཤིང་མཁས་པར་རློམ་པ་དག་གང་ཟག་དང་ཆོས་ལ་རིགས་པས་བརྟག་དཔྱད་མི་བྱེད་པར་འཇུག་པ་ནི་ཤིན་ཏུ་མི་རིགས་སོ། །དཔེར་ན་སྔོན་གྱི་དུས་སུ་རི་ཁྲོད་ཀྱི་འཚེའུ་ཞིག་གི་འགྲམ་ན་ཤིང་བིལ་བའི་སྡོང་པོ་ཞིག་ཡོད་དེ། རི་བོང་དྲུག་ཀྱང་དེར་ཆུ་འཐུང་བའི་ཚེ། བིལ་བའི་འབྲས་བུ་འཚེའུར་ལྷུང་བས་ཅལ་ཅེས་པའི་སྒྲ་བྱུང་ངོ་། །རི་བོང་དྲུག་གིས་བྲོས་པས་ཝ་སྐྱེས་དང་འཕྲད་དེ་བྲོས་སོ། །རིམ་གྱིས་སྤྱང་ཀི་དང་དོམ་དང་གཟིག་དང་སྟག་དང་སེང་གེ་རྣམས་ཀྱང་བྲོས་སོ། །སེང་གེའི་རྒྱལ་པོ་རལ་པ་ཅན་ཞིག་གི་དྲུང་དུ་སླེབ་སྟེ། སེང་

གེ་རྣམས་ལ་རྒྱུ་མཚན་དྲིས་པས་སྨག་རྣམས་ཟེར་རོ། །ཞེས་པ་ནས་རིམ་གྱིས་རི་བོང་ལ་དྲིས་པས་འཆི་འུར་བཞིལ་བའི་འབྲས་བུ་ལྷུང་བའི་སྒྲ་ཅལ་ཟེར་བ་ལ་བྲེད་ནས་བྲོས་སོ། །བར་སྣང་གི་ལྷས། ཅལ་ལ་འབྲོག་པའི་རི་བོང་དྲུག །རྐང་བཞི་མེད་པར་བྲོས་ལ་ལྟོས། །ཞེས་ཁྲེལ་བའི་ཚིགས་བཅད་སྨྲས་པ་ལྟར་རོ། །

བཞི་པ་ནི། འདི་ཡི་རིགས་ཅན་འཕེལ་གྱུར་ན། །སངས་རྒྱས་བསྟན་ལ་གནོད་མི་གནོད། །མཁས་པ་རྣམས་ཀྱིས་དཔྱོད་ལ་སློས། །ཞེས་པ། དམ་པའི་ཆོས་དང་མི་མཐུན་པའི་ཆོས་འདྲ་མིན་རང་བཟོར་བཅོས་པ་འཆད་པ་དང་། སྒོམ་པ་འདི་འདྲ་རིམས་ནད་བཞིན་དུ་འཕེལ་བར་གྱུར་ན། སངས་རྒྱས་ཀྱི་བསྟན་པ་ལ་ཕན་གནོད་ཅིར་འགྱུར། ཟས་གཙང་སྲས་པོའི་རྗེས་སུ་ཞུགས་ཤིང་དེའི་ཆོས་ལུགས་ཀྱི་བཤད་སྒྲུབ་བྱེད་པའི་ཤེས་ལྡན་རྣམས་ཀྱི་ཞིབ་མོར་དགོས་པ་ལ། ཐུབ་པའི་བསྟན་པ་འཛིག་པའི་རྒྱུར་གྱུར་ན་རང་རང་གི་བློ་གྲོས་ལ་ནུས་པ་ཅི་ཡོད་པས་ལུང་དང་རིགས་པའི་སྒོ་ནས་སུན་འབྱིན་ཡང་དག་སློས་ཤིག །སངས་རྒྱས་ཀྱི་བསྟན་པ་ཡལ་བར་དོར་ནས་གཞན་གྱི་ངོ་སྲུང་བ་ཙམ་གྱི་ཕྱིར་དེ་ལ་མཐུན་འགྱུར་བརྗོད་ཅིང་སྟན་པར་སྨྲ་བ་མི་རིགས་ཏེ། བསྟན་པ་ལ་དད་པའི་ལྷ་རྣམས་ཀྱིས་འཁྲེལ་བར་འགྱུར་བའི་ཕྱིར། རྗེས་དྲན་དྲུག་ལྡན་དུ། ལྷ་རྗེས་སུ་དྲན་པ་སྒོམ་པར་གསུང་པ་ནི་དེས་མ་འཁྲེལ་བར་བྱེད་པ་ཡིན་ནོ། །གསུམ་པ་ལ་བདུན་ཏེ། ཆོས་ལོག་ཚར་གཅོད་པ་མཁས་པའི་རྣམ་ཐར་ཡིན་པར་བསྟན། བསྟན་འཛིན་བསྟན་པའི་ཕྱི་དོར་བྱ་བར་རིགས་པའི་སྒྲུབ་བྱེད། འཇིག་རྟེན་ཕལ་པའི་ལས་ལ་རྟོག་དཔྱོད་བྱེད་པའི་དཔེ་དགོད། སྐྱེ་བ་གཏན་གྱི་བྱ་བ་ལེགས་པར་བརྟགས་ནས་བྱ་བར་གདམས་པ། དེ་ཕྱིར་ཆོས་དང་བླ་མ་ལེགས་པར་བརྟག་དགོས་ཡིན་པར་བསྟན་པ། སྡིགས་མའི་སྤྱོད་ཚུལ་རྣམས་ལ་ཤིན་ཏུ་ཁྲེལ་བར་བསྟན་པ། བསྟན་བཅོས་རྩོམ་པའི་ཀུན་སློང་དྲང་པོར་བརྗོད་པའི་བདེན་ཚིག་གོ། །

དང་པོ་ནི། གལ་ཏེ་འདི་འདྲའི་ཆོས་ལོག་གིས། །སངས་རྒྱས་བསྟན་ལ་མི་གནོད་ན། །མུ་སྟེགས་སོགས་ཀྱི་ཆོས་ལོག་ཀྱང་། །སངས་རྒྱས་བསྟན་ལ་ཅི་སྟེ་གནོད། །ཆོས་ལོག་གཞན་གྱིས་གནོད་ན་ནི། །འདི་དག་གིས་ཀྱང་མི་གནོད་དམ། །གནོད་ཀྱང་སུན་འབྱིན་མི་འཐད་ན། །མུ་སྟེགས་བྱེད་དང་ཉན་ཐོས་སོགས། །ཞེས་པ། ཐེག་པ་ཆེ་ཆུང་དང་སྔགས་མཚན་ཉིད་ཀྱི་ཆོས་ལ་ལྟ་སྒོམ་སྤྱོད་འབྲས་ནོར་བ་དང་། གྲུབ་མཐའ་དང་ལག་ལེན་འཆོལ་བ་དང་། རྒྱ་བོད་ཀྱི་ཡི་གེ་འདྲི་ཀློག་ཉམས་པའི་ཚུལ་གོང་དུ་སྨོས་པ་འདི་འདྲའི་ཆོས་ལོག་གིས་སངས་རྒྱས་ཀྱི་བསྟན་པ་ལ་མི་གནོད་ཅིང་དགག་པར་མི་རིགས་ན། ཕྱི་རོལ་མུ་སྟེགས་ཀྱི་གྲུབ་མཐའ་འཛིན་པའི་རྟོག་གེ་པ་དྲུག་དང་། རིག་བྱེད་བཞི་སྨྲ་བའི་རྗེས་སུ་སློག་པ་དྲུག་དང་། ཐར་པའི་ལམ་མ་ཡིན་པའི་ཏིང་ངེ་འཛིན་ནི་སྒོམ་པའི་སྒོམས་འཇུག་པ་དྲུག་གི་ཆོས་རྣམས་སངས་རྒྱས་ཀྱི་བསྟན་པ་ལ་མི་གནོད་པར་འགྱུར། དེ་འདོད་ན།

བཅོམ་ལྡན་འདས་ཉིད་ཀྱིས་རྗེས་སུ་སྒྲོགས་པ་བ་རྣམས་རིགས་པས་སུན་ཕྱུང་ཞིང༌། སློམས་འཇུག་པའི་ལམ་ལོག་པར་བསྟན་པའི་ཕྱིར། དཀའ་བ་ལོ་དྲུག་སྤྱད་པ་དང༌། རྟོག་གེ་པ་འཁོར་བཅས་ཆོ་འཕྲུལ་ཆེན་པོ་བསྟན་ཏེ་ཕམ་པར་མཛད་པ་ལ་སོགས་ཀྱང་མི་འཐད་པར་འགྱུར་རོ། །མུ་སྟེགས་ཀྱི་ལྟ་སྤྱོད་ནོར་བ་དམ་པའི་ཆོས་ལ་གནོད་པས་དགག་པར་རིགས་ན། བོད་ཡུལ་གྱི་ཆོས་ལུགས་ནོར་བ་དེ་དག་གིས་ཀྱང་དམ་པའི་ཆོས་ལ་ཅིའི་ཕྱིར་མི་གནོད། འོན་ཏེ་སངས་རྒྱས་ཀྱི་བསྟན་པ་ལ་གནོད་ཀྱང་སུན་འབྱིན་བྱེད་པ་མི་འཐད་ན། མུ་སྟེགས་བྱེད་ཀྱི་ཆོས་ལུགས་དང༌། ཉན་ཐོས་བྱེ་བྲག་སྨྲ་བའི་སྡེ་པས་ཐེག་པ་ཆེན་པོ་སངས་རྒྱས་ཀྱི་བཀའ་མ་ཡིན་པར་འདོད་པའི་གྲུབ་མཐའ་ལ་སོགས་པ་འཁྲུལ་པ་མང་པོ་སུན་འབྱིན་པ་ཡང་མི་འཐད་པར་འགྱུར་རོ། །

འདི་དག་བསྟན་ལ་གནོད་པའི་ཕྱིར། །མཁས་རྣམས་སུན་འབྱིན་མཛད་ནས་ནི། །བསྟན་ལ་གནོད་པའི་ཆོས་ལོག་ཀྱང༌། །མཁས་པ་རྣམས་ཀྱིས་སུན་ཕྱུགས་ཤིག །ཅེས་པ། ཕྱི་ནང་གི་ལྟ་སྤྱོད་གྲུབ་མཐའ་ལོག་པ་དེ་རྣམས་མ་བཀག་ན། སྐྱེ་དགུ་མང་པོ་ལོག་པའི་ལམ་དུ་འགྱུར་བ་དང༌། སངས་རྒྱས་ཀྱི་བསྟན་པ་ལའང་ཆོས་མིན་གྱི་འབྲུལ་པ་འདྲེས་ན་རྒྱུད་ཟ་བའི་ཉམས་པ་བྱུང་བའི་ཕྱིར་དཔལ་ལྡན་ཆོས་ཀྱི་གྲགས་པ་ལ་སོགས་པས་ཕྱི་ནང་གི་གྲུབ་མཐའ་ངན་པ་ཚར་བཅད་ཅིང་བསྟན་བཅོས་བརྩམས་པ་དང༌། རྒྱལ་བ་བྱམས་པས་མདོ་སྡེ་རྒྱན་གྱི་ཐོག་མར་ཉན་ཐོས་ཀྱི་འདོད་པ་སུན་ཕྱུང་ནས་ཐེག་པ་ཆེན་པོ་སངས་རྒྱས་ཀྱི་བཀའ་ཡིན་པར་སྒྲུབ་པའི་རིགས་པ་རྣམ་དག་བཀོད་པ་དེ་ལྟར་རིགས་ན། ལྟར་བསྟན་པའི་ཆོས་ལོག་དེ་རྣམས་ཀྱང་མ་བཀག་ན་གདུལ་བྱ་ལམ་ལོག་ཏུ་འཁྲིད་པ་དང༌། སངས་རྒྱས་ཀྱི་བསྟན་པ་ལ་ཆོས་ལོག་འདྲེས་པའི་ཉེས་པ་ཆེན་པོ་འབྱུང་བའི་ཕྱིར། བོད་ཡུལ་གྱི་སེམས་ཅན་རྣམས་ལ་སྙིང་བརྩེ་བ་དང༌། ཐུབ་པའི་བསྟན་པ་རྒྱུད་མི་ཟ་བའི་གཅེས་སྤྲས་བྱ་བའི་ཕྱིར་ཁོ་བོས་ཀྱང་ཆོས་དང་མཐུན་པས་སུན་ཕྱུང་བ་ཡིན་ཅིང༌། བསྟན་པ་འཛིན་པའི་སྐྱེས་བུ་མཁས་པ་རྣམས་ཀྱིས་ཀྱང་ལུང་རིགས་རྣམ་དག་གིས་ཚར་ཆོད་ལ་སའི་སྟེང་དུ་མི་འཕེལ་བར་གྱིས་ཤིག །

གཉིས་པ་ནི། ཅི་སླད་ཅེ་ན་རྒྱལ་བ་ཡིས། །རིན་ཆེན་ཆོས་ཀྱང་དཀོན་ལ་ནི། །རྟག་ཏུ་འཚེ་བའང་མང་ཞེས་གསུངས། །འདི་ལ་བསམས་ནས་མཁས་རྣམས་ཀྱིས། །རྟག་ཏུ་བསྟན་པའི་བྱི་དོར་བྱ། །ཞེས་པ། བསྟན་འཛིན་རྣམས་ཀྱིས་ཆོས་ལོག་སུན་འབྱིན་དགོས་པའི་རྒྱུ་མཚན་ནི། མདོ་སྡུད་པར། རིན་ཆེན་ཆོས་ཀྱང་དཀོན་ལ་རྟག་ཏུ་འཚེ་བའང་མང༌། །ཐེག་པར་གསར་དུ་ཞུགས་པའི་སེམས་ཅན་བློ་ཆུང་བ། །གང་ཞིག་དཀོན་པའི་རིན་ཆེན་འདི་ནི་མ་རྙེད་པར། །དེ་ལ་བར་ཆད་བྱ་ཕྱིར་བདུད་ནི་སྤྲོ་བར་འགྱུར། །ཞེས་གསུངས་པས་སངས་རྒྱས་ཀྱི་བསྟན་པ་ལ་བར་དུ་གཅོད་པའི་འབྱུང་པོ་ཆོས་ལོག་སྟོན་པའི་གང་ཟག་གིས་རྒྱུད་ལ་ཞུགས་ནས་འཁོར་

མང་པོ་བསྟུས་ཏེ་འཕེལ་བར་བྱེད་པ་མང་པོ་སྙིགས་མའི་དུས་འདིར་འབྱུང་བས་སྐྱེས་བུ་དམ་པ་རྣམས་ཀྱིས་སངས་རྒྱས་ཀྱི་བསྟན་པ་ལ་བསམས་ཏེ་ཆོས་མིན་སུན་འབྱིན་པ་དང་། དམ་པའི་ཆོས་འཆད་པ་ལ་སོགས་བསྟན་པའི་ཕྱི་དོར་ལ་བརྩོན་པར་བྱ་དགོས་ཏེ། དཔེར་ན་ནོར་བུ་རིན་པོ་ཆེ་གཅེས་སྤྲས་དང་ཕྱི་དོར་མ་བྱས་ན་དགོས་འདོད་མི་འབྱུང་བ་བཞིན་དུ་སངས་རྒྱས་ཀྱི་བསྟན་པ་རིན་པོ་ཆེ་ཡང་གཅེས་སྤྲས་དང་ཕྱི་དོར་མ་བྱས་ན་འཇིག་རྟེན་པའི་ཕན་བདེ་མི་འབྱུང་བའི་ཕྱིར་རོ། །དེས་ན་དམ་པའི་ཆོས་རིན་པོ་ཆེ་ནི་ཤིན་ཏུ་གཅེས་པར་བཟུང་སྟེ་མོས་གུས་རྒྱལ་མཚན་གྱི་རྩེ་མོ་ལ་བཏགས་ནས་ཆོས་བཞིན་སྤྱོད་པའི་མཆོད་པས་མཆོད་པར་བྱའོ། །

གསུམ་པ་ནི། ཉི་མ་གཅིག་གི་བཟའ་བཏུང་ལའང་། །བཟང་ངན་རྟོག་དཔྱོད་སྣ་ཚོགས་གཏོང་། །གོས་དང་མཁར་ལྷན་ལ་སོགས་པའི། །བྱ་བ་གང་ལའང་ལེགས་ཉེས་དང་། །བཟང་ངན་མཁས་དང་མི་མཁས་ཞེས། །བླང་དོར་རྟོག་དཔྱོད་སྣ་ཚོགས་བྱེད། །ཅེས་པ། ཉི་མ་གཅིག་ལོངས་སྤྱོད་པའི་བཟའ་བཏུང་སྦྱོར་བ་ལ་རྒྱུ་བཟང་ངན་དང་སྦྱོར་ཚུལ་གྱི་ལག་ལེན་ལེགས་ཉེས་འཕྲོད་མི་འཕྲོད་ཞིབ་ཏུ་དཔྱོད་ཅིང་། གོས་བཟོ་བ་དང་ཁང་པ་བརྩིགས་པ་ལ་སོགས་འཇིག་རྟེན་ཐ་མལ་པའི་བྱ་བ་རྩོམ་པའི་ཚེ་རྒྱུ་དང་བཀོད་པ་བཟོ་བོ་ལ་སོགས་འོས་མི་འོས་ལེགས་མི་ལེགས་མཁས་མི་མཁས་ལ་འདོར་ལེན་དང་འདམ་ཁ་ལན་མང་པོ་བྱེད་པ་དང་།

རྟ་དང་ནོར་བུ་ལ་སོགས་པ། །ཕྲན་ཟད་ཙམ་གྱི་ཉོ་ཚོང་ལའང་། །ཀུན་ལ་འདྲི་ཞིང་བརྟགས་ནས་དཔྱོད། །ཚེ་འདིའི་བྱ་བ་ཕྲན་ཟད་ལའང་། །འདི་འདྲའི་འབད་པ་བྱེད་པ་མཐོང་། །ཞེས་པ། རྟ་ཕྱུགས་དང་གསེར་གཡུ་ལ་སོགས་འཇིག་རྟེན་པའི་ནོར་ཕལ་པ་ཙམ་གྱི་ཉོ་ཚོང་ལའང་འཐད་མི་འཐད་རང་གི་གྲོགས་དང་ཀུན་ལ་གྲོས་འདྲི་བ་དང་། རང་ཉིད་ཀྱང་རྟོག་དཔྱོད་མི་འདྲ་བ་མང་པོ་བྱེད་དེ། ཚེ་འདིའི་བྱ་བ་ཕལ་པ་དེ་ཙམ་ལའང་ལེགས་པར་བརྟགས་ནས་འཇུག་པ་དང་། ཕྱ་བཅོལ་དུ་བྱས་པའི་ནོར་བ་ལ་ཕྱིས་མི་འཇུག་པ་མཐོང་ན་བཞི་པ་ནི།

སྐྱེ་བ་གཏན་གྱི་ལེགས་ཉེས་ནི། །དམ་པའི་ཆོས་ལ་རག་ལས་ཀྱང་། །ཆོས་འདི་ཁྱི་ཡི་ཟས་བཞིན་དུ། །བཟང་ངན་གང་དུའང་མི་དཔྱོད་པར། །གང་འཕྲད་དེ་ལ་གུས་པར་འཛིན། །ཞེས་པ། བླ་ན་མེད་པའི་བྱང་ཆུབ་མ་ཐོབ་བར་གནས་སྐབས་ངན་འགྲོ་འགོག་ཅིང་བདེ་འགྲོ་ཐོབ་པ་དང་། རིགས་མཐོ་བ་ལ་སོགས་མཐོ་རིས་ཀྱི་ཡོན་ཏན་བདུན་དང་། དད་པ་དང་ཚུལ་ཁྲིམས་ལ་སོགས་འཕགས་པའི་ནོར་བདུན་འབྱུང་བ་དང་། ས་ལམ་གྱི་ཡོན་ཏན་གོང་ནས་གོང་དུ་འཕེལ་བ་རྣམས་བླང་དོར་ལེགས་པར་ཤེས་ནས་དམ་པའི་ཆོས་སངས་རྒྱས་ཀྱི་གསུང་བཞིན་བྱེད་པ་ལ་རག་ལས་ཤིང་། དེ་ཡང་བླ་མ་མཚན་ཉིད་དང་ལྡན་པས་བསྟན་པ་ལ་རག་ལས་པས་ལེགས་པར་བརྟགས་ནས་སྒྲུབ་པར་རིགས་ཤིང་། ཁྱི་བཀྲེས་པའི་མདུན་དུ་ཁ་ཟས་བྱུང་བ

བཟའ་རུང་མི་རུང་མི་དཔྱོད་པར་ཟ་བ་ལྟར་ཆོས་དང་བླ་མ་གང་འཕྲད་པ་བསྟེན་ཅིང་ཉམས་སུ་ལེན་པར་བྱེད་པ་ཁྱི་ལྟ་བུ་ནི་ཤིན་ཏུ་བླུན་པའོ། །

ལྔ་པ་ནི། ཉིན་གཅིག་གིས་ནི་སྐྱེལ་མའམ། །ཚེ་གཅིག་གིས་ནི་ཉེ་འབྲེལ་ལའང་། །འབད་དེ་བརྟགས་ནས་ལེན་པ་མཐོང་། །དེང་ནས་བརྩམས་ཏེ་ཇོགས་པ་ཡི། །སངས་རྒྱས་མ་ཐོབ་བར་གྱི་དོན། །བླ་མ་མཆོག་ལ་རག་ལས་མོད། །འོན་ཀྱང་རྟོག་དཔྱོད་མི་བྱེད་པར། །ཚོང་འདུས་ངན་པའི་ཟོང་བཞིན་དུ། །སུ་འཕྲད་རྣམས་ལ་ལེན་པ་མཐོང་། །ཞེས་པ། འཇིགས་པར་འགྲོ་བའི་ལམ་གྱི་སྐྱེལ་མ་ཐུབ་མི་ཐུབ་དང་། གཉན་སྡེབ་པའི་ཉེ་འབྲེལ་ལ་རིགས་རུས་དང་ལོངས་སྤྱོད་ལ་སོགས་པ་རུང་མི་རུང་ཞིབ་ཏུ་བརྟགས་ནས་ལག་ཏུ་ལེན་པ་མཐོང་སྟེ། གནས་སྐབས་དང་མཐར་ཐུག་གི་དོན་གཉིས་འབྱུང་བ་བླ་མ་ལ་རག་ལས་ཀྱང་། མཚན་ཉིད་དང་ལྡན་མི་ལྡན། བསྟེན་དུ་རུང་མི་རུང་མི་སྤྱོད་པར་རྒྱལ་ཁྲིམས་མེད་པའི་ཚོང་འདུས་ཀྱི་ཟོང་ནོར་བུ་བརྫུན་མ་དང་གསེར་དངུལ་མ་ཡིན་པ་ལ་ཟོག་ཚོང་བྱས་ནས་སླུ་བ་བཞིན་དུ་བླ་མ་ངན་པས་བླུན་པོ་བསླུས་ཏེ། ཆོས་ལ་ཟོག་ཚོང་བྱས་པས་ཆོས་ལོག་སྟོན་པའི་རིགས་སུ་དང་འཕྲད་པ་དེ་ལས་ཞུས་ནས་ཉམས་སུ་ལེན་པ་མཐོང་ངོ་། །

དྲུག་པ་ནི། ཀྱེ་མ་སྙིགས་མའི་དུས་འདི་འཚར། །འབད་མི་དགོས་པར་འབད་པ་བྱེད། །འབད་དགོས་ཆོས་དང་བླ་མ་ནི། །ཅི་ཡང་རུང་བས་ཆོག་པར་སྣང་། །ཞེས་པ། གོང་དུ་སྨོས་པའི་ཚུལ་དེ་དག་གཟིགས་ནས་ཐུགས་བརྩེ་བས་མ་བཟོད་པར་ཀྱེ་མ་ཞེས་གསུངས་ཏེ། དུས་དང་སེམས་ཅན་དང་ཚེ་དང་ཉོན་མོངས་པ་དང་ལྟ་བའི་སྙིགས་མ་ལྔ་བདོ་བ་རྩོད་པའི་དུས་ཀྱི་མཐའ་མ་འདིར་འཚར་ཆེ་སྟེ། སྙིང་པོ་མེད་པའི་བྱ་བ་འབད་པ་བྱེད་མི་དགོས་པ་ལ་ཚ་གྲང་དང་ངལ་དུབ་ཁྱད་དུ་བསད་པའི་རྩོལ་བ་ཆེན་པོ་བྱེད་ཅིང་། འབད་རྩོལ་དང་རྟོག་དཔྱོད་ཆེན་པོས་བརྟགས་ཤིང་སྒྲུབ་དགོས་པའི་ཆོས་དང་བླ་མ་ལ་ཅི་རུང་རུང་གིས་ཆོག་ཞིང་བསྟེན་པར་སྣང་ངོ་། །བདུན་པ་ལ་གསུམ། བདེན་ཚིག་བརྗོད་པ་དངོས། མ་གོ་བའི་ལོག་རྟོག་བསལ་ཚུལ། ཆོས་དང་མཐུན་པའི་རྣམ་ཐར་བཟུང་ཚུལ་ལོ། །

དང་པོ་ནི། བདག་ནི་སེམས་ཅན་ཀུན་ལ་བྱམས། །གང་ཟག་ཀུན་ལ་བདག་མི་སྨོད། །རྒྱ་ལ་མཉམ་པར་མ་བཞག་པས། །སྨོད་པ་སྲིད་ནའང་སྡིག་དེ་བཤགས། །ཞེས་པ། ས་སྐྱ་པཎྜི་ཏ་ཁྱིད་ཀྱི་བསྟན་བཅོས་འདི་གང་ཟག་གཞན་ཆོས་ཟབ་མོ་བསྟན་ནས་འགྲོ་དོན་རྒྱ་ཆེན་པོ་བྱེད་པ་ལ་ཕྲག་དོག་དང་། རང་ལུགས་ཞེན་པས་སྨྲོང་བ་དང་། གཞན་ལུགས་སྡང་བས་སྨྲོང་བའི་ཕྱིར་དུ་བརྩམས་པ་མ་ཡིན་ནམ་ཞེ་ན། དེ་ལྟ་བུའི་ཀུན་སློང་ངན་པ་དམ་པའི་ཆོས་དང་འགལ་ཅིང་འཕགས་པའི་ཐུགས་ཀྱིས་འབྲེལ་བ་ནི་ནམ་ཡང་མེད་དེ། སྤྱིར་སེམས་ཅན་ལ་

ཕན་པར་འདོད་པའི་བྱམས་པ་དང་། ཁྱད་པར་དམ་པའི་ཆོས་བྱེད་པར་འདོད་པའི་གང་ཟག་ཆོས་ལོག་དང་འཕྲོད་པ་དག་ལ་ལམ་ཕྱིན་ཅི་མ་ལོག་པར་སྟོན་པ་འདོད་པའི་ལྷག་བསམ་བཟང་པོ་དང་། སངས་རྒྱས་ཀུན་རྒྱལ་བ་སྲས་བཅས་ཀྱི་ཐུགས་རྗེའི་ཡུལ་ཕན་བདེ་སྒྲུབ་པར་བྱེད་པའི་ཞིང་བླ་ན་མེད་པ་ཡིན་པར་ཤེས་པས་ཐ་ན་གྲོག་སྦུར་ཙམ་ལའང་མི་སྨོད་ཅིང་བརྙས་པར་མི་བྱེད་དོ། །གལ་ཏེ་དྲན་པས་མ་ཟིན་པར་སྒོ་གསུམ་གྱིས་མ་གུས་པ་དང་སྨོད་པའི་ཚིག་སྨྲས་པ་སྲིད་ན་བཤགས་པར་བགྱིའོ། །བཟོད་པར་མཛོད་ཅིག །འཕགས་པ་ཞི་བ་ལྷས། གང་དག་བདེ་བས་ཐུབ་རྣམས་དགྱེས་འགྱུར་ཅིང་། །གང་ལ་གནོད་ན་མི་དགྱེས་འབྱུང་འགྱུར་བ། །དེ་དག་དགའ་བས་ཐུབ་པ་ཀུན་དགྱེས་ཤིང་། །དེ་ལ་གནོད་བྱས་ཐུབ་ལ་གནོད་པ་བྱས། །ཞེས་པ་དང་། དེ་བས་བདག་གིས་འགྲོ་ལ་གནོད་བྱས་པས། །ཐུགས་རྗེ་ཆེ་ཀུན་མི་དགྱེས་གྱུར་པ་གང་། །སྡིག་དེ་དེ་རིང་སོ་སོར་བཤགས་བགྱི་ཡིས། །མི་དགྱེས་གང་ལགས་དེ་ཐུབ་བཟོད་པར་གསོལ། །ཅེས་གསུངས་པ་ལྟར་རོ། །

གཉིས་པ་ལ་བརྒྱད། དྲང་པོ་སྨོད་ན་རང་གི་བློ་སྐྱོན་ཡིན་པར་བཤད་པ། །མཁས་པས་ལྷ་སྤྱོད་ལོག་པ་བཅོམ་པའི་ཚུལ། །ཐུབ་པས་བདུད་དང་མུ་སྟེགས་ཕམ་པའི་ཚུལ། །ལོང་ཁྲིད་རྣམས་ཀྱིས་མིག་མེད་འཁྲིད་པའི་ཚུལ། །སྨན་པ་མཁས་པས་ནད་པ་གསོ་བའི་ཚུལ། །བསྟན་པའི་བྱ་བ་དེ་དང་མཚུངས་པའི་ཚུལ། །ཕན་བདེའི་དམ་པའི་ཆོས་ལས་འབྱུང་བའི་ཚུལ། །དཔའ་བོས་ཀུན་མཁྱེན་བསྟགས་པའི་ལུང་དང་སྦྱར་བའོ། །

དང་པོ་ནི། དམ་ཆོས་འཁྲུལ་དང་མ་འཁྲུལ་བ། །སྐྱེ་བ་གཏན་གྱི་གྲོགས་ཡིན་པས། །འདི་ཡི་ལེགས་ཉེས་སྤྱོད་པ་ལ། །སྨོད་ཞེ་སྨན་རང་སྐྱོན་ཡིན། །ཞེས་པ། བསྟན་པའི་བྱ་བ་སྒྲུབ་པའི་ཚིག་དོན་ལ་ནོར་བ་ཡོད་མེད་ལེགས་པར་དཔྱད་ནས་མ་ནོར་བའི་གཞུང་འཛུགས་ཤིང་། ནོར་བ་སུན་འབྱིན་པ་འདི། གདུལ་བྱ་རྣམས་ཀྱི་སྐྱེ་བ་གཏན་གྱི་མདུན་གྲོས་ཡིན་པས། ཉེས་པ་སུན་དབྱུང་བ་ལ་ཞེ་སྡང་ནས་སྨྲས་སོ་ཞེས་ཟེར་ན་རང་གི་བློ་སྐྱོན་ཡིན་པར་གོ་བར་གྱིས་ཤིག །

གཉིས་པ་ནི། ཀླུ་སྒྲུབ་དང་ནི་དབྱིག་གཉེན་དང་། །ཕྱོགས་ཀྱི་གླང་པོ་ཆོས་གྲགས་སོགས། །མཁས་པ་ཀུན་གྱི་རང་བཞིན་གྱིས། །ཆོས་ལོག་ཐམས་ཅད་སུན་ཕྱུང་བ། །དེ་ལའང་སྡང་ཞེས་ཟེར་རམ་ཅི། །ཞེས་པ། འཕགས་པ་ཀླུ་སྒྲུབ་ཀྱིས་བདེན་པའི་དངོས་པོ་འདོད་པ་དགག་པའི་ཕྱིར་རིག་པའི་ཚོགས་བརྩམས་པ་དང་། མཁས་མཆོག་དབྱིག་གཉེན་གྱིས་ཕྱི་རོལ་པ་དང་བྱེ་བྲག་ཏུ་སྨྲ་བའི་གྲུབ་མཐའ་ནོར་བ་སུན་ཕྱུང་བ་དང་། རིག་པའི་དབང་ཕྱུག་ཕྱོགས་གླང་དང་ཆོས་གྲགས་ཀྱིས་ཕྱི་ནང་གི་གྲུབ་མཐའ་ངན་པ་ཚར་བཅད་ཅིང་། བསྟན་བཅོས་མཛད་པ་ལ་སོགས་བསྟན་འཛིན་མཁས་པ་རྣམས་ཀྱིས་རང་བཞིན་གྱི་ལྷ་སྤྱོད་ཕྱིན་ཅི་ལོག་ཏུ་སུན་ཕྱུང་

ནས་སངས་རྒྱས་ཀྱི་བསྟན་པ་ཡང་དག་པར་བསྒྲུབས་པ་དེ་ཡང་ཕ་རོལ་ལ་ཞེ་སྡང་བས་བྱས་སོ་ཞེས་བསྐུར་པ་འདེབས་སམ།

གསུམ་པ་ནི། རྫོགས་པའི་སངས་རྒྱས་ཀུན་གྱི་ཀྱང་། །བདུད་དང་མུ་སྟེགས་སུན་ཕྱུང་བ། །དེ་ཡང་ཕྲག་དོག་ཉིད་འགྱུར་རམ། །ཞེས་པ། ཐུབ་པ་ཆེན་པོས་བདུད་སྡིག་ཅན་འཁོར་དང་བཅས་པ་བྱམས་པའི་ཏིང་ངེ་འཛིན་དང་ཆོ་འཕྲུལ་གྱིས་བཏུལ་ཅིང་། བདུད་ཀྱི་འཁོར་མང་པོ་རྫོགས་པའི་བྱང་ཆུབ་ལས་ཕྱིར་མི་ལྡོག་པར་མཛད་པ་དང་། འོད་སྲུངས་རྫོགས་བྱེད་ལ་སོགས་པ་མུ་སྟེགས་ཀྱི་སྟོན་པ་ཆེན་པོར་རློམ་པ་རྣམས་སྐྱེ་དགུའི་ཚོགས་མང་པོ་འདུས་པའི་དབུས་སུ་དམའ་ཕབ་ཅིང་། དེའི་ཕྱོགས་ཀྱི་འགྲོ་བ་མང་པོ་ཡང་དག་པའི་ལམ་ལ་བཀོད་ནས་དད་པར་བྱས་པ་དེའང་ཕྲག་དོག་གིས་བྱས་པ་ཡིན་ནམ་ལེགས་པར་སོམས་ཤིག །

བཞི་པ་ནི། མཁས་རྣམས་བླུན་པོའི་ལོང་ཁྲིད་ཡིན། །ནོར་བའི་ཆོས་དང་མ་ནོར་བའི། །ལོང་ཁྲིད་ལེགས་པར་བཤད་པ་ལ། །སྡང་ཞེས་སྨྲ་ན་དེ་སྙན་ཆད། །སངས་རྒྱས་བསྟན་པ་ཇི་ལྟར་བསྲུང་། །ལོང་ཁྲིད་རྣམས་ཀྱི་ལོང་བ་ལ། །གཡང་ས་བཀག་ཅིང་བཟང་པོ་རུ། །འཁྲིད་པའང་ཕྲག་དོག་ཡིན་ནམ་ཅི། །འོན་ལོང་བ་ཇི་ལྟར་དགྲི། །ཞེས་པ། ཆོས་རྣམས་ཀྱི་རང་དང་སྤྱིའི་མཚན་ཉིད་ལ་ཕྱིན་ཅི་མ་ལོག་པར་ལྟ་བའི་བློ་གྲོས་ཀྱི་མིག་རྣམ་པར་དག་པ་དང་ལྡན་པའི་མཁས་པ་རྣམས་ཀྱིས་མཐོ་རིས་དང་ཐར་པའི་ལམ་དུ་འཇུག་པར་འདོད་ཀྱང་། ལམ་དང་ལམ་མ་ཡིན་པ་མི་ཤེས་པའི་ལོང་བ་རྣམས་ཡང་དག་པའི་ལམ་དུ་འཁྲིད་པའི་ཕྱིར་ལམ་ལོག་པ་ལས་ཕྱིར་བཟློག་པ་དེ་ཡང་ལོང་བ་ལ་ཞེ་སྡང་བ་ཡིན་ནམ། དེ་ལྟར་ཡིན་ན་སངས་རྒྱས་ཀྱི་བསྟན་པ་བསྲུང་བའི་བྱ་བ་ཇི་ལྟར་བྱེད། ལོང་བ་རྣམས་གཡང་སར་འགྲོ་བ་ཕྱིར་བཟློག་པ་ཉེས་པ་ཡིན་ན་མིག་ལྡུས་ལོང་བ་ཇི་ལྟར་དགྲི། གཡང་སར་མཆོང་བ་ཡིན་ན་ལོང་ཁྲིད་ཀྱིས་དགོས་པ་ཅི་ཡོད་སོམས་ཤིག །

ལྔ་པ་ནི། ནད་པ་ལ་ནི་གནོད་པ་ཡི། །ཁ་ཟས་སྤྱོངས་ཤིག་ཕན་པ་བསྟེན། །དེ་སྐད་སྨན་པས་སྨྲས་ན་ཡང་། །སྡང་དང་ཕྲག་དོག་འགྱུར་ན་ནི། །འོན་ནད་པ་ཇི་ལྟར་གསོ། །ཞེས་པ། སྨན་པ་མཁས་པས་ནད་པ་ཟ་བར་འདོད་པའི་བཟའ་བཏུང་འགོག་ཅིང་། ནད་འཇོམས་པའི་སྨན་རོ་མི་ཞིམ་པ་མི་འདོད་བཞིན་དུ་སྟེར་བ་དང་། སྟུག་བསྔལ་ཅུང་ཟད་བསྐྱེད་པའི་གཏར་སྲེག་གིས་དཔྱད་བྱེད་པའང་ཕྲག་དོག་དང་ཞེ་སྡང་གིས་བྱས་སམ་ཞེས་ཟེར་རམ། འོན་སྨན་པ་མཁས་པས་ཇི་ལྟར་བྱ་བ་ཡང་སོམས་ཤིག །

དྲུག་པ་ནི། ཆོས་ལོག་པ་དང་མ་ལོག་པའི། །རྣམ་པར་དབྱེ་བ་བྱས་པ་ལ། །སྡང་དང་ཕྲག་དོག་ཡིན་ཟེར་ན། །འོན་འཁོར་བའི་རྒྱ་མཚོ་ལས། །སེམས་ཅན་རྣམས་ནི་ཇི་ལྟར་བསྒྲལ། །ཅེས་པ། བསྟན་འཛིན་

མཁས་པས་ཆོས་ནོར་མ་ནོར་གཏན་ལ་ཕབ་ནས་ལུང་རིགས་རྣམ་དག་གིས་ནོར་པ་སུན་ཕྱུང་བ་ལ་ཞེ་སྡང་དང་ཕྲག་དོག་གིས་བྱས་སོ་ཞེས་སྒྲོགས་ན། རྒྱལ་བ་སྲས་བཅས་ཀྱིས་གདུལ་བྱ་འཁོར་བའི་རྒྱ་མཚོ་ལས་བསྒྲལ་བའི་རྗེས་སུ་ཞུགས་ནས་སེམས་ཅན་འཁོར་བ་ལས་བསྒྲལ་བའི་སྤྱོད་པ་ལའང་ཇི་ལྟར་བསླབ་པར་བྱ་གཞན་དོན་བྱེད་ཚུལ་ནི་ལམ་ལོག་པ་ལས་སྐྱབས་དེ་མ་ནོར་བ་ལ་འགོད་པ་ཡིན་པའི་ཕྱིར་རོ། །

བདུན་པ་ནི། སངས་རྒྱས་འཇིག་རྟེན་བྱོན་པ་དང་། །མཁས་རྣམས་བཤད་པ་བྱེད་པ་ལ། །འབྲས་བུ་རྣམ་གསུམ་འབྱུང་བ་འདི། །སངས་རྒྱས་བསྟན་པའི་སྤྱི་ལུགས་ཡིན། །ཞེས་པ། རྫོགས་པའི་སངས་རྒྱས་དང་རྒྱལ་སྲས་འཕགས་པ་གདུལ་བྱའི་དོན་དུ་རྒྱལ་རིགས་ལ་སོགས་པར་འཁྲུངས་པ་དང་། བསྟན་འཛིན་གྱི་སྐྱེས་བུ་མཁས་པས་ཆོས་དང་ཆོས་མ་ཡིན་པ་རྣམས་པར་ཕྱེ་ནས་སྐྱེ་བོ་མང་པོ་འདུས་པའི་དབུས་སུ་ལེགས་པར་བཤད་པ་ལ་ནི། ཆོས་ལོག་སུན་ཕྱུང་ནས་ནུབ་པར་འགྱུར་བ་དང་། ནག་པོའི་ཕྱོགས་ཀྱི་བདུད་སྡིག་ཅན་ཡིད་ཁོང་དུ་ཆུད་དེ་སྡུ་གོང་བར་འགྱུར་བ་དང་། དཀར་པོའི་ཕྱོགས་ཀྱི་ལྷ་རྣམས་དང་མཁས་པ་རྣམས་དགའ་བ་བསྐྱེད་པ་སྟེ། ཕན་ཡོན་རྣམ་པ་གསུམ་འབྱུང་བ་འདི་སངས་རྒྱས་ཀྱི་བསྟན་པ་སྤྱིའི་ལུགས་རྟེན་འབྲེལ་གྱི་ཆེ་བ་ཡིན་ནོ། །

བརྒྱད་པ་ལ་གཉིས། བདུད་བཅོམ་ནས་ལྷ་མི་དབུགས་ཕྱུང་ཚུལ། དེ་ལས་ལོག་པ་སངས་རྒྱས་ཀྱི་བསྟན་པ་ལ་གནོད་ཚུལ་ལོ། །དང་པོ་ནི། མ་ཁོལ་གྱིས་ཀྱང་འདི་སྐད་གསུངས། །དཔའ་བོ་ཁྱོད་ཀྱི་བསྟན་པ་ནི། །མུ་སྟེགས་ཐམས་ཅད་སྐྲག་མཛད་ཅིང་། །བདུད་ནི་སེམས་ཁོང་ཆུད་མཛད་ལ། །ལྷ་དང་མི་རྣམས་དབུགས་ཀྱང་འབྱིན། །ཞེས་གསུངས་ཞེས་པ། བདུད་བཞི་གཡུལ་ལས་རྣམ་པར་རྒྱལ་བའི་དཔའ་བོ་སངས་རྒྱས་ཀྱི་བསྟན་པ་ལུང་དང་རྟོགས་པའི་བདག་ཉིད་ཅན་གྱི་ཆར་གཅོད་དང་རྗེས་སུ་འཛིན་པའི་མཛད་པ་ནི། མུ་སྟེགས་བྱེད་ལ་གཅེར་བུ་པ་བདེན་སྨྲ་ལྟ་བུ་རྒྱལ་སྲས་འཕགས་པ་གདུལ་བྱའི་སྣང་ངོར་མུ་སྟེགས་ཀྱི་སྟོན་པའི་ཚུལ་བཟུང་ནས་དེའི་རིགས་ཅན་གྱི་གདུལ་བྱ་བསམ་གྱིས་མི་ཁྱབ་པ་ཡང་དག་པའི་ལམ་དུ་འཁྲིད་པ་དང་། ཐུབ་པའི་སྐུ་སྐྱེ་བ་སྔ་མར་མུ་སྟེགས་ཀྱི་དྲང་སྲོང་ཛ་བོང་དུ་འཁྲུངས་ཏེ། ཉི་ཟླ་གཟའ་སྐར་ལ་སོགས་འཇིག་རྟེན་པའི་དོན་མཛད་པ་དང་། དྲང་སྲོང་སྔོ་སངས་སུ་འཁྲུངས་ནས་ཕྱི་རོལ་པའི་དྲང་སྲོང་མངོན་ཤེས་ཀྱིས་ང་རྒྱལ་དུ་བྱེད་པ་བཏུལ་བ་དང་། གནས་གཙང་མའི་ལྷས་མུ་སྟེགས་ཀྱི་དྲང་སྲོང་དུ་སྤྲུལ་ནས་མ་འོངས་པའི་དུས་སུ་ཤཱཀྱའི་རིགས་ཟས་གཙང་གི་སྲས་དོན་གྲུབ་ཅེས་བྱ་བ་ཤེས་བྱ་ཐམས་ཅད་མཁྱེན་པ་འབྱུང་བར་འགྱུར་རོ། །ཞེས་མཛད་པ་བཅུ་གཉིས་གསལ་བར་སྟོན་པའི་རིག་བྱེད་བསྟན་པ་ལྟ་བུ་སྤྲུལ་པའི་མུ་སྟེགས་བྱེད་མ་གཏོགས་པ་ལྟ

སྤྱོད་ལོག་པ་དག་སྒྲུག་པ་དང་། བདུད་སྡིག་ཅན་རང་གནས་སུ་མྱ་ངན་བྱེད་ཅིང་། འཁོར་རྣམས་ཀྱི་གླུ་དབྱངས་དང་སིལ་སྙན་དགྲོལ་བའི་ཚེ། སྒྲ་མ་བྱེད་ཅེས་ཟེར་ཅིང་ཡི་མུག་པར་གྱུར་པ་དང་། དཀར་ཕྱོགས་ཀྱི་ལྷ་རྣམས་མེ་ཏོག་གི་ཆར་འབེབས་ཤིང་ཨ་ལ་ལ་ཞེས་ག་ཞའི་སྒྲ་སྒྲོག་པ་དང་། འཁོར་རྣམ་བཞི་ལ་སོགས་པ་མི་རྣམས་དགའ་བས་དབུགས་ཕྱིན་པའི་རྗེས་འཛིན་གྱི་ཕྲིན་ལས་མངའ་བར་སློབ་དཔོན་དཔའ་བོའི་བསྟོད་པ་བརྒྱ་ལྔ་བཅུ་པ་ལས་གསུངས་པ་ལྟར་རོ། །

དེང་སང་འདི་ན་ཡང་། མཁས་པ་རྣམས་ཀྱིས་ཆོས་བཤད་ན། །ཆོས་ལོག་སྤྱོད་པ་ཕམ་བྱེད་ཅིང་། །བདུད་རིགས་ཐམས་ཅད་ཡི་མུག་འགྱུར། །མཁས་པ་ཐམས་ཅད་དགའ་བར་བྱེད། །འདི་འདྲས་བསྟན་པ་འཛིན་ནུས་འགྱུར། །ཞེས་པ། བོད་ཡུལ་འདིར་ཡང་དམ་པའི་ཆོས་མ་ནོར་བར་བཤད་ཅིང་། ནོར་པ་སུན་ཕྱུང་བས་བསྟན་པ་བཤིག་པའི་སྐྱེ་བོ་ངན་པ་རྣམས་ཕམ་པར་བྱེད་པ་དང་། ནག་པོའི་ཕྱོགས་ཀྱི་འབྱུང་པོ་སྐྱེ་བོ་ངན་པའི་རྒྱུད་བྱིན་གྱིས་རློབ་པ་རྣམས་ཡི་མུག་པར་འགྱུར་བ་དང་། དཀར་ཕྱོགས་ཀྱི་ལྷ་དང་མཁས་པ་རྣམས་དགའ་བར་བྱེད་པའི་རྣམ་ཐར་བཟང་པོ་འདི་ལྟ་བུས་ཐུབ་པའི་བསྟན་པ་འཛིན་སྐྱོང་སྤེལ་བར་བྱེད་པ་ཡིན་ནོ། །

གཉིས་པ་ནི། འདི་ལས་བཟློག་པ་བྱུང་འགྱུར་ན། །བསྟན་ལ་གནོད་པར་ཤེས་པར་གྱིས། །ཞེས་པ། བསྟན་པ་འཛིན་ཚུལ་འདི་ལས་ཕྱིར་ལོག་ནས་ཆོས་ལྟར་སུན་ཕྱུང་ཞིང་ཆོས་མིན་འཕེལ་བར་འགྱུར་ན་ཕན་ཡོན་གསུམ་ཡང་མི་འབྱུང་བར་ཆོས་བཞིན་བྱེད་པ་ཕམ་པ་དང་། ནག་པོའི་ཕྱོགས་ཀྱི་འབྱུང་པོ་ཡིད་བདེ་བ་དང་། དཀར་ཕྱོགས་ཀྱི་ལྷ་དང་མཁས་པ་རྣམས་ཁོང་དུ་ཆུད་པར་འགྱུར་ཏེ། འཛམ་བུ་གླིང་གི་བསྟན་པ་ཉམས་པའི་ཚུལ་དང་རབ་ཏུ་བྱུང་བའི་སྤྱོད་ཚུལ་མ་རུངས་པ་མཐོང་ནས་རྒྱལ་པོ་ཆེན་པོ་བཞི་གདོང་རི་རབ་ལ་ནང་དུ་ཕྱོགས་ཏེ། ཤཱཀྱ་སེང་གེ་ཞེས་མཚན་ནས་འབོད་ཅིང་སྙི་ཕྱགས་འདོན་པ་དང་མཆི་མ་འབྱིན་པར་འགྱུར་ཅིང་ལྷ་མ་ཡིན་རྣམས་གཟིངས་སྟོད་དེ་ལྷ་རྣམས་ཀྱི་གནས་སུ་འོངས་ནས་མཐོ་འཚམས་པར་བྱེད་དོ། །ཞེས་གསུངས་པའི་ཕྱིར་རོ། །གསུམ་པ་ལ་ལྔ། སངས་རྒྱས་ཀྱི་བསྟན་པ་ལ་གཅེས་སྤྲས་ཇི་ལྟར་བྱས་ཚུལ། ལྷག་བསམ་བཟང་པོས་བསྟན་བཅོས་རྣམ་དག་བརྩམས་ཚུལ། འཕགས་པའི་ཡུལ་དུ་ནོར་བ་གཞན་གྱིས་བཀག་ཚུལ། བོད་ཡུལ་དུ་འཁྲུལ་པ་གསར་དུ་བྱུང་བ་བཀག་ཚུལ། གསང་སྔགས་ཟབ་མོ་གསང་དགོས་ཡིན་པས་སྤྲས་ཚུལ་ལོ། །

དང་པོ་ནི། བདག་ཀུང་རྡོ་རྗེ་ཕག་མོ་ཡི། །བྱིན་བརླབས་ཙམ་རེ་བྱས་པ་ལ། །དཀར་པོ་གཅིག་ཐུབ་བསྟན་ནས་ཀྱང་། །སྒོང་བ་ཅུང་ཟད་སྐྱེས་པ་ལ། །མཐོང་ལམ་དུ་ནི་ངོ་སྤྲོད་ནས། །རྩོལ་སྒྲུབ་མེད་པའི་དོན་བསྟན་ན། །འཚོགས་པའང་འདི་བས་མང་བ་འདུ། །ལོངས་སྤྱོད་འབུལ་བའང་མང་བར་འགྱུར། །ཅེས་པ། ས

སྐྱ་པཎྜི་ཏ་བདག་གིས་ཀྱང་ཆོས་སྒོ་འབྱེད་པ་ལ་ཕག་མོའི་བྱིན་བརླབས་རེ་ཙམ་བྱས་ནས་ཐབས་སྙིང་རྗེ་ཆེན་པོ་དང་ལས་རྒྱུ་འབྲས་གཏང་སྒོམས་སུ་བཞག་སྟེ་མན་ངག་སྟོང་རྐྱང་བསྟན་ནས་སྣང་བ་འགགས་པའི་སེམས་ཀྱི་འཆར་སྒོ་གཟུགས་མེད་ཀྱི་སྙོམས་འཇུག་དང་འདྲ་བའི་སྒོང་བ་སྐྱེས་པ་ལ་ཐེག་པ་ཆེན་པོའི་མཐོང་ལམ་ཐོབ་པར་ངོ་སྤྲོད་ནས་ལུས་ངག་གི་ཆོས་སྤྱོད་བྱེད་རྒྱུ་མེད་པའི་སྤྱོད་ལམ་བསྟན་ན་འཁོར་ཀྱང་ཤིན་ཏུ་མང་པོ་འདུས་ཤིང་། ཟང་ཟིང་ལོངས་སྤྱོད་ཀྱི་འབུལ་བའང་རྒྱ་ཆེན་པོ་འབྱུང་བར་ཤེས་སོ། །

བླུན་པོ་རྣམས་ཀྱི་བསམ་པ་ལ། །སངས་རྒྱས་ལྟ་བུར་མོས་པ་སྐྱེ། །ཆོས་ཀྱི་གནད་རྣམས་མི་ཤེས་པའི། །སྟོན་པ་འཛིན་པར་རློམ་པ་ཡང་། །དེ་ལ་ལྷག་པར་དད་པར་འགྱུར། །བདག་གིས་ལེགས་པར་གོ་མོད་ཀྱིས། །འཁོར་དང་ཟང་ཟིང་སྒྲུབ་པའི་ཕྱིར། །བདག་གིས་སེམས་ཅན་བསླུས་པ་མིན། །ཞེས་པ། གཞུང་ལུགས་ལ་ཐོག་མ་ནས་མ་སྦྱངས་པའི་བླུན་པོ་ཆོས་དད་ཆེ་བ་རྣམས་དང་། སྟོན་པ་ཡུན་རིང་དུ་སྦྱངས་ཀྱང་བདེན་པ་གཉིས་ཀྱི་རང་བཞིན་ལེགས་པར་མ་གོ་བའི་མཁས་པར་རློམ་པ་དག་ཁོ་བོས་ཆོས་ཀྱི་རྣམ་གྲངས་སྣ་ཚོགས་པ་བསླུས་ནས་བཤད་ན། ཀུན་མཁྱེན་སངས་རྒྱས་དངོས་ཡིན་ནོ་ཞེས་དད་པ་ལྷག་པར་སྐྱེས་ཏེ་སྙན་གྲགས་དང་། རྙེད་བཀུར་བཤེས་གཉེན་གཞན་ལས་ཆེས་ལྷག་པར་འབྱུང་བར་ཤེས་སོ། །འོན་ཀྱང་སངས་རྒྱས་ཀྱི་བསྟན་པ་ལ་མ་བསམས་པར་སྐྱེ་བ་ཕྱི་མའི་ལས་ཀྱི་རྣམ་སྨིན་ཀྱང་ཁྱད་དུ་བསད་དེ་ཚེ་འདིའི་འཁོར་དང་ཟང་ཟིང་མང་དུ་སྒྲུབ་པའི་ཕྱིར་སློབ་མ་བསླུས་ཆོས་བསྟན་པ་མ་ཡིན་ནོ། །

གཉིས་པ་ནི། འོན་ཀྱང་སངས་རྒྱས་བསྟན་པ་ལ། །ཕན་པར་བསམས་ནས་བཤད་པ་ཡིན། །སངས་རྒྱས་བསྟན་པ་བཞིན་བསྒྲུབས་ན། །སངས་རྒྱས་བསྟན་ལ་ཕན་པར་བསམས། །ཞེས་པ། བསོད་ནམས་ཐམས་ཅད་བསྡུས་པའི་ཏིང་ངེ་འཛིན་ལས། རིགས་ཀྱི་བུ་བྱང་ཆུབ་སེམས་དཔའ་གང་བྱང་ཆུབ་ཏུ་སེམས་བསྐྱེད་ནས་བྱང་ཆུབ་སེམས་དཔར་དམ་བཅས་ཏེ། བདག་སངས་རྒྱས་སུ་གྱུར་ཅིག་ཅེས་སྨྲས་ལ། དེ་ཡང་ཐོས་པས་འཚོལ་བ་ལ་ཡོངས་སུ་མི་བརྩོན་ན། སེམས་ཅན་ཐམས་ཅད་ཤེས་རབ་འཆལ་པར་བྱ་བ་ལ་ཞུགས་པ་ཡིན་ནོ། །རིགས་ཀྱི་བུ་གང་གི་ཚེ་བྱང་ཆུབ་སེམས་དཔའ་ཆེན་པོ་ཐོས་པ་ཚོལ་བ་ལ་ཡོངས་སུ་བརྩོན་པར་བྱེད་ན་དེས་ནི་སེམས་ཅན་ཐམས་ཅད་ཀྱི་ཤེས་རབ་ཡོངས་སུ་རྫོགས་པར་བྱ་བའི་ཕྱིར་ཉེ་བར་བསྟན་པ་ཡིན་ནོ། །ཞེས་པ་དང་། བྱང་ཆུབ་སེམས་དཔའི་སོ་སོར་ཐར་པའི་ཆོས་བཞི་སྒྲུབ་པར། བདུད་ལས་ཐམས་ཅད་ཤེས་པར་འདོད་པས་བརྩོན་འགྲུས་བརྩམ་པར་བྱ། ཚིག་གཙོ་བོར་བཟུང་བར་མི་བྱ། མཁས་པའི་བྱ་བ་ཤེས་པར་བྱ། འཇིག་རྟེན་ཐམས་ཅད་ལ་གྲགས་པའི་བྱ་བ་ཡང་ཤེས་པར་བྱའོ། །ཞེས་པ་དང་། དེ་ལ་དམ་པའི་ཆོས་ཤེས་པ་གང་ཞེ་ན། གང་དེ

རྣམས་ཚུལ་བཞིན་སྒྲུབ་པར་བྱེད་ཀྱི་ལོག་པར་མི་སྒྲུབ་པ་ཡིན་ཏེ། སྤྱིན་པ་དང་དུལ་བ་དང་ཡང་དག་པར་སྡོམ་པ་ནི་ཆོས་ཤེས་པ་ཞེས་བྱའོ། །ཞེས་པ་ལྟར་ཐུབ་པའི་བསྟན་པ་དམ་པའི་ཆོས་ཡུན་རིང་དུ་གནས་པ་དང་རྒྱས་པར་བྱ་བའི་ཕྱིར་སྡེ་སྣོད་བཤད་ཅིང་། བསྟན་བཅོས་འདི་ཡང་དགོས་པ་དེ་སྒྲུབ་པའི་ཕྱིར་བརྩམས་པ་ཡིན་ནོ༑ ༑སངས་རྒྱས་ཀྱི་བསྟན་པ་ཡུན་རིང་དུ་གནས་པ་ནི། བསྟན་འཛིན་གྱི་སྐྱེས་བུ་བཤད་ཅིང་སྒྲུབ་བཞིན་དུ་བྱེད་པ་ལ་རག་ལས་ཤིང་། དེ་ཡང་བཤད་བྱའི་ཆོས་ལ་རག་ལས་པར་བསམས་སོ། །དེའི་ཕྱིར་འཕགས་པ་ཞི་བ་ལྷས་ཀྱང་། འགྲོ་བའི་སྡུག་བསྔལ་སྨན་གཅིག་པུ། །བདེ་བ་ཐམས་ཅད་འབྱུང་བའི་གནས། །བསྟན་པ་རྙེད་དང་བཀུར་བསྟི་དང་། །བཅས་ཏེ་ཡུན་རིངས་གནས་གྱུར་ཅིག །ཅེས་གསུངས་སོ། །

གསུམ་པ་ནི། སྨྲ་སྟེགས་བྱེད་དང་ཉན་ཐོས་དང་། །ཐེག་པ་ཆེན་པོ་འགའ་ཞིག་ལའང་། །འབྲུལ་པ་ཡོད་མོད་མཁས་རྣམས་ཀྱིས། །སུན་ཕྱུང་ཕྱིར་ན་འདིར་མ་བསྟན། །ཞེས་པ། སྨྲ་སྟེགས་རྟོག་གེ་སྡེ་ལྔ་དང་། བསམ་གཏན་པ་གསང་བ་དང་། དེ་གཉིས་སྲུམ་འདུས་པའི་ངེས་བརྗོད་དང་། ཤྲིང་སྲུང་དང་། མཆོད་སྦྱིན་དང་། གཟའ་སྐར་མི་དཔྱད་སྒྲུབ་པ་ལ་སོགས་པ་དང་། ཉན་ཐོས་རྟུལ་ཕྲན་བདེན་པར་འདོད་པ་དང་། དུས་གསུམ་རྫས་སུ་གྲུབ་པ་དང་། ལྡན་མིན་འདུ་བྱེད་རྫས་གྲུབ་ཀྱི་ཐེམ་པོ་ཁས་ལེན་པ་དང་། སེམས་ཙམ་པ་གཉིས་མེད་ཀྱི་རང་རིག་བདེན་པར་འདོད་པ་དང་། དབུ་མ་པ་ལའང་གཅིག་དང་དུ་བྲལ་ལ་སོགས་པའི་གཏན་ཚིགས་ཀྱི་ཀུན་རྫོབ་སྣང་ཙམ་འགོག་པ་དང་། སངས་རྒྱས་ལ་ཡེ་ཤེས་མེད་པ་ལ་སོགས་འབྲུལ་པ་དུ་མ་ཡོད་མོད་ཀྱི་དེ་དག་འཕགས་པའི་ཡུལ་དུ་བསྟན་པའི་གསལ་བྱེད་དུ་འབྱུང་བར་ཐུབ་པའི་དབང་པོ་ཉིད་ཀྱིས་ལུང་བསྟན་པའི་མཁས་གྲུབ་རྒྱན་དྲུག་ལ་སོགས་པའི་བསྟན་བཅོས་རྣམས་སུ་གྲུབ་མཐའི་རིམ་པ་དང་ཐེག་པའི་མཐོ་དམན་དང་འཆམ་པར་སུན་ཕྱུང་ཞིང་ནོར་བའི་རང་ལུགས་གསལ་བར་བཀོད་ཟིན་པས། སྔོན་ཆད་མ་བྱུང་བ་ཡང་འདིར་བརྗོད་མིན། །ཞེས་གསུངས་པ་ལྟར་བསྟན་བཅོས་འདིར་མ་བཀོད་དོ། །

བཞི་པ་ནི། དེང་སང་གངས་རིའི་ཁྲོད་འདི་ན། །རིགས་པས་སྒྲུབ་པར་མི་ནུས་ཤིང་། །སངས་རྒྱས་བསྟན་དང་འགལ་བ་ཡི། །འབྲུལ་པ་གསར་པ་དུ་མ་བྱུང་། །རྡོ་རྗེ་ཐེག་པའི་གནད་འཕྱུགས་པས། །རྒྱུད་སྡེ་རྣམས་དང་གྲུབ་ཐོབ་ཀྱི། །དགོངས་པ་རྣམས་དང་འགལ་བའི་གནད། །དཔག་མེད་ཡོད་མེད་གསང་སྔགས་ཉིད། །ཡིན་ཕྱིར་ཁོ་བོས་གཞན་དུ་བཤད། །ཅེས་པ། ཁ་བ་ཅན་གྱི་ཡུལ་ལྗོངས་འདི་ན་མངོན་སུམ་དང་རྗེས་དཔག་གི་རིགས་པས་མ་གྲུབ་ཅིང་། སངས་རྒྱས་ཀྱི་བསྟན་པ་དང་མདོ་རྒྱུད་རྣམ་དག་དང་འགལ་བའི་གྲུབ་མཐའ་ནོར་བ་དང་། ལྟ་སྤྱོད་འབྲུལ་པ་རང་བཟོར་སྤྲུར་བ་མང་དུ་འབྱུང་ཞིང་། ཁྱད་པར་གསང་སྔགས་ཀྱི་

དབང་དང་རིམ་གཉིས་ཀྱི་གནད་འགག་རྒྱུད་སྡེ་བཞི་དང་གྲུབ་ཐོབ་ཀྱི་དགོངས་པ་དང་མི་མཐུན་པ་བརྫོད་ཀྱིས་མི་ལང་བ་བྱུང་བ་རྣམས་ཞིབ་ཏུ་སློས་ནས་ལུང་རིགས་ཀྱིས་སུན་འབྱིན་པར་རིགས་མོད་ཀྱི། འོན་ཀྱང་དབང་དང་ལམ་དང་འབྲས་བུའི་ངོས་འཛིན་གསལ་བར་སླས་ན་སྟོད་མིན་ལ་གསང་བ་བསྒྲག་པར་མི་བྱའོ། །ཞེས་རྡོ་རྗེ་འཆང་གིས་བཀག་པ་ལ་སྤྱད་པའི་ལྟུང་བར་འགྱུར་པའི་ཕྱིར་འདིར་མ་བཀོད་ལ། དགའ་བ་བཞི་དང་འཕོ་བ་བཅུ་དྲུག་དང་དབང་བཞི་པའི་ཡེ་ཤེས་ཕྱག་རྒྱ་ཆེན་པོ་ལ་སོགས་པའི་ངོས་འཛིན་གཞན་དུ་བསྟན་པ་ལས་ཤེས་པར་བྱའོ། །

ལྔ་པ་ནི། འདི་ནི་ཀུན་ལ་བཤད་རུང་བའི། །འབྲུལ་པ་རགས་རིམ་ཙི་རིགས་པ། །འཕེལ་ན་བསྟན་ལ་གནོད་མཐོང་ནས། །ཆེ་ལོང་ཙམ་ཞིག་བཤད་པ་ཡིན། །ཞེས་པ། བསྟན་བཅོས་འདིར་ནི་གསང་སྔགས་ཀྱི་སྨྲས་པའི་ཚུལ་དང་། མཐར་ཕྱུག་པའི་ཚུལ་དང་། ལྡེམ་དགོངས་དང་། སྒྲ་ཇི་བཞིན་མ་ཡིན་པ་དང་། ངེས་པའི་དོན་ལ་ལོག་པར་རྟོག་ཚུལ་སུན་ཕྱུང་ནས་ཤིན་ཏུ་གསལ་བར་བཀོད་ན། སྟོད་ལྡན་གྱི་གདུལ་བྱ་འགའ་ཞིག་ལ་ཕན་པ་སྲིད་མོད་ཀྱི་ཕལ་ཆེར་ཕ་རོལ་ཏུ་ཕྱིན་པའི་ལུགས་ཀྱི་བདེན་པ་གཉིས་ཟུང་འཇུག་ཙམ་ཡང་བསྟན་པའི་སྟོད་དུ་མི་རུང་ན། རྡོ་རྗེ་ཐེག་པའི་གསང་ཆེན་ཟབ་མོའི་སྟོད་དུ་རུང་བ་ལྟ་ཅི་སྨོས། ཁོ་བོས་ཟབ་མོའི་ཆོས་ལ་སེར་སྣའི་དབང་གིས་དཔེ་འགྱུད་བྱས་པ་ནི་མ་ཡིན་ནོ། །སྔགས་དང་ཕ་རོལ་ཏུ་ཕྱིན་པའི་ཐེག་པ་ལ་ལོག་པར་རྟོག་པའི་བཤད་སྒྲུབ་འཕེལ་ན་ཐུབ་པའི་བསྟན་པ་ལ་གནོད་པར་མཐོང་ནས་སྒྲ་དོན་ནོར་བའི་ཆ་སུན་འབྱིན་པའི་བཤད་པ་ཀུན་གྱི་ཐོས་སུ་རུང་བ་ཆེ་ལོང་ཙམ་བཀོད་པ་ཡིན་ནོ། །

གསུམ་པ་ནི། ད་དུང་འཁྲུལ་པའི་རྣམ་བཞག་ནི། །སྐྱོན་ཅན་དཔག་མེད་སྣང་ན་ཡང་། །གཞུང་མངས་དོགས་པས་རེ་ཤིག་བཞག །གལ་ཏེ་ལུང་དང་རིགས་པའི་གནད། །ཤེས་པའི་བློ་ལྡན་རྣམས་ཀྱིས་དེ། །ལེགས་པར་སྤྱོད་ལ་དགག་སྒྲུབ་གྱིས། །ཞེས་པ། ཐུབ་པའི་བསྟན་པ་ལ་ནོར་བར་དཔྱོད་པ་བསྟན་བཅོས་འདིར་དགག་པ་དེ་ཙམ་དུ་མ་ཟད་ཀྱིས། ཚིག་དོན་ལ་འཁྲུལ་པའི་སྐྱོན་ཆགས་པ་མང་པོ་སྐྱེ་བོ་འདུས་པའི་དབུས་སུ་གསལ་བར་སློས་ནས་ལུང་རིགས་ཀྱིས་དགག་པར་འོས་པ་འདུག་ནའང་། བསྟན་བཅོས་ཀྱི་གཞུང་ཡི་གེ་མང་ན་བློ་གྲོས་ཆུང་བ་དག་སྐྲག་པར་འགྱུར་བས་མ་བཀོད་དོ། །ཕྱིན་ཆད་བཀའ་བསྟན་བཅོས་རྣམ་པར་དག་པའི་ལུང་དང་། རིག་པ་བཞིའི་གནད་མ་ནོར་བར་ཤེས་པའི་བློ་ལྡན་རྣམས་ཀྱིས་ཀུན་མཁྱེན་གྱི་གསུང་དང་མཐུན་མི་མཐུན། མཐོ་རིས་དང་ཐར་པའི་ལམ་ཡིན་མ་ཡིན་ལེགས་པར་དཔྱོད་ལ་ནོར་བ་དགག་པ་དང་། མ་ནོར་བ་སྒྲུབ་པ་སངས་རྒྱས་ཀྱི་བསྟན་པ་འཛིན་པའི་བྱ་བ་ཡིན་པས་ལེགས་པར་བསྒྲུབས་ཤིག །

སངས་རྒྱས་བསྟན་དང་འཕྲད་དཀའ་ཞིང་། །དལ་བ་འབྱོར་པའང་རྙེད་དཀའ་བས། །མཁས་པ་རྣམས་ཀྱིས་ལེགས་རྟོགས་ལ། །གཟུ་བོར་གནས་པའི་བློ་ཡི་དཔྱོད། །ཅེས་པ། དེའི་རྒྱུ་མཚན། འཇིག་རྟེན་སངས་རྒྱས་འབྱུང་བའང་རྒྱ་ལམ་སྟེ། །མི་ཡི་ལུས་ནི་ཚོགས་ཀྱིས་རྙེད་པ་མིན། །ཀྱེ་མ་དད་པ་དང་ནི་ཆོས་ལྡན་པ། །འདི་འདྲ་བསྐལ་པ་བརྒྱར་ཡང་རྙེད་པར་དཀའ། །ཞེས་གསུངས་པ་བཞིན་སངས་རྒྱས་ཀྱི་བསྟན་པ་དང་མཇལ་བ་ལ་སོགས་རང་གཞན་གྱི་འབྱོར་པ་བཅུ་དང་། ངན་སོང་ལས་ཐར་པ་ལ་སོགས་དལ་བ་བརྒྱད་དང་ལྡན་པའི་མི་ལུས་ཤིན་ཏུ་རྙེད་པར་དཀའ་བའི་ཕྱིར་དང་། དམ་པའི་ཆོས་འཛིན་པ་རྒྱལ་བ་སྲས་བཅས་ལ་བླ་ན་མེད་པའི་མཆོད་པས་མཉེས་པར་བྱས་པའི་ཕྱིར་དང་། རྒྱལ་སྲས་ཀྱི་སྨོན་ལམ་ཆེན་པོ་ཇི་སྙེད་པ་ཐམས་ཅད་དམ་པའི་ཆོས་ཡོངས་སུ་འཛིན་པའི་ནང་དུ་འདུས་པར་གསུངས་པའི་ཕྱིར། གོ་ཏ་མའི་བསྟན་པ་ལ་ཞུགས་ཤིང་དེའི་གསུང་རབ་ལ་བསླབས་པའི་སྐྱེས་བུ་དམ་པ་རྣམས་ཀྱིས་སོ་སོར་རྟོག་པའི་བློ་གྲོས་ཕྱོགས་སུ་མ་ལྷུང་བའི་དྲང་པོས་དཔྱོད་ལ་བསྟན་པའི་བྱི་དོར་ཡང་དག་པ་མཛོད་ཅིག །ཅེས་པས་མ་འོངས་པའི་བསྟན་འཛིན་རྣམས་ལ་གདམས་ཤིང་བསྐུལ་བའོ།། །།

བསྟན་བཅོས་འདིའི་བརྗོད་བྱའི་གཙོ་བོ་སྡོམ་པ་གསུམ་ངེས་འབྱུང་གི་ཚུལ་ཁྲིམས་ཡིན་པས་རྒྱུའི་ཀུན་སློང་ལ་ངེས་འབྱུང་གི་བསམ་པ་བསྐྱེད་དགོས་ཏེ། འཁོར་བའི་ཉེས་དམིགས་ཤེས་ནས་སྤོང་བ་དང་། ཐར་པའི་ཕན་ཡོན་ཤེས་ནས་ཐོབ་པར་འདོད་པ་ནི་སོ་སོར་ཐར་པའི་སྡོམ་པའི་ཀུན་སློང་བཟང་པོ་ཡིན་ལ། དེ་ཉིད་གཞན་དོན་དུ་རྫོགས་པའི་སངས་རྒྱས་སྒྲུབ་འདོད་དང་འབྲེལ་ན་ཐེག་ཆེན་གྱི་སྡོམ་པའི་ཀུན་སློང་རྣམ་དག་ཡིན་ནོ། །དེས་ཀུན་ནས་བསླངས་ཏེ་ཐོབ་པའི་སོ་སོར་ཐར་པ་ནི། རྟེན་སྐབས་འགྲོ་སེམས་བསྐྱེད་དང་། སྡོམ་པ་རང་གི་ངོ་བོ་དུས་ཇི་སྲིད་འཚོ་བའི་བར་དུ་ཡིན་ནོ། །རྟུལ་ཕྲན་འདུས་པའི་གཟུགས་ཀྱི་ཕུང་པོ་དང་ལུས་ངག་གི་ལས་ཡིན་ཅིང་། ཡིད་ཀྱི་ལས་མ་ཡིན་པ་དང་། ཡང་། འདུ་བྱེད་སེམས་པ་ཡིད་ལས་སུ་འདོད་པ་ནི་ཉན་ཐོས་ཀྱི་གྲུབ་མཐའི་དྲི་མ་ཡིན་པས་ཁས་བླངས་ནང་འགལ་དང་དོན་ལ་མི་གནས་པའི་སྐྱོན་ཡོད་དོ། །མདོ་སྡེ་པ་ཡན་ཆད་ཡིད་ཀྱི་ལས་དགེ་སྡིག་དངོས་ཡིན་ཅིང་། དེས་ཀུན་ནས་བླང་བའི་ལུས་ངག་གི་ལས་བཏགས་པ་བ་ཡིན་ཏེ། ལས་གྲུབ་པའི་རིགས་པར། སེམས་པ་ཁོ་ན་ལུས་ལས་ཡིན་ན། རྣམ་པར་གཡེངས་བ་དང་། སེམས་མེད་པའི་གནས་སྐབས་སུ་སྡོམ་པ་དང་སྡོམ་པ་མ་ཡིན་པ་ལ་སོགས་པ་ཇི་ལྟར་བལྟ་བར་བྱ་ཞེ་ན། སེམས་པའི་ཁྱད་པར་གྱི་བག་ཆགས་གཏོང་བར་བྱེད་པའི་རྒྱུན་མ་བཅོམ་པས་ཡོད་དོ། །ཁྱད་པར་ཅེས་སྨོས་པས་སྡོམ་པ་དང་སྡོམ་པ་མ་ཡིན་པའི་རྣམ་པར་རིགས་བྱེད་དང་རིག་བྱེད་མ་ཡིན་པར་བཏགས་པ་ཀུན་ནས་སློང་བའི་སེམས་པ་ཁྱད་པར་

ད་བྱ་བའི་དོན་གྱི་ཕྱིར་རོ། །ཞེས་པ་དང་། ཡང་དག་པར་བླངས་པའི་སེམས་པ་རྒྱུན་ཆགས་པ་དང་བཅས་པ་ནི་སྡོམ་པ་ཞེས་བསྟན་པ་ཡིན་ནོ། །ཞེས་མདོན་པ་བྱེ་བྲག་ཏུ་བཤད་པ་ལས་བྱུང་བ་དང་། སྤྱོད་འཇུག་ཏུ། སྤོང་བའི་སེམས་ནི་ཐོབ་པ་ལས། །ཚུལ་ཁྲིམས་ཕ་རོལ་ཡིན་པར་བཤད། །ཅེས་པ་སྡོམ་པ་སྤོང་སེམས་རྒྱུན་ཆགས་དེ་ཉིད་འཇོམས་བྱེད་ཀྱི་ཉེས་པས་མ་བཅོས་པའི་ཚུལ་ཁྲིམས་ཡིན་ནོ། །སྔར་ཉན་ཐོས་ཀྱི་བསམ་པས་བླངས་པའི་སོ་ཐར་དེ་ཕྱིས་གཞན་དོན་དུ་སངས་རྒྱས་ཐོབ་པའི་ཕྱིར་མ་ཉམས་པར་བསྒྱུར་ན་བྱང་ཆུབ་སེམས་དཔའི་སོ་སོར་ཐར་པའི་ཚུལ་ཁྲིམས་ཀྱི་གོ་ཆོད་མོད་ཀྱི། འོན་ཀྱང་ཚེ་འཕོས་ནས་གཏོང་བ་ནི་སོ་ཐར་གྱི་ཚུལ་ཁྲིམས་སྤྱིའི་རྣམ་བཞག་ཡིན་ལ། ཐེག་ཆེན་གྱི་སོ་ཐར་ལ་དམིགས་གསལ་མ་གསུངས་པའི་ཕྱིར་རོ། །བྱང་ཆུབ་སེམས་དཔའི་སོ་ཐར་ལ། ཐོག་མར་ལེན་པའི་ཆོ་ག་དང་། སྲུང་ཚུལ་དང་། སྡོམ་པ་གཏོང་བའི་ཚུལ་ཁྲིམས་ལ་སོགས་པ་དོན་བདུན་མདོ་སྡེ་དགོངས་འགྲེལ་དུ་གསུངས་ཀྱང་རེ་རེ་ནས་གསལ་བར་མ་བྱུང་ངོ་། །འཕགས་པ་ཐོགས་མེད་ཀྱིས། བྱང་སེམས་སྡོམ་པ་དང་པོར་སྐྱེ་བའི་བསྙེན་སོ་ཐར་གྱི་སྡོམ་ལྡན་དགོས་པར་གསུངས་ཀྱང་། ཕྱིས་གནས་པའི་རྟེན་དུ་དགོས་པར་མ་ངེས། ཚེ་འཕོས་ནས་སྐྱེ་བ་གཞན་དུ་སྡོམ་པ་དང་ལྡན་པར་གསལ་པོར་གསུངས་པའི་ཕྱིར་རོ། །འཕགས་པ་ཞི་བ་ལྷས། རྒྱ་ལྟུང་བྱུང་ན་ཉེས་པ་བཤགས་པའི་ཆོ་ག་གསུངས་ནས་སྡོམ་པ་སླར་ལེན་དགོས་པར་གསུངས་པ་མི་འདུག་མོད། འོན་ཀྱང་འཕགས་པ་ཐོགས་མེད་བཞེད་པ་བཞིན་རྩ་ལྟུང་བྱུང་ན་སྤྱོད་འཇུག་ཏུ་སྨོན་འཇུག་གི་ཆོ་གའི་ཚིག་གསུངས་པ་བཞིན་བླངས་ན་སྡོམ་པ་བླངས་པར་འགྱུར་བས་བླ་མའམ་རྒྱལ་བ་སྲས་བཅས་ཀྱི་དྲུང་དུ་སླར་ཡང་ལེན་པ་འཐད་པར་གསུངས་སོ། །དེ་ཡང་རྡོ་རྗེ་ཐེག་པའི་རྩ་ལྟུང་བྱུང་ན་ཕྱིས་སྡོམ་པ་ལེན་དགོས་པར་གསུངས་པས་ཚུལ་འདྲ་བར་མངོན་ནོ། །སོ་སོར་ཐར་པའི་སྤང་བྱ་ནི་ངན་འགྲོར་སྐྱེ་བའི་རྒྱུ་ཉོན་མོངས་པས་ཀུན་ནས་བསླང་བའི་མི་དགེ་བ་དང་། དེ་དང་དགག་བྱ་རིགས་མཐུན་པའི་བཅས་པའི་ཉེས་པ་རྣམས་ཆུ་ལོན་ལྟར་འགོག་པ་ཡིན་ཅིང་། སྡོམ་པ་ཡང་འདོད་ཁམས་ཀྱིས་བསྡུས་པའི་ལས་དགེ་བ་ཡིན་ནོ། །བྱང་སེམས་སྡོམ་པའི་སྤང་བྱ་ཐེག་ཆེན་སེམས་བསྐྱེད་དང་འགལ་བའི་བསམ་པ་དང་། དེས་ཀུན་ནས་བསླང་བའི་ལུས་ངག་གི་བྱ་བ་ཐམས་ཅད་དགེ་བར་སྣང་ཡང་སྤང་དགོས་ཏེ། གསང་བ་བསམ་གྱིས་མི་ཁྱབ་པར། ཉན་ཐོས་ཀྱི་ཐེག་པའི་ཉམས་སུ་བླང་བྱ་དགེ་བ་རྣམས། བྱང་ཆུབ་སེམས་དཔའི་དོར་བྱ་མི་དགེ་བར་གསུངས་ཤིང་། ཡེ་ཤེས་རྒྱས་པའི་མདོར། ཚུལ་ཁྲིམས་འཆལ་བ་དང་ལོག་པར་བལྟ་བ་ནི་བྱང་ཆུབ་སེམས་དཔའི་སྡིག་པའི་གྲོགས་པོ་མ་ཡིན་ཏེ། ཉན་ཐོས་དང་རང་སངས་རྒྱས་ཀྱི་ཐེག་པ་ནི་བྱང་ཆུབ་སེམས་དཔའི་སྡིག་པའི་གྲོགས་པོ་ཡིན་ནོ། །དེ་ཅིའི་ཕྱིར་ཞེ་ན། ཚུལ་ཁྲིམས་འཆལ་པ་དང་ལོགས་པར་ལྟ་བས་ནི་བྱང་

ཆུབ་སེམས་དཔའི་ཚུལ་ཁྲིམས་གཞིག་པར་མི་ནུས། ལྟ་བ་གཞིག་པར་མི་ནུས། དེས་ན་བྱང་ཆུབ་སེམས་དཔའི་ཚུལ་ཁྲིམས་འཆལ་པ་དང་། ལོག་པར་ལྟ་བ་དང་ལྷན་ཅིག་ཏུ་གནས་པར་རུང་གིས། ཉན་ཐོས་དང་རང་སངས་རྒྱས་དང་ལྷན་ཅིག་ཏུ་གནས་པར་མི་རུང་ངོ་། །ཚུལ་ཁྲིམས་འཆལ་པ་དང་ལོག་པར་ལྟ་བ་ནི་བླ་ན་མེད་པའི་བྱང་ཆུབ་ལས་རིང་དུ་སོང་བ་ཙམ་ཡིན་ལ། ཉན་ཐོས་དང་རང་སངས་རྒྱས་ཀྱི་ཐེག་པ་ནི་མཐར་བྱེད་པ་ཡིན། གསོད་པར་བྱེད་པ་ཡིན་ནོ། །དེ་བས་ན་ལྷན་ཅིག་ཏུ་གནས་པར་མི་བྱ་སྟེ། སེང་གེ་དང་ཝ་སྐྱེས་བཞིན་ནོ། །ཉན་ཐོས་དང་རང་སངས་རྒྱས་ནི་བདག་ཉིད་ལ་ཕན་པར་བཞུགས་པ་ཡིན། བྱང་ཆུབ་སེམས་དཔའ་ནི་རང་དང་གཞན་གཉིས་ཀ་ལ་ཕན་པར་ཞུགས་པ་ཡིན་ནོ། །ཞེས་དང་། བློ་གྲོས་རྒྱ་མཚོས་ཞུས་པར། བ་ལང་རྨིག་རྗེས་ཀྱི་ཆུ་ལས་ནོར་བུ་རིན་པོ་ཆེ་མི་འབྱུང་ངོ་། །དེ་བཞིན་དུ་ཉན་ཐོས་ཀྱི་ཚུལ་ཁྲིམས་ལ་དཀོན་མཆོག་གསུམ་མི་འབྱུང་ངོ་། །ཞེས་པ་དང་། ལམ་ཤེས་ཀྱི་རྒྱུ་སྟོན་པའི་སྐབས་ཀྱི་མདོར། ཉན་ཐོས་དགྲ་བཅོམ་པ་ལ་རྫོགས་པའི་བྱང་ཆུབ་ཏུ་སེམས་བསྐྱེད་པའི་མཐུ་མེད་དེ། འཁོར་བའི་རྒྱུད་ཀྱི་མཚམས་བཅད་པའི་ཕྱིར་རོ། །ཞེས་གསུངས་ལ༑ འཕགས་པ་ཀླུ་སྒྲུབ་ཀྱིས། དམྱལ་བར་སྐྱེས་པ་རྫོགས་པའི་སངས་རྒྱས་ཐོབ་པའི་གདན་གྱི་གེགས་མ་ཡིན་ཀྱང་། ཐེག་དམན་གྱི་མྱང་འདས་གདན་གྱི་གེགས་བྱེད་དུ་གསུངས་པ་དང་། རིགས་པས་ཀྱང་ཤེས་ཏེ། ཐེག་དམན་ནི་འཁོར་འདས་ལ་བླང་དོར་དུ་ཤེས་ནས་འཁོར་བ་སྡུག་བསྔལ་གྱི་འཇིགས་པས་རང་དོན་དུ་སྤྱོང་བར་བྱེད་དེ། མྱང་འདས་བསིལ་བར་ཤེས་ནས་སྒྲུབ་པའི་ཕྱིར་རོ། །བྱང་ཆུབ་སེམས་དཔའ་ནི་འཁོར་འདས་མཉམ་ཉིད་དུ་རྟོགས་ནས་རང་དོན་དུ་འཁོར་བ་མི་སྤོང་ཐར་བ་མི་འདོད་པའི་ཕྱིར། དེས་ན་ཐེག་དམན་གྱི་མྱང་འདས་ལམ་རིང་པོས་དུབ་པ་ངལ་གསོ་བའི་བསྟི་གནས་སུ་རི་ཤིག་གནས་པ་ལྟར་གསུངས་ནས་ཐེག་དམན་དགྲ་བཅོམ་རྫོགས་པའི་སངས་རྒྱས་སུ་ལུང་བསྟན་པ་དང་། བྱང་ཆུབ་སེམས་དཔའི་ཐབས་ཀྱི་སྤྱོད་ཡུལ་རྣམ་པར་འཕྲུལ་པའི་མདོར། ང་ཡི་མྱ་ངན་འདས་གཅིག་ཐེག་པ་གཅིག །ང་ཡི་ཐེག་པ་ཐ་དད་མེད་པ་སྟེ། །ཡང་དག་ཏུ་ནི་ཐེག་པ་གཅིག་ཏུ་བསྟན། །ང་ནི་ཐབས་ཀྱི་ཡུལ་དུ་ཤེས་པར་གྱིས། །རྒྱུད་ཞན་བསམ་པ་ཆུང་བའི་སྐྱེ་བོ་དག །འབྲས་བུ་ཐོབ་པས་འཇིག་པར་འགྱུར་སྲིད་ཅེས། །དེ་དག་རྣམས་ལ་ཐེག་པ་གསུམ་བསྟན་གྱིས། །ཐེག་པ་གཅིག་སྟེ་ཐེག་པ་གཉིས་སུ་མེད། །ཅེས་པའི་དགོངས་པ་ནི། འཁོར་བ་མཐའ་མེད་དུ་འཁྱམས་པ་ལ་ལྟོས་ན། ཐེག་དམན་དགྲ་བཅོམ་ཡང་རྫོགས་པའི་སངས་རྒྱས་སུ་འགྱུར་བས་མཐར་ཐུག་ཐེག་པ་གཅིག་ཏུ་ངེས་པ་དང་། རེ་ཤིག་ཕུང་པོ་ལྷག་མེད་ཀྱི་དབྱིངས་སུ་ངལ་གསོ་བའི་བསྟི་གནས་ལྟ་བུར་གསུངས་པ་ཡིན་གྱིས། ཐོག་མ་ཉིད་ནས་ཐེག་པ་ཆེན་པོའི་ལམ་དུ་ཞུགས་ནས་སངས་རྒྱས་སྒྲུབ་པ་བས་ཉན་རང་དགྲ་བཅོམ་རྫོགས་པའི་སངས་

རྒྱས་ལ་ཐག་ཉེ་བར་གསུངས་པ་ནི་གཏན་ནས་མ་ཡིན་ཏེ། སྔར་བསྟན་པའི་ལུང་རིགས་ཀྱིས་གནོད་པའི་ཕྱིར་དང་། མདོ་སྡུད་འདས་ལས། སངས་རྒྱས་ཐོབ་པ་བྱུལ་བར་རྒྱུ་མཚན་དང་བཅས་ཏེ་གསུངས་པའི་ཕྱིར་དང་། རྒྱལ་བ་བྱམས་པས། དེ་གཉིས་ཡང་དང་ཡང་དུ་ནི། །རང་སེམས་ཀུན་ཏུ་འབྱུང་ལྡན་པས། །མྱ་ངན་འདས་ལ་མངོན་དགའི་ཕྱིར། །རྟོགས་པ་བྱུལ་བ་ཡིན་པར་འདོད། །ཅེས་གསུངས་པས་རང་དོན་དུ་ཞི་བ་དོན་གཉེར་དང་འཁོར་བའི་ཉེས་པས་འཇིགས་པ་ཡུན་རིང་དུ་གོམས་པའི་ཕྱིར་གཞན་དོན་དུ་འཁོར་བའི་ཉེས་པས་མི་སྐྱོ་བར་སྡུག་བསྔལ་དང་དུ་ལེན་པའི་སྙིང་རྗེ་ཆེན་པོ་ཉམས་སུ་ལེན་པ་དང་ཤིན་ཏུ་འགལ་བའི་ཕྱིར་རོ། །ཆོས་ཀུན་བསྡོ་བའི་མདོར། འཁོར་བ་ནི་སྨོན་ཆགས་པའོ། །མྱ་ངན་ལས་འདས་པ་ནི་རྣམ་པར་གྲོལ་བའོ། །སྐམ་དུ་སེམས་པ་འདི་ནི་རྣམ་པར་གྲོལ་བ་མ་ལགས་སོ། །དེ་ཅིའི་སླད་དུ་ཞེ་ན། བདག་ཏུ་འཛིན་པ་དེ་ནི་དེ་ལྟར་དུ་སེམས་པ་ལགས་སོ། །ཞེས་གསུངས་པས་སྲིད་ཞི་ཐ་དད་དུ་འཛིན་པའི་བསམ་སྦྱོར་འདི་བྱང་ཆུབ་སེམས་དཔའི་སྤང་བྱ་ཆོས་ཀྱི་བདག་འཛིན་ཡིན་པར་ཤེར་ཕྱིན་གྱི་བཀའ་བསྟན་བཅོས་ནས་འབྲས་བུ་རྒྱལ་བའི་ཡུམ་ལས་རིང་པར་གསུངས་པ་ཡིན་ནོ། །ཚུལ་འདི་དཔལ་ལྡན་ཟླ་བ་གྲགས་པ་དང་ཡང་མཐུན་ཏེ། ཉན་ཐོས་དང་རང་སངས་རྒྱས་རྣམས་ཀྱིས་ཀྱང་རྟེན་ཅིང་འབྲེལ་པར་འབྱུང་བ་རྐྱེན་ཉིད་འདི་པ་ཙམ་མཐོང་མོད་ཀྱི། དེ་ལྟ་ན་ཡང་། དེ་དག་ལ་ཆོས་ཀྱི་བདག་མེད་པ་རྫོགས་པར་བསྒོམ་པ་མེད་དེ། ཁམས་གསུམ་ན་སྤྱོད་པའི་ཉོན་མོངས་པ་སྤོང་བའི་ཐབས་ཙམ་ཞིག་ཡོད་དོ། །གང་ཟག་གི་བདག་མེད་པ་མ་ལུས་པ་སྒོམ་པ་ཡོད་པ་རྣམ་པར་བཞག་གོ །ཞེས་པ་དང་། གང་ཟག་གི་བདག་མེད་ནི་ཉན་ཐོས་དང་རང་སངས་རྒྱས་རྣམ་པར་གྲོལ་བའི་ཕྱིར་བསྟན་ཏོ། །བྱང་ཆུབ་སེམས་དཔའ་རྣམས་རྣམ་པ་ཐམས་ཅད་མཁྱེན་པ་ཉིད་ཐོབ་པས་རྣམ་པར་གྲོལ་བའི་ཕྱིར་དུ་གཉིས་ཀ་བསྟན་ཏོ༑ ༑ཞེས་གསུངས་སོ། །ཉེ་བ་འཁོར་གྱིས་ཞུས་པར། འཁོར་བ་ལ་མི་ཕྱོགས་པ་ནི་བྱང་ཆུབ་སེམས་དཔའ་རྣམས་ཀྱི་འཆལ་པའི་ཚུལ་ཁྲིམས་ཀྱི་མཆོག་ཡིན་ནོ། །འཁོར་བ་ཡོངས་སུ་འཛིན་པ་ནི་ཚུལ་ཁྲིམས་ཀྱི་མཆོག་ཡིན་ནོ། །ཞེས་པ་དང་། དྲི་མ་མེད་པར་གྲགས་པས་བསྟན་པར། ཐབས་ཀྱིས་སྲིད་པའི་འགྲོ་བར་འགྲོ་བ་འདི་ནི་བྱང་ཆུབ་སེམས་དཔའ་རྣམས་ཀྱི་ཐར་པའོ། །ཐབས་དང་བྲལ་བའི་ཤེས་རབ་ནི་འཆིང་བའོ། །ཤེས་རབ་དང་བྲལ་བའི་ཐབས་ཀྱང་འཆིང་བའོ། །ཞེས་གསུངས་པས་སྟོང་ཉིད་ཟབ་མོ་ལ་གོམས་འདྲིས་བྱེད་ཅིང་གཙོ་བོ་ཐབས་སྙིང་རྗེ་ཆེན་པོ་དང་ལྡན་པས་བསོད་ནམས་ཀྱི་ཚོགས་ལ་འབད་པར་བྱེད་པ་ནི་བྱང་སེམས་ལས་དང་པོ་པའི་སྤྱོད་པ་ཡིན་ནོ། །གསང་སྔགས་ཀྱི་སྡོམ་པའི་སྤང་བྱ་ནི། བྱ་བ་དང་སྤྱོད་པའི་རྒྱུད་ལ་བྱང་ཆུབ་སེམས་དཔའི་སྤང་བྱ་དང་མཚུངས་ཤིང་། དེའི་སྟེང་དུ་རང་གི་ལྷའི་དམ་ཚིག་རྒྱུད་ནས་གང་གསུངས་པ་དེ་དང་འགལ་

བ་ཡང་སྲུང་དགོས་སོ། །རྒྱུད་སྡེ་གོང་མའི་སྡོམ་པའི་སྲུང་བྱ་ནི། རིགས་ལྔའི་སྡོམ་པ་དང་འགལ་བ་དང་། རྩ་ལྟུང་དང་སྦོམ་པོའི་ཉེས་པ་ཤེས་ནས་སྲུང་དགོས་ཤིང་། ཁྱད་པར་དབང་བཞི་པའི་དོན་ཉམས་སུ་ལེན་པ་ལ་དགོངས་ཏེ་གསུངས་པའི་དམ་ཚིག་དང་མ་ཉམས་པར་བསྟེན་པ་ཤིན་ཏུ་གལ་ཆེའོ། །སྡོམ་པ་གསུམ་ཀའི་སྲུང་བྱ་མི་དགེ་བ་བཅུ་དང་། བླང་བྱ་དགེ་བ་བཅུ་ཡིན་པར་ཁྱད་མེད་ཅིང་། དེ་དག་ཀྱང་དགག་དགོས་ཆེ་ཆུང་མ་ནོར་བར་གོང་མའི་བསླབ་བྱ་ལ་གཞན་དོན་རླབས་པོ་ཆེར་འགྱུར་ན། སོ་སོ་ཐར་པའི་བཅས་པ་དང་འགལ་བའི་སྲོག་གཅོད་པ་ལ་སོགས་བྱ་བར་གནང་སྟེ། འོན་ཀྱང་རྡོ་རྗེ་གདན་བཞིར། གཞན་གྱི་སེམས་ལ་གནོད་བྱས་པས། །རྣལ་འབྱོར་སྡོམ་པ་རིང་བ་ཉིད། །ཅེས་པ་དང་། གལ་ཏེ་སེམས་ཅན་གནོད་སྤྱོད་པས། །མི་དགེ་བ་ཡི་ཚིག་མི་སྨྲ། །ཞེས་པ་དང་། འཇིགས་བྱེད་དུ། སྙིང་རྗེའི་ཡིད་ནི་མ་བྲལ་ན། །འདོད་པ་ཐམས་ཅད་འདིར་སྒྲུབ་བྱ༑ །གཞན་དུ་སྨོངས་པའི་བྱིས་པ་སླུ། །ཞེས་པ་དང་། འཇམ་དཔལ་རྩ་རྒྱུད་དུ། འཇམ་དཔལ་ཁྲོ་བོ་གྲུབ་པའི་བྲམ་ཟེས་དྲག་པོའི་ལས་སྦྱོར་བྱས་པས་ངན་སོང་དང་ལྷ་མ་ཡིན་དུ་སྐྱེས་ཏེ། སྡུག་བསྔལ་ཡུན་རིང་དུ་མྱོང་བར་གསུངས་པའི་ཕྱིར། ཐེག་ཆེན་གྱི་སེམས་བསྐྱེད་མི་འགལ་བར་སྒྲུབ་པ་གལ་ཆེའོ། །འགའ་ཞིག་ད་ལྟ་གསང་སྔགས་སྒྲུབ་པའི་སྐབས་མ་ཡིན་པ་ནི་མི་འཐད་དེ། གཤེད་དམར་གྱི་རྒྱུད་དུ། རྣལ་འབྱོར་རྣལ་འབྱོར་མ་རྒྱུད་དུ། །ཐམས་ཅད་མཁྱེན་པས་གསུངས་པ་ཡང་། །རྩོད་ལྡན་དུས་སུ་རབ་ཏུ་སྤྱོད། །དངོས་གྲུབ་མེད་པར་མི་ལྟ་སྟེ། །རྫོགས་ལྡན་གསུམ་ལྡན་གཉིས་ལྡན་དང་། །རྩོད་དུས་ལ་ཡང་བདེན་པར་འགྲུབ། །ཅེས་གསུངས་སོ༑ །སྡོམ་པ་གསུམ་ལྡན་གྱི་གང་ཟག་གཅིག་ལ་ངོ་བོ་གཅིག་གམ་ཐ་དད་ཇི་ལྟར་གནས་སྙམ་ན། བླ་མ་འགའ་ཞིག་སྡོམ་པ་གསུམ་ཆོག་དང་རྒྱུ་རྐྱེན་ཚོགས་པ་ཐ་དད་ལས་དུས་སྔ་ཕྱི་ཐོབ་པའི་ཕྱིར་རྫས་ཐ་དད་དུ་གནས་ཏེ། དེ་ལྟར་མ་ཡིན་ན་གཅིག་བཏང་བས་གསུམ་ཀ་བཏང་བར་འགྱུར་བའི་ཕྱིར་ཅེས་གསུངས་ནའང་། དང་པོར་ཐོབ་པའི་སྡོམ་པའི་རྫས་ངོ་བོ་མ་ཉམས་པར་ཕྱིས་ཀྱང་གནས་ན། དུས་གསུམ་རྫས་གྲུབ་ཏུ་འགྱུར་ཞིང་། སྐྱེ་བ་མང་པོར་བསགས་པའི་ལས་རྣམས་ཀྱང་རྣམ་སྨིན་མ་བྱུང་གི་བར་དུ་གང་ཟག་གཅིག་གི་རྒྱུད་ལ་རྫས་དཔག་ཏུ་མེད་པ་རྫས་ཐ་དད་དུ་གནས་པར་འགྱུར་བའི་རྒྱུ་མཚན་མཚུངས་པས་ཧ་ཅང་ཐལ་བ་ཡིན་ནོ། །སྡོམ་པའི་ངོ་བོ་ནི་མི་མཐུན་ཕྱོགས་སྤོང་བའི་སེམས་དཔས་ནུས་ལྡན་རྐྱེན་སྟོན་དུ་གྱུར་པའི་ཚེ་སྤོང་སེམས་མངོན་དུ་གྱུར་གདོན་མི་ཟ་བ་ཡིན་ལ། རྣམ་ཤེས་ཚོགས་བརྒྱད་དམ་དྲུག་གང་ཡིན་ཀྱང་དྲུག་པ་ཡིད་ཀྱི་ཤེས་པ་ལས་གཞན་ལ་སྤོང་སེམས་འབྱུང་བ་མི་སྲིད་ཅིང་། རྣམ་པར་ཤེས་པ་གཅིག་གི་འཁོར་དུ་སེམས་བྱུང་ཀུན་འགྲོའི་སེམས་པ་རྫས་ཐ་དད་པ་གསུམ་དུས་མཉམ་དུ་ཡོད་པ་མི་སྲིད་པའི་ཕྱིར། སྡོམ་པ་གསུམ་ངོ་བོ་གཅིག་ལ་ལྡོག་པའི་སྒོ་ནས་ཐ་དད་

དུ་གནས་པར་རིགས་སོ། །རྡོ་རྗེ་བཙུན་ཆེན་པོས་མཛད་པའི་འཕྲུལ་སྤོང་དུ། རྒྱུད་འབུམ་ཕྲག་ལྔ་པར། རྡོ་ཡི་རིགས་ཀྱི་བྱེ་བྲག་གིས། །གཞུ་བས་ལྕགས་དང་ཟངས་དངུལ་འབྱུང་། །གསེར་འགྱུར་རྩི་ཡི་སྦྱོར་བ་ཡིས། །ཐམས་ཅད་གསེར་དུ་སྒྱུར་བར་བྱེད། །སེམས་ཀྱི་རིགས་ཀྱི་ཁྱད་པར་གྱིས། །རིགས་ཅན་གསུམ་གྱི་དབྱེ་བ་ཡང་། །དཀྱིལ་འཁོར་ཆེན་པོ་འདིར་ཞུགས་པས། །རྡོ་རྗེ་འཛིན་པ་ཞེས་བྱའོ། །ཞེས་པའི་ལུང་དང་སྦྱར་ནས་རིག་པ་འཛིན་པའི་སྡོམ་པ་རང་བཞིན་གཅིག་ཏུ་གསུངས་པ་ལྟར་ཆོས་རྗེ་ཉིད་ཀྱང་བཞེད་པ་ཡིན་ལ། གཅིག་བཏང་བས་ཐམས་ཅད་གཏང་བའི་སྐྱོན་དུའང་མི་འགྱུར་ཏེ། ལྕགས་གོང་དམར་འབར་བའི་ཚེ་མེ་ལྕགས་རྫས་ཐ་དད་དུ་མ་གྲུབ་ཀྱང་མེ་ལོག་པས་ལྕགས་ལོག་པར་མ་གྲུབ་པ་བཞིན་ནོ། །སྡོམ་གསུམ་མངོན་གྱུར་རང་རིག་ངོ་བོ་གཅིག་ཡིན་ལ༑ དེ་ཡང་རིག་བྱ་རིག་བྱེད་ཡུལ་དང་ཡུལ་ཅན་དུ་ཕྱེ་བའི་རང་རིགས་མ་ཡིན་གྱིས། བེམས་པོ་ལས་ལོག་ནས་རིག་པ་སྐྱེས་ཙམ་ཉིད་ཡིན་པར་བཞེད་དོ། །འདི་ཙམ་ཞིག་དབུ་མ་པ་རྣམས་ཀྱིས་ཀྱང་རྣམ་པར་བཞག་དགོས་སོ༑ །སྡོམ་པ་གསུམ་ཡང་འདུ་ཤེས་དང་ལྟ་བ་དང་སེམས་ཕྱིན་ཅི་ལོག་ཏུ་གྱུར་པ་འདུལ་བའི་ཐབས་ཡིན་པས་འདུལ་བའི་ཚུལ་ཁྲིམས་སུ་ཤེས་ནས་ཉམས་སུ་ལེན་དགོས་ཏེ། ཉི་མ་སྙིང་པོའི་མདོར། བདག་གིས་སེམས་ཀྱི་སངས་རྒྱས་སུ་བྱེད་དོ། །བདག་གི་སེམས་ཀྱིས་སངས་རྒྱས་མཐོང་ངོ་། །བདག་གི་སེམས་ཉིད་སངས་རྒྱས་སོ༑ །ཞེས་པ་དང་། ཐམས་ཅད་གསང་བའི་རྒྱུད་དུ། རང་གི་སེམས་ཉིད་རྫོགས་སངས་རྒྱས། །རྟོགས་པར་བྱ་བ་སེམས་ཉིད་ཡིན། །རང་གི་སེམས་ནི་བསད་བྱ་བ། །སེམས་ཉིད་ཁོན་བསད་པར་བྱོས། །རང་སེམས་རྟོགས་པས་སངས་རྒྱས་ཏེ། །སངས་རྒྱས་སངས་རྒྱས་རྟོགས་པས་མིན། །ཞེས་པ་དང་། འཕགས་པ་ཀླུ་སྒྲུབ་ཀྱིས། བསྟེངས་ཡང་བྲལ་ལ་མང་དུ་གསོལ་ཅི་འཚལ། །ཕན་པའི་གདམས་ངག་དོན་པོ་འདི་ལགས་སོ། །ཁྱོད་ཀྱིས་ཐུགས་ཐུབ་མཛོད་ཅིག་སེམས་འདི་ནི། །ཆོས་ཀྱི་རྩ་བ་ལགས་པར་ཐུབ་པས་གསུངས། །ཞེས་པ་དང་། སེམས་ཀྱི་སྒྲིབ་སྦྱོང་དུ། ཐོག་མེད་བག་ཆགས་འདམ་གྱིས་ནི། །རིན་ཆེན་སེམས་ནི་རབ་ཏུ་གོས། །ཤེས་རབ་ཐབས་ཀྱི་ཆུ་ཉིད་ཀྱིས། །བཀྲུས་ན་རབ་ཏུ་གསལ་བར་འགྱུར། །ཞེས་པ་དང་། སྤྱོད་འཇུག་མཁན་པོས་ཀྱང་། སེམས་འདི་བསྲུང་བར་མ་བྱས་ན། །བསླབ་པ་བསྲུང་བར་ཡོང་མི་ནུས། །སེམས་བསྲུང་བརྟུལ་ཞུགས་མ་གཏོགས་པ༑ །བརྟུལ་ཞུགས་མང་པོས་ཅི་ཞིག་བྱ། །ཞེས་གསུངས་སོ། །བསླབ་པ་བསྲུང་བའི་ཚུལ་ནི་སེམས་བསྲུང་བ་ཡིན་ལ། དེའི་ཕྱིར་དྲན་པ་དང་ཤེས་བཞིན་བསྟེན་དགོས་ཏེ། དྲན་པ་དང་ནི་ཤེས་བཞིན་དག །སྲོག་ལ་བབ་ཀྱང་བསྲུངས་ཤིག་ཅེས། །བདག་ནི་དེ་སྐད་འདོམས་པར་བྱེད། །ཅེས་གསུངས་པ་དེ་ཉམས་སུ་ལེན་ཚུལ་དབུ་མ་སྙིང་པོར། ཡིད་ཀྱི་གླང་པོ་ལོག་འགྲོ་བ། །དམིགས་པའི་ཀ་བ་བརྟན་པོ་ལ། །དྲན་པའི་ཐག་པས་ལེགས

བཅིངས་ནས། །ཤེས་རབ་ལྷུགས་ཀྱུས་རིམ་དབང་བྱ། །ཞེས་པ་ལྟར་དགེ་བའི་དམིགས་པ་ལ་རིམ་གྱིས་སྦྱར་བས་དུལ་བར་འགྱུར་ཏེ། རྣམ་བཤད་རིགས་པར། སེམས་ནི་སྲིན་བུ་པད་པ་འདྲ། །སྦྱོབས་ཀྱིས་དམ་པའི་ཆོས་རལ་བརླན། །དེ་ཕྱིར་དོན་གྱི་རོ་རྙེད་ན། །དེ་ལ་གཡོ་བ་མེད་པར་གནས། །ཞེས་པ་ལྟར་རོ། །

དེ་ལྟར་ཉམས་སུ་ལེན་པའི་ལས་དང་པོ་པ་འཚོ་བ་བསྟེན་ཚུལ་ནི། རྟ་དབྱངས་ཀྱི་ཞལ་སྔ་ནས། ཇི་ལྟར་ནགས་ཀྱི་རི་དྭགས་བཞིན། །རྩ་བ་སྔོང་བུ་ལ་སོགས་བཟའ། །ཡང་ན་བུང་བས་མེ་ཏོག་བཞིན། །ཡང་དག་འཚོ་བ་གཙང་མ་བླང་། །ཡང་ན་ཐབས་མཁས་བྱ་བཞིན་དུ། །ཕྱིག་མེད་སོག་འཇོག་ཙུང་ཟད་བྱ། །ཇི་ལྟར་ནགས་ཀྱི་དོམ་བུ་བཞིན། །འགྲོ་བའི་སྐབས་ལ་བརྟེན་པར་བྱ། །ཞེས་པ་ལྟར་ལོག་འཚོ་སྤངས་ནས་འཚོ་བ་དག་པ་ལ་བསྟེན་ནོ། །ནག་པོ་ཞབས་ཀྱི། གང་ཟག་ལས་དང་པོ་པའི་ལམ་གྱི་རིམ་པ་གསུངས་པ་ནི། གཞི་དད་པ་དང་དད་ལྡན་དང་། རྒྱན་དགེ་བའི་བཤེས་གཉེན་བརྟེན་ཅིང་ཡོན་ཏན་ལེན་པ་དང་། དེ་ལ་སྒོ་གསུམ་གུས་པ་དང་། གདམས་ངག་ལ་ཡིད་ཆེས་པ་དང་། སྒྲུབ་པའི་བརྩོན་འགྲུས་དང་། དེ་ལ་སྐྱོ་བ་མེད་པ་དང་། ང་རྒྱལ་སྤངས་པ་སྟེ༑ ཐོག་མར་སྒྲུབ་པའི་ཡན་ལག་བདུན་དང་། དུས་ཐམས་ཅད་དུ་གཞན་སྐྱོན་མི་བལྟ་ཞིང་མི་བརྗོད་པ་དང་། རང་གི་ཡོན་ཏན་གྱིས་མི་ཁེངས་པ་དང་། ངོ་ཚ་ཁྲེལ་ཡོད་ཀྱིས་རང་བསྲུང་བ་དང་། སྡོམ་པ་གསུམ་ལ་ནན་ཏན་བྱེད་པ་དང་། ངོ་དགའ་གསར་འགྲོགས་མེད་པ་དང་། སྤྱོད་ལམ་ཟུངས་ཐུབ་པ་དང་། ཡུལ་དུས་གནས་སྐབས་ཀྱིས་གཞན་གྱི་རྒྱུད་ཚོད་ཤེས་པ་དང་། གཞན་ལ་བརྐུས་པ་དང་། ཁྲེད་བསོད་སྤང་སྟེ་ཡ་རབས་ཀྱི་ཚུལ་མི་ཉམས་པའི་ཡན་ལག་བདུན་དང་། འདོད་པ་ཆུང་ཞིང་ཆོག་ཤེས་པ་དང་། ཆགས་ཞེན་སྤོང་བ་དང་། སྙོམས་ལས་སྤོང་བ་དང་། ཏ་ཙང་ངལ་ཅིང་དུབ་པ་ཡང་ཚོད་ཤེས་པར་བྱ་བ་དང་། དོན་ཤིན་ཏུ་མི་འགྱུར་བའི་གཏམ་དང་བྱ་བ་སྤང་བ་དང་། ཚུལ་མིན་ཡིད་བྱེད་སྤང་བ་དང་། ཉོན་མོངས་གང་གི་གཉེན་པོར་གང་འགྲོ་བར་ཤེས་ནས་བསྟེན་པ་སྟེ། བར་ཆད་སྤོང་བའི་ཡན་ལག་བདུན་དང་། དལ་འབྱོར་རྙེད་པར་དཀའ་བ་སེམས་པ་དང་། དམ་པའི་ཆོས་སྒྲུབ་པ་དོན་ཆེ་བར་སེམས་པ་དང་། འཇིག་རྟེན་གྱི་བྱ་བ་དོན་མེད་པར་སེམས་པ་དང་། གཞན་གྱི་སྡུག་བསྔལ་རང་གི་གཉེན་པོར་བསྟེན་ཤེས་པ་དང་། མྱུར་དུ་འཆི་བ་ཤེས་པ་དང་། ལོངས་སྤྱོད་བསགས་པ་འདོར་བར་ཤེས་པ་དང་། གཉེར་མ་དང་སྐྲ་དཀར་ལ་སོགས་པ་བརྟགས་ནས་ཡིད་སྐྱོ་བར་བྱས་ཏེ་རང་ལ་བཞེད་བསྐུལ་འདེབས་པའི་ཡན་ལག་བདུན་དང་། བསྒྲུབ་པར་བྱ་བའི་ཆོས་ཤིན་ཏུ་རྒྱ་ཆེ་སྟེ། ཚེ་ཟད་པར་གྱུར་དུ་འོང་ངོ་ཞེས་སེམས་པ་དང་། སྒྲ་ཙམ་ཤེས་པས་གཞན་མི་ཐུབ་ཅིང་མགུ་དཀའོ་ཞེས་སེམས་པ་དང་། རང་གཞན་གྱི་གྲུབ་མཐའ་ལ་ཆགས་སྡང་སྤངས་ཏེ་སྐུར་པ་མི་བཏབ་པ་དང་། འཛའ་བཤེས་དང་ཉེ་དུ་རྣམས་ལམ་

གྱི་མགྲོན་པོ་དང་འདྲ་བར་ཤེས་པ་དང་། འཇིག་རྟེན་གྱི་ཆོས་བརྒྱད་སླུ་བར་ཤེས་པ་དང་། ཁེངས་གྲགས་དང་འདོད་སྲེད་དུག་དང་མཚོན་ཆ་ལྟ་བུར་ཤེས་པ་དང་། དངོས་པོ་ཐམས་ཅད་རྨི་ལམ་ལྟ་བུར་ཤེས་པ་སྟེ་གདུང་བ་བཅད་པའི་ཡན་ལག་བདུན་དང་། དབེན་པར་གནས་པ་དང་། ལྷག་པའི་ལྷ་མཉེས་པར་བྱ་བ་དང་། རི་དྭགས་དང་འཇིགས་པ་སྤྲངས་ནས་གནས་པ་དང་། སྙིང་རྗེ་ཆེན་པོ་སྒོམ་པ་དང་། ལུས་དང་སྲོག་གི་ཕྱིར་ཡང་མི་གཏོང་བར་སྒྲུབ་པའི་དམ་བཅས་པ་དང་། རྨི་ལམ་བཟང་ངན་ལ་སོགས་མཚན་མར་མི་འཛིན་ཅིང་གཞན་ལ་མི་སྨྲ་བ་དང་། འདོད་པའི་ལྟས་སྦྱོད་ལམ་བསྟན་པ་ལ་སོགས་ཤེས་པར་བྱས་ནས་ཁྲིད་དུ་མི་གསོད་པ་སྟེ་འདོད་དོན་མྱུར་དུ་འགྲུབ་པའི་ཡན་ལག་བདུན་དང་། ཆོས་སྒྲུབ་པའི་རྟེན་གྱི་ལུས་སྲུང་བའི་ཕྱིར་ཟས་གོས་དང་སྨན་ལ་སོགས་པ་ཇི་ལྟར་མཐུན་པ་བསྟེན་པ་དང་། མི་དང་མི་མ་ཡིན་པའི་གནོད་པ་བསྲུང་བ་དང་། འདོད་པའི་ཡུལ་དུ་གནས་པ་དང་། ལུས་སེམས་དུབ་པའི་བྱ་བ་མི་བྱེད་པ་དང་། ཟས་འཇུ་བའི་དུས་དང་ནམ་ཕྱེད་ཉིན་ཕྱེད་ནད་ཁམས་བསྐྱེད་པའི་དུས་སུ་དམིགས་པ་ཡིད་ལ་མི་བྱེད་པ་དང་། དུབ་པ་དང་སྐྱོ་བ་བསང་བའི་མན་ངག་ཤེས་པར་བྱ་བ་དང་། སྦྱོད་ལམ་མཉམ་པར་བཞག་པ་སྟེ་ལུས་སྲུང་བའི་ཡན་ལག་བདུན་དང་། དེ་ལྟར་གནས་པའི་སྐབས་སུ་དགེ་བ་ལ་གཡེལ་བའི་རྣམ་རྟོག་བྱུང་ན། རང་ལ་ལྷུགས་གདབ་པ་དང་། ནད་གློ་བུར་བ་དང་ཤེས་པ་མཐོ་དམའ་བྱུང་ན་བླ་མའི་མན་ངག་གིས་བཅོས་ཤིང་མཁས་པ་ལ་དྲི་བར་བྱ་བ་དང་། རྒྱལ་པོའི་བཀའ་དང་རང་ལ་ནུས་པ་ཡོད་ན་གཞན་དོན་སྒྲུབ་པ་དང་། ཉོན་མོངས་དང་རྣམ་རྟོག་མི་འདྲ་བ་སྣ་ཚོགས་པའི་གཉེན་པོ་མི་འདྲ་བ་དུ་མ་ནི་མདོ་རྒྱུད་མན་ངག་རྣམས་ལས་ཤེས་པར་བྱ་སྟེ། ཁ་སྐོང་བའི་ཡན་ལག་བཞིའོ། །ཞེས་གསུངས་པ་ལྟར་དམ་པའི་ཆོས་ཉམས་སུ་བླང་བར་བྱའོ། །

གསུམ་པ་ལ་གཉིས། བསྟན་བཅོས་རྩོམ་པ་པོ་རང་ཉིད་ཀྱི་རྟོགས་པ་བརྗོད་པ། བློ་ལྡན་གཟུ་བོར་གནས་པའི་བླང་བྱར་གདམས་པའོ། །དང་པོ་ནི། བདག་གིས་སྒྲ་དང་ཚད་མ་བསླབས། །ཚིག་གི་སྡེབ་སྦྱོར་རྣམས་ཀྱང་ཤེས། །རྒྱན་དང་མངོན་བརྗོད་ཕལ་ཆེར་གོ །འདུལ་བ་དང་ནི་མངོན་པ་དང་། །ཕ་རོལ་ཕྱིན་པ་ཕལ་ཆེར་ཐོས། །གསང་སྔགས་རྒྱུད་སྡེ་བཞི་པོ་ཡང་། །ཉན་བཤད་ཡོད་པ་ཕལ་ཆེར་ཐོས། །ཐོས་པ་དེ་དག་ཐམས་ཅད་ཀྱང་། །མིང་ཙམ་དུ་མ་བཞག་གོ །ཞེས་པ། རིག་པའི་གནས་ཀློལ་བ་ངན་པ་དེ་ཚར་གཅོད་པར་བྱེད་པའི་ཡན་ལག་ཚིག་གཏན་ལ་འབེབས་པའི་སྒྲ་དང་། དོན་གཏན་ལ་འབེབས་པའི་ཚད་མ་དང་། སྒྲའི་ཡན་ལག་བྲ་ཧ་ར་བཀོད་ནའི་ཡི་གེ་ཅི་ཡང་དང་དྲག་གཞན་རིང་ཐུང་སྣ་ཚོགས་པའི་སྡེབ་སྦྱོར་གྱི་ཚིགས་བཅད་དང་། ལྷུག་པ་འགོད་པ་དང་། སྡེབ་སྦྱོར་ལུས་ལྟ་བུའི་སྐན་དངགས་རྒྱན་ལྟ་བུ་འདོགས་པ་ལ་རང་བཞིན་ལ་སོགས་པའི་

དོན་རྒྱུན་སུམ་ཅུ་རྩ་གཉིས་རེ་རེ་ལ་འང་། ངོ་བོ་དང་ཁྱད་པར་གྱི་ཆོས་ལ་སོགས་པའི་བྱེ་བྲག་དུ་མ་དང་། སྒྲ་རྒྱུན་བྱ་དཀའ་དང་བྱ་སླ་དང་ཀུན་ནས་བསྒོར་བ་ལ་སོགས་པ་རྣམས་དང་། དངོས་པོ་རེ་རེ་ལ་འང་བཀའ་དང་བསྟན་བཅོས་ནས་གསུངས་པའི་མིང་ཉི་མ་དང་། སྣང་བྱེད་དང་ཧ་བདུན་ཅན་དང་པདྨོའི་གཉེན་དང་བཅུ་གཉིས་བདག་པོ་ལ་སོགས་པ་མིང་གི་རྣམ་གྲངས་དུ་མ་སྟོན་པའི་མངོན་བརྗོད་དང་། དྲི་བ་ལ་ལན་ལ་སོགས་པའི་ཚིག་རྣམས་ཆེན་པོའི་ས་ནས་ལེགས་སྦྱར་གྱི་སྐད་དང་། །གློན་པོ་དམངས་ལ་སོགས་པ་ཟུར་ཆག་དང་རང་བཞིན་གྱི་སྐད་དང་། མི་མ་ཡིན་དང་གདོལ་པ་ལ་སོགས་པས་ཤ་ཟའི་སྐད་དུ་བཟློས་ཤིང་། དྲུག་སྐྱེས་དང་བར་མ་དང་གན་དྷ་ར་ལ་སོགས་པའི་དབྱངས་ཀྱི་ཡན་ལག་དང་། རོལ་མོའི་སྒྲ་དང་བསྟེབས་ནས་ལུས་ཀྱིས་གར་སྟབས་སྣ་ཚོགས་པ་བསྒྱུར་ཅིང་། སྐྱེ་བོ་མང་པོ་འདུས་པའི་དབུས་སུ་རྩེ་ཞིང་རོལ་བའི་ཟློས་གར་དང་། གཞན་རྗེས་སུ་འཛིན་པར་བྱེད་པའི་ཡན་ལག་བདེ་བར་གཤེགས་པའི་སྐུ་གཟུགས་དང་རི་མོའི་ཕྱག་ཚད་དང་། ལྷ་ཡོ་མོ་དང་ཞི་དྲག་གི་ཉམས་དགུ་ཇི་ལྟར་འགོད་པའི་ཚུལ་དང་། རྒྱ་བོད་ཀྱི་ཡི་གེ་དང་སྨན་དང་ནོར་བུ་དང་ས་གཞི་དང་ལྗོན་ཤིང་བརྟག་པ་ལ་སོགས་པ་བཟོ་རིག་པ་དང་། ལུས་དང་བྱིས་པ་གདོན་ལུས་སྟོད། །མཆོན་དུག་མཆེ་བ་རྒས་རོ་རྩ། །ཞེས་པའི་ཡན་ལག་བརྒྱད་ཀྱིས་བསྡུས་པའི་གསོ་དཔྱད་རླུང་དང་མཁྲིས་བད་ཀན་འདུས་པ་རྩ་བ་བཞི་པོ་རེ་རེ་ལ་བརྒྱ་དང་རྩ་གཅིག་ཏུ་ཕྱེ་བའི་ནད་བཞི་བརྒྱ་རྩ་བཞིའི་ནད་ཀྱི་རྒྱུ་དང་རང་བཞིན་དང་གཉེན་པོ་དང་ཕྱིས་མི་འབྱུང་བར་བྱེད་པའི་ཚུལ་སྨན་དང་དཔྱད་གསོ་བ་རིག་པའི་གནས་རྣམས་བསླབས་ཤིང་ཤེས་སོ། །སངས་རྒྱས་ཀྱི་བསྟན་པ་རྫོགས་པའི་ཆོས་ཚུལ་ཁྲིམས་དང་ཏིང་ངེ་འཛིན་དང་ཤེས་རབ་ཀྱི་བསླབ་པ་གསུམ་གཏན་ལ་འབེབས་པར་བྱེད་པའི་ལུང་གི་ཆོས་ཕ་རོལ་ཏུ་ཕྱིན་པ་དང་མངོན་པའི་སྡེ་སྣོད་རྣམས་ལེགས་པར་བསླབས་ཤིང་ཤེས་སོ། །ནང་རིག་པའི་མཆོག་རྒྱུད་སྡེ་བཞི་འགྲེལ་པ་དང་བཅས་པ་ལ་འཆད་ཉན་གྱི་སྦྱོལ་ཡོད་པ་རྣམས་བསླབས་ཤིང་ལེགས་པར་ཤེས་སོ། །རིག་པའི་གནས་ལྔ་པོ་དེ་དག་ཀུན་ཐོས་ལོ་དང་ཤེས་ལོའི་མིང་ཙམ་མ་ཡིན་ཏེ། ཕྱིན་ཅི་མ་ལོག་པར་ཁོང་དུ་ཆུད་དོ། །

བྱེ་བྲག་སྨྲ་དང་མདོ་སྡེ་པ། །སེམས་ཙམ་དང་ནི་དབུ་མ་ཡི། །གདམས་ངག་ཇི་སྙེད་ཕལ་ཆེར་ཐོས། །དེང་སང་བོད་ན་གྲགས་པ་ཡི། །ཞི་བྱེད་རྫོགས་ཆེན་གཅོད་ལ་སོགས། །སྐབས་བརྒྱད་ཅིག་ཆར་སྒོམ་པ་དང་། །ཕ་རོལ་ཕྱིན་པའི་བློ་སྦྱོང་དང་། །བཀའ་བསྡམས་གདམས་ངག་ལུགས་གཉིས་དང་། །ཞེས་པ། ཕྱི་རོལ་མུ་སྟེགས་བྱེད་ཀྱི་གྲུབ་མཐའ་མི་མཐུན་པ་དུ་མ་དང་། ནང་པའི་ཉན་ཐོས་བྱེ་བྲག་ཏུ་སྨྲ་བའི་གྲུབ་མཐའ་མི་མཐུན་པ་དུ་མ་དང་། མདོ་སྡེ་པ་དང་སེམས་ཙམ་པ་དང་དབུ་མ་པའི་གྲུབ་མཐའ་ལ་འང་། པཎྜི་ཏ་སོ་སོས་སྦྱར་བའི་བསྟན་

བཅོས་འགྲེལ་པ་འགྲེལ་བཤད་གྲུབ་མཐའ་ཁྱད་པར་ཕྲ་རགས་འདོད་ཚུལ་སྣ་ཚོགས་ལེགས་པར་བལྟས་ཤིང་ཁོང་དུ་ཆུད་པ་ཡིན་ནོ། །དེ་དག་དང་འབྲེལ་བའི་ཉམས་ལེན་གྱི་གདམས་པ་རྣམས་ཀྱང་ཐོས་སོ། །དེང་སང་བོད་ཡུལ་ན་གྲགས་པའི་ཕ་དམ་པའི་ཞི་བྱེད་བརྒྱུད་པ་གསུམ་དང་། ཨ་རོའི་རྫོགས་ཆེན་དང་། ཨ་མ་ལམ་སྒྲོན་གྱི་གཅོད་ཆོས་དང་། མངོན་རྟོགས་རྒྱན་གྱི་སྐབས་བརྒྱད་ཀྱི་དོན་ཅིག་ཆར་སྒོམ་པ་ཇོ་བོ་རྗེ་ནས་བརྒྱུད་པ་དང་། ཕར་ཕྱིན་ཐེག་པའི་ཉམས་ལེན་བློ་སྦྱོང་གི་གདམས་ངག་ཞུས་པ་དང་། གདམས་ངག་པ་ལས་བརྒྱུད་པའི་ལུགས་རྣམས་ཀྱང་ཐོས་ཤིང་ཁོང་དུ་ཆུད་དོ། །

ས་ར་ཧ་དང་ཏེ་ལོ་པ། །ནག་པོ་སྤྱོད་པའི་དྷོ་ཧ་དང་། །རྣལ་འབྱོར་དབང་ཕྱུག་བི་རྭ་པའི། །དྷོ་ཧའི་སེང་གེ་ཞེས་བྱས་སོགས། །དྷོ་ཧའི་བྱེ་བྲག་མང་དུ་ཐོས། །རིམ་ལྔ་སྟན་ཐོག་གཅིག་པ་དང་། །ནཱ་རོའི་ཆོས་དྲུག་ལུགས་གསུམ་དང་། །གསང་བ་འདུས་པ་ཡེ་ཤེས་ཞབས། །དེ་བཞིན་ཕག་སྐོར་གདམས་ངག་དང་། །ཞེས་པ། ས་ར་ཧའི་དྷོ་ཧ་མཛོད་ཀྱི་གླུ་ལ་སོགས་པ་ཕྱག་རྒྱ་ཆེན་པོའི་གཞུང་གྲུབ་པ་སྡེ་བདུན་སྙིང་པོ་སྐོར་དྲུག་ལ་སོགས་པ་དང་ཏེ་ལོ་པ་དང་ནག་པོ་སྤྱོད་པའི་ཇོ་རྗེའི་རྟོགས་པ་གླུར་བླངས་པའི་དྷོ་ཧ་དང་། གྲུབ་ཐོབ་བི་རྭ་པའི་རྟོགས་པ་གླུར་བླངས་པ་དྷོ་ཧ་སེང་གེ་ཞེས་བྱ་བ་དང་། མཻ་ཏྲི་པ་དང་ཐ་གུ་ནི་དྷོ་ཧ་ལ་སོགས་པ་མང་དུ་ཐོས་ཤིང་དོན་མ་ནོར་བར་ཤེས་སོ། །གསང་བ་འདུས་པའི་ཉམས་ལེན་ཚུར་དབང་ངེས་འབོན་གད་པ་གཱི་ཏི་ལ་གདམས་པའི་སྙིང་པོ་རྒྱུན་ཁྱེར་གྱི་ཉམས་ལེན་རིམ་ལྔ་སྟན་ཐོག་གཅིག་པ་དང་། མེས་སྟོན་ཚོན་པོ་དང་དྭགས་པོའི་སློབ་མ་གཙང་བཞེར་དང་། རྨོག་ཅོག་པ་ནས་བརྒྱུད་པའི་ཆོས་དྲུག་ལུགས་གསུམ་དང་། གསང་འདུས་ཡེ་ཤེས་ཞབས་ལུགས་ལ་འགྲེལ་པ་འདུས་པའི་རྒྱན་དང་། ལྷོན་ཤིང་སྐྱེམས་པའི་མེ་ཏོག་ལ་སོགས་པ་དང་། འཕགས་པ་ཀླུ་སྒྲུབ་ཀྱི་ལུགས་མགོས་དང་གནམ་ཁའུ་པ་ནས་བརྒྱུད་པ་རྗེ་བཙུན་ཆེན་པོ་ལ་ཐོས་པ་དང་། ཁ་ཆེ་པཎ་ཆེན་ལ་གཞུང་གདམས་ངག་དང་བཅས་པ་ཐོས་སོ། །

དགྱེས་པ་རྡོ་རྗེ་སྙིང་པོའི་སྐོར། །གཤིན་རྗེ་གཤེད་དང་འཇིགས་བྱེད་སོགས། །དེ་ཡི་གདམས་ངག་གསར་རྙིང་དང་། །འཁོར་ལོ་སྡོམ་པའི་གདམས་ངག་དང་། །དུས་ཀྱི་འཁོར་ལོའི་སྦྱོར་དྲུག་སོགས། །མཚན་བརྗོད་བཤད་པ་ལུགས་དྲུག་དང་། །འཆི་མེད་གྲུབ་པའི་གདམས་ངག་དང་། །ལམ་འབྲས་ལ་སོགས་ལམ་སྐོར་དགུ། །དེ་ལས་འཕྲོས་པ་དུ་མ་དང་། །ཞེས་པ། དགྱེས་པ་རྡོ་རྗེའི་རྒྱུད། འགྲེལ་པ། གདམས་ངག་ཕྱག་རྒྱ་ཆེན་པོ་སྙིང་པོའི་སྐོར་དང་། གཤིན་རྗེ་གཤེད། དགྲ་ནག་གདོང་དྲུག་འཇིགས་བྱེད་མན་ངག་དང་བཅས་པ་སྔགས་རྙིང་མའི་ལུགས་རྣམས་ཀྱང་ཐོས། འཁོར་ལོ་སྡོམ་པའི་རྒྱུད་འགྲེལ་གདམས་ངག་དང་བཅས་པ་དང་། དུས་ཀྱི་

འཁོར་ལོའི་བཤད་པ་དང་། སྦྱོར་དྲུག་ལུགས་མང་པོ་དང་། མཚན་བརྗོད་ཀྱི་འགྲེལ་པ་སྙེགས་པ་རྡོ་རྗེའི་སྟེགས་དོན་རྣམ་གཟིགས་དང་། འཇམ་དཔལ་བཤེས་གཉེན་གྱི་འགྲེལ་པ་ཆེ་ཆུང་གཉིས་དང་། ལམ་འབྲས་ཀྱི་ལུགས་དང་། དུས་འཁོར་གྱི་ལུགས་དང་དབུ་མ་ལ་དགའ་བས་བྱས་པའི་འགྲེལ་པ་སྔེ་ལུགས་དྲུག་དང་། ཕྱག་རྒྱ་ཆེན་པོ་འཆི་མེད་འགྲུབ་པ་དང་། ལམ་འབྲས་དང་། རྟོག་རྩེ་པའི་བསམ་གྱིས་མི་ཁྱབ་པ་ལ་སོགས་པའི་ལམ་སྐོར་གྱི་གདམས་ངག་དང་། དེ་དག་ལས་འཕྲོས་པ་ཕྲན་ཚེགས་ཀྱི་གདམས་ངག་མང་པོ་རྣམས་ཀྱང་མཉན་ཅིང་ཁོང་དུ་ཆུད་དོ། །

གཞན་ཡང་བོད་དང་རྒྱ་གར་ལ། །དེང་སང་གྲགས་པ་ཕལ་མོ་ཆེ། །བདག་གིས་ལེགས་པར་འབད་དེ་མཉན། །བསླབ་པ་དེ་དག་མིང་ཙམ་མིན། །དེ་ཕྱིར་ཆོས་རྣམས་ཕལ་ཆེར་ཐོས། །དེས་ན་བདག་ལ་ཕྱོགས་ལྷུང་མེད། །དེ་ཕྱིར་གཟུ་བོས་དཔྱད་པ་འདི། །བློ་ལྡན་རྣམས་ཀྱིས་འདི་ལྟར་ཟུངས། །ཞེས་པ། དེང་སང་རྒྱ་བོད་ན་ཡོངས་སུ་གྲགས་ཤིང་ཁུངས་བཙུན་པའི་གདམས་ངག་ཁ་རག་སྒོམ་ཆུང་གི་རིན་དཔུང་སྐོར་གསུམ། ཆོམ་བུ་པའི་དམར་ཁྲིད། འབྲོག་མི་ལོ་ཙཱ་མཁས་པ་སྒོ་དྲུག་ལ་གསན་པའི་གདམས་པ་ལ་སོགས་འབད་པས་བརྟད་གཅོད་ཞུས་ཤིང་ཁོང་དུ་ཆུད་པར་བྱས་སོ། །དེའི་བོད་ཀྱི་བླ་མ་དང་ཆོས་ལུགས་དང་གྲྭ་པའི་རང་ཕྱོགས་དང་། གཞན་ཕྱོགས་ལ་དགག་སྒྲུབ་བྱེད་པའི་ཕྱོགས་ལྷུང་ཙུང་ཟད་ཀྱང་མེད་དོ། །དེས་ན་ཆོས་དང་ཆོས་མ་ཡིན་ལུང་དང་རིགས་པས་ལེགས་པར་བརྟགས་ནས་དྲང་པོར་བཀོད་པ་འདི་ལ་རྣམ་དཔྱོད་ཀྱི་བློ་གྲོས་དང་ལྡན་པའི་སྐྱེ་བོ་དམ་པའི་ཆོས་བཞིན་སྤྱོད་པ་རྣམས་ཀྱིས་ཚིག་དོན་ཁ་ཏོན་བྱེད་པ་དང་ཡིད་ལ་འཛིན་པར་མཛོད་ཅིག །ཐ་ན་སྣང་བ་མེད་པའི་སེམས་ཅན་གྱི་ཚོགས་ཐ་མལ་པའི་མིག་གིས་སྟོང་གསུམ་གྱི་འཇིག་རྟེན་ན་མཐོང་བ་ཙམ་ཀུན་མཁྱེན་ཡེ་ཤེས་ཀྱིས་ཤིང་རྟའི་འཁོར་ལོ་ཙམ་གྱི་ཁྱོན་ལ་གཟིགས་ཤིང་། འདུལ་བ་འོད་ལྡན་དུ། འཕགས་པ་མ་འགགས་པས་ཆུའི་ནང་བར་དོའི་སེམས་ཅན་གྱིས་གང་བ་གཟིགས་ནས། བཅོམ་ལྡན་འདས་ཀྱིས་ཐ་མལ་པའི་མིག་གིས་རྟོགས་ཤིག་ཅེས་བཀའ་སྩལ་ཏོ། །ཞེས་པ་ལྟར་སེམས་ཅན་གྱི་རིགས་དེ་རྣམས་ལ་ཆོས་ཀྱི་སྦྱིན་པ་བྱ་བར་གསུངས་པས། དམ་པའི་ཆོས་ཀྱི་སྒྲ་དབྱངས་ཕྱོགས་དུས་གནས་སྐབས་ཐམས་ཅད་དུ་སྒྲོགས་ཤིག །གསུམ་པ་ལ་བཞི། བསྟན་བཅོས་ཀྱི་གནས་ལུགས་བརྗོད་པས་བླང་དོར་བསྟན་ཚུལ། བླུན་པོ་ཕྱོགས་ཞེན་ཅན་གྱིས་རྟོགས་དཀའ་བར་བསྟན་པ། བརྩམས་པའི་དགེ་བ་གཞན་དོན་དུ་བསྔོ་བ། བཀའ་དྲིན་དྲན་པས་བླ་མ་ཡི་དམ་ལ་འདུད་པའི་ཚུལ་ལོ། །

དང་པོ་ནི། ཐུབ་པའི་བསྟན་པ་རིན་ཆེན་གཞལ་མེད་ཁང་། །ལོག་ལྟའི་མུན་ནག་ཚང་ཚིང་རྣམ་པར་

བསལ། །བློ་གསལ་བློ་ཡི་པདྨོ་ཁ་འབྱེད་པ། །བསྟན་བཅོས་ཉི་མ་སྣང་བ་དེང་འདིར་ཤར། །ཞེས་པ། བསྟན་བཅོས་ཉིན་མོར་བྱེད་པའི་འོད་ཀྱིས་ཆོས་ལོག་གི་མུན་ནག་བསལ་ནས་གདུལ་བྱ་བློའི་པདྨོ་རྒྱས་པར་བྱས་པའི་རྒྱན་གསུམ་བཀོད་པའོ། །

གཉིས་པ་ནི། རྒྱལ་བ་ཀུན་གྱི་དགོངས་པ་འདི་ཡིན་ཅེས། །འགྲོ་ལ་ཕན་པའི་བསམ་པས་བདག་གིས་བཤད། །མཁས་པ་ཀུན་གྱི་དགོངས་པ་འདི་ཡིན་མོད། །ད་དུང་བླུན་པོ་རྣམས་ཀྱིས་རྟོགས་པར་དཀའ། །ཞེས་པ༑ ཐུབ་པའི་གསུང་གི་དགོངས་པ་མ་ནོར་བར་སྐྱེ་རྒུ་ལ་ཕན་པར་འདོད་པའི་ལྷག་བསམ་གྱིས་བརྩམས་པ་འདི་མཁས་པའི་བཞེད་པ་འོས་ཀྱང་། ཐོས་པ་ཆུང་བའི་གང་ཟག་གིས་རྟོགས་པར་དཀའོ་ཞེས་དགོངས་པ་ཅན་དུ་སྨྲ་བའོ། །

གསུམ་པ་ནི། ཀུན་དགའ་ཉི་མས་སངས་རྒྱས་བསྟན་པ་ཡི། །པདྨ་རྣམ་པར་ཕྱེ་བ་ལས་བྱུང་བའི། །དམ་པའི་སྦྲང་རྩིས་འགྲོ་བའི་བུང་བ་ཀུན། །རྒྱུན་དུ་བདེ་བའི་དགའ་སྟོན་འབྱེད་པར་ཤོག །ཅེས་པ།

བསྟན་བཅོས་བརྩམས་པའི་དགེ་བ་ལུས་ཅན་ཀུན་ལ་ཕན་བདེའི་རྒྱུར་བསྔོས་པ་ནི། རྒྱུ་དང་བྱེད་ལས་སྦྱར་ནས་བཀོད་པའོ། །བཞི་པ་ནི། གང་གི་ཐུགས་བརྩེས་ཉེར་བཟུང་ནས། །ལོག་པའི་ཆོས་རྣམས་སྤངས་ནས་ཀྱང་། །སངས་རྒྱས་བསྟན་དང་ལེགས་སྦྱོར་པའི། །འཇམ་མགོན་བླ་མ་དེ་ལ་འདུད། །ཅེས་པ། ཕན་བཏགས་པའི་དྲིན་རྗེས་སུ་དྲན་པ་ནི། སྐྱེས་བུ་ཡ་རབས་ཀྱི་ཚུལ་ཡིན་ཅིང་། དེ་ལས་ལོག་པ་ནི་ཆོས་དང་འཇིག་རྟེན་གྱིས་རྣམ་པར་སྨད་ཅིང་སྤང་བར་བྱ་བ་ཡིན་ཏེ། ཕལ་པོ་ཆེར། ལྷའི་སྲས་པོ་དག་ཁྱོད་ཀྱི་དྲིན་དུ་བཟོ་བར་མཛོད་ལ། དྲིན་དུ་མི་བཟོ་བ་མེད་པར་མཛོད་ཅིག །ལྷའི་སྲས་པོ་དག །བྱས་པ་མི་དྲན་པ་དག་ནི་ལྷ་མ་ཡིན་གྱི་གཡུལ་དུ་ཕལ་ཆེར་གཞན་གྱིས་བསད་ཅིང་འཆི་བར་འགྱུར་ཏེ། འདི་ནས་ཤི་འཕོས་ནས་ཀྱང་། དྲིན་དུ་མི་བཟོ་བའི་སེམས་ཅན་དེ་དག་ནི་དམྱལ་བར་ངེས་པར་འགྱུར་རོ། །ཞེས་པ་དང་། སྐྱེ་བོ་གསོ་ཐིག་ལས། རྒྱ་མཚོ་དང་ནི་རི་རབ་གླིང་ལ་སོགས། །འཇིག་རྟེན་པ་རྣམས་བདག་གིས་འཁུར་མིན་གྱིས། །འཇིག་རྟེན་བྱས་པ་མི་བཟོ་གང་ཡིན་པ། །དེ་ནི་བདག་གི་འཁུར་ཆེན་དག་ཏུ་འགྱུར། །ཞེས་པས། བླ་མ་དང་ཡི་དམ་གྱི་བཀའ་དྲིན་རྗེས་སུ་དྲན་པའི་སྒོ་ནས་གུས་པས་འདུད་པ་ནི། གནས་སྐབས་དང་མཐར་ཐུག་གི་བདེ་ལེགས་ཐམས་ཅད་འབྱུང་བའི་གནས་ཡིན་པས། བསྟན་བཅོས་ཀྱི་ཐོག་མར་ལེགས་པར་བཀོད་པ་ཡིན་ནོ། །

སྡོམ་པ་གསུམ་གྱི་རབ་ཏུ་དབྱེ་བ་ཞྭ་སྟོང་གི་བདག་ཉིད་ཅེས་བྱ་བ། ཆོས་དང་ཆོས་མ་ཡིན་པ་རྣམ་པར་འབྱེད་པའི་བསྟན་བཅོས། མང་དུ་ཐོས་པའི་ནོར་དང་ལྡན་པ། རིགས་པ་དང་མི་རིགས་པ་དཔྱོད་པར་ནུས་པའི་

བློ་གྲོས་ཅན། སྡེ་སྣོད་འཛིན་པ་ཀུན་དགའ་རྒྱལ་མཚན་དཔལ་བཟང་པོས་སྦྱར་བ་རྫོགས་སོ།། །།

བྱེ་བྲག་ཏུ་གསང་སྔགས་ཀྱི་གནད་གདན་ལ་དབབ་པ། གསང་ཆེན་ཡིན་པས་ཁོ་བོས་ཡོངས་སུ་བཤད་པར་བལྟའོ། །དྲི་མ་མེད་པའི་བསྟན་པའི་དམ་ཆོས་ཕྱོགས་བཅུར་རྒྱས་པར་གྱུར་ཅིག །

མགོན་པོ་འཇམ་དཔལ་དབྱངས་ཀྱི་མཁྱེན་པའི་ཆུ་གཏེར་ལས། ལེགས་པར་འཁྲུངས་པའི་བསྟན་འཛིན་ཡིད་བཞིན་གྱི་ནོར་བུ། གངས་ཅན་གྱི་སྐྱེ་བོའི་བློ་གྲོས་རྒྱལ་མཚན་གྱི་རྩེ་མོའི་རྒྱན་དུ་གྱུར་པ། ཆོས་རྗེ་ས་སྐྱ་པཎྜི་ཏ་ཆེན་པོའི་གསུང་རབ་སྡོམ་པ་གསུམ་གྱི་རབ་ཏུ་དབྱེ་བ་ལེགས་པར་བཤད་པ་འདི་ནི། བརྗོད་བྱའི་དོན་ཟབ་ཅིང་རྒྱ་ཆེ་བ། ཤེས་བྱའི་གནས་མཐའ་དག་ལ་ཁྱབ་པ། ནམ་མཁའི་མཐའ་ལྟ་བུ་ལ་ཁོ་བོའི་བློ་གྲོས་བུང་བའི་བགྲོད་པ་ལྟ་བུས་དཔག་པར་མི་ནུས་མོད་ཀྱི། འོན་ཀྱང་ཐུབ་པའི་བཀའ་རབ་འབྱམས་ལ་མཁྱེན་པའི་སྤྱན་རྒྱས་ཤིང་། འགྲོ་བ་མཐའ་དག་ལ་བུ་གཅིག་པའི་མ་ལྟར་བརྩེ་བའི་ཐུགས་རྗེ་སྙོམས་པར་འཇུག་པས། རྩོད་པའི་དུས་ཀྱི་འགྲོ་བ་རྣམས་ཀྱི་སྐྱབས་གནས་མཆོག་ཏུ་གྱུར་པ། ཆོས་ཀྱི་རྗེ་དཔལ་ལྡན་བླ་མ་དམ་པ་བསོད་ནམས་རྒྱལ་མཚན་དཔལ་བཟང་པོའི་ཞབས་ཀྱི་རྡུལ་ལ་རེག་ཅིང་། གསུང་གི་བདུད་རྩིའི་བཅུད་ཅུང་ཟད་མྱངས་པ་དང་། ཡོངས་འཛིན་མཁས་གྲུབ་དུ་མའི་ལེགས་བཤད་རྣ་བར་ལྷུང་བས་གསུང་རབ་ཟབ་མོའི་དོན་ལ་བློ་ཁ་ཅུང་ཟད་ཕྱོགས་པར་གྱུར་ནས་སྤྱོབས་པ་སྐྱེས་ཤིང་། ཐུབ་པའི་བསྟན་པ་དམ་པའི་ཆོས་ལ་མི་ཕྱེད་པའི་དད་གུས་བརྟན་པོས་དབུའི་ཐོད་ལྟར་འཁུར་ཅིང་། ཆོས་ཀྱི་རྗེ་དཔལ་ལྡན་ས་སྐྱ་པཎྜི་ཏ་ཁུ་དབོན་གྱི་ཆོས་ལུགས་བཟང་པོ་གདེངས་ཅན་གྱི་གཙུག་རྒྱན་ལྟར་གུས་པས་སྤྱི་བོའི་གཙུག་རྒྱན་དུ་འཛིན་པ་བསྟན་པའི་སྦྱིན་བདག་ཆེན་པོ་རབ་བརྟན་ཀུན་ཏུ་བཟང་པོ་སྐུ་མཆེད་ཀྱི་གསུང་གིས་ཡང་ཡང་བསྐུལ་བ་དང་། ཕྱོགས་གཞན་ན་བཞུགས་པའི་སྡེ་སྣོད་འཛིན་པ་དག་གིས་ཀྱང་། རྗེས་སུ་ཡི་རང་བའི་ཐུགས་ཀྱིས་དྲན་བསྐུལ་དག་བྱུང་བ་ལ་བརྟེན་ནས། ཀུན་མཁྱེན་གྱི་གསུང་དང་ལས་ཀྱི་རྣམ་སྨིན་ལ་རྐྱེན་གྱིས་མི་འཕྲོགས་པའི་ཡིད་ཆེས་རྙེད་པ། ཁྱུང་གི་རིགས་སུ་སྐྱེས་པའི་བན་རྒན་རིན་ཆེན་རྒྱལ་མཚན་དཔལ་བཟང་པོས། ཉང་སྟོད་ཀྱི་ཡུལ་ལྗོངས་ཀྱི་བྱེ་བྲག་སྤྱོས་ཁང་ཞེས་བྱ་བར། ཆོས་རྗེ་ཉིད་ཀྱི་བསྟན་རྩིས་དང་སྦྱར་ན། ཐུབ་དབང་ཞི་བའི་དབྱིངས་སུ་བཞུགས་པའི་ཚུལ་བསྟན་ནས། ལོ་སུམ་སྟོང་ལྔ་བརྒྱ་ལྔ་བཅུ་རྩ་བདུན་པ། ཆུ་མོ་ཡོས་བུའི་ལོ་ཐ་དཀར་གྱི་ཟླ་བའི་ཚེས་གྲངས་བཟང་པོ་དགའ་བའི་ཚེས་བཅུ་གཅིག་གི་ཉིན་ལེགས་པར་གྲུབ་པའོ།། །།

བསྟན་བཅོས་འདི་ནི་ཆུ་གཏེར་ཇི་བཞིན་གཏིང་མཐའ་དཔག་པར་དཀའ་བ་དང་། །ཁོ་བོའི་བློ་གྲོས་ཀུ་ཤའི་རྩེ་ལྟར་ཅུང་ཟད་བགྲོད་པར་མི་ནུས་པས། །ཚིག་དོན་རྒྱ་ཆེ་ལེགས་པར་འབྱེད་པའི་གཞུང་ལུགས

བརྩམས་པར་མི་ནུས་ཀྱང་། །སངས་རྒྱས་བསྟན་པ་རྒྱས་པར་འདོད་པའི་ལྷག་བསམ་བཟང་པོས་སྤྲུར་བ་ཡིན། །འདི་ན་ཁ་ཅིག་རྒྱལ་བའི་བཀའ་དང་དགོངས་འགྲེལ་བསྟན་བཅོས་དུ་མ་ཡི། །ཚིག་དང་དོན་རྣམས་ཕྱོགས་འཛིན་རྟོགས་པས་རང་འདོད་ཕྱོགས་སུ་བཅུས་ཤིང་སྟོན། །ཆོས་དང་གང་ཟག་ཁྱད་དུ་གསོད་པའང་ཐུབ་པའི་དབང་པོས་བཀག་པའི་ཕྱིར། །ཞེ་འདོད་ཕྱོགས་འཛིན་ཚུལ་མིན་རྣམ་རྟོག་སྤངས་ནས་གཟུ་བོའི་བློ་ཡིས་བགོད། །འདིར་འབད་དགེ་བ་འོད་དཀར་ཕྲེང་བ་ནམ་མཁའི་ཁྱོན་དང་མཉམ་པ་དེས། །ས་སྟེང་སྐྱེ་དགུའི་ལོག་རྟོག་མུན་ནག་འཐིབས་པོའི་ཚོགས་རྣམས་རབ་བཅོམ་ཞིང་། །བདེན་གཉིས་གནས་ལུགས་ལེགས་པར་རྟོགས་པའི་བློ་གྲོས་ཀུན་དའི་ཚལ་རྒྱས་ནས། །སངས་རྒྱས་བསྟན་པས་ས་ཆེན་མ་ལུས་ཀུན་ནས་འགེངས་པའི་རྒྱུར་གྱུར་ཅིག །མ་བཤད་ལོག་བཤད་ལག་བཤད་ཚིག་དང་དོན་ལ་འཁྲུལ་པའི་དྲི་མ་མཆིས་གྱུར་ན། །ཟུར་གནས་བློ་ལྡན་མཁས་པ་རྣམས་ཀྱིས་བཟོད་པའི་ཆབ་ཀྱིས་དག་པར་མཛོད། །གངས་རིའི་ཁྲོད་ཀྱི་མི་རྣམས་ཕལ་ཆེས་ཀྱང་། །རྟོད་དུས་སྙིགས་མའི་སྐྱོན་དང་བཅས་པའི་ཕྱིར། །བློ་གྲོས་གཟུ་བོར་གནས་པ་ཤིན་ཏུ་དཀོན། །དེ་ཕྱིར་བདེན་པར་སྨྲ་བའང་རྒྱ་ལམ་ཙམ། །རྒྱལ་དང་རྒྱལ་སྲས་སྟོབས་བཅུ་མངའ་བས་ཀྱང་། །སེམས་ཅན་མོས་པ་སྣ་ཚོགས་མི་མཐུན་ན། །ཁོ་བོས་ལེགས་བཤད་དབྱངས་སྙན་བསྒྲགས་གྱུར་ཀྱང་། །དེང་སང་དུས་ཀྱི་སྐྱེ་བོ་སུ་ཞིག་འཛིན། །འོན་ཀྱང་ཡོངས་འཛིན་དམ་པའི་བཀའ་དྲིན་དང་། །ལྷག་པའི་ལྷ་ཡི་རིགས་སྔགས་འོད་ཟེར་གྱིས། །སྙིང་གི་མུན་ནག་རགས་པ་བཅོམ་པའི་ཕྱིར། །མཁས་པའི་དགོངས་པ་འཁྲུལ་མེད་ལེགས་པར་བཤད། །འདི་ན་ཕྱི་ནང་གྲུབ་མཐའི་རྣམ་དབྱེ་དང་། །ཐེག་པ་གསུམ་དང་རྒྱུད་སྡེ་རྣམ་བཞི་ཡི། །རྟོགས་པར་དཀའ་བའི་དོན་རྣམས་ཤིན་ཏུ་གསལ། །དོན་གཉེར་ཡིད་ཀྱི་དགའ་སྟོན་མི་ཟད་གཏེར། །ཚིག་དོན་བཟང་པོའི་ལོངས་སྤྱོད་སྣ་ཚོགས་ཡོད། །གེགས་མེད་ཅི་དགར་ལོངས་སྤྱོད་དགེས་པར་རོལ། །གལ་ཏེ་འགའ་ཞིག་སྨོད་ཅིང་འདོར་ན་ཡང་། །ཕྱོགས་འཛིན་རང་བློའི་དྲི་མས་གོས་པ་སྟེ། །སངས་རྒྱས་བསྟན་ལ་སྐྱོན་ཅིག་མི་གཡེལ་བར། །ཕྲུང་སྐྱོབས་མཛད་པའི་དམ་ཅན་རྒྱ་མཚོའི་ཚོགས། །ཐུབ་པས་བཀའ་བསྒོ་ཞལ་གྱིས་བཞེས་པ་རྣམས། །ཐོགས་མེད་མཐུ་སྟོབས་དཔུང་དང་ལྡན་གྱུར་ཅིག །བསྟན་ལ་ཞུགས་པའི་གང་ཟག་འགའ་ཞིག་གིས། །བསམ་སྦྱོར་ངོངས་པས་ཁྱེད་ཐུགས་མི་སྐྱོ་བར། །སྐྱེ་དགུ་རྣམས་ཀྱི་ཕན་དང་བདེ་བའི་གཞི། །སངས་རྒྱས་བསྟན་པ་ཡུན་དུ་རྒྱས་པར་མཛོད། །ལྷག་བསམ་བཟང་པོས་བསྐུལ་མ་འདེབས་པ་དང་། །བསམ་སྦྱོར་བཟང་པོས་མཐུན་རྐྱེན་སྒྲུབ་པ་དང་། །སྦྲོ་བས་ཡི་གེའི་འདུ་བྱེད་སྦྱོར་བ་རྣམས། །དོན་གཉིས་ཕུན་སུམ་ཚོགས་པ་འགྲོར་གྱུར་ཅིག །བདག་ཀྱང་བྱམས་མགོན་ཆེན་པོའི་ཞབས་དྲུང་དུ། །ཐེག་ཆེན་དམ་ཆོས་བདུད་རྩིའི་བཅུད་འཐུངས་ནས། །སྟོང་ཉིད་

སྙིང་རྗེའི་ནུས་པ་རབ་རྒྱས་ཏེ། །མཁའ་དང་སྲིད་པ་ཇི་སྲིད་གནས་ཀྱི་བར། །རྒྱལ་དང་རྒྱལ་སྲས་བཞེད་པ་ཇི་བཞིན་དུ། །དམ་ཆོས་སྤེལ་ཅིང་འགྲོ་བ་འདྲེན་པར་ཤོག །ཐུབ་དབང་སྲས་དང་བཅས་པའི་ཡོན་ཏན་དང་། །ཕྲིན་ལས་མཐུ་སྟོབས་ཐོགས་པ་མེད་པ་དང་། །རྒྱུ་འབྲས་བསླུ་བ་མེད་པའི་བདེན་པ་ཡིས། །ཕན་བདེའི་འབྱོར་པ་ཀུན་ཏུ་རྒྱས་གྱུར་ཅིག །

འདིའི་ཡི་གེ་པ་ནི། སྡོམ་གསུམ་ཐུབ་པའི་གསུང་དང་མཐུན་ཅིང་སྡེ་སྣོད་ལ་སྦྱངས་པ། ཞུ་ཕྲངས་པའི་ཞང་བཙུན་དགེ་བའི་བཤེས་གཉེན་མཉྫུ་ཤྲཱི་ཀུན་སློང་དགེ་བའི་ཡིད་ཀྱིས་བགྱིས་པའོ། །ཚིག་དོན་ནོར་བའི་གཞི་བྱེད་པས་ཀུན་ལ་མ་གྲགས་པའི་བརྡ་ཡིག་མི་འབྲི་བ་གལ་ཆེའོ། །ཕྱོགས་དུས་གནས་སྐབས་ཐམས་ཅད་དུ་དགེ་ལེགས་འཕེལ་བར་གྱུར་ཅིག །།མངྒ་ལཾ། སིདྡྷི། ཤུ་བྷཾ།། །།

༄༅། །སྡོམ་པ་གསུམ་གྱི་རབ་ཏུ་དབྱེ་བའི་རྒྱ་ཆེར་བཤད་པ་གསུང་རབ་རྒྱ་མཚོའི་དེ་ཁོ་ན་ཉིད་སྣང་བ་ཞེས་བྱ་བ་བཞུགས་སོ། །

བསམ་ཡས་པ་བསོད་ནམས་དཔལ་ལྡན།

སྡོམ་པ་གསུམ་གྱི་རབ་ཏུ་དབྱེ་བའི་རྒྱ་ཆེར་བཤད་པ་གསུང་རབ་རྒྱ་མཚོའི་དེ་ཁོ་ན་ཉིད་སྣང་བ་ཞེས་བྱ་བ། བླ་མ་དམ་པའི་ཞབས་ལ་གུས་པས་ཕྱག་འཚལ་ལོ། །བསོད་ནམས་རྒྱ་མཚོའི་དབུས་སུ་ལེགས་འཁྲུངས་ཡེ་ཤེས་ལྷུན་པོ་སྐུ་བཞིའི་བང་རིམ་དག་གིས་མངོན་པར་མཛེས། །རྒྱལ་མཚན་རྩེ་མོའི་དབང་གི་རྒྱལ་པོ་ཇི་བཞིན་མངོན་པར་མཐོ་བའི་ཡོན་ཏན་རིན་ཆེན་ཚོགས་རྣམས་ཀྱིས། །དཔལ་གྱི་བདག་སོགས་ཆེ་བའི་ཆེ་མཆོག་ལྷ་རྣམས་ཀྱིས་ཀྱང་གང་གི་ཞབས་པད་གུས་བསྟེན་ཅིང་། །བཟང་པོའི་མཚན་དང་ཕྲིན་ལས་ཚོགས་ཀྱིས་གངས་ཅན་སྐྱེ་རྒུའི་ཉེར་འཚོ་དེ་ནི་རྒྱལ་གྱུར་ཅིག །མུ་མཐའ་མེད་པའི་སྲིད་པའི་རྒྱ་མཚོར་སྡུག་བསྔལ་བརྒྱ་ཡིས་ཀུན་ནས་གཟིར་བའི་འགྲོ་བ་ཀུན། །མི་ཤེས་ལས་དང་སྲེད་ལས་བྱུང་བར་གང་གིས་རབ་གཟིགས་སྐྱོབ་པར་བཞེད་པའི་ཐུགས་རྗེའི་དཔལ། །མ་ལེ་སར་པའི་དྲི་མཆོག་ཇི་བཞིན་ཀུན་ནས་ཡིད་འོང་བསྐལ་པ་རྒྱ་མཚོར་གོམས་པའི་མཐུས། །མི་རྟོག་མདའ་ཅན་དཔུང་བཅས་ཕམ་མཛད་འགྲོ་བའི་བླ་མ་ཟས་གཙང་སྲས་དེ་རྒྱལ་གྱུར་ཅིག །དུས་གསུམ་རྒྱལ་བ་རྒྱ་མཚོའི་ཡབ་གཅིག་གྱུར་ཀྱང་གང་གི་སྐུ་ནི་བཅུ་དྲུག་ལོན་པའི་ན་ཚོད་ཅན། །འཇམ་པའི་དབྱངས་སུ་ཀུན་ལ་གསལ་བར་གྲགས་ཀྱང་ཁྱོད་གསུང་བདུད་དང་གཤིན་རྗེའི་སྙིང་རབ་འགས་པར་མཛད། །རྒྱལ་བ་ཀུན་གྱི་མཁྱེན་བརྩེ་མཐའ་དག་གཅིག་ཏུ་བསྡུས་ཀྱང་ཁྱོད་ཐུགས་མཁྱེན་པའི་འོད་ཟེར་ཕྱོགས་བཅུར་འཕྲོ། །མ་ལུས་ཕྱོགས་བཅུར་རྒྱལ་བའི་ཞིང་ཀུན་ཁྱབ་པར་བཞུགས་ཀྱང་ཁོ་བོའི་སྙིང་ལ་ལྷག་པར་བཞུགས་གྱུར་ཅིག །གང་གི་མཁྱེན་རབ་ཕ་མཐའ་མི་མངོན་ནམ་མཁའི་དཀྱིལ་འཁོར་དུ། །དམིགས་པ་མེད་པའི་ཐུགས་རྗེ་ཆེན་པོའི་དཀྱིལ་འཁོར་རབ་རྒྱས་ཤིང་། །འཆད་རྩོད་རྩོམ་པའི་ཚ་ཟེར་འབུམ་ཕྲག་ཕྱོགས་བཅུར་རབ་འཕྲོས་པས། །བདུད་ཀྱི་སྟོབས་དང་མུ་སྟེགས་བྱེད་གཞུང་མུན་པའི་ཕྲེང་བའི་ཚོགས། །ཆོས་ལྟར་བཅོས་པའི་མུན་སྦྲུལ་ཚོགས་དང་ལྷན་ཅིག་མཐར་མཛད་ནས། །ཐུབ་བསྟན་པད་མོའི་ཚལ་ཡངས་འགྲོ་བའི་ཕན་བདེའི་ལོ་ཐོག་དང་། །ལྷན་ཅིག་རྒྱས་མཛད་གང་ཡིན་དེ་ནི་དཔལ་ལྡན་ས་སྐྱ་པ། །ཀུན་དགའ་རྒྱལ་མཚན་སྐྱེ་རྒུའི་སྒྲོན་མ་གཞན་ཞིག

རྨད་དུ་བྱུང་། །དེ་ཉིད་དག་པའི་ཞིང་གི་གླིང་གཞན་སྣང་བར་མཛད་ན་ཡང་། །དེ་ཡི་གསུང་རབ་ཐུབ་མཆམས་འོད་ཀྱི་ཆ་ཤས་ཙམ་གྱིས་ཀྱང་། །ས་རྣམས་ཀུན་གྱི་མུན་སྟུག་བསལ་བར་མཛད་པའི་ཕྱིར། །དེ་དག་འཇིག་རྟེན་གསུམ་གྱི་སྤྱི་མཐུན་སྒྲོན་མར་གྱུར་པ་དེ། །དེ་ལས་རྣམ་དག་ལུང་གི་ཆུ་ཀླུང་སྟོང་ཕྲག་འདུག་པའི་གཞི། །ཡང་དག་རིག་པའི་ཐ་སྙད་ཁྲི་ཕྲག་ཆིལ་ཆིལ་རབ་ཏུ་གཡོ། །དོན་བཟང་རིན་ཆེན་བྱེ་བས་གཏམས་པའི་སྡོམ་གསུམ་རབ་དབྱེ་འདིར། །བློ་གྲོས་ལྡན་པའི་དེད་དཔོན་དམ་པ་སུ་ཞིག་འདུག་མི་བགྱིད། །གངས་ཅན་འདི་ན་བློ་ཅན་བརྩོན་འགྲུས་མི་དམན་ཐོས་པ་ཅན། །ཕལ་ཆེར་གྱིས་ཀྱང་འདི་དོན་ཇི་བཞིན་རྟོགས་པར་མ་ནུས་ན། ། བློ་དམན་བདག་གིས་སློས་ཀྱང་ཅི་དགོས་དེ་ལྟ་ནའང་གཞུང་ཆེན་འདི། །དཔལ་ལྡན་བླ་མའི་བཀའ་ཡིས་བསྐུལ་ཕྱིར་ཅི་ནུས་རྣམ་པར་དབྱེ། །

འདིར་སྡོམ་པ་གསུམ་གྱི་རབ་ཏུ་དབྱེ་བ་ཞེས་བྱ་བའི་བསྟན་བཅོས། བླ་མ་དམ་པའི་ཞབས་ལ་གུས་པས་ཕྱག་འཚལ་ལོ། །ཞེས་པའི་སྐབས་ནས་དུས་གསུམ་གྱི་སངས་རྒྱས་ཐམས་ཅད་ཀྱི་ཡེ་ཤེས་གཅིག་ཏུ་བསྡུས་པའི་ངོ་བོ་རྗེ་བཙུན་འཇམ་པའི་དབྱངས་དང་གཉིས་སུ་མ་མཆིས་པའི་མཁྱེན་རབ་དམ་པའི་དཔལ་གྱིས་ཤེས་བྱ་རྣམས་ཀྱི་དེ་ཁོ་ན་ཉིད་ཕྱིན་ཅི་མ་ལོག་པར་ཐུགས་སུ་ཆུད་ཅིང་། གངས་རིའི་ངོགས་སུ་དགྱུང་ཟླ་ཉ་བའི་བསིལ་ཟེར་གྱི་ཚོགས་ཡོངས་སུ་བབས་པ་ལྟར། ཆེས་ཆེར་དཀར་བའི་ཐུགས་རྗེ་ཆེན་པོས་སེམས་ཅན་ཐམས་ཅད་མ་བུ་གཅིག་པ་ལ་ལྟར་མཉེས་གཤིན་པར་མཛད་པས། རྨད་དུ་བྱུང་བའི་ཕྲིན་ལས་རྒྱ་མཚོའི་དུས་རླབས་ལྟར་དུས་ལས་མི་འདའ་ཞིང་། ཡིད་བཞིན་གྱི་ནོར་བུ་ལྟར་རང་གི་ངང་གིས་འདུག་ལ། སྲིད་པ་ཇི་སྲིད་པར་རྒྱུན་མ་ཆད་པར་འཇུག་པས། གདུལ་བྱ་རྣམས་ཀྱི་དགེ་ལེགས་ཀྱི་ཁྱད་པར་ཆེས་ཆེར་རྒྱས་པར་མཛད་པ། ཆོས་ཀྱི་རྗེ་དཔལ་ལྡན་ས་སྐྱ་པཎྜི་ཏ་ཆེན་པོའི་ཞལ་སྔ་ནས་མཛད་པའི་སྡོམ་པ་གསུམ་གྱི་རབ་ཏུ་དབྱེ་བ་ཞེས་བྱ་བའི་བསྟན་བཅོས། ཁམས་གསུམ་ཆོས་ཀྱི་རྒྱལ་པོ་སངས་རྒྱས་བཅོམ་ལྡན་འདས་ཀྱི་གསུང་རབ་ཐམས་ཅད་ཀྱི་དགོངས་དོན་གསལ་བར་བྱེད་པའི་སྒྲོན་མ། ཐར་པ་དོན་གཉེར་གྱི་རྟོགས་ལྡན་སྲིད་པའི་རྒྱ་མཚོ་སྟུག་བསྔལ་གྱི་ཐ་རླབས་གཡོ་བ་ལས་བརྒལ་ཏེ། མི་གནས་པའི་མྱ་ངན་ལས་འདས་པའི་རིན་པོ་ཆེའི་གླིང་དུ་བགྲོད་པར་བྱེད་པའི་གྲུ་ཆེན། དད་ལྡན་གྱི་སྐྱེ་བོ་མཁས་པའི་གྲོང་ཁྱེར་དུ་འཇུག་པའི་སྒོར་གྱུར་པ་འདི་འཆད་པ་ལ་བཞི་སྟེ།

གང་ལས་འོང་བའི་འབྲེལ། གང་གི་ཕྱིར་བསྟན་པའི་དགོས་པ། གང་ཞིག་བསྟན་པའི་བརྗོད་བྱ། དེ་གསུམ་དང་ལྡན་པའི་བསྟན་བཅོས་དངོས་སོ། །དང་པོ་ལ། སྤྱིར་འཇིག་རྟེན་གྱི་འདྲེན་པ་ཇི་ལྟར་བྱུང་བའི་ཚུལ། ཁྱད་པར་བསྐལ་བཟང་གི་སངས་རྒྱས་བྱུང་བའི་ཚུལ། བྱེ་བྲག་བསྟན་པ་འདིའི་སྟོན་པ་ཇི་ལྟར་བྱུང་བའི་ཚུལ་ཏེ

གསུམ་ལས། གསུམ་པ་ལ་འང་། སྟོན་པ་སངས་རྒྱས་ནས་བཀའ་གསུངས་པའི་ཚུལ། སྡུད་པ་པོས་བསྡུས་པའི་ཚུལ། འགྲེལ་བྱེད་རྣམས་ཀྱིས་བཀྲལ་བའི་ཚུལ། བོད་དུ་ཆོས་བྱུང་བའི་ཚུལ་ཏེ་བཞི་ལས། དང་པོ་གཉིས་དང་གསུམ་པའི་དང་པོ་གསུམ་ནི། མདོ་དང་རྒྱ་བོད་མཁས་པས་བྱས་པའི་བསྟན་བཅོས་རྣམས་སུ་ལྟ་བར་བྱ་ཞིང་། ཁོ་བོས་ཀྱང་ཆོས་མངོན་པ་མཛོད་ཀྱི་བྱུང་ཚུལ་གསུང་རབས་གསལ་སྒྲོན་སོགས་སུ་ཅུང་ཟད་བཤད་ནས་ཡོད་ལ། འོག་ཏུའང་ཅུང་ཟད་འཆད་དོ། །

བཞི་པ་ལའང་སྤྱིར་བྱུང་བའི་ཚུལ་དང་། བྱེ་བྲག་བསྟན་བཅོས་འདི་བྱུང་བའི་ཚུལ་གཉིས་ལས། དང་པོ་འོག་ཏུ་འཆད་ཅིང་། གཉིས་པ་ལ། གང་དུ་སྐྱེ་བ་བརྙེས་པ་གདུང་རབས་ཀྱི་རྣམ་ཐར། དེར་ཆོས་རྗེ་ཉིད་སྐྱེ་བ་བརྙེས་པའི་ཚུལ། བརྙེས་ནས་ཐོས་བསམ་གྱིས་རྒྱུད་སྦྱང་བའི་ཚུལ། བསྟན་པ་དང་སེམས་ཅན་གྱི་དོན་མཛད་པའི་ཚུལ་ཏེ་བཞི་ལས། དང་པོ་ནི། གདུང་རབས་ཀྱི་ཡིག་ཚང་ལས་འབྱུང་བ་འདི་ལྟ་སྟེ། དེའང་ཐོག་མར་གནམ་ལྷ་མཆེད་གསུམ་བྱོན་པའི་ཆེ་བ། གནམ་ལྷ་སྤྱི་རིངས། བར་བ་གནམ་ལྷ་གཡུ་རིངས། ཆུང་བ་གནམ་ལྷ་དབུ་སེ་ཞེས་བྱའོ། །དེ་རྣམས་ལ་མིའི་རྗེ་ཞུས་པས། ཆུང་བ་དེ་མི་ཡུལ་དུ་བྱོན། མིའི་རྗེ་མཛད། དེ་ལ་སྲས་བཞི་བྱོན་ཏེ། སེ་ཁྲི་ལེ་སྤྱན་བཞིར་གྲགས་སོ། །དེ་རྣམས་ཀྱིས། ལྷོང་གི་རུས་ཆེན་བཅོ་བརྒྱད་དང་འཐབ་པས། དེའི་གྲོགས་ལ་གནམ་ལྷ་གཡུ་རིང་བྱོན། ལྷོང་རུས་ཆེན་བཅོ་བརྒྱད་བཏུལ་ནས་བྲན་དུ་བཀོལ་ལོ་སྐད་དོ། །གནམ་ལྷ་གཡུ་རིངས་ཀྱིས། སྨུའི་བུ་མོ་སྨུ་བཟའ་ལྡེམ་བུ་ཁབ་ཏུ་བཞེས་པས་སྲས་བདུན་བྱུང་སྟེ། མ་སངས་སྤུན་བདུན་དུ་གྲགས། གཅེན་དྲུག་ཡབ་དང་བདུན་ལྷ་ཡུལ་དུ་གཤེགས། ཆུང་ཤོས་དེས་ཐོག་ལྷ་འོད་ཆེན་གྱི་བུ་མོ། ཐོག་ལྕམ་འུར་མ་བྱ་བ་ཁབ་ཏུ་བཞེས་པའི་སྲས་ཐོག་ཙ་དཔའ་བོ་སྟག་ཡིན་ནོ། །དེས་ཀླུའི་བུ་མོ་ཀླུ་ལྕམ་གྲ་མ་ཁབ་ཏུ་བཞེས་པའི་སྲས་ཀླུ་ཙ་ཏྟ་ཕོ་འོད་ཆེན་ཡིན་ནོ། །དེས་མོན་བཟའ་མཚོ་མོ་རྒྱལ་ཁབ་ཏུ་བཞེས་པའི་སྲས་གཅིག་སྐྱེས་པ་སྟེ། གཡའ་དང་སྤང་གི་མཚམས་སུ་སྐྱེས་པས། དེའི་མིང་གཡའ་སྤང་སྐྱེས་གཅིག་ཏུ་བཏགས་སོ། །དེས་སྲིན་པོ་སྐྱ་རིངས་ཁྲག་མེད་བསད། གཡའ་འབྲུག་སི་ལི་མ་འཁྲོགས་ཏེ་ཁབ་ཏུ་བཞེས་པས། སྲས་གཅིག་སྐྱེས་པ་དེ་སྲིན་པོ་དང་འཁོན་པའི་བར་དུ་སྐྱེས་པས། དེའི་མིང་ཡང་འཁོན་བར་སྐྱེས་བྱ་བར་བཏགས་པས། དེ་ནས་འཁོན་ཞེས་གྲགས་སོ། །དེས་བཙན་བཟའ་ལྕམ་བུ་སྨན་ཁབ་ཏུ་བཞེས་པས། སྲས་གཅིག་འཁྲུངས་པ་དེ། མཐོང་བ་ཙམ་གྱིས་ཡིད་འཕྲོག་པ་ཤིན་ཏུ་མཛེས་པ་ཞིག་བྱུང་བས། འདི་འདྲ་མི་ཡུལ་དུ་དཀོན་ཟེར་ནས། མིང་དཀོན་པ་རྗེ་གུང་སྟག་ཏུ་བཏགས། ཕྱིའུ་དེ། ཡབ་ཀྱིས་ཡུལ་གང་བཟང་ལྟར་བཏང་བས། ལས་སྟོད་གཉན་རྩེ་ཐར་གྱི་ཡ་ཆངས་ལ། ཡུལ་གྱི་དགེ་བརྒྱད་ཚང་བར་མཐོང་སྟེ། དེའང་མཆོ་རྗེ་མཆོ་ལ་ནི། ཞིང་ཆུ་དང་བཅུང

ཆུར་བཟང་བ། ཞིང་ཐང་ཆེན་དང་ཐང་ཆུང་ནི་ཁང་པ་དང་ཞིང་སར་བཟང་བ། ནགས་རྒྱུན་བུ་དང་རྒྱུན་སྣུག་ནི་ཁང་ཤིང་དང་བུད་ཤིང་དུ་བཟང་བ། ཐར་གྱི་ཡ་ཆངས་ནི་གམ་འགྲོག་དང་རྒྱང་འགྲོག་དུ་བཟང་བར་གཟིགས་ཏེ་ཡུལ་དེ་བཟུང་ངོ་། །

དེའི་དུས་སུ། བོད་ན་སྤྲུལ་པའི་རྒྱལ་པོ་ཁྲི་སྲོང་ལྡེ་བཙན་བཞུགས་པའི་སྐུ་རིང་ལ། ཟ་ཧོར་གྱི་མཁན་པོ་ཞི་བ་འཚོ་གདན་དྲངས། དེའི་སློབ་བུ། བོད་ཀྱི་བཙུན་པ་ལ་སྟ་བ། སད་མི་བདུན་དུ་གྲགས་པ་ཡོད་པ། རྒན་གསུམ་གཞོན་གསུམ་བར་པ་དང་བདུན་ཡོད་པ་ལ། བར་པ་གླངས་ཁམས་པ་སུ་ག་ཏ་བརྨ་རཀྵི་ཏ་ཞེས་བྱ་སྟེ། བོད་སྐད་དུ། བདེ་བར་གཤེགས་པ་བསྲུང་པ་ཞེས་བྱའོ། །དཀོན་པ་རྗེ་གུང་སྟག་ནི། བློ་ཆེ་ཞིང་འཇིག་རྟེན་གྱི་བྱ་བ་ལ་མཁས་པས། རྒྱལ་པོའི་ནང་རྗེ་བ་ཡུན་རིང་དུ་བྱས། དེའི་མིང་འབོན་དཔལ་པོ་ཆེ་ཞེས་ཀྱང་གྲགས་སོ། །དེས་གླང་ཁམས་པ་ལོ་ཙཱ་བའི་སྲིང་མོ་གླང་བཟའ་སྐྱེ་ཆུང་མ་བྱ་བ་ཁབ་ཏུ་བཞེས་པ་ལ། སྲས་གཉིས་བྱུང་བའི་ཆེ་བ་དེས། སྣ་ཡེ་ཤེས་དབང་པོ་དང་། རང་གི་ཞང་པོའི་ཐད་དུ་རབ་ཏུ་བྱུང་སྟེ། འཁོན་ཀླུའི་དབང་པོ་བསྲུང་བ་ཞེས་བྱའོ། །འགའ་ཞིག་མཁན་པོ་ཞི་བ་འཚོ་ཡིན་ལ། སློབ་དཔོན་རང་གི་ཞང་པོ་ཡིན་ཟེར་རོ། །གང་ལྟར་ཡང་། ལོ་ཙཱ་བ་གཞོན་གསུམ་གྱི་ནང་ནས་ཐུགས་རབ་ཆེ་བ། འཁོན་ནཱ་ག་ཨིནྡྲ་རཀྵི་ཏ་ཞེས་པ། སྟགས་དང་མཚན་ཉིད་ཀྱིས་ཡོན་ཏན་ཕུན་སུམ་ཚོགས་པ་མངའ་བས། དེ་ནས་འཁོན་ལ་གྲགས་པ་ཆེན་པོ་བྱུང་བ་ཡིན་ནོ། །དེའི་གཅུང་རྡོ་རྗེ་རིན་པོ་ཆེ་ཞེས་བྱའོ། །འགའ་ཞིག་གིས་འཁོན་ཀླུའི་དབང་པོ་སྐུ་མཆེད་བཞི་བྱུང་བར་བཞེད་ནས། ཆེ་བ་ཁྲི་མཛེས་ལྷ་ལེགས། གཉིས་པ་ཚེ་ལ་དབང་ཕྱུག །གསུམ་པ་ཀླུའི་དབང་པོ། བཞི་པ་ཚེ་འཛིན། དེའི་སྲས་རྡོ་རྗེ་རིན་ཆེན་ཡིན་པར་བཞེད་ནའང་། འཁོན་གྱི་ཡིག་ཚང་རྙིང་པ་ན་དེ་མེད། འཁོན་རྡོ་རྗེ་རིན་པོ་ཆེས། འབྲོ་དགྲ་འདུལ་གྱི་བུ་མོ་འབྲོ་གཡང་ལོན་སྐྱིད་ཁབ་ཏུ་བཞེས་པ་ལ་སྲས། འབྲོ་ཚ་སྐྱུན་བདུན་བྱུང་ངོ་། །ཕུ་བོ་ཆེ་བ་དེས་མར་ཡུལ་དུ་བྱོན་པས། དིང་སང་ཡང་མར་ཡུལ་ན་འཁོན་མི་མང་དུ་ཡོད། དེ་འོག་སྐྱུ་ཐང་དུ་གཤེགས། དེ་འོག་གད་དུ་གཤེགས་པས། དེ་ན་མཆོད་དང་ཡར་ཚོ་གཉིས་སུ་ཡོད། དེ་འོག་གཉལ་དུ་གཤེགས་ཏེ། གཉལ་ལོ་རོ་ན་ད་ལྟའང་འཁོན་མང་དུ་ཡོད། དེའི་འོག་ཉང་རོ་དང་ཤབ་ཏུ་སོང་སྟེ། ཉང་ཤབ་ཀྱི་འཁོན་རྣམས་ཡིན། དེ་འོག་གྲོམ་པ་གཡའ་ལུང་དུ་བྱོན་པ་ཡིན། ཐ་ཆུང་ཡུལ་དུ་བཞུགས། ཐ་སྟག་གྲོམ་པར་བྱེད་པ་དེ་མཚན་ཤེས་རབ་ཡོན་ཏན། དེ་ལ་སྲས་གཉིས་བྱུང་བའི་ཆེ་བ་དེ་འཁོན་ཚུལ་ཁྲིམས་རྒྱལ་པོ། ཆུང་བ་ཁབ་སོ་སྟག་ཐོག་ཏུ་བྱོན། དེ་ཡང་འཁོན་མང་དུ་འཕེལ། ཡང་འཁོན་ཤེས་རབ་ཡོན་ཏན་ལ། སྲས་ཡོན་ཏན་འབྱུང་གནས། དེ་ལ་ཚུལ་ཁྲིམས་རྒྱལ་པོ་སྐུ་མཆེད་བྱུང་བར་བྱས་ཡོད་དེ། ཡི་གེ་རྙིང་པ་ན་དེ་མི་སྣང་། འཁོན་ཚུལ་ཁྲིམས་རྒྱལ་པོ་

ལ་ སྲས་གསུམ་བྱུང་བའི་བར་པ་དེ། བརྟུལ་ཆང་ཚོང་དུ་བྱོན། ཆེ་ཆུང་གཉིས་གཡའ་ལུང་དུ་བཞུགས་པ་ལ། ཆེ་བ་འཁོན་གཙུག་ཏོར་ཤེས་རབ་ལ་སྲས་བདུན་བྱུང་བ་དང་། ཁུ་བོ་ཆུང་པ་དང་བཅས་པས་འཁོན་ཚོ་བརྒྱད་དུ་གྲགས་པ་གཡའ་ལུང་ན་ཡོད། སྲས་བདུན་པོའི་ལྔ་པ་དེ་འཁོན་དགེ་སྐྱབས། དེ་ཤབ་ཏུ་བྱོན། དེ་ལ་སྲས་གཉིས་བྱོན་པའི་ཆེ་བ་དགེ་མཐོང་། ཆུང་པ་ལ་ཤབ་སྟོད་ཀྱི་འཁོན་མི་རྣམས་གྱེས་པ་ཡིན་ནོ། །དགེ་མཐོང་གི་སྲས་འཁོན་སྟོན་བལ་པོ། དེའི་སྲས་ཤཱཀྱ་བློ་གྲོས། དེ་ལ་སྲས་གཉིས་བྱོན་པའི་ཆེ་བ་འཁོན་རོག་ཤེས་རབ་ཚུལ་ཁྲིམས་ཞེས་བྱའོ། །དེ་ཡན་གྱི། འཁོན་རིམ་པར་བྱོན་པ་ཐམས་ཅད་ཀྱང་སྔགས་རྙིང་མ་བ་ཡིན།

འཁོན་རོག་ཤེས་རབ་ཚུལ་ཁྲིམས་ཀྱི་གཅུང་པོ་ནི། འཁོན་དཀོན་མཆོག་རྒྱལ་པོ་ཞེས་བྱ་སྟེ། ཤིང་མོ་ཁྱི་ལ་སྐུ་འཁྲུངས་སོ། །དེ་ལྷ་བུའི་བླ་མ་དེ་ལ། འགྲོའི་གསོན་གཤིན་བྱེད་པའི་གདན་འདྲེན་བྱུང་བས་བྱོན། ཉི་མ་སྤྲིལ་པོའི་བར། ལྷད་མོ་རྩེད་འཛོམ་དུ་བྱེད་པའི་ནང་ནས། སྔགས་པ་འགའ་ཞིག་གིས་དབང་ཕྱུག་མ་ཉི་ཤུ་རྩ་བརྒྱད་ཀྱི་མགོ་བརྙན་རྣམས་གྱོན། ཕྱག་མཚན་སོ་སོར་བྱས། མ་མོ་རལ་པ་ཅན་གྱི་ཇ་སྟབས་དང་བཅས་ཏེ་འཆམས་པས། དེ་དག་ལྷད་མོ་ཆེ་བས་ཁྲིམ་ཐོག་ཡང་དེས་ཆོད། ཕར་ཕེབས་དུས། བླ་མས་གཅེན་ལ་འདི་ལྷ་བུ་གདའ་ཞེས་ཞུས་པས། གཅེན་ན་རེ། ད་གསང་སྔགས་འཆོལ་པ་ཞེས་བྱ་བའི་དུས་བྱུང་བ་ཡིན། ད་བོད་དུ། རྙིང་མ་ལ་གྲུབ་ཐོབ་མཚན་ཉིད་པ་མི་འོང་། རང་རེ་ལ་ཡོད་པ་ཀུན་ང་རང་དབང་ཆེ་བས། ང་རང་གི་དཔེ་ཆ་ལྷ་རྟེན་སྔགས་ཀྱི་ལག་ཆ་རྣམས་གཏེར་དུ་སྦ། ང་ནི་ན་སོ་རྒས། ཁྱོད་གཞོན་པ་ཡིན་པས། གསང་སྔགས་གསར་འགྱུར་ཟབ་མོ་ཡོད་འདུག །དེའང་མང་མཁར་ན་འབྲོག་མི་ལོ་ཙྪ་བ་མཁས་པར་ཡོད་འདུག་པས། དེ་ལས་སློབ་གསུངས་ནས། ཐམས་ཅད་གཏེར་དུ་སྦས། དེར་ཆོས་སྐྱོང་གི་ཆོ་འཕྲུལ་བྱུང་ནས། ཡང་དག་དང་ཕུར་པའི་ཆོས་བསྐོར་ཅི་རིགས་དང་། གཏོར་མའི་ཆོ་ག །སེང་ལྡེང་གི་ཕུར་པ་བཅོ་ལྔ་པ་ཆ་གཉིས་ཡོད་པ་དང་། དཀར་མོ་ཉིད་ཀྱིས་འཁོན་རོག་ཤེས་རབ་ཚུལ་ཁྲིམས་ལ་ཞལ་དངོས་སུ་བསྟན་ནས་མཛད་པའི་གཏོར་ཆོག་ལ་སོགས་པ་བཏོན་ནས་གཅུང་ལ་གནང་། གདུང་རྒྱུད་ཀྱིས་དུས་གཏོར་མ་ཆག་པར་མཛད་དགོས་སོ། །བླ་མ་འདིས་གཡའ་ལུང་ཆུ་སྐྱར་དུ་ཡང་ཅི་རིགས་སུ་བཞུགས། བྲ་བོ་ལུང་པར་དགོན་ཆུང་གཅིག་བཏབ་ནས་ལོ་འགའ་བཞུགས་ཏེ། ས་སྐྱ་གོག་པོར་ཡང་གྲགས་སོ། །དེའི་ཚེ་རི་རྩེ་ནས་གཟིགས་པས། དཔོན་པོ་རིའི་ངོས་འགྲམ་ན། ས་དཀར་ཞིང་སྣུམ་པ། ཆུ་གཡས་སུ་འབབ་པ། བཀྲ་ཤིས་པའི་དགེ་མཚན་མང་པོ་གཟིགས་ནས། དགོན་པ་གཅིག་དེར་བཏབ་ན། སངས་རྒྱས་ཀྱི་བསྟན་པ་དང་འགྲོ་བ་མང་པོ་ལ་ཕན་པར་དགོངས་ཏེ། ཇོ་བོ་གདོང་ནག་པ་ལ་ཞུས་པས་གནང་། ས་དེའི་བདག་པོ་ཞང་ཞུང་གུ་ར་བ་དང་། བན་རྙེ་གྲོང་བཞི། ལྷ་མི་གྲོང་བདུན་དུ་གྲགས་པ་ཡོད་

པ་རྣམས་ལ། འདིར་དགོན་ཆུང་གཅིག་བྱས་ན་ཁྱེད་ལ་འགལ་བ་མེད་ལས་ཆེ། རིན་འཛལ་གྱི་གསུངས་ནས། དཔལ་ས་སྐྱའི་དགོན་པའི་ས་གཞི་ཉོས་ཏེ། བླ་མ་དཀོན་མཆོག་རྒྱལ་པོ་དགུང་ལོ་བཞི་བཅུ་ཐམ་པ་བཞེས་ནས། ཆུ་མོ་གླང་གི་ལོ་ལ་རྨང་བཏིང་དགོན་པ་བཏབ། བླ་མ་འདིས་ཡབ་མེས་ཀྱི་ཆོས་ལུགས་རྣམས་ཀྱང་གཅེན་ལས་ལེགས་པར་གསན་ཞིང་། རྫོད་པའི་དུས་ཀྱི་རྡོ་རྗེ་འཆང་ཆེན་པོ་འབྲོག་མི་ཤཱཀྱ་ཡེ་ཤེས་དང་། འཁྱིན་ལོ་ཙྪ་བ་དང་། མགོས་ཁུག་པ་ལྷས་བཙས་དང་། རྨ་ལོ་ཙྪ་བ་ཆོས་འབར་དང་། ཨོཾ་ཏྲེན་འི་པཎྜི་ཏ་ཤེས་རབ་གསང་བ་ལ་སོགས་པའི་བླ་མ་རྣམས་ལས། གསང་སྔགས་གསར་འགྱུར་གྱི་ཀྱེའི་རྡོ་རྗེ་རྒྱུད་གསུམ་དང་། བདེ་མཆོག་རྩ་རྒྱུད་དང་། གསང་བ་འདུས་པ་དང་། ཕྱག་རྒྱ་ཆེན་པོ་ཐིག་ལེ་ལ་སོགས་རྒྱུད་དང་གདམས་པ་མང་དུ་གསན་ཏེ། ཐུགས་སུ་ཆུད་ནས་བསྟན་པའི་བྱ་བ་རྒྱ་ཆེར་མཛད་དེ། དྲུག་ཅུ་རེ་དགུ་ཆུ་ཕོ་རྟའི་ལོ། དབྱུག་པ་ཟླ་བའི་ཚེས་བཅུ་བཞི་ལ་རིག་པ་འཛིན་པའི་གནས་སུ་གཤེགས་ཤིང་། འདིས་གདན་ས་བཏབ་ནས་ལོ་སུམ་བཅུ་ཐམ་པ་བཟུང་།

འདིས་དགུང་ལོ་ལྔ་བཅུ་ང་དགུ་བཞེས་པ། ཆུ་ཕོ་སྤྲེའུའི་ལོ་ལ་གྲུ་རབའི་བུ་སྲིང་རྡོ་མོ་ཞང་མོ་ཞེས་པ་ལ། སྲས་བླ་མ་ས་སྐྱ་པ་ཆེན་པོ་ཀུན་དགའ་སྙིང་པོ་འཁྲུངས་ཏེ། བདག་ཉིད་ཆེན་པོ་འདི་ནི་གཞོན་ནུའི་དུས་ནས། ཡབ་ལ་གསང་སྔགས་གསར་རྙིང་གི་རྒྱུད་དང་རྒྱུད་འགྲེལ་གདམས་པ་དང་བཅས་པ་ལེགས་པར་གསན་ཞིང་། དགུང་ལོ་བཅུ་གཅིག་བཞེས་པ་ན་ཡབ་གཤེགས་ནས་དེའི་གདན་སར། བླ་མ་བ་རི་ལོ་ཙྪ་བ་བཞུགས་སུ་གསོལ་ཞིང་། བླ་མ་དེ་ལས་འཇམ་པའི་དབྱངས། ཨ་ར་པ་ཙའི་སྒྲུབ་ཐབས་དང་རྗེས་སུ་གནང་བ་ཞུས་ཏེ་བསྒྲུབས་པས། རི་ཞིག་བར་ཆད་ཀྱི་རྣམ་པ་ཞིག་བྱུང་བ་ལྡོག་པའི་ཕྱིར། མི་གཡོ་བ་སྔོན་པོའི་བསྒྲུབ་པ་མཛད་པས་བར་ཆད་ལས་གྲོལ་ཏེ། ཟླ་བ་དྲུག་གིས་འཕགས་པ་འཇམ་དཔལ་གྱི་ཞལ་གཟིགས་སོ། །གཞན་ཡང་བླ་མ་དེ་ཉིད་ཀྱིས་བསྒྱུར་བའི་སྒྲུབ་ཐབས་བརྒྱ་རྩ་སོགས་དེའི་གདམས་པ་མཐའ་དག་གསན་ནོ། །

དགུང་ལོ་བཅུ་གཉིས་བཞེས་པ་ན། བྲང་ཏི་དར་མ་སྙིང་པོ་ལ་རྣལ་འབྱོར་སྤྱོད་པའི་ས་དང་། ཆོས་མངོན་པ་ཀུན་ལས་བཏུས་ལ་སོགས་ཏེ། ཆོས་མངོན་པ་གོང་མ་རྣམས་གསན་ཞིང་། ཚུར་ཟད་མ་རྫོགས་པ་ལས་ལྷག་མ་རྣམས་ཟུར་ཆོས་པ་ལས་གསན་ཞིང་། དགེ་བའི་བཤེས་གཉེན་ཁྱུང་རིན་ཆེན་གྲགས་དང་། ཤམ་པོ་མི་དིག་པ་དང་། མེས་ལྷང་ཚེར་རྣམས་ལས་དབུ་ཚད་ཀྱི་བསྟན་བཅོས་རྣམས་གསན་ཞིང་། ལོ་ཙྪ་བ་ཆེན་པོ་བློ་ལྡན་ཤེས་རབ་ལས་ཀྱང་མངོན་རྟོགས་རྒྱན་འགྲེལ་པ་དུ་མ་དང་བཅས་པ་གསན་ཞེས་གྲིས་པའང་མཐོང་། འཁོན་སྒྱི་ཆུ་བ་ལས་ཀྱེའི་རྡོ་རྗེའི་རྒྱུད་གསུམ་དང་། གནམ་ཁའུ་བ་ལས་གསང་བ་འདུས་པ་འཕགས་པའི་སྐོར་དང་། སྐྱུ

ར་ཡ་སྐྱབས་ལས་ཡེ་ཤེས་ཞབས་ཀྱི་སྐོར་གདམས་པ་དང་བཅས་པ་གསན་ཞིང་། མལ་གྱོ་ལོ་ཙཱ་ལས་བདེ་མཆོག་དང་ཡོ་གའི་རྒྱུད་གདམས་ངག་དང་བཅས་པ་དང་། ནག་པོ་ཆེན་པོ་ལྷུམ་དྲལ་གྱི་རྗེས་གནང་སྒྲུབ་ཐབས་ལས་ཚོགས་དང་བཅས་པ་དང་། ཞང་དགོན་པ་བ་ལས། ལམ་འབྲས་བུ་དང་བཅས་པའི་གདམས་ངག །ཀྱེའི་རྡོ་རྗེའི་གདམས་ངག་དང་། ཀྱེའི་རྡོ་རྗེའི་རྒྱུད་གསུམ་བཤད་པའི་སྲོལ་གཉིས་དང་བཅས་པ་དང་། ཕུ་རངས་ལོ་ཆུང་ལས་བདེ་མཆོག་དང་། དུས་འཁོར་དང་། བལ་པོའི་པཎྜི་ཏ་པད་མ་ཤྲི་ལ། མཚན་བརྗོད་སྐོར་དང་། པཎྜི་ཏ་ཛྙཱ་ན་བཛྲ་ལ་ཕག་མོའི་སྐོར་དང་། རྒྱ་གར་གྱི་རྣལ་འབྱོར་པ་ཀླེ་ད་ར་ཧུ་ལ་ལས་མན་ངག་དུ་མ་གསན་ཏེ། མདོར་ན་བདག་ཉིད་ཆེན་པོ་འདིས་ཕ་རོལ་ཏུ་ཕྱིན་པའི་མདོ་དང་། དེའི་དགོངས་འགྲེལ་ཕལ་ཆེ་བ་དང་། རྒྱུད་སྡེ་ཆེན་པོ་བཞིས་བསྡུས་པའི་གསུང་རབས་བོད་དུ་འགྱུར་བ་མཐའ་དག་གསན་ཞིང་ཐུགས་སུ་ཆུད་ནས་སྐལ་བ་དང་ལྡན་པ་རྣམས་ཇི་ལྟར་རིགས་པར་སྟོན་པར་མཛད་པས། སློབ་མ་འཚང་གྲུབ་པ་ཐོབ་པ་གསུམ། བཟོད་པ་ཐོབ་པ་བདུན། རྟོགས་པ་དང་ལྡན་པ་བརྒྱད་ཅུ་ཞེས་གྲགས་ཀྱང་བོད་ཁ་བ་ཅན་གྱི་རྒྱལ་ཁམས་འདི་ན་ཆེ་བར་གྲགས་པ་ཕལ་ཆེ་བ། བདག་ཉིད་ཆེན་པོ་འདིའི་སློབ་མ་ཡིན་ནོ། །འདིས་བསྟན་པའི་བྱ་བ་རྒྱ་ཆེར་མཛད་ཅིང་། དགུང་ལོ་ཉི་ཤུ་པ་ནས་དྲུག་ཅུ་རྩ་བདུན་གྱི་བར། གདན་ས་ལོ་བཞི་བཅུ་ཞེ་བརྒྱད་བཟུང་ནས། ས་ཕོ་སྟག་གི་ལོ། དཀར་ཕྱོགས་ཀྱི་ཚེས་བཅུ་བཞི་ལ་དཔའ་བོ་དང་རྣལ་འབྱོར་མའི་ཚོགས་ཀྱིས་བསུས་ཏེ། གཡས་རུ་བྲང་གི་སྐྱ་བོ་ཁ་གདངས་ཞེས་པར་གཤེགས་ཤིང་། ཡུར་སྦྱོང་བའི་ཚེ་འགའ་ཞིག་གིས་ཞལ་བརྒྱད་པར་མཐོང་ཞིང་། ཕལ་ཆེར་གྱིས་ཞལ་བཞི་པར་མཐོང་སྟེ། སྐུ་ལུས་ཀྱི་བཀོད་པ་གཅིག་ལྷོ་ཕྱོགས་པོ་ཏ་ལ་དང་། གཅིག་ནུབ་ཕྱོགས་བདེ་བ་ཅན་དང་། གཅིག་བྱང་ཕྱོགས་གསེར་མདོག་ཅན་དུ་གཤེགས་ཏེ། འདི་ཉིད་ངེས་པར་རྗེ་བཙུན་རྣལ་འབྱོར་དབང་ཕྱུག་གི་སྤྲུལ་པའོ་ཞེས་མཁས་པ་རྣམས་ལ་གྲགས་སོ། །

དེ་ལ་སྲས་བཞི་འཁྲུངས་ཏེ། ཇོ་མོ་ཆུང་བ་ཇོ་ལྕམ་ཕུར་མོ་བྱ་བ་ལ་གཅེན་སློབ་དཔོན་ཀུན་དགའ་འབར་འཁྲུངས་ཏེ། དེ་ཉིད་གཞོན་ནུ་ལ་རྒྱ་གར་དུ་བྱོན། མ་ག་དྷར་སློབ་གཉེར་མཛད། རིག་པའི་གནས་ལྔ་ལ་མཁས་པར་གྱུར་ནས། བོད་དུ་འབྱོན་པའི་གྲབས་བྱས་པའི་ཐོག་ཏུ། ཚད་པའི་སྐྱུང་གཞི་གཅིག་བྱུང་ནས། དགུང་ལོ་ཉི་ཤུ་རྩ་གཉིས་ལ་མ་ག་དྷ་དེ་ཉིད་དུ་སྐུ་གཤེགས་སོ། །ཇོ་མོ་ཆེ་བ་ཚ་མོ་རོང་པའི་ཇོ་བོ་ཡིན་པ་མ་ཅིག་འོད་སྒྲོན་བྱ་བ་ལ་སྲས་གསུམ་འཁྲུངས་པའི་ཆེ་བ་དེ། སློབ་དཔོན་རིན་པོ་ཆེ་བསོད་ནམས་རྩེ་མོ་ཞེས་བྱ་སྟེ། དེ་ཉིད། ཡབ་དགུང་ལོ་ང་གཅིག་བཞེས་པའི་དུས་ཆུ་ཕོ་བྱི་ལོ་ལ་སྐུ་འཁྲུངས་ཤིང་། ཐོག་མར་ཡབ་ལ་གང་མང་བའི་བཀའ་ལུང་མན་ངག་ཐམས་ཅད་གསན་ཞིང་ཐུགས་སུ་ཆུད་པར་མཛད་དེ། དགུང་ལོ་བཅུ་བདུན་བཞེས་པ་ན་ཡབ་

བདེ་བ་ཅན་དུ་གཤེགས་ཏེ། དེ་ནས་དགུང་ལོ་སུམ་ཅུ་སོ་གཅིག་གི་བར་དུ་གདན་ས་མཛད་ཅིང་། དེ་ནས་གདན་ས་རྗེ་བཙུན་ཆེན་པོ་ལ་གཏད་དེ། རང་ཉིད་དབུས་སུ་མཁས་པའི་སྐྱེ་བོ་དཔག་ཏུ་མེད་པ་འདུ་བའི་བསྟི་གནས་ན་ལེནྡྲའི་གཙུག་ལག་ཁང་ཆེན་པོ་དང་མཚུངས་པའི་ཆོས་གྲྭ། དཔལ་ལྡན་གསང་ཕུ་ནེའུ་ཐོག་ཏུ་གངས་ཅན་གྱི་བསྟན་པའི་སྒྲོན་མེ། རྒྱལ་བས་ལུང་བསྟན་པའི་ལོ་ཙྪ་བ་ཆེན་པོའི་ཆོས་ཀྱི་བརྒྱུད་པ་འཛིན་པའི་སློབ་མའི་ཐུ་བོ། ལེགས་པར་བཤད་པ་རིན་པོ་ཆེའི་འབྱུང་ཁུངས། འཆད་རྩོད་རྩོམ་པའི་འོད་ཟེར་སྨད་དུ་བྱུང་བའི་ཚོགས་ཀྱིས། གངས་ཅན་སྐྱེ་བོའི་མི་ཤེས་པའི་མུན་པ་དྲུང་ནས་འབྱིན་པའི་སྣང་བྱེད། ཆ་པ་ཆོས་ཀྱི་སེང་གེའི་དྲུང་དུ་ལོ་བཅུ་གཅིག་བཞུགས་ནས། དབུ་ཚད་དང་བྱམས་ཆོས་རྣམས་ལེགས་པར་གསན་ཅིང་མཁྱེན་པས་དེ་དུས་ན། ཚུ་བོ་གཱྀའི་ཚུན་ཆད་ཀྱི་ཕྱོགས་པ་ལ་མཁྱེན་རྒྱ་ཆེ་ཞིང་ཁྱད་པར་རིགས་པ་ལ་མཁས་པར་གྲགས་སོ། །དེ་ལྟར་བསྟན་པའི་བྱ་བ་རྒྱ་ཆེར་མཛད་ནས། དགུང་ལོ་བཞི་བཅུ་ཞེ་གཅིག་བཞེས་པ་ཆུ་ཕོ་སྟག་སླལ་པོའི་ཚེས་བཅུ་ལ་ཉི་ཚེ་ལུང་ཞེས་པའི་དགོན་པ་ནས་བདེ་བ་ཅན་དུ་གཤེགས་སོ། །འདི་མི་ཐུབ་ཟླ་བའི་སྤྲུལ་པར་གྲགས་ཤིང་གཞོན་ནུའི་ས་ལ་གནས་པའོ་ཞེས་ཀྱང་གྲགས་སོ། །

གཉིས་པ་རྗེ་བཙུན་ཆེན་པོ་གྲགས་པ་རྒྱལ་མཚན་ནི། ཡབ་དགུང་ལོ་ང་དྲུག་བཞེས་པ་མེ་མོ་ཡོས་ལ་འཁྲུངས་ཏེ། དེའང་སྔོན་ཁའི་ནམ་མཁའ་ཡོངས་སུ་དག་པའི་ངོས་ལ། ཟླ་བའི་དཀྱིལ་འཁོར་ཉ་གང་བ་དགྲ་གཅན་གྱི་ཁ་ནས་ཐར་པ་བཞིན་དུ། ཀུན་ནས་གཙང་བའི་བརྟུལ་ཞུགས་ཀྱི་ཁུར་གྱིས། སྐུའི་རྒྱལ་མཚན་ཀུན་ནས་མཛེས་ཤིང་། བསམ་གྱི་མི་ཁྱབ་པའི་བློ་གྲོས་དང་ཕུལ་དུ་ཕྱིན་པའི་བརྩོན་པས་མཐའ་ཡས་པའི་གཞུང་ལུགས་མ་ལུས་པ་ལེགས་པར་འཆད་པའི་བདུད་རྩིས་མགུར་གྱི་བུམ་པ་གཏམས་ལ། མཆོག་ཏུ་མི་འགྱུར་བའི་བདེ་བ་ཆེན་པོ་སྟོང་པ་ཉིད་ཀྱི་ཡེ་ཤེས་དང་གཉིས་སུ་མེད་པའི་རིན་པོ་ཆེའི་ཚོགས་ཀྱིས་ཐུགས་ཀྱི་བང་མཛོད་གཏམས་པས། གངས་རིའི་ཁྲོད་ཀྱི་རྡོ་རྗེ་འཛིན་པ་མཐའ་དག་གི་བླ་ན་ལྷམ་པར་བཞུགས་པའི་བདག་ཉིད་ཆེན་པོ་འདི་ཉིད། དགུང་ལོ་བརྒྱད་པ་ལ་འཛམས་ཀྱི་བྱང་ཆུབ་སེམས་དཔའ་ཟླ་བ་རྒྱལ་མཚན་ལས་ཚངས་པར་སྤྱོད་པའི་དགེ་བསྙེན་གྱི་སྡོམ་པ་བླངས་ཏེ་རབ་ཏུ་བྱུང་བ་བས་ཀྱང་བཙུན་པར་མཛད་དོ། །དེའང་བླ་མ་ཡབ་སྲས་གཉིས་ལ་གང་མང་འབའི་དབང་རྗེས་གནང་། མདོ་རྒྱུད་མན་ངག་ཐམས་ཅད་གསན་ཅིང་མཁྱེན་པར་མཛད་ལ། གཞན་ཡང་གཉན་གཙུག་ཏོར་རྒྱལ་པོ་དང་། ཞང་ཚུལ་ཁྲིམས་གྲགས་དང་། པཎྜི་ཏ་ཛ་ཡ་སེ་ན་དང་། སུམ་པ་ལོ་ཙྪ་བ་དར་མ་ཡོན་ཏན་རྣམས་ལས་ཀྱང་། བཀའ་ལུང་མན་ངག་དུ་མ་ཞིག་གསན་པ་ཡིན་ནོ། །བདག་ཉིད་ཆེན་པོ་འདི་ང་རྒྱལ་མི་མངའ་བར་ཟིན་ཡང་། སྐུ་ཚེ་འདི་དང་དཔག་ཏུ་མེད་པའི་སྔོན་རོལ་ནས་མཐོ་རིས་ཀྱི་

ཡོན་ཏན་ཐམས་ཅད་འགྱོར་བས། ལྷའི་དཔལ་གྱི་ཆེམ་པ་དག་མིའི་འགྱོར་པ་ལ་ཡིད་མི་སྨོན་པ་ལྟར། དེ་དུས་ན་རྒྱ་བོད་ཀྱི་མཁས་གྲུབ་དུ་གྲགས་པ་རྣམས་ལའང་དེ་ཙམ་དུ་སྨོན་པར་མི་མཛད་པས། ཆོས་ཀྱི་འབྲེལ་བའི་བླ་མ་ནི་ཤིན་ཏུ་ཉུང་ངོ། །

དེ་ཡང་དགུང་ལོ་བཅུ་པ་ལ་སྡོམ་པ་ཉེ་ཤུ་པ་དང་སྒྲུབ་ཐབས་མཚོ་སྐྱེས་གསུངས་ཤིང་། བཅུ་གཉིས་པ་ལ་རྒྱུད་གསུམ་གསུངས་པར་བཞེད་པ་ལ། ཡབ་གཤེགས་པས་ཕྱིར་འགྱངས། བཅུ་གསུམ་པ་ནས་བདུན་ཅུའི་བར་དུ་བཤད་སྒྲུབ་ཀྱིས་བསྟན་པ་དང་སེམས་ཅན་གྱི་དོན་དཔག་ཏུ་མེད་པ་མཛད་དེ། གདན་ས་ནི་ཉེར་དྲུག་པ་ནས་བདུན་ཅུའི་བར་བཞི་བཅུ་ཞེ་ལྔ་མཛད་དོ། །མེ་ཕོ་བྱི་བ་ཁྲ་ཟླ་བའི་བཅུ་གཉིས་ལ་རྒྱ་སྟུམ་གཟིམས་ཁང་ནས་བདེ་བ་ཅན་དུ་གཤེགས་སོ། །འདི་བླ་མ་ས་སྐྱ་པ་ཆེན་པོའི་སློབ་མ་བཟོད་པ་ཐོབ་པ་བདུན་གྱི་གཅིག་ཡིན་ནོ། །

གསུམ་པ་དཔལ་ཆེན་འོད་པོ་ནི། ཡབ་དགུང་ལོ་ང་དགུ་པ་ལུགས་ཕོ་རྟ་སྨིན་དྲུག་ཟླ་བའི་ཉེར་ལྔ་ལ་འཁྲུངས་ཏེ། དགུང་ལོ་ང་བཞི་བཞེས་པ་ཆུ་མོ་ཕག་ཟླ་བ་ལྔ་པའི་ཉེར་གཅིག་ལ་གཤེགས་སོ། །

གཉིས་པ་ནི། རྒྱལ་བ་བུ་རམ་ཤིང་པའི་གདུང་རྒྱུད་ལྟར་སྲིད་པ་གསུམ་ན་ལྷམ་མེ་ལྷན་ནེ་ལྷང་ངེར་གྱུར་པ་ཡོན་ཏན་རིན་པོ་ཆེ་མ་ལུས་པའི་བང་མཛོད། སྐྱེ་བྱད་བལྟ་བས་ཚོག་མི་ཤེས་པའི་དཔག་བསམ། བླང་དོར་གྱི་བྱེ་བྲག་ཀུན་ནས་འབྱེད་པའི་ཡེ་ཤེས་ཀྱི་ཉི་མ། ཕས་ཀྱི་རྒོལ་བ་གླང་པོ་ཆེའི་སྤྱི་གཙུག་གནོན་པའི་སེང་གེ། སློབ་མའི་སྐྱེ་བོ་དགོས་འདོད་རིན་པོ་ཆེའི་གླིང་དུ་ཕྱིན་པར་བྱེད་པའི་དེད་དཔོན་དམ་པར་གྱུར་པ། དཔལ་ལྡན་ས་སྐྱ་པཎྜི་ཏ་ཞེས་ས་གསུམ་ཀུན་ན་གསལ་བར་གྲགས་པ་འདི་ཉིད། བྱང་ཆུབ་ཀྱི་སྙིང་པོ་རྡོ་རྗེའི་གདན་ལས་བྱང་ཕྱོགས་ཀྱི་རྒྱུད་གངས་རི་དཔལ་དང་ལྡན་པས་ཀུན་ནས་བསྐོར་བའི་དབུས། རིམས་ནད་རབ་ཏུ་འཕྲོག་པའི་སྨན་སྣ་ཚོགས་ཀྱི་སྐྱེ་གནས་ཅན། བསིལ་ཞིང་དྲི་མ་མེད་པའི་ཆུ་ཀླུང་དལ་གྱིས་གྱུ་གྱུར་འབབ་པའི་འགྲམ། མཁས་པའི་འབྱུང་གནས་སྟན་པའི་བ་དན་རྒྱ་མཚོའི་མཐའ་ཀླས་པའི་དཀྱིལ་འཁོར་ཀུན་ཏུ་གསལ་ཞིང་། རྟོགས་ལྡན་གྱི་སྐྱེ་བོ་ལེགས་པར་བཤད་པའི་རིན་པོ་ཆེ་དོན་དུ་གཉེར་བ་རྣམས་ཀྱི་འཇུག་ངོགས། དཔལ་ལྡན་ས་སྐྱའི་གཙུག་ལག་ཁང་ཆེན་པོ་ནས། བྱང་ཤར་གྱི་ཆར་ཅུང་ཟད་བགྲོད་པ་ན་ག་ར་ཞེས་བྱ་བའི་ཡུལ་གྱི་བྱེ་བྲག་ཏུ་གྱུར་པའི་གྲོང་ཞིག་ཏུ། ཡབ་སློབ་དཔོན་དཔལ་ཆེན་འོད་པོའི་ཇོ་མོ་མང་གར་མ། མ་གཅིག་ཉེར་ལྕམ་ཞེས་བྱ་བའི་རྨི་ལམ་དུ། ཀླུའི་རྒྱལ་པོ་རིན་པོ་ཆེའི་རྒྱན་མིག་གིས་ལྟར་མི་བཟོད་པ་ཡོད་པ་ཞིག །ཁྱོད་ལ་གནས་ཁང་གཡོར་བ་ཡིན་ཟེར་བ་རྨིས་ཏེ་ལྷུམས་སུ་ཞུགས་སོ། །བསྟོད་པ་བྱེད་པས་ཀྱང་། བྱང་ཆུབ་སེམས་ཀྱི་ཀླུ་དབང་སྤྱི་བོའི་སྟེང་། །ཡོན་ཏན་དཔག་མེད་རིན་ཆེན་རྒྱན་གྱིས་སྤྲས། །ཟག་མེད་ཤེས་རབ་ཡུམ་གྱི་རྒྱ་མཚོར་ཞུགས། །

དབང་འགྱུར་ཁྱོད་ལ་སྤྱི་བོས་ཕྱག་འཚལ་ལོ། །ཞེས་སོ། །

དེ་ནས་ཆུ་ཕོ་སྟག་དགའ་བྱེད་ཀྱི་ལོ། དཔྱིད་ཟླ་ར་བའི་ཉེར་དྲུག་ལ་བབ་པ་ན། ཡུམ་ལ་གནོད་པ་མེད་ཅིང་། སྣར་བདེ་བའི་རྣམ་པ་ཅན་དུ་སྐུ་བལྟམས་པའི་ཚེ། འཇིག་རྟེན་འོད་ཀྱི་དྲ་བས་ཁྱབ་ཅིང་། མཁའ་འགྲོའི་ཚོགས་སྤྲིན་བཞིན་དུ་འདུས་པར་གྱུར་ཏེ། དེ་ཡང་ཕྱག་ཞབས་ཀྱི་མཐིལ་ན་འཁོར་ལོའི་རི་མོ་གསལ་བར་དོད་ཅིང་། དབུའི་གཙུག་ཏོར་གྱེན་དུ་འཕགས་ལ། སྨིན་མཚམས་ན་ཁ་བ་དུང་དང་ཀུ་མུ་ཏ་ལྟར་དུ་དཀར་ཞིང་འཛམ་ལ། གཡས་སུ་འཁྱིལ་བའི་མཛོད་སྤུ་དང་། གསང་བའི་གནས་བལྟར་མི་མངོན་པ་དང་ལྡན་པས། གང་གིས་མཐོང་བའི་སྐྱེ་བོ་ཐམས་ཅད་ཡ་མཚན་གྱི་གནས་སུ་འཛིན་ཏོ། །བལྟམས་པའི་དུས་ན་འཇིག་རྟེན་འོད་ཀྱིས་ཁྱབ། །ཡུམ་ལ་གནོད་མེད་བདེ་བའི་རྣམ་པ་རྒྱས། །མཁའ་འགྲོའི་དབང་པོ་དཔག་ཡས་མཁའ་ལ་འདུས། །མི་མཆོག་ཁྱོད་ལ་སྤྱི་བོས་ཕྱག་འཚལ་ལོ། །ཞེས་པ་དང་། གསང་བའི་གནས་ནི་ལྟ་བར་མི་མངོན་ཞིང་། །དབུའི་གཙུག་ཏོར་མཆོག་ཏུ་གསལ་བར་འཕགས། །སྨིན་མཚམས་མཛོད་སྤུ་ཁ་བ་དུང་ལྟར་འཁྱིལ། །མཚན་ལྡན་ཁྱོད་ལ་སྤྱི་བོས་ཕྱག་འཚལ་ལོ། །ཞེས་སོ། །དེ་ལྟར་བདག་ཉིད་ཆེན་པོ་འདི་བལྟམས་ནས། གོག་པོ་འགོག་པའི་དུས་ན། ས་ལ་རི་མོ་ཀྲག་ཀྲོག་བྲིས་ནས། སྐད་པ་ཕུ་ར་རི་མི་གོ་བ་འགའ་ཞིག་གསུངས་ཏེ། རི་མོ་དེ་ལ་མི་འགོམ་པར་ཕྱག་གིས་བསྲུབས་ནས་འཛོག་པ་ཡུམ་གྱིས་གཟིགས་ཏེ། རྗེ་བཙུན་ཆེན་པོ་སྤྱན་དྲངས་ནས་ཞུས་པས། རྗེ་བཙུན་པས་གཟིགས་པ་ན། ལན་ཚ་དང་ཝརྟུ་ལའི་ཨཱ་ལི་ཀཱ་ལི་ཚར་རེ་བྲིས་ནས། དེ་བཀྲུགས་ཏེ། འགོམ་ཡུགས་སོང་དོགས་ནས་བསྲུབ་པ་ཡིན་པར་དགོངས་ཏེ་ཤིན་ཏུ་དགྱེས་སོ། །དེ་ལྟར་ན་བདག་ཅག་རྣམས་ཀྱི་འདྲེན་པ་འདིས་རྒྱ་བོད་ཀྱི་ཀློག་དང་ཡི་གེ་ནི་མ་བསླབས་པར་མཁྱེན་པ་ཡིན་ནོ། །

གསུམ་པ་ལ། རྒྱ་ཤེས་བྱ་ལ་ལེགས་པར་བསླབས་པའི་ཚུལ་དང་། འབྲས་བུ་རིག་པའི་གནས་ལྔ་ལ་མཁྱེན་པ་རྒྱས་པའི་ཚུལ་གཉིས་ལས། དང་པོ་ལ་རྗེ་བཙུན་ཆེན་པོ་ལས་གསན་པ་དང་། དེ་ལས་གཞན་ལ་གསན་པའོ། །དང་པོ་ནི། དེ་ནས་སྨྲ་ན་གཞོན་པའི་དུས་ནས། རང་གི་ཁུ་བོ་རྗེ་བཙུན་ཆེན་པོའི་ཞབས་དྲུང་དུ་བྱོན་ཏེ། ཐུགས་རྗེ་ཆེན་པོའི་སྤྱན་རས་ཀྱིས་ཉེ་བར་འཚོ་ཞིང་། འཇིག་རྟེན་དང་དམ་པའི་ཆོས་ཀྱི་བཀའ་དྲིན་ཐམས་ཅད་ཀྱིས་ལེགས་པར་བསྐྱངས་པ་ཡིན་ཏེ། དེའང་ཐོག་མར་རྩིས་དང་རི་མོའི་བགོད་པ་ལ་སོགས་པ་བཟོའི་རིག་བྱེད་དང་། གར་དང་དབྱངས་ཀྱི་རིག་བྱེད་དང་། ཕྱི་རོལ་པ་དང་སངས་རྒྱས་པའི་མཁས་པ་རྣམས་ཀྱིས་བྱས་པའི་ལུགས་ཀྱི་བསྟན་བཅོས་མང་པོ་དང་། བརྟག་པ་རྣམ་པ་བརྒྱད་ལ་སོགས་པ་འཇིག་རྟེན་གྱི་རིག་པ་མང་པོ་ཞིག་ནི་བརྗོད་ཙམ་ཞིག་བསྟན་པས་འབད་མེད་དུ་མཁྱེན་ཏོ། །གཞན་ཡང་བླ་མ་འདི་ལ་སྟུ་ཕྱིར། ཟབ་པ་

དང་རྒྱ་ཆེ་བའི་ཆོས་ཀྱི་རྣམ་གྲངས་སུ་གསན་པ་ནི། ཐོག་མར་ཚངས་པར་སྤྱོད་པའི་དགེ་བསྙེན་གྱི་སྡོམ་པ་ནོས་ཏེ། མཚན་ཀུན་དགའ་རྒྱལ་མཚན་ཞེས་གསོལ་ཏོ། །དེ་ནས་རྒྱུད་སྡེ་ཟབ་མོ་རྣམས་ཀྱི་ཕྱག་ཏུ་བླང་བའི་རིམ་པ། བསྐྱེད་པ་རྟུལ་ཆེན་གྱི་དཀྱིལ་འཁོར་རང་བཞིན་གྱིས་གྲུབ་པ་དང་བཅས་པར་དབང་བཞིའི་ཆ་ག་ཡོངས་སུ་རྫོགས་པས་སྨིན་པར་མཛད་ནས། རྣལ་འབྱོར་ཆེན་པོ་གཉིས་སུ་མེད་པའི་རྒྱུད་དཔལ་ལྡན་ཀྱེའི་རྡོ་རྗེའི་བཤད་པ་ལ། རྩོད་པའི་དུས་སུ་རྒྱུད་སྡེ་དང་གདམས་ངག་མ་ལུས་པའི་མཛོད་འཛིན་པ། བླ་མ་ཆེན་པོ་འབྲོག་མི་ལོ་ཙཱ་བ་ཤཱཀྱ་ཡེ་ཤེས་ཉིད་ལ། དཔལ་ས་སྐྱ་པ་ཆེན་པོ་དེའི་རིགས་ཀྱི་ཡབ། དགེ་བའི་བཤེས་གཉེན་འཁོན་དཀོན་མཆོག་རྒྱལ་པོ་ཉིད་ཀྱིས་གསན་པ་དང་། ཡང་ལོ་ཙཱ་བ་ཆེན་པོ་དེ་ཉིད་ཀྱི་དུས་ཕྱིས་ཀྱི་ཐུགས་སྲས་དམ་པར་གྱུར་པ། བླ་མ་མངའ་རིས་པ་གསལ་བའི་སྙིང་པོ་ཞེས་བྱ་བའི་བཤད་པའི་སྲོལ་ཏེ། གཉིས་ཀའང་རྣལ་འབྱོར་གྱི་དབང་ཕྱུག་དཔལ་ལྡན་བི་རཱུ་པའི་དགོངས་པ། རྡོ་བོ་ག་ཡ་དྷ་རའི་གསུང་སྒྲོས། ལོ་ཙཱ་བ་ཆེན་པོ་དེའི་དགོངས་པར་གཅིག་མོད། འོན་ཀྱང་བླ་མ་མངའ་རིས་པའི་གསུང་གཙོ་བོར་གྱུར་པ་རྩ་བའི་རྒྱུད་བརྟག་པ་གཉིས་པ་དང་། དེའི་བཤད་པའི་རྒྱུད་ཐུན་མོང་མ་ཡིན་པ་རྡོ་རྗེ་གུར། ཐུན་མོང་པ་སཾ་པུ་ཊི་ཏེ་རྒྱུད་གསུམ་དུ་གྲགས་པ་དང་། ཡང་ཨུ་ཏི་ཡན་གྱི་པཎྜི་ཏ། རྣལ་འབྱོར་གྱི་དབང་ཕྱུག་དཔལ་ཤེས་རབ་གསང་བ་ཞེས་བྱ་བའི་བཤད་པའི་སྲོལ། བརྟག་པ་གཉིས་པའི་རྒྱུད་ཕྱི་མར་གྱུར་པ་ཕྱག་རྒྱ་ཆེན་པོའི་ཐིག་ལེ་དང་། བཤད་པའི་རྒྱུད་ཡེ་ཤེས་ཐིག་ལེ། དེ་ཁོ་ནའི་སྒྲོན་མ། གསང་བའི་སྒྲོལ་མ། དེ་ཁོ་ན་ཉིད་ཀྱི་མན་ངག་སྙེ་ཐིག་ལེའི་རྒྱུད་ལྔ་དང་། རྟོགས་པ་མེད་པ་ཨ་ར་ལི་དང་། རི་གི་ཨ་ར་ལི་དང་། རྡོ་རྗེ་ཨ་ར་ལི་དེ་རྒྱུད་ཆུང་བ་གསུམ། བསྟན་བཅོས་དང་མན་ངག་དུ་མས་བརྒྱན་པ་གསན་ཅིང་ཐུགས་སུ་ཆུད་པར་མཛད་དོ། །

ཡང་མར་པ་ལྷོ་བྲག་པའི་སློབ་མ། མེས་ཆོན་པོ་ཞེས་བྱ་བའི་བཤད་པའི་སྲོལ། བྱང་ཆུབ་སེམས་དཔའ་ས་སྐྱ་པ་ཆེན་པོས། དགེ་བའི་བཤེས་གཉེན་སྒྲི་ཆུ་བ་ལས་གསན་པའི། དཔལ་ཀྱེའི་རྡོ་རྗེའི་བཤད་ཚུལ་ནོས་པ་ཡིན་ནོ། །དྲི་མ་མེད་པའི་རྒྱུད་སྡེ་དེ་དག་གི་རྣམ་པར་འགྲེལ་པ་དང་། ལག་ཏུ་བླང་བའི་རིམ་པ་ལ་སོགས་པ་སོ་སོའི་དགོང་པ་ཐུགས་སུ་ཆུད་པར་མཛད་པ་ནི། དེ་ལྟ་བུའི་རྩ་བའི་རྒྱུད་བརྟག་པ་གཉིས་པ་གཙོ་བོར་གྱུར་པ། རྡོ་རྗེའི་ཚིག་དེ་ལ་སྤྲུལ་པའི་སྐུ་ཡེ་ཤེས་ཀྱི་མཁའ་འགྲོ་མ་དངོས་ཀྱི་སློབ་མར་གྱུར་ཅིང་། རྣལ་འབྱོར་གྱི་དབང་ཕྱུག་བི་རཱུ་པ་ཉིད་ཀྱི་འང་དགོངས་པ་ཡིན་མོད། རེ་ཞིག་ཏཻ་ཏྲི་བའི་སྐོར་ཞེས་གྲགས་པ་ལ། བརྟག་པ་གཉིས་པའི་འགྲེལ་པ་ཀུ་མུད་དུ། དཀྱིལ་འཁོར་ཆོ་ག་བཟང་པོ་ཡོངས་བཟུང་། བསྒྲུབ་པའི་ཐབས་ཡན་ལག་དྲུག་པ་བདག་མེད་མའི་སྒྲུབ་ཐབས་སྟེ། སློབ་དཔོན་མི་ཐུབ་ཟླ་བས་མཛད་པ་རྣམས་དང་། འཁོར་ལོ་བཞི་ལ་བརྟེན་པའི་

རྫོགས་རིམ་སྟོན་པ། གཏུམ་མོ་འགྲེལ་ཆུང་ལ་སོགས་པ་གཙོ་བོ་དང་ཡན་ལག་གི་བསྟན་བཅོས་བཅུ་ཕྲག་གཅིག་དང་དགུ་ཡིས་ལྷག་པ་གསན་ཅིང་ཐུགས་སུ་ཆུད་པར་མཛད་དོ། །

ཡང་རྒྱུད་སྡེ་རིན་པོ་ཆེ་དེའི་དགོངས་པ་རྣལ་འབྱོར་གྱི་དབང་ཕྱུག་པད་མ་བཛྲ་ཞེས་བྱ་བས་གསལ་བར་མཛད་པ། འགྲེལ་པ་པད་མོ་ཅན། དཀྱིལ་འཁོར་ཆོ་ག་ནས་གླིང་མ། བསྒྲུབ་པའི་ཐབས་མཚོ་སྐྱེས་རྡོ་རྗེ་ལ་སོགས་པ་སྡེ་ཚན་རྣམ་པ་བདུན་ལ། པད་མ་བའི་སྐོར་ཞེས་གྲགས་པ་གསན་ཅིང་མངོན་དུ་མཛད་པ་ཡིན་ནོ། །དེ་ལས་གཞན་རྡོ་རྗེ་གུར་གྱི་བཤད་སྦྱར་སློབ་དཔོན་ནག་པོ་པས་མཛད་པ་དང་། མི་ཐུབ་ཟླ་བས་མཛད་པ་རིགས་བསྡུས་པ་མཁའ་འགྲོ་ལྔའི་སྒྲུབ་ཐབས་དང་། འགའ་ཞིག་རྒྱུད་རྒྱས་པའི་དུམ་བུར་བཞུགས་པ་རྩའི་མངོན་པར་རྟོགས་པ་ཆེན་པོ་ལ་སོགས་པ་སྐབས་ཀྱི་འགྲེལ་པ་བརྒྱད་དང་བཅས་པ་ཇི་ལྟ་བ་བཞིན་ཐུགས་སུ་ཆུད་པར་མཛད་ནས། སླར་ཡང་བརྟག་པ་གཉིས་པའི་འགྲེལ་པ། རྣལ་འབྱོར་རིན་པོ་ཆེ་སྦྱོར་བའི་ཕྲེང་བ་ཞེས་བྱ་བ། སློབ་དཔོན་ནག་པོ་པས་མཛད་པ་དང་། དེ་ཉིད་ཀྱིས་མཛད་པ་དཀྱིལ་འཁོར་ཆོ་ག་གཞུང་འགྲེལ་ཞེས་བྱ་བ་དང་། སྒྲུབ་ཐབས་དེ་ཉིད་དང་གསལ་བ་ལ་སོགས་པ་ཆོས་བཅོ་ལྔ་པོའང་། དགེ་བའི་བཤེས་གཉེན་འགོས་ལས་རྒྱུད་སྡེ་འོངས་པ་གང་ཡིན་པ་དེ་གསན་ཅིང་མངོན་དུ་མཛད་པ་ཡིན་ནོ། །

གཞན་ཟླ་ཞྭ་མ་དང་། དྲན་པའི་རྒྱ་མཚན་ཞེས་བྱ་བ་དང་། མུ་ཏིག་ཕྲེང་བ། དམ་ཚིག་རྡོ་རྗེ་མ་རྣམས་ནི་ཆོས་ཀྱི་རྗེ་ཉིད་ལ་གསན་ཅིང་མངོན་དུ་མཛད་ལ། རྡོ་རྗེ་གུར་ལ་ལྷའི་རིགས་ཀྱི་བློ་གྲོས་ཀྱིས་བྱས་པའི་འགྲེལ་པ་དང་། མིའི་བདག་པོ་ཨིནྡྲ་བོ་དྷིས་མཛད་པའི་སམ་པུ་ཊའི་འགྲེལ་ཆེན་ནི་ཁོ་བོས་ཞིབ་ཏུ་མ་ཐོས་སོ། འོན་ཀྱང་དེ་དག་གི་དགོངས་པ་ཇི་ལྟར་གནས་པའི་དོན་ལ་སོམ་ཉི་མེད་དོ་ཞེས་གསུང་ངོ་། །ཡང་གསང་སྔགས་ཀྱི་རྒྱུད་སྡེ་མཐའ་དག་དང་། ཁྱད་པར་གྱིས་ཀྱང་རྩ་བའི་རྒྱུད་བརྟག་པ་གཉིས་པའི་གདམས་ངག །རྣལ་འབྱོར་གྱི་དབང་ཕྱུག་བི་རཱུ་པ་ལ་སོགས་པའི་དགོངས་པ། སྐྱེ་བ་འདི་ཉིད་ལ་འཚང་རྒྱ་བའི་སྒྲུབ་བྱེད་ཀྱི་གནད་ཁྱད་པར་ཅན། མན་ངག་རིན་པོ་ཆེ་ཐམས་ཅད་ཀྱི་མཛོད་འཛིན་པ། བླ་མ་ཆེན་པོ་ས་སྐྱ་པ་དེའི་ཐུགས་ཀྱི་སྲས། བླ་མ་སེ་མཁར་ཆུང་བ་ཞེས་བྱ་བ་དེའི་ཞབས་རྡུལ་དྲི་མ་མེད་པ་ནོས་པ། རྗེ་བཙུན་ཞང་དགོན་པ་བ་ཞེས་བྱ་བས། དཔལ་ས་སྐྱ་པ་བརྩེ་བ་ཆེན་པོ་ལ་རྗེས་སུ་གདམས་པ་ལམ་འབྲས་བུ་དང་བཅས་པ་དང་། གཞན་ལམ་གྱི་སྐོར་བརྒྱད་ཞེས་གྲགས་པ་མན་ངག་ཕྲ་མོ་ཉེར་ལྔ་ལ་སོགས་པ་བསམ་གྱིས་མི་ཁྱབ་ཅིང་། དེ་རེ་རེ་ཡང་ཡན་ལག་དུ་མ་དང་བཅས་པ་དང་། ཁྱད་པར་དུ་དབང་གི་ཆུ་བོ་མ་ནུབ་པ་ལག་ལེན་དང་བཅས་པ་དང་། བྱིན་རླབས་ཀྱི་རྒྱུད་པ་མ་ཉམས་པ་ངོ་སྤྲོད་དང་བཅས་པ་དང་། གདམས་ངག་གི་སན་མ་ཡོག་པ་ལུང་སྦྱིན་པ་དང་བཅས་པ

དང་། མོས་གུས་ཀྱི་བསམ་པ་ཆེམ་པ་དྲོད་ཚད་དང་བཅས་པ་ལྷུས་ཤིང་གསན་ལ་མངོན་དུ་མཛད་པ་ཡིན་ནོ། །ཞེས་གསལ་བར་ཤེས་པ་ཡིན་ནོ། །ཡང་ཆོས་ཀྱི་རྒྱལ་པོ་དེ་ཉིད་ལ། ཛ་བོ་ན་རོ་ཏ་པའི་སྲས་ཀྱི་ཐུ་བོ། རྗེ་བཙུན་ཕ་ན་ཕི་གུ་བའི་ཞབས་ལ་གཏུགས་པ། བླ་མ་ཆེན་པོ་མལ་གྱོ་ལོ་ཙྪ་བ་ཞེས་བྱ་བའི་གསུང་རབ། རྒྱལ་སྲས་དམ་པ་སྙིང་པོ་ཞབས་ཀྱིས་མངོན་དུ་མཛད་པའི་རྒྱུད་ལ། དཔལ་ལྡན་འཁོར་ལོ་སྡོམ་པ་རྩ་བའི་རྒྱུད། ལེའུ་ལྔ་བཅུ་རྩ་གཅིག་པ། དེའི་བཤད་རྒྱུད་ལ་དཔལ་རྡོ་རྗེ་མཁའ་འགྲོ། ཨ་བྷི་དྷ་ན། ཧེ་རུ་ཀ་མངོན་པར་འབྱུང་བ། རྣལ་འབྱོར་མ་ཀུན་ཏུ་སྤྱོད་པ། རྣལ་འབྱོར་མ་བཞི་ཁ་སྦྱོར་གྱི་རྒྱུད། རྡོ་རྗེ་ཕག་མོ་མངོན་པར་འབྱུང་བ་མཁའ་འགྲོ་རྒྱ་མཚོའི་རྒྱུད། སཾ་པུ་ཊི་ཐུན་མོང་གི་བཤད་རྒྱུད་ཡིན་པས་འདིར་ཡང་བསྡོས་ན་བདུན་ཡོད། དེ་ལ་རྩ་རྒྱུད་ཀྱི་སྐོར་ལ། ནག་པོ་པའི་དཀྱིལ་འཁོར་ཆོག་ལ་སོགས་པ་ཆོས་དྲུག །འགྲེལ་པ་སློབ་དཔོན་ཀམ་པ་ལས་མཛད་པ། སྒྲུབ་ཐབས་ཀྱི་གླེང་གཞི། ལམ་གྱི་ཡན་ལག་རྡོ་རྗེ་མཁའ་འགྲོ་ལ་འགྲེལ་པ་ཧྲ་བ་མ། ཀུན་ཏུ་སྤྱོད་པའི་ཡན་ལག་ལ། ལུ་ཧི་པ་ལ་སོགས་པ་ཡན་ལག་ཉི་ཤུ་དང་བཅས་པ་གསན་ལ། རྒྱུད་དེའི་འགྲེལ་པའང་གསན་མོད། ཅི་ནས་ཀྱང་གནད་ཆེ་བར་མ་གཟིགས་གསུང་ངོ་། །སློབ་དཔོན་རྡོ་རྗེ་དྲིལ་བུ་པའི་ཆོས་གསུམ་དང་། རྡོ་རྗེ་རྣལ་འབྱོར་མ་མཁའ་སྤྱོད་རྣམ་པ་གཉིས་དང་། རྩ་དབུ་མའི་མན་ངག་གི་གནད་དང་། རྗེ་བཙུན་ནཱ་རོ་ཏ་པ་ཉིད་ཀྱི་ཆོས་དྲུག་ལ་སོགས་པ་ཕྱག་རྒྱ་ཆེན་པོའི་གདམས་ངག་ཐུན་མོང་དུ་གྲགས་པ་དང་མ་གྲགས་པ་ལ་སོགས་པའི་བར་དུ་དེ་ཐམས་ཅད་གསན་ཞིང་མངོན་དུ་མཛད་པ་ཡིན་ལ། གཞན་ཡང་ལོ་ཙྪ་བ་ཆེན་པོ་དེ་ལས་འོངས་པ་རབ་ཏུ་གནས་པའི་རྒྱུད་དང་། སློབ་དཔོན་ཀུན་དགའ་སྙིང་པོ་དང་། སློབ་དཔོན་པྲ་ཛྙཱ་ཤྲཱི་ཀ་པས་མཛད་པ་དང་། སློབ་དཔོན་ཞི་བ་སྙིང་པོས་མཛད་པའི་མཆོད་རྟེན་བསྒྲུབ་པའི་ཆོ་ག་དང་། སྐུ་གཟུགས་སྤྱན་དབྱེ་བའི་ཆོ་ག་ཞིབ་མོ་དང་། སློབ་དཔོན་དགེ་མཚན་བཤེས་གཉེན་གྱིས་མཛད་པའི་ཁྲུས་ཀྱི་ཆོ་ག་རྣམས་མ་ལུས་པ་དང་། དེ་དག་ཐམས་ཅད་ཀྱི་ངག་བླངས་པ་ཇོ་བོ་རིན་ཆེན་བཟང་པོའི་སྡོམ་གྱི་ཚིགས་སུ་བཅད་པ་གསན་ཞིང་ཐུགས་སུ་ཆུད་པར་མཛད་དོ། །

བདེ་མཆོག་སྡོམ་པ་འབྱུང་བ་དང་། མཁའ་འགྲོ་རྒྱ་མཚོའི་རྒྱུད་གཉིས་མཁས་པ་ཆེན་པོ་ཁང་གསར་བ་རྒྱལ་བའི་སྡེ་ལས་བརྒྱུད་དེ་འོངས་པ་དང་། དེ་ལས་གཞན་པ་གཉིས་སུ་མེད་པའི་རྒྱུད་དཔལ་མགོན་པོ་མངོན་པར་འབྱུང་བ་དང་། གསང་སྔགས་ཀྱི་སྤྱོད་པ་རྒྱ་མཚོའི་མཆོག་ཏུ་གྱུར་པའི་རྒྱུད་ཀྱི་དུམ་བུ་དང་། མཚན་ཡང་དག་པར་བརྗོད་པ་རྣམས་གསན་ཅིང་མངོན་དུ་མཛད་པ་ལས། རྒྱུད་འདིའི་རྣམ་པར་བཤད་པ་ལ། མཚན་བརྗོད་འགྲེལ་པ་ཆེན་པོ་ཞེས་བྱ་བ། སློབ་དཔོན་འཇམ་དཔལ་བཤེས་གཉེན་གྱིས་མཛད་པ་དང་། དེ་ཉིད་ཀྱིས

མཛད་པ་ཀུ་ཧཱི་ཀ་ཞེས་བྱ་བ་དང་། སློག་པའི་རྡོ་རྗེས་མཛད་པའི་འགྲེལ་པ་བར་པ་ཞེས་གྲགས་པ་དང་། དེ་ཉིད་ཀྱིས་མཛད་པའི་གསང་བ་དང་ལྡན་པ་ཞེས་བྱ་བའི་སྒྲུབ་ཐབས་དང་། དེའི་བརྒྱུད་པ་བླ་བཟང་དཔལ་གྱིས་མཛད་པའི་འགྲེལ་པ་དང་། རྣམ་པར་རྟོག་གེ་ཞེས་བྱ་བའི་འགྲེལ་པ་སྟེ། དེ་དག་ཐམས་ཅད་ཡན་ལག་ཕྲ་མོ་དུ་མ་དང་བཅས་པ་གསན་ཅིང་མངོན་དུ་མཛད་པ་ཡིན་ཏེ། མཚན་ཡང་དག་པར་བརྗོད་པ་རྩ་བ་དང་འགྲེལ་པར་བཅས་པ་དེ་རྣམས་ནི་ཁའུ་བ་སྐྱ་མཆེད་ལས་འོངས་པ་ཡིན་ནོ། །

ཡང་རྗེ་བཙུན་རིན་པོ་ཆེ་དེ་ཉིད་ལ་དཔལ་ལྡན་གསང་བ་འདུས་པ་ལ་སོགས་པ་ཐབས་ཀྱི་རྒྱུད་གསན་པ་ནི། དཔལ་ལྡན་གསང་བ་འདུས་པ་རྩ་བའི་རྒྱུད་དང་། རྒྱུད་ཕྱི་མ་ལེའུ་བཅོ་བརྒྱད་པ་བཤད་པའི་རྒྱུད་རྣམ་པ་བཞི་ལས། ཡེ་ཤེས་རྡོ་རྗེ་ཀུན་ལས་བཏུས་པའི་རྒྱུད་དང་། ལྷ་མོ་བཞིས་ཞུས་པ་གཉིས་གསན་ཅིང་། རྒྱུད་སྡེ་དེ་དག་གི་དགོངས་པ་གསལ་བར་བྱེད་པའི་སློབ་དཔོན་ཆེན་པོ་གཉིས་ཞིག་བྱོན་པ་ལས། སློབ་དཔོན་འཕགས་པའི་སྐོར་ལ། དེ་ཉིད་ཀྱིས་མཛད་པའི་རིམ་པ་ལྔ་པ་དང་དེ་ཉིད་མདོ་དང་བསྲེ་བ་དང་། རྒྱུད་ཀྱི་འགྲེལ་པ་སློབ་དཔོན་ཟླ་གྲགས་ཀྱིས་མཛད་པའི་སྒྲོན་མ་གསལ་བ་ཞེས་བྱ་བ་དང་། སློབ་དཔོན་ཨཱརྻ་དེ་བས་མཛད་པའི་སྤྱོད་པ་བསྡུས་པའི་སྒྲོན་མ་དང་། བདག་བྱིན་གྱིས་བརླབས་པའི་རིམ་པ། སེམས་ཀྱི་སྒྲིབ་སྦྱོང་། ཡང་སློབ་དཔོན་དེས་མཛད་པའི་ཀླུང་ལས་རྣམ་པར་རྒྱལ་རྣམས་པཎྜི་ཏ་སུ་ག་ཏ་ཤྲཱི་ལས་གསན་ནས་བསྒྱུར། ཡང་སློབ་དཔོན་ཀླུའི་བཤེས་གཉེན་གྱིས་མཛད་པའི་སྒྲུབ་ཐབས་ཀྱི་རྣམ་བཞག ། དཀྱིལ་འཁོར་གྱི་ཆོ་ག་ཉི་ཤུ་པ། རྡོ་རྗེ་སེམས་དཔའི་སྒྲུབ་ཐབས་ཞེས་བྱ་བ་ལ་སོགས་པ་འགོས་ལོ་ཙཱ་བ་ལས་རྒྱུད་དེ་འོངས་པ། བླ་མ་ཁའུ་བ་སྐྱ་མཆེད་ཀྱི་གསུང་རབ་མན་ངག་དུ་མ་དང་བཅས་པ་རྣམས་དང་། ཡང་བཤེས་གཉེན་དམ་པ་དེ་ལས་སློབ་དཔོན་སངས་རྒྱས་ཡེ་ཤེས་ཞབས་ཀྱི་དགོངས་པ། པཎྜི་ཏ་ཆེན་པོ་ཀ་མ་ལ་གུཔྟ་ལས་བརྒྱུད་དེ། བླ་མ་གཉན་ལོ་ཙཱ་བ་ཞེས་བྱ་བ་ལས་འོངས་པ་ནི། འཇམ་དཔལ་ཞལ་གྱི་ལུང་ཞེས་བྱ་བ་དེ་ཉིད་ཀྱིས་མཛད་པ། དེའི་འགྲེལ་པ་དང་བཅས་པ་དང་། སློབ་དཔོན་སངས་རྒྱས་ཡེ་ཤེས་ཞབས་ཉིད་ཀྱི་དགོངས་པ། སློབ་དཔོན་ཉིད་ཀྱིས་མཛད་པ་ཀུན་ཏུ་བཟང་པོ་འགྲེལ་པ་གསུམ་དང་བཅས་པ་དང་། རྒྱུད་ཀྱི་འགྲེལ་པ་གསང་བ་འདུས་པའི་རྒྱན་ཞེས་བྱ་བ། སློབ་དཔོན་ཤེས་རབ་འབྱུང་གནས་སྦས་པས་མཛད་པ་ཞེས་བྱ་བ་དང་། རྣ་ཡན་དང་། ཐ་ཁ་ན་ཞེས་བྱ་བ་དང་། ཐིམ་པའི་མེ་ཏོག་ཆེན་པོ་དང་ཆུང་བ་དང་། དཀྱིལ་འཁོར་ཆོ་ག་ལ་བཞི་བརྒྱད་ལྔ་བཅུ་པ་རྩ་འགྲེལ་དང་། མི་བསྐྱོད་རྡོ་རྗེ་ཞེས་བྱ་བའི་སྒྲུབ་ཐབས་དང་། བསྟན་པའི་ནོར་རྫས་ཞེས་བྱ་བའི་སྒྲུབ་ཐབས་དང་། སློབ་དཔོན་བསོད་སྙོམས་པས་མཛད་པའི་དཀྱིལ་འཁོར་ཆོ་གའི་སྐབས་ལ་སོགས་པ་དང་། སློབ་དཔོན་ཉིད་ཀྱིས་མཛད་

པའི་ལུང་དང་མཐུན་པའི་ཆོས་བཅུ་བཞི་དང་། རྒྱུད་ཀྱི་འགྲེལ་པ་རིན་པོ་ཆེའི་ལྗོན་ཤིང་ཞེས་བྱ་བ་དང་སྡོམ་གཉིས། མར་མེ་མཛད་ཀྱིས་མཛད་པའི་དཀྱིལ་འཁོར་ཆོ་ག་དང་བཅས་པ་ལ། སློབ་དཔོན་སྨན་པ་ཞབས་ཀྱིས་མཛད་པའི་སོ་སོའི་འགྲེལ་པ་དང་། དེ་ཉིད་ཀྱིས་མཛད་པའི་དངོས་གྲུབ་འབྱུང་བའི་གཏེར་ཞེས་བྱ་བ་རྣམས། མན་ངག་རིན་པོ་ཆེ་དྲུ་མས་མཛེས་པ་དང་བཅས་པ་གསན་ཅིང་ཐུགས་སུ་ཆུད་པར་མཛད་པ་ཡིན་ནོ། །

གཞན་ཡང་རྩ་བའི་རྒྱུད་བརྟག་པ་གཉིས་པ་དང་། དཔལ་ལྡན་གསང་བ་འདུས་པའི་དགོངས་པ་ལ་གསལ་བར་བྱེད་པ་རྒྱལ་སྲས་མཻ་ཏྲི་པའི་བཤད་པའི་སྒྲོལ། བླ་མ་ཕྱག་ན་རྡོ་རྗེ་ཞེས་བྱ་བ་ལས་རྒྱུད་དེ་འོངས་པ་དཔལ་ལྡན་གསང་བ་གྲུབ་པ་དང་། ཡེ་ཤེས་གྲུབ་པ་དང་། གཉིས་སུ་མེད་པ་གྲུབ་པ་དང་། དངོས་པོ་གསལ་བའི་རྗེས་སུ་འགྲོ་བ་དེ་ཁོ་ན་ཉིད་གྲུབ་པ་དང་། ཀ་ར་ལི་གྲུབ་པ་ལ་སོགས་གྲུབ་པའི་སྡེ་བཅུ་གཅིག་དང་། བྲམ་ཟེ་ཆེན་པོ་ས་ར་ཧའི་གདམས་པའི་རིགས་དང་། བདག་མེད་གསལ་བ། དབང་རབ་བྱེད། ལྷ་བ་ངན་སེལ། རྩ་འགྲེལ་དེ་ཁོ་ན་ཉིད། རིན་ཆེན་ཕྲེང་བ་ལ་སོགས་སྙིང་པོའི་སྐོར་ལ་སོགས་པར་གྲགས་པ་སྟེ། མདོར་ན་མིའི་བདག་པོ་ཨིནྡྲ་བོ་དྷི་དང་། སློབ་དཔོན་ཆེན་པོ་པད་མ་བཛྲ་དང་། བྱང་ཆུབ་སེམས་དཔའ་བློ་གྲོས་རིན་ཆེན་ལ་སོགས་པའི་བསྟན་བཅོས་དང་། མན་ངག་ཟབ་མོ་བསམ་གྱིས་མི་ཁྱབ་པ་གསན་ཅིང་མངོན་དུ་མཛད་པ་ཡིན་ནོ་ཞེས་ཤེས་པར་བྱའོ། །

ཡང་བླ་མ་ཕམ་མཐིང་པ་ལ་སོགས་པའི་གསུང་རབ། རྗེ་བཙུན་མལ་གྱོ་ལོ་ཙྪས་ནོས་པའི་བཅོམ་ལྡན་འདས་གཤིན་རྗེ་གཤེད་ནག་པོ་དགྲ་ནག་གི་རྒྱུད་དང་། གནོན་ནུ་གདོང་དྲུག་དང་། འཇིགས་བྱེད་ཞལ་དགུ་པ་ཏེ། གསུམ་པོ་ལ་རྒྱུད་རྐྱང་གི་བཤད་པ་དང་། བྲམ་ཟེ་དཔལ་འཛིན་གྱི་འགྲེལ་པའི་བཤད་པ་དང་བཅས་པ་ཐུགས་སུ་ཆུད་པར་མཛད་དེ། མདོར་ན་ཟབ་མོར་གྱུར་པའི་རྒྱུད་སྡེ་དེ་རྣམས་ཀྱིས་སྨིན་པར་བྱེད་པ་དབང་ནས། མཐར་ཐུག་འབྲས་བུའི་རྣམ་པར་བཞག་པའི་བར་དང་། དེ་རྣམས་ཀྱིས་སྒྲུབ་པ་པོ་ལ་དགོས་ཤིང་། བསྟན་པ་བསྲུང་བའི་ཕྲིན་ལས་ཅན། དཔལ་རྡོ་རྗེ་ནག་པོ་ལ་སོགས་པ་རྣམས་ཀྱི་བསྙེན་བསྒྲུབ་ལ་སོགས་མ་ལུས་པ་མངོན་དུ་མཛད་པ་ཡིན་ནོ། །

གཞན་ཡང་ཆོས་ཀྱི་རྒྱལ་པོ་དེའི་ཐད་དུ་གསང་སྔགས་རྣལ་འབྱོར་གྱི་རྒྱུད་གསན་པ་ནི། ལོ་ཙྪ་བ་རིན་ཆེན་བཟང་པོའི་བཤད་པའི་སྒྲོལ། ལོ་ཆུང་ལེགས་པའི་ཤེས་རབ་དང་། བྲག་སྟེངས་ལ་སོགས་པའི་གསུང་རབས་བླ་མ་ཁའུ་བ་ལས་བརྒྱུད་དེ་འོངས་པ་ལ། དེ་ཁོ་ན་ཉིད་བསྡུས་པའི་འགྲེལ་པ་དེ་ཉིད་སྣང་བ་ཞེས་བྱ་བ་གཞུང་སྟོང་ཕྲག་བཅོ་བརྒྱད་པ་དང་། ཡང་དེའི་དོན་འགྲེལ་སློབ་དཔོན་སངས་རྒྱས་གསང་བས་མཛད་པ་ཨ་བ་

ཏ་ར་ཞེས་བྱ་བ་དང་། དཔལ་མཆོག་དང་པོ་སྟོང་ཕྲག་ཉི་ཤུ་ལྔ་པ་དང་། རྒྱུད་ཀྱུང་བའི་བཤད་པ་རྡོ་རྗེ་རྩེ་མོ་དང་། ངན་སོང་ཐམས་ཅད་ཡོངས་སུ་སྦྱོང་བའི་རྒྱུད་ཐམས་ཅད་གསང་བ་ཞེས་བྱ་བའི་རྒྱུད་ལ་སློབ་དཔོན་ཤཱན་ཏི་པའི་འགྲེལ་པ་དང་བཅས་པ་དང་། དེ་དག་གི་བསྙེན་པ་དང་བསྒྲུབ་པའི་གཞུང་། རྡོ་རྗེ་ཐམས་ཅད་འབྱུང་བ་དང་། ཁམས་གསུམ་རྣམ་རྒྱལ་དང་། རྡོ་རྗེ་སེམས་དཔའ་འབྱུང་བ་ཆེ་ཆུང་གཉིས་དང་། གཙུག་ཏོར་དགུ་པ་ལ་སོགས་མང་པོ་ཞིག་མངོན་དུ་མཛད་མོད། དེ་ཉིད་བསྡུས་པའི་འགྲེལ་པ་ཀོ་ས་ལའི་རྒྱན་དང་། ཁམས་གསུམ་རྣམ་རྒྱལ་དང་། མགོན་པོ་ཀུན་སྣང་དང་གསུམ་པོ་དེ་མ་གསན་ཞེས་གསུང་ངོ་། །ཡང་དེ་ཉིད་ལ་གསང་སྔགས་སྤྱོད་པའི་རྒྱུད་པ་ནི། མངའ་བདག་ལྷ་རིས་པ་ཞེས་བྱ་བའི་བཤད་སྲོལ་བླ་མ་ཁའུ་པ་ལས་འོངས་པ་ལས་རྣམ་པར་སྣང་མཛད་མངོན་པར་བྱང་ཆུབ་པའི་དོན་བསྡུས་རྒྱས་པར་གསན། རྒྱུད་ཀྱི་བཤད་པ་བྲོ་སྟོན་པའི་ཞར་ལ་ལུང་ཙམ་ཞིག་ནོས་ཀྱི། གཞན་འཕགས་པ་འཇམ་དཔལ་རྩ་བའི་རྒྱུད་དང་། གསེར་རྗེ་གཤེད་ཁྲོ་བོ་རྣམ་པར་རྒྱལ་བ་དང་། ཞྭ་ཁོག་སྣང་རྒྱུད་གསུམ་གྱི་རྣམ་པར་བཤད་པ་རྒྱ་ཆེན་པོ་ཆོས་ཀྱི་རྗེ་ཉིད་ལ་གསན་ཞེས་འབུམས་སོ། །ཡང་བྱ་བའི་རྒྱུད་གསན་པའི་རྣམ་གྲངས་ཅུང་ཟད་བརྗོད་ན་རྒྱུད་པ་སྤྱོད་པའི་རྒྱུད་མཐུན་པ་ཡིན་ལ། རྒྱུད་ལ་རིགས་གསུམ་སོ་སོའི་རྒྱུད་རིགས་པ་ལྔ་མོའི་རྒྱུད་གཉིས་ལས། སྔ་མ་ལ་འཕགས་པ་འཇམ་དཔལ་གྱི་རྒྱུད་ལ། འཇམ་དཔལ་དབང་པོ་གྲུབ་པ། འཇམ་དཔལ་གྱི་ཞལ་ནས་གསུངས་པ། འཇམ་དཔལ་གྱིས་དམོད་གཙུགས་པ་མཐའ་དག་གསན་མོད། འོན་ཀྱང་འཇམ་དཔལ་སྒོ་༧ངག་གི་དབང་ཕྱུག་ཅེས་བྱ་བ་རྒྱུད་ཀྱི་དུམ་བུ་དེ་མ་གསན་ཞེས་གསུང་ངོ་། །སྤྱན་རས་གཟིགས་ལ་དོན་ཡོད་ཞགས་པ་རྩ་བའི་རྒྱུད། ཕྱག་སྟོང་སྤྱན་སྟོང་གི་རྟོགས་པ་རྒྱས་པ། ཞལ་བཅུ་གཅིག་ལ་སོགས་པའི་གཟུངས་ལ་སོགས་པ་མཐའ་དག་གསན་པ་ལས། འོན་ཀྱང་ཨ་མོ་གྷ་པའི་རྟོག་པ་ཆེན་པོ་མ་གསན་ལ། ཟ་མ་ཏོག་བཀོད་པའི་རྟོགས་པ་རྒྱས་པ། སྤྱན་རས་གཟིགས་ཧ་ལ་ཧ་ལའི་རྟོགས་པ་རྒྱས་པ་གཉིས་འདིའི་ཚེ་གསན་ཞེས་ངེས་པ་མི་འདུག་ཅེས་ཀྱང་གསུང་ངོ་། །ཕྱག་ན་རྡོ་རྗེའི་རྒྱུད་ལ་འཕགས་པ་དཔྱང་པ་བཟང་པོ། རྡོ་རྗེ་ས་འོག །རྡོ་རྗེ་རྣམ་འཇོམས། དེའི་བཤད་རྒྱུད་རི་རབ་ཆེན་པོའི་ཁང་བུ་བརྩེགས་པ་རྡོ་རྗེ་མེ་ལྟར་རབ་ཏུ་འབར་བ་རྨོངས་བྱེད། རྡོ་རྗེ་ཕྲ་མོ་ཐོགས་པ་མེད་པའི་གཟུངས། འཕགས་པ་སྟོབས་པོ་ཆེའི་གཟུངས་ལ་སོགས་པ། མཐར་དྲང་སྲོང་ཀླུ་ལ་བོར་བའི་གཟུངས་དང་། ཀླུའི་རྒྱལ་པོ་སོག་མ་མེད་པའི་རྟོགས་པ་རྒྱས་པ་ལ་སོགས་པ་མཐའ་དག་གསན་མོད་ཀྱི། འོན་ཀྱང་འཕགས་པ་རིག་པ་མཆོག་ནི་མ་གསན་ལ། གཞན་དྲག་པོ་གསུམ་འདུལ་བ་ལ་སོགས་པ་དེང་སང་གི་སངས་རྒྱས་ཀྱི་རྒྱུད་དེ་དག་ལ་སྙིང་པོ་ཙི་ཞིག་ཡོད་ཅེས་འབུམས་སོ། །

གཉིས་པ་རིག་པ་ལྔ་མོ་རྣམས་ཀྱི་གཟུངས་ལ་གཙུག་ཏོར་རྣམ་རྒྱལ། གཙུག་ཏོར་དྲི་མེད། གཙུག་ཏོར་གདུགས་དཀར་ལ་སོགས་གཟུངས་ཀྱི་རྣམ་གྲངས་བཞི་བཅུ་ཞེ་དགུ་ཙམ་གསན་པ་ཡིན་ལ། དེ་ཐམས་ཅད་ཀྱི་ཐུན་མོང་བ་གསང་བ་སྤྱི་རྒྱུད། བསམ་གཏན་ཕྱི་མ་གསེར་འོད་དམ་པ། འོག་མིན་གྱི་ཆོ་དཔག་ཏུ་མེད་པ་ལ་སོགས་པ་ཞེ་བདུན་ཙམ་བཞུགས་ཏེ། མདོར་ན་བྱ་བའི་རྒྱུད་ཀྱི་རྒྱུད་ཡོངས་སུ་རྫོགས་པ་དང་། འགའ་ཞིག་དུམ་བུར་བཞུགས་པ་དང་བཅས་པ་གཉིས་ཉིས་བརྒྱ་ལྷག་པ་ཅིག་གསན་པ་ཡིན་ནོ། །སྦྱིན་ཆེན་པོ་ལས་ཆར་དབབ་པ་རླུང་གི་དཀྱིལ་འཁོར་ཞེས་བྱ་བའི་དུམ་བུ་ལེའུ་དྲུག་པ་གཅིག་པུ་དང་། སྦྱིན་ཆེན་པོ་རླུང་གི་དཀྱིལ་འཁོར་གྱི་ལེའུ་ཐམས་ཅད་ཀྱི་སྙིང་པོ་ཞེས་བྱ་བ་གཉིས་པོ་དེ་མ་གསན་ལ། གཞན་རྒྱུད་རྟོགས་པར་གྲགས་པ་དེ་ཐམས་ཅད་ཀྱི་དབང་དང་། རིག་པ་གཏད་པའི་ཆོ་ག་དང་། ལས་རྒྱས་པ་སྣ་ཚོགས་ཇི་ལྟར་བསྒྲུབ་པ་ལ་སོགས་པ་མཐའ་དག་ཐོབ་ཅིང་རྟོགས་ནས་དཔྱིས་ཕྱིན་པ་ཞིག་གོ་ཞེས་ཤེས་པར་བྱའོ། །

གཞན་ཡང་བླ་མ་ཆེན་པོ་བ་རི་ལོ་ཙཱ་བ་ལས་བརྒྱུད་དེ་འོངས་པ། བཅོམ་ལྡན་འདས་རྡོ་རྗེ་བཙུན་བྲོ་བོའི་རྒྱལ་པོ་མི་གཡོ་བའི་རྟོགས་པ་རྒྱས་པ་ལ་སོགས་པ་དང་། དེའི་བསྒྲུབ་པའི་ཐབས་ཀྱི་བྱེ་བྲག་བསམ་གྱིས་མི་ཁྱབ་པ་དང་། བཅོམ་ལྡན་འདས་ཕྱག་ན་རྡོ་རྗེའི་གཟུངས་དང་། བསྒྲུབ་པའི་ཐབས་ལ་སོགས་པ་དང་། སྔར་གསུངས་པའི་རྟོགས་པ་ལ་སོགས་པ་དང་། དེ་དག་སོ་སོའི་ལག་ལེན་དང་། བསྒྲུབ་པའི་ཐབས་བརྒྱ་རྩ་ལ་སོགས་པ་སྒྲུབ་ཐབས་བཏུས་པ་རྒྱས་འབྲིང་རྣམས་དང་། བླ་མ་རྡོ་རྗེ་གདན་པའི་ཆོས་དྲུག་དང་། ལས་དང་པོ་པའི་བྱ་བ་ལ་སོགས་པ་མ་ལུས་པ་གསན་ཅིང་མངོན་དུ་མཛད་པ་ཡིན་ཏེ། མདོར་ན་འདི་ནི་རྒྱུད་སྡེ་རིན་པོ་ཆེ་མཐའ་དག་གི་མཛོད་འཛིན་པ་ཡིན་ནོ། །

གཞན་ཡང་ཆོས་རྗེ་ཡོན་ཏན་རིན་པོ་ཆེ་མ་ལུས་པའི་རྒྱ་མཚོར་གྱུར་པ་དེ་ལས། ཕ་རོལ་ཏུ་ཕྱིན་པ་ལ་སོགས་པ་གསན་པ་ནི། འཕགས་པ་སངས་རྒྱས་ཕལ་པོ་ཆེའི་གཞུང་རབ་ཏུ་དབྱེ་བ་དང་། མདོ་དཀོན་མཆོག་བརྩེགས་པ་དང་། འདུས་པ་ཆེན་པོ་རིན་པོ་ཆེའི་ཏོག་དང་། གཟུངས་གྲྭ་ལྔ་སོ་སོའི་ལག་ལེན་གྱི་རྣམ་གྲངས་གཞན་དང་བཅས་པ་དང་། གསེར་འོད་དམ་པ་མདོ་སྡེའི་དབང་ཕྱུག་རྒྱལ་པོ་ལ་སོགས་གཟུངས་འབུམ་གྱི་བཤད་པ་དང་ལག་ཏུ་བླང་བའི་རིམ་པ་ཇི་སྙེད་པ་དང་། འཕགས་པ་སྡུད་པ་རྩ་རྐང་དུ་བཤད་པ་དང་། ཡང་དེ་ཉིད་པན་ཅི་ག་དང་སྦྱར་ཏེ་བཤད་པའི་ལུགས་དང་། ཤེས་རབ་ཀྱི་ཕ་རོལ་ཏུ་ཕྱིན་པ་སྟོང་ཕྲག་ཉི་ཤུ་རྩ་ལྔ་པ་ལ་རྩ་འགྲེལ་སོ་སོ་དང་ཐུན་མོང་དུ་བཤད་པ་དང་། སློབ་དཔོན་འཕགས་པ་ཀླུ་སྒྲུབ་ཀྱིས་མཛད་པའི་གཞུང་བྱང་ཆུབ་སེམས་འགྲེལ་དང་། རྒྱལ་པོ་ལ་གཏམ་དུ་བྱ་བ་རིན་པོ་ཆེའི་ཕྲེང་བ་དང་། རྟེན་འབྲེལ་བཅུ་གཉིས་ཀྱི་

གཞུང་དང་། བཤེས་པའི་སྤྲིངས་ཡིག་དང་བསྟོད་པའི་ཚོགས་ལ་སོགས་པ་དུ་མ་དང་། སློབ་དཔོན་ཟླ་བ་གྲགས་པས་མཛད་པའི་དབུ་མ་ལ་འཇུག་པ་དང་། སློབ་དཔོན་སྟ་མས་མཛད་པའི་མདོ་ཀུན་ལས་བཏུས་པ་དང་། སློབ་དཔོན་དབྱིག་གཉེན་གྱིས་མཛད་པའི་ཕུང་པོ་ལྔའི་རབ་ཏུ་བྱེད་པ་དང་། སྨྲི་ཏི་ཛྙཱ་ན་ཀིརྟིའི་སླ་བའི་སྒོ་མཚོན་ཆ་དང་། སློབ་དཔོན་དཔའ་བོས་མཛད་པའི་སྐྱེས་པའི་རབས་ཀྱི་ཕྲེང་པ་དང་། སློབ་དཔོན་ཞི་བ་ལྷས་མཛད་པའི་བསླབ་པ་ཀུན་ལས་བཏུས་པ་རྩ་བའི་བཤད་པ་དང་། སྤྱོད་པ་ལ་འཇུག་པ་དང་། མདོ་ཀུན་ལས་བཏུས་པ་དང་། སློབ་དཔོན་ཆེན་པོ་མ་ཏྲི་ཙེ་ཊ་དང་། དཔལ་ལྡན་ཕྱོགས་ཀྱི་གླང་པོ་དང་། བྲམ་ཟེའི་སློབ་དཔོན་གཉིས་ལ་སོགས་པས་བསྟོད་པའི་ཚོགས་མ་ལུས་པ་འགྲེལ་པ་དང་བཅས་པ་རྣམས་དང་། སློབ་དཔོན་ཙནྡྲ་གོ་མིའི་སློབ་མ་ལ་སྤྲིངས་པ་དང་། གཞོན་ནུ་མ་བདུན་གྱི་རྟོགས་པ་བརྗོད་པ་ལ་སོགས་པ་མ་ལུས་པ་དང་།

གཞན་ཡང་ཛོ་བོ་རྗེ་ལྷ་གཅིག་གི་གདམས་པ་དགེ་བཤེས་པོ་ཏོ་བ་ལས་བརྒྱུད་པ། བཤེས་གཉེན་དམ་པ་བཞི་ར་བ་ཞེས་བྱ་བ་ལས་འོངས་པ་བྱང་ཆུབ་སེམས་དཔའི་ལམ་གྱི་རིམ་པ་སྦྱོང་ཚུལ་ལ་སོགས་པ་མ་ལུས་པ་གསན་ཅིང་མཛོན་དུ་མཛད་པ་ཡིན་ནོ། །གཞན་ཡང་བརྩེ་བ་ཆེན་པོ་དེ་ལས་གསོ་བའི་མན་ངག་གསན་པ་ནི། བླ་མ་ཆེན་པོ་མལ་གྱོ་ལས་འོངས་པའི་ཡན་ལག་བརྒྱད་པ་རྩ་བ་དང་འགྲེལ་པར་བཅས་པ་དང་། སློབ་དཔོན་འཕགས་པ་ཀླུ་སྒྲུབ་ཀྱིས་མཛད་པའི་སྨན་གྱི་མདོ་ལྔ་དང་། དཔྱད་གཞུང་བཅུ་ལ་སོགས་པ་དང་། ཨ་ཙ་རའི་གདམས་པའི་རྒྱུན། གདམས་པ་གསུམ་པ་ལ་སོགས་པ་དུ་མ་དང་། དེ་ལས་གཞན་གསོ་བའི་གཞུང་ལུགས་གཞན་ལ་ཡོངས་སུ་གྲགས་པ་མཐའ་དག་ཐུན་མོང་མ་ཡིན་པའི་གདམས་པ་དུ་མས་བརྒྱན་པ་དང་བཅས་པ་གསན་ཅིང་མཛོན་དུ་མཛད་པ་ཡིན་ནོ། །

དེ་ཡང་དགུང་ལོ་དགུ་པ་ལ་སྒྲུབ་ཐབས་མཚོ་སྐྱེས་དང་། བཅུ་གཉིས་པ་ལ་རྩ་རྒྱུད་དང་། བཅུ་གསུམ་པ་ལ་གུར་དང་། བཅུ་བཞི་པ་ལ་སམ་པུ་ཊ་ཐུགས་ལས་གསུངས་ཤིང་། བཅོ་ལྔ་པ་ལ་ཡབ་མེས་ཀྱི་ཆོས་ལུགས་ཐམས་ཅད་ལེགས་པར་མཁྱེན་པ་ཡིན་ནོ་ཞེས་སྐྱེས་བུ་དམ་པ་འགའ་ཞིག་གིས་གསུང་ངོ་། །དེ་ཡང་བླ་མ་རྗེ་བཙུན་ཆེན་པོ་ལ། ལམ་ཟབ་བླ་མའི་བྱིན་རླབས་ཞུས་པའི་ཚེ། རྗེ་བཙུན་ཆེན་པོ་འཕགས་པ་འཇམ་དཔལ་དུ་གཟིགས་ཤིང་། ཆོས་དང་འཇིག་རྟེན་གྱི་ཕུན་སུམ་ཚོགས་པ་ཐམས་ཅད་རང་གི་ངང་གིས་གྲུབ་པ་ཡིན་ནོ། །དེ་ཡང་ཆོས་རྗེ་ཉིད་ཀྱི་ཞལ་ནས། ཁོ་བོ་ཡང་གཞོན་པའི་དུས་སུ་བླ་མའི་བྱིན་རླབས་ཞུས་པས། ཁྱོད་ཀྱི་སངས་རྒྱས་ཀྱི་འདུ་ཤེས་མི་སྐྱེ། ཁྱུ་བོའི་འདུ་ཤེས་སྐྱེ། ལུས་ལོངས་སྤྱོད་ཀྱིས་བླ་མའི་ཕྱོགས་སུ་དཀའ་ཐུབ་མི་ནུས་གསུང་ནས་མ་གནང་། ཕྱིས་འཆི་ལྟས་འཇིགས་པ་ཅིག་བྱུང་། ཁམས་ཀྱང་མ་བདེ། དེའི་སྐབས་སུ། རྗེ་བཙུན་

རིན་པོ་ཆེ་ལ་སྐུ་ཁམས་མ་བདེ་བ་ཞིག་འགའ་བྱུང་། དེར་ཉིན་མཚན་རྒྱུན་མི་འཆད་པར་གཉིད་དང་ཁ་ཟས་ཀྱི་འདུ་ཤེས་མ་བྱུས་པར་ཞབས་ཏོག་བྱས། དེས་སྡིག་པ་ཅུང་ཟད་དག་པ་འདྲ། དེ་ནས་བླ་མའི་རྣལ་འབྱོར་འདི་གནང་བས། བླ་མ་ལ་སངས་རྒྱས་ཀྱི་འདུ་ཤེས་སྐྱེས། སངས་རྒྱས་ཐམས་ཅད་ཀྱི་ངོ་བོ་འཕགས་པ་འཇམ་དཔལ་དུ་མཐོང་། མོས་གུས་ཐུན་མོང་མ་ཡིན་པ་སྐྱེས། དེ་ཉིད་ཀྱིས་འཆི་ལྟས་ལས་གྲོལ། ཁམས་ཤིན་ཏུ་བདེ། དེ་ནས། སྒྲ། ཚད་མ། སྙན་ངག །སྡེབ་སྦྱོར། ཚིག་གི་རྒྱན། གསང་སྔགས་ཕ་རོལ་ཏུ་ཕྱིན་པ། མངོན་པ་འདུལ་བ་ལ་སོགས་པ་ལུང་དང་རིགས་པའི་གནད་ཐམས་ཅད་ཕྱིན་ཅི་མ་ལོག་པར་གཟིགས་སོ། །སྟོ་སྟོད་རྣམས་ལ་མི་འཇིགས་པའི་སྤོབས་པ་ཐོབ། ལྷ་འདྲེ་མི་གསུམ་ཡང་བྱམས་པར་བྱུང་། རྒྱ་གར་གྱི་རྒྱལ་པོ་ལ་སོགས་པ་ང་རྒྱལ་ཅན་ཐམས་ཅད་དེད་ལ་ཆོས་ཞུ་ཟེར་ནས། རྩིས་བྱེད་པའང་གཟོད་བྱུང་། ནང་དུའང་ཡང་དག་པའི་རྟོགས་པ་ཅུང་ཟད་སྐྱེས་སོ། །ཞེས་པ་དང་།

བསྟོད་པ་བྱེད་པས་ཀྱང་། ཟབ་མོའི་ལམ་གྱིས་བྱིན་གྱིས་བརླབས་པའི་ཚེ། །རྗེ་བཙུན་བླ་མ་འཇམ་པའི་དབྱངས་སུ་གཟིགས། །སྐད་ཅིག་གཅིག་ལ་ཆོས་ཀུན་ཐུགས་སུ་ཆུད། །ཐུགས་གྲོལ་ཁྱོད་ལ་སྤྱི་བོས་ཕྱག་འཚལ་ལོ། །ཞེས་གསུངས་སོ། །

གཞན་ཡང་དེ་ནི་བདག་ཉིད་ཆེན་པོ་འདིའི་སྐུ་ཚེ་མང་པོའི་དགེ་བའི་བཤེས་གཉེན་ཡིན་ཏེ། ས་སྐྱ་ན་ཆོས་གསུང་གིན་བཞུགས་པ་ན། སྐྱེ་བ་ཉི་ཤུ་རྩ་བདུན་དུ་ཚད་མ་རྣམ་འགྲེལ་ལ་མཁས་པའི་པཎྜི་ཏ་ཡིན་ནོ། །སྐྱེ་བ་དེ་དང་དེ་དག་ཏུ། རྗེ་བཙུན་གྲགས་པ་རྒྱལ་མཚན་དགེ་བའི་བཤེས་གཉེན་དུ་གྱུར་པ་ཡིན་ནོ། །དེ་མ་ཡིན་པ་གཞན་གྱིས་ཁྱོད་གདུལ་བར་འོས་པ་མ་ཡིན་ཞེས་པ་ནམ་མཁའ་ལས་གྲགས་སོ་ཞེས་པ་དང་། དུས་གཞན་ན་སྐྱེ་བ་སུམ་ཅུ་སོ་བདུན་དུ་ཞེས་སོགས་གསན་ནོ་ཞེས་པ་དང་། སྐུ་པོ་ཁ་གདངས་སུ་ཆོས་གསུངས་པའི་ཚེ། དེ་ནི་ཁྱོད་ཀྱི་སྐྱེ་བ་དཔག་ཏུ་མེད་པའི་དགེ་བའི་བཤེས་གཉེན་ཡིན་ནོ་ཞེས་པའི་སྒྲ་ནམ་མཁའ་ལས་བྱུང་བས། སྟེང་གི་སྒྲ་དེ་དྲན་ནོ་ཞེས་པའི་ཡི་གེ་མཐོང་ངོ་། །ཉིད་ཀྱིས་ཀྱང་། སངས་རྒྱས་ཀུན་གྱི་ཡེ་ཤེས་སྐུ། །གཅིག་ཏུ་བསྡུས་པ་འཇམ་པའི་དབྱངས། །དགེ་བསྙེན་མཆོག་གི་སྐུར་བསྟན་ནས། །བདག་གི་འཕྲུལ་པའི་དྲྭ་བ་བཅད། །ཡུན་རིང་དུས་ནས་འདི་ཉིད་ནི། །ཁྱེད་ཀྱི་དགེ་བའི་བཤེས་གཉེན་ཞེས། །མཁའ་ལ་དེ་ལྟའི་གསུང་བསྒྲག་པ། །ལེགས་འདོམས་ཁྱོད་ལ་ཕྱག་འཚལ་ལོ། །ཞེས་སོ། །

དགུང་ལོ་བཅོ་བརྒྱད་ལོན་པ་ན། ཀྨི་ལམ་ན་དཔལ་ས་སྐྱའི་ཨ་ཕྱི་འབུམ་པའི་དྲུང་ན། སངས་རྒྱས་གཉིས་པ་དབྱིག་གཉེན་ཡིན་ཟེར་བའི་པཎྜི་ཏ་སྔོ་སངས། སྐྲ་ཤ་ཏ་ཅང་ཞུམ་པ་མ་ཡིན་པ་ཞིག་བཞུགས་པ་ལ།

ཆོས་མངོན་པ་མཛོད་ཟླ་གཅིག་གི་བར་དུ་གསན་པ་སྨིན་ཤིང་། མནལ་སད་པ་ན་མཛོད་ཀྱི་ཚིག་དོན་མ་ལུས་པ་ཐུགས་སུ་ཆུད་དེ། ཕྱིས་ཁ་ཆེ་པཎ་ཆེན་ལས་གསན་དུས་སྔར་ལས་ཁྱད་མ་བྱུང་གསུང་ངོ་། །གཞན་ཡང་མནལ་ལམ་ངོ་མཚར་ཅན་ནི། ཁ་ཆེ་པཎ་ཆེན་བོད་དུ་མ་བྱོན་པ་ན། དེ་ཉིད་ཆོས་ཟབ་མོ་རྡོ་རྗེའི་གླུ་རུ་ལེན་པ་ལ་གསན་པ་སྨིས་ཏེ། མནལ་སད་པ་ན་ཚིག་དོན་མ་བརྗེད་པར་གནང་ཞིང་། ཕྱིས་དེ་ཉིད་བོད་དུ་བྱོན་དུས་དོན་དེ་ཉིད་ཞུས་པས། དེ་ནུབ་ཁོ་བོ་ལའང་རྨི་ལམ་དེ་ལྟ་བུ་བྱུང་ཞེས་གསུང་ངོ་། །ཆོས་ཀྱི་མ་མོ་མ་བསླབ་ཁོང་དུ་ཆུད། །གཞོན་ནུའི་དུས་ནས་ཡོན་ཏན་ཐམས་ཅད་རྫོགས། །མཁས་པ་དུ་མས་ཚོགས་ཀྱི་དབུས་སུ་བསྟོད། །བློ་ལྡན་ཁྱོད་ལ་སྐྱེ་བོས་ཕྱག་འཚལ་ལོ། །ཞེས་པ་དང་། སྲིད་པ་ཀུན་ཏུ་ལེགས་པར་སྦྱངས་པའི་ཕྱིར། །རྨི་ལམ་དུའང་ཆོས་ཀྱི་སྒོ་རྣམས་ཀུན། །དགེ་བའི་བཤེས་ཀྱིས་མངོན་སུམ་གདམས་པ་མཛད། །རྣམ་དག་ཁྱེད་ལ་སྐྱེ་བོས་ཕྱག་འཚལ་ལོ། །ཞེས་སོ། །

གཞན་ཡང་ནུབ་གཅིག་སློབ་དཔོན་ཆེན་པོ་དཔལ་ལྡན་ཕྱོགས་ཀྱི་གླང་པོའི་གདན་སར་བསྒོ་བས་གཤེགས་པར་ཞུ་ཟེར་ཏེ་བྱོན་པ་ན། ཕྱོགས་ཀྱི་གླང་པོའི་རི་ཕུག་ཡིན་ཟེར་བའི་བྲག་ཕུག །སྒོ་གླེགས་དང་བཅས་པ། ངོས་རྣམས་ན་གླེགས་བམ་མང་པོ་ཡོད་པ་ཞིག་གི་ལྡེ་མིག་གཏད་པ་སྨིས་ཏེ། དེ་ནས་ཚད་མའི་བསྟན་བཅོས་རྣམས་འབད་མ་དགོས་པར་མཁྱེན་ཞེས་གསུང་ངོ་། །ཡང་སྐྱིད་གྲོང་དུ་བྱོན་པའི་ཚེ། ཉིན་ཅིག་མནལ་ལམ་དུ། དེའི་རྡོ་བོ་ལ། དུས་གསུམ་སངས་རྒྱས་ཐམས་ཅད་ཀྱི། །ཐུགས་རྗེ་གཅིག་ཏུ་བསྡུས་པའི་དངོས། །དེ་མཚན་ཐུགས་རྗེ་ཆེ་ཞེས་བྱ། །སྤྱན་རས་གཟིགས་ལ་ཕྱག་འཚལ་ལོ། །ཞེས་སོགས་བསྟོད་པ་མཛད་པ་ལས། སད་པ་ན་ཚིགས་སུ་བཅད་པ་དང་པོ་བཞི་ལས་གཞན་རྣམས་མི་དྲན་ནོ་གསུང་ངོ་། །ཡང་འགའ་ཞིག་གི་ཚེ། མནལ་ལམ་དུ། ཚོགས་པ་ཆེན་པོ་ཞིག་ལ། ཚད་མ་རྣམ་འགྲེལ་གྱི་མཆོད་བརྗོད་སམ་ཀྲི་ཏའི་སྐད་དུ་གསུངས་པས། ཕྲག་གོང་གཉིས་ནས་ཉི་ཟླ་དུས་གཅིག་ལ་ཤར་ཏེ་སོང་བ་སྨིས་པ་རྗེ་བཙུན་ཆེན་པོ་ལ་ཞུས་པས། དེ་ལྟ་བུ་ཐུབ་པར་དཀའ་གསུངས་ནས། ཚོགས་པ་ལྟ་སྟོང་ཙམ་ལ་མང་ཇ་བསྐོལ་ཞེས་ཐོས་སོ། །ཡང་དཔལ་བསམ་ཡས་ལྷུན་གྱིས་གྲུབ་པའི་སྐད་དུ། ཆོས་འཁོར་ལ་བརྒྱད་པོས་སྤྱན་དྲངས་ནས། ཆོས་འཁོར་མཛད་པ་ན། རྒྱུད་ཀྱི་བརྟག་པ་ཕྱི་མའི་ལེའུ་ལྔ་པ་ཡན་སོང་། ལམ་འབྲས་ཞལ་ཆེར་སོང་ནས། སྲིན་པོ་རི་པས་དགེ་འདུན་གྱི་སྟོན་མོ་བྱེད་པའི་ཚོགས་དཔོན་ལ་སྤྱན་འདྲེན་བྱུང་ནས། ནང་པར་འགྲོན་པའི་དོ་ནུབ། དམིགས་པ་དང་བྱིན་རླབས་དང་བཀའ་གྲོས་ཞུ་བ་མང་པོ་ཞིག་གིས་ཐུགས་གཡེངས་ནས། ཐོ་རངས་བར་དུ་མནལ་རྒྱུ་མ་བྱུང་། དེ་ནས་ཅུང་ཟད་མནལ་བ་ན། མི་སྐྱ་ཤར་ཚན་གཅིག་བྱུང་ནས་ཕྱག་དང་ཕྱག་རྟེན་ཕུལ་ཏེ། སེམས་ཅན་ཐམས

ཅན་སྐྱེ་རྒ་ན་འཆི་སྡུག་བསྔལ་གྱི་ཆུ་བོ་ཆེན་པོ་བཞི་པོ་འདིས་ཤིན་ཏུ་ཉམ་ཐག་པར་མི་གདའ་ལགས་སམ། འདི་ལས་ཐར་བའི་གསོལ་འདེབས་ཤིག་ཐུགས་ལ་འདོགས་པར་ཞུ་ཟེར་བ་ལ། སྐྱེ་བ་སྐྱེ་བ་མེད་པའི་དོན་རྟོགས་ཀྱང་། །ད་དུང་སྐྱེ་བའི་འདམ་ལས་གྲོལ་མ་གྱུར། །སྐྱེ་བ་ཀུན་ཏུ་སྐྱེ་བར་འགྱུར་བ་ཡི། །སྐྱེ་ངན་བདག་གི་སྐྱེ་བའི་སྐྱབས་མཛོད་ཅིག །གྱིས་ལ་གསོལ་བ་ཐོབ་གསུངས་པས། རྒ་བ་ལ་སོགས་གཞན་གསུམ་ལའང་དེ་སྦྱར་དུ་རུང་ངམ་ཟེར་བ་ལ། རུང་ཞེས་གསུངས་པས། ཕྱག་འཚལ་ཏེ་བཀའ་དྲིན་ཆེའོ་ཟེར་ནས་སོང་བ་རྨིས་ཤིང་སད་པ་ན། དེ་གཙུག་ལག་ཁང་གི་བཀའ་སྲུང་རྒྱལ་པོ་དེ་ཡིན་པར་འདུག་སྙམ་དུ་དགོངས་སོ་ཞེས་ཐོས་སོ། །

གཉིས་པ་ནི། དགུང་ལོ་ཉི་ཤུ་པ་ལ་གངས་ཅན་གྱི་ཁྲོད་འདིར། རིགས་པའི་དབང་ཕྱུག་དམ་པར་གྲགས་ཤིང་། གཞལ་བྱའི་གནས་ལ་བློ་གྲོས་རྣམ་པར་དག་པས་དཔྱོད་པར་ནུས་པའི་བདག་ཉིད་ཆེན་པོ། ཕྱ་པ་ཆོས་ཀྱི་སེང་གེའི་གསུང་རབ་ཀྱི་སློབ་འཛིན་པ་རྩེགས་དབང་ཕྱུག་སེང་གེ་ཞེས་བྱ་བའི་ཐད་དུ། དབུ་ཚད་དང་བྱམས་ཆོས་ལ་སོགས་པ་ལ་ལེགས་པར་གཏུགས་ཤིང་མཁས་པར་སྦྱངས་ཏེ། གཞན་ལ་སྟོན་པར་མཛད་ཅིང་། རྗེ་བཙུན་དཔལ་ལྡན་ས་སྐྱ་པ་ཉིད་ཀྱི་ཞབས་ཀྱི་རྡུལ་ལ་ཡང་དག་པར་མཆོད་པའི་སྡོམ་བརྩོན་དམ་པ། རིགས་པ་སྨྲ་བ་ཆེན་པོ་སྐྱབས་ཀྱི་མཐའི་མཚན་དང་ལྡན་པ་དེ། དཔལ་ས་སྐྱ་ནས་རྒྱང་གྲགས་གསུམ་བགྲོད་པ། འཕྲང་གི་གཙུག་ལག་ཁང་ན་བཞུགས་པ་དེ་ཉིད་དུ་བྱོན་ནས། དྲི་མ་མེད་པའི་བསྟན་བཅོས་དག་གསན་པ་ནི་འདི་ལྟ་སྟེ། བཅོམ་ལྡན་འདས་མགོན་པོ་བྱམས་པས་མཛད་པའི་ཐེག་པ་ཆེན་པོ་མདོ་སྡེ་རྒྱན་རྩ་འགྲེལ་དང་། རྒྱུད་བླ་མ་རྩ་བ་དང་འགྲེལ་པར་བཅས་པ་དང་། དབུས་དང་མཐའ་རྣམ་པར་འབྱེད་པ་རྩ་འགྲེལ་དང་། ཆོས་དང་ཆོས་ཉིད་རྣམ་པར་འབྱེད་པ་རྩ་འགྲེལ་ཏེ། མངོན་པར་རྟོགས་པའི་རྒྱན་མ་གཏོགས་པ་བྱམས་ཆོས་བཞི་དང་། སློབ་དཔོན་འཕགས་པ་ཀླུ་སྒྲུབ་ཀྱིས་དགོངས་པ་ལ། དབུ་མ་རྩ་བའི་ཤེས་རབ་དང་། རིགས་པ་དྲུག་ཅུ་པ། སྟོང་ཉིད་བདུན་ཅུ་པ། ཞིབ་མོ་རྣམ་པར་འཐག་པ། གཞན་ཡང་ཕྲ་མོ་ཅི་རིགས་པ་དང་བཅས་པ་དང་། བསླབ་པ་ཀུན་ལས་བཏུས་པའི་འགྲེལ་བཤད་དང་། སློབ་དཔོན་ཡེ་ཤེས་སྙིང་པོའི་དབུ་མ་བདེན་གཉིས་དང་། སློབ་དཔོན་ཞི་བ་འཚོས་མཛད་པའི་དབུ་མ་རྒྱན་ཏེ། དེ་སྐད་ཅིག་གསན་ཅིང་མངོན་དུ་མཛད་པ་ལས། འབྱེད་རྣམ་པ་གཉིས་ལ་སོགས་པ་འགའ་ཞིག་ནི། དགེ་བའི་བཤེས་གཉེན་དེ་དཔལ་ལྡན་ས་སྐྱ་ཉིད་དུ་གདན་དྲངས་ནས་གསན་པ་ཡིན་ནོ། །

དགུང་ལོ་ཉི་ཤུ་རྩ་གཉིས་ལོན་པ་ན། ཉང་སྟོད་དུ་བྱོན་ཏེ། དགེ་བའི་བཤེས་གཉེན་གཙང་ནག་པ་བརྩོན་འགྲུས་སེང་གེ་ཞེས་བྱ་བ་སྲས་དང་བཅས་པའི་སློབ་འཛིན་པ། རིགས་པ་སྨྲ་བ་ཆེན་པོ་རྒྱང་དུར་བ་གཞོན་ནུ་སེང་གེ་ཞེས་བྱ་བ་བསྟེན་ཅིང་གསོལ་བ་བཏབ་སྟེ། ཚད་མ་རྣམ་པར་ངེས་པ་དང་། སློབ་དཔོན་ཟླ་གྲགས་ཀྱི་

དགོངས་པ་དབུ་མ་ཚིགས་གསལ་བ་དང་། ཛྙཱ་ཡ་ཨ་ནནྟ་ནས་མཛད་པའི་རྟོག་གེའི་ཐོ་བ་ཞེས་བྱ་བ་རྣམས་གསན་ཅིང་ཐུགས་སུ་ཆུད་པར་མཛད་པ་ཡིན་ནོ། །

དེ་ནས་འཛམ་བུའི་གླིང་གི་རྒྱན་དམ་པར་གྱུར་པ། ཁ་ཆེའི་གྲོང་ཁྱེར་དཔེ་མེད་དུ་འབྱུངས་པའི་ཆོས་ཀྱི་རྗེ། བསོད་སྙོམས་པ་ཆེན་པོ་ཡོངས་སུ་རྫོགས་པའི་པཎྜི་ཏ། མཁས་པ་རྣམས་ཀྱི་གཙུག་གི་ནོར་བུ། བསླབ་པ་རིན་པོ་ཆེ་མ་ལུས་པའི་གཏེར་མཛོད་འཛིན་པ་དེ། ཁ་བ་ཅན་གྱི་ལྗོངས་སུ་བྱོན་པ། དེའི་ཐད་དུ་བྱོན་ཏེ། ཤིན་ཏུ་གུས་པས་ལན་མང་དུ་གསོལ་ཞིང་བརྟེན་ནས། བདག་ཉིད་ཆེན་པོ་དེ་ཐུགས་དང་བཅས་པ་ལ། སྒྲ་དང་ཚད་མ་ལ་སོགས་པ་རྒྱ་ཆེར་གསན་པ་ནི། ཐོག་མར་དེ་ཉིད་ཉང་སྨད་གསེར་སྡིང་གི་གཙུག་ལག་ཁང་ན། ཚད་མ་རྣམ་ངེས་སློབ་དཔོན་ཆོས་མཆོག་གི་འགྲེལ་བཤད་སྦྱར་ནས། བན་ཆུང་རྣམས་ལ་གསུངས་པ་ཞོར་ལ་གསན་ནོ། །དེ་ནས་བླ་མ་པཎ་ཆེན་དབུས་སུ་བཞུད་པའི་ཤུལ་དུ། ནུབ་ཕྱོགས་ཨ་ཧེ་ན་ཙ་རར་སྐུ་འབྲུངས་པ། བྲམ་ཟེའི་པཎྜི་ཏ་བཛྲ་སྦྲིད་པ་ཆེན་པོ་སུ་ག་ཏ་ཤྲཱི་ཞེས་བྱ་བ། དཔལ་ས་སྐྱའི་གཙུག་ལག་ཁང་དུ་སྤྱན་དྲངས་ནས། སྒྲ་ཀཱ་ལ་པ་སྡེབས། འགྲེལ་པ་སྟོང་ཕྲག་དྲུག་པ་དང་བཅས་པ། དེའི་མིང་ཐད་དུ་བསྒྱུར་བ་སུ་ཙཎ་ཏི་དང་། བྱིངས་སྒྱུར་པ་ཧྲིང་ན་ཏའི་རབ་ཏུ་བྱེད་པ་དང་བཅས་པ་མཐའ་དག་གསན་ཅིང་། དེ་གཉིས་ཙནྡྲ་པའི་ལུགས་དང་མཐུན་པ། པཎྜི་ཏ་ཆེན་པོ་སཾ་གྷ་ཤྲཱི་ལ་གསན་ནོ། །

ཡང་སྔར་གྱི་པཎྜི་ཏ་དེ་ཉིད་ལས། སྡེབ་སྦྱོར་གྱི་བསྟན་བཅོས་རིན་ཆེན་འབྱུང་གནས་དང་། སྙན་ངག་གི་བསྟན་བཅོས་ཆེན་པོ་གསུམ་དང་། ཆུང་དུ་གསུམ་དང་། རྒྱན་གྱི་བསྟན་བཅོས་དབྱངས་ཅན་གྱི་མགུལ་རྒྱན་སྟོང་ཕྲག་བརྒྱད་པའི་ཕྱེད་མན་ཆད་གསན། ཡང་མངོན་བརྗོད་ཀྱི་བསྟན་བཅོས་ལ། ཡི་གེ་རེ་རེའི་མངོན་བརྗོད་གསན་ཅིང་བསྒྱུར། ཨ་མ་ར་ཀོ་ཥའི་རྩ་བ་རྫོགས་པ་དང་། སྣ་ཚོགས་གསལ་བའི་ཕྱེད་ལྷག་གཅིག་གསན། མཁས་པ་ཆེན་པོ་དེ་ཉིད་ལ། ཟློས་གར་གྱི་བསྟན་བཅོས་གཟུགས་ཀྱི་སྙེ་མ་ཙུང་ཟད་གསན། གཞན་ཡང་ཚད་མའི་གཞུང་ལུགས་གསན་པ་ལ། རྣམ་འགྲེལ་ལེའུ་དང་པོའི་འགྲེལ་པ་སྟོང་ཕྲག་ཕྱེད་བཞི་པ་གསན་ནས་བསྒྱུར་ཞིང་ཞུས། སློབ་དཔོན་ཐར་པའི་འབྱུང་གནས་ཀྱིས་མཛད་པའི་རྟོག་གེའི་སྐད་ཅེས་བྱ་བའི་བསྟན་བཅོན་གསན་ཅིང་བསྒྱུར། གཞན་ཕྱི་རོལ་མུ་སྟེགས་བྱེད་ཀྱི་ཚད་མ། དྲང་སྲོང་ཆེན་པོ་གཟེགས་ཟན་གྱིས་སྦྱར་བའི་རྟོག་གེའི་བསྟན་བཅོས་རིགས་པ་ཞེས་བྱ་བ་གསན་པ་ཡིན་ནོ། །གཞན་ཡང་དེ་ཉིད་ལ་གསང་སྔགས་ཀྱི་རྒྱུད་སྡེ་དང་བསྟན་བཅོས་ཙུང་ཟད་གསན་པ་ནི། རྣལ་འབྱོར་གྱི་རྒྱུད་ལ་རྡོ་རྗེ་སྙིང་པོ་རྒྱན་དང་། རྡོ་རྗེ་ས་འོག །སྐུ་གསུང་ཐུགས་ཀྱི་གསང་བ་རྒྱན་གྱི་བཀོད་པ། གསང་བ་ནོར་བུའི་ཐིག་ལེ་བྱ་བའི་རྒྱུད་རྣམས། སྔར་བོད་དུ

མ་འགྱུར་ཞིང་ཡོངས་སུ་མ་གྲགས་པའི་རྒྱུད་སྡེ་དང་། དེའི་ཆ་ལག་ཏུ་གྱུར་པ་མང་དུ་གསན་ཅིང་བསྒྱུར་ལ། གཞན་ཡང་སློབ་དཔོན་ཨཏྲ་དེ་བས་མཛད་པའི་དཔལ་ལྡན་གསང་བ་འདུས་པའི་མན་ངག །རླུང་ལས་རྣམ་པར་རྒྱལ་བ་ཞེས་བྱ་བ་གསན་ཅིང་བསྒྱུར། དེ་ལས་གཞན་པ་སྔགས་ཀྱི་མན་ངག་ཐུན་འགའ་ཞུས་ཤིང་ཐུགས་སུ་ཆུད་པར་མཛད་པ་ཡིན་ཏེ། ངེས་པར་རྟོགས་པའི་དོན་ལ་སོམ་ཉི་ག་ལ་ཡོད། དེ་ནས་མཁས་པ་ཆེན་པོ་དེ་ལ་གསེར་དང་དངུལ་ལ་སོགས་པ་རིན་པོ་ཆེ་དང་། གོས་ཆེན་དང་དར་ལ་སོགས་པ་ན་བཟའི་རིགས་མང་པོ་དང་། གཞན་ཞབས་འབྲིང་པ་ལ་སོགས་པ་རྣམ་གྲངས་དུ་མས་མཉེས་པར་མཛད་དོ། །

དེ་ནས་བདག་ཉིད་ཆེན་པོ་འདི། ཐོག་མ་ནས་ཚངས་པར་སྤྱོད་པ་དྲི་མ་མེད་པའི་རྒྱན་གྱིས་ཀུན་ནས་སྤྲས་ཤིང་། བསླབ་པར་བྱ་བ་ཇི་སྙེད་པ་ལ་རྩ་བ་དང་ཡན་ལག་གི་ཉེས་པ་ཕྲ་ཞིང་ཕྲ་བའི་རྡུལ་གྱིས་མ་རེག་པ་ཡིན་དུ་ཟིན་ཀྱང་། ཤཱཀྱའི་རྒྱལ་པོ་དེའི་བཀའ་དྲིན་མི་འདོར་བ་དང་། གཞན་དག་ཀྱང་ཚངས་པར་སྤྱོད་པའི་ལམ་བཟང་པོ་ལ་བཞག་པར་བྱ་བའི་ཕྱིར། དགུང་ལོ་ཉི་ཤུ་རྩ་བདུན་བཞེས་པ་ན། ལོ་སྟོན་རྡོ་རྗེ་དབང་ཕྱུག་གིས་བཞེངས་པ། ཉངས་སྨད་རྒྱན་གོང་ཞེས་པའི་གཙུག་ལག་ཁང་དུ། མཁན་པོ་ཁ་ཆེ་བསོད་སྙོམས་པ་ཆེན་པོ་དེ་ཉིད་དང་། ལས་ཀྱི་སློབ་དཔོན་དཔལ་ས་སྐྱ་པ་བརྩེ་བ་ཆེན་པོ་ཉིད་ཀྱི་ཐུགས་སྲས། སྡོམ་བརྩོན་དམ་པ་སྡེ་སྣོད་འཛིན་པ་ཆེན་པོ། བྱང་ཆུབ་སེམས་དཔའ་ལག་ན་པད་མོའི་བཞུགས་གནས། བསླབ་པ་ནན་ཏན་དུ་བྱེད་པའི་སྐྱེས་བུ་དམ་པ་གང་དག་བཞུགས་པ་དེ་རྣམས་ཀྱི་ཞབས་འབྲིང་། མི་མ་ཡིན་པའི་འགྲོ་བ་རྒྱུད་ཡོངས་སུ་དག་པ་འགའ་ཞིག་གིས་བྱེད་པ་ཡོད་དོ་ཞེས། ཡོངས་སུ་གྲགས་པའི་སའི་ཆ་སྤྱི་བོ་ལྷས་ཞེས་གྲགས་པ་ན་བཞུགས་པའི་རྒྱལ་སྲས་དམ་པ་བྱང་ཆུབ་འོད་ཞེས་པ་དང་། གསང་སྟེ་སྟོན་པའི་སློབ་དཔོན་སྡོམ་བརྩོན་འདུལ་བ་འཛིན་པ་ཆེན་པོ། ཞུ་དོན་མོ་རི་པ་ཞེས་བྱ་བ་ལ་སོགས་པ་དགེ་འདུན་རྒྱ་མཚོ་ལྟ་བུའི་དབུས་སུ་རབ་ཏུ་བྱུང་ཞིང་བསྙེན་པར་རྫོགས་པ་མཛད་དེ། མཚན་ཡང་མཁན་པོ་མིང་གི་མཐའ་ཅན། ཀུན་དགའ་རྒྱལ་མཚན་དཔལ་བཟང་པོ་ཞེས་གསོལ་ཏོ། །

དེ་ཡང་མཁན་པོ་དེ་ཉིད་ཀྱི་དྲུང་དུ་སྔ་ཕྱིར་ཆོས་ཀྱི་རྣམ་གྲངས་གསན་པ་ནི། སྒྲའི་བསྟན་བཅོས་སྙིང་པོ་བསྡུ་བ་ཞེས་བྱ་བའི་སྟོད་ཙུང་ཟད་དང་། རྒྱས་པའི་བསྟན་བཅོས་ཚད་མ་རྣམ་འགྲེལ་ལེའུ་གསུམ། ཡིད་ཀྱི་ཤིང་རྟ་ལ་དགའ་བའི་རྗེས་སུ་འབྲངས་པ་གསན་ཅིང་། ཡང་ལྷ་དབང་བློའི་ཊཱི་ཀ་ཚད་མ་ཀུན་ལས་བཏུས་དང་། བདེ་བར་གཤེགས་པའི་གསུང་རབ་མདོ་སྡེའི་ལུང་དང་སྦྱར་ནས་རྣམ་འགྲེལ་གྱི་བཤད་པ་གསན། རྣམ་འགྲེལ་གྱི་རྒྱན་སྟོང་ཕྲག་བཅོ་བརྒྱད་པ་ལེའུ་གཉིས་གསན། རྣམ་ངེས་ཀྱི་འགྲེལ་པ་ཆོས་མཆོག་སྟོང་ཕྲག་བཅུ་གཉིས་པ

ལེའུ་གཉིས་གསན་ཅིང་། ལུས་ཀྱི་བསྣན་བཅོས་བསྡུས་པར་གྱུར་པ་རིགས་པའི་ཐིགས་པ་དང་། སློབ་དཔོན་ཀ་མ་ལ་ཤཱི་ལས་མཛད་པའི་རིགས་པའི་ཐིགས་པའི་ཕྱོགས་སྔ་མ་གསན། ཡན་ལག་གི་བསྣན་བཅོས་རྒྱུད་གཞན་གྲུབ་པ་བྲམ་ཟེའི་འགྲེལ་པ་དང་སྦྱར་ཏེ་གསན། དེ་ལས་གཞན་རྣྟ་ན་ཤྲཱིའི་སྐད་ཅིག་མ་ཆེ་ཆུང་། གཞན་སེལ་དཔྱད་པ། མངོན་སུམ་བརྟག་པ་ལ་སོགས་པ་རབ་ཏུ་བྱེད་པ་ཕྲ་མོ་མང་དུ་གསན། ཆོས་མཆོག་གིས་མཛད་པའི་གྲུབ་པ་བརྒྱུད་ལས་ཚད་མ་གྲུབ་པའི་རབ་ཏུ་བྱེད་པ་དང་། སློབ་དཔོན་བྲམ་ཟེའི་ཚད་མས་གྲུབ་པའི་རབ་ཏུ་བྱེད་པ་གསན་པ་ཡིན་ནོ། །གཞན་ཡང་བཅོམ་ལྡན་འདས་བྱམས་པའི་མངོན་པར་རྟོགས་པའི་རྒྱན་རྩ་རྐྱང་གི་བཤད་པ་དང་། རྒྱལ་སྲས་ཐོགས་མེད་ཀྱི་གཞུང་རྣམ་པར་རིག་པ་གསལ་བར་སྒྲུབ་ཐེག་པ་ཆེན་པོ་བསྡུས་པ་དང་། གཞན་ཡང་དེ་ཉིད་ལ་སློབ་དཔོན་དབྱིག་གཉེན་གྱི་གཞུང་ལུགས་གསན་པ་ལ། ཆོས་མངོན་པ་མཛོད་ཀྱི་གནས་བརྒྱད་ལས་གནས་ལྔ་པ་ཡན་ཆད། སློབ་དཔོན་ཉིད་ཀྱི་རང་འགྲེལ་དང་། ཊཱི་ཀ་སློབ་དཔོན་བློ་བརྟན་དང་། སློབ་དཔོན་གྲགས་པའི་བཤེས་གཉེན་གྱིས་མཛད་པའི་རྗེས་སུ་འབྲངས་པ་གསན། གཞན་ཉི་ཤུ་པའི་རབ་དུ་བྱེད་པ། སུམ་ཅུ་པའི་རབ་ཏུ་བྱེད་པ་རྣམས་རང་འགྲེལ་དང་བཅས་པ་དང་། རྣམ་པར་བཤད་པའི་རིགས་པ་དང་། ཕུང་པོ་ལྔའི་རབ་ཏུ་བྱེད་པ་དང་། ཡང་སློབ་དཔོན་ལ་བ་པས་མཛད་པ་རྣམ་པར་རིག་པ་གསལ་བར་སྟོན་པའི་གཞུང་སྣང་བའི་ཕྲེང་བ་ཞེས་བྱ་བ་དང་། རང་བཞིན་གསུམ་གྲུབ་པ་ལ་སོགས་པ་རབ་ཏུ་བྱེད་པ་མང་པོ་ཞིག །པཎྜི་ཏ་སཾ་ག་ཤྲཱི་ཞུ་བའི་རྗེས་སུ་གསན་ཞེས་གསུང་ངོ་། །

ཡང་དེ་ཉིད་ལ་ཤེས་རབ་ཀྱི་ཕ་རོལ་ཏུ་ཕྱིན་པ་བདུན་བརྒྱ་པ། སློབ་དཔོན་ཀ་མ་ལ་ཤཱི་ལའི་འགྲེལ་པ་དང་བཅས་པ་དང་། སློབ་དཔོན་ཕྱོགས་ཀྱི་གླང་པོས་མཛད་པའི་ཤེས་རབ་ཀྱི་ཕ་རོལ་ཏུ་ཕྱིན་པའི་དོན་བསྡུས་འགྲེལ་པ་དང་བཅས་པ་དང་། དམིགས་པ་བརྟག་པ་རྩ་བ་དང་འགྲེལ་པ་དང་། རྐྱང་གི་རབ་ཏུ་བྱེད་པ་རྩ་འགྲེལ་ལ་སོགས་པ་གསན་ཅིང་། དེ་ཐམས་ཅད་ཕྱིན་ཅི་མ་ལོག་པར་ཐུགས་སུ་ཆུད་པར་མཛད་པ་ཡིན་ནོ། །གཞན་ཡང་སྡོམ་བརྩོན་དམ་པར་གྱུར་པ་དེ་ལ་འདུལ་བ་མདོ་དང་། སོ་སོ་ཐར་པ་དང་། འདུལ་བ་འོད་ལྡན་དང་། གཞན་ཡང་དགེ་སློང་གི་དང་པོའི་ལོ་དྲི་བ་ལ་སོགས་པ་དང་། བསྟན་བཅོས་མཛད་པ་པོ་བྱོན་ཟིན་པ་དེ་དག་གིས་མཛད་པའི་གཞུང་དང་། རབ་ཏུ་བྱེད་པ་ཤིན་ཏུ་མང་པོ་ཞིག་གསན་ཅིང་གཏུགས་ལ། དགེ་སློང་གི་ཀ་རི་ཀཱ་དང་། དགེ་ཚུལ་གྱི་ཚིག་ལེའུར་བྱས་པ་ལྔ་བཅུ་པ་གཉིས་ནི། པཎྜི་ཏ་སཾ་ག་ཤྲཱི་ལ་གསན་ཞེས་འབུམས་སོ། །

གཞན་ཡང་དེ་ཉིད་ལས་རྡོ་རྗེ་ཐེག་པའི་གཞུང་ལུགས་གསན་པ་ནི། དཔལ་ལྡན་དུས་ཀྱི་འཁོར་ལོའི་རྒྱུད། འགྲེལ་པ་དྲི་མ་མེད་པའི་འོད་སྟོང་ཕྲག་བཅུ་གཉིས་པ་དང་བཅས་པ་དང་། དེའི་ཡན་ལག་དབང་མདོར་

བསྟན་དོན་དམ་བསྙེན་པ་ཡན་ལག་དང་བཅས་པ་གསན་དེའི་དཀྱིལ་འཁོར་ཆོ་ག་ལག་ལེན་དང་བཅས་པ་དང་། བསྒྲུབ་པའི་ཐབས་སློབ་དཔོན་ཧཱུྃ་ཤྲཱིས་མཛད་པའི་ཡན་ལག་དང་བཅས་པ་གསན་ཅིང་། ཡང་དེ་ལས་དཔལ་གསང་བ་འདུས་པ་སློབ་དཔོན་འཕགས་པའི་སྐོར་ལ་རིམ་པ་ལྔ་པ་ལ་སོགས་པའི་རབ་ཏུ་བྱེད་པ་དང་། འགྲེལ་པ་སྒྲོན་མ་གསལ་བ་དང་། སློབ་དཔོན་ཀླུའི་བྱང་ཆུབ་ཀྱིས་མཛད་པའི་རྡུལ་ཚོན་ལ་བརྟེན་པའི་དཀྱིལ་འཁོར་ཆོ་ག་ལག་ལེན་དང་བཅས་པ་དང་། སློབ་དཔོན་ཤར་ཕྱོགས་པ་ཞེས་བྱ་བས་མཛད་པའི་རས་བྲིས་ལ་བརྟེན་པའི་དཀྱིལ་འཁོར་ཆོ་ག་གསན་ཅིང་ཞུས་ནས་བསྒྱུར་བ་དང་། ཡང་ཡེ་ཤེས་ཞབས་ཀྱི་བསྒྲུབ་པའི་ཐབས་ཀུན་ཏུ་བཟང་པོ་ལ་སོགས་པ། བི་སུ་ཏས་ཞུས་པའི་ཞར་ལ་གསན་ཞེས་གསུངས་སོ། །ཡང་དཔལ་འཁོར་ལོ་བདེ་མཆོག་ལ། ལཱུ་ཧི་པའི་འགྲེལ་པ་སློབ་དཔོན་པྲཛྙཱ་རཀྵི་ཏས་མཛད་པ་དང་། རྡོ་རྗེ་དྲིལ་བུ་པའི་སྐོར་རྣམས་དང་། དེ་ལས་གཞན་པའི་མན་ངག་ཕྲ་མོ་ཅི་རིགས་པ་རྣམས་གསན་ལ། ཨ་བྷྱ་ཀ་རས་མཛད་པའི་རྡོ་རྗེ་ཕྲེང་བ་ལས། བདེ་མཆོག་གི་སྐབས་དེ་ཞུས་ཤིང་ལུང་བླངས་ཀྱི། རྫོགས་པར་ནི་ཞིབ་ཏུ་མ་གསན་ཞེས་གསུང་ངོ་། །གཞན་ཡང་དེ་ཉིད་ལ། བྱང་ཆུབ་སེམས་དཔའ་རྡོ་རྗེ་སྙིང་པོས་མཛད་པའི། བརྟག་པ་གཉིས་པའི་འགྲེལ་པ་དང་། དཔལ་ལྡན་ཕྱག་ན་རྡོ་རྗེའི་བསྟོད་འགྲེལ་གཉིས་ཀྱི་ལུང་ཙམ་བླངས་པ་ཡིན་ལ། དེ་ལས་གཞན་སྒྲ་དང་། ཚད་མ་དང་། ཕ་རོལ་ཏུ་ཕྱིན་པ་དང་། འདུལ་བ་དང་། རྡོ་རྗེ་ཐེག་པའི་གཞུང་ལུགས་གང་ཞིག་གསན་པ་དེ་ཐམས་ཅད་ལེགས་པར་བསམ་ཞིང་གཏུགས་ཏེ་སོམ་ཉི་མེད་པར་མ་ལུས་པ་རྟོགས་ཤིང་ཁོང་དུ་ཆུད་པ་ཡིན་ནོ་ཞེས་གསལ་བར་ངེས་པ་ཡིན་ནོ། །ཡང་གནས་སྐབས་དེ་ཉིད་དུ་བསོད་སྙོམས་པ་ཆེན་པོ་དེའི་ཞབས་ཀྱི་རྡུལ་ལ་མངོན་པར་མཆོད་ཅིང་། གསུང་རབ་ཀྱི་བདུད་རྩི་བློ་གྲོས་ཀྱི་སྣོམ་པས་གསོལ་ཞིང་། གདུང་རྒྱུད་དྲི་མ་མེད་པར་གྱུར་པའི་མཁས་པ་ཆེན་པོ། བལ་པོའི་པཎྜི་ཏ་སཾ་ཀྵ་ཤྲཱི་ཞེས་བྱ་བ་ལ་སྒྲ་དང་ཚད་མ་ལ་སོགས་གང་ཞིག་གསན་པ་དེ་གསལ་བར་བརྗོད་ན། སྒྲའི་བསྟན་བཅོས་ཆོས་འདི་པ་ཁོ་ནའི་གསུང་རབ་ཀྱི་དོན་བྱེད་ཙནྡྲ་པ་དང་། མིང་དང་བྱིངས་སྒྲུབ་པའི་རབ་ཏུ་བྱེད་པ་དང་། སུ་ཨནྟི་པ་དང་། ཏིང་ན་ཏ་གཉིས་དང་། སྒྲ་ཀཱ་ལ་པའི་བྱེད་པའི་ཚིག་སྒྲུབ་པ། ཕུ་ན་ཡ་ཤྲིས་མཛད་པའི་པྲ་ཀྲཱི་ཡ་དང་། སྙན་ངག་གི་བསྟན་བཅོས་གཞོན་ནུ་འབྱུང་བ་དང་། སྙན་ངག་གི་རྒྱན་གྱི་བསྟན་བཅོས་དབྱིག་དང་། དབྱངས་ཅན་གྱི་མགུལ་རྒྱན་སྟོད་ནས་སྟོང་ཕྲག་བཞི་དང་། སྡེབ་སྦྱོར་འཕགས་པ་འཇམ་དཔལ་གྱི་བསྟོད་པ་ལས་གཞི་བྱས་པ། ཚྭེ་ཏ་མ་ལ་ཞེས་བྱ་བ་དང་བཅས་པ་གསན་ཅིང་ཐུགས་སུ་ཆུད་པར་མཛད་ནས།

ཚད་མའི་གཞུང་ལུགས་ལ་རྣམ་འགྲེལ་ལེའུ་དང་པོ། རྒྱ་བ་ཡིད་ཀྱི་སེང་གེའི་བཤད་པ་ཀུན་ལས་སྒྲུར་བ

གསན་ནས། དེའི་ལེའུ་དང་པོའི་འགྲེལ་པ་སྟོང་ཕྲག་གཉིས་བསྒྱུར་ཞིང་ཞུས་པ་དང་། ཡན་ལག་གིས་བསྟན་བཅོས་རྩོད་པའི་རིགས་པ་སློབ་དཔོན་ཞི་བ་འཚོའི་འགྲེལ་པ་དང་། བྲམ་ཟེའི་འགྲེལ་པ་དང་བཅས་པ་གསན་ནས་ཉིད་ཀྱིས་བསྒྱུར། གཏན་ཚིགས་ཐིགས་པ་སློབ་དཔོན་ཨར་ཙ་ཊའི་འགྲེལ་པ་དང་བཅས་པ་གསན། སྔར་གསན་པའི་རྣམ་བཤད་རིགས་པ་འགྲེལ་པ་དང་བཅས་པ་དང་། ཤེས་རབ་ཀྱི་ཕ་རོལ་ཏུ་ཕྱིན་པའི་མན་ངག་གི་བསྟན་བཅོས་མངོན་པར་རྟོགས་པའི་རྒྱན་རྩ་རྐྱང་གི་བཤད་པ་དང་། རྟྣ་ཤྲཱིས་མཛད་པའི་ཡན་ལག་གི་མདའ་ཞེས་བྱ་བའི་རབ་ཏུ་བྱེད་པ་ཆུང་ངུ་དང་། སློབ་དཔོན་ཨརྱ་དེ་བས་མཛད་པའི་དབུ་མ་བཞི་བརྒྱ་པ་དང་། དཔལ་དུས་ཀྱི་འཁོར་ལོའི་དབང་མདོར་བསྟན་ཞེས་བྱ་བ། སྔར་གསན་པ་དེ་དང་བཅས་པ། དེ་ཐམས་ཅད་ཕྱིན་ཅི་མ་ལོག་པར་ཐུགས་སུ་ཆུད་པ་ཡིན་ནོ་ཞེས་རྟོགས་པར་བྱའོ། །

གཞན་ཡང་དགེ་བའི་བཤེས་གཉེན་སྤྱི་བོ་ལྷས་པ་ཆེན་པོ་ལས། ཆོས་ཀྱི་རྣམ་གྲངས་གསན་པ་ནི། ཤེས་རབ་ཀྱི་ཕ་རོལ་ཏུ་ཕྱིན་པ་བརྒྱད་སྟོང་པ་རྩ་འགྲེལ་དང་། མངོན་པར་རྟོགས་པའི་རྒྱན་རྩ་འགྲེལ་ལེགས་པར་གསན་ཅིང་། ཡུམ་བར་པའི་འགྲེལ་པ་ཉི་ཁྲི་སྣང་བ་ནི་ཞིབ་ཏུ་སྦྱེ་ཏེ་བཤད་པར་མཛད་ཀྱི། ལུང་ལེགས་པར་བླངས་པ་ཡིན་ནོ། །ཡང་རྒྱལ་སྲས་ཐོགས་མེད་ཀྱི་གཞུང་ལ། ཆོས་མངོན་པ་རྩ་འགྲེལ་གསན་པ་ཡིན་ཏེ། འདི་ནི་བྱང་ཆུབ་སེམས་དཔའ་དེ་དཔལ་ལྡན་ས་སྐྱ་ཉིད་དུ་བྱོན་པའི་ཚེ་ཞུས་པ་ཡིན་ནོ། །གཞན་ཡང་དེ་ལས་ཕ་རོལ་ཏུ་ཕྱིན་པའི་ལུགས་ཀྱི་གདམས་ངག་གསན་པ་ནི། ཤར་ཕྱོགས་བྷང་ག་ལའི་སློབ་དཔོན་དི་པཾ་ཀ་ར་ཤྲཱི་ཛྙཱ་ན་ཞེས་བྱ་བ་བོད་དུ་བྱོན་ཏེ། རྗེས་སུ་གདམས་པའི་རིམ་པ། དགེ་བའི་བཤེས་གཉེན་སྣེ་ཟུར་བ་ལས་བརྒྱུད་པ། ཇོ་བོ་ཉིད་ཀྱིས་མཛད་པའི་བྱང་ཆུབ་སེམས་དཔའི་ལམ་གྱི་སྒྲོན་མ་དང་། བདེན་པ་གཉིས་བསྟན་པ་དང་། དབུ་མའི་མན་ངག་ལ་སོགས་ཕྲ་མོ་བརྒྱ་རྩ་བརྒྱད་ཅེས་གྲགས་པ་ཐམས་ཅད་དང་། ལམ་གྱི་དམིགས་པ་དེ་རྣམས་ཀྱི་སྙིང་པོ་ལྟ་བུའི་བྱང་ཆུབ་ཀྱི་ལམ་གྱི་རིམ་པ། སློབ་མ་འཁྲིད་ཚུལ་ལ། ལྐོག་ཆོས་དང་། ཚོགས་སུ་བཤད་པ་དང་། ཁྲིད་ཀྱི་བར་ཐམས་ཅད་དང་། ཁྱད་པར་དུ་བྱང་ཆུབ་ཀྱི་སེམས་བསྒོམ་པའི་གདམས་ངག་བློ་སྦྱོང་ཞེས་བཏགས་པ་དེའི་ཁྲིད་ཚུལ་སོགས་ཐུན་མོང་དུ་ཇི་ལྟར་གྲགས་པ་ཐམས་ཅད། གཞན་ཡང་བྱང་ཆུབ་སེམས་དཔའ་ཆེན་པོ་དེ་ལ་མངའ་བ་མཐའ་དག་གསན་ཅིང་། ཇོ་བོ་ཉིད་ཀྱི་གདམས་པ། དགེ་བཤེས་འབྲོ་སྟོངས་བརྩོན། ན་མགོ་བ་ནས་བརྒྱུད་པ། སྐབས་བརྒྱད་གཏན་ཐོག་གཅིག་ཏུ་བསྒོམ་པའི་གདམས་ངག་དང་། དེ་ལས་གཞན་གསང་སྔགས་ཀྱི་གཞུང་གི་གདམས་པ་དཔལ་གསང་བ་འདུས་པའི་མན་ངག །སློབ་དཔོན་ཀླུ་སྒྲུབ་ཀྱི་དགོངས་པ་རིམ་པ་ལྔ་པ་སྟན་ཐོག་གཅིག་ཏུ་བསྒོམ་ཚུལ་དང་། རྗེ་བཙུན་ནཱ་རོ་ཏ་པའི་ཕྱག་རྒྱ་ཆེན་པོའི་གདམས་ངག་ཆོས་དྲུག་

ཅེས་གྲགས་པ་དང་། བྱང་ཆུབ་སེམས་དཔའ་ཟླ་བ་རྒྱལ་མཚན་གྱི་དབུ་མ་ཆེན་པོ་དང་། སྡུག་བསྔལ་ཞི་བྱེད་ཀྱི་གདམས་ངག་རྣམས་དང་། རྫོགས་པ་ཆེན་པོ་དང་། ཕྱག་རྒྱ་ཆེན་པོའི་ཉམས་སུ་བླངས་ཚུལ་གྱི་བྱེ་བྲག་ཤིན་ཏུ་མང་པོ་དང་། ཕོ་བྱད་ལ་སོགས་པའི་གདམས་ངག་མཐའ་དག་དང་། དེ་ལས་གཞན་འཇིག་རྟེན་དང་འཇིག་རྟེན་ལས་འདས་པའི་ཕྲིན་ལས་དང་། དངོས་གྲུབ་བསྒྲུབ་པའི་ཐབས་ཇི་སྙེད་མངའ་བ་མཐའ་དག་དང་། བྱང་ཆུབ་ཀྱི་མཆོག་ཏུ་སེམས་བསྐྱེད་པ་ཇོ་བོ་རྗེའི་ལུགས་ཀྱི་ཕྱག་བཞེས་དང་བཅས་པ་ཐོབ་ཅིང་མངོན་དུ་མཛད་པ་ཡིན་ནོ། །ཡང་སྔར་སྨོས་པའི་བསོད་སྙོམས་པ་ཆེན་པོ་དེ་ཉིད་ཀྱི་ཞབས་ལ་མངོན་པར་མཆོད་པ། ཤར་ཕྱོགས་ཟླ་རིན་ཏུའི་པཎྜི་ཏ། རྟོག་གེ་བ་ཆེན་པོ་དྷ་ན་ཤྲཱི་ལ་ཞེས་བྱ་བ་ལས། སྒྲའི་བསྟན་བཅོས་ཨ་མ་ར་ཀོ་ཥའི་ལེའུ་དང་པོ་ཡན་ཆད་ཀྱི་འགྲེལ་པ་གསན། ཚད་མ་ལ་འབྲེལ་པ་བརྟག་པ་རྩ་འགྲེལ། རྩོད་པའི་རིགས་པ་འགྲེལ་པ་དང་བཅས་པ་སྣ་ཕྱི་གཉིས་གསན། ཚད་མ་རྣམ་པར་འགྲེལ་པའི་སྐབས་སྐབས་ནས་ཅུང་ཟད་གསན་ཅིང་གཏུགས་པ་ཙམ་བྱས། ཟླ་ན་ཤྲཱིའི་རབ་ཏུ་བྱེད་པ་ཕྲ་མོ་འགའ་གསན། སློབ་དཔོན་སྒྲ་ལས་རྒྱལ་བའི་བྱིས་པ་འཇུག་པའི་རབ་ཏུ་བྱེད་པ་དང་། ལྷན་ཅིག་དམིགས་ངེས་ཀྱི་རབ་ཏུ་བྱེད་པ་གསན། གཞན་ཆོས་ཕྲ་མོ་འགའ་ཙམ་བསྒྱུར་བ་ཡིན་ནོ་ཞེས་རྟོགས་སོ། །

གཉིས་པ་ནི། བདག་ཉིད་ཆེན་པོ་འདིས་ནི་སྐུ་ཚེ་དཔག་ཏུ་མེད་པའི་སྔོན་རོལ་དུ། མཁས་ཤིང་དངོས་གྲུབ་མཉེས་པའི་བླ་མ་དམ་པ་མང་དུ་བསྟེན་ནས། ཤེས་བྱ་ཀུན་ལ་ལེགས་པར་སྦྱངས་པས། སྐུ་ཚེ་འདིར་རང་གི་དང་གིས་འཇུག་པའི་མཁྱེན་རབ་ཕུལ་དུ་བྱུང་བ་དང་། སྐུ་ཚེ་འདིར་ཡང་མཁས་པ་དུ་མ་བསྟེན་ཅིང་ལེགས་པར་སྦྱངས་པ་དང་། ལྷག་པའི་ལྷ་ཡིས་རྗེས་སུ་བཟུང་བས་ཤེས་བྱ་ཀུན་ལ་ཐོགས་པ་མེད་པའི་མཁྱེན་པ་མངའ་ཞིང་། སྔར་སྨོས་པའི་ཆོས་ཀྱི་རྣམ་གྲངས་དེ་དག་ཀུང་ཐལ་ཆེར་ནི་ལན་རེ་དང་། ཤིན་ཏུ་དཀའ་བ་རྣམས་ཀྱང་བཟུང་སྟེ་གསན་པས་མཁྱེན་པ་ཡིན་ཏེ། ཉིད་ཀྱི་ཞལ་སྔ་ནས། སྐྱེ་བ་གཞན་དུ་སྦྱངས་པ་དང་། །མཁས་པ་དུ་མ་བསྟེན་པ་དང་། །རྣམ་པར་དཔྱོད་པའི་བློ་གྲོས་ཀྱིས། །ཤེས་བྱ་ཀུན་ལ་འཇིགས་མེད་ཐོབ། །ཞེས་པ་དང་། སྐྱེ་བ་སྐྱེ་བ་རྣམས་སུ་ཡང་དང་ཡང་། །མཁས་པ་མཁས་པ་རྣམས་ལ་སྔོན་སྦྱངས་པས། །ཚེ་འདིར་ལན་རེ་ཟུང་རེ་ཐོས་ཙམ་གྱིས། །གཞུང་ལུགས་ཀུན་ཤེས་ཀུན་དགའ་རྒྱལ་མཚན་དཔལ། །ཞེས་གསུངས་སོ། །

རང་གཞན་གྱི་དོན་རྒྱ་ཆེན་པོ་བསྒྲུབ་པའི་མཁས་པ་རྣམས་ཀྱིས་བསླབ་པའི་ཤེས་བྱ་དེ་ཡང་། ཐེག་པ་ཆེན་པོ་མདོ་སྡེ་རྒྱན་ལས། རིག་པའི་གནས་ལྔ་དག་ལ་བརྩོན་པར་མ་བྱས་པར། །འཕགས་མཆོག་གིས་ཀྱང་ཐམས་ཅད་མཁྱེན་ཉིད་མི་འགྱུར་ཏེ། །དེ་ལྟ་བས་ན་གཞན་དག་ཚར་བཅད་རྗེས་བཟུང་དང་། །བདག་ཉིད་ཀུན་

ཤེས་བྱ་ཕྱིར་དེ་ལ་དེ་བརྩོན་བྱེད། །ཞེས་འབྱུང་བ་ལྟར། རིག་པའི་གནས་རྣམ་པ་ལྔ་ཡིན་པ་ལས། དང་པོ་སྒྲ་རིག་པ་ལ་མཁས་པའི་ཚུལ་ནི། འདིར་སྒྲ་ནི། བརྡ་སྤྲོད་པར་བྱེད་པའི་བསྟན་བཅོས་ཡིན་ལ། དེའི་གཙུག་གི་ནོར་བུ་ལྟ་བུ་ཀཱ་ལ་པ་དང་ཙནྡྲ་པ་ཡན་ལག་གི་བསྟན་བཅོས་དང་བཅས་པ་ལེགས་པར་མཁྱེན་པས། ཚིག་གི་ཆ་གང་ལའང་ཐོགས་པ་མེད་པའི་མཁྱེན་པ་ཅན། སྒྲ་བའི་མཆོག་ཙནྡྲ་གོ་མི་དང་། རྒྱས་པ་དང་། གནས་འཇོག་དང་། གྲོག་མཁར་དང་ནོར་རྒྱས་ལ་སོགས་པ་ལྟ་བུ་ཡིན་ནོ། །

གཏན་ཚིགས་རིག་པ་ལ་མཁས་པའི་ཚུལ་ནི། དེའི་བསྟན་བཅོས་རིག་པའི་གཞུང་ལུགས་རྣམས་ཀྱི་གཙོ་བོ། ཚད་མའི་མདོ་ཀུན་ལས་བཏུས་པ་དང་། དེའི་ཚིག་དོན་གཏན་ལ་འབེབས་པ་རབ་ཏུ་བྱེད་པ་སྡེ་བདུན། ཡན་ལག་དང་བཅས་པ་ཕྱིན་ཅི་མ་ལོག་པ་མཁྱེན་པས་རང་གཞན་སྡེ་བའི་རྩོལ་བའི་གླང་པོ། སྐྱེས་ཐོབ་ཤེས་རབ་ཀྱི་ལུས་རགས་ཤིང་། ང་རྒྱལ་གྱི་སྟོབས་རྒྱས་ལ། ལུང་དང་རིགས་པ་ལྟར་སྣང་བའི་མཆེ་བ་རྣོན་པོས། བླུན་པོ་གྲུབ་པའི་མཐའ་རྣམ་པར་དཔྱོད་མི་ཤེས་པའི་དཔུང་གི་ཚོགས་ཞིལ་གྱིས་གནོན་པར་ནུས་པ་དག་ཀྱང་། ཕྱིན་ཅི་མ་ལོག་པའི་མཁྱེན་པའི་ལུས་སྟོབས་ཡོངས་སུ་རྫོགས་ཤིང་། བདེ་བར་གཤེགས་པའི་གསུང་རབ་རལ་པའི་ཁྲུར་གྱིས་རབ་ཏུ་བརྗིད་ཅིང་། རང་ལུགས་བསྒྲུབ་པ་དང་། གཞན་ལུགས་སུན་འབྱིན་པའི་མཆེ་སྡེར་རྣོན་པོས། གྲུབ་མཐའ་ངན་པའི་གླད་ཁྲག་མ་ལུས་པ་རྩ་བ་ནས་འདོན་ཞིང་། བདག་མེད་པ་དང་སྟོང་པ་ཉིད་ཀྱི་སྒྲ་ཆེན་སྒྲོག་པ་ལ་རྣམ་པ་ཀུན་ཏུ་བག་ཚ་བ་མེད་པ། རིགས་པའི་དབང་ཕྱུག་དཔལ་ཆོས་ཀྱི་གྲགས་པ་དང་། འཕགས་པ་ཀླུ་སྒྲུབ་ལ་སོགས་པ་ལྟ་བུ་ཡིན་ནོ། །

བཟོ་རིག་པ་ལ་མཁྱེན་པ་རྒྱས་པའི་ཚུལ་ནི། རི་མོ་དང་། སྐུ་གཟུགས་ཀྱི་མཚན་ཉིད་དང་། དེ་དག་གི་དགེ་ལེགས་ལ་སོགས་པའི་རྟག་པ་དང་། ས་བརྟག་པ་ལ་སོགས་པ་རྟག་པ་རྣམ་པ་བརྒྱད་དང་། རྩིས་ཀྱང་བཟོ་རིག་པའི་ཁོངས་སུ་མཁས་པ་རྣམས་ཀྱིས་བསྡུས་པས། དཔལ་དུས་ཀྱི་འཁོར་ལོ་ལས་བྱུང་བའི་ཨང་ཀ་དང་། དབྱི་བསྟན་དང་སྒོ་བསྒྱུར་ཏེ་ཡི་གེའི་ཡན་ལག་ལྔ་དང་། གཟའ་དང་། ཚེས་དང་། སྐར་མ་དང་། སྦྱོར་བ་དང་བྱེད་པ་སྟེ་རྩིས་ཀྱི་ཡན་ལག་ལྔ་དང་། གཟའ་ལྔ་སོ་སོའི་མྱུར་བ་དང་། བུལ་བ་དང་། དྲང་པོ་དང་། འཁྱོག་པོའི་རྐང་པ་བཅལ་བ་དང་། ཁྱིམ་དང་། ལོངས་སྤྱོད་དང་། དེ་དག་གི་དགེ་ལེགས་ཀྱི་རྩིས་དང་། དགྲ་གཅན་དང་། དུས་ཀྱི་མེ་དང་། དེ་དག་གིས་ཉི་ཟླ་འཛིན་པ་དང་། དུ་བ་མཇུག་རིངས་ཀྱི་འཆར་བ་དང་ནུབ་པ་ལ་སོགས་པ་ཕྱིའི་རྩིས་མཐའ་དག་དང་། ནང་གི་རྩ་དང་རླུང་དང་ཉི་མ་དང་ཟླ་བ་དང་གཟའ་དང་རྒྱུ་སྐར་དང་། དུས་སྦྱོར་དང་། དབུགས་དང་། ཆུ་སྲང་དང་། དབྱུ་གུ་དང་། འཕོ་བ་དང་། ཐུན་ཚོད་དང་། ཉིན་མཚན་དང་། ཉི་ཟླ

གཟུགས་འཛིན་དང་། དེ་དག་ལ་བརྟེན་ནས་ཡེ་ཤེས་འཆར་བ་དང་ཐུབ་པ་དང་། མངོན་པར་རྫོགས་པར་འཚང་རྒྱ་བའི་རྩེ་ས་མཐའ་དག་ལེགས་པར་མཁྱེན་པ་ཡིན་གྱི། དེང་སང་དུས་ཀྱི་དགེ་བའི་བཤེས་གཉེན་འགྲན་ཟླ་མེད་པར་གྲགས་པ་འགའ་ཞིག །རང་གི་སློབ་མས། བཟོ་རིག་པ་ལ་མཁས་པའི་བསླབ་བྱེད་དུ། གཞལ་ཡས་ཁང་དང་སྐུ་གཟུགས་ཀྱི་ཆག་ཚད་ཤེས་པ་ཙམ་བཀོད་ནས། དེ་ཉིད་ཀྱིས་ལག་ཏུ་བླང་བའི་རིམ་པ་ལ། གོས་ཀྱི་ཚེམ་བུ་རྣལ་མ་མི་ཤེས་ཀྱང་། རིག་པའི་གནས་ལྔ་ལ་མཁས་པར་བྱས་པ་ལྟ་བུ་ནི་མ་ཡིན་གྱི། བདག་ཉིད་ཆེན་པོ་འདིས་ནི། ལག་ཏུ་བླངས་པའི་རིམ་པ་རྣམས་ཀྱང་ལེགས་པར་མཁྱེན་པས། བླ་མ་རྗེ་བཙུན་ཆེན་པོའི་ནང་རྟེན། དབུ་རྩེ་སྙིང་མ་ན་བཞུགས་པའི། རྗེ་བཙུན་འཇམ་པའི་དབྱངས་ཀྱི་སྐུ་གཟུགས་ཀྱི་རུས་ཤིང་དང་སྦྲུ་བཟོ་ལ་སོགས་པ། ཆོས་རྗེ་ཉིད་ཀྱིས་མཛད་པ་འདི་ནི། དུས་ཕྱིས་འཛམ་བུའི་གླིང་ན། བཟོ་རིག་པ་ལ་མཁས་པ་རྣམས་བཀུག་ནས་བྱས་པའི་སྐུ་གཟུགས་དག་གིས་བརྒྱའི་ཆར་ཡང་ཉེ་བར་མི་འགྲོ་ཞིང་། རྩ་རྒྱུད་ནས་བཤད་པའི་བྲིས་སྐུའི་བཀོད་པ་དར་གྱི་ངོས་ལ་བྲིས་པ་དང་། དཔལ་བསམ་ཡས་ལྷུན་གྱིས་གྲུབ་པའི་གཙུག་ལག་ཁང་གི་འཁོར་སའི་ངོས་ལ། འཕགས་པ་འཇམ་དཔལ་གྱི་ཕྱག་མཚན་གྱི་རི་མོ་བྲིས་པ་དག་ཀྱང་། དེང་སང་གི་རི་མོ་བཤིན་ཏུ་མཁས་པ་དག་གིས་ཀྱང་བསྐྱུན་པར་མི་བཟོད་པ་ཡིན་ནོ། །

གསོ་བ་རིག་པ་མཁྱེན་པའི་ཚུལ་ནི། སྨར་སྦྱོས་པའི་སྨན་དཔྱད་དེ་དག་ལ་སོགས་པ་ལེགས་པར་མཁྱེན་པས། ཉིན་རེ་དཔྱད་པ་དང་། དུས་སུ་དཔྱད་པ་ལ་སོགས་པའི་ཚིག་དང་། ནད་ཀྱི་མཚན་ཉིད་དང་། དེ་མཐོང་བ་དང་དྲིས་པ་དང་རེག་པས་བརྟག་པར་བྱེད་པའི་ཐབས་དང་། དེ་གསོ་བ་ལ་ཞི་བྱེད། སྦྱོང་བྱེད་ཀྱི་སྨན་དང་། དཔྱད་ཀྱི་བྱེ་བྲག་རྣམས་དང་། ནད་ཀྲུང་པ་དང་ལྡན་པ་དང་འདུ་བའི་མཚན་ཉིད་རྣམས་དང་། ཀྲུང་པ་འཕེལ། རབ་མཆོག་ཏུ་འཕེལ། སོ་སོར་ཟད། རབ་ཏུ་ཟད། རབ་མཆོག་ཏུ་ཟད་པ་ལ་སོགས་པའི་དབྱེ་བས་འཕེལ་ཟད་ཀྱི་འགྲོས་དང་། སྟོད་སྨད་དུ་བྲང་ཞིང་གདོན་པ་ལ་སོགས་པ་ལས་རྣམ་པ་ལྔའི་འཇུག་སྒོ་དང་། དང་པོ་མི་འབྱུང་བར་བྱ་བ། བྱུང་བ་ཕྱིར་བཅོས་པ། བཅོས་ནས་སླར་ཕྱིར་མི་ལྡོག་པའི་ཐབས་སྟོན་པར་བྱེད་པའི་གཞུང་། ལག་ཏུ་བླངས་པའི་རིམ་པ་དང་བཅས་པ་ལེགས་པར་བསྟན་ནས། འབྱུང་བ་འཁྲུགས་པའི་མཚན་ཉིད་ཅན་གྱི་ནད་ཞི་བར་བྱེད་པ་ལ་སྨན་པའི་རྒྱལ་པོ་འཚོ་བྱེད་གཞོན་ནུས་གསོས་པ་ལྟ་བུ་ཡིན་ནོ། །

ནང་རིག་པ་ལ་མཁྱེན་པ་རྒྱས་པའི་ཚུལ་ནི། བདེ་བར་གཤེགས་པའི་གསུང་རབ། སྡེ་སྣོད་རིན་པོ་ཆེ་དང་། རྒྱུད་སྡེ་བཞིས་བསྡུས་པ་སྨར་སྦྱོས་པ་དེ་དག་དང་། དེ་དག་གི་ཉམས་སུ་བླང་བའི་རིམ་པ། སྨིན་པར་བྱེད་པ་དབང་གི་རིམ་པ་དང་། གྲོལ་བར་བྱེད་པ་ལམ་གྱི་སྒོ་ནས། ཧིང་ངེ་འཛིན་གྱི་མཚན་ཉིད་དང་། དེ་མ་

སྨིན་པ་སྐྱེད་པར་བྱེད་པའི་ཐབས་དང་། སྨིན་པ་བོགས་དབྱུང་བ་དང་། ལམ་གྱི་གེགས་སེལ་དང་། ཏིང་ངེ་འཛིན་གྱི་དྲོད་རྟགས་དང་། ཡེ་ཤེས་སྐྱེ་བའི་རིམ་པ་དང་། འཇིག་རྟེན་དང་འཇིག་རྟེན་ལས་འདས་པའི་ས་དང་ལམ་གྱི་བགྲོད་ཚུལ། རྟེན་ཅིང་འབྲེལ་བར་འབྱུང་བ་ཕྱིན་ཅི་མ་ལོག་པར་སྟོན་པར་བྱེད་པ། རྩ་བ་རྡོ་རྗེའི་ཚིག་འབྲས་བུ་དང་བཅས་པའི་གདམས་ངག་གི་གནད། ཚེ་འདི་ཉིད་ལ་རྡོ་རྗེ་འཆང་ཆེན་པོ་ཐོབ་པར་བྱེད་པའི་ཐབས་ལེགས་པར་ཤེས་པས། བཙོན་འགྲུས་ཅན་ལུས་འདི་ཉིད་མ་སྤང་བར་ཕྱག་རྒྱ་ཆེན་པོ་མཆོག་གི་དངོས་གྲུབ་ཀྱི་ལམ་དུ་དགྲི་བར་នུས་པ་དང་། གཞན་ཡང་རྒྱ་གར་གྱི་གྲུབ་པ་ཐོབ་པའི་རྣལ་འབྱོར་གྱི་དབང་ཕྱུག་རྣམས་ལ་གྲགས་པའི་གདམས་ངག་ཕལ་ཆེ་བ་རྣམས་དང་། བོད་བགྲེས་པོ་རྣམས་ལ་གྲགས་པའི་གདམས་ངག་སྤྱར་སློས་པ་ཐམས་ཅད་ཀྱང་གསན་ཅིང་མཁྱེན་པས། དེ་དག་གི་རིམ་གྱིས་པ་དང་ཅིག་ཅར་བར་གྲགས་པའི་འཇུག་ཚུལ་ཐམས་ཅད་དང་། དེ་དག་གི་ནོར་བ་དང་མ་ནོར་བའི་གནད་རྣམས་དང་། དེ་དག་གི་དམིགས་པ་འགའ་ཞིག་གིས་ནི། ཞི་གནས་ཙམ་སྐྱེ་ནུས། ལ་ལས་ནི་ནད་ཕྲ་མོ་ཙམ་སེལ་ནུས། ལ་ལས་ནི་མི་མ་ཡིན་པའི་འཇིགས་པ་ཙམ་ལས་སྐྱོབས་ནུས། ལ་ལས་ནི་ཕན་སེམས་ཙམ་བསྐྱེད་ནུས། ལ་ལས་ནི་སྤྲོས་བྲལ་རྟོགས་པ་ཕྱོགས་རེ་ཙམ་བསྐྱེད་ནུས། ལ་ལས་ནི་གཟུགས་དང་གཟུགས་མེད་པའི་ཁམས་སུ་འཕེན་པ་ཙམ་ནུས། ལ་ལས་ནི་ཉན་ཐོས་དང་རང་སངས་རྒྱས་ཙམ་གྱི་ལམ་ལ་འཇུག་ནུས། ལ་ལས་ནི་བསྐལ་པ་གྲངས་མེད་པ་གསུམ་ཕན་ཆད་དུ་རིམ་གྱིས་འཚང་རྒྱ་བའི་རྟེན་འབྲེལ་ཙམ་བྱེད་ནུས། ལ་ལས་ནི་འཇིག་རྟེན་པའི་གྲུབ་ཆེན་བརྒྱད་ཙམ་བསྒྲུབ་ནུས། ལ་ལས་འཇིག་རྟེན་ལས་འདས་པའི་གྲུབ་པ་ཐོབ་པ་མཐོང་བའི་ལམ་གྱི་ཡེ་ཤེས་ཡན་ཆད་བསྐྱེད་ནས། ཚེ་འདི་ཉིད་ལ་རྡོ་རྗེ་འཆང་ཆེན་པོའི་གོ་འཕང་ཐོབ་པར་བྱེད་པའི་ནུས་པ་ཡོད།

དེ་དག་ཕྱིན་ཅི་མ་ལོག་པར་མཁྱེན་ཅིང་། ཐུགས་ཉམས་སུ་བཞེས་པས་མངོན་པར་ཤེས་པ་ལ་སོགས་པ་ཐུན་མོང་གི་དངོས་གྲུབ་དང་། དབང་བཞི་པའི་དོན་གྱི་རྟོགས་པ་ལ་སོགས་པ། ཐུན་མོང་མ་ཡིན་པའི་གྲུབ་པ་དག་ཀྱང་མཉེས་པ་ཡིན་ཏེ། དེ་ཡང་བདག་ཉིད་ཆེན་པོ་འདིས། དཔལ་བསམ་ཡས་ཀྱི་གཙུག་ལག་ཁང་ཆེན་པོའི་འཁོར་སའི་ངོས་ལ། འཕགས་པ་འཇམ་དཔལ་གྱི་ཕྱག་མཚན་གྱི་རི་མོ་བགོད་ཅིང་། དབུས་དང་ཕྱོགས་བཞིར་ཚིགས་སུ་བཅད་པ་མཛད་དེ། འདི་ནི་གཙུག་ལག་ཁང་འདི་ལ་ཕན་པའི་རྟེན་འབྲེལ་གཅིག་ཡོད་པས། དཔལ་ལྡན་ས་སྐྱ་པས་བྲིས་པ་ཡིན། ཅུང་ཟད་རི་མོ་མ་མཛེས་ཀྱང་མཚན་མོ་བྲིས་པ་དང་། པིར་ལ་སོགས་པ་མ་འཛོམ་པས་ལན་པ་ལགས། འོན་ཀྱང་བཀྲ་ཤིས་པའི་རྟེན་འབྲེལ་ཅིག་ཡོད་པས། སུས་ཀྱང་མི་བསུབ་པར་ཞུ་ཞེས་གསུངས་པ་འདི་ནི། དེ་ནས་རིང་པོར་མ་ལོན་པར་བོད་ཀྱི་རྒྱལ་ཁམས་སུ། ཧོར་གྱི་ཁྲིམས་བྱུང་ཞིང་།

དེའི་ཚེ་བསམ་ཡས་ཀྱི་བཙན་པོ་རྣམས་ཀྱིས། འཕགས་པ་འཇམ་དཔལ་གྱི་ཕྱག་མཚན་རི་མོ་ཆོགས་བཅད་དང་བཅས་པ། གོང་མ་ཡོན་མཆོད་ཆེན་པོ་ལ་གཟིགས་སུ་ཕུལ་ནས་ཞུས་པས། མི་སྡེ་མང་པོ་དམག་ཁྲལ་ལས་གསུམ་གྱི་ཁྱུལ་ནས་བཏོན་ནས། གཙུག་ལག་ཁང་གི་ཞིག་གསོས་ལ་དེང་སང་གི་བར་དུ་ཡང་ཕན་པ་དང་། གཞན་ཡང་མ་ཅིག་མཁའ་འགྲོ་འབུམ་གྱིས་གཙུག་ལག་ཁང་འདི་ཆོས་ཀྱི་རྗེའི་ཞལ་སྔ་ནས། བདག་མཛད་པར་དགོངས་ནས། ཞིག་གསོས་རྒྱ་ཆེན་པོ་མཛད་པ་དང་། བདག་ཅག་རྣམས་ཀྱི་འདྲེན་པ་དམ་པར་གྱུར་པ། ཁམས་གསུམ་ཆོས་ཀྱི་རྒྱལ་པོ་སངས་རྒྱས་བཅོམ་ལྡན་འདས་ཀྱི་རྒྱལ་ཚབ་དམ་པར་གྱུར་པ། མཚུངས་པ་མེད་པའི་ཆོས་ཀྱི་རྗེ་བསོད་ནམས་རྒྱལ་མཚན་དཔལ་བཟང་པོའི་ཞལ་སྔ་ནས་ཀྱང་། གཙུག་ལག་ཁང་ལ་ཕན་པའི་རྟེན་འབྲེལ་ཅིག་ཡོད་གསུངས་པ་ལ་དགོངས་ནས་ཞིག་གསོས་ཁྱད་པར་ཅན་གྱིས། སྟོན་རྒྱལ་བློན་གྱིས་བཞེངས་པའི་དུས་ཀྱི་གཙུག་ལག་ཁང་ལྟ་བུར་མཛད་པས། གངས་ཅན་གྱི་ཁྲོད་འདིར་དེང་སང་གི་བར་དུ་ཡང་ཕན་བདེའི་རྒྱུན་མ་ཉམས་པར་གནས་པ་འདི་ཡང་དེའི་མཐུ་སྟེ། དེས་ན་འདི་བདག་ཉིད་ཆེན་པོ་འདིས་དུས་ཕྱིས་ཧོར་གྱིས་རྒྱལ་ཁམས་ལ་དབང་བྱེད་པ་དང་། གཙུག་ལག་ཁང་འདི་ཡང་ཇི་སྲིད་གནས་ཀྱི་བར་དུ་གངས་ཅན་གྱི་ལྗོངས་འདིར། བསྟན་པ་རིན་པོ་ཆེའི་རྒྱུན་གནས་པར་འགྱུར་བས། གཞན་ལ་ཕན་པའི་བརྟུལ་ཞུགས་ཀྱི་ཁུར་ཁྱེར་བ་རྣམས་ཀྱིས། འདི་ལ་གཅེས་སྤྲས་སུ་བྱ་བར་གཟིགས་ཤིང་། ཉིད་ཀྱི་གདུང་བརྒྱུད་རྣམས་ཀྱིས་ཧོར་གྱི་ཁ་ལོ་བསྒྱུར་བར་ཡང་དགོངས་པ་སྟེ། གཙུག་ལག་ཁང་འདི་ཡང་རང་ཉིད་ཀྱི་ཐུགས་ཀྱི་རྗེས་སུ་བཟུང་བར་ཡང་བསྟན་པའི་ཕྱིར་མཛད་པར་གདོན་མི་ཟའོ། །

གཞན་དུ་ན། དེ་ལ་རྒྱུ་མཚན་དང་དགོངས་པ་ཅི་ཞིག་ཡོད། རྒྱུ་མཚན་དང་དགོངས་པ་མེད་པའི་ཕྱིན་ལས་ཀྱང་། བདག་ཉིད་ཆེན་པོ་འདི་ལྟ་བུ་ག་ལ་མཛད། གཞན་ཡང་བྱང་ངོས་སུ་ཕེབས་ནས་གདུལ་བྱའི་དོན་དུ་ཞིང་གཞན་དུ་འབྱོན་པར་བཞེད་དེ། ལྕགས་ཕོ་ཁྱིའི་ལོ་སྟོན་ཟླ་ཐ་ཆུང་གི་དུས་སུ། ད་ནི་ལྕགས་མོ་ཕག་ལ་ཞིང་གཞན་དུ་འགྲོ་ཞེས་ལུང་བསྟན་པ་དེ་ཁོ་ན་བཞིན་དུ་གྱུར་པ་ལ་སོགས་མངོན་པར་མཁྱེན་པ་རྒྱ་ཆེན་པོས་གཞན་གྱི་དོན་མཛད་པ་ཡིན་ནོ། །

གཞན་ཡང་དབང་བཞི་པའི་དོན་ལ་རྟོགས་པ་ཁྱད་པར་ཅན་མཉེས་ནས། རྗེ་བླ་མ་འཕགས་པ་འཇམ་དཔལ་ཡིན་པར་ངེས་ཤེས་ཁྱད་པར་ཅན་འཁྲུངས་པ་ཡིན་ཏེ། ཉིད་ཀྱིས། སངས་རྒྱས་ཀུན་གྱི་ཡེ་ཤེས་སྐུ། །གཅིག་ཏུ་བསྡུས་པ་འཇམ་པའི་དབྱངས། །ཞེས་སོགས་ཀྱི་མཇུག་ཏུ། སངས་རྒྱས་ཀུན་གྱི་སྤྲུལ་པའི་སྐུ། །འཇམ་པའི་དབྱངས་ཀྱི་ངོ་བོ་ཉིད། །སོ་སོ་སྐྱེ་བོའི་སྐུར་བསྟན་པ། །བདག་གིས་ལེགས་པར་ཤེས་བཞིན་དུ། །དེ་

ལྷ་ནའང་བདག་སྨོངས་པས། །མཐོང་ཡང་རྣམ་པ་ཐམས་ཅད་དུ། །མ་མཐོང་པ་དང་འདྲ་བར་གྱུར། །ལས་ཀྱི་བག་ཆགས་ཤེན་ཏུ་ཕྲ། །ཁྱེད་ཀྱིས་བདག་ལ་དབང་བསྐུར་བ། །དེ་དོན་ལེགས་པར་བརྡ་འཕྲོད་པ། །དེ་ཆེ་སོམ་ཉི་མེད་པར་གྱུར། །གསུང་མཆོག་ཁྱོད་ལ་སྤྱི་བོས་ཕྱག་འཚལ། །ཞེས་གསུངས་པའི་ཕྱིར་རོ། །འདིར་བློན་པོ་འགའ་ཞིག །རང་ཉིད་ཀྱིས་དེ་ལྟར་གསུངས་པ་བསླུབ་བྱེད་དུ་མི་རུང་ངེ། རྙེད་པ་དང་བཀུར་བསྟིའི་དོན་དུ་རང་ལ་ཡོད་ཏན་མེད་ཀྱང་སྒྲོ་འདོགས་པའི་ཕྱིར་རོ་སྙམ་དུ་སེམས་མོད་ཀྱི། བདག་ཉིད་ཆེན་པོ་འདི་ནི་རྙེད་བཀུར་ལ་སོགས་པ་ལ་ཆགས་པ་དང་། ཡོན་ཏན་དང་སྐྱོན་གྱི་རྣམ་དབྱེ་མི་ཤེས་པ་དང་། གཞན་ཟིལ་གྱིས་མནན་པ་ལ་སོགས་རྒྱུ་མཚན་གང་གི་ཕྱིར་ཡང་། རང་ལ་ཡོན་ཏན་སྒྲོ་འདོགས་པར་མི་མཛད་དེ། མི་མཁྱེན་པ་མངའ་ན། གཞུང་ལུགས་ཆེན་པོ་འདི་ལྟ་བུ་རྩོམ་པར་ག་ལ་ནུས། རྒྱུ་མཚན་གཞན་གཉིས་ཀྱི་སྒྲོ་འདོགས་ན། མི་ཆོས་བླ་མའི་རྫུན་གསུངས་པར་འགྱུར་ལ། དེ་ལྟར་ན་ནི་དགེ་སློང་དུའང་མི་རུང་ལ། དེ་ལྟ་བུའི་འཁྲུལ་པ་ནི། བདག་ཉིད་ཆེན་པོ་འདི་ལ་མནལ་ལམ་དུ་ཡང་མི་སྲིད་དོ། །

གཞན་ཡང་སྒྲ་དང་བཟོ་རིག་པའི་ཁོངས་སུ་འདུ་ཡང་། མཁས་པ་རྣམས་ཀྱི་རིག་པའི་གནས་ཆུང་དུ་བཞི་ཞེས་ཐ་སྙད་བཏགས་པའི་སྡེབ་སྦྱོར་ཤེས་ན་མཚོན་བྱེད་ལ་མི་རྨོངས། མཚན་ཉིད་ཤེས་ན་སྙན་ངག་ལ་མི་རྨོངས། མངོན་བརྗོད་ཤེས་ན་མིང་ལ་མི་རྨོངས། ཟློས་གར་ཤེས་ན་སྐད་ལ་མི་རྨོངས། ཞེས་པ་རྣམས་ལ་མཁྱེན་པ་རྒྱས་པའི་ཚུལ་ཅུང་ཟད་བརྗོད་ན། སྡེབ་སྦྱོར་ནི་ཡི་གེ་དང་ཚིག་སྡེབ་པའི་སྦྱོར་བའོ། །དེ་ལ་ཚིགས་སུ་བཅད་པ་ལ་གཉིས་ཏེ། རྒྱུད་འཕེལ་དང་བསྐྱེད་པའོ། །དང་པོ་ལའང་མཉམ་པ་དང་ཕྱེད་མཉམ་དང་། མི་མཉམ་པ་དང་གསུམ་ལས། དེ་དག་སོ་སོའི་རྣམ་པར་བཞག་པ་ཡང་སྤྱིའི་མཚན་ཉིད་དང་། བྱེ་བྲག་གི་མཚན་ཉིད་གཉིས་ཡོད་པ་ལས། དང་པོ་ལ་དབྱངས་སྒྲོགས་དང་། རབ་དགའ་དང་། རྗེས་སུ་མཐུགས་པ་ལ་སོགས་པ་དང་། སོ་སོའི་དབྱེ་བ་ཡང་དབུས་ཕྲ་དང་། གཞོན་ནུ་རོལ་པ་དང་། ཝང་བཀྲ་དང་ཤེལ་གདོང་དང་། རྨ་བྱའི་འགྲོས་དང་། དབང་པོ་རྡོ་རྗེ་དང་། ཉེ་དབང་རྡོ་རྗེ་དང་། ཉེ་བསྐྱེད་རྡོ་བོ་ས་ལེན་ནི་ལ་སོགས་པ་དང་། དེ་བཞིན་དུ་རྟག་རྣམ་པར་བརྟེན་པ་དང་། སེང་གེ་རྣམ་པར་བསྒྲིངས་པ་དང་། མེ་ཏོག་ཕྲེང་འཛིན་ལ་སོགས་པའོ། །གཉིས་པ་བསྐྱེད་པ་ལ་དབྱེ་ན། འཕགས་པ་དང་། རོ་ལངས་ཅན་དང་། ཕྱི་མོ་མཉམ་པ་སྟེ་གསུམ་མོ། །དེ་དག་སོ་སོའི་རྣམ་པར་བཞག་པ་ཡང་ཕན་བྱེད་དང་། ཕངས་པ་དང་། འཕགས་པའི་དབྱངས་ལ་སོགས་པ་ཕྱི་མོ་འབྲངས་པའི་སྦྱོར་བ་རྣམས་ཡིན་ནོ། །

དེ་དག་གི་ཡི་གེ་སྦྱོར་བ་རིང་བ་དང་། ཐུང་བ་དང་། འཐུག་པ་དང་། སྲབ་པ་དང་། བརྒྱང་པ་དང་།

བརྟེགས་པ་རྣམས་ལ་ལྟི་ཡང་དང་། ངལ་གསོ་བའི་གནས་ཀྱི་ཆེ་བའི་སྡེབ་སྦྱོར་ཏེ། དེ་ལྟ་བུ་སྟོན་པའི་གཞུང་། སྡེབ་སྦྱོར་རིན་ཆེན་འབྱུང་ལྡན་ལ་སོགས་སྔར་སྨོས་པའི་གཞུང་རྣམས་ལེགས་པར་མཁྱེན་ཞིང་། ཚིག་རྒྱན་ལ་མཁས་པ་ཡང་སྙན་ངག་གི་མཚན་ཉིད་སྟོན་པར་བྱེད་པ་རྒྱན་གྱི་བསྟན་བཅོས་དང་། དེའི་མཚན་ཉིད་དང་མི་འགལ་བར་སྟོན་པར་བྱེད་པ་སྙན་ངག་གི་གཞུང་གཉིས་ལས། དང་པོ་ལའང་ཡི་གེ་དང་མིང་དང་། ཚིག་དང་། ངག་དང་། རབ་ཏུ་བྱེད་པ་དང་། དེ་དག་གི་དོན་དང་། དཔེ་དང་། དཔེ་དང་དོན་གྱི་རྒྱན། རྒྱན་གྱི་སྐྱོན་དང་ཡོན་ཏན་དང་། སྒེག་པ་དཔའ་བ་མི་སྡུག་པ་དང་། རྒོད་པ་ལ་སོགས་པ་ཉམས་དགུའི་མཚན་ཉིད་དང་། དེ་དག་གི་དབྱེ་བསྡུ་དང་། དེ་བརྗོད་བྱའི་དོན་ལ་སྦྱོར་བ་དང་། དེ་དག་གི་བརྒལ་ལན་དང་། རྩོད་སྤོང་གི་སྒོ་ནས་གཞུང་ལུགས་དང་། མི་འགལ་བའི་རིག་པ་དང་། སྙན་ངག་སྤྱི་རབས་པའི་ལུང་དང་སྦྱར་བ། སྙན་ངག་གི་མེ་ལོང་དང་། དབྱངས་ཅན་གྱི་མགུལ་རྒྱན་སྟོང་ཕྲག་བརྒྱད་པའི་གཞུང་ལས་ཇི་ལྟར་འབྱུང་བའི་གནད་རྣམས་མཁྱེན་པ་དང་། གཉིས་པ་དེས་བསྒྲུབ་པའི་སྙན་ངག་དངོས་ལ་ཡང་། སྐྱེས་རབས་ལ་རྒྱུད་སྦྱར་བ་དང་། ཀློས་གར་ལ་གཞི་སྦྱར་བ་གཉིས་ལས། དང་པོའི་བསྟན་བཅོས་མཁས་པ་རྣམས་ལས་ལེགས་པར་གྲགས་པ། ཐོས་པ་ཙམ་གྱིས་དབྱངས་ཅན་གྱི་ངག་འཇུག་པ་སྣང་བའི་ཉི་མ་ལ་སོགས་པ་ཆེན་པོ་གསུམ་དང་། གཞོན་ནུ་འབྱུང་བ་ལ་སོགས་པ་ཆུང་ངུ་གསུམ་དང་། སྐྱེས་པ་རབས་ཀྱི་ཕྲེང་བ་སྙན་ངག་གི་གཙུག་ལག་ལྟར་འཆད་པ་ལ་མཁས་པ་ཡིན་ནོ། །མངོན་བརྗོད་ལ་ཡང་། མཁས་པ་རྣམས་ལ་གྲགས་པའི་མིང་གི་རྣམ་གྲངས། བརྡ་སྤྲོད་པ་རྣམས་ཀྱིས་སྦྲས་ལེགས་པར་བསྒྲུབས་པ། འཆི་མེད་མཛོད་དང་། སྣ་ཚོགས་གསལ་བ་ལ་སོགས་པ་ལས་ཇི་ལྟར་འབྱུང་བའི་སངས་རྒྱས་དང་། བྱང་ཆུབ་སེམས་དཔའ་དང་། ཉན་ཐོས་དང་རང་སངས་རྒྱས་ལ་སོགས་པའི་མཚན་གྱི་རྣམ་གྲངས་དང་། ལྷ་དང་། ཀླུ་དང་། གནོད་སྦྱིན་དང་། དྲི་ཟ་དང་། ལྷ་མ་ཡིན་དང་། ནམ་མཁའ་ལྡིང་དང་། མིའམ་ཅི་དང་། ལྟོ་འཕྱེ་ཆེན་པོ་དང་། རིག་པ་འཛིན་པ་དང་། དྲང་སྲོང་དང་། ཕྱོགས་ཀྱི་གླང་པོ་བརྒྱད་དང་། ཕྱོགས་སྐྱོང་བ་བཅུ་དང་། གཟའ་དང་། རྒྱུ་སྐར་དང་། སྤྲིན་ལ་སོགས་པའི་མིང་དང་། འབྱུང་བ་བཞི་དང་། རིན་པོ་ཆེ་སྣ་ཚོགས་དང་། ལྗོན་པ་དང་། མེ་ཏོག་དང་། འབྲས་བུ་དང་། སྨན་ཐམས་ཅད་ཀྱི་མིང་དང་། སྐད་ཅིག་ཡུད་ཙམ་ཐང་གཅིག །ཐུན་དང་། ཐུན་བཞི་དང་། ཞག་དང་། དེ་དག་གིས་བསྒྲུབས་པ། མིག་འཛུམ་པ་དང་། ཆུ་སྲང་དང་། དབུགས་དང་། དབྱུ་གུ་དང་། འཕོ་བ། ཟླ་ཕྱེད། ཟླ་བ། ལོ། རྫོགས་ལྡན་དང་། གསུམ་ལྡན། གཉིས་ལྡན། རྩོད་དུས། བར་བསྐལ། བསྐལ་པ་ཆེན་པོ་ལ་སོགས་པའི་སྤྱི་དང་བྱེ་བྲག་གི་མིང་དང་། རྒྱལ་པོ་དང་། བློན་པོ་དང་། སྐྱེས་པ་དང་བུད་མེད་དང་། ཁྱེའུ་དང་། བུ་མོ་དང་། མ་ནིང་དང་། ཁྱིམ་དང་། དམག་དང་།

དཔུང་དང་། དཔུང་བུ་ཆུང་དང་། དཔུང་ཚོགས་དང་། མཚོན་ཆ་དང་། གོ་ཆ་དང་། འཐབ་གདུམ་ལ་སོགས་པའི་མིང་དང་། གླང་པོ་དང་། རྟ་དང་། རྟ་མོང་དང་། བོང་བུ། ར་དང་། ལུག་དང་། མ་ཧེ་དང་། བ་གླང་དང་། སེང་གེ་དང་། སྟག་དང་། དོམ་དང་། དྲེད་དང་། བསེ་ཁ་སྒོ་དང་། ཤ་བཀྲ་ལ་སོགས་པ་རི་དྭགས་ཀྱི་ཚོགས་དང་། རྨ་བྱ་ལ་སོགས་པ་བྱའི་ཚོགས་དང་། སྦྲང་བུ་དང་། བུང་བ་དང་། ཕྱེ་མ་ལེབ་དང་། སྲིན་བུའི་རིགས་སྣ་ཚོགས་པ་དང་། རོ་ཧི་ཏ་དང་། མད་ཀུ་ར་དང་། ཏི་མི་དང་། ཉ་མིད་དང་། ཆུ་སྲིན་དང་། མ་ཀ་ར་དང་། ཁྲིས་པ་གསོད་དང་། འཛིན་ཁྲི་དང་། ན་ཀྲ་ལ་སོགས་པ་ཆུ་ལ་སྤྱོད་པ་རྣམ་པ་སྣ་ཚོགས་པ་དང་། ཡི་དྭགས་དང་། དམྱལ་བ་ལ་སོགས་པའི་བར་འཁོར་བ་དང་མྱ་ངན་ལས་འདས་པས་བསྡུས་པ། ཕོ་དང་། མོ་དང་། མ་ནིང་དང་། རྟགས་གསུམ་པའི་རྟགས་ཀྱིས་ཕྱེ་བ། ཁམས་གསུམ་གྱི་ལུས་དང་ལོངས་སྤྱོད་དང་། ཀུན་ཏུ་སྤྱོད་པ་མཁས་པ་རྣམས་ལ་ཉེ་བར་མཁོ་བའི་མིང་གི་རྣམ་གྲངས། སྔན་ཅིང་མཛེས་པས་བརྡ་འཕྲོད་པ་བླུན་པོ་རྣམས་ཀྱི་སྤྱོད་ཡུལ་མ་ཡིན་པ། སོ་སོར་ཡང་དག་པར་རིག་པ་བཞིའི་རྒྱུར་གྱུར་པའི་མིང་གི་རྣམ་གྲངས་རྣམས་ཕྱིན་ཅི་མ་ལོག་པར་མཁྱེན་པ་ཡིན་ནོ། །

སྙན་ངག་གི་བསྟན་བཅོས་ལ་མཁས་པ་ནི། སྙན་ངག་གི་བསྟན་བཅོས་ཀླ་ར་ཏ་ལས་ཇི་ལྟར་འབྱུང་བའི་མདོ་འཛིན་པ་དང་། ཆས་སུ་གཞུག་པ་དང་། བཤད་གད་མཁན་དང་། དེ་དག་གི་སིལ་སྙན་དང་། རྫ་རྔ་དང་། པ་ཊ་ཧ་དང་། མུ་ཀུ་ད་དང་། པི་ཝང་དང་། ཀ་ཙ་ཊི་དང་། ཕེག་རྡོབ་པ་དང་། ཀ་ན་བ་དང་། རྡ་རྡ་རི་ལ་སོགས་པ་དུ་མ་དང་། དེ་དག་གི་མཚན་ཉིད་རྣམས་དང་། ངག་གི་དོན་སྦྱོར་བ་དང་། ལུས་ཀྱི་རྣམ་འགྱུར་སྣ་ཚོགས་དང་། དབྱངས་ཀྱི་བྱེ་བྲག་ཐ་དད་པ། ལྷ་པའི་རྗེས་སུ་སྐྱེས་པ་དང་། དྲུག་གི་རྗེས་སུ་སྐྱེས་པ་དང་། དྲང་སྲོང་གི་རྗེས་སུ་སྐྱེས་པ་དང་། ཀླ་གསལ་གྱི་རྗེས་སུ་སྐྱེས་པ་ལ་སོགས་པའི་འདྲེན་པ་དང་། དགྲུས་གཅིག་སྦྱར་བ་དང་། དགྲུས་གཉིས་སྦྱར་བ་དང་། ཕྱེད་ཕྱེ་བ་ལ་སོགས་པའི་མཚན་ཉིད་རྣམས་བསྟན་བཅོས་དང་མཐུན་པར་མཁྱེན་ཏོ། །

དེ་ལྟ་བུའི་བསྟན་བཅོས་ཀྱི་སྙན་ངག་བྱ་བ། ཀླུ་རྣམས་རབ་ཏུ་དགའ་བར་བྱེད་པའི་བསྟན་བཅོས་དང་། གཟུགས་ཀྱི་སྐྱེ་མ་ལ་སོགས་པའི་བསྟན་བཅོས་ལ། རྗོད་བྱེད་དགྲུས་མ་ཕལ་ཆེ་བ་ནི་ལེགས་པར་སྦྱར་བ་སཾ་སྐྲི་ཏའི་སྐད། གླུ་བླངས་པ་དང་བུད་མེད་ཀྱི་བརྗོད་པ་ཕལ་ཆེ་བ་ནི་རང་བཞིན་གྱི་སྐད་པྲ་ཀྲི་ཏ། བྲན་ཕོ་དང་བྲན་མོ་དང་། བཞད་གད་མཁན་པོ་ལ་སོགས་པ་སྐབས་བཅལ་ཞིང་ཅོ་འདྲི་བ་དང་། གླེང་སློང་བ་ལ་སོགས་ཕལ་ཆེ་བ་ནི་ཨ་པ་བྷྲཾ་ཤ་ཟུར་ཆགས་པའི་སྐད། འབྱུང་པོ་དང་། གནོད་སྦྱིན་དང་། རོ་ལངས་ལ་སོགས་པ་དང་། མི་

དང་མི་མ་ཡིན་པ་འགའ་ཞིག་གི་སྐབས་སུ་བབ་པ་མགོ་སྙོམས་པ་དང་། ཡོངས་སུ་རྫོགས་པའི་ཚིག་ཕྲེ་བ་དང་རྒོད་བག་དང་། ཆགས་པ་དང་། རྟོག་འཚོག་དང་། མི་བཟོད་པ་དང་། གཞོགས་འཕྱས་ལ་སོགས་པའི་ངག་ཕལ་ཆེ་བ། པི་ཤ་ཙི་ཀ་ཞེས་བྱ་བ་ཤ་ཟའི་སྐད་ཀྱིས་བརྗོད་པ་སྟེ། མདོར་ན་སྐད་རིགས་བཞིའི་སྒོ་ནས་བློས་གར་གྱི་ཚོགས་གཅིག་བཤད་པས། མཁས་པ་ནས་བྱིས་པའི་བར་ཡིད་འཕྲོག་ཅིང་མགུ་བར་བྱེད་པ། བློས་གར་གྱི་བསྟན་བཅོས་ཐམས་ཅད་འཆད་པ་ལ་མཁས་པས་ན། རང་གཞན་གྱི་དོན་དུ་ཐམས་ཅད་མཁྱེན་པ་བསྒྲུབ་པ་ལ་ཉེ་བར་མཁོ་བའི་ཤེས་བྱ། རིག་པའི་གནས་ལྔ་པོ་ཐམས་ཅད་ལ་མཁྱེན་པ་རྒྱས་པས་ན། ཉིད་ཀྱིས་ཀྱང་། སྒྲ་པ་ང་ཡིན་རྟོག་གེ་པ་ང་སྨྲ་བ་ངན་འཇོམས་ང་འདྲ་མེད། །སྡེབ་སྦྱོར་ང་མཁས་སྙན་ངག་ཉིད་མཛོན་བརྗོད་འཆད་ལ་འགྲན་མེད་ང་། །དུས་སྦྱོར་ངས་ཤེས་ཕྱི་དང་ནང་ཀུན་རིག་རྣམ་དཔྱོད་བློ་གྲོས་མཚུངས་མེད་ང་། །དེ་འདྲ་གང་ཡིན་ས་སྐྱ་པ་དེ་མཁས་པ་གཞན་དག་གཟུགས་བརྙན་ཡིན། །ཞེས་པ་དང་། བསྟོད་པ་བྱེད་པས་ཀྱང་། མི་ནས་མིར་གྱུར་སྐྱེ་བ་ཉི་ཤུ་ལྟར། །འཛམ་པའི་དབྱངས་ཀྱིས་རྗེས་སུ་བཟུང་གྱུར་པས། །བཟོ་དང་གསོ་བ་སྒྲ་ཚད་ནང་དོན་རིག །མཚུངས་བྲལ་ཁྱོད་ལ་སྤྱི་བོས་ཕྱག་འཚལ་ལོ། །ཞེས་བཤད་དོ། །དེ་ལྟར་ན། བོད་ཀྱི་ཡུལ་འདིར་དགེ་བའི་བཤེས་གཉེན་ཇི་སྙེད་ཅིག་བྱོན་པ་རྣམས་ཀྱི་ནང་ནས་རིག་པའི་གནས་ལྔ་ཐམས་ཅད་ཡོངས་སུ་རྫོགས་པའི་པཎྜི་ཏ་ནི། བདག་ཅག་གི་འདྲེན་པ་འདི་ཁོ་ན་ཡིན་ནོ། །

བཞི་པ་བསྟན་པ་དང་སེམས་ཅན་གྱི་དོན་མཛད་པའི་ཚུལ་ལ་གཉིས་ཏེ། མཁས་པའི་བྱ་བ་གསུམ་གྱིས་བསྟན་པ་རྒྱས་པར་མཛད་པའི་ཚུལ་དང་། ཕྲིན་ལས་བཞིས་སེམས་ཅན་གྱི་དོན་མཛད་པའི་ཚུལ་ལོ། །དང་པོ་ལ་གསུམ་ལས། འཆད་པ་ལེགས་པར་བཤད་པའི་འོད་ཟེར་གྱིས་ཕན་བདེའི་པད་ཚལ་རྒྱས་པར་མཛད་པའི་ཚུལ་ནི། བདག་ཉིད་ཆེན་པོ་འདི་ སྟར་བཤད་པའི་ཚུལ་ལྟར། ཆོས་རྣམས་ཀྱི་རང་དང་སྤྱིའི་མཚན་ཉིད་ཕྱིན་ཅི་མ་ལོག་པར་མཁྱེན་པའི་དཀྱིལ་འཁོར། སྐུ་ཆེ་དཔག་ཏུ་མེད་པའི་སྟོན་རོལ་ནས། སྐྱེ་རྒྱུ་མ་རིག་པའི་ལིང་ཐོག་གིས། བློ་གྲོས་ཀྱི་མིག་ཉམས་ནས། བླང་དོར་འཚོལ་བའི་གོམ་སྟབས་འཁྱོར་བས། སྲིད་པའི་གཙོང་རོང་ཉམ་ང་བར་ལྷུང་སྟེ། མི་ཟད་པའི་སྡུག་བསྔལ་གྱི་ནད་ཀྱིས་གདུངས་པ་རྣམས་ལ། བུ་གཅིག་པ་ཆུ་ཀླུང་གིས་ཁྱེར་བའི་མ་ལྟར། བཟོད་གླགས་མེད་པའི་ཐུགས་རྗེ་ཆེན་པོ་དང་། དེ་ལྟ་བུའི་སྡུག་བསྔལ་ལས་ཐར་བའི་ཐབས་ཀྱང་། ཆོས་རྣམས་ཀྱི་དེ་ཁོ་ན་ཉིད་ཕྱིན་ཅི་མ་ལོག་པར་སྟོན་པ་ཡིན་ཞིང་། བདག་ཉིད་ཀྱང་དེ་ལྟ་བུ་སྟོན་པའི། སྟོན་པར་འགྱུར་བའི་སྨོན་ལམ་རྒྱ་མཚོའི་རྣལ་དང་མཚུངས་པ། ལེགས་པར་གྲུབ་པའི་རླུང་གི་གཞོན་པས་ཤེས་བྱའི་ནམ་མཁའ་ལ་ལེགས་པར་དྲངས་ཏེ། ལེགས་པར་བཤད་པའི་འོད་ཟེར་མཐའ་ཡས་པ་ཕྱོགས་བཅུར་སྤྲོས་ཏེ།

གདུལ་བྱ་རྣམས་ཀྱི་མི་ཤེས་པའི་མུན་པ་དྲུངས་ནས་ཕྱུངས་ཤིང་། ཕན་པ་དང་བདེ་བའི་པད་ཚལ་ཕྱོགས་བཅུར་རྒྱས་པར་མཛད་པས་ན། ལེགས་པར་བཤད་པ་རིན་པོ་ཆེའི་ཚོགས་ཀྱི་འབྱུང་གནས་སུ་གྱུར་པ་ཡིན་ཏེ། དེ་ཡང་རིག་པའི་གནས་དེ་དག་སློབ་མའི་ཚོགས་ལ་རང་རང་གི་སྐལ་བ་དང་འཚམ་པར་སྟོན་པ་ལ་ནམ་ཡང་གཡེལ་བ་མི་མངའ་ཞིང་། ཁྱད་པར་དུ་འཁོར་བའི་སྡུག་བསྔལ་གྱི་རྩ་བ་ནི། བདག་ཏུ་མངོན་པར་ཞེན་པ་ཡིན་ཞིང་། དེའི་གཉེན་པོའང་བདག་མེད་རྟོགས་པའི་ཤེས་རབ་ཡིན་ཞིང་། དེ་ཡང་རིག་པའི་གཞུང་ལུགས་ཤེས་པ་སྔོན་དུ་འགྲོ་བ་ཡིན་པས། རིགས་པའི་གཙོ་བོའང་མཐའ་བྲལ་དབུ་མའི་གཞུང་ལས་འབྱུང་ཞིང་། དེ་རྟོགས་པའང་རྗེ་བཙུན་རྣམ་འགྲེལ་མཛད་པའི་གཞུང་ལ་རག་ལས་པར་དགོངས་ནས། དེའི་གཞུང་གི་གཙོ་བོ་རྒྱས་པའི་བསྟན་བཅོས་ཚད་མ་རྣམ་འགྲེལ་གྱི་བཤད་པ། བདག་ཉིད་ཆེན་པོ་རྫོགས་བློ་ལྡན་ཤེས་རབ་ཀྱིས་ཚུང་ཟད་ཙམ་གས་ནའང་། བར་སྐབས་སུ་ནུབ་པ་ལས། སླར་ཡང་དར་ཞིང་རྒྱས་པར་བྱ་བའི་ཕྱིར་དང་། ཁ་ཆེ་པཎ་ཆེན་གངས་རིའི་ཁྲོད་དུ་བྱོན་པའི་བཀའ་དྲིན་གྱི་ལམ་པོ་ཆེ་དོད་པར་བྱ་བའི་ཕྱིར། གཞུང་ལུགས་ཆེན་པོའི་ཆོས་ཐུན་ཉིན་རེ་མ་ཆད་པ་གསུངས་པའི་དམ་བཅའ་མཛད་པས། དེང་སང་གི་བར་དུའང་རྒྱས་པར་གྱུར་པ་ཡིན་ནོ། །

གཞན་ཡང་བླ་ན་མེད་པའི་བྱང་ཆུབ་ཀྱི་རྩ་བ། སྨོན་པའི་བྱང་ཆུབ་ཀྱི་སེམས་རྣལ་མ་རྒྱུད་ལ་སྐྱེས་ན། དེ་ཕྱིན་ཆད་གཉོན་ནུ་བྱང་ཆུབ་འདོད་པའི་སེམས་མ་སྤྱངས་ན། འཚམས་མེད་པ་ལྔ་བྱས་ཀྱང་མི་ཉམས་ཤིང་། བསོད་ནམས་ནམ་མཁའ་དང་མཉམ་པ་འབྱུང་བས། ཕན་ཡོན་ཆེ་ཞིང་བསྲུང་སླ་བར་དགོངས་ནས། བདག་ཉིད་ཆེན་པོ་འདི་དད་པ་ཅན་རྣམས་ཀྱིས་སྤྱན་དྲངས་ནས། ཕྱོགས་དང་ཕྱོགས་སུ་ཡང་ནས་ཡང་དུ་འབྱོན་པ་ན། སྐྱེ་བོ་མང་པོ་འགའ་ཞིག་སྔོན་གྱི་དགེ་བའི་རྩ་བས་བསྐུལ་ཞིང་། འགའ་ཞིག་ལྷད་མོའི་བསམ་པས་ཀྱང་འདུས་པ་ན། ཆེད་དུ་གཉེར་ནས་མ་ཞུས་ཀྱང་། དབུ་མ་ལུགས་ཀྱི་སེམས་བསྐྱེད་རྒྱས་བསྡུས་གང་རུང་རེ་གསུངས་ནས། ས་ཕྱོགས་དེར་ཞག་འགའ་བཞུགས་ན་དེ་ཉིད་མི་ཉམས་ཤིང་འཕེལ་བའི་ཕྱིར་དུ། བསླབ་བྱར་ཐུབ་པ་དགོངས་གསལ་ཚར་རེ་གསུངས་པ་ཡིན་ཏེ། བསྟན་བཅོས་དེའི་མཇུག་ན། ངས་ཆོས་འདི་དབུས་གཙང་ཁམས་གསུམ་ཐམས་ཅད་དུ་བཤད་པས། ངའི་སློབ་མ་རྣམས་ཀྱིས་ལུང་ཐོབ་པ་ཡིན་པས། དཔེ་ལ་ལྟོས་ལ་ཤོད་ཞེས་པ་ཡོད་དོ། །ཐ་ན་འཇིག་རྟེན་གྱི་བྱ་བ་བསླབ་པའི་ཐབས་སྟོན་པའི་གྲོས་ལེགས་པར་གསུངས་པས་ཀྱང་ཕན་པ་མཛད་པ་ཡིན་ནོ། །

དེ་ལྟར་སྟོན་པའི་གསུང་གི་རིག་བྱེད་ཀྱང་སྒྲ་མང་དང་། བློས་པ་ལ་སོགས་པའི་སྐྱོན་དང་བྲལ་ཞིང་། བརྡ་དག་པ་དང་དབྱངས་སྙན་པ་དང་འབྲེལ་ཆགས་པ་ལ་སོགས་པའི་ཡོན་ཏན་དང་ལྡན་པས་ཡིད་འཕྲོག་པར

བྱེད་པ་ཡིན་ཏེ། དེ་འདྲ་གང་གིས་སྒྲོགས་པའི་ངག །ཤེས་ལྡན་གང་གིས་ཐོས་དེ་ཡང་། །གཡེང་བ་གཞན་གྱིས་མི་གཡེང་བར། །རྩེ་གཅིག་འདུན་པར་གྱུར་པ་ནི། །དྲི་ཟའི་བུ་མོའི་དབྱངས་སྙན་དང་། །ཁུ་བྱུག་མྱོས་པའི་དབྱངས་ཀྱིས་ཀྱང་། །དཔེ་ཙམ་དུ་ཡང་མི་བཟོད་ན། ། སྒྲ་གཞན་ཟིལ་གནོན་སྨོས་ཅི་དགོས། །ཞེས་པ་ལྟར་རོ། །

ཐུགས་ཀྱི་སྤྱོད་པའང་སྔར་བཤད་པ་ལྟར། མཁྱེན་རབ་དང་ཐུགས་རྗེ་འབའ་ཞིག་གིས་སྐྱོ་བ་མེད་པར་གསུངས་པས་ན། སྒོ་གསུམ་ཀུན་སྤྱོད་རྣམ་དག་པས། །བསྟན་པ་བསྲུང་ཕྱིར་གུས་པས་བསྒྲུབ། །ཞེས་པའི་ཀུན་སྤྱོད་དང་ལྡན་ཞིང་། གཙང་མཁས་གཞན་ལ་ཕན་པར་འདོད་ཞེས་ཉིད་ཀྱིས་གསུངས་པའི་ཡོན་ཏན་དང་། མདོ་སྡེ་རྒྱན་ལས། བློ་བཟང་སྐྱོ་བ་མེད་ལྡན་བརྩེ་བ་ཅན། །སྨྲ་པར་རབ་གྲགས་ཚོ་ག་བཟང་ཤེས་ལྡན། །བྱང་ཆུབ་སེམས་དཔའ་ལེགས་པར་སྨྲ་བ་ཡིན་པ་སྟེ། །བཤད་པས་སྐྱོ་བོའི་དབུས་ན་ཉི་མ་བཞིན་དུ་ལྟམ། །ཞེས་པ་དང་། རྒྱ་ཆེན་ཐེ་ཚོམ་ཡོད་པ་དང་། །གཟུང་འོས་དེ་ཉིད་གཉིས་སྟོན་པ། །འདི་ནི་བྱང་ཆུབ་སེམས་དཔའ་ཡི། །སྟོན་པ་ཕུན་ཚོགས་ཡིན་ཞེས་བྱ། །ཞེས་པ་དག་དང་ལྡན་པ་ཡིན་ནོ། །དེས་ན། བདག་ཉིད་ཆེན་པོ་འདི་ལས་འོངས་པའི་གཞུང་ལུགས་ཆེན་པོའི་བཤད་སྲོལ་ནི། ཚད་མ་རྣམ་འགྲེལ་དང་། རིགས་པའི་གཏེར་དང་། ཆོས་མངོན་པའི་མཛོད་དང་། ཀྱེའི་རྡོ་རྗེའི་རྒྱུད་གསུམ་དང་། ལམ་འབྲས་མན་ངག་ཡིན་ཞིང་། གཞུང་ཆེན་པོ་རམ་གྲགས་ཀྱང་བཤད་པའི་གཞི་ཤིན་ཏུ་མང་བར་འདུག་པས། དེ་དང་ཐུབ་པ་དགོངས་གསལ་དང་། ལེགས་པར་བཤད་པ་རིན་པོ་ཆེའི་གཏེར་ལ་སོགས་པ་འགའ་ཞིག་ལས་མི་སྣང་ཡང་། སྡེ་བདུན་གྱི་ལྷག་མ་དང་། ཆོས་མངོན་པ་གོང་མ་དང་། བྱམས་པའི་ཆོས་རྣམས་དང་། བདེ་མཆོག་དང་གསང་འདུས་ལ་སོགས་པའི་རྒྱུད་དང་། དེ་དག་གི་འགྲེལ་པ་མང་པོ་ཞིག་ནི། དེང་སང་ནུབ་པར་གདོན་མི་ཟའོ། །

གཞན་ཡང་། སོ་སོ་ཐར་པའི་སྡོམ་པ་དང་། སྨོན་འཇུག་སེམས་བསྐྱེད་དང་། རྒྱུད་སྡེ་བཞི་དང་འབྲེལ་བའི་སྨིན་བྱེད་དབང་དང་། གྲོལ་བྱེད་ཀྱི་ལམ་ཁྲིད་བརླབས་དང་རྗེས་གནང་དང་ཁྲིད་ལ་སོགས་པ་མཐའ་ཡས་པ་ཞིག་ནི་དེང་སང་ཡང་མ་ནུབ་པར་ཡོད་དོ། །

རྫོང་པ་རྡོ་རྗེའི་ཤུགས་ཀྱིས་ལྷ་ངན་གྱི་བྲག་རི་བཤིག་པའི་ཚུལ་ནི། འདི་ཉིད་རིགས་པའི་དབང་ཕྱུག་ཆེན་པོར་གྱུར་པའི་གྲགས་པའི་འོད་དཀར། རྒྱ་མཚོའི་མཐའ་ཀླས་པའི་སའི་དཀྱིལ་འཁོར་ཀུན་ཏུ་འཕྲོ་བར་གྱུར་པ་ན། ཐུབ་པ་ཆེན་པོ་སེར་སྐྱ་དང་། དྲང་སྲོང་རྒྱས་པ་དང་། གཟེག་ཟན་ལ་སོགས་པའི་རྗེས་སུ་འབྲང་པའི་གྲངས་ཅན་དང་། རིག་བྱེད་པ་དང་། རིགས་པ་ཅན་ཞེས་གྲགས་ཤིང་། དབང་ཕྱུག་དང་ཚངས་པ་དང་། ཉིན་མོ་ལོང་པ་དང་། ནོར་ལྷའི་བུ་དང་། བྱིན་ཟ་ལ་སོགས་པས་ཆེར་འགྱུ་བ། ལྷོ་ཕྱོགས་ཀྱི་རྒྱུད་དུ་རྒྱུ་ཞིང་རྣམ

པར་འཕྲུན་པ། འཁྲོག་བྱེད་དཀའ་བ་ལ་སོགས་ཕྱི་རོལ་པའི་སྟོན་པ་དྲུག་གིས་དམ་བཅས་པ། ཁོ་བོ་ཅག་ཁ་བ་ཅན་གྱི་ལྗོངས་སུ་སོང་ལ། དེ་ན་གནས་པའི་སྐྱེ་བོ་གོའུ་ཏ་མའི་དགེ་སློང་དུ་ཁས་འཆེ་བ། ཐུད་མེད་ཀྱི་བརྟུལ་ཞུགས་འཛིན་ཅིང་། ལྷ་བ་དང་སྤྱོད་པ་ངན་པ་ལ་ཞེན་པ་དེ་དག་ལོགས་པར་བྱའོ་ཞེས་གླེང་སྟེ། མཐར་སོན་པ་དང་། བདག་ཅག་གི་བླ་མ་རྐོལ་བ་ངན་པའི་ཁྲུ་མཆོག་གི་སྤྱི་གཙུག་གནོན་པའི་སེང་གེ་འདི། བྱང་ཆུབ་ཀྱི་སྙིང་པོ་རྡོ་རྗེ་གདན་ལས་བྱང་ཕྱོགས་སུ་དཔག་ཚད་བཅུ་ཕྲག་དྲུག་བགྲོད་པ། མང་ཡུལ་སྐྱིད་གྲོང་འཕགས་པ་ཝ་ཏིའི་གཙུག་ལག་ཁང་དང་འདབ་འབྱོར་པའི་ཚོང་འདུས་ན་བཞུགས་པའི་ཚེ། ལྷར་སློས་པའི་སྟོན་པ་དྲུག་པོ་དེར་ལྷགས་པ་ན། ཐམས་ཅད་ཆོས་རྗེ་ཉིད་བདེ་བར་གཤེགས་པའི་རྟེན་ལ་ཕྱག་མི་འཚལ་བར། བདེ་ལེགས་དང་བསྡུགས་པར་འོས་པའི་ཚིགས་སུ་བཅད་པ་རེ་ཙམ་སྟོན་ནས་གྲལ་ལ་འཁོད་པ་ན། འདི་སྐད་སྨྲས་ཏེ། ངེད་ཀྱི་རིགས་ཐམས་ཅད་ནི། བླ་མ་ཚངས་པ་ནས་བརྒྱམས་ཏེ། ངེད་སང་གི་བར་དུ་གོའུ་ཏ་མའི་བསྟན་པ་ལ་མི་ལྡོས། དཀོན་མཆོག་གསུམ་ལ་སྐྱབས་སུ་འགྲོ་མ་མྱོང་བས་དྲང་སྲོང་གི་རིགས་རྣམ་པར་དག་པ་ཁོ་ན་ཡིན་ནོ་ཞེས་དྲེགས་ཤིང་སྨྲ་བར་བྱེད་དོ། །

དེའི་དུས་ཆོས་ཀྱི་རྗེ་འདིས་གསུངས་པ་ནི། ཅི་ཚངས་པ་དེ་ནི་སྟོན་པ་ལ་ཤིན་ཏུ་གུས་པ་ཡིན་ན། འོན་ཀྱང་དེ་གཏི་མུག་ཆེ་བས་གཉིད་ཀྱིས་ནོན་པ་མ་ཡིན་ནམ། འདི་སྐད་དུ། རབ་མཆོག་ལག་པ་བཞི་པ་བཅུ་དྲུག་ཕྱེད་ཕྱེད་གདོང་པ་ཅན། །བཟླས་དང་ངེས་པའི་ཚིག་ཤེས་ཤིང་ངེས་བརྗོད་རིག་བྱེད་འདོན་པ་པོ། །དྲི་མེད་པད་མའི་སྐྱེ་གནས་ཚངས་པ་དེའང་གཉིད་ལོག་གྱུར། །ཞེས་དང་། ཁོ་བོའི་སྟོན་པ་སྟོབས་བཅུ་མངའ་བ་དེ་ནི་རྟག་ཏུ་རབ་ཏུ་སད་པ་ཉིད་དུ་ནམ་ཡངས་པའོ་ཞེས་གསུངས་པས། དེ་དག་ཤིན་ཏུ་མ་བཟོད་ཅིང་མ་རངས་པས་འབེལ་བའི་གཏམ་གྱི་སྐབས་སྐྱེད་དེ། རྐོལ་བ་ངན་པ་དེ་ཐམས་ཅད་རེ་རེ་ནས་སུན་ཕྱུང་ཞིང་ཕམ་པར་མཛད་དེ། མི་སྨྲ་བའི་བརྟུལ་ཞུགས་ལ་བཀོད་ནས། སླར་ཡང་དེ་ཐམས་ཅད་ཀྱི་ལྟ་བ་ངན་པས་སླེམས་པའི་དྲི་མ་མེད་པར་མཛད་དེ། རབ་པའི་ཁྲུར་བྲེགས་ནས་ཉིད་ཀྱི་ཐད་དུ་རབ་ཏུ་བྱུང་སྟེ། ངེས་པར་འབྱུང་བ་རིན་པོ་ཆེའི་འཁོར་བ་དང་ལྡན་པར་མཛད་པའི་སྐབས་སུ། ཤཱཀྱའི་རྒྱལ་པོ་དེའི་བསྟན་པ་ལ་རྨ་འབྱིན་པ་གང་དག་བྱུང་བ་ན། སླར་ཡང་དེ་བཞིན་དུ་གདུལ་བར་བྱའོ་ཞེས་དགོངས་ཏེ་འདི་གསུངས་པ། རྒྱ་མཚོའི་གོས་ཅན་རྒྱ་མཚོའི་མཐའ་ཀླུས་སཆེན་འདི་ན་ལྷ་ཆེན་པོ། །འཁྲོག་བྱེད་དྲན་བྱེད་དེ་དག་ལྷར་བྱེད་ཐུབ་པ་དྲང་སྲོང་གར་དགའ་སོགས། །རྒྱས་པ་གྲོག་མཁར་བ་དང་གཟེགས་ཟན་རྐང་མིག་སེར་སྐྱའི་རྗེས་འཇུག་པ། །ཕོར་གཙུགས་ཤིང་ཤུན་ལོ་མའི་གོས་ཅན་ཐལ་བ་དབྱུ་གུ་ཀུ་ཤ་ཐོགས། །རལ་པའི་ཁྲུར་འཛིན་མུཉྫ་ལེགས་འཛིན་རི་དྭགས་གཡང་གཞིའི་སྟོད་

གཡོགས་ཅན། །སོ་རིས་གསུམ་མཚན་རྩེ་མོ་ཅན་མཆོད་ཚངས་སྐུད་མཆོད་ཕྱིར་ཐོགས་པ་འཆང་། །རིག་བྱེད་ཀུན་སྤྱངས་ངེས་བརྗོད་འདོན་མཁས་སྒྲ་དང་སྡེབ་སྦྱོར་མཐར་སོན་པ། །བདག་ཏུ་ལྟ་བའི་ལྟ་བ་ལ་ལྟ་རྟག་ཏུ་དགའ་སྤྱོད་ང་རྒྱལ་ཅན། །དེ་ལྟའི་ཚུལ་ཅན་མུ་སྟེགས་གླང་ཆེན་རབ་ཏུ་མྱོས་པའི་གླད་འགེམས་པ། །དཔལ་ལྡན་སྨྲ་བའི་སེང་གེ་བློ་གྲོས་སྟོབས་ལྡན་རིགས་པའི་མཆེ་བ་ཅན། །བཟ་སྤྲོད་བྱེད་གཞུང་ཡན་ལག་རབ་རྫོགས་བདེ་གཤེགས་བསྟན་པའི་རལ་པས་བརྟེད། །ལེགས་སྦྱར་ང་རོ་སྙན་ཚིག་གད་རྒྱངས་ལྷག་ཆོད་སྤྱན་འབྲེན་མིག་བགྲད་པ། །དེ་ལྟའི་རི་དྭགས་རྒྱལ་པོ་དེ། །དཔལ་ལྡན་ས་སྐྱའི་གངས་རིར་གནས། །བློ་གསལ་རྣམས་ཀྱི་རི་དྭགས་སྐྱོང་། །རྩོལ་བ་དངན་པའི་ཕ་ཚོགས་འཇོམས། །ད་དུང་དུའང་མུ་སྟེགས་བྱེད། །ཐམས་ཅད་ཆོས་ཀྱིས་ཕམ་བྱས་ནས། །བདེ་བར་གཤེགས་པའི་བསྟན་པའི་ཚུལ། །ཀུན་དགའི་རྒྱལ་མཚན་འཛིན་པར་ཤོག །ཅེས་གསུངས་ཏེ། དེ་དག་གི་རལ་པ། དཔལ་ས་སྐྱའི་དབུ་རྩེ་རྙིང་མ་ན་ད་ལྟའང་ཡོད་དོ། །

དེས་ན་བོད་ཀྱི་པཎྜི་ཏས་ཕྱི་རོལ་མུ་སྟེགས་བྱེད་ཀྱི་རྩོལ་བ་བཟློག་པ་ནི། ཆོས་ཀྱི་རྗེ་འདི་ཁོ་ནར་ཟད་དོ། །རྩོམ་པ་རིན་པོ་ཆེའི་ཕྲེང་བས་མཁས་པའི་ཡིད་འཕྲོག་པར་མཛད་པའི་ཚུལ་ནི། གནས་སྐབས་ཐམས་ཅད་དུ་མཁས་པ་རྣམས་ཀྱི་བློའི་རྒྱ་མཚོ། བརྗོད་འདོད་དམ་པའི་རླུང་གིས་བསྣུབས་པ་ལས་བྱུང་བའི། རིན་པོ་ཆེ་སིལ་མའི་ཚོགས་དོན་གསལ་པོའི་མདངས་གསལ་ཞིང་། ཚིག་བཟང་པོའི་དབྱིབས་ལེགས་པ་དག །ཀུན་ནས་སྤེལ་ལེགས་པའི་ཡི་གེའི་སྲད་བུས་སྤྲེལ་བ་ལེགས་པར་བཤད་པ་རིན་པོ་ཆེའི་ཕྲེང་བས། བློ་གསལ་ཞིང་ཡིད་གཞུངས་པའི་དེད་དཔོན་དག་དགའ་བ་བསྐྱེད་པའི་ཕྱིར་དང་། ཆོས་རྗེ་ཉི་མའི་དཀྱིལ་འཁོར་ཉིད་སྐལ་དམན་གྱི་མ་དག་པའི་སྣང་བ་ནུབ་རིས་བསྒྲིབས་པའི་འོག་ཏུའང་། གསུང་རབ་ཐུན་འཚམས་ཀྱི་འོད་ཀྱིས་སྐྱེ་རྒྱུ་རྣམས་ཀྱི་མི་ཤེས་པའི་མུན་པ་བསལ་བའི་ཕྱིར་དང་། རྟ་མཆོག་འགྲོ་བའི་ཚེ་ན་ཤེས། །གླང་ཆེན་གཡུལ་ངོར་ཤེས་འགྱུར་ཏེ། །གསེར་དབྱུལ་བཞུན་ཤེས་པར་འགྱུར། །མཁས་པ་ལེགས་བཤད་རྩོམ་ན་ཤེས། །ཞེས་པ་ལྟར། རང་ཉིད་ཀྱི་ཐུགས་ཀྱི་རྣམ་ཐར་རྨད་དུ་བྱུང་བ་ཡང་བསྟན་པའི་ཕྱིར་དུ། དྲི་མ་མེད་པའི་བསྟན་བཅོས་དུ་མ་མཛད་པ་ཡིན་ནོ། །

འདི་ལ་གཉིས་ལས། སྤྱིར་བསྟན་བཅོས་མཛད་པའི་རྣམ་གྲངས་ནི། འཇིག་རྟེན་གྱི་ཆོས་ལུགས་བཟང་པོ་སྟོན་པའི་ཐབས་ཀྱིས། དམ་པའི་ཆོས་ཀྱི་ལམ་སྟོན་པ་ལེགས་པར་བཤད་པ་རིན་པོ་ཆེའི་གཏེར་ཞེས་བྱ་བ། ཕྱི་ནང་གི་སློབ་དཔོན་རྣམས་ཀྱིས་བྱས་པའི་ལུགས་ཀྱི་བསྟན་བཅོས་མཐའ་དག་གི་དོན་བསྡུས་པ་དང་། སྒྲའི་བསྟན་བཅོས་མཁས་པ་འཇུག་པའི་སྒོ་དང་། ཤེས་རབ་འཕྲོ་བ་དང་། ཤེས་རབ་ལ་འཇུག་པ་དང་། སྒྲ་ཉེར

བསྡུ་ཞེས་བྱ་བ་བཞི་དང་། ཚད་མའི་བསྟན་བཅོས་སྡེ་བདུན་གྱི་སྙིང་པོ་རིགས་པའི་གཏེར་འགྲེལ་པ་དང་བཅས་པ་དང་། བཟོའི་བསྟན་བཅོས་སྐུ་གཟུགས་ཀྱི་བསྟན་བཅོས་དང་།ས་བརྟག་པ་སོགས་དང་། བསྟན་པ་རིན་པོ་ཆེའི་རྩིས་དང་། སྨན་དཔྱད་ཀྱི་བསྟན་བཅོས་ཡན་ལག་བརྒྱད་པའི་དོན་བསྡུས་དང་། ནང་རིག་པ་ལ་གསུང་རབ་སྤྱིའི་དོན་གསལ་བར་བྱེད་པ། སངས་རྒྱས་བྱང་ཆུབ་སེམས་དཔའ་ལ་ཞུ་བའི་འཕྲིན་ཡིག་དང་གྲུབ་མཐའ་རྣམ་འབྱེད་དང་། ཕ་རོལ་ཏུ་ཕྱིན་པའི་གཞུང་ལུགས་སྤྱིའི་གསལ་བྱེད་ཚོགས་ཆོས་ཆེན་མོ་དང་། རྡོ་རྗེ་ཐེག་པའི་མན་ངག་རྟེན་འབྲེལ་ལྔའི་ཡི་གེ་དང་། ལམ་སྦྲས་བཤད་དང་། བླ་མའི་རྣལ་འབྱོར་དང་། ཁྲིད་ཀྱི་དཀར་ཆག་ལ་སོགས་པ་དུ་མ་དང་། རིག་པའི་གནས་ཆུང་བར་གྲགས་པ་ལ། སྡེབ་སྦྱོར་མེ་ཏོག་ཆོམ་བུ་དང་། དེའི་དཔལ་གསོ་བའི་དཔེ་ཙམ་སྟོན་པ། བདེ་བར་གཤེགས་པའི་ཐུགས་རྗེ་ལ་བསྔུལ་བ་དང་། སྙན་ངག་མཁས་པའི་ཁ་རྒྱན་དང་། མངོན་བརྗོད་ཚིག་གི་གཏེར་དང་། ཟློས་གར་རབ་དགའི་འཇུག་པ་དང་། དེའི་རོལ་མོའི་དབྱངས་འདྲེན་པའི་ཕྱོགས་ཙམ་སྟོན་པ་རོལ་མོའི་བསྟན་བཅོས་དང་། གཞན་ཡང་དེ་དུས་ན་ཆོས་རྗེ་ཉིད་གངས་ཅན་གྱི་ཁྲོད་ན། ལུང་རིགས་མན་ངག་ཐམས་ཅད་ལ་ཐེ་ཚོམ་ཟ་བ་ཐམས་ཅད་ཀྱི་དྲི་བའི་གནས་ཡིན་པས། ཞང་ཚག་གློ་གསུམ་ལ་སོགས་སྤྲིངས་པ་དང་། དགེ་སློང་རྡོ་རྗེ་སེང་གེ་ལ་སོགས་བཀའ་གདམས་པ་དང་། སློ་མོ་བསྒོམ་ཆེན་ལ་སོགས་བསྒོམ་ཆེན་པ་རྣམས་ཀྱིས་ཞུས་པའི་ལན་དུ་མཛད་པ་མང་པོ་དང་། ཐུབ་པ་དང་འཇམ་དབྱངས་ལ་སོགས་པའི་བསྟོད་པ་ལ་སོགས་མང་དུ་མཛད་དོ། །

དེ་ལྟ་བུའི་རྩོམ་པ་རྣམས་ཀྱང་འབད་རྩོལ་ལ་མི་ལྟོས་པར་འབྱུང་བ་དང་། ཚིག་ཉུང་དུས་ཀྱང་དོན་རྒྱ་ཆེན་པོ་སྟོན་པ་དང་། བློན་པོས་བལྟས་ན་གོ་སླ་བ། དོན་གསལ་བ་དང་། ཚིག་གི་རྒྱན་བཟང་པོ་མཁས་པ་རྣམས་ཡིད་འཕྲོག་པར་བྱེད་པ་དང་། མཁས་པར་རློམ་པ་བརྒྱའི་བློ་གྲོས་ཕྱོགས་གཅིག་ཏུ་བསྡོམས་པས་ཀྱང་དཔྱོད་པར་མ་ནུས་པའི་དོན་ཟབ་མོ་སྟོན་པ་ཡིན་ཏེ། རྩོམ་པ་འདི་འདྲ་མྱུར་འཇུག་པ། །གློག་འགྱུ་བས་ཀྱང་ཆེས་མྱུར་ཞིང་། །རྩོལ་བ་མེད་པར་འཇུག་པ་ནི། །མཚོ་ལྟར་དངང་གིས་ལྷུན་གྲུབ་ལགས། །དེ་དོན་ཕུན་སུམ་ཚོགས་གྱུར་པ། །རློམ་ཆེན་བློ་ཡི་དབང་པོ་མཆོག ། འགས་ཀྱང་སྟོན་ཆད་མ་དཔྱད་པ། །དཔྱོད་ལྡན་ཀུན་གྱིས་རྣམ་དཔྱད་ན། །ཡིད་གསལ་བགྱིད་པ་གངས་རིའི་རྒྱན། །ཉི་མ་ཤར་བ་ལྟ་བུ་སྟེ། །ཀུན་ནས་དགའ་བ་སྐྱེ་བ་ནི། ། བསམ་གཏན་རོ་མྱང་ལྟ་བུར་མཆིས། །ཞེས་པ་ལྟར་རོ། །

འོན་ཀྱང་བདག་ཉིད་ཆེན་པོ་འདིས། བྱིས་པ་བདེ་བླག་ཏུ་འཇུག་པ་དང་། བསྟོད་པ་རྒྱུད་གསུམ་འཁོར་ལོའི་འགྲེལ་བ་སོགས་འགའ་ཞིག་ལས་གཞན་གྱི་བྱས་པའི་བསྟན་བཅོས་དང་། རྒྱུད་ཀྱི་འགྲེལ་པ་ཚིག་རེ་རེ

ནས་འབྱེད་པ་ནི་མ་མཛད་ཅིང་། འཇམ་དབྱངས་དང་རྣམ་འཇོམས་པིར་ལུགས་དང་། ཁྲོ་བོ་སྦྱི་བརྩེགས་ཀྱི་སྒྲུབ་ཐབས་སོགས། སྒྲུབ་ཐབས་ཅུང་ཟད་མ་གཏོགས་དཀྱིལ་འཁོར་ཆེན་པོའི་སྒྲུབ་ཐབས་དང་། དེའི་ཆོ་ག་སོགས་རྒྱ་ཆེན་པོ་མ་མཛད་པ་ནི། རྗེ་བཙུན་གོང་མ་རྗེ་རྗེ་འཆང་དང་གཉིས་སུ་མ་མཆིས་པ་དག་གི་གཞུང་ལུགས་རྣམས་མི་ཉམས་པ་ཁོ་ནའི་ཕྱིར་ཡིན་ནོ། །

གཉིས་པ་ཁྱད་པར་བསྟན་བཅོས་འདི་མཛད་པའི་ཚུལ་ནི། འགྲོ་བའི་སྡུག་བསྔལ་སྨན་གཅིག་པུ། །བདེ་བ་ཐམས་ཅད་འབྱུང་བའི་གནས། །བསྟན་པ་རྙེད་དང་བཀུར་སྟི་དང་། །བཅས་ཏེ་ཡུན་རིང་གནས་གྱུར་ཅིག །ཞེས་པ་ལྟར། འགྲོ་བའི་ཕན་བདེའི་རྩ་བ་ནི་ཐུབ་པའི་བསྟན་པ་ཡིན་ལ། རིན་ཆེན་ཆོས་ཀྱང་དཀོན་ལ་རྟག་ཏུ་འཚོ་བ་མང་ཞེས་པ་ལྟར། དེ་གང་ན་གནས་པ་དེར་བདུད་དང་དེའི་ཕྱོགས་དག་གིས་སྣ་དུ་མ་ནས་ཉམས་པར་བྱེད་ཅིང་། ཁྱད་པར་བོད་ཀྱི་ཡུལ་འདིར། སེང་གེའི་ལུས་ལས་བྱུང་བའི་སྲིན་བུས། དེའི་ལུས་ལ་ཟ་བ་ལྟར། ཐུབ་པའི་རྗེས་སུ་སློབ་པར་ཁས་འཆེ་བའི་བདུད་ཀྱི་ཕྱོགས་དག་གིས། ཕྱིན་ཅི་ལོག་གི་ལྟ་སྤྱོད་སྣ་ཚོགས་པས་བསྟན་པ་དྲི་མ་ཅན་དུ་བྱས་པར་ཉིད་ཀྱིས་གཟིགས་ཤིང་། དེ་སེལ་བ་ཡང་བདག་ཉིད་ཀྱི་བྱ་བའི་ཕྲིན་ལས་ཡིན་པ་དང་། དེའི་ཐབས་ཀྱང་བསྟན་བཅོས་ཁྱད་པར་ཅན་རྩོམ་པ་ཡིན་པར་དགོངས་ནས། བསྟན་བཅོས་འདི་རྩོམ་པར་བཞེད་པ་ན། སློབ་དཔོན་ཟངས་ཚས། དེ་ལྟ་བུ་མཛད་ན། གཞན་གྱི་སྡིག་རྐྱེན་དུ་འགྲོ་བས་མི་མཛད་པར་གསོལ་བ་ན། ཆོས་རྗེ་ཉིད། ཁོང་ལ་གཟིགས་ཤིང་ཅུང་ཟད་བཞད་ནས། གཞན་དག་བསྟན་བཅོས་རྩོམ་པར་གསོལ་བ་འདེབས་པ་ཡིན་ན། ཁྱོད་ནི་དེ་ལས་བཟློག་པ་ཞིག་གོ་ཞེས་གསུངས་ཏེ། མི་རྩོམ་པར་བཞེད་པ་ན། དེ་ནུབ་མནལ་ལམ་དུ། བཅོམ་ལྡན་འདས་ཤཱཀྱ་ཐུབ་པའི་སྐུ་གཟུགས་ལ། ངན་སྐྱུགས་ཀྱི་དྲི་མས་གོས་པ་སུས་ཀྱང་མ་བཀྲུས་པ་དང་། རྗེ་བཙུན་འཇམ་དབྱངས་དང་བྱམས་པ་ལ་སོགས་སྐུ་རྒྱབ་བསྟན་ནས་བཞུགས་པ་དང་། འཕགས་པ་ཀླུ་སྒྲུབ་དང་རྒྱལ་སྲས་ཞི་བ་ལྷ་ལ་སོགས་པ་ཤིང་སྐམ་པོ་རེ་ལ་སྐྱ་རྒྱབ་བསྙེས་ཏེ། སྐྱ་ཤིན་ཏུ་བསྙེལ་བའི་ཚུལ་གྱིས་བཞུགས་པ་སྨིས་ཏེ། མནལ་སད་པ་ན་དེའི་དོན་ལ་དཔྱད་པས། བསྟན་བཅོས་མི་རྩོམ་པའི་དགོངས་པ་མཛད་པས་དེ་ལྟར་གྱུར་པར་དགོངས་ནས། བརྩམ་ན་མི་རྣམས་མི་དགའ་ཡང་། མ་བརྩམ་ན་སངས་རྒྱས་བྱང་ཆུབ་སེམས་དཔའ་ཆེན་པོ་རྣམས་མི་དགྱེས་པར་འདུག་པས། ཅིས་ཀྱང་རྩོམ་དགོས་པར་གདའ་གསུངས་ནས། བསྟན་བཅོས་ཆེན་པོ་འདི་མཛད་དོ། །

དེས་ན་བླུན་པོ་དགའ་ང་རྒྱལ་དང་ཕྲག་དོག་གིས། རང་ཉིད་མཁས་པར་བསྒྲག་པ་དང་། གཞན་དམའ་དབབ་པའི་ཕྱིར་འདི་བརྩམས་སོ་ཞེས། རང་ཉིད་སེམས་ཤིང་གཞན་དག་ཀྱང་འཛིན་དུ་འཇུག་པ་ནི། རང་

གཞན་ཕུང་བར་བྱེད་པ་ལས། གཞན་ཅི་ཞིག་ཡིན་ཏེ། སྤྱོད་འཇུག་ལས། གང་ཞིག་དེ་འདྲའི་རྒྱལ་སྲས་སྦྱིན་བདག་ལ། །གལ་ཏེ་ངན་སེམས་བསྐྱེད་པར་བྱེད་ན་དེ། །ངན་སེམས་བསྐྱེད་པའི་གྲངས་བཞིན་བསྐལ་པར་ནི། །དམྱལ་བར་གནས་པར་འགྱུར་ཞེས་ཐུབ་པས་གསུངས། །ཞེས་པ་ལྟར་རོ། །དེས་ན་འདི་ནི་འོག་ནས་རྒྱས་པར་འཆད་པ་ལྟར། བསྟན་པ་དང་སེམས་ཅན་ལ་ཕན་པ་ཁོ་ནའི་ཕྱིར་མཛད་ཀྱི། རང་ཉིད་བསྒྲུག་པ་ལ་སོགས་པའི་ཕྱིར་ནི་མ་ཡིན་ཏེ། དེའི་རྒྱུ་མཚན་མེད་པའི་ཕྱིར་མི་ཤེས་པས་ནི་མ་ཡིན་ཏེ། བླང་དོར་ལ་མཁྱེན་པ་རྒྱས་པའི་ཕྱིར་རོ། །རང་དང་གཞན་གྱི་དོན་གྱི་ཕྱིར་ཡང་མ་ཡིན་ཏེ། རང་ཉིད་ལ་ཚེ་འདིར་མཁས་པ་རྣམས་ཀྱིས་ཁྲིལ་ཞིང་། ཕྱི་མར་རྣམ་སྨིན་ལྷི་བའི་ཕྱིར་དང་། གཞན་ལའང་ཕྱིན་ཅི་ལོག་གི་ཆོས་བསྟན་ཀྱང་དོན་དུ་མི་འགྱུར་བའི་ཕྱིར་རོ། །

གཉིས་པ་ཕྲིན་ལས་བཞིས་སེམས་ཅན་གྱི་དོན་མཛད་པའི་ཚུལ་ནི། སྤྱིར་བསྟན་པ་གསལ་བར་མཛད་པ་ཉིད་སེམས་ཅན་གྱི་དོན་ཡིན་མོད། འོན་ཀྱང་རྣམ་གྲངས་གཞན་བསྟན་པའི་ཕྱིར་ཅུང་ཟད་ལོགས་སུ་བརྗོད་ན། འདི་ནི་སྐུ་ཚེ་དཔག་ཏུ་མེད་པ་ནས། བྱམས་པ་དང་ཐུགས་རྗེས་ཐུགས་རྒྱུད་བརླན་ཞིང་། གཞན་ལ་ཕན་པའི་སྨོན་ལམ་ལེགས་པར་གྲུབ་པ་དང་། ལྷག་པའི་ལྷའི་བསྙེན་བསྒྲུབ་མཐར་ཕྱིན་ཅིང་། ལས་ཀྱི་སྦྱོར་བ་ཕྱིན་ཅི་མ་ལོག་པར་མཁྱེན་པ་དང་། སྐུ་ཚེ་འདིར་ཡང་རྣལ་འབྱོར་གྱི་དབང་ཕྱུག་ཟམ་མི་ཆད་པར་བྱོན་པའི་རིགས་རྒྱུད་དུ་འཁྲུངས་པས། གཞན་ལ་ཕན་པའི་ཕྲིན་ལས་རྣམས་ཐོགས་པ་མེད་པར་མངོན་དུ་གྱུར་ཏེ། དེ་ཡང་ཞི་བའི་ཕྲིན་ལས་ནི། འདི་ཉིད་གང་ན་བཞུགས་པའི་ས་ཕྱོགས་སུ་འབྱུང་པོའི་གདོན་གྱིས་བྱས་པའི་ནད་དང་། རིམས་དང་ཕྱི་ནང་གི་འཁྲུག་པ་དང་ལོ་ཉེས་ལ་སོགས་པ་མི་འབྱུང་ཞིང་། བརྒྱ་ལམ་ན་བྱུང་ན་ཡང་ཉིད་ཀྱི་མཐུས་མྱུར་དུ་ཞི་བ་དང་། སྤྱོད་ཡུལ་གྱི་འགྲོ་བ་རྣམས་ཀྱང་ཕན་ཚུན་བྱམས་པའི་སེམས་དང་ལྡན་པར་འགྱུར་བ་ཡིན་ནོ། །དེས་ན་འདི་ཉིད་ཇི་སྲིད་འདི་ན་བཞུགས་པ་དེ་སྲིད་དུ། ཡུལ་འདིར་ཧོར་ལ་སོགས་པའི་ཕ་རོལ་གྱི་དམག་དང་ནང་འཁྲུག་ལ་སོགས་མ་བྱུང་ལ། འདི་ཉིད་གཤེགས་པའི་འོག་ཏུ་ནི་ཧོར་གྱི་ཉེ་བར་འཚེ་བ་དང་། ནང་གི་འཁྲུགས་པ་དག་ཀྱང་ཅི་རིགས་པར་བྱུང་བ་ཡིན་ནོ། །

རྒྱས་པའི་ཕྲིན་ལས་ཀྱང་། རང་ཉིད་ཀྱི་རིགས་ལ་སོགས་པ་མཐོ་རིས་ཀྱི་འབྱོར་བ་རྣམས་ཀྱང་ཇི་ལྟར་བཞེད་པ་བཞིན་དུ་ཡོངས་སུ་རྫོགས་པར་གྲུབ་པས་ན། མཁས་པ་འགའ་ཞིག་བོད་ཀྱི་དགེ་བའི་བཤེས་གཉེན་ལ། ཆོས་རྗེའི་མཐོ་རིས་ཀྱི་ཡོན་ཏན་བདུན་ལེགས་པར་གྲུབ་པ་འདི་ལྟ་བུ་གཞན་སུ་འང་མེད་དོ་ཞེས་གསུངས་པ་ནི་ཤིན་ཏུ་མང་ངོ་། །དེ་ར་མ་ཟད། ཉིད་ཀྱི་ཞབས་དྲུང་ན་གནས་པ་དག་ཀྱང་། ནོར་གྱི་འབྱོར་པ་དང་ཤེས་རབ་ལ་

སོགས་པའི་ཡོན་ཏན་ནི་ཆེས་ཕུལ་དུ་ཕྱིན་པ་མཐོང་སྟེ། ཉིད་ཀྱི་དཔོན་པོ། འགྲོ་བའི་མགོན་པོ་འཕགས་པ་ལ་སོགས་པ་ལྟ་བུའོ། །གཞན་ཡང་ཉིད་ཀྱི་གསུང་གི་བདུད་རྩི་འཐུང་བའི་སློབ་མ། དེ་ཙམ་དུ་མཁས་པར་མ་གྲགས་པ་དག་གིས་བྱས་པའི་བསྟན་བཅོས་དག་ཀྱང་ཆེ་བའི་ཆེ་བར་གྲགས་པའི་བཤེས་གཉེན་དག་གིས་བྱས་པའི་བསྟན་བཅོས་ལས་ཆེས་ཆེར་ལྷག་པར་མཐོང་ལ། དེང་སང་གི་བར་དུ་དཔལ་ས་སྐྱའི་གཙུག་ལག་ཁང་ཆེན་པོར། འཛམ་བུའི་གླིང་གི་སའི་ཆ་ན་གནས་པའི་བཙུན་ཐམས་ཅད་འདུ་བ་དང་། དུས་དུས་སུ་དགེ་བའི་བཤེས་གཉེན་འཇིག་རྟེན་གྱི་མུན་པ་སེལ་ནུས་པ་དག་དུས་མཉམ་དུ་འབྱུང་བ་ནི། ཉིད་ཀྱི་རྒྱས་པའི་ཕྲིན་ལས་གྲུབ་པ་ལས་ཡིན་ནོ། །

དབང་གི་ཕྲིན་ལས་ཀྱང་། སྤྱིར་བདག་ཉིད་ཆེན་པོ་འདིས། འཇིག་རྟེན་གསུམ་གྱི་འབྱུང་པོ་གང་དང་གང་ལ། ཕྲིན་ལས་ཁྱད་པར་ཅན་གང་དང་གང་བགོ་བ་ནི་དེ་དག་གིས་ལེགས་པར་བྱེད་པ་ཡིན་ལ། ཁྱད་པར་དུ། འདིས་ཡུན་རིང་པོའི་དུས་ནས། འཛམ་བུ་གླིང་གི་ས་ཆ་རྣམས་ལས་བོད་ཀྱི་ཡུལ་འདིར་བསྟན་པ་དར་བའི་དུས་སུ། ཧོར་ཞེས་བྱ་བའི་སྐྱེ་བོ་གདུག་པ་ཅན། བླང་དོར་གྱི་གནས་ལ་དུད་འགྲོ་བས་རྨོངས་ཤིང་། སྙིང་རྗེ་ནི་ལས་ཀྱི་གཤིན་རྗེ་བས་ཀྱང་ཆུང་། ལུས་ཀྱི་རྩལ་ནི་གནོད་སྦྱིན་བས་ཀྱང་ཆེ། ལྷ་མ་ཡིན་གྱི་དཔུང་ཚོགས་ལྟར་གྲངས་མང་ཞིང་འཇིགས་སུ་རུང་བ་ཞིག་གིས། ཐོག་མར་རྒྱའི་ཡུལ་དང་། དེ་ནས་མི་ཉག་གི་ཡུལ་ལ་སོགས་པ་བྱང་ཕྱོགས་ཀྱི་རྒྱུད་མཐའ་དག་བདག་གིར་བཟུང་ནས། ཁྲིམ་པ་དང་རབ་ཏུ་བྱུང་བའི་རྣམ་དབྱེ་མེད་པར། ཐམས་ཅད་དམག །ཁྲལ། ལས་གསུམ་གྱི་ཁུར་བཙུག་ནས། བསྟན་པ་མིང་ཙམ་ཡང་མེད་པར་བྱས་ཏེ། རང་གཞན་ཐམས་ཅད་ཕུང་བར་འགྱུར་བར་གཟིགས་ནས། དེ་དག་ལ་བཟོད་གླགས་མེད་པའི་སྙིང་རྗེས་ཧོར་རྣམས་ཀྱི་སེམས་ཆོས་ཀྱི་ལམ་ལ་དྲངས་ཏེ་འདུལ་བའི་སྨོན་ལམ་བཏབ་པ་དུས་ལ་བབ་པར་གཟིགས་ཤིང་། ཉིད་ཀྱི་མཁན་པོ་པཎ་ཆེན་ཤཱཀྱ་ཤྲཱི་སིང་ག་ལའི་གླིང་དུ་བྱོན་པ་ན། དེར་ལྷ་གནམ་སྟེ་དཀར་པོས་ཧོར་གྱི་ཡུལ་དུ། འབྱོན་པར་ཞུས་པ་ན། སྒྲོལ་མ་ལ་གསོལ་བ་བཏབ་པས། ཁྱོད་ཀྱིས་ཕྱིན་ཀྱང་ཕན་པ་མེད། ཁྱོད་ཀྱི་སློབ་མ་ཞིག་བོད་ན་ཡོད། དེས་ཕྱིན་ན་ཕན་པར་འགྱུར་ཏེ། ལུང་སྟོན་ཅིག་གསུངས་ཏེ། པཎ་ཆེན་གྱིས་དེ་ལྟར་ལུང་བསྟན་ཅིང་། བླ་མ་རྗེ་བཙུན་ཆེན་པོ་གཤེགས་ཁར། ཁྱོད་ཀྱི་ཚེ་གཞུག་ཏུ་ཧོར་གྱི་འབོད་མི་འོང་། ཕྱིན་ན་བསྟན་པ་དང་སེམས་ཅན་ལ་ཕན་པ་རྒྱ་ཆེན་པོ་འོང་བས་ཅིས་ཀྱང་སོངས་ཤིག་ཅེས་ལུང་བསྟན་པས། ཆོས་རྗེ་ཉིད་དགུང་ལོ་དྲུག་ཅུ་རེ་གཅིག་བཞེས་པ་ལ། སྟོན་འགྲོའི་ཆོས་འཁོར་ཆེན་པོ་མཛད། རེ་གཉིས་པ་ལ་སྟོབས་ཀྱི་འཁོར་ལོས་བསྒྱུར་བའི་རྒྱལ་པོ། ཛིང་གིར་གན་གྱི་སྲས་ཐོ་ལོ་ནོ་ཡོན་ཞེས་པའི་སྲས། ཨེ་ཅེན་གོ་ཏན་ཞེས

པས་སྤྱན་འདྲེན་གྱི་ཕོ་ཉ་མངགས་ཏེ། སྐུ་ན་བགྲེས་ནའང་སྔར་བཤད་པའི་རྒྱུ་མཚན་རྣམས་ལ་དགོངས་ཏེ། སྐུ་སྲོག་ལ་ཡང་ཕངས་པ་མེད་པར་བྱོན། དྲུག་ཅུ་རེ་གསུམ་ལ་མི་ཉག་གི་ཡུལ་བྱང་ངོས་སུ་ཕེབས། ༼ཇོ་ར་ལྡན་ཤམ་བྷ་ལ་ཡི་ལམ་ཡིག་ན། ཆོས་རྗེ་བས་རུས་སྦལ་སྦྱུ་མེད་པ་སོགས་བཀའ་ཡོངས་ ལ་གོ་དན་གྱིས་པགས་པ་གསེར་གྱི་མདོག་ཅན་འཇའ་འོད་འཕྲུག་པ་གཅིག་བསྟན་ཏེ། རུས་སྦལ་གྱི་པགས་པ་ཡིན་ཟེར། འདི་ལ་ཡོན་ཏན་གཞན་ཅི་ཡོད་གསུངས་པས། འཇམ་ཞིང་ལེགས་པ་འདྲིས་ཚོག་མོད། ཁྱོད་ཀྱིས་རུས་སྦལ་སྦྱུ་ཡོད་པའང་མ་ཚོར་འདུག་ཟེར། དེར་ཆོས་རྗེ་བས་པགས་པ་དེའི་མགོ་བོ་ནས་བཟུང་སྟེ་སངས་རྒྱས་སྟོང་གི་སྐུ་སྦྱུ་རིས་སུ་ཡོད་པ་བསྟན་ཏེ། འདི་བསྐལ་པ་བཟང་པོའི་བྱང་སེམས་གང་འདུལ་གྱིས་ལུས་གཟུང་བ་ཡིན། དེ་རུས་སྦལ་འདྲ་བ་ཞིག་ཡོང་རུང་རུས་སྦལ་མིན་ཏེ་ཏེ་གསུངས་པས་ངོ་མཚར་སྐྱེས་ཀྱང་། ཕྱིའི་བློན་པོ་རྣམས་ལ་ང་ནི་ཚད་པས་ཤིན་ཏུ་ཚ། ཁྱེད་རྣམས་དུད་འགྲོ་དང་འདྲ་བར་འདུག་གོ་ཟེར། དེར་རྒྱལ་པོ་ལ་དམའ་དབབ་བྱུང་བས་དེའི་ལན་དུ། རྒྱལ་པོས་སྒྱུ་མ་མཁན་ལ་མཚོ་སྟེང་གཙུག་ལག་ཁང་བཀོད་པ་ཕུན་སུམ་ཚོགས་པ་སྤྲུལ་དུ་བཅུག་པ་དེར་ཆོས་རྗེའང་སྤྱན་དྲངས་ཏེ་རྒྱལ་པོ་དང་ལྷན་ཏུ་བྱོན། ཕེབས་མ་ཐག་ཏུ་སྒོ་སྲུང་ཁྲོ་བོ་དེ་ལ་ཆོས་རྗེ་བས་འདི་བཤིག་ན་ང་དང་ཁྱོད་གཉིས་མི་འཆམ་མོ་གསུངས། སྟན་ལ་བཞུགས་འཕྲལ་སྒྱུ་མ་མཁན་གྱིས་བཤིག་པར་བརྩམ་པས་འཇིག་མ་ནུས་པ་ན། དེར་ཆོས་རྗེ་བས་བླ་མཆོད་དུ་ཐག་རིང་པོ་ནས་པོས་ནས་དམའ་ཅི་འབེབས་བྱེད་པ་འདི་ཁྱོད་རྣམས་བྱ་བ་མིན། འོན་ཀྱང་འདི་དཀོན་མཆོག་གི་རྟེན་གྲུབ་པ་ཡིན་པས་འཇིག་པར་མི་ནུས་ཞེས་གསུངས་པས། རྒྱལ་པོས་མིག་སྟེང་དུ་བལྟས་ཏེ་ས་ལ་འབེབས་པ་ལན་གསུམ་བྱས་ཏེ་ཡིད་ཀྱིས་ཕྱག་ལན་གསུམ་བྱས། གཙུག་ལག་ཁང་དེ་ཆོས་རྗེ་ཉིད་ལ་ཕུལ་བས་འཇམ་དབྱངས་སྤྲུལ་པའི་སྐུ་ཞེས་ཆོས་རྗེ་ཉིད་ཀྱི་བཞུགས་ནས་དེ་ཡིན་ཞེས་ཡུལ་དེ་ན་གྲགས་འདུག་གོ། །ཞེས་བྲིས་སོ། །དེང་སང་དག་རྒྱུན་ལ། སྒྱུ་མའི་གཙུག་ལག་ཁང་དེར་ཕེབས་འཕྲལ་དུ་ཆོས་རྗེས་མི་འགྱུར་ལྷུན་པོ་སྐྱུ་ཡི་བཀྲ་ཤིས་ཤོག །ཅེས་སོགས་བཀའ་སྩལ་བས་རབ་ཏུ་གནས་ཏེ་འཇིག་མ་ནུས་སོ་ཞེས་ཀྱང་གྲགས་ལ། གཙུག་ལག་དེ་ནི་དེང་སང་བྱང་ཕྱོགས་སྤྲུལ་པའི་སྡེ་གྲགས་ཤིང་སྟོན་ཆོས་རྗེའི་སྐུ་ཡི་བཀོད་པ་དེ་གར་བསྟུས། ད་ལྟ་མཆོད་ཁང་དུ་མ་འདུག་ཟེར།

དེ་ནས་རིམ་གྱིས་འགྲོ་བའི་མགོན་པོ་ཆོས་ཀྱི་རྒྱལ་པོ་འཕགས་པ་རིན་པོ་ཆེ་དང་། ཆོས་ཀྱི་རྒྱལ་པོ་སེ་ཆེན་གན་ཡོན་མཆོད་དུ་འབྲེལ་ཏེ། རྒྱལ་པོ་འདིའི་འོག་ན་སྐད་རིགས་མི་གཅིག་པའི་རྒྱལ་ཁམས། དཀོན་མཆོག་གསུམ་གྱི་སྒྲ་མི་གྲགས་པ་རྣམས་སུའང་དཀོན་མཆོག་ལ་དད་པ་སྐྱེས་ནས། ལས་འབྲས་ལ་བླང་དོར་བྱེད་པ་དང་། ཧོར་རྣམས་ཀྱང་ཐེག་པ་ཆེན་པོའི་སེམས་བསྐྱེད་དང་། དབང་བསྐུར་ཞུ་བ་དང་། དཀོན་མཆོག་མཆོད་ཅིང་སེམས་ཅན་ལ་ཕན་པ་བསྒྲུབས་པ་དང་། སྡིག་ཏོ་མི་དགེ་བའི་ལས་ལམ་ཆ་ཤས་ཀྱིས་སྤངས་ནས། ལམ་བཟང་པོ་ལ་འཇུག་པ་དང་། ཁྱད་པར་བོད་དང་། ཡུ་གུར་དང་། མི་ཉག་དང་། སླན་ཆེ་སོགས་རང་རང་གི་མངའ་འོག་ན་ཡོད་པའི་རབ་ཏུ་བྱུང་བ་དང་སྔགས་པ་སོགས། ཡོན་ཏན་ཅན་གྱི་མི་རྣམས་ལ་དམག་ཁྲལ་ལས

གསུམ་གྱི་འཚེ་བ་མེད་ཅིང་། བཟའ་བ་དང་བཏུང་བ་དང་བགོ་བ་དང་། གསེར་དངུལ། གོས་དར་ལ་སོགས་པའི་འབུལ་བ་བཟང་ཞིང་གྲངས་མང་བ་ཡང་ནས་ཡང་དུ་འབུལ་བ་དང་། གོཻ་ཁྲི་ཧྲི་ཁྲི་སོགས་ཀྱི་མིང་བཟང་པོ་བྱིན་ནས། བཀུར་བསྟི་ཆེན་པོ་བྱས་ཏེ། རྒྱལ་བའི་བསྟན་པ་རིན་པོ་ཆེ་རྙེད་པ་དང་། བཀུར་བསྟི་དང་བཅས་ཏེ་ཡུན་རིང་དུ་གནས་པ་དང་། གཞན་ཡང་ཧོར་གྱིས། རྒྱ་འདི་མི་ཚན་ཆེ་བ་དང་ཞེས་འཆལ་ཆེ་བས་ངོ་ལོག་བྱས་དོགས་ནས། ལོ་སྐོར་རེ་རེ་ཞིང་སྐྱེས་པ་ལོ་དགུ་འགྲོ་བ་ཡན་ཆད། རེ་རེ་ནས་བསད་ཀྱིས་མི་ལང་བས། ཁྱུ་དེད་བྱས་ཏེ་ཕྱིའི་རྒྱ་མཚོར་འདེབས་པ་ལས། དེ་དག་ལ་ལྷག་པར་བརྩེ་བས་རྒྱལ་པོ་ལ། བཀའ་ནན་ཆེར་བསྒོ་ལ་ཏེ། དེས་ཀྱང་དབང་ཞུས་པའི་ཡོན་དུ་ཕུལ་ནས། དེ་ཕྱིན་ཆད་མེད་པ་ཡིན་ནོ་ཞེས་གྲགས་སོ། །དེས་ན། དེང་སང་བྱང་ཕྱོགས་ཀྱི་རྒྱུད་འདིར་དེང་སང་གི་དུས་ནའང་བདེ་སྐྱིད་ཅུང་ཟད་ཡོད་པ་ནི། ཆོས་རྗེ་ཁུ་དབོན་གྱི་བཀའ་དྲིན་ཐུན་མོང་མ་ཡིན་པ་ཡིན་ཏེ། དེང་སང་གི་ཕལ་པ་ལྟ་ཅི་སྨོས། དགེ་བཤེས་སུ་ཁས་འཆེ་བ་རྣམས་དང་། དེ་དག་ལས་ཀྱང་ཕལ་པ་ལྟ་ཅི་སྨོས། རིགས་པ་དང་མི་རིགས་པ་སྤྱོད་པའི་བློ་ཤིན་ཏུ་གསལ་ཞིང་། བསྟན་པ་དང་སེམས་ཅན་གྱི་དོན་གྱི་ཁུར་ཁྱེར་བར་གྲགས་པ་དག་ཀྱང་དེ་ལྟར་མི་སེམས་པ་ནི། ཐུགས་མ་ཚད་པའམ་ཐུགས་རྩིང་པར་ཟད་དོ། །

དེས་ན་ཁུ་དབོན་འདི་གཉིས་ཀྱིས་སེམས་ཅན་ལ་དངོས་སུ་ཕན་པ་མཛད་པ་འདི་ལྟ་བུ་ནི། བོད་ཀྱི་དགེ་བཤེས་སུས་ཀྱང་བྱས་པ་མེད་དོ། །དེའི་ཕྱིར་འགའ་ཞིག །ས་སྐྱ་པ་ལྟའི་བུའི་བདུད་ཀྱིས་གཡེངས་པས་ཧོར་དང་འབྲེལ་ལོ་ཞེས་ཟེར་བའང་མི་རིགས་ཏེ། ཧོར་གྱི་ངོར་རབ་ཏུ་བྱུང་བའང་ཧོར་དང་སྤྱོད་པ་བསྟུན་པ་སོགས་ཅུང་ཟད་བྱུང་ཡང་། གལ་ཏེ་ས་སྐྱ་པས་དེའི་བློ་དང་མ་བསྟུན་ན། དེ་ཆོས་ལ་འཇུག་པར་མི་ནུས་ཏེ། ཐུབ་པས་ཀྱང་། འཇིག་རྟེན་བཞུགས་པའི་དོན་དུ་འཇིག་རྟེན་མཐུན་འཇུག་མཛད་པ་ལྟ་བུའོ། །དེ་ཆོས་ལ་མ་ཞུགས་ན། སྔར་བཤད་པའི་ཉེས་དམིགས་རྣམས་འོང་བས། དགག་བྱ་བས་དགོས་པ་ཆེ་བ་ཡིན་ནོ། །འདི་ནི་བྱང་ཆུབ་སེམས་དཔའ་ཆེན་པོ་རྣམས་ཀྱི་སྨད་དུ་བྱུང་བའི་རྣམ་པར་ཐར་པ་ཡིན་ཏེ། བློ་དམན་པ་རྣམས་ཀྱིས་མོས་པར་དཀའ་འོ། །

དོན་འདི་ལ་དགོངས་ནས། ཆོས་རྗེ་ཉིད་ཀྱིས། སྐུ་ཚེའི་འདུ་བྱེད་གཏོང་བའི་ཚེ། །མགོན་པོ་ཁྱོད་ཀྱི་གསུང་རབ་མཆོག །ནན་ཏན་གྱིས་ནི་བཀའ་བསྒོ་ལ་པ། །འབད་པས་ཅི་ནུས་བསྒྲུབས་པའི་ཚེ། །བར་དུ་གཅོད་པའི་ཆོས་དེ་གྲོལ། །དེ་ནས་ཇི་སྐད་གསུངས་པ་ཡི། །བཀའ་བསྒོལ་དེ་དག་ཅི་གསུང་བཞིན། །རྣམ་པ་ཀུན་ཏུ་ཐོག་ཏུ་བབས། །བདེན་གསུང་ཁྱོད་ལ་བདག་སྐྱབས་མཆི། །ཞེས་སོ། །

དྲག་པོའི་ཕྲིན་ལས་འདི་ལྷ་བུ་མཛད་ཅེས་པ་གསལ་བར་མ་ཐོས་ཀྱང་། མཛད་པའི་མཐུ་ནི་ཐོགས་པ་མེད་པ་མངའ་སྟེ། བདག་ཉིད་ཆེན་པོ་འདི་བྱང་ངོས་སུ་འབྱོན་པ་ན། རྒྱ་རུམ་ན་བཞུགས་པའི་དཔལ་མ་ཧཱ་ཀཱ་ལའི་འཕྲུམས་སྐུའི་དྲུང་དུ། བསྟན་པ་དང་གཙུག་ལག་ཁང་འདི་བསྲུངས་ཤིག་ཅེས་བཀའ་བགོ་བ་མཛད་ནས། ཆོས་རྗེ་ཉིད་བཞེངས་ཏེ་འབྱོན་པར་བརྩམས་པ་ན། ཆོས་སྐྱོང་གི་འཕྲུམས་སྐུ་ཡང་བཞེངས་ཏེ། ཆོས་རྗེའི་ཕྱག་ཕྱིར་བྱོན་པ་ན། ན་བཟའ་བླ་གོས་ཀྱི་གྲྭ་དབུ་ལ་བསྣུན་པས། དེང་སང་གི་བར་དུ་ཡང་དབུ་སྒུར་པོར་ཡོད་དོ་ཞེས་གྲགས་སོ། །

ད་ནི་ཞར་ལ་བྱུང་བ་འདི་བརྗོད་པར་བྱ་སྟེ། དེ་ལྟར་བདག་ཉིད་ཆེན་པོ་འདི། བྱང་ངོས་སུ་དྲུག་ཅུ་རྩ་གསུམ་པ་ལ་ཕེབས་ནས། རི་དགུ་ལྟུགས་པོ་ཁྲིའི་ཕ་སྐར་ཟླ་བ་ལ་ས་ཆེན་པོ་གཡོས་ཤིང་། དྲུང་ན་འཁོད་པ་རྣམས་ཀྱིས་རྒྱུ་མཚན་ཞུས་པ་ན། བྱང་ཆུབ་སེམས་དཔའ་རྣམས་ཞིང་གཞན་དུ་འགྲོ་བ་ན་ས་གཡོ་བ་ཆོས་ཉིད་ཡིན། ཁོ་བོའང་ལྟུགས་མོ་ཕག་ལ་ཞིང་གཞན་དུ་འགྲོ་གསུངས་ཤིང་། ཟླ་བ་དེ་ཉིད་ཀྱི་ཉི་ཤུ་དགུའི་ནམ་ཕྱེད་ན། དེ་བཞིན་གཤེགས་པ་སྒྲ་དབྱངས་མི་ཟད་པ་སྒྲོག་པའི་རྒྱལ་པོས་གཟིགས་ཤིང་། ཐོ་རངས་རྗེ་བཙུན་སྤྱན་རས་གཟིགས་དབང་ཕྱུག་གཟིགས། སྐྱིན་དྲུག་ཟླ་བའི་ཡར་ངོའི་ཚེས་དྲུག་གི་ཉིན། རོལ་མོའི་སྒྲ་རྣམ་པ་སྣ་ཚོགས་པ་དཀྲོལ་བར་ཡང་བྱུང་བས། འགའ་ཞིག་ལྟས་བཟང་ཟེར་ལ། ཁོ་བོ་གཞན་དུ་འགྲོ་བ་ལ་ཁྱེད་དགའ་འམ་གསུང་ནས་མ་དགྱེས། ཟླ་བ་དེའི་བཅུ་གསུམ་གྱི་ཉིན་པར་གཟིམ་ཁང་གི་ཕྱི་རོལ་ན་བཞུགས་པའི་ཚེ། ནམ་མཁའ་ལ་སྤྲིན་གྱི་དབུས་སུ། ཐུབ་པ་ཉན་ཐོས་ཀྱི་ཚོགས་དང་བཅས་པས་གཟིགས་ཤིང་། བཅུ་བཞིའི་ཉིན་པར་སྤྲིན་གྱི་ནང་དུ། དཔལ་ཀྱེའི་རྡོ་རྗེ་ལྷ་དགུའི་དཀྱིལ་འཁོར་དང་། བཅོ་ལྔའི་ཉིན་འཕགས་པ་འཇམ་དཔལ་ལན་གསུམ་གཟིགས་ཤིང་། གཟིམས་ཁང་དུ་བྱོན་ནས་བསྐོར་བ་མཛད་པའི་ཚེ། རྗེ་བཙུན་མ་སྒྲོལ་མའི་ཞལ་གཟིགས་ཤིང་། དྲུང་ན་འཁོད་པ་རྣམས་ལ་ཁྱེད་ཀྱིས་ཅི་ཞིག་མཐོང་། ཁྱེད་ཀྱིས་རོལ་མོ་ཐོས་སམ། སེམས་ལ་བདེ་བ་ཐོབ་བམ་གསུངས་པ་ལ། གཞན་ཅི་ཡང་མ་མཐོང་། རོལ་མོ་ཐོས་ལགས་ཞུས་པས། དེ་ཡང་ཁྱེད་སྡིག་ཤས་ཆུང་བ་ཡིན་གསུང་། འཁོར་ལོ་བདེ་མཆོག་ལ་སོགས་ཀྱི་དཀྱིལ་འཁོར་བཅུ་གསུམ་གཟིགས་སོ། །

དེའི་ཚེ་སྡུག་བསྔལ་གྱིས་ཉམ་ཐག་པའི་འགྲོ་བ་འགའ་ཞིག་ལ་ཕྱག་རྗེ་ཆེན་པོ་འཁྲུངས་ཏེ། སངས་རྒྱས་བྱང་ཆུབ་སེམས་དཔའ་རྣམས་ཀྱང་འདི་ལྟ་བུའི་སྡུག་བསྔལ་ཅན་ཡལ་བར་འདོར་བ། ཐུགས་རྗེ་ཆུང་ཞེས་གསོལ་བ་བཏབ་པ་ན། དེའི་ཐོ་རངས་བླ་མ་རྗེ་བཙུན་ཆེན་པོ་དབུས་དང་། གཡས་སུ་རྣལ་འབྱོར་དབང་ཕྱུག་དཔལ་ལྡན་བི་རཱུ་པ། གཡོན་དུ་ནག་པོ་པ་བཞུགས་པ་མངོན་སུམ་དུ་བྱོན་ནས། ཡིད་ཆད་པར་མ་བྱེད་ཅིག །

ཁྱོད་འདི་ནས་ཤི་འཕོས་ཏེ། རིག་པ་འཛིན་པའི་མཁའ་ལ་སྤྱོད་པ། ཚེ་ཉི་ཟླ་དང་མཉམ་པར་སྐྱེས་ནས། སྔགས་ཀྱི་ལམ་ཟབ་མོ་ཉམས་སུ་ལེན་ཞིང་། དེའི་འོག་ཏུ་ཤར་ཕྱོགས་མུ་མུ་ནི་ཞེས་པར། འཁོར་ལོས་བསྒྱུར་བའི་རྒྱལ་པོ་ཉི་མའི་སྟོབས་འཕེལ་ཞེས་བྱ་བའི་བུར་སྐྱེས་ནས་རབ་ཏུ་བྱུང་སྟེ། སངས་རྒྱས་ཀྱི་ཞིང་ཡོངས་སུ་དག་པ་དང་། སེམས་ཅན་ཡོངས་སུ་སྨིན་པར་བྱས་ཏེ། དེའི་འོག་སྐྱེ་བ་གསུམ་པ་ལ་དེ་བཞིན་གཤེགས་པ་དགྲ་བཅོམ་པ་ཡང་དག་པར་རྫོགས་པའི་སངས་རྒྱས་དྲི་མ་མེད་པའི་དཔལ་ཞེས་བྱ་བར་འགྱུར་རོ་ཞེས། རྗེ་བཙུན་ཆེན་པོས་དངོས་སུ་ལུང་བསྟན་ཅིང་། རྣལ་འབྱོར་དབང་ཕྱུག་གིས་དེ་ཁོ་ན་བཞིན་དུ་འགྱུར་རོ་ཞེས་མཐུན་འགྱུར་གསུངས། ནག་པོ་པས་རྗེས་སུ་ཡི་རངས་པའི་སྒོ་ནས་འཛུམ་པ་མཛད་དོ། །ཐེག་པ་ཆེན་པོའི་མདོ་དང་བསྟན་བཅོས་རྣམས་ལས། ས་བརྒྱད་པ་མ་ཐོབ་བར་དུ། དངོས་སུ་སངས་རྒྱས་སུ་ལུང་སྟོན་པ་མི་འབྱུང་ཞེས་གསུངས་པས། འདི་ནི་ས་བརྒྱད་པ་ཡན་ཆད་ལ་གནས་པར་ཐེ་ཚོམ་མེད་དོ། །འདིར་ཡང་ཡིད་ཆེས་པའི་ལུང་མེད་ཅིང་། ཆོས་རྗེ་ཉིད་ཀྱིས་དེ་སྐད་ཞལ་གྱི་བཞེས་པའང་བསྒྲུབ་བྱེད་དུ་མི་རུང་ངོ་ཞེས་ཀྱང་བརྗོད་པར་མི་བྱ་སྟེ། སྔར་བཤད་པ་ལྟར་རྣམ་པ་ཀུན་ཏུ་བརྫུན་ཚིག་མི་གསུང་བའི་ཕྱིར་དང་། བདུད་ཀྱི་ལས་དང་། དེ་མ་ཡིན་པའི་རྣམ་དབྱེ་ལ་མཁས་པའི་ཕྱིར་རོ། །ལྕགས་མོ་ཕག་སླལ་པོ་ཟླ་བའི་ཡར་ངོའི་ཚེས་བདུན་གྱི་ཉིན། ནམ་མཁའ་ལ་རོལ་མོའི་སྒྲ་གྲགས་པ་ན། ཅི་ལགས་ཞུས་པས། ཁྱེད་ཀྱིས་མི་ཤེས་སམ། ཁོ་བོ་འདི་ནས་གཞན་དུ་འགྲོ། ད་སྟེ་སྐྱེ་བ་གསུམ་པའི་ལུས་ལ་བརྟེན་ནས། དེ་བཞིན་གཤེགས་པ་དྲི་མ་མེད་པའི་དཔལ་ཞེས་བྱ་བའི་སངས་རྒྱས་སུ་འགྱུར་རོ་ཞེས། རྗེ་བླ་མ་མངོན་སུམ་དུ་བྱོན་ནས་ལུང་བསྟན་པས། ང་ལ་རྟེ་གཅིག་ཏུ་གསོལ་བ་འདེབས་པ་ཁྱེད་རྣམས་ཀྱང་རྗེས་སུ་བཟུང་ངོ་ཞེས། ཞལ་གྱིས་བཞེས་ཏེ། ཟླ་བ་དེ་ཉིད་ཀྱི་ཚེས་བཅུ་བཞིའི་ཐོ་རངས་ཀྱི་ཆ་ལ། ལྷའི་ཚོགས་བསམ་གྱིས་མི་ཁྱབ་པས་སིལ་སྙན་ལ་སོགས་པ་མཆོད་པའི་ཚོགས་དཔག་ཏུ་མེད་པས་བསུས་ཏེ། ཡོངས་སུ་མྱ་ངན་ལས་འདའ་བའི་ཚུལ་བསྟན་ཏོ། །

དེ་ནས་སྐུ་གདུང་ཞུགས་ལ་འབུལ་བའི་ཚེ། འཇའ་འོད་དང་མེ་ཏོག་གི་ཆར་ལ་སོགས་པ་ངོ་མཚར་བའི་ལྟས་བསམ་གྱིས་མི་ཁྱབ་པ། འཇིག་རྟེན་ཐམས་ཅད་ཀྱི་ཐུན་མོང་དུ་གྱུར་ཏེ། སྐུ་གདུང་ཡང་ཕལ་ཆེར་རིང་བསྲེལ་གྱི་ཕུང་པོ་གྱུར་ཏེ། དེ་ལྟར་བདག་ཉིད་ཆེན་པོ་འདིའི་རྣམ་པར་ཐར་པ་ཅུང་ཟད་བརྗོད་པ་འདི་དག་ཀྱང་། གདུལ་བྱ་དད་པ་ཅུང་ཟད་ཡོད་ཀྱང་། བློ་དམན་པར་གྱུར་པ་དག་ལ་སྣང་བར་ཟད་ཀྱི། འདི་ཙམ་གྱིས་འདིའི་ཚོད་བཟུང་བར་མི་བྱ་སྟེ། འདི་ནི་ངེས་པར། བཅོམ་ལྡན་འདས་འཇམ་པའི་དབྱངས་ཉིད་ཀྱི་སྤྲུལ་པ་སྟེ། པཎ་ཆེན་ཤཱཀྱ་ཤྲཱི། སིང་ག་ལའི་གླིང་དུ་བྱོན་པ་ན། འཕགས་པ་དགྲ་བཅོམ་པ་ཞིག་གིས་མེ་ཏོག་སེར་པོ་ཞིག་གཏད་དེ།

ཁྲིད་པོད་དུ་འགྲོ་བ་ན། འདི་གང་དུ་ཁ་བྱེ་བ་དེར་འཇམ་དབྱངས་ཀྱི་སྤྲུལ་པ་ཞིག་འོང་བས། དེ་ལ་ཕུལ་ཅིག་ཅེས་ལུང་བསྟན་ནོ། །དཔལ་མར་མེ་མཛད་ཡེ་ཤེས་དབུས་སུ་བྱོན་དུས། ས་སྐྱ་དན་གྱི་ས་ཕྱོགས་དེ་གཟིགས་ནས། འདིར་འཇམ་དབྱངས་ཀྱི་སྤྲུལ་པ་བདུན་རྒྱུད་འབྱོན་ཞེས་ལུང་བསྟན་ཅིང་། པོ་དོང་རིན་པོ་ཆེ་ལ་སོགས་པའི་གདུལ་བྱ་དག་པ་འགའ་ཞིག་གིས། འཇམ་དབྱངས་སུ་དངོས་སུ་གཟིགས་པ་དང་། བྱང་ལིང་ཚུ་རྩེ་ཁབ་ན་བཞུགས་པ་ན། མི་མང་པོ་ཞིག་གིས་རི་བོ་རྩེ་ལྔ་ལ་མཆོད་པ་ལ་ཕྱིན་པས། ཐམས་ཅད་ཀྱི་རྨི་ལམ་དུ། ད་ལྟ་རི་བོ་རྩེ་ལྔ་ན་འཇམ་དབྱངས་མི་བཞུགས། ལིང་ཚུ་རྩེའི་ཁབ་ན་ཆོས་གསུང་གི་ཡོད་ཟེར་བ་རྨིས་ཏེ། སད་པ་ན་ཐེ་ཚོམ་མེད་པར་ལིང་ཚུར་ཡོངས་པས། ཆོས་རྗེ་ཉིད་དང་མཇལ་ལོ་ཞེས་གྲགས་སོ། །བསམ་པ་དག་པའི་གདུལ་བྱ་འགའ་ཞིག་གིས། །འཇམ་པའི་དབྱངས་སུ་དངོས་སུ་མཐོང་གྱུར་ཅིང་། །འཕགས་པའི་ཡུལ་ནའང་གཏམ་དུ་དེ་སྐད་གྲགས། །ལྷུན་གྲུབ་ཁྱེད་ལ་སྤྱི་བོས་ཕྱག་འཚལ་ལོ། །ཞེས་པ་ལྟར་རོ། །

འདིར་འགའ་ཞིག་ཁྱེད་ཀྱིས་ཇི་སྐད་སྨྲས་པ་དེ་ནི་དོན་དེའི་སྒྲུབ་བྱེད་དུ་མི་རིགས་ཏེ། འཇིག་རྟེན་ཕལ་པའི་ཚིག་ཡིན་པའི་ཕྱིར། སྐྱེས་བུ་བརྫུན་མའི་ཚིག་བཞིན་ནོ་ཞེ་ན། ཆོས་ཀྱི་རྗེ་འཇམ་དབྱངས་ཀྱི་སྤྲུལ་པ་ཡིན་ཞེས་པ་ནི། ཀུན་རྫོབ་ཀྱི་རྣམ་བཞག་ཡིན་ལ། དེ་ལ་ནི་འཇིག་རྟེན་གྱི་གྲགས་པ་ཉིད་སྒྲུབ་བྱེད་ཡིན་གྱིས། དངོས་པོའི་སྟོབས་ཀྱིས་ཞུགས་པའི་ཚད་མའམ། དེས་གྲུབ་པའི་ལུང་འགའ་ཞིག་ཚད་མར་བྱ་དགོས་པ་ནི་མ་ཡིན་ནོ། །གཞན་དུ་ན་དེ་ཉིད་ཀུན་རྫོབ་ཀྱི་རྣམ་བཞག་མ་ཡིན་པར་འགྱུར་ཏེ། དཔྱད་བཟོད་ཡིན་པའི་ཕྱིར་རོ། །དེས་ན་ཀུན་རྫོབ་བདེན་པའི་རིགས་པས། དཔྱད་བཟོད་དུ་ཁས་ལེན་པ་ནི་འཕགས་པ་ཡབ་སྲས་ཀྱི་གཞུང་ལས་ཆེས་རིང་དུ་གྱུར་པ་ཡིན་ཏེ། དེ་ལས་ནི་དོན་དམ་པའི་བདེན་པ་རྣམ་པར་འཇོག་པ་ལ་འཕགས་པ་རྣམས་ཁོ་ན་ཚད་མ་ཡིན་པ་ལྟར། ཀུན་རྫོབ་ཀྱི་བདེན་པ་རྣམ་པར་འཇོག་པ་ལ་འཇིག་རྟེན་ཁོ་ན་ཚད་མ་ཡིན་གྱི། ཀུན་རྫོབ་བདེན་པ་རིགས་པས་དཔྱད་མི་བཟོད་པར་གསུངས་པའི་ཕྱིར་རོ། །དབུ་མ་རྩ་བ་ལས། སངས་རྒྱས་རྣམས་ཀྱིས་ཆོས་བསྟན་པ། །བདེན་པ་གཉིས་ལ་ཡང་དག་བརྟེན། །འཇིག་རྟེན་ཀུན་རྫོབ་བདེན་པ་དང་། །དེ་བཞིན་དོན་དམ་བདེན་པའོ། །ཞེས་པ་དང་། རིན་པོ་ཆེའི་ཕྲེང་བ་ལས་ཀྱང་། དཔེར་ན་སྒྱུ་མའི་གླང་པོ་ནི། །གང་ནས་མ་འོངས་གར་མི་འགྲོ། །སེམས་རྨོངས་ཙམ་དུ་ཟད་པས་ན། །ཡང་དག་ཉིད་དུ་གནས་པ་མེད། །དེ་བཞིན་འཇིག་རྟེན་སྒྱུ་འདྲ་བ། །གང་ནས་མ་འོངས་གར་མི་འགྲོ། །སེམས་རྨོངས་ཙམ་དུ་ཟད་པས་ན། །ཡང་དག་ཉིད་དུ་གནས་པ་མེད། །ཞེས་པ་དང་། དབུ་མ་འཇུག་པ་ལས་ཀྱང་། གང་ཕྱིར་དངོས་པོ་འདི་དག་རྣམ་བཙད་ན། །དེ་ཉིད་བདག་ཅག་དངོས་ལས་ཚུ་རོལ་དུ། །གནས་རྙེད་མ་ཡིན་དེ་ཕྱིར་འཇིག་རྟེན་གྱི། །ཐ་སྙད་བདེན་ལ་རྣམ

པར་དཔྱད་མི་བྱ། །ཞེས་གསུངས་པ་ལྟར་རོ་ཞེས་ཟེར་ན། ལན་རྙེད་པར་དཀའོ། །རང་རྒྱུད་པ་དག་ཀྱང་ཀུན་རྫོབ་བདེན་པ་རིགས་པས་དཔྱད་བཟོད་དུ་མི་འདོད་དེ། བདེན་གཉིས་ལས། ཇི་ལྟར་སྣང་བཞིན་ངོ་བོའི་ཕྱིར། །འདི་ལ་དཔྱད་པ་མི་འཇུག་གོ། །ཞེས་གསུངས་པས་སོ། །

འོན་ཀྱང་དེ་དག་ནི་དེ་སྐད་ཟེར་བཞིན་དུ། ཀུན་རྫོབ་ཏུ་དངོས་པོ་རྣམས་གཞན་ལས་སྐྱེ་བ་དང་། སངས་རྒྱས་ཀྱི་ཡེ་ཤེས་མ་འཁྲུལ་བས། ཀུན་རྫོབ་ཀྱི་བདེན་པ་མཛལ་བ་སོགས་རིག་པས་དཔྱད་བཟོད་དུའང་ཁས་ལེན་པས་ནང་འགལ་བ་ཡིན་ནོ། །འོན་ཀྱང་གཞུང་འདིར་ནི་རང་རྒྱུད་ལས་ལྷག་པ་སྟོན་པར་མི་མཛད་དོ། །འདི་སྐབས་དུ་ཐེད་ཀྱིས་འོག་ནས་དགག་པ་བྱེད་པའི་གང་ཟག་དེ་དག་ཀྱང་། བཟང་པོར་གྲགས་པའི་ཕྱིར། དེ་དག་ཀྱང་དགག་པར་མི་རིགས་སོ་ཞེ་ན། དེ་དག་ལ་ནི། རང་དང་འཇིག་རྟེན་ལ་གྲགས་པའི་ལུང་རིགས་ཀྱིས་གནོད་པ་མཐོང་ལ། ཁོ་བོ་ཅག་གི་ཆོས་ཀྱི་རྗེའི་ཞལ་སྔ་ནས། འཛམ་དབྱངས་ཀྱི་སྤྲུལ་པ་ཡིན་ཞེས་པ་ལ་ནི་རང་དང་འཇིག་རྟེན་གྱི་གནོད་པ་གང་ཡང་ཡོད་པ་མ་ཡིན་ལ། དེ་ཙམ་ལ་འཇིག་རྟེན་ན་བདེན་པའི་ཐ་སྙད་བྱེད་པའི་ཕྱིར་མཚུངས་པ་མ་ཡིན་ནོ། །

གཉིས་པ་གང་གི་ཕྱིར་བསྟན་པའི་དགོས་པ་ནི། གཞུང་འདི་ལས་ཉན་ཐོས་ཀྱི། ཕ་རོལ་ཕྱིན་པའི་གསང་སྔགས་ཀྱི་ཐེག་པ་གསུམ་པོའི་ལམ་དང་། དེའི་མི་མཐུན་ཕྱོགས། ཆོས་ལྟར་བཅོས་པ་རྣམས་བདེ་བླག་ཏུ་རྟོགས་ཤིང་། དེ་ལས་དེ་དག་ལ་བླང་དོར་བྱས་པས་གནས་སྐབས་སུ་བསྟན་པ་ལ་ཕན། ཆོས་ལོག་ནུབ། བདུད་ཐམས་ཅད་སྤྲ་སྒྲོང་། མཁས་པ་རྣམས་དགའ་བ་སྐྱེ། མཐར་ཐུག་བྱང་ཆུབ་གསུམ་རིམ་གྱིས་འགྲུབ་པ་ཡོན་ནོ། །མངོན་རྟོགས་རྒྱན་ལས། བདེ་བླག་ཏུ་ནི་རྟོགས་པ་ཞེས། །བྱ་བ་རྩོམ་པའི་དགོས་པ་ཡིན། །ཞེས་པ་དང་། འདི་ཉིད་དུའང་། འོན་ཀྱང་སངས་རྒྱས་བསྟན་པ་ལ། །ཕན་པར་བསམ་ནས་བཤད་པ་ཡིན། །ཞེས་པ་དང་ཞེས་གསུངས། དེང་སང་འདི་ན་ཡང་། མཁས་པ་རྣམས་ཀྱི་ཆོས་བཤད་ན། །ཆོས་ལོག་སྤྱོད་པ་ཕམ་བྱེད་ཅིང་། །བདུད་རིགས་ཐམས་ཅད་ཡི་མུག་འགྱུར། །མཁས་པ་ཐམས་ཅད་དགའ་བར་བྱེད། །འདི་འདྲས་བསྟན་པ་འཛིན་པར་ནུས། །ཞེས་གསུངས་པ་ལྟར་རོ། །

གསུམ་པ་གང་བསྟན་པའི་བརྗོད་བྱ་ནི། ཐེག་པ་གསུམ་པོ་དེ་དག་རེ་རེ་ལའང་། གང་ལ་དམིགས་ཏེ་བསྒྲུབ་པའི་གཞི་ཤེས་བྱ་དང་། དེ་ལ་དམིགས་ཏེ་བསྒྲུབ་པ་ལམ་དང་། དེ་ལས་གྲུབ་པའི་འབྲས་བུ་སྟེ་གསུམ་དང་། ལམ་ལའང་ལྟ་བསྒོམ་སྤྱོད་པ་གསུམ་གསུངས་ཏེ་བཅོ་ལྔ་ཡིན་ལ། དེ་དག་འདིར་ཅུང་ཟད་བརྗོད་ན། ཉན་ཐོས་ཀྱི་ཤེས་བྱ་ལ་གཉིས་ལས་ཇི་སྙེད་པ་ནི་ཕུང་པོ་ལྔ་དང་། སྐྱེ་མཆེད་བཅུ་གཉིས་དང་། ཁམས་བཅོ་

བརྒྱད་དང་། གཟུགས། སེམས། སེམས་བྱུང་། མི་ལྡན་འདུ་བྱེད། འདུས་མ་བྱས་ཏེ་གཞི་ལྔ་དང་། ཇི་ལྟ་བ་ནི་འཕགས་པའི་བདེན་པ་བཞི་དང་གང་ཟག་གི་བདག་མེད་པ་ཡིན་ལ། ལྟ་བ་ནི་རང་རྒྱུད་པ་མན་ཆད་ཉན་ཐོས་གྲུབ་མཐའ་འཛིན་པ་དང་། རྟོགས་པ་སྐྱེས་པ་གཉིས་ཀ་ལྟ་བའི་འཛིན་སྟངས་འདྲ་བར་འདོད་པས། ཉན་ཐོས་ཀྱིས་ནི་གང་ཟག་གི་བདག་མེད་ཙམ་དང་། རང་སངས་རྒྱས་ཀྱང་། འདིར་ཉན་ཐོས་ཀྱི་ཁོངས་སུ་བསྡུ་བས། དེའི་ལྟ་བ་ནི་ཆོས་ཀྱི་བདག་མེད་ཀྱི་ཕྱོགས་གཅིག་བཟུང་བ་རང་བཞིན་མེད་པར་ཡང་རྟོགས་སོ། །

བསྒོམ་པ་ནི་ལྟ་བའི་རྒྱུན་གོམས་པར་བྱེད་པ་ལ་བཤད་ཀྱང་རེ་ཞིག་སྐབས་འདིར་ནི། ལྟ་བ་ཤེས་བྱ་ཇི་ལྟ་བའི་ཡུལ་ཅན་སྤྱིའི་མཚན་ཉིད་ཁོ་ནའི་རྣམ་ལྡན་ཤེས་རབ་ཀྱི་ཆ་ཡིན་ལ། བསྒོམ་པ་ནི་ཐབས་ཀྱི་ཆ་ཤེས་བྱ་ཇི་སྙེད་པའི་ཡུལ་ཅན་ནམ། རང་མཚན་དང་རང་སྤྱི་གང་ཡང་མ་ཡིན་པའི་རྣམ་པ་ཅན་མི་སྡུག་པ་དང་། དབུགས་འབྱུང་རྔུབ་དྲན་པ་དང་། ཚད་མེད་རྣམ་ཐར་ཟིལ་གནོན་ཟད་པར་སོགས། རང་མཚན་དང་རང་སྤྱི་གང་ཡང་མ་ཡིན་པའི་རྣམ་པ་ཅན་རྣམས་སོ། །

སྤྱོད་པ་ནི། སོ་སོ་ཐར་པའི་སྡོམ་པ་རིགས་བརྒྱད་སོགས། དགེ་བའི་ལས་ལམ་གཟུགས་ཅན་རྣམས་དང་། དེ་དང་རྗེས་སུ་མཐུན་པའི་ལུས་ངག་གི་བྱ་བ་གཞན་ཡང་ངོ་། །འབྲས་བུ་ནི་གནས་སྐབས་ཀྱི་འབྲས་བུ་དགེ་སྦྱོང་ཚུལ་གྱི་འབྲས་བུ་བཞི་དང་། མཐར་ཐུག་གི་འབྲས་བུ་ལྷག་བཅས་ལྷག་མེད་ཀྱི་མྱ་ངན་ལས་འདས་པ་རྣམ་པ་གཉིས་སོ། །ལམ་འགྲོད་པའི་ཚུལ་ནི་འཁོར་བའི་ཉེས་དམིགས་དང་། ཐར་པའི་ཕན་ཡོན་ལེགས་པར་ཐོས་ནས། དེ་དག་བླང་དོར་བྱ་བའི་ཚུལ། ཐོག་མར་སོ་སོ་ཐར་པ་རིགས་བདུན་གང་རུང་གི་སྡོམ་པ་བླངས་ཏེ། རྒྱུད་སྡོམ་དུ་རུང་བར་བྱེད་དོ། །དེའི་འོག་ཏུ་འཕགས་པའི་བདེན་པ་སྟོན་པའི་གསུང་རབ་གཞན་ལས་ཉན་པའི་ཐོས་པ་དང་། དེ་དོན་རིག་པས་དཔྱོད་པའི་བསམ་པ་དང་། དེས་གཏན་ལ་ཕབ་པའི་དོན་ཡང་ཡང་གོམས་པའི་བསྒོམ་པ་ཡིན་ཏེ། མཛོད་ལས། ཚུལ་གནས་ཐོས་དང་བསམ་ལྡན་པས། །སྒོམ་པ་ལ་ནི་རབ་ཏུ་སྦྱོར། །ཞེས་གསུངས་པ་ལྟར་རོ། །

དེ་ཡང་སྒོམ་གྱི་དངོས་གཞི་དྲན་པ་ཉེར་བཞག་ཡིན་པས། དེའི་སྔོན་དུ། འདོད་ཆགས་ཤས་ཆེ་བས་མི་སྡུག་པ་དང་། ཞེ་སྡང་ཤས་ཆེ་བས་བྱམས་པ་དང་། གཏི་མུག་ཤས་ཆེ་བས་རྟེན་འབྲེལ་དང་། ང་རྒྱལ་ཆེ་བས་ཁམས་ཀྱི་རབ་དབྱེ་དང་། རྣམ་རྟོག་མང་བས་དབུགས་འབྱུང་རྔུབ་དང་། ཉོན་མོངས་པ་ཆུང་པའམ་ཆ་མཉམ་པས་ནི་དང་པོ་ནས། སྒོམ་གྱི་དངོས་གཞི་ལ་འཇུག་ཅིང་། དེ་ཡང་དེའི་དོན་ལ་འཇིག་རྟེན་པའི་བསྒོམ་བྱུང་མ་སྐྱེས་ཀྱི་བར་དུ། ལས་དང་པོ་པའི་ལམ་ཞེས་མངོན་པ་མཛོད་ལས་བཤད་ཀྱི། ཚོགས་ལམ་གྱི་མིང་མ་བཏགས་ལ།

གོང་མ་ལས་ཚོགས་ལམ་ཞེས་བཤད་དོ། །དེར་སྐྱེས་ནས་བདེན་པ་མ་མཐོང་བར་དུ་ངེས་འབྱེད་ཆ་མཐུན་ཟེར་ཞིང་། གོང་མ་བས་ཚོགས་སྦྱོར་ལམ་ཞེས་ཀྱང་ཟེར་རོ། །དེ་མཐོང་བས་མཐོང་ལམ་ཐོབ་པ་ཡིན་ཞིང་། ལམ་སྔ་མ་གཉིས་ཀྱིས་ཉོན་མོངས་པ་མགོ་གནོན་པ་ཙམ་ལས་སྤོང་བར་མི་བྱེད་དོ། །མཐོང་བའི་ལམ་གྱིས་ནི། ཁམས་གསུམ་གྱི་མཐོང་སྤང་སྤོང་ཞིང་། དེ་ནས་བསྒོམ་སྤང་ལ། འདོད་པ་དང་བསམ་གཏན་པ་བཞི། གཟུགས་མེད་པ་བཞི་སྟེ་དགུ་པོ་རེ་རེ་ནའང་། ཆེན་པོའི་ཆེན་པོ་སོགས་དགུ་དགུ་ཡོད་པ་རྣམས། བསྒོམ་ལམ་ཆུང་ངུའི་ཆུང་ངུ་སོགས། དགུ་དགུ་བརྒྱད་ཅུ་གཅིག་གིས་སྤོང་ཞིང་། མཐོང་ལམ་སྐད་ཅིག་བཅོ་ལྔའི་རྗེས་སུ། བཅུ་དྲུག་པ་ལམ་ལ་རྗེས་ཤེས་སྐྱེས་པ་ན། རྒྱུན་ཞུགས་དང་དེ་ནས་འདོད་པའི་བསྒོམ་སྤང་དྲུག་པ་སྤངས་པ་ལན་ཅིག་ཕྱིར་འོང་དང་། དགུ་པ་སྤངས་པ་ན་ཕྱིར་མི་འོང་དང་། སྲིད་རྩེའི་དགུ་པ་སྤངས་པ་ན་དགྲ་བཅོམ་པ་ཡིན་ནོ། །དེའང་འཆིང་བ་ཀུན་ལྡན་གྱི་དབང་དུ་བྱས་ཀྱི། ཆགས་བྲལ་སྔོན་འགྲོ་དང་། ཅིག་ཆར་ངེས་པར་འབྱིན་པའི་ཚུལ་ནི། ཡི་གེ་མངས་ཀྱིས་དོགས་ནས་མ་བྲིས་སོ། །སངས་རྒྱས་དང་རང་སངས་རྒྱས་བསེ་རུ་ལྟ་བུ་ནི། སྔོན་འདིག་རྟེན་པའི་ལམ་གྱིས་ཅི་ཡང་མེད་པའི་སྐྱེ་མཆེད་མན་ཆད་ཀྱི་ཉོན་མོངས་པ་རྣམས་སྤངས་ཟིན་པས་ངེས་འབྱེད་ཆ་མཐུན་རྣམས་དང་། སྲིད་རྩེའི་མཐོང་བསྒོམ་གྱི་སྤང་བྱའི་གཉེན་པོ་མཐོང་སྒོམ་གྱི་ལམ་རྣམས་ནི་སྟན་ཐོག་གཅིག་ལ་སྐྱེ་བ་ཡིན་ནོ། །

འདི་ནི་ཉན་ཐོས་གྲུབ་མཐའ་འཛིན་པའི་འདོད་པ་བརྗོད་པ་ཙམ་ཡིན་གྱི། དོན་ལ་གནས་པ་མ་ཡིན་ལ། ཉན་ཐོས་ཀྱི་ལམ་བགྲོད་ཚུལ་ནི་ཐ་སྙད་དུ་དེ་ལྟར་གནས་པ་ཡིན་ནོ། །ཕ་རོལ་ཕྱིན་པའི་ཤེས་བྱ་ཇི་སྙེད་པ་ནི་ཕུང་པོ་ལ་སོགས་པ་རྣམས་ཀྱང་ཡིན་ཏེ། ཐེག་པ་ཆེན་པོའི་མདོ་ལས་དེ་དག་གསུངས་ཤིང་། སྤྱོད་འཇུག་ལས་ཀྱང་། རྒྱལ་བའི་སྲས་ཀྱི་མི་བསླབ་པའི། །དངོས་དེ་གང་ཡང་ཡོད་མ་ཡིན། །ཞེས་གསུངས་པས་སོ། །ཉན་ཐོས་ལ་མ་གྲགས་པའི་མིང་། རྒྱུ་མཚན་རྣམ་རྟོག་དེ་བཞིན་ཉིད། ཡང་དག་པའི་ཡེ་ཤེས་ཏེ་ཆོས་ལྔ་དང་། ཀུན་བརྟགས་པའི་གཞན་གྱི་དབང་གི་ཡོངས་སུ་གྲུབ་པའི་ངོ་བོ་ཉིད་དེ། རང་བཞིན་གསུམ་དང་། མིག་སོགས་རྣམ་ཤེས་དྲུག་ཀུན་གཞིའི་ཉོན་ཡིད་དེ་རྣམ་ཤེས་བརྒྱད་དང་། ཇི་ལྟ་བ་ནི་གང་ཟག་དང་ཆོས་ཀྱི་བདག་མེད་པ་གཉིས་ཡིན་ཏེ། ལང་ཀར་གཤེགས་པ་ལས། ཆོས་ལྔ་དག་དང་རང་བཞིན་གསུམ། །རྣམ་པར་ཤེས་པ་བརྒྱད་ཉིད་དང་། །བདག་མེད་གཉིས་ཀྱི་དངོས་པོར་ནི། །ཐེག་པ་ཆེན་པོ་མཐའ་དག་འདུས། །ཞེས་གསུངས་སོ། །བདེན་པ་བཞིའི་ཆོས་ཉིད་ནི། བདག་མེད་གཉིས་དང་ཆོས་ཅན་ནི་ཕུང་པོ་སོགས་སུ་འདུས་སོ། །ལྟ་བ་ནི་སེམས་ཙམ་དབུ་མ་པ་གཉིས་ཀའི་ཡང་བདག་མེད་གཉིས་རྟོགས་པའི་ཤེས་རབ་ཡིན་ཞིང་། སེམས་ཙམ་པ་ནི་

བདག་གཉིས་ཀྱིས་སྟོང་པའི་རྣམ་རིག་ཙམ་བདེན་པར་གྲུབ་པ་དང་། དབུ་མ་པ་ནི་དེ་ཡང་ཆོས་ཀྱི་བདག་ལས་མ་འདས་པས་བདེན་པར་གྲུབ་པའི་ཆོས་ནི་ཅུང་ཟད་ཀྱང་མི་འདོད་དོ། །བསྒོམ་པ་ནི་ལྟར་བཤད་པའི་མི་སྡུག་པ་སོགས་དང་། ཉན་ཐོས་ལ་མེད་པའི་དཔའ་བར་འགྲོ་བ་དང་། ནམ་མཁའ་མཛོད་རིན་ཆེན་ཕྱག་རྒྱ་སོགས་ཏིང་ངེ་འཛིན་དཔག་ཏུ་མེད་པ་རྣམས་ཀྱང་ཡིན་ནོ། །འོན་ཀྱང་དེ་དག་ལས་མི་རྟོག་ཡེ་ཤེས་དང་ངོ་བོ་གཅིག་པ་རྣམས་ནི་ལྷ་བ་དང་། སྦྱིར་མཉམ་བཞག་གི་སྙས་བསྡུས་ཀྱང་། མི་རྟོག་ཡེ་ཤེས་ལ་བསྟན་བཅོས་ནས་རྗེས་ཐོབ་ཡིན་པ་བསོད་ནམས་ཀྱིས་ཚོགས་ཀྱི་བསྡུས་པ་རྣམས་སོ། །སྤྱོད་པ་ནི་སོ་སོ་ཐར་པ་སོགས་སྔར་བཤད་པ་རྣམས་དང་། སྨོན་འཇུག་སེམས་བསྐྱེད་དང་། ཏེ་མཐར་ཕྱིན་པའི་ཐབས་རང་གི་སངས་རྒྱས་ཀྱི་ཆོས་ཡོངས་སུ་རྫོགས་བྱེད། སྨིན་སོགས་མཉམ་པར་མ་བཞག་པའི་སྙས་བསྡུས་རྣམས་དང་། སེམས་ཅན་ཡོངས་སུ་སྨིན་བྱེད་བསྡུ་དངོས་བཞི་ལ་སོགས་པ་རྣམས་སོ། །

འབྲས་བུ་ནི། གནས་སྐབས་ཀྱི་ས་བཅུ་དང་མཐར་ཐུག་གི་འབྲས་བུ་སྐུ་གསུམ་ཡེ་ཤེས་བཞི་ཕྲིན་ལས་དང་བཅས་པའོ། །སྔགས་ཀྱི་ཐེག་པའི་ཤེས་བྱ་ཇི་སྙེད་པ་ནི་སྔར་བཤད་པའི་ཕུང་པོ་སོགས་ཐམས་ཅད་ཀྱང་ཡིན་ཏེ། རྒྱུད་སྡེ་རྣམས་སུ་དེ་དག་གི་རྣམ་བཞག་མཛད་ཅིང་། ཀྱཻའི་རྡོ་རྗེ་ལས། དང་པོར་བྱེ་བྲག་སྨྲ་བ་བསྟན། །མདོ་སྡེ་པ་ཡང་དེ་བཞིན་ཏེ། །དེ་ནས་རྣལ་འབྱོར་སྤྱོད་པ་བསྟན། །དེའི་རྗེས་ལ་དབུ་མ་བསྟན། །ཞེས་གསུངས་སོ། །མཚན་ཉིད་ཐེག་པ་ལ་མ་གྲགས་པ། གསང་བ་འདུས་པ་ལས། རྒྱུད་ནི་རྒྱུན་ཞེས་བྱ་བར་བརྗོད། །རྒྱུན་དེ་རྣམ་པ་གསུམ་དུ་འགྱུར། །གཞི་དང་དེའི་རང་བཞིན་དང་། །མི་འཕྲོག་པ་ཡིས་རབ་དབྱེའོ། །རང་བཞིན་རྣམ་པ་རྒྱུ་ཡིན་ཏེ། །གཞི་ནི་ཐབས་ཞེས་བྱ་བར་བརྗོད། །དེ་བཞིན་མི་འཕྲོགས་འབྲས་བུ་སྟེ། །ཞེས་པ་ལྟར།

རྒྱུའི་རྒྱུད། ཐབས་ཀྱི་རྒྱུད། འབྲས་བུའི་རྒྱུད་དེ་རྒྱུད་གསུམ་དང་། རྣལ་འབྱོར་དབང་ཕྱུག་ཆེན་པོའི་ལམ་འབྲས་ལས། མ་དག་པའི་སྣང་བ། ཉམས་ཀྱི་སྣང་བ། དག་པའི་སྣང་བ་སྟེ། སྣང་བ་གསུམ་དང་། ཀུན་གཞི་རྒྱུ་རྒྱུད་དང་། ལུས་ཐབས་རྒྱུད། ཕྱག་རྒྱ་ཆེན་པོ་འབྲས་བུའི་རྒྱུད་དེ་རྒྱུད་གསུམ། ཞེས་པ་ལ་སོགས་པའང་ཡིན་ནོ། །ཇི་ལྟ་བ་དང་དེའི་ལྟ་བ་ནི། ཕ་རོལ་ཕྱིན་པའི་དབུ་མ་དང་ཁྱད་པར་མེད་དེ་འོག་ཏུ་རྒྱས་པར་སྟོན་ནོ། །ཐེག་པ་གསུམ་ཆར་དུ་བདེན་པ་གཉིས་ཞེས་བཤད་པ་ཡང་སྔར་བཤད་པ་དེ་དག་ཏུ་འདུས་པ་ཡིན་ནོ། །བསྒོམ་པ་ནི་སྔར་བཤད་པའི་མི་སྡུག་པ་སོགས་ཐམས་ཅད་ཀྱང་ཡིན་ཏེ། དཔུང་བཟང་གི་རྒྱུད་ལས། འདོད་ཆགས་ཤས་ཆེ་མི་གཙང་ཤ་ཚིལ་དང་། །པགས་པ་ཀེང་རུས་ལྟ་བས་རྣམ་པར་བཟློག །ཞེ་སྡང་ལ་ནི་བྱམས་པའི་ཆུ་ཡིས་གདབ། །གཏི་མུག་ལ་ནི་རྟེན་འབྲེལ་ལམ་གྱིས་སོ། །ཞེས་སོགས་གསུངས་སོ། །རྣམ་ཐར་སོགས་ཀྱང་

རྒྱུད་སྡེ་རྣམས་ལས་གསུངས་སོ། །མཚན་ཉིད་ཐེག་པ་ལ་མ་གྲགས་པ་བསྐྱེད་རྫོགས་ཀྱི་རྣལ་འབྱོར་རོ། །

སྤྱོད་པ་ནི་སྔར་བཤད་པའི་སྤྱོད་པ་ཐམས་ཅད་དང་། ཞི་སོགས་ཕྲིན་ལས་དང་། གྲུབ་ཆེན་བརྒྱད་དང་། སྦྱིན་བསྲེག་གཏོར་མ་བཟླས་བརྗོད་སོགས་བསྐྱེད་རིམ་གྱི་ཡན་ལག་དང་། རིམ་པ་གཉིས་ཀྱི་བོགས་འདོན་སྤྲོས་བཅས་སྤྲོས་མེད་ཀྱི་སྤྱོད་པ་རྣམས་སོ། །

འབྲས་བུ་ནི། གནས་སྐབས་ཀྱི་ས་ཕྱེད་དང་བཅུ་གསུམ་དང་། མཐར་ཐུག་གི་འབྲས་བུ་བཅུ་གསུམ་རྡོ་རྗེ་འཛིན་པའི་ས། སྐུ་བཞི་ཡེ་ཤེས་ལྔའི་བདག་ཉིད་དོ། །དེ་ལྟར་བཤད་པ་རྣམས་ལས། འདིར་ནི་ལམ་གཙོ་བོར་སྟོན་གྱི། ཤེས་བྱ་དང་འབྲས་བུ་ནི་ལམ་གྱི་ཞར་ལ་ཙུང་ཟད་བསྟན་པ་ཙམ་མོ། །དེས་ན་བསྟན་བཅོས་འདི་ནི་མཚན་ཉིད་གཏན་ལ་དབབ་པ་དང་། བསྒྲུབ་པ་ཉམས་ལེན་སྟོན་པ་གཉིས་ལས་ཕྱི་མའོ། །སོ་སོ་ཐར་པའི་སྐབས་སུའང་། དེའི་སྡོམ་པ་གཟུགས་ཅན་ཡིན་པ་སོགས་ནི། ཉན་ཐོས་སྡེ་པའི་འདོད་པ་བཤད་པ་ཙམ་ཡིན་གྱི། རང་ལུགས་མིན་ནོ། །བྱང་ཆུབ་སེམས་དཔའི་སྐབས་སུ། དབུ་སེམས་ཀྱི་ལུགས་གང་བྱས་ཀྱང་འགལ་བ་མེད་ཀྱི། འོན་ཀྱང་རང་རང་གི་ལུགས་མ་འདྲེས་པར་བྱ་དགོས་ཞེས་སྟོན་གྱི། སེམས་ཙམ་གྱི་ལུགས་འགོག་པ་ནི་མིན་ནོ། །གཙོ་བོར་དབུ་མའི་ལུགས་བཞེད་པ་ཡིན་ནོ། །ལྟ་བ་ནི་ཐམས་ཅད་དུ་དབུ་མ་ཁོ་ན་བཞེད་ཅིང་། དེ་ལ་ཐལ་རང་གཉིས་ཀའང་ལྟ་བ་ལ་ཁྱད་པར་མེད་ཅིང་། ཀུན་རྫོབ་བདེན་པའི་རྣམ་བཞག་མི་མཐུན་པ་ལས། ཐལ་འགྱུར་གྱི་ལུགས་ཕལ་ཆེར་བཏང་སྙོམས་སུ་བཞག་ནས་རང་རྒྱུད་དུ་མཛད་དོ། །དེས་ན་སེམས་བསྐྱེད་དང་ལྟ་བ་ཉན་ཐོས་ཀྱི་ལུགས་སྤངས་ནས་སྤྱོད་པ་ནི། སྐབས་ཐོབ་ཀྱི་ཉན་ཐོས་ཀྱི་ལུགས་ཀྱང་བླང་བྱར་སྟོན་ནོ། །

བཞི་པ་དེ་གསུམ་དང་ལྡན་པའི་བསྟན་བཅོས་དངོས་ལ། གཞུང་ལུགས་རྩོམ་པའི་ཐོག་མའི་ངག །གཞུང་ལུགས་རང་གི་ངོ་བོ་བཤད། །གཞུང་ལུགས་གང་གིས་བརྩམས་པའི་ཚུལ། །གཞུང་ལུགས་གཞན་ཡང་རྟོགས་བྱར་བསྟན། །དང་པོ་ལ། དོན་གཉེར་འཇུག་ཕྱིར་མཚན་སོགས་བཤད། །བཤད་པའི་ཐོག་མར་མཆོད་བརྗོད་བཤད། །བཤད་པ་གྲུབ་ཕྱིར་དམ་བཅའི་ཚིག །ཚིག་སྦྱོར་སྦྱོང་བའི་རྒྱུ་མཚན་བསྟན། །བསྟན་བཅོས་ཆེན་པོ་རྩོམ་པའི་རྒྱུ་སྡེ་ལྔ་ལས། དང་པོ་ལ་མཚན་ནས་སྨོས་པ་དང་ཕྱག་འཚལ་བ་གཉིས་ཀྱི། དང་པོ་ནི་སོ་སོ་ཐར་པ། བྱང་ཆུབ་སེམས་དཔའ་རིག་པ་འཛིན་པའི་སྡོམ་པ་གསུམ་གྱི་རབ་ཏུ་འབྱམ། སོ་སོར་རང་གི་མཚན་ཉིད་དང་བྱེད་པ་ལ་སོགས་ཀྱི་རྣམ་པར་དབྱེ་བའམ་དེ་དག་དང་། དེའི་མི་མཐུན་ཕྱོགས་ཀྱི་དབྱེ་བ་སྟོན་པས་བརྗོད་བྱའི་མིང་གི་རྗོད་བྱེད་ལ་བཏགས་པས། མིང་དེ་ཞེས་བྱ་བར་བཏགས་ཏེ། སྤྱིར་མིང་བཏགས་པའི་དགོས་པ་ནི། ཐ་སྙད་ལ་རྨོངས་པ་བཟློག་པ་སྟེ། ལང་ཀར་གཤེགས་པ་ལས། མིང་དུ་བཏགས་པར་མ་མཛད་ན། །འཇིག་

རྟེན་ཐམས་ཅད་རྨོངས་པར་འགྱུར། །དེ་བས་རྨོངས་པ་བཟློག་པའི་ཕྱིར། །མགོན་པོས་མིང་དུ་གདགས་པར་མཛད། །ཞེས་སོ། །བྱེ་བྲག་བརྗོད་བྱ་དང་མཐུན་པར་བཏགས་པས། དབང་པོ་རྣོན་པོས་མིང་ཐོས་པས་བདེ་བླག་ཏུ་རྟོགས་པ་སྟེ། ཚད་མ་རྣམ་ངེས་ལས། བརྡ་སྦྱོར་བ་ཡང་དོན་རྟོགས་པའི་ཕྱིར་ཡིན་ལ་ཞེས་སོ། །ཐོག་མར་སློས་པས་གླེགས་བམ་བཅལ་སླའོ། །

གཉིས་པ་ནི། སྤྱིར་བླ་མ་ཞེས་པ་ཡོན་ཏན་ནམ། བཀའ་དྲིན་གྱི་སྒོ་ནས་རང་ལས་གོང་མར་གྱུར་ཅིང་། བཀུར་བསྟི་བྱ་བར་འོས་པ་ཞིག་སྟེ། སོ་སོའི་གཞུང་ལུགས་ནས་བཤད་པའི་མཚན་ཉིད་དང་ལྡན་པས་དམ་པ། དབྱེ་ན་ཕྱི་སྒྲོ་འདོགས་གཅོད་པའི། ནང་རང་བྱུང་གི་ཡེ་ཤེས་སྟོན་པའི། གསང་བ་ལྷན་ཅིག་སྐྱེས་པའི་ཡེ་ཤེས་སྟོན་པའི། མཐར་ཐུག་དེ་ཁོ་ན་ཉིད་ཆོས་ཐམས་ཅད་ཤིན་ཏུ་རྣམ་པར་དག་པའི་དེ་ཁོ་ན་ཉིད་སྟོན་པའི་བླ་མ་སྟེ་བཞིའོ། །དེ་དག་ཀུང་ངོ་བོ་གཅིག་ལ་ཡོན་ཏན་གྱི་ལྡོག་པས་ཕྱེའོ། །དེའི་སྐབས་འདིའི་དམན་ཤོས་ཞབས་ལའང་འདུད་ན། གཞན་ལ་ལྟ་སྨོས་ཀྱང་ཅི་དགོས་ཞེས་གྲུས་པའི་ཐ་ཚིག་གོ། །དེ་ལ་ཡོན་ཏན་ཤེས་ནས་བསྐུར་བར་བྱེད་པའི་མཚན་ཉིད་ཅན་གྱི་གུས་པར་ཕྱག་འཚལ་བ་སྟེ་སྒོ་གསུམ་གུས་པས་འདུད་པའོ། །ལོ་ཞེས་པ་ཚིག་གི་ཕྲད་དོ། །

འདིའི་དགོས་པ་ནི། དེས་བསོད་ནམས་འཕེལ་ཞིང་དེ་ལས་བསོད་ནམས་མ་ཡིན་པ་བཟློག་སྟེ། དེ་ལས་བྱུང་བའི་བར་ཆད་ཞི་ནས། བསྟན་བཅོས་རྩོམ་པ་དང་བཤད་ཉན་སོགས་མཐར་ཕྱིན་པར་འགྱུར་བ་ཡིན་ཏེ། འདི་ལྟར་གེགས་ནི་བསོད་ནམས་མ་ཡིན་པ་ལས་འབྱུང་ལ། དེ་དང་བསོད་ནམས་གཉིས་ཡང་གཉེན་ཡིན་པས་བསོད་ནམས་འཕེལ་ན་དེ་བཟློག་པ་དང་བསམ་པའི་དོན་ཡང་འགྲུབ་སྟེ། སྐྱེས་རབས་ལས། སོ་ཕྱིས་བྱ་བའི་ཚུལ་ལ་འབད་གྱུར་ཀྱང་། །བསོད་ནམས་མི་ལྡན་དཔལ་མིན་རྗེས་སུ་འབྲང་། །བསོད་ནམས་ཆེ་བས་དེ་ནི་བཀྲད་པ་བཞིན། །དེ་དང་མི་ལྡན་གནས་སུ་ཁྲོ་བཞིན་འགྲོ། །ཞེས་པ་དང་། མདོ་ལས་ཀྱང་། བསོད་ནམས་བསགས་པའི་མི་རྣམས་ལ། །གཞན་ལས་བྱུང་བའི་གནོད་པའམ། །ལྷའམ་བདུད་ཀྱི་རིགས་རྣམས་ཀྱིས། །བར་ཆད་བྱ་བར་མི་ནུས་སོ། །ཞེས་པ་དང་། བསོད་ནམས་ལྡན་པའི་མི་ཡིས་བསམ་པ་རྣམས་ཀྱང་འགྲུབ་ཞེས་གསུངས་པ་ལྟར་རོ། །དེ་ལ་བསོད་ནམས་དཔག་ཏུ་མེད་པ་འབྱུང་བ་ཡིན་ཏེ། དཔལ་གསང་བ་འདུས་པ་ལས། དབང་བསྐུར་ཐོབ་པའི་རྡོ་རྗེ་སློབ་དཔོན་ལ་ཇི་ལྟར་བལྟ་བར་བྱ། བཅོམ་ལྡན་འདས་ཀྱིས་བཀའ་བསྩལ་པ། དུས་གསུམ་གྱི་སངས་རྒྱས་ཐམས་ཅད་མཆོད་པའི་བསོད་ནམས། བླ་མའི་བ་སྤུའི་བུ་ག་གཅིག་ལ་མཆོད་ནས། དུས་གསུམ་གྱི་སངས་རྒྱས་ཐམས་ཅད་བླ་མ་ལ་མཆོད་པ་བྱེད་པ་མཐོང་ངོ་ཞེས་བྱ་བ་ལ་སོགས་པ་དང་། གང་གི་ཕྱིར་རྗོགས་པའི་སངས་རྒྱས་དང་བྱང་ཆུབ་སེམས་དཔས་བསོད་ནམས་གང་ཞིག་བླ་མའི་བ་སྤུའི་བུ་ག་ལ་

མཐོང་བ་དེའི་ཕྱིར། བྱང་ཆུབ་སེམས་དཔའ་ཐམས་ཅད་སློབ་དཔོན་ལ་མཆོད་པ་བྱེད་པ་མཐོང་ངོ་ཅེས་བྱ་བ་དང་། ཆོས་རྗེ་ཉིད་ཀྱིས་ཀྱང་། ཉི་མའི་འོད་ཟེར་རབ་ཚ་ཡང་། །མེ་ཤེལ་མེད་པར་མེ་མི་འབྱུང་། །དེ་བཞིན་སངས་རྒྱས་བྱིན་བརླབས་ཀྱང་། །བླ་མ་མེད་པར་འབྱུང་མི་འགྱུར། །དེས་ན་ཁྱོད་ཉིད་མཉེས་པ་ཡིས། །སངས་རྒྱས་ཐམས་ཅད་བཀྲེས་པ་ཡིན། །ཞེས་པ་དང་། འགྲོ་བའི་མགོན་པོས་ཀྱང་། གང་གིས་ཕྱོགས་བཅུའི་རྒྱལ་བ་མཆོད་པ་བས། །དེའི་སྤུ་གཅིག་མཆོད་ན་དོན་ཆེ་ཞེས། །འདྲེན་པ་རྣམས་ཀྱིས་མཆོག་ཏུ་རབ་མངགས་པ། །ཞིང་མཆོག་མཚུངས་མེད་བླ་མའི་ཞབས་ལ་འདུད། །ཞེས་པ་ལྟར་རོ། །

གཉིས་པ་ལ་གསུམ་ལས། དགོས་པའི་དོན་ནི་བཤད་མ་ཐག་པ་ལྟར་ཡིན་ལ། བསྡུས་པའི་དོན་ནི། རྒྱུ་མཚན་གང་གིས་ཡུལ་གང་ལ། གང་ཟག་གང་གིས་དུས་ནམ་གྱི་ཚེ། ཚུལ་ཇི་ལྟར་ཕྱག་འཚལ་བ་སྟེ་ལྔའོ། །ཚིག་གི་དོན་ནི། བདེ་བར་གཤེགས་པ་ནི་སྤངས་པ་ཕུན་སུམ་ཚོགས་པ་སྟེ། དེ་ཡང་རང་རྒྱུད་སྡུག་བསྔལ་གྱི་རྟེན་མ་ཡིན་པར་དང་། བདག་ལྟའི་ས་བོན་སྤངས་པས། འཁོར་བར་སླར་མི་ལྡོག་པ་དང་། ཐམས་ཅད་མཁྱེན་པ་དང་གཞན་དོན་གྱི་ཐབས་གོམས་པ་མཐར་ཕྱིན་པས། བག་ཆགས་མ་ལུས་པར་སྤངས་པ་ནི། རིམ་པ་བཞིན་དུ་ལེགས་པར་དང་། སླར་མི་ལྡོག་པར་དང་། མ་ལུས་པར་སྤངས་པ་ཡིན་ནོ། །ཚད་མ་རྣམ་འགྲེལ་ལས། རྒྱུ་སྤངས་ཡོན་ཏན་གསུམ་བདེ་གཤེགས། །ཉིད་ཡིན་སྡུག་བསྔལ་རྟེན་མིན་ཕྱིར་ལེགས་ཡིན། །ཞེས་དང་། བདག་ལྟའི་ས་བོན་སྤངས་པའི་ཕྱིར། །སླར་མི་གཤེགས་པ་ཉིད་ཡིན་ནོ། །ཞེས་དང་། གོམས་ཕྱིར་མ་ལུས་སྤངས་པ་ཉིད་ཞེས་སོ། །སྤངས་ན་རྟོགས་པ་ཕུན་སུམ་ཚོགས་པ་སྟེ། དེ་ཡང་ཆོས་རྣམས་ཀྱི་དེ་ཁོ་ན་ཉིད་ཐུགས་སུ་ཆུད་པ་དང་། རྟོགས་པ་སླར་མི་ལྡོག་པ་དང་། ཤེས་བྱ་ཇི་སྙེད་པ་མཐའ་དག་ཐུགས་སུ་ཆུད་པ་ནི། གོ་རིམ་བཞིན་དེ་ཁོ་ན་ཉིད་དང་བརྟན་པ་དང་མ་ལུས་པར་མཁྱེན་པ་སྟེ་ཁྱད་པར་གསུམ་ལྡན་ནོ། །དེ་དག་གིས་ནི་རིམ་བཞིན། ཕྱི་རོལ་པ་དང་། སློབ་པ་དང་། ཉན་རང་གི་དགྲ་བཅོམ་པ་ལས་ལྷག་པ་ཡིན་ཏེ། རྣམ་འགྲེལ་ལས། སྐྱོབ་ལས་དེ་ཉིད་དང་བརྟན་དང་། །མ་ལུས་ཁྱད་པར་མཁྱེན་པ་གྲུབ། །གཤེགས་པ་རྟོགས་པའི་དོན་ཕྱིར་དང་། །དེ་ཕྱིར་ཕྱི་རོལ་པ་དང་སློབ། །མི་སློབ་ལས་ལྷག་དེ་ཡི་ཕྱིར། །ཞེས་སོ། །

དེ་ཡིས་བསྟན་པའི་གསུང་རབ་ནི། སྡེ་སྣོད་གསུམ་དང་རྒྱུད་སྡེ་བཞིས་བསྡུས་པ་ཡན་ལག་བཅུ་གཉིས་ཏེ། བརྒྱད་སྟོང་པའི་འགྲེལ་པ་སྙིང་པོ་མཆོག་ལས། མདོ་སྡེ་དབྱངས་བསྙད་ལུང་དུ་བསྟན། །ཚིགས་བཅད་ཆེད་བརྗོད་གླེང་གཞི་དང་། །རྟོགས་བརྗོད་དེ་ལྟ་བུ་བྱུང་དང་། །སྐྱེས་རབས་ཤིན་ཏུ་རྒྱས་པ་དང་། །རྨད་བྱུང་གཏན་ལ་དབབ་པ་དང་། །གསུང་རབ་ཡན་ལག་བཅུ་གཉིས་ཡིན། །ཞེས་པ་རྣམས་སོ། །

དེ་ནི་བདེ་བར་གཤེགས་པ་ཆོས་གང་ལ་ཡང་འཇིགས་པ་མེད་པའི་སེང་གེ་ལས་བྱུང་ཞིང་། བདུད་དང་མུ་སྟེགས་ཀྱི་རིགས་ཐམས་ཅད་འཇིགས་པར་བྱེད་པའི་སྒྲ་སྟེ། དེས་ལྷ་བ་ངན་པ་ཉིད། སྤྲོས་པའི་མཐའ་དང་ལས་འབྲས་དང་། དེ་ཁོ་ན་ཉིད་ལ་སྐྲོངས་པའི་ཚང་ཚིང་ན་གནས་ཤིང་། རྫུན་པའི་རང་བཞིན་ཡུལ་གྱི་སྙིག་རྒྱུ་ལ་བདེན་པའི་ཆུར་མངོན་པར་ཞེན་པས། རི་བའི་དོན་མ་གྲུབ་པ་ལས་བྱུང་བའི། འཁོར་བའི་སྡུག་བསྔལ་ཉམས་སུ་མྱོང་བའི་རི་དྭགས་ཡིན་ཞིང་། དེ་མཐའ་དག་སྟོང་པ་ཉིད་ཀྱི་དོན་མི་བཟོད་པས་སྐྲག་པར་མཛད་ཅིང་། སྐྱབས་འགྲོ་བདུན་ཅུ་པ་ལས། མ་རིག་གཉིད་ལས་སངས་ཕྱིར་དང་། །ཤེས་བྱ་ལ་ཡང་བློ་རྒྱས་ཕྱིར། །སངས་རྒྱས་པད་མའི་འདབ་ལྟར་རྒྱས། །དེ་ཕྱིར་སངས་རྒྱས་མཚན་གསོལ་ཏོ། །ཞེས་པ་ལྟར། མ་རིག་པ་སངས་པའམ། ཤེས་བྱ་ལ་མཁྱེན་པ་རྒྱས་པའི་སངས་རྒྱས་ཀྱི་དགོངས་པ་ཇི་ལྟ་བ་བཞིན། རང་གི་ལེགས་པར་བསྒྲུབ་ཅིང་ཉམས་སུ་ལེན་པའམ། གཞན་ཀྱང་དེ་ལ་འགོད་པའི་ཕྲིན་ལས་ཅན། གངས་ཅན་ཁྲོད་ན། གཞན་གང་དང་ཡང་མཚུངས་པ་མེད་པའི་བླ་མ་དེ་ལ་བདག་ཅག་དད་པར་གྱུར་ཏོ། །འདིས་ནི་ཕྱག་འཚལ་བའི་རྒྱུ་བསྟན་ཏེ། དད་ནས་ཅི་ཞིག་བྱེད་ཅེ་ན། ཕྱག་ཚལ་ཞེས་དྲང་ངོ་། །ཡུལ་གང་ལ་ན། ཉེས་པའི་སྐྱོན་མེད་ཅིང་། ཡོན་ཏན་ཀུན་གྱི་མི་ཟད་པའི་མཛོད་མངའ་ཞིང་། འགྲོ་བ་ཞེས་པ་ནི། ཚད་མ་རྣམ་འགྲེལ་ལས། གལ་ཏེ་གསལ་བར་མ་གྲུབ་ཀྱང་། །གསལ་ན་འགྲོ་འདི་གསལ་བར་འགྱུར། །ཞེས་པ་ལྟར། བློའི་ཡུལ་དུ་འགྲོ་བ་ཤེས་བྱ་ཐམས་ཅད་དང་། གལ་ཏེ་ཐ་དད་བྱེད་མིན་ན། །འགྲོ་འདི་ངོ་བོ་གཅིག་ཏུ་འགྱུར། །ཞེས་པ་ལྟར། སྐད་ཅིག་གིས་འགྲོ་བ་དངོས་པོ་ཐམས་ཅད་དང་། བསོད་ནམས་སྡིག་འབྲས་ཉེར་འགྲོ་རྣམས། །ལས་བཞིན་དུ་ནི་འགྲོ་བར་འགྱུར། །ཞེས་པ་ལྟར། ལས་དང་མཐུན་པར་འགྲོ་བ་སེམས་ཅན་ཐམས་ཅད་དེ་གསུམ་ལ་འཇུག་པ་ལས། འདིར་ཐ་མ་སྟེ། དེ་དག་གི་ནང་ནས་ཆེ་བར་གྲགས་པ། ཚངས་པ། དབང་ཕྱུག །བརྒྱ་བྱིན། ཁྱབ་འཇུག་སོགས་ཀྱིས་ཀྱང་ཞབས་ཀྱི་པད་མོ་ལ་བཏུད་པས་དེ་དག་གི་བླ་མ་སྟེ། གདོང་བཞིའི་ཐོར་ཚུགས་ཞི་བའི་ཟླ་ཆེས་དང་། །དབང་པོའི་ཅོད་པཎ་མཧཱ་ནཱི་ལ་བཀྲ་བའི་མཛེས་པ་གཙུག་ན་རྒྱན་འགྱུར་བ་ཡིས། །བསྟན་པའི་ཀུན་གྱི་ཞབས་པད་དྲི་མེད་ལ་བཏུད་པ། །དེའི་ཞབས་ལ་གུས་པས་ཕྱག་འཚལ་ལོ། །ཞེས་པ་ལྟར། དེའི་ཞབས་ལའོ། །གང་གིས་ན། བསྟན་བཅོས་མཛད་པ་རྗེས་འབྲང་དང་བཅས་པས་སོ། །ནམ་གྱི་ཚེ་ན། བསྟན་བཅོས་རྩོམ་པའི་ཐོག་མར་རོ། །ཚུལ་ཇི་ལྟར་ན། སྒོ་གསུམ་གུས་པས་སོ། །

གསུམ་པ་ལ་གསུམ་ལས་དགོས་པའི་དོན་ནི། བསྟན་བཅོས་རྩོམ་པ་བྱ་བ་བཟང་པོ་དང་། རང་ཉིད་ཀྱང་མཁས་པར་གཞན་གྱིས་རྟོགས་པ་དང་། ཡ་རབས་རྣམས་སྤྲོག་གཏོང་གི་དམ་བཅས་མིན་ཞེས་པ་ལྟར། དམ་བཅས་པའི་བྱ་བ་མཐར་ཕྱིན་པར་ཡང་འགྱུར་བ་སྟེ། ཆོས་རྗེ་ཉིད་ཀྱིས་མཛད་པར་གྲགས་པའི་མཁས་པ

འཇུག་པའི་སྒོ་ལས། དམ་བཅའ་བ་དང་བསྐུལ་ཚིག་སོགས། །འཆད་ཕྱིར་སྤྲོ་བ་སྟོན་པ་དང་། །མཆོག་རྟོགས་འགྲུབ་པའི་རྒྱུར་འགྱུར་བས། །ཁས་ལེན་པ་ལ་འགལ་བ་མེད། །ཞེས་པ་ལྟར་རོ། །

བསྡུས་དོན་ནི། གང་ལ་གང་ཞིག་གང་གིས་བཤད་པའོ། །ཚིག་དོན་ནི། ནས་ཞེས་པ་རིམ་པ་ལྟར་སྟོན་པའི་ཚིག་སྟེ། ཕྱག་འཚལ་ནས་ཅི་ཞིག་བྱེད་ཞེས་ན་བཤད་ཞེས་དྲང་ངོ་། །གང་ལ་ན་དཀོན་མཆོག་ལ་དང་བ་དང་ལས་འབྲས་ལ་ཡིད་ཆེས་པའི་དད་པ་དང་ལྡན་པ་སངས་རྒྱས་ཀྱི་གསུང་བཞིན་བསྒྲུབ་ཅིང་ཉམས་སུ་ལེན་པར་འདོད་པ་དེ་ལའོ། །གང་ན་སྡོམ་པ་གསུམ་གྱི་རབ་ཏུ་དབྱེ་བའོ། །གང་གིས་ན། ས་སྐྱ་པཎྜི་ཏ་བདག་གིས་སོ། །

བཞི་པ་ནི། འདི་སྐད་དུ། ས་སྐྱ་པཎྜིཏ། སྒྲ་པ་ང་ཡིན་རྟོག་གེ་ང་སྨྲ་བ་ངན་འཇོམས་ང་འདྲ་མེད། །ཞེས་སོགས་བཤད་པ་ལྟར། རིག་པའི་གནས་ལྔ་ལ་མཁས་པར་ཁས་འཆེ་བ་ཞིག་འདུག་ན། སྡེབ་སྦྱོར་དང་ཚིག་རྒྱན་བཟང་པོ་སྦྱར་བའི་བསྟན་བཅོས། མཁས་པ་རྣམས་ཡིད་འཕྲོག་པར་བྱེད་པ་ཅིའི་ཕྱིར་མི་རྩོམ་ཞེ་ན། ཡི་གེ་ལྷི་ཡང་དང་ངལ་བསོ་བ་སོགས་སྤྱིལ་བའི་སྡེབ་སྦྱོར་དང་། ཚིག་གི་རྒྱན་དང་ཚིག་སྦྱོར་བ་ནི། ནོར་བུས་སྤྲས་པའི་གསེར་གྱི་རྒྱན་བཞིན་དུ། མཁས་པ་རྣམས་དགའ་བ་སྐྱེ་བའི་རྒྱུ་ཡིན་ཀྱང་། སྡེབ་སྦྱོར་ནི་བོད་སྐད་ལ་མི་རུང་ཞིང་། ཚིག་གི་རྒྱན་དང་སྦྱོར་བའང་བླུན་པོ་རྣམས་ཀྱི་གོ་དཀའ་བ་དང་། འདི་ཡང་མཁས་བླུན་ཀུན་གྱིས་གོ་བར་བྱ་བའི་ཕྱིར་བཤད་པས་ན། ཚིག་གི་རྒྱན་དང་སྦྱོར་བ་སྤངས་པ་སྟེ། གཙོ་བོར་མ་བྱས་པར་བཤད་དོ། །

ལྔ་པ་ནི། རྒྱུ་ཅི་ལས་འདི་བརྩམས་ཞེ་ན། བདག་ནི་སངས་རྒྱས་ཀྱི་བསྟན་པ་ནི། ཐེག་པ་ཐུན་མོང་བ་ལྟར་ན། བསླབ་པ་གསུམ་ཡིན། སོ་སོ་ཐར་པའི་མདོ་ལས། སྡིག་པ་ཅི་ཡང་མི་བྱ་སྟེ། །དགེ་བ་ཕུན་སུམ་ཚོགས་པར་སྤྱད། །རང་གི་སེམས་ནི་ཡོངས་སུ་གདུལ། །འདི་ནི་སངས་རྒྱས་བསྟན་པ་ཡིན། །ཞེས་པ་དེའི་འགྲེལ་པ་ལས། བསླབ་པ་གསུམ་ལ་བཤད་པ་ལྟར་རོ། །ཐུན་མོང་མ་ཡིན་པ་ལྟར་ན། རྡོ་རྗེ་གུར་ལས། སྟོང་ཉིད་སྙིང་རྗེའི་དབྱེར་མེད་དུ། །གང་དུ་སེམས་ནི་རྣམ་བསྒོམས་པ། །དེ་ནི་སངས་རྒྱས་ཆོས་དང་ནི། །དགེ་འདུན་གྱི་ཡང་བསྟན་པ་ཡིན། །ཞེས་པ་ལྟར། སྟོང་ཉིད་སྙིང་རྗེ་ཟུང་འཇུག་སྟེ། དེ་ལ་མདོ་ལས། སངས་རྒྱས་ཆོས་དང་དགེ་འདུན་རྣམས། །བདུད་རྣམས་བྱེ་བ་བརྒྱ་ཡིས་ཀྱང་། །གང་ཕྱིར་དབྱེ་བར་མི་ནུས་པ། །དེ་ཕྱིར་དགེ་འདུན་ཞེས་བཤད་དོ། །ཞེས་པ་ལྟར། བདུད་ལ་སོགས་པས་མི་ཕྱེད་པའི་དད་པ་ཡོད་ཅིང་། འོན་ཀྱང་སངས་རྒྱས་ཀྱི། བསྟན་པ་དེ་ལ། འཁྲུལ་བར་སྤྱོད་པ་ནི་མཛོད་ལས། ངན་རྟོག་རྣམས་ཀྱིས་བསྟན་པ་འདི་དཀྲུགས་སོ་ཞེས་པ་ལྟར། ཚིག་གི་དོན་ལོག་པར་འཆད་ཅིང་། ལག་ལེན་འཚོལ་བར་སྤྱོད་པ་སྟེ། དེ་ལ་བདག་མ་དད་པ་ནི། དེ་དག་གི་རང་བཞིན་དང་ཉེས་དམིགས་ལེགས་པར་ཤེས་པ་ཡིན་གྱི། ཞེ་སྡང་བ་ནི་མ་ཡིན་ལ། དེར་མ་ཟད་དེ་དག་ནི་

རྒྱུད་བླ་མ་ལས། ཇི་ལྟར་ཟབ་མོའི་ཆོས་ཉམས་དེ་བཞིན་མཁས་པ་རྣམས་ཀྱིས་མེ་དང་ནི། །མི་བཟད་སྦྲུལ་གདུག་གཤེད་མ་དང་ནི་ཐོག་ལའང་ཤིན་ཏུ་འཇིགས་མི་བྱ། །མེ་སྦྲུལ་དགྲ་དང་རྡོ་རྗེའི་མེས་ནི་སྲོག་དང་བྲལ་བ་ཙམ་བྱེད་ཀྱི། །དེ་ལས་མནར་མེད་རྣམས་ཀྱི་འགྲོ་བ་ཤིན་ཏུ་འཇིགས་པར་འགྲོ་མི་འགྱུར། །ཞེས་པ་ལྟར། ཟབ་མོའི་ཆོས་ལས་ཉམས་ཤིང་། དེའི་འབྲས་བུ་དམྱལ་བ་ཡིན་པས། དེ་དག་དང་འབྲལ་བར་འདོད་པའི་སྙིང་རྗེ་དང་བསྟན་པ་ལ་མི་ཕྱེད་པའི་དད་པ་ནི། དེའི་རང་བཞིན་ཤེས་པ། སྔོན་དུ་འགྲོ་བས། ཤེས་རབ་དང་དད་པ་སྟེ། རྒྱུ་གསུམ་པོ་དེས་ཀུན་ནས་བསླངས་ཏེ་འདི་བརྩམས་སོ། །དགེ་བསྙེན་བཙུན་པ་ངོ་བོ་ཉིད་མེད་པས། ལུང་རིགས་དག་པ་དག་པའི་བློ། །སྙིང་རྗེས་བཏུལ་བའི་ཡིད་ཀྱིས་བྱས། །ཞེས་སོ། །

གཞུང་ལུགས་རང་གི་ངོ་བོ་བཤད་པ་ལ་གཉིས་ལས། ལུས་རྣམ་པར་བཞག་པ་ནི། གཞུང་འདིར་བརྗོད་བྱ་ཅི་ཞིག་སྟོན་ཅེ་ན། སོ་སོ་ཐར་པའི་སྡོམ་པ་དང་། བྱང་ཆུབ་སེམས་དཔའི་སེམས་བསྐྱེད་དང་། གསང་སྔགས་ཀྱི་དབང་བསྐུར་བ་རྣམས་ཀྱི་ངོ་བོ་དང་། དེ་དག་གི་ལེན་པའི་ཆོ་ག་དང་། སོ་སོའི་མི་ཉམས་པར་བསྲུང་བའི་བསླབ་པར་བྱ་བ་དང་། སེམས་བསྐྱེད་པའི་གནད་བདག་གཞན་བརྗེ་བ་དང་། ཐེག་ཆེན་ལམ་གྱི་མཐར་ཐུག །སྟོང་ཉིད་སྙིང་པོ་ཅན་གྱི་བྱང་ཆུབ་སེམས་དང་། བསྐྱེད་པ་དང་རྫོགས་པའི་རིམ་པ་གཉིས་ཀྱི་གསང་ཚིག་ཏེ་གནད་དང་། དེ་ལས་བྱུང་བའི་ཡེ་ཤེས་ཕྱག་རྒྱ་ཆེན་པོ་དང་། ཕྱི་དང་ནང་དང་དེ་གཉིས་ཀྱིས་མཚོན་པ་གསང་བ་དང་། དེ་ཁོ་ན་ཉིད་མཐར་ཐུག་གི་རྟེན་འབྲེལ་དང་། ས་བཅུ་གཅིག་གམ་བཅུ་གསུམ་དང་ལམ་ལྔའི་རྣམ་བཞག་གི་རྣམ་པར་དབྱེ་བ་སྟེ། དེ་དག་ཡང་དག་པ་བླང་བྱ་དང་། ཆོས་ལྟར་བཅོས་པ་དོར་བྱར་བཤད་ཀྱིས། བློ་གཟུ་བོར་གནས་ཤིང་ཤེས་རབ་དང་དད་པ་ལྡན་པ་རྣམས་ཀྱིས་ལེགས་པར་ཉོན་ཅིག་ཅེས་པའོ། །

འདིའི་དགོས་འབྲེལ་གང་གིས་བསྟན་ཅེ་ན། བསྟན་བཅོས་ཀྱི་མིང་དང་བཤད་པར་དམ་བཅའ་དང་། ལུས་རྣམ་གཞག་གི་ཚིག་དང་གསུམ་ཀས་བསྟན་ཏེ། དེ་དག་གིས་ནི་བརྗོད་བྱ་མདོར་བསྡུས་པ་བསྟན་ཞིང་། དེ་དངོས་སུ་བསྟན་པས་དེ་རྟོགས་པ་དགོས་པར་གྲུབ་ཏེ། ཚིག་གམ་དགོས་པ་ནི་རང་གི་བརྗོད་བྱ་རྟོགས་པ་ཡིན་པའི་ཕྱིར་རོ། །དེ་ལས་བླང་དོར་ལ་ཞུགས་པས་ཆོས་ཀྱི་སྐུའི་བར་དུ་གྲུབ་པ་ནི་དགོས་པའི་དགོས་པ་དང་། དེ་དགོས་པ་ལ་རག་ལས་ཤིང་། དེ་ཡང་གཞུང་ལ་རག་ལས་པ་ནི་འབྲེལ་བའོ། །

གཉིས་པ་ཡན་ལག་རྒྱས་པར་བཤད་པ་ལ་སོ་སོ་ཐར་པའི། བྱང་ཆུབ་སེམས་དཔའི། རིག་པ་འཛིན་པའི་སྡོམ་པ་བཤད་པ་སྟེ་གསུམ་ལས། དང་པོ་ལ་གཉིས་ཀྱི་སྤྱི་དོན་ལ་ངོ་བོ། དབྱེ་བ། བསྲུ་བ་རྣམ་གྲངས། ངེས་ཚིག་རྒྱུ་ཚོགས་ཏེ་དྲུག་ལས་དང་པོ་ནི། ཆོས་འདི་པ་དག་གི་འདོད་པ་ན་སྤྱོད་པའི་ཚུལ་ཁྲིམས་ཏེ། བྱེ་བྲག་

སླ་བ་ནི། རྣམ་པར་རིག་བྱེད་རིག་བྱེད་མ་ཡིན་པའི་གཟུགས་སུ་འདོད་ཅིང་། མདོ་སྡེ་པ་ཡན་ཆད་སྤོང་བའི་སེམས་པར་འདོད་དེ། མཛོད་འགྲེལ་གྱི་མདོ་སྡེ་པའི་འདོད་པའི་སྐབས་སུ། སོ་སོ་ཐར་པའི་སྡོམ་པར་ཡང་འགྱུར་ཏེ། སེམས་པ་གང་གི་ཆོག་སྔོན་དུ་བཏང་བའི་ཁས་བླངས་དེ་ལས་བཀག་ནས། ལུས་དང་ངག་སྡོམ་པར་བྱེད་དོ་ཞེས་པ་དང་། སྤྱོད་འཇུག་ལས། སྤོང་བའི་སེམས་ནི་ཐོབ་པ་ལས། །ཚུལ་ཁྲིམས་ཕ་རོལ་ཕྱིན་ཅེས་བརྗོད། །ཅེས་སོ། །

གཉིས་པ་ལ་དབྱེ་བ་དངོས་དང་ཕྱེ་བ་སོ་སོའི་དོན་གཉིས་ལས། དང་པོ་ནི། དགེ་སློང་ལ་སོགས་པ་བརྒྱད་དོ། །གཞན་ཡང་ཉན་ཐོས་དང་ཐེག་ཆེན་གྱི་སོ་སོར་ཐར་པ་གཉིས་དང་། དེ་རེ་རེ་ལ་བརྒྱད་བརྒྱད་དོ། །གཉིས་པ་ནི། སྲོང་བྱ་སྲོག་གཅོད་སོགས་ལུས་ཀྱི་གསུམ་དང་། བརྫུན་སྨྲ་དང་ཆང་འཐུང་བ་སྟེ་ལྔ་པོ་ཇི་སྲིད་འཚོའི་བར་དང་། དེ་དག་གི་སྟེང་དུ་གར་སོགས་ཕྲེང་སོགས་གཉིས་གཅིག་ཏུ་བྱས་ཤིང་། མལ་སྟན་ཆེ་མཐོ་དང་། ཕྱི་དྲོའི་ཁ་ཟས་བསྣན་པས་བརྒྱད་ཉིན་ཞག་གཅིག་གི་བར་དང་། དེ་དག་ལས་གར་ཕྲེང་གཉིས་སོ་སོར་ཕྱེ་ཞིང་གསེར་དངུལ་ལེན་པ་སྟེ་བཅུ་དང་། ལུས་ངག་གི་ཉེས་སྤྱོད་མཐའ་དག་ཇི་སྲིད་འཚོའི་བར་དུ་སྤོང་བ་ནི་རིམ་པ་བཞིན། དགེ་བསྙེན་བསྙེན་གནས། དགེ་ཚུལ་དགེ་སློང་གི་སྡོམ་པ་སྟེ། ཕྱི་མ་གསུམ་ནི་མི་ཚངས་སྤྱོད་ཀྱང་སྤོང་ཞིང་། སྔ་མ་ནི། ལོག་གཡེམ་སྤོང་ངོ་། །

གསུམ་པ་ནི། བརྒྱད་པོ་དེ་ཡང་མིང་གིས་ཕྱེ་བ་ཡིན་གྱི་རྫས་སུ་ནི། དགེ་སློང་མཚན་འགྱུར་བས། དགེ་སློང་མ་ཞེས་མིང་འཕོ་ཡི། སྡོམ་པའི་ངོ་བོ་སྤོང་བ་བདུན་པོ་མི་འཕོ་ཞིང་། དགེ་སློང་མ་མཚན་འགྱུར་བས་ཀྱང་དེ་ལྟར་ཡིན་པས་དེ་གཉིས་རྫས་གཅིག་ཅིང་། དགེ་ཚུལ་ཕ་མ་གཉིས་དང་། དགེ་སློབ་མ་སྟེ་གསུམ་པོ་དང་། དགེ་བསྙེན་ཕ་མའང་དེ་ལྟར་འགྱུར་བས་དེ་དག་རྫས་གཉིས་དང་བསྙེན་གནས་ནི། ཐམས་ཅད་དུ་ཕོ་མོ་གཉིས་ཀའང་གཅིག་ཡིན་នོ། །མཛོད་ལས། སོ་སོ་ཐར་ཅེས་བྱ་རྣམས་བརྒྱད། །རྫས་སུ་རྣམ་པ་བཞི་ཡིན་ནོ། །མཚན་ལས་མིང་ནི་འཕོ་བའི་ཕྱིར། །ཐ་དད་དེ་དག་འགལ་བ་མེད། །སྤོང་བྱ་ལྔ་བརྒྱད་བཅུ་དང་ནི། །ཐམས་ཅད་སྤོང་བ་མནོས་པ་ལས། །དགེ་བསྙེན་དང་ནི་བསྙེན་གནས་དང་། །དགེ་ཚུལ་དང་ནི་དགེ་སློང་ཉིད། །ཞེས་སོ། །

བཞི་པ་ནི་དེ་དག་ནི། ཡུལ་གྱི་གདུང་བ་ལས་བསིལ་བས་ན་ཚུལ་ཁྲིམས་ཏེ། ཤི་ལ་ཞེས་པ། ཤི་ཏ་བསིལ་བ་དང་། ལ་ལྷ་ཐོབ་པ་ལ་འཇུག་སྟེ། མདོ་སྡེ་རྒྱན་ལས། བསིལ་བ་ཐོབ་དང་ཞེས་སོ། །མཁས་པས་བསྔགས་པའི་ཕྱིར་ལེགས་སྤྱོད་དང་། བྱ་བའི་རང་བཞིན་ཡིན་པས་ལས་དང་། ལུས་ངག་སྡོམ་པས་སྡོམ་པ་ཞེས་བྱའོ། །

ལྔ་པ་ནི། སྐད་ཅིག་དང་པོར་སྐྱེས་པའི་རིགས་བྱེད་དང་། དེ་མིན་གཉིས་ནི། བྲ་ཧྨིའི་སྒྲ་རབ་དང་། སོ་སོ་དང་དང་པོ་སོགས་ལ་འཇུག་ཀྱང་སོ་སོར་བསྒྱུར་ཞིང་། དོན་ལ་དང་པོར་རིགས་པས། མོ་ཀྵ་ནི་ཐར་པ་ལ་འཇུག་པས་སོ་སོ་ཐར་པ་དང་། ལས་ལམ་དངོས་དང་། སྐད་ཅིག་ཕྱི་མ་རྣམས་དེའི་སྡོམ་པ་ཡིན་ཀྱང་སོ་སོ་ཐར་པ་ནི་མ་ཡིན་ཏེ། སྐད་ཅིག་དང་པོས་ཐར་པར་བྱས་ཟིན་པའི་ཕྱིར་ཞེས་འགྲེལ་པར་བཤད་དོ། །དེའི་དོན་སྟོན་ཐར་པ་ཆ་མཐུན་གྱི་དགེ་བ་མ་སྐྱེས་པ་ལའང་འདི་ཐོབ་ནས་སྐྱེས་པ་ཡིན་ལ། དེ་ནས་འཁོར་བ་མཐའ་ཅན་ཡིན་པས་སྡིག་ཏོ་མི་དགེ་བ་ལས་གཏན་དུ་ཐར་པ་ཞེས་བྱ་བ་ཡིན་ལ། དེ་ཡང་སྐད་ཅིག་མ་དང་པོ་ནི་དེ་ལྟར་བྱེད་པའི་དང་པོ་ཡིན་ལ། གཉིས་པ་སོགས་ནི་དེ་མ་ཡིན་ནོ་ཞེས་པ་ཡིན་ནོ། །དེས་ན་འདི་སྐྱེ་བ་ལ་ངེས་འབྱུང་གི་བསམ་པ་དགོས་ཏེ་གཞན་དུ་ན། འཇིགས་སྐྱོབ་དང་ལེགས་སྨོན་དུ་འགྱུར་བས་སོ། །འགྲེལ་པར། ཅི་ཕྱི་རོལ་པ་རྣམས་ལ་ཡང་དག་པར་བླངས་པའི་ཚུལ་ཁྲིམས་མེད་དམ་ཞེ་ན། ཡོད་མོད་ཀྱི་སོ་སོ་ཐར་པའི་སྡོམ་པ་ནི་མ་ཡིན་ནོ། །ཅིའི་ཕྱིར་ཞེ་ན། དེ་ནི་སྲིད་པ་ལ་བརྟེན་པའི་ཕྱིར་གཏན་དུ་སྡིག་པ་ལས་སོ་སོ་ཐར་པར་བྱེད་པ་མ་ཡིན་ནོ་ཞེས་སོ། །

བོད་ཀྱི་འདུལ་འཛིན་རྣམས་ཀྱི་འཇིགས་སྐྱོབ་དང་ལེགས་སྨོན་ཡིན་པའི་སོ་སོ་ཐར་པའི་སྡོམ་པ་འདོད་པ་ནི་ཆེས་རྣམ་པར་འཁྲུམས་པ་ཡིན་ནོ། །གཉིས་པ་སོགས་ནི་ལས་ལམ་གྱི་འཇུག་ཡིན་ནོ། །ཚུལ་ཁྲིམས་དང་ནི་ལེགས་སྤྱད་དང་། །ལས་དང་སྡོམ་པ་ཞེས་བྱའོ། །དང་པོ་རྣམ་རིག་རྣམ་རིག་མིན། །སོ་སོ་ཐར་དང་བྱ་བའི་ལམ། །ཞེས་སོ། །དྲུག་པ་ནི་སོ་སོར་ཐར་ཅེས་པ། གཞན་གྱི་རྣམ་རིག་བྱེད་སོགས་ཀྱིས། ཞེས་པས། འབོགས་པ་པོ་དང་ལེན་པ་པོའི་ལུས་ངག་གི་རྣམ་པར་རིག་བྱེད། ལེན་པའི་སེམས་ལ་སོགས་ལས་སྐྱེ་ཞིང་། དགེ་སློང་ཕ་མ་དང་དགེ་སློབ་མ་ནི་དགེ་འདུན་དང་གཞན་རྣམས་ནི་གང་ཟག་ལས་སྐྱེ་བ་ཡིན་ནོ། །གཞན་ཡང་བསྙེན་པར་རྫོགས་པའི་རྒྱུ་བཅུ་སྟེ། རང་བྱུང་དང་ངེས་པ་ལ་འཇུག་པ། ཚུར་ཤོག་སྐྱབས་སུ་སོང་བ། སྟོན་པར་ཁས་བླངས། ལྕི་བའི་ཆོས་བརྒྱད་ཁས་བླངས་ཕྱིན། དྲི་བས་མཉེས་པ་བཅུའི་ཚོགས་དང་ལྔའི་ཚོགས་ཀྱིས་བསྙེན་པར་རྫོགས་པ་སྟེ། འདི་དག་གི་དཔེ་བརྗོད་ནི་འོག་ཏུ་འཆད་དོ། །རྣམ་པར་གཏན་ལ་དབབ་པ་བསྡུ་བ་ལས། དགེ་སློང་ཕ་མ་ནི་ངེས་པར་གཞན་ལས་ལེན་གྱི། དགེ་ཚུལ་སོགས་ནི་རང་གིས་བླངས་ཀྱང་སྐྱེའོ་ཞེས་གསུངས་སོ། །བོད་དུ་སྡོམ་བརྒྱུད་བྱུང་བའི་བརྒྱུད་རིམ་ནི། འཕགས་པ་ཀླུ་སྒྲུབ། ལེགས་ལྡན་འབྱེད། དཔལ་སྦས། ཡེ་ཤེས་སྙིང་པོ། ཞི་བ་འཚོ། སྨྲ་རཏྣ་ལས་བརྒྱུད་དེ། བླ་ཆེན་དགོངས་པ་རབ་གསལ་བརྒྱུད་ནས་ཁམས་སོགས་སུ་དར་རོ། །གཉིས་པ་ནི། པཎྜིཏ་དྷརྨ་པཱ་ལའི་མཁན་བུ་པཱ་ལ་རྣམ་གསུམ་ནས་ཞང་ཞུང་རྒྱལ་བའི་ཤེས་རབ་ལས་བརྒྱུད་སྟོད་འདུལ་བ་ཞེས་གྲགས་པ་རྣམས་སོ། །གསུམ་པ་ནི། འཕགས་པ་ཀླུས་མཁན་བུ

ཀུ་ཊ་མ་ཏི། རཏྣ་མི་ཏྲ། ཤྲཱི་དྷརྨ་པཱ་ལ། ཨཱ་ག་ར་གུཧྱ། པཎ་ཆེན་ཤཱཀྱ་ཤྲཱི་བྷ་དྲ། དེ་ཡང་བོད་དུ་ས་སྐྱ་པཎྜི་ཏ་སོགས་ལའོ། །རྡོ་རྗེ་དཔལ་དང་བྱང་ཆུབ་དཔལ་ལས་རྫོགས་སྟེ་བཞི་འབྱུང་ངོ་། །

ཡན་ལག་གི་དོན་ལ། དངོས་ཀྱི་དོན་མདོར་བསྟན། འཕྲོས་དོན་རྒྱས་པར་བཤད། ཐོས་བསམ་བསྒོམ་པས་མཇུག་བསྡུ་བའོ། །དང་པོ་ལ་འཚམས་སྦྱར་ཏེ་དབྱེ། ཕྱེ་བའི་དོན་བཤད། དང་པོ་ནི། སོ་སོ་ཐར་པའི་སྡོམ་པ་ལ། ཉན་ཐོས་དང་ཐེག་པ་ཆེན་པོའི་ལུགས་གཉིས་ཡོད་དོ། །

གཉིས་པ་ལ། ཉན་ཐོས་ཀྱི་ཐེག་ཆེན་གྱི་སོ་སོ་ཐར་པའི་སྡོམ་པ། དང་པོ་ལ་རྣམ་བཞག་སྤྱིར་བསྟན། བསྙེན་གནས་བྱེ་བྲག་ཏུ་བཤད། དང་པོ་ལ་རང་ལུགས་བཞག །གཞན་ལུགས་དགག །རྩོད་པ་སྤང་། བཀག་པའི་དོན་བསྡུ་བའོ། །དང་པོ་ནི། ཉན་ཐོས་རྣམས་ཀྱི་ལུགས་ནི། སྐྱབས་སུ་འགྲོ་བ་ནས་དགེ་སློང་གི་སྡོམ་པའི་བར་བདུན་ནི། ཇི་སྲིད་འཚོ་བའི་བར་དུ་གནས་པ་ཡིན་གྱི། ཤི་བའི་ཚེ་ན་སྡོམ་པ་གཏོང་ངོ་། །སྡོམ་པ་རྣམས་ཀྱི་རྣམ་སྨིན་འབྲས་བུ་ནི། ཚེ་འཕོས་ནས་འབྱུང་བར་འགྱུར་གྱི། ནི་ཞེས་པས་ཚེ་འདི་ལ་མི་འབྱུང་སྟེ། སྡོམ་པ་ནི་མི་ལ་སྐྱེ་ཞིང་། རྣམ་སྨིན་གྱི་གཙོ་བོ་ནི་འདོད་པའི་ལྷ་ཡིན་པའི་ཕྱིར་ཏེ། བཤེས་པའི་སྤྲིངས་ཡིག་ལས། གསོ་སྦྱོང་འདོད་སྤྱོད་ལྷ་ལུས་ཡིད་འོང་པ། །སྐྱེས་པ་བུད་མེད་དག་ལ་སྩོལ་བར་བགྱིད། །རྒྱུ་མཐུན། སྐྱེས་བུ་བྱེད་པ། བདག་པོའི་འབྲས་བུ་རྣམས་ནི་ཚེ་འདིར་ཡང་འབྱུང་ལ། བྲལ་འབྲས་ནི་མེད་དེ་མཉམ་པར་མ་བཞག་པའི་ས་པ་ཡིན་པའི་ཕྱིར་རོ། །

འདིར་སྐྱབས་འགྲོ་ནི་སྡོམ་པ་མ་ཡིན་ཏེ། འདུལ་བ་རྒྱ་ཆེར་འགྲེལ་དང་འོད་ལྡན་དུ་བར་མར་བཤད་པ་དང་། མཛོད་དུའང་སྐྱབས་གསུམ་འཛིན་པའི་དགེ་བསྙེན་བཀག་པ་དང་སྡོམ་པ་རིགས་བརྒྱད་ལས་མ་གསུངས་པའི་ཕྱིར་རོ། །

འོན་ཀྱང་འདི་ནི་ལམ་ཐམས་ཅད་ཀྱི་ཐོག་མ་དང་སྡོམ་པ་ཡང་དག་པར་ལེན་པ་ཐམས་ཅད་ཀྱི་སྒོ་ཡིན་པས་ཅུང་ཟད་དཔྱད་ན། དེ་གཏན་ལ་དབབ་པ་དང་། དེ་རྗེས་སུ་བསྲུབ་པ་དང་ཕན་ཡོན་དེ་གསུམ་ལས། དང་པོ་ལ་གསུམ་གྱི་ངོ་བོ་ནི། འཇིགས་པ་ལས་ཐར་བའི་ཕྱིར་སྐྱབས་གནས་ལ་རྟེན་པར་ཁས་ལེན་པ་སྟེ། ཉན་ཐོས་ལྟར་ན་ངག་གི་རིག་བྱེད་དང་། ཐེག་ཆེན་ལྟར་ན་སེམས་དཔའོ། །དབྱེ་བ་ནི་འཇིག་རྟེན་པ་དང་དེ་ལས་འདས་པ་གཉིས་དང་།

དེ་ལའང་ཐེག་པ་ཐུན་མོང་བ་དང་ཐེག་ཆེན་གྱི་སྐྱབས་འགྲོ་སྟེ་གསུམ་མོ། །ཆེ་བ་སོ་སོའི་དོན་ལ་གསུམ་ལས། འཇིག་རྟེན་པའི་སྐྱབས་འགྲོ་ནི། འདི་ཕྱིའི་འཇིགས་པ་འགའ་ཞིག་ལས་ཐར་བའི་ཕྱིར། ཡུལ་འཇིག་

རྟེན་པའི་ལྷ་ལ་སོགས་པ་ལ། དུས་རང་གི་དོན་ཕྲ་མོ་མ་ཐོབ་ཀྱི་བར་དུ་རྟེན་པར་ཁས་ལེན་པའོ། །ངེས་འབྱུང་གི་བསམ་པ་མེད་ན། དཀོན་མཆོག་ལ་སྐྱབས་སུ་སོང་ཡང་འཇིག་རྟེན་པ་ལས་མ་འདས་ཤིང་འཁོར་བ་ལས་མི་ཐར་རོ། །

གཉིས་པ་ནི། རང་ཉིད་འཁོར་བ་ལས་ཐར་བའི་ཕྱིར། ཡུལ་ཆོས་གཙོ་བོར་གྱུར་པའི་དཀོན་མཆོག་གསུམ་ལ། ཇི་སྲིད་འཚོའི་བར་དུ་བརྟེན་པའོ། །གསུམ་པ་ནི། སྙིང་རྗེ་ཆེན་པོས་ཀུན་ནས་བསླངས་ཏེ། སེམས་ཅན་ཐམས་ཅད་འཁོར་བ་ལས་བསྒྲལ་བའི་ཕྱིར། སངས་རྒྱས་ཀྱིས་གཙོ་བྱས་པའི་དཀོན་མཆོག་གསུམ་ལ། ཇི་སྲིད་བྱང་ཆུབ་མ་ཐོབ་ཀྱི་བར་དུ་བརྟེན་པའོ། །ཁྱེ་བྲག་རྡོ་རྗེ་ཐེག་པའི་སྐྱབས་སུ་འགྲོ་བའི་ཚུལ་གཞན་དུ་ཤེས་པར་བྱའོ། །ཞེས་ཐུབ་པ་དགོངས་གསལ་ལས་གསུངས་ཀྱང་འདི་ཡིན་ཏེ། དབང་བཞི་ཡོངས་སུ་རྫོགས་པར་ཐོབ་པའི་བླ་མ་ནི་དཀོན་མཆོག་གསུམ་པོ་ཀུན་འདུས་ཀྱི་ངོ་བོ་ཡིན་པས། དེ་ལ་སྐྱབས་སུ་སོང་ན་ཚེ་འདི་འམ་བར་དོ་སོགས་སུ་སངས་རྒྱས་ཐོབ་ཅིང་། དེ་ལ་མ་སོང་བར། དཀོན་མཆོག་ཉིད་ལ་སོང་ན། བསྐལ་པ་གྲངས་མེད་གསུམ་ཕན་ཆད་དུ་འགྲུབ་པའི་རྒྱུར་འགྱུར་བས། དེ་ཉིད་ཀྱིས་གཙོ་བྱས་པའི་དཀོན་མཆོག་ལ་བརྟེན་པ་ཡིན་གྱི། ཕ་རོལ་ཕྱིན་པའི་སྐྱབས་འགྲོ་ལས་ཁྱད་པར་གཞན་ནི་ཅུང་ཟད་ཀྱང་མེད་དོ། །དེ་ཡང་། ཉི་མའི་འོད་ཟེར་རབ་ཚ་ཡང་། །མེ་ཤེལ་མེད་པར་མེ་མི་འབྱུང་། །ཞེས་པའི་རིགས་པ་དང་། རིམ་པ་ལྔ་པ་ལས། མཆོད་པ་ཐམས་ཅད་སྤངས་ནས་ནི། །བླ་མའི་མཆོད་པ་ཡང་དག་བརྩམ། །དེ་མཉེས་པས་ནི་ཀུན་མཁྱེན་གྱི། །ཡེ་ཤེས་མཆོག་ནི་ཐོབ་པར་འགྱུར། །ཞེས་པ་དང་། སྔར་དྲངས་པའི་འདུས་པའི་ལུང་གིས་ཀྱང་གྲུབ་བོ། །

དེ་རྗེས་སུ་བསྒྲུབ་པ་ནི། དང་པོར་སློབ་དཔོན་ལ་སོགས་པ་ལ་དེ་ཡང་དག་པར་བླངས་ལ། བསླབ་བྱ་ཐུན་མོང་བ་སྐྱེས་བུ་དམ་པ་ལ་བསྟེན། དེ་ལ་དམ་པའི་ཆོས་ཉན། ཅི་ནུས་ཀྱིས་ཆོས་བཞིན་བསྒྲུབ། ན་ཚ་ལ་སོགས་སྡུག་བསྔལ་བྱུང་ན། དེ་ལས་རང་གཞན་ཐམས་ཅད་ཐར་པའི་དོན་དུ། དཀོན་མཆོག་ལ་གསོལ་བ་འདེབས། བདེ་བའི་ཚེ། དེའི་བཀའ་དྲིན་དུ་བསམ་པ་སྟེ་ལྔ་དང་། ཐུན་མོང་མ་ཡིན་པ། མདོ་ལས། གང་ཞིག་སངས་རྒྱས་སྐྱབས་འགྲོ་བ། །དེ་ནི་ཡང་དག་དགེ་བསྙེན་ཏེ། །ནམ་དུའང་ལྷ་ནི་གཞན་དག་ལ། །སྐྱབས་གསོལ་བར་ནི་མི་འགྱུར་རོ། །དམ་པའི་ཆོས་ལ་སྐྱབས་སོང་ནས། །འཚེ་ཞིང་གནོད་པའི་སེམས་དང་བྲལ། །དགེ་འདུན་ལ་ནི་སྐྱབས་སོང་ནས། །མུ་སྟེགས་ཅན་ལ་ཕྱོགས་མི་འགྱུར། །ཞེས་པ་ལྟར་རོ། །དཀོན་མཆོག་གསུམ་ལ་སྐྱབས་སོང་ནས། རིམ་པ་བཞིན་ལྷ་གཞན་ལ་སྐྱབས་སུ་མི་འགྲོ། སེམས་ཅན་ལ་འཚེ་བ་སྤང་། མུ་སྟེགས་ཅན་ལ་གྲོགས་སུ་མི་བཟུང་བའོ། །ཕན་ཡོན་ནི། གནས་སྐབས་ཀྱི་ཕན་ཡོན་ལ་བྲལ་བའི་ཕན་ཡོན་ནི། ལོག་

པར་མོས་པའི་ལས་ཀྱི་སྒྲིབ་པ་སྦྱོང་། མི་དང་མི་མ་ཡིན་པའི་གནོད་པས་མི་ཚུགས། ལུས་དང་སེམས་ཀྱི་སྡུག་བསྔལ་ཆུང་ཞིང་མདོར་ན་མི་མཐུན་པའི་ཕྱོགས་མཐའ་དག་སྦྱོང་བའོ། །ཐོབ་པའི་ཕན་ཡོན་ལ་མིང་འཐོབ་བ་ནི་སངས་རྒྱས་པ་ཞེས་པའི་མིང་ཐོབ། དམ་པ་ཞེས་པའི་གྲངས་སུ་ཆུད་པའོ། །དོན་འཐོབ་བ་ནི། ལྷ་དང་བཅས་པའི་འཇིག་རྟེན་གྱི་མཆོད་གནས་སུ་འགྱུར་བ་དང་། སྐྱིར་བསྲུང་བ་ཆེན་པོར་འགྲོ་བ་དང་། བྱེ་བྲག་ཏུ་བསྟན་པ་ལ་དགའ་བའི་ལྷ་རྣམས་ཀྱིས་བསྲུང་བ་དང་། ཚོང་པས་སྐྱེལ་མ་རྙེད་པ་ལྟར་ཚེ་འདིར་བློ་བདེ། སྐྱེ་བ་ཐམས་ཅད་དུ་དཀོན་མཆོག་གསུམ་དང་མི་འབྲལ་བའི་གདེང་ཐོབ་པའོ། །

གཉིས་པ་མཐར་ཐུག་གི་ཕན་ཡོན་ལ་རང་ལ་འབྱུང་ བ་དང་གཞན་ལ་འབྱུང་བ་གཉིས་ལས། དང་པོ་ནི། སངས་རྒྱས་ལ་སྐྱབས་སུ་སོང་བས། རང་མངོན་པར་རྫོགས་པར་འཚང་རྒྱ། ཆོས་ལ་སྐྱབས་སུ་སོང་བས། ཆོས་ཀྱི་འཁོར་ལོ་རྒྱུན་མི་ཆད་པར་བསྐོར། དགེ་འདུན་ལ་སྐྱབས་སུ་སོང་བས། འཁོར་དགེ་སློང་གི་དགེ་འདུན་དང་། བྱང་ཆུབ་སེམས་དཔའི་དགེ་འདུན་དཔག་ཏུ་མེད་པ་འདུ་བའི་རྟེན་འབྲེལ་དུ་འགྱུར་བ་ཡིན་ནོ། །

གཉིས་པ་གཞན་ལ་འབྱུང་བའི་ཕན་ཡོན་ནི། བདག་དེ་ལྟར་གྲུབ་པའི་སྟོབས་ཀྱིས་གདུལ་བྱ་རྣམས་ཀྱང་སངས་རྒྱས་ཀྱི་བསྟན་པ་ལ་རིམ་གྱིས་ཚུད་ནས། དཀོན་མཆོག་གསུམ་མངོན་དུ་འགྲུབ་པའོ། །རྒྱས་པར་ཐུབ་པ་དགོངས་གསལ་སོགས་གཞན་ལས་ཤེས་པར་བྱའོ། །སོ་སོ་ཐར་པ་ལས་གཞན་པའི་བྱང་ཆུབ་སེམས་དཔའི་སྡོམ་པ་རྣམས་ནི་ཤི་འཕོས་ཀྱང་རྗེས་སུ་འབྲང་ངོ་། །

དེ་དག་གི་རྒྱུ་མཚན་ལ་རིགས་པ་དང་ལུང་གཉིས་ལས། དང་པོ་ནི། ཉན་ཐོས་ཀྱི་ལུགས་ཀྱིས་སོ་སོ་ཐར་པའི་སྡོམ་པ་རྣམ་པར་རིག་བྱེད་མིན་པའི་གཟུགས་ནི། ཐམས་ཅད་དུ་སྐྱེ་བས་གཙོ་བོ་ཡིན་ལ། རིག་བྱེད་ནི་རེས་འགའ་སྐྱེ་ཞིང་གཉིས་ཀའི་ཐོབ་པ་རྟག་ཏུ་སྐྱེ་བས། ལུས་ངག་ལས་སྐྱེ་བར་འདོད་ཞེས་པ་ནི། རང་གི་ངོ་བོ་སྲོག་གཅོད་པ་སོགས་ལུས་ཀྱི་ཉེས་སྤྱོད་གསུམ་དང་། བརྫུན་སྨྲ་སོགས་ངག་གི་བཞི། སྤོང་བའི་གཉེན་པོ་ལུས་ངག་གི་དགེ་བ་ཅི་ཡིན་སྟོན་གྱི། དེ་ལས་སྐྱེས་པ་ཙམ་དུ་སྟོན་པ་ནི་མིན་ནོ། །དེས་ན་སྡོམ་པ་དེ་གཟུགས་ཅན་ཡིན་པའི་ཕྱིར་ན། ཤི་བའི་ཚེ་ན་སྡོམ་པ་གཏོང་སྟེ། ལེན་པར་བྱེད་པའི་ལུས་ཀྱི་རྒྱུན་འགགས་པའི་ཕྱིར་དང་། བསྐལ་པ་མི་འདྲ་བའི་ལུས་གཞན་སྐྱེས་ཤིང་། དེས་ལེན་པའི་སྦྱོར་བ་མ་བྱས་པའི་ཕྱིར་དང་། མ་བྱས་ཀྱང་སྐྱེ་ན་ཐམས་ཅད་ལ་སྐྱེ་བར་འགྱུར་རོ། །

གཉིས་པ་ནི། སོ་ཐར་སྡོམ་པ་ཤི་བས་གཏོང་བ་འདི་ནི། ཆོས་མངོན་པ་མཛོད་ལས་སོ་སོ་ཐར་པའི་འདུལ་བ་སྟེ་སྡོམ་པ་ནི། མི་བཟ་འཕྲོད་པའི་དྲུང་དུ་བསླབ་པ་ཕུལ་བ་དང་། ཤི་འཕོས་པ་དང་མཚན་གཉིས་པ་

དག་ནི་ཅིག་ཅར་བྱུང་བ་དང་། ཡོག་ལྷ་སྐྱེས་པས། དགེ་བའི་རྩ་བ་ཆད་པས་ནི། རིམ་པ་བཞིན་ཡང་དག་པར་བསླངས་པ་དང་འགལ་བའི་རིག་བྱེད་སྐྱེས་པ་དད་རྟེན་བོར་བ་དང་། རྟེན་ཉམས་པ་བཞི་ཆད་པས་གཏོང་བ་སྟེ། འདི་དག་ནི་སྡོམ་པ་ཐམས་ཅད་ཀྱི་གཏོང་རྒྱུའོ། །

བསྙེན་གནས་ནི། མཚན་མོ་འདས་པ་ལས་ཀྱང་གཏོང་སྟེ། བསླངས་ཏེ་འཕེན་པ་ཟད་པའི་ཕྱིར་རོ། །ཞེས་གསུངས་པ་ནི། དོན་འདི་ལ་ཚད་མ་ཡིན་ཏེ། འདི་དག་སྡོམ་པའི་གཏོང་རྒྱུར། སྡེ་པ་ཐམས་ཅད་ཀྱི་འདོད་པས་སོ། །ཀྱང་ནི། རིགས་པས་གྲུབ་པར་མ་ཟད་ལུང་གིས་ཀྱང་གྲུབ་ཞེས་པའོ། །

གཞན་ཡང་། མདོ་སྡེ་པ་རྩ་བའི་ལྟུང་བ་བྱུང་བས་ཀྱང་གཏོང་ཟེར་ཞིང་། དམ་པའི་ཆོས་ནུབ་པས་ཀྱང་གཏོང་སྟེ། བསླབ་པའི་མཚམས་དང་། ལས་ཀྱི་མཐའ་རྣམས་མེད་པས་སོ་ཟེར་ཞིང་། ཁ་ཆེ་བྱེ་བྲག་སྨྲ་བ་ནི། འགའ་ཞིག་ལ་བུ་ལོན་ཅུང་ཞིག་ཀྱང་ཡོད། ནོར་མང་པོ་ཡང་ཡོད་ན། ཇི་སྲིད་བུ་ལོན་མ་གཞལ་བ་དེ་སྲིད་དུ་བུ་ལོན་ཅན་དང་ནོར་ཅན་གཉིས་ཀ་ཡིན་ལ། གཞན་ནས་ནོར་ཅན་ཁོ་ན་ཡིན་པ་བཞིན་དུ། རྩ་བའི་ལྟུང་བ་བྱུང་བ་དེས། ཇི་སྲིད་ཕྱིར་མ་བཅོས་པ་དེ་སྲིད་ཚུལ་ཁྲིམས་འཆལ་བ་དང་དེ་དང་ལྡན་པ་གཉིས་ཀ་ཡིན་ལ། བཅོས་ན་ཚུལ་ལྡན་ཁོ་ན་ཡིན་གྱི། ལྟུང་བ་གཅིག་གིས་སྡོམ་པ་ཟད་པར་གཏོང་བ་མི་རིགས་ཏེ། དཔེར་ན་ཕྱོགས་གཅིག་བླངས་པས་ཐམས་ཅད་བླངས་པར་མི་འགྱུར་བ་བཞིན་ཞེས་པའི་རིགས་པ་དང་། ལམ་སྲུན་འབྱིན་པའི་དགེ་སློང་ཞེས་པའི་ལུང་གིས་ཀྱང་གྲུབ་བོ་ཟེར་བ་ལ། མདོ་སྡེ་པ་ནི། རིགས་པ་མི་འཐད་དེ། རྩ་བར་གྱུར་པ་ཕྱོགས་གཅིག་བཏང་བས་ནི་སྡོམ་པ་མཐའ་དག་གཏོང་བར། སྟོན་པ་ཉིད་ཀྱིས་ཤིང་ཏ་ལའི་མགོ་བཅད་ན་སྔོན་པོར་འགྱུར་དུ་མི་རུང་ལ་འཕེལ་ཞིང་རྒྱས་པ་དང་སྐྱངས་པར་འགྱུར་དུ་མི་རུང་བ་བཞིན་དུ་ཡིན་ནོ་ཞེས་གསུངས་པས་སོ། །ལམ་སྲུན་འབྱིན་པའི་དགེ་སློང་ཡང་། དགེ་སློང་གི་ཤ་ཚུགས་ཙམ་ལུས་པ་ལ་དགོངས་སོ་ཞེས་བསྒྲུབ་བྱེད་མེད་པར་བསྟན་ནས། གནོད་བྱེད་ཀྱང་ཡོད་དེ་འདུལ་བ་ལས། དགེ་སློང་གིས་དེ་བྱས་ན། བྱས་མ་ཐག་ཏུ་དགེ་སློང་དུ་མི་རུང་། དགེ་སྦྱོང་དུ་མི་རུང་། ཤཱཀྱའི་སྲས་ཀྱིས་མི་རུང་ཞེས་གསུངས་པའི་ཕྱིར་རོ་ཟེར་བར། འགྲེལ་པ་ལས་བཤད་ཅིང་། འོད་ལྡན་ལས་ཀྱང་། ཁ་ཆེ་བ་འཆབ་སེམས་ཕམ་པའི་རྒྱུར་མི་འདོད་ཅིང་། མདོ་སྡེ་པ་འཆབ་སེམས་མེད་ན་རྩ་ལྟུང་བྱུང་ཡང་ཕམ་པར་མི་འགྱུར་ཞིང་། སྡོམ་པ་ཡང་མི་གཏོང་ལ་སྨྲ་རབས་པ་ཞེས་པ། འཆབ་སེམས་མེད་པའི་ཕམ་པས་ཀྱང་སྡོམ་པ་གཏོང་ཞེས་པའི་རྩོད་ལན་རྒྱ་ཆེར་མཛད་དོ། །དམ་པའི་ཆོས་ནུབ་པས་ནི་སྡོམ་པ་གསར་ཐོབ་མེད་ཀྱང་སྔོན་ཡོད་པ་གཏོང་བར་མི་རིགས་ཞེས་སྡེ་པ་གཉིས་ཀས་ཟེར་རོ། །ཁ་ཅིག་ལྟུང་བར་གྱུར་ལས་སྨྲ། །གཞན་དག་དམ་ཆོས་ནུབ་པ་ལས། །ཁ་ཆེ་རྣམས་ནི་བྱུང་བ་ལ། །བུ་ལོན་ནོར་

ཅན་གཉིས་སུ་འདོད། །ཞེས་པ་ལྟར་རོ། །འདི་དག་གི་དོན་ནི་ཁོ་བོས་ཇི་སྐད་བཤད་པ་འདི་ཁོ་ན་ཡིན་གྱི། བོད་ཀྱི་འདུལ་འཛིན་པ་ཕལ་ཆེར་ནི། ཁ་ཆེ་བ་རྒྱ་ལྟར་བྱུང་བས་ངོ་སྐལ་གྱི་གཉེན་པོ་གཏོང་བའི་སྒྲུབ་བྱེད་དུ་འཆད་པ་ནི་ཆེས་མི་རིགས་ཏེ། དགེ་བ་བཅུའི་བར་དག་དང་། །གཅིག་དང་བརྒྱད་དང་ལྔ་དང་མིན། །ཞེས་པ་དང་འགལ་བ་སོགས་གནོད་བྱེད་མང་དུ་ཡོད་དེ་རྒྱས་པར་མ་སྤྲོས་སོ། །གཞན་ཡང་འདུལ་བ་ལས། ཕུལ་ཉམས་གཉིས་ཀྱི་ཉམས་པ་དང་མཚན་ལན་གསུམ་དུ་གྱུར་པ་དང་། ལོ་ཉི་ཤུ་མ་ལོན་པ་ལ་ལོན་པར་ཤེས་ནས་བསྙེན་པར་རྫོགས་པའི་སྡོམ་པ་སྐྱེ་ཞིང་། དེའི་ཚེ་མ་ལོན་པར་ཤེས་པ་དང་། མི་ཚངས་པར་སྤྱོད་པ་ཁས་བླངས་པས་དགེ་སློང་མའི་སྡོམ་པ་གཏོང་བའང་བཤད་དོ། །

ད་ནི་དཀྱུས་མ་ཉིད་བཤད་པར་བྱ་སྟེ། བྱང་ཆུབ་སེམས་དཔའི་སྡོམ་པ་ནི། སེམས་ལ་སྐྱེ་བ་སྟེ་མི་མཐུན་ཕྱོགས་སྤོང་བའི་སེམས་པ་ཁོ་ན་ཡིན་ཏེ། སྔར་བཤད་པའི་སྤྱོད་འཇུག་གི་ལུང་དང་། བློ་གྲོས་མི་བཟད་པས་བསྟན་པའི་མདོ་ལས། ཚུལ་ཁྲིམས་ཀྱི་ཕ་རོལ་ཏུ་ཕྱིན་པ་གང་ཞེ་ན། སྤོང་བའི་སེམས་པའོ་ཞེས་གསུངས་པའི་ཕྱིར་རོ། །དེའི་ཕྱིར་གཟུགས་ཅན་མིན་པས། རྟེན་ལུས་ཞིག་པས་ཀྱང་མི་གཏོང་ལ། སྐྱེར་སྐྱེ་བ་ཆོག་ལ་མི་ལྟོས་ཤིང་། གལ་ཏེ་ཆོ་གས་ལེན་ནའང་། ཇི་སྲིད་བྱང་ཆུབ་མ་ཐོབ་བར་དུ་ལེན་པས་འཕེན་པ་ཟད་པའང་མི་འབྱུང་ངོ། །དེས་ན་ཇི་སྲིད་སྤོང་བའི་སེམས་མི་མཐུན་ཕྱོགས་ཀྱིས་མ་ཉམས་ཤིང་མ་བརྗེད་པ། དེའི་བར་དུ་སྡོམ་པ་ཡོད་དོ་ཞེས་པ་ནི་རིགས་པའོ། །ལུང་ཡང་། མདོ་རྒྱུད་བསྟན་བཅོས་ཐམས་ཅད་ཀྱི། དགོངས་པ་ཡང་ནི་དེའི་བར་དུ་ཡོད་པ་འདི་ཉིད་ཡིན་ཏེ། འཇམ་དཔལ་གྱི་སངས་རྒྱས་ཀྱི་ཞིང་གི་བཀོད་པ་ལས། འཁོར་བ་ཐོག་མ་མེད་པ་ཡི། །སྔོན་གྱི་ཐ་མ་ཇི་སྲིད་བར། །དེ་སྲིད་སེམས་ཅན་ཕན་དོན་དུ། །སྤྱོད་པ་དཔག་ཡས་སྤྱད་པར་བགྱི། །ཞེས་ཏེ། སྤྱོད་པ་ནི་བྱང་ཆུབ་སེམས་དཔའི་བསླབ་པའོ། །དཔལ་གསང་བ་ནོར་བུའི་ཐིག་ལེ་ལས། བདག་མིང་ཆེ་གེ་མོ་ཞེས་བགྱི་བ། དུས་འདི་ནས་བཟུང་སྟེ། ཇི་སྲིད་སྙིང་པོ་བྱང་ཆུབ་ལ་ཐུག་གི་བར་དུ། ཇི་ལྟར་དུས་གསུམ་མགོན་པོ་རྣམས། །བྱང་ཆུབ་ཏུ་ནི་ངེས་མཛད་པའི། །བྱང་ཆུབ་སེམས་ནི་བླ་ན་མེད། །དམ་པ་བདག་གིས་བསྐྱེད་པར་བགྱི། །ཚུལ་ཁྲིམས་ཀྱི་ནི་བསླབ་པ་དང་། །དགེ་བའི་ཆོས་ནི་བསྡུད་པ་དང་། །སེམས་ཅན་དོན་བྱེད་ཚུལ་ཁྲིམས་གསུམ། །སོ་སོར་བརྟན་པོར་བཟུང་བར་བགྱི། །ཞེས་པ་དང་། བྱང་ཆུབ་སེམས་འགྲེལ་ལས་ཀྱང་ཇི་ལྟར་སྔོན་གྱི་དེ་བཞིན་གཤེགས་པ་དགྲ་བཅོམ་པ་ཡང་དག་པར་རྫོགས་པའི་སངས་རྒྱས་བཅོམ་ལྡན་འདས་རྣམས་དང་། བྱང་ཆུབ་སེམས་དཔའ་ཆེན་པོ་དེ་རྣམས་ཀྱིས། ཇི་ལྟར་བྱང་ཆུབ་ཆེན་པོར་ཐུགས་བསྐྱེད་པ་དེ་བཞིན་དུ། བདག་གིས་ཀྱང་ཞེས་པ་ནས། དུས་འདི་ནས་བཟུང་ནས། ཇི་སྲིད་སྙིང་པོ་བྱང་ཆུབ་ལ་མཆིས་ཀྱི་

བར་དུ། དེ་ལྟར་བྱང་ཆུབ་ཆེན་པོར་སེམས་བསྐྱེད་པར་བགྱིའོ་ཞེས་གསུངས་སོ། །འདིའི་སེམས་བསྐྱེད་ཀྱི་ལུང་ཡིན་གྱི་སྡོམ་པའི་མ་ཡིན་ནོ་ཞེས་ཀྱང་བསམ་པར་མི་བྱ་སྟེ། བྱང་ཆུབ་ལམ་སྒྲོན་ལས། འཇུག་སེམས་བདག་ཉིད་སྡོམ་པ་མ་རྟོགས་པར། །ཡང་དག་སྨོན་པ་འཕེལ་བར་འགྱུར་མ་ཡིན། །ཞེས་པ་ལྟར། འཇུག་པ་ནི་སྡོམ་པ་ཡིན་ལ། སྨོན་པ་སྡོམ་པ་མ་ཡིན་པ་ཡོད་ཀྱང་། སྡོམ་པ་དང་ལེན་པའི་དུས་ལ་ཁྱད་པར་མེད་པའི་ཕྱིར་རོ། །

གཞན་ལུགས་དགག་པ་ནི། ཆོས་རྒྱུས་ཆུང་ལ་འདོད་ཇམས་ཆེ་བ་ཁ་ཅིག་ཇི་སྲིད་འཚོ་བ་ཞེས་པའི་སྒྲ། ལུས་ཇི་སྲིད་འཚོ་བ་མ་ཤིའི་བར་དང་། སེམས་ཇི་སྲིད་འཚོ་བ་སངས་མ་རྒྱས་ཀྱི་བར་གཉིས་ལ་དགོངས་པས། སོ་སོ་ཐར་པ་འང་བྱང་ཆུབ་ཀྱི་བར་དུ་བླངས་ན་སྐྱེ་ཞིང་གནས་སོ། །དེས་ན་འདི་སེམས་བསྐྱེད་རྒྱུ་ཐབས་མ་བྱ་བ་ཡིན་ནོ་ཞེས་ཟེར་རོ། །དེ་འདྲ་མི་རིགས་ཏེ་སངས་རྒྱས་ཀྱི། དགོངས་པ་མིན་པས་བཀའ་དང་མི་མཐུན་ཞིང་། མཁས་པ་རྒྱན་དྲུག་མཆོག་བརྒྱད་ལ་སོགས་པའི་གཞུང་ལས་ཀྱང་དེ་འདྲ་མ་བཤད་པས་སྒྲུབ་བྱེད་མེད་ཅིང་། གནོད་བྱེད་ཡོད་དེ། དེ་ལྟ་ཡིན་ན་ཉན་ཐོས་ཀྱི་སོ་སོར་ཐར་པ་དང་། ཐེག་ཆེན་གྱི་བྱང་ཆུབ་སེམས་དཔའི་སྡོམ་པ་ཁྱད་མེད་དུ་འགྱུར་ཏེ། དུས་ཀྱི་ཁྱད་པར་མེད་ཅིང་དེ་མེད་ན་ཁྱད་པར་གཞན་ཡང་མེད་པར་རྒྱུ་མཚན་མཚུངས་པས་སོ། །ཐུན་མོང་བ་དང་ཐུན་མོང་མ་ཡིན་པའི་སྐྱབས་འགྲོ་གཉིས་སུ་དབྱེ་བ་བྱར་ཡང་མི་རུང་སྟེ། རྟགས་སྔར་བཞིན་ནོ། །དེ་ལྟར་རང་བཞིན་ལ་ཁྱད་པར་མེད་པ་བསྟན་ནས།

ད་ནི་སྡོམ་པ་དེ་གཉིས་ཀྱི་དང་པོ་འབོགས་པའི་ཆོ་ག་དང་། གཉིས་པོ་དེའི་མི་ཉམས་པར་བསྲུང་བའི་བསླབ་བྱའང་གཅིག་ཏུ་འགྱུར་ཏེ། ཐོབ་བྱ་དང་བསྲུང་བྱའི་སྡོམ་པ་ལ་ཁྱད་པར་མེད་པའི་ཕྱིར་རོ། །ལྷས་བྱིན་དང་མཆོད་སྦྱིན་རྒྱུད་ཀྱི་དགེ་སློང་གི་སྡོམ་པ་བཞིན་ནོ། །གཞན་ཡང་ཤི་ནའང་དགེ་སློང་གི་སྡོམ་པ་མི་འདོར་ན། བསླབ་པ་ཕུལ་བ་དང་སོགས་པས་མཚན་གཉིས་བྱུང་བ་དང་། དགེ་རྩ་ཆད་པ་ལ་སོགས་པ་སྡོམ་པ་གཏོང་རྒྱུ་གཞན་རྣམས་ཀྱིས་ཀྱང་སྡོམ་པ་གཏོང་བ་མི་སྲིད་པར་འགྱུར་ཏེ། དེ་དག་གཏོང་འགྱུར་ཁྱད་པར་མེད་པའི་ཕྱིར་རོ། །

རྩོད་པ་སྤང་བ་ནི། དེ་ལ་ཁ་ཅིག་འདི་སྐད་དུ། ཐེག་ཆེན་སེམས་བསྐྱེད་ཀྱིས་མ་ཟིན་པའི་སོ་ཐར་སྡོམ་པ་གལ་ཏེ་ཤི་བས་གཏོང་ནའང་། བྱང་ཆུབ་སེམས་ཀྱིས་ཟིན་པའི་སྡོམ་པ་ཤི་བས་གཏོང་བའང་མི་སྲིད་དོ་ལོ། །ལོ་ནི་མ་རངས་པའི་ཚིག་གོ། །དེ་ལྟ་ཡིན་པ་འོ་ན་དེའི་སེམས་བསྐྱེད་ཀྱི་ཟིན་པའི་དགེ་སློང་དང་དགེ་ཚུལ་ལ་སོགས་པ་ཇི་སྲིད་འཚོ་བའི་སྡོམ་པ་རྣམས་བསླབ་པ་ཕུལ་བ་དང་། ཤི་འཕོས་པ་དང་། རྩ་བ་ཆད་པ་དང་། མཚན་གཉིས་བྱུང་བ་ལ་སོགས་པ། གཏོང་རྒྱུ་ཀུན་གྱིས་མི་གཏོང་བར་འགྱུར་རོ། །དེ་ལྟ་ཡིན་པ་འདོད་ན། དགེ་སློང་གི་སྡོམ་པ་ཕུལ་ཡང་བསྲུང་དགོས་པར་འགྱུར་ཏེ་དེ་ཡོད་པའི་ཕྱིར་རོ། །གལ་ཏེ་མ་བསྲུངས་ན་དགེ་སློང་གི

སྡོམ་པ་ཉམས་པར་འགྱུར་ཏེ། དེ་ཡོད་ཅིང་མ་བསྲུངས་པའི་ཕྱིར་རོ། །གལ་ཏེ་དགེ་སློང་ཤི་འཕོས་ནས་སྲིད་པ་བར་མར་གནས་པ་རྣམས་ཀྱང་དགེ་སློང་དུ་འགྱུར་ཏེ། དེའི་སྡོམ་པ་ཡོད་པའི་ཕྱིར་རོ། །དགེ་བསྙེན་དགེ་ཚུལ་གྱི་སྡོམ་པ་དང་ལྡན་པའི་དགེ་སློང་གིས་མ་ངེས་པ་ཡང་མ་ཡིན་ཏེ། དེ་ལ་ནི་དེ་གཉིས་ལས་ཁྱད་པར་དུ་འཕགས་པའི་སྡོམ་པ་ཡོད་ཅིང་། དགེ་སློང་ལས་ཁྱད་འཕགས་པའི་སྡོམ་པ་མེད་པའི་ཕྱིར་རོ། །དེ་ནི་ལྷར་སྐྱེས་ན་ཡང་། ལྷའི་དགེ་སློང་སྲིད་པར་འགྱུར་ཏེ། ལྷའི་རྟེན་ལ་དེའི་སྡོམ་པ་ལྡན་པའི་ཕྱིར་རོ། །དེ་མིར་སྐྱེས་ན་ཡང་བྱིས་པ་བཙས་མ་ཐག་པ་ལ། སྡོམ་པ་བླང་མི་དགོས་པར་དགེ་སློང་དུ་འགྱུར་རོ། །ལྷ་དང་བྱིས་པའི་དགེ་སློང་དེ་གཉིས་ལ་རྩ་བའི་ལྟུང་བ་བྱུང་གྱུར་ན། དགེ་སློང་གི་སྡོམ་པ་ཉམས་པར་འགྱུར་ཞིང་། དེ་ལ་འཆབ་སེམས་སྐྱེས་ན་སླར་མི་སྐྱེ་བར་འགྱུར་ཏེ། ཉམས་ནས་འཆབ་པའི་སེམས་སྐྱེས་པ་ལ་རབ་བྱུང་གི་སྡོམ་པ་སླར་ཡང་བླང་དུ་མེད་པར་གསུངས་པའི་ཕྱིར་ཏེ། ལུང་གཞི་ལས། དེའི་དགེ་སྦྱོང་གི་ཚུལ་ཕྱིར་བསླང་དུ་མེད་པར་འགྱུར་རོ་ཞེས་པ་དང་། འདུལ་བ་རྒྱ་ཆེར་འགྲེལ་ལས། གང་ཡང་རུང་བ་ཞིག་ཞེས་སྨོས་པ་ནི། གཅིག་གིས་ཀྱང་སྐྱེ་བའི་ཆོས་ཉིད་མེད་པ་ཡིན་ནོ་ཞེས་བྱ་བར་སྟོན་ནོ་ཞེས་སོ། །ཐལ་བ་སྔ་མ་འདོད་མི་ནུས་ཏེ། ལྷའི་དགེ་སློང་དང་བྱིས་པའི་དགེ་སློང་ནི། འདུལ་བའི་སྡེ་སྣོད་རྣམས་ལས་བཀག་པའི་ཕྱིར་ཏེ། འདུལ་བ་མདོ་ལས། མི་མ་ཡིན་པའི་འགྲོ་བ་ཉིད་དང་བྱང་ནི་སྒྲ་མི་སྙན་པ་གཉིས་ནི་སྡོམ་པའི་ཞིང་ཉིད་མ་ཡིན་ནོ་ཞེས་པས། ལྷའི་དགེ་སློང་བཀག་ཅིང་གལ་ཏེ་ཤེས་ན་ཞིག་གོ། །གལ་ཏེ་སྐྱེས་པ་ན་མ་ལོན་པའི་ལོ་ཞེས་པས། ལོ་ཉི་ཤུ་ལོན་པར་བསྙེན་རྫོགས་བྱས་ནས་དེ་ལྟར་ཤེས་ན་སྡོམ་པ་གཏོང་བར་བསྟན་ཏེ། བྱིས་པའི་དགེ་སློང་བཀག་གོ། །གཞན་ཡང་ཐེག་ཆེན་སེམས་བསྐྱེད་ལྡན་པའི་བསྙེན་གནས་ཀྱང་། སང་ནངས་པར་ནམ་ལངས་ཕན་ཆོད་ཀྱང་ཡོད་པར་འགྱུར་རོ། །འདོད་ན་དེའི་ཕྱིར་རྟག་ཏུ་བསྙེན་གནས་བསྲུང་དགོས་པར་འགྱུར་རོ། །དེ་ལྟར་བསྲུངས་པ་མིན་ན་བསྙེན་གནས་ཉམས་པར་འགྱུར་རོ། ། སང་ནངས་པར་སྐྱ་རེངས་ཤར་མ་ཐག་བསྙེན་གནས་གཏོང་བའི་ཕྱིར་ན། བསྲུང་མི་དགོས་སོ་ཞེ་ན། སེམས་བསྐྱེད་ལྡན་པའི་སྡོམ་པ་དུས་རྒྱུན་དུ་འབྱུང་བར་འདོད་པ་དང་འགལ་ལོ། །

བཀག་པའི་དོན་བསྡུ་བ་ནི། རྒྱུ་མཚན་དེས་ན། སོ་སོ་ཐར་པའི་སྡོམ་པ་ཤི་ན་ཡང་ཡོད་དོ་ཞེས་སྨྲ་བའི་སྐྱེས་བུ་དེ་ལ་ནི། སྡེ་སྣོད་ཀྱི་རྣམ་དབྱེ་ཤེས་པ་མེད་པར་ཟད་དོ། །

བསྙེན་གནས་བྱེ་བྲག་ཏུ་བཤད་པ་ནི། བྱེ་བྲག་སྨྲ་བའི་ལུགས་ཀྱིས་བསྙེན་གནས་ཀྱང་ཡུལ་དགེ་སློང་མ་ལས་ལེན་དགོས་ཀྱི་དགེ་ཚུལ་སོགས་ལས་ནི་མ་ཡིན་ཏེ་དེ་དག་ནི། བསྟན་པ་ལ་ཞུགས་པ་ཡོངས་སུ་མ་རྫོགས་པས། རང་ཉིད་ཀྱི་བྱ་བ་ཐམས་ཅད་ཀྱང་དགེ་སློང་སོགས་ལ་རག་ལས་པ་ཡིན་ནོ། །འདུལ་བ་ལས། རབ་ཏུ

བྱུང་ཞིང་བསྙེན་པར་མ་རྫོགས་པ་དག་ནི། བསྙེན་པར་རྫོགས་པའི་དགེ་འདུན་གྱིས་ཡོངས་སུ་བཟུང་བ་ཙམ་ཡིན་པའི་ཕྱིར་ཞེས་སོ། །ལེན་པའི་གང་ཟག་ནི། ཤར་ལྷོ་ནུབ་ཀྱི་གླིང་གསུམ་གྱི་སྐྱེས་པ་དང་བུད་མེད་ལས། འགྲོ་བ་གཞན་མི་མ་ཡིན་པ་དང་དུད་འགྲོ་དང་། བྱང་གི་སྒྲ་མི་སྙན་པ་དང་། མ་ནིང་མཚན་གཉིས་པ་ལ་དེའི་སྡོམ་པ་སྐྱེ་བ་བཀག་སྟེ། མཛོད་ལས། ཟ་མ་མ་ནིང་སྒྲ་མི་སྙན། །མཚན་གཉིས་མ་གཏོགས་མི་རྣམས་ལ། །སྡོམ་མིན་སྡོམ་པའང་དེ་བཞིན་ལ། །ལྷ་ལའང་མི་རྣམས་ལ་གསུམ་མོ། །འདོད་དང་གཟུགས་སྐྱེས་ལྷ་རྣམས་ལ། །བསམ་གཏན་སྐྱེས་ཡོད་ཟག་མེད་ནི། །བསམ་གཏན་ཁྱད་པར་འདུ་ཤེས་མེད། །སེམས་ཅན་མ་གཏོགས་གཟུགས་མེད་ནའང་། །ཞེས་སོ། །

ཟ་མ་མ་ནིང་མཚན་གཉིས་པ་ལ་སྡོམ་པ་མེད་པ་ནི། རྟེན་གཉིས་ཀའི་ཉོན་མོངས་པ་ཤས་ཆེ་བའི་ཕྱིར་དང་། སོ་སོར་རྟོག་པ་མི་བཟོད་པ་དང་། ངོ་ཚ་ཁྲེལ་ཡོད་ཆེན་པོ་མེད་པའི་ཕྱིར་རོ། །སྒྲ་མི་སྙན་པ་ལའང་། ཡང་དག་པར་ལེན་པ་མེད་ཅིང་ཉིང་ངེ་འཛིན་ཀྱང་མེད་པ་དང་། ངན་སོང་པ་ལ་ངོ་ཚ་ཁྲེལ་ཡོད་མེད་པ་དང་། ལྷ་རྣམས་ལའང་ཐར་པ་ཆ་མཐུན་གྱི་དགེ་བ་ཐོག་མར་སྐྱེ་བ་མེད་པའི་ཕྱིར། དེ་དག་ལ་སྡོམ་མིན་ཀྱང་མེད་ཅིང་། མི་ལ་སྡོམ་པ་གསུམ་ཀ་དང་། འདོད་གཟུགས་ཀྱི་ལྷ་ལ་བསམ་གཏན་གྱི་སྡོམ་པ་དང་། ཚངས་ཆེན་དང་འདུ་ཤེས་མེད་པ་མ་རྟོགས་ཁམས་གསུམ་གའི་ལྷ་ལ་ཟག་མེད་ཀྱི་སྡོམ་པ་ཡོད་སྲིད་དོ། །

དེས་ན་འདི་ནི་གནས་འཇོག་གི་མདོ་ལས། ཁྱིམ་པ་དང་རབ་ཏུ་བྱུང་བ་གང་ཡང་རུང་བ་ཚོགས་ཤེས་པ་ཞིག་ལས་བླངས་པར་གསུངས་པ་དང་། ལུང་རྣམ་འབྱེད་ལས། ཁྱིམ་བདག་མགོན་མེད་ཟས་སྦྱིན་གྱིས། མང་པོ་ལ་བསྙེན་གནས་ཕོག་པ་བཤད་པ་དང་། ཀླུ་གཞོན་នུ་ཙམ་པ་ཞེས་པ་ཆོས་བརྒྱད་སོགས་ལ་ཡན་ལག་བརྒྱད་དང་ལྡན་པའི་གསོ་སྦྱོང་ལ་གནས་ཏེ་ཞེས་སོགས་གསུངས་པ་ནི། དེ་དག་ལ་བར་མ་དགེ་བ་ཙམ་སྐྱེ་བ་ལ་དགོངས་སོ་ཞེས་ཟེར་རོ། །མདོ་སྡེ་པ་རྣམས་མདོ་དང་འདུལ་བ་ལས་དུད་འགྲོ་ཀླུ་གཞོན་ནུ་ཙམ་པས་བསྙེན་པ་བླངས་པར་བཤད་ཅིང་འདི་སྟོན་པའི་རིགས་རྒྱུན་སྤྱ་མར་བཤད་དོ་མཚན། ལ་སོགས་པ། འགྲོ་བ་གཞན་རྣམས་ལའང་སྐྱེ་བར་བཤད་པ་སྒྲ་ཇི་བཞིན་པར་འདོད་ཅིང་། བླང་བའི་ཡུལ་ཡང་དགེ་སློང་དགེ་ཚུལ་ལ་སོགས་གང་ཡང་རུང་བ་ལས་བླང་བར་གསུངས་པའང་སྒྲ་ཇི་བཞིན་པར་འཆད་དོ། །

ཉན་ཐོས་རྣམས་ཀྱི་ལུགས་ཀྱིས་འདིའི་ཚོ་གའང་། སྐྱབས་སུ་འགྲོ་བའི་ཚུལ་གྱིས་སློབ་དཔོན་གྱི་འབོགས་ཏེ། མཛོད་ལས། གཞན་ལའང་བསྙེན་གནས་ཡོད་མོད་ཀྱི། །སྐྱབས་སུ་མ་སོང་བ་ལ་མེད་ཞེས་པའོ། །ཐེག་ཆེན་གྱི་ལུགས། དོན་ཡོད་ཞགས་པའི་རྟོགས་པ་ལས། བསྙེན་གནས་རང་གིས་ལེན་པར་བྱེད་པའི་ཚོ་ག

ཐེག་ཆེན་གྱི་སེམས་བསྐྱེད་རང་གིས་ལེན་པའི་ཆོ་ག་དང་འདྲ་བར་གསུངས་པ་དེས་ན། ཉན་ཐོས་ཐེག་ཆེན་གྱི་བསྙེན་གནས་ཀྱི་ཆོ་ག་ལ་ཡང་ཁྱད་པར་མེད་དམ་ཞེ་ན་ཡོད་དོ། །ལ་ལ་དེ་རིང་བསྙེན་གནས་བསྲུང་བའི་ནང་པར་བསྙེན་གནས་འབུལ་དགོས། མ་ཕུལ་ན་ཉམས་པར་འགྱུར་རོ་ཞེས་ཟེར་རོ། །བསྙེན་གནས་ནི། མཚན་མོ་འདས་པ་ན་མ་ཕུལ་ཡང་གཏོང་བའི་ཕྱིར། འདི་གཞན་ལ་འབུལ་མི་དགོས་སོ། །

འདིར་བསྙེན་གནས་ལེན་པའི་ཚུལ་ཙུང་ཟད་བརྗོད་ན། ལེན་པ་པོས་ས་ཕྱོགས་དམའ་བར་འདུག་ཅིང་། སློབ་དཔོན་གྱིས་སྨྲས་སྟེ་དེའི་རྗེས་སུ་བཟླས་པ་ཡིས། རྒྱུན་སར་པས་མི་བརྒྱུན་པར། སང་ནམ་ལངས་ཀྱི་བར་དུ་བསྙེན་གནས་ཀྱི་ཡན་ལག་བརྒྱད་པོ་ཚང་བར་ནི། ནངས་པར་ཟས་མ་ཟོས་པའི་གོང་དུ་ཡུལ་གཞན་ཅིག་ལས་བསླང་བར་བྱ་སྟེ། འདིའི་ལུགས་ལ་ཉིན་ཞག་མང་པོ་བར་མ་ཆད་པར་བསྲུང་ནའང་ཉིན་རེ་ཞིང་སློབ་དཔོན་ལས་ལེན་དགོས་པ་ཡིན་ཏེ། མཛོད་ལས། དམའ་བར་འདུག་སྨྲས་བཟླས་པ་ཡིས། །མི་བརྒྱན་ནམ་ནི་ནང་པར་དུ། །བསྙེན་གནས་ཡན་ལག་ཚང་བར་ནི། །ནངས་པར་གཞན་ལས་གནོད་པར་བྱ། །ཞེས་སོ། །འགྲེལ་པར། གང་གིས་ཆོས་བརྒྱད་ལ་རྟག་ཏུ་བསྙེན་གནས་ལ་གནས་པར་བྱའོ་ཞེས། སྔོན་ཡང་དག་པར་བླང་བ་བྱས་པ་དེས་ནི་ཟན་ཟོས་ནས་ཀྱང་ནོད་པར་བྱའོ་ཞེས་གསུངས་པའི་དོན་ནི། དང་པོར་སློབ་དཔོན་ལས་ཇི་སྲིད་འཚོའི་བར་དུ་ཟླ་བ་ཕྱུང་ངོ་ཅོག་གི་ཆོས་བརྒྱད་དང་བཅུ་བཞི་དང་བཅོ་ལྔ་ལ། ཡན་ལག་བརྒྱད་དང་ལྡན་པའི་གསོ་སྦྱོང་ལ་གནས་པར་བཟུང་དུ་གསོལ་ཞེས་པའི་ཆོག་བླངས་ཏེ། དེ་ནས་ཆོས་བརྒྱད་ལ་སོགས་པའི་དུས་དེ་དང་དེའི་ཚེ། གཞན་ལས་མ་བླངས་ཀྱང་། སྔོན་གྱི་འཕེན་པའི་དབང་གིས་ཐོབ་པར་སྐྱེའོ། །འོན་ཀྱང་རང་ཉིད་ཡིད་ཆེས་ཤིང་ཁྲེལ་ཡོད་ཁྱད་པར་ཅན་སྐྱེ་བའི་ཕྱིར། ཟན་ཟོས་པའི་གོང་ངམ་འོག་གང་རུང་དུ་གཞན་ལས་བླང་བར་བྱའོ་ཞེས་པ་ཡིན་ཏེ། སློབ་དཔོན་རྒྱལ་པོ་སྲས་ཀྱི། དེས་ནི་ཟན་ཟོས་ཀྱང་ནོད་པར་བྱའོ་ཞེས་བྱ་བ་ནི། སྡོམ་པ་ནི་སྲོང་བར་བྱེད་པ་ཡང་དག་པར་ལེན་ངེས་པའི་སེམས་ཡིན་པའི་ཕྱིར་ཉི་མ་འཆར་བའི་ཚེ་ཁོ་ན་སྐྱེའོ། །ཟན་ཟོས་ནས་ནོད་པ་ནི་གསལ་བར་བྱ་བའི་ཕྱིར་རོ་ཞེས་བཤད་པས་སོ། །དེས་ན་འདིའི་ལུགས་ལ་དུས་ཕྱིས་མ་བླངས་པར་བསྲུང་པས་ཆོག་སྟེ། ད་ལྟ་བོད་ན་ལག་ལེན་བྱེད་པ་དང་། དགེ་བསྙེན་གྱི་སྡོམ་པ་བརྒྱད་པ་ལས་བཤད་པ་དང་དོན་གཅིག་པ་ཡིན་ནོ། །

འདི་བོད་ཀྱི་མཛོད་པ་རྣམས། བྱེ་བྲག་སྨྲ་བའི་ལུགས་སུ་འདོད་ཀྱང་། གོང་དུ་བཤད་པའི་ལུང་དང་འགལ་བས་ན་མདོ་སྡེ་པའི་ལུགས་ཡིན་ནོ། །མདོ་སྡེ་པའི་ལུགས་ལ་ནངས་པར་འབུལ་དགོས་སོ་ཞེ་ན། མདོ་སྡེ་པའི་ལུགས་བཤད་མ་ཐག་པ་བཞིན་དུ། རང་ཇི་ལྟར་འདོད་པ་བཞིན། ཟླ་བ་ཕྱུང་ངོ་ཅོག་གི་ཆོས་བརྒྱད་ལ་

སོགས་པའི་ཚེ། བསྙེན་གནས་ལ་གནས་པར་བྱའོ་ཞེས་ལེན་ན་ཡང་། ཆོས་བརྒྱད་ལྟ་བུ་དེའི་ནངས་པར་ཕན་ཆད་བཅུ་བཞི་ཚུན་ཆད་ཀྱི་བར་དུ། ལེན་པ་དང་བསྲུང་བའི་བསམ་པས་བླངས་པ་མེད་པའི་ཕྱིར་དང་། སྡོམ་པ་ཡང་སེམས་ཀྱི་འཕེན་པའི་རྗེས་སུ་འབྲང་བའི་ཕྱིར་སྐྱ་རེངས་ཤར་བ་ན་སྡོམ་པ་གཏོང་བ་དེའི་ཕྱིར་ན་འབུལ་མི་དགོས་སོ། །ཆོས་རྒྱུས་ཆུང་ཞིང་རྙེད་བཀུར་ལ་སྲེད་པ་ལ་ལ་དེ་རིང་བསྙེན་གནས་བསྲུངས་པའི། ནངས་པར་གང་ལ་ནོས་པའི་སློབ་དཔོན་ལ་འཚོལ་དགོས། མ་བཙལ་ན་ཉམས་པར་འགྱུར་རོ་ཟེར་བ་ཐོས་ཏེ། འདི་འདྲ་བཀའ་བསྟན་བཅོས་གང་ནའང་བཤད་པ་མེད་པས་མི་རིགས་སོ། །གལ་ཏེ་ཡོད་ན་བརྗོད་དགོས་སོ། །

ཡང་ཁ་ཅིག་སློབ་དཔོན་གྱི་བསྙེན་གནས་འབོགས་པའི་ཚེ། ཉ་དང་གནམ་སྟོང་ཆོས་བརྒྱད་ལ། དཔོན་སློབ་ཐ་དད་ཏེ་སོ་སོར་ལྷ་བསྒོམ་པ་མ་བྱུས་ན། བསྙེན་གནས་བསྲུང་དུ་མི་འདོད་དེ། མི་སྐྱེའོ་ཞེས་ཟེར་རོ། །འདི་ཡང་རེ་ཞིག་བརྟག་པར་བྱ་སྟེ། བསྙེན་གནས་ནི། སོ་སོ་ཐར་པའི་ལུགས་དེ་ཡང་། གཙོ་ཆེར་ཉན་ཐོས་ཀྱི་གཞུང་ལུགས་ལས་བཤད་པ་ཡིན་ལ། ཡི་དམ་ལྷའི་སྐུ་བསྒོམ་པ་དང་། གསུང་གི་བཟླས་པ་ནི་གསང་སྔགས་པའི་གདམས་ངག་ཡིན་གྱི། ཉན་ཐོས་ཀྱི་གཞུང་ལས་བཤད་པ་མེད་དོ། །འོན་འདུལ་བ་ལུང་སྨན་གྱི་གཞི་ལས། དགེ་སློང་ས་ར་དྭག་སྦྲུལ་གྱིས་བཟུང་བ་ཐར་པའི་དོན་དུ། རྨ་བྱ་ཆེན་མོའི་རིག་སྔགས་དང་། ཡངས་པ་ཅན་དུ་ཡམས་ནད་བྱུང་བ་ཞི་བའི་དོན་དུ། ཡངས་པའི་གྲོང་ཁྱེར་དུ་འཇུག་པའི་གཟུངས་གསུངས་པ་དང་། གནས་མལ་གཞིའི་ཕྲན་ཚེགས་ལས་ཀྱང་གསང་སྔགས་ཕན་པར་བྱེད་པ་དག་བཟུང་བར་བྱའོ། །སྦྱར་བར་བྱའོ་ཞེས་གསུངས་པ་དང་འགལ་ལོ་ཞེ་ན་མ་ཡིན་ཏེ། དེ་དག་ནི་ནད་ཞི་བ་ལ་སོགས་པའི་ཐབས་ཀྱི་སྔགས་ཚིག་ཙམ་བརྗོད་པར་གསུངས་པ་ཡིན་ལ། འདིར་ནི་ལྷ་བསྒོམ་པ་དང་བཅས་པའི་སྔགས་བཟླས། ཉན་ཐོས་ཀྱི་གཞུང་ལས་མ་བཤད་ཅེས་པ་ཡིན་པས་སོ། །དེས་ན་ལྷ་བསྒོམ་སྔགས་བཟླས་མ་བྱུས་ན། བསྙེན་གནས་ཉམས་ཤིང་མི་སྐྱེ་བར་འགྱུར་བ་མེད་དོ། །འོན་ཀྱང་གསང་སྔགས་ཀྱི་ལུགས། དོན་ཡོད་ཞགས་པ་ལས་འབྱུང་བའི་བསྙེན་གནས་བྱེད་འདོད་ན། ཡི་དམ་ལྷ་བསྒོམ་པ་དང་སྔགས་བཟླས་ན། ཉན་ཐོས་ཀྱི་ལུགས་ལས་བསོད་ནམས་ཆེ་བར་འགྱུར་རོ། །

ཐེག་ཆེན་གྱི་སོ་སོ་ཐར་པ་ལ་མཚམས་སྦྱར་བ་དང་དོན་དངོས་ཏེ་གཉིས་ལས། དང་པོ་ནི། ཐེག་པ་ཆེན་པོའི་གཞུང་ལས་བྱུང་བའི། སོ་སོ་ཐར་པ་བཤད་ཀྱིས་ལེགས་པར་ཉོན་ཅིག །གཉིས་པ་ལ་གསུམ་ཏེ། ངོ་བོའི་ཁྱད་པར། བསླབ་བྱའི་ཁྱད་པར། གཏོང་རྒྱུ་ཀྱི་ཁྱད་པར་རོ། །དང་པོ་ནི། བྱང་ཆུབ་སེམས་དཔའ་ཉིད་ལའང་། སོ་སོར་ཐར་པ་འབོགས་པའི་ཆོ་ག་ཉན་ཐོས་དང་མི་འདྲ་བ་འགའ་ཞིག་ཡོད་མོད་ཀྱི། དེའི་ཆོ་ག་ཕལ་ཆེར་ནི།

དེང་སང་ནུབ་ཅིང་། གསོ་སྦྱོང་རང་གིས་བླངས་པ་དང་། སོགས་པས། དཀོན་མཆོག་བརྩེགས་པའི་ཆོ་འཕྲུལ་བསྟན་པ་ལས། བསྐལ་པ་མངོན་པར་དགའ་བ་ལ། འཇིག་རྟེན་གྱི་ཁམས་བདེ་བ་ཞེས་པར། དེ་བཞིན་གཤེགས་པ་རི་རབ་ལྷ་བུ་ཞེས་པ་ལ། འཁོར་ལོས་བསྒྱུར་བའི་རྒྱལ་པོ་དགེ་བ་བཀོད་པ་ཞེས་བྱ་བས་ལོ་འབུམ་དུ་ཡོ་བྱད་ཐམས་ཅད་ཀྱིས་བསྙེན་བཀུར་བྱས་ཏེ། ཆོ་འཕྲུལ་བསྟན་པའི་ཆོས་ཀྱི་རྣམ་གྲངས་འདི་ཉན་པས། རྒྱལ་པོ་བུ་སྟོང་དང་བཅས་པས་རྗེས་སུ་མཐུན་པའི་བཟོད་པ་ཐོབ་ཅིང་། དེ་ལ་དགེ་སློང་ཆོས་ཀྱི་རྒྱལ་མཚན་གྱིས། བྱང་ཆུབ་སེམས་དཔའི་ཡང་དག་པའི་སྤྱོད་པ་བཤད་པས། རྒྱལ་པོ་བུ་དང་བཅས་པ་རབ་ཏུ་བྱུང་ཞིང་། རྒྱལ་བུ་སྙིང་རྗེ་ཆེ་སེམས་རྒྱལ་པོར་དབང་བསྐུར་བ་ན། དེས་ཀྱང་། རབ་བྱུང་ཡོན་ཏན་དུ་མ་བསགས་པ་ཞེས། །དེ་བཞིན་གཤེགས་པ་རྣམས་ཀྱིས་གསུངས་མོད་ཀྱི། །དེ་ལྟ་ལགས་ཀྱང་སྙིང་རྗེར་གྱུར་པས་ན། །འགྲོ་ལ་ཕན་ཕྱིར་རྒྱལ་སྲིད་བདག་གིས་བསྲུབ། །ཇི་སྲིད་འཚོ་བར་བདག་ནི་ཚངས་སྤྱོད་ཅིང་། །གསོ་སྦྱོང་ཡན་ལག་བརྒྱད་པ་བླང་བར་བྱ། །ཞེས་པ་ལ་སོགས་པ། གོ་མིའི་དགེ་བསྙེན་རང་གིས་ལེན་པའི་ཆོ་གའི་ལག་ལེན་སོགས་འགའ་ཞིག་ཡོད་ཅིང་། ཁྱིམ་འདིའི་ལག་ལེན་དགེ་བསྙེན་གྱི་སྡོམ་པ་བརྒྱད་པ་ན་ཡོད་དོ། །

གཞན་ཡང་རྣམ་པར་གཏན་ལ་དབབ་པ་བསྡུ་བ་ལས། དེ་དག་ལས། ལ་ལ་ནི་གཞན་ལས་དང་རང་ཡང་ལེན་པར་བྱེད་དོ། །དེ་དག་ལས་ལ་ལ་ནི། རང་ཁོ་ནས་ལེན་པར་བྱེད་དེ། དགེ་སློང་གི་སྡོམ་པ་ནི་མ་གཏོགས་སོ། །དེ་ཅིའི་ཕྱིར་ཞེ་ན། འདི་ལྟར་དགེ་སློང་གི་སྡོམ་པ་ནི། ཐམས་ཅད་ཀྱིས་ཡང་དག་པར་བླང་བར་འོས་པ་མ་ཡིན་པའི་ཕྱིར་ཏེ་ཞེས་པ་དང་། གལ་ཏེ་དགེ་སློང་གི་སྡོམ་པ་མ་གཏོགས་པའི་སྡོམ་པ་རང་གིས་ཡང་དག་པར་བླངས་པ་ཡོད་ན། ཅིའི་ཕྱིར་གཞན་ལས་ཡང་དག་པར་ལེན་པར་བྱེད་ཅེ་ན། གཉིས་པོ་འདི་དག་ནི། ཚུལ་ཁྲིམས་འཆལ་བ་སྤོང་བ། ཡང་དག་པར་བླངས་པ་རྗེས་སུ་བསྲུང་བའི་ཡན་ལག་ཡིན་ཏེ། ངོ་ཚ་ཤེས་པ་ཁྲེལ་ཡོད་པའོ། །རང་གིས་ཡང་དག་པར་བླངས་ཤིང་། དེ་ཁོ་ན་བཞིན་བསྲུང་བ་བྱེད་པ་གང་ཡིན་པ་ལ་ཡང་། བསོད་ནམས་མཚུངས་ཤིང་ཁྱད་པར་མེད་པ་སྐྱེ་བར་རིགས་པར་བྱའོ་ཞེས། དགེ་ཚུལ་ལ་སོགས་པ་ཡུལ་མེད་པར་བླངས་པས་ཀྱང་སྐྱེ་བར་གསུངས་མོད་ཀྱི། དེ་ལེན་པའི་ཚུལ་བཤད་པ་མི་སྣང་ངོ་། །

གཞན་ཡང་། དྲག་ཤུལ་ཅན་གྱིས་ཞུས་པ་ལས། བཅོམ་ལྡན་འདས་ཀྱིས་ཁྱིམ་པ་དང་རབ་ཏུ་བྱུང་བའི་ཕན་ཡོན་དང་། ཉེས་དམིགས་མང་པོ་གསུངས་པ་ན། ཁྱིམ་བདག་མང་པོས། བཅོམ་ལྡན་འདས་བདག་ཅག་རྣམས་རབ་ཏུ་བྱུང་སྟེ། བདེ་བར་གཤེགས་པས་ལེགས་པར་བཤད་པའི་ཆོས་འདུལ་བ་ལས་བསྙེན་པར་རྫོགས་པར་མཛད་དུ་གསོལ་ཞེས་ཞུས་པ་ན། བཅོམ་ལྡན་འདས་ཀྱིས་བྱང་ཆུབ་སེམས་དཔའ་བྱམས་པ་དང་། བྱང་

ཆུབ་སེམས་དཔའ་སྤྱོད་པ་ཐམས་ཅད་རྣམ་པར་དག་པ་ལ་འདི་སྐད་ཅེས་བཀའ་བསྩལ་ཏོ། །སྐྱེས་བུ་དམ་པ་ཁྱོད་གཉིས་ཀྱིས། ཁྱིམ་བདག་འདི་རྣམས་རབ་ཏུ་བྱུང་ལ་བསྙེན་པར་རྫོགས་པར་གྱིས་ཤིག་ཅེས་བཅོམ་ལྡན་འདས་ཀྱིས་གནང་ནས། རྒྱལ་བའི་སྲས་པོ་བྱམས་པ་དང་། སྤྱོད་པ་ཐམས་ཅད་རྣམ་པར་དག་པ་ནི་འདིར་འཛམ་པའི་དབྱངས་སུ་བཞེད་པས། དེ་གཉིས་ནི། བདག་ཉིད་ཆེན་པོ་སྟེ། དེ་དག་འགའ་ཞིག་གིས། མཁན་པོ་མཛད་ནས་འགྲོ་བ་མང་པོ་ལ་བསྙེན་པར་རྫོགས་པ་མཛད་དོ་ཞེས་ཚིག་འབྲུ་ཙམ་ཞིག་གསུངས་པ་སྟེ། བྱམས་པས་ནི་ཁྱིམ་བདག་དགུ་སྟོང་དང་། སྤྱོད་པ་ཐམས་ཅད་རྣམས་པར་དག་པས་ནི་བདུན་སྟོང་རབ་ཏུ་བྱུང་ངོ་ཞེས་སོ། །འོན་ཀྱང་དེའི་ཚོ་ག་ནི། མདོ་ལས་གསུངས་པ་ངས་མ་མཐོང་ལ། ཁྱིམ་པའི་ཆ་བྱད་ཅན་གྱིས་མཁན་པོ་བྱས་ཤིང་བསྙེན་པར་རྫོགས་པ་འདི་འདྲ་སྔོན་གྱི་ཚོ་ག་སྟེ། འཕགས་པ་རྣམས་ཀྱི་སྤྱོད་ཡུལ་ཡིན་གྱིས། སོ་སོ་སྐྱེ་བོས་བྱར་མི་རུང་ངོ་། །རྒྱུ་མཚན་དེས་ན་ད་ལྟའི་དེའི་ཚོ་ག་ནི། བསམ་པ་ཐེག་ཆེན་སེམས་བསྐྱེད་ཀྱིས་གཟུང་བའི་ཚོ་ག་ཉན་ཐོས་ཀྱི་གཞུང་ལུགས་ལས་འབྱུང་བ་བཞིན་གྱིས་ཤིག །དེ་ལྟར་ན། སོ་སོ་ཐར་པ་རིགས་བརྒྱད་པོ་ཐམས་ཅད་བྱང་ཆུབ་སེམས་དཔའི་སོ་སོ་ཐར་པར་འགྱུར་ཏེ། ཐེག་ཆེན་སེམས་བསྐྱེད་ཀྱིས་ཟིན་པའི་དེ་ཡིན་པས་སོ། །

བསླབ་བྱའི་ཁྱད་པར་ནི། རྒྱུ་མཚན་དེས་ན། བྱང་ཆུབ་སེམས་དཔའ་དང་སོ་སོ་ཐར་པའི་བསླབ་བྱ་ཡི་ཁྱད་པར་ཉན་ཐོས་དང་མི་འདྲ་བ་ཅུང་ཟད་ཙམ་བཤད་ཀྱིས་ཉོན་ཅིག །འདི་ལ་སྡིག་ཏོ་མི་དགེ་བའི་ཕྱོགས་ཕལ་ཆེར་ཉན་ཐོས་ཀྱི་གཞུང་ལུགས་བཞིན་སྲུང་ཞིང་། དེའི་གཉེན་པོ་བསྲུང་བར་བྱའོ། །འདོད་པས་དབེན་པའི་ལྟུང་བ་འགའ་ཞིག་བྱང་ཆུབ་སེམས་དཔའི་ལུགས་བཞིན་སྲུང་ཞིང་བསྲུངས་སོ། །བྱང་ཆུབ་སེམས་དཔས་གཞན་དོན་གཙོ་བོར་བྱ་དགོས་ཤིང་། སེམས་ཅན་མ་དད་ན་དེ་མི་རུང་བས། འཇིག་རྟེན་མ་དད་པའི་རྒྱུར་འགྱུར་བ་ཉན་ཐོས་དང་བྱང་སེམས་གཉིས་ཀས་སྲུང་བྱར་འདོད་པ་མཐུན་པ་རྣམས་ལྷག་པར་འབད་པས་སྲུང་ཞིང་བསྲུངས་ཏེ། བསླབ་བཏུས་ལས། དེ་ནི་གཟུང་འོས་མ་ཡིན་ན། །འཇིག་རྟེན་རྒྱལ་བའི་སྨུ་གུ་བརྣས། །ཐལ་བས་གཡོགས་པའི་མེ་བཞིན་དུ། །སེམས་ཅན་དམྱལ་བ་སོགས་པར་བསྲེག །ཞེས་སོ། །འཇིག་རྟེན་དགེ་བ་ལ་འཇུག་པའི་རྒྱུར་འགྱུར་ན། ཐེག་ཆེན་སོ་སོ་ཐར་པའི་སྡོམ་ལྡན་ལ། ཉན་ཐོས་ལ་བཀག་པའང་གནང་སྟེ། སྤྱོད་འཇུག་ལས། ཐུགས་རྗེ་མངའ་བ་རིང་གཟིགས་པས། །བཀག་པ་རྣམས་ཀྱང་དེ་ལ་གནང་། །ཞེས་སོ། །

དེ་ཡང་དཔེར་ན་ཉན་ཐོས་ཀྱི་དགེ་སློང་ནི། རང་ལ་ཆོས་ལྡན་གྱི་དགོས་པ་མེད་ན་གཞན་དོན་ཡིན་ཀྱང་། གསེར་དངུལ་ལེན་པ་ཐུབ་པ་སངས་རྒྱས་ཀྱིས་བཀག་སྟེ། འདུལ་བ་ལས། འཚོ་བར་བྱེད་པ་ལྷག་པ་ཁམ་ཅིག་

ཙམ་ལེན་པ་དང་། ཟ་བ་ནི་དད་པས་བྱིན་པ་ཆུད་སོན་པ་ཡིན་ནོ་ཞེས་ཏེ། དེས་མཚོན་ནས། རང་ལ་མི་དགོས་པའི་ཡོ་བྱད་ཉིལ་འབྲུ་ཙམ་ཡང་བཀག་གོ། །བྱང་ཆུབ་སེམས་དཔའི་དགེ་སློང་ལ། །གཞན་དོན་དུ་འགྱུར་ན་རང་ལ་དགོས་པ་མེད་ཀྱང་དེ་ལ་ལྟུང་བ་མེད་དོ། །ཉན་ཐོས་ལ་ནི་སེམས་ཅན་གྱི་དོན་ཡིན་ཀྱང་། ཞིང་དང་ཁང་ཁྱིམ་དང་རྟ་དང་གླང་པོ་སོགས་བདག་གིར་བྱེད་པའི་འདོད་ཆེན་པ་ལ་ལྟུང་བ་འབྱུང་བར་བཤད་ཟིན་ཏོ། །

ཐེག་ཆེན་གྱི་དགེ་སློང་ལ་གཞན་གྱི་དོན་ཡིན་ན། འདོད་ཆེན་པ་ལ་ལྟུང་བ་མེད་ཅེས། བྱང་ཆུབ་སེམས་དཔའི་ས་ལས་གསུངས་ཏེ། འདི་སྐད་དུ། འདི་ལྟར་བྱང་ཆུབ་སེམས་དཔས་གཞན་དག་གི་དོན་དུ་གོས་བརྒྱ་ཉིད་དང་། སྟོང་ཉིད་ཉི་དུར་མི་འོང་པའི་བྲམ་ཟེ་དང་ཁྱིམ་བདག་རྣམས་ལས་བཙལ་བར་བྱ་སྟེ། སྐབས་འབྱེད་པ་ཞིག་ཡོད་ན་ཡང་། སེམས་ཅན་དེ་དག་གི་ཚོག་གམ་མི་ཚོག་རྟགས་ནས་ཇི་ཙམ་དགོས་པ་བླང་བར་བྱའོ། །གོས་རྣམས་ལ་ཇི་ལྟ་བ་བཞིན་དུ་ལྷུང་བཟེད་རྣམས་ཀྱང་དེ་དང་འདྲའོ། །ཇི་ལྟར་བཙལ་བར་བྱ་བ་བཞིན་དུ། བདག་ཉིད་ཀྱིས་རྒྱུ་སྐྱད་པ་བླངས་པ། ཉི་དུར་མི་འོས་པའི་ཐག་པ་ལ་འཐག་ཏུ་གཞུག་པ་ཡང་དེ་དང་འདྲའོ། །གཞན་དག་གི་དོན་དུ། མོན་དར་གྱི་མལ་སྟན་བརྒྱ་ཉིད་དང་། སྟན་གདིང་བ་བརྒྱ་ཉིད་ཀྱང་བསྟབས་པར་བྱའོ། །གསེར་དངུལ་སྲང་བྱེ་བ་འབུམ་ལས་ལྷག་པ་ཡང་བདག་གིར་བྱའོ་ཞེས་སོ། །སོ་སོ་ཐར་པ་ལུགས་གཉིས་པོ་ལེན་པ་དང་བསྲུང་བའི་ཚུལ་སྔར་བཤད་པ་དེ་འདྲ་བའི་རྣམ་དབྱེ་ཤེས་པར་བྱའོ། །

གཏོང་ཚུལ་ནི། འདི་སྐད་དུ། ཐེག་ཆེན་སོ་སོ་ཐར་པ་ནི་བྱང་སེམས་ཀྱི་སྡོམ་པ་ཡིན་ཞིང་། དེ་ཚེ་འཕོས་ནས་ཀྱང་འབྱུང་བས། གཞན་ལ་བརྗོད་པའི་ཉེས་པ་ཁྱེད་རང་ལའང་འབྱུང་ངོ་ཞེ་ན། ཐེག་པ་ཆེན་པོའི་སོ་སོ་ཐར་པ་བྱང་སེམས་ཀྱི་སྡོམ་པ་ཡིན་ཡང་། དགེ་སློང་དགེ་ཚུལ་ལ་སོགས་པའི། སྡོམ་པ་ཡི་ལྡོག་པ་ཆོས་ཅན་ཤི་བའི་ཚེ་ན་གཏོང་སྟེ། ཇི་སྲིད་འཚོའི་བར་དུ་བསྲུང་བའི་སེམས་ཀྱིས་འཕངས་པའི་ཕྱིར་རོ། །བྱང་ཆུབ་སེམས་དཔའི་སྡོམ་པའི་ལྡོག་པ་ཆོས་ཅན། ཤི་བའི་འོག་ཏུའང་འབྱུང་སྟེ། སངས་རྒྱས་མ་ཐོབ་བར་དུ་བླངས་པའི་ཕྱིར་རོ། །ཁྱབ་པ་ཡོད་དེ། འདུས་བྱས་རྣམས་ནི་སེམས་ཀྱིས་འཕེན་པའི་རྗེས་སུ་བྱེད་པའི་ཕྱིར་ཏེ། མདོ་ལས། འཇིག་རྟེན་སེམས་ཀྱིས་ཁྲིད་པ་སྟེ། །སེམས་ཀྱིས་ཡོངས་སུ་གྲངས་པ་ཡིན། །ཞེས་པ་ལྟར་རོ། །གཉིས་པོ་དེའི་འབྲས་བུའང་ཤི་ནས་འབྱུང་སྟེ། བྱང་ཆུབ་སེམས་ཀྱི་ཟིན་ཅིང་སངས་རྒྱས་སུ་བསྔོས་པའི་བསོད་ནམས་ཀྱི་འབྲས་བུ་ཡིན་པས་སོ། །སྤྱོད་འཇུག་ལས། བྱང་ཆུབ་སེམས་ཀྱི་ལྗོན་ཤིང་རྟག་པར་ཡང་། །འབྲས་བུ་འབྱིན་པས་མི་ཟད་འཕེལ་བར་འགྱུར། །ཞེས་དང་། མདོ་ལས། ཇི་ལྟར་ཆུ་ཐིགས་རྒྱ་མཚོ་ཆེན་པོར་ལྷུང་། །རྒྱ་མཚོ་མ་སྐམས་བར་དུ་དེ་མི་ཟད། །དེ་བཞིན་དགེ་བའི་རྩ་བ་ཡོངས་སུ་བསྔོས། །སངས་རྒྱས་མ་ཐོབ་བར་དུ་དེ་མི་ཟད། །ཞེས་པ་

ལྟར་རོ། །

འདི་སྐབས་སུ། སྡོམ་པ་གསུམ་པོ་དེ་དག་ངོ་བོ་གཅིག་ཏུ་ཁས་ལེན་པ་འདུག་ན། དེ་ལ་ཤེས་བྱེད་ཅི་ཞིག་ཡོད་ཅེ་ན། གསུམ་པོ་དེ་དག་ངོ་བོ་གཅིག་དང་ཐ་དད་དུ་འདོད་པ་འཕགས་པའི་ཡུལ་དང་བོད་གཉིས་ཀར་བྱུང་ཞིང་ཁྱད་པར་བདག་ཅག་རྣམས་ཀྱི་འདྲེན་པ། རྡོ་རྗེ་འཛིན་པ་ཆེན་པོ། གྲགས་པ་རྒྱལ་མཚན་གྱི་ཞལ་སྔ་ནས། རྩ་ལྟུང་འགྲེལ་སྙིང་དུ་ངོ་བོ་གཅིག་ཏུ་བཤད་པ་ལ། པཎྜི་ཏ་བི་བྷུ་ཏི་ཙནྡྲས་སྡོམ་གསུམ་འོད་ཕྲེང་དུ། དེ་ལྟ་ན། དེ་དག་ཐོབ་ནས། སྡོང་གསུམ་མཉམ་དུ་འགྱུར་ཞིང་སྤང་བྱ་དང་བླང་བྱ་ཡང་གཅིག་ཏུ་འགྱུར་རོ་ཞེས་གནོད་བྱེད་བརྗོད་ནས་རང་ལུགས་འཇོག་པ་ན། དཔེར་ན། ཉི་ཟླ་རྒྱུ་སྐར་དང་བཅས་པ་མཉམ་དུ་ཚོགས་པའི་འོད་ཟེར་མ་འདྲེས་པར་ཡོད་ཀྱང་། ཉི་མའི་འོད་ཀྱིས་གཞན་གཉིས་ཟིལ་གྱིས་མནན་པ་བཞིན་དུ། སྡོམ་པ་དེ་དག་གང་ཟག་གཅིག་ལ་མ་འདྲེས་པར་ཡོད་ཀྱང་། རིག་འཛིན་སྡོམ་པས་གཞན་གཉིས་ཟིལ་གྱིས་མནན་ནས་ཡོད་དོ་ཞེས་བཤད་ཅིང་། བོད་ཕལ་ཆེར་དེ་འཐད་པར་འདོད་ཀྱང་། ཁོ་བོས་ནི་འཐད་པར་མ་མཐོང་སྟེ། འདི་ལྟར། དཔེ་དེ་དག་སོ་སོར་གནས་པའི་ཚོམ་འདྲེས་པར་མཐོང་ཞིང་། ལྷན་ཅིག་གནས་པ་ན། འདྲེས་པའི་རྒྱུ་མཚན་མེད་པས་རིགས་ནའང་དོན་ནི་དེ་ལྟར་མ་ཡིན་ཏེ། གསུམ་པོ་དེ་དག་གཟུགས་སམ། སྤྱོང་བའི་སེམས་པ་གང་ཡིན་བརྟག་གོ། །དང་པོ་ནི་མི་རིགས་ཏེ། སངས་རྒྱས་གཉིས་པ་དབྱིག་གཉེན་ལ་སོགས་མཁས་པ་རྣམས་ཀྱིས་བཀག་པས་སོ། །

གཉིས་པ་ལྟར་ན། དེ་དག་ནི་སེམས་ལས་བྱུང་བ་ཡིན་པས། སེམས་དང་གཅིག་གམ་ཐ་དད། ཐ་དད་ན་རྣམ་ཤེས་གང་གི་འཁོར་དུ་འབྱུང་། ཚོགས་ལྔའི་འཁོར་དུ་འབྱུང་བ་ནི་མ་ཡིན་ཏེ། དེ་དག་ནི་མཐའ་གཅིག་ཏུ་དགེ་བ་མ་ཡིན་པ་དང་། རྟོག་པ་མེད་པའི་ཕྱིར་རོ། །ཀུན་གཞི་དང་ཉོན་ཡིད་ཀྱང་ལུང་མ་བསྟན་པ་ཡིན་པས་དེ་ལ་བརྟེན་པར་མི་རིགས་སོ། །ཡིད་ཀྱི་རྣམ་པར་ཤེས་པ་ལ་བརྟེན་ནའང་དེ་དག་གི་རྫས་མཚུངས་ཉམས་པར་འགྱུར་རོ། །འོན་ཏེ་སེམས་དང་རྫས་གཅིག་ཡིན་ནའང་ཉེས་པ་དེ་ཉིད་དུ་འགྱུར་རོ། །གལ་ཏེ་སེམས་པ་མངོན་གྱུར་ཡིན་ན་ཉེས་པ་དེ་དག་ཡོད་ཀྱང་། ས་བོན་ཡིན་པས་ཉེས་པ་མེད་དོ་ཞེ་ན། ས་བོན་དེ་ཡང་བེམ་པོ་དང་རིག་པ་གང་དུ་འདོད་ཀྱང་ཉེས་པ་བརྗོད་ཟིན་ལ། གཞན་ཡང་དེས་ན་དེ་ནི་འདི་ཡིན་ཏེ། དང་པོར་ཉན་རང་གི་སེམས་ཀྱིས་སོ་སོ་ཐར་པའི་སྡོམ་པ་བླངས་པ་ནི། གོང་མ་གཉིས་མ་ཡིན་ཀྱང་། ཕྱིས་བླ་ན་མེད་པའི་བྱང་ཆུབ་ཏུ་སེམས་བསྐྱེད་པ་ན་སྔོན་གྱི་སྡོམ་རྒྱུན་དེ་ཉིད་གཞན་ལ་གནོད་པ་སྤོང་བ་དང་། ཇི་སྲིད་འཚོའི་བར་དུ་བླངས་པའི་ཆ་ནས་སོ་སོ་ཐར་པ་ཡིན་ཞིང་། གཞན་ཕན་བསྒྲུབ་པའི་མི་མཐུན་ཕྱོགས་སྤོང་བར་སེམས་པ་དང་། ཐེག་ཆེན་སེམས་བསྐྱེད་ཀྱིས་ཟིན་པ་དང་། སངས་རྒྱས་ཀྱི་རྒྱུར་འགྱུར་བས། བྱང་ཆུབ་སེམས་དཔའི་སྡོམ་པའང་

ཡིན་ལ། དཀྱིལ་འཁོར་ཆེན་པོ་དབང་བསྐུར་བ་ཐོབ་པ་ན། གསང་སྔགས་ཀྱི་ལམ་གྱི་མི་མཐུན་ཕྱོགས་སྤྱོང་བར་སེམས་པ་དང་། རིམ་པ་གཉིས་ཀྱི་རྟེན་ཡིན་པ་དང་། འབྲས་བུ་བདེ་བ་ཆེན་པོའི་རྒྱུ་ཡིན་པས་རིག་པ་འཛིན་པའི་སྡོམ་པའང་ཡིན་ཏེ། སྡོམ་པ་དེ་དག་ཏུ་འཛོག་པའི་རྒྱུ་མཚན་དེ་དག་ཏུ་ཟད་ཅིང་། རྒྱུད་གཅིག་ལ་སྤྱོང་སེམས་དུ་ཅིག་ཅར་མི་སྐྱེ་བས་སོ། །

ལུང་གིས་ཀྱང་གྲུབ་སྟེ། རྒྱུད་འབུམ་པའི་ལུང་དེ་ཁོ་ན་ཉིད་ཀྱི་ཡེ་ཤེས་གྲུབ་པར་དྲངས་པ་ལས། རྡོ་རྗེའི་རིགས་ཀྱི་བྱེ་བྲག་གིས། །བཞུ་བས་ལྕགས་དང་ཟངས་དངུལ་འགྱུར། །གསེར་གྱི་རྩི་ཡི་དངོས་པོ་ཡིས། །ཀུན་ཀྱང་གསེར་དུ་བསྒྱུར་བར་བྱེད། །དེ་བཞིན་སེམས་ཀྱི་བྱེ་བྲག་གིས། །རིགས་ཅན་གསུམ་གྱི་བྱེ་བྲག་དག །དཀྱིལ་འཁོར་ཆེན་པོ་འདིར་ཞུགས་ན། །རྡོ་རྗེ་འཛིན་པ་ཞེས་བྱའོ། །རྡོ་ལ་སོགས་པའི་དཔེ་རྣམས་ཀྱིས་ནི། འཇིག་རྟེན་ཕལ་པའི་དགེ་བ་དང་ཉན་རང་བྱང་སེམས་རིག་འཛིན་གྱི་བསླབ་པ་མཚོན་ནོ་ཞེས་རྗེ་བཙུན་ཆེན་པོ་གསུངས་སོ། །

ཁྱེད་ཀྱིས་བརྗོད་པའི་རིགས་པ་དེ་དག་གིས་དངོས་པོ་སྐད་ཅིག་མ་གཅིག་གི་བུམ་མི་རྟག་སོགས་ངོ་བོ་གཅིག་པ་ལྟ་བུར་ཁས་ལེན་ན་གནོད་ཀྱང་། ཁོ་བོ་ཅག་གི་ངོ་བོ་གཅིག་པའི་ཚུལ་ནི་སྔར་བཤད་པ་ལྟར་ཡིན་པས་མི་གནོད་དེ། དཔེར་ན་ལྕགས་གོང་མེར་བསྲེགས་པ་ན། ཉེར་ལེན་དང་ལྷན་གཅིག་བྱེད་རྐྱེན་ལྕགས་དང་མེ་སྔ་མས་བྱས་ཏེ། ལྕགས་ཕྱི་མ་མེ་དང་ངོ་བོ་གཅིག་ཏུ་སྐྱེས་ཤིང་། མེའི་རྐྱེན་དང་བྲལ་ན། ལྕགས་ཁོ་ནར་གནས་པ་བཞིན་ནོ། །དེ་ལྟ་མ་ཡིན་ན། ཚད་མ་རྣམ་ངེས་ལས། ལྕགས་གོང་དང་ནི་མེ་བཞིན་དུ། །འདྲེས་པས་རྣམ་དབྱེར་མེད་ཅེ་ན། །དེ་ལྟ་ཡིན་ན་དངོས་ཀུན་ལ། །ཐ་དད་ཐ་དད་མིན་བཞག་ཉམས། །ཞེས་པའི་འགྲེལ་པར། མེ་ལྕགས་ངོ་བོ་གཅིག་ཏུ་བཤད་པ་ལ་ཡང་ཁྱེད་ཀྱིས་གནོད་བྱེད་བརྗོད་དགོས་སོ། །

འཕྲོས་དོན་རྒྱས་པར་བཤད་པ་ལ། ལས་འབྲས་ཀྱི་རྣམ་དབྱེ་སྤྱིར་བསྟན། དགེ་སྡིག་གི་རྣམ་དབྱེ་བྱེ་བྲག་ཏུ་བཤད། དང་པོ་ལ་མཚམས་སྦྱར། དོན་དངོས་སོ། །དང་པོ་ནི། སོ་སོ་ཐར་པ་རྒྱས་པར་བཤད་པ་དེ་ནས་དེ་ལས་འཕྲོས་པ་སྒོ་གསུམ་གྱི་ལས་དང་དེའི་རྣམ་སྨིན་གྱི་འབྲས་བུའི་རྣམ་པར་དབྱེ་བ་བཤད་ཀྱིས་ཉོན་ཅིག །དེ་ལས་ཇི་ལྟར་འཕྲོས་ཞེ་ན། སོ་ཐར་ནི། ལས་ཀྱི་རང་བཞིན་དུ་སྨྲ་བ་ཐམས་ཅད་འདོད་པས། དེ་སྟོན་པའི་སྐབས་སུ་ལས་འབྲས་ཀྱི་རྣམ་བཞག་རྒྱས་པར་སྟོན་པ་རིགས་པ་ཡིན་ནོ། །

གཉིས་པ་ལ། རང་ལུགས་བཞག་པས་མདོར་བསྟན། གཞན་ལུགས་དགག་པས་རྒྱས་པར་བཤད། དང་པོ་ནི། ལས་ལ་དབྱེ་ན། དགེ་བ། སྡིག་པ། ལུང་མ་བསྟན་པའི་ལས་གསུམ་ཡིན་ནོ་ཞེས་བདུད་བཞིའི་དགྲ

ལས་རྒྱལ་བའི་མདོ་ལས་གསུངས་ཏེ། མཛོད་འགྲེལ་དུ། ལས་ནི་གསུམ་སྟེ། ལས་དགེ་བ་དང་། ལས་མི་དགེ་བ་དང་། ལུང་དུ་མ་བསྟན་པ་ཞེས་འབྱུང་བ་དེ་ལ་ཞེས་པ་ལྟར་རོ། །དེ་ལ་དགེ་བའི་ལས་ནི་ལུས་ངག་ཡིད་གསུམ་གྱི་ལེགས་པར་སྤྱད་པ་སྲོག་གཅོད་པ་ནས། ལོག་གཡེམ་གྱི་བར་དུ་སྤོང་བ་ལུས་ཀྱི་གསུམ་དང་། བརྫུན་སྨྲ་ནས་ངག་འཁྱལ་སྤོང་བའི་བར་ངག་གི་བཞི་དང་། མ་ཆགས་པ། ཞེ་སྡང་མེད་པ། ཡང་དག་པའི་ལྟ་བ་དང་བཅས་པ་ཡིད་ཀྱི་གསུམ་སྟེ། ཟག་བཅས་ཀྱི་རྣམ་སྨིན་གྱི་འབྲས་བུ་བདེ་བ་དེ་ཡིད་དུ་འོང་བ་སྐྱེད་པར་བྱེད་པ་ཡིན་ཞིང་། མཛོད་ལས། རྣམ་སྨིན་རྒྱུ་ནི་མི་དགེ་དང་། །དགེ་བ་ཟག་བཅས་རྣམས་ཁོ་ན། །ཞེས་པ་དང་། ཀུན་ལས་བཏུས་སུའང་། དེ་དང་མཐུན་པར་བཤད་པས་ཟག་མེད་ལ་རྣམ་སྨིན་མེད་པའི་ཕྱིར་མྱང་འདས་ཀྱི་བདེ་བ་ཐོབ་པར་བྱེད་པ་ཡིན་ནོ། །མངོན་རྟོགས་རྒྱན་ལས། དེ་མཐའ་དེའི་རྣམ་སྨིན་ནི་ཞེས་བཤད་པ་ནི། འབྲས་བུ་ཙམ་ལ་རྣམ་སྨིན་དུ་བྱས་པ་ཡིན་ནོ། །སྡིག་པའི་ལས་ནི། ལུས་ངག་ཡིད་གསུམ་གྱི་ཉེས་པར་སྤྱོད་པ་སྲོག་གཅོད་པ་ལ་སོགས་པ་བཅུ་པོ་སྟེ། རྣམ་སྨིན་སྡུག་བསྔལ་སྐྱེས་པར་བྱེད་པའོ། །ཕྱི་བྲག་སྨྲ་བ་ཡིན་གྱི་དགེ་མི་དགེ་རྣམས་ལས་མ་ཡིན་ཞིང་། ལེགས་སྤྱད་ཉེས་སྤྱད་དུ་འདོད་ཅིང་། མདོ་སྡེ་པ་ནི། ལས་སུའང་འདོད་དེ། མཛོད་ལས། ལུས་ཀྱི་ལ་སོགས་མི་དགེ་བ། །ཉེས་པར་སྤྱད་པ་གསུམ་དུ་འདོད། །བརྣབ་སེམས་ལ་སོགས་ལས་མིན་ཡང་། །ཡིད་ཀྱིས་ཉེས་སྤྱད་རྣམ་གསུམ་མོ། །ཞེས་དང་། དེའི་འགྲེལ་པར། དཔེས་སྟོན་པ་རྣམས་ན་རེ། ཆེད་དུ་བསམ་པར་བྱ་བའི་མདོ་ལས་གསུངས་པའི་ཕྱིར། བརྣབ་སེམས་ལ་སོགས་པ་ཁོ་ན་ཡིད་ཀྱི་ལས་ཡིན་ནོ་ཞེས་ཟེར་རོ་ཞེས་སོ། །

འདིར་དེ་དག་གི་རྣམ་བཞག་ཙུང་ཟད་བསྟན་ན། ལས་ལམ་གྱི་ངོ་བོ། རྒྱུ། འབྲས་བུ། དེ་འཕྲིན་པའི་ཚུལ་ཏེ་བཞི་ལས། དང་པོ་ནི། སྲོག་གཅོད་པ་ནི་བསམ་བཞིན་དུ། །མ་ནོར་བར་ནི་གཞན་གསོད་པའོ། །མ་བྱིན་ལེན་པ་གཞན་གྱི་ནོར། །མཐུ་དང་འཇབ་བུས་བདག་གིར་བྱེད། །མཐུ་ནི་དབང་ཆེ་དང་། འཇབ་བུ་ནི་མ་ཚོར་བའོ། །བགྲོད་མིན་འགྲོ་བར་འདོད་པ་ཡི། །ལོག་པར་གཡེམ་པ་རྣམ་པ་བཞི། །བཞི་ནི་བགྲོད་བྱ་མ་ཡིན་པ་མ་ལ་སོགས་པ་དང་། ཡུལ་མིན་པ་མཆོད་རྟེན་གྱི་དྲུང་སོགས་དང་། དུས་མིན་པ་རང་གི་ཆུང་མ་ཡིན་ཀྱང་ནད་ཀྱིས་བཏབ་པ་སོགས་དང་། ཡན་ལག་མིན་པ་ཁ་དང་བཤང་བའི་ལམ་ལ་སོགས་པའོ། །བརྫུན་ཚིག་འདུ་ཤེས་གཞན་བསྒྱུར་བའི། །ཚིག་དོན་མངོན་པར་གོ་བའོ། །འདུ་ཤེས་བསྒྱུར་བ་ནི། ཤེས་བཞིན་དུ་ལོག་པར་སྨྲ་འདོད་པའོ། །ཕྲ་མ་ཕ་རོལ་དབྱེ་བའི་ཕྱིར། །ཉོན་མོངས་ཅན་གྱི་སེམས་ཀྱི་ཚིག །ཚིག་རྩུབ་པོ་ནི་མི་སྙན་པའོ། །ཉོན་མོངས་ཅན་ཀུན་ཀྱལ་པ་ཡིན། །བསམ་པ་ཉོན་མོངས་ཅན་གྱིས་ཚིག །ཐམས་ཅད་ངག་འཁྱལ་ཡིན་ཞེས།

ཡེ་བྲག་སླ་བ་འདོད་ཅིང་། སྡེ་པ་གཞན་བརྟན་སོགས་གསུམ་ལས་གཞན། ཁ་གསག་ལ་སོགས་པ་ངག་ཀྱལ་དུ་འདོད་དེ། གཞན་ནི་དེ་ལས་གཞན་ཉོན་མོངས། །ཁ་གསག་གླུ་དང་ཟློས་གར་བཞིན། །བསྟན་བཅོས་ངན་བཞིན་བརྣབ་སེམས་ནི། །ལོག་པས་གཞན་གྱི་ནོར་ལ་ཆགས། །གནོད་སེམས་སེམས་ཅན་སྡང་ལྡན་པ། །དགེ་དང་མི་དགེ་མེད་ལྟ་བ། །ལོག་པར་ལྟ་བ་ཡིན་འདི་ལ། །ཞེས་འདི་དག་མི་དགེ་བ་བཅུ་ཡིན་ལ། དགེ་བ་བཅུ་ནི། དེ་དག་གི་གཉེན་པོ་སྲོག་གཅོད་སྤོང་བ་ལ་སོགས་པའོ། །འདི་དག་གི་རྒྱུ་ནི་དུག་གསུམ་གང་རུང་ཡིན་ལ། དགེ་བ་བཅུ་ནི་མ་ཆགས་པ་དང་ཞེ་སྡང་མེད་པ་དང་། གཏི་མུག་མེད་པ་ཞེས་བྱ་བའི་དགེ་བའི་རྩ་བ་གསུམ་ཆར་ལས་སྐྱེས་པ་ཡིན་ཏེ། སྤྱོར་བ་རྩ་བ་གསུམ་ལ་སྐྱེ། དེའི་མཇུག་ཐོགས་ལས་བྱུང་ཕྱིར། བརྣབ་སེམས་སོགས་རྩ་གསུམ་ལ་སྐྱེ། །དགེ་བ་སྦྱོར་དང་འཇུག་བཅས་རྣམས། །ཆགས་སྡང་གཏི་མུག་མེད་ལས་སྐྱེ་ཞེས་སོ། །འབྲས་བུ་ལ་ཐམས་ཅད་བདག་པོ་རྒྱུ་མཐུན་དང་། རྣམ་སྨིན་འབྲས་བུ་འབྱིན་པར་འདོད་ཞེས་པ་ལྟར། གསུམ་ལས་མི་དགེ་བའི་རྣམ་སྨིན་གྱི་འབྲས་བུ་ངན་སོང་གསུམ་སྟེ། དེ་དག་ཆེན་པོས་ནི་དམྱལ་བ། འབྲིང་གིས་དུད་འགྲོ། ཆུང་ངུས་ཡི་དྭགས་སུ་སྐྱེ་ཞེས་མདོ་བསྟན་བཅོས་ཕལ་ཆེ་བ་ལས་བཤད་ཅིང་། དུས་འཁོར་འགྲེལ་ཆེན་དང་། རྣམ་པར་གཏན་ལ་དབབ་པ་བསྡུ་བ་ལས། འབྲིང་གིས་ཡི་དྭགས། ཆུང་ངུས་དུད་འགྲོ་ཞེས་ཀྱང་བཤད་དོ། །མདོ་ལས་སྲོག་གཅོད་པའི་ལས་ཀྱི་ལམ། རྟེན་གོམས་ལན་མང་དུ་བྱས་པས་ནི། སེམས་ཅན་དམྱལ་བ་རྣམས་སུ་སྐྱེ་བར་འགྱུར་རོ་ཞེས་པ་ནས། ལོག་པར་ལྟ་བའི་བར་ལ་སྦྱངས་ཏེ་གསུངས་སོ། །རྒྱུ་མཐུན་གྱི་འབྲས་བུ་ལ། རིན་པོ་ཆེའི་ཕྲེང་བ་ལས། སྲོག་གཅོད་པས་ནི་ཚེ་ཐུང་འགྱུར། །རྐུ་བ་ཡིས་ནི་ལོངས་སྤྱོད་ཕོངས། །བྱི་བོ་བྱེད་པ་དགྲ་དང་བཅས། །བརྫུན་དུ་སྨྲ་བ་སྐུར་པ་མང་། །ཕྲ་མ་ཡིས་ནི་བཤེས་དང་དབྱེ། །ཚིག་རྩུབ་པོས་ནི་མི་སྙན་ཐོས། །མ་འབྲེལ་བ་ཡིས་ཚིག་མི་བཙུན། །བརྣབ་སེམས་ཡིད་ལ་རེ་བ་འཇོམས། །གནོད་སེམས་འཇིགས་པ་སྦྱིན་པར་བཤད། །ལོག་པར་ལྟ་བས་ལྟ་ངན་ཉིད། །མི་ཉིད་ལ་འབྲས་བུ་སྟེ་ཞེས་སོ། །མདོ་གཞན་ལས་ཡིད་ཀྱི་གསུམ་གྱིས་དུག་གསུམ་ཤས་ཆེའོ་ཞེས་སོ། །བདག་པོའི་འབྲས་བུས་ཕྱི་རོལ་ཡུལ་ལ་སྨིན་སྟེ། སྲོག་གཅོད་ཀྱིས་ཕྱིའི་ལོ་ཐོག་ནུས་པ་ཆུང་ཞིང་། མ་བྱིན་ལེན་པས་སད་ལ་སོགས་པའི་གནོད་པ་མང་བ་སོགས་སུ་འགྱུར་ཏེ། མདོ་དང་བསྟན་བཅོས་ལས་ལྷག་པར་གསུངས་པ་བོད་ཀྱི་ཚིགས་བཅད་དུ་སྡེབས་པ། ཕྱི་རོལ་མཐུ་ཆུང་གནོད་མང་དང་། །རྡུལ་འཁྲིགས་དྲི་ང་མཐོ་དམན་ཅན། །ཚ་སྒོ་ཅན་སོགས་དུས་ལོག་གོ། །འབྲས་བུ་ཕྲ་ཁ་ཆུང་དང་མེད། །ཕྱི་རོལ་དངོས་པོ་འགྱུར་བ་ནི། །མི་དགེ་བཅུའི་བདག་འབྲས་སོ། །ཞེས་སོ། །

དེ་བཞིན་དུ་དགེ་བ་ལ་ཡང་། རྣམ་སྨིན་དེ་དག་ཆུང་ངུས་ནི་མི། འབྲིང་གིས་འདོད་ལྷ། ཆེན་པོས་ཁམས

གོང་མའི་ལྟ་འོ། །རྒྱ་མཐུན་ཡང་། སྲོག་གཅོད་སྤྱངས་པས་བདེ་འགྲོར་སྐྱེས་པ་ན་ཚེ་རིང་བ་སོགས་སོ། །བདག་པོའི་འབྲས་བུས་ནི། ཕྱི་རོལ་གྱི་ལོ་ཐོག་མཐུ་ཆེ་བ་སོགས་སོ། །རིན་ཆེན་ཕྲེང་བ་ལས། མི་དགེ་ཞེས་བྱ་དེ་དག་གིས། །རྣམ་སྨིན་བགྲང་བ་གང་ཡིན་པ། །དགེ་བ་དག་ནི་ཐམས་ཅད་ལ། །འབྲས་བུ་དེ་ནི་ལོག་སྟེ་འབྱུང་ཞེས་སོ། །འབྲས་བུ་འབྱིན་ཚུལ་ནི། དེ་དག་ལས་ཚེ་འདི་དང་ཕྱི་མ་དང་ཡང་ཕྱི་ཕན་ཆད་དུ། འབྲས་བུ་འབྱུང་བར་ངེས་པ་ནི་རིམ་པ་བཞིན། མཐོང་ཆོས་དང་། སྐྱེ་གནས་དང་ལན་གྲངས་གཞན་ལ་མྱོང་འགྱུར་ཏེ་ངེས་པ་གསུམ་དང་། འབྲས་བུ་འབྱུང་བའི་ངེས་པ་མེད་པ། མ་ངེས་པར་མྱོང་བ་སྟེ་རྣམ་པ་བཞིའོ། །དེ་ཡང་ངེས་དང་མ་ངེས་དང་། །མཐོང་བའི་ཆོས་ལ་སོགས་པ་ལ། །མྱོང་འགྱུར་ཕྱིར་ན་ངེས་རྣམ་བཞི། །ཞེས་སོ། །ལུང་གསལ་ཁ་མེད་པ་རྣམས་མཛོད་ཀྱི་ཡིན་ཏེ། ལས་བཏང་སྙོམས་སམ་ལུང་མ་བསྟན་ནི་ལེགས་སྤྱད་ཉེས་སྤྱད་གཉིས་ཀ་མ་ཡིན་པས། རྣམ་པར་སྨིན་པའང་བདེ་སྡུག་གཉིས་ཀ་མིན་པ་སྟེ། དེ་ལ་རྣམ་སྨིན་མེད་པའོ། །

གསུམ་པ་འདི་དག་རྒྱུ་རྐྱེན་གྱིས་བྱས་པའི་ལས་ཡིན་པས། འདུས་བྱས་ཡིན་པར་ཤེས་པར་བྱ་ཞིང་། ཆོས་རྣམས་ཀྱི་དབྱིངས་ཏེ་རང་བཞིན་སྤྲོས་བྲལ་ནི་འདུས་མ་བྱས་ཡིན་པ་ངེས་ན། དགེ་བ་དང་སྡིག་པ་གང་ཡང་མིན་ནོ། །གཞན་ཡང་ཐུབ་པ་ནི་རྣམ་པ་གསུམ་སྟེ། གསུམ་མི་དགེ་བ་ལ་མི་འཇུག་པར་ཐུབ་པ་ནི། ཕྱི་རོལ་བའི་དྲང་སྲོང་རྣམས་དང་། མཛོད་ལས། མི་སློབ་ལུས་ངག་ལས་ཡིད་ནི། །ཐུབ་པ་གསུམ་ཏེ་གོ་རིམ་བཞིན། །ཞེས་པ་ལྟར། ཉོན་མོངས་སྤྱངས་པའི་ཐུབ་པ་ཉན་རང་དགྲ་བཅོམ་པ་དང་། ཉེས་པ་བག་ཆགས་བཅས་ཏེ་ཡང་། །སྐྱོབ་པ་གཅིག་པུ་ལ་མི་མངའ། །ཞེས་པ་ལྟར། བག་ཆགས་ཐམས་ཅད་སྤྱངས་པའི་ཐུབ་པ་སངས་རྒྱས་བཅོམ་ལྡན་འདས་སོ། །དེས་ལས་ལ་རྣམ་པ་གཉིས་གསུངས་ཏེ། སེམས་དཔའི་ལས་དང་ནི། བསམ་པའི་ལས་སོ། །མདོ་ལས་དགེ་སློང་དག་ང་ནི་སེམས་པ་དང་བསམས་པའི་ལས་ཞེས་སྨྲའོ་ཞེས་སོ། །དེ་ལ་སེམས་པ་ཡིད་ཀྱི་ལས་ཡིན་ཏེ། བསམ་པའི་ལས་དེ་ནི་ལུས་ངག་གི་དེའོ། །མཛོད་ལས། འཇིག་རྟེན་སྣ་ཚོགས་ལས་ལས་སྐྱེས། །དེ་ནི་སེམས་པ་དང་དེས་བྱས། །སེམས་པ་ཡིད་ཀྱི་ལས་ཡིན་ཏེ། །དེས་བསྐྱེད་ལུས་དང་ངག་གི་ལས། །ཞེས་པ་དང་། དབུ་མ་རྩ་བ་ལས་ཀྱང་དེ་ཁོ་ན་ལྟར་གསུངས་སོ། །ཆོས་ནི་སྟོབས་དང་མི་འཇིགས་པ་ལ་སོགས་པ་འཕགས་པའི་ཆོས་ཏེ། དེ་རྣམས་ཀྱི་དབྱིངས་ནི། རྒྱུ་དེ་ལ་དམིགས་ནས་དེ་དག་སྐྱེ་བའི་ཕྱིར་རོ། །དེ་ནི་ལས་དེ་གཉིས་ཀ་མིན་པས་དེའི་ཕྱིར། དགེ་བ་དང་སྡིག་པའི་ལས་ལས་གྲོལ་བ་ཡིན་ཏེ། བྱང་ཆུབ་སེམས་འགྲེལ་ལས། དགེ་དང་མི་དགེའི་རྣམ་རྟོག་ནི། །རྒྱུན་ཆད་པ་ཡི་མཚན་ཉིད་ཅན། །སྟོང་ཉིད་སངས་རྒྱས་ཀྱིས་གསུངས་བཞིན། །དེ་དག་སྟོང་པ་ཉིད་མི་བཞེད། །ཞེས་དང་། དབུ་མ་ལ་འཇུག་པ་ལས། དགེ་དང་མི་དགེའི་བློ་མེད་ཐར་འགྱུར་ཏེ། །

ཞེས་སོ། །

གཞན་ཡང་ལས་ལ་རྣམ་པ་བཞིར་གསུངས་ཏེ། ལས་དཀར་ལ་རྣམ་སྨིན་དཀར་བ་དང་། ལས་ནག་ལ་རྣམ་སྨིན་ནག་པ་དང་། ལས་དཀར་ལ་རྣམ་སྨིན་ནག་པ་དང་། ལས་ནག་ལ་རྣམ་སྨིན་དཀར་བའོ། །དེ་ཡང་། བསམ་པ་དག་པ་དགེ་བས་ཀུན་ནས་བླང་བའི་སྦྱིན་པ་དང་ཚུལ་ཁྲིམས་ལ་སོགས་པ་ནི། ལས་དང་རྣམ་སྨིན་གཉིས་ཀ་དཀར་བས་མཁས་པས་འབད་དེ་བྱའོ། །རང་ཉིད་བཟའ་བའི་དོན་དུ་གསོད་པ་དང་། རྐུ་བ་སོགས་ནི་གཉིས་ཀ་ནག་པས་མཁས་པས་སྤང་བར་བྱའོ། །སྐྱེ་བོ་མང་པོའི་སྲོག་བསྐྱབ་པའི་ཕྱིར། གཅིག་གསོད་པ་དེད་དཔོན་སྙིང་རྗེ་ཆེན་པོས་མི་ནག་པོ་གསད་པ་དང་། བྲམ་ཟེའི་ཁྱེའུ་སྐར་མས་སྙིང་རྗེའི་སེམས་ཀྱིས་བསླབ་པ་ཤུལ་ཏེ། ཁྱིམ་ཐབ་བྱས་པ་ལྟ་བུ་ལ་སོགས་པ་ནི། ལས་མི་དགེ་བ་ལྟར་སྣང་བས། ནག་ལ་རྣམ་སྨིན་ཡིད་དུ་འོང་བས་དཀར་བའི་ཕྱིར་ན་བསྒྲུབ་པར་བྱའོ། །ཕ་རོལ་པོ་གསད་པའི་ཕྱིར་སྦྱིན་པ་གཏོང་བ་དང་། སྤྱོད་ལམ་དུལ་བར་བྱེད་པ་དང་སྔན་པར་སྨྲ་བ་སོགས་ནི། ཕན་འདོགས་པ་ལྟར་སྣང་བས་ལས་དཀར་ཞིང་རྣམ་སྨིན་ཡིད་དུ་མི་འོང་བས། ནག་པའི་ཕྱིར་སྤང་བར་བྱའོ། །ཆོས་མངོན་པ་ཀུན་ལས་བཏུས་ལས། ལས་ནག་ལ་རྣམ་པར་སྨིན་པ་ནག་པའི་ལས་གང་ཞེ་ན། གང་མི་དགེ་བའོ། །དཀར་ལ་རྣམ་པར་སྨིན་པ་དཀར་བའི་ལས་གང་ཞེ་ན། ཁམས་གསུམ་པའི་དགེ་བའོ། །དཀར་ནག་ཏུ་སྲུར་ལ། རྣམ་པར་སྨིན་པ་དཀར་ནག་ཏུ་སྲུར་པ་གང་ཞེ་ན། གང་འདོད་པ་དང་རབ་ཏུ་ལྡན་པའི་འདྲེན་མ་སྟེ། བསམ་པས་ནག་ལ་སྦྱོར་བས་དཀར་བའམ། སྦྱོར་བས་ནག་ལ་བསམ་པས་དཀར་བའོ། །མི་ནག་ཅིང་དཀར་ལ་རྣམ་པར་སྨིན་པར་མི་འགྱུར་ཞིང་ལས་ཟད་པར་འགྱུར་བའི་ལས་གང་ཞེ་ན། སྦྱོར་བ་ལ་བར་ཆད་མེད་པའི་ལམ་རྣམས་ལ་ཟག་པ་མེད་པའི་ལས་སོ། །ཞེས་པ་ལྟར་རོ། །

གཞན་ཡང་ལས་ལ་འཕེན་བྱེད་ཀྱི་ལས་དང་རྫོགས་བྱེད་ཀྱི་ལས་རྣམ་པ་གཉིས་སུ་གསུངས་ཏེ། དེ་ལས་བདེ་འགྲོ་དང་ངན་འགྲོར་སྐྱེ་བའི་འཕེན་པ་དང་། ཡོངས་སུ་རྫོགས་པར་བྱེད་པའི་ལས་སུ་རིག་པར་བྱའོ། །ཞེས་པ་དང་། མཛོད་ལས། གཅིག་གི་སྐྱེ་བ་གཅིག་འཕེན་ཏེ། །ཡོངས་རྫོགས་བྱེད་པ་དུ་མ་ཡིན། །ཞེས་སོ། །འདིར་འཕེན་བྱེད་ནི། སྐྱེ་བ་ཕྱི་མའི་ནང་གི་སྐྱེ་མཆེད་དྲུག་གི་ངོ་བོ་སྐྱེད་བྱེད་དང་རྫོགས་བྱེད་ནི་ལས་གཞན་གྱིས་འཕངས་པའི་ཕུང་པོ་དེ་ལ། བཟང་ངན་དང་བདེ་སྡུག་སོགས་སྐྱེད་པར་བྱེད་པའོ། །དེ་དག་ལ་དབྱེ་ན་མུ་བཞི་ཡོད་དེ། འཕེན་བྱེད་དགེ་བས་འཕངས་ལ། རྫོགས་བྱེད་ཀྱི་ལས་ཀྱང་དགེ་བས་རྫོགས་པ་དང་། འཕེན་བྱེད་ཀྱི་ལས་སྡིག་པས་འཕངས་ལ། རྫོགས་བྱེད་ཀྱང་སྡིག་པས་རྫོགས་པ་དང་། འཕེན་བྱེད་དགེ་བ་ལ། རྫོགས་བྱེད་སྡིག་པ་ཡིན་པ་དང་། འཕེན་བྱེད་སྡིག་པ་ལ་རྫོགས་བྱེད་དགེ་བའོ། །དེ་དག་གི་དཔེ་བརྗོད་མདོར

བསྡུས་པ་ཙམ་བཤད་པར་བྱ་ཡིས་ཡིད་ལ་ཟུངས་ཤིག །དེ་ལ་ལྷ་དང་མི་དང་ལྷ་མ་ཡིན་ཏེ། མཐོ་རིས་གསུམ་པོར་སྐྱེ་བ། འགྲུབ་པ་ནི། འཕེན་པར་བྱེད་པ་དགེ་བའི་ལས་ཀྱིས་བྱས་པ་ཡིན་ནོ། །དེ་དག་ལ་ལུས་སེམས་ཀྱི་བདེ་བ་དག་གི་རྐྱེན་ཁྱད་པར་ཅན་འབྱུང་བ་ནི། རྫོགས་བྱེད་དགེ་བས་འཕངས་ཤིང་བྱས་པ་ཡིན་ནོ། །

ངན་སོང་གསུམ་དུ་སྐྱེ་བ་ནི། འཕེན་བྱེད་སྡིག་པ་ཡིན་པར་གསུངས་ཤིང་། དེའི་སྡུག་བསྔལ་གྱི་བྱེ་བྲག་ཀུན་རྫོགས་བྱེད་ཀྱི་ལས་སྡིག་པ་ཡིན་ནོ། །མཐོ་རིས་གསུམ་པོ་འཕེན་བྱེད་དགེ་བས་འཕངས་མོད་ཀྱི། དེའི་ལུས་ཀྱི་ནད་དང་སེམས་ཀྱི་སྡུག་བསྔལ་དང་རྒྱལ་པོ་ཆོམ་རྐུན་ལ་སོགས་ཕྱིའི་གནོད་པ་ཀུན་རྫོགས་བྱེད་སྡིག་པས་བྱས་པ་ཡིན་པར་གསུངས་ལ། ངན་འགྲོའི་སྐྱེ་བར་འཕེན་བྱེད་སྡིག་པ་ཡིན་པ་དང་། དེའི་ལུས་དང་སེམས་ཀྱི་བདེ་བའི་གནས་སྐབས་ལུས་དང་ལོངས་སྤྱོད་ལྷ་དང་འདྲ་བར། གློ་ཞུན་སྐྱེས་དང་། དགེ་འདུན་ཚོའི་རྟོགས་བརྗོད་ལས་གསུངས་པ་ནི། དགེ་བས་འཕངས་པ་སྟེ་རྫོགས་པར་གསུངས་སོ། །

མཛོད་འགྲེལ་ལས། དེ་ལ་བརྒྱད་པ་སྲོག་གི་དབང་པོ་དང་། གཞན་རྣམས་བདེ་འགྲོ་ན་ནི་དགེ་བའི་རྣམ་པར་སྨིན་པ་ཡིན་ལ། ངན་འགྲོ་ན་ནི་མི་དགེ་བའི་རྣམ་པར་སྨིན་པ་ཡིན་ནོ་ཞེས་ཏེ་གཞན་རྣམས་ཞེས་པ་ནི་མིག་སོགས་ལྔ་དང་ཕོ་མོའི་དབང་པོ་གཉིས་ཏེ་བདུན་ཡིན་ནོ། །དེ་དག་བདེ་འགྲོ་ངན་འགྲོ་ན་རིམ་བཞིན་འཕེན་བྱེད་དགེ་མི་དགེས་འཕངས་སོ་ཞེས་པའོ། །ཡང་དེ་ཉིད་དུ། ཡིད་ཀྱི་དབང་པོ་ནི། གཉིས་ཀར་གཉིས་ཀའི་རྣམ་པར་སྨིན་པ་ཡིན་ནོ་ཞེས་པ་ནི། དེ་འགྲོ་བ་གཉིས་གར། རྫོགས་བྱེད་གཉིས་ཀས་རྫོགས་ཤིང་འཕེན་བྱེད་བདེ་འགྲོར་དགེ་བ་དང་ངན་འགྲོར་མི་དགེ་བས་བྱས་ཞེས་པའོ། །བདེ་བ་དང་ཡིད་བདེ་བ་དང་བཏང་སྙོམས་ཀྱི་དབང་པོ་རྣམས་ནི་གཉིས་ཀར་རྫོགས་བྱེད་དགེ་བས་བྱས་པའོ། །སྡུག་བསྔལ་གྱི་དབང་པོ་ནི། མི་དགེ་བའི་རྣམ་པར་སྨིན་པར་ཡིན་ནོ་ཞེས་པ་ནི། གཉིས་ཀར་མི་དགེ་བས་རྫོགས་ཞེས་པའོ། །གཞན་ཡང་ལས་གཅིག་ཏུ་དཀར་བ་དང་། གཅིག་ཏུ་ནག་པ་དང་འདྲེས་མའི་ལས། རྣམ་པ་གསུམ་དུ་ཕྱེ་བས་གསུངས་སོ། །

དེ་ཡང་གཅིག་ཏུ་དཀར་བ་ནི། འབྲས་བུ་བདེ་བའམ་ཡིད་དུ་འོང་བ་བསྐྱེད་ཅིང་། གཅིག་ཏུ་ནག་པས་སྡུག་བསྔལ་བསྐྱེད་ལ། དཀར་ནག་འདྲེས་མའི་ལས་ཀྱིས་བདེ་བ་དང་སྡུག་བསྔལ་འདྲེས་མ་བསྐྱེད་པར་གསུངས་པ་སྟེ། འདུལ་བ་དང་མདོ་སྡེ་གཉིས་ཀ་ལས། དགེ་སློང་དག་ལས་གཅིག་ཏུ་དཀར་བ་རྣམས་ཀྱི་རྣམ་པར་སྨིན་པ་ཡང་གཅིག་ཏུ་དཀར་བ་ཡིན་ལ། གཅིག་ཏུ་ནག་པ་རྣམས་ཀྱི་རྣམ་པར་སྨིན་པ་ཡང་གཅིག་ཏུ་ནག་པ་ཡིན་ཞིང་། འདྲེས་མ་རྣམས་ཀྱི་རྣམ་པར་སྨིན་པ་ཡང་འདྲེས་མ་ཡིན་པས། དེ་ལྟ་བས་ན་གཅིག་ཏུ་ནག་པ་རྣམས་དང་འདྲེས་མ་རྣམས་སྤངས་ཏེ། གཅིག་ཏུ་དཀར་བ་རྣམས་ལ་བསླབ་པར་བྱའོ་ཞེས་སོ། །

འདི་ར་གཅིག་ཏུ་དཀར་ནག་ནི་རྒྱུད་གཅིག་ལ་ཕན་ཚུན་མ་འདྲེས་པའམ། གཅིག་གིས་གཅིག་ཟིལ་གྱིས་མནན་ནས། གང་རུང་གཅིག་གི་རྣམ་སྨིན་མི་སྨྱོང་བ་ཡིན་ལ། འདྲེས་མ་ནི་རྒྱུད་གཅིག་ལ་ནུས་པ་མཉམ་དུ་གནས་ནས་རྣམ་སྨིན་སོ་སོར་འབྱིན་པའོ། །ད་ལྟ་འདི་འདྲའི་ལས་དང་རྣམ་སྨིན་གྱི། རྣམ་པར་དབྱེ་བ་ཤེས་པར་གྱུར་ན། རང་ཉིད་ད་བཟོད་ལས་ཀྱི་རྒྱུ་འབྲས་ལ་ཤིན་ཏུ་མཁས་པར་གྱུར་པས། དེ་མཐར་ཕྱིན་པ་ན་ལས་བདག་གིར་བྱ་བ་དང་། མཁྱེན་པའི་སྟོབས་སུ་འགྱུར་བ་ཡིན་ནོ། །དེའི་ཕྱིར་ཤེས་ལྡན་རྣམས་ཀྱིས་འབད་དེ་མཉན་ནས་བཟུང་བར་བྱའོ། །

གཞན་ལུགས་དགག་པ་རྒྱས་པར་བཤད་པ་ལ་གསུམ་སྟེ། ཕྱོགས་སྔ་བརྗོད་དེ་མདོར་བསྟན། དགག་པ་དངོས་རྒྱས་པར་བཤད། བསྡོ་བའི་དབྱེ་བས་དོན་བསྡུའོ། །དང་པོ་ནི། མུ་སྟེགས་གྲངས་ཅན་པ་རྣམས་ནི་གཤིས་སམ་ངོ་བོ་ཉིད་ཀྱི་གྲུབ་པའི་དགེ་བ་དང་སྡིག་ཡོད་ཞེས་ཟེར་ཏེ། ཁོ་རང་གི་གཞུང་ལས། དགེ་དང་སྡིག་པ་ཇི་སྙེད་དང་། །འཁོར་བ་དང་ནི་གྲོལ་བ་ཡང་། །གཙོ་བོའི་ནང་ནས་གདོད་ནས་ཡོད། །འོན་ཀྱང་ཐབས་ཀྱི་གསལ་བར་འབྱིན། །ཞེས་པ་དང་། རྒྱུ་འོ་མ་སོགས་ལ་འབྲས་བུ་ཞོ་ལ་སོགས་པའི་ངོ་བོ་གནས་པར་འདོད་དེ། འོ་མའི་དུས་ན་ཞོ་གང་དང་། །ཞོའི་དུས་ན་མར་གང་ཞེས། །དྲག་པོ་ལེན་གྱིས་བཤད་པ་སྟེ། །འབིགས་བྱེད་གནས་པའང་དེ་སྐད་སྨྲ། །ཞེས་དང་། ཚད་མ་རྣམ་འགྲེལ་ལས་ཀྱང་། རྩྭ་མཆོག་རྩེ་ན་གླང་ཆེན་བརྒྱ། །སྔོན་ཆེ་མ་མཐོང་ཡོད་དོ་ཞེས། །དེ་སྐད་གྲངས་ཅན་ཕྱུགས་ལས་གཞན། །ངོ་ཚ་བཅས་པ་སུ་བརྗོད་བཙལ། །ཞེས་སོ། །བོད་ལ་ལ་དག་ཀྱང་དེའི་རྗེས་སུ་འབྲངས་ཏེ། རྒྱུའི་དུས་ན་འབྲས་བུ་ཡོད། ལས་འཕྲོ་ཅན་གྱིས་རྟོགས་པར་འགྱུར་ཞེས། རང་བཟོའི་ལུང་སྦྱོར་བྱེད་དོ། །སངས་རྒྱས་ཕལ་པོ་ཆེའི། རྡོ་རྗེ་རྒྱལ་མཚན་གྱི་བསྔོ་བའི་ལེའུ་ལས། འགྲོ་ཀུན་དགེ་བ་ཇི་སྙེད་ཡོད་པ་དང་། །བྱས་དང་བྱེད་འགྱུར་དེ་བཞིན་བྱེད་པ་དག །ཞེས་གསུངས་པའི་དགོངས་པ་འཆད་པ་ལ། བོད་ཁ་ཅིག །མུ་སྟེགས་གྲངས་ཅན་གྱི་ལུགས་བཞིན་དུ། ཇི་སྙེད་ཡོད་ཅེས་པའི་དོན་དུ་བསམས་ནས། ཡོད་པའི་དགེ་བ་ཞེས་བྱ་བ་རྒྱུ་རྐྱེན་ལ་མ་ལྟོས་པར། རང་བྱུང་དུ་ནི་གྲུབ་པར་འདོད་ཅིང་། དེ་ལ་བདེ་བར་གཤེགས་པའི་སྙིང་པོ་ཞེས་ཀྱང་ཟེར་རོ། །གྲངས་ཅན་ལུགས་ནི་མི་འཐད་པས། ཡིད་ཆེས་པའི་ལུང་དང་། དངོས་པོའི་སྟོབས་ཀྱིས་ཞུགས་པའི་རིགས་པས་དགག་པར་བྱའོ། །གྲངས་ཅན་དུ་མ་ཟད། བྱེ་བྲག་སྨྲ་བའང་འདུས་མ་བྱས་ཀྱི་དགེ་བ་ཡོད་པར་འདོད་པ་ཡིན་ཏེ། སངས་རྒྱས་བྱང་ཆུབ་སེམས་དཔའ་ལ་ཞུ་བའི་འཕྲིན་ཡིག་ལས། དེས་ན་བདག་གིས་བཤད་པ་དང་། །བསྒོམ་པ་དང་ནི་བསྔོ་བ་ལ། །ཡོད་མེད་ལ་སོགས་དམིགས་པའི་དུག །སྤངས་པའི་ཚིག་དུག་མེད་ཀྱིས། །དེ་ལ་མུ་སྟེགས་གྲངས་ཅན་དང་། །ཉན་ཐོས་ཐམས་

ཅན་ཡོད་སྨྲའི་ལུགས། །འདོད་པ་དེ་དག་བདག་ལ་རྒོལ། །ཞེས་སོ། །

གཉིས་པ་ལ། སྤྱིར་ཆོས་དབྱིངས་དགེ་བ་ཡིན་པ། བྱེ་བྲག་བསྔོ་རྒྱུའི་དགེ་བ་ཡིན་པ། སེམས་ཅན་ཁམས་ཉིད་བདེ་གཤེགས་སྙིང་པོར་བསྔོ་བའི་ལག་ལེན་འཁྲུལ་པ་གཞན་ཡང་དགག་པ་སྐྱེ་བཞི་ལས། དང་པོ་ལ། ལུང་དང་རིགས་པས་དགག་པ་དངོས། ཞར་ལ་མདོའི་དོན་ལེགས་པར་བཤད་པ་གཉིས་ལས། དང་པོ་ལ། ལུང་གིས་དགག་རིགས་པས་དགག་པ་གཉིས་ལས། དང་པོ་ལ། འགོག་བྱེད་ཀྱི་ལུང་དྲངས། ལུང་གཞན་དང་འགལ་བ་སྤང་བའོ། །དང་པོ་ནི་ཡོད་པའི་དགེ་བ་བདེ་གཤེགས་སྙིང་པོ་ཡིན་ན། དེ་བསྔོ་བའི་རྒྱུར་མི་འཐད་དེ། དཔལ་ཕྲེང་གི་མདོ་ལས། བདེ་གཤེགས་སྙིང་པོ་ཞེས་བྱ་བ་ནི། ཆོས་ཀྱི་དབྱིངས་འགྱུར་མེད་ཉིད་ལ་གསུངས་པའི་ཕྱིར་དང་། བསྔོ་རྒྱུའི་དགེ་བ། འབྲས་བུའི་རྒྱུར་མི་འགྱུར་ན། བསྔོས་པ་དོན་མེད་ཅིང་། དེར་འགྱུར་ན་མི་རྟག་པས་སོ། །འདི་སྐད་དུ། བཅོམ་ལྡན་འདས་དེ་བཞིན་གཤེགས་པའི་སྙིང་པོ་ནི་སྐྱེ་བའམ། འགག་པའམ། འཆི་འཕོ་བ་དང་སྐྱེ་བ་མ་ལགས་སོ། །དེ་ཅིའི་སླད་དུ་ཞེ་ན། བཅོམ་ལྡན་འདས་དེ་བཞིན་གཤེགས་པའི་སྙིང་པོ་འདུས་བྱས་ཀྱི་མཚན་ཉིད་ཀྱི་ཡུལ་ལས་འདས་པ་སྟེ། རྟག་པ། བརྟན་པ། ཞི་བ་གཡུང་དྲུང་ངོ་ཞེས་སོ། །དེ་སྐད་དུའང་རྒྱུད་བླ་མ་ལས། སེམས་ཀྱི་རང་བཞིན་འོད་གསལ་གང་ཡིན་པ། །དེ་ནི་ནམ་མཁའ་བཞིན་དུ་འགྱུར་མེད་དེ། །ཡང་དག་མིན་རྟོག་ལས་བྱུང་འདོད་ཆགས་སོ། །གློ་བུར་དྲི་མས་དེ་ཉོན་མོངས་མི་འགྱུར། །ཞེས་ཀྱང་གསུངས་ཏེ། འདིའི་དོན་ནི། དེ་བཞིན་གཤེགས་པའི་སྙིང་པོའི་རྣམ་བཞག་བཅུ་ལས། འགྱུར་བ་མེད་པའི་དོན་སྟོན་པ་ཡིན་ཏེ། དེ་ལ་སེམས་ཀྱི་རང་བཞིན་འོད་གསལ་ནི། སེམས་ཙམ་པ་རྣམ་པར་ཤེས་པ་བརྒྱད་ཀྱི་རང་བཞིན། གཟུང་འཛིན་གྱི་དྲི་མས་གདོད་མ་ནས་དག་པ་སྟེ། དེ་ནི་ནམ་མཁའ་གློ་བུར་གྱི་སྤྲིན་ལ་སོགས་པས་གཞན་དུ་འགྱུར་བ་མེད་པ་ལྟར། འདོད་ཆགས་ལ་སོགས་གློ་བུར་དྲི་མས་ཀྱང་མེད་པར་བྱེད་མི་ནུས་པ་ཡིན་ནོ་ཞེས་འཆད་ཅིང་། ཕལ་པའི་ཚུལ་གྱིས་དེའི་དོན་དེར་བཤད་དུ་རུང་ཀྱང་། དེ་ནི་གཙོ་བོ་མ་ཡིན་ཏེ། དེ་ནི་ཀུན་རྫོབ་བདེན་པ་ཡིན་ལ། གཞུང་དེ་ནི་དོན་དམ་པའི་བདེན་པ་གཙོ་བོར་སྟོན་པ་ངེས་དོན་ཡིན་པས་སོ། །དེས་ན་སེམས་ཀྱི་རང་བཞིན་འོད་གསལ་ནི། དེའི་ཆོས་ཉིད་སྤྲོས་པ་ཐམས་ཅད་དང་བྲལ་བ་ཡིན་ཏེ། ཆོས་ཐམས་ཅད་ཀྱི་གནས་ལུགས་ཡིན་པའི་ཕྱིར་དང་། གདོད་མ་ནས་སྤྲོས་པའི་དྲི་མས་མ་གོས་པའི་ཕྱིར་རོ། །དེ་ཉིད་ལ་བདག་ཏུ་མངོན་པར་ཞེན་པ་རྣམས་དྲང་བའི་ཕྱིར། དེ་བཞིན་གཤེགས་པའི་སྙིང་པོ་ཞེས་པའི་མིང་གིས་བཏགས་ཤིང་། དེ་ནི་ནམ་མཁའ་བཞིན་དུ། དུས་ཐམས་ཅད་དུ་འགྱུར་བ་མེད་པས། གློ་བུར་དྲི་མས་ཀུན་ནས་ཉོན་མོངས་པར་བྱེད་མི་ནུས་ཞེས་སྟོན་ཏོ། །མདོ་གཞན་ལས་ཀྱང་། དེ་བཞིན་གཤེགས་པའི་སྙིང་པོ་འགྱུར་བ་མེད་པ་ཡིན་ཞེས

བཤད་དེ། རང་བཞིན་གང་ཡིན་པ་དེ་ནི། རྒྱུ་མེད་པ། རྐྱེན་མེད་པ། རྟོགས་མེད་པ། སྐྱེ་བ་མེད་པ་འགག་པ་མེད་པའོ་ཞེས་གསུངས་ཤིང་། རྒྱུད་བླ་མ་ལས་ཀྱང་། ཉེས་པ་གློ་བུར་དང་ལྡན་ཞིང་། །ཡོན་ཏན་རང་བཞིན་ཉིད་ལྡན་ཕྱིར། །ཇི་ལྟར་སྔོན་བཞིན་ཕྱིས་དེ་བཞིན། །འགྱུར་བ་མེད་པའི་ཆོས་ཉིད་དོ། །ཞེས་པ་དང་། འཕགས་པ་ཀླུ་སྒྲུབ་ཀྱིས་དབུ་མ་རྩ་བ་ལས་ཀྱང་། དེ་བཞིན་གཤེགས་པའི་རང་བཞིན་གང་ཡིན་པ་དེ་ནི་འགྲོ་བ་སེམས་ཅན་གྱི་ཡང་རང་བཞིན་ཡིན་ལ། དེ་བཞིན་གཤེགས་པའི་རང་བཞིན་ནི། རང་བཞིན་གང་ཡང་མེད་པར་ཉིད་ཡིན་པས། འགྲོ་བ་འདིའི་རང་བཞིན་ཡང་། རང་བཞིན་མེད་པ་ཡིན་ནོ་ཞེས་གསུངས་པའང་། ཆོས་ཀྱི་དབྱིངས་འགྱུར་བ་མེད་པ་འདི་ཉིད་ལ་དགོངས་པ་ཡིན་ཏེ། དེ་བཞིན་གཤེགས་པའི་རང་བཞིན་ཆོས་དབྱིངས་ཡིན་ཞིང་། དེ་ཡང་ཀུན་རྫོབ་རང་བཞིན་མེད་པ་ཙམ་ཡིན་ལ། དེ་ལ་འགྱུར་བ་མི་འཐད་པས་སོ། །འཕགས་པ་ཤེས་རབ་ཀྱི་ཕ་རོལ་ཏུ་ཕྱིན་པ་བརྒྱད་སྟོང་པ་ལས་ཀྱང་། ཆོས་ཀྱི་དབྱིངས་ནི་དུས་གསུམ་དང་། འདོད་པ། གཟུགས། གཟུགས་མེད་ཀྱི་ཁམས་གསུམ་དང་། དགེ་སྡིག་ལས་རྣམ་པར་གྲོལ་བ་ཡིན་ཞེས་གསུངས་ཏེ། འདིར་ལྟར་ཆོས་རྣམས་ཀྱི་ཆོས་ཉིད་གང་ཡིན་པ་དེ་ནི་འདས་པ་ཡང་མ་ཡིན། མ་འོངས་པ་ཡང་མ་ཡིན། ད་ལྟར་བྱུང་བ་ཡང་མ་ཡིན་ནོ། །གང་འདས་པ་དང་མ་འོངས་པ་དང་ད་ལྟར་བྱུང་བ་མ་ཡིན་པ་དེ་ནི། དུས་གསུམ་ལས་རྣམ་པར་གྲོལ་བའོ། །གང་དུས་གསུམ་ལས་རྣམ་པར་གྲོལ་བ་དེ་ནི་ཡོངས་སུ་བསྔོ་བར་བྱ་མི་ནུས་ཤིང་། དེ་ནི་དམིགས་པ་དང་རྟོགས་པ་དང་རྣམ་པར་ཤེས་པར་བྱ་བ་མ་ཡིན་ནོ་ཞེས་སོ། །འདིར་དྲངས་པ་ནི། ཆོས་རྗེ་ཉིད་ཀྱིས་མཛད་པར་གྲགས་པའི། འདིའི་མཆན་ལས་བྱུང་བ་ཡིན་ལ། དེ་ལྟའི་མདོ་ལ། འདི་དང་ཅུང་ཟད་མི་འདྲ་བར་སྣང་ཞིང་། གཉིས་ཀ་ལ་ཡང་། ཁམས་གསུམ་དང་དགེ་སྡིག་ལས་གྲོལ་བར་སྟོན་པའི་ཚིག་དངོས་སུ་མི་སྣང་ཡང་། སྐབས་གཞན་ན་ཡོད་པའམ། འབྲིང་པོ་དང་རྒྱས་པ་ལས་གསུངས་པ་ལ་དགོངས་པའོ། །རྒྱུ་མཚན་དེས་ན་ཆོས་ཀྱི་དབྱིངས་ལ་ནི། བསྔོ་བ་མེད་ཅེས་པ་རྒྱལ་བས་བཤད་དེ། ཤེས་རབ་ཀྱི་ཕ་རོལ་ཏུ་ཕྱིན་པ་འབུམ་པ་ལས། ཆོས་ཀྱི་དབྱིངས་ལ་བསྔོ་བ་མེད་ཅེས་སོ། །གཞན་ཡང་ཡང་དག་པར་སྦྱོར་བ་ཞེས་པ་ནི། བོད་སྐད་དུ་བསྒྱུར་བ་ཡིན་ལ། རྒྱ་གར་གྱི་སྐད་ལ་སཾ་པུ་ཊ་ཞེས་པ་ནི། དེའི་སྡིག་དང་བསོད་ནམས་ཀྱི། །ཚ་གཉིས་རྣམ་པར་རྟོག་པ་སྟེ། །མཁས་པས་འདི་གཉིས་རྣམ་པར་སྤང་། ཞེས་གསུངས་ཏེ་འདིའི་དོན། དགེ་སྡིག་རྟོག་པས་བཏགས་པ་ཙམ་ཡིན་གྱི། གཤིས་ལ་གྲུབ་པ་མེད་ཅེས་པ་ཡིན་ལ། གང་དེས་བརྟགས་པ་ནི། ཆོས་དབྱིངས་སུ་མི་རུང་ངོ་། །གཞན་ཡང་། སྟོང་པ་བསྒོམ་པར་མི་བྱ་སྟེ། །སྟོང་མིན་བསྒོམ་པར་མི་བྱའོ། །སྟོང་པ་མི་སྤོང་རྣལ་འབྱོར་པ། །སྟོང་མིན་ཡོངས་སུ་མི་སྤོང་ངོ་། །སྟོང་དང་སྟོང་མིན་བཟུང་བ་ལས། །རྟོག་པ་ཉུང་མིན་སྐྱེ་བར་

འགྱུར། །ཡོངས་སུ་སྤྱང་བ་ཀུན་རྟོག་སྟེ། །དེ་ཕྱིར་གཉིས་པོ་འདི་དག་ཀྱང་། །ཞེས་དང་། སྟོང་མིན་སྟོང་པ་མིན་པའང་མིན། །དབུ་མར་དམིགས་པར་མི་འགྱུར་རོ། །ཞེས་པ་དང་། དེ་བཞིན་གསང་བ་འདུས་པའི་ལེའུ་བཅུ་བདུན་པ་ལ། ཆོས་ཐམས་ཅད་ནི་ནམ་མཁའི་རྡོ་རྗེའི་དམ་ཚིག་མཚུངས་པའི་ཕྱིར། གཟུགས་ཀྱི་ཕུང་པོ་མ་ཡིན། ཚོར་བའི་ཕུང་པོ་མ་ཡིན། ཁམས་མ་ཡིན། སྐྱེ་མཆེད་མ་ཡིན། དེ་བཞིན་འདིར་འདོད་ཆགས་མ་ཡིན། ཞེ་སྡང་མ་ཡིན། གཏི་མུག་མ་ཡིན། ཆོས་མ་ཡིན། ཆོས་མ་ཡིན་པ་ཡང་མ་ཡིན་ནོ་ཞེས་པ་དང་། སོགས་པས། ཀྱེའི་རྡོ་རྗེའི་རྩ་རྒྱུད་དང་པོའི་ལེའུ་ལྔ་པ་ལས། བསྒོམ་པ་པོ་མེད་བསྒོམ་པའང་མེད། །ལྷ་མེད་སྔགས་ཀྱང་ཡོད་མ་ཡིན། །ཞེས་པ་དང་། རྡོ་རྗེ་གུར་གྱི་ལེའུ་བཅུ་བཞི་པ་ལས། སེམས་པ་མེད་ཅིང་བསྒོམ་པ་མེད། །སྔགས་མེད་ལྷ་ཡང་མེད་པ་སྟེ། །སེམས་ཀྱི་རྡོ་རྗེ་ལས་བྱུང་བ། །འདི་ནི་བྱང་ཆུབ་རིམ་བསྟན་པའོ་ཞེས་དང་། ཕྱག་ན་རྡོ་རྗེ་དབང་བསྐུར་བའི་རྒྱུད་ལས། རིགས་ཀྱི་བུ་ཆོས་ཉིད་གང་ཡིན་པ་དེ་ལ་ནི་གདགས་པའམ་རྣམ་པར་རིག་པ་མེད་ཅིང་མི་དམིགས་ཏེ་ཞེས་པ་ནས། ཡོད་ཅེས་བྱ་བའམ་མེད་ཅེས་བྱ་བའམ། བསོད་ནམས་ཞེས་བྱའམ་བསོད་ནམས་མ་ཡིན་པ་ཞེས་བྱའམ། འཁོར་བ་ཞེས་བྱའམ། མྱ་ངན་ལས་འདས་པ་ཞེས་བྱ་བའམ། འཆི་བ་ཞེས་བྱ་བའམ། ཐར་པ་ཞེས་བྱ་བ་མེད་དོ། །ཞེས་སོགས་རྒྱུད་སྡེ་ཀུན་ལས་གསུངས་སོ། །འདི་དག་གིས་ནི། སྟོང་མི་སྟོང་དགེ་སྡིག་དང་ལྷ་སྔགས་ལ་སོགས་དང་། བློས་ཡུལ་དུ་བྱས་པའི་ཆོས་ཐམས་ཅད་ཡང་དག་པར་ན་ཡོད་པ་མ་ཡིན་པར་བསྟན་ཏེ། ཆོས་དབྱིངས་དགེ་བ་མིན་པར་གྲུབ་པ་ཡིན་ཏེ། སྟོང་པ་ཉིད་ལ་བློ་བརྡར་བ་དག་སྒྲག་པའི་གནས་ཡིན་ནོ། །སྡིག་ཏོ་མི་དགེ་བ་ལས་རིང་དུ་སོང་བས་ན་འཕགས་པ་སངས་རྒྱས་ཡེ་ཤེས་ཀྱི་རྒྱ་མཚོར་སྐྱེ་བ་མཉེས་ཤིང་། རྟག་ཆད་ཀྱི་མཐའ་གཉིས་ལ་མི་གནས་པས་ཀླུ་དང་མཚུངས་ཤིང་གཉིས་སུ་མེད་པའི་ཡེ་ཤེས་ལས་བྱུང་བའི་སྟོང་ཉིད་སྟོན་པའི་གསུང་གི་མདའི་ཚོགས་ཀྱིས། སྲིད་པའི་དགྲ་བོ་དཔུང་ཚོགས་དང་བཅས་ཕམ་པར་མཛད་ནས། ལྷ་དང་བཅས་པའི་གདུལ་བྱའི་འཇིག་རྟེན་གྱི་འབངས་རྣམས་ལ་དབང་བསྒྱུར་བས། ཁམས་གསུམ་ཆོས་ཀྱི་རྒྱལ་པོའི་རྒྱལ་སྲིད་ཐོབ་པས་སྲིད་བསྲུབ་དང་མཚུངས་པས་ན། ཀླུ་སྒྲུབ་ཞེས་ཡོངས་སུ་གྲགས་པ་དེ་ཉིད་ཀྱིས་ཀྱང་། རྒྱལ་པོ་ལ་གདམས་དུ་བྱ་བ་རིན་པོ་ཆེའི་ཕྲེང་བ་ལས། སྡིག་པ་དང་བསོད་ནམས་དགེ་བའི་བྱ་བ་ལས་ཡང་དག་པར་འདས་ཤིང་། མུ་སྟེགས་ཅན་གྱིས་རྟོགས་པར་དཀའ་བས་ཟབ་མོའང་ཡིན་ལ། ཉན་ཐོས་ཀྱིས་མ་ཤེས་པས་དེ་དག་ལས་བཀོལ་བ་སྟེ། དེའི་དོན་ནི་སྟོང་པ་ཉིད་ཡིན་ལ། དོན་དེ་དང་བརྗོད་པར་བྱ་བྱེད་དུ་ལྡན་པར་གྱུར་པའི་ཆོས་ཀྱི་བདུད་རྩི་མུ་སྟེགས་གཞན་ཕྱི་རོལ་པ་རྣམས་དང་། རང་ཉིད་ཀྱི་སྡེ་པའང་ཆོས་ཐམས་ཅད་གནས་སམ་གཞི་མེད་པ་སྟེ། ཐམས་ཅད་མིང་ཙམ་བརྟ་ཙམ་ཡིན་གྱི་རྫས་སུ་མེད་ཞེས

པ་ལ། དཔེར་ན་དུག་སྦྲུལ་གྱིས་གླ་རྩིའི་དྲི་ཆོར་བ་བཞིན་དུ་སྒྲག་པས་ཤེས་རབ་ཀྱི་ལྟེའི་དབང་པོས་མ་མྱངས་པ་དེའི་དོན་གང་ཡིན་ཞེ་ན། སྐྱེས་བུ་ས་མིན་ཆུ་མ་ཡིན། །མེ་མིན་རླུང་མིན་ནམ་མཁའ་མིན། །རྣམ་ཤེས་མ་ཡིན་ཀུན་མིན་ན། །ཞེས་གང་ཟག་ལ་བདག་མེད་པ་དང་སྐྱེས་བུ་ཁམས་དྲུག་འདུས་པའི་ཕྱིར། ཡང་དག་མ་ཡིན་ཇི་ལྟར་བར། །དེ་བཞིན་ཁམས་ནི་རེ་རེ་ཡང་། །འདུས་ཕྱིར་ཡང་དག་ཉིད་དུ་མིན། །ཞེས་སོགས་ཀྱིས་ཆོས་ལ་བདག་མེད་པ་རྒྱས་པར་བསྟན་ཏོ། །དེ་ལྟར་དགེ་སྡིག་སོགས་ཡང་དག་པར་མ་གྲུབ་པའི་སྟོང་པ་ཉིད་ལ་སྒྲག་པ་ནི། འཁོར་བ་ལས་མི་གྲོལ་བས་རང་ཕུང་ཞིང་། དེ་གཞན་ལ་བསྟན་ཞིང་འཛིན་དུ་བཅུག་པས། དེ་ཡང་ཕུང་བར་བྱེད་དེ། དེ་ཉིད་ལས། གནས་མེད་ཆོས་འདིས་སྒྲག་པ་ཡི། །སྐྱེ་བོ་གནས་ལ་མངོན་དགའ་ཞིང་། །ཡོད་དང་མེད་ལས་མ་འདས་པ། །མི་མཁས་རྣམས་ནི་ཕུང་བར་འགྱུར། །འཇིགས་མིན་གནས་འཇིགས་དེ་དག་ནི། །ཕུང་ལ་གཞན་ཡང་ཕུང་བར་བྱེད། །རྒྱལ་པོ་ཕུང་པ་དེ་དག་གིས། །ཅི་ནས་མི་ཕུང་དེ་ལྟར་གྱིས། །རྒྱལ་པོ་ཁྱོད་ནི་མི་ཕུང་བར། །བགྱི་སླད་འཇིག་རྟེན་འདས་པའི་ཚུལ། །གཉིས་ལ་མི་རྟེན་ཡང་དག་པ། །ཇི་བཞིན་ལུང་གི་དབང་གིས་བཤད། །ཞེས་གསུངས་ཤིང་འཇུག་ཐོགས་སུ། སྐྱེས་བུ་ས་མིན་ཆུ་མ་ཡིན་ཞེས་པའི་ལུང་དེ་འབྱུང་བ་ཡིན་ནོ། །

གཞན་ཡང་དེ་ཉིད་ལས་རང་བཞིན་མེད་པར་ཤེས་པའི་ཤེས་རབ་ཀྱིས། རང་བཞིན་གྱིས་ཡོད་པ་དང་མེད་པ་སོགས་སྤྲོས་པའི་ཚོགས་ཞི་ཞིང་མི་སྣང་བའི་ཕྱིར། སྡིག་པ་དང་བསོད་ནམས་དགེ་བ་ལས་འདས་པ་སྟེ། དེ་དག་ཀྱང་བློ་དེ་ལ་མི་སྣང་བ་ཡིན་ཏེ། དེ་དག་ནི་ཡོད་མེད་ཀྱིས་བསྡུས་པའི་ཕྱིར་རོ། །དེ་ལྟར་དགེ་སྡིག་མ་དམིགས་ན་ལས་མི་སོགས་ལ། དེ་ཡིས་བདེ་འགྲོ་དང་ངན་འགྲོར་སྐྱེ་བ་ལས་གྲོལ་ཏེ། རིམ་བཞིན་དགེ་མི་དགེ་ལས། བདེ་འགྲོ་ངན་འགྲོར་སྐྱེ་བས་སོ། །སྐྱེ་བ་ལས་གཏན་ཏུ་གྲོལ་བ་དེ་ན། ཐར་པའམ་མྱ་ངན་ལས་འདས་པར་ཆོས་མངོན་པ་ལས། དམ་པ་དམ་མིན་འཇུག་མི་འཇུག །སོན་པ་ཕྱིར་མི་འོང་ཕྱིར་ཏེ། །ཞེས་པ་ལྟར། དམ་པའི་ལས་དགེ་བ་ལ་འཇུག་ཅིང་། དམ་པ་མིན་པའི་ལས། མི་དགེ་བ་ལ་མི་འཇུག་ལ། གང་ནས་སོན་པ་དེར་སླར་མི་འོང་བས་ན། དམ་པ་སངས་རྒྱས་རྣམས་བཞེད་དོ། །ཞེས་གསུངས་པ་འདིའང་ཆོས་ཀྱི་དབྱིངས། དགེ་སྡིག་གཉིས་ཀའི་ངོ་བོར་མེད་པར་སྟོན་པའི་ལུང་ཡིན་ནོ། །བོད་ཁ་ཅིག་བདེ་གཤེགས་སྙིང་པོའི་སྒྲའི་དོན་སྟོང་ཉིད་སྙིང་རྗེའི་སྙིང་པོ་ཅན་གྱི་བྱང་ཆུབ་སེམས་དཔའ་ཡིན་པར་འདོད་པའང་མི་རིགས་ཏེ། དེ་ལྟ་བུའི་སེམས་འདི་ནི་བདེ་གཤེགས་སྙིང་པོ་ཉིད་སངས་རྒྱས་ཀྱི་རྒྱུ་ཡིན་པས་ཁམས་ཞེས་བྱ་སྟེ། རྒྱུ་ཡང་དེ་ལ་དམིགས་པས་སྒྲིབ་པ་སྦྱོང་བ་ཙམ་ལ་ཟེར་གྱི། དེས་དེ་བསྐྱེད་པ་ནི་མ་ཡིན་ཏེ། དངོས་པོར་འགྱུར་བས་སོ། །དེའི་དྲི་མ་སྦྱོང་

བྱེད་ཡིན་ཏེ་སྟོང་ཉིད་རྟོགས་པའི་ཤེས་རབ་ཀྱིས་སྒྲིབ་གཉིས་ཀྱི་ས་བོན་སྤོང་ཞིང་། སྙིང་རྗེས་ཀུན་ནས་བསླངས་ཏེ། གཞན་དོན་དུ་ཤེས་བྱ་ཐམས་ཅད་ལ་ལེགས་པར་བསླབས་པས། ཤེས་བྱའི་སྒྲིབ་པ་མངོན་དུ་གྱུར་པ་ལོག་པས་སོ། །དེ་སངས་རྒྱས་ཀྱི་ཁམས་དངོས་ནི་མ་ཡིན་ཏེ། འདུས་བྱས་ཡིན་པའི་ཕྱིར་རོ། །

དེ་སྐད་དུའང་ཚད་མ་རྣམ་འགྲེལ་ལས། སངས་རྒྱས་ཚད་མར་བསྒྲུབ་ཅིང་བསྐྱེད་པར་བྱེད་པ་ནི། ཐུགས་རྗེ་ཆེན་པོ་ཡིན་ལ། དེ་ཡང་སྙིང་རྗེ་སྐྱི་བ་དུ་མར་གོམས་པ་ལས་འབྱུང་ངོ་ཞེས་གསུངས་ཤིང་། བསླབ་པ་ཀུན་ལས་བཏུས་པ་ཉིད་ལས་ཀྱང་། སྟོང་པ་ཉིད་སྙིང་རྗེའི་སྙིང་པོ་ཅན་གྱི་བྱང་ཆུབ་སེམས་བསྐྱེད་པས། སངས་རྒྱས་ཀྱི་རྒྱུ་བསོད་ནམས་ཀྱི་ཚོགས་རྣམས་མི་མཐུན་ཕྱོགས་དངོས་པོ་དང་། རང་དོན་ལ་ཞེན་པའི་དྲི་མ་ལས་དག་པར་འགྱུར་རོ། །ཞེས་གསུངས་ཤིང་དེ་བཞིན་དུ་མདོ་སྡེ་དང་རྒྱུད་སྡེ་ཀུན་ལས་ཀྱང་དེ་སྐད་དུ་གསུངས་ཏེ། འཕགས་པ་སྡུད་པ་ལས། དེ་དག་ཐབས་ཀྱི་ཡོན་ཏན་ཤེས་རབ་ཡོངས་ཟིན་ན། །མཆོག་ཏུ་མྱུར་དུ་བྱུང་བདེ་གཤེགས་བྱང་ཆུབ་མྱུར་དུ་རེག །ཅེས་དང་། དེ་ཉིད་ཐབས་དང་ཤེས་རབ་མཆོག་གིས་ཡོངས་ཟིན་ན། །མི་ཉམས་དེ་བཞིན་གཤེགས་ཀྱི་བྱང་ཆུབ་རེག་པར་འགྱུར། །ཞེས་དང་། དེ་བཞིན་བྱང་ཆུབ་སེམས་དཔའ་མཁས་པ་སྙིང་རྗེར་གནས། །ཐབས་དང་ཤེས་རབ་གཉིས་ཀྱི་གདུགས་ནི་ཡོངས་བཟུང་སྟེ། །ཆོས་རྣམས་སྟོང་པ་མཚན་མེད་སྨོན་པ་མེད་སྤྱོད་ཅིང་། །མྱ་ངན་འདས་ལ་རེག་པ་མེད་ལ་ཆོས་ཀྱང་མཐོང་། །ཞེས་པ་དང་། རྣམ་སྣང་མངོན་བྱང་ལས། ཐབས་དང་མི་ལྡན་ཡེ་ཤེས་དང་། །ཞེས་སོགས་འོག་ཏུ་འབྱུང་བ་ལྟར་དང་། རྡོ་རྗེ་གུར་ལས། སྟོང་ཉིད་སྙིང་རྗེ་དབྱེར་མེད་དུ་ཞེས་སོགས་གོང་དུ་དྲངས་པ་ལྟར་གསུངས་སོ། །ལུང་དེ་དག་གིས་ནི་ཐབས་དང་ཤེས་རབ་གཉིས་སངས་རྒྱས་ཀྱི་རྒྱུར་བསྟན་ཅིང་། དེ་གཉིས་ཀྱང་སྟོང་པ་དང་སྙིང་རྗེ་ཡིན་པས་སངས་རྒྱས་ཀྱི་རྒྱུ་ཉིད། བདེ་གཤེགས་སྙིང་པོའི་དྲི་མ་སྦྱོང་བྱེད་ཡིན་པར་དགོངས་སོ། །

གཉིས་པ་ནི། ངོ་བོ་ཉིད་ཀྱི་དགེ་བ་མེད་ན། ཆོས་མངོན་པའི་གཞུང་རྣམས་ལས། ངོ་བོ་ཉིད་ཀྱི་དགེ་བ་བཤད་པ་དང་འགལ་ལོ་ཞེ་ན། ཆོས་མངོན་པའི་གཞུང་ལས། ངོ་བོ་ཉིད་ཀྱི་དགེ་བ་ཞེས་བཤད་པ་ནི། ཉན་ཐོས་རྣམ་དང་རྣམ་རིག་པའི་ལུགས་ཏེ། དེ་དག་ཀྱང་ཀུན་ལས་བཏུས་ལས། དད་པ་དང་སོགས་ལས་བག་ཡོད་པ། ཤིན་ཏུ་སྦྱངས་པ། བཏང་སྙོམས་པ། ངོ་ཚ་ཤེས་པ། ཁྲེལ་ཡོད། འདོད་ཆགས་མེད་པ། ཞེ་སྡང་མེད་པ། གཏི་མུག་མེད་པ། རྣམ་པར་མི་འཚེ་བ་བརྩོན་འགྲུས་ཏེ་བཅུ་གཅིག་དང་། མཛོད་ལས། དགེ་བའི་རྩ་བ་འདོད་ཆགས་མེད་པ་ལ་སོགས་པ་གསུམ་དང་ངོ་ཚ་ཁྲེལ་ཡོད་དེ་ལྔ་པོ་ཁོ་ན་ཡིན་ཞེས་གསུངས་ཏེ། ཀུན་ལས་བཏུས་ལས། ངོ་བོ་ཉིད་ཀྱི་དགེ་བ་གང་ཞེ་ན། དད་པ་ལ་སོགས་པ་སེམས་ལས་བྱུང་བའི་ཆོས་བཅུ་གཅིག་གོ་ཞེས་པ་

དང་། མཛོད་ལས་ཀྱང་། ཐར་པ་དམ་པའི་དོན་དུ་དགེ། །རྩ་བ་ངོ་ཚ་ཁྲེལ་ཡོད་པ། །བདག་ཉིད་ཀྱིས་ཏེ་དེ་དག་དང་། །བྱ་བ་ལ་སོགས་ཀུན་སློང་བས། །ཞེས་སོ། །ཁོ་བོ་ཅག་གིས་ནི། དབུ་མའི་ལུགས་ཚད་མར་བྱས་ནས་ངོ་བོ་ཉིད་ཀྱིས་དགེ་བ་བཀག་པ་ཡིན་ཏེ། འདིར་ངོ་བོ་ཉིད་ནི་རིགས་པས་དཔྱད་བཟོད་པ་ལ་ཟེར་གྱི། རྐྱེན་ལས་མ་བྱུང་བ་ལ་མི་ཟེར་ཏེ། དངོས་པོར་སྨྲ་བའང་དེ་དག་རྐྱེན་ལས་མ་བྱུང་བ་ལ་འདི་འདོད་པས་སོ། །འོན་ཀྱང་དེ་དག་ནི་དེ་དག་དཔྱད་བཟོད་དུ་འདོད་ལ། དབུ་མ་པ་ནི། རིགས་པས་དཔྱད་བཟོད་པའི་ཆོས་ནི་སྐྲའི་རྩེ་མོ་བརྒྱར་བཤགས་པའི་ཆ་ཙམ་ཡང་མི་འདོད་དོ། །སྤྱིར་ངོ་བོ་ཉིད་དམ་རང་བཞིན་ཞེས་པ་དེ་ལྟར་ཡིན་ཡང་། འདིར་དང་སོགས་ངོ་བོ་ཉིད་ཀྱི་དགེ་བར་བཞག་པ་ནི། གྲོགས་དང་ཀུན་སློང་ལ་མི་ལྟོས་པར་གྲུབ་ཙམ་ནས་དགེ་བར་སྐྱེས་པ་ལ་འདོད་པ་ཡིན་ནོ། །དབུ་མ་པའང་ཀུན་རྫོབ་ཏུ་དེ་ཙམ་ལ་མིང་དེར་འདོགས་ན་མི་འགོག་གི། སྔར་བཤད་པའི་མཚན་ཉིད་པ་ནི་མི་འདོད་ཅིང་། དངོས་སྨྲའང་ངོ་བོ་ཉིད་ཀྱི་དགེ་བ་ཆོས་དབྱིངས་ལ་མི་ཟེར་རོ། །གཞན་ཡང་ཆོས་མངོན་པ་ལས། དེ་བཞིན་ཉིད་དོན་དམ་པའི་དགེ་བར་བཤད་པ་དང་འགལ་ལོ་ཞེ་ན། དེ་ལས་ངོ་བོ་ཉིད་ཀྱིས་དགེ་བ་ནས། རྒྱུ་མཐུན་གྱི་དགེ་བའི་བར་བཅུ་གསུམ་གསུངས་པ་ལས། དོན་དམ་པར་དགེ་བ་ཞེས་བཤད་པ་ནི། དེ་ཁོ་ན་ལྟར་ཡིན་གྱི་དེ་ལས་གཞན་དུ་མ་ཡིན་པས། དེ་བཞིན་ཉིད་ཅེས་མིང་དུ་བཏགས་པ་བདག་མེད་པ་གཉིས་ལ་དགོངས་ཏེ་གསུངས་པའི་བཏགས་པ་བ་ཡིན་ནོ། །མཛོད་ལས། མྱ་ངན་ལས་འདས་པ་དོན་དམ་པའི་དགེ་བར་གསུངས་སོ། །

དེ་བཞིན་དུ་མི་དགེ་བ་ལ་ཡང་ངོ་བོ་ཉིད་ཀྱིས་དེ་ནས། བར་དུ་གཅོད་པའི་མི་དགེ་བའི་བར་བཅུ་གཅིག་གསུངས་པ་ལས། དོན་དམ་པར་སྡིག་པའམ་མི་དགེ་བ་ནི། འཁོར་བ་ཀུན་ཡིན་ཞིང་། ལུང་དུ་མ་བསྟན་པ་ལ། ངོ་བོ་ཉིད་ཀྱི་དེ་ནས་རྒྱུ་མཐུན་པའི་ལུང་མ་བསྟན་གྱི་བར་གྱི་བཅུ་བཞི་ལས། དོན་དམ་པར་ལུང་མ་བསྟན་ནི་འདུས་མ་བྱས་ནམ་མཁའ་དང་སོ་སོར་བརྟགས་མིན་གྱི་འགོག་པ་གཉིས་ཞེས་བཤད་དེ། དོན་དམ་པར་དགེ་བ་གང་ཞེ་ན་དེ་བཞིན་ཉིད་དོ། །ཞེས་དང་། དོན་དམ་པར་མི་དགེ་བ་གང་ཞེ་ན། འཁོར་བ་ཐམས་ཅད་དོ་ཞེས་དང་། དོན་དམ་པར་ལུང་མ་བསྟན་པ་གང་ཞེ་ན། ནམ་མཁའ་དང་སོ་སོར་བརྟགས་པ་མ་ཡིན་པའི་འགོག་པའོ་ཞེས་པ་དང་། མཛོད་དུའང་། བཟློག་པ་མི་དགེ་དོན་དམ་པར། །ལུང་མ་བསྟན་པ་བསྟན་པ་དག །ཅེས་སོ། །དེ་ལ་དེ་བཞིན་ཉིད་ལ་དགེ་བ་ཞེས་བཤད་པ་བཏགས་པ་བ་ཡིན་ན། དེའི་ཆོས་གསུམ་པོ་གང་ཡིན་ཞེ་ན། དེའི་དགོངས་པའི་གཞི་འདི་ལྟར་ཡིན་ཏེ། དཔེར་ན་སྐྱེས་བུ་ནད་དང་བྲལ་བ་དང་། སེམས་མྱ་ངན་མེད་པ་འདི་དག །ལུས་སེམས་ཀྱི་སྡུག་བསྔལ་མེད་པ་ལས་གཞན་པའི་བདེ་བ་མེད་ཀྱང་། དེ་དག་གོ་རིམ་བཞིན་ལུས་དང་།

སེམས་བདེའོ་ཞེས་ནི་འཇིག་རྟེན་ན་ཟེར་རོ། །འདི་དག་སྡུག་བསྔལ་མེད་པ་ལས་གཞན་པའི་བདེ་བ་མེད་མོད་ཀྱི། འོན་ཀྱང་སྡུག་བསྔལ་མེད་པར་ཙམ་རྒྱུ་མཚན་དུ་བྱས་ནས། བདེ་བ་ཡིན་ནོ་ཞེས་འཇིག་རྟེན་ཀུན་ལ་གྲགས་པ་དེ་བཞིན་དུ་ཆོས་ཀྱི་དབྱིངས་ལ་ཡང་། སྡིག་པ་མེད་པ་ཙམ་ཞིག་ལས། །ལྷག་པའི་དགེ་བ་མེད་མོད་ཀྱི། །དེ་ཙམ་རྒྱུ་མཚན་དུ་བྱས་ན་དགེ་བ་ཡིན་ཞེས་བཏགས་པར་ཟད་དོ། །དེ་ནི་འཇིག་རྟེན་ལ་གྲགས་པའི་དཔེ་ཡིན་ལ། དཔེ་གཞན་ཡང་མངོན་པ་གོང་མའི་གཞུང་རྣམས་ལས། གནོད་པས་འདོད་ཆགས་དང་བྲལ་བ་ཉིད་གང་ཞེ་ན། འཁྲིག་པ་ལ་ཞུགས་པ་གདུང་བ་དང་བྲལ་ནས་གང་མི་འཕྲོད་པར་འཛིན་པ་ཉིད་དོ། །ཉེ་བར་བརྟན་པས་འདོད་ཆགས་དང་བྲལ་བ་ཉིད་གང་ཞེ་ན། འགྲངས་པར་ཟོས་པའི་ཟས་ཞིམ་པོ་ལ་ཡང་གང་མི་འཕྲོད་པར་འཛིན་པ་ཉིད་དོ་ཞེས་པ་ལྟར་ཟས་ཀྱིས་འགྲངས་པ་དང་། འཁྲིག་པ་སྤྱོད་ཟིན་པ་ལ་སོགས་ལ། འདོད་ཆགས་དང་། བྲལ་བར་གསུངས་མོད་ཀྱི་འོན་ཀྱང་ཆགས་པ་ས་བོན་དང་བཅས་པ་གཏན་ནས་སྤངས་ཤིང་བྲལ་བའི། འདོད་ཆགས་བྲལ་བ་དངོས་མ་ཡིན་ནོ། །དེ་བཞིན་ཆོས་ཀྱི་དབྱིངས་དེ་བཞིན་ཉིད་ལ་ཡང་། དགེ་བ་ཡིན་ཞེས་གསུངས་སྲུར་ཀྱང་། འབྲས་བུ་བདེ་བ་སྐྱེད་པར་བྱེད་པའི་དགེ་བ་དངོས་ནི་མ་ཡིན་ནོ། །དགོས་པ་ནི་གང་ཟག་དགེ་བ་བསྒྲུབ་མི་ནུས་སླམ་དུ་ཞུམ་པ་དག་གཟེངས་བསྟོད་པའི་ཕྱིར་ཏེ། ཆག་ལོའི་དྲིས་ལན་ལས། དོན་དམ་དགེ་བ་དགོངས་པའི་གཞི། །སྡིག་བྲལ་ཙམ་ཡིན་དགོས་པ་ནི། །ཞུམ་པ་གཟེངས་བསྟོད་དེ་དག་གི། །འཐད་པ་རྒྱུད་བླར་གསུངས་པ་བཞིན། །ཞེས་དང་། མཛོད་ལས། དོན་དམ་དགེ་བ་སོགས་བཤད་མཚན་ཉིད་པར་འདོད་ལོ། །ཀུན་ལས་བཏུས་ལས་དེ་འདྲ་བ་གསུངས་པ་བརྟགས་པ་བ་ལ་དགོངས་ཞེས་གསུངས་སོ། །དངོས་ལ་གནོད་བྱེད་ནི། ཅི་ནས་སམ་ངེས་པར་ཆོས་དབྱིངས་དགེ་བ་ཉིད་ཡིན་ན་ལུང་སྟྲ་མ་ལས། ཆོས་ཀྱི་དབྱིངས་ལས་མ་གཏོགས་པའི། །ཆོས་མེད་ཅེས་གསུངས་དོན་དམ་ཡིན། །ཀུན་རྫོབ་དེ་བཞིན་ཉིད་གང་ཡིན། །དེ་ཉིད་དམ་པའི་དོན་གྱིས་བཞེད། །ཞེས་སོགས་རྒྱས་པར་གསུངས་པས་ན། ཀུན་རྫོབ་དང་ནི་དོན་དམ་གྱི། །ཆོས་ཀྱི་དབྱིངས་ལ་དབྱེ་བ་མེད། །ཞེས་གསུངས་པས། དོན་དམ་པར་ཆོས་ཀྱི་དབྱིངས་ལས་མ་རྟོགས་པའི། ཆོས་གཞན་གང་ཡང་མེད་དེ། མདོ་སྡེ་རྒྱན་ལས། ཆོས་ཀྱི་དབྱིངས་ནི་མ་རྟོགས་པར། །གང་ཕྱིར་ཆོས་མེད་དེ་ཡི་ཕྱིར། །ཞེས་དང་། དབུས་མཐར་ཡང་། ཆོས་ཀྱི་དབྱིངས་ནི་མ་རྟོགས་པར། །འདི་ལྟར་ཆོས་ཡོད་མ་ཡིན་ཏེ། །ཞེས་འབྱུང་བའི་ཕྱིར། དོན་དམ་པར་སྡིག་པ་དང་ལུང་མ་བསྟན་ཡང་དགེ་བར་འགྱུར་དགོས་སོ། །འདིར་བོད་ཀྱི་དགེ་བཤེས། སྦྱོར་སྟོན་ཅུང་ཟད་ཆགས་པ་དག །ཆོས་ཐམས་ཅད་ཆོས་དབྱིངས་ཡིན་ཞིང་། དེ་དགེ་བ་ཡིན་ན་སྡིག་པ་སོགས་ཀྱང་དེར་འགྱུར་རོ་ཞེས་པ་ནི། བློའི་ཡུལ་དུ་བྱར་རུང་ཤེས་བྱའི་མཚན་ཉིད་ཡིན་ཞེས་བརྗོད་

པ་ན། བྲམ་པའང་ཞེས་བྱའི་ཐ་སྙད་བྱར་རུང་གི་མཚན་ཉིད་དུ་འགྱུར་ཞེས་པ་ལྟར། ཆོས་ཅན་རྟགས་འགོད་བྱ་བའི་སྐྱོན་ཅན་ཡིན་ནོ་ཞེར་བ་ནི། རང་གི་དེ་ཉིད་སྟོན་པར་ཟད་དེ། སྔ་མ་ནི་དོན་ལ་གྲུབ་པ་རྫས་ཀྱི་ཆོས་སུ་ཁས་བླངས་ཤིང་། ཕྱི་མ་ནི་རྟོགས་པས་བཀོད་པའི་ལྡོག་པའི་ཆོས་ཡིན་པའི་ཕྱིར་རོ། །འདོད་པ་དེ་ལྟར་ཡིན་ན་སེམས་ཅན་ཀུན། །ངན་འགྲོར་འགྲོ་བ་མི་སྲིད་དོ། །མི་དགེ་བ་དང་ལུང་མ་བསྟན་ཀྱང་དགེ་བ་ཡིན་པའི་ཕྱིར་རོ། །མ་གྲུབ་ན་དོན་དམ་པར་དགེ་བ་ཡིན་ཞིང་། དེ་དག་དགེ་བ་དངོས་ཡིན་པར་འགལ་ལོ་ཞེས་པའི་ཧ་ཅང་ཐལ་བར་འགྱུར་རོ། །

གཞན་ཡང་དེང་སང་གི་མཁས་པ་ཆེན་པོ་འགའ་ཞིག་གིས། གང་དག་དེ་བཞིན་ཉིད་བྱང་ཆུབ་ཀྱི་རྒྱུར་བསྔོ་བར་བྱ་བའི་དགེ་བ་ཡིན་ནོ་ཞེས་སྨྲ་བ་དེ་དག་ནི། རིགས་པ་དང་མི་རིགས་པའི་སྤྱོད་པ་མེད་པར་བབ་ཅོལ་དུ་སྨྲ་བ་ཡིན་ཏེ། ལུང་རིགས་དང་འགལ་བའི་དོན་ཁས་ལེན་པའི་ཕྱིར་རོ། །དེ་ནི་སྡོམ་པ་གསུམ་གྱི་རབ་ཏུ་དབྱེ་བ་ལས་རྒྱས་པར་བཀག་ཟིན་པའི་ཕྱིར་ཡང་འདིར་མི་སྤྲོ་སྟེ། ཤི་ཟིན་པ་ལ་སླར་ཡང་མཚོན་བསྣུན་པས་ཅི་ཞིག་བྱ། དེ་བས་ན་དེ་བཞིན་ཉིད་དད་པ་ལ་སོགས་པ་དང་། ཁ་ན་མ་ཐོ་བ་མེད་པར་མཚུངས་པའི་ཕྱིར་དགེ་བ་ཞེས་ཉེ་བར་བཏགས་པ་ཡིན་གྱི་དངོས་སུ་ནི་མ་ཡིན་གྱི། ཀུ་ངན་ལས་འདས་པའི་དགེ་བ་ལ་སོགས་པ་ཐ་སྙད་ཀྱི་ཡུལ་ལས་འདས་པ་ཡིན་ནོ་ཞེས་སྟོར་བཤད་ཟིན་ཏོ། །ཞེས་བཤད་པ་ནི་ཆེས་ལེགས་པར་བཤད་པ་ཡིན་ཏེ། གཞན་ཡང་བོད་ལ་ལ་བྱམས་པ་དང་སྙིང་རྗེ་དང་། སྦྱིན་པ་ལ་སོགས་པ་བཞིས་ཀྱི་དགེ་བ་ཡིན་ནོ་ཞེས་ཟེར་ཏེ། འདི་འང་དེ་ལྟར་མཐའ་གཅིག་ཏུ་ངེས་པ་མེད་དེ། ཐབས་ལ་མི་མཁས་པའི་བྱམས་པ་དང་སྙིང་རྗེ་སྦྱིན་པ་སོགས་ནི་ངན་སོང་གི་རྒྱུ་རུ་ཐུབ་པས་གསུངས་ཏེ། མཛངས་བླུན་ལས། པ་ལི་ཏ་ཞེས་པའི་དགེ་སློང་གིས་དགེ་འདུན་གྱི་ཡོ་བྱད་རང་གི་ཉེ་དུ་ལ་བྱིན་པས། ཤིང་ལྡོང་པའི་གཟུགས་ཅན་གྱི་དམྱལ་བར་སྐྱེས་ཤིང་། ཉེ་དུ་རྣམས་ཀྱང་སྲིན་བུའི་གཟུགས་ཅན་གྱི་དམྱལ་བར་སྐྱེས་ནས་དེ་ལ་ཟ་བར་གསུངས་པ་དང་། ནམ་མཁའ་སྙིང་པོའི་མདོ་ལས་ཀྱང་། རིགས་ཀྱི་བུ་བློ་ཆུང་ངུ་དེ་དག་ཀྱང་བླ་ན་མེད་པ་ཡང་དག་པའི་བྱང་ཆུབ་ཏུ་སེམས་བསྐྱེད་པར་བྱེད་ལ། དེ་དག་གི་བར་ནས། བྱང་ཆུབ་སེམས་དཔའ་ལས་དང་པོ་པ་གང་དག་སྟོང་པ་ཉིད་ལྡན་པའི་ཆོས། མདོ་སྡེ་མཆོག་ཏུ་ཟབ་པ་འདི་ཉན་པ་དང་། ལུང་ནོད་པ་དང་། ཀློག་པ་དང་ཁ་དོན་བྱེད་པ་དེ་དག་ཇི་ལྟར་ཐོས་པ་དང་ཇི་ལྟར་ཆུབ་པར་བྱས་པ་དེ་བཞིན་དུ། སྔ་མའི་བློ་དང་འདྲ་བ་གཞན་དག་གི་མདུན་དུ། དོན་བཟང་པོ་དང་ཚིག་འབྲུ་བཟང་པོ་རྒྱས་པར་དྲན་པར་བྱེད་ཅིང་། རབ་ཏུ་སྟོན་པ་དེ་དག་ནི་ནན་ཏན་དུ་མ་སྦྱངས་པས་བྱིས་པ་སོ་སོའི་སྐྱེ་བོ་དག་སྟེ། མཉན་ནས་སྐྲག་ཅིང་སྡངས་ཏེ་སྡངས་པར་འགྱུར་ཞིང་། དེ་དག་སྡངས་ནས་བླ་ན་མེད་པ

ཡང་དག་པར་རྫོགས་པའི་བྱང་ཆུབ་ཀྱི་སེམས་ལས་ཕྱིར་ལོག་སྟེ། ཉན་ཐོས་ཀྱི་བྱང་ཆུབ་ལ་སྨོན་ན། འདི་ནི་བྱང་ཆུབ་སེམས་དཔའ་ལས་དང་པོ་པའི་རྩ་བའི་ལྟུང་བ་དང་པོ་སྟེ་ཞེས་དང༌། ངན་སོང་དུ་འགྲོ་བར་འགྱུར་རོ་ཞེས་སོ། །དེས་ན་རང་གཞན་ལ་ཕན་པའི་ཐབས་ལ་མཁས་པའི་བྱམས་པ་དང༌། སྙིང་རྗེ་སོགས་ལ་དགོངས་ནས་དགེ་བར་གསུངས་པ་ཡིན་ནོ། །བྱེ་བྲག་སྨྲ་བའང༌། དད་སོགས་དགེ་བ་བཅུ་གཅིག་དང་བྱམས་དང་སྙིང་རྗེ་སོགས་མཐའ་གཅིག་ཏུ་དགེ་བ་དང་སྲོག་གཅོད་སོགས་གཅིག་ཏུ་མི་དགེ་བར་འཆད་དོ། །

ཞར་ལ་མདོའི་དོན་ལེགས་པར་བཤད་པ་ལ་གཉིས་ཏེ། གཞན་གྱིས་བཤད་པ་དགག ། རང་གིས་བཤད་པ་དགོད་པའོ། །དང་པོ་ནི། ཡོད་པའི་དགེ་བ་ཆོས་དབྱིངས་མ་ཡིན་པ་དེས་ན། འགྲོ་བ་སེམས་ཅན་ཐམས་ཅད་ཀྱིས་བྱས་པའི་དགེ་བ་ལ་དགོངས་ནས། འགྲོ་ཀུན་དགེ་བ་ཇི་སྙེད་ཡོད་པ་དང༌། །ཞེས་བྱ་བའི་ཚིག་གིས་གསུངས་པ་ཡིན་ནོ། །གལ་ཏེ་དེ་ལྟ་མིན་པར་ཆོས་ཀྱི་དབྱིངས་ཡིན་ན། དེ་ལ་ཇི་སྙེད་ཅེས་པའི་སྒྲ་སྦྱོར་བ་མི་འཐད་ཅིང༌། ཡེ་ཤེས་བྱ་བའི་སྒྲ་སྦྱོར་བ་ཡང་འགལ་ལོ། །དེའི་རྒྱུ་མཚན་འདི་ལྟར་ཡིན་ཏེ། ཇི་སྙེད་ཅེས་བྱ་བའི་སྒྲའི་དོན་ནི། མང་པོ་ཡིན་ཞིང༌། ཆོས་ཀྱི་དབྱིངས་ལ་མང་ཉུང་མེད་པའི་ཕྱིར་ཏེ། དེ་ནི་སྤྲོས་བྲལ་ཡིན་པའི་ཕྱིར་རོ། །ཆོས་ཀྱི་དབྱིངས་ཡོད་པ་ཡང་མ་ཡིན་ནོ་སྟེ། མི་རྟག་པ་མ་ཡིན་པའི་ཕྱིར་རོ། །ཁྱབ་པ་ཡོད་དེ། ཡོད་པ་ཙམ་ལ་མི་རྟག་པས་ཁྱབ་པར། དཔལ་ཆོས་ཀྱི་གྲགས་པས་རྣམ་འགྲེལ་ངེས་ལས་ལེགས་པར་གསུངས་པའི་ཕྱིར་ཏེ། འཇིག་པ་ཡོད་ཙམ་འབྲེལ་བ་ཅན། །ཉིད་ཕྱིར་སྒྲ་ནི་མི་རྟག་ཉིད། །ཞེས་སོགས་མང་དུ་བཤད་དོ། །

འདིར་བོད་དངོས་མེད་ཀྱང་ཡོད་པར་འདོད་དེ། ཅི་དངོས་མེད་ཀྱི་ཡོད་པ་སྟེ། དོན་བྱེད་ནུས་མི་ནུས། གལ་ཏེ་དོན་བྱེད་ནུས་ན་ནི་དངོས་པོར་འགྱུར་ལ། མི་ནུས་ན་ནི་ཡོད་པར་མིང་བཏགས་ཀྱང་མེད་པ་ལས་མ་འདས་པས། ཆོས་ཀྱི་གྲགས་པའི་རིགས་པའི་ཚུལ་དྲི་མ་མེད་པ་ལ། ངན་རྟོག་གི་རྙོག་མ་འདི་ཙམ་ཞིག་སློང་བ། བླུན་པོ་དེ་དག་གི་སྙིང་དུ་ཅི་ཞིག་ཞུགས་ཞེས་རིགས་གཏེར་འགྲེལ་པ་ལས་གསུངས་ཤིང༌། ཕྱིར་ཡང་རྒྱ་གར་མཁས་པ་ཕལ་ཆེར་གྱི་གཞུང་ལས། ཡོད་པ་ཡིན་ན་དངོས་པོར་བཤད་དོ། །འཕགས་པ་ཀླུ་སྒྲུབ་ཀྱིས་ཀྱང་དབུ་མ་ལས། གལ་ཏེ་མྱ་ངན་ལས་འདས་པ་དངོས་པོ་ཡིན་ན། མྱ་ངན་ལས་འདས་པ་འདུས་བྱས་སུ་འགྱུར་ཏེ། དངོས་པོ་འདུས་བྱས་མ་ཡིན་པ་འགའ་ཞིག་ཀྱང༌། ཡུལ་དུས་གང་ནའང་ཡོད་པ་མ་ཡིན་ནོ། །ཞེས་གསུངས་པ་འདིས་ཀྱང་ཆོས་དབྱིངས་ཡོད་པ་བཀག་སྟེ། ཡོད་ན་དངོས་པོ་དང་དེ་ཡིན་ན་འདུས་བྱས་སུ་བསྟན་པས་སོ། །གཞན་ཡང་དེ་ཉིད་ལས། བདེ་བར་གཤེགས་པའི་གསུང་རབ་ཀྱི་དོན་ཕྱིན་ཅི་མ་ལོག་པར་འཆད་པར་རློམ་པ་དག་སའི་རང་བཞིན་སྲ་བའོ་ཞེས་སོགས། དངོས་པོ་རྣམས་ཀྱི་རང་བཞིན་དང་གཟུགས་ཀྱང་གཞན་ལ། རྣམ་

པར་ཤེས་པ་ཡང་གཞན་ཞེས་སོ། །གཞན་གྱི་དངོས་པོ་དང་། རྣམ་ཤེས་སོགས་ད་ལྟ་བ་དངོས་པོ་དང་། འདས་མ་འོངས་སོགས་དངོས་པོར་མེད་པ་ཉིད་དོ་ཞེས་ལྟ་བ། དེ་དག་ནི། སངས་རྒྱས་ཀྱི་བསྟན་པའི་དེ་ཁོ་ན་ཉིད་མཐོང་བ་མ་ཡིན་ཏེ། དེ་དག་ནི་རིགས་པ་དང་འགལ་ཞིང་། སངས་རྒྱས་རྣམས་ནི་དེ་དང་འགལ་བ་མི་གསུངས་པས་སོ། །ཞེས་གསུང་གཞན་ཡང་དེ་ཉིད་ལས། བཅོམ་ལྡན་འདས་ཀྱིས་དངོས་པོ་དང་དངོས་པོ་མེད་པ་དག་གི་རང་བཞིན་ཕྱིན་ཅི་མ་ལོག་པར་མཁྱེན་པ་དེས། འཕགས་པ་ཀཱ་ཏྱཱ་ཡ་ནའི་གདམས་ངག་གི་མདོ་ལས། རང་བཞིན་གྱི་ཡོད་པ་དང་མེད་པ་གཉིས་ཀ་བཀག་པ་མཛད་དེ། ཀཱ་ཏྱཱ་ཡ་ན་གང་གི་ཕྱིར་འཇིག་རྟེན་འདི་ནི་ཕལ་ཆེར་ཡོད་པ་ཉིད་དང་མེད་པ་ཉིད་ལ་མངོན་པར་ཞེན་ཏེ། དེས་ན་སྐྱེ་བ་དང་། རྒ་བ་དང་། ན་བ་དང་། འཆི་བ་དང་། མྱ་ངན་དང་སྨྲེ་སྔགས་འདོན་པ་དང་། སྡུག་བསྔལ་བ་དང་ཡིད་མི་བདེ་བ་དང་། འཁྲུགས་པ་དག་ལས་ཡོངས་སུ་གྲོལ་བར་མི་འགྱུར། འགྲོ་བ་ལྔའི་འཁོར་བ་ལས་གྲོལ་བར་མི་འགྱུར། ཐ་མ་འཆི་བའི་གདུང་བའི་སྡུག་བསྔལ་ལས་གྲོལ་བར་མི་འགྱུར་ཞེས་སོ། །དེ་སྐད་ཅེས་གསུངས་ཤིང་གཞན་ཡང་དེ་ཉིད་ལས། རང་བཞིན་གྱིས་ཡོད་ཅེས་བྱ་བ་ནི་རྟག་པར་འཛིན་པ་དང་། མེད་ཅེས་བྱ་བ་ནི་ཆད་པར་ལྟ་བ་ཡིན་པས་དེའི་ཕྱིར་རང་བཞིན་གྱིས་ཡོད་པ་དང་མེད་པ་ལ་མཁས་པས་གནས་ཤིང་ཞེན་པར་མི་བྱའོ། །ཞེས་གསུངས་པའང་ཆོས་ཀྱི་དབྱིངས་ཡོད་མེད་གཉིས་ཀ་མིན་པར་སྟོན་པའི་ལུང་ཡིན་ཏེ། དེ་དག་གིས་ནི་རང་བཞིན་གྱིས་ཡོད་མེད་ཐམས་ཅད་བཀག་ཅིང་། ཆོས་ཀྱི་དབྱིངས་ནི་ཆོས་རྣམས་ཀྱི་རང་བཞིན་ཡིན་པའི་ཕྱིར་རོ། །དེས་ན་སངས་རྒྱས་ཀྱི་བསྟན་པ་དང་། གུས་པར་ནན་ཏན་བྱེད་ན། ཆོས་ཀྱི་དབྱིངས། ཡོད་མེད་གཉིས་ཀར་མ་བཟུང་ཞིང་། བཟུང་བ་རྟག་ཆད་ཀྱི་མཐར་ལྷུང་ཞིང་དེར་ལྷུང་ན། བསྟན་པ་ལས་ཉམས་པར་འགྱུར་བས་སོ། །ལུང་དུ་མ་ཟད་རིགས་པས་ཀྱང་ཆོས་དབྱིངས་ཡོད་པ་མ་ཡིན་པ་འདི་འགྲུབ་སྟེ། ཡོད་པ་ཙམ་དོན་བྱེད་ནུས་ཤིང་དེ་ཡིན་ན་དངོས་པོ་ཡིན་ཞིང་། དེ་ནི་དངོས་པོ་མ་ཡིན་པས་སོ། །འདིར་ལུང་གཙོ་བོར་མཛད་པ་ནི་བོད་ཕལ་ཆེར། ལུང་ལ་རྩིས་ཆེ་བའི་བློ་དང་བསྟུན་པ་ཡིན་གྱི། ཡང་དག་པའི་དོན་གཏན་ལ་འབེབས་པ་ལ་ནི་རིགས་པ་གཙོ་བོ་ཡིན་ཏེ། དེས་ཤེས་པ་རྣམས་ཀྱིས་རིགས་པ་ཉིད་ཀྱིས་སྒྲོས་པའི་མཐའ་རྣམས་ཁེགས་ཤིང་། དེ་ཁེགས་པ་ཉིད་ལ་ཡང་དག་པའི་དོན་རྟོགས་ཞེས་ཟེར་གྱི། ཡང་དག་པའི་དོན་ཞེས་བྱ་བ་འགའ་ཡང་རང་བཞིན་གྱིས་གྲུབ་པ་ནི་ཡོད་པ་མ་ཡིན་នོ། །

དེར་མ་ཟད་རིགས་པ་ལ་མ་ལྟོས་པར། ལུང་རང་རྐྱང་ཚད་མར་གྲུབ་སྟེ། བརྗོད་བྱ་རིགས་པས་གྲུབ་ན་དེར་འགྱུར་གྱི་གཞན་དུ་ན་མིན་ཏེ། སྐྱེས་བུ་རྫུན་མའི་ཚིག་ལས་ཁྱད་པར་མེད་པའི་ཕྱིར་ཏེ། རྣམ་འགྲེལ་ལས།

མཐོང་དང་མ་མཐོང་བ་དག་ལ། །རིགས་པས་གྲུབ་དང་རང་ཚིག་གིས། །གནོད་མེད་བསྟན་བཅོས་གང་ཡིན་ཏེ། །གཟུང་བར་བྱ་ཕྱིར་སྤྱོད་འཇུག་འགྱུར། །ཞེས་སོ། །རིགས་པའི་གཞུང་ལུགས་ལ་ཤིན་ཏུ་སྦྱངས་པའི་བདག་ཉིད་ཆེན་པོ་འགའ་ཞིག་ཀྱང་། བདེ་གཤེགས་སྙིང་པོས་དོན་བྱེད་ནུས་ཀྱང་དངོས་པོ་མ་ཡིན་ནོ་ཞེས་གསུངས་པའང་མི་འཐད་དེ། དེ་ལས་གཞན་དངོས་པོའི་མཚན་ཉིད་མེད་པའི་ཕྱིར་ཏེ། གལ་ཏེ་ཡོད་ན་གསུང་བར་རིགས་སོ། །ཆོས་ཀྱི་དབྱིངས་ལ་མང་ཉུང་མེད་དེ། དེ་ནི་སྤྲོས་བྲལ་ཡིན་པའི་ཕྱིར་དང་། མང་ཉུང་ནི་སྤྲོས་པ་ཡིན་པའི་ཕྱིར་རོ། །འདི་སྔ་མ་དང་མི་ཉློས་ཏེ། སྔ་མ་ནི་ལུང་དང་། འདི་ནི་རིགས་པས་གྲུབ་པའི་དབང་དུ་བྱས་པས་སོ། །ཉིས་པ་གཞན་ཡང་ཡོད་པའི་དགེ་བ་ནི། ཆོས་ཉིད་ཡིན་ན་འགྲོ་བ་ཀུན་གྱི་དགེ་བ་ཞེས་པའི་ཚིག་སློས་པ་ལ་དགོས་པ་ཅི་ཞིག་ཡོད་དེ། ཐེམ་པོ་དང་ནི་དངོས་མེད། འཕགས་པའི་ཆོས་ཉིད་རྣམས་ཀྱང་ཅིའི་ཕྱིར་མི་བསྔོ་སྟེ། དེ་དག་ཀྱང་ཆོས་ཉིད་ཡིན་ལ། ཆོས་ཉིད་ཐམས་ཅད་བསྔོ་རྒྱུ་ཡིན་པའི་ཕྱིར་རོ། །

གཉིས་པ་ནི་ཡོད་པའི་དགེ་བ་ཆོས་མ་ཡིན་པ་དེས་ན་གཞུང་དེའི་དགོངས་པ་ནི། ལེགས་པར་བཤད་ཀྱིས་འདི་ཁོ་ན་ལྟར་ཟུངས་ཤིག །འགྲོ་ཀུན་གྱིས་བྱས་པའི་དགེ་བ་ཇི་སྙེད་ཡོད་པ་དང་། ཞེས་བྱ་བའི་སྒྲ་ནི། དུས་དང་བྱེད་པ་པོའི་དབྱེ་བ་མ་བྱས་པར་སྤྱིར་བསྟན་པའི་ཚིག་ཡིན་ཞིང་། འདས་པ་ན་བྱས་པ་དང་། མ་འོངས་པ་འབྱེད་འགྱུར་དང་། ད་ལྟ་བྱེད་པ་ཞེས་པ་ནི། དུས་གསུམ་གྱི་དབྱེ་བས་དམིགས་ཀྱིས་གསལ་ཞིང་སོ་སོར་ཕྱེ་བ་ཡིན་ནོ། །དག་ནི་མང་ཚིག་གོ། །དེ་ལས་ཡང་ན་འགྲོ་བ་གཞན་ཀུན་གྱིས་བྱས་པའི། དགེ་བ་ཇི་སྙེད་ཡོད་པ་དང་། འཕགས་པ་རྡོ་རྗེ་རྒྱལ་མཚན་རང་ཉིད་ཀྱིས་སྔོན་བྱས་པ་དང་ཕྱིར་བྱེད་པ་དང་། ད་ལྟར་བྱེད་པ་ཞེས་བཤད་ཀྱང་མདོ་དང་འགལ་བ་མེད་དོ། །ཡང་ན་ཚིག་རྐང་སྔ་མ་མདོར་བསྟན་དང་ཕྱི་མ་རྒྱས་བཤད་དོ། །

འཆད་ཚུལ་དང་པོའི་དཔེར་བརྗོད་བསྟན་ན། འགྲོ་བ་ཀུན་གྱི་སྡིག་པ་ཇི་སྙེད་ཡོད་པ་དང་། དུས་གསུམ་དུ་བྱས་པ་དང་། བྱེད་པར་འགྱུར་བ་དང་། དེ་བཞིན་དུ་བྱེད་པ་རྣམས། རྒྱལ་བའི་མདུན་དུ་བཤགས་པར་ཤོག །ཞེས་བྱ་བའི་ཚིག་དང་མཚུངས་པ་ཡིན་ནོ། །དཔེ་འདི་ལ་དུས་གསུམ་ན་བྱས་པ། ལས་གཞན་པ་ཕྱེད་འདོད་པའི་དགེ་བ་ལྟ་བུའི་ཡོད་པའི་སྡིག་པ་གང་ཡང་མེད་པ་དེ་བཞིན་དུ། དོན་ལའང་དུས་གསུམ་དུ་བྱས་པ་ལས་གཞན་པའི་ཡོད་པའི་དགེ་བ་འདུས་མ་བྱས་པ་འགའ་ཡང་སྲིད་པ་མ་ཡིན་ཏེ། རྒྱ་མཚན་སྔར་བཤད་ཟིན་པའི་ཕྱིར་དང་ཕྱིས་ཀྱང་འཆད་པའོ། །འཕགས་པའི་རྡོ་རྗེ་རྒྱལ་མཚན་གྱི་མདོ་ཉིད་ལས་ཀྱང་། དགེ་བ་ཇི་སྙེད་ཡོད་པ་ཞེས་བྱ་བའི་ཡོད་པ་ནི་ཡང་དག་པར་བསྒྲུབ་པར་གསུངས་ཤིང་། ཆོས་ཀྱི་དབྱིངས་ནི་དེ་ལྟར་མ་ཡིན་ཏེ། འདུས་མ་བྱས་པའི་ཕྱིར་རོ། །འདི་སྐད་དུ། ཕྱོགས་བཅུའི་འཇིག་རྟེན་ཁམས་ན་གང་ཡོད་པའི། །དགེ་བ་དེ་དག

ཡང་དག་བསྒྲུབ་པས་ན། །འགྲོ་བ་ཀུན་ལ་ཕན་དང་བདེ་སེམས་ཀྱིས། །ཡེ་ཤེས་མཁས་པ་དེ་དག་ཡོངས་སུ་བསྔོའོ། །ཞེས་སོ། །དེ་དག་གིས་ནི་མདོའི་ཚིག་རྐང་པ་སྔ་མ་གཉིས་ཀྱི་དོན་ལོག་རྟོགས་ཀྱི་གནས་མང་བར་དགོངས་ནས་བཤད་ཅིང་། ཚིགས་བཅད་ཕྱེད་ཕྱི་མ་སླ་བར་དགོངས་ནས་མ་བཤད་ལ། དེང་སང་བསྔོ་བ་འདི་བྱེད་པ་ཤིན་ཏུ་མང་ཡང་། དོན་ལ་སྦྱོད་པ་ཉུང་བས། འདིའི་དོན་མཁས་པས་བཤད་པ་མ་མཐོང་ཞིང་ཤིན་ཏུ་དཀའ་བར་སྣང་བས་བཤད་པར་བྱ། ཕྱེད་སྔ་མས་ནི་བསྔོ་རྒྱུ་བསྟན་ཞིང་། དེ་དག་ཀྱང་རྣམ་པ་ཅི་འདྲ་བར་བསྔོ་ཞེ་ན། སྒྱུ་མ་མཁན་བཟང་པོ་ལུང་བསྟན་པ་ལས་འབྱུང་བ་ཇི་ལྟ་བ་བཞིན་དུ་བསྔོ་སྟེ། དེ་ལས། གང་གིས་སྦྱིན་དང་གང་ལ་སྦྱིན། །སྦྱིན་པ་ཇི་ལྟར་མི་རྟོག་པ། །སྦྱིན་པ་མཉམ་པ་དེ་ཉིད་ཀྱིས། །བཟང་པོ་ཉིད་ལས་ཡོངས་རྫོགས་ཤོག །ཅེས་སྦྱིན་པ་པོ་དང་ལེན་པ་པོ། སྦྱིན་བྱའི་རྫས་རྣམས་དེ་ཁོ་ནར་མི་དམིགས་པ་དེ་བཞིན་དུ་ཞེས་པའོ། །དེ་འདྲའི་ས་དག་ཞེས་པ་ནི། གང་དུ་བསྔོ་བའི་ས་དག་ཀྱང་། བསྔོ་རྒྱུ་དེ་དང་འདྲ་བར་འཁོར་གསུམ་མ་དམིགས་པར་བསྔོ་ཞེས་པའོ། །ལ་ཞེས་པ་ནི་ཀྱང་གི་དོན་ནོ། །འདིས་ནི་བློ་ཡི་རྣམ་པ་བསྟན་ནོ། །ཀུན་ནས་ཀུན་ཀྱང་བཟང་པོ་རེད་གྱུར་ཅིག་ཞེས་པ་ནི། ཀུན་ཀྱང་ཀུན་ཞེས་པ་བསྒྱུར་ཏེ། སེམས་ཅན་ཀུན་ཀྱང་ཞེས་གང་གི་དོན་དུ་བསྔོ་བའི་ཆེད་དུ་བྱ་བ་བསྟན་ནོ། །ཀུན་ནས་ཞེས་པ་ནི། ཐམས་ཅད་དམ་ཀུན་ཏུ་ཞེས་པ་ཡིན་པས། བཟང་པོ་ཞེས་པ་དང་སྦྱར་བས། ཐམས་ཅད་དམ་ཀུན་ཏུ་བཟང་པོ་ནི་སངས་རྒྱས་ཏེ། ཚད་མ་རྣམ་འགྲེལ་དུ། ཀུན་ཏུ་བཟང་པོ་ཞེས་པ། འགྲེལ་པས་སངས་རྒྱས་ལ་བཤད་ཅིང་། རྒྱུད་བླ་མར་ཡང་། ཀུན་ཏུ་བཟང་པོ་དཔེ་མེད་དྲང་སྲོང་ཆེ། །ཞེས་པ་ལྟར་རོ། །རེད་པ་ནི་འདིར་ཐོབ་པའོ། །

བྱེ་བྲག་བསྔོ་རྒྱུའི་དགེ་བ་ཡིན་པ་དགག་པ་ལ་གསུམ་ཏེ། དགག་པ་དངོས། གཞན་ལན་དགག །ནང་འགལ་བསྟན་པའོ། །དང་པོ་ནི། ཆོས་དབྱིངས་དགེ་བར་བྱས་ནས། དེ་ལ་བྱང་ཆུབ་ཏུ་བསྔོ་བའི་རྒྱུར་བྱེད་ན། བསྔོ་བས་འགྱུར་ གྱི་རམ་མི་འགྱུར་བརྟག་གོ། །གལ་ཏེ་འགྱུར་ན་དེ་འདུས་བྱས་སུ་འགྱུར་ཏེ། འདུས་མ་བྱས་ལ་འགྱུར་བ་མེད་པའོ། །གལ་ཏེ་བསྔོས་ཀྱང་མི་འགྱུར་ན། དེ་ལྟ་བུའི་བསྔོ་བ་ནི། རི་བོང་གི་རྭ་བསྔོ་རྒྱུར་བྱས་པ་ལྟར། དོན་མེད་པ་ཡིན་ནོ། །རྒྱལ་བས། མདོ་སྡེ་རྣམས་ལས་གོང་དུ་དྲངས་པ་ལྟར། ཆོས་ཀྱི་དབྱིངས་འགྱུར་བ་མེད་ཅེས་གསུངས་པ་ལས། འགྱུར་བ་ཡང་མིན་ནོ། །མདོ་ལས་གསུངས་པར་མ་ཟད་དེ། དབུ་མ་རྩ་བའི་ཤེས་རབ་ཉིད་ལས་ཀྱང་། དངོས་པོའི་རང་བཞིན་ནི་རྒྱུ་དང་རྐྱེན་ལས་འབྱུང་བར་རིགས་པ་མ་ཡིན་ནོ། །གང་གི་ཕྱིར་ན་རྒྱུ་དང་རྐྱེན་ལས་བྱུང་བའི་རང་བཞིན་ནི་བྱས་པ་ཅན་ནམ་བཅོས་མར་འགྱུར་ལ། རང་བཞིན་བྱས་པ་ཅན་ནམ་བཅོས་མ་ཞེས་བྱ་བ་ནི། ཁོ་བོའི་མ་མོ་ཤམ་མོ་ཞེས་པ་ལྟར། ཇི་ལྟ་བུར་ན་རུང་བར་འགྱུར་ཏེ། ཕན་

ཚུན་འགལ་བའོ། །རང་བཞིན་དག་ནི་འཇིག་རྟེན་ན། བུ་རམ་གྱི་མངར་བ་དང་མེའི་ཚ་བ་ལྟར། བུ་རམ་དང་མེའི་རྒྱུ་རྐྱེན་ལས་གཞན་གྱིས་བཅོས་མ་མིན་པ་དང་། རང་རང་གི་རྒྱུ་ལས་དེར་གྲུབ་པས། གཞན་ལ་ལྟོས་པ་མེད་པ་ཞིག་ལ་གྲགས་པ་ཡིན་གྱི། ཆུའི་ཚ་བ་དང་། མེའི་རྩེ་མོ་ལྟེ་བ་ ལྟར། གསར་དུ་བཅོས་པ་དང་ཕྱིས་ཀྱི་རྒྱུ་གཞན་ལ་ལྟོས་པ་ལ་གྲགས་པ་མ་ཡིན་ནོ། །དཔེ་འདིར་ཡང་འཇིག་རྟེན་ན་གྲགས་པ་ཙམ་ཡིན་གྱི། མངར་བ་དང་ཚ་བ་བཅོས་མ་དང་གཞན་ལ་ལྟོས་པས་རང་བཞིན་གྱི་ཆོས་དང་འགལ་ བ་ཡིན་ནོ་ཞེས་གསུངས་ཤིང་། གཞན་ཡང་དེ་ཉིད་ལས། གལ་ཏེ་རང་བཞིན་གྱིས་ཡོད་ན། ཡོད་པ་དེའི་རང་བཞིན་ཡིན་ཞིང་། རང་བཞིན་ལས་གཞན་དུ་འགྱུར་བ་ནི། ནམ་དུ་ཡང་འཐད་པར་མི་འགྱུར་བས། དེ་ནི་ནམ་ཡང་མེད་པར་མི་འགྱུར་རོ། །ཞེས་གསུངས་སོ། །དེ་ལ་སོགས་པའི་ལུང་དང་རིགས་པ་རྣམས་ཀྱིས། ཆོས་དབྱིངས་བསྔོ་རྒྱུའི་དགེ་བ་མིན་པར་གསུངས་ཏེ། དེ་དག་གིས་ནི་རང་བཞིན་རྐྱེན་གྱིས་མ་བྱས་ཤིང་། གཞན་དུ་མི་འགྱུར་བར་བསྟན་པ་ཆོས་དབྱིངས་ཀྱང་ཆོས་ཀྱི་རང་བཞིན་ཡིན་ཞིང་། བསྔོ་རྒྱུའི་དགེ་བ་ཡིན་ན་གཞན་དུ་འགྱུར་དགོས་པས་སོ། །

གཉིས་པ་ནི། གལ་ཏེ་ཆོས་ཀྱི་དབྱིངས་དེ་བཞིན་ཉིད། བསྔོ་བར་བྱ་བའི་དགེ་བ་མ་ཡིན་པ་བདེན་མོད། བྱང་ཆུབ་སེམས་དཔའི་བློ་སྦྱོང་བའི་ཐབས་ལ། དེ་བསྔོས་ཀྱང་ཉེས་པ་མེད་དོ་སྙམ་ན་མ་ཡིན་ཏེ། དེ་བསྔོས་པ་འདི་ལ་ཉེས་པ་ཡོད་པའི་ཕྱིར་ཏེ། དེ་བསྔོས་ན། མཚན་མར་དམིགས་པའི་འདུ་ཤེས་ངེས་པར་ཡོད་པ་སྟེ། འབྱུང་བའི་ཕྱིར། བསྔོ་བ་དུག་དང་བཅས་པར་འགྱུར་བས་སོ། །དེས་ན་བཤད་མ་ཐག་པ་འདི་འདྲ་བའི་བསྔོ་བ་བྱས་གྱུར་ན། དཔེར་ན་སྦྲུལ་པ་རྨ་ཅན་ཞིག །སྦྲུལ་པ་གཞན་དང་ལྷན་ཅིག་དོང་དུ་ཞུགས་ན། གཞན་ཐམས་ཅད་ཀྱང་རུལ་ནས་འཆི་བ་ཇི་བཞིན་དུ། ཆེད་དུ་བྱ་བ་དང་བསྔོས་པ། མནོར་བའི་བསྔོ་བ། གཞན་ཐམས་ཅད་ཀྱང་འཇིག་ཅིང་ཉམས་ནས། སངས་རྒྱས་ཀྱི་རྒྱུར་མི་རུང་བར་འགྱུར་རོ། །ཆོས་ཉིད་བསྔོ་རྒྱུ་བསྔོ་བ་སོགས་ཀྱི་སྨྲས་པ་ཐམས་ཅད་དང་། བྲལ་བར་ཤེས་པའི་ངང་ནས་ནི། རྨི་ལམ་སྒྱུ་མ་ལྟ་བུའི་དགེ་བ་ཇི་སྙེད་རང་གཞན་གྱིས་བྱས་པ་རྣམས་གཞན་དོན་དུ་བསྔོས་པས་འགྲུབ་བམ། གལ་ཏེ་གནས་མ་ཡིན་པའི་བསྔོ་བ་འགའ་ཞིག་གི་འགྲུབ་ཀྱང་། འགྲོ་བ་ལ་ཕན་བདེའི་དོན་དུ་བསྔོ་བར་བྱེད་ན། བསོད་ནམས་ཚད་མེད་པ་འབྱུང་བས། བྱང་ཆུབ་སེམས་དཔའི་ཐབས་ལ་མཁས་པའི་ཁྱད་པར་གཞན་དོན་ལ་བློ་སྦྱོང་བའི་བསྔོ་བ་ཡིན་གྱི། ཆོས་ཉིད་བསྔོ་བའི་རྒྱུར་བྱེད་ན་ནི། བྱང་ཆུབ་སེམས་དཔའི་བློ་སྦྱོང་དུའང་མི་རུང་ངོ་། །དེའི་རྒྱུ་མཚན་འདི་ལྟར་ཡིན་ཏེ། ཆོས་ཀྱི་དབྱིངས་ནི་བསྔོ་རྒྱུའི་དགེ་སོགས་སྨྲས་པ་ཐམས་ཅད་དང་བྲལ་བ་ཡིན་པ་ལ། བསྔོ་རྒྱུའི་དགེ་བར་བྱེད་ན་ཕྱིན་ཅི་ལོག་ཏུ་དམིགས་པར་འགྱུར་ཞིང་། ཡབ་སྲས་མཇལ་བ་ལས། ཀུན་རྫོབ་དེ་ལ་དོན་དམ་དུ་སླུ་བ། །དེ་དག

ནོར་བའི་བློ་ལྡན་ཤེས་པར་བྱ། །ཞེས་ཀུན་རྫོབ་ལ་དོན་དམ་དུ་ཞེན་པ་ཕྱིན་ཅི་ལོག་ཡིན་པ་ལྟར། དེ་ལས་བཟློག་པའང་དེ་ཡིན་ཏེ། དམིགས་པ་དང་བཅས་པའི་འདུ་ཤེས་ཀྱིས་གཞན་དོན་གྱི་ཕྱིར་སངས་རྒྱས་སུ་བསྔོ་བ། དུག་དང་བཅས་པར་འཕགས་པ་སྡུད་པ་ལས་གསུངས་ཏེ། དཔེར་ན་དུག་དང་བཅས་པའི་ཁ་ཟས་བཟང་པོ་ཟ་བ་ལྟར། དཀར་པོའི་ཆོས་ལ་དམིགས་པའང་དེ་དང་འདྲ་བར་རྒྱལ་བས་གསུངས། ཞེས་ཏེ། མདོ་ཉིད་ན་དཔེར་ན་ཞེས་པའི་དོད་ཇི་ལྟར་ཡོད་ཅིང་། པོ་དང་ལྟར་དང་བ་ཞེས་པ་རྣམས་མེད་ཅིང་། འདིར་ཚིགས་བཅད་སྦྱོར་བའི་ངོར་མཛད་ལ། འདིའི་དོན་དུག་དང་བཅས་པའི་ཁ་ཟས་ཞིམ་པོ་འཕྲལ་བདེ་བ་སྐྱེ་བར་སྣང་ཡང་། ན་བ་དང་འཆི་བའི་རྒྱུ་ཡིན་པ་ལྟར། སྦྱིན་སོགས་ཀྱི་དགེ་བ་རྒྱ་ཆེན་པོ་ཡང་དངོས་པོར་ཞེན་པས་བསྔོས་ན། ལུས་ལོངས་སྤྱོད་ལ་སོགས་འཁོར་བའི་བདེ་བའི་རྒྱུ་ཡིན་ལ། དེ་ཐམས་ཅད་སྡུག་བསྔལ་ལས་མ་འདས་པས། དེའི་རྒྱུ་ཁོ་ནས་འགྱུར་ཏེ། སངས་རྒྱས་ཀྱི་རྒྱུར་མི་འགྱུར་བའི་ཕྱིར་ཏེ། དེ་ལ་སྟོང་ཉིད་རྟོགས་པའི་ཤེས་རབ་ཀྱིས་ཟིན་པ་གཅིག་ངེས་པར་དགོས་ཏེ། དེ་ཉིད་ལས། ཤེས་རབ་ཀྱིས་ནི་ཆོས་ཀྱི་དེ་ཉིད་ཡོངས་ཤེས་ནས་ཁམས་གསུམ་མ་ལུས་པ་ལས་གང་དག་འདའ་བར་འགྱུར། ཞེས་དང་། རྗེ་བཙུན་བྱམས་པས། ཤེས་པས་སྲིད་ལ་མི་གནས་དང་། །ཞེས་དང་། སློབ་དཔོན་འཕགས་པས། ལས་དང་ཉོན་མོངས་ཟད་པས་ཐར། །ལས་དང་ཉོན་མོངས་རྣམ་རྟོག་ལས། །དེ་དག་སྤྲོས་བཅས་སྤྲོས་པ་ནི། །སྟོང་པ་ཉིད་ཀྱིས་འགགས་པར་འགྱུར། །ཞེས་དང་། མཛོད་ལས། ཆོས་རྣམས་རབ་ཏུ་རྣམ་འབྱེད་མེད་པར་ཉོན་མོངས་རྣམས། །གང་ཕྱིར་ཉེ་བར་ཞི་བར་བྱ་བའི་ཐབས་མེད་ལ་ཞེས་དང་། །རྣམ་འགྲེལ་ལས། སྟོང་ཉིད་ལྟ་བས་གྲོལ་འགྱུར་གྱི། །བསྒོམ་པ་ལྷག་མ་དེ་དོན་ཡིན། །ཞེས་དང་། །སྤྱོད་འཇུག་ལས། དེའི་ཕྱིར་ན་སྡུག་བསྔལ་དག །ཞི་བར་འདོད་པ་ཤེས་རབ་བསྐྱེད། ། ཞེས་སོགས་མང་དུ་གསུངས་སོ། །དེས་ན། དེང་སང་གི་བསྒོམ་ཆེན་པ་ཞི་གནས་ཙམ་གྱིས་གྲོལ་བ་རེ་བ་དག་ནི། བྱ་འདབ་གཤོག་མེད་པར་ནམ་མཁའ་ལ་འཕུར་བར་འདོད་པ་དང་འདྲའོ། །མངོན་པར་རྟོགས་པའི་རྒྱན་ལས་ཀྱང་། བྱང་ཆུབ་སེམས་དཔའི་ཡོངས་སུ་བསྔོ་བ་བསྒོམ་པའི་ལམ་གྱིས་རང་བཞིན་ཅན་ནི། ཐབས་ཤེས་ཀྱིས་ཟིན་པས་ཉན་རང་གི་བསྔོ་བ་ལས་ཁྱད་པར་ཅན་དང་། དེའི་བྱེད་པ་ནི་ཐེག་པ་གསུམ་གྱིས་གདུལ་བའི་སེམས་ཅན་ལ། དེའི་ལམ་སྟོན་པའི་རྒྱུ་ཡིན་པས། ཉན་རང་གི་དེའི་བྱེད་པ་ལས་མཆོག་ཡིན་ནོ། །དེ་ཉིད་དབྱེ་ན་གཉིས་ལས། དང་པོ་དམིགས་པ་མེད་པའི་རྣམ་པ་ཅན་གྱི་བསྔོ་བ་ནི། བསྔོ་རྒྱུ། བསྔོ་ས་ཆེད་དུ་བྱ་བ་རྣམས་མི་དམིགས་པའི་ཚུལ་གྱིས་བསྔོ་བའོ། །གཉིས་པ་ཕྱིན་ཅི་མ་ལོག་པའི་མཚན་ཉིད་ཅན་གྱི་བསྔོ་བ་ནི། བསྔོ་བར་བྱ་བ་དང་། བསྔོ་བའི་སེམས་སོགས་སུ་འདུ་ཤེས་དང་བྲལ་བའི་ཚུལ་གྱིས་བསྔོའོ་ཞེས་གསུངས་ཏེ། མདོར་ན

ཐེག་ཆེན་གྱི་བསྔོ་བ་ལ། དམིགས་མེད་ཀྱི་རྣམ་པ་ཅན་ཞིག་དགོས་སོ་ཞེས་པའོ། །དེ་བཞིན་དུ་མདོ་རྒྱུད་ཐམས་ཅད་མཐུན་པར། དམིགས་པའི་འདུ་ཤེས་ཅན་གྱི་བསྔོ་བ་རྣམས་ནི། དུག་དང་བཅས་པའི་བསྔོ་བར་གསུངས་ཏེ། བརྒྱད་སྟོང་པ་ལས། དཔེར་ན་ཁ་ཟས་དུག་དང་བཅས་པ་དེ་བཞིན་དུ། །དམིགས་པའི་འདུ་ཤེས་ཅན་ལ་ཡོངས་སུ་བསྔོ་བ་མེད་དོ། །དེ་ཅིའི་ཕྱིར་ཞེ་ན། དམིགས་པ་ནི་དུག་དང་བཅས་པའོ་ཞེས་པ་དང་། རྒྱུད་ལས། རྣམ་རྟོག་མ་རིག་ཆེན་པོ་སྟེ། །འཁོར་བའི་རྒྱ་མཚོར་ལྟུང་བྱེད་ཡིན། །མི་རྟོག་ཏིང་འཛིན་ལ་གནས་ན། །མཁའ་བཞིན་དྲི་མ་མེད་པར་འགྱུར། །ཞེས་གསུངས་སོ། །སྐྱེས་བུ་གང་དག་དམིགས་པ་ཐམས་ཅད་ཀྱི་གནས་མེད་ཅིང་། སྤྲོས་པ་དང་བྲལ་བའི་ཆོས་ཀྱི་དབྱིངས་ལའང་ཡོད་པའི། དགེ་བ་ཡིན་ཞེས་དམིགས་ཤིང་ཞེན་པར་བྱེད་པ་དེ་ཡིས་ཆོས་ཅན་གཞན་སྤྲོས་བཅས་དག་ལ། དམིགས་ཤིང་ཞེན་པར་འགྱུར་བས་ལྟ་སྨོས་ཀྱང་ཅི་དགོས་ཏེ། དཔེར་ན། བྱེ་བས་དབྱིག་པའང་ཟློས་པར་འགྱུར་ན། དེ་དང་ལྡན་གཅིག་པའི་སྨུམ་ཁུར་ཟློས་པར་འགྱུར་བ་སྨོས་ཅི་དགོས་པ་བཞིན་ནོ། །གསུམ་པ་ནི། ཉེས་པ་གཞན་ཡང་ཆོས་དབྱིངས་དེ་བཞིན་ཉིད། །བསྔོ་བའི་ཡུལ་བསྔོ་རྒྱུར་བྱེད་པ་དང་། ཆོས་ཉིད་མི་འགྱུར་བདེན་པའི་བྱིན་རླབས་ཞེས་ཟེར་བ་ནི། དཀར་པོ་འདི་ནི་ནག་གོ་ཞེས་པ་ལྟར་གོང་འོག་འགལ་བ་ཡིན་ཏེ། འདི་ལྟར་སྨོན་ལམ་གྱི་སྐད་དོད་པྲ་ཎི་དྷ་ནི་ཞེས་པ་ཡོངས་སུ་བསྒྱུར་བ་ལ་འཇུག་པས། དངོས་པོ་འགའ་ཞིག་འདོད་པའི་དོན་གྱི་རྒྱུར་ཡོངས་སུ་བསྒྱུར་བ་ལ་སྨོན་ལམ་ཞེས་པ་སྟེ། དོན་དུ་གཉེར་བའི་འདུན་པ་ཡིན་ལ། བསྔོ་བའི་དགེ་རྩ་བྱང་ཆུབ་ཏུ་བསྔོས་ནས་མི་ཟད་པར་བྱེད་པ་ཐབས་ལ་མཁས་པའི་ཤེས་རབ་ཡིན་ཞིང་། སེམས་སེམས་བྱུང་རྫས་ཐ་དད་ལྟར་ན་འགལ་ཡང་། གཙོ་བོ་དེ་ལྟར་ཡིན་གྱི། ཐལ་བའི་ཚུལ་གྱི་གཞི་མཐུན་པ་ཡིན་ཅིང་གཅིག་པ་ལྟར་ན། དེ་བས་ཀྱང་གཞི་མཐུན་པ་ཡིན་པ་དང་གཉིས་ཀའི་བྱེད་ལས་གཅིག་པས། བསྔོ་རྒྱུའི་དགེ་བ་ཡིན་ན་འདོད་པའི་དོན་གྱི་རྒྱུར་འགྱུར་དགོས་པས། དེ་བསྔོ་འགྱུར་ཁས་བླངས་པས་འགྱུར་བར་བརྗོད་ཅིང་། ཚིག་ཕྱི་མས་མི་འགྱུར་བར་བརྗོད་པས་སོ། །དེས་ན། དེ་དོན་རང་གིས་ལེགས་པར་སོམས་ལ་སློས་ཏེ་སྨྲ་བར་བྱ་ཡིས། བབ་ཅོལ་དུ་བརྗོད་པར་མི་བྱའོ། །

སེམས་ཅན་ཁམས་ཉིད་བདེ་གཤེགས་སྙིང་པོར་དགག་པ་ལ་གཉིས་ཏེ། དགག་པ་དངོས་དང་། གཞན་ལན་དགག་པའོ། །དང་པོ་ནི། བོད་ལ་ལ་བདེ་གཤེགས་སྙིང་པོའི་སྒྲའི་དོན། ཆོས་ཀྱི་དབྱིངས་ལ་མི་ཟེར་བར། སེམས་ཅན་ཁོ་ནའི་ཁམས་ལ་འདོད། སེམས་ཅན་གྱི་ཁམས་དེ་འདི་ལྟར། བརྟག་པར་བྱ་སྟེ། ཁམས་དེ་དངོས་པོའམ་དངོས་མེད་དམ་གཉིས་ཀ་མིན་པའི་སྤྲོས་བྲལ་གང་རུང་ཞིག་ཡིན་དགོས་ཏེ། རྣམ་པ་གསུམ་པོ་ལས་གཞན་མི་སྲིད་པའི་ཕྱིར་རོ། །དངོས་པོ་ཡིན་ན་བེམ་པོ་དང་། རིག་པ་གཉིས་སུ་ཁ་ཚོན་ཆོད་དོ། །བེམ་པོ་

སེམས་ཅན་གྱི་ཁམས་ཉིད་དུ་འདོད་པ་ནི། མུ་སྟེགས་འགའི་ལུགས་ཡིན་གྱི་ཞེས་པའི་མཚན་ལས་རིགས་བྱེད་པ་དང་། བྱེ་བྲག་པ་ལ་སོགས་པའི་ཤེས་པ་འདུག་ཀྱང་། དེ་དག་དེ་ལྟར་འདོད་པའི་ཤེས་བྱེད་ཁོ་བོས་མ་མཐོང་ཞིང་། ཁམས་ནི་རྒྱུ་དང་རང་བཞིན་གཉིས་ལ་འཇུག་པས། འཇིག་རྟེན་རྒྱང་འཕེན་སྔོན་གྱི་ལས་དང་། སེམས་སྔ་མ་ལ་མ་ལྟོས་པར་ཕྱི་རོལ་གྱི་འབྱུང་བ་དང་། ཕ་མའི་མི་གཙང་བའི་འབྱུང་བ་ཁོ་ན་ལས་འབྱུང་བར་འདོད་དེ། རྣམ་འགྲེལ་ལས། བློ་ནི་ལུས་ལ་རྟེན་པའི་ཕྱིར། །གོམས་པ་གྲུབ་པ་མེད་ཅེ་ན། །ཅེས་པ་དང་། དེའི་འགྲེལ་པ་རྒྱན་ལས། རྣམ་འགྲེལ་ལས། མ་ཡིན་རྟེན་ནི་བཀག་ཕྱིར་རོ། །ཅེས་པའི་དོན་འཆད་པ་ལ་མཁོ་ཆེའོ། །བློ་ནི་ལུས་ཀྱི་རང་བཞིན་དང་། །ལུས་འབྲས་ལུས་ཀྱི་ཡོན་ཏན་ཕྱིར། །འདིར་ནི་ལུགས་གསུམ་ལ་བརྟེན་པས། །གོམས་པ་སྲིད་པ་ཡོད་མ་ཡིན། །ཞེས་པ་ལྟར་རོ། །

གཞན་ཡང་གཅེར་བུ་པ་ཤིང་ལ་སོགས་པ་སེམས་ཅན་ཡིན་ཏེ། ཤུན་པ་བཤུས་པ་ན་འཆི་བའི་ཕྱིར་དང་། ལོ་མ་ཟུམ་པའི་མཚན་ཉིད་ཅན་གྱི་ཉལ་བ་ཡོད་པའི་ཕྱིར་ཞེས་ཟེར་ཏེ། སོགས་དང་ཤུན་པ་བཤུས་ན་ནི། འཆི་ཕྱིར་སེམས་ལྡན་དཔྱད་པ་ཡིན། །ཞེས་པ་ལ་དགོངས་པར་གདོན་མི་ཟའོ། །སངས་རྒྱས་པ་ལ་དེ་ལྟ་བུ་མེད་དོ། །རིག་པ་ཡིན་ན་རྣམ་ཤེས་ཀྱི་ཚོགས་བརྒྱད་དང་། དེ་གནས་གྱུར་པའི་ཡེ་ཤེས་དང་། འཁོར་སེམས་བྱུང་དང་བཅས་པ་ལས་འདའ་བ་མེད་ཅིང་། ཚོགས་བརྒྱད་འཁོར་བཅས་འདུས་བྱས་ཡིན་པའི་ཕྱིར། བདེ་གཤེགས་སྙིང་པོར་མི་འཐད་དེ། མདོ་ལས་བདེ་བར་གཤེགས་པའི་སྙིང་པོ་ནི་འདུས་མ་བྱས་སུ་གསུངས་པའི་ཕྱིར་རོ། །གཞུང་འགའ་ལས་ཟག་པ་མེད་པའི་སེམས་རྒྱུད་ཅེས་གསུངས་པ་སྟེ། དེ་བཞིན་གཤེགས་པའི་སྙིང་པོ་ཡིན་ནོ་སྙམ་ན། འདི་ནི་བོད་ཀྱི་ཆོས་མངོན་པ་བ་དག་བཙུན་པ་ཡང་དག་བདེན་སླ། དྲི་མ་མེད་པའི་ཡིད་དང་། རྣམ་ཤེས་ཚོགས་དགུར་འདོད་ཞེས་ཟེར་བའི་ཡིད་བྱེད་ནི་འདིར་འགོག་པས་འདི་གཞུང་གང་ལས་བཤད། རྒྱ་གར་བའི་གཞུང་ལས་འབྱུང་བ་ནི་མ་མཐོང་ཞིང་། སློབ་དཔོན་སྟུ་མ་དག །མདོ་ལས། བདེ་གཤེགས་སྙིང་པོས་འགྲོ་ཀུན་ཡོངས་ལ་ཁྱབ། །དྲི་མ་མེད་པའི་ཡིད་ལ་རབ་ཏུ་བརྟེན། །ཞེས་འཆད་པ་དེ་ལ་དགོངས་པར་མངོན་ནོ། །དེ་ནི་ཀུན་གཞིའི་རྣམ་ཤེས་ཀྱི་རང་བཞིན་གྱིས་འོད་གསལ་བའི་ཆ་ཉིད་ལ་དགོངས་པ་ཡིན་ཞིང་། དེ་ནི་མ་སྒྲིབ་ལུང་མ་བསྟན་ཡིན། ཀུན་གཞིའི་རྣམ་ཤེས་ཉིད་ཡིན་པའི་ཕྱིར་རོ། །དེས་ན་དེ་ལ་དགེ་བའི་ཐ་སྙད་དོན་མཐུན་བྱར་མེད་པའི་ཕྱིར། ཁྱེད་འདོད་པའི་བདེ་གཤེགས་སྙིང་པོ་མ་ཡིན་ནོ། །འོན་ཀྱང་ཟག་མེད་སེམས་རྒྱུད་ཅེས་བྱ་བ། ཚོགས་བརྒྱད་ལས་གཞན་པའི་རྣམ་ཤེས་དང་པོ་ཉིད་ནས་ཡོད་ན་ནི། དེའི་ཚེ་རྣམ་ཤེས་པའི་ཚོགས་དགུར་འགྱུར་རོ། །འདོད་ན། མདོ་རྒྱུད་བསྟན་བཅོས་རྣམ་དག་གང་ལས་ཀྱང་གསུངས་ཤིང་། རིགས་པས་ཀྱང་མ

གྲུབ་པས། བསྒྲུབ་བྱེད་མེད་ཅིང་། སེམས་ཅན་ཐམས་ཅད་ཀྱང་དེ་ཁོ་ན་ཉིད་མཐོང་བར་འགྱུར་ཏེ། ཟག་པ་མེད་པའི་རྣམ་ཤེས་རང་རྒྱུད་ལ་ལྡན་པའི་ཕྱིར་རོ། །ཞེས་པའི་གནོད་བྱེད་མཐོང་བ་དེས་ན་ཚོགས་བརྒྱད་ལས་གཞན་པའི་ཟག་པ་མེད་པའི་སེམས་རྒྱུད་མི་སྲིད་དོ། །ཁམས་ཏེ། དངོས་མེད་ཡིན་ན་དོན་བྱེད་པའི་ནུས་པ་མེད་པའི་ཕྱིར། དེ་ལ་དགེ་སྡིག་གང་ཡང་འཐད་པ་མ་ཡིན་ནོ། །གལ་ཏེ་སེམས་ཅན་གྱི་ཁམས་དེ་དངོས་པོ་དང་དངོས་མེད་གཉིས་ཀ་མ་ཡིན་པར། སྤྲོས་བྲལ་ཡིན་ན་སྔར་བཤད་པའི་ཆོས་ཀྱི་དབྱིངས་ལས་འདའ་བ་མེད་ཅིང་། དེ་ཆོས་ཀྱི་དབྱིངས་མིན་པ་དེ་ལྟ་ན། དེ་ལ་དགེ་སྡིག་གང་ཡང་མེད་པར་བཤད་ཟིན་ཏོ། །

གལ་ཏེ་བེམ་པོའི་ཆོས་ཀྱི་དབྱིངས་བདེ་བར་གཤེགས་པའི་སྙིང་པོ་མ་ཡིན་ཀྱང་། སེམས་ཅན་རྣམས་ཀྱི་ཆོས་ཀྱི་དབྱིངས་བདེ་བར་གཤེགས་པའི་སྙིང་པོ་ཡིན་ནོ་སྙམ་ན། འཐད་པ་མ་ཡིན་ཏེ། ཆོས་ཀྱི་དབྱིངས་རང་གི་ངོ་བོ་ལ་ནི། དེ་འདྲའི་དབྱེ་བ་འགའ་ཡང་མེད་པར་རྒྱལ་བས་བཤད་དེ། འཕགས་པ་བརྒྱད་སྟོང་པ་ལས། རིགས་ཀྱི་བུ་སྟོང་པ་ཉིད་ལ་འོང་བའམ་མི་འོང་འགྲོ་བ་མེད་དེ། སྟོང་ཉིད་གང་ཡིན་པ་དེ་ནི་དེ་བཞིན་གཤེགས་པའོ། །རིགས་ཀྱི་བུ་ཇི་ལྟ་བ་བཞིན་ལ་འོང་བ་དང་འགྲོ་བ་མེད་དེ། ཇི་ལྟ་བ་བཞིན་གང་ཡིན་པ་འདི་ནི་དེ་བཞིན་གཤེགས་པའོ། །རིགས་ཀྱི་བུ་འདོད་ཆགས་དང་བྲལ་བ་ལ་ནི་འོང་བའམ་འགྲོ་བ་མེད་དེ། འདོད་ཆགས་དང་བྲལ་བ་གང་ཡིན་པ་དེ་ནི་དེ་བཞིན་གཤེགས་པའོ། །ཞེས་པ་དང་། རིགས་ཀྱི་བུ་ཆོས་འདི་དག་གི་དེ་བཞིན་ཉིད་གང་ཡིན་པ་དང་། དེ་བཞིན་གཤེགས་པའི་དེ་བཞིན་ཉིད་གང་ཡིན་པ་འདི་ནི་དེ་བཞིན་ཉིད་གཅིག་སྟེ། རིགས་ཀྱི་བུ་དེ་བཞིན་ཉིད་ལ་གཉིས་སུ་བྱར་མེད་དོ། །ཞེས་གསུངས་སོ། །འཇུག་པ་ལས་སྟོང་གི་དབྱེ་བས་མཁའ་ལ་དབྱེ་བ་མེད། དེ་ལྟར་དངོས་བྱས་དབྱེ་བ་འགའ་ཡང་དེ་ཉིད་ལ་མེད་དེའི་ཕྱིར་ཞེས་སོ། །ཆོས་ཉིད་ལ་དབྱེ་བ་མེད་པ་འདི་ནི་ལུང་ལ་མི་ལྟོས་པར། རིགས་པས་ཀྱང་གྲུབ་སྟེ། གདོད་མ་ནས་ཆོས་རྣམས་རང་བཞིན་མེད་པ་ཉིད་ལ་འཇིག་རྟེན་གྱི་ཐ་སྙད་དུ་ཆོས་ཀྱི་དབྱིངས་ཞེས་བརྗོད་དེ། ཆོས་དབྱིངས་སུ་བསྟོད་པ་ལས། ཆོས་རྣམས་རང་བཞིན་མེད་པ་ཉིད། །ཆོས་ཀྱི་དབྱིངས་སུ་བསྒོམ་པར་བྱ། །ཞེས་སོ། །རིགས་པས་སྤྲོས་པ་རྣམས་བཀག་པ་ལ་དེ་ཉིད་དེས་གྲུབ་ཅེས་བྱ་ཞིང་། དེ་ནི་ཕྱིར་ཡང་མ་གྲུབ་པས་དབྱེ་བ་ག་ལ་འགྱུར་སྟེ། ནམ་མཁའ་བཞིན་ནོ། །ཇི་བོས་ཅིར་ཡང་མ་གྲུབ་ཆོས་ཉིད་དེ། །གཉིས་དང་མཚུངས་སོགས་ག་ལ་འགྱུར། །ཞེས་སོ། །དེས་ན་དེ་བཞིན་གཤེགས་པའི་སྙིང་པོ་སྤྲོས་བྲལ་ཡིན་པས་རང་བཞིན་མེད་ཅིང་བཞི་བརྒྱ་པ་ལས། དངོས་གཅིག་དངོས་པོ་ཀུན་གྱི་ངོ་བོ་ཉིད་ཞེས་པ་དང་། མདོ་ལས། མཚན་ཉིད་མེད་པར་མཚན་ཉིད་ཅིག་ཞེས་པ་ལྟར། ཆོས་ཐམས་ཅད་ཀྱི་རང་བཞིན་ཡིན་པས། དེ་ཐམས་ཅད་རིམ་བཞིན་མེད་པའི་ཕྱིར། སེམས་ཅན་རྣམས་ལ་སངས་རྒྱས་དང་།

འཁོར་བ་གཉིས་ཀ་འབྱུང་བ་འཐད་དེ། གལ་ཏེ་རང་བཞིན་གྱིས་ཡོད་ན། དེ་ནི་མེད་པར་མི་འགྱུར་རོ་ཞེས་པ་ལྟར་གཞན་དུ་མི་འགྱུར་བས། མི་རྟག་པ་མི་རུང་ཞིང་དེས་ན་སྡུག་བསྔལ་མི་རུང་སྟེ། གང་མི་རྟག་པ་དེ་སྡུག་བསྔལ་ལོ་ཞེས་པས་སོ། །དེ་བཞིན་དུ། སྟོང་པ་དང་བདག་མེད་པའང་མི་རུང་སྟེ། རང་གི་ངོ་བོས་ཡོད་ཅིང་། རྟག་པ་དང་བདེ་བ་ནི། བདག་གི་མཚན་ཉིད་ཡིན་པས་སོ། །དེ་ལྟར་མི་རྟག་སོགས་མེད་ན། དེས་ཁྱད་པར་དུ་བྱས་པའི་སྡུག་བསྔལ་མི་རུང་ཞིང་། དེས་ན་ཀུན་འབྱུང་ཡང་མི་རུང་སྟེ། དེ་ནི་དེའི་རྒྱུ་ཡིན་པས་སོ། །དེ་ལྟ་ན། དེ་གཉིས་ཀྱི་ངོ་བོར་གྱུར་པའི་འཁོར་བ་མི་རུང་ཞིང་། དེ་བཞིན་དུ་འགོག་པ་མི་རུང་སྟེ། སྡུག་བསྔལ་ཀུན་འབྱུང་མེད་པ་དང་། རང་བཞིན་གྱིས་ཡོད་པ་གཉིས་ཀ་ལྟར་ནའང་མི་འགག་པའི་ཕྱིར་རོ། །དེ་མེད་ན་ལམ་ཡང་མི་རུང་སྟེ། དེ་དེའི་རྒྱུ་ཡིན་པས་སོ། །བདེན་པ་བཞི་མེད་ན། དམ་པའི་ཆོས་དང་དགེ་འདུན་ཡོད་པ་མ་ཡིན་ཞིང་དེ་མེད་ན། སངས་རྒྱས་ཀྱང་མེད་པར་འགྱུར། དེ་བཞིན་དུ་འཇིག་རྟེན་པའི་ཐ་སྙད་ཐམས་ཅད་ཀྱང་མེད་པར་འགྱུར་ཞིང་། རང་བཞིན་མེད་ན་གཞན་དུ་འགྱུར་བས། བཤད་མ་ཐག་པ་ལས་བཟློག་པའི་ཚུལ་གྱིས་ཐམས་ཅད་རུང་བར་འགྱུར་ཏེ། འཕགས་པ་ཀླུ་སྒྲུབ་འཇིག་རྟེན་ཐམས་ཅད་སྡུག་བསྔལ་ལས་སྐྱོབ་པ་ཉིད་ཀྱིས། གང་ལ་སྟོང་པ་ཉིད་ནི་རང་བཞིན་མེད་པ་ཡིན་ལ། དེ་ནི་བསྟན་པའི་དགོངས་པ་ནི། ལས་དང་ཉོན་མོངས་ཟད་པས་ཐར། །ཞེས་སོགས་ལྟར། སྤྲོས་པ་འགོག་པ་ཡིན་ལ། དེའི་རང་བཞིན་ནི། གཞན་ལས་ཤེས་མིན་ཞི་བ་དང་། །སྤྲོས་པ་རྣམས་ཀྱིས་རྣམ་སྤྲོས་པ། །རྣམ་རྟོག་མེད་དོན་ཐ་དད་མིན། །དེ་དེ་ཁོ་ནའི་མཚན་ཉིད་དོ། །ཞེས་པ་ལྟར། རང་བཞིན་མེད་པ་ཡིན་ལ། དེའི་སྒྲ་དོན་ནི། རྟེན་ཅིང་འབྲེལ་བར་འབྱུང་བ་གང་། །དེ་ནི་སྟོང་པ་ཉིད་དུ་བསྟན། །ཞེས་པ་ལྟར། རྟེན་ཅིང་འབྲེལ་བར་འབྱུང་བས་ན། སྟོང་པ་ཉིད་ཞེས་པ་ཡིན་ལ་ཞེས་འགྲེལ་པ་ཚིག་གསལ་ལས་འབྱུང་བ་ལྟར། རང་བཞིན་མེད་པ་ཡིན་པས། དེ་རུང་བ་ལ་སྡུག་བསྔལ་སོགས་པ་ཐམས་ཅད་རུང་བ་ཡིན་ཞིང་། རང་གི་ལུགས་ལ་སྟོང་ཉིད་མི་རུང་བ་དེ་ལ་དེ་ཐམས་ཅད་རུང་བ་མིན་ཞེས་པ་དང་། གལ་ཏེ་འདི་ཀུན་མི་སྟོང་ན། །འབྱུང་བ་མེད་ཅིང་འཇིག་པ་མེད། །འཕགས་པའི་བདེན་པ་བཞི་པོ་རྣམས། །ཁྱོད་ལ་མེད་པར་ཐལ་བར་འགྱུར། །རྟེན་ཅིང་འབྲེལ་འབྱུང་མ་ཡིན་ན། །སྡུག་བསྔལ་ཡོད་པར་ག་ལ་འགྱུར། །མི་རྟག་སྡུག་བསྔལ་གསུངས་པ་དེ། །རང་བཞིན་ཉིད་ལ་ཡོད་མ་ཡིན། །རང་བཞིན་ལས་ནི་ཡོད་མིན་ན། །ཅི་ཞིག་ཀུན་ཏུ་འབྱུང་བར་འགྱུར། །དེ་ཕྱིར་སྟོང་ཉིད་གནོད་བྱེད་ལ། །ཀུན་འབྱུང་ཡོད་པ་མ་ཡིན་ནོ། །སྡུག་བསྔལ་རང་བཞིན་གྱིས་ཡོད་ལ། །འགོག་པ་ཡོད་པ་མ་ཡིན་ནོ། །རང་བཞིན་ཉིད་ནི་ཡོངས་གནས་ཕྱིར། །འགོག་ལ་གནོད་པ་བྱེད་པ་ཡིན། །ཞེས་དང་། གང་ཚེ་སྡུག་བསྔལ་ཀུན་འབྱུང་དང་། །འགོག་པ་ཡོད་པ་མ་ཡིན་ན། །ལམ་གྱི་སྡུག་བསྔལ་

འགོག་པ་ནི། །གང་ཞིག་འཐོབ་པར་འགྱུར་བར་འདོད། །ཞེས་དང་། འཕགས་པའི་བདེན་རྣམས་མེད་པའི་ཕྱིར། །དམ་པའི་ཆོས་ཀྱང་ཡོད་མ་ཡིན། །ཆོས་དང་དགེ་འདུན་ཡོད་མིན་ན། །སངས་རྒྱས་ཇི་ལྟར་ཡོད་པར་འགྱུར། །ཞེས་དང་། རྟེན་ཅིང་འབྲེལ་བར་འབྱུང་བ་ཡི། །སྟོང་པ་ཉིད་ལ་གནོད་བྱེད་གང་། །འཇིག་རྟེན་པ་ཡི་ཐ་སྙད་ནི། །ཀུན་ལའང་གནོད་པ་བྱེད་པ་ཡིན། །ཞེས་གསུངས་པའང་དེ་བཞིན་གཤེགས་པའི་སྙིང་པོ་སྦྲོས་བྲལ་ཡིན་པའི་དོན་འདི་ཁོ་ན་སྟོན་པ་ཡིན་ནོ། །ཐེག་པ་ཆེན་པོ་རྒྱུད་བླ་མར། བདེ་བར་གཤེགས་པའི་ཁམས་སེམས་ཅན་གྱི་རྒྱུད་ལ་ཡོད་པའི་སྒྲུབ་བྱེད་གསུངས་པ་ནི། གལ་ཏེ་སེམས་ཅན་ཁམས་སེམས་ཅན་ཁམས་མེད་ན། ཞེས་གླེགས་བམ་ལ་ལར་འབྱུང་བ་ནི། ཡི་གེ་མ་དག་པ་ཡིན་པས། སངས་རྒྱས་ཁམས་མེད་ན་ཞེས་གདོན་ཏེ། སེམས་ཅན་ལ་སངས་རྒྱས་ཀྱི་ཁམས་སམ་ས་བོན། དེ་བཞིན་གཤེགས་པའི་སྙིང་པོ་མེད་ན། དེ་དག་ལས་སྡུ་ཡང་འཁོར་བའི་སྡུག་བསྔལ་ལས་ཡིད་སྐྱོ་བར་མི་འགྱུར་ཞིང་། མྱ་ངན་ལས་འདས་པ་ལ་ཐོབ་ན་དགའ་བའི་འདོད་པ་དང་། ཐོབ་པར་བྱའོ་སྙམ་དུ་དོན་དུ་གཉེར་བ་དང་། ཐོབ་པར་གྱུར་ཅིག་སྙམ་པའི་སྨོན་པའང་མེད་པར་གྱུར་རོ་ཞེས་ཕྱོག་པའི་གོ་ནས། བསྟན་ནས་སྲིད་དང་མྱང་ངན་འདས་དེ་ཡི། བདེ་སྡུག་སྐྱོན་ཡོན་མཐོང་བ་ནི། །རིགས་ཡོད་ལས་ཡིན་གང་གི་ཕྱིར། །རིགས་མེད་དག་ལ་མེད་པའི་ཕྱིར། །ཞེས་རྗེས་འགྲོའི་གོ་ནས་གསུངས་པའང་དེ་བཞིན་གཤེགས་པའི་སྙིང་པོ་སྟོང་ཉིད་ཡིན་པ་འདི་ཉིད་སྟོན་ཏེ། གང་གི་ཕྱིར་ན་ཉེ་བར་ལེན་པ་ནི། ཉོན་མོངས་པ་དེ་ལུས་ལེན་པས་སོ། །དེ་ལས་བྱུང་བ་ན་དེའི་ཕུང་པོ་སྟེ། རྩའི་མེ་དང་ལོ་མའི་མེ་བཞིན་ནོ། །དེའི་རྒྱུ་ཡིན་པས་ན་དེའི་ཕུང་པོ་སྟེ། མེ་ཏོག་དང་འབྲས་བུའི་ཤིང་བཞིན་ནོ། །དེ་ལ་རག་ལས་པས་ན་དེའི་ཕུང་པོ་སྟེ། རྒྱལ་པོའི་མི་བཞིན་ནོ། །གཟུགས་སོགས་ལྔ་པོ་འཕགས་པ་རྣམས་དང་མི་མཐུན་པས་སྡུག་བསྔལ་ཡིན་ཏེ་མཛོད་ལས། གང་དག་ཟག་བཅས་ཉེར་ལེན་པའི། །ཕུང་པོའང་དེ་དག་ཐམས་ཅད་དང་། །སྡུག་བསྔལ་ཀུན་འབྱུང་འཇིག་རྟེན་དང་། །ལྟ་གནས་སྲིད་པའང་དེ་དག་ཡིན་ཞེས་སོ། །མྱ་ངན་དང་། སྡུག་བསྔལ་འཁོར་བ་ནི་རྣམ་གྲངས་ཡིན་ཞིང་། དེ་ལས་འདས་པ་ནི་ཐར་པའོ། །དེ་ཡང་སྟོང་ཉིད་དེ་དྲི་མ་དང་བཅས་པ་ནི་རང་བཞིན་གྱིས་མྱ་ངན་འདས་པ་སྟེ། གདོད་མ་ནས་སྡུག་བསྔལ་ལས་འདས་པས་སོ། །ལམ་གོམས་པས་གློ་བུར་གྱི་དྲི་མ་དག་པ་ནི། དྲི་མ་མེད་པའི་མྱང་འདས་སོ། །དེ་ཡང་སྡུག་བསྔལ་མེད་ཙམ་ལ་བདེ་བར་བརྗོད་པ་སྟེ། བཤེས་པའི་སྤྲིངས་ཡིག་ལས། བདེ་བ་ཀུན་གྱི་ནང་ན་སྲིད་ཟད་པའི། །བདེ་བ་བདག་པོར་བགྱིད་པ་ཇི་ལྟ་བར། །ཞེས་དང་། མགོའམ་གོས་ལ་གློ་བུར་མེ་ཤོར་ན། །དེ་དག་ཕྱིར་ཕྱོག་བགྱི་བ་བཏང་ནས་ཀྱང་། །ཡང་སྲིད་མེད་པར་བགྱི་སླད་འབད་འཚལ་ལོ། །དེ་ལས་ཆོས་མཆོག་དགོས་པ་གཞན་མ་མཆིས། །ཞེས་པ་ལྟར་རོ། །དེ་ལྟ་ཡིན་

པས་ན། དཔེར་ན་མེ་ཡི་བསྐྱབ་བྱེད་ཞེས་འབྱུང་ཡང་། རང་བཞིན་ཞེས་འདོན་ཏེ་ཚ་བ་ཡིན་པ་དང་། ཆུ་སྦུར་དུ་འབབ་པ་དང་། བྱ་རང་གི་ཚང་དུ་སྐྱེག་པ་ལྟར། དེ་ལས་ཀྱི་རང་བཞིན་ནི་རང་གི་སྐྱེ་གནས་སྟོང་པ་ཉིད་དེ། ཨེ་མ་ཧོ་མཚར་རྨད་ཀྱི་ཆོས། །རྫོགས་པའི་སངས་རྒྱས་ཀུན་གྱིས་གསང་། །སྐྱེ་བ་མེད་ལས་ཐམས་ཅད་སྐྱེས། །སྐྱེ་ཙམ་ཉིད་ལས་སྐྱེ་བ་མེད། །ཅེས་སོ། །དེ་ལ་བསྐྱེག་པ་སྟེ། དེ་ལ་དགའ་ཞིང་འདུན་པ་ཡིན་ཞིང་། དེ་ཉིད་འཁོར་བ་ལས་སྐྲོ་ཞིང་། མྱ་ངན་ལས་འདས་པ་འདོད་པ་ཡིན་པས། དེ་ལས་བཤད་པའི་བདེ་བར་གཤེགས་པའི་ཁམས་དེ་བཞིན་གཤེགས་པའི་སྙིང་པོའི་བསྐྱབ་བྱེད་དེ་ཉིད། དེ་བཞིན་གཤེགས་པའི་སྙིང་པོ་སྟོང་ཉིད་ཡིན་པའི་བསྐྱབ་བྱེད་དུ་འཐད་དོ། །གཞུང་འདི་དག་ནི་ཆེས་དཀའ་ཞིང་། འགྲེལ་པ་མེད་ཀྱང་དཔྱིས་ཕྱིན་པར་བཤད་པ་ནི། ཆོས་ཀྱི་རྗེ་ཉིད་ཀྱི་ཡེ་ཤེས་གཟིགས་པ་ཞུགས་པ་ལས་གཞན་ཅི་ཞིག་ཡིན། དེས་ན་བསྟན་བཅོས་འདི་ལ་འབྲེལ་པ་ཅི་ཞིག་དགོས་ཞེས། བོད་ཀྱི་དགེ་བཤེས་འགའ་ཞིག་གིས་ཟེར་བ་ནི། ཕོ་ཚོད་ཆུང་ལ་རྨམ་པ་ཆེ་བའི་གཏམ་ཡིན་ནོ། །དེ་བཞིན་གཤེགས་པའི་སྙིང་པོ་སྦྲུས་ཐལ་ཡིན་པའི་དོན་ལ་འདི་རྒྱས་པར་འཕགས་པ་བརྒྱད་སྟོང་པའི་ཆོས་འཕགས་ཀྱི་ལེའུར་ལྟོས་ཤིག་གསུངས་ཡང་། དེ་ན། སྔར་དྲངས་པའི་རིགས་ཀྱི་བུ་སྟོང་པ་ཉིད་ལ་འོང་བའམ་འགྲོ་བ་མེད་དེ། སྟོང་པ་ཉིད་གང་ཡིན་པ་དེ་ནི་དེ་བཞིན་གཤེགས་པའོ་ཞེས་སོགས་ལས། གཞན་དོན་འདི་སྟོན་པ་མི་སྣང་བས། དེ་བཞིན་གཤེགས་པའི་སྙིང་པོ་ནི། འབྲས་བུ་ཆོས་སྐུ། རང་བཞིན་སྟོང་པ་ཉིད། རྒྱུ་རིགས་ཏེ་གསུམ་པོ་ཡིན་ཞིང་། དེ་ཐམས་ཅད་སྟོང་པ་ཉིད་དུ་རོ་གཅིག་པས། འབྲས་བུ་ཆོས་སྐུ་ནི་དེ་བཞིན་གཤེགས་པ་སྟེ། དེས་མཚོན་ནས་གཞན་གཉིས་པོའང་སྟོང་ཉིད་དུ་སྟོན་པ་ལ་དགོངས་པར་མངོན་ནོ། །

གཉིས་པ་ནི། དེ་ལྟར་ཡིན་པ་འོན་ཀྱང་འཕགས་པ་གཟུངས་ཀྱི་དབང་ཕྱུག་རྒྱལ་པོས་ཞུས་པ་དང་། དཔལ་ཕྲེང་སེང་གེ་སྒྲས་ཞུས་པ་དང་། དེ་བཞིན་གཤེགས་པའི་སྙིང་པོའི་ལེའུ་བུ་མོ་རིན་ཆེན་གྱིས་ཞུས་པ། སངས་རྒྱས་ཐམས་ཅད་ཀྱི་ཡུལ་ལ་འཇུག་པ། ཡེ་ཤེས་སྣང་རྒྱན་ལ་སོགས་པ་མདོ་སྡེ་འགའ་ཞིག་དང་། ཐེག་པ་ཆེན་པོ་རྒྱུད་བླ་མར། གོས་ངན་གྱི་ནང་ན་རིན་པོ་ཆེ་ལས་བྱས་པའི། དེ་བཞིན་གཤེགས་པའི་སྐུ་གཟུགས་ཡོད་པ་ལྟར། ཟེར་ཡང་། དཔེ་དགུའི་གོ་ནས་སེམས་ཅན་རྣམས་ལ་སངས་རྒྱས་ཀྱི་སྙིང་པོ་རྟག་པ། བརྟན་པ། མི་འགྱུར་བ། གཡུང་དྲུང་། སྟོབས་སོགས་ཀྱི་ཡོན་ཏན་ཐམས་ཅད་རང་ཆས་སུ་ཡོད་པ་ཞིག་ཡོད་པར་གསུངས་པ་དང་། ཁྱེད་དེ་བཞིན་གཤེགས་པའི་སྙིང་པོ་ཅིར་ཡང་མ་འགྲུབ་པའི་སྟོང་ཉིད་རི་བོང་གི་རྭ་དང་འདྲ་བར་འདོད་པ་ནི། ཤིན་ཏུ་འགལ་བ་ཡིན་ནོ་ཞེ་ན་བདེན་མོད་དེ་ནི་དགོངས་པ་ཅན་ཡིན་པར་ཤེས་པར་བྱའོ། །དགོངས་པ་ཅན་ལ་ཆོས་གསུམ་དགོས་པས་དེ་དག་གང་ཡིན་ཞེ་ན། དེའི་དགོངས་གཞི་ནི་སྔར་བཤད་པའི་སྟོང་པ་ཉིད་ཡིན་

ཞིང་། དགོས་པ་ནི། ཞུམ་པ་ལ་སོགས་པའི་སྐྱོན་ནམ་ཉེས་པ་ལྔ་སྤང་བའི་ཕྱིར་གསུངས་ཏེ། དེ་ཁོ་ནས་ལོག་ནུས་པའི་ཕྱིར་རོ། །དེའི་ཤེས་བྱེད་ནི། སྤྲིན་དང་རྨི་ལམ་སྒྱུ་བཞིན་དེ་དང་དེར། །ཤེས་བྱ་ཐམས་ཅད་རྣམ་ཀུན་སྟོང་པ་ཞེས། །གསུངས་ནས། ཡང་འདིར་རྒྱལ་རྣམས་སེམས་ཅན་ལ། །སངས་རྒྱས་སྙིང་པོ་ཡོད་ཅེས་ཅི་སྟེ་གསུང་། །སེམས་ཞུམ་སེམས་ཅན་དམན་ལ་བརྙས་པ་དང་། །ཡང་དག་མི་འཛིན་ཡང་དག་ཆོས་ལ་སྐུར། །བདག་ཅག་ལྷག་པའི་སྐྱོན་ལྔ་གང་དག་ལ། །ཡོད་པ་དེ་དག་དེ་ཡང་དོན་དུ་གསུངས། །ཞེས་རྒྱུད་བླ་མ་ལས་གསུངས་སོ། །གླེགས་བམ་འགའ་ཞིག་ལ་ཚིགས་བཅད་འདི་རྣམས་ལས་རྐང་པ་གཅིག་ཀྱང་མི་འབྱུང་ཞིང་། སྤྱར་མ་རྣམས་ལས་རྐང་པ་དང་པོ་གཉིས་འབྱུང་བས། དེས་མཚོན་ནས་ལྷག་མ་རྣམས་ཀྱང་འདིའི་ཤེས་བྱེད་དུ་འདྲེན་པར་བཞེད་ནས། ཆོས་རྗེ་ཉིད་ཀྱིས་མཛད་པའམ། གལ་ཏེ་མ་མཛད་ཀྱང་འཆད་པའི་ཚེ་ན་ངེས་པར་དྲངས་དགོས་པར་སྣང་བས། འདིར་དེ་དག་གི་དོན་བཤད་ན། ཤེར་ཕྱིན་གྱི་མདོ་རྒྱས་འབྲིང་བསྡུས་པ་དེ་དང་དེར་ཤེས་བྱ་ཐམས་ཅད་སྤྲིན་དང་རྨི་ལམ་སོགས་བཞིན། རྣམ་པ་ཀུན་ཏུ་རང་བཞིན་མེད་པའི་སྟོང་པའོ། །ཞེས་གསུངས་ནས་སླར་ཡང་། ཆོས་འཁོར་ཐ་མ་འདིར་རྒྱལ་བ་རྣམས་སེམས་ཅན་ཐམས་ཅད་ལ་སངས་རྒྱས་ཀྱི་སྙིང་པོ་རྟག་བརྟན་སོགས་ཀྱིས་ཁྱད་པར་དུ་བྱས་པ་ཡོད་ཅེས། རྒྱུ་མཚན་ཅིས་ཏེ་གསུངས་ཞེས་བཀའ་སྔ་ཕྱི་འགལ་བར་དོགས་ནས་འདྲི་བའོ། །དེའི་ལན་ནི་ཕྱེད་ཕྱི་མ་སྟེ། བདག་གིས་སངས་རྒྱས་བསྒྲུབ་མི་ནུས་ཞེས་སེམས་ཞུམ་པ་དང་། སེམས་ཅན་དང་སོགས་དམན་པ་ལ། ཡོན་ཏན་མེད་ཅིང་སྐྱོན་དང་ལྡན་པས་འདི་དག་གིས་སངས་རྒྱས་བསྒྲུབ་མི་ནུས་ཞེས་བརྙས་པ་དང་། ཡང་དག་པ་མ་ཡིན་པ་གློ་བུར་དྲི་མ་བདེན་པར་འཛིན་ཞིང་། ཡང་དག་པའི་ཆོས་རང་བཞིན་གྱིས་རྣམ་པར་དག་པ་དང་། ལམ་གྱིས་བསྒྲུབས་པའི་སྟོབས་སོགས་ལ་མེད་ཅིང་བསྒྲུབ་མི་ནུས་ཞེས་སྐུར་པ་འདེབས་པ་དང་། དེ་དག་གི་དབང་གིས། བདག་གི་བདེ་བ་ལ་ལྷག་པར་ཆགས་པའི་སྐྱོན་ལྔ་པོ་སེམས་ཅན་གང་དག་ལ་ཡོད་པ་དེ་དག་ནི། སྐྱོན་དེ་དག་སྤངས་པའི་དོན་དུ་དེ་སྐད་གསུངས་ཞེས་པའོ། །

དེ་དག་གི་བཤད་པ་ལས། ཡང་དག་མཐའ་ནི་འདུས་བྱས་ཀྱི། །རྣམ་པ་ཐམས་ཅད་དབེན་པ་སྟེ། །ཉོན་མོངས་ལས་དང་རྣམ་སྨིན་དོན། །སྤྲིན་ལ་སོགས་པ་བཞིན་དུ་བརྗོད། །ཉོན་མོངས་སྤྲིན་འདྲ་བྱ་བ་ཡིན། །ལས་ནི་རྨི་ལམ་ལོངས་སྤྱོད་བཞིན། །ཉོན་མོངས་ལས་ཀྱི་རྣམ་པར་སྨིན། །ཕུང་པོ་སྒྱུ་མ་སྤྲུལ་པ་བཞིན། །སྔར་ནི་དེ་ལྟར་རྣམ་བཞག་ནས། །ཕྱར་ཡང་བླ་མའི་རྒྱུད་འདིར་ནི། །ཉེས་པ་ལྔ་དག་སྤང་བའི་ཕྱིར། །ཁམས་ཡོད་ཉིད་ཅེས་བསྟན་པ་ཡིན། །འདིར་ལྟར་དེ་ནི་མ་ཐོས་པས། །བདག་ལ་བརྙས་པའི་ཉེས་པ་ཡིས། །སེམས་ནི་ཞུམ་པ

འགའ་ཞིག་ལ། །བྱང་ཆུབ་སེམས་ནི་སྐྱེ་མི་འགྱུར། །གང་ལ་བྱང་ཆུབ་སེམས་སྐྱེས་པས། །བདག་ནི་མཆོག་ཅེས་སྙོམ་པ་ན། །བྱང་ཆུབ་སེམས་མ་བསྐྱེད་པ་ལ། །དམན་པའི་འདུ་ཤེས་རབ་ཏུ་འཇུག ། དེ་ལྟར་སེམས་པ་དེ་ལ་ནི། །ཡང་དག་ཤེས་པ་མི་སྐྱེ་བ། །དེས་ན་ཡང་དག་མིན་འཛིན་ཅིང་། །ཡང་དག་དོན་ནི་རིག་མི་འགྱུར། །བཅོས་མ་གློ་བུར་པ་ཉིད་ཕྱིར། །སེམས་ཅན་སྐྱོན་དེ་ཡང་དག་མིན། །ཡང་དག་ཉེས་ཏེ་བདག་མེད་པ། །ཡོན་ཏན་རང་བཞིན་དག་པ་ཡིན། །ཡང་དག་མིན་པའི་ཉེས་འཛིན་ཞིང་། །ཡང་དག་ཡོན་ཏན་སྐུར་འདེབས་པས། །བློ་ལྡན་བདག་དང་སེམས་ཅན་ནི། །མཚུངས་མཐོང་བྱམས་པ་ཐོབ་མི་འགྱུར། །འདི་ལྟར་དེ་ནི་ཐོས་པ་ལས། །སྤྲོ་དང་སྟོན་པ་བཞིན་གུས་དང་། །ཤེས་རབ་ཡེ་ཤེས་བྱམས་ཆེན་སྐྱེ། །ཆོས་ལྔ་སྐྱེ་ཕྱིར་དེ་ལས་ནི། །ཁ་ན་མ་ཐོ་མེད་མཚུངས་ལྟར། །སྐྱོན་མེད་ཡོན་ཏན་ལྡན་པ་དང་། །བདག་སེམས་ཅན་མཚུངས་བྱས་ཏེ། །སངས་རྒྱས་ཉིད་ནི་མྱུར་དུ་ཐོབ། །ཞེས་བཤད་དོ། །འདི་དག་གི་དོན་ནི། སྔ་མའི་རྗེས་སུ་འབྲངས་ཏེ་ཤེས་པར་བྱའོ། །དེ་བཞིན་གཤེགས་པའི་སྙིང་པོ་སེམས་ཅན་ལ་ཡོད་པར་དཔེ་དགུའི་སྒོ་ནས་གསུངས་པའི་དོན་འདི་ནི། སངས་རྒྱས་ཕལ་པོ་ཆེའི་དེ་བཞིན་གཤེགས་པའི་སྙིང་པོའི་ལེའུའི་མདོ་སྡེ་དང་། དེའི་དོན་བསྡུས་ཏེ་སྟོན་པ། རྒྱུད་བླ་མའི་བསྟན་བཅོས་སུ་ལྟོས་ཤིག ། དེ་ནི་འདི་ཡིན་ཏེ། སངས་རྒྱས་པད་ངན་སྦྲང་རྩི་སྦྲང་མ་དང་། །སྦུན་པ་སྙིང་པོ་མི་གཙང་ནང་ན་གསེར། །ས་ལ་གཏེར་དང་ཞུག་སོགས་འབྲས་ཤུན་དང་། །གོས་རུལ་ནང་ན་རྒྱལ་བའི་སྐུ་དང་ནི། །བུད་མེད་ངན་མའི་ལྟོ་ན་མི་བདག་དང་། །ས་ལ་རིན་ཆེན་གཟུགས་ཡོད་ཇི་ལྟ་བར། །གློ་བུར་ཉོན་མོངས་དྲི་མས་སྒྲིབ་པ་ཡི། །སེམས་ཅན་རྣམས་ལ་དེ་བཞིན་ཁམས་འདི་གནས། །དྲི་མ་པད་མ་སྲོག་ཆགས་སྦུན་པ་མི་གཙང་བ་འབྲས་གོས་རུལ་དང་། །སྡུག་བསྔལ་འབར་བས་མངོན་པར་གདུངས་པའི་བུད་མེད་པ་ཡི་ཁམས་དང་མཚུངས། །སངས་རྒྱས་སྦྲང་རྩི་སྙིང་པོ་གསེར་དང་གཏེར་དང་ནགས་གྲོ་རིན་ཆེན་སྐུ། །གླིང་མཆོག་བདག་དང་རིན་ཆེན་གཟུགས་དང་དྲི་མེད་ཁམས་མཆོག་མཚུངས་པ་ཉིད། །ཞེས་ཏེ། ཚིགས་སུ་བཅད་པ་དང་པོས་ནི། དྲི་མ་དགུའི་ནང་ན་དེ་བཞིན་གཤེགས་པའི་སྙིང་པོ་གནས་པའི་སྒྲིབ་བྱ་སྒྲིབ་བྱེད་གཉིས་ཀའི་དཔེ། ཕྱོགས་གཅིག་ཏུ་དང་། གཉིས་པས་ནི་དྲི་མའི་དཔེ་དགུ་དང་། གསུམ་པས་ནི་སྙིང་པོའི་དཔེ་དགུ་བསྟན་ཏོ། །དེས་མཚོན་པའི་དོན་གང་ཞེ་ན། དྲི་མ་དགུ་ནི་ཆགས་སྡང་རྨོངས། དེའི་ཀུན་ལྡང་དྲག་དང་བག་ཆགས་དང་། མཐོང་བསྒོམ་ལམ་ཡང་མ་དག་དག་པའི་སར་བརྟེན་པའི། །དྲི་མ་རྣམ་དགུ་པད་མའི་སྦུབས་སོགས་དཔེས་བསྟན་ཏེ། །ཉེ་བའི་ཉོན་མོངས་སྦུབས་དབྱེ་བྱེ་བ་མཐའ་ལས་འདས། །ཞེས་ཏེ། དུག་གསུམ་གྱི་བག་ལ་ཉལ་གསུམ་དང་། དེ་གསུམ་གྱི་སྟོན་གྱུར་ཅིག་ཏུ་བྱས་པ་དང་། མ་རིག་བག་ཆགས་ས་དང་། མཐོང་བསྒོམ་གྱི་སྤང་བྱ་གཉིས་དང་།

མ་དག་པ་དང་དག་པའི་ས་ན་ཡོད་པའི་ཅི་རིགས་པར་ཉོན་མོངས་པ་དང་ཤེས་བྱའི་སྒྲིབ་པ་དེ་གོ་རིམ་བཞིན་པད་མའི་སྦུབས་ལ་སོགས་པ་དང་འདྲ་བའོ། །

དེ་དག་གང་གི་རྒྱུད་ལ་ཡོད་པ་ནི། དྲི་འདི་དག་གིས་བྱིས་རྣམས་དང་། །དགྲ་བཅོམ་སློབ་དང་བློ་ལྡན་རྣམས། །རིམ་བཞིན་བཞི་དང་གཅིག་དང་ནི། །གཉིས་དང་གཉིས་ཀྱིས་མ་དག་ཉིད། །ཞེས་པ་ལྟར། སོ་སོ་སྐྱེ་བོ་དང་། ཉན་རང་དགྲ་བཅོམ་པ་དང་། སོ་སྐྱེ་སློབ་པ་དང་། འཕགས་པ་སློབ་པ་དང་། མ་དག་པར་གནས་པ་དང་། དག་པའི་ས་གནས་རྣམས་ལ་རིམ་པ་བཞིན། བཞི་དང་རེ་རེ་ལྡན་ནོ། །དེས་སྒྲིབ་བྱ་སྙིང་པོའི་དོན་ནི། འདིའི་རང་བཞིན་ཆོས་སྐུ་དང་། དེ་བཞིན་ཉིད་དང་རིགས་ཀྱང་སྟེ། དེ་ནི་དཔེ་གསུམ་གཅིག་དང་ནི། །ལྔ་རྣམས་ཀྱིས་ནི་ཤེས་པར་བྱ། །ཞེས་པ་ལྟར། ཆོས་སྐུ་ལ་གཉིས་ཀྱི་རྟོགས་པའི་ཆོས་སྐུ། ངོ་བོ་ཉིད་ཀྱི་སྐུ་དང་། བསྟན་པའི་ཆོས་སྐུ་ལ་ཟབ་མོ་སྟོན་པ་དང་། རྒྱ་ཆེན་སྟོན་པ་སྟེ། གཉིས་དང་དེ་བཞིན་ཉིད་དང་། རིགས་ལ་རང་བཞིན་དང་། རྒྱས་པ་གཉིས་དང་། སྐུ་གསུམ་གྱི་རིགས་གསུམ་ཏེ། དགུ་པོ་ལ་རིམ་པ་བཞིན་པད་མའི་ནང་གི་དེ་བཞིན་གཤེགས་པའི་སྐུ་གཟུགས་སོགས་དེ་གསུམ་དང་གཅིག་དང་ལྔས་བསྟན་ཏེ། རྒྱས་པར་ནི་མདོ་དང་བསྟན་བཅོས་སུ་བལྟ་བར་བྱ། འདིར་ཡི་གེ་མང་དོགས་ནས་རྒྱས་པར་མ་བྲིས་སོ། །

སློབ་དཔོན་ཆེན་པོ་དཔལ་ལྡན་ཟླ་བ་གྲགས་པས་ཀྱང་དབུ་མ་ལ་འཇུག་པ་ལས། ལང་དཀར་གཤེགས་པའི་མདོ་དྲངས་ནས། བདེ་གཤེགས་སྙིང་པོ་མུ་སྟེགས་ཅན་བདག་ཏུ་མངོན་པར་ཞེན་པ་རྣམས་དྲང་བའི་དོན་དུ་གསུངས་པ་དེའང་ཤེས་པར་གྱིས་ཤིག །བློ་གྲོས་ཆེན་པོ་དེ་བཞིན་གཤེགས་པ་དགྲ་བཅོམ་ཡང་དག་པར་རྫོགས་པའི་སངས་རྒྱས་རྣམས་ནི་སྟོང་པ་ཉིད་དང་། ཡང་དག་པའི་མཐའ་དང་། མྱང་ངན་ལས་འདས་པ་དང་། མ་སྐྱེས་པ་དང་། མཚན་མ་མེད་པ་དང་། སྨོན་པ་མེད་པ་ལ་སོགས་པའི་ཚིག་གི་དོན་རྣམས་ལ། དེ་བཞིན་གཤེགས་པའི་སྙིང་པོར་བསྟན་པར་བྱས་ནས། བྱིས་པ་རྣམས་བདག་མེད་པས་འཇིགས་པར་འགྱུར་བའི་གནས་རྣམ་པར་སྤང་བའི་དོན་དུ་དེ་བཞིན་གཤེགས་པའི་སྙིང་པོའི་སྒོ་བསྟན་པས་རྣམ་པར་མི་རྟོག་པའི་གནས་སྣང་བ་མེད་པའི་སྤྱོད་ཡུལ་སྟོན་ཏེ། ཞེས་དང་བློ་གྲོས་ཆེན་པོ་དེ་ལྟར་དེ་བཞིན་གཤེགས་པ་རྣམས་ཀྱིས་མུ་སྟེགས་བྱེད་བདག་ཏུ་སྨྲ་བ་ལ་མངོན་པར་ཞེན་པ་རྣམས་དྲང་བའི་ཕྱིར། དེ་བཞིན་གཤེགས་པའི་སྙིང་པོ་བསྟན་པས་དེ་བཞིན་གཤེགས་པའི་སྙིང་པོ་སྟོན་ཏེ་ཞེས་པ་དང་། དངོས་ལ་གནོད་བྱེད་ཀྱི་ཚད་མ་ནི། མདོ་ལས་གསུངས་པའི་སྒྲ་ཇི་བཞིན་པ་དེ་འདྲའི་སངས་རྒྱས་ཀྱི་ཁམས་ཡོད་ན། ཕྱི་རོལ་མུ་སྟེགས་ཅན་རྟགས་གཅིག་རང་དབང་ཅན་གྱི་བདག་ཇི་སྲིད་ལས་ཉོན་དང་བཅས་པ་དེ་སྲིད་དུ་འཁོར་བ་དང་དེ་ལས་གྲོལ་བ་ན་ཐར་པར

འདོད་པ་དང་། མིང་ཙམ་མ་གཏོགས་དོན་ཁྱད་པར་མེད་པས། དེ་ལ་དབུ་ཚད་ཀྱི་རིགས་པས་གནོད་པ་བཞིན། འདི་ལ་ཡང་གནོད་པར་འགྱུར་རོ་མི་གནོད་དེ། དེ་དག་ནི་རྟོག་གེ་ཡིན་ལ། ངེད་ཀྱི་དེ་བཞིན་གཤེགས་པའི་སྙིང་པོ་ནི་དེའི་ཡུལ་ལས་འདས་པས་སོ། །ཞེས་ཀྱང་བརྗོད་མི་ནུས་ཏེ། དེ་དག་ཀྱང་དེ་སྐད་ཟེར་ན་མཚུངས་པས་སོ། ། བདེན་པའི་དངོས་པོར་ཡང་འགྱུར་ཏེ། དོན་དམ་པར་བསྒྲུབ་ཅིང་དོན་བྱེད་ནུས་པས་སོ། །ཁྱབ་པ་མ་གྲུབ་ཞེས་ཀྱང་བརྗོད་མི་ནུས་ཏེ། དེའི་མཚན་ཉིད་དེ་ལས་གཞན་མེད་པའི་ཕྱིར་རོ། །

ངེས་པའི་དོན་གྱི་མདོ་སྡེ་སྟོང་ཉིད་སྟོན་པ་རྣམས་ལས་ཡང་དག་པར་རྫོགས་པའི་སངས་རྒྱས་ཀྱང་སྒྱུ་མ་ལྟ་བུ་སྨི་ལམ་ལྟ་བུའོ། །མྱ་ངན་ལས་འདས་པ་ཡང་སྒྱུ་མ་ལྟ་བུ་སྨི་ལམ་ལྟ་བུའོ། །གལ་ཏེ་མྱ་ངན་ལས་འདས་པ་ལས་ཆེས་ལྷག་པའི་ཆོས་ཞིག་ཡོད་ན་དེ་ཡང་སྒྱུ་མ་ལྟ་བུ་སྨི་ལམ་ལྟ་བུའོ་ཞེས་གསུངས་ཤིང་། གཞན་ཡང་ཉི་ཚེའི་སྟོང་པ་མུ་སྟེགས་ཅན་རྣམས་ཀྱི་ཞེས་དང་། ལང་ཀར་གཤེགས་པ་ལས་ཀྱང་། གཞན་ལ་གཞན་མེད་པའི་སྟོང་པ་ཉིད་སྟོང་པ་ཉིད་ཀྱི་ཐ་ཤལ་དུ་གསུངས་པ་སོགས་དང་། རྣམ་པ་ཀུན་ཏུ་འགལ་བའི་ཕྱིར། སྔྲ་ཇི་བཞིན་པར་བཟུང་ན་མི་རུང་ངོ་། །བསྔོ་བའི་ལག་ལེན་འཁྲུལ་པ་གཞན་ཡང་དགག་པ་ནི། བོད་སྔ་རབས་པ་འགའ་ཞིག་བསྔོ་བ་བྱེད་པའི་ཚེ་སྦྱིན་བདག་དང་མཆོད་གནས་གཉིས་ཕན་ཚུན་གཅིག་གི་ལག་པར། གཅིག་གིས་རིལ་པ་སྤྱི་བླུགས་ཀྱིས་ཆུ་སྦྲིང་བའི་ལག་ལེན་བྱེད་ཅེས་གྲགས་ཏེ། འདི་ནི་མུ་སྟེགས་རིག་བྱེད་པའི་ལུགས་ཡིན་པས། སྐྱེས་རབས་ལས་ཐམས་ཅད་སྒྲོལ་གྱིས། བྲམ་ཟེ་ལ་གླང་པོ་ཆེ་དང་། བུ་དང་། བུ་མོ་དང་བརྒྱ་བྱིན་ལ་བཙུན་མོ་བྱིན་པ་ན། ཆུ་ཚགས་སྦྲེངས་པ་ནི་རིག་བྱེད་ལས་འབྱུང་བ་བཞིན་བྱས་པ་ཡིན་ནོ། །འདིའང་དེ་ཉིད་ལས། དེ་གླང་པོ་ཆེའི་མཆོག་དེ་ལས་མྱུར་དུ་བབས་ཏེ་བཞེས་སུ་གསོལ་ཞེས་ནས། གསེར་གྱི་རིལ་པ་བཏུད་དེ་དེ་དག་གི་མདུན་དུ་འདུག་གོ་ཞེས་པ་དང་། བྲམ་ཟེའི་ལག་པ་བརྐྱངས་པ་ལ་རིལ་པ་སྤྱི་བླུགས་བཏུད་ཏོ། །དེ་ཡིས་སྦྲིམས་པའི་མཐུ་དག་གིས། །རིལ་བ་ལས་ནི་ཆུ་བྱུང་ནས། །མིག་ནི་པད་མ་དམར་འདྲ་ལས། །མ་སྦྲིམས་པར་ཡང་མཆི་མ་བྱུང་། །ཞེས་དང་། དེ་བས་དེས་ནི་ལག་གཡོན་མད་དྲི་བཟུང་། །གཡས་པའི་ལག་པས་རིལ་པ་བཟུང་ནས་ནི། །དེ་ཡི་ལག་གཡས་རྩེ་ལ་ཆུ་སྦྲེངས་ནས། །འདོད་ལྷའི་སེམས་ནི་མྱ་ངན་མེ་ཡིས་ཚིག །ཞེས་གསུངས་པས། སྦྱིན་བདག་གིས་ལེན་པ་པོའི་ལག་པར་ཆུ་བྱིན་པ་ཡིན་གྱི། ལེན་པ་པོས་ཆུ་སྦྱིན་པར་དངོས་སུ་མ་གསུངས་སོ། །

བྲམ་ཟེ་ལམ་གྱི་རྟུལ་གྱིས་རྐང་པ་དང་བྱིན་པ་རྩུབ་རྩུབ་ལྟར་འདུག་པ། ངལ་བས་བཞིན་མདོག་དང་མིག་རྩ་ཉམས་པ། རིལ་པ་སྤྱི་བླུགས་དབྱུག་པ་ལ་བཏགས་པ་ཕྲག་པ་ལ་ཐོགས་པ་ཆུང་མས་གཡོག་ཁྲིད་དེ་

ཞོག་ཤིག་པར་ཆེད་ཆེར་སྨྲིངས་པ་ཞིག་ཅེས་འབྱུང་བས། ལེན་པ་པོས་ཀྱང་དེ་ལྟར་བྱེད་པར་རེས་སོ། །འདི་འདྲའི་ལག་ལེན་སངས་རྒྱས་པ་ལ་མེད་ཀྱི། གལ་ཏེ་མེད་བཞིན་དུ་བྱེད་ན། བསྟན་པ་འཇིག་པ་དེས་ན་ལག་ལེན་གང་དང་གང་བྱེད་པ་སངས་རྒྱས་ཀྱི་གསུང་བཞིན་གྱུས་པས་སྒྲུབས་ཤིག །

བསྔོ་བའི་དབྱེ་བས་དོན་བསྡུ་བ་ནི། བསྔོ་བ་དེ་ཡང་མདོར་བསྡུ་ན། རྒྱུ་ཚོགས་པ་ལས་འབྲས་བུ་འབྱུང་བ་གནས་ཡིན་ཞིང་དེར་བསྔོ་བ་དང་། རྒྱུ་མེད་དང་མ་ཚང་བ་དང་མི་མཐུན་པའི་རྒྱུ་ལས་འབྲས་བུ་འབྱུང་བ་ནི། གནས་མ་ཡིན་ཀྱང་དེར་བསྔོས་ན་བསོད་ནམས་ཆེན་པོ་འབྱུང་བས་དེར་བསྔོ་བ་སྟེ་གཉིས་ཡིན་ལ། གནས་ཀྱི་བསྔོ་བ་ནི། འགྲུབ་པར་གསུངས་ཤིང་། གནས་མིན་པའི་བསྔོས་ཀྱང་འགྲུབ་པར་མི་འགྱུར་བ་འདི་དག་གཉིས་ཀ་མདོ་ལས་གསུངས་ཏེ། དེ་ཡང་འཕགས་པ་འཇམ་དཔལ་གྱི་སངས་རྒྱས་ཀྱི་ཞིང་བཀོད་པའི་མདོ་ལས་འདུས་བྱས་ཀྱི་ཆོས་རྣམས་ཐམས་ཅད་རང་གི་རྒྱུ་དང་རྐྱེན་ཇི་ལྟ་བ་བཞིན་དུ་འབྱུང་སྟེ། རྐྱེན་དེ་ཡང་དེ་སྒྲུབ་པར་འདོད་པའི་འདུན་པའི་རྩ་བ་ལ་རབ་ཏུ་གནས་པས། གང་ཟག་གང་གིས་སྨོན་ལམ་ཅི་འདྲ་བ་བཏབ་པའི་འབྲས་བུ་དང་རྗེས་སུ་མཐུན་པའི་རྐྱེན་བསྒྲུབས་ན། དེ་འདྲ་བའི་འབྲས་བུ་ཐོབ་པར་འགྱུར་ཏེ་བྱང་ཆུབ་ཏུ་སེམས་བསྐྱེད་ཅིང་། ཚོགས་ཡོངས་སུ་བསགས་པ་ལས་སངས་རྒྱས་འབྱུང་བ་བཞིན་ནོ་ཞེས་གསུངས་པ་ནི་གནས་ཀྱི་དགེ་བ་ལ་དགོངས་པ་ཡིན་ལ། བུ་མོ་དྲི་མེད་བྱིན་གྱིས་ཞུས་པའི་མདོར། ཆོས་རྣམས་ཀྱི་ཆོས་ཉིད་ནི་སྟོང་པ་ཉིད་དུ་མ་ཟད། སའི་སྲ་བ་དང་། ཆུའི་གཤེར་བ་དང་། མེའི་ཚ་བ། སྡིག་པ་ཅན་ངན་སོང་དུ་སྐྱེ་བ། ལམ་མི་བསྒྲུབ་པ་འཁོར་བ་ལས་མི་གྲོལ་བ་སོགས་ལའང་འཇིག་རྟེན་གྱི་ཐ་སྙད་དུ་ཟེར་བས། དེ་རྣམས། བསྔོ་བ་ཡིས་གཞན་དུ་མི་འགྱུར་ཏེ། གལ་ཏེ་འགྱུར་ན་ནི། དང་པོའམ་སྔོན་གྱི་སངས་རྒྱས་གཅིག་ཉིད་ཀྱིས་ཀྱང་། བྱང་ཆུབ་སེམས་དཔའི་སྤྱོད་པ་སྤྱོད་པའི་ཚེ། དགེ་བ་འདིས་སེམས་ཅན་ཐམས་ཅད་མྱ་ངན་ལས་འདའ་བར་གྱུར་ཅིག་ཅེས་པའི་བསྔོ་བ་དེ་དིང་སང་ཅིས་མི་འགྲུབ་སྟེ། གྲུབ་ནས་སེམས་ཅན་ཐམས་ཅད་གྲོལ་བར་འགྱུར་རོ། །དེ་དེས་མི་འགྱུར་བས་ན། ལམ་མི་བསྒྲུབ་པ་དག་མི་གྲོལ་བ་ཡིན་ནོ། །དེ་ཉིད་ལས། བུ་མོས་སྨྲས་པ་རིགས་ཀྱི་བུ་ཆོས་རྣམས་ཀྱི་ཆོས་ཉིད་ནི་སྨོན་ལམ་གྱི་དབང་གིས་བསྒྱུར་མི་ནུས་ལགས་སོ། །གལ་ཏེ་ནུས་པར་གྱུར་ན། སེམས་ཅན་ཐམས་ཅད་ཡོངས་སུ་མྱ་ངན་ལས་འདའོ་ཞེས། དེ་བཞིན་གཤེགས་པ་རེ་རེའི་དགོངས་པ་དེ་སྨོན་ལམ་གྱི་དབང་གིས་ཇི་ལྟར་མི་འགྲུབ་སྟེ། རྣམ་གྲངས་འདིས་ན། སྨོན་ལམ་གྱི་དབང་གིས་བསྒྱུར་དུ་མི་ནུས་པར་རིགས་པར་བགྱིའོ། །ཞེས་གསུངས་པ་དེ་ནི་གནས་མིན་གྱི་བསྔོ་བ་ཉིད་ལ་དགོངས་པ་ཡིན་ནོ། །

རྒྱུ་མཚན་དེས་ན་བསྔོ་བར་བྱ་རྒྱུའི་དགེ་བ་དང་། བཤགས་པར་བྱ་བའི་སྡིག་པ་ཡང་། །བྱས་པའི་དགེ

སྡིག་ཡིན་མོད་ཀྱི། །མ་བྱས་པ་ལ་དགེ་སྡིག་མེད་དེ། འདི་དག་ནི་དེ་བཞིན་གཤེགས་པའི་སྙིང་པོ་དང་། དེ་དགེ་བ་ཡིན་མིན་དཔྱད་པའི་སྐབས་ཡིན་པས། འདིའི་མཐའ་ཙམ་ཟད་དཔྱད་ན་སྔར་སྨོས་པའི་དེ་བཞིན་གཤེགས་པའི་སྙིང་པོ་སྟོན་པའི་མདོ་རྣམས་ཀྱིས་དགོངས་གཞི་ལ་འཕགས་པའི་ཡུལ་གྱི་སློབ་དཔོན་རྣམས་རྣམ་པ་གཉིས་སུ་འཆད་དེ། གཅིག་ནི། སེམས་ཀྱི་རང་བཞིན་འོད་གསལ་དྲི་མ་སྦྱངས་ན་སངས་རྒྱས་སུ་འགྱུར་རུང་སྟེ། རྣམ་རིག་པ་ནི། ལང་ཀར་གཤེགས་པ་ལས། དེ་བཞིན་གཤེགས་པའི་སྙིང་པོ་ཀུན་གཞིའི་རྣམ་པར་ཤེས་པ་ཞེས་འབྱུང་བ་ལ་བསམས་ནས། གཙོ་བོ་ཀུན་གཞིའི་རྣམ་ཤེས་ཀྱི་རང་བཞིན་ལ་འདོད་ཅིང་། དོན་དམ་པར་གྲུབ་པར་ཡང་འདོད་དོ། །དབུ་མ་པ་དག་ནི། སེམས་ཅན་ཐམས་ཅད་ཀྱི་རང་བཞིན་དང་ཀུན་རྫོབ་ཏུ་གྲུབ་པར་འདོད་དེ། སེམས་ཀྱི་རྡོ་རྗེ་ལ་བསྟོད་པ་ལས། རིན་ཆེན་སེམས་དེ་རྣམ་གྲོལ་ལས། །ལྷ་གཞན་བསྒྲུབ་ཏུ་ཡོད་མ་ཡིན། །སེམས་ཐོབ་པ་ནི་བྱང་ཆུབ་སྟེ། །སེམས་ནི་འགྲོ་བ་ལྔ་པོ་ཡིན། །ཞེས་སོ། །གཅིག་ནི་བདག་མེད་པ་རྣམ་པ་གཉིས་ཀྱི་མཚན་ཉིད་ཅན་གྱི་དེ་བཞིན་ཉིད་དེ། མདོ་སྡེ་རྒྱན་ལས། དེ་བཞིན་ཉིད་དེ་ཐམས་ཅད་ལ། །ཁྱད་པར་མེད་ཀྱང་དག་གྱུར་པ། །དེ་བཞིན་གཤེགས་ཉིད་དེའི་ཕྱིར། །འགྲོ་ཀུན་དེ་ཡི་སྙིང་པོ་ཅན། །ཞེས་དང་། ཆོས་ཀྱི་དབྱིངས་སུ་བསྟོད་པ་ལས། གང་ཞིག་ཀུན་ཏུ་མ་ཤེས་ན། །སྲིད་པ་ཀུན་ཏུ་རྣམ་འཁོར་ལ། །སེམས་ཅན་ཀུན་ལ་ངེས་གནས་པའི། །ཆོས་ཀྱི་དབྱིངས་ལ་ཕྱག་འཚལ་འདུད། །གང་ཞིག་འཁོར་བའི་རྒྱུར་གྱུར་པ། །དེ་ཉིད་སྦྱངས་པ་བྱས་པ་ལ། །དག་པ་དེ་ཉིད་མྱ་ངན་འདས། །ཆོས་ཀྱི་སྐུའང་དེ་ཉིད་དོ། །ཞེས་དང་། ས་བོན་གྱུར་པ་ཁམས་དེ་ཉིད། །ཆོས་རྣམས་ཀུན་གྱི་རྟེན་དུ་འདོད། །ཞེས་དང་། ཆོས་རྣམས་རང་བཞིན་མེད་པ་ཉིད། །ཆོས་ཀྱི་དབྱིངས་སུ་བསྒོམ་པར་བྱ། ཞེས་སོ། །བོད་འདིར་བསྟན་པ་སྔ་དར་དུས་ཀྱི་སློབ་དཔོན་རྣམས་ཀྱིས། འདིའི་རྣམ་བཞག་མཛད་པ་ནི་མ་མཐོང་ཞིང་། ཕྱི་དར་གྱི་དུས་སུ། གངས་ཅན་གྱི་བསྟན་པའི་སྒྲོན་མ་རྔོག་ལོ་ཙྪ་བ་བརྒྱུད་པ་བཅས་པ་རྣམས་ཀྱིས། མདོ་དང་རྒྱུད་བླ་མའི་དགོངས་པ་གཅིག་ཏུ་བསྲེས་ཏེ་བཤད་པ་ནི། དེ་བཞིན་གཤེགས་པ་ནི་དེ་ཁོ་ན་ཉིད་རྟོགས་པ་མཐར་ཕྱིན་པ་ཞིག་ཡིན་ལ། སྙིང་པོ་ནི། རྩེ་ཐོག་གི་སྙིང་པོ་མར་དང་། བདག་མེད་པ་རྣམ་པ་གཉིས་ནི་དཀྱིལ་ལམ་སྙིང་པོ་ཞེས་དང་། མར་མེའི་སྙིང་པོ་ཞེས་པ་ལྟར། རིམ་བཞིན་འབྲས་བུ། རང་བཞིན་རྒྱུ་གསུམ་ལ་འཇུག་ཅིང་། འདིར་ཡང་དེ་བཞིན་གཤེགས་པའི་ངོ་བོ་ཆོས་སྐུའི་འབྲས་བུ་འཕྲིན་ལས་དང་། རང་བཞིན་དེ་བཞིན་ཉིད་དང་། རྒྱུ་རིགས་གསུམ་པོས་སེམས་ཅན་ཐམས་ཅད་ལ་ཁྱབ་པས། དེ་བཞིན་གཤེགས་པའི་སྙིང་པོ་ཅན་དུ་གསུངས་ཤིང་། ཆོས་སྐུའི་འཕྲིན་ལས་སེམས་ཅན་ལ་ཡོད་པ་དངོས་དང་། སྙིང་པོ་བཏགས་པ་བ་ཡིན་ཞིང་། ཆོས་སྐུ་ནི་སྙིང་པོ་དངོས་དང་ཡོད་པ་བཏགས་པ་བ་དང་། གཞན་གཉིས་ནི་

གཉིས་ཀ་དངོས་ཡིན་ཏེ། རྒྱུད་བླ་མ་ལས། རྫོགས་སངས་སྐུ་ནི་འཕྲོ་ཕྱིར་དང་། །དེ་བཞིན་ཉིད་དབྱེར་མེད་ཕྱིར་དང་། །རིགས་ཡོད་ཕྱིར་ན་ལུས་ཅན་ཀུན། །རྟག་ཏུ་སངས་རྒྱས་སྙིང་པོ་ཅན། །ཞེས་གསུངས་སོ་ཞེས་འཆད་དེ། མདོ་བསྟན་བཅོས་ཀྱི་དགོངས་པ་ནི་འདི་ཁོ་ན་ཡིན་པར་མཐོང་ཞིང་། ཆོས་ཀྱི་རྗེའི་ཞལ་སྔ་ནས་ཀྱང་འདི་ཉིད་བཞེད་པ་ཡིན་ནོ། །

དུས་ཕྱིས་གངས་རིའི་ཁྲོད་འདིར། འགྲན་ཟླ་མེད་པར་གྲགས་པའི་མཁས་པ་གཉིས་ཞིག་བྱུང་བ་ལས། གཅིག་ནི་དེ་བཞིན་གཤེགས་པའི་སྙིང་པོ་དངོས་ནི་སངས་རྒྱས་ཀྱི་ཆོས་སྐུ་ཡིན་པས་དེ་སེམས་ཅན་ལ་མེད་ཅིང་། དེ་ལ་ཡོད་པར་བཤད་པའི་དེ་ནི་ཀུན་གཞིའི་རྣམ་ཤེས་སོ། །ཞེས་ལུང་གིས་ཤེས་བྱེད་དུ་མ་དང་བཅས་ཏེ་འཆད་དོ། །འདི་ཡང་མི་རིགས་ཏེ། མདོ་དང་བསྟན་བཅོས་དེ་དག་གིས་ནི་སྔར་བཤད་པའི་སྙིང་པོ་གསུམ་པོ་ཁོ་ནའི་དབང་དུ་བྱས་ནས་སེམས་ཅན་དེ་བཞིན་གཤེགས་པའི་སྙིང་པོ་ཅན་དུ་བསྟན་གྱི། ཀུན་གཞིའི་རྣམ་ཤེས་ཀྱི་དབང་དུ་བྱས་ནས་མ་གསུངས་ཤིང་། ལང་ཀར་གཤེགས་པ་ལས། དེ་བཞིན་གཤེགས་པའི་སྙིང་པོ་ཀུན་གཞིའི་རྣམ་ཤེས་ཞེས་གསུངས་པ་ཡང་། རྣམ་ཤེས་དྲུག་གི་རང་བཞིན་བདག་མེད་པ་ཙམ་ལ་དགོངས་ནས། བྱིས་པ་རྣམས་སྐྲག་པ་སྤང་བའི་ཕྱིར་གསུངས་ཀྱི། རྣམ་རིག་པ་ལྟར། རྣམ་ཤེས་དྲུག་ལས་དོན་གཞན་དུ་གྲུབ་པའི་རྫས་སུ་མི་འདོད་དེ། བྱང་ཆུབ་སེམས་འགྲེལ་ལས། རྣམ་ཤེས་བདག་མེད་ངོ་བོ་སྟེ། །ཧེན་གཞན་རྣམ་པར་ཤེས་པ་མེད། །ཞེས་དང་། འདི་དག་ཐམས་ཅད་སེམས་ཙམ་ཞེས། །ཐུབ་པས་བསྟན་པར་གང་མཛད་དེ། །བྱིས་པ་རྣམས་ཀྱིས་སྐྲག་པ་ནི། །སྤང་བའི་ཕྱིར་ནི་དེ་ཉིད་མིན། །ཞེས་སོ། །

དེས་ན་མདོ་བསྟན་བཅོས་ཀྱི་དགོངས་པ་ཡིན་ཞིང་། བཤད་སླ་བའི་དོན་དོར་ནས། དོན་མ་ཡིན་ཞིང་དཀའ་བའི་དོན་འཆད་པ་ནི། འཕེན་དུང་དུ་བཞག་ནས་མདའ་རྒྱབ་ཏུ་འཕེན་པ་དང་འདྲའོ། །གཅིག་ནི་དེ་བཞིན་གཤེགས་པའི་སྙིང་པོ་ནི་བདེན་པ་གཉིས་ལས་དོན་དམ་དང་། འདུས་བྱས་འདུས་མ་བྱས་གཉིས་ལས་ཕྱི་མ་དང་། དེ་བཞིན་དུ་རིག་པ་དང་། ཡེ་ཤེས་དང་། ཡོངས་སུ་གྲུབ་པའི་ངོ་བོ་ཉིད་ཀྱིས་བསྡུས་པ། སྟོབས་སོགས་ཡོན་ཏན་ཐམས་ཅད་དང་པོ་ནས་དབྱེར་མེད་དུ་ལྡན་པ། རང་གི་ངོ་བོ་བདེན་པར་ཡོད་པས་དེས་མི་གཏོང་ཡང་། གཞན་ཀུན་རྫོབ་ཀྱི་བདེན་པས་སྟོང་བས། གཞན་གྱི་སྟོང་པའི་སྟོང་ཉིད་དང་། ལྷག་མ་ཀུན་རྫོབ་འདུས་བྱས་ཐེམ་ཤེས་སོ། །རྣམ་ཤེས་ཀུན་བཏགས་གཞན་དབང་སོགས་ནི། བརྫུན་པ་རང་གིས་ངོ་བོས་སྟོང་ཞིང་། གཞི་རྩ་ཐམས་ཅད་དང་བྲལ་བ་ཡིན་ཏེ་འདི་ཉིད་ལ་དགོངས་ནས། བཀའ་བར་པའི་མདོ་རྣམས་ལས། ཆོས་ཐམས་ཅད་རང་གི་ངོ་བོས་སྟོང་པའི་བརྫུན་པ་སྒྱུ་མ་ལ་སོགས་པ་ལྟ་བུར་གསུངས་ཤིང་། དེ་བཞིན་

གཤེགས་པའི་སྙིང་པོའི་དབང་དུ་མཛད་ནས། བཀའ་ཐ་མའི་མདོ་རྣམས་ལས། རྟག་བརྟན་སོགས་སུ་གསུངས་ཤིང་། དེ་ཉིད་ལ་ཕ་རོལ་ཏུ་ཕྱིན་པའི་མདོ་རྣམས་ལས། སྟོང་པ་ཉིད་དེ་བཞིན་ཉིད་ཡང་དག་པའི་མཐའ་མཚན་མ་མེད་པ། དོན་དམ་པ། ཆོས་ཀྱི་དབྱིངས། ཆོས་ཀྱི་གནས། ཆོས་སྐྱོན་མེད་པ་ཞེས་སོགས་མིང་གི་རྣམ་གྲངས་དུ་མས་གསུངས་ཤིང་། རྡོ་རྗེ་ཐེག་པའི་རྒྱུད་སྡེ་ཆེན་པོ་རྣམས་སུ། འཁོར་ལོ་སྡོམ་པ། སྒྱུ་འཕྲུལ་དྲྭ་བ། གསང་བ་འདུས་པ། དུས་ཀྱི་འཁོར་ལོ་སོགས་དུ་མས་གསུངས་པ་ཡིན་ནོ་ཞེས་ཟེར་ཞིང་། འདིའི་རྗེས་འབྲང་ཡང་ཤིན་ཏུ་མང་བར་སྣང་ནའང་འདི་ནི་ཤིན་ཏུ་མི་རིགས་ཏེ། འདི་ལྟར། དེ་འདྲའི་སངས་རྒྱས་ཁམས་ཡོད་ན་ཞེས་སོགས་བཤད་པའི་གནོད་པ་འབྱུང་བའི་ཕྱིར་དང་། རྒྱུད་བླ་མ་ལས། དེ་ལྟ་མོད་ཀྱི་ས་རྟུལ་དང་། །རྒྱ་མཚོ་བ་གླང་རྨིག་རྗེས་ཀྱི། །ཁྱད་པར་གང་ཡིན་སངས་རྒྱས་དང་། །བྱང་ཆུབ་སེམས་དཔའི་ཁྱད་དེ་ཉིད། །ཞེས་དང་། དག་པའི་སེམས་ཅན་དང་ཡང་བདག །མི་མཉམ་གཟིགས་ཕྱིར་ལྟོས་མེད་ཉིད། །ཞེས་དང་། མ་འདྲེས་ཉིད་ནི་རྡུལ་ཕྲན་ཙམ་ཡང་། འཇིག་རྟེན་དག་ན་ཐུན་མོང་མ་ཡིན། ཞེས་སོགས་དག་དང་འགལ་ཏེ། སྟོབས་སོགས་ཀྱི་ཡོན་ཏན་རང་ཆས་སུ་ཡོད་ན། སངས་རྒྱས་དང་སེམས་ཅན་ཁྱད་མེད་དུ་འགྱུར་བས་སོ། །

དེས་ན་འདི་དག་གཉིས་ཀ་ཡང་། སློབ་དཔོན་སྔ་མའི་ལེགས་བཤད་ལ་ཕྲག་དོག་དང་གཟུ་བོར་མི་གནས་པ་དང་། རང་ཉིད་མཁས་པའི་ང་རྒྱལ་གྱིས་སྔ་མ་ལས་ཕུལ་དུ་ཕྱིན་པ་ཞིག་འདོད་པས་གཞན་དུ་བཤད་པས་གསུང་རབ་ཀྱི་དོན་ལས་ཕྱིན་ཅི་ལོག་ཏུ་འགྱུར་བའི་ཕྱིར། སྐྱེས་བུ་བླུན་པོ་འགའ་ཞིག་རྗེ་མོར་འགྲོ་བར་འདོད་དེ། ཡལ་ག་ཕྱི་མ་ལ་མ་ཟིན་པར་སྔ་མ་བཏང་བས། བར་མདོར་གཡང་དུ་ལྷུང་བ་དང་འདྲའོ། །འདི་དག་གི་དགག་པ་རྒྱས་པར་མདོ་སྡེ་རྣམས་དང་། དབུ་ཚད་ཀྱི་བསྟན་བཅོས་རྒྱ་གར་བ་དང་། བོད་ཀྱི་སློབ་དཔོན་མཁས་པས་བྱས་པ་རྣམས་ལྟ་བར་བྱ་ཞིང་། ཁོ་བོས་ཀྱང་བདེ་གཤེགས་སྙིང་པོ་གསལ་བའི་སྒྲོན་མ་ཞེས་བྱ་བའི་བསྟན་བཅོས་སྦྱར་ཡོད་པས་འདིར་རྒྱས་པར་མ་སྤྲོས་སོ། །

གཞན་ཡང་འདིར་ཆོས་ཉིད་བསྔོ་རྒྱུ་ཡིན་པ་རྒྱས་པར་བཀག་པ་ན། དགག་པ་བྱས་མ་ཐག་པའི་སློབ་དཔོན་གཉིས་ཀྱི། སྔ་མས་ལན་བརྗོད་པ་ནི་འདི་ལྟ་སྟེ། གང་དག་འདུས་མ་བྱས་ཀྱི་དགེ་བ་མི་འདོད་པ་ནི། ཆོས་རྣམ་པར་འཇུམས་ཤིང་གྲུབ་མཐའ་བཞི་ག་དང་མི་མཐུན་ཏེ། བྱེ་བྲག་སྨྲ་བ། མྱང་ནན་འདས་པ་དོན་དམ་པའི་དགེ་བ་དང་། མདོ་སྡེ་པ་དོན་དམ་པར་དགེ་བ་གང་ཞེ་ན། དེ་བཞིན་ཉིད་དོ་ཞེས་པ་ལྟར་དེ་དེར་འདོད་པ་དང་རྣམ་རིག་པ། དབུས་མཐར་དགེ་གཉིས་ཐོབ་པར་བྱ་བའི་ཕྱིར། ཞེས་པའི་འགྲེལ་པར། དགེ་བ་ནི་འདུས་བྱས་དང་འདུས་མ་བྱས་སོ་ཞེས་པ་ལྟར་དང་། དབུ་མ་པའང་། ངོ་བོ་ཉིད་སྐུ་དགེ་བར་འདོད་པས་སོ། །ཞེས

སོགས་མང་དུ་གསུངས་པ་རྣམས་ཀྱི་ལན་ཅུང་ཟད་བརྗོད་པར་བྱ་སྟེ། དང་པོ་ནི་འདུས་མ་བྱས་དགེ་བར་འདོད་པ་ནི། གྲུབ་མཐའ་བཞི་ཀ་དང་ཆེས་འགལ་བར་འགྱུར་ཏེ། དོན་དམ་པའི་དགེ་བ་ལ་དགེ་བས་ཁྱབ་ན། དོན་དམ་པར་སྡིག་པ་ལ་ཡང་དེས་ཁྱབ་པར་འགྱུར་ཏེ། རྒྱུ་མཚན་ཁྱད་པར་མེད་པས་སོ། །འདོད་ན། དགེ་བ་ཟག་བཅས་རྣམས་ཀྱང་སྡིག་པར་འགྱུར་ཏེ། དོན་དམ་པར་དེའི་ཕྱིར་ཏེ། ལོག་པ་མི་དགེ་ཞེས་པ་དང་། དོན་དམ་པར་མི་དགེ་བ་གང་ཞེ་ན། འཁོར་བ་ཐམས་ཅད་དོ་ཞེས་འབྱུང་བས་སོ། །འདོད་ན་ཁམས་གོང་མ་ལ་སྡིག་པ་ཡོད་པར་འགྱུར་ལ། དེ་ཡང་འདོད་ན་གཞན་རྣམས་གསུམ་མོ་མི་དགེ་ནི་འདོད་ནའོ་ཞེས་དང་། འདོད་པའི་ཁམས་ན་ནི་མི་དགེ་བའོ། །གཟུགས་དང་གཟུགས་མེད་པའི་ཁམས་ན་ལུང་དུ་མ་བསྟན་ཏོ་ཞེས། གོང་མ་གཉིས་ན་མི་དགེ་བ་མེད་པར་བཤད་པ་དང་འགལ་བ་ཡིན་ནོ། །འདི་སྐད་དུ་ཟག་བཅས་རྣམས་དོན་དམ་པར་ནི་མི་དགེ་བ་དང་རྣམ་གྲངས་ཀྱི་དགེ་བ་ཡང་ཡོད་པས་མི་འགལ་ལོ་ཟེར་ན། དོན་དམ་པར་མི་དགེ་བ་ལ་དེས་མ་ཁྱབ་ན། དོན་དམ་པར་དགེ་བ་ལ་ཡང་དེས་མ་ཁྱབ་པས། ཁོ་བོ་ཅག་གི་འདོད་པ་འགྲུབ་ལ། ཁྱབ་ན་ནི། སྔར་བརྗོད་པའི་ཉེས་པ་སོན་གནས་པའམ། ངོ་བོ་ཉིད་ཀྱི་དགེ་བ་ལ་དེས་མ་ཁྱབ་པར་འགྱུར་བས། འབྲས་བུ་བདེ་བ་སྐྱེད་པའི་དགེ་བ་དངོས་ནི་དེ་མིན་པར་འགྱུར་རོ། །

ཡང་ན་དགེ་བ་ཟག་བཅས་རྣམས་དགེ་སྡིག་གཉིས་ཀར་འདོད་དགོས་ཤིང་། འདོད་ན་དཀར་པོ་ཡིན་ཀྱང་ནག་པོ་དང་། སྡུག་བསྔལ་ཡིན་ཀྱང་བདེ་བ་ཡིན་པ་སོགས་ཕན་ཚུན་འགལ་བ་ཐམས་ཅད་གཞི་མཐུན་དུ་ཁས་ལེན་དགོས་སོ། །གཞན་ཡང་ཀུན་ལས་བཏུས་ལས་གསུངས་པ། མདོ་སྡེ་པ་དེ་ལྟར་འདོད་པའི་ཁུངས་སུ་མི་རུང་སྟེ། དེ་ནི་སེམས་ཙམ་པའི་གཞུང་ཡིན་པའི་ཕྱིར་ཏེ། དབུ་མའི་གཞུང་ནི་མིན་ཞིང་། ཀུན་གཞིའི་རྣམ་ཤེས་བཤད་པས་སོ། །མ་ཁྱབ་ན། སྡེ་གཉིས་ཀྱི་གཞུང་ལས་ཀུན་གཞིའི་རྣམ་ཤེས་བཤད་པར་འདོད་པ་ངོ་མཚར་ཆེའོ། །བྱེ་བྲག་སྨྲ་བ་འདུས་མ་བྱས་ཀྱི་དགེ་བ་དེ་མཚན་ཉིད་པར་འདོད་ཀྱང་། སྔར་བརྗོད་པའི་གནོད་པ་ཐམས་ཅད་འབྱུང་བས་མི་འཐད་ཅིང་། མདོ་སྡེ་པ་གོང་མའི་གཞུང་ལས་བཤད་པའི་དེ་བཞིན་ཉིད་འདུས་མ་བྱས་ཡིན་པའི་དགེ་བ་དང་། མྱ་ངན་འདས་དོན་དམ་གྱི་དགེ་བ་མཚན་ཉིད་པར་མི་འདོད་དེ། འདུས་མ་བྱས་ཐམས་ཅད་མོ་ཤམ་བུ་ལྟར་སྒྲོ་བཏགས་མིང་ཙམ་དུ་འདོད་པའི་ཕྱིར་དང་། འདུས་བྱས་ཀྱི་མི་རྟག་པ་དང་། ཟག་བཅས་ཀྱི་སྡུག་བསྔལ་སོགས་ལ་དེ་བཞིན་ཉིད་ཟེར་ཡང་། དེ་ལ་དགེ་མི་དགེ་ལུང་མ་བསྟན་ཐམས་ཅད་ཡོད་པས་མཐའ་གཅིག་ཏུ་དགེ་བར་མི་འདོད་དེ། ཡེ་ཤེས་སྙིང་པོ་ཀུན་ལས་བཏུས་ལས། ནམ་མཁའ་མོ་གཤམ་བུ་དང་མ་མཚུངས་ནམ་མཁའ་བཞིན་དུ་འགོག་པ་གཉིས་ཞེས་དང་། རྣམ་འགྲེལ་ལས། ཆོས་དང་ཆོས་ཅན་རྣམ

གཞག་དང་། །ཐ་དད་ཐ་དད་མིན་ཅི་འདྲ། །དེ་ཉིད་དོན་ནི་མ་བརྟགས་པར། །འཇིག་རྟེན་ཇི་ལྟར་གྲགས་དེ་ལ། །དེ་བཞིན་ཁོ་ནས་རྟེན་ནས་ནི། །བསྒྲུབ་བྱ་བསྒྲུབ་པ་ཀུན་བཞག་པ། །དམ་པའི་དོན་ལ་འཇུག་བྱའི་ཕྱིར། །མཁས་པ་རྣམས་ཀྱིས་བྱས་པ་ཡིན། །ཞེས་སོ། །

རྣམ་རིག་པ་དང་དབུ་མ་པ། དེ་བཞིན་ཉིད་ལ་དགེ་བར་གསུངས་པའི་དོན། དགོངས་པ་ཅན་དུ། ལུང་རིགས་ཀྱིས་ལེགས་པར་བཤད་བཞིན་དུ། ད་དུང་ལུང་དེ་དག་ཤེས་བྱེད་དང་གནོད་བྱེད་དུ་འདྲེན་པ་ནི། རིག་པའི་གཞུང་ལུགས་ལ་ངལ་བའི་འབྲས་བུས་རྫོགས་པ་ཡིན་ནོ། །དེ་ལས་རྩོད་པ་ཅན་གྱི་ལུང་དང་ཐེ་ཚོམ་ཟ་བའི་རྟགས་ལ་སོགས་པ་སྒྲུབ་བྱེད་དང་གནོད་བྱེད་གང་དུའང་མི་རུང་བར་བཤད་དེ། ཡང་དག་དང་ལྡན་བརྗོད་འདོད་པས། །བདག་གཞན་ཡིད་ཆེས་མཚུངས་པ་ཡི། །ཕྱིར་ན་རང་གི་ཚིག་དང་ནི། །བསྟན་བཅོས་གཅིག་ཏུ་བཤད་པ་ཡིན། །ཞེས་དང་། གང་ཞིག་གཉིས་ཀ་མ་ངེས་པའི་ཚུལ་གསུམ་དང་། མ་གྲུབ་པ་ཉིད་ལ་སོགས་པ་བརྗོད་པ་དེ་ཁོ་ན་བསྒྲུབ་པའམ་སུན་འབྱིན་པར་བྱེད་པ་ཡིན་གྱི། གང་ཡང་རུང་བ་ལ་གྲགས་པ་དང་ཐེ་ཚོམ་ཟ་བར་བརྗོད་པ་ནི་མིན་ཏེ། ཡང་བསྒྲུབ་པར་བྱེད་པ་ལ་ལྟོས་པའི་ཕྱིར་རོ་ཞེས་སོ། །

ཁྱད་པར་དབུ་མ་པས། ངོ་བོ་ཉིད་སྐྱུ་དགེ་བ་མཚན་ཉིད་པར་འདོད་ན་དེ་དོན་དམ་པར་དགེ་བར་འགྱུར་ཏེ། དོན་དམ་པའི་བདེན་པར་ཐ་སྙད་བྱས་ཤིང་། དགེ་བ་དངོས་ཡིན་པའི་ཕྱིར་རོ། །འདོད་ན་སྔར་བཤད་པའི་མདོ་རྒྱུད་བསྟན་བཅོས་ཐམས་ཅད་དང་འགལ་བ་ཡིན་ནོ། །གཞན་ཡང་དེ་ལ་དགེ་བར་བརྗོད་པའི་རྒྱུ་མཚན། རང་བཞིན་གྱིས་རྣམ་པར་དག་པ་ཙམ་ཡིན་གྱི། འབྲས་བུ་ཡིད་དུ་འོང་བ་སྐྱེས་པ་ནི་མ་ཡིན་ཏེ། རྒྱུད་བླ་ལས། དགེ་བ་རང་བཞིན་དག་ཕྱིར་དང་། །ཞེས་པ་དང་། དོན་མི་བྱེད་པའི་ཕྱིར་ཏེ། གཞན་དུ་ན་དངོས་པོ་འགྱུར་བས་སོ། །བདག་དང་གཞན་ལ་ཕན་པ་ཕུན་ཚོགས་ཆེན་པོའི་གཞིར་གྱུར་པ་ཞེས་དང་། སྐྱབས་ནི་སངས་རྒྱས་ཉག་གཅིག་ཡིན། །ཞེས་སོགས་ཀྱང་། དེ་མངོན་དུ་གྱུར་པས་སྲིད་ཞིའི་རྒྱུད་པ་ཐམས་ཅད་ཞི་བར་འགྱུར་བ་ཙམ་ལ་དགོངས་ཏེ། ནད་མེད་པ་ལ་བདེའོ་ཞེས་པ་བཞིན་ནོ། །གལ་ཏེ་རང་བཞིན་གྱིས་རྣམ་པར་དག་པས་དགེ་བ་ཡིན་ན། ཆོས་ཐམས་ཅད་ཀྱང་དེར་འགྱུར་ཏེ་དེའི་ཕྱིར། འཕགས་པ་འདའ་ཀ་ཡེ་ཤེས་ལས། ཆོས་ཐམས་ཅད་རང་བཞིན་གྱིས་རྣམ་པར་དག་པས་ན། དངོས་པོ་མེད་པའི་འདུ་ཤེས་རབ་ཏུ་བསྒོམ་པར་བྱའོ་ཞེས་སོ། །གལ་ཏེ་དོན་དམ་པར་དགེ་བ་མིན་ཡང་ཀུན་རྫོབ་ཏུ་ཡིན་ནོ་ཞེ་ན། དེ་ནི་དོན་དམ་བདེན་པར་ཁས་བླངས་ཤིང་། དོན་དམ་པར་དགེ་བ་མིན་ཡང་ཀུན་རྫོབ་ཏུ་ཡིན་ན། དགེ་བ་བརྟགས་པ་བར་ཁས་བླངས་པ་སྟེ། དེའི་ངོ་བོ་དགེ་བ་མིན་གྱི། རྣམ་པར་རྟོག་པས་དེར་བཟུང་བ་ཙམ་དུ་འགྱུར་བའི་ཕྱིར་ཏེ། བདེན་གཉིས་ལས། གང་ཞིག་གིས

སམ་གང་ཞིག་ལ། །ཡང་དག་སྒྲིབ་བྱེད་ཀུན་རྫོབ་བཞེད། །ཞེས་དང་། འཇུག་པ་ལས། གཏི་མུག་རང་བཞིན་སྒྲིབ་ཕྱིར་ཀུན་རྫོབ་སྟེ། །ཞེས་པ་ལྟར། ཀུན་རྫོབ་རྣམ་རྟོག་ཡིན་པའི་ཕྱིར། །དེ་བསྔོར་མི་རུང་ཞེས་སྨྲ་བ་དང་ནོར་བར་མངོན་ཏེ། རྡོ་རྗེ་རྒྱལ་མཚན་ལས། དེ་བཞིན་ཉིད་ཀྱི་ངང་ཚུལ་ཅི་འདྲ་དང་། དེ་བཞིན་ཉིད་ཀྱི་རང་བཞིན་ཅི་འདྲ་དང་། དེ་བཞིན་ཉིད་ཀྱི་མཚན་ཉིད་ཅི་འདྲ་དང་། དེ་འདྲར་ལས་རྣམ་པ་ཀུན་ཀྱང་ཡོངས་སུ་བསྔོ་ཞེས་སོ་ཞེས་པའང་། གསན་རྒྱ་ཆེ་ཡང་། ལེགས་པར་མ་དཔྱད་པའི་རྣམ་འགྱུར་ཏེ། དེ་བཞིན་ཉིད་ཅེས་པའི་ཚིག་རྣམས་ཀྱིས་རྣམ་པ་སྟོན་གྱི་བསྔོ་རྒྱུ་སྟོན་པ་མ་ཡིན་ཏེ། འདི་ལྟར་འཇུག་གི་ལས་རྣམས་ཡོངས་སུ་བསྔོ་ཞེས་པས་དེ་སྟོན་པའི་ཕྱིར་ཏེ། ལས་མི་དགེ་བ་དང་ལུང་མ་བསྟན་བསྔོ་བྱ་མ་ཡིན་པས་དགེ་བའི་ལས་རྣམས་ཡོངས་སུ་བསྔོ་ཞེས་པའོ། །ཇི་ལྟར་བསྔོ་ཞེ་ན། དེ་ཉིད་ཀྱི་ངང་ཚུལ་སོགས་རང་བཞིན་མེད་པར་ཡིན་པ་དེ་འདྲ་བར་ལས་རྣམས་ཀྱང་ཤེས་པར་བྱས་ནས་བསྔོ་ཞེས་པ་མདོའི་དོན་དུ་སྣང་བས་སོ། །དེས་ན་འདི་ལྟ་བུ་ནི་གཞི་མེད་དུ་འཁྲུལ་བ་ཡིན་ནོ། །ཡང་འོ་ན་ཆོས་ཉིད་འགྱུར་བ་དང་བཅས་པར་ཐལ་ཞིང་། ཁམས་གསུམ་དང་དུས་གསུམ་དུ་མ་རྟོགས་པ་བསྔོ་བྱ་མ་ཡིན་པར་བཤད་པ་དང་འགལ་ལོ་ཞེ་ན། ཆོས་ཉིད་ངོ་བོ་འགྱུར་བ་མེད་ཀྱང་དྲི་བཅས་དྲི་མེད་དུ་གནས་སྒྱུར་པ་ཡོད་པའི་ཕྱིར་རོ། །དེ་སྐད་དུ། ཀུན་ནས་ཉོན་མོངས་རྣམ་པར་དག །དེ་ནི་དྲི་བཅས་དྲི་མ་མེད། །ཅེས་སོ། །དེ་ལྟ་མ་ཡིན་ན་རང་བཞིན་དུ་གནས་པའི་རིགས་ངོ་བོ་ཉིད་སྐུར་འགྱུར་མི་སྲིད་པར་ཐལ་ལོ། །ལུང་དེ་ནི་མཚན་མར་བཟུང་སྟེ་བསྔོ་བྱ་མིན་པ་ལ་དགོངས་ཏེ། དེའི་རྗེས་ལ་གཟུགས་ནས་རྣམ་མཁྱེན་གྱི་བར་དུ་བསྒྲེས་ནས་གསུངས་པས་སོ། །ཞེས་པའང་ཉེས་པ་དང་བཅས་པ་སྟེ། འདི་ལྟར་དེ་དྲི་བཅས་དྲི་མེད་དུ་འགྱུར་ན། དྲི་བཅས་ཀྱི་རང་བཞིན་དོར་ནས་སམ་མ་དོར་བར་འགྱུར། དང་པོ་ལྟར་ན། མི་རྟག་པར་འགྱུར་ཏེ། འདུས་བྱས་མི་རྟག་པ་ལའང་མཚན་དེ་ཙམ་དུ་ཟད་དོ། །

གཉིས་པ་ལྟར་ན། དྲི་མེད་ཀྱང་དྲི་བཅས་སུ་ཐལ་ལོ། །དེས་ན་འདི་ནི། གྲངས་ཅན་པ་རྣམ་འགྱུར་རྣམས། རང་བཞིན་རྟག་ཅིང་གནས་སྐབས་མི་རྟག་ཅེས་པ་དང་ཁྱད་པར་མེད་དོ། །རང་བཞིན་དུ་གནས་པའི་རིགས་གནས་གྱུར་པ་ངོ་བོ་ཉིད་ཀྱི་སྐུ་ཞེས་པའང་ཅིར་ཡང་མ་གྲུབ་པའི་སྟོང་ཉིད་དེ། སེམས་ཅན་གྱི་རྒྱུད་དྲི་མས་དག་པ་ན་རིགས་ཞེས་དང་། དག་པ་ན་ཆོས་སྐུ་ཞེས་མིང་ཐ་དད་ཙམ་མ་གཏོགས། དེ་ལ་ནི་སྔར་ངོ་བོ་ཉིད་སྐུ་མ་ཡིན་པ། ཕྱི་དེས་གྱུར་པའམ། དྲི་བཅས་དྲི་མེད་དུ་གྱུར་པ་ཙུང་ཟད་ཀྱང་མེད་དེ། ཅིར་ཡང་མ་གྲུབ་པའི་ཕྱིར་ཏེ་ནམ་མཁའ་བཞིན་ནོ། །

ལུང་དེ་ནི་མཚན་མར་བཟུང་སྟེ། བསྔོ་བྱ་མ་ཡིན་པ་ལ་དགོངས་སོ་ཞེས་པ་འདིས་ནི། ཁོ་བོ་ཅག་གི་ཡུན་

རིང་པོ་ནས་འབད་པས་བསྒྲུབ་པར་བྱ་བའི་དོན་ཁྱོད་ཀྱིས་ཚེགས་མེད་པར་བསྒྲུབས་ཏེ། ཆོས་དབྱིངས་བསྔོ་གྱུར་བྱས་ཕྱིན་ཆད་མཚན་མར་མི་འཛིན་པའི་གནས་མེད་པའི་ཕྱིར་རོ། །དེས་ན་མ་འོངས་པ་ན་ཁྱེད་ཀྱི་འདི་ལྟ་བུ་ཟེར་འོང་བ། ཆོས་ཀྱི་རྗེའི་དུས་གསུམ་དུ་ཐོགས་པ་མེད་པའི་ཡེ་ཤེས་ཀྱིས་གཟིགས་ནས། གང་དག་དམིགས་པ་མེད་པ་ཡི། །ཆོས་ཀྱི་དབྱིངས་ལ་ཡོད་པ་ཡི། །དགེ་བ་ཡིན་ཞེས་དམིགས་བྱེད་པ། །ཞེས་སོགས་དཔེ་དང་བཅས་ཏེ་གསུངས་ནས། ལོག་རྟོག་གི་གནས་མེད་པར་བྱས་ཀྱང་ད་དུང་དེ་ལྟར་ཞེན་པ་ནི་སྣང་ཞུགས་འབའ་ཞིག་གོ། །གཞན་ཡང་བསྔོས་པས་མི་འགྱུར་ན་བསྔོ་བ་དོན་མེད་ན། བྱང་ཆུབ་སེམས་དཔས་སེམས་ཅན་གྱི་སྡུག་བསྔལ་བདག་ལ་སྨིན་པར་གྱུར་ཅིག་ཅེས་པའང་དོན་མེད་དུ་འགྱུར་རོ། །དེ་བྱང་ཆུབ་སེམས་དཔའི་ཐབས་མཁས་སོ་ཞེ་ན། དེའི་ཐབས་མཁས་ཡིན་ན། དོན་མེད་དུ་འགལ་ལོ་ཞེས་པའང་མི་རིགས་ཏེ། དེ་ནི་དེ་ལྟ་མི་འགྱུར་ཡང་བྱང་སེམས་ཀྱི་ཐབས་མཁས་པ་ཡིན་པས། དགོས་པ་ཡོད་ཅེས་ཁས་བླངས་པ་ལ། དེ་འདྲའི་འགལ་བ་སྟེབ་པར་སྣང་བས་མ་འབྲེལ་བའི་ཕྱིར་རོ། །

དགེ་སྡིག་གི་རྣམ་བཞག་བྱེ་བྲག་ཏུ་བཤད་པ་ལ། རང་ལུགས་བཤད་པ་མདོར་བསྟན། གཞན་ལུགས་དགག་པ་རྒྱས་པར་བཤད་པ་གཉིས་ལས་དང་པོ་ནི། དགེ་སྡིག་མདོའི་རྣམ་བཞག་བཤད་ཀྱིས་ཉོན་ཅིག །གདམས་བྱ་རིན་ཆེན་ཕྲེང་བ་ལས། འདོད་པའི་འདོད་ཆགས་ཞེ་སྡང་གཏི་མུག་གསུམ་པོ། དེས་བསྐྱེད་ཅིང་ཀུན་ནས་བསླང་བའི་སྒོ་གསུམ་གྱི་ལས་ནི་མི་དགེ་བ་དང་། མ་ཆགས་པ་དང་། ཞེ་སྡང་དང་། གཏི་མུག་མེད་པ་གསུམ་པོ། དེས་བསྐྱེད་པའི་ལས་ནི་དགེ་བའོ། །ཞེས་གསུངས་པའི་དགོངས་པ་ཤེས་ནས། མཁས་པ་རྣམས་ཀྱིས་དཔྱད་པར་བྱ་སྟེ། དཔྱད་པ་ན། འདོད་པའི་ཡང་འཇིག་ཚོགས་དང་། མཐར་འཛིན་ལྟ་བ་མཚུངས་ལྡན་དང་བཅས་པ་དང་། དེ་དག་གིས་ཀུན་ནས་བསླངས་པ་དང་། ཁམས་གོང་མའི་ཉོན་མོངས་པ་མཚུངས་ལྡན་དང་བཅས་པ་དང་། དེས་ཀུན་ནས་བསླངས་པ་དང་བཅས་པ་དང་། ཁམས་གསུམ་པའི་རྣམ་སྨིན་སྐྱེས་སྤྱོད་ལམ་པ་གཟོ་གནས་པ། སྤྲུལ་པའི་སེམས་མཚུངས་ལྡན་དང་བཅས་པ་དང་། སྣོད་ཀྱི་འཇིག་རྟེན་དང་སོ་སོར་བརྟག་འགོག་ལས་གཞན་པའི་འདུས་མ་བྱས་གཉིས་དང་། མིག་སོགས་དབང་པོ་ལྔ་དང་དེ་དག་དང་ལྡན་ཅིག་པའི་འབྱུང་བ་འབྱུང་འགྱུར་དང་བཅས་པ་ལུང་མ་བསྟན་དུ་མཛོད་ལས་བཤད་ཅིང་། དེའི་ནང་ནས་གོང་དུ་བཤད་པའི་ལས་གཉིས་པོ་ལས་གཞན་པའི་ལས་རྣམས་ནི། ལུང་མ་བསྟན་དུ་མི་བཞེད་པ་ཡིན་ཏེ། ཚག་ལོའི་དྲིས་ལན་ལས། འཁོར་བ་ལ་དོན་དམ་པའི་སྡིག་པར་བཏགས་པའི་དགོངས་གཞི་ནི། ཉེར་ལེན་གྱི་ཕུང་པོ་ལྔ་སྡུག་བསྔལ་གྱི་གཞི་ཡིན་པ་ལ་དགོངས། དགོས་པ་འཁོར་བ་ལ་སྐྱོ་བ་བསྐྱེད་པ། དངོས་ལ་གནོད་བྱེད་ཀྱི་ཚད་

མ་ནི། འཁོར་བ་ཐམས་ཅད་སྡིག་པ་ཡིན་ན་བདེ་འགྲོའི་ལས་ཀྱང་སྡིག་པར་འགྱུར་ལ། དེ་ལྟ་ན་མངོན་མཐོ་ངེས་ལེགས་མི་སྲིད་པར་འགྱུར་རོ། །ཞེས་དང་། ནམ་མཁའ་དང་སོ་སོར་བརྟགས་མིན་གྱི་འགོག་པ་ལ་ལུང་མ་བསྟན་དུ་འཆད་པའི་དགོངས་གཞི་ནི། བདེ་འགྲོ་དང་ངན་འགྲོ་གཉིས་ཀའི་རྒྱུ་མ་ཡིན་པ་ལ་དགོངས་ཏེ། དགོས་པ་ནི་འབྲས་བུ་མེད་པའི་བླང་དོར་ལ་མི་འཇུག་པའི་ཆེད་དང་། དངོས་ལ་གནོད་བྱེད་ཀྱི་ཚད་མ་ནི་ལུང་དུ་མ་བསྟན་པ་མཚན་ཉིད་ཡིན་ན། སྒོ་གསུམ་གྱིས་བསྐྱེད་པའི་ཆ་རྣ་ཐལ་ཏེ། མདོ་ལས་དགེ་སྡིག་ལུང་མ་བསྟན་གསུམ་ཀ་སྒོ་གསུམ་གྱིས་བསྐྱེད་པའི་ལས་སུ་གསུངས་པའི་ཕྱིར་རོ་ཞེས་པས་སོ། །འདི་དེང་སང་གི་བོད་ཕལ་ཆེ་བའི་བློ་དང་མི་མཐུན་ཡང་། རིགས་པས་དཔྱད་ན་འཐད་པར་མཐོང་སྟེ། བསྟན་བཅོས་འདིར་ནི་རྣལ་འབྱོར་སྤྱོད་པའི་དབུ་མ་ཞལ་གྱིས་བཞེད་པ་ཡིན་ཏེ། དེ་ལ་འཇིག་རྟེན་མཐུན་འཇུག་ལ། །དགོངས་ནས་ཕྱི་རོལ་དོན་དུ་གསུངས། །ཐ་སྙད་སྤྱོད་པའི་རིགས་པ་ལ། །དགོངས་ནས་ཆོས་རྣམས་སེམས་སུ་གསུངས། །དམ་པའི་དོན་ལ་དགོངས་ནས་ནི། །ཆོས་ཀུན་སྤྲོས་པ་བྲལ་ཞེས་བཤད། །ཞེས་འཆད་པར་འགྱུར་རོ། །དེའི་ལུགས་ལ་སེམས་བྱུང་རྫས་གཅིག་དང་ཐ་དད་དུ་འདོད་པ་གཉིས་ལས། མངོན་པ་གོང་མར་རྫས་ཐ་དད་དུ་བཤད་ཀྱང་སྒྲུབ་བྱེད་མེད་ཅིང་གནོད་བྱེད་དང་བཅས་པ་ཡིན་ཏེ། རེ་ཞིག་མངོན་སུམ་གྱིས་ནི་མི་འགྲུབ་སྟེ། རྫས་གཅིག་པའི་ལོག་རྟོག་མི་སྲིད་པར་ཐལ་བའི་ཕྱིར་རོ། །རྗེས་དཔག་གིས་ཀྱང་མ་ཡིན་ཏེ། རྟགས་མེད་པའི་ཕྱིར་ཏེ། བསྒྲུབ་བྱ་དང་མཚུངས་པས་རང་བཞིན་གྱི་རྟགས་མེད་ཅིང་། དེ་ལ་མི་འཁྲུལ་བའི་འབྲས་བུ་ཡང་མེད་པས་འབྲས་རྟགས་ཀྱང་མེད་དོ། །ཆོས་བསྒྲུབ་པ་ཡིན་པས་མ་དམིགས་པས་ཀྱང་མ་ཡིན་ནོ། །གཞན་ཡང་འདི་རྟགས་ཀྱིས་བསྒྲུབ་ན། རང་བློ་རྟགས་ཀྱིས་བསྒྲུབ་པ་དང་ཁྱད་པར་མེད་དོ། །ལུང་གིས་ཀྱང་མ་ཡིན་ཏེ། དེ་ལྟར་སྟོན་པའི་ལུང་ལ་གནོད་པ་དམིགས་པའི་ཕྱིར་རོ། །གནོད་བྱེད་ཀྱང་ཡོད་དེ། སེམས་ཅན་ནི་རྣམ་པར་རིག་པ་དང་། ཚོར་བ་ནི་མྱོང་བ་ཡིན་པས་དེ་གཉིས་ལས་གཞན་ཡིན་ན། བེམ་པོར་གྱུར་པས་སོ། །དེ་ལས་བཟློག་པར་ནི་མངོན་སུམ་གྱིས་འགྲུབ་པ་ཡིན་ཏེ། ཡུལ་སོ་སོ་རིགས་པ་དང་། མྱོང་བ་ནི་རྣམ་པ་ཐམས་ཅད་དུ་དབྱེར་མེད་དུ་མྱོང་ཞིང་། རྒྱུ་རྐྱེན་ཁྱད་པར་མེད་པའི་ཕྱིར་ཏེ། རྣམ་འགྲེལ་ལས། མྱོང་བྱ་ཉིད་ཕྱིར་སེམས་ཡིན་ནོ་ཞེས་དང་། རྣམ་ཤེས་རྒྱུ་ལས་གཞན་མིན་སྐྱེས། །བདེ་སོགས་དེ་ཅིས་ཤེས་མ་ཡིན། །ཞེས་སོ། །དེས་ན་འདིར་དངོས་པོ་ཡིན་ན་སེམས་ཡིན་ཏེ། ཀྱེ་རྒྱལ་བའི་སྲས་དག །ཁམས་གསུམ་པོ་འདི་དག་ནི་སེམས་ཙམ་མོ་ཞེས་སོ། ། སེམས་ཅན་ཐམས་ཅད་ཀྱང་སེམས་དཔའ་དང་བཅས་པ་ཡིན་ཞིང་དེ་གཉིས་ཀྱང་ངོ་བོ་གཅིག་པ་ཡིན་ལ། སེམས་པ་ཡང་ལས་ཡིན་པ་དང་འདུས་མ་བྱས་རྣམས་ཀྱང་རྒྱས་པར་བཤད་ཟིན་ཞིང་། དགེ་སྡིག་མིན་པ་ཙམ་

གྱིས་ལུང་མ་བསྟན་ཡིན་ན། རི་བོང་རྭ་དང་མོ་གཤམ་བུ་ཡང་དེར་འགྱུར་ཞིང་། འདོད་ན་དགེ་སྡིག་གི་ཐ་ལ་བགྲང་བྱར་འགྱུར་བས་གཞི་གྲུབ་པར་འགྱུར་རོ། །

དེ་ལ་ཉན་ཐོས་ཀྱི། དགེ་བ་ཕལ་ཆེར་ཡང་བྱང་ཆུབ་སེམས་དཔའི་སྡིག་པར་འགྱུར་ཏེ། ཐེག་དམན་སེམས་བསྐྱེད་ཀྱི་ཀུན་ནས་བསླངས་པའི་ཕྱིར་རོ། །བྱང་ཆུབ་སེམས་དཔའི་དགེ་བ་སྙིང་རྗེས་གསད་པ་ལྟ་བུ་ཡང་། ཉན་ཐོས་ཀྱི་སྡིག་ཏུ་འགྱུར་ཏེ། སྲོག་བཅད་པ་ཡིན་པའི་ཕྱིར་ཞེས་གསུངས་ཏེ། དཔེར་ན་བསྐལ་བ་དུ་མར་དགེ་བ་སྤྱད་ཀྱང་། ཉན་ཐོས་ཀྱི་ས་རུ་སེམས་བསྐྱེད་པ། བྱང་ཆུབ་སེམས་དཔའི་སྡིག་པ་ལྕི་བ་ཡིན་ཏེ། སྡུད་པ་ལས། གལ་ཏེ་བསྐལ་པ་བྱེ་བར་དགེ་བའི་ལས་ལམ་བཅུ། །སྤྱོད་ཀྱང་རང་རྒྱལ་དགྲ་བཅོམ་ཉིད་ལ་འདོད་བསྐྱེད་ན། །དེ་ཚེ་ཚུལ་ཁྲིམས་སྐྱོན་བྱུང་ཚུལ་ཁྲིམས་ཉམས་པ་ཡིན། །སེམས་བསྐྱེད་དེ་ནི་ཕམ་ཕམ་པས་ཀྱང་ཤིན་ཏུ་ལྕི། །ཞེས་སོ། །སེམས་དཔའ་དེས་དེ་ལྟར་བྱེད་པ་ནི། ཉན་ཐོས་ཀྱི་དགེ་བ་ཆེན་པོ་ཡིན་នོ། །འདོད་པ་ནི་མདོ་ལས། འཇིག་རྟེན་སྣ་ཚོགས་གང་དེ་འདོད་མིན་གྱི། །སྐྱེས་བུའི་ཀུན་རྟོགས་འདོད་ལགས་འདོད་པ་ཡིན། །ཞེས་པ་ལྟར། གཟུགས་སོགས་ལ་ཞེན་པའི་རྣམ་རྟོག་འདོད་ཁམས་ཀྱིས་བསྡུས་པ་ཡིན་ལ། དེའི་ཡུལ་ཡིན་པས། ཡུལ་ཅན་གྱི་མིང་གིས་བཏགས་ཤིང་རྟེན་པར་བྱ་བས། ཡོན་ཏན་གཟུགས་སྒྲ་སོགས་ལྔ་པོ་སྤྱོད་ཀྱང་། སེམས་ཅན་སྨིན་པའི་ཐབས་ལ་མཁས་ཤིང་། ཀུན་སློང་བྱང་ཆུབ་སེམས་དང་ལྡན་ན། རྒྱལ་བ་རྣམས་ཀྱི་ཐུགས་དང་རིགས་ལས་འཁྲུངས་ཤིང་གདུང་འཚོབ་པའི་སྲས་བྱང་ཆུབ་སེམས་དཔའ་རྣམས་ཀྱིས་དགེ་བ་ཆེན་པོར་འགྱུར་རོ། །སེམས་ཅན་སྨིན་པའི་ཐབས་ཡིན་པའི་ཕྱིར་ཏེ། བྲམ་ཟེའི་ཁྱེའུ་སྐར་མས་སྙིང་རྗེས་བསླབ་པ་ཕུལ་ཏེ། ཚོང་དཔོན་གྱི་བུ་མོ་དང་ལྷན་ཅིག་ལོ་བཅུ་གཉིས་ཁྱིམ་ན་གནས་པས། བསྐལ་པ་ཁྲིའི་འཁོར་བ་ཕྱིར་བསྐྱིལ་བ་ལྟ་བུའོ། །དེ་ནི་ཉན་ཐོས་རྣམས་ཀྱི་སྡིག་པ་ཡིན་ཏེ། འདོད་པའི་འདོད་ཆགས་སྤྱད་པའི་ཕྱིར་དང་དེ་ཡང་མི་དགེ་བ་ཡིན་པའི་ཕྱིར་ཏེ། མཛོད་དུ། འདོད་ན་འཇིག་ཚོགས་ལྟ་བ་དང་། མཐར་འཛིན་ལྷན་ཅིག་མ་རིག་པའང་ཞེས། དེ་གསུམ་མ་རྟོགས་དེའི་ཉོན་མོངས་ཐམས་ཅད་མི་དགེ་བར་གསུངས་པས་སོ། །གཞན་གྱི་དོན་གྱི་སེམས་བརྟན་པོས་ཀུན་ནས་བསླངས་པའི་སྤྱང་བྱས་གཉེན་པོ་ཕམ་པར་བྱས་པ། མི་ཚངས་སྤྱོད་སོགས་བཞི་པོ་སྤྱད་ན་ཡང་། བྱང་ཆུབ་སེམས་དཔའི་དགེ་བ་སྟེ། རྒྱ་མཚན་སྔར་བཞིན་ནོ། །དེ་ནི་ཉན་ཐོས་རྣམས་ཀྱི་སྡིག་པར་གསུངས་སོ། །ལས་དང་ཉོན་མོངས་པའི་དབང་གིས། ཟོ་ཆུན་གྱི་ཁྱུད་མོ་ལྟར་འཁོར་བས། འཁོར་བའི་འགྲོ་བའམ་སྲིད་པ་ལ་ཆགས་པ་ནི། གཞན་གྱི་དོན་ཡིན་ཡང་ཉན་ཐོས་ཀྱི་སྡིག་པ་སྟེ་སྤང་བྱ་ཡིན་ཏེ་དེ་ནི་ཐར་པ་ཁོ་ན་དོན་དུ་གཉེར་ཞིང་། ཐབས་མི་མཁས་པས་ཆགས་པ་སྐད་ཅིག་གིས་ཀྱང་སྲིད་པར་འཆིང་བས་སོ། །

དེ་ཉིད་རྒྱལ་སྲས་རྣམས་ཀྱི་དགེ་བ་ཡིན་པར་ཤེས་པར་བྱ་སྟེ། གཞན་དོན་གྱི་ཐབས་ཡིན་ཞིང་ཤེས་རབ་ཀྱིས་ཉོན་མོངས་ཟིལ་གྱིས་གནོན་པའི་ཕྱིར་ཏེ། ཐེག་བསྡུས་ལས། ཐབས་ཆེན་དག་དང་ལྡན་པ་ལ། །ཉོན་མོངས་བྱང་ཆུབ་ཡན་ལག་འགྱུར། །འཁོར་བའང་ཞི་བའི་བདག་ཉིད་པས། །དེ་ཕྱིར་རྒྱལ་སྲས་བསམ་མི་ཁྱབ། །ཞེས་པ་དང་། མདོ་ལས། ཇི་ལྟར་གྲོང་ཁྱེར་སྐྱེ་བོའི་མི་གཙང་ལུད། །དེ་ནི་བུ་རམ་ཤིང་གི་ཞིང་ལ་ཕན། །དེ་བཞིན་བྱང་ཆུབ་སེམས་དཔའི་ཉོན་མོངས་ལུད། །དེ་ནི་སངས་རྒྱས་ཆོས་རྣམས་བསྐྱེད་ལ་ཕན། །ཞེས་སོ། །

དོན་དེ་དག་ལ་དགོངས་ཏེ། ཉེ་བར་འཁོར། ཉན་ཐོས་ཀྱི་ཐེག་པ་རྣམས་ཀྱི་སྤྱོར་བ་ཡང་གཞན། ལྷག་པའི་བསམ་པ་ཡང་གཞན་ལ་ཐེག་པ་ཆེན་པོ་ལ་ཞུགས་པའི་བྱང་ཆུབ་སེམས་དཔའ་རྣམས་ཀྱི་སྦྱོར་བ་ཡང་གཞན་ལྷག་པའི་བསམ་པ་ཡང་གཞན་ཡིན་པའི་ཕྱིར་རོ། །ཉེ་བར་འཁོར། དེ་ལ་ཉན་ཐོས་ཀྱི་ཐེག་པའི་ཚུལ་ཁྲིམས་ཡོངས་སུ་དག་པ་གང་ཡིན་པ་དེ་ནི། ཐེག་པ་ཆེན་པོ་ལ་ཡང་དག་པར་མ་ཞུགས་པའི་ཚུལ་ཁྲིམས་ཡོངས་སུ་མ་དག་པ་ཉིད་དང་། ཤིན་ཏུ་འཆལ་བའི་ཚུལ་ཁྲིམས་ཉིད་ཡིན་ལ། ཐེག་པ་ཆེན་པོ་ལ་ཡང་དག་པར་ཞུགས་པའི་བྱང་ཆུབ་སེམས་དཔའི་ཚུལ་ཁྲིམས་ཡོངས་སུ་དག་པ་ཉིད་གང་ཡིན་པ་དེ་ནི། ཉན་ཐོས་ཀྱི་ཐེག་པའི་ཚུལ་ཁྲིམས་ཡོངས་སུ་མ་དག་པ་ཉིད་ཤིན་ཏུ་འཆལ་བའི་ཚུལ་ཁྲིམས་ཉིད་ཡིན་ཏེ། དེ་ཅིའི་ཕྱིར་ཞེ་ན། ཉེ་བར་འཁོར་འདི་ལ་ཉན་ཐོས་ཀྱི་ཐེག་པ་པ་ནི། དེ་སྐད་ཅིག་ཙམ་ཡང་སྲིད་པར་སྐྱེ་བ་ལེན་པར་མི་བྱེད་དོ། །དེ་ནི་ཉན་ཐོས་ཀྱི་ཐེག་པའི་ཚུལ་ཁྲིམས་དག་པ་ཉིད་ཡིན་ལ། དེ་ནི་ཐེག་པ་ཆེན་པོ་ལ་ཡང་དག་པར་ཞུགས་པའི་བྱང་ཆུབ་སེམས་དཔའི་ཚུལ་ཁྲིམས་མ་དག་པ་ཉིད་ཡིན་པའི་ཕྱིར་རོ། །ཉེ་བར་འཁོར། ཐེག་པ་ཆེན་པོ་ལ་ཡང་དག་པར་ཞུགས་པའི་བྱང་ཆུབ་སེམས་དཔའི་ཚུལ་ཁྲིམས་ཡོངས་སུ་དག་པ་གང་ཡིན་པ་དེ་ནི། ཉན་ཐོས་ཀྱི་ཐེག་པ་པའི་ཚུལ་ཁྲིམས་ཡོངས་སུ་མ་དག་པ་ཉིད་དང་ཤིན་ཏུ་འཆལ་བའི་ཚུལ་ཁྲིམས་ཉིད་གང་ཞེ་ན། ཉེ་བ་འཁོར། འདི་ལ་ཐེག་པ་ཆེན་པོ་ལ་ཡང་དག་པར་ཞུགས་པའི་བྱང་ཆུབ་སེམས་དཔས། བསྐལ་པ་ཚད་མེད་གྲངས་མེད་པར་སྲིད་པར་སྐྱེ་བ་ལེན་ཀྱང་སེམས་ཡོངས་སུ་མི་སྐྱོ་ཞིང་ཡིད་མི་ཞུམ་པ་དེ་ནི། ཐེག་པ་ཆེན་པོ་ལ་ཡང་དག་པར་ཞུགས་པའི་བྱང་ཆུབ་སེམས་དཔའི་ཚུལ་ཁྲིམས་ཡོངས་སུ་དག་པ་ཉིད་གང་ཡིན་པ་དེ་ནི། ཉན་ཐོས་ཀྱི་ཐེག་པའི་ཚུལ་ཁྲིམས་ཡོངས་སུ་མ་དག་པ་ཉིད། ཤིན་ཏུ་འཆལ་བའི་ཚུལ་ཁྲིམས་ཉིད་ཡིན་ནོ་ཞེས་མདོ་དང་ཉེ་བ་འཁོར་གྱིས་ཞུས་པའི་མདོར། ཉན་ཐོས་དང་ནི་ཐེག་ཆེན་གཉིས། གཞི་དང་བསམ་སྦྱོར་འགལ་བར་གསུངས། ཞེས་ཚིག་ལོའི་དྲིས་ལན་ལས་གསུངས་སོ། །གཉིས་པ་ལ་དཀར་ནག་ཟང་ཐལ་དགག །ཡེ་བཀག་ཡེ་གནང་དགག་པའོ། །

དང་པོ་ནི། བོད་འདི་ན་ཐེག་ཆེན་པར་ཁས་ལེན་པའི་ཉན་ཐོས་ཀྱི་རིགས་ཅན་ཁ་ཅིག །དཀར་ནག་ཟང་ཐལ་

ཞེས་བྱ་ནི། བྱམས་དང་སྙིང་རྗེ་ངེས་ཀུན་ནས་བསླངས་པའི་སྦྱིན་སོགས་ཐམས་ཅད་དུ་དགེ་བས་དཀར་པོ་ཟང་ཐལ་དང་། སྲོག་གཅོད་སོགས་སྙིང་རྗེས་བྱས་ཀྱང་མི་དགེ་བས་ནག་པོ་ཟང་ཐལ་ལོ་ཞེས་བྱ་བའི་ཆོས་སྐད་ངོ་མཚར་ཆེ་བ་ནི་བརྗོད་ཚིག་གོ། །དེའི་རྒྱུ་མཚན། དེད་དཔོན་སྙིང་རྗེ་ཆེན་པོས་ལུང་ལས་དེད་དཔོན་གཉིས་ཀྱི་གྲུ་བཤམས་ནས་རྒྱ་མཚོར་ཞུགས་ཚེ་གཅིག་གིས་གྲུ་ནུབ་པས་ཅིག་ཤོས་ཀྱི་གྲུར་ཞུགས་པ་ན་བསམ་པ་མཉམ་དུ་ཆས་པ་ལ་ཁྲོ་འཁྱེར་བ་ཕྱུན་སུམ་ཚོགས། བདག་དབུལ་ལོ་སྙམ་ནས་གྲུ་འབིགས་པར་བརྩམས་པ་ན། དེད་དཔོན་གཅིག་ཤོས་ཀྱི་ཤེས་ནས་མདུང་བསྣུན་ནས་བསད་པའི་རྣམ་སྨིན་ཡིན་པར་བཤད། ལུང་དུ་བུ་མོ་མཛེས་མས་སྐུར་བ་བཏབ་ཅེས་དང་། རྩ་མིའི་སྐུར་པ་བཏབ་ཅེས་པ་གཉིས་ཀ་འབྱུང་ངོ། ། ཚོང་པ་གཡོན་ཅན་གྱིས་སྐལ་བཟང་གི་བྱང་སེམས་ཡིན་པའི་ཚོང་པ་ལྔ་བརྒྱ་གསོད་པར་ཤེས་ཏེ། སྙིང་རྗེས་དེ་ཉིད་གསད་པ་ཡིས། ལས་ཀྱིས་དམྱལ་བར་སྐྱེས་ཤིང་རྫོགས་པའི་སངས་རྒྱས་སུ་གྱུར་པ་ན་འང་ཞབས་ལ་སེང་ལྡེང་གི་ཚལ་པ་ཟུག་པ་དང་། བྲམ་ཟེའི་ཁྱེའུ། ལུང་ལས་བླ་མ་དང་མདོ་ལས་འོད་ཟེར་ཕྲེང་ཞེས་པ་དེ་རྫ་མཁན། ལུང་ལས་དགའ་སྐྱོང་དང་མདོ་ལས་བུམ་བྱེད་ཞེས་འབྱུང་བས། སངས་རྒྱས་འོད་སྲུངས་ཀྱི་དྲུང་དུ་འཕྲིད་པ་ན། དགེ་སྦྱོང་མགོ་རེག་ལ་བྱང་ཆུབ་ག་ལ་ཡོད་ཅེས་བརྗོད་པས། སྲིད་པ་ཐ་མར་ཡང་། ནཻ་རཉྫནའི་དྲུང་དུ་ལོ་དྲུག་དཀའ་བ་སྤྱད་པ་དང་། བྲམ་ཟེའི་སློབ་དཔོན་གྱིས་སངས་རྒྱས་རྣམ་གཟིགས་འཁོར་བཅས་ལ། འདི་དག་ནི་རྟ་ཆས་རུལ་པ་ཟ་བར་འོས་པའོ་ཞེས་བརྗོད་པས། ཡུལ་དགྲ་མཐའ་འམ་ཉོན་མོངས་མེད་ཀྱི་ལྗོངས་སུ། དགེ་སློང་ལྔ་བརྒྱ་གཉིས་ཀྱིས་མ་ཚང་བ་དང་ལྷན་ཅིག་ཟླ་བ་གསུམ། རྟ་ཆས་རུལ་པ་གསོལ་བ་དང་། དྲང་སྲོང་ཞིག་གིས་དྲང་སྲོང་གཞན་ཞིག་ལ། འདི་འདོད་པ་སྤྱོད་པའོ་ཞེས་སྐུར་བ་བཏབ་པ་དང་། གཡོན་ཅན་བདེ་མའི་རྩ་ལག་ཅེས་པས་སྐད་འཚོང་མ་བཟང་མོ་གསད་ནས། རལ་གྲི་ཁྲག་ཅན་དགེ་སློང་ཞིག་གི་སྤྱིལ་པོའི་དྲུང་དུ་བོར་བ་དང་། དགེ་སློང་ཟླ་ར་ཟླ་ཛ་ཞེས་པས་གནས་མཆོག་ཅེས་པ། རང་གི་ཟོའོ་ཡིན་པའི་དགྲ་བཅོམ་པ་ལ་འཕྲིག་པས་སྐུར་པ་བཏབ་པས། བྲམ་ཟེའི་བུ་མོ་རྩ་མི་ཞེས་པས་འཕྲིག་པས་སྐུར་པ་བཏབ་པ་དང་། རང་སྲོང་ཞིག་གིས་དྲང་སྲོང་གཞན་ཞིག་གི་འཁོར་རྣམས་དང་དབྱེན་བྱས་པས་ལྷས་བྱིན་གྱིས་དགེ་འདུན་གྱི་དབྱེན་བྱེད་པའི། རྒྱུར་གྱུར་པ་དང་སོགས་པས། བྲམ་ཟེ་ཞིག་གིས་རང་སངས་རྒྱས་ཀྱི་བསོད་སྙོམས་ས་ལ་འཕོ་ཞིང་རྫོག་པས་བརྗིས་པས། སྣ་ལའི་གྲོང་དུ་བདུད་སྡིག་ཅན་གྱིས་བྲམ་ཟེ་དང་ཁྱིམ་བདག་རྣམས་ཀྱི་སེམས་བསྒྱུར་ནས། འཁོར་དང་བཅས་པས་བསོད་སྙོམས་མ་རྙེད་པ་དང་། སྔོན་སྟོན་པ་འདི་སྨན་པར་གྱུར་ཚེ། སྨན་པ་ཞིག་གིས་མི་ཞིག་ལན་གསུམ་དུ་ནད་སོས་ཀྱང་རྔན་པ་མ་བྱིན་པས་ཁྲོས་ནས། ནང་ཁྲོལ་རྣམས་ལྷུང་བར་བྱས་པས། འདིར་འཁྲུལ་བའི་སྨན་གྱིས་ཐེབས་པ་དང་། འདི་ཉ་པའི་ཁྱེའུར་གྱུར་ཚེ། ཉ་པའི་ཁྱེའུ་ཞིག་གིས་ཉ་ཆེན་པོ་གཉིས་ཀྱི་ཤ

འབྲེག་པ་ན་སྙད་དན་འདོན་པ་ལ་གད་མོ་བགད་པས། འདིར་འཕགས་སྐྱེས་པོས་ཤཱཀྱ་རྣམས་གསད་པ་ན་དབུ་ཤིན་ཏུ་སྟོང་བ་དང་། གྲུད་ཞིག་གིས་གྲུད་གཞན་ཞིག་ས་ལ་བརྡབས་ཏེ་སྙིང་པ་བཅག་པས་རོ་རྒྱབ་སྟོང་བ་དང་། ཁྱིམ་བདག་ཞིག་གིས་རང་གི་ནུ་བོ་རྗེ་བས་བསྣུན་ཏེ་བསད་པས། ལྷས་བྱིན་གྱིས་སྒྲོགས་འཕངས་ཏེ་ཞབས་ལ་སྐུ་མཚལ་ཕྱུང་བ་ལ་སོགས། ཐུབ་པ་ཉིད་ཀྱི། སྐུ་ཚེ་སྔ་མའི་ལས་ངན་དེ་དག་གི་རྣམ་སྨིན་གྱི་འབྲས་བུས་དམྱལ་བར་སྨིན་ཞིང་། རྒྱ་མཐུན་གྱི་འབྲས་བུས་ཚེ་རབས་ལྔ་བརྒྱའི་བར་དུ། སེང་ལྡེང་གི་ཚལ་པ་ཟུག་པ་སོགས་ཀྱི་ལྷག་མ་སངས་རྒྱས་པ་ན་ཡང་དེ་ལྟར་གྱུར་པར་གསུངས་པའི་ཕྱིར་རོ། །ཞེས་གྲགས་ཏེ། དེ་ནི་བསྒྲུབ་བྱེད་མེད་ཅིང་གནོད་བྱེད་དང་བཅས་པས་མི་རིགས་སོ། །ལུང་གིས་གྲུབ་པ་མ་ཡིན་ནམ་ཞེ་ན། དེ་སྐད་ཟེར་བ་དེ་དག་གིས་ནི། དྲང་དོན་གྱི་ལུང་ལ་ངེས་པའི་དོན་དུ་འཁྲུལ་བར་ཟད་པས་དེ་བསྒྲུབ་བྱེད་དུ་མི་རུང་ངོ་། །དེ་དྲང་དོན་ཡིན་ན། དེའི་དགོས་པ་སོགས་གང་ཡིན་ཞེ་ན། དེས་འདུལ་བའི་སྐྱེ་བོ་ནི་ཐུབ་པ་ལ་ཡང་ལས་ངན་སྨིན་པར་བསྟན་ན། སྡིག་པ་ལས་ལྡོག་ཅིང་། གཞན་དུ་མི་ལྡོག་པ་དེ་དག་དེ་ལས་བཟློག་པའི་ཕྱིར། དགོངས་གཞི་གདུལ་བྱ་སྐལ་བ་ཅུང་ཟད་ཡོད་ཀྱང་བློ་དམན་པ་དག་ལ་དེ་ལྟ་བུར་སྣང་བ་ལ་དགོངས་པའི་དབང་གིས་གསུངས་པ་སྟེ། དངོས་ལ་གནོད་བྱེད་ནི། གསང་ཆེན་ཐབས་ལ་མཁས་པའི་མདོ་སྡེ་ལྟོས་ཤིག །མདོ་དེ་ཉིད་ངེས་པའི་དོན་གྱི་མདོ་སྡེ་ཡིན་ཞིང་། འདུལ་བ་ལུང་དྲང་བའི་དོན་ཡིན་ལ། བཅོམ་ལྡན་འདས་ཉིད་ཀྱིས། དྲང་བའི་དོན་ལ་ཡིད་མ་རྟོན། ངེས་པའི་དོན་ལ་རྟོན། རྣམ་ཤེས་ལ་མི་རྟོན་ཡེ་ཤེས་ལ་རྟོན། གང་ཟག་ལ་མི་རྟོན་ཆོས་ལ་རྟོན། ཚིག་ལ་མི་རྟོན་དོན་ལ་རྟོན་ཞེས་རྟོན་པ་བཞི་གསུངས་སོ། །

འདིར་རྟོན་པ་ནི་ཡིད་ཆེས་པར་བྱེད་པ་ཡིན་ལ། རྣམ་ཤེས་ནི་འཇིག་རྟེན་པའི་བློ་དང་། ཡེ་ཤེས་ནི་འཇིག་རྟེན་ལས་འདས་པའི་བློ། ཆོས་ནི་གསུང་རབ་བོ། །ཚིག་ནི་སྒྲ་ཇི་བཞིན་པའོ། །དོན་ནི་ལུང་གི་དགོངས་པ་རིག་པས་གྲུབ་པའོ། །དེ་དག་ལས་ཕྱིར་སྟེར་བཤད་པ་ལྟར། སྡིག་པ་ལས་བཟློག་པའི་ཕྱིར། ཐུབ་པ་ལ་ལས་ངན་སྨིན་པར་བསྟན་ཏེ། འོན་ཀྱང་སེམས་ཅན་གང་དག་ལས་ཀྱི་རྣམ་པར་སྨིན་པ་ཆུད་གསོན་ཅིང་། ལས་ཀྱི་རྣམ་པར་སྨིན་ལ་མ་དད་པའི་སེམས་ཅན་དེ་དག་ལ། ལས་ཀྱི་རྣམ་པར་སྨིན་པ་ཀུན་ཏུ་བསྟན་པར་བྱ་བའི་ཕྱིར། དེ་བཞིན་གཤེགས་པ་ལ་ལས་ཀྱི་རྒྱུད་ཀུན་ཏུ་སྟོན་པར་ཡང་མཛད་དེ། ཆོས་ཀྱི་བདག་པོ་ང་ལ་ཡང་ལས་རྣམ་པར་སྨིན་པར་གྱུར་ན། ཁྱེད་ཅག་ལ་ལྟ་ཅིའི་ཕྱིར་ལས་རྣམ་པར་སྨིན་པར་མི་འགྱུར་ཞེས། དེ་དག་ལ་ལས་ཀྱི་རྣམ་པར་སྨིན་པ་ཀུན་ཏུ་བསྟན་པར་བྱ་བའི་ཕྱིར། དེ་བཞིན་གཤེགས་པ་ལས་ཀྱི་རྒྱུད་སྟོན་པར་མཛད་ཀྱི། དེ་བཞིན་གཤེགས་པ་ལ་ནི་ལས་ཀྱི་སྒྲིབ་པ་ཅུང་ཟད་ཀྱང་མི་མངའ་འོ། །ཞེས་སོ། །ཁྱད་པར་གཞན་ཡོད་ན་མི་

སྲིད་པ་ཐ་མ་པ་ཉི་ཤུ་ལ། དགྲ་བོ་ཉི་ཤུས་གྲོགས་པོའི་ཟོལ་གྱིས་གསོད་པར་བརྩམས་པ་ན། སེང་ལྡིང་གི་ཚལ་པ་ཟུག་པ་ལྟར་བསྟན་ནས། དེ་དག་ལ་ཆོས་བསྟན་པས་མི་དགེ་བ་ལས་བཟློག་ཅིང་། མི་བཞི་བཅུ་པོ་དང་། གཞན་སྲོག་ཆགས་བཞི་ཁྲིས་བདེན་པ་མཐོང་ཞིང་། དེ་བཞིན་གཤེགས་པའི་སྐུ་ནི་རྡོ་རྗེ་ལྟར་སྲ་བ་ཡིན་པས། སེང་ལྡིང་གི་ཚལ་པ་འཛུག་པའི་སྐབས་མེད་དོ། །

ལོ་དྲུག་དཀའ་བ་སྤྱད་པ་ཡང་། དཀའ་ཐུབ་ཙམ་གྱིས་གྲོལ་བ་དགག་པའི་ཕྱིར་དང་། དངོས་སུ་ལྷ་དང་ཕྱི་རོལ་པའི་དྲང་སྲོང་ངན་པ་ལ་མོས་པ་སས་ཡ་ཕྲག་བཞི་དང་། འབུམ་ཕྲག་བཞི། བཅོམ་ལྡན་འདས་ཀྱི་དཀའ་ཐུབ་ཀྱི་རྗེས་སུ་ཞུགས་པས་སེམས་ལས་སུ་རུང་བར་གྱུར་ནས། སྟོན་པས་ཆོས་བསྟན་པས་བདེན་པ་མཐོང་བས་དེ་ལྟར་མཛད་ཀྱི། ལས་ངན་གྱི་འབྲས་བུ་ནི་མ་ཡིན་ནོ། །ཁྲམ་ཟེའི་ཁྱེའུ་བླ་མ་ལ། གྲོགས་པོ། སྟོན་བྱང་ཆུབ་སེམས་དཔའ་སྡིག་གྲོགས་ཀྱི་དབང་གིས་མུ་སྟེགས་ཅན་གྱི་ལྟ་བ་ལ་ཞེན་པ་དག །སངས་རྒྱས་ཀྱི་ཆོས་ལ་འཇུག་པའི་ཕྱིར། དགའ་སྐྱོང་དགའ་སྐྱོང་འདི་སངས་རྒྱས་ལ་དད། བདེན་པ་མཐོང་བའོ། །འདིའི་ཁྱིམ་དུ་སངས་རྒྱས་འོད་སྲུང་གཅིག་པུ་བསོད་སྙོམས་ལ་ཕེབས་ནས་འབྲས་ཆན་དང་སྲན་ཚོད་སྦྲ་མི་སྣན་དུ་དུས་སྦྱིན་མཛད་ནས་བཞེས་པ་དང་། ཡང་སྐབས་ཤིག་དགའ་སྐྱོང་གཞན་དུ་སོང་བ་ན་ཁང་པའི་གཡོགས་བཤུས་ནས་སངས་རྒྱས་ཀྱི་གཙུག་ལག་ཁང་ལ་བཀབ་པས། དེ་ཤིན་ཏུ་དགའ་ནས་ཞག་བདུན་དུ་སྐྱིལ་མོ་ཀྲུང་གིས་འདུག་གོ། །མཆན། གིས་སངས་རྒྱས་ཀྱི་དྲུང་དུ་ཁྲིད་པ་ན། དེ་དག་ཡིད་ཆེས་པའི་ཕྱིར། དགེ་སློང་མགོ་རེག་ལ་བྱང་ཆུབ་ག་ལ་ཡོད་ཅེས་སྨྲས་པ་ཡིན་གྱི། བསམ་པ་ཐག་པ་མིན་པས་འབྲས་བུ་ཡིད་དུ་མི་འོང་བ་མི་འབྱུང་ངོ་། །དེ་ནས་དགའ་སྐྱོང་གིས་བླ་མའི་ཐོར་ཚུགས་ནས་བཟུང་སྟེ་ཁྲིད་པ་ན། ཁྲམ་ཟེའི་ཁྱེའུ་གཞན་རྣམས་ཀྱང་རྗེས་སུ་འབྲངས་ཏེ། སངས་རྒྱས་མཐོང་བ་ན་དད་དེ་བྱང་ཆུབ་ཏུ་སེམས་བསྐྱེད་པ་ཡིན་ནོ། །གཞན་ཡང་བྱང་ཆུབ་སེམས་དཔའ་བསླབ་བྱ་བསླབ་པ་ལས་འགལ་ནས་ཧྲ་རུ་སྐྱེས་ཤིང་། དེ་དག་གི་སྒྲིབ་པ་སྦྱང་བའི་ཕྱིར། བྱང་ཆུབ་སེམས་དཔའི་ཉི་མའི་སྙིང་པོ་ཞེས་པ། སྨོན་ལམ་གྱི་དབང་གིས་ཧྲ་ཅང་ཤེས་སུ་སྐྱེས་ནས་ཡོད་པ་དེ་དག་གི་དོན་དུ། ཧྲ་ཆས་རྩལ་པ་ཕྱེད་ཕྱེད་ཧྲའི་བདག་པོས་ཕུལ་བ་ན། ཧྲ་ཅང་ཤེས་ཀྱིས་ཧྲ་དེ་དག་ལ་གོ་བར་བྱས་ཏེ། སྡིག་པ་བཤགས་པས་ཤི་འཕོས་ཏེ། དགའ་ལྡན་གྱི་ལྷར་སྐྱེས་ཤིང་། ཆོས་བསྟན་པས་བྱང་ཆུབ་ལས་ཕྱིར་མི་ལྡོག་པར་གྱུར་ཅིང་ཧྲ་རྗེ་ཡང་རང་སངས་རྒྱས་སུ་ལུང་བསྟན་ཏོ། །དེའི་ཚེ་སྟོན་པའི་འཁོར། དགེ་སློང་དེ་དག་ལས་བཞི་བཅུ་ནི་འདོད་ཆགས་ཤས་ཆེ་བས་ཟས་གསོད་པ་ཟོས། དགྲ་བཅོམ་ཐོབ་པའི་གེགས་སུ་འགྱུར་བར་དགོངས་ནས་དེ་ལྟར་དུ་མཛད་དོ། །ཁྲམ་ཟེའི་བུ་མོས་སྐུར་པ་བཏབ་པ་ཡང་། མ་འོངས་པ་ན་དགེ་སློང་ལ་སྐུར་འདེབས་བྱུང་བ་ན། སྟོན་པ་ལའང་དེ་ལྟར་བྱུང་ན། བདག་ལ་ལྟ་ཅི་སྨོས་ཞེས་ཞུམ་

པ་གསལ་བའི་ཕྱིར་ཡིན་ནོ། །བྲམ་ཟེའི་བུ་མོ་དེ་ལྟར་བྱེད་པ་ནི། རིགས་ཀྱི་བུ་གལ་ཏེ་དེ་བཞིན་གཤེགས་པས་ཐབས་འགའ་ཞིག་གིས། མི་དགེ་བའི་ལས་མངོན་པར་འདུ་བྱེད་པ་དེ་ལས་བཟློག་པར་སྤྱོད་ན་ནི་བཟློག་པར་ཡང་མཛད། དེ་བཞིན་གཤེགས་པ་བསྲུང་བ་སྤྱོད་ན་བསྲུང་བར་མཛད་དོ་ཞེས་པ་ལྟར་བྱེད་པར་ངེས་པ་ཡིན་པས་སྟོན་པས་ཀྱང་དགག་པར་མ་སྤྱོད་པའོ། །ལྷས་བྱིན་གྱིས་དགེ་འདུན་གྱི་དབྱེན་དང་སྐྱོགས་འཕེན་པ་སོགས་ཀྱང་དེ་ལྟར་བྱས་པས། སྟོན་པ་ཟིལ་གྱིས་གནོན་མ་ནུས་པ་ན། སེམས་ཅན་མང་པོ་དད་ནས་ཆོས་ལ་འཇུག་པའི་ཕྱིར་སྤྲུལ་པ་ཡིན་ནོ། །སྔ་ལའི་གྲོང་དུ་བསོད་སྙོམས་མ་རྙེད་པ་ཡང་། མ་འོངས་པའི་དགེ་སློང་བསོད་སྙོམས་ཀྱིས་ཕོངས་པ་དག་ཞུམ་པ་གསལ་བ་དང་། དེ་ལྟར་བསོད་སྙོམས་མ་རྙེད་ཀྱང་། སྟོན་པ་འཁོར་བཅས་ཀྱི་ཐུགས་ལ་ཞུམ་པ་མ་མཐོང་ནས། ལྷའི་བུ་བདུན་ཁྲི་ཉིས་སྟོང་དད་པ་ཐོབ་ཅིང་། གཞན་ལྔ་མི་ཁྲི་ཉིས་སྟོང་དང་བཅས་པ་ལ་ཆོས་བསྟན་པས་བདེན་པ་མཐོང་བ་ཡིན་ནོ། །བདུད་ཀྱི་བྲམ་ཟེ་ཁྱིམ་བདག་རྣམས་ཀྱི་སེམས་བསྒྱུར་བ་ཡང་མ་ཡིན་གྱི། སྟོན་པ་ཉིད་ཀྱི་མཐུ་ཡིན་གྱི་བདུད་འབའ་ཞིག་ནི་མ་ཡིན་ནོ། །

འབྲུ་བའི་སྨན་གྱིས་ཐེབས་ནས་འཚོ་བྱེད་ཀྱི་སྨན་དྲངས་པ་ཡང་། དེའི་ཚེ་ན་དགེ་སློང་མང་པོ་ནད་དྲག་པོས་ཐེབས་པ། བཀུས་ཏེ་བོར་བའི་སྨན་གྱིས་གསོས་པར་མ་ནུས་པ་ན། ལྷ་དག་གིས་སྨན་གཞན་རྟེན་ཅིག་ཅེས་སྨྲས་ཀྱང་། ཁོ་བོ་ཅག་ཤི་ཡང་སླ་ཡི། སྨན་གཞན་མི་བརྟེན་ནོ་ཟེར་བ་ལ། སྟོན་པའང་སྨན་གཞན་གསོལ་ལོ་ཞེས་ཐོས་ནས། དེ་དག་གིས་ཀྱང་དེ་བརྟེན་པས་དེ་དག་ནད་དང་བྲལ་ཏེ། ཞག་བདུན་གྱི་དགྲ་བཅོམ་པ་ཐོབ་པ་ཡིན་ནོ། །ང་ནི་དབུ་ཤིན་ཏུ་སྟུང་ངོ་ཞེས་པའང་སྡིག་ཅན་འཕགས་སྐྱེས་པོས། ཤཱཀྱ་རྣམས་གསད་པ་ན། སྟོན་པས་དེ་སྐད་མ་གསུངས་ན། ངེས་དེ་དག་འཁོར་བའི་སྡུག་བསྔལ་ལས་ཐར་བར་མཛད་དེ། ཕན་བཏགས་པ་མི་ཤེས་པ་དག་གིས། དེ་དག་འཕགས་སྐྱེས་པོས་གསོད་པ་ལས་མ་ལྡོག་པས། ཐུགས་རྗེ་མེད་པ་ཡིན་ནོ་ཞེས་དོགས་པ་བཟློག་པ་དང་། དེའི་ཚེ་ལྷའི་བུ་ཚད་པར་སླ་བ་གསུམ་སྟོང་དང་། སྲོག་གཅོད་པའི་མི་མང་པོ་འདུས་པ་དེ་དག་དེ་ལས་ལྡོག་པར་བྱ་བའི་ཕྱིར་དང་། གཞན་ཡང་ལྔ་དང་མི་ཁྲི་ཕྲག་གཅིག་གདུལ་བར་བྱ་བའི་ཕྱིར། དེ་ལྟར་མཛད་པ་ཡིན་ནོ། །ཐ་མ་ནི་མ་གཏོགས། གོང་མ་རྣམས་ནི་ཆོས་བཅུ་པའི་མདོར་ཡང་འདི་དང་འདྲ་བར་གསུངས་ཤིང་། མདོ་དེ་གཉིས་ལས། འདིར་མ་བཤད་པའི་ཐབས་མཁས་པའི་ཁྱད་པར་མང་དུ་གསུངས་པ་རྣམས་དང་། འདི་དག་གི་སྔོན་དང་སྟོན་པ་བཞུགས་དུས་ཀྱི་གཏམ་རྒྱུད་རྣམས་ནི་རྒྱས་པར་མདོ་དང་ལུང་ལས་ཤེས་པར་བྱའོ། །རིགས་པའི་གནོད་བྱེད་ཀྱང་ཡོད་དེ། གལ་ཏེ་རྫོགས་པའི་སངས་རྒྱས་ལ། ལས་ངན་སྨིན་པ་བདེན་ན་ནི། ཚོགས་གཉིས་རྫོགས་པ་དོན་མེད་དུ་འགྱུར་ཏེ། འདི་ལྟར་བསོད་ནམས་ཀྱི་ཚོགས

ཀྱིས་ནི། སྡིག་པའི་འབྲས་བུ་ཟིལ་གྱིས་གནོན་པ་ཡིན་ལ། ཡེ་ཤེས་ཀྱི་ཚོགས་ཀྱིས་ནི་སྡིག་པའི་ས་བོན་དང་། ཕྱིན་ཅི་ལོག་གི་རྣམ་རྟོག་བག་ཆགས་དང་བཅས་པ་སྤོང་ཞིང་། དེ་དག་སྤངས་ན། སྡིག་པའི་འབྲས་བུ་འབྱུང་མི་སྲིད་དེ། རིན་ཆེན་ཕྲེང་བ་ལས། སྡིག་པས་ངན་འགྲོ་ལུས་ཀྱི་ནི། །སྡུག་བསྔལ་བཀྲེས་དང་སྐོམ་སོགས་ནད། །དེས་སྡིག་མ་བྱས་བསོད་ནམས་ཀྱིས། །སྲིད་པ་གཞན་ན་དེ་མེད་དོ། །རྨོངས་པས་སེམས་ཀྱི་སྡུག་བསྔལ་ནི། །ཆགས་སྡང་འདོད་དང་འཇིག་ལ་སོགས། །དེ་ནི་དེས་རྟེན་མེད་པ་ཡི། །ཤེས་པས་མྱུར་དུ་སྤོང་བར་འགྱུར། །ཞེས་སོ། །ཅིང་སྟུད་ཚིག་གོ། །ཉན་ཐོས་དགྲ་བཅོམ་པ་ལ། སྤྱོད་འཇུག་ལས། ཉོན་མོངས་མེད་ཀྱང་དེ་དག་ལ། །ལས་ཀྱི་ནུས་པ་མཐོང་བ་ཡིན། །ཞེས་པ་ལྟར། ལས་ངན་གྱི་འབྲས་བུ་སྨིན་པ་དང་འདྲ་ཞིང་། དེ་ཡིན་ན་ཁྱད་པར་གཞན་ཡང་མེད་དགོས་པས་དེ་དང་ཁྱད་མེད་དུ་འགྱུར་རོ། །སྐུ་གསུམ་གྱི་རྣམ་བཞག་ཀྱང་བྱར་མི་རུང་སྟེ། དེའི་བཤད་པ་སྟེ་རིགས་པ་བཤད་ཀྱིས་ཉོན་ཅིག །ཚོགས་གཉིས་རྫོགས་པའི་རྣམ་སྨིན་གྱི་འབྲས་བུ་སངས་རྒྱས་ནི། འོག་མིན་སྟུག་པོ་བཀོད་པར་སངས་རྒྱས་པའི། ཆོས་སྤྱོད་རྫོགས་པའི་སྐུ་ཉིད་ཡིན་ཞིང་། སྟུག་པོ་བཀོད་པ་དེ་ཡང་ཁ་ཅིག་གནས་གཙང་མའི་འོག་མིན་ཡིན་པ་མི་འཐད་དེ། རྒྱུད་ལས། གཙང་མའི་གནས་དག་སྤངས་པ་ཡི། །འོག་མིན་ཞེས་བྱ་ཉམས་དགའ་བར། །ཡང་དག་སངས་རྒྱས་དེར་སངས་རྒྱས། །སྤྲུལ་པ་པོ་གཅིག་འདིར་སངས་རྒྱས། །ཞེས་སོ། །སློབ་དཔོན་འཕགས་པ་ཐོགས་མེད་གནས་གཙང་མ་བརྒྱལ་བ་ན། འོག་མིན་ཞེས་པ་ཡོད་པ་དེ་ཡིན་ནོ། །དེ་ཡང་གཟུགས་ཁམས་སུ་གཏོགས་སོ་ཞེས་བཞེད་པ་ཡིན་ཏེ། ལང་གཤེགས་ལས། འདོད་པའི་ཁམས་དང་གཟུགས་མེད་དུ། །སངས་རྒྱས་རྣམ་པར་སངས་མི་རྒྱ། །གཟུགས་ཀྱི་ཁམས་ཀྱི་འོག་མིན་དུ། །འདོད་ཆགས་བྲལ་བ་ཁྱོད་སངས་རྒྱས། །ཞེས་པའི་དགོངས་པར་མངོན་ནོ། །རྗེ་བཙུན་གོང་མ་རྣམས་ནི། དེ་དག་འཇིག་པ་ལ་རྟེན་པས་འཇིག་རྟེན་ཞེས་པ་ཡིན་ལ། སྟུག་པོ་བཀོད་པ་ནི་མི་འཇིག་སྟེ། རྡོ་རྗེ་རྩེ་མོ་ལས། འོག་མིན་སྟུག་པོ་ཉམས་དགའ་འདི། །སྟུག་པོའི་ཞིང་ཁམས་འཇིག་མེད་པ། །དེ་ན་སངས་རྒྱས་རྣམས་ཀྱི་ཆོས། །རྫོགས་པར་ལོངས་སྤྱོད་ཚུལ་འདི་འབྱུང་། །ཞེས་སོ། །

འོན་གང་ཡིན་ཞེ་ན། མི་འཇིགས་ལ་སོགས་པ་འཇིག་རྟེན་གྱི་ཁམས་བསམ་གྱི་མི་ཁྱབ་པ་ནང་དུ་ཆུད་པ་ནི། གཞི་དང་སྙིང་པོ་མེ་ཏོག་གི་རྒྱན་གྱིས་བརྒྱན་པ་ཞེས་བྱ་བ་ཡིན་ལ། དེ་ལྟ་བུ་བསམ་གྱིས་མི་ཁྱབ་པ་ནང་དུ་ཆུད་པ་ནི་འཇིག་རྟེན་གྱི་ཁམས་རྒྱ་མཚོ་ཞེས་བྱའོ། །དེ་ནི་རྣམ་པར་སྣང་མཛད་གངས་ཆེན་མཚོའི་ཕྱག་མཐིལ་ན་གནས་ཤིང་། དེ་འཁོར་དང་བཅས་པ་བཞུགས་པ་དེའོ། །དེའི་ནང་གི་དུམ་བུ་རྣམས་ཤིང་སྤྲུལ་པའི་སྐུའི་གནས་ཡིན་ནོ། །ཞེས་གསུངས་ཤིང་། གཞན་དག་ནི་དེ་ལ་ཤེས་བྱེད་མ་མཐོང་ངོ་ཟེར་ཡང་། འདི་ནི་ཕལ་པོ་ཆེ་དང་།

དེ་ཉིད་འདུས་པ་དང་། ཕྱག་ན་རྡོ་རྗེ་དབང་བསྐུར་བའི་རྒྱུད་ལ་སོགས་པ་ནས་བཤད་པ་དང་། བླ་མ་རྣམས་ཀྱི་གསུང་ལ་རྟེན་ཏེ་བྲིས་པའོ། །ཞེས་གསུངས་སོ། །ལོངས་སྤྱོད་རྫོགས་སྐུ་དེ་ཡིས་སྤྲུལ་པའི་སྐུ་ཉིད་ནི། ཤཱཀྱའི་རྒྱལ་པོ་ཟས་གཙང་མའི་སྲས་པོར་སྐུ་འཁྲུངས་པའི། ཤཱཀྱ་ཞེས་པ་ནི། རྒྱལ་པོ་འཕགས་སྐྱེས་པོས། རང་གི་བུ་རྣམས་ལ་གཞོན་ནུ་རྣམས་ནི་ཡོད་པའོ་ཞེས་བརྗོད་པས་ཤཱཀྱ་ཞེས་གྲགས་ལ། དེའི་རིགས་སུ་འཁྲུངས་ཤིང་། མི་འཇིགས་པ་བཞིས་སེང་གེའི་སྒྲ་སྒྲོགས་པ་འདི་ཡིན་ནོ། །འདི་ནི་གདུལ་བྱ་མདོ་སྡེ་རྒྱན་ལས། ཇི་ལྟར་རྨ་ལ་ཟས་དང་དེ་དག་གི། །གཟུགས་དང་སྤྱོད་དུ་རུང་བ་སྨིན་འདོད་ལྟར། །དེ་བཞིན་རྟེན་འདིར་ཕྱོགས་གཉིས་ཞི་བ་དང་། །དེ་བཞིན་སྤྱོད་པ་ཉིད་དུ་སྨིན་པ་བསྟན། །ཞེས་པ་ལྟར། རྒྱུད་སྦྲིབ་པ་སྤྱང་རུང་དང་། གཉེན་པོ་སྐྱེ་རུང་དུ་སྨིན་པར་བྱ་བའི་ཕྱིར། གཤེགས་པ་དང་བཞུགས་པ་དང་རྣལ་གཟིམས་དང་། འགྲེང་བཞིན་དུ་བཞུགས་པ་སྤྱི་སྤྱོད་ལམ་བཞི་མཛད་པ་དང་། མུ་གེ་བྱུང་བའི་ཚེ་གྲོང་དུ་བསོད་སྙོམས་ལ་གཤེགས་པ་ན། གྲོང་དཔོན་དགེ་སྐྱོང་གཅེར་བུ་པ་རལ་གྱི་ཐོགས་པ་ཞིག་གིས། གཽ་ཏ་མ། ལོ་ཉེས་འདི་ལྟ་བུ་ལ་འཁོར་འདི་ལྟ་བུ་དང་ལྡན་ཅིག་ཏུ་གྲོང་དུ་འོངས་པ། ཁྱིམ་རྣམས་ཕུང་བར་བྱེད་དམ་ཟེར་བ་ལ། ངས་འདི་ནས་བསྐལ་པ་དགུ་བཅུ་རྩ་གཅིག་ཚུན་ཆད་དྲན་ཏེ། ཟས་སྨིན་པ་གཏེར་དུ་བཞག་པའི་ཕྱིར་ཁྱིམ་འགའ་ལ་གནོད་པའི་རོ་མི་མཐེན་ཏོ། །ཞེས་གསུངས་པ་དང་། སྣ་ལའི་གྲོང་ནས་བསོད་སྙོམས་མ་རྙེད་པར་ལྷུང་བཟེད་སྟོང་པར་བྱོན་པ་དང་། རེས་འགའ་བསོད་སྙོམས་མང་དུ་རྙེད་པ་དང་། ལྷས་བྱིན་དང་། བདུད་དང་མུ་སྟེགས་དགྲར་གྱུར་ནས་གནོད་པ་བྱེད་པ་དང་། ཤཱཀྱ་གཞན་མང་པོ་ལ་ཉེ་དུའི་འབྲེལ་པ་དང་། འབྲོག་གནས་སུ་ལག་རྒྱུད། འབྲོག་གནས་གདུལ་བའི་ཕྱིར་བྱོན་པ་ན། བ་ལང་གི་རྨིག་པས་ས་གཞི་རད་རོད་ཅན་དུ་བྱས་པར། རྩ་བའི་མལ་སྟན་ལ་གཟིམས་པ་དང་། དེས་འགའ་སྟེ་དོ་ནུབ་མྱ་ངན་འདའ་བའི་ཉིན་པར། སྡིག་པ་ཅན་ནས་རྩ་ཅན་དུ་གཤེགས་པ་ན་རོ་རྒྱབ་སྟོང་བར་གྱུར་ནས། ཆུ་བོ་དབྱིག་ལྡན་དང་ཉེ་བར་གཤེགས་ཏེ་གཟིམས་ནས་ཀུན་དགའ་བོས། ཆུ་རྙོགས་མ་ཅན་བླངས་ཏེ་གསོལ་ཞིང་བྱང་ཆུབ་ཀྱི་ཡན་ལག་བདུན་སླས་པས་གདངས་ཞེས། ལུང་དང་། གསང་ཆེན་ཐབས་མཁས་ལས། སྟོང་ནས་དེ་ལྟར་མཛད་པ་མིན་གྱི། དེ་ན་ལྷའི་བུ་ཉན་ཐོས་ཀྱིས་གདུལ་བར་བྱ་བ་བརྒྱད་སྟོང་ཡོད་པས། དེ་དག་འོད་སྲུང་ཆེན་པོ་ལས། སངས་རྒྱས་འབུམ་གྱིས་ཆོས་བསྟན་ཀྱང་། རྟོགས་པ་མི་སྐྱེ་བས། དེ་དག་གིས་བདེན་པ་མཐོང་བའི་ཕྱིར་དང་། མ་འོངས་པ་ན་ནད་པ་ཆོས་མི་ཉན་པ་དག་སྟོན་པའང་། བྱང་ཆུབ་ཡན་ལག་གསན་པས་སྟུན་ལས་གྲོལ་ན། བདག་ཅག་ཅིའི་ཕྱིར་ཆོས་མི་ཉན་ཞེས་སྤྲོ་བ་བསྐྱེད་པའི་ཕྱིར། དེ་ལྟར་མཛད་ནས་འོད་སྲུང་གིས་སླས་ཞེས་སོ། །རེས་འགའ་གཞན་གྱི་བྲམ་ཟེའི་བུ་མོ་ལ་མི་ཚངས་སྤྱོད་

ཅེས་པ་དང་། གྲོང་ཁྱེར་བཟང་བྱེད་ན་གནས་པའི་མུ་སྟེགས་རྣམས་ཀྱིས། དགེ་སློང་གོའུ་ཏ་མ་ཕྱུ་ཏྲའི་སེར་བ་འབེབས་ཤིང་འོངས་ནས། ཁྱེད་ཅག་ལས་འགའ་ཞིག་བུ་མེད་པར་བྱེད། འགའ་ཞིག་ཁྱོ་མེད་པར་བྱེད་ཅེས་སོ། །སྐྲར་པ་སྣ་ཚོགས་འདེབས་པ་དང་། མཉན་ཡོད་དུ་ཆོ་འཕྲུལ་བསྟན་པ་དང་། སེར་སྐྱར་ཡབ་སྲས་མཇལ་བ་དང་། གསལ་ལྡན་དུ་ལྷ་ལས་བབས་པ་བསྟན་པ་སོགས་རེས་འགའ་སྟོན་པའི་བ་དན་འཛིག་རྟེན་གསུམ་པོར་ཁྱབ་པ་དང་། རེས་འགའ་སྟོན་མེད་ཅིང་ཡོ་བྱད་ཚང་ནས་སྐྱ་བདེ་བ་དང་། སེམས་ཅན་ལ་ཕན་པའི་བཞེད་པ་གྲུབ་པས་ཐུགས་དགྱེས་པར་སྤྱོད་པ་དང་། རེས་འགའ་དེ་དག་གང་ཡང་མེད་པས་བར་མར་བཞུགས་པ་སོགས། རྣམ་པ་སྣ་ཚོགས་སྟོན་པ་ནི། སྤྲུལ་པ་ཙམ་ཡིན་གྱི་རང་རྒྱུད་པ་མིན་ནོ། །གཞན་ཡང་གལ་ཏེ་སངས་རྒྱས་དངོས་ལ་ནི། ལས་ངན་གྱི་འབྲས་བུ་སྨིན་པར་བྱེད། འདོད་ན་ཡང་། ལོངས་སྤྱོད་རྫོགས་པའི་སྐུ་རྣམ་པར་སྣང་མཛད་ཉིད་ལ་སོགས་པ་ལ་སྨིན་པར་རིགས་ཀྱི་དེའི་སྤྲུལ་པའི་སྐུ། ཤཱཀྱ་ཐུབ་པ་དང་བྱམས་པ་ལ་སོགས་ལ། སྨིན་པར་འདོད་པ་ནི་རིགས་པ་དང་ངེས་དོན་གྱི་ལུང་གི་ཤེས་བྱེད་མེད་བཞིན་དུ་སྨྲ་བས་མུན་སྤྲུལ་འབའ་ཞིག་ཡིན་ནོ། །དཔེར་ན་སྒྱུ་མའི་མཁན་པོས། ལས་ངན་བྱས་པའི་འབྲས་བུ་དེ་ཉིད་ལ་འབྱུང་གི། དེས་སྤྲུལ་པའི་སྒྱུ་མའི་གླང་པོ་སོགས་ལ་མི་འབྱུང་བ་བཞིན་ནོ། །དེས་ན་མདོའི་དགོངས་པ་ཤེས་དགོས་ཏེ། སྒྲ་ཇི་བཞིན་པ་ལ་གནོད་བྱེད་བཤད་ཅིང་འཆད་པས་སོ། །

འདིར་ལོངས་སྐུ་སངས་རྒྱས་དངོས་དང་། སྤྲུལ་སྐུ་བཏགས་པ་བར་ཆད་པས་དེའི་མཐའ་སྤྱོད་པ་ལ། སྐུ་གསུམ་གྱི་རྣམ་བཞག་ཤེས་དགོས་པས། འདི་ལ་སྤྱིར་བྱམས་ཆོས་རྣམས་ལས་སྐུ་གསུམ་ཀ་ཆོས་སྐུར་བཤད་དེ། མངོན་རྟོགས་རྒྱན་ལས། ངོ་བོ་ཉིད་ལོངས་རྫོགས་བཅས་དང་། །དེ་བཞིན་གཞན་པ་སྤྲུལ་པ་ནི། །ཆོས་སྐུ་མཛད་པ་དང་བཅས་པ། །རྣམ་པ་བཞིར་ནི་ཡང་དག་བརྗོད། །ཅེས། སྐུ་གསུམ་འཕྲིན་ལས་དང་བཅས་པ་ཆོས་སྐུར་བཤད་པ་དང་། ཆོས་སྐུ་འཕྲིན་ལས་འབྲས་བུ་ནི་ཞེས་སྦྱོར་བཞི་བསྒོམ་པའི་འབྲས་བུ་ཆོས་སྐུར་བཤད་པའོ། །དེ་ལ་དབྱེ་ན། ངོ་བོ་ཉིད་ཀྱི། ལོངས་སྤྱོད་རྫོགས་པའི་སྤྲུལ་པའི་སྐུ་སྟེ་གསུམ་ལས། དང་པོ་ནི་ཆོས་དབྱིངས་རང་བཞིན་གྱིས་རྣམ་དག །གློ་བུར་དྲི་མས་ཀྱང་དག་པའི་སྟངས་པ་དང་། ལམ་བསྒོམས་པ་ལས་བྱུང་བའི་ཚད་མེད་སོགས་ཟག་མེད་ཡོན་ཏན་རྣམ་ནི་རྟོགས་པ་སྟེ། དེ་དག་གི་ཆོས་ཉིད་སྦྱོར་པ་དང་བྲལ་བ་སྟེ། ཐུབ་པའི་ངོ་བོ་ཉིད་སྐུ་ནི། །ཟག་པ་མེད་པའི་ཆོས་གང་དག །ཐོབ་གྱུར་རྣམ་ཀུན་རྣམ་དག་པ། །དེ་དག་རང་བཞིན་མཚན་ཉིད་ཅན། །ཞེས་སོ། །འདིར་ཁ་ཅིག །དེ་སངས་རྒྱས་མ་ཡིན་ཏེ། འདུས་མ་བྱས་པས་ཤེས་བྱ་མི་མཁྱེན་པའི་ཕྱིར། །སངས་རྒྱས་པའི་དོན་མ་ཚང་བའི་ཕྱིར་ཞེས་དང་། ཁ་ཅིག་དེ་ཉིད་ཀྱིས་ཤེས་བྱ་མཁྱེན་པར

འདོད་པ་གཉིས་ཀ་ཡང་མི་རིགས་ཏེ། དང་པོ་ནི་ཐེག་པ་ཆེན་པོའི་གསུང་རབ་མཐའ་དག་དང་འགལ་བ་དང་། བུདྡྷ་ཞེས་པ་སངས་པ་དང་རྒྱས་པ་གཉིས་ཀ་ལ་འཇུག་པ་དེ་ཉིད་སངས་པ་ཡིན་ཞིང་། ཤེས་བྱ་མི་མཁྱེན་ཀྱང་། དེའི་ཆོས་ཅན་རྣམས་ཀྱིས་མཁྱེན་པས་སངས་རྒྱས་སུ་འཇོག་པ་ཡིན་ནོ། །

གཉིས་པའང་ཤེས་བྱ་མཁྱེན་ན་ཤེས་པ་ཡིན་ཞིང་། དེ་ཡིན་ན་སེམས་དང་སེམས་བྱུང་ཡིན་དགོས་ལ། དེ་ཡིན་ན་འདུས་བྱས་སུ་འགྱུར་བའི་ཉེས་པ་ཡོད་དོ། །གཉིས་པ་ནི། བོད་རྣམས་གཟུགས་སྐུ་ངེས་པ་ལྔ་ལྡན་ཏེ། ལྔ་ནི་གནས། ངོ་བོ། འཁོར། ཆོས། དུས་ངེས་པ་སྟེ། རིམ་པ་བཞིན་འོག་མིན་དང་མཚན་དཔེས་བརྒྱན་པ་དང་། ས་གནས་བྱང་སེམས་དང་། ཐེག་པ་ཆེན་པོ་དང་། འཁོར་བ་མ་སྟོངས་ཀྱི་བར་རོ་ཞེས་པ་དང་། སློབ་དཔོན་ཆོས་བཤེས་ཀྱིས་ཀྱང་། ལོངས་སྐུ་གཅིག་ཁོ་ནར་བཤད་པ་གཉིས་ཀའང་། མདོ་སྡེ་རྒྱན་ལས། ལོངས་སྤྱོད་རྫོགས་པ་ཁམས་ཀུན་ཏུ། །འཁོར་ཡོངས་བསྡུ་དང་ཞིང་དང་མཚན། །སྐུ་དང་ཆོས་རྫོགས་ལོངས་སྤྱོད་དང་། །མཛད་པ་དག་གིས་ཐ་དད་དོ། །ཞེས་དང་། དེའི་འགྲེལ་བཤད་དུ། མི་བསྐྱོད་པ་དང་འོད་དཔག་མེད། །ཅེས་སོགས། མཚན་ཐ་དད་པ་དང་ཞེས་དང་། འཇིག་རྟེན་དག་དང་དཀྱིལ་འཁོར་ན། །སྣང་ལ་ལྷ་དང་མི་རྣམས་ཀྱིས། །རྣམ་པ་ཀུན་ཏུ་མི་མཐོང་ངོ་། །ཞེས་པའི་དོན་ཀྱང་འགྲེལ་པར། འཇིག་རྟེན་ན་སྣང་བ་སྤྲུལ་སྐུ། རྒྱལ་བའི་དཀྱིལ་འཁོར་ན་གནས་པ་ལོངས་སྐུ་ཞེས་པ་དང་། རྒྱལ་བའི་དཀྱིལ་འཁོར་བཟང་ཞིང་དགའ་བ་དེར། །ཞེས་པས་ཀྱང་། འོད་དཔག་མེད་སོགས་དག་པའི་ཞིང་གི་སངས་རྒྱས་རྣམས་ཀྱང་ལོངས་སྐུར་བསྟན་པས། དེ་དག་སྤྲུལ་སྐུར་འདོད་པ་ནི། མདོ་དང་བསྟན་བཅོས་དེ་དག་དང་འགལ་བ་ཡིན་ནོ། །རྒྱུད་བླ་མར། ཡོངས་སུ་མ་དག་ཞིང་རྣམས་སུ་ཞེས་སྤྲུལ་སྐུ་མ་དག་པའི་ཞིང་གི་སངས་རྒྱས་སུ་བསྟན་པས་ཀྱང་ཤེས་སོ། །དེས་ན་འདིར་མཚན་དཔེས་བརྒྱན་པའི་གཟུགས་སྐུ། འཁོར་ཁ་ཅིག་པ་དང་པོ་ཡན་ཆད། ཁ་ཅིག་བརྒྱད་པ་ཡན་ཆད། ཁ་ཅིག་བཅུ་པ་ལ་གནས་པ་ཁོ་ནའོ་ཟེར་ཀྱང་། ས་གནས་ཀྱི་བྱང་སེམས་ཁོ་ན་ལ་ཐེག་པ་ཆེན་པོ་འབའ་ཞིག་སྟོན་པ་སྟེ། མཚན་ནི་སུམ་ཅུ་རྩ་གཉིས་དང་། །དཔེ་བྱད་བརྒྱད་ཅུའི་བདག་ཉིད་འདི། །ཐེག་ཆེན་ཉེ་བར་ལོངས་སྤྱོད་ཕྱིར། །ཐུབ་པའི་ལོངས་སྤྱོད་རྫོགས་སྐུར་བཞེད། །ཅེས་སོ། །

གསུམ་པ་ནི་འཁོར་བ་ཇི་སྲིད་པར། དྲི་ཟའི་རྒྱལ་པོ་རབ་དགའ་འདུལ་བའི་དོན་དུ། པི་ཝང་མཁན་དུ་སྤྲུལ་པ་ལྟ་བུ། གཟོ་དང་རི་བོང་གི་སྐྱེས་རབས་ལྟ་བུ། སྐྱེ་བ་དང་དགའ་ལྡན་ན་གནས་པ་ནས་ཆོས་ཀྱི་འཁོར་ལོ་བསྐོར་བའི་བར་མཆོག་གི་སྤྲུལ་པ་དང་། དེ་ཉིད་ཀྱིས་གདུལ་བར་བྱ་བ་གཅིག་ཀྱང་མེད་པས་ན་མྱ་ངན་ལས་འདའ་བར་སྤྲུལ་པ་དང་བཞིའོ་ཞེས། མདོ་སྡེ་རྒྱན་དུ་བཤད་ཅིང་། ཆོས་ཀྱི་རྒྱལ་པོས་དེ་དག་ལས་གཞན་ཡང་སྟོན་

བཅུད་ཀྱི་གཟུགས་སྲིད་ཚད་དུ་སྤྲུལ་ནས། སེམས་ཅན་གྱི་དོན་མཛད་པ་སྣ་ཚོགས་སྟོན་པ་སྟེ་ལྟ་བུ་འཆད་དོ། །དེ་ཉིད་ཀྱིས་གདུལ་བར་བྱ་བ་གཅིག་ཀྱང་མེད་པས་ན་མྱ་ངན་ལས་འདའ་བར་སྤྲུལ་པ་དང་བཞིའོ་ཞེས། མདོ་སྡེ་རྒྱན་དུ་བཤད་ཅིང་། ཆོས་ཀྱི་རྒྱལ་པོས་དེ་དག་ལས་གཞན་ཡང་སྣོད་བཅུད་ཀྱི་གཟུགས་སྲིད་ཚད་དུ་སྤྲུལ་ནས། སེམས་ཅན་གྱི་དོན་མཛད་པ་སྣ་ཚོགས་སྟོན་པ་སྟེ་ལྟ་བུ་འཆད་དོ། །གང་གིས་སྲིད་པ་ཇི་སྲིད་པར། །འགྲོ་ལ་ཕན་པ་སྣ་ཚོགས་དག །མཉམ་དུ་མཛད་པའི་སྐུ་དེ་ནི། །ཐུབ་པའི་སྤྲུལ་སྐུ་རྒྱུན་མི་འཆད། །ཅེས་དང་། མདོ་སྡེ་རྒྱན་ལས། གཟོ་དང་སྐྱེ་དང་བྱང་ཆུབ་ཆེ། །མྱ་ངན་འདས་པ་རྟག་སྟོན་པ། །སངས་རྒྱས་སྤྲུལ་པའི་སྐུ་འདི་ནི། །རྣམ་པར་གྲོལ་བའི་ཐབས་ཆེན་པོ། །ཞེས་སོ། །དེ་ལྟར་གཟུགས་སྐུ་གཉིས་སོ། །སངས་རྒྱས་མཚན་ཉིད་པར་དིང་སང་གི་ཕར་ཕྱིན་པ་ཕལ་ཆེར་འདོད་ཅིང་། བྱམས་ཆོས་ལ་འདྲིས་ཆེ་བར་རློམ་པ་དག་བཏགས་པ་བར་འདོད་ཀྱང་། གདུལ་བྱ་ལ་གནང་བའི་གཉིས་ཀའང་སངས་རྒྱས་སུ་ཐ་སྙད་བྱེད་ཅིང་། དཔྱད་ན་དེ་མཚན་ཉིད་པ་མ་ཡིན་ཏེ། རྒྱུད་བླར། འདི་ནི་རང་སེམས་སྣང་བ་ཞེས། །སོ་སོ་སྐྱེ་བོས་མི་ཤེས་མོད། །དེ་ལྟ་ནའང་གཟུགས་མཐོང་སྟེ། །དེ་དག་ལ་ནི་དོན་ཡོད་འགྱུར། །ཞེས་པ་སྤྲུལ་དབང་དུ་བྱས་ཀྱང་ལོངས་སྐུ་ལ་ཡང་མཚུངས་པས་སོ། །འོན་ཀྱང་དེ་ཉིད་དུ། ལས་དག་ཉེ་དང་རིང་རྣམས་ལ། །ཆུ་དང་ནམ་མཁའི་ཟླ་གཟུགས་བཞིན། །འཇིག་རྟེན་རྒྱལ་བའི་དཀྱིལ་འཁོར་དུ། །དེ་མཐོང་བ་ནི་རྣམ་པ་གཉིས། །ཞེས་པའི་དོན། སྤྲུལ་སྐུ་མཐོང་བ་ཆུ་གང་གི་ཟླ་བའི་གཟུགས་བརྙན་དང་། ལོངས་སྐུ་མཐོང་བ་ནམ་མཁའི་ཟླ་བ་མཐོང་བ་ལྟ་བུར་བཤད་པ་དང་། མདོ་སྡེ་རྒྱན་དུའང་། མི་ལོང་ཡེ་ཤེས་ཀྱི་སྐབས་སུ་ལོངས་སྤྱོད་རྫོགས་པའི་སངས་རྒྱས་ཉིད། །ཞེས་གསུངས་པས། ལོངས་སྐུ་སངས་རྒྱས་དངོས་སུ་བཞེད་པར་གསལ་ཞིང་། གཞན་པའམ་གོང་དུ་དྲངས་པའི་ཡང་དག་སངས་རྒྱས་དེ་སངས་རྒྱས། །ཞེས་དང་། འདོད་ཆགས་བྲལ་བ་ཁྱོད་སངས་རྒྱས་ཞེས་དང་། རྒྱན་སྟུག་པོ་བཀོད་པའི་མདོ་ལས། སངས་རྒྱས་ཐམས་ཅད་འོག་མིན་དུ། །སངས་རྒྱས་མ་གྱུར་འདོད་ཁམས་སུ། །སངས་རྒྱས་མཛད་པ་མི་མཛད་དོ། །ཞེས་དང་། སློབ་དཔོན་ངག་དབང་གྲགས་པས། རྣལ་འབྱོར་རྒྱུད་ཀྱི་དགོངས་པར་བསམས་ནས། དཔལ་ལྡན་སྟུག་པོ་བཀོད་པ་ཉིད་དུ་དོན་དམ་ཐུགས་ཆུད་ཅིང་། །དགའ་ལྡན་སྐྱེ་བོའི་དོན་ཕྱིར་དམ་པ་ཏོག་དཀར་གྱུར། །འཛམ་གླིང་སྐྱེ་བོའི་དོན་ཕྱིར་ཤཱཀྱའི་ཏོག་གྱུར་གང་། །འཆི་བདག་ལས་རྒྱལ་སྒྱུ་མ་ཀུན་སྟོན་དེ་ནི་རྒྱལ་གྱུར་ཅིག །ཞེས་སོགས་མདོ་རྒྱུད་བསྟན་བཅོས་མང་པོའི་དོན་ཁོ་བོ་ཅག་གི་བླ་མ་གོང་མ་རྣམས་ཀྱི་བཞེད་པ་འདི་ཡིན་པར་མངོན་ཏེ། སངས་རྒྱས་ལའང་ཇི་སྙེད་པའི་ཡུལ་ཅན་གྱི་ཡེ་ཤེས། སྣོད་དང་སེམས་ཅན་གྱི་ལུས་གནས་གྱུར་པ། ཡོངས་སུ་དག་པའི་ཞིང་འོག་མིན་དང་མཚན་དཔེས་སྤྲས་པའི་རང་གི་སྐུ་དང་། གནས་གྱུར་

དབྱངས་ཀྱི་ཡན་ལག་དྲུག་ཅུས་ས་བཅུ་པ་སོགས་ལ་ཐེག་པ་ཆེན་པོ་ཁོ་ནའི་ཆོས་སྟོན་པ་དང་། ཡིད་གནས་གྱུར་མེ་ལོང་ལྟ་བུ། མཉམ་ཉིད་སོར་རྟོག་ཞེས་པའི་ཡེ་ཤེས་གསུམ་དང་། ཆགས་སོགས་སྒྲིབ་གནས་གྱུར་ཟག་མེད་ཀྱི་ཡོན་ཏན་མཐའ་ཡས་པ་དང་ལྡན། དུས་རྒྱུན་མི་འཆད་པར་བཞུགས་པར་སྣང་བ། དེ་ཉིད་ཐེག་ཆེན་གྱི་ཆོས་ལ་རྫོགས་པར་ལོངས་སྤྱོད་པས་ལོངས་སྐུ་དང་། ལས་གནས་གྱུར་པས་བྱ་གྲུབ་ཡེ་ཤེས་ཀྱིས་བདག་རྐྱེན་བྱས་ཏེ། གདུལ་བྱ་ཉན་རང་དང་སོ་སོ་སྐྱེ་བོ་ལ་རྣམ་པ་སྣ་ཚོགས་སུ་སྣང་སྟེ་དོན་བྱེད་པ་ཉིད་དུ་སྤྲུལ་སྐུ་སྟེ། བླ་མ་ཆོས་ཀྱི་རྒྱལ་པོས། ཡེ་ཤེས་དག་པའི་སྣང་བ་ལ་དམིགས་ནས། །འོག་མིན་ཞེས་བྱའི་ཞིང་ཁམས་འཛིག་མེད་པར། །ཆོས་ཀྱི་སྤྲིན་ལ་གནས་པ་རྒྱ་མཚོ་ཡི། །ཚོགས་ལ་ཐེག་མཆོག་ཁོ་ནའི་ཆོས་སྟོན་ཞིང་། །ཕྱི་མའི་མུར་ཐུག་མེད་པའི་དུས་ཀྱི་བར། །འཁོར་གྱི་དཀྱིལ་འཁོར་རྣམས་དང་ཐབས་ཅིག་ཏུ། །ཟག་པ་མེད་པའི་དགའ་བདེ་ལ་སྤྱོད་པའི། །སྐུ་ནི་ལོངས་སྤྱོད་རྫོགས་པའི་སྐུ་ལགས་ཏེ། །ཞེས་དང་། འཁོར་བའི་ཆོས་རྣམས་ལམ་གྱིས་རབ་བསྒྱུར་བས། །ལུས་གནས་གྱུར་པ་མཚན་དཔེས་སྤྲས་པའི་སྐུ། །ངག་གནས་གྱུར་པ་ཡན་ལག་དྲུག་ཅུའི་གསུང་། །ཡིད་གནས་གྱུར་པ་ཇི་སྙེད་མཁྱེན་བཅས་པའི། །ཡེ་ཤེས་གསུམ་དང་སྒྲིབ་རྣམས་གནས་གྱུར་པ། །རྒྱལ་བའི་ཡོན་ཏན་ཕ་མཐའ་ཡས་པ་ལགས། །དེ་ཉིད་ལོངས་སྤྱོད་རྫོགས་པའི་སྐུ་ལགས་ཏེ། །ལས་གནས་གྱུར་པ་བྱ་གྲུབ་ཡེ་ཤེས་དང་། །འཕྲིན་ལས་བགྲང་ཡས་དེ་ཉིད་སྤྲུལ་པའི་སྐུ། །ཞེས་སོ། །ཡེ་ཤེས་རྣམས་མདོ་སྡེ་རྒྱན་ལས་རྣམ་ཐ་དད་པར་བཤད་ཀྱང་། འདིར་ངོ་བོ་གཅིག་ལ་ལྡོག་པས་ཕྱེ་བ་སྟེ། ཤེས་བྱའི་གཟུགས་བརྙན་གསལ་བར་སྣང་བས་མེ་ལོང་ལྟ་བུ་དང་། ཐམས་ཅད་ལ་ཐོགས་པ་མེད་ཅིང་མ་འདྲེས་པར་མཁྱེན་པས་སོ་སོར་རྟོག་པ་དང་། འཁོར་འདས་མཉམ་ཉིད་དུ་མཁྱེན་པས་མཉམ་པ་ཉིད། སེམས་ཅན་གྱི་དོན་གྲུབ་པས་བྱ་གྲུབ་ཡེ་ཤེས་ཏེ། ཤེས་བྱའི་གཟུགས་བརྙན་ཇི་བཞིན་སྒྲིབ་མེད་སྣང་། །རྟེན་འབྲེལ་མ་འདྲེས་གཟིགས་ཤིང་མཉམ་པར་དགོངས། །གཞན་གྱི་དོན་ཀུན་ལེགས་གྲུབ་རྟག་པར་ཡང་། །རྟོག་པས་མི་སྐྱལ་ཐུགས་ལ་ཕྱག་འཚལ་ལོ། །ཞེས་སོ། །དེས་ན་ལོངས་སྐུ་ཉིད་སངས་རྒྱས་ཀྱི་ཡེ་ཤེས་ཡིན་པས་དེ་དངོས་པོ་ཡིན་ནོ། །སྤྲུལ་སྐུ་ནི་དེའི་ཡེ་ཤེས་མ་ཡིན་ཏེ། མ་དག་པའི་སྣོད་བཅུད་སྣང་བའི་ཕྱིར་དང་། ཡེ་ཤེས་ལ་དེ་མི་སྣང་བའི་ཕྱིར་ཏེ། རྣལ་འབྱོར་དབང་ཕྱུག་ཆེན་པོའི་ལམ་འབྲས་ལས། བདེ་བར་གཤེགས་པའི་སྐུ་གསུང་ཐུགས་མི་ཟད་པ་རྒྱན་གྱི་འཁོར་ལོ་ལ་དག་པའི་སྣང་བའོ་ཞེས་སོ། །ལོངས་སྐུའི་རྣམ་བཞག་འདི་ཡང་། སྟོན་པ་འདིའི་ལོངས་སྐུ་རྣམ་པར་སྣང་མཛད་ཁོ་ནའི་དབང་དུ་བྱས་པས། མདོ་སྡེ་བརྒྱན་དང་མི་འགལ་ལོ། །སངས་རྒྱས་ལ་ལས་ངན་སྨིན་པ་དྲང་དོན་ཡིན་པས། སྒྲ་ཇི་བཞིན་པར་བཟུང་དུ་མི་རུང་བ་འདི་དག་གི་ཤེས་བྱེད། ལུང་དང་རིགས་པ་རྣམས། སློབ་དཔོན་དབྱིག་གཉེན་

གྱིས་གཞུང་རྣམ་པར་བཤད་པའི་རིགས་པ་དང་། སློབ་དཔོན་ལེགས་ལྡན་འབྱེད་ཀྱིས། རྟོག་གེ་ལ་འབར་བ་དང་སོགས་པས། ཚད་མ་རྣམ་འགྲེལ་སོགས། རྒྱ་གར་མཁས་པའི་གཞུང་བཞིན་ཤེས་པར་གྱིས་ཤིག །

དེ་ཡང་རྣམ་བཤད་རིགས་པ་ལས་མདོའི་དོན་སྒྲ་ཇི་བཞིན་པར་བཟུང་དུ་མི་རུང་བའི་ལུང་ནི། ཀུན་ཏུ་སྣང་བའི་མདོ་ལས་ཀྱང་། སྒྲ་ཇི་བཞིན་པའི་དོན་དུ་འཛིན་ན་ཉེས་པ་ལྔ་ཡོད་དོ། །ལྔ་གང་ཞེ་ན། མི་མོས་པའི་གནས་སུ་འགྱུར་བའི་ཉེས་པ་དང་། བརྩལ་བ་ཉམས་པའི་ཉེས་པ་དང་། གཞན་ལ་བསླུ་བར་བྱེད་པའི་ཉེས་པ་དང་། སྟོན་པ་ལ་སྐུར་པ་འདེབས་པའི་ཉེས་པ་དང་། ཆོས་སྤང་བར་བྱེད་པའི་ཉེས་པའོ་ཞེས་རང་གི་སྒྲས་བསྟན་པ་ཡིན་ནོ། །བྱང་ཆུབ་སེམས་དཔའ་ལེགས་པར་རྣམ་པར་བྱ་བར་རྟོགས་པས་ཀྱང་། སྒྲ་བཞིན་དོན་ནི་ཀུན་ཏུ་བརྟགས་པས་ན། །རང་དགའ་དག་གིས་བློ་ནི་ཉམས་གྱུར་ལ། །ལེགས་པར་གསུང་ལ་སྐུར་ཅིང་སྨད་པར་འགྱུར། །ཆོས་ལ་ཁོང་ཁྲོ་སྒྲིབ་པར་འགྱུར་བ་ཡིན། །ཞེས་གསུངས་པ་དེ་དང་ཡང་འགལ་བར་འགྱུར་རོ་ཞེས་པ་མདོ་སྡེ་རྒྱན་ཁུངས་སུ་མཛད་པའོ། །

གཞན་ཡང་། སྤྲུལ་པ་དེ་གང་གི་ཡིན་པའི་ངོ་བོ་ཉིད་ཀྱི་སངས་རྒྱས་དེ་གང་ཡིན་ཞེ་ན། བྱང་ཆུབ་སེམས་དཔའི་ས་བཅུ་པ་ལ། སངས་རྒྱས་ཀྱི་དབང་བསྐུར་བ་ཐོབ་པ་གང་ཡིན་པ་དེ་ཞེས་སོ། །རྟོག་གེ་འབར་བ་ལས་ལྟག་པར་གསུངས་པ་ཚིག་ཉུང་བའི་ཕྱིར། ཁོ་བོས་ཚིགས་བཅད་དུ་སྟེབ་པ་ནི། །ཞིང་འདིར་ཐུབ་པའི་མཛད་པ་དག །གལ་ཏེ་སྤྲུལ་པ་མ་ཡིན་ཞིང་། །མདོ་སོགས་སྒྲ་ནི་ཇི་བཞིན་དུ། །ཁས་ལེན་པ་ལ་འགལ་བ་ནི། །རྒྱལ་སྲས་སྲིད་པ་ཐ་མ་པ། །འདོད་པ་རྟེན་ན་ཚུལ་ཁྲིམས་འཆལ། །དེས་ན་སྦྱིན་པ་སོགས་ཀྱང་མེད། །ཞེས་པ་ནི། དེ་ཁོ་ན་ལས་གསུངས་པའོ། །དང་པོ་བལྟམས་པར་གྱུར་མ་ཐག །སྟོང་གསུམ་འོད་ཀྱིས་སྣང་བ་དང་། །ཕྱོགས་ཕྱོགས་གོམ་པ་དོར་བ་དང་། །སྐྱེ་བའི་ཐ་མ་གསུངས་པ་དང་། །དགའ་ལྡན་གནས་ནས་འཕོ་བ་ན། །ལྷ་རིགས་དྲུག་ལ་བཀའ་བསྩལ་ནས། །ཉོན་མོངས་དབང་གིས་སྐྱེ་བ་དང་། །སློམས་འཇུག་དག་ལ་དབང་མ་ཐོབ། །ཤ་ན་འཆི་བ་མ་མཁྱེན་དང་། །མུ་སྟེགས་བྱེད་ལས་ཐར་ལམ་འཚོལ། །དཀའ་ཐུབ་དྲུག་པོས་གདུངས་བྱེད་པ། །ཇི་ལྟར་བུན་འགལ་མི་འགྱུར། །བྱང་སེམས་སེམས་ཅན་གདུལ་དོན་དུ། །ཆེད་དུ་བསམས་ནས་བསྟན་ཞེ་ན། །སྤྲུལ་པས་དོན་དེ་མི་འགྲུབ་ཅི། །ཞེས་པ་འདི་རྣམས་གཞུང་གཉིས་ཀ་ན་འདྲ་བར་སྣང་བས། རྟོག་གེ་འབར་བར། རྣམ་བཤད་རིགས་པར་འབྱུང་བ་བྲིས་པར་མངོན་ནོ། །བདུད་བཞི་ལས་ནི་རྒྱལ་བ་དང་། །གཤིན་རྗེའི་དབང་དུ་གྱུར་པ་ཡིས། །འཁོར་གྱིས་འཕགས་པའི་གང་ཟག་སོགས། །མྱ་ངན་ཆེན་པོ་བྱེད་པ་དང་། །བསྐལ་པ་གྲངས་མེད་གསུམ་དག་ཏུ། །སྐུ་ཚེ་རིང་བའི་རྒྱུ་བརྟེན་ནས། །སྐྱེས་བུ་ཕལ་པའི་ཚེ་ཙམ་ཡང་། །མ་ཐུབ་གྱུར་པ

འདི་ཡང་འགལ། །སྟོན་གྱི་འཕྲིན་ལས་ཉེས་པ་ཡིས། །དེ་ལྟར་གྱུར་ཞེས་སྨྲ་བ་དང་། །འཇིགས་པ་ཀུན་དང་བྲལ་བའང་འགལ། །གནས་བརྟན་ཆེན་པོ་ཧྲ་ཀུ་ལས། །ཁོ་བོ་བསྙེན་པར་རྫོགས་ནས་ལོ། །བརྒྱད་ཅུ་ལོན་ཡང་མགོ་བོ་ཙམ། །ན་བར་མ་དྲན་གང་ཡིན་པ། །ཨ་རུ་ར་གཅིག་ནད་པ་ལ། །སྦྱིན་པའི་འབྲས་བུས་ཉིད་ཡིན་ན། །སངས་རྒྱས་སྦྱིན་པའི་མཐར་སོན་ནས། །སྐུ་ལ་ལས་ངན་བྱུང་བ་ཡི། །སྐྱོན་གྱིས་བཏབ་པའང་ཤིན་ཏུ་འགལ། །ཞེས་པ་ནི། ཏོག་གེ་འབར་བ་ཉིད་ལས་གསུངས་སོ། །རྣམ་འགྲེལ་ལས། འགྲིབ་དང་འཕེལ་བྱུང་རྟེན་པ་ཀུན། །མི་མཐུན་ཕྱོགས་དང་བཅས་ཉིད་ཕྱིར། །དེ་གོམས་པ་ལས་བདག་འགྱུར་བ། །ལ་ལ་ཟག་པ་ཟད་པར་འགྱུར། །ཞེས། གཉེན་པོ་གོམས་པ་མཐར་ཕྱིན་པས། སྤང་བྱ་ས་བོན་དང་བཅས་པ་འགག་པར་བཤད་ཅིང་། སྡིག་པ་ཆགས་སོགས་ཀྱི་འབྲས་བུར་རང་གཞན་གྱི་སྡེ་པ་ཀུན་གྱིས་ཁས་བླངས་ཤིང་། ཆགས་སོགས་ཀྱི་གཉེན་པོའང་བདག་དང་བདག་གིར་འཛིན་བྱས་པ། འདུས་བྱས་སྤྱོད་ཡུལ་ཅན་ཆགས་ནི། །རྒྱུ་ཡིན་དེ་ཡི་གནོད་བྱེད་ནི། །བདག་མེད་མཐོང་བ་འགལ་བ་ཡིན། །ཞེས་པས། བདག་མེད་མཐོང་བ་ཆགས་སོགས་ཀྱི་གཉེན་པོར་བཤད་ལ། སྟོན་པས་ཀྱང་། རྣམ་པ་དུ་མར་ཐབས་མང་པོ། །ཡུན་རིང་དུས་སུ་གོམས་པ་ལས། །ཞེས་སོགས་གཉེན་པོ་གོམས་པ་མཐར་ཕྱིན་པར་བཤད་པ་ན། རྒྱུ་ཆགས་སོགས་མེད་པས་ན། དེའི་འབྲས་བུ་སྡིག་པ་དང་དེའི་རྣམ་སྨིན་འབྱུང་བའི་སྐབས་ག་ལ་ཡོད་དེ། འབྲས་བུ་རྒྱུའི་སྐབས་སུ་བྱེད་པས་སོ་ཞེས་བྱ་བའི་རིགས་པས་ཀྱང་ཕྱོགས་སྔ་མ་ལ་གནོད་པ་ཡིན་ནོ། །གཞན་ཡང་རྣམ་བཤད་རིགས་པར། སྙིང་རྗེའི་བདག་ཉིད་དག་གིས་སྦྱོར་གང་གིས། །ཕན་ཕྱིར་གཞན་གསོད་དེ་ནི་སྐྱོན་ཅན་ན། །གང་གིས་དགེ་སློང་དྲུག་བཅུ་ལ་སོགས་ནི། །མདོ་གཉིས་ཐུབ་པས་བསྟན་པས་དེའི་ཕྱིར། །ཞེས་ཏེ་མདོ་གཉིས་ནི་ཤིང་གི་ཕུང་པོའི་མདོ་ལས། ཆོས་ཀྱི་རྣམ་གྲངས་འདི་བཤད་པ་ན། དགེ་སློང་དྲུག་ཅུ་ཁ་ནས་ཁྲག་ཚ་བ་སྐྱུགས་ནས་ཤི་ཞེས་པ་དང་། སྟོན་པས་མི་སྡུག་བསྒོམ་པར་གསུངས་པས། དགེ་སློང་དེ་བསྒོམས་པ་རྣམས་ལུས་ཀྱི་སྒོ་ནས། དགེ་སློང་གིས་དགེ་སློང་གསོད་པར་གྱུར་ཅེས་པ་རི་དྭགས་བཟློག་གི་མདོའོ། །ཞེས་དང་། ཅིའི་ཕྱིར་ཐེག་པ་ཆེན་པོ་ལ་སྤྲུལ་པ་ཤཱཀྱ་ཐུབ་པ་སངས་རྒྱས་ཀྱི་སྤྲུལ་པ་ཡིན་པར་བསྟན་ལ། ཐེག་པ་ཆེན་པོ་མ་ཡིན་པ་ལ་ནི་མ་ཡིན་ཞེ་ན་བྱང་ཆུབ་སེམས་དཔའ་རྣམས་ནི་རྒྱ་ཆེན་པོ་ལ་མོས་པ་ཡིན་པས། དེ་རྣམས་ལ་སངས་རྒྱས་ཀྱི་ངོ་བོ་ཉིད་མཐུའི་བདག་ཉིད་ཅན་ཆེན་པོའི་ཁྱད་པར་བསྟན་པའི་ཕྱིར། དེ་བཞིན་གཤེགས་པས་སྐྱེ་བ་བསྟན་པའི་མདོ་བཞིན་དུ་དེ་ལྟར་བསྟན་པར་བྱའོ་ཞེས་སོ། །

ཡི་བཀག་ཡི་གནང་དགག་པ་ལ། དགག་པ་དངོས་དང་དེ་ལ་གནོད་པ་སྤང་བ་གཉིས་ལས། དང་པོ་ལ་ལུང་གིས་དང་། རིགས་པས་དགག་པ་གཉིས་ལས། དང་པོ་ནི། བོད་ཁ་ཅིག་ཐམས་ཅད་ལ་ཡི་ནས་བཀག་པ

དང་ཡེ་ནས་གནང་བ་གཉིས་ཡོད་ཅེས་བྱ་བ་སྨྲ་བ་དང་། དཀར་ནག་ཟང་ཐལ་དང་དོན་གཅིག་པས། སངས་རྒྱས་ཀྱི་བསྟན་པ་དང་མཐུན་པ་མིན་ཏེ། འདི་ལྟར་ཉན་ཐོས་རྣམས་དང་ཐེག་ཆེན་གྱི་གནང་བཀག་ཐམས་ཅད་མཐའ་གཅིག་ཏུ་ངེས་པ་མེད་དེ། སྔར་བཤད་པ་བཞིན་ནོ། །དེས་ན་གཞུང་ལ་ལར་གནང་བ་ན། ལ་ལའི་གཞུང་ལས། བཀག་པ་ཉིད་དུ་འགྱུར་རོ། །དེའི་འཐད་པ་ཇི་ལྟར་ཡིན་པ། རྣམ་པར་དག་པའི་ལུང་བཞིན་དུ་བཤད་ཀྱིས་ཉོན་ཅིག །འདོད་ཁམས་སུ་སྐྱེས་པ་ན་སྲིད་པ་ཐ་མ་པའི་ཚེ་ཡང་། སློབ་དཔོན་ལས་ཡང་དག་པའི་གདམས་ངག་ཉན་ཞིང་། ཐོས་ནས་འབྲས་བུ་མངོན་དུ་བྱེད་པའམ། དེ་གཞན་ལས། སངས་རྒྱས་ཀྱི་ལམ་ཐོས་ནས། རང་ཉིད་མི་བསྒྲུབ་ཀྱང་གཞན་ལ་སྒྲོག་པར་བྱེད་པས་ཉན་ཐོས་སམ། ཐོས་སྒྲོག་སྟེ། དམ་ཆོས་པད་དཀར་ལས། མགོན་པོ་དེ་རིང་བདག་ཅག་ཉན་ཐོས་གྱུར། །བྱང་ཆུབ་དམ་པ་ཡང་དག་བསྒྲག་པར་བགྱི། །བྱང་ཆུབ་པ་ཡི་སྒྲ་ཡང་རབ་ཏུ་བརྗོད། །དེ་བས་བདག་ཅག་ཉན་ཐོས་མི་ཟད་འདྲ། །ཞེས་སོ། །དེ་ལ་ཇོ་བོ་རྗེས། ཉན་ཐོས་རྣམ་བཞི་སྤྲུལ་པ་དང་། །ཇོགས་པའི་བྱང་ཆུབ་འགྱུར་བ་དང་། །ཞི་བགྲོད་གྲུབ་མཐའ་འཛིན་པའོ། །ཞེས་བཞི་བཤད་པའི། གྲུབ་མཐའ་འཛིན་པའི་ཉན་ཐོས་རྩ་བའི་སྡེ་བཞི་ལ། འདུལ་བ་ལུང་མི་འདྲ་བ་རྣམ་པ་བཞི་ཡོད་ཅིང་། སྐད་ཀྱང་ཐམས་ཅད་ཡོད་སྨྲའི་ལེགས་པར་སྦྱར་བ། སཾ་ཀྲི་ཏ་དང་གནས་བརྟན་པའི་པྲ་ཀྲི་ཏ་སྟེ་རང་བཞིན་དང་། དགེ་འདུན་ཕལ་ཆེན་པའི། ཨ་བ་ཧྲཾ་ཤ་ཏ་ཏེ་ཟུར་ཆག་པ་དང་། མང་པོས་བཀུར་བའི་པེ་ཤ་ཙི་ཀ་སྟེ། ཤ་ཟའི་སྐད་རྣམ་པ་བཞི་རུ་གནས་པ་ཡིན་ཞིང་། བཞི་པོ་དེ་ལས་ཕྱེས་པའི་སྡེ་པ་བཅོ་བརྒྱད་ལ། འདུལ་བའི་དབྱེ་བ་བཅོ་བརྒྱད་ཡོད་དེ། དེ་དག་ཀྱང་དང་པོ་སྡོམ་པ་ལེན་པའི་ཆོ་ག་དང་། བར་དུ་བསྲུང་བའི་བསླབ་བྱ་དང་། ཉམས་ན་ཕྱིར་བཅོས་པའི་ཐབས་དང་། སོ་སོ་ཐར་པའི་མདོ། འདོན་པའི་ཚུལ་དང་། ཐ་མར་སྡོམ་པ་གཏོང་བའི་ཚུལ། སྡེ་པ་ཐམས་ཅད་མི་མཚུངས་པས། གཅིག་གིས་བཀག་པ་དེ་གཞན། གཅིག་ལ་གནང་བར་འགྱུར་བས་སོ། །གལ་ཏེ་སྡེ་པ་གཅིག་གི་ཆོས་ལུགས་བདེན་གྱི། དེ་ལས་གཞན་པ་ཐམས་ཅད་བརྫུན་པ་ཡིན་པས་སོ། །གཅིག་པུ་དེ་ལ་གནང་བཀག་ཐམས་ཅད་ཡེ་བཀག་ཡེ་གནང་ཡིན་ནོ་ཞེས་བསམས་ན། མ་ཡིན་ཏེ་འདི་ལྟར། རྒྱལ་པོ་ཀྲི་ཀྲིའི་རྨི་ལམ་དུ། མི་བཅོ་བརྒྱད་ཀྱིས་རས་ཡུག་གཅིག་དྲས་ཀྱང་རལ་བར་མ་གྱུར་པར་རྨིས་པ་དེ། དེ་བཞིན་གཤེགས་པ་ཤཱཀྱ་ཐུབ་པའི་བསྟན་པ་རྣམ་པ་བཅོ་བརྒྱད་དུ་གྱུར་ཀྱང་། རྣམ་པར་གྲོལ་བའི་རས་ཡུག་ཉམས་པར་མི་འགྱུར་བའོ་ཞེས་ལུང་བསྟན་པ་ལྟར། སྡེ་པ་ཐམས་ཅད་མཐུན་པ་སྟེ། དེ་རྣམས་ཀྱི་གཞུང་བཀའ་ཡིན་པ་ལ་ཁྱད་པར་མེད་པར་གསུངས་པས་སོ། །མདོ་དེ་ལས། རྒྱལ་པོ་དེའི་རྨི་ལམ་བཅུ་རྨིས་པ་བསྟུས་པའི་སྡོམ་ནི། མཛོད་ཀྱི་འགྲེལ་བཤད་ལས་གསུངས་པ། གླང་ཆེན་ཁྲོན་པ་ཕྱེ་དང་ཙན་དན

ཚལ། །གླང་ཆེན་ཕྲུ་གུ་དང་ནི་སྤྲེའུ་དབང་བསྒྱུར། །མི་གཙང་སྤྲེའུ་དང་རས་ཡུག་འཐབ་མོ་ཞེས་བྱ་བ། །རྨི་ལམ་བཅུ་ནི་རྒྱལ་པོ་ཀྲི་ཀྲིས་མཐོང་བ་ཡིན། །ཞེས་བཅུ་པོ་ལས་མ་གསུངས་ཤིང་། ཆོས་ཀྱི་རྣམ་གྲངས་ཀྱི་བརྗོད་བྱང་ཞེས་བྱ་བ། བསྟན་པ་སྣུབ་དར་གྱི་དུས་སུ། བོད་ཀྱིས་བྱིས་པ་ཞིག་ལ་མཛོད་ཀྱི་བརྒྱད་མནན་ནས་བཅོ་བརྒྱད་བཤད་པའི་སྡོམ་ནི། མེ་ཏོག་ཛེའུ་ཏཀན་པོ་ཏྲ། །ཁྲི་དང་བ་དང་མི་དང་ནི། །སེང་གེའི་རོ་ནི་བརྒྱད་པ་ཡིན། །ཞེས་ཏེ་བརྟག་དགོས་སོ། །འདི་དག་གི་བཤད་པ་ནི་ཡི་གེ་མང་བར་འགྱུར་པས་མ་བྲིས་སོ། །མདོ་དང་འགྲེལ་བཤད་སོགས་སུ་ལྟ་བར་བྱའོ། །སྡེ་པ་འདི་དག་ནི། ལྟ་སྤྱོད་མི་མཐུན་པའི་དོན་འདི་རྒྱས་པར་ནི། སྡེ་པ་རྣམས་ཀྱི་གཞུང་ཐ་དད་པ་རིམ་པར་བཀླགས་པའི་འཁོར་ལོ་ཞེས་པ་བཙུན་པ་དབྱིག་བཤེས་ཀྱིས་མཛད་པ་ལས། བསྡུས་ནས་སྡེ་པ་ཐ་དད་བསྟན་པ་བསྡུས་པ་ཞེས་པ། སློབ་དཔོན་དུལ་བ་ལྷས་མཛད་པ་དང་། སློབ་དཔོན་ཤཱཀྱ་འོད་ཀྱིས་མཛད་པ་སུམ་བརྒྱ་པའི་འགྲེལ་པ་འདུལ་བ་འོད་ལྡན་དང་། དགེ་སློང་གི་དང་པོའི་ལོ་དྲི་བ་དང་། སློབ་དཔོན་པདྨས་མཛད་པའི། ཇོ་བོ་དང་ནག་ཚོས་བསྒྱུར་པ་ལས་དགེ་ཚུལ་གྱི་ལོ་དྲི་ཡང་འདིས་མཛད་པ་ཡིན། རྟོག་གེ་འབར་བ་སོགས་སུ་ལྟོས་ཤིག །དེ་ཡང་ལུང་དང་པོ་དང་གསུམ་པ་ལས། རྩ་བའི་སྡེ་པ་ནི་དགེ་འདུན་ཕལ་ཆེན་སོགས་བཞི་ཡིན་ལ། དེ་ལས་གྱེས་པའི་གཞུང་དང་པོ་ལས། ཤར་དང་ནུབ་དང་གངས་རི་ར་གནས། །འཇིག་རྟེན་འདས་པར་སྨྲ་བའི་སྡེ། །བཏགས་པར་སྨྲ་བའི་སྡེ་པ་དང་། །ལྔ་ཚན་དགེ་འདུན་ཕལ་ཆེན་པ། །བཞི་པ་དང་ནི་འོད་སྲུང་སྡེ། །ས་སྟོན་སྡེ་དང་ཆོས་སྲུང་སྡེ། །མང་ཐོས་གོས་དམར་སློབ་མ་དང་། །རྣམ་པར་ཕྱེ་སྟེ་སྨྲ་བའི་སྡེ། །ཐམས་ཅད་ཡོད་པར་སྨྲ་བ་ཡིན། །རྒྱལ་བྱེད་ཚལ་གནས་འཇིགས་མེད་གནས། །གཙུག་ལག་ཁང་ཆེན་གནས་བརྟན་པ། །སར་སྒྲོགས་རིགས་དང་བསྲུང་བ་པ། །གནས་པ་མ་བུའི་སྡེ་རྣམས་ནི། །ཀུན་གྱིས་བཀུར་བ་རྣམ་པ་གསུམ། །ཡུལ་དོན་སློབ་དཔོན་བྱེ་བྲག་གིས། །ཐ་དད་རྣམ་པ་བཅོ་བརྒྱད་གསུངས་ཞེས་དང་། །

གསུམ་པ་ལས། འོད་སྲུང་ཞེས་བྱ་བས་བསྲུངས་དང་། །ཆོས་བསྲུངས་ཞེས་ནི་བྱ་བ་དང་། །གཞི་ཀུན་ཡོད་པར་སྨྲ་བ་ནི། །ལྷ་བའི་བྱེ་བྲག་འབའ་ཞིག་གིས། །རྒྱུ་ཡིས་འདི་དག་ཐ་དད་བྱས། །སྟོན་པ་ཐ་དད་ཡོད་མ་ཡིན། །དགེ་འདུན་ཕལ་ཆེན་དབྱེ་བ་ནི། །དྲུག་སྡེ་ཤར་གྱི་རི་བོ་དང་། །དེ་བཞིན་ནུབ་རི་ཞེས་བྱ་དང་། །གངས་གནས་ཞེས་བྱ་དེ་ལས་གཞན། །རྣམ་པར་ཕྱེ་སྟེ་སྨྲ་བ་དང་། །གཞན་ནི་དེ་བཞིན་བཏགས་པར་སྨྲ། །འཇིག་རྟེན་འདས་སྨྲ་ཞེས་བྱ་བ། །དེ་དག་ཏུ་ནི་ཡང་དག་སྨྲས། །མང་པོས་བཀུར་བའི་བྱེ་བྲག་ནི། །རྣམ་པ་ལྔར་ནི་མཁས་པས་བསྒྲགས། །གོས་དམར་བ་དང་ས་བསྲུངས་དང་། །ཀུ་རུ་ཀུལླ་དེ་ལས་གཞན། །མང་དུ་ཐོས་པ་ཞེས་བྱ་དང་། །གནས་མ་བུ་པ་ཞེས་བྱའོ། །རྒྱལ་བྱེད་ཚལ་ན་གནས་པ་དང་། །འཇིགས་མེད་རི་ལ་གནས་པ་དང་། །

གཙུག་ལག་ཁང་ཆེན་ལ་གནས་པ། །གནས་བརྟན་དབྱེ་བ་གསུམ་དུ་འདོད། །དེ་ལྟར་བྱེ་བྲག་བཅོ་བརྒྱད་དུ། །
ཤཱཀྱ་སེང་གེའི་བསྟན་པ་ནི། །གྱུར་ཏེ་འགྲོ་བའི་བླ་མ་དེའི། །སྔོན་གྱི་ཕྲིན་ལས་དབང་གིས་ཡིན། །ཞེས་སོ། །

གཉིས་པ་ལས། དེ་ལྟ་བས་ན་ཐམས་ཅད་ཡོད་པར་སྨྲ་བ་ནི། གཞི་ཞེས་བྱའི་སྡེ་པ་གཞན་དག་ནི་མིན་ཏེ། ཐ་མལ་པ་དང་ཟུར་ཆག་པ་དང་འབྲིང་དུ་འདོན་པའི་ཚིག་གིས་ཐ་སྙད་བརྗོད་པའི་ཕྱིར་རོ་ཞེས་པས་རྩ་བའི་སྡེ་ནི། ཐམས་ཅད་ཡོད་སྨྲ་གཅིག་པུར་འཆད་པ་ཡིན་ནོ། །ཡང་དེ་ཉིད་ལས། དེ་ལྟ་བས་ན་སྡེ་པ་གཞན་འདོན་པ་དག་ཀྱང་སངས་རྒྱས་ཀྱི་གསུང་ནི་ཡིན་པར་ཐེ་ཚོམ་མེད་པ་ཡིན་ནོ་ཞེས། དེ་ལ་སངས་རྒྱས་ནི། འཇིག་རྟེན་ལས་འདས་པ་པོ་ནར་སྨྲ་བས། འཇིག་རྟེན་ལས་འདས་པར་སྨྲ་བ་ཞེས་བྱ་སྟེ། སྡེ་པ་གཞན་དག་ལས་འདི་གྲུབ་མཐའ་མི་འདྲ་བ་མང་བར་གཞུང་དང་པོ་ལས་བཤད་ཅིང་། དེ་དག་སོ་སོའི་འདོད་ཚུལ་མི་འདྲ་བ་ཅུང་ཟད་བཤད་ཀྱང་ཡི་གེ་མང་དོགས་ནས་མ་བྲིས་སོ། །དེ་དག་གི་ངེས་ཚིག་ཅུང་ཟད་བརྗོད་ན། ཤར་དང་ནུབ་དང་གངས་རི་ར་གནས་ཞེས་པ་ནི་རི་དེ་གསུམ་གནས་པས་དེའི་སྡེ་པ་ཞེས་བྱའོ། །ཐུབ་པ་ནི་བརྟགས་པའི་སྒོ་ནས་བླ་མ་ཡིན་ནོ་ཞེས་ཟེར་བས་རྟག་པར་སྨྲ་བས་ཏེ། འདིའི་དོན་སངས་ཡང་སྡེ་པ་བཅོ་བརྒྱད་པོའི་རྣམ་པར་རོལ་བའི་རས་ཡུག་མ་ཉམས་པར་གསུངས་པ་ནི། བདག་ཏུ་སྨྲ་བའི་སྡེ་པ་རྣམས་ལ་བདག་མེད་རྟོགས་པའི་ལམ་ཉིད་མེད་པས། བདག་སྨྲ་དེ་རྣམས་ཀྱི་རྣམ་པར་རོལ་པའི་ཐབས་ཀྱི་དང་པོ་སོ་སོའི་སྙོམ་པ་ནི་དེ་རྣམས་ལ་ཡོད་པས། རས་ཡུག་མ་ཉམས་པའི་དོན་ཡང་ལོག་པ་ཚུལ་ཁྲིམས་མ་ཉམས། འོན་སྡེ་པ་བཅོ་བརྒྱད་སངས་རྒྱས་ཀྱི་བསྟན་པར་བསྡུས་པ་ན། སྡེ་པ་རྣམས་ལ་བསྙེན་པར་རྫོགས་པའི་ཆོ་ག་མི་འདྲ་བ་ཡོད་པས། ཆོ་ག་དེ་དག་ཐམས་ཅད་ལས་སྡོམ་པ་སྐྱེར་རུང་ན། སྟོན་པས་ཆོ་ག་མི་འདྲ་བ་གསུངས་སམ། ཕྱིས་ཀྱི་སློབ་དཔོན་སོ་སོས་ཆོ་ག་མི་འདྲ་བ་བྱས་པ་ཡིན། དང་པོ་ལྟར་ན་དང་པོ་ནས་སྡེ་པ་གྱེས་པར་ཐལ་ལ། གཉིས་པ་ལྟར་ན་ཆོ་ག་དེ་ལ་བསྙེན་པར་རྫོགས་པའི་སྡོམ་པ་ཇི་ལྟར་སྐྱེ་ཞེ་ན། སྟོན་པས་དངོས་སུ་གསུངས་པ་མ་ཡིན་པས་སྐྱོན་དང་པོ་མེད། ཕྱིས་སློབ་དཔོན་སོ་སོས་བྱས་ཀྱང་དེ་དག་སྟོན་པའི་དགོངས་པ་བཞིན་སྒྲུབ་པ་ཡིན་པས་ཆོ་ག་དེ་རྣམས་ལས་ཀྱང་སྡོམ་པ་ཐོབ་པར་རིགས་པ་པོ་ནའོ། །འོད་ལྡན་ལས་ཀྱང་། སངས་རྒྱས་ཀྱི་བསྟན་པ་ནི་ཚིག་འབྲུ་ཉིད་ལ་མི་བྱ་བའི། དོན་ལ་བྱ་བར་གསུངས་ནས། སྡེ་པ་བཅོ་བརྒྱད་པོ་ཐམས་ཅད་བསྟན་པར་བསྡུས་པའི་ཕྱིར་རོ། །ཨ་བྷ་ཡས་དགོངས་རྒྱན་དུའང་དོན་གྱིས་དེ་རྣམས་དེ་བཞིན་གཤེགས་པས་གསུངས་པར་ཉིད་དུ་ཁས་བླངས་པའི་ཕྱིར་རོ། །ཞེས་སོ། །༈གལ་ཏེ་ན་ནི་སྡེ་བའི་གཞུང་འདི་རྣམས་བཀར་མི་འདོད་ན་བསྙེན་པར་རྫོགས་པ་ལ་སོགས་པའི་ལས་ཇི་ལྟར་འགྲུབ། དགེ་སློང་ཉིད་ཡོད་ན་སྐྱོན་མང་པོ་རྣམས་སུ་འགྱུར་རོ་ཞེ་ན། བསྙེན་པར་རྫོགས་པའི་དངོས་པོ་དེ་ཡང་ཡོད་པའམ་མེད་པ་ཞེས་ཇི་ལྟར་བྱེད་པར་བྱ་སྟེ། མངོན་སུམ་ལས་མ་ཡིན་ཞིང་། རྗེས་སུ་དཔག་པ་ལས་ཀྱང་མ་ཡིན་ཏེ། རྟགས་མེད་པའི་ཕྱིར། འོན་ཀྱང་གཞུང་འདི་རྣམས་བཀའ་ཉིད་དམ་བཀའ་མ་ཡིན་པ་ཉིད་ན་ཡང་། བསྙེན་པར་རྫོགས་པ་ལ་སོགས་པའི་ལས་རྣམས་འགྲུབ་བོ། །བསྙེན་པར་རྫོགས་པ་བཅུའོ་ཞེས་འདུལ་བ་འཛིན་པ་སྨྲ་བ

འདི་ལྟར་ཏེ། རང་འབྱུང་ཉིད་ཀྱིས་སངས་རྒྱས་རྣམས་རང་སངས་རྒྱས་རྣམས་ཀྱིའོ། །ཞེས་པ་ནས་དེ་ལྟར་རྗེས་སུ་གནང་བའི་བཀའ་རྣམས་བསྒྲུགས་པས་ཀྱང་གསོལ་བ་བྱེད་དེ། རྒྱས་རྟག་པར་ཡོད་པའི་རྣམ་བཞག་ཀྱང་གསུང་མོད་ཀྱི། འཇིག་རྟེན་པ་གཞན་ལས་ཁྱད་པར་འཕགས་པ་ཡིན་པས་བླ་མ་ཡིན་ཞེས་པའོ། །སྡེ་པ་ཐམས་ཅད་ཀྱི་གཞི་དང་གཞི་ལྡེ་དང་དུས་གསུམ་ཐམས་ཅད་རྗེས་སུ་ཡོད་པར་སྨྲ་བས། གཞི་ཐམས་ཅད་ཡོད་སྨྲ་དང་། གྲུབ་མཐའ་དེ་ཡང་སློབ་དཔོན་འོད་སྲུང་། ས་སྟོན། ཆོས་སྟོན། མང་དུ་ཐོས་པ་རྣམས་ཀྱི་རྗེས་སུ་འབྲངས་ནས་སྨྲ་བས། དེ་དག་གི་སྡེ་དང་སློབ་མའོ། །ད་ལྟ་བ་དང་འདས་པ་འབྲས་བུ་མྱུར་མ་ཟིན་པ་རྫས་སུ་ཡོད་ལ། ཟིན་པ་དང་མ་འོངས་པ་མེད་ཅེས་རྣམ་པར་ཕྱེ་སྟེ་སྨྲ་བས་དེའི་སྡེ་པའོ། །རྒྱལ་བྱེད་ཚལ་དང་འཇིགས་མེད་རི་དང་གཙུག་ལག་ཁང་ཆེན་པོ་ན་གནས་པས་དེ་རྣམས་ན་གནས་པའི་སྡེ་པའོ། །རི་སར་སྒྲོགས་ལ་གནས་པས་ས་སྒྲོགས་རི་པ་དང་། ཡུལ་བསྲུང་བ་ཞེས་པར་གཞུང་བསྟུ་བས་བསྲུང་བ་པ་དང་། གནས་འཇོག་གི་རིགས་ཀྱི་བུད་མེད་ནི་གནས་མའོ། །དེའི་བུ་ཡིན་པས་གནས་མའི་བུ་ཞེས་བྱ་བའི་གནས་བརྟན་གྱི་སྡེ་པ་ཡིན་པས་གནས་མའི་བུ་པ་ཞེས་བྱའོ། །འདིར་འདུལ་བ་འཛིན་པ་ཆེན་པོ་འགའ་ཞིག །གཞུང་དང་པོ་ལས་གནས་བརྟན་པའི་སྡེ་པ་གསུམ་དང་། ཀུན་གྱིས་བཀུར་བའི་སྡེ་པ་གསུམ་ལྟ་བ་མཐུན་པར་བཤད་པས། དེ་ལས་གྱེས་པའི་བཅོ་བརྒྱད་ལ། འདུལ་བའི་དབྱེ་བའང་བཅོ་བརྒྱད་ཡོད་ཅེས་པ།

འདུལ་བ་འཛིན་པ་དང་ལས་ཡུལ་མཐའ་འཁོབ་རྣམས་སུའོ་ཞེས་ཨ་བ་ཡས་ཀྱང་བཤད། མི་རིགས་སོ་ཞེས་གསུང་ཡང་། འདི་དག་གི་དབྱེ་བ་སྟོན་པའི་གཞུང་རྣམས་མི་འདྲ་བར་སྣང་བས། འདི་ཁོ་ན་བདེན་ལ་གཞན་ནི་མི་རིགས་སོ་ཞེས་དཔྱད་དཀའ་བས། ཆོས་ཀྱི་རྗེའི་གསུང་རབ་ལ་ནོར་བའི་གོ་སྐབས་ག་ལ་ཡོད། རྟོག་གེ་འབར་བར། སྡེ་པའི་རྣམ་བཞག་མི་འདྲ་བ་གསུམ་བྱུང་བའི་དང་པོ་ནི། དགེ་འདུན་ཕལ་ཆེན་པ་དང་གནས་བརྟན་པའོ། །དང་པོ་ལ་དགེ་འདུན་ཕལ་ཆེན་པ། ཐ་སྙད་གཅིག་པ། འཇིག་རྟེན་ལས་འདས་པར་སྨྲ་བ། མང་དུ་ཐོས་པ་རྟག་པར་སྨྲ་བ། མཆོད་རྟེན་པ། ཤར་གྱི་རི་བོ་པ། ནུབ་ཀྱི་རི་བོ་པ་སྟེ་བརྒྱད་དང་། གཉིས་པ་ལ་གནས་བརྟན་པ། ཐམས་ཅད་ཡོད་པར་སྨྲ་བ། གནས་མ་བུ་པ། ཆོས་མཆོག་པ། བཟང་པོའི་ལམ་པ། ཀུན་གྱིས་བཀུར་བ། མང་པོས་ཉེན་པ། ཆོས་སྲུང་པ། ཆར་བཟང་འབེབས་པ། བླ་མ་པ་སྟེ་བཅུའོ། །དེ་ལ་གནས་བརྟན་པ་ལ། གངས་རི་པ་ཞེས་དང་། ཐམས་ཅད་ཡོད་པར་སྨྲ་བ་ལ། རྣམ་པ་ཕྱེ་སྟེ་སྨྲ་བ། རྒྱུར་སྨྲ་བ། མུ་རུན་ཏ་ཀ་མ་ཞེས་དང་། ཀུན་གྱིས་བཀུར་བ་ལ། ཨ་པན་ཏ་ཀ་ལ་དང་། ཀུ་རུ་ཀུ་ལ་པ་དང་། ཆར་བཟང་འབེབས་པ་ལ་འོད་སྲུང་བ་ཞེས་དང་། བླ་མ་པ་ལ་འཕོ་བར་སྨྲ་བ་ཞེས་ཟེར་རོ། །ལུགས་གཉིས་པ་ནི། རྩ་བའི་སྡེ་པ། གནས་བརྟན་པ། དགེ་

འདུན་ཕལ་ཆེན་པ། རྣམ་པར་ཕྱེ་སྟེ་སྨྲ་བ་སྡེ་གསུམ་མོ། །དང་པོ་ལ་གཉིས་ཏེ། ཐམས་ཅད་ཡོད་སྨྲ་དང་གནས་མ་བུ་པའོ། །དང་པོ་ལ་ཡང་གཉིས་ཏེ། དེ་ཉིད་མདོ་སྡེ་སྨྲ་བའོ། །གཉིས་པ་ལ་བཞི་སྟེ་མང་པོས་བཀུར་བ། ཆོས་མཆོག་པ། བཟང་པོའི་ལམ་པ། གྲོང་ཁྱེར་དྲུག་པའོ། །དེ་ལྟར་གནས་བརྟན་པ་ནི་དྲུག་གོ། །དགེ་འདུན་ཕལ་ཆེན་པ་ལ་དེ་ཉིད་ཤར་ནུབ་ཀྱི་དང་། རྒྱལ་པོའི་དང་། གངས་རི་པ་ཞེས་བྱ་བ་སྣྲར་ཏེ། དོན་འགྲུབ་པ་དང་མཆོད་རྟེན་པ་དང་། བསླང་གནས་པ་ཞེས་བྱ་བས་བརྒྱད་དོ། །རྣམ་པར་ཕྱེ་སྟེ་སྨྲ་བ་པ་ལ་ཡང་། ས་སྟོན་པ་དང་འོད་སྲུང་པ། ཆོས་སྦས་པ། གོས་དམར་བ་དེ་བཞིའོ། །

ལུགས་གསུམ་པ་ནི། རྩ་བའི་སྡེ་ནི། གནས་བརྟན་པ་དང་ཕལ་ཆེན་པ་གཉིས་སོ། །དང་པོ་ལ་བཅུ་གཉིས་དང་། ཕྱི་མ་ལ་དྲུག་ཏུ་ཕྱེས་པར་བཤད་ཅིང་། རྒྱའི་མཁན་པོས། མདོ་སྡེ་དགོངས་འགྲེལ་གྱི་འགྲེལ་པར། ཐམས་ཅད་ཡོད་སྨྲ་དང་། དགེ་འདུན་ཕལ་ཆེན་པ་གཉིས་ལས་བཅུ་ཕྱེས་པ་ཉི་ཤུར་ཡང་བཤད་དོ། །དེ་ལྟར་ན་འཕགས་པའི་ཡུལ་ཉིད་དུ། སྡེ་པ་འདི་རྣམས་ཕྱེས་པའི་ཚུལ་མི་འདྲ་བ་དུ་མ་ཞིག་མཁས་པ་རྣམས་ཀྱིས་བཤད་སྣང་བས། ཕྱི་ནང་གི་དངོས་པོ་འདི་རྣམས་རང་རང་གི་བློ་ལ་སྣང་བ་ཙམ་མ་རྟོགས། ངོ་བོ་ཉིད་ཀྱིས་གྲུབ་པ་འགའ་ཡང་མེད་དོ་ཞེས་ངེས་པར་བྱའོ། །དགེ་འདུན་ཕལ་ཆེར་ཐམས་ཅད་ཡོད་སྨྲ་དང་། །གནས་བརྟན་མང་པོས་བཀུར་བ་རིམ་བཞིན་དུ། །མཁན་རྒྱུད་འོད་སྲུང་ཆེན་པོ་དགྲ་གཅན་འཛིན། །ཀ་ཏྱ་ཡ་ན་ཉེ་བ་འཁོར་ལས་རྒྱུད། །སྐད་ཀྱང་ལེགས་སྦྱར་རང་བཞིན་ཟུར་ཆག་དང་། །འབྲིང་དུ་འདོན་པ་དེ་བཞིན་སྣམ་ཕྲན་ནི། །ཉེར་གསུམ་ཉེར་ལྔ་གཉིས་ནི་ཉེར་གཅིག་ནས། །ཐམས་ཅད་དགུ་དགུའི་བར་ཡིན་དེ་ཡི་རྟགས། །དུང་དང་ཨུཏྤལ་པདྨ་རིན་ཆེན་པོ། །ཤིང་ལོ་བཞི་པོ་གཅིག་ཡིན་སོ་སོ་ཀ །ཐ་མ་གཉིས་ཀྱི་རྟགས་སུ་མཁས་རྣམས་བཞེད། །

ཁ་ཅིག་ན་རེ་སྡེ་པ་ཀུན་གྱི་བསླབ་པ་ཡང་། མི་ཤེས་པ་ལ་ཐ་དད་པར་སྣང་གི། ཤེས་ན་གཅིག་ཏུ་འགྱུར་རོ་ཞེ་ན། མ་ཡིན་ཏེ། ཤེས་ཀྱང་ཕལ་ཆེར་ཐ་དད་ཡིན་པའི་ཕྱིར་ཏེ། དཔེར་ན་ཐམས་ཅད་ཡོད་པར་སྨྲ་བའི་མདོ་སྡེ་ལེགས་སྦྱར་བའི། སྐད་དུ་ཡོད་ཅིང་གནས་བརྟན་པ་དག་ལེགས་སྦྱར་གྱི་སྐད་དུ། མདོ་སྡེ་སྟོན་ན་ཚིག་རྐང་པ་རེ་རེ་ལ་ལྟུང་བྱེད་རེ་རེ་འབྱུང་ངོ་ཞེས་སྨྲ་བར་བྱེད་དོ། །ཐམས་ཅད་ཡོད་པར་སྨྲ་བ་རང་ཉིད་ཀྱི་གཞུང་ལས་འབྱུང་བའི་གསོལ་བ་དང་བརྗོད་པ་གསུམ་སྟེ། གཞིའི་ལས་ཀྱི་ཚོགས་བསྙེན་རྫོགས་ཀྱི་སྡོམ་པ་སྐྱེ་ཞིང་དེའི་ཆོ་ག་བཞིན་བྱས་ན། སྡེ་པ་གཞན་གྱི་དགེ་སློང་གི་སྡོམ་པ། འཇིག་པ་སྟེ་མི་སྐྱེའོ། །ཐམས་ཅད་ཡོད་སྨྲ་སྨིན་མའི་སྤྱི་བཞར་ན་ལྟུང་བ་འབྱུང་བ་ཡིན་ཏེ། འདུལ་བ་མདོ་ལས་ལུང་གཞན་གྱི་ཡང་མི་བྱའོ་ཞེས་སོ། །ཕལ་ཆེན་སྡེ་པ་

སོགས་འགའ་ཞིག་ལ་བཞར་ན་ལྟུང་བར་འདོད་དོ། །ཕལ་ཆེན་པ་སོགས་ལ་ལ་བུ་རམ་ཕྱི་དྲོ་ཟ་བ་འགོག་ཅིང་། ཐམས་ཅད་ཡོད་སྨྲ་སོགས་ཁ་ཅིག་དེ་ལ། ལྟུང་བ་མེད་ཅེས་ཟེར་རོ། །ཐམས་ཅད་ཡོད་སྨྲ་སོགས་ལ་ལས་བྱིན་ལེན་ལག་པ་བཀན་པ་སྟེ། གན་རྐྱལ་དུ་བྱས་ནས་བྱེད་དགོས་ཏེ། མདོ་ལས། ལག་པ་བཀན་པས་ཞེས་སོ། །སྡེ་པ་ལ་ལ་དེ་ལ་གཞན་དུ་ལག་པ་མ་བཀན་པར་བྱེད་དོ། །འགའ་ཞིག་ལྟུང་བཟེད་ལག་པས་བཀན་ནས་བྱིན་ལེན་བྱེད་ཅིང་། ལ་ལ་སྟེ་ཐམས་ཅད་ཡོད་སྨྲ་ལྟུང་བཟེད་བྱིན་ལེན་འགོག་པ་སྟེ་དེ་བརྟེགས་ནས་བྱེད་དོ། །ཐམས་ཅད་ཡོད་སྨྲ་སོགས་ཁ་ཅིག་མིར་ཆགས་པ་ནི་མ་ལ་ན་གནས་པའོ། །གསད་པ་ལ་ཕམ་པ་འབྱུང་སྟེ་འོད་ལྡན་ལས། མི་ནི་བཙས་པའི་གནས་སྐབས་སོ། །མིར་ཆགས་པའི་མངལ་གྱི་གནས་སྐབས་སོ། །དེ་གཉིས་ཀ་བསྡུ་བའི་ཕྱིར། །མིར་གྱུར་པ་ཞེས་སྨོས་སོ་ཞེས་སོ། །དང་པོ་ནི་བྱིས་པ། གཞོན་ནུ་ལང་ཚོ། དར་ཡོལ། རྒས་པའོ། །

གཉིས་པ་ནི། ནུར་ནུར། མེར་མེར། ནར་ནར། འཁྲང་གྱུར། རྐང་ལག་འགྱུས་པའོ། །གནས་བརྟན་པ་ལ་ལ་དེ་ལ། ཕམ་པ་མེད་པར་འདོད། མང་པོས་བཀུར་བ་ལ་ལའི་སོ་སོ་ཐར་པའི་མདོ་ལ་གླེང་གཞིའི་ཚིགས་བཅད་གཅིག་ལས་མེད་ཅིང་། ཐམས་ཅད་ཡོད་སྨྲ་དང་གནས་བརྟན་པ་སོགས་ ལ་ཚིགས་བཅད་རིང་ཐུང་དེ་ལས། གཞན་དུ་མི་འདྲ་བ་དུ་མ་ཡོད་དེ། དང་པོ་ལ་ཚིགས་བཅད་བཅུ་གཅིག་ཡོད་པ་ལྟ་བུའོ། །མདོར་བསྡུ་ན། ཕམ་པ་བཞི་པོ་ནས་བརྩམས་ཏེ་སྤང་བྱ་དང་དེའི་གཉེན་པོ་བསླབ་པར་བྱ་བ་ཀུན། སྡེ་པ་ཐམས་ཅད་ཕན་ཚུན་མི་མཐུན་པས། གང་གི་སྤང་བྱ་དེ་ཡི་བཀག་ཡིན་ལ་གང་གི་དེ་ཡི་གནང་ཡིན་པ་སྨྲ་བར་མི་ནུས་སོ། །དཔེར་ན་བུ་རམ་ཕྱི་དྲོའི་ཁ་ཟས་བྱེད་པ། ཡི་གནང་ཡིན་ན་དེ་ཟོས་པས། སྡེ་པ་གཞན་ལྟུང་བ་དག་དང་བཅས་པར་ག་ལ་འགྱུར་ཞེས་པའམ། ཡང་ན་ཉེས་པ་མེད་པ་ལ་ཡོད་པར་སྨྲས་པས་ལྟུང་བ་དང་བཅས་པ་སྟེ་ལོག་པར་སྨྲ་བར་འགྱུར་ཞེས་པའོ། །ཡི་བཀག་ཡིན་ན་ཡོད་པར་སྨྲ་བའི་དགེ་སློང་ལྟུང་བ་ཅན་དུ་འགྱུར། བྱིན་ལེན་མ་བྱས་པར་ཟ་བའི་ལྟུང་བ་མི་སྐྱ་ལ་འབྱུང་ན། མི་སྐྱའང་དགེ་སློང་ཕ་མ་དང་། དགེ་སློབ་མ་གང་རུང་དུ་འགྱུར་བས་མི་སྐྱས་བྱིན་ལེན་སྟོབས་པ་པོ་བྱས་ན་དགེ་སློང་གིས་ནི་དགེ་སློང་ལ། བྱིན་ལེན་བྱ་བ་ཇི་བཞིན་དུ། བཟའ་བར་རུང་བར་མི་འགྱུར་རོ། །དེ་བཞིན་དུ་བསྙེན་པར་མ་རྫོགས་པས་དེ་དང་ལྷན་ཅིག་ཉལ་བ་ཡང་ནུབ་ཚང་གི་ལྟུང་བ་འབྱུང་བ་ལ་སོགས་ཀུན་ལ་སྦྱར་བར་གྱིས་ཤིག །

གཉིས་པ་ནི། ཁ་ཅིག་རབ་ཏུ་བྱུང་བ་ལ། །ལྟུང་བ་ཇི་སྙེད་འབྱུང་བ་དེ། །ཁྱིམ་པ་ནས་ནི་དམྱལ་བའི་བར། །དུད་འགྲོ་ཡི་དྭགས་ལ་སོགས་འགྲོ་བ་ཐམས་ཅད་ལ་ལྟུང་བ་དགེ་སློང་ལ་འབྱུང་བ་དང་མཚུངས་པར་

འབྱུང་ངོ་ཞེས་ཟེར་ཏེ། འདི་ནི་སངས་རྒྱས་ཀྱི་དགོངས་པ་མིན་ནོ། །དེ་ཅིའི་སླད་དུ་ཞེ་ན་ལྟུང་བ་ཞེས་བྱ་བ་དེ། སྔོན་པས་བསླབ་པ་བཅས་པན་ཆད་དེ་དང་འགལ་བར་བྱས་ནས་འབྱུང་མོད་ཀྱང་། མ་བཅས་པ་ལ་སྡིག་པ་བྱས་ཀྱང་ལྟུང་བ་མེད་པའི་ཕྱིར་རོ། །དེས་ན་ཐུབ་པ་ཉིད་ཀྱི་འདུལ་བ་ལས། ཡང་ནས་ཡང་དུ་ལས་དང་པོ་པ་དང་། སྨྱོས་པ་དང་། སེམས་འཁྲུགས་པ་དང་ཚོར་བ་དག་གིས་ཉེན་པ་ལ་ལྟུང་བ་མེད་དོ་ཞེས་ལས་དང་པོ་པས་ཉེས་པ་བྱས་ཀྱང་ལྟུང་བ་མེད་པར་གསུངས་སོ། །གལ་ཏེ་དེ་ལྟ་མིན་པར་འགྲོ་བ་ཐམས་ཅད་ལ། ལྟུང་བ་སྡེ་ལྔ་པོ་ཀུན་འབྱུང་ན། འགྲོ་བ་ཀུན་ལྟུང་བ་དང་བཅས་པས་ཁྱབ་ཅིང་། དེ་ཕྲ་མོས་ཀྱང་གཉེན་པོ་མེད་ན་དམྱལ་བར་སྐྱེ་བས་དེ་རྣམས་ལ་ཐར་པ་ཐོབ་པ་ལྟ་ཅི་སྨོས། མཐོ་རིས་ཀྱང་ནི་འབྱུང་རེ་སྐན། གཞན་ཡང་ཉན་ཐོས་ཀྱི་གཞུང་ལས། རྣམ་གསུམ་དག་པའི་ཤ་བཟའ་རུང་གི་གལ་ཏེ་དག་གྲོལ་གྱི་བློས་མི་བཟའ་ན། ལྷས་བྱིན་གྱིས་དགེ་སློང་གོའུ་ཏ་མ་ཤ་ཟ་སྟེ། བདག་ཅག་གིས་མི་བཟའ་བར་བྱའོ། །དེ་ཅིའི་ཕྱིར་ཞེ་ན། གཞི་དེ་ལས་སྲོག་ཆགས་ལ་གནོད་པའི་ཕྱིར་རོ། །དེ་བཞིན་དུ་འོ་མ་འཐུང་བ་དང་། ལན་ཚྭ་ཟ་བ་དང་། གོས་གྲུས་པ་བགོ་བ་དང་དགོན་པར་གནས་པར་མི་བྱ་སྟེ། རིམ་པ་བཞིན་བེའུ་ལ་གནོད་པ་དང་། དབང་ཕྱུག་གི་ཁྲུ་བ་ཡིན་པ་དང་། དང་པས་བྱིན་པ་ཆུད་ཟོས་པ་དང་། སེམས་ཅན་གྱི་དོན་མ་བྱས་པར་འགྱུར་བའི་ཕྱིར་ཞེས་བཤད་པའི་བརྟུལ་ཞུགས་བཟུང་བར་འགྱུར་ལ། དེ་ལ་དགེ་འདུན་དབྱེན་གྱི་ཉེས་པ་སྦོམ་པོར་འགྱུར་རོ། །དག་གྲོལ་གྱིས་སེམས་མེད་ཀྱང་ཉེས་བྱས་རེ་འབྱུང་སྟེ། སྨྲ་ལས་བྱས་པའི་ལྤ་པ་དང་། གཅེར་བུ་དང་། འུག་པའི་བརྟུལ་ཞུགས་སོགས་དག་གྲོལ་གྱི་སེམས་དང་། ཡང་དག་པར་ལེན་པ་སྔོན་དུ་བཏང་བ་གཉིས་ཀའང་གང་རུང་གིས་བྱེད་ན་སྦོམ་པོ་དང་། དེ་ལས་གཞན་པའི་མུ་སྟེགས་ཀྱི་བརྟུལ་ཞུགས་ཀྱང་དེ་གཉིས་ཀྱིས་བྱེད་ན་སྦོམ་པོ་དང་། དེ་མེད་ཀྱང་ཉེས་བྱས་སུ་གསུངས་པ་དང་མཚུངས་པས་སོ། །བོད་ཀྱི་འདུལ་འཛིན་རྣམས་ཀྱིས། འདི་ཙམ་ཡང་མ་གོ་བར་སྣང་ངོ། །

འདིར་རྣམ་གསུམ་དག་པ་ཞེས་པ་ནི། ལང་ཀར་གཤེགས་པ་ལས། རྣམ་གསུམ་དག་པའི་ཤ་རྣམས་ནི། །མ་བསླས་པ་དང་མ་བསླུལ་བ། །མ་བརྟགས་པ་ཡང་ཡོང་མེད་པས། །ཞེས་གསུངས་པ་ལྟར་ན། ཤ་བྱིན་ཅིག་ཅེས་མ་བསླས་པ་དང་། དངོས་སུ་མ་བརྗོད་ཀྱང་དོན་གྱིས་གོ་བའི་ལུས་ཀྱི་རྣམ་འགྱུར་མ་བསྟན་པ་དང་། ཤ་བྱིན་ན་ཅི་མ་རུང་སྙམས་ན་མ་བརྟགས་པར་བྱུང་བ་ལ་ཟེར་བར་མངོན་ཞིང་། བོད་ཁ་ཅིག་ངོ་བོ་དག་པ་འདུལ་བ་ལས་ཟ་བ་མི་རུང་བར་བཤད་པ། སྔོབས་ལྡན་བཞིའི་ཤ་མ་ཡིན་པ། བསམ་པ་དག་པ་བསྔོས་ཤ་མིན་པ། ཚོག་དག་པ་གསོགས་འཇོག་སོགས་སུ་མ་གྱུར་པ་ཞེས་འཆད་ཀྱང་ཤེས་བྱེད་མ་མཐོང་ངོ་། །དེ་ལ་འདིར་ནི་འོད་ལྡན་ལས

འབྱུང་བ་བསྡོམས་ཤ་ཡིན་པར་མཐོང་ཐོས་དོགས་གསུམ་མེད་པ་འཁོར་གསུམ་དག་པའི་ཤ་ཞེས་པ་དེ་ཡིན་ནོ། །

ཐེག་པ་ཆེན་པོའི་གཞུང་ལས་ཤ་རྣམས་ཟ་བ་དང་ཉོ་བཙང་བཀག་ཅིང་། གལ་ཏེ་ཟོས་ན་ངན་འགྲོའི་རྒྱུར་གསུངས་ཏེ། ལང་ཀར་གཤེགས་པ་ལས། གླང་པོའི་རྩལ་དང་སྤྲིན་ཆེན་དང་། །མྱ་ངན་འདས་དང་སོར་འཕྲེང་དང་། །ལང་ཀར་གཤེགས་པའི་མདོ་ལས་ཀྱང་། །ངས་ནི་ཤ་རྣམས་རྟག་ཏུ་བཀག །ཅེས་དང་། ཤའི་ཕྱིར་ན་སེམས་ཅན་གསོད། །ཤའི་ཕྱིར་ནི་ནོར་སྦྱིན་བྱེད། །དེ་དག་གཉིས་ཀ་སྡིག་ལས་ཅན། །འོ་དོད་འབོད་ལ་སོགས་པར་འཚེད། །ཅེས་དང་། ལུང་གཞན་ལས་ཀྱང་། ཟ་པོ་ཤ་ལ་སྲེད་པ་ནི། །བསྐལ་པ་བྱེ་བར་འཚེད་པར་འགྱུར། །གསོད་པོ་ནོར་ལ་སྲེད་པ་ནི། །བསྐལ་པ་འབུམ་དུ་འཚེད་པར་འགྱུར། །ཞེས་སོ། །གསང་སྔགས་ཀྱང་རྣལ་འབྱོར་རྒྱུད་མན་ཆད་ལས། ཤ་ལ་སོགས་པ་བཟའ་མི་བྱ་ཞེས་སོགས་རྣམ་པ་ཐམས་ཅད་དུ་བཀག་པ་ཡིན་ལ། བླ་མེད་ཀྱི་རྒྱུད་རྣམས་ལས་ཅུང་ཟད་ཟ་བར་གསུངས་པའང་ཤ་མི་ཟ་བ་ཙམ་གྱིས་དག་པར་འདོད་པ་དགག་པའི་ཕྱིར་དང་། འཇིག་རྟེན་གྱི་མཁའ་འགྲོ་མཉེས་པ་ལ་སོགས་པའི་ཕྱིར། རང་ཤི་བའི་ཤ་ཟ་བར་གསུངས་པ་ཡིན་གྱི། སྲེད་པའི་སྒོ་ནས་ཟ་བ་ནི་གང་ལས་ཀྱང་མ་གནང་ངོ་། །དེ་བཞིན་དུ་ཕ་རོལ་ཏུ་ཕྱིན་པ་དང་། གསང་སྔགས་ཀྱི་གཞུང་ལས་བཤད་པའི་ལྟུང་བ་ལ། སྔ་མར་གནང་བ་ཕྱི་མར་བཀག་པ། རྩ་ལྟུང་བཅུ་བཞི་ལས། བརྒྱད་པ་དང་བཅུ་གསུམ་པ་དང་བཅུ་བཞི་པ་སོགས་འགའ་ཞིག་ཐ་དད་དམ་མི་འདྲ་བར་ཡོད་དོ། །འོན་ཀྱང་དགེ་སློང་རྡོ་རྗེ་འཛིན་པས་ནི། འདུལ་བ་ཕར་ཕྱིན་རྒྱུད་སྡེ་གསུམ་པོ་ཐམས་ཅད་ལས་བཤད་པའི་ལྟུང་བ་ཐམས་ཅད་སྤང་དགོས་ཏེ། ཚུལ་ཁྲིམས་ཀྱི་ནི་བསླབ་པ་དང་ཞེས་སོགས། ཚུལ་ཁྲིམས་གསུམ་ཀ་ལ་སློབ་པར་ཁས་བླངས་ཤིང་། དེས་བསླབ་པ་ཁྱད་དུ་གསོད་པས་འདུལ་བ་དང་འགལ་ནའང་རྩ་བའི་ལྟུང་བ་གཉིས་པར་འགྱུར་བས་སོ། །ཁྱད་པར་དུ་རིག་འཛིན་སྡོམ་པ་སྐྱེ་བ་དང་གནས་པ་ཐམས་ཅད་ཀྱི་རྟེན་ཏུ་བྱང་སེམས་སྡོམ་པ་དགོས་ཏེ། རང་གཞན་དོན་ནི་རབ་བསྒྲུབ་ཕྱིར། །བྱང་ཆུབ་སེམས་ནི་བསྐྱེད་པར་བགྱི། །ཞེས་སོགས་ཁས་བླངས་ཤིང་། དེ་མེད་ན་ཐེག་ཆེན་པར་མི་རུང་བས་སོ། །དེས་ན་དེས་བསླབ་པ་ཐམས་ཅད་ལ་སློབ་དགོས་ཤིང་། དགེ་ཚུལ་དང་། དགེ་བསྙེན་རྡོ་རྗེ་འཛིན་པས་རིམ་བཞིན་དགེ་སློང་དགེ་ཚུལ་གྱི་བསླབ་པ་ལ་སློབ་མི་དགོས་ཤིང་། དགེ་བསྙེན་གྱི་བསླབ་པ་ཙམ་ཡང་མི་བསྲུང་བའི། སྡོམ་པ་གོང་མ་གཉིས་ལྡན་པ་མི་སྲིད་དོ། །དེ་བཞིན་དུ་སྔགས་ལ་མ་ཞུགས་པའི་བྱང་སེམས་ཀྱིས་ཀྱང་། དམ་ཚིག་ཐུན་མོང་མ་ཡིན་པ་བསྲུང་མི་དགོས་སོ། །དེས་ན་བཤད་མ་ཐག་པའི། དེ་འདྲའི་འགལ་བ་ལྟག་སྤྲོད་ལ། ཡེ་བཀག་ཡེ་གནང་ཇི་ལྟར་བརྩི་སྙེ། བརྩིར་མི་རུང་བ་དེས་ན་ཡེ་བཀག་ཡེ་གནང་གི་རྣམ་གཞག་ཕྱོགས་གཅིག་གམ་མཐའ་གཅིག་ཏུ་བྱར་མི་རུང་ངོ་། །དཔེར་ན་བད

མོའི་སོ་ནམ་བྱེད་པ་ལ། ས་གཞི་རྟག་ཏུ་འདམ་དང་ལྡན་ལྡིན་ཡོད་པ་དགོས་ཤིང་། ས་བོན་དེ་ཤུ་དག་དང་སོགས་པས་སྙེའུ་བཤེར་སོགས་སྔོ་ཞིང་ཙུང་ཟད་ཚ་བའི་རྫས་ཀྱིས་བསྐོར་ནས་སྐྱེ་ལ། མེ་ཏོག་གཞན་ཀུ་མུད་སོགས་ལ་དེ་ལྟ་བུ་མི་དགོས་སོ། །དེས་ན་རྒྱུ་ལས་སྐྱེས་པའི་རྫས་ལ་སྨམ་ས་དབྱེ་ཡིན་ཞིང་། སྨམ་སར་སྐྱེ་བ་མེ་ཏོག་ཨུག་ཆོས་ལྟ་བུ་ལ། ཏ་ཙང་བརྟན་ཆེ་བ་དབྱེ་ཡིན་ནོ། །གྲང་བའི་ས་བོད་ལྟ་བུར་དྲོ་སར་སྐྱེ་བའི་རྫས་འབྲས་སོགས་མི་སྨིན་ཞིང་། གྲོང་འཕགས་པའི་ཡུལ་ལྟ་བུར་བསིལ་བ་གངས་ལྟ་བུ་འབྱུང་བ་འཐད་པ་མ་ཡིན་ནོ། །དེས་ན་དམ་པའི་ཆོས་དང་འཇིག་རྟེན་གྱི་བྱ་བ་གང་ཅི་ཡང་རུང་རང་རང་ལུགས་བཞིན་བྱས་ན་འགྲུབ་ཀྱི། དེ་ལས་བཟློག་པའི་ལུགས་བྱས་ན་ཕལ་ཆེར་མི་འགྲུབ་ཅིང་། བརྒྱ་ལམ་ན་འགྲུབ་ཀྱང་བཟང་པོ་དཀའ་འོ། །དེ་བཞིན་དུ་ཐེག་པ་ཆེ་ཆུང་གི་གནང་བཀག་ཐམས་ཅད་ཀྱང་། རང་རང་གི་གཞུང་ལུགས་བཞིན་བྱས་ན་དེའི་འབྲས་བུ་འགྲུབ་ཅིང་། གཞན་དུ་ན་དེ་ལས་བཟློག་པའོ། །

དེ་ལ་གནོད་པ་སྤང་བ་ལ་གཉིས་ཏེ། ཐུབ་པས་སྙིང་ནད་བྱས་པར་ཐལ་བ། བྱེད་པོ་སངས་རྒྱས་ཡིན་པར་ཐལ་བ་སྤང་བའོ། །དང་པོ་ལ་གཉིས་ལས་རྩོད་པ་ནི། གལ་ཏེ་སྡོམ་པ་མ་བླང་བའི་སྐྱེས་བུ་ཕྱི་དྲོ་ཟ་བ་སོགས་བྱས་ན། ལྟུང་བའི་ཐ་སྙད་མི་འཐོབ་ཀྱང་། རབ་ཏུ་འབྱུང་བ་ལ་བཅས་པ་དང་འགལ་བའི་སྡིག་པ་ཐམས་ཅད། ཁྲིམ་པ་ལ་ཡང་འབྱུང་ངོ་། །གལ་ཏེ་དེ་ལྟ་མིན་པར་ཐུབ་པས་རབ་ཏུ་བྱུང་བ་ལ། བསླབ་པ་བཅས་པས་ལྟུང་བ་འབྱུང་གི་གཞན་དུ་མིན་ན། ཆེད་དུ་བྱས་ནས་སྡིག་པ་བསྒོས་པར་འགྱུར་ཞིང་། འདོད་ན་རབ་ཏུ་བྱུང་བ་ལ་སྙིང་ནད་བྱས་པར་འགྱུར་རོ་ཞེས་ཟེར་རོ། །

དེའི་ལན་ལ་གསུམ་སྟེ། མགོ་མཚུངས་ཀྱི་ལན། རྣལ་མའི་ལན། མིན་ན་ཧ་ཅང་ཐལ་བའོ། །དང་པོ་ནི། བཤད་མ་ཐག་པ་འདི་འདྲའི་རིགས་པ་གཟུ་ལུམ་མམ་ཨུ་རྒྱུགས་ཡིན་ནོ། །དེ་ལྟ་ཡིན་པ་འོ་ན་ཞིང་ཡོད་པ་རྣམས་ལ་ཡང་སེར་བ་དང་། ཐན་པ་སོགས་གནོད་པ་འབྱུང་བར་འགྱུར་གྱི། ཞིང་མེད་པ་རྣམས་ལ་མི་འབྱུང་བས། ཞིང་བཟང་པོ་བྱིན་པའང་སྙིང་ནད་དུ་འགྱུར་རོ། །རྒྱུ་མཚན་དེས་ན་ཞིང་ལ་སེར་བ་སོགས་དགྲ་ཡོད་ཀྱང་། ལོ་ཐོག་འབྱུང་བའི་ཡོན་ཏན་ཡོད་པ་དེ་བཞིན་དུ། ཁྲིམ་ནས་ཁྲིམ་མེད་པའི་སར་རབ་ཏུ་བྱུང་བ་ལ་བཅས་པ་དང་འགལ་ན་ལྟུང་བ་སྲིད་མོད། མ་འགལ་ན་འདུལ་བ་གཞུང་བླ་མ་ལས། འདུལ་བའི་འབྲས་བུ་ནི་གཉིས་ཏེ། མཐོ་རིས་དང་ཐར་པའོ་ཞེས་པ་ལྟར། གནས་སྐབས་མཐོ་རིས་དང་མཐར་ཐུག་མྱང་འདས་ཐོབ་པའི་ཕན་ཡོན་ཆེན་པོ་ཡོད་པས། ཐུབ་པས་དེ་ལྟར་མཛད་པ་ནི་ཐབས་ལ་མཁས་པ་དང་ཐུགས་རྗེ་ཆེ་བ་ཡིན་ནོ། །དཔེར་ན་སྤྲང་པོ་སེར་བ་སོགས་ལ་རང་གི་ཞིང་ནི་མ་རུངས་པར་བྱས་ཀྱི་དོགས་ནས་མི་འཇིགས་མོད་ཀྱི་ལོ་ཐོག་འབྱུང་བ་མེད་

པ་དེ་བཞིན་དུ། ཁྲིམས་པ་རྣམས་ལ་ཡང་ལྟུང་བ་མེད་མོད་ཀྱི། རབ་ཏུ་བྱུང་བའི་དགེ་བ་མི་འབྱུང་བ་དེས་ན། མདོ་དང་བསྟན་བཅོས་རྣམས་ལས་བྱས་པ་ཙམ་གྱིས་སྡིག་པར་འགྱུར་བ་རང་བཞིན་གྱིས་ཁ་ན་མ་ཐོ་བ་དང་། བསླབ་པ་བཅས་པ་དང་འགལ་བས་ཁ་ན་མ་ཐོ་བར་གྱུར་པ། རྣམ་པ་གཉིས་སུ་བསྡུས་ཏེ་གསུངས་སོ། །

རིམ་པ་བཞིན། ངན་སེམས་ཀྱི་སྲོག་གཅོད་པ་སོགས་དང་། རབ་བྱུང་ཕྱི་དྲོ་ཟ་བ་ལྟ་བུའོ། །འདི་གཉིས་ཀྱང་ཁ་ཆེ་བྱེ་བྲག་སྨྲ་བ་རྗེས་ཐ་དད་དུ་འདོད་པར་མངོན་ཏེ་མཛོད་འགྲེལ་དུ། ཕ་དང་མ་ཡིན་པ་གཉིས་མཚོན་ཐབས་གཅིག་གིས་གསད་ན། མཚམས་མེད་དང་དེ་མ་ཡིན་པའི་སྲོག་གཅོད་ཀྱི་སྡིག་པ་གཉིས་འབྱུང་བར་འདོད་པར་བཤད་པས། འདིར་ཡང་དགེ་སློང་གི་མི་གསད་ན། བསད་ཙམ་གྱིས་སྡིག་ཏུ་གྱུར་པ་དང་། བསླབ་པ་དང་འགལ་བས་དེར་གྱུར་པའི་གཟུགས་གཉིས་འབྱུང་བར་འདོད་དོ། །དེས་ན་འདུལ་བ་ལས་ཀྱང་། རང་བཞིན་གྱི་ཁ་ན་མ་ཐོ་བ་དང་བཅས་པ་ལས་གཞན་པ་ཐམས་ཅད་ལ་ཞེས་གསུངས་ཏེ། གཞན་དུ་ན་བཅས་པ་ཞེས་པའི་དོན་མེད་དུ་འགྱུར་ཏེ། བོད་ཀྱི་འདུལ་འཛིན་ཕལ་ཆེ་བའི་བློའི་ཡུལ་ན་མི་སྣང་ཞིང་། རྒྱ་འདུལ་བ་འཛིན་པ་ཆེན་པོ་ལྷུང་བ་སྐྱེ་ལྡ་བཅས་པའི་ཁ་ན་མ་ཐོ་བ་ཡིན་ནོ་ཞེས་གསུངས་པ་ནི། གཞུང་གི་དོན་རིགས་པས་གྲུབ་པའོ། །

འོན་ཀྱང་བོད་འགའ་ཞིག་དེ་གཉིས་ངོ་བོ་གཅིག་ལ་ལྡོག་པ་ཐ་དད། ལུགས་གོང་དང་མའི་ཚུལ་དུ་གནས་སོ་ཟེར་བ་ནི་རིགས་པས་འཐད་པར་མཐོང་ངོ་། །དེ་ལ་རང་བཞིན་གྱི་ཁ་ན་མ་ཐོ་བ་ནི། གང་བྱས་པའི་སེམས་ཅན་ཀུན་ལ་སྡིག་པར་འགྱུར་ཞིང་། བཅས་པའི་ཁ་ན་མ་ཐོ་བ་ནི། བསླབ་པ་བཅས་པ་ཕྱིན་ཆད་ལྟུང་བར་འགྱུར་བ་ཡིན་ནོ། །

གསུམ་པ་ནི། གལ་ཏེ་དེ་ལྟ་ཡིན་པར་མ་བཅས་ཀྱང་ཅི་ནས་སེམས་ཅན་ཀུན་ལ་བཅས་པའི་ཁ་ན་མ་ཐོ་བ་ཀུན་སྡིག་པར་འགྱུར་ན་ནི། རྒྱལ་བ་རིགས་ལྔ་དང་སོགས་པས། དྲུག་པ་རྡོ་རྗེ་འཛིན་པ་ལྟ་བུ་ལོངས་སྤྱོད་རྫོགས་སྐུ་རྣམས་དང་། སངས་རྒྱས་ལ་ལྷག་པར་ཉེ་བའི་སྲས་སྙིང་པོ། བྱམས་པ། སྤྱན་རས་གཟིགས། ནམ་མཁའི་སྙིང་པོ། ཀུན་ཏུ་བཟང་པོ། ཕྱག་ན་རྡོ་རྗེ། འཇམ་པའི་དབྱངས་སྒྲིབ་པ་རྣམ་སེལ་ཏེ་བརྒྱད་དང་སོགས་པས། མཐུ་ཆེན་ཐོབ། ཡེ་ཤེས་བླ་མ། འོད་ཀྱི་ཏོག །སྨོན་ལམ་བློ་གྲོས། དཔང་པོ་ཞི་སོགས་བྱང་ཆུབ་སེམས་དཔའ་ཕལ་ཆེར་ཡང་། དབུ་སྐྲ་རིང་ཞིང་རིན་པོ་ཆེའི་རྒྱན་སྣ་ཚོགས་དང་བཅས་པ། སྔོ། སེར། དཀར། དམར་སོགས་ཁ་དོག་སྣ་ཚོགས་པའི་དར་གྱི་ན་བཟའ་ཅན། རྡོ་རྗེ་རལ་གྲི་སོགས་ཕྱག་མཚན་རྣམ་པ་སྣ་ཚོགས་འཛིན་པ་རྣམས་ཀྱང་ཁྲེད་ལྟར་ན། ཡེ་ནས་བཀག་པ་ལ་སྤྱོད་པའི་ཕྱིར་གཤིས་ཀྱི་མི་དགེ་བ་ཅན་དུ་འགྱུར་རོ། །ཐལ་

ཆེར་ཞེས་པས་ལོངས་སྐུ་དང་བྱང་སེམས་འགའ་ཞིག་རབ་བྱུང་གི་ཆ་བྱད་འཛིན་པ་སྟོན་ནོ། །

གཞན་ཡང་རྒྱལ་འབྱོར་དབང་ཕྱུག་བདག་ཉིད་ཀྱིས་ངན་པར་ཞལ་གྱིས་འཆེས་པས་པི་ཊ་པ་སྟེ། བོད་སྐད་དུ་ངན་པ་དང་། ཧེ་ལོ་ནྲ་རོ་ས་ར་ཧ་དང་མཻ་ཏྲི་པ་སོགས། དགེ་སློང་གི་བརྟུལ་ཞུགས་བོར་ནས་རུས་པའི་རྒྱན་དང་ཐོད་པ་དང་། ཅང་ཏེའུ་སོགས་འཛིན་པའི་གྲུབ་ཐོབ་རྣམས་ཀྱང་སྡིག་ཅན་དུ་འགྱུར་ཏེ། སྤྱོད་པ་དེ་དག་རབ་བྱུང་ལ་བཀག་པའི་ཕྱིར་རོ། །འདིར་གླེགས་བམ་འགའ་ཞིག་ལས། ཙན་དན་སྤོས་ཀྱི་ངད་ལྡན་པའི། །ཞེས་དང་། འགའ་ཞིག་ལས། ལྷས་ལྷས་ཞེས་བྱའི་འཇིག་རྟེན་གྱི་ཞེས་འབྱུང་བ། གཉིས་ཀ་ལྟར་ཡང་མི་འགལ་བས། དེའི་དགེ་སློང་ཇི་སྙེད་ཡོད་པ་ཐམས་ཅད་ཀྱང་། རིན་པོ་ཆེའི་རྒྱན་དང་བཅས་ཤིང་གོས་དཀར་པོ་གྱོན་པ། དེ་དག་ཀྱང་ཁྱེད་ལྟར་ན་སྡིག་པ་ཅན་དུ་འགྱུར་ཏེ། གཤིས་ཀྱིས་མི་དགེ་བ་སྤྱོད་པའི་ཕྱིར་རོ། །

འདོད་མི་នུས་ཏེ། གཙུག་ན་རིན་པོ་ཆེས་ཞུས་པའི་མདོ་ལས། སྟོན་བསྐལ་པ་གྲངས་མེད་པ་འདས་པའི་གོང་རོལ་དུ། བསྐལ་པ་དགའ་བར་གྱུར་པ་ཞེས་པ་ལ། འཇིག་རྟེན་གྱི་ཁམས་ལྷ་ཐམས་ཅད་ཀྱིས་ལྷས་ཤིང་རྟགས་ཀྱང་ངོམ་པར་མི་འགྱུར་བས། ལྷས་རྣམས་པར་ལྷས་པ་ཞེས་བྱ་བར། ས་གཞི་ཙན་དན་སྤྲུལ་གྱི་སྙིང་པོའི་རང་བཞིན་ལས་འགྲོས་པའི་དྲི་ངད་ཀྱིས། འཇིག་རྟེན་གྱི་ཁམས་ཚད་མེད་པ་ཁྱབ་པར་བྱེད་པ་ཞིག་ཏུ། དེ་བཞིན་གཤེགས་པ་འཇིག་རྟེན་ཐམས་ཅད་མངོན་པར་དགའ་བ་ཞེས་བྱ་བ་བྱུང་སྟེ། དེས་ན་ཐེག་པ་གཞན་གྱི་མིང་ཡང་མེད་ཅིང་། མི་ཐམས་ཅད་གསེར་གྱི་རྒྱན་དང་ལྷའི་ཁ་དོག་དང་ལྡན་པ། བསམ་གཏན་མངོན་ཤེས་ཀྱི་ཟས་ཅན་ཤ་སྟག་སྟེ། ཉོན་མོངས་པ་དང་བྲལ་བ་ཉིད་དེ་ནི་རབ་བྱུང་ཡིན་གྱི། དེ་དག་ལ་གོས་དུར་སྨྲིག་ཏུ་བཀའ་བསྩལ་པ་ཡང་ཡོད་དེ། འདི་ལྟར་སེམས་ལ་རྟོག་པ་མེད་པའི་ཕྱིར་རོ་ཞེས་གསུངས་སོ། །གཞན་ཡང་དགེ་བསྙེན་དང་དགེ་ཚུལ་རང་རང་གི་བསླབ་པ་དང་མི་འགལ་བའི་སྡོམ་བརྩོན་ལའང་། སྡིག་པ་མེད་པ་སྲིད་པར་མི་འགྱུར་ཏེ། དེ་དག་ལ་ཡང་དགེ་སློང་གི་བསླབ་པ་དང་འགལ་བའི་ལྟུང་བ་ཐམས་ཅད་འབྱུང་བའི་ཕྱིར་རོ། །དེས་ན། འདི་འདྲ་གང་དག་སུ་ཟེར་བ་དེ་ཡིས་རང་གི་རྩ་བ་དང་བརྒྱུད་པའི་བླ་མར་གྱུར་པ། མར་པ་ལྷོ་བྲག་པ་ལ་སོགས་ཁྱིམ་པའམ་མི་ལ་རས་པ་སོགས་དགེ་བསྙེན་པ་ཏེ་ལོ་ནྲ་རོ་སོགས་རྣལ་འབྱོར་པ་སུ་གང་བཞུགས་པ། དེ་དག་ཐམས་ཅད་སྨད་པར་འགྱུར་ཏེ། གཤིས་ཀྱིས་མི་དགེ་བ་མཛད་པ་དང་། རབ་བྱུང་གི་སྤྱོད་པ་ཐམས་ཅད་ལྟུང་བར་ཁས་བླངས་པའི་ཕྱིར་རོ། །དེས་ན་མདོ་ལས་བརྟུལ་ཞུགས་ལ་མཐའ་གཅིག་ཏུ་དགེ་སྡིག་གཉིས་ཀ་མེད་པར་གསུངས་སོ། །འདིར་བརྟུལ་ཞུགས་ནི་རང་བཞིན་གྱི་ཁ་ན་མ་ཐོ་བའི་གཉེན་པོའི་ཚུལ་ཁྲིམས་སྲུང་བའི་ཐབས། ཁ་ན་མ་ཐོ་བ་མེད་པའི་གོས་སྣན་བཟའ་བཏུང་སོགས་བརྟེན་པ་སྟེ། མཛོད་ལས།

ཚུལ་ཁྲིམས་ཡན་ལག་བག་ཡོད་པའི། །ཡན་ལག་བརྟུལ་ཞུགས་ཡན་ལག་སྟེ། །བཞི་གཅིག་དེ་བཞིན་གསུམ་རིམ་བཞིན། །ཞེས་སོ། །བསྙེན་གནས་ཀྱི་སྲོག་གཅོད་སྤོང་བ་སོགས་བཞི་དང་། ཆང་སྤོང་བ་དང་གར་སོགས་གསུམ་སྤོང་བ་རྣམས་རིམ་པ་བཞིན། ཚུལ་ཁྲིམས་སོགས་ཀྱི་ཡན་ལག་ཏུ་གསུངས་པའོ། །

འདིར་ཁ་ཅིག་ཁྱིམ་པའི་རྟགས་བརྟུལ་ནས་རབ་ཏུ་བྱུང་བའི་རྟགས་ལ་ཞུགས་པས་དེའོ་ཞེས་འཆད་པ་ནི། བསྙེན་གནས་ཀྱི་ལམ་ཁྲབ་པ་ཡིན་ནོ། །དེ་ཡང་གཅིག་ཏུ་དགེ་བ་ཡིན་ན། ཚུལ་འཆོས་བྱེད་པ་དག་གི་དེ་ཡང་དགེ་བར་འགྱུར་བ་ལས། དེ་ནི་མི་དགེ་བར་གསུངས་ཤིང་། མི་དགེ་བ་ཡིན་ན། སྡོམ་བརྩོན་རྣམས་ལའང་འགོག་པར་འགྱུར་བ་ལས་མ་བཀག་པ་ཡིན་ནོ། །འོན་ཅིའི་ཕྱིར་དེ་བསྟན་ཞེ་ན། དཔེར་ན་ཞིང་གི་ལོ་ཐོག་བསྲུང་བ་ལ། དེའི་གྲབ་བམ་རིབ་མའམ་འོབས་ཀྱིས་བསྲུང་བ་བཞིན་དུ། བརྟུལ་ཞུགས་དེ་དག་ལ་བརྟེན་ནས་ཚུལ་ཁྲིམས་བླངས་པ་དྲན་ནས། དེ་ལ་གུས་པས་བསྲུང་བའི་རྒྱུར་འགྱུར་བར་དགོངས་ནས་རྟེན་པར་གསུངས་པར་ཟད་ཀྱི། མཐའ་གཅིག་ཏུ་དགེ་བ་མ་ཡིན་ཏེ། འདུལ་བ་ལ་བསྟོད་པ་ལས། རབ་མཚམས་ཀྱི་འོབས་དང་འདྲ་བ་ཡི། །གང་ཟག་ཀུན་གྱི་ཆུ་ལོན་འདུལ་བ་ཡིན། །ཞེས་སོ། །རྒྱ་མཚན་དེས་ན་བླ་བ་སྒྲོན་མ་ལས། གང་དག་འདོད་པ་ཧ་སྣམ་མེ་བཞིན་སྤོང་། །བུ་དང་ཆུང་མ་རྣམས་ལ་སྲེད་སྤངས་ནས། །ཁྱིམ་གྱི་སྐྲག་ནས་ཁྱིམ་ནས་མངོན་བྱུང་བ། །བྱང་ཆུབ་ཞི་བ་མཆོག་འདི་རྙེད་མི་དཀའ། །ཞེས་པ་ལྟར། འདོད་པའི་ལོངས་སྤྱོད་ཀྱི་གཙོ་བོ་བུ་དང་ཆུང་མ་སོགས་སྤོང་བ་འདོད་པས་དབེན་པ་དང་། དགེ་བསྙེན་སྟོན་པ་གཞན་ལ་མི་བརྟེན་པ། ཆོས་དགེ་བ་བཅུ་སྤྱོད་པ་ཞེས་པ་ལྟར། སྡིག་ཏོ་མི་དགེ་བའི་ཆོས་ཀྱི་དབེན་པ་ཞེས་བྱ་བ་རྣམ་པ་གཉིས་སུ་གསུངས་པས། ཐུབ་པའི་དགོངས་པ་ཇི་ལྟ་བ་བཞིན་དུ་ཟུངས་ཤིག །དེ་ཡང་བུ་མོ་གསེར་མཆོག་འོད་དཔལ་གྱིས། བློ་གྲོས་ཆེན་པོ་འཕགས་པ་འཇམ་དཔལ་ལ་རབ་ཏུ་བྱུང་བར་ཞུས་པའི་ཚེ། ལུས་ཀྱིས་རབ་ཏུ་བྱུང་བ་བཀག་ནས་སེམས་ཀྱི་རབ་ཏུ་བྱུང་བ་ཐོབ་པར་མཛད་དེ། མདོ་ལས། བུ་མོ་ལུས་རབ་ཏུ་བྱུང་བ་རབ་ཏུ་བྱུང་བ་མ་ཡིན་གྱི། སེམས་རབ་ཏུ་བྱུང་བ་རབ་ཏུ་བྱུང་བ་ཡིན་ནོ་ཞེས་བྱ་བ་ལ་སོགས་རྒྱས་པར་གསུངས་སོ། །

བྱང་ཆུབ་སེམས་དཔའི་སྡེ་སྣོད་ལས་ཀྱང་། ལྷའི་བུ་རྣམ་པར་ཐར་པའི་སྒོ་གསུམ་པོ་དེ་དག་རྟོགས་ཤིང་སྤྲོས་པ་ཐམས་ཅད་ཡང་དག་པར་འཆད་པ་གང་ཡིན་པ་དེ་ནི། འདས་པ་དང་མ་འོངས་པ་དང་། ད་ལྟར་བྱུང་བའི་སངས་རྒྱས་བཅོམ་ལྡན་འདས་རྣམས་ཀྱི་ཉན་ཐོས་ཐམས་ཅད་ཀྱི་བསྙེན་པར་རྫོགས་པ་ཡིན་ནོ། །ལྷའི་བུ་དག་དེ་ལྟར་བསྙེན་པར་རྫོགས་པར་བྱེད་པ་དེ་ནི། ཡང་དག་པར་བསྙེན་པར་རྫོགས་པ་ཡིན་གྱི་མི་མཉམ་པར་མ་ཡིན་ནོ་ཞེས་སོ། །གལ་ཏེ་གཞིས་ལ་དགེ་བ་ཡོད་ཅིང་། དེ་ཡང་གོས་ངུར་སྨྲིག་གྱོན་པ་སོགས་ཡིན་ན། དེའི་

ཚེ་བུ་མོ་དེའི་ལུས་ལ་ངུར་སྨྲིག་རྒྱ་མཚན་ཅིས་བགོན་ཏེ་བགོན་པར་རིགས་སོ། །གཞན་ཡང་དཀོན་མཆོག་བརྩེགས་པའི་མདོ་སྡེའི་འོད་སྲུང་གིས་ཞུས་པ་ལས། དད་རྫས་ཟ་བའི་ཉེས་དམིགས་མཐོང་ནས། དགེ་སློང་ལྔ་བརྒྱས་སྡོམ་པ་ཕུལ་ཞིང་། དེ་ལ་ཐུབ་པས་ལེགས་ཞེས་གསུངས་ནས། འཕགས་པ་བྱམས་པ་སངས་རྒྱས་པའི་བསྟན་པ་ལ། འདུས་པ་དང་པོར་འགྱུར་རོ་ཞེས་ལུང་བསྟན་ཏོ། །དེ་ཡང་བསྟན་པ་འདི་བཤད་པ་ན་དགེ་སློང་རྣལ་འབྱོར་སྤྱོད་པ་ལྔ་བརྒྱས། བདག་ཅག་ཚུལ་ཁྲིམས་ཡོངས་སུ་དག་བཞིན་དུ། དད་པས་བྱིན་པ་སྤྱད་པར་གྱུར་ན་མི་རུང་ངོ་ཞེས་ཉམས་པར་བྱས་ཏེ་སླར་ཁྱིམ་དུ་དོང་ངོ་། །དེ་ལ་དགེ་སློང་གཞན་དགག་གཅིག་འདི་སྐད་དུ། དགེ་སློང་ཆེ་བའི་བདག་ཉིད་རྣལ་འབྱོར་སྤྱོད་འདི་དག་བསྟན་པ་ལས་ཉམས་པ་ནི་ཤིན་ཏུ་མ་ལེགས་སོ་ཞེས་འཆའ་འོ། །བཅོམ་ལྡན་འདས་ཀྱི་དགེ་སློང་དེ་དག་ལ་འདི་སྐད་ཅེས་བཀའ་བསྩལ་ཏོ། །དགེ་སློང་དག་ཁྱེད་འདི་སྐད་དུ། དགེ་སློང་ཆེ་བའི་བདག་ཉིད་ཅན་འདི་དག་འདི་ལྟར་བསྟན་པ་ལས་ཤིན་ཏུ་ཉམས་པ་ནི་ཤིན་ཏུ་མ་ལེགས་སོ་ཞེས་མ་སྨྲ་ཞིག །དེ་ཅིའི་ཕྱིར་ཞེ་ན། དགེ་སློང་དག་མངོན་པར་མི་དགའ་བས། ཁྱིམ་ན་གནས་པ་འདི་ནི་དད་པ་ཅན་རྣམས་ཀྱི་ཆོས་ཡིན་ཏེ། དགེ་སློང་དད་པ་དང་མོས་པ་མང་བ་འགྱོད་པ་དང་ལྡན་པ་འདི་དག་གི་བསྟན་པ་འདི་ཐོས་ནས། བདག་ཉིད་ཚུལ་ཁྲིམས་ཡོངས་སུ་དག་བཞིན་དུ་དད་པས་བྱིན་པ་ཡོངས་སུ་སྤྱད་ན་མི་རུང་ངོ་ཉམས་པར་འགྱུར་རོ། །འོད་སྲུང་ང་ལུང་སྟོན་ཏེ། དགེ་སློང་འདི་དག་ནི་འདི་ནས་ཤི་འཕོས་ནས་དགའ་ལྡན་གྱི་ལྷའི་རིགས་སུ་སྐྱེ་བར་འགྱུར་ཏེ། དེ་དག་དེ་བཞིན་གཤེགས་པ་བྱམས་པའི་ཉན་ཐོས་ཐོག་མ་འདུས་པའི་གྲངས་སུ་ཆུད་པར་འགྱུར་རོ་ཞེས་དང་། དེ་བཞིན་དུ། བྱམས་པ་སེང་གེ་སྒྲས་ཞུས་པ་ལས་ཀྱང་། འཕགས་པ་བྱམས་པས་ཡོ་བྱད་ཉུང་བའི་གཏམ་སེང་གེའི་སྒྲ་འཁོར་གྱི་ནང་དུ་བསྒྲགས་པ་ན། འཁོར་དེ་ནས་དགེ་སློང་ལྔ་བརྒྱ་བདག་ཉིད་ལ་ཡོ་བྱད་ཉུང་བའི་ཡོན་ཏན་མ་མཐོང་ནས་ཁྱིམ་དུ་འགྲོ་བར་སེམས་པ་ན། འོད་སྲུང་ཆེན་པོས་དེ་དག་དེ་ལས་ལྡོག་པར་བརྩམ་པ་ན། འཕགས་པ་འཇམ་དཔལ་གྱིས། དེས་ན་སྡོམ་པ་དགེ་བ་ཡིན་གྱི། རབ་བྱུང་གི་ཆ་ལུགས་ཙམ་ལ་དགེ་བ་མེད་དེ། འདི་ལྟར་རབ་བྱུང་སྡོམ་པ་མེད་པའི་དེའི་ཆ་ལུགས་ཀུན། མདོ་དང་བསྟན་བཅོས་རྣམས་ལ་བཀག་པའི་ཕྱིར་ཏེ། དེ་ཡང་རྟོག་གེ་འབར་བར་མདོ་དྲངས་པ། གང་ཞིག་ངུར་སྨྲིག་བགོས་ཀྱང་སེམས་ཀྱི་སྐྱོན་མ་སྤྲངས། །གང་ཞིག་ལྷུང་བཟེད་ཐོགས་ཀྱང་ཡོན་ཏན་སྣོད་མ་གྱུར། །སྐྲ་དང་ཁ་སྤུ་བྲེགས་ཀྱང་དགེ་སྦྱོང་ཚུལ་མ་ཞུགས། །རབ་ཏུ་བྱུང་ཡང་དངོས་པོ་ཀུན་ལས་ངེས་མ་བྱུང་། །དགེ་སྦྱོང་དེ་ནི་དགེ་སྦྱོང་མ་ཡིན་ཁྱིམ་པའང་མིན། །དེ་ནི་ཆུ་མེད་ཁྲོན་པ་རི་མོའི་མར་མེ་བཞིན། །ཞེས་དང་།

དགེ་སློང་ལ་རབ་ཏུ་གཅེས་པའི་མདོ་ནས། ཇི་ལྟར་སྡོང་པོ་བཟང་པོ་ལ། །ཡུན་རིང་ཡན་ལག་འཕེལ་བ་

ལྟར། །མི་དེ་རྟགས་ཙམ་ཡུན་རིང་ན། །ཁ་ན་མ་ཐོ་གཏམ་འཕེལ་དང་། །སྡིག་པ་དག་ནི་འཕེལ་བར་བཤད། །ཅེས་དང་། འདུལ་བ་མདོ་ལས་ཀྱང་། དེ་ལྟ་བུའི་རྟགས་ཅན་བསྙིལ་བར་བྱའོ་ཞེས་སོ། །གལ་ཏེ་གཤིས་ལ་དགེ་བ་ཡོད་ན། སྡོམ་པ་མེད་ཀྱང་རབ་བྱུང་གི་ཆ་ལུགས་ཙམ་རེ་རྒྱུ་མཚན་ཅིས་མི་བཟུང་སྟེ་འཛིན་པར་རིགས་སོ། །དེས་ན་འདི་འདྲའི་ཆོས་ལུགས་སངས་རྒྱས་ཀྱི་བསྟན་པ་མིན་ནོ། །

བྱེད་པོ་སངས་རྒྱས་ཡིན་པར་ཐལ་བ་སྤྱངས་པ་ལ་གཉིས་ལས་དང་པོ་རྩོད་པ་ནི། དེ་ལ་ཁ་ཅིག་འདི་སྐད་དུ། གལ་ཏེ་ གཤིས་ལ་དགེ་བ་དང་། །སྡིག་པ་གཉིས་ཀ་མེད་པ་ལ། །ཐུབ་པས་བཅས་པ་ལ་ལྟུང་བ་ཡོད། མ་བཅས་པ་ལ་མེད་ཅེས་འཆའ་ན་ནི། མུ་སྟེགས་བྱེད་ཀྱི་དབང་ཕྱུག་ལྟར། བདེ་བ་དང་སྡུག་བསྔལ་ཀུན་གྱི་བྱེད་པ་པོ་སངས་རྒྱས་ཡིན་པར་འགྱུར་རོ་ཞེས་ཟེར་ན། གཉིས་པ་ལན་ལ་གཉིས་ལས། མགོ་བསྒྲེ་བའི་ལན་ནི། རྩོད་པ་འདིའི་ལན་ལ་རྣམ་པ་གཉིས་ལས། དང་པོ་མགོ་བསྒྲེ་བའི་ལན་ནི་འདི་ལྟར་ཡིན་ཏེ། གཤིས་ལའམ་ངོ་བོ་ཉིད་ཀྱི་དགེ་སྡིག་ཡོད་ན་ནི་ཁྱེད་ཀྱང་མུ་སྟེགས་འགའ་ཞིག་སྟེ། ཆད་ལྟ་བ་ན་རེ། འབྱུང་ལྔ་ཉི་མ་ཟླ་བ་དང་། །ཁ་བ་དང་ནི་མངར་བ་ལྟར། །དགེ་དང་སྡིག་པ་ཐམས་ཅད་ཀྱང་། །སུས་ཀྱང་མ་བྱས་ངོ་བོས་གྲུབ། །ཅེས་པ་དང་རིག་བྱེད་པ། ཚིག་རྣམས་ལོག་པ་ཉིད་ཀྱི་རྒྱུ། །ཉེས་རྣམས་སྐྱེས་བུ་ལ་རྟེན་ཕྱིར། །སྐྱེས་བུས་མ་བྱས་བདེན་དོན་ཅན། །ཞེས་ཟེར་བ་ལྟར། ངོ་བོ་ཉིད་རྒྱུར་སྨྲ་བར་འགྱུར་རོ། །གཉིས་པ་དངོས་པོའི་ལན་ལ་ནི། གཤིས་ལ་དགེ་བ་དང་སྡིག་པ་མེད་ཀྱང་སེམས་ཅན་གྱི་བདེ་སྡུག་དགེ་མི་དགེའི་ལས་ཀྱིས་བྱས་པ་ཡིན་ཏེ། སྤྱོད་འཇུག་ལས་ཀྱང་། ཡིད་ལ་བསམས་པའི་དགེ་བྱས་པས། །གང་དང་གང་དུ་འགྲོ་འགྱུར་བ། །དེ་དང་དེར་ནི་བསོད་ནམས་དེས། །འབྲས་བུའི་ཡོན་གྱིས་སྔོན་མཆོད་འགྱུར། །སྡིག་པ་བྱེད་པ་བདེ་འདོད་ཀྱང་། །གང་དག་གང་དུ་འགྲོ་འགྱུར་བ། །དེ་དང་དེར་ནི་སྡིག་པ་དེས། །སྡུག་བསྔལ་མཚོན་གྱིས་རྣམ་པར་འཇོམས། །ཞེས་སོ། །ལས་ཀྱི་བྱེད་པ་པོ་ནི། མདོ་ལས། འཇིག་རྟེན་སེམས་ཀྱིས་འཁྲིད་པ་སྟེ། །སེམས་ཀྱིས་ཡོངས་སུ་དྲངས་པ་ཡིན། །སེམས་ཀྱི་ཆོས་ནི་གཅིག་པུ་ཡིས། །དབང་གིས་འཇིག་རྟེན་རྗེས་སུ་འབྲང་། །ཞེས་ལྟར། སེམས་ཉིད་ཡིན་ཞིང་། སེམས་དེ་ཉིད་དད་སོགས་དགེ་བ་དང་འདོད་པའི་འདོད་ཆགས་སོགས་མི་དགེ་བའི་སྟོབས་ཀྱིས་ཀུན་ནས་བསླངས་པས་ལས་བཟང་ངན་དགེ་སྡིག་འབྱུང་ལ། བཟང་ངན་དེ་ལས་རིམ་པ་བཞིན་བདེ་སྡུག་སྐྱེ་བས། ལས་དེ་དག་བླང་དོར་བྱེད་པའི་ཐབས་ནི་ཉེས་སྤྱོད་སྡོམ་པའི་ཚུལ་ཁྲིམས་ཡིན། སྐྲ་འབྲེག་པ་དང་གོས་ངུར་སྨྲིག་གྱོན་པ་ལ་སོགས་པའི་བརྟུལ་ཞུགས་ནི་རང་བཞིན་གྱི་ཁ་ན་མ་ཐོ་བའི་གཉེན་པོ་ཚུལ་ཁྲིམས་བསྲུང་བའི་ཐབས་ཙམ་ཡིན་གྱི། ངོ་བོ་ཉིད་ཀྱིས་དགེ་བ་ནི་མིན་ནོ། །ཚུལ་ཁྲིམས་བརྟུལ་ཞུགས་བསྲུང་བ་དེ་ལ། གང་ཟག་གང་ལ་

སློབ་པ་གང་བསླབ། དགོས་པའི་བསླབས་པ་སྟེ། འཆའ་བའི་བྱེད་པ་པོ་ཆོས་ཐམས་ཅད་རྟོགས་པ་མཐར་ཕྱིན་པས་རྫོགས་པའི་སངས་རྒྱས་ཏེ། དེ་ཉག་གཅིག་གམ་འབའ་ཞིག་ཡིན་གྱི་གཞན་མ་ཡིན་ཏེ། ཤཱ་རིའི་བུ་ལ་སོགས་པ་ལའང་བསླབ་པ་འཆའ་བའི་དབང་མེད་ན། གཞན་ལྟ་སྨོས་ཀྱང་ཅི་དགོས་ཞེས་པ་ལྟ་བུའོ། །

རྣམ་པར་གདན་ལ་དབབ་པ་བསྡུ་བ་ལས། གང་ཟག་རླབས་པོ་ཆེ་བསྟན་པ་ལ་གཞུག་པའི་དོན་དུ། བསླབ་པ་ཕྲ་མོ་འགའ་ཞིག་བག་ཡངས་སུ་བྱ་བར་གསུངས་པ་དང་། མདོ་སྡེ་རྒྱན་གྱི་འགྲེལ་པར། དགེ་འདུན་མཐུན་པས་རྣམ་གྲངས་ཀྱིས་གློད་པའི་ཕྱིར། ལྟུང་བ་མེད་པ་ཞེན་པའང་བསླབ་པ་གསར་དུ་འཆའ་བ་མ་ཡིན་གྱི། སྟོན་པ་མྱ་ངན་ལས་འདས་པའི་ཚེ་མི་རུང་བ་དང་མཐུན་ལ། རུང་བ་དང་འགལ་བ་ནི། རུང་བ་མ་ཡིན་པར་བསྡུའོ། །དེ་ལས་བཟློག་པ་ནི་རུང་བར་བསྡུའོ། །ཞེས་དང་། དགེ་འདུན་སྡེ་པ་ལ་རིག་པར་གནས་པའི་ཕྱིར། བསླབ་པའི་གཞི་ཕྲ་མོ་བག་ཡངས་སུ་བྱ་བར་གནོང་ཞེས། བཅས་ཟིན་པ་དགོངས་པའི་དབང་གིས་སྤྱོད་པ་ཡིན་ཞིང་། དེ་ཡང་དགེ་འདུན་གྱི་ལས་ཀྱིས་བྱེད་པ་ནི་དུས་གཞན་དུ་བག་ཡངས་སུ་མི་འགྱུར་བའི་ཆེད་དུ་ཡིན་ནོ། །འོན་ཀྱང་མདོ་སྡེ་རྒྱན་ལས། སངས་རྒྱས་ཀུན་གྱི་འོད་ཟེར་ཆེན་པོས་དབང་བསྐུར་བྱིན། །དེ་ནི་ཆོས་ལ་དབང་བ་ཀུན་དང་ཡང་དག་ལྡན། །སངས་རྒྱས་འཁོར་གྱི་དཀྱིལ་འཁོར་སྟོན་པའི་རྣམ་པ་ཤེས། །བསླབ་པ་བཅས་པས་ཚར་གཅད་པ་དང་ཕན་འདོགས་བྱེད། །ཞེས་པས་ས་གནས་བྱང་སེམས་རྣམས་ཀྱི་རང་ཉིད་ཀྱིས་ཀྱང་བསླབ་པ་འཆའ་བར་སྟོན་ནོ། །དེས་ན་བསམ་པ་ཉོན་མོངས་པ་ཤས་ཆེ་ཆུང་དང་ལུས་ངག་ཡིད་ཀྱིས་ཉེས་སྤྱོད་ཕྲ་མོ་ལས་མི་ལྡོག་པ་དང་། ལྡོག་པར་འདོད་པའི་ཁྱད་པར་གྱིས་གཉེན་པོ་རགས་པ་དང་ཕྲ་བའི་བྱེ་བྲག་དུ་མ་ཡོད་དེ། དཔེར་ན་བཅས་པའི་ཁ་ན་མ་ཐོ་བ་གཞན་སྤོང་མི་ནུས་པ་དང་། ཕྱི་དྲོའི་ཁ་ཟས་དང་། མི་ཚངས་སྤྱོད་སོགས་འགའ་ཞིག་ཉིན་ཞག་ཙམ་སྤོང་ནུས་པ་དང་། དེ་དག་ཇི་སྲིད་འཚོའི་བར་དུ་སྤོང་ནུས་པ་དང་། ལུས་ངག་གི་ཉེས་སྤྱོད་མཐའ་དག་སྤོང་ནུས་པ་ལ་རིམ་པ་བཞིན། དགེ་བསྙེན། བསྙེན་གནས། དགེ་ཚུལ། དགེ་སློང་གི་བསླབ་པ་གསུངས་པ་ལྟ་བུའོ། །ཡང་གཉེན་དེའི་བླང་དོར་གྱི་ཐབས་སུ་འདུལ་བའི་གཞུང་ལས་བརྟུལ་ཞུགས་དང་། ཚུལ་ཁྲིམས་ཀྱི་བཅས་པ་མི་འདྲ་བ་མཛད་པའི་རྒྱུ་མཚན་བཤད་མ་ཐག་པ་དེ་ལྟར་ཡིན་ནོ། །དེས་ན་སེམས་ཅན་གྱི་བདེ་བ་དང་སྡུག་བསྔལ་གྱི་བྱེད་པ་པོ་སངས་རྒྱས་མ་ཡིན་ཡང་། སྡོམ་པ་གསུམ་གྱི་བསླབ་པ་འཆའ་བ་དང་གསང་སྔགས་ཀྱི་སྐད་དོད། མནྟྲ་ཞེས་པ་མ་ན་ཡིད་དང་། ཏྲ་ཡ་སྐྱོབ་པ་ལ་འཇུག་པས་ཡིད་རྣམ་རྟོག་ལས་སྐྱོབ་པས་གསང་སྔགས་ཏེ། རྣམ་པར་མི་རྟོག་པའི་ཡེ་ཤེས་སོ། །དེའི་དབང་གིས་བྱུང་བའི་ཞི་སོགས་ཀྱི་ཕྲིན་ལས་བསྒྲུབ་པར་བྱེད་པ་མིང་ཚིག་ཡི་གེའི་ཚོགས་ཀྱང་སྔགས་ཀྱི་འབྲས་བུས་ཡིན་པས་དེར་བཏགས

ཤིང་། འཇིག་རྟེན་གྱི་ལྷ་འདྲེ་ལ་སོགས་ཀྱིས་བྱས་པའི་ཚིག་འགའ་ཞིག་ཀྱང་། སྔགས་ཕྱི་མ་དང་འདྲ་བས་དེར་བཏགས་སོ། །

འདིར་ནི་སྔགས་གཉིས་པ་སྟེ། དེ་སྒྲོར་ཞིང་རྫོམ་པའི་བྱེད་པ་པོ་སངས་རྒྱས་ཡིན་པར་གསུངས་ཏེ། འདུལ་བ་ལས་དོན་འདི་དང་འབྱུང་བ་འདི་དང་གླེང་གཞི་འདི་ལ་དགེ་སློང་གི་དགེ་འདུན་བསྡུ་བ་མཛད་དེ། བཅོམ་ལྡན་འདས་དགེ་སློང་གི་དགེ་འདུན་གྱི་གོང་དུ་གདན་བཤམས་པ་ལ་བཞུགས་ཏེ། བཅོམ་ལྡན་འདས་ཀྱིས་དགེ་སློང་རྣམས་ལ་བཀའ་བསྩལ་པ། དགེ་སློང་དག་ངས་བསླབ་པ་བཅས་པའི་ས་བོན་བཅུ་ཡང་དག་པར་གཟིགས་པས། འདུལ་བ་ལ་ཉན་ཐོས་རྣམས་ལ་བསླབ་པའི་གཞི་འདི་ལྟར་བཅའ་བར་བྱ་སྟེ་ཞེས་པ་དང་། དེ་བཞིན་གཤེགས་པ་བདུན་གྱིས་སྔོན་གྱི་སྨོན་ལམ་གྱི་ཁྱད་པར་རྒྱས་པའི་མདོ་ལས། བཅོམ་ལྡན་འདས་ཉིད་ཀྱི་དཔལ་གྱི་མགུར་ནས་ཚངས་པའི་གསུང་གིས། བཻཌཱུརྱའི་འོད་ཅེས་བྱ་བའི་གཟུངས་སྔགས་གསུངས་ཏེ་ཞེས་པ་དང་། རྡོ་རྗེ་རྣམ་འཇོམས་ལས། སངས་རྒྱས་ཀྱི་མཐུས་ལག་ན་རྡོ་རྗེས་ཞེས་པ་ནས། རྡོ་རྗེ་སྙིང་པོས་རབ་ཏུ་སྒྲུབ་པ་ཞེས་སོགས་རྣམ་འཇོམས་ཀྱི་གཟུངས་གསུངས་པ་ལྷ་བུས་བྱིན་གྱིས་བརླབས་ཏེ་གསུངས་པ་ལ་སོགས་ལྟ་བུའོ། །དེ་ཡང་གཟུངས་གྲྭ་ལྔ་ལ་སོགས་བྱ་སྤྱོད་ཀྱི་རྒྱུད་ཕལ་ཆེར་ནི། བཅོམ་ལྡན་འདས་ཤཱཀྱ་ཐུབ་པ་ཉིད་ཀྱིས་འཛམ་བུའི་གླིང་ལ་སོགས་པར་འཁོར་རྣམ་བཞི་སོགས་ལ་གསུངས་ཤིང་། དཔལ་མཆོག་དང་པོ་དང་དེ་ཉིད་འདུས་པ་སོགས། རྣལ་འབྱོར་རྒྱུད་ཕལ་ཆེར་སྤྲུལ་པའི་སྐུ་ཤཱཀྱ་ཐུབ་པའི་སྔོན་དུ། གཞན་འཕྲུལ་དབང་བྱེད་དང་། སུམ་ཅུ་རྩ་གསུམ་སོགས་སུ་འཁོར་ལོས་བསྒྱུར་བའི་གཟུགས་ཀྱིས་གསུངས་ཤིང་། འཁོར་ལོ་སྡོམ་པ་དང་དགྱེས་པ་རྡོ་རྗེ་སོགས་རྣལ་འབྱོར་ཆེན་པོའི་རྒྱུད་ཕལ་ཆེར་ནི། ལྷའི་ཡུལ་ལ་སོགས་པར། བདེ་མཆོག་ལ་སོགས་པའི་གཟུགས་ཉིད་ཀྱིས་གསུངས་པ་ཡིན་នོ། །

དེས་ན། དུས་འཁོར་བ་ཆེན་པོ་འགའ་ཞིག་སྟོན་པ་སངས་རྒྱས་ལོ་བཞི་བཅུ་རྩ་བཞིའི་བར་དུ་མཚན་ཉིད་ཐེག་པ་འབའ་ཞིག་གསུངས་ལ། བརྒྱད་ཅུ་ལ་བབས་པ་ན་དཔལ་ལྡན་འབྲས་སྤུངས་སུ་གསུངས་སོ་ཞེས་གསུངས་པའང་འཐད་པར་མ་མཐོང་སྟེ་རྒྱས་པར་འོག་ཏུ་འཆད་དོ། །འདི་གསང་སྔགས་དང་རིགས་སྔགས་དང་གཟུངས་སྔགས་ཞེས་པ་ནི་རིམ་པ་བཞིན་ལྷ་ཕོ་དང་མོ་དང་། གཉིས་ཀའི་སྔགས་སོ་ཞེས་མཁྱེན་རབ་ཀྱི་དབང་ཕྱུག་བུ་སྟོན་རིན་པོ་ཆེས་གསུང་ངོ་། །དེས་ན་སྔགས་རྣམས་སངས་རྒྱས་དང་འཇིག་རྟེན་གྱི་ལྷ་ལ་སོགས་པས་བྱས་པ་ཡིན་གྱི། སྤྱོད་པ་པོ་འདོད་པ་ལྟར་སྐྱེས་བུས་མ་བྱས་པ་མ་ཡིན་ཏེ། རྣམ་འགྲེལ་ལས། འགའ་ཡིས་བརྡ་བྱས་ཉིད་ཡིན་ན། །སྔགས་རྣམ་འབྲས་བུ་སྒྲུབ་བྱེད་ཡིན། །ཅི་སྟེ་དངོས་པོའི་ནུས་ཡིན་ན། །ཁྱད་པར་མེད་

ཕྱིར་གཞན་ལའང་འགྱུར། །ཞེས་དང་། འབྲས་བུ་འདོད་པས་སྔགས་རྣམས་ནི། །བྱས་དང་སྐྱེས་བུས་བྱས་བརྗོད་བྱ། །སྐྱེས་བུ་ནུས་མེད་བསྒྲུབ་བྱེད་ནི། །འདི་ཉིད་ཀྱིས་ནི་གསལ་བ་ཡིན། །ཞེས་གསུངས་སོ། །

གསུམ་པ་ལག་ལེན་ཕྲན་ཚེགས་བཤད་པས་མཇུག་བསྡུ་བ་ནི། གོས་ཕུ་དུང་མ་ལྷ་བུ་སྨུ་གུ་ཅན་དང་ཕྲུམ་མེ་ལྷ་བུ་གོང་བ་ཅན་གྱོན་པ་དང་། རྟ་ལ་ཞོན་པ་ལ་སོགས་གཞོན་པས་འགྲོ་བ་དང་། སྨིན་ལེན་མ་བྱས་པའི་གོང་རང་རང་དང་འདྲ་བའི་ཟས་ལ་དགེ་སློང་གིས་རེག་པའི་ལག་ཉལ་དང་། དེ་ཟོས་པ་གཉིས་ཀ་ལ་ཉེས་བྱས་རེ་འབྱུང་བས། དེ་ལྟ་བུ་བྱས་པ་དང་བསྙེན་པར་མ་རྫོགས་པ་དང་ལྷན་ཅིག་གནས་གཅིག་ཏུ་ནུབ་གསུམ་ཚང་བར་ཉལ་བ་དང་། བྱིན་ལེན་མ་བྱས་པ་དང་། གསོག་འཇོག་བྱས་པ་བྱ་བ་ལ་སོགས་འདུལ་བ་ལས་གསུངས་པའི་སྤྱོད་པ་དང་མཐུན་པ་མ་ཡིན་པ་བྱས་པ་ཀུན་ལ་གནོངས་ཞིང་འགྱོད་པའི་ཚུལ་གྱིས་ལྟུང་བ་རིགས་མཐུན་མེད་པའི་དགེ་སློང་གི་དྲུང་དུ་གཤེགས་པ་ལེགས་པར་གྱིས་ཤིག །དེ་དག་ལ་ལྟུང་བ་མེད་དོ་ཞེས་ཁྱད་དུ་གསད་ནས་སྨྲ་ན། སངས་རྒྱས་ཀྱི་བསྟན་པ་ལ་གནོད་པ་ཡིན། གཞན་ཡང་རབ་ཏུ་བྱུང་བ་འབབས་པ་དང་། སྡེ་པ་ཕན་ཚུན་ནོར་གྱི་ཕྱིར་རྩོད་པ་བྱེད་པ་དང་། དམ་པའི་ཆོས་ཀྱི་གླེགས་བམ་ཉོ་འཚོང་བྱེད་པ་དང་། དགེ་སློང་ཕྱི་དྲོའི་དུས་བཀྲང་གི་ཟས་ཟ་བ་དང་། ཆང་འཐུང་བ་དང་། སཀྲོ་བ་དང་ལ་སོགས་པ། མི་ལ་རེག་པ་ཆོས་གོས་ལྷུང་བཟེད་གདིང་བ་ཆུ་ཚགས་སོགས་འཚོ་བའི་ཡོ་བྱད་མེད་པ་ལྟ་བུ་ཆོས་དང་འགལ་བའི་སྤྱོད་པ་ཀུན་ལ་འདི་དག་ལ་ལྟུང་བ་མེད་ཅེས་སྒྲོག་པ་དང་། སྡེ་པ་ཕན་ཚུན་ཆགས་སྡང་གིས་རྩོད་པ་བླ་མའི་ཞབས་ཏོག་ཡིན་པ་དང་། སངས་རྒྱས་བསྟན་པ་ལ་ཕན་པ་དང་། བབ་ཅོལ་དུ་ཆང་འཐུང་བ་དང་། ཕྱི་དྲོའི་ཁ་ཟས་སོགས་ལུས་ཀྱི་ལྷ་མཆོད་པས་བསོད་ནམས་སུ་འགྱུར་བར་སྨྲ་ན་བསྟན་པ་སྤྱི་ལ་གནོད་པ་ཡིན་ནོ། །རང་ཉིད་གཉེན་པོ་ཆུང་བས་བསྲུབ་པར་མ་ནུས་ཞེས་པའམ། སྐྱེ་བ་སྔ་མའི་ལས་ངན་ཡིན་པས་འདི་ལྟ་བུ་བྱེད་དགོས་བྱུང་ཞེས་སྨྲ་ན་ནི། རང་ལ་གནོད་ཅིང་བསྟན་པ་ལ་གནོད་པ། མིན་ཟེར་ཡང་གནོད་ཚབས་ཆུང་བ་ཡིན་ནོ། །གལ་ཏེ་སྐྱེ་བ་སྔ་མའི་བྱེད་པར་ངེས་པའི་ལས་ངན་སྨིན་པའི་ཤུགས་ཉིད་ལས་ཆོས་དང་འགལ་བའི་སྤྱོད་པ་རྣམས་གཞན་གྱིས་དབང་མེད་དུ་བྱ་དགོས་བྱུང་ན་ཡང་། འདི་ནི་མདོ་སྡེ་དང་མི་མཐུན་པས་ཆོས་མིན་ཞིང་ཚུལ་ཁྲིམས་དང་འགལ་བས་འདུལ་བ་ཡིན་ལ། རྟེན་འབྲེལ་གྱི་ཆོས་ཉིད་འགལ་བས་སངས་རྒྱས་ཀྱི་བསྟན་པ་མིན་ནོ་ཞེས། གནོད་པའི་ཚུལ་གྱིས་བཤགས་པ་ལེགས་པར་བྱའོ། །འདི་དག་ཆོས་དང་མི་འགལ་ཞིང་། སངས་རྒྱས་ཀྱི་བསྟན་པ་ཡིན་ནོ་ཞེས་སྨྲ་ན་སངས་རྒྱས་ཀྱི་བསྟན་པ་ལ་གནོད་པ་ཡིན་ནོ། །དེས་ན་བསྟན་པའི་སློར་ཞུགས་པས། སངས་རྒྱས་ཀྱི་བསྟན་པ་ལ་མ་ཕན་ཡང་། རྣམ་པ་ཀུན་ཏུ་གནོད་པར་མི་བྱ་སྟེ། དཔའ་བོས་དགྲ་དེ་མ་གསོད་ཀྱང་། །

རང་ཕྱོགས་གསོད་པར་བྱེད་དམ་ཅི། །ཞེས་གསུངས་པ་ལྟར་རོ། །

མདོ་བསྐུལ་བ་དང་ཉི་མ་བརྗོད་པ་ལ་སོགས་པའི་འཕྲུལ་གྱི་བྱ་བ་ཀུན། རབ་ཏུ་བྱུང་བ་རྣམས་ཀྱིས་འདུལ་བའི་གཞུང་དང་མཐུན་པར་གྱིས་ཤིག །དེ་ཡང་འདུལ་བ་ལས། དགེ་འདུན་གྱི་གནས་བརྟན་གྱི་དམིགས་མའི་ཐུར་མ། སྐྱིད་པ་ལ་རྒྱུས་པ་སྒྲོ་བས་ཉི་མ་བགྲང་བར་བྱའོ། །དགེ་བསྐོས་ཀྱི་དེ་ལས་བཏགས་ཏེ། དགེ་འདུན་ལ་བརྗོད་པར་བྱའོ། །ཕྱི་བྲག་ཏུ་བྱས་པའིའོ། །ངོ་བོའི་དབྱེ་བས་སོ། །གཙུག་ལག་ཁང་གི་བདག་པོ་དང་ལྷའི་ཕྱིར་ཚིགས་སུ་བཅད་པ་གདོན་པར་བསྐུལ་བའི་ཚིག་ཀྱང་བྱའོ་མོད་ལའོ། །དེང་ནི་ཡར་གྱི་ངོ་བོའི་ཚེས་གཅིག་ལགས་ཏེ། གཙུག་ལག་ཁང་གི་བདག་པོ་དང་གཙུག་ལག་ཁང་གི་ལྷ་རྣམས་ཀྱི་སླད་དུ་ཚིགས་སུ་བཅད་པ་རེ་བགླག་ཏུ་གསོལ་ཞེས་བཤད་དེ། དེང་སང་འདི་དང་མཐུན་པར་བྱེད་པ་རྣམས་ཀྱང་ཤེས་རབ་སྙིང་པོ་འདོན་པ་ནི། ཚིགས་སུ་བཅད་པ་ཐོན་ཟེར་བ་ལ་ལྷག་པ་འདོན་པས་ཟུང་ཟད་མ་འབྲེལ་བ་ཡིན་པས། སྡིག་པ་ཅི་ཡང་མི་བྱ་སྟེ། །ཞེས་སོགས། སྲིད་པ་ཐམས་ཅད་ཡོངས་ཡེ་སྟོང་པ་སྟེ་ཞེས་སོགས། བཀའ་ཡིན་པའི་ཚིགས་བཅད་གདོན་པར་བྱ་བ་ཡིན་ནོ། །མདོ་སྐུལ་རིང་མོ་ཞེས་བྱ་བ་ནི་འདི་ལྟར། ཀྱེ་གསོན་ཅིག་དགེ་འདུན་བཙུན་པ་རྣམས། །ཚངས་པ་རྒྱལ་ཆེན་བརྒྱ་བྱིན་དང་། །ཆོས་སྐྱོང་གཙུག་ལག་སྲུང་མ་དང་། །ལྷ་ཀླུ་ལ་སོགས་སྡེ་བརྒྱད་དང་། །ཆོས་རྒྱལ་རྗེ་བློན་ཡོན་བདག་དང་། །ཕ་མ་མཁན་པོ་སློབ་དཔོན་དང་། །མཐའ་ཡས་སེམས་ཅན་དོན་སླད་དུ། །ཞལ་ནས་གསུངས་པའི་མདོ་བརྗོད་ཞུ། །ཞེས་དང་། འགའ་ཞིག །ཀྱེ་གསོན་ཅིག་དགེ་འདུན་བཙུན་པ་རྣམས། །སྟོན་པས་ལན་གཉིས་གསུངས་ཏེ། རབ་ཏུ་བྱུང་ཞེས་བྱ་བ་ནི། །རྒྱ་ཆེ་རབ་ཟབ་མདོ་བརྗོད་ཅིང་། །བདག་མེད་དོན་བསྒོམ་བསམ་གཏན་ནོ། །བླ་མེད་བྱང་ཆུབ་མཆོག་གི་བར། །རྒྱལ་བའི་ཡེ་ཤེས་དོན་གཉེར་བ། །ཟུང་ཟད་ཙམ་གྱིས་མི་འགྲུབ་སྟེ། །རིན་ཆེན་ལྷུན་པོ་ཆོས་ཀྱི་ལམ། །བྱང་ཆུབ་སྤྱོད་ལ་བསླབ་འཚལ་ལོ། །ཡང་དག་སྤོང་ཞིང་བརྟུལ་པོ་ཆེ། །ཐེག་ཆེན་གཞོན་པའི་ཁ་ལོ་སྒྱུར། །དོན་མེད་ལས་ལ་མ་བརྩོན་པར། །ཆོས་སྤྱོད་བཅུ་ལ་ནན་ཏན་མཛོད། །རང་བཞིན་ངན་པས་གོས་ཏ་རེ། །དགེ་བཤེས་གྲོགས་མཆོག་མ་སྤངས་མཛོད། །ལེགས་པའི་འབྱུང་གནས་གཏེར་ཆེན་ཡིན། །གླུ་རྩེ་དང་ནི་སྒོག་སྐྱ་དང་། །གང་ལ་རྟེན་པའི་དྲི་བཞིན་དུ། །མཁའ་ལྟར་དག་པའི་སེམས་སྤྱོད་ལ། །ཐུགས་བསྐྱེད་ཆེན་པོ་རྒྱ་ཆེན་མཛོད། །ཀྱེ། ཐུབ་ཆེན་རྒྱལ་བའི་སྲས་པོ་དག ། མགོ་འམ་ཐོད་ལ་མེ་ཤོར་ན། །སྨྱུར་དུ་གསོད་ལ་བརྩོན་པ་ལྟར། །གཞན་དོན་བློ་ལྡན་ནུས་པའི་ཚེ། །ལུས་ངག་ཡིད་ཀྱི་སྒོ་གསུམ་དུ། །སྤྱོད་ལམ་རྣམ་བཞི་མ་འབད་ན། །དེང་བྱ་སང་བྱའི་ངང་ལ་འདའ། །ན་རྒས་རྒུད་པའི་སྡུག་བསྔལ་དང་། །འཆི་བདག་བདུད་ཀྱིས་རྟིང་ལ་གཏུགས། །དེ་བས་བདུད་ཀྱི་དཔུང་

འཛོམས་པའི། །ཕ་རོལ་ཕྱིན་པའི་གྲོགས་མཆོག་དང་། །འགྲོགས་ནས་ཡུན་ཙམ་མི་འབྲལ་བར། །ཤེས་རབ་སྙིང་རྗེའི་མཐུ་སྟོབས་ཀྱིས། །སོ་སོ་རང་རང་གནས་མཆོག་ཏུ། །ཅི་བདེ་བར་ནི་གཤེགས་སུ་གསོལ། །དེར་ཡང་། སྲོད་དང་པོ་རངས་མ་གཟིམས་པར་གཉེན་པོ་སྐྱུ་ལུས་ལེགས་ཆོས་ལ། ཐུགས་དམ་ཚུལ་བཞིན་དུ་མཛད་པར་ཞུ་ཞེས་འདོན་ཞིང་། དེའི་འོག་ཏུ་ཨུ་ཧཱུྃ་ལགས། དགེ་འདུན་བཙུན་པ་རྣམས་གསན་དུ་གསོལ། དེ་ཡང་ཟླ་བ་ཆེ་གེ་མོའི་ངོ་། གྲལ་ཆེས་གཅིག་མཐོན་དུ་གྱུར་པ་ལགས་ལ། གཙུག་ལག་ཁང་དང་། དེའི་བདག་པོ་དང་། དེའི་ལྷ་རྣམས་ཀྱི་སླད་དུ་ཐེག་པ་ཆེན་པོའི་མདོ་ཚིགས་སུ་བཅད་པ་རེ་གསུངས་སྒྲོགས་པར་ཞུ། ཞེས་པ་དང་ཡང་འགའ་ཞིག །ཀྱེ་གསོན་ཅིག་རྒྱལ་སྲས་བློ་ལྡན་རྣམས། །ཐུབ་པའི་བསྟན་ལ་རབ་བྱུང་ནས། །བསླབ་གསུམ་སྔན་གྱིས་སྤྲུར་བ་ཡི། །བྱང་ཆུབ་སེམས་ཀྱི་ཡོན་ཤིང་དང་། །ཚོགས་གཉིས་རྫོགས་པའི་དཔལ་ལྡན་པའི། །འགྲོ་བའི་སྡུག་བསྔལ་བསལ་བ་དང་། །འགྲོ་བའི་སྡུག་བསྔལ་བསལ་ནས་ཀྱང་། །དོན་ཆེན་འབྲས་བུ་ཐོབ་འདོད་པའི། །ཐམས་ཅད་མཁྱེན་པའི་རིན་ཆེན་གླིང་། །དེང་འདིར་གསོ་སྦྱོང་ལ་སོགས་པའི། །ནག་པོའི་བདུད་རྣམས་ཕམ་བྱེད་ཅིང་། །དཀར་ཕྱོགས་བསོད་ནམས་སྤེལ་སླད་དུ། །དབྱངས་ཀྱི་ཡན་ལག་རྒྱ་མཚོའི་སྒྲས། །རྒྱལ་བའི་ཡོན་ཏན་རབ་བརྗོད་ཅིང་། །དངོས་དང་ཏིང་འཛིན་མཆོད་པར་འབུལ། །རྒྱུ་འབྲས་བདེན་པས་སྡིག་པ་བཤགས། །བདེན་པའི་ཚིག་གིས་སྨོན་ལམ་འདེབས། །རྟེན་འབྲེལ་ཆེ་བས་བཀྲ་ཤིས་བརྗོད། །འབྱུང་པོ་བསྔོགས་པས་ཕུན་སུམ་ཚོགས། །བསོད་ནམས་འཕེལ་ཕྱིར་བསྔོ་བ་དང་། །སྙན་པའི་དབྱངས་ཤིག་གསུང་སྒྲོགས་ཞུ། །ཞེར་ཏེ་འདི་ནི་བཟུང་རྒྱུ་དང་བརྗོད་རྒྱུ་མང་པས་དཀའ་ལས་ཆེ་ལ། ཆོས་ནས་མ་བཤད་པས་ནོར་བ་བྱེད་པ་མཐོང་ངོ་། །མདོ་དང་རྒྱུད་སྡེ་ཀུན་ལས་འདི་འདྲ་མ་གསུངས་པས་རྒྱ་གར་ན་མེད་ཅིང་། བོད་ཀྱི་ཡང་སྡེ་སྣོད་འཛིན་པ་རྣམས་ལ་མེད་དོ། །འདི་འདྲའི་རིགས་ཀྱི་ཆོས་ལུགས་འཕེལ་ན། བསྟན་པའི་རྩ་བ་ནུབ་པར་འགྱུར་ཏེ། འདི་ལྟར་ཆོས་ནས་གསུངས་པ་རྣམས་སླ་ཡང་མི་བྱེད་ཅིང་། མ་གསུངས་པ་རྣམས་དཀའ་ཡང་། འབད་ནས་བྱས་པས་ཆོས་ནས་གསུངས་པའི་ལག་ལེན་ཐམས་ཅད་ནུབ་པར་འགྱུར་བས་སོ། །དེས་ན་བོད་བླུན་པོ་སངས་རྒྱས་ཀྱིས་གསུངས་པའི་ཆོག་ཀུན་སླ་བར་གྱུར་ཀྱང་མི་བྱེད་ལ། སངས་རྒྱས་ཀྱིས་ནི་མ་གསུངས་ན། དཀའ་ལས་ཆེ་ཡང་འབད་ནས་བསྟན་པ་དགྲུགས་པའི་ཕྱིར་བྱེད་པས་མཚར་རོ་ཞེས་པ་བརྙེང་ཚིག་གོ། །གལ་ཏེ་སངས་རྒྱས་ཀྱི་གསུང་དང་མི་མཐུན་ཡང་། འདི་འདྲ་བྱས་པ་སྐྱོན་དུ་མི་འགྱུར་སྙམ་ནས་བདེན་པར་འདོད་ན་ནི། ལག་ལེན་ཕྱིན་ཅི་ལོག་ལས་ཆོག་གི་གླེགས་བམ་སྤྱི་བོར་བཞག་ནས་དགེ་སློང་དུ་གྱུར་ཏོ་ཟེར་བ་དང་། གཏོར་མ་སྤྱི་བོར་བཞག་ནས་དབང་སྐུར་ཐོབ་ཞེས་པ་དང་། དགེ་འདུན་གྱི་དོན་དུ་ཕྱུགས་མ་གསད་ན་བསོད་ནམས

སུ་འགྱུར་ཟེར་བ་སོགས། རང་གི་བློ་ལ་གང་དྲན་པའི་ལག་ལེན་བྱས་ནས་སངས་རྒྱས་ཀྱི་བསྟན་པ་ཡིན་ནོ་ཞེས་སྨྲ་བ་གཞན་ཡང་འཕྲུལ་བ་ཡིན་ནོ་ཞེས་བརྗོད་པར་མི་ནུས་ཏེ། ལུང་རྣམ་དག་དང་འགལ་བའི་རང་བཟོའི་ཆོས་ཡིན་པར། འདི་ཐམས་ཅད་མཚུངས་པ་ལ་དེ་ལས། འགའ་ཞིག་བདེན་ལ་འགའ་ཞིག་རྫུན་པ་ཡིན་ནོ། །ཞེས་དཔྱད་པར་མི་རུང་སྟེ། ཐམས་ཅད་བདེན་ན་བདེན་སྐམ་དང་། རྫུན་ན་རྫུན་སྐམ་ཡིན་པའི་ཕྱིར་རོ། །མུ་སྟེགས་བྱེད་དང་། སོག་པོ་པར་སིག་པ་སོགས་འཚེ་བ་ཆོས་སུ་སྨྲ་བ་དང་། མ་དང་སྲིང་མོ་ལ་བགྲོད་པ་སོགས་ཆོས་ལོག་གཞན་ཡང་སྲུན་འབྱུང་བར་མི་ནུས་ཏེ། འདི་ལྟར་ཐམས་ཅད་ལུང་དང་རིགས་པ་མེད་པར་མཚུངས་པ་ལ། གཅིག་བདེན་ལ་གཞན་རྫུན་པའི་དབྱེ་བ་རུང་བ་མ་ཡིན་པའི་ཕྱིར་རོ། །

གསུམ་པ་ཐོས་བསམ་བསྒོམ་པས་མཇུག་བསྡུ་བ་ནི། ལ་ལ་རྫོགས་པའི་སངས་རྒྱས་ཀྱི་གསུང་རབ་དོན་ཟབ་མོ་སྟོན་པའི་ཚིག་མདོ་རྒྱུད་དང་། གྲུབ་པ་ཐོབ་པའི་རྣལ་འབྱོར་གྱི་དབང་ཕྱུག་རྣམས་ཀྱིས་མཛད་པའི་གྲུབ་པ་སྡེ་བདུན་ཞེས་གྲགས་པ་ནི། སློབ་དཔོན་པད་མའི་བརྡའི་གསང་བ་གྲུབ་པ། རྒྱལ་པོ་ཨིནྡྲ་བོ་དྷིའི་ཡེ་ཤེས་གྲུབ་པ། དཔལ་ལྡན་བིརྺ་པའི་འཆི་མེད་གྲུབ་པ། ཧཱུཾ་ཧྲི་ཧེ་རུ་ཀའི་ལྷན་ཅིག་སྐྱེས་པ་གྲུབ་པ། བྲམ་ཟེ་ཆེན་པོས་ར་ཧའི་བདག་བྱིན་གྱིས་བརླབས་པ་གྲུབ་པ། སློབ་དཔོན་ཡན་ལག་མེད་པའི་རྡོ་རྗེའི་ཐབས་དང་ཤེས་རབ་གཏན་ལ་དབབ་པ་གྲུབ་པ། བཅོམ་ལྡན་འདས་མ་ལཀྵྨཱི་ཀྱིས་མཛད་པའི་གཉིས་སུ་མེད་པར་གྲུབ་པ་ལ་སོགས་པ་དང་། རྒྱན་དྲུག་མཆོག་གཉིས་སོགས་མཁས་པ་རྣམས་ཀྱིས་མདོ་སྡེའི་དོན་རིག་པས་ཤིན་ཏུ་ལེགས་པར་དཔྱད་ནས་གཏན་ལ་ཕབ་པའི་ཆོས་དབུ་མ་རིགས་ཚོགས་ཚད་མ་སྡེ་བདུན་སོགས་ཚིག་གི་ན་ཡ་མང་པོས་སྐལ་བ་དམན་པ་རྣམས་དགའ་བ་བསྐྱེད་པ་ཡིན་གྱི། ཡང་དག་པའི་དོན་ནི། བླ་མའི་མན་ངག་འབའ་ཞིག་ལས་རྟོགས་པས། དེ་ལ་གཞུང་དེ་དག་དགོས་པ་མེད་པ་དོར་བྱ་ཡིན་ནོ། །ཞེས་ཟེར་ཞིང་། ཚིག་ཀུང་སྒྲིག་ལེགས་པོ་མི་ཤེས་ན། དོན་བཟང་པོ་སྟོན་པ་ལྟ་སྨོས་ཀྱང་ཅི་དགོས་པའི་བླུན་པོ་རྣམས་ཀྱིས། རང་གིས་སྙིང་ལ་ཅི་དྲན་དྲིས་པའི་རང་དགའི་ཚིག་མཁས་པ་རྣམས་ཀྱིས་ཐོས་ན་བཞད་གད་སྐྱེད་པའི་འབྲེལ་མེད་རྣམ་པ་སྣ་ཚོགས་བྲིས་པ་ལ། སངས་རྒྱས་ཀྱི་ལམ་ཟབ་མོ་སྟོན་པའི་བསྟན་བཅོས་ཡིན་ནོ། །ཞེས་ཉན་བཤད་བྱེད་དོ། །དེ་འདྲའི་བླུན་པོ་རྣམས་དགའ་བ་བསྐྱེད་ནུས་ཀྱི་མཁས་པ་རྣམས་དགའ་བ་བསྐྱེད་མི་ནུས་པས། དེའི་བར་གྱི་དུས་དང་དེ་ལ་དཔྱོད་པའི་བློ་གྲོས་གྲོན་པ་དེ་དོན་མེད་དུ་འགྱུར་རོ། །དོན་འདི་ལ་དགོངས་ནས་ཐུབ་པ་དགོངས་གསལ་ལས། སངས་རྒྱས་ཀྱིས་གསུངས་པ་ངེས་པའི་སྡེ་སྣོད་གསུམ་མམ། དབང་ཐོབ་པ་ཡིན་ན་རྒྱུད་སྡེ་བཞི་མཉན། ཡང་ན་བཀའི་དགོངས་པ་འགྲེལ་བའི་བསྟན་བཅོས་མགོན་པོ་བྱམས་པའམ། ཐོགས་མེད་སྐུ་མཆེད་དམ། ཀླུ་

སྐྱབ་ཡབ་སྲས་སམ། ཕྱོགས་ཀྱི་གླང་པོའམ་ཆོས་ཀྱི་གྲགས་པའམ། སློབ་དཔོན་ཞི་བ་ལྷའམ། ཡོན་ཏན་འོད་ལ་སོགས་པས་མཛད་པའི་ལུང་ཐུབ་པའི་ཆོས་ཉན་དགོས་ལ། གསང་སྔགས་ཡིན་ནའང་། བྱང་ཆུབ་སེམས་དཔའི་འགྲེལ་པ་གསུམ་མམ། གྲུབ་ཐོབ་རྣམས་ཀྱིས་མཛད་པའི་གྲུབ་པ་སྡེ་བདུན་ནམ། སློབ་དཔོན་རྣལ་འབྱོར་གྱི་དབང་ཕྱུག་བིརྺ་པ་དང་། རྒྱལ་པོ་ཨིནྡྲ་བོ་དྷི་དང་། རྡོ་རྗེ་དྲིལ་བུ་པ་ལ་སོགས་པས་མཛད་པའི་བསྟན་བཅོས་ལུང་ནས་བྱུང་བ་ཉན་དགོས་ཏེ། མདོར་ན་སངས་རྒྱས་ཀྱིས་གསུངས། སྟོད་པ་པོས་བསྡུས། གྲུབ་ཐོབ་ཀྱིས་བསྒོམ། པཎྜི་ཏས་བཤད། ལོ་ཙཱ་བས་བསྒྱུར། མཁས་པ་རྣམས་ལ་གྲགས་པ་ཅིག་སངས་རྒྱས་ཀྱིས་བསྟན་པ་ཡིན་པས། དེ་ལ་ཉན་བཤད་བསྒོམ་བསྒྲུབ་བྱེད་དགོས་སོ། །དེ་རྣམས་ལས་ཟློག་པའི་ཆོས་གཅིག་བྱུང་ན་ཟབ་ཟབ་འདྲ་ཡང་སངས་རྒྱས་ཀྱི་བསྟན་པ་མ་ཡིན་པས་ཉན་བཤད་བསྒོམ་བསྒྲུབ་བྱར་མི་རུང་ངོ་། །ལེགས་ལེགས་འདྲ་བ་མུ་སྟེགས་དང་ཆོས་ལོག་གཞན་ལའང་འདུག་སྟེ། སངས་རྒྱས་ཀྱི་བསྟན་པ་མ་ཡིན་པས་དོར་ལ་བཞག་གོ་ཞེས་དང་། ཆོས་རྗེ་ཉིད་ཀྱིས་མཛད་པར་གྲགས་པའི་མཁས་པ་འཇུག་པའི་སྒོ་ལས་ཀྱང་། དེ་བཞིན་དུ་བཤད་སྣང་ངོ་། །ཀྱེ་མ་ཞེས་པ་ནི་མཆར་བའམ་བརྩེ་བའི་ཚིག་གོ། །སངས་རྒྱས་ཀྱི་བསྟན་པ་ནི་ད་ལྟའང་འདི་ལྟ་བུར་གྱུར་པ་དང་ད་གཟོད་ཇི་ལྟ་བུར་འགྱུར། དེས་ན་སངས་རྒྱས་ཀྱི་གསུང་རབ་མདོ་རྒྱུད་དང་། རྒྱ་བོད་མཁས་པ་རྣམས་ཀྱི་བསྟན་བཅོས་ཀྱི་ཚིག་དང་། དོན་ལ་ནི་བྱིན་རླབས་ཡོད་དེ། ཚིག་ཐོས་པས་ཀྱང་བྱང་ཆུབ་ཀྱི་རིགས་རྒྱས་པ་དང་། དོན་ཉམས་སུ་བླངས་ན་འཁོར་བ་ལས་གྲོལ་བའོ། །འདི་འདྲ་ཉན་བཤད་བྱེད་པ་ལ་ཐོས་པ་ཞེས་ནི་བརྗོད་པ་ཡིན་ཞིང་། དེའི་དོན་རིགས་པས་དཔྱོད་ཅིང་གཏན་ལ་འབེབས་པ་བསམ་པ་ཡིན་ཞིང་། གཏན་ལ་ཕབ་པའི་དོན་དེ་ནན་ཏན་གྱིས་བསྒྲུབ་པ་ནི། བསྒོམ་པ་ཡིན་པར་ཤེས་པར་བྱའོ། །ཐོས་བསམ་བསྒོམ་གསུམ་འདི་ལྟར་གྱིས་ཤིག །འདི་ནི་སངས་རྒྱས་ཀྱི་བསྟན་པ་ཡིན་པའི་ཕྱིར་རོ། །

སྡོམ་པ་གསུམ་གྱི་རབ་ཏུ་དབྱེ་བ་ཞེས་བྱ་བའི་བསྟན་བཅོས་ལས་བརྗོད་བྱ་སོ་སོ་ཐར་པའི་སྡོམ་པ་གཙོ་བོར་སྟོན་པས་དེའི་སྐབས་ཏེ་ལེའུ་གསུམ་ཡོད་པ་ལས་དང་པོའོ།། །།

ངེས་འབྱུང་སེམས་ཀྱིས་གཞན་གནོད་གཞི་བཅས་སྤོང་བྱེད་བརྟུལ་ཞུགས་མཛེས། །སྲིད་ཞིའི་ཕུན་ཚོགས་གཞིར་གྱུར་ཚུལ་ཁྲིམས་ལས་ཀྱི་རབ་དབྱེར་བཅས། །མི་ཤེས་རབ་རིབ་བློ་ཡིས་ལོག་པར་རྟོག་པའི་མུན་པའི་ཚོགས། །ལུང་རིགས་འོད་ཟེར་སྟོང་གིས་སེལ་བྱེད་འདི་ནི་ཁོས་བོས་བཤད། །

གཉིས་པ་བྱང་ཆུབ་སེམས་དཔའི་སྡོམ་པ་ལ་གསུམ་སྟེ། དབྱེ་བའི་སྒོ་ནས་མདོར་བསྟན། སོ་སོའི་ངོ་བོ་རྒྱས་པར་བཤད། བསྟན་པའི་རྣམ་བཞག་གིས་མཇུག་བསྡུ་བའོ། །དང་པོ་ནི། བྱང་ཆུབ་ཀྱི་སེམས་བསྐྱེད་ལ་

ཉན་ཐོས་ཀྱི་དང་ཐེག་པ་ཆེན་པོའི་ལུགས་གཉིས་ཡོད་ཅིང་། ཉན་ཐོས་རྣམས་ཀྱི་གཞུང་ལས་ཀྱང་། ཉན་ཐོས་དགྲ་བཅོམ་པ་དང་། འདོད་ཁམས་སུ་སྲིད་པ་ཐ་མ་པའི་ཚེ། སློབ་དཔོན་ལ་མ་བརྟེན་པར་རང་ཉིད་ཀྱི་ཤེས་རབ་ཀྱིས་གཟུང་དོན་རྟོག་པ་སྤོང་ཕྱིར་དང་། འཛིན་པ་མི་སྤོང་ཕྱིར་དང་ནི་ཞེས། མངོན་རྟོགས་རྒྱན་ལས་འབྱུང་བ་ལྟར་ཉོན་སྒྲིབ་དང་ཤེས་སྒྲིབ་ཕྱོགས་གཅིག་ཏུ་བཟུང་བའི་རྟོག་པ་ལས་རྒྱལ་ཞིང་སྤངས་པས་རང་རྒྱལ་ལམ། རང་ཉིད་གཅིག་པུའི་ཕྱིར་སངས་རྒྱས་པས་རང་སངས་རྒྱས་དང་། སངས་རྒྱས་སུ་སེམས་བསྐྱེད་པ་གསུམ་གསུངས་ཏེ། ལུང་ལས། ཁ་ཅིག་གིས་ནི་ཉན་ཐོས་སུ་སེམས་བསྐྱེད་དོ། །ཁ་ཅིག་གིས་ནི་རང་སངས་རྒྱས་སུ་སེམས་བསྐྱེད་དོ། །ཁ་ཅིག་གིས་ནི་སངས་རྒྱས་སུ་སེམས་བསྐྱེད་དོ་ཞེས་སོ། །ཉན་ཐོས་ཀྱི་བསྟན་པ་དེ་ཡང་། སངས་རྒྱས་ཀྱི་བསྟན་པ་ག་ན་ཡོད། དགེ་སློང་གང་ན་ཡོད་པ་ན་ཡོད། དེ་གང་ན་ཡོད། ལས་བརྒྱ་རྩ་གཅིག་གང་ན་ཡོད་པ་ན་ཡོད། དེ་གང་ན་ཡོད། བསླབ་པ་ནན་ཏན་སྙིང་པོར་བྱེད་པ་གང་ན་ཡོད་པ་ན་ཡོད། ཞེས་པས། འདུལ་བ་ནས་བཤད་པའི་ལས་བརྒྱ་རྩ་གཅིག་བྱེད་ཀྱི་བར་ལ་ཡོད་པ་ཡིན་ཞིང་། དེ་ཡང་བུད་མེད་རབ་ཏུ་བྱུང་བས་དམ་པའི་ཆོས་སྟོང་ཚངས་པར་གནས་པ་ཡང་། ཡུན་ཐུང་ངུ་ལས་མི་གནས་པར་བྱས་སོ་ཞེས་པས། ལོ་སྟོང་ཚངས་པར་གནས་པ་ཡིན་ཏེ། སྟོན་པ་འདས་ནས་ལོ་དགུ་བརྒྱ་ན་སློབ་དཔོན་དབྱིག་གཉེན་བྱོན་པ་ཡིན་ཞིང་། དེ་དུས་ནའང་བསྟན་པ་ཉམས་པ་ཡིན་ཏེ། མཛོད་ལས། དེ་ལྟར་ཐུབ་པ་དག་གི་བསྟན་པ་ནི། །སྙིགས་མར་གྲོག་ཕྱིན་འདྲ་དང་དྲི་མ་རྣམས། །ཞེས་གསུངས་པས་སོ། །དེས་ན་ད་ལྟ་ཤིན་ཏུ་ཉུབ་པས་ན། དེའི་སེམས་བསྐྱེད་ཀྱི་ཆོ་ག་སྤྱོད་ཅིང་ཉམས་སུ་ལེན་པ་ནི་ཉུང་ཞིང་། ཁྱད་པར་བོད་འདི་ན། འཇིག་རྟེན་ཡ་རབས་ཀྱི་བློ་ཙམ་ཡང་རྒྱུད་ལ་མ་སྐྱེས་པར། ང་ནི་ཐེག་པ་ཆེན་པོ་ཞེས་མུ་ཏོ་བ་རྒྱལ་པོར་རློམ་པ་ལྟ་བུའི་མངོན་པའི་ང་རྒྱལ་ཅན་དག་གིས། ཉན་ཐོས་ཀྱི་ཆོས་ལུགས་ཁྱད་དུ་བསད་པས། དེའི་ཆོ་ག་བྱེད་པ་སུ་ཡང་མེད་པར་མངོན་ནོ། །སེམས་བསྐྱེད་འདི་དག་གི་མཚན་ཉིད་གོ་རིམ་བཞིན་ཉན་ཐོས་དང་རང་སངས་རྒྱས་དང་། གཞན་གྱི་དོན་དུ་སངས་རྒྱས་དང་། གཞན་གྱི་དོན་དུ་སངས་རྒྱས་ཐོབ་པར་འདོད་པའི་སེམས་སོ། །དེ་དག་གི་སྦྱོར་དངོས་རྗེས་ཀྱི་ཆོ་ག་ཐེག་ཆེན་གྱི་གཞུང་ལས་བཤད་པ་ལྟ་བུ་མི་གནང་ཡང་། ཚོགས་ཙམ་ཟད་རེ་བསགས་ནས་བྱང་ཆུབ་དེ་དག་ཏུ་སྨོན་ལམ་འདེབས་པའི་ཚིག་བརྗོད་པ་ཉིད་དེ་དག་གི་ཆོ་ག་ཡིན་ཏེ། ལུང་ལས་སྟོན་པ་འདི་རྒྱལ་པོ་འོད་ལྡན་དབང་པོར་གྱུར་པ་ན། གླང་པོ་ཆེའི་རྫི་བོ་ལས་སངས་རྒྱས་ཀྱི་ཡོན་ཏན་ཐོས་ནས་སྦྱིན་པ་བཏང་ཞིང་། དགེ་བ་རྒྱ་ཆེན་གྱུར་པ་འདི་ཡིས་ནི། །འགྲོ་བ་རང་བྱུང་སངས་རྒྱས་གྱུར་ནས་ཀྱང་། །སྔོན་གྱི་རྒྱལ་བ་རྣམས་ཀྱིས་མ་བསྒྲལ་བའི། །སྐྱེ་བོའི་ཚོགས་རྣམས་བདག་གིས་བསྒྲལ་བར་བྱ། །ཞེས་པ་དང་། སྟོན་པ་འཁོར་བཅས

ལ་རྒྱལ་པོ་གསལ་རྒྱལ་གྱིས་ཟླ་བ་གསུམ་དུ་གདུགས་ཚོད་གསོལ་ཞིང་། དགེ་སློང་རེ་རེ་ལ་གོས་འབུམ་རི་བ་རེ་རེ་ཕུལ་ལོ། །མར་མེ་བྱེ་བ་ཕུལ་བ་ན། དབུལ་མོ་ གྲོང་ཁྱིམ་ཉུག་མ་ཞེས་པས་ཀྱང་། སློང་མོ་བྱས་པ་ལས་བྱུང་བའི་མར་མེ་ཅུང་ཟད་ཕུལ་ཏེ། ད་ལྟའི་སྨོན་པ་འདི་ཇི་ལྟ་བར་བདག་ཀྱང་སངས་རྒྱ་རུ་གྱུར་ཅིག །དེ་ཡང་ཚེ་ལོ་བརྒྱ་པའི་དུས་སུ་མཆོག་ཟུང་ཞིག །ཤཱ་རིའི་བུ་དང་། མོའུ་འགལ་གྱི་བུ་དང་རིམ་གྲོ་པ་ཀུན་དགའ་བོ་དང་། ཡབ་རྒྱལ་པོ་ཟས་གཙང་མ། ཡུམ་སྒྱུ་འཕྲུལ་ཆེན་མོ་དང་། སྲས་དགྲ་གཅན་འཛིན་དང་། གྲོང་ཁྱེར་སེར་སྐྱ་དང་། སྐུ་གདུང་བསིལ་ཏེ་མྱ་ངན་ལས་འདས་པ་དེ་བཞིན་དུ་བདག་ཀྱང་གྱུར་ཅིག་ཅེས་སྨོན་ལམ་བཏབ་པས། སྟོན་པས་སངས་རྒྱས་སུ་ལུང་བསྟན་པ་ལྟ་བུའོ། །ཐེག་པ་ཆེན་པོའི་ཆོས་ཀྱི་སེམས་བསྐྱེད་ལ། སེམས་ཙམ་པ་དང་། དབུ་མ་པའི་ལུགས་ཏེ་ཤིང་རྟ་ཆེན་པོའི་སྲོལ་རྣམ་པ་གཉིས་སོ། །དང་པོ་ནི་བྱང་ཆུབ་ཀྱི་སེམས་དཔའི་སྡེ་སྣོད་འགའ་ཞིག་གི་རྗེས་སུ་འབྲངས་ནས། འཕགས་པ་བྱམས་པའི་གསུངས་སློབ་དཔོན་ཐོགས་མེད་ལས་བརྒྱུད་པ། སློབ་དཔོན་ཙནྡྲ་གོ་མིའི་རྗེས་སུ་འབྲངས་ནས། ཇོ་བོ་རྗེ་ལ་སོགས་པའི་ཕྱག་ལེན། དགེ་བའི་བཤེས་གཉེན་བཀའ་གདམས་པ་ལ་སོགས་པས་མཛད་པ་དེ་ཡིན་ལ།

གཉིས་པ་ནི། མདོ་སྡེ་སྡོང་པོ་བཀོད་པ་དང་། ནམ་མཁའི་སྙིང་པོ་ལ་སོགས་པའི་རྗེས་སུ་འབྲངས་ནས། འཕགས་པ་འཇམ་དཔལ་གཞོན་ནུར་གྱུར་པའི་གསུང་། སློབ་དཔོན་ཛེ་ཏ་རི་དང་། ཇོ་བོ་སུ་ཝརྞ་དྲཱི་ལ་སོགས་པའི་ཕྱག་ལེན་དཔལ་ལྡན་ས་སྐྱ་པ་ལ་སོགས་པས་མཛད་པ་འདི་ཡིན་ནོ། །

འདི་གཏན་ལ་དབབ་པ་ལ་སྤྱི་དོན་དང་ཡན་ལག་གི་དོན་གཉིས་ལས། དང་པོ་ལ་གང་ལས་སྐྱེས་པའི་རྒྱུ། མཚོན་པར་བྱེད་པའི་མཚན་ཉིད། མཚན་གཞིའི་རབ་ཏུ་དབྱེ་བ། དེ་ཉམས་སུ་ལེན་པའི་ཚུལ། ཉམས་པའི་ཉེས་དམིགས་བསྲུང་བའི་ཕན་ཡོན་ཏེ་དྲུག་ལས། དང་པོ་ནི། ཆོས་བཅུ་པའི་མདོ་ལས། སངས་རྒྱས་ནི་ཉན་ཐོས་དང་བཅས་པས་བསྐུལ་བ། སེམས་བསྐྱེད་ཀྱི་ཕན་ཡོན་ཐོས་པས་སེམས་ཅན་ལ་སྙིང་རྗེ་སྐྱེས་པ། སངས་རྒྱས་ཀྱི་ཡོན་ཏན་མཐོང་བ་བཞི་བཤད་ཅིང་། མདོ་སྡེ་རྒྱན་ལས། གྲོགས་སྟོབས་རྒྱུ་སྟོབས་རྩ་བའི་སྟོབས། །ཐོས་སྟོབས་དགེ་བ་གོམས་པ་ལས། །མི་བརྟན་པ་དང་བརྟན་འབྱུང་བ། །གཞན་གྱིས་བསྟན་པའི་སེམས་བསྐྱེད་བཤད། །ཞེས་སྟོབས་ལྔ་བཤད་པའི་ཐེག་ཆེན་གྱི་རིགས། རྩ་བ་ནི་འདོད་ཆགས་མེད་པ་སོགས་དགེ་བའི་རྩ་བ་གསུམ་མོ། །བྱང་སར། སངས་རྒྱས་བྱང་སེམས་ཀྱི་མཐུ་གཉིས་རྨད་དུ་བྱུང་བ། མཐོང་བའམ་ཐོས་པ་དང་། བྱང་ཆུབ་སེམས་དཔའི་སྡེ་སྣོད་ཐོས་པ་དང་། ཐེག་ཆེན་གྱི་ཆོས་ནུབ་ཀྱིས་དོགས་པ་དང་། དུས་ངན་གྱི་སེམས་ཅན་ཉོན་མོངས་ཤས་ཆེ་བས། བྱང་སེམས་རྙེད་དཀའ་བར་ཤེས་པ་སྟེ། རྐྱེན་བཞི་དང་རིགས་ལྡན་སུམ་ཚོགས་པ།

དགེ་བཤེས་ཀྱིས་ཟིན་པ། སྙིང་རྗེ་ཆེ་བ་འཁོར་བ་དང་དཀའ་སྤྱད་ཀྱིས་སྡུག་བསྔལ་མི་འཇིགས་པ་སྟེ་རྒྱུ་བཞི་དང་། རང་གི་ནང་གི་ན་གཞན་གྱི་དང་། སྟོན་གོམས་པའི་རྒྱུའི་དང་། ཚེ་འདིར་སྐྱེས་བུ་དམ་པ་བསྟེན་པ་ལ་སོགས་སྦྱོར་བའི་སྟོབས་ཏེ་བཅུ་གཉིས་ལས་སྐྱེ་བར་གསུངས་པ་སོགས་མང་དུ་ཡོད་ཀྱང་། འདིར་ལས་དང་པོ་པའི་གང་ཟག་གིས་ཐོག་མར་དགེ་བའི་བཤེས་གཉེན་བརྟེན་ནས་ཐོས་པ་བྱས་པ་ལས། སྤྱོད་འཇུག་ལས། ཚེ་འདི་སྐད་ཅིག་བསླུ་བ་སྟེ། །ལུས་འདི་ཐང་ཅིག་བརྙན་པོ་བཞིན། །ཞེས་པ་ལྟར། མྱུར་དུ་འཆི་བར་ཤེས་ཤིང་དེ་ལྟ་ནའང་། འཇིག་རྟེན་ཕ་རོལ་ཡོད་པར་མ་ཤེས་ན་ཚེ་འདི་ལ་ཞེན་པ་མི་ལྡོག་པས། དེའི་གཉེན་པོར་རྣམ་འགྲེལ་ལས། ལོག་ཤེས་དང་ནི་དེ་ལས་བྱུང་། །སྲིད་པ་སེམས་པ་དབང་དག་གིས། །དམན་ནས་འགྲོ་བ་སྐྱེ་བ་ཡིན། །ཞེས་པ་ལྟར། ཉོན་མོངས་མ་ཟད་བར་དུ་སྐྱེས་དགོས་པར་ཤེས་ནས། ཚེ་འདི་ལ་ཞེན་པ་ལྡོག་ཅིང་། ཕྱི་མའི་དོན་སེམས་པར་འགྱུར་རོ། །ཕྱི་མའི་དོན་ཡང་རྒྱུ་མེད་དམ་ལྟས་དབང་གིས་འབྱུང་བར་སེམས་ན། དགེ་སྡིག་ལ་བླང་དོར་བྱེད་པར་མི་འགྱུར་བས། ཡིད་ལ་བསམ་པའི་དགེ་བྱས་པས་ཞེས་གསུངས་པ་ལྟར། ལས་འབྲས་ལེགས་པར་ཤེས་ནས། བླང་དོར་ཕྱིན་ཅི་མ་ལོག་པར་བྱེད་པར་འགྱུར་ཏེ། མིའི་ཆོས་ལུགས་ཞེས་པའང་འདི་ལ་ཟེར་བ་ཡིན་ཏེ། ཤེས་རབ་བརྒྱ་པ་ལས། མི་ཡི་ཆོས་ལུགས་ལེགས་སྤྱད་ན། །ལྷ་ཡུལ་བགྲོད་པ་ཐག་མི་རིང་། །ལྷ་དང་མི་ཡི་ཐེམ་སྐས་ལ། །འཛེགས་ན་ཐར་པ་གམ་ན་འདུག ། ཞེས་སོ། །

དེང་སང་བོད་འདི་ན། གཡོ་སྒྱུ་ཁྲམ་གསུམ་གྱིས་མི་མགོ་བསྐོར་བར་ཞིག་ལ་མི་ཆོས་སུ་གྲགས་ཀྱང་། དེ་ནི་རང་གཞན་གཉིས་ཀ་ཕུང་བར་བྱེད་པས། འདྲེའི་ཆོས་ལུགས་དེ་བླུན་པོ་རང་ལ་གྲགས་པའི་ཁ་གཏམ་ལྟར། ལྐུག་པའི་སྤྱང་ཆོས་ཡིན་ཏེ། ལེགས་པར་བཤད་པ་རིན་པོ་ཆེའི་གཏེར་ལས། ཡིད་ལ་བསམ་པ་གཞན་བྱས་ནས། །ཚིག་ཏུ་སྨྲ་བ་གཞན་བྱེད་པ། །གཡོ་ཅན་ཞེས་སུ་གྲགས་པ་སྟེ། །བླུན་པོ་མཁས་པར་འཚོས་པ་ཡིན། ། ཞེས་སོ། །དེ་ལྟར་མི་རྟག་པ་བསམ་པ་སོགས་ནི། སྐྱེས་བུ་ཆུང་ངུའི་ཆོས་སོ། །དེ་ལྟ་ན་ཡང་། འཁོར་བའི་ཉེས་དམིགས་མ་ཤེས་ན། དགེ་བ་ཅི་བྱས་ཀྱང་ཐེག་པ་གསུམ་གའི་ལུགས་ཀྱིས་ཐར་པའི་ལམ་དུ་འགྲོ་བ་མི་སྲིད་པས། དེའི་གཉེན་པོར། རྒྱུད་བླ་མ་ལས། འཁོར་བ་སྐྱེ་འཆི་ཐོག་མཐའ་མེད་འདིར་འགྲོ་བའི་ལམ་ནི་རྣམ་པ་ལྔ། །མི་གཙང་བ་ལ་དྲི་ཞིམ་མེད་བཞིན་འགྲོ་ལྔ་དག་ན་བདེ་བ་མེད། །ཞེས་སོགས་ལྟར། འཁོར་བ་ཐམས་ཅད་སྡུག་བསྔལ་གྱི་རང་བཞིན་དུ་ཤེས་ནས། དེ་ལས་ཐར་བར་འདོད་པའི་བློ་སྐྱེས་ཏེ། དེས་ཀུན་ནས་བསླངས་པའི་དགེ་བ་མཉམ་པར་མ་བཞག་པ་ཐམས་ཅད་ཐར་པ་ཆ་མཐུན་དུ་འགྱུར་བར་མཛོད་འགྲེལ་དུ་བཤད་དོ། །འདི་ཙམ་ནི། འཕགས་པ་ཉན་རང་ཐམས་ཅད་ལ་ཡོད་ཅིང་། སྐྱེས་བུ་འབྲིང་གི་ཆོས་ཞེས་བྱ་བ་ཡིན་ནོ། །

དེ་ལྟ་ནའང་། སེམས་ཅན་ཐམས་ཅད་སྡུག་བསྔལ་རྒྱུ་དང་བཅས་པ་བྲལ་བར་འདོད་པའི་སྙིང་རྗེ་ཁྱད་པར་ཅན་མེད་ན། བསྐལ་པ་གང་གཱའི་ཀླུང་གི་བྱེ་མ་སྙེད་དུ་དགེ་བ་སྤྱད་ཀྱང་སངས་རྒྱས་མི་འཐོབ་པས། དེའི་གཉེན་པོར་ནམ་མཁའི་མཐར་ཐུག་གྱུར་པའི་སེམས་ཅན་རྣམས། གང་གི་མར་མ་གྱུར་པ་གཅིག་ཡོད་མིན། །ཞེས་པ་དང་། སེམས་ཅན་གཅིག་གིས་ཕ་བྱས་ནས། །ཧྲ་དང་གླང་པོ་བྱིན་པའང་། །སྟོང་གསུམ་འདིའང་སྟོད་དུ་ཆུང་། །རྐང་འགྲོས་གཞན་ཡང་དེ་བཞིན་ནོ། །ཞེས་པ་དང་། སེམས་ཅན་གཅིག་གིས་མ་བྱས་ནས། །ནུ་ཞོ་འཐུངས་པ་གང་ཡིན་པ། །རྒྱ་མཚོ་ཆེན་པོ་བཞི་ལ་ཡང་། །དེ་ཡི་ཆ་ཙམ་ཡོད་མ་ཡིན། །ཞེས་པ་ལྟར། སེམས་ཅན་གྱི་དྲིན་ཤེས་ཤིང་། དེ་ཐམས་ཅད་སྡུག་བསྔལ་དང་ལྡན་པར་ཡང་ཤེས་པ་ན། དེ་དག་ལ་བཟོད་གླགས་མེད་པའི་སྙིང་རྗེ་སྐྱེ་ཞིང་། དེ་དག་སྡུག་བསྔལ་ལས་ཐར་བའི་ཐབས་ཀྱང་སེམས་པར་འགྱུར་ཏེ། དེ་ཡང་སྡུག་བསྔལ་གྱི་རྩ་བ་ཐེག་པ་ཐུན་མོང་བ་ལྟར་ན། གང་ཟག་གི་བདག་འཛིན་དང་། ཐུན་མོང་མ་ཡིན་པ་ལྟར་ན། དངོས་པོར་མངོན་ཞེན་དང་། དེ་དག་གི་གཉེན་པོ་ཡང་། གང་ཟག་གི་བདག་མེད་ཆོས་ཐམས་ཅད་རང་བཞིན་མེད་པར་ཤེས་པ་ཡིན་པར་ཤེས་ཤིང་། དེ་ཡང་སངས་རྒྱས་ཆོས་རྣམས་དགེ་བའི་བཤེས་ལ་བསྟེན་ཏོ་ཞེས། །ཡོན་ཏན་ཀུན་གྱི་མཆོག་མངའ་རྒྱལ་བས་དེ་སྐད་གསུང་། །ཞེས་པ་དང་། ཀུན་མཁྱེན་བསྔགས་པའི་བླ་མ་བསྟེན། །སློབ་མས་རང་དགར་མ་ཡིན་ཏེ། །ལོང་ཁྲིད་མེད་པར་རི་བོ་ལ། །འཛེགས་པ་བདེ་བར་འགྱུར་མ་ཡིན། །ཞེས་པ་ལྟར། དགེ་བའི་བཤེས་གཉེན་མ་བསྟེན་པར་རང་དབང་དུ་མ་ཡིན་ལ། དེས་ཀྱང་ལག་པ་ལ་སོགས་པ་ནས་བཟུང་སྟེ། མུང་འདས་ཀྱི་སར་འཁྲིད་པ་མ་ཡིན་གྱི། སྔར་བཤད་པའི་མཚན་ཉིད་ཅན། ཉོན་མོངས་པའི་གཉེན་པོ་གཏན་ནས་བསྒྲུབ་ཏུ་འཇུག་པ་ཁོ་ན་སྟེ། ཆེད་དུ་བརྗོད་པའི་ཚོམས་ལས། ཁྱོད་པའི་ཟུག་རྔུ་གཅོད་པ་ཡི། །ཐབས་ནི་ཁྱེད་ལ་ངས་བསྟན་གྱི། །ཁྱེད་ཉིད་ཀྱིས་ནི་བསྒྲུབ་བྱ་སྟེ། །དེ་བཞིན་གཤེགས་པ་སྟོན་མཛད་ཡིན། །ཞེས་སོ། །

སེམས་ཅན་ཐམས་ཅད་ལ་ཐར་ལམ་སྟོན་པར་བྱེད་པ་ལ། ལམ་གྱི་ངོ་བོ་སྔར་བཤད་པ་དེ་དག་ལས་མ་འདས་ཀྱང་སེམས་ཅན་གྱི་བློའི་འཇུག་ཚུལ་མཐའ་ཡས་པས། རང་རང་གི་བློ་དང་མཐུན་པའི་ཐབས་སྣ་ཚོགས་ཀྱིས་སྟོན་དགོས་ཤིང་། དེ་ཡང་ཀུན་སློང་སྙིང་རྗེ་ཁྱད་པར་ཅན་གྱི་བྱེད་དགོས་ལ། དེ་ལྟ་བུ་ནི་འཕགས་པ་ཉན་རང་ལའང་མེད་ན། འཇིག་རྟེན་གྱི་ལྷ་ཆེན་རྣམས་ལ་ལྟ་སྨོས་ཀྱང་ཅི་དགོས། འདི་ལྟར་དེ་དག་ནི་རང་ཉིད་ཐར་བའི་ཐབས། ཚེ་གསུམ་དང་བསྐལ་པ་བརྒྱ་ཙམ་དུ་གོམས་པར་བྱས་ཤིང་། ཁམས་སྣ་ཚོགས་པའི་སེམས་ཅན་གྱི་བློ་དང་མཐུན་པའི་ཐབས་བསྒོམ་པར་མ་བྱས་པས། ཐར་ལམ་མཐའ་དག་འཆད་མི་ནུས་ཏེ། མདོ་དུ།

སྨུར་བ་སྲིད་པ་གསུམ་གྱི་མཐར་ཞེས་དང་། བསེ་རུ་བསྐལ་པ་བརྒྱའི་རྒྱུས་ཞེས་དང་། རྣམ་འགྲེལ་ལས། ལམ་བཤད་མི་གསལ་ཉིད་ལུས་ཡིན། །ཞེས་སོ། །སེམས་ཅན་ཐམས་ཅད་སྒྲོལ་བར་བྱེད་པའི་སྙིང་རྗེའང་མེད་དེ། རང་ཉིད་གྲོལ་བ་ཙམ་དོན་དུ་གཉེར་བས་སོ། །སྙིང་རྗེ་དམན་པ་ཉིད་ཕྱིར་ཡང་། །གནས་པའི་འབད་རྩོལ་ཆེན་པོ་མེད། །ཞེས་སོ། །

དེ་དག་ཅུང་ཟད་སྟོན་པའང་འབད་རྩོལ་དང་བཅས་པས། མང་པོ་བསྟན་ན་དུབ་པར་འགྱུར་བའང་ཡིན་ནོ། །དེས་ན་སངས་རྒྱས་ཉིད་སྟོན་པ་ཡིན་ཏེ། ཐབས་རྣམ་པ་སྣ་ཚོགས་ལ་བསྐལ་པ་གྲངས་མེད་པ་མང་པོར་གོམས་པར་བྱས་པས། བླང་དོར་གྱི་གནས་ལ་ཐུགས་གསལ་བ་མཐར་ཕྱིན་པ་མཉེསཤིང་། སེམས་ཅན་ཐམས་ཅད་སྡུག་བསྔལ་དང་བྲལ་བར་བཞེད་པའི་སྙིང་རྗེ་བསྐལ་པ་གྲངས་མེད་དུ་གོམས་པས་དེ་དག་གི་དོན་སྲིད་པ་ཇི་སྲིད་པར་མཛད་པའི་ཕྱིར་དང་། སྨོན་ལམ་གྱི་དབང་གིས་འཕྲིན་ལས་ཐམས་ཅད་འབད་མེད་དུ་འབྱུང་བས། ཇི་ཙམ་མཛད་ཀྱང་དུབ་པ་མི་མངའ་བའི་ཕྱིར་རོ། །རྣམ་པ་དུ་མར་ཐབས་མང་པོ། །ཡུན་རིང་དུས་སུ་གོམས་པ་ལས། །དེ་ལ་སྐྱོན་དང་ཡོན་ཏན་དག །རབ་ཏུ་གསལ་བ་ཉིད་དུ་འགྱུར། །ཞེས་དང་། གང་དག་བརྩེ་བ་ཆེན་པོ་པ། །གཞན་གྱིས་ངོར་ནི་བཞུགས་པ་ཡིན། །ཞེས་དང་། སྤྱོད་འཇུག་ལས། ཡིད་བཞིན་ནོར་བུ་དཔག་བསམ་ཤིང་། །ཇི་ལྟར་རེ་བ་ཡོངས་སྐོང་བ། །དེ་བཞིན་གདུལ་བྱའི་སྨོན་ལམ་གྱི། །དབང་གིས་རྒྱལ་བའི་སྐུར་གནང་ངོ་། །ཞེས་སོ། །དེ་ད་ལྟར་སངས་རྒྱས་ཀྱི་ཡོན་ཏན་ཤེས་ནས་དེ་ཐོབ་པར་འདོད་པ་སྐྱེ་ཞིང་དེ་ཡང་རྒྱུ་མེད་དང་མི་མཐུན་པའི་རྒྱུ་དང་མ་ཚང་བ་ལས་མི་འབྱུང་བས། དེའི་རྒྱུ་ཡང་དབྱེ་ན་མཐའ་ཡས་ཀྱང་བསྡུ་ན་ཚོགས་གཉིས་སམ་བྱང་ཆུབ་སེམས་དང་སྙིང་རྗེ་ཆེན་པོ་དང་། སྟོང་ཉིད་ཀྱི་ཡེ་ཤེས་གསུམ་དུ་འདུས་ཏེ། རིན་ཆེན་ཕྲེང་བ་ལས། སངས་རྒྱས་རྣམས་ཀྱི་གཟུགས་སྐུ་འདི། །བསོད་ནམས་ཚོགས་ལས་འབྱུངས་པ་སྟེ། །ཆོས་ཀྱི་སྐུ་ནི་མདོར་བསྡུ་ན། །རྒྱལ་པོ་ཡེ་ཤེས་ཚོགས་ལས་འབྱུངས། །ཞེས་དང་། དེ་ཡི་རྩ་བ་བྱང་ཆུབ་སེམས། །རི་དབང་རྒྱལ་པོ་ལྟར་བརྟན་དང་། །ཕྱོགས་མཐས་གཏུགས་པའི་སྙིང་རྗེ་དང་། །གཉིས་ལ་མི་བརྟེན་ཡེ་ཤེས་ལགས། །ཞེས་སོ། །

དེ་ལྟར་བྱང་ཆུབ་སེམས་ཀྱི་ཕན་ཡོན་མཐོང་ནས། དེ་བསྐྱེད་པ་ལ་འཇུག་པར་ལུང་ལས་བཤད་པའི་དོན་སྒྲོང་བས་ཀྱང་ཅུང་ཟད་གྲུབ་པ་ཡིན་ཏེ། གཉིས་པ་མཚོན་པར་བྱེད་པའི་མཚན་ཉིད་ནི། མངོན་རྟོགས་རྒྱན་ལས། སེམས་བསྐྱེད་པ་ནི་གཞན་དོན་ཕྱིར། །ཡང་དག་རྫོགས་པའི་བྱང་ཆུབ་འདོད། །ཅེས་པའི་དོན། གཞན་དོན་དུ་ཡང་དག་པར་རྫོགས་པའི་བྱང་ཆུབ་འདོད་པའི་སེམས་ཞེས། སེམས་བསྐྱེད་སྤྱིའི་མཚན་ཉིད་དུ། བོད་

ཕལ་ཆེར་འཆད་ཀྱང་། ཆོས་རྗེ་ཉིད་ཀྱིས་མཛད་པའི་སེམས་བསྐྱེད་ཆོ་ག་ལས། འདི་ཡང་དག་པར་བླངས་པ་བརྡ་ལས་བྱུང་བའི་སེམས་བསྐྱེད་ལ་དགོངས་ནས་གསུངས་ཀྱི། སེམས་བསྐྱེད་སྤྱི་ཡི་མཚོན་བྱེད་དུ་བྱེད་ན། དོན་དམ་སེམས་བསྐྱེད་དང་། དོན་དམ་པ་ཆོས་ཉིད་ཀྱིས་ཐོབ་པ་དང་། སྨྲིབ་པ་དག་པའི་སེམས་བསྐྱེད་ལ་མ་ཁྱབ་པའི་ཕྱིར་རོ། །

དེས་ན་སེམས་བསྐྱེད་སྤྱིའི་མཚན་ཉིད་ནི། རྫོགས་པའི་བྱང་ཆུབ་ཀྱི་བསྒྲུབ་པ་ཁྱད་པར་བ་ཞེས་བྱ་སྟེ། དེའི་རིགས་མི་མཐུན་འགོར་བའི་སེམས་དང་། མྱ་ངན་ལས་འདས་པའི་སེམས་སོ། །སེམས་པ་དེ་གཉིས་བཅད་པས་མི་གནས་པའི་མྱང་འདས་པའི་སེམས་སུ་འགྲུབ་བོ། །དེ་ལྟ་བུའི་སེམས་དེ་སྔར་མ་ཐོབ་པ་ཐོབ་པར་བྱེད་པས་སེམས་བསྐྱེད་པ་ཞེས་བྱའོ། །སངས་རྒྱས་ཀྱི་སའི་སྒྲིབ་པ་དག་སེམས་བསྐྱེད་པ་ལ་མ་ཁྱབ་པོ་ཞེ་ན། རྫོགས་པའི་བྱང་ཆུབ་ཀྱི་བསྒྲུབ་པ་ཁྱད་པར་བ་སྟེ། བསྒྲུབ་བྱ་ལ་བསྒྲུབ་པར་བརྟགས་པ་ཡིན་པས་ཉེས་པ་མེད་དོ་ཞེས་གསུངས་ཀྱང་། དེ་ལྟ་ན་འདོད་པའང་འདོད་པར་བྱས་ཟིན་པའམ་འདོད་པའི་ཡུལ་ལ་བརྟགས་པ་ཡིན་པས་ཉེས་པ་མེད་དོ་ཟེར་ན། ལན་དཀའ་བས་དེའི་སེམས་སྔ་མ་རྣམས་ཕྱི་མའི་བསྒྲུབ་པ་ཡིན་པས་ཉེས་པ་མེད་དོ་ཞེས་གསུངས་པར་རིགས་སོ། །ཞེས་ཁོ་བོ་སེམས་སོ། །འོན་ཀྱང་ཆོས་ཀྱི་རྗེའི་གསུང་རབ་ནི་རྒྱ་མཚོ་ལྟར་ཟབ་པའི་ཕྱིར། བདག་ཅག་ལྟ་བུ། ཉི་ཚེ་བའི་བློ་གྲོས་ཅན་རྣམས་ཀྱིས་གཏིང་དཔག་དཀའ་འོ། །

གསུམ་པ་མཚན་བཞིའི་རབ་ཏུ་དབྱེ་བ་ནི། སྤྱིར་སེམས་བསྐྱེད་ཙམ་ལ་དབྱེ་ན་རང་གི་ངོ་བོའི་སྒོ་ནས་སྨོན་འཇུག་གཉིས་དང་། ཡུལ་གྱི་སྒོ་ནས་ཀུན་རྫོབ་དང་དོན་དམ་གཉིས་དང་། སྐྱེ་ཚུལ་གྱི་སྒོ་ནས་ཡང་དག་པར་བླངས་པ་བརྡ་ལས་བྱུང་བ་དང་། ཆོས་ཉིད་ཀྱིས་ཐོབ་པ་གཉིས་དང་། ས་མཚམས་ཀྱི་སྒོ་ནས་ཕྱེ་ན། མདོ་སྡེ་རྒྱན་ལས། སེམས་བསྐྱེད་དེ་ནི་ས་རྣམས་ལ། །མོས་དང་ལྷག་བསམ་དག་པ་དང་། །རྣམ་པར་སྨིན་པ་གཞན་དུ་འདོད། །དེ་བཞིན་སྒྲིབ་པ་སྤངས་པའོ། །ཞེས་པ་ལྟར། སོ་སོ་སྐྱེ་བོ་ལ་མོས་པ་དང་ལྡན་པའི་སེམས་བསྐྱེད། མ་དག་ས་བདུན་ལ་ལྷག་བསམ་དག་པའི་སེམས་བསྐྱེད། དག་པ་ས་གསུམ་ལ་རྣམ་པར་སྨིན་པའི་སེམས་བསྐྱེད། སངས་རྒྱས་ཀྱི་ས་ལ་སྒྲིབ་པ་སྤངས་པའི་སེམས་བསྐྱེད་དེ་བཞིའོ། །གྲོགས་སམ་དཔེའི་སྒོ་ནས་ཕྱེ་ན། མངོན་རྟོགས་རྒྱན་ལས། ས་ཡང་ས་གསེར་ཟླ་བ་མེ། །གཏེར་དང་རིན་ཆེན་འབྱུང་གནས་མཚོ། །རྡོ་རྗེ་རི་སྨན་བཤེས་གཉེན་དང་། །ཡིད་བཞིན་ནོར་བུ་ཉི་མ་གླུ། །རྒྱལ་པོ་མཛོད་དང་ལམ་པོ་ཆེ། །བཞོན་པ་བཀོད་མའི་ཆུ་དང་ནི། །སྒྲ་སྙན་ཆུ་བོ་སྤྲིན་རྣམས་ཀྱིས། །རྣམ་པ་ཉི་ཤུ་རྩ་གཉིས་སོ། །ཞེས་པ་ལྟར། འདུན་པ་དང་ལྡན་པ་ས་ལྟ་བུ་སོགས་ཉི་ཤུ་རྩ་གཉིས་སོ། །

སྐབས་སུ་བབ་པ་གཞུང་འདི་ནས་བཤད་པའི་དབྱེ་བ་ནི། ཡང་དག་པར་བླངས་པ་བརྡ་ལས་བྱུང་བ་ལ། སེམས་ཙམ་པའི་ལུགས་དང་དབུ་མའི་ལུགས་གཉིས་དང་། དོན་དམ་པའི་སེམས་བསྐྱེད་དེ་གསུམ་མོ། །དེ་དག་ལས། སྨོན་འཇུག་གཉིས་ཀྱི་ཁྱད་པར་ལ། དཔལ་ཡེ་ཤེས་གྲགས་པས། ཕ་རོལ་ཕྱིན་པའི་ཐེག་པའི་བསྒོམ་པའི་རིམ་པའི་མན་ངག་ལས། འདུན་པའི་གནས་སྐབས་སོགས་དབྱེ་བས། །སྨོན་པའི་སེམས་ནི་རྣམ་པ་གསུམ། །འཇུག་པ་ཞེས་ནི་བྱ་བའི་སེམས། །རྣམ་པ་བཅུ་དགུ་དག་ཏུ་འདོད། །ཞེས་དང་། སློབ་དཔོན་ཨ་བྷྱ་ཀ་ར་ཡང་། དེ་དང་མཐུན་པར་བཞེད་ཅིང་། སློབ་དཔོན་སངས་རྒྱས་ཡེ་ཤེས་ཞབས། འཇིག་རྟེན་པའི་ལམ་ཐམས་ཅད་སྨོན་པ་དང་། བདེན་པ་མཐོང་བའི་ལམ་དུ་འཇུག་པར་བཞེད་ཅིང་། ཇོ་བོས་བྱང་ཆུབ་ལམ་སྒྲོན་གྱི་འགྲེལ་པར། འབྲས་བུ་རྫོགས་པའི་སངས་རྒྱས་ཡུལ་དུ་བྱེད་ཅིང་དམིགས་པ་ནི་སྨོན་པའི་སེམས་ཡིན་ཏེ། ཞེས་དང་། ལམ་གྱི་ཆོས་ཡུལ་དུ་བྱེད་ཅིང་དམིགས་པ་ནི་འཇུག་པའི་སེམས་ཡིན་ཞེས་པ་དང་། སློབ་དཔོན་ཤེར་འབྱུང་བློ་གྲོས་ཀྱིས། སྨོན་པ་དང་འཇུག་པའི་མཚན་ཉིད་ཅན་བྱང་ཆུབ་ཀྱི་སེམས་རྣམ་པ་གཉིས་ཀ་ཡང་། གཞན་གྱི་དོན་ཡང་དག་པར་རྫོགས་པའི་བྱང་ཆུབ་འདོད་པ་ཉིད་ལས་མི་འདའ་ཡང་། ལུས་དང་ངག་དང་ཡིད་ཀྱི་ལས་ཡོད་པ་དང་མེད་པ་ལས་མཚན་ཉིད་ཐ་དད་པར་རྟོགས་པར་བྱ་ཡི། དམིགས་པ་ཐ་དད་པ་ནི་མ་ཡིན་ཏེ། གཞན་གྱི་དོན་དང་ཡང་དག་པར་རྫོགས་པའི་བྱང་ཆུབ་མོས་པའི་ཡུལ་ཡིན་པའི་ཕྱིར་ཞེས་དང་། སློབ་དཔོན་ཀ་མ་ལ་ཤཱི་ལས། བསྒོམ་རིམ་དུ། དེ་ལ་འགྲོ་བ་མཐའ་དག་ལ་ཕན་པའི་ཕྱིར་སངས་རྒྱས་སུ་གྱུར་ཅིག་ཅེས་ཐོག་མར་དོན་དུ་གཉེར་བ་དེ་ནི་སྨོན་པའི་སེམས་སོ། །གང་ཕན་ཆད་སྡོམ་པ་བཟུང་སྟེ་ཚོགས་རྣམས་ལ་ཞུགས་པ་དེ་ནི་ཞུགས་པའི་སེམས་སོ། །ཞེས་དང་། བུདྡྷ་ཤྲཱི་ས། སྨོན་ལམ་གྱི་གྲོགས་ཅན་བསམ་པ་སྨོན་པ་དང་། སྦྱོར་བས་འཇུག་པའི་ངོ་བོ་ཉིད་རྣམ་པ་གཉིས་ཞེས་དང་། སློབ་དཔོན་ཆོས་བཤེས་ཀྱིས། སྨོན་ལམ་པ་ཞེས་པ་ནི། སྨོན་ལམ་པ་ཙམ་ཏེ་ཚོགས་བསགས་པས་སེམས་དེ་བསྐྱེད་པའི་ཚོགས་བླང་བ་ཡང་མ་བྱས་པའོ། །འཇུག་པ་ཞེས་པ་ནི། དགེ་བའི་བཤེས་གཉེན་མཉེས་པར་བྱས་ཏེ་ཡང་དག་པར་བླངས་པ་ལས་བྱུང་བའི་སེམས་བསྐྱེད་པ་ནས་བརྩམས་ཏེ་བར་ཆད་མེད་པའི་ལམ་གྱི་བར་དུ་རྟོགས་པས་བསྒྲུབ་པའི་སྤྱོད་པའོ། །ཞེས་མི་འདྲ་བ་དུ་མ་གསུངས་ཀྱང་། འདིར་སོ་སོའི་སྐྱེ་བོ་ལ་འཇུག་པའི་སེམས་མེད་ཅེས་པ། བསླབ་བཏུས་སོགས་སུ་དྲངས་པའི་མདོ་དང་འགལ་ཞིང་། སྨོན་པ་སྡོམ་པས་མ་བསྡུས་པ་དང་། ཚིག་མ་བྱས་པ་ཁོ་ནར་ཡང་མི་འཐད་པས། ཇོ་བོ་དང་མཐུན་པར་གཞན་དོན་དུ་སངས་རྒྱས་ཐོབ་པར་འདོད་པ་དང་། དེའི་དོན་ཏུ་སྤྱོད་པ་བསྒྲུབ་པར་འདོད་པའོ། །འོན་སྨོན་པ་ལ་སྡོམ་པ་ཡོད་ན། སྤྱོད་འཇུག་ལས། བྱང་ཆུབ་སྨོན་པའི་སེམས་ལས་ནི། །འཁོར་ཚེ་འབྲས་བུ་ཆེ

འབྱུང་ཡང་། །ཇི་ལྟར་འཇུག་པའི་སེམས་བཞིན་དུ། །བསོད་ནམས་རྒྱུན་ཆགས་འབྱུང་བ་མིན། །ཞེས་བཤད་པ་དང་འགལ་ཏེ། སྡོམ་པ་ཡོད་ན་བསོད་ནམས་རྒྱུན་ཆགས་སུ་འབྱུང་བས་སོ། །ཞེ་ན།

འདིའི་ལན་ནི། ཆོས་རྗེ་ཉིད་ཀྱིས། བདག་གི་བླ་མ་དཔལ་ལྡན་ས་སྐྱ་པའི་ཞལ་སྔ་ནས་ནི། སྨོན་འཇུག་གཉིས་ཀ་ལ་སྨོན་པའི་སེམས། སྨོན་པའི་སེམས་བསྐྱེད་པ། སྨོན་པ་མི་ཉམས་པར་སྲུང་བ་གསུམ་དང་། འཇུག་པའི་སེམས། འཇུག་པའི་སེམས་བསྐྱེད་པ། འཇུག་པ་མི་ཉམས་པར་སྲུང་བ་གསུམ་ཡོད་དོ། །ཞེས་གསུངས་པ་ནི། མདོ་རྒྱུད་ཀྱི་དགོངས་པ་ཕྱིན་ཅི་མ་ལོག་པར་ངེས་སོ། །དེའི་རྗེས་སུ་འབྲང་ན། སྨོན་འཇུག་གི་སེམས་བསྐྱེད་རྐྱང་བ་སྡོམ་པ་མ་ཡིན་ལ། སྨོན་འཇུག་གི་སེམས་བསྐྱེད་མི་མཐུན་པའི་ཕྱོགས་བཞི་དང་བཅས་སྤོང་བའི་སེམས་ཡོད་ན་གཉིས་ཀ་ཡང་སྡོམ་པར་འགྱུར་ཏེ། སྡོམ་པའི་མཚན་ཉིད་ལྡན་པའི་ཕྱིར་རོ། །སྡོམ་པའི་མཚན་ཉིད་དང་ལྡན་པ་སྡོམ་པར་མི་འགྱུར་ན། སྡོམ་པ་གཞན་ཐམས་ཅད་ཀྱང་སྡོམ་པ་མ་ཡིན་པར་འགྱུར་རོ། །སློབ་དཔོན་ཞི་བ་ལྷ་ནི། སྡོམ་པས་མ་ཟིན་པའི་སྨོན་པ་རྐྱང་པ་ལས་བསོད་ནམས་རྒྱུན་ཆགས་མི་བཞེད་པ་ཡིན་ནོ། །སྤྱིར་སྡོམ་པས་མ་ཟིན་པ་ལ་ཡང་བསོད་ནམས་རྒྱུན་ཆགས་འབྱུང་བ་ལ་འགལ་བ་མེད། སངས་རྒྱས་ལ་དམིགས་ནས་མེ་ཏོག་གཅིག་ཕུལ་བ་ལའང་བསོད་ནམས་རྒྱུན་ཆགས་བཤད་པའི་ཕྱིར་རོ། །

དེས་ན། སློབ་དཔོན་ཛེ་ཏ་རི་ནི། སེམས་ཅན་ཐམས་ཅད་ལ་ཕན་བདེ་སྒྲུབ་པའི་དོན་དུ་སེམས་བསྐྱེད་པར་ཁས་འཆེ་བ་ནི་སྨོན་པ། དེ་རྒྱུན་དུ་མི་ཉམས་པར་བསྲུང་བར་ཁས་འཆེ་བ་ནི་འཇུག་པ། བྱང་ཆུབ་སེམས་དཔའི་བསླབ་པ་མཐའ་དག་བསྲུང་བར་ཁས་འཆེ་བ་ནི་སྨོན་པའི་སྡོམ་པ། ཇི་ལྟར་གཟུང་བ་ལྟར་སྤྱོད་པར་ཁས་འཆེ་བ་ནི་འཇུག་པའི་སྡོམ་པར་བཞེད་པ་ཡིན་ཏེ། དེས་ན་ཆོ་ག་ཡང་སེམས་ཅན་གྱི་དོན་དུ་བསྔོ་བའི་སྨོན་པས་སྨོན་འཇུག་གཉིས་སྐབས་ཅིག་བླངས་ནས། བྱང་ཆུབ་སེམས་དཔའི་སྡོམ་པ་ལ་མོས་པ་བརྟན་པོ་ཡོད་ན། ཕྱིས་སྨོན་འཇུག་གི་སྡོམ་པ་གཉིས་ཀ་འང་སྐབས་ཅིག་ལེན་པའི་ལུགས་སུ་མཛད་དོ། །

སློབ་དཔོན་ཞི་བ་ལྷ་དེ་ཉིད་ལས་སེམས་བསྐྱེད་པའི་ཆོ་ག་ལོགས་པ་མི་བཞེད་ལ། སློབ་དཔོན་ཀླུ་སྒྲུབ་ཀྱང་སེམས་བསྐྱེད་དང་སྡོམ་པ་ཐུན་མོང་དུ་ལེན་པ་འདི་བཞེད་པ་ཡིན་ནོ་ཞེས་གསུངས་སོ། །སེམས་དང་སེམས་བསྐྱེད་ཀྱི་ཁྱད་པར་ནི། འགྲོ་བའི་མགོན་པོ་འཕགས་པས། དེ་སྐད་ཉེས་ཀུན་སེལ་བ་དང་། །ཡོན་ཏན་ཀུན་ལ་ཉེར་སྦྱོར་བའི། །མཐུ་སྟོབས་དམ་པ་རབ་བརྙེས་ཤིང་། །མཁྱེན་དང་བརྩེ་བའི་མཐར་སོན་པ། །རྫོགས་པའི་སངས་རྒྱས་ཉིད་ལགས་ལ། །དེ་ཡང་སེམས་ཅན་ལས་བྱུང་པས། །བདག་ཀྱང་དེ་འདྲར་བྱའོ་ཞེས། །སྨོན་པ་སྨོན་པའི་སེམས་ལགས་ཏེ། །དེ་ཡིས་དགེ་བའི་བཤེས་གཉེན་ལ། །བསྙེན་ནས་ཡན་ལག་ལྔན་ཚོགས་པའི། །

ཚོགས་དེ་ལྟར་དམ་འཆའ་བ། །སྨོན་པའི་བྱང་ཆུབ་སེམས་བསྐྱེད་ལགས། །སངས་རྒྱས་ཉིད་ནི་འགྲུབ་བྱེད་པའི། །ཐབས་ཚུལ་མཐའ་དག་སྤྱོད་དོ་ཞེས། །འདུན་པ་འཇུག་པའི་སེམས་ལགས་ཏེ། །དམ་འཆའ་འཇུག་པའི་སེམས་བསྐྱེད་ལགས། །ཞེས་གསུངས་པ་ལྟར་ཡིན་ཏེ། སྒྲིབ་པ་སྤངས་པའི་སེམས་བསྐྱེད། སངས་རྒྱས་ཀྱི་ས་རུ་བཤད་པ་ལ་བོད་ཀྱི་སློབ་དཔོན་སྔ་རབས་པ་འགའ་ཞིག །དེ་ན་སེམས་བསྐྱེད་མེད་དེ། རྟེན་རིག་ལོག་པ་དང་། ཡང་དག་པར་བླང་བའི་དུས་འདས་པ་དང་། མཚོན་པའི་མཚན་ཉིད་མ་ཚང་བའི་ཕྱིར་རོ་ཞེས་དང་། དེང་སང་གི་མཁས་པ་འགའ་ཞིག་ཀྱང་བྱང་ཆུབ་ཐོབ་ཟིན་པས་ཐོབ་འདོད་ཀྱི་འདུན་པ་མེད་པའི་ཕྱིར། སྨོན་པ་སེམས་བསྐྱེད་མེད་ལ། བསླབ་པ་མཐར་ཕྱིན་པས་བསླབ་པ་ལ་སློབ་པ་མེད་པའི་ཕྱིར། འཇུག་པ་སེམས་བསྐྱེད་ཀྱང་མེད་དོ་ཞེས་གསུངས་པ་མི་རིགས་ཏེ། རྟགས་དེ་དག་མ་གྲུབ་པ་དང་མ་ངེས་པའི་ཕྱིར་ཏེ། དང་པོ་ནི་རིགས་ཀྱང་གང་ཡིན། ལོག་པ་ཡང་གང་ཡིན། ཆོས་ཀྱི་དབྱིངས་ནི་རིགས་ཡིན་ལ། ལྡོག་པ་ནི་དེའང་དྲི་བཅས་དྲི་མེད་དུ་གྱུར་པའོ་ཞེ་ན། དེའི་ངོ་བོ་དེ་ལྟར་གྱུར་ན་མི་རྟག་པར་འགྱུར་ཞིང་། དྲི་མ་མེད་པས་ཡིན་ན་ནི། སྤང་བྱ་མེད་པས། གཉེན་པོ་མེད་ཅེས་པར་འགྱུར་བས་འབྲེལ་བ་མེད་ཅིང་། གལ་ཏེ་ཡོད་ན་རྒྱུན་མཚུངས་པས་ཡོན་ཏན་གཞན་ཡང་མེད་པར་འགྱུར་རོ། །

གཉིས་པ་ནི། ཇི་སྲིད་བྱང་ཆུབ་ཀྱི་བར་ཞེས་པའང་དུས་ཀྱི་ཚད་ལ་ཞེན་པ་དག་འཇུག་པའི་ཕྱིར་གསུངས་པའམ། མཚོན་པའི་ཕྱིར་གསུངས་པར་ཟད་ཀྱི། དེ་ཐོབ་ནས་ཀྱང་གཏོང་བའི་རྒྱུ་མེད་པས་འབྱུང་བར་རིགས་ཏེ། དཔེར་ན། དགེ་སློང་མའི་སྡོམ་པ་ལོ་གཉིས་སུ་ཆོས་དྲུག་དང་རྗེས་སུ་མཐུན་པའི་ཆོས་དྲུག་ལ་བསླབ་པའི་སྡོམ་པ་ཞེས་ལེན་ཡང་། ཇི་སྲིད་འཚོ་བའི་སྡོམ་པ་ཡིན་པ་བཞིན་ཏེ། བསྙེན་གནས་ལས་གཞན་པའི་སོ་སོ་ཐར་པའི་སྡོམ་པ་ཡིན་པའི་ཕྱིར་ཏེ། མཛོད་དུ། ཇི་སྲིད་མཚོ་དང་ཉིན་མཚན་དུ། །སྡོམ་པ་ཡང་དག་བླངས་པར་བྱ། །ཞེས་སོ། །འདིར་སོ་སོ་ཐར་པ་ཤི་བས་གཏོང་བ་ཡང་དཔེར་མི་རུང་སྟེ། དེ་ནི་རྟེན་རྒྱུན་ཆད་པས་གཏོང་བ་ཡིན་གྱི། བླངས་པའི་དུས་འདས་པས་ནི་མ་ཡིན་ཏེ། གཏན་ཚིགས་ཕྱི་མ་གསུམ་ནི། ཁྱེད་ཅག་འདོད་པ་ལྟ་བུའི་སེམས་བསྐྱེད་ཀྱི་མཚན་ཉིད་ནི་ཡང་དག་པ་མ་ཡིན་པས། དེའི་མཚན་ཉིད་ནི་ཉེས་པ་སྤོང་བ་དང་བཅས་པ་ཁོ་བོ་ཅག་གིས་བཤད་ཟིན་ཏོ། །འདིས་སེམས་བསྐྱེད་བཞི་ཀའི་རྟེན་གྱི་གང་ཟག་བྱང་ཆུབ་སེམས་དཔར་བསྟན་པ་ལྟ་བུར་འདུག་པས་དེ་ལྟར་དུ་རྟོད་པའོ། །ལན་ནི་དེ་ལྟར་བསྟན་པ་མ་ཡིན་ཏེ། བྱང་ཆུབ་སེམས་དཔའ་རྣམས་ཀྱི་ཐོབ་བྱའི་འབྲས་བུར་གྱུར་པའི་སེམས་བསྐྱེད་ལ་བྱང་ཆུབ་སེམས་དཔའ་རྣམས་ཀྱི་སེམས་བསྐྱེད་ཞེས་བཏགས་ནས་གསུངས་པའི་ཕྱིར་དང་། དེ་ལྟ་ཡིན་ན། སངས་རྒྱས་ཀྱི་ས་ལ་ནི་སྒྲིབ་པ་མེད་པའོ། །སྒྲིབ་པ་སྤངས་པའི་སེམས་བསྐྱེད་སངས་རྒྱས་ཀྱི་ས་མ་ཡིན་ཏེ། མདོ་སྡེ་རྒྱན་

གྱི་འགྲེལ་པར། བྱང་ཆུབ་སེམས་དཔའ་རྣམས་ཀྱི་སེམས་བསྐྱེད་པ་ནི་རྣམ་པ་བཞི་ཏེ་ཞེས་བཤད་པས་སོ་ཞེ་ན། འདིའི་ལན་ལ་གཉིས་ལས། མགོ་མཚུངས་ཀྱི་ལན་ནི། སྒྲིབ་པ་སྤྱངས་པའི་སེམས་བསྐྱེད། བྱང་སེམས་ཀྱི་ས་མ་ཡིན་པར་ཐལ་བར་འགྱུར་ཏེ། དེ་ཉིད་དུ། སངས་རྒྱས་ཀྱི་ས་ལ་ནི་སྒྲིབ་པ་མེད་པའོ་ཞེས་བཤད་པས་སོ། །འདོད་ན་འགལ། རྣལ་མའི་ལན་ནི། བྱང་ཆུབ་སེམས་དཔས་ཐོབ་པར་བྱ་བའི་སེམས་བསྐྱེད་ལ་དེའི་སེམས་བསྐྱེད་ཞེས་གསུངས་པ་དེ། བྱང་ཆུབ་སེམས་དཔའི་སྟོན་པ་ཞེས་པ་བཞིན་ནོ། །རྒྱལ་སྲས་རྣམས་ཀྱི་སེམས་བསྐྱེད་པ། །སྒྲིན་དང་འདྲ་བར་བསྟན་པ་ཡིན། །ཞེས་པའང་དོན་འདི་ཡིན་ནོ། །

བཞི་བ་ཉམས་སུ་ལེན་པའི་ཚུལ་ནི། གཞུང་ཉིད་ནས་འཆད་དོ། །ལྔ་བ་ཉམས་པའི་ཉེས་དམིགས་ལ། གང་གིས་གཏོང་བའི་རྒྱུ་དང་དེའི་ཉེས་དམིགས་གཉིས་ལས། དང་པོ་ནི། སེམས་ཙམ་པའི་ལུགས་ལ། བྱང་ས་ལས། རིགས་དང་མི་ལྡན་པ་སྡིག་གྲོགས་ཀྱིས་ཟིན་པ། སེམས་ཅན་ལ་སྙིང་རྗེ་ཆུང་བ། འཁོར་བའི་སྡུག་བསྔལ་ཡུན་རིང་ལ་དར་དྲག་པས་འཇིགས་པ་ཏེ། བཞིས་སྨོན་པ་གཏོང་བ་དང་། སྨོན་པ་བཏང་བ་དང་། ཕམ་པ་ལྟ་བུའི་ཆོས་བཞི། ཀུན་དཀྲིས་ཆེན་པོས་སྤྱད་པས་འཇུག་པ་གཏོང་ཞིང་། ཀུན་དཀྲིས་འབྲིང་དང་ཆུང་ངུས་སྤྱད་ན་སྡོམ་པ་མི་གཏོང་ངོ་། །ཞེས་གསུང་ལ། རྣམ་པར་གཏན་ལ་དབབ་པ་བསྡུ་བ་ལས། དེ་གཏོང་བ་ནི་མདོར་བསྡུ་ན་རྒྱུ་བཞིས་འགྱུར་ཏེ། ཡང་དག་པར་ལེན་པའི་སེམས་ཀྱིས་མི་འདྲ་བར་ངེས་པའི་སེམས་བསྐྱེད་པར་བྱེད་པ་དང་། མི་བརྡ་འཕྲོད་པའི་དྲུང་དུ་འབུལ་བ་དང་ལྡན་པའི་ཚིག་བརྗོད་པར་བྱེད་པ་དང་། ཕམ་པའི་གནས་ལྟ་བུའི་ཆོས་བཞི་པོ་དེ་དག་ལས་རེ་རེས་ཉེས་པ་འབྱིན་པ་དང་། ཕམ་པའི་གནས་ལྟ་བུའི་ཆོས་བཞི་པོ་ཐམས་ཅད་དམ། རེ་རེ་ལ་ཀུན་དཀྲིས་ཆེན་པོས་ཉེས་པ་འབྱིན་པར་བྱེད་ན་བྱང་ཆུབ་སེམས་དཔའི་སྡོམ་པ་བཏང་བ་བརྗོད་པར་བྱའོ། །ཞེས་བཤད་ཅིང་། དབུ་མ་པའི་ལུགས་ནི། སློབ་དཔོན་ཞི་བ་ལྷས། ནག་པོའི་ཆོས་བཞི་བསྟེན་པ་དང་། རྩ་ལྟུང་བྱུང་བས་སྨོན་འཇུག་གཏོང་བར་བཞེད་ལ་ཞེས། བདག་ཅག་རྣམས་ཀྱི་ཆོས་ཀྱི་རྗེ་བསོད་ནམས་རྒྱལ་མཚན་དཔལ་བཟང་པོའི་ཞལ་སྔ་ནས། ཕར་ཕྱིན་ཊཱིཀྐ་ལས་བཤད་ཅིང་། ཆོས་རྗེའི་ཞལ་སྔ་ནས་ཆག་ལོའི་དྲིས་ལན་ལས། སྡོམ་པ་སྐྱེ་བའི་ཚུལ་ཡང་སོ་སོར་ཐར་པ་ལའང་ལྟུང་བ་བྱུང་བས་སྡོམ་པ་གཏོང་བ་དང་། མི་གཏོང་བའི་ལུགས་གཉིས་གདའ། དེ་བཞིན་དུ་ཐེག་པ་ཆེན་པོ་ལའང་ལུགས་གཉིས་ཡོད་པའི་སེམས་ཙམ་པ་ལྟུང་བ་སྡོམ་པ་གཏོང་བའི་ལུགས་སུ་གསལ། དབུ་མ་ལ་ལུགས་གཉིས་ཀ་གདའ། ངེད་ཅག་སྨོན་པའི་སེམས་མ་བཏང་ན། ལྟུང་བ་གཞན་བྱུང་ཡང་སྡོམ་པའི་རྩ་བ་མི་གཏོང་བའི་ལུགས་དེའི་རྗེས་སུ་འབྲང་བ་ལགས། སྤྱོད་འཇུག་ལས། གལ་ཏེ་དེ་ལྟར་དམ་བཅས་ནས་ཞེས་བྱ་བ་ལ་སྐྱོགས་པ་གསུངས་པའང་། སྨོན་

པ་མ་ཉམས་པར་འཇུག་པ་འགའ་ཞིག་ལ་ཉམས་ན། ངན་སོང་དུ་ཙུང་ཟད་སྐྱེ་བར་འགྱུར་གྱི། མཐར་སངས་མི་རྒྱ་བའི་ལུགས་མ་ལགས། ལྟུང་བས་རེ་ཞིག་ངན་སོང་དུ་སྐྱེས་ཀྱང་སྨོན་པ་མ་ཉམས་ན་མཐར་སངས་རྒྱ་སྟེ། སྐྱེས་རབས་ལས། ལས་ཀྱི་རྣམ་པར་སྨིན་པ་བསམ་མི་ཁྱབ། །སྙིང་རྗེའི་བདག་ཉིད་ཅན་ཡང་དུད་འགྲོར་སྐྱེ། །དེས་ན་འང་ཆོས་ཀྱི་འདུ་ཤེས་ཉམས་པ་མེད། །ཅེས་བྱ་བ་ལ་སོགས་པ་དང་། མདོ་སྡེ་རྒྱན་ལས། རིང་མོ་ཞིག་ན་ངན་སོང་དུ། །འགྲོ་ཞིང་མྱུར་དུ་ཐར་པ་དང་། །དེ་ན་འང་སྡུག་བསྔལ་ཆུང་ངུ་མྱོང་། །སྐྱོ་བཅས་སེམས་ཅན་ཡོངས་སྨིན་བྱེད། །ཅེས་གསུངས་པ་ལྟར་རོ། །སྤྱོད་འཇུག་ལས། དངོས་པོ་ཕལ་བ་ཙུང་ཟད་ལའང་། ཞེས་བྱ་བ་ནི། སྨོན་པ་ཉམས་ན་འཚང་མི་རྒྱ་བ་ལ་དགོངས་སོ། །དེའི་ཕྱིར་སེམས་ཅན་ཐམས་ཅད་ཀྱི་དོན་དུ་སངས་རྒྱས་ཐོབ་པར་བྱ་སྙམ་པའི་སྨོན་པ་མ་ཉམས་ན། འཇུག་པ་ལ་རིམས་ཀྱིས་སློབ་པས་འཁོར་བ་མཐའ་ཅན་དུ་འགྱུར་ཏེ། དཔེར་ན་མི་རྒྱན་མ་ཆད་ན་ཟས་ནོར་ཞར་ལ་འབྱུང་བ་བཞིན་ནོ། །དེས་ན་སེམས་བསྐྱེད་སུས་ཐོབ་ཀྱང་སྨོན་པ་འཚོར་དཀའ་བས། མཐར་སངས་རྒྱ་བའི་དགོས་པ་དེར་གདའ། བསླབ་བཏུས་ཀྱི་དགོངས་པའང་དེ་བཞིན་དུ་ཤེས་པར་བྱའོ། །དེས་ན་སེམས་བསྐྱེད་ཀྱི་བསླབ་བྱ་རྒྱས་བསྡུས་དང་བརྩོན་པ་ཆེ་ཆུང་ལ་འཚང་རྒྱ་བ་སྔ་ཕྱི་འབྱུང་བས། དེས་ན་རིམ་གྱིས་འཚང་རྒྱ་བའི་སེམས་བསྐྱེད་ཀྱི་ལུགས་ལ་མྱུར་དུ་འཚང་རྒྱ་བ་ལ་དགོས་པའི་བསླབ་བྱ་ཚོམ་སྦྱར་བས་སྐྱོན་དུ་མི་འགྲོ་ཏེ། དཔེར་ན་རིམ་གྱིས་གསོ་དགོས་པའི་ནད་ལ་ཅིག་ཅར་གསོ་བའི་སྨན་མ་བཏང་ཡང་སྐྱོན་དུ་མི་འགྲོ་བ་བཞིན་ཏེ། དེས་ན་བསླབ་བྱ་སླ་བ་ལ་དགོངས་པ་ཡིན་གྱི། གཏན་ནས་བསླབ་མི་དགོས་པ་མ་ལགས། དེ་དག་སྤྱོད་འཇུག་གི་སྡོམ་པ་ལེན་པའི་ཚིགས་ཀྱི་སྐབས་སུ། བྱང་ཆུབ་སེམས་ནི་བསྐྱེད་བགྱི་ཞིང་། །ཞེས་སྨོན་པ་བསླངས་ནས། བྱང་ཆུབ་སེམས་དཔའི་བསླབ་པ་ལ། །རིམ་པ་བཞིན་དུ་བསླབ་པར་བགྱི། །ཞེས་འཇུག་པ་ལ་རིམ་གྱིས་བསླབ་པར་ཁས་བླངས་ཀྱི་བསླབ་བྱ་ཐམས་ཅད། ད་ལྟ་ཉིད་ནས་སློབ་པར་ཁས་བླངས་པ་མེད་པས་དམ་བཅའ་ཉམས་པའི་ཉེས་དམིགས་མི་འཆི། སྨོན་པ་བླངས་ནས་དགེ་བ་ཕྲ་མོ་ཙམ་ཡང་མ་དཔྱད་ན། དམ་བཅའ་ཉམས་པའི་ཉེས་པ་འཆི་མོད། འོན་ཀྱང་སྨོན་པ་གཏོང་བའི་རྒྱུ་ཤིན་ཏུ་དཀའ། འཇུག་པ་ལ་དགེ་བ་ཕྲ་མོ་ཙམ་རེ་མི་བྱེད་པའང་མི་སྲིད་པའི་ཚོད་ཙམ་དུ་མཐོང་བས། དབུ་མའི་ལུགས་ཀྱི་སེམས་བསྐྱེད་གཏོང་དཀའ་བར་གདའ། སྤྱིར་ཚིག་ལ་ཕན་ཡོན་ཤས་ཆེ་བ་གཅིག །ཉེས་དམིགས་ཤས་ཆེ་བ་གཅིག །གཉིས་ཀ་ཆ་མཉམ་པ་གཅིག་ལས། སེམས་བསྐྱེད་ཕན་ཡོན་ཤས་ཆེ་བར་གདའ། ཞེས་གསུངས་སོ། །

གཉིས་པ་ནི་སྤྱོད་འཇུག་ལས། དངོས་པོ་ཕལ་པ་ཙུང་ཟད་ལ། །ཡིད་ཀྱིས་སྦྱིན་པར་བསམ་བྱས་ནས། །

མི་གང་སྨྲིན་པར་མི་བྱེད་པ། །དེ་ཡང་ཡིད་བདགས་རྒྱུར་གསུངས་ན། །བླ་ན་མེད་པའི་བདེ་བ་ལ། །བསམ་པ་ཐག་པས་མགྲོན་གཉེར་ནས། །འགྲོ་བ་ཐམས་ཅད་བསླུས་བྱུས་ན། །བདེ་འགྲོ་ཅི་ག་འགྲོ་འགྱུར་རམ། །ཞེས་པ་ལྟར། རྣམ་སྨིན་ངན་སོང་དུ་ལྟུང་བ་དང་། འདི་ནི་བྱང་ཆུབ་སེམས་དཔའ་ལ། །ལྟུང་བའི་ནང་ནས་ལྕི་བ་སྟེ། །འདི་ལྟར་དེ་ནི་བྱུང་གྱུར་ན། །སེམས་ཅན་ཀུན་གྱི་དོན་ལ་དམན། །ཞེས་པ་ལྟར། སྤྱོད་པ་གཞན་ལས་ཉམས་པ་དང་གཉིས་སོ། །སྨོན་པ་ཉམས་པའི་ཉེས་དམིགས་དང་། དེ་ལྟར་ལྟུང་བ་སྟོབས་ལྡན་དང་། །བྱང་ཆུབ་སེམས་སྟོབས་ལྡན་པ་དག །འཁོར་བར་རེས་ཀྱིས་འགྲོ་བྱེད་ན། །ས་ཐོབ་པ་ལ་ཡུན་རིང་ཐོགས། །ཞེས་པ་ལྟར། འབྲས་བུ་ཐར་པ་ལ་ཐོགས་པ་སྟེ། འཇུག་པ་ལས་ཉམས་པའི་ཉེས་དམིགས་སོ། །མདོར་ན། སངས་རྒྱས་མི་མཉེས། སེམས་ཅན་མི་མགུ། རང་དོན་ཉམས་པ་དང་། མཐར་ཐུག་གི་འབྲས་བུ་འཁོར་བ་ལས་གཏན་མི་ཐར་པ་དང་། གལ་ཏེ་ཐར་ཡང་ཉན་ཐོས་དང་རང་སངས་རྒྱས་སུ་ལྟུང་བའོ། །

དྲུག་པ་བསྲུང་བའི་ཕན་ཡོན་ནི། སྤྱོད་འཇུག་ལས། སྡིག་པ་སྦྱོང་བ། དགེ་བ་བསྒྲུབ་པ། རེ་འདོད་སྒྲོང་བ། མིང་དོན་འཕོ་བ། ཕན་ཡོན་དཔེས་མཚོན་པ་སྟེ་ལྔ་ལས། ཕྱི་མ་ལའང་གསེར་འགྱུར་རྩིའི་དཔེས་དམན་པ་མཆོག་ཏུ་བསྒྱུར་བ། རིན་པོ་ཆེའི་དཔེས་རྙེད་དཀའ་ཞིང་རིན་ཆེ་བ། ལྗོན་ཤིང་གི་དཔེས་འབྲས་བུ་མི་ཟད་ཅིང་འཕེལ་བ། སྐྱེལ་མའི་དཔེས་སྡིག་པའི་འབྲས་བུ་ལས་སྐྱོབ་པ། མེའི་དཔེས། སྡིག་པ་རྩ་བ་ནས་འཇོམས་པ་ལྔ་དང་། མདོ་ལས་ཕན་ཡོན་དཔག་ཏུ་མེད་པ་གསུངས་པའི་ཚུལ་རྣམས་ནི་སེམས་བསྐྱེད་སྤྱིའི་ཕན་ཡོན་དང་། བྱེ་བྲག་ཏུ་འཇུག་པ་ལས། བསོད་ནམས་ནམ་མཁའ་དང་མཉམ་པ་རྒྱུན་མ་ཆད་པར་འབྱུང་བར་གསུངས་ཏེ། འདི་དག་གི་ལུང་སྒྲོར་རྣམས་གྲགས་ཆེ་བ་དང་ཡི་གེ་མང་བར་འགྱུར་བས་མ་བྲིས་སོ། །མདོ་ཀུན་ལས་བཏུས་ལས། ལོ་འབུམ་དུ་བསགས་པའི་མུན་པ་མར་མེ་སྐད་ཅིག་མས་སེལ་བ་བཞིན། ཐོག་མེད་ནས་བསགས་པའི་ལས་དང་ཉོན་མོངས་པ་ཡང་། བྱང་ཆུབ་ཀྱི་སེམས་སྐད་ཅིག་གིས་སེལ་བ་དང་། ཡིད་བཞིན་གྱི་ནོར་བུ་ཐོགས་པའི་ཀླུའི་རྒྱལ་པོ་རྣམས་ལ་གཞན་གྱིས་གནོད་པ་མི་འབྱུང་བ་བཞིན་དུ། བྱང་ཆུབ་སེམས་ཀྱི་མཐུས། བྱང་ཆུབ་སེམས་དཔའ་ལ་ངན་སོང་གི་གནོད་པ་མི་འཇུག་པ་དང་། རྒྱ་མཚོ་བ་དང་། མ་ཧེ་དང་རའི་འོ་མ་གང་བའི་ནང་དུ། སེང་གེའི་འོ་མ་ཐིགས་པ་གཅིག་བླུགས་པས་དེ་ཐམས་ཅད་འཐོར་བར་འགྱུར་བ་བཞིན་དུ། ཐོག་མའི་དུས་ཀྱི་ལས་དང་ཉོན་མོངས་པ་རྣམས་བྱང་ཆུབ་ཀྱི་སེམས་གཅིག་གིས་ཟད་པར་བྱེད་པར་སྟོང་པོ་བཀོད་པའི་མདོ་དྲངས་ནས་གསུངས་ཤིང་། དེ་བཞིན་དུ་སེང་གེའི་ཕྲུ་གུ་བཙས་མ་ཐག་པའི་དྲིས། རི་དྭགས་དང་། གླང་པོ་ཆེ་དང་། བྱའི་ཚོགས་ཐམས་ཅད་འབྲོས་པ་བཞིན་དུ། བྱང་ཆུབ་སེམས་བསྐྱེད་མ་ཐག་པས་ཀྱང་ཉན་ཐོས་དང་

རང་སངས་རྒྱས་ཟིལ་གྱིས་གནོན་ཅིང་བདུད་ཐམས་ཅད་སྐྲག་པར་བྱེད་དོ་ཞེས། མ་སྐྱེས་དགྲའི་ལེའུ་དྲངས་ནས་བཤད་དོ། །

དེ་བཞིན་དུ། གསང་བ་བསམ་གྱིས་མི་ཁྱབ་པ་དང་། ཁྱིམ་བདག་དཔལ་སྦྱིན་གྱིས་ཞུས་པ་ལས་ཀྱང་། བྱང་ཆུབ་སེམས་ཀྱི་བསོད་ནམས་གང་། །གལ་ཏེ་དེ་ལ་གཟུགས་མཆིས་ན། །ནམ་མཁའི་ཁམས་ནི་ཀུན་བཀང་སྟེ། །དེ་བས་ཀྱང་ནི་ལྷག་པར་འགྱུར། །ཞེས་པ་དང་། བྱང་ཆུབ་སེམས་འགྲེལ་ལས། བྱང་ཆུབ་སེམས་སྐྱེས་ཙམ་གྱིས་ནི། །བསོད་ནམས་ཕུང་པོ་གང་ཐོབ་པ། །གལ་ཏེ་གཟུགས་ཅན་ཡིན་ན་ནི། །ནམ་མཁའ་གང་བ་ལས་ནི་ལྷག །སྐྱེས་བུ་གང་ཞིག་སྐད་ཅིག་ཙམ། །བྱང་ཆུབ་སེམས་ནི་བསྒོམ་བྱེད་པ། །དེ་ཡི་བསོད་ནམས་ཕུང་པོ་ནི། །རྒྱལ་བ་ཡིས་ཀྱང་བགྲང་མི་སྤྱོད། །ཞེས་སོགས་མང་དུ་གསུངས་པས་ན། བྱང་ཆུབ་ཏུ་སེམས་བསྐྱེད་ཅིང་བསླབ་པ་ལ་ནན་ཏན་གྱིས་བསླབ་པར་བྱའོ། །

གཉིས་པ་ཡན་ལག་གི་དོན་ནི། སེམས་ཙམ་དབུ་མ་དེ་གཉིས་ལྟ་བ་ཐ་དད་དེ། སེམས་ཙམ་པ་ནི་ཡེ་ཤེས་སྙིང་པོ་ཀུན་ལས་བཏུས་ལས། ཡན་ལག་ཅན་ཞེས་བྱ་བ་མེད། །རྡུལ་ཕྲན་དག་ཀྱང་ཡོད་མ་ཡིན། །རྨི་ལམ་ཉམས་སུ་མྱོང་བ་བཞིན། །དམིགས་པ་མེད་པར་རབ་ཏུ་སྣང་། །གཟུང་དང་འཛིན་པ་དང་བྲལ་བའི། །རྣམ་ཤེས་དམ་པའི་དོན་དུ་འདོད། །ཅེས་པ་ལྟར། ཕྱི་ནང་གི་གཟུང་འཛིན་མེད་ཅིང་། དེ་གཉིས་ཀྱིས་སྟོང་པའི་སེམས་ཙམ་ཞིག་དོན་དམ་པར་ཡོད། ཅེས་པ་དང་། དབུ་མ་པ་ནི། རྣམ་པར་ཤེས་པ་དོན་དམ་དུ། །ཡོད་ཅེས་མཁས་རྣམས་མི་འདོད་དེ། །གཅིག་དང་དུ་མའི་རང་བཞིན་དང་། །བྲལ་ཕྱིར་ནམ་མཁའི་པད་མོ་བཞིན། །ཡོད་མིན་མེད་མིན་ཡོད་མེད་མིན། །གཉིས་ཀའི་བདག་ཉིད་མིན་པའང་མིན། །མཐའ་བཞི་ལས་ནི་རྣམ་གྲོལ་བ། །ཞེས་པ་དབུ་མ་པ་ཡིས་རིག །ཅེས་པ་ལྟར། ཡོད་མེད་ལ་སོགས་པའི་སྤྲོས་པ་ཐམས་ཅད་དང་བྲལ་བར་འདོད་པ་ཐ་དད་པས། སེམས་བསྐྱེད་ཀྱི་སྡོམ་པ་ལེན་པའི་ཆོག་ཡང་ཐ་དད་པ་ཡིན་ཏེ། སེམས་ཙམ་པ་ནི། གང་གིས་ལེན་པའི་གང་ཟག་ནི། བྱང་ས་ལས། བྱང་ཆུབ་སེམས་དཔའ་ཁྱིམ་པའམ་རབ་ཏུ་བྱུང་བ། བྱང་ཆུབ་སེམས་དཔའི་བསླབ་པ། ཚུལ་ཁྲིམས་ཀྱི་ཕུང་པོ། རྣམ་པ་གསུམ་པོ་འདི་དག་ལ་སློབ་པར་འདོད་ཅིང་། བླ་ན་མེད་པ་ཡང་དག་པར་རྫོགས་པའི་བྱང་ཆུབ་ཏུ་སྨོན་ལམ་བཏབ་པས་ཞེས་པའི་དོན། བྱང་ཆུབ་ལམ་སྒྲོན་དུ། སོ་སོར་ཐར་པ་རིགས་བདུན་གྱི། །རྟག་ཏུ་སྡོམ་གཞན་ལྡན་པ་ལ། །བྱང་ཆུབ་སེམས་དཔའི་སྡོམ་པ་ཡི། །སྐལ་བ་ཡོད་ཀྱི་གཞན་དུ་མིན། །ཞེས་པ་ལྟར། བསྙེན་གནས་དུས་ཐུང་བས། རྟེན་དུ་མི་རུང་བས། ལྷག་མ་རིགས་བདུན་གང་རུང་དང་ལྡན་ཞིང་སྨོན་པ་སྔོན་དུ་སོང་བ་ཞིག་གོ། །

འདིར་བླ་མ་འགའ་ཞིག་སོ་སོར་ཐར་པ་རྟེན་དུ་དགོས་པར་གསུངས་པ། རྟེན་ཁྱད་པར་ཅན་བསྟན་པའི་ཕྱིར་ཡིན་གྱི། གཞན་ལ་ཡང་སྐྱེ་བར་བཞེད་ཅེས་གསུངངོ། །གང་ལས་བླངས་པའི་ཡུལ་ནི། མདོ་སྡེ་རྒྱན་ལས། བཤེས་གཉེན་དུལ་བ་ཞི་ཞིང་ཉེར་ཞི་བ། །ཡོན་ཏན་ལྷག་པ་བརྩོན་བཅས་ལུང་གིས་ཕྱུག །དེ་ཉིད་རབ་ཏུ་རྟོགས་པ་སྨྲ་མཁས་ལྡན། །བརྩེ་བའི་བདག་ཉིད་སྐྱོ་བ་སྤངས་ལ་བསྟེན། །ཞེས་ཆོས་བཅུ་དང་ལྡན་པ་གསུངས་པའི་དོན། དུལ་བ་ལ་སོགས་གསུམ་ནི། བསླབ་པ་གསུམ་དང་རིམ་པ་བཞིན་སྦྱོར་རོ། །ཡོན་ཏན་ལྷག་པ་ནི་སློབ་མ་ལས་སོ། །དེ་ཉིད་རབ་ཏུ་རྟོགས་པ་ནི་བདེན་པ་མཐོང་བའོ། །སྐྱོ་བ་སྤངས་པ་ནི་གཞན་དོན་ལའོ། །དེ་ལྟ་བུ་མ་འགྱུར་ན། སྡོམ་པ་ཉི་ཤུ་པ་ལས། བླ་མ་མཁས་ཤིང་སྡོམ་ལ་གནས། །ནུས་དང་ལྡན་ལས་བླངས་པར་བྱ། །ཞེས་ཏེ། ནུས་པ་ནི་སྡོམ་པ་འབོགས་པའི་ཆོ་ག་རྣམས་ན་བ་དང་རྒས་པའི་དབང་གིས་མི་ནུས་པ་མ་ཡིན་པའོ། །

ཇི་ལྟར་བླང་བའི་ཆོ་ག་ལ་སྦྱོར་དངོས་རྗེས་གསུམ་ལས། སྦྱོར་བ་ནི། ལྟ་བ་ཅུང་ཟད་དམན་པས། སྤྱོད་པ་ལའང་དོགས་པས། ཉན་ཐོས་དང་འདྲ་བར་བར་ཆད་འདྲི་བ་ལ་སོགས་པ་བྱེད་དེ། འཕགས་པ་ཐོགས་མེད་དང་། སློབ་དཔོན་ཙནྡྲ་གོ་མི་དང་། མཁན་པོ་ཞི་བ་འཚོ་དང་། སློབ་དཔོན་བྱང་ཆུབ་བཟང་པོ་ལ་སོགས་པས་སྨོན་པའི་ཆོ་ག་མ་གསུངས་ཤིང་། དེའི་རྗེས་ལ་འཇུག་པ་ལེན་པར་གསུངས་ཏེ། བྱང་སར། འཇུག་པའི་བར་ཆད་འདྲི་བ་ན། མིང་འདི་ཞེས་བྱ་བ་ཁྱོད། བྱང་ཆུབ་སེམས་དཔའ་ཡིན་ནམ། བྱང་ཆུབ་ཏུ་སྨོན་ལམ་བཏབ་བམ་ཞེས་འབྱུང་ཞིང་། ཙནྡྲ་གོ་མི་སོགས་ཀྱང་དེའི་རྗེས་སུ་འབྲངས་པའི་ཕྱིར་རོ། །ཇོ་བོས་མཛད་པའི་སེམས་བསྐྱེད་པ་དང་སྡོམ་པའི་ཆོ་ག་ལས་སྨོན་པ་ལའང་ཆོ་ག་གསུངས་ཏེ། དེ་ཡང་ཐོག་མར་དཀོན་མཆོག་ལ་མཆོད་པ་དང་། སྐྱབས་འགྲོ་ཁྱད་པར་ཅན་སྔོན་དུ་བཏང་ནས་སྨོན་པའི་སེམས་བསྐྱེད་དེ། དེའི་འོག་ཏུ་བར་ཆད་འདྲི་བ་ལ་སོགས་བྱས་ནས་འཇུག་པ་སེམས་བསྐྱེད་ལེན་ཏེ། འདིར་སྡིག་པ་བཤགས་པ་གསུངས་པས། བདག་ཉིད་ཆེན་པོ་འདིའི་བཞེད་པ་ལྟར་ན། དབུ་མའི་ལག་ལེན་འདྲེས་པར་མངོན་ཏེ། ཆག་ལོའི་དྲིས་ལན་ལས། སེམས་ཙམ་པའི་ཆོ་ག་ལ་སྡིག་བཤགས་ལ་སོགས་པ་དང་། ཡུལ་ཡང་སྐྱེ་བོ་ཀུན་ལ་བྱེད་ན་བྱང་ས་དང་མི་མཐུན་པས་མ་དག་པར་འཆི། འོན་ཀྱང་མཁན་པོ་བ་གཞན་གྱི་ངོ་བསྲུང་བས། བོད་རྣམས་ཀྱི་ངོར་མཛད་པ་འདྲ་བར་གདའ། ཞེས་དང་། སེམས་བསྐྱེད་ཀྱི་ཆོ་ག་ལས་ཀྱང་། དེའང་སྦྱོར་བ་ལ་སློབ་དཔོན་ཐོགས་མེད་སོ་སོར་ཐར་པ་རིགས་བདུན་གྱིས་དག་ཟིན་པ་ཞིག་སེམས་དགེ་བ་ལ་སྐྱེ་བའི་དབང་དུ་བྱས་ནས། ཕྱག་དང་མཆོད་པ་ཙམ་བྱས་ནས་ཞེས་དང་།

གློ་བོ་ལོ་ཙཱ་བའི་དྲིས་ལན་ལས། བྱང་ཆུབ་སེམས་དཔའི་སྡོམ་པ་ལ་སེམས་ཙམ་དབུ་མ་གཉིས་ཀྱི་དབྱེ་

བ་མི་ཤེས་པར་སེམས་ཙམ་པའི་ཆོ་ག་ལ་དབུ་མའི་སྡིག་བཤགས་ལ་སོགས་པ་མནན་ནས། ཆོ་ག་ཐམས་ཅད་དཀྲུགས་ནས་བྱེད་ཅེས་གསུངས་པས་སོ། །ཡང་ན་འཇུག་པ་སེམས་བསྐྱེད་ཀྱི་ཆོ་ག་ལ་སྡིག་བཤགས་འགོག་པའོ། །དེས་ན་དངོས་གཞི་ཡང་སྨོན་འཇུག་རིམས་ཀྱིས་ལེན་ནོ། །རྗེས་ལ་མཁྱེན་པར་གསོལ་བ་དང་བསླབ་བྱ་མདོར་བསྡུས་ཙམ་གོ་བར་བྱེད་དོ། །དབུ་མ་བ་ནི། རྟེན་ལྷ་དང་ལྷ་མ་ཡིན་ལ་སོགས་པ་རིགས་དྲུག་མཐའ་དག་དང་། སོ་སོ་ཐར་པ་བསྲུང་མི་ནུས་པ། རྒྱལ་པོ་ནས་ཤན་པའི་བར་ཐམས་ཅད་ལ་སྐྱེ་བར་བཞེད་ཅིང་། ཡུལ་ནི། རིན་ཆེན་ཕྲེང་བ་ལས། དགེ་བའི་བཤེས་གཉེན་དེ་དག་གི། །མཚན་ཉིད་མདོར་བསྡུས་རྒྱས་པར་མཛོད། །ཚོག་ཤེས་སྙིང་རྗེ་ཚུལ་ཁྲིམས་ལྡན། །ཉོན་མོངས་སེལ་བའི་ཤེས་རབ་ཅན། །ཞེས་པའི་དོན། སྤྱོད་འཇུག་ཏུ། རྟག་པར་དགེ་བའི་བཤེས་གཉེན་ནི། །ཐེག་ཆེན་དོན་ལ་མཁས་པ་དང་། །བྱང་ཆུབ་སེམས་དཔའི་བརྟུལ་ཞུགས་མཆོག །སྲོག་གི་ཕྱིར་ཡང་མི་བཏང་ངོ་། །ཞེས་ཏེ། འདི་དང་སྡོམ་པ་ཉི་ཤུ་པ་ནས་བཤད་པ་གཉིས་ཁྱད་ཆེར་མི་སྣང་། འོན་ཀྱང་དེར་ནི་ཕྱག་འཚལ་བ་སོགས། སློབ་དཔོན་གྱིས་ལུས་ངག་གི་བྱ་བ་མང་བས། དེ་ལྟ་བུ་ནུས་པ་དང་ལྡན་པ་ཞེས་གསུངས་ཤིང་། འདིར། ཕྱག་འཚལ་བ་སོགས་མི་དགོས་ཤིང་ངག་གིས་བརྗོད་རྒྱུ་འང་ཉུང་བས། དེ་ལྟ་བུ་མ་གསུངས་སོ། །དེ་གཉིས་ཀའི་ལུགས་ལ། གལ་ཏེ་དགེ་བའི་བཤེས་གཉེན་མ་རྙེད་ན། དེ་བཞིན་གཤེགས་པའི་སྐུ་གཟུགས་ཀྱི་སྤྱན་སྔར་འམ་མདུན་དུ་རྒྱལ་བ་སྲས་བཅས་བསམས་ཏེ་བླང་དུ་རུང་ངོ་། །ཆོ་ག་ལ་ཡང་དབུ་མ་བ་ལྟ་བ་མཐོ་བས། སྤྱོད་པ་མང་སྤྱངས་པས། གང་ཟག་སྡིག་པ་ཅན། སུ་རུང་རུང་ལ་སོ་སོར་ཐར་པ་དང་མ་འབྲེལ་ཡང་སེམས་བསྐྱེད་སྐྱེ་བར་དགོངས་ནས། སྡིག་པ་བཤགས་པ་ལ་སོགས་པ་ཡན་ལག་བདུན་པ་མཛད་ཅིང་། བར་ཆད་འདྲི་བ་མི་མཛད་དེ། འདིར་ཡང་སློབ་དཔོན་རྣམས་མཐར་ཐུག་བཞེད་པ་གཅིག་ཀྱང་། ཕྱག་ལེན་ཅུང་ཟད་མི་འདྲ་བ་འདི་ཡིན་ཏེ། སློབ་དཔོན་ཟླ་གྲགས་ཀྱིས་ཀྱང་ཕྱག་ལ་སྡིག་བཤགས་རྗེས་སུ་ཡི་རང་། སྐྱབས་འགྲོ། ལུས་དབུལ་བ་རྣམས་སྔོན་དུ་བཏང་སྟེ་སྨོན་པ་སེམས་བསྐྱེད་ནས། བསྔོ་བ་བྱས་ཏེ་སྡོམ་པ་བླངས་ནས། འཕགས་པ་བདག་བྱང་ཆུབ་སེམས་དཔའ་ལགས་ཀྱིས། བྱང་ཆུབ་སེམས་དཔར་བཟུང་དུ་གསོལ་ཞེས་བྱ་བ་བརྗོད་ནས། བསྔོ་བ་བྱ་བར་དེ་ཉིད་ཀྱིས་མཛད་པའི་ཆོ་ག་ལས་གསུངས་ཤིང་། སློབ་དཔོན་དགྲ་ལས་རྣམ་པར་རྒྱལ་བའི་ལུགས་ཀྱིས་སློབ་དཔོན་ལ་གསོལ་བ་བཏབ་ཏེ། ཡན་ལག་བདུན་པ་སྐྱབས་འགྲོ་དང་བཅས་པ་སྔོན་དུ་བཏང་ནས། དངོས་གཞི་ལ་ཐོག་མར། ལུས་དང་དེ་བཞིན་ལོངས་སྤྱོད་དང་། །དུས་གསུམ་གྱི་ནི་དགེ་བ་རྣམས། །ཐམས་ཅད་དོན་སྒྲུབ་བྱ་བའི་ཕྱིར། །ལྟོས་པ་མེད་པར་བཏང་བར་བགྱི། །ཞེས་པ་ལ་སོགས་པའི་སྒོ་ནས་སྨོན་པའི་སེམས་སྔོན་དུ་བྱས་ཏེ། དེ་ནས། ཇི་ལྟར་སྔོན་གྱི་བདེ་གཤེགས་ཀྱིས། །

བྱང་ཆུབ་ཐུགས་ནི་བསྐྱེད་པ་དང་། །དེ་དག་བྱང་ཆུབ་ཐུགས་བསྲུང་ལ། །དུས་ཀུན་ཏུ་ནི་གནས་པ་ལྟར། །དེ་བཞིན་འགྲོ་ལ་ཕན་དོན་དུ། །བདག་གིས་བྱང་ཆུབ་སེམས་བསྐྱེད་དེ། །དེ་བཞིན་དུ་ནི་དུས་ཀུན་ཏུ། །བདག་གིས་དེ་ནི་བསྲུང་བར་བགྱི། །ཞེས་ལན་གསུམ་གྱིས་སྨོན་པ་དང་། འཇུག་པའི་སེམས་བཟུང་བར་བྱའོ། །

དེ་ནས་གལ་ཏེ་བྱང་ཆུབ་སེམས་དཔའི་སྡོམ་པ་བཟུང་བ་ལ་མོས་པ་བརྟན་པོ་ཡོད་ན། དེའི་ཚེ་སྡོམ་པ་བྱིན་ཏེ། ཇི་ལྟར་སྔོན་གྱི་བདེ་གཤེགས་ཀྱིས། །བྱང་ཆུབ་སེམས་དཔའི་བསླབ་བཟུང་སྟེ། །དེ་དག་བྱང་སེམས་བསླབ་པ་ལ། །རིམ་པ་བཞིན་དུ་གནས་པ་ལྟར། །དེ་བཞིན་འགྲོ་ལ་ཕན་དོན་དུ། །བྱང་ཆུབ་སྡོམ་པ་བཟུང་བགྱི་ཞིང་། །དེ་བཞིན་བསླབ་པ་དེ་དག་ལ། །རིམ་པ་བཞིན་དུ་གནས་པར་བགྱི། །ཞེས་ལན་གསུམ་བརྗོད་པས་སྡོམ་པ་སྦྱིན་ནོ། །རྗེས་ལ། དེ་རིང་བདག་ཚེའི་འབྲས་བུ་ཡོད། །ཅེས་པ་ལ་སོགས་པའི་སྒོ་ནས་བདག་དགའ་བ་བསྒོམ་པར་དེ་ཉིད་ཀྱིས་མཛད་པའི་ཡི་དམ་བླ་མ་ལས་བཤད་དོ། །སྤྱོད་འཇུག་ཏུ། སྦྱོར་མཇུག་སྔར་དང་འདྲ་བ་ལས། དངོས་གཞི། ཇི་ལྟར་སྔོན་གྱི་བདེ་གཤེགས་ཀྱིས། །བྱང་ཆུབ་ཐུགས་ནི་བསྐྱེད་པ་དང་། །བྱང་ཆུབ་སེམས་དཔའི་བསླབ་པ་ལ། །རིམ་པ་བཞིན་དུ་བསླབ་པ་ལྟར། །དེ་བཞིན་འགྲོ་ལ་ཕན་དོན་དུ། །བྱང་ཆུབ་སེམས་ནི་བསྐྱེད་བགྱི་ཞིང་། །དེ་བཞིན་དུ་ནི་བསླབ་པ་ལ། །རིམ་པ་བཞིན་དུ་བསླབ་པར་བགྱི། །ཞེས་པས་སྨོན་འཇུག་བླངས་པར་གསུངས་སོ། །དེས་ན་སེམས་ཙམ་པའང་སེམས་བསྐྱེད་ཙམ་ནི་འགྲོ་བ་གཞན་ལའང་སྐྱེ་བར་འདོད་དེ། དེ་ལ་དེ་སྐྱེ་བར་སྟོན་པའི་མདོ་རྣམས་ཚད་མར་བྱེད་པའི་ཕྱིར་རོ། །བསྟན་བཅོས་འདི་དང་སེམས་བསྐྱེད་ཚོ་ག་སོགས་སུ། དེ་གཉིས་ཀྱི་སེམས་བསྐྱེད་ཀྱི་ཁྱད་པར་ཞེས་པའང་སྡོམ་པས་བསྡུས་པའི་སེམས་བསྐྱེད་ཀྱི་ཁྱད་པར་ཡིན་གྱི། སེམས་བསྐྱེད་ཙམ་གྱི་ནི་མ་ཡིན་པས། ཆོས་ཀྱི་རྗེའི་ཞལ་ནས་སེམས་བསྐྱེད་དང་སྡོམ་པའི་ཁྱད་པར་མ་ཕྱེ་བ་ཡིན་ནོ་ཞེས། དགོངས་པ་མ་རྟོགས་པར་བསྐུར་བ་བཏབ་པར་མི་བྱའོ། །

བར་དུ་བསྲུང་བའི་ཚུལ་ལ། སྤང་བྱའང་ཐ་དད་དེ། སེམས་ཙམ་པ་ནི་བྱང་ས་ལས་གསུངས་པའི་དོན། སྡོམ་པ་ཉི་ཤུ་པ་ལས། ཕམ་པའི་གནས་ལྟ་བུའི་ཆོས་བཞི་དང་ཉེས་བྱས་བཞི་བཅུ་ཞེ་ལྔ་གསུངས་ཏེ། དང་པོ་ནི། རྙེད་དང་བཀུར་བསྟི་ཆགས་པ་ཡིས། །བདག་སྟོད་གཞན་ལ་སྨོད་པ་དང་། །སྡུག་བསྔལ་མགོན་མེད་གྱུར་པ་ལ། །སེར་སྣས་ཆོས་ནོར་མི་སྟེར་དང་། །གཞན་གྱིས་བཤགས་ཀྱང་མི་ཉན་པར། །ཁྲོས་ནས་གཞན་ལ་འཚོག་པ་དང་། །ཐེག་པ་ཆེན་པོ་སྤོང་བྱེད་ཅིང་། །དམ་ཆོས་འདྲར་སྣང་སྟོན་པའོ་ཞེས་སོ། །

གཉིས་པ་ལ་དགེ་བ་ཆོས་སྡུད་དང་སེམས་ཅན་དོན་བྱེད་ཀྱི་མི་མཐུན་ཕྱོགས་གཉིས་ལས། དང་པོ་ལ་རང་གི་ཟང་ཟིང་གི་སྦྱིན་པའི་མི་མཐུན་ཕྱོགས་བཞི་སྟེ། དཀོན་མཆོག་གསུམ་ལ་གསུམ་མི་མཆོད། །འདོད་པའི་

སེམས་ཀྱི་རྗེས་སུ་འཇུག །རྣན་པ་རྣམས་ལ་གུས་མི་བྱེད། །དྲིས་པ་ལ་ནི་ལན་མི་འདེབས། །ཞེས་སོ། །གཞན་གྱི་གཉིས་ཏེ། མགྲོན་པོས་བདག་གིར་མི་བྱེད་དང་། །གསེར་ལ་སོགས་པ་ལེན་མི་བྱེད། །ཅེས་སོ། །ཆོས་ཀྱི་སྦྱིན་པའི་ཆོས་འདོད་པ་ལ་སྦྱིན་མི་བྱེད། ཅེས་གཅིག་ཏེ་སྦྱིན་པའི་བདུན་ནོ། །

ཚུལ་ཁྲིམས་འཆལ་བ་ཡལ་བར་འདོར། །ཕ་རོལ་དད་ཕྱིར་སློབ་མི་བྱེད། །སེམས་ཅན་དོན་ལ་བྱ་བ་ཆུང་། །འཚོ་བ་ལོག་པ་དང་དུ་ལེན། །འཆར་ནས་རབ་ཏུ་ལ་སོགས་པ། །ཞེས་སྡོམ་པའི་ལྔ་དང་། འཁོར་བ་གཅིག་ཏུ་བགྲོད་པར་སེམས་ཞེས་དགེ་བ་ཆོས་སྡུད་ཀྱི་གཅིག་དང་། གྲགས་པ་མ་ཡིན་མི་སྤོང་ས་པ། །ཉོན་མོངས་བཅས་ཀྱང་འཚོས་མི་བྱེད། །ཅེས་སེམས་ཅན་དོན་བྱེད་ཀྱི་གཉིས་ཏེ་ཚུལ་ཁྲིམས་ཀྱི་བརྒྱད་དོ། །གཤེ་ལ་ལན་དུ་གཤེ་ལ་སོགས། །ཁྲོས་པ་རྣམས་ནི་ཡལ་བར་འདོར། །ཕ་རོལ་ཤད་ཀྱིས་ཆགས་པ་སྤོང་། །ཁྲོ་བའི་སེམས་ཀྱི་རྗེས་སུ་འཇུག །ཅེས་བཟོད་པའི་བཞིའོ། །རྙེད་བཀུར་སྣད་ཕྱིར་འཁོར་རྣམས་བསྡུད། །ལེམ་ལོག་ལ་སོགས་སེལ་མི་བྱེད། །ཆགས་པས་བྲེ་མོའི་གཏམ་ལ་རྟེན། །ཞེས་བརྩོན་འགྲུས་ཀྱི་གསུམ་མོ། །ཏིང་ངེ་འཛིན་གྱི་དོན་མི་འཚོལ། །བསམ་གཏན་སྒྲིབ་པ་སྤོང་མི་བྱེད། །བསམ་གཏན་རོ་ལ་ཡོན་ཏན་ལྟ། །ཞེས་བསམ་གཏན་གྱི་གསུམ་མོ། །རང་ཚུལ་ཡོད་བཞིན་དེ་ལ་བརྩོན། །བརྩོན་མིན་ཕྱི་རོལ་བསྟན་བཅོས་བརྩོན། །བརྩོན་པར་བྱས་ཀྱང་དེ་ལ་དགའ། །ཐེག་པ་ཆེན་པོ་སྤོང་བར་བྱེད། །བདག་ལ་སྟོད་ཅིང་གཞན་ལ་སྨོད། །ཆོས་ཀྱི་དོན་དུ་འགྲོ་མི་བྱེད། །དེ་ལ་སྨོད་ཅིང་ཡི་གེ་རྟེན། །ཞེསཤེས་རབ་ཀྱི་བརྒྱད་དེ། དགེ་བ་ཆོས་སྡུད་ཀྱི་སོ་གསུམ་ཡིན་ནོ། །དགོས་པའི་གྲོགས་སུ་འགྲོ་མི་བྱེད། །ནད་པའི་རིམ་གྲོ་བྱ་བ་སྤོང་། །སྡུག་བསྔལ་སེལ་བར་མི་བྱེད་དང་། །བག་མེད་རྣམས་ལ་རིགས་མི་སྟོན། །བྱས་པ་ལན་དུ་ཕན་མི་འདོགས། །གཞན་གྱི་མྱ་ངན་སེལ་མི་བྱེད། །ནོར་འདོད་པ་ལ་སྦྱིན་མི་བྱེད། །འཁོར་རྣམས་ཀྱི་ནི་དོན་མི་བྱེད། །གཞན་གྱི་བློ་དང་མཐུན་མི་འཇུག །ཡོན་ཏན་བསྔགས་པ་སྨྲ་མི་བྱེད། །རྐྱེན་དུ་འཚམ་པར་ཚར་མི་གཅོད། །རྫུ་འཕྲུལ་སྡིག་ལ་དོགས་མི་བྱེད། །ཅེས་སེམས་ཅན་དོན་བྱེད་ཀྱི་བཅུ་གཉིས་ཏེ། དེ་ལྟར་ཉེས་བྱས་ཞེ་ལྔ་ཡིན་ལ། ཡང་བྱང་ས་ལས། སེམས་ཅན་ལ་ཕན་འདོགས་པའི་ཚུལ་ཁྲིམས་བཅུ་གཅིག་ཏུ་གསུངས་ཤིང་། དེའི་མི་མཐུན་ཕྱོགས་ཀྱང་ནད་གཡོགས་མི་བྱེད་པ་དང་། སྡུག་བསྔལ་མི་སེལ་བ་གཉིས་གཅིག་ཏུ་བསྡུས་ནས། སེམས་ཅན་དོན་བྱེད་ཀྱི་བཅུ་གཅིག་དུ་བྱས་ཏེ། བཞི་བཅུ་རྩ་བཞིར་གསལ་ལོ། །དབུ་མའི་ལུགས་ནམ་མཁའ་སྙིང་པོའི་མདོའི་རྗེས་སུ་འབྲངས་ནས། མདོ་ཀུན་ལས་བཏུས་པར་ཡང་གསུངས་ཤིང་། བསླབ་པ་ཀུན་ལས་བཏུས་ལས་ཚིགས་བཅད་དུ་བསྡུས་པ་ལ། རྒྱལ་པོ་ལ་འབྱུང་བ་ལྔ་དང་། བློན་པོ་ལ་འབྱུང་བ་ལྔ་དང་། ལས་དང་པོ་པ་ལ་འབྱུང་བ་བརྒྱད་དེ། རྩ་བའི་ལྟུང་བ་བཅོ་

བརྒྱད་དང་། ཐབས་ལ་མཁས་པ་ལ་སོགས་པའི་མདོའི་རྗེས་སུ་འབྲངས་པའི་རྩ་ལྟུང་བཞི་ཏེ། མིང་དུ་ཉི་ཤུ་རྩ་གཉིས་དང་། རྗེས་སུ་ན་བློན་པོའི་བཞི་དང་རྒྱལ་པོའི་དང་པོ་བཞི། ངོ་བོ་པས་བཅོ་བརྒྱད་གསུངས་ཏེ། རྒྱལ་པོའི་ལྟ་ནི། དཀོན་མཆོག་འདི་ནས་མ་དཔེར་ལྟེབ་གཅིག་ཆད། དྲུག་པའི་བར་མཚན་མ་དང་བཅས་པ། བདུན་པ་མཚན་མ་མེད་པ་དག་པ་ས་གསུམ་ལ་གནས་པ། མངོན་པ་འདུ་བྱེད་མེད་པ་ལ་སྤྱོད་པ་སྟེ་རྣམ་པ་ལྔའོ། །མདོ་སྡེ་རྒྱན་ལས། གཅིག་ནི་མོས་པ་དང་ལྡན་པ། །ལྷག་པའི་བསམ་པ་དག་པ་གཞན། །མཚན་མ་དང་ནི་མཚན་མེད་དང་། །མངོན་པར་འདུ་བྱེད་མེད་སྤྱོད་པ། །ལྔ་པོ་འདི་དག་ས་ཀུན་ལ། །བྱང་ཆུབ་སེམས་དཔའ་ཡིན་ཞེས་བྱ། །ཞེས་སོ། །དེའི་ཤེས་བྱ་ལམ་འབྲས་སྟོན་པའི་སྤྱི་སྡོད་སློབས། དེ་ལ་སེམས་དང་བས་དད་ཅིང་གཉེན་པོ་བསླབ་ནུས་པར་གྱུར་ན། ཕྱི་ནས་སེམས་བསྐྱེད་ཀྱི་སྡོམ་པ་ལོངས་ཤིག །ཅི་སྟེ། སེམས་ཅན་ཐམས་ཅད་ལ། སངས་རྒྱས་ཀྱི་ས་བོན་ནི་རང་བཞིན་གྱིས་གནས་པའི་རིགས་ཡིན་ལ། དེ་ཡང་ཆོས་ཀྱི་དབྱིངས་ལ་འདོད་ན། དེ་འདུས་མ་བྱས་ཡིན་པས། ས་བོན་བཏགས་པ་བ་ཡིན་ཅིང་། སངས་རྒྱས་ཀྱི་ཆོས་བསྐྱེད་པའི་ནུས་པ་ལ་འདོད་ན་ཡང་། ཐོག་མ་མེད་པ་ནས་ཡོད་པས། གསར་དུ་འཛོག་པ་མིན་ཡང་། དེ་ཁྱད་པར་ཅན་དུ་བྱས་པའི་སྒོ་ནས་འཛོག་པར་འདོད་ན། དབུ་མ་པའི་གཞུང་ལས་འབྱུང་བ་བཞིན་ཆོག་འབྲུལ་བ་མེད་པ་གྱིས་ཤིག །

གཉིས་པ་དོན་དམ་སེམས་བསྐྱེད་ཆོག་ལས་སྐྱེ་བ་དགག་པ་ནི། དོན་དམ་པའི་སེམས་བསྐྱེད་ཅེས་བྱ་བ་བསྒོམས་པའི་སྟོབས་ཀྱིས་སྐྱེ་མོད་ཀྱི། སློབ་དཔོན་གྱི་རྗེས་བརྗོད་བྱས་པའི་ཆོ་གའི་སྒོ་ནས་འདི་མི་སྐྱེ་སྟེ། འདི་ལྟར་གལ་ཏེ་དེ་འདྲའི་ཆོ་ག་ལས་སྐྱེ་ན། ཡང་དག་པར་བླངས་པ་བརྡ་ལས་བྱུང་བའི་སེམས་བསྐྱེད་དུ་འགྱུར་ལ། འདི་ནི་དོན་དམ་ཆོས་ཉིད་ཀྱིས་ཐོབ་པ་ཞེས་བྱ་བའི་སེམས་བསྐྱེད་ཡིན་པས། འདི་ལ་སྦྱོར་དངོས་རྗེས་གསུམ་གྱི་ཆོ་ག་རྒྱལ་བས་གསུངས་པ་མེད་ཅིང་། རྒྱ་གར་གྱི་མཁས་པ་ཐམས་ཅད་ཀྱང་འདི་མི་མཛད་ཅིང་། གལ་ཏེ་མཛད་ཀྱང་འདི་སྐྱེ་བའི་ཆོ་གར་མི་འགྱུར་རོ། །དེས་ན་འདི་འདྲའི་རིགས་ཅན་ཀུན། སངས་རྒྱས་ཀྱི་བསྟན་པའི་གཟུགས་བརྙན་ཡིན་ཏེ་ཆོས་ལྟར་བཅོས་པ་ཡིན་པའི་ཕྱིར་རོ། །དཔེར་ན་ཆུ་ལུད་ས་བོན་ཡུར་མ་སོགས། སོ་ནམ་ཞིང་པས་བྱ་བར་ནུས་ཀྱི། མྱུ་གུ་སྡོང་བུ་སྙེ་མ་དང་འབྲས་བུ་ལ་སོགས་ཞིང་ལས་རང་གིས་འབྱུང་གི། མི་ལས་དངོས་སུ་འབྱུང་བ་མིན་པ་དེ་བཞིན་དུ། ཀུན་རྫོབ་བྱང་ཆུབ་སེམས་སྨོན་འཇུག་གཉིས། ཆོ་གའི་སྒོ་ནས་བསྐྱེད་པར་ནུས་ཀྱི། དོན་དམ་བྱང་ཆུབ་སེམས་དང་འཇིག་རྟེན་འདས་པའི་ཚུལ་ཁྲིམས་ཟག་པ་མེད་པའི་སྡོམ་པ་དང་། གཟུགས་ཁམས་ཀྱི་ཚུལ་ཁྲིམས་སམ་བསམ་གཏན་གྱི་སྡོམ་པ་དང་། སོགས་པས་གཟུགས་མེད་སྙོམས་འཇུག་སོགས་བསྒོམ་པ་ལས་བྱུང་པའི་ཡོན་ཏན་ཐམས་ཅད་ནི་བསྒོམས་པ་ལས་རང་གིས་སྐྱེ་ཡི། ཆོ་

གས་འཕྲལ་དུ་སྐྱེ་བ་མིན་ནོ། །དོན་འདི་དག་འཐད་པ་སྟེ། རིག་པ་དང་བཅས་པར་མདོ་དང་བསྟན་བཅོས་ཀུན་ལས་འབྱུང་ངོ་། །དེ་ཡང་བསྒོམ་རིམ་དུ། དགོངས་འགྲེལ་གྱི་མདོ་དྲངས་པར། དེ་ལྟར་ཀུན་རྫོབ་ཀྱི་བྱང་ཆུབ་སེམས་བསྐྱེད་ནས། དོན་དམ་པའི་བྱང་ཆུབ་སེམས་བསྐྱེད་པའི་ཕྱིར་འབད་པར་བྱའོ། །འདི་ནི་བསྟན་བཅོས་ཀྱི་ཚིག་ཡིན་ལ། ལྷག་མ་རྣམས་ནི་མདོའི་ཚིག་གོ། །

དོན་དམ་པའི་བྱང་ཆུབ་ཀྱི་སེམས་དེ་ནི། འཇིག་རྟེན་ལས་འདས་པ་སྤྲོས་པའི་མཐའ་དང་བྲལ་བ། ཤིན་ཏུ་གསལ་བ། དོན་དམ་པའི་སྤྱོད་ཡུལ་དྲི་མ་མེད་པ། མི་གཡོ་བ། རླུང་མེད་པའི་མར་མེའི་རྒྱུན་བཞིན་དུ་མི་གཡོ་བའོ། །དེ་འགྲུབ་པ་ནི་རྟག་ཏུ་གུས་པས་ཞི་གནས་དང་ལྷག་མཐོང་གི་རྣལ་འབྱོར་གོམས་པ་ལས་འགྲུབ་བོ། །འདིར་སྤྲོས་པ་ནི། འདིར་སྤྲོ་བར་བྱེད་པས་རྣམ་རྟོག་སྟེ། དེ་མེད་པས་བྲལ་བའོ། །དོན་དམ་པ་ནི། འཕགས་པའི་མཉམ་བཞག་སྟེ། དེ་ཉིད་ཀྱིས་སོ་སོ་རང་གི་རིག་པས་དེའི་སྤྱོད་ཡུལ་ལོ། །མཐོང་སྤངས་ཀྱི་དྲི་མ་མེད་ཅིང་། གཟུང་འཛིན་གྱི་རྣམ་རྟོག་གིས་མི་གཡོའོ། །རླུང་མེད་པའི་མར་མེ་ནི། གསལ་བ་དང་མི་གཡོ་བ་གཉིས་ཀའི་དཔེའོ། །རྒྱུ་མཚན་དེས་ན། དེ་བསྒོམས་པ་ལས་སྐྱེ་ཡི་ཚོག་ལས་མི་སྐྱེའོ་ཞེས་པའི་དོན་ནོ། །མདོ་སྡེ་རྒྱན་ལས། རྫོགས་པའི་སངས་རྒྱས་རབ་མཉེས་བྱས། །བསོད་ནམས་ཡེ་ཤེས་ཚོགས་རབ་བསགས། །ཆོས་ལ་མི་རྟོག་ཡེ་ཤེས་ནི། །སྐྱེས་ཕྱིར་དེ་ནི་དམ་པར་འདོད། །ཞེས་པའི་དོན། ལུང་གི་ཁྱད་པར་སངས་རྒྱས་སྤྲུལ་པའི་སྐུ་ལ་བསྙེན་བཀུར་ཞིང་ཆོས་ཐོབ་པ། བསྒྲུབ་པའི་ཁྱད་པར་བསྐལ་བ་གྲངས་མེད་གཅིག་ཏུ་ཚོགས་གཉིས་བསགས་པ། རྟོགས་པའི་ཁྱད་པར་ཆོས་ཐམས་ཅད་ལ་གཟུང་འཛིན་དུ་རྣམ་པར་མི་རྟོག་པའི་ཡེ་ཤེས་ནི་དོན་དམ་པའི་སེམས་བསྐྱེད་དོ། །ཞེས་པའོ། །

སློབ་དཔོན་དབྱིག་གཉེན་གྱིས་དེའི་འགྲེལ་བར། དོན་དམ་པའི་སེམས་བསྐྱེད་དེ་ཡང་། ས་རབ་ཏུ་དགའ་བ་ལ་ཡིན་པས་ཞེས་སོ། །འཕགས་པ་ཀླུ་སྒྲུབ་ཀྱིས། ཇི་ལྟར་སྔོན་གྱི་སངས་རྒྱས་བཅོམ་ལྡན་འདས་དང་། བྱང་ཆུབ་སེམས་དཔའ་དེ་དག་གིས་དངོས་པོ་ཐམས་ཅད་དང་བྲལ་བ། ཕུང་པོ་དང་ཁམས་དང་སྐྱེ་མཆེད་དང་། གཟུང་བ་དང་འཛིན་པ་རྣམ་པར་སྤངས་པ། ཆོས་བདག་མེད་དུ་མཉམ་པ་ཉིད་ཀྱིས། རང་གི་སེམས་གདོད་མ་ནས་མ་སྐྱེས་པ། སྟོང་ཉིད་ཀྱི་ངོ་བོ་ཉིད་ཀྱི་བྱང་ཆུབ་ཀྱི་སེམས་བསྐྱེད་དེ་བཞིན་དུ། བདག་མིང་འདི་ཞེས་བགྱི་བས་ཀྱང་དུས་འདི་ནས་བཟུང་ནས་བྱང་ཆུབ་སྙིང་པོ་ལ་མཆིས་ཀྱི་བར་དུ་བྱང་ཆུབ་ཏུ་སེམས་བསྐྱེད་དོ། །ཞེས་གསུངས་པ། ཇི་ལྟར་དྲངས་ཞེ་ན། དེ་ནི་སྨོན་འཇུག་གི་སེམས་བསྐྱེད་ཡིན་གྱི། གཞན་དུ་ན་བྱང་ཆུབ་སེམས་འགྲེལ་ལས། བྱང་ཆུབ་སེམས་དཔའ་གསང་སྔགས་ཀྱི་སྒོར་སྤྱད་པ་སྤྱོད་པ་རྣམས་ཀྱིས་དེ་ལྟར་ཀུན་རྫོབ་ཀྱི་

རྣམ་པས། བྱང་ཆུབ་སེམས་སྨོན་པའི་རང་བཞིན་ཅན་བསྐྱེད་ནས། དོན་དམ་པའི་བྱང་ཆུབ་སེམས་བསྒོམས་པའི་སྟོབས་ཀྱིས་བསྐྱེད་པར་བྱ་བ་ཡིན་ཏེ་ཞེས་པ་དང་འགལ་བས་སོ། །གལ་ཏེ་སྣང་གོང་ཕྱག་རྒྱ་བ་ལས། དོན་དམ་པའི་བྱང་ཆུབ་སེམས་བསྐྱེད་པར་བྱའོ། །ཞེས་གསུངས་པ་དང་འགལ་ལོ་ཞེ་ན། སྤྱིར་སྣང་གོང་བོད་དུ་གནམ་བབས་སུ་བྱུང་བ་ཡིན་གྱི། རྒྱ་གར་ནས་བསྒྱུར་བ་མིན་པས། རྒྱ་བོད་ཀྱི་མཁས་པ་རྣམས་རྩིས་སུ་བྱེད་པ་དཀའ་ཞིང་། དེ་འདྲ་བ་རྒྱ་ལ་གལ་ཏེ་གསུངས་སྲིད་ཀྱང་དམ་བཅའ་ཙམ་ཡིན་གྱི་ཆོ་གས་བསྐྱེད་པར་སྟོན་པ་མིན་ཏེ། དཔེར་ན། སྦྱིན་པ་བཏང་བར་བྱ་ཞིང་། ཚུལ་ཁྲིམས་དམ་པ་བསྲུང་བར་བྱ། སངས་རྒྱས་ཀྱི་ཡོན་ཏན་བསྒྲུབ་པར་བྱ། དེ་ལ་སོགས་པ་ལུང་ལས། བརྩམ་པར་བྱ་ཞིང་དབྱུང་བར་བྱ། །སངས་རྒྱས་བསྟན་ལ་འཇུག་པར་བྱ། །འདམ་བུའི་ཁྱིམ་ལ་གླང་ཆེན་བཞིན། །འཆི་བདག་སྡེ་ནི་གཞོམ་པར་བྱ། །ཞེས་ཏེ། འདིའི་རྐང་པ་དང་པོ་ལ་འགྱུར་གཞན་ལས་ངེས་པར་འབྱུང་བ་བརྩམ་པར་བྱ་ཞེས་ཏེ། འཁོར་བ་ལས་ངེས་པར་འབྱུང་བ་བརྩམ་པར་བྱའོ། །ཇི་ལྟར་ན། སྡིག་པ་ཅི་ཡང་མི་བྱ་སྟེ། །ཞེས་སོགས་ལྟར། སངས་རྒྱས་ཀྱི་བསྟན་པ་ལ་འཇུག་པར་བྱ། །འཆི་བདག་གི་སྡེ་ནི་འཁོར་བའོ། །དེ་ལྟ་བུ་གསུངས་པ་ཀུན་དམ་བཅའི་ཚིག་ཙམ་ཉིད་ཡིན་གྱི། ཆོ་གའི་སྒོ་ནས་བསྐྱེད་པར་སྟོན་པ་མིན་ནོ། །དེ་དག་ཆོ་གས་སྐྱེ་བ་ཡིན་ན། བདོག་པ་མ་བཏང་བར་དང་། ཚོགས་མ་བསགས་པར་སྦྱིན་པར་བྱའོ། །ཞེས་དང་། སངས་རྒྱས་སུ་འགྱུར་བར་བྱའོ། །ཞེས་ཡིད་ཀྱིས་བསམས་ཤིང་ཚིག་ཏུ་བརྗོད་པ་ཙམ་གྱིས་སྦྱིན་པ་དང་། སངས་རྒྱས་སུ་འགྱུར་བ་སོགས་ཧ་ཅང་ཐལ་བར་འགྱུར་ཞིང་། རྒྱུ་མཚན་མཚུངས་པས་ཚོང་དང་སོ་ནམ་སོགས་འཇིག་རྟེན་གྱི་བྱ་བ་དང་། དེ་བཞིན་དུ་ཆོས་ཀྱི་བྱ་བ་རྣམས་ཀྱང་ཚིག་ཏུ་བརྗོད་པའི་ཆོ་ག་ཙམ་གྱིས་འགྲུབ་པས་ཐུག་མེད་དུ་འགྱུར་རོ། །

འདིར་ཐུབ་པ་དགོངས་གསལ་ལས། རྣམ་སྣང་མངོན་བྱང་ལས་ཡན་ལག་བདུན་པའི་སྐབས་སུ། དོན་དམ་སེམས་བསྐྱེད་ཀྱི་ཚིག་ལན་གསུམ་གསུངས་པ་དང་འགལ་ལོ་སྙམ་ན། འདིའི་ལན་ལ་མགོ་སྙྲིའི་ལན་དང་། རྣལ་མའི་ལན་གཉིས་སོ། །དང་པོ་ནི་ཁྱེད་ཀྱང་ཕྱག་རྒྱ་ཆེན་པོ་བསྒོམ་མེད་དུ་འདོད་ན། དེ་ཉིད་བསྟུས་པར་ཕྱག་རྒྱ་ཆེན་པོ་བསྒོམ་པར་བཤད་པ་དང་འགལ་ལོ། །དེ་ཉིད་བསྡུས་པ་རྣལ་འབྱོར་གྱི་རྒྱུད་ཡིན། དེ་ལ་ལྷའི་སྐུ་བསྒོམ་པ་ལ་ཕྱག་རྒྱ་ཆེན་པོར་བཏགས་པ་ཡིན་གྱི། རྣལ་འབྱོར་ཆེན་པོའི་ལུགས་ཀྱི་ཕྱག་རྒྱ་ཆེན་པོ་དངོས་མ་ཡིན་སྙམ་ན། འོན་རྣམ་སྣང་མངོན་བྱང་ཡང་སྤྱོད་པའི་རྒྱུད་ཡིན་པས། ཡེ་ཤེས་ཀྱི་ཚོགས་བསགས་པའི་ཐབས་ལ་དོན་དམ་སེམས་བསྐྱེད་ཀྱི་མིང་བཏགས་པ་ཡིན་གྱི། ཕ་རོལ་ཏུ་ཕྱིན་པའི་ལུགས་ཀྱི་དོན་དམ་སེམས་བསྐྱེད་ཀྱི་ཆོ་ག་བཤད་པ་མ་ཡིན་ནོ། །རྣམ་སྣང་མངོན་བྱང་གསང་སྔགས་ཡིན་ཡང་། དེ་ཉིད་ཀྱི་ལུགས་ཕ་རོལ་ཏུ་ཕྱིན་

པ་ལ་བྱས་ན་ཅི་འགལ་སྙམ་ན། དེ་ཉིད་བསྡུས་པ་ཡོ་ག་ཡིན་ཡང་། དེ་ཉིད་ཀྱི་ལུགས་ཕྱག་རྒྱ་ཆེན་པོ་རྣལ་འབྱོར་བླ་མེད་པར་བསྒོམས་ཀྱང་ཅི་འགལ། ཡོ་ག་དང་རྣལ་འབྱོར་ཆེན་པོའི་རྒྱུད་སྡེ་ཐ་དད་པས། ཆོ་ག་དཀྲུགས་པ་མི་འཐད་དོ་ཞེ་ན། རྣམ་སྣང་མངོན་བྱང་གསང་སྔགས་ཀྱི་རྒྱུད་དང་། དོན་དམ་སེམས་བསྐྱེད་ཕ་རོལ་ཏུ་ཕྱིན་པའི་ལུགས་དཀྲུགས་པའང་ག་ལ་འཐད། གལ་ཏེ་ཐེག་པ་མི་འདྲ་བས་ཆོ་ག་འཁྲུགས་ཀྱང་མོས་པའི་སྒོ་ནས་དོན་དམ་སེམས་བསྐྱེད་ཀྱི་ཆོ་ག་བྱས་ཀྱང་ཅི་འགལ་སྙམ་ན། འོ་ན་རྒྱུད་སྡེ་ཐ་དད་ཀྱི་ལག་ལེན་འཁྲུགས་ཀྱང་། ཡོ་གའི་ལུགས་ཀྱི་ཕྱག་རྒྱ་ཆེན་པོ་རྣལ་འབྱོར་བླ་ན་མེད་པར་བསྒོམས་ཀྱང་ཅི་འགལ། དེ་ཕྱག་རྒྱ་ཆེན་པོ་བསྒོམས་སུ་ཞོར་བ་སྐྱོན་ཅན་ཡིན་ནོ། །ཞེ་ན། དོན་དམ་སེམས་བསྐྱེད་ཆོག་རར་ཞོར་བ་ཡང་སྐྱོན་ཡིན་ནོ། །ཆོག་རར་ཞོར་བ་ཅི་སྐྱོན་སྙམ་ན། འོ་ན་བསྒོམ་དུ་ཞོར་བ་ཡང་ཅི་སྐྱོན། སྒོམ་རྫོགས་པ་ཡིན་ལ་ཕྱག་རྒྱ་ཆེན་པོ་མི་རྫོགས་པ་ཡིན་པས་འགལ་ལོ་སྙམ་ན། འོ་ན་ཆོ་ག་ཀུན་རྫོབ་ཡིན་ལ་དོན་དམ་སེམས་བསྐྱེད་དོན་དམ་ཡིན་པས་འགལ་བར་འགྱུར་བ་མཚུངས་སོ། །དེས་ན་གྲུབ་མཐའ་དང་རྒྱུད་སྡེའི་རིམ་པ་མི་ཤེས་པའི་བླུན་པོ་དག་གིས་མིང་མཐུན་པ་ཙམ་ལ་འཁྲུལ་གཞིར་གྱུར་ནས་དོན་གྱི་གནད་མ་ཤེས་པར་ཟད་དོ། །

གཉིས་པ་དངོས་པོའི་ལན་ནི། སྤྱིར་ཆོས་ཐམས་ཅད་ལ་གྲུབ་མཐའི་རྣམ་བཞག་དང་། ཐེག་པའི་རིམ་པ་གལ་ཆེ། མཚན་ཉིད་པ་དང་བརྟགས་པ་བའི་བྱེ་བྲག་ཤེས་དགོས། དེའང་གྲུབ་མཐའ་ལ་ཉན་ཐོས་ཀྱི་དོན་དམ་ཐེག་ཆེན་གྱི་ཀུན་རྫོབ་ཏུ་འགྲོ་བའང་ཡོད། གསང་སྔགས་ལས་ཀྱང་། དོན་དམ་སེམས་བསྐྱེད་ཁ་དོག་དང་དབྱིབས་སུ་བསྒོམ་པར་བཤད་པ་ཡང་ཡོད། ཤུ་ཉ་དང་དངོས་པོ་ཐམས་ཅད་བྲལ་བ་ལ་སོགས་པའི་ཚིག་གིས་སྟོང་བར་བསྒོམ་པ་ལ་དོན་དམ་སེམས་བསྐྱེད་དུ་མིང་བཏགས་པ་ཡང་ཡོད། ཟླ་བ་ཀུན་རྫོབ་དོ་རྗེ་ལ་དོན་དམ་དུ་མིང་བཏགས་པ་ལ་སོགས་པ་དཔག་ཏུ་མེད་པ་ཡོད་པས། དེ་དག་གི་རྒྱུ་མཚན་ལེགས་པར་ཤེས་དགོས། གསང་སྔགས་ཀྱི་ཆོ་ག་དང་ཕ་རོལ་ཏུ་ཕྱིན་པའི་སེམས་བསྐྱེད་བསྲེས་པས་མི་འདྲེ། ཕ་རོལ་ཏུ་ཕྱིན་པའི་སློན་འཇུག་ལ་ཆོ་ག་མདོ་བསྟན་བཅོས་ཀུན་ནས་བཤད། དོན་དམ་སེམས་བསྐྱེད་ཆོ་ག་མདོ་དང་བསྟན་བཅོས་ཀུན་ནས་བཤད་པ་མེད། ཁྱད་པར་དུ་དབུ་མའི་ལུགས། སློབ་དཔོན་ཀླུ་སྒྲུབ་དང་སློབ་དཔོན་ཞི་བ་ལྷའི་སྤྱོད་འཇུག་ལ་སོགས་པ་ལས་མ་གསུངས། སེམས་ཙམ་པའི་ལུགས་སློབ་དཔོན་ཐོགས་མེད་ཀྱི་བྱང་ས་དང་། ཙནྡྲ་གོ་མིའི་སྡོམ་པ་ཉི་ཤུ་པ་དང་། ཇོ་བོ་རྗེའི་སེམས་བསྐྱེད་ཀྱི་གཞུང་ལས་ཀྱང་། དོན་དམ་སེམས་བསྐྱེད་ཀྱི་ཆོ་ག་མ་གསུངས། མ་གསུངས་ཀྱང་མོས་པས་ཆོ་ག་བྱས་ན་ཅི་འགལ་ཞེ་ན། ཆོ་ག་ལས་སྐྱེ་ན་ཀུན་རྫོབ་སེམས་བསྐྱེད་དུ་འགྱུར་གྱི་དོན་དམ་དུ་ག་ལ་འགྱུར། མདོ་ཐམས་ཅད་ལས་ཀྱང་མི་སྐྱེ་བའི་ཆོས་ལ་བཟོད་པ་ཐོབ་པ་གསུངས་ཀྱི།

སྐྱེ་བའི་ཆོས་ལ་བཟོད་པ་ཐོབ་པ་གསུངས་པ་མ་ཐོས། དེས་ན་ཚིག་མེད་པ་ལ་ཚིག་ར་བྱས། དོན་དམ་ཀུན་རྫོབ་དུ་ཕབ། མི་སྐྱེ་བ་སྐྱེ་བར་བྱས། བརྗོད་བྲལ་བརྗོད་བྱར་བྱས། དམིགས་མེད་དམིགས་པར་བྱས་པ་ལས་དཀྲུགས་པ་ཆེ་བ་གཞན་ཅི་ཡོད། མདོ་སྡེ་རྒྱན་ལས། གང་ཞིག་ཡོད་པ་མི་མཐོང་མེད་མཐོང་བ། །དེ་འདྲའི་མུན་ནག་རྣམ་པ་འདི་ཅི་ཞིག །ཞེས་གསུངས་པའང་དེའི་རིགས་ཀུན་ཡིན་ཏེ། མིག་མི་གསལ་བས་ཡོད་པའི་གཟུགས་མི་མཐོང་བར། མེད་པའི་སྐྲ་ཤད་དུང་སེར་པོ་ལ་སོགས་པ་མཐོང་བ་ལྟར། བླུན་པོ་དག་གིས་ཀྱང་ཆོས་ནས་བཤད་པའི་སྡེ་སྣོད་ཀྱི་རྣམ་བཞག་དང་དབང་བསྐུར་ལ་སོགས་པ་ཆོས་ཟབ་མོ་མི་མཐོང་བར་མ་བཤད་པའི་སྨོན་འཇུག་གི་སེམས་བསྐྱེད་ལ་གསང་སྔགས་ཀྱི་ལྟ་བསྒོམ་པ་དང་། དོན་དམ་སེམས་བསྐྱེད་ལ་རྗེས་བརྗོད་ཀྱི་ཚིག་བྱེད་པ་ལ་སོགས་པ། སངས་རྒྱས་ཀྱིས་གང་མ་གསུངས་པ་བྱེད་པ་དེ་དག་བསྟན་པ་ལ་གནོད་པ་ཡིན་ཏེ། མུན་ནག་ཏུ་མིག་མི་གསལ་བ་ཞུགས་པ་དང་འདྲ་གསུངས་པ་དེ་ཡིན་ཞེས་གསུངས་པའང་ཤེས་པར་བྱའོ། །བོད་ཀྱི་སློབ་དཔོན་མཁས་ཤིང་གྲུབ་པ་བརྙེས་པར་གྲགས་པ་དག་གིས་ཆོས་ཀྱི་རྗེ་ལ་གྲོལ་བ། དོམ་དམ་སེམས་བསྐྱེད་ཚིག་ལས་མི་སྐྱེ་ཞེས་པ་མི་རིགས་ཏེ། དབང་བཞི་བའི་རྫོགས་པ་དེ་ཉིད་ཀྱི་ཚིག་ལས་སྐྱེ་བའི་ཕྱིར་དང་། ཅིར་ཡང་ཚིག་ཞེས་པ་མངོན་པར་འདོད་པའི་དོན་བསྒྲུབ་པའི་རྒྱུ་ཡིན་ལ། སེམས་བསྐྱེད་དེ་ཡང་རང་གི་རྒྱུ་ལས་སྐྱེ་བས་སོ། །ཞེ་ན། འདིར་སེམས་བསྐྱེད་དེ་དངོས་རྗེས་བརྗོད་ཀྱི་ཚིག་ལས་སྐྱེ་བ་འགོག་པ་མ་ཡིན་གྱི། རང་གི་རྒྱུ་ལས་སྐྱེ་བ་འགོག་པ་མ་ཡིན་ཏེ། བསྒོམས་པས་སྐྱེ་བར་ཞལ་གྱིས་བཞེས་པའི་ཕྱིར་རོ། །དེ་ལ་ཚིག་ལས་སྐྱེ་ཞེས་དོགས་ན། ཚིག་བརྗོད་འདོད་ཀྱིས་འཇུག་པས་དགག་ཏུ་མེད་མོད། ཁོ་བོ་ཅག་གི་འདོད་པ་ལ་ཅུང་ཟད་ཀྱང་མི་གནོད་དོ། །དབང་བཞི་བའི་རྫོགས་པ་ཡང་གོ་ཡུལ་ཙམ་སྐྱེས་པ་ནི། དེའི་སེམས་བསྐྱེད་དངོས་མིན་ལ། དེ་ཁོན་ཉིད་མཐོང་བ་ཡང་གང་ཟག་ཁྱད་པར་ཅན་ལ། ཚིག་ཏུ་བརྗོད་པས་རྐྱེན་བྱས་ནས་སྐྱེ་བ་ཡོད་པར་ཁོ་བོ་ཅག་ཀྱང་འདོད་དེ། དེ་ལ་གང་ཟག་དབང་པོ་རབ། དབང་བསྐུར་ཉིད་ཀྱིས་གྲོལ་བར་འགྱུར་ཞེས་འོག་ཏུ་འཆད་དོ། །འོན་ཀྱང་དེ་ནི་བསྒོམས་པ་ལས་སྐྱེས་པ་ཡིན་གྱི། ཚིག་ནི་རྐྱེན་ཙམ་དུ་ཟད་དོ། །དེ་ཙམ་གྱིས་དོན་དམ་སེམས་བསྐྱེད་ཀྱི་ཚིག་ད་ལྟ་བྱ་རུང་གི་བསྒྲུབ་བྱེད་དུ་འགྱུར་ན། སྟོན་པས་ཚུར་ཤོག་ཅེས་བརྗོད་པ་ཙམ་གྱིས་དགེ་སློང་དུ་འགྱུར་བ་དང་། འཕགས་པ་རྟ་ཐུལ་གྱིས་ཤ་རིའི་བུ་ལ། ཆོས་རྣམས་གང་དག་རྒྱུ་ལས་བྱུང་བ་དང་། །དེ་ཡི་རྒྱུ་དང་དེ་འགོག་གང་ཡིན་པ། །དེ་བཞིན་གཤེགས་པ་ཉིད་ཀྱིས་བཀའ་བསྩལ་ཏེ། །དེ་སྐད་གསུངས་པའི་ཚུལ་ཅན་དགེ་སློང་ཆེ། །ཞེས་བརྗོད་པས་བདེན་པ་མཐོང་བ་དང་། ཀུན་ཞུགས་ཀྱིས་མི་ཤེས་པ་ནི་སྡུག་བསྔལ་ལོ། །ཞེས་བརྗོད་པས། བུད་མེད་ཀྱིས་བདེན་པ་མཐོང་སོགས་གསུངས་པས། ཚུར་ཤོར་

དང་བདེན་པ་མཐོང་བའི་ཆོ་གའང་ཚོད་ཅིའི་ཕྱིར་མི་བྱེད། དེས་ན་རྩོད་པ་འདི་ནི་འབྲེལ་མེད་དུ་སྨྲ་བ་པོ་ནར་ཟད་དོ། །དེ་ནི་དཀྲུགས་མ་ཉིད་བཤད་པར་བྱ་སྟེ། ཀྱི་མ་ནི་ངོ་མཚར་བ་དང་བརྩེ་བའི་ཚིག་གོ། །འཇིག་རྟེན་བླུན་པོ་འདི་རྒྱལ་བས་གསུངས་པའི་སོ་སོར་ཐར་པ་དང་། བྱང་ཆུབ་ཏུ་སེམས་བསྐྱེད་པ་དང་། དབང་བསྐུར་དང་རིན་པ་གཉིས་ལ་སོགས་པའི་ཆོ་ག་དགོས་པ་ཀུན་བོར་ནས། མ་གསུངས་པའི་མདོ་སྐྱུལ་རིང་མོ་དང་། སེམས་ཙམ་པའི་སེམས་བསྐྱེད་ལ་སྡིག་བཤགས་དང་། དོན་དམ་སེམས་བསྐྱེད་ཀྱི་ཆོ་ག་དང་། ཕག་མོའི་བྱིན་བརླབས་ལ་དབང་བསྐུར་དུ་བྱེད་པ་སོགས་ནན་གྱིས་འཆང་ཞིང་བྱེད་པ་འདི་འདྲ་ཅིར་འགྱུར་བརྟག་དགོས་ཏེ། དཔེར་ན་སྨན་པ་གཡོ་ཅན་ནད་པ་ལ་དགོས་པའི་སྨན་བོར་ནས། མི་དགོས་པ་གཏོང་བས་ནད་པ་གསོད་པ་ལྟར་འདི་འདྲ་བས་ཀྱང་སེམས་ཅན་ལོག་པའི་ལམ་དུ་འཁྲིད་པ་ཡིན་ནོ། །

གཉིས་པ་བར་དུ་བསྡུད་པའི་ཚུལ་ལ། ལྟུང་བའི་རྣམ་བཞག་སྤྱིར་བསྟན། འཇུག་པའི་བསླབ་བྱ་བྱེ་བྲག་ཏུ་བཤད་པ་ཏེ་གཉིས་ལས། དང་པོ་ནི་གོང་དུ་བཤད་པ་དེ་ལྟར་སེམས་ཙམ་དབུ་མ་གཉིས། སེམས་བསྐྱེད་ཀྱི་རྣམ་བཞག་ཐ་དད་ཡོད་མོད་ཀྱི། འོན་ཀྱང་ཐེག་པ་ཆེན་པོ་ཀུན་མཐུན་པར་ལྟུང་བའི་རྣམ་བཞག་མུ་བཞི་གསུངས་ཏེ། ལྟུང་མེད་དང་། ལྟུང་བ་དང་ལྟུང་བའི་གཟུགས་བརྙན་ལྟུང་བ་མེད་པའི་གཟུགས་བརྙན་ཞེས་བྱ་བ་རྣམ་པ་བཞིའོ། །དེ་དག་ཀྱང་བསམ་པ་དག་པ་སྟེ། དད་སོགས་ཀྱིས་ཀུན་ནས་བསླངས་པའི་སྦྱིན་པ་དང་། ཚུལ་ཁྲིམས་སོགས་ནི་རྣམ་པ་ཀུན་ཏུ་ལྟུང་བ་མེད་པའོ། །བསམ་པ་ངན་པ་ཞེ་སྡང་སོགས་ཀྱིས་ཀུན་ནས་བསླངས་པའི་སྲོག་གཅོད་མ་བྱིན་ལེན་སོགས་རྣམ་པ་ཀུན་ཏུ་ལྟུང་བར་འགྱུར་རོ། །དགེ་བའི་སེམས་ཐབས་ལ་མཁས་པའི་སྙིང་རྗེས་བསད་པ་དང་། བསྒྲད་པ་དང་རྨོངས་པ་དང་རེངས་པར་བྱེད་པ་སོགས་ལྟུང་བའི་གཟུགས་བརྙན་ཡིན་ནོ། །ཞེས་གསུངས་ཏེ། དེད་དཔོན་སྙིང་རྗེ་ཆེན་པོས་མི་ནག་པོ་བསད་པ་ལྟ་བུའོ། །གཞན་ལ་གནོད་ན་རྫུན་མིན་པ་དྲང་པོར་སྨྲས་ན་ཡང་། ལྟུང་བ་མེད་པའི་གཟུགས་བརྙན་ཡིན་ཏེ། དཔེར་ན་བསད་བྱའི་སྐྱེས་བུ་བྲོས་པའི་རྗེས་སུ་གཤེད་མས་འདི་ལྟ་བུ་མཐོང་ངམ་ཞེས་དྲིས་པ་ན། ཤེས་བཞིན་དུ་མཐོང་ཞེས་སྨྲས་པ་ལྟ་བུའོ། །མདོར་ན་སེམས་ཀྱི་ཕན་གནོད་ཀྱི་འཕེན་པ་ལས་གཞན་པའི་དགེ་བ་དང་སྡིག་པ་ཡོད་པ་མ་ཡིན་ཏེ། འདི་ལྟར། སློབ་དཔོན་འཕགས་པ་ལྷ་ཡིས་བྱང་ཆུབ་སེམས་དཔའི་སྤྱོད་པ་བཞི་བརྒྱ་པར། ཕན་པའི་བསམ་པས་བྱང་ཆུབ་སེམས་དཔའི་སྦྱིན་སོགས་དགེ་བ་དང་། གསོད་པ་སོགས་མི་དགེ་བར་གྲགས་པ་སྤྱོད་པ་ཐམས་ཅད་ཀྱང་དགེ་བ་ཉིད་དུ་འགྱུར་ཏེ། རྒྱུ་མཚན་གང་གི་ཕྱིར་ན་དགེ་སྡིག་ལུང་མ་བསྟན་ཐམས་ཅད་ལ་སེམས་གཙོ་བོ་ཡིན་པའི་ཕྱིར་རོ། །ཞེས་གསུངས་ཤིང་། མདོ་རྒྱུད་གཞན་ལས་ཀྱང་དགེ་སྡིག་རྣམ་བཞག་དེ་ལྟར་གསུངས་ཏེ། དགོན་

མཆོག་སྦྱིན་ལས། དགེ་བའམ་འོན་ཏེ་མི་དགེ་བའི། །ལས་ནི་སེམས་ཀྱིས་བསགས་པ་ཡིན། །ཞེས་དང་། ཆོས་ཡང་དག་པར་སྡུད་པ་ལས། ཆོས་ཐམས་ཅད་ཀྱང་སེམས་ལ་རག་ལས་པ་ཡིན་ཏེ་ཞེས་དང་། སློབ་དཔོན་ནག་པོ་པས་དགྲ་ནག་གི་འགྲེལ་བར་རྒྱུད་ཀྱི་ལུང་དྲངས་པ་ལས། མཆོག་གསུམ་ཡོན་ཏན་རིག་པར་འགྱུར། །བདུད་རྩི་ཡིད་འོང་འཁོར་ལས་རྒྱལ། །འབྲས་བུ་ངེས་པར་ལེགས་པ་ཐོབ། །དེ་ཕྱིར་དམ་པའི་ཞལ་ལས་ནི། །གསུངས་པའི་བྱ་བ་སྡིག་ཀྱང་བྱ། །དམ་པའི་ཞལ་ལས་མ་གསུང་པའི། །དགེ་བའང་མཁས་པས་སྤངས་པར་བྱ། །ཞེས་སོ། །

གཉིས་པ་ལ་གཉིས་ཏེ། བདག་གཞན་བརྗེ་བ་བསྒོམ་དུ་མི་རུང་པ་དགག །མ་དག་པའི་སྦྱིན་སོགས་དགེ་བ་ཡིན་པ་དགག་པའོ། །དང་པོ་ལ་རིགས་པས་དགག་པ་དང་ལུང་གིས་དགག་པ་གཉིས་ལས། དང་པོ་ནི། ཀུན་རྫོབ་བྱང་ཆུབ་སེམས་ཀྱི་བསླབ་པ་ལ་བདག་གཞན་མཉམ་པ་དང་བརྗེ་བ་གཉིས་སུ་གསུངས་ཏེ། སྤྱོད་འཇུག་ལས། བདག་དང་གཞན་དུ་མཉམ་པ་ནི། །དང་པོ་ཉིད་དུ་འབད་དེ་བསྒོམ། །ཞེས་དང་། བདག་དང་གཞན་དུ་བརྗེ་བྱ་བ། །གསང་བའི་དམ་པ་སྤྱད་པར་བྱ། །ཞེས་སོ། །

བོད་བླུན་པོ་ཁ་ཅིག་བདག་གཞན་བརྗེ་བའི་བྱང་ཆུབ་སེམས་བསྒོམ་དུ་མི་རུང་ངོ་། །ཞེས་སྨྲ་སྟེ། དེའི་རྒྱུ་མཚན་འདི་སྐད་དོ། །བདག་གི་བདེ་བ་གཞན་ལ་བྱིན་ནས་ནི། གཞན་གྱི་སྡུག་བསྔལ་བདག་གིས་བླངས་པར་གྱུར་ན། སྨོན་ལམ་ཐམས་ཅད་ཀྱི་མཐའ་བཙན་པའི་ཕྱིར། བདག་ནི་རྟག་ཏུ་སྡུག་བསྔལ་བར་འགྱུར་བ། དེས་ན་འདི་འདྲའི་བྱང་ཆུབ་སེམས་བསྒོམ་པ་དེ་དག་ཐབས་མི་མཁས་ཤིང་། སེམས་ཅན་ཀུན་གྱི་སྡུག་བསྔལ་བདག་ལ་སྨིན། །བདག་གི་བདེ་བས་དེ་ཀུན་བདེ་གྱུར་ཅིག །ཅེས་སོགས་ཀྱི་སྨོན་ལམ་ཡང་ནོར་བ་ཆེན་པོའི་ཆོས་ཡིན་ནོ་ལོ། །དོན་དེ་འདི་ལྟར་བསམ་ཞིང་། བརྟག་པར་བྱ་སྟེ། བདག་གཞན་བརྗེ་བའི་བྱང་ཆུབ་སེམས་དེ། དགེ་བ་ཡིན་ནམ་སྡིག་པ་ཡིན་བརྟག །གལ་ཏེ་དགེ་བ་ཡིན་ཟེར་ན། དེ་ལས་འབྲས་བུ་སྡུག་བསྔལ་ཁོ་ནར་འབྱུང་བར་འགལ་ལོ། །གལ་ཏེ་སྡིག་པ་ཡིན་ན་དུག་གསུམ་གང་རུང་གིས་བསྐྱེད་པའི་ལས་སུ་ཐལ་བར་འགྱུར་བ་ལས། བདག་གཞན་བརྗེ་བ་ནི་དུག་གསུམ་གྱིས་བསྐྱེད་པ་མ་ཡིན་པས། དེ་ལས་འབྲས་བུ་སྡུག་བསྔལ་གཏན་དུ་འབྱུང་བར་ག་ལ་འགྱུར། གཞན་ཡང་འདིས་གནས་ཀྱི་བསྔོ་བ་མཐའ་བཙན་ལ། གནས་མ་ཡིན་པའི་བསྔོ་བ་མཐའ་མི་བཙན་པའི་ཁྱད་པར་མ་ཤེས་པར་ཟད་དེ། འདི་ལྟར་བྱང་ཆུབ་སེམས་དཔའ་གཞན་དོན་བློ་སྦྱོང་བའི་སྨོན་ལམ་འགའ་ཞིག་མཐའ་མི་བཙན་པའི་ཕྱིར་རོ། །གལ་ཏེ་དེའི་མཐའ་བཙན་ན་དེད་དཔོན་མཛའ་བོའི་བུ་རྒྱུན་དུ་ཀླད་ནད་ཆེན་པོས་བཏབ་པར་འགྱུར་བ་ལས། མྱུར་དུ་དེ་ལས་གྲོལ་བར་གསུངས་པ་དང་འགལ་ཏེ།

སྔོན་ཕ་རར་ཆ་སིར། དེད་དཔོན་མཛའ་བོའི་བུ་ཞེས་བྱ་བས་མའི་མགོ་ལ་འགོམས་ཏེ་རྡོག་པ་ཙུང་ཟད་ཕོག་པས། རྒྱ་མཚོའི་འགྲམ་གྱི་ལྕགས་ཀྱི་ཁང་བར་མགོ་ལ་ལྕགས་ཀྱི་འཁོར་ལོ་མེ་རབ་ཏུ་འབར་བ་འཁོར་ཞིང་། དེ་ཡིས་ཀླད་པ་རྣམས་འཐོར་བའི་སྡུག་བསྔལ་མྱོང་བ་ན། སེམས་ཅན་གྱི་ཀླད་ནད་ཐམས་ཅད་བདག་ལ་སྨིན་ནས་སེམས་ཅན་ཐམས་ཅད་ཀླད་ནད་མེད་པར་གྱུར་ཅིག་ཅེས་བརྗོད་མ་ཐག་ཏུ་འཁོར་ལོ་དེ། ནམ་མཁའ་ལ་ཏ་ལ་བདུན་སྲིད་ཙམ་དུ་འཕགས་ཤིང་། དེ་ནས་ཤི་འཕོས་ནས་དགའ་ལྡན་གྱི་ལྷར་སྐྱེས་སོ། །ཞེས་ལུང་དང་གང་བོའི་རྟོགས་བརྗོད་ལས་བཤད་དོ། །གཞན་ཡང་དུས་གསུམ་གྱི་རྒྱལ་བ་སྲས་དང་བཅས་པ་རྣམས་ཀྱང་། རྒྱུན་དུ་སྡུག་བསྔལ་ཐོབ་པར་འགྱུར་སྟེ། བདག་གཞན་བརྗེ་བ་བསྒོམས་ཤིང་བསྒོམ་པའི་ཕྱིར་རོ། །བརྗེ་བའི་ཡུལ། སེམས་ཅན་དེ་དག་ཀུན་ལ་ནམ་ཡང་སྡུག་བསྔལ་འབྱུང་བ་མི་སྲིད་པར་འགྱུར་ཏེ། དེའི་སྨོན་ལམ་མཐའ་བཙན་པའི་ཕྱིར་ཏེ། དེས་ན་འདི་འདྲ་བ་ནི། བདུད་ཀྱི་གཞན་བསླུ་བའི་གསང་ཚིག་ཡིན་པ་ལ་བླུན་པོས་དེ་ལྟར་མི་ཤེས་སོ། །

གཉིས་པ་ནི། ཐབས་ལ་བསླུ་བའི་བདུད་ཀྱིས་ཐབས་ཕྱིན་ཅི་ལོག་བསྟན་ནས། སེམས་ཅན་འཁོར་བ་ལས་མི་ཐར་བར་བྱེད་པ་དང་། སངས་རྒྱས་ལས་རིང་བར་བྱེད་པ་ཡོད་དོ། །ཞེས། རྒྱལ་བས་གསུངས་པའང་དྲན་པར་བྱ་སྟེ། བརྒྱད་སྟོང་པ་ལས། གང་ཤེས་རབ་ཀྱི་ཕ་རོལ་ཏུ་ཕྱིན་པ་འདི་མི་གཟུང་བར་སེམས་པ་དང་། ཀུན་ཆུབ་པར་མི་བྱ་བ་དང་། མི་འཆང་བ་དང་མི་གློག་པ་དང་། ཁ་ཏོན་མི་བྱ་བ་དང་། རབ་ཏུ་མི་འདོན་པ་དང་། ལུང་མི་འབོད་པ་དང་། མི་བསྟན་པ་དང་། ཐ་ན་ཡི་གེར་མི་འདྲི་བར་སེམས་པའི་བྱང་ཆུབ་སེམས་དཔའ་དེ་དག་ནི། བདུད་ཀྱིས་བྱིན་གྱིས་བརླབས་པ་ལགས་པ་དང་ཞེས་པ་ནས། དེ་དག་སངས་རྒྱས་ཀྱི་ཆོས་རྒྱ་ཆེན་པོ་དག་ལ་སེམས་མི་འཇུག་པར་རིག་པར་བགྱིའོ། །ཞེས་སོ། །

གཞན་ཡང་། བདག་གཞན་བརྗེ་བ་སངས་རྒྱས་ཀྱི་བསྟན་པའི་སྙིང་པོ་ཡིན་པར་གསུངས་ཏེ། འཕགས་པ་ཀླུ་སྒྲུབ་སློབ་ཉིད་ཀྱིས། རིན་ཆེན་ཕྲེང་བར་འདི་སྐད་གསུངས་ཏེ། བདག་ལ་སེམས་ཅན་དེ་དག་གི་སྡིག་པ་སྨིན་ཞིང་། བདག་དགེ་བ་མ་ལུས་པ་སེམས་ཅན་གྱི་རྒྱུད་དེར་སྨིན་པར་ཤོག །ཇི་སྲིད་སེམས་ཅན་འགའ་ཞིག་ཀྱང་གནས་གང་དུ་འཁོར་བ་ལས་མ་གྲོལ་བ་དེ་སྲིད་དུ། སེམས་ཅན་དེ་གྲོལ་བའི་ཕྱིར་བདག་བླའམ་གོང་ན་གཞན་བྱང་ཆུབ་མེད་པར་གྱུར་བའི་སངས་རྒྱས་ཀྱི་བོ་དེ་ཞེས་པ་སྤྱངས་རྟོགས་མཐར་ཕྱིན་པས་བྱང་ཆུབ་ཏེ། དེ་ཐོབ་ཀྱང་སྲིད་པར་གནས་གྱུར་ཅིག །དེ་སྐད་དུ་བསམ་པ་ཐག་པས་བརྗོད་པའི་བསོད་ནམས་གང་ཡིན་པ་དེ་ནི་གལ་ཏེ་གཟུགས་ཅན་དུ་གྱུར་ན། ཆུ་ཀླུང་གངྒཱའི་གཞི་དང་འགྲམ་གྱི་བྱེ་མ་ཇི་སྙེད་ཡོད་པ་དེ་སྙེད་ཀྱི་གྲངས་དང་

མཉམ་པའི་འཇིག་རྟེན་གྱི་ཁམས་སུ་ཡང་ཐོང་བར་མི་འགྱུར་རོ། །འདི་ཁྱོད་ཀྱིས་རང་གཟོ་མ་ཡིན་ནམ་ཞེ་ན། དེ་ལ་བསོད་ནམས་དེ་ལྟ་བུ་འབྱུང་བ་འདི་ནི་བཅོམ་ལྡན་འདས་ཉིད་ཀྱིས་གསུངས་ཏེ། དཔལ་བྱིན་གྱིས་ཞུས་པ་ལས། བྱང་ཆུབ་སེམས་ཀྱི་བསོད་ནམས་གང་། །གལ་ཏེ་དེ་ལ་གཟུགས་མཆིས་ན། །ཞེས་སོགས་དང་། ཏིང་ངེ་འཛིན་རྒྱལ་པོ་ལས། བྱེ་བ་ཁྲག་ཁྲིག་གཏམས་པའི་ཞིང་རྣམས་ན། །མཆོད་པ་རྣམས་མང་དཔག་མེད་ཅི་ཡོད་པ། །སྐྱེས་མཆོག་རྣམས་ལ་ཉིན་རེ་རྟག་མཆོད་པས། །བྱམས་པའི་སེམས་ལ་གྲངས་དང་ཆར་མི་ཕོད། །ཞེས་སོ། །དེ་དྲང་དོན་ཡིན་ནོ་སྙམ་ན། གཏན་ཚིགས་ཀྱང་འདི་ལ་སྣང་བས་སོ། །དེ་གང་ཞེ་ན། དེ་ལ་སོགས་པ་ཞེས་པས་བསྡུས་ལ། སེམས་ཅན་ཁམས་ནི་ཚད་མེད་ལ། །ཕན་འདོད་ཉིད་ནི་དེ་འདྲའོ། །ཞེས་ལེགས་པར་གསུངས་ཏེ། དེའི་དོན་བསམ་པ་དེ་ནི། སེམས་ཅན་ཐམས་ཅད་ལ་ཕན་པར་འདོད་པ་ཡིན་པས། སེམས་ཅན་རེ་རེའི་ཆ་ནས་བསོད་ནམས་རེ་རེ་འབྱུང་ལ། དེ་ལ་ཚད་མེད་པས་བསོད་ནམས་ཚད་མེད་ཞེས་པའོ། །

འདིར་གླེགས་བམ་འགའ་ཞིག་ཏུ། རྒྱུད་མཆོག་རྡོ་རྗེ་རྩེ་མོ་ལས། །སེམས་ཅན་སངས་རྒྱས་མ་ཐོབ་པར། །བདག་འཚང་རྒྱ་བར་མ་གྱུར་ཅིག །ཅེས་གསུངས་པ་དང་ཡང་འགལ་བར་འགྱུར་ལ། ཞེས་འབྱུང་བ་ནི། མཆན་དཀྱུས་ལ་ཞོར་བར་མངོན་ནོ། །དེར་གསུངས་པའི་ཚིག་ཇི་ལྟ་བ་ནི། འཁོར་བ་མཐར་ཐུག་བར་དུ་ནི། །བདག་འཚང་རྒྱ་བར་མ་གྱུར་ཅིག །ཅེས་སོ། །སྤྱོད་འཇུག་ལས་ཀྱང་འདི་སྐད་དུ། བདག་གི་བདེ་བ་དང་གཞན་གྱི་སྡུག་བསྔལ་དག །ཡང་དག་པར་རྗེ་བར་མ་བྱས་ན། མཐར་ཐུག་སངས་རྒྱས་ཉིད་དུ་མི་གྲུབ་ཅིང་། འཁོར་བ་ན་ཡང་བདེ་འགྲོའི་བདེ་བ་ཐོབ་པ་མེད་དེ། རང་གཅེས་པར་གཟུང་ནས་སྡིག་པ་བྱེད་པས་སོ་ཞེས་དང་། འགྲོ་བའི་སྡུག་བསྔལ་གང་ཅི་ཡང་རུང་། །དེ་ཀུན་བདག་ལ་སྨིན་གྱུར་ཅིག །བྱང་ཆུབ་སེམས་དཔའི་དགེ་བ་ཡིས། །འགྲོ་བ་བདེ་ལ་སྤྱོད་པར་ཤོག །དེ་སྐད་གསུངས་པའང་ལེགས་པར་ཟུངས་ཤིག །མདོ་དང་བསྟན་བཅོས་གཞན་ལས་ཀྱང་། །ཆོས་ཀྱི་སྙིང་པོར་བདག་གཞན་བརྗེ་བ་འདི་གསུངས་སོ། །

གསང་ཆེན་ཐབས་མཁས་ལས། གཞན་ཡང་བྱང་ཆུབ་སེམས་དཔའ་སེམས་དཔའ་ཆེན་པོ་ཐབས་ལ་མཁས་པ་ནི། ཕྱོགས་བཅུའི་འཇིག་རྟེན་གྱི་ཁམས་ན། སེམས་ཅན་སྡུག་བསྔལ་གྱི་ཚོར་བ་མྱོང་བར་གྱུར་པ་གང་ཇི་སྙེད་པ་དེ་དག་ལ། བྱང་ཆུབ་སེམས་དཔའ་ཆེན་པོ་ཐབས་ལ་མཁས་པས། སེམས་ཅན་དེ་དག་གི་སྡུག་བསྔལ་གྱི་ཚོར་བ་དེ་དག་ཐམས་ཅད་བསྡུས་ཏེ་འཆགས་པར་བྱེད་ཅིང་འདི་ལྟར་སེམས་ཅན་དེ་དག་གི་སྡུག་བསྔལ་གྱི་ཚོར་བ་གང་ཡིན་དེ་དག་ཐམས་ཅད་བདག་གི་ལུས་ལ་འབབ་པར་འགྱུར་ཞིང་། སེམས་ཅན་དེ་དག་བདེ་བར་གྱུར་ཅིག །ཅེས་གོ་ཆ་གྱོན་པར་ཡང་བྱེད་དོ། །ཞེས་དང་། བྱང་ཆུབ་སེམས་དཔའ་ནི་ནོངས་པར་

འབྱུང་བ་དེ་དག་སེམས་ཅན་དམྱལ་བའི་སྡུག་བསྔལ་དེ་ལ་སྤྲོ་བར་བགྱི་ལགས་ཀྱི། སེམས་ཅན་གཅིག་པུ་དེའི་དགེ་བའི་རྩ་བ་ཡོངས་སུ་བཏང་བ་ལ་ནི་མ་ལགས་སོ་སྙམ་དུ་སེམས་ལགས་སོ་ཞེས་པ་དང་། བྱང་ཆུབ་སེམས་འགྲེལ་ལས། གང་ཞིག་བསྔོས་པས་བརྟན་པ་ནི། །གཞན་གྱི་སྡུག་བསྔལ་གྱིས་བྲིད་རྣམས། །བསམ་གཏན་བདེ་བ་དོར་ནས་ཀྱང་། །མནར་མེད་པར་ཡང་འཇུག་པར་བྱེད། །འདི་ནི་ངོ་མཚར་འདི་བསྔགས་འོས། །འདི་ནི་དམ་པའི་ཚུལ་ལུགས་མཆོག ། །ཞེས་སོ། །དེས་ན་བདག་གཞན་བརྗེ་བ་ཤེས་ནས་བསྒོམ་པ་དེ་ནི་མྱུར་དུ་མངོན་པར་རྫོགས་པའི་སངས་རྒྱས་འཐོབ་ཅིང་། དེ་མ་ཐོབ་པའི་བར་དུ་ཡང་འཇིག་རྟེན་གྱི་ཕུན་སུམ་ཚོགས་པ། ཚངས་པ། བརྒྱ་བྱིན་འཁོར་ལོས་བསྒྱུར་བའི་རྒྱལ་པོ་སོགས་ཐམས་ཅད་འབྱུང་བར་གསུངས་ཏེ། སེམས་ཅན་ཡོངས་སུ་མ་དོར་བས། །སེམས་ཅན་བརྟེན་ནས་སངས་རྒྱས་ཀྱི། །གོ་འཕང་བླ་མེད་རྙེད་གྱུར་ན། །ལྷ་དང་མི་ཡི་ལོངས་སྤྱོད་གང་། །ཚངས་དང་དབང་པོ་དྲག་པོ་དང་། །འཇིག་རྟེན་སྐྱོང་བས་རྟེན་དེ་དག །སེམས་ཅན་ཕན་པ་ཙམ་ཞིག་གིས། །མ་དྲངས་པ་ནི་འཇིག་རྟེན་འདིར། །འགའ་ཡང་མེད་ལ་འཚར་ཅི་ཡོད། །ཞེས་དང་། སྤྱོད་འཇུག་ལས་ཀྱང་། དེ་ལྟར་ངེས་པས་གཞན་དག་གི། །དོན་ལ་རབ་ཏུ་འཇུག་གྱིས་དང་། །ཐུབ་པའི་བཀའ་ནི་མི་བསླུ་བས། །འདི་ཡི་ཕན་ཡོན་ཕྱིས་མཐོང་འགྱུར། །གལ་ཏེ་ཁྱེད་ཀྱིས་སྔ་དུས་སུ། །ལས་འདི་བྱས་པར་གྱུར་ན་ནི། །སངས་རྒྱས་ཕུན་སུམ་བདེ་མིན་པ། །གནས་སྐབས་འདི་འདྲ་འགྱུར་མི་སྲིད། །ཞེས་སོ། །

གཞན་ཡང་བྱང་ཆུབ་སེམས་ཀྱི་གནད་བདག་གཞན་མཉམ་བརྗེ་གཉིས་པོ་འཆུགས་ཤིང་ཉམས་ན། ཆོས་གཞན་ཚུལ་ཁྲིམས། ཏིང་འཛིན། སྟོང་ཉིད་བསྒོམ་པ། ལྷ་བསྒོམ། སྔགས་བཟླས་སོགས་གང་གིས་ཀྱང་འཚང་མི་རྒྱ་ཏེ། འདི་ལྟར་ཚུལ་ཁྲིམས། ཏིང་འཛིན་ལྷ་བསྒོམ་པ་སོགས་ནི་མུ་སྟེགས་ལ་ཡང་ཡོད་ཅིང་། དབུ་མ་རང་རྒྱུད་པ་མན་ཆད་ལྟར་ན། གང་ཟག་གིས་སྟོང་པའི་སྟོང་ཉིད་དང་། ཐལ་འགྱུར་བ་ལྟར་ན། བདག་གཉིས་ཀས་སྟོང་པའི་སྟོང་ཉིད་ཉན་ཐོས་དང་རང་སངས་རྒྱས་རྣམས་ཀྱང་བསྒོམས་པར་བྱེད་དེ། རྒྱལ་བའི་ཡུམ་ལས། ཉན་ཐོས་ཀྱི་ས་ལ་སློབ་པར་འདོད་པས་ཀྱང་ཤེས་རབ་ཀྱི་ཕ་རོལ་ཏུ་ཕྱིན་པ་འདི་ཉིད་མཉན་པར་བྱ་གཟུང་བར་བྱ་ཞེས་སོགས་དང་། ས་བཅུ་པ་ལས། འཁོར་ལོས་བསྒྱུར་བའི་རྒྱལ་པོའི་བུ་ཕྲུག་བཙས་མ་ཐག་པས། བློན་པོ་ཆེན་པོ་རྣམས་ཀྱང་རིགས་ཀྱིས་ཟིལ་གྱིས་གནོན་ཅིང་ཤེས་རབ་ཀྱིས་མ་ཡིན་ལ། ལང་ཚོ་ལ་བབ་པ་ན། བློས་ཀྱང་གནོན་པ་དེ་བཞིན་དུ། བྱང་སེམས་ས་དང་པོ་བས་ཀྱང་། ཉན་ཐོས་རང་སངས་རྒྱས་རྣམས་ལྷག་པའི་བསམ་པས་ཟིལ་གྱིས་གནོན་གྱི། རྟོགས་པས་མ་ཡིན་ལ། ས་བདུན་པ་ནས་སྐད་ཅིག་སྐད་ཅིག་ལ་མཚན་མེད་ལ་སྙོམས་པར་འཇུག་ཅིང་ལྡང་ལ། ཉན་རང་ལ་དེ་མེད་པས། དེ་རྟོགས་པས་ཀྱང་ཟིལ་གྱིས་གནོན་ཞེས་པའི་

ལུང་དང་རིགས་པ་ཡང་། གལ་ཏེ་ཉན་རང་ལ་ཆོས་ཐམས་ཅད་རང་བཞིན་མེད་པར་ཤེས་པ་མེད་ན། ས་དང་པོ་ནས་ཀྱང་དེ་རྟོགས་པས་ཟིལ་གྱིས་གནོན་པར་འགྱུར་ཞིང་། དེས་ཕུང་པོ་རང་བཞིན་མེད་པར་མ་ཤེས་པ་ན། དེ་ལ་ཞེན་པར་འགྱུར་བས། བདག་ཏུ་འཛིན་པ་འབྱུང་ཞིང་། དེ་ལས་ཉོན་མོངས་པ་གཞན་དང་། དེས། ལས་བསགས་ནས་སྐྱེ་བ་ལེན་པར་འགྱུར་ཏེ། རིན་ཆེན་ཕྲེང་བ་ལས། ཇི་སྲིད་ཕུང་པོར་འཛིན་ཡོད་པ། །དེ་སྲིད་དེ་ལ་ངར་འཛིན་ཡོད། །ངར་འཛིན་ཡོད་ན་ཡང་ལས་ཏེ། །དེ་ལས་ཡང་ནི་སྐྱེ་བ་ཡིན། །ཞེས་པ་ལྟར་རོ། །འདོད་ན། མདོ་ལས་དགྲ་བཅོམ་པ་ཟག་པ་ཟད་པ་ཉོན་མོངས་པ་མེད་པ་ཞེས་སོགས་དང་འགལ་ལོ། །གཞན་ཡང་ཕུང་པོ་རང་བཞིན་མེད་པར་མ་ཤེས་ན། གང་ཟག་གི་བདག་མེད་ཀྱང་མི་རྟོགས་ཏེ། བདག་འཛིན་གྱི་ཡུལ་མ་བཀག་པའི་ཕྱིར་ཏེ། ཕུང་པོ་ཉིད་དེའི་ཡུལ་ཡིན་པའི་ཕྱིར་རོ། །

དེ་ལ་མུ་སྟེགས་ཀྱིས་བཏགས་པའི་སེམས་ཅན་མེད་པར་ཤེས་པས་ཉེས་པ་མེད་དོ། །ཞེས་ཀྱང་བརྗོད་པར་མི་ནུས་ཏེ། མི་ལྡན་པོ་དང་དུད་འགྲོ་ལའང་བདག་འཛིན་དམིགས་པས་སོ། །དེས་ན་ངར་འཛིན་གྱི་གཞི་ཕུང་པོ་བདེན་མེད་དུ་མ་ཤེས་པར་མུ་སྟེགས་ཅན་གྱི་བཏགས་པ་མེད་པར་ཤེས་པས། དེ་སྤོང་ས་ཞེས་པ་ནི་སྤྲུལ་གྱི་འཇིགས་པ་སེལ་བ་ལ་འདི་ན་གླང་པོ་ཆེ་མེད་དོ་ཞེས་ཟེར་བ་ལྟར། འབྲེལ་མེད་འབའ་ཞིག་གོ། །ཞེས་མདོ་དང་། འཕགས་པའི་དགོངས་པ་གསལ་བར་བྱེད་པའི་བསྟན་བཅོས་དབུ་མ་ལ་འཇུག་པ་ལས་གསུངས་སོ། །སྟོང་ཉིད་བསྒོམ་པ་དེའི་འབྲས་བུ་འགོག་པ་ནི། ཇོ་བོས་ཆོས་ཀྱི་དབྱིངས་སུ་ལྟ་བའི་གླུ་ལས། སྡུག་བསྔལ་ཉེར་ལེན་ཕུང་པོའོ། །ཀུན་འབྱུང་ལས་དང་ཉོན་མོངས་སོ། །འགོག་པ་མྱ་ངན་འདས་པ་གཉིས། །ལམ་ནི་ཕྱོགས་མཐུན་སོ་བདུན་ནོ། །ཞེས་པ་ལྟར་རོ། །ཕུང་པོ་ལྷག་བཅས་ལྷག་མེད་ཀྱི་མྱ་ངན་ལས་འདས་པའོ། །དང་པོ་ནི། མཐོང་སྤངས་སྒོམ་སྤངས་ནས་དགྲ་བཅོམ་པ་མ་ཤི་བར་གྱི་སྤངས་པ་འདུས་མ་བྱས་ཏེ། རྒྱུད་དེ་ལ་སྡུག་བསྔལ་གྱི་ལྷག་མ་དང་ལྡན་ཅིག་ཡོད་པས་ལྷག་བཅས་སོ། །

གཉིས་པ་ནི། དགྲ་བཅོམ་ཤི་བ་ན་སྔོན་གྱི་ལས་ཉོན་གྱིས་འཕངས་པའི་ཕུང་པོའི་རྒྱུན་རྒྱུའི་ནུས་པ་ཟད་པས་ཆད་ཅིང་། དེ་ཕྱི་མ་སྐྱེ་བའི་རྒྱུ་ཉོན་མོངས་པ་མེད་པས་བུད་ཤིང་ཟད་པའི་མེ་བཞིན་དུ་གྱུར་པ་སྟེ། མདོ་ལས། ལུས་ཞིག་རྐོར་བ་སིལ་གྱུར་ཅིང་། །འདུ་ཤེས་འགགས་ཤིང་འདུ་བྱེད་ཞི། །རྣམ་པར་ཤེས་པ་ནུབ་གྱུར་པ། །འདི་འདྲ་འདི་ནི་སྡུག་བསྔལ་མཐའ། །ཞེས་སོ། །འདི་སེམས་ཙམ་མན་ཆད་ཀྱི་འདོད་པ་ཡིན་གྱི། ༈ དབུ་མ་རང་རྒྱུད་པ་ནི་ཉན་རང་གིས་གང་ཟག་གི་བདག་མེད་རྟོགས་པས་ཉོན་མོངས་པའི་སྒྲིབ་པ་སྤངས་པའི་ཕྱིར། ཤི་བའི་འོག་ཏུ་ཉོན་མོངས་པའི་དབང་གིས་སྐྱེ་བ་མི་ལེན་ཡང་། ཆོས་ཀྱི་བདག་མེད་པ་རྟོགས་པས་མ་རིག་བག་

ཆགས་པ་དང་། ཟག་པ་མེད་པའི་ལས་མ་སྤྱངས་པས། དེ་ལས་བྱུང་བའི་ཡིད་ཀྱི་རང་བཞིན་གྱི་ལུས་དང་། བསམ་གྱིས་མི་ཁྱབ་པར་གྱུར་བའི་སྐྱེ་འཆི་ལས་མ་གྲོལ་བས། ཤི་མ་ཐག་ཏུ་དག་པའི་ཞིང་གི་པད་མའི་སྦུབས་སུ་བརྫུས་སྐྱེས་ཀྱི་ལུས་གྲུབ་ནས་ཏིང་ངེ་འཛིན་གྱིས་མྱོས་ཏེ་གནས་སོ། །དུས་ཕྱིས་སངས་རྒྱས་རྣམས་ཀྱི་འོད་ཟེར་གྱིས་རེག་པས་ཏིང་ངེ་འཛིན་དེ་ལས་ལངས་ཏེ། སངས་རྒྱས་སུ་སེམས་བསྐྱེད་ནས། ཚོགས་གཉིས་བསགས་ཏེ་འཚང་རྒྱའོ་ཞེས་དང་།

༄ ཐལ་འགྱུར་བ་ནི་དེས་ཀྱང་ཆོས་ཀྱི་བདག་མེད་རྟོགས་པས་བསྐལ་པ་གྲངས་མེད་གསུམ་དུ་གོམས་པར་བྱས་ན། མ་རིག་བག་ཆགས་ས་ལ་སོགས་པ་སྤྱངས་ཏེ། དེའི་སྐྱེ་བ་ལས་གྲོལ་བར་འགྱུར་བ་ཡིན་ཏེ། དེ་དང་བྱང་སེམས་ཀྱི་རྟོགས་པའི་ངོ་བོ་ཁྱད་མེད་ཅིང་བྱང་སེམས་ཀྱི་ས་དེ་དག་སྦྱོང་བས་སོ། །འོན་ཀྱང་དེ་དག་ནི། སངས་རྒྱས་ཀྱིས་མ་བསྐུལ་བར་དུ་མ་རིག་བག་ཆགས་ལ་སོགས་པས་སྐྱེ་བ་ལེན་ལ། བྱང་སེམས་ནི་སྙིང་རྗེས་ཀྱང་སྐྱེ་ཞིང་། དེ་དག་གིས་ཀྱང་སྐྱེ་བར་རྒྱུད་བླའི་འགྲེལ་བ་དང་། བློ་གྲོས་རྒྱ་མཚོས་ཞུས་པ་སོགས་སུ་བཤད་དོ། །

༄ རིན་ཆེན་ཕྲེང་བ་ལས། དེ་ལྟར་ཡང་དག་ཇི་བཞིན་དུ། །འགྲོ་བ་དོན་མེད་ཤེས་ནས་ནི། །རྒྱུ་མེད་པ་ཡི་མེ་བཞིན་དུ། །གནས་མེད་ལེན་མེད་མྱ་ངན་འདས། །དེ་ལྟར་བྱང་ཆུབ་སེམས་དཔས་ཀྱང་། །མཐོང་ནས་བྱང་ཆུབ་ངེས་པར་འདོད། །དེ་ནི་སྙིང་རྗེ་འབའ་ཞིག་གིས། །བྱང་ཆུབ་བར་དུ་སྲིད་འཚམས་སྦྱོར། །ཞེས་དང་། སེམས་འགྲེལ་ལས། ཇི་སྲིད་སངས་རྒྱས་ཀྱིས་མ་བསྐུལ། །དེ་སྲིད་ཡེ་ཤེས་ལུས་དངོས་ཅན། །ཏིང་འཛིན་མྱོས་པས་རྒྱལ་འགྱུར་བའི། །ཉན་ཐོས་དེ་དག་གནས་པར་འགྱུར། །བསྐུལ་ནས་སྣ་ཚོགས་གཟུགས་ཀྱིས་ནི། །སེམས་ཅན་དོན་ལ་ཆགས་གྱུར་ཅིང་། །བསོད་ནམས་ཡེ་ཤེས་ཚོགས་བསགས་ནས། །སངས་རྒྱས་བྱང་ཆུབ་ཐོབ་པར་འགྱུར། །གཉིས་ཀྱི་བག་ཆགས་ཡོད་པའི་ཕྱིར། །བག་ཆགས་ས་བོན་བརྗོད་པ་ཡིན། །ཞེས་སོ། །

དེས་ན་ཉན་ཐོས་ཀྱི་སྟོང་ཉིད་བསྒོམས་པས་མྱང་འདས་ཐོབ་པ་དེ་ཡང་། སེམས་ཙམ་པ་མན་ཆད་ལྟར་ན་དེ་མཚན་ཉིད་པ་དང་། དབུ་མ་ལྟར་ན། ཉོན་མོངས་པའི་དབང་གིས་མི་སྐྱེ་བ་ལ་དགོངས་ནས། ཉན་རང་གི་རིགས་ཅན་ཐེག་པ་ཆེན་པོ་ལ་དྲངས་པའི་ཕྱིར་དགོངས་ཏེ་གསུངས་པ་ཡིན་ནོ། །སོ་སོར་ཐར་པའི་མདོ་ལས། སོ་སོ་ཐར་པ་སྟོན་པ་ཡི། །བསོད་ནམས་གྲུབ་པ་གང་ཡོད་པ། །དེ་ཡིས་འཇིག་རྟེན་མ་ལུས་པ། །ཐུབ་དབང་གོ་འཕང་ཐོབ་པར་ཤོག །ཞེས་གསུངས་པ་བཞིན་དུ། དགེ་བ་གཞན་དོན་གྱི་ཕྱིར་སངས་རྒྱས་སུ་བསྔོ་བ་ཉན་ཐོས་རྣམས་ཀྱང་བྱེད་ཅིང་། འདུལ་བ་ལུང་དང་ཀ་ཏྱཱའི་གདམས་ངག་ལ་སོགས་པ་ར྄ུ སྟོང་པ་ཉིད་དང་སྐྱེ་བ་མེད་པ་དང་། ནམ་མཁའ་དང་ལག་མཐིལ་དུ་མཉམ་པ་དང་། ཙནྡན་དང་སྟེའུར་མཚུངས་པ་སོགས་ཆོས་ཀུན་

མཉམ་པ་ཉིད་དུ་རྟོགས་པའང་དབུ་མའི་གཞུང་དང་ཁྱད་པར་མེད་པར་གསུངས་ཏེ། ཀ་ཏ་ཡ་ནའི་གདམས་ངག་གི་ལུང་ནི། བཅོམ་ལྡན་དངོས་དང་དངོས་མེད་པ། །ཞེས་པའི་སྐབས་སུ་གསུངས་ཟིན་ལ། ལུང་ལས་ནང་གི་སྟོང་པ་ཡིན་པར་ལྟོས། །ཕྱི་རོལ་གནས་པ་སྟོང་པ་ལྟོས། །གང་ཞིག་སྟོང་པ་ཉིད་བསྒོམ་པ། །དེ་ཡང་འགའ་ཡང་མི་དམིགས་སོ་ཞེས་དང་། དགྲ་བཅོམ་པ་ཁམས་གསུམ་ལས་འདོད་ཆགས་པ་དང་བྲལ་བ། བོང་བ་དང་གསེར་དུ་མཉམ་པ། ནམ་མཁའ་དང་ལག་མཐིལ་དུ་མཉམ་པ། ཙན་དན་དང་སྟེའུར་མཚུངས་པ་ཞེས་སོ། །དེའི་ཐམས་ཅད་སྒྲོལ་གྱི་སྐྱེས་རབས་ལས། བདག་གིས་བྲམ་ཟེ་ཤིང་རྟ་འདོད་པ་ལ། སྦྱིན་པ་ལ་དགའ་བས་ཤིང་རྟ་འདི་བཏང་བས་བདོག་པའི་དངོས་པོ་ཐམས་ཅད་ལ་ཆགས་པ་བཏང་ནས་ནི། རྫོགས་པའི་བྱང་ཆུབ་ཐོབ་པར་ཤོག །ཅེས་དང་། དེ་ལ་སོགས་པ་སྦྱིན་པ་རྒྱ་ཆེན་གྱུར་པ་འདི་ཡིས་ནི། །ཞེས་སོགས། སངས་རྒྱས་སུ་བསྔོ་བའང་མང་དུ་གསུངས་སོ། །འོན་ཀྱང་ཐབས་ལ་མཁས་པའི་ཁྱད་པར་ཕར་ཕྱིན་པའི་ལུགས་ཀྱི་བསྐལ་པ་གྲངས་མེད་གསུམ་དུ་སྟོང་ཉིད་སྙིང་རྗེའི་སྙིང་པོ་ཅན་གྱི་སེམས་བསྐྱེད་བསྒོམ་པ་དང་། ཕ་རོལ་ཏུ་ཕྱིན་པ་དྲུག་གི་ཚོགས་གསོག་པ་དང་། གསང་སྔགས་ཀྱི་དབང་དང་རིམ་པ་གཉིས་ལ་སློབ་པ་ལྟ་བུ་འགའ་ཞིག་མ་གསུངས་ཤིང་། སློབ་མི་ནུས་པས་སྟོང་ཉིད་རྟོགས་ཀྱང་རྫོགས་པའི་སངས་རྒྱས་བསྒྲུབ་མི་ནུས་པ་ཡིན་ཏེ། འོ་ན་མངོན་རྟོགས་རྒྱན་ལས། གཟུང་དོན་རྟོག་པ་སྤོང་ཕྱིར་དང་། །འཛིན་པ་མི་སྤོང་ཕྱིར་དང་ནི། །ཞེས་སོགས་ཉན་རང་གི་ཆོས་ཀྱི་བདག་མེད་མ་རྟོགས་པར་གསུངས་པ་དང་འགལ་ལོ་ཞེ་ན། དེ་ནི་དྲང་དོན་ཡིན་ཏེ། དེས་དེ་མ་རྟོགས་ན་སྔར་བཤད་པའི་རིགས་པའི་གནོད་པ་དེ་དག་ཀུན་མཁྱེན་གྱིས་ཀྱང་སྤང་བར་དཀའ་འོ། །དེས་ན། བསྟན་བཅོས་འདིར་ཕལ་ཆེར་དགོས་པ་འགའ་ཞིག་ལ་ལྟོས་ནས། རྣལ་འབྱོར་སྤྱོད་པའི་དབུ་མ་ཞལ་གྱིས་བཞེས་ཀྱང་མཐར་ཐུག་འཕགས་པ་ཡབ་སྲས་ལྟར་བཞེད་པ་ཡིན་ཏེ། རིགས་པའི་དབང་ཕྱུག་ཡིན་པའི་ཕྱིར་རོ། །དེའི་ཕྱིར་ཐབས་ལ་མཁས་པ་སྙིང་རྗེ་ཆེན་པོ་དང་སྟོང་ཉིད་རྟོགས་པའི་ཤེས་རབ་ཉིད་སངས་རྒྱས་ཀྱི་རྒྱུའི་གཙོ་བོ་ཡིན་ཏེ། འདི་ལྟར་སངས་རྒྱས་ནི་མི་གནས་པའི་མྱ་ངན་ལས་འདས་པ་ཡིན་པའི་ཕྱིར་ཏེ། ཤེས་པས་སྲིད་པ་མི་གནས་དང་། །སྙིང་རྗེས་ཞི་ལ་མི་གནས་དང་། །ཞེས་སོ། །

གཉིས་པ་མ་དག་པའི་སྦྱིན་སོགས་དགེ་བ་ཡིན་པ་དགག་པ་ནི། སངས་རྒྱས་ཀྱི་དགོངས་པ་མ་ཤེས་པས། ཆོས་ལྟར་བཅོས་པས་བླུན་པོ་འགའ་ཞིག་ངོ་མཚར་སྐྱེས་ཀྱི་མཁས་པ་རྣམས་ཀྱིས་བརྟགས་ན་ཁྲེལ་བར་འགྱུར་བ་འདི་འདྲ་ཡོད་དེ། བག་མེད་པའི་ཆང་དང་དུག་དང་མཚོན་ཆ་དང་། གཞན་གྱི་ལོངས་སྤྱོད་རྐུ་འཕྲོག་གིས་སྟེར་བ་དང་། གསོད་པའི་སར་ཕྱུགས་མ་སྟེར་བ་དང་། མཆོག་རབ་ཏུ་བྱུང་བའི་ནོར་མཆོག་མིན་ལ་ཁྲིམ་

པ་ལ་སྟེར་བ་སོགས། དྲང་སྲོང་རྒྱས་པས་ཞུས་པའི་མདོ་ལས་བཀག་པས་ན། མ་དག་པའི་སྦྱིན་པ་ཡིན་ཏེ། མདོ་དེ་ལས་མ་དག་པའི་སྦྱིན་པ་སུམ་ཅུ་རྩ་གཉིས་ཀྱི་དོན་ཐུབ་པ་དགོངས་གསལ་དུ་ཚིགས་བཅད་དུ་སྡེབས་པ་ནི། ལོག་ལྟས་མ་དད་ཕན་བཏགས་ལན། །མི་རྒྱུ་རྒྱལ་སྟེར་འཇིགས་ཕྱིར་སྟེར། །དུག་མཚོན་བསད་ཤ་བག་མེད་ཆང་། །བསྔོ་ཕྱིར་བསྟོད་ཕྱིར་རོལ་མོ་མཁན། །སྐར་མཁན་གཞན་ནོར་མཛད་ལ་སྟེར། །གཞན་གྱི་འབྲུ་སྣོད་གཟིའོ་དང་། །ནད་ཕྱིར་སྨན་པ་བཅོས་ནས་སྟེར། །རྣམ་སྨིན་རང་ཉིད་ལ་ཚོར་རྒས། །ན་དང་འཆི་ཚེ་སྐྱུལ་ནས་མཆོད། །ཡུལ་གཞན་གྲགས་ཕྱིར་ཕོས་སྟན་ཕྱིར། །བུད་མེད་ཕྱིར་སྟེར་བུད་མེད་ཕྱིར། །ཕྱི་མར་རྟེད་ཕྱིར་དམན་པ་རྣམས། །བོར་ནས་ཕྱུག་པོ་རྣམས་ལ་སྟེར། །མ་དག་སྦྱིན་པ་སུམ་ཅུ་གཉིས། །རྒྱས་པའི་མདོ་ལས་གསུངས་ཕྱིར་སྤྲངས། །ཞེས་པའོ། །

མི་དང་རྒྱུ་དང་རྒྱལ་པོ་ལ་སྟེར་ཞེས་པ་སྟེ། མི་ལ་བསྒྲིག་པ་ལྟ་བུ། སྐར་མཁན་ནི་རྒྱུ་སྐར་མཁན་ནོ། །གཞན་གྱི་ནོར་རང་གི་མཛའ་བོ་ལ་སྟེར་བའོ། །གཞན་གྱི་ནས་ལ་སོགས་པའི་འབྲུའི་ཕུང་པོ་ལ་བྱ་ལ་སོགས་པས་ཟ་བ་ལ་དགའ་བས་ཡལ་བར་འདོར་བའོ། །ཚིག་ངན་གྱིས་གཡོ་བ་བྱས་ནས་སྟེར་བའོ། །སྦྱིན་པའི་རྣམ་སྨིན་ཡོད་མེད་ཐེ་ཚོམ་ཟ་བ་དང་། འགྱོད་ནས་སྟེར་བའོ། །སྦྱིན་པའི་རྣམ་སྨིན་རང་ཉིད་ཁོ་ན་ལ་སྨིན་པར་གྱུར་ཅིག་ཅེས་པའོ། །ལང་ཚོའི་དུས་སུ་སྦྱིན་པ་དང་། རྒས་པ་དང་ན་བ་དང་འཆི་བའི་ཚེ། གཞན་གྱིས་བསྐུལ་ནས་དཀོན་མཆོག་མཆོད། ཅེས་སོ་སོར་སྦྱར་བའོ། །བུད་མེད་པའི་ཕྱིར་སྦྱིན་པ་ཞེས་སྦྱར་རོ། །ཕྱི་མར་རྟེད་པའི་ཕྱིར་སྦྱིན་པ་ཡང་རྣམ་པར་སྨིན་པ་འདོད་ནས་སྦྱིན་པ་ཡིན་ཡང་སྔ་མ་གཉིས་ལ་ཁྱད་པར་ཡོད་དོ། །འདི་དག་འགའ་ཞིག་མི་དགེ་བ་དང་། ལ་ལ་ལུང་མ་བསྟན་དུ་འགྱུར་བ་ཡོད་པས། དེ་དག་ལ་རྣམ་སྨིན་ཡིད་དུ་འོང་བ་མེད་ཅིང་། འགའ་ཞིག་དགེ་བ་ཡིན་པ་ཡོད་ཀྱང་ཉོན་མོངས་པས་ཟིལ་གྱིས་མནན་པས། རྣམ་སྨིན་བྱུང་ཡང་བདེ་བར་སྤྱོད་དུ་མེད་པ་ཡིན་ཞིང་། དད་སོགས་ཁོ་ནས་ཀུན་ནས་བསླང་ན། དེ་དག་ཀྱང་དགེ་བར་འགྱུར་ཏེ། མདོ་ལས། དྲང་སྲོང་ཆེན་པོ་དེ་དག་གི་རྣམ་པར་སྨིན་པ་ནི། ཚྭ་སྒོ་ཅན་གྱི་ཞིང་ལ་ས་བོན་ངན་པ་བཏབ་པའི་སྨྱུ་གུ་སྐྱེ་བ་བཞིན་དུ་ལྟ་སྟེ། སྦྱིན་པ་དེའི་རྣམ་པར་སྨིན་པ་ནི་མེད་པ་མ་ཡིན་མོད་ཀྱི། འོན་ཀྱང་ཞིང་དང་ས་བོན་གྱི་ཉེས་པས་མེ་ཏོག་དང་འབྲས་བུར་མི་འགྱུར་རོ། །ཞེས་དང་། སྦྱིན་པའི་རྣམ་པར་སྨིན་པ་ལ་འཇུག་ཉན་ཅིག །དྲང་སྲོང་ཆེན་པོ་དད་པས་གང་ཅུང་ཟད་ཅི་སྦྱིན་པ་དེ་དག་ཐམས་ཅད་ནི་སྦྱིན་པ་ཞེས་བྱའོ། །ཞེས་སོ། །

ཉན་ཐོས་ཀྱི་སོ་སོ་ཐར་པའི་སྡོམ་པ་ལ། ཐེག་པ་ཆེན་པོའི་སྡོམ་པར་འཆོས་པ་སྟེ། སངས་རྒྱས་མ་ཐོབ་བར་དུ་ལེན་པ་དང་། དེ་བཞིན་ཐེག་པ་ཆེན་པོའི་སྨོན་འཇུག་སེམས་བསྐྱེད་ཉན་ཐོས་སུ་འཆོས་པ་སྟེ། རིག་བྱེད་

མ་ཡིན་པའི་གཟུགས་ཡིན་ཟེར་ནས། ཧ་ཤང་འཚོ་བའི་བར་དུ་ལེན་པ་ཚུལ་ཁྲིམས་མ་དག་པ་ཡིན་ཞིང་། རང་ཉིད་ཚུལ་ཁྲིམས་བསྲུང་ན་ཡང་། ཚུལ་ཁྲིམས་ལ་དེ་ཁོ་ནས་གྲོལ་བར་ལྟ་བས་མཆོག་ཏུ་འཛིན་པ་དང་། གཞན་ཚུལ་ཁྲིམས་འཆལ་བ་ལ་ཁྱད་གསོད་བྱེད་པ་ནི། མ་དག་པའི་ཚུལ་ཁྲིམས་ཡིན་ཏེ། འཕགས་པ་སྡུད་པ་ལས། སེམས་ཅན་འདི་དག་ཁྲིམས་ལྡན་འདི་དག་ཁྲིམས་འཆལ་ཞེས། །སྣ་ཚོགས་འདུ་ཤེས་ཞུགས་པ་ཤིན་ཏུ་ཚུལ་ཁྲིམས་འཆལ། །ཞེས་དང་། རྒྱུད་བླའི་འགྲེལ་པར། གང་ཞིག་ཚུལ་ཁྲིམས་བདག་དོན་བྱེད་པས་རྣམ་རྒྱས་ཤིང་། །ཚུལ་ཁྲིམས་འཆལ་པའི་སེམས་ཅན་རྣམས་ལ་བརྙེ་བྲལ་བ། །བདག་ཉིད་རྒྱས་བྱེད་ཚུལ་ཁྲིམས་ནོར་གྱིས་རབ་དག་ལ། །འཕགས་པ་དེ་ནི་ཚུལ་ཁྲིམས་རྣམ་པར་དག་མི་བརྗོད། །ཅེས་སོ། །འབྱུང་བ་དཀོན་པ་དང་མཆོག་ཏུ་གྱུར་པས་དཀོན་མཆོག་སྟེ། རྒྱུད་བླ་མ་ལས། འབྱུང་བ་དཀོན་ཕྱིར་དྲི་མེད་ཕྱིར། །མཐུ་ལྡན་ཕྱིར་དང་འཇིག་རྟེན་གྱི། །རྒྱན་གྱུར་ཕྱིར་དང་མཆོག་ཉིད་ཕྱིར། །འགྱུར་བ་མེད་ཕྱིར་དཀོན་མཆོག་ཉིད། །ཅེས་སོ། །

དེ་ཡང་སངས་རྒྱས་སོགས་གསུམ་དང་རང་གི་དང་དེ་ཉིད་ཀྱི་མཚན་ཉིད་དང་ལྡན་པའི་བླ་མ་ལ། ཁྲོས་ན་ལོག་པར་ནུས་བཞིན་དུ། བཟོད་པ་བསྒོམ་ན་མ་དག་པའི་བཟོད་པའོ། །རྒྱུད་བླ་ལས། གདུག་པ་རྣམས་ནི་འདུལ་བའི་ཕྱིར། །སྦྱོར་བ་འདི་ནི་ཀུན་ཏུ་གསུངས། །དཀོན་མཆོག་གསུམ་ལ་ཆེར་གནོད་ལ། །བྱ་བར་བཤད་ཀྱིས་གཞན་དུ་མིན། །ཞེས་སོ། །ལོག་པའི་ཆོས་ལ་དགའ་ཞིང་སྤྲོ་བ་དང་། །ཐོས་བསམ་བསྒོམ་གསུམ་ནོར་བ་ལ། །བརྩོན་འགྲུས་དེ་སྤྲོ་བ་ཆེན་པོ་བྱེད་པ་དང་། སོགས་པས། ཚོང་དང་སོ་ནམ་སོགས་ལ་སྤྲོ་བ་ཡང་། མ་དག་པའི་བརྩོན་འགྲུས་ཡིན་ཏེ། སྤྱོད་འཇུག་ལས། ལེ་ལོ་ངན་ལ་ཞེན་པ་དང་། །ཞེས་པ་ལྟར། བྱ་བ་ངན་ཞེན་གྱི་ལེ་ལོ་ཡིན་པའི་ཕྱིར། ཐབས་ལ་མི་མཁས་པའི་སྟོང་ཉིད་བསྒོམ་པ་ལ་ཉེས་དམིགས་མང་སྟེ། རིན་ཆེན་ཕྲེང་བ་ལས། ཆོས་འདི་ལོག་པར་ཤེས་གྱུར་ན། །མི་མཁས་རྣམས་ནི་ཆུད་ཀྱང་མཛའ། །འདི་ལྟར་མེད་པར་ལྟ་བ་ཡི། །མི་གཙང་དེ་ནི་བྱིང་བར་འགྱུར། །ཞེས་པ་ལྟར། སྟོང་པའི་དོན་མེད་པར་བཟུང་ནས་ལོག་པར་ལྟ་བ་དང་། ཡང་ན་སྟོང་པ་ལ་མཚན་མར་བཟུང་ནས། གསོ་མི་རུང་བར་འགྱུར་བ་སོགས། འོག་ནས་འཆད་པ་རྣམས་འབྱུང་བ་དང་། འཚང་རྒྱ་བའི་གནད་སྟོང་ཉིད་སྙིང་རྗེ་སོགས་འཁྲུགས་ཤིང་བྲལ་བའི་ རླུང་དང་གཏུམ་མོ་ལ་སོགས་པའི་ཐབས་ལམ་དང་། སོགས་པས། དཀར་པོ་ཆིག་ཐུབ་སོགས་རྣམ་རྟོག་མངོན་གྱུར་འགག་ཞིག་འཛིན་པ་དང་། སེམས་རྩེ་གཅིག་པའི་ཏིང་འཛིན་ཕྲ་མོ་ཙམ་བསྐྱེད་པའི་ཐབས་ལ་མཆོག་ཏུ་བཟུང་ནས། འབད་པ་ཆེན་པོ་བསྒོམས་ན་ཡང་། མ་དག་པའི་བསྒོམ་པ་ཡིན་ཏེ། དེ་ལས་ཡང་དག་པའི་ཡེ་ཤེས་མི་སྐྱེ་བས་སོ། །ཁྱབ་པ་ཡོད་དེ། ཆོས་འདི་ཡི་བསྒོམ་པ་ནི་དེ་ཁོ་ནའི་དོན་དུ་ཡིན་པའི་ཕྱིར་ཏེ། མཉམ་པར་བཞག་ན་ཡང་དག་པ་ཇི་ལྟ་བ་བཞིན་

དུ་མཐོང་བར་འགྱུར་རོ། །ཞེས་སོ། །

སངས་རྒྱས་ཀྱི་གསུང་དང་མི་མཐུན་པའི་འཆད་པ་དང་རྩོམ་པ་རྩོད་པ་ལ་མཁས་པར་གྱུར་ཅིང་། བཟོ་དང་གསོ་བ་ལ་སོགས་པའི་བྱ་བ་ཐམས་ཅད་ཤེས་པར་གྱུར་ཀྱང་། མ་དག་པའི་ཤེས་རབ་ཡིན་ཏེ་ཐར་པའི་ལམ་དུ་མི་འགྱུར་བས། མུ་སྟེགས་ཀྱི་ཤེས་རབ་དང་ཁྱད་པར་མེད་པའི་ཕྱིར་རོ། །བླ་མ་ངན་པ་དེའི་མཚན་ཉིད་དང་མི་ལྡན་པ་ལ་སེམས་དང་ཞིང་དད་པ་དང་། ཆོས་ལུགས་ངན་པ་ལ་མོས་པ་སྟེ། ཡིད་ཆེས་པ་དང་། བསྒོམ་ཏིང་ངེ་འཛིན་ངན་པ་ལ་དགའ་ཞིང་འདོད་པ་ནི། མ་དག་པའི་དད་པ་ཡིན་ཏེ། དད་པར་མི་འོས་པ་ལ་དད་པའི་ཕྱིར་ཏེ། ནད་པ་དགའ་བའི་ཁ་ཟས་དེ་ལ་མི་འཕྲོད་པ་སྟེར་བ། ཚ་ནད་ཅན་ལ་ཆང་སྟེར་བ་ལྟ་བུ་དང་། ངན་པར་གཅོད་པ་སྡེ་སྡིག་པ་ཆེན་པོ་བྱེད་པ་ལ་ནུས་པ་ཡོད་བཞིན་དུ་ཚར་མི་གཅོད་པ་དང་། དབང་བསྐུར་བ་ཐོབ་པ་མེད་པར་དེ་ལ་འདིས་ཆོས་ཟབ་མོ་མི་ཐོས་པའི་སྙིང་རྗེ་ཟེར་ནས། དེ་ལ་གསང་སྔགས་ཀྱི་དོན་སྟོན་པ་དང་། ཐེག་པ་ཆེན་པོའི་སྣོད་མིན་པའི་གང་ཟག་བློ་དམན་ལ་ཐེག་པ་ཆེན་པོའི་ཆོས་འཆད་པ་དང་། དཀོན་མཆོག་གི་དཀོར་ལས་སྟེར་བ་སོགས་སྙིང་རྗེའི་དབང་གིས་བྱེད་ན་ཡང་། མ་དག་པའི་སྙིང་རྗེ་ཡིན་ཏེ། དེ་འཕྲལ་ལ་ཕན་པ་ལྟར་སྣང་ཡང་། ཕྱི་ནས་དེ་ཉིད་ལ་གནོད་པ་ཆེན་པོར་འགྱུར་བས་སོ། །སྐྱེ་བོ་གདུག་པ་ཅན་བསྟན་པ་དང་སྐྱེ་བོ་མང་པོ་ལ་འཚེ་བ་ལ་ཕན་བདེ་བསྒྲུབ་པར་འདོད་པའི་བྱམས་པ་བྱེད་པ་དང་། རང་གི་བུ་དང་སློབ་མ་བྱ་བ་མ་ཡིན་པ་ཡིན་པ་བྱེད་པ་ལས་ཐབས་ཀྱིས་མི་འཆོས་པ་དང་། བསྒོམ་ན་བདུད་ལ་གནོད་ཟེར་ནས་བསྲུང་པའི་འཁོར་ལོ་མི་བསྒོམ་ཞིང་། བགེགས་ལ་གནོད་ཟེར་ནས་ཁྲོ་བོའི་བཟླས་པ་མ་བྱེད་ཅེས་འགོག་པ་དང་། དྲག་པོའི་འཕྲིན་ལས་འགོག་པ་སོགས་བྱམས་པའི་དབང་གིས་བྱེད་ན་ཡང་། མ་དག་པའི་བྱམས་པ་ཡིན་ཏེ། རྒྱུད་སྡེ་ཀུན་དང་འགལ་བས་ནའོ། །འདི་ལྟར་གདུག་ལ་བྱམས་པར་མི་བྱ་ཞིང་ཞེས་དང་། བརྟག་པ་གཉིས་པ་ལས། རྡོ་རྗེ་དེ་ཉིད་ཀྱིས་ནི་རབ་དང་། །གྲུར་བཅིངས་པ་ཡང་རྣམ་པར་བསྒོམ་པ་ཉིད། །ཅེས་དང་། གལ་ཏེ་ཆར་མི་འབབ་ན། དེའི་ཚེ་སྔགས་འདི་བཟློག་ལ་བཟླས་ཏེ་ཆར་དབབ་བོ། །གལ་ཏེ་མི་འབབ་ན་དེའི་ཚེ་མགོ་ཨ་ཙ་ཀའི་དོག་པ་ལྟར་འགས་སོ། །ཞེས་དང་། རྡོ་རྗེ་རྣམ་འཇོམས་ལས་ཀྱང་། རྡོ་རྗེ་ཁྲོ་བོ་ལས་བྱུང་བ་ཞེས་དང་། གདོན་ཐམས་ཅད་བརྣག་པར་བྱེད་པ་ཞེས་དང་། སྡོམ་པ་ཉི་ཤུ་པ་ལས། རྐྱེན་དུ་འཚམས་པར་ཚར་མི་གཅོད། །ཞེས་སོགས་མདོ་རྒྱུད་བསྟན་བཅོས་ཕལ་ཆེ་བ་ལས་གསུངས་པ་ཡིན་ཏེ། མདོ་རྒྱུད་ཀུན་ལས་མ་གསུངས་པས་ལུང་དང་མི་མཐུན་ཞིང་། རིགས་པས་ཀྱང་བསྒྲུབ་པར་མི་ནུས་པའི་ལྟེ་བའི་འོག་ཏུ་མེ་མཐེ་བོང་ཙམ་བསྒོམས་པས། ལུས་ཀྱི་དྲོད་ཙུང་ཟད་དང་། བདེ་བ་ཙུང་ཟད་སྐྱེ་བ་དང་། རྣམ་པར་མི་རྟོག་པའི་ཡེ་ཤེས་ལྟར་སྣང་བ་དང་། མངོན་

ཤེས་ཅུང་ཟད་སྐྱེ་བ་སོགས་དང་། ནད་དང་གདོན་ཅུང་ཟད་སེལ་བ་དག བླུན་པོ་དགའ་བ་སྐྱེ་བར་བྱེད་ན་ཡང་། མ་དག་པའི་ཐབས་ལམ་ཡིན་ཏེ། མུ་སྟེགས་བྱེད་ལའང་ཡོད་པའི་ཐབས་ལམ་དང་ཁྱད་པར་མེད་པའི་ཕྱིར་རོ། །བདག་ཏུ་ལྟ་བའི་རྩ་བ་དངོས་པོར་འཛིན་པ་ཡིན་ཅིང་། དེ་བདེན་མེད་དུ་མ་ཤེས་པས་མ་ཆོད་ཅིང་། འཁོར་བའི་བདེ་དང་མྱ་ངན་ལས་འདས་པ་གཉིས་ལ་སྨོན་ཅིང་འདོད་པ་ཅན། དགེ་བ་ལ་ནི་ངོ་མཚར་དུ་ལྟ་ཞིང་རློམ་པ་ཅན། ཆོས་ཀུན་སྤྲོས་བྲལ་དུ་མ་ཤེས་པས། ཆོས་དབྱིངས་ལ་ཡོད་པའི་དགེ་བར་བཟུང་ནས་སངས་རྒྱས་ཉིད་དུ་བསྔོ་ན་ཡང་མ་དག་པའི་སྨོན་ལམ་ཡིན་ཏེ། སངས་རྒྱས་ཀྱི་རྒྱུར་མི་འགྱུར་བས་སོ། །དེ་དག་ལ་སོགས་པ་མཐའ་ཡས་ཤིང་བཤད་ཀྱིས་མི་ལང་བ། སངས་རྒྱས་ཀྱི་གསུང་གི་གནད་འཆུགས་པས་དགེ་བ་བྱེད་པ་ལྟར་སྣང་ཡང་མ་དག་པ་རུ་ཤེས་པར་གྱིས་ཤིག །

གསུམ་པ་བསྟན་པའི་རྣམ་བཞག་གིས་མཇུག་བསྡུ་བ་ནི། དེ་དག་གི་དོན་མདོར་བསྡུས་ན་སངས་རྒྱས་ཀྱི་གསུང་རབ་དང་མཐུན་པ་ཐོས་བསམ་བསྒོམ་པ་གསུམ། བསམ་པ་དག་པ་སངས་རྒྱས་ཐོབ་འདོད་ཀྱིས་བསྒྲུབ་པར་བྱེད་ན། སངས་རྒྱས་ཀྱི་བསྟན་པ་ཡིན་པར་ཤེས་པར་གྱིས། སྡོམ་པ་གསུམ་གྱི་རབ་ཏུ་དབྱེ་བ་ཞེས་བྱ་བའི་བསྟན་བཅོས་ལས། བྱང་ཆུབ་སེམས་དཔའི་སྡོམ་པའི་སྐབས་ཏེ་གཉིས་པའོ།། །།

ཆོས་ཀུན་རང་བཞིན་སྟོང་ཉིད་རྟོགས་པའི་ནམ་མཁའ་ཡངས་པའི་དཀྱིལ་འཁོར་དུ། །སྙིང་རྗེའི་ཆུ་འཛིན་འཁྲིགས་པ་ལས་བྱུང་བྱང་ཆུབ་སེམས་ཀྱི་ཆར་གྱི་རྒྱུན། །རང་བཞིན་གྱི་གནས་ཐར་པའི་རིགས་གྱུར་གསེར་གྱི་འཛིན་མར་གྱུར་པའི་ཚོགས། །ཡོན་ཏན་རིན་ཆེན་བྱེ་བས་རབ་གཏམས་བྱང་སེམས་སྡོམ་པའི་རྒྱ་མཚོ་བཤད། །རིག་པ་འཛིན་པའི་སྡོམ་པ་ལ་སྤྱི་དང་ཡན་ལག་གི་དོན་གཉིས་ལས། དང་པོ་ལ། མཚན་ཉིད། དབྱེ་བ། ཇི་ལྟར་བསྲུང་པའི་ཚུལ། མ་བསྲུངས་པའི་ཉེས་དམིགས། བསྲུངས་པའི་ཕན་ཡོན་དེ་ལྔ་ལས། དང་པོ་ལ། དངོས་དང་དམ་ཚིག་དང་སྡོམ་པའི་ཁྱད་པར་དཔྱད་པ། ཞར་ལ་གཞན་གྱི་ལོག་རྟོགས་དགག་པ་སྟེ་གསུམ་ལས། དང་པོ་ནི། མཚུངས་པ་མེད་པའི་ཆོས་ཀྱི་རྗེ་བསོད་ནམས་རྒྱལ་མཚན་དཔལ་བཟང་པོའི་ཞལ་སྔ་ནས། ཀྱཻ་རྡོ་རྗེའི་རྣམ་བཤད་ཉི་མའི་འོད་ཟེར་ལས། གང་ཟག་སློབ་པའི་ལམ་གྱིས་བསྡུས་པའི་རིག་པ་འཛིན་པའི་ཚུལ་ཁྲིམས་ཏེ། འོད་ཕྲེང་དུ། བླ་མ་ཆོག་ཚད་ལྡན་པས། །ནམ་མཁའ་ཧི་སྲིད་གནས་བར་དུ། །ལྷན་སྐྱེས་ཡེ་ཤེས་བརྡ་དོན་འཕྲོད། །རྣམ་རྟོག་དྲི་མ་ཀུན་ལ་སྡོམ། །རིག་འཛིན་སྔགས་ཀྱི་སྡོམ་པའོ། །སྐུ་གསུང་ཐུགས་ཀྱི་རྒྱལ་མཚན་ལ། །རིམ་གཉིས་ཡིད་བཞིན་ནོར་གྱིས་སྤྲས། །འདོད་ཡོན་ལྔ་ཡིས་ཀུན་ནས་མཆོད། །དགོས་འདོད་ཀུན་གྱི་འབྱུང་གནས་ལ། །རིག་འཛིན་སྔགས་ཀྱི་གནས་ཚུལ་ལོ། །ཞེས་གསུངས་པ་ནི། ལམ་དང་

འབྲས་བུ་གཉིས་སུ་ཕྱེ་བའི་ལམ་གྱི་དམ་ཚིག་ལ་དགོངས་པར་མངོན་ཏེ། གཞན་དུ་ན་སངས་རྒྱས་པའི་དམ་ཚིག་ལ་མ་ཁྱབ་པར་འགྱུར་ཞིང་། དེའི་དོན་ལ་དགོངས་པ་མིན་པས་སོ། །དེས་ན་འདིར། མཆོག་ཏུ་མི་འགྱུར་བའི་བདེ་བ་སྒྲུབ་པའི་མི་མཐུན་ཕྱོགས་མཐའ་དག་སྤོང་བའི་སེམས་དཔའ་འོ། །རྒྱུད་སྡེ་འོག་མ་ལས་གསུངས་པའི་སྡོམ་པ་ལ་མ་ཁྱབ་པ་མིན་ཏེ། དེ་དག་ཀུང་མཆོག་ཏུ་མི་འགྱུར་བའི་བདེ་བ་བསྒྲུབ་པའི་ཕྱིར་ཏེ། ལྟ་བ་དང་རྐྱོད་པ་ལ་སོགས་པའི་བདེ་བ་ལམ་དུ་བྱེད་པའི་ཕྱིར་རོ། །སངས་རྒྱས་ཀྱི་ས་ལ་མ་ཁྱབ་པའང་མ་ཡིན་ཏེ། དེ་ལྟ་བུའི་སེམས་པ་གོམས་པ་མཐར་ཕྱིན་པ་ལྷུན་གྱིས་གྲུབ་པའི་ཕྱིར་རོ། །གཉིས་པ་ནི་སྡོམ་པའི་ཚུལ་ཁྲིམས་ཁོ་ན་ལ་སྡོམ་པར་བྱེད་ན། སྡོམ་པ་ལ་དམ་ཚིག་གིས་ཁྱབ་ཀྱང་། དམ་ཚིག་ལ་དེས་མ་ཁྱབ་ཏེ། དོན་ཞགས་སོགས་ཀྱི་གཙང་སྦྲ་དང་བརྟུལ་ཞུགས་རྣམས་དེ་ལས་མི་འདའ་བར་བྱེད་དགོས་པས་དམ་ཚིག་ཡིན་ཡང་། རིག་འཛིན་གྱི་སྡོམ་པ་མ་ཡིན་ཏེ། དབང་བསྐུར་མ་ཐོབ་པས་ཀྱང་དེ་དག་བྱ་རུང་བའི་ཕྱིར་རོ། །ཚུལ་ཁྲིམས་གསུམ་ག་ལ་སྡོམ་པར་བྱེད་ན། དེ་དག་གིས་ཀྱང་རང་གི་དགེ་བའི་ཆོས་བསྒྲུབ་པ་དང་། སེམས་ཅན་གྱི་དོན་བྱེད་པས་སྡོམ་པ་ཙམ་དུ་རུང་ཀྱང་རིག་འཛིན་སྡོམ་པ་མ་ཡིན་ཏེ།

གསུམ་པ་ནི། འགའ་ཞིག་སངས་རྒྱས་ལ་སྡོམ་པ་གསུམ་ཀ་མེད་ཞེས་པ། རྒྱུ་མཚན་ལྟར་སྣང་དང་བཅས་ཏེ་སྨྲ་བར་བྱེད་དོ། །དེ་ནི་རང་ཉིད་བླུན་པོར་གོ་བར་བྱེད་པ་ལས་གཞན་ཅི་ཡང་མ་ཡིན་ཏེ། འདི་ལྟར་ཐེག་པ་ཆེ་ཆུང་གི་གཞུང་ཐམས་ཅད་དང་འགལ་བའི་ཕྱིར་རོ། །དེ་ཡང་ཉན་ཐོས་ཀྱི་ལུགས་འདུལ་བ་མངོན་པའི་གཞུང་རྣམས་ལས། སངས་རྒྱས་ལ། སོ་ཐར། བསམ་གཏན། ཟག་མེད་ཀྱི་སྡོམ་པ་གསུམ་ཀ་ཡོད་པར་བཤད་སྟེ། སངས་རྒྱས་རང་བྱུང་གི་བསྙེན་པར་རྫོགས་ཤིང་། གཏོང་རྒྱུ་གང་ཡང་མ་བྱུང་བའི་ཕྱིར་དང་། བསམ་གཏན་གྱི་སྡོམ་པའང་འདོད་པའི་བསམ་གཏན་ཐོབ་པ་དང་། གཟུགས་ཁམས་པ་ཐམས་ཅད་ལ་ཡོད་ཅིང་། ཟག་མེད་ཀྱི་སྡོམ་པ་ནི། འཕགས་པ་ཐམས་ཅད་ལ་ཡོད་པར་གསུངས་ཏེ། མཛོད་རྩ་འགྲེལ་ལས། སངས་རྒྱས་དང་རང་སངས་རྒྱས་རྣམས་ནི་རང་བྱུང་གིས་བསྙེན་པར་རྫོགས་ཞེས་དང་། བསམ་གཏན་སྐྱེས་དང་དེ་ལྡན་པ། །ཟག་མེད་འཕགས་པའི་སེམས་ཅན་དང་ཞེས་སོ། །བྱང་སེམས་ཀྱི་སྡོམ་པ་ཡང་སེམས་བསྐྱེད་ཡོད་པར་བསྒྲུབས་པ་ཉིད་ཀྱིས་གྲུབ་ཅིང་། མདོ་སྡེ་རྒྱན་དུ། ཕར་ཕྱིན་དྲུག་གིས་སངས་རྒྱས་ལ་བསྟོད་པའི་འགྲེལ་བར། བཅོམ་ལྡན་འདས་ཀྱིས་ཕ་རོལ་ཏུ་ཕྱིན་པ་དྲུག་ཡོངས་སུ་རྫོགས་པར་བརྗོད་དེ་ཞེས་གསུངས་ཤིང་། སྡོམ་པ་མེད་པའི་ཚུལ་ཁྲིམས་ཀྱི་ཕ་རོལ་ཏུ་ཕྱིན་པ་དེ་ཇི་ལྟ་བུ་ཕ་རོལ་ཏུ་ཕྱིན་པ་ཞེས་པས་མེད་པར་གྲུབ་པོ་ཞེ་ན། བླུན་པོ་ལས་གཞན་སུ་ཞིག་དེ་སྐད་སྨྲ་སྟེ། སྦྱིན་པ་ལ་སོགས་པ་ཡང་མེད་པར་འགྱུར་བས་སོ། །དེ་ལ་རྣམ་གྲོལ་གྱི་

ཕུང་པོ་ལྔ་དང་། འཕགས་ལམ་ཡན་ལག་བརྒྱད་ཀྱང་མེད་པར་འགྱུར་ཏེ། དང་པོ་ནི་ཚུལ་ཁྲིམས། ཏིང་ངེ་འཛིན་ཤེས་རབ་རྣམ་པར་གྲོལ་བ་དེ་ཤེས་པ་དང་མཐོང་བའི་ཕུང་པོ་རྣམས་ཡིན་ཞིང་། གཉིས་པའི་ཡང་དག་པའི་ངག་དང་། ལས་ཀྱི་མཐའ་དང་། འཚོ་བ་རྣམས་ནི་ཚུལ་ཁྲིམས་ཀྱིས་བསྡུས་པས་སོ། །རིག་པ་འཛིན་པའི་སྡོམ་པ་མེད་པའང་མི་འཐད་དེ། རིགས་ལྔ་སྤྱི་དང་བྱེ་བྲག་གི་དམ་ཚིག་རྣམས་ཡོད་པའི་ཕྱིར་ཏེ། དེ་དག་དང་པོ་ཇི་ལྟར་དམ་བཅས་པ་ལས་ཅུང་ཟད་ཀྱང་མི་འདའ་བའི་ཕྱིར་དང་། དེ་ཁོ་ན་དམ་ཚིག་བསྲུང་བའི་ཕྱིར་རོ། །མཚན་ཡང་དག་པར་བརྗོད་པ་ལས། ཚུལ་ཁྲིམས་ཆེན་པོ་འཆང་བའི་མཆོག །ཞེས་པ་དང་ཡང་ཇི་ལྟར་མི་འགལ། ཡང་དག་པར་བླངས་པ་དུས་ལས་འདས་པས། གཏོང་ངོ་ཞེས་པའང་མ་ངེས་པར་བསྟན་ཟིན་ཏོ། །

བསླབ་དང་དབང་ལས་རྣམ་པར་གྲོལ། །ཞེས་དང་། དམ་ཚིག་སྡོམ་ལས་རྣམ་པར་གྲོལ་ཞེས་པ་ནི། སྒྲོད་པ་བྱེད་པའི་གནས་སྐབས་སུ། ཉན་ཐོས་ཀྱི་བསླབ་པ་དང་། རྡུལ་ཚོན་གྱི་དཀྱིལ་འཁོར་དུ་དབང་བསྐུར་བ་དང་། བཟའ་བ་དང་བསྲུང་བའི་དམ་ཚིག་དང་། དེ་མི་ཉམས་པར་སྐྱོང་བའི་སྡོམ་པ་རྣམས་ཆེད་དུ་གཉེར་ནས་མི་བྱེད་པ་ལ་དགོངས་པ་ཡིན་ཏེ། གཉིས་པ་དབྱེ་བ་ལ་སྒོ་ལྔ་ལས། དང་པོ་གང་ཟག་གིས་དབྱེ་ན། ལས་དང་པོ་པ། སེམས་བརྟན་པ་ཐོབ་པ། བརྟན་པ་ཆེར་ཐོབ་པའི་དམ་ཚིག་ཏེ་གསུམ་མོ། །གཉིས་པ་དབང་གིས་དབྱེ་ན། བུམ་གསང་ཤེས་རབ་ཡེ་ཤེས་དབང་བཞི་པའི་དམ་ཚིག་སྐེ་བཞི་ལས། དང་པོ་ནི། མི་དགེ་བ་བཅུ་དང་ཐེག་དམན་འདོད་པ་དང་། ཆང་དང་། སེམས་ཅན་གྱི་དོན་ལ་རྒྱབ་ཀྱིས་ཕྱོགས་པ་དང་། ལྷ་སོགས་ཀྱིས་མཚན་མ་མི་འགོམ། རྩ་བ་དང་ཡན་ལག་གི་ལྟུང་བ་རྣམས་སྤོང་བ་དང་། རིགས་ལྔའི་སྡོམ་པ་འཛིན་པའོ། །

གཉིས་པ་ནི། བདུད་རྩི་ལྔ་རྟེན། རྡོ་རྗེ་དྲིལ་བུ་ཕྱག་རྒྱའི་དེ་ཁོ་ན་ཉིད་གསུམ་བསྒོམ་པའོ། །གསུམ་པ་ནི། བྱང་ཆུབ་ཀྱི་སེམས་མི་འདོར་བ་སོགས་སོ། །བཞི་པ་ནི་དགོངས་ཏེ་གསུངས་པའི་དམ་ཚིག་བཞི་སྤྱོད། དུག་ལྔ་སྤོང་། དེ་ཁོ་ན་ཉིད་བསྒོམ་པའོ། །ཞེས་ཇོ་བོ་རྗེས་བཞེད་དོ། །གསུམ་པ་རྟེན་གྱིས་ཕྱེ་ན། སྐུ་གསུང་ཐུགས་ཀྱི་དམ་ཚིག་གསུམ་ཏེ། སཾ་པུ་ཊ་ལས། བུད་མེད་དང་ནི་སྨྲེས་པའི་ལུས། །ལས་ནི་དུ་མས་སྐྱེད་པ་སྟོན། །མི་ཤེས་པས་ཀྱང་མི་བྱ་སྟེ། །སྐུ་ཡི་རྡོ་རྗེའི་དམ་ཚིག་གོ། །སེམས་ཅན་སྣ་ཚོགས་གདུང་བ་དང་། །ཀུན་རྟོག་དྭ་བའི་ངན་རྟོག་གིས། །སེམས་ལ་སྨད་པར་མི་བྱ་སྟེ། །ཐུགས་ཀྱི་རྡོ་རྗེའི་དམ་ཚིག་གོ། །ཁྲ་མ་དག་དང་མ་རངས་པས། །ནྡ་བ་མི་བདེ་བར་བྱེད་པའི། །ཚིག་རྩུབ་ལ་སོགས་སྨྲ་མི་བྱ། །གསུང་གི་རྡོ་རྗེའི་དམ་ཚིག་གོ། །ཞེས་སོ། །

བཞི་བ་ངོ་བོ་དབྱེ་ན། དབང་བཞི་པོ་རེ་རེ་ལ་མཉམ་བཞག་གི་རྗེས་སྤྱོད་ཀྱི་བཟའ་བའི་བསྲུང་བའི་མི་འབྲལ་བའི་དམ་ཚིག་ལྔ་བཞི་ཉི་ཤུ་ཡིན་ཏེ། དེ་དག་འདིར་བཤད་ན། གསང་སྔགས་སུ་འགྱུར་བས། ལམ་

འབྲས་རྡོ་རྗེ་ཚིག་རྐང་གི་འགྲེལ་པ་རྣམས་སུ་ཤེས་པར་བྱའོ། །དེ་དག་ནི་བླ་མེད་ཁོ་ནའི་དབང་དུ་བྱ་བ་ཡིན་ལ། ལྷ་བ་རྒྱུད་སྡེ་བཞིའི་སྒོ་ནས་དབྱེ་ན། བྱ་རྒྱུད་ཀྱི་རྩ་ལྟུང་སུམ་ཅུ། སྤྱོད་རྒྱུད་དང་། རྣལ་འབྱོར། རྣལ་འབྱོར་ཆེན་པོ་གསུམ་གྱི་བཅུ་བཞི་བཅུ་བཞི་དང་། ཡང་ལྷ་དང་། ཡང་བཞི་དང་། ཐུན་མོང་གི་རྩ་ལྟུང་བཞི་དང་། ཕ་རོལ་ཕྱིན་པའི་རྩ་ལྟུང་བཅུ་གཉིས་ཏེ། རྩ་ལྟུང་། བདུན་ཅུ་ཐམ་པའོ། །ཞེས། རྡོ་བོས་དམ་ཚིག་ཐམས་ཅད་བསྡུས་པ་ཞེས་པ་ལས་གསུངས་སོ། །དེ་ལ་བྱ་རྒྱུད་ཀྱི་སུམ་ཅུ་ནི་འདི་ཡིན་ནོ། །ཞེས་གསུང་བའི་གསལ་ཀ་མ་མཐོང་ལ། ལེགས་པར་གྲུབ་པའི་རྒྱུད་ལས། དངོས་གྲུབ་མྱུར་དུ་ཐོབ་འགྱུར་བའི། །གསང་སྔགས་ཟློས་པའི་འདུལ་བ་བཤད། །ཞེས་པ་ནས། འགྲན་པ་དང་ནི་སད་ཕྱིར་ཡང་། །བདག་གི་གསང་སྔགས་མི་སྤྱོར་རོ། །ཞེས་པའི་བར་མང་དུ་གསུངས་པ་རྣམས་ཡི་གེ་མངས་ཀྱིས་དོགས་ནས་མ་བྲིས་སོ། །ཤེས་པར་འདོད་ན་དེ་ཉིད་དང་། མཁན་ཆེན་རིན་པོ་ཆེ་བུ་སྟོན་པས་མཛད་པའི་རྒྱུད་སྡེ་སྤྱིའི་རྣམ་བཞག་རྣམས་སུ་ལྟ་བར་བྱའོ། །སྤྱོད་རྒྱུད་ཀྱི་བཅུ་བཞི་ནི། རྣམ་སྣང་མངོན་བྱང་ལས། མི་དགེ་བ་བཅུ་དང་དམ་པའི་ཆོས་སྤོང་བ་དང་། བྱང་ཆུབ་ཀྱི་སེམས་གཏོང་བ། སེར་སྣ་བྱེད་པ། སེམས་ཅན་ལ་གནོད་པ་བྱེད་པ་སྟེ་བཅུ་བཞིའོ་ཞེས་སོ། །རྣལ་འབྱོར་རྒྱུད་ཀྱི་རྩ་ལྟུང་ནི། རྡོ་རྗེ་རྩེ་མོ་ལས། རིགས་ལྔའི་སྡོམ་པ་གཟུང་བ་གསུངས་ནས། དེ་ལས་གཞན་པའི་བཅུ་བཞི་ནི། །ཕས་ཕམ་པར་ནི་རབ་ཏུ་བཤད། །སྤང་ཞིང་དོར་བར་མི་བྱ་སྟེ། །རྩ་བའི་ལྟུང་བ་ཞེས་བཤད་དོ། །ཉིན་དང་མཚན་མོ་ལན་གསུམ་དུ། ། ཉིན་རེ་ཞིང་ནི་བཟླ་བར་བྱ། །གང་ཚེ་ཉམས་གྱུར་རྣལ་འབྱོར་པ། །ཁ་ན་མ་ཐོ་སྦོམ་པོར་འགྱུར། །ཁྱོད་ཀྱིས་སྲོག་ཆགས་བསད་མི་བྱ། །མ་བྱིན་པར་ཡང་མི་བླང་ངོ་། །འདོད་ལ་ལོག་པར་མི་སྤྱད་ཅིང་། །རྫུན་དུ་སྨྲ་བར་མི་བྱའོ། །ཕུང་ཁྲོལ་ཀུན་གྱི་རྩ་བ་ཡི། །ཆང་ནི་རྣམ་པར་སྤང་བར་བྱ། །སེམས་ཅན་འདུལ་ཕྱིར་མ་རྟོགས་པ། །བྱ་བ་མ་ཡིན་ཐམས་ཅད་སྤངས། །དམ་པ་ཉེ་བར་བསྟེན་བྱ་ཞིང་། །རྟག་ཏུ་མྱ་ངན་འདས་མི་ཆགས། །ལྷ་དང་ལྷ་མིན་གསང་བ་པོ། །ཁྱོད་ཀྱིས་བརྙས་པར་སྤང་མི་བྱ། །ཕྱག་རྒྱ་གཞོན་པ་མཆོན་ཆ་དང་། །མཚན་མ་འགོམས་པར་མི་བྱའོ། །འདི་དག་དམ་ཚིག་ཡིན་པར་བཤད། །ཞེས་པ་ལ་བརྟེན་ནས། ཁ་ཅིག་སྲོག་གཅོད་པ་ནས་མཚན་མ་འགོང་བའི་བར་བཅུ་བཞི་ལ་འདོད་ཅིང་། ཡང་ན་དེ་ཉིད་སྣང་བར། དེ་བཞིན་གཤེགས་པ་ཐམས་ཅད་ཀྱི་ཚུལ་ཁྲིམས་ནི། ཇི་ལྟར་དུས་གསུམ་མགོན་པོ་རྣམས། །བྱང་ཆུབ་ཏུ་ནི་ངེས་མཛད་པ། །ཞེས་བྱ་བ་ལ་སོགས་པས། ཕས་ཕམ་པ་བཅུ་བཞི་ལས་ལྡོག་པའི་མཚན་ཉིད་ཅན་ནོ་ཞེས་པ་དང་། དཔལ་མཆོག་ལས། རྡོ་རྗེ་དྲིལ་བུ་ཕྱག་རྒྱ་རྣམས། །ནམ་ཡང་དོར་བར་མི་བྱའོ། །ཞེས་པའི་འགྲེལ་པར་ཕྱག་རྒྱ་ལ་སོགས་པ་འདི་དག་གིས་ཅི་ཞིག་བྱ་ཞེས་བྱ་བས། འདི་ཡོངས་སུ་སྤངས་ན་ཕམ་པར་འགྱུར་རོ་ཞེས་གསུངས་པས། རིགས་ལྔ་སོ་སོའི་དམ་

ཚིག །སོ་སོར་ཕྱེ་བས་བཅུ་བཞི་ཡིན་ཞིང་། དེ་དག་གི་མི་མཐུན་ཕྱོགས་བཅུ་བཞི་ལ་བཞེད་པར་མངོན་ནོ། ། ཞེས་བུ་སྟོན་རིན་པོ་ཆེས་གསུངས་སོ། །རྣལ་འབྱོར་བླ་མེད་ཀྱི་རྒྱ་ལྟར་ནི་གྲགས་ཆེ་བ་དང་། འགའ་ཞིག་གསང་སྔགས་སུ་ཡང་འགྱུར་བས་འདིར་མ་བྲིས་ཤིང་། རྒྱུད་འགྲེལ་རྣམས་དང་། རྒྱ་ལྟར་འབྲུལ་སྤྱོང་སོགས་སུ་ཤེས་པར་བྱ་ཞིང་། སློབ་དཔོན་འཇམ་དཔལ་གྲགས་པས་མཛད་པར་གྲགས་པའི་འགྲེལ་ཆེན་སོགས། རྒྱ་གར་བས་བྱས་པའི་རྒྱ་ལྟར་འགྲེལ་བར། བདུན་ནི་མ་དག་པ་ཡིན་ནོ། །ཞེས་རྗེ་བཙུན་ཆེན་པོས་གསུངས་སོ། །

གསུམ་པ་ཇི་ལྟར་བསྲུང་ཚུལ་ལ་གཉིས་ཀྱི་མི་ཉམས་པར་བསྲུང་བ་ནི། བླ་མ་དང་རྡོ་རྗེ་སློབ་ལ་ཤིན་ཏུ་གུས་པར་འགྲོགས་པ་དང་། དྲན་པ་དང་བག་ཡོད་ལྡན་པ་དང་། ཕན་ཡོན་དང་ཉེས་དམིགས་རྗེས་སུ་དྲན་པའི་སྒོ་ནས་གསུངས་པའོ། །ཉམས་ན་ཕྱིར་བཅོས་པ་ནི། རྒྱ་བའི་ལྟུང་བ་བྱུང་ན་དཀྱིལ་འཁོར་བྲིས་ཏེ་བླ་མ་དང་། རྒྱལ་བ་སྤྱན་སོགས་ཀྱི་སྤྱན་སྔར་ཉེས་པ་མངོན་དུ་ཕྱུང་སྟེ་གཤེགས། སླར་མི་བྱེད་པའི་དོན་དུ་དཀྱིལ་འཁོར་དུ་ཞུགས་པ་ལ་སོགས་པ་བྱ་སྟེ། དགྲ་ནག་ལས། གལ་ཏེ་བག་མེད་བྱུང་གྱུར་པས། །བླ་མའི་དམ་ཚིག་ལ་ནོངས་ནས། །དེས་ན་དཀྱིལ་འཁོར་བྲིས་བྱས་ལ། །བདེ་གཤེགས་རྣམས་ལ་ཉེས་པ་བཤགས། །ཞེས་དང་། དྲི་མེད་འོད་དུ། དེ་ནི་ཐུམ་གསང་ལ་གནས་པ་ལ་ཡིན་གྱི་གོང་མ་གཉིས་ལ་ནི། ཚད་ལས་ཀྱིས་དག་པ་མེད་དེ། རང་གིས་རང་ལ་སྡིག་བཤགས་སོགས་བྱས་ནས་སངས་རྒྱས་བྱང་སེམས་ཀྱིས་བྱིན་གྱིས་བརླབས་པའི་གནས་སུ་སོང་ནས། རང་གིས་རང་དེ་ཁོ་ན་ཉིད་བསྒོམས་པས་རྣམ་པར་དག་པར་བྱའོ་ཞེས་སོ། །

ཡན་ལག་གི་ལྟུང་བ་ནི་བཤགས་པ་སོགས་ཀྱི་ཏེ། མདོར་ན་དབང་། ཚོགས་འཁོར། བསྙེན་བསྒྲུབ། དེ་རྣམས་ཚོགས་པའི་མཐུ། བཟླས་པ། སེམས་སྲུན་འབྱིན་པ་དང་བཤགས་པའོ། །དེའང་བཅོན་པ་རབ་ཀྱིས་ཉེས་པ་བྱུང་མ་ཐག་དང་། ཉིན་མཚན་གྱི་གཞི་ཆ་དང་། འབྲིང་གིས་བདུན། དུས་ཁྱད་པར་ཅན། ཉི་ཤུ་རྩ་གཅིག་ཐ་མས་ཟླ་བ་གཅིག་དང་བཅུ་གཉིས། ཤིན་ཏུ་ཐ་མས་འཆི་ཁར་མ་བཤགས་ན་ཉམས་པར་འགྱུར་རོ། །ཞེས་རྗེ་བོས་སོ། །

བཞི་པ་མ་བསྲུང་བའི་ཉེས་དམིགས་ནི། ལམ་གཞན་ལ་འབད་ཀྱང་འབྲས་བུ་མི་འགྲུབ་ཅིང་མནར་མེད་པར་འགྱུར་ཏེ། སངས་རྒྱས་ཐོབ་པར། རིགས་དམ་ཚིག་ཉམས་པ་ལས། དངོས་གྲུབ་ཐོབ་པ་ལྟ་ཞོག་གི། མིའི་རྟེན་ཡང་རྙེད་པར་དཀའ། ཞེས་དང་། འོད་ཕྲེང་དུ། རྩ་བ་ཀུན་ཉམས་ཐམ་པ་དག །གསོ་ལ་ཉེ་བར་མི་བཅོན་ན། །རྡོ་རྗེ་དམྱལ་བར་དེ་ལྟར་བྱེད། །དམྱལ་བ་ཐལ་པ་ཐམས་ཅད་ཀྱི། །སྡུག་བསྔལ་གཅིག་ཏུ་སྡོམ་པ་བས། །དེ་ཡི་འབུམ་གྱི་ཆར་མི་ཕོད། །ཅེས་སོ། །

ལྷ་བ་བསྒྲུབ་བའི་ཕན་ཡོན་ནི། །དེ་ཉིད་དུ། རིག་པ་འཛིན་པའི་ཕན་ཡོན་ནི། །གནས་སྐབས་ཀུན་ཏུ་བདེ་ལོངས་སྤྱོད། །གལ་ཏེ་བསྒོམས་པ་དང་བཅས་ན། །ཚེ་འདི་ཉིད་ལ་སངས་རྒྱས་འགྲུབ། །མ་བསྒོམས་གྱུར་ཀྱང་ལྟུང་མེད་ན། །སྐྱེ་བ་བཅུ་དྲུག་དག་ནའོ། །ཞེས་སོ། །དེས་ན་བླུན་པོས་སྡིག་པ་བྱས་དེ་དག །མཁས་པས་འཕྲལ་དུ་སྦྱང་བ་ལ་འབད་དེ། མཁས་པས་སྡིག་པ་བྱས་པ་ཡང་། །རང་བཞིན་བླུན་པོ་ཉིད་ཀྱིས་སོ། །ཞེས་དང་། མཁས་པས་སྡིག་བྱས་པ་ནི་འཕྲལ་ཞིང་འབྱང་། །མི་མཁས་སྡིག་པ་བྱས་པ་ཐུར་དུ་འགྲོ། །ལྕགས་ཀྱི་གོང་བུ་ཆུང་ཡང་གཏིང་དུ་འགྲོ། །དེ་ཉིད་གཞོང་བྱས་ཆེ་ཡང་ཁ་ན་འཕྱོ། །ཞེས་ནག་པོ་པས་བགྲངས་པ་ལྟར་རོ། །

ཡན་ལག་གི་དོན་ལ་མ་འབྲུལ་བའི་ཉམས་ལེན་མདོར་བསྟན། འབྲུལ་བ་དགག་པ་རྒྱས་པར་བཤད། བསྟན་པའི་བྱེ་དོར་བྱ་བས་འཇུག་བསྡུའོ། །དང་པོ་ནི། ཀྱེའི་རྡོ་རྗེ་ལས། རྡོ་རྗེ་མི་ཕྱེད་ཅེས་བྱར་བརྗོད། །ཞེས་པ་ལྟར། ལུས་ངག་ཡིད་གསུམ་རྣམ་པར་རྟོག་པས་མི་ཕྱེད་པས། རྡོ་རྗེ་རིན་པོ་ཆེ་རྫས་གཞན་གྱིས་མི་ཕྱེད་པ་དང་འདྲ་བས་ན་རྡོ་རྗེའོ། །བགྲོད་པས་ན་ཐེག་པའོ། །དབྱེ་ན། འདིས་འདོང་བས་ན་ཐེག་པ་སྟེ་རྒྱུ་དང་། འདིར་འདོང་བས་ན་ཐེག་པ་སྟེ་འབྲས་བུའོ། །དེའི་ལམ་དུ་ཞུགས་ཏེ། ཚེ་འདི་ལ་སོགས་མྱུར་དུ་སངས་རྒྱས་ཐོབ་པར་འདོད་ན། སྨིན་བྱེད་དབང་དང་གྲོལ་བྱེད་ལམ་གཉིས་ལ་འབད་པར་བྱའོ། །སྨིན་པར་བྱེད་པའི་དབང་བསྐུར་ཡང་། རྡོ་རྗེ་འཆང་ནས་རྩ་བའི་བླ་མའི་བར་དུ་བརྒྱུད་པ་མ་ཉམས་ཤིང་། མ་ཆད་པ་དང་། སྦྱོར་དངོས་རྗེས་ཀྱི་ཆོ་ག་རྣམས་དགོས་པ་བྱེད་ཅིང་མི་དགོས་པ་དོར་བས། འཁྲུགས་པར་མ་གྱུར་པ་དང་། སློབ་མའི་རྒྱུད་ལ་ཕྱི་དང་ནང་གིས་མཚོན་པའི་རྟེན་འབྲེལ་ལྷ་སྒྲིག་མཐེན་ཅིང་། སྐུ་བཞིའི་ས་བོན་ཐེབས་ནུས་པ་སྟེ། ལུང་ཆོས་རྣམས་ལས་སངས་རྒྱས་ཀྱི་ས་བོན་ཐེག་ཆེན་གྱི་རིགས་ཡིན་ཞིང་། དེ་སེམས་ཅན་ལ་གདོད་མ་ནས་ཡོད་པས། གསར་དུ་འདེབས་པ་མ་ཡིན་ཞིང་། དབང་གིས་ནུས་པ་ཁྱད་པར་ཅན་དུ་བྱེད་པ་ཡིན་ཞིང་། དཔལ་ཆོས་ཀྱི་གྲགས་པའི་ཞལ་སྔ་ནས། རྐྱེན་མ་ཚང་བའི་ས་བོན་དུ་མིང་བཏགས་པ་ལ་འབྲས་བུ་བསྐྱེད་པའི་ནུས་པ་མེད་པ་ཡིན་ཏེ། རྒྱུ་མ་ཚོགས་པས་འབྲས་བུ་ནི། །རྗེས་སུ་དཔོག་པ་གང་ཡིན་པ། །ལྷག་མ་དང་ལྡན་ནུས་མེད་ཕྱིར། ཞེས་སོ། །དེས་ན། དབང་གི་ནུས་ལྡན་དུ་བྱས་པ་ཉིད་ས་བོན་འདེབས་པ་ཡིན་ནོ། །ཞེས་བཞེད་དོ། །སངས་རྒྱས་ཀྱི་གསུང་བཞིན་མཛད་པའི་བླ་མ་ལུས་དང་ལོངས་སྤྱོད་ཐམས་ཅད་ཀྱིས་བཙལ་ལ། དབང་བཞི་རྫོགས་པར་བླང་ངོ་། །དེའི་སྡོམ་པ་གསུམ་ལྡན་དུ་འགྱུར་ཏེ། གཞན་གཉིས་སྔོན་ནས་ཡོད་པའི་དབང་དུ་བྱས་པའམ། མེད་ཀྱང་བྱང་སེམས་ཀྱི་ནི་དེའི་སྔོན་དུ་ངེས་པར་བླང་དགོས་ལ། སོ་སོ་ཐར་པ་དངོས་སུ་མི་ལེན་ཀྱང་། གཞན་ལ་གནོད་པ་གཞི་བཅས་སྤོང་བ་ལ་དགོངས་པའོ། །

གཉིས་པ་ལ། དོན་ལ་འཁྲུལ་བ་དགག་པ་རྒྱས་པར་བཤད། ཚིག་ལ་འཁྲུལ་བ་དགག་པ་བསྡུས་ཏེ་བསྟན་པའོ། །དང་པོ་ལ། དངོས་དོན་རྡོ་རྗེ་ཐེག་པ་ལ། འཕྲོས་དོན་གཞན་ལའང་འཁྲུལ་བ་དགག་པའོ། །དང་པོ་ལ་སྨིན་བྱེད་དབང་ལ། གྲོལ་བྱེད་ལམ་ལ། ཐོབ་བྱའི་འབྲས་བུ་ལ་འཁྲུལ་བ་དགག་པའོ། །དང་པོ་ལ་གསུམ་སྟེ། ཚོག་ཉམས་པའི་དབང་བསྐུར། དབང་བསྐུར་བསྟན་ནས་མེད་པ། དབང་བསྐུར་མུ་བཞིར་འདོད་པ་དགག་པའོ། །དང་པོ་ལ་གསུམ་ཏེ། བྱིན་བརླབས་ཙམ་གྱི་དབང་བསྐུར། གྲངས་ངེས་མེད་པའི་དབང་བསྐུར། དཀྱིལ་འཁོར་མེད་པའི་དབང་བསྐུར་དགག་པའོ། །དང་པོ་ནི། དེང་སང་བོད་འདི་ན་རྡོ་རྗེ་ཕག་མོའི་བྱིན་བརླབས་རྒྱུ་དུས་ཀྱི་དབང་བསྐུར་ཡིན་ཞེས་ཟེར་ཞིང་། འདི་ཡིས་གསང་སྔགས་ཀྱི་ལམ་སྒོམ་རུང་དུ། ཆོས་ཀྱི་སྒོ་ཕྱེ་ནས་གཏུམ་མོ་དང་རླུང་ལ་སོགས་པ་བསྒོམ་པ་མཐོང་ངོ། འདི་འདྲ་རྒྱུད་སྡེ་ཀུན་ལས་མ་གསུངས་ཤིང་། བསྟན་བཅོས་རྣམ་དག་རྣམས་ལས་བཤད་པ་མེད་ལ། ཁྱེད་རང་བྱིན་བརླབས་འདིའི་བརྒྱུད་པ་གང་ནས་འདོད་པའི་བླ་མ་རྣམས་ཀྱིས་ཚད་མར་ཁས་ལེན་པ། ཇོ་བོ་རྗེས་མཛད་པའི་རྡོ་རྗེ་ཕག་མོ་ཉིད་ཀྱི་གཞུང་། རྗེ་བཙུན་མ་རིན་ཆེན་རྒྱན་གྱི་བསྒྲུབ་ཐབས་ལས་ཀྱང་། དབང་བསྐུར་ཐོབ་ཅིང་དམ་ཚིག་དང་ལྡན་པ་དེ་ལ་བྱིན་རླབས་བྱའོ། །ཞེས་གསུངས་ཏེ། འདི་ལྟར་རྣལ་འབྱོར་པ་སེར་ཐལ་དབང་བསྐུར་བ་ཐམས་ཅད་རྫོགས་པས། ཡིད་དང་རྗེས་སུ་མཐུན་པའི་གནས་སུ་ཞེས་སོགས་དང་། དེ་ལས་སྟོན་གྱི་བླ་མའི་མན་ངག་གི་དབང་བསྐུར་བའི་རིམ་པས་དེའི་དོན་ལ་དམིགས་པས། རྡོ་རྗེ་རྣལ་འབྱོར་མར་བསམ་པར་བྱའོ། །ཞེས་སོགས་ཀྱི་དབང་བསྐུར་མེད་ཅིང་མ་ཐོབ་པ་ལ་བྱིན་རླབས་བྱེད་པ་བཀག་པ་ཡིན་ཏེ། འདི་ལྟར་དབང་མ་ཐོབ་པས་རྗེ་བཙུན་མ་བསྒོམ་པ་བཀག་ཅིང་། བྱིན་རླབས་ལ་དེ་ངེས་པར་བསྒོམ་དགོས་ལ། བྱིན་རླབས་སྨིན་བྱེད་ཀྱི་དབང་མ་ཡིན་པའོ། །དཔེར་ན་དངུལ་ཆུའི་བཙུད་ལེན་བྱེད་པ་ལ་དང་པོར་མུ་ཟིའི་བཙུད་ལེན་གྱིས་དངུལ་ཆུ་འཇུ་བར་བྱས་ནས། དེ་ནས་དངུལ་ཆུ་བཟའ་བར་བཙུད་ལེན་གྱི་བསྟན་བཅོས་ལས་གསུངས་སོ། །མུ་ཟི་ཐོག་མར་མ་བསྟེན་པར། །དངུལ་ཆུ་ཟོས་ནས་འཆི་བ་བཞིན། །དེ་བཞིན་ཐོག་མར་དབང་བསྐུར་བ་བླངས་ལ། དེ་ནས་རྡོ་རྗེ་ཕག་མོའི་བྱིན་རླབས་སྦྱིན་ཞིང་བླང་བར་བྱའོ། །དབང་བསྐུར་ཐོབ་པ་མེད་པར་བྱིན་བརླབས་བྱས་ན། སློབ་དཔོན་དམ་ཚིག་ཉམས་པར་ཐུབ་པས་གསུངས་སོ། །རྡོ་རྗེ་ཕག་མོའི་བྱིན་རླབས་ལ་སྡོམ་པ་གསུམ་ལྡན་བྱར་མི་རུང་ཞིང་། ཕྱི་ནང་སོགས་རྟེན་འབྲེལ་འགྲིག་པར་མི་འགྱུར་ཞིང་། སྐུ་བཞིའི་ས་བོན་ཐེབས་པར། མི་នུས་ཏེ། དེའི་རྒྱུ་མཚན་འོག་ཏུ་འཆད་དོ། །དེས་ན་འདི་ནི་སྨིན་ཟིན་གྲོལ་བར་བྱེད་པའི་བྱིན་རླབས་ཙམ་ཡིན་གྱི་མ་སྨིན་པ་སྨིན་པར་བྱེད་པ་མིན་པ་དེས་ན་ཐུབ་པས་དེ་ཉིད་འདུས་པ་ལ་སོགས་པའི་རྒྱུད་སྡེ་རྣམས་ལས། དཀྱིལ་འཁོར་ཆེན་པོ་མ

མཐོང་བའི་མདུན་དུ་འདི་ནི་མ་སྨྲ་ཤིག །གལ་ཏེ་སྨྲས་ན་དམ་ཚིག་ཉམས་པར་འགྱུར། ཞེས་གསུངས་ཏེ། འདི་ལྟར། དེ་ཉིད་འདུས་པར་དེང་ཁྱོད་ཀྱིས་དེ་བཞིན་གཤེགས་པ་ཐམས་ཅད་ཀྱི་རིགས་སུ་ཞུགས་ཀྱིས། ངས་ཁྱོད་ལ་ཡེ་ཤེས་གང་གིས་དེ་བཞིན་གཤེགས་པ་ཐམས་ཅད་དུ་གྲུབ་པའང་ཐོབ་ན། དངོས་གྲུབ་གཞན་ལྟ་སྨོས་ཀྱང་ཅི་དགོས་ཏེ། དེ་ལྟ་བུའི་ཡེ་ཤེས་བྱ་ཡིས། ཁྱོད་ཀྱིས་དཀྱིལ་འཁོར་ཆེན་པོ་མ་མཐོང་བ་རྣམས་ལ་སྨྲ་ཤིག་གམ། དམ་ཚིག་ཉམས་པར་གྱུར་ཏ་རེ་ཞེས་དང་། སྡོང་རྒྱུད་ཀྱི་ཚེ་དཔག་མེད་ཀྱི་སྐབས་སུའང་དེ་བཞིན་དུ་གསུངས་སོ། །འདི་ནི་དབང་མ་ཐོབ་པ་ལ་བྱིན་རླབས་འགོག་པའི་ལུང་མ་ཡིན་གྱི། དབང་བསྐུར་དུས་ཀྱི་ཡེ་ཤེས་བབ་པའི་ཉམས་མྱོང་གཞན་ལ་སྨྲ་བ་འགོག་པ་ཡིན་པས་སོ། །ཞེས་ཀྱང་མི་བསམ་ཏེ། ཐོག་མར་དཀྱིལ་འཁོར་དུ་འཇུག་པའི་དུས་ན་གསུངས་པ་དང་། ཡེ་ཤེས་ཀྱི་ཉམས་སྨྲར་མི་རུང་བ་ཉིད་ཀྱིས། ཁོ་བོ་ཅག་གི་འདོད་པ་གྲུབ་སྟེ། བྱིན་རླབས་ལའང་ཡེ་ཤེས་འབེབས་དགོས་པས་སོ། །འགའ་ཞིག་འདི་ལའང་ཕག་མགོ་དང་གྲི་གུག་མདའ་གཞུ་འཆང་བ་སྟོང་ལ་སོགས་པའི་དབང་བསྐུར་ཡོད་ཅེས་ཟེར་ཏེ། འདི་འང་དབང་བསྐུར་ཉིད་མ་ཡིན་ཞིང་། རྒྱུད་སྡེ་ཀུན་ལས་འདི་མ་གསུངས་སོ། །གལ་ཏེ་བརྒྱ་ལམ་ན་ཁོ་བོས་མ་མཐོང་བའི་རྒྱུད་ལས་གསུངས་པ་སྲིད་ཀྱང་། རྗེས་གནང་ཡིན་གྱི་དབང་བསྐུར་བ་མ་ཡིན་ཏེ། དེའི་མཚན་ཉིད་མ་ཚང་བའི་ཕྱིར་རོ། །ལ་ལ་རྡོ་རྗེ་ཕག་མོའི་བྱིན་བརླབས་ལ་རིག་འཛིན་གྱི་སྡོམ་པ་འབོགས་པའི་ཆོ་ག་དང་། དཀྱིལ་འཁོར་དང་ནི་དབང་བསྐུར་བ་དངོས་དང་། དཀྱིལ་འཁོར་དུ་འཇུག་པ་སོགས་རྒྱུད་དང་བསྟན་བཅོས་ལས་མ་བཤད་ཅིང་། སློབ་དཔོན་སྔ་མའི་མན་ངག་ཀྱང་མེད་པའི་རང་བཟོའི་ཆོ་ག་བྱེད་པ་ཐོས་ཏེ། དེ་འདྲའི་རང་བཟོས་དབང་བསྐུར་གྱི་ཆོ་གར་འགྱུར་བ་མི་སྲིད་དེ། དེ་འདྲའི་ཆོ་ག་ནི་སངས་རྒྱས་ཁོ་ནའི་སྤྱོད་ཡུལ་ཡིན་པའི་ཕྱིར་ཏེ། དཔེར་ན་མཁན་སློབ་དང་བའི་དགེ་འདུན་ཁྲིམ་པས་བྱས་པའི་གསོལ་བཞིའི་ལས་བྱས་ཀྱང་དགེ་སློང་གི་སྡོམ་པ་མི་འཆགས་པ་ལྟར། རྡོ་རྗེ་ཕག་མོའི་བྱིན་རླབས་ལ་རིག་པ་འཛིན་པའི་སྡོམ་པ་ཕོག་ཀྱང་འཆགས་པར་མི་འགྱུར་རོ། །འདི་ར་ཁ་ཅིག་ཁྱེད་རང་བདག་མེད་མ་ལྷ་མོ་བཅོ་ལྔའི་དབང་བསྐུར་བྱེད་བཞིན་དུ། ཕག་མོའི་དབང་བསྐུར་འགོག་པ་ནི་སྟོང་ཞུགས་འབའ་ཞིག་གོ། །ཞེས་དང་། ཤམ་བྷ་ལའི་རིགས་ལྡན་ཁྱབ་འཇུག་སྦས་པས་མཛད་པའི་ཕག་མོ་ལྷ་བཅུ་གསུམ་མའི་དཀྱིལ་ཆོག་སྣང་བའི་ཕྱིར་ན་ཡང་ཁྱེད་ཀྱི་འདི་ནི་ཁྲོན་པའི་རུས་སྦལ་གྱི་རྣམ་ཐར་སྟོན་པར་ཟད་དོ། །ཞེས་གྲག་སྟེ། དེ་དག་གིས་ནི་ཆོས་རྗེའི་དགོངས་པ་མ་ལོངས་པར་འབྲེལ་མེད་དུ་སྨྲས་པར་ཟད་དེ། འདི་ལྟར་དེའི་བྱིན་བརླབས་དབང་བསྐུར་ཡིན་པ་དང་། དེ་ལ་དཀྱིལ་འཁོར་ཆོ་ག་སོགས་བྱེད་པ་འགོག་པ་ཡིན་པས་སོ། །དེས་ན་ཚིག་གི་བརྗོད་པ་འཕྲུལ་བ་ལྟ་བུ་ཆོ་ག་ཙུང་ཟད་ཉམས་པ་ལའང་། ཆོ་ག་མི་འཆགས་པར་འདུལ་བ

ལས་གསུངས་པའམ་འཆགས་པར་མ་གསུངས་ཏེ། ཚིག་ལས་འདས་ན་ལས་མི་འཆགས་སོ་ཞེས་སོ། །དེས་ན་ཁྱེད་ཀྱི་འདི་ལྟ་བུ་ཚིག་ཕལ་ཆེར་ཉམས་པ་ལ་ཚིག་འཆགས་པར་འགྱུར་རེ་ཀན། དེས་ན་འཆད་པའི་གནས་སྐབས་སུ་ཙུང་ཟད་ནོར་བར་གྱུར་ཀྱང་སླུ་ཞིང་། ཚིག་ནོར་བར་གྱུར་པ་ལ་གྲུབ་པ་ནམ་ཡང་མེད་པར་གསུངས་ཏེ། གསང་བ་སྤྱི་རྒྱུད་ལས། ཁྱད་པར་ཅན་གྱི་ལས་རྣམས་ལ། །ལྷ་དུས་བྱ་བ་དུས་བཞིན་སྤྱད། །གཞན་དུ་ཚིག་ཉམས་པའི་ཕྱིར། །གྲུབ་པ་ནམ་ཡང་ཡོད་མ་ཡིན། །ཞེས་སོ། །དཔེར་ན་སྨན་དཔྱད་ནོར་བས་ནད་མི་སོས་པ་དང་། སོ་ནམ་ནོར་བས་སྟོན་ཐོག་མི་འབྱུང་བ་བཞིན་ཏེ། གཞན་ཡང་རྡོ་རྗེ་ཕག་མོའི་བྱིན་བརླབས་ལ་གསང་སྔགས་ཀྱི་ཆོས་སྒོར་བྱེད་པ་ནི། རྒྱུད་སྡེ་གང་ནའང་བཤད་པ་མེད་པས། དེ་འདྲ་བྱེད་པ་བས་དགེ་སློང་བྱེད་པ་ལ་སངས་རྒྱས་ལྟར་རང་འབྱུང་གི་བསྙེན་པར་རྫོགས་པ་དང་ལྔ་སྡེ་བཟང་པོ་ལྟར་ཡེ་ཤེས་ཁོང་དུ་ཆུད་པ་དང་། ཆོས་སྦྱིན་དང་ཆོས་སྦྱིན་མ་ལྟར་འཕྲིན་གྱིས་བསྙེན་པར་རྫོགས་པ་དང་། དེ་བཞིན་དུ་འོད་སྲུང་ཆེན་པོ་ལྟར། སྟོན་པར་ཁས་བླངས་ཀྱིས་དང་། གྲགས་པ་ལ་སོགས་པ་ལྟར་ཚུར་ཤོག་གི་བསྙེན་པར་རྫོགས་པ་དང་སོགས་པས། སྐྱེ་རྒུའི་བདག་མོ་སོགས་ལྕི་བའི་ཆོས་བརྒྱད་ཁས་བླངས་པ་དང་། བཟང་སྡེའི་ཚོགས་དྲུག་ཅུ་སྐྱབས་སུ་སོང་བ་དང་། པོ་ཏ་ཡ་ནའི་བུས་དྲིས་པའི་ལན་ཐེབས་པ་དང་། གསོལ་བཞིའི་ལས་ཀྱིས་ཅིག་ཆར་རབ་ཏུ་བྱུང་ཞིང་། བསྙེན་པར་རྫོགས་པར་བྱེད་ན་སླ་བ་སྟེ་བཟང་ངོ་། །འདི་ལྟར། ད་ལྟ་བྱེད་ན་འདི་རྣམས་དང་ཕག་མོའི་བྱིན་བརླབས་ཀྱི་དབང་བསྐུར་གཉིས་འབྲུལ་པའི་ནོར་བ་མཉམ་པོ་ཡིན་པ་ལ། བསྙེན་རྫོགས་འདི་རྣམས་སྔོན་གྱི་ཚིགར་འདུལ་བ་ལས་བཤད་ཅིང་། ཅིག་ཤོས་ནི་སྔོན་གྱི་ཚིགར་ཡང་མ་གསུངས་པས་སོ། །

གཉིས་པ་ནི། དེས་ན་ཉན་ཐོས་ཐེག་པའི་ལག་ལེན་ནི། ཕལ་ཆེར་ནུབ་ཀྱང་གཟུགས་བརྙན་ཙམ་ཞིག་སྣང་ཞིང་། རྡོ་རྗེ་ཐེག་པའི་བསྟན་པ་ལ་གཟུགས་བརྙན་ཙམ་ཡང་མི་སྣང་ངོ་། །འདི་ལྟར། བླུན་པོ་སྙིང་ཐོད་དེ་སྙིང་ཁམས་ཅན་རྣམས་ཀྱིས་ཀྱང་། འདུལ་བའི་ཚིག་དང་འོལ་ཕྱིར་མ་བསྒྱུར་བར་བཀྲལ་མ་ནུས་ཤིང་། གསང་སྔགས་ཀྱི་ཚིག་ཐམས་ཅད་ལ། བླུན་པོ་རྣམས་ཀྱིས་འོལ་ཕྱིར་ཡང་མ་བསྒྱུར་བར་རང་གཟོར་སྦྱོད་དོ། །དཔེར་ན་རབ་ཏུ་བྱུང་བ་བྱེད་པའི་གང་ཟག་ནི། དུས་གཅིག་ཏུ་གསུམ་ལས་མང་བ་འཇུག་མི་ནུས་ཤིང་། སྔགས་ཀྱི་དབང་བསྐུར་བྱེད་པ་རྣམས་ནི། སློབ་མ་གྲངས་ངེས་པ་མེད་པར་བྱེད་དེ། འདི་ནི་རྡོ་རྗེ་འཆང་གིས་བཀག་པ་ཡིན་ཏེ། འོན་ཀྱང་སྤྱོད་པའི་རྒྱུད་ཀྱི་དབང་བསྐུར་ལ། སློབ་མ་གྲངས་ངེས་མེད་པར་རྒྱུད་ལས་གསུངས་ཏེ། རྣམ་སྣང་མངོན་བྱང་ལས། སློབ་མ་དད་ཅིང་རིགས་བཙུན་པ། །དེ་བཞིན་དཀོན་མཆོག་གསུམ་ལ་དད། །ཟབ་མོ་ཡི་ནི་བློ་དང་ལྡན། །སྙིང་བ་ཆེ་ཞིང་ཚུལ་ཁྲིམས་ལྡན། །བཟོད་དང་ལྡན་ཞིང་སེར་སྣ་མེད། །དཔའ་ལ་ཡི་དམ

བསྟན་པ་ནི། །བཅུའམ་བརྒྱད་དམ་བདུན་ནམ་ལྔ། །བཅུ་གཉིས་བཞི་ལས་ལྷག་ཀྱང་རུང་། །དཔྱད་མི་དགོས་པར་བཟུང་བར་བྱ། །ཞེས་དང་། དེས་བྱང་ཆུབ་ཀྱི་སེམས་ཀྱི་རྒྱུར་འགྱུར་བའི་ཕྱིར། སེམས་ཅན་ཚད་མེད་པ་རྣམས་ཡོངས་སུ་བཟུང་བར་བྱའོ། །དེ་ནས་དེ་དག་བོས་ལ་གསུམ་ལ་སྐྱབས་སུ་བཏང་བར་ཡང་བྱའོ། །སྡིག་ཏོ་མི་བྱ་བ་རྣམས་ཀྱང་བསྙོ་བར་བྱའོ། །དེ་ནས་དེ་དག་ལ་སྡོམ་དང་མེ་ཏོག་ལ་སོགས་པ་སྦྱིན་ནོ། །དེ་དག་དུས་གསུམ་དུ་སྒྲིབ་པ་མེད་པའི་ཡེ་ཤེས་ཀྱི་སྡོམ་པ་ལ་ཡང་འཛིན་དུ་གཞུག་གོ། །འཛིན་དུ་བཅུག་ནས་བསྔགས་པ་ཡིས། །དེ་ནས་སོ་ཤིང་དག་ཀྱང་སྦྱིན་ཞེས་དང་། ཇི་སྐད་འདོད་པ་རྣམས་བཟང་ངོ་ཞེས་སོ། །ཕྱག་ན་རྡོ་རྗེས་དབང་བསྐུར་བ་ལས་ཀྱང་། ཡང་ན་སློབ་མ་བཞི་ཞིག་བཟུང་ཞེས་སོ། །དེའི་ལྷག་མ་སློབ་མའི་གྲངས་དམིགས་བསལ་གསལ་ཁ་མ་མཛད་པའི་རྒྱུད་སྡེ་གསུམ་གྱི་དབང་བསྐུར་བའི་སློབ་མ་ལ་གྲངས་ངེས་ཡོད་དེ། དོན་འདི་ནི་གསང་བ་སྤྱི་རྒྱུད་ལས། སློབ་དཔོན་ཆོ་ག་ལ་མཁས་པས། སློབ་མ་གཅིག་གམ་གསུམ་ལྔའམ་ཡང་ན་བདུན་དག་གམ་ཉི་ཤུ་རྩ་ནི་ལྔ་ཡི་བར། ཞེས་པའི་དོན། དགུ་བཅུ་གཅིག་ནས་ཉི་ཤུ་རྩ་གསུམ་གྱི་བར་གཉིས་དང་བཞི་ལས་སོགས་ཟུང་དུ་མ་གྱུར་པའི་སློབ་མ་ཡོངས་སུ་གཟུང་ཞིང་དབང་བསྐུར་བར་བྱའོ། །དེ་བས་ལྷག་པའི་སློབ་མ་ཡོངས་སུ་བཟུང་བར་མི་ཤེས་སོ། །ཞེས་གསུངས་པ་འདི་ནི་རྒྱུད་སྡེ་གསུམ་པོ་ཀུན་གྱི་དབང་བསྐུར་ལ་འཇུག་པ་ཡིན་ཏེ། དེའི་རྒྱུ་མཚན་ནི་དེ་བས་ལྷག་པའི་སློབ་མ་ལ་དཀྱིལ་འཁོར་ཆེན་པོ་རྣམས་ཀྱི་དངོས་གཞིའི་ཆོ་ག་ཡོངས་སུ་རྫོགས་པར་མཚན་མོ་གཅིག་ལ་ཚར་བར་མི་ནུས་ཤིང་། དེ་ཁའི་མཚན་མོ་མ་ཚར་ན། ཆོ་ག་ཉམས་པར་འགྱུར་བར་གསུངས་ཏེ། དེ་ཡང་གསང་བ་སྤྱི་རྒྱུད་ལས། ཡེ་ཤེས་དང་ནི་འཇིག་རྟེན་གྱི་ལྷ་ཡང་ཕལ་ཆེར་ཉི་མ་ནུབ་པ་ན། མིའི་ཡུལ་དུ་ངེས་པར་དུ་ཏིང་ངེ་འཛིན་དང་སྔགས་ལ་སོགས་པའི་བྱིན་བརླབས་ཀྱིས་འདུ་ཞིང་། ཉི་མ་ཤར་ནས་གཤེགས་པར་འགྱུར་བས། ཉི་མ་ཤར་བར་མ་གྱུབ་ཅིང་། །ལྷ་ཉིད་གཤེགས་པར་མ་གྱུར་བར། །ཆོ་ག་ཚང་བར་བྱས་ཏེ་ལྷ་ལ་མཆོད་པ་ཕུལ་ནས་གཤེགས་སུ་གསོལ་བར་ཤེས་སོ། །ཞེས་སོ། །འདུལ་བ་ལུང་ལ་སོགས་པར་ཡང་། མིའི་ཡུལ་དུ་ལྷ་རྣམས་ཆོས་ཉན་དུ་འོང་བ་སོགས་མཚན་མོ་འོང་བར་གསུངས་ཡང་དོན་འདི་ཡིན་ནོ། །

ཁ་ཅིག་གསང་བ་སྤྱི་རྒྱུད་འདི་ནི་བྱ་བའི་རྒྱུད་ཡིན་པས། རྒྱུད་སྡེ་གཞན་གྱི་ཆོ་ག་ཡིན་ལ། གསར་ཐལ་གཞན་གྱི་དབང་བསྐུར་ལ་གྲངས་ངེས་མི་དགོས་སྙམ་ན། གཞན་དམིགས་བསལ་མེད་པ་རྣམས་ཀྱི་ཆོ་ག་ཀུན་ལ་སྤྱི་རྒྱུད་ཀྱི་ལུགས་དེ་འཇུག་པར། སྤྱི་རྒྱུད་ཉིད་ལས་འདི་སྐད་གསུངས་ཏེ། རྒྱུད་སྡེ་གང་དུ་དབང་བསྐུར་རབ་གནས་ལ་སོགས་པའི་ལས་ནི་ཡོད་པར་གྱུར་ལ། ལས་ཀྱི་ཆོ་ག་རྣམས་ནི་གསལ་པོ་མེད་ལ། དེར་ནི་སྤྱིའི་རྒྱུད་

དག་ལས་གསུངས་པའི་ཆོག་མཁས་པས་བསྟེན་པར་བྱའོ། །དེར་ནི་སྤྱིའི་རྒྱུད་དག་ལས་གསུངས་པའི་ཆོག་མཁས་པས་བསྟེན་པར་བྱའོ། །ཞེས་དེ་སྐད་གསུངས་པའི་ཕྱིར་ཆོག་འདིའི་རྒྱུད་རྣམས་ཀུན་ལ་འཇུག་པ་ཡིན་ནོ། །དེ་ལྟ་མ་ཡིན་ན། འདིའི་རྒྱུད་དུ་ཡང་མི་རུང་ངོ་། །བྱ་རྒྱུད་ཀུན་གྱི་ཐུན་མོང་བ་ཡིན་པས། དེར་བརྗོད་ན་ལེགས་པར་གྲུབ་པ་ལ་ཡང་ཐལ་བར་འགྱུར་ཏེ། དེར་ཡང་བྱ་རྒྱུད་ཀུན་གྱི་དམ་ཚིག་སོགས་སྟོན་པས་སོ། །ཤམ་བྷ་ལར་འཇམ་དབྱངས་གྲགས་པས་དྲང་སྲོང་བྱེ་བ་ཕྲག་ཕྱེད་དང་བཞི་ལ་དུས་གཅིག་ཏུ་དབང་བསྐུར་བ་ཡང་སྒྲུབ་བྱེད་དུ་མི་རུང་སྟེ། དེར་ནི་དབང་བསྐུར་བ་པོ་འཇམ་པའི་དབྱངས་ཡིན་ཞིང་། སློབ་མ་རྣམས་ནི་སྤྲུལ་པ་ཡིན་པའམ་རང་རྒྱུད་པ་ཡིན་ཀྱང་། རྒྱུད་ཡོངས་སུ་སྨིན་ཟིན་རྐྱེན་གྱི་སྟོབས་ཀྱིས་མུ་སྟེགས་ཀྱི་ལམ་ལ་ཞུགས་པ་ཡིན་པའི་ཕྱིར་རོ། །རྡོ་རྗེ་ཕྲེང་བར། སྐལ་བ་དང་ལྡན་ན་སྟོང་གི་བར་དུ་བཟུང་བར་བྱའོ། །ཞེས་པའམ། གང་ཟག་ཁྱད་པར་ཅན་ལ་དགོངས་པ་ཡིན་གྱི་གཞན་དུ་ན་རྒྱུད་དང་འགལ་བ་བཟློག་པར་དཀའ་འོ། །

གསུམ་པ་ནི། དེང་སང་ཕལ་མོའི་བྱིན་བརླབས་མི་བྱེད་ཅིང་། དབང་བསྐུར་བྱེད་པར་རློམ་པ་ཁ་ཅིག་ཀྱང་། རྫོགས་པའི་སངས་རྒྱས་ཀྱིས་རྒྱུད་སྡེ་ལས་གསུངས་པའི་དཀྱིལ་འཁོར་གྱི་ཆོག་སའི་ཆོག་དང་སྟ་གོན་དཀྱིལ་འཁོར་དུ་འཇུག་པ་དབང་བསྐུར་གྱི་དངོས་གཞི། མཐའ་རྟེན། ས་ཆོག་ལ་སྦྱང་བརྟག་པ་དང་། ས་བླང་བ །སྦྱང་བ། བསྲུང་བ། ཡོངས་སུ་བཟུང་བ་དང་། སྟ་གོན་ལ་ཡང་། སའི་ལྷ་མོ་དང་། ལྷ་དང་། བུམ་པ་དང་། སློབ་མ་སྟ་གོན་ཏེ་བཞི་དང་། འཇུག་པ་ལ་ཡང་། དེའི་སྔོན་དུ་དཀྱིལ་འཁོར་བྲི་བ་དང་བསྒྲུབ་ཅིང་མཆོད་ནས། སློབ་དཔོན་བདག་ཉིད་འཇུག་ཅིང་དབང་བསྐུར་བ་དང་། སློབ་མ་ཡོལ་བའི་ཕྱི་རོལ་དང་ནང་དུ་འཇུག་པ་སོགས་མི་བྱེད་པར། གཡུང་དྲུང་རིས་ཀྱི་དཀྱིལ་འཁོར་དང་། ནས་འབྲུ་རིས་ཀྱི་དང་། པད་མ་འདབ་བརྒྱད་དང་། མེ་ཏོག་ཚོམ་བུའི་དཀྱིལ་འཁོར་སོགས་བྱེད་པ་ཐོས་ཏེ། འདི་འདྲའི་དཀྱིལ་འཁོར་དག་ཏུ་དབང་བསྐུར་ཡང་། སྔགས་ཀྱི་སྡོམ་པ་ཐོབ་པར་མི་འགྱུར་རོ། །དེའི་རྒྱུ་མཚན་བཤད་ཀྱིས་ཉོན་ཅིག །ཕྱི་དང་། ནང་དང་། གསང་བ་དང་། དེ་ཁོ་ན་ཉིད་དང་། མཐར་ཐུག་གི་རྟེན་འབྲེལ་གྱི་སྟོབས་ཀྱིས་མ་དག་པའི་རྟེན་འབྲེལ་སྦྱངས་ནས། དག་པ་རྟེན་འབྲེལ་མངོན་དུ་བྱ་བའི་ཕྱིར། དཀྱིལ་འཁོར་རྣམ་པ་བཞིར་དབང་བསྐུར་བའི་ཚུལ་རྒྱུད་སྡེ་རྣམས་ལས་འབྱུང་བ་ཡིན་ལ། གཡུང་དྲུང་རིས་ཀྱིས་དཀྱིལ་འཁོར་སོགས་འདི་ལ་རྟེན་ནས་རྟེན་འབྲེལ་ལྔ་སྒྲིག་མི་ནུས་པ། དེས་ན་སངས་རྒྱས་རྣམས་ཀྱིས་དེ་འདྲའི་དཀྱིལ་འཁོར་དུ་དབང་བསྐུར་བ་བཀག་གོ། །

འདི་རྟེན་འབྲེལ་ལྔ་འཆད་པའི་སྐབས་སུ་བབ་ཀྱང་གསང་སྒྲོགས་སུ་འགྱུར་བའི་ཕྱིར། ཆོས་རྗེ་ཉིད་ཀྱིས་མཛད་པའི་རྟེན་འབྲེལ་ལྔའི་ཡི་གེ་སོགས་སུ་ཤེས་པར་བྱའོ། །དེང་སང་གི་དབང་བསྐུར་བྱེད་པ་ཕལ་ཆེར་

ཡང་སློབ་མ་བརྒྱ་དང་སྟོང་ལ་སོགས་གྲངས་ངེས་པ་མེད་པ་ལ་སྦྱོར་བ། དངོས་གཞི། རྫས་ཀྱི་ཚོ་ག་རྣམས། སངས་རྒྱས་ཀྱི་གསུངས་པ་བཞིན་མི་ཤེས་པར་མ་འབྲེལ་བ་སྟེ་མི་དགོས་པ་དང་། འགལ་བ་སྟེ་རྒྱུད་སྡེ་དང་མི་མཐུན་པ་དང་། ཉམས་ཤིང་ཆད་པའི་སྒོ་ནས་ཡོ་གའི་གཟུགས་བརྙན་ཙམ་བྱེད་པ་ལ། བླུན་པོ་རྣམས་ཀྱིས་དབང་བསྐུར་ཡིན་ཞེས་སྨྲ་ཞིང་། ཡེ་ཤེས་ཕབ་པའི་སློབ་མ་དེའི་ལུས་ངག་ཡིད་གསུམ་གྱི་རྣམ་པ་འབྱུང་པོའི་གདོན་གྱིས་བསྒྱུར་ནས་ལུས་འཕགས་པ་དང་། རྒྱུག་པ་དང་། རྫུ་འཕྲུལ་ཅུང་ཟད་སྟོན་པ་དང་། ངག་འདས་མ་འོངས་ཅུང་ཟད་ལུང་སྟོན་པ་དང་། སེམས་ལ་ཏིང་ངེ་འཛིན་ཅུང་ཟད་སྐྱེས་པ་ལ། ཡེ་ཤེས་ལྷས་བྱིན་གྱིས་བརླབས་པ་ཡིན་པར་འཁྲུལ་བ་མང་ངོ་། དཔལ་ལྡན་དམ་པ་དང་པོའི་རྒྱུད་ལས། ཚོག་ཉམས་པའི་བྱིན་རླབས་ཀུན་ཕྱུག་དར་ཁྲིད་ཀྱི་ཤ་ཟ་ལ་སོགས་པའི་བགེགས་ཀྱི་ཡིན་པར་རྒྱལ་བས་གསུངས་སོ། །འདིར་དམ་པ་དང་པོའི་རྒྱུད་རྫོགས་པར་མ་འགྱུར་ཞིང་། དེའི་དུམ་བུ་དབང་མདོར་བསྟན་ནའང་དོན་འདི་མི་སྣང་ལ། དང་པོའི་སངས་རྒྱས་ལས་བསྡུས་པའི་རྒྱུད་ལས། རང་བྱིན་རླབས་པ་དམན་པ་རྣམས་མང་སྲིད་པ་དག་གིས་སྔགས་པ་རྣམས་ལ་དངོས་གྲུབ་ཡོད་མ་ཡིན། ཞེས་པའི་འགྲེལ་བར། ཇི་སྲིད་འོག་མིན་གྱི་སྲིད་པའི་མཐར་ཐུག་པའི་བར་དུ། དེ་བཞིན་གཤེགས་པས་འཇིག་རྟེན་པ་ཞེས་གསུངས་སོ། །འདིར་མཆོག་རྣམས་ཀྱིས་དབབ་པའོ། །གཞན་དུ་འབྱུང་པོ་དང་སྲིན་པོའི་འཁོར་ལས་སོགས་པ་རྣམས་ཀྱི་དབབ་པ་ནི་མཐའ་ཡས་པ་སྟེ། དེ་རྣམས་ཀྱི་མཚན་ཉིད་དང་བླ་མའི་བཀའི་མཚན་ཉིད་ཀྱང་། ལེའུ་ལྔ་པའི་ཡེ་ཤེས་གྲུབ་པ་ལས་བརྗོད་པར་བྱ་སྟེ། དེས་ན་འདིར། དཀྱིལ་འཁོར་དུ་འཇུག་པ་ལ་དེ་དག་མ་གསུངས་སོ། །ཞེས་པ་བཅོམ་ལྡན་འདས་ཀྱི་ངེས་པའོ། །ཞེས་དང་། མཆོག་མི་འགྱུར་དུ། དང་པོའི་སངས་རྒྱས་ཀྱི་ལུང་། བཀའ་ཡི་ཀུན་སྤྱོད་ཆོས་རྣམས་ནི། །འགར་ཡང་སྲོག་ཆགས་ཐར་གཏེར་མིན། །ལམ་ཉེར་སྟོན་བྱེད་གང་གིས་ན། །རྒྱལ་བ་བཀའ་ཡིས་ཐར་གཏེར་མིན། །གལ་ཏེ་བླ་མའི་བཀའ་དྲིན་གྱིས། །ལུས་ཅན་རྣམས་ནི་གྲོལ་འགྱུར་ན། །དེ་ཚེ་ཐར་པ་སྙིང་རྗེ་ཅན། །ཏིང་ངེ་འཛིན་གྱིས་སྟོན་མི་འགྱུར། །ཞེས་དྲངས་ནས། དེའི་ཕྱིར་ཐར་པའི་དོན་དང་། འཇིག་རྟེན་པའི་དངོས་གྲུབ་བསྒྲུབ་པའི་དོན་དུ་རྣལ་འབྱོར་པས་ཕྱི་རོལ་པའི་ལྷའི་སྔགས་བསྒྲུབ་པར་མི་བྱའོ། །ཞེས་སོ། །ཚིག་དག་པར་གྱུར་པ་ལས། བྱུང་བའི་བྱིན་བརླབས་ནི་སངས་རྒྱས་རྣམས་ཀྱི་ཡིན་པར་གསུངས་ཏེ། དྲངས་མ་ཐག་པའི་ལུང་དེའི་གོང་དུ། དནི་དབབ་ཞེས་པ་ལ་སོགས་པས་ལྷ་དབབ་པ་བསྐྱེད་པའི་མཚན་ཉིད་གསུངས་ཏེ། འདིར་ལྷ་དབབ་པ་གང་ཡིན་པ་དེ་ནི། ངེས་པར་ཞེས་པ་མཐའ་གཅིག་ཏུ་འགྱུར་ཏེ། སྔགས་པ་སློབ་དཔོན་རྣམས་ཀྱིས་བསྒོམས་པའི་སྟོབས་དང་། སྔོན་དུ་བསྙེན་པའི་དབྱེ་བ་དང་ནི་ཞེས་པ་ཚོ་ག་སྔ་ཚོགས་པ་དང་། རྣམ་མང་དམ་ཚིག་བྱང་ཆུབ་སེམས

ཀྱི་ཐིག་ལེ་ལ་སོགས་པ་བསྲུང་བ་དང་། དེ་བཞིན་དུ། སྔགས་ཀྱི་བཟླས་པ་ལ་སོགས་པ་དག་གིས་ཀྱང་ཕེབས་པར་འགྱུར་གྱི་རྣམ་པ་གཞན་དུ་མི་འགྱུར་རོ། །འགའ་ཞིག་དག་གི་ཚེ་བླ་མ་བརྒྱུད་པའི་རིམ་པས། རྣམ་པར་དག་པའི་སློབ་མ་ལ་དད་དེ་སངས་རྒྱས་རོ་མྱོང་བྱེད་པའི་བདུད་རྩི་དབང་ལས་དཀྱིལ་འཁོར་འགར་ནི་མཆོག་གི་བུ་ལ་འགྱུར་རོ་ཞེས་སོ། །

དབང་བསྐུར་གཏན་མེད་པ་དགག་པ་ལ་བདུན་ཏེ། དབང་མེད་ཟབ་ལམ་བསྒོམ་པ། སེམས་བསྐྱེད་ཆོས་སྒོར་འདོད་པ། དབང་བསྐུར་ཕྱི་ནས་ཁས་ལེན། སེམས་རྟོག་ཙམ་གྱིས་སྨིན་གྲོལ་ཟེར་བ་དགག །རྒྱུད་བཞིའི་དབང་བསྐུར་འབྲུལ་བ། མོས་པ་ཆོས་སྒོར་འདོད་པ་དགག་པའོ། །དང་པོ་ལ་གཉིས་ཏེ། དབང་མེད་ཟབ་ལམ་བསྒོམ་པའི་ཉེས་དམིགས་བཤད། དབང་རབ་བྱིན་རླབས་ཙམ་གྱིས་སྨིན་པ་དགག་པའོ། །དང་པོ་ནི། དབང་བསྐུར་མེད་ཀྱང་ལམ་ཟབ་མོ་བསྒོམས་པས་སངས་རྒྱས་འགྲུབ་པོ་སྙམ་ན་མ་ཡིན་ཏེ། དབང་བསྐུར་མེད་པར་ལམ་ཟབ་མོ་བསྒོམ་པ་ངན་འགྲོའི་རྒྱུ་རུ་གསུངས་པའི་ཕྱིར་ཏེ། ཕྱག་རྒྱ་ཆེན་པོ་ཐིག་ལེ་ལས། དབང་མེད་ན་ནི་བསྒྲུབས་ཀྱང་དངོས་གྲུབ་མེད་དེ། བྱེ་མ་བཙིར་ཀྱང་མར་འབྱུང་བ་མེད་པ་ལྟར་རོ། །གང་ཞིག་རྒྱུད་ཀྱི་ལུང་མཁས་པའི་ང་རྒྱལ་གྱིས་དཔོན་སློབ་གཉིས་ཀས་དབང་བསྐུར་ཐོབ་པ་མེད་པར་འཆད་པར་བྱེད་པའི་སློབ་དཔོན་དང་སློབ་མ་གཉིས་ཀ་འཇིག་རྟེན་གྱི་དངོས་གྲུབ་ཐོབ་ཀྱང་ཤི་མ་ཐག་དམྱལ་བར་སྐྱེ་བ་དེ་བས། སྔགས་ཀྱི་དངོས་གྲུབ་དོན་དུ་གཉེར་བ་ཐམས་ཅད་ཀྱིས་འབད་པས་བླ་མ་ལ་དབང་ནོད་ཅིང་ཞུ་བར་བྱའོ། །ཞེས་གསུངས་ཤིང་ཡང་ན་ལུས་དང་ལོངས་སྤྱོད་སྟེར་བ་སོགས་འབད་ཐམས་ཅད་ཀྱིས་ཞེས་སྨྲར་རོ། །རྒྱུད་སྡེ་གཞན་ལས་ཀྱང་དེ་ལྟར་གསུངས་པའི་ཕྱིར་དབང་ལ་འབད་པར་བྱ་སྟེ། དམ་པ་དང་པོ་ལས། དབང་བསྐུར་མེད་པར་སྔགས་འཆད་དང་། །ཟབ་མོའི་དེ་ཉིད་བསྒོམ་བྱེད་པ། །དེ་དོན་ལེགས་པར་ཤེས་ནའང་། །དམྱལ་བར་འགྱུར་གྱི་གྲོལ་བ་མེད། །ཅེས་དང་རྒྱུད་རྡོ་རྗེ་ཕྲེང་བ་ལས། དབང་བསྐུར་མེད་པར་རྒྱུད་འཆད་པ། །བསྒྲུབ་པོས་སྔགས་ཀྱི་དོན་ཤེས་ཀྱང་། །སློབ་དཔོན་སློབ་མ་མཚུངས་པར་ནི། །ཤི་ནས་དུ་འབོད་ཆེན་པོར་ལྷུང་། །ཞེས་པ་ལ་སོགས་མང་དུ་བཤད་དོ། །

གཉིས་པ་ནི། ཁ་ཅིག་ན་རེ། གང་ཟག་དབང་པོ་རབ་ཀྱི་ སྨིན་བྱེད་ཕག་མོའི་བྱིན་རླབས་ཡིན་ཞིང་། འབྲིང་དང་ཐ་མ་དག་ལ་དབང་བསྐུར་བའི་ཚོག་དགོས་སོ་ཞེས་ཟེར་ཏེ། གང་ཟག་དབང་པོ་རབ་འབྲིང་ཐ་མ་གསུམ་ཀ་ལ་ཕག་མོའི་བྱིན་རླབས་སྨིན་བྱེད་དུ་རྒྱུད་སྡེ་ཀུན་ལས་གསུངས་པ་མེད་པས། རང་བཟོ་ཡིན་སྟོན་འཕགས་པ་རྣམས་ཀྱིས་གང་ཟག་དབང་པོ་རབ་རྒྱལ་པོ་ཨིནྡྲ་བོ་དྷི་དང་བླ་བ་བཟང་པོ་སོགས་སྤྲུལ་པའི་དཀྱིལ་

འཁོར་དུ་དབང་བསྐུར་མཛད་ཅེས་གསུངས་པ་ནི། སྔོན་གྱི་ཚོག་སྐེ་འཕགས་པ་རྣམས་ཀྱི་སྤྱོད་ཡུལ་ཡིན་གྱི་སོ་སོ་སྐྱེ་བོས་བྱར་མི་རུང་ངོ་། །དེང་སང་གི་གང་ཟག་རབ་འབྲིང་ཐ་མ་ཀུན་རྡུལ་ཚོན་གྱི་དཀྱིལ་འཁོར་དུ་དབང་བསྐུར་བྱ་བར་གསུངས་མོད་ཀྱི་གཞན་སྤྲུལ་པ་དང་ལུས་དང་མེ་ཏོག་ཚོམ་བུའི་དཀྱིལ་འཁོར་སོགས་ཀྱི་དཀྱིལ་འཁོར་དུ་སྨིན་པར་བྱེད་པ་རྒྱུད་ལས་བཀག་པ་ཡིན་ཏེ། རྒྱུད་དང་བསྟན་བཅོས་མཐའ་དག་ནས་ལས་དང་པོ་བའི་རྡོ་རྗེ་སློབ་དཔོན་གྲངས་ཀྱི་བསྙེན་པ་ཇི་ལྟར་བྱ་བ་དང་། ས་སྦྱང་བ་སོགས་པའི་ཆོ་ག་ཇི་ལྟར་བྱ་བ་དང་། སྟ་གོན་ཇི་ལྟར་བྱ་བ་དང་དངོས་གཞིའི་དཀྱིལ་འཁོར་ཇི་ལྟར་བྲི་བའི་ཕྱིར། ཐིག་དང་ཚོན་དང་སློབ་མ་ལ་ཇི་ལྟར་དབང་བསྐུར་བ་ལ་སོགས་པ་ལས་དང་པོ་པའམ་སྤྱོད་པ་བྱ་བ་འབའ་ཞིག་ལས། སྤྲུལ་པའི་དཀྱིལ་འཁོར་ལ་སོགས་པ་བཤད་པ་མེད་པའི་ཕྱིར་རོ། །སེམས་བསྐྱེད་ཆོས་སྒོར་འདོད་པ་དགག་པ་ནི། ལ་ལ་ན་རེ་དབང་བསྐུར་མ་ཐོབ་ཀྱང་ཐེག་ཆེན་འཇུག་པ་སེམས་བསྐྱེད་བྱས་པ་ལ་གསང་སྔགས་བསྒོམ་དུ་འདོད་པའམ་རུང་ཞེས་ཟེར་ཞིང་། འདི་ནི་གསང་སྔགས་བསྒོམ་པའི་ཐབས་ཀྱི་འཕྲུལ་བྱ་བ་ཡིན་ནོ་ལོ། །འདི་ཡང་ལེགས་པར་ཕྱེ་སྟེ་བཤད་ཀྱིས་ཉོན་ཅིག །བྱ་བའི་རྒྱུད་ལ་རྣམ་པ་གསུམ་དུ་ཡོད་པའི་དོན་ཡོད་ཞགས་པ་དང་། གཙུག་ཏོར་རྣམ་རྒྱལ་སོགས་འགའ་ཞིག་ལ་དབང་བསྐུར་སེམས་བསྐྱེད་མ་ཐོབ་ཀྱང་། བསྙེང་གནས་དང་བཟླས་བརྗོད་སོགས་བྱེད་ནུས་ན། གང་ཟག་ཀུན་གྱིས་བསྒྲུབ་པར་གསུངས་ཏེ། དེ་དག་ལ་སེམས་ཅན་རྣམས་ལ་ནུས་དང་མི་ནུས་བྲིས་ཏེ་བྱིན་ཞེས་དང་། དུད་འགྲོའི་རྣ་ལམ་དུ་ཡང་སྒྲགས་ཤིག་ཅེས་པས་སོ། །དམ་ཚིག་གསུམ་བཀོད་པ་དང་མི་གཡོ་བའི་རྟོགས་པ་སོགས་སུ་འཇུག་པ་སེམས་བསྐྱེད་ཐོབ་ནས་ཞི་རྒྱས་ལ་སོགས་པའི་ཕྲིན་ལས་འགའ་ཞིག་བསྒྲུབ་པའི་ཕྱིར། ཆོ་ག་ཤེས་ན་བསྒྲུབ་པར་གནང་ཏེ། བསླབ་བཏུས་ལས། དམ་ཚིག་གསུམ་གྱི་བཟླས་བརྗོད་བྱེད་པས་ནི། ཁྲུས་མ་བྱས་ཀྱང་ཉེས་པ་མེད་དོ་ཞེས་དང་། མོས་པས་སྤྱོད་པའི་བསླབ་པའི་གཞི་དག་ལས་མི་གཡོ་བ་དང་། ཐེ་ཚོམ་མེད་ན་སྔོན་དང་རྩལ་ལྡན་པར་གྱུར་ཀྱང་འགྲུབ་པོ། །མཁས་སམ་མི་མཁས་ཀྱང་རུང་སྟེ་ངེས་པར་འགྲུབ་པོ། །དེ་སྐད་དུ་དེ་ཉིད་ལས། གང་ཞིག་བྱང་ཆུབ་སེམས་བརྟན་ཞིང་། །བློ་གྲོས་ཆགས་པ་མེད་པ་དང་། །ཐེ་ཚོམ་དག་ཀྱང་མི་བྱེད་པ། །དེས་འདི་ངེས་པར་འགྲུབ་པར་འགྱུར། །ཞེས་དང་། མི་གཡོ་བའི་རྟོག་པ་ལས། བྱང་ཆུབ་ཏུ་སེམས་མ་བསྐྱེད་པ་མ་དད་སོམ་ཉི་ཟ་བ་རྣམས་སྤྲངས་ནས་སྔང་བ་ཐོབ་པར་གྱུར་པས། རྟོག་པ་ཐམས་ཅད་ཀྱི་ཆོ་ག་སྦྱར་བར་བྱའོ་ཞེས་གསུངས་སོ། །

ལེགས་པར་གྲུབ་པ་དང་དཔུང་པ་བཟང་པོ་མན་ཆད་དུ། རང་གིས་དབང་བསྐུར་བ་མ་ཐོབ་ན་སེམས་བསྐྱེད་ཐོབ་ཀྱང་གསང་སྔགས་བསྒོམས་པ་བཀག་ཏེ། དེ་ཡང་ལེགས་པར་གྲུབ་པ་ལས། །དབང་བསྐུར་མ་

བྱས་པ་དག་ལ། །ཚིག་ཤེས་པས་སྔགས་མི་སྦྱིན། །ཞེས་པ་དང་། དཔུང་བཟང་ལས། གང་དག་རིགས་དང་ཚོ་ག་ཀུན་མེད་པ། །གང་དག་དཀྱིལ་འཁོར་དུ་ནི་མ་ཞུགས་དང་། །གང་དག་བྱང་ཆུབ་སེམས་ནི་མ་བསྐྱེད་པ། །ང་ཡི་གསང་སྔགས་བཟླས་ན་ཕུང་བར་འགྱུར། །ཞེས་སོགས་རྒྱས་པར་གསུངས་པ་ལ་ལྟོས་ཤིག །དེའི་ལྷག་མ་རྒྱུད་སྡེ་གསུམ་པོ་ལས། དབང་བསྐུར་ཐོབ་པ་མ་རྫོགས་པ། སེམས་བསྐྱེད་ཙམ་ལ་རྟེན་པའི་ཡི་དམ་ལྷ་བསྒོམ་པ་དང་སྔགས་བཟླས་པ་གསུངས་པ་མེད་དེ། འདི་ལྟར་དབང་བསྐུར་བ་ནི་ཕ་རོལ་ཏུ་ཕྱིན་པ་ལ་ལྟོས་པའི་ནང་གི་སངས་རྒྱས་བསྒྲུབ་པའི་རྟེན་འབྲེལ་ཡིན་ཞིང་། སེམས་བསྐྱེད་ལ་འདི་དེ་ལྟ་བུའི་རྟེན་འབྲེལ་མེད་པས་སོ། །དེས་ན་སེམས་བསྐྱེད་བྱས་ན་ཡང་གསང་སྔགས་ཟབ་མོ་བསྒོམས་པ་ལ་ལྟུང་བ་ཡོད་པར་རྒྱལ་བས་གསུངས་ཏེ། སྔར་དྲངས་པ་ལྟར་རོ། །དེའི་ཕྱིར་གསང་སྔགས་བསྒྲུབ་པ་ལ་དབང་བསྐུར་དགོས་མི་དགོས་ཀྱི་རྣམ་པར་དབྱེ་བ་ཤེས་དགོས་སོ། །གཞན་ཡང་གཏོར་མའི་དབང་བསྐུར་ཞེས་བྱ་དང་། ཏིང་ངེ་འཛིན་གྱི་དབང་བསྐུར་ཞེས་བྱ་དང་། ཨ་ལི་ཀ་ལིའི་དབང་བསྐུར་ལ་སོགས་པ་ཡང་སློབ་མ་སྨིན་བྱེད་ཀྱི་ཚིག་རྣ་རྒྱུད་སྡེ་ཀུན་ལས་གསུངས་པ་མེད་དེ། སྔར་བཤད་པ་ལྟར་རོ། །

དབང་བསྐུར་ཕྱི་ནས་ཁས་ལེན་དགག་པ་ནི། འགའ་ཞིག་གསང་སྔགས་ཀྱི་ལམ་དང་ལྟ་སྤྱོད་ཅིང་ཉམས་སུ་ལེན་ལ། དབང་བསྐུར་ཕྱི་ནས་ཞུ་བར་བྱའོ། །ཞེས་ཁས་ལེན་པར་བྱེད་དེ། འདིའང་སངས་རྒྱས་ཀྱི་བསྟན་པ་མིན་ཏེ། འདི་ལྟར་དབང་མ་ཐོབ་པ་ལ་གསང་སྔགས་ཀྱི་ཆོས་བཤད་ན། སློབ་དཔོན་རང་ཉིད་གསང་སྒྲོགས་ཀྱི་ལྟུང་བ་ཅན་དུ་འགྱུར་ཞིང་། སློབ་མའང་དབང་བསྐུར་བའི་སྔོན་དུ་གསང་སྔགས་ཀྱི་སྣོད་དུ་རུང་བ་ལས་ཉམས་པར་འགྱུར་ཞིང་། དེ་ལྟ་བུའི་ཉམས་པར་གྱུར་པ་དམ་པའི་ཆོས་ཀྱི་སྣོད་མིན་ནོ། །ཞེས་རྒྱལ་བས་གསུངས་ཏེ། དེ་ཉིད་འདུས་པ་ལས་ཀྱང་དེ་ནི་འདི་ལྟར་དཀྱིལ་འཁོར་ཆེན་པོ་མ་མཐོང་བའི་སེམས་ཅན་དེ་དག་གིས། ཕྱག་རྒྱ་བཅིང་བར་བྱས་ན། དེའི་ཚེ་དེ་དག་དེ་ལྟར་འགྲུབ་པར་མི་འགྱུར་རོ། །དེ་ནས་དེ་དག་ཐེ་ཚོམ་དུ་གྱུར་ཏེ། གནོད་པ་མ་སྤྱངས་པས་མྱུར་བ་ཉིད་དུ་དུས་བྱས་ནས། དམྱལ་བ་ཆེན་པོ་མནར་མེད་པ་ཞེས་བྱ་བར་ལྟུང་བར་འགྱུར་རོ། །ཁྱོད་ཉིད་ཀྱང་ངན་སོང་དུ་འགྲོ་བར་འགྱུར་རོ་ཞེས་དང་། འདུལ་བ་ལས། རྐུ་ཐབས་སུ་གནས་པ་ལ་སྐྱེ་བའི་ཆོས་ཉིད་མེད་པ་ཡིན་པས་བསྙིལ་བར་བྱའོ། །ཞེས་གསུངས་པ་དང་རིགས་གཅིག་པ་ཡིན་ཞིང་། འོན་ཀྱང་དེ་ར་ནི་ཚེ་དེ་ལ་རབ་བྱུང་གི་སྡོམ་པ་སྐྱེ་བའི་སྐལ་བ་མེད་ཅིང་། འདིར་ནི་དེ་ལྟ་བུ་ཡང་སྔོན་བྱས་ལ་འགྱོད་པ་དང་། ཕྱིན་ཆད་སྡོམ་པའི་སེམས་ཀྱིས་དབང་བསྐུར་བ་བླང་དུ་རུང་བ་ནི་ཁྱད་པར་རོ། །བཞི་བརྒྱ་པར། གང་ཞིག་གང་ལ་དགའ་བ་ནི། དེ་ཡི་དེ་དེ་སྟར་སྤྱད་བྱ། །ཉམས་པར་གྱུར་པ་དམ་ཆོས་ཀྱི། །སྣོད་ནི་ཅིས

ཀྱང་མ་ཡིན་ཏེ། །ཞེས་གསུངས་པ་ནི། སློབ་མ་རང་གང་མོས་པའི་ཆོས་མ་བསྟན་པར་ཆོས་ཟབ་མོ་གཞན་བསྟན་ན། དེ་མི་མོས་པས་སྤོང་བར་འགྱུར་ཞེས་པའི་དོན་ཡིན་པས་འདི་དང་མི་མཐུན་ནོ། །མདོར་ན་ཆོས་ཀྱིས་རང་ཉིད་ཅི་བྱེད་སོམས་ལ། གལ་ཏེ་སངས་རྒྱས་ཐོབ་པར་བྱེད་ན་ཆོས་ནས་འབྱུང་བ་བཞིན་གྱིས་ཤིག །སེམས་རྟོགས་ཙམ་གྱིས་གྲོལ་བ་དགག་པ་ནི། ལ་ལ་ན་རེ། སེམས་ཉིད་མ་རྟོགས་ན། དབང་བསྐུར་ཐོབ་ཀྱང་མི་ཕན་ཟེར་ཞིང་། གལ་ཏེ་སེམས་ཉིད་རྟོགས་གྱུར་ན། །དབང་བསྐུར་བྱ་ཡང་མི་དགོས་སོ། །འོན་སེམས་མ་རྟོགས་ན། །སོ་ཐར་གྱི་སྡོམ་པ་བསྲུངས་ཀྱང་ཅི་ཞིག་ཕན། གལ་ཏེ་སེམས་ཉིད་རྟོགས་གྱུར་ན། །སྡོམ་པ་བསྲུང་ཡང་ཅི་ཞིག་དགོས། །གལ་ཏེ་རྒྱུ་མཚན་མཚུངས་སོ། །རྡོ་རྗེ་ཕག་མོའི་བྱིན་རླབས་ཀྱང་། །སེམས་ཉིད་རྟོགས་ན་བྱ་ཅི་དགོས། །གལ་ཏེ་སེམས་ཉིད་མ་རྟོགས་ན། །བྱིན་རླབས་བྱས་ཀྱང་ཅི་ཞིག་ཕན། །དེ་བཞིན་སེམས་བསྐྱེད་ལ་སོགས་པ་ཆོ་ག་ཀུན་ལ་སེམས་ཉིད་མ་རྟོགས་ན་མི་ཕན་ཞིང་། རྟོགས་ན་མི་དགོས་པའི་ཚུལ་འདི་མཚུངས་པ་ཡིན་ཏེ། དེས་ན་རབ་བྱུང་གི་སྡོམ་པ་དང་། རྡོ་རྗེ་ཕག་མོའི་བྱིན་རླབས་དང་། སེམས་བསྐྱེད་འབད་ནས་བྱེད་བཞིན་དུ་དབང་བསྐུར་མི་དགོས་སོ་ཞེས་སྨྲ་བ་ནི། གསང་སྔགས་སྤོང་བའི་བདུད་ཀྱི་གསང་ཚིག་ཡིན་ནོ། །ཆོག་མེད་པའི་དབང་བསྐུར་དགག་པ་ལ་གཉིས་ལས། དང་པོ་མགོ་མཚུངས་ཀྱིས་དགག་པ་ནི། ཁ་ཅིག་ན་རེ། དབང་བསྐུར་བའི་ཆོ་ག་མེད་བཞིན་དུ། བླ་མའི་ལུས་ཀྱི་དཀྱིལ་འཁོར་ལས་དབང་བཞི་རྫོགས་པར་ལེན་ནོ། །ཞེས་ཟེར་ཏེ། ལུས་བཙུན་མོ་ལྷར་སྐུ་ལ་འཁྲིལ་སྙིང་ལ་སྙིང་ཐྲད་དཔྲལ་བ་གཏུགས། དུས་དེར་དབང་རྫོགས་སེམས་ལ་བསྐུར། །ཆོས་རྫོགས་དོན་གྱི་ངོ་བོ་མཐོང་། །ཞེས་པས་འབྲུལ་གཞི་བྱས་པ་འདྲའོ། །འོན་དགེ་ཚུལ་དང་། དགེ་སློང་གི་སྡོམ་པ་ཡང་། བླ་མའི་སྐུ་ལས་རྒྱུ་མཚན་ཅིས་མི་ལེན་ཏེ་མཚུངས་པའི་ཕྱིར། ཆོ་ག་མི་དགོས་སོ། །སེམས་བསྐྱེད་ཀྱང་བླ་མའི་སྐུ་ཉིད་ལས་ཐོབ་པར་འགྱུར་བར་མཚུངས་པའི་ཕྱིར། སེམས་བསྐྱེད་ཀྱི་ཆོ་ག་ཅི་ཞིག་དགོས། རྡོ་རྗེ་ཕག་མོའི་བྱིན་རླབས་ཀྱང་། བླ་མའི་སྐུ་ལས་ཐོབ་པའི་ཕྱིར་ཆོས་སློབ་ལས་བླང་ཅི་ཞིག་དགོས། དེ་བཞིན་དུ་ཡི་དམ་ལྷའི་རྗེས་གནང་ནས། ནག་པོ་ཆེན་པོའི་རྗེས་གནང་གི་བར་གྱི་ཆོ་ག་ཐམས་ཅད་ཀྱང་། བླ་མའི་སྐུ་ལས་བླངས་པས་ཆོག་པའི་ཕྱིར་རྫོགས་པའི་སངས་རྒྱས་ཀྱིས་མདོ་རྒྱུད་ལས་གསུངས་པའི་ཆོ་ག་ཟབ་མོ་ཐམས་ཅད་སྤོངས་ཤིག །གལ་ཏེ་འདི་སྐམ་དུ་ཆོ་ག་ཉམས་པ་སྐྱེ་མ་བྱས་པར་གྱུར་ན། སོ་སོ་ཐར་པ་དང་སེམས་བསྐྱེད་ཀྱི་སྡོམ་པ་འཆགས་པར་འགྱུར་ཞིང་། རྡོ་རྗེ་ཕག་མོ་དང་ཆོས་སྐྱོང་ལ་སོགས་པའི་བྱིན་རླབས་འཇུག་པར་མི་འགྱུར་བས། དེ་དག་གི་ཆོ་ག་དགོས་སོ་ཞེས་སེམས་ན་རྣམ་པར་རྟོག་པ་ནི་མ་རིག་པ་ཡིན་ཞིང་། དེའི་གཉེན་པོ་མི་རྟོག་ཡེ་ཤེས་ནི་རིག་པ་ཡིན་ལ། དེ་ཉིད་དངོས་སམ་བརྒྱུད་པས་འཛིན་པའི་རིག་པ

འཛིན་པ་དང་། སྟུགས་ཀྱང་དེ་ཉིད་ཡིན་པས་དེའི་སྡོམ་པའོ། །དེ་ཡང་དབང་བསྐུར་བ་མེད་ན་ཐོབ་པར་མི་ནུས་པས་དེའི་ཆོ་ག་བྱ་དགོས་སོ། །དེ་བཞིན་ཆོ་ག་གཞན་དག་ལ་འབད་པ་ཆེན་པོ་བྱེད་བཞིན་དུ་དབང་བསྐུར་གྱི་ཆོ་ག་མི་དགོས་ཞེས་འདོར་བར་བྱེད་པ་མདོ་དང་མདོ་སྡེ་རྒྱན་ལས། ཐབས་ལ་བསླུ་བའི་བདུད་ཡོད་ཅེས་གསུངས་པ་འདིར་ཡང་དྲན་པར་བྱའོ། །

གཉིས་པ་རྣལ་མའི་དོན་བཤད་པ་ནི། དེའི་ཕྱིར་དམ་པའི་དོན་དུ་ན་ཆོས་རྣམས་ཐམས་ཅད་སྤྲོས་བྲལ་ཡིན་པས་དེ་ལ་ཆོག་གང་ཡང་མེད་དེ། ཆོག་ནི་སྤྲོས་པ་ཡིན་པའི་ཕྱིར་རོ། །སྤྱིར་སྤྲོས་པ་ཞེས་པ་ནི། རྗོད་བྱེད་སྒྲ་དང་རྣམ་རྟོག་གི་སྟེ་འདིས་སྤྲོ་བར་བྱེད་པས་སོ། །དེ་དག་གི་བརྟགས་པའི་དོན་རྣམས་ཀྱང་སྤྲོས་པ་སྟེ། དེ་དག་གིས་སྤྲོས་པའི་ཕྱིར་རོ། །དེས་ན་དབུ་མ་འཇུག་པ་སོགས་སུ། མཁས་པ་ནས་བྱིས་པའི་བར་དུ་སྟོན་མི་ནུས་པའི་སྣང་བ་རྟེན་ཅིང་འབྲེལ་འབྱུང་མ་བརྟགས་ཅིག་ཕྱུར་ཉམས་དགའ་བ་འདི་ནི་སྤྲོས་པ་མ་ཡིན་ཏེ། སྤྲོས་པ་དང་བྲལ་བའི་འཕགས་པ་རྣམས་ལའང་ཡོད་པའི་ཕྱིར་ཏེ། འདི་ནི་སྤྲོས་དང་བྲལ་ལ་སྣང་བར་འགྱུར། །ཞེས་པའི་ལུང་དང་། དབུ་མའི་བསྟན་བཅོས་ཀྱིས་ནི་སྤྲོས་པ་འགོག་པ་ཡིན་ཞིང་། སྣང་ཙམ་ནི། དེའི་དགག་བྱ་མིན་པར་གསུངས་པས་སོ། །བསྟན་བཅོས་འདིར་ནི། ཀུན་རྫོབ་ཐམས་ཅད་སྤྲོས་པར་འཆད་པ་ཡིན་ཏེ། དེ་དག་ཀྱང་བདེན་གཉིས་ལས། སེམས་དང་སེམས་བྱུང་ཁམས་གསུམ་པ། །སྒྲོ་བཏགས་རྣམ་པ་ཅན་རྟོག་ཡིན། །ཞེས་པ་ལྟར། གཉིས་སྣང་གི་བློ་ཐམས་ཅད་འཁྲུལ་པ་ཡིན་ཞིང་། དེའི་ཡུལ་ཡིན་པ་ལ་དགོངས་པའོ། །དོན་དམ་པར་སངས་རྒྱས་ཉིད་ཀྱང་ཡོད་པ་མིན་ཏེ། བདག་དང་གཞན་དང་གཉིས་དང་རྒྱུ་མེད་ལས་སྐྱེ་བ་ཁེགས་པའི་ཕྱིར་ཏེ། འདི་ལྟར་རང་གྲུབ་པ་ནི་བསྐྱེད་མི་དགོས་ལ། མ་གྲུབ་ན་བསྐྱེད་མི་ནུས་པའི་ཕྱིར། བདག་ལས་མི་སྐྱེ་གཞན་རྟག་པ་ལས་སྐྱེ་ན། སྨྱུ་ཕྱིའི་རིམ་པ་མེད་པར་འགྱུར་བ་དང་། མི་རྟག་པའང་དུས་གསུམ་ལས་མ་འདས་པས། འདས་མ་འོངས་ལས་སྐྱེས་ན། མེད་པ་ལས་སྐྱེ་བར་འགྱུར་ཞིང་། ད་ལྟ་བ་ལས་ཀྱང་དུས་མི་མཉམ་པ་ཞིག་སྐྱེ་ན། མེད་པ་སྐྱེ་བར་འགྱུར་ཞིང་། དུས་མཉམ་པ་ལ་རྒྱུ་འབྲས་མི་འཐད་པས། གཞན་ལས་ཀྱང་མི་སྐྱེ་ཞིང་། རེ་རེ་བ་ལས་སྐྱེ་བ་ལ་ཉེས་པ་བརྗོད་པས། གཉིས་ཀ་ཚོགས་པ་ལས་སྐྱེ་བ་ཁེགས་ཤིང་། གཉིས་ཀ་ཡིན་པ་མི་སྲིད་པའི་ཕྱིར་གཉིས་ཀ་ལས་ཀྱང་མི་སྐྱེ་ཞིང་། རེས་འགའ་བར་དམིགས་པས་རྒྱུ་མེད་ལས་སྐྱེ་བ་མ་ཡིན་པའི་ཕྱིར་ཏེ། སློབ་དཔོན་ཀཱ་མ་ལ་ཤཱི་ལས་དབུ་མ་རྣལ་འབྱོར་ལ་འཇུག་པ་ལས། རང་གྲུབ་པ་ནི་གྲུབ་ཟིན་ཕྱིར། །སྐྱེ་བར་ཡང་ནི་མི་འཐད་དོ། །རང་མ་གྲུབ་པ་མེད་ཕྱིར་རོ། །གཞན་ནི་རྟག་པ་ལས་མི་སྐྱེས། །རིམ་དང་རིམ་མིན་འགལ་ཕྱིར་རོ། །མི་རྟག་ལས་ཀྱང་སྐྱེ་མིན་ཏེ། །འདས་པ་འགགས་ནས་མེད་ཕྱིར་རོ། །མ་འོངས་མ་སྐྱེས་

མེད་ཕྱིར་རོ། །དུ་ལྟར་དུས་མཉམ་དུས་ཐ་དད། །ཐ་དད་པ་ནི་སྔ་མ་བཞིན། །དུས་མཉམ་པ་ལ་ཐ་དད་མེད། །རྒྱུ་འབྲས་དུས་ནི་ཐ་དད་ཕྱིར། །སོ་སོར་སྲུན་ནི་ཕྱུང་བས་ན། །གཉིས་ཀར་ཡང་ནི་མི་འཐད་དོ། །རིམ་འགའ་བར་ནི་དམིགས་པའི་ཕྱིར། །རྒྱུ་མེད་པར་ནི་མི་འཐད་དོ། །ཞེས་སོ། །དེ་ལྟར་སྐྱེ་བ་ཁེགས་པ་ན་དངོས་པོ་ཁེགས་ཏེ། དངོས་པོ་ཀུན་སྐྱེ་ལྡན་ཡིན་པས་སོ། །དེ་ཁེགས་པ་ན་ཡོད་པའང་ཁེགས་ཏེ་ཡོད་ན་དོན་བྱེད་ནུས་པས་སོ། །དེ་ལྟ་ན་ཡང་དངོས་མེད་དང་གཉིས་ཀའམ་གཉིས་ཀ་མིན་པ་ཞིག་ཏུ་ཡོད་པར་དོགས་ནའང་། དངོས་པོ་ཁེགས་པས་དེ་དག་ཀུང་ཁེགས་ཏེ། དངོས་པོ་མེད་པའང་དངོས་པོ་ལ་ལྟོས་ནས་བཏགས་པ་ཙམ་མ་རྟོགས་རང་གི་ངོ་བོས་གྲུབ་པ་མེད་དེ། དབུ་མ་རྩ་བ་ལས། དངོས་པོ་ཡོད་པ་མ་ཡིན་ན། །དངོས་མེད་གང་གི་ཡིན་པར་འགྱུར། །ཞེས་དང་། གལ་ཏེ་དངོས་པོ་མ་གྲུབ་ན། །དངོས་མེད་འགྲུབ་པར་མི་འགྱུར་རོ། །དངོས་པོ་གཞན་དུ་འགྱུར་བ་ནི། །དངོས་མེད་ཡིན་པར་སྐྱེ་བོ་སྨྲ། །ཞེས་སོ། །དེ་གཉིས་ཁེགས་པ་ན། གཉིས་དང་གཉིས་མིན་གྱི་ཕུང་པོ་གསུམ་པའང་ཁེགས་ཏེ། དེ་གཉིས་ཕན་ཚུན་སྤངས་ཏེ་གནས་པས། རྣམ་པ་གཞན་མི་སྲིད་པའི་ཕྱིར་རོ། །དེས་ན་དབང་བསྐུར་ལ་སོགས་པའི་ཆོ་ག་གཞན་དོན་དམ་པར་གྲུབ་པ་ལྟ་ཅི་སྨོས། རྒྱུའམ་གཞི་དང་ལམ་དང་འབྲས་བུའི་དབྱེ་བ་ཐམས་ཅད་ཀྱང་ཀུན་རྫོབ་ཁོ་ནར་གྲུབ་ཅིང་སོ་སོར་ཐར་པ་དང་བྱང་ཆུབ་ཏུ་སེམས་བསྐྱེད་པ་དང་དབང་བསྐུར་བ་རྗེས་གནང་ལ་སོགས་པའི་ཆོ་ག་དང་། བྱམས་སྙིང་རྗེ་དང་བསྐྱེད་རྫོགས་སོགས་བསྒོམ་པའི་དམིགས་པའི་ཡུལ་ཇི་སྙེད་པ་དང་། རྟེན་འབྲེལ་ཟབ་མོ་ཐམས་ཅད་དང་། །ས་དང་ལམ་གྱི་དབྱེ་བ་དང་། །རྫོགས་པའི་སངས་རྒྱས་ཐོབ་པ་ཡང་། །ཀུན་རྫོབ་ཀྱི་བདེན་པ་ཡིན་གྱི་དོན་དམ་པའི་མིན་ནོ། །

འདིར་ཕྱོགས་གསུམ་ལས་སྐྱེ་བ་ནི། ཐལ་རང་གང་གིས་ཀྱང་བདེན་པ་གཉིས་ཀར་དུ་མི་འདོད་ལ། རང་རྒྱུད་པ་དག་ཀུན་རྫོབ་དུ་གཞན་སྐྱེ་འདོད་པས། དོན་དམ་པར་སྐྱེ་བ་མེད་ཅེས་སྒྲོར་ཞིང་། ཐལ་འགྱུར་བ་ནི་བདེན་པ་གཉིས་ཀར་གཞན་ལས་སྐྱེ་བ་མི་འདོད་དེ། བདག་གཞན་ལས་སྐྱེ་བ་སོགས་ནི་དཔྱད་པའི་རྣམ་གཞག་ཡིན་ལ། དཔྱད་བཟོད་པའི་ཆོས་ནི་འགའ་ཡང་མེད་པས་དེ་ལྟ་བུའི་དཔྱད་པ་མ་བྱས་པར་སྐྱེ་བར་སྣང་བ་འདི་ཉིད་ལ་རྟེན་ནས་འབྱུང་བའི་སྐྱེ་བ་ཞེས་བཞེད་དོ། །འཇུག་པ་ལས། དེ་ཉིད་སྐབས་སུ་རིག་པ་གང་ཞིག་གིས། །བདག་དང་གཞན་ལས་སྐྱེ་བ་རིགས་མིན་པའི། །རིགས་དེས་ཐ་སྙད་དུའང་རིགས་མིན་ན། །ཁྱོད་ཀྱི་སྐྱེ་བ་འདི་ནི་གང་ཞིག་ཡིན། །ཞེས་སོ། །འདི་ཉིད་འཕགས་པའི་དགོངས་པའང་ཡིན་ཏེ། འཇིག་རྟེན་ལས་འདས་པར་བསྟོད་པ་ལས། སྡུག་བསྔལ་རང་གིས་བྱས་པ་དང་། །གཞན་གྱིས་བྱས་དང་གཉིས་ཀས་བྱས། །རྒྱུ་མེད་པར་ཡང་རྟོག་གེ་འདོད། །ཁྱོད་ཀྱིས་རྟེན་ཅིང་འབྱུང་བར་གསུངས། །ཞེས་སོ། །

འདིར་བདེན་པ་གཉིས་ཀྱི་རྣམ་བཞག་སྟོན་པ་སྐབས་སུ་བབ་པས། འདི་ལ་གཉིས་ཏེ། དེ་ཤེས་པའི་ཕན་ཡོན་དང་རྣམ་བཞག་དངོས་སོ། །དང་པོ་ནི། བདེན་གཉིས་ལེགས་པར་ཤེས་པས་གསུང་རབ་ཀྱི་དོན་ལེགས་པར་ཤེས་ཤིང་ཉམས་སུ་བླངས་པས་ཚོགས་གཉིས་རྫོགས་ནས་དོན་གཉིས་ལྷུན་སྒྲུབ་ཚོགས་པར་འགྱུར་ཏེ། བདེན་གཉིས་ལ་འཇུག་པ་ལས། བདེན་གཉིས་རྣམ་དབྱེ་ཤེས་པ་དག །ཐུབ་པའི་བཀའ་ལ་མི་རྨོངས་ཏེ། །དེ་དག་མ་ལུས་ཚོགས་བསགས་ནས། །ཕུན་ཚོགས་ཕ་རོལ་འགྲོ་བ་ཉིད། །ཞེས་སོ། །

གཉིས་པ་ལ། ངོ་བོ། དབྱེ་བ། རྣམ་གྲངས། ངེས་ཚིག གྲངས་ངེས། གོ་རིམས་ངེས་པ། གཅིག་དང་ཐ་དད་བརྟགས་པ་སྟེ་བདུན་ལས་དང་པོ་ལ། ཀུན་རྫོབ་བདེན་པ་ནི། རྣམ་ཤེས་ཀྱི་ཕུང་པོ་ལ་བདག་དང་གཞན་བཞི་ལ་བདག་གི་བའམ། ཕུང་པོ་ཚོགས་པ་ལ་བདག་དང་ཡན་གར་བ་ལ་བདག་གི་བར་བརྟགས་པ་དང་། དེ་བཞིན་དུ་གཟུགས་སོགས་ལྟ་བོ་ཡོད་ཅེས་བརྟགས་པ་དང་། ནམ་མཁའ་སོགས་དངོས་པོར་མེད་ཅེས་ཆད་པ་དང་། ཆགས་སོགས་ཀུན་ནས་ཉོན་མོངས་དང་དད་སོགས་རྣམ་བྱང་དང་། ས་བོན་སོགས་རྒྱུ་དང་། མྱུ་གུ་སོགས་འབྲས་བུ་དང་། གཟུགས་སོགས་གཟུང་བ་དང་མིག་སོགས་འཛིན་པར་མཁས་པ་ནས་བྱིས་པའི་བར་དུ་སྟོན་མི་នུས་པར། ཐ་སྙད་དུ་བདེན་པར་གྲགས་པ་རྣམས་ནི་ཀུན་རྫོབ་ཀྱི་བདེན་པ་ཡིན་ལ་བདེན་དངོས་ཀྱིས་གདོད་མ་ནས་སྟོང་པ་ཉིད་དང་། གང་ཟག་དང་ཆོས་ཀྱི་བདག་གཉིས་མེད་པའི་མཚན་ཉིད་ཅན་གྱི་ཞི་བ་གང་། རྗོད་བྱེད་ཀྱི་སྒྲ་དང་རྣམ་རྟོག་གི་ཡུལ་ལས་འདས་པ། ཤེས་པ་དང་ཤེས་བྱ་སོགས་གཉིས་ཀྱི་མཚན་མ་ཐམས་ཅད་མེད་པ་ནི། འཕགས་པ་རྣམས་ཀྱིས་ཅི་ཡང་གཟིགས་པའི་ཚུལ་གྱིས་གཟིགས་པ་ནི་དོན་དམ་པའི་བདེན་པའོ། །

གཉིས་པ་ནི། ཀུན་རྫོབ་བདེན་པ་ལ། ཡང་དག་དང་ལོག་པའི་ཀུན་རྫོབ་གཉིས་དང་། དོན་དམ་ལ་རྣམ་གྲངས་དང་རྣམ་གྲངས་མ་ཡིན་པའི་དོན་དམ་གཉིས་སོ། །དང་པོ་ལ་གཉིས་སུ་འབྱེད་པའི་རྒྱུ་མཚན་སྣང་བ་ལ། དོན་བྱེད་នུས་པ་དང་མི་នུས་པ་གཉིས་ཡོད་པས་ཕྱེ་བ་ཡིན་ཏེ། བདེན་གཉིས་ལས། སྣང་དུ་འདྲ་ཡང་དོན་བྱེད་དག །នུས་པའི་ཕྱིར་དང་མི་នུས་ཕྱིར། །ཡང་དག་ཡང་དག་མ་ཡིན་པའི། །ཀུན་རྫོབ་ཀྱི་ནི་དབྱེ་བ་བྱས། །ཞེས་སོ། །དེ་ཡང་མ་བརྟགས་ཅིག་ལྟར་ཉམས་དགའ་བ་ཉིད་དུ་དོན་བྱེད་པར་སྣང་བ་ནི་ཡང་དག་པ་དང་། དབང་ཤེས་འཁྲུལ་པའི་སྣང་བ་དང་། གྲུབ་མཐའ་ངན་པས་བརྟགས་པ་དང་། །ཆུ་ཟླ་ཡི་སྣང་བ་སོགས་ནི་བཟློག་པའི་ཀུན་རྫོབ་ཏེ། བརྟགས་པའི་དོན་གྱིས་དབེན་གྱུར་པ། །དངོས་ཙམ་རྟེན་ནས་གང་སྐྱེས་དེ། །ཡང་དག་ཀུན་རྫོབ་ཡིན་འདོད་དེ། ཡང་དག་མིན་ནི་ཀུན་བརྟགས་སོ། །ཞེས་སོ། །ཀུན་རྫོབ་ཙམ་ལ། དེ་ལྟར་གཉིས་སུ་འབྱེད་པ

ནི་རང་རྒྱུད་པའི་ལུགས་ཡིན་གྱི། ཐལ་འགྱུར་བ་ནི། བོད་ཀྱི་དབུ་མ་བ་ཆེན་པོ་རྨ་བྱ་བྱང་བརྩོན་གྱིས་ཀུན་རྫོབ་གཉིས་ཏེ། འཇུག་པ་ལས། མཐོང་བ་བརྫུན་ལའང་རྣམ་པ་གཉིས་འདོད་དེ། །དབང་པོ་གསལ་དང་དབང་པོ་སྐྱོན་ལྡན་ནོ། །སྐྱོན་ལྡན་དབང་ལྡན་རྣམས་ཀྱི་ཤེས་པ་ནི། །དབང་པོ་ལེགས་གྱུར་ཤེས་ལྟོས་ལོག་པར་འདོད། །གནོད་པ་མེད་པའི་དབང་པོ་དྲུག་རྣམས་ཀྱིས། །གཟུང་བ་གང་ཞིག་འཇིག་རྟེན་གྱིས་རྟོགས་ཏེ། །འཇིག་རྟེན་ཉིད་ལས་བདེན་ཡིན་ལྷག་མ་ནི། །འཇིག་རྟེན་ཉིད་ལས་ལོག་པར་རྣམ་པར་བཞག །ཞེས་སོ། །འཕགས་པའི་ཀུན་རྫོབ་ལ་ནི་དེ་ལྟ་བུའི་དབྱེ་བ་མེད་དེ། འདི་ལྟར་ཀུན་རྫོབ་ལ་རང་གི་ངོ་བོས་ཕྱེ་བའི་བདེན་རྫུན་གྱི་དབྱེ་བ་མེད་དེ། ཡུལ་ཐམས་ཅད་རྫུན་པ་དང་བློ་ཐམས་ཅད་འཁྲུལ་པ་ཡིན་པའི་ཕྱིར་ཏེ། འོན་ཀྱང་བྱིས་པས་སྣང་བ་ལ་བདེན་བརྫུན་དུ་ཞེན་པ་ལྟར། དེའི་ཀུན་རྫོབ་ལ་གཉིས་སུ་ཕྱེ་བ་ཡིན་གྱི། འཕགས་པས་ཐམས་ཅད་བདེན་མེད་དུ་ཤེས་པས་དེ་ལྟ་བུའི་དབྱེ་བ་བྱར་མེད་དོ། །ཞེས་བཞེད་དོ། །

རྣམ་གྲངས་པའི་དོན་དམ་ནི། ཐོས་བསམ་ཤེས་རབ་ཀྱིས་དཔྱད་ནས་གཏན་ལ་ཕབ་པའི་སྐྱེ་བ་མེད་པ་དང་འགག་པ་མེད་པ་སོགས་སྤྲོས་པ་ཕྱོགས་རེ་བཀག་པའོ། །འདི་དོན་དམ་བདེན་པ་དངོས་མིན་ཀྱང་དེ་རྟོགས་པ་དང་རྗེས་སུ་མཐུན་པས་དེར་བཏགས་པ་སྟེ། བདེན་གཉིས་ལས། སྐྱེ་ལ་སོགས་པ་བཀག་པ་ཡང་། །ཡང་དག་པ་དང་མཐུན་ཕྱིར་འདོད། །ཞེས་ཏེ། འདིར་ཕར་ཕྱིན་གྱི་བོད་ཊཱི་ཀ་རྣམས་ལས། སྐྱེ་ལ་སོགས་པ་བཀག་པ་ཡང་། །ཡང་དག་པ་དང་མཐུན་པའི་ཕྱིར། །དོན་དམ་ཡིན་པར་ཁོ་བོ་འདོད། །ཞེས་འདྲེན་པ་ནི། རྩ་འགྲེལ་མ་ཕྱེས་པ་ཡིན་ཏེ། བར་སྐབས་ཀྱི་ཚིག་ཡིན་པའི་ཕྱིར་ཞེས་དང་། དོན་དམ་ཡིན་པར་ཁོ་བོ་ཞེས་པ་ནི་འགྲེལ་པའི་ཚིག་ཡིན་པས་སོ། །རྣམ་གྲངས་མ་ཡིན་པ་ཡི་ནི། །སྤྲོས་པ་ཐམས་ཅད་བཀག་པ་སྟེ། །ཡང་དག་དུ་ན་གཉིས་མེད་དེ། །དེ་ནི་སྤྲོས་པ་མེད་པ་ཡིན། །འཇམ་དཔལ་གྱིས་ནི་ཡང་དག་དྲིས། །རྒྱལ་བའི་སྲས་པོ་མི་གསུང་བཞུགས། །ཞེས་སོ། །

འདི་ཡང་རང་རྒྱུད་པའི་ལུགས་ཡིན་གྱི་ཐལ་འགྱུར་བ་ནི། དོན་དམ་རང་གི་ངོ་བོ་ཅིར་ཡང་མ་གྲུབ་པའི་ཆོས་ཉིད་ཡིན་པས་དབྱེ་བ་མེད་ལ། གཅིག་ཏུ་ཞེན་པ་དགག་པ་ནི། བློ་འདོགས་ཀྱི་མཐའ་འགོག་པའི་ཕྱིར། བཏགས་མེད་པ་གཉིས་དང་། སྟོང་ཉིད་བཅུ་དྲུག་དང་ཉི་ཤུ་ལ་སོགས་པར་ཡང་གསུངས་སོ། །ཞེས་བཞེད་དེ། ངོ་བོས། ཅིར་ཡང་མ་གྲུབ་ཆོས་ཉིད་དེ། །གཉིས་དང་གསུམ་སོགས་ག་ལ་འགྱུར། །ཞེས་སོ། །འཇུག་པ་ལས། བདག་མེད་འདི་ནི་འགྲོ་བ་རྣམ་གྲོལ་ཕྱིར། །ཆོས་དང་གང་ཟག་དབྱེ་བས་རྣམ་གཉིས་གསུངས། །དེ་ལྟར་སྟོན་པས་སླར་ཡང་འདི་ཉིད་ནི། །གདུལ་བྱ་རྣམས་ལ་ཕྱེ་སྟེ་རྣམ་མང་གསུངས། །སྤྲོས་དང་བཅས་པར་སྟོང་པ་ཉིད། །

བཅུ་དྲུག་བཤད་དེ་མདོར་བསྡུས་ཏེ། །སླར་ཡང་བཞིར་བཤད་དེ་དག་ནི། །ཐེག་ཆེན་དུ་ཡང་བཞེད་པ་ཡིན། །ཞེས་སོ། །

གསུམ་པ་ནི། བཏགས་པ་ཙམ་གྱི་དངོས་པོ་དང་། སྣང་གྲགས་ཀྱི་དངོས་པོ་དང་། ཐ་སྙད་ཀྱི་བདེན་པ་དང་། འཁྲུལ་བའི་ཡུལ་དང་། སྒྱུ་མ་ལྟ་བུ་དང་། ཀུན་རྫོབ་ཀྱི་བདེན་པ་ནི་རྣམ་གྲངས་སོ། །སྟོང་པ་ཉིད་ཡང་དག་པའི་མཐའ་དང་། མཚན་མ་ཐམས་ཅད་འགགས་པས་མཚན་མ་མེད་པ་དང་། འཕགས་པའི་ཡེ་ཤེས་ཀྱི་ཡུལ་ཡིན་པས་དོན་དམ་པའི་བདེན་པ་དང་། འཕགས་པའི་ཆོས་རྣམས་ཀྱི་རྒྱུ་ཡིན་པས་ཆོས་ཀྱི་དབྱིངས་ཞེས་པ་ནི་རྣམ་གྲངས་སོ། །དབུས་མཐའ་ལས། གཞན་མིན་ཕྱིན་ཅི་ལོག་མ་ཡིན། །དེ་འགགས་འཕགས་པའི་སྤྱོད་ཡུལ་དང་། །འཕགས་པའི་ཆོས་ཀྱི་རྒྱུ་ཡི་ཕྱིར། །རྣམ་གྲངས་དོན་དེ་གོ་རིམ་བཞིན། །ཞེས་སོ། །

བཞི་པ་ནི། ཡང་དག་པ་མཐོང་བ་ལ་སྒྲིབ་པས་ན་ཀུན་རྫོབ་ཏེ། བློ་འཁྲུལ་བ་རྣམས་སོ། །འདིའི་སྐད་དོད་སཾ་བྲི་ཏི་ཞེས་པ། སཾ་ནི་ཡང་དག་པ་དང་བྲི་ཏི་ནི་སྒྲིབ་པའོ། །སད་ཏྱ་ཞེས་པ་བདེན་པ་སྟེ། དེའི་ཡུལ་དུ་བདེན་པར་སྣང་བས་ཀུན་རྫོབ་བདེན་པ་སྟེ་བདེན་གཉིས་ལས། གང་ཞིག་གིས་སམ་གང་ཞིག་ལ། །ཡང་དག་སྒྲིབ་བྱེད་ཀུན་རྫོབ་བཞེད། །ཅེས་དང་། འཇུག་པ་ལས། གཏི་མུག་རང་བཞིན་སྒྲིབ་ཕྱིར་ཀུན་རྫོབ་ཏེ། །དེས་གང་བཅོས་མ་བདེན་པར་སྣང་དེ་ནི། །ཀུན་རྫོབ་བདེན་ཞེས་ཐུབ་པ་དེས་གསུངས་ཏེ། །ཞེས་སོ། །བསླུ་བ་མེད་པས་ན་དོན་དམ་ཏེ། འཕགས་པའི་མཉམ་བཞག་དང་། ཆོས་རྣམས་ཀྱི་དེ་ཁོ་ན་ཉིད་རྣམ་པར་འབྱེད་པའི་རིགས་ཤེས་སོ། །དེའི་ཡུལ་དུ་ཡོངས་སྤྱོད་དུ་གྲུབ་པ་མེད་ཀྱང་། དེས་སྤྲོས་པ་ཅི་ཡང་མ་མཐོང་བ་ལ་དེ་ཁོ་ན་ཉིད་མཐོང་བར་ཐ་སྙད་བྱས་པའི་དེ་ཁོ་ན་ཉིད་ནི་དེའི་ངོར་གནོད་པ་མེད་པ་ལ་བདེན་པར་ཐ་སྙད་བྱས་པ་སྟེ། བདེན་གཉིས་ལས། བསླུ་བ་མེད་པས་རིགས་པ་ནི། དོན་དམ་ཡིན་ཏེ་ཀུན་རྫོབ་མིན་ཞེས་དང་མདོ་ལས། ནམ་མཁའ་མཐོང་ཞེས་འཇིག་རྟེན་ཚིག་ཏུ་རབ་བརྗོད་ཀྱང་། ནམ་མཁའ་མཐོང་ཏེ་དོན་འདི་ལྟར་གྱིས། ཆོས་མཐོང་བ་ཡང་དེ་དང་འདྲ་བར་རྒྱལ་བས་གསུངས་ཞེས་དང་། དོན་དམ་པའི་བདེན་པ་མཐོང་བ་གང་ཞེ་ན། ཆོས་གང་ཡང་མཐོང་བ་མེད་པའོ། །ཞེས་སོགས་མང་དུ་གསུངས་སོ། །དེང་སང་བོད་ཀྱི་དགེ་བཤེས་དག་གིས། ཀུན་རྫོབ་དོན་དམ་དང་དེ་གཉིས་ཀྱི་བདེན་པའི་ཁྱད་པར་མ་ཕྱེས་པས། དོན་དམ་ཞེས་པའི་མིང་གང་བྱུང་ཐམས་ཅད་དུ་སྤྲོས་བྲལ་ཁོ་ན་ལ་གཟུང་བས། དབུ་མའི་བསྟན་བཅོས་ལ་བློ་ཁ་མ་ཕྱོགས་པར་སྣང་ངོ་། །བདེན་གཉིས་ཀྱི་མཚན་ཉིད་ངེས་ཚིག་དོན་གཅིག་པ་ཡིན་នོ། །ཞེས། ཆོས་རྗེ་ཉིད་ཀྱིས་གསུངས་པས། བློ་འཁྲུལ་བའི་ངོར་བདེན་པ་དང་། མ་འཁྲུལ་བའི་ངོར་གནོད་པ་མེད་པ་ནི་རིམ་པ་བཞིན་བདེན་པ་གཉིས་ཀྱི་མཚན་ཉིད་དོ། །

མཚན་ཉིད་འདི་ཙམ་ཞིག །གྲུབ་མཐའ་བཞི་པོ་ཐམས་ཅད་མཐུན་ཏེ། མཛོད་ལས། གང་ལ་བཅོམ་ན་བློ་ཡིས་གཞན། །བསལ་ན་དེ་བློ་མི་འཇུག་པ། །བུམ་ཆུ་བཞིན་དུ་ཀུན་རྫོབ་ཏུ། །ཡོད་དེ་དོན་དམ་ཡོད་གཞན་ནོ། །ཞེས་དང་རྣམ་འགྲེལ་དུ། དོན་དམ་དོན་བྱེད་ནུས་པ་གང་། །དེང་འདིར་དོན་དམ་ཡོད་པ་ཡིན། །གཞན་ནི་ཀུན་རྫོབ་ཡོད་པ་སྟེ། །དེ་དག་རང་སྤྱིའི་མཚན་ཉིད་བཤད། །ཅེས་དང་། མཛོད་འགྲེལ་དུ། སློན་གྱི་སློབ་དཔོན་རྣམས་ན་རེ། ཇི་ལྟར་འཇིག་རྟེན་ལས་འདས་པའི་ཤེས་པའམ། དེའི་རྗེས་ལ་འཐོབ་པ་འཇིག་རྟེན་པས་འཛིན་པ་དེ་ལྟར་ནི་དོན་དམ་པའི་བདེན་པ་ཡིན་ཏེ། ཇི་ལྟར་གཞན་གྱིས་འཛིན་པ་དེ་ལྟར་ནི་ཀུན་རྫོབ་ཀྱི་བདེན་པ་ཡིན་ནོ། །ཞེས་ཟེར་རོ། །ཞེས་པའི་གྲུབ་མཐའ་འོག་མ་གསུམ་གྱི་བདེན་གཉིས་ཀྱི་མཚན་ཉིད་སྟོན་པའི་དོན་ཡང་དེ་ལས་མ་འདས་ཤིང་། འོན་ཀྱང་མཚན་གཞི་མི་མཐུན་པས་རྩོད་པར་ཟད་དོ། །

ལྔ་པ་ནི། ཡུལ་ཅན་བློ་འཁྲུལ་མ་འཁྲུལ་གཉིས་ནི་ཡོད་ཅིང་། དེ་གཉིས་ཕན་ཚུན་སྤངས་ཏེ་གནས་པས། ཕུང་པོ་གསུམ་པ་ཁེགས་པའི་ཕྱིར། དེ་གཉིས་ཀྱི་ཡུལ་ལ་ཡང་མང་ཉུང་གི་མཐའ་ཁེགས་པས་བདེན་པ་གཉིས་སུ་ངེས་སོ། །བློ་མ་འཁྲུལ་བ་མེད་པ་མ་ཡིན་ནམ་ཞེ་ན། རང་རྒྱུད་པ་ལྟར་ན་དོན་དམ་པར་མེད་ཀྱང་ཀུན་རྫོབ་ཏུ་ཡོད་ལ། ཐལ་འགྱུར་བ་ལྟར་ན་བྱིས་པས་ཕྱིན་ཅི་ལོག་ཏུ་འཛིན་པ་ལ་ལྟོས་ནས་འཕགས་པའི་བློ་མ་འཁྲུལ་བར་ཐ་སྙད་བྱེད་པས་ཉེས་པ་མེད་དོ། །

དྲུག་པ་ནི། ཐར་པ་དོན་དུ་གཉེར་བ་ལ་ཐོག་མར་ལས་འབྲས་སོགས་ཐམས་ཅད་བདེན་པར་ཡོད་དོ་ཞེས། ཀུན་རྫོབ་བསྟན་དགོས་ཏེ། དང་པོ་ནས་སྟོང་པ་ཉིད་བསྟན་ན། ལས་འབྲས་ལ་བསྐུར་བ་འདེབས་པའམ་དངོས་པོ་ལ་ཞེན་ཆེས་པ་དག་སྟོང་པ་ཉིད་ལ་སྐྲག་ནས་ཆོས་སྤོང་བར་འགྱུར་བས་སོ། །ཀུན་རྫོབ་ལ་རྟེན་ནས་བསོད་ནམས་བསགས་པ་དོན་དམ་རྟོགས་སུ་རུང་ཞིང་། མི་རྟག་སྡུག་བསྔལ་སོགས་བསྒོམས་པས་དངོས་པོར་མངོན་ཞེན་ཅུང་ཟད་བཟློག་པ་ལ། ཕྱིས་དོན་དམ་བསྟན་པར་བྱ་བ་ཡིན་པས་རྗེས་སུ་སྟོན་པའི་གོ་རིམས་སོ། །

བདུན་པ་ནི། དེ་གཉིས་ངོ་བོ་གཅིག་པ་དང་། ཐ་དད་གང་ཡང་མ་ཡིན་ཏེ། གཉིས་ཀ་ལ་ཉེས་པ་བཞི་བཞི་ཡོད་པའི་ཕྱིར་ཏེ། གཅིག་ན་ཀུན་རྫོབ་མཐོང་བས་དོན་དམ་མཐོང་བར་འགྱུར། ཀུན་རྫོབ་ཀུན་ནས་ཉོན་མོངས་པ་ཡིན་བཞིན་དུ། དོན་དམ་ཀྱང་དེར་འགྱུར། དོན་དམ་ལ་དབྱེ་བ་མེད་པ་བཞིན་ཀུན་རྫོབ་ལ་ཡང་དེ་ལྟར་འགྱུར། དོན་དམ་ལས་ལྷག་པའི་དེ་ཁོ་ན་ཉིད་མེད་པ་ལྟར། ཀུན་རྫོབ་ལས་ལྷག་པའི་དེ་ཁོ་ན་ཉིད་མེད་པར་འགྱུར་རོ། །ཐ་དད་ན། དོན་དམ་ནི་ཀུན་རྫོབ་ཀྱི་བདག་མེད་དང་། རང་བཞིན་མེད་པ་ཙམ་མ་ཡིན་པར

འགྱུར། དོན་དམ་མཐོང་བས་ཀུན་རྫོབ་ཀྱི་མཚན་མ་ཟིལ་གྱིས་མི་གནོན་པར་འགྱུར། དོན་དམ་ཀུན་རྫོབ་སྤྱིའི་མཚན་ཉིད་མ་ཡིན་པར་འགྱུར། ཀུན་ནས་ཉོན་མོངས་པ་དང་བྱ་བ་དག་ཀྱང་ཅིག་ཆར་འགྱུར་རོ། །ཞེས་པ་སྟེ། འདིའི་དོན་ནི་དེ་གཉིས་ངོ་བོ་ཐ་དད་ན་དུས་མཉམ་དུ་ཡོད་པ་ལ་འགལ་བ་མེད་པས། ཅིག་ཆར་དམིགས་སྲིད་པར་འགྱུར་ཞིང་། དེ་ལྟ་ན་སྐྱེས་བུ་ཞིག་གིས་ཀུན་རྫོབ་ལ་དམིགས་པས། ཀུན་ནས་ཉོན་མོངས་པ་དང་དོན་དམ་ལ་དམིགས་པས་རྣམ་བྱང་དུ་འགྱུར་ཞེས་པའོ། །དེས་ན་ངོ་བོ་དབྱེར་མེད་ཅིང་ལྡོག་པ་ཐ་དད་པའོ། །དོན་འདི་དག་ལ་དགོངས་ནས། རྗེ་བོས་ཆོས་ཀྱི་དབྱིངས་སུ་ལྟ་བའི་གླུ་ལས་བདག་དང་བདག་གི་རྟག་ཆད་དང་། ཉོན་མོངས་རྣམ་བྱང་རྒྱུ་འབྲས་དང་། གཟུང་དང་འཛིན་པར་གང་སྤྲོས་པ། །འདི་ནི་ཀུན་རྫོབ་བདེན་པའོ། །སྟོང་ཉིད་བདག་མེད་ཞི་བ་གང་། །སྤྲོས་པ་རྣམས་ཀྱིས་མ་གོས་པ་ཐ་དད་དོན་མིན་རྣམ་མི་རྟོག །འདི་ནི་དོན་དམ་བདེན་པའོ། །ཡང་དག་ཡང་དག་མ་ཡིན་ན། །རྣམ་གྲངས་རྣམ་གྲངས་མ་ཡིན་པས། །དེ་གཉིས་སོ་སོར་དབྱེ་བ་བྱས། །བཏགས་ཙམ་སྣང་གྲགས་དངོས་པོ་དང་། །ཐ་སྙད་འབྲུལ་བ་སྒྱུ་མ་དང་། །ཀུན་རྫོབ་ཉིད་ནི་རྣམ་གྲངས་སོ། །སྟོང་པ་ཉིད་དང་ཡང་དག་མཐའ། །མཚན་མ་མེད་དང་དོན་དམ་དང་། །ཆོས་ཀྱི་དབྱིངས་ནི་རྣམ་གྲངས་སོ། །གང་ཕྱིར་སྒྲིབ་པས་ཀུན་རྫོབ་ཏེ། །འགྱུར་བ་མེད་ཕྱིར་དོན་དམ་མོ། །ཡང་དག་ཡང་དག་མ་ཡིན་པའི། །ཤེས་པ་གཉིས་ཕྱིར་བདེན་པ་གཉིས། །ཡང་དག་ཤེས་པ་མེད་ཅེ་ན། །བདེན་དེ་ཐ་སྙད་ཙམ་དུ་ཡོད། །དེ་ཉིད་འཚོལ་ལ་ཐོག་མར་ནི། །ཐམས་ཅད་ཡོད་ཅེས་སྨྲ་བར་བྱ། །དོན་རྣམས་རྟོགས་ཤིང་ཆགས་མེད་ལ། །ཕྱིས་ནི་རྣམ་པར་དབེན་དོན་ཉིད། །བདེན་གཉིས་གཅིག་དང་ཐ་དད་མིན། །ཉིས་པ་བཞི་བཞི་གསུངས་ཕྱིར་རོ། །གཅིག་དང་ཐ་དད་གང་རྟོགས་པ། །དེ་ནི་ཚུལ་མིན་ཞུགས་པ་ཡིན། །ཞེས་སོ། །

དེ་འདྲའི་བདེན་གཉིས་ཀྱི་རྣམ་པར་དབྱེ་བ་ཤེས་ནས་ནི། ཀུན་རྫོབ་ཏུ་ཚིག་བྱེད་ན་དབང་བསྐུར་ལ་སོགས་པ་ཐམས་ཅད་ཀྱིས། དོན་དམ་དུ་ཡོད་པ་མིན་པས། མདོར་ན། སོ་སོར་ཐར་པ་སོགས་ཐམས་ཅད་དོར་བར་གྱིས་ཤིག །ཕག་མོའི་བྱིན་རླབས་སོགས་ཆོས་ནས་མ་གསུངས་པའི་ཚིག་ལ་དགོས་བཞིན་དུ། ཆོས་ནས་གསུངས་པའི་དབང་བསྐུར་དང་རིམ་གཉིས་ལ་སོགས་པ་ལ་ལའི་ཚིག་མི་དགོས་ཞེས་སྨྲ་བ་མཁས་པའི་བཞད་བགད་ཀྱི་གནས་ཡིན་ཏེ། མི་དགོས་པ་དགོས་ཤིང་དགོས་པ་ལ་མི་དགོས་ཟེར་བ་སངས་རྒྱས་ཀྱི་བསྟན་པའང་དགྲུགས་པ་ཡིན་ནོ། །བདུད་ཀྱི་བྱིན་བརླབས་ཞེས་བྱ་བའང་འདི་འདྲའི་རིགས་ཅན་ཡིན་པར་གསུངས་ཏེ། སྡུད་པ་ལས། ཆོས་བཏང་ནས་ནི་ཆོས་མིན་བྱ་བ་སྤྱོད་འགྱུར་བ། །ལམ་པོར་ལམ་གོལ་འགྲོ་བ་འདི་ནི་བདུད་ཀྱི་ལས། །ཞེས་སོ། །དེ་བཞིན་དུ་འབུམ་དང་ཕལ་ཆེན་ལ་སོགས་པར་ཡང་གསུངས་སོ། །

རྒྱུད་བཞིའི་དབང་བསྐུར་འཁྲུལ་བ་དགག་པ་ནི། ཁ་ཅིག །བྱ་རྒྱུད་པ་དང་སོགས་པས་སྤྱོད་པ་དང་། རྣལ་འབྱོར་རྒྱུད་ལའང་དབང་བཞིའི་ཆོ་ག་བྱེད་པ་དང་། དོན་ཡོད་ཞགས་པ་དང་སྒྲོལ་མ་ལ་སོགས་ལའང་བྱ་རྒྱུད་ཀྱི་ལུགས་ཡིན་ཟེར་བཞིན་དུ། རིམ་པ་གཉིས་བསྒོམ་པར་བྱེད་པ་ཐོས་སོ། །འདི་འང་སངས་རྒྱས་ཀྱི་དགོངས་པ་མིན་ཏེ། དེའི་རྒྱུ་མཚན་འདི་ལྟར་ཡིན་ནོ། །བྱ་བ་སྤྱོད་པ་དང་རྣལ་འབྱོར་རྒྱུད་གསུམ་ཀར་དབང་བཞི་དང་ནི་རིམ་པ་གཉིས་མེད་དེ། གལ་ཏེ་ཡོད་ན་དེ་དག་ཀྱང་རྣལ་འབྱོར་ཆེན་པོ་ཉིད་དུ་འགྱུར་རོ། །ཁྱབ་པ་ཡོད་དེ། དབང་བཞི་དང་རིམ་པ་གཉིས། རྣལ་འབྱོར་ཆེན་པོའི་ཁྱད་ཆོས་ཡིན་པས་སོ། །དེའི་རྒྱུ་མཚན་གསང་བའི་དབང་སྟོན་དུ་མ་སོང་བའི་དེའི་གོང་མ་གཉིས་མེད་ལ། གསང་དབང་ཡང་ཚངས་པར་སྤྱོད་པ་དང་འགལ་བ་ཡིན་ལ། རྣལ་འབྱོར་རྒྱུད་མན་ཆད་དུ། ཤ་དང་ཆང་ཡང་རྗེན་དུ་མི་རུང་ན་ཚངས་སྤྱོད་དང་འགལ་བ་ལྟ་སྨོས་ཀྱང་ཅི་དགོས་ཏེ། ཤ་ལ་སོགས་པ་བཟའ་མི་བྱ། །ཆང་ཡང་བཏུང་བར་མི་བྱའོ། །ཞེས་སོགས་དང་། བྱང་ཆུབ་ལམ་སྒྲོན་ལས། དང་པོའི་སངས་རྒྱས་རྒྱུད་ཆེན་ལས། །རབ་ཏུ་འབད་པས་བཀག་པའི་ཕྱིར། གསང་བ་ཤེས་རབ་དབང་བསྐུར་ནི། །ཚངས་པར་སྤྱོད་པས་བླང་མི་བྱ། །གལ་ཏེ་དབང་བསྐུར་དེ་འཛིན་ན། །ཚངས་སྤྱོད་དཀའ་ཐུབ་ལམ་གནས་པས། །བཀག་པ་སྤྱད་པར་འགྱུར་བའི་ཕྱིར། །དཀའ་ཐུབ་སྡོམ་པ་དེ་ཉམས་ཏེ། །བརྟུལ་ཞུགས་ཅན་དེ་ཕམ་པ་ཡི། །ལྟུང་བ་དག་ནི་འབྱུང་འགྱུར་ཞིང་། །དེ་ནི་ངན་སོང་ངེས་ལྟུང་བས། །གྲུབ་པ་ནམ་ཡང་ཡོད་མ་ཡིན། །ཞེས་སོ། །དབང་དེ་དག་མེད་པར་རྫོགས་རིམ་ཀྱང་མེད་དེ། དེ་ནི་དབང་དེ་དག་ཐོབ་ཟིན་གོམས་པར་བྱེད་པ་ཙམ་ཡིན་པའི་ཕྱིར་རོ། །དེས་ན། སངས་རྒྱས་པའི་གྲུབ་མཐའ་བཞིའི་མ་ཕྱེད་ཅིང་། རྒྱུད་སྡེ་བཞིའི་ཆོ་གའི་རིམ་པ་མི་ཤེས་པར་བླུན་པོ་ལ། རྣམ་བཞག་ལེགས་ལེགས་འདྲ་བར་སྣང་ན་ཡང་། ལྷམ་གྱི་དཔེ་ཞྭ་ལ་བཀབ་པ་ལྟར་མི་འགྲིག་པ་ཡིན་ནོ། །གྲུབ་མཐའ་བཞི་དང་རྒྱུད་སྡེ་བཞིའི་ལྷའི་བསྐྱེད་ཆོག་གོ་བརྟན་པས་སོ། །དེས་ན་རྒྱུད་སྡེ་བཞི་པོའི་དབང་དང་ལམ་གྱི་དབྱེ་བ་ལ་མི་འདྲ་བའི་དབྱེ་བ་རྣམ་པ་བཞི་ཡོད་དེ། ཡེ་ཤེས་ཐིག་ལེ་ལས། ཆུ་ཡི་དབང་བསྐུར་དབུ་རྒྱན་དག །བྱ་བའི་རྒྱུད་ལས་རབ་ཏུ་གྲགས། །རྡོ་རྗེ་དྲིལ་བུ་དེ་བཞིན་མིང་། །སྤྱོད་པའི་རྒྱུད་ལ་རབ་ཏུ་གསལ། །ཕྱིར་མི་ལྡོག་པ་ཡི་ནི་དབང་། །རྣལ་འབྱོར་རྒྱུད་དུ་གསལ་བར་ཕྱེ། །དེ་ནི་དྲུག་གི་བྱེ་བྲག་དབང་། །དེ་ནི་སློབ་དཔོན་དབང་ཞེས་བྱ། །རྣལ་འབྱོར་བླ་མ་ཡི་ནི་མཚན། །གསང་བ་ཡི་ནི་དབང་རྒྱས་བཤད། །ཤེས་རབ་ཡེ་ཤེས་བླ་ན་མེད། །བཞི་བ་དེ་ལྟར་དེ་བཞིན་ཏེ། །ཞེས་པས། བྱ་རྒྱུད་ལ་ཆུ་དང་ཅོད་པན་གྱི་དབང་། སྤྱོད་རྒྱུད་ལ་དེའི་སྟེང་དུ་རྡོ་རྗེ་དྲིལ་བུ་མིང་གི་དབང་། རྣལ་འབྱོར་རྒྱུད་ལ་དེ་དག་གི་སྟེང་དུ་སློབ་དཔོན་གྱི་དབང་སྟེ་དེ་ཐམས་ཅད་བླ་མེད་དུ་བུམ་པའི་དབང་ཟེར་ཞིང་། བླ་མེད་ལ་

དེའི་སྐབས་སུ་དབང་གོང་མ་གསུམ་མནན་པས་བཞིའོ། །འདི་ར་མཁས་པ་ཆེན་པོ་འགའ་ཞིག་རྣམ་འཇོམས་དང་གཙུག་ཏོར་གདུགས་དཀར་དང་ཕྱག་ན་རྡོ་རྗེ་ལ་སོགས་པའི་བྱ་རྒྱུད་ཀྱི་དཀྱིལ་ཆོག་རྣམས་སུ། ལ་ལས་ཆུ་དབང་ཙམ་དང་། ལ་ལས་རྣལ་འབྱོར་རྒྱུད་བཞིན་ཕྱིར་མི་ལྡོག་པའི་དབང་བསྐུར་བ་ཡང་བྱས་འདུག་པས་དེས་པ་མི་སྣང་ངོ་ཞེས་གསུང་པ་ནི། འཐད་པར་མ་མཐོང་སྟེ། དེ་དག་ཏུ་སློབ་དཔོན་གྱི་དབང་བྱས་པ་ནི། རྣལ་འབྱོར་རྒྱུད་ཀྱི་ལུགས་བྱས་པ་ཡིན་གྱི། རྒྱུད་སྡེ་འོག་མའི་ལུགས་མིན་ནོ། །དེས་ན་རྣམ་འཇོམས་ལ་སོགས་པའི་ལྷ་གཅིག་ལའང་རྒྱུད་སྡེ་བཞི་པོ་རེ་རེ་དང་མཐུན་པའི་དབང་དང་། བསྐྱེད་ཆོག་བྱར་རུང་བ་ཡིན་ཡང་། འོག་མ་ལ་གོང་མའི་དཔེ་བཀབ་ནས་བྱར་མི་རུང་ཞིང་། རྒྱུད་སྡེ་བཞི་ནས་བཤད་པའི་ལྷ་ལ་བཟང་ངན་གྱི་ཁྱད་པར་མེད་པ་མ་དགོངས་པར་མངོན་ནོ། །ལམ་གྱི་དབྱེ་བ་མི་འདྲ་བ་ནི་འོག་ནས་རྒྱས་པར་སྟོན་ནོ། །དེས་ན་དེ་དག་རང་རང་གི་ཆོག་བཞིན་དུ་བྱས་ན། དེ་ནས་གསུངས་པའི་དངོས་གྲུབ་འབྱུང་གི་བསྲེས་པས་ནི་མ་ཡིན་ཏེ། མོས་པ་ཆོས་སྒོར་འདོད་པ་དགག་པ་ལ་གཉིས་ལས། དང་པོ་མགོ་མཚུངས་ཀྱིས་དགག་པ་ནི། ལ་ལ་ན་རེ། དབང་བསྐུར་མ་བྱས་ཀྱང་གལ་ཏེ་སྔགས་ལ་མོས་པ་ཐོབ་ན། དེ་ཉིད་ཆོས་ཀྱི་སྒོ་ཡིན་པས་གསང་སྔགས་བསྒོམ་དུ་རུང་ངོ་ཞེས་ཟེར་རོ། །འོ་ན་སོ་ཐར་གྱི་སྡོམ་པ་མ་ཐོབ་ཀྱང་རབ་ཏུ་བྱུང་བ་ལ་མོས་པ་ཉིད་སྡོམ་པ་ལེན་པའི་སྒོ་ཡིན་པས། སྡོམ་པ་བསྲུངས་པས་ཆོག་གམ་ཅི་སྟེ་ལེན་མི་དགོས་པར་འགྱུར་རོ། །སེམས་བསྐྱེད་ཀྱི་སྡོམ་པ་མ་ཐོབ་ཀྱང་། སེམས་བསྐྱེད་པ་ལ་མོས་པ་ཉིད་བྱང་ཆུབ་ཀྱི་སྤྱོད་པ་སྤྱོད་པའི་སྒོ་ཡིན་པས་སེམས་བསྐྱེད་བླངས་ཡང་ཅི་ཞིག་དགོས། དེ་བཞིན་སོ་ནམ་མ་བྱས་ཀྱང་། ལོ་ཐོག་ལ་མོས་པ་ཉིད་བཟའ་རྒྱུ་ཟ་བའི་སྒོ་ཡིན་པས། སོ་ནམ་ལ་ཡང་འབད་པ་ཅི་ཞིག་དགོས་འདི་འདྲའི་རིགས་ཀྱི་ཆོས་ལོག་ཀུན། དེ་འདྲ་བའི་རིགས་པས་སུན་དབྱུང་ངོ་། །དེས་ན་ཆོས་སྒོ་ཞེས་བྱ་བའི་མིང་འདིས་འཁྲུལ་གཞི་བྱས་ནས་དབང་བསྐུར་ནི། ཆོས་སྒོ་འབྱེད་པ་ཐ་མ་ཡིན་གྱི། འཚང་རྒྱ་བའི་ཆོས་གཞན་ཞིག་ལོགས་ནས་བསྒོམ་རྒྱུ་ཡོད་དོ། །ཞེས་བོད་ཀྱི་བླུན་པོ་རྣམས་ཀྱིས་ཤེས་བྱེད་མེད་བཞིན་དུ་འདི་ཡིན་ནོ། །ཞེས་མོས་བསྒོམ་བྱས་པ་ཡིན་གྱི། རྒྱ་གར་ན་དེ་འདྲའི་མིང་ཡང་མེད་དོ། །དེ་ལྟ་ཡིན་པའོ། །དགེ་སློང་སྡོམ་པ་ཡང་དགེ་སློང་བྱེད་པའི་སྒོ་ཡིན་གྱི། དགེ་སློང་སྡོམ་པའི་ངོ་བོ་ཞིག་གཞན་ནས་བཙལ་དུ་ཡོད་དམ་ཅི་སྟེ་ཡོད་པར་འགྱུར་རོ། །དེ་བཞིན་སོ་ནམ་བྱེད་པ་ཡང་སྟོན་ཐོག་འབྱུང་བའི་སྒོ་ཙམ་ཡིན་གྱི། ཁ་ཟས་འབྱུང་བའི་ཐབས་སོ་ནམ་ལས་གཞན་ཞིག་ལོགས་ནས་བཙལ་དུ་ཡོད་དམ་ཅི་སྟེ་ཡོད་པར་འགྱུར་རོ། །

གཉིས་པ་རྣལ་མའི་དོན་བཤད་པ་ནི། རྒྱུ་མཚན་དེས་ན་ཁོ་བོའི་སྐབས་གནས་འདི་ལྟར་ཡིན་ཏེ། དབང་

བསྐུར་ཆོས་སྒོ་འབྱེད་པ་ཙམ་མ་ཡིན་ཏེ། ལམ་འབྲས་ལས། རྟེན་ཅིང་འབྲེལ་བར་འབྱུང་བ་ལྔས་ལམ་ཡོངས་སུ་རྫོགས་པའོ་ཞེས་པ་ལྟར། གསང་སྔགས་པ་རྟེན་འབྲེལ་ལམ་དུ་བྱེད་པས་མྱུར་དུ་འཚང་རྒྱ་བའི་རྟེན་འབྲེལ་སྒྲིག་པའི་གདམས་ངག་ཡིན་པའི་ཕྱིར་ཏེ། ཚོ་གའི་རྟེན་འབྲེལ་ཁྱད་པར་ཅན་གྱིས། ཕུང་པོ་ཁམས་དང་སྐྱེ་མཆེད་ལ་སངས་རྒྱས་ཀྱི་ས་བོན་བཏབ་ནས། ཚེ་འདིའི་འཆི་ཁའི་བར་དོ་སོགས་སུ་སངས་རྒྱས་ཐོབ་པར་བྱེད་པའི་ཐབས་ལ་དབང་བསྐུར་ཞེས་སངས་རྒྱས་རྣམས་ཀྱིས་བཏགས་པའི་ཕྱིར་རོ། །དཔེར་ན་སྟོན་ཐོག་འབྱུང་བའི་ཐབས་ལ་སོ་ནམ་ཟེར་བ་བཞིན་ནོ། །དེས་ན་གང་ཟག་དབང་པོ་རབ་རྒྱུད་ཡོངས་སུ་སྨིན་པ་ནི། ཚེ་འདིར་རྒྱུ་དུས་ཀྱི་དབང་བསྐུར་བ་ཉིད་ཀྱིས་གྲོལ་བར་གསུངས་ཏེ། རྒྱལ་པོ་ཨིནྡྲ་བོ་དྷི་ལ། བཅོམ་འདས་ཀྱིས་དབང་བསྐུར་བ་ཉིད་ཀྱིས་གྲོལ་བ་ལྟ་བུ་དང་། ཁམས་གསུམ་རྣམ་རྒྱལ་གྱི་སྤྲུལ་བཤད་མཛད་པ་ལས། ཁམས་གསུམ་གྱི་སེམས་ཅན་ཐམས་ཅད་བཙུད་པ་ལས་དེ་མ་ཐག་ཏུ་གྲུབ་པར་འགྱུར་རོ་ཞེས་སོ། །དབང་གིས་གྲོལ་བར་མ་ནུས་པའི་གང་ཟག་གཞན་འབྲིང་དང་ཐ་མ་ལ་དབང་གི་དོན་དེ་ཡང་ནས་ཡང་དུ་བསྒོམ་དགོས་སོ། །དེས་ན་རྒྱུ་དུས་སུ་ཐོབ་པའི་དབང་གི་རྟོགས་པ་དེ་མི་ཉམས་པར་བསྲུང་ཞིང་འཕེལ་བར་བྱེད་པ་ལ་ལམ་བསྒོམ་པ་ཞེས་བཏགས་པ་ཡིན་པས། དབང་གི་ཡན་ལག་མ་ཡིན་པའི་བསྒོམ་པ་བྱ་བ་ལོགས་ན་མེད་པས། སྔགས་ཀྱི་ལུགས་ཀྱི་དབང་མ་ཐོབ་ན་ལམ་བསྒོམས་ཀྱང་འབྲས་བུ་མི་འབྱུང་བ་ཡིན་ཏེ། དེའི་ཕྱིར་ཕ་རོལ་ཕྱིན་པའི་ལུགས་ལ། སེམས་བསྐྱེད་བླངས་ནས་བསྲུང་པ་མིན་པའི་ལམ་གྱི་ཆོས་གཞན་མེད་ཅིང་འབྲས་བུའང་། དོན་དམ་པའི་བྱང་ཆུབ་སེམས་བསྐྱེད་ཡིན་པས། སེམས་བསྐྱེད་ལས་གཞན་པའི་ཆོས་མེད་པ་ཡིན་ཏེ། བྱང་ཆུབ་སེམས་འགྲེལ་དུ། གཟུང་རྣམས་དང་ནི་ས་རྣམས་དང་། །སངས་རྒྱས་ཕ་རོལ་ཕྱིན་པ་རྣམས། །དེ་དག་བྱང་ཆུབ་སེམས་ཀྱི་ཆར། །ཀུན་མཁྱེན་རྣམས་ཀྱིས་གསུངས་པ་ཡིན། །ཞེས་སོ། །འདི་སྔགས་ཀྱི་བསྟན་བཅོས་ཡིན་ཡང་། ཕ་རོལ་ཕྱིན་པ་དང་ཐུན་མོང་གི་རྣམ་བཞག་སྟོན་པ་འགལ་བ་མེད་དོ། །འཇུག་པ་ལས་ཀྱང་ས་བཅུ་ལ་སེམས་བསྐྱེད་པ་བཅུ་ཞེས་གསུངས་སོ། །དེ་བཞིན་དུ་རྡོ་རྗེ་ཐེག་པའི་སྒོར་ཞུགས་ནས། དབང་བསྐུར་ལས་གཞན་ཆོས་མེད་དོ། །འདི་ནི་གཙོ་ཆེར་ལམ་དུ་འགྱུར་བའི་ཆོས་ལ་དགོངས་པ་ཡིན་ཞིང་། དེ་དག་དབང་གི་ནང་དུ་འདུས་པར་གོང་ཉིད་དུ་བཤད་ལ། འབྲས་བུའི་ཆོས་ཀྱང་འབྲས་བུའི་དབང་ཡིན་ཏེ། ལམ་འབྲས་ལས། རྒྱུ་དང་ལམ་དང་འབྲས་བུའི་དབང་ཞེས་དང་། འབྲས་བུའི་དབང་བཞིས་ཐམས་ཅད་མཁྱེན་ཏོ་ཞེས་སོ། །དེར་མ་ཟད་སྦྱང་བྱ་ལུས་ངག་ཡིད་གསུམ་གྱི་དྲི་མའམ། དུས་འཁོར་བ་ལ་གྲགས་པའི་བག་ཆགས་རྣམ་པ་བཞི་དང་། དེས་བསྐྱེད་པའི་གནས་སྐབས་རྣམ་པ་བཞི་པོའང་གཉེན་པོས་སྦྱང་བྱ་བསྦྱུས་པའི་ཚུལ་གྱིས་དབང་གི་ནང་དུ་བསྡུར་རུང་སྟེ། བསྒོམས་

སྒྱང་བསྒོམ་ལམ་དང་འབྲེལ་བར་བཤད་པ་ལྟ་བུའོ། །དེས་ན་ཐུབ་པས་རྒྱུད་སྡེ་ལས་དབང་བསྐུར་ཁོ་ན་སྟོགས་པ་ཡིན་ཏེ། དེ་བས་འབད་པ་ཐམས་ཅད་ཀྱིས། །བླ་མ་ལ་ནི་དབང་ནོད་ཞུ། །ཞེས་པ་དང་། རྒྱལ་བ་བྱེ་བ་ཕྲག་བདུན་རྣམས་ཀྱིས། །སྨྱུར་དུ་དབང་ནི་བསྐུར་བར་འགྱུར་ལ། །ཞེས་སོགས་དང་། རྡོ་རྗེ་རིན་ཆེན་དབང་བསྐུར་དཔལ། །ཞེས་དང་། རྡོ་རྗེ་རྩེ་མོ་ལས། གསང་བ་བཞི་ཡིས་དབང་བསྐུར་ནས། །རྫོགས་སངས་རྒྱས་ཀྱི་བྱང་ཆུབ་ཐོབ། །ཞེས་སོགས་མང་དུ་གསུངས་སོ། །མཁས་པ་རྣམས་ཅི་ནས་ཀྱང་བདོག་པ་ཐམས་ཅད་ཕུལ་ཏེ། དབང་བསྐུར་ཞུ་བ་ལ་གུས་པའི་རྒྱུ་མཚན་དེ་བཞིན་ཡིན་ནོ། །དང་ནི་སྟོད་ཚིག་གོ། །

དབང་བསྐུར་མུ་བཞི་འདོད་པ་དགག་པ་ནི། བོད་ལ་ལ་དབང་བསྐུར་མུ་བཞི་འདོད་དེ་གང་ཞེ་ན། དབང་བསྐུར་བྱས་ཀྱང་མ་ཐོབ་པ་དང་། མ་བྱས་ཀྱང་ནི་ཐོབ་པ་དང་། བྱས་ན་ཐོབ་ལ་མ་བྱས་ན་མི་ཐོབ་པ་དང་མ་བྱས་ན་ཐོབ་ལ་བྱས་ན་མི་ཐོབ་པ་དང་རྣམ་པ་བཞིར་འདོད་ཅིང་། དབང་བསྐུར་རྒྱལ་པོ་ཞེས་བྱ་བའི་རྒྱུད་ལས་གསུངས་སོ་ཞེས་ཟེར་ཏེ། དེ་ནི་བོད་མ་ཡིན་པས། འདི་འདྲ་རྒྱུད་རྣམ་དག་གང་ནའང་བཤད་པ་མེད་པའི་ཕྱིར། བསྟན་པ་འཁྲུག་པའི་སྐད་ཁར་ཟད་དོ། །འོན་ཀྱང་འདི་ཕ་ཅང་འཕེལ་ན། བསྟན་པ་ལ་གནོད་པའི་ཕྱིར་ཅུང་ཟད་བརྟག་པར་བྱའོ། །སོ་སོ་ཐར་པའི་སྡོམ་པ་དང་། བྱང་ཆུབ་སེམས་དཔའི་སེམས་བསྐྱེད་ལ་མུ་བཞི་ཅིའི་ཕྱིར་མི་བརྩི་སྟེ་རྩིས་ཤིག །དེ་བཞིན་དུ་བསྒོམ་ལའང་རྒྱུ་མཚན་ཅིས་མི་མཚུངས་སྟེ་མཚུངས་པས་བསྒོམས་ཀྱང་མི་སྐྱེ་བ་དང་མ་བསྒོམས་ཀྱང་སྐྱེ་བ་དང་སོགས་པས་བསྒོམས་ན་སྐྱེ་ལ་མ་བསྒོམས་ན་མི་སྐྱེ་བ་དང་དེ་ལས་བཟློག་པ་ཏེ་མུ་བཞི་ཡོད་པར་མཚུངས་པས་དབང་ལ་མུ་བཞི་བརྩིས་ནས་མི་ལེན་པ་ལྟར། སྡོམ་པ་དང་སེམས་བསྐྱེད་དང་བསྒོམ་ལའང་བརྩིས་ལ་དེ་དག་མ་བྱེད་ཅིག །མུ་བཞི་ཀུན་ལ་ཡོད་བཞིན་དུ། གཞན་ལ་མུ་བཞི་མི་བརྩི་བར། དབང་བསྐུར་ཉིད་ལ་བརྩི་བ་ནི་བདུད་ཀྱིས་གསང་སྔགས་སྤོང་བའི་གསང་ཚིག་ཡིན་པར་དོགས་ཏེ། གསང་སྔགས་ཀྱི་གནད་ཟབ་མོ་ཐམས་ཅད་དབང་བསྐུར་ལ་ཡོད་པ་ལས་དེ་འདོར་བའི་ཕྱིར་རོ། །གལ་ཏེ་མུ་བཞི་ཡོད་དུ་ཆུགས་ན་ཡང་། །དེ་དག་སོ་སོའི་མཚན་ཉིད་འབྱུང་བ་བཞིའི་མཚན་ཉིད་ཐ་དད་པ་ལྟར་ཤེས་པར་མི་ནུས་སོ། །ཅིས་ཏེ་ཤེས་པར་ནུས་ན་ནི། དེ་དག་གི་མཚན་ཉིད་ལུས་ངག་ཡིད་གསུམ་གྱི་རྣམ་པ་ཐ་དད་པ་འདི་དང་འདིའོ། །ཞེས་སྨྲ་མི་ནུས་སོ། །གལ་ཏེ་འོལ་ཚོད་ཅིག་སྨྲས་ཀྱང་རང་བཟོ་མ་ཡིན་པ་ལུང་ཁུངས་མ་དང་མཐུན་པར་ཕྱེད་ལ་མེད་དེ། དེ་ལས་དེ་འདྲ་མ་བཤད་པའི་ཕྱིར་ཏེ། གལ་ཏེ་མུ་བཞི་བདེན་པ་སྲིད་ན། གཞན་གསུམ་ལ་དབང་བསྐུར་མི་བྱེད་ཀྱང་བྱས་ན་ཐོབ་ལ། མ་བྱས་ན་མི་ཐོབ་པའི་གང་ཟག་ལ། དབང་བསྐུར་ཅིའི་ཕྱིར་མི་དགོས། གཞན་གསུམ་ལ་དབང་བསྐུར་མི་དགོས་པས། དེ་ལའང་དབང་མི་དགོས་པར་སྨྲ་བ་ནི་ནད་མེད

པ་ལ་སླན་སྦྱོང་བ་སྡེ་མི་དགོས་པས། ནད་པ་ལའང་སླན་མི་དགོས་ཞེས་སྦྱོང་བ་ནི་རྫུང་མ་ཅི་ཞེས་རྫིང་ཚིག་གོ། །དེས་ན་འདི་འདྲའི་ཆོས་ལོག་ཐམས་ཅད་ནི་བདུད་ཀྱི་བྱིན་རླབས་ལས་བྱུང་བ་ཡིན་ནོ། །ཞེས་ཤེས་པར་བྱའོ། །

གྲོལ་བྱེད་ལམ་ལ་འཁྲུལ་པ་དགག་པ་ལ་གསུམ་སྟེ། ལམ་གྱི་གཞི་དམ་ཚིག་ལ། ལམ་གྱི་ངོ་བོ་བསྐྱེད་རྫོགས་ལ། ལམ་གྱི་བོགས་འདོན་སྤྱོད་པ་ལ་འཁྲུལ་བ་དགག་པའོ། །དང་པོ་ནི། གསང་སྔགས་སྔ་འགྱུར་བ་ཁ་ཅིག་ན་རེ། གསང་སྔགས་ཀྱི། གསང་བའི་གནད་ལ་ཡེ་ནས་གསང་བ་ཞེས་བྱ་བའི་ཐབས་ཀྱིས་ཆོད་པའི་ཕྱིར། གསང་བ་སྒྲིག་པ་ཞེས་པའི་ལྟུང་བ་མེད་དེ། གང་ཟག་ནི་སྣོད་དང་ལྡན་པ་དང་སྣོད་དང་མི་ལྡན་པ་གཉིས་ཡིན་པའི་ཕྱིར་དང་། གོ་བ་རྣམས་ནི། སྣོད་ལྡན་ཡིན་པས་སྒྲགས་ཀྱང་ཉེས་པ་མེད་ལ། མི་གོ་བ་རྣམས་ནི་སྐལ་མེད་ཡིན་ཡང་ཡེ་གསང་ཡིན་པས་འདི་ནི་ཕྱིས་འགྱུར་བ་དག་གིས་ཀུན་ཏུ་བརྟགས་པ་ཙམ་ཡིན་ཅེས་ཟེར་རོ། །འདིའང་ཅུང་ཟད་བརྟག་པར་བྱ་སྟེ། ཡེ་གསང་ཀྱི་ཞེས་པའི་དོན་དེ་ཅི་ཞིག་ཡིན། གལ་ཏེ་གོ་བ་མེད་པ་ལ་ཡེ་གསང་ཡིན་ནོ། །ཟེར་ན་གོ་བའི་གང་ཟག་མ་སྨིན་པ་ལ་ཡེ་གསང་མིན་ཕྱིར་ལྟུང་བར་འགྱུར་རོ། །གལ་ཏེ་གསང་སྔགས་ནི་དམ་པའི་ཆོས་ཡིན་ལས་ཀྱི་དམ་པའི་ཆོས་ཀྱི་བདེན་པའི་བྱིན་རླབས་འདི། སུ་ཡིས་ཐོས་ཀྱང་ཕན་ཡོན་ཆེ་བ་དེས་ན་གསང་སྒྲོགས་ཀྱི་ཉེས་པ་མི་འབྱུང་ཞེ་ན། ཁྱེད་ཀྱིས་དམ་པའི་ཆོས་བདེན་པར་མ་གོ་མར་ཟད། གལ་ཏེ་གོ་ན་ཆོས་ནས་འབྱུང་བ་བཞིན་གྱིས་ཤིག །ཆོས་ནས་གསང་བ་དང་མི་གསང་བའི་ལུགས་གཉིས་རྒྱལ་བ་རྣམས་ཀྱིས་གསུངས་ཏེ། སྔར་དྲངས་པའི་ལུགས་ལྟར་རོ། །ཁྱེད་རང་གི་རྒྱུད་གསང་བའི་སྙིང་པོ་ལས་ཀྱང་། བླ་མ་མཉེས་པར་མ་བྱས་ཤིང་། །དབང་རྣམས་བསྐུར་བར་མ་བྱས་པར། །ཉན་པ་ལས་སོགས་རྩོམ་པ་ནི། །འབྲས་བུ་མེད་ཅིང་བརླག་པར་འགྱུར་ཞེས་གསུངས་སོ། །དེས་ན་ཡེ་གསང་ཞེས་བྱ་བ་འདི་ཡང་བསྟན་པ་ལ་གནོད་པའི་ཚིག་ཡིན་ཏེ། རྒྱུད་དང་འགལ་བའི་ཕྱིར་རོ། །

གཉིས་པ་ལ། ཐབས་ལམ་ཕྱོགས་རེ་ཙམ་གྱིས་གྲོལ་བ། ཡེ་ཤེས་ཕྱག་རྒྱ་ཆེན་པོ་ལ་འཁྲུལ་བ། ཐེག་པ་གསུམ་གྱི་ལག་ལེན་ལ་འཁྲུལ་བ། ལམ་གྱི་ཡན་ལག་ལྟ་བ་ལ་འཁྲུལ་པ་དགག་པ་སྟེ་བཞི་ལས། དང་པོ་ལ་གཉིས་ཏེ། དགག་པ་དངོས་འཕྲོས་པའི་དོན་ནོ། །དང་པོ་ལ་གཉིས་ལས། འདོད་པ་བརྗོད་པ་ནི་ཁ་ཅིག་ན་རེ། ལམ་ལ་འཁྲུལ་བ་དང་མ་འཁྲུལ་བའི་དབྱེ་བ་མེད་ཅིང་། གྲོལ་བའི་ཐབས་ལམ་ཡང་མཐའ་ཅིག་ཏུ་ངེས་པ་མེད་དེ། འཕགས་པ་ཀླུ་སྒྲུབ་ལྟ་བ་རྟོགས་པ་ཁོ་ནས་གྲོལ་ཞིང་། སློབ་དཔོན་པད་མ་འབྱུང་གནས་བསྐྱེད་རིམ་ཀྱིས་གྲོལ་ལ། སློབ་དཔོན་ལོ་ཧི་པ་ལོ་མའི་སྦྱིལ་བུར། ཉའི་རྒྱུ་ལྟོ་ཙམ་ཟ་བའི་དཀའ་ཐུབ་སྤྱད་པས་གྲོལ་ཞིང་། ནག་པོ་བ་སྤྱོད་པ་ཅུང་ཟད་མ་རན་པར་སྤྱོད་པའི་སྟོབས་ཀྱིས་ཚེ་འདི་ར་མ་གྲོལ་ཡང་བར་དོར་གྲོལ་ཞིང་། གོཾ་རཀྵ་ཏེ་བ་གླང་

བསྒྲུངས་ཞེས་བྱ་བའི་གྲུབ་ཐོབ་རླུང་བསྒོམས་པའི་སྟོབས་ཀྱིས་གྲོལ། ཤ་བ་རིའི་དབང་ཕྱུག་གཏུམ་མོ་བསྒོམས་པའི་སྟོབས་ཀྱིས་གྲོལ། བྲམ་ཟེ་ཆེན་པོ་ས་ར་ཧ་ཕྱག་རྒྱ་ཆེན་པོ་བསྒོམས་པས་གྲོལ། སློབ་དཔོན་ཏོག་ཙེ་བ་ལྷ་དང་བླ་མའི་བྱིན་རླབས་ཀྱི་སྟོབས་ཀྱིས་གྲོལ། སློབ་དཔོན་ཞི་བ་ལྷ་ལ་ནཱ་ལེནྡྲར་ཟ་ཉལ་འཆག་གསུམ་གྱིས་གྲོལ། རྒྱལ་པོ་ཨིནྡྲ་བོ་དྷི་བཙུན་མོ་སོགས་དང་ལྷན་ཅིག་འདོད་ཡོན་བསྟེན་པས་གྲོལ་ཞིང་། རྟེན་འབྲེལ་ལྔ་པོ་ཐམས་ཅད་ཚོགས་པ་ལས། རྣམ་འགྱུར་དབང་ཕྱུག་བིརྺ་པ་ལ་གྲུབ་ཐོབ་བྱུང་བའི་ཕྱིར་རོ། །དེས་ན་དེ་འདྲའི་ཐབས་ལམ་སྣ་ཚོགས་ལ་འཁྲུལ་པ་ཡིན་ནོ་ཞེས་བསྐུར་བ་གདབ་ཏུ་མི་རུང་ཟེར་རོ། །གཉིས་པ་སུན་འབྱིན་བཤད་པ་ནི། དོན་འདིའང་ལེགས་པར་བཤད་ཀྱིས་ཉོན་ཅིག །ཐབས་དང་ཤེས་རབ་གཉིས་ཟུང་དུ་འཇུག་པ་མིན་པའི་སངས་རྒྱས་བསྒྲུབ་པའི་ཐབས་གཞན་ནི་མེད་དེ། འདི་ལྟར་སངས་རྒྱས་ནི་མི་གནས་པའི་མྱ་ངན་ལས་འདས་པ་ཡིན་ཞིང་། ཐབས་ཀྱིས་ཞི་བ་དང་ཤེས་རབ་ཀྱིས་སྲིད་པའི་མཐའ་འགོག་པའི་ཕྱིར་རོ། །དེས་ན་གྲུབ་ཐོབ་ཐམས་ཅད་ཀྱང་ལྟ་བ་ལ་སོགས་པ་ཕྱོགས་རེ་བའི་རྒྱུའམ་ཐབས་ཀྱིས་གྲོལ་བ་མིན་གྱི། དབང་དང་རིམ་པ་གཉིས་ལས་བྱུང་བའི་ཡེ་ཤེས་ཕྱག་རྒྱ་ཆེན་པོ་སྐྱེས་པས་གྲོལ་བ་ཡིན་ཏེ། ཡང་དག་ཉིད་ལ་ཡང་དག་ལྟ། །ཡང་དག་མཐོང་ན་རྣམ་པར་གྲོལ། །ཞེས་ཡང་དག་པའི་དོན་མཐོང་བས་གྲོལ་བར་གསུངས་ཤིང་། དེའི་ཐབས་ཀྱང་དབང་དང་རིམ་གཉིས་ཡིན་པས་སོ། །

ལྟ་བ་དང་ནི་བསྐྱེད་རིམ་དང་། གཏུམ་མོ་དང་། བྱིན་རླབས་དང་། སྤྱོད་པ་ལ་སོགས་པ་དེ་དག་རྐྱང་པས་གྲོལ་བ་མ་ཡིན་ཏེ། དབང་བསྐུར་བའི་བྱིན་རླབས་དང་། རིམ་གཉིས་བསྒོམས་པའི་རྟེན་འབྲེལ་གྱིས་འཇིག་རྟེན་ལས་འདས་པའི་ཡེ་ཤེས་རྟོགས་པ་ནི་འདིར་ཐོབ་པ་སྟེ། དེས་གྲོལ་བ་ཡིན་པའི་ཕྱིར་རོ། །བསྐྱེད་རིམ་དང་རླུང་དང་གཏུམ་མོ་དང་བདེ་བ་བསྒོམ་པ་ལ་སོགས་པ་ནི། རིམ་པ་གཉིས་ལ་ཐ་དད་པ་མ་ཡིན་ཏེ། རླུང་ལ་སོགས་པ་རྣམས་ནི་རྫོགས་རིམ་གྱི་ཡན་ལག་ཡིན་པའི་ཕྱིར་རོ། །བྱིན་རླབས་ནི་དབང་དང་རིམ་གཉིས་དེ་ལས་བྱུང་བའི་དངོས་གྲུབ་ཀྱི་མཚན་མ་སྒོ་གསུམ་གྱི་འགྱུར་བའི་ཁྱད་པར་ཡིན་ཞིང་། ལྟ་བ་ནི་རིམ་པ་གཉིས་པོ་དེ་སངས་རྒྱས་ཀྱི་ལམ་དུ་བྱེད་པའི་ཡན་ལག་ཡིན་ཏེ། དེས་མ་ཟིན་ན་དེ་གཉིས་དེར་མི་འགྱུར་བས་སོ། །ཕྱག་རྒྱ་ཆེན་པོ་ནི་དབང་དང་རིམ་གཉིས་དེའི་ཡེ་ཤེས་ཡིན་གྱི། བོད་ལུགས་ཀྱི་ཕྱག་ཆེན་འདི་ཆོས་ནས་ཕྱག་ཆེན་དུ་བཤད་པ་མེད་དོ། །

རིམ་གཉིས་དེའི་བོགས་འདོན་དེ་བརྟན་པར་བྱེད་པ་ནི་སྤྱོད་པ་ཡིན་ཏེ། འདིའི་མཐའ་ཅུང་ཟད་དཔྱད་ན་ངོ་བོ་སྤྱོད་པའི་དུས། དགོས་པ། དབྱེ་བ་སྡེ་བཞི་ལས། དང་པོ་ནི། ནང་དུ་རིམ་གཉིས་ཀྱི་རྟོགས་པ་ལས་མ་

གཡོས་པར་ཕྱི་རོལ་ལས་སུ་འཇིག་རྟེན་ཆོས་བརྒྱད་ཀྱི་གཉེན་པོར་འགྱུར་བའི་སྒོ་གསུམ་གྱི་སྤྱོད་པ་མ་བཅོས་པར་བྱེད་པའོ། །

གཉིས་པ་ནི་དྲོད་ཐོབ་ནས་སྤྱོད་པ་སྟེ། དྲོད་ནི་རིམ་གཉིས་བསྒོམ་པ་ལས་བྱུང་བའི་དངོས་གྲུབ་ཀྱི་མཚན་མ་རྟོགས་པའི་ཁྱད་པར་རོ། །དབྱེ་ན་གསུམ་ལས་ཆུང་ངུ་ནི། སྦྱོར་ལམ་སྐྱེ་བའི་རྟགས་དང་། འབྲིང་ནི་མཐོང་ལམ་སྐྱེ་བའི་རྟགས་དང་། ཆེན་པོ་ནི་བསྒོམ་ལམ་སྐྱེ་བའི་རྟགས་ཏེ། རིམ་པ་བཞིན་ཆོས་བརྒྱད་ཀྱི་རྟོག་པ་ཟུང་ཟད་མགོ་སྐྱོམས་ཤིང་། ཉོན་མོངས་པ་གློ་བུར་བ་དྲག་པོ་དང་འཇིགས་པ་དང་མྱ་ངན་ལ་སོགས་པས་ཐེ་བར་མི་ནུས་པ་དང་ཚར་གཅད་པའི་ལྷ་སྣངས་རྣམས་ཐོགས་མེད་དུ་འགྲུབ་པ་དང་། ཚར་བཅད་རྗེས་བཟུང་གཞིས་ཀའི་ལྷ་སྣངས་རྣམས་ཐོགས་མེད་དུ་འགྲུབ་པའོ་ཞེས། ཆོས་རྗེ་རིན་པོ་ཆེ་བསོད་ནམས་རྒྱལ་མཚན་དཔལ་བཟང་པོའི་ཞལ་སྔ་ནས་ཀྱིའི་རྡོ་རྗེའི་རྣམ་བཤད་ཉི་མའི་འོད་ཟེར་ལས་བཤད་དོ། །ལམ་འབྲས་ཀྱི་དགོངས་པ་ཆུང་ངུ་སྦྱོར་ལམ་དྲོད་དང་། འབྲིང་བཟོད་པ། ཆེན་པོ་མཐོང་ལམ་ཡན་ཆད་ཡིན་པར་མངོན་ནོ། །ཇི་སྲིད་དུ་སྤྱད་པ་ནི། སྤྱོད་པ་དང་པོ་གཉིས་བླ་བ་རེ་རེ་སྤྱོད་དེ། རྟག་གཉིས་ལས་བླ་བ་གཅིག་ཏུ་གསང་ལ་སྤྱོད། །ཅེས་དང་། བླ་བ་གཅིག་གི་སྐལ་ལྡན་པར། །འགྱུར་བ་འདི་ལ་ཐེ་ཚོམ་མེད། །ཞེས་སོ། །གསུམ་པ་ལ་ནི། ཇི་སྲིད་དུ་སྤྱད་པའི་དུས་ངེས་པ་མེད་དོ། །གསུམ་པ་ནི། སྤྱིར་རིམ་གཉིས་ཀྱི་རྟོགས་པ་བརྟན་པར་བྱེད་པ་ཡིན་ཞིང་། བྱེ་བྲག་ཏུ་ཀུན་འདར་གསང་སྤྱོད་ཀྱིས་དྲོད་འབྲིང་དང་། ཀུན་འདར་འཇིག་རྟེན་པའི་མངོན་དུ་སྤྱོད་པས་ནི་དྲོད་ཆེན་པོ་ཐོབ་པར་བྱེད་ཅིང་། འདི་གཉིས་ཀྱིས་ནི་གཙོ་ཆེར་རང་དོན་བསྒྲུབ་པར་བྱེད་ཅིང་། ཀུན་བཟང་གིས་ནི་གཙོ་ཆེར་གཞན་དོན་བསྒྲུབ་པོ། །

བཞི་པ་ནི། ཀུན་འདར་དང་ཀུན་བཟང་གི་སྤྱོད་པ་གཉིས་དང་། དང་པོ་ལ་འང་གསང་སྟེ་དཔྱོད་པ་དང་། འཇིག་རྟེན་པའི་མངོན་སུམ་དུ་སྤྱོད་པ་གཉིས་སོ། །སྤྲོས་བཅས་ཀྱི་སྤྱོད་པ་ནི། རྒྱལ་པོ་ ཨིནྡྲ་བོ་དྷིས་མཛད་པ་ཡིན་ཏེ། མཆོག་གི་དངོས་གྲུབ་མཉེས་ནས། དེས་འདུལ་བའི་སེམས་ཅན་གྱི་དོན་གྱི་ཕྱིར་ཕོ་བྲང་གཞལ་མེད་ཁང་དང་། རྒྱལ་པོ་རང་ཉིད་རྡོ་རྗེ་འཆང་དང་། རྒྱལ་བློན་རྣམས་རིགས་བཞི་དང་། བཙུན་མོ་རྣམས་ཡུམ་བཞི་དང་སྲས་རྣམས་བྱང་ཆུབ་སེམས་དཔའ་སེམས་མ་དང་། ཞབས་འབྲིང་བ་རྣམས་ཁྲོ་བོ་ཁྲོ་མོ་མཆོད་པའི་ལྷ་མོ་སོགས་སུ་བྱས་ནས། འདོད་ཡོན་ལ་ཞེན་མེད་དུ་ལོངས་སྤྱོད་པས་སེམས་ཅན་དཔག་ཏུ་མེད་པ་སྨིན་པར་མཛད་དོ། །འདི་ནི་ཕྱི་རོལ་དུ་འཁོར་དང་ལོངས་སྤྱོད་རྒྱ་ཆེན་པོ་ལ་སྤྱོད་པས་སྤྲོས་བཅས་སུ་བཞག་ཅིང་། ནང་རྣམ་རྟོག་གི་མཚན་མ་མེད་པས་ཤིན་ཏུ་སྤྲོས་མེད་ཀྱི་སྤྱོད་པ་ཡིན་ནོ། །

རིམ་གཉིས་དེའི་སྤྲོས་མེད་ཀྱི་སྤྱོད་པ་ཕྱི་རོལ་དུ་ཟ་ཞལ་འཆག་གསུམ་གྱིས་དུས་འདའ་བ་ལྟར་བྱེད་པ་ལ། བྷུ་སུ་ཀུ་ཏེ་བོད་སྐད་དུ་འདུ་ཤེས་གསུམ་པ་དང་། གཟུང་འཛིན་གྱི་སྤྱོད་པ་ཀུན་འདར་ཞིང་གསང་ཏེ་སྤྱོད་པས། ཀུན་འདར་གསང་སྤྱོད་ཅེས་སངས་རྒྱས་ཀྱི་གསུང་སྟེ། སཾ་པུ་ཊ་ལས། གང་ཞིག་འགྲོ་ལ་ཕན་དོན་དུ། །ཀུན་སྤངས་ཀྱི་ནི་སྤྱོད་པ་གསུངས། །ཞེས་དང་། ཟླ་བ་གཅིག་ཏུ་གསང་ལ་སྤྱོད། །ཞེས་སོ། །དེའི་ཤིན་ཏུ་སྤྲོས་མེད་ལ་གསུམ་གྱི་ཀུན་འདར་འཇིག་རྟེན་གྱི་མངོན་སུམ་དུ་སྤྱོད་པ་ནི། རིགས་དང་ཡུལ་ལ་སོགས་པ་སྤངས་ཏེ་སྨོན་པར་རྫས་ཏེ་སྤྱོད་པས་སྨྲོན་པ་བརྟུལ་བཞུགས་སྤྱོད་པ་ཞེས་བྱ་བ་སྟེ། སཾ་པུ་ཊ་ལས། བཟའ་དང་བཟའ་མིན་ཐེ་སྐྱེད་པ། །སྨྲོན་པའི་སྤྱོད་པས་བཟའ་བར་བྱ། །ཞེས་སོ། །དེ་ཉིད་གསང་སྤྱོད་ཀྱང་ཡིན་ཏེ། །ཤིན་ཏུ་གསང་བའི་ཡོ་གས་བསྒོམ་ཞེས་སོ། །

གཉིས་པ་ནི། རང་གི་རིམ་གཉིས་ཀྱི་རྟོགས་པ་བརྟན་པར་བྱ་བའི་ཕྱིར་དང་། སེམས་ཅན་ཡོངས་སུ་སྨིན་པའི་ཕྱིར་རྣལ་འབྱོར་དབང་ཕྱུག་ཆེན་པོ་སོགས་གྲུབ་ཐོབ་རྣམས་ཀྱིས་ཆུ་བོ་གངྒཱ་གྱེན་ལ་བཟློག་པ་དང་། ཉི་མ་ལྟེ་མར་བཟུང་བ་སོགས་རྣམ་པ་སྣ་ཚོགས་མཛད་པ་ནི། ཀུན་ཏུ་བཟང་པོའི་སྤྱོད་པར་བཤད་དེ། ཐམས་ཅད་དུ་བཟང་ལ། དངོས་གྲུབ་ཀུན་འདི་ལས་འབྱུང་བའི་ཕྱིར་རོ། །མི་མཐུན་པའི་ཕྱོགས་ཐམས་ཅད་ལས་རྒྱལ་བས་ཕྱོགས་ལས་རྣམ་པར་རྒྱལ་བའི་སྤྱོད་པ་དང་། ཆོས་ཀྱི་རྒྱལ་པོའི་རྒྱལ་ཚབ་ལ་གནས་ནས། སེམས་ཅན་དཔག་ཏུ་མེད་པའི་དོན་བྱེད་པས་རྒྱལ་ཚབ་ཆེན་པོའི་བརྟུལ་ཞུགས་ཀྱི་སྤྱོད་པ་ཞེས་ཀྱང་བྱ་སྟེ། ཀུན་བཟང་མཚུངས་པ་མེད་འགྲུབ་པས། །ཞེས་དང་། འདི་ནི་བསྒོམ་པ་ཐམས་ཅད་ཀྱི། །ཕྱོགས་ལས་རྣམ་རྒྱལ་མངོན་པར་བརྗོད། །ཅེས་དང་། ཡང་ན་དཔལ་ལྡན་རྒྱལ་ཚབ་ཆེ། །བརྟུལ་ཞུགས་སྤྱོད་པ་བསྒྲགས་པ་ཡང་། །ཞེས་སོ། །

གསུམ་པ་ནི། སྔར་བཤད་པའི་སྤྲོས་བཅས་ཀྱི་སྤྱོད་པ་དེ་ཉིད་དོ། །དེས་ན་རྒྱུ་དང་རྐྱེན་མ་ཚོགས་པར་འབྲས་བུ་སངས་རྒྱས་མི་འབྱུང་མོད་ཀྱི། འོན་ཀྱང་སྐྱེ་བ་སྔ་མའི་ལས་འཕྲོའི་བྱེ་བྲག་དང་། ནང་གི་རླུང་སེམས་དང་བག་ཆགས་ཀྱི་རྟེན་འབྲེལ་གྱི་ཁྱད་པར་གྱིས་འཕགས་པའི་ཡེ་ཤེས་སྐྱེ་བའི་སྣ་འདྲེན་ནམ་རྐྱེན་ཙམ་ནི་ཆོས་ཉན་པ་དང་བསྐྱེད་རིམ་སོགས་ཐབས་ཀྱི་དབྱེ་བ་གང་ཡང་རུང་བ་རེ་རེས་བྱེད་པར་གསུངས་ཏེ། མདོ་ལས། ཆོས་ཀྱི་རྣམ་གྲངས་འདི་བཤད་པ་ན། སྒྲོག་ཆགས་འདི་སྙེད་ཅིག་ཆོས་རྣམས་ལ་ཆོས་ཀྱི་མིག་རྡུལ་མེད་ཅིང་དྲི་མ་དང་བྲལ་བ་རྣམ་པར་དག་གོ། །ཞེས་དང་། ཀྱེའི་རྡོ་རྗེ་ལས། སྐྱེ་བོ་མི་བཟད་པའི་ལས་གང་དང་གང་གིས། འཆིང་འགྱུར་བ། ཐབས་དང་བཅས་ནས་དེ་ཉིད་ཀྱིས། །སྲིད་པའི་འཆིང་བ་ལས་གྲོལ་འགྱུར། །ཞེས་སོ། །

དཔེར་ན་ནད་པའི་ལུས་བརྟས་ཤིང་རྒྱས་པ་བཟའ་བ་དང་བཏུང་བ་ཚོགས་པས་བྱེད་མོད་ཀྱི། དེ་ཡི་ཡི་གའམ།

དང་ག་འཕྲེད་པ་སེ་འབྲུ་དང་ཞོ་ལ་སོགས་པ་ཟས་ཀྱི་ཁྱད་པར་འགའ་ཞིག་ཡིན་པ་བཞིན་ནོ། །དེའི་ཕྱིར་དབང་དང་རིམ་གཉིས་ལ་སོགས་པའི་ཐབས་ཀྱི་ཁྱད་པར་ལ་མི་དགོས་ཞེས་བསྐུར་བ་འདེབས་ན་བླུན་པོ་ཡིན་ཞིང་། འོན་ཀྱང་སེམས་ཙཾ་སྤྱོད་པ་ལྟ་བུ་གང་ཡང་རུང་བ་རེ་རེས་འཚང་རྒྱ་བར་འདོད་ན་ཤིན་ཏུ་འཁྲུལ་བར་རྒྱུད་དང་བསྟན་བཅོས་རྣམས་ལས་བཤད་པ་དེས་ན་སྔགས་ཀྱི་ལམ་བསྒྲུབ་པར་འདོད་ན་སྨིན་བྱེད་དབང་དང་གྲོལ་བྱེད་ལམ་རིམ་པ་གཉིས་ལ་འབད་པར་གྱིསཤིག །འདི་དག་གིས་ནི་ཐབས་ཕྱོགས་རེས་གྲོལ་བ་སྤྱིར་བཀག་པ་ཡིན་ལ། དེའི་ནང་ནས་ལོག་རྟོག་ཤས་ཆེ་བ་སེམས་ཙཾ་འཕྲོད་པ་ཙམ་གྱིས་གྲོལ་བར་འདོད་པ་ནི་འོག་ནས་འགོག་ཅིང་། དེང་སང་གི་དུས་འཁོར་བ་ཕལ་ཆེར་ཡང་། བསྐྱེད་རིམ་གྱིས་ཐུན་མོང་གི་དངོས་གྲུབ་བསྒྲུབ་པ་ཙམ་ཡིན་གྱི་སངས་རྒྱས་ཀྱི་ལམ་མ་ཡིན་ནོ། །ཞེས་ཟེར་བའང་། ལུང་རིགས་དང་འགལ་བས་མི་འཐད་དེ། སྤྱོད་པ་བསྡུས་པའི་སྒྲོན་མ་ལས། གང་ཞིག་སྐྱེ་བ་ཀུན་རྫོབ་བདེན་པ་སྟེ། །འཆི་བའི་མིང་ཡང་དོན་དམ་བདེན་པ་ཡིན། །རིམ་གཉིས་དེ་དག་བླ་མའི་དྲིན་གྱིས་ནི། །རྙེད་པ་འདི་ནི་མ་འོངས་སངས་རྒྱས་ཡིན། །ཞེས་པ་དང་། རིམ་པ་ལྔ་པ་ལས་ཀྱང་། བསྐྱེད་པའི་རིམ་ལ་ལེགས་གནས་ནས། །རྫོགས་པའི་རིམ་པ་འདོད་རྣམས་ལ། །ཐབས་ནི་རྫོགས་པའི་སངས་རྒྱས་ཀྱིས། །སྐས་ཀྱི་གདང་བུ་ལྟ་བུར་གསུངས། །ཞེས་དང་། ཀྱེའི་རྡོ་རྗེ་ལས་ཀྱང་། བསྐྱེད་པའི་རིམ་པ་ཉིད་དང་ནི། །རྫོགས་པ་ཡི་ཡང་རིམ་པ་ཉིད། །རིམ་གཉིས་མཉམ་པར་གནས་ནས་ནི། །རྡོ་རྗེ་ཅན་གྱིས་ཆོས་འཆད་དོ། །ཞེས་སོགས་རྒྱུད་འགྲེལ་དྲི་མ་མེད་པ་རྣམས་དང་འགལ་ཞིང་སྦྱང་བྱ་གཉིས་ཡིན་པའི་ཕྱིར་དང་། ཐོབ་བྱ་གཉིས་ཡིན་པའི་ཕྱིར་དང་། རང་གི་ངོ་བོ་རྟེན་དང་བརྟེན་པ་ཡིན་པའི་ཕྱིར། རིམ་པ་གཉིས་ཀ་བསྒོམ་དགོས་ཞེས་ལུང་ལ་བརྟེན་པའི་རིགས་པས་ཀྱང་གནོད་དེ། འདི་ལྟར་སྦྱང་བྱ་ཐ་མལ་གྱི་རྣམ་རྟོག་དང་གྱ་ནོམ་ལྟར་ཞེན་པའི་རྣམ་རྟོགས་སྦྱངས་པའི་ཕྱིར། རིམ་པ་བཞིན། རིམ་པ་གཉིས་བསྒོམ་དགོས་ཏེ། རྡོ་རྗེ་གུར་ལས། ཕལ་པའི་གནས་སྐབས་གཞོམ་པའི་ཕྱིར། །བསྒོམ་པ་ཡང་དག་རབ་ཏུ་གྲགས། །ཞེས་དང་། བརྟག་གཉིས་ལས། བསྐྱེད་པའི་རིམ་པའི་རྣལ་འབྱོར་གྱིས། །བརྟུལ་ཞུགས་ཅན་གྱིས་སྤྲོས་པ་བསྒོམ། །སྤྲོས་པ་རྨི་ལམ་ལྟར་བྱས་ནས། །སྤྲོས་པ་ཉིད་ནི་སྤྲོས་མེད་བྱེད་ཅེས་སོ། །གཞན་ཡང་གཟུགས་སྐུ་དང་ཆོས་སྐུ་གཉིས་ཐོབ་པའི་ཕྱིར། རིམ་པ་བཞིན་རིམ་པ་གཉིས་བསྒོམ་དགོས་ཏེ། གུར་ལས། དེ་ཕྱིར་དཀྱིལ་འཁོར་འཁོར་ལོ་ཞེས། །ཐབས་ནི་བདེ་བའི་སྡོམ་པ་སྟེ། །སངས་རྒྱས་ང་རྒྱལ་རྣལ་འབྱོར་གྱིས། །སངས་རྒྱས་ཉིད་ནི་མྱུར་བར་འགྲུབ། །སྟོན་པ་སུམ་ཅུ་རྩ་གཉིས་མཚན། །གཙོ་བོ་དཔེ་བྱད་བརྒྱད་བཅུར་ལྡན། །དེ་ནི་ཐབས་ཀྱི་གཟུགས་ཅན་ནོ། །ཞེས་དང་། སཾ་པུ་ཊ་ལས། རང་བྱུང་ངོ་བོ་ཉིད་འདི་ནི། །ཆོས་ཀྱི་སྐུར་ནི་རབ་ཏུ་གྲགས། །

ཞེས་སོ། །བསྐྱེད་རིམ་རྟེན་ཡིན་པས་དེ་མེད་ན་རྟེན་པ་རྫོགས་རིམ་ཀྱང་མེད་པར་འགྱུར་ཏེ། མེ་ཏོག་མེད་ན་དྲི་མེད་པ་བཞིན་ནོ། །བརྟག་གཉིས་ལས། ཇི་ལྟར་མེ་ཏོག་ལ་གནས་དྲི། །མེ་ཏོག་དངོས་མེད་ཤེས་མི་འགྱུར། །དེ་བཞིན་གཟུགས་སོགས་དངོས་མེད་ན། །བདེ་བ་ཉིད་ཀྱང་དམིགས་མི་འགྱུར། །ཞེས་སོ། །

གཞན་ཡང་བསྐྱེད་རིམ་སངས་རྒྱས་ཀྱི་ལམ་མིན་ན། རྒྱུད་སྡེ་རྣམས་སུ་དེ་བསྟན་པའི་དོན་མེད་པར་འགྱུར་རོ། །འོན་ཏེ། འཇིག་རྟེན་གྱི་དངོས་གྲུབ་ཁོན་དོན་དུ་གཉེར་བ་རྣམས་གཞུག་པའི་ཕྱིར་དུ་ཡིན་ནོ། །ཞེ་ན། དེ་ལྟ་བུ་ནི་སངས་རྒྱས་ཀྱི་བསྟན་པའི་སྟོད་མ་ཡིན་ཏེ། བསྟན་པ་འདི་ནི་སེམས་ཅན་འཁོར་བ་ལས་སྒྲོལ་བ་ཁོ་ནའི་ཕྱིར་ཡིན་པས་སོ། །དེ་དག་འཇིག་རྟེན་གྱི་དངོས་གྲུབ་ཙམ་བསྒྲུབ་པའི་ཕྱིར་ནི་བསྟན་མི་དགོས་ཏེ། དེའི་ཐབས་མུ་སྟེགས་ལ་འང་ཡོད་པའི་ཕྱིར་རོ། །འོན་ཏེ་དེ་དག་ལ་དེ་མ་བསྟན་ན་བསྟན་པ་ལ་མི་འཇུག་གོ། །ཞེ་ན། ཚོང་དང་སོ་ནམ་ལ་ཞེན་པ་དག་གཞུག་པའི་ཕྱིར། དེ་དག་གི་མན་ངག་ཀྱང་བསྟན་དགོས་པས་ཧ་ཅང་ཐལ་བར་འགྱུར་རོ། །རྒྱུད་རྒྱུད་འགྲེལ་རྣམས་སུ། བསྐྱེད་རིམ་སངས་རྒྱས་ཀྱི་ལམ་མ་ཡིན་པར་གསུངས་པ་ཡང་། དགོངས་གཞི་དེ་ཁོ་ནས་མི་གྲོལ་བ་ལ་དགོངས་ནས་དགོས་པ་བསྐྱེད་རིམ་ཙམ་གྱིས་ཆོག་པར་འཛིན་པ་དང་། དེ་ལ་བདེན་པར་ཞེན་པ་དགག་པའི་ཕྱིར་གསུངས་ཤིང་། དངོས་ལ་གནོད་བྱེད་སྔར་བཤད་པའི་ལུང་རིགས་རྣམས་སོ། །

གཉིས་པ་འཕྲོས་པའི་དོན་ལ་མ་འཁྲུལ་བའི་ལམ་ཉམས་སུ་བླང་བྱར་གདམས་པ་དང་། དེང་སང་གི་ཆོས་ལུགས་འགའ་ཞིག་ལ་སླད་པ་གཉིས་ལས། དང་པོ་ནི། དཔེར་ན་སོ་ནམ་ཚུལ་བཞིན་བྱས་པའི་ལོ་ཐོག་རིམ་གྱིས་སྨིན་པ་ལྟར། ཕ་རོལ་ཕྱིན་པའི་ལམ་དུ་ཞུགས་ན། བསྐལ་བ་གྲངས་མེད་པ་གསུམ་གྱིས་རྫོགས་པའི་སངས་རྒྱས་འཐོབ་ཅིང་སྔགས་ཀྱིས་བཏབ་པའི་ས་བོན་ཉི་མ་ཅིག་ལ་ལོ་ཐོག་སྨིན་པ་བཞིན་དུ་རྡོ་རྗེ་ཐེག་པའི་རིམ་པ་གཉིས་ཀྱི་ཐབས་ཟབ་མོ་ཤེས་ན། བརྩོན་འགྲུས་ཅན་གྱིས་ཚེ་འདི་ཉིད་ལ་སངས་རྒྱས་འགྲུབ་པོ། །སྟོང་ཉིད་སྙིང་རྗེ་དང་སྦྱིན་སོགས་ཕར་ཕྱིན་དྲུག་ཙམ་བསྒོམས་པས། སངས་རྒྱས་འགྲུབ་པར་ཕ་རོལ་ཕྱིན་པའི་གཞུང་ལུགས་ལས་བཤད་པ་ཡིན་ཞིང་། དེ་ཡིས་ཇི་ལྟར་མྱུར་ཞིང་བརྩོན་འགྲུས་ཆེ་ན་ཡང་། བསྐལ་པ་ཆེན་པོ་གྲངས་མེད་པ་གསུམ་གྱི་བར་དུ་མགོ་དང་རྐང་ལག་གཏོང་བ་ལ་སོགས་པའི་དཀའ་སྤྱད་དགོས་སོ། །

འདིའི་མཐའ་དཔྱད་ན། བསྐལ་པ་ལ་དབྱེ་ན། འཇིག་པའི་བསྐལ་པ། འཆགས་པའི་བསྐལ་པ། གནས་པའི་བསྐལ་པ་སྟེ་གསུམ་དང་། ཞིག་ནས་སྟོང་པ་ལ་བསྐལ་པའི་དོན་མེད་ཀྱང་གཞན་གྱིས་མཚོན་ནས་བར་བསྐལ་ཉི་ཤུའི་ཡུན་ཙམ་ཞིག་ཡོད་པས། དེ་རྣམས་རེ་རེ་ལ་བར་སྐལ་ཉི་ཤུ་སྟེ་བརྒྱད་བཅུ་ནི་བསྐལ་བ་ཆེན་པོ་སྟེ་

ལྔ་དང་། བར་གྱི་བསྐལ་པ་སྙེ་དྲུག་གོ། །དེའི་ཚད་ནི་འཛམ་བུ་གླིང་བའི་ཚེ་ལོ་དཔག་མེད་རྫོགས་ནས། བརྒྱད་ཁྲི་པ་ནས་བཟུང་སྟེ་བཅུ་པར་གྱུར་པའི་བར་དུའོ། །མཛོད་ལས། བསྐལ་པ་རྣམ་པ་མིང་བཤད་པ། །འཇིག་པའི་བསྐལ་པ་དམྱལ་བ་ཡི། །སྲིད་པ་མེད་ནས་སྣོད་ཟད་པ། །འཆགས་པ་དང་པོའི་རླུང་ནས་ནི། །དམྱལ་བ་སྲིད་པའི་བར་དུའོ། །བར་གྱི་བསྐལ་པ་དཔག་མེད་ནས། །ཚེ་ལོ་བཅུ་པའི་བར་དུའོ། །དེ་ནས་ཡར་སྐྱེ་མར་འབྲི་བའི། །བསྐལ་པ་གཞན་ནི་བཅོ་བརྒྱད་དང་། །ཡར་སྐྱེ་བ་ནི་གཅིག་ཡིན་ཏེ། །དེ་དག་ཚེ་ནི་བརྒྱད་ཁྲིའི་བར། །དེ་ལྟར་འཇིག་རྟེན་ཆགས་པ་འདི། །བར་གྱི་བསྐལ་བ་ཉི་ཤུར་གནས། །འཆགས་པ་དང་ནི་འཇིག་པ་དང་། །ཞིག་ནས་འདུག་པ་དག་མཉམ་མོ། །དེ་དག་བརྒྱད་ཅུ་ལ་བསྐལ་ཆེན། །དེ་གྲངས་མེད་གསུམ་ལ་སངས་རྒྱས། །ཞེས་སོ། །གྲངས་མེད་ནི། མདོ་སེལ་བུ་དང་། མཛོད་འགྲེལ་ལས། གྲངས་ཀྱི་གནས་གཞན་དྲུག་ཅུ་གསུངས་པའི་ཐ་མ་སྟེ། དྲུག་ཅུ་ནི། གཅིག་བཅུ་བརྒྱ་སྟོང་ཁྲི་འབུམ་དང་། །ས་ཡ་བྱེ་བ་དུང་ཕྱུར་དང་། །དགུ་པོ་དེ་དག་རྒྱང་པ་སྟེ། །ཐེར་འབུམ་ཁྲག་ཁྲིག་རབ་བཀྲམ་དང་། །གཏམས་དཀྲིགས་མི་འཁྲུགས་ཁྱད་ཕྱིན་དང་། །སྤྱང་སྟེངས་དེད་འདྲེན་མཐའ་སྣང་དང་། །རྒྱུ་རིག་འོད་མཛེས་དབང་པོ་དང་། །ལེགས་ཕྱིན་རྟོགས་འགྲོ་འགྱིང་བརྟུལ་དང་། །རྒྱ་སྟག་སྟོབས་འཕོར་བརྡ་ཤེས་དང་། །རྣམ་འབྱུང་དང་ནི་སྟོབས་མིག་རྣམས། །ཆེན་པོ་དག་དང་བཅས་པ་སྟེ། །བར་ནས་བརྒྱད་ནི་མ་རྟེད་པས། །བྱམས་དང་སྙིང་རྗེ་དགའ་བཏང་སྙོམས། །དེ་དག་ཆེན་པོར་བཅས་པ་ཡི། །ཐ་མ་གྲངས་མེད་ཡིན་པ་སྟེ། །ཡང་བྱུང་ས་ལས། བསྐལ་བ་ཆེན་པོ་གྲངས་མེད་པ་དང་པོས་ནི། མོས་པས་སྤྱོད་པ་ལ་གནས་པ་ལས་ཡང་དག་པར་འདས་ནས། རབ་ཏུ་དགའ་བ་ལ་གནས་པ་འཐོབ་སྟེ། དེ་ཡང་ངེས་པར་འཐོབ་ཀྱི་མི་འཐོབ་པས་མ་ཡིན་ཏེ། བསྐལ་བ་ཆེན་པོ་གྲངས་མེད་པ་གཉིས་པས་ནི་རབ་ཏུ་དགའ་བ་ལ་གནས་པ་ནས། མཚན་མ་མེད་པ་ལ་གནས་པ། རྩོལ་བ་དང་བཅས་པའི་བར་ལས་འདས་ཏེ། མཚན་མ་མེད་པ་ལ་གནས་པ་ལྷུན་གྱིས་གྲུབ་པ་འཐོབ་པར་འགྱུར་རོ། །དེ་ནི་ངེས་པ་ཁོ་ན་སྟེ་འདི་ལྟར་བསམ་པ་དག་པའི་བྱང་ཆུབ་སེམས་དཔའ་དེ་ནི་ངེས་པར་འབབ་པའི་ཕྱིར་རོ། །བསྐལ་པ་ཆེན་པོ་གྲངས་མེད་པ་གསུམ་པས་ནི་མཚན་མ་མེད་པ་ལྷུན་གྱིས་གྲུབ་པ་དང་། སོ་སོ་ཡང་དག་པར་རིག་པ་ལ་གནས་པ་ལས་ཡང་དག་པར་འདས་ནས་བྱང་ཆུབ་སེམས་དཔའི་གནས་པ་མཆོག་ཐོབ་པར་འགྱུར་རོ། །ཞེས་དང་། བསྐལ་པ་གྲངས་མེད་པ་ཕྱི་མ་ཐོས་ཀྱིས་ནི། གསུམ་ཁོ་ནས་འཐོབ་ཅིང་ལྷག་པས་ནི་མ་ཡིན་ཏེ། སུ་བརྩོན་འགྲུས་རྩོམ་པ་ཆེན་པོའི་ཡང་ཆེན་པོས་སྦྱོར་བ་དེའི་ནང་ན། ལ་ལ་ནི་བར་གྱི་བསྐལ་བ་མང་པོ་ཞིག་འདུམས་པར་བྱེད་དོ། །ལ་ལ་ནི་བསྐལ་པ་ཆེན་པོ་དག་གི་བར་དུ་འདུམ་པར་བྱེད་ཀྱི། གྲངས་མེད་པ་འདུམ་པར་བྱེད་པ་ནི་འགའ་ཡང་མེད་

རིག་པར་བྱའོ། །ཞེས་པས་ནི། གསུམ་ལས་ཉུང་བ་བཀག་ཅིང་ལུང་སྔ་མས་ནི་བརྩོན་འགྲུས་ཆེན་པོ་གྲངས་མེད་གསུམ་གྱིས་འགྲུབ་པར་བསྟན་པའོ། །བརྒྱད་སྟོང་འགྲེལ་ཆེན་དུ། མོས་སྤྱོད་ཀྱི་ས་དང་འཕགས་པའི་ས་བཅུ་པོ་རེ་རེ་ལ་གྲངས་མེད་གསུམ་གསུམ་ཏེ། སུམ་ཅུ་རྩ་གསུམ་གྱིས་འགྲུབ་པ་ནི་ཤིན་ཏུ་མྱུར་བ་ཡིན་ལ། གསུམ་གྱིས་འགྲུབ་པར་བཤད་པ་ནི་སྙིང་སྟོབས་ཆུང་བ་དག་དྲང་བའི་དོན་ཏོ། །ཞེས་འཆད་ཅིང་། རྗེ་བཙུན་གོང་མ་རྣམས་རབ་ཀྱིས་གསུམ་དང་། འབྲིང་གིས་སུམ་ཅུ་རྩ་གསུམ་ཐ་མས་བསམ་གྱིས་མི་ཁྱབ་པ་ན་འགྲུབ་པོ་ཞེས་གསུངས་སོ། །

རྒྱ་ཆེར་རོལ་བ་ལས། ཐེར་འབུམ་ཕྲག་བརྒྱ་ན་ཁྲག་ཁྲིག །དེ་བརྒྱ་ལ་རབ་བགྲམ་ཞེས་སོགས་བར་གྱི་ཆེན་པོ་རྣམས་དོར་ནས་འཆད་ཅིང་ཕལ་ཆེན་ལས། བརྒྱ་སྟོང་བརྒྱ་སྟོང་ན་བྱེ་བའོ། །བྱེ་བ་བྱེ་བ་ན་ཁོད་ཁོད་དོ། །ཞེས་སོགས་བཤད་དོ། །ཕ་རོལ་ཕྱིན་པའི་ལུགས་འདི་ནི་དུས་གསུམ་གྱི་རྫོགས་པའི་སངས་རྒྱས་ཐམས་ཅད་གཤེགས་པའི་ལམ་པོ་ཆེ་ཐེག་ཆེན་པ་ཀུན་རྩོད་པ་ལས་གྲོལ་བའི་ཆོས་ཡིན་པས་མཁས་པ་རྣམས་ཀྱིས་གུས་པས་བསྟེན་པར་བྱའོ། །གལ་ཏེ་འདིའི་ལུགས་བཞིན་བསྒྲུབ་པར་འདོད་ན། མདོ་ལས། རྡོ་རྗེ་ཕག་མོའི་བྱིན་རླབས་བཤད་པ་མེད་ཅིང་། ལྷན་སྐྱེས་དང་ལྷ་ལྔ་མ་བཅུ་གསུམ་མ་སོ་བདུན་མ་སོགས་ཡི་དམ་ལྷའང་འདི་ར་མི་བསྒོམ་མོ། །གཏུམ་མོ་དང་འཁྲུལ་འཁོར་ལ་སོགས་ཐབས་ལམ་བསྒོམ་པ་དང་བྲལ་ཞིང་། ཕྱག་རྒྱ་ཆེན་པོ་བསྒོམ་པའི་ཐ་སྙད་མེད་ལ། ཚེ་འདི་དང་བར་དོ་དང་ཕྱི་མར་འཚང་རྒྱ་བར་ཕ་རོལ་ཏུ་ཕྱིན་པ་ཁོང་མའི་བཞེད་དོ། །འོན་ཀྱང་ཐེག་པ་ཆེན་པོའི་སྡེ་སྣོད་རྣམས་ལས་འབྱུང་བ་བཞིན་དུ། སྨོན་འཇུག་བྱང་ཆུབ་མཆོག་ཏུ་སེམས་བསྐྱེད་པ་བསྐལ་པ་གྲངས་མེད་གསུམ་དུ་ཚོགས་གཉིས་སོགས་བསྔོ་དངོས་བཞིས་སེམས་ཅན་ཡོངས་སུ་སྨིན་པ་དང་། དགེ་རྩ་རྣམས་རང་ཉིད་སངས་རྒྱས་པ་ན་སེམས་ཅན་དང་སྣོད་ཀྱི་འཇིག་རྟེན་གྱི་ཞིང་རྣམས་ཉེས་པ་མེད་ཅིང་ཡོན་ཏན་དང་ལྡན་པར་ཡོངས་སུ་བསྔོ་བའི་སྒོ་ནས་ལེགས་པར་སྦྱངས་ཤིག །དེ་ནས་ས་བཅུ་རྒྱུན་གྱི་ཐ་མར་ཁམས་གསུམ་གྱི་ཉོན་མོངས་པ་དང་ཉེ་བར་ལེན་པའི་ཕུང་པོ་དང་། དེ་ཉིད་རྒྱུན་ཆད་པ་དང་། འདོད་པ་ཁམས་ཀྱི་བདུད་སྡིག་ཅན་དེ་བཞི་པོ་གོ་རིམ་བཞིན་དུ་ཕུང་པོ་ལྷག་བཅས་དང་ལྷག་མེད་ཀྱི་མྱང་འདས་ཐོབ་པ་དང་། རིགས་མཐུན་གནས་པ་དང་། ཁྱིམ་ནས་མངོན་པར་འབྱུང་བ་ལ་བར་དུ་གཅོད་པས་བདུད་དེ། དེ་རྣམས་བཏུལ་ནས་རྫོགས་པའི་སངས་རྒྱས་འཐོབ་པར་མདོ་ལས་གསུངས་སོ། །

འཕགས་པ་ཀླུ་སྒྲུབ་ཀྱིས། དང་པོ་བྱང་ཆུབ་མཆོག་ཏུ་ཐུགས་བསྐྱེད་ཅིག །བསྐལ་པ་གྲངས་མེད་གསུམ་དུ་ཚོགས་བསགས་ནས། །བྱང་ཆུབ་སྙིང་པོར་སངས་རྒྱས་བདུད་བཞི་བཏུལ། །བྱང་ཆུབ་ཆེན་པོའི་མཆོད་རྟེན

ཕྱག་འཚལ་ལོ། །ཞེས་གསུངས་པ་ལྟར་རོ། །འདིར་ལམ་བསྒྲུབ་ཚུལ་དང་། འབྲས་བུ་ཐོབ་ཚུལ་ཅུང་ཟད་བཤད་པ་ལྟར་བྱང་ཆུབ་ཏུ་སེམས་བསྐྱེད་ནས་ཚོགས་ལམ་དུ་ཞུགས་པ་ཡིན་ཞིང་། དེ་ཡང་གསུམ་ལས། ཆུང་ངུར་དྲན་པ་ཉེར་བཞག་བཞི། འབྲིང་དུ་ཡང་དག་སྤོང་བ་བཞི། །ཆེན་པོར་རྫུ་འཕྲུལ་རྐང་བཞི་འཐོབ་ཅིང་། དེར་ཆོས་རྒྱུན་གྱི་ཏིང་ངེ་འཛིན་ཡང་ཐོབ་པར་བཤད་པས། སྦྱོར་ལམ་འདིས་བསྡུས་པའི་བསྒོམ་བྱུང་ཡོད་ཀྱང་ཡང་དག་པའི་དོན་ཡུལ་དུ་བྱེད་པའི་བསྒོམ་བྱུང་མེད་དེ། གལ་ཏེ་ཡོད་ན་དེའི་དོན་ལ་གསལ་སྣང་འབྱུང་དགོས་པ་ལས། མི་འབྱུང་བའི་ཕྱིར་ཏེ། དྲོད་སྣང་བ་ཐོབ་པའི་ཏིང་ངེ་འཛིན་ཅེས་པས་སོ། །དེ་ནས་དེ་ཁོ་ན་ཉིད་ཀྱི་དོན་ལ་བསྒོམ་བྱུང་གི་གསལ་སྣང་དང་པོར་སྐྱེས་ཤིང་། ཀུན་ནས་ཉོན་མོངས་ཀྱི་གཟུང་བ་ལ་བདེན་ཞེན་མངོན་གྱུར་ལྡོག་པས། དེའི་གཟུང་བ་རང་བཞིན་མེད་པར་རྟོགས་པ་ནི་ཐེག་ཆེན་གྱི་སྦྱོར་ལམ་དྲོད་དོ། །དེ་ནས་གསལ་སྣང་དེ་ཆེར་འཕེལ་ཞིང་མཆེད་པས། རྣམ་བྱང་གི་གཟུང་བ་རང་བཞིན་མེད་པར་རྟོགས་པ་ནི་རྩེ་མོའོ། །དེ་ནས་གང་ཟག་རྫས་སུ་འཛིན་པའི་འཛིན་པ་རང་བཞིན་མེད་པར་རྟོགས་ཀྱང་། སྐྱེས་བུ་བཏགས་པར་ཡོད་པའི་འཛིན་པ་དེ་ལྟར་མ་རྟོགས་པས། གཟུང་འཛིན་གཉིས་མེད་ཀྱི་དེ་ཁོ་ན་ཉིད་ཀྱི་ཕྱོགས་གཅིག་ལ་ཞུགས་པའི་ཏིང་ངེ་འཛིན་ནི་བདག་མེད་པ་ལ་མི་སྐྲག་པས་བཟོད་པའོ། །སྐྱེས་བུ་བཏགས་པར་ཡོད་པའི་འཛིན་པ་རང་བཞིན་མེད་པར་རྟོགས་ཀྱང་། དེ་བཞིན་ཉིད་ལ་ཞེན་པ་མ་སྤངས་པ་ནི་ཆོས་མཆོག་ཏེ། འདི་དག་ཀྱང་མཐོང་སྤང་གི་སྒྲིབ་པ་གཉིས་མངོན་གྱུར་ཅི་རིགས་ལྡོག་ཅིང་། དེ་ཁོ་ན་ཉིད་ཀྱང་མོས་པས་ཡུལ་དུ་བྱེད་པ་ལ་སྒྲ་དོན་འདྲེས་རུང་འཛིན་པའི་རྟོག་བཅས་ཀྱང་ཡིན་ཏེ། དེའི་མཇུག་ཐོག་ཏུ་བདག་གཉིས་ཀྱི་མཚན་མ་ཅི་ཡང་མ་མཐོང་བའི་སེམས་རིག་ཙམ། གསལ་ཙམ། མཐོང་སྤང་གི་ས་བོན་སྤངས་པ་ནི། ཕྱིན་ཅི་ལོག་གི་མཚན་མ་ཅི་ཡང་མ་མཐོང་པ་ལ། དེ་ཁོ་ན་ཉིད་མཐོང་པར་བརྗོད་པ་སྟེ་མདོ་ལས། ནམ་མཁའ་མཐོང་ཞེས་འཇིག་རྟེན་ཚིག་ཏུ་རབ་བརྗོད་ཀྱང་། །ནམ་མཁའ་ཇི་ལྟར་མཐོང་ཏེ་དོན་འདི་བརྟགས་པར་གྱིས། །ཆོས་མཐོང་བ་ཡང་དེ་དང་འདྲ་བར་རྒྱལ་བས་བཤད། །ཅེས་དང་། དོན་དམ་པའི་བདེན་པ་མཐོང་བ་གང་ཞེ་ན། ཆོས་གང་ཡང་མཐོང་བ་མེད་པའོ་ཞེས་སོ། །སྟོན་དེ་ལྟ་བུ་ནམ་ཡང་རྒྱུད་ལ་མ་སྐྱེས་པས། སྟོན་མ་མཐོང་བ་མཐོང་བས་མཐོང་བའི་ལམ་མོ། །དེས་དྲངས་པའི་རྗེས་ཐོབ་ཏུ་སྨིན་པའི་ཕ་རོལ་ཏུ་ཕྱིན་པ་གཙོ་བོར་བསྒྲུབ་ཅིང་། ཡོན་ཏན་བརྒྱ་ཕྲག་བཅུ་གསུམ་འབྱུང་སྟེ་གང་ཞེ་ན། བླ་མ་ཆོས་ཀྱི་རྒྱལ་པོས། རབ་དགར་གནས་པ་དུས་གཅིག་ཉིད་ལ་ནི། །ཏིང་འཛིན་བརྒྱ་ཐོབ་དེ་ལ་འཇུག་པ་དང་། །སངས་རྒྱས་བརྒྱ་མཐོང་དེ་ཡི་བྱིན་རླབས་རིག །ཞིང་བརྒྱར་འགྲོ་ཞིང་འཇིག་རྟེན་ཁམས་བརྒྱ་བསྒུལ། །དེ་བརྒྱ་སྣང་བྱེད་འགྲོ་བརྒྱ་སྨིན་པར་བྱེད། །བསྐལ་པ་བརྒྱར་གནས་སྔོན་དང་ཕྱི་མར་

འཇུག །ཆོས་བརྒྱ་འབྱེད་ཅིང་ལུས་བརྒྱ་སྟོན་པ་དང་། །ལུས་རེའང་བྱང་ཆུབ་སེམས་དཔའ་བརྒྱ་ཕྲག་གི། །འཁོར་གྱིས་ཡོངས་སུ་བསྐོར་བར་སྟོན་པའོ། །འདི་དག་ཡོན་ཏན་བརྒྱ་ཕྲག་བཅུ་གསུམ་ལགས། །ཞེས་སོ། །འདི་ནི་འཇིག་རྟེན་ལས་འདས་པའི་ས་དང་པོའོ། །

དེ་ནས་བསྒོམ་སྤྱངས་ཆེ་འབྲིང་ཆུང་དུ་རེ་རེ་ལའང་གསུམ་གསུམ་དུ་ཕྱེ་བའི་དགུ་པོ་སྤོང་བའི་གཉེན་པོ་བསྒོམ་ལམ་ས་གཉིས་པ་ནས་བཅུ་བའི་བར་དགུ་ཡིན་ཞིང་། འདི་དག་གི་མཉམ་བཞག་ལ་སྔར་ལྟར་སེམས་རིག་ཙམ་གསལ་ཙམ་དུ་ཁྱད་པར་མེད་པས་ཤེས་བྱ་གསལ་ལ་མི་གསལ་དང་། རྒྱ་ཆེ་ཆུང་གི་ཁྱད་པར་མེད་ཀྱང་སྒྲིབ་པའི་ས་བོན་འཐུག་པ་དང་སྲབ་པའི་ཁྱད་པར་དང་། རྗེས་ཐོབ་དུ་ངེས་པ་འདྲེན་པའི་ཁྱད་པར་ལས་རྟོགས་པ་ཐ་དད་པར་བཞག་པའོ། །དེ་ཡང་འདི་དག་གི་རྗེས་ཐོབ་དུ་ཚུལ་ཁྲིམས་ནས་ཡེ་ཤེས་ཀྱི་བར་གྱི་ཕ་རོལ་ཏུ་ཕྱིན་པ་རེ་རེ་གཙོ་བོར་སྒྲུབ་ཅིང་ལྷག་མ་རྣམས་ཕལ་པའི་ཚུལ་གྱིས་སྒྲུབ་པོ། །ཡོན་ཏན་གྱི་གྲངས་ཀྱང་སྔར་སྨོས་པ་དེ་དག་སྟོང་འགྱུར་སོགས་སུ་འཕེལ་ཏེ། དེ་དག་དྲི་མ་མེད་ལ་གནས་པ་ནས་བཅུ་བའི་བར་ལ་གནས་པ་རིམ་བཞིན་དུ། སྟོང་དང་འབུམ་དང་བྱེ་བ་ཕྲག་བརྒྱ་དང་། །བྱེ་བ་ཁྲག་ཁྲིག་ཕྲག་འབུམ་དག་དང་ནི། །འཇིག་རྟེན་འབུམ་གྱི་རྡུལ་དང་མཉམ་པ་དང་། །དེ་བཞིན་འཇིག་རྟེན་གྲངས་མེད་འབུམ་རྡུལ་དང་། །འཇིག་རྟེན་མཐའ་ཡས་རྡུལ་དང་མཉམ་པ་འཐོབ། །ཅེས་སོ། །འདི་དག་ཀྱང་ས་བཅུ་དང་བྱང་ས་སོགས་ན་ཅུང་ཟད་མི་འདྲ་བར་སྣང་ཞིང་། འདིར་བཤད་པ་ནི་དབུམ་འཇུག་པ་དང་མཐུན་ནོ། །དེ་ཡང་ས་དྲུག་པའི་བར་དུ་ནི་གཟུང་འཛིན་གྱི་མཚན་མ་མི་འདོད་བཞིན་དུ་ཡང་འབྱུང་བས། མཚན་མ་དང་བཅས་པ་ཡིན་ལ། མུན་པར་སྒྲིམས་ན་མཚན་མ་མི་འབྱུང་བས་མཚན་མ་མེད་པ་རྩོལ་བ་དང་བཅས་པ་ཞེས་བྱའོ། །བརྒྱད་པ་ནས་མ་སྒྲིམས་ཀྱང་དེ་མི་འབྱུང་བས་མཚན་མ་མེད་པ་ལྷུན་གྱིས་གྲུབ་པ་གཞོན་ནུའི་ས་ཞེས་བྱ་ཞིང་། སྨོན་ལམ་གྱི་ཕར་ཕྱིན་རྫོགས་པས་ཞིང་ཡོངས་སུ་དག་པར་བྱེད་པ་ཡིན་ནོ། །དགུ་པར་སོ་སོ་ཡང་དག་རིག་བཞིས་ཇི་ལྟར་འདོད་པ་བཞིན་དུ་ཆོས་སྟོན་པ་ལ་སངས་རྒྱས་དང་འདྲ་བས་སེམས་ཅན་སྨིན་པར་བྱེད་པ་དང་། རྒྱལ་ཚབ་ལ་གནས་པ་ཞེས་བྱའོ། །བཅུ་པར། སེམས་ཅན་གྱི་དོན་བྱེད་པ་ལ་སངས་རྒྱས་དང་འདྲ་བས་དབང་བསྐུར་བ་ཞེས་བྱའོ། །དེའི་མཇུག་ཐོག་ཏུ་གནས་ངན་ལེན་གྱི་སྒྲིབ་པ་ཕྲ་མོ་ཡང་སྤྱངས་པས་སྤྱངས་པ་མཐར་ཐུག་ཅིང་། རྟོགས་སོགས་ཡོན་ཏན་ཐམས་ཅད་མངོན་དུ་གྱུར་པས་རྟོགས་མཐར་ཐུག་པ་ནི་སངས་རྒྱས་ཏེ། འདིའི་མཉམ་བཞག་ནི་སྔར་བཤད་པ་དང་འདྲ་ཞིང་། བྱང་ས་ལས། བྱང་ཆུབ་སེམས་དཔའི་ཡེ་ཤེས་ནི་སེང་རས་ཀྱི་བར་དུ་ཆོད་པའི་གཟུགས་ལ་ལྟ་བ་དང་། དེ་བཞིན་གཤེགས་པ་ཡི་ནི་བར་དུ་མ་ཆོད་པར་ལྟ་བ་དང་འདྲའོ། །ཞེས་སོགས་དཔེ་དུ་མའི་སྒོ་ནས

ཁྱད་པར་ཡོད་པར་བསྟན་པ་ནི། སློབ་པའི་ས་བོན་མཐར་ཕྱིན་པར་མ་སྤྱངས་པ་དང་སྤྱངས་པ་ལ་དགོངས་པ་ཡིན་ནོ། །འདིར་ཤེས་བྱ་ཇི་སྙེད་པ་མཁྱེན་པའི་ཡེ་ཤེས་ནི་རང་སྣང་ལ་མི་མངའ་སྟེ། དུས་རྟག་ཏུ་མཉམ་པར་བཞག་ཅིང་། མཉམ་བཞག་ནི་སྣང་མེད་ཡིན་པའི་ཕྱིར་ཏེ། ཆོས་དང་ཆོས་ཉིད་རྣམ་པར་འབྱེད་པ་ལས། ཐམས་ཅད་དེ་བཞིན་ཉིད་ཙམ་དུ། །སྣང་མེད་ཡང་གནས་ཡོངས་གྱུར་པ། །ཞེས་དང་། ཐེག་བསྡུས་ལས། མི་ཞིག་མིག་ནི་བཙུམ་པ་ལྟར། །རྣམ་རྟོག་མེད་པའི་ཤེས་དེ་འདྲ། །དེ་ཉིད་མིག་ནི་ཕྱེ་བ་ལྟར། །དེར་རྗེས་ཐོབ་པའི་ཤེས་དེ་འདྲ། །ཞེས་དང་། སུམ་ཅུ་པ་ལས། ནམ་ཞིག་ཤེས་པས་ཤེས་བྱ་རྣམས། །མི་དམིགས་དེ་ཡི་ཚེ་ན་ནི། །རྣམ་པར་རིག་པ་ཙམ་ལ་གནས། །བཟུང་བ་མེད་པས་དེར་འཛིན་མེད། །ཞེས་སོ། །

ཤེས་བྱ་ཐམས་ཅད་མཁྱེན་པར་བཤད་པ་ནི། སྔོན་ལམ་གྱི་དབང་གིས་མཉམ་བཞག་ཡེ་ཤེས་ཀྱི་བདག་རྐྱེན་བྱས་ནས། གདུལ་བྱ་ལ་གཟུགས་སྐུ་གཉིས་ཀྱི་སྣང་བ་འབྱུང་ཞིང་། དེས་དེ་དག་གི་ཐེ་ཚོམ་གཅོད་པ་ལ་དགོངས་པ་ཏེ། མདོ་སྡེ་རྒྱན་ལས། རྣམ་མཁྱེན་གྱི་དབང་དུ་མཛད་ནས། སྐུ་གསུམ་དག་གིས་བྱང་ཆུབ་ཆེ། །རྣམ་པ་ཀུན་མཉེས་ཐམས་ཅད་དུ། །སེམས་ཅན་ཀུན་གྱི་ཐེ་ཚོམ་དག །གཅོད་མཛད་ཁྱོད་ལ་ཕྱག་འཚལ་ལོ། །ཞེས་སོ། །འདི་དག་ནི་རྣམ་རིག་པའི་ལུགས་ཡིན་ལ། དབུ་མ་རང་རྒྱུད་པ་འགའ་ཞིག་ཀྱང་འདི་དང་མཐུན་ཏེ། སློབ་དཔོན་ཀ་མ་ལ་ཤཱི་ལས། དེས་གང་ཞིག་ཡུལ་དུ་བྱེད་པ་དེ་ཡང་མི་དམིགས་པས་ཡིན་གྱི། དམིགས་པས་ནི་མ་ཡིན་នོ། །ཞེས་སོ། །འོན་ཀྱང་རྣམ་རིག་པ་ནི། དེ་ལྟ་བུའི་ཡེ་ཤེས་དེ་བདེན་པར་འདོད་ཅིང་། དབུ་མ་པ་དེ་ལྟར་མི་འདོད་དོ་ཞེས་བྱ་བ་ནི་ཁྱད་པར་རོ། །དབུ་མ་རང་རྒྱུད་པ་འགའ་ཞིག་ནི་དེའི་ཡེ་ཤེས་ཀྱིས་ཤེས་བྱ་ཐམས་ཅད་ཅིག་ཆར་དུ་གསལ་བར་མཁྱེན་ཞིང་། དེ་ཡང་རང་བཞིན་མེད་པར་མཁྱེན་པས་མཉམ་རྗེས་ངོ་བོ་གཅིག་པའི་ཕྱིར། མཉམ་པར་མ་བཞག་ཐུགས་མི་མངའ་ཞེས་པ་དང་མི་འགལ་ཞིང་། རྫུན་པ་ལ་རྫུན་པ་ཉིད་དུ་མཁྱེན་པས་འཁྲུལ་བར་ཡང་མི་འགྱུར་རོ། །ཞེས་སོགས་འཆད་ཅིང་། འདིར་ལས་ཀྱི་སྣང་བ་རྣམས་ཀྱང་མཁྱེན་པར་འདོད་དོ། ། རྒྱུད་དང་རྒྱུད་འགྲེལ་རྣམས་སུའང་དེ་ལྟར་མཁྱེན་པར་འཆད་ཅིང་། མ་དག་པའི་སྣང་བ་ནི་མི་སྣང་ངོ་། །ཞེས་པ་དང་ཁྱད་པར་རོ། །ལམ་འབྲས་ལས། བདེ་བར་གཤེགས་པའི་སྐུ་གསུང་ཐུགས་མི་ཟད་པ་རྒྱན་གྱི་འཁོར་ལོ་ལ་དག་པའི་སྣང་བའོ་ཞེས་སོ། །འཕགས་པ་ཀླུ་སྒྲུབ་ཡབ་སྲས་ཀྱིས་བཞེད་པ་ཐུན་མོང་མ་ཡིན་པ་ནི། ཚོགས་སྦྱོར་གྱི་རྣམ་བཞག་རྒྱས་པར་བཤད་པ་མཐོང་ཞིང་། འོན་ཀྱང་དེ་དག་གི་གཞུང་ལུགས་རྣམས་ཀྱི་གུང་བསྒྲིགས་པ་ལས་འདི་ལྟར་རྟོགས་ཏེ། ཤེས་པ་དང་ཤེས་བྱའི་ཆོས་རྣམས་གདོད་མ་ནས་གྲུབ་པ་ནི་ཙུང་ཟད་ཀྱང་མེད་ཀྱི། བྱིས་པ་རྣམས་ཀྱིས་བརྟགས་པར་ཟད་དོ། །ཞེས་ཐོས་བསམ་གྱིས་རིགས་པས་དཔྱོད་

ཅིང་། དེ་མ་རྟོགས་པར་དངོས་པོར་ཞེན་པའི་དབང་གིས་སྡུག་བསྔལ་བ་རྣམས་ལ་སྙིང་རྗེ་སྐྱེ་ཏེ། བྱང་ཆུབ་སེམས་འགྲེལ་ལས། དེ་ལྟར་རྣལ་འབྱོར་པ་རྣམས་ཀྱིས། །སྟོང་པ་ཉིད་ནི་གོམས་བྱས་ན། །གཞན་གྱི་དོན་ལ་ཆགས་པའི་བློ། །འབྱུང་བར་འགྱུར་བ་ཐེ་ཚོམ་མེད། །ཞེས་སོ། །དེས་ན་དེ་དག་གི་དོན་ཏུ་བྱང་ཆུབ་སེམས་བསྐྱེད་ནས་ཇི་སྲིད་དུ་སྟོང་པ་ཉིད་ཀྱི་དོན་ལ་བསྒོམ་བྱུང་གི་ཤེས་པ་མ་སྐྱེས་པ་དེ་སྲིད་དུ་འདིར་ཚོགས་ལམ་གྱི་མིང་མ་བཏགས་ཀྱང་བྱམས་ཆོས་ཀྱི་རྒྱུད་བཀའ་བ་ན་ཚོགས་ལམ་ཡིན་ཏེ། དེ་ནས་བདེན་པ་མ་མཐོང་གི་བར་དུ་སྦྱོར་ལམ་དུ་མ་གསུངས་ཀྱང་དེ་ཡིན་ནོ། །དེའི་མཇུག་ཐོག་ཏུ་སྔོན་ཐོས་བསམ་བསྒོམ་གསུམ་གྱི་ཤེས་བྱའི་ཆོས་རྣམས་རང་བཞིན་མེད་པ་ལ། དེ་ལྟར་མོས་པར་བྱས་པ་དེ་ཉིད་མངོན་དུ་གྱུར་ཏེ། ཡུལ་ཅི་ཡང་མི་སྣང་ཞིང་དེས་ན་ཡུལ་ཅན་ཤེས་པ་མི་འབྱུང་སྟེ་དེ་ནི་ཤེས་བྱ་ལ་ལྟོས་པའི་ཕྱིར་ཏེ། འཇུག་པ་ལས། ཤེས་བྱ་མེད་ན་ཤེས་པ་གསལ་བ་ནི། །བདེ་གླུག་རྟེད་ཅེས་སངས་རྒྱས་རྣམས་ཀྱིས་གསུངས། །ཞེས་སོ། །དེས་ན་ཤེས་པ་དང་ཤེས་བྱའི་མཚན་མ་ནུབ་ཅིང་སེམས་དང་སེམས་བྱུང་གི་འཇུག་པ་ཞི་བ་ཉིད། དེ་ཁོ་ན་ཉིད་མཐོང་བའི་ལམ་ཡིན་ཏེ། ཤེས་པ་དང་ཤེས་བྱ་རང་བཞིན་གྱིས་ཡོད་པ་གཉེན་པོས་བཀག་ནས་མི་སྣང་བ་མ་ཡིན་གྱི་བསྒོམས་པས་མངོན་སུམ་དུ་བྱས་པ་ཡིན་པའི་ཕྱིར། ཆད་པའི་མཐར་ལྟུང་བར་མི་འགྱུར་ཏེ། བྱང་ཆུབ་སེམས་འགྲེལ་ལས། སྟོང་ཉིད་རང་བཞིན་དུ་བརྗོད་པས། །འགའ་ཞིག་ཆད་པར་སྨྲས་པ་མིན། །ཞེས་དང་། སྤྱོད་འཇུག་ལས། གང་ཚེ་དངོས་དང་དངོས་མེད་དག །བློ་ཡི་མདུན་ན་མི་གནས་པ། །དེ་ཚེ་རྣམ་པ་གཞན་མེད་པས། །དམིགས་པས་མེད་པར་རབ་ཏུ་ཞི། །ཞེས་སོ། །དེའི་ཚེ་དངོས་པོར་ཞེན་པའི་མཚན་ཉིད་ཅན་ཉོན་མོངས་ཅན་གྱི་མ་རིག་པ་མཐོང་སྤངས་ཡིན་པ་རྣམས་སྤངས་པས་སྣང་བ་ལ་བདེན་ཞེན་མི་འབྱུང་ཡང་། ཉོན་མོངས་ཅན་མ་ཡིན་པའི་མ་རིག་པ་བསྒོམས་སྤངས་རྣམས་མ་སྤངས་པ་རྗེས་ཐོབ་ཏུ་སྣང་ཡང་བདེན་མེད་སྒྱུ་མ་ལྟ་བུར་ཤེས་པ་འབྱུང་སྟེ། དེ་ལྟར་ས་བཅུ་པོ་རྣམས་སུ་མཉམ་བཞག་ནམ་མཁའ་ལྟ་བུ་དང་། རྗེས་ཐོབ་སྒྱུ་མ་ལྟ་བུ་སྤེལ་ནས་བསྒོམས་པས། མཉམ་བཞག་གིས་སྒྲིབ་པའི་ས་བོན་ལ་སྤངས་ཏེ། ཆོས་སྐུ་ཐོབ་པར་བྱེད་ཅིང་རྗེས་ཐོབ་ཀྱིས་སངས་རྒྱས་མཆོད་པ་དང་། སེམས་ཅན་གྱི་དོན་བྱེད་ཅིང་སངས་རྒྱས་པ་ན་གཞན་དོན་ལྷུན་གྲུབ་ཏུ་འབྱུང་བའི་སྨོན་ལམ་རྒྱ་ཆེན་བཏབས་ནས་གཟུགས་སྐུ་ཐོབ་པར་བྱེད་དོ། །དེས་ན་དེ་གཉིས་ཚོགས་གཉིས་ཀྱང་ཡོན་ཏེ། དེ་ལྟར་གོམས་པས་མཐར་ཕྱིན་པ་ན། སེམས་སེམས་བྱུང་གི་འཇུག་པ་གཏན་དུ་ཉེ་བར་ཞི་བ་ཡིན་ཏེ། མ་རིག་པ་བག་ཆགས་དང་བཅས་པ་སྤངས་པའི་ཕྱིར་དང་། སེམས་སེམས་བྱུང་རྣམས་ཀྱང་དེ་ལས་བྱུང་བའི་ཕྱིར་རོ། །དེ་ནི་སངས་རྒྱས་ཀྱི་ཆོས་སྐུ་སྟེ། འཇུག་པ་ལས། ཤེས་བྱའི་བུད་ཤིང་སྐམ་པོ་མ་ལུས་པ། །བསྲེགས་པས་ཞི་སྟེ་རྒྱལ་

རྣམས་ཆོས་སྐུ་སྟེ། །དེ་ཚེ་སྐྱེ་བ་མེད་ཅིང་འགག་པ་མེད། །སེམས་འགགས་པ་དེ་སྐུ་ཡིས་མངོན་སུམ་མཛད། །ཞེས་དང་། སྤྱོད་འཇུག་ཏུ། དཔྱད་བྱ་རྣམ་པར་དཔྱད་བྱས་ན། །རྣམ་དཔྱོད་ལ་ནི་རྟེན་ཡོད་མིན། །རྟེན་མེད་ཕྱིར་ན་མི་སྐྱེ་ཏེ། །དེ་ཡང་མྱ་ངན་འདས་པར་བརྗོད། ཞེས་སོ། །ཅིར་ཡང་མ་གྲུབ་པ་དེ་ལྟ་བུ་ནི། རྟོགས་ལྡན་གྱི་དོན་དུ་གཉེར་བྱ་མ་ཡིན་ནོ། །ཞེས་ཀྱང་བརྗོད་པར་མི་བྱ་སྟེ། འདི་ལྟར། མདོ་ལས་གང་མི་རྟག་པ་དེ་སྡུག་བསྔལ་ལོ་ཞེས་པ་ལྟར། འདུ་བྱེད་ཐམས་ཅད་སྡུག་བསྔལ་ཡིན་ཞིང་། དེ་དག་ཐམས་ཅད་གཏན་དུ་ཞི་བ་ཉིད། བདེ་བ་དམ་པ་དང་དགོས་པའི་མཆོག་དང་རང་དོན་ཕུན་ཚོགས་ཡིན་ཏེ། མདོ་ལས། འཇིག་རྟེན་འདོད་པའི་བདེ་གང་དང་། །ལྷ་ཡུལ་བྱུང་བའི་བདེ་གང་ཡིན། །སྲིད་པ་ཟད་པའི་བདེ་བ་ལ། །བཅུ་དྲུག་ཆར་ཡང་མི་ཕོད་དོ། །ཞེས་དང་། ཀྱེ་མ་འདུ་བྱེད་རྣམས་མི་རྟག །ཞེས་པ་ནས། དེ་དག་ཉེ་བར་ཞི་བ་བདེ། །ཞེས་དང་བཤེས་སྤྲིངས་ལས། བདེ་བ་ཀུན་གྱི་ནང་ནས་སྲིད་ཟད་པའི། །བདེ་བ་བདག་པོར་འགྱུར་བ་ཇི་ལྟ་བར། །ཞེས་དང་། མགོའམ་གོས་ལ་གློ་བུར་མེ་ཤོར་ན། །དེ་དག་ཕྱིར་བཟློག་བགྱི་བ་བཏང་ནས་ཀྱང་། །ཡང་སྲིད་མེད་པར་བགྱི་སླད་འབད་འཚལ་ཏེ། །དེ་ལས་ཆེས་མཆོག་དགོས་པ་གཞན་མ་མཆིས། །ཞེས་དང་། འཇུག་པ་ལས། དེ་ནི་དགོས་པའི་མཆོག་ཡིན་པས། །དོན་དམ་མྱ་ངན་འདས་པ་ཡིན། །ཞེས་སོ། །སློན་ལམ་གྱི་དབང་གིས་གདུལ་བྱ་ལ་གཟུགས་སྐུ་གཉིས་སུ་སྣང་ནས། གང་ལ་གང་འཚམ་པའི་དོན་སྲིད་པ་ཇི་སྲིད་པར་མཛད་པ་ཉིད་གཞན་དོན་ཕུན་སུམ་ཚོགས་པ་ཡིན་ཏེ། ཞི་སྐུ་དཔག་བསམ་ཤིང་ལྟར་གསལ་གྱུར་ཅིང་། །ཡིད་བཞིན་ནོར་བུ་ལྟ་བུར་རྣམ་མི་རྟོག །འགྲོ་གྲོལ་བར་དུ་འཇིག་རྟེན་འགྱུར་སྲིད་བརྟག །འདི་ནི་སྤྲོས་དང་བྲལ་ལ་སྣང་བར་འགྱུར། །ཞེས་དང་། ཐུབ་དབང་དུས་ཅིག་ཁོ་ནར་དེར་རྒྱ་མཐུན། །གཟུགས་སྐུ་གཅིག་ལ་རང་གི་སྐྱེ་གནས་སྐབས། །སྔར་འགགས་གསལ་དང་མ་འཆོལ་བྱུང་ཚུལ་ནི། །མ་ལུས་ཀྱིས་བཀྲ་མཐའ་དག་སྟོན་པར་མཛད་ཞེས་སོ། །འདི་ནི་སློབ་དཔོན་ཟླ་བ་གྲགས་པས་སོ། །དབུ་མ་ཐལ་འགྱུར་བ་འགའ་ཞིག་ཁོ་ནའི་འདོད་པ་མ་ཡིན་ཏེ། འཕགས་པའི་དགོངས་པར་ལུང་གིས་གྲུབ་ཅིང་། སློབ་དཔོན་ལེགས་ལྡན་འབྱེད་དང་། བོད་ཀྱིའང་ལོ་ཙྪ་བ་ཆེན་པོ་དང་། སློབ་དཔོན་གཙང་ནག་པ་སོགས་རང་རྒྱུད་པ་མང་པོའང་དེ་ལྟར་བཞེད་པའི་ཕྱིར་ཏེ། དབུ་མ་སྙིང་པོ་ལས། ཤེས་བྱ་རྣམས་ཀུན་མ་གྲུབ་ཕྱིར། །གང་ལ་རྣམ་པ་མི་རྟོག་པའི། །བློ་ཡང་སྐྱེ་བར་མི་འགྱུར་བ། །དེ་ཉིད་མཉམ་མེད་དེ་མཁྱེན་གསུང་། །དེ་རྟོགས་ཕྱིར་ན་གང་ཞིག་ལ། །བློ་སྐྱེས་མེད་པ་སངས་རྒྱས་དངོས། །རྣམ་རྟོག་ཉིད་ནི་སད་ཕྱིར་དང་། །རྟོག་པ་མེད་པས་རྒྱས་ཕྱིར་རོ། །ཞེས་དང་། བདེན་གཉིས་ཀྱི་ཊཱི་ཀ་དང་། དབུ་མ་རྣམ་ངེས་སུ། དེ་བཞིན་དུ་བཤད་སྣང་བས། ཁྲིན་པའི་རྣམ་སྨྲུལ་གྱི་རྣམ་ཐར་ལ་བསླུབ་པར་མི་བྱའོ། །གལ་ཏེ་ཕ་རོལ་ཕྱིན་

པའི་གཞུང་ལས། མགོ་དང་རྐང་ལག་གཅོད་ཞིང་ཞུམ་པའི་སེམས་ཀྱང་མེད་ཞེས་འབྱུང་བ་བཞིན་གྲངས་མེད་གསུམ་གྱི་དཀའ་སྤྱད་མི་ནུས་པར་འཇུག་པ་བདེ་བས་མྱུར་དུ་སངས་རྒྱས་པའི་གསང་སྔགས་བསྒོམ་འདོད་ན། ཚོག་ནོར་པ་མེད་པའི་དབང་བཞི་ལོང་། གདམས་ངག་གི་གནད་པ་འཁྲུལ་བ་མེད་པའི་རིམ་གཉིས་བསྒོམས་དེ་གཉིས་ལས་བྱུང་བའི་ཡེ་ཤེས་ཕྱག་རྒྱ་ཆེན་པོ་གོམས་པར་བྱ་ཡི། བོད་ལུགས་ཀྱི་ཕྱག་རྒྱ་ཆེན་པོ་ནི་མ་ཡིན་ནོ། །དེ་ནས་འཁོར་འདས་བསྲེ་བ་སྙེ་མཉམ་པ་ཉིད་མངོན་སུམ་དུ་བྱ་བའི་ཕྱིར། རྣམ་རྟོག་གི་དྲི་མས་མ་གོས་པས་རྣམ་པར་དག་པའི་སྤྱོད་པ་རྒྱུད་སྡེ་ནས་གསུངས་པ་བཞིན་སྤྱོད་ཅིག །དེས་ནི་ནང་རྟེན་འབྲེལ་གྱི་ས་ཕྱེད་དང་བཅུ་གསུམ་དང་། ལམ་བཞི་པོ་ཀུན་བགྲོད་ནས། རྡོ་རྗེ་འཛིན་པའི་ས་དགེ་བ་ཀུན་གྱི་མཐར་ཐུག་པ་བཅུ་གསུམ་པའི་ཕྱེད་ཕྱི་མ་ནི་ཐོབ་པར་འགྱུར་རོ། །འདིར་སྔགས་ཀྱི་ས་ལམ་ཤེས་དགོས་ནའང་། གསལ་བར་བཤད་ན་གསང་སྒྲོགས་སུ་འགྱུར་བས་ཙུང་ཟད་ཙམ་འོག་ཏུ་འཆད་དོ། །འདི་ནི་དུས་གསུམ་གྱི་སངས་རྒྱས་ཐམས་ཅད་ཀྱི་དམ་པའི་ཆོས་ཀྱི་སྙིང་པོ་ཡིན་ཞིང་། རྒྱུད་སྡེ་རྣམས་ཀྱི་གསང་ཚིག་གི་མཆོག་འདི་ཉིད་ཡིན་པར་ཤེས་པར་བྱའོ། །གང་ཞིག་སངས་རྒྱས་བྱེད་པར་འདོད་ན། དེ་ཡིས་འདི་བཞིན་སྤྱད་པར་བྱ་སྟེ། ཡང་ན་ཕ་རོལ་ཕྱིན་པའི་མདོ་ལས་ཇི་ལྟར་འབྱུང་བ་བཞིན་དུ་གྱིས་ཤིག །ཡང་ན་རྡོ་རྗེ་ཐེག་པའི་རྒྱུད་སྡེ་བཞིན་དུ་ཉམས་སུ་ལོངས་ཤིག །འདི་གཉིས་མིན་པའི་ཐེག་པ་ཆེན་པོ་ནི་སངས་རྒྱས་རྣམས་ཀྱིས་གང་ནས་ཀྱང་གསུངས་པ་མེད་ཅིང་། ཐེག་པ་ཆེན་པོ་ལ་མ་རྟེན་པར་སངས་རྒྱས་མི་འཐོབ་པས་སོ། །

གཉིས་པ་དེང་སང་གི་ཆོས་ལུགས་འགའ་ཞིག་ལ་སྨད་པ་ནི། ད་ལྟའི་བོད་ཀྱི་ཆོས་པ་ཕལ་ཆེར་ནི། འདི་ལྟར་སྣང་སྟེ་སོ་སོ་ཐར་པའི་སྡོམ་པ་དང་། འཇིག་རྟེན་པའི་བསམ་གཏན་དང་། ཟག་པ་མེད་པའི་ལམ་རྣམས་ནི་རིམ་པ་བཞིན་ལྷག་པ་ཚུལ་ཁྲིམས་དང་སེམས་དང་ཤེས་རབ་ཀྱི་བསླབ་པ་སྟེ། ལྷག་པ་ནི་མུ་སྟེགས་ལས་ལྷག་པའམ། ཕྱི་མ་ནི་སྔ་མ་ལས་ལྷག་པ་ཡིན་ལ་དེའི་དོན་དུ་བསླབ་ཅིང་གོམས་པར་བྱ་བས་ལྷག་པའི་བསླབ་པའོ། །གསུམ་པོ་དེ་མི་སྲུང་ཞིང་ཉམས་སུ་མི་ལེན་པས། ཕ་རོལ་ཕྱིན་པའི་ཆོས་ལུགས་སྤྱོད་པ་མིན་ཞིང་། དབང་དང་རིམ་པ་གཉིས་མི་ལྡན་པས་རྡོ་རྗེ་ཐེག་པའི་བསྟན་པ་ལ་ཞུགས་པ་མིན་ཞིང་། འདུལ་བའི་སྡེ་སྣོད་ལས་བཤད་པའི་ལྟུང་བ་སྡེ་ལྔ་ཙམ་ཡང་མི་ཤེས་པས། ཉན་ཐོས་ཀྱི་འང་ཆོས་ལུགས་བསྲུབ་པ་མིན་ནོ། །འོན་ཀྱང་ཁོ་བོ་ཅག་ཆོས་པ་ངོ་མཚར་ཅན་ཡིན་ནོ། །ཞེས་ཁས་འཆེ་བ་འདི་དག་རྒྱུ་མཚན་གང་གིས་སངས་རྒྱས་ཀྱི་བསྟན་པ་ལ་ཞུགས་པར་འགྱུར་ཞེས་རྟེང་ཚིག་གོ། །ཀྱི་མ་ཞེས་པ་ནི་ངོ་མཚར་བའམ་བརྩེ་བའི་ཚིག་གོ། །ཐུབ་པ་དགོངས་གསལ་ལས་ཀྱང་། དེང་སང་བོད་འདི་ན་སྡེ་སྣོད་གསུམ་དང་མི་མཐུན། རྒྱུད་སྡེ་བཞི་དང་འགལ་

བའི་ཆོས་པ་ངོ་མཚར་ཅན་དུ་བྱེད་པ་མང་པོ་འདུག་སྟེ། ངས་ཅི་ཡིན་ངོ་མ་ཤེས་ཞེས་དང་། ངོ་གོར་བའི་ཞུས་ལན་ལས་ཀྱང་། དེ་བས་ལྷོ་ཕྱིའི་ཆོས་པར་གོ་ཞེས་སོ། །དཔེར་ན་ཕ་མེད་པའི་བུ་མང་ཡང་རུས་མེད་པས་རིགས་ཀྱི་ནང་དུ་ཆུད་མི་ནུས་པ་དེ་བཞིན་དུ། མདོ་རྒྱུད་གང་གིའང་ཁུངས་ནས་མ་བྱུང་བའི་ཆོས་པ་བསྟན་པའི་ནང་དུ་ཆུད་པ་མིན་ནོ། །གཞན་ཡང་དག་དུག་བསྟུས་པའི་གོས་ལ་ནི་སྤྲང་པོའི་གོས་འོང་གི། མི་ཆེན་པོ་རྣམས་ཀྱི་ཆས་མི་རུང་བ་དེ་བཞིན་དུ་ཕན་ཚུན་ཐུན་ཚགས་བསྟུས་པའི་ཆོས་ཀྱིས་དད་པ་ཅན་འཚང་མི་རྒྱའོ། །དཔེར་ན་ཟས་བཟང་ངན་འབྲིང་གསུམ་འདྲེས་པའི་སླིགས་མ་ལ་བགྱུ་བཤལ་ཟེར་བ་བཞིན་དུ། ཁུངས་ནས་མ་བྱུང་བའི་སྲ་བསྲེ་མང་པོ་ཆོས་ཀྱི་བགྱུ་བཤལ་ཡིན་ནོ། །མུ་སྟེགས་བྱེད་པ་ཁ་ཅིག་སངས་རྒྱས་པ་ལ་འདི་སྐད་ཟེར་ཏེ། སྡིག་པ་སྤོང་ཞིང་དགེ་བ་བྱེད་ན་མུ་སྟེགས་ཅན་ཡིན་ཡང་སྐྱོན་ཅི་ཡོད། དགེ་བ་མེད་ཅིང་སྡིག་པ་བྱེད་ན་སངས་རྒྱས་པའི་ཆོས་པ་ཡིན་ཡང་ཅི་ཞིག་ཕན་ནོ། །དེ་བཞིན་དུ་བོད་འདི་ན་འང་བླུན་པོ་འགའ་ཞིག་དད་པ་དང་ལྡན་ཞིང་སྙིང་རྗེ་ཆེ་ལ། སྦྱིན་པ་གཏོང་ཞིང་ཚུལ་ཁྲིམས་བསྲུང་། །བཟོད་པ་བསྒོམ་ཞིང་བརྩོན་འགྲུས་རྩོམ། །བསམ་གཏན་བསྒོམ་ཞིང་སྟོང་ཉིད་རྟོགས་པའི་ཤེས་རབ་ཡོད་ན། སངས་རྒྱས་ཀྱིས་གསུངས་པའི་མདོ་རྒྱུད་རྣམས་དང་མི་མཐུན་ཞིང་སོ་སོ་ཐར་པའི་སྡོམ་པ་སེམས་བསྐྱེད་དབང་བསྐུར་རིམ་གཉིས་མི་ལྡན་ཡང་དེ་ལ་སྐྱོན་མེད་ཅིང་དད་སོགས་དེ་དག་མེད་ན། མདོ་རྒྱུད་དང་མཐུན་བྱ་བའི་མིང་གིས་ཀྱང་ཅི་ཕན་ནོ། །དེ་ཡང་རིགས་པས་རྟག་པར་བྱ་བས་ཉོན་ཅིག །མུ་སྟེགས་བྱེད་པ་སྐྱབས་འགྲོ་མེད་པས་ངེས་འབྱུང་གི་སྡོམ་པ་མེད་པའི་ཕྱིར་དེས་དགེ་བ་བྱས་ནའང་བར་མ་དང་། འཇིགས་སྐྱོབ་ལེགས་སྨོན་ཙམ་ཡིན་གྱི་ངེས་འབྱུང་གི་སྡོམ་པ་ལས་བྱུང་བའི་དགེ་བ་སྲིད་པ་མ་ཡིན་པས་ཐར་པའི་ལམ་དུ་མི་འགྱུར་རོ། །འདིར་ངེས་འབྱུང་གི་སྡོམ་པ་ཞེས་པའང་ངེས་འབྱུང་སེམས་ཀྱིས་ཟིན་པའི་དགེ་བ་ཙམ་ལ་བྱེད་དེ། ངེས་ཟིན་པའི་བར་མ་དགེ་བ་འགའ་ཞིག་ཀྱང་ཐར་པའི་རྒྱུར་འགྱུར་བས་སོ། །དེ་བཞིན་དབང་བསྐུར་མ་ཐོབ་པ་དེ་ལ་རིག་པ་འཛིན་པའི་སྡོམ་པ་མེད་ཅིང་། དེའི་སྡོམ་པ་མེད་པ་དེ་ཡིས་ལྷ་བསྒོམ་པ་སོགས་དགེ་བ་སྤྱད་ཀྱང་བར་མ་དང་ཕ་རོལ་ཕྱིན་པའི་དགེ་བ་ཡིན་གྱི་གསང་སྔགས་ཀྱི་སྡོམ་པ་ལས་བྱུང་བའི་དགེ་བ་མིན་ནོ། །དེའི་སྡོམ་པའི་དགེ་བ་ཡོད་པ་མ་ཡིན་ན་གསང་སྔགས་ཀྱི་ཐབས་ལམ་ཟབ་མོ་ལ་རབ་ཏུ་འབད་ཀྱང་ཚེ་འདི་སོགས་སུ་འཚང་མི་རྒྱ་བར་ཐུབ་པས་གསུངས་ཏེ། དབང་མེད་ན་ནི་དངོས་གྲུབ་མེད། །ཞེས་སོགས་སོ། །

སྡོམ་པ་གསུམ་དང་ལྡན་པའི་གང་ཟག་གིས་རིམ་གཉིས་ཟབ་མོའི་གནད་ཤེས་ནས་བསྒྲུབ་པ་དེ་ནི་ཚེ་འདི་འམ་བར་དོ་འམ་སྐྱེ་བ་བཅུ་དྲུག་ཚུན་ཆད་དུ་འགྲུབ་པར་ཇོགས་པའི་སངས་རྒྱས་ཀྱི་གསུངས་ཏེ། སཾ་པུ་ཊ་

ལས། གཞན་དུ་བསྐལ་པ་བྱེ་བར་ནི། །གྲངས་མེད་པས་ནི་གང་ཐོབ་པ། །གང་གི་དམ་པའི་བདེ་བས་ཁྱོད། །སྐྱེ་བ་འདི་ར་ནི་འགྲུབ་པར་འགྱུར། །ཞེས་དང་། གསང་འདུས་ལས། འདི་ཡིས་ཆོས་ཀྱི་བདག་ཉིད་ཆེ། །སྐུ་གསུམ་མི་ཕྱེད་ལས་བྱུང་བའི། །ཡེ་ཤེས་རྒྱ་མཚོས་རྣམ་བརྒྱན་པ། །ཚེ་འདི་ཉིད་ལ་འགྲུབ་པར་འགྱུར། །ཞེས་དང་། ཡེ་ཤེས་ཐིག་ལེ་ལས། ཡང་ན་ལུས་འདི་སྤྱངས་མ་ཐག །བརྩོན་པ་མི་ལྡན་པས་ཀྱང་འགྲུབ། །ཞེས་དང་། གསང་བ་མཛོད་ལས། དབང་བསྐུར་ཡང་དག་སྦྱིན་ལྡན་ན། །སྐྱེ་ཞིང་སྐྱེ་བར་དབང་བསྐུར་འགྱུར། །དེ་ཡིས་སྐྱེ་བ་བདུན་ལ་ནི། །མ་བསྒོམས་པར་ཡང་དངོས་གྲུབ་འཐོབ། །ཞེས་དང་། རྡོ་རྗེ་རྩེ་མོ་ལས། ཕ་རོལ་ཕྱིན་པའི་འབྱུང་བས་ནི། །བསྐལ་བ་གྲངས་མེད་མི་ཐོབ་པ། །གལ་ཏེ་རྣལ་འབྱོར་བ་དེ་བརྩོན། །ཚེ་འདི་ཉིད་ལ་མྱ་ངན་འདའ། །ཡང་ན་མཐོང་བ་ཙམ་གྱིས་ནི། །སྐྱེ་བ་གཅིག་ཏུ་མྱ་ངན་འདའ། །སོ་སོ་སྐྱེ་བོས་སངས་རྒྱས་ཉིད། །འགྲུབ་པར་འགྱུར་ཏེ་གཞན་དུ་མིན། །ཞེས་སོ། །དེའི་ཕྱིར་དབང་བསྐུར་འདི་ལ་མཁས་པ་རྣམས་གུས་སོ། །གང་དག་རབ་ཏུ་འབྱུང་བར་འདོད་ན། ངེས་འབྱུང་གི་སྡོམ་པ་བསྲུང་བའི་ཕྱིར་གུས་པས་ལོངས་ཤིག །ལྟོ་གོས་ཙམ་ལ་དམིགས་པའི་རབ་ཏུ་བྱུང་བ་ནི་ཐུབ་པས་བཀག་ཏེ། ལུང་ལས་མཛེས་དགའ་ནི་ལྷའི་བུ་མོའི་ཕྱིར་ཚངས་པར་སྤྱོད་པས་དགེ་སློང་དགེ་སློང་རྣམས་ཀྱིས་དེ་སྤོངས་ཤིག་ཅེས་སྟོན་པས་བཀའ་བསྩལ་བ་ལྟ་བུའོ། །སེམས་བསྐྱེད་བྱེད་པ་དེ་དག་ཀྱང་དབུ་མའི་སེམས་བསྐྱེད་གདམ་ངག་ཐམས་ཅད་ལ་བྱ་རུང་། སེམས་ཙམ་པའི་སེམས་བསྐྱེད་བློ་མ་སྦྱངས་པ་ལ་བྱར་མི་རུང་ཞེས་བསྟན་པའི་ལུགས་བཞིན་མི་བྱེད་ཀྱི་ཐོབ་པ་ཆུང་ཆུང་རྣམས་ཀྱི་མགོ་སྐོར་ནས། སེམས་ཙམ་པའི་སེམས་བསྐྱེད་ཁྲིམ་ལ་བྱེད་པ་སོགས་བླུན་པོ་དགའ་བར་བྱ་བའི་ཕྱིར་ཡིན་ནོ། །གསང་སྔགས་བསྒོམ་པ་མང་མོད་ཀྱི། དབང་རིམ་གཉིས་སོགས་རྒྱུད་སྡེ་བཞིན་དུ་བསྒྲུབ་པ་ཉུང་ངོ་། །སྤྱོད་པ་བདེ་བའམ་བག་ཡངས་པའི་འདུ་ཤེས་ཀྱིས་ཆོས་ནས་མ་བཤད་པའི་གང་བདེ་བདེ་ལ། བླ་མའི་མན་ངག་ཏུ་བརྟགས་ནས་རང་བཟོར་གསང་སྔགས་སྤྱོད་པར་ཟད་སྟེ། ཡི་དམ་དཀྱིལ་བསྐྱེད་ལ་བསྐྱེད་རིམ་དུ་བྱས་ནས་བསྒོམ་པ་ལྟ་བུའོ། །གལ་ཏེ་དབང་བསྐུར་བྱེད་ནའང་། བཟང་པོའི་གཞུང་ལུགས་ལས་བཤད་པའི་སྔགས་དང་ཏིང་ངེ་འཛིན་གྱི་ཆོ་ག་ཐུན་མོང་བོར་ནས། གང་དག་རྫུན་གྱི་སླད་པ་ལ་ངོ་མཚར་བཞིན་དུ་གུས་པས་ལེན་ཏེ། ཕག་མོའི་བྱིན་རླབས་ལ་དབང་བསྐུར་དུ་བྱེད་པ་ལྟ་བུའོ། །བརྒྱ་ལམ་ན་བསྐྱེད་རིམ་བསྒོམ་ན་ཡང་སྣང་གཞི་སེམས་ཅན་གྱི་ཕུང་པོ་ཁམས་སྐྱེ་མཆེད་སྣོད་ཀྱི་འཇིག་རྟེན་སྤྱོད་བྱེད་ལྷའི་དཀྱིལ་འཁོར། གཞལ་ཡས་ཁང་གི་བརྡ་དོན་ལེགས་པར་འཕྲོད་པའི་ཆོ་གའི་ཡན་ལག་སྐྱེ་མཆེད་དང་སྐུ་གསུང་ཐུགས་ཀྱི་བྱིན་རླབས་ཡེ་ཤེས་པ་དགུག་གཞུག་སོགས་ཀུན་སྤངས་ནས། རང་བཟོར་དཀྱིལ་བསྐྱེད་བསྒོམ་པར་ཟད་དེ། ཡི་དམ་ཁྲོ་བོ་བསྒོམ་བྱས་པ

ཙམ་ལ་བསྐྱེད་རིམ་སུ་རྫོགས་པའོ། །གཏུམ་མོ་བསྒོམ་ལ་ཕལ་ཆེར་ཡང་རྒྱུད་ནས་གསུངས་པའི་ནང་གི་རྩ་དང་ཁམས་ལ་སོགས་པའི་རྟེན་འབྲེལ་གྱིས་བདེ་སྟོང་གི་ཉམས་ཁྱད་པར་ཅན་སྐྱེ་བའི་གནད་མི་ཤེས་པར། གཅེར་བུ་པ་ལ་སོགས་པའི་མུ་སྟེགས་བྱེད་ཀྱི་གཏུམ་མོ་ལྟར་གཏུམ་མོ་རས་ཐུབ་ཟེར་ནས་དྲོད་ཙམ་ལ་ནི་དམིགས་པར་གོའོ། །དེ་ཙམ་གྱིས་ཆོག་ན་དེ་བསྒོམ་པ་བས་ཐུལ་བ་གསར་པ་གཉིས་གཉིས་ཙམ་ཉོ་བར་རིགས་སོ་ཞེས་རྗེ་བཙུན་ཆེན་པོས་གསུང་ངོ་། །

ཉམས་མྱོང་གི་ཡེ་ཤེས་ཙུང་ཟད་སྐྱེས་ན་ཡང་ལོ་ཐོག་དང་ཡུར་མ་འདྲེས་ནས་སྐྱེ་བ་ལྟར། ཡེ་ཤེས་དང་རྣམ་རྟོག་འདྲེས་ནས་སྐྱེ་བས་དེ་འབྱེད་པའི་གདམ་ངག་ལམ་འབྲས་ལྟ་བུ་མེད་ན། ཡེ་ཤེས་དེ་དག་ཉོན་མོངས་པ་དང་རྣམ་རྟོག་དང་འབྱེད་པའི་ཐབས་ལ་མཁས་པས་རྫོགས་པའི་སངས་རྒྱས་ཀྱི་ལམ་དུ་མི་འགྱུར་རོ། །དབང་བསྐུར་མ་ཐོབ་པའི་བླ་མ་ལ་སངས་རྒྱས་ཀྱི་མོས་གུས་བྱས་ནའང་དེ་འདྲའི་བླ་མ་མོས་གུས་ཙམ་གྱིས་གྲོལ་བའི་བླ་མ་མིན་ཏེ། དཔོན་སློབ་གཉིས་ཀར་གསང་སྔགས་ཀྱི་སྡོམ་པ་མེད་པའི་ཕྱིར་ཏེ། མུ་སྟེགས་བཙུན་ཡང་དགེ་སློང་གི་སྡོམ་པ་མ་ཐོབ་པས་དགེ་སློང་དུ་མི་འགྱུར་ཞིང་། དེས་མཁན་པོ་བྱས་ཀྱང་དེ་ར་མི་འགྱུར་བ་བཞིན་ནོ། །གསང་སྔགས་ཀྱི་སྡོམ་པ་མེད་པ་ལ་དེའི་བླ་མའི་མཚན་ཉིད་དང་ལྡན་པ་མི་སྲིད་དོ། །

དེ་དག་གི་དོན་བསྡུ་བ་ནི་དཔེར་ན་རང་ཉིད་ཀྱིས་རབ་བྱུང་བསྙེན་རྫོགས་མ་བྱས་ན་དེ་ལ་ཆོས་འདི་བའི་མཁན་པོའི་ཐ་སྙད་དོན་མཐུན་བྱར་མེད་པ་དེ་བཞིན་དུ། རང་གི་དབང་བསྐུར་མ་ཐོབ་ན་གསང་སྔགས་ཀྱི་བླ་མའི་ཐ་སྙད་མི་འབྱུང་ངོ་། །ཐུན་མོང་མ་ཡིན་པའི་གསང་བ་ལས། གང་ལས་དབང་རབ་མཆོག་ཐོབ་པ། །དེ་ནི་བླ་མར་ཡོངས་སུ་བཟུང་། །ཞེས་དང་། རྒྱུད་རྡོ་རྗེ་གཙུག་གཏོར་ལས་ཀྱང་རྒྱས་པར་གསུངས་ལ། བླ་མ་ལྔ་བཅུ་པ་ལས། དབང་བསྐུར་མཆོག་ཐོབ་རྡོ་རྗེ་ཡི། །སློབ་དཔོན་ལ་ནི་དེ་བཞིན་གཤེགས། །ཕྱོགས་བཅུའི་འཇིག་རྟེན་གང་བཞུགས་པ། །དུས་གསུམ་དུ་ནི་མངོན་ཕྱག་འཚལ། །ཞེས་སོ། །གསང་སྔགས་ཀྱི་སྡོམ་པ་མེད་པའི་བླ་མ་ལ་མོས་པ་བྱས་ཀྱང་ཚེ་འདིའི་བདེ་སྐྱིད་ཕུན་ཚོགས་པ་ཙམ་ཞིག་གམ། རིམ་གྱིས་སངས་རྒྱས་འགྲུབ་པའི་རྒྱུ་བྱེད་སྲིད་ཀྱི་ཚེ་འདི་འམ་བར་དོ་འམ་སྐྱེ་བ་བདུན་ལ་སོགས་པར་སངས་རྒྱས་ཉིད་སྩྭིན་པར་མི་ནུས་སོ། །འདི་ལྟར་ཕ་རོལ་ཕྱིན་པའི་གཞུང་ལུགས་ལས་བླ་མ་སངས་རྒྱས་ལྟ་བུར་ལྟ་བར་བྱའོ་ཞེས་གསུངས་ཏེ། འདུལ་བ་ལས་ལྷན་ཅིག་གནས་པ་དང་ཉེ་གནས་ཀྱིས་མཁན་པོ་དང་སློབ་དཔོན་ལ་སྟོན་པའི་འདུ་ཤེས་སུ་བསྐྱེད་པར་བྱའོ། །ཞེས་དང་། འཇམ་དཔལ་རྣམ་པར་འཕྲུལ་པ་ལས། འཇམ་དཔལ་དེ་ལྟ་བས་ན། བྱང་ཆུབ་སེམས་དཔའ་དེ་བཞིན་གཤེགས་པ་ལ་བྱ་བ་དེ་བཞིན་དུ་དགེ་བའི་བཤེས་གཉེན་རྣམས་ལ་བསྙེན་པར་བྱའོ། །བསྙེན་

བཀུར་བྱའོ། །ཞེས་སོ། །དེ་ལྟ་མོད་ཀྱི་སངས་རྒྱས་དངོས་སུ་གསུངས་པ་མེད་དོ། །བླ་མ་སངས་རྒྱས་ཉིད་ཡིན་ཞེས་བྱ་བ་དབང་བསྐུར་ཐོབ་ནས་ཡིན་ཏེ། དབང་བསྐུར་གྱི་སྡོམ་པས་མ་སྨིན་ན། བཟང་ཡང་ཕ་རོལ་ཏུ་ཕྱིན་པའི་བླ་མ་ཡིན་པའི་ཕྱིར་ཏེ། དེ་དག་གི་དོན་བསྡུ་བའི་ཚིགས་སུ་བཅད་པ། རབ་བྱུང་མིན་ལ་མཁན་པོ་མེད། །དབང་མ་བསྐུར་ལ་བླ་མ་མེད། །སྡོམ་པ་མེད་ལ་དགེ་རྒྱུན་མེད། །སྐྱབས་འགྲོ་མེད་ན་ཆོས་པ་མིན། །དགེ་སྦྱོང་སྡོམ་པ་མེད་པ་དང་། །རྒྱལ་སྲས་སེམས་བསྐྱེད་མ་ཐོབ་དང་། །སྔགས་པ་དབང་བསྐུར་མེད་པ་གསུམ། །སངས་རྒྱས་བསྟན་པའི་ཆོམ་རྐུན་ཡིན། །ཕྱག་རྒྱ་ཆེན་པོ་བསྒོམ་ན་ཡང་། །རྟོག་པ་མངོན་དུས་སུ་ཁ་འཚོམ་པ་སྟེ། བཟློག་པ་ཙམ་ལ་ཕྱག་ཆེན་དུ་མིང་བཏགས་ནས་བསྒོམ་གྱི་རིམ་པ་གཉིས་ལས་བྱུང་བའི་ཡེ་ཤེས་ལ་ཕྱག་རྒྱ་ཆེན་པོར་མི་ཤེས་སོ། །

གཉིས་པ་ཡེ་ཤེས་ཕྱག་རྒྱ་ཆེན་པོ་ལ་འཁྲུལ་པ་དགག་པ་ལ། དཀར་པོ་ཆིག་ཐུབ་ཕྱག་རྒྱ་ཆེན་པོར་སྣང་སྟོང་རྟོག་པ་ཕྲ་མོ་མཐོང་ལམ་དུ་འདོད་པ་དགག །དང་པོ་ལ་དགག་པ་དངོས། རྩོད་པ་སྤོང་བ་སྟེ་གཉིས་ལས། དང་པོ་ནི། བླུན་པོའི་ཕྱག་རྒྱ་ཆེན་པོ་བསྒོམ་པ་ཕལ་ཆེར་ནི། ཆོས་ཐམས་ཅད་སྟོང་པར་གོ་ནས་དགེ་བ་ལ་མི་སློན། སྡིག་པ་ལ་མི་འཇིགས་པར་རློགས་པའི་ཁོག་པར་ལག་པ་བཙུག་པ་དང་། ཕད་ཚེ་རོགས་པའི་ནང་དུ་ལག་པ་བཙུག་པ་ལ་ཁྱད་པར་མེད་ཟེར་ཞིང་། གསུང་རབ་དང་སྡེ་སྣོད་ཀྱི་དོན་ལ་རྒྱབ་ཀྱིས་ཕྱོགས། དམ་པའི་ཆོས་དང་ཆོས་སྨྲ་བའི་གང་ཟག་ལ་ཞེ་བརླས་བྱེད་ཅིང་། གཏི་མུག་དང་རྒྱལ་གྱི་སྒོ་ནས་མི་དགེ་བ་ཆེ་འབྲིང་ཆུང་དུ་བྱེད་ན། རིམ་པ་བཞིན་དམྱལ་བ། དུད་འགྲོ། ཡི་དྭགས་ཀྱི་རྒྱུ་རུ་གསུངས་ཏེ། ཏིང་ངེ་འཛིན་རྒྱལ་པོ་ལས། འཇིག་རྟེན་པ་དག་ཏིང་འཛིན་བསྒོམ་ན་ཡང་། །དེ་ཡིས་དངོས་པོར་འཛིན་པ་འཇིག་མི་ནུས། །དེ་ཡིས་ཉོན་མོངས་ཕྱིར་ཡང་རབ་ཏུ་ལྡང་། །ལྷག་དཔྱོད་ཀྱིས་ནི་ཏིང་འཛིན་འདིར་བསྒོམ་བཞིན། །ཞེས། ལྷག་སྤྱོད་ཀྱིས་ལོ་བཅུ་གཉིས་སྟོང་པ་ཉིད་ཀྱི་ཏིང་ངེ་འཛིན་ལ་མཉམ་པར་བཞག་པའི་མཐར་བྱི་ལར་སྐྱེས་པ་དཔེར་མཛད་པ་དང་། རིན་ཆེན་ཕྲེང་བ་ལས། ཡོད་པ་པོ་ནི་བདེ་འགྲོར་འགྲོ། །མེད་པ་པོ་ནི་ངན་འགྲོར་འགྲོ། །ཡང་དག་ཇི་བཞིན་ཡོངས་ཤེས་པ། །གཉིས་ལ་མི་རྟེན་ཐར་པར་འགྱུར། །ཞེས་སོ། །དེ་ལྟ་མིན་ན་དད་པ་དང་ཚུལ་ཁྲིམས་དམན་ཞིང་ལུས་ངག་གི་སྡིག་པ་རྒྱ་ཆེན་པོ་མ་བྱས། དགེ་བ་ཅི་རིགས་པར་བསགས་འདོད་པའི་འདོད་ཆགས་དང་གཟུགས་ལ་རྟེན་པའི་རྣམ་རྟོག་རགས་པ་སྤངས་ནས་ཆོས་ཐམས་ཅད་སྟོང་པ་ནམ་མཁའ་ལྟར་ངོ་འཕྲོད་ན། ནམ་མཁའ་མཐའ་ཡས་སྐྱེ་མཆེད་ཀྱི་ལྷར་སྐྱེ། ཆོས་ཐམས་ཅད་སེམས་སུ་ངོ་འཕྲོད་ན་རྣམ་ཤེས་མཐའ་ཡས་སྐྱེ་མཆེད། ཅི་ཡང་མེད་པར་ངོ་འཕྲོད་ན་ཅི་ཡང་མེད་པའི་སྐྱེ་མཆེད། ཡོད་པ་ཡང་མ་ཡིན་མེད་པ

ཡང་མ་ཡིན་ནོ། །ཞེས་འབྱོད་ན། འདུ་ཤེས་མེད་འདུ་ཤེས་མེད་མིན་སྐྱེ་མཆེད་ཀྱི་ལྷར་སྐྱེའོ། །དེ་ལྟར་ན་གང་ཟག་དང་ཆོས་ཀྱི་བདག་མེད་མ་རྟོགས་པར་སྟོང་པ་ཉིད་ཀྱིས་རྩུལ་བསྒོམ་ཞིང་ངོ་སྤྲོད་པས་གཟུགས་མེད་ཀྱི་ཁམས་སུ་སྐྱེ་ཡི། དགྲ་བཅོམ་པའང་ཐོབ་པར་མི་ནུས་སོ། །དེ་བས་ཀྱང་བསོད་ནམས་དམན་ཞིང་གཟུགས་ཀྱི་འདོད་ཆགས་དང་བྲལ་མ་ནུས་པར་སླ་བསམ་བརྗོད་མེད་བསྒོམས་ནས། ངས་ཆོས་རྟོགས་སོ་ཞེས་མངོན་པའི་ང་རྒྱལ་དང་ལྡན་ཞིང་། ཆོས་ཡང་དག་པ་ལ་མི་མོས་པའི་གང་ཟག་དེ་དག་འདུ་ཤེས་མེད་པ་ཅེས་བྱ་བ། ལྷ་ཚེ་རིང་རིང་པོར་གྲགས་པ་མི་ཁོམ་པའི་གནས་དེར་སྐྱེ་བ་ཡིན་ནོ། །དེ་བས་ཀྱང་ཅུང་ཟད་དམན་པ་འདོད་པའི་འདོད་ཆགས་དང་མ་བྲལ་བའི་བདག་མེད་གཉིས་མ་རྟོགས་པར། ཅི་ཡང་མི་བསམ་མི་མནོ་སླ་བསམ་བརྗོད་མེད་བསྒོམ་པ་ནི། ཀླུ་ཀློའི་གླིན་ཞིང་ལྐུག་པའི་མི་ཁོམ་པའི་གནས་དེར་སྐྱེ་སྟེ། བློ་གྲོས་རྒྱ་མཚོས་ཞུས་པའི་མདོ་ལས། བྱང་ཆུབ་སེམས་དཔའ་བསམ་གཏན་བཞི་དང་གཟུགས་མེད་པའི་སྙོམས་པར་འཇུག་པ་བཞི་བསྐྱེད་ཅིང་། བསྒྲུབ་སྟེ་ཞི་བའི་སྙོམས་པར་འཇུག་པ་དེ་དག་ལ་གནས་ཤིང་སེམས་ཅན་སྨིན་པར་བྱེད་པ་ལ་སྨོད། ཆོས་བསྟན་པ་ལ་སྨོད། སེམས་ཅན་དང་འདྲེ་བ་ལ་སྨོད། བསོད་ནམས་ཀྱི་འདུ་བྱེད་ལ་སྨོད། མི་གཡོ་བའི་འདུ་བྱེད་ཀྱི་རོ་མྱང་། གཅིག་པུར་དགའ་བ་འཐོབ་སྟེ། འདོད་པའི་ཁམས་དང་གཟུགས་ཀྱི་ཁམས་ལ་སྐྱོན་དུ་ཤེས་ཤིང་། གཟུགས་མེད་པའི་ཁམས་ཀྱི་རོ་མྱང་བར་བྱེད་ལ། དེ་ལུས་དམན་པས་གཟུགས་མེད་པའི་ཁམས་སུ་སྐྱེ་བར་བྱེད་ཅིང་། ལྷ་ཚེ་རིང་པོ་རྣམས་དང་སྐལ་བ་མཉམ་པར་སྐྱེ་ཏེ། དེར་སྐྱེས་ནས་སངས་རྒྱས་མཐོང་བ་དང་བྲལ། ཆོས་ཉན་པ་དང་བྲལ་དགེ་འདུན་ལ་བསྙེན་བཀུར་བྱེད་པ་དང་འབྲལ་བར་འགྱུར་སེམས་ཅན་སྨིན་པར་བྱེད་པ་དང་། དམ་པའི་ཆོས་ཡོངས་སུ་གཟུང་བ་དང་། བསོད་ནམས་ཀྱི་ཚོགས་བསགས་པ་དང་འབྲལ་བར་འགྱུར། དེ་ཡི་དབང་པོ་རྣམས་བླུན་ཞིང་མྱུལ་བའི་རང་བཞིན་ཅན་དུ་འགྱུར་རོ། །དེ་ནས་ཤི་འཕོས་ནས་གང་དང་གང་དུ་སྐྱེས་པ་དེ་དང་དེའི་དབང་པོ་བརྟུལ་བའི་རྒྱུ་ཅན་དུ་འགྱུར་ཞིང་། རྨུགས་པ་དང་གཉིད་ཆེ་བར་འགྱུར་བ་འདི་ནི་བསམ་གཏན་དང་ལྡན་པའི་བདུད་ཀྱི་ལྟུགས་ཀྱུ་སྟེ་ལྔ་པའོ། །བྱང་ཆུབ་སེམས་དཔའ་ཤེས་རབ་དང་ལྡན་པར་འགྱུར་ཏེ། བསོད་ནམས་ཀྱི་འདུ་བྱེད་རྣམས་ལ་སྨོད། ཐབས་དང་བྲལ་ཏེ་སྦྱིན་པ་དང་ཚུལ་ཁྲིམས་དང་བཟོད་པ་དང་བརྩོན་འགྲུས་དང་བསམ་གཏན་ལ་བརྩོན་པར་མི་བྱེད་དེ། ཤེས་རབ་ཀྱི་ཕ་རོལ་ཏུ་ཕྱིན་པ་ནི་མཆོག་ཁྱད་པར་དུ་འཕགས་པ་ཡིན་ཏེ། ཕ་རོལ་ཏུ་ཕྱིན་པ་གཞན་རྣམས་ནི་དམན་པའོ། །སྙམ་ནས་སྤྱོས་པ་མེད་པ་དང་། མངོན་པར་འདུ་བྱེད་པ་མེད་པ་གཉིས་ཀྱི་རོ་མྱང་བར་བྱེད་པ་འདི་ནི། ཤེས་རབ་དང་ལྡན་པའི་བདུད་ཀྱི་ལྕུགས་ཀྱུ་སྟེ་དྲུག་པའོ། །ཞེས་བྱ་བ་དང་། ཡེ་ཤེས་གྲུབ་པ་ལས། རྨོངས་པའི་བསྒོམ་པ་གང་ཡིན་པ། །རྨོངས་

པས་སྒོམས་པ་ཐོབ་པར་འགྱུར། །ཞེས་གསུངས་པ་ལྟར་རོ། །

ཡང་ན་སྙིང་རྗེ་ཁྱད་པར་ཅན་མེད་པར་སྐྱེ་བ་གསུམ་དུ་ཚོགས་བསགས་ནས་སྟོང་ཉིད་རྟོགས་ན་ཉན་ཐོས་ཀྱི་འགོག་པ་སྟེ་མྱ་ངན་ལས་འདས་པར་ལྟུང་ངོ་། །སྡུད་པ་ལས། ཐབས་མེད་ཤེས་རབ་བྲལ་ན་ཉན་ཐོས་ཉིད་དུ་ལྟུང་། ཞེས་སོ། །གཞན་ཡང་འགའ་ཞིག་འབུམ་ལས། ཆོས་ཐམས་ཅད་ནམ་མཁའི་རང་ཚུལ་ཅན་ནོ་ཞེས་བྱ་བར་སེམས་ཅན་རྣམས་ལ་ཆོས་སྟོན་ཏོ་ཞེས་པ་ལ་རྟེན་ནས། ཕྱག་རྒྱ་ཆེན་པོ་ངོ་སྤྲོད་གསུམ་པ་ཞེས་པ་ཆོས་ཐམས་ཅད་སེམས་སུ་ངོ་སྤྲོད། སེམས་ནམ་མཁའ་ལ་ངོ་སྤྲོད། ནམ་མཁའ་སྟོང་ཉིད་དུ་ངོ་སྤྲོད་ཅེས་བྱ་བ་དང་། ཡང་ཁ་ཅིག་དྲན་པ་མེད་ཅིང་ཡིད་ལ་བྱར་མེད་པ་ནི་སངས་རྒྱས་རྗེས་སུ་དྲན་པའོ། །ཞེས་པ་ལ་རྟེན་ནས་དྲན་པ་མེད་ཅིང་ཡིད་ལ་མི་བྱེད་པ་ཕྱག་རྒྱ་ཆེན་པོར་འདོད་པ་དང་། ཡང་འགའ་ཞིག་སེམས་དེ་ནི་སེམས་མ་མཆིས་པ་སྟེ་རང་བཞིན་གྱིས་འོད་གསལ་བའི་སླད་དུའོ། །ཞེས་བྱ་བ་ཕྱག་རྒྱ་ཆེན་པོའི་བསྒོམ་དུ་བྱེད་པ་སོགས་ཕྱག་ཆེན་གྱི་བྱེ་བྲག་མང་པོ་དྲག་སྟེ། ཕལ་ཆེར་ཤེས་རབ་ཀྱི་ཕ་རོལ་ཏུ་ཕྱིན་པའི་གཟུགས་བརྙན་དུ་འགྱུར་ལ། གལ་ཏེ་དེ་ནི། ཚུལ་གནས་ཐོས་དང་བསམ་ལྡན་པས། །བསྒོམ་པ་ལ་ནི་རབ་ཏུ་སྦྱོར། །ཞེས་གསུངས་པ་ལྟར། གཞི་ཚུལ་ཁྲིམས་ལ་གནས་ཤིང་། ཐོས་བྱུང་གི་ཤེས་རབ་རྒྱ་མཚོ་ལྟ་བུས་རྒྱུད་སྦྱངས། བསམ་བྱུང་གི་ཤེས་རབ་ཀྱིས་ཐོས་པའི་དོན་འཁྲུལ་མ་འཁྲུལ་ལེགས་པར་དཔྱད་ནས། མ་འཁྲུལ་བའི་དོན་སྦྱོར་དངོས་རྗེས་གསུམ་གྱིས་ཟིན་པར་བྱས་ནས་བསྒོམ་པའི་བསྒོམ་ལེགས་ཀྱང་དབུ་མའི་བསྒོམ་ལས་ལྷག་པ་མེད་ཅིང་། དབུ་མའི་བསྒོམ་དེ་སངས་རྒྱས་ཀྱི་ལམ་ཡིན་པས་བཟང་མོད་ཀྱི་འོན་ཀྱང་མཐར་མཐུག་གི་འབྲས་བུ་འགྲུབ་པ་ཤིན་ཏུ་དཀའ་སྟེ། རྡོ་རྗེ་སྙིང་མདོ་སྡེ་རྒྱན་ལས། སྦྱིན་དང་ཚུལ་ཁྲིམས་བསོད་ནམས་ཀྱི། །ཚོགས་ཡིན་ཤེས་རབ་ཡེ་ཤེས་ཀྱི། །གསུམ་པོ་གཞན་ནི་གཉིས་ཀའི་སྟེ། །ལྔ་ཆར་ཡང་ནི་ཡེ་ཤེས་ཚོགས། །ཞེས་པ་དང་། འཇུག་པ་ལས། སྦྱིན་སོགས་ཆོས་གསུམ་དེ་དག་ཕལ་མོ་ཆེ། །བདེ་བར་གཤེགས་པས་ཁྱིམ་པ་རྣམས་ལ་བསྔགས། །བསོད་ནམས་ཞེས་བྱའི་ཚོགས་ཀྱང་དེ་དག་ཉིད། །ཞེས་དང་། བསོད་ནམས་བློ་གྲོས་ཚོགས་ནི་གཉིས་ཀྱི་རྒྱུ། །བརྩོན་འགྲུས་ཞེས། ཕར་ཕྱིན་དང་པོ་གསུམ་བསོད་ནམས་དང་། ཕྱི་མ་གཉིས་ཡེ་ཤེས་དང་། བརྩོན་འགྲུས་གཉིས་ཀའི་རྒྱུར་གསུངས་པའི་ཚོགས་གཉིས་མ་རྫོགས་པ་དེ་སྲིད་བསྒོམ་དེ་མཐར་མི་ཕྱིན་ཏེ། སྡུད་པ་ལས། དེ་དག་དགེ་བའི་རྩ་བ་རྡི་སྲིད་མ་རྫོགས་པ། །དེ་སྲིད་སྟོང་ཉིད་དམ་པ་དེ་ནི་ཐོབ་མི་བྱེད། །ཅེས་སོ། །འདི་ཡི་ཚོགས་གཉིས་རྫོགས་པ་ལ་བསྐལ་པ་གྲངས་མེད་དུ་དགོས་པར་གསུངས་པས་སོ། །དེད་ཀྱི་ལུགས་ཀྱི་ཕྱག་རྒྱ་ཆེན་པོ་ནི་རྒྱུད་ཀྱི་དབང་བསྐུར་བ་ལས་བྱུང་བའི་ཡེ་ཤེས་དང་རིམ་པ་གཉིས་ཀྱི་ཏིང་འཛིན་བསྒོམས་པ་ལས་བྱུང་བའི་ཡེ་

ཤེས་འཇིག་རྟེན་ཆོས་མཆོག་གི་མཇུག་ཐོགས་སུ་གཞན་གྱིས་བསྟན་པ་ལ་མི་ལྟོས་པས་རང་བྱུང་ཡིན་ནོ། །

འདི་ཡི་རྟོགས་པ་མངོན་དུ་འགྱུར་བ་གསང་སྔགས་ཀྱི་ཐབས་ལ་མཁས་ན་ཚེ་འདི་ཡིས་འགྲུབ་ཅིང་། འབྲིང་གིས་བར་དོ་སོགས་སུ་འགྲུབ་བོ། །བཤད་མ་ཐག་པ་དེ་ལས་གཞན་དུ་ཕྱག་རྒྱ་ཆེན་པོའི་རྟོགས་པ་བོད་ལུགས་ཀྱི་ལྟ་བུ་སངས་རྒྱས་ཀྱིས་མ་གསུངས་པ་དེས་ན་ཁྱེད་ཕྱག་རྒྱ་ཆེན་པོ་བསྒོམས་པ་ལ་མོས་ན་གསང་སྔགས་ཀྱི་གཞུང་བཞིན་སློབས་ཤིག །ད་ལྟའི་བོད་ཀྱི་ཕྱག་རྒྱ་ཆེན་པོ་དང་། རྒྱ་ནག་ཧྭ་ཤང་གི་ལུགས་ཀྱི་རྫོགས་ཆེན་ལ་དེས་ཡས་འབབས་དང་གཅིག་ཅར་བ་ཞེས་དང་ཁྱེད་ཀྱིས་མས་འཛེགས་དང་། རིམ་གྱིས་ཞེས་པར་མིང་འདོགས་བསྒྱུར་བ་མ་གཏོགས་པ་དོན་ལ་སེམས་མ་བཅོས་པར་འཇོག་པའི་བླུན་བསྒོམ་ཉིད་ཀྱིས་འཚང་རྒྱ་བར་འདོད་པ་ལ་རྣམ་མ་དབྱེ་བ་སྐེ་ཁྱད་པར་མེད་དོ། །ཆོས་ལུགས་འདི་འདྲ་འབྱུང་བ་ཡང་བྱང་ཆུབ་སེམས་དཔའ་སྡོམ་བརྩོན་དམ་པ་དཔལ་ལྡན་ཞི་བ་འཚོས། ཆོས་ཀྱི་རྒྱལ་པོ་ཁྲི་སྲོང་ལྡེ་བཙན་ལ་ལུང་བསྟན་པ་ཇི་ལྟ་བ་བཞིན་ཐོག་ཏུ་བབ་བོ། །ལུང་བསྟན་དེ་ཡང་བཤད་ཀྱིས་ཉོན་ཅིག །རྒྱལ་པོ་ཁྱོད་ཀྱི་བོད་ཡུལ་འདིར་སློབ་དཔོན་ཆེན་པོ་པད་མ་འབྱུང་གནས་ཀྱིས་དམ་ཅན་བསྟན་མ་བཅུ་གཉིས་ལ་གཏད་པས་མུ་སྟེགས་བྱེད་འབྱུང་བར་མི་འགྱུར་མོད། ཟ་བཞེད་ལས། དུས་སྟེགས་མ་ཡིན་པས་མུ་སྟེགས་མི་འབྱུང་ཞེས་སོ། །འོན་ཀྱང་ཉིན་མཚན། གཡས་གཡོན། ཡར་ངོ་མར་ངོ་། །ཆོས་དག་མ་དག་གཉིས་གཉིས་འབྱུང་བ་ཆོས་ཉིད་ཡིན་པའི་རྟེན་འབྲེལ་འགའ་ཞིག་གི་རྒྱུས། ཆོས་ལུགས་གཉིས་སུ་འགྲོ་བར་འགྱུར་ཏེ། དེ་ཡང་ཐོག་མར་ང་འདས་ནས་རྒྱ་ནག་གི་དགེ་སློང་མཧཱ་ཡ་ན་ཞེས་པ་བྱུང་ནས་ནི་དཀར་པོ་ཆིག་ཐུབ་ཞེས་བྱ་བ་སེམས་རྟོགས་པ་འབའ་ཞིག་གིས་སངས་རྒྱའོ། །ཞེས་ཅིག་ཆར་བའི་ལམ་སྟོན་པར་འགྱུར་རོ། །དེ་མདོ་ལས་སྟེགས་མ་ལྟའི་ནང་ནས་ལྟ་བ་སྟེགས་མ་ཞེས་པ་སྟོང་པ་ཉིད་ལ་དགའ་བར་གསུངས་པ་ཡིན་པས། བོད་དུ་མ་ཟད་པ་སྟེགས་མ་ལྟ་བདོ་བའི་གང་ཟག་ཕལ་ཆེར་དེ་ལ་དགའ་བ་ཆོས་ཉིད་ཡིན། འདི་འཕེལ་ན་སངས་རྒྱས་ཀྱི་བསྟན་པ་སྤྱི་ལ་གནོད་པས་དེའི་ཚེ་ངའི་སློབ་མ་མཁས་པ་ཆེན་པོ་ཀ་མ་ལ་ཤཱི་ལ་ཞེས་བྱ་བ་དེ་རྒྱ་གར་ནས་སྤྱན་འདྲོངས་ལ་དེ་དང་རྩོད་དུ་ཆུག་ཅིག །ཟ་བཞེད་ལས་བལ་ཡུལ་ནས་ཞེས་སོ། །སློབ་དཔོན་དེ་ཡིས་ཧྭ་ཤང་དེ་སུན་འབྱིན་པར་འགྱུར་རོ། །དེ་ནས་སློབ་དཔོན་དེའི་ཆོས་ལུགས་བཞིན་དུ་དད་པ་དང་ལྡན་པ་རྣམས་ཀྱིས་སྤྱོད་ཅིང་ཉམས་སུ་ལོངས་ཤིག་གསུང་ངོ་། །

དེ་ཡིས་ཇི་སྐད་གསུངས་པ་བཞིན་ཕྱི་ནས་ཐམས་ཅད་བདེན་པར་གྱུར་ཏེ། དེ་ཡང་མཁན་པོ་གཤེགས་ནས་ཧྭ་ཤང་ན་རེ། ཚིག་ལ་སྙིང་པོ་མེད་ཐ་སྙད་ཀྱི་ཆོས་ཀྱིས་སངས་མི་རྒྱ་སེམས་རྟོགས་ན་དཀར་པོ་ཆིག་ཐུབ་

ཡིན་ཟེར་ཞིང་། དེའི་བསྟན་བཅོས་བསམ་གཏན་ཉལ་བའི་འཁོར་ལོ། བསམ་གཏན་གྱི་ལན། ཡང་ལན་ལྟ་བའི་རྒྱབ་ཤ །མདོ་སྡེ་བརྒྱད་ཅུའི་ཁུངས་ཞེས་པ་བརྩམས་ནས། དཀར་པོ་ཆིག་ཐུབ་བོད་ཁམས་ཐམས་ཅད་དུ་འཕེལ་ལོ། །དེར་རྒྱ་གར་གྱི་ཆོས་དང་མ་མཐུན་ནས། རྒྱལ་པོས་ཛྙཱ་ན་ཤེས་དབང་པོ། ལྕེ་བྲག་མཁར་ཚུ་ནས་སྤྱན་དྲངས། ཇི་ལྟར་བྱ་དྲིས་པས། ཡེ་ཤེས་དབང་པོས། ཤར་སློས་པའི་མཁན་པོའི་ཞལ་ཆེམས་རྣམས་མཉན་དུ་གསོལ་བས། སློབ་དཔོན་ཀ་མ་ལ་ཤཱི་ལ་སྤྱན་དྲངས། སེམས་བསྐྱེད་གླིང་དུ་ཁྲི་གསུམ་བཞམས། དབུས་སུ་རྒྱལ་པོ་གཡས་གཡོན་ཧྭ་ཤང་དང་སློབ་དཔོན་བཞུགས། ཡེ་ཤེས་དབང་པོ་སོགས་མཁས་པ་རྣམས་ཀྱིས་དཔང་པོ་བྱས་ནས། ཐམས་ཅད་ཀྱི་མཆོན་ཆ་རྣམས་བསྡུས། ལག་ཏུ་མེ་ཏོག་གི་ཕྲེང་བ་གཏད། གང་རྒྱལ་བ་དེ་ལ་བཏུད་དེ་ཕམ་པའི་ལུགས་པོར། དེ་ལྟར་མི་བྱེད་པ་རྣམས་ཆད་པས་གཅད་དོ། །ཞེས་བཀའ་ནན་གསལ་བའི་ཚེ། སློབ་དཔོན་ཀ་མ་ལ་ཤཱི་ལའི་གྲལ་དུ་རྒྱ་གར་བའི་ཆོས་ལུགས་འཛིན་པ་འགའ་དང་བློན་པོ་མགོས་ལ་སོགས་པ་ཉུང་ཟད་ཅིག་ལས་མ་བྱུང་། ཧྭ་ཤང་གི་གྲལ་དུ་རྒྱལ་པོའི་བཙུན་མོ་འབྲོ་ཟ་བྱང་ཆུབ་སྒྲོན་དང་། གཟིམ་མལ་བ་གཙོ་སྨ་མ་ལ་སོགས་པ་ཤིན་ཏུ་མང་བར་འདུས་སོ། །དེའི་ཚེ་སློབ་དཔོན་ཀ་མ་ལ་ཤཱི་ལས། རྒྱ་ནག་གི་ཆོས་ལུགས་ཇི་ལྟར་ཡིན་ཞེས་ཕྱོགས་སྔ་མ་དྲིས་པ་ན། ཧྭ་ཤང་ན་རེ་ཁྱེད་ཀྱི་ཆོས་ལུགས་སྐྱབས་འགྲོ་སེམས་བསྐྱེད་ནས་བཟུང་ནས། སྤྲེའུ་ཤིང་རྩེར་འཛེགས་པ་ལྟར་མས་འཛེགས་ཡིན། ངེད་ཀྱི་ཆོས་ལུགས་འདི་བྱ་ཁྱེད་ཀྱི་ཆོས་ཀྱིས་སངས་མི་རྒྱ་བས། རྣམ་པར་མི་རྟོག་པ་བསྒོམས་ནས་སངས་རྒྱ་སྟེ། ཁྱུང་ནམ་མཁའ་ནས་ཤིང་རྩེར་བབས་པ་ལྟར་ཡས་འབབ་ཀྱི་ཆོས་ཡིན་པས་དཀར་པོ་ཆིག་ཐུབ་ཡིན་ནོ་ཞེས་ཟེར། དེ་ལ་སློབ་དཔོན་གྱིས་ཐོག་མར་ཁྱོད་ཀྱིས་དཔེ་མི་འཐད་དེ། ཁྱུང་ནམ་མཁའ་ལས་གློ་བུར་དུ་འདབ་གཤོག་རྫོགས་ནས་ཤིང་རྩེར་འབབས་སམ། བྲག་ལ་སོགས་པར་སྐྱེས་ནས་རིམ་གྱིས་འདབ་གཤོག་རྫོགས་པར་བྱས་ཏེ་འབབས། དང་པོ་ནི་མི་སྲིད་ལ། གཉིས་པ་ནི་རིམ་གྱིས་པའི་དཔེར་རུང་གི་ཅིག་ཆར་བའི་དཔེར་མི་རུང་ངོ་། །དེ་ནས་ཧྭ་ཤང་གིས་དཔེ་ལ་ལན་མ་ཐེབས་པ་དང་། ཁྱོད་ཀྱི་དཔེ་ནོར་བར་མ་ཟད་དོན་ཡང་འཁྲུལ་ཏེ། རྣམ་པར་མི་རྟོག་པའི་བསྒོམ་དེ་ཙམ་རྣམ་རྟོག་ཕྱོགས་གཅིག་དགག་པ་ཙམ་ཡིན་ནམ་མཐའ་དག་དགག་དགོས། དང་པོ་ལྟར་ན་གཉིད་དང་རྒྱལ་བ་ལ་སོགས་པ་ཡང་རྣམ་པར་མི་རྟོག་པར་ཐལ། རྟོག་པ་ཕྱོགས་གཅིག་བཀག་པ་ཙམ་ཡོད་པའི་ཕྱིར་རོ། །

གཉིས་པ་ལྟར་ན་མི་རྟོག་པ་བསྒོམ་པའི་ཚེ། དེ་བསྒོམ་སྙམ་པའི་རྟོག་པ་སྔོན་དུ་གཏོང་དགོས་སམ་མི་དགོས། མི་དགོས་ན། ཁམས་གསུམ་གྱི་སེམས་ཅན་ཐམས་ཅད་ལ་བསྒོམ་སྐྱེ་བར་ཐལ། བསྒོམ་སྙམ་པའི་རྟོག་པ་སྔོན་དུ་མ་བཏང་ཡང་བསྒོམ་སྐྱེ་བའི་ཕྱིར་རོ། །གཏོང་དགོས་ན་དེ་ཉིད་རྟོག་པ་ཡིན་པས་མི་རྟོག་པ་བསྒོམ

པའི་དམ་བཅའ་ཉམས་ཏེ། དཔེར་ན་སྐྱ་བཅད་བྱས་པ་ཡིན་ནོ་ཞེས་སྨྲས་ན་སྐྱ་བཅད་ཤོར་བའམ། ཅ་ཅོ་མ་བྱེད་ཅ་ཅོར་འགྲོ་བ་བཞིན་ནོ་ཞེས་བྱ་བ་ལ་སོགས་པ་ལུང་དང་རིགས་པས་སུན་ཕྱུངས་པ་དང་རྒྱ་ནག་མཁན་པོ་སྤོབས་པ་མེད་པར་གྱུར་ཏེ། དེར་རྒྱལ་པོས་སྨྲས་པ། ལན་ཡོད་ན་གསུངས་ཤིག །མཁན་པོས་སྨྲས་པ། མགོར་ཐོག་རྒྱབ་པ་དང་མཚུངས་པས་ལན་མི་ཤེས་སོ། །རྒྱལ་པོས་སྨྲས་པ། དེ་ལྟར་ན་སློབ་དཔོན་ལ་མེ་ཏོག་ཕྲེང་བ་ཕུལ་ལ་བཟོད་པར་གསོལ་ཏེ། དཀར་པོ་ཆིག་ཐུབ་ཀྱི་ཆོས་ལུགས་བོར་ལ། ལུང་རིགས་དང་མི་འགལ་བར་རྒྱ་གར་གྱི་ཆོས་ལུགས་བཞིན་དུ་གྱིས་ཤིག །དེ་ཡང་ལྟ་བ་ཀླུ་སྒྲུབ་དང་བསྟུན། སྤྱོད་པ་ཕ་རོལ་ཏུ་ཕྱིན་པ་བཞིན་གྱིས། ད་སླད་ཆད་རྒྱལ་པོས་ཡོན་བདག་བྱས་ཤིང་ལོ་པཎ་གྱིས་བསྒྱུར་བ་མ་ཡིན་པའི་ཆོས་ལ་ཉན་བཤད་བསྒོམ་གསུམ་གང་ཡང་མ་བྱེད། དཀར་པོ་ཆིག་ཐུབ་འདི་སུས་བྱས་ཀྱང་ཆད་པ་གཅོད་དོ་ཞེས་བོད་ཁམས་ཀུན་ཏུ་ཁྲིམས་བཅས་ཏེ། རྒྱ་ནག་གི་དཔེ་རྣམས་བསྡུས་ནས་བསམ་ཡས་སུ་གཏེར་དུ་སྦས་སོ། །

དེར་རྒྱ་ནག་མཁན་པོ་ཡི་མྱུག་སྟེ་རང་གི་གནས་སུ་སོང་། ཆོས་གྲྭ་དེར་ལྷམ་ལུས་པས་ལྷས་དེ་ལས་དཔགས་ནས། སངས་རྒྱས་ཀྱི་བསྟན་པ་འཇིག་ཁར་ང་ཡི་བསྟན་པ་ལྷམ་ཙམ་ཞིག་ལུས་པར་འགྱུར་རོ་ཞེས་འཁོར་རྣམས་ལ་ལུང་བསྟན་ནོ་ཞེས་གྲགས་སོ། །དེ་ལྟར་རྒྱ་ནག་པའི་ལུགས་དེ་ནུབ་པར་མཛད་ནས། རིམ་གྱིས་པའི་ཆོས་ལུགས་སྤེལ་ལོ། །

ཕྱི་ནས་རྒྱལ་ཁྲིམས་ནུབ་པ་དང་། །རྒྱ་ནག་མཁན་པོའི་གཞུང་ལུགས་ཀྱི། །ཡི་གེ་ཙམ་ལ་བརྟེན་ནས་ཀྱང་། །དེའི་མིང་འདོགས་དཀར་པོ་ཆིག་ཐུབ་ཞེས་པ་གསང་ནས་ཕྱག་རྒྱ་ཆེན་པོར་མིང་བསྒྱུར་ནས་སྤེལ་བ་ཡིན་ཏེ། དེ་ཡང་། གོལ་ས་གསུམ་དང་ཤོར་ས་བཞི། །གསང་སྔགས་གཞུག་མ་བསྒོམ་པར་བྱ། །བྲམ་ཟེ་སྐྱུད་པ་འཁལ་བ་བཞིན། །སོ་མ་མ་བཅོས་ལྷུག་པར་བཞག །ཅེས་བྱ་བའི་དོན་ཕྱག་རྒྱ་ཆེན་པོ་བདེ་གསལ་མི་རྟོག་པ་ལ་གོལ་བ་སྟེ། དེ་ཡང་བདེ་བ་ལ་གོལ་ན་འདོད་ཁམས་ཀྱི་ལྷར་སྐྱེ། གསལ་བ་ལ་གོལ་ན་གཟུགས་ཁམས། མི་རྟོག་པ་ལ་གོལ་ན་གཟུགས་མེད་དུ་སྐྱེ་སྟེ། ཤོར་ས་བཞི་ནི། ཕྱག་རྒྱ་ཆེན་པོ་གཤིས་ལ་ཤོར་བ། བསྒོམ་དུ་ཤོར་བ། ལམ་དུ་ཤོར་བ། རྒྱས་འདེབས་སུ་ཤོར་བའོ། །དེ་དག་སྤངས་ཏེ་བྲམ་ཟེ་མོ་སྐྱུད་པ་འཁལ་བ་ལྟར། སོ་མ་དང་མ་བཅོས་པ་དང་ལྷུག་པ་དང་འབོལ་ལེ་ཤིག་གེ་འཇོག་པ་ཡིན་ནོ་ཞེས་ཟེར་རོ། །དེས་ན་ད་ལྟའི་ཕྱག་རྒྱ་ཆེན་པོ་འདི། ཕལ་ཆེར་རྒྱ་ནག་མཁན་པོའི་ཆོས་ལུགས་དཀར་པོ་ཆིག་ཐུབ་ཀྱི་རྗེས་སུ་འབྲངས་པ་ཡིན་ནོ། །འདིའི་དགག་པའང་ཐུབ་པ་དགོངས་གསལ་ལས་རྒྱ་ཆེར་གསུངས་ཀྱང་ཡི་གེ་མང་བས་མ་བྲིས་སོ། །

སངས་རྒྱས་བྱང་ཆུབ་སེམས་དཔའ་ལ་ཞུ་བའི་འཕྲིན་ཡིག་ལས་འདི་ལྟར་གསུངས་ཏེ། འདི་དོན་བརྟགས་

ན་འདི་ལྟར་མཐོང་། །སོ་མར་བཞག་ན་བལ་ཉིད་ཡིན། །སྐྱུད་པར་བྱས་ན་བཙོས་པར་འགྱུར། །དེ་ཕྱིར་འདི་ལ་དཔེ་སྐྱོན་ཡོད། །དོན་གྱི་སྐྱོན་ཡང་འདི་ལྟར་མཐོང་། །གོལ་ས་གསུམ་པོ་སྤྱད་ཙམ་གྱིས། །ཕྱག་རྒྱ་ཆེན་པོར་འགྱུར་ན་ནི། །ཉན་ཐོས་འགོག་པའང་དེ་འགྱུར་རོ། །ཤོར་ས་བཞི་པོ་སྤྱངས་སྐམ་པའི། །རྣམ་རྟོག་ཕྱག་རྒྱ་ཆེན་པོ་མིན། །རྟོག་པ་མེད་ན་སྤྱོང་མི་ནུས། །རྟོག་པ་མེད་ཀྱང་སྤྱོང་ནུས་ན། །སེམས་ཅན་ཀུན་ལ་འབད་མེད་པར། །ཕྱག་རྒྱ་ཆེན་པོ་ཅིས་མི་སྐྱེ། །ཞེས་སོ། །ཕྱོགས་སྔར་དྲངས་པའི་ལུང་འདི་བྲམ་ཟེ་ཆེན་པོའི་བསྟན་བཅོས་ཞིག་ན་སྣང་ངོ་ཞེས་ཐོས་པས་བདེན་ན་ལུང་དེ་འགོག་པ་མ་ཡིན་གྱི། དེའི་དོན་ཕྱོགས་སྔ་མས་བཤད་པ་དེ་འགོག་པ་ཡིན་ནོ། །འདི་སྐད་དུ་དཀར་པོ་ཆིག་ཐུབ་ལ་སྐྱོན་ཡོད་པ་བདེན་ཡང་། ཁོ་བོ་ཅག་སྦྱོར་བ་སྐྱབས་འགྲོ་སེམས་བསྐྱེད་བྱེད། ཡི་དམ་བླ་མ་བསྒོམ། དངོས་གཞི་ཕྱག་རྒྱ་ཆེན་པོ་ལ་བློ་བཞག ། རྗེས་བསྔོ་བ་བྱེད་པས་དཀར་པོ་ཆིག་ཐུབ་བས་ཁྱད་པར་དུ་འཕགས་སོ་ཞེས་ཟེར་ན། ཕ་རོལ་ཏུ་ཕྱིན་པའི་བསྒོམ་ཡིན་ན། སྔར་བཤད་པའི་མདོ་ལས་འབྱུང་བའི་ཉམས་ལེན་དེ་དག་མ་བྱས་ཤིང་། གསང་སྔགས་ཀྱི་བསྒོམ་ཡིན་ན། དབང་དང་རིམ་པ་གཉིས་ཉམས་སུ་བླངས་པ་དགོས་ན་དེ་ཡང་མ་ཡིན་ནོ། །བསྒོམ་དེ་ཙམ་གྱིས་འཁོར་འདས་ཀྱི་མཐའ་དགག་མི་ནུས་སོ། །དེ་ལྟར་ན། དགེ་བའི་བཤེས་གཉེན་མཁས་པ་རྣམས་ན་རེ། རྒྱ་ནག་མཁན་པོས་ཆོས་མི་ཤེས་ཀྱང་། ལྟས་ཅུང་ཟད་ཤེས་པ་ཞིག་སྟེ། དེང་སང་ཆོས་ཁྱུངས་མ་རྣམས་པོར་ཏེ། སེམས་ངོ་འཕྲོད་པས་འཚང་རྒྱ་བར་འདོད་པ། དཀར་པོ་ཆིག་ཐུབ་ཏུ་འགྲོ་བའི་རྒྱུ་མཚན་དེ་ཡིན་གསུངས། བཀའ་ཆེམས་ཀྱི་ཡི་གེ་གཞན་ཞིག་ལས་ནི། མཁན་པོ་མ་ཡིན་པའི་ཧྭ་ཤང་གཞན་ཞིག་ཡི་ཆད་དེ། རྒྱ་ནག་ཏུ་འགྲོ་བའི་ཚེ་ལྷམ་ལུས་པ་ལས་དཔགས་ནས། དེ་སྐད་ཟེར་ཞེས་པ་ཡི་གེ་བྲིས་པའང་མཐོང་ངོ། །

དེར་རྒྱ་ནག་མཁན་པོ་མགོ་ལ་མེ་སྦར་ནས། ནུབ་ཕྱོགས་བདེ་བ་ཅན་དུ་ཁ་བལྟས་ཏེ་འདས། གཟིམ་མལ་བ་གཙོ་མྨ་མྨ་རང་གི་དབང་པོ་བརྟངས་ནས་ལྟེབས། ཞེས་བྱ་བ་ལ་སོགས་པ་འདིར་ཡི་གེ་མང་བས་མ་བྲིས་ཏེ། རྒྱལ་བཞེད་དབའ་བཞེད་འབའ་བཞེད་རྣམས་སུ་ལྟ་བར་བྱའོ་ཞེས་གསུང་ཡང་། དེང་སང་རྒྱལ་བཞེད་དང་འབའ་བཞེད་སྣང་ཞིང་། དབའ་བཞེད་དང་བསྒོམ་རིམ་ཐ་མ་ལས། ཧྭ་ཤང་དགག་པའི་ཚིག་འདིར་བཤད་པ་དང་ཅུང་ཟད་མི་འདྲ་བར་སྣང་ཡང་། ཆོས་རྗེའི་ཞལ་སྔ་ནས། གོ་སླ་བའི་ཕྱིར་དེ་དག་གི་དོན་བསྡུས་ནས་ཐུབ་པ་དགོངས་གསལ་དུ་གསུངས་པ་ལྟར་བྲིས་པ་ཡིན་ཏེ། ནཱ་རོ་པ་དང་མཻ་ཏྲི་པའི་ལུགས་ཀྱི་ཕྱག་རྒྱ་ཆེན་པོ་གང་ཡིན་པ་དེ་ནི་ལས་དང་ཆོས་དང་དམ་ཚིག་གི་ཕྱག་རྒྱ་དང་ཕྱག་རྒྱ་ཆེན་པོ་ཞེས་པ་གསང་སྔགས་ཀྱི་རྒྱུད་ནས་ཇི་སྐད་དུ་གསུངས་པ་དེ་ཉིད་ཁོང་བཞེད་ཀྱི། རྩེ་གཅིག་སོགས་ལ་ཕྱག་ཆེན་དུ་མི་བཞེད་དོ། །འདི་ལྟར་གཏུམ་མོ།

རྨི་ལམ། སྒྱུ་ལུས། འོད་གསལ། འཕོ་བ། བར་དོ་སྟེ་ནཱ་རོའི་ཆོས་དྲུག་གསང་སྔགས་ཀྱི་གདམ་ངག་ཡིན་ཞིང་། མཻ་ཏྲི་པའི་ལྷན་སྐྱེས་དྲུག་པ་ལས་ཀྱང་། གང་ཕྱིར་ལྷན་ཅིག་སྐྱེས་མ་བཅོས། །དེ་ཕྱིར་དོགས་མེད་ལྷན་ཅིག་སྐྱེས། །དེ་ལས་ལྷན་ཅིག་སྐྱེས་གཞན་མིན། །བདེ་བ་དོགས་པ་མེད་མཚན་ཉིད། །ཞེས་སོ། །འཕགས་པ་ཀླུ་སྒྲུབ་ཉིད་ཀྱིས་ཀྱང་ཕྱག་རྒྱ་བཞི་པ་ཞེས་བྱ་བར་འདི་སྐད་གསུངས་ཏེ། ལས་ཀྱི་ཕྱག་རྒྱ་མི་ཤེས་པ་དེ་དག་གིས་ནི་ཆོས་ཀྱི་ཕྱག་རྒྱའང་ཤེས་པར་མི་འགྱུར་ན། ཕྱག་རྒྱ་ཆེན་པོའི་མིང་ཙམ་ཡང་ཤེས་པར་ག་ལ་འགྱུར། ཞེས་གསུངས་སོ། །རྟོགས་པ་ཉིད་ནི་མི་སྲིད་གསུངས་ཞེས་པ་ནི། ཚིགས་བཅད་སྦྱོར་བའི་ངོར་མཛད་པའོ། །འདིའི་དོན་ནི་མུ་དྲ་ཞེས་པ་བོད་སྐད་དུ་རྒྱ་ཞེས་པ་ཡིན་ལ། ཕྱག་ཞེས་པ་ལོ་ཙཱ་བས་བསྣན་པ་ཡིན་ནོ། །དེ་ཡང་རྒྱལ་པོའི་ཕྱག་རྒྱ་བཞིན་དུ་འདེབས་པས་ཕྱག་རྒྱའོ། །དེ་ལས་ལས་ཀྱི་ཕྱག་རྒྱ་ནི་ཤེས་རབ་སྟེ་ཐབས་ལ་འདེབས་པའོ། །ཆོས་ཀྱི་ཕྱག་རྒྱ་ནི་དབང་གོང་མ་གཉིས་ཀྱི་དོན་བསྒོམ་པ་ལས་བྱུང་བའི་བདེ་སྟོང་གི་ཡེ་ཤེས་འཇིག་རྟེན་པའི་ལམ་གྱིས་བསྡུས་པའོ། །ཕྱག་རྒྱ་ཆེན་པོ་ནི་དེ་ལས་བྱུང་བའི་འཇིག་རྟེན་ལས་འདས་པའི་ཡེ་ཤེས་སོ། །འདི་གཉིས་ཆོས་ཐམས་ཅད་ལ་འདེབས་པས་ཕྱག་རྒྱ། ཕྱི་མ་ནི་དེ་བས་ལྷག་པའི་ཆོས་མེད་པས་ཆེན་པོ་ཡང་ཡིན་ནོ། །དམ་ཚིག་གི་ཕྱག་རྒྱ་ནི་སངས་རྒྱས་ཀྱི་གཟུགས་སྐུ་གཉིས་ཏེ། སངས་རྒྱས་ཐམས་ཅད་དེ་གཉིས་ཀྱིས་སེམས་ཅན་གྱི་དོན་མཛད་པ་ལས་མི་འདའ་བས་དམ་ཚིག་ཀྱང་ཡིན་ལ། གདུལ་བྱ་ལ་འདེབས་པས་ན་ཕྱག་རྒྱ་ཡང་ཡིན་ནོ། །འདི་དག་ཕྱི་མ་ཕྱི་མ་སྔ་མ་སྔ་མའི་འབྲས་བུ་ཡིན་པས་ལས་ཀྱི་ཕྱག་རྒྱ་མི་ཤེས་ན། ཆོས་ཕྱག་མི་ཤེས་པས། དེ་མི་ཤེས་ན་ཕྱག་ཆེན་མི་འཐོབ་ཞེས་པའོ། །དུས་འཁོར་ལས། ཕྱག་རྒྱ་གསུམ་བཤད་པའི་ལས་ཕྱག་ནི་སྤར་དང་འདྲ་ལ། བསྐྱེད་རིམ་གྱི་ལྷ་མོ་ནི་ཡེ་ཤེས་ཀྱི་ཕྱག་རྒྱའོ། །རྣམ་ཀུན་མཆོག་ལྡན་གྱི་སྟོང་གཟུགས་ནི་ཕྱག་ཆེན་ནོ། །རྒྱུད་ཀྱི་རྒྱལ་པོ་གཞན་ཀྱེའི་རྡོ་རྗེ་ལ་སོགས་པ་དང་གཞན་བསྟན་བཅོས་ཆེན་པོ་གྲུབ་པ་སྡེ་བདུན་སོགས་ལས་ཀྱང་། དབང་བསྐུར་བ་དང་མ་འབྲེལ་བ་དེ་ལ་ཕྱག་རྒྱ་ཆེན་པོ་རྟོག་པ་བཀག་སྟེ། བརྟག་གཉིས་ལས། དེ་ནས་རྣལ་འབྱོར་མས་ཞུས་པ། ཕྱག་རྒྱ་ཆེན་པོ་ཧེ་ལྷ་བུ། །ཀུན་རྫོབ་རྣམ་པའི་གཟུགས་ཀྱིས་ནི། །བདེ་བ་སྦྱིན་པས་བཤད་དུ་གསོལ། །ཞེས་དང་། གཞན་གྱིས་བརྗོད་མིན་ལྷན་ཅིག་སྐྱེས། །གང་དུ་ཡང་ནི་མི་རྙེད་དེ། །བླ་མའི་དུས་ཐབས་བརྟེན་པ་དང་། །བདག་གི་བསོད་ནམས་ལས་ཤེས་བྱ། །ཞེས་དང་། སཾ་པུ་ཊ་ལས། ནང་གི་དབྱེ་བ་འདི་ཉིད་ནི། །བླ་མའི་ཞལ་ལས་རྙེད་པར་འགྱུར། །ཞེས་དང་། གསང་བ་མཛོད་ཀྱི་མདོ་ལས་ཀྱང་། རྡོ་རྗེ་སེམས་དཔའ་ཉོན་ཅིག་དང་། སྔགས་ཀྱི་ཐེག་པ་མཆོག་གི་དབང་བསྐུར་བ་གསང་བ་ཆེན་པོ་འདིས་སངས་རྒྱས་ཐོབ་པར་ནུས་ཀྱི། ཐེག་པ་གཞན་གྱིས་ནི་བསྐལ་པ་བྱེ་བས་ཀྱང་སངས་རྒྱས་ཐོབ་པར་མི་འགྱུར་རོ་ཞེས

དང་། ཡེ་ཤེས་གྲུབ་པ་ལས། རྟོག་པ་ཐམས་ཅད་རྣམ་སྤངས་པའི། །ཡེ་ཤེས་མཆོག་བཟང་ཐོབ་པ་ཡི། །རྡོ་རྗེ་ཡེ་ཤེས་དབང་བསྐུར་བས། །དངོས་གྲུབ་མཆོག་ནི་བསྒྲུབ་པར་བྱ། །ཞེས་དང་། སློབ་དཔོན་ཨཙྪ་དེ་བས། དེ་ནི་དཔེ་ཡིས་ཉེར་མཚོན་ནས། །བླ་མའི་ཞལ་གྱི་དྲིན་གྱིས་སོ། །ཞེས་དང་། ཐབས་དང་ཤེས་རབ་རྣམ་པར་གཏན་ལ་དབབ་པ་གྲུབ་པ་ལས། བདེ་གཤེགས་གནས་ཀྱི་དཀྱིལ་འཁོར་དུ། །རྒྱུད་ཀྱི་ལམ་གྱི་རྗེས་འབྲངས་ནས། །མཁས་པ་གང་ཆེ་དབང་བསྐུར་ན། །སངས་རྒྱས་ཐམས་ཅད་མངོན་སུམ་ཡིན། །དཔག་མེད་འཇིག་རྟེན་ཁམས་དབང་ཕྱུག །བདག་བྱིན་རློབས་པའི་རིམ་ཐོབ་པ། །ཞེས་སོགས་མང་དུ་གསུངས་སོ། །བླ་མའི་དྲིན་ཞེས་པ་ནི་དེ་ལས་དབང་བསྐུར་ཐོབ་པའོ། །དབང་བསྐུར་བ་ལས་བྱུང་བའི་ཡེ་ཤེས་ཕྱག་རྒྱ་ཆེན་པོ་རྟོགས་ནས་ད་བཟོད་དེ། དེ་ཕྱིན་ཆད་རྣམ་རྟོག་གི་མཚན་མ་དང་བཅས་པའི་འབད་རྩོལ་ཀུན་ལ་མི་ལྟོས་པར་ཡེ་ཤེས་རང་གི་ངང་གིས་འབྱུང་ངོ་། །ལམ་འབྲས་ལས། རྟོག་པའི་འགྲོ་ལྡོག་བྱེད་ཞེས་ཏེ། འཁོར་ལོ་བསྐོར་བ་འཇིག་རྟེན་ལས་འདས་པའི་ལམ་ཡིན་པས་སོ། །དེང་སང་འགའ་ཞིག་བླ་མའི་མོས་གུས་ཙམ་གྱིས་སེམས་བསྒྱུར་ནས། རྟོག་པ་མངོན་གྱུར་ཙང་ཟད་འགགས་པ་ལ་ཕྱག་རྒྱ་ཆེན་པོ་ཡིན་ཞེས་ངོ་སྤྲོད་པར་བྱེད་དེ། དེ་འདྲ་བདུད་ཀྱིས་བྱིན་གྱིས་བརླབས་པ་ཡིན་པའང་སྲིད་ཅིང་། ཡང་ན་ཁམས་ནི། ལུས་ཟུངས་ཀྱི་ཁྲུད་པར་ཏེ། དེ་རྐྱེན་གྱི་ན་བ་ལས། རྩར་གནས་རྣམས་སུ་འདུས་པ་འགའ་ཞིག་ལའང་འབྱུང་སྟེ་དཔེར་ན། སྔོན་མི་རྒན་པོ་ཞིག །ཤིང་ཐུར་ཕྱིན་པས། ཞྭ་དཀར་པོ་ཞིག་རྙེད་དེ། དེ་གྱོན་པ་ན་གཞན་གྱིས་དེ་ཉིད་མཚན་དཔེས་བརྒྱན་པའི་གཟུགས་སུ་མཐོང་ནས། གྲུབ་ཐོབ་ཀ་རུ་འཛིན་ཞེས་བྱ་བ་རྫུན་རླབས་ཅན་ཞིག་བྱུང་བར་གྱུར་ཏོ། །དེ་ནས་དེའི་དགོན་པ་མཐོང་བ་ཙམ་དང་། ལ་ལ་ཞལ་མཐོང་བ་དང་། འགའ་ཞིག་ལམ་དུ་ཞུགས་པ་དང་། ལ་ལ་ལམ་གྱི་ཕྱེད་དུ་ཕྱིན་པ་ཙམ་གྱིས་ཏིང་འཛིན་སྐྱེ་ཞེས་ཟེར་རོ། །

ཕྱི་ནས་དེའི་སློབ་མ་ཞིག་གིས་དེ་རང་གི་ཁང་པ་ན་ཞྭ་དཀར་པོ་དེ་ཕུད་ནས་འདུག་པས། སྔོན་གྱི་རྒན་པོའི་གཟུགས་དེ་ཉིད་དུ་གྱུར་པ་སྒོའི་གསེང་ལ་མཐོང་ནས། གཞན་ལའང་སྨྲས་ཤིང་། སློབ་མ་དེ་དག་དེ་དང་ཞེ་འགྲས་ནས། དེ་སྐྱོ་བོ་མང་པོའི་དབུས་ན་འདུག་པའི་ཞྭ་བཤུས་པས་དེ་དག་གིས་ཀྱང་རྒན་པོ་དེར་མཐོང་ནས། དེའི་གྲུབ་ཐོབ་ཞིག་པར་གྱུར་ཏོ། །དེ་ནས་སྔར་ཏིང་ངེ་འཛིན་སྐྱེས་པ་དེའང་རྒྱུན་ཆད་པར་གྱུར་ཏོ། །དེ་འདྲའི་ཏིང་འཛིན་བདུད་རིགས་ཀྱི་འབྱུང་པོ་རྣམས་ཀྱིས་བྱེད་པར་གསུངས་ཏེ། ལམ་འབྲས་ལས་ཤེས་རབ་ཀྱི་ཕྱོགས་སུ་ལྷུང་བའི་ལམ་ལ་ལྷའི་བུའི་བདུད་འོངས་པས་སད་པ་བཞིས་བསྲུང་ཞེས་དང་། ཤེས་རབ་ལ་ཕྱིའི་བདུད་ལམ་གཉིས་ལྟ་གྲུབ་བརྒྱད་གྱུར་པ་འོངས་ཞེས་སོ། །ནག་པོ་རོ་ཟན་བྱ་བ་གཅིག་གིས་ཀྱང་ལ་ལ་བསྒོམ་ཐབས་

པ་བྱུང་སྟེ། དེའང་རྒྱལ་འགོང་ཞིག་གིས་བྱས་པར་འདུག་ཟེར་རོ། །སངས་རྒྱས་གསུང་བཞིན་བསྒྲུབ་པ་ཡི་བྱིན་རླབས་ནི་སངས་རྒྱས་རྣམས་ཀྱི་ཡིན་ནོ། །

གཉིས་པ་རྩོད་པ་སྤང་བ་ནི། བསྒོམ་ཆེན་པ་ཁ་ཅིག་ན་རེ། སྐྱེ་བ་སྔ་མ་ལ་སེམས་བསྐྱེད་དང་། དབང་བསྐུར་མ་བྱས་ན། ཚེ་འདིར་ཆོས་ལ་དད་པ་མི་སྲིད་པས་གང་དག་ད་ལྟ། ཐེག་ཆེན་སྔགས་ལ་དད་པ་ཐོབ་པ། དེ་དག་སྔར་ནས་རྒྱུད་སྦྱངས་པ་ཡིན་པས་ད་ལྟ་དབང་བསྐུར་མི་དགོས་ཞེས་ཟེར་རོ། །ད་ལྟ་མོས་པ་སྔར་བྱས་པའི་རྟགས་ཡིན་པས་ད་ལྟ་མི་དགོས་པས། འོན་སོ་སོ་ཐར་པ་ཡི་སྡོམ་པ་དག་ལ་མོས་པ་ཡང་སྔ་མའི་སྡོམ་པ་ཡོད་པའི་ཕྱིར། ད་ལྟ་རབ་ཏུ་འབྱུང་མི་དགོས་པར་འགྱུར་རོ། །བྱང་ཆུབ་སེམས་དཔའི་སེམས་བསྐྱེད་ལ་མོས་པ་ཡང་སྔ་མའི་སེམས་བསྐྱེད་ཡོད་པའི་ཕྱིར་ན། ད་ལྟ་སེམས་བསྐྱེད་བྱ་མི་དགོས་པར་འགྱུར་རོ། །རབ་བྱུང་སེམས་བསྐྱེད་དེ་དག་མ་བྱས་ན་བསྙན་པ་དང་འགལ་བས་བྱ་དགོས་ན་གསང་སྔགས་ཀྱི་དབང་བསྐུར་ཡང་རྒྱུ་མཚན་ཅིས་མི་དགོས་ཏེ། མ་བྱས་ན་བསྙན་པ་དང་འགལ་བས་སོ། །སངས་རྒྱས་ཀྱི་ཆོས་ལ་མི་དགའ་བའི་མུ་སྟེགས་བྱེད་ཀྱི་ཆོས་སྤྱངས་པ་དེ་ལ་ངོ་མཚར་དུ་མི་བརྩི་བའི་སངས་རྒྱས་ཀྱི་ཆོས་ལ་བརྟེན་བཞིན་དུ་དྲི་མ་མེད་པའི་མདོ་བརྒྱུད་ཚིག་གི་ནཡ་ཡིན་པས་དགོས་པ་མེད་ཅེས་ཉན་བཤད་འགོག་པར་བྱེད་པ་དེ་ལ་ཁོ་བོས་ངོ་མཚར་དུ་རྩིས་སོ། །རིགས་པ་དྲུག་ཅུ་པ་ལས། གལ་ཏེ་ཡོད་པར་སྨྲ་བ་རྣམས། །དངོས་ལ་ཞེན་པར་གནས་པ་ནི། །ལམ་དེ་ཉིད་ལ་གནས་པ་སྟེ། །དེ་ལ་ངོ་མཚར་ཅུང་ཟད་མེད། །སངས་རྒྱས་ལམ་ལ་བརྟེན་ནས་ནི། །ཐམས་ཅད་མི་རྟག་སྨྲ་བ་རྣམས། །རྩོད་པ་ཡིས་ནི་དངོས་པོ་ལ། །ཆགས་གནས་གང་ཡིན་དེ་རྨད་དོ། །ཞེས་པ་དང་རིགས་པའི་གནད་མཚུངས་སོ། །

གཉིས་པ་སྣང་སྟོང་རྟོག་པ་ཕྲ་མོ་མཐོང་ལམ་དུ་འདོད་པ་དགག་པ་ལ་གཉིས་ལས། དང་པོ་དགག་པ་དངོས་ནི། ལ་ལ་ཞི་གནས་ཅུང་ཟད་དང་། སྣང་བ་སྟོང་པར་རྟོགས་པའི་རྟོག་པ་ཕྲ་མོ་ཙམ་སྐྱེས་པ་ལ་མཐོང་ལམ་སྐྱེས་པ་ཡིན་ནོ་ཞེས་ངོ་སྤྲོད་པར་བྱེད་དོ། །དེ་ལྟ་ན་འཇིག་རྟེན་གྱི་ཁམས་བརྒྱ་གཡོ་བ་ལ་སོགས་པའི་ཡོན་ཏན་རྣམས་བསྟན་དགོས་སོ་སྙམ་ན། དཔེར་ན་ཁྱུང་གི་ཕྲུ་གུ་སྒོ་ངའི་ཀྲྀ་ཡིས་བཅིངས་པ་ན། འདབ་གཤོག་རྫོགས་ཀྱང་འཕུར་མི་ནུས་ལ། དེ་ལས་གྲོལ་མ་ཐག་ཏུ་འཕུར་བ་ཇི་བཞིན་དུ་མཐོང་ལམ་ཐོབ་པའི་རྣལ་འབྱོར་པ་ལུས་ཀྱི་རྒྱུ་ཡིས་བཅིངས་པས་ན། ད་ལྟ་སེམས་ལ་རྟོགས་པ་རྫོགས་ཀྱང་མཐོང་ལམ་གྱི་ཡོན་ཏན་མི་འབྱུང་བས་ལུས་ཀྱི་རྒྱུ་ཞིག་པའི་ཤི་མ་ཐག་ཡོན་ཏན་ཐམས་ཅད་ཕྱི་ནས་འབྱུང་ངོ་ཞེས་ཟེར་རོ། །དེ་མི་འཐད་དེ། བསྒྲུབ་བྱེད་མེད་ཅིང་གནོད་བྱེད་ཡོད་པས་སོ། །དང་པོ་ནི། ཐེག་པ་ཆེན་པོའི་མདོ་རྒྱུད་ལས་ཁྱེད་འདོད་པའི་དེ་

འདྲའི་ཆོས་ལུགས་བཤད་པ་མེད་དོ། །

གཉིས་པ་ནི། ཉི་མ་དེ་རིང་ཤར་བའི་འོད་ཟེར་ནངས་པར་འབྱུང་ཞེས་པ་ལྟར་མཐོང་ལམ་ཚེ་འདིར་སྐྱེས་པའི་ཡོན་ཏན་ཤི་ནས་འབྱུང་བ་ངོ་མཚར་ཆེའོ། །གཞན་ཡང་ལུས་ཀྱི་རྒྱུ་ཙམ་ཡོན་ཏན་དེ་དག་གི་གེགས་ཡིན་ན་ལྷིབས་པར་རིག་སོ། །ལྷིབས་ན་ལྡང་བར་འགྱུར་རོ་སྙམ་ན། བཟོད་པ་ཐོབ་ནའང་ངན་སོང་དུ་མི་འགྲོ་ན་བདེན་པ་མཐོང་བ་ལྟ་ཅི་སྨོས། ཁོ་བོས་ནི་གྲུབ་སྟེ་ཁྱེད་ཅག་མ་དག་པས་མ་མཐོང་ངོ་སྙམ་ན། བདག་ཉིད་ལ་རྫུན་མི་སླན་ལེགས་སོ། །མངོན་པའི་ང་རྒྱལ་དུ་མ་གྱུར་ཅིག །གལ་ཏེ་དེ་ཁོ་ན་ཉིད་ཅུང་ཟད་ཅིག་མཐོང་ངོ་ཞེ་ན། ས་དང་པོ་མཐོང་ལམ་དུ་མི་འགྱུར་ཏེ་དེའི་སྔར་མཐོང་ཟིན་པའི་ཕྱིར་རོ། །ཁོ་བོས་ནི་སྔར་རྟོགས་ཏེ་ད་ལྟ་ཉམས་སོ་ཞེ་ན། དེ་ལྟ་ན་དེ་ཁོ་ན་ཉིད་རྟོགས་ནས་ཉམས་པར་འགྱུར་བའི་ཕྱིར། མཐོང་ལམ་ཀྱང་ཉམས་པར་འགྱུར་བས་བཤད་གད་ཀྱི་གནས་སོ། །ཁ་ཅིག་ན་རེ། ཕ་རོལ་ཕྱིན་པ་དང་གསང་སྔགས་གཉིས་ཀྱི་མཐོང་ལམ་ལ་རིམ་པ་བཞིན་ཡོན་ཏན་བརྒྱ་ཕྲག་བཅུ་གསུམ་གྱི་རྒྱུན་ཅན་དང་རྒྱུན་མེད་ཡིན་ནོ་ཞེས་ཟེར་རོ། །དེ་ལྟ་ཡིན་ན་སངས་རྒྱས་ཀྱང་རྒྱུན་ཅན་དང་རྒྱུན་མེད་གཉིས་སུ་འགྱུར་ཏེ་རྒྱུ་མཚན་མཚུངས་པས་སོ། །མཛོད་ལས། འགོག་ཐོབ་གཉིས་ཀ་ལས་རྣམ་གྲོལ། །ཤེས་རབ་ཀྱིས་ནི་གཅིག་ཤོས་སོ། །ཞེས་པ་ལྟར། ཉན་ཐོས་རྣམས་ཀྱི་དགྲ་བཅོམ་པ་ལ་འགོག་པའི་སྙོམས་འཇུག་གི་རྒྱུན་ཅན་དང་དེ་མེད་པའི་རྒྱུན་མེད་གཉིས་འཐད་ཀྱི། ཐེག་པ་ཆེན་པོའི་འཕགས་པ་ལ་རྒྱུན་ཅན་རྒྱུན་མེད་གཉིས་མི་སྲིད་དེ། ལུང་རིགས་གང་གིས་ཀྱང་མ་གྲུབ་པའི་ཕྱིར་དང་། མདོ་སྡེ་རྒྱན་ལས། རྒྱལ་སྲས་བྱང་ཆུབ་ཕྱོགས་མཐུན་པ། །རྣམ་པ་སྣ་ཚོགས་ཐམས་ཅད་ནི། །རྟག་ཏུ་མཐོང་བའི་ལམ་དེ་དང་། །ལྷན་ཅིག་ཏུ་ནི་ཐོབ་པར་འདོད། །ཞེས་པ་དང་འགལ་བས་སོ། །ཉན་ཐོས་ཀྱི་གཞུང་ལས། ཤིང་ཚོགས་ཀྱི་མེ་གྲུབ་མ་ཐག་ཏུ་འཆི་བ་དང་ལྷགས་ཀྱི་ཚ་ཚ་གནམ་དུ་ཡར་ནས་འབབ་པར་མ་བརྩམ་པར་འཆི་བ་དང་། བརྩམས་ཏེ་ས་ལ་མ་ལྷུང་བར་འཆི་བའི་དཔེ་གསུམ་གྱིས་ཕྱིར་མི་འོང་ཚེ་འདིར་མྱ་ངན་ལས་མ་འདས་པར་གཟུགས་ཁམས་ཀྱི་བར་དོ་གྲུབ་མ་ཐག་དང་སྲིད་པ་ལེན་པར་མ་བརྩམ་པ་དང་། བརྩམས་ནས་མ་བླངས་པར་ཕུང་པོ་ལྷག་མེད་དུ་མྱ་ངན་ལས་འདའ་བ་ནི་རིམ་པ་བཞིན་མྱུར་བ་དང་མྱུར་བ་མ་ཡིན་པ་དང་། ཆེས་རིང་མོ་ཞིག་ན་མྱ་ངན་ལས་འདའ་བ་ཞེས་གསུངས་པ་དེ་བཞིན་དུ་གསང་སྔགས་བསྒོམས་པ་ལས་ཚེ་འདིར་མཐོང་ལམ་མ་ཐོབ་པ་བར་དོར་འཐོབ་པར་གསུངས་ཏེ། ཡང་ན་ལུས་ནི་སྤངས་མ་ཐག །བརྩོན་པར་མི་ལྡན་པས་ཀྱང་འགྲུབ། །ཞེས་སོ། །དེ་ལྟ་མོད་ཀྱི་ཚེ་འདིར་མཐོང་ལམ་སྐྱེས་པ་ལ་ཡོན་ཏན་ཤི་ནས་འབྱུང་ཞེས་པ་ནི་བླུན་པོ་རྣམས་ཀྱིས་ཐོས་ཆུང་མགོ་བསྐོར་བའི་རྫུན་གྱི་རབ་རིབ་ཡིན་ནོ། །མདོ་རྒྱུད་ཀུན་དང་མི་མཐུན་པས་འདི་འདྲའི་

ཆོས་ལུགས་མཁས་པས་སྤྱང་བར་བྱའོ། །གཞན་ཡང་དེང་སང་བོད་འདི་ན་ས་ལམ་མི་བགྲོད་པར་སངས་རྒྱ་བར་འདོད་པ་དང་། ཡོན་ཏན་མེད་པ་མཐོང་ལམ་སྐྱེ་བར་འདོད་པ་མཐོང་སྟེ། མདོ་རྒྱུད་བསྟན་བཅོས་ཐམས་ཅད་ནས་དེ་ལྟ་བུ་བཤད་པ་མ་མཐོང་བས་སངས་རྒྱས་ཀྱི་བསྟན་པ་མ་ཡིན་ནོ་ཞེས་སོ། །

གཉིས་པ་རྩོད་པ་སྤང་བ་ནི། འོན་ཏེ་བོ་ནཱ་རོ་ཏ་པས་དབང་བསྐུར་གསུམ་པའི་དུས་སུ་མཐོང་ལམ་སྐྱེ་ཞིང་དེ་ནི་ཉི་ཤུ་དགུའི་ཟླ་བ་ལྟར་སྐད་ཅིག་གཅིག་པོ་དེ་ལ་འགག་ཅིང་། འཇིག་རྟེན་ཆོས་མཆོག་གི་རྗེས་ཀྱི་མཐོང་ལམ་ནི། ཆོས་གཅིག་གི་ཟླ་བ་ལྟར་འགག་པ་མེད་དོ་ཞེས་གསུངས་པ་དང་འགལ་ལོ་ཞེས་གྲགས་ན། འདི་ནི་དེ་ཁོ་ན་མཚོན་བྱེད་དཔེ་ཡི་ཡེ་ཤེས་ཞེས་བྱ་ལ། མཐོང་བའི་ལམ་དུ་བཏགས་ནས་གསུངས་པར་ཟད་དེ། འདོགས་པའི་རྒྱུ་མཚན་མཐོང་ལམ་དང་འདྲ་བའོ། །བཏགས་པའི་དགོས་པ་ནི་ཞུམ་པ་གཟེངས་བསྟོད་པའམ། དེ་ཉིད་ལ་གཅེས་སྤྲས་སུ་བྱ་བའི་ཕྱིར་རོ། །དངོས་ལ་གནོད་བྱེད་ནི་འཇིག་རྟེན་པའི་ལམ་ཡིན་པས་སོ། །གཞན་ཡང་འཕགས་པ་ལྷའི་སྤྱོད་བསྡུས་སུ། རྡོ་རྗེ་སློབ་མས་གསོལ་པ། གལ་ཏེ་སླུབ་པ་པོ་བདེན་པ་མཐོང་ཡང་སྔོན་གྱི་བག་ཆགས་ལ་གོམས་པའི་སྟོབས་ཀྱིས། ཞིང་ལས་དང་ཚོང་དང་བསླེན་བཀུར་ལ་སོགས་པས་གཡེངས་པས་སྤྱོད་པ་རྣམ་པ་གསུམ་སྤྱོད་པར་མི་བྱེད་པ་དང་། སླུབ་པ་པོ་གཞན་དག་འབྱོར་པ་མ་ཚང་བས་རྒྱུད་ལས་ཇི་སྐད་གསུངས་པའི་ཆོ་ག་རྫོགས་པར་བྱེད་མི་ནུས་པའི་ཕྱིར། མི་སྤྱོད་པ་དེ་དག་འཆི་བའི་དུས་བྱས་ནས་ཡང་སྲིད་པ་གཞན་དུ་འགྲོ་བར་འགྱུར་རམ། ཡང་ན་རྡོ་རྗེ་འཆང་བ་ཉིད་ཐོབ་པར་འགྱུར་རོ་ཞེས་དྲིས་པའི་ལན་དུ། གནས་ལུགས་དང་དཔེ་བསྟན་པ་སྔོན་དུ་བཏང་ནས་ལན་དངོས་ནི། དེ་བས་ན་དེ་ཁོ་ན་ཉིད་ཤེས་པ་ནི། རྐྱེན་མ་ཚང་བས་ཇི་སྐད་དུ་བཤད་པའི་སྤྱོད་པ་གལ་ཏེ་མ་སྤྱད་དུ་ཟིན་ཀྱང་། ལྟ་བ་ཐམས་ཅད་རྣམ་པར་སྤངས་ནས་འཆི་བར་འགྱུར་བ་ནི་དོན་དམ་པའི་བདེན་པ་ཡིན་ལ། སྐྱེ་བ་ནི་ཀུན་རྫོབ་ཀྱི་བདེན་པའོ་ཞེས་ཡང་དག་པར་མངོན་པར་རྟོགས་ནས་རྒྱ་ལམ་ན་འོད་གསལ་བར་ཞུགས་ནས། ཐ་མལ་པའི་ཕུང་པོ་བོར་ནས་བདག་ལ་བྱིན་གྱིས་བརླབས་པའི་རིམ་གྱིས་ལྡང་བར་བྱའོ་ཞེས་བརྟན་པའི་སེམས་བསྐྱེད་དེ་ཡིད་ལ་བྱེད་པས་གནས་པར་བྱེད་ན། དེ་སྐྱེ་བ་གཞན་དུ་ཡིད་ལ་བྱེད་པ་དེ་འདོར་བར་མི་འགྱུར་ཏེ། དེ་བས་ན་ཐམས་ཅད་མཁྱེན་པར་འགྱུར་རོ་ཞེས་བདེན་པ་མཐོང་ཡང་ཚོང་དང་ཞིང་ལས་ཀྱི། མཐའ་ལ་ཆགས་པར་གསུངས་པ་ནི། འཇིག་རྟེན་པའི་ལམ་གྱི་རྫོགས་རིམ་གྱི་རྟོགས་པ་ནི་བསྒོམས་པ་ལས་བྱུང་བས་རང་བྱུང་གི་ཡེ་ཤེས་ཏེ་དེ་ཉིད་དཔེའི་ཡེ་ཤེས་ཡིན་པ་ལ་དགོངས་ནས་བདེན་པ་མཐོང་བར་གསུངས་ཏེ་དགོངས་གཞི་སོགས་ནི་སྔར་བཞིན་ནོ། །དེ་དག་དང་ལམ་འབྲས་སུ་ཁམས་འདུས་པ་དང་པོའི་ཉམས་འགའ་ཞིག་ལ་ཆོས་སྐུ་ཉམས་སུ་མྱོང་ཞིང་གཟུང་འཛིན་ལས

གྲོལ་ཞེས་དང་། བསམ་མི་ཁྱབ་ལས། གཉིས་སུ་མེད་པའི་ཡེ་ཤེས་ཉིད། །དྲི་མ་བྲལ་ཕྱིར་སངས་རྒྱས་བརྗོད། །ཞེས་སོ། །དེ་ཁོ་ན་ཉིད་མཐོང་བ་ལ་གཉིས་སུ་མེད་པར་བརྗོད་ཅིང་། དབང་པོའི་ཤེས་པས་རྟོགས་པ་ཡི། །གཉིས་མེད་ཡེ་ཤེས་ངོ་མཚར་ཆེ། །ཞེས་དབང་པོའི་ཤེས་པ་འགའ་ཞིག་ཀྱང་གཉིས་མེད་ཡེ་ཤེས་སུ་བརྗོད་པ་ལ་སོགས་པ་གྲུབ་ཐོབ་རྣམས་ཀྱི་དགོངས་པ་དཔེའི་ཡེ་ཤེས་ལ་བདེན་པ་མཐོང་བར་བརྟགས་པར་མཐུན་ནོ། །དེས་ན་ཕྱག་རྒྱ་བཞི་པ་ལས་ཀྱང་། ལྷན་ཅིག་སྐྱེས་པའི་གྲིབ་མའི་རྗེས་སུ་བྱེད་པ་ལ་ལྷན་ཅིག་སྐྱེས་པ་ཞེས་བརྗོད་དོ། །ལྷན་ཅིག་སྐྱེས་པའི་གྲིབ་མ་ནི། ལྷན་ཅིག་སྐྱེས་པ་འདྲ་བའི་ཡེ་ཤེས་ཁོང་དུ་ཆུད་པར་བྱ་བའི་ཕྱིར། ལྷན་ཅིག་སྐྱེས་པ་ནི་ཤེས་རབ་ཡེ་ཤེས་སོ། །ཞེས་སོ། །དེས་ན་ངེད་ཀྱི་ལུགས་ཀྱི་མཐོང་ལམ་ནི་འཕགས་པ་མིན་པ་ལ་འབྱུང་མི་སྲིད་པ་ཡིན་ནོ། །

གསུམ་པ་ཐེག་པ་གསུམ་གྱི་ལག་ལེན་ལ་འཁྲུལ་བ་དགག་པ་ལ། འཁྲུལ་བའི་ལག་ལེན་སྤྱིར་དགག་པ་དང་། ཁྱད་པར་བསྐྱེད་རིམ་ལ་འཁྲུལ་བ་དགག་པ་གཉིས་ལས་དང་པོ་ནི། ཐེག་པ་གསུམ་གྱི་ལག་ལེན་ཡང་རང་རང་གི་གཞུང་ལུགས་ལས་འབྱུང་བ་བཞིན་མི་འགལ་བ་རྣམས་མཐུན་པར་ཉམས་སུ་བླངས། འགལ་བ་རྣམས་དགག་བྱ་དང་དགོས་པ་གང་གཙོ་ཆེ་བ་ཉམས་སུ་ལེན་པར་བྱེད་ན། སངས་རྒྱས་ཀྱི་བསྟན་པ་ཡིན་གྱི་དེ་བཞིན་མི་བྱེད་ན། བསྟན་པའི་གཟུགས་བརྙན་ཡིན་ཞེས་བྱའོ། །དེ་ཡང་སངས་རྒྱས་ཉིད་ཐེག་པ་གསུམ་ཀའི་གང་ཟག་གི་བླ་མ་ཡིན་མོད་ཀྱི། དེ་མ་ཡིན་པའི་ཉན་ཐོས་རྣམས་ཀྱི་བླ་མ་དེ་བཟང་ཡང་དེའི་དགྲ་བཅོམ་པ་ཡིན་ཞིང་། དེ་ནི་གང་ཟག་ཁོ་ནར་བས་ཀྱི་དགེ་འདུན་ཡང་མ་ཡིན་ཏེ། ཚོགས་སུ་མ་ཚང་བའི་ཕྱིར་རོ། །ཕ་རོལ་ཕྱིན་པའི་བླ་མ་ནི་བཟང་ན་དགེ་འདུན་དཀོན་མཆོག་ཡིན་ཏེ། ཐེག་ཆེན་འཕགས་པ་སློབ་པ་ཡིན་པའི་ཕྱིར་རོ། །སྐྱབས་འགྲོ་བདུན་ཅུ་པ་ལས། སངས་རྒྱས་ཆོས་དང་དགེ་འདུན་རྣམས། །བདུད་རྣམས་བྱེ་བརྒྱ་ཡིས་ཀྱང་། །གང་ཕྱིར་དབྱེ་བར་མི་ནུས་པ། །དེ་ཕྱིར་དགེ་འདུན་ཞེས་བརྗོད་དོ། །ཞེས་སོ། །ཞེས་འདིའི་མཚན་ལས་འབྱུང་ཞིང་། དེ་ཉིད་ལས། སྐྱེས་བུ་གང་ཟག་ཟུང་བརྒྱད་པོ། །མི་ཕྱེད་དགེ་འདུན་ཞེས་བཤད་དོ། །ཞེས་དང་། ཤར་རིའི་ལུང་ལས། དགྲ་བཅོམ་པས། བྱང་ཆུབ་སེམས་དཔའ་ཕྱག་བྱས་ཉིད། །འདི་དག་དཀོན་མཆོག་གསུམ་གཞན་མིན། །སངས་རྒྱས་ཁོངས་སུ་གཏོགས་པར་འདོད། །ཞེས་པ་དང་མི་འགལ་ཏེ། དེ་ནི་འཇིག་རྟེན་གྲགས་སྡེ་སྣོད་པའི་དབུ་མའི་གཞུང་ཡིན་པས། ཉན་ཐོས་ཀྱི་གང་ཟག་བརྒྱད་པོ་དགེ་འདུན་དང་བྱང་ཆུབ་སེམས་དཔའ་འཕགས་པ་སངས་རྒྱས་ཀྱི་ཁོངས་སུ་འདུས་པར་འཆད་པ་ཡིན་ཞིང་། བདུད་ལ་སོགས་པས་མི་ཕྱེད་པའི་ཕྱིར་དགེ་འདུན་དུ་བཤད་པ་དང་། དཀོན་མཆོག་གསུམ་ལས་གཞན་མིན་པར་བཤད་པའི་ཕྱིར། སངས་རྒྱས

སུ་གཏོགས་པ་དང་དགེ་འདུན་ཡིན་པ་ལ་འགལ་བ་མེད་དོ། །བྱམས་ཆོས་དང་སྤྱོད་འཇུག་སོགས་སུ། ཐེག་ཆེན་འཕགས་པ་ཡང་དགེ་འདུན་དུ་འགྱུར་བ་ལ་ཚོགས་སུ་ཚང་དགོས་པར་བཞེད་དོ། །སློབ་པ་ཕྱིར་མི་ལྡོག་པའི་ཚོགས་ཞེས་དང་། སངས་རྒྱས་ཆོས་ཚོགས་ཁམས་དང་བྱང་ཆུབ་དང་། །ཞེས་དང་། བྱང་ཆུབ་སེམས་དཔའི་ཚོགས་ལ་ཡང་། །དེ་བཞིན་ཡང་དག་སྐྱབས་སུ་མཆི་ཞེས་སོ། །བོད་ཀྱི་དགེ་བཤེས་ཕལ་ཆེར་གྱིས་འདི་ཙམ་ཡང་མ་གོ་བར་སྣང་ངོ་། །གསང་སྔགས་པའི་བླ་མ་མཆོག་དེ་མཚན་ཉིད་ལྡན་པ་དབང་བཞི་རྫོགས་པར་ཐོབ་པ་ནི། དཀོན་མཆོག་གསུམ་དང་དབྱེར་མེད་ཡིན་ཏེ། བླ་མ་ལྔ་བཅུ་པ་ལས། བླ་མ་སངས་རྒྱས་བླ་མ་ཆོས། །དེ་བཞིན་བླ་མ་དགེ་འདུན་ཏེ། །བླ་མ་དཔལ་ལྡན་ཧེ་རུ་ཀ །ཀུན་གྱི་བྱེད་པོ་བླ་མ་ཡིན། །ཞེས་དང་། བླ་མ་སངས་རྒྱས་ཆོས་འགྱུར་ཞིང་། །དགེ་འདུན་ཡང་ནི་དེ་བཞིན་ཉིད། །དེའི་དྲིན་གྱི་རྟོགས་གྱུར་པས། །དེ་བས་དཀོན་མཆོག་གསུམ་ཡིན་ནོ། །ཞེས་དང་། ཧེ་རུ་ཀ་སྡོམ་འབྱུང་དང་ཡེ་ཤེས་གྲུབ་པ་ལས་ཀྱང་དེ་བཞིན་དུ་གསུངས་སོ། །དེས་ན་དེ་ལ་རྩེ་གཅིག་ཏུ་གསོལ་བ་བཏབ་པས། དཀོན་མཆོག་གསུམ་པོ་ཚེ་འདིར་འགྲུབ་སྟེ། འདི་ལྟར་མཐོང་ལམ་སྐྱེས་ནས་དགེ་འདུན་དང་ས་བཅུ་གསུམ་པ་ཐོབ་པ་ན་སངས་རྒྱས་ཡིན་ཞིང་། དེ་དག་གི་རྒྱུད་ཀྱི་སྤངས་རྟོགས་ནི་འགོག་ལམ་གྱི་རང་བཞིན་ཆོས་དཀོན་མཆོག་ཡིན་ཞིང་། དེ་དག་ཚེ་འདིར་འགྲུབ་སྟེ། སྔར་དྲངས་པའི་ལུང་དང་། སློབ་དཔོན་དྲིལ་བུ་པས། བླ་མའི་བྱིན་རླབས་ཙམ་གྱིས་ནི། །སྐད་ཅིག་ཉིད་ལས་འབྱུང་གང་ཡིན། །འཁོར་ལོ་སྡོམ་པར་སྦྲས་པ་ཡི། །བྱིན་རླབས་རིམ་པར་བཤད་པར་བྱ། །ཞེས་སོགས་མང་དུ་གསུངས་སོ། །དེ་ལྟ་བུའི་ཐེག་པ་གསུམ་པོ་སོ་སོའི་གཞུང་ལུགས་ལས་བཤད་པའི། བླ་མའི་མཚན་ཉིད་འདུལ་བ་ལས་མཁན་པོ་དང་གནས་ཀྱི་སློབ་དཔོན་གྱི་མཚན་ཉིད་བསྙེན་པར་རྫོགས་ནས་ལོ་བཅུ་ལོན་ཞིང་ལྔ་ཕྲུགས་ཉི་ཤུ་རྩ་གཅིག་ལས་གང་རུང་དང་ལྡན་པ་དང་། ཕ་རོལ་ཕྱིན་པའི་ལུགས་སེམས་བསྐྱེད་སྐྱི་དོན་དུ་བཤད་པ་དང་། སྔགས་ཀྱི་ལུགས་བླ་མ་ལྔ་བཅུ་པ་ལས། བརྟན་ཞིང་དུལ་ལ་བློ་གྲོས་ལྡན། །བཟོད་ལྡན་དྲང་ལ་གཡོ་སྒྱུ་མེད། །སྔགས་དང་རྒྱུད་ཀྱི་སྦྱོར་བ་ཤེས། །སྙིང་རྗེར་ལྡན་ཞིང་བསྟན་བཅོས་མཁས། །དེ་ཉིད་བཅུ་ནི་ཡོངས་སུ་ཤེས། །དཀྱིལ་འཁོར་བྲི་བའི་ལས་ལ་མཁས། །སྔགས་བཤད་པ་ཡི་སྦྱོད་པ་ཤེས། །རབ་ཏུ་ཞི་ཞིང་དབང་པོ་དུལ། །ཞེས་བཤད་པ་དེ་དག་ཇི་ལྟ་བ་བཞིན་མི་ལྡན་ན། བླ་མ་ཙམ་ཡིན་གྱི་དམ་པ་མིན་པས་དེ་ལ་གསོལ་བ་བཏབ་ན་ཡང་འཁོར་དང་ལོངས་སྤྱོད་ལ་སོགས་པའི་བྱིན་རླབས་ཅུང་ཟད་ཙམ་འབྱུང་སྲིད་ཀྱི་ཚེ་འདིའམ་བར་དོ་ལ་སོགས་སུ་སངས་རྒྱས་ཉིད་སྦྱིན་པར་མི་ནུས་ཏེ། དེའི་མཚན་ཉིད་མི་ལྡན་པའི་ཕྱིར། རགན་ལ་གསེར་དུ་མོས་པ་བཞིན་ནོ། །དེས་ན་དབང་བསྐུར་ཐོབ་པའི་མིས་དཀོན་མཆོག་གསུམ་པོ་བླ་མའི་ངོ་བོ་རུ། ཚུར་ལ་

འདུས་པར་མཐོང་ནས་བླ་མ་ལ་གསོལ་བ་བཏབ་ན་ཆེ་འདིར་སངས་རྒྱས་འགྲུབ་པ་ལ་སོགས་པའི་བྱིན་རླབས་འཇུག་གོ། །འདིར་བླ་མ་སངས་རྒྱས་སུ་བཤད་པ་ཡང་མཚན་ཉིད་གཏན་ལ་ཕབ་ཏེ་བསྒོམ་པ་དེ་ཁོ་ན་ཉིད་ཡིད་ལ་བྱེད་པ་དང་། མོས་པ་ཡིད་ལ་བྱེད་པ་གཉིས་ལས་དང་པོ་མ་ཡིན་ཏེ། སོ་སོ་སྐྱེ་བོ་ལའང་བླ་མའི་མཚན་ཉིད་དེ་དག་ཚང་བ་སྲིད་པས་སོ། །དེས་ན་གཉིས་པ་ཡིན་ཞིང་དེ་ཡང་རྒྱུ་མཚན་མེད་པའི་རང་དགའ་བ་མ་ཡིན་ཏེ། རྒྱལ་པོ་ལ་གདམས་པ་ལས། བླ་མ་དང་ནི་མ་ལུས་རྒྱལ་བ་ཀུན། །རྣམ་པ་དང་ནི་འཕྲིན་ལས་ངོ་བོ་ཉིད། །མཚུངས་ཤིང་གཉིས་སུ་མེད་པར་མཁྱེན་བགྱིས་ནས། །ཞེས་པ་ལྟར། སངས་རྒྱས་ཀྱི་གཟུགས་སྐུ་དང་དེ་གཉིས་ཞལ་ཕྱག་ལ་སོགས་པའི་རྣམ་པ་དང་སེམས་ཅན་གྱི་དོན་མཛད་པའི་འཕྲིན་ལས་མཚུངས་ཤིང་། སྐུ་གསུམ་ག་དང་དེ་གཉིས་རང་བཞིན་སྤྲོས་བྲལ་དུ་ཁྱད་པར་མེད་པའི་ཕྱིར། དེ་ལ་དེ་ལྟར་མོས་པ་མཐའ་གཅིག་ཏུ་ཕྱིན་ཅི་ལོག་མ་ཡིན་ཞིང་། བདག་ཉིད་ལ་སངས་རྒྱས་ཀྱི་ལམ་ཟབ་མོ་དངོས་སུ་སྟོན་པར་བྱེད་པས་མཆོག་ཏུ་དྲིན་ཆེ་བའི་ཕྱིར། བརྟེན་ན་ཕྱིག་པ་དང་མཆོད་ན་བསོད་ནམས་ལྷག་པར་ཆེ་བས་སངས་རྒྱས་སུ་བསྒོམ་དགོས་པ་ཡིན་ཏེ། དྲིན་གྱིས་སྐྱབས་པར་དགོངས་ནས་བླ་མ་ལ། །རྟག་བརྟན་མི་ཕྱེད་དད་པ་བསྒོམ་པར་བགྱི། །ཞེས་དང་། སློབ་དཔོན་ཀླུ་སྒྲུབ་ཀྱིས། མཆོད་པ་ཐམས་ཅད་སྤངས་ནས་ནི། །བླ་མའི་མཆོད་པ་རབ་ཏུ་བརྩམ། །དེ་མཉེས་པས་ནི་ཀུན་མཁྱེན་གྱི། །ཡེ་ཤེས་མཆོག་ནི་ཐོབ་པར་འགྱུར། །ཞེས་དང་། རི་དབང་རྩེ་ལས་འགའ་ཞིག་ལྷུང་གྱུར་ན། །ལྷུང་བར་མི་འགྱུར་སླམ་ཡང་ལྷུང་བར་འགྱུར། །བླ་མ་དྲིན་གྱིས་ཕན་པའི་ལུང་ཐོབ་ན། །གྲོལ་བར་མི་འགྱུར་སླམ་ཡང་གྲོལ་བར་འགྱུར། །ཞེས་སོ། །གལ་ཏེ་དབང་བསྐུར་བ་མ་ཐོབ་ན་བླ་མ་དཀོན་མཆོག་གསུམ་ཉིད་ཀྱི་ནང་དུ་ཕར་ལ་བསྡུས་ལ་གསོལ་བ་ཐོབ་ཅིག་རིམ་གྱིས་བྱིན་རླབས་ཅི་རིགས་པ་འཇུག་པར་འགྱུར་རོ། །དབང་བསྐུར་མ་ཐོབ་ན་བླ་མ་རྒྱུད་པ་བཟང་པོ་ཡིན་སྲིད་ཀྱང་། དེ་ལ་གསོལ་བ་བཏབ་པ་དཀོན་མཆོག་ལ་གསོལ་བ་བཏབ་པ་བས་བྱིན་རླབས་ཆུང་སྟེ། འདིའི་རྒྱུ་མཚན་དབང་མ་བསྐུར་བ་ལ་བཤད་དུ་མི་རུང་གསུངས་ཀྱང་། དེ་མ་ཐོབ་ན་ཕ་རོལ་ཕྱིན་པའི་བླ་མ་ལས་མ་འདས་ཤིང་། དེའི་ལུགས་ལ་དེ་སངས་རྒྱས་སུ་བསྒོམ་པ་མ་གསུངས་པས་ཡིན་ནོ། །དེ་བས་དཀོན་མཆོག་གསུམ་ཉིད་ལ་གསོལ་བ་བཏབ་པ་ཤིན་ཏུ་བཟང་སྟེ། རང་གི་ཆོས་ལུགས་དང་མི་འགལ་བས་སོ། །དབང་བསྐུར་དང་པོ་བུམ་པའི་དབང་མ་ཐོབ་པར་བསྐྱེད་པའི་རིམ་པ་ཁྱད་པར་ཅན་བསྒོམ་པ་དང་། གཉིས་པ་གསང་དབང་མ་ཐོབ་པར་གཏུམ་མོ་དང་རླུང་དང་འཁྲུལ་འཁོར་ལ་སོགས་བསྒོམ་པ་དང་། གསུམ་པ་ཤེས་རབ་ཡེ་ཤེས་མ་ཐོབ་པར་ཆོས་སྐུ་ཐོབ་པའི་གདམ་ངག་བདེ་སྟོང་གི་ལམ་དང་ལྷ་བ་ལྷན་ཅིག་སྐྱེས་པའི་ཡེ་ཤེས་བསྒོམ་པ་དང་། དབང་བསྐུར་བཞི་པ་མ་ཐོབ་པར་ལམ་ཕྱག

རྒྱ་ཆེན་པོ་དང་། ལྟ་བ་ཤིན་ཏུ་རྣམ་པར་དག་པའི་དེ་ཁོ་ན་ཉིད་ལ་སོགས་པ་བསྒོམ་པ་དང་། དགེ་སློང་གི་སྡོམ་པ་མ་ཐོབ་པར་མཁན་པོ་དང་། སློབ་དཔོན་དང་ལས་ཀྱི་ཁ་སྐོང་ལ་སོགས་བྱེད་པ་ནི་དུག་འཛོམས་པའི་གསང་སྔགས་མེད་པར་སྦྲུལ་གདུག་གི་མགོ་ལས་རིན་ཆེན་ལེན་པ་ལྟར། རང་གཞན་གཉིས་ཀ་བརླག་པའི་རྒྱུར་འགྱུར་བས། མཁས་པ་རྣམས་ཀྱིས་རྒྱང་རིང་དུ་སྤང་བར་བྱའོ། །

གཉིས་པ་ཁྱད་པར་བསྐྱེད་རིམ་ལ་འཁྲུལ་པ་དགག་པ་ལ་གཉིས་ཏེ། བསྐྱེད་རིམ་གྱི་ཡན་ལག་ལ་འཁྲུལ་པ་དགག་པ་དང་། བསྐྱེད་རིམ་གྱི་དངོས་གཞི་ལ་འཁྲུལ་བ་དགག་པའོ། །དང་པོ་ནི་དེ་ལས་གཞན་ཡང་གངས་རིའི་ཁྲོད་འདི་ན་འཁྲུལ་པའི་ལག་ལེན་དུ་མ་ཡོད་དེ། ཁ་འབར་མའི་གཏོར་མ་ལ། དེ་བཞིན་གཤེགས་པ་རིན་ཆེན་མང་ལ་སོགས་པ་བཞི་པོའི་མཚན་སྔགས་ཀྱི་སྔོན་ལ་བརྗོད་པའི་ལག་ལེན་བྱེད་པ་མཐོང་ངོ་། །འདི་འང་མདོ་དང་མཐུན་པ་མ་ཡིན་ཏེ། མདོ་ལས་སྔོན་ལ་སྔགས་བརྗོད་ནས་སངས་རྒྱས་བཞི་པོའི་མཚན་དེའི་ཕྱི་ནས་བརྗོད་པར་གསུངས་པའི་ཕྱིར་རོ། །ཡི་དྭགས་ཁ་ལ་མེ་འབར་མ་ལ་སྐྱབས་མཛད་པའི་གཟུངས་ལས། ལག་པ་གཡས་པ་སྣོད་ཀྱི་སྟེང་དུ་བཞག་ལ། གཟུངས་འདི་ལན་བདུན་བཟླས་ལ། དེ་བཞིན་གཤེགས་པ་བཞིའི་མཚན་ནས་བརྗོད་པར་བྱའོ་ཞེས་སོ། །གཟུངས་ལ་མདོ་ཞེས་གསུངས་པ་མི་འགལ་ཏེ། བྱ་རྒྱུད་མང་པོ་ཞིག་ལ་མདོའི་མིང་གིས་གསུངས་པའི་ཕྱིར་ཏེ། རྨ་བྱ་ཆེན་མོའི་མདོ་ལ་སོགས་པ་བཞིན་ནོ། །བོད་འགའ་ཞིག་ཆུ་སྦྱིན་གྱི་ནང་དུ་ཟན་འདྲུག་པའི་ལག་ལེན་བྱེད་པ་ཐོས་ཏེ། འཇུར་འགེགས་ཅན་གྱི་ཡི་དྭགས་ཀྱིས། ཆུ་སྦྱིན་གྱི་ནང་དུ་ཟན་མཐོང་ན་འཇིགས་པ་ཆེན་པོ་འབྱུང་བར་མདོ་ལས་གསུངས་ཏེ། ཤཱ་རིའི་བུ་དང་མོའུ་འགལ་གྱི་བུས། བཟའ་བ་དང་བཏུང་བ་མང་དུ་སྙེད་ནས་ཡི་དྭགས་ཀྱི་དྲུང་དུ་ཁྱེར་ཏེ་བཏབ་པས་མི་ལེན་པར་གོང་གི་སྒྲ་རྣམ་པ་ལྔ་སྒྲོགས་ཤིང་བྲོས་སོ། །ལྔ་ནི། དགོས་ན་མེད་ན་མ་སྦྱིན་ཅིག །སྟེར་ན་ཡང་མ་ཆེ་ཆེས་པར་འོང་ངོ་། །དེ་ཙམ་ཆེས་ཀྱིས་ཁྲི་ལ་བྱིན། ཞེས་པའོ། །ཨོཾ་ནི་ཡེ་ཤེས་ལྔའི་རང་བཞིན་དོན་དམ་པའོ། །ཧཱུཾ་ལ་འདོད་པ་མེ་ལྟར་འབར་བའོ། །མི་ཧཾ་མིའི་རྒྱུད་ཀྱི་སེར་སྣ་དང་འཇུར་འགེགས་བྱས་པའོ། །སརྦ་ནི་དེ་ལྟ་བུའི་ལས་སུ་གྱུར་པ་ཐམས་ཅད་དོ། །ཕྲེ་ཏ་ནི་ཡི་དྭགས་ཀྱི་སྙིང་པོ་སྔ་ལས་ཀྱི་རྒྱུད་སྨིན་པའི་དོན་ཏོ། །བྷྱོ་ནི་ལས་དང་སྡུག་བསྔལ་བྱང་བའི་དོན་ཏོ། །སྭཱ་ཧཱ་ནི་ལས་བཀྲིས་སྐྱེམ་བྱང་བར་གྱུར་ཅིག་པའོ། །ཆོས་སྟོན་ཡོལ་དུ་དོགས་ནས་འཚལ་ནས་ཡང་སྔར་བཞིན་བརྗོད་ཅིང་བྲོས་ནས་ཡང་ཞུར་མཆིའོ། །

བཀའ་བསྩལ་པ། དེ་ནི་ཁྱེད་ཀྱི་སེན་བར་དུ་རྩམ་པ་ལུས་པས་ལན་པ་ཡིན་གྱི། ལག་པ་ཁྲུས་ལ་གཟོད་བྱིན་ཅིག །རྫས་ཐམས་ཅད་ལ་འཐམས་ཏེ་བཀག་པས་རྫས་གཞན་མི་མྱོང་། གཞན་གྱི་ཆུ་གཅིག་པུ་མ་བཀག་

པས། ཆུ་གཙང་། རྩམ་པས་མ་རེག་པ་ལས་དབང་མེད། རང་གི་རྒྱུད་ཞི་བར་བྱེད་པའི་ སྟགས་དང་ཕྱག་རྒྱ་སེ་གོལ་གཅིག་མིན་པ། གཞན་གང་གིས་ཀྱང་ཐོབ་པར་མི་ནུས་སོ། །སེ་གོལ་གཅིག་ཏུ་བཞག་པ་ཅི་ཞེ་ན། གཉིས་སུ་གྱུར་ན་གཞན་གྱི་སྒྲར་གྱུར་ནས་མི་ཐོབ་ཞེས་པའོ། །དེས་ན་ཆུ་སྦྱིན་གྱི་ནང་དུ་ཟན་འདེབས་པ་ཚོག་ཉམས་ཤིང་ལག་ལེན་མ་དག་པ་ཡིན་ནོ། །གཞན་ཡང་ཟན་གྱི་ཕུད་ལ་དཀོན་མཆོག་མཆོད་པའི་ལྷ་བཤོས་དང་། འཁྲོག་མ་སོགས་ལ་སྦྱིན་པའི་ཆང་བུ་སྦྱིན་ནོ་ཞེས་གསུངས་ཏེ། བརྟག་གཉིས་ལས། ཨོཾ་བཛྲ་ནཻ་ཝཻ་དྱེ་ཨཿཧཱུཾ་སྭཱ་ཧཱ་ཞེས་དང་། ཨོཾ་ཧྲཱིཾ་ཧྲཱིཾ་ལྷ་བཤོས་ཀྱི་སྔགས་སོ་ཞེས་དང་། རྡོ་རྗེ་རྩེ་མོའི་རྒྱུད་ལས། ཟན་གྱི་ཕུད་ལ་ཆང་བུ་སྦྱིན་ནོ། །ཞེས་གསུངས་ཏེ། དེ་ནས་ཟས་ཀྱི་དུས་སུ་ནི། །རྣམ་པ་ཀུན་ཏུ་ཆང་བུ་སྦྱིན། །ཞེས་སོ། །འཕྲོག་མའི་མདོ་ལས་ཀྱང་། སངས་རྒྱས་ཉིད་ཀྱིས་ང་སྟོན་པར་ཁས་འཆེ་བ་རྣམས་ཀྱིས་གདོད་སྦྱིན་མོ་འཕྲོག་མའི་བུ་ལ་ཆང་བུ་བྱིན་ཅིག །ཞེས་གསུངས་སོ། །དེའི་ཚིག་ནི། སློབ་དཔོན་མི་ཏྲི་པས་མཛད་པའི་ལྷ་བ་ངན་སེལ་དང་། སློབ་དཔོན་ཛེ་ཏ་རིས་མཛད་པའི་ཡི་དམ་བླང་བ་དང་། རྗེ་བཙུན་ཆེན་པོའི་ལས་དང་པོའི་བྱ་བ་ལ་སོགས་སུ་ལྟོས་ཤིག །དེ་ནི་འདི་ཡིན་ཏེ། ཨོཾ་ཧ་རཱི་ཏེ་སྭཱ་ཧཱ་ཞེས་པས་འཕྲོག་མ་དང་། ཨོཾ་ཧ་རཱི་ཏེ་བཛྲ་ཡཀྵི་ཎི་སྭཱ་ཧཱ་ཅེས་པས་འཕྲོག་མའི་བུ་དང་། ཨོཾ་ཨགྲ་པི་ཎྜ་ཨ་ཤི་བྷྱ་སྭཱ་ཧཱ་ཞེས་པས་ཕུད་ལ་དབང་བའི་འབྱུང་པོ་སྤྱི་ལ་ཆང་བུ་སྦྱིན་ནོ། །

དེ་ལྟར་ཡིན་པ་ལས་བོད་འགའ་ཞིག་སངས་རྒྱས་ཀྱིས་གསུངས་པའི། ལྷ་བཤོས་དང་ཆང་བུ་མི་བྱེད་པར། མ་གསུངས་པའི་བཙན་མཆོད་པའི་ཡས་རྟགས་ལྟར་འབྲང་རྒྱས་དང་གྲུ་གསུམ་ལ་སོགས་བྱེད་པ་མཐོང་སྟེ། གསང་སྔགས་རྙིང་མ་འགའ་ཞིག་ལས། གྲུ་གསུམ་དབང་ཕྱུག་ཆེན་པོའི་སྙིང་ཡིན་ཞིང་། དེའི་འཁོར་དང་བཅས་པའི་ཤ་དང་ཁྲག་གིས་བརྒྱན་འཐེབ་ཀྱུ་དེ་དག་གི་མགོའི་ཐོད་པས་བསྐོར་ཞིང་། ཆང་དང་ཁྲག་ལ་སོགས་པའི་བདུད་རྩིས་དེ་བཀང་ལ། ཧེ་རུ་ཀ་ལ་མཆོད་ཅེས་ཟེར་རོ། །གསང་སྔགས་གསར་མའི་གཞུང་ལས་གྲུ་གསུམ་གྱི་གཏོར་མ་གཞུང་ལས་བཤད་པ་མེད་ཅིང་། ཁྱད་པར་དུ་ཟས་ཀྱི་ཕུད་ལ་གྲུ་གསུམ་འབུལ་བར་གསུངས་པ་མེད་པས་མ་དག་པ་ཡིན་ཏེ། ཆང་བུ་བྱེད་པ་འགའ་ཞིག་ཀྱང་ཟས་འབགས་པ་ལ་བྱེད་པ་མཐོང་སྟེ། ཟས་ཀྱི་ཕུད་ལ་ཆང་བུ་སྦྱིན་ཞེས་པས་མ་དག་པ་ཡིན་ནོ། །དེས་ན་ལག་ལེན་ཐམས་ཅད་སངས་རྒྱས་ཀྱི་གསུང་དང་མཐུན་ན་བསྟན་པ་ཡིན་ཞིང་། མི་མཐུན་ན་མ་ཡིན་པ་དེས་ན་མདོ་སྡེ་དང་རྒྱུད་སྡེ་མ་དཀྲུག་པར། སངས་རྒྱས་ཀྱི་གསུང་བཞིན་ཉམས་སུ་ལོངས་ཤིག །

གཉིས་པ་ལ་གཉིས་ལས། དང་པོ་བསྐྱེད་རིམ་གྱི་ལྷ་ལ་འཁྲུལ་བ་དགག་པ་ནི། སངས་རྒྱས་རབ་ཏུ་བྱུང་བ་ཡི་ཆ་བྱད་ཅན་གྱི་ཕྱག་ཏུ་རལ་གྲི་ལ་སོགས་པའི་མཚོན་ཆ་ཐོགས་ཤིང་བསྐུར་བ་མཐོང་སྟེ། ཁྲིམ་པའི་ཆ་བྱད་

ཅན་དག་ལ་རིན་པོ་ཆེ་དང་རུས་པ་ལ་སོགས་པའི་རྒྱན་དང་མཚོན་ཆ་སྣ་ཚོགས་འཛིན་པ་དང་། ན་བཟའ་ཁ་དོག་སྣ་ཚོགས་པ་སོགས་གསུངས་པ་སྲིད་ཀྱི། བསྟན་པ་འདིའི་དབང་དུ་བྱས་ནས་རབ་ཏུ་བྱུང་བ་རྣམས་ལ་དེ་འདྲ་གསུངས་པ་མི་སྲིད་པས་མ་དག་པ་ཡིན་ནོ། །འདིས་ནི་ཐུབ་པའི་སྐུ་ལ་དབུ་བརྒྱན་གསོལ་བ་སོགས་ཀྱང་མ་དག་པར་བསྟན་ནོ། །གཞན་ཡང་བྱང་ཆུབ་མཆོག་གི་ཕྱག་རྒྱ་དང་། སོགས་པས། ས་གནོན། མཆོག་སྦྱིན། མཉམ་བཞག །སྐྱབས་སྦྱིན་མཛད་པའི་རིགས་ལྔ་ཁ་དོག་སེར་འཛམ་དུ་བྱས་པ་མཐོང་ཞིང་། འདི་མདོ་ལུགས་ཡིན་ཞེས་ལ་ལ་སྨྲ་སྟེ། མདོ་ནས་འདི་འདྲ་གསུངས་པ་མེད་ཅིང་། བྱ་སྤྱོད་གཉིས་ཀྱི་རྒྱུད་ནས་ཀྱང་སངས་རྒྱས་ཐམས་ཅད་རིགས་ལྔར་བསྡུས་པ་མེད་དེ། བྱ་རྒྱུད་དུ་རིགས་ཀྱི་བདག་པོ་འཛམ་དབྱངས། སྤྱན་རས་གཟིགས། ཕྱག་ན་རྡོ་རྗེ་སྟེ་གསུམ་དུ་གསུངས་ཤིང་། སྤྱོད་རྒྱུད་དུའང་རིགས་ལྔའི་ཐ་སྙད་གསལ་བར་གསུངས་པ་མེད་ཅིང་། རྣལ་འབྱོར་རྒྱུད་ལས་གསུངས་པའི་རིགས་ལྔ་ཁ་དོག་ཐ་དད་ཅིང་། ཕྱག་རྒྱ་ཡང་བྱང་ཆུབ་མཆོག་ལ་སོགས་པ་ཐ་དད་དུ་གསུངས་པ་འདིའི་སྐུ་མདོག་དང་ཕྱག་རྒྱ་ནི་ནང་གི་རྟེན་ཅིང་འབྲེལ་བར་འབྱུང་བའི་སྐུ་ཡིན་པས་ཉོན་མོངས་ལྔ་གནས་གྱུར་པའི་ཡེ་ཤེས་ལྔ་མཚོན་པ་ལ་འཐད་པ་ཡིན་ནོ། །དུས་ཀྱི་འཁོར་ལོ་དང་། སོགས་པས་སེམས་འགྲེལ་རྣམས་ལས། རིགས་ལྔའི་ཁ་དོག་རྒྱུད་སྡེ་གཞན་ལས་གསུངས་པ་ལས་གཞན་མི་བསྐྱོད་པ། དོན་གྲུབ། རིན་འབྱུང་། སྣང་མཐའ། རྣམ་སྣང་། རིམ་བཞིན་ལྗང་། ནག །དམར། དཀར། སེར་པོར་གསུངས་པ་ནི་རིམ་བཞིན་འབྱུང་བ། ནམ་མཁའ། རླུང་། མེ། ཆུ། ས་རྣམ་པ་ལྔ་པོ་སྦྱོར་བའི་རྟེན་ཅིང་འབྲེལ་བར་འབྱུང་བའི་སྐུ་ཡིན་ནོ། །

འདི་དག་གི་དོན་ཞིབ་ཏུ་བཤད་ན། གསང་སྔགས་སུ་འགྱུར་བའི་ཕྱིར། གཞན་དུ་ཤེས་པར་བྱ་ཞིང་སྐབས་འགྲིག་ན་ཁོ་བོས་ཀྱང་ཡི་གེར་འབྲི་བར་བྱའོ། །རྣལ་འབྱོར་བླ་མེད་ཀྱི་རྒྱུད་གཞན་ཕལ་ཆེ་བ་ལས། ཁ་དོག་རྣལ་འབྱོར་རྒྱུད་དང་མཐུན་ཞིང་ཕྱག་རྒྱ་ཡང་མཐའ་གཅིག་ཏུ་ངེས་པ་མེད་ལ། ཕལ་ཆེར་མི་བསྐྱོད་པ་དབུས་དང་རྣམ་སྣང་ཤར་དུ་གནས་པར་གསུངས་སོ། །དེས་ན་སེར་འཛམ་ལས་ནི་དོན་དེ་དག་མཚོན་མི་ནུས་པས་མ་དག་པ་ཡིན་ཏེ། མདོ་དང་བསྟན་བཅོས་ལས་པགས་པ་གསེར་མདོག་པགས་པ་སྲབ་པ་དང་ཞེས་སོགས། སངས་རྒྱས་ཐམས་ཅད་གསེར་གྱི་མདོག་ཅན་ཅེས་གསུངས་པའང་། འཛམ་བུ་ཆུ་བོའི་གསེར་ལྟར་རང་བཞིན་གྱིས་དྲི་མ་མེད་ཅིང་དྭངས་པའམ། ཐུབ་པའི་ཆ་བྱད་ཅན་གྱི་སྤྲུལ་སྐུ་ཕལ་ཆེ་བ་ལ་དགོངས་ཏེ་གསུངས་པ་ཡིན་ཏེ། རྗེ་བོའི་ལོ་རྒྱུས་ལས། སངས་རྒྱས་ཐམས་ཅད་ཀྱི་རང་མདོག་གསེར་གྱི་མདོག་ཅན་དུ་སྣང་ངོ་གསུང་ནས་རིགས་ལྔ་སེར་འཛམ་མཛད། འོན་སོ་སོར་བསྟན་སྣང་བ་ཅི་ལགས་ཞུས་པས། གདུལ་བྱ་

གང་ལ་གང་འདུལ་དུ་བསྟན་པ་ཡིན་གསུངས་ཞེས་པའང་རྗེ་བོའི་གསུང་མ་ཡིན་པར་ངེས་ཏེ། རྗེ་བོ་ནི་ཐེག་ཆེན་གྱི་གསུང་རབ་ཀྱི་དོན་ལ་ཤིན་ཏུ་མཁས་ཤིང་། དེ་ལས་ནི་གདུལ་བྱ་ལ་སྣང་བ་ལས་མ་གཏོགས་པའི་སངས་རྒྱས་ཀྱི་རང་མདོག་ཞེས་བྱ་བ་ཅུང་ཟད་ཀྱང་མ་བཤད་པའི་ཕྱིར་དང་། སྤྱར་བརྗོད་པའི་གནོད་བྱེད་རྣམས་ཀྱང་དམིགས་པའི་ཕྱིར་རོ། །གཞན་དུ་ན། དེ་བཞིན་གཤེགས་པ་སྨན་གྱི་བླ་ནམ་མཁའི་མདོག་ཅན། སྔོན་པོ་ཉིད་དུ་མདོ་ནས་གསུངས་པ་དང་། རྒྱུད་སྡེ་རྣམས་སུ་དཀྱིལ་འཁོར་ལྷ་རྣམས་ཁ་དོག་སྣ་ཚོགས་སུ་གསུངས་པ་དང་འགལ་བར་འགྱུར་རོ། །དེ་ཡང་དེ་བཞིན་གཤེགས་པ་བདུན་གྱི་སྔོན་གྱི་སྨོན་ལམ་གྱི་ཁྱད་པར་རྒྱས་པའི་མདོ་ལས། ལུས་རིན་པོ་ཆེ་བཻཌཱུརྻ་ཅི་འདྲ་བ་དེ་འདྲ་བར་ཞེས་སོ། །

གཉིས་པ་ཚིག་ལ་འཁྲུལ་བ་དགག་པ་ལ་གཉིས་ལས། དང་པོ་སྤྱིར་དགག་པ་ནི། ཡི་དམ་ལྷའི་སྒྲུབ་ཐབས་དང་། །སྔགས་ཀྱི་བཟླས་པའི་ཚིག་དང་། །དེ་དག་ལས་མཆོག་འཇིག་རྟེན་ལས་འདས་པ་དང་ཐུན་མོང་བ་འཇིག་རྟེན་གྱི་དངོས་གྲུབ་ཀྱི་བསྒྲུབ་པའི་ཚིག་སྟེ། ཐབས་ཇི་སྙེད་པ་མདོ་སྡེ་ཀུན་ལས་གསུངས་པ་མེད་པས། དེང་སང་ལ་ལ་གསང་སྔགས་ལ་མི་མོས་པར། སྒྲོལ་མ་དང་མི་གཡོ་བ་ལ་སོགས་ནས་དགྱེས་རྡོར་བདེ་མཆོག་གི་བར་ལྷ་བསྒོམ་པ་དང་། དེ་དག་གིས་གསང་སྔགས་བཟླས་པ་ལ་སོགས་པ་བྱེད་པ་ཡང་སངས་རྒྱས་ཀྱི་བསྟན་པ་དང་མཐུན་པ་མ་ཡིན་ནོ། །

གཞན་ཡང་སྦྱིན་བསྲེག་དང་རོ་བསྲེག་དང་གཤིན་པོའི་བདུན་ཚིགས་དང་། ཚ་ཚ་དང་རབ་གནས་ཀྱི་ཚིག་སོགས་གསང་སྔགས་ཀྱི་ལུགས་དྲང་པོ་བོར་ནས། མདོ་ནས་བཤད་པའི་དཀོན་མཆོག་མཆོད་པའི་ཚིག་ཙམ་ལ་བརྟེན་པའི་རྣམ་གཞག་ཡིན་ཟེར་ནས་དེ་དག་ལ་ལྷ་བསྒོམ་སོགས་བྱེད་པ་དེང་སང་ཡོད་དེ། འདུལ་བ་ལས། སྔོན་པའི་ཡོན་ཏན་ཡང་དག་པར་བསྒྲགས་པ་དང་། རྒྱུད་ཚིགས་གསུམ་པ་གདོན་པ་ལ་དབྱངས་ཀྱི་ང་རོ་བྱའོ་ཞེས་དང་། མེ་ཏོག་གི་ཕྲེང་བ་གདགས་སོ་ཞེས་སོགས་མཆོད་བསྟོད་ཅུང་ཟད་དང་། ཚངས་པ་མཚུངས་པར་སྤྱོད་པ་ཤི་བའི་ལུས་ལ་མཆོད་པ་བྱའོ་དེ་བསྲེག་པར་བྱའོ་ཞེས་རོ་སྲེག་པ་དང་། ཆོས་ཉན་པ་དང་། ཡོན་བཤད་པ་དང་། ཞིས་ཤི་བའི་མིང་ནས་སྨོས་ཏེ་བསྔོ་བ་བྱེད་པ་དང་། མཆོད་རྟེན་ནི་རྣམ་པ་གཉིས་ཏེ། གཙང་ཁང་ཅན་དང་ཀ་བ་ལྷ་བུ་ཉིད་དོ། །དེ་རབ་ཏུ་བྱུང་བ་རྣམས་ལ་འོས་པ་ཉིད་དོ་ཞེས་སོ། །མཆོད་རྟེན་བརྩིགས་པར་བཤད་ཀྱང་དེ་དག་ལ་ལྷ་བསྒོམ་པ་དང་སྔགས་བཟླས་པའི་ཚིག་མ་བཤད་པས། དེ་དང་འབྲེལ་བའི་སྦྱིན་བསྲེག་སོགས་ཀྱི་ཚིག་ཕ་རོལ་ཕྱིན་པའི་མདོ་སྡེ་དང་བསྟན་བཅོས་ཀུན་ལས་གསུངས་པ་མེད་དོ། །འདི་དག་ངན་སོང་སྦྱོང་རྒྱུད་ལས། །དྲི་ཡིས་བཀུས་པའི་ཡམ་ཤིང་གིས། །ཚིག་བཞིན་དུ་སྦྱིན་བསྲེག་བྱ། །ཞེས་སོགས

སྦྱིན་བསྲེག་དང་། རོ་ལ་སྔགས་ཀྱིས་བཏབས་ནས་ཀྱང་། །ཆུ་མཚོག་གིས་ནི་བཀྲུས་ནས་ནི། །ཞེས་སོགས་རོ་བསྲེག་དང་། དེའི་གཟུགས་བརྙན་བྲི་བའམ། །ཤུར་ཀུམ་གྱིས་ནི་མིང་ཡང་རུང་། །ངན་སོང་གསུམ་གྱི་འཇིགས་ཆེན་ལས། །སེམས་ཅན་རྣམས་ནི་སྒྲོལ་བའི་ཕྱིར། །སྔགས་མཁན་གཞན་ལ་ཕན་བརྩོན་ཞིང་། །སྙིང་རྗེ་ཅན་གྱི་དབང་བསྐུར་རོ། །དེ་ནས་རྣལ་འབྱོར་ཅན་གྱིས་ནི། །སྔགས་དང་ཕྱག་རྒྱས་དེ་དབང་བསྐུར། །ཞེས་སོགས། གཤིན་པོའི་སྒྲིབ་པ་སྦྱོང་བ་དང་། །དེ་ནས་ཐལ་བར་གྱུར་པ་དང་། །རྡོ་རྗེ་བསྟུ་བའི་སྔགས་ཀྱིས་ནི། །ཚོག་བཞིན་དུ་བསྟུ་བར་བྱ། །ཐལ་བ་དེ་དང་རུས་པའི་རྡུལ། །སྔགས་ཀྱིས་བཏབ་པའི་དྲི་ཆུ་དང་། །བ་སྐྱེས་འོ་མ་ལ་སོགས་ལྷུས། །སྦྱོང་བའི་སྔགས་ཀྱི་བློ་ལྡན་གྱིས། །འབུམ་དུ་བཟླས་ནས་རྗེས་ནས་ནི། །ག་བུར་དྲི་དང་བགོས་པ་ཡིས། །འཇིམ་པ་དང་ནི་བསྲེས་ནས་ཀྱང་། །གཟུགས་སུ་བྱ་འམ་ཡང་ན་ནི། །མཆོད་རྟེན་གྱི་ནི་ལྷར་བྱས་ལ། །ཞེས་སོགས་ཚ་ཚའི་ཚོག་དང་སོགས་པས་རབ་ཏུ་གནས་པའི་རྒྱུད་ལ་སོགས་པའི་རྒྱུད་སྡེ་འགའ་ཞིག་ལས་རབ་ཏུ་གནས་པ་དང་། རྒྱུད་སྡེ་ཕལ་ཆེ་བ་ལ་སྦྱིན་བསྲེག་དང་། ལས་ཀྱི་སྒྲིབ་པ་རྣམ་པར་སྦྱོང་བའི་གཟུངས་ལས། གཤིན་པོའི་སྡིག་པ་སྦྱོང་བ་གསུངས་པའི་རྗེས་སུ་འབྲངས་པའི་གསང་སྔགས་པ་ལ་གྲགས་པ་ཡིན། དེས་ན་འདི་དག་མདོ་རྒྱུད་གཉིས་ཀ་དང་མི་མཐུན་པ་ཡིན་නོ། །

གཉིས་པ་བྱེ་བྲག་ཏུ་དགག་པ་ལ་གསུམ་སྟེ། རབ་གནས་མདོ་ལུགས་ཕྱག་ན་རྡོ་རྗེ་མདོ་ལུགས། ལྷུང་བཤགས་སྔགས་ལུགས་དགག་པའོ། །དང་པོ་ནི་དེ་བཞིན་དུ་རབ་གནས་མདོ་ལུགས་དང་ཕྱག་རྡོར་མདོ་ལུགས་དང་བྱང་ཆུབ་ལྟུང་བཤགས་དང་ནི་ཤེས་རབ་སྙིང་པོ་དང་། སྨོན་འཇུག་སེམས་བསྐྱེད་ཀྱི་ཚོག་སོགས་སྔགས་ཀྱི་ལུགས་ཡིན་ཞེས་འཆད་པ་ཐོས་ཏེ། འདིའང་བརྟག་པར་བྱ་བས་ཉོན་ཅིག ། མདོ་ནས་ལྷ་བསྒོམ་པ་དང་འབྲེལ་བའི་རབ་གནས་བཤད་པ་མེད་དོ། །འོན་ཀྱང་མཆོད་རྟེན་དང་སྐུ་གཟུགས་ལ་ཕྱག་དང་དྲི་ལ་སོགས་པའི་མཆོད་པ་དང་། བསྟོད་པ་དང་མེ་ཏོག་དོར་ནས་བཀྲ་ཤིས་བརྗོད་པ་དང་། དགའ་སྟོན་ལ་ལོངས་སྤྱོད་པ་སོགས་བྱེད་པ་དང་། རྒྱལ་པོ་རྒྱལ་སར་བསྐོས་མ་ཐག་པ་ལ་བཀྲ་ཤིས་པའི་མངའ་དབུལ་ལྷ་བུ་ལ་མདོ་ནས་གསུངས་པའི་རབ་གནས་ཡིན་ནོ་ཞེས་སྨྲ་ན་སློས་ཤིག །

རྒྱ་གར་ན་ཁྲིན་པ་དང་སྐྱིད་མོས་ཚལ་སོགས་ལ་མཆོད་པ་བྱེད་པ་ལ། རབ་གནས་སུ་མིང་འདོགས་པ་ཡོད་པས་སོ། །བདག་དང་མདུན་བསྐྱེད་ཀྱི་ལྷ་བསྒོམ་པ་དང་སྔགས་བཟླས་པ་དང་བུམ་པ་དང་། ལྷའི་སྐུ་གོན་དང་། དངོས་གཞིའི་དུས་ཀྱི་དམ་ཚིག་སེམས་དཔའ་བསྐྱེད་པ་དང་། ཡེ་ཤེས་ཀྱི་འཁོར་ལོ་དགུག་གཞུག་དང་། སྤྱན་དབྱེ་བ་དང་། མངའ་དབུལ་བ་དང་བརྟན་པར་བཞུགས་པ་དང་། གཏོར་མ་དབུལ་བ་དང་། སྔགས་ཀྱིས

བྱིན་གྱིས་བརླབས་པའི་མེ་ཏོག་དོར་ནས་ལེགས་པར་མཆོད་དེ། བཀྲ་ཤིས་རྒྱས་པར་བྱེད་པ་དང་། བླ་མ་ཡོན་གྱིས་མཉེས་པར་བྱ་བ་དང་། མཆོད་པར་བགོ་ཞིང་ལྷག་ཆད་བསྐང་བ་དང་། སློན་ལམ་གདབ་ཅིང་གཏོར་མ་ཡི་མགྲོན་གཤེགས་པ་དང་། དགའ་སྟོན་སྤྱོད་ཅིང་སླར་ཡང་ཤིས་པ་བརྗོད་ཅིང་། བཟོད་པར་གསོལ་ཞིང་ལས་ཀྱི་རྗེས་བསྔུ་བའི་རྗེས་ཀྱི་ཆོ་ག་གསང་སྔགས་ཀྱི་རྒྱུད་སྡེ་ལས་གསུངས་ཀྱི་ཕ་རོལ་ཏུ་ཕྱིན་པ་ལས་གསུངས་པ་མིན་པས། དེ་འདྲའི་རབ་གནས་མདོ་ལུགས་མ་ཡིན་ནོ། །ལ་ལ་ན་རེ་ཇོ་བོའི་གདམ་ངག་ཡིན་ནོ་ཞེས་སྨྲ་སྟེ། འོན་མདོ་སྡེ་གང་དག་ལ། །བསྟན་པ་ཡིན་པ་སྨྲ་དགོས་སོ། །གང་ནས་ཀྱང་བཤད་པ་མེད་ཅིང་ཇོ་བོ་ཡང་བཤད་མི་གསུངས། གལ་ཏེ་གསུང་ན་བསྟན་པ་ལ་གནོད་པར་འགྱུར་རོ། །དེང་སང་འགའ་ཞིག་གསང་བ་འདུས་པའི་ལྷ་བསྒོམས་ནས་མདོ་ལུགས་ཡིན་ཞེས་ཟེར་རོ། །གསང་འདུས་དང་དགྱེས་པ་རྡོ་རྗེ་ལ་སོགས་པའི་སྒྲུབ་ཐབས་ཀྱི་ཆོ་ག་ལ་མདོ་ལུགས་ཀྱི་ཆོ་ག་འབྱུང་བ་ངོ་མཚར་ཆེའོ། །དཔེར་ན་སེང་གེའི་ཕྲུ་གུ་གླང་ཆེན་ལས་བྱུང་ན་སྟོན་མེད་སྒྲོག་ཆགས་ཡིན་པས་མཚར་ཆེ་བ་བཞིན་ནོ། །འདི་འདྲའི་ཆོ་ག་མཁས་པ་རྣམས་ཀྱིས་ད་སླད་ཆད་མ་བྱེད་ཅིག །གཞན་ཡང་ལྷ་ལ་རབ་ཏུ་གནས་པ་དང་། མི་ལ་དབང་བསྐུར་བྱ་བ་དང་། རྒྱུད་འཆད་པ་ལ་སོགས་པ་རྡོ་རྗེ་སློབ་མའི་དབང་བསྐུར་བ་ཐོབ་ཀྱང་སློབ་དཔོན་གྱི་དབང་བསྐུར་བ་མ་ཐོབ་ན་བྱ་བར་མ་གསུངས་ན། དབང་བསྐུར་གཏན་ནས་མ་ཐོབ་པའི་གང་ཟག་རྣམས་ཀྱིས་ལྟ་སྨོས་ཀྱང་ཅི་དགོས། རྡོ་རྗེ་སློབ་མའི་དབང་བསྐུར་བ་ཙམ་ཐོབ་ནས་ལྷ་བསྒོམ་པ་ཙམ་དང་སྔགས་ཀྱི་བཟླས་བརྗོད་དང་དེའི་ནུས་པ་འཕྱིན་པའི་སྦྱིན་བསྲེག་དང་། ཞི་རྒྱས་དབང་དྲག་སྟེ་ཙ་བའི་ལས་བཞི་དང་། དེ་ལས་ཆེ་བ་ལ་དགུག་པ་དང་། གསད་པ་དང་། བསྐྲད་པ་དང་། རྨོངས་པ་དང་། རེངས་པ་དང་། ཆར་དབབ་པ་ལ་སོགས་པའི་ལས་ཀྱི་ཚོགས་རབ་འབྱམས་དང་སོགས་པས་རྡོ་རྗེ་གུར་ལེའུ་བཞི་པ་ལས། མིག་སྨན་དང་ནི་རྐང་མགྱོགས་དང་། །རལ་གྲི་ས་འོག་བསྒྲུབ་པ་དང་། །རིལ་བུ་མཁའ་ལ་སྤྱོད་པ་དང་། །མི་སྣང་བ་དང་བཅུད་ཀྱིས་ལེན། །རིག་འཛིན་འཁོར་ལོས་བསྒྱུར་བ་ཉིད། །བུ་མོ་དམ་པ་དགུག་པ་ནི། །བདག་མཉེས་པས་ནི་བསྒྲུབ་པའོ། །དངོས་གྲུབ་རྡོ་རྗེ་རྣམས་ཐོབ་པོ། །ཞེས་གསུངས་པའི་གྲུབ་ཆེན་བརྒྱད་ནི། མིག་སྨན་མིག་ལ་བྱུགས་པས་འཇིག་རྟེན་གསུམ་པོ་མཐོང་བ་དང་། རྐང་པ་ལ་རྫས་བྱུགས་པས་རྐང་མགྱོགས་དང་། རིལ་བུ་ཁར་བཅུག་ནས་ནམ་མཁའ་ལ་འགྲོ་བ་དང་། ས་འོག་གི་གཏེར་རམ་བུམ་པ་ཆེན་པོ་བཏོན་ནས་སེམས་ཅན་རྣམས་ལ་ཅི་དགོས་པ་སྟེར་བ་དང་། རིལ་བུ་ཁར་བཅུག་ནས་སུས་ཀྱང་མི་མཐོང་ཞིང་གནོད་སྦྱིན་ལྟར། འདོད་པའི་གཟུགས་ཅན་དུ་འགྱུར་བ་སྟེ། འདིའི་ཁོངས་སུ་གཟུགས་བསྒྱུར་བའང་འདུ་སེམས་སོ། །ཐིག་ལེ་དཔྲལ་བར་བྱས་ན་བདག་སུས་ཀྱང་མི་མཐོང་བ་དང་། ཚེ་ཉི་ཟླ་ལྟར་གནས།

ལུས་བཅུ་དྲུག་ལོན་པ་འདྲ། ལྷུགས་དང་ཟངས་གསེར་དུ་བསྒྱུར་བ་སྟེ་གསུམ་པོ་ལ་བཅུད་ལེན་ཞེས་བྱ་སྟེ། ཚེ་དང་ལུས་དང་ལོངས་སྤྱོད་ཀྱི་བཅུད་ལེན་ཞེས་བྱའོ། །བུ་མོ་དམ་པ་དགུག་པ་ནི་གནོད་སྦྱིན་མོ་བསྒྲུབ་པའོ། །དེ་ལ་རིལ་བུ་དང་མི་སྣང་བ་གཅིག་ཏུ་བྱས། གནོད་སྦྱིན་མོ་གྲུབ་ཆེན་གྱི་སྤྱི་བསྒྲུབ་ཏུ་བྱས་ནས། བཅུད་ལེན་ལ་གསུམ་དུ་ཕྱེ་ལ་བརྒྱད་དུ་བྱའོ། །ཡང་ན་རིལ་བུ་དང་མི་སྣང་བ་གཅིག་ཏུ་བྱས་གནོད་སྦྱིན་མོ་བརྒྱད་ཀྱི་ཁོངས་སུ་བསྡོམས་ན། ཚེ་དང་ལུས་ཀྱི་བཅུད་ལེན་གཅིག་ཏུ་བྱས། ལོངས་སྤྱོད་ཀྱི་གསེར་འགྱུར་གུད་དུ་བྱས་ལ་བརྒྱད་དུ་བརྩིའོ། །མཁའ་སྤྱོད་ནི་རྫུ་འཕྲུལ་གྱིས་ནམ་མཁའ་ལ་རྒྱུ་ཞིང་སྤྱོད་ཡུལ་དུ་བྱེད་པ་དང་། རིག་འཛིན་ནི་གསང་སྔགས་ཀྱི་རིག་པ་བཟུང་བ་ལ་བརྟེན་ནས་ཚེ་ཉི་ཟླ་དང་མཉམ་ཞིང་ནམ་མཁའ་ལ་འགྲོ་བ་དང་། དེ་གཉིས་ཀའི་ཡོན་ཏན་ལུས་ཤིན་ཏུ་མཛེས་ཤིང་། ལོ་བཅུ་དྲུག་ལོན་པའི་ན་ཚོད་ཅན། ལོངས་སྤྱོད་ནམ་མཁའ་ལས་འབྱུང་བ་རྫུ་འཕྲུལ་གྱིས་སངས་རྒྱས་ཀྱི་ཞིང་ནས་སངས་རྒྱས་ཀྱི་ཞིང་དུ་འགྲོ་ཞིང་སྤྲུལ་པའི་སྐུ་ལ་ཆོས་ཉན་པ་སྟེ། མིང་གི་རྣམ་གྲངས་གྲུབ་པའི་ལྷ་ཞེས་ཀྱང་བྱའོ། །དེ་ལྟར་གསུམ་པོ་ནི་རིམ་པ་བཞིན་འཇིག་རྟེན་པའི་དངོས་གྲུབ་ཆུང་འབྲིང་ཆེན་པོ་ཡིན་ནོ། །

དེ་ལྟར་འཇིག་རྟེན་པའི་དངོས་གྲུབ་བསྒྲུབ་པའི་ཐབས་ཤེས་པ་དངོས་གྲུབ་ཀྱི་ཡེ་ཤེས་དང་། དེ་འགྲུབ་པའི་རྒྱུ་ལུས་ཀྱི་ཕྱག་རྒྱ་ལེགས་པར་ཤེས་པར་ཕྱག་རྒྱའི་ཡེ་ཤེས་ཏེ། དེ་དག་བསྒྲུབ་པའི་ཆོ་ག་དང་གསང་སྔགས་ཀྱི་རྒྱུད་དང་རྟོགས་པ་འགའ་ཞིག་ཉན་པ་ལ་དབང་བ་ཡིན་གྱི་རྒྱུད་དེ་འཆད་པ་དང་། དབང་བསྐུར་བ་དང་རབ་གནས་པ་དང་། དམ་ཚིག་སྦྱིན་པ་སོགས་སློབ་དཔོན་གྱི་འཕྲིན་ལས་བྱར་མི་རུང་ངོ་། །རྡོ་རྗེ་སློབ་དཔོན་གྱི་དབང་ཐོབ་ནས་འཁོར་ལོ་ལྔའི་དེ་ཉིད་ནི། དཀྱིལ་འཁོར་གྱི་དེ་ཉིད་དེ་སོགས་པས་སྔགས་དང་ཕྱག་རྒྱ་དང་། བདག་དང་གནས་ལ་སོགས་པ་བསྲུང་བ་དང་། ལྷ་རྣམས་སྤྱན་དྲངས་པ་དང་བཟླས་བརྗོད་བསྒོམ་པ་དང་ཕྱི་ནང་གི་སྦྱིན་བསྲེག་དང་། ཉེ་བར་བསྡུ་བ་དང་གཤེགས་སུ་གསོལ་བའི་དེ་ཁོ་ན་ཉིད་དེ་བཅུའོ་ཞེས་དེ་ཉིད་སྣང་བ་ལས་བཤད་ཅིང་། ཕྱག་རྒྱ་ནི་ལྷ་རྣམས་ལ་འདེབས་པའི་ཕྱག་རྒྱ་བཞིའོ། །བསྒོམ་པ་ནི་ཏིང་ངེ་འཛིན་གསུམ་མོ། །ཉེ་བར་བསྡུ་བ་ནི་ཕྱག་རྒྱ་སྒྲོལ་བའོ། །བཅུ་པོ་དེ་ལ་ནོར་གྱི་དངོས་གྲུབ་ལ་སོགས་པ་འབྲས་བུའི་དང་། དེ་ཐོབ་པའི་ཐབས་རྒྱུའི་དང་། དོན་དམ་པར་རྒྱུ་འབྲས་ཀྱི་དངོས་པོ་མེད་པའི་ངོ་བོ་ཉིད་དོན་དམ་པའི་དེ་ཁོ་ན་ཉིད་དོ། །

ཡང་ན། དཀྱིལ་འཁོར་དང་ནི་ཏིང་འཛིན་མཆོག །ཕྱག་རྒྱ་སྟང་སྟབས་གདན་དང་ནི། །བཟླས་བརྗོད་སྦྱིན་བསྲེག་མཆོད་པ་དང་། །ལས་ལ་སྦྱོར་དང་སླར་བསྡུའོ། །ཞེས་རྗེ་བཙུན་ཆེན་པོས་བཤད་ཅིང་། དེ་དག་རེ་རེ་ལ་དེ་ཁོ་ན་ཉིད་ཅེས་སྦྱར་རོ། །དེ་དག་གིས་རྣམ་པར་དག་པའི་དཀྱིལ་འཁོར་བསྒོམ་པ་དང་། ཡང་ན་འཁོར

ལོ་ནི་གཞལ་ཡས་ཁང་སྟེ། དཀྱིལ་འཁོར་གྱི་དེ་ཁོ་ན་ཉིད་དང་། ལྷའི་དེ་ཉིད་དང་སོགས་པས་ཕྱག་རྒྱའི་དེ་ཉིད་དང་ཞེས་སྨྲ་རོ། །དབང་བསྐུར་དང་ནི་རབ་གནས་དང་། རྒྱུད་འཆད་པ་སོགས། རྡོ་རྗེ་སློབ་དཔོན་གྱི་ནི་འཕྲིན་ལས་དང་། སངས་རྒྱས་ཀུན་གྱི་མི་འདའ་བས་ན་དམ་ཚིག་སྟེ། རྡོ་རྗེ་དྲིལ་བུ་ལྷའི་སྐུ་གསུམ་དང་། ཐེག་པ་བླ་ན་མེད་པ་རིག་པ་འཛིན་པའི་སྡོམ་པ་སློབ་མ་ལ་སྦྱིན་པ་དང་། འདི་དག་གི་དོན་ཞིབ་ཏུ་ངག་ལས་ཤེས་དགོས་སོ་སོགས་ཤེས་པས་རྫོགས་རིམ་བསྒོམ་པ་སྟེ། དེ་དག་རྡོ་རྗེ་སློབ་དཔོན་ཁོ་ནའི་འཕྲིན་ལས་ཡིན་གྱི་གཞན་གྱིས་བྱར་མི་རུང་ངོ་། །དེས་ན་རབ་གནས་མདོའི་ལུགས་ཡིན་ཞེས་འཆད་པ་སངས་རྒྱས་ཀྱི་བསྟན་པ་དང་མཐུན་པ་མ་ཡིན་ནོ། །ད་ལྟ་བོད་ན་ཁྱིམ་པས་མཁན་སློབ་བྱེད་པ་ལ་བཞད་གད་བྱེད་ཅིང་། རྡོ་རྗེ་སློབ་དཔོན་གྱི་དབང་ཐོབ་པ་མ་ཡིན་པར་དབང་བསྐུར་དང་རབ་གནས་བྱེད་པ་ལ་བཞད་གད་མི་བྱེད་པར་སྣང་སྟེ། གསུང་རབ་དང་བསྟུན་ན་འདི་གཉིས་ཀ་བསྟན་པ་དང་མཐུན་པ་མིན་པར་མཚུངས་སོ། །

གཉིས་པ་ནི། ཕྱག་ན་རྡོ་རྗེའི་བསྒོམ་བཟླས་ཀྱང་མདོ་སྡེ་རྣམས་ལས་བཤད་པ་མེད་པས་དེ་མདོ་ལུགས་ཡིན་ཞེས་པ་མ་དག་པའོ། །གཟུངས་འབུམ་ནས་བཤད་དོ་སྙམ་པ་དེ་ནི་པོ་ཏི་ཆེན་པོ་ལ་བྲིས་པ་མཐོང་བས། ཆོས་ཀྱི་རྣམ་དབྱེ་མི་ཤེས་པའི་བླུན་པོ་མདོ་ཡིན་སྙམ་དུ་འཁྲུལ་བར་ཟད་ཀྱི་དེ་ལས་བཤད་པ་དེ་དག་ནི། བྱ་བའི་རྒྱུད་ཀྱི་ཚིག་ཡིན་ནོ། །

གསུམ་པ་ནི། བྱང་ཆུབ་ལྟུང་བཤགས་ཀྱི་སངས་རྒྱས་སུམ་ཅུ་སོ་ལྔའི་ཕྱག་མཚན་ལ། ཕྱབ་དང་རལ་གྲི་དང་ཁྲབ་ལ་སོགས་པ་འཛིན་པའི་སྒྲུབ་ཐབས་མཐོང་སྟེ། སངས་རྒྱས་ཀྱི་མདོ་རྒྱུད་གང་ལས་ཀྱང་མ་གསུངས་ཤིང་། འཕགས་པ་ཀླུ་སྒྲུབ་ཀྱི་མཛད་ཟེར་བའང་མི་བདེན་ཏེ། བསྒྲུབ་བྱེད་གོང་དུ་ཁྱིམ་པའི་ཆ་ལུགས་ཅན་དག་ལ་ཞེས་སོགས་སུ་བཤད་ཟིན་ཏོ། །

ཤེར་སྙིང་ལ་འཕགས་པ་ཀླུ་སྒྲུབ་ཀྱི་ཐུབ་པ་གཙོ་འཁོར་ལྔ་པ་དང་། སློབ་དཔོན་རྡྷ་རི་ཀ་པས་ཡུམ་ཆེན་མོ་གཙོ་འཁོར་ལྔ་པའི་སྒྲུབ་ཐབས་བླ་མེད་ཀྱི་རྒྱུད་དང་མཐུན་པ་མཛད་ཞེས་གྲགས་ཏེ། དེ་དག་སློབ་དཔོན་དེ་དག་གིས་མཛད་པ་བདེན་ན་ཡང་དབང་མ་ཐོབ་པས་བསྒོམ་དུ་མི་རུང་ཞིང་། བྱ་རྒྱུད་དང་མདོའི་ལུགས་ཡིན་ན། བདག་བསྐྱེད་དང་ལྷ་བསྒོམ་པ་དང་འབྲེལ་བའི་སྔགས་བཟླས་མི་འཐད་སྙམ་དུ་དགོངས་པའོ། །སྔོན་འཇུག་སེམས་བསྐྱེད་ཀྱང་ཕ་རོལ་ཕྱིན་པའི་ལུགས་ཡིན་པ་དང་། ལྷ་བསྒོམ་སྔགས་བཟླས་མི་དགོས་པར་ལན་དུ་མར་བཤད་ཟིན་ཏོ། །དེས་ན་མདོ་དང་རྒྱུད་ཀྱི་ཁྱད་པར་ནི་དབང་དང་ལྷ་བསྒོམ་སྔགས་བཟླས་སོགས་ཀྱི་ཆོ་གའི་བྱ་བ་མེད་པ་དང་ཡོད་པ་ཡིན་གྱི། ཟབ་པ་དང་རྒྱ་ཆེ་བ་གཉིས་ཀ་ལ་ཡོད་དོ། །དེ་ལྟར་ཤེས་པར་བྱས་ནས་མདོ་སྡེ་

དང་སྔགས་ཀྱི་ལུགས་ཀྱི་ཁྱད་པར་རྣམས་རིགས་པས་དཔྱོད་དེ་མ་འཆོལ་བར་སློབས་ཤིག །འདིར་མདོ་སྡེ་ནི། ཕ་རོལ་ཕྱིན་པའི་སྡེ་སྣོད་ཡིན་གྱི་རྒྱུད་སྡེ་འགའ་ཞིག་ལ་མདོའི་མིང་བཏགས་པ་ནི། སྤྱིར་མདོ་ཡིན་ཀྱང་མདོ་སྔགས་སོ་སོར་ཕྱེ་བའི་ཚེ་སྔགས་ཁོ་ན་ཡིན་ནོ། །

བཞི་པ་ལམ་གྱི་ཡན་ལག་ལྟ་བ་ལ་འཁྲུལ་པ་དགག་པ་ལ་གཉིས་ཏེ། དགག་པ་དངོས་དང་འཕྲོས་པའི་དོན་ནོ། །དང་པོ་ལ། ཐེག་པ་རིམ་དགུའི་ལྟ་བ་ཐ་དད་ཡིན་པ་དགག །རྒྱུད་སྡེ་བཞིའི་ལྟ་བ་ཐ་དད་ཡིན་པ་དགག་པའོ། །དང་པོ་ནི་ལ་ལ་སྔ་རྫོགས་ཆེན་པ་དག་ཐེག་པ་རིམ་དགུ་ལ། ལྟ་བ་ཐ་དད་ཡོད་ཅེས་ཟེར་རོ། །དགུ་ནི། ཉན་ཐོས། རང་རྒྱལ། བྱང་ཆུབ་སེམས་དཔའི་ཐེག་པ་སྟེ། མཚན་ཉིད་སྡེ་གསུམ་དང་། ཀྲི་ཡ། ཨུ་པ། ཡོ་ག་ཞེས་པ་ནི་བྱ་སྤྱོད་རྣལ་འབྱོར་གསུམ་སྟེ། ཀྲི་ཡོག་སྡེ་གསུམ་དང་། བསྐྱེད་པ་མ་ཧཱ་ཡོ་ག །རྫོགས་པ་ཨ་ནུ་ཡོ་ག །རྫོགས་པ་ཆེན་པོ་ཨ་ཏི་ཡོ་ག་གསུམ་ནི། བོད་སྐད་དུ་རིམ་པ་བཞིན། རྣལ་འབྱོར་ཆེན་པོ། རྗེས་སུ་རྣལ་འབྱོར། ཤིན་ཏུ་རྣལ་འབྱོར་ཏེ་བསྐྱེད་རྫོགས་སྡེ་གསུམ་མོ། །དེ་དག་ལས་དང་པོ་རྣམས་ལ་རྒྱུ་འབྲས་ཀྱི་ཐེག་པ་བརྒྱད་དང་། ཕྱི་མ་ལ་རྒྱུ་འབྲས་ལས་འདས་པ་རྫོགས་པ་ཆེན་པོ་ཞེས་ཟེར་ཞིང་། དེ་དག་གི་གཞུང་ཡང་རྫོ་སྲུས་རྣམས་ཀྱིས་བྱས་པ་ཐུག་པ་མེད་པ་ཞིག་སྣང་མོད་ཀྱི། དེ་ནི་ཡང་དག་པ་མ་ཡིན་ཏེ། འདི་ལྟར་ཉན་ཐོས་དང་། རང་སངས་རྒྱས་དང་ཐེག་ཆེན་པོའི་སེམས་ཙམ་དབུ་མ་རྣམས་ལ་ལྟ་བའི་རིམ་པ་ཡོད་མོད་ཀྱི། ཕ་རོལ་ཕྱིན་པ་དང་གསང་སྔགས་ལ་ལྟ་བའི་དབྱེ་བ་མི་འདྲ་བ། ལུང་རྣམ་དག་གང་ནས་ཀྱང་བཤད་པ་མེད་དེ། གཉིས་ཀ་ལ་ཡང་སེམས་ཙམ་དབུ་མའི་ལྟ་བ་ཡོད་པའི་ཕྱིར་རོ། །སྔགས་ཀྱི་གཞུང་འགའ་ཞིག་ལས་དབུ་མའི་ལྟ་བ་ལས་ཁྱད་པར་འཕགས་ཞེས་བཤད་པ་ནི། སྟོང་པ་ལ་མཐར་འཛིན་གྱི་དབུ་མ་འགའ་ཞིག་བཀློག་པའི་ཕྱིར་ཡིན་གྱི། འཛིན་མེད་ཀྱི་དབུ་མ་དང་ཁྱད་པར་མེད་དོ། །ཕ་རོལ་ཕྱིན་པའི་སྤྲོས་བྲལ་གྱི་ལྟ་བ་ལས་ལྷག་པའི་ཨ་ཏི་ཡོ་གའི་ལྟ་བ་ཡོད་ན་ནི། ཁྱེད་ཀྱི་ལྟ་བ་དེ་སྤྲོས་པ་ཅན་དུ་འགྱུར་རོ། །ཁྱེད་ཀྱི་དེ་སྤྲོས་བྲལ་ཡིན་ན་དབུ་མ་དང་ཁྱད་པར་མེད་དོ། །དེས་ན་ཚིག་གིས་བཤད་པས་གོ་བའི་ཐོས་པ་ལས་བྱུང་བའི་ཤེས་རབ་ཀྱི་ལྟ་བ་ནི། སྔགས་ཕར་ཕྱིན་གཉིས་ཀ་གཅིག་ཉིད་ཡིན་ནོ། །འོན་ཀྱང་སྤྲོས་བྲལ་རྟོགས་པ་ཡི་ཐབས་ལ་གསང་སྔགས་ཁྱད་པར་དུ་འཕགས་པ་ཡིན་ཏེ། ཕ་རོལ་ཕྱིན་པ་ལས། དཔེ་དང་གཏན་ཚིགས་ལ་སོགས་པའི་སྒོ་ནས་ཇི་ཙམ་བཤད་ཀྱང་སྦྱོར་ལམ་མ་སྐྱེས་བར་དུ་གསལ་སྣང་མི་འབྱུང་ལ། གསང་སྔགས་ལས་མན་ངག་གི་གནད་ཀྱིས་ལས་དང་པོ་པ་ལ་ཡང་གསལ་སྣང་འབྱུང་བས་སོ། །

གཉིས་པ་ལ་གཉིས་ལས་དང་པོ་འདོད་པ་བརྗོད་པ་ནི། རྙིང་མ་བ་ཁ་ཅིག་ན་རེ། དབུ་མའི་ལྟ་བ་ལ་

གཉིས་ཀྱི་ཀུན་རྫོབ་ཇི་ལྟར་སྣང་བ་བཞིན་ཡིན་ཞིང་། དོན་དམ་ཡོད་པ་དང་མེད་པ་དང་། གཉིས་ཀ་དང་གཉིས་ཀ་མ་ཡིན་པ་སྟེ་མཐའ་བཞིའི་སྤྲོས་པ་དང་བྲལ་བ་ཡིན་ཞིང་། བྱ་བའི་རྒྱུད་ཀྱི་ཀུན་རྫོབ་ནི། འཇམ་དབྱངས་ལ་སོགས་སྐུ་གསུང་ཐུགས་ཀྱི་རིགས་གསུམ་གྱི་རྒྱལ་བའི་དཀྱིལ་འཁོར་ཡིན་ལ་དོན་དམ་དབུ་མ་དང་མཚུངས་སོ་ཞེས་ཟེར་ཞིང་། སྤྱོད་པའི་རྒྱུད་ཀྱི་ཀུན་རྫོབ་དང་། །རྣལ་འབྱོར་རྒྱུད་ཀྱི་ཀུན་རྫོབ་ནི། །རིགས་ལྔའི་རྒྱལ་བར་སྣང་བ་ཡིན། །རྣལ་འབྱོར་ཆེན་པོའི་ཀུན་རྫོབ་ནི། །དམ་པ་རིགས་བརྒྱ་ཡིན་ནོ་ཞེས་ཟེར་རོ། །འདིར་ཐེག་པ་ཕྱི་མ་གཉིས་ཀྱི་ལྟ་བ་དགོས་པ་ཆུང་བ་དང་ཉན་རང་གི་ལྟ་བ་གྲགས་ཆེ་བས་རྒྱ་བར་མ་བཤད་དོ། །

འདིར་སྔགས་ཀྱི་ལྟ་བ་ཅུང་ཟད་བཤད་ན། ལོ་ཙྪ་བ་ཆེན་པོ་ཀ་བ་དཔལ་བརྩེགས་ཀྱིས་མཛད་ཟེར་བའི་ལྟ་བའི་རིམ་པ་བཤད་པ་ལས། ཀྲི་ཡ་དོན་དམ་ཆོས་ཉིད་ལྷ། །ཀུན་རྫོབ་རང་རིག་ཡོན་ཏན་ལྷ། །རིག་གསུམ་དཀྱིལ་འཁོར་སྣང་བ་ལ། །སྐྱེ་བོ་འཁྲུལ་པ་མེད་པར་འདོད། །གཉིས་ཀ་རྒྱུད་ཀྱི་འདོད་པ་ནི། །ལྟ་སྤྱོད་གོང་འོག་རྗེས་སུ་མཐུན། །ཡོ་ག་དོན་དམ་རྣམ་དག་པའི། །ཆོས་ཀྱི་དབྱིངས་ཀྱི་ཡེ་ཤེས་སུ། །རྟོགས་པའི་བྱིན་རླབས་ལྷར་སྣང་བ། །དེ་ཕྱིར་སྐྱེ་བོ་ལྷར་མཐོང་འཁྲུལ། །མ་ཧཱ་ཡོ་ག་དོན་དམ་དུ། །རང་རིག་གཉིས་མེད་དེ་བཞིན་ཉིད། །རྟོག་པའི་ཆོ་འཕྲུལ་དྲུག་སོགས་པའི། །ལྷར་སྣང་དང་ལས་འཁོར་བ་མེད། །ཨ་ནུ་ཡོ་གའི་དོན་དམ་དུ། །བདེ་ཆེན་རྟོགས་པའི་རིག་རྩལ་བས། །ཀུན་རྫོབ་ལྷའི་དཀྱིལ་འཁོར་སྣང་། །དེ་ཕྱིར་སྐྱེ་བོས་བཏགས་པས་འཁྲུལ། །ཨ་ཏི་ཡོ་ག་བདེན་གཉིས་བྲལ། །ཐམས་ཅད་རང་བྱུང་རང་སྣང་བའི། །ཡེ་ཤེས་མཐའ་གསུམ་བྲལ་བ་ལ། །བཏགས་པ་གཉིས་པོ་གདོད་ནས་མེད། །དེ་ཕྱིར་གསེར་ལ་གསེར་མཐོང་ལྟར། །ཇི་བཞིན་མ་ནོར་བདེན་མཐོང་ཡིན། །ཞེས་དང་། གཙང་ནག་པའི་སློབ་མ་ཛོ་སྲས་རྡོ་རྗེ་འོད་ཞེས་པས་བྱས་པའི་ཐེག་པ་སྤྱི་ཞེས་པ་ལས། ཀྲི་ཡ་པུ་ཏི་ཀ་ར་ལས། ཀུན་རྫོབ་རིག་རྣམ་དཀྱིལ་འཁོར་གྱི། །རང་བཞིན་ཉིད་དུ་བརྟག་བྱ་སྟེ། །དོན་དམ་དག་པའི་ཆོས་ཉིད་དུ། །ཞེས་དང་། ཨུ་པའི་ལྟ་བ་ཡོ་གའི་རྗེས་སུ་ལྟའོ། །སྤྱོད་པ་ཀྲི་ཡའི་རྗེས་སུ་སྤྱོད་དོ་ཞེས་དང་། ཡོ་ག་སང་གྲ་ཧ་ལས། ཆོས་རྣམས་ཐམས་ཅད་རང་བཞིན་འོད་གསལ་བས། ངོ་བོ་ཉིད་ཀྱིས་གདོད་ནས་དག །ཞེས་དང་། ཁམས་གསུམ་མ་ལུས་འདི་དག་ཀུན། །དཀྱིལ་འཁོར་ཆེན་པོའི་ངོ་བོ་ཡིན། །ཞེས་དང་། མ་ཧཱ་ཡོ་གའི་ལྟ་བ་བདེན་པ་གསུམ་པོ་ནི། དོན་དམ་པའི་བདེན་པ་ནི། སེམས་ཉིད་སྐྱེ་མེད་སྤྲོས་བྲལ་ལ། སྐོར་བདུན་གྱི་སྣང་བ་ངོ་བོ་ཉིད་ཀྱི་སྐུར་ལྡན་གྱིས་གྲུབ་པའོ། །ཀུན་རྫོབ་བདེན་པ་ནི་རིག་པ་སྒྱུ་མའི་སྣང་བ་མ་འགགས་པའོ། །དེ་ཡང་སྒྱུ་མ་དྲུག་གོ། །དབྱེར་མེད་ཀྱི་བདེན་པ་ནི། སྣང་སྟོང་ངོ་བོས་དབྱེར་མེད་པའོ་ཞེས་དང་། ཨ་ནུ་ཡོ་གའི་ལྟ་བ་ནི། ཡུལ་ཡས་སྣང་བ་ནི་ཆོས་ཀྱི་དབྱིངས་ཡུམ་ཀུན་ཏུ་བཟང་མོའོ། །དེ་རྟོགས་པའི་

རང་རིག་ཡེ་ཤེས་ཡབ་ཀུན་ཏུ་བཟང་པོའོ། །དེ་གཉིས་སུ་འདུ་འབྲལ་མེད་པ་ནི། སྲས་བྱང་ཆུབ་ཀྱི་སེམས་བདེ་བ་ཆེན་པོའོ། །ཨ་ཏི་ཡོ་གའི་ལྟ་བ་ནི་རང་བྱུང་ཡེ་ཤེས་ཀུན་གྱི་གཞི་མ་ལ། ཕྱོགས་འཛིན་གང་ཡང་མི་ཡོང་། ཕྱོགས་མེད་ཀུན་ཏུ་ཤར་བའོ་ཞེས་ཏེ། དེ་དག་ནི། ཡུལ་གྱི་གནས་ལུགས་ཡིན་ལ་དེ་རྟོགས་པ་ལྟ་བར་འདོད་དོ། །

གཉིས་པ་སྲུན་འབྱིན་བཤད་པ་ལ་གསུམ་སྟེ། མདོར་བསྟན། རྒྱས་པར་བཤད། གཉིས་ཀའི་དོན་བསྡུ་བའོ། །དང་པོ་ནི། ལྟ་བ་དང་སྒོམ་པ་སྤྱོད་པའི་རྣམ་དབྱེ་མ་ཕྱེད་པར་ལྟ་ཐོག་ནས་བསྒོམ། དེའི་ངང་ན་སྤྱོད་པ་བྱེད་ཞེས་བརྗོད་ཅིང་བསྒོམ་པ་ཐབས་དང་ལྟ་བ་ཤེས་རབ་དང་། སྤྱོད་པ་དེ་གཉིས་བསྲེས་ནས་མཐར་འབྱིན་པ་ཡིན་པར་མ་ཤེས་པར་འདི་འདྲའི་དབྱེ་བ་བྱས་པ་འཁྲུལ་བ་ཡིན་ཏེ། གཉིས་པ་ནི། འདིའི་འཐད་པ་བཤད་ཀྱིས་ཉོན་ཅིག །རིགས་གསུམ་དང་རིགས་ལྔ་ལ་སོགས་སངས་རྒྱས་སུ་ཡིད་ལ་བྱེད་པ་ནི་ཀུན་རྫོབ་བདེན་པ་ལ་དམིགས་པའི་ཐབས་མཁས་ཡིན་པས་བསྒོམ་པ་ཡིན་གྱིས་ལྟ་བ་མིན་ནོ། །བྱ་སྤྱོད་རྣལ་འབྱོར་རྒྱུད་གསུམ་ཀ་ལས། ཀུན་རྫོབ་ཀྱི་སྣང་བ་ལྟར་གསུངས་པ་མེད་དོ། །འོན་ཀྱང་བྱ་བའི་རྒྱུད་དུ་མདུན་གྱི་རིགས་གསུམ་གྱི་ཁྲིས་སྐུ་ལྷ་རུ་བསྒོམས་ནས་དེ་ལས་དངོས་གྲུབ་ལེན་པ་ཡིན་ནོ། །དེས་ན་བསྙུང་གནས་སོགས་དཀའ་ཐུབ་དང་། ཁྲུས་ལ་སོགས་པའི་གཙང་སྦྲ་ཡིས་མདུན་གྱི་སངས་རྒྱས་མཉེས་པར་བྱས་ནས་དངོས་གྲུབ་ལེན་པར་གསུངས་ཤིང་གནང་ངོ་། །སྤྱོད་པའི་རྒྱུད་དུ་ཁྲིས་སྐུ་དང་རང་ཉིད་གཉིས་ཀ་ལྷར་བསྒོམས་ནས། བདག་དང་མདུན་གྱི་སངས་རྒྱས་གྲོགས་པོ་ལྟ་བུའི་ཚུལ་གྱིས་དངོས་གྲུབ་ལེན་ནོ། །རྣལ་འབྱོར་རྒྱུད་དུ་ཕྱི་རོལ་གྱི་ཁྲིས་སྐུ་ལ་དམིགས་པ་གསལ་བའི་རྐྱེན་ཙམ་དུ་བྱས་ནས། གཙོ་བོར་རང་ཉིད་དམ་ཚིག་སེམས་དཔར་བསྐྱེད་པ་ལ་ཏིང་འཛིན་སྔགས་དང་ཕྱག་རྒྱའི་མཐུས། ཡེ་ཤེས་ཀྱི་འཁོར་ལོ་སྤྱན་དྲངས་ནས་གཞུག་པ་དང་བཅིང་བ་དང་དབང་དུ་བྱས་པའི་སངས་རྒྱས་དེ། ཇི་སྲིད་ཕྱག་རྒྱ་མ་དགྲོལ་བ་དེའི་བར་དུ་རང་གི་ལུས་ལ་བཞུགས་ཤིང་། ཕྱག་རྒྱ་དགྲོལ་ནས་ཡེ་ཤེས་ཀྱི་སངས་རྒྱས་དེ་རང་གི་ལུས་ལས་འཐོན་ནས་རང་བཞིན་གྱི་གནས་སུ་གཤེགས་ཤིང་། དེ་ནས་རང་ཉིད་ཐ་མལ་བར་འགྱུར་རོ་ཞེས་གསུངས་སོ། །འདི་དག་གི་ལུང་སྦྱོར་རྣམས་ནི་ཡི་གེ་མང་གིས་དོགས་པས་ཕྱ་བར་བཞག་ཅིང་མ་བྲིས་ལ། རྡོ་རྗེ་གུར་གྱི་འགྲེལ་པར། བྱ་བའི་རྒྱུད་ཅེས་བྱ་བ་ནི་ཕྱི་རོལ་གདུང་མ་ལ་སོགས་པའི་ལྷར་དམིགས་པ་དང་། གཙང་སྦྲ་དང་སྡོམ་པ་ལ་སོགས་པ་ལྷུར་ལེན་པའོ། །བྱ་བའི་སྦྱོར་བ་ཞེས་བྱ་བ་ནི་བདག་ལ་སོགས་ཕྱི་རོལ་ཏུ་དམིགས་པའོ་ཞེས་པ་དང་། དགྲ་ནག་གི་འགྲེལ་པར་བྱ་བ་དང་སྤྱོད་པའི་ལུགས་ལའང་བསྐྱབ་བྱ་དང་བསྐྱབ་པའི་ཐབས་དུས་ཡུན་རིང་པོར་རྗེས་སུ་མི་འཇུག་སྟེ། དེ་དག་ནི་བརྟགས་པ་ལས་བྱུང་བ་ཉིད་ཡིན་ཏེ། དེར་ནི་འདི་ལྟར་རས་བྲིས་ལ་སོགས་པར་རྟོགས་པའི་ལྷའི་སྟོབས་ཀྱིས་དངོས་གྲུབ་

རྫོགས་པར་བྱེད་པའི་ཕྱིར་རོ། །

རྣལ་འབྱོར་གྱི་རྒྱུད་དུ་ནི་ཁྱད་པར་འདི་ཡོད་དེ། རང་གི་ལྷའི་རྣལ་འབྱོར་གྱིས། རས་བྲིས་ལ་སོགས་པར་རྫོགས་པའི་ལྷ་ལ་དམིགས་ནས་མཐུན་པར་བསྒྲུབས་པའི་དངོས་གྲུབ་བསྒྲུབ་པར་བྱེད་དོ་ཞེས་དང་། འོད་ཟེར་ཅན་གྱི་རྫོགས་པ་ལས། བདག་ཉིད་རྣམ་པར་སྣང་མཛད་ཀྱི་གཟུགས་པད་མའི་ལྟེ་བར་སེང་ལྡེང་གི་ཁྲི་ལ་རྡོ་རྗེའི་དཀྱིལ་ཀྲུང་གིས་བཞུགས་པ། གསེར་གྱི་མདོག་ཅན་བྱང་ཆུབ་མཆོག་གི་ཕྱག་རྒྱ་ཅན་ཏིང་ངེ་འཛིན་ལ་སྙོམས་པར་ཞུགས་པ། རལ་པའི་དབུ་རྒྱན་འཕྱང་ཞིང་ཞི་བ། ཡི་གེ་མཾ་ཉིད་ཀྱིས་བརྗོད་པའི་རྣམ་པར་བསམ་པར་བྱའོ། །དེ་ནས་མདུན་དུ་ཟླ་བའི་གཟུགས་བརྙན་རྣམ་པར་སྣང་མཛད་ལས་བྱུང་བའི་འོད་ཟེར་ཅན་མ། ཨོཾ་མ་རི་ཙྱེ་སྭཱ་ཧཱ་ཞེས་བྱ་བས་གསེར་གྱི་མདོག་ཅན་སྐྱད་པ་དང་བཅས་པའི་ཁབ་འཛིན་པའི་ཕྱག་གིས་གདུག་པ་ཅན་གྱི་ཁ་དང་མིག་ཡང་དག་པར་དྲུབས་པ་མདུན་དུ་རྣམ་པར་བསམ་པར་བྱའོ་ཞེས་དང་། རྫོགས་པ་བསྡུས་པའི་རྒྱུད་ལས། དོན་དམ་སྤྲོས་བྲལ་སྟོང་པའི་ངང་ཉིད་ལས། །ཀུན་རྫོབ་སྒྱུ་མ་ལྷ་བུའི་སྐུར་གནས་པ། །རྗེ་འབངས་ཚུལ་གྱིས་དད་པ་རབ་བསྒོམས་ན། །དངོས་གྲུབ་དམ་པ་སངས་རྒྱས་ཉིད་དུ་འགྱུར། །ཞེས་པ་དང་། བློ་གྲོས་རྒྱ་མཚོས་ཞུས་པའི་རྒྱུད་ལས། དོན་དམ་རྣམ་བཞག་ཡེ་ཤེས་ཆེན་པོ་ལས། །སྒྱུ་མའི་སྐུར་སྟོན་གྲོགས་པོའི་ཚུལ་དུ་བསྒོམ། །ཞེས་ཏེ། ལུང་ཕྱི་མ་འདི་གཉིས་ལོ་ཆེན་རིན་ཆེན་བཟང་པོས་མཛད་ཟེར་བའི་རྒྱུད་སྡེ་སྤྱིའི་རྣམ་བཞག་ཞིག་ལས་འབྱུང་སྟེ་ཐེ་ཚོམ་གྱི་གཞིར་སྣང་ངོ་། །དེ་བཞིན་དུ་དེ་ཉིད་སྣང་བ་ལས། ཕྱག་རྒྱ་གང་དང་གང་ནས་འབྱུང་བ་དེ་དང་དེ་ཉིད་དུ་དཀྱིལ་ཏེ་ཡེ་ཤེས་པ་གཤེགས་སུ་གསོལ་ལོ། །གཞན་དུ་ན་ལྷ་ལ་བརྙས་པར་འགྱུར་རོ་ཞེས་གསུངས་སོ། །རྣལ་འབྱོར་ཆེན་པོའི་རྒྱུད་དུ་ཀྱེའི་རྡོ་རྗེ་ལས། ངེས་པར་དངོས་པོ་ཐམས་ཅད་ཀྱི། །དག་པ་དེ་བཞིན་ཉིད་དུ་བརྗོད། །ཕྱི་ནས་རེ་རེའི་དབྱེ་བ་ཡིས། །ལྷ་རྣམས་ཀྱིས་ནི་བརྗོད་པར་བྱ། །ཞེས་དང་། རང་རིག་བདག་ཉིད་དག་པ་ཉིད། །དག་པ་གཞན་གྱིས་རྣམ་གྲོལ་མིན། །ཞེས་དེ་བཞིན་ཉིད་ཀྱི་ལྷ་སོ་སོའི་རང་རིག་པའི་དག་པ་སྟེ། དག་པ་གསུམ་གྱི་རང་བཞིན་ཅན་དུ་བཤད་དོ། །འདིའི་རིགས་པ་ལུང་དང་། མན་ངག་རྣམས་དབང་མ་ཐོབ་པ་ལ་བཤད་དུ་མི་རུང་བས་བླ་མའི་ཞལ་ལས་ལེགས་པར་དྲིས་ཤིག །རྒྱུད་ཀྱི་མངོན་རྟོགས་དང་འབྲེལ་བ་རྣམས་ལས་ཀྱང་བྱུང་ངོ་། །གལ་ཏེ་དེ་ལྟ་མ་ཡིན་པར་རྫོགས་པ་ཆེན་པོ་ལྟར་བྱ་བའི་རྒྱུད་ཀྱི་ལུགས་ལ་ཀུན་རྫོབ་ཀྱི་སྣང་བ་ཐམས་ཅད་ལྷ་རུ་གནས་པ་བདེན་ན། དེའི་དངོས་གྲུབ་སྒྲུབ་པ་ལ་གཙང་སྦྲ་དང་ཟས་གཙོད་པ་ལ་སོགས་པའི་དཀའ་ཐུབ་བྱེད་པ་ག་ལ་འཐད་དེ། འདི་ལྟར་གཙང་སྦྲ་ནི་ལྷ་གཙང་ཞིང་བདག་ཉིད་མི་གཙང་བར་བརྟགས་ནས། རང་གིས་མི་གཙང་བས་ལྷ་ལ་མི་གནོད་པའི་ཕྱིར་ཡིན་ཞིང་

དཀའ་ཐུབ་ཀྱང་དེ་དང་འདྲ་བའམ་རང་གི་ལུས་ཀྱི་གདུང་བས་སྡིག་པ་སྦྱོང་བའི་ཕྱིར་ཡིན་ལ། བདག་ཉིད་ཀྱང་ལྷ་ཡིན་ན་ལྷ་ལ་གཙང་བ་དང་མི་གཙང་བའི་དབྱེ་བ་མེད་ཅིང་། ལྷ་རྣམས་དཀའ་ཐུབ་ཀྱིས་གདུང་དུ་མི་རུང་བའི་ཕྱིར་རོ། །སྔ་འགྱུར་བ་ཁ་ཅིག་ན་རེ། སྤྱོད་པའི་རྒྱུད་དུའང་། ལྷ་བ་རྣལ་འབྱོར་རྒྱུད་དང་མཐུན་ཞིང་། སྤྱོད་པ་བྱ་བའི་རྒྱུད་བཞིན་དུ་དཀའ་ཐུབ་གཙང་སྦྲ་བྱེད་དོ་ཞེས་ཟེར་ཏེ། འདི་ཡང་དེ་ལྟར་ངེས་པ་མེད་དོ། །སྤྱོད་རྒྱུད་འདི་ནི་ཕྱིའི་བྱ་བ་དང་། ནང་གི་ཏིང་ངེ་འཛིན་ཆ་མཉམ་པ་ལ་སྤྱོད་པའི་ཕྱིར་གཉིས་ཀའི་རྒྱུད་ཡིན་པས་ལྷ་མི་བསྒོམ་པའི་གནས་སྐབས་རེས་འགའ་གཙང་སྦྲ་སྤྱོད་མོད་ཀྱི་ཕལ་ཆེར་ཅི་བདེར་སྤྱོད་པར་གསུངས་ཏེ། ངན་སོང་སྦྱོང་རྒྱུད་ལས། རྡོ་རྗེ་སེམས་དཔའི་གནས་འདུག་སྟེ། །ཐམས་ཅད་ཟོས་ཏེ་ཀུན་བྱས་ཀྱང་། །འགྲུབ་འགྱུར་ཉེས་པས་མི་གོས་ན། །སྙིང་རྗེ་ལྡན་པས་སློས་ཅི་དགོས། །ཞེས་སོ། །རྡོ་རྗེ་གསུམ་ནི། རྒྱུད་གཞན་ལས། རིན་འབྱུང་འཁོར་དུ་བཞུགས་པའི་རྣམ་སྣང་སྐུ་རྡོ་རྗེ། དོན་གྲུབ་དང་གཉིས་སུ་མེད་པའི་འོད་དཔག་མེད་གསུང་རྡོ་རྗེ། རྡོར་སེམས་དང་དབྱེར་མེད་པའི་མི་བསྐྱོད་པ་ནི་ཐུགས་རྡོ་རྗེ་སྟེ་འདི་གསུམ་ནི་དཀྱིལ་འཁོར་གྱི་ལྷ་ཐམས་ཅད་ལ་བྱིན་གྱིས་རློབས་པའི་ཀུན་ཁྱབ་པོ། །དུས་འཁོར་ལས་རིགས་རྒྱུད་རེ་དང་རྡོ་རྗེ་ཁ་སྦྱོར་ཆེ། འོད་དཔག་མེད་སྐུ། རིན་འབྱུང་གསུང་། དོན་གྲུབ་ཐུགས། རྣམ་སྣང་ཡེ་ཤེས་མི་ལོང་འཛོགས་ཀྱང་། ཀུན་ཁྱབ་གྲགས་གསུམ་པོ་དེ་ལས་ནང་ཚན་ཐབས་ཤེས་ཀྱིས་ཕྱེ་ན། རྣམ་སྣང་སྐུ། དོན་གྲུབ་གསུང་། མི་བསྐྱོད་པ་ཐུགས་རྗེ་ཐབས་དང་། རྣམ་སྣང་སྐུ། རིན་འབྱུང་གསུང་། རྡོར་སེམས་ཐུགས་རྗེ་ཤེས་རབ་ཡིན་པ་ལས། ཐབས་ཤེས་དབྱེར་མེད་དུ་བྱས་ཆེ། ས་ཚུ་དབྱེར་དུ་གྱུར་ཏེ། རྣམ་སྣང་འོད་དཔག་མེད་ཀྱི་སྐུ་མདོག་སྐུ་དཀར་པོ་སྐུ་རྡོ་རྗེ། དོན་གྲུབ་བསྲེས་པའི་རིན་འབྱུང་དམར་སེར་གསུང་རྡོ་རྗེ། མི་བསྐྱོད་པ་ཐུགས་ཀའི་རྡོར་སེམས་ཐུགས་རྡོ་རྗེའོ། །དུས་འཁོར་ལས་རྡོ་རྗེ་གསུམ་འདུས་པ་དང་མཐུན་པར་བསྟན་པ་ཡིན་པར་གསུངས་པས། རྣམ་སྣང་སྐུ། སྣང་མཐའ་གསུང་། མི་བསྐྱོད་པ་ཐུགས་སུ་བྱེད་པ་ཡིན་ཅིང་། ཡུམ་སྤྱན་མ་གོས་དཀར་མོ་མ་མ་ཀི་གསུམ་དངོས་སམ་རང་འོད་ཅན་ནོ། །འོན་དུས་འཁོར་ལས་རང་འོད་ཀྱི་ཡུམ་མ་བཀག་གམ་ཞེ་ན་དེའི་ཐུན་མོང་ཡིན་པའི་རིགས་བྱེ་བྲག་པ་ལས་བཀག་གིས། ཐུན་མོང་བ་དང་ཁྱད་པར་རྡོ་རྗེ་གསུམ་རིགས་ཀུན་ཁྱབ་ཡིན་པས་དེ་ལ་བཀག་པ་མིན་ནོ། །

ལྷ་བ་རྣལ་འབྱོར་རྒྱུད་དང་མཐུན་པར་ཀུན་རྫོབ་ཏུ་རིགས་ལྔའི་དཀྱིལ་འཁོར་ཡིན་ཞེས་པའང་མི་འཐད་དེ། སྤྱོད་པའི་རྒྱུད་ལས། རྣམ་སྣང་སོགས་རིགས་ལྔའི་དོན་གྲུབ་ལའང་རྣམ་སྣང་སོགས་ཀྱི་མིང་གི་ཐ་སྙད་བཏགས་པ་མེད་དེ། ཀུན་རིག །སྦྱོང་བའི་རྒྱལ་པོ། རྒྱལ་མཆོག་རིན་ཆེན། ཤཱཀྱ་ཐུབ་པ། མེ་ཏོག་ཆེར་རྒྱས་ཞེས་སོགས་བཤད་ཅིང་། ཕྱག་རྒྱ་སྐུ་མདོག་རྣམ་བཞག་རྣམས་ཀྱང་། རྣལ་འབྱོར་གྱི་རྒྱུད་དེ་ཉིད་འདུས་པ། རྡོ་རྗེ་རྩེ་མོ་རྣམས་སུ་གསུངས་པ་བཞིན་སྤྱོད་རྒྱུད་དེར་མ་གསུངས་པའི་ཕྱིར་ཏེ། རྣལ་འབྱོར་རྒྱུད་ལས་རྣམ་སྣང་སོགས་བྱང་ཆུབ་མཆོག་གི་ཕྱག་རྒྱ་ཅན་ལ་སོགས་པ་དང་། མི་བསྐྱོད་པ་སྟོན་པོ་སོགས་སུ་བཤད་པ་ལས། སྦྱོང་རྒྱུད་

ལས། ཏིང་ངེ་འཛིན་གྱི་ཕྱག་རྒྱ་ཅན་ལ་སོགས་པ་དང་སྦྱོང་བའི་རྒྱལ་པོ་དཀར་པོ་དང་། རྒྱལ་མཆོག་རིན་ཆེན་སྟོན་པོ། ཤཱཀ་ཐུབ་སེར་པོ་ཆོས་འཆད་ཅན་ལ་སོགས་པ་བཤད་པའི་ཕྱིར་རོ། །རྣམ་བཞག་ཀུང་སྦྱང་གཞི་ཕུང་པོ་ལྔའི་སྟེང་དུ། སྦྱང་བྱ་ཉོན་མོངས་པ་ལྔ་སྦྱངས་པས། སྦྱང་འབྲས་དེ་བཞིན་གཤེགས་པ་ལྔ་འབྱུང་བ་ཡིན་མོད་ཀྱི། དེ་ནི་རྒྱུད་སྡེ་དེ་གཉིས་ཀ་ལས་གསལ་བར་གསུངས་པ་མ་མཐོང་ངོ་། །འདིར་ཆོས་རྗེའི་ཞལ་སྔ་ནས་སྦྱོང་རྒྱུད་སྤྱོད་པའི་རྒྱུད་དུ་བཞེད་པ་ཡིན་ལ། དེང་སང་འགའ་ཞིག་ས་ལུགས་ཀྱི་ཀུན་རིག་ལ། ཕྱག་རྒྱ་བཞིའི་རྒྱས་འདེབས་མ་ཚང་བས་རྣལ་འབྱོར་རྒྱུད་དང་མི་མཐུན་པའི་ཕྱིར། མ་དག་པ་ཡིན་ནོ་ཞེས་སུན་འབྱིན་པ་དང་། ས་སྐྱ་པའི་སྟུགས་པ་དག་ཀུང་དེའི་ལན་མ་ཤེས་པས། སེང་གེའི་དྲུང་ན་ཝ་སྐྱེས་བཞིན་དུ་ཞུམ་ཞུམ་པོར་གནས་དགོས་པ་ནི། རང་ལ་བློ་གྲོས་ཀྱི་རྩལ་མེད་ཅིང་། ཆོས་རྗེའི་གསུང་རབས་ལ་ཆེད་གཉེར་མ་བྱས་པས་ལན་པ་ཡིན་ཞིང་། སུན་འབྱིན་པར་བྱེད་པ་དག་གིས་ཀུང་འདི་སྤྱོད་རྒྱུད་ཡིན་པ་ལ། དགག་པ་བརྗོད་པར་བྱ་བ་ཡིན་གྱི། སྤྱོད་རྒྱུད་ཀྱི་ལག་ལེན་བྱེད་པར་ཁས་ལེན་པ་ལ། རྣལ་འབྱོར་རྒྱུད་མི་མཐུན་པས་མ་དག་པ་ཡིན་ནོ་ཞེས་པ་ནི་འབྲེལ་མེད་ཁོ་ན་ཡིན་ནོ། །དེས་ན་དམན་པ་དང་མཆོག་གི་རིམ་པས་རྣལ་འབྱོར་གྱི་རྒྱུད་ཡན་ཆད་དུ། ཀུན་རྫོབ་ཀྱི་སྣང་བ་ལྷ་རུ་གསུངས་པ་མེད་དོ། །འོན་ཀུང་རྒྱུད་སྡེ་གསུམ་པོའི་ལུགས་ཀྱི་ཀུན་རྫོབ་ཀྱི་སྣང་བ། ཐམས་ཅད་ནི་ཐ་མལ་པ་ལ་ཇི་ལྟར་སྣང་བ་བཞིན་དུ་གསུངས་པར་བས་ཀྱི་ལྷ་རུ་སྣང་བ་མ་ཡིན་ནོ། །ཁྲིས་སྐུ་དང་བདག་ཉིད་ལ་སོགས་པ་ལྷ་རུ་བསྒོམ་པ་དེ་ནི་བསྐྱེད་ཆོག་གི་ཐབས་ཀྱི་ཁྱད་པར་གྱིས་ལྷར་གྱུར་པ་ཡིན་ནོ། །

རྣལ་འབྱོར་ཆེན་པོའི་རྒྱུད་སྡེ་ལས། ཀུན་རྫོབ་ཐ་མལ་པ་ལ་ཇི་ལྟར་སྣང་བ་འདི་དག་པ་གསུམ་གྱི་ཐབས་ལ་མཁས་པའི་ཁྱད་པར་གྱིས། སྦྱང་གཞི་སྣོད་ཀྱི་འཇིག་རྟེན་དང་། སེམས་ཅན་གྱི་ལུས་ངག་ཡིད་གསུམ། སྦྱོང་བྱེད་ལྷའི་དཀྱིལ་འཁོར་དུ་ངོ་སྤྲོད་པ་དེའི་ཚེ་རྒྱས་པར་རིགས་ཀྱི་དབྱེ་བ་གྲངས་མེད་པ་དང་བསྡུ་ན་དམ་པ་རིགས་བརྒྱ་དང་སོགས་པས་རིགས་ལྔ་དང་། དེ་ཐམས་ཅད་ལ་ཁྱབ་པར་བྱེད་པ་རྡོ་རྗེ་སེམས་དཔའི་རིགས་ཏེ་དྲུག་དང་རིགས་ལྔ་དང་སྐུ་གསུང་ཐུགས་ཀྱི་རིགས་གསུམ་གྱི་དབྱེ་བ་དང་། བསྡུ་ན་ཐུགས་ཀྱི་རིགས་གཅིག་ཏུའང་རྒྱལ་བས་གསུངས་ཏེ། ཀྱེའི་རྡོ་རྗེ་ལས། རྒྱས་པར་རབ་ཏུ་ཕྱེ་བ་ལས། །རིགས་ནི་རྣམ་པ་དྲུག་ཏུ་བརྗོད། །རྣམ་གསུམ་རྣམ་པ་ལྔ་ཉིད་ཀུང་། །ཞེས་དང་། ཐུགས་ཀྱི་བདག་པོའི་རིགས་གཅིག་ཉིད། །ཞེས་དང་། ཟླ་གསང་ཐིག་ལེ་ལས། རིགས་ནི་རྣམ་པ་བརྒྱར་བསྟན་དང་། །མདོར་རུ་བསྡུ་ན་རྣམ་པ་ལྔ། །ལུས་དང་ངག་དང་ཡིད་སྦྱོར་བའི། །གསུམ་དུ་ཡང་ནི་འགྱུར་བ་ཡིན། །ཞེས་དང་། ཀྱེའི་རྡོ་རྗེ་ལས། རིགས་ཀྱི་ཚོགས་ལ་རིགས་ནི་དུ་མ་རྣམས། །དེ་རྣམས་རིགས་ལ་རིགས་ནི་རྣམ་པ་བརྒྱ། །དེ་རྣམས་ལ་ཡང་འབུམ་ཕྲག་རིགས་ཆེན་རྣམས། །

དབྱེ་བའི་རིགས་ལ་གྲངས་ནི་མེད་པར་འགྱུར། །ཞེས་སོ། །དམ་པ་རིགས་བརྒྱ་ནི་སྙིང་མ་པ་རྣམས། བུདྡྷ་བཞི་བཅུ་ཞེ་གཉིས་དང་། ཁྲག་འཐུང་ལྔ་བཅུ་རྩ་བརྒྱད་ལ་འདོད་ཅིང་། གསར་མ་བ་རྣམས་གསང་འདུས་ཀྱི་དགོངས་པ། སྒྲོན་བསྡུས་ལས། དེ་བཞིན་གཤེགས་པ་རིགས་ལྔ། ཡུམ་བཞི། སའི་སྙིང་། ཕྱག་རྡོར། མཁའ་སྙིང་། འཇིག་རྟེན་དབང་ཕྱུག །སྒྲིབ་པ་རྣམ་སེལ་ཏེ་ལྔ། གཟུགས་རྡོ་རྗེ་མ་སོགས་ལྷ་མོ་ལྔ་སྟེ་བཅུ་དགུ་པོ་རེ་རེ་ལ་ལྔ་ལྔར་ཕྱེ་བས་དགུ་བཅུ་རྩ་ལྔ་དང་ཡེ་ཤེས་ལྔ་སྟེ་བརྒྱ་ལ་བཤད་ཅིང་། བླ་མ་ཆོས་ཀྱི་རྒྱལ་པོས་རིགས་ལྔ་པོ་རེ་རེ་ལ་ཡང་ཡེ་ཤེས་ལྔ་ལྔར་ཕྱེ་བས་ཉི་ཤུ་རྩ་ལྔ་དང་། དེ་ཡང་ལྷ་མོ་བཞིས་བསྒྱུར་བ་ལ་བཤད་དོ། །དེས་ན་ཀུན་རྫོབ་བདེན་པ་ལ་དམིགས་པའི་བློ་ནི་ཀུན་རྫོབ་སྟེ་དེའི་ཕྱོགས་པ་དང་། དོན་དམ་བདེན་པ་ལ་དམིགས་པའི་ཤེས་རབ་ནི་ལྟ་བ་སྟེ་དེའི་ཕྱོགས་པ་མ་ཕྱེད་པས་གསང་སྔགས་སྙིང་མ་བའི་ཀུན་རྫོབ་ཀུན་ལྟ་བ་དང་འབྲེལ་ནས། ཀུན་རྫོབ་ལྟ་བར་འདོད་པའི་རྒྱུ་མཚན་དེ་ལྟར་ཡིན་ནོ། །གཞན་ཡང་གསང་སྔགས་སྔ་འགྱུར་བ་རྣམས་ནི་རྣལ་འབྱོར་དང་རྣལ་འབྱོར་ཆེན་པོ་དང་། རྗེས་སུ་རྣལ་འབྱོར་དང་ཤིན་ཏུ་རྣལ་འབྱོར་ཞེས་བྱ་བ་རྣམ་པ་བཞི་པོ་ཐེག་པའི་རིམ་པ་ཡིན་ནོ། །ཞེས་ཟེར་ཞིང་། ཤིན་ཏུ་རྣལ་འབྱོར་ནི། ཐེག་པ་རིམ་པ་དགུའི་ཡང་རྩེ་ཡིན་པས་བཟང་བར་འདོད་དོ། །འདི་དག་གི་ལྟ་བ་ནི་གོང་དུ་བཤད་ཟིན་ཅིང་། བསྒོམ་པ་དང་སྤྱོད་པ་དང་འབྲས་བུའི་ཁྱད་པར་ནི་རྗེ་སྲས་རྣམས་ཀྱིས་མང་དུ་བཤད་ཀྱང་ཡི་གེ་མང་བའི་འཇིགས་པས་མ་བྲིས་ཤིང་ཤེས་པར་འདོད་ན་དེ་དག་གི་གཞུང་དུ་ལྟ་བར་བྱའོ། །

གསང་སྔགས་ཕྱི་འགྱུར་བ་རྣམས་ནི། རྣལ་འབྱོར་དང་ཤིན་ཏུ་རྣལ་འབྱོར་དང་རྗེས་སུ་རྣལ་འབྱོར་དང་། རྣལ་འབྱོར་ཆེན་པོ་ཞེས་པ་འདི་དག་བསྐྱེད་རྫོགས་ཀྱི་ཏིང་འཛིན་གྱི་རིམ་པ་ཡིན་གྱི་རྒྱུད་སྡེ་དང་ཐེག་པའི་རིམ་པར་མི་བཞེད་དོ། །དཔལ་མཆོག་གི་འགྲེལ་པར། དེ་ལ་དེ་ཁོ་ན་ཉིད་རྣམ་པ་ལྔ་བསྒོམས་པས་བདག་ཉིད་རང་གི་ལྷའི་ངོ་བོ་ཉིད་དུ་བསྐྱེད་པ་བསྒོམ་པའི་རྣལ་འབྱོར་ཞེས་བྱའོ། །ཡེ་ཤེས་སེམས་དཔའ་བཅུག་ནས་དེ་དང་ལྷན་ཅིག་ཏུ་གྱུར་པར་ལྷག་པར་མོས་པ་ནི་རྗེས་སུ་རྣལ་འབྱོར་ཞེས་བྱའོ། །རྒྱུ་བ་དང་མི་རྒྱུ་བ་ཐམས་ཅད་ཀྱི་ངོ་བོ་ཉིད་ཀྱི་རང་བཞིན་དུ་བདག་ཉིད་བསྒོམ་པ་ནི་ཐམས་ཅད་ཀྱི་རྣལ་འབྱོར་ཞེས་བྱའོ། །རྣལ་འབྱོར་དང་རྗེས་སུ་རྣལ་འབྱོར་དང་ཐམས་ཅད་ཀྱི་རྣལ་འབྱོར་རྣམ་པར་བསྒོམས་པས་སེམས་རྩེ་གཅིག་ཏུ་གྱུར་པ་གང་ཡིན་པ་དེ་ནི་ཤིན་ཏུ་རྣལ་འབྱོར་ཞེས་བྱའོ་ཞེས་དང་། གཤིན་རྗེ་གཤེད་དགྲ་ནག་གི་ལེའུ་བཅུ་བདུན་པ་ལས། རྡོ་རྗེ་སེམས་དཔའ་རྫོགས་པ་ཡིན། །རྣལ་འབྱོར་ཡིན་པར་འདི་ལྟར་འདོད། །དེ་ནི་རྒྱུ་མཐུན་ལྷ་ཡི་སྐུ། །རྗེས་ཀྱི་རྣལ་འབྱོར་ཡིན་པར་གྲགས། །འཁོར་ལོ་ཐམས་ཅད་ཡོངས་རྫོགས་པ། །ཤིན་ཏུ་རྣལ་འབྱོར་ཡིན་པར་གྲགས། །

སྐུ་དང་གསུང་དང་ཐུགས་རྣམས་དང་། །ལྷ་ཡི་མིག་སོགས་བྱིན་རླབས་དང་། །ཡེ་ཤེས་འཁོར་ལོ་གཞུག་པ་དང་། །བདུད་རྩི་མྱང་བ་དག་དང་ནི། །མཆོད་དང་བསྟོད་པ་ཆེན་པོ་དག །རྣལ་འབྱོར་ཆེན་པོ་ཞེས་བྱའོ་ཞེས་སོ། །དེས་ན་རྒྱུད་སྡེ་བཞི་པོ་ཡིས། རྣལ་འབྱོར་དང་། རྣལ་འབྱོར་ཆེན་པོ་དང་། རྣལ་འབྱོར་བཞིའི་རྣལ་འབྱོར་དང་རྣལ་འབྱོར་ཆེན་པོ་མི་གཅིག་གོ། །སྔ་མ་གཉིས་རྒྱུད་སྡེ་ཡིན་ཞིང་ཕྱི་མ་གཉིས་ཏིང་འཛིན་ཡིན་པས་སོ། །དཔེར་ན་གླུ་ཆེན་པོ་པད་མ་དང་། པད་མ་ཆེན་པོ་ཞེས་བྱ་བ་དང་། མེ་ཏོག་པད་མ་དང་། པད་མ་ཆེན་པོ་ཞེས་བྱ་བ་གཉིས། མིང་མཐུན་པ་སྐད་གཅིག་ན་ཡང་དོན་མི་གཅིག་སྟེ་སྔ་མ་གཉིས་གླུ་ཡིན་ཞིང་ཕྱི་མ་གཉིས་མེ་ཏོག་ཡིན་པས་སོ། །དེས་ན་གསང་སྔགས་གསར་འགྱུར་པ་ལ་རྣལ་འབྱོར་ཆེན་པོའི་རྒྱུད་ཀྱི་ལྷག་ན་དེ་བས་ལྷག་པའི་རྒྱུད་སྡེ་མེད་ཅིང་། ཏིང་ངེ་འཛིན་བསྒོམ་པའི་དམིགས་པ་ཉིད་ཀྱང་། རྣལ་འབྱོར་ཆེན་པོའི་གོང་ན་མེད་དོ། །དེ་ལས་སྐྱེས་པའི་རྣམ་པར་མི་རྟོག་པའི་ཡེ་ཤེས་ནི་ཆོས་ཉིད་དང་དབྱེར་མི་ཕྱེད་པས་བློའི་ཡུལ་མ་ཡིན་པའི་ཕྱིར། སྤྲོས་པ་མེད་ཅིང་ཚིག་གི་ཡུལ་མ་ཡིན་པས་བརྗོད་པ་དང་བྲལ་བས་ན་ཐེག་པའི་རིམ་པར་མཁས་པ་རྣམས་མི་བཞེད་དོ། །དེ་ནི་ཀུན་རྫོབ་ཀྱི་བདེན་པ་ཡིན་པས་སོ། །ལུགས་འདི་ལེགས་པར་ཤེས་གྱུར་ན། ཨ་ཏི་ཡོ་གའི་ལྟ་བ་ནི་རྫོགས་ཆེན་པ་རང་གི་ལུགས་ལ་ཡང་། ཡེ་ཤེས་ཀྱི་བྱེ་བྲག་ཡིན་གྱི་ཐེག་པའི་བྱེ་བྲག་མིན་ནོ། །བརྗོད་བྲལ་གྱི་ཡེ་ཤེས་ངག་གི་བརྗོད་བྱའི་ཐེག་པར་བྱས་པ་ན་མཁས་པའི་དགོངས་པ་མིན་པར་ཤེས་པར་བྱའོ། །

གསུམ་པ་ནི། དེས་ན་ཐོས་པ་ལ་བྱུང་བའི་གོ་ཡུལ་གྱི་ལྟ་བ་ནི། དབུ་མ་ཡན་ཆད་བླ་མེད་ཀྱི་བར་ཐམས་ཅད་མཐུན་པས་དེའི་ཕྱིར། ལྟ་བའི་སྐབས་ཀྱི་ལུང་སྦྱོར་ཀུན་ཕ་རོལ་ཕྱིན་པའི་མདོ་ནས་འབྱུང་བ་བཞིན་སྔགས་མཚན་ཉིད་ཐམས་ཅད་དུ་མཛད་པ་ཡིན་ཏེ། སྤྱོད་བསྡུས་སུ། ཇི་སྐད་དུ། བཅོམ་ལྡན་འདས་ཀྱིས་ཤེས་རབ་ཀྱི་ཕ་རོལ་ཏུ་ཕྱིན་པ་བརྒྱད་སྟོང་པའི་དགེ་བའི་བཤེས་གཉེན་གྱི་ལེའུ་ལས། རབ་འབྱོར་གྱིས་གསོལ་པ། བཅོམ་ལྡན་འདས་གལ་ཏེ་ཆོས་ཐམས་ཅད་དབེན་པ་དང་སྟོང་པ་ལགས་ན། བཅོམ་ལྡན་འདས་ཇི་ལྟར་ན། སེམས་ཅན་རྣམས་ཀྱི་ཀུན་ནས་ཉོན་མོངས་པ་འབྱུང་བར་འགྱུར། ཇི་ལྟར་རྣམ་པར་བྱང་བར་འགྱུར། བཅོམ་ལྡན་འདས་དབེན་པ་ནི་ཀུན་ནས་ཉོན་མོངས་པར་ཡང་མི་འགྱུར། རྣམ་པར་བྱ་བར་ཡང་མི་འགྱུར་རོ། །བཅོམ་ལྡན་འདས་སྟོང་པ་ནི་ཀུན་ནས་ཉོན་མོངས་པར་ཡང་མི་འགྱུར། རྣམ་པར་བྱང་བར་ཡང་མི་འགྱུར་རོ། །ཞེས་དང་། རབ་འབྱོར་དེ་ལྟར་ན་ཡང་སེམས་ཅན་རྣམས་ཀུན་ནས་ཉོན་མོངས་པར་ཡང་སྣང་ངོ་། །རྣམ་པར་བྱང་བར་ཡང་སྣང་ངོ་། །ཞེས་གསུངས་པ་དང་། དེ་བཞིན་དུ་ལས་ཀྱི་སྒྲིབ་པ་ཐམས་ཅད་རྣམ་པར་དག་པའི་མདོ་ལས་ཀྱང་། དགེ་སློང་འདི་ཇི་སྲིམ་དུ་སེམས། ཅི་སྐྱེ་བ་མེད་པ་སྐྱེ་བའམ། འགག་པ་མེད་པའམ། ཀུན་ནས་ཉོན་མོངས

པའམ་རྣམ་པར་བྱང་བར་ཡང་འགྱུར། གསོལ་པ། བཅོམ་ལྡན་འདས་དེ་ནི་མ་ལགས་སོ། །བཅོམ་ལྡན་འདས་ཀྱིས་བཀའ་བསྩལ་པ། དགེ་སློང་འདི་ཇི་སྙམ་དུ་སེམས། ཅི་སྐྱེ་བ་མེད་པའི་ཆོས་རྣམས་སེམས་ཅན་དམྱལ་བར་འགྲོ་བར་འགྱུར་རམ། དུད་འགྲོའི་སྐྱེ་གནས་སམ། གཤིན་རྗེའི་འཇིག་རྟེན་དུ་སྐྱེ་བར་འགྱུར་རམ། གསོལ་པ་བཅོམ་ལྡན་འདས་སྐྱེ་བ་མ་མཆིས་པ་ཉིད་ཀྱང་མ་མཆིས་ལགས་ན། ངན་འགྲོར་འཆི་བར་འགྱུར་བ་ལྟ་ག་ལ་མཆིས། ཞེས་སོགས་མདོའི་ལུང་དུ་མ་དྲངས་ཤིང་། དེ་བཞིན་དུ་རྒྱུད་འགྲེལ་གཞན་རྣམས་སུ་ཡང་མདོའི་ལུང་མང་དུ་དྲངས་སོ། །དེས་ན་དེང་སང་བོད་ཀྱི་གཞན་སྟོང་དུ་སྨྲ་བ་ཁ་ཅིག །རང་སྟོང་དང་གཞན་སྟོང་རིམ་པ་བཞིན་ཕར་ཕྱིན་པ་དང་སྔགས་ཀྱི་དབུ་མ་ཡིན་ནོ་ཞེས་པ་ཡང་ལུང་དང་རིགས་པ་འདི་དག་གིས་ཁེགས་པ་ཡིན་ནོ། །དབུ་མའི་ལྟ་བ་དེ་རྟོགས་པའི་ཐབས་ལ་མི་ཟབ་པ་དང་ཟབ་པའི་ཁྱད་པར་ཡོད་ཀྱང་ཐེག་པའི་རིམ་པ་ཡོད་པ་མ་ཡིན་ཏེ། དེ་ཐམས་ཅད་ཐེག་པ་ཆེན་པོར་གཅིག་པའི་ཕྱིར་དང་། སངས་རྒྱས་པ་ལ་ཐེག་པ་གསུམ་ལས་མེད་པའི་ཕྱིར་ཏེ། མཆན་བརྗོད་ལས། ཐེག་པ་གསུམ་གྱི་ངེས་འབྱུང་ལ། །ཐེག་པ་གཅིག་གི་འབྲས་བུར་གནས། །ཞེས་དང་། རྡོ་རྗེ་སྙིང་འགྲེལ་ལས། ཉན་ཐོས་རང་སངས་རྒྱས་དང་ནི། །ཐེག་པ་ཆེན་པོ་གསུམ་པ་ཡིན། །སངས་རྒྱས་སའི་བཞི་པ་དང་། །ཐུབ་པའི་གཞུང་ནི་ལྔ་པ་མེད། །ཞེས་སོ། །ལང་ཀར་གཤེགས་པ་ལས། ལྷའི་ཐེག་དང་ཚངས་པའི་ཐེག །དེ་བཞིན་ཉན་ཐོས་ཐེག་པ་དང་། །དེ་བཞིན་གཤེགས་དང་རང་རྒྱལ་གྱིས། །ཐེག་པ་དེ་དག་ངས་བསྟན་ཏོ། །ཇི་སྲིད་སེམས་ནི་འཇུག་གྱུར་པ། །དེ་སྲིད་ཐེག་པ་ཐུག་པ་མེད། །ཞེས་གསུངས་པའི། ལྷ་དང་ཚངས་པའི་ཐེག་པ་ནི། དེ་དག་ཐོབ་པའི་ཐབས་ཙམ་ལ་དགོངས་པ་ཡིན་ལ། དེ་ནི་ཆོས་འདི་པའི་ཐེག་པ་མ་ཡིན་ཏེ། མུ་སྟེགས་ལ་ཡང་ཡོད་པའི་ཕྱིར་རོ། །

གཉིས་པ་འཕྲོས་པའི་དོན་ནི། རྒྱུད་སྡེ་བཞིའི་བསྐྱེད་རིམ་གྱི་བསྒྲུབ་པ་ཡང་ཕན་ཚུན་འཁྲུལ་ཞིང་འཆོལ་བར་བྱས་ན་དངོས་གྲུབ་ཐག་རིང་བར་འགྱུར་བས་མ་འཆོལ་བར་བྱ་དགོས་སོ། །དེ་གང་ཞེ་ན་བྱ་བའི་རྒྱུད་ལ་བདག་ལྷར་བསྐྱེད་པ་མེད་པས། དོན་ཞགས་རྣམ་རྒྱལ་སོགས་པའི་བྲིས་སྐུ་ལྷར་བསྐྱེད་དེ། དེ་ལ་མཆོད་ནས་དངོས་གྲུབ་ཀྱི་དོན་དུ་གསོལ་བ་འདེབས་པ་ཡིན་ནོ། །འོན་སློབ་དཔོན་ལྷན་ཅིག་སྐྱེས་པའི་རོལ་པས་དོན་ཞགས་དང་སློབ་དཔོན་ཇོ་ཏ་རི་པས་རྣམ་རྒྱལ་ལ་བདག་བསྐྱེད་ཀྱི་སྒྲུབ་ཐབས་མཛད་ནས་ཡོད་པ་དང་འགལ་ལོ་ཞེ་ན། དེ་དག་ནི་རྣལ་འབྱོར་རྒྱུད་ཀྱི་རྗེས་སུ་འབྲངས་ནས། བླ་མའི་མན་ངག་གཞན་གྱིས་རྣལ་འབྱོར་རྒྱུད་དེའི་ལུགས་བཞིན་མཛད་པ་ཡིན་ནོ། །དེས་ན་འདི་དག་གི་རྟོག་པ་དང་སྒྲུབ་ཐབས་ཀྱི་ལུགས་གཉིས་ཆ་ག་མི་འདྲ་བས། ཕྱི་མའི་ལུགས་དེ་ལྟར་བྱེད་ན་བསླུང་གནས་བྱུར་མེད་དེ། བདག་ཉིད་ལྷ་རུ་བསྐྱེད་པ་ལ་མཆོད་ན་

བསོད་ནམས་དང་། བརྟས་ན་སྡིག་པར་འགྱུར་བའི་ཕྱིར་དང་། བསྟེང་གནས་ཀྱང་ལུས་རྟུང་བར་བྱེད་པ་ཡིན་པའི་ཕྱིར་རོ། །

རྒྱ་ལྟུང་འགྲུལ་སྤོང་ལས། རེ་ཞིག་བདེ་བར་གཤེགས་པའི་ཚིག་འདི་ལྟ་བུ་ལ་འཇུག་པ་ལ་སྐྱོན་མེད་དེ། བདེ་བར་གཤེགས་པས་གསུངས་པའི་ཕྱིར་རོ་ཞེས་སངས་རྒྱས་ལ་མཆོག་ཏུ་དད་པས། གནས་སྐབས་བསྟེང་བར་གནས་པ་ལ་སྐྱོན་མེད་དོ་ཞེས་པ་ཡང་རང་ཉིད་ལྟར་མ་བསྐྱེད་པའི་གནས་སྐབས་སུ་བྱེད་པ་ལ་དགོངས་པ་ཡིན་ནོ། །འདིར་མཁྱེན་རབ་ཀྱི་དབང་ཕྱུག་བུ་སྟོན་རིན་པོ་ཆེས། འཕགས་པ་ཀླུ་སྒྲུབ་ཀྱིས་མཛད་པའི་ཕྱག་སྟོང་སྤྱན་སྟོང་གི་སྒྲུབ་ཐབས་དང་། སློབ་དཔོན་པད་མས་ཐུགས་རྗེ་ཆེན་པོ་དང་། དགེ་སློང་མ་དཔལ་མོས་བཅུ་གཅིག་ཞལ་དང་། སློབ་དཔོན་ཙནྡྲ་གོ་མིས་གདུགས་དཀར་དང་། སློབ་དཔོན་ཤཱནྟི་པ་དང་། ཛེ་ཏ་རིས་གྲོལ་དང་། རྡོ་བོ་རྗེས་གཙུག་ཏོར་དྲི་མེད་ཀྱི་སྒྲུབ་ཐབས་མཛད་པ་དང་། སྒྲུབ་ཐབས་རྒྱ་མཚོ་དང་། ཕྱེད་དང་ཉིས་བརྒྱ་པ་དང་། བརྒྱ་རྩ་པ་ལ་སོགས་པ་རྣམས་སུ་བྱ་རྒྱུད་ནས་གསུངས་པ་རྣམས་ལའང་བདག་བསྐྱེད་དང་ཡེ་ཤེས་གཞུག་པ་ལ་སོགས་བཤད་དེ། སངས་རྒྱས་གསང་བ་སོགས་རྣམ་སྣང་མངོན་བྱང་སོགས་ཀྱང་བྱ་རྒྱུད་དུ་བཞེད་པས་བྱ་སྤྱོད་བསྲེས་པ་ལ་དགོངས་སམ། སློབ་དཔོན་གཞན་རྣམས་དེ་ཉིད་བསྟུས་པ་ལས། སྙིང་པོ་ཕྱག་རྒྱ་སྟགས་རིག་ནས། །ཇི་ལྟར་འདོད་པའི་ཚུལ་གྱིས་ནི། །དུམ་བུ་ལས་བཤད་རང་བྱུས་པའམ། །བསྒྲུབ་པ་འདི་ར་ནི་ཐམས་ཅད་དོ། །ཞེས་བྱ་སྤྱོད་ཀྱི་ཆོ་ག་ལའང་རྣལ་འབྱོར་རྒྱུད་ཀྱི་སྦྱར་དུ་རུང་བར་བཤད་པ་ལ་དགོངས་སམ། དཔེར་ན་སོར་འབྲངས་དང་འོད་ཟེར་ཅན་དང་། རི་ཁྲོད་ལོ་མ་ཅན་ལྷ་བུའི་ལྷ་དང་སྟགས་འདྲ་བ་གཅིག་བྱ་རྒྱུད་ལས་འབྱུང་བ་ལྟར། སཾ་པུ་ཊ་ལ་སོགས་བླ་མེད་ཀྱི་རྒྱུད་ལས་ཀྱང་འབྱུང་བས། བླ་མེད་རྒྱུད་ཀྱི་དགོངས་པ་བཀའ་པ་ཡིན་ནམ། འོན་ཏེ་བྱ་རྒྱུད་རང་གི་དགོངས་པས་ཀྱང་བདག་བསྐྱེད་ཐོབ་པ་ཡིན་བརྟག་པར་བྱའོ། །ཞེས་གསུངས་ཡང་། བརྟག་ཏུ་ཅི་ཞིག་ཡོད་དེ། འདིར་བཤད་པ་ལྟར་རྒྱུད་སྡེ་གོང་མའི་ལུགས་བཀབ་པ་ཡིན་གྱི། བྱ་རྒྱུད་རང་གི་ལུགས་ཀྱི་བདག་བསྐྱེད་ཡོད་ན། བདག་ཉིད་ལྷའི་བསྙེན་པ་མེད་པ་དང་ཞེས་སོགས་ཀྱི་ལུང་དང་གོང་དུ་བརྗོད་པའི་རིགས་པ་དང་འགལ་བ་དག་གིས་སྤོང་། དེས་ན་བོད་ཀྱི་དགེ་བཤེས་ཕལ་ཆེ་བའི་བློ་ཡུལ་ན། རྒྱུད་སྡེ་རྣམས་ལ་ཟབ་པ་དང་མི་ཟབ་པའི་ཁྱད་པར་ཡོད་ཅེས་པས་འཁྲུལ་ནས། དེ་དག་ནས་བཤད་པའི་ལྷ་ལ་བཟང་ངན་ཡོད་པར་འདོད་པ་ནི་ཆེས་རྣམ་པར་འཁྲུམས་པ་ཡིན་ཏེ། བྱ་རྒྱུད་ནས་བཤད་པའི་དམ་ཚིག་གསུམ་བཀོད་དང་། སྨན་བླ་སོགས་སངས་རྒྱས་མ་ཡིན་པར་འགྱུར་ཞིང་། འདོད་ན་དགྱེས་རྡོར་བདེ་མཆོག་སོགས་ལའང་མཚུངས་སོ། །གཞན་ཡང་འཇམ་དབྱངས་ལྷ་བུའི་ལྷ་གཅིག་ཉིད་ལ་རྒྱུད་

སྡེ་བཞི་ཀ་ནས་གསུངས་པ་རྣམས་ཀྱང་རྒྱུད་གཅིག་མ་ཡིན་པར་འགྱུར་ཏེ། དུས་གཅིག་ཅིང་བཟང་ངན་ཡོད་པའི་ཕྱིར་རོ། །ཐུགས་རྒྱུད་ཐ་དད་ཡིན་ན་ཡང་རྒྱུད་སྡེ་གང་ནས་བཤད་པའི་འཇམ་དབྱངས་གང་གི་ཐུགས་རྒྱུད་གང་དུ་གཏོགས་པ་ཁྱེད་ཀྱིས་སྨྲ་དགོས་སོ། །དེས་ན་དེ་ལྟ་བུའི་ལྷ་གཅིག་ཉིད་ལ་ཡང་རྒྱུད་སྡེ་བཞི་ཀ་ནས་སྒྲུབ་ཐབས་ཐ་དད་དུ་གསུངས་ཤིང་། དེ་དག་ཀྱང་གདུལ་བྱའི་བློའི་བྱེ་བྲག་གིས་མི་ཟབ་པ་དང་ཟབ་པའི་ཁྱད་པར་ཡོད་པ་ཡིན་གྱི། དེ་ཙམ་གྱིས་ལྷ་ལ་བཟང་ངན་ཡོད་པ་མ་ཡིན་ཏེ། གལ་ཏེ་བསྟུང་གནས་བྱེད་འདོད་ན། རང་ཉིད་ལྷར་མི་བསྒོམ་པར་ཐ་མལ་པའི་ང་རྒྱལ་གྱིས་བྲིས་སྐུ་གཞུང་ནས་འབྱུང་བའི་ཆོ་ག་བཞིན་དུ་བྲིས་ལ། རྗེ་དཔོན་ལ་འབངས་ཀྱིས་ཞུ་བ་བཞིན་དུ་དངོས་གྲུབ་བླང་བར་བྱའོ། །དེ་ལ་ཤ་དང་ཆང་གི་གཏོར་མ་མེད་དེ། དོན་ཡོད་ཞགས་པ་ལས་ཁྲག་མེད་པའི་གཏོར་མ་ཤ་དང་བཅས་པ་ཞེས་པ་འགྱུར་ཉེས་པ་ཡིན་ཏེ། རྒྱ་དཔེ་དང་བསྟུན་ན་ཤ་ཁྲག་མེད་པའི་གཏོར་མ་ཞེས་པར་ཡོད་པས་སོ། །གླཱ་རྩིའི་རིང་བུ་ལ་སོགས་པ་སྲོག་ཆགས་དང་འབྲེལ་བའི་མཆོད་པ་ཐམས་ཅད་ཀྱང་སྤོང་ངོ་། །གསང་བ་སྤྱི་རྒྱུད་ལས། སྲོག་ཆགས་ཡན་ལག་རྣམ་སྤངས་པ། །ཞེས་སོ། །གུ་ལང་ནི་དབང་ཕྱུག་སྟེ་དེས་མཚོན་པའི་འཇིག་རྟེན་པའི་ལྷ་ལ་མཆོད་པའི་ལྷག་མ་དང་། གཏོར་མའི་ཁ་ཟས་འདིར་མི་ཟ་སྟེ། དཔུང་བཟང་ལས། གུ་ལང་མཆོད་པའི་ལྷག་མ་མི་ཟ་ཞིང་ཞེས་སོ། །ཡེ་ཤེས་ཀྱི་ལྷ་ལ་ཕུལ་བའི་དམན་མ་དང་སོགས་པས། ཕྱག་མཚན་དང་འདྲ་བའི་བཟའ་བཅའ་རྣམས་ཟ་བ་དང་འགོང་བ་གཉིས་ཀ་བཀག་སྟེ། ལེགས་པར་གྲུབ་པ་ལས། མཚོན་ཆ་འདྲ་བ་ཐམས་ཅད་དང་། །དེ་བཞིན་སེམས་ཅན་འདྲ་བ་དང་། །ཕྱག་རྒྱ་སྣ་ཚོགས་འདྲ་བ་དག །བཟའ་བར་མི་བྱ་འགོང་མི་བྱ། །སྒྲུབ་པ་པོ་ནི་བློ་ཅན་གྱིས། །དམན་རྣམས་དམད་པར་མི་བྱ་སྟེ། །མི་གཙང་བས་ཀྱང་རེག་མི་བྱ། །རྐང་པས་ཀྱང་ནི་མི་འགོང་ངོ་། །ཞེས་དང་། གཏོར་མའི་ཁ་ཟས་ཐམས་ཅད་དང་། །དགྲིས་ར་དང་འོ་ཐུག་དག །གསང་སྔགས་བཟླས་པས་རྣམ་པར་སྤང་། །ཞེས་སོ། །ཞོ་དང་འོ་མ་མར་ཏེ་དཀར་གསུམ་དང་ཀ་ར་བུ་རམ་སྦྲང་རྩི་སྟེ་མངར་གསུམ་ལ་སོགས་པའི་ཁ་ཟས་དང་། གཙང་སྦྲ་དང་བསྟུང་གནས་ལ་སོགས་པའི་བརྟུལ་ཞུགས་ཀྱིས་བྱ་བའི་རྒྱུད་ཀྱི་གསང་སྔགས་བསྒྲུབ་པར་བྱའོ། །ཡེ་ཤེས་རྡོ་རྗེ་ཀུན་ལས་བཏུས་པའི་རྒྱུད་ལས། འཇིགས་པར་དམིགས་ཤིང་ཤིན་ཏུ་གཙང་སྦྲ་བྱེད་པ་དང་། ཡེ་ཤེས་སེམས་དཔའི་བདེ་བ་དམ་པ་མེད་པ་དང་། བདག་ཉིད་ལྷའི་སྙེམས་པ་མེད་པ་དང་། སྨད་དུ་བྱུང་བའི་སྤྱོད་ཡུལ་མ་ཡིན་པ་དང་། སྔོན་གྱི་རྒྱུའི་རྟོག་པས་རབ་ཏུ་སྤྱོད་པས་སྒྲུབ་པར་བྱེད་པ་ནི་བྱ་བའི་རྒྱུད་ལ་བཞུགས་སོ་ཞེས་དང་། ལེགས་པར་གྲུབ་པ་ལས། ཤ་ཆང་ཀེའུ་ཙོང་དང་སྒོག་རྟོག་དང་། །འབྲུ་མར་ཏིལ་དང་ལ་ཕུག་ཡུང་ར་སྣ། །འབྱུང་པོའི་ཟས་དང་ལྷ་བཤོས་གཏོར་མ་དང་། །གུ་ལང་མཆོད་བྱས་གཏོར་མ་མི་ཟའོ། །ངས་ནི་

བསྔགས་པའི་ཁ་ཟས་དཀར་གསུམ་དང་། །རྩ་བ་སྔོང་བུ་འབྲུ་ཡི་ཚོད་མ་དང་། །འབྲུ་མར་ཚིགས་མ་དར་བ་འོ་སྙོལ་དང་། །ཐུག་པ་རྣམས་ནི་བཟའ་བཏུང་ཡིན་པར་གསུངས། །ཞེས་པ་དང་། ཡང་དུས་སུ་ཟོས་ཤིང་དུས་སུ་ཁྲུས་བྱས་ནས། །ཕྲེང་བ་མེ་ཏོག་སྤོས་དང་མར་མེ་དྲི། །ཤ་ཆང་མེད་པའི་ལྷ་བཤོས་ཞུལ་ནས་ནི། །ཀུ་ཤའི་ཁྲི་ལ་འདུག་ཅིང་བཟླས་བརྗོད་ཙམ། །ཞེས་སོ། །སྤྱོད་པ་དང་རྣལ་འབྱོར་གྱི་རྒྱུད་གཉིས་སུ་ལས་ཚོགས་སྒྲུབ་པ་འགའ་ཞིག་ལ་གཙང་སྦྲ་དང་། དཀའ་ཐུབ་བཤད་པའང་ཡོད་ཅིང་། གཞན་དུ་དཀའ་ཐུབ་བསྟེང་གནས་དང་གཙང་སྦྲ་སོགས་བརྟུལ་ཞུགས་ཀྱི་ཁྱད་པར་གཙོ་བོར་མི་མཛད་ཅིང་། རང་ཉིད་ལྷར་བསྐྱེད་པའི་རྣལ་འབྱོར་བསྒོམ་ཞིང་། གླ་རྩིའི་རིང་བུ་དང་གི་ཕང་གི་བྲུག་པ་སོགས་སྲོག་ཆགས་ཀྱི་ཡན་ལག་ལས་བྱུང་བའི་མཆོད་པ་རྣམས་ཀྱང་རྒྱུད་སྡེ་གཉིས་པོ་འདིར་མི་འགོག་གོ། །སངས་རྒྱས་མཆོད་པའི་ལྷག་མ་རྣམས། སྡིག་པ་སྤང་བའི་ཕྱིར་བཟའ་བར་བྱའོ་ཞེས་རབ་ཏུ་གནས་པའི་རྒྱུད་ལས་ཟ་བར་གནང་ཞིང་། འབྱུང་པོའི་གཏོར་མ་ནི། འདིར་མི་ཟའོ། །ཕྱག་ན་རྡོ་རྗེ་དབང་བསྐུར་བའི་རྒྱུད་ལས། སྔགས་པས་དེ་བཞིན་གཤེགས་རྣམས་དང་། །དེ་བཞིན་རྡོ་རྗེ་འཆང་དབང་དང་། །འཁོར་ལོས་བསྒྱུར་བ་དྲན་བྱས་ལས། །བདག་ཉིད་དེར་བསྒོམས་བྱས་ནས་སུ། །དེའི་སྔགས་ཡིད་ཀྱིས་དྲན་བྱས་ལ། །ལག་ན་རྡོ་རྗེ་ལ་ལྟ་ཞིང་། །ཟས་མི་འཚལ་བར་ལན་འབུམ་བཟླས་བརྗོད་བགྱིས་ན་རྒྱལ་སྲིད་འཐོབ་སྟེ། ཞེས་དང་། ཟས་མི་འཚལ་བར་ཟླ་ཀྱ་ཏུ་དབེན་པར་གནོད་སྦྱིན་མོ་ཡིད་ལ་བགྱིས་ཏེ་ཉིན་ཞག་བདུན་དུ་ལན་ཁྲི་བཟླས་བརྗོད་བགྱིས་ན་གནོད་སྦྱིན་མོ་སྟོལ་བར་འགྱུར་རོ་ཞེས་དང་། དེས་དུར་ཁྲོད་དུ་དུ་བ་འཐུལ་བར་ཟས་སུ་ཤ་འཚལ་ཞིང་གོས་སྔོན་པོ་བགོས་ལ་ལག་ཏུ་རལ་གྲི་ཐོགས་ལ་སྙིང་པོ་འདི་ལན་འབུམ་བཟླས་བརྗོད་བགྱིའོ། །རིག་འཛིན་སོགས་བསྒྲུབ་པའི་སྐབས་ནས་གཙང་མར་བྱས་ཤིང་གོས་གཙང་མ་བགོས་ལ། དུས་གསུམ་དུ་ཁྲུས་བྱས་ཤིང་གོས་ལན་གསུམ་བརྗེས་ཏེ་ཞེས་དང་། བདག་གི་ལྷ་དང་བདག་གི་གཟུགས་ཐ་མི་དད་པར་བྱས་ལ་མཚན་མ་མ་བྱུང་གི་བར་དུ་བཟླས་བརྗོད་བྱའོ་ཞེས་དང་། རྡོ་རྗེ་རྩེ་མོ་ལས། གང་དུ་སྡིག་པར་མི་འགྱུར་བ། །ཐམས་ཅད་བཟའ་ཞིང་ཐམས་ཅད་ལེན། །ལུས་ནས་ལྷག་མར་གྱུར་པ་ཡང་། །ཞེས་དང་། རྡོ་རྗེ་ས་འོག་ལེའུ་བཅུ་གསུམ་པ་ལས། དེས་དུས་རྒྱུན་དུ་བཅོམ་ལྡན་འདས་ཕྱག་ན་རྡོ་རྗེ་དང་། གནོད་སྦྱིན་རྣམས་ལ་དཀར་གསུམ་གྱིས་མཆོད་པར་བྱའོ། །ཆང་ཀུན་ཏུ་སྤང་བར་བགྱིའོ། །ཤ་རྣམས་ནི་འོས་པ་དང་བཤེས་པ་དྲངས་པར་བྱའོ། །དམ་ཚིག་སྡོམ་དང་རབ་ལྡན་པས། །བདག་ཉིད་ལས་ཀྱི་ལྷར་བསྒོམས་ཏེ། །ཡེ་ཤེས་ཁྲོ་བོ་སྤྱན་དྲངས་ཏེ། །ཛཿཧཱུྃ་བཾ་ཧོས་དགུག་སོགས་བྱ། །ཞེས་དང་། རབ་ཏུ་གནས་པའི་རྒྱུད་ལས། བདེ་གཤེགས་ལྷག་མ་འདི་དག་ནི། །ཟོ་ཤིག་སྡིག་པ་བྱང་བར་འགྱུར། །ཞེས་གསུངས་སོ། །

ལྷག་མ་ཟ་བ་སྤྱིར་དགག་པས། འབྱུང་པོའི་གཏོར་མ་ཟ་བ་བཀག་གོ། །རྣལ་འབྱོར་ཆེན་པོའི་རྒྱུད་རྣམས་ལས། ཨ་ཞ་རྒྱ་ཏི་དང་ཀུན་ཏུ་བཟང་པོའི་སྤྱོད་པ་སོགས་ལ། འབྱུང་པོའི་གཏོར་མ་ཟ་བ་གནང་སྟེ། ཀྱཻའི་རྡོ་རྗེ་ལས། བཟའ་བཅའ་དེ་བཞིན་བཏུང་བ་ཉིད། །ཇི་ལྟར་རྙེད་པ་རབ་ཏུ་བཟའ། །ཡིད་འོང་མི་འོང་རྣམ་རྟོག་ཕྱིར། །ཞེན་པ་ཙམ་དུ་མི་བྱའོ་ཞེས་སོ། །དཀའ་ཐུབ་ཀྱིས་གདུང་བ་དང་། གཙང་སྦྲ་ལ་སོགས་པའི་བརྟུལ་ཞུགས་འགོག་སྟེ། རྡོ་རྗེ་གུར་ལས། བདག་གི་ལུས་ལ་ངེས་མི་སྣད། །ཞེས་པ་དང་། ལུང་གོང་མས་ཀྱང་འགྲུབ་པོ། །འདོད་པའི་ལོངས་སྤྱོད་རྣམས་ལ་དེའི་རང་བཞིན་ཤེས་པར་བྱས་ནས་ཇི་ལྟར་འདོད་པ་བཞིན་པ་དུ་སྤྱོད་པས་འཇུག་པ་བདེ་བའི་རྣལ་འབྱོར་གྱིས་གསང་སྔགས་ཐམས་ཅད་ཀྱི་མཆོག་ཏུ་གྱུར་པས་རྒྱལ་པོ་རིམ་པ་གཉིས་བསྒོམས་པས་མཐར་ཐུག་གི་འབྲས་བུ་ཚེ་འདིར་འགྲུབ་སྟེ། གསང་འདུས་ལས། འདོད་པའི་ལོངས་སྤྱོད་ཐམས་ཅད་ནི། །ཇི་ལྟར་འདོད་པས་བརྟེན་བྱས་ཏེ་ཞེས་སོ། །

འདི་དག་གི་དོན་རྒྱས་པར་བླ་མའི་མཆོག །དབང་ཐོབ། དམ་ཚིག་བསྲུང་། རྒྱུད་ཤེས་མན་ངག་དང་ལྡན་པས་མཁས་པའི་གསུང་ལས་ཤེས་པར་གྱིས་ཤིག །དབང་མ་ཐོབ་པ་ལ་བཤད་དུ་མི་རུང་བས་འདིར་མ་བཤད་དོ། །ཕྱི་ནང་གི་གྲུབ་མཐའི་རྣམ་དབྱེ་མ་ཤེས་ཤིང་། རྒྱུད་སྡེ་བཞིའི་དབང་དང་ལམ་གྱི་ཁྱད་པར་མི་ཕྱེད་པར་དེ་དག་གིས་ཆོ་ག་ཐམས་ཅད་ཕན་ཚུན་དཀྲུགས་ནས། ལུང་རིགས་མེད་པར་བླ་མའི་བཀའ་སྲོལ་ཡིན་ཟེར་ནས་རང་བཟོའི་རྣམ་ཐར་ལ་ཟབ་ཟབ་པོར་བྱས་ནས་རང་སྤྱོད་ཅིང་གཞན་ལ་སྟོན་པ་མཚར་རོ། །འདི་དག་གསང་སྔགས་ལམ་གྱི་སྲོག་ལྟ་བུར་སྣང་ན་ཡང་། སྔགས་དང་ཕར་ཕྱིན་ལྟ་བ་ཐ་དད་དགག་པ་ལས་འཕྲོས་ཏེ་གསུངས་པས་འཕྲོས་པའི་དོན་ཞེས་བྱས་སོ། །དེ་ལས་འཕྲོས་པར་ཇི་ལྟར་ཤེས་ཞེ་ན། འདིའི་མཇུག་སྡུད་དུ། གྲུབ་མཐའི་རྣམ་དབྱེ་མི་ཤེས་ཤིང་ཞེས་གསུངས་པས་ཤེས་སོ། །

གསུམ་པ་ལམ་གྱི་བོགས་འདོན་སྤྱོད་པ་ལ་འཁྲུལ་བ་དགག་པ་ལ་གསུམ་སྟེ། བྱེད་པ་པོའི་གང་ཟག་ལ་འཁྲུལ་བ་དགག །གང་དུ་བྱ་བའི་གནས་ལ་འཁྲུལ་བ་དགག །དེ་དག་ཀུན་གྱི་མཇུག་བསྡུད་བསྟན་པའོ། །དང་པོ་ནི་གསང་སྔགས་ཀྱི་ལམ་དངོས་ཉམས་སུ་ལེན་པའི་རིམ་པ་ཇི་ལྟ་བུ་ཞེ་ན་འདིར། དང་པོ་ནས་གང་ཟག་ཡང་རུང་བ་འཇུག་པ་ནི་མ་ཡིན་ཏེ། ཀྱཻའི་རྡོ་རྗེ་ལས། དང་པོ་གསོ་སྦྱོང་སྦྱིན་པར་བྱ། །དེ་རྗེས་བསླབ་པའི་གནས་བཅུ་ཉིད། །ཞེས་པ་ལྟར། དབང་པོ་བརྟུལ་པོ་རྒྱུད་ཡོངས་སུ་མ་སྨྱངས་པ་དག་ནི་ཐོག་མར་བསྙེན་གནས་ལ་སོགས་པ་སོ་སོ་ཐར་པའི་སྡོམ་པ་དང་། སྨོན་འཇུག་གི་སེམས་བསྐྱེད་ལ་སོགས་སྤྱོད་པ་ལ་རིམ་གྱིས་བསླབས་ཤིང་། དང་པོར་བྱེ་བྲག་སྨྲ་བ་བསྟན། །མདོ་སྡེ་པ་ཡང་དེ་བཞིན་ཏེ། །དེ་ནས་རྣལ་འབྱོར་སྤྱོད་པ་བསྟན། །དེའི་

རྗེས་ལ་དབུ་མ་བསྟན། །ཞེས་པ་ལྟར། ལྟ་བ་ལ་ཡང་རིམ་གྱིས་བསླབས་པ་ཞིག ། སྔགས་ཀྱི་རིམ་པ་ཀུན་ཤེས་ནས། །དེར་རྗེས་ཀྱེའི་རྡོ་རྗེ་བསྟན། །ཞེས་པ་ལྟར། རྒྱུད་སྡེ་འོག་མ་གསུམ་ལ་རིམ་གྱིས་བསླབས་པ་ཞིག་འཇུག་པར་བྱ་བ་ཡིན་ཏེ། མཚམས་མེད་ལྔ་ནི་བྱེད་པ་དང་། །སྲོག་ཆགས་གསོད་ལ་དགའ་བ་དང་། །གཞན་ཡང་སྐྱེ་བ་དམན་གང་དང་། །རྨོངས་དང་མ་རུང་ལས་བྱེད་དང་། །གཟུགས་ན་ཡན་ལག་མ་ཚང་བ། །བསམས་པས་དེར་རྣམས་འགྲུབ་པར་འགྱུར། །ཞེས་གསུངས་པ་ཡང་། གང་ཟག་དེ་རྣམས་ཉན་ཐོས་ཀྱི་གཞུང་ལས་བསྟན་པ་ལ་འཇུག་ཏུ་མི་རུང་བར་བཤད་ཀྱང་རྡོ་རྗེ་ཐེག་པ་འདིར་ནི་རྒྱུད་རིམ་གྱིས་སྦྱངས་ནས་འཇུག་ཏུ་རུང་ཞེས་སྟོན་པ་ཡིན་ནོ། །དེ་ལྟར་བླ་མེད་ཀྱི་དཀྱིལ་འཁོར་དུ་དབང་བཞི་ཡོངས་སུ་རྫོགས་པར་ཐོབ་པ་དང་། དེའི་དོན་དང་པོ་རང་གི་ཁྱིམ་མམ་གཙུག་ལག་ཁང་ལ་སོགས་པའི་གནས་དབེན་པ་ཞིག་ཏུ་བསྒོམ་སྟེ། ལས་དང་པོ་པ་ལ་རྣམ་གཡེང་གིས་གནོད་པའི་ཕྱིར་རོ། །དང་པོ་གོམས་པར་བྱེད་དུས་ཀྱི། །གནས་ནི་གང་དུ་བསྟགས་པའི་སེམས། །གཅིག་ཏུ་མཉམ་བཞག་འགྲུབ་འགྱུར་བའི། །གནས་ནི་བཟང་པོ་ངེས་པར་བརྟག །རང་གི་ཁྱིམ་དུ་མཚན་དུས་སུ། །ཞེས་སོ། །

བསྐྱེད་རྫོགས་ལ་བརྟན་པ་ཙུང་ཟད་ཐོབ་ཅིང་། དྲོད་ཆུང་ངུ་སྐྱེས་ནས། མཚན་མོ་དུར་ཁྲོད་དང་། ཤིང་གཅིག་གིས་དྲུང་ལ་སོགས་པ་འཇིགས་པའི་གནས་སུ་བསྒོམ་ཞིང་། ཉིན་པར་རང་བཞིན་དུ་གནས་པའི་སྤྱོད་པ་བྱེད་ཅིང་། དྲོད་འབྲིང་ཐོབ་ནས། ཀུན་འདར་གྱི་གསང་སྤྱོད་དང་། བརྟན་པ་ཆེན་པོ་ཐོབ་ཅིང་དྲོད་ཆེན་པོ་སྐྱེས་ནས། ཀྱེའི་རྡོ་རྗེ་ལས། གང་ཞིག་སོར་མོ་གཅིག་སྟོན་དང་། །གཉིས་ཀྱིས་ལེགས་པར་འོངས་པ་ཡིན། །ཞེས་སོགས་ལུས་ཀྱི་བརྡ་དང་། ཧཱ་ཞེས་བྱ་བ་སྐྱེས་བུར་བཤད། །ཧི་ཞེས་བྱ་བ་བུད་མེད་ཡིན། །ཞེས་སོགས་ངག་གི་བརྡ་རྣམས་ལ། ལེགས་པར་སྦྱངས་ཤིང་དེའི་དེ་ཁོ་ན་ཉིད་ཀྱང་རྟོགས་ནས། དགོས་ཆེད་ས་བཅུ་གཉིས་པོ་རྣམས་བགྲོད་པར་བྱ་བ་དང་། ཡུལ་དེ་དག་ན་གནས་པའི་མཁའ་འགྲོ་རྣམས་དབང་དུ་བསྡུ་བར་བྱ་བའི་ཕྱིར། བགྲོད་པའི་ཡུལ་གནས་དང་ཉེ་བའི་གནས་དང་ཞིང་དང་ཉེ་བའི་ཞིང་ལ་སོགས་པ་ཡུལ་ཆེན་པོ་སུམ་ཅུ་སོ་བདུན་དུ། རྣམ་པར་མི་རྟོག་པའི་ཡེ་ཤེས་ནི་མ་རིག་པའི་གཉེན་པོ་ཡིན་པས་རིག་པ་དེ་ཐོབ་པར་མཚོན་བྱེད་ཀྱི་ལུས་ལ་རུས་པའི་རྒྱན་ཐོགས་པ་ལ་སོགས་པའི་བརྟུལ་ཞུགས་ཉིད་སྤྱོད་པ་ཡང་ཡིན་པས་དེ་སྤྱོད་པའི་ཕྱིར་དུ་རྒྱུ་བར་བྱའོ། །ལུགས་འདི་རྣལ་འབྱོར་ཆེན་པོའི་རྒྱུད་དང་བསྟན་བཅོས་དག་ལས་གསུངས་སོ། །ཡུལ་སུམ་ཅུ་སོ་བདུན་ནི། ཀྱེའི་རྡོ་རྗེ་ལས། གནས་ནི་ཛཱ་ལནྡྷ་རར་བཤད། །དེ་བཞིན་དུ་ནི་ཨུ་ཊེན་ཉིད། །གནས་ནི་ཀོ་ལ་གི་རི་ཉིད། །དེ་བཞིན་དུ་ཡང་ཀཱམ་རུ་ཉིད། །ཉེ་གནས་མ་ལ་ཡ་ཞེས་བརྗོད། །སིན་དྷུ་ནཱ་ག་ར་ཉིད་དོ། །ཞིང་ནི་མུམྨུ

ནི་ར་བཤད་དེ། །ཞིང་ནི་བྱེད་པའི་བྲང་ཉིད་དོ། །དེ་ཝི་ཀོ་ཊ་དེ་བཞིན་ཞིང་། །ཞིང་ནི་ལྟུགས་པའི་བྲང་ཉིད་དོ། ། ཉེ་ཞིང་ཀུ་ལུ་ཏ་ཞེས་བརྗོད། །དེ་བཞིན་ཨར་བུ་ཏ་ཉིད་དོ། །བ་ཡི་མཆོག་སྦྱིན་ཁ་བའི་རི། །ཉེ་བའི་ཞིང་ནི་མདོར་བསྡུས་པའོ། །ཙྪན་དྷོ་ཧ་རི་ཀེ་ལ་དང་། །ལན་ཚྭ་རྒྱ་མཚོའི་ནང་སྐྱེས་དང་། །ལམ་པ་ཀ་དང་ཀན་ཆི་ཉིད། ། དེ་བཞིན་སོ་ཙུ་རཥྚ་ཉིད། །ཉེ་བའི་ཚན་དྷོ་ཀ་ལིང་ཀ །གསེར་དང་ལྡན་པའི་གླིང་དང་ནི། །ཀོང་ཀ་ན་ཡང་ཉེ་ཙྪན་དོར། །མདོར་བསྡུས་པས་ནི་བརྗོད་པར་བྱ། །འཐུང་གཅོད་གྲོང་ཁྱེར་གྱི་དང་ཡང་། །འཐུང་གཅོད་གྲོང་གི་མཐར་གནས་པ། །ཙ་རི་ཏ་དང་ཀོ་ཤ་ལ། །བིན་དྷྱ་གཞོན་ནུའི་གྲོང་ཁྱེར་རོ། །ཛོ་ཧེ་སྙིང་པོ་སྙིང་ཧེ་ཆེ། །ཉེ་བའི་འཐུང་གཅོད་དེ་ཉེ་བའོ། །དུར་ཁྲོད་རབ་སོང་དགེ་འདུན་དང་། །དུར་ཁྲོད་རྒྱ་མཚོའི་འགྲམ་ཉིད་དོ། །སྐྱེད་ཚལ་ར་བའི་རྫིང་བུའི་འགྲམ། །ཉེ་བའི་དུར་ཁྲོད་བརྗོད་པར་བྱ། །ཞེས་གསུངས་ཏེ། ཛ་ལན་དྷ་ར་ནི། ཁ་ཆེ་དང་ནི་རྒྱ་གར་གྱི་བར་ན་ཡོད། ཨུ་ཌི་ནི་ཨུ་རྒྱན་དུ་གྲགས་པའོ། །ལྷོ་ནུབ་ན་ཀོ་ལ་པུ་རི་ཞེས་པའི་གྲོང་ཡོད་པ་ནི། ཀོ་ལ་གི་རིའོ། །ཀ་མ་རུ་ནི་རྒྱ་གར་ཤར་ཕྱོགས་ནའོ། །མ་ལ་ཝ་ནི་ལྷོ་ནུབ་ཀྱི་གླིང་ཕྲན་ནོ། །སིན་དྷུ་ནི་ཆུ་བོ་སིན་དྷུའི་འགྲམ་མོ། །ནཱ་ག་ར་ནི་ཡུལ་དབུས་ནའོ་ཞེས་གསུངས་ཤིང་། ལྷོ་ཕྱོགས་གི་རྒྱུད་དཔལ་ཆོས་ཀྱི་གྲགས་པ་བཟུང་བའི་ཡུལ་ལོ། །མུམྨུ་ནི་ནི། ལྷོ་ཕྱོགས་རྒྱ་མཚོའི་འགྲམ་ན་རྒྱལ་པོའི་ཁབ་ཞེས་བྱའོ། །བྱེད་པའི་བྲང་ནི། ལྷོ་ཕྱོགས་རྒྱ་མཚོའི་གླིང་ཕྲན་ནོ། །

དེ་ཝི་ཀོ་ཊ་ནི། ཛོ་ཧེ་གདན་གྱི་ཤར་ཕྱོགས་ནའོ། །ལྟུགས་པའི་བྲང་ནི་སིང་ག་གླིང་ངོ་། །ལྷོ་ནུབ་ན་ཛོ་སྤུས་མོ་ལྟ་བུ་ཡོད་པ་ནི་ཀུ་ལུ་ཏའོ། །ཨར་བུ་ཏ་ནི་ལྷོ་ཕྱོགས་ཀྱི་རྒྱུད་ནའོ། །བ་ཡི་མཆོག་སྦྱིན་ནི་ལྷོ་ཕྱོགས་དཔལ་གྱི་རིའི་ངོས་ཞིག་ནའོ་ཞེས་གསུང་ཞིང་། ཁ་ཅིག་བལ་ཡུལ་དུ་འདོད་དོ། །ཁ་བའི་རི་ནི། རི་བོ་གངས་ཅན་ནོ། །ཧ་རི་ཀེ་ལ་ནི་ཤར་ལྷོ་ན་ནམ་མཁའི་ཤིང་ལྡན་ཞེས་པའོ། །ལན་ཚྭ་རྒྱ་མཚོའི་ནང་སྐྱེས་ནི། ཁྱབ་འཇུག་གིས་བྱས་པའི་རྣམ་སྣང་གི་སྐུ་ཡོད་པ་དང་ཉེ་བའི་གླིང་ཕྲན་ནོ། །ལམ་པ་ཀ་ནི་རྒྱ་གར་ནུབ་ཕྱོགས་ནའོ། །ཀན་ཆི་ཀ་ནི། ལྷོ་ནུབ་ནའོ། །སོ་ཙུ་རཥྚ་ནི། ནུབ་ཕྱོགས་ན་སོ་མ་ན་ཐ་ཡོད་པའི་ཡུལ་ལོ། །ཀ་ལིང་ཀ་ནི་ལྷོ་ཕྱོགས་རྒྱ་མཚོའི་འགྲམ། ཏྲི་ལི་ཀ་དང་ཉེ་བའི་ཡུལ་ལོ། །གསེར་གླིང་ནི་ལྷོ་ནུབ་ན་མི་མེད་པའི་གསེར་གླིང་ངོ་། །ཀོང་ཀ་ན་ནི། ལྷོ་ཕྱོགས་ན་མ་ཧཱ་བིཥྞུ་བྱ་བ་མཆོད་རྟེན་རང་བྱོན་ཡོད་པའི་གནས་སོ། །གྲོང་ཁྱེར་གྱི་ཐང་ནི་ཁ་ཆེའི་བྱེ་བྲག་གོ། །གྲོང་གི་མཐར་གནས་པ་ནི་མོན་ཡུལ་གྱི་བྱེ་བྲག་གོ། །ཀོ་ཤ་ལ་ནི། ཛོ་ཧེ་གདན་གྱི་ལྷོ་ནུབ་མཉན་ཡོད་ཡོད་པའི་ཡུལ་ཕྱོགས་སོ། །བིན་དྷྱ་ནི་རི་བོ་འབིགས་བྱེད་དོ། །གཞོན་ནུའི་གྲོང་ཁྱེར་ནི། རྒྱ་མཚོའི་གླིང་ཕྲན་བུད་མེད་གཟུགས་བཟང་པོ་ཁོ་ན་སྐྱེ་བ་ཞིག་གོ། །དུར་ཁྲོད་ནི་སྒྲོག་རབ་ཏུ་སོང་བ་རོའི་གནས་དགེ་འདུན་

ནི་འདུས་པ་སྟེ། རོ་འདུས་པའི་དུར་ཁྲོད་ཀྱི་ས་གཞི་དང་། དུར་ཁྲོད་ཀྱི་ཐེ་བྲག་རྒྱ་མཚོའི་འགྲམ་ན་ཡི་དྭགས་དངོས་སུ་རྒྱུ་བའི་ས་ཕྱོགས་ཡོད་པ་དང་། འགའ་ཞིག་ར་མི་ཤ་རི་དགའ་བའི་དབང་ཕྱུག་སྟེ། ལྷོ་ལང་ཀའི་གླིང་གི་འགྲམ་ན་ཡོད་ཟེར་བ་གཉིས་ནི་དུར་ཁྲོད་ཉིད་དོ། །རྒྱལ་པོ་མ་སྐྱེས་དགྲའི་སྐྱིད་མོས་ཚལ་གྱི་ར་བའི་ རྗིང་བུའི་འགྲམ་ནི་ཉེ་བའི་དུར་ཁྲོད་དོ། །འདི་དག་ནི་ཕལ་ཆེར་འགྲོ་བའི་མགོན་པོ་འཕགས་པའི་གསུང་བཞིན་བྲིས་པའོ། །

ནང་དུ་སྦྱར་བ་ནི་གསང་སྔགས་སུ་འགྱུར་བས་མ་བྲིས་སོ། །དེ་ལྟར་སུམ་ཅུ་རྩ་གཉིས་ཀྱི་སྟེང་དུ་གླིང་བཞི་དང་། བཞི་པོ་གཅིག་ཏུ་སྡོམ་པ་སྟེ་ལྔ་བསྣན་པས་སུམ་ཅུ་སོ་བདུན་ནོ་ཞེས་རྡོ་བཙུན་ཆེན་པོས་ཨིནྡྲ་བོ་དྷིའི་ལམ་སྐོར་དུ་བཤད་དེ། ཕྱི་རོལ་ན་རེ་རེ་ནས་སོ་སོར་བགྲང་དུ་མེད་ཀྱང་། ནང་གི་དག་པ་དང་སྦྱར་བས་སུམ་ཅུ་སོ་བདུན་དུ་བཞེད་པར་མངོན་ནོ། །བདེ་མཆོག་རྩ་རྒྱུད་ལས་ཀུ་ལུ་ཏ་དང་མ་རུ་དང་། སིནྡྷུའི་ཡུལ་དང་ནཱ་ག་ར་ཞེས་སོགས་ཡུལ་ཉི་ཤུ་རྩ་བཞི་འཆད་ཅིང་། དུས་འཁོར་འགྲེལ་ཆེན་ལས། ད་ནི་གནས་དང་ཉེ་བའི་གནས་ལ་སོགས་པ་བརྗོད་པར་བྱ་སྟེ་ཞེས་སོགས་དང་། ཡུལ་དེ་དག་ཏུ་འགྲོ་བའི་བརྡ་དང་བརྡའི་ལན་ལ་སོགས་པ་རྒྱས་པར་གསུངས་སོ། །སྤྱིར་བཤད་པ་འདི་འདྲའི་སྤྱོད་པ་ཤེས་ན་ནི། ཆོ་འདི་ཉིད་ལ་རྫོགས་པའི་སངས་རྒྱས་འཐོབ་སྟེ། ལུང་རྣམས་ནི་དྲངས་ཟིན་ནོ། །

དེང་སང་བོད་འདི་ན་གསང་སྔགས་མི་ཤེས་པར་སྔགས་ཀྱི་ཚུལ་དུ་འཆོས་ཤིང་། གངས་ཏི་སེ། རི་གངས་ཅན་དང་། མ་ཕམ་གཡུ་མཚོ་མ་དྲོས་པ་དང་། ཙ་རི་ཙ་གོང་ཙ་རི་ཏྲ་ཡིན་ཞེས་ཟེར་ཞིང་། སྤྱོད་པའི་དོན་ཏུ་ཡུལ་དེ་དག་ཏུ་འགྲོ་བ་མཐོང་སྟེ། རིམ་པ་གཉིས་པོ་མི་བསྒོམ་ན། ཡུལ་ཆེན་སུམ་ཅུ་སོ་བདུན་དུ་སྤྱོད་པའི་དོན་དུ་འགྲོ་བར་སངས་རྒྱས་ཀྱིས་མདོ་རྒྱུད་གང་ལས་ཀྱང་མ་གསུངས་ཏེ། འདི་ལྟར་རིམ་པ་གཉིས་པོ་མི་བསྒོམ་པའི་སྒོམ་ཆེན་བཟང་ཡང་ཕ་རོལ་ཏུ་ཕྱིན་པའི་བསྒོམ་ཆེན་ལས་མ་འདས་ཤིང་། མདོ་ལས་ཡུལ་ཆེན་དེ་དག་ཏུ་འགྲོ་བའི་ཚིག་བཤད་པ་མེད་དེ། ཉན་ཐོས་དང་ཕ་རོལ་ཕྱིན་པའི་ལུགས་ལ། ཡུལ་ཆེན་དེ་དག་ཏུ་ཕྱིན་ཀྱང་དགོས་པ་མེད་པའི་ཕྱིར་རོ། །ཆོས་ཀྱི་རྗེ་ཤཱཀྱ་ཤྲཱི་ལ། སྒོམ་ཆེན་པ་གཅིག་ན་རེ། ཏི་སེ་དང་ཙ་རི་ཡུལ་ཉི་ཤུ་རྩ་བཞིའི་ཕྱོགས་རེ་ལགས་སམ་ཞུས་པས། ཆོས་ཀྱི་རྗེའི་ཞལ་ནས། ཁྱེད་གསང་སྔགས་བསྒོམ་མམ་མི་བསྒོམ་གསུང་། ཁོ་ན་རེ་གསང་སྔགས་མི་བསྒོམ་ཕྱག་རྒྱ་ཆེན་པོ་བསྒོམ་ཟེར་བ་ལ། གསང་སྔགས་མི་བསྒོམ་ན་ཡུལ་ཉི་ཤུ་རྩ་བཞིས་ཅི་བྱེད། ཕར་ཕྱིན་དང་ཉན་ཐོས་ཀྱི་གཞུང་ལས་ཡུལ་ཉི་ཤུ་རྩ་བཞི་བཤད་པ་མེད། ཁྱེད་བོད་ཀྱི་ཆོས་པ་འདི་འདྲའི་རིགས་ཅན་ལ་ནོར་བ་གཞན་ཡང་མང་པོ་ཡོད་གསུངས་སོ། །གལ་ཏེ་གསང་སྔགས་ཀྱི་དབང་མ

ཐོབ་ན་རིམ་གཉིས་མི་བསྒོམ་ཞིང་། གཏུམ་མོ་དང་ཕྱག་ཆེན་གྱི་རྟོགས་པ་ཡོད་པར་རློམ་པ་ཡིས། ཡུལ་དེར་ཕྱིན་ན་འཇིག་རྟེན་གྱི་མཁའ་འགྲོའི་བར་ཆད་འབྱུང་ཞིང་། རིམ་གཉིས་སོགས་ཀྱི་རྟོགས་པ་ཅི་ཡང་མེད་པའི་བླུན་པོའི་སྒོམ་ཆེན་གྱིས་ཕྱིན་ཡང་ཕན་གནོད་གང་ཡང་མེད་དོ། །འདི་ལྟར་ཨུ་རྒྱན་དང་། ཛ་ལན་དྷ་ར་དང་གངས་ཅན་དང་། དེ་བི་ཀོ་ཊ་དང་། མ་ལ་ཝ་ལ་སོགས་པ་རྣམས། ཀླ་ཀློ་བླུན་པོ་དང་། མུ་སྟེགས་བྱེད་དང་གྲུབ་མཐའ་ལ་མ་ཞུགས་པའི་འབྲོག་པ་རྣམས་ཀྱིས་གང་མོད་ཀྱང་། དེ་དག་གྲུབ་པ་ཐོབ་སམ་ཅི་སྙེ་མ་ཐོབ་ཅིང་། རྟོགས་པའི་རློམ་པ་ལ་བརྟེན་པའི་བར་ཆད་ཀྱང་མི་འབྱུང་བའི་ཕྱིར་རོ། །འོ་ན་གནས་ཆེན་པོ་དེ་དག་ཏུ་འགྲོ་བའི་གང་ཟག་ཇི་ལྟ་བུ་ཡིན་ཞེ་ན། གསང་སྔགས་བསྒོམས་པའི་རྟོགས་པ་ཅན་དབང་པོ་དང་རྣལ་འབྱོར་མ་རང་གོ་བར་བྱེད་པའི་བརྡ་དོན་འཕྲོད་པའི་སྐལ་བར་ལྡན་པའི་རྣལ་འབྱོར་པ་དེ་ལ་ཡུལ་དེར་གནས་པའི་མཁའ་འགྲོ་རྣམས་ཀྱིས་རྒྱུད་བྱིན་གྱིས་རློབ་པར་འགྱུར་རོ། །དོན་འདི་རྣལ་འབྱོར་ཆེན་པོའི་རྒྱུད་སྡེ་རྩ་བ་དང་བཤད་པ་དང་ཕྱི་མ་དང་ཕྱི་མའི་ཕྱི་མ་ལ་སོགས་པ་རྣམས་སུ་ལེགས་པར་ལྟོས་ཤིག །ལུང་ཅུང་ཟད་ཙམ་སྔར་བྲངས་པ་དང་། རྣལ་འབྱོར་མ་ཡི་ལེགས་འདུ་བ། །ཉིན་པར་ཉིད་ཀྱང་བཤད་པར་བྱ། །ཞེས་པས་ཀྱང་གྲུབ་པ་ཡིན་ནོ། །དེས་ན་གསང་སྔགས་མི་བསྒོམ་པར་ཡུལ་ཆེན་བགྲོད་ཀྱང་སངས་རྒྱས་བསྒྲུབ་པ་ལ་ཕན་པའི་དོན་མེད་པ་ཡིན་ནོ། །

གཉིས་པ་ལ་གཉིས་ལས། དང་པོ་སྤྱིར་དགག་པ་ནི། དཔལ་ལྡན་དུས་ཀྱི་འཁོར་ལོ་དང་མངོན་པའི་གཞུང་ལས་གསུངས་པའི་རི་གངས་ཅན་དང་། བྲག་གསེར་གྱི་བྱ་སྐྱིབས་ཅན་དང་འཛམ་བུའི་ཤིང་ལ་སྟེ། དེའི་དྲུང་དུ་ལུང་ལས་གླང་པོ་ཆེ་ས་སྲུང་གི་བུ། གླང་ཆེན་ལྔ་བརྒྱས་བསྐོར་བ་དང་ཞེས་བཤད་ཅིང་། གདགས་པ་ལས། གླང་པོ་ཆེ་རབ་བརྟན་གླང་གཡོག་བརྒྱད་སྟོང་དང་བཅས་པ། དགུན། དཔྱིད། དབྱར་རྣམས་སུ་ཟླ་བ་བཞི་བཞི་རིམ་པ་བཞིན། བྲག་གསེར་གྱི་བྱ་སྐྱིབས་ཅན་དང་། ཤིང་སཱ་ལའི་དབང་པོ་རབ་བརྟན་དང་། རྫིང་བུ་དལ་གྱི་འབབ་རྣམས་སུ་གནས་ཞེས་སོ། །དབང་ཕྱུག་ཆེན་པོའི་མཆོད་གནས། དགྲ་བཅོམ་པ་ལྔ་བརྒྱ་བཞུགས་པའི་གནས་སུ། ཁྱད་པར་འཕགས་པའི་བསྟོད་པའི་འགྲེལ་པར་བཤད་ཅིང་། དེར་ཏི་སེ་ཞེས་བཤད་པ་ནི་འགྱུར་ཉེས་པ་ཡིན་ནོ། །དེ་ལྟ་བུའི་རི་གངས་ཅན་དེ་ནི་གངས་ཏི་སེ་འདི་མིན་ནོ། །མ་ཕམ་གཡུ་མཚོའང་མ་དྲོས་པའི་རྒྱ་མཚོ་མིན་ནོ། །གླང་པོ་རྣམས་ཀྱང་དེ་ན་མེད་ཅིང་། དེ་བཞིན་དུ་འཛམ་བུའི་ལྗོན་པ་དང་། བྲག་གསེར་གྱི་བྱ་སྐྱིབས་ཅན། གང་ལ་ཡོད་དེ་དེའི་གཏན་ཚིགས་འོག་ནས་འཆད་པ་འདི་ལྟར་ཡིན་ནོ། །

གཉིས་པ་བྱེ་བྲག་ཏུ་དགག་པ་ལ་བཞི་སྟེ། ཏི་སེ་གངས་ཅན་ཡིན་པ་དགག །མ་ཕམ་མ་དྲོས་ཡིན་པ་དགག །གཉིས་པོ་དེ་ལ་རྩོད་པ་སྤང་། ཙ་རི་ཏྲ་ལ་འཁྲུལ་བ་དགག་པའོ། །དང་པོ་ནི། དཔལ་ལྡན་དུས་ཀྱི་

འཁོར་ལོ་ལས་ཆུ་བོ་སི་ཏའི་བྱང་ཕྱོགས་ན། རི་བོ་གངས་ཅན་ཡོད་པར་གསུངས། འདིར་གངས་ཅན་ནི། ཚ་དང་། ཚང་དང་། ཆུ་དང་། འོ་མ། ཞོ་དང་། མར་ཏེ། སྦྲང་རྩི་རྒྱ་མཚོ་རྣམས་དང་རི་བདུན་ནི། འོད་སྔོན་པོ་དང་མན་ཧྲ་ར་བའི་རི་སྐེ་རྩུབ་ལྡན་ནོར་འོད་ཚད་ལྡན་གྲང་བའི་རི་རྡོ་རྗེ། །གླིང་རྣམས་ཟླ་བ་དང་ནི་འོད་དཀར་རབ་མཆོག་སྐྱ་ཤ་མི་འམ་ཅི་སྐྱེ་ཀྲུམ་ཀྲུམ་དྲག་པོ་རྣམས། །ལོངས་སྤྱོད་ས་རྣམས་ཉིད་དེ་འཛམ་གླིང་བདུན་པ་ལས་ཀྱི་ས་རྣམས་ལ་ནི་མི་རྣམས་གནས་པའོ། །ཞེས་པའི་དོན། འཇིག་རྟེན་གྱི་ཁམས་ན་ལྷུན་པོར་བཅས་པའི་རི་བརྒྱད། མཚོ་དང་གླིང་བདུན་ཡོད་པའི་གངས་རི་ནི་ལྷུན་པོའི་མཐའ་སྐོར་གྱི་རི་དྲུག་གི་ཐ་མ་གྲང་བའི་རི་ཞེས་པ་དེ་ཡིན་པར་འགའ་ཞིག་འདོད་པས་དེ་ལྟར་ན། དེའི་འགྲམ་ན་ཤམྦྷ་ལ་ཡོད་པ་ཡིན་ཏེ། དེ་ནི་འཛམ་གླིང་ཆུང་ངུའི་བྱང་གི་ཆ་ཤས་ཡིན་ཞིང་གངས་རི་དང་། འཛམ་བུའི་གླིང་གི་བར་ན་རི་གཞན་མེད་པའི་ཕྱིར་རོ། །ཡང་ན་དུམ་བུ་གཅིག་ལ་དཔག་ཚད་རྣམས་ནི་སྟོང་ཕྲག་ཉི་ཤུ་རྩ་ལྔ་ཡིན་ཡང་ནོར་འདབ་ལྡན་པ་དང་། །གངས་རི་མཆོག་གི་ཕྱོགས་རྣམས་མ་ལུས་ཀུན་ནས་ཡང་དག་བསྐོར་བ་དེ་དག་དབུས་སུ་ཀེ་ལ་ཤ །ས་ལ་ཀེ་ལ་ཤའི་དུམ་བུར་གངས་རིར་ལྡན་པ་དེའི་སུམ་ཆ་ཀུན་ནས་ཤེས་པར་བྱ་བ་སྟེ། །ཕྱི་རོལ་དུ་ཡང་ཡུལ་རྣམས་ཉིན་བྱེད་འདབ་མ་རེ་རེའི་གླིང་རྣམས་ཀུན་གྱིས་བརྒྱན་པར་བརྗོད་པ་སྟེ། །གཡས་ཀྱི་ཕྱེད་དུ་ཐུབ་མཆོག་གནས་འགྲོ་ཤམྦྷ་ལ་ཞེས་བྱ་བ་གྲོང་ཁྱེར་བྱེ་བ་ཡང་དག་གནས། ཞེས་གསུངས་པའི་དོན། ཤམྦྷ་ལའི་དབུས་ཀྱི་ཀེ་ལ་ཤ་ཉིད་གངས་ཅན་ཡིན་པས་དེའི་འགྲམ་ཞེས་པ་གཙང་པའི་ཡུལ་སྐད་དེ། དབུས་པའི་སྐད་ན་ཐུང་ཞེས་པའོ། །དེ་ནས་ཤམྦྷ་ལའི་གྲོང་ཁྱེར་བྱེ་བ་དགུ་བཅུ་རྩ་དྲུག་སྟེ། ཕྱི་རོལ་གྱི་ས་གཞི་པད་མ་འདབ་བརྒྱད་ཀྱི་རྣམ་པར་ཡོད་པའི་འདབ་མ་རེ་རེ་ལ་གྲོང་ཁྱེར་བྱེ་བ་བཅུ་གཉིས་བཅུ་གཉིས་ཡོད་པས་སོ། །འགའ་ཞིག་འདབ་མ་རེ་རེ་ལ་བྱེ་བ་བཅུ་བཅུ་དང་དབུས་ན་བཅུ་དྲུག་གོ་ཞེས་འཆད་ཀྱང་རྒྱུད་ཀྱི་དགོངས་པ་སྨྲ་མ་ཡིན་ནོ། །བྱེ་བ་རེ་རེ་ན་རྒྱལ་པོ་རེ་ཡོད་པས་རྒྱལ་ཕྲན་དགུ་བཅུ་རྩ་དྲུག་གོ། །དེའི་དབུས་ཀེ་ལ་ཤའི་སྟེང་ན་རྒྱལ་པོའི་ཕོ་བྲང་མཆོག་ཀ་ལ་པ་ཞེས་བྱ་བ་ཡོད་ཅིང་། དེ་ན་སྤྲུལ་པའི་ཆོས་ཀྱི་རྒྱལ་པོ་སུམ་ཅུ་རྩ་གཉིས་འབྱོན་པ་ལས། བགེགས་མཐར་བྱེད་ཀྱི་སྤྲུལ་པ་ཉི་མའི་འོད་ཀྱི་རིང་ལ་སངས་རྒྱས་པའི་ཆོས་མ་བྱུང་ཞིང་། དེའི་སྲས་ཕྱུག་རྫོར་གྱི་སྤྲུལ་པ་ཟླ་བ་བཟང་པོས། དཔལ་ལྡན་འབྲས་སྤུངས་སུ་བཅོམ་ལྡན་འདས་ལ་རྩ་རྒྱུད་ཀྱི་ཞུ་བ་པོ་མཛད་ཅིང་། དེ་ནས་ལོ་གཅིག་གི་བར་དུ་རྒྱུད་གསུངས་པ་དང་བསྡུད་པ་དང་། དུས་འཁོར་གྱི་དཀྱིལ་འཁོར་བཞེངས་པ་རྣམས་མཛད་ཅིང་། དེ་ནས་དེའི་བརྒྱུད་པ་ལྷ་དབང་དང་གཟི་བརྗིད་དང་། ཟླ་བས་བྱིན་དང་། ལྷའི་དབང་ཕྱུག་དང་། སྣ་ཚོགས་གཟུགས་དང་ལྷའི་དབང་ལྡན་རྣམས་ལོ་གྲངས་བརྒྱ་བརྒྱར་རྩ་རྒྱུད་ཀྱི་ཆོས་གསུངས་སོ། །འདི་དག་རྩ་རྒྱུད་དང་འགྲེལ་པ་

གཉིས་ཀས་གསལ་བར་བཤད་དོ། །དེ་ནས་འཇམ་དབྱངས་གྲགས་པས་ལོ་བརྒྱར་རྩ་རྒྱུད་བསྟན་ནས་བསྡུས་རྒྱུད་བསྡུས་ཏེ། རྩ་རྒྱུད་ལས། ལོ་འདི་ནས་ནི་དྲུག་བརྒྱའི་ལོས། །ཤམྦྷ་ལ་ཞེས་བྱ་བར་འགྱུར། །དྲང་སྲོང་རྣམས་ནི་སྨིན་དོན་ཕྱིར། །འཇམ་དབྱངས་གྲགས་པའི་རྒྱལ་པོ་སྟེ། །ཞེས་དུས་འཁོར་གསུངས་ནས་ལོ་དྲུག་བརྒྱ་ན་འཇམ་དབྱངས་གྲགས་པ་བྱོན་པར་གསུངས་ཤིང་། འགྲེལ་པར་དེར་བྱང་ཆུབ་སེམས་དཔའ་སེང་གེའི་གདན་ལ་ཆོས་སྟོན་པར་མཛད་པ་ལ་ལོ་བརྒྱའི་བར་དུ་སྟེ། དེ་ནས་ལོ་བརྒྱ་རྫོགས་ནས། དེ་བཞིན་གཤེགས་པས་ལུང་བསྟན་པའི་བྱིན་རླབས་ཀྱིས་སྟོབས་ཀྱི་དྲང་སྲོང་རྣམས་ཀྱིས་ཡོངས་སུ་སྨིན་པའི་དུས་གཟིགས་ཏེ་ཞེས་པས་རྒྱུད་བསྡུས་པའི་དུས་བསྟན་པའི་ཕྱིར་རོ། །

དེ་མན་ཆད་ཀྱི་རྒྱལ་པོ་རྣམས་ཀྱི་ལོའི་གྲངས་རྒྱུད་འགྲེལ་ན་གསལ་བར་མི་སྣང་བས། བོད་ཀྱི་བླ་མ་རྣམས་མི་མཐུན་པ་མང་དུ་འཆད་དེ། བུ་དོལ་ལ་སོགས་བོད་ཀྱི་དུས་འཁོར་བ་ཕལ་ཆེར། ཟླ་བཟང་མ་གཏོགས་ཆོས་རྒྱལ་རྣམས་ལོ་བརྒྱ་བརྒྱར་ཆོས་གསུང་ཞིང་། ད་ལྟ་དཔལ་སྐྱོང་གིས་བདུན་ཅུ་དོན་བཞི་སོང་། རྩ་རྒྱུད་གསུངས་ནས། ད་ལྟ་ཡན་ལ་ལོ་ཉིས་སྟོང་ཉིས་བརྒྱ་བདུན་ཅུ་དོན་ལྔ་སོང་། ཞེས་དང་། ཆོས་ཀྱི་རྗེ་བསོད་ནམས་རྒྱལ་མཚན་དཔལ་བཟང་པོའི་ཞལ་སྔ་ནས་ལྷའི་དབང་ལྡན་ཡན་ཆད་ལོ་བརྒྱ་བརྒྱ་དང་། འཇམ་དབྱངས་གྲགས་པས་ལོ་ཉིས་བརྒྱ་དང་། དེ་མན་ཆད་དྲག་པོ་མ་གཏོགས་ཉི་ཤུ་རྩ་གསུམ་གྱིས། དྲུག་ཅུ་དྲུག་ཅུར་ཆོས་སྟོན་པས། ད་ལྟ་དབང་ཕྱུག་ཆེན་པོས་ཆོས་བསྟན་ནས་བཅུ་སོང་ཞེས་དང་། མཁས་གྲུབ་དགེ་དབང་གྲགས་པས། ལྷ་དབང་ནས་རྒྱ་མཚོའི་བར་བཅུ་དྲུག་གིས་ལོ་བརྒྱ་བརྒྱ་དང་། དེ་མན་ཆད་བཅོ་ལྔས་དྲུག་ཅུ་དྲུག་ཅུར་ཆོས་སྟོན། ད་ལྟ་མིའི་སེང་གེས་ཆོས་བསྟན་ནས་བཞི་བཅུ་སོང་ཞེས་བཞེད་དོ། །དེ་ན་ནགས་ཚལ་སྣ་ཚོགས་དང་། བཟའ་ཤིང་གི་ར་བ་འང་དུ་མ་ཡོད་དོ། །སྙིགས་མའི་དུས་སུ་འཕགས་པའི་ཡུལ་ཐམས་ཅད་ཀླ་ཀློའི་ཆོས་ཀྱིས་གང་བར་འགྱུར་ཞིང་། དེ་ནས་ཀླ་ཀློ་སོག་པོའི་རྫུ་འཕྲུལ་གྱིས་ཤམྦྷ་ལ་རུ་དམག་འདྲེན་པར་རྩོམ་པར་འགྱུར་རོ། །དེ་ཡང་འདི་ལྟར་ཐོག་མར་ཧོར་ཡུལ་གྱི་བྱང་གླིན་ཞེས་བྱ་བར། ལྷ་མ་ཡིན་གྱི་སྤྲུལ་པ་ཀླ་ཀློའི་རྒྱལ་པོ་འབྱུང་ཞིང་། དེ་ནུས་པ་ཧེ་ཆེར་གྱུར་ནས། བྱང་དང་། ནུབ་དང་། ལྷོ་ཕྱོགས་ཀྱི་རྒྱུད་དང་ཡུལ་དབུས་དང་། བརྒྱའི་ཡུལ་དང་བོད་ལ་སོགས་པར་རིམ་གྱིས་འོངས་ནས། མཐར་འཛམ་གླིང་ཆུང་ངུའི་ཕྱེད་རིལ་པོ་དབང་དུ་བྱས་ཏེ་སངས་རྒྱས་པ་དང་མུ་སྟེགས་པའི་ཆོས་ལུགས་ཐམས་ཅད་བསྣུབས་ཏེ། རང་གི་ཆོས་ལུགས་ལ་འགོད་དོ། །དེ་ལ་རྒྱལ་ཕྲན་ཡང་དགུ་བཅུ་རྩ་དྲུག་ཡོད་དོ། །དེ་ནས་ཤམྦྷ་ལ་ཡང་དབང་དུ་བྱ་བའི་ཕྱིར་ཤམྦྷ་ལ་རུ་དམག་འདྲེན་པར་རྩོམ་པ་དེའི་ཚེ་ཕྱག་ན་རྡོ་རྗེ་ཡི་སྤྲུལ་པ་དྲག་པོ་འཁོར་ལོ་འཆང་ཞེས་བྱ་བའི་རྒྱལ་པོ་

འབྱུང་སྟེ། བླ་མ་དག །ཡེ་ནག་ཡེ་ཤེས་མངོན་བགྲོད་དཔལ་ལྡན་གྲགས་པ་ཕྱག་ན་མདུང་བསྣམས་ལྷ་མིན་རིགས་རྣམས་འཇིགས་པ་སྐྱེར་ཞེས་འབྱུང་བས། འཇམ་དབྱངས་ཀྱི་སྤྲུལ་པ་ཡིན་ཞེས་འབྱུང་ངོ་། །དེས་ལྷ་ཆེན་བཅུ་གཉིས་དང་། རྒྱལ་ཕྲན་དགུ་བཅུ་རྩ་དྲུག་ལ་སོགས་པའི་དཔུང་ཚོགས་ཡན་ལག་བཞི་ཁྲིད་དེ། ཆུ་བོ་སི་ཏའི་ལྷོ་ཕྱོགས་སུ་འོངས་ནས་གཡུལ་སྤྲོད་པས་ཀླ་ཀློའི་ཚོགས་ཀུན་གསོད་པར་ནི་མི་བྱེད་ལ་བཅོམ་ཞིང་ཕམ་པར་བྱས་ནས་ཤམྦྷ་ལར་ཁྲིད་དེ། ལྷ་ཆེན་བཅུ་གཉིས་དང་ལྷན་ཅིག་དབང་བསྐུར་ནས་རྡོ་རྗེའི་རིགས་གཅིག་ཏུ་བྱེད་ཅིང་རིམ་གྱིས་འཕགས་པའི་ཡུལ་གྱི་བར་དུ་ཡང་རྡོ་རྗེ་ཐེག་པའི་སངས་རྒྱས་ཀྱི་བསྟན་པ་སྤེལ་བར་བྱེད་ཅིང་། འོན་ཀྱང་རབ་ཏུ་བྱུང་བའི་ཆོས་ལུགས་ནི་མི་འབྱུང་སྟེ། ཀླ་ཀློས་བསྣུབས་ཤིང་སྤེལ་བར་བྱེད་པ་མི་འབྱུང་བས་སོ། །དེའི་ཚེ་གླིང་འདི་འབྱོར་ཞིང་རྒྱས་པར་འགྱུར་ལ་སའི་དུམ་བུ་ལྷག་མ་རྣམས་སུ་རིམ་གྱིས་ཀླ་ཀློའི་ཆོས་འཇུག་ཅིང་། ཡང་རིགས་ལྡན་གྱིས་འཇོམས་པར་བྱེད་དོ། །

འདི་དག་རྒྱུ་འགྲེལ་ལས། སི་ཏ་དང་ཁ་བ་ཅན་གྱི་ལྷོ་ངོས་ལང་ཀའི་གླིང་གི་བྱང་ཕྱོགས་འཕགས་པའི་ཡུལ་དུ་འགྲོ་བར་སླའོ་ཞེས་དང་། ཆུ་བོ་སི་ཏའི་བྱང་ཕྱོགས་སུ་ཟླ་བ་བཟང་པོའི་གདུལ་བྱ་བྱེ་བ་དགུ་བཅུ་རྩ་དྲུག་གི་གྲོང་ཁྱེར་ན་གནས་པ་རྣམས་ལ་ཞེས་དང་། ཀཱ་ལ་པའི་གྲོང་ཁྱེར་གྱི་ལྷོ་ཕྱོགས་ན་མ་ལ་ཡའི་ཚལ་ལ་དཔག་ཚད་བཅུ་གཉིས་ཀྱི་རྒྱ་སྟེ། ཀཱ་ལ་པའི་གྲོང་ཁྱེར་དང་མཉམ་པའོ། །ཞེས་དང་། རྩ་རྒྱུད་ལས། རྒྱུད་འདི་དྲང་སྲོང་རིག་སོགས་ལ། །སངས་རྒྱས་ལམ་ནི་གསལ་མཛད་པ། །ཟླ་བ་ལྷ་དབང་གཟི་བརྗིད་དང་། །ཟླ་བྱིན་ལྷའི་དབང་ཕྱུག་དང་། །ནམ་མཁའི་སྙིང་པོ་འཇམ་དབྱངས་དང་། །འཇིག་རྟེན་མགོན་པོ་རིམ་ཇི་བཞིན། །གཤིན་རྗེ་གཤེད་སོགས་ཁྲོ་བཅུ་དང་། །བྱང་ཆུབ་སེམས་དཔའ་བར་བར་དུ། །བཅུ་པོ་གསུམ་རྣམས་རིམ་པ་ཡིས། །འདུས་པའི་རིགས་སུ་གྱུར་པ་སྟེ། །འདུས་པ་གྲགས་པའི་རིགས་ཉིད་དང་། །འདུས་པ་པད་དཀར་དེ་ནས་ནི། །འདུས་པ་བཟང་པོ་གསུམ་པ་སྟེ། །བཞི་པ་རྣམ་རྒྱལ་དེ་བཞིན་དུ། །བཤེས་གཉེན་བཟང་དང་རིན་ཆེན་ལག །ཁྱབ་འཇུག་སྟོབས་པ་བདུན་པ་སྟེ། །ཉི་མ་གྲགས་དང་ཤིན་ཏུ་བཟང་། །རྒྱ་མཚོ་རྣམ་རྒྱལ་མ་ཕམ་པ། །ཉི་མ་འདུས་པ་བཅུ་གཉིས་པ། །སྣ་ཚོགས་གཟུགས་དང་ཟླ་བའི་འོད། །མཐའ་ཡས་དང་ནི་ས་སྐྱོང་དང་། །དཔལ་སྐྱོང་དང་ནི་སེང་གེ་མགོན། །སྟོབས་པོ་ཆེ་དང་མ་འགགས་པ། །མིའི་སེང་གེ་དབང་ཕྱུག་ཆེ། །མཐའ་ཡས་རྣམ་རྒྱལ་འདུས་པ་ཅན། །གྲགས་པ་འདུས་པ་དེ་ནས་ཡང་། །དེའི་བུ་ནི་འཁོར་ལོ་ཆེ། །དྲག་པོའི་འདུས་པ་འབྱུང་བ་ཡིན། །ཀླ་ཀློའི་ཆོས་ནི་མཐར་བྱེད་པ། །ཞེས་དང་བསྡུས་རྒྱུད་ལས། དྲག་པོ་གཞོན་ནུ་ཚོགས་དབང་ཁྱབ་འཇུག་རྣམས་ཀྱང་གྲོགས་པོར་བྱས་ཏེ། རིགས་གཅིག་ལེན་པར་བྱེད་པ་ནི། རྟ་མཆོག་དབང་པོའི་

གླིང་པོ་གསེར་གྱི་ཤིང་རྟའི་མི་དབང་ལག་ན་མཚོན་འཛིན་དཔའ་བའི་འཁོར་རྣམས་ལས། ཞེས་དང་། དེ་དུས་ས་ལ་མཐའ་དག་སྐྱེ་བོའི་རིགས་དང་ཆོས་དང་འདོད་པ་ནོར་རྣམས་ཡོངས་སུ་གང་བ་དང་། །འབྲུ་རྣམས་དགོན་པར་སྐྱེ་བ་དང་ནི་ངེས་པར་ཤིང་རྣམས་འབྲས་བུ་བརྟན་པས་འགྲངས་པར་འགྱུར་བ་དང་། །ཀླ་ཀློའི་ཚོགས་རྣམས་སྐྱེ་བོ་ཡོངས་སུ་ལྡན་པ་རྣམས་ནི་བཅད་ནས་མི་རྣམས་ལོ་བརྒྱའི་ཕྱེད་རྣམས་ཀྱིས། །རིགས་གཅིག་གྱུར་ནས་ལྷ་སྲས་ཁང་པ་བརྩེགས་པ་མཐོན་པོ་ཀེ་ལ་ཤའི་སྟེང་དུ་དངོས་གྲུབ་ཐོབ། །ཞེས་དང་། དེ་ལྟར་དུས་བུ་ཐམས་ཅད་ལ་ཡང་དུས་ཀྱི་དབྱེ་བས་ཀླ་ཀློའི་ཆོས་ནི་རབ་ཏུ་འཇུག་པ་སྟེ། ལོ་ནི་བརྒྱད་བརྒྱད་རྣམས་སུ་ངེས་པར་གནས་ཏེ་དེ་ནས་གཞན་ཡང་ཀླ་ཀློའི་ཆོས་རྣམས་འཇུག་པའོ། །ཞེས་གསུངས་སོ། །རྒྱས་པར་ནི། རྒྱུད་འགྲེལ་ཆེན་པོ་ལས་ཤེས་པར་བྱའོ། །དེ་ལྟར་ཀླ་ཀློས་ཀྱང་རྫུ་འཕྲུལ་གྱིས་དམག་འདྲེན་པར་བཤམས་ཤིང་། འཁོར་ལོ་འཆང་གིས་ཀྱང་འདིར་འོངས་པ་དེས་ན་རི་བོ་གངས་ཅན་དུ། རྫུ་འཕྲུལ་མེད་པར་འགྲོ་མི་ནུས་སོ། །

ཆོས་མངོན་པ་མཛོད་ལས་ཀྱང་འདི་སྐད་གསུངས་ཏེ། རྡོ་རྗེ་གདན་འདི་ནས་བྱང་དུ་གངས་ཐད་ཐེད་ཆགས་པའི་རི་ནག་པོ་གསུམ་དང་། ཡང་གསུམ་དང་ཡང་གསུམ་ཏེ་དགུ་འདས་པ་ན། ནག་ནོག་མེད་པའི་རི་གངས་ཅན་ནོ། །དེ་ནས་དེའི་ཕ་རོལ་ན་སྤོས་ངད་ལྡན་པའི་ཚུ་རོལ་ན་ཆུ་དང་། ཞེང་གཉིས་ཀར་དཔག་ཚད་ལྔ་བཅུ་ལྔ་བཅུ་ཡོད་པའི་མཚོ་ཆེན་པོ་མ་དྲོས་པ་ཞེས་བྱ་བ་ཡོད་ཅིང་ཞེས་དང་། སོགས་པས་འགྲེལ་པ་ལས། དེའི་བྱང་ན་ཤིང་འཛམ་བུ་ཡོད་ཅིང་ཞེས་དང་། གདགས་པ་ལས། སྤོས་ངད་ལྡན་པ་བྱང་དུ་དཔག་ཚད་ཉི་ཤུ་ན། བྲག་གསེར་གྱི་བྱ་སྐྱིབས་ཅན་དང་། དེ་ནས་བྱང་དུ་ཉི་ཤུ་ན་ཤིང་སཱ་ལའི་དབང་པོ་རབ་བརྟན་དང་། དེ་ནས་ཤར་དུ་ཉི་ཤུ་ན་རྫིང་བུ་དལ་གྱིས་འབབ་ཅེས་པ་ཡོད་ཅེས་འདིའི་མཚན་ཉིད་རྒྱས་པར་གསུངས་སོ། །མཛོད་འགྲེལ་ལས། དེ་ནི་རྫུ་འཕྲུལ་དང་མི་ལྡན་པའི་མིས་བགྲོད་པར་དཀའོ་ཞེས་དེས་བགྲོད་བྱ་མིན་པར་བཤད་དོ། །འགྲེལ་པར་རི་ནག་པོ་གསུམ་ཞེས་སོགས་ཀྱི་དོན། བོད་དང་རྒྱ་གར་གྱི་བར་ན་མངའ་རིས་ནས་རྒྱ་ནག་གི་བར་དུ་ཟམ་མ་ཆད་པའི་རི་རྒྱུད་གཉིས་དང་། བོད་དང་ཧོར་གྱི་བར་ན་ཆག་སོའི་གངས་རྒྱུད་དེ་གསུམ་དང་། ཆུ་བོ་སི་ཏའི་བྱང་ན་དྲུག་གོ་ཞེས་འདིའི་མཆན་དུ་འབྱུང་ངོ་། །ད་ལྟའི་ཏི་སེ་འདི་ལ་ནི་སྔར་བཤད་པའི་མཚན་ཉིད་དེ་དག་གང་ཡང་མེད་པས་གངས་ཅན་མིན་ནོ། །

མུ་སྟེགས་བྱེད་ཀྱི་གཞུང་གཞོན་ནུ་འབྱུང་བ་ལས་ཀྱང་། ཤར་ནུབ་གཉིས་ཀྱི་རྒྱ་མཚོའི་བར་དུ་རི་གངས་ཅན་གྱིས་ནི་ཁྱབ་པར་བཤད་དོ། །རྒྱལ་པོ་ཤིང་རྟ་བཅུ་པའི་བུ་དགའ་བྱེད་ཀྱི་བཙུན་མོ་རོ་རྙེད་མ་ཞེས་པ་ལང་ཀ་མགྲིན་བཅུས་འཕྲོགས་ནས། དེ་སླར་འཕྲོག་པའི་དོན་དུ་དམག་དྲངས་ནས་སྲིན་པོ་ཕལ་ཆེར་གསད་པ་ན།

ལང་ཀ་མགྲིན་བཅུའི་སྤྲུན་ཟླ་བསམ་གཏན་པ་ཞིག་གིས་རླུང་རྫུབས་པས། དགའ་བྱེད་དང་། ཏ་ལུ་མན་ཧྲ་མ་གཏོགས་པའི་དཔུང་ཚོགས་ཐམས་ཅད་ཀེང་རུས་སུ་སོང་བ། སླར་གསོས་པའི་དོན་དུ་གངས་ཅན་ལང་ཀའི་ཡུལ་དུ་བླངས་ཤིང་། དེ་ལ་ཡོད་པའི་བདུད་རྩི། ཀེང་རུས་རྣམས་ལ་གཏོར་བས་གསོས་པར་གྱུར་ནས། སྤྲེའུ་ཏ་ལུ་མན་ཧྲས་དེ་ནས་གངས་རི་སླར་འཕངས་པའི་དུམ་བུ་ལམ་དུ་མཆར་ཏེ། ལྷུང་བ་ཞིག་ཏི་སེ་ཡིན་ཞེས་དྲང་སྲོང་གྲོག་མཁར་སླའོ། །དེས་ན་ལྷ་དབང་ཕྱུག་ཆེན་པོ་བཞུགས་པའི་གནས། གླང་པོ་ཆེ་ས་བསྲུང་གི་བུ་ཡིས་བརྟེན་པའི་ས་དགྲ་བཅོམ་པ་ལྔ་བརྒྱ་བཞུགས་པའི་ཡུལ་རི་གངས་ཅན་དེ། ད་ལྟའི་ཏི་སེ་འདི་མ་ཡིན་ནོ། །ཕྱ་བྱ་ཆེན་མོའི་མདོ་ལས་ཀྱང་། རིའི་རྒྱལ་པོ་གངས་ཅན་དང་། རིའི་རྒྱལ་པོ་ཏི་སེ་དང་ཞེས་དེ་གཉིས་ཐ་དད་དུ་གསུངས་སོ། །

ངོ་བོ་གཅིག་ལ་མིང་ཐ་དད་ཀྱིས་གསུངས་པའང་མ་ཡིན་ཏེ། རི་རབ་དང་གཞའ་ཤིང་འཛིན་ལ་སོགས་པ་ལའང་ཐལ་བར་འགྱུར་བའི་ཕྱིར་ཏེ། དེ་དག་ལ་སོགས་པའི་རི་རྣམས་ཀྱི་མིང་སྟོན་པའི་སྐབས་ཡིན་པའི་ཕྱིར་རོ། །ཆོས་རྗེ་ཉིད་ཀྱིས་མཛད་པར་གྲགས་པའི་མཁས་པ་འཇུག་པའི་སྒོ་ལས་ཀྱང་། ཏི་སེ་ཞེས་པ་ལོ་ཙྪ་བ་འགའ་ཞིག་གིས་རྒྱ་སྐད་དུ་འཁྲུལ་ནས་གངས་ཅན་དུ་བསྒྱུར་བ་ནི་མ་དག་པ་ཡིན་ཏེ། ཏི་སེའི་སྐད་དོད་ཀེ་ལཤ་དང་། གངས་ཅན་གྱི་སྐད་དོད་ཧི་མ་ལ་ཡ་ཞེས་པ་ཡིན་པས་དེ་གཉིས་རྒྱ་སྐད་ཀྱང་ཐ་དད། བོད་སྐད་ཀྱང་ཐ་དད་དོན་ཡང་ཐ་དད་ཡིན་ཏེ། དེས་ན་ད་ལྟའི་ཏི་སེ་འདི་གངས་ཅན་ཡིན་པ་འགོག་གི། ཏི་སེ་ཡིན་པ་མི་འགོག་པས། མི་བླུན་པོའི་ཁ་སྐྱུགས་ལ་རྒྱུག་པར་མི་བྱའོ། །

གཉིས་པ་ནི། སངས་རྒྱས་ཕལ་པོ་ཆེའི་མདོའི་ཏིང་ངེ་འཛིན་བཅུའི་ལེའུ་ལས་ཀྱང་། མཚོ་མ་དྲོས་པའི་ཆུ་ཞེང་དུ་དཔག་ཚད་ལྔ་བཅུ་ལྔ་བཅུར་གསུངས་ཤིང་། ས་གཞི་རིན་པོ་ཆེའི་གསེག་མ་བརྡལ་བ་ལ། ངོས་རིན་པོ་ཆེའི་ཕ་གུས་བརྩིགས་པ། དེ་ལས་ཆུ་བོ་ཆེན་པོ་བཞི་འབབ་པའི། འགག་འགག་གླང་ཆེན་གྱི་ཁ་ནས། དངུལ་གྱི་བྱེ་མ་འདྲེན་ཞིང་འབབ་ལ། སི་ཏ་སེང་གེའི་ཁ་ནས་ལྷ་རྫས་ཀྱི་རྡོ་རྗེའི་བྱེ་མ་འདྲེན་ཞིང་འབབ། སིན་ཏྲུ་གླང་གི་ཁ་ནས་ནི་གསེར་གྱི་བྱེ་མ་འདྲེན་ཅིང་འབབ་ཀྱི། རྨ་བྱའི་ཁ་ནས་འབབ་ཟེར་བ་ནི་ནོར་བ་ཡིན་ཏེ་གང་ནས་ཀྱང་མ་བཤད་པས་སོ། །པཀྴུ་རྟའི་ཁ་ནས་བཻཌཱུརྻ་སྔོན་པོའི་བྱེ་མ་འདྲེན་ཞིང་འབབ་ཅིང་། དེ་དག་འོག་གི་ས་གཞི་ཡང་རིན་པོ་ཆེ་དེ་དག་གི་རང་བཞིན་དུ་ཡོད་ལ་ཐམས་ཅད་ཀྱི་ཁ་ཞེང་ལ་དཔག་ཚད་རེ་རེ་ཡོད་པར་གསུངས་སོ། །ཆུ་བོ་བཞི་པོ་དེས་མཚོ་མ་དྲོས་པ་ལ་ལན་གྲངས་བདུན་བདུན་གཡས་ཕྱོགས་སུ་བསྐོར་ནས་ཕྱོགས་བཞིའི་རྒྱ་མཚོ་ཆེན་པོ་དག་ཏུ་འབབ་པར་བཤད་ཅིང་། བཞི་པོ་དེའི་བར་གྱི། མཚམས་ཐམས་ཅད་ནི་ཨུཏྤལ་ལ་དང་པད་

མོ་དང་ཀུ་མུ་ཏ་དང་། ཕུན་ཌ་རཱི་ཀ་ལ་སོགས་པ་མེ་ཏོག་རྣམ་པ་སྣ་ཚོགས་དང་། རིན་པོ་ཆེའི་ལྗོན་ཤིང་རྣམ་པ་སྣ་ཚོགས་ཀྱིས་རབ་ཏུ་གང་བར་གནས་པ་ཡིན་ནོ། །སོགས་པས་ཙན་དན་བཟང་པོ་ལྟར་དྲི་ཞིམ་པ་ཉི་མ་ཤར་བའི་ཚེ་དེའི་འོད་ཟེར་དང་། མཚོ་ནང་གི་རིན་པོ་ཆེ་དང་། གསེག་མ་དང་། མེ་ཏོག་དང་། ཉེ་འཁོར་གྱི་ལྗོན་ཤིང་རྣམས་ལ་ཕོག་པས་མཚོ་དེ་ཉིད་ཁ་དོག་བཟང་པོ་རྣམ་པའི་མཆོག་ཐམས་ཅད་དང་ལྡན་པར་སྣང་ངོ་ཞེས་སོགས་མཚན་ཉིད་རྒྱས་པར་ནི་ཕལ་པོ་ཆེའི་མདོ་སྡེ་ལས་གསུངས་ཏེ། འདི་ལྟ་སྟེ་དཔེར་ན་ཀླུའི་རྒྱལ་པོ་ཆེན་པོ་མ་དྲོས་པའི་གནས་ནས། ཆུ་ཀླུང་ཆེན་པོ་མ་འདྲེས་པ་རྙོག་པ་མེད་པ་དྭངས་པ། འོད་གསལ་བ་དྲི་མ་མེད་པ་དག་པ་ནམ་མཁའ་ལྟ་བུ་དྲི་མ་དང་བྲལ་བ་བཞི་འབབ་སྟེ་ཞེས་སོགས། སོ་སོ་ཡང་དག་རིགས་བཞིའི་དཔེ་རུ་གསུངས་པས་དེར་ལྟོས་ཤིག །གདགས་པ་ལས་ཀྱང་། འགའ་འགའ་གླང་པོའི་ཁ་ནས་ཤར། །པཀྵུ་རྟའི་ཁ་ནས་ལྷོ། །སིན་དྷུ་གླང་གི་ཁ་ནས་ནུབ། །སི་ཏ་སེང་གེའི་ཁ་ནས་བྱང་། །ཞེས་དང་། གངྒཱ་ཤར་ཕྱོགས་རྒྱ་མཚོར་འབབ་པ་སྟེ། །པཀྵུ་ཡང་ནི་ལྷོ་ཕྱོགས་རྒྱ་མཚོར་འབབ། །སིན་དྷུ་ནུབ་ཕྱོགས་རྒྱ་མཚོར་འགྲོ་བ་སྟེ། །དེའི་བྱང་ཕྱོགས་རྒྱ་མཚོར་སི་ཏ་འབབ། །ཞེས་དང་། ཆུ་ཀླུང་རབ་མཆོག་བཞི་པོ་འདི་དག་ནི། །མཆོག་ཏུ་བཟང་ཞིང་ཡིད་འོང་འབབ་པ་སྟེ། །རེ་རེ་ཞིང་ཡང་ལྔ་བརྒྱ་ཁྲིར་ནས་ནི། །ཆུའི་རྒྱུན་རྣམས་རྒྱ་མཚོ་ཆེན་པོར་འབབ། །ཞེས་སོ། །ད་ལྟའི་མ་ཕམ་འདི་ལ་ནི། མཚན་ཉིད་འདི་དག་གང་ཡང་མེད་པས་མ་དྲོས་པ་མིན་ནོ། །

གསུམ་པ་ནི། འདིར་དེ་སྐད་བརྗོད་པ་ལ་ཁ་ཅིག་འདི་སྐད་དུ། བྱ་རྒོད་ཕུང་པོའི་རི་ལ་ཡང་། དཀོན་བརྩེགས་ཀྱི་སྡོམ་པ་གསུམ་བསྟན་པ་ནས་བཤད་པ་བཞིན་དུ་ད་ལྟ་མེད་པས། དུས་ངན་དུ་སོང་བའི་སྟོབས་ཀྱིས་གངས་ཅན་དང་མ་དྲོས་པ་ལ་སོགས་པའི་ཡུལ་ཀུན་ཡང་སྔོན་ལས་རྣམ་པ་གཞན་དུ་འགྱུར་བར་སྣང་བའི་ཕྱིར། ཏི་སེ་སོགས་ལ་གསུང་རབ་ལས་བཤད་པའི་མཚན་ཉིད་མ་ཚང་ཡང་། གངས་ཅན་སོགས་ཡིན་ནོ་ཞེས་ཟེར་རོ། །འདིའང་གསུང་རབ་ཀྱི་དགོངས་པ་ལེགས་པར་ཕྱེ་སྟེ་བཤད་ཀྱིས་ཉོན་ཅིག །མདོ་རྒྱུད་ལས་དངོས་པོའི་གནས་ལུགས་སུ་འཆད་པ་དང་། སྐྱོན་ཡོན་བསྒྲུགས་པའི་ལུགས་རྣམ་པ་གཉིས་ཡོད་ཅིང་། སྐྱོན་དང་ཡོན་ཏན་སྒྲོགས་པ་ན། །སྔགས་རྒྱ་མཁན་གྱི་ལུགས་བཞིན་དུ། །བྱ་རྒོད་ཕུང་པོའི་རི་ལ་ཡང་། །མཐོ་བ་ཆླུམ་པ་དང་བྱ་དང་ཤིང་དང་མེ་ཏོག་ལ་སོགས་པ་འཛམ་བུའི་གླིང་ན་ཡོད་པའི་རིགས་རྣམས་ལས་མ་ཚང་བ་མེད་པ་ལ་སོགས་པ་བཤད་པ་ནི་རྒྱུ་མཚན་མེད་པའང་མ་ཡིན་ཏེ། བོད་ཀྱི་ཡུལ་ཐང་ཕྱུལ་ཆུང་ཡུལ་དོག་པས་རྒྱང་གྲགས་རེ་རེ་ལའང་ཐང་ཆེན་པོར་བརྗོད་པ་ཇི་ལྟ་བ་བཞིན་དུ། འཕགས་པའི་ཡུལ་གྱི་མ་ག་དྷ་ན་རི་གཞན་མེད་པས་བྱ་རྒོད་ཕུང་པོའི་རི་འང་རི་ཆེན་པོ་ཡིན་ནོ། །

དེ་ལྟར་སྐྱོན་ཡོན་ལ་བརྗོད་སྨད་བྱེད་པ་ན། ཆུང་ངུ་ལ་ཆེན་པོ་དང་། ཆེན་པོ་ལ་ཆུང་ངུར་འཆད་པ་ལ་སྟོན་དངགས་མཁན་པོ་གང་ཡང་སྐྱོན་དུ་བརྩི་བ་མེད་ཅིང་། དངོས་པོའི་གནས་ལུགས་འཆད་ཅིང་མཚན་ཉིད་གཏན་ལ་འབེབས་པ་ན་ལྷག་པ་དང་། ཆད་པ་དང་དེ་མ་ཡིན་པ་ལ་དེར་འཁྲུལ་བ་བྱུང་ན། དེ་ལ་མཁས་པ་རྣམས་སྐྱོན་དུ་བརྩིའོ། །དང་པོ་ནི་དཔེར་ན་བ་གླང་དང་གླང་པོ་ཆེ་དང་མ་ཧེ་ལ་སོགས་པ་བསྟུགས་པའི་ཚེ། གངས་རིའི་ཕུང་པོ་འགྲོ་ཤེས་པའམ། སྤྲིན་ཆད་པའི་དུམ་བུ་ལྟ་བུ་དང་། རྣའི་རྩེ་མོ་ཪྻ་ཛེ་དང་འདྲ་བ་དང་། མིག་པ་ཨིནྡྲ་ནི་ལ་ལྟ་བུ་དང་། ཛ་མ་དཔག་བསམ་གྱི་ཤིང་ལྗོན་པ་ལྟ་བུ་དང་། རླུང་གི་ཤུགས་ལྟར་མགྱོགས་པ་ཞེས་པ་ལ་སོགས་པ་སྟེ། གླང་པོ་ཆེའི་སྐྱེས་རབས་ལས། མི་དེ་དག་གིས་ཀྱང་སེམས་དཔའ་ཆེན་པོ་དེ། གངས་རིའི་རྩེ་མོ་འགྲོ་ཤེས་པའམ། སྟོན་ཁའི་སྤྲིན་ནམ་ན་བུན་གྱི་ཚོགས་རླུང་གིས་བསྐྱོད་པ་བཞིན་དུ་ཀུར་འོངས་པ་མཐོང་ངོ་ཞེས་པ་དང་། མ་ཧེའི་སྐྱེས་རབས་ལས། སྤྲིན་གྱི་ཕུང་པོ་ལོགས་ཤིག་ཏུ་ཆད་པ་རྐང་གིས་འགྲོ་ཤེས་པ་འདྲ་བ་ཞིག་ཏུ་གྱུར་ཏོ་ཞེས་དང་། ཁྱོད་ཀྱི་རྣའི་རྩེ་ཪྻ་ཛེའི་ཤུགས་ཀྱིས་ཀྱང་། ཪྻ་ཛེའམ་རི་ཡང་ཪྻ་ཛེས་བཞིན་དུ་འཇོམས་ཞེས་དང་། གཞན་ཡང་སྐྱེས་བུ་ལ་བསྟུགས་པ་ན། ཉི་མ་སྟོང་གི་གཟི་བརྗིད་དང་ལྡན་པ་ཞེས་དང་། མཚན་མཆོག་ལྡན་པ་དྲི་མེད་ཟླ་བའི་ཞལ་ཞེས་པ་ལྟར་བཞིན་ལ་ཉི་མ་དང་ཟླ་བ་དང་། སོ་ལ་གངས་རིའི་ཕྲེང་བ་དང་། མཛེས་པ་ལ་ལྷའི་ལུས་ལ་སོགས་པ་དང་། རྒྱ་ཆེ་བ་ལ་ནམ་མཁའི་དཔེ་སྦྱོར་བ་དང་། ཆུང་བ་ལ་རྡུལ་ཕྲན་གྱི་དཔེ་སྦྱོར་བ་དང་། རགས་ཤིང་ཆེ་བའི་དཔེ་ལ་རི་རབ་དང་བྱེ་བ་ལ་ནི་གླང་ཆེན་གྱི་དཔེ་དང་། ཕྱུག་པ་ལ་རྣམ་ཐོས་ཀྱི་བུ་དང་། རྒྱལ་ཕྲན་ལ་ཡང་བརྒྱ་བྱིན་དཔེར་བརྗོད་པ་དང་། དགེ་བའི་བཤེས་གཉེན་ཕལ་པ་ལའང་། སངས་རྒྱས་ལྟ་བུར་བསྟུགས་པ་ནི་སྟོན་དངགས་མཁན་གྱི་བསྟན་བཅོས་ལས་བཀག་པ་མེད་ཅིང་། མདོ་ལས་ཚོང་དཔོན་རྣམ་ཐོས་ཀྱི་བུའམ། ནོར་དང་ལྡན་པ་རྣམ་ཐོས་ཀྱི་བུ་ལ་ནོར་གྱིས་འགྲན་པ་ཞེས་པ་དང་། སོ་སོ་སྐྱེ་བོའི་དགེ་སློང་ལའང་འཕགས་པ་ཞེས་པ་དང་། སྔན་ངག་མེ་ལོང་ལས། ཕྱུ་ལོ་མའི་དགྲ་དང་ཁྱོད། །ལྷ་ཡུལ་ས་སྟེང་སྐྱོང་ལ་བརྟེན། །ཞེས་གསུངས་པ་ལྟ་བུའོ། །དངོས་པོའི་གནས་ལུགས་འཆད་པའམ། མཚན་ཉིད་གཏན་ལ་འབེབས་པ་ན། གནས་ལུགས་ཇི་ལྟ་བ་བཞིན་མ་ཡིན་པ། ལྷག་ཆད་འཁྲུལ་པར་བཤད་ན་མཁས་པ་རྣམས་ག་ལ་དགའ་སྟེ། དཔེར་ན་གྲོལ་ཕྱིར་གྲོལ་རྩོད་པའི་ཚེ། སྒྲ་ཉན་བྱ་མ་ཡིན། བུམ་པ་རྟག །རི་བོང་ཅན་ཟླ་བ་མ་ཡིན། རྗེས་དཔག་ཚད་མ། ཚད་མ་ཡིན་ཞེས་པ་ལ་རིམ་པ་བཞིན་མངོན་སུམ་དང་རྗེས་དཔག་དང་གྲགས་པ་དང་། ཁས་བླངས་གི་བསལ་བ་ཞུགས་པས་སྐྱོན་ཅན་ཡིན་པ་བཞིན་ནོ། །

དེས་ན་བྲ་གྲོད་ཕུང་པོའི་རི་དང་། སོགས་པས་སེར་སྐྱ་དང་། ཡངས་པ་ཅན་གྱི་མི་རྣམས་ཀྱི་འཁོར་པ

སུམ་ཅུ་རྩ་གསུམ་པའི་ལྷ་དང་འདྲའོ་ཞེས་བསྔགས་པ་སྙན་དངགས་མཁན་པོའི་ལུགས་བཞིན་ཡིན་ནོ། །གངས་ཅན་དང་། མ་དྲོས་པ་དང་ལྗོན་པོ་ལ་སོགས་པའི་དངོས་པོའི་ཀུན་རྫོབ་ཀྱི་གནས་ལུགས་འཆད་པ་ན། དེ་ལ་ལྷག་ཆད་འཁྲུལ་བ་བྱུང་བ་སྨྲ་བ་པོ། ཀུན་མཁྱེན་མིན་པར་འགྱུར་ཞིང་། ཡང་ན་རྫུན་གསུང་བར་འགྱུར་རོ། །ཅི་སྟེ་དགོངས་པ་ཅན་ཡིན་ན་ཡང་དེའི་དགོངས་གཞི་ལ་སོགས་པ་སྨྲ་དགོས་སོ། །དེ་དག་ཀྱང་སྙན་ངག་མཁན་གྱི་ལུགས་ཡིན་སྙམ་ན་ཡང་མ་ཡིན་ཏེ། དེར་དཔག་ཚད་ཀྱི་ཚད་ཀྱི་ངེས་པ་གསུངས་ཤིང་། བྱ་རྒོད་ཕུང་པོའི་རི་ལ་དེ་འདྲའི་ངེས་པ་མ་གསུངས་པས་སོ། །ཚེ་དང་དུས་དང་ཉོན་མོངས་པ་དང་ལྟ་བ་དང་སེམས་ཅན་གྱི་སྙིགས་མ་ལྔ་པོ་ལྷག་པར་བདོ་བའི་དུས་ཀྱི་ཤུགས་ཀྱིས་བརྡས་པས། ཡུལ་རྣམས་སྔོན་ལས་ཅུང་ཟད་ངན་པར་འགྲོ་བ་སྲིད་ཀྱི། ཆོས་མངོན་པ་ནས་བཤད་པའི་མཚོ་མ་དྲོས་པ་དང་། རི་སྤོས་ངད་ལྡན་དང་། ཤིང་འཛམ་བུ་ལ་སོགས་པའི་མཚན་ཉིད་ཐམས་ཅད་འཁྲུལ་བ་ག་ལ་སྲིད། གལ་ཏེ་སྲིད་ན་ཉི་མའང་ནུབ་ནས་འཆར་བ་དང་། ཆུ་གྱེན་ལ་ལྡོག་པ་དང་། བུ་རམ་ཁ་བ་དང་། མེ་བསིལ་བར་ཡང་ཅིའི་ཕྱིར་མི་འགྱུར། དེ་ལྟར་བཤད་པ་ན། སློབ་དཔོན་ཆེན་པོ་བཅོམ་ལྡན་རལ་གྲི་ལ་སོགས་པ་ཁ་ཅིག་འདི་སྐད་དུ། དེ་ནི་དེ་ལྟར་མ་ཡིན་ཏེ། ཚིག་དེ་ནི་གདགས་པ་ཇི་ལྟ་བ་ཡིན་ལ་དེ་ནི་མཉན་ཡོད་དུ་མོའུ་འགལ་གྱི་བུས་གསུངས་པ་དེ་ནས་མཛལ་བ་ཡིན་ནོ། །མཉན་ཡོད་ནི་ཏི་སེ་དང་ཐད་ཀར་རྒྱ་གར་ནུབ་ཕྱོགས་སུ་ཕྱིན་པའི་མིས་ཚད་མས་གྲུབ་ལ། གཙྭ་ཡང་མ་ཕམ་ལས་འབབ་པར་དེར་ཕྱིན་པའི་མིས་ཚད་མས་གྲུབ་ཅིང་། གཙྭམ་ཕམ་ནས་འབབ་བཞིན་དུ། མ་དྲོས་པ་གཞན་ནས་འཚོལ་བ་ནི་བཟང་པོ་མ་ཡིན་ལ། ཡུལ་འདི་གངས་ཅན་གྱི་རྒྱུད་དུ་ཡང་མི་རུང་ཞེས་སོགས་ཀྱི་གཞན་ལུགས་དགག་པ་དང་རྩོད་པ་སྤོང་བ་རྒྱས་པར་བཀོད་ནས།

རང་ལུགས་འཛོག་པ་ན་དོན་དེ་ལྟར་གནས་པ་དེ་ལ། འདི་ནས་ནི་རི་ནག་པོ་གསུམ་མོ་ཞེས་པ་མཉན་ཡོད་ཀྱི་རི་ཡིན་ལ། དེ་དག་འདས་ནས་གསུམ་གསུམ་དྲུག་འབྱུང་བ་དེ་ནི། མོན་དང་སྤྲུ་རེངས་ཀྱི་རི་ཅི་རིགས་པ་ཡིན་ཏེ། དེ་གཉིས་ཀའི་རི་ཡང་དེ་ལྟར་འདུག་གོ་ཞེས་གྲགས་སོ། །དེས་ན་ཚད་མས་གྲུབ་པའི་རྗེས་སུ་འབྲང་བར་བྱའོ་ཞེས་ཟེར་རོ། །ཚད་མས་གྲུབ་པ་དེ་གང་ཡིན། བོད་ཀྱི་བླུན་པོ་ནོར་ཅུང་ཟད་ཀྱི་ཕྱིར་ཁྱི་བཞིན་དུ་ཡུལ་ཀུན་ཏུ་འཁྱམས་པ་ཞིག་གམ། ཨ་ཙས་བླུན་པོ་དེ་ལྟ་བུ་ཞིག་ལས་གཞན་འོས་ཅི་ཡོད། དེ་དག་གི་ཚིག་ཙམ་ལ་བརྟེན་པ། བདེ་བར་གཤེགས་པའི་གསུང་རབ་ཀྱི་དོན་དང་། དེ་ལ་ཤིན་ཏུ་སྦྱངས་པ་ཡོངས་སུ་རྫོགས་པའི་པཎྜི་ཏ་ཆེན་པོའི་གསུང་ལ་དགག་པ་བྱེད་པ་ཁྱེད་ནི། མཁས་པ་རྣམས་ཀྱི་བཞད་གད་ཙམ་བྱ་བར་ཟད་ཀྱི་དགག་པའི་འོས་མ་ཡིན་མོད། འོན་ཀྱང་ཁྱེད་ཅག་གི་ཚིག་ཙམ་ལ་མངོན་པར་ཞེན་ནས་བདག་ཉིད་ཆེན་པོའི་གསུང་

རབ་ཀྱི་ཁང་བཟང་ལ། ལོག་རྟོག་གི་སྲད་བུ་ལས་བྱུང་བའི་ཚིག་ངན་གྱི་འུར་རྡོ་ཡང་ཡང་འཕེན་པ་དག་ལོག་པའི་ཕྱིར་སླར་ཡང་ཅུང་ཟད་བརྟག་པར་བྱ་སྟེ། གང་ཡང་རྫུ་འཕྲུལ་དང་མི་ལྡན་པའི་མིས་བགྲོད་པར་དཀའོ་ཞེས་པ་ནི་བགྲོད་པར་དཀའ་བ་ཉིད་སྟོན་གྱི། བགྲོད་མི་ནུས་པར་སྟོན་པ་ནི་མ་ཡིན་ཏེ། འཛམ་བུ་གླིང་ན་མེད་པར་ཐལ་བའི་ཕྱིར་རོ་ཞེས་པའང་འདུལ་བ་སྐྱན་གྱི་གཞི་དང་། འཁོར་ལོ་བྱེ་བའི་གཞི་ལས། མ་དྲིས་པར་རྫུ་འཕྲུལ་དང་མི་ལྡན་པས་མི་བགྲོད་པར་ཡང་ཡང་གསུངས་པའི་ཕྱིར་ལུང་གི་དོན་ཡང་མ་ཡིན་ལ། དམྱལ་བའི་ཁང་པ་མེ་འབར་བ་དང་། གཤིན་རྗེའི་གྲོང་ལ་སོགས་པས་མ་ངེས་པའི་ཕྱིར་རིགས་པའང་གྱི་ནའོ། །གླིང་ཕྲན་པས་ཀྱང་། དེར་བགྲོད་ན་དེར་བགྲོད་མི་ནུས་པའི་རྒྱུ་ཅི་ཞིག་ཡིན། འདི་ལྟར་གནོད་སྦྱིན་གཏུམ་པོ་དང་། སྲུལ་གདུག་པ་དང་། གཅན་ཟན་ཁྲོ་བོས་ལམ་བཀག་པའམ། རི་མཐོན་པོ་དང་གཙང་རོང་ཟབ་མོ་དང་ཆུ་ཆེན་པོས་མཆོད་པས་ཡིན་དྲང་ན། དེ་འདྲ་བས་བགྲོད་པར་མི་ནུས་པའི་ཡུལ་ནི། འཛམ་བུའི་གླིང་གི་རྒྱ་མཚོའི་མཐར་ཐུག་པ་ན་ཡེ་མེད་དེ། གླིང་ཕྲན་མ་ལ་ཡ་དང་། ཤཱཀྱ་ལ་མ་གཏོགས་སོ་ཟེར་བའང་གནོད་སྦྱིན་ལ་སོགས་པས་ལམ་བཀག་པ་ལ་སོགས་པ་ཁོ་ནས་བགྲོད་མི་ནུས་པ་མ་ཡིན་ཀྱང་། དེ་དང་དེ་ན། གནོད་སྦྱིན་གཏུམ་པོ་མི་བཟད་པ་གནས་པས། དེར་ཕྱིན་ན་དེ་དག་གིས་མདངས་འཕྲོག་སྟེ། ལུང་སྐྱན་གྱི་གཞི་ལས། གནོད་སྦྱིན་གཏུམ་པོ་མི་བཟད་གནས་པ་ཡིད་འོང་ཞིང་། །མེ་ཏོག་སྣ་ཚོགས་ཤིང་གིས་རྣམ་པར་མཛེས་བྱས་པ། །དེ་ལས་རྒྱ་མཚོ་དུག་ཅན་དག་དུ་འགྲོ་བ་ཡི། །ཆུ་བོ་བཞི་པོ་འདི་དག་ཕྱོགས་བཞིར་འབབ། འགའ་འགའ་དང་ནི་སིན་ཏྟུ་བཀྲ་དང་། །སི་ཏ་དེ་ལ་རྫུ་འཕྲུལ་སྟོབས་ཐོབ་པ། །མ་གཏོགས་མི་རྣམས་ཀྱིས་ནི་མི་བགྲོད་པ། །དེར་ནི་ཐུབ་པ་དགེ་འདུན་བཅས་པར་བཞུགས། །ཞེས་དང་། གོས་ཀྱི་གཞི་ལས་ཀྱང་། བཅོམ་ལྡན་འདས་ཀྱིས་འཚོ་བྱེད་ཁྲིད་ནས་རི་བོ་གངས་ཅན་དུ་གཤེགས་ཏེ། འཚོ་བྱེད་སྨན་ཐུར་བཏང་བས་འཇིགས་ནས་འགྲོ་མ་ནུས་པ་ལ། གནོད་སྦྱིན་ལག་ན་རྡོ་རྗེ་འཚོ་བྱེད་བསྲུང་བར་བསྒོས་ཞེས་གསུངས་པས་སོ། །ཁྲིད་རང་ལྟར་ན། ལང་ཀའི་གྲོང་ལ་སོགས་པའང་འཛམ་བུ་གླིང་ན་ཡོད་པས་དེ་དག་གིས་ཀྱང་མ་ངེས་སོ། །གང་ཡང་ཕལ་པོ་ཆེ་དང་གདགས་པ་ལ་སོགས་པ་ནས་བཤད་པའི་མཚན་ཉིད་མི་ལྡན་ནོ་ཟེར་བའང་བྱ་རྒོད་ཕུང་པོའི་རི་དང་། བསིལ་བའི་ཚལ་དང་། ཡངས་པ་ཅན་དང་། མཉན་ཡོད་ལ་སོགས་པའི་གྲོང་ཁྱེར་ཆེན་པོ་རྣམས་དང་། ཁ་ཆེ་ལ་སོགས་པའི་ཡུལ་མང་པོ་ཞིག་ལ་མཚུངས་པ་ཡིན་ཏེ། དེ་དག་ཀྱང་མདོན་པའི་མདོ་ལས་བྱུང་བ་བཞིན། ད་ལྟ་མེད་པའི་ཕྱིར་རོ་ཞེས་པའང་མི་མཚུངས་ཏེ། མ་འོངས་པ་ན་ཁྱེད་ཀྱི་རིགས་ཅན་འདི་སྐད་ཟེར་བ་དག་ཚོས་ཀྱི་རྗེ། དུས་གསུམ་གྱི་ཤེས་བྱ་ཐམས་ཅད་ལ་ཐོགས་པ་མེད་པའི་ཡེ་ཤེས་ཀྱི་སྤྱན་དང་ལྡན་པས་གཟིགས་ནས། ལན་

རྒྱས་པར་བརྗོད་ཟིན་ལ།

གཞན་ཡང་བྱ་རྒོད་ཕུང་པོའི་རི་དང་། བསིལ་བའི་ཚལ་གྱི་ནགས་ཚལ་དང་། མི་ཏོག་དང་། མཉན་ཡོད་ཀྱི་གྲོང་ཁྱེར་ལ་སོགས་པ་ནི་སྐྱེས་བུའི་བྱེད་པས་འཕྲལ་འཕྲལ་ཉིད་དུ་འཕེལ་འགྲིབ་སུ་འགྱུར་གྱི། མ་དྲོས་པ་སོགས་ནི་སེམས་ཅན་རྣམས་ཀྱི་ཐུན་མོང་གི་ལས་ལས་གྲུབ་པས་དེ་ལྟར་མི་འགྱུར་བའི་ཕྱིར་ཡང་མི་མཚུངས་པ་ཡིན་ཏེ། དཔེར་ན་དེང་སང་ཡང་གྲོང་ལ་སོགས་པ་ནི་འཕྲལ་འཕྲལ་དུ་མི་འདྲ་བའི་རྣམ་པ་གསལ་བར་སྟོན་ཀྱང་རི་ལ་སོགས་པ་དེ་ལྟར་མིན་པ་བཞིན་ནོ། །གཅིག་ནི་སྒྲོ་བཏགས་པ་དང་གཅིག་ནི་རང་བཞིན་བརྗོད་པའོ་ཞེས་ཟེར་བ་དེ་ནི་ཅི་ཡང་མ་ཡིན་ཏེ། དེ་འདྲའི་རྒྱུ་མཚན་མེད་པའི་ཕྱིར་རོ། །ཞེས་པའང་མི་རིགས་ཏེ། ཁྱེད་ཀྱི་དེ་ཉིད་རྒྱུ་མཚན་མེད་པའི་ཕྱིར་དང་། ཁོ་བོ་ཅག་གིས་རྒྱུ་མཚན་སྨྲས་ཟིན་པའི་ཕྱིར་རོ། །གདགས་པ་ནས་བཤད་པའི་གངས་ཅན་དང་། དུས་འཁོར་ནས་བཤད་པའི་གངས་ཅན་ཁྱད་མ་ཕྱེད་པ་ཡིན་ནོ། །ཞེས་པའང་མི་རིགས་ཏེ། མུ་སྟེགས་པའི་གཞུང་ལས་ཀྱང་། ཤར་ནུབ་གཉིས་ཀྱི་རྒྱ་མཚོའི་བར། །གངས་ཅན་གྱིས་ནི་ཁྱབ་པར་བཤད། །ཞེས་པ་བཞིན་ནོ། །ཏི་སེ་ནི་མངོན་པ་ནས་བཤད་པའི་གངས་ཅན་ཡང་མིན་ལ། དུས་འཁོར་ནས་བཤད་པའི་གངས་ཅན་ཡང་མིན་པར་སྟོན་གྱི་དེ་གཉིས་གཅིག་ཅེས་མ་གསུངས་པའི་ཕྱིར་རོ། །

བཞི་པ་ནི། ཙ་རི་ཏྲ་ཞེས་བྱ་བའི་ཡུལ་ལྷོ་ཕྱོགས་རྒྱ་མཚོའི་འགྲམ་ན་ཡོད་ཀྱི། ཙ་རི་ཙ་གོང་དེ་མ་ཡིན་ནོ། །དེ་བི་ཀོ་ཊ་ལ་གནས་གཞན་གཉིས་ཡོད་པའི་ཆེ་ལོས་རྒྱ་གར་ཤར་ཕྱོགས་ན་ཡོད། ཆུང་བ་ཞིག་ཡོད་པ་ཙ་རི་ཙ་གོང་ཡིན་ནོ་ཞེས་ལ་ལ་སྨྲའོ། །རྡོ་རྗེ་མཁའ་འགྲོའི་རྒྱུད་ལས་ནི། དེ་བི་ཀོ་ཊར་ཧ་ཏུའི་གནས་ཞེས་གསུངས་པ་ནི། ཡུལ་དེ་ན་ཧ་ཏུའི་ཤིང་ཡོད་ཞེས་པའོ། །གཞན་ཡང་དེ་ཉིད་ལས་བོད་ཀྱི་ཡུལ་ན་ལྷན་ཅིག་སྐྱེས་མ་ཞེས་པའི་ལྷ་མོ་ནི་རྗེ་བའི་ཕུག་པ་ལ་བརྟེན་ཏེ་གནས་སོ། །དེ་བི་ཀོ་ཊའི་ཡུལ་དེར་གནས་པའི་ལྷ་མོ་ནི། ཧ་ཏུའི་ཤིང་ལ་བརྟེན་ནས་གནས་སོ་ཞེས་པ་གསུངས་ཏེ། དེ་ཡང་གྲེན་དུ་འབར་སྒྲ་ཞེས་བྱ་བ། ཀླུ་ཏྲ་པ་ལ་བརྩེགས་པ་ཆེ། །དེ་བི་ཀོ་ཊི་ར་རྣ་མོ་ཆེན། །སྟོབས་པོ་ཆེའི་སྐྱེ་གནས་བྱུང་། །ལྷ་མོ་ལག་ན་མདུང་ཅན་ཏེ། །རྣལ་འབྱོར་དབང་ཕྱུག་ཀུན་གྱི་མཆོག །གནས་དེར་ལྷ་མོ་དྲག་ཆེན་མོ། །བ་ཏའི་ཤིང་ལ་བརྟེན་ཏེ་གནས། །བོད་ཡུལ་དུ་ནི་ལྷན་སྐྱེས་ཏེ། །རང་བྱུང་གི་ནི་སྐྱེ་གནས་བྱུང་། །ཆུ་སྲིན་རྒྱལ་མཚན་ལག་ན་ཐོགས། །ཞི་ཞིང་གསལ་བའི་གཟུགས་ཅན་དེ། །ཡུལ་དེར་གནས་པའི་ལྷ་མོ་དེ། །བྲག་གི་ཁྱིམ་ལ་བརྟེན་ཏེ་གནས། །ཞེས་སོ། །ཙ་རི་ཙ་གོང་དེའི་ཕྱོགས་ན་ཧ་ཏུའི་ཤིང་ཡོད་ན་དེ་བི་ཀོ་ཊའི་ཡུལ་དུ་འགལ་བ་མེད་དོ། །

གོང་མ་ཐམས་ཅད་ཀྱི་མཇུག་བསྡུ་བ་ནི་ཏི་སེ་དང་ནི་ཙ་རི་དང་ལ་སོགས་པ་ཞེས་པའི་སྐབས། དེ་ལྟ་བུ

གཞན་ཡང་བཟུང་ངོ་། །དེ་དག་གལ་ཏེ་རྒྱུད་ནས་གསུངས་པའི་གནས་ཆེན་ཡིན་ན་ཡང་ཡུལ་དེར་བྱང་ཆུབ་བསྒྲུབ་པའི་ཕྱིར་འགྲོ་བའི་གང་ཟག་ནི་སྔར་བཤད་པ་ལྟར། དང་པོ་དབང་བསྐུར་ཐོབ་ཅིང་དམ་ཚིག་དང་ལྡན་པ། བཟོད་དང་བཟོད་འི་ལན་ཤེས་ཤིང་རིམ་གཉིས་ཀྱི་རྟོགས་པ་བརྟན་པ་དྲོད་ཐོབ་པ་ཡིས། སྤྱོད་པའི་དོན་དུ་རྒྱུ་བར་རྒྱུད་ལས་གསུང་གི། དེ་ལྟ་མིན་པར་དབང་མ་ཐོབ། དམ་ཚིག་མི་ལྡན་རིམ་གཉིས་མི་བསྒོམ་བཟོད་དང་བཟོད་འི་ལན་མི་ཤེས་པའི་གང་ཟག་གིས། ཡུལ་དེར་འགྲོ་བ་རྒྱུད་དང་བསྟན་བཅོས་ལས་བཀག་སྟེ། དབང་མེད་ན་ནི་དངོས་གྲུབ་མེད། །ཞེས་སོགས་དང་། གང་ཞིག་དེ་ཉིད་མེད་བཞིན་དུ། །ངོ་མཚར་ཆེ་བ་ལྟར་བྱེད་པ། །ཧེ་སྲིད་ནམ་མཁའ་མི་འཇིག་པ། །ཤི་བའི་འོག་ཏུ་དམྱལ་བར་སྐྱེ། །ཞེས་གསང་བ་གྲུབ་པ་ལས་གསུངས་པ་ལྟར་རོ། །དཔེར་ན་གཏེར་གྱི་ཁ་བྱང་དང་སྙིང་བྱང་མེད་པར་གཏེར་འདོན་ན་ནོར་མི་ཐོབ་ཅིང་། བར་ཆད་འབྱུང་བ་ལྟར་གང་ཟག་དེ་ལྟ་བུས་ཀྱང་དངོས་གྲུབ་ཀྱི་ཕྱིར་ཡུལ་དེ་དག་ཏུ་ཕྱིན་ན། དངོས་གྲུབ་མི་ཐོབ་ཅིང་བར་ཆད་འབྱུང་བའོ། །

གསུམ་པ་ཐོབ་བྱ་འབྲས་བུ་ལ་འཁྲུལ་པ་དགག་པ་ལ་གཉིས་ཏེ། རྒྱུ་འབྲས་ཀྱི་འབྲེལ་པ་ལ་འཁྲུལ་པ་དགག །འབྲས་བུ་རང་གི་ངོ་བོ་ལ་འཁྲུལ་པ་དགག་པའོ། །དང་པོ་ལ་གཉིས་ཏེ། དཀར་པོ་ཆིག་ཐུབ་ལས་སྐུ་གསུམ་འབྱུང་བ་དགག །རྒྱུ་འབྲས་འཁྲུལ་བའི་རྣམ་གཞག་གཞན་ཡང་དགག་པའོ། །དང་པོ་ལ་གསུམ་ཏེ། རིགས་པས་དགག །ལུང་གིས་དགག །བཀག་པའི་དོན་བསྡུ་བའོ། །དང་པོ་ནི་ཁ་ཅིག་དཀར་པོ་ཆིག་ཐུབ་སྟེ། སྟོང་པ་ཉིད་བསྒོམ་ཞིང་། སེམས་ངོ་འཕྲོད་པ་ཙམ་ལས། འབྲས་བུ་སྐུ་གསུམ་འབྱུང་ངོ་ཞེས་ཟེར་ཏེ། རྐྱེན་མེད་པའི་རྒྱུ་གཅིག་ལས་འབྲས་བུ་འབྱུང་མི་នུས་ཏེ། མྱུ་གུ་ལ་སོགས་པའི་འབྲས་བུ་ཕལ་པའང་། ས་དང་ས་བོན་ལ་སོགས་པའི་རྒྱུ་རྐྱེན་དུ་མ་ལས་འབྱུང་བར་མངོན་སུམ་གྱིས་གྲུབ་ན། འབྲས་བུའི་མཆོག་སངས་རྒྱས་ལྟ་སྨོས་ཀྱང་ཅི་དགོས། ཚད་མ་རྣམ་འགྲེལ་ལས། གཅིག་ལས་གཅིག་ནི་སྐྱེ་མི་སྲིད། །འབྲས་བུ་ཚོགས་པ་དག་ལས་འབྱུང་། །ཞེས་དང་། སྐྱེས་རབས་ལས་ཀྱང་། རྒྱུ་གཅིག་གིས་ནི་ཀུན་འགྲུབ་པའི། །འབྲས་བུ་གང་ནའང་ཡོད་མ་ཡིན། །ལྟ་རྣམས་ཀྱིས་ནི་བྱས་པ་ཡང་། །རྒྱུ་རྐྱེན་གཞན་ལ་ལྟོས་པ་ཡོད། །ཞེས་དང་། སྤྱོད་འཇུག་ལས། རྐྱེན་གཅིག་གིས་ནི་ཀུན་នུས་པ། །གང་ནའང་ནི་ཡོད་མ་ཡིན། །སྣ་ཚོགས་རྐྱེན་ལས་སྐྱེས་པ་ཡི། །སྒྱུ་མ་དེ་ཡང་སྣ་ཚོགས་ཉིད། །ཞེས་སོ། །གལ་ཏེ་ཆིག་ཐུབ་ལྟ་བུའི་རྒྱུ་གཅིག་ལས་འབྲས་བུ་ཞིག་བྱུང་ནའང་འབྲས་བུ་དེའང་ཉན་ཐོས་ཀྱི་འགོག་པ་སྟེ། མྱ་ངན་ལས་འདས་པ་བཞིན་དུ། ལས་ཉོན་ལས་བྱུང་བའི་ཕུང་པོ་ཟད་པ་ཙམ་གྱི་གཅིག་ཏུ་འགྱུར་གྱི་སྐུ་གསུམ་དུ་མི་འགྱུར་རོ། །འང་ཞེས་པ་སྒྲོན་སྒྲ་མར་ཟད་དོ། །འགའ་ཞིག་ཆིག་ཐུབ་བསྒོམ

པ་ཡི་རྗེས་ལ་བསྔོ་བ་བྱ་དགོས་ཟེར་རོ། །འོན་ཆེག་ཐུབ་མ་ཡིན་པར་གཉིས་སུ་འགྱུར་རོ། །སྟོང་ཉིད་རྐྱང་པ་ནམ་མཁའ་ལྟར་བསྔོ་རྒྱུ་མེད་པས། བསྔོ་རྒྱུའི་དགེ་བར་འགྲོ་བ་དེ་ལ་སྐྱབས་སུ་འགྲོ་བ་དང་སེམས་བསྐྱེད་དང་། ཡི་དམ་ལྷ་བསྒོམ་པ་དང་། བླ་མའི་རྣལ་འབྱོར་ལ་སོགས་པ་དགོས་པས་དེ་རྣམས་བྱེད་ན་ཆེག་ཐུབ་མ་ཡིན་པར་དུ་མར་འགྱུར་ལ། མི་བྱེད་ན་དགེ་བ་མ་བྱས་པ་ལ་བསྔོ་རྒྱུ་མེད་དེ། གྱུར་ཅིག་ཀྱང་པས་ཅི་ལ་ཡང་མི་ཕན་པས་སོ། །དེས་ན་ཆེག་ཐུབ་འདི་འདྲའི་ལུགས་རྫོགས་སངས་རྒྱས་ཀྱིས་མདོ་རྒྱུད་ནས་གསུངས་པ་མེད་དེ། རིགས་པ་དང་འགལ་བ་མི་གསུངས་པའི་ཕྱིར་རོ། །གལ་ཏེ་ཐུབ་པ་ཉིད་ཀྱིས་གསང་བ་བསམ་གྱིས་མི་ཁྱབ་པ་ལས། སེམས་ཅན་ཀུན་གྱི་བསོད་ནམས་ཀྱི། །ཕུང་པོ་རི་སྐྱེད་ཡོངས་གཟུང་བ། །དེ་སྐྱེད་བྱང་ཆུབ་སེམས་དཔའ་ཡི། །བྱང་ཆུབ་སེམས་ལས་རབ་ཏུ་འབྱུང་། །བྱང་ཆུབ་སེམས་ཀྱི་བསོད་ནམས་ཀྱི། །ཕུང་པོ་རི་སྐྱེད་བརྗོད་པ་བས། །དམ་པའི་ཆོས་ནི་ཡོངས་འཛིན་ན། །དེ་བས་བསོད་ནམས་ཆེས་མང་ངོ་། །དམ་ཆོས་འཛིན་པའི་བསོད་ནམས་ནི། །སངས་རྒྱས་ཀུན་གྱི་ནན་ཏན་དུ། །བསྐལ་པ་བྱེ་བར་བརྗོད་མཛད་ཀྱང་། །ཐ་མར་ཕྱིན་པར་འགྱུར་མ་ལགས། །དམ་པའི་ཆོས་ནི་འཛིན་པ་དང་། །བྱང་ཆུབ་སེམས་ཀྱི་བསོད་ནམས་དེ། །སྟོང་པ་ཉིད་ལ་མོས་པ་ཡི། །བཅུ་དྲུག་ཆར་ཡང་མི་ཕོད་དོ། །ཞེས་དང་། སྡུད་པ་ལས། མཁས་པ་གང་ཞིག་བསླབ་ཀུན་ཕ་རོལ་འགྲོ་འདོད་པས། །སངས་རྒྱས་བསླབ་པ་ཤེས་རབ་ཕ་རོལ་ཕྱིན་འདིར་སློབས། །ཞེས་དང་། ཡེ་ཤེས་རྒྱལ་སྒོ་ཐབས་དང་རྩ་བ་རི་སྙེད་པ། །དེ་ཀུན་ཤེས་རབ་ཕ་རོལ་ཕྱིན་པའི་མཆོག་ལས་བྱུང་། །ཞེས་དང་། དབུ་མ་ལས། ལས་དང་ཉོན་མོངས་ཟད་པས་ཐར། །ལས་དང་ཉོན་མོངས་རྣམ་རྟོག་ལས། །དེ་དག་སྤྲོས་ལས་སྤྲོས་པ་ནི། །སྟོང་པ་ཉིད་ཀྱི་འགག་པར་འགྱུར། །ཞེས་དང་། མངོན་རྟོགས་རྒྱན་ལས། ཡང་དག་མཐོང་ན་རྣམ་པར་གྲོལ། །ཞེས་དང་། རྣམ་འགྲེལ་ལས། སྟོང་ཉིད་ལྟ་བས་གྲོལ་འགྱུར་གྱི། །བསྒོམ་པ་ལྷག་མའང་དེ་དོན་ཡིན། །ཞེས་སོགས་སྟོང་ཉིད་རྟོགས་པ་ཁོ་ན་བསྟགས་ཤིང་། མ་ཡིག་ཤོག་གྲངས་ཨམ་ཡིག་ ༣༨༩ ཡིན། ༧ འབྲུག་པ་ཁ་ཅིག །རྣམ་སྣང་མངོན་བྱང་དང་། སྒོམ་རིམ་བར་མ་དང་ངེད་ཀྱི་འདི་མཐུན་ཞིང་གནད་གཅིག་ཟེར། དེ་ནི་མི་རིགས་ཏེ། ལུང་གཉིས་པ་ནི། སྐྱབས་སེམས་ཕྱིན་དྲུག་སོགས་ཐབས་སུ་བྱས། སྟོང་ཉིད་ཤེས་རབ་ཏུ་བྱས་ཏེ། ཐབས་ཤེས་གཉིས་ཕན་ཚུན་གཅིག་གིས་གཅིག་སྐྱེད་པའི་གྲོགས་སུ་བྱེད། གཅིག་གིས་གཅིག་གི་གེགས་སེལ་དུ་སྦྱར་ནས་ཉམས་སུ་ལེན་པར་བཤད་པ་བཞིན་བཀའ་གདམས་པའི་དགེ་བའི་བཤེས་གཉེན་རྣམས་ཀྱིས་ཀྱང་བཞེད་ལ། ཁྱེད་ལྟར་ན་མི་འདོད་པར་དཀར་པོ་ཆིག་ཐུབ་ཏུ་འདོད་པའི་ཕྱིར་རོ། །ཁྱེད་ཀྱི་བསམ་པ་ལ་དཀར་པོ་ཆིག་ཐུབ་ཀྱི་མཚང་དེ་ས་སྐྱ་པ་པས་བཅོར་སྐམ་ནས་ལྷང་སླས་སྣ་ཚོགས་བྱས་ཤིང་བྱེད་མོད་ཀྱང་། དེའི་མཚང་ནི། སྔོན་གྱི་བཀའ་གདམས་པ་རྣམས་ཀྱི་གསུང་འཁྲུལ་ལས་ཀྱང་འབྱུང་ལ། ཁྱད་པར་པོ་ཏོ་བའི་དཔེས་སློབ་འོད་འཛེ་བའི་ལམ་རིམ་ལས། ད་ལྟ་ཆོས་གཅིག་ཤེས་རབ་གཅིག་ཕུས

ཆོག་ཟེར། མདོ་དང་བསྟན་བཅོས་ཐམས་ཅད་ནས་ཤེས་རབ་གཅིག་པུས་ཆོག་པར་མ་གསུངས། ཟབ་ཞོས་ཁོ་ན་ཡུམ་གྱི་མདོ་ཡིན་ཏེ་མཁྱེན་གསུམ་སྟོང་བ་ཟབ་མོ་ཆེ་སེ་ཙར། རྣམ་ཀུན་མངོན་རྫོགས་སྦྱོར་བའི་རྟེན་གཏན་ལ་དབབ་པ་མང་པོ། ལྐོ་ཟ་མཁས་པ་བྱ་ན་དང་ཟན་སྤྲེལ་ནས་ཟ་བ་བཞིན་ཏུ་ཐབས་དང་ཤེས་རབ་ཟུང་འཇུག་ཁོ་ནར་གསུང་ཞེས་སོགས་དང་། དེར་ལུང་དྲངས་པར་ཡང་། ཐབས་གོམས་དབང་གི་བདག་ཉིད་ཀྱིས། །གང་གི་ཤེས་རབ་རྣམ་སྒོམ་པ། །དེས་ནི་བྱང་ཆུབ་མྱུར་དུ་འཐོབ། །ཅེས་དང་། འཕགས་པ་ཀླུ་སྒྲུབ་ཀྱིས། དེ་ཉིད་ཆོལ་བ་ཐོག་མར་ནི། །ཐམས་ཅད་ཡོད་ཅེས་བརྗོད་པར་བྱ། །དོན་རྣམས་རྗོགས་ཤིང་ཆགས་མེད་པ། །ཕྱིས་ནི་རྣམ་པར་དབེན་པའོ། །ཅེས་དང་། འདི་གཉིས་གཙོ་བོ་ཤེས་རབ་སྟེ། །དེ་ཡི་སྔོན་འགྲོ་དད་པ་ཡིན། །ཅེས་སོགས་དྲངས་ནས་རྒྱ་ཆེར་བཤད་པ་རྣམས་ཀྱིས་མཁྱེན་གྱི་གྲུབ་མཐའ་སྲུན་ཕྱུང་བས་སོ། །དེ་ཙམ་གྱིས་གྲོལ་བར་གསུངས་པ་དང་འགལ་ལོ་ཞེ་ན། དེ་ནི་དགོངས་གཞི་ཐབས་དང་བཅས་པའི་སྟོང་ཉིད་སངས་རྒྱས་ཀྱི་རྒྱུ་ཡིན་པ་ལ་དགོངས་དགོས་པ་དངོས་པོ་ལ་བདེན་པར་འཛིན་པ་ལྡོག་པའི་ཕྱིར་ཡིན་གྱི་དངོས་ནི་མ་ཡིན་ཏེ། ལུང་རིགས་ཀྱིས་གནོད་པའི་ཕྱིར་རོ། །དེས་ན་སངས་རྒྱས་ལ་ཕྱག་འཚལ་ལོ་ཞེས་བརྗོད་པ་ཙམ་གྱིས་འཁོར་བ་ལས་ཐར་པར་འགྱུར་རོ་ཅེས་པ་དང་། དེ་བཞིན་མཆོད་རྟེན་ལ་བསྐོར་བ་དང་ཕྱག་བྱས་པས། དེ་ལས་ཐར་ཅེས་གསུངས་པ་དང་སངས་རྒྱས་ཀྱིས་རྟེན་ཅིང་འབྲེལ་བར་འབྱུང་བའི་སྙིང་པོ་ཙམ་ཞིག་ཐོས་པའམ་བརྗོད་པས་ངན་འགྲོ་ལས་ཐར་པ་དང་། སོགས་པས་སངས་རྒྱས་ཀྱི་མཚན་ཐོས་པ་དང་། གཟུངས་སྔགས་ཀྱི་ཡིག་འབྲུ་འགའ་ཞིག་དྲན་པ་ཙམ་གྱིས་སྡིག་པ་ཀུན་ལས་གྲོལ་བར་འགྱུར་རོ་ཞེས་མདོ་ལས་གསུངས་ཏེ། དམ་པའི་ཆོས་པད་མ་དཀར་པོ་ལས། མཆོད་རྟེན་དེ་ལ་གང་གིས་ཐལ་མོ་སྦྱར། ། ཡོངས་སུ་ཚངས་བའམ་ཐལ་མོ་ཡ་གཅིག་གམ། །ཡང་ན་མགོ་བོ་སྐད་ཅིག་བཏུད་པ་དང་། །དེ་བཞིན་ལན་ཅིག་ལུས་ཀྱང་བཏུད་པ་དང་། །གང་གིས་རིང་བསྲེལ་གནས་པ་དེ་དག་ལ། །གཡེངས་པའི་སེམས་ཀྱིས་ཕྱག་འཚལ་སངས་རྒྱས་ཞེས། །ཚིག་གཅིག་ལན་འགའ་བརྗོད་པ་བྱེད་པ་ཡང་། །དེ་དག་ཀུན་གྱིས་བྱང་ཆུབ་མཆོག་འདི་ཐོབ། །ཞེས་དང་། མཆོད་རྟེན་བསྐོར་བའི་གཟུངས་ལས། གཟུངས་འདི་ལན་ཅིག་བརྗོད་པས། ཕྱོགས་བཅུ་དུས་གསུམ་གྱི་དཀོན་མཆོག་གསུམ་ལ་ཕྱག་འཚལ་ཞིང་བསྐོར་བ་བྱས་པར་འགྱུར་རོ། །ཐོག་མ་མེད་པ་ནས་བསགས་པའི་སྡིག་པ་ཐམས་ཅད་དག་པར་འགྱུར་རོ་ཞེས་དང་། རྟེན་འབྲེལ་སྙིང་པོ་ལས། སྙིང་པོ་འདི་ལན་གཅིག་བརྗོད་པས་སྡིག་པ་ཐམས་ཅད་བྱང་བར་འགྱུར་རོ། །མི་མཐུན་པའི་ཕྱོགས་ཐམས་ཅད་ཞི་ཞིང་བཟློག་པར་འགྱུར་རོ་ཞེས་དང་། དེ་བཞིན་གཤེགས་པ་བདུན་གྱི་སྔོན་གྱི་སྨོན་ལམ་གྱི་ཁྱད་པར་རྒྱས་པའི་མདོ་ལས། ཀུན་དགའ་བོ་དེ་བཞིན་གཤེགས་པ་དེའི་མཚན། སུའི་རྣ་ལམ་དུ་གྲགས་པར་གྱུར་པ་དེ་ངན་འགྲོ་ངན་སོང་དུ་འགྲོ་བར་འགྱུར་བ་ནི་གནས་མེད་དེ་གོ་སྐབས་མ་ཡིན་ནོ་ཞེས་དང་། གསེར་འོད་དམ་པའི་མདོ་ལས། གང་

གིས་བསྐལ་པ་སྟོང་རྣམས་སུ། །སྡིག་པ་ཤིན་ཏུ་མི་བཟད་བགྱིས། །ལན་གཅིག་རབ་ཏུ་བཤགས་པ་ཡིས། །དེ་དག་ཐམས་ཅད་བྱང་བར་འགྱུར། །ཞེས་དང་། དོན་ཞགས་པ་རོལ་ཕྱིན་པ་དྲུག་གི་གཟུངས་ལས། གཟུངས་འདི་སེམས་ཅན་དུ་གྱུར་པ་ཐམས་ཅད་ལ་བཟོད་པ་ཆེན་པོ་དང་། སྙིང་རྗེ་ཆེན་པོ་དང་། བརྩེ་བའི་སེམས་ཀྱིས་སེམས་ཅན་དམྱལ་བར་གནས་པ་དང་། ཡི་དྭགས་སོང་གི་སྐྱེ་གནས་སུ་རྟོགས་པའི་རི་དྭགས་དང་། བྱ་གང་དག་འདས་པ་གང་ཡིན་པ་དང་། གནས་པ་གང་ཡིན་པ་དང་། སྐྱེ་བ་གང་ཡིན་པ་སྟེ་དེ་རྣམས་ལ་སྙིང་རྗེ་བའི་ཕྱིར་གང་ཞིག་གཟུངས་ཀྱི་ཚིག་དྲན་པར་བྱེད་ན། དམྱལ་བའི་སེམས་ཅན་ལས་ཐར་བར་འགྱུར་ཞིང་། སྐྱེ་བོ་མང་པོ་རྣམས་གནས་པ་གང་ཡིན་པ་རྣམས་གྲོལ་བར་འགྱུར་རོ་ཞེས། གསུངས་པའི་དགོངས་པའི་དོན་མ་ཤེས་པར་སངས་རྒྱས་ཀྱི་འདི་ཁོ་ནས་ཚིག་ཤེས་པའི་ཚིག་འབྲུ་ཙམ་ལ་བརྟེན་ནས་ཟབ་ཅིང་རྒྱ་ཆེ་བའི་ཆོས་གཞན་སྤྱང་བར་མི་བྱ་སྟེ། ཆོས་སྤོང་གི་ལས་སུ་འགྱུར་བས་སོ། །

མདོ་སྡེ་རྒྱན་ལས། དོན་སྒྲ་ཇི་བཞིན་ཡོངས་རྟོགས་ན། །བདག་ཉིད་སྙེམས་ཤིང་བློ་ཉམས་འགྱུར། །ལེགས་པར་གསུངས་པའང་སྤྱངས་པས་ན། །བརླག་འགྱུར་ཆོས་ལ་ཁོང་ཁྲོ་སྒྲིབ། །ཞེས་སོ། །དཔེར་ན་མདས་དགྲ་གསོད་ཟེར་ཡང་། མདའ་རྐྱང་པ་ལ་ནི་བཟང་ཡང་དགྲ་གསོད་པའི་བྱེད་པ་མེད་ལ། གཞུ་བཟང་པོ་དང་སྐྱེས་བུ་འཕེན་པ་ལ་མཁས་པ་ཡོད་པར་གྱུར་ན། དེ་ཡིས་དོན་འདོད་པའི་བྱ་བ་དགྲ་སོད་པ་འགྲུབ་པ་དེ་བཞིན་དུ་སྟོང་པ་ཉིད་བསྒོམས་པ་རྐྱང་པ་ལ་སངས་རྒྱ་བའི་བྱེད་པ་ཅི་ཡང་ཡོད་པ་མ་ཡིན་ཞིང་། ཐབས་བསོད་ནམས་ཀྱི་ཚོགས་རྒྱ་ཆེན་པོའི་རིམ་པ་གཉིས་དང་སྟོང་ཉིད་རྟོགས་པའི་ཤེས་རབ་ལེགས་པར་འབྲེལ་ན། གནས་སྐབས་ཀྱི་འདོད་པའི་འབྲས་བུ་ས་བཅུའམ་བཅུ་གཉིས་དང་། མཐར་ཐུག་སངས་རྒྱས་ཀྱི་ས་རིམ་པ་བཞིན་འཐོབ་བོ། །

གཉིས་པ་ནི་འཕགས་པ་ཛྙཱ་ཧྲི་གུར་ལས་འདི་སྐད་གསུངས་ཏེ། གལ་ཏེ་སྟོང་པ་ཉིད་ཁོ་ན་ཐབས་ཡིན་པར་བསམས་ནས་བསྒོམ་ན། དེའི་ཚེ་སངས་རྒྱས་ཉིད་མི་འགྱུར་སྟེ། འདི་ལྟར་འབྲས་བུ་རྒྱུ་ལས་རིགས་གཞན་མིན་པ་སྟེ་དེ་དང་རིགས་མཐུན་པའི་ཕྱིར་དང་། དེ་ཡང་བདེ་སྟོང་ཟུང་འཇུག་གི་སྐུ་ཡིན་པའི་ཕྱིར་རོ། །དེས་ན་སྟོང་པ་ཉིད་འབའ་ཞིག་ནི་སངས་རྒྱས་ཀྱི་ཐབས་མ་ཡིན་ནོ། །འོ་ན་སྟོང་ཉིད་བསྒོམ་པར་གསུངས་པའི་རྒྱུ་ཅི་ཞིག་ཡིན་ཞེ་ན། ཕྱིར་མཐར་འཛིན་གྱི་ལྟ་བ་རྣམས་ལས་བཟློག་པ་དང་། བྱེ་བྲག་ཏུ་སྨྲ་སྟེགས་ཅན་སྐྱེས་བུ་དམ་པ་མ་ཡིན་པ་བརྟེན་པ་ལ་སོགས་པས། བདག་ཏུ་ལྟ་བ་འཚོལ་ཞིང་དོན་དུ་གཉེར་བ་རྣམས་ཀྱི་བདག་ཏུ་ཞེན་པའི་བསམ་པ་ཕྱིན་ཅི་ལོག་བཟློག་པའི་ཕྱིར་རྒྱལ་བ་རྣམས་ཀྱིས་སྟོང་པ་ཉིད་གསུང་གི། སྟོང་པ་ཉིད་རྐྱང་པས་སངས་མི་རྒྱ་བར་དེ་ལ་ཐབས་ཟབ་མོ་དགོས་ཏེ། དཔེར་ན་བགྲུས་སྨན་གྱིས་ནད་འཇིབ་ཞིང་བཟའ་བཏུང་གིས

ཀྱང་བརྟན་པར་བྱེད་པ་བཞིན་ནོ། །འོ་ན་གསང་སྔགས་པའི་ལུགས་ཀྱི་ཐབས་གང་གིས་སངས་རྒྱ་ཞེ་ན། བཤད་མ་ཐག་པ་དེ་ཕྱིར་དཀྱིལ་འཁོར་གྱི་འཁོར་ལོ་བསྐྱེད་པའི་རིམ་པ་ཞེས་བྱ་བ་དང་། མཆོག་ཏུ་མི་འགྱུར་བའི་བདེ་བའི་སྡོམ་པ་སྟེ་དེ་སྨིན་པར་བྱེད་པ་རྫོགས་པའི་རིམ་པ་ནི་སངས་རྒྱས་ཀྱི་ཐབས་ཏེ། དེ་དང་སྟོང་ཉིད་ཟུང་འཇུག་ཏུ་བསྒོམས་པས་བདེ་སྟོང་གི་སྐུ་འགྲུབ་པའི་ཕྱིར་ཏེ། རང་ཉིད་ཀྱི་ལུས་སངས་རྒྱས་ཀྱི་གཟུགས་སྐུར་ང་རྒྱལ་ཏེ་བསྒོམ་པ་བསྐྱེད་རིམ་གྱི་རྣལ་འབྱོར་དང་། སེམས་ཆོས་སྐུར་བསྒོམ་པ་རྫོགས་རིམ་གྱི་རྣལ་འབྱོར་གྱིས་སྐུ་གཉིས་ཟུང་འཇུག་གི་སངས་རྒྱས་ཉིད་དུ་ངེས་པར་འགྲུབ་ཅིང་། དེ་ཡང་སྟོང་ཉིད་མ་འབྲེལ་ན་སྲིད་པར་འཆིང་བས་སོ། །དེ་ལ་སོགས་པ་རྒྱུད་དེ་རྣམས་ལས་ཐབས་ཤེས་ཟུང་འཇུག་གི་ལམ་ཤིན་ཏུ་གསལ་བར་གསུངས་ཏེ། ཀྱཻའི་རྡོ་རྗེ་ལས། ཐབས་དང་ཤེས་རབ་བདག་ཉིད་རྒྱུད། །དེ་ནི་ང་ཡིས་བཤད་ཀྱིས་ཉོན། །ཞེས་པ་ལ་སོགས་པ་ལྟ་བུའོ། །རྣམ་པར་སྣང་མཛད་མངོན་པར་བྱང་ཆུབ་པའི་རྒྱུད་ལས་ཀྱང་། ཐབས་སྙིང་རྗེ་ཆེན་པོ་དང་མི་ལྡན་པའི་སྟོང་ཉིད་ཀྱི་ཡེ་ཤེས་དང་། དེའི་རྗེས་གཞན་གནོད་སྤོང་བའི་བསླབ་པ་དག་ཀྱང་གསུངས་པ་ནི་སྲིད་ཞིའི་གཡུལ་ངོ་བཟློག་པའི་དཔའ་བོ་ཆེན་པོ་སངས་རྒྱས་ཀྱིས་ཐབས་རྒྱ་ཆེན་པོས་སྐྲག་པའི་ཉན་ཐོས་རྣམས་ཐེག་པ་ཆེན་པོ་དེ་ལ་རིམ་གྱིས་གཞུག་པའི་ཕྱིར་གསུང་གི། དེ་ཙམ་གྱིས་འཁོར་བ་ལས་གྲོལ་བ་ནི་མ་ཡིན་ནོ། །འདིར་མདོ་རྒྱུད་རྣམས་དང་། དབུ་མའི་བསྟན་བཅོས་ཀྱི་དགོངས་པ་ཉན་རང་གི་ལམ་གྱི་ཉོན་མོངས་པ་དང་། དེས་ཀུན་ནས་བསླངས་པའི་ལས་ལས་བྱུང་བའི་སྐྱེ་བ་ཟད་པར་བྱེད་ཀྱང་མ་རིག་བག་ཆགས་ཀྱི་ས་དང་། ཟག་པ་མེད་པའི་ལས་ལས་བྱུང་བའི་ཡིད་ཀྱི་རང་བཞིན་གྱི་ལུས་དང་། བསམ་གྱིས་མི་ཁྱབ་པར་བསྒྱུར་བའི་སྐྱེ་འཆི་ལས་གྲོལ་བར་ནི་མི་བྱེད་དེ། དེ་ལ་བདག་མེད་གཉིས་བསྐལ་པ་གྲངས་མེད་མང་པོར་བསྒོམ་དགོས་པའི་ཕྱིར་རོ། །ཇི་སྲིད་དུ་དེ་ལས་མ་གྲོལ་བ་དེ་སྲིད་དུ་མྱ་ངན་ལས་འདས་པ་མ་ཡིན་ནོ་ཞེས་པ་ཡིན་ཏེ། རྒྱུད་བླ་མ་ལས། ཇི་སྲིད་སངས་རྒྱས་མ་ཐོབ་པར། །མྱ་ངན་འདས་པ་མི་འཐོབ་སྟེ། །འོད་དང་འོད་ཟེར་སྤངས་ནས་ནི། །ཉི་མ་ལྟ་བར་མི་ནུས་བཞིན། །ཞེས་པ་ལྟར་རོ། །གང་གིས་གྲོལ་ཞེ་ན། གང་དག་དུས་གསུམ་དུ་བྱོན་གཤེགས་མཛད་པའི་འཇིག་རྟེན་གྱི་མགོན་པོ་སངས་རྒྱས་རྣམས་ཐབས་དང་ཤེས་རབ་དང་ལྡན་པའི་ལམ་གྱི་ཐེག་པ་ལ་བསླབས་ནས་འབྲས་བུའི་ཐེག་པ་ཆེན་པོ་བླ་སྟེ་གོང་ན་མེད་པ་རྒྱུ་རྐྱེན་གྱིས་འདུས་མ་བྱས་པའི་ཆོས་སྐུ་དང་། ལས་ཉོན་གྱིས་འདུས་མ་བྱས་པའི་གཟུགས་སྐུ་གཉིས་པོ་ནི། ཐབས་དེས་འཐོབ་པོ་ཞེས་གསུངས་པའང་ཤེས་པར་གྱིས་ཤིག །

རྒྱུད་ཉིད་ལས། གང་དག་འདས་པའི་སངས་རྒྱས་དང་། །དེ་བཞིན་གང་དག་མ་བྱོན་དང་། །གང་ཡང་

ད་ལྟའི་མགོན་པོ་རྣམས། །ཐབས་དང་ཤེས་རབ་ལྡན་པ་ལ། །བསླབས་ནས་བླ་མེད་བྱང་ཆུབ་ནི། །འདུས་མ་བྱས་པ་དེས་འཐོབ་པོ། །ཞེས་བཤད་དོ། །དཔལ་ཆོས་ཀྱི་གྲགས་པའི་རྣམ་འགྲེལ་ལས་ཀྱང་། ཐམས་ཅད་མཁྱེན་པར་འགྱུར་བའི་ཐབས་རིག་པའི་གནས་ལྔ་སློབ་པ་སོགས་མང་པོ་ཐོས་བསམ་བསྒོམ་པའི་རྣམ་པ་དུ་མར་བསྐལ་པ་གྲངས་མེད་གསུམ་ལ་སོགས་ཡུན་རིང་པོའི་དུས་སུ་བསྒོམས་པ་སྟེ་གོམས་པ་ཡིས། དེ་ཡིས་སྟོབས་གྲུབ་པ་ན་གང་ཟག་དེ་ལ། སྔར་གཉེན་གྱི་སྐྱོན་དང་ཡོན་ཏན་ཕྲ་ཞིང་ཕྲ་བ་དག་ཀྱང་མངོན་སུམ་དུ་རབ་ཏུ་གསལ་བ་ཉིད་དུ་འགྱུར་ཏེ། བཟོ་དང་ལས་ཀྱི་གནས་ལ་ལེགས་པར་སྦྱངས་པའི་སློབ་བུ་བཞིན་ནོ། །བཅོམ་ལྡན་འདས་ཀྱིས་ཀྱང་དེ་ལྟར་གོམས་པ་དེས་ན་ཤེས་བྱའི་གནས་ལ་ཐུགས་ཀྱང་ཤིན་ཏུ་གསལ་བའི་ཕྱིར་སྒྲིབ་གཉིས་ཀྱི་རྒྱུའི་བག་ཆགས་ལེགས་པར་སྤྱངས་པ་ཡིན་ནོ། །ཐུབ་པ་ཆེན་པོ་གཞན་གྱི་དོན་ལ་རྣམ་པ་ཐམས་ཅད་དུ་འཇུག་པ་ཅན་གྱི་བསེ་རུ་ལྟ་བུའི་རང་སངས་རྒྱས་དང་སོགས་པས་ཚོགས་སྤྱོད། ཉན་ཐོས་ལས་ཁྱད་པར་དུ་བྱེད་ཆོས་ནི། ཐབས་གོམས་པའི་མཐར་ཕྱིན་པས་ཐུགས་གསལ་བའི་ཕྱིར། བག་ཆགས་སྤྱངས་པ་ཡིན་ནོ། །ཐབས་གོམས་པ་དེ་ཐམས་ཅད་མཁྱེན་པའི་དོན་དེ་རྒྱུ་ཡིན་པའི་ཕྱིར་ན་ཐབས་གོམས་པ་མཐར་ཕྱིན་ནས་གཞན་ལ་སྟོན་པ་དེ་ཉིད་སྟོན་པ་སངས་རྒྱས་ཡིན་པར་བཞེད་དོ། །ཅེས་གསུངས་པའང་དོན་དེ་ཉིད་ཡིན་ནོ། །དེས་ན་ཐབས་མཁས་པ་སམ་མ་སྦྱངས་ན། སྟོང་ཉིད་རྟོགས་ཀྱང་ཤེས་བྱ་ཐམས་ཅད་མཁྱེན་པ་དང་། འཁོར་བ་ཇི་སྲིད་པར་གཞན་དོན་མཛད་པ་མི་སྲིད་དོ། །དཔེར་ན་ཟ་འོག་ལ་སོགས་པའི་ཐབས་ཀྱི་རྒྱུ་རྣམས་ཐལ་ཆེར་མཐུན་པ་སྟེ་འདྲ་ཡང་། སྣུན་གྱི་དབྱེ་བ་ལས་གོས་ཀྱི་བཟང་ངན་འབྱུང་བ་དེ་བཞིན་དུ། ལས་ཉོན་ལས་གྲོལ་བའི་རྒྱུ་སྟོང་པ་ཉིད་ནི་ཐེག་པ་གསུམ་ཐལ་ཆེར་མཐུན་ལ། ཉན་ཐོས། རང་སངས་རྒྱས། སངས་རྒྱས་ཏེ་འབྲས་བུ་གསུམ་པོའི་བཟང་ངན་ཐབས་ཀྱི་ཁྱད་པར་གྱིས་བྱེད་དོ། །ཐེག་པ་ཆེན་པོ་ཐུན་མོང་བ་ལྟར་ན་སྟོང་ཉིད་ཀྱི་ལྟ་བ་ཚེ་གསུམ་ལ་སོགས་པར་གོམས་པས་མྱ་ངན་ལས་འདས་པ་ཐོབ་ཅིང་། ཐུན་མོང་མ་ཡིན་པ་ལྟར་ན་དེ་ཉིད་ཀྱིས་མ་ཟིན་པར་བསྐལ་པ་གྲངས་མེད་གསུམ་ལ་སོགས་པར་གོམས་ན་མྱ་ངན་ལས་འདས་པ་ཐོབ་ཅིང་ཐབས་ལ་མཁས་པས་ཟིན་ན་རྫོགས་པའི་སངས་རྒྱས་ཐོབ་པོ། །དེས་ན་སངས་རྒྱས་ཐོབ་པར་འདོད་ན་ཐབས་མཁས་པ་ལ་ནན་ཏན་གྱིས་ཤིག །འདི་ལྟར་ཉན་ཐོས་དགྲ་བཅོམ་པ་དང་རང་སངས་རྒྱས་དང་རྫོགས་པའི་སངས་རྒྱས་རྣམ་པ་གསུམ་པོ། ཉོན་མོངས་པ་ལས་རྣམ་པར་གྲོལ་བར་མཚུངས་ན་ཡང་། རང་དོན་རྟོགས་པ་དང་གཞན་དོན་ཕྲིན་ལས་བཟང་ངན་གྱི་ཁྱད་པར་ཐབས་ཀྱི་ཁྱད་པར་གྱིས་ཕྱེ་བ་ཡིན་ཏེ། སྔར་བཤད་པ་ལྟར་རོ། །

དེ་ཡང་མདོ་སྡེ་རྒྱན་ལས་ནི། འདི་ལྟར་ཏེ། དཔེར་ན་གོས་གཅིག་སྣོད་དུ་ཚུད་པར་འདྲ་བར། མདུད་པ

མི་འདྲ་བའི་བྱེ་བྲག་གིས། དེ་ལ་མཚོན་བཀྲ་བ་དང་མི་བཀྲ་བར་གོས་པར་འགྱུར་བ་དེ་བཞིན་དུ། འཕགས་པ་གསུམ་པོ་ཉོན་མོངས་པ་ལས་གྲོལ་བར་མཚུངས་ཀྱང་སྨོན་ལམ་གྱི་འཕེན་པ་དང་། ཐབས་ཀྱི་དབང་གིས་རྣམ་པར་གྲོལ་བའི་ཡེ་ཤེས་བཀྲ་བ་དང་མི་བཀྲ་བ་དང་བར་མར་འགྱུར་རོ། །དེ་ཡང་། ཇི་ལྟར་མཚན་མོ་ལག་ནོམ་དང་། །ཁེབས་སྒྲོན་དེ་བཞིན་ཤེས་པ་གསུམ། །སྙིང་རྗེ་ཅན་གྱི་ཤེས་པ་ནི། །ཉི་མའི་ཟེར་བཞིན་མཚུངས་པ་མེད། །ཞེས་པ་ལྟར་འཛིག་རྟེན་པ་དང་ཉན་རང་གི་ཤེས་པ་རིམ་པ་བཞིན་ཡུལ་རྒྱ་ཆུང་ཞིང་མི་གསལ་བ་དང་མངོན་སུམ་མིན་པ་དང་། ཉེ་ཚེ་བའི་མངོན་སུམ་དང་། དྲི་བཅས་ཀྱི་མངོན་སུམ་དང་། བྱང་ཆུབ་སེམས་དཔའི་ཡེ་ཤེས་ནི་ཉི་མའི་འོད་ཟེར་ལྟར་དེ་དག་ལས་བཟློག་པར་གྱུར་པའོ། །དེ་སྐད་དུ་གསུངས་པའང་དོན་འདི་ཡིན་នོ། །སློབ་དཔོན་མ་ཏི་ཙི་ཏྲ་སྟེ་དཔའ་བོས་ཀྱང་བསེ་རུའི་རྭ་དང་འདྲ་བ་རང་སངས་རྒྱས་གང་ཡིན་པ་དང་། གང་ལ་ཁྱོད་ཀྱིས་བསྟན་པའི་རྗེས་སུ་འགྲོ་བའི་ངང་ཚུལ་ཡོད་པའི་སློབ་མ་ཉན་ཐོས་དག་ཀྱང་སྲིད་པའི་སྡུག་བསྔལ་དྲག་པོ་ཞི་བ་ཙམ་གྱིས་བཅོམ་ལྡན་ཁྱོད་མཚུངས་ཤིང་། སྟོབས་དང་མི་འཇིགས་པ་ལ་སོགས་བསམ་གྱིས་མི་ཁྱབ་ཅིང་། མཐའ་ཡས་པའི་ཡོན་ཏན་གྱི་ཚོགས་ཀྱིས་མཚུངས་པ་མིན་ནོ། །ཞེས་བསྟོད་པ་བརྒྱ་ལྔ་བཅུ་པ་ལས་གསུངས་པའང་དོན་འདི་ཡིན་ནོ། །

གསུམ་པ་ནི། དེས་ན་སངས་རྒྱས་ཐོབ་པར་འདོད་ན་སྟོང་པ་ཉིད་ལ་འདྲིས་པར་གྱིས་ལ་ཐབས་མཁས་པ་ལ་འབད་པས་སྒོམས་ཤིག །སྟོང་པ་ཉིད་ལ་འདྲིས་པར་བྱ་ཡིས། སྟོང་པ་ཉིད་མངོན་སུམ་མ་བྱེད་ཅེས་ཤེས་རབ་ཀྱི་ཕ་རོལ་ཏུ་ཕྱིན་པ་ལས་གསུངས་ཏེ། བརྒྱད་སྟོང་པ་ལས། རབ་འབྱོར་འདི་ལྟར་བྱང་ཆུབ་སེམས་དཔའ་སེམས་དཔའ་ཆེན་པོ་རྣམ་པ་ཐམས་ཅད་ཀྱི་མཆོག་དང་ལྡན་པའི་སྟོང་པ་ཉིད་ལ་རྟོག་མེད་ཀྱི་མངོན་སུམ་དུ་བྱའོ་སྙམ་དུ་མི་རྟོག་གོ། །ཡོངས་སུ་འདྲིས་པར་བྱའོ་སྙམ་དུ་རྟོག་གོ། །མངོན་སུམ་དུ་བྱ་བའི་དུས་འདི་མ་ཡིན་ནོ་སྙམ་དུ་རྟོག་གོ་ཞེས་སོ། །ཐབས་མེད་པར་སྟོང་ཉིད་རྐྱང་པ་བསྒོམས་པས་ནི་སྟོང་པ་ཉིད་ཀྱང་རྣལ་མར་རྟོགས་པར་མི་ནུས་ཏེ། དེ་ནི་ཚུལ་ཁྲིམས་དང་ཐོས་པ་སྔོན་དུ་འགྲོ་བའི་ཕྱིར་ཏེ། ཏིང་ངེ་འཛིན་རྒྱལ་པོ་ལས། ཏིང་འཛིན་རྒྱལ་པོ་སྟོང་པ་འདི་བསྒོམ་པ། །ཚུལ་ཁྲིམས་དག་པའི་མགོ་ལ་དེ་འདུག་སྟེ། །ཆོས་རྣམས་རྟག་ཏུ་རང་བཞིན་མཉམ་པར་བཞག །བྱིས་པ་མི་རིགས་བརྩོན་པས་མི་ཤེས་སོ། །ཞེས་དང་། བྱང་ཆུབ་སེམས་དཔའི་སྡེ་སྣོད་ལས། །ཐོས་པས་ཆོས་རྣམས་ཤེས་པར་བྱེད། །ཐོས་པས་སྡིག་ལས་ལྡོག་པར་བྱེད། །ཐོས་པས་དོན་མེད་སྤོང་བར་བྱེད། །ཐོས་པས་མྱ་ངན་འདས་པ་འཐོབ། །ཞེས་སོ། །རྒྱ་ལ་གལ་ཏེ་དེས་སྟོང་ཉིད་རྟོགས་ནའང་ཉན་ཐོས་ཀྱི་ནི་འགོག་པར་ལྟུང་། འཕགས་པ་དཀོན་མཆོག་བརྩེགས་པ་ལས། འདི་ལྟ་སྟེ་དཔེར་ན། སེང་གེ་ནི་

གཞན་གང་ལའང་མི་འཇིགས་མོད་ཀྱི། མེ་ཆེན་པོ་མཐོང་ན་འཇིགས་པ་སྐྱེའོ། །དེ་བཞིན་དུ་བྱང་ཆུབ་སེམས་དཔའ་ཆེན་པོ་ཡང་། ཆོས་གཞན་གང་ལའང་མི་འཇིགས་མོད་ཀྱི་སྟོང་པ་ཉིད་ལ་སྐྲག་པར་འགྱུར་རོ་ཞེས་གསུངས་ཤིང་། དེའི་དགོངས་པ་འདི་ལྟར་ཡིན་ཏེ། ཐབས་ལ་མཁས་པ་སྙིང་རྗེ་ཆེན་པོ་དང་བྲལ་བའི་སྟོང་པ་ཉིད་བསྒོམ་པ་གྲངས་མེད་གསུམ་ལ་སོགས་པ་གོམས་པར་བྱས་ན། དེ་ཉིད་ཀྱིས་ཉོན་མོངས་ཅན་དང་དེ་མ་ཡིན་པའི་མ་རིག་པ་ཐམས་ཅད་སྤངས་ཏེ། སེམས་སེམས་བྱུང་གི་འཇུག་པ་གཏན་དུ་ཞི་བར་ཞི་ནས་མྱ་ངན་ལས་འདས་པར་འགྱུར་བའི་ཕྱིར་དེ་ལ་སྐྲག་པའོ། །འདི་ཐལ་འགྱུར་བའི་ལུགས་ཡིན་གྱི་རྣམ་རིག་པ་དང་རང་རྒྱུད་པ་དག་བྱང་སེམས་ལ་དེ་ལྟར་འགྱུར་ཡང་ཉན་རང་གི་ཆོས་ཀྱི་བདག་མེད་མ་རྟོགས་པས་སོ། །ཉོན་མོངས་ཅན་མ་ཡིན་པའི་མ་རིག་པ་གཉེན་པོས་མི་སྤོང་ཡང་། ཉོན་མོངས་སྤངས་པ་ཉིད་ཀྱི་སྐྱེ་བ་མི་ལེན་པར་འདོད་ཅིང་། རང་རྒྱུད་པ་དེ་དག་ཤི་ནས་མ་རིག་བག་ཆགས་ཀྱི་ས་ལ་སོགས་པའི་དབང་གིས་སྐྱེ་བ་ལེན་ཅིང་། ཕྱིས་སངས་རྒྱས་ཀྱིས་བསྐུལ་ནས་ཐེག་ཆེན་གྱི་ལམ་ལ་ཞུགས་ཏེ། སངས་རྒྱས་ནས་རིག་པ་རྒྱུན་ཆད་པ་དང་མི་ཆད་པའི་ལུགས་གཉིས་ཡོད་ཅིང་། ལུང་དེའི་དགོངས་པ་བྱང་སེམས་ཀྱི་དབང་དུ་བྱས་པའོ་ཞེས་ཟེར་ཞིང་། དེས་ན་ས་བརྒྱད་པ་ལ་གནས་པའི་བྱང་སེམས་སངས་རྒྱས་ཀྱིས་འགོག་པ་ལས་སློང་བའི་དོན་ཡང་དེ་ཡིན་ཏེ། འཇུག་པ་ལས། རྒྱལ་བ་རྣམས་ཀྱིས་འགོག་ལས་སློང་བར་མཛད། །ཞེས་སོ། །

དོན་འདི་དག་ཐུབ་པ་དགོངས་གསལ་ལས། དེས་ན་མངོན་པར་རྫོགས་པར་འཚང་རྒྱ་བ་ལ་སྙིང་རྗེ་གཞུ་ལྟ་བུ་དང་། ཤེས་རབ་མདའ་ལྟ་བུ་དང་། ཐབས་མཁས་པ་སྐྱེས་བུ་འཕོང་སྐྱེན་པ་ལྟ་བུ་གསུམ་འཚོགས་དགོས་ཏེ། སློབ་དཔོན་ཙན་དྲ་གོ་མིས། ཨེ་མ་ཧོ་བཅོམ་ལྡན་རབ་དགེས་ཐུགས་རྗེ་ཡིས། །གཞུ་མོ་མདའ་བ་ཁྱོད་ལྟ་བཞུགས་ལགས་ཀྱང་། །ཞེས་བྱ་བ་དང་། འཕགས་པ་ཆོས་ཡང་དག་པར་སྡུད་པའི་མདོ་ལས། སྤྱན་རས་གཟིགས་དབང་ཕྱུག་གིས་གསོལ་པ། བཅོམ་ལྡན་འདས་བྱང་ཆུབ་སེམས་དཔའ་ཆོས་ཤིན་ཏུ་མང་པོ་ལ་བསླབ་པར་མི་བགྱིའོ། །བྱང་ཆུབ་སེམས་དཔའ་ཆོས་གཅིག་རབ་ཏུ་བཟུང་ཞིང་རྟོགས་པར་བགྱིས་ན་སངས་རྒྱས་ཀྱི་ཆོས་ཐམས་ཅད་དེའི་ལག་མཐིལ་དུ་མཆིས་པ་ལགས་སོ། །གཅིག་པུ་གང་ཞེ་ན། སྙིང་རྗེ་ཆེན་པོའོ་ཞེས་བྱ་བ་ལ་སོགས་པ་ལགས་སོ། །རྣམ་འགྲེལ་ལས། སྒྲུབ་བྱེད་ཐུགས་རྗེ་གོམས་པ་ལས། །ཞེས་བྱ་བ་དང་། དབུ་མ་འཇུག་པ་ལས། ཉན་ཐོས་སངས་རྒྱས་འབྲིང་རྣམས་ཐུབ་དབང་སྐྱེས། །སངས་རྒྱས་བྱང་ཆུབ་སེམས་དཔའ་ལས་འབྱུངས་ཤིང་། །སྙིང་རྗེའི་སེམས་དང་གཉིས་སུ་མེད་བློ་དང་། །བྱང་ཆུབ་སེམས་ནི་རྒྱལ་སྲས་རྣམས་ཀྱི་རྒྱུ། །ཞེས་བྱ་བ་དང་། དེ་བཞིན་དུ་མདོ་རྒྱུད་བསྟན་བཅོས་ཐམས་ཅད་ལས་སྙིང་རྗེ་དང་བྱང་ཆུབ་ཀྱི་སེམས་ཀྱིས

བསྟོགས་པ་གསུངས་པ་ལྟར་རོ། །ཤེས་རབ་མདའ་ལྟ་བུ་དགོས་པར་ཡང་ཁྱད་པར་དུ་འཕགས་པའི་བསྟོད་པ་ལས། ལྷ་ཆེན་ཁྲོས་པའི་མདའ་གཅིག་གིས། །གྲོང་ཁྱེར་གསུམ་བརྩེགས་བསྲེགས་ཞེས་གདའ། །ཁྱོད་ཀྱི་ཡེ་ཤེས་མདའ་གཅིག་གིས། །ཉོན་མོངས་བག་ཆགས་དང་བཅས་བསྲེགས། །ཞེས་པ་དང་། སྟུད་པ་ལས། ཤེས་རབ་ཀྱིས་ནི་ཆོས་ཀྱི་རང་བཞིན་ཡོངས་ཤེས་ནས། །ཞེས་སོགས་དང་། སྤྱོད་འཇུག་ལས། ཡན་ལག་འདི་དག་ཐམས་ཅད་ནི། །ཞེས་སོགས་དང་། རྣམ་འགྲེལ་ལས། སྟོང་ཉིད་ལྟ་བས་གྲོལ་བར་འགྱུར། །ཞེས་སོགས་རྒྱས་པར་གསུངས་པ་ལྟར་རོ། །དེས་ན་མདའ་དང་གཞུ་འབྲེལ་དགོས་པ་ལྟར་སྟོང་ཉིད་སྙིང་རྗེ་ཟུང་དུ་འཇུག་དགོས་ཏེ། བསླབ་བཏུས་ལས། སྟོང་ཉིད་སྙིང་རྗེའི་སྙིང་པོ་ཅན། །ཞེས་སོགས་དང་། སློབ་དཔོན་ས་ར་ཧ་ལས་ཀྱང་། སྙིང་རྗེ་ཉིད་སྤངས་སྟོང་པ་ཉིད་ཀྱིས་ཀྱང་། །དེས་ནི་ལམ་མཆོག་རྙེད་པ་མ་ཡིན་ཏེ། །གལ་ཏེ་སྙིང་རྗེ་འབའ་ཞིག་བསྒོམ་ན་ཡང་། །འཁོར་བ་འདིར་གནས་ཐར་པ་ཡོད་དམ་ཅི། །ཞེས་པ་དང་། རྣམ་འགྲེལ་ལས། བརྩེ་བས་ལེགས་དང་ཡེ་ཤེས་ལས། །བདེན་པ་གསུངས་མཛད་བསྒྲུབ་བྱེད་བཅས། །དེ་གསུངས་པར་ཡང་མངོན་འགྱུར་ལྡན། །ཞེས་བྱ་བ་ལ་སོགས་པ་རྒྱས་པར་གསུངས་པ་ལྟར་རོ། །སྟོང་ཉིད་སྙིང་རྗེ་གཉིས་འགལ་བ་ལྟར་སྣང་ཡང་མི་འགལ་བར་ཉམས་སུ་ལེན་པ་ལ་ཐབས་ལ་མཁས་པ་དགོས་ཏེ། རྣམ་འགྲེལ་ལས། རྣམ་པ་དུ་མར་ཐབས་མང་པོ། །ཞེས་སོགས་རྒྱས་པར་གསུངས་སོ། །རྣམ་སྣང་མངོན་བྱང་ལས་ཀྱང་། ཐབས་དང་མི་ལྡན་ཡེ་ཤེས་དང་། །ཞེས་སོགས་གསུངས་པས། ཐབས་ཤེས་རབ་ཟུང་དུ་འབྲེལ་བར་ཉམས་སུ་བླངས་པས་བསོད་ནམས་དང་ཡེ་ཤེས་ཀྱི་ཚོགས་རྫོགས་ཏེ་འཚང་རྒྱ། ཚོགས་གཉིས་མ་རྫོགས་ན་སེམས་ཀྱི་ངོ་བོ་ཕྱིན་ཅི་མ་ལོག་པ་འཕྲོད་པ་མི་སྲིད་དེ། སྟུད་པ་ལས། དེ་དག་དགེ་བའི་རྩ་བ་ཇི་སྲིད་མ་རྫོགས་པ། །དེ་སྲིད་སྟོང་ཉིད་དམ་པ་དེ་ནི་ཐོབ་མི་བྱེད། །ཅེས་སོགས་པ་ལྟར་རོ། །

དེས་ན་ཀུན་རྫོབ་ཤེས་པས་ཤེས་བྱ་ཐམས་ཅད་ལ་མཁས་ཤིང་། གཞན་གྱི་དོན་ཕུན་སུམ་ཚོགས་པ་འབྱུང་། མི་མཁས་ན་གཞན་དོན་ལྟ་ཅི་སྨོས་རང་དོན་ཀྱང་མི་འགྲུབ། འཕགས་པའི་ཆོས་ལྟ་ཅི་སྨོས། མིའི་ཆོས་ཀྱང་མི་ཤེས་ཏེ། ཁྲོན་པ་འབོད་པའི་རྣམ་པར་ཐར་པ་བཞིན་ནོ། །དེ་ཡང་སྔོན་རྒྱལ་རབས་ཞིག་གིས། བྲམ་ཟེ་ཕྱུག་པོ་གཅིག་ལ་སྐད་བཏགས་ཏེ། ནོར་འཕྲོག་པར་འདོད་ནས་ཁྲོན་པ་གཡར་བ་ན། བྲམ་ཟེ་སྒྲག་སྟེ་ནོར་གྱིས་བསླུ་བར་བརྩམས་སོ། །དེའི་ཚེ། བྲམ་ཟེའི་བུ་མོ་ཤེས་རབ་ཅན་གཅིག་གིས་ཡབ་བཀག་སྟེ། ཁོ་མོས་སོང་ལ་དོན་དེ་བསྒྲུབ་པོ་ཟེར་ནས། རྒྱལ་པོ་ལ་འདི་སྐད་ཅེས་སྨྲས་སོ། །ནོར་གྱིས་ནོར་རྣམས་འགུགས་བགྱིད་དེ། ། གླང་པོ་ཆེས་ཀྱང་གླང་ཆེན་ལགས། །རྒྱལ་དབང་ཁྲོན་པ་མངག་འཚལ་ལོ། །དེ་ནས་ཁྲོན་པ་འོང་བར་འགྱུར། །

ཅེས་སྨྲས་པ་དང་། རྒྱལ་པོ་དེ་མགུ་སྟེ། བྱ་དགའ་ཆེན་པོ་བྱིན་པར་གྲགས་སོ། །དེ་བཞིན་དུ་བླུན་པོས་རང་
གཞན་གྱི་བྱ་བ་འབད་ཀྱང་བསྒྲུབ་མི་ནུས། མཁས་པས་རང་གཞན་གྱི་འཕྲིན་ལས་རྒྱ་ཆེན་པོ་བསྒྲུབ་ནུས་པའི་
མཐུ་དང་ལྡན་པ་ཡིན་ཏེ། འོ་ན་སེམས་རྟོགས་ན་སངས་རྒྱས་ཡིན་པས་སངས་རྒྱས་གཞན་དུ་མི་བཙལ་བའི་འདུ་
ཤེས་བསྒོམ་པར་བྱའོ་ཞེས་བྱ་བ་ལ་སོགས་པ་གསུངས་པ་མ་ཡིན་ནམ། སངས་རྒྱས་པ་ལ་ཡོན་ཏན་གཞན་ཅི་
ཞིག་དགོས་ཅེ་ན། དེ་སྐད་གསུངས་པ་ནི་མུ་སྟེགས་གྲངས་ཅན་ལ་སོགས་པ་རྗེས་སུ་བཟུང་བའི་ཕྱིར་དགོངས་
པ་ཅན་ཡིན་ཏེ། གྲངས་ཅན་གྱི་གཞུང་ལས། ལྷ་མིག་རྣམ་དག་བསྒྲུབས་ནས་ནི། །སེམས་ཀྱི་བདག་ཉིད་རྟོགས་
པར་བྱ། །སྐྱེས་བུའི་བདག་ནི་ སུས་རྟོགས་པ། །ཆ་ལུགས་གང་གིས་གནས་ཀྱང་གྲོལ། །ཞེས་སྨྲ་བ་རྗེས་སུ་
བཟུང་བའི་ཕྱིར། དགོངས་གཞི་ཆོས་ཀྱི་སྐུའི་སངས་རྒྱས་ལ་དགོངས་དགོས་པ་ནི་གྲངས་ཅན་ལ་སོགས་པ་དེ་
དག་སྙིང་གི་དཀྱིལ་ན་ཤེས་རིག་གི་སྐྱེས་བུ་ཐམས་ཅད་མཁྱེན་པ་རང་ཆས་སུ་ཡོད་པར་འདོད་པ་དག་དྲང་བའི་
ཕྱིར་ཡིན་ཏེ། དངོས་ལ་གནོད་བྱེད་ཀྱི་ཚད་མའང་། གལ་ཏེ་རྒྱུ་ལ་འབྲས་གནས་ན། །ཟན་ཟ་མི་གཙང་ཟ་བར་
འགྱུར། །ཞེས་བྱ་བ་ནས། ཤེས་ཏེ་འཛིག་རྟེན་ལ་ཡང་ནི། །ཡོད་ན་ཅི་སྟེ་མཐོང་མི་འགྱུར། །ཞེས་བྱ་བ་ལ་
སོགས་པའི་རིགས་པ་དང་། གཞན་ཡང་གྲངས་ཅན་འགོག་པའི་རིག་པ་རྣམ་འགྲེལ་སོགས་ནས་བཤད་པ་
ཐམས་ཅད་ཀྱིས་གནོད་པའི་ཕྱིར་དང་། སྐུ་གསུམ་ལ་སོགས་པའི་རྣམ་བཞག་ཐམས་ཅད་འདི་ལ་མི་འཐད་པའི་
ཕྱིར་རོ། །གཞན་ཡང་དཔེར་ན་རས་ལ་མར་མེ་སྦྱོར་ཞེས་ཟེར་ཡང་སྣུམ་དང་གོང་བུ་ལ་སོགས་པ་མེད་ན།
གཞོབ་ཏུ་འགྲོ་བའི་སྒྲོན་མ་མི་འབྱུང་བའམ། མདས་དགྲ་གསོད་ཟེར་ཡང་། གཞུ་དང་མི་མེད་ན་དོན་བྱེད་མི་
ནུས། ས་བོན་ལས་ལོ་ཐོག་འབྱུང་ཟེར་ཡང་ཞིང་དང་ཆུ་ལུད་ལ་སོགས་པ་མེད་ན་ལོ་ཏོག་འབྱུང་མི་ནུས། ཞིང་
ལ་སྐྱེ་མ་འཐོན་ཟེར་ཡང་། བོང་གེ་རྫོགས་ནས་སྐྱེ་མ་བྱུང་ན་ལོ་ལེགས་ཡིན་གྱི། མ་རྫོགས་པར་བྱུང་ན་ཐན་
སྐྱེའི་རིགས་ལོ་ཉེས་སུ་འགྲོ། དེ་བཞིན་དུ་སེམས་ངོ་འཕྲོད་ན་སངས་རྒྱ་ཟེར་ཡང་། བསོད་ནམས་དང་ཡེ་ཤེས
ཀྱི་ཚོགས་གཉིས་མ་རྫོགས་ན་སངས་རྒྱ་མི་ནུས་སོ་ཞེས་དང་། སྤྱིར་སེམས་ཀྱི་ངོ་སྤྲོད་པའི་ཚེ། སེམས་རྐྱང་པ་ངོ་
སྤྲོད་དམ། ཕྱི་རོལ་གྱི་དོན་ཡང་ངོ་སྤྲོད་དགོས། སེམས་རྐྱང་པ་ངོ་སྤྲོད་པ་མུ་སྟེགས་པའི་ལུགས་ཡིན། དེས་
གཟུང་འཛིན་སྤོང་མི་ནུས་པའི་ཕྱིར། ལམ་འཁྲུལ་པ་ཡིན་ཏེ། ཕྱི་རོལ་གྱི་དོན་ཡང་ངོ་སྤྲད་དགོས་ན། ཡུལ་འདི་
དག་མུ་སྟེགས་ཀྱི་ལྟར་དབང་ཕྱུག་ལ་སོགས་པའམ། ཉན་ཐོས་ལྟར་རྡུལ་ཕྲན་ནམ། སེམས་ཙམ་པ་ལྟར་སེམས་
སམ། དབུ་མ་པ་ལྟར་རྟེན་འབྲེལ་ལས་བྱུང་བ་ཡིན། བདག་འདི་དག་ཀྱང་ཡོད་པ་དང་མེད་པར་འདོད་ན་རྟག
ཆད་ལས་མ་འདས་པས། དེ་སུན་འབྱིན་པ་ལ་ལུང་རིགས་ཤེས་དགོས་ཏེ། སྣང་བ་དང་སེམས་རྟེན་འབྲེལ་དུ་

འདོད་པ་ལའང་སངས་རྒྱས་པའི་ལུང་དང་རིགས་པ་ཤེས་དགོས། དེ་མ་ཤེས་ན་གང་ཟག་དང་ཆོས་ཀྱི་བདག་མེད་ལེགས་པར་མི་རྟོགས། གང་ཟག་གི་བདག་མེད་མ་རྟོགས་ན་མུ་སྟེགས་ཀྱི་བསྒོམ་དང་ཁྱད་པར་མེད། ཆོས་ཀྱི་བདག་མེད་མ་རྟོགས་ན་ཉན་ཐོས་ཀྱི་བསྒོམ་དང་ཁྱད་པར་མེད། བདག་མེད་གཉིས་རྟོགས་པ་ལ་ཐོག་མར་ཐོས་བསམ་གྱི་ཤེས་རབ་ཀྱིས་སྒྲོ་འདོགས་བཅད་དགོས། ཐོས་བསམ་ལ་མ་ལྟོས་པར་བདག་མེད་རྟོགས་མི་སྲིད། བདག་མེད་མ་རྟོགས་ན་བདག་མེད་བསྒོམ་མི་ཤེས། བསྒོམ་མ་ཤེས་ན་བསྒོམ་བྱུང་གི་ཤེས་རབ་མི་སྐྱེ། བསྒོམ་བྱུང་གི་ཤེས་རབ་མ་སྐྱེས་ན་འཕགས་པའི་མཐོང་ལམ་སྐྱེ་མི་སྲིད་དེ། མདོ་ཏིང་ངེ་འཛིན་རྒྱལ་པོ་ལས། འགྲོ་མང་ཕུང་པོ་སྟོང་པར་སྟོན་བྱེད་ཀྱང་། །ཇི་ལྟར་བདག་མེད་དེ་དག་མི་ཤེས་ཏེ། །མི་ཤེས་དེ་དག་གཞན་གྱིས་རྒོལ་བ་ན། །ཁྲོ་བའི་ཚིལ་གྱིས་གནོན་ཅིང་ཚིག་རྩུབ་སྨྲ། །ཞེས་བྱ་བ་དང་། འཛིག་རྟེན་པ་དག་སྟོང་ཉིད་བསྒོམ་ན་ཡང་། །དེ་ཡིས་དངོས་པོར་འཛིན་པ་འཛིག་མི་ནུས། །ཞེས་བྱ་བ་ལ་སོགས་པ་གསུངས་པས། བདག་མེད་གཉིས་མ་རྟོགས་པར་དངོས་པོར་འཛིན་པ་འཛིག་མི་ནུས་པས། སྟོང་ཉིད་བསྒོམ་པ་འཁོར་བ་དང་ངན་སོང་གི་རྒྱུ་ཡིན་ནོ། །

དེས་ན་ཐོས་བསམ་མ་ནོར་བ་ཡིས་སྒྲོ་འདོགས་བཅད་པའི་བསྒོམ་བྱུང་གི་ཤེས་རབ་ཀྱིས་མཐོང་ལམ་སྐྱེ་སྟེ། རྣམ་འགྲེལ་ལས། རྣལ་འབྱོར་ཤེས་པ་སྔར་བཤད་པ། །དེ་དག་གི་དེ་བསྒོམ་བྱུང་ཡིན། །རྟོག་པའི་དྲ་བ་སངས་པའི་ཕྱིར། །གསལ་བ་ཉིད་དུ་སྣང་བ་ཡིན། །ཞེས་གསུངས་སོ། །གལ་ཏེ་ཕྱི་མ་ཐམས་ཅད་ཅིག་ཅར་རང་བཞིན་མེད་པར་ངོ་སྤྲོད་དོ་སྙམ་ན། མཉམ་བཞག་ལ་སྟོང་ཉིད་སྐྱེས་ནས་བསྒོམ་དུ་བཅུག་ན་ཡང་། བསྒོམ་གྱི་སྦྱོར་བ་དང་རྗེས་ཐོབ་ལ་སེམས་ལ་རྣམ་རྟོག་སྣ་ཚོགས་དང་། ཡུལ་གཟུགས་སྒྲ་ལ་སོགས་པ་སྣ་ཚོགས་མཐོང་བའི་ཚེ། སྣ་ཚོགས་བྱུང་བ་དེ་རྒྱུ་ལས་བྱུང་ངམ་རྒྱུ་མེད་པ་ལས་བྱུང་། རྒྱུ་ལས་བྱུང་ན་རྒྱུ་དེ་རང་ངམ་གཞན་ནམ་གཉིས་ཀ་ལས་སྐྱེ། རང་ལས་སྐྱེ་ན་གྲངས་ཅན་གྱི་ལུགས། གཞན་ལས་སྐྱེ་ན་མུ་སྟེགས་དབང་ཕྱུག་པའམ་ཉན་ཐོས་ལ་སོགས་པ་དངོས་པོར་སྨྲ་བ་རྣམས་ཀྱི་ལུགས། གཉིས་ཀ་ལས་སྐྱེ་བ་དེ་གཉིས་ཀྱི་ཐེ་བྲག་ལས་མ་འདས། རྒྱུ་མེད་ལས་སྐྱེ་བ་དེ་མུ་སྟེགས་ཆད་ལྟ་བའི་ལུགས་ཡིན་པས། ལུང་དང་རིགས་པ་མེད་པར་མི་ལེགས། ལུང་དང་རིགས་པ་ཐོས་བསམ་གྱི་ཤེས་རབ་མེད་པར་རྟོགས་པ་མི་སྲིད། དེས་ན་བསྒོམ་བྱུང་སྐྱེ་བ་ལ་ཐོག་མར་ཐོས་བསམ་གྱི་ཤེས་རབ་ཀྱིས་སྒྲོ་འདོགས་བཅད། བསམ་བྱུང་གི་ཤེས་རབ་ཀྱིས་གོམས་པར་བྱས། བསྒོམ་བྱུང་གི་ཤེས་རབ་ཀྱིས་འཁྲུལ་བ་མེད་པའི་ཕྱིར་གསལ་སྣང་བསྐྱེད་པ་དེ་ཡིན་ནོ། །

དེས་ན་བསྒོམ་བྱུང་གི་ཤེས་རབ་སྐྱེས་ན་རྒྱ་གར་གྱི་གྲུབ་ཐོབ་ལྟར་འཆད་པ་དང་རྩོམ་པ་དང་རྩོད་པ་ལ་

འབྲུལ་པ་མི་འབྱུང་། དེང་སང་གི་དུས་ན་བསྒོམ་བྱུང་གི་ཤེས་རབ་ཡོད་ཟེར་བའི་གང་ཟག་འགའ་རེ་མཐོང་མོད། འཆད་པའི་ཚེ་ཡང་ལུང་རིགས་དང་འགལ་བ་ཁོ་ན་འཆད། རྩོམ་པའི་ཚེ་ཡང་བརྡ་སྤྲོད་པ་དང་མི་མཐུན་པའི་ལྷ་ཆ་མང་། དོན་ཡང་ལུང་རིགས་དང་འགལ་བའི་རྟོགས་དཔྱོད་མང་བར་སྣང་། རྩོད་པ་ལའང་ཕྱོགས་སྔ་ཕྱི་མི་ཕྱེད། ཚར་གཅད་པ་དང་ཚར་གཅད་པའི་གནས་མ་ཡིན་པའི་བཞད་གད་ཀྱི་གནས་འབའ་ཞིག་རྩོད་པར་སྣང་། དེ་ལྟར་ནོར་བ་ལ་བསྒོམ་བྱུང་གི་ཤེས་རབ་མི་ཟེར། ལོག་རྟོག་འཆལ་བའི་ཤེས་རབ་ཏུ་མདོ་ལས་གསུངས་པ་ཡིན་ནོ། །

དེས་ན་ཐོས་བསམ་གྱིས་སྒྲོ་འདོགས་བཅད་ལ་ཐེ་ཚོམ་མེད་པའི་དོན་བསྒོམ་དགོས། གནས་ལུགས་ཀྱི་དོན་བསྒོམ་པ་ལ་ལུགས་མང་བར་སྣང་། ཉན་ཐོས་བདེན་པ་བཞི་བསྒོམ། སེམས་ཙམ་རྣམ་མེད་ཀྱི་བསྒོམ། སློབ་དཔོན་ཤཱནྟི་པས་རྩེ་གཅིག་རོ་གཅིག་སྤྲོས་མེད་བསྒོམས་ཏེ། དེ་རྣལ་འབྱོར་བཞི་ལ་བྱེད་པའང་སྣང་། དབུ་མ་རང་རྒྱུད་པས་ཟུང་འཇུག་རབ་ཏུ་མི་གནས་པ་ལ་བྱེད། ཐལ་འགྱུར་བས་སྟོང་ཉིད་རབ་ཏུ་མི་གནས་པ་ལ་བྱེད། གསང་སྔགས་རྙིང་མ་བས་ཐེག་པ་རིམ་པ་དགུའི་མཐར་ཐུག་ཤིན་ཏུ་རྣལ་འབྱོར་ལ་བྱེད། གསང་སྔགས་གསར་མ་བས་དབང་བཞི་དང་ལམ་རིམ་པ་གཉིས་ཀྱི་ཡེ་ཤེས་ལ་བྱེད། དེ་ལ་རྒྱུད་ཐ་དད་ཀྱི་དགོངས་པས་དོན་གཅིག་ཀྱང་དམིགས་པའི་རིམ་པ་མི་འདྲ་བ་ཡོད། སློབ་དཔོན་མཚོ་སྐྱེས་ཕྱིན་ཅི་མ་ལོག་པའི་དེ་ཁོ་ན་ཉིད་ཅེས་གསུངས། སློབ་དཔོན་རྣལ་འབྱོར་གྱི་དབང་ཕྱུག་བིརྺ་པ་ཤིན་ཏུ་རྣམ་པར་དག་པའི་དེ་ཁོ་ན་ཉིད་ཅེས་གསུངས། སློབ་དཔོན་ཀླུ་སྒྲུབ་རིམ་པ་ལྔའི་མཐར་ཐུག་ཟུང་འཇུག་ཅེས་ཀྱང་གསུངས། རིམ་པ་གཉིས་ལ་ཕྱག་རྒྱ་བཞིར་བྱེད་ན་ལས་ཀྱི་ཕྱག་རྒྱ། ཆོས་ཀྱི་ཕྱག་རྒྱ། དམ་ཚིག་གི་ཕྱག་རྒྱ། ཕྱག་རྒྱ་ཆེན་པོ་ཞེས་ཀྱང་བྱ། དེ་ལ་སོགས་པའི་རིམ་པ་མང་པོ་ཡོད་ཀྱང་། སངས་རྒྱས་དང་གྲུབ་ཐོབ་དགོངས་པ་གཅིག །འདི་ཐམས་ཅད་དབང་བཞི་དང་ལམ་རིམ་པ་གཉིས་ཀྱི་ཧིང་ངེ་འཛིན་བྱེ་བྲག་ཡིན། འདིའི་གནད་ཟབ་མོ་གསང་སྔགས་ཀྱི་སྐབས་སུ་འབྱུང་བས་འདིར་མ་བཤད་དོ། །

མདོར་ན་ཕྱག་རྒྱ་ཆེན་པོ་ཡིན་ན་གསང་སྔགས་ཉམས་སུ་བླངས་པ་ལས་འབྱུང་དགོས། དཔེར་ན། གློ་བུར་ལ་སོགས་པ་ལ་དུ་བར་མིང་བཏགས་ཀྱང་མེ་ལས་མི་སྐྱེ་བའི་ཕྱིར། དུ་བ་མཚན་ཉིད་པ་མ་ཡིན་པའམ། བྱའི་སྐད་མིས་འདོན་ཟེར་ཡང་བྱ་སྐད་བྱ་ཉིད་ཀྱི་ཁ་ནས་འབྱུང་གི། མིའི་ཁ་ནས་འབྱུང་མི་སྲིད། དེ་བཞིན་དུ་ཕྱག་རྒྱ་ཆེན་པོ་བསྒོམ་ཟེར་ཡང་། རིམ་པ་གཉིས་ཀྱི་ཡེ་ཤེས་ལས་མ་སྐྱེས་པའི་ཕྱིར། ཚེ་འདི་ལ་སངས་རྒྱ་བའི་ཕྱག་རྒྱ་ཆེན་པོ་དངོས་མ་ཡིན་ནོ། །འདིར་རྒྱུད་སྡེའི་རིམ་པ་དེ་ཙམ་ཞིག་མ་བཤད་ན། མུ་སྟེགས། ཉན་ཐོས།

སེམས་ཙམ། དབུ་མ་པ། གསང་སྔགས་ཀྱི་བསྒོམ་གྱི་ཁྱད་པར་རྣམས་མི་ཤེས་པས་མུན་སྤྲུལ་དུ་ཉམས་སུ་བླངས་ནས། གསང་སྔགས་ཀྱི་ཕྱག་རྒྱ་ཆེན་པོ་མུ་སྟེགས་ཀྱི་བསྒོམ་དང་འདྲ་བ་བག་རེ་མཐོང་བས་བཤད་པ་ཡིན་ནོ། །རྒྱས་པར་བླ་མའི་ཞལ་ལས་ཤེས་པར་བྱའོ་ཞེས་གསུངས་སོ། །

གཉིས་པ་རྒྱུ་འབྲས་འབྲེལ་བའི་རྣམ་བཞག་གཞན་ཡང་དགག་པ་ནི། ལ་ལ་སྟོང་ཉིད་འབའ་ཞིག་བསྒོམས་པ་ལས་འབྲས་བུ་སྐུ་གསུམ་འབྱུང་བར་འདོད་པ་དང་། ལ་ལ་ཚོགས་གཉིས་ཐབས་ཤེས་ཟུང་འཇུག་བསྒོམས་པ་ལས། མཐར་ཐུག་གི་འབྲས་བུ་འོད་གསལ་བ་ཆོས་ཀྱི་སྐུ་སྟོང་ཉིད་འབའ་ཞིག་ཐོབ་ཀྱི། གཟུགས་སྐུ་དང་བདེ་བའི་སྐུ་མི་འདོད་པ་ཡོད་དེ། དེ་གཉིས་ཀ་ཡང་རྒྱུ་འབྲས་ཕྱིན་ཅི་ལོག་ཡིན་པའི་ཕྱིར་སྐྱོན་ཅན་ཡིན་ཏེ། དང་པོ་མི་འཐད་པར་བསྟན་ཟིན་ཅིང་གཉིས་པ་ཡང་རྒྱུ་ཟུང་འཇུག་ལས། འབྲས་བུ་ཆོས་སྐུ་འབའ་ཞིག་འབྱུང་ན། འབྲས་བུ་རྒྱུའི་རྗེས་སུ་མི་བྱེད་པར་འགྱུར་ཞིང་། ཐབས་བསོད་ནམས་ཀྱི་ཚོགས་དོན་མེད་དུ་འགྱུར། གཞན་དོན་རྒྱུན་ཆད་དུ་འགྱུར་ཞིང་འདོད་ན་ལམ་བསྒོམས་པ་དོན་མེད་དུ་འགྱུར་བ་ལ་སོགས་པའི་རིགས་པས་གནོད་ཅིང་། སྐུ་གསུམ་དང་བཞི་ལ་སོགས་པའི་རྣམ་བཞག་སྟོན་པའི་ལུང་ཐམས་ཅད་ཀྱིས་གནོད་དོ། །འདི་སྐབས་སུ་གཟུགས་སྐུ་ནི་གདུལ་བྱའི་གཞན་སྣང་ཙམ་ཡིན་པའི་ཕྱིར། སངས་རྒྱས་མ་ཡིན་པས་མཐར་ཐུག་གི་འབྲས་བུ་མིན་ནོ་ཞེས་སེམས་ན་ཡང་རིགས་པས་དཔྱད་ན་རང་སྣང་མ་གྲུབ་པ་བཞིན་དུ་གཞན་སྣང་ཀྱང་མི་འགྲུབ་སྟེ། དེ་གཉིས་ཕན་ཚུན་ལྟོས་པའི་ཕྱིར་རོ། །མ་དཔྱད་པ་ན་དེ་གཉིས་ལ་སངས་རྒྱས་སུ་ཐ་སྙད་བྱེད་ཅིང་གཞན་དོན་ཕུན་སུམ་ཚོགས་པའི་རྟེན་ཡིན་པའི་ཕྱིར་དང་། བྱང་ཆུབ་སེམས་དཔའ་རྣམས་དོན་དུ་གཉེར་བྱའི་གཙོ་བོ་གཞན་དོན་ཡིན་པའི་ཕྱིར་མཐར་ཐུག་གི་འབྲས་བུར་རིགས་པ་ཡིན་ནོ། །

ཡང་ཁ་ཅིག ། ཕྱག་རྒྱ་ཆེན་པོ་ཅིག་ཆོད་ལ། །ས་ལམ་རྩེ་བའི་རྫོངས་པ་འཁྲུལ། །ཞེས་པ་ལམ་བགྲོད་མི་དགོས་པར། རྫོགས་པའི་སངས་རྒྱས་ཐོབ་པར་འདོད་པ་དང་། ཏི་སེ་དང་ཙ་རི་ལ་སོགས་ཡུལ་ཆེན་ཡིན་ཞེས་ཟེར་ཞིང་བསྐོར་བ་དང་ལུས་ལ་རྩའི་མདུད་པ་མེད་པ་དང་། སོགས་བསྒོམས་པས་དེ་གྲོལ་བར་མི་འདོད་པ་དེ་དག་ནི་རྒྱུད་སྡེའི་དགོངས་པ་ལེགས་པར་མ་ཤེས་པས་ཕན་ཚུན་ཤིན་ཏུ་འགལ་བ་ཡིན་ནོ། །འདི་ལྟར་ཕྱི་རུ་ཡུལ་སུམ་ཅུ་སོ་བདུན་པོ་རྣམས་སུ་བགྲོད་པ་དང་། དེ་དག་ན་གནས་པའི་མཁའ་འགྲོ་དབང་དུ་འདུ་བ་དང་ནང་དུ་རྩའི་མདུད་པ་འགྲོལ་བ་ནི། ས་བཅུ་དང་སོགས་བཅུ་གཅིག་པ་དང་བཅུ་གཉིས་པ་བགྲོད་པའི་ནང་གི་རྟེན་འབྲེལ་གྱི་སྟོབས་ཉིད་ཀྱིས་འབྱུང་བ་ཡིན་པས་སོ། །འདིའི་དོན་རྒྱས་པར་རྣལ་འབྱོར་ཆེན་པོའི་རྒྱུད་ཀྱི་ས་དང་ལམ་སྟོན་པའི་སྐབས་སུ་ལྟོས་ཤིག །འདིར་ས་རྣམས་ཀྱི་རྟོགས་པ་དེ་ཁོ་ན་ཉིད་རྟེན་འབྲེལ་སེམས་ལ་འགྲིག་

པས་འབྱུང་བ་ནི་སྤྱིར་མཚན་ཉིད་ཐེག་པའི་སྐབས་སུ་བཤད་པ་དང་འདྲ་བ་ཡིན་ལ། དེ་ཡང་ནང་རྟེན་འབྲེལ་ལུས་ལ་འགྲིག་པས་འབྱུང་ཞིང་། དེ་ཡང་ཕྱི་རྟེན་འབྲེལ་གནས་ལ་སོགས་པ་དང་སྦྱར་ནས་གསུངས་པ་ནི། སཾ་པུ་ཊ་ལས། གནས་ནི་རབ་ཏུ་དགའ་བའི་ས། །དེ་བཞིན་ཉེ་གནས་དྲི་མ་མེད། །ཞིང་ནི་འོད་བྱེད་ཤེས་པར་བྱ། །ཉེ་བའི་ཞིང་ནི་འོད་འཕྲོ་ཅན། །ཚན་དྷོ་མངོན་དུ་གྱུར་པ་སྟེ། །ཉེ་བའི་ཚན་དྷོ་སྦྱང་དཀའ་བ། །འདུ་བ་རིང་དུ་སོང་བ་ཉིད། །ཉེ་བའི་འདུ་བ་མི་གཡོ་བ། །དུར་ཁྲོད་ལེགས་པའི་བློ་གྲོས་ཉིད། །ཉེ་བའི་དུར་ཁྲོད་ཆོས་ཀྱི་སྤྲིན། །ཕ་རོལ་ཕྱིན་བཅུའི་ས་རྣམས་ལ། །རྣལ་འབྱོར་མ་ཡི་གླུ་གླེའི་སྐད། །སུ་ལས་གསུངས་པ་ཅི་གསུངས་པ། །ཕྱི་དང་ནང་དུ་ཡང་དག་བསམ། །ཞེས་དང་། ཀྱཻའི་རྡོ་རྗེ་ལས་ཀྱང་། གནས་དང་ཉེ་བའི་གནས་དང་ནི། །ཞེས་སོགས་ཀྱི་མཇུག་ཏུ། འདི་རྣམས་ས་ནི་བཅུ་གཉིས་ཏེ། །ས་བཅུའི་དབང་ཕྱུག་མགོན་པོ་ཉིད། །ཞེས་དང་། ལམ་འབྲས་ལས་ཀྱང་། ས་ཐོག་མཐའ་ལ་རེ་རེ་ཞེས་སོགས་གསུངས་ཏེ། འདི་དག་གི་དོན་གསལ་བར་བཤད་ན་གསང་སྔགས་སུ་འགྱུར་བའི་ཕྱིར་གཞན་དུ་ཤེས་པར་བྱའོ། །ས་བཅུ་གཅིག་པ་ནི་དཔེ་མེད་པ་དང་བཅུ་གཉིས་པ་ཡེ་ཤེས་ཆེན་པོ་དང་། བཅུ་གསུམ་རྡོ་རྗེ་འཛིན་པ་ཞེས་བྱ་སྟེ། ཀྱེ་རྡོར་འབུམ་ཕྲག་ལྔ་པའི་ལུང་ཀུ་མུ་ཏིར་དྲངས་པ་དང་། ངེས་བརྗོད་བླ་མ་ལས། འཕུང་གཅོད་དཔེ་མེད་དེ་བཞིན་དུ། །ཉེ་བའི་འཕུང་གཅོད་ཡེ་ཤེས་ཆེ། །ཞེས་དང་། ལུང་ཕྱི་མ་ལས། རྡོ་རྗེའི་ས་ནི་བཅུ་གསུམ་པ། །ཞེས་སོ། །དེ་ཡང་རྣལ་འབྱོར་དབང་ཕྱུག་ནི། བཅུ་གསུམ་པའི་ཕྱེད་འབྲས་བུ་དང་ལྷག་མ་རྒྱུའི་སར་བཞེད་པ་ཡིན་ནོ། །དེས་ན་ས་ལམ་མི་བགྲོད་པར། ཡུལ་ཉི་ཤུ་རྩ་བཞི་དང་། གནས་སུམ་ཅུ་སོ་གཉིས་སོགས་བགྲོད་པ་ནི་ཟབ་མི་ཟབ། གཡོས་འབད་མ་གྱིས་ཟེར་བ་ལྟར་མཁས་པ་རྣམས་ཀྱི་བཞད་གད་ཀྱི་གནས་ཡིན་ནོ། །གཞན་ཡང་ལ་ལ་རྒྱུ་དུས་ཀྱི་དབང་བཞི་མི་འདོད་ཅིང་། བསྐྱེད་རིམ་དང་རང་བྱིན་རླབས་དཀྱིལ་འཁོར་ཕྱག་རྒྱ་ཆེན་པོ་སོགས་ལམ་བཞི་པོའི་རྣམ་པར་བཞག་པ་མི་འདོད་ཅིང་། ཉམས་སུ་མི་ལེན་པར་རྡོ་རྗེ་ཐེག་པ་ལ་ཞུགས་པའི་འབྲས་བུ་ནི་སྤྲུལ་སྐུ་དང་ལོངས་སྐུ་ཆོས་སྐུ་ངོ་བོ་ཉིད་ཀྱི་སྟེ་སྐུ་བཞི་ཡིན་ནོ། །ཞེས་འདོད་པ་དེ་ཡང་ལོག་ཤེས་ཡིན་ཏེ། རྒྱུ་མེད་ཀྱི་འབྲས་བུ་འདོད་པའི་ཕྱིར་ཏེ། དབང་བཞི་བསྐུར་ཞིང་ལམ་བཞི་བསྒོམས་པས་སྐུ་བཞི་ཐོབ་པའི་ཕྱིར་རོ། །

གཉིས་པ་འབྲས་བུ་རང་གི་ངོ་བོ་ལ་འཁྲུལ་བ་དགག་པ་ལ་གཉིས་ལས། དང་པོ་མཐར་ཐུག་གི་འབྲས་བུ་ལ་འཁྲུལ་བ་དགག་པ་ནི། འཕགས་པ་ཡབ་སྲས་ཀྱི་རྗེས་སུ་འབྲངས་པར་ཁས་འཆེ་བའི་བོད་ཁ་ཅིག་སྟུགས་ཀྱི་འབྲས་བུའི་མཐར་ཐུག་འོད་གསལ་འབའ་ཞིག་ཡིན་ནོ་ཞེས་སྨྲ་བ་ཐོས་སོ། །དེ་ནི་འཕགས་པ་ཡབ་སྲས་ཀྱི་དགོངས་པ་མིན་ཏེ། རིམ་པ་ལྔ་པ་དང་སྤྱོད་པ་བསྡུས་པའི་སྒྲོན་མ་ལས། སྤྲོས་པའི་རང་བཞིན་སྟོང་པ་ཡིན་པ་

ལ་འོད་གསལ་དུ་བཞེད་པར་འདྲ། འོད་གསལ་ནི་སྟོང་པ་ཉིད་དེ། འཇིག་རྟེན་ན་མུན་པས་མ་བསྒྲིབས་པ་ལ་འོད་གསལ་བ་ཞེས་པ་ལྟར། སྒྲིབ་པའི་ཚོགས་ཀྱི་མུན་པས་མ་བསྒྲིབས་པས་སོ། །དེ་ཉིད་ཆོས་ཀྱི་སྐུ་ཡང་ཡིན་ཏེ། སྤྱོད་བསྡུས་སུ། དོན་དམ་པའི་མིང་གི་རྣམ་གྲངས་འགའ་ཞིག་ལ་འཇུག་པར་བྱ་སྟེ། དེ་ལ་དང་པོར་ནི་འོད་གསལ་བ་དང་། ཐམས་ཅད་སྟོང་པ་དང་། སངས་རྒྱས་ཀྱི་ཡེ་ཤེས་དང་། རྡོ་རྗེ་ཡེ་ཤེས་དང་། བླ་ན་མེད་པའི་ཡེ་ཤེས་དང་ཞེས་པ་ནས་ཆོས་ཀྱི་སྐུ་དང་། ཡང་དག་པའི་མཐའ་དང་། ཆགས་པ་མེད་པའི་མཐའ་དང་། ཆོས་ཀྱི་དབྱིངས་དང་ཞེས་པ་ནས། ཤེས་རབ་ཀྱི་ཕ་རོལ་ཏུ་ཕྱིན་པ་དང་སངས་རྒྱས་ཐམས་ཅད་ཀྱི་ཡུམ་དང་། ཐམས་ཅད་མཁྱེན་པ་དང་། ལམ་གྱི་རྣམ་པ་མཁྱེན་པ་དང་རྣམ་པ་ཐམས་ཅད་མཁྱེན་པ་དང་ཞེས་སོགས་མང་དུ་གསུངས་སོ། །དེས་ན། ཆོས་སྐུ་ཞེས་པ་སངས་རྒྱས་ཀྱི་ཆོས་སྐུ་ཁོ་ན་ལ་བྱེད་པ་ནི། ཁྲིན་པའི་རྟུས་སྤྲུལ་གྱི་རྣམ་ཐར་ཡིན་ནོ། །དེ་ལས་ཆུ་ལས་ཉ་ལྡང་བ་ལྟར་སྣང་སྟོང་ཟུང་འཇུག་སྒྱུ་མ་ལྟ་བུའི་སྐུར་ལྡང་སྟེ། བཞེངས་ནས་སེམས་ཅན་གྱི་དོན་མཛད་པ་ནི། མཐར་ཐུག་གི་འབྲས་བུ་ཡིན་པར་གསུངས་ཏེ། རིམ་པ་ལྔ་པ་ལས། ཡང་དག་མཐའ་ལས་ལངས་ནས་ནི། །གཉིས་མེད་ཡེ་ཤེས་ཐོབ་པར་འགྱུར། །སྒྲིབ་པའི་རང་བཞིན་སྟོང་པ་ཡིན་པ་ལ་འོད་གསལ་དུ་བཞེད་པར་འདྲ། མཆན། ཟུང་འཇུག་ཏིང་འཛིན་ལ་གནས་ནས། །སླར་ཞིང་གང་ལའང་མི་སློབ་བོ། །འདི་ནི་རྫོགས་པའི་རྣལ་འབྱོར་པ། །རྡོ་རྗེ་འཛིན་པ་ཆེན་པོ་སྟེ། །རྣམ་པ་ཀུན་གྱི་མཆོག་ལྡན་པའི། །ཐམས་ཅད་མཁྱེན་པར་དེ་ནས་འགྱུར། །ཞེས་དང་། ཀུན་རྫོབ་དང་ནི་དོན་དམ་དག །སོ་སོའི་ཆར་ནི་ཤེས་གྱུར་ནས། །གང་དུ་ཡང་དག་འདྲེས་གྱུར་པ། །ཟུང་དུ་འཇུག་པར་དེས་བཤད་དོ། །ཞེས་དང་། ཇི་ལྟར་དྭངས་པའི་ཆུ་དག་ལས། །ཉ་དག་མྱུར་དུ་འཕར་བ་ལྟར། །དེ་བཞིན་ཐམས་ཅད་སྟོང་པ་ལས། །སྒྱུ་འཕྲུལ་དྲ་བ་འབྱུང་བར་འགྱུར། །ཞེས་དང་། སྤྱོད་བསྡུས་ལས། རིམ་པ་འདི་གཉིས་ཀྱིས་བཅོམ་ལྡན་འདས་ཤཱཀྱ་ཐུབ་པ་ལ། དེ་བཞིན་གཤེགས་པ་ཐམས་ཅད་ཀྱི་སེ་གོལ་གྱི་སྦྲུས་བསྐུལ་བར་གྱུར་པས་མི་གཡོ་བའི་ཏིང་ངེ་འཛིན་ལས་བཞེངས་ཏེ། བྱང་ཆུབ་ཀྱི་ཤིང་དྲུང་ལ་བཞུགས་ནས། མཚན་ཕྱེད་ཀྱི་དུས་སུ། འོད་གསལ་བར་མངོན་དུ་མཛད་དེ། སྒྱུ་མ་ལྟ་བུའི་ཏིང་ངེ་འཛིན་ལས་བཞེངས་ནས། འགྲོ་བ་རྣམས་ལ་སྟོན་པར་མཛད་པ་ཡིན་ནོ། །དེ་ནས་བརྩམས་ཏེ་དམ་པའི་ཆོས་ཇི་སྲིད་གནས་པ་དེ་སྲིད་དུ་བླ་མའི་ཁ་ནས་བླ་མའི་ཁར་རྒྱུད་པ་ཡིན་ནོ། །ཞེས་སོ། །

གཉིས་པ་གནས་སྐབས་ཀྱི་འབྲས་བུས་འཕྲུལ་པ་དགག་པ་ལ་གསུམ་སྟེ། གྲུབ་ཐོབ་པས་རྟོགས་ལྡན་བཟང་བ་དགག །གོ་ཉམས་ལས་རྟོགས་པ་བཟང་བ་དགག །རྣལ་འབྱོར་ས་བཞི་ས་བཅུ་ཡིན་པ་དགག་པའོ། །

དང་པོ་ནི། ལ་ལ་ན་རེ་གྲུབ་ཐོབ་ངན་ནོ་ཞེས་ཟེར་ཞིང་། རྟོགས་ལྡན་བཟང་བ་ཡིན་ནོ་ལོ། །གྲུབ་ཐོབ་བརྒྱད་

ཅུའི་ནང་ན་ཡང་། རྟོགས་ལྡན་གཅིག་ཀྱང་མེད་དོ་ཞེས་ཟེར་བ་ཐོས་ཏེ། འདི་འདྲ་འཕགས་པའི་གང་ཟག་དང་རང་གི་བརྒྱུད་པའི་བླ་མ་གྲུབ་ཐོབ་རྣམས་ལ་སྐུར་པ་འདེབས་པའི་ཚིག་ཡིན་པས། འདི་འདྲ་ལ་བདེན་པར་འཛིན་པ་ལྟ་ཅི་སྨོས། ཐོས་པར་གྱུར་ན་རྣ་བ་དགག་པར་བྱའོ། །དེའི་འཐད་པ་བཤད་ཀྱིས་ཉོན་ཅིག །ཅི་གྲུབ་ཐོབ་ཅེས་པ་འཇིག་རྟེན་པའི་དངོས་གྲུབ་ཐོབ་པའམ་འཇིག་རྟེན་ལས་འདས་པའི་ཡིན། དང་པོ་ཡིན་ན་རྟོགས་ལྡན་ལ་ཡང་མཚུངས་ཏེ། རིགས་མི་རིགས་ཅུང་ཟད་དཔྱོད་ནུས་པ་ལ་ཡང་རྟོགས་ལྡན་དུ་གྲགས་པའི་ཕྱིར་རོ། །

གཉིས་པ་ཡིན་ན། གྲུབ་ཐོབ་ཆུང་ངུ་མཐོང་ལམ་ཡིན་ཞིང་། གྲུབ་ཐོབ་འབྲིང་པོ་ས་བརྒྱད་པ་ཡིན་ལ། གྲུབ་ཐོབ་ཆེན་པོ་སངས་རྒྱས་ཀྱི་ས་ཡིན་པས། འཕགས་པ་མིན་པ་ལ་དེའི་གྲུབ་ཐོབ་མེད་དོ། །དེ་ཡང་མདོ་སྡེ་རྒྱན་ལས་འདི་སྐད་གསུངས་ཏེ། རྒྱ་བར་གྲངས་པའི་གཞུང་རྐང་པ་གསུམ་ནི་ཡི་གེ་མ་དག་སྣང་བས། ས་རྣམས་ཐམས་ཅད་མ་གྲུབ་དང་། །གྲུབ་པ་དག་ཏུ་ཤེས་པར་བྱ། །གྲུབ་པ་དག་ཀྱང་མ་གྲུབ་དང་། །གྲུབ་པ་དག་ཏུ་ཡང་དག་འདོད། །ཞེས་གདོན་པར་བྱའོ། །འཇིག་རྟེན་པའི་མོས་པ་སྤྱོད་པའི་ས་མ་གྲུབ་པ་དང་། ལྷག་མ་རྣམས་ནི་གྲུབ་པའོ། །དེ་ཡང་མ་དག་པའི་ས་བདུན་ནི་མ་གྲུབ་པ་དང་། དག་པའི་ས་རྣམས་ནི་གྲུབ་པའོ་ཞེས་གསུངས་པའི་དགོངས་པ་འང་དེ་ཉིད་ཡིན་ལ། རྣལ་འབྱོར་གྱི་དབང་ཕྱུག་ཆེན་པོ་བི་རྒྨ་པ་ཡིས་ལམ་འབྲས་ལས་ཀྱང་གོང་དུ་བཤད་པ་དེ་སྐད་གསུང་ཞེས་གསུངས་ཀྱང་། ལམ་གཉིས་ལ་ལྔ་གྲུབ་བརྒྱད་བསྒྱུར་བའོ་ཞེས་ཏེ། འཇིག་རྟེན་དང་འཇིག་རྟེན་ལས་འདས་པའི་ལམ་གཉིས་ལ་རིམ་པ་བཞིན་དབང་བཞི་དང་འབྲེལ་བའི་ལྔ་བ་བཞི་དང་། གྲུབ་མཐའ་བཞི་འབྱུང་ཞིང་། ས་ཐོབ་ནས་གྲུབ་མཐའ་རྫོགས་པ་ཞེས་བཞེད་པས་དོན་དེ་བསྟན་པའོ། །དེད་ཀྱི་གྲུབ་ཐོབ་ནི་མཚན་ཉིད་དེ་འདྲ་བ་ཡིན་ལ། ཁྱེད་ཀྱི་རྟོགས་ལྡན་གྱི་མཚན་ཉིད་འདི་ཡིན་ཞེས་མདོ་རྒྱུད་ཀུན་ལས་གསུངས་པ་མེད་དོ། །དེས་ན་རྟོགས་ལྡན་ཞེས་བྱ་བའི་མིང་འདི་ཡང་ཆོས་མི་ཤེས་པའི་བླུན་པོ་རྣམས་ལ་གྲགས་ཀྱི་མཁས་པ་སྡེ་སྣོད་འཛིན་པ་རྣམས་ལ་གྲགས་པ་མིན་ནོ། །

གཉིས་པ་ནི། ལ་ལ་ཉམས་དང་གོ་བ་དང་རྟོགས་པ་ཞེས་བྱ་བ་རྣམ་པ་གསུམ་ལས། ཉམས་ནི་ངན་ལ་གོ་བ་འབྲིང་ལ། རྟོགས་པ་བཟང་བ་ཡིན་ནོ་ཞེས་ཟེར་རོ། །འདི་འང་རེ་ཤིག་བརྟག་པར་བྱ་སྟེ། ཉམས་ཞེས་བྱ་བ་དེ་གང་ལ་ཟེར། ཉམས་མྱོང་ཙམ་ལ་ཟེར་ན་སེམས་ཡོད་པ་ཐམས་ཅད་ལ། ཉམས་སུ་མྱོང་བ་དེ་ཡང་ཡོད་པ་ཡིན་པས། བཟང་ངན་མཐའ་གཅིག་ཏུ་ངེས་པ་མེད་དེ། རྣམ་འགྲེལ་ལས། མྱོང་བྱ་ཉིད་ཕྱིར་སེམས་ཡིན་ནོ། །ཞེས་སོ། །གལ་ཏེ་བསྒོམས་པའི་ཉམས་མྱོང་ལ་ཟེར་ན་ཚོགས་ལམ་ཆུང་ངུ་ནས་མཐར་ཕྱིན་པའི་ལམ་གྱི་བར་དུ་ཡོད་དེ། ཚོགས་ལམ་ཆུང་ངུར་དྲན་པ་ཉེར་བཞག་བསྒོམ་ཞིང་། མཐར་ཕྱིན་པའི་ལམ་དུ། གོམས་པ་མཐར་

ཐུག་པས་སོ། །འོན་ཏེ་སོ་སོ་རང་རིག་པའི་མི་རྟོག་ཡེ་ཤེས་ཡིན་ན་འཕགས་པའི་གང་ཟག་རྣམས་ལ་ཉམས་དེ་ཡོད་པ་ཡིན་པས། འདི་ཡང་མཐའ་གཅིག་ཏུ་ངེས་པ་མེད་དོ། །གོ་བ་དང་ནི་རྟོགས་པ་གཉིས་པོ་དོན་ངོ་བོ་གཅིག་ལ་སྒྲ་སྐྱེ་མིང་གི་རྣམ་གྲངས་ཐ་དད་པ་ཡིན་ཏེ། རྒྱ་གར་གྱི་སྐད་བི་ཛྙ་ཏི་ཞེས་པ་གཅིག་ལ་ལོ་ཙྪ་བས་རེས་འགའ་གོ་བར་བསྒྱུར། རེས་འགའ་རྟོགས་པར་བསྒྱུར། རེས་འགའ་སྐབས་ཇི་ལྟར་བདེ་བར་བསྒྱུར། རེས་འགའ་བི་ཛྙ་གོ་བ་དང་ག་ཏི་ལ་རྟོགས་པ་ཞེས་བསྒྱུར་བས་འགྱུར་གྱི་དབྱེ་བ་ཁོ་ནས་ཟད་དོ། །རྟོགས་པ་གསལ་བ་དང་མི་གསལ་བ་ལ་རིམ་པ་ལས་ལོག་ནས་གོ་བ་དང་རྟོགས་པར་འདོགས་ན་ཐོགས་ཤིག །མི་འདོགས་པ་མི་འགོག་གོ། །ལམ་འབྲས་རྡོ་རྗེའི་ཚིག་རྐང་སོགས་གཞུང་ལུགས་འགའ་ལས་བསྒོམ་པའི་ཏིང་ངེ་འཛིན་ལ་ཉམས་ཀྱི་སྣང་བ་ཞེས་གསུངས་ཏེ། རྣལ་འབྱོར་པ་ལ་ཏིང་ངེ་འཛིན་ལ་ཉམས་ཀྱི་སྣང་བ་ཞེས་སོ། །རྫོགས་པའི་སངས་རྒྱས་ཀྱི་ཡེ་ཤེས་ལ་དག་པའི་སྣང་བར་བཤད་པ་ཡོད་དེ། བདེ་བར་གཤེགས་པའི་སྐུ་གསུང་ཐུགས་མི་ཟད་པ་རྒྱན་གྱི་འཁོར་ལོ་ལ་དག་པའི་སྣང་བ་ཞེས་སོ། །བསྒོམ་ཉམས་སྐྱོན་མེད་ཅེས་བྱ་བ་སངས་རྒྱས་ཀྱི་ས་ལ་བཤད་པའང་མཐོང་སྟེ། བསྒོམ་ཉམས་སྐྱོན་ཡོད་མེད་ཕྱེད་པས། ས་བཅུ་གསུམ་པ་ཐམས་ཅད་མཁྱེན་ཏོ་ཞེས་སོ། ། དེས་ན་དེ་འདྲའི་ཉམས་དང་རྟོགས་པ་ལ་ཉམས་ངན་ཞིང་། རྟོགས་པ་བཟང་ཞེས་རྣམ་པར་དབྱེ་བ་བྱར་མེད་དོ། །

གསུམ་པ་ནི། ཀོར་ནི་རྡུ་པའི་གདམས་ངག་ཁས་ལེན་པ་ལ་ལན་ནི། རྩེ་གཅིག་དང་སྤྲོས་བྲལ་དང་། རོ་གཅིག་དང་བསྒོམ་མེད་ཅེས་བྱ་བ་བཞི་ལས། རྩེ་གཅིག་མཐོང་ལམ་དང་སྤྲོས་བྲལ་ནི། ས་གཉིས་པ་ནས་བདུན་པའི་བར་དང་། རོ་གཅིག་ནི་དག་པའི་ས་གསུམ་དང་། བསྒོམ་མེད་དེ་ནི་སངས་རྒྱས་ཀྱི་སའོ་ཞེས་ཟེར་རོ། །འདི་ཡང་ལེགས་པར་ཕྱེ་ཏེ་བཤད་ཀྱིས་ཉོན་ཅིག །གལ་ཏེ་སོ་སོ་སྐྱེ་བོའི་ལམ་ཉིད་ལ་ཡང་ས་བཅུ་པོ་དང་། ཆོས་མཐུན་ཙམ་ཞིག་རྩིས་ནས། དེ་དག་ལ་ས་བཅུར་བརྗོད་པའམ། འོན་ཏེ་འཕགས་པ་ཉིད་ཡིན་པའི་བདེན་པའི་ས་ལམ་དངོས་སུ་བྱེད་པ་ཡིན། སོ་སོ་སྐྱེ་བོའི་གང་ཟག་གི་ལམ་ལ། ཆོས་མཐུན་ཙམ་ཞིག་བསྒྲིགས་ནས་རྣམ་བཞག་བྱེད་ན་ནི། དེ་འདྲ་ཆོས་ནས་བཤད་ན་འགལ་བ་མེད་དེ། དཔེར་ན་དཀོན་བརྩེགས་ཀྱི་རྨི་ལམ་ངེས་པར་བསྟན་པའི་ལེའུ་ལས། རྨི་ལམ་དུ་ཐུབ་པའི་མཆོད་རྟེན་འཛིམ་པ་ལས་བྱས་པ་མཐོང་ན་ས་དང་པོ་ལ་གནས་པར་ལྟའོ་ཞེས་སོགས་བཤད་དེ། དེ་ཉིད་དུ་གལ་ཏེ་དེ་བཞིན་གཤེགས་པའི་མཆོད་རྟེན་འཛིམ་པ་ལས་བྱས་པ་མཐོང་ན་བྱང་ཆུབ་སེམས་དཔའ་དེ་ནི་ས་དང་པོར་ལྟའོ། །གལ་ཏེ་རྡོ་བ་ལས་བྱས་པ་མཐོང་ན་ས་གཉིས་པར་ལྟའོ། །གལ་ཏེ་རྡོ་ཐལ་གྱིས་ཞུགས་ཤིང་བྱི་དོར་བྱས་པ་མཐོང་ན་ས་གསུམ་པར་ལྟའོ། །གལ་ཏེ་སྣེགས་བུ་དང་གདུགས་བྱི་དོར་བྱས་པ་མཐོང་ན་ས་བཞི་པར་ལྟའོ། །གལ་ཏེ་རྡོའི་ཀ་བ་བྱི་དོར་བྱས་པ་མཐོང་ན་ས་ལྔ་པར་

ལྔའོ། །གལ་ཏེ་གསེར་གྱིས་སྤྲེལ་བ་མཐོང་ན་ས་དྲུག་པར་ལྔའོ། །གལ་ཏེ་རིན་པོ་ཆེའི་དྲ་བས་ཀུན་ནས་གཡོགས་པ་མཐོང་ན་ས་བདུན་པར་ལྔའོ། །གལ་ཏེ་གཡེར་ཁའི་དྲ་བས་ཀུན་ནས་གཡོགས་པ་མཐོང་ན་ས་བརྒྱད་པར་ལྔའོ། །ས་དང་པོ་བདུན་པོ་དག་ལ་མཐོང་བ་གང་ཡིན་པ་དེ་ནི་བདུད་ཀྱི་ལས་སུ་རིག་པར་བྱའོ། །ས་དགུ་པ་དང་ས་བཅུ་པ་དག་ལ་ནི། རྨི་ལམ་ལོག་པར་མཐོང་བ་མེད་དོ་ཞེས་གསུངས་ཤིང་། དེ་བཞིན་དུ་རྡོ་རྗེ་རབ་འཇོམས། གཞན་ཡང་བྱང་ཆུབ་སེམས་དཔའ་གང་གིས་རྨི་ལམ་ན། བདག་དེ་བཞིན་གཤེགས་པའི་སྐུ་ཡིན་པར་ཀུན་ཏུ་ཤེས་ན་བྱང་ཆུབ་སེམས་དཔའ་ས་དང་པོ་པར་རིག་པར་བྱ་ཞིང་། ཞེས་པ་དང་། གང་གིས་དེ་བཞིན་གཤེགས་པ་བཞེངས་པ་ལ་བསོད་སྙོམས་འབུལ་བ་མཐོང་ན་བྱང་ཆུབ་སེམས་དཔའ་ས་དང་པོ་པར་ལྔའོ། །གང་བཞུགས་པ་ལ་འབུལ་བ་དེ་ནི་ས་གཉིས་པར་ལྔའོ། །གང་བཀོད་པ་ཕུན་སུམ་ཚོགས་པ་ལ་འབུལ་བ་དེ་ནི་ས་གསུམ་པར་ལྔའོ། །གང་གཉེན་འདབས་ཀྱིས་ཡོངས་སུ་བསྐོར་བ་ལ་འབུལ་བ་དེ་ནི་ས་བཞི་པར་ལྔའོ། །གང་སྐྱེ་བོ་མང་པོས་ཡོངས་སུ་བསྐོར་བ་ལ་འབུལ་བ་དེ་ནི་ས་ལྔ་པར་ལྔའོ། །གང་སྐྱེ་བོ་གཉིས་ཀས་ཡོངས་སུ་བསྐོར་བ་ལ་འབུལ་བ་དེ་ནི་ས་དྲུག་པར་ལྔའོ། །གང་བཀོད་པ་ཐམས་ཅད་ལ་སྙོམས་པར་ཞུགས་པ་དེ་ལ་འབུལ་བ་དེ་ནི་ས་བདུན་པར་ལྔའོ། །གང་བསྟོད་པ་མཛད་པ་ལ་འབུལ་བ་དེ་ནི་ས་བརྒྱད་པར་ལྔའོ། །གང་ཚོ་འཕྲུལ་མཛད་པ་ལ་འབུལ་བ་དེ་ནི་ས་དགུ་པར་ལྔའོ། །དེ་ཐམས་ཅད་དུ་བདུད་ཀྱི་ལས་ནི་མ་གཏོགས་པར་ཞེས་པ་ཐོག་མར་སྨྲར་རོ། །དེ་ལ་སོགས་རྨི་ལམ་གྱི་བྱེ་བྲག་ལ་ས་བཅུའི་དབྱེ་བ་མཛད་པ་མཐོང་སྟེ། འདིར་ནི་མོས་པ་སྤྱོད་པའི་ས་ཉིད་ལ་ས་བཅུར་བཏགས་པ་ཡིན་གྱི་འཕགས་པའི་ས་ལ་དགོངས་པ་མིན་ཏེ། སོ་སོ་སྐྱེ་བོ་ལའང་བདུད་ཀྱི་བྱིན་རླབས་མ་ཡིན་པར་དེ་འདྲའི་རྨི་ལམ་འབྱུང་བས་སོ། །དེ་བཞིན་དུ་གལ་ཏེ་རྩེ་གཅིག་སྤྲོས་བྲལ་ལ་སོགས་ལའང་མདོ་དང་རྒྱུད་སྡེ་ལས་མོས་པ་སྤྱོད་པའི་ས་ལམ་གྱི་དབང་དུ་བྱས་ནས་བཅུ་དང་ལྔར་གསུངས་པ་མཐོང་ནས། ཁྱེད་ཀྱང་དེ་ལྟར་དུ་རྣམ་བཞག་བྱེད་ན་ལུང་དང་མི་འགལ་ལོ། །འོན་ཀྱང་འདི་འདྲ་མདོ་རྒྱུད་ཁུངས་མ་གང་ནས་ཀྱང་བཤད་པ་མེད་ཀྱི། ཁྱེད་ཀྱིས་རང་གཟོར་བྱས་པ་ཡིན་ནོ། །ཅི་སྟེ་དེ་དག་འཕགས་པའི་སར་བྱེད་ན། མདོ་རྒྱུད་ཀུན་དང་འགལ་བར་འགྱུར་རོ། །ཐུབ་པ་དགོངས་གསལ་ལས་ཀྱང་། དེང་སང་བོད་ཁ་ཅིག་རྣལ་འབྱོར་བཞི་ལམ་ལྔའམ་ས་བཅུ་ལ་སྦྱར་ནས། ཕྱག་རྒྱ་ཆེན་པོའི་བསྒོམ་དུ་བྱེད་པ་མཐོང་སྟེ། འདི་མི་འཐད་དེ། དེ་ཡི་རྒྱུ་མཚན་ཕྱག་རྒྱ་ཆེན་པོ་གསང་སྔགས་ཀྱི་དབང་དང་རིམ་གཉིས་ཀྱི་ཏིང་ངེ་འཛིན་གྱི་བྱེ་བྲག་ཡིན་ལ། འདི་ནི་དེ་མ་ཡིན་ཏེ། རྒྱུད་དེ་རྣམས་ལས་ནང་རྟེན་འབྲེལ་གྱི་ས་ལམ་ངོ་མཚར་ཅན་གསུངས་ཀྱི། རྣལ་འབྱོར་བཞི་ལ་ས་ལམ་དུ་གང་ནས་ཀྱང་གསུངས་པ་མེད་པས་རང་བཟོ་ཡིན་ཅིང་། ཕྱག་རྒྱ

ཆེན་པོ་པ་ཁོ་རང་ལའང་འདི་མི་འཐད་དེ། ཕྱག་རྒྱ་ཆེན་པོ་ཚིག་ཚོད་ལ། །ས་ལམ་རྩི་བའི་རྨོངས་པ་འཕྲུལ། །ཞེས་ཕྱག་རྒྱ་ཆེན་པོ་ཚིག་ཚོད་ལ་ས་ལམ་རྩིར་མེད་ཅེས་ཟེར་བ་དང་འགལ་བའི་ཕྱིར་རོ། །ཞེས་སོ། །

གཉིས་པ་འཕྲོས་དོན་གཞན་ལའང་འཁྲུལ་པ་དགག་པ་ལ་བཞི་སྟེ། ཐེག་པ་རང་སར་བདེན་པ་དགག །འཁྲུལ་པའི་གྲུབ་མཐའ་སྲུན་འབྱིན་བཤད། །མི་ཤེས་པའི་ལུང་སྦྱོར་དགག །རིང་བསྲེལ་སོགས་ཀྱི་རྒྱུ་མཚན་དཔྱད། དང་པོ་ལ་གསུམ་སྟེ། དགག་པ་དངོས། རྩོད་པ་སྤང་། མཚོན་པའི་དོན་ནོ། །དང་པོ་ནི། ཁ་ཅིག་ཐེག་པ་ཐམས་ཅད་རང་སར་ན་བདེན་པ་ཡིན་པས། གོང་མའི་རིགས་པས་འོག་མ་ལ་གནོད་པ་ལ་སོགས་མི་འཐད་དོ་ཞེས་ཀུན་ལ་སྒྲོགས་པར་བྱེད་དོ། །འདི་ཡང་བརྟག་པར་བྱ་བས་ཉོན་ཅིག །ཐེག་པ་རང་སར་བདེན་པ་རྒྱུ་མཚན་བཞི་པོ་འདི་ལས་མི་འདའ་བས་གལ་ཏེ་སླུས་ཚད་བདེན་པའི་ཕྱིར། དེ་སྐད་ཟེར་ན། རྫུན་ཚིག་ཤེས་བྱ་ལ་མི་སྲིད་པར་འགྱུར་རོ། །འོན་ཏེ་གྲུབ་པའི་མཐའ་ཀུན་བདེན་པས་དེ་ལྟར་ཡིན་ན། རྒྱལ་རིགས་ལ་ནི་རྒྱལ་རིགས་གསད། །བྲམ་ཟེའི་རིགས་ལ་བྲམ་ཟེ་གསད། །མ་རུངས་དག་ལ་རྗེ་རིགས་ཏེ། །དམངས་རིགས་ལ་ནི་དམངས་རིགས་གསད། །ཞེས་པ་ལྟ་བུ་འཆི་བ་ཆོས་སུ་སྨྲ་བ་དང་། མ་ཤི་བར་དུ་ཅི་བདེར་འཚོ། །ཤི་ནས་དེ་ཡི་སྤྱོད་ཡུལ་མིན། །ལུས་ཀྱང་ཐལ་བ་བཞིན་སོང་ནས། །སླར་ཡང་སྐྱེ་བ་ག་ལ་ཡོད། །ཞེས་སོགས་འཇིག་རྟེན་ཕ་རོལ་མེད་པར་སྨྲ་བ་དང་། ཕྲཾ་གའི་སྒོ་དང་ཀུ་ཤའི་འཕྲིལ། །བིལ་བ་ཅན་དང་སྨོན་པོ་རི། །ཀ་ན་ཀ་ཡི་འཛུག་ངོགས་སུ། །ཁྲུས་བྱས་ཡང་སྐྱེ་སྲིད་མ་ཡིན། །ཞེས་པ་ལྟ་བུ་ཁྲུས་བྱས་པས་གྲོལ་བར་སྟོན་པ་སོགས་ལྟ་བ་ལོག་པ་དང་། དེས་ཀུན་ནས་བསླངས་པའི་ཚིག་ཐམས་ཅད་བདེན་པར་འགྱུར་རོ། །གལ་ཏེ་མུ་སྟེགས་མཆོག་གཅེར་བུ་པ་ལ་སོགས་པ་རྣམས་ལ། རྟག་པའི་དངོས་པོ་དང་དབང་ཕྱུག་བྱེད་པ་པོར་སྨྲ་བ་སོགས་བརྫུན་པའང་དུ་མ་ཡོད་མོད་ཀྱང་། སྦྱིན་པ་དང་ཚུལ་ཁྲིམས་བཟོད་པ་བརྩོན་འགྲུས་སོགས། བདེན་པའང་དུ་མ་ཡོད་པའི་ཕྱིར། བདེན་པའི་ཆ་ནས་གྲུབ་མཐའ་ཀུན་རང་སར་བདེན་པས། ཐེག་པའང་རང་སར་བདེན་ནོ་སྙམ་ན་དེ་དག་གི་སྦྱིན་པ་དང་ཚུལ་ཁྲིམས་སོགས་ཕལ་ཆེར་བདེན་མོད་ཀྱང་། སྐྱབས་གནས་དང་ནི་ལྟ་བ་དང་། ཐབས་ཀྱི་གནད་རྣམས་འཁྲུལ་བ་ཡིན་ཏེ། འདི་ལྟར་དེ་དག་གི་སྐྱབས་གནས་ནི་འཇིག་རྟེན་གྱི་ལྷ་ཆེན་པོ་ཚངས་པ་ལ་སོགས་པ་ཡིན་ལ། དེ་དག་གིས་ནི་འཁོར་བ་ལས་སྐྱོབ་མི་ནུས་ཏེ། མདོ་ལས། འཇིགས་པས་སྐྲག་པའི་མི་རྣམས་ནི། །ཕལ་ཆེར་རི་དང་ནགས་ཚལ་དང་། །ཀུན་དགའ་དང་ནི་མཆོད་གནས་ཀྱི། །ལྗོན་ཤིང་རྣམས་ལ་སྐྱབས་འགྲོ་སྟེ། །སྐྱབས་དེ་གཙོ་བོ་མ་ཡིན་ཞིང་། །སྐྱབས་དེ་མཆོག་གྱུར་མ་ཡིན་ལ། །སྐྱབས་དེ་ལ་ནི་བརྟེན་ནས་ཀྱང་། །སྡུག་བསྔལ་ཀུན་ལས་མི་གྲོལ་གྱིས། །ཞེས་སོ། །ལྟ་བའང་མཛོད་འགྲེལ་ལས། ཅི་འདི་ལས་གཞན་ལ་ཐར་པ་ཡོད་

དམ་ཞེ་ན་མེད་དོ། །ཅིའི་ཕྱིར་ཞེ་ན། བདག་ཏུ་ལྟ་བ་ཕྱིན་ཅི་ལོག་ལ་ཞེན་པ་ཉིད་ཀྱི་ཕྱིར་ཏེ་ཞེས་སོ། །ཐབས་ཀྱང་ཁམས་གསུམ་ས་དགུའི་འོག་མ་གང་རུང་ལ་འཁོར་བ་དང་། གོང་མ་གང་རུང་ཐར་བར་བཟུང་ནས། དེའི་དོན་དུ་བརྩོན་པ་ཙམ་ཡིན་ཏེ། དེ་ནི་སྲིད་པ་ལ་བརྟེན་པའི་ཕྱིར། གཏན་དུ་སྡིག་པ་ལ་སོ་སོར་ཐར་པ་བྱེད་པ་མ་ཡིན་ནོ་ཞེས་སོ། །དེས་ན་ཚུལ་ཁྲིམས་ལ་སོགས་པ་ཆོས་གཞན་བཟང་ཡང་འཁོར་བ་ལས་སྐྱོབ་མི་ནུས་ཏེ། སློབ་དཔོན་དཔའ་བོས། ཁྱོད་ཀྱི་ཆོས་ལ་མི་དགའ་བའི། །སྐྱེ་བོ་གཏི་མུག་གིས་ལྡོངས་པ། །སྲིད་པའི་རྩེ་མོར་སོང་ནས་ཀྱང་། །སྡུག་བསྔལ་རབ་བྱུང་སྲིད་པ་བསྐྱུབ། །ཅེས་སོ། །ཅི་སྟེ་སངས་རྒྱས་པའི་ཐེག་པ་ཀུན་རང་ས་ན་བདེན་ནོ་ཅེ་ན། འདི་འང་ཅུང་ཟད་བརྟག་པར་བྱའོ། །

སངས་རྒྱས་ཀྱི་གསུང་ལ་དྲང་དོན་ངེས་པའི་དོན་རྣམ་པ་གཉིས་སུ་ཡོད་ཅིང་། འདི་དག་གི་ཁྱད་པར་ནི་བརྗོད་བྱའི་སྒོ་ནས་དང་། རྗོད་བྱེད་ཀྱི་སྒོ་ནས་དང་། ཆེད་དུ་བྱ་བའི་ཡུལ་གདུལ་བྱའི་སྒོ་ནས་དབྱེ་བ་སྟེ། གསུམ་ལས་དང་པོ་ནི། ཐབས་ཀུན་རྫོབ་ཀྱི་བདེན་པ་དངོས་སུ་སྟོན་པ་ནི་དྲང་དོན་ཏེ། གདུལ་བྱ་དམ་པའི་དོན་ལ་དགྲི་བའི་ཐབས་ཙམ་བསྟན་པའི་ཕྱིར་རོ། །ཐབས་ལས་བྱུང་བ་དོན་དམ་བདེན་པ་དངོས་སུ་སྟོན་པ་ནི་ངེས་པའི་དོན་ཏེ། འདིའི་བརྗོད་བྱ་རྣམ་པ་གཞན་དུ་བྱ་བར་མི་ནུས་པར་མཐའ་གཅིག་ཏུ་ངེས་པའི་ཕྱིར་རོ། །འཕགས་པ་བློ་གྲོས་མི་ཟད་པས་བསྟན་པ་ལས། དྲང་པའི་དོན་གྱི་མདོ་གང་ཞེ་ན། མདོ་གང་ལས་ཀུན་རྫོབ་ཀྱི་བདེན་པ་གསུངས་པ་འདི་ནི་དྲང་བའི་དོན་ཡིན་ནོ། །ངེས་པའི་དོན་གྱི་མདོ་གང་ཞེ་ན། མདོ་གང་ལས་དོན་དམ་པའི་བདེན་པ་མངོན་དུ་བྱ་བའི་ཕྱིར་གསུངས་པ་འདི་ནི་ངེས་པའི་དོན་ཏོ་ཞེས་དང་། ཏིང་འཛིན་རྒྱལ་པོ་ལས། སྟོང་པ་བདེ་བར་གཤེགས་པས་བསྟན་པ་ལྟར། །ངེས་དོན་མདོ་སྡེ་དག་གི་ཁྱད་པར་ཤེས། །གང་ལ་སེམས་ཅན་གང་ཟག་སྐྱེས་བུ་བསྟན། །ཆོས་དེ་ཐམས་ཅད་དྲང་བའི་དོན་དུ་ཤེས། །ཞེས་དང་། བསམ་གྱིས་མི་ཁྱབ་པར་བསྟོད་པ་ལ། ཆོས་རྣམས་ཀྱི་ནི་ངོ་བོ་ཉིད། །ངེས་པའི་དོན་ཏོ་ཞེས་ཀྱང་བསྟན། །གང་ཡང་སྐྱེ་དང་འགག་ལ་སོགས། །སེམས་ཅན་སྲོག་ལས་སོགས་བསྟན་པ། །དེ་ནི་དྲང་དོན་ཀུན་རྫོབ་ཏུ། །མགོན་པོ་ཁྱེད་ཀྱིས་བསྟན་པ་ལགས། །ཞེས་སོ། །

གཉིས་པ་ནི་སྒྲ་ཇི་བཞིན་པ་ལ་ཚད་མས་གནོད་པ་དང་མི་གནོད་པ་ནི་རིམ་པ་བཞིན་དྲང་ངེས་ཀྱི་དོན་ཏེ། དེ་ལ་ཡང་། དེའི་དོན་ལ་བྱིས་པའི་ཚད་མས་གནོད་མི་གནོད་ནི། ཐ་སྙད་ཀྱི་བདེན་པ་ལ་ལྟོས་པའི་དྲང་ངེས་ཡིན་ཞིང་། འཕགས་པའི་ཚད་མས་གནོད་མི་གནོད་ནི་དོན་དམ་བདེན་པ་ལ་ལྟོས་པའི་དྲང་ངེས་སོ། །

གསུམ་པ་ནི། གདུལ་བྱ་མ་སྨིན་པ་སྨིན་པའི་ཕྱིར་བསྟན་པ་དག་ནི་དྲང་དོན་དང་སྨིན་པ་གྲོལ་བ་དང་།

གྲོལ་བ་མཐར་ཕྱིན་པའི་ཕྱིར་བསྟན་པ་ནི་ངེས་པའི་དོན་ནོ། །དེ་ལྟར་བཞི་ལས་དང་པོའི་དབང་དུ་བྱས་ན། བཀའ་འཁོར་ལོ་དང་པོ་དང་ཐ་མ་གཉིས་ཀུན་རྫོབ་ཀྱི་བདེན་པ་ལས་བརྩམས་ཏེ་བསྟན་པས་དྲང་དོན་ཡིན་ལ། བར་པ་ནི་དོན་དམ་པའི་བདེན་པ་ལས་བརྩམས་ཏེ་སྟོན་པས་ངེས་དོན་ཡིན་ནོ། །གཉིས་པའི་དབང་དུ་བྱས་ན་བཀའ་དང་པོ་དང་ཐ་མ་གཉིས་ངེས་དོན་ཏེ། སྒྲ་ཇི་བཞིན་པ་ལ་བྱིས་པའི་ཚད་མས་མི་གནོད་པའི་ཕྱིར་དང་། བར་པ་ནི་དྲང་དོན་ཏེ་དེ་ལས་བཟློག་པའོ། །གསུམ་པའི་དབང་དུ་བྱས་ན་བཤད་མ་ཐག་པ་ལས་ལོག་པའོ། །བཞི་པའི་དབང་དུ་བྱས་ན། བཀའ་དང་པོ་ནི་གདུལ་བྱ་མ་ཞུགས་པ་འཇུག་པ་དང་ཞུགས་པ་སྨིན་པའི་ཕྱིར་བསྟན་པས་དྲང་དོན་ཡིན་ལ། བར་བ་ནི་སྨིན་པ་རྣམས་གྲོལ་བར་བྱ་བའི་ཆེད་དུ་བསྟན་ཅིང་། ཐ་མ་ནི་གྲོལ་བ་རྣམས་ཐེག་པ་ཆེན་པོས་མཐར་ཕྱིན་པར་བྱ་བའི་ཕྱིར་བསྟན་པས་ཐ་མ་གཉིས་ནི་ངེས་དོན་ཡིན་ནོ། །དེ་ལྟར་ཡང་གཟུངས་ཀྱི་དབང་ཕྱུག་རྒྱལ་པོའི་མདོ་ལས། རིགས་ཀྱི་བུ་འདི་ལྟ་སྟེ། ནོར་བུ་མཁན་མཁས་པ་ནོར་བུ་སྦྱོང་བའི་ཚུལ་ལེགས་པར་ཤེས་པ་དེ། ནོར་བུ་རིན་པོ་ཆེའི་རིགས་ལས་ཡོངས་སུ་མ་དག་པའི་ནོར་བུ་རིན་པོ་ཆེ་བླངས་ཏེ། ལན་ཚྭའི་ཆུ་རྣོན་པོས་སྦངས་ནས་སྐྲའི་རེ་བས་ཡོངས་སུ་སྦྱོང་བར་བྱེད་དོ། །དེ་ཙམ་གྱིས་བརྩོན་པ་འདོར་བ་ཡང་མ་ཡིན་ཏེ། དེའི་འོག་ཏུ་ཟས་ཀྱི་ཁུ་བ་རྣོན་པོས་སྦངས་ནས། བལ་གྱི་ལྭ་བས་ཡོངས་སུ་སྦྱོང་བས་སྦྱོང་བར་བྱེད་དོ། །དེ་ཙམ་གྱིས་བརྩོན་པ་འདོར་བ་ཡང་མ་ཡིན་ཏེ། དེའི་འོག་ཏུ་སྨན་ཆེན་པོའི་ཁུ་བས་སྦངས་ནས། རས་སྲབ་མོའི་ཡོངས་སུ་སྦྱོང་བས་སྦྱོང་བར་བྱེད་དོ། །ཡོངས་སུ་སྦྱངས་ཤིང་དྲི་མ་དང་བྲལ་བ་ནི། བཻཌཱུརྻའི་རིགས་ཆེན་པོ་ཞེས་བརྗོད་དོ། །རིགས་ཀྱི་བུ་དེ་བཞིན་དུ་དེ་བཞིན་གཤེགས་པ་ཡང་ཡོངས་སུ་མ་དག་པའི་སེམས་ཅན་གྱི་ཁམས་མཁྱེན་ནས། མི་རྟག་པ་དང་སྡུག་བསྔལ་བ་དང་། བདག་མེད་པ་དང་། མི་གཙང་བས་ཡིད་འབྱུང་བའི་གཏམ་གྱིས་འཁོར་བ་ལ་དགའ་བའི་སེམས་ཅན་རྣམས་སྐྱོ་བ་སྐྱེ་བར་མཛད་དོ། །འཕགས་པའི་ཆོས་འདུལ་བ་ལ་འཇུད་པར་མཛད་དེ། དེ་ཙམ་གྱིས་དེ་བཞིན་གཤེགས་པས་བརྩོན་པ་འདོར་བ་ཡང་མིན་ཏེ། དེའི་འོག་ཏུ་སྟོང་པ་ཉིད་དང་མཚན་མ་མེད་པ་དང་སྨོན་པ་མེད་པའི་གཏམ་གྱིས་དེ་བཞིན་གཤེགས་པའི་ཚུལ་རྟོགས་པར་མཛད་དོ། །དེ་ཙམ་གྱིས་དེ་བཞིན་གཤེགས་པས་བརྩོན་པ་འདོར་བ་ཡང་མེད་དེ། དེའི་འོག་ཏུ་ཆོས་ཀྱི་འཁོར་ལོའི་གཏམ་འཁོར་གསུམ་ཡོངས་སུ་དག་པའི་གཏམ་རང་བཞིན་སྣ་ཚོགས་ཀྱི་སྨྱུ་གུ་ཅན་གྱི། སེམས་ཅན་དེ་བཞིན་གཤེགས་པའི་ཡུལ་ལ་འཇུག་པར་མཛད་དོ་ཅེས་གསུངས་སོ། །

དེ་དག་ཀྱང་གཙོ་ཆེ་བ་ལ་དགོངས་ཀྱི། མདོ་སྡེ་ཡོངས་སུ་རྫོགས་པ་རྣམས་ལ་དྲང་དོན་ངེས་དོན་རེ་རེ་བོ་ན་ཡིན་པ་མི་སྲིད་པ་ཡིན་ནོ། །རྒྱུད་སྡེ་ཆེན་པོ་རྣམས་ཀྱང་མཐའ་དྲུག་གི་རྒྱས་བཏབ་ཏེ་གསུངས་པས། གོང་གི་

འཇོག་ཚུལ་དེ་དག་གིས་སྒོ་ནས་ཕྱེ་ན། དྲང་ངེས་ཅི་རིགས་སུ་ཡོད་ཀྱང་། ཐ་ན་མཆོད་པ་ལྔ་ལ་སོགས་པ་རྣམས་ཀྱང་རྡོ་རྗེས་མཚོན་པའི་སྟོང་ཉིད་ཀྱིས་རྒྱས་བཏབ་ནས་ཉམས་སུ་ལེན་ཅིང་། གདུལ་བྱ་ཉོན་མོངས་པ་ཤས་ཆེ་བ་གཞུག་པའི་དོན་དུ། ཆགས་སྡང་ལ་སོགས་ཉོན་མོངས་པའི་སྤྱོད་པ་སྟོན་ཀྱང་། དབང་པོ་རྣོན་པོ་དེ་ཁོ་ན་ཉིད་ཤེས་པའི་དོན་དུ་གསུངས་པས་ངེས་དོན་ཡིན་ནོ། །སྟོན་བྱེད་ཀྱི་སྒྲ་ཡང་ལས་གཅིག་ཏུ་དཀར་བ་རྣམས་ཀྱི་རྣམ་པར་སྨིན་པ་ཡང་གཅིག་ཏུ་དཀར་བ་ཡིན་ལ་ཞེས་སོགས་ཇི་བཞིན་པ་དང་། ཕ་དང་མ་ནི་གསད་བྱ་ཞིང་ཞེས་སོགས་ཇི་བཞིན་མིན་པ་གཉིས་སུ་གསུངས་སོ། །ཐེག་པ་ནི་ལམ་དང་འབྲས་བུའོ། །འདིས་འགྲོ་བས་ན་ཐེག་པར་ཞེས་བྱས་ན་ལམ་དང་། འདིར་འགྲོ་བས་ན་ཐེག་པ་ཞེས་བྱས་ན་འབྲས་བུ་ལ་སྦྱར་རོ། །ཡང་འདིས་ཐེག་པས་ན་དང་། འདི་ཐེག་པས་ན་ཐེག་པ། ཞེས་སྦྱར་བ་ལའང་ངོ། །

དེ་ཡང་མངོན་པར་མཐོ་བ་རྒྱུ་འབྲས་ནི། འཇིག་རྟེན་པ་དང་ངེས་པར་ལེགས་པ་རྒྱུ་འབྲས་ནི་འཇིག་རྟེན་ལས་འདས་པའོ། །དེ་དག་སྟོན་པའི་གསུང་རབ་ལ་ཡང་དེ་དག་ཏུ་ཐ་སྙད་བྱས་པས་ཐེག་པ་གཉིས་སུ་གནས་སོ། །འཇིག་རྟེན་པའི་ཐེག་པ་དེ་ཡང་ཐབས་ཤེས་ཀྱིས་ཟིན་ན་རྒྱུད་ནས་ཐར་པའི་ལམ་དུ་འགྱུར་བས། གཏན་གྱི་ཐར་པའི་ལམ་བསྒྲུབ་པ་ལ་ཉེ་བར་མི་མཁོ་བ་ནི་སངས་རྒྱས་ཀྱི་གསུང་རབ་ལས་ཅུང་ཟད་ཀྱང་མི་འབྱུང་སྟེ། དེའི་གསུང་ཐམས་ཅད་མྱ་ངན་ལས་འདས་པ་ལས་བརྩམས་ནས་འབྱུང་བས་སོ། །དེ་ལྟ་མ་ཡིན་ན་དེའི་འཕྲིན་ལས་ཐམས་ཅད་རྣམ་པ་ཐམས་ཅད་དུ་དོན་ཡོད་པ་མི་འཐད་དོ། །

༈ བཤད་པ་ཡང་ནི་དགོངས་པས་བཤད་པ་དང་། ལྡེམ་པོར་དགོངས་ཏེ་དང་། དྲང་པོ་རུ་དགོངས་ཏེ་བཤད་པ་ཞེས་བྱ་བ་རྣམ་པ་གསུམ་ཡོད་དོ། །སྔ་མ་གཉིས་ནི། སྒྲ་ཇི་བཞིན་པ་མ་ཡིན་ལ་ཕྱི་མ་ནི་ཇི་བཞིན་པའོ། །དེ་ལ་དགོངས་པ་ནི། མདོ་སྡེ་རྒྱན་ལས། མཉམ་པ་ཉིད་དང་དོན་གཞན་དང་། །དེ་བཞིན་དུ་ནི་དུས་གཞན་དང་། །གང་ཟག་གི་ནི་བསམ་པ་ལ། །དགོངས་པ་རྣམ་པ་བཞི་ཞེས་བྱ། །ཞེས་གསུངས་པའི་དོན་མཉམ་པ་ཉིད་དང་དོན་གཞན་དང་དུས་གཞན་དང་། གང་ཟག་གི་བསམ་པ་ལ་དགོངས་པ་བཞི་པོ་རིམ་པ་བཞིན། ང་ཉིད་དེའི་ཚེ་སྤྱངས་རྟོགས་འཕྲིན་ལས་མཐར་དགོངས་ནས་སངས་རྒྱས་རྣམ་པར་གཟིགས་སུ་གྱུར་ཏོ་ཞེས་དང་། ཡང་དཔྱད་པའི་སྐབས་ལས་དགག་དགོས་ན། ཆོས་ཐམས་ཅད་ངོ་བོ་ཉིད་མེད་པ་མ་སྐྱེས་པའོ་ཞེས་དང་། དུས་གཞན་དུ་སྨོན་ལམ་འདེབས་པ་ན་དེར་སྐྱེས་པའི་རྐྱེན་བྱེད་པས་ན། གང་དག་བདེ་བ་ཅན་དུ་སྨོན་ལམ་འདེབས་པ་དེ་དག་དེར་སྐྱེ་བར་འགྱུར་རོ་ཞེས་པ་དང་། དགེ་བ་གདུལ་བྱའི་བསམ་པ་ལ་ལྟོས་ནས་རྩ་བ་གཅིག་ཉིད་ཁ་ཅིག་ཏུ་བསྔགས་ཤིང་ཁ་ཅིག་ཏུ་དམད་པ་ལྟ་བུའོ། །

ལྡེམ་པོར་དགོངས་པ་བཞི་ནི། གཞུག་པ་ལྡེམ་པོར་དགོངས་པ་དང་། མཚན་ཉིད་ལྡེམ་པོར་དགོངས་པ་

གཞན། གཉེན་པོ་ལྡེམ་པོར་དགོངས་པ་དང་། བསྒྱུར་བ་ལྡེམ་པོར་དགོངས་པ་སྟེ་ཞེས་པ་རྣམས་ཡིན་ལ། རིམ་པ་བཞིན། ཉན་ཐོས་དང་ནི་ངོ་བོ་ཉིད། །དེ་བཞིན་ཉེས་པ་གདུལ་བ་དང་། །བརྗོད་པ་ཟབ་པ་ཉིད་ལ་ནི། །ལྡེམ་པོར་དགོངས་པ་འདིར་རྣམ་བཞི། །ཞེས་པ་ལྟར། ཉན་ཐོས་བསྟན་པ་ལ་གཞུག་པའི་ཕྱིར། གཟུགས་སོགས་ཡོད་པར་བསྟན་པ་དང་། ཀུན་བཏགས་པའི་མཚན་ཉིད་ལ་དགོངས་ནས། རྣམ་རིག་པའི་ལུགས་ལ་ཆོས་ཐམས་ཅད་ངོ་བོ་ཉིད་མེད་པ་དང་མ་སྐྱེས་པར་གསུངས་པ་དང་། ཉེས་པ་བརྒྱད་གདུལ་བའི་དོན་དུ་དེ་དག་གི་གཉེན་པོར་ཐེག་པ་མཆོག་བཤད་པ་དང་། བརྗོད་པ་ཟབ་མོ། སྙིང་པོ་མེད་ལ་སྙིང་པོར་ཤེས། །ཕྱིན་ཅི་ལོག་ལ་ལེགས་པར་གནས། །ཉོན་མོངས་པས་ནི་རབ་ཉོན་མོངས། །བྱང་ཆུབ་དམ་པ་ཐོབ་པར་འགྱུར། །ཞེས་པ་ལྟ་བུའོ། །འདིའི་དོན་སྙིང་པོ་ནི་རྣམ་གཡེང་སྟེ། དེ་མེད་པ་ལ་གཙོ་བོ་བྱེད་པ་དང་། རྟག་བདེ་གཙང་བདག་བཞི་ལས་ཕྱིན་ཅི་ལོག །མི་རྟག །སྡུག་བསྔལ། མི་གཙང་། བདག་མེད་པ་ལ་བློ་གནས་པ་དང་། དཀའ་བ་སྤྱོད་པའི་ཉོན་མོངས་པས་རབ་ཏུ་ཉོན་མོངས་ཤིང་ངལ་བར་བྱས་པས་བྱང་ཆུབ་འཐོབ་ཞེས་པའོ། །དེ་བཞིན་དུ། འདི་དཔྱད་པར་བྱའོ། །ཕ་དང་མ་ནི་གསད་བྱ་ཞིང་། །རྒྱལ་པོ་གཙང་སྦྲ་ཅན་གཉིས་དང་། །ཡུལ་འཁོར་འཁོར་དང་བཅས་བཅོམ་ན། །མི་དེ་དག་པ་ཉིད་དུ་འགྱུར། །ཞེས་པ་ཡང་། ཕ་ནི་ལས། མ་ནི་སྲེད་པ། རྒྱལ་པོ་ནི་ཟག་བཅས་ཀྱི་རྣམ་ཤེས། བྲམ་ཟེ་གཙང་སྦྲ་ཅན་ལྟ་བ་མཆོག་འཛིན་དང་། ཚུལ་ཁྲིམས་བརྟུལ་ཞུགས་མཆོག་འཛིན་གཉིས་སོ། །ཡུལ་འཁོར་ནི་ནང་གི་སྐྱེ་མཆེད་དྲུག །དེའི་འཁོར་ནི་ཕྱིའི་སྐྱེ་མཆེད་དོ། །གསད་པ་དང་བཅོམ་པ་ནི་སྤངས་པའོ། །དེ་བཞིན་དུ། ཡིད་མི་ཆེས་དང་བྱས་མི་བཟོ། །མི་གང་ཁྱིམ་འབིགས་བྱེད་པ་དང་། །གོ་སྐབས་ཅན་དང་སྐྲུགས་པ་ཟ། །དེ་ནི་སྐྱེས་བུ་མཆོག་ཡིན་ནོ། །ཞེས་པ་ཡང་ཡིད་མི་ཆེས་པ་ནི། རང་ཉིད་ཉོན་མོངས་པ་ལས་གྲོལ་བས། གཞན་སློབ་པ་སོགས་ལ་ཡིད་མི་རྟོན་པའོ། །བྱས་པ་མི་བཟོ་བ་ནི། གང་གིས་འཁོར་བ་ལས་གྲོལ་བའི་ལམ་ཡང་ཛིངས་བཞིན་དུ་འདོར་བའོ། །འདིར་དཔྱད་པར་བྱའོ། །རྡོ་རྗེ་ལྟ་བུའི་ཏིང་ངེ་འཛིན་གྱི་ལྷུགས་དངར་གྱིས་ཀུན་གཞིའི་རྣམ་ཤེས་ཀྱི་ཁྱིམ་ཕུག་ནས། ཉོན་མོངས་པའི་ས་བོན་གྱི་རྫས་ཟད་པར་བྱེད་པའོ། །ཕྱི་མ་ལ་སྐྱེ་བ་མི་ལེན་པ་ནི་གོ་སྐབས་བཅོམ་པའོ། །ཚེ་འདིར་ཟས་གོས་སོགས་སྤངས་པ་རྣམས་ཀྱང་ལོངས་སྤྱོད་པ་ནི་སྐྲུགས་པ་ཟ་བའོ། །དེ་ལྟ་བུ་ནི། སྐྱེས་བུ་མཆོག་དགྲ་བཅོམ་པ་ཡིན་ཞེས་པའོ། །ཚིགས་བཅད་འདི་གསུམ་ནི་མདོ་ལས་གསུངས་སོ། །

ཉེས་པ་བརྒྱད་ཀྱི་གཉེན་པོ་ནི། ཚིགས་སུ་བཅད་པ་གཉིས་པའི་གཟུངས་དང་མདོ་སྡེ་རྒྱན་ལས། སངས་རྒྱས་ཆོས་ལ་བརྙས་པ་དང་། །ལེ་ལོ་ཅུང་ཟད་མཆོག་འཛིན་དང་། །འདོད་ཆགས་ང་རྒྱལ་སྤྱོད་པ་དང་། །འགྱོད་དང་མ་ངེས་ལྡོག་པ་ནི། །སེམས་ཅན་རྣམས་ཀྱི་སྒྲིབ་པ་སྟེ། །དེའི་གཉེན་པོར་ཐེག་མཆོག་གསུངས། །དེས་དེའི་

བར་དུ་གཙོད་པ་ཡི། །ཉེས་པ་ཐམས་ཅད་སྤོང་བར་འགྱུར། །གང་ཞིག་ཚིག་གམ་དོན་སྒོ་ནས། །ཚིགས་བཅད་གཉིས་འཛིན་རབ་སྦྱོར་བ། །སེམས་ཅན་བློ་ལྡན་མཆོག་དེ་ཡིས། །ཡོན་ཏན་རྣམ་བཅུ་འཐོབ་འགྱུར་ཏེ། །ཁམས་ནི་ཟད་པར་ལྡུས་པ་དང་། །འཆི་བའི་ཚེ་ན་རབ་དགའ་མཆོག །ཇི་ལྟར་འདོད་པར་སྐྱེ་བ་དང་། །ཀུན་ཏུ་ཚེ་རབས་དྲན་པ་དང་། །སངས་རྒྱས་རྣམས་དང་འཕྲད་པ་དང་། །དེ་ལས་ཐེག་མཆོག་ཐོབ་པ་དང་། །མོས་པ་བློ་དང་བཅས་པ་དང་། །སྒོ་གཉིས་བྱང་ཆུབ་མྱུར་འཐོབ་པའོ། །ཞེས་སོ། །སངས་རྒྱས་དང་ཆོས་ལ་བརྙས་པའི་གཉེན་པོ་ནི་རིམ་པ་བཞིན་ང་ཉིད་སངས་རྒྱས་རྣམ་གཟིགས་སུ་གྱུར་ཏེ་ཞེས་པ་དང་། སངས་རྒྱས་གང་གཱའི་ཀླུང་གི་བྱེ་མ་སྙེད་ལ་བསྙེན་བཀུར་བྱས་ན་གཟོད་ཐེག་པ་ཆེན་པོའི་རྟོགས་པ་སྐྱེའོ་ཞེས་པའོ། །ལེ་ལོ་དང་ཉུང་ཟད་ཙམ་གྱིས་ཆོག་པར་འཛིན་པ་དང་། ང་རྒྱལ་ལ་སྤྱོད་པ་དང་། འདོད་ཆགས་ལ་སྤྱོད་པའི་གཉེན་པོ་ནི་རིམ་པ་བཞིན། དེ་བཞིན་གཤེགས་པ་ཟླ་འོད་དྲི་མེད་ཀྱི་མཚན་བརྗོད་པ་ཙམ་གྱིས་སངས་རྒྱས་སུ་ངེས་པ་ཡིན་ནོ་ཞེས་པ་དང་། སྦྱིན་པ་ལ་སོགས་པ་ལ་ལར་སྨད་ཅིང་ལ་ལར་བསྔགས་པ་དང་། སངས་རྒྱས་ཀྱི་ཞིང་གི་འགོར་པ་ལྷག་པར་བསྔགས་པ་དང་། སངས་རྒྱས་ལ་ལའི་ཕུན་སུམ་ཚོགས་པ་ལྷག་པར་བསྔགས་པ་ལྟ་བུའོ། །འགྱོད་པ་དང་མ་ངེས་པའི་བཟློག་པའི་སྒྲིབ་པའི་གཉེན་པོ་ནི། རིམ་པ་བཞིན་གང་དག་སངས་རྒྱས་དང་བྱང་ཆུབ་སེམས་དཔའ་ལ་གནོད་པ་བྱེད་པ་དེ་དག་ནི་མཐོ་རིས་སུ་འགྲོ་བར་འགྱུར་ཞེས་པ་དང་། ཉན་ཐོས་སངས་རྒྱས་སུ་ལུང་བསྟན་པ་དང་། ཐེག་པ་གཅིག་ཏུ་བཤད་པ་ལ་ལྟ་བུའོ། །

འདི་དག་ནི་སེམས་ཙམ་གྱི་ལུགས་ཡིན་གྱི་དབུ་མ་པའི་ནི་མ་ཡིན་ཏེ། དེ་ནི་ཆོས་ཐམས་ཅད་ངོ་བོ་ཉིད་མེད་པར་བསྟན་པ་དེས་པའི་དོན་དང་།

བདེ་བ་ཅན་དུ་སྐྱེ་བར་སྨོན་ལམ་བཏབ་ན་འཚམས་མེད་བྱེད་པ་དང་། ཆོས་སྤོང་བ་མ་གཏོགས་ཕྱི་མ་ལ་སྐྱེ་བར་བཤད་པ་སྒྲ་ཇི་བཞིན་པར་འདོད་ཅིང་། ཉན་ཐོས་སངས་རྒྱས་པ་དང་ཐེག་པ་གཅིག་ཏུ་བཤད་པ་ངེས་དོན་དུ་འདོད་ཅིང་། རྒྱན་ལས་དེ་དག་དྲང་དོན་དུ་བཤད་པས་སོ། །དེ་ལྟར་ཡིན་པ་དེ་ལ་འཇིག་རྟེན་མཐུན་འཇུག་ནི། མདོ་ལས། ཞིག་པ་མེད་ཅིང་སྐྱེ་མེད་ལ། །ཆོས་ཀྱི་དབྱིངས་དང་མཉམ་གྱུར་ཀྱང་། །བསྒྲིགས་པའི་བསྐལ་པ་སྟོན་མཛད་པ། །འདི་ནི་འཇིག་རྟེན་མཐུན་འཇུག་ཡིན། །ཞེས་པ་ལྟར། དོན་ལ་དེ་ལྟར་མིན་ཡང་། འཇིག་རྟེན་གྱི་བློ་དང་མཐུན་པར་བསྟན་པའོ། །

དེ་ལ་དགོངས་ནས་སྣང་བ་ཕྱི་རོལ་དོན་དུ་གསུངས་ཏེ། རྣམ་འགྲེལ་ལས། དེས་དེ་ཉིད་དོན་བཏང་སྙོམས་ཅན། །གླང་ཆེན་གཟིགས་སྟངས་ཉིད་མཛད་ནས། །འཇིག་རྟེན་ཐུགས་ནི་འབའ་ཞིག་གིས། །ཕྱི་རོལ་

སྤྱོད་ལ་འཇུག་པར་མཛད། །ཞེས་སོ། །ཐ་སྙད་དཔྱོད་པའི་རིགས་པ་མཐར་ཐུག་པ་ལ་དགོངས་ནས་ཆོས་རྣམས་ཐམས་ཅད་སེམས་སུ་གསུངས་ཏེ། ས་བཅུ་པ་ལས། ཀྱེ་རྒྱལ་བའི་སྲས་དག་ཁམས་གསུམ་པོ་ནི་སེམས་ཙམ་མོ་ཞེས་སོ། །མཐར་ཐུག་དོན་དམ་པའི་བདེན་པ་ལ་དགོངས་ནས་འཁོར་འདས་ཀྱི་ཆོས་ཀུན་ཡོད་མེད་སོགས་ཀྱི་སྤྲོས་པ་དང་བྲལ་བའོ། །ཞེས་བྱ་བ་གསུངས་ཏེ། དཀོན་མཆོག་སྤྲིན་ལས། ཆོས་ཀྱི་འཁོར་ལོ་བསྐོར་བ་ན། །གཟོད་ནས་ཞི་ཞིང་མ་སྐྱེས་པ། །རང་བཞིན་མྱ་ངན་འདས་པ་ཡི། །ཆོས་རྣམས་མགོན་པོ་ཁྱོད་ཀྱིས་བསྟན། །ཞེས་སོ། །དེས་ན་དྲང་བའི་དོན་དང་ནི། །ཇི་བཞིན་མིན་པའི་སྒྲ་དག་དང་། །དགོངས་པ་དང་ནི་ལྡེམ་དགོངས་ཀྱི་བཤད་པ་དང་། འཇིག་རྟེན་པའི་ཐེག་པ་ལ་དགོངས་ཏེ་གསུངས་པའི་མདོ་རྒྱུད་ཀུན། སྒྲ་ཇི་བཞིན་པ་དེ་ལྟར་བདེན་པར་མི་བཟུང་ངོ་། །མདོ་སྡེ་རྒྱན་ལས། དོན་སྒྲ་ཇི་བཞིན་ཡོངས་རྟོག་ན། །བདག་ཉིད་སྙེམས་ཤིང་བློ་ཉམས་འགྱུར། །ཞེས་སོ། །འདི་ཙམ་གྱིས་སངས་རྒྱས་ཀྱི་གསུང་རབ་ཐེ་ཚོམ་མེད་པར་འགྱུར་བ་མ་ཡིན་ཏེ། གཞན་ལ་གཅིག་ཏུ་ཕན་པའི་ཕྱིར་ཏེ། རིན་ཆེན་ཕྲེང་བ་ལས། གཞན་ལ་གཅིག་ཏུ་ཕན་པ་བདེན། །མི་ཕན་ཕྱིར་ན་གཅིག་ཤོས་རྫུན། །ཞེས་སོ། །འགའ་ཞིག་རྣམ་འགྲེལ་ལས། འབྲས་མེད་ཕྱིར་ན་བརྫུན་མི་གསུང་ཞེས་པས། ཤུགས་ལས་འབྲས་བུ་ཡོད་པའི་བརྫུན་ཚིག་གསུངས་པར་བསྟན་ཏོ་ཞེས་པ་ནི་ཆེས་རྣམ་པར་འཁྲུམས་ཏེ། བརྫུན་ཚིག་མི་གསུངས་པའི་བསྒྲུབ་བྱེད་གསུང་བའི་བསྒྲུབ་བྱེད་དུ་དྲངས་པས་སོ། །དེ་དག་གིས་ནི། ཐབས་ལ་མཁས་པའི་སྤྱོད་པ་ལ། །གཡོ་སྒྱུར་ཐུབ་པས་མ་གསུངས་སོ། །ཞེས་པའི་དོན་མ་གོ་བས་དེ་གཉིས་ཀྱི་ཁྱད་པར་མ་ཕྱེད་པར་ཟད་དོ། །ངེས་པའི་དོན་དང་སྒྲ་ཇི་བཞིན་པ་དང་། འཇིག་རྟེན་འདས་པའི་ཐེག་པ་ལ་དགོངས་ཏེ་གསུངས་པ་དང་། དྲང་པོར་དགོངས་ཏེ་བཤད་པ་རྣམས་ནི་ཇི་ལྟར་གསུངས་པ་དེ་བཞིན་དུ་བདེན་པར་ཟུངས་ཤིག །

གཉིས་པ་ནི། གལ་ཏེ་མུ་སྟེགས་བྱེད་ལ་ཡང་། བྱམས་པ་དང་སྙིང་རྗེ་དང་། སྦྱིན་པ་དང་ཚུལ་ཁྲིམས་ལ་སོགས་བདེན་པའི་ཆོས་ཀྱང་མང་པོ་སྣང་ཞིང་། སངས་རྒྱས་ཀྱིས་གསུངས་པ་ལའང་དྲང་དོན་དང་། དགོངས་པ་ཅན་དང་ལྡེམ་དགོངས་དང་། སྒྲ་ཇི་བཞིན་མ་ཡིན་པ་སོགས་བདེན་པ་མ་ཡིན་པའང་གསུངས་པས་ན། བདེན་རྫུན་གཉིས་ཀ་ལ་ཡོད་པར་མཚུངས་པ་ལ། སངས་རྒྱས་ཀྱི་གསུང་ལེན་ཅིང་། མུ་སྟེགས་བྱེད་ཀྱི་གཞུང་སྤོང་བའི་རྒྱུ་མཚན་ཅི་ཞིག་ཡིན་ཞེ་ན། སངས་རྒྱས་དྲང་དོན་གྱིས་གདུལ་བྱའི་བློ་རིམ་གྱིས་ཁྲིད་ནས་མཐར་བདེན་པ་སྟེ། ཡང་དག་པའི་དོན་ཉིད་ལ་སྦྱོར་བར་མཛད་ཅིང་། མུ་སྟེགས་བྱེད་ཚུལ་ཁྲིམས་དང་མངོན་ཤེས་སོགས་ཅུང་ཟད་བདེན་པས་ཁྲིད་ནས་སེམས་ཅན་རྟས་སུ་ཡོད་པ་སོགས་བརྫུན་པ་ཉིད་ལ་བློ་སྦྱོར་བར་བྱེད་པ་དེས་ན

བདག་ཅག་སངས་རྒྱས་ལ་གུས་པའི་རྒྱུ་མཚན་དེ་ལྟར་ཡིན་ནོ། །

གསུམ་པ་ལ་གཉིས་ལས། དང་པོ་མཚན་དོན་དངོས་ནི། དེ་བཞིན་དུ། བོད་གངས་ཅན་འདི་ན་ཡང་ལུས་ངག་ཆོས་དང་བསྟུན་པ་ལྟ་བུའི་རྣམ་ཐར་བཟང་པོ་བསྟན་པ་སངས་རྒྱས་ཀྱི་བསྟན་པ་དང་མི་མཐུན་པའི་ལོག་པའི་ཆོས་ལ་སྦྱོར་བར་མཐོང་ནས། མུ་སྟེགས་བྱེད་ཀྱི་ཆོས་བཞིན་ཆོས་ནོར་བ་དེ་དག་ངེད་ཀྱིས་སྤྲངས་ཤིང་། གདུལ་བྱའི་བློ་ངོར་དྲང་དོན་ངེས་དོན་གྱི་ཚུལ་གྱི་ཐེག་པ་སྣ་ཚོགས་བསྟན་ནས་ཆོས་ཀྱི་གནད་རྣམས་སངས་རྒྱས་ཀྱི་གསུང་བཞིན་དུ་ཡང་དག་པར་སྟོན་པར་མཛད་པའི་སྡོམ་པ་གསུམ་ལྡན་གྱི་བླ་མ་དེ་སངས་རྒྱས་ཉིད་དུ་བདག་གིས་བཟུང་ནས། དེའི་གསུང་ཅི་ནུས་སུ་བསྒྲུབས་སོ། །

གཉིས་པ་འཕྲོས་པའི་དོན་ལ་གསུམ་སྟེ། ཆོས་ཀྱི་གནད་བཅོས་པའི་ཉེས་དམིགས། གནད་འཆོས་པའི་བདུད་ངོས་བཟུང་། གཉིས་པོ་དེའི་དོན་བསྡུ་བའོ། །དང་པོ་ལ་གཉིས་ཏེ། ཉེས་དམིགས་དངོས་དང་གནད་བཅོས་པའི་ཆོས་ངོས་བཟུང་བའོ། །དང་པོ་ནི་མདོན་མཚན་ཅན་རྒྱགས་པའི་ཆོས་གཞན་སྦྱིན་པ་དང་ཚུལ་ཁྲིམས་ལ་སོགས་ལེགས་པར་སྟོན་ན་ཡང་ཆོས་ཀྱི་གནད་བསམ་གཏན་དང་ཤེས་རབ་སོགས་ཕྲ་བ་རྣམས་བཅོས་པ་ནི། ཁ་ཟས་བཟང་པོ་ལ་དུག་བཏབ་པ་བཞིན་དུ། ཤིན་ཏུ་འཇིགས་པ་ཆེན་པོར་ལྟ་བར་བྱ་སྟེ། དེ་འདྲ་བ་ལས་སྐྱོན་འབྱུང་མང་བའི་ཕྱིར་རོ། །དཔེར་ན་འདས་པའི་དུས་ན་སྟོན་བྱུང་བ། སྦྱིན་པོ་ལང་ཀ་མགྲིན་བཅུ་ཞེས་བྱ་བས་འབད་པས་ལྷ་དབང་ཕྱུག་ཆེན་པོ་བསྒྲུབས་པས། དེས་ཚེ་ལོ་གྲངས་ས་ཡ་བཅུ་གཉིས་དང་། ས་ཡ་ཕྱེད་ཀྱིས་ལྷག་པ་དེ་ཕྱེད་དང་བཅུ་གསུམ་ཐུབ་པའི་དངོས་གྲུབ་བྱིན་པས། ལྷ་ཁྱབ་འཇུག་གཞན་གྱི་ཕུན་སུམ་ཚོགས་པ་ལ་སེམས་ཁོང་ནས་འཁྲུག་པའི་ཕྲག་དོག་གིས་གཟིར་ནས་ལང་ཀ་མགྲིན་བཅུ་ལ་ནི་འདི་སྐད་ཅེས་སླུས་ཏེ། ཁྱོད་ཀྱི་འབད་པ་ཆེ་མོད་ཀྱི་དབང་ཕྱུག་གི་དངོས་གྲུབ་ཆུང་བས། ད་དུང་སྟོན་གྱི་ཚེ་ཚད་མ་ཡིན་པའི་ལོ་ས་ཡ་ཕྲག་ཕྱེད་ཐུབ་པ་ཡོད་པས་དེ་སློངས་ཤིག་ཅེས་སོ། །ལང་ཀ་མགྲིན་བཅུས་ཚིག་དེ་བདེན་པར་བཟུང་ནས་ནི། དབང་ཕྱུག་ལ་དོན་དེ་ཞུས་ཤིང་། དབང་ཕྱུག་ཆེན་པོས་ཀྱང་། དེ་བཞིན་དུ་གྱུར་ཅིག་ཅེས་བྱིན་པས། སྟོན་གྱི་ཚེ་ཚད་མ་ཡིན་པ་ཞེས་པའི་གནད་བཅོས་པའི་ཚིག་དེ་ཡིས། སྔར་གྱི་དངོས་གྲུབ་ས་ཡ་ཕྱེད་བཅུ་གསུམ་པོ་ཐམས་ཅད་ཡལ་ནས། ས་ཡ་ཕྱེད་ལས་མ་ཐུབ་པོ། །འདིའི་གཏམ་རྒྱུད་དགའ་བྱེད་ཀྱི་འཇུག་པ་ན་ཡོད་དོ། །ལྷ་མ་ཡིན་གྱི་དབང་པོ་འགྲོ་སྐྱོབ་གསེར་ཅན་གྱི་ནི་དངོས་གྲུབ་ཀྱང་། དེ་འདྲའི་ཚུལ་གནད་བཅོས་པས་ཉམས་ཞེས་ཐོས་ཏེ། དེས་དབང་ཕྱུག་བསྒྲུབས་ནས། ས་དང་ནམ་མཁའ། ཕྱི་དང་ནང་ཉིན་མཚན་ཐམས་ཅད་དུ་མི་དང་མི་མ་ཡིན་པ། མཚོན་ཆ་དང་མཚོན་ཆ་མ་ཡིན་པས། མི་གསོད་པའི་དངོས་གྲུབ་བྱིན་པ་ལས། ཁྱབ་འཇུག

གིས། ལུས་མི། མགོ་སེང་གེ། སྟེར་མོ་ལྟུགས་ལ་བྱས་ཏེ་པང་བར་བླངས་ནས་ཐེམ་པའི་སྟེང་དུ་ཉི་མ་ནུབ་མ་ཐག་ཏུ་གསད་ཅེས་སོ། །

གཞན་ཡང་། ཨོཾ་མེད་པའི་གསང་སྔགས་ལ། གཡོན་ཅན་གྱིས་ནི་ཨོཾ་བཅུག་པས། སྔགས་ཀྱི་ནུས་པ་ཉམས་པ་མཐོང་ཞིང་། དེ་བཞིན་དུ་སྭཱ་ཧཱ་དང་ཧཱུྃ་ཕཊ་དང་། གུག་འགྲེང་སོགས་ཡོད་པ་རྣམས་ལ་ཕྲི་བ་དང་། མེད་པ་རྣམས་ལ་བསྣན་པ་དང་། གཞན་ཡང་སྔགས་ཀྱི་གནད་རྣམས་ལ་མི་དང་མི་མིན་གཡོན་ཅན་རྣམས་ཀྱིས་ཡི་གེ་ཀ་དགོས་པ་ལ་གར་བཅོས་པ་ལྟ་བུ་ཡིས། གསང་སྔགས་དག་གི་ནུས་པ་རྣམས་གཏན་མེད་དང་ཕྱིན་ཅི་ལོག་ཏུ་གྱུར་པའི་ཉམས་པ་དང་། ཕྱིར་འགྱུངས་པ་མང་པོ་མཐོང་སྟེ། དཔེར་ན་སེར་བ་ཁུ་འཕངས་དང་། ཆར་པ་ཐན་པ་དང་། མཐུ་ཞག་བདུན་མ་ལོ་བདུན་མར་གྱུར་པ་ལྟ་བུའོ། །དེས་ན་སྔགས་ལ་ཡི་གེ་བཏུབ་དགོས་པའང་དེ་ཡིན་ནོ། །དེ་བཞིན་དུ་ཆོས་ཀྱི་གནད་རྣམས་ཀྱང་ཅུང་ཟད་ཅུང་ཟད་བཅོས་པ་ལས་ཀྱང་། དངོས་གྲུབ་ཉམས་པར་འགྱུར་བར་མདོ་རྒྱུད་ལས་གསུངས་ཏེ་འོག་ནས་འཆད་དོ། །དེ་བཞིན་ཞེས་པ་ཡི་གེ་ལ་འདུག་ཀྱང་། དེས་ན་ཞེས་པར་རིགས་པས་གནད་མ་ཡིན་པའི་ཆོས་གཞན་ལེགས་ན་ཡང་། ཟབ་ཅིང་ཕྲ་བའི་གནད་རྣམས་བཅོས་ན་ཁང་པ་ལ་སེལ་བཙུག་པ་བཞིན་དུ་ཐམས་ཅད་འཇིག་གོ། །དེས་ན་ཉན་ཐོས་ཀྱི་ཐེག་པ་ལ། ཚུལ་ཁྲིམས་དང་ལྟ་བའི་སྐབས་སུ་སྡོམ་པ་དང་བདེན་བཞིའི་གནད་བཅོས་ན་ཉན་ཐོས་ཆོས་གཞན་ཀུན་བཟང་ཡང་འཇིག་ཅིང་འབྲས་བུ་མི་འབྱུང་ངོ་། །ཐེག་པ་ཆེན་པོ་ཕ་རོལ་ཕྱིན་པའི་སྡོམ་པ་ལ་སེམས་བསྐྱེད་དང་། དེའི་བསླབ་བྱའི་གནད་བཅོས་ན། ཐེག་པ་ཆེན་པོའི་ཆོས་ཀུན་འཇིག །གསང་སྔགས་ཀྱི་སྡོམ་པ་ལ་ནི་དབང་བསྐུར་དང་། བསྒོམ་པ་ལ་རིམ་པ་གཉིས་ཀྱི་གནད་བཅོས་ན། གསང་སྔགས་ཀྱི་ཆོས་ཀུན་འཇིག་གོ། །

གཉིས་པ་ནི། རྒྱུ་མཚན་དེས་ན་ད་ལྟའི་ཆོས་འགའ་ལ། གནད་ཀྱི་གནད་རྣམས་བཅོས་པ་སྨྲ་ དོགས་པའི་ཆོས་ལུགས་འགའ་ཞིག་ཡོད་པས། དེ་ཡང་མདོ་ཙམ་བཤད་ཀྱིས་ཉོན་ཅིག །སོ་སོ་ཐར་པའི་སྡོམ་པ་སངས་རྒྱས་ཀྱི་བྱང་ཆུབ་མ་ཐོབ་བར་དུ་ལེན་དགོས་ཟེར་བ་ཡོད་དེ། དེ་ལྟར་བླངས་པར་གྱུར་ན་སོ་སོ་ཐར་པ་ཅི་ནས་ཀྱང་འཇིག་སྟེ་མི་སྐྱེའོ། །འདི་ལྟར་ཇི་སྲིད་འཚོ་བའི་སྡོམ་པ་ནི་ལེན་པའི་སེམས་མེད་ཅིང་བྱང་ཆུབ་ཀྱི་བར་དུ་ལེན་སེམས་ཡོད་ཀྱང་མི་སྐྱེ་བས་སོ། །འདི་འང་ཆོས་ཀྱི་གནད་རྣམས་བཅོས་པར་དོགས་ཏེ། དོགས་ཞེས་པ་ཡིད་ཆེས་པ་ཡིན་གྱིས་ཐེ་ཚོམ་ནི་མ་ཡིན་གྱིས་འདུལ་བ་ལས། མཐོང་ཐོས་དོགས་གསུམ་གྱི་གཞི་ཞེས་པའི་དོགས་པ་ནི་ཡིད་ཆེས་པ་ལ་བཤད་པ་ལྟ་བུའོ། །བྱང་ཆུབ་སེམས་དཔའི་སྡོམ་པ་ལ་ཀུན་ལ་བྱ་བར་གསུངས་པའི་དབུ་མའི་ལུགས་བཞིན་མི་བྱེད་པར། མ་གསུངས་པའི་སེམས་ཙམ་པའི་ཆོ་ག་ནི། སྐྱེ་བོ་ཀུན་ལ་བྱེད་པ་

མཐོང་སྟེ། འདིའི་ཚིག་ངེས་པར་འཇིག་ཅིང་མི་འཆགས་ཏེ། ཚིག་ལས་འདས་ན་ལས་མི་འཆགས་པའི་ཕྱིར་རོ། །འདི་ཡང་གནད་རྣམས་བཅོས་པར་མཐོང་། སེམས་བསྐྱེད་ཀྱི་བསླབ་པར་བྱ་བའི་མཆོག་བདག་གཞན་བརྗེ་བའི་བྱང་ཆུབ་ཀྱི་སེམས་བསྒོམ་དུ་མི་རུང་ངོ་ཞེས་སྐབས་གཉིས་པར་བཤད་པ་ལྟར་སྨྲ་བ་འདི་ཡང་གནད་རྣམས་བཅོས་པར་མཐོང་སྟེ། དེ་མེད་པར་སངས་རྒྱས་མི་འཐོབ་པས་སོ། །གསང་སྔགས་ཀྱི་ནི་དབང་བསྐུར་བ་མེད་ཀྱང་ཕག་མོའི་བྱིན་རླབས་ལ་བརྟེན་ནས་གསང་སྔགས་བསྒོམ་དུ་རུང་ངོ་ཞེས་ཟེར་བ་འདི་ཡང་གནད་རྣམས་བཅོས་པར་དོགས་ཏེ་རྡོ་རྗེ་འཆང་གིས་དབང་མེད་ན་ནི་དངོས་གྲུབ་མེད། ཞེས་སོགས་ཀྱིས་བཀག་པས་ནའོ། །གསང་སྔགས་ཀྱི་ལམ་གྱི་མཆོག་ཏུ་གྱུར་པ་རིམ་པ་གཉིས་པོ་རྒྱུད་སྡེ་ལས་བཤད་པའི་ཚུལ་བཞིན་དུ་མི་བསྒོམ་པར། བསྐྱེད་རིམ་དཀྱིལ་པ་བསྐྱེད་དང་། ཕྱག་ཆེན་རྟོག་པ་ཁ་བཀག་པ་སོགས་རང་བཟོའི་གདམ་ངག་དུ་མ་ཡིས་བླུན་པོ་ངེས་ཤེས་བསྐྱེད་པ་ཐོབ་སྟེ། འདི་ཡང་གནད་རྣམས་བཅོས་པར་དོགས་སོ། །མདོ་རྒྱུད་ཀུན་ལས་འདི་བཀག་པས་སོ། །ལུང་རྣམས་ནི་ཐབས་ཕྱོགས་རེ་ཙམ་གྱིས་གྲོལ་བ་བཀག་པའི་སྐབས་སུ་དྲངས་ཟིན་ནོ། །བསྐྱེད་པའི་རིམ་པ་མཐར་ཐུག་པ་དབུ་བརྒྱན་པ་རང་གི་རིགས་ཀྱི་བདག་པོའི་རྒྱས་གདབ་པ་འབྱུང་ཞིང་། རིགས་བདག་དེ་ནི་རང་གི་རྩ་བའི་བླ་མ་ཡིན་ཞིང་། གལ་ཏེ་འདི་ནི་འཆོལ་བར་གྱུར་ན་དངོས་གྲུབ་མེད་པར་རྒྱུད་ལས་གསུངས་ཏེ། ཀྱེའི་རྡོ་རྗེ་ལས། རིགས་འཆོལ་བསྒོམ་པའི་སྦྱོར་བ་ཡིས། །དངོས་གྲུབ་མེད་ཅིང་བསྒྲུབ་པོའང་མེད། །ཞེས་སོ། །འོན་ཀྱང་བླ་མ་སྤྱི་བོ་རུ་བསྒོམ་པར་བྱ་བ་མིན་ཏེ་བསྒོམ་ན་ཚེ་ལ་གནོད་དོ་ཞེས་ལ་ལ་ཟེར་ཏེ། འདི་ཡང་གནད་རྣམས་བཅོས་པར་དོགས་སོ། །ཡོད་པའི་དགེ་བ་ཞེས་བྱ་བ། །ཆོས་ཀྱི་དབྱིངས་ལ་བསམས་ནས་ནི། །དེ་ལ་བསྔོ་བའི་རྒྱུར་བྱེད་པ་འདི་ཡང་གནད་རྣམས་བཅོས་པར་དོགས་ཏེ། ཆོས་དབྱིངས་ནི་སྤྲོས་བྲལ་གྱི་ངོ་བོར་ཡང་མ་གྲུབ་པས་དམིགས་པའི་མཚན་མ་ཅི་ཡང་མེད་པ་ལ་མཚན་མར་དམིགས་པའི་བློས་དགེ་བར་བསྒྱུར་ནས་བསྔོ་བ་འདི་ནི་དུག་དང་བཅས་པར་མདོ་རྒྱུད་ཀུན་ལས་གསུངས་ཏེ། རྒྱས་པར་བཤད་ཟིན་ཏོ། །

དེ་བཞིན་དུ་མི་རྟོག་ཡེ་ཤེས་དང་མ་འབྲེལ་བའི་གཏུམ་མོ་བསྒོམ་པ་དང་། རྟོག་པ་ཁ་བཀག་ཙམ་གྱི་ཕྱག་རྒྱ་ཆེན་པོ་དང་། དབང་གོང་མ་གཉིས་ཀྱི་ཡེ་ཤེས་དགའ་བ་བཞི། གནས་དང་གོ་རིམས་དང་། རང་གི་ངོ་བོ་ལ་འཁྲུལ་བ་དང་། དམ་ཚིག་དང་སྡོམ་པའི་གནད་བཅོས་པས་ཉེས་པ་མེད་པ་ལ་ཡོད་པ་དང་། ཡོད་པ་ལ་མེད་པར་འཆད་པ་མང་མོད་ཀྱི་ཕལ་ཆེར་གསང་སྔགས་ཡིན་པའི་ཕྱིར་འདིར་མ་བཤད་པས་ལོགས་སུ་བཤད་པར་ལྟའོ། །ཆོས་རྣམས་ཀུན་གྱི་རྩ་བ་ནི། །སྟོང་ཉིད་སྙིང་རྗེའི་སྙིང་པོ་ཅན། །ཐབས་དང་ཤེས་རབ་ཟུང་འཇུག་ཏུ། །

མདོ་དང་། རྒྱུད་ཀུན་ལས་རྒྱལ་བས་གསུངས་ཏེ།

སྤྱོད་པ་ལས། དེ་དག་ཐབས་ཀྱི་ཡོན་ཏན་ཤེས་རབ་ཡོངས་ཟིན་ན། །མཆོག་ཏུ་མྱུར་དུ་བྱང་བདེ་གཤེགས་བྱང་ཆུབ་མྱུར་དུ་རེག །ཞེས་དང་། རྡོ་རྗེ་གུར་ལས། སྟོང་ཉིད་སྙིང་རྗེའི་དབྱེར་མེད་དུ། །ཞེས་སོགས་མང་དུ་གསུངས་སོ། །ལ་ལ་སེམས་ངོ་འཕྲོད་ན་ཡོན་ཏན་གཞན་ཅི་ཡང་མི་དགོས་པར་སངས་རྒྱ་བར་སྒྲོས་བྲལ་བསྒོམ་པ་རྐྱང་པ་ནི། དཀར་པོ་ཆིག་ཐུབ་ཡིན་ཞེས་ཟེར་བ་འདི་ཡང་གནད་རྣམས་བཅོས་པར་དོགས་སོ། །གནད་རྣམས་མིན་པའི་ཆོས་གཞན་ཡན་ལག་འགའ་ཞིག་མ་ཚང་བ་དང་ལྷག་པ་དང་། ཕྲུང་ཟད་འཁྲུལ་བར་གྱུར་ན་ཡང་། ཉེས་པ་ཆེན་པོ་བསྐྱེད་མི་ནུས་ཤིང་། །ཆོས་ཀྱི་གནད་རྣམས་བཅོས་པར་གྱུར་ན། ཆོས་གཞན་བཟང་ཡང་འཚང་རྒྱ་མི་ནུས་སོ། །དཔེར་ན་འགྲོ་བ་སེམས་ཅན་གཟུགས་ཅན་རྣམས་ཀྱི་སྲོག་གི་རྩ་བ་སྙིང་དང་། ལྗོན་ཤིང་རྣམས་ཀྱི་སྐྱེད་པའི་རྩ་བ་དང་། ནས་ལ་སོགས་པའི་ས་བོན་གྱི་ནི་སྐྱེ་བའི་ས་དང་། སྨན་བུ་ལ་སོགས་པའི་ཐགས་རྣམས་ཀྱི་སྲོག་ཤིང་དང་། བཙུད་ལེན་གྱི་རྩ་བ་དངུལ་ཆུ་ལྷ་བུ་དང་། མིག་སོགས་དབང་པོ་རྣམས་ཀྱི་གནད་གང་གི་ཡུལ་འཛིན་པར་ནུས་པ་རྣམས་གཞན་དུ་འཆུགས་ན་དོན་བསྒྲུབ་ཏུ་མི་རུང་བ་དེ་བཞིན་དུ་ཆོས་ཀྱི་གནད་འཆུགས་ན། ཆོས་གཞན་ལེགས་ལེགས་འདྲ་ཡང་དོན་དུ་གཉེར་བྱའི་འབྲས་བུ་མེད་པ་དེས་ན་གནད་མ་ཡིན་པའི་ཆོས་ལ་ལ་འཁྲུལ་ཡང་སླ་སྟེ། ཉེས་པ་ཆུང་གི་ཆོས་ཀྱི་གནད་རྣམས་འཁྲུལ་པ་མེད་པ་སྐྱུད་ཅིང་ཉམས་སུ་བླང་དགོས་སོ། །

གཉིས་པ་གནད་འཆོས་པའི་བདུད་ངོས་བཟུང་བ་ལ་གཉིས་ལས་དང་པོ་དངོས་ནི། དེ་ལ་གནད་རྣམས་འཆོས་པའི་བདུད་ཇི་ལྟར་འབྱུང་བ་ནི། བདུད་ལ་ལ་ཀླུ་སྐར་རྒྱལ་བཞིན་དུ་སངས་རྒྱས་དངོས་སུ་སྟོན་ཅིང་། ཁ་ཅིག་མཁན་པོ་སློབ་དཔོན་དང་། སྔགས་ཀྱི་བླ་མའི་ཆ་ལུགས་འཛིན་པ་དང་། ཕ་མའམ་ཉེ་དུའི་ཆ་ལུགས་ཀྱིས་སེམས་ཅན་རྣམས་ནི་བསླུ་བར་བྱེད་དེ། མདོ་ལས་བདུད་སྡིག་ཅན་དགེ་སློང་གི་ཆ་བྱད་དུ་བསྒྱུར་ནས་སྦྱིན་པར་འགྱུར་ཏེ་ཞེས་སོ། །འགའ་ཞིག་ངའི་ལུགས་འདི་མི་བྱེད་ན་ཆད་པས་གཅོད་དོ་ཞེས། རྩུབ་པོར་སྨྲ་བར་བྱེད་ཅིང་སྡིགས་པའི་ཚུལ་གྱིས་ཆོས་ལོགས་སུ་བསྒྱུར་བར་བྱེད་དོ། །ལ་ལ་འཇམ་པོར་སྨྲ་བ་བྱེད་ཅིང་ཁྱོད་ཀྱི་རིགས་ལ་ཆོས་འདི་ལྟ་བུ་ཕན་ཅེས་བྱམས་པའི་ཚུལ་གྱིས་ཆོས་ལོགས་སུ་བསྟན་ནས་བསླུ་བར་བྱེད་དོ། །ལ་ལ་སངས་རྒྱས་ཀྱིས་གསུངས་པའི་ལུང་ཕྱིན་ཅི་ལོག་ཏུ་ལྟ་བའི་ལུང་ལ་སྦྱོད་པ་དང་། སྦྱོད་པའི་ལུང་ལ་ལྟ་བའི་ལུང་དུ་བཤད་ནས་བསྒྱུར། ལ་ལ་རིགས་པ་བཟང་པོ་དབུ་མའི་རིགས་པ་ལ་ངན་པ་རྟོག་གེ་ཞེས་པ་ཡིན་ཞེས་བཤད་ནས་བསྒྱུར་རོ། །ལ་ལ་རིགས་པ་ངན་པ་དངོས་པོར་སྨྲ་བའི་རིགས་པ་ལ་བཟང་པོ་དབུ་མའི་ལྟ་བུར་བཅོས་ནས

བསྒྱུར་ཞིང་། ལ་ལ་ཟས་ནོར་ཅི་འདོད་པའི་རྫས་པ་བྱིན་པས་ངའི་ལུགས་འདི་གྱིས་ཤིག་ཅེས་ཆོས་ལོག་སྟོན་ནོ། །ཀ་རུ་འཛིན་ལྷ་བུ་ལ་ལ་སློབ་མའི་ལུང་དང་སེམས་པ་ཏིང་འཛིན་ཅུང་ཟད་བསྐྱེད་ནས་དེ་ལ་ཡིད་ཆེས་སྐྱེས་པ་དང་། ལོག་པའི་ཆོས་རྣམས་བསྟན་ནས་བསླུ་བར་བྱེད་དོ། །ཀླུ་སྐར་རྒྱལ་ལྷ་བུ་ལ་ལ་མངོན་པར་ཤེས་པ་དང་རྫུ་འཕྲུལ་ཅུང་ཟད་བསྟན་ནས་ཀྱང་བླུན་པོ་ཡིད་ཆེས་པ་བསྐྱེད་ནས། ཕྱི་ནས་ཆོས་ལོག་སྟོན་པར་བྱེད་དོ། །ལ་ལ་ངའི་འདི་ལྟར་བསྒོམ་པས། དེ་ལ་རྟོགས་པ་འདི་སྐྱེས་པས་ཁྱེད་ཀྱང་འདི་ལྟར་བསྒོམ་པར་གྱིས་ཤིག་ཅེས་རང་གི་ཉམས་མྱོང་ཡིན་པའི་ཚུལ་དུ་བྱས་ནས་ཆོས་ལོག་པར་བསྟན་ཏོ། །

གཉིས་པ་བསྒྲུབ་བྱེད་ལ་གཉིས་ལས་དང་པོ་ལུང་གིས་བསྒྲུབ་པ་ནི། མདོར་ན་སངས་རྒྱས་ཀྱི་གསུང་རབ་དང་ཕལ་ཆེར་མཐུན་པར་སྟོན་ན་ཡང་གཞན་རྣམས་ལོག་པར་སྟོན་པའི་ཆོས་ལེགས་ལེགས་འདྲ་བར་སྟོན་ན་ཡང་། ཁ་ཟས་བཟང་པོ་ལ་དུག་བཏབ་པ་ལྟ་བུ་དེ་ནི་བདུད་ཀྱི་བྱིན་རླབས་ལས་བྱུང་བ་ཡིན་ནོ་ཞེས་མདོ་རྒྱུད་ཀུན་ལས་གསལ་བར་གསུངས་ཏེ། བརྒྱད་སྟོང་པ་ལས། རབ་འབྱོར་མདོ་དེ་དག་སྟོང་པ་ཉིད་དང་། མཚན་མ་མེད་པ་དང་སྨོན་པ་མེད་པ་དག་བཤད་མོད་ཀྱི། དེ་ལས་བྱང་ཆུབ་སེམས་དཔའ་སེམས་དཔའ་ཆེན་པོའི་ཐབས་ལ་མཁས་པ་མ་བསྟན་ཏོ། །དེ་ལ་བྱང་ཆུབ་སེམས་དཔའ་གང་ཐབས་མཁས་པའི་ཡེ་ཤེས་ཀྱི་བྱེ་བྲག་མངོན་པར་མི་ཤེས་པ་དེ་དག་ནི། ཤེས་རབ་ཀྱི་ཕ་རོལ་ཏུ་ཕྱིན་པ་ཟབ་མོ་འདི་བཏང་བར་སེམས་ཏེ། དཀར་པོ་ཆིག་ཐུབ་བསྟན། ཤེས་རབ་ཀྱི་ཕ་རོལ་ཏུ་ཕྱིན་པ་ཟབ་མོ་འདི་བཏང་ནས། ཉན་ཐོས་དང་རང་སངས་རྒྱས་ཀྱི་ཐེག་པ་དང་ལྡན་པའི་མདོ་སྡེ་དག་ལས་ཐབས་མཁས་པ་བཙལ་བར་སེམས་ཏེ། རབ་འབྱོར་འདི་ཡང་བྱང་ཆུབ་སེམས་དཔའ་ཆེན་པོས་བདུད་ཀྱི་ལས་སུ་རིག་པར་བྱའོ། །ཞེས་དང་། སྡོང་པོ་བཀོད་པ་ལས། བྱང་ཆུབ་ཀྱི་སེམས་ཉམས་པར་བྱེད་པའི་དགེ་བའི་རྩ་བ་སྒོམ་པ་ཐམས་ཅད་ནི་བདུད་ཀྱི་ལས་སོ་ཞེས་དང་། དུས་འཁོར་ལས། སེམས་ཅན་རྣམས་ལ་སྡིག་པའི་སེམས་སུ་གྱུར་པ་བདུད་ཀྱིས་བྱིན་གྱིས་བརླབས་སོ་མིའི་བདག་པོ་ཀྱེ་ཞེས་དང་། འཇམ་དཔལ་རྣམ་པར་འཕྲུལ་པ་ལས། ལྷའི་བུ་བྱང་ཆུབ་སེམས་དཔའ་རྣམས་ཀྱི་བདུད་ཀྱི་ལས་ནི། བརྩོན་འགྲུས་ལས་འབྱུང་བ་རིག་པར་བྱ་སྟེ། དེ་ཅིའི་ཕྱིར་ཞེ་ན། མི་བརྩོན་པ་ལ་ནི་བདུད་ཀྱིས་ཅི་ཞིག་བྱ་སྟེ། དེ་ཉིད་བདུད་ཡིན་པའི་ཕྱིར་རོ། །ཞེས་སོ། །

འདི་དག་སྔོན་ཇི་ལྟར་བྱུང་བའི་ཚུལ་མདོ་ཙམ་ཞིག་ང་ཡིས་བཤད་ཀྱིས་ཉོན་ཅིག །ལོ་ཙཱ་བ་ཆེན་པོ་རིན་ཆེན་བཟང་པོ་བཞུགས་པའི་ཚེ། སྟོད་མངའ་རིས་སུ་སངས་རྒྱས་སྐར་རྒྱལ་ཞེས་བྱ་བ། དཔྲལ་བ་ནས་ནི་འོད་འབྱིན་ཅིང་། བར་སྣང་ལ་སྐྱིལ་མོ་ཀྲུང་འཆའ། རེས་འགའ་འཛུགས་མའི་ཁྲི་ལ་འདུག་ཅིང་། སྟོང་པ་ཉིད་ཀྱི་

ཆོས་རྣམས་སྟོན་ཅིང་། བྱམས་པ་སྙིང་རྗེ་འང་ཆེ་བར་སྣང་། དེ་ཡིས་བསྟན་པའི་ཆོས་རྣམས་གཞན་དག་ལ་ཡང་ཉིད་དེ་འཛིན་ཡང་སྐྱེ་བར་བྱེད་ཅིང་། དེ་ལ་དུས་ཀྱི་འཇིག་རྟེན་ཐམས་ཅད་སྐྱེ་ཕལ་ཆེར་མོས་ཤིང་། ཤཱཀྱའི་རྒྱལ་པོའི་བསྟན་པ་དང་། འདྲ་མིན་ཅུང་ཟད་བཙོས་སྟེ་འཆད་པར་བྱེད་དོ། །དེའི་བསྟན་པ་བོད་ཁམས་སུ་ཤིན་ཏུ་འཕེལ་བ་དེའི་ཚེ་ལོ་ཙཱ་བ་རིན་ཆེན་བཟང་པོས་ལྷ་སྟངས་ཀྱི་བསྒྲུབ་པ་ཟླ་བ་དྲུག་མཛད་ནས་བསྐྱེད་རིམ་གྱི་ཉིང་འཛིན་བརྟན་པས་དེའི་དྲུང་དུ་ཕྱིན་ནོ། །སངས་རྒྱས་སྐར་རྒྱལ་བར་སྣང་ལ། སྤྱིལ་མོ་ཀྱང་བཅས་ནས་ཆོས་འཆད་པའི་ཚེ། ལོ་ཆེན་རིན་ཆེན་བཟང་པོས་ལྷུང་བའི་ལྷ་སྟངས་མཛད་དེ་གཟིགས་པ་ཙམ་གྱིས། ས་ལ་ལྷུང་ནས་བརྒྱལ་ཞེས་གྲགས་སོ། །གལ་ཏེ་དེའི་ཚེ་སྐྱེས་མཆོག་རིན་ཆེན་བཟང་པོ་ཞེས་བྱ་བ་དེ་མི་བཞུགས་ན། སངས་རྒྱས་སྐར་རྒྱལ་ཞེས་བྱ་བའི་ཆོས་ལོག་གི་བསྟན་པ་དར་བ་ཞིག་འབྱུང་ངོ་། །ཞེས་སྔ་རབས་ཀྱི་མཁས་པ་རྣམས་གསུང་བ་ཐོས་སོ། །དེ་ནི་ཁྲུམ་པོ་ཞེས་བྱ་བའི་ཡུལ་གྱི་རྫིང་དུ་ནག་པོའི་ཕྱོགས་ལ་དགའ་བའི་ཀླུ་ཆེན་པོ་སྐར་རྒྱལ་ཞེས་བྱ་བ་ཞིག་སྐྱེས་བུ་ངན་པ་ལུག་རྫི་ཞིག་གི་སེམས་ལ་ཞུགས་ནས་སངས་རྒྱས་ཀྱི་གཟུགས་སུ་རྫུས་པ་ཡིན་ནོ་ཞེས་ལོ་ཆེན་རིན་ཆེན་བཟང་པོས་གསུང་ངོ་། །འདི་འདྲའི་རིགས་ཅན་གྱི་བདུད་རིགས་ཀྱི་འབྱུང་པོ་འགའ་ཞིག །མི་ཕལ་པའམ་འཕགས་པའི་གཟུགས་བཟུང་ནས་ལོག་པའི་ཆོས་ཀྱི་བསྟན་པ་སྤེལ་བའི་ཕྱིར། ཆོས་དང་བསྲེས་ནས་གནད་རྣམས་སུ། ཆོས་ལོག་བསྲེས་ནས་འཆད་པ་སྲིད་པས་དེ་འདྲ་ཤེས་ན་སྤང་དགོས་སོ། །

གཉིས་པ་རིགས་པས་བསྒྲུབ་པ་ནི། དཔེར་ན་ཁ་ཟས་བཟང་པོ་འགའ་ཞིག་ལ་སྦྱར་བའི་དུག་གིས་གང་ལ་བྱིན་པ་ཕལ་ཆེར་གསོད་ཀྱི། དུག་ཀྲུང་པ་ཡིན་པར་ཤེས་ན་འགའ་ཡང་དུག་གིས་གསད་པར་ནུས་པ་མ་ཡིན་པ། དེ་བཞིན་ཆོས་བཟང་པོ་འགའ་ཞིག་ལ་ཆོས་ལོག་བསླད་པས་ཕལ་ཆེར་བསླུ་ཞིང་། ཆོས་ལོག་ཀྲུང་པར་གོ་ན། བདུད་ཀྱིས་བསླུ་མི་ནུས་སོ། །དེས་གཞན་ཡང་རི་དྭགས་ཀྱི་རྫ་མ་བསྟན་ན་བོང་བུའི་ཤ་བཙོང་བར་མི་ནུས་པ་ལྟར། དེ་བཞིན་སྤྱོད་པ་བཟང་པོ་མ་བསྟན་ན། ལོག་པའི་ཆོས་ཀྱིས་བསླུ་བར་མི་ནུས་སོ། །བདུད་ཀྱི་བྱིན་རླབས་ཐམས་ཅད་ཀྱང་མཐའ་གཅིག་ཏུ་ངན་པ་ཁོ་ནར་ངེས་པ་མིན་ཏེ། འོན་ཀྱང་བཟང་པོའི་ནང་ནས་གནད་རྣམས་ཅུང་ཟད་བཙོས་པ་ཡིས་ཕན་པ་ལྟ་བུས་ཕ་རོལ་བསླུ་བར་བྱེད་པའི་ཕྱིར་རོ། །

གསུམ་པ་གཉིས་པོ་དེའི་དོན་བསྡུ་བ་ནི། འདི་འདྲ་རང་གིས་ཤེས་པར་བྱས་ནས་ཆོས་ཀྱི་གནད་རྣམས་མདོ་རྒྱུད་བཞིན་དུ། ཆོས་གཞན་གྱིས་མ་བསླད་པར་ལེགས་པར་ཡིད་ལ་བཟུང་ཤིག །དཔེར་ན་ཤིང་རྟའི་སྲོག་ཤིང་ཆག་པར་གྱུར་ན། འཁོར་ལོ་བཟང་ཡང་འགྲོ་མི་ནུས་པ་དང་། སྲོག་གི་དབང་པོ་འགགས་པར་གྱུར་ན།

མིག་ལ་སོགས་པའི་དབང་པོ་གཞན་དག་ལྟ་བ་ལ་སོགས་པའི་བྱ་བ་བྱེད་པ་མེད་པ་དེ་བཞིན་དུ། ཆོས་ཀྱི་གནད་འཆུགས་ན། ཆོས་གཞན་བཟང་ཡང་སངས་རྒྱས་བསྒྲུབ་པའི་ནུས་པ་མེད་པར་འགྱུར་རོ། །རྫོགས་པའི་སངས་རྒྱས་ལས་མཁས་པའི་གང་ཟག །ས་འོག །ས་སྟེང་། ས་བླའི་འཇིག་རྟེན་གསུམ་ན་མེད་པ་དེས་ན་དེ་ཡིས་གསུངས་པའི་མདོ་རྒྱུད་རྣམ་པར་དཀྲུགས་པ་སྟེ་བཤད་སྒྲུབ་ཕྱིན་ཅི་ལོག་མི་བྱའོ། །མདོ་རྒྱུད་དཀྲུགས་ན་ཆོས་སྦྱོང་དུ་འགྱུར་ཞིང་། འཕགས་པ་རྣམས་ཀྱང་སྨད་པར་འགྱུར་རོ། །ཞེས་ས་བཅུའི་དབང་ཕྱུག་མགོན་པོ་བྱམས་པས་རྒྱུད་བླ་མར་གསུངས་ཏེ། གང་ཕྱིར་རྒྱལ་ལས་ཆེས་མཁས་འགའ་ཡང་འཇིག་རྟེན་འདི་ན་ཡོད་མིན་ཏེ། །མ་ལུས་དེ་ཉིད་མཆོག་ནི་ཚུལ་བཞིན་ཀུན་མཁྱེན་གྱིས་མཁྱེན་གཞན་མིན་པ། །དེ་ཕྱིར་དྲང་སྲོང་རང་ཉིད་ཀྱིས་བཞག་མདོ་སྡེ་གང་ཡིན་དེ་མི་དཀྲུག །ཐུབ་ཚུལ་ཚུལ་གཞིག་ཕྱིར་ཡང་དམ་ཆོས་ལ་ནི་གནོད་པ་བྱེད་པར་འགྱུར། །ཉོན་མོངས་རྨོངས་བདག་རྣམས་ཀྱིས་འཕགས་ལ་བཀུར་བ་དང་། །དེས་གསུང་ཆོས་ལ་བརྙས་གང་དེ་ཀུན་ཞེན་ལྟས་བྱས། །དེས་ན་ཞེན་ལྟའི་དྲི་ཅན་དེ་ལ་སྦྱོབ་མི་སྦྱར། །གོས་གཙང་མཚོན་གྱིས་རྣམ་བསྒྱུར་སྣུམ་གྱིས་གོས་པ་མིན། །ཞེས་སོ། །

གཉིས་པ་འཁྲུལ་པའི་གྲུབ་མཐའ་སུན་འབྱིན་བཤད་པ་ལ་གསུམ་སྟེ། རིག་པས་སུན་འབྱིན་པའི་ཐབས། ལུང་གིས་སུན་འབྱིན་པའི་ཐབས། དེ་གཉིས་ཀའི་དོན་བསྡུ་བའོ། །དང་པོ་ནི། འཁྲུལ་པའི་གྲུབ་མཐའ་སུན་འབྱིན་པའི། །རྣམ་བཞག་ཅུང་ཟད་བཤད་ཀྱིས་ཉོན་ཅིག །ཁ་ཆེའི་ཡུལ་དུ་མུ་སྟེགས་ཀྱི་སྟོན་པ་དབང་ཕྱུག་དང་ཁྱབ་འཇུག་སོགས་འོག་ཏུ་མནན་པའི་བདེ་མཆོག །དགྱེས་པ་རྡོ་རྗེ། དུས་འཁོར་ལ་སོགས་པའི་སངས་རྒྱས་ཀྱི་བྲིས་སྐུ་མུ་སྟེགས་དབྱངས་ཅན་དགའ་བས་མཐོང་ནས། དེ་གོ་ལྡོག་པའི་བྲིས་སྐུ་ཞིག་སངས་རྒྱས་པ་ལ་སྐྱིང་ནད་ཀྱི་བསམ་པ་བྱས་སོ། །དེ་ནས་མཁས་པ་ཆེན་པོ་ཁ་ཆེ་ཟླ་ན་གྲྀས། མུ་སྟེགས་དེ་དང་རྩོད་པའི་རྩོད་གྲགས་སུ་རང་གཞན་གཉིས་ཀའི་སྨྲ་བའི་པཎྜི་ཏ་དང་རྒྱལ་པོ་དང་བློན་པོ་ལ་སོགས་གྲུབ་མཐའ་ཐམས་ཅད་ཤེས་པའི་ཡངས་པོའི་གྲྭ་ཁྱིད་ཀྱིས་བྱས་པའི་སངས་རྒྱས་ཀྱི་སྐུ་གཟུགས་མནན་པའི་དབང་ཕྱུག་གི་གཟུགས་ཁྱོད་རང་གི་རང་བཟོ་ཡིན་པ་དེས་ན་འཁྲུལ་པ་ཡིན་པར་བསྒྲགས་པའི་ཚེ། མུ་སྟེགས་དེས་ཀྱང་དབང་ཕྱུག་མནན་པའི་སངས་རྒྱས་ཀྱི་གཟུགས་ཁྱོད་རང་གིས་རང་བཟོ་ཡིན་ནོ། །ཞེས་མགོ་བསྒྲེས་སོ། །དེ་ལ་མཁས་པ་ཆེན་པོ་ཟླ་ན་གྲྀས་འདི་སྐད་ཅེས་བཤད་དེ། དབང་ཕྱུག་གིས་སངས་རྒྱས་མནན་པ་ཁྱེད་ཀྱི་གཞུང་རིག་བྱེད་ལ་སོགས་པ་ཁུངས་མ་རྣམས་ལས་བཤད་པ་མེད་ཅིང་། མུ་སྟེགས་ཀྱི་སྟོན་པ་སངས་རྒྱས་ཀྱིས་མནན་པ་ངེད་ཀྱི་བདེ་མཆོག་ལ་སོགས་པའི་རྒྱུད་ལས་ཁོ་བོའི་གདོད་མ་སྟེ། སྟོན་ཉིད་ནས་ཡོད་པ་ཡིན་པ་དེས་ན་ངེད་ཀྱི་འདི་

རང་བཞིན་མིན་ཞིང་ཁྱེད་ཀྱིས་ཡིན་ནོ། །དེ་ལྟར་ཐམས་ཅད་ཤེས་པ་དེ་ནས་མུ་སྟེགས་དེ་སྤོབས་པ་མེད་པར་གྱུར་པའི་ཚེ། རྣ་ན་ཤྲིས་རྒྱལ་པོ་ལ། ཁྱོད་ཀྱི་ཡུལ་འདི་རུ་འདི་འདྲའི་རང་བཞིན་འཕེལ་ན། ད་དུང་རང་བཞིན་གཞན་ཡང་འབྱུང་བས་ཕྱི་ནང་གི་བསྟན་པ་སྤྱི་ལ་གནོད་པ་འདི་མུ་སྟེགས་ཁོ་རང་ལ་ཡང་རྒྱུ་མཚན་ཅིས་མི་གནོད་དེ། རང་བཞིན་བྱུང་ན་ཁོ་རང་གི་ཆོས་ལུགས་འཚོལ་བར་འགྱུར་བས་སོ། །འདི་འདྲའི་རང་བཞིའི་ཆོས་ལུགས་སངས་རྒྱས་པ་ལ་བྱུང་ན་ཡང་བསྟན་པ་འཚོལ་བར་འགྱུར་བས་རྒྱལ་པོ་ཁྱོད་ཀྱིས་དགག་དགོས་སོ། །དེ་སྐད་བགོས་ན་སངས་རྒྱས་མནན་པའི་དབང་ཕྱུག་གིས་ཀྱང་བྲིས་བསུབས་སོ། །ཕྱི་ནས་ཚོགས་པའི་དབུས་སུ་དེ་གཉིས་གྲུབ་མཐའ་ལ། རྩོད་པའང་མུ་སྟེགས་ཀྱི་གྲུབ་མཐའ་ཕམ་པར་མཛད་ནས། སངས་རྒྱས་ཀྱི་བསྟན་པ་སྤེལ་ལོ། །ཞེས་ཐོས་སོ། །གལ་ཏེ་མུ་སྟེགས་བྱེད་ཀྱི་གཞུང་གདོད་ནས་གྲུབ་པའི་རིག་བྱེད་སོགས་ལ་སངས་རྒྱས་གནོན་པའི་ཆོས་ལོག་དེ་འདྲ་བཤད་ནའང་། ཁྱོད་ཀྱི་རང་བཞིན་ཡིན་ཞེས་བྱར་མི་རུང་བས་འབྲེལ་མ་འབྲེལ་གྱི་གྲུབ་མཐའི་རྣམ་བཞག་བཟུང་ནས་རིགས་པ་གཞན་གྱིས་སུན་དབྱུང་དགོས་ཀྱི། ཁྱེད་རང་གི་གཞུང་ལས་བཤད་པ་མེད་ཅེས་པའི་ལུང་འགལ་གྱིས་སུན་དབྱུང་མི་ནུས་སོ། །བདག་སྟེ་སངས་རྒྱས་པ་དང་གཞན་མུ་སྟེགས་ཀྱི་གྲུབ་མཐའ་ལའང་། གལ་ཏེ་འགལ་བ་སྣང་ན་རིགས་པ་དག་དང་འགལ་བར་གྱུར་ན། དེ་ནི་རིགས་པས་སུན་ཕྱུངས་ཤིག །རིགས་པས་སུན་དབྱུང་བའི་ཚུལ་ནི། དབུ་ཚད་ཀྱི་བསྟན་བཅོས་ལས་ཤེས་པར་བྱའོ། །

གཉིས་པ་ནི། གལ་ཏེ་ལུང་དང་འགལ་བར་གྱུར་ན། དེ་ལེགས་པར་སུན་འབྱིན་པའི་གདམ་ངག་ཅུང་ཟད་བཤད་ཀྱིས་ཉོན་ཅིག །ཕ་རོལ་པོ་ལུང་དེ་ཚད་མར་ཁས་ལེན་ཅིང་ལུང་དེ་དང་འགལ་བའི་ཆོས་ལུགས་སྨྲ་ན། ཁྱེད་རང་གི་ལུང་དང་འགལ་ཞེས་སུན་དབྱུང་བར་བྱའོ། །གལ་ཏེ་ཕ་རོལ་པོས་སངས་རྒྱས་པའི་ལུང་དེ་ཁས་མི་ལེན་ཞིང་། རང་གིས་གཞན་སངས་རྒྱས་པའི་ལུང་ཁས་ལེན་ན། དེའི་ཚེ་དེད་རང་གིས་ཁས་བླངས་པའི་ལུང་གིས་ཕ་རོལ་པོའི་ཆོས་ལུགས་དགག་མི་ནུས་ཏེ། དེས་དེ་ཚད་མར་ཁས་མི་ལེན་པའི་ཕྱིར་དང་། དེ་ལྟ་ན་ཡང་འགོག་བྱེད་ཡིན་ན་ལུང་དངོས་པོའི་སྟོབས་ཀྱིས་གནོད་བྱེད་ཡིན་པར་འགྱུར་ཞིང་། དེ་ནི་ཚད་མ་རྣམ་འགྲེལ་ལ་སོགས་པ་ལས་རྒྱས་པར་བཀག་སྟེ། ལུང་རྣམས་ཚད་མ་ཡིན་པ་ནི། །སྔར་ཉིད་རྣམ་པར་བཟློག་པ་ཡིན། །ཞེས་པ་ལྟར་རོ། །འོན་ཀྱང་དེ་ཉིད་ཀྱིས་ཚད་མར་བྱེད་པའི་ལུང་གིས། དེའི་ཆོས་ལོག་དགག་དགོས་སོ། །དཔེར་ན་ཕ་རོལ་ཏུ་ཕྱིན་པ་འགའ་ཞིག །གལ་ཏེ་ཆོས་ཆོས་ལོག་སྨྲ་ན་ཁྱོད་ཀྱི་དེ་ཉིད་གསང་སྔགས་ཀྱི་གཞུང་དང་འགལ་ལོ་ཞེས། སུན་དབྱུང་བར་ནུས་པ་མ་ཡིན་ནོ། །དེ་བཞིན་གསང་སྔགས་པ་འགའ་ཞིག་ལག་ལེན་ལོག་པར་སྤྱོད་པར་གྱུར་ཀྱང་། ཕ་རོལ་ཕྱིན་པའི་གཞུང་དང་འགལ་ལོ་ཞེས་སུན་དབྱུང་བར་ནུས་པ་མ་ཡིན་ནོ། །

དེ་བཞིན་ཐེག་པ་ཆེ་ཆུང་ལའང་ཕན་ཚུལ་གྱི་ལུང་འགལ་གྱིས། ཕན་ཚུལ་སོ་སོའི་གཞུང་ལུགས་དགག་པར་མི་ནུས་སོ། །དེ་ལས་བཟློག་པ་ཉན་ཐོས་ཀྱི་གཞུང་ལུགས་ཁས་ལེན་ཞིང་དེའི་ལུང་དང་འགལ་བའི་ལག་ལེན་བྱེད་པར་གྱུར་ན། དེའི་ལུང་གིས་དགག་པར་ནུས་སོ། །དེ་བཞིན་དུ་ཐེག་ཆེན་གཞུང་ལུགས་ཁས་ལེན་ཞིང་། དེའི་ལུང་དང་འགལ་ན། དེའི་ལུང་གིས་དགག་པར་ནུས། ཞེས་འདོན་པ་བསྒྱུར་རོ། །དེ་བཞིན་བཀའ་གདམས་པ་དང་། སོགས་པས་ཇོ་བོའི་རྗེས་འབྲང་གཞན་དག་ཀྱང་ཇོ་བོའི་གཞུང་ལུགས་ཁས་ལེན་ཞིང་དེའི་གསུང་དང་འགལ་བར་གྱུར་ན། བླ་མའི་བཀའ་གདམས་པ་ཞེས་གྲགས་པ་ལའང་གནོད་པ་ཡིན་ནོ། །དེ་བཞིན་དུ་ཕྱག་རྒྱ་ཆེན་པོ་ཡང་། ནཱ་རོ་པ་ལ་མོས་པས་ཚད་མར་བྱེད་ཅིང་། ནཱ་རོ་པའི་གཞུང་དང་འགལ་བར་གྱུར་ན། ཕྱག་རྒྱ་བ་རང་ལ་གནོད་པ་ཡིན་ནོ། །དེ་བཞིན་དུ་གསང་སྔགས་སྤྱོད་བཞིན་དུ། གསང་སྔགས་ཀྱི་རྒྱུད་སྡེ་དང་འགལ་བར་གྱུར་ན། དེ་འདྲའི་གསང་སྔགས་པ་ལ་རྒྱུད་ཀྱིས་གནོད་པར་འགྱུར་རོ། །ཕ་རོལ་ཕྱིན་པའི་ལུགས་བྱེད་ཅིང་། མདོ་སྡེ་རྣམས་དང་འགལ་བ་བྱེད་གྱུར་ན་ཕར་ཕྱིན་པ་དེ་ལ་མདོའི་ལུང་གིས་ཅིས་མི་གནོད་དེ་གནོད་དོ། །དེའི་དཔེར་བརྗོད་མདོ་ཙམ་ཞིག་ལེགས་པར་བཤད་ཀྱི་ཉན་པར་གྱིས་ཤིག །

ཇོ་བོས་མཛད་པའི་བདེ་མཆོག་དང་གསང་འདུས་ཀྱི་སྒྲུབ་ཐབས་ལ་སོགས་པའི་གསང་སྔགས་ཀྱི་གདམ་ངག་སྤྱོད་བཞིན་དུ། དེའི་རྗེས་འབྲངས་འགའ་ཞིག་གསང་སྔགས་ནི་བཟང་པོ་ཡིན་མོད་ཀྱི་དམ་ཚིག་བསྲུང་བར་དཀའ་བ་དང་། བསྲུང་ན་ཕན་ཡོན་ཆེ་ཡང་མ་བསྲུང་བ་ན་ཉེས་དམིགས་ཆེ་བ་དང་། སློབ་དཔོན་དང་སློབ་མ་མཚན་ཉིད་ལྡན་པ་མི་རྙེད་པ་དང་། དུས་སྙིགས་པས་སྡུག་བསྔལ་མང་པོས་གཟིར་བའི་ཕྱིར། དངོས་གྲུབ་མི་འཐོབ་པ་ཞེས་པའི་རྒྱུ་མཚན་བཞིས་ད་ལྟ་གསང་སྔགས་སྤྱོད་པའི་དུས་མིན་ནོ། །ཞེས་སྨྲ་བ་ནི། ཇོ་བོའི་ལུགས་དང་འགལ་བ་ཡིན་པར་ཤེས་པར་བྱའོ། །

དེར་མ་ཟད་དེ་དག་ལ་གནོད་པ་འདི་ཡང་ཡོད་དེ། གསང་སྔགས་བཤད་པའི་རྒྱ་ལྷུང་རྣམས་ཕར་ཕྱིན་པ་དང་ཉན་ཐོས་ཀྱི་དགེ་སློང་གིས་ཀྱང་ཡང་དགོས་པས་ལྷག་པར་དཀའ་བ་ཅི་ཡང་མེད་ལ། བསྲུངས་ན་ཕན་ཡོན་ཆེ་ཡང་མ་བསྲུང་ན་ཉེས་དམིགས་ཆེའོ་ཞེས་པ་ནི་ཁོ་ཅག་ཀྱང་སྨྲ་མོད། དེ་ཙམ་གྱིས་སྔགས་ལ་མི་འཇུག་ན་སྡོམ་པ་གཞན་གཉིས་ཀྱང་དེ་ལྟར་ཡིན་པས་དེ་དག་ལ་ཡང་མི་འཇུག་དགོས་སོ། །སློབ་དཔོན་དང་སློབ་མ་མཚན་ཉིད་དང་ལྡན་པའི་དོན་སྨྲུལ་པའི་དཀྱིལ་འཁོར་སྤྲུལ་བ་དང་ལྟ་བར་ནུས་པ་ལ་བྱེད་ན། དེ་ནི་སྔར་བཀག་ཟིན་ལ། བླ་མ་ལྔ་བཅུ་པ་ལ་སོགས་སྔགས་ལས་བཤད་པའི་སློབ་དཔོན་གྱི་མཚན་ཉིད་ཐམས་ཅད་ལྡན་པ་ཡང་སྲིད་ཅིང་། དེ་ལྟར་བུ་དཀའ་བའོ་ཟེར་ནས། རབ་བྱུང་གི་མཁན་པོ་སོགས་ཀྱང་འདུལ་བ་ནས་བཤད་

པའི་མཚན་ཉིད་ཐམས་ཅད་ཚང་བ་དཀོན་པས་རབ་བྱུང་ཡང་ཡང་དགོས་སོ། །དེའི་མཚན་ཉིད་ཕལ་ཆེར་ཚང་བས་ཆོག་ན་རྡོ་རྗེ་སློབ་དཔོན་ལ་ཡང་མཚུངས་སོ། །

དུས་སྙིགས་པས་དངོས་གྲུབ་མི་འཐོབ་པའི་ཕྱིར་ཞེས་པ་ཡང་། དེ་ཉིད་ཀྱིས་ན་གཞན་གྱིས་དངོས་གྲུབ་མི་འཐོབ་པས་སྔགས་ལ་འཇུག་པར་རིགས་ཏེ། མཁའ་འགྲོ་ཀུན་སྤྱོད་ལས། གཞན་ཡང་ཕྱི་མའི་དུས་ཀྱི་ཚེ། །དུས་མཐར་དངོས་གྲུབ་མི་འཐོབ་སྟེ། །དཀའ་ཐུབ་ཀྱིས་ནི་བརྟུངས་པས་ན། །བློ་ནི་གཞན་དུ་གཡང་ཕྱིར་རོ། །ཞེས་དང་། ཁྲག་འཐུང་སྔོན་བྱུང་ལས། ཧེ་རུ་ཀ་དཔལ་བཟུང་བྱས་ནས། །སྙིགས་མའི་དུས་སུ་འགྲུབ་པར་འགྱུར། །ཞེས་སོ། །དེས་ན་ཁྱེད་ཀྱི་འདི་དག་ནི་འབྲེལ་མེད་འབའ་ཞིག་གོ། །སེམས་བསྐྱེད་རྡོ་བོའི་ལུགས་སུ་བྱེད་པར་ཁས་ལེན་ཞིང་། རྡོ་བོས་གཏན་ནས་མི་བཞེད་པའི་སེམས་ཙམ་ལུགས་ཀྱི་འཇུག་པ་སེམས་བསྐྱེད་སྐྱེ་བོ་ཀུན་ལ་བྱེད་པ་དང་། དོན་དམ་སེམས་བསྐྱེད་ལ་ཆོག་བྱེད་པ་ནི། གཞན་དང་འགལ་བ་ལྟ་ཅི་སྨོས་རང་ལུགས་དང་ཡང་འགལ་བ་ཡིན་ཏེ། དེས་མཛད་པའི་སེམས་བསྐྱེད་སྡོམ་པའི་ཆོག་དང་། ལམ་སྒྲོན་གྱི་འགྲེལ་པ་ནས་དེ་དག་བཀག་པའི་ཕྱིར་རོ། །

ནཱ་རོ་ཏ་པས་གསང་སྔགས་ལ་དབང་བསྐུར་དང་རིམ་གཉིས་ཆོས་ཀྱི་གཙོ་བོར་བཞེད་ཅིང་། ནཱ་རོ་པའི་བརྒྱུད་པ་འཛིན་བཞིན་དུ། སྔགས་ལ་དབང་དང་རིམ་གཉིས་མི་བསྒོམ་པ་རྒྱུད་དང་འགལ་བ་ལྟ་ཅི་སྨོས། རང་ལུགས་དང་ཡང་འགལ་བ་ཡིན་ནོ། །རྡོ་རྗེ་ཕག་མོའི་བྱིན་རླབས་ཀྱིས་ཆོས་སྒོ་འབྱེད་པ་ནི། མར་པ་ལྷོ་བྲག་པ་ལ་མེད་པས། མར་པའི་བརྒྱུད་པ་འཛིན་བཞིན་དུ། ཕག་མོས་ཆོས་སྒོ་འབྱེད་པ་ནི། རྒྱུད་དང་འགལ་བ་ལྟ་ཅི་སྨོས། རང་ལུགས་དང་ཡང་འགལ་བ་ཡིན་ནོ། །རྗེ་བཙུན་མི་ལ་ཡན་ཆད་ལ་ནཱ་རོའི་ཆོས་དྲུག་ཞེས་བྱ་ཁྱིད་དེ་ལས་གཞན་མེད་པ་ལ་དེང་སང་ཆོས་དྲུག་པོར་ནས་ལམ་འབྲས་དང་། ཕྱག་རྒྱ་ཆེན་པོ་དང་། སོགས་པས་ཞི་བྱེད་དང་། རྫོགས་ཆེན་དང་། བཀའ་གདམས་ཀྱི་གདམས་ངག་སོགས་ཐུན་ཚོགས་མང་པོ་བསྲེས་ནས། ནཱ་རོ་པ་ལས་གཞན་གྱི་གདམས་ངག་བསྒོམ་བཞིན་དུ་བརྒྱུད་པ་ནཱ་རོ་པ་ལ་འདོད་པར་བྱེད་པ། གཞན་དང་འགལ་བ་ལྟ་ཅི་སྨོས། རང་ལུགས་དང་ཡང་འགལ་བ་ཡིན་ནོ། །

གཏེར་ནས་བྱུང་བའི་གླེགས་བམ་དང་། གཞན་གྱི་གདམས་ངག་ནས་བརྐུས་པའི་ཆོས་ལུགས་དང་། བཀའ་བསྟན་བཅོས་ལ་བརྟེན་ནས་རང་གིས་བརྩམས་པའི་ཆོས་དང་རྨི་ལམ་དུ་ལྷ་དང་བླ་མ་ལས་ཐོས་པའི་ཆོས་དང་། བློ་བཟུང་བའི་ཆོས་ལུགས་ནི། གློ་བུར་དུ་རང་བཟོར་བྱས་པའི་ཆོས་དེ་རྣམས་ལ་བརྒྱུད་པ་རྡོ་རྗེ་འཆང་ལ་སྙེག་ཅིང་འདེད་པ་དང་། དེ་རང་ལ་ལུང་མེད་པར་གཞན་སློབ་མ་དག་ལུང་ལེན་དུ་འཇུག་པ་ནི། ཆོས

དང་འགལ་བ་ལྟ་ཅི་སྨོས་རང་ཚིག་དང་ཡང་འགལ་བ་ཡིན་ཏེ། ཆོས་གཞན་ནས་བྱུང་བར་ཁས་བླངས་ནས་བརྒྱུད་པ་གཞན་ནས་འདོད་པའི་ཕྱིར་རོ། །གལ་ཏེ་སྔར་བཤད་པ་དེ་འདྲའི་རིགས་ཅན་གྱི་རང་ཚིག་འགལ་བ་ཁས་ལེན་པ་སྣང་བར་གྱུར་ན་སྔར་བཤད་པའི་དེའི་རང་རིགས་སུ་ཤེས་པར་བྱའོ། །དཔེར་ན་གསང་སྔགས་སྔ་འགྱུར་བ་དག །སློབ་དཔོན་པདྨ་འབྱུང་གནས་ཀྱི་བརྒྱུད་པ་འཛིན་པར་ཁས་འཆེ་ཞིང་། དེའི་གཞུང་དང་འགལ་བར་བྱེད་པ་བྱེད་པ་ལྟ་བུའོ། །

གསུམ་པ་ནི། མདོར་ན་ཆོས་དང་འགལ་བའི་ཆོས་ལུགས་གང་ན་འདུག་ན་ལུང་དང་རིགས་པས་སུན་ཕྱུངས་ཤིག །གལ་ཏེ་མུ་སྟེགས་པ་དང་། སོགས་པས་སངས་རྒྱས་པ་ཡིན་ཡང་རུང་སྟེ། དེད་རང་གི་ལུང་དེ་ཚད་མར་ཁས་མི་ལེན་པ་དང་ལུང་རྣམ་དག་དང་འགལ་ཡང་དེད་ཅག་གི་བླ་མའི་བཀའ་སྲོལ་ཡིན་ཟེར་བ་བྱུང་ན། དེ་དག་ལུང་རྣམ་དག །དེ་ཁས་མི་ལེན་ཡང་རྩ་བའི་བརྒྱུད་པ་གང་ཡིན་དྲིས་ནས། བརྒྱུད་པ་དེ་ལ་གཏོད་ནས་ཆོས་ལུགས་དེ་ཡོད་ན། འཁྲུལ་བ་ཡིན་ཡང་མཁས་པ་རྣམས་ཀྱིས་རང་བཟོ་ཡིན་ཞེས་སྐྱོན་བཀྲང་དུ་མེད་པས་ཤེས་ན་རིགས་པས་སུན་དབྱུང་། མི་ཤེས་ན་ཁྲོས་པས་མི་ཕན་པས་སྙིང་རྗེས་བཏང་སྙོམས་སུ་བཞག་སྟེ། སེམས་ཅན་ལས་ངན་སྤྱོད་པ་ལ་སངས་རྒྱས་ཀྱིས་ཀྱང་ཅི་བྱར་ཡོད་དེ་མེད་པའོ། །གལ་ཏེ་གདོད་མ་ནས་མེད་པའི་ཆོས་གློ་བུར་དུ་བྱས་པ་ཞིག་ཡིན་ན་མཁས་པ་ཀུན་གྱིས་རང་བཟོར་གོ་བར་བྱ་བའི་ཕྱིར། སངས་རྒྱས་པའམ་མུ་སྟེགས་བྱེད་སུ་ལ་འདུག་ཀྱང་དོར་བྱ་ཡིན་ལ། དེ་ལའང་མདོ་རྒྱུད་ནས་མ་གསུངས་རིགས་པས་མ་གྲུབ་པའི་རང་བཟོ་དེ་འདྲ་འདུག་ན་མཁས་པ་རྣམས་ཀྱིས་བཞད་གད་ཀྱིས་ཤིག །འདོར་བར་བྱེད་དོ་གལ་ཏེ་རྒྱལ་པོའི་ཁྲིམས་ཡོད་ན་ཆོས་ལོག་བྱས་ནས་བསྟན་པ་དཀྲུགས་པའི་མི་དེ་ཆད་པས་གཅད་པའི་འོས་ཡིན་នོ། །འདི་ལྟར་ནོར་ལ་ཟློག་བཅོངས་བྱས་པའང་རྒྱལ་པོས་མགོ་གཅོད་པའི་ཁྲིམས་ལ་འཐུག་པར་གྱུར་ན་ཆོས་ལོག་རྫུན་མ་སྨྲ་བ་ལ། རྒྱལ་པོའི་ཁྲིམས་ལ་རྒྱ་མཚན་ཅིས་མི་འཐུག་ཏེ་འཐུག་གོ། །ཆོས་རྒྱལ་རྣམས་ཀྱིས་ཁྲིམས་ཆེན་པོ་བྱས་པ་དང་། དགྲ་བཅོམ་རྣམས་ཀྱིས་བཀའ་བསྡུ་མཛད་པ་ཡང་དེ་འདྲ་འགོག་པ་ཡིན་ནོ། །

གསུམ་པ་མི་ཤེས་པའི་ལུང་སྦྱོར་དགག་པ་ལ་གཉིས་ལས། དང་པོ། དངོས་ནི་བླུན་པོ་མཁས་པ་ལྟར་འཆོས་པ་འགའ་ཞིག །ལུང་གི་གནས་སྐབས་མི་ཤེས་པར་ང་ལའང་ལུང་ཡོད་ཅེས་མདོ་རྒྱུད་ཀྱི། ལུང་སྦྱོར་བྱེད་མོད་ཀྱི་དེ་ནི་མི་བླུན་པོའི་ཁཤགས་ལྟར་གང་དུ་འགྲོ་བ་མི་ཤེས་ཏེ། འགའ་ཞིག་རང་ལ་གནོད་པར་འགྱུར་བའོ། །དཔེར་ན། དོ་ཧ་མཛོད་ཀྱི་གླུ་ལས། མར་མེ་ཅི་དགོས་ལྷ་བཤོས་དེ་ཅི་དགོས། །དེ་ལ་ཅི་བྱ་གསང་སྔགས་རྟེན་ཅི་དགོས། །འབབ་སྟེགས་འགྲོ་དང་དཀའ་ཐུབ་ཅི་དགོས་ཏེ། །ཆུ་ལ་ཞུགས་པས་ཐར་པ་ཐོབ་བམ་ཅི། །ཞེས་དང་།

དབུ་མ་ཤེས་རབ་ལ་འཇུག་པ་ལས། ཀུན་རྫོབ་མེད་ལ་དོན་དམ་མེད། །སངས་རྒྱས་མེད་ལ་སེམས་ཅན་མེད། །ལྟ་བ་མེད་ཅིང་བསྒོམ་པ་མེད། །འབྲས་བུ་མེད་ཅིང་སྤྱོད་པ་མེད། །ཅེས་དང་། ཀྱེའི་རྡོ་རྗེ་ལས། བསྒོམ་པ་པོ་མེད་བསྒོམ་པ་མེད། །ཞེས་པ་ལྟར། ཕྱག་དང་མཆོད་པ་དང་སྦྱིན་པ་དང་ཚུལ་ཁྲིམས་སོགས་མི་དགོས། སེམས་བསྐྱེད་དབང་བསྐུར་བྱ་མི་དགོས། །བསམ་གཏན་ཚོགས་པ་འདིར་མི་དགོས། །དགེ་དང་སྡིག་པ་གཉིས་ཀ་མེད། །སངས་རྒྱས་སེམས་ཅན་ཡོད་མིན་སོགས། །འདི་འདྲ་གསུངས་པའི་ལུང་རྣམས་ཀུན། །ལྟ་བའི་ལུང་ཡིན་གྱི་བསྒོམ་པ་དང་སྤྱོད་པ་གཉིས་ཀྱི་ལུང་མ་ཡིན་ནོ། །

གསང་བ་སྤྱི་རྒྱུད་ལས། དབང་མེད་པ་ལ་དངོས་གྲུབ་མེད། །ཞེས་སོགས་དང་འདུལ་བ་ལས། ཚོག་འཁྲུགས་པ་སྟེ་ཚོག་ལས་འདས་ན་ལས་མི་འཆགས་སོ་ཞེས་དང་། བསླབ་བཏུས་ལས། འདི་དག་རྩ་བའི་ལྟུང་བ་སྟེ། །སེམས་ཅན་དམྱལ་བ་ཆེན་པོའི་རྒྱུ་ཞེས་ལོག་པ་སྤྱད་ན་ལྟུང་བ་འབྱུང་བ་དང་། གསང་བ་སྤྱི་རྒྱུད་ལས། གཞན་དུ་ཚོག་ཉམས་པའི་ཕྱིར། །གྲུབ་པ་ནམ་ཡང་ཡོད་མ་ཡིན། །ཞེས་ལྟ་བསྒོམ་པ་འཁྲུལ་ན་བྱིན་གྱིས་མི་རློབས་པ་དང་སྙན་བླའི་མདོ་ལས། དེ་བཞིན་གཤེགས་པ་དེའི་མཚན་འདི་དྲན་པ་ཙམ་གྱིས་ཇི་ལྟར་ཤིན་ཏུ་ཡོན་ཏན་དང་ཕན་ཡོན་དུ་འགྱུར་སྙམ་ནས། དེ་དག་མི་དད་ཅིང་ཡིད་མི་ཆེས་ཏེ། སྤོང་བས་ཡུན་རིང་པོར་གནོད་པ་དང་མི་དམན་པ་དང་། མི་བདེ་བ་དང་། ལོག་པར་ལྟུང་བར་འགྱུར་རོ་ཞེས། སངས་རྒྱས་ཀྱི་མཐུ་བསམ་གྱིས་ཁྱབ་པ་ལ་ཐེ་ཚོམ་ཟ་ན་ཉེས་པ་སྐྱེ་བ་དང་། འདུལ་བ་ལས། ལེགས་པར་ཐོན་པས་བརྗོད་དེ། ཚིག་ཕྱེད་ཀྱང་མ་འཁྲུལ་བ་ཉིད་ནའོ་ཞེས་པ་ལྟར་དེས་ན་ཚོག་ཅི་བྱེད་ཀྱང་། ཤིན་ཏུ་དག་པར་བྱ་དགོས་སོ་ཞེས་པ་འདི་འདྲའི་ལུང་ཀུན་ནི། སྤྱོད་པ་དང་བསྒོམ་པའི་ལུང་ཡིན་གྱི་ལྟ་བ་མིན་ནོ། །གཞན་ཡང་ལུང་སྦྱོར་བྱེད་པ་ལ་འཇིག་རྟེན་པ་དང་འཇིག་རྟེན་ལས་འདས་པའི་གནས་སྐབས་རྣམ་པ་གཉིས་སུ་ཡོད་པས། དེ་བས་འབད་པ་ཐམས་ཅད་ཀྱིས། །བླ་མ་ལ་ནི་དབང་བསྐུར་ཞུ། །ཞེས་དང་། དམ་ཚིག་བསྲུང་ན་དངོས་གྲུབ་ནི། །རྡོ་རྗེ་བདུད་རྩིའི་ཆུ་འདེབས་འགྲུབ། །ཅེས་དང་། སྤྱོད་འཇུག་ལས། བསླབ་པ་བསྲུང་བར་འདོད་པ་ཡིས། །རབ་ཏུ་བསྒྲིམས་ཏེ་སེམས་བསྲུང་བྱ། །ཞེས་པ་དང་། ཀྱེའི་རྡོ་རྗེ་ལས། དང་པོ་བྱམས་པ་བསྒོམ་པར་བྱ། །ཞེས་སོགས་དབང་དང་དམ་ཚིག་དང་སྡོམ་པ་དང་། ལྷ་བསྒོམ་པ་སོགས་འབད་ནས་བསྒྲུབ་པར་གསུངས་པ་ནི། འཁོར་བའི་རྒྱ་མཚོ་མ་བརྒལ་བའི། །འཇིག་རྟེན་རྣམས་ལ་གསུངས་པ་ཡིན་ལ། །བསླབ་དང་དབང་ལས་རྣམ་པར་གྲོལ། །ཞེས་པ་དང་། སྔགས་དང་བསམ་གཏན་རྣམ་པར་སྤངས། །དམ་ཚིག་སྡོམ་ལས་རྣམ་པར་གྲོལ། །ཞེས་དང་། རྡོ་ཤིང་འཛིམ་པའི་བདག་ཉིད་ཀྱི། །ལྷ་འདི་རྣམས་ལ་ཕྱག་མི་འཚལ། །ཞེས་དང་། མདོ་ལས་ཆོས་ཀྱི་རྣམ་གྲངས

གཟིངས་ལྟ་བུར་ཤེས་པ་རྣམས་ཀྱིས་ནི། ཆོས་རྣམས་ཀྱང་སྤང་བར་བྱ་ན། ཆོས་མ་ཡིན་པ་ལྟ་སྨོས་ཀྱང་ཅི་དགོས་ཞེས། དབང་དང་དམ་ཚིག་སོགས་མི་དགོས། །ཕྱག་དང་མཆོད་པ་ཀུན་ལས་གྲོལ། །བསམ་གཏན་བསྒོམ་པ་ཀུན་སྤངས་ཏེ། །ལམ་ཀུན་རྒྱ་མཚོ་བརྒལ་ཟིན་པའི། །གཟིངས་བཞིན་དུ་ནི་དོར་བར་བྱའོ། །ཞེས་གསུངས་པ་འཁོར་བའི་རྒྱ་མཚོ་ལས་བརྒལ་བའི་གང་ཟག་རྣམས་ལ་གསུངས་པ་ཡིན་ནོ། །

འདིར་རྒྱུད་ཀྱི་ལུང་རྣམས་ཕྱོགས་ལས་རྣམ་པར་རྒྱལ་བའི་སྤྱོད་པ་བྱེད་པའི་དབང་དུ་བྱས་ནས་གསུངས་ཤིང་། དེ་ནི་དྲོད་ཆེན་པོ་ཐོབ་པས་ལས་ཉོན་གྱི་དབང་གིས་སྐྱེ་བ་མི་ལེན་པ་ལ་དགོངས་ནས། འཁོར་བའི་རྒྱ་མཚོ་ལས་བརྒལ་བར་གསུངས་པ་ཡིན་གྱི། དེ་ལས་ཐམས་ཅད་དུ་ཐར་པ་ནི་སངས་རྒྱས་ཁོ་ནའོ། །དེ་འདྲའི་གནས་སྐབས་ཤེས་ནས་དེ་དང་འཚམས་པའི་ལུང་སྦྱོར་བྱའོ། །དེ་འདྲའི་རྣམ་བཞག་མི་ཤེས་པའི། ལུང་སྦྱོར་མཁས་པའི་བཞད་གད་ཀྱི་ས་ཡིན་ཏེ། དཔེར་ན་མདོ་རྒྱས་འབྲིང་བསྡུས་གསུམ་གྱི་སྐབས་བརྒྱད་ཀྱི་ས་མཚམས་མི་ཤེས་པར་ལུང་སྦྱོར་བྱས་ཀྱང་སྐབས་འཚོལ་ནས་བཞད་གད་དུ་འགྱུར་བ་ལྟ་བུའོ། །

གཉིས་པ་འཕྲོས་པའི་དོན་ལ་གཉིས་ཏེ། རིགས་པས་གྲུབ་པའི་ལུང་ལ་ཡིད་ཆེས་བྱ། །སྐྱེས་བུ་རྫུན་མས་སྨྲར་ལ་ཡིད་མི་བརྟན། །དང་པོ་ནི། དཔེར་ན་མིག་དང་ལྡན་པའི་སྐྱེས་བུ་ཊི་ལྟར་ལམ་ནོར་ཡང་། གཡང་སར་གོམ་པ་འཛོག་མི་སྲིད་པ་དེ་བཞིན་དུ་མཁས་པར་འཁྲུལ་ན་ཡང་སངས་རྒྱས་ཀྱི་བསྟན་པ་སྤྱི་ལ་འདའ་མི་ནུས་ཤིང་། གལ་ཏེ་མིག་མེད་ལམ་ཤོར་ན། གཡང་སར་སོང་ན་ལྟུང་བར་འགྱུར་བ་དེ་བཞིན་དུ་བླུན་པོ་འཁྲུལ་པར་གྱུར་ན་སངས་རྒྱས་ཀྱི་བསྟན་པ་ལས་འདས་ཏེ་འཁོར་བ་དང་ངན་སོང་གི་གཡང་སར་ལྟུང་ངོ་། །དཔེར་ན་གཞན་ཡང་ཕྱུག་ཚད་ཤེས་པའི་བཟོ་ལ་རིང་ཐུང་བྱུང་ཡང་སོར་གང་ཙམ་ཡིན་གྱི། ཚག་ཚད་མེད་པའི་བཟོ་འགའ་ཞིག་ཉེས་ན་བཞད་གད་གནས་སུ་འགྱུར་བ་དེ་བཞིན་དུ་གཞུང་ལུགས་ཤེས་པའི་མི་དེ་འཁྲུལ་ཡང་ཚིག་དོན་ཅུང་ཟད་ཙམ་ལ་འཁྲུལ་བ་ཡིན་གྱི། ནོར་བ་རྟམ་པོ་ཆེ་མི་འབྱུང་ལ། གཞུང་ལུགས་གང་ཡང་མི་ཤེས་པའི་སྐྱེས་བུ་འཁྲུལ་ན་བསྟན་པ་འཛིན་པ་ལ་ཐུག་པར་འགྱུར་བ་དེས་ན་སངས་རྒྱས་ཀྱི་བསྟན་པ་བཞིན་བསྒྲུབ་པར་འདོད་ན་གཞུང་ལུགས་བཞིན་དུ་བྱའོ། །དཔེ་གཞན་ཡང་། མིག་མངས་རྒྱ་དང་མ་འབྲེལ་ན། རྡེའུ་མང་ཡང་ཤི་རོ་ཡིན་པ་དེ་བཞིན་དུ། ཉན་ཐོས་འདུལ་བའམ། ཕ་རོལ་ཕྱིན་པ་མདོ་སྡེ་གསང་སྔགས་རྒྱུད་སྡེའི་ཁུངས་དང་མ་འབྲེལ་བའི། ཆོས་ལུགས་མང་ཡང་རོ་དང་འདྲ་བས་སྙིང་པོ་མེད་དོ། །སྔན་བརྒྱུད་ཚིག་བརྒྱུད་དུ་གྲགས་པའི་ཆོས་ལུགས་མང་པོ་ཞིག་གནང་སྟེ། མདོ་རྒྱུད་དང་མཐུན་ན་བླང་དུ་རུང་ཞིང་། མིན་ན་རྫུན་གྱི་སྡེབ་སྦྱོར་ཕྱོགས་ཡིན་པས་སྤང་བར་བྱའོ། །ཕྱི་ལམ་གྱི་ནི་ཆོས་ལུགས་དང་། ཞལ་མཐོང་གི་ལྷ་དང་རྣལ་འབྱོར་པའི་ཉམས

དབྱངས་ལ་སོགས་པ། འདི་དག་མདོ་རྒྱུད་དང་མཐུན་ན། ཉམས་སུ་བླངས་ཀྱང་སྐྱོན་དུ་འགྱུར་བ་མེད་ཅིང་། མདོ་རྒྱུད་ཀུན་དང་མི་མཐུན་ན། བདུད་ཀྱིས་བྱིན་རླབས་ཡིན་ནོ། །ཞེས་ཤེས་པར་བྱའོ། །བླ་མ་མདོ་རྒྱུད་དང་མཐུན་པར་གསུང་ན། དེ་ནི་བླ་མ་ཡིན་པར་བཟུང་ཞིང་། སངས་རྒྱས་ཀྱི་བསྟན་པ་བཞིན་དུ་མི་གསུང་ན་བླ་མ་ཡིན་ཡང་བཏང་སྙོམས་སུ་བཞག་ནས། དེའི་གསུང་ལ་བདེན་པར་མི་བཟུང་ངོ་། །དེས་ན་རྨི་ལམ་གྱི་ཆོས་ལུགས་དང་ཞལ་གཟིགས་པའི་ཡི་དམ་གྱི་ལྷ་དང་། ལུང་བསྟན་མཛད་པའི་སངས་རྒྱས་དང་། བླ་མའི་གསུང་སྒྲོས་དང་གཏེར་ཆོས་ལ་སོགས་པ་རིགས་པས་མ་དཔྱད་པར་ནི་རྟོམ་ཆོལ་དུ་ཚད་མ་ཡིན་ནོ་ཞེས་བཟུང་བར་མི་བྱ་སྟེ། འདི་འདྲ་བདུད་ཀྱིས་བྱིན་རླབས་ཀྱི་འབྱུང་སྲིད་པར་རྒྱལ་བས་གསུངས་པའི་ཕྱིར་ཏེ། ཤེས་རབ་ཀྱི་ཕ་རོལ་ཏུ་ཕྱིན་པ་སྟོང་ཕྲག་ཉེར་ལྔ་པ་ལས། བདུད་སྡིག་ཏོ་ཅན་སངས་རྒྱས་ཀྱི་ཆ་བྱད་དུ་ལུས་གསེར་གྱི་ཁ་དོག་དང་འོད་འདོམ་གང་བར་བྱས་ཤིང་བྱང་སེམས་ཆེན་པོའི་དྲུང་འོང་སྟེ། དེ་མཐོང་ནས་འདོད་པ་སྐྱེད་པས་རྣམ་པ་ཐམས་ཅད་མཁྱེན་པ་ཉིད་ལས་ཡོངས་སུ་ཉམས་པར་འགྱུར་ཏེ་སོགས་དང་། སྡུད་པ་ལས། མིང་གི་གཞི་ལས་བདུད་ནི་ཉེ་བར་འོང་གྱུར་ནས། །ཇི་སྐད་སྨྲ་སྟེ་འདི་ནི་ཁྱོད་དང་ཕ་མ་དང་། །ཁྱོད་ཀྱི་བདུན་མེས་བརྒྱུད་ཀྱི་བར་གྱི་མིང་ཡིན་ཞིང་། །གང་ཚེ་ཁྱོད་ནི་སངས་རྒྱས་འགྱུར་བའི་མི་འདི་ཡིན། །སྦྱངས་སྡོམ་རྣལ་འབྱོར་ལྡན་པ་ཅི་འདྲ་འབྱུང་འགྱུར་ལ། །ཁྱོད་སྔོན་ཡོན་ཏན་ཚུལ་ཡང་འདི་འདྲ་ཞེས་བརྗོད་དེ། །དེ་སྐད་གང་ཐོས་རློམ་སེམས་བྱང་ཆུབ་སེམས་དཔའ་ནི། །བདུད་ཀྱིས་ཡོངས་སུ་བླངས་ཤིང་བློ་ཆུང་རིག་པར་བྱ། །དེས་ན་སངས་རྒྱས་ཀྱི་བསྟན་པ་མཆོག་གསུང་རབ་ལ་གཉིས་ཡོད་པའི་ངེས་དོན་ཚད་མ་ཡིན་པར་ཟུངས་ཤིག །ཡང་ན་དངོས་པོའི་སྟོབས་ཀྱིས་ཞུགས་པའི་རིགས་པས་གྲུབ་པ་ཚད་མར་ཟུངས་ཤིག །

གཉིས་པ་ནི། སྐྱེས་བུ་རྫུན་མས་སྦྱར་བའི་མདོ་རྒྱུད་ཚད་མར་བཟུང་མི་བྱ་སྟེ། ཀོའུ་ཤི་ཀའི་མདོ་དང་། དེ་བཞིན་དུ་འཕགས་པ་ཤིག་ཅན་དང་། བློ་གྲོས་བཟང་མོ་ཙུ་རྒྱུ་དང་། སྟོང་པོ་བརྒྱན་པ་ལ་སོགས་པ་བོད་ཀྱིས་སྦྱར་བའི་མདོ་སྡེ་ཡིན་ཞིང་། གཞན་ཡང་གསང་སྔགས་གསར་མ་པ་ལ་དབང་བསྐུར་རྒྱལ་པོ་དང་། ལམ་ལྷ་ཀོལ་པ་དང་། དུས་འབྱུང་དང་། ཕྱག་རྡོར་མཁའ་འགྲོ་དང་། ར་ལི་ཉི་ཤུ་རྩ་བཞི་དང་། གཉིས་མེད་རྣམ་རྒྱལ་སོགས་དང་། རྙིང་མ་པ་ལ་ཀུན་བྱེད་རྒྱལ་པོ་དང་། མདོ་དགོངས་འདུས་དང་། ཞི་ཁྲོ་སྒྱུ་འཕྲུལ་དང་། ལྷ་མོའི་སྐྱེ་རྒྱུད་བམ་རིལ་ཐོད་མཁར་ལ་སོགས་པ་བོད་ཀྱིས་སྦྱར་བའི་རྒྱུད་སྡེ་མང་པོ་ཡོད་ཅིང་། སྔང་བརྒྱད་ལས་དགེ་སྡིག་བསྟན་པ་སོགས་རྒྱ་ནག་པས་བྱས་པ་ཡིན་པས། དེ་འདྲའི་རང་བཟོའི་མདོ་རྒྱུད་ལ་མཁས་པས་སངས་རྒྱས་ཀྱི་གསུངས་ཡིན་ཞེས་ཡིད་བསྟན་མི་བྱའོ། །

གཙུག་ཏོར་ནག་མོ་དང་། བྱ་ཁྱུང་བསམ་ཡས་མ་ལ་སོགས་བོད་ཀྱི་ལྷ་འདྲེས་སྲུང་བའང་ཡོད། འཕྲུལ་གྱི་ནད་གདོན་ཞི་བ་ལ་སོགས་པའི་བྱིན་རླབས་ཅུང་ཟད་འབྱུང་མོད། འོན་ཀྱང་ཚད་མར་བཟུང་བར་མི་བྱའོ། །ལྷ་མོ་གནས་མཁར་དང་། ནམ་མཁའ་ལྡིང་གི་རྟོགས་པ་ལ་སོགས་པ་མུ་སྟེགས་བྱེད་ཀྱིས་བྱས་པའི་རྒྱུད་ཀྱང་ཡོད་དོ། །དེ་དག་ལ་ཅུང་ཟད་ཙམ་བདེན་པ་ཡོད་མོད་ཀྱི་དེ་ལ་ཡིད་ཆེས་པའི་ལུང་དུ་བྱར་མི་རུང་སྟེ། དེའི་ཐམས་ཅད་མགོན་པོ་བྱམས་པས། རྒྱུད་བླ་མར་འདི་སྐད་གསུངས་ཏེ། མ་རིག་པའི་རབ་རིབ་ཀྱིས་ཤེས་རབ་ཀྱི་མིག་ལྡོངས་པའི་ཕྱི་རོལ་མུ་སྟེགས་བྱེད་ལའང་། སྲིན་བུས་ཟོས་པའི་རྗེས་ལ་ཡི་གེའི་འབྲུ་དང་འདྲ་བའི། རི་མོ་བྱུང་ནས་དོན་ཅུང་ཟད་སྟོན་པ་དང་འདྲ་བར་ཅུང་ཟད་བདེན་པ་ཡོད་མོད་ཀྱི་འོན་ཀྱང་ཡིད་བརྟན་པར་མི་བྱའོ་ཞེས་གསུངས་སོ། །ཚིགས་བཅད་འདི་དེང་སང་གི་རྒྱུད་བླ་མ་རྩ་འགྲེལ་གང་ནའང་འདུག་པ་མ་མཐོང་ཞིང་། ཊཱི་ཀཱ་སྙིང་པ་ཞིག་ན། དེ་ཡང་དྲང་སྲོང་བཀའ་བཞིན་སྤྱི་བོས་བླངས། ཞེས་པའི་འཇུག་ཐོགས་ན་ཡོད་པར་བཤད་ཅིང་། འདི་མར་པ་སྒྲོན་འགྲོལ་བའི་འགྱུར་ན་ཡོད་པར་དང་། དེར་ཡང་ཚིགས་བཅད་ཚང་བ་དྲངས་པ་མི་སྣང་ཞིང་། འགྲེལ་བ་དུ་མ་ན་ཡོད་པར་བཤད་པས། རྗེ་བཙུན་གྱི་གསུང་མིན་པར་བཤད་དོ། །

བཞི་པ་རིང་བསྲེལ་སོགས་ཀྱི་རྒྱུ་མཚན་དཔྱད་པ་ནི། རིང་བསྲེལ་དང་ནི་ཐུགས་དང་ལྗགས་དང་། སྐུ་གཟུགས་དང་སྤྱན་ལ་སོགས་བསྡུས་པ་དང་ཤ་ལས་འབྱུང་བའི་རྒྱུ་མཚན་ཅུང་ཟད་དཔྱད་པར་བྱའོ། །ཉན་ཐོས་དང་རང་སངས་རྒྱས་དང་ཐེག་ཆེན་འཕགས་པ་གསུམ་གྱི་རིང་བསྲེལ་ནི། ནང་གི་ཡོན་ཏན་གྱི་སྟོབས་ཀྱིས་འབྱུང་བ་སྟེ། ལུས་ཅན་རྣམས་ཀྱི་བསོད་ནམས་ལ་སོགས་པའི་རྟེན་དུ་གྱུར་པས། རིན་པོ་ཆེའི་འབྱུང་ཁུངས་ལས་བྱུང་བའི་རིན་པོ་ཆེ་དང་། འདྲ་བར་ཡིད་ཆེས་པའི་གནས་ཡིན་ནོ། །རིང་འབྲེལ་ལ་ལ་གདོན་གྱིས་གཞན་བསླུ་བའི་ཕྱིར་བྱེད་པའང་ཡོད། ལ་ལ་ས་ཆུ་མེ་རླུང་གི་འབྱུང་བ་བཞི་པོ་རུས་པའི་ནང་དུ་འཁྱིམས་པའི་སྟོབས་ལས་འབྱུང་ཞིང་རིང་བསྲེལ་ཁ་ཅིག་བསྟན་པ་ལ་དགའ་བའི་ལྷས་ཤི་བ་དེ་ལ་གཞན་དད་པར་བྱ་བའི་ཕྱིར་སྤྲུལ་བའང་སྲིད་དོ། །དེང་སང་གི་རིང་བསྲེལ་ཕལ་ཆེ་བ་རྡོ་དབུས་སྐྱེས་དང་། རམ་སྐྱི་བའི་འབྲུ་དང་། ཉའི་མིག་དང་། བལ་པོའི་རུས་པ་ལ་བཟོས་པ་ལ་སོགས་པ་རྫུན་མས་བྱས་པའི་རིང་བསྲེལ་ཡིན་པ་དེས་ན་མཁས་པས་རྣམ་དབྱེ་དཔྱད་པར་བྱའོ། །ཐུགས་ལྗགས་སྐུ་གཟུགས་སྤྱན་ལ་སོགས་པ་རོ་བསྲེགས་པའི་ཤུལ་ནས་འབྱུང་བ་ཚོས་ནས་གསུངས་པ་མེད་དོ། །འོན་ཀྱང་དེ་འདྲ་འབྱུང་བ་ཀུན་ཕན་ཆེར་ཐུགས་ལྗགས་སོགས་མི་འཚིག་པའི་ཐབས་བྱས་ལྷ་སྐུ་རུས་པ་ལ་བཟོ་བོས་བཀོས་པ་སོགས་རྫུན་མས་བྱས་པ་ཡིན་ནོ། །གལ་ཏེ་དེ་དག་བདེན་པ་ཡིན་ན་ཡང་འདི་ལྟ་བུ་བྱུང་ན་བཟང་ངན་འདི་ལྟ་བུ་ཡིན་ཞེས་སྟོན་པའི་ལུང་རྣམ་དག་དང་། དེ་ལྟར་འཇལ་བའི་མདོན

སུམ་རྗེས་དཔག་གི་རིགས་པ་གཉིས་ཀ་མེད་པའི་ཕྱིར་བཟང་ངན་གཉིས་ཀར་ལུང་བསྟན་པར་དཀའོ། །

གཞན་ཡང་དུས་གཅིག་ཏུ་ཉི་མ་དུ་མ་ཤར་བ་དང་། ནམ་མཁའ་ལ་མཐོང་ལྷ་བུའི་བུ་གདོང་པ་དང་། མཚན་མོ་འཇའ་ཚོན་དཀར་པོ་བྱུང་བ་དང་། ལུས་ལ་འོད་ཟེར་འཕྲོ་བ་དང་། མ་བསྒྲུབས་ཀྱང་གློ་བུར་དུ་ལྷ་འདྲེ་མཐོང་བ་དང་། གསོན་པོའི་ལུས་ལ་རྒྱུན་མེད་པར་རིང་བསྲེལ་འཛགས་པ་དང་། རྒྱུ་མཚན་མེད་པའི་མངོན་ཤེས་ཕྲ་མོ་དང་བྱིན་རླབས་ལ་སོགས་པ་བླུན་པོས་གྲུབ་པའི་རྟགས་སུ་བྱེད་མོད་ཀྱི་མཁས་པས་འདི་འདྲ་མཐོང་བར་གྱུར་ན་བདུད་ཀྱི་བར་ཆད་ཀྱི་རྟགས་སུ་ཤེས་པར་གྱིས་ཤིག །

གཞན་ཡང་སྐུ་གཟུགས་འཆི་མ་འཛག་པ་དང་། དེ་བཞིན་དུ་གོམས་པས་འགྲོ་བ་དང་། དེ་གར་བྱེད་པ་དང་སྐད་འབྱིན་པ་དང་། ཁྲག་གི་ཆར་པ་འབབ་པ་དང་། སའོག་ནས་བོང་བུའི་སྒྲ་སྒྲོག་པ་དང་། དུད་འགྲོ་མིའི་སྐད་དུ་སྨྲ་བ་དང་། སའོག་དང་བར་སྣང་ལ་རོལ་མོའི་སྒྲ་གྲགས་པ་ལ་སོགས། བླུན་པོ་ངོ་མཚར་སྐྱེད་མོད་ཀྱི། མཁས་པས་འདི་འདྲ་མཐོང་བར་གྱུར་ན། ཡུལ་དེར་མཐའ་དམག་ལ་སོགས་པའི་དགྲ་བོ་གཞན་དག་འཇུག་པའམ། ཡང་ན་ནད་དང་། ནང་འཁྲུགས་དང་མུ་གེ་ལ་སོགས་པའི་ལྟས་ངན་སྣ་ཚོགས་གཞན་དག་འབྱུང་བར་ཤེས་པར་བྱའོ། །འདི་འདྲའི་རིགས་ཅན་ས་གཡོ་བ་དང་སྒྲ་གྲགས་པ་ལ་སོགས་པ་མཐོང་ན་ཡང་ལྟས་ཤེས་པའི་མཁས་པ་རྣམས་ལ་ལེགས་པར་དྲིས་ཏེ་བྱེད་པའམ། མིག་བཅུ་གཉིས་པ་ལ་སོགས་པ་ལྟ་བར་བྱའོ། །སྔར་བཤད་པ་དེ་དག་ནི་དོན་ལ་འཁྲུལ་བའི་རྣམ་པར་དབྱེ་བ་མདོ་ཙམ་ཡིན་གྱི། རྒྱས་པར་བཤད་ན་དཔག་ཏུ་མེད་པ་ཡོད་དོ། །

གཉིས་པ་ཚིག་ལ་འཁྲུལ་བ་བསྡུས་ཏེ་དགག་པ་ལ་གཉིས་ལས། མཚམས་སྦྱར་བ་ནི་དོན་ལ་འཁྲུལ་པ་དགག་པ་བསྟན་ཟིན་པ། དེ་ནས་ཚིག་ལ་འཁྲུལ་བ་ཡི། རྣམ་པར་དབྱེ་བ་ཅུང་ཟད་བཤད་ཀྱིས་ཉོན་ཅིག །དོན་དངོས་ལ་གཉིས་ཏེ། མ་དག་པ་དོར་བྱར་བསྟན། དག་པ་བླང་བྱར་བསྟན་པའོ། །དང་པོ་ལ་གཉིས་ལས། བོད་སྐད་ཀྱི་བཤད་པ་འཁྲུལ་བ་དགག་པ་ནི། བཅོམ་ལྡན་འདས་ཀྱིས་སྒྲ་བཤད་པ་ལ་བདུད་བཞི་བཅོམ་ཞིང་། སྐལ་བ་དྲུག་དང་ལྡན་པས་བཅོམ་ལྡན་འདས་ཞེས་འཆད་པ་ནི། བཅོམ་ཞེས་པ་ཧ་ཏ། ཞེས་པའི་སྒྲ་ལས་དྲངས་ཏེ། བདུད་བཞི་སོགས་མི་མཐུན་པ་ཐམས་ཅད་བཅོམ་པའི་དོན་ཏེ། རྡོ་རྗེ་རྩེ་མོར། ཉོན་མོངས་ལས་དང་དེ་ནི་རྐྱེན། །ཉོན་མོངས་ཤེས་བྱའི་སྒྲིབ་དེ་དང་། །མི་མཐུན་ཕྱོགས་ཀྱི་ཆོས་རྣམས་ཀུན། །དེ་བཅོམ་པས་ན་བཅོམ་ཞེས་བརྗོད། །ཞེས་དང་། སྒྲ་སྦྱོར་བམ་པོ་གཉིས་པ་ལས། ཧ་ནི་ལེགས་པ་རྣམ་པ་དྲུག་གི་མིང་སྟེ། གཟུགས་དང་གྲགས་པ་དང་ཕྱུག་དང་དཔལ་དང་ཡེ་ཤེས་དང་བརྩོན་འགྲུས་དྲུག་གི་ཕྱི་མ་གཅིག་ཞེས་དང་། རྩེ་མོར་ཡང་། དབང་ཕྱུག་དང་ནི་གཟུགས་བཟང་དང་། སོགས་ལྟར། ཡོན་ཏན་དྲུག་པོ་དེ་ལས་བསྐལ་བའི་ཕྱིར་ན་ཧ་ག་ཞེས་བྱ་ལ

དེ་སངས་རྒྱས་ལ་བསྐལ་བར་ལྡན་ཞེས་པའོ། །དེ་ཡང་། སངས་རྒྱས་ལ་ཡོན་ཏན་དེ་ཡོད་པ་ལ་བསམ་ནས་ལྡན་པའི་སྒྱུར་བ་ལས། ཧྣ་ག་ཤྣན་ཞེས་པ་འབྱུང་སྟེ། བམ་གཉིས་པར། ཤྣན་ཞེས་འབྱུང་བ་ནི། ཧྣ་ག་འདི་ལ་ཡོད་པས་ཧྣ་ག་ཤྣན་ཞེས་ལྡན་པར་བཤད་དེ། ༔འདི་ལས་འབྱུ་ཁ་ཤས་མི་གསལ། ༔བཅོམ་ལྡན་འདས་ཏེ། འདས་ཞེས་བྱ་བ་ནི་མདོ་སྡེ་དག་ལས། སངས་རྒྱས་ཀྱི་ཡོན་ཏན་ལས། འཇིག་རྟེན་ལས་འདས་པའོ་ཞེས་འབྱུང་བས་ན་འཇིག་རྟེན་པའི་ཧྣ་ག་ཤྣན་ལས་ཀུན་ཏུ་འདས་ཞེས། བླ་ཐབས་སུ་བསྣན་ཏོ། །བཅོམ་ལྡན་ཞེས་བཏགས་པའི་ཧྣ་ག་ཤྣན་ཞེས་བྱ་བ་ནི་འཇིག་རྟེན་པའི་གཞུང་ཉིད་ལས་ཀྱང་གཙོ་བོར་མི་འཆད་དེ། ལེགས་པ་དང་ལྡན་པ་ཞེས་འཆད་པས་འཇིག་རྟེན་པའི་ཧྣ་ག་ཤྣན་ནི་ལེགས་ལྡན་ཞེས་བཏགས། ཞེས་གསུངས། དང་ཞེས་པ་བསྡུ་བའི་ཚིག་སྟེ། འོག་ནས་འབྱུང་བའི་བོད་ཀྱི་བླུན་པོས་སྒྱུར་བས་ན། མཁས་པ་རྣམས་ཀྱིས་དོར་བར་བྱ་ཞེས་པ་དང་སྦྲེལ་ཏེ་བཤད་པར་བྱའོ། །འཆད་ཚུལ་འདི། འདིའི་སྐབས་ཀྱི་འོག་མ་ཀུན་ལ་ཤེས་པ་བྱའོ། །འདི་ལྟར་ཧྣ་ག་ཤྣན་ཞེས་པ་བདུད་བཞི་བཅོམ་པ་དང་། སྐལ་བའམ་ལེགས་པ་དྲུག་དང་ལྡན་པ་གཉིས་ཀ་ལ་འཇུག་པ་ཡིན་པས་གང་རུང་གཅིག་གིས་ཚོག་པ་ལ་གཉིས་ཀ་སྒྱུར་བ་དང་། བཅོམ་པ་དང་སྐལ་བ་ལྡན་དང་ལྡན་པ་གཉིས་སོ་སོ་བཤད་པས་ནོར་བའོ། །རྡོ་རྗེ་རྩེ་མོ་ལས། ཉོན་མོངས་ལས་དང་དེ་བཞིན་སྐྱེ། །ཉོན་མོངས་ཤེས་བྱའི་སྒྲིབ་དེ་རྣམས། །གང་ཡང་མི་མཐུན་ཕྱོགས་ཆོས་བཅོམ། །དེ་འདིར་བཅོམ་ལྡན་འདས་སུ་བཤད། །ཞེས་པ་དང་ཡང་དོན་གཅིག་གོ། །སྐལ་བ་དྲུག་ནི། སཾ་ཕུ་ཊ་ལས། དབང་ཕྱུག་དང་ནི་གཟུགས་བཟང་དང་། །དཔལ་དང་གྲགས་དང་ཡེ་ཤེས་དང་། །བརྩོན་འགྲུས་ཕུན་སུམ་ཚོགས་པ་སྟེ། །དྲུག་པོ་རྣམས་ལ་སྐལ་ཞེས་བྱ། །ཞེས་སོ། །འདས་ཞེས་པའི་སྐད་དོད་མེད་ཀྱང་འཇིག་རྟེན་གྱི་ལྷ་ལས་ཁྱད་པར་དུ་བྱ་བའི་ཕྱིར་འཇིག་རྟེན་ལས་འདས་པ་ཞེས་ལོ་ཙཱ་བས་བསྣན་པའོ། །

ཡང་ན་འོག་མ་འདི་བཞིན་དུ་བཤད་པར་བྱ་སྟེ་གླིགས་བམ་གྱི་བཤད་པ་གླིགས་བུར་བྱིས་ཤིང་བམ་པོར་བྱས་པས་གླིགས་བམ་ཞེས་པ་ཡིན་པ་ལ་གླེགས་ཤིང་གི་བར་དུ་གླེགས་བམ་གྱི་བམ་པོར་བྱས་པ་ཞེས་པའི་འཆད་པ་དང་། ཕྱག་རྒྱ་ཆེན་པོའི་བཤད་པ་མ་ཧཱ་མུ་དྲ་ཞེས་པ་མ་ཧཱ་ཆེན་པོ་དང་། མུ་དྲ་ཞེས་པ་རྒྱ་ཡིན་གྱི་ཕྱག་གི་སྐད་དོད་མེད་ཀྱང་ལོ་ཙཱ་བས་བསྣན་པ་ཡིན་པ་དེས་ན་ཐམས་ཅད་ལ་འདེབས་པས་ཕྱག་རྒྱ་དང་། གོང་ན་གཞན་མེད་པས་ཆེན་པོ་ཡིན་པ་ལ། ཕྱག་ནི་ལག་པ་དེ་བསྐོལ་བའི་རྒྱ་ཞེས་པའི་སྒྲ་དོན་འཆད་པ་དང་།

ཡེ་ཤེས་ཀྱི་བཤད་པ་ནི་ཛྙཱ་ན་ཞེས་པ་ཤེས་པ་ཡིན་གྱི། ཡེ་ཞེས་པའི་སྐད་དོད་མེད་ཀྱང་ཤེས་པ་གཞན་ལས་ཁྱད་པར་དུ་བྱ་བའི་ཡེ་ཞེས་བསྣན་པ་ཡིན་པ་ལ། ཡེ་གདོད་མ་ནས་གྲུབ་པའི་ཤེས་པར་འཆད་པ་དང་རྣལ་འབྱོར་ནི་རྣམ་གཡེང་ཞི་བ་ཉིད་ཀྱིས་སེམས་རྣལ་དུ་འབྱོར་བས་རྣལ་འབྱོར་ཞེས་འཆད་དགོས་པ་ལ། སེམས་ཉིད་དོན་གྱི་རྣལ་མ་ལ། རིག་པ་ཡེ་ཤེས་དང་དུ་འབྱོར་ཙ་ན། རྣལ་འབྱོར་པ་ཞེས་བཏགས་པ་ཡིན་ཞེས་འཆད་

པ་དང་། རྒྱལ་མཚན་རྩེ་མོའི་དཔུང་པའི་རྒྱན། ཞེས་པ་ཡིན་པ་ལ། དམག་དཔུང་གི་རྒྱན་དུ་འཆད་པ་དང་། རྣམ་རྟོག་སོགས་གཏུམ་མོ་ཞེས་པའི་སྒྲ་བཤད་ལ་རྣམ་རྟོག་ཚོས་ཉིད་ཀྱིས་གཏུམས་པར་འཆད་པ་དང་། རོལ་མོའི་གླུའི་སྒྲ་བཤད་བྱེད་པ་ལ། སེམས་ཅན་བསླུ་བར་བྱེད་པས་གླུ་ཞེས་འཆད་པ་དང་། བྱེ་མའི་ཕུར་མ་རི་རབ་མཉམ་པ་དང་ཞེས་པ་ཙན་དན་ག་བུར་ལ་སོགས་པའི་བྱེ་མ་གོས་ཀྱི་ནང་དུ་བཏུམས་པའི་ཕུར་མ། བོངས་ཚོད་རི་རབ་དང་མཉམ་པ་ཞེས་བཟང་སྤྱོད་ཀྱི་འགྲེལ་པ་རྣམས་བཤད་ཅིང་། འདིའི་སྐད་དོད་དུ་མི་རུ་ཞེས་པ་རི་རབ་ཡིན་པ་ལ། དྲི་རབ་ཏུ་རྣམ་པར་འཆད་པ་དང་། དང་ཞེས་པ་སྟར་བཞིན་འོག་དང་སྦྲེལ་ལོ། །

གཉིས་པ་ནི་སྟོང་པོ་བཀོད་པ་ལས། ཤཱཀྱའི་བུ་མོ་གོ་པའི་སྒྲ་གོ་ནི་ངག་ཕྱོགས་ས་དང་འོད་ཟེར་དང་། །ཕྱུགས་དང་མིག་དང་རྡོ་རྗེ་དང་། །མཐོ་རིས་ཆུ་སྐྱེ་དོན་དགུ་ལ། །མཁས་པས་ལ་གོ་སྒྲ་ངེས་བཟུང་བྱ། །ཞེས་དོན་དགུ་ལ་འཇུག་ཀྱང་འདིར་པ་ཡིན་ལ་པཱ་ལ་ཞེས་པའི་སྒྲ། འཚོ་བའམ་སྐྱོང་བ་དང་སོགས་པས་དོན་འགྱུར་བྱས་ན་བསྲུང་བ་ལ་ཡང་འཇུག་པ་དེས་ན། བོད་སྐད་དུ་ས་འཚོ་ཡིན་པ་ལ། དེ་ལ་བོད་སྐད་དུ་བསམས་ནས་ག་པའི་སྒྲ་བཤད་རྟགས་པའི་དོན་དུ་འཆད་པ་དང་རྒྱ་སྐད་རཏྣ་ཀེ་ཏུ་ཞེས་པ་ལ། ཀེ་ཏུ་ཞེས་པའི་སྒྲ་ནི་དཔལ་དང་ཏོག་དང་དུ་བ་མཇུག་རིངས་དང་དོན་འགྱུར་དུ་རྒྱན་སོགས་ལ་འཇུག་ཅིང་། དེ་ཡང་སྐད་རྙིང་པ་རྣམས་ལ་དཔལ་དུ་བསྒྱུར་ཡོད་ཅིང་། སྐད་གསར་བཅད་མན་ཆད་ཏོག་ཏུ་བསྒྱུར་ཡོད་པ། དེས་ན་འབུམ་ལས་བྱང་ཆུབ་སེམས་དཔའ་རིན་ཆེན་དཔལ་གྱི་བསླབ་པར་བྱའོ་ཞེས་དང་། སྐད་གསར་བཅད་ཀྱིས་ནི་ཞུས་པའི་བརྒྱད་སྟོང་པ་ལས་རིན་ཆེན་ཏོག་གི་བསླབ་པ་ལ། ཞེས་བསྒྱུར་བ་ནི་མི་ཤེས་པས་རིན་ཆེན་དཔལ་ཏུ་འཆད་པའང་ནོར་ཏེ། དེ་ཡིན་ན་རཏྣ་ཤྲཱི་ཞེས་དགོས་པ་ལ་མེད་པས་སོ། །

རྒྱ་སྐད་པོ་ཏ་ལ་ཞེས་བྱ་བའི་སྒྲ། བོད་སྐད་དུ་ནི་གྲུ་འཛིན་ཡིན་པས། རི་བོ་གྲུ་འཛིན་ཞེས་བྱ་བར་བསྒྱུར་ན་བོད་ལ་འཕད་མོད་ཀྱི། ལོ་ཙཱ་བ་ལ་ལས་རྒྱ་སྐད་རང་སོར་བཞག་ནས་པོ་ཏ་ལའི་རི་ཞེས་བསྒྱུར་ཞིང་། དེ་ལ་སྒྲ་བསྒྱུར་ལ་ལ་ཡིས་རི་ཞེས་པའི་སྒྲ་གོང་དུ་ཕྱུང་ནས་ནི། རི་པོ་ཏ་ལ་ཞེས་བྱ་བར་བསྒྱུར་ཏོ། །དེ་དོན་མ་རྟོགས་པ་རྣམས་ཀྱིས་རི་བོ་པོ་ཏ་ལ་ཞེས་པར་བཤད་པ་འཁྲུལ་ལོ། །དེ་ཡང་གླིང་གི་སྙིང་པོ་འཛམ་གླིང་ཤར་ཕྱོགས་རི་པོ་ཏ་ལས་བརྒྱན་པའི་གནས་མཆོག་ནས་ཞེས་པ་ལྟ་བུའོ། །

འཁོར་གསུམ་ཡོངས་སུ་དག་པ་ཞེས་བྱ་བ་ལ། རྒྱ་སྐད་དུ་ཏྲི་མཎྜལ་པ་རི་ཤུད་དྷ་ཞེས་བྱ་བ་ཡོད་པའི་ཏྲི་ནི་གསུམ་ཡིན་ལ་མཎྜལ་ཞེས་བྱ་བ་ནི། བོད་སྐད་ཀྱི་འཁོར་ཡིན་ཞིང་པ་རི་ཤུདྡྷ་ཡོངས་སུ་དག་པ་ཡིན་པས། དྲང་པོར་བསྒྱུར་ན་དཀྱིལ་འཁོར་གསུམ་ཡོངས་སུ་དག་པ་ཞེས་བྱ་བར་འགྱུར་བ་ལ། སྒྲ་བསྒྱུར་མཁས་པ

རྣམས་ཀྱིས་སྒྲ་བསྡུས་ནས། འཁོར་གསུམ་ཡོངས་སུ་དག་པ་ཞེས་བྱ་བར་བསྒྱུར་ཏོ། །དེའི་སྒྲ་དོན་མི་ཤེས་པར། འཁོར་གསུམ་གཡོག་གསུམ་དུ་འཆད་པ་འཁྲུལ་ལོ། །རྒྱ་སྐད་ལང་ཀ་པུ་རི་ལ། པུ་རིའི་སྒྲ་ནི་གྲོང་ཁྱེར་ཡིན་ཞིང་། བོད་སྐད་ལང་ཀའི་གྲོང་ཁྱེར་ཡིན་ཏེ། ལྷོ་ཕྱོགས་རྒྱ་མཚོའི་གླིང་ན་ཡོད་པར་ལང་ཀར་གཤེགས་པ་ནས་གསུངས་སོ། །འོན་ཀྱང་པུ་རིའི་སྒྲ་རྒྱ་སྐད་དུ་མ་ཤེས་པར་པུ་རངས་སུ་བཤད་པ་དང་། རྒྱ་སྐད་པི་མ་ལ་མི་ཏྲ་ཞེས་པ་བོད་སྐད་དུ་དྲི་མེད་བཤེས་གཉེན་ཡིན་ཞིང་། དེའི་སྒྲ་དོན་མི་ཤེས་པར། པི་མ་བྱེ་མ་རུ་བཅོས་ནས། ཆོས་བྱེ་མའི་ལ་ཙམ་བསྒྱུར་བས་བྱེ་མའི་ལ་དང་། མི་ཏྲ་མུ་ཏྲར་བཅོས་ནས་དེའི་སྒྲ་ཕྱག་རྒྱ་ཡིན་པར་བསམས་ནས་བྱེ་མ་ལ་ཕྱག་རྒྱར་བཤད་པ་དང་། ཡང་འགའ་ཞིག སློབ་དཔོན་དེ་རྒྱལ་པོའི་བུ་མོ་སྐྱེས་པ་དང་མ་འདྲིས་པ་ཞིག་ལ་འཁྲུངས་པས་ངོ་ཚ་ནས། བྱེ་མའི་གསེབ་ཏུ་དོར་བ་ལས་ཕྱིས་འགྲོད་ནས་ལྷར་ཕྱིན་པ་ན། དེ་ཉིད་ན་མིག་བཀྲ་རིག་གི་འདུག་པས། བྱེ་མ་ལ་མིག་བཀྲར་བཏགས་སོ་ཞེས་འཆད་པ་དང་།

རྒྱ་སྐད་ནཱ་རོ་ཏ་པ་ཞེས་པའི་སྒྲ་བྲམ་ཟེའི་རིགས་ཀྱི་བྱེ་བྲག་ཡིན་པ་ལས། དེའི་རྒྱུ་མཚན་མི་ཤེས་པར་ཏེ་ལོ་པའི་ཕྱུགས་ཕྱིན་བྱོན་པ་ན། གཙུག་ལག་ཁང་ཞིག་གི་སྟེང་ནས་སྐུ་ལུས་གཡང་ལ་མཆོང་དུ་བཅུག་ནས། འདི་ན་མར་ལ་མཆོང་ནུས་པ་སུ་ཡོད་གསུངས་པས། ང་ལ་ཟེར་སྐམ་མཆོང་སྐྱེ་དགའ་བ་སྤྱོད་པས་ཏེ་ལོ་པ་བྱོན་པ་ལ། ཨ་ན་ན་རོ་རུ་སོང་ཞེས་བརྗོད་པས་ནཱ་རོ་པར་གྲགས་སོ་འཆད་པ་དང་། ཏེ་ལོ་ཞེས་བྱ་ཏིལ་མར་བརྡུང་བའི་རིགས་ཡིན་པ་ལ། དེ་ལ་ཏཻ་ལོར་འཆད་པ་དང་། རྒྱ་གར་སྐད་དུ་ལོ་ཧི་ཞེས་བྱ་བ། བོད་སྐད་དུ་ཉའི་རྒྱུ་ལྟོ་ཡིན་པས། དེ་ཟ་ཞིང་བསྒྲུབ་པ་བྱས་པས་ལོ་ཧི་པར་གྲགས་པ་ལ་དེའི་སྒྲ་དོན་མི་ཤེས་པར་ལཱུ་ཡི་པ་རུ་འཆད་པ་དང་། རྒྱ་གར་སྐད་དུ་ཨིནྡྲ་བྷཱུ་ཏི་ནི། བོད་སྐད་དུ་འབྱུང་པོའི་དབང་པོ་ཡིན་པ་དང་། དེའི་སྒྲ་སྒྱུར་མི་ཤེས་པར། ཨིནྡྲ་བརྒྱ་བྱིན་དང་། བྷཱུ་ཏི། བོ་དྷིར་བཅོས་ནས་བརྒྱ་བྱིན་བྱང་ཆུབ་ཏུ་འཆད་པ་ནོར་ཏེ། དེའི་སྐད་དོད་ཤ་ཀྲ་བོ་དྷི་ཞེས་པ་ཡིན་པས་སོ། །

རྒྱ་སྐད་ཨ་ཤ་ཧྲུ་ཏིའི་སྒྲ་བོད་སྐད་དུ་གཟུང་འཛིན་གཉིས་སྤངས་སམ་སྐྱེ་བོ་ཀུན་འདར་བར་བྱེད་པས་ཀུན་འདར་དང་། སྤྲོས་པ་ཀུན་འདོར་ཞེས་པ་ཡིན་པ་ལ། དེ་ལ་ཅི་འདོད་འོངས་པས་འདོད་གཉེར་དུ་འཆད་པ་དང་། རྒྱ་སྐད་དོ་ཧ་ཞེས་བྱ་བ་བོད་སྐད་དུ་ལྷུག་པའམ་མ་བཅོས་པ་ཞེས་བྱ་བའི་དོན་ལ་འཇུག་མོད་ཀྱི། དེའི་རྒྱུ་མཚན་མི་ཤེས་པར་དོ་ནི་གཉིས་ཡིན་པ་དང་། ཧ་གྲོད་པ་ཡིན་པར་བསམས་ན་གཉིས་ལ་གྲོད་པར་འཆད་པ་དང་། རྒྱ་སྐད་དུ་ཛ་བ་ཞེས་བྱ་བ། མེ་ཏོག་དམར་པོ་ཞིག་ལ་འཇུག་པ་ལ། དེའི་བརྡ་དོན་མ་འཕྲོད་པར། བྱམས་པའི་མཛའ་བར་འཆད་པ་དང་། སོགས་པས་འཛམ་བུ་བྲིཀྵ་ཞེས་པ། བྲིཀྵ་ ཤིང་ཡིན་པས། ཛམྦུའི་ཤིང་ཞེས་པ

ཡིན་པ་ལ། ཤིང་འཛམ་བུ་ཕྲི་ཤ་ཞེས་འཆད་པ་སོགས། སྒྲ་མི་ཤེས་པའི་བླུན་པོ་རྣམས་པ་ལེགས་ལེགས་འདྲ་བར་སྣང་ཡང་། དེ་ཤེས་པའི་མཁས་པས་ཐོས་ན་བཞད་གད་ཀྱི་གནས་ཡིན་ཏེ། རྒྱུ་མཚན་ཅིའི་ཕྱིར་ཞེ་ན། སང་ཀྲི་ཏའི་སྒྲ་དོན་ལ། ཁྱེད་ཀྱིས་བཤད་པ་དེ་དག་ཅེད་དུ་མི་རུང་བ་ཉིད་ཀྱིས་ཕྱིར་དང་། རྒྱ་སྐད་ཡིན་པ་མ་ཤེས་པར། བོད་སྐད་ཡིན་པར་བསམས་ནས་བཤད་པ་བྱས་པའི་ཕྱིར་རོ། །

རྒྱུ་མཚན་དེས་ན་དེ་འདྲའི་བཤད་པ་ཀུན། བོད་ཀྱི་བླུན་པོས་སྦྱར་བས་ན། མཁས་པ་རྣམས་ཀྱིས་དོར་བར་བྱའོ། །དེ་བཞིན་དུ་བིརྺ་པ་ལ། བིརུ་པ་དང་། ནྰ་ག་ཱཪྫན་ལ། བག་བན་དང་། ཊ་ཀི་ལ་ཧྰ་ཀི་དང་། ཨོཾ་ཊན་ལ། ཨུ་རྒྱན་དང་། ཆྰམ་ལ་དར་མ་དང་། བུད་དྷ་ལ། བུ་ཏ་དང་། བཛྲ་པ་ཎི་ལ། བན་ཛར་པ་ཎི་དང་། ཨུཥྞི་ཥ་ལ། ཨུ་ཤི་ཤ་དང་། ཨཏྲུ་ལ། ཨ་རྒྱུ་དང་། ཙཀྲམ་ཏུ་རོ་ཥྛ་ལ། ཙན་ཧྲམ་ཏུ་རོ་ཤ་ན་ཞེས་འབོད་པ་དང་། མདོ་ལས། དི་ན་ར་གཅིག་སྦྱིན་ཅེས་བྱ་བ་དོང་བལ་བོད་མཚམས་པ་རྣམས་ཏཾ་ག་ཟེར་དོ། །ཅོའི་བྱེ་བྲག་ཡིན་པ་ལ། དེ་ལ་ར་གཅིག་བྱིན་ཞེས་འཆད་པ་ལྟ་བུ་དཔག་ཏུ་མེད་པ་ཡོད་དོ། །

གཉིས་པ་ནི། དེ་བཞིན་གཤེགས་པའི་སྐད་དོད་ཏ་ཐཱ་ག་ཏ་ཞེས་པའི་ག་ཏ་འགྲོ་བ་དང་བརྒྱ་པ་ལ་སོགས་པ་ལ་འཇུག་པས་དེའི་བཤད་པ་དེ་ཁོ་ན་ཉིད་རྟོགས་པར་འཆད་པ་འཐད་དེ། རྣམ་འགྲེལ་ལས། གཤེགས་པ་རྟོགས་པའི་དོན་ཕྱིར་དང་ཞེས་སོ། །དགྲ་བཅོམ་པའི་སྐད་དོད། ཨ་ར་ཧ་ཏེ་ཞེས་པའི་ཨ་ར་ཧན་སྒྲ་ཡི་ཁམས་མཆོད་འོས་སུ་ཡོད་པས། དེའི་སྒྲ་དོན་མཆོད་འོས་སུ་འཆད་པ་དང་། རྒྱལ་པོའི་བཤད་པ་རཱ་ཛ་སྒྲའི་ཁམས་གསལ་བ་ལ་འཇུག་པས་དེར་འཆད་པ་དང་། བཟོད་པའི་བཤད་པ་ས་ཧའི་ཁམས་མི་འབྱེད་པ་ལ་འཇུག་པས་དེར་འཆད་པ་དང་ཕུང་པོའི་སྐད་དོད་ཀན་དྷ་ཞེས་པ་བྱ་བའི་ཁུར་བའི་དོན་གྱིས་ཕྲག་པ་ཞེས་པར་འགྱུར་བས་དེར་འཆད་པ་དང་། ཁམས་ཀྱི་སྐད་དོད་ཏུའི་སྒྲ་དབྱིངས་ལ་འཇུག་པས་དེར་འཆད་པ་དང་། བཅོམ་པའི་སྐད་དོད་ཧྣ་གའི་སྒྲ་སྐལ་བ་ལ་འཇུག་པས་དེར་འཆད་པ་དང་། སྦྱང་དཀའི་སྐད་དོད། དུར་བྱའི་སྒྲ་ཐུབ་དཀའ་ལ་འཇུག་པས་དེར་འཆད་པ་དང་། བག་ཆགས་ཀྱི་སྐད་དོད་གཉིས་པ་གནས་ལ་འཇུག་པས་དེར་འཆད་པ་དང་། ཤཱཀྱ་ཞེས་པ་ཐོད་པ་ལ་འཇུག་པས་དེར་འཆད་པ་དག །བོད་སྐད་ལ་ཅུང་ཟད་མི་བདེ་ཡང་ལེགས་པར་སྦྱར་བའི་སྒྲའི་བཤད་པ་དག་ལ་ཤིན་ཏུ་འཐད་པའི་ཕྱིར་མཁས་པས་བླང་བར་བྱའོ། །

གོང་གི་སོགས་ཀྱི་དོན་བྲ་བ་ཏ་ཐོབ་པའམ་ཕྲད་པ་ལ་འཇུག །པི་སི་བྲལ་བའི་རྣམ་པ་ལ་འཇུག །སུའི་སྒྲ་ལེགས་པའམ་བདེ་བའམ་བཟང་པོ་ལ་འཇུག་པ་སོགས་སྐབས་ཙུང་ཟད་འཚོལ་བར་བཤད་ཀྱང་སྙོན་ཆུང་བ་ཡིན་ནོ།། །།

གསུམ་པ་བསྟན་པའི་བྱི་དོར་བྱ་བས་མཇུག་བསྡུ་བ་ལ་གསུམ་སྟེ། བསྟན་པ་ལ་འཕེལ་འགྲིབ་བྱུང་བའི་ཚུལ། རྟག་ཏུ་བསྟན་པའི་བྱི་དོར་བྱ་བར་གདམས། དེས་ན་གཞུང་འདི་ལེགས་པར་གཟུང་བར་གདམས་པའོ། །དང་པོ་ལ་འཕགས་པའི་ཡུལ་དུ་བྱུང་བའི་ཚུལ། བོད་དུ་བྱུང་བའི་ཚུལ་ལོ། །དང་པོ་ལ། མཚམས་སྦྱར་བ་དང་དོན་དངོས། དང་པོ་ནི། སངས་རྒྱས་ཀྱི་གསུང་རབ་ཉེས་པའི་དྲི་མ་མེད་པ་འདི། འཇིག་རྟེན་དུ་འཕེལ་འགྲིབ་བྱུང་བའི་ཚུལ་ཅུང་ཟད་བརྗོད་པར་བྱའོ། །བཤད་པ་འདི་གཞུང་འདིའི་དངོས་དོན་མིན་ཡང་། བཤད་རྒྱུད་ཙམ་དུ་སྣང་བ་དང་སྟོན་པ་སངས་རྒྱས་པའི་ཚུལ་ལ་སོགས་པ་རྒྱས་པར་གཞན་དུ་ཁ་འཕངས་བྱས་ཀྱང་། གལ་ཆེ་བ་འདི་ཡང་ཅུང་ཟད་འཆད་པར་འདོད་ནས། དེའི་འབྲེལ་བཙལ་བའི་ཕྱིར་དེ་ལྟ་བཤད་དོ། །

གཉིས་པ་ལ་སྟོན་པ་སངས་རྒྱས་ནས་བཀའ་གསུངས་པའི་ཚུལ། དེ་སྟོད་པ་པོས་བསྡུས་པའི་ཚུལ། འགྲེལ་བྱེད་རྣམས་ཀྱིས་བཀྲལ་བའི་ཚུལ་དང་གསུམ་ལས། དང་པོ་ལ་བྱང་ཆུབ་ཏུ་ཐུགས་བསྐྱེད་པའི་ཚུལ། ཚོགས་བསགས་པའི་ཚུལ། སངས་རྒྱས་པའི་ཚུལ། ཆོས་བསྟན་པའི་ཚུལ་ཏེ་བཞི་ལས་དང་པོ་ནི། ཐེག་པ་ཆེ་ཆུང་གི་མདོ་རྣམས་ལས་མི་འདྲ་བ་དུ་མ་ཞིག་གསུངས་ཏེ། ལུང་ལས། རྒྱལ་པོ་འོད་ལྡན་དབང་པོར་གྱུར་པ་ན་ཐུགས་བསྐྱེད་པར་བཤད་ཅིང་། འདི་ལ་མདོ་རང་རང་གི་ལུགས་ཏེ། དང་པོ་དངོས་དང་། གཞན་རྣམས་དང་པོའི་རྗེས་མཐུན་པར་བཤད་དགོས་ཏེ། དཔེར་ན། སྙིང་རྗེ་པད་དཀར་གྱི་ལུགས་ལྟར་ན། དེས་བཤད་པ་དེ་དངོས་དང་། གཞན་རྣམས་དང་པོར་བསྐྱེད་པའི་སེམས་བསྐྱེད་དེ། བརྟན་བྱེད་དང་། འཕེལ་བྱེད་ཡིན་པའི་ཕྱིར། དེར་བརྟགས་པའོ། །ཡང་ན་འདི་ཐམས་ཅད་ལས་དང་པོ་པའི་བྱང་སེམས་ཀྱི་རྟེན་ལ་བསྐྱེད་པའི་སེམས་བསྐྱེད་རྣམས། དང་པོར་བྱང་ཆུབ་མཆོག་ཏུ་སེམས་བསྐྱེད་དོ། །ཞེས་བྱ་བའོ། །ཞེས་ཀྱང་། སྙིང་རྗེ་པད་དཀར་ལས། བསྐལ་བ་འཛིན་པ་ཞེས་པ་ལ། བྲམ་ཟེ་རྒྱ་མཚོའི་རྡུལ་ཞེས་པར་གྱུར་པའི་ཚེ། རང་གི་སྲས་དེ་བཞིན་གཤེགས་པ་རིན་ཆེན་སྙིང་པོ་ལས་བྱང་ཆུབ་ཏུ་ཐུགས་བསྐྱེད་པར་བཤད། སྐལ་བཟང་དུ། ང་ནི་སྔོན་ཚེ་སྨན་པར་གྱུར་པའི་ཚེ། །དེ་བཞིན་གཤེགས་པ་ཤཱཀྱ་ཐུབ་དེ་ལ། །འཇམ་གང་ཞིག་གི་དབུལ་བ་བྱས་ནས་ཀྱང་། །དང་པོར་བྱང་ཆུབ་ཏུ་ནི་སེམས་བསྐྱེད་དོ། །ཞེས་སོགས་བཤད། ཕུང་པོ་གསུམ་པའི་མདོ་ལས། ཚོང་དཔོན་གྱི་བུ་མཛོན་དགའ་གྱུར་པ་ན། དེ་བཞིན་གཤེགས་པ་མཛེས་ཆེན་ལ་ཐུགས་བསྐྱེད་པར་བཤད། མདོ་གཞན་ལས། འདི་ལ་དཔྱད་རྒྱུ་ཡོད། རྫ་མཁན་གྱི་ཁྱེའུ་སྣང་བྱེད་དུ་གྱུར་པ་ན། དེ་བཞིན་གཤེགས་པ་ཤཱཀྱ་ཐུབ་པ་ལ་བསྐྱེད་པར་བཤད་དོ། །སེམས་བསྐྱེད་ཀྱི་རྒྱུ། ངོ་བོ་དབྱེ་བ་འབྲས་བུ་ལ་སོགས་པ་ནི། གོང་དུ་བཤད་ཟིན་ཏོ། །

གཉིས་པ་ནི། ཚོགས་ཀྱི་ངོ་བོ་ནི་བསོད་ནམས་དང་ཡེ་ཤེས་གཉིས་ཏེ། དེ་དག་གི་དབྱེ་བ་དང་ཉམས་སུ་ལེན་ཚུལ་ནི། སྔར་བཤད་པའི་ཐེག་ཆེན་ལམ་གྱི་རྣམ་བཞག་ཐམས་ཅད་ཡིན་པས། འདི་ར་དུས་ཇི་སྲིད་

བསགས་པ་དང་། དེ་ཆེ་ཆོགས་བཅད་བསྟོད་པས། བསྐལ་པ་དགུར་ནི་ཕྱིར་བསྙིལ་ཏོ། །ཞེས་དང་། སངས་རྒྱས་ཀྱི་གྲངས་ཀྱང་། སངས་རྒྱས་ཤཱཀྱ་ཐུབ་པ་ནས། །འདྲེན་པ་ཡུལ་འཁོར་སྐྱོང་གི་བར། །དེ་བར་བདུན་ཁྲི་ལྔ་སྟོང་གི། །སངས་རྒྱས་རྣམས་ནི་ངས་མཆོད་དོ། །གྲངས་མེད་གཅིག་ནི་འདས་པ་ཡི། །རྒྱལ་བ་ངས་ནི་མཆོད་བྱས་ཏེ། །སངས་རྒྱས་ཉིད་ནི་འདོད་པའི་ཕྱིར། །ང་ལ་སྐྱོ་བའི་སེམས་མེད་དོ། །སངས་རྒྱས་མར་མེ་མཛད་ནས་ནི། །དབང་པོ་རྒྱལ་མཚན་ཐུབ་པའི་བར། །བདུན་ཁྲི་དྲུག་སྟོང་དག་གིས་ནི། །སངས་རྒྱས་རྣམས་ནི་ང་ཡིས་མཆོད། །གྲངས་མེད་གཉིས་པོ་ཚང་བར་ནི། །རྒྱལ་བ་ང་ཡིས་མཆོད་བྱས་ཏེ། །བྱང་ཆུབ་ཕྱིར་ནི་སྤྱོད་པ་ན། །ང་ལ་སྐྱོ་བའི་སེམས་མེད་དོ། །སངས་རྒྱས་ལེགས་མཛད་ནས་བཟུང་སྟེ། །སངས་རྒྱས་འོད་སྲུང་བར་དག་ཏུ། །བདུན་ཁྲི་བདུན་སྟོང་ང་ཡིས་མཆོད། །གྲངས་མེད་གསུམ་པོ་དེ་ལ་ནི། །རྒྱལ་བ་ངས་ནི་མཆོད་བྱས་ཏེ། །བྱང་ཆུབ་ཕྱིར་ནི་སྤྱོད་པ་ན། །དེ་ཚེ་ང་ལ་སྐྱོ་སེམས་མེད། །ཞེས་པ་ལྟར་འདོད་ཅིང་། མཛོད་ལས། རྣམ་གཟིགས་མར་མེ་རིན་ཆེན་གཙུག །གྲངས་མེད་གསུམ་གྱི་ཐ་མར་འབྱུང་། །ཞེས་ཅུང་ཟད་མི་འདྲ་བར་བཤད་དེ། མདོ་གཞན་གྱི་ལུགས་སུ་མངོན་ནོ། །

ཕ་རོལ་ཏུ་ཕྱིན་པ་ནི། མི་ནག་མདུང་ཐུང་ཅན་བསད་པས་བསྐལ་པ་འབུམ་དང་། བྲམ་ཟེའི་ཁྱེའུ་སྐར་མའི་ཚེ་བསྐལ་པ་ཁྲི་འདུམས་པར་བཤད་པས། བསྐལ་པ་དེ་དག་གི་དམན་པའི་གྲངས་མེད་གསུམ་དུ་བསགས་པར་འདོད་ཅིང་། དེ་བར་དུ་སངས་རྒྱས་ཀྱི་གྲངས་ནི་ངེས་པ་ཅན་མི་འདོད་དེ། བྱང་ཆུབ་སེམས་དཔའ་ཆེན་པོ་རྣམས་ནི་ཏིང་ངེ་འཛིན་གཅིག་ལ་མཉམ་པར་བཞག་པས། ཕྱོགས་བཅུའི་འཇིག་རྟེན་གྱི་ཁམས་ཀྱི་སངས་རྒྱས་གང་གཱ་ཀླུང་གི་བྱེ་མ་སྙེད་ལྟ་བ་དང་། ཆོས་ཉན་པར་རྒྱལ་བའི་ཡུམ་ལ་སོགས་པ་ནས་བཤད་ཅིང་། ས་བཅུ་པ་ལས་དང་པོར་སངས་རྒྱས་བརྒྱ་མཐོང་བ་ལ་སོགས་པ་བཤད་པས་སོ། །

འོན་ཀྱང་བྱང་ཆུབ་སེམས་དཔའི་སྡེ་སྣོད་ལས་སྟོན་པ་འདི་རྒྱལ་པོའི་ཕོ་བྲང་རྣམ་པར་རྒྱལ་བའི་རྒྱལ་མཚན་དུ། རྒྱལ་པོ་ཆེ་རྣམ་པར་རྒྱལ་བའི་སྲས་གཞོན་ནུ་བརྩོན་འགྲུས་སྤྱོད་དུ་གྱུར་པ་ན། དེ་བཞིན་གཤེགས་པ་ཕྱུང་པོ་ཆེན་པོ་ཞེས་པ་ལ་བསྙེན་བཀུར་བ་ནས་བཟུང་སྟེ། བསྐལ་པ་གྲངས་མེད་གཅིག་ཏུ་ཚོགས་བསགས་པས་ས་དང་པོ་ཐོབ་བོ། །དེ་ནས་གྲོང་ཁྱེར་འཛམ་བུ་ཆུ་བོའི་གསེར་དུ་རྒྱལ་པོ་མཛེས་པར་སྣང་བའི་སྣང་ཆེན། ཚོང་དཔོན་ཤེས་རབ་བཟང་དུ་གྱུར་པའི་ཚེ། དེ་བཞིན་གཤེགས་པ་དཀོན་མཆོག་ཡན་ལག་ལ་བསྙེན་བཀུར་བ་ནས་བཟུང་སྟེ། གྲངས་མེད་གཅིག་གི་ཚོགས་ཀྱིས་ས་བདུན་པ་ཐོབ་བོ། །དེ་ནས་བྲམ་ཟེའི་ཁྱེའུ་སྦྱིན་ཞེས་པར་གྱུར་པའི་ཚེ། །ཡུལ་དབུས་ཀྱི་རྒྱལ་པོ་དགྲ་ཐུལ་གྱི་ཕོ་བྲང་པད་མ་ཅན་གྱི་ཚོང་འདུས་ཀྱི་དབུས་སུ། བྲམ་ཟེ་

མར་མེའི་བདག་པོའི་སྲས། སངས་རྒྱས་མར་མེ་མཛད་ལ་ཨུཏྤལ་ལྔ་གཏོར་ནས། ལུང་སྟོན་པར་གསོལ་བ་བཏབ་པས་དེ་བཞིན་གཤེགས་པ་ཤཱཀྱ་ཐུབ་པ་ཞེས་བྱ་བར་འགྱུར་རོ་ཞེས་ལུང་བསྟན་ཞིང་། ས་བརྒྱད་པ་ཐོབ་པོ་ཞེས་གསུངས་ཤིང་མདོ་གཞན་ལས་ཀྱང་། གང་ཚེ་མར་མེ་མཛད་ཀྱིས་ང་། །ལུང་བསྟན་གྱུར་པ་དེ་ཡི་ཚེ། །ས་བརྒྱད་པ་ནི་ཐོབ་གྱུར་ཏེ། །དབང་བཅུ་དག་ཀྱང་ཐོབ་པར་གྱུར། །ཞེས་སོ། །དེ་ནས་བཟུང་སྐྱེ་གྲངས་མེད་གཅིག་གི་ཚོགས་ཀྱིས་ས་བཅུ་པ་རྫོགས་པ་ཡིན་ནོ། །

གསང་སྔགས་ཀྱི་ལུགས་ཀྱིས་སངས་རྒྱས་འགྲུབ་པའི་དུས་ཀྱི་རིམ་པ་དེ་དག་ཚོགས་བསགས་པའི་དུས་ཀྱང་ཡིན་མོད་ཀྱི། སྟོན་པ་འདིས་དུས་འདི་སྐད་དུ་སངས་རྒྱས་འདི་སྐད་ཅིག་ལ་བསྐྱེན་བཀུར་ཞེས་པ་གསལ་བར་མ་ཐོས་སོ། །

གསུམ་པ་ནི། ཉན་ཐོས་སྡེ་པ་དག་བྱང་ཆུབ་སེམས་དཔའ་རྒྱལ་བུ་དོན་གྲུབ། རྡོ་རྗེ་གདན་བྱང་ཆུབ་ཤིང་དྲུང་དུ་བདུད་བཏུལ་པའི་བར་ཡན་ཆད་དུ་སོ་སོ་སྐྱེ་བོ་ཡིན་ཞིང་། དེ་ནས་བསམ་གཏན་བཞི་པ་ལ་བརྟེན་ནས་ཉོན་ནས་སངས་རྒྱས་ཀྱི་བར་གྱི་ལམ་ཐམས་ཅད་རྒྱུན་གཅིག་ལ་སྐྱེས་པར་འདོད་ཅིང་། དེ་ཉིད་སངས་རྒྱས་པ་མཚན་ཉིད་པ་དང་ནམ་མཁའི་མཐའ་ཀླས་ཀྱི་འཇིག་རྟེན་དུ། དུས་གཅིག་ཏུ་སངས་རྒྱས་གཅིག་ལས་མི་འབྱུང་ཞེས་ཁ་ཆེ་བྱེ་བྲག་སྨྲ་བ་དང་། ཕལ་ཆེན་སྡེ་བ་དེ། དུ་མ་ཅིག་ཅར་འབྱུང་བ་ལ་འགལ་བ་མེད་དོ་ཞེས་འདོད་དེ། མཛོད་ལས། འཕགས་པ་མིན་ཡང་ཕ་མ་དང་། །ནད་པ་དང་ནི་ཆོས་སྨྲ་དང་། །སྐྱེས་མཐའི་བྱང་ཆུབ་སེམས་དཔའ་ལ། །ཡོན་ནི་གཞལ་དུ་མེད་པ་ཡིན། །ཞེས་དང་། སྟོན་དང་བསེ་རུ་བྱང་ཆུབ་བར། །བསམ་གཏན་མཐར་རྟེན་གཅིག་ལ་ཀུན། །ཞེས་དང་། ལྷན་ཅིག་གཉིས་མེད་སངས་རྒྱས་འདིར་བཞིན། །ཞེས་སོ། །ཕ་རོལ་ཏུ་ཕྱིན་པའི་སློབ་དཔོན་འགའ་ཞིག་རྒྱན་སྟུག་པོ་བཀོད་པའི་མདོ་དང་རྒྱུད་བླ་མ་ལ་སོགས་པའི་རྗེས་སུ་འབྲངས་ནས། འོག་མིན་སོགས་དག་པའི་ཞིང་དུ་ལོངས་སྐུར་སངས་རྒྱས་ནས། དགའ་ལྡན་ནས་འཕོ་བ་ལ་སོགས་པའི་སྤྲུལ་བ་སྟོན་པར་བཞེད་དེ། ལུང་རྣམས་ནི་སྔར་དྲངས་ཟིན་ནོ། །

ཁ་ཅིག་བྱང་ཆུབ་སེམས་དཔའ་དགའ་ལྡན་ན་བཞུགས་པའི་ཚེ། ས་བཅུ་བ་དང་། རྡོ་རྗེ་གདན་དུ་སངས་རྒྱས་པར་བཞེད་དོ། །སློབ་དཔོན་ཟླ་བ་གྲགས་པ་ལ་སོགས་པ་ཁ་ཅིག་ཡབ་སྲས་མཇལ་བ་ལས། སྟོན་པ་འདི་བསྐལ་པ་དཔག་ཏུ་མེད་པའི་སྔོན་རོལ་དུ། སངས་རྒྱས་དབང་པོའི་ཏོག་ཅེས་བྱ་བར་སངས་རྒྱས་པར་གསུངས་ནས། ད་དུང་དང་པོ་ཐུགས་བསྐྱེད་པར། །དེ་དང་དེར་ནི་ཡོངས་བསྟན་ཏེ། །ད་དུང་དུ་ཡང་འདྲེན་པ་ཁྱོད། །སངས་རྒྱས་མང་པོ་སྟོན་པར་མཛད། །ཅེས་པའི་རྗེས་སུ་འབྲངས་ནས་བསྐལ་བ་དཔག་ཏུ་མེད་པའི་སྔོན་རོལ་

ཏུ་སངས་རྒྱས་ནས། འདིར་སངས་རྒྱས་པའི་ཚུལ་བསྟན་པར་བཞེད་དེ། འཇུག་པ་ལས། བདེ་བར་གཤེགས་པ་མ་ལུས་ཕྱོགས་བཅུ་ཐ་དད་ནས། །ཕྲ་རབ་རྡུལ་གྱི་རྡུལ་རྣམས་བདོག་པ་ཇི་སྙེད་པ། །བྱང་ཆུབ་མཆོག་རབ་དམ་པར་གཤེགས་པའི་བསྐལ་པ་དེ་སྙེད་དེ། །འོན་ཀྱང་གསང་བ་འདི་ནི་གཞན་ལ་བསྟན་བགྱི་མ་ལགས་སོ། ། ཞེས་སོ། །

སྔགས་ཀྱི་ལུགས་ལ། བྱ་རྒྱུད་ཀྱི་ལུགས་མཚན་ཉིད་ཐེག་པ་དང་མཐུན་ཞིང་། སྤྱོད་རྒྱུད། རྣལ་འབྱོར་རྒྱུད་གཉིས་མཐུན་པས། དེ་ཉིད་འདུས་པ་ལས། འོག་མིན་དུ་བྱང་ཆུབ་སེམས་དཔའ་དོན་ཐམས་ཅད་འགྲུབ་པའི་རྟེན་ལ་སངས་རྒྱས་པར་བཤད་པ་འཆད་པ་ལ། ཡོ་ག་ལ་མཁས་པ་མི་གསུམ་གྱི། སློབ་དཔོན་ཤཱཀྱ་ལུགས་བཤེས་གཉེན་ནི། རྒྱལ་བུ་དོན་གྲུབ། ཆུ་བོ་ནཻ་རཉྫནའི་དྲུང་དུ་དཀའ་བ་སྤྱད་པའི་དུས་སུ་རྣམ་སྨིན་གྱི་ལུས་དེར་བཞག་ནས། ཡེ་ཤེས་ཀྱི་ལུས་འོག་མིན་དུ་རྣམ་སྣང་དུ་སངས་རྒྱས་ཏེ། གཞན་འཕྲུལ་དབང་བྱེད་དུ་དཔལ་མཆོག་དང་པོ་དང་། རི་རབ་ཀྱི་རྩེ་མོར་དེ་ཉིད་འདུས་པ་སོགས་གསུངས་ནས། སླར་རྣམ་སྨིན་གྱི་ལུས་ལ་ཞུགས་ཏེ། རྡོ་རྗེ་གདན་དུ་སངས་རྒྱས་པའི་ཚུལ་བསྟན་ནོ་ཞེས་བཞེད་ཅིང་། སློབ་དཔོན་ཀུན་དགའ་སྙིང་པོ་ནི། འོག་མིན་དུ་སངས་རྒྱས་ནས་གཞན་འཕྲུལ་དབང་བྱེད་དང་། རི་རབ་རྩེ་མོར་རྣལ་འབྱོར་རྒྱུད་གསུངས་ཏེ། དེ་ནས་དགའ་ལྡན་ནས་འཕོ་བ་དང་ལྷུམས་སུ་ཞུགས་པ་ལ་སོགས་པ་མཛད་པར་བཞེད་དོ། །སློབ་དཔོན་སངས་རྒྱས་གསང་བ་ནི། བསྐལ་བ་དཔག་ཏུ་མེད་པའི་སྔོན་རོལ་ཏུ་སངས་རྒྱས་ནས། འོག་མིན་དུ་རྣམ་སྣང་དུ་སངས་རྒྱས་པའི་ཚུལ་བསྟན་པར་བཞེད་དོ་ཞེས་ཐོས་སོ། །

རྣལ་འབྱོར་བླ་མེད་ཀྱི་ལུགས་ཀྱང་རྒྱུད་དང་འགྲེལ་བཤད་ལས་རྡོ་རྗེའི་གདན་དུ་སངས་རྒྱས་པར་བཤད་ཀྱང་དྲང་དོན་ཡིན་གྱི། ངེས་དོན་དུ་སྔར་སངས་རྒྱས་ནས་འདིར་སྤྲུལ་པ་བསྟན་པ་ཡིན་ཏེ། འགྲེལ་པ་དྲི་མེད་འོད་ལས། སངས་རྒྱས་བཅོམ་ལྡན་འདས་སྔར་ས་བཅུ་གཉིས་ཀྱི་དབང་ཕྱུག་ཏུ་གྱུར་པ། མཁས་པ་སྒྱུ་འཕྲུལ་ཆེན་པོ་འཆད་པ། སྒྱུ་འཕྲུལ་ཆེན་པོའི་མིག་འཕྲུལ་དང་ལྡན་པ། འཕགས་པའི་ཡུལ་ལུམྦི་ནིར། ཤཱཀྱའི་རིགས་མིའི་དབང་པོ་ཟས་གཙང་མའི་ལྷ་མོ་སྒྱུ་འཕྲུལ་ཆེན་མོའི་ལྷུམས་ནས་བལྟམས་པ་ནི་གཞོན་ནུ་དོན་གྲུབ་ཡིན་ནོ་ཞེས་སོ། །

བཞི་པ་ལ་མཚན་ཉིད་ཀྱི་ཆོས་གསུངས་ཚུལ་དང་། སྔགས་ཀྱི་ཆོས་གསུངས་ཚུལ་གཉིས་ལས་དང་པོ་ནི། བོད་ཀྱི་སློབ་དཔོན་མང་པོ་བཀའ་འཁོར་ལོ་གསུམ་དུ་ཕྱེ་ནས། འཁོར་ལོ་དང་པོ་གནས་ཝཱ་རཱ་ཎ་སཱིར། དུས་ལོ་བདུན་དང་། འཁོར་ལོ་བར་པ་གནས་བྱ་རྒོད་ཕུང་པོའི་རི་ལ་དུས་ལོ་སུམ་ ཅུ། ཐ་མ་ནི་གནས་རི་མ་ལ་ཡ་དང་།

ཡངས་པ་ཅན་ལ་སོགས་པར། དུས་ལོ་བདུན་ལ་སོགས་པར་གསུངས་ཞེས་མི་འདྲ་བ་དུ་མ་ཞིག་འཆད་པ་ལ། མཁྱེན་རབ་ཀྱི་དབང་ཕྱུག་བུ་སྟོན་རིན་པོ་ཆེས། ལོ་གྲངས་འདི་རྣམས་ཀྱི་ཁུངས་གསལ་ཁ་ཁོ་བོས་མ་མཐོང་ཞེས་བཏང་སྙོམས་སུ་འཇོག་ཀྱང་། དེ་དག་ནི་ཆེས་མི་རིགས་ཏེ་འདི་ལྟར་ཐེག་པ་ཐུན་མོང་བའི་ལུགས་ཀྱི་ཁ་ཆེ་བྱེ་བྲག་སྨྲ་བ། ཆོས་ཀྱི་འཁོར་ལོ་མཐོང་བའི་ལམ་ཞེས་མཐོང་ལམ་ཉིད་ཆོས་འཁོར་དུ་འདོད་ཅིང་། སློབ་དཔོན་དབྱིག་གཉེན་གྱིས། སྟོན་པས་ལྔ་སྡེ་བཟང་པོ་ལ་ཐོག་མ་ཉིད་དུ་ཆོས་ཀྱི་རྣམ་གྲངས་གསུམ་བསྟན་པའི། དང་པོ་དེ་ཉིད་ཁོ་ན་ཆོས་ཀྱི་འཁོར་ལོ་བསྐོར་བར་བཤད་ཅིང་། ལུང་ནས་ཀྱང་དེ་དང་མཐུན་པར་གསུངས་སོ། །དེས་ན་ཆོས་ཀྱི་འཁོར་ལོ་བསྐོར་བའི་མཆོད་རྟེན་ཝཱ་རཱ་ཎ་སཱི་ཁོ་ན་དང་། དུས་མཆོད་ལ་ཉིན་ཞག་གཅིག་ལས་མེད་པ་ཡིན་ནོ། །གཞན་ཡང་། དེ་དག་གིས་འཁོར་ལོ་དང་པོར་བྱས་པའི་ཐེག་པ་ཐུན་མོང་གི་སྡེ་སྣོད་གསུམ་ནི། སངས་རྒྱས་ནམ་མྱ་ངན་ལས་མ་འདས་པའི་བར་དུ་གསུངས་པ་ཡིན་ཏེ། འདུ་ཤེས་བཅུ་པའི་མདོ་མྱ་ངན་ལས་འདའ་ཁར་གསུངས་པ་དང་། འདུལ་བའི་བསླབ་པ་རྣམས་ཀྱང་ཐོག་མར་ལྔ་སྡེ་ལ་ཤམ་ཐབས་ཟླུམ་པོར་བགོ་བར་བྱའོ་ཞེས་བཅས་ཤིང་། མྱ་ངན་ལས་འདའ་ཁར་ཤཱཀྱ་དང་མེ་ས་རལ་པ་ཅན་མ་གཏོགས་སེམས་མགུ་བར་མ་གྱུར་པའི་མུ་སྟེགས་ཅན་རབ་ཏུ་འབྱུང་བར་མི་བྱའོ་ཞེས་བཅས་ཤིང་གནས་ཀྱང་ཕལ་ཆེར་མཉན་ཡོད་དུ་གསུངས་སོ། །

དེ་བཞིན་དུ། བཀའ་བར་བ་ཡང་གཙོ་བོ་རྒྱལ་བའི་ཡུམ་རྒྱས་འབྲིང་བསྡུས་པ་རྣམས་ནི་དུས་གཅིག་ཏུ། གདུལ་བྱ་དབང་པོ་རྣོ། འབྲིང་། བསྡུས་གསུམ་ལ་གསུངས་པས་རྒྱས་འབྲིང་བསྡུས་པ་ཐ་དད་དུ་སྣང་བ་ཙམ་ཡིན་ཞིང་། རྒྱས་པ་བྱེ་བ་ཕྲག་བརྒྱ་དང་། དེའི་འབྲིང་འབུམ་ཕྲག་བརྒྱ་པ་རྣམས་ཀྱང་མིའི་ཡུལ་ན་མི་བཞུགས་པས། ཡུལ་འདི་དུས་འདི་སྲིད་ཅིག་གསུངས་ཞེས་ངེས་པ་དཀའོ། །འཁོར་ལོ་ཐ་མའི་མདོ། ད་ལྟ་ཡོད་པ་རྣམས་ཀྱི་གཙོ་བོ་ཕལ་ཆེན་དང་དཀོན་བརྩེགས་ནི། གནས་བྱ་རྒོད་ཕུང་པོའི་རི་དང་། མཉན་ཡོད་དུ་གསུངས་པ་མང་ཞིང་། དུས་ཀྱང་སྟོན་པ་སངས་རྒྱས་ནས་ཞག་བདུན་ཕྲག་གཉིས་སོང་བ་ན་ཕལ་ཆེན་གསུངས་ཞིང་། མྱ་ངན་ལས་འདའ་ཁར་མྱང་འདས་གསུངས་པས་སྔར་གྱི་ངེས་པ་དེ་དག་མི་རུང་བའི་ཕྱིར་རོ། །

གཞན་ཡང་དེ་དག་དུས་རིམ་ཅན་དུ་གསུངས་ན་ནི། སྟོན་པའི་སྐུ་ཚེས་ཀྱང་མི་ཐུབ་ཅིང་། འཁོར་ལོ་བར་བ་བྱ་རྒོད་ཕུང་པོའི་རིར་ལོ་སུམ་ཅུ་གསུངས་ཞེས་པ་དང་། རྒྱལ་པོའི་ཁབ་ཀྱི་གྲོང་དུ་ལོ་ལྔ་བཞུགས་ཞེས་པ་ནི་ཤིན་ཏུ་འགལ་བ་ཡིན་ནོ། །དེས་ན། ཉན་ཐོས་སྡེ་པ་ལ་འཁོར་ལོ་གསུམ་ཞེས་པ་མ་གྲགས་ཏེ། ཐེག་ཆེན་བཀར་མི་འདོད་པས་སོ། །དགོངས་པ་ངེས་འགྲེལ་ལས། འཁོར་ལོ་རིམ་པ་གསུམ་དུས་རིམ་ཅན་དུ་གསུངས

པ་དང་། དང་པོ་གཉིས་དྲང་དོན་དང་། ཐ་མ་ངེས་དོན་དུ་གསུངས་པ་ནི་དགོངས་པ་ཅན་ཏེ། བདེན་བཞིའི་འཁོར་ལོས་གཙོ་ཆེར་གདུལ་བྱ་མ་ཞུགས་པ་འཇུག་ཅིང་། ཞུགས་པ་སྨིན་པར་བྱེད་ཅིང་། མཚན་ཉིད་མེད་པའི་འཁོར་ལོས་སྨིན་པ་གྲོལ་བར་བྱེད་པ་དང་། དོན་དམ་རྣམ་ངེས་ཀྱི་འཁོར་ལོས་གྲོལ་བ་མཐར་ཕྱིན་པར་བྱེད་པ་ལ་དགོངས་ཤིང་། དགོས་པ་ནི་ལུང་ལས། དེ་བཞིན་གཤེགས་པ་ནི་བསྟན་པའི་ཡན་ལག་ཉམས་པ་དེའི་བསགས་པ་བརྗོད་པར་འཛད་པས་ཞེས་གསུངས་པ་ལྟར། དགོངས་པ་ངེས་འགྲེལ་སོགས་ལ་གྲུས་པས་བསྐྱེད་པའི་ཕྱིར་ཡིན་ནོ། །དངོས་ལ་གནོད་བྱེད་ནི་སྔར་བཤད་པའི་ཉེས་པ་རྣམས་སོ། །

གཉིས་པ་ནི། བླ་མ་འགའ་ཞིག་མདོ་སྡེ་གདམ་ངག་འབོགས་པའི་རྒྱལ་པོ་ལས། འདྲེན་པའི་ཐེག་པ་གསུམ་པོ་དག །བཅོམ་ལྡན་ངེས་པར་གསུངས་ལགས་ན། །རྒྱུ་འབྲས་ལྷུན་གྲུབ་དུ་གཅོད་ཅིང་། །སངས་རྒྱས་གཞན་ནས་མི་འཚོལ་བའི། །ངེས་པའི་ཐེག་པ་ཅིས་མ་གསུངས། །ཞེས་ཞུས་པའི་ལན་དུ། རྒྱུ་ལ་མོས་པ་རྒྱུ་ཆོས་ཀྱི། །འཁོར་ལོ་རབ་ཏུ་བསྐོར་བྱས་ནས། །འབྲས་བུའི་ཐེག་པ་ཉེ་ལམ་ཞིག །མ་འོངས་དུས་ན་འབྱུང་བར་འགྱུར། །ཞེས་པའི་རྗེས་སུ་འབྲངས་ནས། སྟོན་པ་ཁབ་ཏུ་ལོ་ཉི་ཤུ་རྩ་དགུ་བཞུགས། དཀའ་བ་ལོ་དྲུག་སྤྱད་དེ། སུམ་ཅུ་རྩ་དྲུག་ལ་སངས་རྒྱས་ནས། བཞི་བཅུ་ཞེ་ལྔའི་བར་དུ་ཕྱི་མཚན་ཉིད་ཐེག་པ་གསུངས་ཏེ། དགུང་ལོ་བརྒྱད་ཅུ་ཐམ་པ་ལ་བབ་པ་ན། རྒྱ་གར་ལྷོ་ནུབ་དཔལ་ལྡན་འབྲས་སྤུང་གི་མཆོད་རྟེན་ཆེན་པོར། འོག་ཏུ་ཆོས་དབྱིངས་གསུང་གི་དབང་ཕྱུག་གི་དཀྱིལ་འཁོར་དང་། སྟེང་དུ་དཔལ་ལྡན་རྒྱུ་སྐར་གྱི་དཀྱིལ་འཁོར་སྤྲུལ་ནས། རིམ་པ་བཞིན་ཕྱི་རྒྱུད་གསུམ་དང་། བླ་མེད་ཀྱི་དཀྱིལ་འཁོར་རྣམས་སུ་སྲིད་པ་གསུམ་གྱི་སྐལ་བ་དང་ལྡན་པའི་གདུལ་བྱ་རྣམས་ལ་ནུབ་གཅིག་ལ་དབང་ཐམས་ཅད་རྫོགས་པར་བསྐུར་ཏེ། དེའི་ནང་པར་ནས་རྒྱུད་སྡེ་བཞི་པོ་རྣམས་གསུངས་སོ་ཞེས་གསུངས་པ་ནི། ཅུང་ཟད་མི་འཐད་པར་མཐོང་སྟེ། འདི་ལྟར་བྱ་བའི་རྒྱུད་ཕལ་ཆེར་ནི་སྤྲུལ་པའི་སྐུ་ཤཱཀྱ་ཐུབ་པ་ཉིད་ཀྱིས། མཉན་ཡོད་ལ་སོགས་པར་འཁོར་རྣམ་པ་བཞི་ལ་གསུངས་ཤིང་། འགའ་ཞིག་ལྷ་དང་ཀླུ་ལ་སོགས་པའི་གནས་སུ་གསུངས་པར་དེ་དག་གི་གླེང་གཞི་ལས་གསུངས་ཤིང་། སྤྱོད་རྒྱུད་རྣམ་སྣང་མངོན་བྱང་དང་། ཕྱག་ན་རྡོ་རྗེའི་དབང་བསྐུར་བ་ལ་སོགས་ཀྱང་། གཞི་དང་སྙིང་པོ་མི་རྟོག་གི་རྒྱན་གྱིས་བརྒྱན་པའི་འཇིག་རྟེན་གྱི་ཁམས་སུ་གསུངས་པར་བཤད་ཅིང་། སྦྱོར་རྒྱུད་ཀུང་ཆོས་ཀྱི་རྗེའི་ཞལ་སྔ་ནས་སྦྱོར་རྒྱུད་དུ་བཞེད་པས། དེ་ནི་སུམ་ཅུ་རྩ་གསུམ་དུ་སྟོན་པ་ཤཱཀྱ་ཐུབ་པས་གསུངས་སོ། །

རྣལ་འབྱོར་རྒྱུད་རྣམས་ནི་སྔར་བཤད་པ་ལྟར། གཞན་འཕྲུལ་དབང་བྱེད། སུམ་ཅུ་རྩ་གསུམ་དང་། ལྷུང་ལོ་ཅན་དུ་གསུངས་སོ། །

རྣལ་འབྱོར་བླ་མེད་ཀྱི་རྒྱུད་ཀྱང་ཕལ་ཆེར་ལས་ལྷ་དང་མི་ལ་སོགས་པའི་གནས་འདི་དང་འདིའོ་ཞེས་པའི་ངེས་པ་མ་སྨོས་པར། ཆོས་འབྱུང་ནང་གི་གཞལ་ཡས་ཁང་མཆོག་པའི་བརྗོད་ཙམ་གསུངས་ཤིང་། རྒྱུད་འགྲེལ་རྣམས་ལས་འགའ་ཞིག་དགའ་ལྡན་དང་། འགའ་ཞིག་རི་རབ་རྩེ་མོ་སོགས་ལྷའི་གནས་སུ་གསུངས་པར་བཤད་ཅིང་། རྡོ་རྗེ་གདན་བཞི་ནི། གནས་གཙང་མར་གསུངས་པར་དེ་ཉིད་ལ་གསུངས་པའི་ཕྱིར་རོ། ། གདམ་ངག་འབོགས་པའི་རྒྱལ་པོ་ལས་གསུངས་པའི་དོན་ཡང་རྣལ་འབྱོར་དང་། རྣལ་འབྱོར་བླ་མེད་ཀྱི་རྒྱུད་ཕལ་ཆེར་མིའི་ཡུལ་དུ་སྟོན་པ་མྱ་ངན་ལས་འདས་ནས་འབྱུང་བ་ལ་དགོངས་སོ། །འོན་ཀྱང་དཔལ་དུས་ཀྱི་འཁོར་ལོའི་རྩ་རྒྱུད་ནི། དཔལ་ལྡན་འབྲས་སྤུངས་ཀྱི་མཆོད་རྟེན་དུ་རྒྱལ་པོ་ཟླ་བ་བཟང་པོ་ལ་ཞུས་ནས་གསུངས་པར་རྒྱུད་འགྲེལ་རྣམས་ལས་གསལ་བར་གསུངས་སོ། །དུས་ཞབས་པ་ལ་སོགས་པ་འགའ་ཞིག་སྟོན་པ་མྱ་ངན་ལས་འདས་པའི་འོག་ཏུ་སྤྲུལ་པ་ཞིག་གིས་ཤམ་བྷ་ལར་གསུངས་སོ་ཞེས་པ་ནི་རྒྱུད་འགྲེལ་རྣམས་དང་འགལ་བ་ཡིན་ནོ། །

གཉིས་པ་དེ་སྟོད་པ་པོས་བསྡུས་པའི་ཚུལ་ལ་གཉིས་ཏེ། ཉན་ཐོས་ཀྱི་ཐེག་པ་བསྡུས་པའི་ཚུལ་དང་། ཐེག་པ་ཆེན་པོ་བསྡུས་པའི་ཚུལ་ལོ། །དང་པོ་ལ་ཡང་གསུམ་ལས། བསྡུ་བ་དང་པོ་བྱས་པ་ནི། སྟོན་པ་མྱ་ངན་ལས་འདས་ནས། འོད་སྲུང་ལ་སོགས་པའི་དགེ་སློང་རྣམས་གྲོང་ཁྱེར་རྩ་ཅན་ན་ཡོད་པ་ན། ཚེ་བསྐལ་པ་མང་པོར་ཐུབ་པའི་ལྷ་རྣམས་སྟོན་པའི་གསུང་རབ་དུད་པ་ཙམ་དུ་གྱུར་ཏེ་དགེ་སློང་དབང་ཡོད་པ་རྣམས་ཀྱང་སྟོན་པ་འདས་ནས་སྡེ་སྣོད་གསུམ་མི་སློགས་སོ། །ཞེས་འཆའ་བ་བསལ་བའི་ཕྱིར། འོད་སྲུང་གིས་གང་པོ་ལ་དགེ་འདུན་བསྡུས་ཤིག་ཅེས་བསྐོ་བ་དང་། དེས་གཏི་བརྡུངས་པས་དགྲ་བཅོམ་པ་ལྔ་བརྒྱར་གཅིག་གིས་མ་ཚང་བ་འདུས་ཏེ། དེའི་ཚེ་འཕགས་པ་བ་གླང་བདག་ སུམ་ཅུ་རྩ་གསུམ་གྱི་ཤ་རི་ཤ་ཀའི་གཞལ་མེད་ཁང་ན་གནས་པ། བོད་པ་ལ་གང་པོས་ཕྱིན་ཏེ། བོས་པ་ན། དེས་སྟོན་པ་མྱ་ངན་ལས་འདས་པའི་གཏམ་ཐོས་པ་དང་། ཕུང་པོ་ལྷག་མེད་དུ་ཞུགས་སོ། །གང་པོས་དེའི་ལྷུང་བཟེད་ཆོས་གོས་ཁྱེར་ཏེ། དགེ་འདུན་ལ་ཕུལ་ནས་ཇི་ལྟར་གྱུར་བསྙད་པ་དང་། འོད་སྲུངས་ཀྱིས་དགྲ་བཅོམ་པ་རྣམས་རེ་ཞིག་མྱ་ངན་ལས་མི་འདའ་བར་དམ་ཚིག་བཅས་སོ། །

དེ་ནས་སློབ་མ་གཞན་རྣམས་བཀློག་ཅིང་། ཀུན་དགའ་བོ་ཚུའི་ཞལ་ལྟ་བར་བགོས་ནས། རྒྱལ་པོའི་ཁབ་ཏུ་འོངས་ཏེ། ན་ཡ་གྲོ་དྷའི་ཕུག་ཏུ་རྒྱལ་པོ་མ་སྐྱེས་དགྲས་སྦྱིན་བདག་བྱས་ཏེ་དབྱར་གནས་སོ། །དེ་ནས་འོད་སྲུངས་ཀྱིས་ཀུན་དགའ་བོ་བཙོ་བ་བརྒྱད་བྱས་ཏེ་བསྙད་དོ། །དེས་ཀྱང་འབྲི་ཚེའི་གྲོང་དུ་སོང་ནས་བསྒོམས་པས་རིང་པོར་མ་ཐོགས་པར་དགྲ་བཅོམ་པ་ཐོབ་སྟེ། སླར་ནགས་གྲོ་དྷའི་ཕུག་ཏུ་འོངས་ནས་འོད་

སྲུངས་ཀྱིས་མདོ་འི་སྡེ་བསྡུ་བར་དྲི་བ་དྲིས་ཤིང་། གསོལ་གཉིས་ཀྱི་ལས་ཀྱིས་བསྐོས་ཏེ། སེང་གེའི་ཁྲི་ལ་དགྲ་བཅོམ་པ་ལྔ་བརྒྱའི་སྟན་སྒྲུར་བཏིང་བ་ལ་འདུག་སྟེ། སྟོན་པ་འཇིག་རྟེན་ཕན་བཞེད་པ། །རྒྱལ་བས་གསུངས་པའི་ཆོས་རྣམས་ཀྱི། །རྣམ་པ་མཆོག་ནི་གང་བཤད་པ། །ཚེ་དང་ལྡན་པས་མདོ་སྡེ་གསུངས། །ཞེས་གསོལ་བ་བཏབ་ནས་མདོ་སྡེ་བསྡུས་ཤིང་། དེ་བཞིན་དུ་ཉེ་བ་འཁོར་གྱིས་འདུལ་བ་བསྡུས་ཤིང་། འོད་སྲུང་གིས་མངོན་པ་བསྡུས་སོ་འདིའི་དོན་དགྲ་བཅོམ་པ་དེ་དག་གིས་སྡེ་སྣོད་དེ་དག་ཚར་རེ་རེ་ཐུགས་ནས་བཏོན་ཞིང་། དགྲ་བཅོམ་པ་གཞན་རྣམས་ཀྱིས་དཔང་པོ་བྱས་པའོ། །དེའི་རྗེས་སུ་འོད་སྲུང་དང་ཀུན་དགའ་བོ་ཡང་རིམ་གྱིས་མྱ་ངན་ལས་འདས་སོ། །

བསྡུ་བ་གཉིས་པ་ནི། དེ་ལྟར་བསྟན་པ་ཚིག་དོན་ལ་སྒྲོ་བཀུར་གྱི་དྲི་མ་མེད་པས་དག་པར་གནས་པ་ན། ལུང་གི་གླེགས་བམ་འགའ་ཞིག་ལས། སྟོན་པ་མྱ་ངན་ལས་འདས་ནས་ལོ་བརྒྱ་ལོན་པ་ན་ཞེས་འབྱུང་ཡང་། འགའ་ཞིག་ལས་ལོ་བརྒྱད་ཅུ་ཞེས་འབྱུང་བ་ཉིད་རིགས་པས། དེའི་ཚེ་ཡངས་པ་ཅན་གྱི་དགེ་སློང་དག་གིས། སངས་རྒྱས་ཀྱི་བསྟན་པ་དམ་པའི་ཆོས་འདུལ་བ་དང་འགལ་བའི་མི་རུང་བ་ལ་རུང་བར་སྟོན་པའི་གཞིའམ་དངོས་པོ་བཅུ་བྱས་སོ། །བཅུ་གང་ཞེ་ན་འདུལ་བ་རྒྱ་ཆེན་འགྲེལ་ལས། ཧུ་ལུ་ཧུ་ལུ་ཡི་རང་དང་། །ཀུན་སྤྱོད་སྣོད་དང་ལན་ཚྭ་དང་། །ལམ་དང་སོར་གཉིས་དཀྲུགས་དང་གདིང་། །གསེར་གྱི་རུང་བ་ཞེས་བྱ་སྟེ། །འདི་དག་རུང་མིན་བཞི་བཅུ་ཡིན་ཞེས་པའོ། །དེ་ལྟ་བུ་དེ་ལ་འཕགས་པ་ཀུན་དགའ་བོ་ཡི་ལྷན་ཅིག་གནས་པ་འཕགས་པ་དགྲ་བཅོམ་པ་བདུན་བརྒྱ་ཡིས་ཆོས་ལོག་དེ་ལེགས་པར་སུན་ཕྱུང་བའི་ཕྱིར། བསྡུ་བ་གཉིས་པ་མཛད་ཅེས་གྲགས་ཏེ། འདི་ལྟར་དེའི་ཚེ་ཡངས་པ་ཅན་ན་དགྲ་བཅོམ་པ་ཐམས་ཅད་འདོད་ཅེས་པ་རྣམ་ཐར་བརྒྱད་ལྡན་ཞིག་སྙིང་ལས་ཆུང་ངུར་འདུག་ཅིང་། གྲོང་ཁྱེར་ནོར་ཅན་དགྲ་བཅོམ་པ་གྲགས་པས་འཁོར་ལྔ་བརྒྱ་དང་བཅས་པ་དེར་འོངས་པ་ན། ཡངས་པ་ཅན་པས་དེ་ལྟ་བུ་བྱས་པ་རིགས་ཏེ། ཐམས་ཅད་འདོད་ཀྱི་གན་དུ་ཕྱི་ནས་གནས་བརྟན། ཧུ་ལུ་ཧུ་ལུའི་རུང་བ་རུང་ངམ། དེ་ཅི་ཡངས་པ་ཅན་པ་དག །མཐུན་པས་ཆོས་མིན་པ་དང་། མི་མཐུན་པས་ཆོས་ཀྱི་ལས་བྱས་ནས། ཧུ་ལུ་ཧུ་ལུ་ཞེས་བརྗོད་པས་རུང་བར་བྱེད་དོ། །མི་རུང་ངོ་གང་དུ་བཀག་ཙམ་པར་རོ། །གང་ལ་བརྟེན་ཏེ་བྱས། དྲུག་སྡེ་པའོ་ཉེས་པ་ཅིར་འགྱུར་ཉེས་བྱའོ། །གནས་བརྟན་གཞི་ནི། གཞི་དང་པོ་མདོ་སྡེ་དང་འདུལ་བ་ལས་འདས། སྟོན་པའི་བསྟན་པ་དང་བྲལ་ཏེ། མདོ་སྡེ་ལ་མི་འཇུག །འདུལ་བ་ལ་མི་སྣང་ཆོས་ཉིད་འགལ་བ་སྟེ། དེ་ལ་རུང་བར་སྟོན་ཅིང་སྤྱོད་ན། དེ་བཏང་སྙོམས་སུ་བཞག་གམ། དེ་ཙང་མི་སླེའོ། །གནས་བརྟན་དེ་ནི་དེར་བསད་ན། ད་ནི་འདི་ཞུ་བར་བགྱི་སྟེ། རྗེས་སུ་ཡི་རང་གི་རུང་བ་ནི་སྔར་བཞིན་དུ་ལས་བྱས་པ་ལ་

ཉེ་འཁོར་གྱིས་དགེ་སློང་རྣམས་རྗེས་སུ་ཡི་རང་བ་བྱེད་དུ་བཅུག་ཅིང་། དེ་ལྟུང་བར་བྱེད་དོ། །ཐམ་པར་དྲུག་སྡེ་ལ་ཉེས་བྱས་སོ་ཀུན་སྤྱོད་ནི་རང་གི་ལག་པས་ས་བརྐོས་ནས་ལྟུང་བར་བྱེད་དོ། །མཉན་ཡོད་དྲུག་སྡེ་ཉེས་བྱས་སོ། ། ལན་ཚྭ་ནི་ཧ་སྲིད་འཚོ་བའི་ལན་ཚྭ་དུས་ལྟུང་དང་བསྲེས་ནས། དུས་མ་ཡིན་པར་སྤྱོད་ཅིང་ལྟུང་བར་བྱེད་དོ། ། རྒྱལ་པོའི་ཁབ་ཏུ་ཤཱ་རིའི་བུ་ལ་ལྷུང་བྱེད་དོ། །ལམ་གྱི་ནི་དཔག་ཚད། དེའི་ཆེད་དུ་སོང་ནས་འདུས་ཤིང་ཟོས་པ་ལ་ལྟུང་བར་བྱེད་དོ། །རྒྱལ་པོའི་ཁབ་ལྔས་བྱིན་ལྷུང་བྱེད་སོར་གཉིས་ཀྱིས་ནི་ལྷག་པོར་མ་བྱས་པའི་བཟའ་བཅའ་སོར་མོ་གཉིས་ཀྱིས་ཟ་བ་ལ་ལྟུང་བར་བྱེད་དོ། །མཉན་ཡོད་དུ་མང་པོ་ལ་ལྷུང་བྱེད་དོ། །སྣོད་ཀྱི་ནི་ནད་པས་སྲིན་བུ་པད་མ་བཞིན་དུ་ཆང་གཞིབ་ཏེ་འཐུང་བ་ལ་ལྟུང་བར་བྱེ་དོ། །མཉན་ཡོད་ལེགས་འོངས་ལྷུང་བྱེད་དཀྲུགས་པའི་ནི། འོ་མ་བྲེ་གང་དང་ཞོ་བྲེ་གང་དཀྲུགས་ནས་དུས་མིན་དུ་འཐུངས་པ་ལ་ལྟུང་བར་བྱེད་དོ། ། མཉན་ཡོད་མང་པོ་ལ་ལྷུང་བྱེད་དོ། །གདིང་བའི་ནི། དེ་སྙིང་པ་ལས་བདེ་བར་གཤེགས་པའི་མཐོ་གང་གིས་མ་བསླན་པའི་དེ་གསར་པ་སྤྱོད་པ་ལ་ལྟུང་བར་བྱེད་དོ། །མཉན་ཡོད་མང་པོ་ལྷ་བུ་བྱེད་དོ། །གསེར་དངུལ་གྱི་ནི་ལྷུང་བཟེད་དྲི་ཞིམ་པོས་བཀུས་ཏེ། དགེ་ཚུལ་གྱི་མགོར་ཁྲིའུ་སྣན་དང་བཅས་པའི་སྟེང་དུ་བཞག་སྟེ་ལམ་སྲང་བཞི་མདོར་ལྷུང་བཟེད་འདི་ནི་བཟང་པོ་སྟེ། འདིར་བྱིན་ན་འབྲས་བུ་ཆེའོ་ཞེས་བརྗོད་དོ། །གཞན་གྱིས་དེར་གསེར་དངུལ་བླུགས་པ་ལོངས་སྤྱོད་པ་ལྟུང་བར་བྱེད་དོ། །མཉན་ཡོད་དྲུག་སྡེ་སྤྱང་བའི་ལྷུང་བྱེད་དོ། །གནས་བརྟན་འདི་ནི་གཞི་གཉིས་པ། མདོ་སྡེ་དང་འདུལ་བ་ལས་འདས་ཞེས་སོགས་ཐམས་ཅད་དུ་སྦྱར་རོ། །ཐམས་ཅད་འདོད་ན་རེ་ཁྱོད་སོང་ལ་ཕྱོགས་ཆོལ་ཅིག །ངས་གྲོགས་བྱའོ་ཟེར་རོ། །གྲགས་པས་དགྲ་བཅོམ་པ་བདུན་བརྒྱར་གཅིག་གིས་མ་ཚང་བས་ཕྱོགས་སྙེད་ནས། ཡངས་པ་ཅན་དུ་ཡངས་པ་ཅན་པ་ཞེས་མིང་ནས་མ་སློས་པར། བཞི་བཅུ་པོ་བརྗོད་པར་བརྩམ་པ་ན། དགྲ་བཅོམ་པ་བཟླས་དཀྲུར་འགོག་པ་ལ་སྙོམས་པར་འཇུག་པ་ལས་ལངས་ཏེ་དེར་འོང་ངོ་། །དེ་ནས་བཞི་བཅུ་པོ་སྔར་བཞིན་བརྗོད་ཅིང་། རེ་རེའི་སྐབས་སུ་ཡང་དེ་བདག་ཅག་གི་འདོར་བར་བྱའོ། །དགྲ་བཅོམ་པ་གཞན་དག་གིས་ཀྱང་ཐམས་ཅད་འདོད་ཀྱི་སླས་པ་དེ་བཞིན་དུ་བརྗོད་ནས་ཕྱིར་བྱུང་ནས་གཏྲི་བཏྟངས་ཏེ། ཡངས་པ་ཅན་པ་རྣམས་ཀྱང་བསྡུས་ཏེ། ཡངས་པ་ཅན་དག་ཅེས་མིང་ནས་སློས་ཏེ། བཞི་བཅུ་པོ་བརྗོད་ཅིང་དགྲ་བཅོམ་པ་ཐམས་ཅད་ཀྱིས་སྔར་བཞིན་ལས། དེ་བདག་ཅག་གིས་འདོར་བར་བགྱིའོ། །ཞེས་བརྗོད་པས་བདུན་བརྒྱས་ཡང་དག་པར་བརྗོད་པ་ཞེས་གྲགས་སོ། །

བསྡུ་བ་གསུམ་པ་ནི་ལུང་ན་མེད་པས་མི་མཐུན་པ་དུ་མ་ཞིག་སྣང་བ་ལས། འདིར་ནི་སྔར་བཤད་པ་དེ་ལྟར་དགྲ་བཅོམ་པ་བདུན་བརྒྱས་བསྡན་པ་དག་པར་བྱས་པའི་དུས་ཕྱིས་ལྷ་ཆེན་པོ་ཞེས་བྱ་བའི་དགེ་སློང་དུ་

ཁས་འཆེ་བའི་བླུན་པོ་ཞིག་སངས་རྒྱས་ཀྱི་བསྟན་པ་འདིའི་ཆོམ་རྐུན་བྱུང་སྟེ། དེ་ཡང་འདི་ལྟར་ལྷོ་ཕྱོགས་ཀྱི་རྒྱུད་ཀྱི་ཡུལ་ཞིག་ཏུ། ཁྱིམ་བདག་ཅིག་གི་ཆང་མ་ལ་བུ་ཞིག་བཙས་པ་དང་། ཕ་རྒྱ་མཚོར་རིན་པོ་ཆེ་ལེན་དུ་སོང་ངོ་། ། དེ་རིང་ཞིག་ཐོགས་པ་དང་བུ་དེ་ཆེར་སྐྱེས་ནས་མའི་ཁྱོ་བྱས་སོ། །ཕ་འོང་བའི་གཏམ་ཐོས་ཏེ་མས་བསླབས་ནས་དེའི་ལམ་དུ་དགུགས་ཏེ་རང་གི་ཕ་བསད་དོ། །དེ་ནས་མ་ཡང་སྐྱེས་པ་གཞན་དང་ཉལ་པོ་བྱེད་པ་མཐོང་སྟེ་ཁྲོས་ནས་བསད་དོ། །དེ་ནས་ཕ་མའི་མཆོད་གནས་དང་། རང་གི་སློབ་དཔོན་ཡིན་པའི་དགྲ་བཅོམ་པ་ཞིག་གིས་སྡིག་པའི་ཉེས་དམིགས་བཤད་པས་དེ་ལྟར་བྱས་པ་དེས་ཤེས་ཏེ། གཞན་ལ་བརྗོད་ཀྱིས་དོགས་ནས་དེ་ཡང་བཀྲོངས་སོ། །དེ་ལྟར་མཚམས་མེད་གསུམ་བྱས་པས་ཡིད་མ་བདེ་ནས། ནོར་མང་པོ་ཡོད་པ་རྣམས་དགེ་སློང་དང་བྲམ་ཟེ་ཕོངས་པ་དང་ཉེ་འབྲེལ་རྣམས་ལ་བྱིན་ཏེ། མཁན་སློབ་མེད་པར་རང་ཉིད་ཀྱིས་སྐྲ་བྲེགས་གོས་ངུར་སྨྲིག་གོན་དགེ་སློང་ལྟར་བྱས་སོ། །དེའི་ཕྱི་ནས་གྲོང་དུ་བསོད་སྙོམས་ལ་ཡང་མ་ཕྱིན་པར་དགོན་པ་དབེན་པ་ཞིག་ཏུ་བསྡད་ནས་ནི། རྩ་བ་དང་འབྲས་བུ་ལ་སོགས་པའི་ངན་དོན་གྱིས་འཚོ་ཞིང་། བཞིན་བསྡུས་ཏེ་འདུག་པ་དང་། ཕྱུགས་རྫི་དང་ཤིང་ཐུན་ལ་སོགས་པ་དག་གིས་འདི་ནི་འདོད་པ་ཆུང་ཞིང་སྦྱངས་ཆེ་བ་ཞིག་གོ་ཞེས་སྦྱིན་བདག་རྣམས་ཀྱི་གན་དུ་བརྗོད་པས་དེ་དག་གི་དད་ཐུས་སྦྱིན་པ་ན། ཅུང་ཟད་ཐོས་ཤིང་ལྷག་མ་རྣམས་གཞན་ལ་སྦྱིན་པས་བླུན་པོ་རྣམས་ལྷག་པར་དད་དེ། དེ་དག་གི་མཁན་སློབ་བྱས་པས་འཁོར་མང་དུ་འདུས་ཤིང་དེའི་ཚེ་བླུན་པོ་ལོངས་སྤྱོད་ཅན་རྣམས་ཀྱིས། ཕུལ་བའི་ཟས་ནོར་ཆར་བཞིན་དུ་ཆ་པ་རྣམས། འཁོར་རྣམས་ཀྱི་འཚོ་བའི་ཡོ་བྱད་དུ་བྱིན་གྱིས་བརླབས་པས་སྐལ་བ་མེད་ཅིང་དད་པ་ཅན་ལུས་པའི། དགེ་འདུན་འབུམ་ཕྲག་དུ་མས་བསྐོར་རོ། །དེ་ནས་རྫུན་རླབས་ཆེན་པོ་དེས། ཁོ་རང་དགྲ་བཅོམ་པ་ཡིན་པར་ཁས་བླངས་སོ། །འཁོར་རྣམས་ཀྱི་རྫུ་འཕྲུལ་སྟོན་པར་ཞུས་པ་ན། ངའི་རྫུ་འཕྲུལ་དགྲ་བཅོམ་གྱི་འབྲས་བུ་དང་ལྡན་ཅིག་ད་ནང་ཐོ་རངས་ཉམས་ཞེས་ཟེར་དེ་ལ་ཉམས་པ་ཡོད་དམ་ཞེས་པས་ཡོད་དེ། མདོ་ལས་དགྲ་བཅོམ་པ་ཉམས་པའི་ཆོས་ཅན། འཆི་བར་སེམས་པའི་རྗེས་སུ་བསྲུངས་པའི། གནས་པ་ལས་མི་སྐྱོད་པའི་ཆོས་ཅན། རྟོགས་པའི་སྐལ་བ་ཅན་མི་གཡོ་བའི་ཆོས་ཅན་ཞེས་གསུངས་པས་སོ་ཞེས་ཟེར་ཞིང་རང་གི་མཚམས་མེད་གསུམ་དང་། ཚུལ་ཁྲིམས་དང་མི་ལྡན་པར་དད་རྫས་ལོངས་སྤྱད་པ་དང་། བརྫུན་གྱིས་སྐྱེ་བོ་མང་པོ་བསླུས་པའི་སྡིག་པ་དྲན་པ་ཡིས་ཀྱི་མ་སྡུག་བསྔལ་ལོ་ཞེས་སྨྲེ་སྔགས་ཆེན་པོ་བཏོན་པ་འཁོར་གྱིས་ཐོས་ནས་དེའི་རྒྱུ་མཚན་དྲིས་པ་ལ། ཁོ་བོས་སྨྲེ་སྔགས་བཏོན་པ་མ་ཡིན་གྱི། འཕགས་པའི་བདེན་བཞི་ཁ་དོན་དུ་བྱས་པའི་སྡུག་བསྔལ་གྱི་བདེན་པ་ཞེས་བོས་པ་ཁྱོད་ཀྱིས་ཐོས་པར་ཟད་དོ་ཞེས་བསྒྲགས་ཤིང་། དེ་ལ་སོགས་པ་ཞེས་པས་ཆོས་དྲིས་པའི་ལན་མ་ཤེས་པ་ལ་

ཕོ་བོས་དགྲ་བཅོམ་པར་ཁས་བླངས་ཀྱི་བདོན་པ་ཡིན་ཞེས་མ་སྨྲས་ལ། སོམ་ཉི་ལས་བརྒལ་བ་ནི་སྟོན་པ་འབའ་ཞིག་གོ་ཞེས་པའི་བརྗུན་ཚིག་གིས་ཚོགས་པ་རྣམས་ཀྱི་མགོ་བོ་བསྐོར་བས། བླུན་པོ་རྣམས་ཀྱིས་འཕགས་པ་རྣམས་ལ་འབུལ་རྒྱུའི་དད་རྫས་རྣམས་ཀྱང་དེ་ལ་འགྱུར། རབ་བྱུང་བླུན་པོ་ཕལ་ཆེར་གྱིས། དགྲ་བཅོམ་པ་བོར་ནས་དེ་ལ་འདུས་པས། སངས་རྒྱས་མྱ་ངན་ལས་འདས་པའི་འོག་ཏུ་སོ་སོའི་སྐྱེ་བོས་ཆོས་ལ་བསྙད་ནས་འཁོར་བསྡུས་པ་ལ་དེ་བས་མང་བ་མེད་དོ་ཞེས་གྲག་གོ། །དེ་ཡིས་ཆོས་དཀྲོག་བཤད་པའི་རྗེས་སུ་སློབ་མ་རྣམས་འབྲངས་ནས། དགྲ་བཅོམ་པའང་དེ་ལས་ཉམས་པ་ཡོད་པ་སོགས་འབྲུལ་པའི་གྲུབ་མཐའ་དུ་མ་བྱུང་ཞིང་། ལྷ་ཆེན་བླུན་པོ་དེ་ཤི་ནས། སེམས་ཅན་དམྱལ་བར་སྐྱེས་པར་གྱུར་ཏོ། །ཞེས་གྲག་གོ། །

དེའི་ལོག་པའི་ཆོས་དེ་དག་དགྲ་བཅོམ་པ་ཆེན་པོ་རྣམས་ཀྱིས་ལུང་རིགས་ཀྱིས་སུན་ཕྱུངས་ནས་བསྡུ་བ་གསུམ་པ་བྱས་སོ་ཞེས་རྒྱ་གར་མཁས་པའི་གསུང་སྒྲོས་བརྒྱུད་པ་ལས་ཐོས་ཀྱི་གཞུང་ལུགས་གླེགས་བམ་ལ་བྲིས་པ་མེད་དོ། །འོན་ཀྱང་དེའི་ལེ་ལན་གྱིས་སྡེ་པ་བཅོ་བརྒྱད་པོ་རྣམས་ཀྱི་གཞུང་ལུགས་ལ་ཡང་། ཙུང་ཟད་བསླད་པ་ཡོད་དོ། །ཞེས་ཟེར་ཏེ། འཇིག་རྟེན་ལས་འདས་པར་སྨྲ་བའི་སྡེ་པ་རྣམས་དགྲ་བཅོམ་པ་རྣམས་ལ་ཡང་སོམ་ཉི་དང་མི་ཤེས་པ་ཡོད་དེ་བསྟན་དགོས་སོ། །འབྲས་བུ་ལ་གཞན་གྱིས་བརྡ་བརྒྱུད་དགོས་སོ། །སྡུག་བསྔལ་སྨོས་ཤིང་སྡུག་བསྔལ་ཚིག་ཏུ་བརྗོད་པས་ལམ་སྐྱེ་བར་འགྱུར་རོ་འཛགས་པ་ཡང་ཡོད་དོ་ཞེས་པ་དང་། གཞི་ཐམས་ཅད་ཡོད་པར་སྨྲ་བ་དགྲ་བཅོམ་པའང་འབྲས་བུ་ལས་ཉམས་པར་འདོད་པ་ལྟ་བུའོ་སྙམ་དུ་དགོངས་སོ། །

འཛམ་གླིང་མཁས་པའི་གཙུག་རྒྱན། སངས་རྒྱས་གཉིས་པ་དབྱིག་གཉེན་གྱིས་སྟོན་པས་གསུངས་ཤིང་སྡུད་པ་པོས་ཡང་དག་པར། བསྡུས་པའི་གསུང་རབ་ཀྱི་གཞིའམ་དངོས་པོ་ངན་རྟོག་རྣམས་ཀྱིས་དཀྲུགས་ཤིང་ཉམས་པར་བྱས་པའི་ཕྱིར། སྡེ་པ་རྣམས་ཀྱི་གཞུང་ལུགས་མཐའ་དག་དག་པ་མིན་པར་འགའ་ཞིག་མ་དག་པར་རྟོགས་པ་ཡིན་ནོ། །ཞེས་རྣམ་བཤད་རིགས་པ་ལས་གསུངས་པའང་དོན། དེ་ལ་དགོངས་པ་ཡིན་ནོ། །

འདིར་བོད་ཁ་ཅིག་དགེ་སློང་ལྷ་ཆེན་གྱིས་མི་རུང་བའི་གཞི་བཅུ་བྱས་པས་དེ་རྟོགས་པའི་ཕྱིར། བསྡུ་བ་གཉིས་པ་བྱས་ཞེས་པ་ནི་ལུང་དང་འགལ་བ་ཡིན་ནོ། །ཡང་རྟོག་གེ་འབར་བ་ལས། ཁ་ཅིག་སྟོན་པ་འདས་ནས་ལོ་བརྒྱ་དྲུག་ཅུ་ན། གྲོང་ཁྱེར་མེ་ཏོག་གིས་རྒྱས་པར་རྒྱལ་པོ་མྱ་ངན་མེད་བྱུང་པའི་དུས་སུ། དགྲ་བཅོམ་པ་རྣམས་སྣད་རིགས་བཞིའི་སྒོ་ནས་མདོ་སྡེ་འདོན་པ་ལས། སློབ་མ་རྣམས་སོ་སོར་གྱེས་ཏེ། གྲུབ་མཐའ་སྣ་ཚོགས་ཀྱིས་བསྟན་པ་དཀྲུགས་པས་དགྲ་བཅོམ་པ་དང་སོ་སོ་སྐྱེ་བོ་མཁས་པ་རྣམས་ཛ་ལནྡྷ་རའི་དགོན་པར་འདུས་ནས་བསྟན་པ་བསྡུས་ཏེ། དེའི་ཚེ་སྟོན་པ་འདས་ནས་ལོ་སུམ་བརྒྱའོ་ཟེར་རོ། །ཁ་ཅིག་ན་རེ། སྟོན་པ་

འདས་ནས་ལོ་བརྒྱ་སོ་བདུན་ན་རྒྱལ་པོ་དགའ་བོ་དང་བད་མ་ཆེན་པོའི་ཚེ་གནས་བརྟན་འོད་སྲུངས་ཆེན་པོ་དང་། བླ་མ་ལ་སོགས་པ་བཞུགས་པ་ལ་བདུད་སྡིག་ཅན་བཟང་པོ་ཞེས་པ་དགེ་སློང་གི་ཆ་བྱད་དུ་འོངས་ནས། རྫུ་འཕྲུལ་སྣ་ཚོགས་བསྟན་ཏེ་དགེ་འདུན་ཕྱེ་ཞིང་བསྟན་པ་དཀྲུགས་པས་གནས་བརྟན་ཀླུའི་སྡེ་དང་ཡིད་འོང་གི་དུས་སུ་སྡེ་པ་སོ་སོར་གྱེས་ནས། ལོ་དྲུག་ཅུ་རེ་གསུམ་ན་གནས་བརྟན་གནས་མའི་བུས་བསྟན་པ་བསྡུས་ཏེ། བསྡུ་བ་གསུམ་པ་བྱས་སོ་ཞེས་ཟེར་རོ་ཞེས་བཤད་ཅིང་། འོད་ལྡན་ལས། རྒྱལ་པོ་མྱ་ངན་མེད་ཤི་བ་དང་། དགྲ་བཅོམ་པ་རྣམས་ཀྱིས་སྐད་རིགས་ཐ་དད་དུ་འདོན་པའི་དབང་གིས་གཞུང་གཞན་དང་གཞན་དུ་སྒྱུར་ཏེ། སྡེ་པ་བཅོ་བརྒྱད་དུ་གྱེས་ནས་རྩོད་པ་ཆེན་པོ་བྱུང་བས་དེ་ཞི་བའི་ཕྱིར་བསྡུ་བ་གསུམ་པ་བྱས་པར་འཆད་ཅིང་། ཁ་ཅིག་ན་རེ་སྟོན་པ་འདས་ནས་ལོ་སུམ་བརྒྱ་ན་ཁ་ཆེའི་ཀུ་ས་ན་ཞེས་པའི་དགོན་པར། ཛ་ལན་དྷ་རའི་རྒྱལ་པོ་ཀ་ནི་ཀས་སྦྱིན་བདག་བྱས་ཏེ། སྡུད་པ་པོ་པཱུརྞི་ཀ་ལ་སོགས་པའི་དགྲ་བཅོམ་པ་ལྔ་བརྒྱ། བ་སུ་མི་ཏྲ་ལ་སོགས་བྱང་ཆུབ་སེམས་དཔའ་ལྔ་བརྒྱ། སོ་སོ་སྐྱེ་བོའི་པཎྜི་ཏ་ཉིས་བརྒྱ་ལྔ་བཅུའམ། ཁྲི་དྲུག་སྟོང་འདུས་ནས་སྡེ་སྣོད་གསུམ་ཞལ་ཐོན་དུ་མཛད་དེ། དེ་ཡན་ཆད་ན་གླེགས་བམ་མེད་པ་ལ་དེ་ནས་གཟུངས་མ་ཐོབ་པ་དག་གི་དོན་དུ་གླེགས་བམ་བྱས་ཟེར་བ་ནི། ལུང་ལས་དེ་གོ་བས་གླེགས་བམ་ཡོད་པར་བཤད་པ་དང་འགལ་བ་ཡིན་ནོ། །ཕྱི་མ་འདི་བོད་ཀྱི་སློབ་དཔོན་རྣམས་ཀྱིས་བཤད་པ་ཡིན་ནོ། །ལུགས་ཕྱི་མ་གསུམ་ཀ་ཡང་བསྡུ་བ་གཉིས་པོའི་བར་དུ་སྡེ་པ་བཅོ་བརྒྱད་གྱེས་པ་མེད་པ་ལ། དེ་ནས་གྱེས་ཏེ་ཁོ་བོ་ཅག་གི་སྡེ་སྣོད་ནི་སྟོན་པའི་བཀའ་ཡིན་གྱི། སྡེ་པ་གཞན་གྱི་ནི་མ་ཡིན་ནོ་ཞེས་རྩོད་པ་ཆེན་པོ་ཡུན་རིང་དུ་བྱུང་བ་ལྟ་ཇི་ཞིག་ལྟར་ན་རྒྱལ་པོ་ཀྲི་ཀྲིའི་རྨི་ལམ་ལུང་བསྟན་གྱི་མདོ་རྙེད་ནས། དགྲ་བཅོམ་པ་རྣམས་ཀྱིས་དེ་སྡེ་པ་རྣམས་ཀྱི་དབུས་སུ་བསྒྲགས་ཏེ། དེ་བཞིན་གཞུང་ཐམས་ཅད་བཀའ་ཡིན་པར་སྒྲུབ་པ་ལ་བསྡུ་བ་གསུམ་པ་བྱས་ཞེས་འདོད་པར་མཐུན་པ་ཡིན་ནོ། །དེ་ལྟར་ན་བསྡུ་བ་དང་པོ་ནི་སྟོན་པས་གསུངས་པའི་སྡེ་སྣོད་མ་ལུས་པ་དགྲ་བཅོམ་པ་རྣམས་ཀྱི་ཐོག་མར་གླེང་གཞི་དང་། བར་དུ་དྲིས་ལན་མཚམས་སྦྱོར་དང་། མཐར་མཐུན་འགྱུར་རྗེས་སུ་ཡི་རང་དང་བཅས་པ་བཙུག་སྟེ་བསྡུས་པས་རྩ་བའི་བསྡུ་བ་ཡིན་ཞིང་། ཕྱི་མ་གཉིས་ནི་རྩ་བའི་སྡུད་པ་པོས་བསྡུས་ཟིན་ལ། སྒྲོ་བཀུར་སེལ་བ་ཙམ་ཡིན་པས་གནས་སྐབས་ཀྱི་བསྡུ་བ་ཡིན་ནོ། །དེ་ནི་ཉན་ཐོས་རྣམས་ཀྱི་བསྟན་པ་བསྡུས་པ་དང་འཕེལ་འགྲིབ་བྱུང་བའི་ཚུལ་ཡིན་ནོ། །

གཉིས་པ་ཐེག་པ་ཆེན་པོ་བསྡུས་པའི་ཚུལ་ལ་གཉིས་ཏེ། རྩ་བའི་བསྡུ་བ་དང་གནས་སྐབས་ཀྱི་བསྡུ་བའོ། །དང་པོ་ནི་སློབ་དཔོན་སེང་གེ་བཟང་པོ་ལ་སོགས་པ་ཁ་ཅིག་ཉན་ཐོས་ཀྱི་སྡུད་པ་པོ་དེ་དག་གིས་ཐེག་པ་

ཆེན་པོའང་བསྡུས་པར་བཞེད་ཅིང་། རྟོག་གེ་འབར་བར་རྩ་བའི་སྡུད་པར་བྱེད་པ་ཀུན་ཏུ་བཟང་པོ་དང་། འཇམ་དཔལ་དང་། གསང་བའི་བདག་པོ་དང་། བྱམས་པ་ལ་སོགས་པ་རྣམས་ཀྱིས་བསྡུས་པའི་ཕྱིར། བདག་ཅག་གི་རྩ་བའི་སྡུད་པར་བྱེད་པ་ཉན་ཐོས་ནི་མ་ཡིན་ཏེ། ཐེག་པ་ཆེན་པོའི་གསུང་རབ་ནི་དེ་དག་གི་ཡུལ་མ་ཡིན་པའི་ཕྱིར་རོ་ཞེས་བཤད་ཅིང་། དེ་ཡང་གནས་གང་དུ། དུས་ནམ་གྱི་ཚེ། གང་གིས་གང་བསྡུས་ཞེས་ལུང་རྣམ་དག་ལས་བཤད་པ་མ་མཐོང་ཞིང་། བོད་རྣམས་ལྷོ་ཕྱོགས་ཀྱི་རྒྱུད་བི་མི་ལ་སམ་བྷ་ཞེས་པའི་རི་ལ། རྒྱལ་སྲས་ཁ་ཅིག་འབུམ་ཕྲག་བཅུ། ཁ་ཅིག་བྱེ་བ་ཕྲག་དགུ་བཅུ་འདུས་ནས་འཇམ་དཔལ་གྱིས་མངོན་པ། བྱམས་པས་འདུལ་བ། ཕྱག་ན་རྡོ་རྗེས་མདོ་སྡེ་བསྡུས་ཞེས་ཟེར་རོ། །བུ་སྟོན་རིན་པོ་ཆེས་འགལ་བ་མེད་དེ། ཀུན་དགའ་བོ་ཉིད་ཕྱག་ན་རྡོ་རྗེ་ཡིན་པའི་ཕྱིར་རོ་ཞེས་གསུངས་སོ། །དེ་ནི་ཕ་རོལ་ཏུ་ཕྱིན་པའི་ཐེག་པ་བསྡུས་པ་ཡིན་ལ།

སྔགས་ཀྱི་ཐེག་པ་བསྡུས་པའི་ཚུལ་ནི། བྱ་བའི་རྒྱུད་ནི་འོད་སྲུངས་ལ་སོགས་པའི་དགྲ་བཅོམ་པ་རྣམས་ཀྱིས་བསྡུད་པར་འཇམ་དཔལ་རྩ་རྒྱུད་ལས་ལུང་བསྟན་ཏེ། དེ་ནས་སློབ་མའི་མཆོག་གྱུར་པ། །སི་པལ་ཕྱུག་ན་གནས་པ་དེ། །རྫུ་འཕྲུལ་ཆེན་པོ་འདོད་ཆགས་བྲལ། །ཐུབ་པ་མ་ལུས་འདུས་ནས་ནི། །གསུང་རབ་ཡན་ལག་བཅུ་གཉིས་དང་། །འདུལ་བ་མ་ལུས་སྡུད་པར་བྱེད། །ཞེས་སོ། །བསིལ་བ་ཚལ་གྱི་མདོ་ལས། མང་དུ་ཐོས་པའི་གསང་སྔགས་འཆང་། །ཀུན་དགའ་བོ་ལ་ཕྱག་འཚལ་ལོ། །ཞེས་པ་དང་། ཕྱག་ན་རྡོ་རྗེ་དབང་བསྐུར་བའི་རྒྱུད་ལས། བྱང་ཆུབ་སེམས་དཔའ་ཀུན་ཏུ་བཟང་པོ་ཞེས་བྱ་བ་འཇིག་རྟེན་གྱི་ཁམས་གཞི་དང་སྙིང་པོ་མེ་ཏོག་གི་རྒྱན་བཀོད་པ་ཐམས་ཅད་དུ་བཅོམ་ལྡན་འདས་རྣམ་པར་སྣང་མཛད་ཀྱི་སྔོན་གྱི་སྤྱོད་པ་སྟོན་པར་སྨོན་ལམ་བཏབ་ནས། གནོད་སྦྱིན་འདུལ་བའི་དབང་ཉེ་བར་བཟུང་སྟེ། དབུས་ཀྱི་འཛམ་བུའི་གླིང་མི་མཇེད་འདིར། ལྕང་ལོ་ཅན་དུ་གནོད་སྦྱིན་གྱི་དེད་དཔོན་འབྲོག་གནས་ཀྱི་གནས་སུ་གནས་སོ་ཞེས་དང་། ཐུན་མོང་མ་ཡིན་པའི་གསང་བ་ལས། ༢ སྦྱོང་རྒྱུད་ལས། རྡོ་རྗེ་རབ་དགྱེས་རྡོ་རྗེ་སེམས། །ཀུན་དགའ་བཟང་པོ་ཆེར་བཟང་བ། །ཞེས་རྡོ་རྗེ་སེམས་དཔར་ཡང་བཤད་པས། རྣམ་སྣང་ཆེན་པོའི་སྔོན་གྱི་སྨོན་ལམ་དབང་གིས། རྡོ་རྗེ་སེམས་དཔའ། ཀུན་ཏུ་བཟང་པོ། ཕྱག་ན་རྡོ་རྗེ་རྣམས་གང་ལ་གང་འདུལ་དུ་སྤྲུལ་པར་འདོད་དོ། །ཀུན་ཏུ་བཟང་པོ་ནི་གནས་བརྟན་ཀུན་དགའ་བོར་གྱུར་ཏོ་ཞེས་གསུངས་པས། གསང་སྔགས་ཐམས་ཅད་ཕྱག་ན་རྡོ་རྗེས་བསྡུས་པར་གསུངས་པ་དང་འགལ་ལོ། །སྤྱོད་པ་དང་རྣལ་འབྱོར་རྒྱུད་ཕྱག་རྡོར་གྱིས་བསྡུས་པར་རྣམ་སྣང་མངོན་བྱང་དང་། དེ་ཉིད་འདུས་པའི་འགྲེལ་པར་བཤད་དོ། །བླ་མེད་ཀྱི་རྒྱུད་འགའ་ཞིག་ཞུ་བ་པོ་དང་མཇུག་ཏུ་གང་ལ་གཏད་པ་དེ་ཉིད་ཀྱིས་བསྡུས་པ་ཡོད་དེ། བརྟག་གཉིས་རྡོ་རྗེ་སྙིང་པོས་བསྡུས་པ་དང་། བདེ་མཆོག་སྡོམ་འབྱུང་ཕྱག་རྡོར་གྱིས་བསྡུས་པ་དང་། རྡོ་རྗེ་མཁའ་འགྲོ་

རྡོ་རྗེ་ཕག་མོས་བསྡུས་པ་དང༌། རྡོ་རྗེ་བདུད་རྩི་མ་མ་ཀིས་བསྡུས་པ་དང༌། དུས་འཁོར་རྩ་རྒྱུད་རྒྱལ་པོ་ཟླ་བ་བཟང་པོས་ཤམ་བྷ་ལར་བསྡུས་པ་ལྟ་བུའོ། །འདིའི་རྒྱུད་ཕལ་ཆེར་ནི་ཕྱག་རྡོར་གྱིས་བསྡུས་པ་ཡིན་ཏེ། གསང་སྔགས་ཀྱི་བདག་པོ་ཡིན་པའི་ཕྱིར་དང༌། དེ་བཞིན་གཤེགས་པ་ཐམས་ཅད་ཀྱི་ཉན་པ་པོ་ཡིན་པའི་ཕྱིར་དང༌། ཡེ་ཤེས་ཐིག་ལེ་ལས། བཅོམ་ལྡན་འདས་མ་འོངས་པའི་དུས་སུ་ཡང་དག་པར་གསང་བའི་རྒྱུད་འདི་སྐལ་བ་དང་ལྡན་པའི་སེམས་ཅན་རྣམས་ལ་སུས་འཆད་པར་འགྱུར། བཅོམ་ལྡན་འདས་ཀྱིས་བཀའ་བསྩལ་པ། དཔལ་ཕྱག་ན་རྡོ་རྗེ་མགོན་པོས་བཤད་པར་བྱེད་དོ་ཞེས་དང༌། དེ་ཁོ་ན་ཉིད་སྒྲོན་མའི་རྒྱུད་ལས་གསང་བ་ཆེན་པོའི་རྒྱུད་འདི་ནི་ཤེས་པ་དང་བཤད་པ་སུ། བཅོམ་ལྡན་འདས་ཀྱིས་བཀའ་བསྩལ་པ། བྱང་ཕྱོགས་དཔལ་རྡོ་རྗེའི་གནས་སུ་ཨོ་ཊྱན་གྱི་རྒྱལ་པོ་ཨིནྡྲ་བྷཱུ་ཏི་ཞེས་བྱ་བས་ཤེས་པ་དང་བཤད་པ་དང༌། སེམས་ཅན་ལ་གསལ་བར་བྱེད་དོ། །ལྷ་མོས་གསོལ་པ། ཀྱཻ་བཅོམ་ལྡན་འདས་རྒྱལ་པོ་ཆེན་པོ་ཨིནྡྲ་བྷཱུ་ཏི་ཞེས་བྱ་བ་དེ། ས་དུའི་དབང་ཕྱུག་ལགས། བཀའ་སྩོལ་ཅིག །བཅོམ་ལྡན་འདས་ཀྱིས་བཀའ་བསྩལ་པ། ཡེ་ཤེས་ཐིག་ལེའི་རྒྱུད་ཀྱི་རྒྱལ་པོ་ལས། གང་ཞིག་ངས་བསྟན་ཕྱག་ན་རྡོ་རྗེ་རྒྱལ་པོ་དེ་ཉིད་ཨིནྡྲ་བྷཱུ་ཏི་སྤྲུལ་པའི་སྐུའོ། །ས་བཅུའི་དབང་ཕྱུག །ཡེ་ཤེས་ཀྱི་སྐུ། ས་བཅུ་བཞིའི་དབང་ཕྱུག་གོ་ཞེས་དང༌། རྒྱལ་པོ་ཨིནྡྲ་བྷཱུ་ཏིས་མཛད་པའི་བདེ་མཆོག་རྩ་རྒྱུད་ཀྱི་འགྲེལ་པ་ལས། སྤྱིར་བཏང་ལ། གསང་རྒྱུད་ཐམས་ཅད་ཕྱག་རྡོར་གྱིས་བསྡུས་ལ། དམིགས་བསལ་རང་རང་ཞུ་བ་པོས་བསྡུས་པ་ཡོད་དོ་ཞེས་སོ། །ཡང་ན་རྒྱུད་ཕལ་ཆེར་གཙོ་བོར་ཕྱག་རྡོར་གྱིས་བསྡུས་པར་དགོངས་ནས་སོ། །རྒྱལ་པོ་ཨིནྡྲ་བྷཱུ་ཏི་འཁོར་བཅས་ལ། །གསང་ཆེན་བླ་མེད་བྱིན་རླབས་ཆོས། །ཀློག་གྲུར་དག་ཏུ་རྡོ་རྗེ་ཐེག་མཆོག་གི། །ཆོས་ཀྱི་འཁོར་ལོ་བསྐོར་བར་མཛད་པའོ། །ཕྱི་དུས་རིམ་པར་ལུང་བསྟན་སྡུད་པ་པོས། །རི་བོ་མཆོག་རབ་བྱང་ཤར་ལྷ་གནས་མཆོག །ལྕང་ལོ་ཅན་གྱི་ཕོ་བྲང་ཆེན་པོར་ནི། །རྒྱུད་རྣམས་མ་ལུས་སེམས་དཔའ་ཆེན་པོའི་ཚོགས། །བྱེ་བ་ཕྲག་ནི་དགུ་བཅུ་རྩ་དྲུག་སོགས། །འདུས་ཏེ་རྗེ་བཙུན་གསང་བའི་བདག་པོ་ལ། །གསོལ་བ་བཏབ་སྟེ་འདི་སྐད་བདག་ཐོས་ཞེས། །རབ་ཏུ་གསུངས་པ་གསེར་གྱི་པོ་ཏི་ལ། །བེ་དུར་རྒྱ་ཡི་ཞུན་མས་ཡི་གེར་བཀོད། །ཞེས་གསུངས་པའི་ཕྱིར་རོ། །

དེ་ཡང་མཁན་ཆེན་བུ་སྟོན་པ། །ཨོཾ་ཊན་དུ་རྒྱུད་གསུངས་ཏེ། ལྕང་ལོ་ཅན་དུ་བསྡུས་པར་བཞེད་ཅིང༌། རྗེ་བཙུན་གོང་མ་རྣམས་ཨོཾ་ཊན་དུ་གསུངས་པ་དེ་ཡང་རྒྱུ་མཚན་བསྡུས་པ་ཡིན་གྱི། ཆོས་ཀྱི་རྣམ་གྲངས་འདི་ཐོག་མ་མེད་པའི་དུས་ཅན་ཡིན་ཏེ། ཡེ་ཤེས་ཐིག་ལེ་ལས། ཕྱག་ན་རྡོ་རྗེ་མགོན་ཆེན་པོ། །རྡོ་རྗེ་འཛིན་པ་ཀུན་གྱི་བདག །དེ་ལ་སྐྱེ་དང་འཇིག་པ་མེད། །རང་བྱུང་མཆོག་གི་དབང་ཕྱུག་གོ། །ལ་ལར་སངས་རྒྱས་ཀྱི་ནི་གཟུགས། །ལ་ལར་ཧེ་རུ་ཀའི་གཟུགས། །ལ་ལར་རྒྱུད་དང་བསྟན་བཅོས་ནི། །འཆད་དང་ལ་ལ་རུ་ནི་འཛིན། །ཞེས་པས།

འཇིག་རྟེན་གྱི་ཁམས་འདི་མ་ཆགས་ལ་སོགས་པའི་སྟོན་རོལ་ཉིད་དུ་གསུངས་ལ། ཕྱིས་ཕྱག་ན་རྡོ་རྗེས་བསྡུས་པར་གསལ་ལོ། །

དེ་ཡང་ཁ་ཅིག་ཆོས་ཉན་པའི་དུས་ན་ས་བཅུའི་དབང་ཕྱུག་དང་། རྒྱུད་བསྡུད་པའི་དུས་ན་སངས་རྒྱས་ཡིན་པར་འདོད་ཅིང་། ཁ་ཅིག་དེའི་དུས་ནའང་སངས་རྒྱས་ཡིན་པར་འདོད་དོ། །དེ་ལྟར་སྟོན་པ་དང་སྡུད་པ་པོ་རྒྱུད་ཐ་དད་དུ་གསུངས་པ་དྲང་དོན་ཡིན་གྱི། ངེས་པའི་དོན་དུ་རྒྱུད་ཐ་དད་པ་མེད་དེ། གསང་བ་གྲུབ་པ་ལས། རྒྱུད་འདིའི་སྡུད་པར་བྱེད་པ་པོ། །གཞན་དག་ཡོད་པ་མ་ཡིན་ཞེས། །བདག་ཉིད་འབའ་ཞིག་སྨྲ་བར་བྱེད། །དེས་ན་རིགས་ལྡན་དྲག་པོ་ཕྱག་རྡོར་སྤྲུལ་པར་བྱས། ཕྱག་རྡོར་གཙོ་འཁོར་དང་ངོ་བོ་གཅིག་པར་བྱས་པས་མི་རུང་བ་མེད་དོ། །མཆན། རྒྱུ་མཛད་པ་ནི་ཐུགས་རྡོ་རྗེ་ཞེས་དང་། ཀྱེའི་རྡོ་རྗེ་ལས། འཆད་པ་པོ་ང་ཆོས་ཀྱང་ང་། །རང་གི་ཚོགས་ལྡན་ཉན་པ་དང་། །ཞེས་སོ། །རྒྱུད་བསྡུས་པའི་ཚུལ་འདི་དག་ཕལ་ཆེར་བུ་སྟོན་རིན་པོ་ཆེས་མཛད་པའི་རྒྱུད་སྡེ་སྤྱིའི་རྣམ་བཞག་བཞིན་དུ་བྲིས་སོ། །

གཉིས་པ་ལ་གཉིས་ལས་གླེགས་བམ་མི་ཉམས་པར་བྱེད་པའི་བསྟུ་བ་ནི། སྟོན་པ་མྱ་ངན་ལས་འདས་ནས་འཕགས་པའི་ཡུལ་དུ་རིང་ཞིག་ན་ཉན་ཐོས་ཀྱི་སྡེ་སྣོད་རྣམས་གཅེས་སྤྲས་བྱེད་པ་ཡོད་པས་མ་ཉམས་པར་གནས་ཀྱང་། ཐེག་པ་ཆེན་པོའི་སྡེ་སྣོད་ནི་ནན་ཏན་བྱེད་པ་མེད་པས་གླེགས་བམ་ཙམ་ཞིག་ལུས་ཀྱི་གཞན་ནི་ནུབ་པར་གྱུར་ཏོ། །དེའི་ཚེ་བསྟན་པ་ལ་མངོན་པར་དད་པའི་ལྷ་ཀླུ་ལ་སོགས་པ་རྣམས་ཀྱིས་དེ་དག་གི་གླེགས་བམ་རྣམས་རང་རང་གི་གནས་སུ་སྤྱན་དྲངས་ཏེ། བཀུར་བསྟི་ཆེན་པོས་མཆོད་པ་ཡིན་ནོ། །སློབ་སྤྲིངས་ལས། བསྟན་པ་རིན་ཆེན་མཆོག་ལྟར་བཟང་ལ་འཕན་མེད་པ། །རྣམ་པར་དག་ཚུལ་གང་ཡིན་ཀླུ་མགོན་གདེངས་ཀ་ཅན། །ཆེན་པོ་རྣམས་ཀྱིས་གཙུག་གི་རྒྱན་བཞིན་གུས་མནོས་ནས། །ས་ཡི་སྟེང་ན་གནས་པའི་རབ་རིབ་སེལ་བར་མཛད། །ཅེས་སོ། །

གཉིས་པ་དོན་སྒྲོ་སྐུར་དང་བྲལ་བར་བྱེད་པའི་བསྡུ་བ་ནི། འཇམ་དཔལ་རྩ་རྒྱུད་ལས། དེ་བཞིན་གཤེགས་པ་ང་འདས་ནས། །ལོ་ནི་བཞི་བརྒྱ་ལོན་པ་ན། །དགེ་སློང་ཀླུ་ཞེས་དེ་བོད་འབྱུང་། །བསྟན་པ་ལ་ནི་དད་ཅིང་ཕན། །རབ་ཏུ་དགའ་བའི་ས་ཐོབ་པ། །ལོ་ནི་དྲུག་བརྒྱ་དག་ཏུ་འཚོ། །ཞེས་ལུང་བསྟན་པ་ལྟར། འཕགས་པ་ཀླུ་སྒྲུབ་ལྷོ་ཕྱོགས་བེ་ཏའི་ཡུལ་དུ། རྗེ་རིགས་སྤྲུལ་མགོ་ཅན་གྱི་རིགས་སུ་འཁྲུངས་ནས། རིམས་ཀྱིས་ན་ལེནྡྲའི་གཙུག་ལག་ཁང་དུ་བྲམ་ཟེ་དགྲ་གཅན་འཛིན་ལས་རབ་ཏུ་བྱུང་སྟེ། རིག་པའི་གནས་ཐམས་ཅད་ལ་མཁས་པར་གྱུར་ཏེ། དངོས་གྲུབ་མཉེས་ནས་ཀླུའི་ཡུལ་སོགས་པ་ནས། རྒྱལ་བའི་ཡུམ་ལ་སོགས་པའི་མདོ་

སེ་དུ་མ་སྤྱན་དྲངས་ནས། དེ་དག་གི་དོན་ལེགས་པར་བཤད་དེ། འཛམ་བུའི་གླིང་དུ་དར་བར་མཛད་པ་ཡིན་ནོ། །དེས་ན་མདོ་སྡེ་དུ་མ་ལས། འཕགས་པ་ཀླུ་སྒྲུབ་ཉིད་རྣམ་གྲངས་དུ་མས་བསྔགས་པ་ཡིན་ནོ། །འོན་ཀྱང་དེའི་གོང་ན་འང་འཕགས་པའི་ཡུལ་ན། སྐྱེ་བོ་ཕལ་ཆེར་ལ་མི་སྣང་ཡང་གང་ཟག་ཁྱད་པར་ཅན་འགའ་ཞིག་ས་སྔགས་ཀྱི་ལམ་ཉམས་སུ་ལེན་ཞིང་གཞན་ལ་སྟོན་པ་ཡོད་པར་མངོན་ནོ། །བྲམ་ཟེ་ཆེན་པོ་ས་ར་ཧ། འཕགས་ཀླུ་སྒྲུབ་ཀྱི་བླ་མ་ཡིན་པར། དབུ་མ་རིན་ཆེན་སྒྲོན་མ་ནས་བཤད་ཅིང་། གསང་འདུས་དང་བདེ་མཆོག་གི་བླ་མ་བརྒྱུད་པ་ལས། བྲམ་ཟེ་ས་ར་ཧ། སློབ་དཔོན་འཕགས་པ་ཀླུ་སྒྲུབ་ཞེས་རྒྱ་བོད་ཀྱི་མཁས་གྲུབ་མང་པོས་བཞེད་པས་སོ། །རྟོག་གེ་འབར་བ་ལས། བཅོམ་ལྡན་འདས་ཡོངས་སུ་མྱ་ངན་ལས་འདས་ནས། རིང་པོ་མ་ལོན་པར་ཉན་ཐོས་ལ་སོགས་རང་རང་གི་བསྟན་པ་ལ་ཡོངས་སུ་ཞེན་ཞིང་། དེའི་ཆེད་དུ་བྱེད་པའི་སྲུང་པ་པོ་ཡིས་ཇི་ལྟར་དབང་བ་བཞིན་ཡང་དག་པར་བསྡུས་པ་ན། ཐེག་པ་ཆེན་པོའི་གསུང་རབ་ཀྱི་སྣོད་དུ་གྱུར་པ་སུ་ཡང་མེད་པས་གང་གིས་ཀྱང་མ་བསྡུས་ཏེ། བདེ་བར་གཤེགས་པ་ལ་མངོན་པར་དགའ་བའི་ལྷ་ཀླུ་ལ་སོགས་པ་རྣམས་ཀྱིས་ཡོངས་སུ་བསྡུས་ནས། ཀླུའི་འཇིག་རྟེན་ལ་སོགས་པར་བཞུགས་སུ་གསོལ་བ་ལས། དེའི་སྣོད་དུ་གྱུར་པ་སངས་རྒྱས་ཀྱིས་ལུང་བསྟན་པ་འཕགས་པ་ཀླུ་སྒྲུབ་ཀྱིས་དེ་དག་ནས་བསྡུས་ནས་མིའི་འཇིག་རྟེན་དུ་རྒྱས་པར་མཛད་པ་ཡིན་ནོ་ཞེས་གསུངས་སོ། །

དེ་ལྟར་ན་ཤར་ལྷོའི་གྲོང་ཁྱེར་པ་ཏི་ཀོ་ཊི་ཞེས་པར་རྒྱལ་པོ་རབ་གསལ་ཟླ་བ་ལ། ཕྱག་ན་རྡོ་རྗེས་སྤྲུལ་པའི་དཀྱིལ་འཁོར་དུ་དབང་བསྐུར་ནས། རྣལ་འབྱོར་རྒྱུད་ཀྱི་རྒྱུད་གསུངས་པ་དང་། ལྷོ་ཕྱོགས་ཀྱི་ཡུལ་ནས་རྒྱལ་པོ་བི་སུ་ཀལ་པ་ཞེས་པས་ཨོ་ཊའི་ནས། དེ་ཉིད་འདུས་པ་དང་གསང་བ་འདུས་པ་སྤྱན་དྲངས་ནས། ལྷོ་ཕྱོགས་ཀྱི་རྒྱུད་དུ་འཕེལ་བ་དང་། བསྡུས་རྒྱུད་བསྡུས་ནས་བྱས་པ་དག་ཀྱང་གནས་སྐབས་ཀྱི་བསྡུ་བ་ཕྱི་མར་རིགས་པ་ཡིན་ནོ། །

གསུམ་པ་འགྲེལ་བྱེད་རྣམས་ཀྱིས་བཀྲལ་བའི་ཚུལ་ལ། སྤྱིར་ཉན་ཐོས་ཀྱི་བསྟན་བཅོས་དང་། སྔགས་ཀྱི་བསྟན་བཅོས་བྱུང་ཚུལ་སོགས་དུ་མ་ཡོད་ཀྱང་། འདིར་དེ་གཉིས་གཞན་གྱི་ཟླ་ལ་བསྲེས་ནས་ཕ་རོལ་ཏུ་ཕྱིན་པའི་བསྟན་བཅོས་བྱུང་བའི་ཚུལ་བརྗོད་པར་བྱ་སྟེ། འདི་ལ་ཤིང་རྟ་ཆེན་པོའི་སྲོལ་གཉིས་ཡིན་ཏེ། བཅོམ་ལྡན་འདས་ཀྱིས་མདོ་རྒྱུད་དུ་མ་ནས་དེ་གཉིས་འཛམ་བུའི་གླིང་འདིར་ཐེག་པ་ཆེན་པོའི་ཚུལ་གསལ་བར་བྱེད་པར་ལུང་བསྟན་པའི་ཕྱིར་རོ། །དེ་ཡང་དང་པོ་འཕགས་པ་ཀླུ་སྒྲུབ་ཀྱིས་བཀྲལ་བའི་ཚུལ་ནི། བཅོམ་ལྡན་འདས་མྱ་ངན་ལས་འདས་ནས། ལོ་བརྒྱ་ཕྲག་ལྷག་ཅིག་ཙམ་ལོན་པ་ན། བདུད་ཀྱི་ལས་ཀྱི་དབང་གིས་སྡེ་པ་རྣམས་ཐ་

དད་དུ་གྱེས། ལྟ་བ་མི་མཐུན་པ་ཐ་དད་པས་ཟིང་ཟིང་པོར་གྱུར་ཏེ། ཐམས་ཅད་ཀུང་སྟོང་པ་ཉིད་ལས་སེམས་གཡེངས་ཏེ། དངོས་པོར་མངོན་པར་ཞེན་པའི་ལྟ་བ་ཅན་དུ་གྱུར་པ་ན། ལང་ཀར་གཤེགས་པ་ལས། བློ་གྲོས་ཆེན་པོ་ཁྱོད་ཤེས་གྱིས། །ང་ནི་མྱ་ངན་འདས་འོག་ཏུ། །ཚུལ་རྣམས་འཛིན་པར་གྱུར་པ་དེ། །ལྷོ་ཕྱོགས་བེ་ཏའི་ཡུལ་དུ་ནི། །དགེ་སློང་དཔལ་ལྡན་ཞེས་གྲགས་པ། །དེ་མིང་ཀླུ་ཞེས་འབོད་པ་སྟེ། །ཡོད་དང་མེད་པའི་ཕྱོགས་འཇིག་བྱེད། །ང་ཡི་བསྟན་པ་འཇིག་རྟེན་ན། །བླ་མེད་ཐེག་ཆེན་གཙོར་བསྟན་ནས། །རབ་ཏུ་དགའ་བའི་ས་བསྒྲུབས་ཏེ། །བདེ་བ་ཅན་དུ་དེར་འགྲོའོ། །ཞེས་ལུང་བསྟན་པ་བཞིན། །སློབ་དཔོན་འཕགས་པ་ཀླུ་སྒྲུབ་ཀྱིས། འཇིག་རྟེན་ལུགས་ཀྱི་བསྟན་བཅོས་དང་། བཟོ་དང་གསོ་བའི་བསྟན་བཅོས་སོགས་མང་དུ་མཛད་ཀུང་གཙོ་བོར་གྱུར་པ་གསུང་རབ་ཀྱི་དགོངས་པ་འགྲེལ་པའི་བསྟན་བཅོས་ནི་གསུམ་སྟེ། ལྟ་བ་དང་སྤྱོད་པ་དང་། ཐུང་འཐུག་ཏུ་སྟོན་པའོ། །དང་པོ་ལ་ཡང་། གསུང་རབ་ཐམས་ཅད་ཀྱི་དེ་ཁོ་ན་ཉིད་རྟེན་འབྲེལ་གྱི་ཆོས་ཉིད་སྤྲོས་པའི་མཐའ་བྲལ་དུ་རིགས་པས་བསྒྲུབ་པ་རིགས་པའི་ཚོགས་དང་། དེ་བསྟན་པས་བཅོམ་ལྡན་འདས་སྨྲ་བ་གཞན་ལས་ཁྱད་པར་དུ་འཕགས་པར་སྟོན་པ་བསྟོད་པའི་ཚོགས་གཉིས་སོ། །དང་པོ་ལ་ཁ་ཅིག་ན་རེ། རིགས་པའི་ཚོགས་དྲུག་ཡིན་ཞིང་། དེ་ཡང་དབུ་མ་རྩ་བ་དང་སྟོང་ཉིད་བདུན་ཅུ་པ་གཉིས་གཙོ་བོ་ཡིན་ཞིང་། གཞན་རྣམས་དེ་ལས་འཕྲོས་པ་ཡིན་ནོ་ཞེས་གསུངས་ཀྱང་མི་རིགས་ཏེ་སློབ་དཔོན་ཟླ་བ་གྲགས་པས་རིགས་པ་དྲུག་ཅུ་པའི་འགྲེལ་པར། དབུ་མ་རྩ་བ་དང་། རིགས་པ་དྲུག་ཅུ་པ་གཉིས། རྟེན་འབྲེལ་རྫོགས་པར་སྟོན་པས་གཙོ་བོ་ཡིན་ལ། རྩོད་བཟློག་དང་སྟོང་ཉིད་བདུན་ཅུ་པ་གཉིས། དབུ་མ་རྩ་བ་ལས་འཕྲོས་པར་གསུངས་པའི་ཕྱིར་དང་། བསྟན་བཅོས་དེ་དག་གི་བྱེད་པ་ནི། བསྒྲུབ་བྱ་བདེན་དངོས་འགོག་པ་དང་། སྒྲུབ་བྱེད་རྟོགས་པའི་རིགས་པ་འགོག་པ་གཉིས་ཡིན་ལ། དང་པོ་ལ་ཡང་རང་གཞན་སྨྲ་པས་བཏགས་པ་སྤྱིར་འགོག་པ་དང་། རང་སྡེས་བཏགས་པ་བྱེ་བྲག་ཏུ་འགོག་པ་གཉིས་ཡིན་པ་ལས། དེ་དག་གོ་རིམ་བཞིན་དབུ་མ་རྩ་བ་དང་རིགས་པ་དྲུག་ཅུ་པས་བྱེད་ཅིང་སྒྲུབ་བྱེད་རྟོག་གེའི་རིགས་པ་འགོག་པ་ནི། ཞིབ་མོ་རྣམ་འཐག་གིས་བྱེད་ཅིང་གཞན་གཉིས་ནི་རྩ་བ་ལས་འཕྲོས་པ་ཡིན་པས། ལྔ་པོ་དེ་ལས་གཞན་དགོས་པ་མེད་ཅིང་ཐ་སྙད་བསྒྲུབ་པ་ཞེས་པའི་བསྟན་བཅོས་གལ་ཏེ་ཡོད་ན། ཚིག་གསལ་དུ་སློབ་དཔོན་གྱིས་མཛད་པའི་དབུ་མའི་བསྟན་བཅོས་ཕལ་ཆེར་སྨོས་པའི་ཟླ་ལ་འབྱུང་བར་རིགས་པ་ལས་མི་འབྱུང་བའི་ཕྱིར་རོ། །དེས་ན་རིགས་པའི་ཚོགས་ལྔ་མཛད་པ་ཡིན་ནོ། །

བསྟོད་པའི་ཚོགས་ནི་ཆོས་ཀྱི་དབྱིངས་སུ་བསྟོད་པ་དང་བསམ་གྱིས་མི་ཁྱབ་པར་བསྟོད་པ་དང་། དཔེ་མེད་པར་བསྟོད་པ་ལ་སོགས་ཕལ་ཆེར་ནི་ལྟ་བ་སྟོན་པ་ཡིན་ལ། དེ་ཡང་རིགས་ཚོགས་དང་བསྟོད་ཚུལ་ཁྱད་

པར་མི་སྣང་བས། ཁ་ཅིག་ན་རེ། རིགས་ཚོགས་དྲང་དོན་དང་བསྟོད་ཚོགས་ངེས་དོན་ནོ་ཞེས་པའང་ཚིག་ཙམ་དུ་ཟད་དོ། །

གཉིས་པ་སྤྱོད་པ་གཙོ་བོར་སྟོན་པ་ནི། བཤེས་པའི་སྤྲིངས་ཡིག་དང་བསྟོད་ཚོགས་ཀྱི་ནང་ནས་མཛད་པ་བཅུ་གཉིས་ལ་བསྟོད་པ་དང་། དམྱལ་བ་ནས་འདོན་པ་དང་། འཕགས་པ་འཇམ་དཔལ་གྱི་སྙིང་རྗེ་ལ་བསྟོད་པ་ལ་སོགས་པའོ། །གསུམ་པ་ཟུང་འཇུག་སྟོན་པ་ནི་རིན་པོ་ཆེའི་ཕྲེང་བ་དང་། མདོ་ཀུན་ལས་བཏུས་པ་སོགས་སོ། །གཞན་ཡང་སྔགས་ཀྱི་བསྟན་བཅོས་བསྐྱེད་རིམ་སྟོན་པ། གསང་འདུས་ཀྱི་བསྒྲུབ་ཐབས་མདོར་བྱས། མདོར་བསྲེ། རྫོགས་རིམ་སྟོན་པ། རིམ་པ་ལྔ་པ། ལྔ་བ་སྟོན་པ། བྱང་ཆུབ་སེམས་འགྲེལ་སོགས་མང་དུ་མཛད་ནས། མཐའ་བྲལ་དབུ་མའི་ཚུལ་སྣང་བར་མཛད་དེ། རྟག་ཆད་ཀྱི་མུན་པ་ཐམས་ཅད་བསལ་བ་ཡིན་ནོ། །སློབ་དཔོན་འདིའི་སློབ་མའི་ཐུ་བོ། སཾ་ག་ལའི་གླིང་དུ་པད་མ་ལས་བརྫུས་ཏེ་འཁྲུངས་པའི་སློབ་དཔོན་འཕགས་པ་ལྷས། དབུ་མའི་བསྟན་བཅོས་རབ་ཏུ་བྱེད་པ་བཞི་བརྒྱ་པ། འཁྲུལ་པ་བཟློག་པའི་རིགས་པའི་གཏན་ཚིགས་རབ་ཏུ་བྱེད་པ་ལག་པའི་ཚད། སྔགས་ཀྱི་བསྟན་བཅོས་སྤྱོད་པ་བསྡུས་པའི་སྒྲོན་མ། ཤིང་གཅིག་གི་དཀའ་འགྲེལ། གདན་བཞིའི་དཀྱིལ་ཆོག་སོགས་མཛད་དོ། །འཕགས་པ་ཡབ་སྲས་བཞུགས་དུས། དབུ་མ་ཐལ་རང་དུ་ཕྱེས་པ་མེད་པ་ལས། གཤེགས་རྗེས་སུ་འཕགས་པའི་དངོས་སློབ། སློབ་དཔོན་སངས་རྒྱས་བསྐྱངས་ཀྱིས་དབུ་མ་རྩ་བའི་འགྲེལ་པ་མཛད་ནས། སློབ་དཔོན་གྱི་དགོངས་པ་ཐལ་འགྱུར་དུ་བཀྲལ་ཞིང་སློབ་དཔོན་ལེགས་ལྡན་འབྱེད་ཀྱིས་སློབ་དཔོན་གྱི་དགོངས་པ་རང་རྒྱུད་དུ་བཀྲལ་ནས་དབུ་མ་རྩ་བའི་འགྲེལ་པ་ཤེས་རབ་སྒྲོན་མེ་བརྩམས། དེ་ལ་བརྟེན་པ་སྤྱན་རས་གཟིགས་དབང་ཕྱུག་བརྟུལ་ཞུགས་ཀྱིས་འགྲེལ་བཤད་བྱས་ཤིང་། སློབ་དཔོན་དེས་གཞན་ཡང་། དབུ་མ་སྙིང་པོ་དང་། དེའི་འགྲེལ་པ་རྟོག་གེ་ལ་འབར་བ་དང་། བསྒོམ་རིན་ཆེན་སྒྲོན་མ་དང་། གསང་འདུས་སྒྲོན་གསལ་གྱི་དཀའ་འགྲེལ་ལ་སོགས་མཛད་དོ། །དེར་སློབ་དཔོན་གཉིས་བརྩད་པས། སློབ་དཔོན་ལེགས་ལྡན་རྒྱལ་ནས་རང་རྒྱུད་པ་གཅིག་ཕྱུར་གྱུར་ཏོ། །སློབ་དཔོན་སངས་རྒྱས་པ་གཤེགས་ཁར་སློན་ལམ་བཏབ་པས་སློབ་དཔོན་ཟླ་གྲགས་སུ་གྱུར་ཏོ་ཞེས་གྲག་སྟེ། སློབ་དཔོན་དེ་ནི་དངོས་པོར་སྨྲ་བའི་རི་དྭགས་ཀྱི་ཚོགས་ཐམས་ཅད་སྐྲག་པར་བྱེད་པའི་སྟོང་ཉིད་སེང་གེའི་ང་རོ་སྒྲོགས་པའི་རི་དྭགས་དབང་པོར་གྱུར་ནས། སློབ་དཔོན་ལེགས་ལྡན་ཡང་ཕམ་པར་བྱས་པས་ཐལ་འགྱུར་བ་གཅིག་ཕྱུར་གྱུར་ཅིང་། དབུ་མ་རྩ་བའི་འགྲེལ་པ་ཚིག་གསལ་དང་། རིགས་པ་དྲུག་ཅུ་པའི་འགྲེལ་པ་དང་། བཞི་བརྒྱ་པའི་འགྲེལ་པ་དང་། དབུ་མ་ལ་འཇུག་པའི་འགྲེལ་པ་དང་བཅས་པ་དང་། བསྒོམ་རིམ་ཤེས་རབ་ལ་འཇུག་པ་དང་། གསང་

འདུས་ཀྱི་འགྲེལ་པ་སྒྲོན་གསལ་ལ་སོགས་པ་མཛད་ཅིང་། པཎྜི་ཏ་ཛ་ཡ་ཨ་ནན་ཏས་འཇུག་པ་ལ་འགྲེལ་བཤད་བྱས་སོ། །འོན་ཀྱང་སློབ་དཔོན་ཟླ་བ་གྲགས་པ་གཤེགས་པ་དང་། སློབ་དཔོན་ལེགས་ལྡན་གྱི་སློབ་མ་དག་གིས་སློབ་དཔོན་གྱི་གཞུང་བཟུང་བས། སླར་ཡང་ཐལ་རང་གཉིས་སུ་གྱེས་ཏེ། སློབ་དཔོན་དཔལ་སྦས་ཀྱིས་དེ་ཁོ་ན་ཉིད་ལ་འཇུག་པ་རྩ་འགྲེལ་དང་། དེའི་སློབ་མ་སློབ་དཔོན་ཡེ་ཤེས་སྙིང་པོས་བདེན་གཉིས་ལ་འཇུག་པ་རྩ་འགྲེལ་དང་། དེའི་སློབ་མ་མཁས་གྲུབ་ཞི་བ་འཚོས་བདེན་གཉིས་ཀྱི་འགྲེལ་བཤད། དབུ་མ་རྒྱན་རྩ་འགྲེལ་དང་། ཚད་མའི་དེ་ཁོ་ན་ཉིད་བསྡུས་པ་དང་། སྔགས་ཀྱི་བསྟན་བཅོས་དེ་ཁོ་ན་ཉིད་གྲུབ་པ་དང་། དེའི་སློབ་མ་སློབ་དཔོན་ཆེན་པོ་ཀཱ་མ་ལ་ཤཱི་ལས། དབུ་མ་བརྒྱན་གྱི་འགྲེལ་བཤད་དང་། དབུ་མ་སྣང་བ་དང་རང་བཞིན་མེད་པར་གྲུབ་པ་དང་། རྣལ་འབྱོར་ལ་འཇུག་པ་དང་བསྒོམ་རིམ་རྣམ་པ་གསུམ་དང་། ཚད་མའི་དེ་ཁོ་ན་ཉིད་བསྡུས་པའི་འགྲེལ་པ་ལ་སོགས་པ་མཛད་པ་ཡིན་ནོ། །

འཕགས་པ་ལྷའི་སློབ་མ་སློབ་དཔོན་རྟ་དབྱངས་ཀྱིས་སྨན་དཔྱད་ཡན་ལག་བརྒྱད་པ་དང་། བསྟོད་པ་བརྒྱ་ལྔ་བཅུ་པ་དང་སྐྱེས་པ་རབས་ཀྱི་ཕྲེང་བ་ལ་སོགས་མཛད་ཅིང་། སློབ་དཔོན་ཙནྡྲ་གོ་མིས་སྒྲ་ཙནྡྲ་པ་དང་། སློབ་སྦྱོངས་དང་སྡོམ་པ་ཉི་ཤུ་པ་ལ་སོགས་པ་མཛད་དོ་སློབ་དཔོན་ཞི་བ་ལྷས་བྱང་ཆུབ་སེམས་དཔའི་སྤྱོད་པ་ལ་འཇུག་པ། བསླབ་པ་ཀུན་ལས་བཏུས་ལ་སོགས་པ་མཛད་དོ། །འདི་དག་རྩ་བས་དངོས་སུ་མ་ཟིན་ཡང་། ཤིན་ཏུ་གལ་ཆེ་བ་དང་། བཀའ་བསྡུས་པའི་ཚུལ་འདི་དག་དེང་སང་ཐལ་ཆེར་ལ་མ་གྲགས་པས་བྲིས་པ་ཡིན་ནོ། །

གཉིས་པ་འཕགས་པ་ཐོགས་མེད་ཀྱིས་བཀྲལ་བའི་ཚུལ་ལ་གཉིས་ཏེ། དངོས་དང་འཕྲོས་པའི་དོན་ནོ། །དང་པོ་ནི་ཐེག་པ་ཆེན་པོའི་བསྟན་པ་སྟོན་པས་གསུངས་ཤིང་། སྟོད་པ་པོས་རིམ་པར་བསྡུས་ནས་ཤིན་ཏུ་དར་བར་གྱུར་པའི་ཚེ། ཡུལ་དབུས་སུ་ཆོས་མངོན་པ་ལ་དགྲ་ལན་གསུམ་དུ་བྱུང་སྟེ། དང་པོ་ནི། མུ་སྟེགས་ཀྱི་རྨན་མོ་ཞིག་ན་རེ། སངས་རྒྱས་པའི་གཙྡྲིའི་སྒྲ་འདི་ལ་འགེམས་ཞེས་པ་ཞིག་སྣང་བས། འདི་འོ་སྐོལ་ལ་གནོད་མི་གནོད་བརྟག་པར་རིགས་སོ་ཟེར་ཏེ། བརྟག་པས་རྒྱུད་གསུམ་ལ། ལྷ་དང་ལྷ་མིན་ཀླུ་དབང་གིས་མཆོད་པའི། །དཀོན་མཆོག་གསུམ་གྱི་ཏོག་སྟེ་འདི་བཏུངས་པས། །མུ་སྟེགས་འཚལ་བའི་གླད་པ་རབ་ཏུ་འགེམས། །ཞེས་པ་དང་། ཏོག་ཞེས་གསུམ་ལ་འགེམས་ཞེས་པ་གསུམ་འོང་བར་རིག་ནས་ཁྲོས་ཏེ་དམག་དྲངས་ཆོས་མངོན་པ་ནུབ་པར་བྱས་སོ། །

གཉིས་པ་ནི་ཡུལ་དབུས་ཀྱི་རྒྱལ་པོས་སྟག་གཟིག་གི་རྒྱལ་པོ་ལ་གོས་བསྒྲུབས་མེད་པ། སྙིང་ཁ་ན་མིའི་རྐང་རྗེས་འདྲ་བའི་རི་མོ་ཡོད་པ་ཞིག་སྐྱེས་སུ་བཀུར་བས། བློན་པོས་འདི་ངན་སྔགས་བྱས་པ་ཡིན་ནོ་ཞེས་བྱས་

པས་དམག་དྲངས་ཏེ་ནུབ་པར་བྱས་སོ། །གསུམ་པ་ནི་གཙུག་ལག་ཁང་ཞིག་ཏུ་སྤྲང་པོ་གཉིས་སློང་མོ་ལ་འོང་བ་དང་། བཀྲུ་བཤལ་གྱི་ཆུ་གཏོར་བས་ཁྲོས་ཏེ་ཉི་མ་བསྒྲུབས་པས་གཅིག་གིས་གྲུབ་སྟེ། ཉི་མ་གྲུབ་པའི་མུ་སྟེགས་བྱེད་སྤྲང་པོ་ཉི་མའི་དངོས་གྲུབ་ཞེས་བྱ་བར་གྱུར་ནས། དེས་གཙུག་ལག་ཁང་རྣམས་མེས་བསྲེགས་པའི་ཚེ། དམ་པའི་ཆོས་མངོན་པ་སྟོང་ཕྲག་བརྒྱ་པ་ནི་གཏན་ནས་ནུབ་ཅིང་ཕལ་པོ་ཆེ། ལང་ཀར་གཤེགས་པ། དྲན་པ་ཉེར་བཞག །ཟླ་བ་སྒྲོན་མ་ལ་སོགས་པའི་མདོ་སྡེ་ཤོ་ལོ་ཀ་འབུམ་ཕྲག་རེ་ཡོད་པ་དང་། དཀོན་མཆོག་བརྩེགས་པ་ལེའུ་འབུམ་ཡོད་པ་ལ་སོགས་པའི་སྡེ་སྣོད་ཕལ་ཆེར་བསྲེགས་པས་ཉུང་ཟད་རེ་ལས་མ་ལུས་པ་ཡིན་ནོ། །ཞེས་གྲག་གོ་རྒྱུད་སྡེའང་ལ་ལ་གཏན་ནས་ནུབ་ཅིང་། ལ་ལ་དུམ་བུར་གྱུར་པ་ཡིན་ནོ། །གཏམ་འདི་ཡང་བོད་ཀྱི་སློབ་དཔོན་རྣམས་ལ་གྲགས་པ་ཙམ་མ་གཏོགས། རྒྱ་གར་བའི་གཞུང་ནས་བཤད་པ་མ་མཐོང་ཞིང་། འཕགས་པ་ཀླུ་སྒྲུབ་མ་བྱོན་པའི་དུས་སུ་བྱུང་དགོས་ཀྱི་གཞན་དུ་ན་མི་འགྲིག་པ་མང་པོ་འོང་ངོ། །

དེ་ནས་བྲམ་ཟེ་མོ་གསལ་བའི་ཚུལ་ཁྲིམས་ཞེས་པས་ཆོས་མངོན་པ་དར་བར་བྱ་བའི་ཕྱིར་བུ་བསྐྱེད་པས། སློབ་དཔོན་ཐོགས་མེད། དབྱིག་གཉེན་གཉིས་འཁྲུངས་ཏེ། འཇམ་དཔལ་རྩ་རྒྱུད་ལས། ཐོགས་མེད་ཅེས་བྱའི་དགེ་སློང་ནི། །བསྟན་བཅོས་དེ་ནི་དོན་ལ་མཁས། །མདོ་སྡེ་དྲང་དོན་ངེས་པའི་དོན། །རྣམ་པ་མང་པོ་རབ་ཏུ་འབྱེད། །འཇིག་རྟེན་རིག་པ་སྟོན་བདག་ཉིད། །གཞུང་བྱེད་དང་ཚུལ་ཅན་དུ་འགྱུར། །དེ་ཡི་རིག་པ་གྲུབ་པ་ནི། །ས་ལའི་ཕོ་ཉ་མོ་ཞེས་བརྗོད། །དེའི་སྔགས་ཀྱི་མཐུ་ཡིས་ནི། །བློ་ནི་བཟང་པོ་སྐྱེ་བར་འགྱུར། །བསྟན་པ་ཡུན་རིང་གནས་བྱའི་ཕྱིར། །མདོ་ཡི་དེ་ཉིད་དོན་སྡུད་བྱེད། །ལོ་ནི་བརྒྱ་དང་ལྔ་བཅུར་འཚོ། །དེ་ལུས་ཞིག་ནས་ལྷ་ཡུལ་འགྲོ། །འཁོར་བ་རྣམས་སུ་འཁོར་བ་ན། །ཡུན་རིང་བདེ་བ་རྗེས་མྱོང་ནས། །བདག་ཉིད་ཆེན་པོ་མཐར་གྱིས་ཏེ། །བྱང་ཆུབ་ཐོབ་པར་འགྱུར་བ་ཡིན། །ཞེས་པ་འདིའི་མགོར་ང་ནི་མྱ་ངན་འདས་གྱུར་ནས། །དེས་ན་ཚིག་འདི་ལ། ཐོགས་མེད་ཅེས་བྱ་བའི་དགེ་སློང་ནི་ཞེས་པའི་གོང་དེར་འདོན་པར་རིགས་སོ། །ལོ་ནི་དགུ་བརྒྱ་ལོན་པ་ན། །ཞེས་པ། རྒྱའི་མཁན་པོ་རྗོགས་གསལ་གྱིས་མདོ་སྡེ་དགོངས་འགྲེལ་གྱི་འགྲེལ་པར་བྲིས་ནས་ཡོད། ཅེས་ལུང་བསྟན་པ་ལྟར། སློབ་དཔོན་འཕགས་པ་ཐོགས་མེད་ཀྱིས་རི་བོ་བྱ་རྐང་ཅན་དུ་ལོ་བཅུ་གཉིས་སུ་བྱམས་པ་བསྒྲུབས་ཀྱང་མ་གྲུབ་སྟེ། ཕྱིར་འཐོན་པ་ན་ཁྱི་མོ་ལུས་འབུས་གཡེངས་པ་ཞིག་གཟིགས་པས། སྙིང་རྗེ་སྐྱེས་ཏེ་དེའི་འབུ་རྣམས་རང་གི་ལུས་ཀྱི་ཤ་བཅད་ལ་དེར་འདུག་ཏུ་གཞུག་པའི་ཕྱིར་སྤྱན་བཙུམས་ཏེ། ལྗགས་ཀྱིས་ལེན་པར་བརྩམ་པ་ན་འབུམ་བྱུང་། གཟིགས་པ་ན་རྗེ་བཙུན་བྱམས་པ་མཚན་དཔེ་བྱད་ཀྱིས་བརྒྱན་པ་ཞིག་གཟིགས་ཏེ། ཀྱེ་མ་ཡབ་གཅིག་བདག་གི་སྐྱབས། །ངལ་བརྒྱུས་འབད་ཀྱང་དོན་མ་མཆིས། །ཅི་ཕྱིར་ཆར་སྤྲིན་རྒྱ་མཚོའི་

དཔྱང་། །གདུང་བས་བསྒྲིགས་ཏེ་སྒོམ་ཚད་འབབ། །བདག་གིས་དེ་ཙམ་ཞིག་བསྒྲུབས་ཀྱང་། །རྟགས་ཙམ་ཡང་མ་བྱུང་བ་ཐུགས་རྗེ་རེ་ཆུང་ཞེས་གསུངས་པ་ན། རྗེ་བཙུན་གྱི་ཞལ་ནས། ང་དང་པོ་ནས་ཁྱོད་རང་གི་མདུན་ན་ཡོད་དོ། །ཁྱོད་རང་གི་སྒྲིབ་པས་མ་མཐོང་བ་ཡིན། ད་ལན་སྙིང་རྗེ་ཆེན་པོ་དེ་སྐྱེས་པས་སྒྲིབ་པ་དག་ནས་མཐོང་བ་ཡིན་ནོ། །ཞེས་གསུངས་ཀྱང་ཡིད་མ་ཆེས་ཞེས་འཆད་པ་ནི་ཤིན་ཏུ་མི་རིགས་ཏེ། དེའི་ཚེ་སློབ་དཔོན་འདི་ཆོས་རྒྱུན་ཏིང་ངེ་འཛིན་ཐོབ་པ་ཡིན་པས། དེ་ལ་ཡིད་མི་ཆེས་པ་མི་སྲིད་པའི་ཕྱིར་རོ། །དེ་ནས་དགའ་ལྡན་དུ་བྱོན་ནས་རྒྱལ་དགའ་བའི་སྲུང་བྱ་ལས་རྒྱལ་བས་མི་ཕམ་པ། ཐུགས་རྗེས་སེམས་ཅན་ཀུན་གྱི་མགོན་དུ་གྱུར་པ་དེ་ལ་རྣལ་འབྱོར་སྤྱོད་པའི་ས་ལ་སོགས་པ་ཐེག་ཆེན་གྱི་མདོ་མང་པོ་དང་། དེ་ཉིད་ཀྱིས་མཛད་པའི་མངོན་རྟོགས་རྒྱན། མདོ་སྡེ་རྒྱན། དབུས་མཐའ་རྣམ་འབྱེད། ཆོས་དང་ཆོས་ཉིད་རྣམ་འབྱེད། རྒྱུད་བླ་མ་རྣམས་ལེགས་པར་གསན་ནས་ནི་འཕགས་པའི་ཡུལ་དུ། རྗེ་བཙུན་དེའི་གཞུང་ལུགས་སྐལ་ལྡན་རྣམས་ལས་གསུངས་ཤིང་། མངོན་རྟོགས་རྒྱན་གྱི་འགྲེལ་པ་དེ་ཉིད་རྣམ་ངེས་དང་། རྒྱུད་བླ་མའི་འགྲེལ་པ་བརྩམས་ཏེ་དར་བར་མཛད་དོ། །

གཞན་ཡང་མདོ་སྡེ་རྣལ་འབྱོར་སྤྱོད་པའི་ས་ཆེན་པོ་དེ་སྤྱན་མ་དྲངས་པར་དེའི་དོན་བསྡུས་ནས། རྣལ་འབྱོར་སྤྱོད་པའི་ས་སྡེ་ལྔ། ཤློ་ཀ་སུམ་ཁྲི་ཉིས་སྟོང་བརྩམས་ཏེ་ས་སྡེ་ལྔ་ནི་སའི་དངོས་གཞི། རྣམ་པར་གཏན་ལ་དབབ་པ་བསྡུ་བ། གཞི་བསྡུ་བ། རྣམ་གྲངས་བསྡུ་བ། རྣམ་པར་བཤད་པའི་སྒོ་བསྡུ་བའོ། །དེའི་དོན་བསྡུས་པ། ཆོས་མངོན་པ་ཀུན་ལས་བཏུས་དང་། ཐེག་པ་ཆེན་པོ་བསྡུ་བ་དང་། མདོ་སྡེ་དགོངས་པ་ངེས་འགྲེལ་གྱི་འགྲེལ་པ་ལ་སོགས་མཛད་དོ། །

གཉིས་པ་ནི། དེའི་རྗེས་ལ་མཁས་པ་དང་བླུན་པོ་རྣམས་ཀྱི་བྱེ་བྲག་གིས་རིམ་པ་བཞིན་བསྟན་པའི་འཕེལ་འགྲིབ་དུ་མ་བྱུང་སྟེ། དེ་ཡང་འདི་ལྟར་སློབ་དཔོན་འདིའི་གཅུང་པོ། སློབ་དཔོན་དབྱིག་གཉེན་གྱིས་ཐོགས་མར་ཁ་ཆེའི་ཡུལ་དུ་སློབ་དཔོན་འདུས་པ་བཟང་པོ་ལ། ཉན་ཐོས་ཀྱི་མངོན་པ་སྡེ་བདུན་བསླབས་ནས་ཡུལ་དབུས་སུ་བྱོན་པ་ན། སློབ་དཔོན་ཐོགས་མེད་ཀྱི་ལོ་རྒྱུས་གསན་པས། ཀྱེ་མ་ཐོགས་མེད་ནགས་སུ་ལོ། །བཅུ་གཉིས་བར་དུ་ཏིང་འཛིན་བསྒྲུབས། །ཏིང་འཛིན་མ་གྲུབ་གླང་ཆེན་གྱི། །རྒྱབ་ཁལ་ནོན་པའི་གྲུབ་མཐའ་རྩོམ། །ཞེས་པའི་བཏིང་ཚིག་མཛད་པ་གཙེན་གྱིས་གསན་ནས་དེ་ལས་བཟློག་པའི་ཕྱིར། དགེ་ཚུལ་གཉིས་བཏང་སྟེ། གཅིག་གིས་སྔོད་ལ་བློ་གྲོས་མི་བཟད་པས་བསྟན་པའི་མདོ་བཏོན་པ། སློབ་དཔོན་དབྱིག་གཉེན་གྱིས་གསན་ནས། ཐེག་པ་ཆེན་པོ་འདི་རྒྱུ་བཟང་ལ་འབྲས་བུ་གཡེལ་བ་འདྲ་གསུང་། ཐོ་རངས་གཅིག་གིས་ས

བཅུ་པ་བཏོན་པས་འདི་རྒྱུ་འབྲས་གཉིས་ཀ་བཟང་བ་ལ་ངས་སྐུར་བ་བཏབ་པ་ལྟེ་འདིས་ཉེས་པ་ཡིན་པས། འདི་གཙོད་དོ་སྙམ་ནས་སྐུ་གྲི་འཚོལ་བ་ན། དགེ་ཚུལ་གཉིས་ཀྱིས སྐུ གྲིས་ཅི་འཚལ་ཞུས་པས། གོང་གི་ལོ་རྒྱུས་གསུངས་པས། ལྟགས་སྐྲུམ་མི་འཚལ་གྱི། དེའི་སྡིག་པ་སྦྱོང་བའི་ཐབས་གཅིག་ལ་མངའ་བས། དེར་གཤེགས་འཚལ་ཞུས་པས། སློབ་དཔོན་ཐོགས་མེད་ཀྱི་དྲུང་དུ་ཕྱིན་ནོ་ཞེས་ཟེར་ཡང་མི་རིགས་ཏེ། སློབ་དཔོན་དབྱིག་གཉེན་ལྷ་བུའི་བློ་གྲོས་ཕུན་སུམ་ཚོགས་པ་ལ་རྒྱུ་བཟང་ལ་འབྲས་བུ་གཡེལ་བ་འདྲ་ཞེས་པའི་ལོག་ཤེས་མི་སྲིད་པའི་ཕྱིར་དང་། སྡིག་པ་སྦྱོང་བའི་ཕྱིར་ལུས་ཀྱི་གཙོད་པ་ལ་སོགས་པའི་གདུང་བ་ནི་བླུན་པོའི་རྣམ་ཐར་ཡིན་པའི་ཕྱིར་མཁས་པའི་མ་ཡིན་པས་སོ། །

དེ་ནས་གཅིག་ལ་ཐེག་པ་ཆེན་པོའི་ཆོས་མང་དུ་གསན་ཏེ། ཉི་ཤུ་པའི། སུམ་ཅུ་པའི། ཕུང་པོ་ལྔའི་ལས་བསྒྲུབ་པའི་རབ་ཏུ་བྱེད་པ་སྟེ་རབ་བྱེད་བཞི་དང་། རྟེན་འབྲེལ་གྱི་མདོ། མདོ་སྡེ་རྒྱན། དབུས་མཐའ་རྣམ་འབྱེད་ཀྱི་འགྲེལ་པ་དང་རྣམ་བཤད་རིགས་པ་སྟེ། པྲ་ཀ་ར་ན་སྡེ་བརྒྱད་དུ་གྲགས་པ་དང་། བློ་གྲོས་མི་བཟད་པས་བསྟན་པ། ས་བཅུ་པ། དམ་ཆོས་པད་མ་དཀར་པོ། ཚིགས་སུ་བཅད་པ་གཅིག་པ། སྒོ་དྲུག་པའི་གཟུངས། ཆོས་བཞི་བསྟན་པའི་མདོ། སངས་རྒྱས་རྗེས་སུ་དྲན་པ། ག་ཡ་གོ་རིའི་མདོ། མངོན་རྟོགས་རྒྱན། ཆོས་ཆོས་ཉིད་རྣམས་ཀྱི་འགྲེལ་པ་དང་། ཆོས་མངོན་པ་མཛོད་རྩ་འགྲེལ་ལ་སོགས་པའི་བསྟན་བཅོས་མང་དུ་མཛད་ཅིང་། སློབ་མ་རང་ལས་ལྷག་པའི་བུ་བཞིར་གྲགས་པ་ལས། འདུལ་བ་རང་ལས་ལྷག་པ་བྲམ་ཟེའི་བཙུན་པ་ཡོན་ཏན་འོད་ཀྱིས། བསྟན་བཅོས་འདུལ་བ་མདོ་རྩ་བ། ཀར་མ་ཤ་ཏམ། བྱང་སའི་ཚུལ་ཁྲིམས་ལེའུ་ཡི་འགྲེལ་པ་ཕུང་པོ་ལྔའི་རབ་བྱེད་ཀྱི་འགྲེལ་པ་དང་། མདོར་རྩའི་རང་འགྲེལ་སོགས་མཛད་ཅིང་། གཞན་ཡང་མདོར་རྩ་ལ་འགྲེལ་པ། སློབ་དཔོན་ཆོས་ཀྱི་བཤེས་གཉེན་གྱིས་རྒྱ་ཆེར་འགྲེལ་དང་། སློབ་དཔོན་ཤེས་རབ་འབྱེད་པ་དང་། ཡོན་ཏན་ཤཱཀྱ་འོད་ཀྱིས་ཀྱང་འགྲེལ་པ་བྱས་སོ། །གཞན་ཡང་འདུལ་བའི་བསྟན་བཅོས་རྩ་བའི་ལུང་། སོ་སོ་ཐར་པ་ལ་འགྲེལ་པ་བརྒྱ་རྩ་བརྒྱད་བྱུང་བར་གྲགས་ཤིང་། དགྲ་བཅོམ་པ་ས་གའི་ལྷས། མེ་ཏོག་ཕྲེང་རྒྱུད་ལ་སོགས་པ་མཛད་པ་ཡིན་ནོ། །

ཆོས་མངོན་པ་རང་ལས་ལྷག་པ་སློབ་དཔོན་བློ་བརྟན་གྱིས། དབུས་མཐའི་འགྲེལ་བཤད། ཕུང་པོ་ལྔའི་རབ་བྱེད་བྱེ་བྲག་ཏུ་བཤད་པ་སུམ་ཅུ་པའི་འགྲེལ་པ། དཀོན་བརྩེགས་ཀྱི་འོད་སྲུངས་ཀྱི་ལེའུ་ཡི་འགྲེལ་པ་རྣམས་མཛད་ཅིང་། མདོ་སྡེ་རྒྱན་གྱི་འགྲེལ་ཆེན་ཞིག་སྣང་བ་རྩོད་པ་ཅན་ཡིན། ཀུན་ལས་བཏུས་དང་མཛོད་ལ་ཡང་འགྲེལ་པ་མཛད་པར་གྲགས་སོ། །

ཚད་མ་རང་ལས་ལྷག་པ་སློབ་དཔོན་ཕྱོགས་ཀྱི་གླང་པོས་ཚད་མའི་བསྟན་བཅོས་རབ་ཏུ་བྱེད་པ་བརྒྱ་རྩ་དང་དེ་དག་གི་དོན་བསྡུས་པ། ཚད་མ་ཀུན་ལས་བཏུས་འགྲེལ་པ་དང་བཅས་པ་དང་། མཛོད་ཀྱི་འགྲེལ་པ་གནད་ཀྱི་སྒྲོན་མ་ལ་སོགས་མང་དུ་མཛད་ཅིང་། དེའི་སློབ་མ་སློབ་དཔོན་དབང་ཕྱུག་སྡེས་ཚད་མ་ཀུན་ལས་བཏུས་ཀྱི་འགྲེལ་བཤད་མཛད་པར་གྲགས་སོ། །དེའི་སློབ་མ་དཔལ་ཆོས་ཀྱི་གྲགས་པས་རྣམ་འགྲེལ་རྣམ་ངེས་རིགས་ཐིགས་ཏེ། ལུས་ཀྱི་བསྟན་བཅོས་གསུམ་དང་། གཏན་ཚིགས་ཐིགས་པ། འགྲེལ་པ་བརྟག་པ། རྒྱུད་གཞན་བསྒྲུབ་པ། རྩོད་པའི་རིགས་པ་སྟེ། ཡན་ལག་གི་བསྟན་བཅོས་བཞི་སྟེ་ཚད་མ་སྡེ་བདུན་དང་། རྣམ་འགྲེལ་ལེའུ་དང་པོ་དང་། རྣམ་ངེས་ལ་རང་འགྲེལ་མཛད་ཅིང་། གཏན་ཚིགས་ཐིགས་པ། རྒྱུད་གཞན་བསྒྲུབ་པ། རྩོད་རིགས་རྣམས་ཀྱང་རྩ་བཤོ་ལོ་ཀ་རེ་རེ་ལས་མེད་ཅིང་། དེ་རང་འགྲེལ་གྱིས་རྒྱས་པར་འཆད་པའོ། །རྣམ་འགྲེལ་གྱི་ལེའུ་ཕྱི་མ་གསུམ་ལ། སློབ་དཔོན་ལྷ་དབང་བློ་དང་ཤེས་རབ་འབྱུང་གནས་སྦས་པ་དང་། ཉི་མ་སྦས་པ། རྒྱལ་བ་ཅན་རྣམས་ཀྱི་འགྲེལ་པ་བྱས་ཤིང་། སློབ་དཔོན་ཆོས་མཆོག་གིས། རྣམ་ངེས་ཀྱི་འགྲེལ་བཤད་དང་། རིགས་ཐིགས་ཀྱི་འགྲེལ་པ་བྱས་སོ། །སློབ་དཔོན་ཤཱཀྱ་བློས་རང་འགྲེལ་དང་། ལྷ་དབང་བློས་བྱས་པའི་འགྲེལ་པ་ལ་འགྲེལ་བཤད་བྱས་ཤིང་། སློབ་དཔོན་ཡ་མ་རིས། རྒྱན་དང་ཆོས་མཆོག་གིས་བྱས་པའི་འགྲེལ་པ་ལ་འགྲེལ་བཤད་བྱས་སོ་ཞེས་གྲགས་སོ། །

ཕར་ཕྱིན་རང་ལས་ལྷག་པ་འཕགས་པ་རྣམ་གྲོལ་སྡེས་མངོན་རྟོགས་རྒྱན། མདོ་ཉི་ཁྲི་དང་སྦྱར་བ་ཉི་ཁྲི་སྣང་བ་མཛད། དེའི་སློབ་མ་བཙུན་པ་རྣམ་གྲོལ་སྡེས་ཉི་ཁྲི་རྣམ་འགྲེལ་མཛད། དེའི་སློབ་མ་མཁན་པོ་ཡང་དག་རྣམ་སྣང་མཛད་ཡིན་ཞིང་། དེའི་སློབ་མ་སློབ་དཔོན་སེང་གེ་བཟང་པོས་ཡུམ་བར་མའི་འགྲེལ་པ་ལེའུ་བརྒྱད་མ་དང་བརྒྱད་སྟོང་པའི་འགྲེལ་པ་མངོན་པར་རྟོགས་པའི་རྒྱན་གྱི་སྣང་བ་དང་། སྡུད་པའི་འགྲེལ་པ་དང་། མངོན་རྟོགས་རྒྱན་གྱི་འགྲེལ་པ་དོན་གསལ་མཛད་དེ། དེ་དག་ལས་འཕྲོས་པ་ནི་མང་དུ་བྱུང་བ་ཡིན་ནོ། །

སློབ་དཔོན་ཐོགས་མེད་ཀྱི་སློབ་བརྒྱུད། སློབ་དཔོན་ཆོས་སྐྱོང་གིས་བསྟན་བཅོས་རྣམ་རིག་ཙམ་དུ་གྲུབ་པ་དང་། བཞི་བརྒྱ་པའི་འགྲེལ་པ་དང་། ལམ་འབྲས་དང་གཤེད་དམར་གྱི་སྒྲུབ་ཐབས་ལ་སོགས་པ་མཛད་ཅིང་། སློབ་དཔོན་དབྱིག་གཉེན་དང་བློ་བརྟན་དང་ཕྱོགས་ཀྱི་གླང་པོ་ལ་སོགས་པ་མཁས་པ་རྣམས་དང་། མཉམ་པར་འཇུག་པའི་འགྲེལ་པ་དང་བདེན་གཉིས་ཀྱི་འགྲེལ་པར་བཤད་ཅིང་། ཤིང་རྟ་ཆེན་པོར་ཡང་བཤད་ལ། འདི་ཉིད་རྣལ་འབྱོར་གྱི་དབང་ཕྱུག་བྲིར་ཐ་པ་ཡིན་ནོ། །འཕགས་པའི་ཡུལ་གྱི་མཁས་པ་དེ་དག་ཀྱང་སྔོན་པ་མྱ་ངན་ལས་འདས་ནས་ལོ་བརྒྱ་ན་ཆོས་རྒྱལ་མྱ་ངན་མེད་བྱུང་ཞིང་། དེའི་རྗེས་སུ། ཏ་རི་ཙནྡྲ། ཤྲི་ཙནྡྲ། ཨ་ཀེ་ཙནྡྲ།

ཏྲམྨ་ཙནྡྲ། ཀརྨ་ཙནྡྲ། བི་ཀ་མ་ཙནྡྲ། སྒྲོ་མི་ཙནྡྲ་སྟེ་བདུན་བྱུང་བའི་ཐ་མའི་བཙུན་མོ་ཀླུ་མོ་གཅིག་གིས། ནུབ་རེ་བཞིན་རྒྱལ་པོ་རི་ཐོས་པས་ཀླུ་མོ་དེ་རྒྱལ་པོ་གོ་སྣ་ལས་བཏུལ་ནས། པཱ་ལ་བདུན་བྱུང་སྟེ། གོ་པཱ་ལ། ཏྲམྨ་པཱ་ལ། ཧྲི་ཀ་པཱ་ལ། ར་མ་པཱ་ལ། མོ་པཱ་ལ། ནེ་པཱ་ལ་དེའི་རིང་ལ་བློན་པོས་ངོ་ལོག་བྱས་ནས། པཱ་ལ་པཾ་ས་ནུབ། དེ་ནས་སེ་ན་བཞི་བྱུང་སྟེ། བ་ལ་སེ་ན། ཀེ་ས་སེ་ན། མ་ནི་ཏྭ་སེ་ན། ལ་ཀྵྨཱ་སེ་ནའོ། །དེའི་རིང་ལ་རྒྱལ་སྲིད་ཤོར་ནས་ཏུ་རུཥྐ་བྱུང་ངོ་། །པཱ་ལ་བདུན་དང་། པཾ་ས་བདུན། ལྷ་མོ་ཙུན་ཏྲའི་གྲུབ་ཐོབ་ཡིན་ཞིང་། དེ་དག་རིང་ལ་བྱོན་པ་ཡིན་ནོ། །དེ་ཡང་འཕགས་པ་ཐོགས་མེད་ནས་སློབ་དཔོན་ལེགས་ལྡན་འབྱེད་དང་། ཟླ་གྲགས་ཡན་ཆད་དུ་ལུང་གིས་བསྟན་པ་ནི་འཕེལ་བ་ཡིན་ཏེ། བསྟན་བཅོས་ཁྱད་པར་ཅན་རྩོམ་པ་པོ་ཧེ་མང་ལ་སོང་བའི་ཕྱིར་རོ། ། དེ་ཕྱིན་ཆད་ཀྱང་སློབ་དཔོན་སེང་གེ་བཟང་པོ་དང་། སངས་རྒྱས་ཡེ་ཤེས་ཞབས་དང་། ཤཱནྟི་པ་དང་། ཁ་ཆེ་རྣ་བ་ཤྲི་དང་། དཔལ་མར་མེ་མཛད་ཀྱི་བླ་མ། ཛེ་ཏ་རི་དགྲ་ལས་རྣམ་རྒྱལ་དང་ཛོ་བོ་ཉིད་དང་དོ་ཧེ་གདན་པ་ལ་སོགས་མཁས་ཤིང་གྲུབ་པ་བརྙེས་པར་གྲགས་པ་མང་དུ་བྱུང་ཀྱང་། རྒྱན་དྲུག་མཆོག་བརྒྱད་རྣམས་ལ་ལྟོས་ནས་ཧེ་དམན་ཧེ་དམན་དུ་གྱུར་པས་བསྟན་པ་ཡང་རིམ་གྱིས་འགྲིབ་ཞིང་། ཡོངས་སུ་རྫོགས་པའི་པཎྜི་ཏ་རྣམས་ཀྱི་མཇུག་ནི། སློབ་དཔོན་ཨ་བྷྱ་ཀ་ར་གུཔྟ་བསྒྲུས་པ་ཡིན་ནོ་ཞེས་གྲགས་སོ། །

གཉིས་པ་བོད་དུ་བྱུང་བའི་ཚུལ་ལ་གཉིས་ཏེ། བསྟན་པ་སྔ་དར་གྱི་ཚུལ། ཕྱི་དར་གྱི་ཚུལ་ལོ། །དང་པོ་ནི། འཕགས་པའི་ཡུལ་དུ་བསྟན་པ་དར་བའི་ཕྱིས་ནས། བོད་གངས་རིའི་ཁྲོད་འདི་རུ་སངས་རྒྱས་ཀྱི་བསྟན་པ་སྔ་སྔོད་གསུམ་དང་རྒྱུད་བཞིས་བསྡུས་པ་རྣམས་ལོ་པཎ་རྣམས་ཀྱིས་ལེགས་པར་བསྒྱུར་རོ། །དེ་ཡང་ཆོས་རྒྱལ་རྣམས་ཀྱི་བཀའ་དྲིན་ལས་ཡིན་པས། དེའི་ཚུལ་ཅུང་ཟད་བརྗོད་པར་བྱའོ། །བོད་ཀྱི་རྒྱལ་པོ་ལ་སྔ་བ། ཉེ་གཉའ་ཁྲི་བཙན་པོ། གནམ་གྱི་ལྷ་ལས་མི་རྗེས་གཤེགས་ཞེས་བོད་ཀྱི་གཏམ་སྙིང་པ་ལས་འབྱུང་། ཁ་ཅིག་རྒྱལ་པོ་གསལ་རྒྱལ། ཁ་ཅིག་རྒྱལ་པོ་གཟུགས་ཅན་སྙིང་པོ་དང་། ཁ་ཅིག་རྒྱལ་པོ་ཤར་བའི་བརྒྱུད་པ་ཞིག་བོད་དུ་འོངས་པ་ཡིན་ཟེར་ཡང་། རྒྱལ་པོ་གསལ་རྒྱལ་གྱི་བརྒྱུད་པ་མ་ཡིན་ཏེ། དེའི་རྒྱུད་ཆད་པར་ལུང་ལས་བཤད་པའི་ཕྱིར་རོ། །དེ་ནས་མུག་ཁྲི་བཙན་པོ། དིང་ཁྲི་བཙན་པོ། སོ་ཁྲི་བཙན་པོ། མེར་ཁྲི་བཙན་པོ། གདགས་ཁྲི་བཙན་པོ། སྲིབས་ཁྲི་བཙན་པོ་སྟེ་གནམ་ལ་ཁྲི་བདུན་ནོ། །གྲི་གུམ་བཙན་པོ། དེས་འབངས་ལོ་ངམ་ཧྲ་རྗེ་དང་འཐབས་པས། དེས་རྒྱལ་པོ་བཀྲོངས་ནས་རྒྱལ་ས་བྱས་སོ། །གྲི་གུམ་བཙན་པོའི་བུ་རུ་ལས་སྐྱེས་ཞེས་པས་ལོ་ངམ་བསད་དེ། པུ་དེ་གུང་རྒྱལ་རྒྱལ་སར་སྤྱན་དྲངས། དེ་ནས་ཨི་ཤོ་ལེགས། དེ་ཤོ་ལེགས། ཐི་ཤོ་ལེགས། གོང་རུ་ལེགས། འབྲོང་བཞེར་ལེགས། ཤོ་ལེགས་ཏེ་ས་ལ་ལེགས་དྲུག་གོ། །ཟ་ནམ་ཟིན་ལྡེ། ལྡེ་འཕྲུལ་ནམ་གཞུང་

བཙན། སེ་སྣོལ་ནམ་ལྡེ། སེ་སྣོལ་པོ་ལྡེ། ལྡེ་སྣོལ་ནམ། ལྡེ་སྣོལ་པོ། ལྡེ་རྒྱལ་པོ། ལྡེ་སྤྲིན་བཙན་ནོ། །ཡོགས་ལ་ལྡེ་བརྒྱད་དོ། །རྒྱལ་ལྡོ་རེ་ལོ་བཙན། ཁྲི་བཙན་ནམ་ཁྲི་སྒྲ་སྤུང་བཙན། ཁྲི་ཐོག་རྗེ་ཐོག་བཙན། ལྷ་ཐོ་ཐོ་རི་གཉན་བཙན། འདི་བྱང་ཆུབ་སེམས་དཔའ་ཀུན་ཏུ་བཟང་པོའི་སྤྲུལ་པར་གྲགས་ཏེ། ཕོ་བྲང་ཡུམ་བུ་བླ་སྒང་གི་རྩེ་མོར་ནམ་མཁའ་ལས་ཟ་མ་ཏོག་ཅིག་བབས་པ་ཁ་ཕྱེ་བས། མདོ་སྡེ་ཟ་མ་ཏོག་བཀོད་པ་སྤང་ཀོང་ཕྱག་རྒྱ་དང་། གསེར་གྱི་མཆོད་རྟེན། མུ་ཏྲའི་ཕྱག་རྒྱ་དང་། ཁ་ཅིག་སྨན་བླའི་མདོ་ཡང་བྱུང་ཟེར་རོ། །ཆོས་དང་བོན་གང་དུ་ཡང་ངོ་མ་ཤེས་ཀྱང་། མིང་གཉན་པོ་གསང་བར་བཏགས་ཏེ་མཆོད་པས། དགུང་ལོ་བརྒྱ་ཉི་ཤུ་ཐུབ། དམ་པ་ཆོས་ཀྱི་དབུ་བརྙེས་ཞེས་ཡིག་ཚང་སྟ་ལས་འཆད་ཀྱང་། ཀུན་ཏུ་བཟང་པོའི་སྤྲུལ་པས་ཆོས་དང་བོན་ངོ་མ་ཤེས་ཞེས་པ་ཡང་ཤིན་ཏུ་འགལ་ལ། དུས་ལ་མ་བབ་པས་གཞན་ངོར་མ་ཤེས་པ་སྐད་མཛད་པ་ལ་བཏགས་པ་སྐྱོན་མེད་དོ། ། དམ་པའི་ཆོས་བཤད་སྒྲུབ་གང་ཡང་དངོས་སུ་མེད་པའི་ཕྱིར། ཕྱུར་དུ་དར་ནས་འོང་བའི་རྟེན་འབྲེལ་བྱུང་བ་ལ་དེར་བརྟགས་པས་སྐྱོན་མེད་དམ་སྙམ་མཆན། དེའི་དབུ་བརྙེས་པ་ཡང་མི་རིགས་སོ། །དེ་ནས་ཁྲི་གཉན་བཟུང་བཙན། འབྲོ་གཉན་ལྡེ་རུ། སྟག་རི་གཉན་གཟིགས། གནམ་རི་སྲོང་བཙན། སྲོང་བཙན་སྒམ་པོ། དེས་བཙུན་མོ་རྒྱལ་པོ་འོད་ཟེར་གོ་ཆའི་སྲས་མོ། བལ་མོ་བཟའ་ཁྲི་བཙུན་ཁབ་ཏུ་བཞེས་པས། དེས་ལྷ་མི་བསྐྱོད་རྡོ་རྗེ། བྱམས་པ་ཆོས་ཀྱི་འཁོར་ལོ། ཙན་དན་རྗེ་མོ་སྒྲོལ་མ་རྣམས་སྤྱན་དྲངས་ནས་བྱུང་། རྒྱའི་རྒྱལ་པོ་ཐང་ཐའི་ཙུང་གི་སྲས་མོ་ཨུན་ཤིང་ཀོང་ཇོ་ཞེས་པ་དེས། ལྷ་ཤཱཀྱ་མུ་ནེ་སྤྱན་དྲངས་ཏེ། ར་སའི་གཙུག་ལག་ཁང་བཙིག་པའི་ས་གནོན་ལ་བོད་ཀྱི་ས་གཞི་སྲིན་མོ་གན་རྐྱལ་དུ་འགྱེལ་བ་འདྲ་བའི་མགོ་བྱང་ཤར་དུ་བསྟན་པའི་ཚིགས་ཆེན་བཅུ་གཉིས་ལ་བཀའ་བསྐུལ། ཁྲ་འབྲུག །གཙང་འབྲང་གྲོམ་པ་རྒྱང་སྟེ་རུ་བཞིའི་གཙུག་ལག་ཁང་དང་། ཀོང་པོ་སྦུ་ཆུ། ལྷོ་བྲག་ཁོམ་ཐིང་། ཀ་བྲག་སྤྲ་དུན་རྩེ་ཏེ་མཐའ་འདུལ་བཞི། བྱང་ཚལ་གྱི་ཀླུང་གནོན། ལྡན་གྱི་ཀློང་ཐང་སྒྲོལ་མ། མང་ཡུལ་བྱང་སྤྲིན། མོན་ཡུལ་བུམ་ཐང་སྟེ། ཡང་འདུལ་བཞིའོ། །ས་གྲོང་སྐྱེར་ཆུ་ལ་སོགས་པ་བཞེངས་ཏེ། གདོང་བལ་མོ་བཟས། ར་སའི་འོག་ཁང་དང་སྟེང་ཁང་རྒྱལ་པོས་བཞེངས་ཤིང་། ཀོང་ཇོས་ར་མོ་ཆེ་བཞེངས་སོ། །རྒྱ་གར་གྱི་སློབ་དཔོན། ཀུ་ས་ར་དང་། བལ་པོ་ཤི་ལ་མཉྫུ་དང་། ཧྭ་ཤང་མ་ཧཱ་དེ་བ་མཆེ་དང་། ལོ་ཙཱ་བ་ཐོན་མི་སམ་བྷོ་ཊ་དང་། བྲ་ཧྨ་ཎ་ཀོ་ཤ་དང་། ལྷ་ལུང་རྡོ་རྗེ་དཔལ་རྣམས་ཀྱིས་ལོ་ཙཱ་བྱས་ཏེ། མདོ་ཟ་མ་ཏོག་བཀོད་པ་དང་དཀོན་མཆོག་སྤྲིན་ལ་སོགས་པ་བསྒྱུར་ནས་ཆོས་ཀྱི་སྲོལ་བཏོད་ཅིང་། ལོ་དྲུག་ཅུ་རྩ་དགུ་རྒྱལ་སྲིད་བཟུང་ཞིང་། བརྒྱད་ཅུ་རྩ་གཉིས་ལ་བཙུན་མོ་གཉིས་དང་བཅས་པ་ལྷ་སའི་ཐུགས་རྗེ་ཆེན་པོའི་ཐུགས་ཁར་ཐིམ་པས་དེའི་སྤྲུལ་པ་ཡིན་ཞེས་གྲགས་སོ། །

དེའི་སྐབས་གུང་སྲོང་གུང་བཙན། མང་སྲོང་མང་བཙན་འདུས་སྲོང་མང་པོ་རྗེ། ཀླུང་ནམ་འཕྲུལ་གྱི་རྒྱལ་པོ། ཁྲི་ལྡེ་གཙུག་བརྟན། མེས་ཨག་ཚོམས། དེས་ལྷ་ས་མཁར་བྲག །འཆིང་ཕུ་ནམ་ར། བྲག་དམར་མགྲིན་བཟང་། ཀ་ཆུ་དཔལ་འབྱུང་། མ་ས་གོང་གི་གཙུག་ལག་ཁང་དང་ལྔ་བཞེངས། སློབ་དཔོན་སངས་རྒྱས་གསང་བ་དང་། སངས་རྒྱས་ཞི་བ་གཉིས་གང་ཏི་སེ་ལ་བཞུགས་པ་སྤྱན་དྲངས་པས་མ་བྱོན། ལོ་ཙཱ་བ་བྲན་ཀ་མུ་ལ་ཀོ་ཥ་དང་། གཉགས་ཛྙཱ་ན་ཀུ་མ་རས་མདོ་སྡེ་ལས་རྣམ་པར་འབྱེད་པ་དང་། གསེར་འོད་དམ་པ་དང་སྨན་དཔྱད་ལ་སོགས་པ་བསྒྱུར་ཏེ། ཆོས་སྲོལ་ཆེར་མཛད་དོ། །དེའི་སྐབས་ཆོས་རྒྱལ་ཁྲི་སྲོང་ལྡེ་བཙན། རྒྱ་རྗེའི་ནུ་བོ་ཤི་དབང་གི་བུ་མོ་ཀིམ་ཤིང་ཀོང་ཇོ་ལ་ཡོས་ལ་འབྲུངས། རྒྱལ་སར་བཏོན་པའི་ལོ་གྲངས་ལ། ཡིག་ཚགས་རྣམས་མི་མཐུན་པར་སྣང་ཡང་། ཐ་བཞེད་ལྟར་ན་རྒྱལ་བུ་དགུང་ལོ་བཞི་བཞེས་པ་ན་ཡབ་འདས་ནས་རྒྱལ་སར་བསྐོས་པ་མ་ཞང་ལ་སོགས་པའི་བློན་པོ་གདུག་པ་ཅན་ཐབས་ཀྱིས་བཏུལ་ནས། སྐུ་ཚེ་སྔ་མ་ནས་ཀྱི་དགེ་བའི་བཤེས་གཉེན་ཡིན་པས། མཁན་པོ་ཞི་བ་འཚོ་ཐ་གསལ་སྣང་གིས་སྤྱན་དྲངས། གཙུག་ལག་ཁང་གི་ས་འདུལ་དང་། ལྷ་སྲིན་དམ་ལ་འདོགས་པ་ལ་སློབ་དཔོན་པད་མ་སམ་བྷ་སྤྱན་དྲངས་ཏེ། དགུང་ལོ་བཅུ་གསུམ་བཞེས་པ་ལ་གཙུག་ལག་ཁང་གི་རྨང་བཏིང་ནས། དཔལ་བསམ་ཡས་ལྷུན་གྱིས་གྲུབ་པའི་གཙུག་ལག་ཁང་། ཉི་འོག་གི་རྒྱལ་ཁམས་ཀུན་ན་འགྲན་ཟླ་མེད་པ་འདི་ཉི་ཤུ་རྩ་ལྔ་ལ་རྫོགས་པར་འགྲོངས་ཏེ། ཐམས་ཅད་ཡོད་སྨྲའི་སྡེ་པའི་དགེ་སློང་བཅུ་གཉིས་རྒྱ་གར་ནས་སྤྱན་དྲངས་ཏེ། སད་མི་མི་བདུན་རབ་ཏུ་བྱུང་སྟེ། ཞབས་འོག་གི་འབངས་བློའི་མཆོད་གནས་སུ་མཛད་པས་དེ་དག་ལ་སོགས་པ་རབ་ཏུ་བྱུང་བ་སུམ་བརྒྱ་བྱུང་ངོ་། །

གཞན་ཡང་པཎྜི་ཏ་བི་མ་ལ་མི་ཏྲ་དང་། སངས་རྒྱས་གསང་བ་དང་། ཤཱནྟི་གརྦྷ་དང་། བི་ཤུད་དྷ་སི་ཧ་ལ་སོགས་པ་དང་། ལོ་ཙཱ་བས་སད་མི་མི་བདུན་དང་། ཆོས་ཀྱི་སྣང་བ་དང་། བན་སྡེ་ནམ་མཁའ་དང་། དགྲ་བོ་རིན་ཆེན་སྡེ་དང་། རྣམ་པར་མི་རྟོག་པ་དང་། ཤཱཀྱ་འོད་ལ་སོགས་པས་སྡེ་སྣོད་གསུམ་དང་རྒྱུད་སྡེ་བཞིས་བསྡུས་པའི་གསུང་རབ་འཕགས་པའི་ཡུལ་ན་བཞུགས་པ་ཕལ་ཆེར་བསྒྱུར་ཞིང་། ཐོས་བསམ་བསྒོམ་གསུམ་གྱི་ལེགས་པར་གཏན་ལ་ཕབ་སྟེ། དམ་ཆོས་ཉི་མའི་སྣང་བས་བོད་ཡུལ་མི་ཤེས་པའི་མུན་པ་དྲུངས་ནས་ཕྱུང་སྟེ། ཕན་བདེའི་པད་ཚལ་རྒྱས་པར་མཛད་པས། འདི་ནི་འཕགས་པ་འཇམ་དཔལ་གྱི་སྤྲུལ་པའོ་ཞེས་འཛིག་རྟེན་ཀུན་ན་གསལ་བར་གྲགས་ཤིང་། བྱང་ཆུབ་སེམས་དཔའ་ཆེན་པོ་ཞིག་ནི་ངེས་པར་ཡིན་ཏེ། གཞན་དུ་དེ་ལྟ་བུའི་འཕྲིན་ལས་མཛད་པར་ཇོ་ག་ལ་ཐོག །འདིར་ཇོ་སྲས་བློན་པོ་རྣམས་ཀྱིས་བྱས་པའི་པར་མ་བཀའ་ཆེམས། བེ་རོ་ཙ་ནའི་འདྲ་འབག་ཐང་ཡིག་ཆེ་ཆུང་ཞེས་གྲགས་པ་རྣམས་ན། རྒྱལ་པོ་འདི་ཐུགས་དགོངས་དགེ་རབ་ཞིག

ཡིན་ནའང་། བླུན་པོའི་ཁ་གདམས་ན་འཛུམས་ཆུང་བས། བློན་པོ་སྡིག་ཅན་རྣམས་ཀྱིས་བསྒྱུར་ནས་བྱ་བ་ཉེས་པ་མང་པོ་ཞིག་བྱས་སོ་ཞེས་བཤད་སྣང་ཞིང་། ཁྱད་པར་ཐང་ཡིག་ཆུང་བ་ལས། ཆོས་ཀྱི་རྒྱལ་པོ་ཁྲི་སྲོང་ལྡེ་བཙན་འདི། །འཇམ་དབྱངས་སྤྲུལ་པ་དངོས་ལགས་ཀྱང་། །གོ་མ་ཆོད་ཀྱི་ནོར་བ་ལན་བདུན་ལ། །ཁམ་ཆེན་རྟིང་ཕྱུང་ནུས་པ་ལན་གསུམ་བྱས། །ཞེས་པ་རྩ་བའི་ཚིག་ཏུ་བྱས་ནས་དེ་ཉིད་ཡིད་ཆེས་པའི་ལུང་དང་མི་མཐུན་ཞིང་། དངོས་པོ་སྟོབས་ཞུགས་ཀྱི་རིགས་པ་དང་འགལ་བའི་ཚིག་མང་པོས་རྒྱས་པར་བཤད་པ་ཞིག་ལྷ་སྲས་མུ་ཏིག་བཙན་པོས་མཛད་པ་ཡིན་ཟེར་ཏེ། འདི་ནི་འཇམ་དབྱངས་སྤྲུལ་པ་དངོས་ཡིན་ན། གོ་མ་ཆོད་ཀྱི་ནོར་བ་ལན་བདུན་འོང་བ་འགལ་བས་ངག་སྔ་མས་བཞག་པ་ཕྱི་མས་ཉམས་པར་བྱེད་པའི་ཕྱིར། ཁོ་བོའི་མ་མོ་གཤམ་ཡིན་ནོ་ཞེས་པ་དང་ཁྱད་པར་མེད་པའི་ཕྱིར། མཁས་པའི་བཞད་གད་ཀྱི་གནས་འབའ་ཞིག་ཡིན་ཞིང་། འདི་འདྲ་འཛིན་པ་ལྷ་ཅི་སྨོས་ཕོས་སུ་ཡང་མི་རུང་ངོ་། །འདི་ཧ་ཅང་བླུན་ཚབས་ཆེས་པས་མཁས་པ་རྣམས་ཀྱི་དགག་སྒྲུབ་ཀྱི་འོས་མ་ཡིན་ཀྱང་། ཕྱིས་པ་བློ་ཆུང་རྣམས་ཀྱིས་འདི་འདྲ་ལ་བདེན་པར་བཟུང་ན། རབ་ཏུ་ཞི་བ་རྣམ་པར་ངེས་པ་ཆོ་འཕྲུལ་གྱི་མདོ་ལས། འཇམ་དཔལ་བྱང་ཆུབ་སེམས་དཔའ་ལ་ཁོང་ཁྲོ་བ་དང་བརྙས་པའི་སེམས་ཇི་ཙམ་པ་བསྐྱེད་པ་དེ་སྙེད་ཀྱི་བསྐལ་པར་སེམས་ཅན་དམྱལ་བར་གནས་པར་གོ་ཆ་བགོ་བར་བྱའོ་ཞེས་དང་། སྤྱོད་འཇུག་ལས། གང་ཞིག་དེ་འདྲའི་རྒྱལ་སྲས་སྦྱིན་བདག་ལ། །གལ་ཏེ་ངན་སེམས་བསྐྱེད་པར་བྱེད་ན་དེ། །ངན་སེམས་བསྐྱེད་པའི་སྐད་ཅིག་མའི་གྲངས་བཞིན་བསྐལ་པར་ནི། །དམྱལ་བར་གནས་པར་འགྱུར་ཞེས་ཐུབ་པས་གསུངས། །ཞེས་ལུང་བསྟན་པ་དེ་ཐོག་ཏུ་བབ་ན་མི་རུང་ངོ་སྙམ་ནས་འདི་ཙམ་ཞིག་སྨྲས་སོ། །

གཞན་ཡང་ལྷ་སྲས་མུ་ཏིག་བཙན་པོས་དེ་ལྟ་བུ་གསུང་བའང་མི་སྲིད་དེ། སྐྱེས་བུ་དམ་པ་རྣམས་ནི་རང་གི་ཕ་ལ་སོགས་པའི་རྩ་ལག་དག་ལ་ཉེས་པ་ཅུང་ཟད་སྣང་ན། གྱ་ཚོམས་སུ་རྗོགས་པར་ཡང་མི་བྱེད་ན་ཡི་གེར་བྲིས་ནས་འཇོག་པ་ལྟ་སྨོས་ཀྱང་ཅི་དགོས། དེ་བས་ན་བདག་ལེགས་སུ་འདོད་པ་རྣམས་ཀྱི་ཐ་ན་སེམས་དང་བ་ཅིག་ཙམ་བསྐྱེད་ནས་ཀྱང་། འོན་ཏེ་གང་ཞིག་ཡིད་རབ་དང་བྱེད་ན། །དེའི་འབྲས་བུ་དེ་བས་ལྷག་པར་འཕེལ། །ཞེས་པ་ལྟར་བྱའོ། །དེ་ལྟ་བུའི་རྒྱལ་པོ་དེ་དགུང་ལོ་དྲུག་ཅུ་རྩ་དགུ་ལ་གཤེགས་སོ། །དེའི་སྲས་ཆེ་བ་མུ་ནེ་བཙན་པོས་རྒྱལ་སྲིད་ལོ་གཅིག་ཟླ་བ་བདུན་བཟུང་། བསམ་ཡས་སུ་སྟེ་སྡོང་གསུམ་གྱི་མཆོད་པ་བཙུགས། བོད་འབངས་དབུལ་ཕྱུག་ལན་གསུམ་བསྙམས། དགུ་ལོ་བཅུ་བདུན་ལ་གཤེགས་སོ། །འདི་ཁྲི་སྲོང་གི་སྲས་བཞི་པ་ལྡོང་ཁྲི་ཞེས་པ་དེའི་སྲས་ཡིན་པར་བཤད་པར་དཔྱད། །ཆུང་ས་སད་ན་ལེགས་ཀྱི་སྐར་ཆུང་རྡོ་རྗེ་དབྱིངས་ཀྱི་ཕོ་བྲང་བཞེངས། ལོ་པཎ་གྱི་ཞབས་ཏོག་བྱས། དེ་ལ་སྲས་ལྷ་སྲེ། ཁྲི་ལྡེ་སྲོང་བཙན། རལ་པ་ཅན། གཙང་མ། ཁྲི་དར་མ་འུ་དུམ་

བཙན། ལྷ་རྗེ་ལྷུན་གྲུབ། ཁྲི་ཆེན་པོ། རལ་པ་ཅན་གྱི་བུ་ཤང་རྡོ་དཔེ་མེད་ཀྱི་གཙུག་ལག་ཁང་བཞེངས། པཎྜི་ཏ་ཛི་ན་མི་ཏྲ། སུ་རེནྡྲ་བོ་དྷི། ཤི་ལེནྡྲ་བོ་དྷི། དཱ་ན་ཤཱི་ལ། བོ་དེ་མི་ཏྲ་ལ་སོགས་པ་དང་། ལོ་ཙྪ་བ་ཀ་བ་དཔལ་བརྩེགས། ཅོག་རོ་ཀླུའི་རྒྱལ་མཚན། ཞང་ཡེ་ཤེས་སྡེ་ལ་སོགས་པ་རྣམས་ཀྱིས་སྔར་མ་འགྱུར་བ་བསྒྱུར་ཞིང་། འགྱུར་བ་རྣམས་སྐད་གསར་བཅད་ཀྱིས་བཅོས་ཤིང་དཀར་ཆགས་སུ་བྲིས། གླ་སྒོ་དང་པོ་རབ་ཏུ་བྱུང་བ་ལ་ཕུལ། བུ་ཕོད་གདན་དུ་འདིངས། རབ་ཏུ་བྱུང་པ་རེ་རེ་ལ་འབངས་མི་ཁྱིམ་བདུན་བདུན་ཕུལ་ཏེ། བསྟན་པ་དར་རྒྱས་སུ་མཛད་དོ། །འདི་ཕྲུག་རྫོར་སྤྲུལ་པར་གྲགས་སོ། །

ཁ་ཅིག་ན་རེ། ཆོས་རྗེའི་ཞལ་སྔ་ནས། སྲོང་བཙན་སྒམ་པོ་སྤྱན་རས་གཟིགས་ཀྱི་སྤྲུལ་པ་ཡིན་པར་ཐེ་ཚོམ་མེད། ཁྲི་སྲོང་ལྡེ་བཙན་འཇམ་དབྱངས་ཀྱི་སྤྲུལ་པ་ཡིན་མིན་ཐེ་ཚོམ་ཟ། རལ་པ་ཅན་ཕྱག་རྡོར་གྱི་སྤྲུལ་པ་མིན་པར་ཐག་ཆོད་དོ་ཞེས་གསུངས་སོ་ཟེར་བ་ནི་མི་བདེན་ཏེ། ཆོས་རྗེ་ཉིད་ཀྱིས་མཛད་པའི་བསམ་ཡས་ཀྱི་དབུས་དང་ཕྱོགས་བཞིའི་ཚིགས་བཅད་ལས། གང་ལ་འཇམ་པའི་དཔལ་གྱིས་རྗེས་བཟུང་བའི། །ཆོས་ཀྱི་རྒྱལ་པོ་ས་ཆེན་སྐྱོང་པ་པོ། །ཁྲོད་ཀྱི་འཕྲིན་ལས་བསམ་ཡས་ལྷུན་གྱིས་གྲུབ། །ཅེས་དང་། གཙུག་ལག་ཁང་འདི་འཕགས་པ་འཇམ་དཔལ་གྱི་ཕྲུག་རྗེས་ཡིན་ནོ་ཞེས་མཆོན་པའི་ཕྱིར། དེའི་དངོས་ལ་འཕགས་པ་འཇམ་དཔལ་གྱི་ཕྲུག་མཚན་བྲིས་པ་དང་། རྗེ་བཙུན་ཆེན་པོས་མཛད་པའི་རྒྱལ་རབས་ལས། རལ་པ་ཅན་ཕྲུག་རྡོར་གྱི་སྤྲུལ་པར་བཤད་ཅིང་དེའི་གསུང་ལ་ཚད་མར་འཛིན་པའི་ཕྱིར་རོ། །

གཉིས་པ་བསྟན་པ་ཕྱི་དར་གྱི་ཚུལ་ལ་གཉིས་ཏེ། མཚམས་སྦྱར་བ་དང་དོན་དངོས་སོ། །དང་པོ་ནི། དེ་ནས་བོད་དུ། བསྟན་པ་དར་བའི་ཚེ། བོད་སྐྱིའི་བསོད་ནམས་ནི་ རླུང་གིས་དེད་པའི་ན་བུན་ནམ། སོས་ཁའི་ཆབ་རོམ་མམ། ཉི་མ་ཤར་བའི་ཟིལ་པ་བཞིན་དུ་ཟད། ནག་པོའི་ཕྱོགས་ཀྱི་མཐུ་ནི་དབྱར་གྱི་རྩྭ་ཐོག་བཞིན་དུ་བརྟས་ཏེ། བློན་པོ་དབས་རྒྱལ་ཏོ་རེ་དང་ཅོག་རོ་ལེགས་སྒྲ་གཉིས་ཀྱིས། བཙན་པོ་དགུང་ལོ་སུམ་ཅུ་སོ་དྲུག་པ་ལ་བཀྲོངས། གཙང་མ་རབ་ཏུ་བྱུང་བ་གྲོ་མོར་བཙུགས། གླང་དར་མ་རྒྱལ་པོར་བཀོད་ནས། དེ་ཟླ་བ་བདུན་གྱི་བར་དུ་རྒྱལ་སྲིད་ཆོས་བཞིན་དུ་བྱས། དེ་ནས་ཐུགས་སུ་གདོན་ཞུགས་ཏེ། སྦས་སྟག་སྣ་ཅན་ལ་སོགས་པའི་བློན་པོ་རྣམས་ཀྱིས་མི་དགེ་བའི་བཤེས་གཉེན་བྱས་ནས་བསྟན་པ་བསྣུབས་ཏེ། ཆོས་ཁྲིམས་ར་ལ་སྒྲོན་བཀལ། པཎྜི་ཏ་རྣམས་ཀྱིས་བྱད་བྱས་དོགས་ནས་སླར་རྒྱ་གར་དུ་བཛྲངས། ཀ་ཅོག་ལ་སོགས་པ་བསྟན་པ་ནུབ་པའི་མྱ་ངན་གྱིས་གྲོངས། རབ་ཏུ་བྱུང་བ་ཕལ་ཆེར་ཕབ། རབ་བྱུང་གི་རྟགས་འབོར་དུ་མ་བཏུབ་པ་རྣམས། མདའ་གཞུ་ཐ་བཤད་བསྐུར་རྔོན་པ་ལ་བཏང་། མི་ཉན་པ་རྣམས་བསད། ལྷ་ཤཱཀྱ་མུ་ནེ་ལྷ་ས་ཉིད་དུ་བྱེ་འདམ་དུ་སྦས།

བསམ་ཡས་དང་ར་མོ་ཆེའི་སྒོ་ལ་འདམ་ཞལ་བྱས། པོ་ཏི་ཕལ་ཆེར་ལྷ་སའི་བྲག་ལ་སྦས་སོ། །དེ་ལྷ་ལུང་དཔལ་གྱི་རྡོ་རྗེས་བཀྲོངས་ནས་ཁམས་སུ་བྲོས་སོ། །རྒྱལ་པོའི་བཙུན་མོ་གཉིས་ལ་ལྟོ་བར་གྱི་སྲས་གཉིས་མཉམ་དུ་འཁྲུངས་ཏེ། ཡུམ་བརྟན་དང་ཁྲི་གནམ་ལྡེ་འོད་སྲུངས་སོ། །དེ་གཉིས་རྒྱལ་པོ་ལ་མ་འཆམ་པས་ཡུམ་བརྟན་གྱི་དབུ་རུ་དང་། འོད་སྲུངས་ཀྱིས་གཡོ་རུ་བཟུང་འཁྲུག་པ་བྱས་སོ། །འདིར་རྒྱལ་རབས་འགའ་ཞིག་ལས། འོད་སྲུངས་ནི་རྒྱལ་རྒྱུད་ཡང་དག་པ་དང་། བཙུན་མོ་ཚུན་མའི་བུ་ཡིན་ཞིང་། དེ་ལྟོ་ན་ཡོད་པ་ན་ཆེན་མས་ཀྱང་ལྟོ་བ་ལ་གོས་གཡོགས་ཏེ་སྦྲུམ་པ་ལྟར་བྱས་སོ། །ཚུན་མ་ལ་བུ་བཙས་པ་དང་། ཆེན་མས་ཀྱང་བུ་ཆུང་པོ་སྐྱེས་པ་ཞིག་བློན་པོ་རྣམས་ལ་བསྟན་ནས། འདི་ང་ལ་སྐྱེས་པ་ཡིན་ཞེས་སྨྲས་པས། དེ་དག་གིས་མདང་སྐྱེས་པའི་བུ་ལ་སོ་མི་སྲིད་དེ། ཡུམ་གྱི་བཀའ་བརྟན་དུ་ཆུག་ཞེས་སྨྲས་པས། ཡུམ་བརྟན་དུ་གྲགས་སོ་ཞེས་བྲིས་པ་ལ་བརྟེན་ནས་དེང་སང་ཕལ་ཆེར་དེ་སྐད་དུ་སྨྲ་མོད། ཤེས་ལྡན་རྣམས་ཀྱིས་ཡིད་ཆེས་པར་མི་བྱ་སྟེ། འདི་ལྟར་དེའི་གོང་དུ་རལ་པ་ཅན་གྱི་བཙུན་མོ། །ཅོག་རོ་ཟ་དཔལ་གྱི་ངང་ཚུལ་དང་། བན་ཆེན་པོ་དཔལ་གྱི་ཡོན་ཏན་གཉིས་མི་ཚངས་པར་སྤྱོད་ཅེས། སྦས་སྐུག་སྣ་ཅན་ལ་སོགས་པས་བརྗོད་པ་ན། བཙུན་མོ་ལྟེབས་པའི་ལྟོ་བ་ནས་སྲས་ཤིག་བྱུང་བ་སོ་དྲུང་སོ་འཁོར་མར་འདུག་པས། རྒྱལ་པོའི་སྲས་སུ་ཡིད་ཆེས་ཏེ། རྒྱལ་རྒྱུད་རྣལ་མ་རྣམས་ལ་མའི་ལྟོ་བ་ནས་སོ་སྐྱེ་བས་སོ་ཞེས་བཤད་པའི་ཕྱིར་རོ། །

དེ་ལྟར་ཤོག་འདེབ་གཉིས་ཀྱི་སྟོད་སྨད་དུ་རྒྱལ་རྒྱུད་ཡིན་པའི་བསྒྲུབ་བྱ་རུ་ལྟོ་བ་ནས་སོ་སྐྱེས་པར་བཀོད་ནས། དེ་མིན་པའི་སྒྲུབ་བྱེད་དུ་ཡང་སོ་སྐྱེས་ནས་འདུག་པའི་ཕྱིར་ཞེས། དངོས་སུ་འགལ་བ་སྨྲ་བས་རིགས་པ་ཅུང་ཟད་ཀྱང་མི་ཤེས་པའི་བླུན་པོ་དེ་དག་གི་ཚིག་ལ། བླུན་པོ་ལས་གཞན་སུ་ཞིག་ཡིད་ཆེས་པར་བྱེད། དེས་ན་ཚིག་འདི་དག་ནི་འོད་སྲུངས་རྒྱུད་ཀྱི་ཕྱོགས་འཛིན་པའི་བླུན་པོ་འགའ་ཞིག་གིས། ཡུམ་བརྟན་པ་ན་སྨྲས་བྱས་པ་ལ་གཞན་དག་གིས། ཁྲི་ཐན་ཀུ་ཙ་འདོན་པ་ན། །རྒྱུ་མཚན་མེད་པར་གཞན་དག་རྒྱུག །ཅེས་གསུངས་པ་དེ་བྱས་པར་ཟད་དོ། །ཡུམ་བརྟན་ཁྲི་མགོན་པོ་གཉེན། ཉི་འོད་དཔལ་མགོན། ཁྲི་མགོན་སྒྱིད། ཚལ་པ་ཡེ་ཤེས་རྒྱལ་མཚན། མངའ་བདག་ཁྲི་རལ་པ། ལྷ་བཙུན་པོ་དེ་ར་ཛ། མངའ་བདག་མགོན་ནེ། །དེ་ལྟར་རིམ་པར་བརྒྱུད་པའི་མགོན་པོའི་སྲས་བཞི་སྟེ། བཀྲ་ཤིས་མགོན། ལྷ་བཙུན་སྔོན་མོ། ལྷ་བཀའ་གདམས་པ། མངའ་བདག་དབང་སྡེ། དེའི་སྲས་ལྷ་སྡེ། ལྷ་གཉུག་རུམ་པ། འོད་ལྡེ་མགོན། དགེའོ། བརྟན་པ། སེང་གེའོ། །གཉིས་པའི་སྲས་ལྷ་ཞི་བ་འོད། དེའི་སྲས་མངའ་བདག་འོད་ཁྲིའོ། །དེ་དང་གསུམ་པའི་སྲས་བཀྲ་ཤིས་ལྡེ་ཁྲུ་དབོན་གྱིས་ཆོས་འཁོར་གྱི་བདག་བྱེད་པའི་དུས་སུ། ཆོས་རྗེའི་ཞལ་སྔ་ནས། གཙུག་ལག་ཁང་འདིར་ཆོས

འཁོར་མཛད་དོ། །མངའ་བདག་འོད་སྲུངས་ཀྱི་སྲས་དཔལ་འཁོར་བཙན་པོ། དེའི་དུས་སུ་འབངས་ཀྱིས་ཁེངས་ལོག་བྱས་ཏེ། མངའ་བདག་ཧུག་རྩེ་སྐྱགས་ཞེས་པས་བཀྲོངས་ཏེ། མངའ་རིས་ཐམས་ཅད་ཡུམ་བརྟན་རྒྱུད་ཀྱིས་ཁྱེར། སྲས་གཉིས་པོ་ཉང་སྟོད་བཙད་སྐོར་དུ་བྲོས། དེར་ཡང་ཙུང་ཟད་ཐུགས་མ་མཐུན་ནས། བཀྲ་ཤིས་བརྩེགས་པ་དཔལ་གྱིས་དེ་ཉིད་དུ་བཞུགས་པ་ལས། སྲས་དཔལ་ལྡེ། འོད་ལྡེ། སྐྱིད་ལྡེ་གསུམ་བྱུང་བས་སྟོད་ཀྱི་བཙད་པོ་ལྡེ་གསུམ་དུ་གྲགས་ཤིང་། འོད་ལྡེའི་སྲས་ཁྲི་ཆུང་གིས་དབུས་སུ་བྱོན་པའི་སྲས་ཛོ་བོ་གཡུས་ཅན། དེའི་སྲས་ཛོ་དགའ། དེའི་སྲས་ཁྲི་དར་མ། དེང་ནས་ཛོ་བོ་རྣལ་འབྱོར། ཛོ་འབག ཛོ་བོ་ཤཱཀྱ་མགོན། དེས་ཕོ་བྲང་གནས་ཆུང་དུ། ཆོས་རྗེའི་ཞལ་སྔ་ནས་སྤྱན་དྲངས། གནོད་སྦྱིན་ཕོ་དགུ་མོ་དགུའི་འཁོར་ལོ་མཛད། དེའི་གདུང་བརྒྱུད་ལ་དཔལ་འབྱོར་ཆེན་པོ་བྱུང་བར་གྲགས་སོ། །མངའ་བདག་དཔལ་འཁོར་ལོ་བཙན་གྱི་སྲས་ཆུང་བ་སྐྱིད་ལྡེ་ཉི་མ་མགོན་མངའ་རིས་སུ་བྱོན། སྲས་བཀྲ་ཤིས་མགོན། དཔལ་གྱི་མགོན། ལྡེ་གཙུག་མགོན་ཏེ་སྟོད་ཀྱི་མགོན་གསུམ་དུ་གྲགས་སོ། །དང་པོའི་སྲས་མངའ་བདག་ཁོ་རེ་དང་སྲོང་ངེའོ། །ཁོ་རེའི་སྲས་ན་ག་ར་ཙ་དང་དེ་བ་ར་ཙའོ། །སྲོང་གེའི་སྲས་ལྷ་ལྡེའོ། །དེའི་སྲས་ལྷ་ཞི་བ་འོད། བཙུན་པ་བྱང་ཆུབ་འོད། མངའ་བདག་འོད་ལྡེ་སྟེ་གསུམ་མོ། །དེའི་སྲས་ཕོ་བྲང་རྩེ་ལྡེ་བཙན་ནོ་འདིར་རྒྱལ་རབས་འདི་དག་བཤད་པ་ལ་བློན་པོ་ཐོས་པ་ཆུང་བ་ལ་མཁས་པའི་སྐྱབ་བྱེད་དུ་བྱེད་པ་དག་གིས་འབྲེལ་མེད་བྲིས་སོ་སྙམ་དུ་སེམས་ན་དེ་ནི་མ་ཡིན་ཏེ། བོད་དུ་དམ་པའི་ཆོས་བྱུང་བའི་ལོ་རྒྱུས་ནི་རྒྱལ་རབས་ལ་མ་བརྟེན་པར་བརྗོད་པར་མི་ནུས་པའི་ཕྱིར་རོ། །

གཉིས་པ་དོན་དངོས་ལ་གཉིས་ཏེ། བསྟན་པའི་མེ་རོ་སྨད་ནས་བླང་བའི་ཚུལ་དང་། དེ་སྟོད་ནས་བླངས་པའི་ཚུལ་ལོ། །དང་པོ་ནི་རྩ་བས་མ་ཟིན་ཀྱང་། བསྟན་པ་ཕྱི་དར་གྱི་ལོ་རྒྱུས་ཀྱི་གཞི་མ་ལྷ་བུར་སྣང་བས་འབྲེལ་པས་ཁ་བཀང་སྟེ་བཤད་པར་བྱའོ། །རྒྱལ་པོ་གླང་དར་མས་བསྟན་པ་བསྣུབས་ནས་དབུས་གཙང་དུ་སྡོམ་པ་འབོགས་ལེན་དང་ཆོས་ཉན་བཤད་མེད་པ་ལོ་བདུན་ཅུ་ཐམ་པ་བྱུང་ཞེས་གྲགས་ཏེ། འོན་ཀྱང་བསྟན་པ་སྔ་དར་གྱི་དུས་ཀྱི་ཁྲིམ་པའི་རྡོ་རྗེ་འཛིན་པ་འགའ་ཞིག་གིས་སྔགས་ལམ་ཟབ་མོ་སྦྲས་ནས་ཉམས་སུ་བླངས་པས་ཙུང་ཟད་ཡོད་པར་མངོན་ནོ། །དེའི་ཚེ་གཙུག་ལག་ཁང་གི་མདེ་མིག་གནས་བརྟན་དགྲ་བཅོམ་པ་ཞེས་པ་ཤམ་ཐབས་གོང་བ་ཅན་གྱོན་པ་ཞིག་གིས་འཛིན། དབྱར་ཟླ་བ་གསུམ་རྩ་བཞི་རྣ་ཐོས་ལ་བསྲུང་། དེ་ནས་དགག་དབྱེ་བྱེད་ཟེར་ནས་མི་བསྲུང་། དེའི་ཚེ་ཤི་བའི་དགེ་བ་ལ་གླྭག་འདོན་དར་ཞིང་། དེ་ཡང་སུམ་བརྒྱ་པ་རྩ་འགྲེལ་དང་ཡུམ་རྒྱས་པ་སོགས་འདོན་པས་དམར་པོ་འདི་ནག་པོ་འདིས་འཆད་པར་འདུག་ཅེས་པ་ཙམ་བྱུང་ངོ་། །

དེ་ཡང་གཙང་རབ་གསལ། གཡོ་དགེ་འབྱུང་དམར་ཤཱཀྱ་མུ་ནེ་གསུམ། ཆུ་བོ་རི་ན་བསྒོམ་གྱིན་ཡོད་

པས། རྒྱལ་པོ་གླང་དར་མས་བསྟན་པ་བསྣུབས་པའི་གཏམ་ཐོས་ཏེ། འདུལ་བའི་གླེགས་བམ་དྲེལ་ཁལ་གཅིག་བཀལ་ནས་སྟོད་ཕྱོགས་ལ་བྲོས་ཏེ། མངའ་རིས་ནས་ཧོར་ཡུལ་དུ་ཕྱིན་ཏེ། དེར་བསྟན་པ་དར་བར་བྱ་སྙམ་པ་ལས་དར་བར་མ་ནུས་ཏེ། མདོ་སྨད་བེ་རི་ཚ་ཚོན་ཚུར་བྱུང་སྟེ། རྨ་ལུང་རྡོ་རྗེ་བྲག་ར། ཨན་ཆུང་གནམ་རྫོང་དན་ཏིག་ཞིག་ཤེལ་གྱི་ཡང་དགོན་ན་བསྒོམ་ཞིང་ཡོད་པའི་ཐད་དུ། བོན་པོའི་བུ་མུ་གཟུ་གསལ་འབར་ཞེས་པ་དང་འཕྲད་དེ། དད་གནས་རབ་ཏུ་འབྱུང་བར་ཞུས་པས་གཙང་གིས་མཁན་པོ། གཡོས་སློབ་དཔོན་བྱས་ནས་རབ་ཏུ་བྱུང་ཞིང་། མཚན་དགེ་བ་རབ་གསལ་ཏུ་བཏགས། ཕྱིས་ཐུགས་རབ་ཆེ་བས་དགོངས་པ་གསལ་དུ་གྲགས་སོ། །

དེ་ནས་སྤྱར་གྱི་མཁན་སློབ་དང་། དམར་གྱི་གསང་སྟོན། རྒྱའི་ཧ་ཤང་ཀེ་དབང་དང་། གྱི་བ་གཉིས་ཀྱིས་ཁ་སྐོང་བྱས་ཏེ་བསྙེན་པར་རྫོགས་སོ། །གཞན་ཡང་མཁན་སློབ་དེ་དག་ལ་གྲུམ་ཡེ་ཤེས་རྒྱལ་མཚན་དང་། སྣུབས་བྱང་ཆུབ་རྒྱལ་མཚན་སོགས་ཁམས་པ་མང་པོ་རབ་ཏུ་བྱུང་ཞིང་། བསྙེན་པར་རྫོགས་ནས་འདུལ་བ་དང་མངོན་པ་སོགས་ཀྱི་བཤད་པ་ཡང་མཛོས་སོ། །དེའི་ཚེ་བོད་ཀྱི་སྐྱེ་བོ་ཕལ་ཆེར་བླང་དོར་ལ་རྨོངས་པའི་མུན་པ་སེལ་བར་བྱེད་པ། དགེ་བའི་བསམ་པ་དཀར་ཕྱོགས་ཀྱི་ཟླ་བ་རིམ་གྱིས་རྗེ་ཆེར་འཕེལ་ནས། དབུས་ཀྱི་མངའ་བདག་ཚལ་ན་ཡེ་ཤེས་རྒྱལ་མཚན་དང་། ཁྲི་པ་ཡབ་སྲས་ལ་སངས་རྒྱས་བྱང་ཆུབ་སེམས་དཔའ་རྣམས་ཀྱིས་ཡེ་ཤེས་ཀྱི་འོད་ཟེར་རྗེས་སུ་ཞུགས་ཏེ། ཡབ་མེས་གོང་མ་རྣམས་ཀྱི་རྣམ་ཐར་བཟང་པོ་རྗེས་སུ་དགོངས། རྒྱལ་པོ་གླང་དར་མ་ལ་སོགས་པའི་སྤྱོད་པ་ངན་པ་ལ་རང་གི་ངང་གིས་རྗེས་སུ་མི་མཐུན་པར་རྟོགས། སྔོན་གྱི་ཡབ་མེས་ཀྱི་སྲོལ་བཟང་པོ་བསབ་པར་དགོངས་པ་ན། མདོ་སྨད་ན་སངས་རྒྱས་ཀྱི་བསྟན་པ་ཡོད་པའི་གཏམ་རྗེས་སུ་ཐོས་ཏེ། རང་གི་འབངས་ལས། ཀླུ་མེས་ཚུལ་ཁྲིམས་ཤེས་རབ་འབྲིང་ཡེ་ཤེས་ཡོན་ཏན་སྦ་ཚུལ་ཁྲིམས་བློ་གྲོས། རབ་ཤི་ཚུལ་ཁྲིམས་འབྱུང་གནས། གསུམ་པ་ཡེ་ཤེས་བློ་གྲོས་ཏེ་ལྔ། ཞབས་འོག་གི་འབངས་བླའི་མཆོད་གནས་སུ་བྱ་བར་ཞལ་གྱིས་བཞེས་ནས་སྡོམ་པ་ལེན་པའི་ཕྱིར་མདོ་སྨད་དུ་བཏང་ངོ་། །

དེའི་གཏམ་གཙང་གི་བཙན་པོ་རྣམས་ཀྱིས་ཀྱང་གསན་ནས་ལོ་སྟོན་རྡོ་རྗེ་དབང་ཕྱུག །ཚོང་བཙུན་ཤེས་རབ་སེང་གེ། མངའ་རིས་འོ་བརྒྱད་སྤྲུན་གཉིས། པོ་དོང་བཞུ་པ་དེ་དཀར་པ་དང་ལྷ་པོའང་ཁམས་སུ་བཏང་ངོ་། །དེའི་ཚེ་བླ་ཆེན་དགོངས་པ་རབ་གསལ་གྱིས་མཁན་པོ་དང་། གཙང་དང་དབུས་ལས་སློབ་དང་གསང་སྟོན། དམར་དང་ཧ་ཤང་སོགས་ཀྱིས་ཁ་སྐོང་བྱས་ཏེ་ཐམས་ཅད་ཚིག་རྫོགས་སུ་བྱས་སོ། །དེ་དག་དབུས་གཙང་དུ་འབྱོན་པ་ན། མཁན་སློབ་ཀྱིས་ཁྱེད་རྣམས་གནས་གཞི་གཅིག་ཏུ་འདུག་ཅིག་ཅེས་བསྔམས་ཤིང་། གཞན་རྣམས་ཀྱིས་ཡར་ལ་བྱོན། ཀླུ་མེས་ཀྱིས་གྲུམ་ལ་འདུལ་བ་གསན་པའི་ཕྱིར་བཞུགས་སོ། །དེ་ནས་རིམ་གྱིས

བཅུ་པོ་ཕྱོགས་གཅིག་ཏུ་དབུས་སུ་ཕེབས་ཏེ། བཙན་པོ་ཡབ་སྲས་ཀྱིས་བསུ་བ་དང་སྣེ་ལེན་བཟང་པོ་བྱས་ཏེ། ཐོག་མར་བསམ་ཡས་སུ་བྱོན་ནས། ཀླུ་མེས་ཀྱི་ཀ་ཚུ། སྲས་དབུ་ཚལ་དང་དབུ་རྩེ། རག་ཤིག་དགེ་རྒྱས། འབྲིང་གིས་ཁམས་གསུམ་བཟུང་ཞེས་མཁན་ཆེན་པའི་ཆོས་འབྱུང་ལས་བཤད་ཅིང་། ཁ་ཅིག་ཀླུ་མེས་ལ་དབུ་རྩེ་ཕུལ་བས་མ་བཞེས་པར་སྒྱི་མཆོད་དུ་བཞག་ཅེས་དང་། ཁ་ཅིག་ལས་དབུ་རྩེ། དབུ་ཚལ། དགེ་རྒྱས་གསུམ་ཀ་སྲུ་རིགས་བཟུང་ཞེས་ཀྱང་འཆད་དོ། །དེའི་ཚེ་བོད་ཀྱི་མི་ཕལ་ཆེར། ཁྲལ་དམག་ལས་གསུམ་གྱིས་ནི་མ་མནར། དད་པའི་འཇུག་པ་ནི་ལེགས་པར་སད་པས་རབ་བྱུང་ཤིན་ཏུ་མང་སྟེ། གནས་གཞི་སོ་སོར་གྱེས་པ་ནི། ཀླུ་མེས་ལ་གནས་གཞི་འཛིན་པའི་སློབ་མ་ཀ་བ་བཞི། གདུང་དྲུག །ལྟུམ་བཅུ། གྲལ་མ་སུམ་ཅུ་སོ་གཉིས་ཞེས་གྲགས་ཀྱང་དེ་དག་འདི་དང་འདིའོ་ཞེས་པ་མ་མཐོང་ཞིང་། ཀ་བ་བཞི་ནི། ཀླུ་མེར་ཚུལ་ཁྲིམས་འབྱུང་གནས་ཀྱིས་སོལ་ནག་ཐང་པོ་ཆེ་བཙུགས། དེ་ལས་ཆད་པ་ལ་ཐང་བདེ་ཟེར། ཞང་སྣ་ནམ་རྡོ་རྗེ་དབང་ཕྱུག་གིས་སྟོད་ལུང་ར་ཚག་དང་། འཕན་ཡུལ་རྒྱལ་ལྷ་ཁང་བཙུགས། དེ་ལས་ཆད་པ་ལ་ཞང་སྐོར་ཟེར། རྔོག་བྱང་ཆུབ་འབྱུང་གནས་ཀྱིས་ཡེར་པ་བསྟན་བཙུགས། དེ་ལས་ཆད་པ་ལ་རྔོག་ཚོ་བསྐོར་ཟེར། སྣུབ་ཡེ་ཤེས་རབ་ཀྱིས་རྒྱས་པར་སྣང་དང་། གླག་མདའ་ལྷ་ཁང་ཚལ་ཆུང་རྣམས་བཟུང་། དེ་ལས་ཆད་པ་ལ་བརླན་སྐོར་ཟེར་རོ་ཞེས་ཆོས་འབྱུང་དུ་བཤད་དོ། །

ཁ་ཅིག་གཡོར་པོ་ན། ཀླུ་མེས་ཀྱི་སྡེ་པ་ཆེ་བ་གསུམ་ནི། ཀླུ་མེས་ཀྱི་མཁན་བུ་གཟུས། དེའི་མཁན་བུ་གྲ་པ་མངོན་ཤེས་ཀྱིས། གྲ་ཐང་ལ་སོགས་པའི་གཙུག་ལག་ཁང་མང་དུ་བཙུགས་པས། སྟོད་ན་མངགས་སྡེའི་བསྐོར་ཟེར་ཞིང་། བར་ན་ཐང་བདེའི་སྐོར་དང་། གྲུབ་མེར་གྱི་མཁན་བུ་ཡེ་ཤུད་རྒྱལ་བ་འོད་ཀྱིས། ཁྲབ་ལ་ཁའི་ཕུག་པོ་ཆེ་བཟུང་བས་སྨད་ན་ཡང་ཤུད་ཀྱི་བསྐོར་ཟེར། འབྲིང་གིས་ངན་ལམ་སྒྱི་མོ་བཙུགས། དེ་ལས་མཆེད་པ་ལ་འབྲིང་ཚོ་ཟེར། སྲས་སྤྱངས་འགྲུར་ལྷ་ཁང་བཙུགས། དེ་ལས་མཆེད་པ་སྤྱུ་ཚོ་ཟེར། རག་ཤིས་ཀ་ཚལ་དང་ཞ་ལྷ་ཁང་བཟུང་། དེ་ལས་མཆེད་པ་རག་ཚོ་ཟེར་རོ། །གཙང་པ་ལྷ་པོས་རེ་ཤིག་བསམ་ཡས་སུ་བཞུགས། དེ་ནས་གཙང་དུ་བྱོན་ཏེ་ལོ་སྟོན་གྱིས་ཉངས་སྨད་རྒྱན་གོང་བཙུགས། དེ་ལས་མཆེད་པ་ལ་ལོ་ཚོའི་སྡེ་པ་ཤིན་ཏུ་མང་ངོ་། །ཚོང་གེ་ཤེས་རབ་སེང་གེས་རྩིས་ཀྱི་ཡང་དབེན་བཟུང་། དེ་ལས་མཆེད་པ་ལ་ཚོང་ཚོའི་སྡེ་པ་ཤིན་ཏུ་མང་ངོ་། །

ཁ་ཅིག་ན་རེ་ཚོང་འདུས་འགུར་མོའི་དབུས་ན། ཚོང་འདུས་འགུར་མོ་རིན་པོ་ཆེའི་གླིང་ཞེས་པའི་ལྷ་ཁང་བཞེངས་སོ་ཞེས་གསུངས་སོ། །གཞན་ཡང་གཙང་ནས་འ་ཞ་མགོ་པོ་ཆེའི་བུ། འ་ཞ་ཡེ་ཤེས་གཡུང་དྲུང་གིས

ཁམས་སུ་སྡོམ་པ་ལེན་དུ་ཕྱིན་པས། གྲི་བོ་མཆོག་སླ་བྱ་བ་ལ་བཀའ་དྲིན་ཞུས་པས། སྡོམ་པ་ནོད་ལོང་མེད་པར་མཁན་པོ་འདས་ཀྱང་། ངས་སྡོམ་པ་ཐོབ་སྙེ། མཁན་པོ་ན་རེ། ངས་རྒྱ་གཏོར་བཏང་ལ་འོང་ཟེར་བས་སོ་བྱས་པས། དགེ་ཚུལ་རྒྱ་གཏོར་མ་ཞེས་གྲགས། དེའི་བརྒྱུད་པ་ལ་འཚོར་གྲགས་སོ། །ཡང་འདྲི་གཞོན་ཚུལ་གྱིས་ཁམས་སུ་ཡ་ཟི་བོན་སྟོན་བྱ་བ་ལ་བཀའ་དྲིན་ཞུས་པས། སྡོམ་པ་སྦྱིན་ལོང་མེད་པར་མཁན་པོ་འདས། ངས་བསྙེན་རྫོགས་ཐོབ་པ་ཡིན་ཏེ། མཁན་པོ་ན་རེ་དེར་བས་ཟེར་བས་སོ་བྱས་པས་དེར་བས་ཀྱི་བསྙེན་རྫོགས་སུ་གྲགས་སོ། །དེའི་བརྒྱུད་པ་ལ་འདྲེ་ཚོ་ཟེར་རོ། །ཁམས་སུ་མི་བཅུ་ཕྱིན་ཡང་དབུས་ཀྱི་སུམ་པ་དང་། གཙང་གི་འོ་བརྒྱུད་སྤུན་གཉིས་དང་། ཨུ་པ་དེ་ཀར་ར་རྣམས་ལས་སྡེ་པ་མ་བྱུང་བས། དབུས་གཙང་གི་མི་དྲུག་ཏུ་གྲགས་ཤིང་། འ་འདྲེ་གཉིས་དང་སྡེང་ས་བརྒྱུད་ཡིན་ཞིང་། ཐམས་ཅད་བླ་ཆེན་གྱི་བརྒྱུད་དོ། །

ཁ་ཅིག་ན་རེ། དྲགས་པོ་ན་སྒྲུབས་སྡེ་ཞེས་པ་ཡང་ཡོད་དོ་ཟེར་རོ། །དེའི་ཚེ་དགེ་འདུན་གྱི་འཚོ་བའི་ཡོ་བྱད་དུ་དད་པ་ཅན་གྱིས་ཞིང་གཞིས་འབུལ་བ་དུ་མ་བྱུང་ཞིང་། དེ་དག་གི་སོ་ནམ་གྱི་དཔོན་ལ་མིང་གནས་བརྟན་དུ་བཏགས་ཤིང་། དེ་ལ་འཁོར་མང་དུ་འདུས་པས་སྡེ་པར་གྲགས་ཤིང་། རྒྱལ་རྒྱུད་རྣམས་ནུས་པ་ཆུང་ངུ་སོང་ནས་སྡེ་བརྩད་ཀྱི་འཁྲུག་པ་དང་། སྡེ་པ་ཕན་ཚུན་རྩོད་པ་མང་དུ་བྱུང་ཡང་། རབ་ཏུ་བྱུང་བ་ལ་སུས་ཀྱང་གནོད་པ་མི་བྱེད་དོ། །དེ་ལྟར་མི་རབས་གཅིག་ཙམ་གྱི་ཡུན་ལ། ནམ་མཁའི་རྒྱུ་སྐར་གྱི་གྲངས་དང་མཉམ་པའི་དགེ་འདུན་གྱི་སྡེ་ཚོད་འདིར་བྱུང་བས། བསྟན་པའི་གཞི་མ་ལྷག་པ་ཚུལ་ཁྲིམས་ཀྱི་བསླབ་པ་དར་ཞིང་རྒྱས་པ་ཡིན་ནོ། །དེ་ཡང་མཛོད་ལས། །ཚུལ་གནས་ཐོས་དང་བསམ་ལྡན་པ། །བསྒོམ་པ་ལ་ནི་རབ་ཏུ་སྦྱོར། །ཞེས་བསྟན་པའི་གོ་རིམ་གསུངས་པ་ལྟར་བྱུང་བ་ཡིན་ཏེ། དེ་ལྟར་ཚུལ་ཁྲིམས་ཀྱི་བསླབ་པའི་གཞི་བཏིང་ནས། ཐོས་བསམ་གྱི་མེ་ཏོག་བསྐྲུན་པའི་ཕྱིར་འཆད་ཉན་བྱུང་བའི་ཚུལ་ལ། འདུལ་བ་དང་མངོན་པ་ཕར་ཕྱིན་དང་དབུ་མ་དང་། སྤྱོད་ཕྱོགས་དང་། ཚད་མ་བྱམས་ཆོས་ཕྱི་མའི་འཆད་ཉན་བྱུང་བའི་ཚུལ་ལ་ལྔ་ལས་དང་པོ་ནི། རབ་ཏུ་བྱུང་བའི་དང་པོར་སྡོམ་པ་ལེན་པ་དང་། བར་དུ་བསྲུང་བ། ཐ་མ་ཉམས་ན་ཕྱིར་བཅོས་པ་སོགས་ཀྱི་བསླབ་བྱ་རྣམས་ནི་འདུལ་བ་ཁོ་ན་ལས་འབྱུང་བས། སྡེ་སྣོད་གཞན་གཉིས་ལས་ཀྱང་ལྷག་པར་གཅེས་སྤྲས་སུ་བྱ་བར་མདོ་སྡེ་དུ་མ་ནས་གསུངས་ཤིང་། བསྟན་པའི་ཉིན་བྱེད་རྙིང་འཁྲུག་སྤྲིན་གྱིས་སྒྲིབས། །རིན་པོ་ཆེའི་ཕྲེང་བ་ལས་ཀྱང་། དེ་ནས་རབ་ཏུ་བྱུང་བ་ཡི། །དང་པོར་བསླབ་ལ་རབ་གུས་ཤིང་། །སོ་སོ་ཐར་པ་འདུལ་བྱས་པ། །མང་ཐོས་དོན་གཏན་དབབ་ལ་སྙིམ། །ཞེས་པ་ལྟར་དགོངས་ནས། ཐོག་མར་འདུལ་བའི་བཤད་པ་བྱུང་སྟེ། དེ་ཡང་དམར་གཡོ་གཙང་གསུམ་གྱིས་བླ་ཆེན་ལ་གསུངས་ཤིང་། དེ་ནས་གྲུམ་ཡེ་ཤེས་རྒྱལ་མཚན། ཀླུ་མེས། ཀ་ཆུ་བ་གཞུང་

རྡོ་རྗེ་རྒྱལ་མཚན། དེ་ལ་སློབ་མ་གཟུངས་ཀྱི་བུ་བཞིར་གྲགས་པ་བྱུང་སྟེ། ཀླུན་ཚུལ་ཁྲིམས་བྱང་ཆུབ། ཀ་ཆུ་བ་ཚུལ་ཁྲིམས་འབྱུང་གནས། སྣེལ་པོ་གྲགས་པ་རྒྱལ་མཚན། འཛིམས་པ་ཤེས་རབ་འོད་དོ། །སྣེལ་པོའི་སློབ་མ་སོག་ཚུལ་ཁྲིམས་བླ་མ། ཀ་ཆུ་བའི་སློབ་མ་ཉང་འཚམས་རིན་ཆེན་བླ་མ། འཛིམས་པའི་སློབ་མ་ཀོ་ཁྲིམ་པ་ཡེ་ཤེས་བླ་མའོ། །དེ་ཡན་ཆད་དུ་མདོ་རྒྱ་ཆེར་འགྲེལ་དང་། བླ་མའི་གསུང་སྒྲོས་ཙམ་ལ་བརྟེན་པའི་བཤད་པ་གཙང་ཁྲུག་གེ་བ་ཞིག་ཡོད་ཅིང་། དེ་ནས་རྒྱ་འདུལ་བ་འཛིན་པ་ཆེན་པོ་དབང་ཕྱུག་ཚུལ་ཁྲིམས་ཀྱིས། འཛིམས་པ་མ་རྫོགས་གཟུངས་ཀྱི་བུ་གསུམ་དང་། སོག་ཚུལ་ཁྲིམས་བླ་མ་སོགས་གསུམ་སྟེ། དྲུག་པོ་རྣམས་ལས་གསན་པས་དེ་དག་ལ་རྒྱའི་བླ་མ་རྣམ་དྲུག་ཅེས་གྲགས་སོ། །བླ་མ་འགའ་ཞིག་ལས་གླེང་གཞི། འགའ་ཞིག་ལས་རྒྱ་ཚོགས་ཡན་ལག་བརྩེས་དང་། འགའ་ཞིག་ལས་ནད་ཀ་རྒྱ་མཚན་ཏེ། ལུང་ལས་གསུངས་པའི་དོན་ལ་རིགས་པས་དཔྱོད་པའོ། །དེ་དག་རྙེད་ཅིང་གཞན་ཡང་རྩ་བ་དང་བཤད་པའི་ལུང་གི་འགྲེལ་པ་རྣམས་དང་། མདོ་ཉིད་ཀྱི་འགྲེལ་པ་གཞན་གསུམ་དང་། ཀ་རི་ཀ་གཉིས་དང་། འོད་ལྡན་ལ་སོགས་པ་རྣམས་ལ་བརྟེན་ལུང་གི་བཤད་པ་རྒྱ་ཆེན་པོ་དང་། དེ་དག་ལ་རིགས་པའི་དགག་སྒྲུབ་མང་དུ་སྦྲོས་པའི་བཤད་པའི་སྲོལ་ཆེན་པོ་མཛད་དེ། དེ་ཡང་དགུང་ལོ་སུམ་ཅུ་རྩ་བདུན་ནས། བརྒྱད་ཅུའི་བར་དུ་མདོ་རྩ་ལུང་དང་སྦྱར་བའི་བཤད་པ་མཛད་ཅིང་། ལུང་སྡེ་བཞི་མཐའ་དག་ཐུགས་ལ་མངའོ། །དེ་ནས་ལོ་ལྔའི་བར་དུ་སོ་སོ་ཐར་པའི་མདོ་དང་། ཀ་རི་ཀ་གཉིས་ཀ་ཙམ་གསུངས་ཀྱི། གཞུང་ཆེན་པོ་ནི་མ་གསུངས་སོ། །བརྒྱད་ཅུ་གྱ་ལྔ་ལ་གཤེགས་ཤིང་། འདི་ནི་ངེས་པར་བྱང་ཆུབ་སེམས་དཔའ་ཆེན་པོ་ཞིག་སྟེ། སློབ་མ་ཀྱཱ་ཚར། ཀ་བ་བཞི་ནི། དབུས་ཀྱི་རྨ་ཅོ་བྱང་ཆུབ་རྡོ་རྗེ་དང་། རོ་གདན་ནག་པོ་དར་ཚུལ་དང་། གཙང་གི་མཐའ་བཞི་བརྩོན་འགྲུས་འབར་དང་། མདར་འདུལ་བ་འཛིན་པའོ། །རྨ་ཅོ་འདུལ་འཛིན་ཡང་འདུལ་བ་ལ་ཤིན་ཏུ་མཁས་ཤིང་ལུང་མཐའ་དག་གཞུག་ཐོན་དུ་ཐོན། དེ་ལ་སློབ་མ་ལྔ་བརྒྱ་ཙམ་བྱུང་བའི་ནང་ནས་ཞར་ཆོས་ཆེ་བ་བཞི་ནི། གནམ་འཕར་བ་ཆེན་པོ། ཞུ་ལྡན་པ། རོག་འཆིམས་ཕུ་བ། ཛ་འདུལ་བ་འཛིན་པ་ཆེན་པོའོ། །དེའི་སྐུ་ཆེ་སྟོད་ལ་དབུ་ཚད། ཡོ་ག་དང་། བདེ་མཆོག་ལ་སོགས་པ་བསླབས། བཀའ་གདམས་ཀྱི་གདམ་ངག་མང་པོ་གསན་ནས་ཐུགས་ཉམས་སུ་བཞེས། སྐུ་ཆེ་སྨད་ལ་ཀྱི་ཤོད་ཟུལ་ཕུའི་དགོན་པ་བཏབ་ནས་ཚོགས་པ་ལོ་དགུ་བསྐྱངས། འདུལ་བའི་བཤད་པ་མཛད་པས། རྩེས་པ་གཞོན་ནུ་སེང་གེ་སོགས་སློབ་མ་མང་དུ་བྱུང་ཞིང་། སྡོམ་རྒྱུད་འཛིན་པའི་སློབ་མ་རྣལ་འབྱོར་བྱང་སེང་དང་། རྗེ་མོ་ཆོས་སེང་། ཆ་པ་ཆོས་ཀྱི་སེང་གེ །གཙང་ནག་པ། དྭགས་པོ་ལྷ་རྗེ། དཔལ་ཕག་མོ་གྲུ་པ་ལ་སོགས་པ་མཐའ་ཡས་པ་ཞིག་བྱུང་ངོ་། །རོ་གདན་ནག་པོའི་སློབ་མ་ཤ་མི་ཡར་སྟོད་པ་སྨོན་ལམ་འོད། དེའི་སློབ་མ་ཀ་བ་དར་མ་སེང་གེས་སྟོད་ལུངས

ཀྱི་ཐག་མ་ལྷ་ཁང་དུ་བཤད་པ་བྱུས། ཀ་བ་ལི་འགྲིམས་པ་སྟོང་ཙམ་བྱུང་། ཐག་མ་ཀ་ཆེན་དུ་གྲགས། དེའི་སློབ་མ་གཞུང་གི་གཤེད་དཀར་བ། སྤྲལ་ཧི་ཧྲཱིཿསྲས་ཀྱིས་ཐོག་མར་ཟླུལ་ཕུར་བྱོན། དེ་ནས་ཐག་མར་བྱོན། འདུལ་བ་མཁས་པར་མཁྱེན་ནས། བྲང་ར་མོ་ཆེར་ཆོས་གཞི་མཛད། རྟེང་ལ་སྐྱེར་མོ་ལུང་བཏབ་ཅིང་། གནས་བརྟན་ཡན་ལག་འབྱུང་གི་སྤྲུལ་བར་གྲགས་སོ། །

ཀ་ཆེན་གྱི་སློབ་མ་དཔལ་ཆེན་རྡོ་རྗེ་གཞོན་ནུས་ཐག་མ་རང་དུ་འཆད་ཉན་མཛད། དེའི་སློབ་མ་རྣལ་འབྱོར་བྱང་སེང་གིས་འཕན་ཡུལ་གྱི་གྲོང་བཏབ་ནས། བཤད་ཉན་བཙུགས། དེའི་གཟིམ་གཡོག་པད་དཀར་སྟོན་ནམ་གྱིས། ཆ་ཕུ་བྲག་སམ་བཏབ་བཤད་ཉན་བཙུགས་སོ། །རྒྱ་འདུལ་བ་འཛིན་པའི་སློབ་མ་བར་ཚར་གྱི་ཕོ་རྩལ་ཁྲིམས་འཕགས་ཀྱིས། ཀྱི་ཤོད་ནེའུ་ཡི་གཙུག་ལག་ཁང་དུ་འདུལ་བའི་བཤད་པ་བཙུགས་སོ། །ཕྱི་ཚར་བྲག་དམར་རྡོ་རྗེ་ཕུར་བུ་སྟེ། དེ་དང་གཙང་གི་ཀ་ཆེན་གཉིས་ལས་གཙང་སྟོད་ཀྱི་འདུལ་འཛིན་ཕལ་ཆེར་བྱུས་པ་ཡིན་ནོ། །

དེ་ནི་མདོ་སྨད་ནས་དར་བས་མས་དར་དུ་གྲགས་ཤིང་། དབུས་གཙང་པ་མི་དྲུག་གམ་བརྒྱད་ལས་སྟེ་པ་སོ་སོར་གྱེས་ཀྱང་། འདུལ་བ་མས་དར་གྱི་བཤད་པ་ནི་ཀླུ་མེས་ཁོ་ན་ལས་བྱུང་བ་ཡིན་ནོ། །ཀླུ་མེས་དང་དུས་མཚུངས་སུ། གྲ་ཁྲི་ཕུ་པ། ཀློང་ལེགས་པའི་ཤེས་རབ་ཀྱིས་བལ་པོའི་འདུལ་འཛིན་ཤཱཀྱ་སེ་ན་ལ་གནང་ནས། གྲ་ཁྲི་སྨད་པ་སྐྱོགས་ཤེས་རབ་འབྱུང་གནས་ལ་བཤད་ཅིང་། དེས་ཡར་ལུང་གད་པ་སྟེ་སུ་བཤད་པ་བྱུས་པས། སྐྱོགས་གད་པ་སྟེངས་པར་གྲགས། དེ་ལ་གཟུས་ཀྱིས་གསན་པས་ཡས་དར་དུ་གྲགས་ཤིང་། དེ་ཕྱིན་ཆད་ཡས་དར་མས་དར་གྱི་བཤད་པ་གཅིག་ཏུ་འདྲེས་པ་ཡིན་ནོ། །དེ་དག་ཀྱང་སྨད་འདུལ་བ་ཁོ་ན་ཡིན་ནོ། །

གཉིས་པ་ཆོས་རྣམས་ཀྱི་རང་དང་སྤྱིའི་མཚན་ཉིད་ཕྱིན་ཅི་མ་ལོག་པར་ཤེས་ནས། འཐེལ་བའི་གཏམ་གྱིས་རང་གཞན་དགའ་བ་བསྐྱེད་པའི་ཕྱིར། ཆོས་མངོན་པ་དང་རང་སྤྱིའི་མཚན་ཉིད་ལེགས་པར་ཤེས་ནས། རྒྱལ་བའི་ཡུམ་གྱི་དོན་ཟབ་མོ་ཉམས་སུ་བླང་བའི་ཕྱིར། མངོན་རྟོགས་རྒྱན་འགྲེལ་པ་དང་བཅས་པ་ལ་ཕར་ཕྱིན་ཞེས་མིང་བཏགས་པའི་འཆད་ཉན་བྱུང་བའི་ཚུལ་ནི། པཎྜི་ཏ་ཧཱི་ན་མི་ཏྲ་ལ་ཀ་ཅོག་ཞང་གསུམ་གྱིས་གསན་ཞིང་། དེ་དག་ལ་ནམ་ནད་ཟླ་བའི་རྡོ་རྗེས་གསན། དེ་ལ་ལྷ་ལུང་དཔལ་གྱི་རྡོ་རྗེས་གསན། དེས་ཁམས་སུ་བྱོན་པ་སྨྲས་རྒྱལ་བ་ཡེ་ཤེས་ལ། དེས་ཅོག་ཀླུ་མཆོག་གི་ཡེ་ཤེས་ལ་གསུངས། དེ་ལ་གྲུམ་གྱི་མཁན་བུ་སེ་བཙུན་དབང་ཕྱུག་གཞོན་ནུ་ཞེས་པ་རྩིས་ལ་སོགས་པ་འཇིག་རྟེན་གྱི་རིགས་པ་དང་། མངོན་པ་གོང་འོག །ཕར་ཕྱིན། དབུ་ཚད་བསླབ་ཕྱོགས་གསང་སྔགས་རྙིང་མ་སོགས་ལ་ཤིན་ཏུ་མཁས་པའི་བྱང་ཆུབ་སེམས་དཔའ་ཆེན་པོ་ཞིག་

བྱུང་བ་དེས། གཞུང་ལུགས་དེ་དག་ལེགས་པར་གསན་ཞིང་མཁྱེན་ནས། དེ་དག་གི་བཤད་པའང་བརྩམས་སོ། ། དེའི་ཚེ་དབུས་ནས་གར་མི་ཡོན་ཏན་གཡུ་རུང་། ཁུ་སྟོན་བརྩོན་འགྲུས་གཡུ་རུང་། རྣོག་ལེགས་པའི་ཤེས་རབ། འབྲོམ་རྒྱལ་བའི་འབྱུང་གནས་རྣམས་ཁམས་སུ་ཕྱིན་ཏེ། སེ་བཙུན་ལ་ཆོས་དེ་དག་ཅི་རིགས་པར་གསན་ཞིང་མཁྱེན་ནས་དབུས་གཙང་དུ་ཕྱིན་ནས་ཁུ་སྟོན་གྱིས་གར་མི་ལ་ཡང་གསན་ཏེ། ཐང་པོ་ཆེ་དང་འཕྱིན་གྱི་ལྷ་སྡིངས་སོགས་སུ་མངོན་པ་གོང་མའི་བཤད་པ་བྱས་པས། སྐྱ་ཚེ་སྟོད་ཀྱི་སློབ་མ་ར་ཁྲི་བཟང་འབར། རྒྱ་རྒྱལ་བ་ཚུ་ལེ། ལི་སྟོན་ཆོས་གྲགས་གསུམ་ལ་ར་རྒྱ་ལི་གསུམ་དུ་གྲགས། སྐྱ་ཚེ་སྨད་ཀྱི་སློབ་མ་བྲ་ཏི་དར་མ་སྙིང་པོ། ཀོ་བོ་ཡེ་ཤེས་འབྱུང་གནས་ལ་བྲང་ཀོ་གཉིས་སུ་གྲགས། རང་ཁྲི་བཟང་འབར་གྱིས་དྲུར་མིག་ཏུ་བཏབ་ཀྱང་བཤད་པ་བྱས་ཤིང་། རྒྱ་རྒྱལ་བ་ཚུ་ལེས། སྣག་ཚལ་གྱི་བྱ་ཆོས་མཁར་པོ་ཆེར་བཤད་པ་བྱས། ལི་སྟོན་གྱིས་འདིར་བཤད་པ་བྱས་ཟེར་བ་མ་ཐོས། བྲང་ཏིས་རོང་དྲུར་མིག་ཏུ་ས་སྡེ་དང་མངོན་པ་ཀུན་ལས་བཏུས་ལ་སོགས་ཐུགས་ལས་གསུངས། གྲྭ་པ་སུམ་སྟོང་ཙམ་དུས་རེ་ལ་འདུས། རྣོག་ལོ་དང་འགྲན་བཟོད་པའི་ཕྲིན་ལས་བྱུང་ཞིང་། བླ་མ་ས་སྐྱ་པ་ཆེན་པོ་ལ་སོགས་པའི་སློབ་མ་བསམ་གྱིས་མི་ཁྱབ་པ་བྱུང་ངོ་། །ཀོ་བོ་ཡེ་ཤེས་འབྱུང་གནས་ཀྱིས་ཀྱང་སྐྱུའི་གནས་པོ་ཆེར་མངོན་པའི་བཤད་པ་མཛད་པས་ཕྲིན་ལས་ཆེན་པོ་བྱུང་ངོ་། །དེ་ལྟར་ན་དེ་དུས་ཀྱི་འདུལ་བ་མངོན་པ་འཆད་པའི་དགེ་བཤེས་རེ་རེའི་སློབ་མའི་གྲངས་ཙམ་ཡང་དེང་སང་བོད་ཀྱི་རྒྱལ་ཁམས་ཀུན་ན་མི་སྣང་ངོ་། །

མངོན་པ་འོག་མ་ནི། ལྷ་བླ་མ་ཡེ་ཤེས་འོད་བཞུགས་དུས། པ ཎྜི་ཏ་སྨྲྀ་ཏིས་ཛྙཱ་ན་ཀཱིརྟི་དང་། ཕྲ་ལ་རིང་བ་གཉིས། བལ་པོ་པད་མ་རུ་ཙི་ཞེས་པའི་ལོ་ཙྪ་བས་སྤྱན་དྲངས། དེའི་ཚེ་ལོ་ཙྪ་བ་བལ་པོར་ཤི། པཎྜི་ཏ་གཉིས་པོས་བོད་སྐད་མ་ཤེས་པས་དབུས་གཙང་དུ་ལུག་རྫི་བྱེད་དགོས་བྱུང་། ཕྱིས་འཕྲང་ལ་རིང་པས་རོང་དུ་རོང་པ་ཆོས་བཟང་ལ་གྲོང་འཇུག་བྱས། སྨྲྀ་ཏིས་གཙང་ཚོང་འདུས་སུ་ཆང་མའི་གཡོག་པོ་བྱས། ཏ་ནག་ཏུ་ར་འཚོས། ཕྱིས་དཔྱལ་སེ་གཙང་བ་བསོད་ནམས་རྒྱལ་མཚན་གྱིས་སྨན་ལུངས་སུ་སྤྱན་དྲངས་ནས་ཆོས་ཞུས། དེ་ནས་ལྡན་ཀློང་ཐང་དུ་ཆོས་མངོན་པ་མཛོད་ཀྱི་བཤད་པ་བཙུགས། འགྱུར་ཕྱུང་ཟད་བཅོས། རྡོ་རྗེ་གདན་བཞི་དང་མཚན་བརྗོད་ཀྱི་འགྲེལ་པ་སྔགས་དོན་རྣམ་གཟིགས་དང་། འཇམ་དཔལ་གསང་ལྡན་སོགས་ལ་ རང་འགྲུར་མཛད། དེ་དུས་ཆོས་མངོན་པ་མཛོད་གཡས་ཆེ་ཆུང་གཉིས་དང་། ར་ཞགས་ཟླ་བ་ལྷ་རྗེ། གོ་བ་མཆིམས་བརྩོན་འགྲུས་སེང་གེ་ལ་སོགས་ལས་རིམ་པར་བརྒྱུད་ནས་བྱུང་། ལུགས་གཅིག་ལ་སྨྲྀ་ཏིས། ཡ་ཟེ་བོན་སྟོན། སེ་བཙུན། ཟངས་དཀར་མཛོད་ཁུར། ལྷ་རྗེ་གོ་ཀ། ཡར་སྟོད་པ་སྟོན་པོ་བོང་བཀྲ། དབྱེ་པ་ཞང་སྟག་ཚན། ཁུ་རྡོ་སྲས།

འཆིམས་བརྩོན་འགྲུས་སེང་གེ་ཞེས་ཀྱང་ཟེར་རོ། །འདི་ལ་དང་པོ་ནས་ཀྱང་དར་རྒྱས་ཆེར་མ་བྱུང་ཞིང་། དེང་སང་ཡང་མ་ནུབ་ཙམ་མོ། །གཞན་ཡང་ཁུ་སྟོན་གྱིས་ཕར་ཕྱིན་གྱི་བཤད་པ་བྱས་པས་སློབ་མ་མང་དུ་བྱུང་ཞིང་། དེའི་དཔོན་པོ་ཁུ་ཤེས་རབ་བརྩོན་འགྲུས་ཀྱིས། རང་གི་ཁུ་བོ་དང་། འབྲི་ཆེན་པོ་སོགས་ལ་ཕར་ཕྱིན་གསན་ནས། ཊཱི་ཀ་བརྩམས། ཐང་པོ་ཆེ་སོགས་སུ་བཤད་པ་བྱས་པས་གྲྭ་པ་ཁྲི་ཕྲག་ཙམ་འདུས། སློབ་མའི་ཐུ་བོ་ཞང་ཨེ་པ་བྱང་ཆུབ་ལ་སོགས་པ་མང་པོ་བྱུང་ངོ་། །རྔོག་ལེགས་ཤེས་ཀྱང་རྔོ་བོས་ལུང་བསྟན་ནས། གདན་ས་གསང་ཕུ་ནེའུ་ཐོག་བཏབ། ཕར་ཕྱིན་གྱི་བཤད་པ་བྱས་པས་སློབ་རྒྱུད་ཤིན་ཏུ་བཟང་སྟེ། ལོ་ཙྪ་བ་ཆེན་པོ་བརྒྱུད་པ་དང་བཅས་པ་བྱུང་ངོ་། །འབྲོམ་སྟོན་གྱིས་ཀྱང་སྔེ་ཐང་དུ་ཇོ་བོ་ལའང་ཕར་ཕྱིན་གསན་ཞིང་འགྱུར་བཅོས་ནས་བཤད་པ་མཛད་པས། སློབ་མ་འགོ་བ་ནང་གོ་སྟོང་བཙན་བླ་མ་ལ་སོགས་པ་བྱུང་ཞིང་། ཡང་དེ་དུས། ཁམས་པ་ཕྱུ་དར་སྟོན་པ་ཞེས་པས། ཇོ་བོའི་གསུང་ལ་ཟིན་བྲིས་བྱས་ནས་བཤད་པས་ཕར་ཕྱིན་ཁམས་ལུགས་སུ་གྲགས་སོ། །

གསུམ་པ་ལྟ་བའི་མཐར་ཐུག་ཆོས་ཐམས་ཅད་མཐའ་བྲལ་དུ་གཏན་ལ་དབབ་པའི་ཕྱིར། དབུ་མའི་བཤད་ཉན་བྱུང་ཚུལ་ལ་གཉིས་ལས། དང་པོ་རང་རྒྱུད་ཀྱི་གཞུང་ནི། རྔོག་ལེགས་ཤེས་སེ་བཙུན་ལ་གསན་ཞེས་པ་གསལ་བར་བྲིས་པ་མ་མཐོང་ཡང་། ཇོ་བོའི་ལོ་རྒྱུས་ལས། རྔོག་ལེགས་ཤེས་དབུ་མ་ལ་རྩལ་ཐོན་ཞེས་འབྱུང་ཞིང་། ཇོ་བོ་ལ་ལྟ་སར་རྟོག་གེ་འབར་བ་དང་། ཇོ་བོ་ཉིད་ཀྱིས་མཛད་པའི་བདེན་གཉིས་དང་། དབུ་མའི་མན་ངག་སོགས་གསན་ཞེས་པ་མ་གཏོགས། དབུ་མའི་གཞུང་གཞན་གསན་ཞེས་པ་མི་སྣང་བ་དང་། ལོ་ཙྪ་བ་ཆེན་པོའི་རྣམ་ཐར་ལས་ཀྱང་རྒྱ་གར་དུ་དབུ་མའི་གཞུང་གསན་ཞེས་པ་མི་སྣང་ཞིང་། དབུ་མ་གསུངས་པར་བཤད་སྣང་བ་དང་བཀའ་གདམས་ཀྱི་གདམ་ངག་འགའ་ཞིག་ལས། སེ་བཙུན་དབུ་མ་ཐལ་རང་གཉིས་ཀ་ལ་མཁས་པ་ཡིན་བྱ་བ་འདུག་པའི་ཕྱིར་ན། འོས་མེད་ཀྱི་རིགས་པས་སེ་བཙུན་ལ་རྔོག་ལེགས་ཤེས་དང་། དེ་ལ་ལོ་ཙྪ་བ་ཆེན་པོས་གསན་ནས། དབུ་མ་རྒྱ་བ་དང་དེའི་འགྲེལ་པ་ཤེས་རབ་སྒྲོན་མ་དང་། དབུ་མ་རྒྱན་དང་། དབུ་མ་སྣང་བ་རྣམས་ཀྱི་བསྡུས་དོན། སློབ་དཔོན་ཡེ་ཤེས་སྙིང་པོས་མཛད་པའི་བདེན་གཉིས་ཀྱི་ཊཱི་ཀ་བརྩམས་ཏེ་བཤད་པ་མཛད་ཅིང་། དེའི་ཐུགས་སྲས་རྣམས་ལས་རིམ་གྱིས་བརྒྱུད་ནས། ཕྱ་གཙང་། དན་གསུམ་གྱི་དུས་ན་རང་རྒྱུད་ཀྱི་བཤད་པ་ཤིན་ཏུ་དར་རོ། །

གཉིས་པ་ཐལ་འགྱུར་གྱི་གཞུང་ནི། ཕྱ་པ་དང་དུས་མཚུངས་སུ་པ་ཚབ་ཉི་མ་གྲགས་ཀྱིས་ཁ་ཆེར་བྱོན་ཏེ། པཎྜི་ཏ་སུ་མ་ཏི་ལ་གསན། དབུ་མ་རྩ་བའི་འགྲེལ་པ་ཚིག་གསལ་འཇུག་པ་རྩ་འགྲེལ་དང་བཅས་པ་རྣམས

བསྒྱུར་ཞིང་། དེ་དུས་དབུས་ན། ལྷ་ས་བསམ་ཡས་སུ་བཤད་པ་མ་བྱས་ན་གོ་མི་ཆོད་པ་ཙམ་དུ་བརྩི་བས། བསམ་ཡས་སུ་བཤད་པ་བྱས་པ་ལ། པ་ཎྜི་ཏ་མི་འདུག་པས་མི་རྣམས་ཡིད་མ་ཆེས་པ་ལ། སླད་ཀྱིས་པ་ཎྜི་ཏ་ཀ་ན་ཀ་ཝརྨ་སྤྱན་དྲངས། ལྷ་ས་ར་མོ་ཆེར་འགྱུར་དང་བཤད་པ་བྱས་པས། གདོད་ཡིད་ཆེས་ཏེ་ཕྲིན་ལས་ཆེན་པོ་བྱུང་བས་སློབ་མ་རྨ་བྱ་བྱང་ཆུབ་བརྩོན་འགྲུས། གཙང་པ་སར་སྦྲིས། དར་ཡོན་ཏན་གྲགས། ཞང་ཐང་སག་པ་རྣམས་ལ་པ་ཚབ་ཀྱི་བུ་བཞིར་གྲགས་སོ། །ཁ་ཅིག་པ་ཚབ་ནི་ལོ་ཙྪ་བ་ཆེན་པོ་དང་དུས་མཚུངས་ཤིང་། དེའི་བུ་བཞི། རྨ་བྱ་ནི་བྱང་ཆུབ་ཡེ་ཤེས་ཞེས་པ་ཡིན་ནོ་ཟེར་རོ། །ཁྱུ་པ་དང་དུས་མཚུངས་སུ་ཐང་པོ་ཆེར། ཁུ་མདོ་སྡེ་འབར་གྱིས་པ་ཎྜི་ཏ་ཛ་ཡ་ཨ་ནནྟ་སྤྱན་དྲངས་ནས། དེས་རྟོག་གེ་གྲོ་བ་མཛད་ཅིང་། དེ་དང་རྩོད་བཟློག་གི་འགྲེལ་པ་སོགས་བསྒྱུར། ཚིགས་གསལ་དང་འཇུག་པ་ལ་པ་ཚབ་འགྱུར་གྱི་སྟེང་ནས་བཤད་པ་བྱས་པས། ཡར་ལུང་སོགས་སུ་དེ་དག་གི་བཤད་པ་ཤིན་ཏུ་དར་ཏེ། དེའི་དུས་ཤིག་ནས་རང་རྒྱུད་ཀྱི་གཞུང་རྣམས་རིམ་གྱིས་ནུབ་སྟེ། དབུས་གཙང་གི་དབུ་མའི་བཤད་གྲྭ་ཐམས་ཅད་དུ་ཐལ་འགྱུར་གྱི་གཞུང་དར་བས། དེང་སང་རང་རྒྱུད་ཀྱི་བཤད་སྲོལ་མ་ཉམས་པ་ནི་གང་ན་ཡང་མི་སྣང་ཞིང་། ཐལ་འགྱུར་གྱི་གཞུང་འཆད་པར་རློམས་པ་རྣམས་ཀྱིས་ཀྱང་། འཕགས་པ་ཡབ་སྲས་ཀྱི་དགོངས་པ་ཇི་ལྟ་བ་བཞིན་ཤེས་པ་ནི་ཉིན་པར་གྱི་སྐར་མ་ཙམ།

བཞི་པ་སྤྱོད་པའི་མཐར་ཐུག་བདག་གཞན་མཉམ་བརྗེའི་བྱང་ཆུབ་ཀྱི་སེམས་གཏན་ལ་དབབ་པའི་ཕྱིར། སྤྱོད་ཕྱོགས་ཀྱི་བཤད་ཉན་བྱུང་བའི་ཚུལ་ནི། ཇོ་བོ་དང་སེ་བཙུན་ལ་སོགས་འབྲོམ་སྟོན་གྱིས་བསླབ་བཏུས་སྤྱོད་འཇུག་སོགས་གསན་ནས། བྱང་ར་སྒྲེང་དུ་སྐུ་མཆེད་གསུམ་ལ་སོགས་པ་ལ་གསུངས་པས། དེ་དག་གི་ཐུགས་ཉམས་སུ་བཞེས་ཤིང་དེ་ལས་ཀྱང་། པོ་ཏོ་བ་ཆེན་པོས་བསླབ་བཏུས་སྤྱོད་འཇུག་གི་སྟེང་དུ་བྱང་ས་དང་མདོ་སྡེ་རྒྱན། སྐྱེས་རབས་ཆེད་དུ་བརྗོད་པའི་ཚོམས་རྣམས་ཏེ་བཀའ་གདམས་ཀྱི་གཞུང་དྲུག་ཏུ་གྲགས་པ་རྣམས་བཤད་པས་བཀའ་གདམས་གཞུང་པར་གྲགས་སོ། །ཕྱིས་ལོ་ཙྪ་བ་ཆེན་པོས་བློ་ལྡན་ཤེས་རབ་ཀྱིས་ཀྱང་སྤྱོད་འཇུག་ལ་འགྱུར་དང་། ཊཱི་ཀ་དང་། བཤད་པ་མཛད་པས་དེའི་རྒྱུད་འཛིན་རྣམས་ལ་འཕེལ་བ་ཡིན་ནོ། །

ལྔ་པ་དངོས་པོ་སྟོབས་ཞུགས་ཀྱི་རིགས་པས་ལྟ་བའི་མཐའ་དཔྱད་པའི་ཕྱིར་དང་། བྱང་ཆུབ་སེམས་དཔའི་སྤྱོད་པ་རླབས་པོ་ཆེ་དང་། སངས་རྒྱས་ཀྱི་ཡོན་ཏན་རྨད་དུ་བྱུང་བ་གཏན་ལ་དབབ་པའི་ཕྱིར། ཚད་མ་དང་བྱམས་ཆོས་ཕྱི་མའི་འཆད་ཉན་བྱུང་བའི་ཚུལ་ནི། རྔོག་ལེགས་ཤེའི་ཞང་པོ་ཇོ་སྲས་ཆོས་སྐྱབས་ཞེས་པའི་སྲས། ལོ་ཙྪ་བ་ཆེན་པོ་བློ་ལྡན་ཤེས་རབ་ཀྱིས་དགུང་ལོ་བཅུ་བདུན་ཕྲག་རྟུམ་གྱི་བར་དུ་བསྟན་པའི་བྱ་བ་མཛད་དེ། དང་པོ་ལ་རང་གི་ཁུ་བོ་དང་བསྟན་ཚུལ་ཁྲིམས་བྱང་ཆུབ་ལས་རབ་ཏུ་བྱུང་སྟེ། འདུལ་བ། ཕར་ཕྱིན་དབུ་མ་

སོགས་ལ་ཐུགས་སྨྲོངས་མཛད། གཉིས་པ་ལ། ཆོས་འཁོར་བཙན་པོ་དབང་ཕྱུག་སྡེ་ཞེས་པས་བདག་རྐྱེན་བྱས་ཏེ་ཁ་ཆེར་བརྩོངས་ཤིང་། ལམ་དུ་མངའ་རིས་ཀྱི་མངའ་བདག་རྩེ་ལྡེ་དང་། ཁྲི་བཀྲ་ཤིས་དབང་ཕྱུག་ནམ་མཁའ་བཙན་གྱིས་ཀྱང་ཡོན་བདག་བྱས་ནས་ཁ་ཆེར་ལོ་བཅུ་བདུན་བཞུགས། པཎྜི་ཏ་སཛྫན་ལྡན་རྒྱལ་པོ་དང་། གཞན་ཕན་བཟང་པོ་ལ་ཚད་མ་རྣམ་འགྲེལ་རྒྱན་དང་། དེའི་འགྲེལ་བཤད་ཡ་མ་རིས་བྱས་པ་དང་། བྲམ་ཟེ་བདེ་བྱེད་དགའ་བས་བྱས་པའི་རྣམ་འགྲེལ་གྱི་ལེའུ་དང་པོའི་སྟོད་ཀྱི་འགྲེལ་བཤད་དང་། ཉི་མ་སྦས་པས་བྱས་པའི་རྣམ་འགྲེལ་ལེའུ་གཉིས་པ་དང་གསུམ་པའི་འགྲེལ་བཤད། རྣམ་ངེས་ཀྱི་འགྲེལ་བཤད་འཐད་ལྡན་སོགས་གསན་ནས་བསྒྱུར་ཞིང་། བྲམ་ཟེ་པད་ཛ་ན་དང་། གོ་མི་འཆི་མེད་ལས་བྱམས་ཆོས་ཕྱི་མ་རྣམས་གསན་ཞིང་། མདོ་སྡེ་རྒྱན་དང་རྒྱུད་བླ་མ་རྩ་འགྲེལ་སོགས་བསྒྱུར་ཞིང་། ཡུལ་དབུས་སུ་ཡང་རྒྱལ་བའི་ཡུམ་གྱི་མདོ་རྣམས་གསན་པའི་ཕྱིར་བྱོན་ཞེས་གྲོ་ལུང་པས་བྱས་པའི་རྣམ་ཐར་ལས་བཤད།

གསུམ་པ་ལ་བོད་དུ་བྱོན་ནས་པཎྜི་ཏ་འབུམ་ཕྲག་གསུམ་པ། སུ་མ་ཏི་ཀིརྟི། ཨ་དུ་ལ་དེ་ཤ །ཨ་མ་ར་ཙནྡྲ་གཞོན་ནུ་བུམ་པ་སོགས་ཀྱི་ལོ་ཙཱ་མཛད་དེ། མངོན་རྟོགས་རྒྱན་རྩ་འགྲེལ། སྤྱོད་འཇུག །རྡོ་རྗེ་རྣལ་འབྱོར་མའི་སྒྲུབ་ཐབས་སོགས་ཆོས་མང་དུ་བསྒྱུར། ལྷ་ས་བསམ་ཡས་སོགས་སུ་རྒྱན་ཆོས་མཆོག །དབུ་མ་རང་རྒྱུད། བྱམས་ཆོས་སྤྱོད་འཇུག་ལ་སོགས་པའི་བཤད་པ་མཛད་པས་གྲངས་མང་དུ་འདུས་ཤིང་། ཞར་ཆོས་པའང་མང་སྟེ། ལྷ་ས་བསམ་ཡས་སྣང་ཐོག་དང་། །ལྷ་མངས་ན་ལམ་སྨུ་གུ་ནར། །མཁས་བཙུན་གྲུབ་པ་རིམ་པ་བཞིན། །ཁྲི་དང་སུམ་སྟོང་བདུན་བརྒྱ་དང་། །གཉིས་སུ་སྟོང་ཚོ་བཅུ་གསུམ་ཚོགས། །ཁྲི་ཚོ་གཉིས་དང་ཁྲི་ཚོ་གཅིག །རྣལ་འབྱོར་ཕོ་མོ་ཁྲི་ཚོ་གཉིས། །ཚོགས་སོ་ལུང་རིགས་སློབ་པ་ཡི། །ཞར་ཆོས་སྟོང་དང་བརྒྱད་བརྒྱ་དང་། །བརྒྱད་ཅུ་རྩ་ལྔ་བྱུང་བ་ལས། །རྒྱན་དང་ཆོས་མཆོག་ལྔ་བཅུ་ལྔ། །རྣམ་ངེས་ཉིས་བརྒྱ་ལྔ་བཅུ་ལྔ། །ལུང་ཆོས་སློབ་སྟོང་དང་ནི། །ལྔ་བརྒྱ་བདུན་ཅུ་རྩ་ལྔའོ། །ཞེས་པ་ལྟར་བྱུང་ཞིང་། དེ་དག་ལས་སྲས་ཀྱི་ཐུ་བོ་བཞི་སྟེ། ཞང་ཚེས་སྤོང་ཆོས་ཀྱི་བླ་མ་དང་། གྲོ་ལུང་པ་བློ་གྲོས་འབྱུང་གནས་དང་། ཁྱུང་རིན་ཆེན་གྲགས། འབྲེ་ཤེས་རབ་འབར་རོ། །ཞང་ཚེས་ཀྱིས་གསང་ཕུའི་གདན་ས་ལོ་སུམ་ཅུ་རྩ་གཉིས་བྱས་གྲོ་ལུང་པ་ནི་གསུང་རབ་མཐའ་དག་ལ་མཁས་ཤིང་། སྐུ་ཚེ་སྟོད་ལ་ཕྲིན་ལས་མ་བྱུང་། དབུ་ཚད་བྱམས་ཆོས་བཀའ་གདམས་ཀྱི་གདམས་ངག་སོགས་བསྟན་བཅོས་བཟང་ལ་མང་བ་མཛད། སྐུ་ཚེའི་མཇུག་ཏུ་སྐལ་གྱིས་བྲིས་ལྟས་སུ་བཤད་པ་མཛད་པས་ཕྲིན་ལས་རྒྱ་ཆེན་བྱུང་། བཀའ་བཞིའི་བཙ་ཚད་ཀྱང་དེ་དུས་བྱུང་ངོ་། །ཁྱུང་རིན་ཆེན་གྲགས་ཀྱིས་གཙོ་བོར་དབུ་ཚད་ཀྱི་བཤད་པ་བྱས་ཏེ། སློབ་མ་སྟོད་ལུངས་རྒྱ་དམར། སྟག་པ་ཁ་ཆེ་སོགས་མང་དུ་བྱུང་ཞིང་། རྒྱ་དམར་གྱི་སློབ་མ

ཆ་པ་ཆོས་ཀྱི་སེང་གེས་འབྲི་ཆེན་ལས་གཞན་པའི་ཐུགས་སྲས། གསུམ་ལའང་གཏུགས་ཏེ། གསུང་རབ་ཐམས་ཅད་མཁས་པར་གྱུར་ནས། ཞང་ཆོས་ཀྱི་རྗེས་ལ། སྐལ་པའི་རི་ལུས་ལོ་གཉིས། གནམ་འབབ་པས་ལོ་བརྒྱད་གདན་ས་བྱས་པའི་རྗེས་ལ། གདན་ས་ལོ་བཅོ་ལྔ་བྱས། དབུ་ཚད་བྱམས་ཆོས། འདུལ་བ་མངོན་པ་སྤྱོད་ཕྱོགས་སོགས་ཀྱི་བཤད་པ་མཛད་པས། སློབ་མ་སེང་ཆེན་བརྒྱད། ཛོ་སྲས་བཞི། ཤེས་རབ་ཅན་བཞི། གྲུབ་ཐོབ་བཞི་ཞེས་པ་ལ་སོགས་པ་བྱུང་ངོ་། །

འབྲི་ཆེན་པོས་ཉངས་སྟོད་གནས་སྙིང་སོགས་སུ་ཕར་ཕྱིན་གྱི་བཤད་པ་མཛད་ཅིང་། དེ་དུས་དབུས་གཙང་ན་ཕར་ཕྱིན་མཁས་ཟེར་བ་ཐམས་ཅད་ལ་ཚར་རེ་གསན་པས། རྒྱ་བོད་ཀྱི་བཤད་སྲོལ་ཐ་དད་ཐམས་ཅད་ཀུང་གཅིག་ཏུ་འདྲེས་པ་ཡིན་ནོ། །དེ་ལ་སློབ་མ་ཆེ་བ་གསུམ་གྱི་གཙང་པ་འབྲི་དགྲུར་གྱིས་དགའ་བ་གདོང་དང་བྱ་རོག་ཚང་སོགས་སུ་བཤད་པ་བྱས། ལྷ་སྡིངས་པས་ཐང་པོ་ཆེ་དང་ཨར་བྱང་ཡེས་ཀྱིས་གནས་རྩེ་ལྡེང་། གཞུ་ཀུན་དགའ་རབ། རྣམས་རྫིང་ཁ་སོགས་སུ་བཤད་པ་བྱས་པས་དེང་སང་གི་ཕར་ཕྱིན་པ་དེའི་སློབ་རྒྱུད་དུ་མ་གྱུར་པ་མེད་དོ། །འདི་དག་ལ་ལོ་ཙྪ་བ་ཆེན་པོ་ཉིད་ཀྱིས་རྒྱ་གར་ནས་བསྒྱུར་བ་དང་། ཛོ་བོ་ནས་བརྒྱུད་པ་སོགས་ཡོད་ཀྱང་། ཕལ་ཆེར་བླ་ཆེན་རབ་གསལ་མཁན་རྒྱུད་ལ་བརྟེན་ནས་བྱུང་བས། བསྟན་པའི་མེ་རོ་སྨད་ནས་བླང་བའི་ནང་དུ་བཤད་པ་ཡིན་ནོ། །

གཉིས་པ་བསྟན་པའི་མེ་རོ་སྟོད་ནས་བསླང་བའི་ཚུལ་ནི། འདི་ལ་བསྟན་པའི་སྒྲོན་མེ་སྟོད་ནས་སྦར་པ་ཐ་སྙད་འཐད་དོ། །རྒྱལ་པོ་གླང་དར་མས་བསྟན་པ་བསྣུབས་པ། དེའི་རྗེས་སུ་སྔགས་པ་ལ་བརྟེན་པའི་ཆོས་ལོག་དུ་མ་འཕེལ་ཏེ། འདི་ལྟར་ཁྱིམ་པའི་རྡོ་རྗེ་འཛིན་པ་དག་གིས་གསང་སྔགས་ཀྱི་ལམ་གསང་སྟེ་ཉམས་སུ་བླང་བས་རྒྱལ་པོས་ངོ་མ་ཤེས་ཏེ་ཆད་པ་མ་ཕོག་གོ། །རྒྱལ་པོ་ཤི་ནས་རང་རང་གི་བུ་དང་སློབ་མ་དག་ལ་རྒྱུད་དང་མན་ངག་ཙུང་ཟད་ཙུང་ཟད་བསྟན་པ་ལས་རིམ་གྱིས་འཆོལ་ནས་ལག་ལེན་བོན་པོ་དང་བསྲེས་ནས་གྱེར་བསྒོམ་སོགས་བྱས། རང་གིས་བརྩམས་པའི་སྒྲུབ་ཐབས་མན་ངག་སོགས་ལ་རྫུན་གྱི་གླེང་གཞི་སོགས་སྦྱར་ནས་རྒྱུད་དུ་མིང་བཏགས། རྒྱུད་སྡེའི་དགོངས་པ་མ་ཤེས་པར་སྒྲ་ཇི་བཞིན་དུ་བཟུང་ནས། སྦྱོར་སྒྲོལ་ལ་སོགས་པའི་ལག་ལེན་བྱས་ཤིང་། ཨ་ཙ་ར་དམར་པོ་དང་། ཤམ་ཐབས་སྔོན་པོ་ཞེས་སོགས་རྒྱ་གར་ནས་འོངས་པའི་པཎྜི་ཏ་འགའ་ཞིག་གིས་ཀྱང་གསང་སྔགས་ཐིག་ལེའི་བསྒོར་ཞེས་པ་བསྒྱུར། རྒྱུད་སྒྲ་ཇི་བཞིན་པར་བཟུང་ནས་སྦྱོད་རྩིང་མང་དུ་བྱས་པས་རབ་ཏུ་བྱུང་བ་བསླབ་པ་དང་བྲལ། ཁྱིམ་པ་རྣམས་ཀྱང་མི་དགེ་བ་ལ་འཇོག་ཉེལ་དུ་སྤྱོད་པར་གྱུར་ཏོ། །

དེའི་ཚེ་མངའ་བདག་ཁོར་རེ་འཁོར་བ་ལ་སྐྱོ་བ་སྐྱེས། ཡབ་མེས་ཀྱིས་དམ་པའི་ཆོས་ཀྱི་དབུ་བརྙེས་སྲོལ་བཏོད་དར་རྒྱས་སུ་མཛད་པའི་ཡིག་ཚང་གཟིགས་པས། དེའི་གདུང་བསབ་པར་དགོངས། དེ་ལ་ཁྱིམ་པ་བས་རབ་ཏུ་བྱུང་ན་སྟོབས་ཆེ་བར་དགོངས། རྒྱལ་སྲིད་གཅུང་པོ་ལ་གཏད། དཀོན་མཆོག་གི་རྟེན་ལ་རབ་ཏུ་བྱུང་སྟེ། མཚན་ལྷ་བླ་མ་ཡེ་ཤེས་འོད་ཅེས་གྲགས་སོ། །སྲས་གཉིས་ཀྱང་ཆོས་སྒོར་བཙུག་ཅིང་ཆོས་ཀྱི་རྒྱལ་པོ་མཛད། དེ་ཡིས་དམ་པའི་ཆོས་ཐེག་པ་མཐའ་དག་གཟིགས་པས། སྔགས་ཕ་རོལ་ཕྱིན་པ་གཉིས་ཀྱང་ཚིག་འགལ་བར་གཟིགས་ནས་ཐེ་ཚོམ་སྐྱེས་ཏེ། སྐྱེས་བུ་མཆོག་རིན་ཆེན་བཟང་པོ་ལ་སོགས་པ་མངའ་རིས་བསྐོར་གསུམ་ན་བློ་རྣོ་བའི་བྱིས་པ་བདུན། དེ་འོག་ནས་བློ་རྣོ་བ་བདུན། དེ་དག་གི་གཡོག་འཇིག་རྟེན་གྱི་བྱ་བ་ཕེར་བ་བདུན་ཏེ་ཉི་ཤུ་རྩ་གཅིག་ཁ་ཆེར་བརྫངས་པས་ལྷུན་ཟུར་རིན་ཆེན་བཟང་པོ་དང་བསྐྱི་བ་ལེགས་པའི་ཤེས་རབ་གཉིས་ཞེས་ཇོ་བོའི་ལོ་རྒྱུས་ལས་འབྱུང་ཞིང་། དོན་དེ་ལ་དེ་ཚད་མ་ཡིན་པའི་ཕྱིར། ཆོས་འབྱུང་ཆེན་མོ་ནས་ལོ་ཆུང་ལེགས་པའི་ཤེས་རབ་ལ། ཕུ་རངས་པ་ཡིན་པས་ཤིན་ཏུ་མད་མཆན། རྔོག་ལེགས་པའི་ཤེས་རབ་ཞེས་པ་ནི་མི་རིགས་སོ། །དེ་གཉིས་མ་གཏོགས་བཅུ་དགུ་པོ་ཚད་པའི་ནད་ཀྱིས་ཤི་ནས་ཕན་མ་ཐོགས་སོ། །ལོ་ཙྪ་བ་རིན་ཆེན་བཟང་པོ་ནི་ངེས་པར་འཇམ་པའི་དབྱངས་ཀྱིས་བྱིན་གྱིས་བརླབས་ཏེ། གསང་འདུས་འཇམ་པའི་རྡོ་རྗེའི་དབང་ལན་སུམ་ཅུ་སོ་བདུན་ཞུས་པ། ཐམས་ཅད་ཀྱི་མི་ཏོག་འཇམ་པའི་རྡོ་རྗེ་ལ་བབས་སོ་ཞེས་གྲགས་སོ། །དེ་ལྷ་བུའི་མཁས་པ་དེ་ཡིས་ཁ་ཆེར་བྱོན་དུས། ལྷ་བླ་མས་ཉི་ཟླ་ལྟར་གྲགས་པའི་རྒྱུད་གསང་བ་འདུས་པ་དང་། དེ་ཉིད་འདུས་པའི་ཚོལ། གསང་འདུས་ཡེ་ཤེས་ཞབས་ཀྱི་ལུགས་དང་། ཡོ་ག་ཀུན་དགའ་སྙིང་པོའི་ལུགས་ལ་ནན་ཏན་གྱིས། གཞན་ཡང་ཁ་ཆེ་རིན་ཆེན་རྡོ་རྗེ་དང་། ཤར་ཕྱོགས་པ་རཏྣ་པ་ལ་སྤྱན་དྲངས། མཚན་བརྗོད་ལ་མཁས་པའི་པཎྜི་ཏ་འདུག་ན་ཡང་སྤྱན་དྲོངས། གཞན་ཡང་བོད་ལ་ཕན་ཐོགས་པའི་པཎྜི་ཏ་ཇི་འདྲ་འདུག་དྲིས་ལ་ཤོག་ཞེས་གསུངས་པ་བཞིན་ཁ་ཆེའི་པཎྜི་ཏ་ཤྲ་དྷ་ཀ་ར་ཝརྨ་བརྟེན་ནས་གསང་འདུས་ཡེ་ཤེས་ཞབས་ཀྱི་ཆོས་སྐོར་མ་ལུས་པ་དང་། གཞན་ཡང་རིམ་ལྔ་སྒྲོན་བསྡུས་སྒྲོན་གསལ་ལ་སོགས་འཕགས་པའི་སྐོར་རྣམས་དང་། དེ་ཉིད་འདུས་པའི་རྩ་བ་དང་དཀྱིལ་ཆོག་རྡོ་རྗེ་འབྱུང་བ་དང་། འགྲེལ་པ་ཀོ་ས་ལའི་རྒྱན་ལ་སོགས་པ་བསྒྱུར་ནས་བོད་དུ་བྱོན། དེ་དག་གི་བཤད་པ་དང་ལག་ལེན་དར་བར་མཛད། དུས་ཕྱིས་ཇོ་བོ་རིན་ཆེན་རྒྱལ་མཚན་ཞེས་པས་བལ་ཡུལ་ནས། དེ་ཉིད་སྣང་བའི་སྒྲོན་དང་། རྡོ་རྗེ་འབྱུང་བ། ཁམས་གསུམ་རྣམ་རྒྱལ། གཙུག་དགུ་རྣམས་ཀྱི་རྒྱ་དཔེ་རྙེད་ནས་ལོ་ཆེན་ལ་གསང་འདུས་ཞུ་བའི་ཡོན་དུ་ཕུལ་བས། དེ་རྣམས་ཅི་རིགས་པར་དང་པོ་རང་འགྱུར་མཛད། ཕྱིས་པཎྜི་ཏ་བུད་ཧྲ་ཤྲི་ཤཱནྟི་བོད་དུ་བྱོན་ནས་ཆོས་དེ་རྣམས་ལེགས་པར་བསྒྱུར་རོ། །གཞན་

ཡང་དཔལ་མཆོག་དང་པོའི་རྒྱུད་འགྲེལ་པ་དང་བཅས་པ་དང་། དེ་ཉིད་འདུས་པའི་འགྲེལ་པ་ཡ་བ་ཏ་ར་དང་། ཀུན་སྙིང་གིས་བྱས་པའི་མཚན་བརྗོད་ཀྱི་འགྲེལ་ཆེན་དང་། བདེ་མཆོག་རྩ་རྒྱུད་ལ་སོགས་ཡོ་ག་དང་། བླ་མེད་ཀྱི་རྒྱུད་རྒྱུད་འགྲེལ་མང་པོ་བསྒྱུར་ཞིང་། སྐུ་ཆེ་སྨད་ལ་ཤར་ཕྱོགས་པ་ཛྙཱ་པ་ལ་བྱོན་ཏེ། རྡོ་རྗེ་དབྱིངས་ཀྱི་དབང་ཞུས་མེ་ཏོག་རྡོ་རྗེ་རྣོན་པོ་ལ་ཐོག །དེ་ལ་རྣལ་འབྱོར་གྱི་རྒྱུད་ཕལ་ཆེར་གསན། དེ་ཕྱིན་ཆད་ཡོ་གའི་ཕྱག་ལེན་ཐམས་ཅད་ཤར་ཕྱོགས་པའི་ལུགས་བཞིན་མཛད་ཅིང་། དེ་གོང་དུ་ཁ་ཆེ་བའི་ལུགས་བཞིན་མཛད་དོ། །གཞན་ཡང་འཇམ་དཔལ་རྩ་རྒྱུད་ལ་སོགས་བྱ་བའི་རྒྱུད། སྨན་དཔྱད་ཡན་ལག་བརྒྱད་པ་དང་། བརྒྱད་སྟོང་འགྲེལ་ཆེན་ལ་སོགས་སྔོན་བོད་ན་མེད་པའི་ཕྱི་ནང་གི་རིག་པའི་ཆོས་རྣམས་ཕལ་ཆེར་རྒྱ་གར་གྱི་སྐད་ལ་སོགས་བོད་སྐད་དུ་བསྒྱུར་ཞིང་། སྔོན་འགྱུར་བའང་བརྒྱད་སྟོང་པ་སོགས་མདོ་དང་མངོན་རྟོགས་རྒྱན་རྩ་འགྲེལ་དང་། སྤྱོད་འཇུག་སོགས་ལ་ཞུས་ཤིང་དག་པར་བྱས། བཤད་སྒྲུབ་ཀྱི་གདན་ལ་ཕབ་པས་སློབ་མ་མང་དུ་བྱུང་ཡང་ཐུགས་ཀྱི་སྲས་བཞི་སྟེ། ལོ་ཆུང་ལེགས་པའི་ཤེས་རབ་མང་སྣང་བ། གུར་ཤིང་བརྩོན་འགྲུས་རྒྱལ་མཚན། ཀྱི་ནོར་ཛྙཱ་ན། སྤྲ་བག་གཞོན་ཤེའོ། །ལོ་ཆུང་དེ་ཁྱད་པར་ཡེ་ཤེས་ཞབས་ལ་མཁས། སྐུ་ཆེ་སྟོད་ཀྱི་སློབ་མ་ཡིན་པས་རྣལ་འབྱོར་རྒྱུད་ཀྱི་བཤད་པ་དང་ལག་ལེན་ཁ་ཆེའི་མཁན་པོའི་ལུགས་ཁོ་ན་མཛད་དོ། །གཉིས་པ་དང་གསུམ་པ་སྐུ་ཆེ་སྨད་ཀྱི་སློབ་མ་ཡིན་པས་ཤར་ཕྱོགས་ཛྙཱ་ཁོ་ནའི་གཞུང་འཛིན། བཞི་པ་སྐུ་ཆེ་སྟོད་སྨད་སྣང་བསྲེས་པའི་གཞུང་འཛིན་པ་ཡིན་ནོ། །དེ་ནས་དབུས་གཙང་དུ་བསྒྱུར་བའི་སྲོལ་བཞི་བྱུང་སྟེ། གུང་པོ། སུམ་པ་ཟངས་དཀར། སྤྱུར་རོ། གུང་པོ་ཆོས་བློ་གསུམ་སྟོན་ཡེ་ཤེས་འབར་གཉིས་ཀྱི་དེ་ཉིད་འདུས་པ་དང་། གསང་འདུས་ཀྱི་དབང་བཀའ་ལོ་ཆེན་ཉིད་ལ་ཐོབ། བཤད་པ་ཐམས་ཅད་ལོ་ཆུང་ལ་ཞུས། གུང་པོས་གཙོ་ཆེར་ཡེ་ཤེས་ཞབས་མགོ་བཏོན། ཡོ་གའི་སློབ་མ་མགོ་ཐོན་མ་བྱུང་། སྐུ་ཆེ་སྟོད་ཀྱི་བཤད་པ་དང་ལག་ལེན་ཐམས་ཅད་སུམ་པ་ལས་བྱུང་བ་ཡིན་ནོ། །

ཟངས་དཀར་ལོ་ཙཱ་ལོ་ཆུང་དང་དེའི་སློབ་མ་ཨ་ན་གྲགས་པ་རིན་ཆེན་ལ་གསན། དེའི་སློབ་མ་དམུལ་པ་ཉི་མ་ཤེས་རབ། དེའི་སློབ་མ་བོ་དོང་བ་སྒྲུར་ཉི་མ་ཤེས་རབ་སྟེ། སྐུ་ཆེ་སྨད་ཀྱི་ལག་ལེན་བྱེད་པ་ཡིན་ནོ། །དེ་དག་ལས་བརྒྱུད་ནས་བོད་ཀྱི་རྒྱལ་ཁམས་འདིར་ཡོ་གའི་རྒྱུད་རྒྱུད་འགྲེལ་དང་དཀྱིལ་ཆོག་སོགས་ཀྱི་བཤད་པ་དང་ལག་ལེན་ཤིན་ཏུ་དར་ཞིང་། དེང་སང་ནི་རྡོ་རྗེ་འབྱུང་བ་ལ་བཤད་པ་དཔེ་གྲེར་མ་རེ་ཙམ་དང་། ལག་ལེན་བོན་ཁྲེར་རེ་ཙམ་བྱེད་པ་ལ་ཁོ་བོ་ནི་ཡོ་ག་ལ་མཁས་སོ་ཞེས་སོ། །མངོན་པའི་ང་རྒྱལ་གྱིས་ཁེངས་ནས། སྟོན་གྱི་བདག་ཉིད་ཆེན་པོ་རྣམས་ལ་ངན་སྨྲས་རེ་ཙམ་བྱས་པ་ལ། བླུན་པོ་རྣམས་ཀྱིས་ཁོ་བོ་ནི་ཡོ་ག་ལ་མཁས་སོ་ཞེས

སྒྲོགས་པ་འགའ་རེ་ཙམ་སྣང་གི། རྒྱུད་འགྲེལ་གྱི་བཤད་པ་ནི་མིང་ཙམ་དུ་གྱུར་ཏོ། །

གཞན་ཡང་ལོ་ཙྪ་བ་ཆེན་པོ་དེས་ཆོས་དང་ཆོས་མ་ཡིན་པ་རྣམ་པར་འབྱེད་པ་ཞེས་བྱ་བའི་བསྟན་བཅོས་མཛད་ནས་སྦྱོར་སྒྲོལ་ལ་སོགས་ཆོས་ལོག་ཐམས་ཅད་ནུབ་པར་མཛད། ཚ་ཚ་བཏབ་པ་དང་ཆོས་བསྒྱུར་བ་དང་སྒྲུབ་པ་མཛད་པ་ལ་བལྟས་ན་སྐུ་ཆེ་རིང་ལ་དེ་དང་དེ་མཛད་པ་ལྟ་བུར་སྣང་ཞིང་། སྐུ་ཚེའི་མཐར་གོ་ལིང་གསེར་གྱི་ལྷ་ཁང་དུ་སྒྲུབ་པ་ལོ་བཅུ་གཉིས་མཛད་དེ། སྔོ་རིམ་པ་གསུམ་གྱི་ཕྱི་མའི་ཡ་ཐེམ་ལ་ཟངས་ཀྱི་ཡི་གེ་དང་། བར་པའི་ཆ་དདུལ་གྱི་དང་། ཐ་མའི་ལ་གསེར་གྱི་ཡི་གེ་བྲིས་ནས་རིམ་པ་བཞིན་དུ་མི་དགེ་བ་དང་། ལུང་མ་བསྟན་གྱི་དང་། ཐ་མལ་དུ་འཛིན་པའི་རྣམ་རྟོག་སྐྱེས་ན་རྡོ་རྗེ་འཛིན་པས་མགོ་བོ་ཁོས་ཤིག་ཞེས་པ་བྲིས་ནས་བསྒྲུབས་པས། ལོ་དྲུག་ན་འཕགས་པ་འཇམ་དཔལ་གྱིས་ཞལ་གཟིགས་ཤིང་། རིམ་གྱིས་བདེ་མཆོག་ལ་སོགས་ཐུགས་དམ་གྱི་ལྷ་དཔག་ཏུ་མེད་པས་ཞལ་གཟིགས། ཉི་རྒྱུའི་བསྒྲུབ་པ་མཛད་དེ་མཁའ་སྤྱོད་དུ་གཤེགས་སོ། །ལོ་ཙྪ་བ་དེའི་སློབ་མ་ལྷ་བླ་མ་ཞི་བ་འོད་ཞེས་བྱ་བ་དེས་ཀྱང་དཔལ་མཆོག་དང་པོའི་ཏོར་གོང་བསབ་པ་དང་། ཚད་མའི་དེ་ཁོ་ན་ཉིད་བསྡུས་པ་རྩ་འགྲེལ་སོགས་པ་བསྒྱུར་ཞིང་སྔགས་ལོག་སུན་འབྱིན་པ་ཞེས་བྱ་བའི་བསྟན་བཅོས་མཛད་ཅེས་ཟེར་རོ། །ལྷ་བླ་མ་ཡེ་ཤེས་འོད་ཀྱིས་པཎྜི་ཏ་ཏྲྀ་སྨྲྀ་ཏི་ལ་དང་ཕྲཛྙཱ་པ་ལ་སྤྱན་དྲངས། ཞང་ཞུང་རྒྱལ་བ་ཤེས་རབ་ཀྱིས་དགེ་སློང་གི་སྡོམ་པ་བླངས། བལ་པོའི་འདུལ་འཛིན་པྲ་ཏ་ཀ་ར་ལ་འདུལ་བའི་ལག་ལེན་ཞུས་ཤིང་། དེའི་སློབ་མ་དཔལ་འབྱོར་དང་། ཞིང་མོ་ཆེ་བ་བྱང་ཆུབ་སེང་གེ་ལ་སོགས་པ་ལས་བརྒྱུད་དེ། འདུལ་བ་སྟོད་ལུགས་ཀྱི་བཤད་པ་དར་རོ། །

གཞན་ཡང་རྒྱ་བརྩོན་འགྲུས་སེང་གེ་རྒྱ་གར་དུ་བཏང་ནས། པཎྜི་ཏ་བཟང་པོ་ཞིག་སྤྱན་དྲོངས་ལ་ཤོག་བྱས་པས། དེས་དཔལ་མར་མེ་མཛད་ཡེ་ཤེས་ལ་འབྱོན་པའི་ཞུ་ཕུལ་བས། མ་གྲུབ་པའི་བར་ལ་ལྷ་བླ་མ་གཤེགས་ཤིང་། སླད་ཀྱིས་ལྷ་བཙུན་པ་བྱང་ཆུབ་འོད་ཀྱིས་ནག་ཚོ་ཚུལ་ཁྲིམས་རྒྱལ་བ་ཕོ་ཉར་མངགས་ཏེ། ལྷ་བརྒྱ་པ་རྣམས་ཀྱི་གཙུག་གི་ནོར་བུ་ཤར་ཕྱོགས་ཟ་ཧོར་གྱི་རྒྱལ་པོ་དགེ་བ་དཔལ་གྱི་སྲས། བདག་གཞན་བརྗེ་བའི་བྱང་ཆུབ་ཀྱི་ཐུགས་མངའ་བ། ཇོ་བོ་རྗེ་ལྷ་གཅིག་སྤྱན་དྲངས་ནས་ཐོག་མར་མངའ་རིས་སུ་ནག་ཚོ་དང་། ལོ་ཆེན་རིན་ཆེན་བཟང་པོ་སོགས་ཀྱིས་ལོ་ཙྪ་མཛད་ནས། ཇོ་བོ་ཉིད་ཀྱིས་མཛད་པའི་བྱང་ཆུབ་ལམ་སྒྲོན་རྩ་འགྲེལ་དང་། འཇིག་རྟེན་དབང་ཕྱུག་གི་བསྒྲུབ་ཐབས་དང་། དམ་ཚིག་བསྡུས་པ་དང་། ལཱུ་ཧི་པའི་བདེ་མཆོག་གི་བསྒྲུབ་ཐབས་ལ་སོགས་མང་དུ་བསྒྱུར་ཞིང་། ལྷ་བཙུན་པས་ཞུས་ནས་གཙོ་བོར་ལས་རྒྱུ་འབྲས་ཀྱི་ཆོས་བསྟན་པས། ལས་རྒྱུ་འབྲས་པ་ཞེས་པ་བཏགས། དེ་ནས་རྒྱ་གར་དུ་བཞུད་པ་དགོངས་པ་ལ། སྐུ་ཚེ་དཔག་ཏུ

མེད་པའི་སྟོན་རོལ་ནས་ཆོས་ལས་སྐྱེས་པའི་སྲས་སུ་གྱུར་ཞིང་། རྗེ་བཙུན་མ་སྒྲོལ་མས་ལུང་བསྟན་པའི་སློབ་མ་དགེ་བའི་བཤེས་གཉེན་སྟོན་པ་རིན་པོ་ཆེ་ཐུགས་ཟབ་ལ་དགྱེས་ཆེ་བ་དེས་དབུས་སུ་སྤྱན་དྲངས་ཏེ། ལྷ་ས་བསམ་ཡས་སྙེ་ཐང་སོགས་སུ་ཐེག་པ་ཆེ་ཆུང་གི་ཆོས་དཔག་ཏུ་མེད་པ་བསྒྱུར་ཞིང་བཤད། བོད་ཀྱི་མི་ཕལ་ཆེར་སློབ་མར་གྱུར་ཅིང་། དེ་དག་ལས་གཙོ་བོར་གྱུར་པ་ནི་མངའ་རིས་ན་ལྷ་བཙུན་པ་ལོ་ཆེན་རིན་བཟང་། རྨ་དགེ་བློ། གནས་བརྟན་སེར་པོ། གློ་བོའི་ཡུལ་དུ་སྟོན་པ་ཡང་རབ། གུང་ཐང་དུ་ནག་ཚོ་ལོ་ཙཱ་བསྒོམ་པ་ཚུལ་ཁྲིམས། གཙང་དུ་ཡོལ་ཐོག་འབེབས། ཡོལ་ཆོས་དབང་། མགོས་ཁྲིམས་མཆོག །གཙང་རོ་དུ་འགར་དགེ་བ། ལྷོ་བྲག་ཏུ་རྣལ་འབྱོར་པ་ཕྱུག་ཁྲི་མཆོག །བཙུན་པ་དགེ་བསྙེན། དབུས་སུ་ལྷ་བཙུན་པོ་དེ་ར་ཛ། ཁུ་རྔོག་འབྲོམ་གསུམ། ཀ་བ་ཤཱཀྱ་དབང་ཕྱུག །མ་སྟོན་བྱང་ཆུབ་རྒྱལ་མཚན། ཁམས་པ་རྣལ་འབྱོར་པ་ཆེན་པོ། དཔལ་ལྡན་བསྒོམས་པ། རྣལ་འབྱོར་པ་ཤེས་རབ་རྡོ་རྗེ། ཕྱ་དར་སྟོན་པ། རྣ་ཆུང་སྟོན་པ་སོགས་སུ་གྲགས་ཤིང་། དེ་དག་གིས་ཇོ་བོའི་བཀའ་དྲིན་ལས་ཡི་དམ་གྱི་ཞལ་གཟིགས། ཐོས་བསམ་བསྒོམ་གསུམ་གྱི་རྟོགས་པ་ཁྱད་པར་ཅན་འཁྲུངས་ནའང་། ཕལ་ཆེར་རང་རང་གི་སྟོན་གྱི་ཆོས་རྒྱུད་གང་ཡིན་པ་དེའི་མགོ་བཏོན་པས། ཇོ་བོའི་སློབ་རྒྱུད་དུ་མ། མ་གྲགས་ཤིང་། དགེ་བཤེས་སྟོན་པ་ནི་དུས་གསུམ་གྱི་སངས་རྒྱས་ཐམས་ཅད་ཀྱི་ཤིང་རྟ་ཆེན་པོའི་སྲོལ། བྱམས་པ་ཐོགས་མེད་སོགས་ནས་བརྒྱུད་པའི་སྐྱེས་བུ་གསུམ་གྱི་གདམས་པ་མི་རྟག་པ་བསམ་པ་ལ་སོགས་ཀྱི། འཁོར་བ་ལས་རིམ་གྱིས་བློ་ལོག་ཅིང་། བྱམས་སྙིང་རྗེ་ཁྱད་པར་ཅན་གྱིས་གཞན་དོན་གྱི་བློ་སྦྱངས་ཏེ། སྐྱབས་འགྲོ་སྔོན་འཇུག་སེམས་བསྐྱེད། དེ་དག་གི་བསླབ་བྱ། བདག་གཞན་མཉམ་བརྗེའི་བྱང་ཆུབ་ཀྱི་སེམས་ལ་ཉམས་ལེན་གྱི་གཙོ་བོ་བྱེད་པ་ནི་ལེགས་པར་བསྐྱངས་པས། ཇོ་བོའི་སློབ་རྒྱུད་ཐུན་མོང་མ་ཡིན་པར་གྲགས་སོ། །

དེ་ཡང་ཇོ་བོ་ལ་སྙེ་ཐང་དུ་སྐྱབས་འགྲོ་བར་གྲགས། དགེ་བཤེས་སྟོན་པས་བོད་མཐའ་འཁོབ་ཀྱི་མི། སྡེ་སྣོད་ལ་བློ་མ་སྦྱངས་པས་རང་དགར་གྱུར་པ་རྣམས་ལ་སྟོང་པ་ཉིད་ཀྱི་ལྟ་བ་དང་། ཤེས་རབ་རྒྱུད་ཀྱི་ཐབས་ལམ་ཟབ་མོ་བསྟན་ན། དོན་མེད་དུ་འགྱུར་དོགས་ནས། ཇོ་བོས་དེ་དག་གསུངས་པ་བཀག་པས་ན། མིང་དུ་བཀའ་གདམས་ཞེས་བཏགས་པས། ཕྱིས་དེའི་བརྒྱུད་འཛིན་རྣམས་ལ་བཀའ་གདམས་ཞེས་གྲགས་སོ། །ཇོ་བོ་སྙེ་ཐང་དུ་དགུང་ལོ་བདུན་ཅུ་ཙ་གཉིས་ལ་གཤེགས་ནས། སྟོན་པས་སྐུ་གདུང་དང་རྒྱ་དཔེ་རྣམས་རེ་ཞིག་སྙེ་ཐང་དུ་བཞུགས་སུ་གསོལ། དེ་ནས་བྱང་ར་སྒྲེང་བཏབ་ནས་ལོ་དགུའི་བར་དུ་སློབ་མ་ཉུང་ཤས་ཤིག་ལ་ཐེག་པ་ཆེ་ཆུང་གི་གཞུང་དང་། ཇོ་བོའི་གདམས་པ་རྒྱ་ཆེར་བསྟན་པས་ཐུགས་ཀྱི་སྲས་སྐུ་མཆེད་གསུམ་བྱུང་བའི། པོ་ཏོ་བ་ཆེན་པོས་བཀའ་གདམས་ཀྱི་གཞུང་དྲུག་གི་བཤད་པ་དང་བློ་སྦྱོང་ལ་སོགས་པའི་གདམས་པ་བསྟན་པས

དེའི་བརྒྱུད་པ་ལ་གཞུང་པར་གྲགས། གྲྭ་པ་ཉིས་སྟོང་བརྒྱད་བརྒྱ་ཙམ་འདུས་པའི་གཙོ་བོ་ཐུགས་ཀྱི་སྲས་བརྒྱད། དབུས་ཀྱི་ཉི་ཟླ་ཟུང་གཅིག་ཅེས་གྲགས་པའི་ཐུགས་སྲས་བརྒྱད་ནི། དམྱལ་ན་གླང་སྒོས་གཉིས། གཡོར་པོ་ན་དོལ་པ་འབེ་མིའུ་ཆེ་ཆུང་དང་། རོག་དམར་ཞུར་བ་གཉིས། རུ་འཚམས་ན་རམ་གནང་གཉིས། གཙང་སྟོད་ན་བྱ་ཕྲག་གཉིས་སོ། །ཉི་ཟླ་ཟུང་གཅིག་ནི། གླང་རི་ཐང་པ་དང་། ཤང་ཤ་ར་བ་གཉིས་སོ། །དེ་ལའང་གྲྭ་པ་སུམ་སྟོང་ཙམ་བྱུང་བའི་བཀའ་བབས་བཞི་ནི། བྱ་འཆད་ཁ་བ། ཉི་མ་འདུལ་འཛིན། རྣལ་འབྱོར་པ་ཤེས་རབ་རྡོ་རྗེའོ། །གཏུམ་སྟོན་བློ་གྲོས་གྲགས་ཞེས་པ་སྣར་ཐང་འདེབས་མི་དང་ལྔ་ནི་གཙོ་བོའོ། །སྐུ་མཆེད་གསུམ་གྱི་སྤྱན་མངའ་བས་ཕ་རོལ་ཕྱིན་པའི་གདམས་པ་བསྟན་པའི་རིམ་པ་ལ་བཤད་པ་མཛད་ཅིང་། གཞུང་མ་བཤད་པས་གདམ་ངག་པར་གྲགས། སློབ་མ་མང་དུ་བྱུང་ཡང་། གཙོ་བོ་སྤྱན་སྔའི་བསྒོམ་བཞི་དང་། སྟོད་ལུང་པ་རིན་ཆེན་སྙིང་པོ་དང་། དེའི་དཔོན་པོ་བྱ་ཡུལ་བ་གཞོན་ནུ་འོད་སོགས་སོ། །དེའི་སློབ་མ་དགྱེར་བསྒོམ་ཆེན་པོ་སོགས་བཅུ་གསུམ་དུ་གྲགས་སོ། །དེ་དག་ལས་མཆེད་པ་ཤིན་ཏུ་མང་ངོ་། །ཕུ་ཆུང་པས་བསྒྲུབ་པ་གཙོ་བོར་མཛད་ཅིང་སློབ་མ་མ་བསྐྱངས་སོ་ཞེས་ཕལ་ཆེར་ལ་གྲགས་ཤིང་། དམ་པ་འགའ་ཞིག་དགེ་བཤེས་སྟོན་པའི་སློབ་མ་ཕལ་ཆེར་ཁོང་གི་གནས་ཀྱི་སློབ་མ་ཡིན་ནོ་ཞེས་གསུངངོ། །

དཔལ་ལྡན་དགོན་པ་བའི་སློབ་མ་སྣེ་ཟུར་བ། དེའི་སློབ་མ་དགྱེར་བསྒོམ་ཆེན་པོ། དེས་རྒྱ་མ་རིན་ཆེན་སྒང་བཏབ། དེའི་དཔོན་པོ་སངས་རྒྱས་དཔོན་སྟོན་ཡིན་ཏེ། དེ་དག་ནི་ཕ་རོལ་ཕྱིན་པའི་གདམས་པ་ལམ་རིམ་ཞེས་པ་དང་། མི་གཡོ་བའི་དམིགས་པ་བསྐོར་གསུམ་སོགས་ལ་ཉམས་ལེན་བྱེད་པ་ཡིན་ནོ། །གཞན་ཡང་ནག་ཚོ་ལོ་ཙཱ་བའི་སློབ་མ་རོངས་པ་ཕྱུག་སོར་བ། དེའི་སློབ་མ་རོང་པའི་བུ་བཞིར་གྲགས་པ་ནི་བྱ་འདུལ་བ་འཛིན་པ། གནམ་འབར་བ་ཆེན་པོ། རོགས་མཆིམས་ཕུ་བ། ཞུས་ལན་པ་ཆེན་པོའོ། །དེ་དག་ཀྱང་ནག་ཚོ་ནས་བརྒྱུད་པའི་བསྟན་རིམ་ལ་ཉམས་ལེན་བྱེད་ཅིང་། ནག་ཚོ་བཀའ་བརྒྱུད་དུ་གྲགས་སོ། །

 བླུན་པོ་དག་བཀའ་གདམས་པ་ཐམས་ཅད་གཞུང་གདམ་ངག་གཉིས་སུ་འདུས་པར་སེམས་ཀྱང་ནག་ཚོ་བཀའ་བརྒྱུད། བསྒོམ་པ་བའི་རྒྱུད་པ་ནི་དེ་གཉིས་ལ་མ་རྟོགས་སོ། །རྗེ་བོ་བོད་དུ་མ་བྱོན་གོང་ནི། བོད་ཀྱི་དགེ་བཤེས་བཟང་པ་རྣམས་ནི་ཕལ་ཆེར་བྱང་ཆུབ་སེམས་དཔའ་ཆེན་པོ་རེ་རེ་སྣང་བས་ལྷ་བ་དང་སྤྱོད་པ། བཤད་པ་དང་སྒྲུབ་པ་གཉིས་ཀ་འཛོམས་པ་ཡིན་ཀྱང་། བན་སྡེ་ཕལ་ཆེར་ཚངས་སྤྱོད་ཀྱི་བསླབ་ཚུལ་བཟང་བ་དང་། འདུལ་བའི་སྡེ་སྣོད་ཀྱི་བཤད་ཉན་ལ་བརྩོན་ཡང་། བྱང་ཆུབ་སེམས་ཀྱི་ཉམས་ལེན་ཁྲིད་པར་ཅན་ཆེ་བློས་བཏང་ནས་བྱེད་པ་ནི། བཀའ་གདམས་པ་ཆེན་པོ་རྣམས་ལ་བྱུང་ཞིང་། གཞན་ཡང་དེ་དག་ནི་ཀླུ་སྒྲུབ་ནས

བརྒྱུད་པའི་ལྷ་བ་རྣམ་པར་དག་པས་ཟིན། རྒྱུད་སྡེ་དང་མཐུན་པའི་སྔགས་ཀྱི་ཉམས་ལེན་ཡོད་པས་ངོ་མཚར་རྨད་དུ་བྱུང་བ་ཡིན་ནའང་། བླ་མ་གོང་མ་དག་གིས་གསང་སྔགས་འཆོལ་བར་སོང་གི་དོགས་ནས། དགོངས་པ་ཅན་གྱི་ཚིག་དབང་བསྐུར་ལ་དམོད་པ་དང་། གསང་སྔགས་སྤྱོད་པའི་དུས་མ་ཡིན་ཞེས་གསུངས་པས། འབྲུལ་གཞི་བྱས་ནས་དབང་བསྐུར་མེད་པར་གསང་འདུས་སོགས་བསྒོམ་པ་དང་། རབ་གནས་མདོ་ལུགས་དང་། དེ་བཞིན་དུ་དོན་དམ་སེམས་བསྐྱེད་ཀྱི་ཆོག་དང་། སེམས་ཙམ་པའི་འཇུག་པ་སེམས་བསྐྱེད་ཁྲིམ་ལ་བྱེད་པ་སོགས་ལག་ལེན་ལོག་པ་མང་དུ་བྱུང་ཞིང་། དེ་ནས་ཇེ་ངན་དུ་གྱུར་ནས། དེང་སང་ནི་དེ་དག་ཁོ་ན་ཆོས་ལུགས་ངན་པར་སྣང་སྟེ། ཐོས་བསམ་བསྒོམ་པ་གང་ཡང་མི་བྱེད་པར་ཚེ་འདི་འབའ་ཞིག་དོན་དུ་གཉེར་བས་སོ། །

ཕོ་བྲང་རྩེ་ལྔེ་བཙན་གྱིས། ཁ་ཆེ་ཛྙཱ་ན་ཤྲཱི་སྤྱན་དྲངས། ཁྱུང་པོ་ཆོས་བརྩོན་གྱིས་ལོ་ཙཱ་བྱས་ཏེ། རྡོ་རྗེ་རྩེ་མོ་དང་། ངན་སོང་སྦྱོང་རྒྱུད་ཚད་མ་རྣམ་ངེས་ཀྱི་ཊཱི་ཀ་སོགས་བསྒྱུར་ཞིང་། ཙན་ཏྲ་ར་ཧུ་ལ་སྤྱན་དྲངས། ཅོག་གྲུ་ཧིང་འཛིན་བཟང་པོས་ཚད་མ་ཀུན་ལས་བཏུས་པ་སོགས་བསྒྱུར། མངའ་བདག་རང་གིས་ཡུལ་དབུས་ཀྱི་སྔགས་པ་རྣམས་ལ་བཀའ་ཤོག་བཏྲངས་ནས། སྔགས་ལོག་སུན་ཕྱུང་། གཞན་ཡང་བླ་ཆེན་འབྲོག་མི་རྒྱ་གར་དུ་ཕྱིན། བི་ཀ་མ་ལ་ཤཱི་ལའི་མཁས་པ་སྒོ་དྲུག་ལ་ཐུག །ཁྱད་པར་རྫོགས་དུས་ཀྱི་ཐམས་ཅད་མཁྱེན་པ་ཤཱནྟི་པ་ལ། དེ་ཉིད་ཀྱིས་མཛད་པའི་ཕར་ཕྱིན་གྱི་འགྲེལ་བ་བསྐོར་གསུམ་དང་། ཀྱེའི་རྡོ་རྗེ་རྒྱུད་གསུམ་ལ་སོགས་པ་དང་། སློབ་དཔོན་དཔའ་བོ་རྡོ་རྗེ་ལས་ཀྱང་། ཧཱུཾ་ཧྲི་ཧེ་རུ་ཀ་ལ་བརྒྱུད་པའི་ཀྱེ་རྡོར་རྒྱུད་གསུམ་སོགས་གསན་ཞིང་། ཨ་མོ་གྷ་བཛྲ་དང་དུས་འཁོར་བ་ལ་ཡང་ཆོས་འབྲེལ་རེ་ཙམ་མཛད། རྒྱ་གར་དུ་ལོ་བཅུ་གཉིས་བལ་པོར་གཅིག་བཞུགས། བོད་དུ་ཕྱིན་པའི་པཎྜི་ཏ་ག་ཡ་དྷ་ར་སྤྱན་དྲངས། གསེར་སྲང་ལྔ་བརྒྱ་ཕུལ་ཏེ། ཀྱེ་རྡོར་རྒྱུད་གསུམ་དང་། ཨ་ར་ལི་ལ་སོགས་པ་རྣལ་འབྱོར་མ་རྒྱུད་ཀྱི་རྒྱུད་དང་བསྒྲུབ་ཐབས། ལམ་འབྲས་ལ་སོགས་པའི་མན་ངག་དང་བཅས་པ་བསྒྱུར་ཞིང་བཤད་པ་མཛད་པས་གཞུང་ཚར་བའི་སློབ་མ་ལྔ་སྟེ། ས་སྐྱའི་འཁོན་དཀོན་མཆོག་རྒྱལ་པོ། ཁྲེང་འོག་གི་བྲང་དཀོན་མཆོག་རྒྱལ་པོ། ལྷ་རྩེའི་གྱི་ལྗང་དབུ་དཀར་བ། གཙང་གི་བྲག་ཚ་པོ་ནག་བཞི་ལྷ་ཚར། ཕྱི་ཚར་མངའ་རིས་པ་གསལ་བའི་སྙིང་པོའོ། །གདམས་ངག་ཐོབ་པའི་སློབ་མ་གསུམ་ནི། འབྲོམ་དེ་སྟོན་ཆུང་། ལྷ་བཙུན་ཀ་ལི། སེ་མཁར་ཆུང་པའོ། །གྲུབ་པ་ཐོབ་པའི་སློབ་མ་བདུན་ནི། །དགྱེར་བསྒོམ་སེ་བོ། གཤེན་སྒོམ་རོག་པོ། དབུས་པ་བྲོད་པོ་ཆེ་སྟེ་ཕོ་གསུམ། སྦྲང་མོ་དཀོན་ནེ། འཆད་མོ་ནམ་མཁའ། སྟོད་མོ་རྡོ་རྗེ་མཚོ། ཤབ་པ་མོ་ལྕམ་ཅིག་སྟེ་མོ་བཞིའོ་གཞན་ཡང་མར་པ་ལོ་ཙྪ། འབྲོམ་ལོ་ཙྪ། ཟུར་པོ་ཆེ་ཤཱཀྱ་འབྱུང་གནས་སོགས་མང་དུ་བྱུང་ཞིང་། དེ་དག་ལས་རིམ་གྱིས་བརྒྱུད་ནས་རྒྱུད་གསུམ་གདམས་པ་དང་བཅས

པས་སེམས་ཅན་དཔག་ཏུ་མེད་པ་སྨིན་གྲོལ་ལ་བཀོད་དོ། །

ལྷ་བླ་མ་ཁུ་དབོན་ཡོན་མཆོད་བཅས་པ་དེ་དག་འདས་པའི་འོག་ཏུ་ཡང་ཆོས་ལོག་འགའ་ཞིག་འཕེལ་བའི་རྒྱུ་མཚན་གྱིས། མགོས་ཁུག་པ་ལྷ་བཙས་ཞེས་བྱ་བའི་ལོ་ཙྪ་བ་བྱུང་སྟེ། དེས་ཀྱང་རྒྱ་གར་དུ་ལན་གསུམ་བྱོན། པཎྜི་ཏ་གྲུབ་པ་བརྙེས་པ་བདུན་ཅུ་རྩ་གཉིས་ལ་ཐུག །ཁྱད་པར་ཞི་བ་བཟང་པོ། དགྲ་གཅན་འཛིན་བཟང་པོ། ག་ཡ་དྷ་ར་སོགས་བརྟེན་ཏེ། གསང་འདུས་འཕགས་སྐོར། བདེ་མཆོག་རྡོ་རྗེ་མཁའ་འགྲོ། རྡོ་རྗེ་གདན་བཞི། མ་ཧཱ་མ་ཡ། ཀྱེ་རྡོར་རྒྱུད་གསུམ་ལ་སོགས་པ་བསྒྱུར་ཞིང་། ཆོས་ལོག་སུན་འབྱིན་པ་ཞེས་བྱ་བའི་བསྟན་བཅོས་ཆོས་ལོག་འགའ་ཞིག་ལ། འདི་ཆོས་ཡིན་རི་ཞེས་མནའ་བསྐྱལ་ནས་ཡི་གེར་བྲིས་པ་མཛད་ནས་ཆོས་དང་ཆོས་མ་ཡིན་པ་རྣམ་པར་ཕྱེའོ། །དེ་དང་དུས་མཚུངས་སུ། །

ལྷོ་བྲག་མར་པ་ཆོས་ཀྱི་བློ་གྲོས་ཀྱིས་རྒྱ་གར་དུ་ལན་གསུམ་དུ་བྱོན། བླ་མ་ནཱ་རོ། །མེ་ཏྲི། ཞི་བ་བཟང་པོ། ཡེ་ཤེས་སྙིང་པོ་བལ་པོ་ཕམ་མཐིང་པ་སོགས་བརྟེན། ཀྱཻའི་རྡོ་རྗེ། མཚན་བརྗོད། མ་ཧཱ་མ་ཡ། གསང་འདུས། རྡོ་རྗེ་གདན་བཞི། བདེ་མཆོག་སོགས་ཀྱི་རྒྱུད་རྒྱུད་འགྲེལ་གདམས་པ་དང་བཅས་པས་གསན་བཤད་པ་མཛད་པས། སློབ་མ། གཞུང་གི་རྔོག་སྟོན་ཆོས་རྡོར། དོལ་གྱི་འཚུར་སྟོན་དབང་ངེ། གཙང་རོང་གི་མེས་ཚོན་པོ། གྲུང་ཐང་གི་མི་ལ་རས་པ་བཞི་ཡིན་ལ། རྔོག་ཆོས་རྡོར་གྱིས། ཀྱེ་རྡོར་རྒྱུད་གསུམ་མ་ཧང་མ་ཧཱ་ཡ་དང་གདན་བཞི་སོགས་ཀྱི་བཤད་པ་བྱས་པས། དེ་དག་ཤིན་ཏུ་དར། གསང་འདུས་ཀྱི་རྒྱུད་ཀྱི་བཤད་པ་ནི། ཁ་རག་སྒོམ་ཀྱིས་བཀག་པས་མ་བྱུང་ངོ་ཞེས་འགའ་ཞིག་ཟེར་ཡང་མི་བདེན་ཏེ། དེ་ཉིད་ཀྱི་རྣམ་ཐར་ལས་དོལ་གྱི་མཚུར་དབང་ངེ་ལ། གསང་འདུས་རྒྱུད་ཀྱང་གསུངས། མཚུར་སྟོན་ལ་གསང་འདུས་རིམ་ལྔའི་བཀའ་བབས། མེས་ཚོན་ལ་འོད་གསལ་གྱི་བཀའ་བབས། མི་ལ་ལ་ནཱ་རོ་ཆོས་དྲུག་གནང་ནས་ལུས་སྒྲོག་ཐེད་ལ་བོར་ནས་བསྒྲུབ་པ་མཛད་པས། སློབ་མ་ཨེ་མངས་ནི་མ་བྱུང་། རས་ཆུང་རྡོ་རྗེ་གྲགས་ལ་སོགས་པ་འཇིག་རྟེན་བློས་བཏང་ནས་སྒྲུབ་པ་བྱེད་པའི་དམ་པ་འགའ་ཞིག་བྱུང་ལ། དེ་དག་ལས་དུས་ཕྱིས་མཆེད་པ་ནི། ནམ་མཁའི་སྐར་མས་ཀྱང་མང་ངོ་། །

མགོས་ལྷ་བཙས་བྱུང་བ་དེ་ནས་དེའི་སློབ་མ་དཀོན་མཆོག་རྒྱལ་པོ། དེའི་སྲས་ཆོས་རྗེ་སྒྲ་ཆེན་པོ་ཀུན་དགའ་སྙིང་པོ་བཞུགས་པ་ཡན་ཆད་དུ་ཆོས་ལོག་སྤྱོད་པ་ཉུང་ངོ་ཞེས་ཐོས་སོ། །ཁ་བ་ཅན་གྱི་ཡུལ་འདིར་དེ་དུས་ཁོ་ན་བསྟན་པའི་སྒྲོས་བཟང་བར་མངོན་ཏེ། འདི་ལྟར་སྤྱིར་རབ་ཏུ་བྱུང་བ་ཐམས་ཅད་རང་གིས་ཡང་དག་པར་བླངས་པའི་བསླབ་པ་ལ་གཅེས་སྤྲས་སུ་བྱེད་ཅིང་། བཤད་པའང་རྒྱ་འདུལ་བ་འཛིན་པ་དང་། བྲང་ཏི་གོ་དང་། ལོ་ཙྪ་བ་ཆེན་པོ་སོགས་མཚན་ཉིད་ཀྱི་བཤད་པ་བྱེད་པ་རེ་རེ་ལའང་གྲངས་སྟོང་ཕྲག་མང་པོ་འདུས་ནས་རྩེ་

གཅིག་ཏུ་ཉན་པ་དང་བྱང་ཆུབ་ཀྱི་སེམས་སྦྱོང་བ་དང་། བསྐྱེད་རྫོགས་བསྒྲུབ་པ་དང་འབྲེལ་བ་དང་། པོ་ཏོ་བ་དང་སྤྱན་སོགས་བཀའ་གདམས་པ་རྣམས་ཀྱང་གསུང་རབ་ཀྱི་བབ་ལེགས་པར་གོ་བའི་བཤད་པ་དང་། བྱང་ཆུབ་ཀྱི་སེམས་སྦྱོང་བ་ལ་གཙོ་བོར་བྱང་བའི་བསྒྲུབ་པ་ཕྱིན་ཅི་མ་ལོག་པར་བྱེད་པ་མཐའ་ཡས་ཤིང་། བླ་མ་ས་སྐྱ་པ་ཆེན་པོ་དང་། རྗེ་བཙུན་ཆོས་རྗེ་སོགས། རྒྱུད་རྒྱུད་འགྲེལ་གྱི་བཤད་པ་ལག་ལེན་གདམས་པ་ཟབ་མོ་ཉམས་སུ་ལེན་པ་དཔག་ཏུ་མེད་པ་ཡོད་ཅིང་མདོར་ན་སྔགས་མཚན་ཉིད་ཀྱི་ཆོས། ལྟ་སྤྱོད་ཕྱིན་ཅི་ལོག་གི་དྲི་མས་མ་བསླད་པར་ཉམས་སུ་ལེན་པ་ནི་དེ་དུས་ལས་མང་བ་མ་བྱུང་བའི་ཕྱིར་ཏེ། བསྟན་པ་སྔ་དར་གྱི་དུས་ཀྱི་བསྟན་འཛིན་དེ་དག་བཟང་མོད་ཀྱི། དེ་དུས་ལ་ལྟོས་པའི་གྲངས་ཀྱི་ཆ་ཤས་ཙམ་ཡང་མི་སྣང་ངོ། །

དེའི་ཕྱི་ནས་མི་རབས་གཅིག་གི་ཡུན་ཙམ་ན། གངས་རིའི་ཁྲོད་འདི་ན། རྡོ་རྗེ་ཕག་མོའི་བྱིན་རླབས་དང་། སེམས་བསྐྱེད་རྨི་ལམ་མ་དང་། དོན་དམ་སེམས་བསྐྱེད་ཀྱི་ཆོ་ག་དང་། ཡི་དམ་བསྒོམ་པ་དགྲོངས་བསྐྱེད། དཀར་པོ་ཆིག་ཐུབ་དང་འདིར་གླེགས་བམ་ཁ་ཅིག་ལས་ཨ་ལི་ཀ་ལིའི་དབང་བསྐུར་སོགས་ཞེས་འབྱུང་བ་ནི་མཆན་དཀྲུས་ལ་ཤོར་བར་མངོན་ནོ། །བསྔོ་བ་ཡོད་དགེ་མ་ལ་སོགས་པ་སངས་རྒྱས་ཀྱི་བསྟན་པ་དང་འགལ་བའི། ཆོས་ལོག་དུ་མ་དེང་སང་འཕེལ་ལོ། །འོན་མཁས་པ་གཞན་གྱིས་མ་བཟློག་པ་ཅི་ཞེ་ན། མཁས་པ་དག་འདི་རྣམས་ལ་མི་དགྱེས་ཀྱང་། བདུད་སྟོབས་འཕེལ་བའི་དུས་ཀྱིཤུགས་ཀྱིས་བཟློག་པར་མ་ནུས་སོ། །བླུན་པོ་སྤྱངས་པ་ཆུང་བ་རྣམས། །འདི་འདྲ་སྤྱོད་པ་བདེན་མོད་ཀྱི། །མཁས་པ་གསུང་རབ་ཀྱི་དོན་ལ་སྦྱངས་པར་རློམ་པ་དུ་མ་ཡང་། དཔེར་ན་མཚོའུ་ཞིག་གི་འགྲམ་ན། རི་བོང་དྭུག་འཁོར་བ་ན་ཤིང་བིལ་བའི་ཡལ་ག་ཞིག་ཆག་ནས་མཚོའུ་དེར་ལྷུང་བས་ཆལ་ཞེས་པའི་སྒྲ་བྱུང་བ་དེ་དག་གིས་མ་བརྟགས་པར་བྲོས་སོ། །དེ་ན་འཁོད་པའི་རི་དྭགས་གཞན་གྱིས་ཅིའི་ཕྱིར་འབྲོས་དྲིས་པས་ཆལ་ཆལ་ཟེར་རོ་ཞེས་སྨྲས། དེ་དག་གིས་ཀྱང་མ་བརྟགས་པར་བྲོས་པ་བཞིན་དུ། ཆོས་སུ་གྲགས་པ་ཙམ་ལ་མ་བརྟགས་པར་ཆོས་བཟང་པོ་ཡིན་ནོ་ཞེས་འདི་རྣམས་ལ་སྤྱོད་དོ། །ཚིག་འདི་ནི། པར་ཕུབ་བློ་གྲོས་སེང་གེ་དང་། བཟད་རིངས་སོགས་ལ་དགོངས་པར་མངོན་ནོ། །

བསྟན་པ་ལ་འཕེལ་འགྲིབ་བྱུང་བའི་ཚུལ་གྱི་ས་བཅད་འདི་དག་ཁོ་བོས་འདིའི་བསྡུས་དོན་ལོགས་སུ་སྦྱར་བ་དང་ཅུང་ཟད་མི་མཐུན་ཡང་། དེར་ནི་རྩ་བས་ཟིན་ཚོད་ཀྱི་དབང་དུ་བྱས་ལ། འདིར་ནི་བཤད་པས་ཁ་སྐོང་བ་ཡིན་ནོ། །གཉིས་པ་བསྟན་པའི་བྱི་དོར་བྱ་དགོས་པའི་རྒྱུ་མཚན་ལ་གཉིས་ལས དང་པོ་ལུང་གིས་བསྒྲུབ་པ་ནི། བཤད་མ་ཐག་པ་འདིའི་རིགས་ཅན་འཕེལ་བར་གྱུར་ན། སངས་རྒྱས་ཀྱི་བསྟན་པ་ལ་གནོད་དམ་མི་གནོད་མཁས་པ་རྣམས་ཀྱིས་རིགས་པས་དཔྱོད་ལ་སློས་ཤིག །དཔྱད་པ་ན། གལ་ཏེ་འདི་འདྲའི་ཆོས་ལོག་

གིས། སངས་རྒྱས་ཀྱི་བསྟན་པ་ལ་མི་གནོད་ན། མུ་སྟེགས་དང་ཉན་ཐོས་སོགས་ཀྱིས་བརྟགས་པའི་ཆོས་ལོག་གིས་ཀྱང་། བསྟན་པ་ལ་ཅིས་ཏེ་གནོད། ཆོས་ལོག་གཞན་མུ་སྟེགས་ཀྱིས་བྱས་པ་སོགས་ཀྱིས་གནོད་ན། འདི་དག་གིས་ཀྱང་མི་གནོད། གལ་ཏེ་གནོད་ཀྱང་སུན་འབྱིན་པ་མི་འཐད་ན། མུ་སྟེགས་བྱེད་དང་། ཉན་ཐོས་གྲུབ་མཐའ་འཛིན་པ་དང་། སེམས་ཙམ་སོགས་ཀྱིས་བརྟགས་པའི་རིམ་པ་བཞིན། བདག་དང་གཟུང་འཛིན་རྣམ་རིག་བདེན་པ་སོགས་འདི་ལའང་ཅིས་ཏེ་སུན་དབྱུང་བ་བྱ། འདི་དག་བསྟན་པ་དང་འགལ་བས་དེ་ལ་གནོད་པའི་ཕྱིར་ཀླུ་སྒྲུབ་ཆོས་གྲགས་སོགས་མཁས་པ་རྣམས་ཀྱིས་སུན་འབྱིན་པར་མཛད་དོ་ཞེ་ན་ནི། བསྟན་པ་ལ་གནོད་པའི་ཆོས་ལོག་འདི་དག་ཀྱང་། མཁས་པ་རྣམས་ཀྱིས་སུན་ཕྱུངས་ཤིག །རྒྱ་མཚན་ཅིའི་སླད་དུ་ཅེ་ན་རྒྱལ་བ་ཡིས་སྨྲས་པ་ལས། རིན་ཆེན་ཆོས་ཀྱང་དཀོན་ལ་རྟག་ཏུ་འཚེ་བའང་མང་ཞེས་གསུངས་པས་སོ། །དོན་འདི་ལ་སོམས་ལ་མཁས་པ་རྣམས་ཀྱིས་རྟག་ཏུ་བསྟན་པར་བྱི་དོར་བྱའོ། །

གཉིས་པ་རིགས་པས་བསྒྲུབ་པ་ནི། གཞན་ཡང་ཉི་མ་གཅིག་གི་ལོངས་སྤྱོད་པའི་བཟའ་བཏུང་ལའང་། འདི་བཟང་བས་བླང་བྱ་དང་། འདི་ངན་པས་དོར་བྱའོ་ཞེས་རྟོག་དཔྱོད་སྣ་ཚོགས་གཏོང་ཞིང་། གོས་དང་མཁར་ལན་རྒྱན་ཆ་ལ་སོགས་པའི་བྱ་བ་གང་ལ་ཡང་ལེགས་ཉེས་དང་རྒྱུ་བཟང་ངན་དང་། བཟོ་བོ་མཁས་དང་མི་མཁས་ཞེས་དེ་དག་ལ་བླང་ དོར་གྱི་རྟོག་དཔྱོད་སྣ་ཚོགས་བྱེད་ཅིང་། རྟ་དང་ནོར་ཕྱུ་དང་ཞིང་ཁང་ལ་སོགས་པ། ནོར་ཕྲུང་ཟད་ཙམ་གྱི་ཉོ་ཚོང་ལའང་མཁས་པ་ཀུན་ལ་འདྲི་ཞིང་རང་གིས་ཀྱང་བརྟགས་ནས་དཔྱོད་པར་བྱེད་པས། ཚེ་འདིའི་བྱ་བ་ཕྲུང་ཟད་ཙམ་ལའང་། འདི་འདྲའི་འབད་པ་བྱེད་པ་མཐོང་བས། སྐྱེ་བ་གཏན་གྱི་ལེགས་ཉེས་དམ་པའི་ཆོས་མ་ནོར་བ་དང་ནོར་བ་ལ་རག་ལས་པས། འདི་ལ་བླང་དོར་དང་རྟོག་དཔྱོད་འབད་ནས་བྱེད་དགོས་ཀྱང་། ཆོས་འདི་དཔེར་ན་ཁྲིས་གཙང་མི་གཙང་གང་ཡང་ཟ་བས་དེའི་ཟས་ལ་རྟོག་དཔྱོད་མི་བྱེད་པ་བཞིན་དུ། ཆོས་འདིའང་བཟང་ན་གང་དུ་མི་སྤྱོད་པར་གང་ཕྲད་པ་དེ་ལ་གུས་པ་འཛིན་ཅིང་། ཉི་མ་གཅིག་གི་སྐྱིལ་མའམ། ཚེ་གཅིག་གི་ནི་གཉེན་འབྲེལ་ལའང་འབད་དེ་བརྟགས་ནས་བཟང་བ་ཞིག་ལེན་པར་མཐོང་ཡང་། དེང་ནས་བཟུམས་ཏེ་རྫོགས་པའི་སངས་རྒྱས་མ་ཐོབ་བར་གྱི་ཕན་བདེའི་དོན། བླ་མ་མཆོག་ལ་རག་ལས་མོད། འོན་ཀྱང་བཟང་ངན་གྱི་རྟོག་དཔྱོད་མི་བྱེད་པར། ཚོང་འདུས་ངན་པ་ནས་ཟོང་བཟང་ངན་གདམས་མེད་པས་གང་འཕྲད་པ་ལེན་པ་བཞིན་དུ། སྐབས་སྐྱོབས་ཀྱིས་སུ་དང་འཕྲད་པ་རྣམས་ལ་ཆོས་ཀྱི་འབྲེལ་པ་ལེན་པ་མཐོང་བས། ཀྱི་མ་ནི་འཚར་བའམ་བརྩེ་བའི་ཚིག་སྟེ་སྙིགས་མའི་དུས་ཀྱི་སྐྱེ་བོའི་སྤྱོད་པ་འདི་ནི་ཆེས་མཚར་བ་ཞིག་སྟེ། འདི་ལྟར་འབད་པ་མི་དགོས་པར་འབད་པ་བྱེད་ཅིང་། འབད་པ་དགོས་པའི། ཆོས་དང་བླ་མ་ནི་ཅི་

ཡང་རུང་བས་ཆེམ་པར་སྣང་བའི་ཕྱིར་རོ། །

གསུམ་པ་དེས་ན་གཞུང་འདི་གཟུང་བར་གདམས་པ་ལ་གཉིས་ཏེ། ཕན་པར་བསམ་ཕྱིར་བཟུང་བར་འོས། །ལེགས་པར་ཤེས་ཕྱིར་བཟུང་བར་འོས། །དང་པོ་ལ་བཞི་སྟེ། ཕྲག་དོག་མེད་པར་བསྟན། ཟང་ཟིང་མི་འདོད་པར་བསྟན། འདི་ཙམ་ཁོ་ན་སྟོན་པའི་རྒྱུ། བློ་ལྡན་གཞན་གྱིས་བྱ་བར་བསྟན་པའོ། །དང་པོ་ནི། ཁྱེད་ཀྱི་བཤད་པ་འདི་དག་ནི། །གཞན་གྱི་ཕུན་སུམ་ཚོགས་པ་ལ། །ཁོངས་ནས་འཁྲུག་པའི་ཕྲག་དོག་དང་། །རང་ལ་གནོད་པ་བྱེད་པ་ལ། །ཀུན་ནས་མནར་སེམས་པའི་ཞེ་སྡང་གིས་ཀུན་ནས་བསླང་བ་མ་ཡིན་ནམ་ཞེ་ན། མ་ཡིན་ཏེ་འདི་ལྟར། བདག་ནི་སེམས་ཅན་ཀུན་ལ་ཕན་བདེ་སྒྲུབ་པའི་བྱམས་པ་དང་ལྡན་ཞིང་གང་ཟག་ཀུན་ལ་སྡང་སེམས་ཀྱིས་བདག་མི་སྨོད་དོ། །རྒྱ་ལ་གལ་ཏེ་སེམས་མཉམ་པར་མ་བཞག་པས་སྨད་པ་སྲིད་ན་ནི་དེའི་སྡིག་པ་བཤགས་སོ། །འོན་ཀྱང་འདིར་སྨྲས་པ་ནི། དམ་ཆོས་འཁྲུལ་པ་དང་། མ་འཁྲུལ་བའི་རྣམ་དབྱེ་ཡིན་ལ། དེ་ནི་སྐྱེ་བ་གཏན་གྱི་གྲོས་ཡིན་པས་འདིའི་ལེགས་ཉེས་དཔྱོད་པ་ལ་ཞེ་སྡང་ཡིན་ཞེས་སྨྲ་ན་སྨྲ་བ་པོ་དེའི་རང་སྐྱོན་ཡིན་ནོ། །ཀླུ་སྒྲུབ་དང་སློབ་དཔོན་ དབྱིག་གཉེན་དང་། ཕྱོགས་ཀྱི་གླང་པོ་ཆོས་ཀྱི་གྲགས་པ། ཟླ་གྲགས་ལེགས་ལྡན་ལ་སོགས་པའི་མཁས་པ་ཀུན་གྱི་རང་སྡེ་སངས་རྒྱས་པ་དང་། གཞན་གྱི་སྡེ་པ་མུ་སྟེགས་པས་བརྟགས་པའི་ཆོས་ལོག་ཐམས་ཅད་སུན་ཕྱུང་བས། ཀླུ་སྒྲུབ་ལ་སོགས་པ་དེ་ཡའང་ཞེ་སྡང་བ་ཡིན་ཞེས་ཟེར་རམ་ཅི་ཟེར། རྫོགས་པའི་སངས་རྒྱས་ཀུན་གྱིས་ཀྱང་རྡོ་རྗེའི་གདན་དུ་བདུད་དང་མཉན་ཡོད་དུ་ཆོ་འཕྲུལ་ཆེན་པོ་བསྟན་ནས་མུ་སྟེགས་བྱེད་སུན་ཕྱུང་བ་དང་། དེ་བཞིན་དུ་ཕྱག་རྡོར་ཀྱང་འཇིགས་སུ་རུང་བའི་རྣམ་འཕྲུལ་བསྟན་ནས་བདུད་དྲག་པོར་བཏུལ་བ་དེ་ཡང་ཕྲག་དོག་ཅན་ཉིད་དུ་འགྱུར་བ་ཅི། དེས་ན་མཁས་པ་རྣམས་གླང་དོར་གྱི་གནས་ལ་ལྟ་བའི་ཤེས་རབ་ཀྱི་མིག་ལོང་བའི་བླུན་པོའི་ལོང་ཁྲིད་ཡིན་པས། ཆོས་ནོར་བ་དང་མ་ནོར་བའི་རྣམ་དབྱེ་བསྟན་ནས། སྤང་བླང་བྱེད་པའི་ལོང་ཁྲིད་ལེགས་པར་བྱས་པ་ལ་ཞེ་སྡང་གིས་ཡིན་ནོ་ཞེས་སྨྲ་ན་དྲན་ཆད། སངས་རྒྱས་ཀྱི་བསྟན་པ་ཇི་ལྟར་བསྲུང་སྟེ་བསྲུང་མི་ནུས་པར་འགྱུར་རོ། །འདི་ལྟར་ཆོས་འཁྲུལ་མ་འཁྲུལ་མ་བཤད་ན་ནི་མི་གོ། །བཤད་ན་ནི་ཕྲག་དོག་ཏུ་འགྱུར་བས་སོ། །

གཞན་ཡང་ལོང་ཁྲིད་རྣམས་ཀྱིས་ལོང་བ་ལ་གཡང་ས་དང་ཚེར་མ་སོགས་བཀག་ཅིང་དེ་ལས་བཟློག་ནས་ལམ་བཟང་པོ་རུ ཁྲིད་པའང་ཕྲག་དོག་ཡིན་ནམ་ཅི། དེ་ལྟ་ཡིན་པ་འོན་ལོང་བ་ལམ་དུ་བདེ་བར་ཇི་ལྟར་དགྲི་སྟེ་ཐབས་མེད་དོ། །སྨན་པས་ནད་པ་ལ་གནོད་པའི་ཁ་ཟས་སྤྱོངས་ཤིག་ཕན་པ་རྟེན་ཅིག་ཅེས་དེ་སྐད་སྨྲས་ན་ཡང་ཞེ་སྡང་དང་ཕྲག་དོག་ཏུ་འགྱུར་ན། འོ་ན་ནད་པ་ཇི་ལྟར་གསོ། དེ་བཞིན་དུ་ཆོས་ལོག་པ་དང་མ་ལོག་

པའི་རྣམ་པར་དབྱེ་བ་བྱས་པ་ལ་ཞེ་སྡང་དང་ཕྲག་དོག་ཡིན་ནོ་ཟེར་ན། འོ་ན་འཁོར་བའི་རྒྱ་མཚོ་ལས་སེམས་ཅན་ཇི་ལྟར་བསྒྲལ་ཏེ། དེ་ལ་ནི་ལམ་དང་ལམ་མིན་རྣམ་པར་ཕྱེ་ནས་བླང་དོར་བྱེད་དུ་འཇུག་པ་ལས་ཐབས་གཞན་མེད་པའི་ཕྱིར་རོ། །

གཞན་ཡང་སངས་རྒྱས་འཇིག་རྟེན་དུ་བྱོན་པ་དང་མཁས་པ་རྣམས་སྐྱེ་སྟོད་ཀྱི་བཤད་པ་བྱེད་པ་ལ་འབྲས་བུ་ཆོས་ལོག་སྨྲ་འབྱིན། བདུད་ཡི་མྱུག །མཁས་པ་རྣམས་དགའ་བ་སྐྱེད་པ་སྐྱེ་རྣམ་པ་གསུམ་འབྱུང་བ་འདི། སངས་རྒྱས་བསྟན་པའི་སྤྱི་ལུགས་ཡིན་ནོ། །

མའི་ཁོལ་པོ་བྱས་པས་མ་ཁོལ་ཏེ། སློབ་དཔོན་དཔའ་བོས་ཀྱང་བསྟོད་པ་བརྒྱ་ལྔ་བཅུ་པ་ལས་འདི་སྐད་གསུངས་ཏེ། བདུད་བཞིའི་གཡུལ་ངོ་བཟློག་པའི་དཔའ་བོ་ཁྱོད་ཀྱི་ཆོས་བསྟན་པ་ནི། བདག་མེད་པའི་སེང་གེའི་སྒྲ་བསྒྲགས་པས་མུ་སྟེགས་ཀྱི་རི་དྭགས་ཐམས་ཅད་ཀྱིས་དེ་མི་བཟོད་པའི་ཕྱིར་སྐྲག་པར་མཛད་ཅིང་། བདུད་སྡིག་ཅན་ནི་བདག་གི་ཡུལ་སྟོང་པར་འགྱུར་རོ་ཞེས་སེམས་ཁོང་དུ་ཆུད་པར་མཛད་ལ། དཀར་ཕྱོགས་ཀྱི་ལྷ་དང་མི་རྣམས་སྲིད་པའི་སྡུག་བསྔལ་ལས་གྲོལ་བར་འགྱུར་རོ་ཞེས་དབུགས་ཀྱང་འབྱིན་ནོ། །ཞེས་གསུངས་པ་དེ་བཞིན་དུ་དེང་སང་བོད་འདི་ན་ཡང་མཁས་པ་རྣམས་ཀྱིས་ཆོས་བཤད་པ་ན། ཆོས་ལོག་སྨྲ་པ་རྣམས་ཕམ་པར་བྱེད་ཅིང་། བདུད་རིགས་ཐམས་ཅད་ཡི་མུག་པར་འགྱུར། མཁས་པ་ཐམས་ཅད་དགའ་བར་བྱེད་པ་འདི་འདྲ་བས་བསྟན་པ་འཛིན་པར་ནུས་ཤིང་། འདི་ལས་བཟློག་པ་ཆོས་ལོག་ལ་བསྟགས་པ་བྱེད། བདུད་སྒྲོ་བསྐྱེད་པའི་སྐྱེས་བུ་ཐ་ཤལ་རྣམས་དགའ་བར་བྱེད་པ་ཞིག་བྱུང་བར་གྱུར་ན། སངས་རྒྱས་ཀྱི་བསྟན་པ་ལ་མི་ཕན་གྱི་སྟེང་དུ་གནོད་པར་ཤེས་པར་གྱིས་ཤིག །

གཉིས་པ་ནི་ཕྲག་དོག་དང་ཞེ་སྡང་མ་ཡིན་ཀྱང་། གཞན་གྱི་ཆོས་ལུགས་ལ་སྨད་པས་མཁས་པར་གྲགས་ནས་རྙེད་བཀུར་འབྱུང་བའི་དོན་དུ་འདི་བྱས་སོ་སྙམ་ན་མ་ཡིན་ཏེ། དེ་བསྒྲུབ་པའི་ཐབས་སུ་ཆོས་ལོག་སྟོན་པ་ཉིད་བཟང་བའི་ཕྱིར་ཏེ། འདི་ལྟར་བདག་གིས་ཀྱང་ཐོག་མར་རྡོ་རྗེ་ཕག་མོའི་བྱིན་རླབས་ཙམ་རེ་བྱས་ཏེ། ཆོས་སྒོ་ཕྱེ་བ་ལ། དཀར་པོ་ཆིག་ཐུབ་བསྟན་ནས་བསྒོམ་དུ་བཅུག་པས། རྟོག་པ་མངོན་གྱུར་ཙུང་ཟད་འགགས་པའི་ཉམས་སུ་མྱོང་བ་སྐྱེས་པ་ལ། ཁྱོད་ཀྱི་སེམས་ངོར་འཕྲོད་ཅིང་དེ་ཁོ་ན་ཉིད་རྟོགས་པ་སངས་རྒྱས་ལ་རེ་མ་ཆེ། འཁོར་བ་ལ་དོགས་མ་ཟ་ཞེས་མཐོང་ལམ་དུ་ནི་ངོ་སྤྲད་ནས་རྩོལ་བསྒྲུབ་མེད་པའི་དོན་བསྟན་ན་ཚོགས་པའང་ད་ལྟའི་འདི་བས་ཆེས་མང་བ་འདུ། ནོར་གྱི་ལོངས་སྤྱོད་འབུལ་བའང་འདི་ལས་མང་བར་འགྱུར། བླུན་པོ་རྣམས་ཀྱི་བསམ་པ་ལ། སངས་རྒྱས་ལྟ་བུར་མོས་པ་སྐྱེ། ཆོས་ཀྱི་གནད་རྣམས་ལེགས་པར་མི་ཤེས་པའི། སྐྱེ་

སྒོད་འཛིན་པར་རློམ་པ་ཡང་། དེ་ལྟ་བུ་ལ་ལྟག་པར་དད་འགྱུར་བ། བདག་གིས་ལེགས་པར་གོ་མོད་ཀྱི། འཁོར་དང་ཟང་ཟིང་གི་དོར་བསྒྲུབ་པའི་ཕྱིར། བདག་གིས་སེམས་ཅན་བསྟུས་པ་མིན་གྱི། འོན་ཀྱང་སངས་རྒྱས་ཀྱི་བསྟན་པ་ལ་ཕན་པར་བསམ་ནས་ཆོས་བཤད་པ་ཡིན་ཞིང་། སངས་རྒྱས་ཀྱི་བསྟན་པ་ལ་ཕན་པར་བྱེད་པ་ཡང་། སྐྱེས་རབས་ལས། ཕན་པར་སླས་ལ་མཆོད་པར་བྱེད་པ་ནི་དེའི་ཚིག་བཞིན་ཉམས་སུ་ལེན་པ་ཡིན་ཞེས་པ་ལྟར། སངས་རྒྱས་ཀྱི་བསྟན་པ་ལས་བཤད་པ་བཞིན་སྒྲུབ་པ་པོ་ན་ཡིན་པར་བསམས་ནས། རང་གིས་ཀྱང་ཅི་ནུས་བསྒྲུབས་ཤིང་གཞན་ལའང་བསྟན་པ་ཡིན་ནོ། །

གསུམ་པ་ནི། མུ་སྟེགས་པ་ནི་མཐོ་རིས་དང་ཐར་པའོ། །དེ་སྟོན་པའི་བསྟན་བཅོས་ལའང་དེ་སྐད་ཅེས་བྱའོ། །དེ་བྱེད་པ་རྣམས་ནི་མུ་སྟེགས་བྱེད་དོ་ཞེས་པའམ། བདག་མེད་པ་གཉིས་ནི། དཀྱིལ་ལམ་སྙིང་པོ་སྟེ་དེ་ལས་ཕྱི་རོལ་དུ་གྱུར་པའི་མུ་སྟེགས་མཁན་ཞེས་དང་། མུ་སྟེགས་པ་ནི་གང་དག་ཆོས་ཀྱི་ཕྱིར་འཇུག་ངོགས་སུ་འཇུག་པ་དག་སྟེ་ཞེས་པ་དང་། ཁྱབ་འཇུག་དང་ལྷ་ཆེན་པོ་ལ་སོགས་པས། བཤད་པའི་གྲུབ་པའི་མཐའ་ནི་མུའོ། །དེ་ལ་རྟེན་པས་ན་མུ་སྟེགས་སོ། །ཡང་ན་མུ་ནི་ཆུ་བོ་གང྄་གཱའི་མཆོད་སྦྱིན་པ་ལ་སོགས་པའོ། །ཞེས་པ་ནི་རྒྱ་གར་མཁས་པའི་བཤད་པ་ཡིན་གྱི། བོད་ཀྱི་ལྟ་བ་ངན་པ་ལ་མུ་བྱེད། སྤྱོད་པ་ངན་པ་ལ་སྟེགས་འཆའ་བས་མུ་དང་སྟེགས་ཞེས་སོ་སོར་བཤད་པ་བྱེད་པ་ནི། བླུན་པོ་ལ་ལེགས་ལེགས་འདྲ་ཡང་རྒྱ་གར་མཁས་པ་དང་མི་མཐུན་པས་ནོར་བའོ། །

དེ་ལ་དབྱེ་བ་ན་སྤྱལ་པ་དང་རང་རྒྱུད་པ་གཉིས་སོ། །དེ་ལ་སྐྱེ་བས་ཐོབ་པ་དང་སྦྱོར་བ་ལས་བྱུང་བ་གཉིས་སོ། །དང་པོ་ནི་རིགས་ཆད་དོ། །ཕྱི་མ་ལ་བསམ་གཏན་པ་དང་རྟོག་གེ་བ་གཉིས་སོ། །ལུང་ལས་རྗེས་སུ་སྒྲོགས་པ་དང་གསུམ་དུའང་བཤད་དོ། །དང་པོ་ནི་མངོན་ཤེས་ལ་བརྟེན་ནས་སྡིག་ལྟ་དྲུག་ཅུ་གཉིས་སུ་རྟོག་པ། གཉིས་པ་ནི་མངོན་སུམ་དང་རྗེས་དཔག་སོགས་རྟོག་གེའི་རིགས་པས་གྲུབ་མཐའ་འཛུགས་པ། གསུམ་པ་ནི་ཁྲིམ་དུ་འདུག་ནས་རིག་བྱེད་འཆད་ཅིང་། སྔགས་ཀྱི་བཟླས་པས་ཞི་སོགས་ཀྱི་འཕྲིན་ལས་བསྒྲུབ་པ་ཡིན་ལ། ཕྱི་མ་གཉིས་ནི་རབ་ཏུ་བྱུང་བའོ། །རྗོ་བོས་ཆོས་ཀྱི་དབྱིངས་སུ་ལྟ་བའི་གླུ་ལས། མུ་སྟེགས་པ་ནི་རྣམ་པ་གཉིས། །སྤྱལ་བ་པ་དང་རང་རྒྱུད་པ། །དེ་ཡང་སྐྱེས་ཐོབ་སྦྱོར་བྱུང་ངོ་། །སྐྱེས་ཐོབ་རིགས་ཆད་ལོག་སྲེད་ཅན། །སྦྱོར་ཆུང་བསམ་གཏན་རྟོག་གེ་པ། །བསམ་གཏན་པ་ནི་མངོན་ཤེས་མཐུས། །ལྟ་བ་དྲུག་ཅུ་གཉིས་སུ་རྟོགས། །རྟག་པར་སྨྲ་རྣམ་བཞི་དང་། །ཁ་ཅིག་རྟག་པར་སྨྲ་བ་བཞི། །མཐའ་ཡོད་སོགས་བཞི་མི་སྤོང་བཞི། །རྒྱུ་མེད་གཉིས་ནི་སྔོན་མཐར་རྟོག །འདུ་ཤེས་ཡོད་སྨྲ་བཅུ་དྲུག་དང་། །མེད་སྨྲ་བརྒྱད་དང་དེ་བཞིན་དུ། །ཡོད་མིན་མེད་མིན་སྨྲ་བ

བརྒྱུད། །ཆད་སྨྲ་བདུན་དང་ཚེ་འདི་ལ། །སྐྱ་རྡན་འདའ་བར་སྨྲ་བ་ལྔ། །ཕྱི་མའི་མཐར་རྟོག་ལྔ་བའོ། །རྟོག་གེ་པ་ནི་གྲངས་ཅན་སོགས། །ཚད་མས་གྲུབ་མཐའ་འཛིན་པའོ། །ཞེས་སོ། །གཞན་གཉིས་ལ་ལྔ་བའི་དབྱེ་བ་བཤད་པ་མ་མཐོང་ཞིང་། རྟོག་པ་ལ་གསལ་བའི་དབྱེ་བ་མཐའ་ཡས་ཤིང་། རིགས་ཀྱི་དབྱེ་བ་ཕལ་ཆེར་ལྔ་པོ་འདིར་འདུས་པ་ཡིན་ཏེ། དབུ་ཚད་ཀྱི་གཞུང་ལུགས་རྣམས་སུ་གཙོ་ཆེར་འདི་དག་སྨོས་པས་སོ། །

ལྔ་ནི་རིག་བྱེད་པ། གྲངས་ཅན་པ། དབང་ཕྱུག་པ། གཅེར་བུ་པ། འཇིག་རྟེན་རྒྱང་འཕེན་པའོ། །དེ་དག་འདོད་ཚུལ་མི་འདྲ་བ་མཐའ་ཡས་ཀྱང་བདག་རྫས་ཡོད་དུ་འདོད་པར་མཐུན་ཞིང་། རིག་བྱེད་པ་ལ་ཕྱིའི་དོན་ཡོད་པར་སྨྲ་བ་ཡོད་པ་དང་། སེམས་ཙམ་དུ་སྨྲ་བ་རིག་བྱེད་ཀྱི་མཐའ་གསང་བར་སྨྲ་བ་གཉིས་ལས། དང་པོ་ནི་རྣམ་འགྲེལ་ལས། སྐྱེས་བུ་རྟག་པ་བྱེད་པོ་ཉིད་ཅེས། དཔྱོད་པ་བ་འགོག་པའི་སྐབས་སུ་བྱུང་བས་བདག་དེ་ལས་བྱེད་པ་པོར་འདོད་ཅིང་། རྟག་ཉིད་ཕྱིར་རམ་ཐབས་མེད་ཕྱིར། །ཡང་ན་ཐབས་ནི་མི་ཤེས་ཕྱིར། །སྐྱོན་རྣམས་མི་ཟད་པ་ཉིད་ཅེས། །བྱ་བར་ཡོངས་སུ་རྟོག་གྲང་ན། །ཞེས་པའང་དེའི་འདོད་པ་ཡིན་པས། རྟག་ཏུ་བཅིངས་པར་འདོད་ཅིང་འབྲས་བུ་ལོངས་སྤྱོད་པ་པོར་ནི། རྟག་པར་སྨྲ་བ་ཐམས་ཅད་ཀྱིས་འདོད་པ་ཡིན་ནོ། །

གཉིས་པ་ནི། རིག་པ་ཐམས་ཅད་ལས་ཁྱབ་ཅིང་། དེ་དག་གི་རང་བཞིན་དང་བྱེད་པ་པོར་འདོད་དེ། དེ་ཉིད་ཀྱི་གཞུང་ལས་རྣམ་རིག་ཙམ་ནི་རྟག་ཏུ་རྣམ་པར་དག་ཅེས་དང་། གཡོ་བ་དེ་ཡིན་མི་གཡོ་དེ། །རིང་བ་དེ་ཡིན་ཉེ་བ་དེ། །ནང་ཡང་དེ་ཡིན་ཕྱི་རོལ་དེ། །ཞེས་དང་། དབུ་མ་འཇུག་པ་ལས། ཟ་ པོ་རྟག་དངོས་བྱེད་པོ་ཡིན་པའི་བདག ། ཅེས་པ་ལྟར། བདག་རིག་པ་རྣམ་སྨིན་ཟ་བ་པོ་ཡིན་ཡང་། ལས་བྱེད་པ་པོ་མ་ཡིན་པར་འདོད་དོ། །དབང་ཕྱུག་པ་ལ་གསུམ་གྱི། བྱེ་བྲག་པ་ནི་ཟེགས་གཟན་གྱིས་བདག་ཤེས་པ་ལས། གཞན་དང་ཁྱབ་པར་ཡོངས་སུ་བརྗོད། ཞེས་པ་ལྟར། བདག་བེམ་པོ་ཐམས་ཅད་ནི་ཁྱབ་པར་འདོད་དོ། །རིགས་པ་ཅན་ལ་ནི། གསོན་པོའི་ལུས་ནི་བདག་དང་བཅས་པ་ཡིན་ལ། གཞན་ནི་དེ་མེད་པར་འདོད་དོ། །སྲོག་གིས་གསོན་ལུས་བདག་བཅས་སུ་བསྒྲུབ་པའི་རྟགས་ཐུན་མོང་མ་ཡིན་པར་འདོད་པས་སོ། །བེམ་པོར་ཡང་འདོད་དེ། སྤྱོད་འཇུག་ལས། སེམས་མེད་པ་ཡང་བདག་མིན་ཏེ། །སེམས་མེད་ཉིད་ཕྱིར་བུམ་སོགས་བཞིན། །ཞེས་པ་རིག་པ་ཅན་འགོག་པའི་སྐབས་ཡིན་པས་སོ། །དེ་གཉིས་ཀ་ཡང་བདག་ལས་བྱེད་པ་པོ་དང་། འབྲས་བུ་ལོངས་སྤྱོད་པ་པོར་འདོད་དེ། རྣམ་འགྲེལ་ལས། བྱེད་པོ་ཟ་པོ་ཉམས་པར་འགྱུར་ཞེས་པ་ནི། དེ་དག་འགོག་པའི་སྐབས་ཡིན་པས་སོ། །འདིའི་བྱེ་བྲག་སྣ་མ་ཕྱུག་ནི། བདག་གི་འདོད་ཚུལ་གསལ་བར་མ་ཐོས་སོ། །གཅེར་བུ་པ་ནི་བདག་ལུས་དང་བོངས་ཚོད་མཉམ་པོར་འདོད་དེ། ཁྱད་པར་འཕགས་པའི་བསྟོད་པ་ལས། གཅེར་བུ་ལུས་ཀྱི་ཚད་

བཞིན་དུ། །གྲོག་ནི་ཞུམ་དང་ཀྲུས་པར་སླ། །ཞེས་སོ། །དེས་ན་ཐེམ་པོར་འདོད་པར་ཡང་མངོན་ནོ། །

ཀྱང་འཕེན་པ་ནི་ཧེ་ཤྲིད་སྐྱེས་ནས་མ་ཤིའི་བར་སྐད་ཅིག་གིས་མི་འཇིག་པས་རྟག་པ་དང་ཤི་ནས་རྒྱུན་ཆད་པའང་ལས་ཉོན་གྱིས་བཅིངས་པ་དང་། དེ་ལས་གྲོལ་བ་གཉིས་མེད་པ་དང་། འབྱུང་བ་ཙམ་ལས་མ་གཏོགས་པའི་སེམས་ཙན་མེད་པས་ཐེམ་རིག་གཉིས་ཀ་ཡིན་ཞིང་། བྱེད་པོ་ཟ་པོ་གང་ཡང་མིན་པར་འདོད་དེ། དེ་ཉིད་ཀྱི་གཞུང་ལས། ཧེ་ཙམ་དབང་པོའི་སྤྱོད་ཡུལ་བ། །སྐྱེས་བུའང་དེ་ཙམ་ཁོ་ནར་ཟད། །ཞེས་དང་། ལུས་ཀྱང་ཐལ་བ་བཞིན་སོང་ནས། །སླར་སྐྱེ་བ་དག་ག་ལ་ཤྲིད། །ཞེས་སོ། །དཔྱོད་པ་བ་ལ་ལས་གཞན་པའི་རྟག་སྨྲ་ཐམས་ཅད་བདག་ལས་ཉོན་གྱིས་བཅིངས་པ་ཧི་ཤྲིད་པ་དེ་དེ་ཤྲིད་དུ་འཁོར་བ་དང་དེ་ལས་གྲོལ་ནས་ཐར་པར་འདོད། ལྷ་དབང་ཕྱུག་སྐྱབས་གནས་དང་རིག་བྱེད་ཚད་མར་འདོད། འོན་ཀྱང་དབང་ཕྱུག་པ་ནི་དེ་ཉིད་འཇིག་རྟེན་གྱི་བྱེད་པོར་འདོད། གཞན་དག་དེ་ལྟར་མི་འདོད་པ་ནི་ཁྱད་པར་རོ། །ཚངས་པ་དང་དབང་ཕྱུག་ཀྱང་དེ་དང་ངོ་བོ་གཅིག་པར་འདོད་དེ། དུས་འཁོར་འགྲེལ་པར། ལྷ་གསུམ་སྐུ་ནི་གཅིག་ཉིད་དེ། །ཚངས་པ་དབང་ཕྱུག་ཁྱབ་འཇུག་གོ། །ཞེས་སོ། །ཕལ་ཆེར་རིག་བྱེད་ཚད་མར་འཛིན་ཡང་། རིག་བྱེད་པ་ནི། རིག་བྱེད་མ་བྱས་པར་འདོད་པ་ནི་ཁྱད་པར་རོ། །སྟེ་མ་བཞི་ནི་རྟག་པ་དང་ཕྱི་མ་ནི་ཆད་པར་སྨྲ་སྟེ། ཤི་ནས་རྒྱུན་ཆད་པར་འདོད་པས་སོ། །མུ་སྟེགས་བྱེད་ལ་རྟོག་གེ་པ། །རིག་བྱེད་གྲངས་ཅན་དབང་ཕྱུག་པ། །གཅེར་བུ་འཇིག་རྟེན་རྒྱང་འཕེན་ནོ། །གྲུབ་མཐའི་ཁྱད་པར་གཞན་མི་འདྲ། །བདག་ཡོད་པར་ནི་ཐམས་ཅད་མཐུན། །ཕལ་ཆེར་ལྷ་དང་རིག་བྱེད་འཛིན། །ཞེས་པ་བསྡུ་བའི་ཚིགས་སུ་བཅད་པའོ། །

དེ་དག་དང་ཉན་ཐོས་ལ་བཞི་ལས་གྲུབ་མཐའ་འཛིན་པ་ལ་བྱེ་བྲག་སྨྲ་བ་དང་། མདོ་སྡེ་པ་གཉིས་དང་རྩ་བའི་སྡེ་བཞི་དང་། དེ་ལས་གྱེས་པ་བཅོ་བརྒྱད་དེ། ཆོས་དབྱིངས་ལྟ་བའི་གླུ་ལས། ཉན་ཐོས་རྣམ་བཞི་སྨྲ་བ་དང་། །རྫོགས་པའི་བྱང་ཆུབ་འགྱུར་བ་དང་། །ཞི་བགྲོད་གྲུབ་མཐའ་འཛིན་པའོ། །དེ་ནི་གཉིས་བཞི་བཅོ་བརྒྱད་དེ། །གཉིས་ནི་བྱེ་བྲག་སྨྲ་བ་དང་། །དེ་བཞིན་མདོ་སྡེ་སྨྲ་བའོ། །ཞེས་སོ། །བྱེ་བྲག་སྨྲ་བ་འདས་མ་འོངས། མི་ལྡན་འདུ་བྱེད། འདུས་མ་བྱས་རྣམ་གསུམ་རྫས་སུ་ཡོད་པར་འདོད། དེ་དང་མདོ་སྡེ་བ་གཉིས་ཀ་གཟུང་འཛིན་དོན་དམ་དུ་འདོད། རྩ་བའི་སྡེ་པ་བཞི་དང་བཅོ་བརྒྱད་ནི་སྔར་བཤད་ཟིན་ལ། ཁ་ཅིག་དེ་ཐམས་ཅད་བྱེ་བྲག་སྨྲ་བ་ཡིན་ཞིང་། མདོ་སྡེ་པ་ཐེག་ཆེན་ཡིན་ཞེས་པ་ནོར་བ་ཡིན་ཞིང་། དེ་འབར་བར་མདོ་སྡེ་པ་གནས་བརྟན་པའི་བྱེ་བྲག་ཏུ་བཤད་ཅིང་། གནས་མ་བུའི་སྡེ་པ་སོགས་དག་ཏུ་སྨྲ་བ་ལྟ་ནི་འདི་གཉིས་ཀ་མིན་ནོ། །

ཐེག་པ་ཆེན་པོ་སེམས་ཙམ་པ་གཉིས་མེད་ཤེས་པ་དོན་དམ་དུ་སྨྲ་བ་དང་། དབུ་མ་རང་རྒྱུད་པ་འགའ

ཞིག་སྣང་བ་དང་སྟོང་པ་དབྱེར་མེད་སྒྱུ་མ་ལྟ་བུ་རིགས་པས་གྲུབ་པར་འདོད་པས། དེ་དག་ལའང་འཁྲུལ་པ་ཡོད་མོད་ཀྱི། དེ་ནི་འཕགས་པ་ཀླུ་སྒྲུབ་ལ་སོགས་མཁས་པ་རྣམས་ཀྱིས་སུན་ཕྱུངས་ཟིན་པའི་ཕྱིར་འདིར་མ་བཤད་དོ། །དེ་ལ་མུ་སྟེགས་བྱེད་འགོག་པ་ནི་རྒྱས་པར་ཚད་མ་རྣམ་འགྲེལ་རྣམ་ངེས་དང་། དབུ་མ་འཇུག་པ་དང་། རྟོག་གེ་ལ་འབར་བ་དང་། ཚད་མའི་དེ་ཁོ་ན་ཉིད་བསྡུས་པ་རྩ་འགྲེལ་ལས་གསུངས། བྱེ་བྲག་སྨྲ་བ་དགག་པ་ནི་རྒྱས་པར་མཛོད་ཀྱི་རང་འགྲེལ་ན་ཡོད། མདོ་སྡེ་པ་དགག་པ་ནི་ཐེག་བསྡུས། ཉི་ཤུ་པའི་རབ་བྱེད། ཚད་མ་རྣམ་འགྲེལ་ངེས་སོགས་སུ་གསུངས། སེམས་ཙམ་པ་དགག་པ་ནི་འཕགས་པ་ཡབ་སྲས་ཀྱི་གཞུང་ལས་རྒྱས་པར་མ་གསུངས། དབུ་མའི་གཞུང་ཕལ་ཆེར་ལས་གསུངས། ཁྱད་པར་དུ་འཇུག་པ་རྟོག་གེ་འབར་བ། དབུ་མ་སྣང་བ་སོགས་ལས་འབྱུང་ངོ་། །སྒྱུ་མ་ཙམ་ཏུ་སྨྲ་བ་དགག་པ་ནི་ཐལ་འགྱུར་བའི་གཞུང་དང་། སྤྱོད་འཇུག་དང་རྟོག་གེ་འབར་བ་སོགས་སུ་གསུངས་སོ། །

དུས་དེང་སང་གནས་གངས་རིའི་ཁྲོད་འདི་ན། དངོས་པོ་རིགས་པས་བསྒྲུར་བར་མི་ནུས་ཤིང་། སངས་རྒྱས་ཀྱི་བསྟན་པའི་གསུང་རབ་རྣམས་དང་འགལ་བའི་འཁྲུལ་པ་གསར་པ་དུ་མ་བྱུང་། ཁྱད་པར་རྡོ་རྗེ་ཐེག་པའི་གནད་འཆུགས་པས་རྒྱུད་སྡེ་རྣམས་དང་གྲུབ་ཐོབ་ཀྱི་དགོངས་པ་རྣམས་དང་འགལ་བས་ཆོས་ཀྱི་གནད་འཆུགས་པ་དཔག་ཏུ་མེད་པ་ཡོད་མོད་ཀྱི་གསང་སྔགས་ཀྱི་གནད་ཐུན་མོང་མ་ཡིན་པ་ཉིད་ཡིན་པའི་ཕྱིར་རོ། །དེ་སྲུན་འབྱིན་པ་ལ་གསང་སྔགས་ཀྱི་ལུགས་ཟབ་མོ་བཤད་དགོས་པས། དེ་ཡང་དགའ་བ་བཞི་ལ་ལོག་པར་རྟོག་པ་ལ་སོགས་པ་ལྟ་བུའོ། །

འདིར་བཤད་པ་ནི། དབང་བསྐུར་ཐོབ་མ་ཐོབ་ཀུན་ལ་བཤད་དུ་རུང་བའི་འཁྲུལ་པ་རགས་རིམ་ཅི་རིགས་པ་ཞིག་ཏ་ཙང་འཕེལ་ན་སངས་རྒྱས་ཀྱི་བསྟན་པ་ལ་གནོད་པར་མཐོང་ནས། དེ་དག་ལས་ཆེ་ལོང་ཙམ་ཞིག་བཤད་པ་ཡིན་གྱི། འཁྲུལ་པ་ཕྲ་མོ་དཔག་ཏུ་མེད་པ་ཞིག་ཡོད་དེ། བཤད་ཀྱིས་མི་ལངས་པས་རང་གི་རིགས་པས་དཔྱོད་ཅིག །

བཞི་པ་ནི། ད་དུང་འཁྲུལ་པའི་རྣམ་བཞག་ནི་སྨྲོན་ཅན། ལས་ཆོག་མགོ་ལ་བཞག་པས་དགེ་སློང་དུ་འགྱུར་ཟེར་བ་དང་། ཀྱེ་རྡོར་བདེ་མཆོག་ལ་སོགས་པའི་དབུས་ཀྱི་གཙོ་བོའི་ཚབ་ཏུ་མིའི་གཟུགས་བརྙན་འདྲི་བ་དང་། སངས་རྒྱས་ཀྱིས་དྲང་དོན་མ་གསུངས་ཟེར་བ་དང་། འདུལ་བའི་ལས་མཚམས་ཐག་པས་གཅོད་པ་དང་། རབ་བྱུང་བསྙེན་རྫོགས་སོགས་ཀྱི་བསྒྲུབ་བྱ་ལ་གྲངས་ངེས་མེད་པ་སོགས་དཔག་ཏུ་མེད་པ་ཞིག་སྣང་ན་ཡང་། གཞུང་མང་དོགས་པས་རེ་ཞིག་བཞག་པ་ཡིན་པས། གལ་ཏེ་ལུང་དང་རིགས་པའི་གནད་ལེགས་པར་ཤེས་པའི་

བློ་གྲོས་དང་ལྡན་པ་བྱུང་ན་དེ་རྣམས་ཀྱིས། དེ་དག་ལུང་རིགས་ཀྱིས་ལེགས་པར་དཔྱད་པ་སྐྱོན་ཅན་ཡིན་ན་དགག་པ་དང་། དེ་མེད་ན་བསྒྲུབ་པར་གྱིས་ཤིག །ཅིའི་ཕྱིར་ཞེ་ན། སངས་རྒྱས་ཀྱི་བསྟན་པ་དང་ཕྲད་པར་དཀའ་ཞིང་། དམྱལ་བ་ཡི་དྭགས་དུད་འགྲོ་དང་། །ཀླ་ཀློ་ཚེ་རིང་ལྷ་དང་ནི། །ལོག་ལྟ་སངས་རྒྱས་མི་འབྱུང་བ། །ལྐུགས་པ་འདི་དག་མི་ཁོམ་བརྒྱད། །ཅེས་པའི་མི་ཁོམ་བརྒྱད་བྲལ་བས་དལ་བ། མི་ཉིད། ཡུལ་དབུས། དབང་པོ་ཚང་། ལས་མཐའ་མ་ལོག །གནས་ལ་དད་ཅེས་པའི་རང་འབྱོར་ལྔ་དང་། སངས་རྒྱས་འཇིག་རྟེན་བྱོན། ཆོས་གསུངས། བསྟན་པ་གནས། རྗེས་སུ་འཇུག །སྙིང་བདག་ཡོད་ཞེས་པའི་གཞན་འབྱོར་ལྔ་ཚང་བའང་རྙེད་པར་དཀའ་བས་དེ་རྙེད་ནས་ཚུལ་བཞིན་དུ་བསྒྲུབས་ན། འཇིག་རྟེན་དང་འཇིག་རྟེན་ལས་འདས་པའི་ཡོན་ཏན་ཐམས་ཅད་འབྱུང་བས་ཡིད་བཞིན་གྱི་ནོར་བུ་དང་མཚུངས་པ་ཡིན་ཏེ། སློབ་སྤྲིངས་ལས། གང་ཞིག་ཐོབ་ན་སྐྱེ་བའི་རྒྱ་མཚོ་མཐར་འབྱིན་ཞིང་། །བྱང་ཆུབ་མཆོག་གིས་ས་བོན་དགེ་བའང་འདེབས་བྱེད་པ། །ཡིད་བཞིན་ནོར་བུ་ལས་ཀྱང་ཡོན་ཏན་ལྷག་པ་ཡི། །མི་ཉིད་དེ་ཉིད་སུ་ཞིག་འབྲས་བུ་མེད་པར་བྱེད། །ཞེས་སོ། །དེ་བས་ན་དེ་ཐོབ་ཅིང་བསྟན་པ་ལ་ཞུགས་པའི་མཁས་པ་རྣམས་ཀྱིས་ཤེས་རབ་ཀྱིས་སྐྱོན་ཡོན་ལེགས་པར་རྟོགས་པར་གྱིས་ལ། ཆགས་སྡང་གི་རྗེས་སུ་མི་འབྲངས་པར་གཟུ་བོར་གནས་པའི་བློ་ཡིས་དཔྱོད་ལ། བླང་དོར་གྱིས་ཤིག །

གཉིས་པ་ལེགས་པར་ཤེས་ཕྱིར་བཟུང་བར་འོས་པ་ནི། འདི་སྐད་དུ། ཁྱེད་རང་གིས་གང་ཐོས་པ་རྣམས་ཆོས་སུ་བཟུང་ནས། གང་མ་ཐོས་པ་རྣམས་བཀག་པར་ཟད་དོ་ཟེར་ན་མ་ཡིན་ཏེ། བདག་གིས་སྒྲ་དང་ཚད་མ་བསླབས། ཚིག་གི་སྡེབ་སྦྱོར་རྣམས་ཀྱང་ལེགས་པར་ཤེས་ཚིག་གི་རྒྱན་དང་མིང་གི་མངོན་བརྗོད་ཕལ་ཆེར་གོ །འདུལ་བ་དང་ནི་མངོན་པ་དང་། ཕ་རོལ་ཕྱིན་པའང་ཕལ་ཆེར་ཐོས། གསང་སྔགས་རྒྱུད་དེ་བཞི་པོ་དང་། དེ་དག་གི་འགྲེལ་བའང་དེང་སང་གི་ཉན་བཤད་ཡོད་པ་ཕལ་ཆེར་ཐོས། ཐོས་པ་དེ་དག་ཐམས་ཅད་ཀྱང་། །མང་རྒྱུང་ཙམ་དུ་མ་བཞག་པར། ཚིག་དོན་མཐའ་དག་ལེགས་པར་ཤེས་གཞུང་དུ་མ་ཟད་ཅེ་བྲག་སླ་བ་དང་མདོ་སྡེ་པའི་གདམ་ངག་མཛོད་འགྲེལ་དང་། ཉན་ས་སོགས་ནས་བཤད་པའི་མི་སྡུག་པ་དང་དབུགས་དབྱུང་རྔུབ་དྲན་པ་དང་། ཚད་མེད་པ་བཞི་དང་ཁམས་ཀྱི་རབ་ཏུ་དབྱེ་བ་དང་། བསམ་གཏན་གཟུགས་མེད་སོགས་བསྒོམ་པ་དང་། དེ་དག་ལ་བརྟེན་ནས་རྣམ་ཐར་མངོན་ཤེས་སོགས་བསྒྲུབ་པ་དང་། ལུས་ལ་སོགས་པ་ལ་རང་དང་སྤྱིའི་མཚན་ཉིད་ཀྱི་རྣམ་པས། དྲན་པ་ཉེར་བཞག་བསྒོམ་པ་དང་། འཕགས་པའི་བདེན་པ་མི་རྟག་པ་ལ་སོགས་པའི་རྣམ་པར་བསྒོམ་པའི་གདམ་ངག་དང་། སེམས་ཙམ་པའི་གདམ་ངག་སློབ་དཔོན་འཕགས་པ་ཐོགས་མེད་ཀྱིས་མཛད་པའི་བསམ་གཏན་སྒྲོན་མེ་དང་། སློབ་དཔོན་ཕྱོགས་གླང་གི་རྣལ་འབྱོར་བསྒོམ་པ་ལ་འཇུག་པ་དང་།

སློབ་དཔོན་ཤནྟི་པའི་ཤེར་ཕྱིན་མན་ངག་དང་། དབུ་མ་པའི་གདམས་ངག་འཕགས་པ་ཀླུ་སྒྲུབ་དང་། སློབ་དཔོན་ཧ་དབྱངས་དང་། སློབ་དཔོན་ཟླ་གྲགས་དང་། སློབ་དཔོན་ལེགས་ལྡན་དང་། སློབ་དཔོན་ཡེ་ཤེས་སྙིང་པོ་དང་། སློབ་དཔོན་ཀ་མ་ལ་ཤཱི་ལ་དང་། སློབ་དཔོན་ཆོས་ཀྱི་དཔལ་པོ་དང་། སློབ་དཔོན་བྱང་ཆུབ་བཟང་པོ་དང་། ཇོ་བོ་ལ་སོགས་པས་མཛད་པའི་བོད་དུ་འགྱུར་བ་ཇི་སྙེད་པ་རྣམས་ལས་ཕལ་ཆེར་ཐོས་ཤིང་། དེར་མ་ཟད་དེང་སང་བོད་ན་གྲགས་པའི་ཞི་བྱེད་དང་། རྫོགས་པ་ཆེན་པོ་དང་། གཅོད་དང་ཕྱག་ཆེན་ལ་སོགས་པ་དང་། ཕར་ཕྱིན་གྱི་གདམས་ངག །སྐབས་བརྒྱད་ཀྱི་དོན་ཅིག་ཅར་བསྒོམ་པ་ཇོ་བོ་ནས་བརྒྱུད་པ་དང་། ཕ་རོལ་ཕྱིན་པའི་གདམས་ངག་བློ་སྦྱོང་དང་། གཞན་ཡང་པོ་ཏོ་བ་དང་སྣེ་ཟུར་བ་ནས་བརྒྱུད་པའི་བཀའ་གདམས་ཀྱི་གདམས་ངག་ལུགས་གཉིས་དང་། ཁྲམ་ཟེ་ཆེན་པོ་ས་ར་ཧའི་དོ་ཧ་དང་། ཏེ་ལོ་པ་དང་། ནག་པོ་པ་དང་། ནག་པོ་སྤྱོད་པའི་དོ་ཧ་དང་། རྣལ་འབྱོར་དབང་ཕྱུག་བིར་ཝ་པའི་དོ་ཧ་སེང་གེ་ཞེས་བྱ་བ་དང་། སློབ་དཔོན་མེ་ཏྲི་པ་དང་ཐ་ཁ་བས་མཛད་པའི་དོ་ཧ་སོགས་དོ་ཧའི་བྱེ་བྲག་དུ་མ་ཐོས་འདི་དག་ནི་མན་ངག་གི་གཞུང་ཡིན་ནོ། །

འབོན་གད་པ་གཱིཧྱེ་ནས་བརྒྱུད་པའི་རིམ་ལྔ་སྐྱན་ཐོག་གཅིག་མ་དང་། གཙང་རོང་གི་མེས་ཚོན་པོ་དང་དྭགས་པོ་ལྷ་རྗེའི་སློབ་མ་གཙང་བཞེར་དང་། ཤངས་པ་རྨོག་ཅོག་པ་ནས་བརྒྱུད་པའི་ན་རོའི་ཆོས་དྲུག་ལུགས་གསུམ་དང་། གསང་བ་འདུས་པ་ཡེ་ཤེས་ཞབས་ཀྱི་ལུགས་འགྲེལ་པ་གསང་བ་འདུས་པའི་རྒྱན། ལྡོན་ཤིང་སྙིམ་པའི་མེ་ཏོག་གི་ལུགས་གསུམ་གྱི་གཞུང་གདམས་པ་དང་བཅས་པ་དང་། དེ་བཞིན་དུ་གསང་འདུས་འཕགས་སྐོར་ལ། རྗེ་བཙུན་ཆེན་པོ་དང་པཎ་ཆེན་ལས་གསན་པའི་ལུགས་གཉིས་གཞུང་གདམས་ངག་དང་བཅས་པ་དང་། ཡང་ན་ལུགས་གཉིས་ནི། མགོས་དང་སྣང་ཁའུ་ལས་བརྒྱུད་པའོ། །

དགྱེས་པ་རྡོ་རྗེའི་གདམས་ངག་ཕྱག་རྒྱ་ཆེན་པོ་སྙིང་པོའི་བསྐོར་གྱི་གཞུང་གདམས་པ་ཐམས་ཅད་དང་། གཤིན་རྗེ་གཤེད་དགྲ་ནག་དང་རྡོ་རྗེ་འཇིགས་བྱེད་དང་། གདོང་དྲུག་པ་ལ་སོགས་པ་དེ་དག་གི་གཞུང་དང་གདམས་ངག་གསར་དུ་འགྱུར་བ་དང་རྙིང་མ་བའི་གཤིན་རྗེ་གཤེད་ཆེ་བདག་དང་། ཁ་ཐུན་སོགས་ཀྱི་གདམས་ངག་དང་། འཁོར་ལོ་སྡོམ་པའི་གཞུང་གདམས་ངག་དང་བཅས་པ་དང་། དུས་ཀྱི་འཁོར་ལོའི་སྦྱོར་དྲུག་དང་ལ་སོགས་པས། ཀྱཻའི་རྡོ་རྗེའི་སྦྱོར་དྲུག་དང་གསང་བ་འདུས་པའི་སྦྱོར་དྲུག་དང་། མཚན་བརྗོད་ཀྱི་བཤད་པ་སློབ་དཔོན་འཇམ་དཔལ་བཤེས་གཉེན་གྱིས་མཛད་པའི་འགྲེལ་པ་ཆེ་ཆུང་གཉིས། སྒྲིག་པའི་རྡོ་རྗེའི་འགྲེལ་པ་བར་པ་དང་། ལམ་འབྲས་ཀྱི་ལུགས་དང་བཞི་སྟེ། དུས་འཁོར་གྱི་ལུགས་དང་། དབུ་མ་ལ་དགའ་བས་བྱས་པའི་འགྲེལ་པ་སྟེ་ལུགས་དྲུག་པོ། སྔ་མ་བཞིན་རྗེ་བཙུན་པ་དང་། ཕྱི་མ་གཉིས་པཎ་ཆེན་ལས་གསན་པ་དང་། རྣལ་

འཁོར་དབང་ཕྱུག་གི་འཆི་མེད་བསྒྲུབ་པའི་གདམ་ངག་དང་། ལམ་འབྲས་བུ་དང་བཅས་པ་དང་། སོགས་པས་ལམ་སྐོར་ལྷག་མ་འཕགས་པ་ཀླུ་སྒྲུབ་ཀྱི་མཆོད་རྟེན་གྱི་དྲུང་དུ་སེམས་ཐག་བཅད་པ་དང་། རྒྱལ་པོ་ཨིནྡྲ་བོ་དྷིའི་ཕྱག་རྒྱའི་ལམ་དང་། པད་མ་བཛྲའི་ཟབ་པའི་ཚུལ་དགུས་ཟབ་པ་དང་། ཊོཾ་བྷི་ཧེ་རུ་ཀའི་ལྷན་ཅིག་སྐྱེས་པ་གསུམ་གྱིས་ལམ་ཡོངས་སུ་རྫོགས་པ་དང་། ཡོན་པོ་སྲང་བ་གཉིས་དང་། ངག་དབང་གྲགས་པའི་ཕྱག་རྒྱ་ཆེན་པོ་ཡི་གེ་མེད་དང་། ཧོག་རྩེ་པའི་བསམ་གྱིས་མི་ཁྱབ་པ་ལྔས་ལམ་ཡོངས་སུ་རྫོགས་ཏེ། ལམ་སྐོར་དགུ་དང་། དེ་ལས་འཕྲོས་པས་ལམ་སྲས་བཤད། ཐུན་མོང་གི་གྲུབ་ཆེན་བཅུ་དང་། ཕྲ་མོ་བརྒྱད་ལ་སོགས་པ་དུ་མ་དང་། དེ་དག་ལས་གཞན་ཡང་དེང་སང་བོད་དང་རྒྱ་གར་བ་ལ་གྲགས་པ་ཁ་རག་སྐོར་གསུམ་དང་། ཐུགས་རྗེ་ཆེན་པོའི་དམར་ཁྲིད་དང་། བི་ཀ་མ་ལ་ཤྲཱི་ལའི་མཁས་པ་སྒོ་དྲུག་གི་གདམ་ངག་ཤཱནྟི་པའི་མདོ་རྒྱུད་བསྲེ་བ། ངག་དབང་གྲགས་པའི་གཙུག་མ་དྲན་གསལ། ཤེར་འབྱུང་བློ་གྲོས་ཀྱི་ཕྱི་རོལ་གདོན་གྱི་བར་ཆད་བསྲུང་བ། ནཱ་རོ་པའི་སྡུག་བསྔལ་གསུམ་སེལ། རྔ་ན་ཤྲཱིའི་འབྱུང་བ་ལུས་འཁྲུགས་སེལ་བ། རིན་ཆེན་རྡོ་རྗེའི་ཏིང་ངེ་འཛིན་སེམས་ཀྱི་བར་ཆད་བསྲུང་བ་དང་། གོཾ་རཀྵའི་གདམ་ངག་ལ་སོགས་པ་ཕལ་མོ་ཆེ་ཞིག །བདག་གིས་ཉན་ལོ་ཙམ་མིན་པར། འབད་དེ་ལེགས་པར་མཉན་ཞིང་། བསླབས་པ་དེ་དག་ཀྱང་མིང་ཙམ་པ་མིན་པར། དོན་དང་བཅས་པ་ལེགས་པར་གོ་བ་དེའི་ཕྱིར་བོད་རྒྱ་གར་ལ་གྲགས་པའི་ཆོས་རྣམས་ཕལ་ཆེར་ཐོས་ཤིང་ཤེས་པ་དེས་ན། བདག་ལ་རང་གིས་ཐོས་པ་ལ་ཆགས་ཤིང་། མ་ཐོས་པ་ལ་སྡང་བའི་ཕྱོགས་ལྷུང་མེད་པ་དེའི་ཕྱིར། ཆགས་སྡང་གི་བརྣན་དང་བྲལ་བས་རྣམ་སར་གནས་པའི་གཟུ་བོས་ཡིན་མིན་ལེགས་པར་དཔྱད་པ་འདི། བློ་དང་ལྡན་པའི་སྐྱེ་བོ་རྣམས་ཀྱིས་འདིའི་ཁོན་ལྟར་ཟུངས་ཤིག །ཐར་པ་དང་ཐམས་ཅད་མཁྱེན་པའི་ལམ་ནི་འདི་ཡིན་པའི་ཕྱིར་རོ། །

སྡོམ་པ་གསུམ་གྱི་རབ་ཏུ་དབྱེ་བ་ཞེས་བྱ་བའི་བསྟན་བཅོས་ལས་རིག་པ་འཛིན་པའི་སྡོམ་པའི་སྐབས་ཏེ་གསུམ་པའོ།། །།ཞེས་པ་དེང་སང་གི་གླེགས་བམ་རྣམས་ལ་མི་སྣང་ཡང་ངེས་པར་ཐོབ་པས་བཀོད་དོ། །

གསུང་རབ་རྒྱ་མཚོ་བརྟེ་དང་བརྩོན་པའི་རླུང་གིས་བསྲུབས་པའི་རིན་ཆེན་མཆོག །དབང་གཞུའི་ཁ་དོག་ཀུན་ནས་རབ་གསལ་བསྐྱེད་རྫོགས་ལམ་བཟང་དབྱིབས་ལེགས་ལྷ་ན་སྡུག །འཕགས་མཆོག་ཀླུ་དབང་སྟོང་གིས་རབ་བརྟེན་བསྒྱུར་པའི་རྒྱལ་མཚན་རྩེ་མོར་རབ་མཆོད་ན། །དངོས་གྲུབ་རྣམ་གཉིས་འཕྲལ་དུ་རབ་སྩོལ་རྡོ་རྗེའི་ཐེག་མཆོག་རིན་ཆེན་བདག་གིས་བཤད། །

གསུམ་པ་གཞུང་ལུགས་ཇི་ལྟར་བརྩམ་པའི་ཚུལ་ལ་བཞི་སྟེ། བརྩམ་བྱའི་ཆོས་ལ་བརྟགས། བརྩམས་པའི་དགེ་བ་བསྔོ། བཀའ་དྲིན་དྲན་པའི་ཕྱག །བརྩམས་པའི་ཚུལ་དངོས་བཤད་པའོ། །དང་པོ་ནི། ཁོ་བོའི་

བསྟན་བཅོས་འདི་ནི་ཉི་མའི་སྣང་བ་དང་མཚུངས་ཏེ། འདི་ལྟར་ཐུབ་པའི་བསྟན་པ་གསུང་རབ་རིན་ཆེན་བདུན་གྱི་རང་བཞིན་རྒྱུ་བཟང་བཀོད་ལེགས་པའི་གཞལ་མེད་ཁང་། དཀར་ཕྱོགས་ལ་མངོན་པར་དགའ་བའི་སྐྱེ་བོ་ལྷའི་བུ་ཉི་མ་འཁོར་དང་བཅས་པའི་ཉེར་མཆོར་གྱུར་ཞིང་། རིགས་པའི་འོད་ཟེར་སྟོང་གི་ཚོགས་ཀྱིས་ཆོས་རྣམས་ཀྱི་རང་དང་སྤྱིའི་མཚན་ཉིད་གསལ་བར་བྱས་པས་ལོག་པར་ལྟ་བ་ཉིད་དེ་ཁོ་ན་ཉིད་མཐོང་བ་ལ་གེགས་བྱེད་ཅིང་། ཡེ་ཤེས་ཀྱི་སྣང་བའི་མི་མཐུན་ཕྱོགས་ཡིན་པས་མུན་ནག་ཡིན་པས་དེ་དང་སྦྱོད་པ་ངན་པ་ཉིད་ཡང་དག་པའི་ལམ་སྒྲིབ་པར་བྱེད་པའི་ནགས་ཚང་ཚིང་སྟེ། དེ་གཉིས་རྣམ་པར་བསལ་ནས་ཞེས་པའམ། ཡང་ན་ལོག་ལྟའི་མུན་ནག་གི་ནགས་ཚང་ཚིང་ཞེས་སྟན་ངག་གི་བསྟན་བཅོས་ལས། གཟུགས་ཅན་གྱི་གཟུགས་ཅན་ཞེས་འབྱུང་བ་དེ་ཡིན་ནོ། །བློ་གསལ་རྣམས་ཀྱི་བློ་ཉིད་རྨོངས་པའི་འདམ་གྱིས་མ་གོས་ཤིང་། ཇི་ལྟ་ཇི་སྙེད་རྣམ་པར་འབྱེད་པའི་ཁ་དོག་དང་དབྱིབས་ཕུན་སུམ་ཚོགས་པས་པད་མོ་སྟེ་དེ་ཁ་འབྱེད་པར་བྱེད་ཅིང་། ཕྱི་ནས་ལེགས་བཤད་ཀྱི་སྦྲང་རྩིས་སྐལ་ལྡན་གྱི་བུང་བ་ཚིམ་པར་བྱེད་པའི་ཕྱིར་རོ། །དེ་ལྟ་བུ་དེ་གངས་རིའི་ཁྲོད་འདིར་ཤར་བས། ཆོས་མིན་འབྱུང་པོའི་བྱ་རྣམས་གཞན་དུ་འབྲོས་པའི་དུས་ལ་བབ་ཅིང་། བསྟན་པ་ལ་མངོན་པར་དགའ་བ་རྣམས་ཀྱི་ཡིད་བདེའི་དགའ་སྟོན་འཕེལ་བར་གྱིས་ཤིག །སློབ་དཔོན་ཤེར་འབྱུང་སྨྲས་པས། རིགས་པའི་འོད་ཟེར་སྟོང་གིས་བརྒྱན་པ་ཡི། །ཤེས་རབ་འབྱུང་གནས་བློ་ཡི་ཉི་མ་ཤར། །མུ་སྟེགས་བློ་ངན་མཚན་མོ་རབ་རྒྱུ་བའི། །རྒྱུ་སྐར་མེ་ཁྱེར་ཚོགས་རྣམས་མྱུར་དུ་བྲོས། །ཞེས་པ་དང་འཇུག་པ་ལས། ཀླུ་སྒྲུབ་བློ་མཚོ་ཤིན་ཏུ་རྒྱ་ཆེའི་ཁ་དོག་གིས་འཛིགས་པས། །སྐྱེ་བོས་ལུགས་བཟང་གང་དག་རྒྱང་རིང་ཡངས་པ་དེ་ཡི་ཚིག །ལེའུར་བྱས་པའི་ཁམ་བུ་ཀུ་མུད་ཁ་ཕྱེ་བའི་རྒྱུས། །ད་ལྟ་ཟླ་བ་གྲགས་པ་རེ་རྣམས་རབ་ཏུ་སྙིང་བར་བྱེད། །ཞེས་གསུངས་པ་ལྟར་རོ། །

ས་སྐྱ་པཎྜི་ཏ་བདག་གིས་རྒྱལ་བ་ཀུན་གྱི་ཐུགས་ཀྱི་དགོངས་པ་འདི་ཉིད་ཡིན་ནོ་ཞེས་འགྲོ་བ་ཀུན་ལ་ཕན་བདེ་བསྒྲུབ་པའི་བསམ་པས་བསྟན་བཅོས་འདི་བཤད་ཅིང་། འཕགས་པ་ཀླུ་སྒྲུབ་སོགས་མཁས་པ་རྣམས་ཀྱི་དགོངས་པའང་འདིར་བཤད་པ་འདི་ཡིན་མོད་ཀྱི། བསོད་ནམས་དམན་ཞིང་ཤེས་རབ་ཆུང་བའི་བླུན་པོ་རྣམས་ཀྱིས་ལན་བརྒྱར་བཤད་ཀྱང་དེ་དུང་རྟོགས་པར་དཀའ་སྟེ། ཕྱིན་ཅི་ལོག་ལ་ཞེན་པས་ཡང་དག་པའི་དོན་མི་མཐོང་བའི་ཕྱིར་ཏེ། རབ་རིབ་ཅན་གྱིས་མདུན་ན་ཡོད་པའི་གཟུགས་མི་མཐོང་བར། མེད་པའི་སྐྲ་ཤད་ཟླ་གཉིས་སོགས་མཐོང་བ་བཞིན་ནོ། །མདོ་སྡེ་རྒྱན་ལས། ཡོད་པ་ཀུན་ནས་སྤངས་ཏེ་མེད་ལ་མངོན་ཞེན་གང་ཡིན་པ། །འཇིག་རྟེན་རྨོངས་པའི་རྣམ་པ་ཚབས་ཆེན་འདི་གོ་ཇི་ལྟ་བུ། །ཞེས་སོ། །

གཉིས་པ་ནི། བསྔོ་རྒྱུ། ཤཱཀྱའི་དགེ་སློང་ཀུན་དགའ་རྒྱལ་མཚན་དཔལ་བཟང་པོའི་ཉི་མས་སངས་རྒྱས་བསྟན་པའི་པད་མ་ལེགས་པར་བཤད་པའི་ཉི་མའི་ཟེར་གྱིས་རྣམ་པས་བྱེ་བ་ལ་འབྱུང་བའི་དམ་པ་ཆོས་ཀྱི་སྦྲང་རྩིས། ཆེད་དུ་བྱ་བ་ནམ་མཁའ་དང་མཉམ་པའི་འགྲོ་བའི་བུང་བ་ཀུན། བསྔོ་བ། དད་དང་དགའ་དང་བློ་རྣམས་ཀྱིས། །རྒྱུ་ཕྱིར་ཆོས་འདི་དགེ་བ་ཡིན། །ཞེས་པ་ལྟར། དེ་དག་གི་དེ་ཐོས་པ་དང་བསམ་པ་དང་བསྒོམ་པའི་དུས་ན། རིམ་པ་བཞིན་དད་པ་དང་ཡིད་ཆེས་པའི་དགའ་བ་དང་ཤེས་རབ་ཀྱི་རྣམ་པར་གྲོལ་བའི་རྒྱུ་ལས་བྱུང་བའི་བདེ་བའི་དགའ་སྟོན་རིམ་པ་བཞིན་རྒྱུན་དུ་འགྱེད་པར་ཤོག །

གསུམ་པ་ནི། བྱེད་པ་གསུང་གི་རིག་བྱེད་གང་གིས་ཕན་བདེ་བསྒྲུབ་པར་བཞེད་པའི་ཐུགས་བསྐྱེ་བ་ཆེན་པོས་ཉེ་བར་བཟུང་ནས་བྱ་བ་ལྟ་བ་དང་། སྤྱོད་པ་ཕྱིན་ཅི་ལོག་པའི་ཆོས་རྣམས་སྤངས་པ་སྟེ། དེ་ལས་བཟློག་ནས་སངས་རྒྱས་ཀྱི། བསྟན་པ་རིན་པོ་ཆེ་དང་ལེགས་པར་སྤྱོད་ཅིང་སྤྱོར་བའི་འཕྲིན་ལས་བཟང་པོ་ཅན། བྱེད་པ་པོ་མགོན་པོ་འཇམ་པའི་དབྱངས་དང་གཉིས་སུ་མ་མཆིས་པའི་བླ་མ་རྗེ་བཙུན་ཆེན་པོ་དེ་ལ་སྒོ་གསུམ་གུས་པས་འདུད་དོ། །འདི་ནི་བཀའ་དྲིན་རྗེས་སུ་དྲན་པའི་སྒོ་ནས་མཛད་དོ། །དབུ་མ་རྩ་བའི་འཇུག་ཏུ། གང་གིས་ཐུགས་བརྩེས་ཉེར་བཟུང་ནས། །ལྟ་བ་ཐམས་ཅད་སྤངས་པའི་ཕྱིར། །དམ་པའི་ཆོས་ནི་སྟོན་མཛད་པ། །གོ་ཏམ་དེ་ལ་ཕྱག་འཚལ་ལོ། །ཞེས་པ་དང་། སྤྱོད་འཇུག་གི་མཇུག་ཏུ། གང་གི་དྲིན་གྱིས་དགེ་བློ་འབྱུང་། །འཇམ་པའི་དབྱངས་ལ་ཕྱག་འཚལ་ལོ། །གང་གི་དྲིན་གྱིས་བདག་དར་བ། །དགེ་བའི་བཤེས་ལའང་བདག་ཕྱག་འཚལ། །ཞེས་གསུངས་པ་དེ་དག་གི་སྲོལ་སྦྱངས་པའོ། །ཚིགས་བཅད་སྔ་མ་འདིར་ཁ་ཅིག་ལྟ་བ་ཐམས་ཅད་སྤངས་ན། ཡང་དག་པའི་ལྟ་བའང་སྤངས་པར་འགྱུར། དེ་ལྟ་ན་ཉེས་པ་ཆེན་པོར་འགྱུར་རོ་སྙམ་ནས། ལྟ་བ་ལོག་པ་སྤངས་པའི་ཕྱིར་ཞེས་འདོན་པ་ནི་སར་གྲོ་བའི་བསྟུད་པ་སྟེ། དེ་ལྟར་གཞུང་འདིས་ནི་ལྟ་བ་ཐམས་ཅད་མཐར་འཛིན་ལས་མ་འདས་པས་སྤང་བྱ་ཡིན་པར་སྟོན་པས་སོ། །

བཞི་པ་ནི། མིང་སྡོམ་པ་གསུམ་གྱི་རབ་ཏུ་དབྱེ་བ་ཞེས་བྱ་བ། བྱེད་ལས་ཆོས་དང་ཆོས་མ་ཡིན་པ་སོ་སོར་རྣམ་པར་འབྱེད་པ་ངོ་བོ་བསྟན་བཅོས། བྱེད་པ་པོ་མང་དུ་ཐོས་པ་ཉིད་འཕགས་པའི་ནོར་ཡིན་ཏེ། བཤེས་སྤྲིངས་ལས། དད་དང་ཚུལ་ཁྲིམས་ཐོས་དང་གཏོང་བ་དང་། །དྲི་མེད་ངོ་ཚ་ཤེས་དང་ཁྲེལ་ཡོད་པ། །ཤེས་རབ་ནོར་བདུན་ལེགས་པར་ཐུབ་པས་གསུངས། །ནོར་གཞན་ཕལ་པ་དོན་མ་མཆིས་རྟོགས་མཛོད། །ཞེས་སོ། །དེ་དང་ལྡན་པ་རིགས་པ་དང་མི་རིགས་པ་དཔྱོད་པར་ནུས་པའི་རང་བཞིན་དང་སྦྱངས་པ་ལས་བྱུང་བའི་བློ་གྲོས་ཅན་ཐེག་པ་གསུམ་གྱི་སྡེ་སྣོད་མཐའ་དག །ཚིག་དང་དོན་གྱི་སྒོ་ནས་འཛིན་པ་ཤཱཀྱའི་དགེ་སློང་ཀུན་དགའ་

རྒྱལ་མཚན་དཔལ་བཟང་པོས་སྦྱར་བ་འདི་ཡོངས་སུ་རྫོགས་སོ། །ས་མངྒ། ཞེས་པ་ཡང་དག་པར་རྫོགས་པའམ་ཕྲི་སྐྱོན་མེད་ཅེས་བྱའོ། །

བཞི་པ་གཞུང་ལུགས་གཞན་ཡང་རྫོགས་བྱར་བསྟན་པ་ནི། བྱེ་བྲག་ཏུ་གསང་སྔགས་ཀྱི་གནད་ཁྱད་པར་ཅན་གདན་ལ་དབབ་པ་ལ་དེའི་ཟབ་དོན་བཤད་དགོས་ཤིང་། དེ་ནི་གསང་ཆེན་ཡིན་པས་དབང་མ་ཐོབ་པ་ལ་བཤད་དུ་མི་རུང་བའི་ཕྱིར་ཁོ་བོས་ལོགས་སུ་བཤད་པར་ལྟའོ། །ཞེས་གསུངས་ཡང་ད་ལྟ་དེ་ལྟ་བུ་མི་སྣང་ངོ། །དེས་ན་ཆོས་ཀྱི་རྗེའི་ཞལ་སྔ་ནས་མཛད་ངེས་པ་སྒྲའི་བསྟན་བཅོས་ཤེས་རབ་འཕྲོ་བ་དང་། གྲུབ་མཐའ་རྣམ་འབྱེད་དང་། སྙན་དངགས་མཁས་པའི་ཁ་རྒྱན་དང་། ཟློས་གར་རབ་དགའི་འཇུག་པ་དང་། སྐུ་གཟུགས་ཀྱི་ཕྱག་ཚད་དང་། ས་བརྟག་པ་སོགས་དང་། སྨན་དཔྱད་ཡན་ལག་བརྒྱད་པའི་དོན་བསྡུས་དང་བཅས་པ་འགའ་ཞིག་ད་ལྟ་མི་སྣང་ལ། མཁས་པ་འཇུག་པའི་སྒོ་ཞེས་པ་ཞིག་ད་ལྟ་སྣང་བ་ཡང་། ཆོས་རྗེས་མཛད་མ་མཛད་ཐེ་ཚོམ་ཟ་བར་འདུག་པས། དེ་དག་དང་ལྡན་ཅིག་ནུབ་པར་མངོན་ནོ། །དྲི་མ་མེད་པའི་བསྟན་པའི་དམ་ཆོས་ཕྱོགས་བཅུར་རྒྱས་པར་གྱུར་ཅིག །ཅེས་པའི་སྨོན་ལམ་འདི་གློགས་བམ་འགའ་ཞིག་ཏུ་མི་འབྱུང་ཞིང་། ཕྱིར་མ་རྣམས་སུ་འབྱུང་བས་བྲིས་པ་ཡིན་ནོ། །

གང་གི་མཁྱེན་རབ་མཁའ་ལྟར་ཕ་མཐའ་ཡས་ཀྱང་བློ་ངན་སྐྱེ་བོའི་བློ་ཡི་རྗེས་སུ་མ་སོང་ལ། །ཐུགས་རྗེའི་འོད་ཀྱིས་ཕན་བདེའི་པད་ཚལ་རྒྱས་པར་མཛད་ཀྱང་ཉེས་སྤྱོད་ཀུ་མུད་ཚལ་རྣམས་ཟུམ་པར་མཛད། །མཐུ་ཆེན་ཚ་ཟེར་སྟོང་ཕྲག་འཕྲོས་པས་བདུད་དུ་ཐལ་བར་བསྲེགས་ཀྱང་ཉོན་མོངས་གདུང་བ་ཞི་བར་མཛད། །འཕྲིན་ལས་བཟང་པོ་སྐྱེ་རྒུའི་དཔལ་དུ་གྱུར་ཀྱང་མུ་སྟེགས་མཐའ་དག་སྐྲག་མཛད་འཇམ་མགོན་བླ་མའི་ཞབས་ལ་འདུད། །རྣམ་དག་ཆོས་དབྱིངས་ནམ་མཁའི་དཀྱིལ་དུ་ཏིང་འཛིན་གཟུངས་ཀྱུ་དྲི་མེད་སྙིང་པོ་ཅན། །མཁྱེན་པའི་ཆུ་འཛིན་ཀུན་ནས་རབ་འཁྲིགས་རྣམ་དག་སྨོན་ལམ་དྲི་བཞིན་གྱིས་བསྐུལ་བས་པས། །ལེགས་བཤད་ཆར་རྒྱུན་མཐའ་ཡས་ལེགས་པོས་གདུལ་བྱའི་འཛིན་མར་ཀུན་ནས་འཁྱིལ་བའི་ཆུ། །གདུལ་བྱའི་ཁམས་དང་དབང་པོའི་རྗེས་འགྲོ་ཐབས་ཀྱི་རིམ་པ་མཁའ་ལྟར་ཕ་མཐའ་ཡས། །སྤྲོས་པ་ཀུན་བྲལ་སྟོང་ཉིད་ཟབ་མོའི་ལན་ཚྭའི་རོར་ནི་ཀུན་ནས་རོ་གཅིག་ཅིང་། །ཕན་བདེའི་རིན་ཆེན་བྱེ་བས་རབ་གཏམས་ལེགས་བཤད་ཆུ་ཀླུང་གྲངས་མེད་འཇུག་པའི་དང་། །སྡེབ་ལེགས་ཚིག་གི་རླབས་ཕྲེང་རབ་གཡོ་མཁས་གྲུབ་གདེངས་ཅན་དབང་པོས་བརྟེན་པའི་གཞི། །བདེ་གཤེགས་བསྟན་པའི་གསུང་རབ་འདི་ནི་སྟོན་མེད་རྨད་དུ་བྱུང་བའི་ཆུ་བདག་ཅིག །འཕགས་ཡུལ་གངས་ཅན་མཁས་པ་བྱེ་བས་བཤད་སྒྲུབ་སྒྲོན་མ་མུ་མཐའ་མེད་པ་ཡིས། །ཉིན་དང་ཉིན་དུ་གསལ་བར

མཛད་ཀྱང་གདེངས་ཅན་སྐྱེ་བོ་མང་པོའི་རབ་རིབ་ཀྱིས། །བློ་མིག་ཉམས་པས་ལོག་པར་བརྟགས་ཏེ་སྲིད་དང་ངན་འགྲོའི་གཡང་སར་ལྷུང་བ་རྣམས། །རྗེས་སུ་བཟུང་ཕྱིར་འཇམ་དབྱངས་མི་ཡི་གཟུགས་ཅན་གང་དེས་གཞུང་འདི་ལེགས་པར་བཀོད། །དེ་ལྟ་མོད་ཀྱི་འདི་ཡི་ཆ་ཙམ་གྱིས་ཀྱང་གཞུང་ལུགས་མང་པོའི་དེ་ཉིད་སྟོན། །དངོས་སྨྲའི་རི་དྭགས་སྐྲག་པ་སྐྱེད་བྱེད་སྟོང་ཉིད་སེང་གེའི་སྒྲ་ཆེན་སྒྲོགས་པའི་ཕྱིར། །ཕྱོགས་རེའི་མིག་ཅན་མཁས་རློམ་བརྒྱ་ཡིས་བློ་གྲོས་མཐའ་དག་གཅིག་ཏུ་བསྡུས་གྱུར་ཀྱང་། །དམུས་ལོང་ཁ་དོག་རྣམ་དབྱེ་བྱེད་བཞིན་ཇི་བཞིན་དབྱེ་བར་མ་ནུས་ཉིད་མཐོང་ནས། །རྣམ་དཔྱོད་རིན་ཆེན་སེལ་བའི་ཚོགས་ནི་བརྩོན་པ་དམ་པའི་བཟོ་བོས་རབ་སྦྱར་ཏེ། །གཞུང་དོན་ཇི་བཞིན་རྣམ་པར་འབྱེད་མཁས་ཀུན་ནས་མདངས་གསལ་མཁས་པའི་སྐྱེ་བོ་ཀུན། །ཀུན་ནས་དགའ་བ་སྐྱེད་བྱེད་ལུང་རིགས་འོད་ཟེར་འབུམ་ཕྲག་ཕྱོགས་ཕྱོགས་འཕྲོས་པ་ཡིས། །ཐུབ་པའི་གསུང་རབ་རྒྱ་མཚོའི་དེ་ཉིད་སྣང་བྱེད་འགྲེལ་པ་འདི་ནི་ཁོ་བོས་སྦྱར། །འདུལ་བ་མངོན་པ་ཕ་རོལ་ཕྱིན་དང་བསླབ་ཕྱོགས་དབུ་ཚད་གཞུང་ཡང་འདི་ཉིད་དེ། །རྒྱུད་དང་རྒྱུད་འགྲེལ་དཀྱིལ་འཁོར་ཆོ་ག་བསྒྲུབ་པའི་ཐབས་དང་ཟབ་མོའི་མན་ངག་འདི། །བསྟན་པའི་སྦྱིན་བདག་རྒྱལ་པོའི་གདུང་རབས་རྒྱ་བོད་ཆོས་ཀྱི་ལོ་རྒྱུས་འདི་ཉིད་དེ། །དེ་ཕྱིར་གཞུང་མང་ལྟ་དང་ཉན་པའི་ངལ་བ་མེད་པར་མཁས་པར་འགྱུར་འདོད་ན། །རྒྱན་ཡུས་ཕྱོགས་འཛིན་དོར་ནས་འགྲེལ་པ་འདི་ལ་འཇུག་པར་རིགས་སོ་གང་གི་ཕྱིར། །གསེར་གྱི་ས་འཛིན་ངོས་ལས་བྱུང་ཡང་དུག་གི་ཆུ་རྒྱུན་མཁས་པས་འདོར་བྱེད་ཅིང་། །ཚེར་མའི་ཤིང་ལས་བྱུང་བའི་སྦྲང་རྩི་དང་ནི་རི་དྭགས་ལྟེ་བའི་དྲི་ཞིམ་དག །འབྱུང་ཁུངས་དམན་པས་དོར་བར་བྱ་ཞེས་མཁས་པ་སུ་ཡང་སྨྲ་བར་མི་བྱེད་དོ། །དེ་ལྟ་མོད་ཀྱི་དེང་སང་གངས་རིའི་ཁྲོད་འདི་ན། །བསྟན་པའི་ཉི་འོད་བདུད་རིགས་ཆུ་འཛིན་སྟུག་པོས་སྒྲིབས། །བསྟན་འཛིན་སྐྱེ་བོ་ཕལ་ཆེར་དག་པའི་ཞིང་གཞན་གཤེགས། །སྐྱེ་བོ་ཕལ་ཆེར་མི་ཤེས་རབ་རིབ་སྟུག་པོས་ལྡོངས། །ཚེ་འདིའི་བདེ་བ་བསྒྲུབ་པའི་ཐབས་ལའང་རྨོངས་གྱུར་ན། །མངོན་མཐོ་ངེས་ལེགས་བསྒྲུབ་ལ་བརྩོན་པ་སྨོས་ཅི་དགོས། །དེ་ཕྱིར་ཐུབ་པའི་གསུང་ལའང་ཆེས་ཆེར་མི་འཛིན་པས། །བདག་གིས་འབད་ཀྱང་གཞན་གྱིས་འཛིན་པར་རབ་ཏུ་དཀའ། །དེ་ལྟར་ནའང་བླ་མའི་གསུང་གིས་ཡང་ཡང་བསྐུལ་བ་དང་། །བདག་ཀྱང་ཇི་ལྟར་རྩེད་མོའི་ལས་ལ་གོམས་པ་ལྟར། །ལེགས་བཤད་ལྷུར་ལེན་གོམས་པས་དགའ་བ་སྐྱེས་ཕྱིར་དང་། །ཆོས་རྗེའི་གསུང་ལ་དྲིན་དུ་གཟོ་ཕྱིར་འདི་བྱས་སོ། །ཆོས་རྗེའི་གསུང་རབ་རྒྱ་མཚོ་ཇི་བཞིན་གཏིང་དཔག་དཀའ། །སྔོན་ཆད་མཁས་པའི་སྐྱེ་བོས་གསལ་བར་བཤད་པ་མེད། །བདག་བློ་མ་ཁྲབ་ཡིད་གཉིས་བྱིས་པའི་བློ་གྲོས་ཅན། །མ་བཤད་ལོག་པར་བཤད་རྣམས་མཁས་རྣམས་བཟོད་པར་མཛོད། །འདི་འབད་དགེ་བ་གང་གཱའི་ཆུ

རྒྱན་དེ། །དགེ་གཞན་ཆུ་ཀླུང་ཚོགས་དང་ལྷན་ཅིག་ཏུ། །ཀུན་མཁྱེན་རྒྱ་མཚོ་ཆེན་པོར་ཕྱིན་གྱུར་ནས། །དཔག་ཡས་སྐྱེ་རྒུའི་ཉེར་མཚོའི་གཞིར་གྱུར་ཅིག །གནས་སྐབས་མཁའ་མཉམ་འགྲོ་བའི་ཕན་བདེ་ཀུན་གྱི་རྒྱུ་གཅིག་པོ། །ཐུབ་པའི་བསྟན་པ་ཕྱོགས་དང་ཕྱོགས་སུ་རབ་རྒྱས་བསྟན་འཛིན་རྣམས། །སྐྱུ་ཆེའི་ལྷུན་པོ་གདུལ་བྱའི་རྒྱ་མཚོར་ཀུན་ནས་ཞབས་བརྟན་ཞིང་། །བསྟན་སྲུང་མཐུ་སྟོབས་རབ་རྒྱས་ནག་པོའི་ཕྱ་ལག་རྣམས། །མཁའ་ལས་དུས་སུ་ལྷ་ཡིས་ཆར་འབེབས་ས་ཆེན་འབྲུ་སྨིན་ཕྱི་རྣམས་རྒྱས། །སྐྱེ་རྒུ་ཕན་ཚུན་བྱམས་པའི་སེམས་ལྡན་ནད་དང་འཁྲུག་པ་མུ་གེ་མེད། །ས་སྐྱོང་རྣམས་ཀྱང་ཆོས་བཞིན་རབ་སྐྱོད་ཕན་ཚུན་དགའ་བའི་གད་མོའི་སྒྲས། །རྒྱ་མཚོའི་མཐའ་ཀླས་ས་ཆེན་འདི་ནི་ཀུན་ནས་རབ་ཏུ་གྱུར་ཅིག །ཁྱད་པར་ཆོས་རྗེའི་གསུང་རབ་དྲི་མེད་འདི་ནི་ཕྱོགས་བཅུར་རབ་རྒྱས་ཤིང་། །ཤེས་ལྡན་རྣམས་ཀྱིས་ཉིན་དང་ཉིན་དུ་དཔྱད་བྱས་འདི་དོན་ལེགས་རྟོགས་ནས། །བླང་དོར་ཚུལ་ལ་ཚུལ་བཞིན་རབ་འཇུག་བདག་ཀྱང་ཚེ་རབས་ཐམས་ཅད་དུ། །མཚུངས་མེད་ཆོས་རྗེའི་ཞབས་རྡུལ་གྱུས་ལེན་གསུང་གི་བདུད་རྩི་འཐུང་གྱུར་ཅིག །

སྡོམ་པ་གསུམ་གྱི་རབ་ཏུ་དབྱེ་བའི་རྒྱ་ཆེར་འགྲེལ་བ། གསུང་རབ་རྒྱ་མཚོའི་དེ་ཁོ་ན་ཉིད་སྣང་བ་ཞེས་བྱ་བ་འདི་ནི། དུས་གསུམ་གྱི་སངས་རྒྱས་ཐམས་ཅད་ཀྱི་ཡེ་ཤེས་གཅིག་ཏུ་བསྡུས་པ། རྗེ་བཙུན་འཇམ་པའི་དབྱངས་དགེ་སྦྱོང་གི་ཚུལ་གྱིས་གངས་ཅན་གྱི་ལྗོངས་འདིར་སྐྱེ་རྒུ་དཔག་ཏུ་མེད་པའི་འདྲེན་པ་དམ་པར་བྱོན་པ། མཚུངས་པ་མེད་པའི་ཆོས་ཀྱི་རྗེ། དོན་གྱི་སླད་དུ་མཚན་ནས་སྨོས་ཏེ་བསོད་ནམས་རྒྱལ་མཚན་དཔལ་བཟང་པོའི་ཞལ་སྔ་ནས་ལ་སོགས་པ། བླ་མ་དམ་པ་རྣམས་ཀྱི་ཡེ་ཤེས་ཀྱི་འོད་ཟེར་གྱིས། ཡིད་ཀྱི་མུན་པ་ཐུང་ཟད་བསལ་བས་བདེ་བར་གཤེགས་པའི་གསུང་རབ་ཕལ་ཆེ་ལ། བློ་གྲོས་ཀྱི་འཇུག་པ་ཐུང་ཟད་སད་པ། དཔལ་བསམ་ཡས་ཀྱི་བཙུན་པ་བསོད་ནམས་དཔལ་ལྡན་ཞེས་བྱ་བ་ལ། ཐོག་མར་ཡང་དག་པ་ཡོངས་ཀྱི་དགེ་བའི་བཤེས་གཉེན་སྡོམ་བརྩོན་སྡེ་སྣོད་དང་རྒྱུད་སྡེ་འཛིན་ཞིང་། མངོན་པར་རྟོགས་པའི་ཡོན་ཏན་དུ་མས་ཀྱང་བརྒྱན་པ་རིག་པ། ཡར་ལུང་པ་སེང་གེ་རྒྱལ་མཚན་གྱི་ཞལ་སྔ་ནས་ཡང་ནས་ཡང་དུ་འདིའི་འགྲེལ་པ་ཞིག་གྱིས་ཤིག་ཅེས་བཀས་བསྐུལ་ཞིང་། ཡང་དག་པར་བླངས་པའི་བསླབ་པ་ལ་གཅེས་སྤྲས་སུ་བྱེད་ཅིང་། བློ་གསལ་བ་དང་ཡིད་གཞུངས་པས། ལུང་དང་རིགས་པའི་གཞུང་ལུགས་དུ་མ་ལ་མཁས་པའི་གོ་འཕང་ཐོབ་ཅིང་། ཞི་བ་དང་། དེས་པ་དང་ཆོག་ཤེས་པ་ལ་སོགས་པའི་ཡོན་ཏན་དུ་མས་བརྒྱན་པ། དགེ་བའི་བཤེས་གཉེན་ཀུན་དགའ་བཟང་པོ་ཞེས་བྱ་བས་ཀྱང་བསྐུལ་ཞིང་། དུས་ཕྱིས་སྟོན་གྱི་ཆོས་རྒྱལ་དམ་པ་རྣམས་ཀྱི་གདུང་རྒྱུད་དུ་འཁྲུངས་ཤིང་། རིགས་པ་དང་མི་རིགས་པ་རྣམ་པར་དཔྱོད་པའི་བློ་གྲོས་རབ་ཏུ་གསལ་བས་སྡེ་སྣོད་དུ་མའི་དོན་ལ

མཁྱེན་པ་རྒྱས་ཤིང་། ཡང་དག་པར་བླངས་པའི་བརྟུལ་ཞུགས་ཀྱི་ཁུར་གྱིས་མཛེས་པས་འགྲོ་བ་མང་པོའི་འདྲེན་པར་གྱུར་པ། ལྷ་བཙུན་པ་བསོད་ནམས་རིན་ཆེན་གྱི་ཞལ་སྔ་ནས་ཀྱང་བསྐུལ་ཞིང་། འཕྲུལ་གྱི་ཡོ་བྱད་རྣམས་ཀྱང་སྦྱར་ནས་སྟོན་གྱི་ཆོས་རྒྱལ་བྱང་ཆུབ་སེམས་དཔའ་བརྒྱུད་པ་དང་བཅས་པ་རྣམས་དང་། དེ་དག་གི་བླའི་མཆོད་གནས། ལོ་པཎ་སྐྱེས་མཆོག་ཁྱད་པར་ཅན་རྣམས་དང་། གཞན་ཡང་སྐྱེས་བུ་དམ་པ་དུ་མས་བསྟན་པ་རིན་པོ་ཆེ་ཐོག་མཐའ་བར་གསུམ་དུ་དར་རྒྱས་སུ་མཛད་པས། དཔལ་ན་ལེནྡྲའི་གཙུག་ལག་ཁང་ཆེན་པོ་དང་མཚུངས་པ། དཔལ་བསམ་ཡས་ལྷུན་གྱིས་གྲུབ་པའི་གཙུག་ལག་ཁང་ཆེན་པོའི་དབུ་རྩེ་ཕོ་བྲང་ཞེས་བྱ་བར། ཐུབ་པའི་བསྟན་པ་ལོ་སུམ་སྟོང་ལྔ་བརྒྱ་སུམ་ཅུ་སོ་གཅིག་འདས་པ་ན། རྒྱ་གར་བའི་ལོ་འབྲས་བུའི་དབང་པོ། རྒྱ་ནག་གི་ས་ཕོ་སྟག་གི་ལོ། ཧོར་ཟླ་བརྒྱད་པའི་ཚེས་བཅུ་དྲུག་གི་ཉིན་པར་ཡོངས་སུ་རྫོགས་པར་སྦྱར་བའོ། །

སྭ་སྟི། བསོད་ནམས་ཆེན་པོའི་དཔལ་གྱིས་མངོན་མཐོ་ཞིང་། །རིགས་རུས་ཚེ་འབྲང་ཕྱུན་ཚོགས་དང་ལྡན་ལ། །བྱམས་པའི་སྟོབས་ཀྱིས་རང་སྲིད་རྣམ་པར་སྐྱོང་། །དཔུང་ཚོགས་མཐུ་ཡིས་གཞན་སྡེ་ཟིལ་གནོན་པ། །མི་དབང་བསོད་ནམས་མཚན་ཅན་ཞབས་ལ་འདུད། །མཐའ་ཡས་སྐྱེ་རྒུའི་བདེ་སྐྱིད་ཀུན་གྱི་གཞི། །སངས་རྒྱས་བསྟན་པ་མཆོག་ལ་རག་ལས་ཤིང་། །དུས་ཀྱི་དབང་གིས་ཙུང་ཟད་གནད་འཆུགས་པར། །གཟིགས་ནས་ཆོས་དང་ཆོས་མིན་རྣམ་འབྱེད་པའི། །བསྟན་བཅོས་མཆོག་འདི་པཎ་ཆེན་གྱིས་མཛད་ནས། །སྔོན་ཆད་གངས་རིའི་ཁྲོད་ཀྱི་མཁས་རྣམས་ཀྱིས། །གསལ་བར་བཀྲལ་བའི་འགྲེལ་པ་མི་འདུག་ནའང་། །ཤེས་བྱའི་མཁའ་ལ་མཁྱེན་པའི་ཉི་འོད་ཤར། །རང་གཞན་གྲུབ་མཐའ་རྒྱ་མཚོའི་མཐར་སོན་པ། །མཁས་པའི་མཁས་པ་བསོད་ནམས་དཔལ་ལྡན་གྱིས། །མཛད་པའི་ཊཱི་ཀ་མཆོག་འདི་བྲིས་གསུང་པའི། །ཞལ་ཏ་བཀའ་ནན་བསྐུལ་བའི་བྱིན་རླབས་ཀྱིས། །མཾ་ག་ལ་ཡི་མིང་ཅན་བདག་གིས་ནི། །ལུང་རིགས་ལ་སོགས་སྡེ་སྣོད་པོ་ཏི་ལ། །ལེགས་པར་སྦྱངས་ཤིང་དེ་དོན་བསམས་པ་དང་། །མི་རྟོག་ངང་ལ་མཉམ་པར་རབ་བཞག་པའི། །ཤེས་རབ་མཆན་ལྡན་རྒྱུད་ལ་མེད་ནའང་། །སྐྱེས་ཐོབ་ཤེས་རབ་ཕུལ་བྱུང་དང་ལྡན་ཞིང་། །དོན་ལ་རྣམ་པར་དཔྱོད་པའི་ཤེས་རབ་ཀྱིས། །བལྟས་དུས་གཞུང་དང་འབྲུ་གནོན་ཊཱི་ཀ་ཡི། །འཚལ་སྣག་ཐོབ་ཐང་པིར་གྱིས་རབ་ཕྱེ་བ། །ནོར་བའི་དབང་དུ་གྱུར་པ་མཐོང་ནས་ནི། །སྡོམ་གསུམ་རབ་དབྱེའི་གཞུང་གཅིག་ཡང་བཞག་སྟེ། །གཞུང་འཚལ་ཊཱི་ཀ་སྣག་ཚར་ཐོབ་པ་འདི། །གོ་རིམ་མ་ནོར་ཤིན་ཏུ་དག་པར་བཀོད། །གཞན་ཡང་སྤྲེལ་མཚམས་བཅད་དང་གཅོད་མཚམས་སྤྲེལ། །ལྷག་དང་ཆད་དང་སྙེབ་སྦྱོར་ནོར་ལ་སོགས། །ཉེས་པའི་གོ་རིམས་ཐམས་ཅད་སྤངས་པ་ཡི། །ཊཱི་ཀ་མཆོག་འདི་ཤིན་ཏུ་ལེགས་པར་བྲིས། །རྣམ་དཔྱོད་བློ་གྲོས་གེ་སར་དང་ལྡན་པའི། །མཁས་པའི་

སྐྱེ་བོས་ཁྲེལ་བའི་གནས་འདུག་ན། །བདེན་མེད་སྒྱུ་མའི་ངང་དུ་བཟོད་པར་གསོལ། །དེ་ལས་བྱུང་བའི་དགེ་བ་དྲི་མ་མེད། །བསིལ་ཟེར་བྱེད་པའི་འོད་ལྟར་གསལ་བ་དེ། །ཕ་མས་གཙོ་བྱས་མཐའ་ཡས་སྐྱེ་རྒུའི་འགྲོ། །དོན་དུ་ཡོད་མེད་དམིགས་པའི་དུས་སྤངས་ཏེ། །འཁོར་གསུམ་ཡོངས་སུ་དག་པའི་ཤེས་རབ་ཀྱིས། །སྐུ་གསུམ་མངོན་གྱུར་བྱང་ཆུབ་ཆེན་པོར་བསྔོ།། །།